蘇州全書

甲編

《蘇州全書》編纂出版委員會 編

·讀禮通考

蘇州大學出版社
古吳軒出版社

圖書在版編目（CIP）數據

讀禮通考 /（清）徐乾學撰 . -- 蘇州 : 蘇州大學出版社 : 古吳軒出版社 , 2025. 6. --（蘇州全書）.

ISBN 978-7-5672-5213-4

Ⅰ. K892.9

中國國家版本館 CIP 數據核字第 20259UT267 號

責任編輯 劉　冉
裝幀設計 周　晨　李　璇
責任校對 汝碩碩

書　　名 讀禮通考
撰　　者 〔清〕徐乾學
出版發行 蘇州大學出版社
地址：蘇州市十梓街1號　電話：0512-67480030
古吳軒出版社
地址：蘇州市八達街118號蘇州新聞大厦30F　電話：0512-65233679
印　　刷 常州市金壇古籍印刷廠有限公司
開　　本 889 × 1194　1/16
印　　張 351.75
版　　次 2025 年 6 月第 1 版
印　　次 2025 年 6 月第 1 次印刷
書　　號 ISBN 978-7-5672-5213-4
定　　價 2460.00 元（全八册）

《蘇州全書》編纂工程

總主編

劉小濤　吳慶文

學術顧問（按姓氏筆畫爲序）

王　芳　王　宏　王　堯　王　鍔　王紅蕾　王華寶　王爲松　王衛平
王餘光　王鍾陵　朱棟霖　朱誠如　任　平　全　勤　江慶柏　江澄波
汝　信　阮儀三　杜澤遜　李　捷　吳　格　吳永發　何建明　言恭達
沈坤榮　沈燮元　武秀成　范小青　范金民　茅家琦　周　秦　周少川
周國林　周勛初　周新國　胡可先　胡曉明　姜　濤　姜小青　韋　力
姚伯岳　馬亞中　袁行霈　華人德　莫礪鋒　徐　俊　徐　海　徐　雁
徐惠泉　徐興無　唐力行　陸振嶽　陸儉明　陳子善　陳正宏　陳尚君
陳紅彥　陳廣宏　黃愛平　黃顯功　崔之清　張乃格　張志清　張伯偉
張海鵬　葉繼元　葛劍雄　單霽翔　程章燦　程毅中　喬治忠　鄔書林
賀雲翱　詹福瑞　趙生群　廖可斌　熊月之　樊和平　劉　石　劉躍進
閻曉宏　錢小萍　戴　逸　韓天衡　嚴佐之　顧　蘅

《蘇州全書》編纂出版委員會

前言

中華文明源遠流長，文獻典籍浩如烟海。這些世代累積傳承的文獻典籍，是中華民族生生不息的文脉和根基。蘇州作爲首批國家歷史文化名城，素有『人間天堂』之美譽。自古以來，這裏的人民憑藉勤勞和才智，創造了極爲豐厚的物質財富和精神文化財富，使蘇州不僅成爲令人嚮往的『魚米之鄉』，更是實至名歸的『文獻之邦』，爲中華文明的傳承和發展作出了重要貢獻。

蘇州被稱爲『文獻之邦』由來已久，早在南宋時期，就有『吴門文獻之邦』的記載。宋代朱熹云：『文，典籍也；獻，賢也。』蘇州文獻之邦的地位，是歷代先賢積學修養、劬勤著述的結果。明人歸有光《送王汝康會試序》云：『吴爲人材淵藪，文字之盛，甲於天下。』朱希周《長洲縣重修儒學記》亦云：『吴中素稱文獻之邦，蓋子游之遺風在焉，士之嚮學，固其所也。』《江蘇藝文志·蘇州卷》收録自先秦至民國蘇州作者一萬餘人，著述達三萬二千餘種，均占江蘇全省三分之一强。古往今來，蘇州曾引來無數文人墨客駐足流連，留下了大量與蘇州相關的文獻。時至今日，蘇州仍有約百萬册的古籍留存，入選『國家珍貴古籍名録』的善本已達三百一十九種，位居全國同類城市前列。其中的蘇州鄉邦文獻，歷宋元明清，涵經史子集，寫本刻本，交相輝映。此外，散見於海内外公私藏家的蘇州文獻更是不可勝數。它們載録了數千年傳統文化的精華，也見證了蘇州曾經作爲中國文化中心城市的輝煌。

蘇州文獻之盛得益於崇文重教的社會風尚。春秋時代，常熟人言偃就北上問學，成爲孔子唯一的南方弟子。歸來之後，言偃講學授道，文開吴會，道啓東南，被後人尊爲『南方夫子』。西漢時期，蘇州人朱買臣負薪讀書，穹窿山中至今留有其『讀書臺』遺迹。兩晉六朝，以『顧陸朱張』爲代表的吳郡四姓涌現出大批文士，在不少學科領域都貢獻卓著。及至隋唐，蘇州大儒輩出，《隋書・儒林傳》十四人入傳，其中籍貫吳郡者二人；《舊唐書・儒學傳》三十四人入正傳，其中籍貫吳郡（蘇州）者五人。文風之盛可見一斑。北宋時期，范仲淹在家鄉蘇州首創州學，並延名師胡瑗等人教授生徒，此後縣學、書院、社學、義學等不斷興建，蘇州文化教育日益發展。故明人徐有貞云：『論者謂吾蘇也，郡甲天下之郡，學甲天下之學，人才甲天下之人才，偉哉！』在科舉考試方面，蘇州以鼎甲萃集爲世人矚目，清初汪琬曾自豪地將狀元稱爲蘇州的土産之一，有清一代蘇州狀元多達二十六位，占全國的近四分之一，由此而被譽爲『狀元之鄉』。近現代以來，蘇州在全國較早開辦新學，發展現代教育，涌現出顧頡剛、葉聖陶、費孝通等一批大師巨匠。中華人民共和國成立後，社會主義文化教育事業蓬勃發展，蘇州英才輩出、人文昌盛，文獻著述之富更勝於前。

蘇州文獻之盛受益於藏書文化的發達。蘇州藏書之風舉世聞名，千百年來盛行不衰，具有傳承歷史長、收藏品質高、學術貢獻大的特點，無論是卷帙浩繁的圖書還是各具特色的藏書樓，以及延綿不絶的藏書傳統，都成爲中華文化重要的組成部分。據統計，蘇州歷代藏書家的總數，高居全國城市之首。南朝時期，蘇州就出現了藏書家陸澄，藏書多達萬餘卷。明清兩代，蘇州藏書鼎盛，絳雲樓、汲古閣、傳是樓、百宋一廛、藝芸書舍、鐵琴銅劍樓、過雲樓等藏書樓譽滿海内外，彙聚了大量的珍貴文獻，對古代典籍的收藏保護厥功至偉，亦於文獻校勘、整理裨益甚巨。《舊唐書》自宋至明四百多年間已難以考覓，直至明嘉靖十七年（一五三八），聞人詮在蘇州爲官，搜討舊籍，方從吳縣王延喆家得《舊唐書》『紀』和『志』部分，從長洲張汴家得《舊唐書》『列傳』部分，『遺籍俱出宋時模板，旬月之間，二美璧合』，于是在蘇州府學中槧刊，《舊唐書》自此得以彙而成帙，復行於世。清代嘉道年間，蘇州黄丕烈和顧廣圻均爲當時藏書名家，且善校書，『黄跋顧校』在中國文獻史上影響深遠。

蘇州文獻之盛也獲益於刻書業的繁榮。蘇州是我國刻書業的發祥地之一，早在宋代，蘇州的刻書業已經發展到了相當高的水平，至今流傳的杜甫、李白、韋應物等文學大家的詩文集均以宋代蘇州官刻本爲祖本。宋元之際，蘇州磧砂延聖院還主持刊刻了中國佛教史上著名的《磧砂藏》。明清時期，蘇州成爲全國的刻書中心，所刻典籍以精善享譽四海，明人胡應麟有言：『凡刻之地有三，吴也、越也、閩也。』他認爲『其精，吴爲最』，『其直重，吴爲最』。又云：『余所見當今刻本，蘇常爲上，金陵次之，杭又次之。』清人金埴論及刻書，仍以胡氏所言三地爲主，則謂『吴門爲上，西泠次之，白門爲下』。明代私家刻書最多的汲古閣、清代坊間刻書最多的掃葉山房均爲蘇州人創辦，晚清時期頗有影響的江蘇官書局也設於蘇州。據清人朱彝尊記述，汲古閣主人毛晉『力搜秘册，經史而外，百家九流，下至傳奇小説，廣爲鏤版，由是毛氏鋟本走天下』。由於書坊衆多，蘇州還産生了書坊業的行會組織崇德公所。明清時期，蘇州刻書數量龐大，品質最優，裝幀最爲精良，爲世所公認，國内其他地區不少刊本也都冠以『姑蘇原本』，其傳播遠及海外。

蘇州傳世文獻既積澱着深厚的歷史文化底藴，又具有穿越時空的永恒魅力。從范仲淹的『先天下之憂而憂，後天下之樂而樂』，到顧炎武的『天下興亡，匹夫有責』，這種胸懷天下的家國情懷，早已成爲中華民族精神的重要組成部分，傳世留芳，激勵後人。南朝顧野王的《玉篇》，隋唐陸德明的《經典釋文》、陸淳的《春秋集傳纂例》等均以實證明辨著稱，對後世影響深遠。明清時期，馮夢龍的《喻世明言》《警世通言》《醒世恒言》，在中國文學史上掀起市民文學的熱潮，具有開創之功。吴有性的《温疫論》、葉桂的《温熱論》，開温病學研究之先河。蘇州文獻中蘊含的求真求實的嚴謹學風、勇開風氣之先的創新精神，已經成爲一種文化基因，融入了蘇州城市的血脉。不少蘇州文獻仍具有鮮明的現實意義。明代費信的《星槎勝覽》，是記載歷史上中國和海上絲綢之路相關國家交往的重要文獻。鄭若曾的《籌海圖編》和徐葆光的《中山傳信録》，爲釣魚島及其附屬島嶼屬於中國固有領土提供了有力證據。魏良輔的《南詞引正》、嚴澂的《松絃館琴譜》、計成的《園冶》，分别是崑曲、古琴及園林營造的標志性成果，這些藝術形式如今得以名列世界文化遺産，與上述名著的嘉惠滋養密不可分。

維桑與梓，必恭敬止；文獻流傳，後生之責。蘇州先賢向有重視鄉邦文獻整理保護的傳統。方志編修方面，范成大《吴郡志》爲方志創體，其後名志迭出，蘇州府縣志、鄉鎮志、山水志、寺觀志、人物志等數量龐大，構成相對完備的志書系統。地方總集方面，南宋鄭虎臣輯《吴都文粹》、明錢穀輯《吴都文粹續集》、清顧沅輯《吴郡文編》先後相繼，收羅宏富，皇皇可觀。常熟、太倉、崑山、吴江諸邑，周莊、支塘、木瀆、甪直、沙溪、平望、盛澤等鎮，均有地方總集之編。及至近現代，丁祖蔭彙輯《虞山叢刻》《虞陽説苑》，柳亞子等組織『吴江文獻保存會』，爲搜集鄉邦文獻不遺餘力。江蘇省立蘇州圖書館於一九三七年二月舉行的『吴中文獻展覽會』規模空前，展品達四千多件，並彙編出版吴中文獻叢書。然而，由於時代滄桑，圖書保藏不易，蘇州鄉邦文獻中『有目無書』者不在少數。同時，囿於多重因素，蘇州尚未開展過整體性、系統性的文獻整理編纂工作，許多文獻典籍仍處於塵封或散落狀態，没有得到應有的保護與利用，不免令人引以爲憾。

進入新時代，黨和國家大力推動中華優秀傳統文化的創造性轉化和創新性發展。習近平總書記强調，要讓收藏在博物館裏的文物、陳列在廣闊大地上的遺産、書寫在古籍裏的文字都活起來。二〇二二年四月，中共中央辦公廳、國務院辦公廳印發《關於推進新時代古籍工作的意見》，確定了新時代古籍工作的目標方向和主要任務，其中明確要求『加强傳世文獻系統性整理出版』。盛世修典，賡續文脉，蘇州文獻典籍整理編纂正逢其時。二〇二二年七月，中共蘇州市委、蘇州市人民政府作出編纂《蘇州全書》的重大決策，擬通過持續不斷努力，全面系統整理蘇州傳世典籍，着力開拓研究江南歷史文化，編纂出版大型文獻叢書，同步建設全文數據庫及共享平臺，將其打造爲彰顯蘇州優秀傳統文化精神的新陣地，傳承蘇州文明的新標識，展示蘇州形象的新窗口。

『睹喬木而思故家，考文獻而愛舊邦。』編纂出版《蘇州全書》，是蘇州前所未有的大規模文獻整理工程，是不負先賢、澤惠後世的文化盛事。希望藉此系統保存蘇州歷史記憶，讓散落在海内外的蘇州文獻得到挖掘利用，讓珍稀典籍化身千百，成爲認識和瞭解蘇州發展變遷的津梁，並使其中藴含的積極精神得到傳承弘揚。

觀照歷史，明鑒未來。我們沿着來自歷史的川流，承荷各方的期待，自應負起使命，砥礪前行，至誠奉獻，讓文化薪火代代相傳，並在守正創新中發揚光大，爲推進文化自信自强、豐富中國式現代化文化内涵貢獻蘇州力量。

《蘇州全書》編纂出版委員會

二〇二二年十二月

凡　例

一、《蘇州全書》(以下簡稱『全書』)旨在全面系統收集整理和保護利用蘇州地方文獻典籍，傳播弘揚蘇州歷史文化，推動中華優秀傳統文化傳承發展。

二、全書收録文獻地域範圍依據蘇州市現有行政區劃，包含蘇州市各區及張家港市、常熟市、太倉市、崑山市。

三、全書着重收録歷代蘇州籍作者的代表性著述，同時適當收録流寓蘇州的人物著述，以及其他以蘇州爲研究對象的專門著述。

四、全書按收録文獻内容分甲、乙、丙三編。每編酌分細類，按類編排。

(一)甲編收録一九一一年及以前的著述。一九一二年至一九四九年間具有傳統裝幀形式的文獻，亦收入此編。按經、史、子、集四部分類編排。

(二)乙編收録一九一二年至二〇二一年間的著述。按哲學社會科學、自然科學、綜合三類編排。

(三)丙編收録就蘇州特定選題而研究編著的原創書籍。按專題研究、文獻輯編、書目整理三類編排。

五、全書出版形式分影印、排印兩種。甲編書籍全部采用繁體竪排；乙編影印類書籍，字體版式與原書一致；乙編排印類書籍和丙編書籍，均采用簡體横排。

六、全書影印文獻每種均撰寫提要或出版説明一篇，介紹作者生平、文獻内容、版本源流、文獻價值等情況。影印底本原有批校、題跋、印鑒等，均予保留。底本有漫漶不清或缺頁者，酌情予以配補。

七、全書所收文獻根據篇幅編排分册，篇幅適中者單獨成册，篇幅較大者分爲序號相連的若干册，篇幅較小者按類型相近原則數種合編一册。數種文獻合編一册以及一種文獻分成若干册的，頁碼均連排。各册按所在各編下屬細類及全書編目順序編排序號。

讀禮通考

〔清〕徐乾學 撰

據中國國家圖書館藏清康熙間稿本影印。

提要

《讀禮通考》一百二十卷，清徐乾學撰。

徐乾學（一六三一—一六九四），字原一，號健菴。清崑山人。康熙九年（一六七〇）進士，授編修，歷遷日講起居注官、侍講學士、内閣學士、左都御史、刑部尚書等職。清初大儒顧炎武外甥，與弟秉義、元文皆官貴文名，時稱『崑山三徐』。家富藏書，闢傳是樓以貯，有《傳是樓書目》《傳是樓宋元板書目》傳世。主持編修《明史》《大清會典》《大清一統志》，編刻《通志堂經解》，著有《資治通鑒後編》《憺園文集》等。

宋朱熹因王安石廢罷《儀禮》，乃以《儀禮》爲經，擷取《禮記》及諸經史雜書有關於禮者，編纂《儀禮經傳通解》三十七卷，惜未完。後其弟子黄榦、楊復分别續撰《喪禮》十五卷、《祭禮》十四卷，仍有缺憾。有鑒於此，徐乾學居母憂之際，研讀《喪禮》，積十餘年，數易其稿，後得萬斯同等人襄助，終成《讀禮通考》。

《讀禮通考》凡一百二十卷，分喪期、喪服、喪儀節、葬考、喪具、變禮、喪制、廟制八門，每門之下又細分子目。先經史，次群籍，凡有關於喪禮者靡不搜輯，按時代排列，輔之表圖。喪期表詳列歷代異同，綱舉目張，經緯咸具；儀節圖、名物圖備載喪禮儀節與器物，圖文並茂，相得益彰。徐氏並加按語，梳理喪禮沿革，考辨古今聚訟。如卷二十六『心喪』節引《孟子》『王子有其母死者，其傅爲之請數月之喪』，趙岐、朱熹皆以王子所生之母死，厭于嫡母而不敢終喪解之，徐氏謂《儀禮》有父厭子之文，無嫡厭妾之文，嫡母不厭庶母甚明，此王子之母本以父在不得服，非因嫡母之故也。按斷有據，言之成理。此書體大思精，包羅宏富，集古今喪禮研究之大成。後在朱彝尊建議下，欲修吉、軍、賓、嘉四禮，方事排纂而卒。秦蕙田《五禮通考》即因襲徐書而成，雖列『凶禮』一門，惟補徐書未備。朱彝尊稱『摭采之博而擇之也精，考據之詳而執之有要，此天壤間必不可少之書也』，四庫館臣亦謂『古今言喪禮者，蓋莫備於是焉』。

本次影印以中國國家圖書館藏清康熙間稿本爲底本，原書高二十七・一厘米，廣十七・六厘米。書前有朱彝尊序及徐乾學子徐樹穀識語，鈐有『文選樓』『阮氏琅嬛仙館收藏印』『南陵徐氏仁山珍藏』諸印，知其曾經阮元、徐文達遞藏。稿本多有批注和浮簽，校正誤字，訂正格式，説明禮圖，補充按斷，後多被冠山堂刻本吸收，可知冠山堂刻本即據此稿本刊刻。

禮有五喪祭重矣曲臺之記石渠之論議於喪禮尤詳焉晉人崇尚莊老宜其自放禮法之外而於喪禮變除假寧之同異獨斷斷辨難若杜預衛瓘袁準孔倫陳銓劉逵賀循環濟蔡謨劉德明葛洪孔衍之徒均有撰述宋齊以降言凶禮者不乏自唐從五禮之名置凶禮第五於時許敬宗李義府上顯慶新禮以為凶事非臣子所宜言去國恤一篇自是天子凶禮遂闕宜柳宗元以不學訕之也迨宋講學日繁而言禮者寡於凶事少專書朱子家禮盛行於民間而世之儒者於國恤不復措意其僅存可稽者杜氏通典馬氏通考已焉嗚呼慎終追遠之義輟而不講斯民德之日歸於薄矣刑部尚書崑山徐公居母憂讀喪禮撰通考一書再期而成尋於休沐之暇瀏覽載籍又增益之凡一百二十卷摭采之

博而擇之也精考據之詳而執之有要此天壤間必不可少之書也當
孝莊太皇太后崩公時由禮部侍郎遷都察院左都御史仍直史館自初喪及啓殯禮無纖鉅
天子惟公是咨公斟酌古今之宜附中使入奏悉中條理蓋公於是書默識於心宜其折衷靡不當上結
主知誠稽古之效矣公歸田後開雕是書彝尊因勸公并修吉軍賓嘉四禮庶成完書公喜劇即編定體例分授諸子方事排纂而公逝又二年先以刊完喪禮行世彝尊夙承公命作序至是乃書其大略若全書綱要公發凡舉例已詳言之後之覽者可以見公用力之勤也已康熙三十有五年夏四月幾望秀水朱彝尊序

先大夫讀禮通考草創於康熙丁巳時居王母顧太夫人之憂憫喪禮之流失邪説溺人寖以成俗舊典棄而不講臨時注厝多不遵禮乃蒐詩古今喪紀因革廢興之由分別部居先經史次羣籍而近世名公碩儒之議論亦附載於其後更以己意疏通證明俾疑義盡析蓋閱十有餘年三易藁迺成猶未敢以為無憾而即安也時復與朱太史竹垞及萬季野顧伊人閻百詩諸君子商榷短長博綜器數量度人情斟酌繁簡務期不悖於古而可行於今凡一百二十卷歲庚午予告歸里頻罹憂患精力耗減喟然曰此身後之書冀過此以往更有所得今已憊度不能復進於是矣

聖上方以孝治天下錫類興仁萬世一時微臣出此書以風海内使民德歸厚亦轉移風俗之助也遂付剞劂

又以五禮尚闕其四而凶禮如荒弔襘恤之目亦未備因編定體例命樹穀兄弟次第排纂厥功未及什之二三而遽遭大故樹穀兄弟輩寢伏草土間奄奄視息一切世事都廢尋念先大夫讀禮通考一書不可以中輟因使訖工再期而始脫板撫手澤之猶存想聲容之髣髴悁乎有餘悲焉益孳孳夙夜而不能自已者矣康熙三十五年夏五月男樹穀敬識

讀禮通考凡例

一是書之作大綱有八一曰喪期則以儀禮喪服篇為主而凡古今之論服制者皆附見焉先倣國史之例撰表三篇自斬衰三年至緦麻三月以及殤服而國恤亦備載為卷者二十有九一曰喪服古今五服制度及變除次第有圖有表為卷者八一曰喪儀節則以儀禮之士喪禮既夕士虞禮三篇為主而唐之開元禮宋之政和禮司馬氏之書儀朱子之家禮明之會典五書自疾病以至挽歌凡言喪之儀節者皆附見焉其歷代國恤之儀以類而從為卷者四十有四一曰葬考凡葬次葬法以及祭墓而歷代山陵之制亦以類而從為卷者十有三一曰喪具凡附於身附於棺周於椁者皆具

載焉參考歷代品式一之以　本朝制度為卷者六一曰變禮本黄勉齋舊説六篇今并聞喪奔喪為一篇又有緩葬渴葬改葬暨後世父母乖離不知存亡親柩被焚墓毀制服諸事各自為類亦附於末為卷者七一曰喪制本之古制以及今日通行之制有變古復古守禮過於禮不及禮違禮者并為論次而二氏禮異俗禮亦及焉為卷者十有一一曰廟制孝子報本追遠莫重於祭自王侯以迨士庶有圖有説悉為詳考其制度為卷者二總得百有二十卷而古今之喪禮略備矣

一儀禮十七篇其全言喪禮者凡四篇喪服士喪禮既夕士虞禮其不言喪禮而可為喪祭之用者一篇特牲饋食禮其言它禮而間有及於喪禮者一

篇聘禮也禮記四十九篇其全言喪禮者十三篇檀弓上下曾子問喪服小記雜記上下喪大記奔喪問喪服問間傳三年問喪服四制也其它曲禮王制禮器玉藻大傳少儀諸篇有言及喪禮者復採之得數十百條大要儀禮一書載喪禮者十之三禮記一書載喪禮者十之四今於二禮之傳注凡諸家說有可採者莫不蒐入非但有資於喪禮并於二書之精義頗有所發揮亦可為經學之一助云

一先王之禮至後世而廢失殆盡其猶存什一於千百者喪禮而已即古儒先之論說亦於喪禮頗詳蓋送死人之大事為人子者自有同心也今是編之中不論禮之沿革說之同異莫不盡載蓋禮非

一家之禮則說當備諸家之說若必專主其一而槩棄其餘何以折衷至理厭服羣心故匪獨先王之巨典不敢少遺即末俗之陋習亦不敢或漏凡以資人之採擇庶幾送死之禮得以考鏡焉

一是編之中上自王朝下迄民俗前自三古後迄於今凡簡籍中所載有及於喪禮者無不採入自知繁而鮮要然意主備考則其說不可不博云

一是編之作始於康熙十六年之春時居先太夫人之喪因有事於此書苫次先為蒐輯又數年而輟簡以為讀禮時所定也遂名之為讀禮通考云

一是編之中有一事而兩見者如士喪禮小斂後易括髮免髽說一見於免髽篇一見於小斂篇前則欲考喪服之制度不可得而略也後則欲考行禮

之次第不可得而刪也觀者審之

一是編之中有一條而經本同文今分見於兩處者如喪大記居倚廬數節其言居處則載廬室篇其言應對則載言語篇以事既分門不容混載而無別也有一語而幾處可載今止載一處者如雜記言喪小功以上非虞祔練祥無沐浴勉齋經傳通解分載虞祔練祥四處茲則但載於虞祭篇以義可總貫不必分析而始明也觀者審之

一是編之中採列諸家之說本以歷代前後為次第而說取類從義貴條貫不無前後錯置者程子張子朱子之說例用大字以別之或其說有未盡合者或義止訓詁者亦用小字諸家之說例用小字間有事關典制者亦用大字至於膚見臆說敢用

大字意取標顯極知僭妄故低四格以示貶抑觀者原之

一古今議禮之家莫詳於晉亦莫善於晉其時廟堂之上學士大夫各執經以立論咸粲然可觀實後代所不及如後母之子為前母制服及父母不知存亡子行喪制服之議事出創見禮所不及者亦皆辨之成理可為後世遭變禮者之準如此之類咸為採入以繼於禮經之後庶幾處禮之常者既有所考見而處禮之變者亦得以折衷云

一國恤儀注隋以前皆有之而書軼不傳唯後漢書頗載其說至許敬宗輩脩顯慶禮惑於孔志約蕭楚材之言削去國恤不載而蕭嵩輩脩開元禮因之故唐之國恤無可考猶幸杜氏通典載大唐元

陵儀注其間始末頗備於今可考節目之詳者唯此而已迨宋之政和禮明之集禮亦復不載國恤今於宋則採宋史及文獻通考於明則採會典及歷朝實錄雖禮文未備其規模次第亦約略可覩矣茲編自國恤之外有山陵考與夫即位奠殯喪畢吉祭大喪廢樂國忌上陵神御皆國恤之類其宅若神主廟制名諱之屬亦皆有天子喪制合而觀之而古今國恤之禮亦盡萃於斯矣

一議禮之家古稱聚訟宜一以經為斷然作者謂聖而有經述者謂明而有傳厥後師傳曹習注疏論辨各家雜然並興所聞異辭所傳聞又異辭經可信不敢舍經而從傳傳可信不敢舍傳而從各家然亦有經不足而不得不取之於傳傳不足而取

之注疏論辨者輯書之法宜補偏救弊者此也經傳而下家是一説言人人殊其間質之於理之所是反之於心之所安權之於時勢之升降迭變必有可行者焉有不可行者焉則劑量其曲直輕重從其可而不從其所不可輯書之法宜財成斷制者此也乃又有先後異宜堅白兩可從一説而未備執兩端以互形有若言六義則商賜分鑣贊一辭則游夏咋舌是不得不考詳臚數以俟秉禮之儒提衡異同折衷今古輯書之法宜有案而無斷者此也覽者詳之

一禮以義起亦與時宜方今内寧外謐之朝際此制度考文之盛律令既著其科條典禮復布於方策吉凶咸備葬祭有經文質彬彬曠越前古矣然而

政殊沿革學辨源流行禮則崇尚　本朝窮經則考詳百代是以孔子從周夏殷是監子輿言徹貢助均宜況乎以三禮為經史志為緯故專門之業注疏兼收歷代相承典章遞舉而歸極於　國朝之掌故品物度數悉準現行定制譬夫一簣為山亦若先河後海庶俾稽古者信而有徵居今者動而無過蓋尊所聞則嫺升降之端行所知則凜一王之制云爾徐乾學識

讀禮通考引用書目

儀禮註疏
禮記註疏
尚書註疏
春秋左傳註疏
春秋穀梁傳註疏
孝經註疏
爾雅註疏
國語
朱子儀禮經傳通解
楊復儀禮圖
汪克寬經禮補逸
王志長儀禮註疏刪翼

周禮註疏
周易註疏
毛詩註疏
春秋公羊傳註疏
論語註疏
孟子註疏
大戴禮記
孔子家語
黄榦儀禮經傳通解續
敖繼公儀禮集説
郝敬儀禮節解
萬斯大儀禮商

呂大臨禮記解
方慤禮記解義
陳祥道禮記講義
應鏞禮記纂義
陳澔禮記集説
禮記集説大全
黄乾行禮記日録
曹學佺禮記明訓
陸元輔禮記辯疑
易祓周禮總義
葉時禮經會元
郝敬周禮完解
吴澂三禮考註

陸佃禮記解
馬希孟禮記解
胡銓禮記傳
衛湜禮記集説
吴澂禮記纂言
徐師曾禮記集註
郝敬禮記通解
王翼明禮記補註
王昭禹周禮詳解
王與之周禮訂義
陳友仁周禮集説
聶崇義三禮圖
湛若水二禮經傳測

劉績三禮圖
貢汝成三禮纂註
蔡沈書集傳
朱子詩集傳
胡安國春秋傳
家鉉翁春秋集傳詳說
春秋大全
朱子中庸章句或問
劉敞七經小傳
萬斯同羣經雜說
吕柟禮問
吴肅公讀禮問
萬斯大學禮質疑

鄧元錫三禮編繹
汲冢周書
韓詩外傳
陸淳春秋集傳纂例
張洽春秋集傳
趙汸春秋集傳
朱子論語集註
朱子孟子集註
朱睦㮮五經稽疑
陳祥道禮書
應撝謙禮學彙編
朱董祥讀禮紀略
車垓内外服制通釋

徐駿五服集證
駱問禮居喪答問
顧清制服私議
太常因革禮
大金集禮
顏之推家訓
朱文公家禮
義門鄭氏家儀
仇氏家範
黄佐鄉禮
姚翼家規通俗編
宋纁四禮初編
李本讀禮疑圖

俞汝諧古今服制沿革
韓如璜喪禮説
大唐開元禮
政和五禮新儀
大明集禮
温公書儀
丘濬家禮儀節
馮善家禮集説
陳獻章四禮條件
孫氏家乘
陳龍正家矩
吕坤四禮翼　四禮疑
大學衍義

大學衍義補
漢書
三國志
宋書
梁書
魏書
周書
南史
舊唐書
五代史記
遼史
元史
李燾續資治通鑑長編

史記
後漢書
晉書
南齊書
陳書
北齊書
隋書
北史
唐書
宋史
金史
資治通鑑
王宗沐續資治通鑑

薛應旂續資治通鑑
資治通鑑綱目
續資治通鑑綱目
蘇轍古史
羅泌路史　路史發揮
羅苹路史註
馬驌繹史
王偁東都事略
韓愈順宗實錄
明太祖實錄
成祖實錄
仁宗實錄
宣宗實錄
英宗實錄
憲宗實錄
孝宗實錄
武宗實錄
世宗實錄
穆宗實錄
神宗實錄
光宗實錄
熹宗實錄
西漢會要
東漢會要
唐會要
五代會要

宋會要
杜氏通典
元典章
嘉靖祀典
東觀漢紀
胡宏皇王大紀
張唐英蜀檮杌
崔鴻十六國春秋
柳芳唐曆
柯維騏宋史新編
曾鞏隆平集
李心傳建炎以來朝野雜記
大政記

唐六典
元經世大典
明會典
皇甫謐帝王世記
鄭文寶江表志
續晉陽秋
元經薛氏傳
蕭方三十國春秋
吴兢貞觀政要
吴任臣十國春秋
范祖禹仁皇訓典
劉時舉續宋中興編年
鄭曉吾學編

鄧元錫函史　明書

李贄續藏書

何喬遠名山藏

徐學聚國朝典彙

彭百川太平治蹟統類

姜寳秘史

譚遷國榷

許重熙五朝注略

南京太常寺志

竇儀開寳刑統

大清律

馬端臨文獻通考

王應麟漢制考

沈國元兩朝從信錄

鄧球泳化編

焦竑獻徵錄

朱國楨史概

張萱西園聞見錄

黃景昉國史唯疑

朱鷺建文書法儗

甲申傳信錄

唐律疏議

明律

鄭樵通志

王圻續文獻通考

王粲漢末英雄記

真德秀西山讀書記　朱子語類
朱子名臣言行録　續名臣言行録
徐咸名臣言行前後録　伊洛淵源録
續伊洛淵源録　郭凝之孝友傳
郭凝之明孝友傳　孫奇逢理學宗傳
黄宗羲明學案　胡寅讀史管見
于慎行讀史漫録　朱董祥經史辯疑
酈道元水經注　劉澄之地記
栝地志　王存九域志
十道志　圖經
李吉甫元和郡縣志　宋次道長安志
范成大吳郡志　桂海虞衡志
樂史太平寰宇記　歐陽忞輿地廣記

祝穆方輿勝覽
丹陽記
常璩華陽國志
白裒魯國地記
陸翽鄴中記
孫國敉燕都游覽志
馬歡瀛涯勝覽
江寧府志
山東通志
廣東通志
廣州府志
費信星槎勝覽
李因篤芹城小志

程大昌雍錄
三輔黄圖
韋節西蕃記
圈稱陳留風俗傳
劉侗帝京景物略
周達觀真臘風土記
曹能始名勝志
會稽志
博物志
紹興府志
盛弘之荆州記
張昇瀛涯勝覽
張敦頤六朝事迹

元混一方輿勝覽　明一統志
譚吉璁肅松錄　顧炎武昌平山水記
鄭麟趾高麗史　日本考
列子　荀子
墨子　莊子
管子　韓子
呂氏春秋　孔叢子
淮南子　賈誼新書
董仲舒春秋繁露　劉向新序　說苑
班固白虎通德論　王符潛夫論
王充論衡　應劭風俗通義
蔡邕獨斷　荀悅申鑒
崔寔政論　徐幹中論

崔豹古今註
劉勰文心雕龍
王通中說
西京雜記
搜神後記
劉熙釋名
遁甲開山圖
段成式酉陽雜俎并續
王叡炙轂子
康駢劇談錄
王定保摭言
陶穀清異錄　蕉牕雜記
趙明誠金石錄

劉義慶世說新語
桓譚新論
王子年拾遺記
于寶搜神記
皇覽
伏侯古今注
封演見聞記
陸龜蒙笠澤藂書
李涪刊誤
李匡義資暇錄
姚汝能安祿山事迹
歐陽修集古錄
金坡遺事

俞文豹吹劒錄
宋敏求春明退朝錄
王洙談錄
江休復嘉祐雜志
侯師聖雅言
張來明道雜志
孫宗鑑東皐雜錄
宋祁筆記
五色線
事祖廣記
姚寬西溪叢語
黃長睿東觀餘論
張師正倦游錄

王鞏聞見近錄
丁謂晉公談錄
沈括夢溪筆談
孔平仲談苑
陳師道後山叢談
王栐燕翼詒謀錄
張表臣珊瑚鉤詩話
釋文瑩玉壺清話
高承事物紀原
徐廣却埽編
吳均續齊諧記
葉夢得石林燕語
吳曾能改齋漫錄

康譽之昨夢錄
周煇清波别志
岳河程史　愧郯錄
陸游家誡
王應麟困學紀聞
周必大思陵錄
洪邁容齋隨筆
陸游老學菴筆記
趙彥衛雲麓漫鈔續鈔
荆谿吳氏林下偶談
王闢之澠水燕談
周密齊東野語　癸辛雜識
黄氏日鈔

訪碑錄
王楙野客叢書　野老紀聞
陳思寶刻叢編
朱彧可談
魏了翁古今考　渠陽雜鈔
陳善捫蝨新語
程大昌演繁露并續
王明清揮麈錄
羅大經鶴林玉露
張端義貴耳集
戴植鼠璞
志雅堂雜鈔
苗耀神麓記

陸友仁研北雜志　吾衍學古編
潘昂霄金石例　陶宗義輟耕錄
林坤誠齋雜記　吴自牧夢粱錄
謝綽宋拾遺錄　宙載
行朝錄　沈德符野獲編
孫緒無用閒談　姚旅露書
徐咸西園雜記　趙璘因話錄
宋濂蘿山雜言　葉盛水東日記
陶宗儀說郛　鄭瑗井觀瑣言
羅欽順困知記　何孟春餘冬序錄
敖英東谷贅言　都穆聽雨紀談
楊慎丹鉛總錄　藝林伐山　潘損楮室記
劉世節瓦釜漫記　郎瑛七脩類藁

伍袁萃林居漫錄
鄭曉今言
在田錄
客座贅語
張獻翼家兒私語
萬表灼艾集
陳絳金罍子
錢希言戲瑕
王兆雲説圃識餘
朱國禎湧幢小品
張懋脩譚乘
桓寬鹽鐵論
徐𤊹筆精

杜環經行記
高岱鴻猷錄
守潼宣訓
朱茂曙兩京求舊錄
于慎行筆塵
周錫玄亭閒話
張鼎思瑯琊代醉編
王可大國獻家猷
白頭閒話
唐書新語
輯桺編
任昉文章緣起
何承天纂文

劉定之否泰錄　裴啓語林
藝文類聚　百川學海
王應麟玉海　太平御覽
太平廣記　白孔六帖
顧炎武日知錄　金石文字記
京兆金石錄　沈節甫紀錄彙編
陳仁錫八編類纂　顧夢麟中菴瑣錄
田汝成炎徼紀聞　王圻稗史彙編
章潢圖書編　唐順之稗編
山堂肆考　册府元龜
事文類聚　稗海
羅頎物原　田藝衡香宇外集
顧大韶放言　鄭思肖心史

許慎說文
羊虎雜錄
馮鑑續事始
歷代名臣奏議
文允堅異林
王行墓銘舉例
顧湄咫聞錄
俞安期唐類函
瞿式耜愧林漫錄
顧起元說略
黃百家北游紀方
來知德日錄
邵寶日格子

合璧事類
崇禎遺錄
陳繼儒秘笈五集
朱彝尊吉金貞石志
方中履古今辨疑
李文瓚鹿溪新語
陸元輔菊隱紀聞
葉夢禮教家類纂
張文嘉齊家寶要
梅枝鳳質疑
章俊卿山堂先生羣書考索
張爾岐續篤終論　謹俗論
王順之復齋碑錄

彭時可齋雜記
黃瑜雙槐歲鈔
北堂書鈔
陳沂蓄德錄
李豫亨推篷寤語
雷次宗豫章記
楚辭
婁機漢隸字源
韓愈昌黎集
柳宗元柳州文集
孫何集
歐陽修六一居士集
司馬光傳家集

蔣一葵長安客話
明科貢錄
徐學謨世廟識餘錄
黃公紹韻會舉要
閻若璩潛丘劄記
袁褧金聲玉振集
洪适隸釋　隸續
陶潛靖節集
皇甫湜集
李翺文公集
韓琦安陽集
劉敞公是先生集
蘇洵嘉祐集

曾鞏南豐類藁
楊杰無為集
蘇轍欒城集
程頤伊川集
徐積節孝先生集
張九成橫浦集
張耒宛丘集
葉夢得石林集
陸九淵象山集
張栻南軒集
黃榦勉齋集
葉適水心集
真德秀西山集

王安石臨川集
蘇軾東坡集
程顥明道集
陳襄古靈集
張載崇文集
范祖禹太史集
王十朋梅谿集
胡寅斐然集
朱熹晦菴集
呂祖謙東萊集
陳傅良止齋集
陳淳北溪集
趙順孫集

何基集
王柏魯齋集
熊禾勿軒集
袁桷清容居士集
陳旅安雅堂集
許謙白雲集
宋濂潛溪集
陶安學士集
胡翰仲子集
魏觀蒲山集
方孝孺遜志齋集
烏斯道春草集
解縉春雨集

魏了翁鶴山集
文天祥文山集
吳澂草廬集
歐陽玄圭齋集
虞集道園類藁
明太祖御製集
劉基文成公集
王禕忠文公集
蘇伯衡文集
趙汸東山集
王奭媯蜼子集
王行半軒集
楊士奇東里文集

薛瑄敬軒集
楊守陳文懿公集
謝鐸桃溪集
羅倫一峰集
章懋楓山集
賀欽醫閭集
王鏊震澤集
蔡清虚齋集
邵寶容春堂前集
羅欽順整菴存藁
何孟春大簡集
何瑭柏齋集
崔銑洹詞

吳與弼康齋集
李東陽懷麓堂集
何喬新椒丘文集
陳獻章白沙子集
程敏政篁墩文集
吳寬家藏集
林俊見素集
儲巏柴墟集
羅玘圭峰集
王守仁陽明全書
徐問山堂萃藁
王廷相家藏集
薛蕙西原集

顧清東江集
湛若水甘泉集
李濂川甫集
韓邦奇苑洛集
張邦奇文定集
楊慎升菴集
陸粲子餘集
舒芬梓溪集
歐陽德南野集
唐順之荊川集
王問仲山集
王慎中遵巖集
許讚松皐集

何景明大復集
顧璘息齋存藁
呂柟涇野文集
魏校莊渠遺書
霍韜渭厓集
鄒守益東廓集
夏言桂洲集
黃佐泰泉集
羅洪先念菴集
程文德松谿集
金賁亨一所集
徐階世經堂集
潘恩笠江集

周怡訥谿集
田汝成叔禾集
陸樹聲文定公集
王世貞弇州四部槀
黄省曾五岳山人集
歸有光震川集
趙用賢松石齋集
張獻翼文起堂集
顧憲成涇皐藏稿
謝肇淛小草齋集
金九皐抱甕集
高攀龍高子遺書
孫慎行玄晏齋集

熊過南沙集
薛應旂方山集
趙貞吉文肅集
王宗沐敬所文集
姜寶鳳阿集
于慎行穀城山館文集
伍袁萃逸我軒草
鄧元錫潛學槀
焦竑澹園集
尤鏜紅箱集
陶望齡歇菴集
郝敬山草
董應舉崇相集

錢謙益初學集　有學集
陳瑚確菴文集
汪琬鈍翁類藁
魏禧叔子集
李良年秋錦山房集
華悰韡慮得集
宋文鑑
陳龍正幾亭全書
黄宗羲南雷文案
柴紹炳文鈔
楊瑀旭樓集
董文驥微泉閣集
唐文粹
元文類

讀禮通考目錄

經筵講官禮部左侍郎兼翰林院學士教習庶吉士充大清會典一統志副總裁明史總裁徐乾學

妾為君　　女子子在室為父

子嫁反在父室為父

公士大夫之衆臣為其君已上儀禮

卷六　喪期六　斬衰三年下

父卒為祖後者喪服傳　父在為祖謂父有篤疾于代父執喪

為曾祖後　天子女嫁諸侯為父

諸侯女嫁大夫為父　諸侯諸臣為天子

五屬之親為諸侯

士為國君大夫之適子為君如士服○天子卿大夫適子為天子如士服○已上儀禮

為高祖後戴德喪服記　婦為舅唐律

夫為祖曾祖高祖承重者妻從夫政和禮

為人後者承其祖朱子家禮　子為母適母同

為人後者為所後母及所後祖母

天子女嫁諸侯為母　諸侯女嫁大夫為母已上注疏

父卒為君母　繼母為長子

為人後者為所後祖母

為曾高祖後者為曾高祖母已上戴德喪服變除篇

父在為母　婦為姑已上唐律

養母宋開寶禮　生母宋會要

女在室為母　女嫁反在室為母已上明集禮

卷八　喪期八　齊衰杖期

父在為母　妻

出妻之子為母　繼母嫁從為之服報已上儀禮

祖父在適孫為祖母　士庶子父在為母

父沒大夫適子為妻　子為嫁母已上注疏

適子衆子為庶母

夫之昆弟之子　公妾大夫之妾為其子
女子子為祖父母
大夫之子為世父母叔父母子昆弟昆弟之子姑
姊妹女子子無主者為大夫命婦者唯子不報
大夫為祖父母適孫為士者
公妾及士妾為其父母已上儀禮
為王后周禮　為姑在室
為姊妹在室　為女子子在室
王為適曾孫適玄孫適來孫
始封之君為諸父昆弟始封君之子為諸父
兄弟俱為諸侯　適子父在為妻
士妾為君之衆子已上注疏　舅姑為適婦唐律
父所生庶母開寶禮　嫁母出母為其子

大夫為宗子　舊君
曾祖父母為士者如衆人
女子子嫁者未嫁者為曾祖父母已上儀禮
畿内之民為天子
内宗五屬之女嫁於庶人從為國君已上注疏
高祖父母女子子作室及嫁者同○開元禮

卷十二　喪期十二　大功九月

姑姊妹女子子適人者
從父昆弟　為人後者為其昆弟
庶孫　適婦
女子子適人者為衆昆弟
姪丈夫婦人報　夫之祖父母世父母叔父母
大夫為世父母叔父母子昆弟昆弟之子為士者

公之庶昆弟大夫之庶子為母妻昆弟
皆為其從父昆弟之為大夫者
為夫之昆弟之婦人子適人者
大夫之妾為君之庶子
女子子嫁者未嫁者為世父母叔父母姑姊妹
大夫大夫之妻大夫之子公之昆弟為姑姊妹女
　子子嫁於大夫者
君為姑姊妹女子子嫁於國君者已上儀禮
為人後者其妻為舅姑喪服小記
為夫之兄弟喪服記
女適人者為伯叔父兄弟姪
為衆子婦已上唐律　為兄弟之女適人者報
為人後者為其姑姊妹在室者報

為兄弟之子婦本載家禮然開元禮有為夫之伯叔父母報服此即伯叔父母之報服

為夫兄弟之子婦本載政和禮即伯叔母之報服

出母為女子子適人者女報同。政和禮女適人者為出母即報服。已上開元禮

女適人者為姑姊妹兄弟及兄弟之子

女適人者為伯叔母

姑姊妹兄弟為兄弟姪為人後者已上政和禮

附為人後者為本生祖父母服議通典

卷十三　喪期十三　緦衰　小功五月上

諸侯之大夫為天子儀禮。緦衰止此一條

從祖祖父母從祖父母報政和禮為兄弟之孫為夫兄弟之孫家禮為兄弟孫女之在室者即從祖祖父母報服父政和禮為同堂兄弟之子為夫同堂兄弟之子家禮為從兄弟之女在室者即從祖父母報服

從祖昆弟　從父姊妹

孫適人者　為人後者為其姊妹適人者

為外祖父母開元禮母出為繼母之父母兄弟從母從此條別出

從母丈夫婦人報

夫之姑姊妹娣姒婦報政和禮女在室及適人者為兄弟姪之妻即此姑姊妹報服

大夫大夫之子公之昆弟為從父昆弟庶孫姑姊妹女子子適士者　大夫之妾為庶子適人者

庶婦　君母之父母從母

君子子為庶母慈己者已上儀禮

卷十四　喪期十四　小功五月下

舅　為兄弟妻

為夫之兄弟已上唐律　甥顯慶禮

女適人者為從父兄弟本政和禮然開元禮中有為從父姊妹適人者報一條此即報服

為從祖祖姑在室者報

為從祖姑姊妹在室者報

為適孫之婦　同母異父兄弟姊妹報（已上開元禮）

為人後者為其從父兄弟

女適人者為其兄弟姪之為人後者（已上政和禮）

卷十五　喪期十五　緦麻三月上

族曾祖父母　族祖父母

族父母　族昆弟

庶孫之婦

從祖姑姊妹適人者報（政和禮女適人者為同室兄弟之子及女之出嫁者女適人者為從祖兄弟姊妹即此報服）

外孫　庶子為父後者為其母

士為庶母　貴臣貴妾

乳母　從祖昆弟之子

曾孫　父之姑

從母昆弟　甥

為兄弟之曾孫女在室同○本載政和禮然開元禮有族曾祖父族曾祖姑報即係此條

為從父兄弟之孫本政和禮然開元禮有族祖父族祖姑在室報即係此條

為夫兄弟之曾孫本載政和禮然開元禮有族曾祖母報即此報服

為夫同堂兄弟之孫本載政和禮然開元禮有族祖母報

為族姊妹

為人後者為本生外祖父母

女適人者為從祖父母報政和禮為夫從父兄弟之女適人者即此報服家禮為從父兄弟之女出嫁者亦即報服

為兄弟之孫女適人者報

為夫之從祖兄弟之子已上開元禮

舅母

女適人者為兄弟之孫

為夫兄弟之孫女適人者

女適人者為從祖祖父母為從祖祖姑

女適人者為從祖姑已上政和禮

為從兄弟之妻

為夫之從父兄弟

為夫之從祖祖姑

昆弟之下殤　大夫庶子為適昆弟之下殤
為姑姊妹女子子之下殤
為人後者為其昆弟從父昆弟之長殤
為夫之叔父之長殤
昆弟之子女子子夫之昆弟之子女子子之下殤
為姪庶孫大夫婦人之長殤
大夫公之昆弟大夫之子為其昆弟庶子姑姊妹
女子子之長殤　大夫之妾為庶子之長殤已上儀禮
為從父兄弟姊妹之長殤開元禮〇已上小功五月
庶孫之中殤　從祖父從祖昆弟之長殤
從父昆弟姪之下殤　夫之叔父之中殤下殤
從母之長殤報　夫之姑姊妹之長殤
從父昆弟之子之長殤

變除表

卷三十七　喪服八

通論

卷三十八　喪儀節一

疾病

卷三十九　喪儀節二

正終（疾者齊止適室圖）

卷四十　喪儀節三　初終上

始死（始卒禮圖）　復

遷戶　楔齒綴足

始死奠　帷堂

命赴拜賓　哭位

君使弔（君使人弔襚圖）　致襚

附蕃國舉哀弔喪儀　不伐喪

大喪廢樂　后喪廢樂

皇妃親王公主皇親喪廢樂

卷七十八　喪儀節四十一　國恤十三

國忌　生忌

忌月　神御

卷七十九　喪儀節四十二　國恤十四

天子為親藩外戚制服臨喪儀

太皇太后皇太后皇后為父母親屬制服臨喪儀

卷八十　喪儀節四十三　國恤十五

皇太子為親藩外戚制服臨喪儀

皇太子妃為父母親屬制服臨喪儀

天子敕使弔奠冊贈親藩外戚儀

布巾圖
賀圖
衾圖
夷衾圖
明衣圖
角柶圖
握手圖
纊極圖
飯珠圖
浴槃圖
夷牀圖
駔圭圖
明旌圖

冒圖
殺圖
紟圖
絞圖
角枕圖
燕几圖
決圖
含貝圖
玉柙圖
夷槃圖
浴牀圖
重圖
魂帛

凶門柏歷

卷九十六　喪具二

帷
池
褚
齊
魚
披
幕
布幃
竹格圖
抗木
茵圖
紼
綷

荒圖
振容
紐
戴
翣圖
褕絞
帟
珠節子
折圖
抗席圖
引
撥
功布圖

卷九十七　喪具三

桐人　芻靈
四神十二時　塗車
茅馬　木馬
看果　賵方圖
遣策圖　衡
籠　茶
葦蒲　蚕
樓櫊褥　黃腸題湊
堲周　鐵帳
鐵盆　鐵山　銅斗
灰隔
卷九十八　喪具四
碑圖　便房

卷九十九　喪具五

墓銘
埋銘
石塔銘
殯表
石函
石室
石祠
石闕
石鏡
瓴甓壇
墓圖
石刻畫像禮器
石獸

壙銘
石槨銘
墓表
石像
石臺
石壁
石柱
石筍
華表
券臺
學堂　繡堂
石人

讀禮通考目錄

京師圖書館收藏之印

二匙一匙筯瓶一椀二楪十二橐二木造者班劒一
牙仗一金裹立瓜二金裹骨朵二金裹戟二金裹響
節二交椅一脚踏一馬杌一鞵馬六鎗一劒一斧一
弩一食卓一牀一屏風一拄杖一箱一交牀一橙二
香卓一僕從使令人數木造者樂工十六人執儀仗
二十四人控士六人女使十人四神四人朱雀玄武青龍白虎門

~~大葬~~墓中所用器皿九十件本色造者金二鼓二紅
旗二拂子二紗羅蓋一鞍籠一弓二箭三竈一釜一
火鑪一錫造金裹白水灌一甲一頭盔一臺盞一杓
一壺瓶一酒甕一唾壺一水盆一香鑪一燭臺二香
合一香匙一香筯二香匙筯瓶一茶鍾一茶盞一筯

神二人武士十人並高一尺雜物婁六壁一簏笥䈶椑
衿鞶各一笣二筲三糧漿瓶二油瓶一紗厨一暖帳一
束帛青三段纁二段每段長一丈八尺

顧湄曰有所垂之謂象、有所效之謂法、有所作之謂則、喪五服皆取陽數奇者、方性夫曰陽所以致生、陰所以致死、之死
而致生之、孝子不忍死其親之意也、其説精矣、加隆焉爾也使倍之注訓焉為然、陸農師訓是[redacted]左傳晉鄭焉依、
陸德明釋文云發聲也較直捷
國語作是[redacted]無甚意義、

増入方慤後の頁

讀禮通考卷一

日講官起居注左春坊左贊善兼翰林院檢討崑山徐乾學

喪期

表上

徐乾學曰上古喪期無數中古聖人以親疎定服術上殺下殺旁殺而別為再期期九月七月五月三月之喪有恩有理有節有權著於經禮卜子傳之後代有因革或重而輕或輕而重矣有而略而後詳其見於載紀者貞觀二律司馬氏之書儀朱子之家禮以及會典稱情立文各有其義顧分雜辨其同異乃倣國史之表舉目而百世之典咸在茲哉

讀禮通考　卷一

綏者然其於元獨未之詳卞也……傳僅見
於典章一編列圖凡六而爲伯叔凡弟期不杖於姑
姊妹則杖爲嫡婦緦麻而爲衆婦大功當時議禮者
不應若是之悖（謬）蓋未敢信故寧闕之

斬衰三年

儀禮 註疏幷周禮及禮記	父	諸侯爲天子	君	父爲長子
唐律	同			
開元禮 分正服加服降服義服	同 正二			同 加三 重其當先祖之正體又將代已爲宗廟主故
政和禮 分正服加服降服義服	同 正二			同 加二
司馬書儀	同			父爲嫡長子 亦謂當爲後者
朱子家禮 分正服加服降服義服	同 正二			父爲嫡子 當爲後者
明集禮 分正服加服降服義服	同 正二			父爲嫡子 加三
明會典 孝慈録	子爲父母	增		父爲嫡子 改入不杖期條
今制	同			

	為人後者	妻為夫	妾為君	女子子在室為父	子嫁反在父之室為父
	為人後者為所後父 為父所後祖承重者亦如之	同	同	同	
子不得為長子三年不繼祖與禰也于庶子之嫡孫乃為其嫡子三年矣	同〔義一〕受重故三年為所後祖亦如之凡為人後者不以嫡子也	同〔義二〕夫尊而親	同〔義三〕妾謂夫為君	同〔正二〕女子重子者別于男子言在室則服	同〔正三〕遭喪後而出者始服齊衰周出而虞則受以三年之服既虞而出則小祥亦如之既
	同〔義二〕註同 唐律	同〔義三〕	同〔義四〕註同	統于子為父內	
	同 註同唐律	同	同	同 統於子	
	同〔義五〕	同〔義四〕	同	同 統於子	同 統於子
	同〔義二〕	同〔義三〕	妾為主	同〔正三〕已許嫁同	同〔正三〕謂父喪期年內被出者
	為人後者為所後父母〔增〕 同	妻妾為夫 同	統于妻 妾為家長	女在室為父母〔增〕 同	女嫁反在室為父母 謂已嫁被出歸在父母家者 同

讀禮通考　卷一　二

		父在為祖
儀禮	公士大夫之衆臣為其君布帶繩屨	父卒然後為祖後者服斬[傳]
唐律		孫為祖後承重 謂當為祖後者為高祖曾祖後亦如之
開元禮	除喪而出則已	嫡孫為祖[加二]謂承重者
	國官為其君 布帶繩屨既葬除之	同[加二]謂承重者
		同
朱子		嫡孫父卒為祖為高曾祖後承重者同[加二]
明集禮		
明會典	增	嫡孫為祖同父母承重及曾高祖父母承重者同 父故嫡孫為祖承重服若父祖俱亡而子孫為曾高祖後者同 增

見注疏謂父有篤疾子代父執喪

為曾祖後 見注疏即曾孫承重　後世皆同統于孫承重下

天子女嫁諸侯為父 見注疏

諸侯女嫁大夫為父 見注疏以上二條皆言已嫁不降服

諸侯諸臣為天王斬

讀禮通考　卷一

儀禮	衰（見周禮）五屬之親 為諸侯（見喪服小記） 士為國君（見服問）	為高祖後（見大戴德喪服記）	
唐律		後世皆同統于孫承重	婦為舅其夫為祖後者妻亦從服凡婦服夫黨當喪而出則除之 增
開元			
政和			同（義一）夫為祖曾高祖後者其妻從服亦如之 增
司馬			同 注同唐律 宋以上皆同統于為人後下
朱子			同（義一） 為所後者承其祖 增
明集禮			同（義一）
明會典			婦為舅姑 即公婆 增 為人後者 為所後祖

同　同

讀禮通考　卷一　四

父母承重　增

庶子爲所生母　增　同嫡母　同

子爲繼母　增　同妻同

子爲慈母　母卒父命他妾養己者　增　同妻同

子爲養母　謂自幼過房與人　增　同妻同

夫爲人後　同　則妻從服　增

	斬衰
儀禮	
唐律	
開元	
政和	
司馬	
朱子	
明集禮	
明會典	庶子之妻同為夫之所生父母增 夫之嫡母同

右斬衰三年
儀禮一十一條
注疏七條
戴德一條以上第一格平行查之
唐律一條第二格平行查之
宋政和禮一條見第四格婦為舅小註
家禮一條第六格平行查之
明孝慈録一十三條第八格平行查之後倣此

齊衰

	母
儀禮	父卒則為
唐律	增 子為母
開元	同〔正二〕舊禮父卒為母今改與父在同○上元中定制
政和	同〔正一〕
司馬	同
朱子	
明集禮	同〔正二〕父之庶子為其母同為父後則降
明會典	子為母
	改同於父

三年

繼母如母	慈母如母	母為長子	妾為君之長子 喪服記	為所後者之妻 喪服傳	孫為祖母
		母為嫡子			嫡孫承重
同 加一 繼母之配父與親母同 同	同 加三 妾之無子者妾子之無母者父命為子生則養之如母死則喪之如母貴父之命也	母為長子	同 義二 與嫡妻同不敢輕服夫之正統		為祖後者
為繼母 義二	為慈母 義三 謂妾無子妾子無母父命為母子	同 加三 謂父服斬衰者	同 義五		嫡孫為祖
		母為嫡長子			同唐律
同 義一	為慈母 義二	母為嫡子 加三 當為後者 加四	同 義五		嫡孫父卒
同 義一	同 義三 謂庶子無母父命他妾之無子者慈己	母為長子	妾為主之長子	為人後者為所後母	同開元禮
改入斬衰條	改入斬衰條	改入不杖期條	改入不杖期條	改同於父	改入斬衰條

儀禮	承重（喪服小記）　庶子為祖庶母後者（喪服小記）　士庶子父卒為所生母　大夫庶子父卒為所生母（二條注疏言無厭降）
唐律	祖卒為祖母
開元	祖卒為祖母［正二］（為曾高祖後者為曾高祖亦如之）
政和	母［加二］
司馬	
朱子	為祖母若［加三］高曾祖母承重［加二］
明集禮	
明會典	

天子女嫁諸侯爲母

諸侯女嫁大夫爲母二條見注疏言不降

父卒爲君母謂庶子爲嫡母

繼母爲長子

爲人後者爲所後祖母

爲曾高祖

以上統于孫承改同于祖重

儀禮	後者爲曾高祖母以上四條見戴德喪服變除					
唐律		婦爲姑其夫爲祖後者妻亦從服祖姑增				
開元						
政和		同儀禮夫爲曾高祖後其妻從服亦如之	養母見宋開寶禮謂收養遺棄三歲兒增	生母見宋會要增		
司馬		同唐律		無		
朱子		婦爲姑夫承重則從服				
明集禮		婦爲姑			女在室爲母已許嫁同增	女嫁反在
明會典		改同于舅	改入斬衰條	改同于父	改入斬衰條	改同于父

室為母 謂母喪期年內被出者 增

右齊衰三年
儀禮四條
禮記四條
注疏四條
戴德四條
唐律二條
宋制二條
明制二條

齊衰杖

父在為母 改入齊衰三年

改入斬衰條

妻
同
夫為妻 義二
同 義三
同
同 義三
同 義二
同
同

出妻之子
為嫁母出
父卒母嫁
同 降一 為生己者若為父
同唐律
子為出母
同 降二 報服亦同
同 即親生母因父卒改
同

期

儀禮	為母	父卒繼母嫁從為之服報 嫁母服經無文疏謂繼母嫁從為之服則親母可知 增	祖父在嫡孫為祖母
唐律	母報服 謂報母服其子亦同為父後則無服		
開元	及出妻之子為母皆報 正二 父卒為父後者為嫁母無服母猶服之不為出母之黨服則為繼母之黨服	同 義二 若繼母出則不服若繼母出嫁子從而寄育則服不從則不服	為祖後者祖在為祖
政和	後則不服母猶服之	同 義二 謂繼母嫁而已從之寄育者若不從或繼母出則不服	嫡孫祖在為祖母 正二
司馬			
朱子	嫁母 降二	父卒繼母嫁而已從之者 義二 子為父後則為嫁母出母及繼母嫁俱無服	嫡孫父卒祖在為祖
明集禮		父卒嫡繼養慈母歸宗為之服若改嫁從之者為之服 報服亦同	同開元禮
明會典	嫁及父在被出者	父卒繼母改嫁而已從之者 今不杖	改入斬衰章

杖期如故

見喪服小記註

士庶子父在為母 注見 疏

父卒大夫嫡子為妻 見注疏

母為曾祖高祖後者亦如之 正三

母

嫡子衆子同為庶母 謂父之妾 增

嫡子衆子同之妻為夫

之庶母（增）

右杖期

儀禮四條

注疏四條子為嫁母附見父卒繼母嫁從為之服報注

明制二條

齊衰不杖期

儀禮	祖父母	世父母叔父母	大夫之嫡子為妻	昆弟	為衆子
唐律	同女出嫁者亦同			兄弟	同
開元	同〔正二〕父所生庶母亦同惟為祖後乃不服	同上〔正三〕		為兄弟〔正三〕	同〔正四〕衆子者長子之弟
政和	同〔正二〕女適人同餘注同上	同〔正三〕		同〔正三〕	同〔正四〕註同上
司馬	同女出嫁者亦同	為伯叔父母		同	同
朱子	同〔正二〕	為伯叔父〔正三〕		同〔正四〕	為衆子及
明集禮	同〔正二〕父所生庶母亦同	同〔正三〕		同〔正三〕	為衆子男
明會典	孫為祖父母女雖適人不降	為伯叔父母即伯伯母叔叔嬸嬸		同	父母為嫡
	同	同		同	同女在

女在室與嫁而無夫與子者[正十六]

及妾子凡父母於子舅姑于婦并傳重于嫡孫所傳重非嫡及養子為後者服之皆如衆子婦服

長子及衆子[增]

室同繼母為長子衆子同

昆弟之子兄弟之子為兄弟之同[正五]

子[正十五]女在室亦然報之

同

同[正十七]

同[正十五]

為兄弟之子及兄弟之女在室者即姪男及姪女

同

大夫之庶子為適昆弟後世統于昆弟內

適孫

同

為嫡孫[正十六]有嫡子則無嫡孫凡為後承嫡

同[加二]註同上

同亦謂當為後者

為嫡孫及曾元孫當

同[加二]

祖為嫡孫

同

儀禮	為人後者為其父母報	女子子適人者為其父母昆弟之為父後者中有二條	
唐律		女適人者為父母服喪 小記未練而出則三年既練而出則已未練而反則期既練而反遂之	
開元	者雖曾孫元孫與孫同 同降三 凡為人後者本親降一等其妻又降一等	女子子適人者為其父母降三	女子子適人者為兄弟之為父
政和	同降三 父母為其子之為人後者降四	女適人者為父母降五 所降之服未滿被出者不降服已除被出而本服未除者不服凡女適人應降之服未除已除被出者准此	同加二
司馬	同	同唐律	
朱子	為後者加二 為人後者為其本生父母降五	女適人者為其父母	女適人為其兄弟之當為父後
明集禮	同降二 報服亦同	同	同加三
明會典	為人後者為其父母 即本生父母	女出嫁為父母	同
	同 父報 同	同	同

繼父同居者

為夫之君

姑姊妹女子子適人無主者姑姊妹報（姑姊）

後者【加四】（出嫁猶不降為父後者婦人有歸宗之義故不自絶其族類）

為繼父同居者【義三】（子無大功之親與之適人所適者亦無大功之親是謂繼父同居繼父之子不從服為繼父不報）

為繼父同同【義三】

為姑姊妹女子子在室及適人無主者姑

為姑姊妹及適人無祭主者【正六】（謂無夫與子為祭主者　婦人無夫）

為姑姊妹女在室（雖適人無夫與子者亦同）

者【加三】

繼父同居同【義三】

父子兩無大功之親者【義十二】

為在室之同

姑姊妹及嫁無夫與子者【正五】（女在室者）

為繼父同同

居兩無大功之親者（謂繼父無子孫，伯叔兄弟已身亦無伯叔兄弟之類）

、、在室及同

雖適人而無夫與子者為其兄

讀禮通考　卷一　十

儀禮	妹女子子在室各見注疏增	為君之父母妻長子祖父母	妾為女君妾為嫡妻	婦為舅姑	夫之昆弟之子
唐律					
開元	姊妹報〔正八〕無主無祭主謂無夫與子人之所哀憐不忍降之		同〔義三〕嫡妻不為妾服	同〔義五〕其夫為高祖曾祖後者其妻從服亦如舅姑	夫之兄弟之子〔義六〕男女同報
政和	與子者為其兄弟及兄弟之子〔正七〕		同〔義四〕	宋太祖時改舅斬衰三年姑齊衰三年	同〔義六〕
司馬			同		同
朱子	為兄弟姊妹及兄弟之子其適人而無夫與子者同〔正九〕姊妹即嫁相為服〔正十一〕		妾為女君〔義八〕謂夫之正室		同〔義四〕
明集禮			同〔義四〕		同男女同
明會典	弟及兄弟之子姊妹及姪女在室者同		妾為嫡妻同		婦人為夫同親兄弟之子及女在室者

公妾大夫之妾為其子	女子子為祖父母	大夫之子為世父母叔父母子昆弟昆弟之子姑姊妹女子子無主者為
	附於子	
妾為其子同〔正九〕〔正八〕	同〔正八〕雖出嫁猶不敢降其祖　附於子	
同	附於子	
同〔正十一〕	附於子	
同〔正十〕	同	
妾為主之長子及衆子及所生子同	附於子	

儀禮	大夫命婦者惟子不報父所不降子亦不降	大夫為祖父母適孫為士者	公妾以及士妾為其父母	為王后見周禮昏義	王為適曾孫適元孫
唐律					唐宋以後附適孫下
開元			妾為其父母降一凡妾為私親如衆人		
政和			同降二		
司馬					
朱子			同降四		
明集禮			同降三		
明會典			同		

無

適來孫見周禮司服疏

始封之君為諸父昆弟

始封君子為諸父見傳註

兄弟俱為諸侯見注疏

適子父在為妻注云不杖以父為之主也

父在則為妻不杖降一又父母在者為妻義三

父在不杖

儀禮	士妾為君之衆子〔見注疏〕			
唐律		舅姑為嫡婦　增		
開元	妾為君之庶子〔義四〕	同〔義七〕其夫應三年者然後為其婦齊衰同		
政和	妾為君之衆子〔義五〕	同〔義七〕	父所生庶母　開寶禮　增	嫁母出母為其子〔降一〕　增
司馬		同		
朱子	同	同〔義三〕〔義五〕舅姑分二條	庶子之子為父之母而為祖後則不服〔正三〕謂父是庶出者已在承祖後則不為父所生母服	同〔降三〕子雖為父後猶服
明集禮	妾為主之衆子	同〔義六〕	同　附見祖父母條	
明會典	幷入前已生子條	父母為長子婦	無	同
		同	無	無

繼母嫁爲前夫之子從己者（義一）	增	
同（義六謂非親生者）		
同	妾爲家長父母（增見明律）	同
無		

右不杖期

儀禮二十二條

注疏十條（爲姑在室爲姊妹在室爲女子子在室三條附見姑姊妹女子子適人無主者）

小註

唐律一條

宋制三條

明制四條（爲嫡長子并入爲衆子下）

丈

齊衰五月 唐貞觀增

儀禮		
唐律		
開元	為曾祖父母[正三]本三月以其降殺太多故新議改從五月增	女子子在室及嫁者為曾祖父母[正三]增
政和	同[正三]女適人者同	
司馬	同女出嫁者亦同	
朱子	同[正三]	女為曾祖父母雖適人不降[正三]
明集禮	同[正三]	女為曾祖父母[正三]出嫁同 附於子
明會典	同女雖適人不降	

同

右齊衰五月
唐制二條

齊衰三月

儀禮	寄公為所寓	大夫婦人為宗子宗

子之母妻

為舊君君之母妻

庶人為國君

大夫在外其妻長子為舊國君

繼父不同居者

同〔義〕先同今異繼父有子及有大功之親雖同居住亦為異居原不同者不服

同〔義〕註亦同

同居繼父為繼父不為繼父先同

同居今不同居者

有子及已同居〔義〕謂先同今異

有大功以上親者

為繼父雖同

同居而兩

儀禮	曾祖父母	大夫為宗子	舊君	曾祖父母為士者如衆人大夫不敢降其祖	女子子嫁者未嫁者為曾祖父
唐律	唐改五月				
開元					
政和					
司馬					
朱子					
明集禮					
明會典	有大功以上親者				

母

畿內之民為天子〔見注疏〕

內宗五服之女嫁於庶人從為國君〔見注疏〕

為高祖父母〔四〕重其衰尊尊也減其月恩殺也 增

同〔正〕女適人者同

同 女出嫁者亦同

同

同

同 女雖適人不降

同

女子子在室及嫁者

附于前條

附于前條

女為高祖父母〔正三〕適人者不

同

附于前條

同

儀禮	唐律	開元	政和	司馬	朱子	明集禮	明會典
		爲高祖父母（加三不敢降其祖也）增			降		

右齊衰三月

儀禮一十一條

注疏二條

開元禮一條

讀禮通考卷二

喪期

表中

喪服傳曰年十九至十六為長殤十五至十二為中殤十一至八歲為下殤不滿八歲以下為無服之殤無服之殤以日易月以日易月之殤殤而無服故子生三日則父名之死則哭之未名則不哭也○其長殤皆九月纓絰中殤皆七月不纓絰開元禮○殤者未成人而死可哀傷也男子已娶女子許嫁皆不為殤哭之以日易月服周者哭之十三日大功九日小功五日緦麻三日○朱子曰凡為殤服以次降一等應服期者長殤降服大功九月中殤七月下殤小功五月應服大功以下以次降等○明會典○古禮有三殤年十九至十六為長殤十五至十二為中殤十一至八歲為下殤長殤中殤降正服一等下殤降長殤中殤一等即生三日至七歲者為無服之殤其已娶已嫁則服之如成人具載大明令

儀禮	唐律	開元禮	政和禮	司馬書儀	朱子家禮	明集禮	明會典

殤大功九月七月

儀禮	注疏及周禮禮記附	子女子子之長殤中殤	叔父之長殤中殤	姑姊妹之長殤中殤	昆弟之長殤中殤	夫之昆弟之子女子
唐律						
開元	分正服加服降服義服	同 正二	同 正三	同 正三	為兄弟之長殤中殤 正四	為夫之兄弟之子女
政和	分正服加服降服義服	為子之長殤中殤 正一	同 正三	同 正四	為兄弟之子長殤中殤 正五 此條不同	為夫之兄弟之子長
司馬						
朱子	分正服加服降服義服					
明集禮	分正服加服降服義服	同 正二 男女同	同 正三	同 正三	為兄弟之長殤中殤 正四	同 義二 男女同
明會典	即孝慈錄	省	省	省	省	省

子之長殤中殤	適孫之長殤中殤	大夫之庶子爲適昆弟之長殤中殤	大夫爲嫡子之長殤中殤	公爲適子之長殤中殤
子子之長殤中殤〔義二〕	同〔正五〕嫡曾孫嫡元孫亦同			
殤中殤〔義一〕	同〔正三〕			
	同〔正五〕			
	省			

大功九月

開元政和集禮皆曰成人大功

儀禮	殤	右殤大功九月七月 儀禮七條	姑姊妹女子子適人者	
唐律			同		
開元			爲姑姊妹適人者報 降三	爲女子子適人者 降二 出降者兩女各出不再降兩男各爲人後者亦如之	爲兄弟之女適人者報 降四 增
政和			爲姑姊妹適人者 降二	同 降三	同 降六
司馬			爲女姑姊妹兄弟之女適人者		
朱子			爲姑姊妹適人者 降三	爲女適人者 降二	并前條
明集禮			爲姑姊妹及兄弟女適人者 降三	爲女適人同 降二	并前條
明會典			爲姑及姊妹兄弟之女出嫁者同	爲女之出嫁者同	并前條

從父昆弟

為人後者為其昆弟

為從兄弟

為人後者為其兄弟姑姊妹 降五 凡男為人後女適人者為其私親大功以下各降一等准此

為從父兄弟 正三 今謂之同堂兄弟姊妹在室者同

為人後者為其兄弟

為人後者為其姑姊妹在室者報 降六 增

為從父兄弟姊妹 正一 謂同堂兄弟姊妹

為人後者為兄弟姑姊妹 降八

為從兄弟

為人後者同唐律 註亦同

為從父兄弟及姊妹之在室者 正二 謂堂兄弟姊妹

為人後者為其本生兄弟及姑姊妹在室者 降六

為同堂兄弟 姊妹在室同

為人後者為其兄弟 降五 報服同

為人後者為其姑姊妹在室者 降七 報服同

同

為人後者為其兄弟姑姊妹在室者同

儀禮		庶孫	適婦	女子子適人者為衆昆弟
唐律		為庶孫	唐改不杖期	女適人者為伯叔父兄弟姪 增
開元		同[正三]女在室亦然		
政和	姑姊妹兄弟為兄弟姪為人後者[降九]即上報服 增	為衆孫[正三]男女同凡稱者准此		女適人者為姑姊妹兄弟及兄弟之子[降三] 增
司馬		為庶孫		女適人者為伯叔父母兄弟姪
朱子	為兄弟之子為人後者[降三]	為衆孫男及孫女之在室者[正三]		女適人者為衆兄弟及衆兄弟之子[降四]
明集禮		同[正三]		女適人者為兄弟姪[降三]姑姊妹及姪女在室同
明會典	同	祖為衆孫女在室同		女出嫁為本宗兄弟及兄弟之子
	同	同祖母為衆孫嫡孫同		同

姪丈夫婦人報 傳曰謂我姑者我謂之姪○疏姪之名惟對姑生○敖曰言丈夫婦人明男女皆謂之姪也

女適人者為伯叔父 降七

女適人者為伯叔母 義五

女適人者為伯叔父母姑姊妹及兄弟之女在室者 降五

女適人者為伯叔父 降六 報服同

女出嫁為本宗伯叔父母 同

女出嫁為本宗姑姊妹及兄弟之女在室者 同

夫之祖父母世父母叔父母 同

為夫之祖父母 義二

為夫之伯叔父母報 義三 報者旁尊不足以尊降 增

同 義一

為夫伯叔父母 義三

同 三條合為一

為夫之祖父母伯叔父母兄弟之子婦 義三 謂姪婦

為夫之祖父母 義二

同 即姑之公婆

同

為夫之伯叔父母 義三

同 即夫之伯伯姆姆叔叔嬸嬸

同

為兄弟子

同 即姪婦

同

儀禮	大夫為世父母叔父母子昆弟昆弟之子為士者　公之庶昆弟大夫之庶子為母妻昆弟皆為其從
唐律	
開元	
政和	為夫兄弟子之婦〔義三〕
司馬	
朱子	
明集禮	之婦〔義三〕即上報服　為夫兄弟子之婦〔義四〕
明會典	同即夫之姪婦同

父昆弟之為大夫者 注皆言其互相為服

為夫之昆弟之婦人子適人者 註婦人子猶言女子子

大夫之妾為其君之庶子女子子嫁者未嫁者為世父母叔父

為夫之兄弟女適人者報 義三

同 義四

同 義四

婦人為夫兄弟女之嫁人者 同

儀禮	母姑姊妹 傳妾爲君之黨服得與女君同 大夫大夫之妻大夫之子公之昆弟爲姑姊妹女子子嫁於大夫者 君爲姑姊妹女子子嫁於國君者
唐律	
開元	
政和	
司馬	
朱子	
明集禮	
明會典	

為人後者其妻為舅姑（出喪服小記）

為夫之兄弟（出儀禮喪服記）

為人後者其妻為本生舅姑（義四）同（義六）

開元禮定為五月後世因之

為衆子婦（義五）增　同（義七）

出母為女子子適人者（降三女報同）增

出母為女適人者（降四）

女適人者為出母（降五）

同

同（義五）

同（義二）

同（義五）

同（義六）

夫為人後者其妻為夫本生父母　同

父母為衆子婦　同

緦衰（大功之下小功之上）殤小

	緦衰	殤小
儀禮	諸侯之大夫為天子	叔父之下殤
唐律		
開元		同[注二]
政和		同[注三]
司馬		
朱子		
明集禮		為叔父姑姊妹兄弟 省
明會典		

右成人大功九月
儀禮一十五條
喪服小記一條
喪服傳一條
唐律一條
開元禮五條
政和禮三條

右緦衰
儀禮一條

功五月

適孫之下殤

昆弟之下殤

大夫庶子為適昆弟之下殤

為姑姊妹女子子之下殤

同正五

同正四

為姑姊妹之下殤正三

為子女子子之下殤正二

同正二

同正五

同正四

為子之下殤正一

之下殤

同正一

并叔父下

并叔父下

為男女之下殤正二

省

省

省

省

儀禮	為人後者為其昆弟從父昆弟之長殤		為夫之叔父長殤	昆弟之子女子子夫之昆弟之
唐律				
開元	為人後者為其兄弟之長殤〔降一〕	為人後者為其姑姊妹之長殤〔降三〕	同〔義二〕	為兄弟之子女子子之下殤〔正六〕
政和	為人後者為其姑姊妹兄弟之長殤〔降三〕	并前條	同〔義二〕	為兄弟子之下殤〔正六〕
司馬				
朱子				
明集禮	同〔降二　男女同〕	并前條	同〔義二〕	同〔正五　男女同〕
明會典	省	省	省	省

子女子子之下殤

為姪庶孫丈夫婦人之長殤

大夫公之昆弟大夫之子為其

為夫之兄弟之子女子子之下殤〔義二〕

為夫兄弟之子下殤〔義二〕

為姪丈夫婦人之長殤〔降三 出嫁姑為之服〕

女適人者為兄弟之子長殤〔降三〕

為庶孫丈夫婦人之長殤〔正八〕

為眾孫之長殤〔正八〕

同〔義二 男女同〕

者

出嫁姑為姪之長殤〔降三 男女同〕

者

為眾孫長殤〔正四 男女同〕

者

讀禮通考　卷二

儀禮	昆弟庶子姑姊妹女子子之長殤 大夫之妾為庶子之長殤
唐律	
開元	為從父兄弟姊妹之長殤〔正七〕
政和	同〔正七〕
司馬	
朱子	
明集禮	同堂兄弟姊妹之長殤
明會典	省

右殤小功五月

儀禮一十一條

唐制一條

小功五月

從祖祖父同
母從祖父
母報

為從祖祖
父報正二祖之兄弟也兄弟之孫女在室者亦如之
為從祖祖
父正二謂祖之兄弟
為從祖祖
父母祖之兄弟及妻
為從祖祖
父及從祖
祖姑之在
室者正二即伯祖父叔祖父祖姑母
為伯叔祖
父母正二
同謂祖之兄弟即伯公伯婆叔公叔婆
同

為從祖祖
母報義二祖之兄弟妻
為從祖祖
母義二
為從祖祖
母義二即伯祖母叔祖母

為兄弟之同
孫正三即上報服
為兄弟之
孫及女之
在室者正四即姪孫
為兄弟之
孫正三
為兄弟之
孫女在室
者正三
為兄弟之
孫及兄弟
之孫女在
室者正十三即姪孫
同

為夫兄弟同
為夫兄弟
為夫兄弟
為夫兄弟
同

儀禮					
唐律					
開元		為從祖父 報〔正三〕父之同堂兄弟同堂兄弟之女在室者亦如之	為從祖母 報〔義二〕父之同堂兄弟妻		
政和	之孫〔義二〕	為從祖父〔正三〕謂父之堂兄弟	為從祖母〔義三〕	為同堂兄弟之子〔正五〕即上 報服	
司馬		為從祖父母 父之從父兄弟及妻		為從兄弟之子	
朱子	之孫及女之在室者〔義九〕即夫姪孫	為從祖父及從祖姑之在室者〔正三〕即堂伯父堂叔父堂姑母	為從祖母〔義二〕即堂伯母堂叔母	為從父兄弟之子〔正五〕即堂姪	
明集禮	之孫〔義二〕	為同堂伯叔父母〔正四〕		為同堂兄弟之子〔正五〕	為同堂兄弟之女在
明會典	之孫及夫兄弟之孫女在室者	同 謂父之伯叔兄弟		同 即堂姪	同 即堂姪女
		同		同	同

從祖昆弟

從父姊妹

為夫同堂兄弟之子同〔義四〕

為夫從兄弟之子及女之在室者〔義十〕

為夫同堂兄弟之子〔義二〕

室者〔正六〕

為夫同堂兄弟之子及夫同堂兄弟之女在室者同

為從祖兄弟報〔正四〕再從兄弟

同〔正六〕

為從祖兄弟姑姊妹

為從祖兄弟及姊妹之在室者〔正三〕即再從兄弟姊妹

為再從兄弟〔正九〕

為再從兄弟及再從姊妹在室者謂同曾祖兄弟即父伯叔兄弟之子女同

為從父姊妹適人者

同〔降二〕

同〔降三〕

為同堂姊妹適人者

為同堂姊妹之嫁者同

儀禮			孫適人者	為人後者為其姊妹適人者	
唐律					
開元	報（降二同堂姊妹）		為孫女適人者（降三）	為人後者為其姑姊妹適人者（降三）	
政和		女適人者為從父兄弟（降三即上報服）	同（降三）	同（降四）	女適人者為其兄弟姪之為人
司馬					諸書無
朱子		女適人者為從父兄弟（降三）	同（降二）	為人後者為其本生姑姊妹適人者（降四）	
明集禮	（降二報服同）		同（降三）	同（降三報服同）	
明會典			同	同	
		有及堂姊妹在室	無	同	

	為外祖父母		從母丈夫婦人報			
	同 服問曰母出則為繼母之黨服不為其母之黨服母死則為其母之黨服不為繼母之黨服		為舅為從母 增 母之姊妹			
	同 正九	母出為繼母之父母兄弟從母 義九	為舅及從母丈夫婦人報 正六 母之兄弟姊妹			為甥 增 顯慶礼
後者 降六 增	同 正九	同 義九	為舅 正十		為從母 正十	為甥 正十 即上報服
	同 注同唐律	同 附外祖下	同		同	同
	同 正六 謂母之父母	同 義五	同 正六 謂母之兄弟		同 正九 即姨母	同 正六 謂姊妹之子
	同 正十	同 義八	為母之兄弟姊妹 正十	報服亦同		
	同 即外公外婆	同	同 即舅舅姨姨			為姊妹之子 即甥
	同	無	同			同

儀禮	夫之姑姊妹娣姒婦報		大夫大夫
唐律	為夫之姑姊妹		為娣姒服報
開元	為夫之姑姊妹在室及適人者報 注三		娣姒婦報 義四
政和	為夫之姑姊妹 義五適人同	女在室及適人者為兄弟姪之妻 義六	為娣姒婦 義七兄弟之妻相名也長婦謂幼婦為娣婦幼婦謂長婦為姒婦或云妯娌
司馬	同 在室適人等		為娣姒婦報
朱子	同 義十三適人者不降	女為兄弟姪之妻 義七已適人者不降	為兄弟之妻 義六
明集禮	同 義四適人同報服如之		妯娌相為服 義六
明會典	為夫之姑及夫之姊妹 在室出嫁同 同	明律服圖婦人為夫親姑夫姊妹皆小功此其報服○又律圖女在室及嫁反服同男子男子為嫂弟婦小功姪婦大功 同	為夫之兄弟及夫兄弟之妻 同

之子公之
昆弟爲從
父昆弟庶
孫姑姊妹
女子子適
士者

大夫之妾
爲庶子適
人者

庶婦

君母之父
母從母

改入大功條

爲嫡母之同〔義八〕

父母兄弟
從母〔義六〕謂妾子爲

庶子爲嫡同〔義五〕
母之父母
兄弟姊妹

同家禮

無

儀禮		君子子為庶母慈已者 君子大夫之嫡妻			
唐律			為從祖祖姑 祖之姊妹		
開元	嫡母之父母及兄弟姊妹嫡母卒為不服	為庶母慈已者 義七 謂庶母之乳養食已者	為從祖祖姑在室者報 正五 祖之姊妹 增	為從祖姑姊妹在室者報 正三 父之同堂姊妹及已再從姊妹 增	
政和		同 義十 注同	同 義八	為從祖姑 正四 謂父之同堂姊妹	為從祖姊
司馬			同	同 并入從祖兄弟條	同 并入從祖兄弟條
朱子	義四 嫡母死則不服	同 義三	同 并入從祖祖父條	同 并入從祖父條	同 并入從祖兄弟條
明集禮		同	為從祖祖姑在室者 正六 報服同	為從祖姑姊妹之在室者 正七 報服亦同	
明會典		改杖期親于庶母條	同 謂祖之親姊妹即姑婆 同	為從祖姑在室者即堂姑 見父之同堂伯叔姊妹 同	同 并入從祖兄弟條

妹（正七 謂再從姊妹）

為兄弟妻 增

嫂叔報（義十一）

為兄弟妻（義十二）

同

同（義六）

同（義九 報服亦同）

同

同

為夫之兄弟 增

同（義十三）

同

同（義十二）

同（并入娣姒條）

同

為嫡孫之婦（義八 有嫡婦則無嫡孫之婦 曾孫元孫為後者服其婦如嫡孫之婦）增

同（義十二 註亦同）

為嫡孫及為嫡孫之同

曾元孫之婦（義十七）

當為後者之婦（義七 其姑在則否）

改祖為嫡孫婦

為同母異父兄弟姊妹報（義五）增

同（正十三）

同

同（正十一）

同（正十三）

同

無

儀禮
唐律
開元
政和
司馬
朱子
明集禮
明會典

為人從者諸書無

為其從父兄弟降五增

右成人小功五月

儀禮一十三條

唐律三條為男從儀禮從母分出

顯慶禮一條

開元禮五條

政和禮二條

讀禮通考卷三

喪期

表下

儀禮大功小功殤服皆序於成人服之前惟緦麻雜敘今考開元政和禮皆分章各叙較便稽覽且唐宋又有增益之殤服勢難雜序其儀禮原序仍以次第識於下庶覽者得以考焉

殤緦麻

儀禮	注疏周禮及禮記附	庶孫之中殤 [因]註中殤當作下殤
唐律		
開元禮	分正服加服降服義服	為庶孫丈夫婦人之中殤下殤 [正三]
政和禮	分正服加服降服義服	為衆孫之中殤下殤
司馬書儀		
朱子家禮	分正服加服降服義服	
明集禮	分正服加服降服義服	同 [正三]男女同
明會典	即孝慈録	省

今制

三月

儀禮		從祖父從祖昆弟之長殤四註從祖父長殤謂叔父		從父昆弟姪之下殤四	夫之叔父
唐律					
開元	正三	為從祖叔父之長殤正三	為從祖兄弟之長殤正四	為姪丈夫婦人之中殤下殤降三出嫁姑為之服	同義二
政和		同正三	同正四		同義二
司馬					
朱子					
明集禮		同正四	同正五	出嫁姑為姪之中殤下殤降三男女同	同義二
明會典		省	省	省	省

之中殤下殤〔十二〕	從母之長殤報〔十三〕	夫之姑姊妹之長殤〔三十七〕	從父昆弟之子之長殤〔三十七〕	昆弟之孫之長殤〔三十二〕	
同〔義三〕	為舅從母之長殤〔正五〕	同〔義三〕	同〔正六〕	同〔正七〕	為從父兄
同〔義二〕	同〔正五〕	同〔義三〕	同〔正七〕	同〔正八〕	同〔正二〕
同〔義二〕	為舅姨之長殤〔正四〕	同〔義二〕	同〔正六〕	同〔正七〕	同〔正三〕
省	省	省	省		省

儀禮				
唐律				
開元	弟姊妹之中殤下殤[正三]	為從祖姑姊妹之長殤[正八]	為人後者為其兄弟之中殤下殤[降二]	為人後者為其姑姊妹之中殤
政和		同[正八]	為人後者為其兄弟之子中殤下殤[降二]	為人後者為其姑兄弟姊妹中
司馬				
朱子				
明集禮		同[正八]	同開元禮	同開元禮[降三]
明會典		省	省	省

下殤[降三]
殤下殤[降三]

為人後者同[降三]
為從父兄弟之長殤[義二]

同[降四]

省

右殤緦麻三月
儀禮八條
唐制五條

緦麻三月

族曾祖父為曾祖之兄弟姊妹
為族曾祖父報[正三曾祖之兄弟曾孫女出嫁則無服]
為族曾祖同[正三謂曾祖之兄弟]
同唐律

為族曾祖父及族曾祖姑之在室者[正二即曾伯祖曾叔祖曾祖姑出嫁者無服下]
為族曾祖父母[正三]
為族曾祖同謂曾祖之兄弟及妻即太伯公伯婆太叔公叔婆
同

族曾祖母

儀禮					
唐律		為曾祖兄弟之妻			
開元		為族曾祖母報［義二］曾祖兄弟之妻			為族曾祖姑在室者報［正十］曾祖之姊妹　增
政和		為族曾祖母［義二］	為兄弟之曾孫［正四］即上報服　增	為夫兄弟之曾孫［義二］　增	為族曾祖姑［正三］謂曾祖之姊妹
司馬		同唐律			附于曾祖之兄弟
朱子	同	為族曾祖母［義二］即曾伯祖母曾叔祖母	同［正三］		附于族曾祖父
明集禮		附前條	同［正三］為兄弟之曾孫女在室者［正五］	同［義二］	
明會典		附前條	同　即曾姪孫女在室同	同	為族曾祖姑在室者　謂曾祖之姊妹即大姑婆
			同	同	同

族祖父母

為祖之從父兄弟姊妹

為族祖父報[正三]祖之同堂兄弟孫女出嫁則無服

同[正五]謂祖之同堂兄弟

同唐律

為祖從父兄弟之妻

為族祖母報[義三]祖之同堂兄弟之妻

為族祖母[義三]

同唐律

為同堂兄弟之孫[正七]即上報服增

為夫同堂兄弟之孫

為族祖父及族祖姑之在室者[正四]即再從伯父叔父姑母

為族祖父母[正四]

為族伯叔祖父母[正三]謂祖之同堂兄弟及妻即堂伯公伯婆叔公叔婆

同

為族祖母[義三]即堂伯叔祖母

附前條

附前條

為從父兄弟之孫及女之在室者[正六]即堂姪孫

為同堂兄弟之孫[正七]同堂兄弟之孫女在室同

同女在室同出嫁則無服

同

為夫從兄弟之孫[義十]

同[義三]

同孫女同

同

儀禮			族父母	從祖昆弟之子 注云族父母爲之報目見從第十二今移于此
唐律			爲父之再從兄弟姊妹　爲父再從兄弟之妻	
開元		爲族祖姑在室者報 [正十一]祖之再從姊妹 增	爲族父報 [正四]父之再從兄弟再從兄弟之女出嫁則無服　爲族母報 [義三]父之再從兄弟之妻	
政和	[義四] 增	爲族祖姑 [正十六]謂祖之同堂姊妹	爲族父族姑 [正八]謂父之再從兄弟姊妹　爲族母 [義五]	爲再從兄弟之子 [正九] 女出嫁則不服族姊妹以下姑
司馬		附于祖之從父兄弟條	同唐律　同唐律	
朱子	即夫堂姪孫	附于族祖父	爲族父族姑之在室者 [正四]即再從伯父叔父姑母　爲族母 [義三] 即再從伯叔母	爲從祖兄弟之子及女之在室
明集禮		爲族祖姑在室者 [正十二] 報服同		爲再從兄弟之子 [正八] 再從兄弟之女在室同出嫁則
明會典		同 謂祖之同堂姊妹	爲族父母 謂父之再從兄弟同曾祖者即族伯伯姆姆叔叔嬸嬸　附前條	同 女在室同即同曾祖兄弟之子
		同	同	同

及姊妹孫女出嫁並准此
者（正七）姪即再從
無服

為族姑在室者報（正十三）父之再從姊妹 增
見前族父
見前族父
見前族父
為族姑在室者（正十四）報服同
同 謂父之再從姊妹即堂姑
同

族昆弟
為三從兄弟
為族兄弟（正二）三從兄弟三從姊妹出嫁則無服 增
為族兄弟姊妹
為三從兄弟
為族兄弟及姊妹之在室者（正五）即三從兄弟姊妹
為族兄弟及族姊妹在室者 謂三從兄弟姊妹同高祖者
同

庶孫之婦
為庶孫之婦
同（義四）
為衆孫之婦（義七）
為庶孫之婦
同（義六）
同（義四）
無 孝慈錄並無五服圖內有
有祖母為嫡孫衆孫孫婦

父之姑 歸註 孫為祖父之姊妹○疏爾雅云女子謂兄弟之子為姪謂姪之
為從祖祖姑適人者（降四）祖之姊妹
同（降十二）
無
為從祖祖姑及從祖姑之出嫁
為從祖祖姑適人者（降四）
為從祖祖姑及從祖姑及從祖
同

讀禮通考　卷三　五

儀禮	子為歸孫○按此即從祖祖姑目見後第十四今移于此	從祖姑姊妹適人者報		
唐律				
開元		同[降二]父之同堂姊妹及已之再從姊妹		
政和		為從祖姑姊妹適人者[降一]	女適人者為兄弟之孫[降十二]即上從祖祖姑之報服增	女適人者為同堂兄
司馬				
朱子	者[降五]即祖姑母及堂姑母	為從祖姊妹之出嫁者[降四]		女出嫁為從父兄弟
明集禮				
明會典	姊妹之出嫁者從祖祖姑謂祖之親姊妹從祖姑父之同堂姊妹從祖姊妹已身之再從姊妹			女出嫁為同本宗同堂

弟之子降七即上從祖姑之報服

女適人者爲從祖兄弟降四即上再從姊妹之報服

女適人者爲從祖姊妹降五即上姊妹相爲報

之子女降八即堂姪堂姪女

兄弟之子女即堂姪堂姪女

外孫

爲外孫

同降六女子子之男女

同降十二謂女之子

同

同正九女之子

同正六男女同

同

庶子爲父後者爲其

同降三若無適母及適母卒則申妾子不服外祖父母從母

同降九若無適母及嫡母卒則爲所生母服其外祖父母

庶子爲父後者爲其

同降三

改入斬衰生母條

同

儀禮	母		士為庶母		貴臣貴妾	乳母	曾孫		從母昆弟	甥
唐律			為庶母父妾	有子者	後世無	同	為曾孫	元孫	為從母之子	唐加小功見小功甥條
開元	舅服		同〔義六〕注同			同〔義七〕	同〔正五〕		為從母兄弟姊妹〔正七〕今謂之姨兄弟姊妹	
政和	舅從母並不服		同〔義九〕註同			同〔義十一〕	同〔正十一〕	同	同〔正十三〕謂兩姨兄弟姊妹	
司馬			同註同			同	同	同	為從母之子	
朱子	母其母之兄弟姊妹	無服〔降二〕	同〔義三〕註同			同〔義五〕	同〔正八〕婦皆無服	同	為從母兄弟姊妹〔正十〕即兩姨子	
明集禮			同〔義五〕注同			同	同〔正九〕	同	同〔正十一〕	
明會典			改入杖期庶母條			同即奶母	同	同	為兩姨兄弟	

同　同　同　同

壻	為婿	同 [正七]女子子之夫報	同 [正十二]	同	同 [正十]	無	同	同
妻之父母	為妻之父　母	同 [義九]從妻服之	同 [義十三]妻亡別娶同即生妻身之母雖改嫁被出亦如之	同	同 [義九]妻亡而別娶亦同即妻之生母雖嫁猶服	同 [義七]報服　同	同 註同家禮	同
姑之子	為姑之子	同 [正八]外兄弟姊妹	同 [正十三]	同	為外兄弟 [正十三]即姑之子	為姑之子 [正十二]	同	同
舅	舅母 增 唐改小功見小功舅條	後世無						
舅之子	為舅之子	同 [正九]内兄弟姊妹	同 [正十四]	同	為内兄弟 [正十三]即舅之子	為舅之子 [正十三]	同	同
夫之諸祖父母報 [敖氏]曰此夫之所為服小功者則妻	為夫之從祖祖父母 夫之祖兄弟及妻	為夫之從祖祖父母 報 [義十二]夫之祖兄弟及	為夫之從祖祖父母 [義十四]註亦同	無	為夫之從祖祖父母 [義二十二]即夫之堂伯叔祖父母	同	為夫之從祖祖父母 即夫之祖親兄弟伯公伯婆叔	同

儀禮	為之緦其夫之從祖祖父母從祖父母與言諸者疑文誤				
唐律					為從父兄弟子之婦
開元	其妻			為夫之從祖父母報（義十三）夫之父同堂兄弟及其妻	
政和		為兄弟孫之婦（義十四）	為夫兄弟孫之婦（義十五）二服即上報服	同（義十七）註亦同	為同堂兄弟子之婦
司馬				無	同唐律
朱子		同（義七）即姪孫婦	同（義二十五）即夫之姪孫婦	同（義二十三）即夫堂伯叔父母	同（義八）即堂姪婦
明集禮		同（義九）	同（義十）	同（義十三）	同政和（義十三）
明會典	公叔婆	同	同	為夫之從祖父母即夫之堂伯叔	同
		同	同	同	同

為夫之從父兄弟子之婦

儀十八

為夫同堂兄弟子之婦 儀十九二條即上報服唐律有之開元禮無蓋統于報字中也

同唐律

無

同政和 儀十九

同

同

君母之昆弟

自唐以下統于甥為舅服內

為夫之從父昆弟之妻

為夫之從兄弟之妻

為夫之從父兄弟之妻 儀十五

同 儀二十一

同

同 儀二十三 即夫堂兄弟之妻

同 儀二十

為夫同堂兄弟之妻

同

為夫之曾祖高祖父

同 儀十一

同 儀十三

同

同 儀二十一

為夫之曾祖父母

婦人為夫之曾祖高

同

儀禮		為夫之外祖父母從祖父母見禮記注			
唐律	母增	為夫之外祖父母		為夫之從姊妹在室適人亦同增	為夫之舅及從母增
開元		為夫之外祖父母報		為夫之從父姊妹在室及適人者義十六	為夫之舅及從母報義十四
政和		同唐律義廿四	為外孫之婦義二十六即上報服	同義二十三	為夫之舅及從母義廿五
司馬		同		同	同
朱子		同義二十六	同義十二	同義二十四適人者不降即夫之堂姊妹	為夫之從母及舅義廿七
明集禮		同義十五	同義十六	同義二十二	為夫之舅姨義十八
明會典	祖父母	同	同	同	為夫之舅及夫之姨
		無	無	同	無

為姊妹子之婦 增

為甥之婦 增

女子子適人者為從祖父母報 降三 為同堂伯叔父 增

女為姊妹子之婦 義廿七

同

同 義二十八 二條即上之報服 唐律有開元禮無蓋統于報字中也

同

女適人者為從祖父 降六 謂父之同堂兄弟

女適人者為從祖母 義八

為同堂兄

女為姊妹之子婦 義十六

同 義二十三

同 義十一

同 義十四

女出嫁為從父母 降七 即堂伯叔父母

為從父兄

無

同

女出嫁為本宗從祖父母 即堂伯叔

為同堂兄

無

同

同

		無	同	有
儀禮				
唐律				
開元		為人後者為外祖父母〔降五〕本生外祖父母 增	為兄弟之孫女適人者報〔降六〕增	
政和	弟之女適人者〔降八即上報服〕	為人後為本生外祖父母〔降十三〕	為兄弟之孫女適人者〔降十三〕	為夫之兄弟之孫女適人者〔義廿三〕增
司馬				
朱子	弟之女出嫁者〔降三〕	為人後者為其本生外祖父母〔降十二〕	為兄弟之孫女出嫁者〔降三〕	
明集禮			同〔降六報服〕同	
明會典	弟之女出嫁者	同	同	

為夫之從祖兄弟之子 【義十四】增

女適人者為從祖祖母 【義十四】即上報服 增

為夫再從兄弟之子 【義六】女適人則不服

女適人者為從祖祖姑 【降三】增

女適人者

女出嫁為從祖父母 【降二】即伯叔祖父母

為夫從祖兄弟之子 【義十九】即夫之再從姪

女出嫁為從祖祖姑及從祖姑在室者 【降九】即堂祖姑及堂姑

為夫再從兄弟之子 【義三】男女同

女出嫁為從祖祖父母 即伯公伯婆叔公叔婆 同

為夫再從兄弟之子 同

女出嫁為本宗從祖祖姑及從祖姑在室者 從祖祖姑即姑婆 從祖姑即堂姑 同

儀禮	
唐律	
開元	
政和	為從祖姑 降三 增
司馬	
朱子	為從兄弟之妻 增 義十三
明集禮	為同堂兄弟之妻 義十三 報服同
明會典	同

朱子	為夫之從父兄弟 義廿 增 比即上之報服
明會典	為夫之同堂兄弟 同

朱子	為夫之從祖祖姑及從祖姑之在室者 義廿 增
明會典	同從祖祖姑 是夫之姑婆 從祖姑是夫之堂姑 同

改葬緦 注緦三月而除之喪數繼公曰不言其除之之節或既改葬則不服之

同 義十八 子爲父母妻妾爲夫既葬除之

爲同爨 義十四 增

爲朋友 義十五 增

子爲父母妻妾爲夫改葬既葬除之 降七

無

嫁女爲同堂姊妹之出嫁者 增

無

右緦麻三月

儀禮二十五條

禮記注一條

唐律六條玄孫附見儀禮曾孫

開元禮十二條族姊妹見族兄弟小註

又四條附見政和格

唐禮儀志一條舅母

政和禮五條

家禮六條

明制一條

楊信齋儀禮圖

徐乾學曰予取歷代喪服之制列之為表而悟古今之變焉先王之制禮也將以立大防明大分別嫌而明微其指遠故用意不厭深眇其慮周故條章不厭繁曲於是有貴貴之制天子諸侯絕旁期大夫降是也有嚴父之制父在不為母三年是也有尊統之制父為長子三年大夫不降其宗子是也有從一之制婦人不貳斬是也有辨分之制庶公子厭降其所生母是也有示別之制嫂叔無服是也載在儀禮學士傳之唐宋以還代有損益至明太祖定為孝慈錄而古制一變焉蓋後世之人情薄矣救薄莫若以厚明祖之諭羣臣曰人情之變無窮而禮為適變之宜人心之所安即天理之所在豈非救薄以厚之道哉由

是加母之服上齊於父使普天率土人人得伸其三年之愛而庶子亦遂其私焉子之事母既同於父則子婦之事舅姑亦當同於子由是制舅姑之服使同於子而家道益以嚴配偶益以重焉其他諸服多所更定大約緣此為準夫豈求異於古哉亦曰適其宜而已夫父母猶天地也事地不敢同於天者義也報地不可異於天者恩也先王欲裁夫情之不可過者而協之於中故義勝於恩後王欲引夫情之不及者而進之於厚故恩勝於義二者雖殊其歸一也若夫三殤之服自儀禮迄唐宋相沿不廢朱子為家禮則畧之而贅其例於末云凡為殤服者降一等明初編集禮及令皆仍古制至定孝慈録乃盡省焉夫殤者傷也人之喪其子女也不患乎不哀而嬰孺為尤

甚羣從旁親則有恝視如路人者矣是以聖人為之
降其禮而定為適中之節令用吾情者有所限制明
祖之意蓋以為俗之敝也為成人制服或不能盡同
乎古而惟殤之祭抑末也苟循古人之執迹而不得
其精微不若去之而專其愛於所重亦猶夫朱子之
畧之矣凡如是類具有超世之識存乎其間
聖朝創制憲章百王獨於喪服一由其舊有旨哉爰
録信齋楊氏儀禮諸圖列於今律之前俾御之覽者
得以考焉

本宗五服圖

高祖父 齊衰三月				
曾祖父 齊衰三月	族曾祖父 緦（曾祖之兄弟也）			
祖父 齊衰不杖期	從祖祖父 小功 報（祖之兄弟也）	族祖父 緦（族曾祖父之子也）		
父 斬衰	世叔父 齊衰不杖期	從祖父 小功 報（從祖祖父之子也）	族父 緦（族祖父之子也）	
已	昆弟 齊衰不杖期	從父昆弟 大功（世叔父之子也）	從祖昆弟 小功（從祖父之子也）	族昆弟 緦（族父之子也）
子 爲子斬衰爲庶不杖期	昆弟之子 齊衰不杖期	從父昆弟之子 小功 報	從祖昆弟之子 緦	
孫 嫡不杖期庶大功	昆弟之孫 小功 報	從父昆弟之孫 緦		
曾孫 緦	昆弟之曾孫 緦			
玄孫 緦				

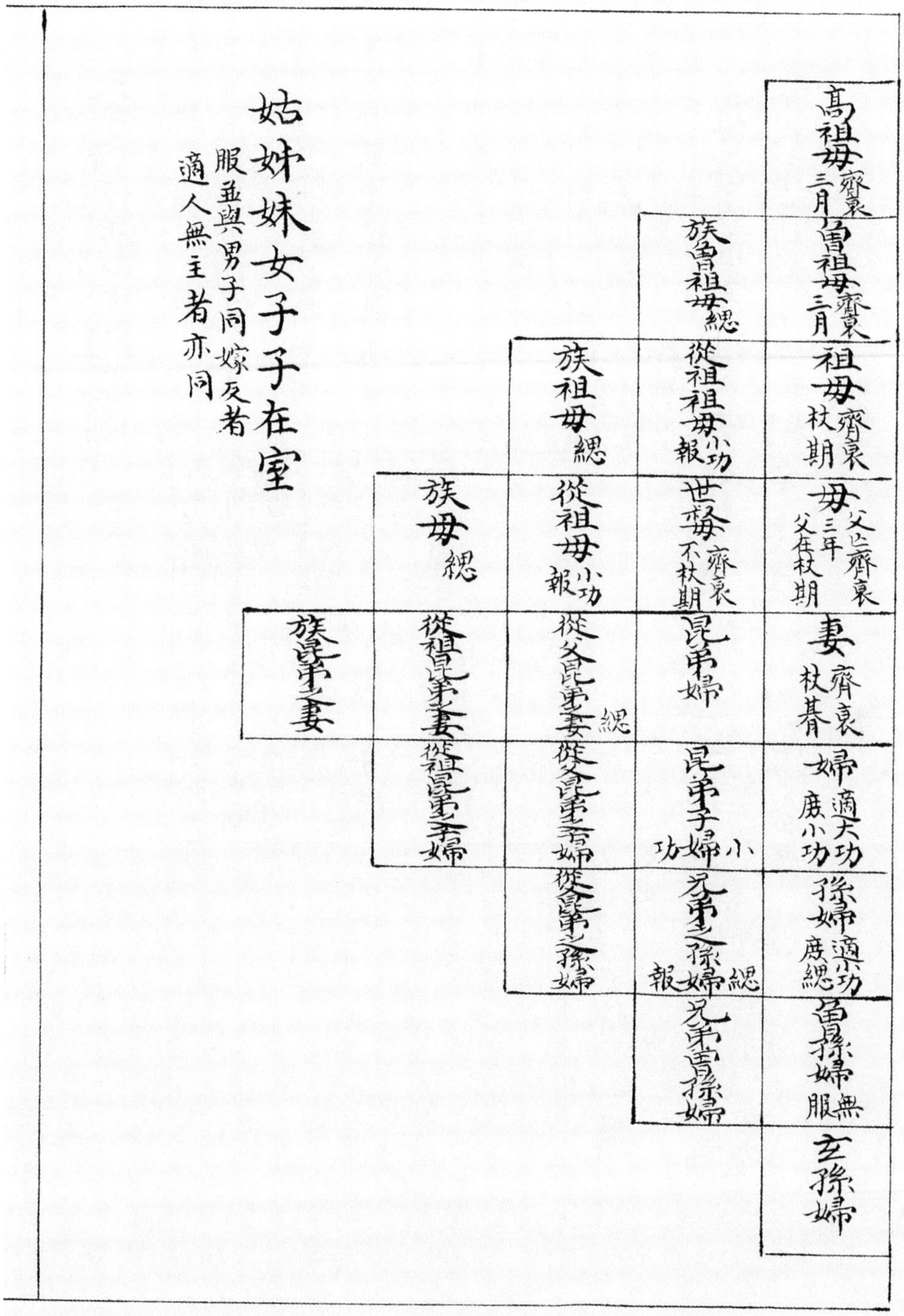
高祖母 齊衰三月
曾祖母 齊衰三月
祖母 齊衰杖期
母 父亡齊衰三年 父在杖期
妻 齊衰杖朞
婦 適大功 庶小功
孫婦 適小功 庶緦
曾孫婦 無服
玄孫婦
族曾祖母 緦
從祖祖母 小功報
世母 齊衰不杖期
昆弟婦
昆弟子婦 小功
兄弟之孫婦 緦報
兄弟曾孫婦
族祖母 緦
從祖母 小功報
從父昆弟妻 緦
從父昆弟之子婦
從父昆弟之孫婦
族母 緦
從祖昆弟妻
從祖昆弟之子婦
族昆弟之妻
姑姊妹女子子在室
服並與男子同 嫁反者
適人無主者亦同

天子諸侯正統旁期服圖

天子諸侯絕旁期尊同則不降正統之期不降於衆子絕而無服

				高祖父母齊衰三月
			為曾祖後者斬衰三年	曾祖父母齊衰三月
			父有廢疾及先卒孫為祖後者斬衰三年	祖父母齊衰期
君為姑嫁於國君者大功	世叔父無服　姑			父斬衰三年　母齊衰三年
兄弟俱作諸侯服不杖期	兄弟姊妹無服	君為姊妹嫁於國君者大功		己
君為女子子嫁於國君者大功	衆子無服	君為昆弟女子子嫁于國君者大功		適子斬衰　長子殤大功　適婦大功
			有適子者無適孫	適孫齊衰期　婦小功
			適期	曾孫
			適期	玄孫緦

衆不杖期章爲君之父母妻長子祖父母傳曰父母長子君服斬父卒然後爲祖後者服斬注云此爲君矣而有父若祖之喪者謂始封之君也若是繼體則其父若祖有廢疾不立今君受國于曾祖疏曰鄭意以父祖廢疾必以今君受國於曾祖不取受國於祖者若今君受國於祖祖薨則羣臣爲之斬何得從服期故鄭以新君受國於曾祖趙商問已爲諸侯父有廢疾不任國政不任喪事而爲其祖服制度之宜年月之斷云何答云父卒爲祖後者三年已聞命矣所問者父在爲祖如何欲言三年則父在欲言期復無主斬杖之宜主喪之制未知所定答曰天子諸侯之喪皆斬衰無期

朱先生因言孫爲祖承重頃在朝檢此條不見後歸家檢儀禮疏說得甚詳正與今日之事一般乃知書多看不辨舊來有明經科便有人去讀這般書注疏都讀過自王介甫新經出廢明經學究科人更不讀書卒有禮文之變更無人曉得爲害不細

己為姑姊妹女子女孫適人者服圖

祖行	父之姑緦 歸孫為祖父之姊妹也		
父行	姑大功	從祖姑緦報	
己	姊妹大功	從父姊妹小功	從祖姊妹緦報
女子大功	兄弟之女子大功	從父兄弟之女	
女孫小功	兄弟之女孫		

姑姊妹女子子適人無主者姑姊妹報不杖期傳曰何以期也爲其無祭主故也疏曰無主後者人之所哀憐不忍降之

大夫降服或不降圖

從父昆弟

公之庶昆弟大夫之子為從父昆弟之為大夫者相為服大功

大夫大夫之子公之昆弟為從父昆弟小功

世叔父母

大夫為世父母叔父母為士者大功

大夫之子為世叔父母姑無主者為大夫命婦者不杖期報

昆弟

大夫為昆弟為士者大功

大夫之庶子為適昆弟不杖期

公之庶昆弟大夫之庶子為昆弟大功

大夫之子為昆弟姊妹無主者為大夫命婦者不杖期報

昆弟之子

大夫之子為昆弟之子無

著為大夫命婦者不杖
期報

姑

大夫大夫之妻大夫之子公之
昆弟為姑嫁于大夫者大功
大夫大夫之子公之昆弟
為姑適士者小功
大夫公之昆弟大夫之子
為姑長殤小功

姊妹

大夫公之昆弟大夫之子
為其昆弟姊妹長殤小功
大夫大夫之妻大夫之子公之昆
弟為姊妹嫁于大夫者大功
大夫之庶子為適昆弟之
長殤中殤大功下殤小功
大夫大夫之子公之昆弟
為姊妹適士者小功

女子子

主者為大夫命婦者不
杖期報

曾祖父母

曾祖父母為
著如眾人

祖父母

大夫為祖父
母為著不
杖期

父母

公之庶昆弟大夫之庶
子為其母大功

己

妻

大夫之適子為妻不
杖期世子為妻不杖
期公之庶昆弟大夫
之庶子為其妻大功

子

大夫為庶子之為士者大功
大夫為適子之長殤中殤大功
大夫公之昆弟大夫之子為
其庶子之長殤小功
大夫之子為子女子子無主者
為大夫命婦者不杖期

女子子

大夫大夫之妻大夫之子公之昆弟
為女子子嫁於大夫者大功適
士者小功大夫公之昆弟大夫
之子為女子子之長殤小功

孫

適孫為士者
不杖期
大夫大夫大夫之子
公之昆弟為
庶孫小功

丈夫婦人爲大宗服圖

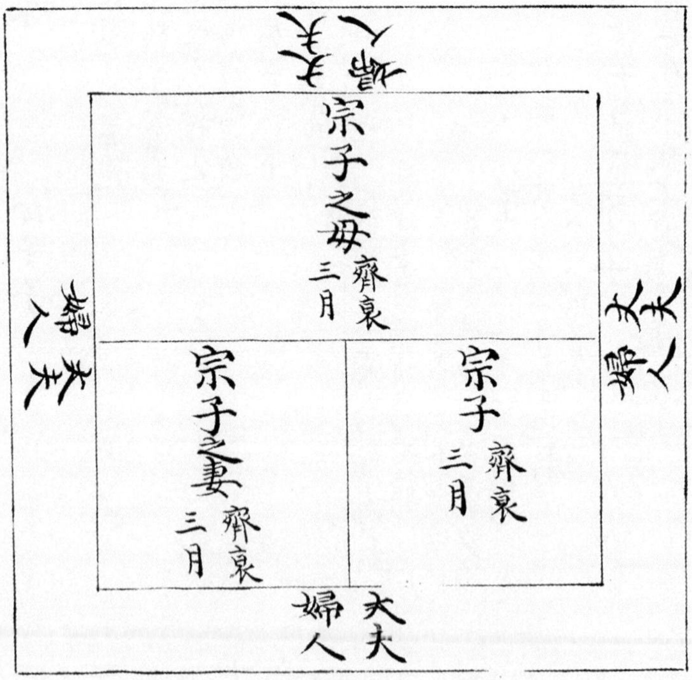

宗子之母在則不為宗子之妻服疏云宗子母年七十已上則宗子妻得與祭宗人乃為宗子妻服記宗子孤為殤大功衰小功衰皆三月親則月筭如邦人詳見齊衰三月章注疏

問喪祭之禮至周公然後備夏商而上想甚簡略朱先生曰然親親長長貴貴尊賢夏商而上大槩只是親親長長之意到得周來則又添得許多貴貴的禮數如始封之君不臣諸父昆弟封君之子不臣諸父而臣昆弟期之喪天子諸侯絕大夫降然諸侯大夫尊同則亦不絕不降姊妹嫁諸侯者則亦不絕不降此皆貴貴之義上世想甚簡略未有許多降殺貴貴底禮數凡此皆天下之大經前世所未備到得周公搜剔出來立為定制更不可易

己為母黨服圖

	外祖父母 母之父母小功 君母之父母小功	
從母 小功報 長殤緦報 君母之姊妹小功	母	舅 緦 君母之昆弟從服緦
從母之子 緦	己	舅之子 緦

君母之父母從母君母在則不敢不從服君母不在則不服　為君母後者君母卒則不為君母之黨服　為母之君母母卒則不服　庶子為後者為其外祖父母從母舅無服不為後如邦人　出妻之子為外祖父母無服　為慈母之父母無服　母出則為繼母之黨服母死則為其母之黨服　為其母之黨服則不為繼母之黨服

朱先生曰姊妹於兄弟未嫁期既嫁則降為大功姊妹之身却不降也故姨母重於舅也又問從母之夫舅之妻皆無服何也曰先王制禮父族四故由父而上為族曾祖父緦麻姑之子姊妹之子女子子之子皆由父而推之也母族三母之父母之母母之兄弟恩止於舅故從母之夫舅之妻皆不為服惟不去故也妻族二妻之父妻之母乍看時似乎雜亂無紀子細看則皆有義存焉

母黨為己服圖

	外祖父母	
從母	母	舅
從母之子	己 外祖為外孫緦舅報甥緦從母報姊妹之男女小功舅之子報姑之子緦從母昆弟緦	舅之子

姑姊妹之子女子子及内外兄弟相報服倫見前圖女子子之子服緦即外祖父母爲外孫是也姊妹之子服緦即舅報甥是也　姑之子服緦即舅之子報姑之子是也　舅之子内兄弟也姑之子外兄弟也

伊川先生曰報服若姑之子爲舅之子服是也異姓之服只是推得一重若爲母而推則及舅而止若爲姑而推可以及其子故舅之子無服却爲姑之子服既與姑之子爲服姑之子須報之也故姑之子舅之子其服同

妻為夫黨服圖

		夫之曾祖父緦	夫之曾祖母緦		
	夫之諸祖父報緦	夫之祖父大功	夫之祖母大功	夫之諸祖母報緦	
夫之從祖父緦	夫之叔父長殤小功 中下殤緦 夫之世叔父大功 夫之姑小功報 長殤緦	舅齊衰不杖期	姑齊衰不杖期	夫之世叔母報小功	夫之從祖母緦
夫之從父昆弟	夫之昆弟 夫之姊妹小功報 長殤緦	夫斬衰	己	娣姒婦小功報	夫之從父昆弟之妻
夫之從父昆弟之子	子女子子長中殤大功 下殤小功 夫之昆弟之子齊衰不杖期	子 長子齊衰三年	婦	夫之昆弟之子婦緦	夫之從父昆弟之子婦
夫之從父昆弟之孫	夫之昆弟之孫緦			夫之昆弟之孫婦緦	夫之從父昆弟之孫婦

已爲妻黨服圖

案服問云有從重而輕爲妻之父母有從有服而無服公子爲其妻之父母

妻父　緦	妻母　緦
已	妻

妻黨爲已服圖

妻父　爲壻緦	妻母　爲壻緦
已	妻

臣為君服圖

天子王后

諸侯為天子斬衰
諸侯之夫人為天子期
服問云夫人如外宗
之為君也
天子之女嫁於諸侯為
父斬衰為母齊衰
公卿大夫為天子斬衰
公卿大夫之妻為天子期

諸侯夫人

卿大夫士為諸侯斬衰
大夫之妻為諸侯期
雜記云外宗為君夫人
猶內宗也
諸侯之女嫁於大夫為父
斬衰為母齊衰
與諸侯為兄弟雖在異國
服斬衰
與諸侯五屬之親皆服
斬衰
大夫之適子為君如士服
斬衰
寄公為所寓齊衰三月

公卿大夫

貴臣為公卿大夫斬衰
傳曰室老士貴臣也其
孫皆衆臣也注云室老
家相也士邑宰也
衆臣為公卿大夫布帶繩
屨斬衰疏曰言厭于天
子諸侯故降其衆臣布
帶繩屨二事其餘服
杖冠絰則如常也

士

士無臣雖有地不得君
稱故僕隸等為其喪
弔服加麻

卿大夫適子為天子亦如
士服斬衰
諸侯之大夫為天子繐衰
裳
庶人為國君齊衰三月
注天子圻内之民為天
子亦如之

大夫致仕者為舊君齊衰
三月
大夫待放未去者為舊君
齊衰三月
大夫在外待放已去者其妻
長子為舊國君齊衰三
月
庶人為國君齊衰三月
庶人兼府史胥徒在官
者言之

仕而未有祿者違而君薨弗為服也違大夫之諸侯
違諸侯之大夫不反服世子不為天子服天子圻
外之民不服
大夫不待見天子者無服
士不接見亦無服

臣從君服圖

君之祖父母 齊衰不杖期

君之父母 齊衰不杖期

大夫致仕者為舊君之母齊衰三月

為王后齊衰期諸侯公卿大夫同卿士大夫為小君期

內宗外宗為主人期

小君 齊衰不杖期

大夫之適子為君夫人如士服期天子卿大夫之適子為王后亦然大夫致仕者為舊君之妻齊衰三月

世子 齊衰不杖期

大夫之適子為太子如士服期天子卿大夫之適子為太子亦然

臣為君之祖父母服案鄭氏注云此謂始封之君也若是繼躰則其父若祖有廢疾不立今君受國於曾祖疏云若今君受國於祖祖薨則羣臣為之斬何得從服期故鄭以新君受國於曾祖故君服斬臣從服期○臣為君之父服案前説亦謂始封之君也若是繼體則其父有廢疾不立命君受國於祖故君服斬臣從服期

君爲臣服圖

天子

王爲三公六卿錫衰不見三孤者六卿

爲諸侯緦衰

爲大夫士疑衰

諸侯

公爲大夫齊衰以居

案文王世子同姓之士緦衰異姓之士齊衰以其卿大夫已用錫衰以三衰施于同姓異姓之士

大夫

貴臣緦也士卿士也殊其臣

此謂公士大夫之君

妾貴賤而爲之服

朱先生曰儀禮不是古人預作一書如此初間只以義起漸漸相襲行得好只管切至於情文極細密極周緻處聖人見此意思好故録成書只看古人君臣之際如君臨臣喪坐撫當心要絰而踊今日之事至于死生之際恝然不相關不啻如路人所謂君臣之義安在祖宗時於舊執政亦嘗親臨自渡江以来一向廢此只秦檜之死　高宗臨之後来不復舉云●

妾服圖

妾為君之黨服得與女君同女君服見妻為夫黨圖

君

妾為君斬衰

女君

妾為女君不杖期

為君之長子三年與女君同公妾大夫之妾為其子期

自[illegible]為其子期妾不得體君為其子得遂也

士之妾為君之衆子亦期

君之子

為君之庶子適士者小功出降與女君同

大夫之妾為君之庶子大功降庶子與女君同

大夫之妾為君之庶子長殤殤庶子女君同

大夫之妾為庶子適人者小功

妾從女君而出則不為女君之子服

女君死則妾為女君之黨服攝女君不為先女君之黨服

凡妾為私兄弟如邦人

公士大夫士爲妾服圖

公士大夫爲貴妾緦	士妾有子而爲之緦

女君於妾無服

天子諸侯於妾無服

儀禮圖終

今律圖

徐乾學曰服圖之作蓋出於議禮之家集當時現行之律文而綴輯之期以便於觀覽也顧律文精密非深心體究鮮不以鹵莽取誚

本朝律文有服圖蓋悉取明律而用之明律所載圖凡七其六圖之規式一本信齋楊氏勉齋黄氏而易以孝慈録之制體例詳審足以垂後惟三父八母一圖則出於元典章玩律未精遂多紕漏况其中律條又經

本朝更定自宜遵改詳論於後

同宗九族五服正服之圖

凡嫡孫父卒爲祖父母承重服斬衰三年若爲曾高祖父母承重服亦同祖在爲祖母止服杖期

高祖　即太太公　太太婆				
曾祖　即太公太婆	謂曾祖之兄弟及妻　族曾祖父母　緦麻　即太伯公太伯婆　太叔公太叔婆			
祖父　即公婆	謂祖之親兄弟及妻　伯叔祖父母　小功　即伯公伯婆　叔公叔婆	謂祖之同堂兄弟及妻　族伯叔祖父母　緦麻　即公之伯叔兄弟		
父　斬衰	謂父之親兄弟及妻　伯叔父母　期年　即伯伯姆姆　叔叔嬸嬸	謂父之伯叔兄弟及妻　堂伯叔父母　小功	謂父之再從兄弟及妻　族伯叔父母　緦麻　即父同曾祖兄弟	
己	謂己之親兄弟　兄弟　期年　兄弟妻　小功	謂同祖伯叔兄弟　堂兄弟　大功　堂兄弟妻　緦麻	謂父伯叔兄弟子　再從兄弟　小功　再從兄弟妻　緦麻　即同曾祖兄弟	謂三從兄弟　族兄弟　緦麻　族兄弟妻　無服　即同高祖兄弟
長子　期年　長子婦　期年	謂兄弟之子　姪　期年　姪婦　大功	謂同祖伯叔兄弟之子　堂姪　小功　堂姪婦　緦麻	謂再從兄弟之子　再從姪　緦麻　再從姪婦　無服　即同曾祖兄弟子	
嫡孫　期年　嫡孫婦　小功	謂兄弟之孫　姪孫　小功　姪孫婦　緦麻	謂同祖伯叔兄弟之孫　堂姪孫　緦麻　堂姪孫婦　無服		
謂孫之子　曾孫　緦麻	謂兄弟之曾孫　曾姪孫　緦麻　曾姪孫婦　無服			
謂曾孫之子　玄孫　緦麻				

凡男爲人後者爲本生親屬孝服皆降一等惟本生父母降服不杖期父母報服同

父母	齊衰三月				
父母	齊衰五月	謂曾祖之姊妹即太姑婆 族曾祖姑 在室緦麻 出嫁無服			
母	齊衰不杖期	謂祖之親姊妹即姑婆 從祖祖姑 在室小功 出嫁緦麻	謂祖之同堂姊妹即公之伯叔姊妹 族祖姑 在室緦麻 出嫁無服		
母	三年	謂父之親姊妹 姑 在室期年 出嫁大功	謂父之伯叔姊妹 堂姑 在室小功 出嫁緦麻	謂父之再從姊妹即父同曾祖姊妹 族姑 在室緦麻 出嫁無服	
身		謂己之親姊妹 姊妹 在室期年 出嫁大功	謂同祖伯叔姊妹 堂姊妹 在室大功 出嫁小功	謂父之伯叔兄弟之女即同曾祖姊妹 再從姊妹 在室小功 出嫁緦麻	謂三從姊妹即同高祖姊妹 族姊妹 在室緦麻 出嫁無服
衆子期年	衆子婦大功	謂兄弟之女 姪女 在室期年 出嫁大功	謂同祖伯叔兄弟之女 堂姪女 在室小功 出嫁緦麻	謂再從兄弟之女即同曾祖兄弟之女 再從姪女 在室緦麻 出嫁無服	
衆孫大功	衆孫婦緦麻	謂兄弟之孫女 姪孫女 在室小功 出嫁緦麻	謂同祖伯叔兄弟之孫女 堂姪孫女 在室緦麻 出嫁無服		
曾孫婦無服		謂兄弟之曾孫女 姪曾孫女 在室緦麻 出嫁無服			
玄孫婦無服					

凡姑姊妹女及孫女在室或已嫁被出而歸服並與男子同出嫁而無夫與子者為兄弟姊妹及姪皆不杖期

凡同五世祖族屬在緦麻絕服之外皆為袒免親遇喪葬則服素服尺布纏頭

妻為夫族服圖

夫為祖父母及曾高祖父母承重者並從夫服

夫高祖 緦				
夫曾祖 緦	夫族曾祖父母 無服			
夫祖 即夫之婆	夫伯叔祖父母 即夫之伯公伯婆叔公叔婆 緦麻	夫族伯叔祖父母 無服		
舅 即公 斬衰	夫伯叔父母 即夫伯伯姆姆叔叔嬸嬸 大功	夫堂伯叔父母 緦麻	夫族伯叔父母 無服	
妻為夫 斬衰三年	夫兄弟妻 即夫兄曰伯夫弟曰叔 小功	夫堂兄弟妻 緦麻	夫再從兄弟 無服	夫族兄弟 無服
長子 期年；長子婦 期年	夫姪 期年；夫姪婦 大功	夫堂姪 小功；夫堂姪婦 緦麻	夫再從姪 緦麻	
孫 大功	夫姪孫 小功；夫姪孫婦 緦麻	夫堂姪孫 緦麻		
曾 緦	夫曾姪孫 緦麻			
玄 緦				

父母 麻

父母 麻

父母 大功

姑 即婆 三年

齊衰杖期 夫為妻 父母在不杖

衆子 期年 衆子婦 大功

孫婦 緦麻

孫 麻

孫 麻

夫曾祖姑 無服

夫祖姑 即夫之姑婆 在室緦麻 出嫁無服

夫親姑 即夫之姑 小功

夫姊妹 即姑 小功

夫姪女 在室期年 出嫁大功

夫姪孫女 在室小功 出嫁緦麻

夫曾姪孫女 緦麻

夫堂祖姑 無服

夫堂姑 在室緦麻 出嫁無服

夫堂姊妹 緦麻

夫堂姪女 在室小功 出嫁緦麻

夫堂姪孫女 緦麻

夫族姑 無服

夫再從姊妹 無服

夫再從姪女 在室緦麻 出嫁無服

夫族姊妹 無服

夫為人後其妻為本生舅姑服大功

妾爲家長族服之圖

家長父母期年

家長斬衰三年

正妻期年

家長衆子期年

家長長子期年

爲其子期年

出嫁女爲本宗降服之圖

		高祖父母 即太太公太太婆 齊衰三月		
		曾祖父母 即太公太婆 齊衰五月		
	祖姊妹 即姑婆 在室緦麻出嫁無服	祖父母 即公婆 期年	祖兄弟 即伯公叔公 緦麻	
父堂姊妹 即父之伯叔姊妹 在室緦麻出嫁無服	父姊妹 即姑 大功	父母 期年	伯叔父母 即伯伯姆姆叔叔嬸嬸 大功	父堂兄弟 即父之伯叔兄弟 緦麻
堂姊妹 即同祖伯叔姊妹 在室小功出嫁緦麻	姊妹 大功	己身	兄弟 大功	堂兄弟 即同祖伯叔兄弟 小功
堂姪女 即同祖伯叔兄弟之女 緦麻	兄弟女 即姪女 大功		兄弟子 即姪 大功	堂姪 即同祖伯叔兄弟之子 緦麻

外親服圖

		母祖父母（即母之公婆）無服		
	母之姊妹（即姨）小功	外祖父母（即外公外婆）小功	母之兄弟（即舅）小功	
堂姨之子 無服	兩姨之子（即兩姨兄弟）緦麻	己身	舅之子（謂之内兄弟，即姑舅兄弟）緦麻	堂舅之子 無服
	姨之孫 無服	姑之子（謂之表兄弟，即姑舅兄弟）緦麻	舅之孫 無服	
		姑之孫 無服		

妻親服圖

	妻祖父母（即妻之公婆）無服		
妻之姑 無服	妻父母（即丈人丈母）緦麻	妻伯叔 無服	
妻之姊妹（即姨）無服	己身（爲壻）緦麻	妻兄弟及婦（即舅舅母）無服	妻外祖父母（即妻外公外婆）無服
妻姊妹子 無服	女之子（外孫）緦麻		
	女之孫 無服		

三父八母服圖

養母　謂自幼過房與人　斬衰三年

同居繼父
兩無大功親謂繼父無子己身亦無伯叔兄弟之類　期年
兩有大功親謂繼父有子孫自己亦有伯叔兄弟之類　齊衰三月

不同居繼父
先曾與繼父同居今不同居齊衰三月
自來不曾隨母與繼父同居無服

從繼母嫁　謂父死繼母再嫁他人隨去者　齊衰杖期

嫡母　謂妾生子稱父之正妻　斬衰三年

繼母　謂父娶後妻　斬衰三年

慈母　謂所生母死父令別妾撫育者　斬衰三年

嫁母　謂親母因父死再嫁他人　齊衰杖期

出母　謂親母被父出　齊衰杖期

庶母　謂父有子妾嫡子衆子齊衰杖期所生子斬衰三年

乳母　謂父妾乳哺者即奶母　緦麻

乾學按三父八母之説出於元典章詳玩其圖多難解者夫父母一而已矣列父之名以三而親父不與焉列母之名以八而親母齊體者不與焉何也如曰自父之外可以父名者有此三自母以外可以母名者有此八歟則爲人後者有所後之父母有本生之父母一則尊大宗而爲之加重一則從降等而爲之杖期何其不得與於此也或又曰親父母嗣父母皆名之重者不可與於此凡在此數者皆名之輕於父母者也乃其中有嫡母繼母矣何嘗不並重耶展轉駁難無可解矣然猶可曰文字之疵無關律令輕重蓋細玩之而有必當

更定者二儀禮杖期篇有父卒繼母嫁從為之服一條蓋所服者繼母也自唐迄宋未之有改而典章圖則改之云繼母所嫁夫由是與同居繼父不同居繼父並列而稱三父焉明律雖用其圖删去夫字律文則云父卒繼母嫁而已從之者又杖不杖期篇中列母之報服云繼母改嫁為前夫之子從已者蓋已變而復古矣父減為二母益至九而圖名如故也二百八十年莫敢議及遂成疑案焉刑名法比之家或於刊本圖中繼母改嫁之下增一父字轉相秘授舛訛殊甚逮

本朝定制改此條律文云前夫之子從繼母

改嫁於人為改嫁繼母又降其服為不杖期煌煌令甲昭如日星疑義始晰而律文與圖未歸畫一急宜更定者一也以元圖較今律圖名同服異嫡繼慈養四母皆齊衰三年蓋當時服制如此而庶母則列於乳母之後服並緦麻又釋之曰妾所生子喚曰庶母知此緦麻之服乃妾子所自服而嫡子衆子無服矣此庶母之名亦妾子所自稱而嫡子衆子無此稱矣夫庶子父卒為其母齊衰三年雖非經傳正文實出於註疏唐宋因之安得抑之至此明初更制庶子為所生母斬衰三年嫡子衆子為庶母杖期明有兩條圖雖分列二服而并

注庶母之下深没生母之名豈非仍元人之陋乎急宜更定者二也至於乳母之服出於儀禮玩注疏及通典諸議並無父妾乳之説圖中小註既曰即奶母又曰父妾乳已者致與慈母相混新吾吕氏嘗辨之詳見本條夫律文無註而獨見此圖疑亦明世議禮者所增尚當詳考揔之諸服各有律文不必扭合爲圖若欲爲圖則必推窮義類不複不漏謹附元典章本圖及依諸律訂正者附載於後備採擇云

元典章三父八母服圖

同居繼父
謂子無大功之親從母適人所適者亦無大功之親
齊衰不杖期

不同居繼父
謂先同今異居者
齊衰三月
元不同居則無服

從繼母嫁人夫
繼母嫁而子從之育者
齊衰杖期
若不從或繼母出無服

養母
養同宗及遺棄子同親母
齊衰三年

嫡母
妾生子喚父正室曰嫡母
齊衰三年

繼母
父再娶母同親母
齊衰三年

慈母
妾無子妾子無母而父命之爲子
齊衰三年

嫁母
父亡母改嫁適人者
齊衰杖期
母爲子乃齊衰不杖期

出母
父在而離棄被出之者
齊衰杖期
母爲子乃齊衰不杖期

乳母
小年乳哺已者
緦麻三月

庶母
妾所生子喚曰庶母
緦麻三月

擬訂五父十三母之圖

名目	服制	注
同居繼父	齊衰不杖期	繼父與已身兩無大功之親；如兩有大功之親齊衰三月
所後父	斬衰三年	為人後者為所後父
父	斬衰三年	
本生父	齊衰杖期	為人後者為本生父
不同居繼父	齊衰三月	謂先同居今不同居；如元不同居則無服
所後母	斬衰三年	為人後者謂所後母
嫡母	斬衰三年	妾生子謂父之正室曰嫡母
母	斬衰三年	
繼母	斬衰三年	謂父之繼室同親母
本生母	齊衰杖期	為人後者謂本生母
養母	斬衰三年	謂自幼過房與人
慈母	斬衰三年	妾子無母父命他妾無子者養之
生母	斬衰三年	庶子為所生母
庶母	齊衰杖期	嫡子衆子為父妾有子者
從繼母嫁	齊衰不杖期	前夫之子從繼母改嫁為改嫁繼母
嫁母	齊衰杖期	即親母因父死改嫁他人
出母	齊衰杖期	即親母被父出
乳母	緦麻	即奶母

讀禮通考卷四

喪期

徐乾學曰讀禮始喪期何也曰古民質無有喪期後代聖人因天地萬物有終始而為之制其説以朞為斷父至尊母至親故加隆以盡孝子之恩加之則倍故再朞也喪服小記云再朞之喪三年也期之喪二年也九月七月之喪三時也五月之喪二時也三月之喪一時也喪期盡於此矣三年問云三年之喪何也曰稱情而立文因以飾羣又曰三年之喪人道之至文者也夫是之謂至隆是故因貴賤親疎之節而定為再期期年九月五月三月之期有再期期年九月五月三月之期而制為斬衰齊衰大功小功緦麻

之服古今不能損益百王不能同異聖人所以經緯萬端皆從此始也其統紀在三年之喪三年之喪達喪也禮所自生也親親之中有尊尊長長之道焉或引而近之或推而遠之以三爲五以五爲九上遡高祖下迄玄孫旁及三從兄弟而後親親之道以畢三年之喪其本根餘則其枝葉也然枝葉凋則本根危矣故三年之喪不祭不弔人不與人饋奠而於輕服之親必服其服而往篤親厚終之誼有不知其所以然者也詩曰凡民有喪匍匐救之孔子謂無服之喪可以施四國畜萬邦凡民之喪尚欲賙恤況於親乎故治天下國家者於喪紀也必慎之重之自戚以及疏由本以及末如網在綱有條不紊民之所由生禮爲大禮主於教不可忽也子貢問喪孔子曰敬爲上

哀次之王戎阮籍之徒非不哀也而猖狂無忌憚至爲名教罪人則亦不敬而已矣

斬衰三年上

儀禮喪服篇父賈公彦疏先陳父者此章恩義並設義由恩出故先言父也

爾雅父爲考白虎通父矩也以度敎子也又爲考考成也言有成德

喪服傳爲父何以斬衰也父至尊也疏父至尊者天無二日家無二尊父是一家之尊尊中至極故爲之斬也

坊記喪父三年

檀弓事親有隱而無犯左右就養無方服勤至死致喪三年鄭康成注隱謂不稱揚其過失無犯謂不犯顔而諫左右謂扶持之方猶常也勤勞辱之事致謂戚容稱其服此以恩爲制也○孔穎達疏致之言至也謂哀情至極以居喪禮○方慤曰就養者就而養之且不離也服勤者服其勤勞而不釋也於養言左右則養無所不至矣於勤言至死則勤無時或已矣致喪者言盡其所至也○馬晞孟曰致喪之禮顔色稱情戚容稱服○胡銓曰方猶所也不擇地而安之致謂哀到

論語曾子曰吾聞諸夫子人未有自致者也必也親

喪乎馬融曰言於親喪必自致盡

子游曰喪致乎哀而至疏言父母之喪當致極哀戚不得過毀

孝經子曰孝子之事親也居則致其敬養則致其樂病則致其憂喪則致其哀祭則致其嚴五者備矣然後能事親註平居必盡其敬就養能致其懽致其憂色不滿容行不正履致其哀擗踊哭泣盡其哀情致其嚴齋戒沐浴明發不寐○董鼎曰致者推之而至其極也○崔銑曰喪致乎哀而止蓋言無所不用其情而後已是故慟悼哀之發于心者也麤黑擗踊哀之發于容體者也粥與水哀之發于飲食者也齊斬哀之發于衣服者也苫凷哀之發于居處者也致云者推而極之也五者一不至不可謂致欲短喪者何忍也然孝子之心曷窮故曰有終身之喪或曰而止者不可毀以滅性也論者因記禮之詞而譏其過高者未然也

朱彝尊曰論語孝經所言致字義正與檀弓致喪之義相發明而註疏家均未之及

中庸父母之喪無貴賤一也呂大臨曰子之事親所以自致其誠不可以尊卑變也○朱子曰父母之喪上下同之推己以及人也

喪服四制其恩厚者其服重故為父斬衰三年以恩制者也注詳二十七卷

三年問三年之喪何也曰稱情而立文因以飾羣別親疏貴賤之節而弗可損益也故曰無易之道也注稱情而立文稱人之情輕重而制其禮也羣謂親之黨也無易猶不易也○疏立文禮之節文也飾謂章表也羣謂五服之親也因此三年之喪差降各表其親黨親謂大功以上疏謂小功以下貴謂天子諸侯絕期卿大夫降期以下賤謂士庶人服族其節分明不可損益故曰無易之道創鉅者其日久痛甚者其愈遲三年者稱情而立文所以爲至痛極也斬衰苴杖居倚廬食粥寢苫枕塊所以爲至痛飾也注飾情之章表也○疏鉅大也創小則易差創大則難愈也賢者喪親傷腎乾肝斬斫之痛其痛既其甚其差亦遲故稱其痛情而立三年之文以表是至痛極者也三年之喪二十五月而畢哀痛未盡思慕未忘然而服以是斷之者豈不送死有已復生有節也哉注復生除喪反生者之事也○疏言賢人君子於此二十五月之時心之悲哀摧痛猶未能盡憂思悲慕猶未能忘然而外貌喪服以割斷者不斷以二十五月則孝子送死之情何時得已復吉常之禮何有限制故聖人裁斷止限二十五月豈不是送死須有已止反復生禮須有限節者哉凡生天地之間有血氣之屬必有知有知之屬莫不知愛其類今是大鳥獸則失喪其羣匹越月踰時

焉則必反巡過其故鄉翔回焉鳴號焉蹢躅焉踟躕焉然後乃能去之小者至於燕雀猶有啁噍之頃焉然後乃能去之故有血氣之屬者莫知於人故人於其親也至死不窮注匹偶也言燕雀之思不如大鳥獸大鳥獸不如人含血氣之類人最有知而思深也於其五服之親念之至死無已止○疏天地之間血氣之類皆有所知至于鳥獸小大各能思其種類況在于人何有窮止也將由夫患邪淫之人與則彼朝死而夕忘之然而從之則是曾鳥獸之不若也夫焉能相與群居而不亂乎注言惡人薄於恩死則忘之其相與聚處必失禮也○疏此明小人曾鳥獸之不若若不以禮節之焉能羣居而不亂將由夫脩飾之君子與則三年之喪二十五月而畢若駟之過隙然而遂之則是無窮也注駟之過隙喻疾也遂之謂不時除也○疏此明賢人君子於三年之喪若駟之過隙駟馬駿疾空隙狹小以駿疾而過狹小言急速之甚若不以禮制節之則哀痛何時窮已故先王焉為之立中制節壹使足以成文理則釋之矣注立中制節謂服之年月也釋猶除也去也○疏小人君子其意不同故先王為之立中人之制節以為年月限節壹謂齊同言君子小人皆齊同使足以成文章義理也然則何以至期也注言三年之義如此則何

以有降至于期也期者謂為人後者父在為母也〇疏鄭意以三年之喪何以有降至於期者故云為人後者為本生之父母及父在為母今尋經義至親以
期斷是明一期可除之節故禮期而練男子除絰婦人除帶下云加隆故至三年經意不据為人後及父在為母期鄭之此釋恐未盡經意但既祖鄭學今因
而釋之曰至親以期斷注言服之正雖至親皆期而除也〇疏謂至親本以期斷故雖為人後及父在為母但一期也是
何也注問服斷于期之義也曰天地則已易矣四時則已變矣其在
天地之中者莫不更始焉以是象之也注法此變易可以期也〇疏言期是
一年之周而天地之氣換矣前時畢今時又來是變改矣其在天地之中動植之物無不於前事之終更為今事之始也聖人以人事法象天地故期年而已
也然則何以三年也注言法此變易可以期何以乃三年為曰加隆焉爾也焉使
倍之故再期也注言於父母加隆其恩使倍期也下焉猶然〇疏加隆焉爾者本實應期但子加恩隆重故三年也焉使倍之
者焉猶然也子既加隆于父母故倍之至再期也由九月以下何也曰焉使弗及也
注言使其恩不及父母故三年以為隆緦小功以為殺期九月以為
閒上取象於天下取法於地中取則於人人之所以
群居和壹之理盡矣注取象於天地謂法其變易也且三年以至緦皆歲時之數也言既象天地又足以盡人聚居
純厚之恩也〇疏三年以為隆者謂恩愛隆重緦小功以為殺者謂情理殺薄期九月以為閒者是隆殺之閒也上取象於天下取法於地天地之氣三年一

閏是三年者取象於一閏天地一朞物終是一期者取象於一周九月者以象陽之數又象三時而物成也五月以象五行三月者取象天地一時而氣變是皆取法於天地中取則於人者子生三年然後免於父母之懷故服三年人之一歲情意變改故服一期九月五月三月之屬亦逐人情而減殺是中則於人故能調和羣衆聚居和諧專一義理盡備矣

故三年之喪人道之至文者也夫是之謂至隆

注言三年之喪喪禮之至盛也○疏三年喪禮於人道之中至極文理之盛者則期以下非其至極也至隆者恩之至極隆恩也

是百王之所同古今之所壹也未有知其所由來者也

注不知其所從來喻此三年之喪前世行良久矣○疏未有知其所由來者言三年之喪行之自遠未能識知從何代而來

孔子曰子生三年然後免於父母之懷夫三年之喪天下之達喪也

注達謂自天子至於庶人○方慤曰其生也父母有三年之愛於其子及其沒也故子有三年之喪以報之愛所謂情也三年之喪所謂文也故曰稱情而立文禮以情為本而以文為飾故曰因以飾群群則莊子所謂人羣是也服君與父皆斬衰三年由父而降則殺焉所以別親疏之節也由君而降亦殺焉所以別貴賤之節也親與貴者不可易而損之疏而賤者不可易而益之故曰弗可損益無易之道也送死者之禮有已復生者之事有節則不以死傷生故也

論語宰我問三年之喪期已久矣君子三年不為禮禮必壞三年不為樂樂必崩舊穀既沒新穀既升鑽

燧改火期可已矣子曰食夫稻衣夫錦於女安乎曰安女安則爲之夫君子之居喪食旨不甘聞樂不樂居處不安故不爲也今女安則爲之宰我出子曰予之不仁也子生三年然後免於父母之懷夫三年之喪天下之通喪也予也有三年之愛於其父母乎（繆協曰爾時禮壞樂崩三年不行宰大懼其往以爲聖人無微旨以戒將來故假時人之謂啓憤於夫子義在屈已以明道也○尹焞曰短喪之說下愚且恥言之宰我親學聖人之門而以是爲問者有所疑于心而不敢強焉爾○范祖禹曰喪雖止於三年然賢者之情則無窮也特以聖人爲之中制而不敢過故必俯而就之非以三年之喪爲足以報其親也所謂三年而後免於父母之懷特以責宰我之無恩欲其有以跂而及之爾）

春秋公羊傳三年之恩疾矣（注疾痛）非虛加之也以人心爲皆有之

孟子齊宣王欲短喪公孫丑曰爲期之喪猶愈於已乎（註齊宣王以三年之喪爲太長久欲減而短之因公孫丑使自以其意問孟子既不能三年喪以期年差愈於止而不行喪者也）孟子曰是猶或紾其兄之臂子謂之姑徐徐云爾亦教之孝

弟而已矣注紾戾也孟子言有人戾其兄之臂為不順也而子謂之曰且徐徐云爾是豈以徐徐之為差者乎不若教之以孝弟勿復戾其兄之臂也

滕定薨世子謂然友曰昔者孟子嘗與吾言於宋於心終不忘今也不幸至於大故吾欲使子問於孟子然後行事註定公文公父也然友世子之傅然友之鄒問於孟子孟子曰不亦善乎親喪固所自盡也曾子曰生事之以禮死葬之以禮祭之以禮可謂孝矣諸侯之禮吾未之學也雖然吾嘗聞之矣三年之喪齊疏之服飦粥之食自天子達於庶人三代共之注孟子言我雖不學諸侯之禮嘗聞師言三代以前君臣皆行三年之喪然友反命定為三年之喪父兄百官皆不欲曰吾宗國魯先君莫之行我先君亦莫之行也至於子之身而反之不可註父兄百官滕文同姓異姓諸臣也皆不欲使世子行三年○集注父兄同姓老臣也滕與魯俱文王之後而魯祖周公為長兄弟宗之故滕謂魯為宗國也然謂二國不行三年之喪者乃其後世之失非周公之法本然也且志曰喪祭

從先祖曰吾有所受之也 注志記也周禮小史掌邦國之志曰喪祭之事各從其先祖之法言轉有所受之不可於已身獨更改也 謂然友曰我他日未嘗學問好馳馬試劍今也父兄百官不我足也恐其不能盡於大事子爲我問孟子然友復之鄒問孟子孟子曰然不可以他求者也孔子曰君薨聽於冢宰歠粥面深墨卽位而哭百官有司莫敢不哀先之也 注孟子言如是不可用他事求也喪尚哀惟當以哀戚感之耳國君薨委政冢宰大臣嗣君但盡哀情歠粥不食顏色深墨深甚也墨黑也卽位而哭百官有司莫敢不哀者以君先哀之也 上有好者下必有甚焉者矣君子之德風也小人之德草也草上之風必偃是在世子然友反命世子曰然是誠在我五月居廬未有命戒百官族人可謂曰知 註諸侯五月而葬未葬居倚廬於中門之內也未有命戒居喪不言也異姓同姓之臣可謂曰知世子之能行禮也 及至葬四方來觀之顏色之哭泣之哀弔者大悅 註四方諸侯之賓來弔會者見世子之憔悴哀戚大悅其孝行之高美也○林氏曰孟子之時喪禮既壞然三年之喪惻隱之心痛疾之意出於人心之所固有者初未嘗忘也惟其溺於流俗之弊是以喪其良心而不自知耳文公見孟

子而聞性善堯舜之説則固有啓發其良心矣是以至此而哀痛之誠心發焉及其父兄百官皆不欲行則亦反躬自責悼其前行之不足以取信而不敢有非其父兄百官之心雖其資質有過人者而學問之力亦不可誣也及其斷然行之而遠近見聞無不悦服則以人心之所同然者自我發之而彼之心悦誠服亦有所不期然而然者人性之善豈不信哉

喪服小記大夫降其庶子其孫不降其父疏大夫降其庶子故為其庶子不為大夫者服大功也而喪服條例云父之不服子亦不敢服大夫不服其妾故妾之為母大功也今嫌既降其子亦厭其孫故此明雖降庶子而不厭降其孫矣庶子之子不降其父猶為三年也

雜記大夫為其父母兄弟之未為大夫者之喪服如士服士為其父母兄弟之為大夫者之喪服如士服鄭康成注大夫雖尊不以其服服父母兄弟嫌若踰之也士謂大夫庶子為士者也已卑又不敢服尊者之服今大夫喪服禮逸與士異者未得而備聞也春秋傳曰齊晏桓子卒晏嬰麤衰斬苴絰帶杖菅屨食粥居倚廬寢苫枕草其老曰非大夫之禮也曰唯卿為大夫此平仲之謙也言已非大夫故為父服士服耳麤衰斬者其縷在齊斬之間謂縷如三升半而三升不緝也斬衰以三升為正微細焉則屬於麤也然則士與大夫為父服異者有麤衰斬枕草矣其為母五升縷而四升為兄弟六升縷而五升乎唯大夫以上乃能備儀盡飾士以下則以臣服君之斬衰為其父以臣從君而服之齊衰為其母與兄弟亦以勉人為高行也大功以下大夫士服同○孔穎達疏大夫之父母兄弟或作士或無官今不以大夫之服服之是嫌畏踰之也云大夫庶子為士者若大

夫適子雖未爲士猶服大夫之服故知此士是庶子以至卑不敢服尊者之服也麤衰斬者麤即齊也言其布縷在齊斬之間斬衰三升麤衰四升其布在三升四升之間縷之麤如三升半而計縷唯三升也縷如三升半是麤不緝是斬故云斬衰以三升爲正微細焉則屬與麤也然則士與大夫異者鄭約晏嬰麤衰斬枕草之事明之也并及爲母爲兄弟者鄭既約士之父服縷約降一等經文有母及兄弟故此約母與兄弟之服也喪服爲母四升此云五升縷謂麤細似五升之縷成布四升喪服爲兄弟五升此云六升縷謂麤細如六升之縷成布五升皆謂縷細成布升數少也云士以下以臣服君之斬衰爲其父以臣從君而服之齊衰爲其母與兄弟者凡義服皆降正服一等今爲父母兄弟降從義服是卑屈也云勉人爲高行者居喪之禮以服重爲申以服輕爲屈一是勉勵其父母兄弟使爲高行作大夫一是勉勵士身使爲高行作大夫也○案聖證論王肅云喪禮自天子以下無等故曾子云哭泣之哀齊斬之情饘粥之食自天子達且大國之卿與天子上士俱三命平仲之言唯卿爲大夫謂諸侯之卿當天子之大夫非謙辭也春秋之時尊者尚輕簡喪服禮制遂壞群卿專政晏子惡之故服麤衰枕草云唯卿爲大夫者遜辭以避害也又孟子云諸侯之禮三年之喪齊疏之服饘粥之食自天子達於庶人三代共之又此記云端衰喪車皆無等則天子與士異者大夫以上在喪斂時弁經士冠素委貌也馬昭答王肅引雜記云大夫爲其父母兄弟之未爲大夫者之服如士服是大夫與士喪服不同而肅云無等則是背經說也張融評云士與大夫異者皆是亂世尚輕涼非王者之達禮鄭言謙者不異於遠害融意以王肅與鄭其義略同如融之說是周公制禮之時則上下同當喪制無等至後世以來士與大夫有異故記者載之鄭因而觧之今申鄭義云端衰喪車無等者端正也正爲衰之制度上下無等其服精麤卿與大夫有異也又曾子云齊斬之情據其情爲一等無妨服有殊異耳若王肅之意大夫以上弁經士唯素冠此亦得施於父母此經云爲昆弟豈亦弁經素冠之異乎此是肅之不通也杜元凱註左傳說與王肅同服虔註左傳與端衰喪車無等其老之間晏子之答皆爲非竝與鄭違今

所不用也○方慤曰生者貴而死者賤則其服從死嫌若臨之故也生者賤而死者貴則其服從生嫌若僭之故也○葉夢得曰古者喪服大夫士必有異制禮經皆不載鄭氏引晏平仲居喪證父母兄弟之未為大夫者服士服蓋不欲以尊踰之也而桓子亦大夫矣晏氏之老以為非大夫禮則平仲之服士服也當時諸國蓋多行短喪而况其是以平仲矯之不欲斥人之過姑自抑答以鄉然後為大夫大夫與士之禮其必以精麤為辨歟○黄榦曰按父母之服自天子達於士一也而記禮者之言乃如此當以王肅之言為正○陸佃曰據此大夫喪服士有不如也既夕禮曰衰三升寢苫枕塊則古者士服斬衰寢苫枕塊大夫麤衰斬寢苫枕草是歟當晏子時士僭大夫大夫以上喪服益輕故晏麤衰斬枕草反古之道家老視時以為非也閒傳曰斬衰三升齊衰四升五升六升齊四升蓋士以下則五升大夫六升諸侯天子齊衰之別也若斬衰則兩等喪服所謂衰三升三升有半三升有半大夫以服斬之衰歟

大夫之適子服大夫之服 注士至大夫賢者而德成適子得服其服亦尊其適象賢○疏明大夫適子雖未仕官及為士皆得服大夫之服

大夫之庶子為大夫則為其父母服大夫服其位與未為大夫者齒 註雖庶子得服其服尚德也使齒於士不可不宗適○疏此庶子雖為大夫其年長於適子猶在適子之下使適子為主若年少於適子則固在適子之下是不可不宗適也○方慤曰大夫之適子雖為士服大夫之服而不嫌於重者適故也至於庶子身為大夫雖服大夫之服其位猶與未為大夫者齒蓋長幼之序不可以貴賤廢故也

左傳襄公十七年齊晏桓子卒晏嬰麤縗斬 杜預註斬不緝之也

七字下脫年字

經帶杖菅屨陸德明釋文以苴為經及帶杖竹杖也禮記云苴竹杖也食粥居倚廬寢苫枕草註此禮與士喪禮略同其異惟枕草耳然枕凷亦非喪服正文其老曰非大夫之禮也註時之所行士及大夫衰服各有不同晏子為大夫而行士禮其家臣不觧故譏之曰唯卿為大夫註晏子惡直已以斥時失禮故孫辭略答家老○孔穎達疏檀弓云魯穆公之母卒使人問於曾申曾申對曰哭泣之哀齊斬之情饘粥之食自天子達然則天子以下其服父母尊卑皆同無大夫士之異晏子所行是正禮也言惟卿得服大夫服我是大夫得服士服又言已位卑不得從大夫之法者是惡其直已以斥時之失禮故孫辭略答家老也家語曾子問此事孔子云晏平仲可謂能辟害也不以已是而駁人之非孫辭以辟咎義也夫家語雖未必是孔子之言要其辭合理故王肅與杜皆為此說鄭玄以雜記之文士為父母兄弟之服不得與大夫同皆縷細降一等其縷數與大夫同但雜記之文記當時之制以當時大夫與士有異故為此辭非杜義也

晏子春秋晏子居晏桓子之喪麤衰斬苴經帶杖菅屨食粥居倚廬寢苫枕草其家老曰非大夫喪父之禮也晏子曰唯卿為大夫曾子以問孔子孔子曰晏子可謂能遠害矣不以已之是駮人之非遜辭以避咎義也夫

所不用也○方慤曰生者貴而死者賤則其服從死嫌若臨之故也生者賤而死者貴則其服從生嫌若借之故也○葉夢得曰古者喪服大夫士必有異制禮經皆不載鄭氏引晏平仲居喪證父母兄弟之未為大夫者服士服蓋不欲以尊踰之也而桓子亦大夫矣晏氏之老以為非大夫禮則平仲之服士服也當時諸國蓋多行短喪而况其是以平仲矯之不欲斥人之過姑自抑答以鄉然後為大夫大夫與士之禮其必以精麤為辨歟○黄榦曰按父母之服自天子達於士一也而記禮者之言乃如此當以王肅之言為正○陸佃曰據此大夫喪服士有不如也既夕禮曰衰三升寢苫枕塊則古者士服斬衰寢苫枕塊大夫麤衰斬寢苫枕草是歟當晏子時士僭大夫大夫以上喪服益輕故晏麤衰斬枕草反古之道家老視時以為非也閒傳曰斬衰三升齊衰四升五升六升齊四升蓋士以下則五升大夫六升諸侯天子齊衰之别也若斬衰則兩等喪服所謂衰三升三升有半三升有半大夫以服斬之衰歟

大夫之適子服大夫之服 注士至大夫賢者而德成適子得服其服亦尊其適象賢○疏明大夫適子雖未仕官及為士皆得服大夫之服

大夫之庶子為大夫則為其父母服大夫服其位與未為大夫者齒 註雖庶子得服其服尚德也使齒於士不可不宗適○疏此庶子雖為大夫其年長於適子猶在適子之下使適子為主若年少於適子則固在適子之下是不可不宗適也○方慤曰大夫之適子雖為士服大夫之服而不嫌於重者適故也至於庶子身為大夫雖服大夫之服其位猶與未為大夫者齒蓋長幼之序不可以貴賤廢故也

左傳襄公十七年齊晏桓子卒晏嬰麤縗斬 杜預註斬不緝之也

縗在胷前麤三升布苴絰帶杖菅屨陸德明釋文以苴為絰及帶杖竹杖也禮記云苴竹杖也食粥居倚廬寢苫枕草註此禮與士喪禮略同其異惟枕草耳然枕凷亦非喪服正文其老曰非大夫之禮也註時之所行士及大夫衰服各有不同晏子為大夫而行士禮其家臣不鮮故譏之曰唯卿爲大夫

註晏子惡直己以斥時失禮故孫辭略答家老○孔穎達疏檀弓云曾穉公之母卒使人問於曾申曾申對曰哭泣之哀齊斬之情饘粥之食自天子達然則天子以下其服父母尊卑皆同無大夫士之異晏子所行是正禮也言惟卿得服大夫服我是大夫得服士服又言已位卑不得從大夫之法者是惡其直己以斥時之失禮故孫辭略答家老也家語曾子問此事孔子云晏平仲可謂能辟害也不以已是而駮人之非孫辭以辟咎義也夫家語雖未必是孔子之言要其辭合理故王肅與杜皆為此說鄭玄以雜記之文士為父母兄弟之服不得與大夫同皆縷細降一等其縷數與大夫同但雜記之文記當時之制以當時大夫與士有異故為此辭非杜義也

晏子春秋晏子居晏桓子之喪麤衰斬苴絰帶杖菅屨食粥居倚廬寢苫枕草其家老曰非大夫喪父之禮也晏子曰唯卿為大夫曾子以問孔子孔子曰晏子可謂能遠害矣不以已之是駮人之非遜辭以避咎義也夫

王志長曰三年之達乎天子古今之通義也周公喪服首斬而父又爲斬中之正考其服制別無尊卑差降之法自後有士服大夫服之說父母之喪以爵之貴賤爲降殺至雜記云士之子爲大夫則其父母弗能主也使其子主之無子則爲之置後所謂聾臣聵齊東野人之語耳晏嬰服父喪其老以爲非大夫之禮嬰云唯卿爲大夫鄭氏謂此嬰之謙也是亦後世禮壞樂崩之論豈可訓哉喪服固周公之舊也

乾學按父母之喪無貴賤一也天子且上達大夫安得獨異雜記所云當是末世之敝觀孔子論晏平仲可知鄭氏亦言大夫與士異者未得備聞止疑麤衰縷在齊斬之間王肅致疑在喪斂時弁絰素委貌之異然則服或有精麤而喪期則未之有改也張融以爲士與大夫異皆是亂世尚輕涼非王者之達禮而馬昭反斥爲背經孔氏亦詆其不通非以不悖爲悖者與且禮記左氏傳皆孔氏作疏乃於記力詆王肅

於傳則又是之可見義有所屈而張融之
說洵不易之論也

[說苑]齊宣王謂田過曰吾聞儒者喪親三年喪君
三年君與父孰重田過對曰殆不如父重王忿然
怒曰然則胡爲去親而事君田過對曰非君之土
地無以處吾親非君之祿無以養吾親非君之爵
位無以尊顯吾親受之君致之親凡事君所以爲
親也宣王邑邑而無以應

乾學按易傳有父子然後有君臣有君臣
然後有上下有上下然後禮義有所錯故
喪禮之重莫先於父不易之道也

唐開元禮　宋政和禮　温公書儀　朱子家禮
明孝慈錄　會典　今律文同

喪服　諸侯爲天子　疏此文在父下君上者此天子不兼餘君君中最尊故特著父於上也

曲禮　君天下曰天子　疏父天母地是上天之子又爲天所命子養下民○沈與曰天子則非自私之辭

喪服傳　天子至尊也　疏天子至尊同於父也

周禮司服　凡喪爲天王斬衰　疏凡喪者諸侯諸臣皆爲天王斬衰○易祓曰天王有父道諸侯群臣爲服亦猶人子之爲父婦也○王昭禹曰天王有婦道故諸臣服斬衰以王爲天也若諸侯之大夫自天其君則爲王繐衰而已

乾學按疏云諸侯謂分封列國者諸臣則仕於王朝之卿大夫士也其中有寰内諸侯故禮但言諸侯爲天子而諸臣統於其中若諸侯之大夫則爲天王繐衰不在此列矣

昏義　天子脩男教父道也故爲天王服斬衰服父之義也　葉夢得曰天子以男教勉天下之爲子者其道猶父故其卒則天下爲之斬衰報其義也

服問　君爲天子三年夫人如外宗之爲君也世子不

為天子服　註外宗君外親之婦也其夫與諸侯為兄弟服斬衰妻從服期諸侯為天子服斬夫人亦從服期喪大記曰外宗房中南面世子不服遠嫌也與畿外之民同也○疏外親之婦者其夫既是君之外姓其婦即是外宗也熊氏云凡外宗有三案周禮外宗之女有爵通卿大夫之妻一也雜記云外宗為君夫人猶內宗是君之姑姊妹之女舅之女從母之女皆為諸侯服斬為夫人服期是二也此文外宗是諸侯外親之婦也若姑之子婦從母之子婦其夫是君之外親為君服斬其婦亦名外宗為君服期是三也內宗有二者按周禮云內女之有爵謂其同姓之女悉是一也雜記云內宗者是君之五屬之內女是二也

檀弓天子崩三日祝先服　注祝佐含斂先服　五日官長服　注官長大夫士　七日國中男女服　注庶人　三月天下服　注諸侯之大夫○疏祝大祝商祝也國中男女謂畿內民及庶人在官者齊衰三月而除之必待七日者天子七日而殯殯後嗣王成服故民得成服也天下服者謂諸侯之大夫為王繐衰既葬而除之也近者亦不待三月今據遠者為言耳○方愨曰此所謂服特指杖耳祝先服者力勞而先病故也言祝先服則子可知矣官長以對祝言之則力有勞逸以對子言之則恩有重輕故五日而後服杖也七日國中男女服三月天下服言各服其所服之服非謂杖矣蓋不特恩有重輕故服有先後亦以地有遠近而聞訃有早晚故也

唯天子之喪有別姓而哭　注使諸侯同姓異姓庶姓相從而為位別于朝覲來時朝覲爵同同位○疏朝覲爵同同位則不分別同姓異姓

春秋隱公三年三月庚戌天王崩孔穎達天王之喪諸侯不得越竟而奔脩服於其國卿共弔葬之禮○孫復曰春秋天王崩書葬者五桓襄匡簡景是也不書葬者四平惠定靈是也不書崩不書葬者三莊僖頃是也書葬者皆非常也不書葬者皆得常也不書崩不書葬者周室微弱失不告也○胡安國曰諸侯為天王服斬衰禮當以所聞先後而奔喪今平王崩周人來訃而隱公不往是無君也其罪應誅不書而自見矣或曰萬國至衆也封疆至重也天王之喪不得越竟而奔而修服于國卿共弔葬之禮訖葬卒哭而除喪禮乎按周書康王之誥太保率西方諸侯入應門左畢公率東方諸侯入應門右再拜趨出王反喪服此奔成王之喪者安得以為脩服于國而可乎○張洽曰喪服斬衰三年諸侯為天子之服也天王之喪同軌畢至為臣子者以所聞先後奔喪禮也隱公聞喪而不奔春秋以來送終之禮薄矣○家鉉翁曰或謂天子之喪諸侯不得越境而奔脩服于其國愚以為此後世郡縣之禮而律古者封建之國恐不得同也胡氏引康王之誥為說此論矣○汪克寬曰秦昭襄之薨韓桓惠王衰絰入弔祠春秋諸侯之事天子不若戰國之君事大國之禮也

桓公十五年三月乙未天王崩註桓王也○趙匡曰後莊王僖王不書崩見魯不赴諸侯不臣

夏四月己巳葬齊僖公王葆曰王八年之間三遣使來聘恩禮厚矣今王崩來赴魯無奔喪會葬之事齊僖之存于戈歲尋卒則會葬如禮比例以觀不貶而惡自見

宣公二年冬十月乙亥天王崩註匡王也

三年春王正月郊牛之口傷改卜牛死乃不郊胡安國曰禮為

天王服斬衰周人告喪于魯史策已書而未葬也祀帝於郊夫豈其時而或謂不以王事廢天事禮乎春秋已來喪紀浸廢有不奔王喪而遠適他國有不脩弔禮而自相聘問固將以是為可舉而不廢也卒至漢文以日易月後世不能復其所由來漸矣春秋備書其義自見。張洽曰周公郊祀后稷以配天為成耳非魯之所得用也況有三年之喪乃臣子斬衰奔赴之時豈可僭天行事之禮此春秋所以特書之并書猶三望以譏其可已而不已也。曰天王崩三月天下服王崩至是已三月海內諸侯皆當斬衰苴絰杖純纓菅屨魯為同姓之宗國而不服其服則無王也郊之祭也喪者不敢哭凶服不敢入國門苟釋凶服而從事於大禮是慢天也且天子嘗禘郊社簠簋既陳諸侯祭社稷俎豆既陳聞天子崩后之喪皆廢其禮況可聞喪而猶治

不敢甚矣中有脫字

此論二字下疑有當字

公如齊五月公至自齊胡安國曰天王之喪不奔欲行郊禮而汲汲於奔齊惠公之喪天王嘗使微者往而公孫歸父會齊惠公之葬其不顧君臣上下尊卑之等所謂肆人欲滅天理而無忌憚者也

成公五年冬十一月己酉天王崩註定王也

十有二月己丑公會晉侯齊侯宋公衛侯鄭伯曹伯邾子杞伯同盟於蟲牢孫復曰天王崩晉合諸侯同蟲牢之盟不顧甚矣。程子曰天王崩而會盟不廢書同見其皆不臣。胡安國曰天王崩赴告已及在諸侯之策矣以所聞先後而奔喪禮也而九國諸侯會盟不廢故特書同盟以見其皆不臣。薛季宣曰王崩而為盟會無主之甚也。家鉉翁曰天王崩告命已行於天下而諸侯不戚不奔相與為此盟無王之罪大矣春秋於王崩之後繼書同盟貶也。汪克寬

春秋隱公三年三月庚戌天王崩孔穎達曰天王之喪諸侯不得越竟而奔脩服於其國卿共弔葬之禮。孫復曰春秋天王崩書葬者五桓襄匡簡景是也不書葬者四平惠定靈是也不書崩不書葬者三莊僖頃是也書葬者皆非常也不書葬者皆得常也不書崩不書葬者周室微弱失不告也。胡安國曰諸侯為天王服斬衰禮當以所聞先後而奔喪今平王崩周人來訃而隱公不往是無君也其罪應誅不書而自見矣或曰萬國至衆也封疆至重也天王之喪不得越竟而奔而修服于國卿共弔葬之禮訖葬卒哭而除喪禮乎按周書康王之誥太保率西方諸侯入應門左畢公率東方諸侯入應門右再拜趨出王反喪服此奔成王之喪者安得以為脩服于國而可乎。張洽曰喪服斬衰三年諸侯為天子之服也天王之喪同軌畢至為臣子者以所聞先後奔喪禮也隱公聞喪而不奔春秋以來送終之禮薄矣。家鉉翁曰或謂天子之喪諸侯不得越境而奔脩服于其國愚以為此後世郡縣之禮而律古者封建之國恐不得同也胡氏引康王之誥為說此論矣。汪克寬曰秦昭襄之薨韓桓惠王衰絰入弔祠春秋諸侯之事天子不若戰國之君事大國之禮也

桓公十五年三月乙未天王崩註桓王也。趙匡曰後莊王僖王不書崩見魯不赴諸侯不臣之存于戈歲尋卒則會葬如禮比例以觀不貶而惡自見

夏四月己巳葬齊僖公王葆曰王八年之間三遣使來聘恩禮厚矣今王崩來赴魯無奔喪會葬之事齊僖

宣公二年冬十月乙亥天王崩註匡王也

三年春王正月郊牛之口傷改卜牛牛死乃不郊胡安國曰禮為

天王服斬衰周人告喪于魯史策已書而未葬也杞帝於郊夫豈其時而或謂不以王事廢天事禮乎春秋已來喪紀浸廢有不奔王喪而遠適他國有不脩弔禮而自相聘問固將以是為可舉而不廢也卒至漢文以日易月後世不能復其所由來漸矣春秋備書其義自見○張洽曰周公郊祀后稷以配天為成王制禮耳非魯之所得用也況有三年之喪乃臣子斬衰奔赴之時豈可僭天子越紼行事之禮此春秋所以特書之并書猶三望以譏其可已而不已也○汪克寬曰天王崩三月天下服王崩至是已三月海內諸侯皆當斬衰苴絰杖絞帶冠繩纓菅屨魯為同姓之宗國而不服其服則無王也郊之祭也喪者不敢哭凶服不敢入國門茍釋凶服而從事於大禮是慢天也且天子嘗禘郊社簠簋既陳諸侯祭社稷俎豆既陳聞天子崩后之喪皆廢其禮況可聞喪而猶治祭事乎

十年公如齊五月公至自齊胡安國曰天王之喪不奔欲行郊禮而汲汲於奔齊惠公之喪天王之葬不會使微者往而公孫歸父會齊惠公之葬其不顧君臣上下尊卑之等所謂肆人欲滅天理而無忌憚者也

成公五年冬十一月己酉天王崩註定王也

十有二月己丑公會晉侯齊侯宋公衛侯鄭伯曹伯邾子杞伯同盟於蟲牢孫復曰天王崩晉合諸侯同蟲牢之盟不顧甚矣○程子曰天王崩而會盟不廢書同見其皆不臣○胡安國曰天王崩赴告已及在諸侯之策矣以所聞先後而奔喪禮也而九國諸侯會盟不廢故特書同盟以見其皆不臣○薛季宣曰王崩而為盟會無主之甚也○家鉉翁曰天王崩告命已行於天下而諸侯不戚不奔相與為此盟無王之罪大矣春秋於王崩之後繼書同盟貶也○汪克寬

日是盟乃何休所謂同心為惡惡必成者也盖諸侯之同盟實有同外楚之心而不知悖于尊王之義天子之喪人道始終之大變諸侯相見揖讓入門而聞訃則不得終禮況已聞而猶相與會盟不亦無人心乎春秋之諸侯不知有王故襄王方崩則晉魯之卿會盟王都之側而不奔喪簡王方崩而邾與晉衛脩朝聘于魯而不修弔事盖將以是為常而不知甚者靈王之訃音已達於天下而諸侯旅朝於荆楚且侯致襚執紼越歲踰時而後返而曾不遣一介行李問國恤於京師也吁可嘆哉

襄公元年九月辛酉天王崩　汪簡王也

邾子來朝冬衛侯使公孫剽來聘晉侯使荀罃來聘

註冬者十月初也王崩赴未至皆未聞喪故各得行朝聘之禮○范甯穀梁註同○楊士勛疏曰知王崩赴未至者禮諸侯為天子斬衰天子以九月崩當日即邾子來朝冬初即晉衛來聘魯是有禮之國焉得受之明知赴未至故各得朝聘之禮也○孫復曰天王崩邾子衛晉之朝聘皆不臣也○胡安國曰簡王崩赴告已及藏在諸侯之策矣則宜以所聞先後而奔喪今邾子方來修朝禮衛侯晉侯方來修聘事於王喪若越人視秦人之肥瘠曾不與焉而左氏以為禮此何禮乎○王樵曰襄公即位則邾子來朝晉衛來聘簡王崩而諸侯無崩喪之事靈王立而諸侯無始見之文當時狃習流俗不復知有京師矣○汪克寬曰杜預范甯皆云王崩赴未至故各得行朝聘之禮今考邾子來朝之之時謂赴未至於諸侯猶之可也踰月之後安有赴告未及者然歷秋暨冬衛晉不廢聘好縱彼未聞赴而來魯亦豈可晏然受之乎按禮諸侯相見揖讓入門不得終禮者六天子崩太廟火日食后夫人之喪雨霑服失容則廢春秋譏王崩而書朝聘朝者聘者受之者皆有罪也

襄公二十有八年十有二月甲寅天王崩註靈王也

二十有九年春王正月公在楚高閌曰公在齊晉多矣闕朝正之禮亦不少矣但書公如齊如晉而義自見也今書公在楚則聖人之旨深矣二十八年十一月公如楚十二月甲寅天王崩乙未楚子昭卒公不篤君臣之義以奔天王之喪而猶夷狄之強以俟楚子之葬又留於楚待夏乃歸故聖人特於朝正之時書公所在與昭公失國在乾侯同且以責季氏之無君也

天子喪疑有當字

學按天子喪而行郊禮當天子喪而受國之朝聘當天子喪而脩禮於他國春秋皆特書以誌貶諸儒論之甚嚴此諸侯

走字疑喪字

天子奔走制服之舊制也孔氏獨云諸侯可以脩服於國必不然矣左傳昭公三十年鄭游吉對士景伯曰靈公之喪吾先君簡公在楚我先大夫印段寔往敝邑之少卿也王吏不討恤所無也由是觀之簡公若非在楚而遣卿往則王吏必致討矣

日是盟乃何休所謂同心爲惡惡必成者也盖諸侯之同盟實有同外楚之心而不知悖于尊王之義天子之喪人道始終之大變諸侯相見揖讓入門而聞訃則不得終禮況已聞而猶相與會盟不亦無人心乎春秋之諸侯不知有王故襄王方崩則晉魯之卿會盟王都之側而不奔喪簡王方崩而邾與晉衛脩朝聘于魯而不修弔事盖將以是爲常而不知甚者靈王之訃音已達於天下而諸侯旅朝於荆楚且俟致襚執紼越歲踰時而後返而曾不遣一介行李問國恤於京師也吁可嘆哉

襄公元年九月辛酉天王崩注簡王也

邾子來朝冬衛侯使公孫剽來聘晉侯使荀罃來聘

註冬者十月初也王崩赴未至皆未聞喪故各得行朝聘之禮○范甯穀梁註同○楊士勛疏曰知王崩赴未至者禮諸侯爲天子斬衰天子以九月崩當日即邾子来朝冬初即晉衛来聘魯是有禮之國焉得受之明知赴未至故各得朝聘之禮也○孫復曰天王崩邾子衛晉之朝聘皆不臣也○胡安國曰簡王崩赴告已及藏在諸侯之策矣則宜以所聞先後而奔喪今邾子方来修朝禮衛侯晉侯方来修聘事於王喪若越人視秦人之肥瘠曾不與焉而左氏以爲禮此何禮乎○王葆曰襄公即位則邾子来朝晉衛来聘簡王崩而諸侯無崩喪之事靈王立而諸侯無始見之文當時狃習流俗不復知有京師矣○汪克寬曰杜預范甯皆云王崩赴未至故各得行朝聘之禮今考邾子来朝之時謂赴未至於諸侯猶之可也踰月之後安有赴告未及者然歷秋曁冬衛晉不廢聘好縱彼未聞赴而来魯亦豈可晏然受之乎按禮諸侯相見揖讓入門不得終禮者六天子崩太廟火日食后夫人之喪雨霑服失容則廢春秋繼王崩而書朝聘朝者聘者受之者皆有罪也

襄公二十有八年十有二月甲寅天王崩註靈王也

二十有九年春王正月公在楚高閌曰公在齊晉多矣闕朝正之禮亦不少矣但書公如齊如晉而義自見也今書公在楚則聖人之旨深矣二十八年十一月公如楚十二月甲寅天王崩乙未楚子昭卒公不篤君臣之義以奔天王之喪而猶夷狄之強以俟楚子之葬又留於楚待夏乃歸故聖人特於朝正之時書公所在與昭公失國在乾侯同且以責季氏之無君也

乾學按天子喪而行郊禮當天子喪而受與國之朝聘當天子喪而脩禮於他國春秋皆特書以誌貶諸儒論之甚嚴此諸侯爲天子奔走制服之舊制也孔氏獨云諸侯可以脩服於國必不然矣左傳昭公三十年鄭游吉對士景伯曰靈公之喪吾先君簡公在楚我先大夫印段寔往敝邑之少卿也王吏不討恤所無也由是觀之簡公若非在楚而遣卿往則王吏必致討矣

此亦一證也

荀子天子之喪動四海屬諸侯楊倞注屬謂付託之使主喪也

白虎通德論諸侯為天子斬衰三年何普天下之莫非王土率土之濱莫非王臣臣之於君猶子之於父明至尊臣子之義也○

禮曰天子崩遣使者訃諸侯王者崩諸侯悉奔喪何臣子悲哀慟怛莫不欲觀君父之棺柩盡悲哀者也又爲天子守蕃不可頓空也故分為三部有始死先奔者有得中來盡其哀者有得會喪奉送君者七月之間諸侯有在京師親供臣子之事者也號泣悲哀奔走道路者有居其國哭痛思慕竭盡所供以助喪事者是四海之內咸悲臣下若喪考妣之義也葬有會者親疏遠近盡至親親之義

也童子諸侯不朝而來奔喪者何明臣子於其君父非有老少也亦因喪質無殷旋之禮但盡悲哀而已

乾學按班固此論視諸儒尤詳愈足證孔氏之謬

孟子舜相堯二十有八載堯崩三年之喪畢舜避堯之子於南河之南

堯老而舜攝也堯典曰二十有八載放勛乃徂落百姓如喪考妣三年四海遏密八音孔子曰天無二日民無二王舜既爲天子矣又帥天下諸侯以爲堯三年喪是二天子矣疏以舜方攝堯行事未爲天子也

乾學按舜率天下諸侯以爲堯三年喪禮也孔子之言特欲明舜未爲天子故爾

〔孟子〕昔者舜薦禹於天十有七年舜崩三年之喪畢禹避舜子之於陽城○禹薦益於天七年禹崩三年之喪畢益避禹之子於箕山之陰

〔吳越春秋〕堯崩禹服三年之喪如喪考妣晝哭夜泣氣不屬聲舜崩禹服三年形體枯槁面目黧黑禹崩益服三年

〔通典〕晉張祖高問士服天王云何要記賀循所撰惟道大夫服君及家臣服大夫耳不説士恐有脱誤鄭云士服君亦斬衰無明文而雜記云士居堊室此則士制周耶周即朞年也唐明皇名隆基唐人避嫌名故易以周字士下吏服士恐亦應同謝沉答曰朝廷之士服天王斬衰禮之明文也邑宰外任之士居堊室制周要記非脱誤是簡略耳晉尚書問天子崩於今臺書令史以上皆為服斬衰之服不

博士卞摧應琳議禮命士以上皆服斬臺書令史列職天朝皆應服斬又問天子崩令司州及河南群吏出入導從應易服制不卞摧答禮庶人者官者服齊衰三月又近臣服斬導從出入皆應從服又問從服隨君輕重令司隸服斬下吏服齊為合禮意卞摧答凡臣從君皆降一等今之牧守皆古諸侯以禮相況輕重宜矣又問禮義服不從令司隸為君斬衰義服也下吏為從不每降一等當為君喪其親者耳古今行事復云何摧答禮庶人為國君齊今則不服然吏若都官從事有職司於喪庭者故宜依庶人在官義耳義服不從謂近臣服君斬服之衰依降一等者之差耳前稱導從指為近臣不謂吏也

魏晉故事云問諸二千石長吏見在京城皆應制服

不愽士卞摧楊雍應琳等上云禮臣為君斬衰自士
以上見在官者皆應制服
皇子廣陵王年十一孫為祖服朞當從臣服從本親
服應琳議按禮喪服諸侯為天子斬今廣陵王列土
建國古之諸侯宜從臣制
問皇太后三夫人以下皆服斬諸長公主及諸君崇
陽園修容服制之宜卞摧等議按禮與諸侯為兄弟
者服斬依禮則公主宜服斬而不杖禮君夫人為長
子三年妾為君之嫡子與夫人同則崇陽園修容宜
三年又問太后及公主應杖不卞摧應琳議禮為夫
杖自天子達皇太后應杖明矣婦為舅姑禮無杖文
皇后不應杖也君之喪夫人世婦在次則杖即位則
使人執之如禮三夫人已下皆杖○摧等又議諸王

女孫女為天子服按禮諸侯之夫人為天子其服齊衰本無服者也猶從夫而同今王姑於大行皇帝本

父字疑文字

[illegible]在明重依諸兄弟之義所服至尊疑當服重王諸女依諸侯兄弟禮則應服斬也孫女幼未及於禮若欲服宜依諸侯之制

乾學按此所云皇太后乃嗣皇之母賓死者之妻也所云皇姑乃嗣皇之姑賓死者之姊妹也此文主嗣皇而言故云然

開元禮　政和禮　書儀　家禮　孝慈録　會典　今律文俱不載自漢文帝行易月之制群臣與嗣君同服故諸書皆無之

喪服君疏此君內兼有諸侯及大夫故父在天子下鄭注曲禮云臣無君猶無天則君者臣之天故亦同之於父為至尊但義故還著義服也

曲禮於其國曰君疏其國采地內也與采地內臣民言則自稱曰君

喪服傳君至尊也注天子諸侯及卿大夫有地者皆曰君○疏按周禮載師云家邑任稍地小都任縣地大都任疆地是天

不惇士卞攉楊雍應琳等上云禮臣為君斬衰自士以上見在官者皆應制服

皇子廣陵王年十一孫為祖服朞當從臣服從本親服應琳議按禮喪服諸侯為天子斬今廣陵王列土

建國古之諸侯宜從臣制

問皇太后三夫人以下皆服斬諸長公主及諸君崇陽園修容服制之宜卞攉等議按禮與諸侯為兄弟者服斬依禮則公主宜服斬而不杖禮君夫人為長子三年妾為君之嫡子與夫人同則崇陽園修容宜三年又問太后及公主應杖不卞攉應琳議禮為夫杖自天子達皇太后應杖明矣婦為舅姑禮無杖文皇后不應杖也君之喪夫人世婦在次則杖即位則使人執之如禮三夫人已下皆杖○攉等又議諸王

女孫女爲天子服按禮諸侯之夫人爲天子其服齊衰本無服者也猶從夫而同今王姑於大行皇帝本服周以輕明重依諸兄弟之義所服至尊疑當服重王諸女依諸侯兄弟禮則應服斬也孫女幼未及於禮若欲服宜依諸侯之制

乾學按此所云皇太后乃嗣皇之母實死者之妻也所云皇姑乃嗣皇之姑實死者之姊妹也此文主嗣皇而言故云然

開元禮　政和禮　書儀　家禮　孝慈録　會典　今律文俱不載自漢文帝行易月之制群臣與嗣君同服故諸書皆無之

喪服君疏此君內兼有諸侯及大夫故父在天子下鄭注曲禮云臣無君猶無天則君者臣之天故亦同之於父爲至尊但義故還著義服也

曲禮於其國曰君疏其國采地內也與采地內臣民言則自稱曰君

喪服傳君至尊也注天子諸侯及卿大夫有地者皆曰君○疏按周禮載師云家邑任稍地小都任縣地大都任疆地是天

子卿大夫有地者若魯國季孫氏有費邑叔孫氏有郈邑孟孫氏有郕邑晉國三家亦皆有韓趙魏之邑以其有地則有臣故也士無臣雖有地不得君稱故僕隸等爲其長弔服加麻不服斬也

檀弓事君有犯而無隱左右就養有方服勤至死方喪三年注有犯無隱謂既諫人有問其國政者可以語其得失若齊晏子爲晉叔向言之就養有方不可侵官也方喪資于事父此以義爲制也○疏方喪謂比方父喪也○馬晞孟曰君之喪資于父以制之者也其敬同其愛則異故衰麻飲食方于父而其哀不及焉古之人服父之喪自上世以來未有改三年者蓋其情不可變也至于爲君之喪以義制故後世之爲君服以日易月以月易年而遂除之者止言其服不責以情則其禮亦可從時王之制也

坊記喪父三年喪君三年示民不疑也輔廣曰示民不疑則君親無異事

喪服四制門內之治恩揜義門外之治義斷恩資於事父以事君而敬同貴貴尊尊義之大者也故爲君亦斬衰三年以義制者也注詳二十七卷

喪服小記爲諸侯兄弟者服斬注謂卿大夫以下也與尊者爲親不敢以輕服服之言諸侯者明雖在異國猶來爲三年也○疏孔氏曰鄭恐彼此俱諸侯爲之服斬故注云謂卿大夫以下若俱爲諸侯則各依本服經不云與君爲兄弟而言與諸侯爲

兄弟故知容在異國也然既在異國得為舊君服斬者以曾在本國作卿大夫今來他國未仕故得服斬也○熊安生曰諸侯死凡與諸侯有五屬之親者皆服斬以諸侯體尊不可以本親輕服服之也○方慤曰兄弟朞喪耳而與之服斬衰者以其為君而有父道故也○陸佃曰禮臣為君斬衰雖兄弟不得以其屬通如是而後君臣之分嚴故朞之喪達乎大夫喪服傳曰始封之君不臣諸父昆弟此與諸侯為兄弟者也雖如此猶服斬所臣兄弟可知兄弟如此諸父可知

服問大夫之適子為君夫人太子如士服注大夫不世子不嫌也士為國君斬小君期大子君服斬臣從服朞○疏大夫無繼世之道其子無嫌得為君與夫人及君之大子著服如士服也

乾學按諸侯世及大夫不繼世故諸侯為天子三年而世子不爲天子服遠嫌也大夫士皆為君服斬而大夫之適子得如士服不嫌也如此則大夫之庶子與士之子皆可類推

雜記外宗為君夫人猶內宗也註皆謂嫁于國中者也為君服斬夫人齊衰不敢以其親服服至尊也外宗謂姑姊妹之女舅之女及從母皆是也內宗五屬之女也其無服而嫁于諸臣者從為夫之君嫁于庶人從為國君○疏內宗謂君五屬內之女

以經云為君夫人則君夫人者是國人所稱號故知嫁于國中國外當云諸侯也云不敢以其親服服至尊也者按禮族人不敢以其戚戚君則異族者可知凡内宗外宗皆據有爵者云其無服而嫁于諸臣者從為夫之君者總謂外宗内宗之女皆然也云嫁于庶人從為國君者亦内外宗之女並言之則服齊衰三月此等内宗外宗熊氏云雖嫁在他國皆為本國諸侯服斬也今依用之若賀循譙周之等云在已國則得為君服斬夫人齊衰若在他國則不得也今並存焉此外宗與喪服外宗為君別也故鄭注云外宗是君之外親之婦此外宗唯據君之宗也

荀子 君之喪所以取三年何也君者治辨之主也文理之原也情貌之盡也相率而致隆之不亦可乎 楊倞注治辨謂能治人使有辨別也文理法理條貫也原本也情忠誠也貌恭敬也致至也言人所施忠敬尤盡于君者則臣下相率服喪而至於三年不亦可乎 詩云愷悌君子民之父母彼君者固有爲民父母之說焉父能生之不能養之母能食之不能教誨之君者已能食之矣又善教誨之也 食謂祿廩教誨謂制命也 三年畢矣哉 君者兼父母之恩以三年報之猶未畢也

通典 魏尚書左丞王煛除陳相未到國而王薨議者或以為宜齊衰或以為宜無服王肅云王相國本王

之丞相按漢景帝時貶為相成帝時使理人王則國所以封王相則國家使為王臣但王不與理人之事耳而云相專為理人不純臣於王非其義也今嬰至許昌而聞王薨姓名未通恩紀未交君臣未接禮不責人之所不能於義未正服君臣之服傳曰策名委質貳乃辟也若夫未策名未委質不可以純君臣之義也禮婦人入門未三月廟見死猶歸於黨不得以六禮既備又以入室遂成其婦禮也則臣之未委質者亦不得備其臣禮也曾子問曰娶女有吉日而女死如之何孔子壻齊衰而弔既葬而除之夫死亦如之各以其服如服斬衰斬衰而弔之既葬而除之也今嬰為王相未入國而王薨義與女未入門夫死同則嬰宜服斬衰既葬而除之此禮之明文也禮曰與

諸侯爲親者服斬雖有親爲臣則服斬衰也臣爲其君服之或曰宜齊衰不亦遠於禮乎詔如肅議○司空陳群議諸王相國不應爲國王服斬衰古今異制損益不同古者諸侯專國子人至漢初患諸王子强㬥奪之權食租而已乃選賢能代王居國相王爲善否則彈糺國家置王以下之吏非陪臣之謂也禮記雖有與諸侯爲親服斬者蓋謂異於國臣與有親於王斬耳雖陪臣不親猶不爲服豈專帝臣而爲蕃王服斬未有實不爲臣而名稱臣若欲假虛名以優王者欲從君臣而復糺其罪名實既錯君臣義乖遺禮失教難以爲典近防輔小吏尚不稱臣況剖符帝臣而稱臣妾於蕃王若使正名爲王臣則尚書當稱陪臣若王正臣不可不服則不宜還糺王罪若不稱陪

臣俱言臣者此為王與天子同臣也詔曰若正名實司空議是也且謂之國相而不稱臣制服則亦名實有錯若去相之號除國之名則傷親親之恩也宜釋輕從重以彰優崇之大義也○喪葬令云王及郡公侯之國者薨其國相官屬長史及内史下令長丞尉皆服斬衰朝晡詣喪庭臨以喪服視事葬訖除服其非國下令長丞尉及不之國者相内史及令長丞尉其相内史吏皆素服三日哭臨其雖非近官而親在喪庭執事者亦宜制服其相内史及以列侯為吏令長者無服皆發哀一日

晋書李含傳含舉秦國郎中令司徒選含領始平中正秦王柬薨依臺儀葬訖除喪尚書趙浚有内寵疾含不事己遂奏含不應除喪本州大中正傳祗以名

義貶含中丞傳咸上表理含曰臣州秦國郎中令始
平李含忠公清正才經世務實有史魚秉直之風雖
以此不能協和流俗然其名行峻厲不可得掩二都
並舉孝廉異行尚書郭奕臨州含寒門少年而奕超
為別駕太保衛瓘辟含為掾每語臣曰李世容當為晉
匪躬之臣秦王之薨悲慟感人百僚會喪皆所目見
也今以含俯就王制謂之背戚居榮奪其中正天王
之朝既葬不除藩國之喪既葬而除藩國欲同不除
乃當責引尊準卑非所宜言耳今天朝告於上欲令
藩國服於下此為藩國之義隆而天朝之禮薄也又
云諸王公皆終喪禮寧盡乃叙明以喪制宜隆務在
敦重也夫寧盡乃叙明以哀其病耳異於天朝制使
終喪未見斯文國制既葬而除既除而祔爰自漢魏

迄於聖晉文皇升遐武帝崩殂世祖過哀陛下毀損銜疚諒陰以終三年率土臣妾豈無攀慕遂服之心實以國制不可而踰故於既葬不敢不除天王之喪釋除於上藩國之臣獨遂於下此不可安復以秦王無後含應爲喪主而王喪既除而祔則應吉祭因曰王未有廟主不應除服秦王始封無所連祔靈主所居即便爲廟不問國制云何而以無廟爲貶以含今日之所行移博士使案禮文必也放勳之殂遏密三載世祖之崩數旬即吉引古繩今闔世有貶何但李含不應除服今也無貶王制故也聖上諒陰哀聲不輟股肱近侍猶宜心喪不宜便行婚娶歡樂之事而莫云者豈不以大制不可而曲邪且前以含有王喪上爲差代尚書勅王葬日在近葬訖含應攝職不聽

差代蒞訖含猶躊躇司徒屢罰訪問踧含攝職而隨
擊之此為臺勅府符陷含於惡若謂臺府為傷教義
則當據正不正符勅唯含是貶含之困躓尚足惜乎
國制不可偏耳又含自以隴西人雖户屬始平非所
綜悉自初見使為中正反覆言辭説非始平國人不
宜為中正後為郎中令又自以選官引臺府為比以
讓常山太守蘇韶辭意懇切形於文墨含之固讓乃
在王未薨之前蒞後躊躇窮於對罰而攝職耳臣從
弟祗為州都督意在欲隆風教議含已過不良之人
遂相扇動冀挾名義法外致案足有所邀中正龐騰
便剳食品臣雖無祁大夫之德見含為騰所侮謹表
以聞乞朝廷以時博議毋令騰得妄弄刀尺帝不從
含遂被貶退割為五品歸長安

晉書丁潭爲瑯琊王裒郎中令元帝建武元年裒薨潭上疏求行終喪曰在三之義禮有達制近代以来或隨時降殺宜一正華以敦於後輙按令文王侯之喪官僚服斬既葬而除今國無繼統喪廷無主臣實陋賤不足當重謬荷首任禮宜終喪詔下博議國子祭酒杜夷議古者諒陰三年不言下及周世税衰効命春秋之時天子諸侯既葬而除此所謂三代損益禮有不同故三年之喪由此而廢然則漢文之詔合於隨時凡有國者宜同也非施於帝王而已按禮殤與無後降於成人有後既葬而除今不得以無後之故而獨不除也愚以丁郎中應除衰麻自宜主祭以終三年太常賀循議禮天子諸侯俱以至尊臨人上下之義君臣之禮自古以来其禮一也故禮盛則全

其重禮殺則從其降春秋之時天子諸侯不行三年至於臣為君亦宜以君為節未有君除而臣服君服而臣除者今法令諸侯卿相官屬為君斬衰既葬而除以令文言之明諸侯不以三年之喪與天子同可知也君若遂服則臣子輕重無應除者也若當既除無一人獨重之文禮有攝主而無攝重故大功之親主人喪者必為再制練祥未有以大功之服服主人三年者也苟為諸侯與天子同制國有嗣王自不全服而人主居喪素服主祭三年不攝吉事以尊令制若當遠跡三代令復舊典不依法令者則諸侯之服貴賤一例亦不得惟一人於是詔使除服心喪三年

魏書高肇尚平陽公主未幾主薨肇欲使公主家令廬居制服付學官議正施行尚書訪之常景景以婦

人無專國之理家令不得有純臣之義乃執議曰喪紀之本實稱物以立情輕重所因亦緣情以制禮雖禮關盛衰事經今古而制作之本降殺之宜其實一焉是故臣之為君所以資敬而崇重為君母妻所以從服而制義然而諸侯大夫之為君者謂其有土地有吏屬無服文者言其非世爵也今王姬降適雖加爵命事非君邑理異列土何者諸王開國備立臣吏生有趨奉之勤死盡致喪之禮而公主家令惟有一人其丞已下命之屬官既無接事之儀實闕為臣之禮原夫公主之貴所以立家令者蓋以主之內事脫須關外理無自達必也因人然則家令惟通內外之職及典主家之事耳無關君臣之理名義之分也由是推之家令不得為純臣公主不可為正君明矣且

女人之為君男子之為臣古禮所不載先朝所未議而四門博士裴道廣孫榮乂等以公主為之君以家令為之臣制服以斬尋謬彌甚又張虛景吾難羈等不推君臣之分不尋制服之情猶同其議準母制齊求之名實理未為允竊謂公主之爵既無食采之君家令之官又無純臣之式若附如母則情義罔施若準小君則從服無據案如經禮事無成文即之愚見謂不應服朝廷從之

開元禮　政和禮　書儀　家禮　孝慈錄　會典　今律文俱不載

父為長子　註不言適子通上下也○疏適子之號唯據大夫士不通天子諸侯唯長子得通上下適妻所生皆名適子第一子死則取適妻所生第二長者立之亦名長子

公羊傳立適以長　註適謂適夫人之子禮適夫人無子立右媵右媵無子立左媵左媵無子立嫡姪娣嫡姪娣無子立

右媵姪娣右媵姪娣無子立左媵姪娣質家親親先立娣文家尊尊先立姪嫡子有孫而死質家親親先立弟文家尊尊先立孫其雙生也質家据見立先生文家据本意立後生

喪服傳何以三年也正體於上又乃將所傳重也庶子不得為長子三年不繼祖也

註此言為父後者然後為長子三年重其當先祖之正體又以其將代已為宗廟主也庶子者為父後者之弟也言庶者遠別之也小記曰不繼祖與禰此但言祖不言禰容祖禰共廟○疏以其父祖適適相承於上已又是嫡承之於後將傳重為宗廟主有此二事乃得為長子三年也經云繼祖是為祖後乃得為長子三年鄭云為父後者然後為長子三年不同者周之道有適子無適孫適孫猶同庶孫之例要適子死後乃立適孫乃得為長子三年是為父後者然後為長子三年也兄得為父後者是適子其弟則是庶子是為父後者之弟不得為長子三年此鄭據初而言其實繼祖父身三世長子四世乃得三年也云遠別者庶子妾子之號適妻所生第二者是衆子今同名庶子遠別於長子故與妾子同號也祭法云適士二廟官師一廟鄭注云官師中下之士祖禰共廟則此據官師而言不言禰直言祖舉尊而言也鄭注小記云言不繼祖禰則長子不必五世者鄭前有馬融之等解為長子五世鄭以義推之已身繼祖與禰通已三世即得為長子斬長子唯四世不待五世也此微破先師馬融之義也以融是先師故不正言而云不必而已也若然雖承重不得三年有四種一則正體不得傳重謂適子有廢疾不堪主宗廟也二則傳重非正體庶孫為後是也三則體而不正立庶子為後是也四則正而不體立適孫為後是也案喪服小記云嫡婦不為舅後者則姑為之小功鄭注云謂夫有廢疾他故若死無子不受重者婦既小功不大功則夫死亦不三年期可知也

馬融曰體者嫡嫡相承也正謂體在長子之上上正於高祖體重其正故服三年庶子賤為長子服不得隨父服三年故言不繼祖也

雷次宗曰父子一體也而長嫡獨正故曰體既為正體又將傳重兼有二義乃加其服自非親正兼之情體俱盡豈可淩天地混尊親也

陳祥道曰所以不得為長子三年不敢重其嗣於下也小記曰庶子不為長子斬者不繼祖與禰故也蓋不繼祖大宗之庶者也不繼禰小宗之庶者也合而言之皆祖也斬言其服三年言其期言斬則知其有三年之期言三年則知其有斬之服蓋亦相為表裏而已

敖繼公曰祖謂別子也繼祖者大宗子也記曰別子為祖繼別為宗是也此云不祖者惟指大宗之庶子而言若小記所謂不繼祖與禰者則兼言大宗小宗之庶子也然經但云父為長子耳傳記乃有庶子不繼祖禰不得為長子三年之說亦似異於經殤小功章云大夫公之昆弟為庶子之長殤公之昆弟為其庶子服與大夫同則為其適子服亦三年與大夫同明矣公之昆弟不繼祖禰者也而其服乃若是則所謂庶子不得為長子三年者其誤矣乎

顧炎武日知錄冢子身之副貳也家無二主亦無二嗣故有適子者無適孫唐高宗有太子而復立太孫非矣

喪服小記庶子不為長子斬不繼祖與禰故也 註尊先祖之正體不二其統也言不繼祖禰則長子不必五世○疏此亦尊宗之義也然此所明于喪服中義同而語異也喪服明父是嫡為長子斬此明父是庶子不得為長子服斬者也足互相明也但經記文混正不知幾世之適得遂兹極服馬季長注喪服云此為五世之適父乃為之斬也而鄭注此云言不繼祖禰則長子不必五世矣庾氏云用恩則禰重用義則祖重父之與祖各有一重故至己承二重而為長子斬若不繼祖則不為長子斬也如庾氏此言則父適二世承重

則得為長子三年也而鄭不明言世數者鄭是馬季長弟子不欲正言相非故依違而言曰不必也然孫系於祖乃為長子三年而此不云庶孫不得為長子必云庶子者孫語通遠嫌或多世今欲明此祖非遠故言子以示近既義須繼禰言不繼祖自是又曰與禰者庾氏云若直言不繼祖恐人謂據庶子長子死者之身不繼祖故更言不繼祖與禰欲明死者之父不繼祖與禰非據死者之身鄭注喪服云此言為父後者然後為長子三年則是父之嫡子即得為長子三年此經云必為父嫡祖嫡乃得為長子斬者但禮有嫡子者無嫡孫雖已是祖正若父猶在則已未成適未成適則不得重長重長必是父沒後者故云為父後者然後為長子三年也然已身雖是祖庶而是父嫡則應立廟立廟則已長子傳重當祭而不為斬者以是祖庶降故不敢服斬且死者其父見在父自供祭然禮為後者有四條皆不為斬何者有體而不正有正而不體有傳重而非正體有正體而不傳重是也體而不正庶子為後是也正而不體適孫為後是也傳重非正體庶孫為後是也正體不傳重適子有廢疾不立是也四者皆期悉不得斬也惟正體有傳重者乃極服耳

春秋桓公六年九月丁卯子同生

胡安國曰適冢嫡生即書於策與子之法也與子者定於立嫡傳子以嫡天下之達禮也故有君薨而世子未生之禮桓遺腹朝委裘而天下不亂者以名分素明而民志定也經書子同生所以明與子之法正國家之本防後世配嫡奪正之事垂訓大矣

左傳襄公三十一年立胡女敬歸之子子野註胡歸姓之國敬歸襄公妾秋九月癸巳卒毀也註過哀毀瘠以致滅性己亥立敬歸之娣齊歸之子公之禂穆叔不欲曰大子死有母

弟則立之無則立長注立庶子則以年年鈞擇賢義鈞則卜古之道也註先人事後卜筮也義鈞為義等非嫡嗣何必娣之子註子野非適嗣

昭公二十六年王子朝使告於諸侯曰昔先王之命曰王后無適則擇立長年鈞以德德鈞以卜王不立愛公卿無私古之制也註此先王之經○疏蓋王后夫人無娣姪之子乃於諸妾之子擇立長耳

乾學按長子受祖宗之重故為之服三年重服制所以定名分窒亂源用意深矣故著於此

通典漢戴聖聞人通漢皆以爲父為長子斬者以其為五代之嫡也馬融注喪服經用之鄭玄注小記則以為已身繼禰便得為長子斬自後諸儒皆用鄭說譙周五經然否曰庶子不為長子斬不繼祖與禰也此但別庶子而不言不繼祖者謂庶子身不繼禰故其

長子爲不繼祖合而言之也劉智釋疑亦同此議晉虞喜廣林難譙周曰禮文三法二言繼祖一言連禰如但繼禰則應三年何緣須祖煩而失要合子於父合經就迂非事實也然則繼祖者必繼禰繼禰者不必繼祖今連禰於祖以已繼之是繼祖者得三年繼禰者不得也至於連禰於祖以別高祖之祖故因禰以繼祖別嫌也宋庾蔚之云按禮鄭注曰用恩則父重用義則祖重父之與祖各有一重之義故聖人制禮服祖以至親之服而傳同謂之至尊也已承二重之後而長子正體於上將傳宗廟之重然後可報之以斬故傳記皆據祖而言也若繼禰便得爲長子斬則不應云不繼祖喪服傳及大傳皆云不繼祖以明庶子雖嫡禰而不繼祖則不服長子斬也賀氏要記

云庶子父雖没猶不為長子三年以已不繼祖也是亦明已身繼祖乃得為長子斬也既義由於繼祖則不必須云及禰或者疑祖之言是道庶子之長故此記特言不繼祖與禰以明據庶子言之也

〔朱子語類〕庶子之長子死亦服三年○問周制有大宗乃有立適之義立適以為義故父為長子三年今大宗之禮廢無立適之法子各得以為後則長子少子當為不異庶子不得為長子三年不必然也父為長子三年者亦不可以適庶論也朱子答曰宗子雖未能立然服制自當從古愛禮存羊不可妄有改易也漢時宗子法已廢然其詔令猶云賜民為父後者爵一級豈可謂宗法廢而諸子皆得為父後乎

李良年世子不得為長子三年辨■喪服斬衰章父為長子子夏傳云庶
子不得為長子三年不繼祖也禮大傳亦云而小記則云庶子不為長子
斬不繼祖與禰故也文雖小異氣實不殊其云庶子不得為長子則禮文
三發並同也乃後儒以或耑言祖或耑及禰遂相與聚訟而反畧夫並同
其故而歎諸儒立說之未善其善者又不免於疏且混焉
今且就諸說論之謂長子是五代之嫡者戴聖聞人通漢
說以註喪服是必身繼曾祖之人乃得為長子三年也夫
曾祖之與祖則有別矣禮言不繼祖而我必謂之不繼曾祖其義何居乎
此則鄭玄嘗辨之矣謂長子是四世之嫡者賀循虞喜庾蔚之也孔穎達
賈公彥嘗用其說以補鄭注之未及是必身繼祖之人乃得為長子三年
也斯蓋守嫡嫡相承二重之義者也夫用恩則父重用義則祖重乃並重
之文非重祖而輕父也今曰身承二重乃得遂長子之服然則父必連祖
而後重乎且禮言庶子不得為長子三年而我必曰繼禰之嫡子亦不得
為長子三年其義又何居乎此皆吾所謂立說之未善者也若鄭玄譙周
則可以為善矣玄之注喪服傳曰庶子者為父後者之弟也小記兼禰此
耑言祖容祖禰共廟由此則小記之文與喪服傳大傳之文意不相悖其
說辨矣譙周曰不繼祖與禰者謂庶子身不繼禰故其長子為不繼祖合
而言之也此又善通乎小記之意與鄭玄之說者也然則身繼禰之人即
得為長子三年其說固無可易矣要而言之均是長子也或為之服或不
為之服以長子之所承不同也長子而止為繼禰之子耶其禰即庶子也
固不敢以承己之私而為之服斬長子而為繼祖之孫耶是即所謂將承
二重者也而豈得不為之服斬乎故凡言不繼祖者自是就長子言而虞
喜賀循庾蔚之必謂就庶子言抑知庶子即不繼祖而猶繼禰則是為父
後者也而尚得概之以庶子乎喜之難譙周曰合子於父含經就迂又自
為之解曰小記言不繼祖與禰者連禰於祖乃以別高祖之祖然則經傳
之言祖者多矣將緦緦焉慮其無別於高祖之祖而一一為之辭乎吾恐

文字疑是父字

云庶子父雖没猶不為長子三年以己不繼祖也是亦明己身繼祖乃得為長子斬也既義由於繼祖則不必須云及禰或者疑祖之言是道庶子之長故此記特言不繼祖與禰以明據庶子言之也

朱子語類庶子之長子死亦服三年○問周制有大宗乃有立適之義立適以為義故父為長子三年今大宗之禮廢無立適之法子各得以為後則長子少子當為不異庶子不得為長子三年不必然也父為長子三年者亦不可以適庶論也朱子答曰宗子雖未能立然服制自當從古愛禮存羊不可妄有改易也漢時宗子法已廢然其詔令猶云賜民為父後者爵一級豈可謂宗法廢而諸子皆得為父後乎

李良年世子不得為長子三年辨

喪服斬衰章父為長子子夏傳云庶子不得為長子三年不繼祖也禮大傳亦云而小記則云庶子不為長子斬不繼祖與禰故也文雖小異氣實不殊其云庶子不得為長子則禮文三發並同也乃後儒以或尚言祖或尚及禰遂相與聚訟而反畧夫並同之文予嘗博考其故而歎諸儒立說之未善其善者又不免於疏且混焉則聚訟也宜矣今且就諸說論之謂長子是五代之嫡者戴聖聞人通漢也馬融嘗用其說以註喪服是必身繼曾祖之人乃得為長子三年也夫曾祖之與祖則有別矣禮言不繼祖而我必謂之不繼曾祖其義何居乎此則鄭玄嘗辨之矣謂長子是四世之嫡者賀循虞喜庾蔚之也孔穎達賈公彥嘗用其說以補鄭注之未及是必身繼祖之人乃得為長子三年也斯蓋守嫡嫡相承二重之義者也夫用恩則父重用義則祖重乃並重之文非重祖而輕父也今曰身承二重乃得遂長子之服然則父必連祖而後重乎且禮言庶子不得為長子三年而我必曰繼禰之嫡子亦不得為長子三年其義又何居乎此皆吾所謂立說之未善者也若鄭玄譙周則可以為善矣玄之注喪服傳曰庶子者為父後者之弟也小記兼禰此尚言祖容祖禰共廟由此則小記之文與喪服傳大傳之文意不相悖其說辨矣譙周曰不繼祖與禰者謂庶子身不繼禰故其長子為不繼祖合而言之也此又善通乎小記之意與鄭玄之說者也然則身繼禰之人即得為長子三年其說固無可易矣要而言之均是長子也或為之服或不為之服以長子之所承不同也長子而止為繼禰之子耶其禰即庶子也固不敢以承己之私而為之服斬長子而為繼祖之孫耶是即所謂將承二重者也而豈得不為之服斬乎故凡言不繼祖者自是就長子言而虞喜賀循庾蔚之必謂就庶子言抑知庶子即不繼祖而猶繼禰則是為父後者也而尚得槩之以庶子乎喜之難譙周曰合子於父合經就注又自為之解曰小記言不繼祖與禰者連禰於祖乃以別高祖之祖然則經傳之言祖者多矣將緦緦焉慮其無別於高祖之祖而一一為之辭乎吾恐

譙周之解不得謂之迂而喜之解未可云經也賀循要記云既義由於繼祖則不復云及禰或者疑祖之言是道庶子之長故小記特言不繼祖與禰以明據庶子言之嗟乎此其意先有所執而遷傳記之意以相就也亦吾所謂迂也是故有取乎鄭玄譙周之說也獨惜鄭玄以師事馬融之故不敢直斥其非但於小記條下僅有不必五世之語不復明言世數又凡不繼祖之文竝對長子而發玄亦未嘗特著其義遂以啓後世之紛紜至賈公彦乃謂鄭特據初而言則并玄之意亦晦矣吾所謂說之善者又不免於疏且混馬斷則鄭玄之過也故得為之說曰庶子不得為長子三年者大宗小宗之庶子也以其長子不繼祖故也曰義以相准將不獨大小宗之庶子也凡別子為祖繼別為宗彼別子亦不得為繼別者服也以別子不得禰先君故也合此二者則皆得為長子三年矣不亦簡而該也是故從馬融諸儒之說則傳記當云庶子庶子之嫡庶子之嫡之子皆不得為長子三年從賀循諸儒之說則傳記當云庶子庶子之子繼禰者並不得為長子三年乃傳記皆無其文然則諸儒或自為之說則可而又何以重誣傳記為哉今有甲於此疏其名列其事事固係乎甲也論者從而實之以乙又實之以丙則忘乎其名之為甲矣而乙與丙得毋有不任受者乎諸儒之論何以異此杜佑曰後之儒者多用鄭說我謂特不用馬氏說耳信鄭則未也故為辨○又曰庶子不得遂長子服予既主鄭玄譙周之論而或進而請曰是說也清江敖繼公氏又嘗疑之謂庶子亦得為長子三年然與否與予曰此顯與傳記相悖者也吾嘗閱其詞矣敖氏云據殤小功章公之昆弟為其庶子與大夫同則其為適子亦當三年與大夫同公之昆弟不繼祖禰者也而其服乃若是是則庶子不得為長子三年也謬也予則謂敖氏於是乎失言矣禮為庶子不杖期大夫為庶子則降一等而服大功為庶子殤則又降一等而服小功庶子有降服無加服此與父之繼禰不繼禰無所係者也為長子三年者以繼體傳重故加隆焉雷次宗所謂加服是已此與父之繼禰不繼禰有所係者也而欲以服庶

低四字
大字寫

子例長子則誤矣且敖氏信以為大夫之服長子必三年與大夫不敢降其宗以此推之則大夫而身為庶子亦當不得遂三年之服也所服同而大夫獨異經則别為之條者不一若其身為庶子亦服長子三年經文無據而欲以大夫例公之昆弟且即公之昆弟以例凡為庶子者則益誤矣故曰敖氏於是乎失言也從敖氏之斷則傳記皆可廢矣乎是故謂庶子之長是五世之嫡四世之嫡者謬於禮内者也謂庶子亦得遂其長子服者軼於禮外者也吾疑傳記多矣於其無可疑者疑之嗚呼難矣

韓子擬庶子不得為長子三年論喪服傳曰庶子不得為長子三年不繼祖也鄭注曰此言為父後者然後為長子三年小服喪記曰庶子不為長子斬不繼祖與禰也大傳曰庶子不得為長子三年不繼祖也此三章禮文及注義甚明世之說者多非其義於是聖人所以加隆祖後以尊其父之意反致蒙晦而不通此乃禮家之誤也所謂庶子不為長子三年以已不後父也故雖始封之諸侯别子之大夫而降其大宗之嫡不得禰先君故也其繼禰之宗則非例矣說者以其後庶子而不得遂此賓禮文所未有也今案先儒着說略有數端戴聖聞人通漢馬融輩主五世之嫡五世之嫡是繼高祖之宗也賀循虞喜庾蔚之孔穎達賈公彥輩主四世之嫡四世之嫡是繼曾祖之宗也經明云庶子不云庶子之子明云繼祖不云繼祖之祖父所謂五世四世之嫡豈經義乎譙周曰不繼祖與禰者謂庶子身不繼禰故其長子為不繼祖劉智釋疑曰按喪服傳與小記皆云庶子皆云庶子不為長子三年不繼祖與禰也兩舉之者明父之重長子以其當為禰後也其所繼者於父則禰於子則祖也衆說之中無踰此二說者蓋經云不繼祖者謂此長子不繼祖也非謂庶子也不繼祖與禰者自長子言之為不繼祖自庶子言之為不繼禰也庶子非繼禰之宗故不敢以承已之重而為之極服若夫庶子之嫡則固後其父矣彼何所嫌而忍降其子以薄其父乎禮家妄移不繼祖之文加之庶子此其所以誤也至

敎繼公引殤小功章而謂庶子不得爲長子三年記文爲誤是說者不知何所見而敢於違經其繆妄又甚戴賀諸君矣朱子語類答問者一條其云宗子雖未能立服制自當從古此主父爲適庶子服而言其服制斬衰條止云父爲適子當爲後者也亦不云繼祖庶子爲適子之服並無明文愚謂禮經此條當主庶子而爲長子三年惟當以繼禰之宗爲斷繼禰而不遂服是禰其祖而不知有父也不繼禰而遂服是不忍其子而不知有父也禮之設豈以訓無父者哉然則五世四世庶子之云者非經義決矣

開元禮　政和禮　書儀　家禮並同孝慈錄改齊衰不杖期今律文因之

讀禮通考卷五

喪期

斬衰三年中

喪服　為人後者疏按喪服小記繼別為大宗繼禰為小宗大宗即下文為宗子齊衰三月彼云後大宗者則此所後亦後大宗者也○馬融曰受人宗廟之重故三年○雷次宗曰此文當云為人後者為所後之父闕此五字者以其所後之父或早卒今其後其人不定或後祖父或後高祖故闕之見所後不定故也

春秋公羊傳　為人後者為之子也全文見後

喪服傳　何以三年也受重者必以尊服服之敖繼公曰重謂宗廟之屬尊服謂斬衰何如而可為之後同宗則可為之後疏同宗則可為之後以其大宗子當收聚族人非同宗則不可謂同承別子之後一宗之內若別宗同姓亦不可以其收族故也○敖繼公曰此言當為同宗者後也自是以下又覆言為人後之義何如而可以為人後支子可也疏支子可者以其他家嫡子當家自為小宗小宗當收斂五服之內亦不可闕則嫡子不得後他故取支子支子則第二以下庶子也不言庶子云支子者若言庶子妾子之稱謂妾子得後人適妻第二以下子不得

後人無後亦當有立後之義也○敖繼公曰必支子者以其不繼祖禰也

爲所後者之祖父母妻妻之父母昆弟昆弟之子若子

注若子者爲所爲後之親如親子○疏死者祖父母則爲後者之曾祖父母妻即爲後者之母也妻之父母妻之昆弟妻之昆弟之子於爲後者爲外祖父母及舅與内兄弟皆如親子爲之著服也若然經直言爲人後不言爲父傳不言死者緦麻小功大功及期之骨肉親者傳舉疏以見親言外以包内骨肉親者如親子可知也敖繼公曰言妻之昆弟以見從母言妻之昆弟之子以見從母昆弟也此於尊者惟言所後者之祖父母於親者惟言所後者之妻蓋各舉其一以見餘服也至於其妻之父母以下乃備言之者嫌受重之恩主於所後者而或畧于其妻黨也其妻黨之服且如是則于所後者之親服蓋可知矣經見爲人後者如子之服僅止于父故傳爲凡不見者言之又詳此傳言爲人後者爲所後者祖父母服則是所後者死而其祖父若父或枕存于祖父若父猶存而子孫得置後者以其爲宗子故耳蓋尊者已老使子孫代領宗事亦謂之宗子所謂宗子不孤者也非是則無置後之義

顧炎武日知録此因爲人後而推言之所後者有七等之親皆當如禮而爲之服也所後者之祖我之曾祖也父母我之祖父母也妻我之母也妻之父母我之外祖父母也因妻而及故連言取便文也昆弟我之世叔父也昆弟之子我之從父昆弟也若及也若子我之從父昆弟之子也正義謂妻之昆弟妻之昆弟之子者非

喪服小記爲殤後者以其服服之

注言爲後者據承之也殤無爲人父之道以本親之服服之○疏爲殤後者謂大宗子在殤中而死族人爲後大宗而不得後此殤子爲子也以其父無殤義故也既不後殤而宗不可絕今来爲後殤者之人不以殤

者為父而依兄弟之服服此殤也注言據承之者既不與殤為子則不應云為後今言為後是據以承其處為言也云以本親之服服之者依其班秩如本列也既為殤者父作子則應服以兄弟之服而云以本親之服服者當在未後之前不復追服不責人以非時之恩故推此時本親兄弟亡在未後之前者亦宜終其本服之日月唯為後之後如有母亡而猶在三年之內則宜接其餘服不可以吉居凶若出三年則不追服矣○吳澄曰此記為為殤後者服而言故明其格例言丈夫已冠則不為殤明此殤年雖十九以下若其已冠則為成人有為人父之道此為後者當服之如父矣○按吳氏前說與注疏同此乃其後一說也○陳澔曰此章舉不為殤者言之則此當立後者乃是已冠之子不可以殤禮處之其族人為之後者即為之子也以其服服之者子為父之服也舊說為殤者父之子而依兄之服服此殤非也

顧炎武日知錄為殤後者以其服服之殤無為人父之道而有為殤後者此禮之變也謂大宗之子未及成人而殤取殤者之兄弟若兄弟之子以為後則以為人後之服而服之如父不以其殤而殺重大宗也若魯之閔公八歲而薨僖為之後是已夫禮之制殤所以示長幼之節而殺其恩也大宗重則長幼之節輕故殤之服而有時不異乎成人不以宜殺之恩而虧尊祖之之義此所謂權也若曰服其本服云爾記何必言之而亦烏有為殤後者哉

乾學按鄭孔之說皆非也若從其說則是後殤者之父非後殤也經何以云為殤後乎況年十六至十九為長殤世多有年在殤中而娶妻生子者豈不可以立後乎既

立後豈得不以父服服之乎上文固曰男子冠而不為殤此所謂殤蓋指既冠婚者本不得名之為殤特以年在殤中恐人疑其不得立後故記禮者特發明之以見殤有為人父之道也豈有實後殤者之父而文可云為殤後乎通典劉系之所問是也荀訥所答非也當以陳氏可大之解為正○徐伯魯解為後謂為喪主而以陳可大之說為非亦不可從

曾子問　孔子曰宗子為殤而死庶子弗為後也注族人以其倫代之明不序昭穆立之廟其祭之就其祖而已代之者主其禮○疏以其未成人庶子不得代為之後庶子既不為後宗子禮不可闕族人以其倫輩與宗子昭穆同者代之此為大宗族人但是宗子兄弟行無限親疏皆得代之知此是指大宗者以何休公羊注云小宗無子則絕大宗無子則不絕重適之本也

乾學按此庶子即宗子之弟也蓋言宗子

殤殁庶子即爲父後不必爲宗子後故云庶子弗爲後也若依注疏之言則是父有親子反捨之不立而别立他人之子盡以已之世爵家産授之此豈近於人情耶且有宗子則宗子爲後宗子夭則庶子爲後此理之必然也豈有庶子不可爲父後而反以族人代宗子爲父後乎難者曰此庶子既不爲殤後小記何以有爲殤後之文不知小記本文上言男子冠而不爲殤下即繼之曰爲殤後者以其服服之則彼之所謂殤指已冠婚者而言此之所謂殤指未冠婚者而言已冠婚者得以立後未冠婚者不得立後故記文有不同也又何疑

春秋成公十有四年三月乙巳仲嬰齊卒孫復曰仲嬰齊公孫歸父子公子仲遂孫也孫以王父字為氏公之子曰公子公子之子曰公孫公孫之子以王父字為氏也○胡安國曰嬰齊者公子遂之子公孫歸父之弟也歸父出奔齊魯人徐傷其無後也于是使嬰齊後之故書曰仲嬰齊此可謂亂昭穆之序失父子之親者以後歸父則弟不可為兄嗣以後襄仲則以父字為氏亦非矣○家鉉翁曰弟無後兄之理以後襄仲耳歸父謀誅三家事泄奔齊而宣公薨歸父為季氏所逐故立歸父之弟以後襄仲非以後其兄也所以不稱公孫而稱仲嬰齊者當如穀梁之說襄仲之死也去公子而書仲所以誅也今其子不稱公孫由父有罪故耳

公羊傳仲嬰齊者何注疑仲遂後故問之公孫嬰齊也公孫嬰齊則曷為謂之仲嬰齊為兄後也為兄後則曷為謂之仲嬰齊為人後者為之子也注更為公孫之子故不得復氏公孫為人後者為其子則其稱仲何孫以王父字為氏也然則嬰齊孰後後歸父也歸父使於晉而未反注宣公十八年自晉至檉奔齊訖今未還何以後之叔仲惠伯傅子赤者也注叔仲者叔彭生氏也文公死子幼注子赤幼也公子遂謂叔仲惠伯曰君幼如之何願與子慮之叔

仲惠伯曰吾子相之老夫抱之何幼君之有公子遂知其不可與謀退而殺叔仲惠伯弑子赤而立宣公宣公死成公幼臧宣叔者相也君死不哭聚諸大夫而問焉曰昔者叔仲惠伯之事孰爲之諸大夫皆雜然曰仲氏也其然乎於是遣歸父之家然後哭君歸父使乎晉還自晉至檉聞君薨家遣墠帷哭君成踊反命於介自是走之齊魯人徐傷歸父之無後也於是使嬰齊後之也注弟無後兄之義爲亂昭穆之序失父子之親故不言仲孫明不與子爲父孫○疏案異義公羊說云質家立世子弟文家立世子子而春秋從質故得立其弟以此言之嬰齊爲兄後正合諸春秋之義何得謂之亂昭穆之序者正以質家立世子弟者謂立之爲君而已豈得作世子之子乎今嬰齊後之者若爲歸父之子然故爲亂昭穆之序言失父子之親者若後歸父即不爲仲遂之子故云失父子之親矣

穀梁傳此公孫也其曰仲何也子由父疏之也注雍曰父有弑君之罪故不得言公子父不言公子則子不得稱公孫是見疏之罪由父故

萬斯同曰按嬰齊乃莊公之孫宜稱公孫嬰齊今不稱公孫而稱其氏則是降爲歸父之子于莊公爲曾孫故不得復稱公孫也雖弟不可以禰兄但既

承歸父之後則竟為歸父之子所謂為人後者為之子也此必周世原有此禮故魯人因其禮而行之孔子據其實而書之公羊亦仍其舊而傳之耳不然魯人豈敢剏為此禮而孔與公羊氏亦豈無其實而鑿空妄說者乎且仲遂有弑君之罪不得立後宜立後者歸父也子嬰齊之後歸父仍稱弟而不稱子則固依然後仲遂矣豈魯人立後之意乎世徒泥兄弟同昭穆之說以弟之禰兄為不經不知古之有國有家者以承祧傳統為重原與士庶之禮不同不得因彼而疑此也

乾學按卿大夫以下繼世與天子不同天下不可一日無天子國不可一日無君是故繼嗣不立則取於旁支以弟後兄可也以兄後弟可也甚至以叔後姪古亦為之君之生存既已盡臣其諸父昆弟自歿而旁支入繼必為之服斬衰既為之服斬衰即以祖禰事之可也大夫則不然以別子為祖亦不能臣其宗族繼世相傳以宗法齊之而已春秋之法大夫以罪廢逐不得

入宗廟即思其先世而爲之立後亦宜以廢逐者之兄弟代主大宗之祀世及相傳而不及於廢逐者之子姪正所以嚴昭穆之序也魯于叔孫氏嘗逐僑如而立其弟豹矣于臧氏嘗逐紇而立其兄爲矣于東門氏則逐歸父而立嬰齊其事正同不聞豹禰僑如爲禰紇而顧必以嬰齊禰歸父此魯人之剏舉也其意若謂吾逐歸父以其父故父之罪大不可後寧後其子爾乃不自知其已大悖典制矣故何氏以爲亂昭穆之序失父子之親胡氏以爲弟不可爲兄後父字不可爲氏真不易之論也然則魯人之處此宜如何曰歸父固宗子又

一時所稱賢大夫也左氏公穀皆以書其出奔為善之魯人既察其無罪而為之立後則自有宗法在不得復同于廢逐之臣矣禮經曾子問篇曰若宗子有罪居于他國庶子為大夫其祭也祝曰孝子某使介子某執其常事攝主不厭祭不旅不假不綏祭不配又曰宗子去在他國庶子無爵而居者望墓為壇以時祭若宗子死告于墓而後祭于家宗子死稱名不言孝身沒而已蓋卿大夫家乃宗法所自始其禮固甚嚴也使歸父有子當直立之無子則當立嬰齊之子嬰齊又無子則當使為攝主以待其子之生季孫有疾命正常曰南孺

子之子男也則以告而立之女也則肥也可季孫卒康子即位既葬康子在朝正常以告康子請退此卿大夫之庶子攝位以待宜立者之生之證也○

乾學又按公羊之說有可疑者三左傳稱歸父欲去三桓以張公室宣公薨季孫發其父之前罪而逐之然則三家之所惡者非仲遂乃歸父也逐之無名故假父罪為辭先發制人驅除異己自當不遺餘力豈肯徐傷其無罪乎又左傳稱季孫欲去東門氏臧宣叔怒曰後之人何罪公羊則謂宣叔倡逐之紀事互異其可疑一也就如公羊之說惡遂而及其子又憐歸父而欲

延其世故以嬰齊後歸父夫嬰齊固仲遂之親子也即降昭居穆猶為親孫孫之後祖與子之後父後何異守魯人當不若是之愚其可疑二也穀梁之責成公曰與人之子守其父之殯捐殯而奔其父之使者是以奔父也范甯曰人之子謂歸父之子成公與之共守宣公殯是歸父有子矣昭公之從亡臣曰子家羈杜氏注云莊公之玄孫也歸父字子家見于奔齊傳羈蓋以王父字為氏歸父莊公孫故羈稱玄孫也夫人而有子有孫又何必以弟為之後耶又定元年叔孫告羈曰子家氏未有後季孫願與子從政羈以將逃辭蓋歸父竄逐

之後已失其宗子孫不復仕遂别爲子家氏如孟孫之後别爲子服氏者公羊謂魯人爲之置後亦妄也藉使嬰齊果後歸父則羈爲其子當即蒙仲氏安得復稱子家乎可疑者三也然則嬰齊誰後曰後仲遂爾魯人之盟東門氏曰無或如東門遂殺適立庶夫所謂庶者非他即宣公也歘快其私忿而暴揚先君之惡當亦嗣君之所隱痛矣成公幼不及知長而知之于是焉立嬰齊以後遂此理之當然者也然不稱公孫謂之仲嬰齊者何曰是更有説焉諸侯之子爲公子其孫爲公孫公孫之子已賜族而世爲大夫則稱氏其常也然亦有

及公孫之身而賜族者晉清公之孫有栾賓杜氏曰蓋其父字栾宋桓公有孫曰鱗矔世本曰公子鱗之子曰東鄉矔皆以父字為氏者也宋戴公有孫曰華督劉節曰戴公之子考父食采于華為華氏此以父邑為氏者也又有及公子之身而賜族者魯孝公之子彄世本曰字子臧左傳謂之臧僖伯其子曰臧孫達是也劉炫曰仲遂受賜為仲氏故其子孫為仲氏胡傳諸家從之孔氏曰姓則受之于天子族則稟之于時君然則賜族之先後亦惟時君意耳嬰齊雖公孫得氏曰仲曷足怪乎今并録宣八年傳備參考焉

宣公八年仲遂卒於垂胡安國曰此公子遂也何以書字生而賜氏俾世其官也古者諸侯立家大夫卒而賜氏其後尊禮權臣寵遇貴戚而不由其道于是乎有生而賜氏其在魯則季友仲遂是也襄仲殺惡及視援立宣公而宣公深德之故生而賜氏使世大夫以荅之也○劉敞曰春秋譏世卿自是世仲氏也○陳傅良曰蕉字之何自是仲氏世為卿故譏之也○張洽曰書仲遂其字也蓋宣公德之與公子友之與僖公同有輔立之恩故亦用公子友例生而賜氏俾世其卿也觀無駭之不氏則知季友仲遂以私恩而變前世命氏之法○吳澄曰仲者遂之字卒而以字加于名之上者賜之族而以其字為氏遂命其子世世為卿如季友例也

射義孔子射於矍相之圃蓋觀者如堵墻射至於司馬使子路執弓矢出延射曰賁軍之將亡國之大夫與為人後者不入其餘皆入蓋去者半入者半注與猶奇也後人者一人而已既有為者而往奇之是貪財也子路陳此三者而觀者畏其義則或去也與音預○疏與為人後謂有人無後既立後記此人復往奇之奇謂配合之外更有奇隻也○呂大臨曰舍其親而為人後者有所利之而與求焉是為與為人後與為人後者見利而忘親此君子之所不取也○陸佃曰為人後者謂不見先于人也○徐師曾曰與干也與為後有所利之而干求也

朱國禎曰射禮敗軍之將亡國之大夫與為人後者不得入敗亡之恥莫甚焉不入固宜為人後者亦如之何故馮文所云賊夫妄為者也然則宜為後者當入矣蓋射本觀德德以孝為先既為人後則本生父母不得執三年喪人子之心何安而敢上觀德之場乎先王蓋以教孝也由是觀之為人後者

敞在前

當列不幸之科矣馮又曰非大宗非賢非德而後之皆曰妄棄其親而親人幾于禽獸乎何至若是之甚其不妄者豈無十之四五乎或者馮公有感之言不可為據

萬斯同曰子路出延射而以為人後者與僨軍之將亡國之大夫同譏何其語之不倫也愚意後字當是役字之訛蓋言為人役者方與上二者相類不然立後之典先王之所定也而可輕詆哉

乾學按文所名善即纂家禮說者宣德時人

〔劉敞與為人後議〕孔子射于矍相之圃子路誓客曰僨軍之將亡國之大夫與為人後者不入其餘皆入蓋去者半敢問何如斯謂之與為人後矣與之也若干之也求之也庶子奪其宗非干數嫡子不為族人支子後族人嫡子而後其族非干數諸父諸兄尊也諸弟倫也義不可以為後非干數禮不後異姓異姓不為子異姓而為人子非干數庶子而奪其宗則纂其祖也嫡子而後其族則輕其親也諸父諸兄諸弟而後其子兄弟則亂昭穆也異姓而後于人則背其姓也當周之衰僨軍之將亡國之大夫與為人後者蓋多此仲由所惡也曰禮不後異姓異姓何以有為人子者曰禮所言者方其治世也世衰禮廢必首于夫婦之間夫死子幼莫之安其室矣于以適人少則安其居長則從其姓貴則利其祿富則利其貨而莫之自外矣此亂之甚者也或曰繼父期曰繼父者有父道而非其實也妻穉子幼子無大功之親而與之適人所適者為之築宮廟于門外使子以四時享其先妻不敢預焉築宮廟于門外者遠其宗也妻不敢預焉正其俗也如此則繼父之道矣故同居則服朞異居則服三月未有能易其姓者也君子不易人之姓人亦不可易姓也或曰昔之言禮與子異曰然昔之言禮者以為人有後矣而又往與之者也有後而又往與之是兩後矣安見有兩後者歟且人唯無後故求後焉

未有有後而又副焉者也此非子路之指或曰立後者立族人族人既為人之後矣而晚父有子立族人歟立子歟曰諸侯將立後必告于天子而見于祖大夫將立後必告于諸侯而見于祖傳為人後者為之子為之子也降其私親所以重之也故有子則反苟代匱而已非立後也

漢石渠議大宗無後族無庶子已有一嫡子當絶父祀以後大宗不戴聖云大宗不可絶言嫡子不為後者不得先庶耳族無庶子則當絶父以後大宗聞人通漢云大宗有絶子不絶其父宣帝制曰聖議是也

通典魏劉德問為人後者支子可也長子不以為後同宗無支子惟有長子長子不後人則大宗絶後則違禮如之何田瓊荅曰以長子後大宗則成宗子禮諸父無後祭于宗家後以其庶子還承其父○晋范汪祭典云廢小宗昭穆不亂廢大宗昭穆亂矣先王所以重大宗也豈得不廢小宗以繼大宗乎漢家求三代之後弗得此不立大宗之過也豈不以宗子廢

絶圖籍莫紀若常有宗家雖喪亂要有存理或可分布掌録或可藏之于名山設不盡存决不盡失且同姓百代不昏周道也而姓自變易何由得知夫既不知或容有得婚此大違先王之典而傷自然之理由此言之宗子之重于天下久矣汪子甯以為父母生之續莫大焉三千之罪無後為重夫立大宗所以銓序昭穆彌綸百代繫之以姓而弗别綴之以食而弗殊禮盡于此義誠重矣方之祖考于斯為薄若令捨重適輕違親就疎則是生不敬養没不敬享生人之本不盡孝子之事靡終非以通人子之情為輕當代之典夫嫡子存則奉養有主嫡子亡則蒸嘗靡寄是以支子有出後之義而無廢嫡之文故嫡子不得後大宗但云以支子繼大宗則義以暢矣不應復云嫡

子不得繼大宗此乃小宗不可絶之明文矣若無大宗唯不得收族耳小宗之家各統昭穆何必亂乎汪

又曰大宗者人之本也尊之統也人不可以無其本所以立大宗也上理祖禰尊尊之道著矣下理子孫親親之義明矣旁理昆弟天倫之理達矣存則合族以食序以昭穆導以德行别以禮義没則禘祫太祖陳其親疎殤與無服莫不咸在此則孝子之事終矣立人之道竭矣小宗之家五代則遷安知始祖之所從出宗祀之所由來敬宗所以尊祖禰不爲重乎然要當以穆繼昭繼明大宗不可以絶則支子當有繼祖是無父者也

通典出後者却還爲本父服議晉或問許猛云爲人後時有昆弟後昆弟亡無後當得還不若得還爲主

不猛荅云喪服傳曰何如而可以爲人後支子可也嫡子不得後大宗大宗雖重猶不奪已之正以後之也推此而論小宗無支子則大宗自絶矣子不絶父之後本家無嗣于義得還出後者還本追服或曰甲有子丙後叔父乙甲死丙以降服期涉數年乙之妻又亡丙服父在爲母之服今叔父自有子丙既還本當追服甲三年服不若遂即吉則終身無斬衰之服

博士曹述初議曰禮大宗無子族人以支子後之不爲小宗立後明棄親即踈叔非大宗又年尚少自可有子甲以丙後非禮也子從父此命不得爲孝父亡則期叔妻死制母服于義謬也今歸本宜制重以全父子之道或難曹曰禮日月過而後聞喪則有稅服當聞喪之日哀情與始遭喪同是以聞喪或在數十

年後猶追服重甲死丙即知喪哀情已叙爲出後降期者服制耳三年之喪稱情而立文父喪積年哀慼久除今更制重是服非稱情之義若依稅服失其類矣且子爲父不過再期丙常爲甲已服期矣今復制重是子爲父服三期也豈禮意乎荅曰丙于禮無後乙之義丙既不得成重制于乙又闕父子之道人子之情豈得無追遠之至慼乎孰使情輕于日月已過而後聞喪服父之禮寧可使廢今以哀慼久除方制重服爲難過矣父之于子兼尊親之至重禮制斬衰三年明其兼重也齊衰期服非所以崇尊親之至重丙雖常爲甲服期豈禮也哉而數以爲父三期乎或難曰禮婦人有父喪未練而夫家遣之則爲父服三年既練而見遣則已猶如爲人後者亦爲所後斬衰

三年為父服期服制既同則義可相准若甲死未練而丙歸則應為三年今喪已久于禮不應追服荅曰禮婦人適人則降父服期為夫三年既練而見遣父服除矣重制已成于夫故雖反父母之家父亡不得復為父服三年不二斬之義也婦人于禮得成其重制于夫丙于禮無後乙之義雖甲喪久除而丙歸既已不得成重于乙今又不為甲追制重服是丙為人子終無服父之道也張湛謂曹曰禮所稱為人後後大宗所以承正統若非大宗之主所繼非正統之重無相後之義今乙雖無子于禮不應取後于甲甲之命丙丙之從甲皆為違禮若如前議則兄弟以子相養者代代有之此輩甚衆時無譏議葢同虆一祖兄弟所生猶如已生子非犯禮違義故也雖非禮之正

義亦是一代成制由来故事豈可以甲命獨為非禮丙從便為失道此之得失自當與世人共之耳今所疑於丙既當持服與不議者以為丙歸宜制重引稅服為例恐非明証夫稅服者自謂日月已過而後聞喪聞喪之日即初死之時為制服之始今月數得全哀情得叙為人後者父終則盡心極哀但逼于所後抑情降服以尊父命及其還歸論喪則已積年即事則必有降殺而方復追服所謂不稱情者矣過時而不知喪則是平吉之人既初聞知則同于始死與喪過而歸何得為例若謂丙既不得全重制于乙又闕子道于甲故更服重即所謂全父子之道猶非稅服子又設難云婦人父喪既練而見遣為父服期以准為人後者既還所生父喪已久于禮不追此議何疑

荅曰正以婦人得成制于夫丙不得成重制于乙今丙于禮誠無後乙之義然據父命爲人子與婦人出適者皆爲本親降服一等爲所後及夫制服三年其義正同也今以婦人旣練見遣重制已成于夫故不爲父三年今謂丙本不應爲乙後然丙旣奉命爲乙子則許其降本親之服及其喪過而歸則重制成于所後矣若不服重制其本親乃豈可終身無斬衰之服直是率懷而言無所依據耳

通典出後者却還本宗追服所後父議　范寗問孔德澤云甲無子取其族子乙爲後所生父沒降服周晚自生子乙歸本家後甲終乙當有服不若服當制何服孔荅曰世人行之似當無服繼母嘗爲母子旣出服周推此麤可相况范又難必當有服未辨服之定

准云繼母既出服周此禮所出為分明釋耳孔又荅云繼母出為服周是父沒而嫁賀循要記亦謂之出當以捨此適彼不獨在嫁可以意領故不必繼于本也江熙難范云往因禮親反因禮疎何嫌頓盡乎未若相遺于江湖既還宜各反服也○宋庾蔚之云嘗為父子愛敬兼加豈得事改便同疎族方之繼母嫁于情為安

通典閒代立後議晉何琦議以為卿士之家別宗無後宗緒不可絶若昆弟以孫若曾孫後之理宜然也禮緣事而興不應拘常以為礙也魏之宗聖遠繼宣尼琦從父以孫紹族祖荀顗無子以兄孫為嗣此成比也○宋庾蔚之謂閒代取後禮未之聞宗聖時王所命以尊先聖本不計數恐不得引以比也

讀禮通考　卷五

通典養兄弟子為後後妻生子議

議東晉成帝咸和五年散騎侍郎賀僑妻于氏上表云妾昔初奉醮歸于賀氏揹嗣不殖母兄羣從以妻犯七出數告賀氏求妾還妾姑薄氏過見矜愍無子歸之天命婚姻之好義無絶離故使夫僑多側媵僑仲兄羣哀妾之身恕妾之志數謂親屬曰于新婦不幸無子若羣陶新婦生前男以後當以一子與之陶氏既產澄馥二子其後子輝再孕羣即白薄若所育是男以乞新婦妾敬諾拜賜先為衣服以待其生輝生之日洗浴斷臍妾即取還服藥下乳以乳之陶氏時取孩抱羣恒呼止婢使有言其本末者羣輒責之誡欲使子一情以親妾而絶本恩于所生輝百餘日無命不育妾誠自悲傷為之憔悴姑長上下益見矜憐羣續復以子率重

天

見鎮撫妾所以託心盡力皆如養輝故卒至于有識不自知非妾之子也卒生逼周而僑妾張始生子纂于時羣尚平存不以為疑原薄及羣以卒賜妾之意非唯以續僑之嗣乃以存妾之身妾所以得終奉蒸嘗于賀氏緣守羣信言也卒年六歲纂年五歲羣始喪亡其後言語漏泄而卒漸自嫌為非妾所生卒既長與妾九族内外修姑姨之親而白談者或以僑既有纂其卒不得久安為妾子若不去則是與為人後去年卒即歸還陶氏僑時寢疾曰吾母兄平生之日所共議也陌上游談之士遽能深明禮情當與公私共論正之尋遂喪亡卒既年小未究大義動于游言無以自處妾亦婦人不達典儀唯以聞于先姑謂妾養卒以為己子非所為人後也妾受命不天嬰此惸

獨少訖心力老而見棄曾無蜾蠃式穀之報婦人之
情能無怨結謹倫論其所不解六條其所疑十事如
左夫禮所謂爲人後者非養子之謂而世之不深按
禮文恒令此二事以相疑亂處斷所以大謬也凡言
後者非並時之稱明死乃主喪生不先養今乃以生
爲人子亂于死爲人後此妄一不解也今談者以僑
自有纂不嫌牽還本也原此失禮爲後之意傳曰爲
人後者孰後後大宗也今僑上非大宗牽不爲父後
何繫于有纂與無纂乎此妄二不解也夫以支子後
大宗者爲親屬既訖無以序昭穆別親疎故繫之以
宗使百代不遷故有立後之制今以兄弟之子而比
之族人之子後大宗此妄三不解也凡爲後者降其
本親一等以成人之性奉父母之命而出身于彼豈

不異嬰孩之須受成長于人不識所生惟識所養者子鄉諺有之曰黃鷄生卵烏鷄伏之但知為烏鷄之子不知為黃鷄之兒此言雖小可以喻大今以義合之後比成育之子此妄四不解也禮傳曰為人後者為所後祖父母妻妻之父母昆弟昆弟之子若子若子者義比于子而恩非子也故曰為後者異于子也今乃以為後之公義奪育養之至恩此妄五不解也與為人後者自謂大宗無後族人既已選支子為之嗣矣今人之中或復重為之後後人者不二之也自非狥爵則是貪財其舉不主于仁義故尤之也非謂如率為嫡長先定庶少後生而當以為譏此妄六不解也妄又聞父母之于子生與養其恩相半豈胞胎之氣重而長養之功輕孔子曰子生三年然後免于

父母之懷故服三年詩曰父兮生我母兮鞠我拊我畜我長我育我顧我復我出入腹我欲報之德昊天罔極凡此所嘆皆養功也螟蛉之體化為蜾蠃班氏之族乳虎紀焉由此觀之哺乳之義參于造化也今率雖受四體于陶氏而成髮膚于妾身推燥居溼分肌損氣二十餘年已至成人豈言在名稱之間而忘成育之功此妾一疑也夫人道之親父子兄弟夫婦皆一體也其義父子首足也兄弟四體也夫妻牉合也夫惟一體之親故曰兄弟之子猶己子故以相字也今更以一體之親擬族人之疏長養之實比出後之名此妾二疑也夫子之于父母其情一也而有以父之尊厭母之親以父之故斷母之恩以父之命替母之禮其義安取蓋取尊父命也凡嫡庶不分惟君

所立是君命制于臣也慈母如母生死弗怠是父命之行于子也妾之母卒尊命則由羣之成言本義則僑之猶子計恩則妾之懷抱三者若此而今棄之此妾三疑也諸葛亮無子取兄瑾子喬為子喬本字仲慎及亮有子瞻以喬為嫡故改字伯松不以有瞻而遣喬也蓋以兄弟之子猶已子也陳壽云喬卒之後諸葛恪被誅絕嗣亮既自有後遣喬子攀還嗣瑾祀明恪不絕嗣則攀不得還亮近代之絕賢瑾正達之達士其兄弟行事如此必不陷子弟于不義而犯非禮于百代此妾四疑也春秋傳曰陳女戴嬀生桓公莊姜以為已子言為已子取而字之傳又曰為人後者為之子往而承之也取而字之者母也往而承之者子也在母母之仁也則螟蠃之育螟蛉在子子之

義也則成人之後大宗也茍能別以爲已子與爲後之子不同文也則可與求禮情矣以義相况則宗猶父也父猶母也莊姜可得子戴嬀之子繫之于夫也兄弟之子可以爲子繫之于祖名如此而論者弗尋此妾五疑也董仲舒一代純儒漢朝每有疑議未嘗不遣使者訪問以片言而折中焉時有疑獄曰甲無子拾道旁棄兒乙養之以爲子及乙長有罪殺人以狀語甲甲藏匿乙甲當何論仲舒斷曰甲無子振活養乙雖非所生誰與易之詩云螟蛉有子蜾蠃負之春秋之義父爲子隱甲宜匿乙詔不當坐夫異姓不相後禮之明禁以仲舒之博學豈闇其義哉蓋知有後者不鞠養鞠養者非後而世人不別此妾六疑也又一事曰甲有子乙以乞丙乙後長大而丙所成育

甲因酒色謂乙曰汝是吾子乙怒杖甲二十甲以乙本是其子不勝其忿自告縣官仲舒斷之曰甲生乙不能長育以乞丙于義已絶矣雖杖甲不應坐夫拾兒路旁斷以父子之律加杖所生附于不坐之條其為予奪不亦明乎今説者不達養子之義惟亂稱為人後此妾七疑也漢代秦嘉蚤亡其妻徐淑乞子而養之淑亡後子還所生朝廷通儒遺其鄉邑録淑所養子還繼秦氏之祀異姓尚不為嫌況兄弟之子此妾八疑也吴朝周逸博達古今逸本左氏之子為周氏所養周氏又自有子時人不達者亦譏逸逸敷陳古今故卒不復本姓識學者咸謂為當矣此妾九疑也為人後者止服所後而為本父服周一也女子適人降所生二也為父後者為出母無服三也諸侯之

庶子不得服其母四也庶子為王不敢服其母五也凡此五者皆制人情禮稱以義斷節文立焉率情立行者戎狄之道也患世人未能錯綜禮文表裏仁義亂于大倫故漢哀以諸侯嗣天子各還尊其私親以為得周公嚴父之義而不知其大悖國典夫未名之子死而不哭既名之後哭而不服三殤之差及至齊斬所禀所受其體一也而長幼異制等級若此又今世人生子往往有殺而不舉者君子不受不慈之責有司不行殺子之刑六親不制五服之哀賓客不修弔問之禮豈不以其蠢爾初載未夷于人予生而殺之如此生而棄之受成長于他人則追名曰本吾子也乃全責以父子之恩自同長育之功此妄十疑也勑下太常廷尉禮律博士按舊典決處上博士杜瑗

議云夫所謂為人後者有先之名也亦其既沒于以承之耳非並存之稱也率為僑嗣則猶吾子羣之平素言又惻至其為子道可謂倫矣而猥欲同之與為人後傷情棄義良可悼也昔趙武之生濟由程嬰嬰死之後武為服喪三年夫異姓名義其猶若此況骨肉之親有顧復之恩而無終始之報況于氏所據皆有明證議不可奪廷史陳序議令文無子而養人子以續亡者後于事役復除無迴避者聽之不得過一人令文養人子男後自有子男及閹人非親者皆別為戶按僑自有子纂率應別為戶尚書張闓議賀僑妻于氏表與羣妾陶辭所稱不同陶辭僑妻于氏無子夫羣命小息率為僑嗣一年僑妾張生纂故驃騎將軍顧榮謂羣僑已有男宜使率還閭與為人後者

不同故司空賀循取從子紘為子鞠養之恩皆如率循後有晚生子遣紘歸本率令欲僑即便見遣于表養率以為已子非謂為人後立六義十疑以明為後不並存之稱生言長嫡死乃言後存亡異名又云乞養人子而不以為後見于何經名不虛立當有所附以古者無此事也今人養子皆以為後于文云為人後者族人選支子為之嗣非謂如率為嫡先定庶幼後生而以為議此乃正率宜去非所以明其應留也且率以若子之輕義奪至親之重恩是不可之甚也于知禮無養子之文故欲歙因今世乞子之名而博引非類之物為喻謂養率可得自然成子避其與後之譏乎丹陽尹臣謨議按于所陳雖煩辭博稱並非禮典正義可謂欲之而必為之辭者也臣按尚書閭

議言辭清允折理精練難于之說要而合典上足以重一代之式愚以為宜如闓議

通典既練為人後服所後父服議宋何承天問曰婦人夫先亡無男有女已出嫁婦人亡後未周宗族之家乃以兄繼其後今既更制廬杖未知當及亡月一周便練為取出後日為制服之始荀伯子荅曰出後晚異于聞喪晚稅服也應以亡月為周不以出後日為制服之始假使甲有婦及男女甲死甲兄持重服已練甲兄復死甲弟乙方以子丙後甲丙以為伯持周年服訖便更制二十五月服甲婦女不合先丙除服何容持三周服邪難者或疑若使甲服將除而丙始出後丙便是服斬旬日而除意未若服將訖宜待除服方出後耳不可使甲婦女制四周服也何重問

出適之女周而除心制既過即吉之後而來繼之弟不為喪始門庭凶素靈筵未毁舛錯深淺豈稱人情今謂宜待除服為後是也今問不待除耳若不服其殘月便當如知喪晚特一人未即吉二條何者為安荀重荅曰意未出後未及練者宜服其殘月以亡月為周若將服竟出後宜筵待服竟至于去廬即練縗縞從輕自此降殺以漸所謂送死有已復生有節非則縗何疑服旬便除然謂此語不通設使甲死其婦明出後始為喪主也謂為人後者在練則練在縗女持服已在周甲弟乙持二子從遠還始聞喪以其長子丙後甲丙弟丁為伯父追周服丙以出後之故更縗縞旬日除所謂深淺舛錯不是過也譬如知喪晚其一人未即吉此又所疑也凡出後晚異知喪晚

也既已制本服今日月已過無緣更居再周若甲之婦女無事不吉而來繼之子門庭凶素此婦女無容避此凶居別卜吉宅又不可使婦女歌于內而繼子哭于外謂應服其殘月司馬操難爲人後者盡禮于彼而致降于此所以全受重之道成若子之義豈以真假殊其事蚤晚異其制哉豈不以父子之名定于受命之辰加崇之恩起于辭親之日大義昭然無猒奪之變而使情節伸而有餘歲月屈于不足未知輕重將欲何附論云甲死甲兄持服已練甲兒死甲弟乙方以子丙後之丙無緣爲伯持周服畢復更制二十五月服難曰丙以甲練後方來後甲彼喪雖殺我重自始更制遠月于義何傷且昔以旁尊服不踰齊今爲其子禮窮于制事同義異深淺殊絶豈宜相蒙

共為三年若是大功小功之親本服已訖乃為哀之
亦可計本服之月以充再周之限若無服之親今為
甲嗣其義云何論云甲婦女無緣持三周服又不合
先丙除服難曰甲婦女二周終訖何事三周吉凶有
期何必顧丙亦猶自遠之兄始及祖繞其居室之弟
父已窆歌豈得同一論云或疑甲服垂除丙出後丙
應服斬旬日而除意謂延待服除而出後耳難曰丙
以禮而行不及甲始喪蓋由事趣且夫堂階絶搆喪
位無主行路悽愴骨肉悼心既為置後宜及三年之
内情事有寄豈得持疑以俟吉視再周之徒過哉論
曰甲死婦女持服再周弟乙二子遠還以長子丙後
甲丙弟丁為伯父追税服周而丙以後出之故更居
縗縞旬日而除舛錯淺深不復是過難曰乙之子丙

今来後甲既不可與弟丁周税周服又不可蹔居緦縞旬日而除則丙于甲之喪終闋徵服親為甲子而反不如丁有周月之制處之于三年之地而絶之于一日之哀待吉之義于此為躓論曰甲婦女無緣避此凶居别卜吉宅又不可婦女歌于内繼子哭于外難曰甲婦雖復衰麻去身號咷輟響然素服嫠居與代長戚夫何圖于吉宅何務于謳歌荀伯子荅曰焉操難曰為人子者奉生事存如所生不異盡禮于彼而致降于此荅曰同所生者謂出後及所養且不謂垂除而追責使同也設使所繼者是絶服之親而繼父有兄弟喪未周豈可悉追制伯叔周服之乎故知反喪則同已死則異若本服大功之親雖數十載之後猶雖為税服至于出後之子在三年之外便不為

繼父追服明既往不可得同也難曰乙子丙今來後甲既不可與其弟丁不税周服又不制居縗縞旬日而除既爲甲子而反不如丁豈有處三年之地而絶于一日之哀乎答曰謂丙應先税周服畢然後可出後耳設使甲死已三十年乙將丙丁從絶域還始聞甲喪豈可使丙丁二子同税周服然後議出後之事乎若猶使丙居重甲婦女平及已來或是朝市改易豈可方納一孝居喪乎雖復三十年而丁猶税服丙不可以反不如丁得不待税服畢乎設使周公更生不能易此言也

隋書劉子翊曰晉鎮南將軍羊祜無子取弟子伊爲子祜薨伊不服重祜妻表聞伊辭曰伯生存養已伊不敢違然無父命故還本生尚書鼓權議子之出養

必由父命無命而出是爲叛子于是下詔從之〔邵寶曰格〕子曰人之子而子于人遂爲之子尊父命也父没則母命之父母没矣伯叔雖絶嗣將不得子之子請于君君命之猶父命之也民之微者以請于君請于令長猶請于君也

宋史〔禮志〕熙寧二年同修起居注直史館蔡延慶父襄故太尉齊之弟也齊初無子子延慶後齊有子而襄絶請復本宗禮官以請許之紹聖元年尚書省言元祐南郊赦文戶絶之家近親不爲立繼者官爲施行今戶絶家許近親尊長命繼已有著令即不當官爲施行四年右武衛大將軍克務乞故登州防禦使東牟侯克端子叔慱爲嗣請赴期朝參起居而不爲克端服大宗正司以聞下禮官議宜終喪三年遂詔宗室居父母喪者毋得乞爲繼嗣大觀四年詔曰孔子謂興滅繼絶天下之民歸心王安石子雱無嗣有族

子棣已嘗用安石孫恩例官可以棣為雱後以稱朕善善之意先是元豐國子博士孟開請以姪孫宗顏為孫據晉侍中荀顗無子以兄之孫為孫其後王彥林請以弟彥通為叔母繼絶孫詔皆如所請淳熙四年十月二十七日戶部言知蜀州吳擴申明乞自今養同宗昭穆相當之子夫死之後不許其妻非理遣還若所養子破蕩家産不能侍養實有顯過即聽所養母經官迎親尊長證驗得實依條遣還仍公共繼嗣

張子全書為其父母不論其族遠近並以期服服之據今之律五服之内方許為後以禮文言又無此文若五服之内無人使後絶可乎必須以疎屬為之後也

二程全書既是爲人後者便須將所後者呼之以爲父以爲母不如是則不正也卻當甚爲人後後之立疑義者只見禮不杖期內有爲人後者爲其父母報便道須是稱親禮文蓋言出爲人後則本父母反呼之以爲叔爲伯也故須著道爲其父母以別之非謂卻將本父母亦稱爲父母也

齊東野語胡寅字明仲文定公安國之弟子也將生欲不舉文定夫人夢大魚躍盆水中急往救之則已溺將死矣遂抱以爲己子少桀黠難制父閉之空閣中其上有雜木遍數旬寅盡刻爲人形安國曰當思所以移其心遂別置書數千卷于其上年餘悉能成誦遂爲名儒及貴顯不復爲本生母持服爲右正言章夏所劾會秦丞相亦惡之遂謫

新州安置嘗于謫所著讀史管見數千萬言蓋有為而作非徒區區評論也論漢宣帝皇考廟曰既為伯父母叔父母之後而父母亡則當降所生父母而伯父母叔父母之稱昭昭然矣稱謂既如此則三年之喪宜降其服期又昭昭然矣稱謂既如此喪服又如此則情之主乎內者隆所當隆殺所當殺不敢交奪于幽隱之中又昭昭然矣其論哀帝議立定陶王後曰故為人後者不顧親安而行之猶天性也當是時而責為人後者絕私親之顧彼反淂以旁緣不孝之似而責之顧私親者至以孝自居不顧者反陷于罪辟云云其論晋出帝追封敬儒為宋王曰服而或加或降者以恩屈于義也屈所生之恩以伸所後之義則恩輕而義重矣

恩輕而義重則所生父母固可名之曰伯父母叔父母矣爲此論者皆是欲借此以自解然持論太過所謂欲蓋而彌彰前輩盖嘗評之固非敢輕議先儒也

〔朱子語類〕問嫡子已娶無子而殁或以爲母在宜用尊厭之例不須備禮如何朱子答曰宗子成人而無子當爲之立後尊厭之說非是又問誰主其喪荅曰既已立後何有此疑

明武宗實録〔正德八年十一月丁酉初淮寧王世子見濂卒無子康王老請以次子清江王見瀓攝府事逮康王薨見瀓尋卒其長子祐棨襲爲淮王已而見濂得追封淮安王其妃王氏爲王妃時制册稱安王爲祐棨伯父故其常祭祝號安王稱王伯清江王稱

王考且所居宮王氏仍世子府宮而本生母趙氏入居永壽宮輔導官謂其非宜言于王王奏其生在安王卒後未嘗爲嗣欲加重其私親事下禮部移江西守臣令輔導官勘覆乃謂安王伯父之稱本諸制詞惟稱清江王爲王考于義未協按禮諸侯之子爲天子後者稱于所後之天子而不得稱于所生之諸侯別子之子爲諸侯後者稱于所後之諸侯而不得稱于所生之別子其不爲人後者子爲天子而父非天子則必追尊之詔已播于天下乃可稱其父爲天子子爲諸侯而父非諸侯則必追封之請已允于天子乃敢稱其父爲諸侯今之親王即古之諸侯也今之郡王即古之別子也親王所主祭之皇考則諸侯之禰廟也淮王既不後于其伯則非爲人後者歟乞以

清江王追封入廟與安王同為三世之穆似兩得之但今未得請王乃以親王之爵主祭郡王之廟祝號稱為王考是即子為諸侯而父非諸侯請未允于天子而輒稱父為諸侯又生母趙氏未得進封遽稱國母先居永壽宮此則其非據者于是禮部尚書劉春謂安王雖未封而卒今已追封為王祐榮雖生于安王卒後今既入繼親王則實承安王後矣皆朝廷之命非無所承也又更欲追封其所生之父則安王封謚之命將安委乎徒欲顧其私親而不知繼嗣之重事體殊戾況安王既追封入廟為三世之穆清江王又欲進封則一代二穆豈禮哉祝號稱呼不可以制册為據唯當以所後為稱其清江王祀事宜令次子祐揆主之淮王無與焉所居宮則安王妃遷入永壽

宮清江王妃退居清江府斯禮典法令皆得矣詔以其援據甚明從之

十一月甲子初交成榮惠王薨無嗣姪表杙襲爵得追封本生父奇濃爲王至是晉府事鎮國將軍奇洢請加封奇濃之女太平郡君爲縣主下禮部議尚書劉春言加封事例施于世次應襲王爵而未得者若世次不應襲其子雖進襲王爵唯以繼嗣爲重不得加封至于子女尤所弗論所以正統緒定名分也交成王表杙以姪繼伯追封其父已爲過分乃又欲加封其女不可許且請申諭各王府今後有旁支進襲王爵者不得奏請加封父母及其父母所生之子女違者罪坐輔導官上是之

九年八月壬寅先是鄭康王祐柃薨無嗣詔以其從

弟祐樘襲封為鄭王蓋簡王之孫而東垣端惠王之子也嘗為其父奏請追封入廟凡三上疏禮部屢覆鄭王以旁支入繼親王不得顧其私親詔如議至是復以為請下禮部議以鄭王懇疏雖出于孝然非以禮事其親者執議如初詔曰既于禮有悖其已之

十二年十一月乙未贈黔國公沐崑所生父都指揮使誠為都督同知誠撫勘孟密夷情卒于途崑請以所加秩太子太傅移贈兵部議崑為人後所加秩不可移以及其父但誠沒于王事宜如例加贈二級詔如例

黃潤玉曰古者小宗絕不立後惟大宗絕以支子為後蓋大宗是尊者之統不可絕也今庶民不知凡支子絕皆令過繼只是爭取財産耳

丘濬曰古人大宗無子則以族人之子後之而不及小宗我朝親藩初封未有繼別之子而國絕則不為立後蓋古禮也親藩且然況庶民乎按大明令及律雖許同宗立嗣然皆謂其人生前自立而無死後追立之文聖祖之意蓋以興滅繼絕必前代帝王功臣賢人之後不可使不血食也先王制禮不

下庶人今庶人之家若生前將昭穆相應之人自幼鞠養者從其自便既死之後告爭承繼者無非利其財產而已若死者係軍匠籍雖脇之使繼彼肯從哉今宜敕禮官定制若前代名人之後或在今曾有大名顯宦者以宗法為主先求繼禰小宗次繼祖之宗次繼曾祖之宗次繼高祖之宗四宗俱無人然後及疏遠及同姓之人若其人生前或養同宗之子世系雖遠而昭穆不失序不必更求其有鞠育之恩氣雖不純而心已相孚故也又凡為人後承父之命方許出繼已孤之子不許所以然者為人後者為之子既為之子則稱其所生為伯叔不承父命而輒稱已父母為伯叔可乎是貪利而忘親也如此則傳序既明而爭訟不亦息矣

湛若水集周榮穗有季伯無子鑒本族承繼者多失祭掃且以己非長子故臨終遺命不用季子承服止以財產貯建祖父之祠田為祭田而伯祔之庶幾祖父之祠有所成而伯之祀亦永永不絕有餘則推之以贍子孫之有志于學者自以為一舉三得故臨喪祭奠俱三房子姪同之已三年矣在今議者或以為死者不可無後不必承重但繼其祀可也或以為祔之祖祠則伯雖無後實永永有後且遺命義所當從未知二者以何說為當先生曰聖人制禮必本人情繼嗣立後則禮有之矣以其立廟捐田而入廟祔祖則禮所未有也其祔祖者殤耳不立嗣則絕其後且喪不可無主朋友無所歸則于我殯為之服緦三月此喪不可無後主一也祭之時則祀者何稱稱以其祔是以殤之禮處之不得正祭之享二也二者皆非人情之當天理之至故聖人弗為也莫若成死者之志以其田三分或二分之一入祖祠而以其餘為立後二者庶得天理人情之正

田汝成立後論上立後之禮先王起之以存宗後世沿之以定亂何言乎起之以存宗也蓋先王明倫之教莫大于嚴父嚴父故尊祖尊祖故敬宗敬宗之義與禘祭同道幽深玄遠非仁孝者不足以知之故禮曰別子為祖繼別為宗繼禰者為小宗繼別之子是為大宗百世不遷者也上以承祖廟下以

收族屬猶木之有本也沒而無子則族人推其支子之倫叙相當者為之後而奉之使廟祀有主而族屬有依故禮曰為人後者孰後〻大宗也大宗不可絕故族人以支子後大宗非大宗而立後者古未有也蓋有之矣或者以義舉之乎禮未之有載也何言乎沿之以定亂也後世宗法廢而姓氏亂宗系無考人但私其近親以相敦附其下者仁讓陵夷而參商競起雖同胞屬裏之戚亦有別籍異居者沒而無子則魂魄無所依產業無所屬攘奪乘之而悖叛作故王者立法取上古存宗之意而著為律令凡異居無後者則近親推其支子之倫叙相當者為之後而主之幽以慰死者而明以養生者所以再禍亂而敦彝倫也然則立後有二義矣一曰大宗一曰昆弟之異居者在上古則如此在後世則如後要之存宗之義公也禮也定亂之義私也法也禮以明人倫法以待末世夫立後者將以抑人本生之愛而他屬之非人情所樂與也必甚不得已而後為之假令身為繼別之子死矣有母弟存焉即可以承大宗不必取子于弟以續之而後謂之繼別也身為繼禰之子死矣有母弟存焉即可以承小宗不必取子于弟以續之而後謂之繼禰也身為同居死矣其父儼然臨之有母弟存焉則死者之主自當祔祭不必取子于弟以續之令別為一廟也故凡言無後者必其兄弟咸無而其父又或先世或雖存而耄矣無可望矣然後取諸旁支以續之非甚不得已不舉也近世立後之義不明而泥于其說不究大宗小宗之禮同居異居之法一父數子一有短折即割兄弟之子以子之名為立後何其狃闇見而昧本始也甚者惑于為人後者為之子而曰為人後者不得顧其私親謂所後曰父母謂本生曰伯叔父母嗚呼父子天性也而可以假借為哉在禮為人後者服斬衰三年為其父母期是易服以明大宗則有之矣易父母之名以為親于禮未之有也故禮曰為所後何以三年也受重者必以尊服〻之為其父母何以期年也不貳斬也何以不貳斬也特重于大宗降其小宗也是知古者立後之禮專在大宗大宗者合族之所公重也受重于斯人不得以尊服〻之以尊服〻之而不為降己親之服猶未足以明所後者之為重也以尊服〻

之又為降已親之服然後可以明所後者之為重而繼祖之道盡此先王制禮之精意也故人道莫重于大宗亦莫重于父母大宗不可絶者尊之也父母不可絶者親之也尊〻親〻仁義並行而不悖者若欲繼〻易其名以為親是未深考乎禮也在禮為人後者為所後者之祖父母妻〻之父母昆弟昆弟之子若子者此其為服以義引之而親亦屬乎彼是為所後者為之而非為已也為其父母期為其昆弟大功為其姊妹適人者小功皆降本服一等者此其為服以義壓之而其親仍屬乎我是為已為之而非為所後者也如欲強易父母之名以為親使悉從所後者以為屬也則古之後大宗者不必親昆弟之子矣凡同宗之子皆可為之則固有大功小功昆弟之子者緦麻袒免無服昆弟之子者使一從所後者以為屬則當一從所後者以為服然未聞有為其父母為大功為小功為緦麻為袒免為無服者而一從期年是以知天性之親先王未嘗割之使絶也故戴德王肅之疏有之為人後者為其父母期居倚廬言語飲食與父在為母同其異者不祥不禫雖除服猶心喪三年其制服之重如此而乃欲易名以為親是未深考乎禮也故禮非從天降也非從地出也即乎人心之安而已大宗雖重不可以奪嫡以其受于本宗者亦重也支子非受重者也使受重者受已宗非受重者後大宗可謂即乎人心而兩安者矣然支子所以後大宗者為推其嚴父之心以尊祖也乃今以尊祖之故而令不父其父豈先王立教之心哉故禮曰為人後者為其父母報猶女子適人而為其父母也服則降矣不貳斬于舅姑矣而父母之名猶存焉如使為人後者去父母之名而降其稱反女子適人之不若也然則為人後者于所後之親宜何稱曰在禮有之顧學者未之察耳禮謂其伯父曰世父世者繼世以尊祖也如以昆弟之子後伯父叔父宜稱世父叔母稱世母于其沒也稱世考世妣而已于所自出之親宜何稱曰宜稱父母于其沒也稱考妣而已夫稱世考世妣而加其服主其祭所以明所尊也于本生而降其服不敢與于祭仍稱考妣所以明所稱也尊〻親〻並行而不悖而立後之義盡矣

立後論下

古稱為父後者非謂諸子皆可以為父後也必適子乃足以當之適子者大宗小宗之統也身為小宗之適則五服之親皆其所統故禮曰適子不得後大宗以支子可也而漢初之詔賜民為父後者爵一級蓋適子之謂也古稱立後者非謂昆弟無子者人人為之立後也惟大宗乃舉之故禮曰大宗不可絶故族人以支子後大宗非大宗而立後者蓋義舉也于禮未之有聞也古稱為大宗後者非必親昆弟之子也有以從昆弟之子後從世父者矣有以諸孫後祖者矣有以諸曾孫後曾祖者矣有以諸玄孫後高祖者矣故禮曰為人後者斬衰三年不名所後為父者以所後不定難以預著其名也後世宗法不明而嫡子庶子皆稱父後立後之義不明而同居異居昆弟之無子者皆為立後稱謂之義不明而為人後者伯父叔父皆易為父而以孫後祖以無服之孫後遠祖者禮既不行名亦不著非先王之本旨矣雖然生今之世異居而無後則族之強無狀者或將攘其所有而死者無所依歸故近世立嗣之法雖與古昔殊科而弭禍亂以戢彝倫亦律令之所不廢也若昆弟同居而無子而有父母臨之又從而割昆弟之子以為子則于禮無當矣乃今細民之家惟利其昆弟之無後也不幸昆弟無後則汲汲焉分其支子以嗣之將以併其所有是先王明倫之教反為薄俗婪利之資也予家尊大夫小宗之適子也生伯兄暨予伯兄生二十六年而夭予甚傷之又一年而予子崇蘅生予傷伯兄之不祿而嫂氏之無聊也嘗曰是當後兄又一年而予季弟生又十有一年而蘅之母夭屬纊之晨嘆曰蘅乎我魂依汝以歆食也予甚患之然歆措語則重傷嫂氏之心嘿嘿抱戚而蘅竟以斬衰喪其母又七年而嫂氏夭屬纊之晨亦嘆曰蘅乎汝必後我食我訃至官所予復患之憫然無以折衷也以其事兩請于尊大夫尊大夫毅然賜之書曰嗟乎小子成胡為乎以明經舉進士哉在禮立後者惟大宗有之予非大宗也適子不得後大宗爾之子適子也列籍異居者不得不立後以定亂爾之兄非異居者如此而謾云立後立後于禮何當況乎蘅之母所誕惟蘅也抑蘅本生之愛以後人弗仁強適子以後小宗非禮予譬則木矣一本而三枝

一枝槁而二枝茂未聞絶茂枝之蔓以接槁也且予儼然臨之而二子競喪不為無後又何必割爾子以畀立為三也禮不云乎凡喪父在父為主雖子有妻子之喪亦父主之統于尊也又何必以爾子之為喪〻也予既得書頓首受命然猶懼邑人之弗察而訾予之薄德背信也故詳論之以明予心之始末云爾

羅虞臣曰或問譜之不予人之為後者何也曰今之為人後以利焉而已抑本而誣禮者之為也吾何予焉曰然則如何而後可以為人後曰卜子夏曰為人後者孰後〻大宗也大宗不可絶故族人以支子後之晉張湛曰後大宗所以承正統也若所継非正統之重無相後之義今也所後非大宗之主小宗五世之嫡而輙為之置後無乃與先王之制異乎宗之嫡死而無子然後得為置後庶子不置後不継祖與禰也非所後而後焉是曰誣禮捨天性之愛而父也人孝子所不忍也是曰抑本苟有田産財計則争為之後無則雖猶子于世父棄也是曰懷利三者皆自叛于先王之教者也吾何予焉曰然則庶子之無後者不為殤乎曰禮曰殤與無後者從祖祔食不斬祭也如之何其為殤也曰人有抱其同宗之子而育者則亦可以為後乎曰可螟蛉之體化為蜾蠃班氏之族乳虎紀焉養育之恩大矣哉其稱之為父母也豈若今之立継者之比歟曰然則其于本生也其名也如之何曰父母之名何可廢也昔宋崔凱曰本親有自然之恩降一等亦足以明所後者為重無縁乃絶之矣未嘗謂可以絶其親而遽謂可以絶其名是惑矣曰不幾于二本乎曰禮不有継父慈母之名乎曰其服也則如之何曰叱之為人後者為其父母期報〇又曰孫遠死而無嗣其弟重以長子彬後之或曰重之命非也長子不得為後曰斯重宗之義也吾将以重為知禮矣昔子思兄死而使其子白續伯父以主祖及曾祖之祭蓋遠嫌也以已代兄是謂奪宗以子継伯父則有父命焉其孔氏之家之變禮乎重之命悪得為非〇又曰或問譜法有進有黜曰他姓之子後吾宗雖成派吾其猶黜諸吾宗之子為他姓後雖

易世吾其猶進諸汪琬置後解古者大宗而無後也則為之置後小宗則否夫小宗猶不得置後況支庶乎子夏曰為人後者孰後、大宗也曷為後大宗大宗者尊之統也然則族人而無後也其遂不祀矣乎曰不然也孔子曰凡殤與無後者祭于宗子之家當室之白尊于東房是雖不置後可也然則有大宗之家焉有小宗之家焉祭者將奚從曰視其祖故曰庶子不祭殤與無後者殤與無後者從祖祔食此之謂也孔子曰宗子為殤而死庶子弗為後也然則大宗其遂絶乎曰如之何而絶也弗後殤者而後殤者之祖禰則大故有後也傳曰士之子為大夫則其父母弗能主也使其主之無子則為之置後然則大夫而非大宗也亦可以置後乎曰非是之謂也公子有宗道焉大夫亦然庶姓而起為大夫則得別于族人之不仕者禮別子為祖繼別為宗大夫獨非大宗與然則大夫與公子若是班乎曰然公子不敢援諸侯故公子為別子大夫之族不敢援大夫故大夫亦為別子也如之何其可無後也子夏曰適子不得後大宗然則奚尚于大宗矣奚為不使適子後之也曰以其傳重也古人敬宗而尊祖禰適子者繼祖禰者也故不可以為人後也然則無宗支適庶而皆為之置後今人之所行古人之所禁也不亦大悖于禮與曰此禮之變也蓋自宗法廢而宗子不能收族矣宗子不能收族則無後者求祔食而無所其毋乃驅之為厲乎故不得已為之置後也變也然則今之置後者必親昆弟之子次則從父昆弟之子其于古有合與曰不然也禮同宗皆可為之後也大夫有適子則後適子有庶子而無適子則卜所以為後者如衛之石祁子是也況無子而為之置後其有不聽于神乎吾是以知其卜也卜之則勿問其為親孰為疎可也是可行于古亦可行于今者也作置後解

徐秉義與介孝廉書謹啟吾師兵部公立後一事所以紛紜至今者彼蓋徒為貲產起見而未嘗折之以大義也夫立後之典載在禮經著、律例詎得而紊之令二子之爭數年矣若不援經執法堅為剖斷彼嘵嘵訐訟者將何時而已乎謹按儀禮曰為人後者孰後、大宗也曷為後大宗大宗者尊之統也不可

以絶漢石渠議曰大宗無後已有一嫡子當絶父祀以後大宗否戴聖云大宗不可絶當絶父以後大宗閻人通漢云大宗有絶子不絶其父宣帝制曰聖議是也晋范汪亦云小宗昭穆不亂發大宗昭穆亂矣先王所以重大宗也豈得不廢小宗以継大宗乎師兵部公為給事公長子固介氏之大宗也大宗無可絶之理則倜自當為吾師兵部公之後寧得頋其私親而坐視大宗之無後乎又按　大清律凡無子者許令同宗昭穆相當之子承継先儘同父周親次及大功小功緦麻今倜則同父期服之子也佃則同祖大功之子也舍同父之子而立同祖之子毋乃與　國法背乎攷之于禮既如彼驗之于律又如此則継嗣之當在倜而不在佃不待辨説而自明矣或者謂以倜後兵部公則倜自絶其父祀度非心之所安愚又有説以處此魏劉徳問曰禮長子不以為後若無支子惟有長子不後人則大宗絶後則違禮如之何田瓊荅曰以長子後大宗則成宗子禮諸父無後祭于宗子之家今以倜後兵部公而其本生考仍附祀于給事公之側正與禮合安得謂絶其父祀乎且倜之承祧不但承兵部公之祧并以承給事公之祧也以兵部公而言則倜猶為從子以給事公而言則倜乃其適孫也若佃則給事公之從孫矣天下豈有舍適孫不立而立從孫者哉是非惟不違于禮亦不合于情矣使兵部公存日而佃曾命立焉則倜自當讓即未嘗命立而兵部公之亡也佃曾執三年之喪焉則倜亦當讓兩者無一焉而呶呶于指館數載之後是争也争則當折之以大義昔孔子之射于矍相也有曰與為人後者不入觧之者曰與音預後人者一人而已既有為人後者而往與之是貪財也故孔子賤之今佃之所争毋乃類是縱使争而得之亦為君子之所賤况揆之以禮斷之以律萬萬不可得哉某為兵部公門下士有一日之雅非敢阿其所好而為此言實以先王之大經　國家之大法有斷斷心出于此者故敢為左右陳之伏祈先生主張斯事俾倜得安于継嗣而不為非分者所奪豈但華宗之幸凡辱在

門墻莫不幸甚

乾學按古禮大宗無子則立後未有小宗無子而立後者也自秦漢以後世無宗子之法凡無子者即小宗亦爲之置後彼豈盡爲繼嗣起見哉大要多爲貲産耳不知小宗無後者古有從祖祔食之禮則雖未嘗繼嗣而其祭祀固未始絶也又何必立人爲後始可以永其祭祀哉今世之紛紛爭繼者其爲大宗當斷之以律例若小宗則舉從祖祔食之禮而不爲立後其亦可也。又按漢哀帝宋英宗明世宗皆由旁支入承大統其時之議禮者不一今因其章奏繁多將别爲一書以行世故兹篇槩不採入

柴紹炳立後說父子之倫天性也生我者謂之父我生者謂之子故曰父母生之續莫大焉君親臨之厚莫重焉乃世有無子而立後者非其子而強為之子非其父母而強為之父母則已借矣議者以凡為立〻者必其宗人子姓且親兄弟子也雖不立後有父子之道而況重以嗣續又何疑與然古者于父之兄弟謂之世父叔父于兄弟之子謂之猶子世父叔父之于父猶子之于子必有間焉一旦舍其父母而後于世父叔父于天性謂何此先王禮由義起蓋有所大不得已也按儀禮喪服傳曰為人後者服喪三年以受重者必以尊服〻之何如而可為之後同宗則可為之後何如而可以為人後支子可也又曰為人後者為其父母服期不二斬也何以不二斬持重于大宗者降其小宗也為人後者孰後〻大宗也曷為後大宗大宗者尊之統收族者也不可以絕故族人之支子後大宗也適子不得後大宗由此言之支子後大宗適子不得後大宗非夫人而可以立後非夫人而可以為人後也明矣禮稱別子為祖繼別為宗繼別者為大宗百世不遷繼禰者為小宗五世則改以大宗為適長相承合族所統不可以一朝中斬令忽諸毋祀故以小宗之支子為後繫以父子之名實承祖宗之重此人于此雖款逡巡頓其私親而不得繼體專隆本生降殺先王揆之于大小輕重而禮由義起豈頓為矯易人父子乎哉詩云哀〻父母生我劬勞生我者謂之母而有繼母事之如吾母此啟于父也生我者謂之父而有所後父事之如吾父此臨以祖也故曰支子後大宗與前子視繼母等柬之以誼睽之以恩正後孝慈無間本其始事皆有大不得已也若在小宗支子寧復紛〻繼立即何者以小宗後小宗以支子後支子後無不可絕之道此無不得已之情忽然捐本生稱繼嗣于情也拂于禮也過君子深非之昔孔子射于矍相之圃子路出延射曰賁軍之將亡國之大夫與為人後者不入夫與為人後而至于賁軍亡國者同斥正謂非大宗而棄本生類乎有利者為之耳嗟乎士君子講明禮義篤于天性有身為小宗支子固不可狗俗而強為人後亦不可挾私而強人為之後也然則生也不幸無嗣死竟同于若敖氏之鬼與禮稱殤與無後者

從祖祔食正為小宗支子之絶嗣者設耳又何必強為立後自干大宗也或曰諸葛亮在蜀以已未有子先求兄瑾子喬為後其後亮生子瞻而諸葛恪被吳門誅仍令喬子攀還奉瑾祀此于義何居夫亮非適長似殊大宗然諸葛兄弟三人各仕一國正禮所謂別子為祖者也繼別為宗豈容遽絶亮之求喬為後攀之還夫瑾祀可謂允協也或又曰近世陽明王氏曰古者士大夫無子則為之置後無後者鮮矣後世人情偷薄始有棄貧賤而不問者古所謂無後大抵皆殤子之類也然則古者無問大小宗無不立後者夫陽明所稱士大夫置後亦與諸葛繼別之意相通至云無後皆殤子此語未的按禮又云支子不祭殤與無後者殤與無後明屬兩條注云庶子不得立廟故不祭己之殤與兄弟之無後者必于宗子祭祖之時與祭于祖廟也蓋庶子兄弟無子固不得更為立後衹當祔食于祖考耳是知支庶卑賤何容越分求繼若夫富貴亢宗亦得通于別子之義而謀為立後者尤必辨賢明序斟酌情理之中焉近世于私見假父乞児母愛子抱嗚呼螟蛉之負禽獸之道也春秋書莒人滅鄫以明異姓為後者並于覆宗絶祀矣雖然即宗人而立之為後者亦必有大不得已存焉故禮于為人後者借曰持重大宗而原據天性未嘗沒其本生之實奪其父母之名也自漢儒執公羊傳為人後者為之子之說後人則又付會而益甚焉如宋之議濮本朝之議興獻皆欲易為伯叔不得稱考此尚謂之有天性也耶予痛末俗不悟後宗之義而拘繼絶之論且又爭為人後翻然薄于所生者是狗父子之文而喪父子之實賊恩敗禮宜為孔氏之所深擯也故為立後說如此云

唐開元禮　宋政和禮　書儀　家禮　孝慈録

會典今律文並同

喪服　妻為夫　疏妻者齊也言與夫齊也○敖繼公云此亦主言士妻之禮以通上下凡婦人之為服者皆倣此

郊特牲夫也者夫也注夫之言丈夫也

喪服傳夫至尊也疏妻爲夫者上從天子下至庶人皆同爲夫斬衰也夫至尊者雖是體敵齊等夫者猶是妻之尊敬以其在家天父出則天夫是其男尊女女卑之義故同之于君父也

喪服小記婦人不爲主而杖者姑在爲夫杖○注姑不厭婦疏男主適婦喪則厭適子使不杖今有姑主子喪恐姑爲主則亦厭婦故明之夫是移天之重姑在婦雖不爲主而杖也

晉書穆帝時東海國言哀王薨踰年嗣王乃來繼不復追服羣臣皆已反吉國妃亦宜同除詔曰朝廷所以從權制者以王事奪之非爲變禮也婦人傳重義大若從權制義將安托于是國妃終三年之禮孫盛以爲廢三年之禮開偷薄之源漢魏失之奢也今若以丈夫宜奪以王事婦人可終本服是吉凶之儀雜陳于宮寢縗素之制乖異于内外無乃情禮俱違哀樂失所乎

隋書鄖國公王誼子奉孝卒踰年誼上表言公主少請除服御史大夫楊素劾誼曰臣聞喪服有五親踈異節喪制有四降殺殊文王者之所常行故曰不易之道也是以賢者不得踰不肖者不得不及而儀同王奉孝旣尚蘭陵公主奉孝以去年五月身喪始經一周而誼便請除釋竊以雖曰王姬終成下嫁之禮公則主之猶在移天之義況復三年之喪自上達下及期釋服在禮未詳然夫婦則人倫攸始喪紀則人道至大苟不重之取笑君子故鑽燧改火責以居喪之速朝祥暮歌譏以忘哀之益然誼雖不自強爵位已重欲為無禮其可得乎乃薄俗傷敎為父則不慈輕禮易喪致婦于無義若縱而不正恐傷風俗請付法推科

開元禮　政和禮　書儀　家禮　孝慈録　會

典　今律文並同

喪服妾為君敖繼公云妾與臣同亦故以所事者為君春秋傳曰男為人臣女為人妾

內則奔則為妾注妾之言接也聞彼有禮走而往焉以得接見于君子也又曰凡妾稱夫曰君

喪服傳君至尊也○注妾謂夫為君者不得體之加尊之也雖士亦然疏妾賤于妻故次妻後既名為妾不得名壻為夫故加其尊名名之為君也雖士亦然者士身不合名君至于妾之尊夫與臣無異是以雖士妾得稱士為君也

開元禮　政和禮　書儀　家禮　孝慈録　會

典　今律文並同

喪服女子在室為父注女子子者子女也別于男子也言在室者關已許嫁○疏此論女子子為父制服又與男子不同也關通也通已許嫁者女子子十五許嫁而笄與丈夫二十而冠同則同成人矣身既成人亦得為父服斬也

喪服傳布總箭笄髽衰三年注此妻妾女子子喪服之異于男子者○敖繼公曰言笄總髽衰皆所以示其異于男子則與男子同者絰帶杖屨也○詳見喪服

喪服小記女子子在室為父母其主喪者不杖則子

王後

馬融王肅二條低一字

一人杖注女子在室亦童子也無男昆弟使同姓為攝主不杖則子一人杖謂長女也許嫁及二十而笄笄為成人成人正杖也

顧炎武曰知録鄭氏注言在室者關已許嫁關該也謂許嫁而未行遭父之喪亦當為之布總箭笄髽三年也內則曰有故二十三年而嫁曾子問孔子曰女在塗而女之父母死則女反是也

開元禮　政和禮統于子為父內　書儀　家禮　孝慈録

會典　今律並同

喪服子嫁反在父之室為父三年注謂遭喪後而出者始服齊衰期出而虞則受以三年之喪受既虞而出則小祥亦如之既除喪而出則已凡女行于大夫以上曰嫁行于士庶人曰適人○疏鄭知遭喪後被出者若父未死被出是在室與上文同何須設此經明是遭喪後被七出者云出而虞則受以三年之喪受者若未虞而出是出而乃虞虞後受服與在室之女同也云既虞而出則小祥亦如之者未虞以前未被出虞後乃被出至家又與在室女同也云既除喪而出則已者此謂既小祥而出者以其嫁女為父母期至小祥已除矣乃被出不復為父更著服也○敖繼公云子女子子也承上經而言故但云子反在父之室明其見出于父存之時也此喪父與未嫁者同則為母以下亦如之凡女行于人曰適人此惟言嫁者省文也其為妻者曰嫁兼為妾者言之

馬融曰為犯七出還在父母之家

王肅曰嫌已嫁而反與在室不同故明之

喪服小記為父母喪未練而出則三年既練而出則已未練而反則期既練而反則遂之疏女子嫁為父母期若父母喪未小祥而被夫遣歸值小祥則隨兄弟服三年之受既已絕夫族故其情更隆于父母也若父母喪已小祥而女被遣其期服已除若反本服須隨兄弟之節兄弟小祥之後無服變節于女遂止也未練而反則期者謂先有喪而為夫所出今未小祥而夫命已反則還夫家至小祥而除是依期服也既練而反則遂之者若還家已隨兄弟小祥服三年之受而夫命反之則猶遂三年乃除隨兄弟故也

方慤曰女出嫁則恩隆于夫家被出則恩復隆于父母得反則恩復隆于夫家既練反則服不可中道而除故遂其三年凡此所謂以仁起禮也

呂柟曰古者女在室及已嫁反為父布總箭笄髽衰三年則為恩于其母矣及觀小記此條實未之舍母也

開元禮　政和禮无　書儀无　家禮　孝慈錄　會典今律文並同

喪服公士大夫之眾臣為其君布帶繩屨注士卿士也公卿大夫厭于天子諸侯故降其眾臣布帶繩屨貴臣得伸不奪其正○疏云士卿士也者以其在公之下大夫之上尊卑當卿之位也典命大國立孤一人諸侯無公以孤為公卿燕禮云若有諸公則先卿獻之鄭注云諸公者大國之孤也孤一人言諸者容牧有三監是以其孤為公言厭于天子諸侯故降其眾臣布帶繩屨二事其餘服杖冠絰則如常也其布帶則與齊衰同其繩屨則與大功等貴臣得伸依上文絞帶菅屨也

喪服傳 公卿大夫室老士貴臣其餘皆衆臣也君謂有地者也衆臣杖不以即位近臣君服斯服矣繩屨者繩菲也

注室老家相也士邑宰也近臣閽寺之屬君嗣君也斯此也近臣從君喪服無所降也繩菲今時不借也○疏公卿大夫或有地或無地衆臣爲之皆有杖但無地公卿大夫其君卑衆臣皆得以杖與嗣君同即阼階下朝夕哭位若有地公卿大夫其君尊衆臣雖杖不得與嗣君同即阼階下朝夕哭位下君故也云士邑宰也者孤卿大夫有采邑者其邑既有邑宰又有家相若魯三卿公山弗擾爲季氏費宰子羔爲孟氏之郈宰之類皆爲邑宰也陽貨冉有子路之等爲季氏家相亦名家宰若無地卿大夫則無邑宰直有家宰則孔子爲魯大夫而原思爲之宰是直有家相者也云近臣閽寺之屬者是與衆臣不同無所降其服又得與貴臣等不嫌相逼也云繩菲今時不借也者周時人謂之屨子夏時人謂之菲漢時謂之不借者此凶荼屨不得從人借亦不得借人皆是異時而別名也

郝敬曰公士謂諸侯之士與大夫之衆家臣各爲其名斬衰三年但加布帶與齊衰以下同屨麻繩不用菅與不杖期以下同蓋爵貴者恩重盡服爵卑者恩殺服損也公卿諸侯之卿大夫室老大夫家臣之長士大夫之邑宰此皆貴臣得盡服餘皆衆臣布帶繩屨也有地謂諸侯有社稷大夫有采邑衆臣布帶繩屨皆杖但不以杖即位異于貴臣杖即位也近臣閽寺之屬恩禮又殺杖衆臣服無等唯視嗣君服〻耳菲即屨也○按此亦斬衰但言布帶非遂麻也

讀禮通考卷六

喪期

斬衰三年下

喪服傳父卒然後為祖後者服斬

乾學按此適孫承重也儀禮喪服篇不載此條予憂作傳於不杖期章為君子父母妻長子祖父母下發之勉齋黃氏取以補喪服正條今據以為承重之制并注疏之說仍載不杖期本篇當參看

通典適孫為祖承重議晉侍中庾純云古者所以重宗諸侯代爵（代國諱改焉下同）士大夫代祿防其爭競故明其宗今無國土代祿者防無所施又古之適孫雖在

位無代祿之猶承祖考家業上供祭祀下正子孫者
理昆弟敍親合族是以宗人男女長幼皆爲之服齊
衰今則不然諸侯無爵邑者嫡子卒則其次長攝家
主祭嫡孫以長幼齒無復殊制也又未聞令代爲宗
子服齊縗者然則嫡孫於古則有殊制於今則無異
等今王侯有爵土者其所防與古無異重嫡之制不
得不同至於大夫以下既與古禮異矣吉不統家凶
則統喪考之情禮俱亦有違按律無嫡孫先諸父承
財之文空無承重之制劉智以爲此說非從古制也
魏晉二代亦自行之劉寶以爲孫爲祖不三年喪服
云孫爲祖周按小記爲祖後者爲祖母三年二文不
同何以爲正荅曰經無孫爲祖三年之文小記所云
爲祖母三年自謂無後養人子以爲孫者耳喪服云

爲人後者三年爲人後者或爲子或爲孫故經但稱爲人後不列所後者名所以通人無貴賤爲人後者用此禮也若荀太尉無子養兄孫以爲孫是小記所服爲孫改祖而孫後者也夫人情不殊祖所養孫猶子而孫奉祖猶父故聖人稱情以定制爲人後者無復父祖之差同三年也喪服傳父卒然後爲祖後者斬此謂適孫爲祖喪主當服斬不解傳意小記與傳但解經意耳傳稱者此祖後爲父之長子祖之嫡孫也以上獻於父父亡然後乃下爲長子斬非孫上爲祖斬也王敞難劉寶曰喪服小記祖父卒爲祖母後者三年此謂孫爲祖後也喪服父亡爲母三年言爲祖母三年祖父三年可知也爲人後者以當收族而嚴宗廟也必以同宗支子擇其昭穆之倫而立之不得高宗無

位無代祿之猶承祖考家業上供祭祀下正子孫
理昆弟敍親合族是以宗人男女長幼皆爲之服齊
衰今則不然諸侯無爵邑者嫡子卒則其次長攝家
主祭嫡孫以長幼齒無復殊制也又未聞今代爲宗
子服齊縗者然則嫡孫於古則有殊制於今則無異
等今王侯有爵土者其所防與古無異重嫡之制不
得不同至於大夫以下既與古禮異矣吉不統家凶
則統喪考之情禮俱亦有違按律無嫡孫先諸父承
財之文宜無承重之制劉智以爲此說非從古制也
魏晉二代亦自行之劉寶以爲孫爲祖不三年喪服
云孫爲祖周按小記爲祖後者爲祖母三年二文不
同何以爲正答曰經無孫爲祖三年之文小記所云
爲祖母三年自謂無後養人子以爲孫者耳喪服云

爲人後者三年爲人後者或爲子或爲孫故經但稱爲人後不列所後者名所以通人無貴賤爲人後者用此禮也若荀太尉無子養兄孫以爲孫是小記所謂爲祖後者也夫人情不殊祖所養孫猶子而孫奉祖猶父故聖人稱情以定制爲人後者無復父祖之差同三年也喪服傳父卒然後爲祖後者斬此謂適孫爲祖喪主當服斬不解傳意小記與傳但解經意耳傳稱者此祖後爲父之長子祖之嫡孫也以上獻於父父亾然後乃下爲長子斬非孫上爲祖斬也王敞難劉寶曰喪服小記祖父卒爲祖母後者三年此謂孫爲祖後也喪服父亾爲母三年言爲祖母三年祖父三年可知也爲人後者以當收族而嚴宗廟也必以同宗支子擇其昭穆之倫而立之不得高宗無

子而立玄孫之序嚴宗廟者亦可以在繼養使鬼神有所享也按士二廟若立玄孫則所嚴之祖不及曾高而祖禰無鬼將何所享乎荀太尉秩尊其統遠宜親廟有四孫之所得祭高祖也則於太尉為祖子所得祭高祖也今立孫但得祭祖而使曾祖不食是則先人將恐於為厲故知非立後之道也又臣從君服每降一等喪服為君之祖服用制君服三年明之也若如論意謂小記所言是為長子服者又當言父卒然後為子三年不得言祖父卒而為祖母後者三年又養人子為已孫與已自有孫豈異哉國子博士吳商答劉寶議曰按禮貴嫡重正所尊祖禰繼代之正也夫受重故者不得以輕服服是以孫及曾玄其為後者皆服三年受重故也且絕屬之宗來為人後者

服之如父今嫡孫為後而欲使為祖服周與衆孫無異既非受重之義豈合聖人稱情之制也且孫為祖正服周服為孫正服九月嫡孫為後則祖為加服周孫亦當加祖三年此經之明據也今欲使祖以嫡加孫孫以庶服報祖豈經意耶又欲使絶屬之孫同於嫡孫豈合人情成洽論云使嫡孫傳重不服斬也夫服以三年為至重故以至尊至親者處之自此以往上下降殺一等經之例也服父三年服祖宜周而傳云父卒為祖後者服斬嫡孫者以此為制若其必然越於常例為後祖服異禮之重事宜見斬衰之經不應闕而不記也且子為父三年父為長子亦三年若嫡孫為祖如子則祖為嫡孫亦當如父為長子不得為之周也吴商曰凡人為後者尚如父今孫為祖後

而欲使為祖周與衆孫無異豈是為後之謂乎且祖為孫正服九月今嫡孫而後祖加之周孫亦加祖三年經之明義也今使祖加孫服而孫不加祖服豈經義哉且經云臣為君祖父母服周從服例降一等則君為祖服斬矣此非經義耶何責闕而不記也論又云孫為祖如子為父則祖為孫亦當如父為長子者且孫為後加一等服三年祖亦加孫一等服周如論之意欲使祖加孫二等而孫加祖一等此豈經例而云傳不通乎試評曰試評者杜君卿佑所作李翰序所謂申高見發明者也庾純云古者重宗防其爭競今無所施矣又云律無嫡孫先諸父承財之文宜無承重之制也劉寶亦云經無為祖三年之文王敞難曰小記云祖父卒而為祖母後者三年則為祖父

三年可知也博士吳商云禮貴嫡重正其為後者皆服三年夫人倫之道有本焉重本所以重正也重正所以明尊祖也尊祖所以統宗廟也豈獨爭競之防乎是以宗絕而繼之使其正宗百代不失也其繼宗者是曰受重受重者必以尊服服之若不三年豈為尊重正祖者耶傳曰為人後者同宗支子可也下云為嫡孫言不敢降其正也是乃宗絕則嫡孫無孫則支子承重其所承重皆三年也而議者或云嫡子卒不以孫繼以其次長攝主祭者則昭穆亂矣又云今代無孫為祖三年之文吉不統家凶則統喪禮有違也者是時失之非無其義也又云傳言父卒然後為祖後者斬是父亡乃下為長子斬非孫上為祖斬也者亦非義也何者凡孫父在不得為斬父亡則為祖

斬傳曰有嫡子者無嫡孫其文甚明而云下爲長子斬者則經不但言爲祖後者斬矣成洽云若嫡孫爲祖如父三年則祖亦爲孫如長子三年也且祖重嫡孫服加一等孫承重而服祖不加是謂報服何乃孫卑反厭祖尊非禮意也以情求理博士吳商議之當矣

通典父未殯而祖亡服議　晉虞喜按賀循喪服云父亡未殯而祖父亡服祖以周既殯而祖父亡三年此謂嫡子爲父後者也父未殯服祖以周者父屍尚在人子之義未可以代重也喜以爲三禮無有此條始是脫失祖父正統非爲旁親若父亡未殯服祖但周則祖無倚廬傳重在誰假使祖爲國君已爲嫡孫祖没已嗣此受封於祖祖之羣臣服祖三年而已爲嫡

孫則服一期齊衰送葬斬杖無主雖云尸在未忍如大父何大父祖也○宋庾蔚之謂禮云三月而不生亦不生矣故君薨未斂入門升自阼階明以生奉之也父亡未殯同之乎存是父為傳重正主已攝行事事無所闕虞喜何謂無倚廬乎孝子之所寢處不闕於主闕之何嫌若祖為國君五屬皆斬則孫無獨期之義按賀循所記謂大夫士也

通典孫為庶祖持重議晉劉智釋疑問者曰禮孫為祖後三年者以其當正統也庶子之長孫既不繼曾高祖此孫為庶祖持重三年不答曰繼祖者不惟謂大宗也按喪服傳與小記皆云庶子不為長子三年不繼祖與禰也兩舉之者明父之重長子以其當為禰後也其所継者於父則禰於子則祖也父以已當

繼祖故重其服則孫為祖後者不得輕也然則孫為祖後者皆三年矣且甲衆子也生乙乙生丙而乙先卒丙為長子孫而後甲甲亡丙為甲三年則甲是庶子無嫡可傳若不三年則丙為乙之嫡子而闕父卒為祖後之義也博士杜琬云曾祖是庶而祖父是嫡又是嫡孫矣若庶祖無嫡可傳則非正體乎上傳重之義也既無大夫士之位無嫡統之重孫為庶人父雖亡而有諸父其孫生不主養祭非所及而所攝一家之重居諸父之右祖無重可傳而孫以重自居為父長子而以嫡孫繼祖推情處禮於義為乖凡祖是庶而父為長宜服齊衰王敞議曰凡所重明是先祖之體蓋非爵土財計之謂至於庶子之子為繼禰之宗則得為其子三年矣父尊其禰而子替祖服不貴

正體而必云爵土忽其敬宗而重其財計承財計則為之服斬衰無産業則廢三年此非義矣又經有為君之祖服周是為臣從君服從服例降一等此則君為祖三年矣既為君而有父祖之喪謂父祖並有廢疾不得受國而已受位於曾祖者也祖不受國無重可傳而猶三年斯蓋正統貴體之義不必以爵土傳已也體存則就養無方亾則庶子不祭所以達孝明宗吉凶異制故知生不主養者無害歿掌其祀也而云祭非所及乖乎周孔子意爾斯人無祖矣束晳議曰經云臣服君之祖周此君為祖三年也是祖有廢疾不襲統也然則無爵可傳身不主祭與庶子何異而孫猶服斬義例昭然大宗之地皆稱祖立廟而自為其子孫所奉既所謂小宗之緒主其祖父之祀豈

可自同衆孫不服三年哉○宋庾蔚之謂祖庶父嫡已承父統而不謂之繼祖則祖誰當祭之所謂繼是承其後為之祭故云傳重而服之斬若杜琬所云祖父俱嫡乃是繼曾祖耳祖雖非嫡而是已之所承執祭傳統豈得不以重服服之乎已服祖以斬故祖亦服已以周長子之服義則不同要須已身承祖禰之正乃得為長子斬按小記云庶子不為長子斬不繼祖與禰是明庶子不繼祖禰故不得為長子斬非據子之身若據長子身不得云不繼禰也必須身承祖禰之正乃得服長子斬者以尊加卑異於卑加尊也劉智分此不繼祖與禰之言以為世子不繼禰故其長子不繼祖書記未有此連言之比且庶子不繼禰其子居然不繼祖也夫

通典嫡孫亡無後次孫持重議晉萬蔣問范宣嫡孫亡無後次子之後可得傳祖重不宣答曰禮為祖後者三年不言嫡庶則通之矣無後猶取繼況見有孫而不承之邪庶孫之異於嫡者但父不為之三年祖不為之周而孫服父祖不得殊也

通典嫡孫持重在喪而亡次孫代之議晉或人問徐邈嫡孫承重在喪中亡其從弟已孤又未有子姪相繼疑於祭祀邈答今見有諸孫而祖無後甚非禮意宗子在外則庶子攝祭可依此使一孫攝主攝主則本服如故禮大功者主人之喪猶為之練祥再祭況諸孫耶若周既除當以素服臨祭依心喪以終三年

宋江氏問甲兒先亡甲後亡甲嫡孫傳重未及中祥嫡孫又亡有次孫今當應服三年不何承天答曰甲

既有孫不得無服三年者謂次孫宜持重也但次孫先以制齊衰今得便易服當須中祥乃服練居堊室耳荅有問范宣云人有二兒大兒無子小兒有子疑於傳重宣荅小兒之子應承三年亦麤可依裴松之荅何承天書曰禮嫡不傳重傳重非嫡皆不加服明嫡不可二也范宣所云次孫本無三年之道若應為服後次孫宜為喪主終竟三年而不得服三年之服也何承天與司馬操書論其事操云有孫見存而以疎親為後則不通既不得立疎豈可遂無持重者此孫豈不得服三年耶嫡不傳重傳重非嫡自施於親服卑無關孫為祖也按庾蔚之謂嫡孫亡無為後者今祖有衆孫不可傳重無主次子之子居然為傳重范宣議是也嫡孫已服祖三年未竟而亡此重議已

立正是不得卒其服耳猶父為嫡居喪而亾孫不傳重也次孫攝祭如徐邈所荅何承天司馬操並云接服三年未見其據

宋史皇祐元年大理評事石祖仁奏叔從簡為祖父中立服後四十日亾乞下禮院定承祖父重服禮官宋敏求議曰自開元禮以前嫡孫卒則次孫承重況從簡為中子已卒而祖仁為嫡孫乎古者重嫡正貴所傳其為後者皆服三年以主虞練祥禫之祭且三年之喪必以日月之久而服之者有變也今中立未及卒哭從簡已卒是日月未久而服未經變也或謂已服期不當改服斬而更為重制按儀禮子嫁反在父之室為父三年鄭氏注謂遭喪而出者始服齊衰期出而虞則以三年之喪是服可再制明矣今祖仁

宜解官因其葬而制斬衰三年後有如其類而已葬
者用再喪制服遂著為定式
神宗時知太常禮院蘇頌議承重法疏曰臣近因上
言臣僚家廟祠享事乞重定服紀親疎之制一節准
五服年月勑斬衰三年嫡孫為祖父為長子今士庶
之家子孫罕分嫡庶其相為服往往一槩以斬衰期
或踰年從吉便行嫁娶苟有犯者緣勑律不分士庶
便當一列斷罪臣以為古者貴賤不同禮諸侯大夫
世有爵祿故有大宗小宗主祭傳重之義則喪服從
而異制匹士庶人亦何預焉何以言之謹按喪服傳
曰父為長子何以三年也正體於上又乃將所傳重
也鄭康成曰重其當先祖之正體又以其將代已為
宗廟主也而經不言長孫為祖者蓋有爵土則父沒

次當傳已其承重可知也近代仕不世爵宗廟因而不立尊卑亦無所統其長子孫與衆子孫無以異也生而情禮則一歿而喪服獨異恐無先王制禮之本意也而世俗之論乃三年之喪爲承重故謂當服者爲承重而不知爲承大宗之重也嘗聞慶曆中朝廷欲議臣僚應任子者長子長孫差優與官餘皆降等此亦近立宗之法也然雖有此議亦不果卒行慶曆末石中立卒未幾庶子從簡又卒嫡孫祖仁先已服期不知後服禮官以謂宜別制斬衰嘉祐中劉煇祖母卒自言幼孤鞠於祖母雖有諸父亦乞解官行服禮官議煇是長孫自當承重臣竊謂祖仁官丞郎則近職世荷賞延是亦有重可承者也煇乃庶官世又非顯若云鞠於祖母報以三年可也有諸父在而令

承長孫重非也故熙寧八年六月詔書嫡子殁無衆子者然後嫡孫承重襲封爵者雖有衆子猶承重此明宗子傳重正合古禮而未議無封爵者及庶人持重之意故學禮者猶以爲未盡也傳曰都邑之士則知尊禰大夫及學士則知尊祖故諸侯及其太祖天子及其始祖之所由出由是言之尊卑之禮有隆殺之異而喪服從而爲之制也明矣今服祖重者而無所以爲重之義又無大夫庶人之别是尊卑一統而貴賤同體也臣伏覩朝廷修舉遺墜禮無不講喪服之制事干典刑有所未明固宜稽考欲乞特詔禮官博士參議禮律若以無封爵者無傳重之義即乞别立服制如在禮故合承重亦乞參酌古今收族主祭之禮立爲宗子繼祖有以異於衆子孫之法及庶人

與士大夫當與不當同一律須布天下使人知尊祖不違禮教則州郡用法斷於不疑也

朱子語類嫡孫承重庶孫是長亦不承儀禮期喪條內注說國君有疾不能爲祖父母曾祖父母服世子斬又曰君喪皆斬說已分明天子無期喪有服則必斬三年

收旌二字疑是族字

王彥律曰父沒爲祖父服斬之制不見於斬衰三年章祖父沒爲祖母齊三年之制不見於齊衰三年章何也夫禮固可推而知也喪服莫重於斬三年父乃施於長子此非報服也爲宗廟之重也父爲祖而斬其長子則長子爲父而斬其祖故傳曰何以三年也正體於上又乃將所傳重也庶子不得爲長子三年不繼祖也而長子於父沒必斬其祖父明矣喪服所以不可無傳也夫吳任臣曾祖在不爲祖承重說曰承重之義何居乎蓋人倫之道有本焉重本所以重正也重正所以尊祖也曾祖所以統宗廟也故繼高曾祖祖父而爲後者皆曰承重古亦謂之持重承重者服斬衰三年傳曰父卒爲祖後者斬是也由是爲高曾祖後者亦服斬稱曰承重支孫承重曾孫今有曾祖在而祖卒乃以父子長子承重則嫌於無曾祖不承重則同於有父禮無明文議論不一愚則斷之曰承重者所以繼宗而受重於祖也故曰有嫡子者無嫡孫受重之孫吉則主祭統家凶則統喪居位其服斬而承重非謂承父三年之服也稽之儀禮注疏云已爲諸侯父有廢疾不任國政不任喪事而爲其祖服斬是承重者要以見重統所

承長孫重非也故熙寧八年六月詔書嫡子死無衆子者然後嫡孫承重襲封爵者雖有衆子猶承重此明宗子傳重正合古禮而未議無封爵者及庶人持重之意故學禮者猶以為未盡也傳曰都邑之士則知尊禰大夫及學士則知尊祖故諸侯及其太祖天子及其始祖之所由出由是言之尊卑之禮有隆殺之異而喪服從而為之制也明矣今服祖重者而無所以為重之義又無大夫庶人之別是尊卑一統而貴賤同體也臣伏覩朝廷修舉遺墜禮無不講喪服之制事干典刑有所未明固宜稽考欲乞特詔禮官博士參議禮律若以無封爵者無傳重之義即乞別立服制如在禮故合承重亦乞參酌古今收族主祭之禮立為宗子繼祖有以異於衆子孫之法及庶人

與士大夫當與不當同一律頒布天下使人知尊祖不遠禮教則州郡用法斷於不疑也

朱子語類嫡孫承重庶孫是長亦不承儀禮期喪條內注說國君有疾不能為祖父母曾祖父母服則世子斬又曰君喪皆斬說已分明天子無期喪

凡有服則必斬三年

王肅律曰父沒為祖父服斬之制不見於斬衰三年章祖父沒為祖母齊三年之制不見於齊衰三年章何也夫禮固可推而知也喪服莫重於斬三年父乃施於長子此非報服也為宗廟之重也父為祖而斬其長子則長子為父而斬其祖故傳曰何以三年也正體於上又乃將所傳重也庶子不得為長子三年不繼祖也而長子於父沒必斬其祖父明矣喪服所以不可無傳也夫吳任臣曾祖在不為祖承重說曰承重之義何居乎蓋人倫之道有本焉重本所以重正也重正所以尊祖也尊祖所以統宗廟也故繼高曾祖祖父而為後者皆曰承重古亦謂之持重承重者服斬衰三年傳曰父卒為祖後者斬是也由是為高曾祖後者亦服斬稱曰承重玄孫承重曾孫今有曾祖在而祖卒乃以父子長子承重則嫌於無曾祖不承重則同於有父禮無明文議論不一愚則斷之曰承重者所以繼宗而受重於祖也故曰有嫡子者無嫡孫受重之孫吉則主祭統家凶則統喪居位其服斬而承重非謂承父三年之服也稽之儀禮注疏云已為諸侯父有廢疾不任國政不任喪事而為其祖服斬是承重者要以見重統所

傳而不僅云父沒以代喪也今曾祖在則重無所受當從祖父卒而後為祖母者三年之例明乎祖在而孫不得為祖母後重猶在祖故也雖然祖亦有繼禰與庶祖之不同焉夫祖為繼禰之人則異日曾祖死而曾孫為其後假令今為承重之孫後復為承重之曾孫一人而兩持重於曾祖祖父殊與禮意相乖若祖為曾祖支子則異日自有為曾祖後者而吾祖為五世則遷之小宗又奚忍恝然而不為之服斬乎則為後於庶祖者似未可以曾祖在而厭之也是或一說也

〔呂坤四禮疑〕三年之喪曰重重無兩承一死者無嫡長子則嫡長孫承之無嫡長孫則嫡次孫承之無嫡則以庶長承之死者有庶子則嫡孫亦承庶長孫雖無父有嫡孫在則不承

〔唐順之荅汪生書〕遠道走使詢及繼祖母喪服深知謹禮之意然此在禮經甚分曉本非有疑以相聚訟也只為不解承重二字而惑于俗人代父相沿為服之說是以其論紛紜而難通耳承重者禮之所謂受重也如何謂之重謂祭統也古者立主謂之重宗廟謂之重禮曰為人後者三年解之者曰為人後者受重于人受重者必以尊服服之也禮曰父卒然後為祖後者斬解之者曰為祖後者受重于祖受重者必以尊服服之也為人後者以旁枝後其大宗為祖後者以嫡孫後其祖雖其本末疏戚不同而其所以必為之三年者則皆以為後之故為後者受重之謂也不獨如是而已禮經固有為曾祖後云者為高祖後云者為曾祖後者謂若父與祖或以疾廢與先曾祖而死者也為高祖後者謂若父與祖與曾祖或以疾廢與先高祖而死者也為曾祖後則為曾祖斬為高祖後則為高祖斬若以代父為說則是父之所齊期者吾代為之斬父之所齊五月者吾代為之斬此其本末倒置甚矣又何以為代乎為曾祖斬則謂之代祖也可為高祖斬則謂之代曾祖也可代父之說又何施乎此其鄙野舛駁絕不可

何字疑是乎字

準乎經典然世者儒先生亦往往以此為說余竟不知其何所起也禮為祖後者服斬不言服祖之妻何服非略之也蓋發凡于為人後者章中矣曰為人後者為所後之妻若子以旁枝後其族人猶服其所後之妻若子況以嫡孫後其祖而不以若子之服服其祖之妻者乎由此言之為其祖服云者自為受重也非為父也為其祖母加服之者自為祖也亦非為已此祖服也禮曰繼母如母則繼祖母如祖母也為祖而服其繼祖母豈論其有出無出乎且謂之繼則是不論其有出無出而為之服者固非其所出以繼母之服不論其有出無出而隆殺之也何獨疑于繼祖母歟夫有出而加服無出而降服此古所以制媵妾之等然非所以施之于嫡也禮已之妻嫡子之妻不敢以無出降而況乎祖母乎以我友有好古謹禮之意不敢不悉所聞更與知禮者討之

〔萬斯大承重說〕或問祖亡於父後而曾祖尚存孫承重何且否乎曰以古禮言之重為先祖祭祀之重曾祖而在重猶在曾祖之身然業有曾孫而為曾祖則既老且衰重家有已傳未傳之別何則古人七十曰老而傳八十齊喪之事弗及故喪服父為長子斬傳曰正體於上又乃將所傳重也老而傳重則重在祖身祖因得立其長子以為嫡子長子而沒即立長孫以為適孫如是而祖亡則祖身之重孫即承之矣其或曾祖未傳重則祖在日猶為曾之適子而已未立為適曾孫逮祖亡而後立祖無重可傳孫亦無重可承也曰然則重有已傳未傳之別孫即有承重不承重之殊乎曰據禮經惟言傳重無言承重者故儀禮於孫主祖喪止曰父卒然後為祖後者斬服雜記載喪祭祀辭止曰哀孫皆不言承重故喪服於為人後者曰受重後人制禮定為承重之孫蓋以上有傳則下有承以別於為人後者之受重義非不當第專施之於孫主祖喪則意實未該何則重為先祖祭祀之重父死子繼豈獨非承彼為人後而曰受重亦父死子繼也承重與受重果有殊乎今以子死孫承謂主祖喪為承重是重之義專指

傳而不僅云父没以代喪也今曾祖在則重無所受當從祖父卒而後為祖母者三年之例明乎祖在而孫不得為祖母後重猶在祖故也雖然祖亦有繼禰與庶祖之不同焉夫祖為繼禰之人則異日曾祖死而曾孫為其後假令今為承重之孫後復為承重之曾孫一人而兩持重於曾祖祖父殊與禮意相乖若祖為曾祖支子則異日自有為曾祖後者而吾祖為五世則遷之小宗又奚忍恝然而不為之服斬乎則為後於庶祖者似未可以曾祖在而厭之也是或一說也

〔呂坤四禮疑〕三年之喪曰重重無兩承一死者無嫡長子則嫡長孫承之無嫡長孫則嫡次孫承之無嫡則以庶長承之死者有庶子則嫡孫亦承庶長孫雖無父有嫡孫在則不承

〔唐順之荅汪生書〕袁道走使詢及繼祖母喪服深知謹禮之意然此在禮經甚分曉本非有疑以相聚訟也只為不解承重二字而惑乎俗人代父相沿為服之說是以其論紛紛而難通耳承重者禮之所謂受重也如何謂之重謂祭統也古者立主謂之重宗廟謂之重禮曰為人後者三年解之者曰為人後者受重于人受重者必以尊服服之也禮曰父卒然後為祖後者斬解之者曰為祖後者受重于祖受重者必以尊服服之也為人後者以旁枝後其大宗為祖後者以嫡孫後其祖雖其本末疏戚不同而其所以必為之三年者則皆以為後之故為後者受重之謂也不獨如是而已禮經固有為曾祖後云者為高祖後云者為曾祖後者謂若父與祖或以疾廢與先曾祖而死者也為高祖後者謂若父與祖與曾祖或以疾廢與先高祖而死者也為曾祖後則為曾祖斬為高祖後則為高祖斬若以代父為說則是父之所齊期者吾代為之斬父之所齊五月者吾代為之斬此其本末倒置甚矣又何以為代乎為曾祖斬則謂之代祖也可為高祖斬則謂之代曾祖也可代父之說又何施乎此其鄙野外駁絶不可

準乎經典然世者儒先生亦往往以此為説余竟不知其何所起也禮為祖後者服斬不言服祖之妻何服非略之也蓋發凡于為人後者章中矣曰為人後者為所後之妻若子以旁技後其族人猶服其所後之妻若子況以嫡孫後其祖而不以若子之服服其祖之妻者乎由此言之為其祖加服云者自為受重也非為父也為其祖母加服云者自為祖也亦非為父也此祖服也禮曰繼母如母則繼祖母如祖母也為祖而服其繼祖母豈論其有出無出乎且謂之繼則是不論其有出無出而為之服者固非其所出以繼母之服不論其有出無出而降殺之也何獨疑于繼祖母歟夫有出而加服無出而降服此古所以制媵妾之等然非所以施之于嫡也禮已之妻嫡子之妻不敢以無出降而況于祖母乎以我友有好古謹禮之意不敢不志所聞更與知禮者討之

萬斯大承重說　或問祖亡於父後而曾祖尚存孫承重何且否乎曰以古禮言之重為先祖祭祀之重曾祖而在重猶在曾祖之身然業有曾孫而為曾祖則既老且衰重遂有已傳未傳之別何則古人七十曰老而傳八十齊喪之事弗及故喪服父為長子斬傳曰正體於上又乃將所傳重也老而傳重則重在祖身祖因得立其長子以為嫡子長子而沒即立長孫以為適孫如是而祖亡則祖身之重孫即承之矣其或曾祖未傳重則祖在日猶為曾之適子而已未立為適曾孫逮祖亡而後立祖無重可傳孫亦無重可承也曰然則重有已傳未傳之別孫即有承重不承重之殊乎曰據禮經唯言傳重無言重者故儀禮於孫主祖喪止曰父卒然後為祖後者斬服雜記載喪祭祝辭止曰哀孫皆不言承重故喪服於為人後者曰受重後人制禮定為承重之孫蓋以上有傳則下自承以別於為人後者之受重義非不當第專施之於孫主祖喪則意實未該何則重為先祖祭祀之重父死子繼豈獨非承彼為人後而曰受重亦父死子繼也承重與受重果有殊乎今以子死孫承謂主祖喪為承重是重之義專指

祖喪矣豈知孫為祖後而服斬乃代其父為喪主非關承重乎曰五服莫重於斬惟子為父服之孫為祖本齊衰今因父亡而服斬以為喪主不謂之承重可乎曰吾不謂祖喪服斬之非重也第言禮必本於經承重之稱生於傳重傳重之義由乎主祭即安得專指孫主祖喪而言承重也曰先祀之重雖在曾祖就曾孫言祖父之祭亦重也得不謂之承重乎曰曾祖尚存則祖禰無廟止得祔食於曾之祖禰祔食則無尸其祭僅同於厭而未全乎重安得遽稱承重也曰然則孫主祖喪宜何稱曰稱之為適孫可也古人有適子者無適孫稱之為適孫即如適子之既亡而孫代為喪主矣且稱之為適孫即如先祀之重在其身不必更言承重矣故苟拘於承重之稱則曾尚存者有傳重未傳重之別而孫居祖喪者因有承重不承重之疑惟以適孫為稱無論曾祖亡而當服斬即曾祖存而亦當服斬無論曾祖重已傳而當服斬即曾祖重未傳而亦當服斬蓋服斬者孫代父主喪而致其誠而重之在曾祖者仍無嫌於自之未承也不既兩全而無失乎曰記謂父不主庶子之喪祖而曾之適子也則曾祖主其喪矣曾孫雖服斬豈得主之乎曰喪禮繁縟非老者能勝故記云老者不以筋力為禮又云七十唯衰麻在身飲酒食肉處於內親喪且然況子喪乎故必孫為主無疑也孫既為主可以齊衰將事乎故必服斬無疑也或唯唯而退

汪琬父卒未殯適孫為祖服辨禮父在為祖期父卒為祖後者服斬此喪服傳之明文也後儒若賀循徐廣之徒乃言父亡未殯而祖亡適孫不敢服祖重謂父屍尚在不忍變於父在也愚竊以為不然禮殯而後成服父既前卒則先成父服而後成祖服當其成祖服之時父屍已殯矣夫何不敢服重之有祖無適子而褫之予忍不忍於父而忍於其祖則父之心能安父之目其能瞑耶為長子傳曰正體於上又乃將所傳重也是父生存已許其子傳祖父之重矣及其沒也適孫顧不敢申祖服然則主祖之喪者當誰屬乎將遂無主乎抑別立支子而為之主也其於傳重之義失之

遠矣小記父母之喪偕先葬者不虞待後事雜記有父之喪如未沒喪而母死其除父之喪也服其除服卒事反喪服如三年之喪則既穎其練祥皆行由是言之父卒尚不得以餘尊厭母安有適孫為祖而不敢服重者哉然後知賀循皆妄說也庾蔚之言賀循所記謂大夫士又非也為祖後者自天子達士庶皆同則其服不得有異

開元禮　政和禮　書儀　家禮　孝慈録　會典　今律文並同

補注疏　天子諸侯父在為祖斬衰

通典　鄭志趙商問已為諸侯父有廢疾不任國政不任喪事而為其祖服制度之宜年月之斷云何答云父卒為祖後者三年斬何疑趙商又問父卒為祖後者三年已聞命矣所問者父在為祖如何欲言三年則父在欲言期復無主斬杖之宜主喪之制未知所定答曰天子諸侯之喪皆斬衰無期見儀禮不杖期章父卒為祖後者斬疏內

宋黃榦天子諸侯正統旁期圖說　父有廢疾孫為祖

後亦斬衰三年楊復儀禮圖說同

乾學按鄭志雖耑為天子諸侯而言然臣庶之家父有篤疾不能執喪而子代父執祖父母喪者均宜用此禮

開元禮　迄今律文皆無

補 注疏 為曾祖後者斬衰三年

儀禮喪服不杖期章 為君之父母妻長子祖父母傳曰何以期也從服也父母長子君服斬妻則小君也父卒然後為祖後者服斬鄭注此為君矣而有父若祖之喪者謂始封之君也若是繼體則其父若有廢疾不立父卒者父為君之孫宜嗣位而蚤卒今君受國於曾祖賈疏謂始封之君者始封之君非繼體容有祖父不為君而死君為之斬臣亦從服期也云父

祖有廢不立者此祖與父合立為廢疾不立已當立是受國於曾祖若然此二者自是不立今君立不關父祖云父卒者此解傳之父卒耳鄭意以父祖有廢疾必以今君受國於曾祖不敢受國於祖祖薨則羣臣為之斬何得從服期故鄭以新君受國於曾祖若然曾祖為君薨羣臣自當服斬若君之祖薨君為之服斬臣從服期也若然父卒者父為君之孫宜嗣位而蚤卒則君之祖亦是廢疾或蚤死不立是以君之父受國於祖復蚤卒今君乃受國於曾祖也

乾學按此條乃勉齋黄氏所補但注疏中絶無為曾祖後者斬衰三年句特因鄭氏今君受國於曾祖語有類於曾孫承重故黄氏取以補之今攷曾孫承重禮雖無文

而古實有其事則不可不備其禮故仍因黄氏之舊而盡列注疏之説於編俾學者得以考焉

湛若水曰此解為君之祖父母一句父者君之父也祖君之祖也此義有二或繼體者祖宜嗣曾祖位以廢疾不立父又宜嗣位於曾祖而亦卒今君於父卒后為祖後者則服斬其實今君以曾孫嗣位於曾祖而不嗣位於祖也故君服斬而臣亦從服期也若受國於祖則臣自當服斬非所謂從服矣或今君始封則父祖容有未為君者也

呂柟曰父卒嫡孫為祖父母祖卒為曾高祖父母者何曰父母子孫一體也祖喪其子孫喪其父也祖無子何以有孫孫無祖何以有父也父亡於祖之下孫承於子之下矣故祖卒曾祖曾孫猶父子也曾祖卒高祖玄孫猶父子也是以承重三年也

開元禮　家禮　孝慈録　會典　今律文並同

補　注疏　天子之女嫁於諸侯為父斬衰

補　注疏　諸侯之女嫁於大夫為父斬衰

儀禮喪服斬衰章子嫁反在父之室疏云若天子之女嫁於諸侯諸侯之女嫁於大夫為夫斬仍為父母

不降知者以其外宗內宗及與諸侯為兄弟者為君皆斬則知女雖出嫁反為君不降

唐鑑貞觀元年正月太宗女衡山公主應適長孫氏有司以為服既公除欲以今秋成昏于志寧言漢文制本為百姓公主服本斬衰縱使服本例除豈可情隨例改請俟三年喪畢成昏帝從之

臣祖禹曰君喪三年古未之改也漢文率情變礼雖欲自損以便人而不知使人入于夷狄也自是以後民不知戴君之義而嗣君遂亦不為三年之服唐之人主鮮能謹於礼者故有公除而議昏亮陰而舉樂忘父子之親固不可矣然如漢文之制志寧之議是亦有父子而無君臣也內無父子外無君臣而欲教化行礼俗成難矣為國家者必務

革漢文之薄制遵三代之隆礼教天下以方喪三年則衆著于君臣之義矣

補 注疏 諸侯諸臣為王斬衰

周禮司服凡喪為天王斬衰疏云諸侯諸臣皆為天王斬衰故云凡以廣之

補 注疏 諸侯有五屬之親者皆服斬

喪服小記與諸侯為兄弟者服斬疏云熊氏以為諸侯死凡與諸侯有屬之親者皆服斬也

補 注疏 士為國君斬

補 注疏 大夫之適子為君如士服斬

服問 大夫之適子為君夫人大子如士服注大夫不世子不嫌也士為國君斬適子如士則亦斬矣

補 注疏 天子卿大夫適子為天子如士服斬

周禮司服爲天王齊衰疏即引鄭注士爲國君斬而益之曰天子卿大夫適子亦當然則亦如士服斬也
乾學按自天子諸侯父在爲祖至此凡九條俱勉齋黄氏所補今仍其舊而增録其所本之説及後人議論相發明者以補儀禮之缺文焉
右出經傳注疏黄氏採補
戴德喪服記爲高祖後者斬衰三年
乾學按玄孫爲高祖承重古禮應有之而禮文皆不見故今取戴德記補之
通典父爲高祖承重子當何服議晉徐衆人問殷仲堪曰禮服高祖父母齊衰三月若其父承重者爲當服周爲故自服其本耶若服其本服不以父重而增

者假如玄孫持高祖重玄孫之子來孫本都無服父服三年而子吉服懽非喪紀差降之義若來孫本無服而今有服則曾玄孫宜以父承重而加也進退迷惑不知所行殷答曰祖父在而祖母沒則父服厭周祖父亡後則父服三年而孫之服一定無變是知孫之於祖自有正服不以父服為升降又疑玄孫承重來孫無變按禮記有子姪之服苟恩盡親畢縞冠玄武非為無變矣徐又曰父在為母雖服以周斷至練禫盧杖大制無虧故孫得遂其本服若父出後降祖在不杖周則孫不得同父之服明矣若父還反重又當從父升亦明矣如此升降由父不得恒自定也未有斬服不異至親而子正制三月之外或都無服者也他人同爨而為之緦縞冠玄武微厠吉飾求之五

服故爲無變佗人之不若此所大惑也殷又答云父在爲母先王明義屈之以周服而情未有異也哀親故寢苫枕𠚗毀瘠杖而後起創巨痛深弗可損奪故漸之以祥練申之以禫月此益有由不變其本則降矣子有降而孫得遂伸堪所謂不隨父升降者也

開元禮　家禮　孝慈録　會典　今律文竝同

右戴德喪服記

唐律婦爲舅

後唐長興中太常卿劉岳奉勅删定唐宰相鄭餘慶書儀定婦爲舅斬衰三年

宋史禮志乾德三年判大理寺尹拙言按律及儀禮喪服傳開元禮儀纂五禮精義三禮圖等書所載婦爲舅姑服周近代時俗多爲重服劉岳書儀有奏請

之文禮圖刑統乃邦家之典豈可守書儀小說而為國章耶判少卿事薛允中等言戶婚律居父母及夫喪而嫁娶者徒三年各離之若居周喪而嫁娶者杖一百又書儀舅姑之服斬衰三年亦準敕行用律敕有差望加裁定右僕射魏仁浦等三十一人奏議曰謹按禮內則云婦事舅姑如事父母則舅姑與父母一也而古禮有期年之說至於後唐始定三年之喪在理為當況五服制度前代增益甚多按唐會要嫂叔無服太宗令服小功曾祖父母舊服三月增為五月嫡子服大功增為期衆子婦小功增為大功父在為母服期高宗增為三年婦為夫之姨舅無服玄宗令從夫服又增姨舅同服緦麻及堂姨舅袒免至今遵行況三年之內几筵尚存豈可夫處苦塊之中婦

爲

被綺紈之飾夫婦齊體哀樂不同求之人情實傷理本況婦為夫有三年之服於舅姑止服期年乃是尊夫而卑舅姑也況孝明皇后為昭憲太后服喪三年足以為萬世法欲望自今婦為舅姑服竝如後唐之制其三年齊衰一從其夫

〔張鼎思〕瑯琊代醉編云喪服傳婦為舅姑齊衰五升十一月而練十三月而祥十五月而禫服青縑衣以從夫之終喪習俗以婦之服青縑謂其尚在喪制因亦同夫之喪紀三年貞元中因倉曹參將蕭據狀下禮院詳定博士李岧議開元禮婦為舅姑女子適人為其父母皆齊衰不杖期喪服傳曰女子適人為父母何以期也婦人不貳斬也父母之喪尚止周歲舅姑之服無容三年李涪曰舅姑之服當以岧言為正吳澄曰婦人不貳斬者不貳天也降己之父母而期為夫之父母亦期王林曰禮經女子出適以父母三年之喪析而為二故舅姑父母皆為期喪宋乾德三年判大理寺尹拙少卿薛允中奏三年之內几筵尚存夫居苫塊之中婦被綺羅之飾夫婦齊體哀樂不同齊衰三年於義為稱詔從之遂為定制

乾學按書儀及魏仁浦之奏是當時增舅服斬衰三年姑服齊衰三年也下卷婦為姑三年條當與此參看

張子全書古者為舅姑齊衰期正服也今斬衰三年服夫也

二程全書古者婦服舅姑以期今以三年於義亦可但名未正此亦謂之從服從夫也蓋與夫同奉几筵而已不可獨無服也

儀禮開元禮俱齊衰不杖期宋初加為斬衰政和禮書儀家禮孝慈録會典今律文俱因之

右唐制

政和五禮新儀夫為祖曾祖高祖承重者妻從夫斬

新儀云斬衰義服婦為舅註曰夫為祖曾高祖後者其妻從服亦如之

通典夫為祖曾祖高祖父母持重妻從服議晉賀循云其夫為祖曾祖高祖後者妻從服如舅姑孔瑚問

虞喜曰假使玄孫為後玄孫之婦從服周是時舅姑止期服故其說如此曾孫之婦尚存緦麻近輕遠重情實有虞喜答曰有嫡子者無嫡孫又若為宗子母服則不服宗子婦以此推玄孫為後若其母尚存玄孫之婦猶為庶不傳重傳重之服理當在姑矣○宋庾蔚之謂舅沒

父卒為後另字疑改外字

則姑老是授祭事於子婦至於祖服自以姑為嫡所謂有嫡婦無嫡孫婦也祖以嫡統惟一故子婦尚存其孫婦以下未得為嫡猶以庶服之孫婦及曾玄孫婦自隨夫服祖降一等故宜周也

〔萬斯大學禮質疑〕晉賀循云夫為祖曾祖高祖後者妻從服如舅姑此從喪服傳父卒為後為祖後者服斬之文而推之也故家禮及今制妻為夫黨服圖於凡承重皆云並從夫服而世俗承重者母在則妻不從其誤實始於虞喜孔瑚問喜曰玄孫為後者其妻從服姑止服緦近輕遠重情實有疑喜答以有嫡子者無嫡孫又若宗子之母在則不服宗子妻推此知玄孫為後姑在婦猶為庶不得傳重傳重之服理當在姑宋庾蔚之更推之曰有嫡孫無嫡孫婦祖父自以姑為適由是世俗相沿姑在婦不從服迄於今不變愚謂宗子母在而旌人不服其妻蓋禮宗子不死其父之心

張子全書古者為舅姑齊衰期正服也今斬衰三
年服夫也
二程全書古者婦服舅姑以期今以三年於義亦
可但名未正此亦謂之從服從夫也蓋與夫同奉
几筵而已不可獨無服也
儀禮開元禮俱齊衰不杖期宋初加為斬衰政和
禮書儀家禮孝慈録會典今律文俱因之
右唐制
政和五禮新儀夫為祖曾祖高祖承重者妻從夫斬
新儀云斬衰義服婦為舅註曰夫為祖曾高祖後者
其妻從服亦如之
通典夫為祖曾祖高祖父母持重妻從服議晉賀循
云其夫為祖曾祖高祖後者妻從服如舅姑孔瑚問

虞喜曰假使玄孫爲後玄孫之婦從服周是時舅姑止期服故其說如此曾孫之婦尚存纔緦麻近輕遠重情實有疑虞喜答曰有嫡子者無嫡孫又若爲宗子母服則不服宗子婦以此推玄孫爲後若其母尚存玄孫之婦猶爲庶不得傳重傳重之服理當在姑矣○宋庾蔚之謂舅沒則姑老是授祭事於子婦至於祖服自以姑爲嫡所謂有嫡婦無嫡孫婦也祖以嫡統惟一故子婦尚存其孫婦以下未得爲嫡猶以庶服之孫婦及曾玄孫婦自隨夫服祖降一等故宜周也

（萬斯大學禮質疑）晉賀循云夫爲祖曾祖高祖後者妻從服如舅姑此從喪服傳父卒爲後爲祖後者服斬之文而推之也故家禮及今制妻爲夫黨服圖於凡承重皆云並從夫服而世俗承重者母在則妻不從其說實始於虞喜孔瑚問喜曰玄孫爲後者其妻從服姑止服緦近輕遠重情實有疑喜答以有嫡子者無嫡孫又若宗子之母在則不服宗子妻推此知玄孫爲後姑在婦猶爲庶不得傳重傳重之服理當在姑宋庾蔚之更推之曰有嫡孫無嫡孫婦祖父自以姑爲適由是世俗相沿姑在婦不從服迄於今不變又愚謂宗子母在而旌人不服其妻蓋禮宗子不死其父之心

而尊其所尊且以婦壓於姑故不為之服非以重其姑也夫承重而妻從服為喪禮之內主也兩者義別各不相蒙內則云舅沒則姑老冢婦所祭祀賓客每事必請於姑觀此則知宗子母雖存而凡吉凶內主之重皆其妻承之故喪服傳云有嫡子者無嫡孫孫婦亦如之亦如云者就嫡孫而言無嫡孫亦無嫡孫孫婦也嫡子死而立嫡孫已娶即為嫡孫婦於其祖之喪也母在則服婦服之常孫婦主喪者則進服婦為舅姑之服各盡其道並行而不悖虞喜之言抑何據非所據乎且古來吉凶之禮孝成於夫婦故國君取夫人之辭曰請君之玉女與寡人共有敝邑事宗廟社稷昏禮父命子親迎曰往迎爾相承我宗事故凡儀禮喪祭稱為主人者皆宗子也稱為主婦者皆宗子之妻也此之謂夫婦親之安有宗子既娶妻而母尚主重之事也哉賈氏不察於宗子母在旌人不為其妻服援王制八十齊喪弗及謂宗子母未七十母自與祭不知王制指男子為言婦人舅沒姑老則固不以年計也蔚之又云舅沒姑老授祭事於子婦是既知孫承重者妻承重已乃其云有嫡婦無嫡孫婦祖服自以姑為嫡何也如其言是一孫婦之身主祭則為嫡服祖則為庶義無一定若謂雖主祭亦庶也吾未聞庶孫婦而可以主祭亦未聞夫既為嫡孫而妻不得為嫡孫婦者也始夫父死母為內主者唯手幼未娶者耳已娶未有不主重者也主重未有不從服者也即立孫為後妻主姑存者重在為主不論遠近繼姑繼婦服止得其常豈近輕遠重之謂乎若必如虞說將古禮無曾[illegible]立婦服者其夫服斬而妻吉服以為主可乎故曰婦人從夫

家禮孝慈録會典無正文圖內有之

家禮為人後者承其祖

明會典　今律文同

右宋制

孝慈録子為母為嫡母同

明太祖洪武七年十一月壬戌朔孝慈録成

先是貴妃孫氏薨勑禮官定喪服之制禮部尚書牛諒等進曰周禮儀禮父在為母服期年若庶母則無服上曰父母之恩一也而喪服低昂若是其不近於人情甚矣乃勑翰林學士宋濂等曰養生送死聖王之大政諱亾忌疾衰世之陋俗三代喪禮節文猶詳而散失於衰亂厄於暴秦漢唐以降莫能議此夫人情有無窮之變而禮為適變之宜得人心之所安即天理之所在爾等其攷定喪禮於是濂等攷得古人論服母喪者凡四十二人願服三年者二十八人服期年者十四人奏之上曰三年之喪天下之通喪今

觀顧服三年喪比服期年者加倍則三年之喪豈非
天理人情之所安乎乃立為定制子為父母庶子為
其母皆斬衰三年嫡子衆子為庶母皆齊衰杖期仍
命以五服喪制竝著為書使內外有所遵守
太祖御製文集孝慈録序喪禮之説聞周朝已備至
秦火乃亡漢儒采諸説以成書號曰周禮儀禮或云
新書而未行歷代儒臣往往以為定式以佐人主若
識時務者則采可行而行之其有俗士執古以匡君
君不明斷是以妨務而害理中道廢焉朕觀其所以
於事甚繁洪武七年秋九月貴妃薨勅禮官以定儀
詔翰林稽諸古典三日而後來奏人各以周禮儀禮
以為定式所云父在為母服期年若庶母則無服又
引子游問孔子魯昭公之服有二以孔子不許為必

然朕思之再三迂儒俗士果不識時務孰不知孔子之説有大義存焉宰予問期年之喪可服孔子以為不仁與昭公之事何異乎不然當是時諸侯不有天王而自專孔子務以三綱五常教不善昭公諸侯也其喪禮又出天王問孔子欲更其禮可乎在孔子必不教人不忠所以不言期之非及宰予閒居之論孔子卻言其非可見母之期服不近人情焉今之迂儒止知其一不知其二是古非今昭然矣且禮出於天子上行下效焉今天子皇子母服期庶母則無服五服之外則不服若以其說為必然則堯之德靡矣竞乃親九旌而平章百姓豈獨五服之外者數於是命諸儒遍考諸書以報又數日來奏古今論喪服者凡四十有二人願服期年者十四人願服三年者二十

八人比服期年者增倍由是觀之三年之喪豈不合人情者乎夫父母之恩一也父服三年父在為母期年豈非低昂太甚乎其於人情何如也且古不近人情而太過者有之若父母新喪則或五日三日或六七日飲食不入口者方乃是孝朝抵暮而悲號焉又三年不語焉禁令服內勿生子焉朕覽書度意實非萬古不易之法若果依前式其孝子之家為已死者傷見生者十亾八九則孝禮頹焉民人則生理罷焉王家則國事紊焉又問周公無逸篇述殷王中宗享國七十五年高宗享國五十九年祖甲享國三十三年自時厥後惟耽樂之從或十年或七八年或五六年或四三年壽可稽而短可考豈不明矣然周公止知如是不知定期服已失人倫終致後王壽短而社

稷移者亦由庶母無服焉或父歸而子乘之人倫安在所以壽促而王綱解迂儒茁然哉朕觀宮生之君好內山林之士任為股肱爪牙纍貴其身致君牽制文義優游不斷國之危亡非迂儒者誰其喪禮之論時文之變態儒乃不能審勢而制宜是古非今灼見其情甚不難矣每聞漢唐有忌議喪事者在朕則不然禮樂制度出自天子於是立為定制子為父母庶子為其母皆斬衰三年嫡子衆子為庶母皆齊衰杖期使內外有所遵守

陸容曰本朝子為母服斬衰三年所謂緣人情而為之者也時羣議不合高皇斷自宸衷曰禮樂自天子出禮當自我始

呂柟曰子為父母何也曰至親一體也中古子為父斬衰三年為母齊衰期年父卒始齊衰三年非所以順子心也夫天子事天地無隆殺孝子事父母無厚薄母且為長子三年子之不三年其母顛也堯典曰如喪考妣三載周公曰父母之喪無貴賤一也孔子曰予有三年之愛於其父母乎皆高皇帝之志耳禮言家無二尊者有見於喻日未見於喻天地也

唐樞曰問古父在為母齊衰期今則不然是否且古人子之情何以獨異於今曰聖人制禮只是順人情古事婦人不得專如今人家夫婦並隆為人子者便見得有兩重之義問古嫂叔無服今起自何義曰此亦情也時也情生於時問人情萬古不易如何不同曰人情生於所感感則隨時而出。

又曰孝慈録喪制發前古所未發輕重損益一原至情所不容已古今異宜人情無不自懷非大聖人曷能主張是哉高皇帝初即位禮制未備大明令并大明集禮且令暫率朱文公家禮行之及是録定遂載入大明律遵述施行夫子為父母庶子為其母皆斬衰三年嫡子衆子為庶母皆齊衰杖期酌時與勢因為禮之所從及辨孔子所論魯昭公之服亦不可謂非至論又論喪禮不近人情而限於太過者四三大欵真知虛文之無用誠皆至切之議也

何孟春

張鼎思曰古者父在為母期武后始令同父三年開元五年盧履冰以為非是田再思曰高宗實行之著令已久何必乖先帝之旨閡人子之情使與伯叔母姑姊妹同履冰謂武后陰儲篡謀升齊抗斬乘陵唐家今不正其失恐後世復有婦奪夫之敗元行冲亦謂孝莫大於嚴父故父在為母免官齊而期心喪三年情已申而禮殺也自堯舜周孔所同帝弗聽七年乃下詔服紀一用古制二十年又詔為母加服齊衰三年及頒開元禮遂依行焉見唐會要然其後德宗有后之喪太子及舒王將行三年之制柳冕請依魏晉故事穆質言遵三年之制則太重從三十日之服則太輕惟行古期年為得禮之中而德宗不以質為然見唐書列傳又李晟二子愿憩居母喪大祥而除官晟奏二子終禫而後朝請見唐會要然則此制唐時亦未通行也宋寶元中王恪言父母相繼亡没乞通持五十四月服仁宗許之見宋會要熙寧七年命官參酌舊例定為新式父母及繼母慈母已

所生母並三年見亦家會要朱子語録曰儀禮父在為母服期非是薄於母只為尊在其父元吳澄服制考詳序云心喪之實有隆而無殺服制之文有殺而有隆古之道也古人所勉者實後人所加者文也我朝洪武七年敎禮官定議有引子游問孔子魯昭公之服為對聖祖曰喪禮久出天王昭公諸侯也問孔子欲使其禮孔子不教人不忠故不言期之非及宰予問居之論孔子乃言其不仁可見母之期服不近人情乃斷自聖衷立之為定制子為父母庶子為其母皆斬衰三年而嫡子衆子為庶母皆齊衰杖期益至我聖祖而後人子之心始無憾矣彼謂隆其實而殺其文不知苟無其文實終無以自表且古所謂不肖者企而及使之俯所據而企也胡翰讀喪禮云唐孔氏謂子於母屈而從期心喪三年益亦於義不安而創為是說耳古者為師心喪三年師本無服故子貢以義起之苟施於母子之間則疏衰齊衰非若師之無服也服斷以期而猶為心喪所謂服者以表衷也期亦偽而已矣此言可破心喪之說

謝肇淛曰古人喪禮為父斬衰三年而父在為母不過齊衰期而已此雖定天地之分正陰陽之位而揆之人子之情無乃太失其平乎子之生也三年然後免於父母之懷要之母之劬勞十倍於父也夫婦敵體無相厭之義以父之故而不得申情於母豈聖王以孝治天下之心乎且父母為長子齊衰三年而子於母反齊衰期亦倒置之甚矣此禮三代無明文已攷或出漢儒杜撰未可知也而舉世歷代無有非之者至我國家始定制父母皆斬衰三年即妾之子亦為所生持服不以嫡故而殺此聖祖所以順天理達人情自我作古萬世行之可也

俞汝言曰禮為母齊衰三年父在期年今加斬衰似無別應仍服齊衰父在得終三年

韓如璜曰高皇帝御製孝慈録序大哉皇言真可謂達禮之本者哉周禮儀禮誠多漢儒駁雜之言即在禮記亦然其對子游之言竊有疑焉而未

敵徑質也其折衷於子思孟子一以乎中庸曰期之喪達乎大夫三年之喪達乎天子父母之喪無貴賤一也曰父母之喪一故母服期年者非也孟子曰三年之喪齊疏之服飦粥食自天子達於庶人三代共之曰三代共之故誣周制者非也王子有其母死者其傅爲之請數月之喪公孫丑曰若此者何如也曰是欲終之而不可得也雖加一日愈於已按儀禮公子爲其母練冠縓緣既葬除之疑當時此禮已廢或已葬而未忍即除故請之故云爾母無服者非也柳三年之喪達乎天子竊更有疑乎今日朝廷之喪服也子張云書云高宗諒陰三年不言何謂也子曰何必高宗古之人皆然君薨百官總已以聽於冢宰三年曾申曰哭泣之哀齊斬之情飦粥之食自天子達故竊有疑乎今日朝廷之喪服也高皇帝又云古不近人情而太過有之若父母新喪則或五日三日或六七日飲食不入口者方乃是孝爲已死者傷見生者十亾八九則孝禮頹焉民人則生理罷焉王家則國事紊焉嗚呼大哉皇言又真可謂達禮之本者哉故孟子曾申皆曰飦粥之食原無取乎飲食不入口也滕文公五月居廬未有命戒孟子取焉又已變而通乎諒陰三年之制也故太過者節之不及者益之參酌時宜而不拂其常期於聖經祖訓無悖矣

〔顧炎武日知録〕洪武七年雖定爲母斬衰三年之制而孝慈皇后之喪次年正旦皇太子親王駙馬俱淺色常服則尊厭之禮未嘗不用也惟夫二十七月之内不聽樂不婚嫁不赴舉不服官此所謂心喪則百世不可改矣

乾學按子爲母服歷代不同父在則齊衰期年父没則齊衰三年者周制然也至唐則一概定爲齊衰三年而宋元因之至明

則一概增為斬衰三年而　本朝因之歷
代之定制不同故儒者操論亦異今則自
唐以後凡為齊衰三年而發者悉附於齊
之篇自明而後凡為斬衰三年而發者悉
附於斬衰之篇觀者詳之

孝慈録為人後者為所後母及所後祖母

孝慈録女在室為母

孝慈録女嫁反在室為母

孝慈録嫡孫為祖母承重及曾高祖母承重

孝慈録婦為姑

孝慈録庶子為所生母

乾學按明初定大明令集禮妾子為所生
母俱齊衰期至洪武七年孝慈録成改為

斬衰三年説見前篇

羅虞臣原子曰：或問大明令載妾子為其母期，注云謂嫡母在室者，夫嫡母在降而服期，但不知嫡母所厭在父存時邪？抑在父沒之後？原子曰：婦人雖貴無厭降之義，此小注之誤也。若集禮所載之條則無此注。夫妾子服母，據其父存亡為制耳，不得繫於嫡母也。記曰：公子為其母練冠麻麻衣縓緣，既葬除之。注曰：公子厭於父也，為母不得伸，權制此服，不奪其恩也。又曰：庶子在父之室，為其母不禫。注曰：父在厭也。此庶子之厭於父，載諸經傳可考也，未見有為嫡母所厭之文也。禮，大夫之妾子父在為其母大功，士則期。鄭玄曰：父卒皆得伸。此亦據父而言也。父卒則伸，可見父沒之後雖有嫡母亦得三年也。夫父至尊也，故可以厭子，父所不服子不敢服，父所不降子不敢降，則妾子之為母期，蓋據父在言也，父沒則三年矣。子之不厭於嫡母何也？婦人無專制之義也。嫁則從夫，夫死從子，又何厭之有？夫孫為祖母後者，祖父卒則服三年，不得以其皇姑在而為祖母期也；為長子斬者，父沒則斬，不得以母在而不斬也。夫以母姑之尊尚不能厭於子婦，而況嫡之於妾乎？曰：然則宋儒注王子有母喪章，謂厭於嫡母，其非歟？曰：此宋儒之謬說也。夫王子，諸侯之妾子也，諸侯於妾無服，父所不服子亦不敢服，其傳為請，則其父在可知也。父在已厭於父矣，而何以母？曰：禮，妾服嫡期，而嫡於妾無服，謂嫡有常尊也。若是則嫡庶之分不嫌於無別乎？曰：非是之謂也。失妾之服嫡，從夫也；嫡若報之則重，降之則近於嫌也，故不服。不得以不服之故而遂行厭降之制也。且有嫡妾之名，其分未嘗不正，又何為其無別也？待妾之禮降殺於嫡，自其夫施之可也，豈有母子天性之愛，而孝子忍於以妾視其親哉？曰：嫡母在，既為其母三年矣，其喪次如之何？曰：禮自命士以上父子異宮，妾子有母之喪，自居其室而遂之可也；若同室則不敢當中，避正嫡也。

呂柟曰庶子所生母者何曰由父視之有妻妾也由子視之知其母不敢知其妾也生身之恩莫大焉而不三年非所以存其子也禮庶子為生母練冠麻麻衣縓緣既葬而除又曰庶子為父後者父死為其母緦則豈不與義而傷仁故孟子曰雖加一日愈於已也且今繼母慈母養母皆三年生母而不三年何居夫父命他妾養己者比於父之他妾生己者不既輕矣乎生母無服雖聖人之制亦可改也

儀禮諸侯之庶子父在練冠麻麻衣縓緣既葬而除父沒則大功大夫之庶子父在杖期父沒齊衰三年為父後則貴賤皆緦麻三月開元禮政和禮書儀皆無正文統於子為母內家禮齊衰三年父在同為父後則皆緦麻明令及集禮皆如之孝慈録加為斬衰為父後亦然會典今律文因之

庶子父在大功父沒齊衰三年士之

孝慈録子為繼母

孝慈録子為慈母

太祖實録洪武七年九月孫貴妃薨命吳王橚服慈母斬衰三年以主喪事

孝慈録子為養母

孝慈録夫為人後則妻從服

呂柟曰婦為舅姑庶子之妻為夫之所生母者何曰從夫也夫之父母婦之舅姑也夫之生母亦猶夫姑也故曰婦子免於堂婦人髽於室夫為人後則妻從服者何曰亦從夫也夫在此則此妻也夫在彼則彼妻也古者為舅姑期年則已瀆

孝慈録庶子之妻為夫之所生母

以上孝慈録十二條　明會典　今律文皆因之

右明制

讀禮通考卷七

喪期

疏衰齊三年

喪服父卒則爲母注尊得伸也。馬融曰父卒無所復屈故得伸重服三年也。疏直云父卒爲母足矣而云卒者欲見父卒三年之內而母卒仍服朞要父服除後而母死乃得伸三年故云卒以差其義也案內則云女子十有五而笄二十而嫁有故二十三年而嫁若前遭父服未闋即得爲母三年則是有故二十四而嫁不止二十三也。陳祥道曰父在爲母期父卒爲母三年皆疏衰齊則父卒猶以餘尊所厭得伸三年而不得伸斬也若父喪未除而母卒不特餘尊在焉猶服期而不得三年也。敖繼公曰父在爲母期父卒則三年云則者對父在而立文也

萬斯同曰孔仲達釋雜記三年之喪既穎條謂先有父喪而後母死練祥亦然以前文父死爲母三年也故喪服齊衰三年章云父卒則爲母是也孔氏之說如此則古人未嘗謂父服除乃得伸母三年也賈氏之說的知其謬妄矣

乾學按賈氏之疏謂父卒三年之內而母卒仍服朞引內則有故二十三而嫁之說曲爲之解愚竊以爲不然經不曰父卒爲

母而曰父卒則爲母正見父卒之後而遭母喪即服三年也豈必父服除而母卒然而行三年之服乎且子之所以不得遂其三年者以有父在耳父既先没矣復何所屈而不三年乎此禮之必不然而賈氏之妄無待論者陳用之輩復從而附和之不但解經之謬亦可見其薄於天性之愛矣

爾雅母爲妣疏廣雅云母牧也言育養子也妣媲也媲匹于父

檀弓穆公之母卒使人問于曾子曰如之何對曰申也聞諸申之父曰哭泣之哀齊斬之情饘粥之食自天子達注穆公魯哀公之曾孫。疏齊是爲母斬是爲父。李格非曰齊斬所以稱情而爲之也故曰齊斬之情

孔叢子景公祭路寢聞哭聲問梁丘據對曰魯孔子之徒也其母死服喪三年哭泣甚哀公曰豈不

可哉

唐律開元禮不分父存没俱改齊衰三年　政和禮　書儀　家禮　明集禮並同　明會典改斬衰三年　今律文同

喪服繼母如母疏繼母謂己母早卒或被出之後繼續己母喪之如親母故云如母見死事生事一皆如母也

喪服傳繼母何以如母繼母之配父與因母同故孝子不敢殊也注因猶親也

齊東野語何自然本何佾德顯之子其母姚氏死即出繼何修德揚後佾再娶周氏及自然爲中司日周氏死自然以不逮事申審合解官申心喪下禮官議以爲母無親繼之别朝廷不以爲然復下給舍臺諫議太學生朱九成等各上臺諫書論其當去集議既上雖以爲禮有可疑義當從厚合聽

解官然竟以禮律不載無所析衷自然去後數日
書庫官方庭堅於隋書劉子翊傳永寧令李公孝
四歲喪母九歲外繼其後父更別娶後母至是而
亡河間劉炫以無撫育之恩議不解任子翊時爲
侍御史駁之曰傳云繼母如母與母同也又曰爲
人後者爲其父母朞按朞者自以本生非殊親之
與繼也又曰親繼既等心喪不殊又曰如謂繼母
之來在子出之後制有淺深則出後之人所後者
初亡後之者始至此復可以無撫育之恩而不服
重乎又曰苟以母養之恩始成母子則恩由彼至
服自己來則慈母如母何待父命又曰繼母本以
名服豈藉恩之厚薄也又曰炫敢違禮乖令侮聖
干法使出後之子無情於本生名義之分有汙於

風俗事奏竟從子翊之議禮官具白於廟堂議乃定乃知讀書不多不足以斷疑事也

開元禮　政和禮同　書儀缺　家禮　明集禮同　明會典改斬衰三年　今律文同

喪服慈母如母疏云如母者生禮死事皆如己母

喪服傳慈母者何也傳曰妾之無子者妾子之無母者父命妾曰女以爲子命子曰女以爲母若是則生養之終其身如母死則喪之三年如母貴父之命也

注此謂大夫之妾也不命則亦服庶母慈己之服可也大夫之妾子父在爲母大功則士之妾子爲母期矣父卒則皆得伸也○疏傳別舉傳者子夏引舊傳證己義故也云妾之無子者謂舊有子今無者失子之妾有恩慈深則能養他子以爲己子若未經有子恩慈淺則不得立後而養他子云生養之終其身者唯据終慈母之身而已明三年之後不復如是也故小記云慈母不世祭亦見輕之義也云貴父之命者一非骨肉之屬二非配父之尊但唯貴父之命故也鄭知謂大夫士之妾非天子諸侯之妾者按記云子爲其母練冠麻衣縓緣既葬除之父沒乃大功明天子庶子亦然何有命爲母子爲之三年乎云服庶母慈己之服者小功章君子子爲庶母慈己者注云大夫及公子之適妻子修三母有師母慈母保母皆服之是爲庶母慈己者服小功也然大夫之適妻子

不命爲母子以慈己加服小功可知云大夫之妾子父在爲其母大功者大功章云大夫之庶子爲其母是也云士之妾子爲其母期者期章云父在爲母不可言士之妾子爲其母鄭知者推究其理大夫妾子厭降爲母大功士無厭降明知衆人服期也云父卒則皆得伸者士父在則已伸矣大夫妾子父在大功若父卒與士皆得伸三年也○敖繼公曰案注云其使養之不命爲母子則亦服庶母慈己之服者謂妾或自有子或子之母有它故不能自養其子是以不可命爲母子但使慈之而已若是則其服惟加於庶母一等可也庶母慈己者服見小功章

俞汝言曰慈母如母傳曰貴父之命也注云不命則服庶母慈己之服按小功章云君子子爲庶母慈己者傳曰君子子者貴人之子也此云妾子當是嫡庶貴賤之別似不以命不命也注屬附會

乾學按慈母而等之於母正以有父之命也若父不命爲母子則與庶母慈己及乳母何異而竟等之於母乎鄭氏之注真確不可易而俞氏反非之何也若云不係乎命不命則貴父之命一語乃儀禮傳文非鄭氏臆說也鄭注可非儀禮之傳亦非乎其亦攷之不精矣

曾子問子游問曰喪慈母如母禮與注如母謂父卒三年也子游意以爲國君亦當然禮所云者乃大夫以下父所使妾養妾子孔子曰非禮也古者男子外有傅內有慈母君命所使教子也何服之有注言無服也此指謂國君之子也大夫士之子爲庶母慈已者服小功父卒乃不服昔者魯昭公少喪其母有慈母良及其死也公弗忍也欲喪之有司以聞曰古之禮慈母無服注據國君也良善也謂之慈母固爲其善國君之妾子於禮不服也昭公年三十乃喪齊歸猶無戚容是不少又安能不忍於慈母此非昭公明矣未知何公也今也君爲之服是逆古之禮而亂國法也若終行之則有司將書之以遺後世無乃不可乎公曰古者天子練冠以燕居公弗忍也遂練冠以喪慈母喪慈母自魯昭公始也注公之言又非也天子練冠以燕居蓋謂庶子王爲其母。疏此一節論諸侯之子喪慈母無服之事案喪服傳云慈母如母慈母者何也妾之無子者妾子之無母者父命妾曰女以爲子命子曰女以爲母若是則生養之終其身如母死則喪之三年鄭以爲喪服慈母如母在父卒三年章中故云爲父卒三年也此謂大夫以下天子諸侯則不服庶母子游意以國君亦然故孔子以國君荅云君命所使教子則國君之子尚不服庶母國君身不服從母可知也鄭知大夫士之子爲庶母慈已者服小功者案喪服小功章云君子子爲庶母慈已者傳云君子子者貴人之子也爲庶母何以小功也以慈加[illegible]又況爲庶母慈己亦緦鄭云不服者謂不服小功耳若大夫之子庶母不慈己者雖父在亦服緦士之適子無母乃命妾慈己亦爲之小功知者以士爲庶母緦明士子亦緦以慈己加小功故此連言大夫士也家語云孝公有慈母良鄭不見家語故云未知何公也鄭注練冠謂庶子王爲其母者案服問云庶子爲後爲其母緦春秋有以小君服之者春秋母以子貴若適小君没則得伸若小君猶在則其母厭屈故練冠也大夫士爲後者緦服必練冠者以大夫士爲母本應三年以爲後厭屈故降服緦麻王侯庶子爲母本練冠故今應練冠此乃異代之法故經云古者案喪服緦麻章云庶子爲後爲其母緦則是周法天子諸侯大夫士一也經無明文鄭云蓋疑之也

乾學按妾子無母父命他妾之子則謂之慈母魯昭公年十九而即位即位十一年而生母齊歸薨年已三十矣非妾子之無母者不應有慈母然細推之亦有不盡然者泉丘人有女奔孟僖子其僚從之僖子使助薳氏之簉生懿子及南宫敬叔于泉丘人其僚無子使字敬叔杜云字養也似雙生夫以雙生而見養于母之僚又出于

父命其長也能不以爲慈母乎然則母在亦可以有慈母矣惟禮記本文有昭公少喪其母句顯背春秋爲不可解故鄭氏以爲不知何公孔以爲孝公要之非所重也孔子特謂諸侯不喪慈母爾

喪服小記爲慈母之父母無服注恩不能及。疏慈母父雖命爲母子本非骨肉故慈母之子不爲慈母之父母服者恩所不及也

荀子慈母衣被之者也而九月

乾學按荀子禮論方之喪服經傳有殊通典爲大夫士慈母服議有慈于貴妾父在齊衰周慈于賤妾在家父在大功九月之文豈卽荀子之說與

通典大夫士爲慈母服議後漢鄭志趙商問鄭玄曰

慈母嫁亦當爲服如繼母不鄭玄答慈母賤何得如繼母邪蜀譙周云妾不得有繼母名慈母但慈已無父命也者不過小功也晉崔諒父命妾祝撫養諒爲子祝亡鉅鹿公裴頠議依禮服慈母如母劉智釋疑或問曰喪服傳云妾之無子妾子無母父命爲母子是名慈母今一妾自有子一子以無母父命爲母子當如慈母服齊衰三年不答曰父有兩妾一妾無子一妾有二子分其一子令爲無子妾作子不敢違命也父而終不得爲子之道按譙周集圖云喪服齊衰三年條曰慈母如母父在爲慈母則條不見今有載所說慈於賢妾父在齊衰周慈於賤妾在家父在大功九月古文鄭氏說此主大夫士之妾子父命爲母子者也大夫之妾子以父在爲母大功士之妾子爲母周矣其大夫降爵一等士無爵降例也父卒

皆仲按經大夫之妾子父在爲其母大功不別貴賤自非祖嫡大夫以爵降一等故妾之子從父例降母一等爲大夫妾雖有貴者不得體君何得不爲爵降凡此之類今文說不如古也

金史金章宗時霍王從彝母早死温妃石抹氏養之明昌六年温妃薨上問從彝喪服諫議大夫張暐奏慈母服齊衰三年桐杖布冠禮也從彝近親至尊壓降與臣下不同乞于未葬以前服白布衣絹巾既葬止用素服終制朝會從吉上從其奏

明[illegible]庶[illegible]湛誠如母服議云查家禮三父八母圖慈母齊衰三年蓋義服也而律亦有爲慈母服之說但家禮慈母注云所生母死父令別妾撫育者謂之慈母當服三年而父妾乳哺者謂之乳母只服緦麻迹雖相似而恩有淺深而服有輕重今湛誠所丁憂者顏氏乃其母之媵妾有子則當杖期無子則當緦麻緦有撫抱之恩亦當先請從服

乾學按禮有慈母之條非謂母死絕乳使

他妾乳之即爲慈母也即妾子年已稍長父命之爲母子則成母子矣故曰資父之命也觀小記爲慈母後之語蓋命之爲後而非但命之養已義自可見若但命之養已則自有庶母慈已及乳母二條豈必等之於親母而行三年之服乎況小記更有爲祖庶母一語足證其與慈已庶母迥別矣乃家禮於慈母條下謂庶子無母父命它妾之無子者慈已會典於慈母條下謂母卒父命他妾養已者彼于文義皆不全似與古所謂庶母慈已者無異又何以有三年小功之別乎不知父之命妾命子正是命之爲後喪服此章必與小記參看文

義始明不然則混而爲一矣

顧炎武日知録慈母者何也子幼而母死養於父妾父卒爲之三年所以報其鞠育之恩也然而必待父命者此又先王嚴父而不敢自専其報之義也父命妾曰女以爲子謂憐其無母視之如子長之育之非立之以爲妾後也喪服小記以爲慈母後則未可信也。喪服小記曰爲慈母之父母無服注曰恩所不及故也又曰慈母與妾母不世祭也然則雖云如母有不得盡同于母者矣

文其私三字查係始字

[illegible]喪慈母如母而孔子之荅子游曰君命所使教子也何服[illegible]其慈母而有司執之儀禮非周公之書乎何以云志曰父命之三年父不命之小功亦何與吾夫子之言盭邪先儒傳曰慈有二爲國君傳之爲大夫士養之當時弗之殊矣子游之疑而問也宜

開元禮　政和禮同　書儀無　家禮　明集禮同　孝慈録改斬衰三年　今律文因之

喪服母爲長子疏爲長子齊衰者以子爲母齊衰母不得過於子爲已也若然長子與衆子爲母父在期若夫在爲長子豈亦不得過於子爲已服期乎而母爲長子不問夫之在否皆三年者子爲母有降屈之義父母爲長子本爲先祖之正體無厭降之義故不得以父在而屈也

喪服傳何以三年也父之所不降母亦不敢降也注不敢降者不敢以已尊降祖禰之正體。疏斬衰章云正體於上將所傳重是父不降之故於母亦云不敢降也。敖繼公曰夫妻一體故俱爲長子三年此加隆之服也

他妾乳之即爲慈母也即妾子年已稍長父命之爲母子則成母子矣故曰資父之命也觀小記爲慈母後之語蓋命之爲後而非但命之養已義自可見若但命之養已則自有庶母慈已及乳母二條豈必等之於親母而行三年之服乎況小記更有爲祖庶母一語足證其與慈已庶母逈別矣乃家禮於慈母條下謂庶子無母父命它妾之無子者慈已會典於慈母條下謂母卒父命他妾養已者彼于文義皆不全似與古所謂庶母慈已者無異又何以有三年小功之别乎不知父之命妾命子正是命之爲後喪服此章必與小記參看文

義始明不然則混而爲一矣

顧炎武日知錄慈母者何也子幼而母死養於父妾父卒爲之三年所以報其鞠育之恩也然而必待父命者此又先王嚴父而不敢自專其報之義也父命妾曰女以爲子謂憐其無母視之如子長之育之非立之以爲妾後也喪服小記以爲慈母後則未可信也○喪服小記曰爲慈母之父母無服注曰恩所不及故也又曰慈母與妾母不世祭也然則雖云如母有不得盡同于母者矣

吴肅公讀禮問喪慈母如母而孔子之荅子游曰君命所使教子也何服之有魯昭公喪其慈母而有司執之儀禮非周公之書乎何以云志曰父命之三年父不命之小功亦何與吾夫子之言盭邪先儒傳曰慈有二爲國君傳之爲大夫士養之當時弗之殊矣子游之疑而問也宜

開元禮　政和禮同　書儀無　家禮　明集禮同　孝慈録改斬衰三年　今律文因之

喪服母爲長子疏爲長子齊衰者以子爲母齊衰母不得過於子爲已也若然長子與衆子爲母父在期若夫在爲長子豈亦不得過於子爲已服期乎而母爲長子不問夫之在否皆三年者子爲母有降屈之義父母爲長子本爲先祖之正體無厭降之義故不得以父在而屈也

喪服傳何以三年也父之所不降母亦不敢降也注不敢降者不敢以己尊降祖禰之正體○疏斬衰章云正體於上將所傳重是父不降之故故於母亦云不敢降也○敖繼公曰夫妻一體故俱爲長子三年此加隆之服也

馬融曰父不傳重無五代之義而服三年於父從於夫也不在斬衰章者以子當服母齊衰也

雷次宗曰父之重長以居正嫡之胄當爲先祖之主故也母亦以此義而加崇焉夫父之服長以其仰述祖禰當構斯荷母亦以其承夫嗣業三從是寄

父尚不以大夫之嚴降祖禰之主母亦安敢以婦人之尊降所天之嫡故曰父之所不降母亦不敢降以父況母明父猶居禮母宜無嫌如舊日更從服

則當云夫所不降妻亦不敢降今言父母者非自子而言也

張載曰禮稱母爲長子斬三年此理未安父存子爲母朞母如何卻服斬此爲父只一子死則世絶莫大之戚故服斬不如此豈可服斬

郝敬曰按長子與父母同服此制禮者敬宗之義然子爲母齊三年必父卒然後可母爲長子齊三年則是父在亦然矣父能厭母而不能降子則母輕母不敢降子則母愈輕矣此亦義之當質者

乾學按母服長子齊衰非斬衰也張子說誤

萬斯大曰母爲長子齊衰三年此母專指宗子之妻非凡爲母者皆爲長子三年也据經云父之所不降母亦不敢降是母之服重從乎父也上斬衰章父爲長子傳曰正體于上又乃將所傳重也注云重其繼祖禰之正體又以其將代已爲宗廟主也是父之服重尊乎祖也故傳又云庶子不

得爲長子三年不繼祖也小記亦曰庶子不爲長子斬不繼祖與禰故也然則庶子之妻其服長子也亦從庶子而殺矣豈得三年乎當與爲衆子不杖期同又小記云妾爲君之長子與女君同此記妾爲君之長子惡笄有首布總然則母之爲長子因父爲隆殺妾爲君之長子視女君爲輕重可也

唐律　開元禮　政和禮　書儀　家禮　明集禮並同　孝慈録改不杖期　今律文因之

右儀禮

黃氏補妾爲君之長子

喪服記妾爲君之長子惡笄有首布總疏妾爲女君之服得與女君同爲長子亦三年但爲情輕故與婦事舅姑齊衰同惡笄有首布總也

喪服小記妾爲君之長子與女君同注不敢以恩輕輕服君之正統○疏女君爲長子三年妾亦爲女君之長子三年妾從女君服同也

妾從女君而出則不爲女君之子服注妾爲女君之黨服得與女君同而今俱出女君猶爲子期妾于義絶無施服○疏從而出謂姪娣也姪娣從女君而入若女君犯七出則姪娣亦從而出母自爲子猶期姪娣不復服出女君之子已義絶故

也

(盧植曰謂俱有過而出女君爲其子服期疑妾當從服故言不也)(王肅曰非屬從故不服)

通典魏晋故事問崇陽園修容爲天子服制之宜中摧等議禮君夫人爲長子三年妾爲君之嫡子與夫人同則崇陽園修容宜三年

南齊書永明十一年文惠太子薨右僕射王晏等奏按喪服經雖有妾爲君之長子二漢以來此禮久廢請因循前凖不復追行詔旣久廢停便

開元禮　政和禮同　書儀無　家禮同　孝慈録改不杖期　今律文因之

喪服爲所後者之妻(疏妻謂死者之妻即爲人後者之母也)

喪服斬衰章爲人後者傳曰爲所後者之妻若子(說已)

見前

開元禮　書儀　家禮俱不載統于子爲母內

孝慈録改斬衰　今律文因之

註疏孫爲祖母承重

喪服小記祖父卒而後爲祖母後者三年注祖父在則其服如父在爲母也○疏祖父卒者謂適孫無父而爲祖後祖父已卒今又遭祖母喪故云爲祖母後也事事得伸如父卒爲母故三年若祖父卒時父已先亡亦爲祖父三年若祖卒時父在已雖爲祖期今父没祖母亡時已亦爲祖母三年也

顧炎武曰適孫承重之服喪服小記曰祖父卒而後爲祖母後者三年是知祖父尚存雖當爲祖母承重亦降爲期也以父在爲母推之也

通典爲高曾祖母及祖母持重服議周制祖父卒而後爲祖母後者三年祖父在則其服如父在爲母也後漢荊州牧劉表云父亡在祖後則不得爲祖母三年以爲婦人之服不可踰夫孫爲祖服周父亡之後爲祖母不得踰祖也

晉或問曰若祖父先卒公自爲之三年已爲之服周

矣而父卒祖母後卒當服三年否乎劉智答云嫡孫服祖三年誠以父卒則已不敢不以子道盡孝於祖爲是服三年也謂之受重於祖者父卒則祖當爲已服周此則受重也已雖不得受重於祖然祖母今當服已周已不得不爲祖母三年也小記曰祖父卒而後爲祖母後者三年特爲此發也侍中成粲云禮有嫡子則無嫡孫然則已受重於父不受重於祖不得爲祖母三年禮舅没則姑老爲傳家事於長婦也亦爲祖没則已父受重於祖父已不受之於祖父母故無祖父母三年之理也賀循又引小記自釋爲祖母後者服之如母不爲祖父母後不得爲祖母三年未見其驗但以父在無二嫡父没祖存已位則正不得爲祖父後乃爲祖母嫡也宋崔凱云時人或有祖父

亡而後祖母亡孫奉養祖母祖母卒則爲之齊縗三年者凱以爲祖母三年自謂已父母早亡受重於祖故爲祖斬衰三年祖母齊衰三年今已父後亡則受重於父不受重於祖孫雖奉養祖母固自當如禮齊衰周耳庾蔚之謂劉景升以婦人之不可踰夫既已乖矣按成粲云已自受重於父不受於祖爲祖母不應三年可謂殊塗而同謬者矣○晋劉智釋疑答問云高曾祖母與祖母俱存其界者先亡則當厭屈否昔魯穆姜在而成公夫人薨春秋書曰葬我小君齊姜舊說云妻隨夫而成尊姑不厭婦婦人不主祭已承先君之正體無疑於服重也○宋庾蔚之謂婦從夫嫡曾高祖母正體所傳並宥重何疑其亡先後

通典祖先亡父後卒而祖母亡服議周制喪服小記

曰祖父卒而後爲祖母後者三年後漢劉表及侍中成粲云父母亡在祖後則不爲祖母三年吳商駁之曰嘗見表所作喪服後定變除爲婦人之服不踰男子孫爲祖父服期父亡之後爲祖母服期云不得踰祖也又見成侍中云以爲已自受重於祖祖母服不應三年商按假使子爲人後爲本父服周而所後者更自有子已則還家而母後亡當可以不得踰父不三年乎又從祖祖父先亡已爲小功五月而已後爲從父又先亡祖母後卒可復以已先爲祖父小功今爲祖母不踰祖父復服五月乎諸如此比婦服重於夫甚衆不可具記不得踰夫之說經傳無據嫡行庶服義又不通粲又云已得受重於父不受重於祖母亦當周又齊衰章臣爲君之父母祖父母周凡臣從

君所服而降一等臣從服期則君爲三年也據爲國君而有父若祖之喪者謂始封君也其繼體則父與祖並有廢疾不立者也有廢疾不立則君受國於曾祖不受國於祖也不受國於祖　不爲服三年此則

（空處查通典亦也字）

例非從傳記之說也其義如此則凡爲後者皆應三年何必受重然後斬

魏書禮志世宗永平四年冬十二月員外將軍燕尚書都令史陳終德有祖母之喪欲服齊衰三年以無世爵之重不可陵諸父若下同衆孫恐違後祖之義請求詳正國子博士孫景邕劉懷義封軌高綽太學博士袁昇四門博士陽寧居等議嫡孫後祖持重三年不爲品庶生二終德宜先諸父太常卿劉芳議案喪服乃士之正禮含有上下諸侯卿大夫之事其中

曰祖父卒而後爲祖母後者三年後漢劉表及侍中成粲云父母亡在祖後則不爲祖母三年吳商駁之曰嘗見表所作喪服後定變除爲婦人之服不踰男子孫爲祖父服期父亡之後爲祖母服期云不得踰祖也又見成侍中云以爲已自受重於祖祖母服不應三年商按假使子爲人後爲本父服周而所後者更自有子已則還家而母後亡當可以不得踰父不三年乎又從祖祖父先亡已爲小功五月而已後爲從父又先亡祖母後卒可復以已先爲祖父小功令爲祖母不踰祖父復服五月乎諸如此比婦服重於夫甚衆不可具記不得踰夫之說經傳無據嫡行庶服義又不通粲又云已得受重於父不受重於祖母亦當周又齊衰章臣爲君之父母祖父母周凡臣從

君所服而降一等臣從服期則君爲三年也據爲國君而有父若祖之喪者謂始封君也其繼體則父與祖並有廢疾不立者也有廢疾不立則君受國於曾祖不受國於祖也不受國於祖不爲服三年此則經之明例非從傳記之說也其義如此則凡爲後者皆應三年何必受重然後斬

魏書禮志世宗永平四年冬十二月員外將軍兼尚書都令史陳終德有祖母之喪欲服齊衰三年以無世爵之重不可陵諸父若下同衆孫恐違後祖之義請求詳正國子博士孫景邕劉懷義封軌高綽太學博士袁昇四門博士陽寧居等議嫡孫後祖持重三年不爲品庶生二終德宜先諸父太常卿劉芳議案喪服乃士之正禮含有天子諸侯卿大夫之事其中

時復下同庶人者皆別緊顯至如傳重自士以上古者卿士咸多世位又士以上乃有宗廟世儒多云嫡孫傳重下通庶人以爲差謬何以明之禮稽首徵曰天子之元士二廟諸侯之上士亦二廟中下士一廟一廟者祖禰共廟祭法又云庶人無廟既如此分明豈得通于庶人也傳重者主宗廟非謂庶人祭於寢也無累世承嫡方得爲嫡子嫡孫不爾者不得繼祖也又鄭玄別變除云爲五世長子服斬也魏晋以來不復行此禮矣按喪服經無嫡孫爲祖持重三年正文惟有爲長子三年嫡孫期傳及注因說嫡孫傳重之義今世既不復爲嫡子服斬卑位之嫡孫不陵諸叔而持重則可知也且準終德資階方之于古未登下士庶人在官復無斯禮考之舊典驗之今世則茲

範孚行且諸叔見存喪主有寄宜依諸孫服期爲允景邕等又議云喪服雖以士爲主而必下包庶人何以論之自大夫以下每條標列逮於庶人含而不述比同士制起後疑也惟有庶人爲國君此則明義服之輕重不涉於孫祖且受國於曾祖廢疾之祖父亦無重可傳而猶三年不必由世重也夫霜感露濡異識咸感承重主嗣寧甄寢廟嫡孫之制固不同殊又古自卿以下皆不殊承襲末代僭妄不可以語通典是以春秋譏於世卿王制稱大夫不世此明訓也喪服經雖無嫡孫爲祖三年正文而有祖爲嫡孫者豈祖以嫡服己己與庶孫同爲祖服朞於義可乎服祖三年此則近世未嘗變也準古士官不過二百石以上終德即古之廟士也假令終德未班朝次苟曰志

仁必也斯遂況乃官歷士涖當訓章之運而以庶叔之嫌替其嫡重之位未是成人之善也景邕等又議晋太康中令史殷遂以父祥不及所繼求還爲祖母三年時政以禮無代父追服之文亦無不許三年之制此即晋世之成規也尚書邢巒奏依芳議詔曰嫡孫爲祖母禮令有據士人通行何勞芳致疑請也可如國子所議

宋史禮志天聖四年大理評士杜杞言祖母潁川郡君鍾殁並無服重子婦餘孫孫七人臣最居長今已服斬衰即未審解官以否禮院言案禮喪服小記曰祖父卒而後爲祖母後者三年正義曰此論嫡孫承重之服祖父卒者謂嫡孫無父而爲祖後祖父已卒今遭祖母喪故云爲祖母後也父卒爲母故三年若

祖父卒時父已先亡亦爲祖父三年若祖卒時父在已雖爲祖期令父歿祖母亡時已亦爲祖母三年也又按令文爲祖後者父卒爲祖斬祖父歿嫡孫爲祖母承重者齊衰三年並解官合依禮令

熙寧時知廬州孫覺以嫡孫解官持祖母服覺叔父在有司以新令乃改知潤州元豐三年太常丞劉次莊請祖母亡有嫡曾孫次莊爲嫡孫同母弟在法未有廢孫承重之文詔下禮官立法自令承重者嫡子死無諸子即嫡孫承重無嫡孫嫡孫同母弟承重無母弟廢孫長者承重曾孫以下準此其傳襲封爵自依禮令

高宗紹興元年四月昭慈太后孟氏崩詔朕以繼體之重當承重服

乾學按孟氏乃哲宗之后於高宗爲伯母
而詔云繼體者盖事以祖母之禮也可知
徽宗惟以弟繼兄實如以子繼父矣

二程全書州從事有既孤而遭祖母喪者身爲嫡
孫未果承重先生爲推典法意告之甚悉其人從
之至今遂爲定令而天下搢紳始習爲常

朱子語類祖在父亡祖母死亦承重

乾學按朱子此語即唐上元中父在爲母
服齊衰三年之制也今江南士大夫家仍
依鄭說祖在祖母承重服朞

開元禮　政和禮　書儀　家禮並同　孝慈録
改斬衰三年今同

庶子爲祖庶母後者

喪服小記爲慈母後者爲庶母可也爲祖庶母可也

注謂父命之爲子母者也父之妾無子者亦可命己庶子爲後。疏此一節論爲庶母後之事喪服有慈母如母傳曰妾之無子者妾子之無母者父命爲子母而子服此慈母三年此即爲慈母後之義也記者見喪服有此例故觸類言之謂妾經有子而子已死者餘他妾多子則父命他妾之子爲無子之妾立後與爲慈母後同也故云爲庶母後可也又觸類言之謂祖庶母乃己父之妾亦經有子子死故己命己之妾子與父妾爲後故呼己父之妾爲祖庶母亦服之三年如己母必知妾經有子者若無子則不得立後故也

陸佃曰爲庶母爲祖庶母爲讀去聲言爲後慈母者爲庶母服爲祖庶母服可也喪服傳云士爲庶母緦大夫以上爲庶母無服其後慈母者爲之服歟

附祖庶母承重服議

通典晋王廙答劉系之問云凡不繼大宗而立後及爲後而不爲所後制服皆非禮也然據已爲後則不得不從爲後之制若庶子立後不繼祖宗已服無重可傳亦何居而不服庶子若先受重承事則制有疑謂當與祖庶母同。宋庾蔚之謂所後父若承祖後

則已不得服祖庶母也父不承重已得爲祖庶母一周庶無傳祭故不三年也

魏書禮志熙平二年十一月乙丑太尉清河王懌表曰臣聞百王所尚莫尚於禮於禮之重喪紀斯極比學官雖建庠序未修稽攷古今莫專其任曁乎宗室喪禮百僚凶事冠服制裁日月輕重率令博士一人輕爾議之廣陵王恭北海王顥同爲庶母服恭則治重居廬顥則齊朞堊室論親則恭顥俱是帝孫語貴則二人並爲蕃國不知兩服之證據何經典俄爲舛駁莫有裁正懿王昵戚尚或如斯自茲已降何可紀極歷觀漢魏喪禮諸儀卷盈數百或當時名士往復成規或一代詞宗較然爲則況堂堂四海藹藹如林而令喪禮參差始於帝族非所以儀刑萬國綴旒四

海臣謹略舉恭顥二國不同之狀以明喪紀乖異之失乞集公卿樞納內外儒學博議之制班行天下使禮無異準得失有歸并因事而廣永爲條例庶塵沾

靈太后令曰禮者爲政之本何得不同

如此可依表之議事在張普惠傳

四行應大字寫

魏書張普惠傳廣陵王恭北海王顥疑爲所生祖母服期與三年博士執意不同詔羣僚會議普惠議曰謹案二王祖母皆受命先朝爲二國太妃可謂受命於天子爲始封之母矣喪服慈母如母在三年章傳曰貴父命也鄭注云大夫之妾子父在爲母大功則士之妾子爲母朞父卒則皆得伸此大夫命其妾子以爲母所慈猶曰貴父命爲之三年況天子命其子爲列國王命其所生母爲國太妃反自同公子爲母

則已不得服祖庶母也父不承重已得爲祖庶母一周庶無傳祭故不三年也

魏書禮志熙平二年十一月乙丑太尉清河王懌表曰臣聞百王所尚莫尚於禮於禮之重喪紀斯極比學官雖建庠序未修稽攷古今莫專其任暨乎宗室喪禮百僚凶事冠服制裁日月輕重率令博士一人輕爾議之廣陵王恭北海王顥同爲庶母服恭則治重居廬顥則齊朞堊室論親則恭顥俱是帝孫語貴則二人並爲蕃國不知兩服之證據何經典俄爲舛駁莫有裁正懿王昵戚尚或如斯自茲已降何可紀極歷觀漢魏喪禮諸儀卷盈數百或當時名士往復成規或一代詞宗較然爲則況堂堂四海藹藹如林而令喪禮參差始於帝族非所以儀刑萬國綴旒四

海臣謹略舉恭顯二國不同之狀以明喪紀乖異之失乞集公卿樞納內外儒學博議定制班行天下使禮無異準得失有歸并因事而廣永爲條例庶塵沾河微酬萬一靈太后令曰禮者爲政之本何得不同如此可依表定議事在張普惠傳

魏書張普惠傳廣陵王恭北海王顥疑爲所生祖母服期與三年博士執意不同詔羣僚會議普惠議曰謹案二王祖母皆受命先朝爲二國太妃可謂受命於天子爲始封之母矣喪服慈母如母在三年章傳曰貴父命也鄭注云大夫之妾子父在爲母大功則士之妾子爲母朞父卒則皆得伸此大夫命其妾子以爲母所慈猶曰貴父命爲之三年況天子命其子爲列國王命其所生母爲國太妃反自同公子爲母

練冠之與大功乎輕重顛倒不可之甚者也傳曰始封之君不臣諸父昆弟則當服其親服若魯衛列國相爲服朞判無疑矣何以明之喪服君爲姑姊妹女子嫁於國君者傳曰何以大功尊同也尊同則得服其親服諸侯之子稱公子公子不得禰先君然則兄弟一體位列諸侯自以尊同得相爲服不可還準公子遠厭天王故降有四品君大夫以尊降公子大夫之子以厭降名例不同何可亂也禮大夫之妾子以父命慈己申其三年太妃既受命先帝光昭一國二王胙土茅社顯錫大邦舍尊同之高據附不禰之公子雖許蔡失位亦不過服問曰有從輕而重公子之妻爲其皇姑公子雖厭妻尚獲申況廣陵北海論封則封君之子語妃則命妃之孫承妃纂重遠別先

皇更以先后之正統厭其所生之祖嫡方之皇姑不以遥乎今既許其申服而復限之以朞比之慈母不亦奕歟絰曰爲君之祖父母父母妻長子傳曰何以

鄭想疑恐
字

母長子君服斬妻則小君父卒然後爲祖後者[illegible]今祖乃獻文皇帝諸侯不得祖之母爲太妃蓋二王三年之證議者近背正經以附非類差之毫毛所失或遠且天子尊則配天莫非臣妾何爲命之爲國母而不聽子服其親乎記曰從服者所從亡則已又曰不爲君母之黨服則爲其母之黨服今所從既亡不以親服服其所生則屬從之服於何所施若以諸王入爲公卿便同大夫者則當今之議皆不須以國爲言也今之諸王自同列國雖不之國别置臣僚王食一方不得以諸侯言之故據周禮輒同二年當

練冠之與大功乎輕重顛倒不可之甚者也傳曰始封之君不臣諸父昆弟則當服其親服若魯衛列國相爲服朞判無疑矣何以明之喪服君爲姑姊妹女子嫁於國君者傳曰何以大功尊同也尊同則得服其親服諸侯之子稱公子公子不得禰先君然則兄弟一體位列諸侯自以尊同得相爲服不可還準公子遠厭天王故降有四品君大夫以尊降公子大夫之子以厭降名例不同何可亂也禮大夫之妾子以父命慈已申其三年太妃既受命先帝光昭一國二王胙土茅社顯錫大邦舍尊同之高據附不禰之公子雖許蔡失位亦不過服問曰有從輕而重公子之妻爲其皇姑公子雖厭妻尚獲申況廣陵北海論封則封君之子語妃則命妃之孫承妃纂重遠别先

皇更以先后之正統廢其所生之祖嫡方之皇姑不以遥乎今既許其申服而復限之以期比之慈母不亦爽歟經曰爲君之祖父母父母妻長子傳曰何以期父母長子君服斬妻則小君父卒然後爲祖後者服斬今祖乃獻文皇帝諸侯不得祖之母爲太妃蓋二王三年之證議者近背正經以附非類差之毫毛所失或遠且天子尊則配天莫非臣妾何爲命之爲國母而不聽子服其親乎記曰從服者所從亡則已又曰不爲君母之黨服則爲其母之黨服今所從既亡不以親服服其所生則屬從之服於何所施若以諸王入爲公卿便同大夫者則當今之議皆不須以國爲言也今之諸王自同列國雖不之國别置臣僚玉食一方不得以諸侯言之故據周禮輙同二年當

時議者亦有同異國子博士李郁於議罷之後書難普惠普惠據禮還荅鄭重二返郁議遂屈

宋史禮志仁宗寶元二年度支判官集賢校理薛紳言祖母萬壽縣太君王氏卒是先臣所生母服紀之制罔知所適乞降條制庶知遵守詔送太常禮院詳定禮官言五服年月敕齊衰三年爲祖後者祖卒則爲祖母又曰齊衰不杖朞爲祖父母注云父之所生庶母亦同惟爲祖後者不服又案通禮義纂爲祖後者父所生庶母亡合三年否記云爲祖母也爲後三年不言嫡庶然奉宗廟當以貴賤爲差祖庶母不祔於皇姑已受重於祖當爲祭主不得伸於私恩若受重於父代而養爲後可也又曰祖庶母合從何服禮無服祖庶母之文有爲祖庶母後者之服晉王廙議

曰受命爲後則服之無嫌婦人無子託後族人猶爲之服況其子孫乎人莫敢卑其祖也且妾子父没爲母得申三年孫無由獨屈當服之也看詳五服年月敕不載持重之文於義纂即有所據今薛紳不爲祖後受重於父合申三年之制史館檢討同知太常禮院言五服年月敕與新定令文及通禮正文內五服制度皆聖朝典法此三處並無爲父所生庶母服三年之文惟義纂者是唐世蕭嵩王仲丘等撰集非創修之書未可據以決事且所引兩條皆近世諸儒之說不出於六經臣已別狀奏駁今薛紳爲映之孫耀卿爲别子始祖紳繼别之後爲大宗所守至重非如次庶子等承傳其重者也不可輒服父所生庶母三年之喪以廢始祖之祭也臣謹按禮經所謂重

庶長承重案重字宜删

時議者亦有同異國子博士李郁於議罷之後書難
普惠普惠據禮還荅鄭重二返郁議遂屈
宋史禮志仁宗寶元二年度支判官集賢校理薛紳
言祖母萬壽縣太君王氏卒是先臣所生母服紀之
制罔知所適乞降條制庶知遵守詔送太常禮院詳
定禮官言五服年月敕齊衰三年爲祖後者祖卒則
爲祖母又曰齊衰不杖朞爲祖父母注云父之所生
庶母亦同惟爲祖後者不服又案通禮義纂爲祖後
者父所生庶母亡合三年否記云爲祖母也爲後三
年不言嫡庶然奉宗廟當以貴賤爲差祖庶母不袝
於皇姑已受重於祖當爲祭主不得伸於私恩若受
重於父代而養爲後可也又曰祖庶母合從何服禮
無服祖庶母之文有爲祖庶母後者之服晉王廙議

日受命爲後則服之無嫡婦人無子託後族人猶爲之服況其子孫乎人莫敢卑其祖也且妾子父没爲母得申三年孫無由獨屈當服之也看詳五服年月敕不載持重之文於義纂即有所據今薛紳不爲祖後受重於父合申三年之制史館檢討同知太常禮院王洙言五服年月敕與新定令文及通禮正文内五服制度皆聖朝典法此三處並無爲父所生庶母服三年之文惟義纂者是唐世蕭嵩王仲丘等撰集非創修之書未可據以決事且所引兩條皆近世諸儒之説不出於六經臣已别狀奏駁今薛紳爲映之孫耀卿爲别子始祖紳繼别之後爲大宗所守至重非如次庶子等承傳其重者也不可輒服父所生庶母三年之喪以廢始祖之祭也臣謹按禮經所謂重

者皆承後之文據義纂稱重於父亦有二說一者嫡長子自爲正體受重可知二者或嫡長亡取嫡或庶次承傳父重亦名爲受重也若繼别子之後自爲大宗所承至重不得更遠係祖庶母爲之服三年惟其父以生已之故爲之三年可也詳義纂所謂受重於父者指嫡長子亡次子承傳父重者也但其文不同耳詔太常禮院與御史臺詳定聞奏衆官參詳耀卿王氏子紳王氏孫尤親於慈母庶母祖母祖庶母也耀卿既亡紳受重代養當服之也又薛紳頃因籍田覃恩乞將叙封母氏恩澤迴授與故父所生母王氏其薛紳官爵未合叙封封祖母蓋朝廷以耀卿已亡紳是長孫敬以孝道特許封邑豈可王氏生則輒邀國恩沒則不受重服況紳被王氏鞠育之恩體尊義重

合令解官持齊衰三年之服詔從之

明臧應奎爲南京車駕主事以祖庶母喪求去例不得持重猶執私喪三年以重所自出

王廷相集荅左衛夫爲陳子徵問庶孫承重書昨承示貴同年陳君書疑其兄爲祖庶母承重轉衛夫轉咨于余且過謦爲斯文大雅禮家宗師余何敢當雖然竊嘗習之矣敢因衛夫達之可乎夫禮重嫡而卑庶爲其傳先祖之正體主宗廟之灌鬯也故曰承重父没爲祖母服斬三年攷之儀禮喪服經傳原無正文惟小戴喪服小記有祖父卒爲祖母後者三年之文此嫡孫承重祖母之所本也葢父在則孫不得爲祖斬故曰有嫡子無嫡孫以其有子主喪則孫不得承重而斬也惟父没而孫始得斬而主喪也且禮父在厭其母故齊期父卒始得爲母伸其私而齊衰三年矣是以承重者祖亦厭其祖母没而後齊衰三年矣故小記云然夫承重者於祖嫡母尚俟其祖父没而後盡其私如此况庶孫既不爲祖後則已無受重可傳安得爲祖父服斬祖父尚不服斬安得加斬于祖庶母乎此禮之常無足異者喪服傳曰公子爲其母練冠麻衣縓緣既葬而除之此庶子之母厭於嫡母而不得服也故孟子有王子請數月之喪之文夫庶子爲母服數月之喪尚不可得况庶孫爲祖庶母承重乎此不可行也昭昭矣宋庾蔚之曰父爲庶子不承重於祖其孫得爲祖庶母周若父承重則庶孫之長即繼祖父之正體不得服祖庶母此古昔之禮重嫡卑庶其可攷者如此若夫今時之制則尤顯明孝慈録云庶子爲所生母斬衰三年孫爲祖父母及父所生庶母一同皆齊衰不杖期其曰嫡孫承重者謂祖嫡母也祖庶母孫雖承重亦不斬矣何也主於正體故爾庶子服斬三年者爲生育之恩與父均也故今之[illegible]爲之降非承重之例也庶孫既非承父

之重自當齊衰不杖朞守其本服乃祖也父没而比之承重之服是乖禮而犯義矣可乎哉晉殷仲堪曰祖父在而祖母没則父服厭周祖父後亡則父服三年其孫之服則一定而不變自知孫之於祖自有正服不以父服爲升降也由是言之庶孫雖父没不得加服於祖庶母必然矣况當今大明會典所載如大明令孝慈録大明律大明集禮及諸禮儀書並無庶孫爲祖庶母加服之文夫何又以越制遂情而强爲之乎祖庶母孫承重不得在服斬之列其孫不承重亦不得爲之加服古今禮文所同然者如此故曰嫡嫡所以重本也重本所以尊祖也尊祖所以統宗也先王之制禮嚴矣大矣而私情豈得以干其義乎父没而比之承重之服是乖禮而犯義矣可乎哉陳君又云家兄與先父同母弟孰爲喪主此則禮文之顯顯者庶長子既不爲宗與諸父昆弟等爾其昭穆尊卑之序不得越乎其列而先之也喪大記曰若妾喪自祔至于練祥皆使其子主之是兄雖没而同母昆弟當爲喪主也夫禮稱情而立文者也子之服斬衰三年孫之服齊衰不杖朞庶孫雖長詎可以輕服越斬衰而主之乎嫡子拜賓庶子主喪禮也嗟乎喪禮道廢世之不講也久矣免髽之制靡存五衰之服不脩况能詳稽以及此乎非仁孝豪傑之士豈能慕古懲俗挺然以求其禮之正者而執之哉余於陳君不能不爲之三歎而敬服也

姚翼家規通俗編按承重者主宗廟之祼鬯也庶孫不爲祖後不得加斬於生祖母雖無嫡孫而庶孫承重亦不槩及於生祖母蓋庶子服生母斬爲其生有之恩與父均也非爲其與父共承宗廟也何爲而及於生祖母乎至于庶孫繼祖即不得服生祖母則宋庾蔚之之言本朝典法無攷只守齊衰不杖期之本服爲是

柴紹炳庶孫不爲生祖母承重說曰有庶孫既孤而其生祖母没或欲令持重仁和吴志伊氏斷其非禮客未達余爲之說曰承重者非謂父有三

年之喪未及持而死則必令其子代終也按律凡嫡孫父卒爲祖父母承重服斬衰三年若爲曾高祖父母承重服亦同祖在爲祖母止服杖期夫稱嫡孫則不及衆孫雖嫡次猶無重可承況庶乎其云爲祖母者蓋正室非指妾也原承重之義統於所尊則祖在而祖母且不服斬矣況敢以側室並嫡哉然則有重可承雖遠不廢如曾高之服斬是也無重可承雖近不舉如嫡次孫之不爲祖母持重是也且古禮庶子爲後不得服其母今律於所生許終三年喪始於孝慈錄而其後因之豈可緣是而并責其孫以代子持重耶或曰無嫡則庶長承宗其於生祖母柰何余謂庶長承重宗猶之嫡孫所重原屬祖正宗不得假於私親也故魯僖公崇祀妾母春秋書之曰禘于太廟用致夫人子崇妾母爲非禮孫又何重可承哉或又曰母以子貴家以世長承宗夫安得外其母昔漢薄太后于景帝二年崩帝率羣臣爲持重晋安帝之喪皇太后李亦然是皆生祖母然在當時實過情之如殷茂庾蔚之輩不能無駁議矣若士大夫家自當以時制爲準或有庶長爲後又已貴而封其本生且正嫡先喪差免逼嫌欲援母以子貴之例倘可禮由義起乎然非律意也猶俟君子定議焉或又曰子斷以律謂庶孫不當承生祖母重固已然引律則生祖母并不載宜何服將已之乎余謂既稱生祖母則當以祖母之服服之蓋律既許其子以終三年喪未有不許其孫以服期者但條例於子也許於孫也畧故斬衰三年既言子爲父母又言庶子爲所生母齊衰不杖期但言孫爲祖父母不復更言生祖母可以槩之耳天下豈有庶母死嫡子尚爲杖期其親孫乃孑然無服而從以袒免從事歟凡讀律者要知比類如庶母之下但言所生子以服斬而不及其婦婦從夫者也子從父者也婦以夫推孫以子推倘父以爲母而子不以爲祖母可乎然則庶孫無重可承而爲之服期何疑焉或問曾孫爲曾祖後曾孫之母猶存則承重者在孫婦抑在曾孫婦乎曰禮爲宗子母服則不服宗子婦從所尊也由是推之則曾孫爲後者其母尚存曾孫婦自不得傳重而傳室之服理當在姑矣晋虞喜常論玄孫之婦

令

服今特推廣其說

註疏士庶子父卒爲所生母

註疏大夫庶子父卒爲所生母

鄭康成慈母如母章註曰大夫之妾子父在爲母大功則士之妾子爲母期矣父卒則皆得伸也○賈公彥疏曰鄭知者推究其理大夫妾子厭降爲母大功士無厭降明知衆人服期也云皆得伸者士父在已伸矣但大夫妾子父在大功者父卒則與士皆得伸三年也

庶子爲父後者爲其母章註曰大夫卒庶子爲母三年士雖在庶子爲母皆如衆人○疏曰大夫卒庶子爲母三年者以其父在大功父卒無餘尊所厭故伸三年士所在庶子爲母皆如衆人者士卑無厭故也

通典士爲所生母服議晋解遂問司徒蔡謨曰庶子喪所生嫡母尚存不知制輕重荅曰云士之妾子服其母與凡人喪母同鍾陵胡濟所生母喪有嫡兄承統而嫡母存疑不得三年問范宣荅曰按禮由命士以上父子異宫春秋傳大夫有側室士有貳宗皆斯之謂是以庶子有母之喪自居其室而遂其情經載稟命爲慈母且猶三年况親所生乎嫡母雖貴然厭降之制父所不及婦人無專致之事豈得引父爲比而屈降支子也

北史北齊南汾州刺史劉豐八子俱非嫡妻所生每一子所生喪諸子皆爲制服三年武平申暐所生母喪諸弟並請解官朝廷議而不許

宋史禮志真宗大中祥符八年樞密使王欽若言編

修冊府元龜官太常博士秘閣校理聶震丁所生母憂嫡母尚在望特持服禮官言按周制庶子在父之室則爲其母不禫晋解遂問蔡謨曰庶子喪所生嫡母尚存不知制服輕重荅云士之妾子服其母與凡人喪母同鍾陵胡澹所生母喪自有嫡兄承統而嫡母存疑不得三年同范宣荅曰爲慈母且猶三年况親所生乎嫡母雖尊然厭降之制父所不及婦人無專制之事豈得引父爲比而屈降支子也南齊褚淵遭庶母郭氏喪葬畢起爲中軍將軍後嫡母吳郡公主薨葬畢攝職則震當解官行服心喪三年若特有奪情之命望不以追出爲名自今顯官有類此者亦請不稱起復第遣釐職

乾學按禮母不厭子聶震自當解官持服

三年當日命之心喪者何與

萬斯大曰齊衰三年首言父卒則爲母下即及繼母慈母因知妾子之爲其母當與此同而經不言者蓋包于父卒爲母之中也觀慈母之傳曰妾之無子者妾子之無母者父命妾曰女以爲子命子曰女以爲母若是則生養之終身如母死喪之三年如母妾子二于他妾者且然況生母乎唯

士兩在二字疑是生字

子從乎大夫而降故爲其母大功公子于君之所不服者已亦爲其母練冠麻衣縓緣既葬除之經表此二者之異則士而下從而不必言也又庶子爲父後則與尊者爲一體不敢服其私親故爲其母緦麻衰此爲後者之異則不爲後者之從同亦不必言矣推此則齊

廢不主廢字下疑有庶字

言父在爲母則繼母慈母與庶子之爲其母皆父在齊衰杖期雖大夫之妾子大夫已卒而服其母必同此齊衰三年也可知

同字疑是閒字

小記云庶子在父之室則爲其母不禫然則父在期而父卒三年益從可知矣

衰三年　今律文因之

天子之女嫁於諸侯爲母齊衰三年

諸侯之女嫁於大夫爲母齊衰三年

喪服斬衰章子嫁反在父之室疏云若天子之女嫁於諸侯諸侯之女嫁於大夫爲夫斬仍爲父母不降

以上二條　開元禮　政和禮統于子爲母內

修冊府元龜官太常博士秘閣校理聶震丁所生母憂嫡母尚在望特　持服禮官言按周制庶子在父之室則爲其母不禫晉解遂問蔡謨曰庶子喪所生嫡母尚存不知制服輕重荅云士之妾子服其母與凡人喪母同鍾陵胡澹所生母喪自有嫡兄承統而嫡母存疑不得三年同范宣荅曰爲慈母且猶三年況親所生乎嫡母雖尊然厭降之制父所不及婦人無專制之事豈得引父爲比而屈降支子也南齊褚淵遭庶母郭氏喪葬畢起爲中軍將軍後嫡母吳郡公主薨葬畢　攝職則震當解官行服心喪三年若特有奪情之命望不以追出爲名自今顯官有類此者亦請不稱起復第遣釐職

乾學按禮母不厭子聶震自當解官持服

三年當日命之心喪者何與

萬斯大曰齊衰三年首言父卒則爲母下即及繼母慈母因知妾子之爲其母當與此同而經不言者蓋包于父卒爲母之中也觀慈母之傳曰妾之無子者妾子之無母者父命妾曰女以爲子命子曰女以爲母若是則生養之終身如母死喪之三年如母妾子二于他妾者且然況生母乎唯大夫之妾子從乎大夫而降故爲其母大功公子于君之所不服者亦不敢服故爲其母練冠麻衣縓緣既葬除之經表此二者之異則士而下皆從同不必言也又庶子爲父後則與尊者爲一體不敢服其私親故爲其母緦經表此爲後者之異則不爲後者之從同亦不必言矣推此則齊衰杖期止言父在爲母則繼母慈母與庶子之爲其母皆父在齊衰杖期也可知更推大夫之妾子大夫已卒而服其母必同此齊衰三年也可知小記云庶子在父之室則爲其母不禫然則生母之服父在期而父卒三年益從可知矣

明改斬衰三年　今律文因之

天子之女嫁於諸侯爲母齊衰三年

諸侯之女嫁於大夫爲母齊衰三年

喪服斬衰章子嫁反在父之室疏云若天子之女嫁於諸侯諸侯之女嫁於大夫爲夫斬仍爲父母不降

以上二條　開元禮　政和禮統于子爲母內

孝慈録改斬衰三年　今律文因之

右經傳註疏

變除篇父卒爲君母謂庶子爲嫡母

變除篇繼母爲長子

變除篇爲人後者爲所後祖母

變除篇爲曾高祖後者爲曾高祖母本文孫爲祖後者父卒爲祖母上至高祖母

右戴德喪服變除篇

開元禮父在爲母

通典唐前上元二年武太后上表曰父在爲母服止一周雖心喪三年服由尊降竊謂子之于母慈愛特深所以禽獸之情猶能知母三年在懷理宜崇報今請父在爲母終三年之服詔依行焉開元五年右補闕盧履氷上言准禮父在爲母一周除靈三年心喪

太后請同父没之服三年然始除靈雖則權行有紊彝倫今請仍舊章庶叶通禮於是下制令百官詳議刑部郎中田再思建議云降殺之尊賫賤無隔以報免懷之德罔酬罔極之恩稽之上古喪期無數暨乎中葉方有歲年自周公制禮之後孔父刊經以來方殊厭降之儀以標服紀之節重輕從俗斟酌隨時子思不聽其子服出母子游爲同母異父昆弟之服大功子夏謂合從齊衰之制此等並四科之數十哲之人高步孔門親承聖訓及遇喪事猶此致疑即明自古以來升降不一今去聖漸遠殘缺彌多會禮之家名爲聚訟寧有定哉而父在爲母三年傳之已踰二紀出自高宗大帝之代不從則天皇后之朝大帝御極之辰中宮獻書之日往時參議將可施行編之于

格服之已久前主所是疏而爲律後主所是著而爲令何必乖先帝之旨阻人子之情與伯叔母姑姊妹同爲若以廢事朝儀一依周制則古臣之見君也公卿大夫贄羔鴈珪璧今何故不依乎周之用刑也墨劓宫刖今何故不行乎周制侯甸男衛朝聘有數今何故不行乎周之制井邑丘甸以立征稅今何故不行乎周制分土五等父死子及今何故不行乎周制冠冕衣裘乘車而戰今何故不行乎周制三老五更膠庠養老今何故不行乎諸如此例不可勝述何獨孝思之事愛一年之服於其母乎可謂痛心可謂慟哭者也詩云哀哀父母生我劬勞阮嗣宗晋代之英才方外之高士爲母重於父据齊衰升數麗細已降何忍服之節制減至於周豈後代之士盡慚於枯骨

乖字疑垂字

猶古未必是依今未必非也履氷又上䟽曰上元中武太后上表請同父没之服初亦未有行用乖拱年[illegible]錫氏之後俗乃通行臣於開元五年頻請依[illegible][illegible]敕并嫂叔舅婦之服諸司所議同異相參臣竊見新修之格猶依乖拱之爲至有祖父母安存子孫之妻亡没下房几筵亦立再周甚無爲也據在家從父出嫁從夫夫死從子則喪服四制云天無二日土無二君家無二尊以一理之也所以父在爲母服周者避二尊也臣恐後代復有婦奪政之敗者䟽奏未報履氷又上表曰臣聞夫婦之道人倫之始自家刑國牝雞無晨四德之禮不僭三從之義斯在故父在爲母服周者見無二尊也准舊儀父在爲母一周立靈再周心喪父必三年而後娶者達子之志焉豈

格服之已久前主所是疏而爲律後主所是著而爲令何必乖先帝之旨阻人子之情與伯叔母姑姊妹同焉若以廢事朝儀一依周制則古臣之見君也公卿大夫贄羔鴈珪璧今何故不依乎周之用刑也墨劓宮刖今何故不行乎周制侯甸男衞朝聘有數今何故不行乎周之制井邑丘甸以立征税今何故不行乎周制分土五等父死子及今何故不行乎周制冠冕衣裘乘車而戰今何故不行乎周制三老五更膠庠養老今何故不行乎諸如此例不可勝述何獨孝思之事愛一年之服於其母乎可謂痛心可謂慟哭者也詩云哀哀父母生我劬勞阮嗣宗晉代之英才方外之高士爲母重於父据齊衰升數麤細已降何忍服之節制减至於周豈後代之士盡慚於枯骨

猶古未必是依今未必非也履冰又上疏曰上元中
武太后上表請同父没之服初亦未有行用乖拱年
始編入格錫氏之後俗乃通行臣於開元五年頻請
仍舊恩勅并嫂叔舅婦之服諸司所議同異相參臣
竊見新修之格猶依乖拱之爲至有祖父母安存子
孫之妻亡没下房几筵亦立再周甚無爲也據在家
從父出嫁從夫夫死從子則喪服四制云天無二日
土無二君家無二尊以一理之也所以父在爲母服
周者避二尊也臣恐後代復有婦奪政之敗者疏奏
未報履冰又上表曰臣聞夫婦之道人倫之始自家
刑國牝雞無晨四德之禮不僣三從之義斯在故父
在爲母服周者見無二尊也准舊儀父在爲母一周
立靈再周心喪父必三年而後娶者達子之志焉豈

先聖無情於所生固有意於家國者矣原夫上元肇言天后請升慈愛之喪以抗尊嚴之禮雖齊斬之儀不改而几筵之制遂同數年之間尚未通用垂拱之初始編入格臣謹尋禮意防杜實深若不早圖刊正何以乖於後戒且臣所獻者蓋請正夫婦之綱豈忘母子之道復云母屬所謂與伯叔姑姊同服者伯叔姑姊豈有筵杖之制三年心喪乎齊斬是爲升降者母齊父斬不易之理故父加至再周父在爲母加三年心喪今者同父没之制則尊厭之律安施臣前狀單畧議者未識臣之懇誠左散騎常侍元行冲奏議古之聖人徵性識本緣情制服有伸有厭天父天夫故斬衰三年情禮俱盡者因心極也生則齊體死則同穴比陰陽而配合同兩儀之化成妻喪杖周情禮

貴字疑是責字
古字疑是事字

俱殺者蓋遠嫌疑尊乾道也父爲嫡子三年斬衰而不去職者蓋尊祖重嫡崇禮殺情也資於事父以事莫大於嚴父故父在爲母罷職衰周而心喪三之尊厭者則情伸而禮殺也斯制也羲農堯舜莫之易也文武周孔所同尊也今若捨尊厭之重虧嚴父之義略純素之嫌貽非聖之貴則古不師古有傷名教矣謹詳前者之疑並請依古爲當自是百寮議竟不決至七下勑曰惟周公制禮當歷代不刊況子夏爲傳乃孔門所受條格之内有父在爲母齊衰三年此有爲而爲非尊厭之義與其改作不如師古諸服紀宜一依喪服文自是卿士之家父在爲母行服不同或有既周而禫禫終服三年者或有依上元之制齊衰三年者議者是非紛然元行冲謂人曰聖

先聖無情於所生固有意於家國者矣原夫上元肇言天后請升慈愛之喪以抗尊嚴之禮雖齊斬之儀不改而几筵之制遂同數年之間尚未通用垂拱之初始編入格臣謹尋禮意防杜實深若不早圖刊正何以乖於後戒且臣所獻者蓋請正夫婦之綱豈忘母子之道復云母屬所謂與伯叔姑姊同服者伯叔姑姊豈有筵杖之制三年心喪乎齊斬是爲升降者母齊父斬不易之理故父加至再周父在爲母加三年心喪今者同父沒之制則尊厭之律安施臣前狀單畧議者未識臣之懇誠左散騎常侍元行冲奏議古之聖人徵性識本緣情制服有伸有厭天父天夫故斬衰三年情禮俱盡者因心極也生則齊體死則同穴比陰陽而配合同兩儀之化成妻喪杖周情禮

俱殺者蓋遠嫌疑尊乾道也父爲嫡子三年斬衰而不去職者蓋尊祖重嫡崇禮殺情也資於事父以事君孝莫大於嚴父故父在爲母罷職衰周而心喪三年謂之尊厭者則情伸而禮殺也斯制也羲農堯舜莫之易也文武周孔所同尊也今若捨尊厭之重虧嚴父之義略純素之嫌貽非聖之責則古不師古有傷名教矣謹詳前者之疑並請依古爲當自是百寮議竟不決至七下勅曰惟周公制禮當歷代不刊況子夏爲傳乃孔門所受條格之內有父在爲母齊衰三年此有爲而爲非尊厭之義與其改作不如師古諸服紀宜一依喪服文自是卿士之家父在爲母行服不同或有既周而禫禫終服三年者或有依上元之制齊衰三年者議者是非紛然元行沖謂人曰聖

人制厭降之禮豈不知母恩之深但尊祖貿禰故也人情易摇淺俗者衆一紊其文度其可正乎二十年中書令蕭嵩與學士改修五禮又議請依元勑父在爲母齊衰三年爲定遂爲成典

張子全書父在母服三年之喪則家有二尊有所嫌也處今之世但服齊衰一年外以墨衰從事可以合古之禮全今之制

朱子語類問父在母没父既除喪子尚爲母服其見父當以何服朱子荅曰禮無其文但問喪有父在不杖之語可檢疏語參訂之

曰古禮父在爲母齊衰期聖人所制尊卑隆殺固自有義也至武氏始請父在爲母服齊衰三年玄宗時盧履冰請復其舊唯褚無量是其議諸人爭論連年不決然至今行之不改者情固不可奪也胡氏以爲武氏躋地尊天特陰敵陽陋凌滅夫宗猶御四海之義是則然矣然人子於父母寧有二乎子曰子生三年然後免於父母之懷三年之喪天下之通喪也喪在其隆於父而殺于母乎禮緣人情而制者也改三年之服以伸人

子之情乃天理人情之至庶幾善變古者何得以出于武氏而非之哉

政和禮　書儀　家禮同　孝慈録改斬衰三年

今律文因之

右唐制

政和禮婦爲姑

唐會要正元十一年河中府倉曹叅軍蕭據狀稱堂兄姪女子適李氏婿見居喪今時俗婦爲舅姑服三年恐爲非禮請禮院詳定垂下詳定判官前太常博士李岩議曰謹按大唐開元禮五服制度婦爲舅姑及女子適人爲其父母皆齊衰不杖朞稽其禮意抑有其由也蓋以婦人之道以專一不得自達必繫於人故女子適人從其夫斬而降其父母喪服傳曰女子以適人爲父母何以周也婦人不二斬婦人從人

無專用之道故未嫁從父既嫁從夫夫死從子父者子之天也夫者妻之天也先聖格言歷代不易以此論之父母之喪尚止周歲舅姑之服無容三年且服者報也雖有加降不甚相懸故舅姑爲婦大功九月以卑除也婦爲舅姑齊衰周年以尊加也

後唐明宗長興中太常卿劉岳奉勑刪定鄭餘慶書儀定婦爲姑齊衰三年

宋太祖乾德三年從僕射魏仁浦等奏依後唐之制婦爲姑齊衰三年詳見斬衰婦爲舅條下當參看

儀禮　開元禮俱不杖期　明孝慈録改斬衰三年　今律文因之

開寶禮　養母

謂養同宗及三歲以下遺棄之子者與親母同

〈宋會要〉生母

神宗熙寧七年命官參酌舊例定爲新式父母及繼母慈母已所生母並三年

乾學按母及繼母慈母之服自唐定爲齊衰三年不分父存殁五代及宋皆因之而不改何待神宗之更定乎至于生母之服周世大夫士之庶子父卒皆服齊衰三年與子爲母同唐開元禮及宋初俱因之亦不待神宗之更定不知會要何以言定爲新式也但本文止言三年而不分齊斬意者俱改爲斬服三年乎然徽宗爲神宗子無事不法其父而其定政和禮也未嘗改母服爲斬則此又非斬衰三年也大要當

時不過申明故事而紀事者不審舊章原

自如此遂誤以爲新式耳

以上二條孝慈録並斬衰三年

右宋制

明集禮女在室爲母已許嫁同　孝慈録改斬衰

明集禮女嫁反在室爲母謂母喪期年内被出者　孝慈録改斬衰

右明制

讀禮通考卷八

喪期

齊衰杖期

喪服父在為母疏欲明父母恩愛等為母期者由父在厭故為母屈至期

喪服傳何以期也屈也至尊在不敢伸其私尊也父必三年然後娶達子之志也疏家無二尊故於母屈而為期不直言尊而言私尊者其父非直於子為至尊妻於夫亦至尊母於子為尊夫不尊之故言尊私也子於母屈而期心喪猶三年故父雖為妻期而除然必三年乃娶者通達子之心喪之志故也

左氏傳晉叔向云王一歲有三年之喪二據太子與穆后天子為后亦期而云三年喪者據達子之志而言也

敖繼公曰喪妻者必三年然後娶禮當然耳非必專為達子心喪之志也蓋夫之於妻宜有三年之恩為其不可以不降於母是以但服期而已然服雖有限情則可伸故必三年然後娶所以終牉合之義焉若謂惟主於達子之志則妻之無子而死者夫其可以不俟三年而娶乎春秋傳曰王一歲而有三年之喪二謂后與太子也喪妻之義於此可見

馬融曰屈者子自屈於父故周而除母服也父至尊子不敢伸母服三年

張子曰父在為母雖降為期而心喪之實未嘗不三年也傳曰父必三年然後娶達子之志也抑其子之服於期而伸其父之不娶於三年聖人所以損益百世而不可改者精矣○檀弓曰伯魚之母死期而猶哭夫子聞之曰誰與哭者門人曰鯉也夫子曰嘻其甚也伯魚聞之遂除之此自父在為母之制當然疏以為出母者非

朱子曰父在為母期非是薄於母以尊在父不可復尊母亦須心喪三年

胡翰曰期之喪子為父屈而三年之喪母為長子得遂揆其輕重蓋不侔矣唐賈氏謂子於母屈而從期心喪三年若喪父而無服由子貢以義起之也子貢以孔之施於門人者還以報之苟施於母子之間則疏衰裳齊非若師之無服也服斷以期而猶為心喪則是外屈于父之尊而內存喪母之哀其服何以表衷也斯亦偽而已矣後世之言禮者不以父降其母而使子得申其尊誠非過矣

乾學按父在為母不止期歲也雜記曰期

之喪十一月而練十三月而祥十五月而禫註云父在為母則是古人之於母既欲全父之尊而減其三歲之期又欲達子之志而加其一時之服凡所以體恤其子者無不至也故名雖為期而其實十有五月者相去止十月耳如此方與他期服有異而人子處此亦得少展其情至漢魏以後又益以心喪之禮則與父卒為母者特減其十月之服而其所以居喪之實固未嘗異也乃唐人欲增為三年謂何至與伯叔母同制豈知伯叔母之期服曷嘗有祥禫之禮乎哉

喪服四制　資於事父以事母而愛同天無二日土無

二君家無二尊以一治之也故父在為母齊衰期者見無二尊也疏言持事父之道以事於母恩愛雖同服乃有異以不敢二尊故也○方慤曰事母同事父之愛而敬則異者以其尊親之殊也

明道程子曰古之父在為母服期今則皆為三年之喪則家有二尊矣可無嫌乎處今之宜服齊衰一年外以墨縗終月筭可以古之禮全今之制

喪服小記庶子在父之室則為其母不禫庶子不以杖即位註庶子為母不禫妾子父在厭也不以杖即位下適子也位朝夕哭位也○疏庶子在父之室謂不命之士父子同宮者也若異宮則禫之庶子不以杖即位謂適庶俱有父母之喪適子得執杖進阼階哭位庶子至中門外而去之下適子也○陸佃曰在父之室謂未娶者也

通典庾氏問徐廣曰母喪已小祥而父亡未葬至母十三月當伸服三年猶厭屈而祥耶答曰按賀循云父未殯而祖亡承嫡猶期此不忍變父在也故自用父在服母也禮靈筵不得終三年也禮云三年之喪

既葬乃為前喪練祥則猶須後喪葬訖乃得為前喪變服練祥也○母喪既練而父亾為母伸服劉表諸儒及太始制皆云父亾未葬而祖亾承祖嫡者不敢服祖重為不忍變於父在也凡父在之日母亾已亾寧可以父亾而變之乎意謂立服之旨皆定於始制之日女子大功之末可嫁既嫁必不可五月而除其服男子在周服之内出為族人後亦可九月而除乎父為大夫子為父後降伯叔父大功或已两三月日而父亾寧可得伸服周乎是知凡服皆以始制為断唯有婦人扵夫氏之親被遣義絶出則除之

附録

〈通典〉繼母亾前家子取喪柩去服議晉束晳問有婦人再嫁為人繼母而亾前家八取母柩父與之去繼

子之服如何步態云當為服周乜取去亦服周○宋庾蔚之謂子當以父服為正父若服以為妻則子亦應服之如母若父與去而不服之則子宜依繼母出不服也

顧炎武日知録為父斬衰三年為母齊衰三年此從子制之也父在為母齊衰杖期此從夫制之也家無二尊而子不得自專所謂夫為妻綱父為子綱審此可以破學者之疑而息紛紜之説矣○父在為母雖降為期而心喪之實未嘗不三年也傳曰父必三年然後娶達子之志也假令娶於三年之內將使為之子者何服以見何情以處乎理有所不可也抑其子之服於期而申其父之不娶于三年聖人所以損益百世而不可改者精矣

唐高宗加至齊衰三年開元禮政和禮書儀家禮明集禮因之孝慈録改為斬衰會典今律文因之

喪服妻敖繼公曰下章傳曰父在則為妻不杖然則此為妻杖謂無父者也

內則聘則為妻註聘問也妻之言齊也以禮聘問則得與夫敵禮

喪服傳為妻何以期也妻至親也註適子父在則為妻不杖以父為之主也服問曰君所主夫人妻大子適婦父在子為妻以杖即位謂庶子○疏為妻年月禫杖亦與母同故同章也以其出嫁天夫為夫斬故夫為之亦與父在為母同傳意以

妻擬母母是血屬得期恠妻義合亦期故發此傳也荅言至親者妻既移天齊體與己同奉宗廟為萬世之主故云至親也云父在為妻不杖者下不杖章之文也此經非直是庶子為妻兼適子父沒為妻在其中引小記父在庶子以杖即位者自天子以下至庶人父皆不為庶子妻主喪故夫皆為妻杖得伸也

馬融曰妻與己共承宗廟所以至親也

陳銓曰以其至親故服同於母

雷次宗曰不直云至親而言妻者明其齊體判合之親以別至極之稱而言

雜記為妻父母在不杖不稽顙母在不稽顙稽顙者其贈也拜註子不以杖即位辟尊者也為妻尊者在不敢盡禮於私喪故不杖不稽顙獨母在於贈拜得稽顙父在贈拜則不得稽顙○疏父為長子杖其子長子之子祖在不厭孫其孫得杖但以與祖同不淂以杖即位辟尊者也為妻謂適子為妻父母見存不敢為妻杖又不敢為妻稽顙案喪服云大夫為適婦為喪主父為已婦之主故父在不敢為婦杖父沒母在為妻雖淂杖而不淂稽顙以杖與稽顙連文不杖屬於父在不稽顙文屬母在故云父母在不杖不稽顙不稽顙二義母在不稽顙者謂母在為妻子尋常拜賓之法也稽顙者其贈也拜者但父沒母在稍降殺於父有他人以物来贈已其恩既重其謝此贈之人時為拜淂稽顙故云其贈也拜

方慤曰父母在則為妻不杖不稽顙為尊者厭不敢盡禮於私喪也母在父沒則為妻亦不稽顙則容杖矣然于拜贈之時尓稽顙焉亦以別于父在之時也

陸佃曰適子為妻如此則庶子父雖在以杖即位可也

朱董祥曰按雜記為妻父母在不杖不稽顙母在不稽顙則是父母不在為妻杖而稽顙也

汪琬曰鄭玄謂父在嫡子不杖庶子杖蓋援小戴禮喪服小記也又曾子問女未廟見而死壻不杖雜記父母在不杖其說不同今律文不分嫡庶父母在皆不杖

乾學按此篇嵩言杖期而兹及於不杖者蓋因妻服而類及之也且下不杖期章但言大夫之適子為妻又不可通于餘人故附于此

喪服小記父在庶子為妻以杖即位可也注舅不主妾之喪子得伸也。疏雜記云為妻父母在不杖亦是庶子而云不杖者謂同宮者也若嫡次子既非冢嗣亦同妾子之限

徐乾學祖父母在妻喪用杖議陳都諫子敬父文和公世為冢嫡子敬有妻喪其父母已沒獨繼祖母在或問喪服用杖乎余曰然或曰家禮及明律皆言父母在不杖

本朝律文亦然今繼祖母在都諫當承重與父母在同安得用杖曰古人重妻服既為之杖又為之練禫同于父在為母所以報其三年之斬異于他服之齊衰期年者也儀禮注適子父在則為妻不杖以父為之主也庶子雖父在亦以杖即位故喪服小記曰父在庶子為妻以杖即位可也適子父殁即為妻製杖其母之存亡不論也惟雜記云父母在不杖不稽顙而賈公彥分別言之謂父為適婦主喪故父在不敢為妻杖若父殁母在不為適婦之主為妻雖得杖而不得稽顙也蓋杖與不杖顯有差等當杖而不杖是為故貶降其匹耦古人

不為故惟適子父在不為妻杖其他無不杖者矣自唐增母服為齊衰三年宋代因之明又加為斬衰由是母服與父服並重母在為妻亦不杖家禮及律文咸由斯義也今繼祖母在孫應承重者服雖與父母同然禮律但言父母在不杖不言祖父母在不杖則為妻製杖夫復何疑曰孫為祖母承重既與父母不殊杖安得有異曰子為父母三年正服也孫為祖父母承重亦三年加服也加服與正服自有差別夫安得盡同且儀禮戴記家禮與明律猶為先代之書若大清律則　本朝制書凡為人臣者所共守也敢于律文所不載者妄增

之乎按叚成式酉陽雜俎云父在適子妻喪不杖衆子則杖彼以父服服我我以母服報之足知唐以前母在並不輟杖則祖父母益可知也曾子問女未廟見而死壻不杖今都諫德配及事文和公伉儷相莊十年寧忍同于未廟見之婦曰儒者觧禮與刑官引律多推類比附適孫承重之服既同于父母則禮律雖無明文可以義斷若服同而為妻製杖有異母乃薄于祖母乎曰為人子孫者情雖無窮制則有定家禮明律既如彼　本朝律文又如此則遵禮律而行自無可議今一旦去杖是明明貶降婦服一等祖母之心亦豈肯一刻安

而反謂薄于祖母哉或唯唯而退遂書以

貽子敬

雜記宗子母在為妻禫　注宗子之妻尊也○疏宗子為百世不遷之宗也賀氏曰父在適子為妻不杖不杖則不禫若父沒母存則為妻得杖又得禫凡適子皆然嫌畏宗子尊厭其妻故特云宗子母在為妻禫宗子尚然則其餘適子母在為妻禫可知

張子曰喪之有禫何也所以致厚也三年之喪其禫者所以欲占及三年也齊衰之喪禫者所以欲占及二年也宗子母在為妻禫則庶子母在不為妻禫以其不承重不敢致厚於妻子也庶子在父之宮則為其母不禫以厭降也宗子而為其妻禫以承其重所以敬宗也自命士以上父子皆異宮適士其庶子異宮皆為母禫矣

後漢書荀爽傳爽以時人多不行妻服為正以經典俗頗有改

風俗通義山陽太守汝南薛恭祖喪其妻不哭臨殯于棺上大言自同恩好四十餘年服食禄賜男女成人幸不爲夭夫復何恨哉今相及也謹按禮爲適妻杖重於宗也妻者既齊于已垂統傳重其爲恩篤矣何有死喪之感終始永絶而曾無惻容此爲矯情僞之至也太尉山陽王龔與諸子並杖太傅汝南陳蕃袁隗皆制哀絰列在服位躬入隧哀以送之近得禮中王公諸子並杖尒過矣

晉書劉寔喪妻爲廬杖之制終喪不御内輕薄者笑之寔不以介意（同時僕射盧欽妻亡制廬杖終喪居外）

新唐書杜悰傳悰尚岐陽公主主薨悰久不謝文宗怪之戶部侍郎李珏曰比駙馬都尉皆爲公主服斬衰三年故悰不得謝帝矍然始詔杖而期著于令

段成式酉陽雜俎今之士大夫喪妻往往杖竹甚長謂之過頭杖據禮父在適子妻喪不杖衆子則杖彼以父服服我我以母服報之杖同削杖也

乾學按家禮齊衰不杖期無父母在妻喪一條僅于喪服圖註云父母在不杖故楊復以為當增此條大約是楊氏意也

陸友仁研北雜志宋理宗女下嫁楊鎮未幾而薨鎮至行三年喪自稱草土不知其制為何如

乾學按小記云為父母妻長子禫又曰宗子母在為妻禫則是夫之服妻亦十一月而練十三月而祥十五月而禫與父在為母同矣夫子之于母厭于父而不得遂則于期之外而加以祥禫之制可也夫之于

妻其服原止于期尚何不遂之有而亦加以祥禫之制𢦤曰此欲達子之志而然也父在為母期不足以盡其情故展之至于十五月然必父于我母亦有祥禫之制其子始得依父祥禫之節而行其服否則父已釋服于期歲而子敢延至于十五月乎乃知古人之體恤子心而不欲輙奪其服如此其委曲而周至也不然妻服杖期亦云足矣何至更加以祥禫竟與母服無異

𢦤

〔顧炎武日知録〕期喪有二有禫杖之期有不禫杖之期禫杖之期則父在為母也為妻也雜記曰期之喪十一月而練十三月而祥十五月而禫喪服小記曰為父母妻長子禫是當十五月而後終喪而晉孫楚除婦服詩但以一周而畢失之矣

開元禮　政和禮　書儀　家禮　孝慈録　會

典　今律文因之

喪服　出妻之子爲母註出猶去也○疏此謂母犯七出或適他族或之本家子從而爲之服者也七出者無子一也淫泆二也不事舅姑三也口舌四也盜竊五也妬忌六也惡疾七也天子諸侯之妻無子不出唯有六出雷氏云子無出母之義故繼夫而言出妻之子也○敖繼公曰出妻者見出之妻也云出妻之子主于父在者也若父沒則或有無服者矣如下傳所云者是也此禮亦閡上下言之若妾子之爲其出母則亦或有不然者非達禮也

喪服傳　出妻之子爲母期則爲外祖父母無服傳曰絕族無施服親者屬註在旁而及曰施親者屬母子至親無絕道○疏再言傳曰義見前章絕族者嫁來承奉宗廟與族相連綴今出則與族絕即無旁及之服也云親者屬者解母被出猶爲之服也父與母義合有絕道母與子至親無絕道也○敖繼公曰此於其外親但云外祖父母見其重者耳絕族離絕之族謂父族與母族相絕而不爲親也絕族無施服言所以爲外祖父母無服也親者屬言所以爲出母期也此蓋傳者引舊禮而復引傳以釋之也

出妻之子爲父後者則爲出母無服傳曰與尊者爲一體不敢服其私親也疏舊傳釋爲父後者謂父沒適子承重不合爲出母服子夏釋舊意不言與父爲體而言與尊者爲一體者適子正体於上將所傳重相承父祖以上俱是尊者故不言父也但事宗廟祭祀者不敢聞見凶人故雜記云有死于宮中三月不祭況有服可得祭乎是以不敢服其私親也父已與母無親子獨親之故云移親○敖繼公曰言爲父後則無父矣乃云出妻之

子蒙経文也與尊者為一体釋為父後也母不配父則子視之為私親
母子無絶道固當有服終有服則不可以祭故為父後則不敢服也
徐邈曰非其所
生則無服也
雷次宗曰不直言為出母嫡妾子及前妻
之子為之服子無出母之義故繫夫而言
應鏞曰祭吉禮也喪凶事也凶服不可以行吉禮子無絶母之理而為父後
則有祭祀之責以宗廟為重故寧奪母而不敢廢祖父之祀然出婦既淂罪
于宗廟則[illegible]為服亦無望于前夫之家其
[illegible]者必有受我而為之服矣
[illegible]者見出之妻也云出妻之子主于父在者也若父沒則或有無
[illegible]所云者是也又此禮亦闕上下言之若妾子之為其出母則亦
或有不然者
非達禮也

終有服終字宜改生字

喪服小記為父後者為出母無服注不敢以己私廢父所傳重之祭祀○疏母子至親義不
可絶父若猶在皆為出母服若父沒後則適子一人不復淂為母服所以然者
已係嗣烝嘗不敢以私親廢先祖之祀也○方慤曰為出母無服者隆于公義
而殺于私恩也

為父後者為出母無服無服也者喪者不祭故也注適子正体于上當祭禮也

朱子曰出母為父後者無服此尊祖敬宗家無二

典　今律文因之

喪服出妻之子為母註出猶去也○疏此謂母犯七出或適他族或之本家子從而為之服者也七出者無子一也淫泆二也不事舅姑三也口舌四也盜竊五也妬忌六也惡疾七也天子諸侯之妻無子不出唯有六出雷氏云子無出母之義故繼夫而言出妻之子也○敖繼公曰出妻者見出之妻也云出妻之子主于父在者也若父沒則或有無服者矣如下傳所云者是也此禮亦關上下言之若妾子之為其出母則亦或有不然者非達禮也

喪服傳出妻之子為母期則為外祖父母無服傳曰

絕族無施服親者屬註在旁而及曰施親者屬母子至親無絕道○疏冄言傳曰義見前章絕族者嫁來承奉宗廟與族相連綴今出則與族絕即無旁及之服也云親者屬者解母被出猶為之服也父與母義合有絕道母與子至親無絕道也○敖繼公曰此於其外親但云外祖父母見其重者耳絕族離絕之族謂父族與母族相絕而不為親也絕族無施服言所以為外祖父母無服也親者屬言所以為出母期也此蓋傳者引舊禮而復引傳以釋之也

出妻之子為父後者則為出母無服傳曰

與尊者為一體不敢服其私親也疏舊傳釋為父後者謂父沒適子承重不合為出母服子夏釋舊意不言與父為體而言與尊者為一體者適子正体於上將所傳重相承父祖以上俱是尊者故不言父也但事宗廟祭祀者不敢聞見凶人故雜記云有死于宮中三月不祭況有服可得祭乎是以不敢服其私親也父已與母無親子獨親之故云私親○敖繼公曰言為父後則無父矣乃云出妻之

子蒙經文也與尊者為一体釋為父後也母不配父則子視之為私親母子無絕道固當有服終有服則不可以祭故為父後則不敢服也

徐邈曰非其所生則無服也

雷次宗曰不直言為出母嫡妾子及前妻之子為之服子無出母之義故繫夫而言

應鏞曰祭吉禮也喪凶事也凶服不可以行吉禮子無絕母之理而為父後則有祭祀之責以宗廟為重故寧奪母而不敢廢祖父之祀然出婦既得罪于宗廟則其為服亦無望于前夫之家其有故而他適者必有受我而為之服矣

敖英曰出妻者見出之妻也云出妻之子主于父在者也若父沒則或有無服者矣如傳所云者是也又此禮亦關上下言之若妾子之為其出母則亦或有不然者非達禮也

喪服小記為父後者為出母無服注不敢以已私廢父所傳重之祭祀○疏母子至親義不可絕父若猶在皆為出母服若父沒後則適子一人不復得為母服所以然者已係嗣烝嘗不敢以私親廢先祖之祀也○方慤曰為出母無服者隆于公義而殺于私恩也

為父後者為出母無服無服也者喪者不祭故也注適子正体于上當祭禮也

朱子曰出母為父後者無服此尊祖敬宗家無二

上之意先王制作精微不苟蓋如此陳澔曰出母父所棄絕為他姓之母以死則有他姓之子服之蓋居喪者不祭若喪他姓之母而廢己宗廟之祭豈禮也哉故為父後者不喪出母重宗祀也然雖不服猶以心喪自居為恩也非為後者期而不禫

檀弓 伯魚之母死期而猶哭夫子聞之曰誰與哭者門人曰鯉也夫子曰嘻其甚也伯魚聞之遂除之疏父在為出母亦應十三月祥十五月禫言期而猶哭則是禫後祥前祥外無哭于時伯魚在外哭故夫子怪之恨其甚也或曰為出母無禫期後全不合哭陳澔曰伯魚之母出而死父在為母期而有禫出母則無禫伯魚乃夫子為後之子則于禮無服期可無服矣猶哭夫子所以嘆其甚顧炎武曰伯魚之期而猶哭自父在為母之制當然疏以為出母者非

子上之母死而不喪門人問諸子思曰昔者子之先君子喪出母乎曰然注禮為出母期父卒為父後者不服耳子之不使白也喪之何也子思曰昔者吾先君子無所失道道隆則從而隆道污則從而污伋則安能為伋也妻者是為白也母不為伋也妻者是不為白也母故孔氏之不喪

出母自子思始也疏喪服杖期章出妻之子為母又云為父後者為出母無服子思既在子上當為出母有服故門人疑而問之先君子謂孔子也伯魚之母死期而猶哭是喪出母也道猶禮也禮有可隆則從而隆謂父在為出母宜加隆厚為之著服汚猶殺也若禮可殺則從而殺謂父卒子為父後上繼至尊不敢私為出母禮當減殺則不為之著服

張子曰出妻不當使子喪之禮也子於母則不可忘若父不使之喪子固不可違父當默持心喪亦禮也若父使之喪而喪之亦禮也子思以為我未至于聖人孔子使喪出母乃聖人處權子思自以為不敢處權唯循禮而已

楊時曰問子思之不使白也喪出母也是乎曰禮適子不為出母服曰何也曰繼体也

陳祥道曰夫之於妻有出之之禮子之於母無絕之之道故不為父也妻不可謂之不為子也母以其不可謂之不為子也母故死而必喪以其不為父也妻故止于期年而已喪之者恩也期年者義也義資恩以為用恩資義以為斷此喪出母之禮也儀禮曰出妻之子為母期故伯魚之母死期而猶哭孔子以之為甚是哭於期年之內則可哭於期年之外則甚也子上之母死而不喪子思謂先君子之無失道者以情狥道而未嘗以道狥情也道隆則從而隆故喪出母道汙則從而汙故止于期年而已若伋則以道狥情而不能以情狥道故為伋也妻是為白也母不為伋也妻是不為白也母嗚呼君

子之于禮不知而不行者其過小知而不行者其過大子思知而不行而以不能自詘此所以不為君子取也方慤曰父在而服出母期此從道之隆也父沒而為後則不為之服此從道之汙也君子之于禮過者俯而就之不至者跂而及之而已子思乃有安能之語哉為知禮之道哉馬晞孟曰夫婦以義合亦可以義離子母之恩無絕也雖子之於出母猶必喪之而父亦不得禁焉蓋夫婦失義不可以奪子母之恩也子思之不使白也喪出母則既薄矣又從而為之辭其可乎葉夢得曰汙隆猶言升降道可以恩而上之者謂之隆故父在無嫌則與之俱隆而服期道可以義而殺之者謂之汙故父沒而為人後不可以有二本則與之俱汙而不為服此人之所可勉也而子思自以為不能而使白絕其母故記不喪出母自子思始異父禮亦謂之繼父繼父同居則服期不同居則不服自其母推之也此亦服者其隆而不服者其汙也異父既服期則其昆弟死視異父以為差而服大功子游之言是矣而子夏不及知乃自以未之前聞而從魯今齊衰以荅儀狄之問所以記今之齊衰儀狄之問也出母之無服非所汙而汙異父昆弟之齊衰非所隆而隆君子是以謹之近世士大夫多疑于出母與異父之喪服不服率自其意而莫能一殆未嘗學禮之過欤

朱子曰孔子令伯魚喪出母而子思不使子上行之者蓋猶子繼祖與為體出母既得罪於祖則不得入祖廟不喪出母禮也孔子時人喪之故亦令

伯魚喪之子上時人不喪之故子上守法亦不喪之其寔子上是正禮孔子却是變禮也故曰道隆則從而隆道汙則從而汙○又問子上不喪出母如何朱子曰今律文甚分明又問伯魚母死期而猶哭如何曰既期則當除矣而猶哭是以夫子非之又問道隆則從而隆道汚則從而汚曰以文意觀之道隆者古人為出母無服迨德下衰有為出母制服者夫子之聽伯魚喪出母隨時之義也若子思之意則以為我不能効先君子之所為從古者無服之義也○又曰子思不使子上喪其出母以儀禮考之出妻之子為父後者出母無服或人之問子思自可引此荅之何故費辭恐是古者出母無服逮德下衰時俗有此故曰先君子無所失

道即謂禮也道隆則從而隆道汚則從而汚是聖人固用古禮亦有隨時之義時如伯魚之喪出母是也子思自謂不能如此故但守古之禮而已儀禮出妻之子為母齊衰杖期疑是後世沿情而制

○又問子上不喪出母朱子曰子思所荅與喪禮都不相應不知何故據其問意則以孔子當令伯魚喪之子思却不令子上喪之故疑而問之也子思荅以道之汚隆則以孔子之時可以隨俗而今據正禮則為伋妻者為白母不為伋妻者是不為白母爾禮為父後者為出母無服只合以此荅之

陳澔曰子上之母子思出妻也禮為出母齊衰杖期而為父後者無服心喪而已伯魚子上皆為父後禮當不服者而伯魚乃期而猶哭夫子聞之曰甚而後除之此賢者過之之事也子思不使白喪出母正欲用禮耳而門人以先君子之事為問則子思難乎言伯魚之過禮也故以聖人無所失道為對謂聖人之聽伯魚喪出母者以道揆禮而為之隆殺也唯聖人能于道之所當加隆者則從而隆之于道之所當降殺者則從而殺之汙猶殺也是于先

王之禮有所斟酌而隨時隆殺以從于中道也我則安能如是哉但為我妻則白當為母服今既不為我妻則白為父後而不當服矣子思是欲守常禮而不欲加如伯魚之加隆也

吴澄曰伯魚父在故淂為出母服子思雖是父與祖俱已没然亦淂為嫁母服者支子不主祭故也子上雖有父在而不淂為出母服者蓋子思兄死時子思使其子接續伯父主祖與曾祖之祭既主尊者之祭則不敢私親也此禮昔所未曾有子思以義起之乃孔氏一家之變禮權而淂宜者門人但見常禮父在當服出母而子上不服故疑而問子思不以其子已主祖與曾祖之祭不可服出母荅門人但推尊聖祖之于禮或隆或汙無不淂宜而自謙抑已之不能及為伋妻者為白母不為伋妻者不為白母此主祭為後者之正服也言此俾門人深思詳察而自知之伋則安能之語與論語我則不暇之語相類孔子荅人之問多有如此含蓄不露者子思此荅語甚似聖人真可謂孔子之孫哉而周末記禮者已不悟故以不喪出母自子思始貶之而後之制禮者馬氏則謂子思不使白喪出母既薄矣又從而為之辭石林葉氏則謂子思自以不能而使白絶其母長樂陳氏則謂子思以不能自處君子不取也方氏則又謂子思安能之語豈為知禮之道哉甚矣其不知言而輕于誹議聖賢也張子亦謂子思未識聖人之意故不敢學孔子雖不誹議亦是思之未精者或曰子思兄死不自代兄主祭而使其子繼伯父主祭何也曰子思有兄則支子爾子上則繼禰之宗子也古禮有奪宗謂宗子死無後則非宗子者代之主祭也然以支子奪宗子不若以繼禰之宗進而為繼祖繼曾祖之宗者為順且以已代兄無尊者命是自奪宗也以子繼伯父則有父命愈于無父而自奪宗者也子思之處此蓋精審矣非淂聖道之傳者不能也曰不為伯父後而接續主祭可乎曰禮惟大宗無子者不立後而但奪宗也曰何以知子思之有兄曰子思哭嫂則有兄明矣曰或言孔氏九世单傳非乎曰此雜書所言本不足深信然子思雖有兄而蚤死無子其[illegible]皆子思之子孫是即单傳也

乾學按孔子世家伯魚生子思子思生子上子上生子家子家生子京子京生子商子商生子慎子慎生鮒鮒弟子襄是自伯魚至子慎僅七世單傳若鮒有弟曰子襄非單傳矣

王楙燕翼貽謀録士大夫之家不幸出妻為之子者非其親生猶可不服茍其所親生而視之恝然則非人類矣張永德父頴先娶馬氏生永德為頴所出永德知鄧州於州廨作二堂左繼母劉氏居之右馬氏居之不敢以出母加於繼母永德事二母如一人無間言時大臣母妻皆得入謁劉氏存日馬不敢同入禁中劉氏卒馬始得入謁太宗勞問嘉嘆封莒國太夫人此可為人子事出母之法仁

宗景祐三年九月集賢校理郭稹乞為嫁母服詔兩制御史太常寺禮院議詔自今並許解官申心喪

通典後漢鄭玄荅趙商問曰繼母而為父所出不服也○魏王肅云無服季祖鍾曰繼母在如母出則為父所去不服也○晉范宣曰夫繼母之所以出者非身有穢釁則必犯逆于父是以致此斥黜恩不生已義距于父非恩非義何以淂服河内從事史糜遺議曰夫禮緣人情而為之制雖以義督親然實以恩斷義按繼母如母謂其在父之室事之猶母見育猶子故同之所生齊服下章云父卒繼母嫁從為之服報此明父在繼母出則不服矣繼母出自他族與已無名從以配父有母之尊親撫養已故亦喪之如母及

其出也既不終養育之恩又棄為母之名若不從而見育則不服亦其宜矣

通典吳徐整問曰出妻之子為其母及父卒繼母嫁為之服報皆周也二母既出則為絕族今子為之服亦當於何處為位有廬堊室不出母亦當報其子不繼母報子於何處制服豈止所適者之家為哭位乎又當有禫不謝慈荅曰當就出母之家若遠不得往也可別為異室亦有廬變除堊室及禫如親子也母亦報子周也

晉步熊曰已出為人後而母在後見出應服不已為人後所後之母出得與繼母出同不復與親母同耶父亾已為祖後祖母見出服之云何祖父亾與在服之有異不許猛荅曰禮為人後者為所後者若子則

不應復服親母出以廢所後者之祭也為人後者若子繼母言如母夫言若言如者明其制如親其情則異也繼母如母則異親母為人後者若子母出亦當異於親子矣為父後者不淂服出母則足明祖後母子至親無絶道則非母子者出則絶矣是以經文不見出祖母之服若苟無服則無繫祖存亾又問為人後者為母出妻之子為母皆至親何以有不杖耶許猛云為人後者為父猶不杖何嫌母乎奉雖同于至親已出與母出義則異也

魏嘉平元年魏郡太守鍾毓為父後以出母無主後迎還輙自制服郡丞武申奏云禮出母父在為母周記曰為父後者無服非謂毓出母無緦麻之親還毓家者也禮姑姊妹女子子無主後者不為降哀其無

繼也成洽難喪服傳曰出妻之子為父後者為出母無服與尊者為體不敢服其私親也経為繼父服者亦父後者也為父後服繼父服則自服其母可知也出母之與嫁母俱絕族今為嫁母服不為出母服其不然乎経證若斯其謬耳吴商荅曰出母無服此由尊父之命嫁母父不命出何得同出母乎為継父服者為其父没年幼随母再適已無大功之親與繼父同財共居為築宮廟四時祭祀其先此恩由繼父所以為服耳且妾子之無母父命為母子則生事之如母喪則服之三年貴父命也而今欲以出母同於嫁母違父命豈人子所行又引繼父云経謬也又出母之黨無服嫁母之黨應服之豈可復同乎○宋庾蔚之謂為父後不服出母為廢祭也母嫁而迎還是子

之私情至于嫡子不可廢祭鍾毓率情而制服非禮意也禮云繼母嫁從為之服非父後者也

晉束皙問嫡子為出母無服母為子有何服步熊荅但為父後故不得服耳母為之服周嫡子雖不服外祖猶為服緦麻也袁准正論為父後者為出母無服喪者不祭故也其以出不得不降安有母子至親而無服乎釋服而祭可也

晉賀循云父在為母厭尊故屈而從周出母服不減者以本既降義無再厭故也父在為母既已杖矣若父在母去宜重降者則宜在不杖條今在杖條明不再降杖者必居廬居廬者必禫

晉徐邈荅劉氏之問庶子服出嫡母邈以經言出妻之子為母明非所生則無服也邈又荅范甯問曰若

但言出母嫡妾子亦服故言出妻之子則非所生也

殷仲堪荅宗氏庶子服出母按王賀以父在服齊衰

周父没不服故以為父喪之服父在齊衰周夲自心

喪終二十五月今雖無服當不應减三年之節也

晉傅玄曰征南軍師北海𩿧公智父前取夾氏女生

公智後出之未幾重取王氏女生公曜父終之日謂

公智曰公曜母年少必當更嫁可迎還汝母及父卒

公智以告其母母曰我夾氏女非復𩿧氏婦也今將

依汝居然不與𩿧氏家事夾氏來至王氏不悅脱縗

經而求去夾氏見其如此即還歸夾舍三年喪畢王

氏果嫁夾氏乃更來每有祭祀之事夾氏不與及公

智祖母并姑亡夾氏並不為制服後夾氏疾困謂公

智我非𩿧氏婦乃汝母耳勿葬我𩿧氏墓也公智從

其母令别葬之公智以父昔有命母還於是為服三年公曜以夾氏母始終無順父命竟不為服博士劉喜云公智之父弃夾納王其在户庭尚為已配苟有變悔自由可也還歸夾氏則他人矣去就出處各從所執豈復矯父所淂制乎故出妻之禮使人致曰某不敏不能從而供粢盛使某也敢告主人曰某子不肖不敢避誅又曰婦當喪而出則除之然則相與之禮于是絶矣少府劉克義以為父者子之天違父與違天同公曜父臨亾知其母無守志故勑公智還其母此為臨死情正慮審也公曜幼小在此母懷抱其見慈長以至成人過于所生而母之亾哀不過啁噍之頃衣不釋綵食不損味居處自若古今未之有也夫孝子事其親事亾若事存也女人從人出之則

歸命之則又上奉夫母以為姑下育夫兒以為子制矯氏之家政脩母氏之教命而怡然無慼言非我命也〇宋庾蔚之謂臨亡使子迎母自是伸母之私情耳此母自處不失禮而子不用出母之服非也不曜不服當矣

唐書中宗神龍元年五月韋后表請天下出母終者制服三年優詔許之

玄宗天寶六載正月赦文五服之統所宜企及三年之數以報免懷斬衰之紀雖存出母之制頗復之慕何伸孝子之心其出嫁之母宜終服三年

乾學按唐時雖有此勑其後亦竟不行

宋史禮志仁宗景祐三年侍講學士馮元言儀禮禮記正義古之正禮開寶通禮五服年月勑國朝見行

典制為父後者為出母無服惟通禮義纂引唐天寶六年制出母終服三年又引劉智釋疑雖為父後猶為出母齊衰卒哭乃除盖天寶之制言諸子為出母故云終服三年劉智言為父後者為出母故云猶為齊衰卒哭乃除各有所謂固無疑也况天聖五服年月勑出妻之子為母降杖朞則天寶之制已不可行又但言母出為父後者雖不服亦申心喪即不言解官若專用禮經則是全無服式若俯同諸子杖期又於條制相戾請凡子為父後無人可奉祭祀者依通禮義纂劉智釋疑服齊衰卒哭乃除踰月乃祭仍申心喪則與儀禮禮記正義通典通禮五服年月勑為父後為出母無服之言不遠如諸子非為父後者為出母依五服年月勑降服齊衰杖朞亦解官伸心喪

則與通禮五服制度言雖周除仍心喪三年及刑統言出妻之子合降其服皆二十五月內為心喪其義一也

乾學按馮元此奏為郭稹服嫁母而發其詳見下嫁母條當參看

呂坤四禮疑出母而嫁兩相絕也出母不嫁為父守也夫死而嫁忘我父也繼母而嫁情又遠矣而皆杖期不無等乎制禮者宜等焉○出母不嫁其情可問杖期可也嫁者似應少殺期而杖不已厚乎宋襄公之母可哀也已

顧炎武日知錄出妻之子為母此經文也傳曰出妻之子為母期則為外祖父母無服此子夏傳也傳曰絕族無移服親者屬此傳中引傳援古人之言以證其無服也當自為一條出妻之子為父後者則為出母無服此又經文也傳曰與尊者為一體不敢服其私親也此子夏傳也當自為一條今本乃誤連之

梅枝鳳質疑或問于梅子曰伯魚之喪出母也孔子聽之子思曰不為伋也妻則不為白也母何聖人家法再傳而異與曰伯魚之喪出母孔子之大也白之不得有母子思之嚴也各行其是而已何必同

吳肅公曰孔氏之喪出母說者曰伯魚過也子思悟其非禮而已之其荅門人云云有難于正父之失故諱之愚竊以為不然伯魚即失而夫子何以聽

昔　此

無移服移字應改施字

之是聖人家庭之際相與護非也然則儀禮周公之書也而越之乎竊疑以為春秋之世周禮之毀者多矣其至者聖人守之其未盡善者亦微有損益之喪情之所不容恝執禮而强使恝焉非情也則亦非禮也是以伯而夫子姑聽之東渚謂聖人之大也愚則曰聖人之微也子思則自許其道之不足以及此故已之子思之嚴也亦賢聖之分也道隆則隆道污則污智足以知聖人而不知者以為飾說也

姜宸英曰吴氏徵因子思哭嫂知其有兄因其有兄而鑿空為奪宗之議曰子上雖有父在而不得為出母服者蓋子思兄死時使其子續伯父主祖與曾祖之祭既主尊者之祭則不敢服私親也此禮者所未有子思以義起之者又曰子思有兄則支子爾子上則繼禰之宗子也古禮有奪宗謂宗子死無後則非宗子者代之主祭也然以支子奪宗子不若以繼禰之宗進而為繼祖繼曾祖之宗者為順或曰不立後而但奪宗可乎曰禮惟大宗無子者不立後而但奪宗也此大不然使子上主尊者之祀而不敢服其私親則不但不當服出母之喪亦當降服于其父矣何者以曾祖祖視其父則子思為支子不當主祭之父既不當主祭則子上為伯父後以繼其曾祖祖後無論父母皆私親也服安得不從而降今但以續伯父主祭為不服出母之証於義安乎傳曰天子建國諸侯奪宗謂諸侯為一國之主雖非宗子亦得移宗於己此所謂奪宗也禮自大夫以下支子不祭或宗子有故而代攝之祭則必告于宗子宗子為士庶子為大夫以上牲祭于宗子之家祝稱孝子某為介子薦其常事宗子有罪適他國者庶子為大夫其祭也祝亦如之而禮有降等庶子無爵而居者望墓為壇以時祭宗子死稱名不言孝凡禮言庶子代宗子祭者如是而已皆不得謂之奪若宗子無後者則必為之立後矣夫支子代宗子之祭其昭穆同也固不可以為後而繼大宗者必繼其禰未有越禰而直繼其曾祖祖者喪服傳曰為人後者為其父母衰言繼禰也禮惟大宗無子為立後非大宗則不立後不以大宗不立後而但奪宗為此說者所以祖述濮議一時之[illegible]其下貽末世議禮小人之口實其

則與通禮五服制度言雖周除仍心喪三年及刑統言出妻之子合降其服皆二十五月內為心喪其義一也

乾學按馮元此奏為郭稹服嫁母而發其詳見下嫁母條當參看

吕坤四禮疑出母而嫁兩相絕也出母不嫁為父守也夫死而嫁忘我父也繼母而嫁情又遠矣而皆杖期不無等乎制禮者宜等焉○出母不嫁其情可悶杖期可也嫁者似應少殺期而杖不已厚乎宋襄公之母可哀也已

顧炎武日知錄出妻之子為母此經文也傳曰出妻之子為母期則為外祖父母無服此子夏傳也傳曰絕族無移服親者屬此傳中引傳援古人之言以證其無服也當自為一條出妻之子為父後者則為出母無服此又經文也傳曰與尊者為一體不敢服其私親也此子夏傳也當自為一條今本乃誤連之

梅枝鳳質疑或問于梅子曰伯魚之喪出母也孔子聽之子思曰不為伋也妻則不為白也母何聖人家法再傳而異與曰伯魚之喪出母孔子之大也白之不得有母子思之嚴也各行其是而已何必同

吳肅公曰孔氏之喪出母說者曰伯魚過也子思悟其非禮而已之其荅門人云有難于正父之失故諱之愚竊以為不然伯魚即失而夫子何以聽

昔　此

之是聖人家庭之際相與護非也然則儀禮周公之書也而越之乎竊疑以為春秋之世周禮之斁者多矣其至者聖人守之其未盡善者亦微有損益焉出母之喪情之所不容恝執禮而强使恝焉非情也則亦非禮也是以伯魚行之而夫子姑聽之東渚謂聖人之大也愚則曰聖人之微也子思則自計其道之不足以及此故已之子思之嚴也亦賢聖之分也

道隆則隆道汚則汚智足以知聖人而不知者以為飾說也

姜宸英曰吳氏徵因子思哭嫂知其有兄因其有兄而鑿空為奪宗之議曰子上雖有父在而不得為出母服者蓋子思兄死時使其子續伯父主祖與曾祖之祭既主尊者之祭則不敢服私親也此禮者所未有子思以義起之者又曰子思有兄則支子尔子上則繼禰之宗子也古禮有奪宗謂宗子死無後則非宗子者代之主祭也然以支子奪宗子不若以繼禰之宗進而為繼祖繼曾祖之宗者為順或曰不立後而但奪宗可乎曰禮惟大宗無子者不立後而但奪宗也此大不然使子上主尊者之祀而不敢服其私親則不但不當服出母之喪亦當降服于其父矣何者以曾祖祖視其父則子思為支子不當主祭之父既不當主祭則子上為伯父後以繼其曾祖祖後無論父母皆私親也服安得不從而降今但以續伯父主祭為不服出母之証於義安乎傳曰天子建國諸侯奪宗謂諸侯為一國之主雖非宗子亦得移宗於已此所謂奪宗也禮自大夫以下支子不祭或宗子有故而代攝之祭則必告于宗子宗子為士庶子為大夫以上牲祭于宗子之家祝稱孝子某為介子薦其常事宗子有罪適他國者庶子為大夫其祭也祝亦如之而禮有降等庶子無爵而居者望墓為壇以時祭宗子死稱名不言孝凡禮言庶子代宗子祭者如是而已皆不得謂之奪若宗子無後者則必為之立後矣夫支子代宗子之祭其昭穆同也固不可以為後而繼大宗者必繼其禰未有越禰而直繼其曾祖祖者喪服傳曰為人後者為其父母衰言繼禰也禮惟大宗無子為立後非大宗則不立後不言大宗不立後而但奪宗為此說者所以祖述濮議一時之[illegible]其下貽末世議禮小人之口實其

為剌謬豈不甚哉且子上誠為伯父後則子思亦當云為伋也妻者為白也母子上既不為伯父又不後其私親天下有無父母之人則可也不然吾懼守禮者之進退無所處也古者士惟一廟以祭其禰而祭祖於其禰之廟子上士也不祭禰不立其禰之廟矣雖有曾祖祖之祭不知其將安設此尤理之不可通者也然則為子上者宜何居曰自有孔子之禮在矣記言之孔氏之不喪出母自子思始志變禮也明其為變禮從而強為之辭者皆後儒之過也

乾學按玩經傳所言為出母之喪者其別有二父在則齊衰杖期父没則無服此以父之存没分喪與不喪者也衆子則雖父没猶得為出母服嫡子為父後則父没之後嫡子嫌於不祭而無服此以衆子與嫡子分喪與不喪者也伯魚母死與子上母死皆當父在之時則齊衰杖期固其禮矣伯魚服過期而猶哭故夫子甚之明乎不及期則哭之可也子上母死而不喪則齊

衰杖期之禮廢矣子思道隆道汙之說先儒皆不能無疑而從而為之辭者朱子曰出母既得罪于祖則不得入祖廟不喪出母禮也是不分父在父沒衆子嫡子皆以為不當服矣陳澔曰禮為出母齊衰杖期而為父後者無服伯魚子上皆為父後禮當不服是謂嫡子宜無服而不思嫡子於父在時猶有服也伯魚父在而服期為合於禮則子上父在而不服為與禮背甚明然則先儒何所据而斷從子思之言為能守禮之正者乎且道即禮也解之者曰聖人以道揆禮而于道之所當加隆者則從而隆之於道之所當降殺者則從而殺之

是禮全無定準一聽道之轉移聖人用道恐不如是之模稜前説使人皆得以其意為重輕而令守禮之學者尓將漫無所依據也記禮者曰孔氏之不喪出母自子思始然則孔氏子思之前未有不喪出母者也禮制自先王世守於孔氏子思焉得而變之凡檀弓之記物皆言其變禮之失者獨於子思無譏乎記言子思之母死於衛子思哭於廟門人曰庶民之母死何為哭於孔氏之廟子思曰吾過矣吾過矣遂哭於他室子思之哭子上之不喪於禮均失記禮者不欲明言之故微文以志其變禮之始欲學者深思而自得之也昔人論

喪出母與嫁母異曰出母無服此由尊父之命嫁母父不命之出非同出母故宜有服此又不然嫡子之不喪出母者以凶服不得祭廟故也母嫁亦與廟絕矣與廟絕即與父絕矣況父固未常命之嫁也此而可服安在出母之不可服乎大抵戴禮所記多駁雜如孔氏再世出妻子思母嫁孔子殯五父之衢不知其父墓處皆誕妄不可信後世定禮不分嫡子衆子皆齊衰杖期以喪其出母所以緣人情之不得已而變通之者於古制亦無害如子上之事之有無皆不可知其不可援以為據也明矣

開元禮　政和禮　書儀　家禮　孝慈録　明

會典 今律文並同

喪服 父卒繼母嫁從為之服報 疏父卒繼母嫁者欲見此母為父已服斬衰三年恩意之極故子為之一期得伸禫杖但以不生已父卒改嫁故降于已母一期而已從為之服者為本是路人暫與父牉合父卒還嫁便是路人子仍著服故生從為之文也報者喪服上下并記云報者十有二無降殺之義感恩者皆稱報若此又子念繼母恩終從而為服母以子恩不可降殺即生報文餘皆倣此

喪服傳 何以期也貴終也 注嘗為母子貴終其恩

馬融曰繼母為已父三年喪禮畢嫁後夫重成母道故隨為之服繼母不終已父三年喪則不服也

王肅曰從乎繼而寄育則為服不從則不服○服也則報不服則不喪

雷次宗曰凡言報者繼母服亦如此

朱子曰儀禮事之 都載在裏面其間曲折難行處他都有箇措置得恰好因舉一項父卒繼母嫁從為之服報傳曰何以期也貴終也嘗為母子貴終其恩此為繼母服之義

敖繼公曰父卒而繼母不嫁則為之三年從之嫁則期所以異內外也報者以其服服之之名謂出妻于其子與其繼母皆報也小記曰妾從女君而出

則不謂女君之子服妾不服之明出妻有服也舊說謂此女君猶為其子期是已母與子乃亦杖期者既出嫁而無尊加之義故宜報之所以別于在其父之室者此經言出妻之子為母及子為繼母嫁從之服而獨不及于父卒母嫁者今以此二條之理定之則子于嫁母其從與否皆當為之杖期而經不著之者豈以其既有子矣乃夫沒而再嫁尤為非禮故闕之以見義乎傳曰出妻之子為父後者則為出母無服然則嫁母之子自居其室而為父後者亦不為嫁母服也終者終為母子也以終為貴故服此服也繼母嫁而子從之是終為母子也

郝敬曰此條當以繼母嫁為句從為句蓋謂父死子幼從繼母嫁是始終相依也母喪則子為期子喪則母亦然以報之傳疑從嫁之繼母何以同服蓋生相依死相弃是無終也生依之死服之所以貴終終其為母子之義也

通典　東晳問曰繼母嫁從服當立廬否步熊荅曰父卒繼母嫁如母應倚廬皇密云經稱繼母如母者蓋謂配父之義恩與母同故孝子之心不敢殊也傳曰繼母何以如母明其不同也是以出母服周而繼母無服不同之驗也夫一與之齊則終身不改故死則同穴無再醮之義然則禮許其嫁謂無大功之親已稚子幼不能自存故攜其孤孩與之適人上使祖宗

無曠祀之闕下令弱嗣無出之難故曰貴終也若偏喪之日志存爽貳不遵共姜靡他之節而襲夏姬無猒之欲輕忽先亾棄已如遺無顧我之恩何貴終之有也如禮之旨則子無不從且非禮而嫁則義之所黜何服之有哉〇宋庾蔚之云母子至親本無絶道禮所謂親者屬也出母得罪于父猶追服周若父卒母嫁而反不服則是子自絶其母豈天理耶宜于出母同制按晉制寧假二十五月是終其心喪耳宋崔凱云父卒繼母嫁從為之服報鄭玄云嘗為母子貴終其恩也按王肅云若不隨則不服凱以為出妻之子為母及父卒繼母嫁從為之服報此皆為庶子耳為父後者皆不服也傳云與尊者為體不敢服其私親此不獨為出母言為繼母發繼母嫁已隨則

為之服則是私也為父後者亦不敢服也鄭玄云嘗為母子貴終其恩不別嫡庶王肅云隨嫁乃為之服此二議時人惑焉凱以為齊衰三年章繼母如母則當終始與母同不淂隨嫁乃服不隨則不服如此者不成如母為父後者則不服庶子皆服也庾蔚之曰王順經文鄭附傳說王即情易安于傳亦無礙繼嫁則與宗廟絕為父後者安可以廢祖祀而服之乎

房景先五經疑問曰儀禮繼母出嫁從為之服傳云貴終其恩曰繼母配父本非天屬與尊合德名義以興兼鞠育有加禮服是重既體違義盡棄節毀慈作嬪異門為鬼他族母道不全何終恩之有方齊服是追哭于野次苟存降重母乃過猶不及乎

舊唐書龍朔二年八月所司奏同文正卿蕭嗣業嫡

繼母改嫁身亡請申心制據令繼母改嫁及為長子並不解官既而有敕雖云嫡母終是繼親據禮緣情須有定制付所司議定奏聞司禮太常伯隴西郡王博乂等奏稱緬尋喪服母名斯定嫡繼慈養皆在其中惟出母制特言出妻之子明非生已則皆無服是以令云母嫁又云出妻之子出言其子以著所生嫁即言母通包養嫡俱當解任並合心喪其不解者惟有繼母之嫁繼母為名正據前妻之子嫡于諸嬖禮無繼母之文甲令今既見行嗣業理申心制然奉敕議定方垂永則令有不安亦須釐正竊以嫡繼慈養皆非所生並同行路嫁雖比出稍輕于父終為義絕繼母之嫁既殊親母慈嫡義絕豈合心喪望請凡非所生父卒而嫁為父後者無服非承重者杖朞並不

心喪一同繼母存符情禮無玷舊章又心喪之制惟施服屈杖期之服不悲解官而令文三年齊斬亦入心喪之例杖期解官文有妻喪之外又依禮庶子為其母緦麻三月既是所生無服準例亦合解官令文漏而不言于事終須脩附既與嫡母等嫁同一條揔議請改理為允愜者依集文武官九品已上議淂司衛正卿房仁裕等七百三十六人議請一依司禮狀嗣業不解官淂右金吾衛將軍薛孤吳仁等二十六人議請解嗣業官不同司禮嫁者母非所生出嫁義絶仍令解職有紊緣情杖朞解官不甄妻服三年齊斬謬曰心喪庶子為母緦麻漏其中制此並令文疏外理難因襲依房仁裕等議揔加脩附垂之不朽其禮及律疏有相關涉者亦請準此改正嗣業嫡母改

醮不合解官詔從之

萬斯大曰齊衰杖期章父卒繼母嫁從爲之服報傳曰貴終也王肅云從乎繼母而寄育則爲服不從則不服此說是也鄭玄謂常爲母子貴終其恩則是因而未嫁前有母子之恩而服之非從嫁而爲之服也崔凱因鄭說而推之曰此服之者庶子耳爲父後者不服也愚觀上文出妻之子爲母非爲父後者皆齊衰杖朞此無論從嫁與非從如一所以然者傳所爲親者屬而注謂母子無絕道也然豈可語于繼母乎繼母不嫁則母子也嫁則路人矣奚服之有奚爲父後與非爲父後之有唯是父卒子孤幼無依不得已從繼母而往繼母亦不之棄而保抱攜持則其母子之恩無間于親母如是而不爲服則于母子之情爲不終而反之于心亦未免過恝彼繼父同居者猶齊衰三月亦唯以恩之不可忘也繼母雖非親母其撫育之恩獨可忘乎終身爲父後業從母往已不能如常禮行爲後事其服自不容無果能如禮爲父後則已克自立自不從繼母往矣不從又奚服哉

〔顧炎武日知録〕父卒繼母嫁從從字句謂年幼不能自立從母而嫁也母之義已絕於父故不得三年而其恩猶在於子不可以不爲之服也報者母報之也兩相爲服也

開元禮　政和禮　家禮　孝慈録　會典並同

書儀無　今律文改不杖期

附〔馮善家禮集說〕或問古俗稱三父曰同居繼父不同居繼父從繼母嫁父諸本皆然今書此圖而無從繼母嫁父何也曰從繼母嫁蓋爲父死繼母再嫁而已從之者則服杖期乃爲母服也諸本皆書從繼母嫁俱無父字請詳觀之世皆不考察補從繼母嫁父非也曰然則從繼母嫁父何服曰無服或自

幼育已同居者難槩論無服或謂當同繼父服未知可否

右儀禮

補 注疏 祖父在嫡孫為祖母

喪服小記 祖父卒而后為祖母後者三年註云祖父在則其服如父在為母也 俞汝言曰禮杖期亦如父在為母期年也今既父在為母三年亦應加服三年

乾學按勉齋又有為所後者之妻一條愚謂既為人後則其所後之父已沒矣父沒則所後之母乃三年非期年也不得在此篇故去之即世亦有身存立後者要此後代之事豈先王之禮所有乎

開元禮 政和禮並同 書儀無 家禮 今律文亦同惟會典改斬衰三年

補 注疏 士庶子父在為母

儀禮齊衰三年章慈母如母鄭注大夫之妾子父在為母大功則士之妾子為母期矣緦麻章庶子為父後者為其母鄭注士雖在庶子為母皆如衆人喪服記公子為其母賈疏士之妾子父在為母期

乾學按此條當與上卷士庶子父卒為母條參看

補注疏父没大夫之適子為妻

喪服不杖期章大夫之適子為妻疏曰上杖章為妻者是庶子為妻父没後適子亦為妻杖

乾學按黃勉齋又補大夫之庶子為妻一條按本章妻條下注已舉庶子今不取

補注疏子為嫁母

喪服繼母嫁從為之服嫁母服經無文疏謂繼母嫁從為之服則親母可知

檀弓　子思之母死於衛注伯魚卒其妻嫁于衛柳若謂子思曰子聖人之後也四方於子乎觀禮子蓋慎諸注柳若衛人也見子思欲為嫁母服恐其失禮戒之嫁母齊衰期子思曰吾何慎哉吾聞之有其禮無其財君子弗行也注謂時可行而財不足以備禮有其禮有其財無其時君子弗行也注謂財足以備禮而時不得行者吾何慎哉注時所止則止時所行則行無所疑也喪之禮如子贈襚之屬不踰主人○疏嫁母齊衰期者嫁母之服喪服無文案喪服杖期章云父卒繼母嫁從為之服報則親母可知故鄭約云齊衰期也又鄭止言齊衰期不言嫡庶故譙周袁準並云父卒母嫁非父所絕嫡子雖主祭猶宜服期而喪服為出母期嫁母與出母俱是絕族故知與出母同也張逸問舊儒皆以孔子後數世皆一子禮適子為父後為嫁母無服檀弓說子思從于嫁母服何鄭荅云子思哭嫂為位必非適子或若兄若早死無繼故云數世皆一子云不踰主人者謂若嫁母之家主人貧乏歛手足形還葬已雖有財不得過于主人故下注喪之禮如子贈襚之屬不踰主人是也

乾學按此條本不言服制因注疏可補正禮故載之蓋子為嫁母儀禮無正文鄭注謂齊衰期孔疏謂鄭依繼母嫁服期故知親母嫁亦期然則亦齊衰杖期也

子思之母死於衛注嫁母也姓庶氏赴於子思子思哭於廟門人至曰庶氏之母死何為哭於孔氏之廟乎注門人弟子也嫁母與廟絕也子思曰吾過矣吾過矣遂哭於他室

通典漢石渠議問父卒母嫁為之何服蕭太傅云當服周為父後則不服韋玄成以為父沒則母無出義王者不為無義制禮若服周則是子貶母也故不制服也宣帝詔曰婦人不養舅姑不奉祭祀不下慈子是自絕也故聖人不為制服明子無出母之義玄成議是也石渠禮議又問夫死妻稚子幼與之適人子後何服韋玄成對與出妻子同服周或議以為子無絕母應三年蜀譙周據繼母嫁猶服周以親母可知故無絰也

晉袁準云為父後猶服嫁母據外祖異族猶廢祭行

服知父後應服嫁母據劉智云雖為父後猶為嫁母齊衰訖葬卒哭乃除踰月乃祭按譙周云父卒母嫁非父所絶為之服周可也又石苞問淳于睿曰聞繼嫁親凶諱便制服議者所難以為父後者不為出母服嫁母猶出母也或者以為嫁與見出者異不違禮意雖執從重之義而以廢祭見譏君為詳正也睿答曰按禮檀弓子思之母死於衛柳若謂子思曰子聖人之後也四方于子乎觀禮子盍慎諸子思曰吾何慎哉喪之之禮如子云子聖人之後即父後也如此經文父卒為繼母嫁者服而已聖人之後為父後者服嫁母也二者分明無可嫌

唐會要玄宗天寶六載正月詔天下嫁母終服三年

宋史王博文幼喪父其母張改適韓氏及後博文在

朝謂子無絶母禮請得以恩討之母死又謂古之為父後者不為出母服以廢宗廟之祭也今喪者皆喪（祭）無害于行服乃請解官持服然議者以喪而祭為非禮

宋史禮志仁宗景祐二年禮官宋祁言前祠部員外郎集賢校理郭稹幼孤母邊更嫁有子稹無伯叔兄弟獨承郭氏之祭今邊不幸而稹解官行服按五服制度勅齊衰杖期降服之條曰父卒母嫁及出妻之子為母其左方注謂不為父後者則為嫁母無服（不爲父後者若）詔議之侍御史劉夔曰按天聖六年敕開元五服制度開寶正禮並載齊衰降服條例雖與祁言不異然假寧令諸喪斬齊三年並解官齊衰杖期及為人後者為其父母若庶子為後為其母亦解官申心喪母出

及嫁為父後者雖不服亦申心喪注云皆為生己者律疏云心喪者為妾子及出妻之子合降其服二十五月内為心喪載詳格令子為嫁母雖為父後者不服亦當伸心喪又稱居心喪者釋服從吉及忘哀作樂冒哀求仕者並同父母正服今龍圖閣學士王博文御史中丞杜衍嘗為出嫁母解官行喪若使生為母子沒同路人則必虧損名教上玷孝治且杖期降服之制本出開元禮文逮乎天寶降勅俾終三年然則當時已悟失禮晉袁淮謂為父後猶服嫁母據外祖異族猶廢祭行服知父後應服嫁母劉智釋疑云雖為父後猶為嫁母齊衰譙周云非父所絶為之服周可也昔孔鯉之妻為子思之母鯉卒而嫁於衛故檀弓曰子思之母死柳若謂子思曰子聖人之後也

四方于子乎觀禮子盍慎諸子思曰吾何慎哉喪之禮如子云子聖人之後即父後也石苞問淳于睿為父後者不為出母服嫁母猶出母也或者以為嫁與出不異不達禮意雖執從重之義而以廢祭見譏君為詳正睿引子思之義為答且言聖人之後服嫁母明矣積之行服是不為過詔兩制御史臺禮院再議曰按儀禮父卒繼母嫁為之服期謂非生已者故父卒改嫁降不為已母唐上元元年勅父在為母尚許服三年今母嫁既是父終淂申本服唐紹議曰為父後者為嫁母杖周不為父後者請不降服至天寶六載勅五服之紀所宜企及三年之數以報免懷其嫁母亡宜終三年又唐八座議吉凶加減禮云凡父卒親母嫁為父後者亦不服不以私親廢祭祀惟素服

居至室心喪三年免役解官母尒心喪之母子無絶道也按通禮五服制度父卒母嫁及出妻之子爲母及爲祖後祖在爲祖母雖周除仍心喪三年侍讀學士馮元言儀禮禮記正義古之正禮開寶通禮五服年月勑國朝見行典制爲父後者爲出母無服惟通禮義纂引唐天寶六年制出母嫁母並終服三年又引劉智釋疑雖爲父後猶爲出母嫁母齊衰卒哭乃除蓋天寶之制言諸子爲出母嫁母故云並終服三年劉智言爲父後者爲出母嫁母故云猶爲齊衰卒哭乃除各有所謂固無疑也况天聖五服年月勑父卒母嫁及出妻之子爲母降杖朞則天寶之制已不可行又但言母出及嫁爲父後者雖不服尒申心喪即不言解官若專用禮經則是全無服式若俯同諸

子杖朞又于條制相戾請凡子為父後無人可奉祭祀者依通禮義纂劉智釋疑議服齊衰卒哭乃除踰月乃祭仍申心喪則與儀禮禮記正義通典通禮五服年月勑為父後為出母嫁母無服之言不遠如諸子非為父後者為出母嫁母依五服年月敕降服齊衰杖期亦解官申心喪則與通禮五服制度言雖周除仍心喪三年及刑統言出妻之子合降其服皆二十五月内為心喪其義一也郭稹應淂子為父後之條緣其解官行服已過朞年難于追改後當依此施行詔自今並聽解官以申心喪

朱子語類題不養出母議後云禮無嫁母之服而律令有之禮于嫁母雖不言親而言繼又有出母之服皆舉輕以明重以見親母之嫁者不可無服

則與律令之意初不殊也禮于為父後者但言出母無服而不及嫁母是亦本輕以别重而見嫁母應有服也其貢士之妾母雖非父卒子幼而更嫁然無七出之罪其去也有故則是嫁母非出母也樂平令尹誤以為出母謂當無服故余正父辨之然但正嫁母之名而不論其所以不為出而當有服之義○又題其篇端曰不養出母又但論其與古之出母不同不可從于不喪之文則亦自相矛盾而反以證成令尹之說矣予懼夫覽者之不能無疑故書此以質焉（正父雖不深明不為出母然亦不敢正以出母目之但篇末有不養出母之語而自改出為生亦可見其大指之所在但少着力分明說破耳）正父欲使其人養此母予聞之母嫁而子從者繼父為之築廟于家門外使子祀之而妻不與說者以為恩雖至親族已絶矣夫不

可二故也既嫁母生不可與于祭祀死不可祔于廟則亦不可養于家矣為之子者率其婦子就母之家式舍其側而養之則于禮也節矣母之無家者築室于外可也

張萱西園聞見録明太祖洪武二十三年進士王希曾言其母任氏之喪以改嫁服止期年願終三年之制上命礼部議之尚書李原名奏曰不喪出母古之制也希曾之母既已失節難渝定制詔從之

金史金世宗大定八年二月甲午朔制子為改嫁母服喪三年

開元禮　政和禮　書儀　家禮　孝慈録　會典　今律文並同

右見經傳注疏黄氏採補

孝慈録嫡子衆子為庶母

姜氏秘史洪武七年秋九月孫貴妃薨十一月一日

孝慈録成太祖既裁定喪禮太子當服齊衰杖朞太子曰在禮惟士為庶母服緦大夫以上為庶母則無服又公子為其母練冠麻衣既葬除之蓋諸侯絶朞以下無服諸侯之庶子雖為其母亦厭於嫡母不得申其私故權為此制也然則諸侯之世子不為庶母服也明矣今陛下貴為天子臣雖不肖忝居嫡長幸得備位儲副而為庶母服朞非所以敬宗廟明正體重繼世也上必欲太子服之太子終不奉詔上大怒頗取劒太子走上逐之羣臣震讋皆不知所為時有桂彥良當上前跪抱上泣曰陛下之于太子愛之深故責之重也上為之心動彥良乃追太子及之諫曰貴妃之事殿下當緣君父之情為之制服不可執小禮以虧大孝也因持衰服之太子不得已乃服以拜

謝上怒解擲劍於地曰老枉爾今日竟能和朕父子者矣

羅虞臣原子曰或問大明令與集禮皆曰為庶母緦獨孝慈録則曰適子衆子與其妻為夫之庶母各杖期夫三書皆時王制也其言輕重不相侔使令人有妾母之喪服将焉適従耶原子曰士為妾母緦古禮也古者大夫以上為庶母無服庶人無妾故無其制令庶人既得立妾則其服必同於士然孝慈録載諸杖期之條何也以父妾母之名也妾為夫之嫡子為祖後者齊衰三年為衆子期而子乃報之緦不已為薄乎且庶母之子為己之昆弟則相為服期令也于其母則緦于其子則期子母之間輕重頓殊求之禮情深非至理故子之服妾母當以孝慈録為準曰然則服緦之制可廢乎曰何可廢也衆子為妾母杖期不以父存没得為之服也若長子為父後為宗廟主夫喪則不祭乃以父妾之賤而廢尊者之祭可乎禮為父後者為出母無服為不祭故也母子至親尚不敢以私廢祭況父妾乎則長子為父後者決無服妾母杖期之理也夫庶子為父後猶為其生母緦以此明之則嫡子之不為妾母期可知也若父在服之可也謂已未代父祭也然則為父後者服之如何曰禮君子子為庶母慈已者小功鄭玄曰此大夫公子嫡妻之子也言君子子則父在也父在故以慈已加小功父卒則緦令長子為父後獨不可以此相準乎是故父在與衆子同服期父没則緦此禮義之至中者也亦于時王之制得相發明矣

呂涇野喪禮疑問　嫡子衆子曁其妻為庶母者何曰貴父之妾也貴父之妾比于世母叔母矣故期也古者重嫡子父母之所三年者也以其繼體傳重也故古者雖庶子為父後者為其母緦故士為庶母緦大夫以上無服然為緦則已輕為期則已重為緦已輕況無服乎為期已重況嫡子乎

大夫嫡子小功可也衆子大功士以下衆子期可也嫡子大功庶子為父後者為其母同衆子若為天子後者無服練冠麻衣既葬而除晋孝武帝之太子猶然行之也

呂坤四禮疑庶母之有子杖期矣無子無服乎且母之名生于父不生于子若云無服是為庶母服者兄弟之故非父之故也及考諸禮家所載庶母期而不分有子無子會典及孝慈録更明蓋父妾為長子衆子期不分有子無子則長子衆子與父妾安得不為之服豈宜分有子無子乎且服制長幼尊卑未有不報者夫嫡與妾不報服猶云名分稱尊諸子不尊于父妾父妾為之期而諸子不報有是禮乎律文經文不失而注者失之〇有子稱庶母無子何稱礼云士為其貴妾緦又云攝女君者不為女君之母家服玆非庶母乎又云士不名長妾長妾衆妾之長也玆非庶母乎若以有子稱庶母則所謂貴妾長妾而無子將何稱乎

乾學按註庶母為父妾之有子者始開元禮

姚翼曰按孝慈録庶母杖期而大明集禮為庶母緦先達原子謂妾為家長子不杖期而報之緦不已薄乎當以孝慈録為準然集礼之制尔不可廢也衆子杖期不以父存没而異長子為父後父存則與衆子同父没則緦此兩不遺乎王制也

姚翼家規通俗編嘗疑大明律八母圖注父有子而他無子妾之條何遂恝然如路人也以問沈鏡宇節甫符卿沈曰庶母之服非自父推也由庶子服嫡母斬而報之也無子者不必報故無服

俞汝言曰禮為庶母緦加至期年服亦重矣杖期不綦重乎為祖父母不杖為伯叔兄弟不杖唯父在為母嫡孫父卒祖在為祖母及庶子為妻嫡子父卒為妻耳服庶母不綦重乎且杖者為主也主庶母之喪者有人何杖之有

開元禮　政和禮　書儀　家禮俱緦麻三月孝慈録加為杖期會典今律文並同

孝慈録嫡子衆子之妻為夫之庶母

姚翼曰按孝慈録嫁母出母杖期與庶母同而妻之從服止言庶母亦不可曉

右明制

讀禮通考卷九

喪期

齊衰不杖期上

喪服祖父母　敖繼公曰此服惟據父在者言

爾雅父之考爲王父父之妣爲王母　注加王者尊之

喪服傳何以期也至尊也　疏祖爲孫止大功孫爲祖何以期也祖至尊故爲孫降至大功似父母于子降至期也

王平仲曰按父在爲母期猶心喪三年父必三年然後娶上達下也子姓爲大父母朞然父喪未終縞冠玄武下達上也先王制禮人情之至而已

乾學按前齊衰三年章父卒爲母之後即有繼母如母之文而此不言繼祖母者古文簡省已包於祖母之中也今將論繼祖母服者條列于左以補其所未備云

汪琬曰或問禮與律有繼母而無繼祖母之文然則繼祖母不當服與曰非也言祖母則繼祖母統其中矣蓋繼祖母與祖庶母有辨繼祖母之殁

也祔于廟而祖廢母不祔夫既祔于[illegible]爲之孫者方歲時享祀之而可以無服乎故曰言祖母則祖母統其中矣

乾學按繼祖母之服固同于祖母矣至于祖廢母之制服古今未聞得無疑其缺典與非也古者士爲廢母但緦麻三月而大夫以上則無服彼于廢母且然何况于祖廢母乎明制加廢母杖期則祖廢母似可依之以制服而亦終不言者以恩之宪無可加也汪子祖免之說善矣備録于左

汪琬曰或問祖廢母宜何服曰其祖免乎禮大夫以上爲廢母無服何祖廢母服之有然則律文服廢母期矣顧亦無祖廢母服者何與曰疏也無恩也斯則爲之祖免可也

開元禮　政和禮　書儀　家禮　孝慈録　會典　今律文並同

喪服　世父母叔父母　疏伯言世者欲見繼世

爾雅父之晜弟先生爲世父後生爲叔父父之兄妻爲世母父之弟妻爲叔母疏繼世以嫡長先生于父則繼世者也故曰世父說文叔作尗許慎曰從上小言尊行之小者

喪服傳世父叔父何以期也與尊者一體也疏雖非至尊既與尊者爲一體故加期也○敖繼公曰世叔父本是大功之服以其與父一體故當加一等也以五服差族之親爲四緦麻從祖之親爲三小功則從父之親宜爲二大功也而禮爲從父昆弟大功世叔父期以此傳攷之則世叔父之期乃是加服從父昆弟之大功則其正服也

馬融曰與父一體故不降而服朞

陳銓曰尊者父也所謂昆弟一體也

然則昆弟之子何以亦期也旁尊也不足以加尊焉故報之也疏世叔父與尊者爲體故加期昆弟之子無此何以亦期凡得降者皆由已尊也故降之世叔非正尊故生報也○敖繼公曰加尊者謂以其尊加之也昆弟之子本服亦大功世叔父不以本服服之而報以其爲已加隆之報者以已非正尊不足以尊加之故也加尊而不報者如父於衆子祖於庶孫之類是也昆弟之子雖不在此條然其即爲世叔父之服者而世叔父亦以此服之義有不同故并釋之父子一體也夫妻一體也昆弟一體也故父子首足也夫妻牉合

也昆弟四體也疏父子一體以下廣明一體之義父子一體者謂子與父骨血是同爲一體因其父與祖亦爲一體又見世祖與祖亦爲一體也夫妻一體者見世叔母與庶叔父亦爲一體也昆弟一體者又見世叔與父亦爲一體也因父加于世叔故云昆〻一體因世叔加于世叔母故云夫妻一體也因上世叔是旁尊故以下廣明尊有正有旁之義也○敖繼公曰言首足胖合四體者皆所以釋其爲一體也此又申言與尊者一體之義雖以三者並言而其旨則惟主于昆弟盖世叔父乃其父之昆弟所謂與尊者一體也故昆弟之義無分然而有分者則辟子之私也子不私其父則不成爲子故有東宮有西宮有南宮有北宮異居而同財有餘則歸之宗不足則資之宗疏昆弟之義無分者以手足四体本在一身不可分别是昆弟之義不合分也然而有分者則辟子之私也使昆弟之子各自私朝其父須分也云子不私其父則不成爲子者子事父母若兄弟同在一宮則尊崇世父之長者其子不得私其父不成爲人之子之法也云有東宮西宮南宮北宮異內則云命士以上父子異宮不命之士父子同宮縱同宮亦有隔則亦爲四方之宮也○敖繼公曰此承上文而言父子夫妻昆弟俱是一体然父子夫妻不分而昆弟則分似乖于一体之義故言其禮之不容不分者以釋之東宮西宮南宮北宮盖古者有此稱或有之以爲氏者故傳引之以證古之昆弟亦有分而不同宮者焉異居而同財則其所以分之意可見矣宗謂大宗小宗同禰者也

張子曰子不私其父則不成爲子古之人曲盡人情如此若同宮有叔父伯父則爲子者何以獨厚

於其父爲父者又烏得而當之

世母叔母何以亦期也以名服也疏世母叔母是路人以來配世叔父則生母名既有母名則當隨世叔而服之故云以名服也○敖繼公曰言以名服見其恩疏

黄乾行曰伯叔母入配伯叔父其分尊姑姊妹其分卑故先王制服爲伯叔母齊衰期姑姊妹降服大功此以義制服者也尊尊之義也然以情而言自異姓而入其情輕姑姊妹同氣由骨肉而出其情重故君子于喪伯叔母則踊不絶地其服雖重而哀不至于喪姑姊妹則踊絶于地其服雖輕而哀則至此以情居喪者也親親之仁也

檀弓縣子瑣曰吾聞之古者不降上下各以其親注古謂殷時也上不降遠下不降卑○疏瑣縣子名周禮以貴降賤以適降庶唯不降正耳而殷世以上雖貴不降賤也上謂旁親族曾祖從祖及伯叔之班下謂從子從孫之流彼雖賤不以己尊降之猶各隨本屬之親輕重而服之故云上下各以其親庾蔚之曰上下猶尊卑也正尊周禮猶不降則知所明者旁尊也鄭恕尊名亂于正尊故變文言遠也滕伯文爲孟虎齊衰其叔父也爲孟皮齊衰其叔父也注伯文殷時滕君也爵爲伯名文○疏滕伯文爲孟虎著齊衰之服其虎是滕伯文之叔父也爲孟皮者齊衰之服其滕伯是皮之叔父也言滕伯上爲叔父下爲兄弟之子皆著齊衰是上不降遠下不降卑也

馬晞孟曰唐虞夏殷之時其禮猶質故天子諸侯以少長相及不降上下至周則文致其詳矣立子以適不以長故莫敢于貴貴之際一爲之君則諸父

昆弟皆不得以其戚戚之若大夫爲世父母叔父母子昆弟之子爲士者猶降而爲大功也而况天子諸侯之君滕伯文乃二孟之叔父也于其兄弟之子猶且不降則爲諸父及昆弟可知矣

吳澄曰其叔父也二句文同不應異義注疏以上其字爲滕伯下其字爲孟皮不若馬氏以二其爲二孟者疑是

乾學按若依馬氏說則是爲兄子服非爲叔父服矣今仍依註疏係于叔父條下而馬氏之說亦附以備採

北史節義傳文門愛汲郡山陽人早孤供養伯父母以孝謹聞伯父亡服未終伯母又亡文愛居喪持服六年哀毀骨立鄉人相與標其孝義

吳肅公曰古齊斬之殊也母則殺父矣世叔母之埒乎世叔父也何居孔子曰伯母叔母踊不絕地姑姊妹之大功踊絕于地由文矣哉由文矣哉噫可味也已盍亦殺世叔母而大功可乎

開元禮 政和禮 書儀 家禮 孝慈録 會典 今律文並同

喪服大夫之適子爲妻疏大夫之適子爲妻在此不杖章則上杖章爲妻者是庶子爲妻父殁後適子亦爲妻杖亦在彼章也

喪服傳何以期也父之所不降子亦不敢降也何以不杖也父在則爲妻不杖注大夫不以尊降適婦者重適也凡不降者謂如其親服服之降有四品君大夫以尊降公子大夫之子以厭降公之昆弟以旁尊降爲人後者女子子嫁者以出降。疏父之所不降者大功章有適婦注云適子之妻是父不降適婦也子亦不敢降者謂不敢降至大功與庶子同也父在爲妻不杖者父爲適子之婦爲喪主故適子不敢伸而杖也服問云君所主夫人太子適婦是大夫爲適婦爲喪主也云降有四品者總解喪服上下降服之義君大夫以尊降者天子諸侯爲正統之親后夫人與長子長子之等不降餘親則絕天子諸侯絕者大夫降一等即大夫爲衆子大功之等是也公子大夫之子以厭降者此非身自尊受父之厭屈以降無尊之妻下記云公子爲其母練冠麻衣縓緣爲其妻縓冠葛絰帶麻衣父卒乃大功是也大夫之子即小功章云大夫之子爲從父昆弟在小功皆是也公之昆弟以旁尊降者此亦非已尊旁及昆弟故亦降其諸親即小功章云公之昆弟爲從父昆弟是也按大功章云公之庶昆弟爲母妻昆弟傳曰先君餘尊之所厭不得過大功若然公之昆弟有兩義既以旁尊又爲餘尊厭也。敖繼公曰傳曰父在則爲妻不杖則是凡父在爲妻而非有所降者其服皆然不別適庶也此乃特見大夫之適子蓋謂大夫庶子爲妻則異於是惟其適子爲妻如邦人故特舉以明之凡大夫之子之服例在正服後今序於昆弟之上者蓋以此包上下而言故居衆人爲妻之處若重出者乃在正服後也。又曰父之所不降謂大夫爲適婦亦大功如衆人故子亦爲之不杖期如衆人也若大夫於庶婦降之而至於不服其子亦降之而至於大功所謂大夫之子則從乎大夫而降也父在則爲妻不杖者不敢同於父在爲母之服也故父歿爲母三年乃得爲妻杖是其差也降有三品大夫以尊而降公之昆弟大夫之子以其父之所厭而降爲人後者女子子適人者以厭而降

馬融曰大夫重嫡不降大功子從父不敢降其妻故服周也

閻若璩曰鄭康成謂服之降有四余謂仍有以餘尊降如父卒服未除而遭母喪仍服期分之庶昆弟爲母妻昆弟止大功蓋一爲父之餘尊所厭一爲先君之餘尊耳又殤以年降是服之降有六也

喪服小記　世子不降妻之父母其爲妻也與大夫之適子同

注世子天子諸侯之適子也不降妻之父母爲妻故親之也爲妻亦齊衰不杖者君爲之主子不得伸也主言與大夫之適子同攄服之成文也○疏齊衰不杖章稱大夫適子爲妻故知世子爲妻亦不杖也所以獨言大夫適子者若舉世子爲妻嫌大夫以下有降喪服若舉士子爲妻其士既職卑本無降理大夫是尊降之首恐其爲適婦而降故特顯之

陸佃曰諸侯世子世國故其妻死齊衰不杖不杖不敢病也然則大夫之適子爲妻何以不杖仕至大夫賢著而德成以賢望其適也攄大夫之適子服大夫之服然則大夫非世爵禄亦非不世爵禄孟子曰如不得已將使卑踰尊疏踰戚矧吾大夫之子能似其先人胡爲而不世其所謂春秋譏世卿謂非其似者也

應鏞曰天子諸侯降其妻之父母而世子上不敢擬於尊者儲副體潛而未有君道也大夫之子爲其妻齊衰不杖期而世子下不敢異於卑者家

四行分字疑悞

國雖異而敬父則均也故服不降者非厚於外黨也自處於卑而致其讓焉耳服不杖者非薄於伉儷也厭於所尊而避其私焉耳凡以君父在焉而不敢失臣子之禮也

黄乾行曰按此是大夫之嫡子爲妻不杖朞以父在不得伸也故異于上之爲妻杖朞者正所謂世子爲妻與大夫之嫡子同者也此是以夫爲妻服而比例正是一道若陳註則是以父子之服而爲夫妻比例也可乎故天子諸侯降其妻之父母而世子上不敢擬於尊者儲副翕潜而道也大夫之嫡子爲其妻齊衰不杖朞而世不敢異于卑者家國敬父則均也故服不降者非厚于外黨也自處于卑而致其讓焉耳服不杖者非薄于伉儷也厭于所尊而避其私焉君父在焉而不敢失臣子之禮也此之說精矣

世字下宜有子字　五行

按降服有四品以尊降者爲辨分以出降者爲情殺可也若夫厭已非諸侯大夫而徒以父之所降已亦降旁尊降者已非君公而徒以爲公昆弟于昕親亦降則似迂矣故縣子曰古者無降上下各以其親此天理人情固然世運有隆替親有不得不殺恩有不得不裁非聖人得已也

開元禮迄今律文統于夫爲妻內

喪服　昆弟　注昆兄也爲姊妹在室亦如之。疏爲姊妹在室亦期義同于上姑在室也

雷次宗曰經于伯叔父下無姑文于昆弟下無姊妹文于衆子下無女子二文者以未成人則爲殤已成人則當出故皆不見于此也

爾雅　男子先生爲兄後生爲弟　疏廣雅云兄況也況于父又謂之晜弟悌也言順于兄

功所謂大夫之子則從乎大夫而降也父在則爲妻不杖者不敢同於父在爲母之服也故父歿爲母三年乃得爲妻杖是其差也降有三品大夫以尊而降公之昆弟大夫之子以其父之所厭而降爲人後者女子子適人者以厭而降

馬融曰大夫重嫡不降大功子從父不敢降其妻故服周也

閻若璩曰鄭康成謂服之降有四余謂仍有以餘尊降如父卒服未除而遭母喪仍服期分之厭昆弟爲母妻昆弟止大功蓋一爲父之餘尊所厭一爲先君之餘尊耳又殤以年降是服之降有六也

喪服小記世子不降妻之父母其爲妻也與大夫之適子同注世子天子諸侯之適子也不降妻之父母爲妻故親之也爲妻亦齊衰不杖者君爲之主子不得伸也主言與大夫之適子同據服之成文也○疏齊衰不杖章稱大夫適子爲妻故知世子爲妻亦不杖也所以獨言大夫適子者若舉世子爲妻嫌大夫以下有降喪服若舉士子爲妻其士既職卑本無降理大夫是尊降之首恐其爲適婦而降故特顯之

陸佃曰諸侯世子世國故其妻死齊衰不杖不杖不敢病也然則大夫之適子爲妻何以不杖仕至大夫賢著而德成以賢望其適也據大夫之適子服大夫之服然則大夫非世爵祿亦非不世爵祿孟子曰如不得已將使卑踰尊疏踰戚剏吾大夫之子能似其先人胡爲而不世其所謂春秋譏世卿謂非其似者也

庾鏞曰天子諸侯降其妻之父母而世子上不敢擬於尊者儲副翰潛而未有君道也大夫之子爲其妻齊衰不杖期而世子下不敢異於卑者家

國雖異而敬父則均也故服不降者非厚於外党也自處於卑而致其譲焉耳服不杖者非薄於伉儷也厭於所尊而避其私焉耳凡以君父在焉而不敢失臣子之禮也

黄乾行曰按此是大夫之嫡子爲妻不杖朞以父在不得伸也故異于上之爲妻杖朞者正所謂世子爲妻與大夫之嫡子同者也此是以夫爲妻服而比例正是一道若陳詳則是以父子之服而爲夫妻比例也可乎故應氏曰天子諸侯降其妻之父母而世子上不敢擬於尊者儲副嗣潛而未有君道也大夫之嫡子爲其妻齊衰不杖朞而世子不敢異于卑者家國雖異而敬父則均也故服不降者非厚于外党也自處于卑而致其譲焉耳服不杖者非薄于伉儷也厭于所尊而避其私焉耳凡以君父在焉而不敢失臣子之禮也此之說精矣

郝敬曰按降服有四品以尊降者爲辨分以出降者爲情殺可也若夫厭降者已非諸侯大夫而徒以父之所降已亦降旁尊降者已非君公而徒以爲公昆弟于所親亦降則似迂矣故縣子曰古者無降上下各以其親此天理人情固然世運有隆替親有不得不殺恩有不得不裁非聖人得已也

開元禮迄今律文統于夫爲妻内

喪服昆弟　注昆兄也爲姊妹在室亦如之。疏爲姊妹在室亦期義同于上姑在室也

雷次宗曰經于伯叔父下無姑文于昆弟下無姊妹文于衆子下無女子二文者以未成人則爲殤已成人則當出故皆不見于此也

爾雅男子先生爲兄後生爲弟　疏廣雅云兄況也況于父又謂之𢎁弟悌也言順于兄

雜記士大夫爲其父母兄弟之未爲大夫者之喪服如士服士爲其父母兄弟之爲大夫者之喪服如士服詳見斬衰章父條下

檀弓成人有其兄死而不爲衰者聞子臯將爲成宰遂爲衰成人曰蠶則績而蟹有匡范則冠而蟬有緌兄則死而子臯爲之衰注蚩兄死者言其衰之不爲兄死如蟹有匡蟬有緌不爲蠶之績范之冠也范蜂也蟬蜩也緌爲蜩喙長在腹下○疏成孟氏所食采地也子臯孔子弟子子臯性孝此不服兄衰之人聞其來爲成宰必當治之故懼而制服也蠶則績絲作繭蟹背殼似匡蜂頭上有物似冠也緌謂蟬喙長在腹下似冠之緌也蠶則須匡以貯繭而今無匡匡自著蟹非爲蠶設蜂冠無緌而蟬口有緌緌自著蟬非爲蜂設譬如成人兄死初不作衰後畏子臯方爲制服服自子臯爲之非爲兄施亦如蟹匡蟬緌各不關于蠶蜂也

通典王侯兄弟繼統不宜重服議晉武帝咸寧二年安平穆王薨無嗣以母弟敦上繼獻王後移太常問應何服博士張靖荅宜依魯僖服閔三年例尚書符詰靖曰穆王不臣敦敦不繼穆與閔僖不同孫毓宋

昌議以穆王不之國敦不仕諸侯不應三年以義處之敦宜服本服一周而除主穆王喪祭三年畢乃告祭獻王毓云禮君之子孫所以臣諸兄弟者以臨國故也禮又與諸侯爲兄弟服斬謂隣國之臣與隣國之君有猶君之義故也今穆王既不之國不臣兄弟敦不仕諸侯無隣臣之義異于閔僖如符旨也但喪無主敦既奉詔紹國受重主喪典其祭祀記云大功者主人之喪有三年者則必爲之再祭鄭氏註云謂死者從父昆弟來爲喪主也有三年者謂妻若子幼少也再祭謂大小祥也穆妃及國臣于禮皆當三年此爲有三年者敦當爲之主大小兩祥祭也且哀樂不相襍吉凶不相干凶服在宮哭泣未絕敦遽主穆王之喪而國制未除則不得以本親服除而遂吉祭

獻王也

唐李涪刊誤杖周議云準礼父在爲母爲所生母父爲嫡子夫爲妻皆杖周自周礼已降至于開元礼及唐史二百六十年並不易斯議未聞爲兄弟杖者自亂離已後武臣爲兄弟始行杖周之礼是賓佐不能以礼正之致其謬誤也予乾寧三年九月行弔于名士之家覩其弟爲兄杖門人知舊無有言其乖礼者實慮日久浸以爲是自今後士子好礼者于服式之中慎而行之

湘山野録宋真宗西祀回次河中長安父老三千人具表詣行在乞臨幸上意未果名种司諫放決之時种持兄喪于家既至上與決雍都之策种奏有三不便遂止時上欲邀放至京辭曰臣幼父亡伯氏鞠育誓持三年之喪以報其德止有數日乞終其制

附録

通典兄弟罪惡絶服議晉劉智釋疑問曰昆弟骨肉以罪惡徒流死者諸侯有服否智荅曰凡以罪惡徒

者絶之國君于兄弟有罪者亦絶也舊說諸侯于兄弟有弔服服衰絰此不服則無衰絰素服而已不弔臨其喪也諸侯之身體先君奉祭祀是以不得盡其情于所絶耳然則不爲父後者則服之矣

開元禮迄今禮文俱同

喪服爲衆子注衆子者長子之弟及妾子女子在室亦如之士謂之衆子未能遠别也大夫則謂之庶子降之爲大功天子國君不服之○疏昆弟衆子及下昆弟之子皆不發傳者以其同是一体已見于世叔父條故兊異同也姊妹女子子在室不見者亦如上姑不見雷氏云欲見出當及時又大功章見姑姊妹女子子嫁大功明此在室可知故畧之也經不云士注云士者喪服本文是士故言士可知也○敖繼公曰衆子即庶子也對長子立文故曰衆子庶則對適之稱實則一爾父母爲衆子乃朞者以尊加之也士妻爲妾子亦朞凡適而非長父母爲之亦與衆子同

附録

通典爲廢疾子服議晉劉智釋疑問曰今有狂癡之子不識菽麥不能行步起止了無人道年過二十而死者或以爲禮無廢疾之降叔父當正服服之耶以

爲殤之不服爲無所知耶此疾甚于殤非禮服所加也禮之所不及以其從例所知故也不宜服矣此二者將焉從智荅曰無服之殤未至于成人以其于生性自然未成因斯而不服以漸至于成人順乎其理者也至于癈疾多感外物而得之父母養之或不盡理而使之然仁人痛深不忍不服故禮不爲作降殺不得同殤例也王徽之問劉玢癈疾兄女服記云其夫有癈疾又無子傳重者舅爲之服小功又云長子有癈疾降傳重也此二條皆以其癈疾降適從庶謂如此雖非適長而又癈疾旣無求昏許嫁禮且慶弔烝嘗皆不得同之于人不知當制服不劉玢荅若適子有癈疾不得受祖之重則服與衆子同在齊衰蓋以不堪傳重故不加服非以癈疾而降也子婦之服

例皆小功以夫當受重則加大功若夫有癈疾則居然小功亦非降也喪服經齊衰章爲君之祖父傳曰從服也鄭注曰爲君有祖之喪者祖有癈疾不立也從服例降本親一等君服斬故從服周惟孫不敢降祖此亦是癈疾不降之一隅也○宋庾蔚之以爲疾病者不愈而亡彌加其悼豈有禮無降文情無所屈而自替其服者耶殤服本階梯以至成人豈可以病者准之篤其愛者以病彌可悲夫薄其恩者以病則宜棄矣病有輕重參差萬緒故立禮者深見其情杜而不言無降之理畧可知矣嫡不爲後是其去傳重之加非降其本服劉智劉玢所言近爲得理矣

開元禮　政和禮　書儀　家禮　孝慈録　會典　今律文並同

喪服昆弟之子 敖繼公曰其女子子在室亦如之

喪服傳何以期也報之也 疏此兩相爲服不言報者引同己子

檀弓喪服兄弟之子猶子也蓋引而進之也 疏喪服是儀禮正經記者見喪服中兄弟之子期故觧其義己子服期今昆弟之子亦期是牽引進之同于己子也己子服期昆弟之子應降一等服大功今乃服期故云引進之也

陳淳曰子與兄弟之子以己視之若有親疎以父母視之己與兄弟均爲父母之子也子與兄弟之子均爲父母之孫故己視兄弟之子謂之猶子其服均爲期不容以私意有所輕重此引而進之者也

開元禮　政和禮　書儀　家禮　孝慈録　會典　今律文並同

喪服大夫之庶子爲嫡昆弟。注兩言之者適子或爲兄或爲弟 疏此大夫之妾子故言庶若嫡妻所生第二已下當直昆弟不言庶也○敖繼公曰大夫之庶子爲昆弟大功嫡于適亦然故以明之斬衰章云父爲長子則大夫之適亦謂其長子未必指爲弟者也此云適昆弟者古之文法不可以單言昆故連弟言之經中此類多矣不言適子者嫡自爲其子也

喪服傳何以期也父之所不降子亦不敢降也 注大夫雖尊不

敢降其適重之也適子爲庶昆弟庶昆弟相爲亦如大夫爲之○疏父之所不降者即斬衰章父爲長子是也子亦不敢降者即此服期是也適子爲庶昆弟已下鄭廣明大夫與適子所降者以大夫適子得行大夫礼故父子俱降庶二又自相降如大夫爲之皆大功也○敖繼公曰大夫之子于昆弟之屬或有所降者以從乎其父而不得不降之耳若爲其父之適及尊同者乃其父之所不降者故已亦得遂其服焉非謂以其父不降之二故欲降之而不敢降也

開元禮迄今律文統于昆弟內

喪服適孫疏此謂適子死其適孫承重者祖爲之期

爾雅子之子爲孫注孫猶後也○疏孫順也順于祖

喪服傳何以期也不敢降其適也有子者無適孫孫婦亦如之注周之道嫡子死則立適孫是適孫將上爲祖後者也長子在則皆爲庶孫耳孫婦亦如之適婦在亦爲庶孫之婦凡父于將爲後者非長子皆期也○疏云周道者以其殷道適子死弟乃當先立與此不同也云非長子皆期者按喪服小記云嫡婦不爲舅後者則姑爲小功注云謂夫有廢疾他故死而無子不受重者小功庶婦之服也凡父母于子舅姑于婦將不傳重于嫡及將傳重者非服之皆如衆子庶婦也然長子爲父斬父亦爲斬嫡孫承重爲祖斬祖爲之期不報之斬者父子一体本有三年之情故特爲祖斬祖爲孫本非一体但以報期故不得斬也○敖繼公曰祖于孫宜降于子一等而大功此期者亦異其爲嫡加隆焉耳非不降之謂也有適子者無適孫二婦亦如之皆謂嫡不可二也

郝敬曰適子早死立適子之適子繼宗曰適孫死則祖爲之期祖爲孫大功常也以其繼体加隆焉若使嫡子在等孫耳無適庶之異也

萬斯大曰祖爲嫡孫不杖期傳曰有嫡子者無嫡孫二婦亦如之此言嫡子在則長孫與庶孫同祖爲之大功長孫之婦亦與庶孫婦同祖爲之緦也古人子雖多惟主長子一人爲後曰適子有適子則適子之長子未即爲嫡孫必適子亡始立爲適孫以爲祖後下文云父卒然後爲祖後者服

顧湄曰今人稱兄弟之子有稱猶子者當本諸此而失其義矣此爲兄弟之子喪服猶己之子期非所施於平日豈遂子爲親屬之定名朱子曰猶字訓如本不是稱呼只是記禮者之辭如下文嫂叔之無服姑姊妹之薄也○豈可沿此遂稱嫂爲無服而名姑姊妹以薄乎蓋古人於兄弟之子直稱父子漢疏廣謂兄子受曰官成名立懼有後悔豈如父子相隨出關蔡邕與叔父質爲程璜所陷邕自陳曰如臣父子欲相傷陷自晉以來始有叔姪之稱亦無稱猶子者

增入陳淳後

母期其父母亦報之以期而不復降者以其既爲所後者之子統不可二故不敢以正尊加之而報之也

喪服傳何以期也不貳斬也何以不貳斬也持重於大宗者降其小宗也爲人後者孰後後大宗也曷爲

後大宗大宗者尊之統也禽獸知母而不知父野人曰父母何算焉都邑之士則知尊禰矣大夫及學士則知尊祖矣諸侯及其大祖天子及其始祖之所自出尊者尊統上卑者尊統下大宗者尊之統也大宗者收族者也不可以絕故族人以支子後大宗也適子不得後大宗注都邑之士則知尊禰近政化也上猶遠也下猶近也收族者謂別親疏序昭穆○疏問者本生父母應斬及三年今乃不杖期故問比例也云不二斬者此問荅雖兼母專據父故荅以斬而言案喪服小記云別子爲祖繼別爲大宗謂若魯桓公適夫人文姜生太子名同後爲君次子慶父叔牙季友此三子謂之別子別子者皆以臣道事君無兄弟相宗之法與太子有別又與後世爲始故稱別子也大宗有一小宗有四大宗一者別子之子適者爲諸弟來宗之即謂之大宗自此以下適適相承謂之百世不遷之宗五服之內親者月算如邦人五服之外皆來宗之爲之齊衰齊衰三月章爲宗子是也小宗有四者謂大宗之後生者謂別子之弟小記注云別子之世長子兄弟宗之第二已下長者親弟來宗之爲繼禰小宗更一世長者非直有親昆弟從父昆弟亦來宗之爲繼祖小宗更一世長者非直有親昆弟從父昆弟又有從祖昆弟來宗之爲繼曾祖小宗更一世長者非直有親昆弟從父昆弟從祖昆弟來宗之又有從曾祖昆弟來宗之爲繼高祖小宗也更一世絕服不復來事以彼自事五服內繼高祖以下者也四者皆是小宗則家家皆有兄弟相事長者之小宗雖家家亦有小宗仍世事繼高祖以下之小宗也是以上傳云有餘則歸之宗亦謂當家之長爲小宗者也云爲人後者孰

萬斯大曰：祖爲嫡孫不杖期。傳曰：有嫡子者無嫡孫，孫婦亦如之。此言嫡子在則長孫與庶孫同，祖爲之大功；長孫之婦亦與庶孫婦同，祖爲之緦也。古人子雖多，惟主長子一人爲後，曰適子。有適子則適子之長子未即爲嫡孫，必適子亡始立爲適孫，以爲祖後。下文云父卒然後爲祖後者服斬是也。適子在既不立適孫，則嫡子之長子婦亦不得爲嫡孫婦，蓋夫庶亦庶，夫嫡亦嫡，婦人從夫之義也。鄭氏乃謂嫡婦在則亦爲庶孫之婦，是不夫之從而以姑爲主矣，豈礼也哉。

開元禮　政和禮　書儀　家禮　孝慈録　會典　今律文並同

喪服　爲人後者爲其父母報

疏：此謂其子後人反來爲父母服者，欲其厚于所後，薄于本親，抑之，故次在孫後也。若然，既爲本生不降斬至禫杖章者，亦是深抑厚于大宗也。言報者，既深抑之，使同本疏往来相報之法故也。○王肅曰：凡服不報，以嫡尊降也。既出爲大宗後，其父母不得服以加也，故不以出降而報之。○雷次宗曰：據無所厭屈則周爲輕，言報者明子于彼則名判于此，故推之于無尊，遠之以報服。女雖受族于人，猶存父子之名，故得加尊而降之也。○敖繼公云：言其以別于所後者也。父母爲支子服，率降于爲已者一等，此支子出爲人後者，爲其父母期，其父母亦報之以期而不復降者，以其既爲所後者之子，統不可二，故不敢以正尊加之而報之也。

喪服傳　何以期也？不貳斬也。何以不貳斬也？持重於大宗者降其小宗也。爲人後者孰後？後大宗也。曷爲後大宗大宗者尊之統也禽獸知母而不知父野人曰父母何筭焉都邑之士則知尊禰矣大夫及學士則知尊祖矣諸侯及其大祖天子及其始祖之所自出尊者尊統上卑者尊統下大宗者尊之統也大宗者收族者也不可以絶故族人以支子後大宗也適子不得後大宗注都邑之士則知尊禰近政化也上猶遠也下猶近也收族者謂别親疏序昭穆○疏問者本生父母應斬及三年今乃不杖期故問比例也云不二斬者此問答雖兼母專據父故荅以斬而言案喪服小記云别子爲祖繼别爲大宗謂若魯桓公適夫人文姜生太子名同後爲君次子慶父叔牙季友此三子謂之别子别子者皆以一臣道事君無兄弟相宗之法與太子有别又與後世爲始故稱别子也大宗有一小宗有四大宗一者别子之子適者爲諸弟来宗之即謂之大宗自此以下適適相承謂之百世不遷之宗五服之内親者月筭如邦人五服之外皆来宗之爲之齊衰齊衰三月章爲宗子是也小宗有四者謂大宗之後生者謂别子之弟小記注云别子之世長子兄弟宗之第二已下長者親弟来宗之是繼禰小宗更一世長者非直有親昆弟從父昆弟亦来宗之爲繼祖小宗更一世長者非直有親昆弟從父昆弟又有從祖昆弟来宗之爲繼曾祖小宗更一世長者非直有親昆弟從父昆弟從祖昆弟来宗之又有從曾祖昆弟来宗之爲繼高祖小宗也更一世絶服不復来事以彼自事五服内繼高祖以下者也四者皆是小宗則家家皆有兄弟相事長者之小宗雖家家皆有小宗仍世事繼高祖以下之小宗也是以上傳云有餘則歸之宗亦謂當家之長爲小宗者也云爲人後者孰

後〻大宗也者案何休云小宗無後當絕故知後大宗也降其小宗者此則繼爲人後爲父母父母尚降明餘皆降也故大功章云爲人後者爲其昆弟是降小宗之類也曷爲後大宗大宗者尊之統明宗子尊統領族人首族食族燕序齒族人之事是以須後不可絕也云禽獸以下者因上尊宗子遂廣申尊祖宗子之事也禽獸所生惟知隨母不知隨父國外野人稍遠政化不知分別父母尊卑也都邑之士謂在朝并城郭之士民知義理者大夫及學士則謂鄉庠序及國之大學小學之學士雖未有官爵以其習知四術閑六藝知祖義父仁之理故敬父遂尊祖得與大夫之貴同也諸侯及其太祖天子及其始祖皆是爵尊者其德及遠也云適子不得後大宗者以其自當主家事并承重祭祀之事故也○敖繼公曰爲父固當斬衰然父不可二斬不並行既爲所後之父斬則于所生之父不得不降而爲期蓋一重則一輕理宜然也大宗者繼別子之後者也小宗者凡庶子之長子適孫之屬皆是也此爲大宗子矣乃復謂所生之家爲小宗者以其本爲支子故也持猶主也尊之統爲尊者之統也小宗者族人之所尊而大宗又統乎小宗故言尊之統而收族人故族人不得不爲之立後諸侯言太祖天子言始祖則始祖太祖異矣周祖后稷又祖文王白虎通義云后稷爲始祖文王爲太祖此其徵也及謂祭及之也及其始祖之所自出謂禘也始祖之所自出若殷周之帝嚳也諸侯之太祖世〻祭之天子不惟世世祭其太祖又祭其始祖又祭其始祖之所自出蓋所祭者之尊不同故也尊者天子卑者諸侯此尊統謂爲祖禰之統者也尊統上天子始祖之所自出者也尊統下諸侯之太祖也此與太宗爲族人之尊統者義不相關意畧相類故假此以發明之適子不得後大宗則大宗亦有時而絕矣

晉書禮志　咸寧四年陳留公上燕公是王之父王出奉明帝祀今于王爲從祖父有司奏應服期不以親

疏尊卑爲降詔曰王奉魏氏所承者重不得服其私親

乾學按陳留王卽魏主奐也司馬氏縻爲陳留王燕公卽魏文帝弟燕王宇也高貴鄉公死以宇之子奐爲明帝嗣是以從弟爲子而宇于奐爲從祖父矣詔言不得服其私親正謂當降爲期葢用爲人後者爲其父母報之説也

通典出後者爲本父母服議晉王奐按喪服云爲人後者爲其父母持重於大宗者降其小宗也按經傳爲人後者固自降其親也所以降其親者已受重于大宗必爲所後之父服斬故也制其體例若受重于大宗而不爲所後之父服斬則非經所謂爲人後者

之義也凡既受命出爲人後而不爲所後者之父制服固非禮也還爲其親斬亦非禮也均其失寧居過重無居過輕夫恩由義厭情爲禮黜是以五服之跡屬有相爲重者矣天性之父子有相爲輕者矣屈申進退有自來也今奉義則已不爲所後之父服崇恩復不成所生之喪二者並闕未知其詳將何所居且傳敘經意但爲既後大宗無二斬之道非不斬之制也談者不疑爲後而不爲所後制服爲非禮乃謂反服其親爲傷教斯蓋惑之大者也若不服所後之父復抑其反崇本恩則是凡爲後之子可有不服二年之理也愚謂爲後之子爲所後服重則宜如禮降其所生若不爲其所後制服則宜還爲其親服斬考之義例即知人心在可通矣又通典晉或問許猛范甯問孔德澤及宋庾蔚之三條見五卷爲人後者下

晋或問許猛云爲人後時有昆弟後昆弟亡無後當得還否若得還爲主否猛荅曰喪服傳曰何如而可以爲人後支子可也嫡子不得後大宗然大宗雖重猶不奪已之正以後之也推此而論小宗無支子則大宗自絶矣子不絶父之後後本家無嗣于義得還出後者追還本服○或曰甲有子景後叔父乙甲死景以降服周涉數年乙之妻又亡景服父在爲母之服令叔父自有子景既還本當追報甲三年服否若遂即吉則終身無斬衰之服博士曹述初議曰禮大宗無子族人以支子後之不爲小宗立後棄親即踈叔非大宗又年尚少自可有子甲以景後非禮也子從父此命不得爲孝父亡則周叔妻死制母服于義謬也今歸本宜制重以全父子之道或難曹曰禮曰

月過而後聞喪則有稅服當聞喪之日哀情與始遭喪同是以聞喪或在數十年後猶追服重甲死景即知喪哀情已叙爲出後降周者服制耳三年之喪稱情而立文父喪積年哀慼久除令更制重是服非稱情之義若依稅服非其類矣且子爲父不過再周景常爲甲已服周矣今復制重是子爲父服三周也豈禮意乎荅曰景于禮無後乙之義景既不得成重制于乙又闕父子之道人子之情豈得無追遠之至慼乎就使情輕于日月已過而後聞喪服父之禮寧可便廢令以哀慼久除方制重服爲難過矣父之于子兼尊親之至重禮制斬衰三年明其兼重也齊衰周制非所以崇尊親之至重景雖嘗爲甲服周豈禮也哉而數以爲父三周乎或難曰婦人有父喪未練而

夫家遣之則爲父服三年既練而見遣則已猶如爲人後者亦爲所後斬衰三年爲父服周服制既同則義可相准若甲死未練而景歸則應爲三年今喪已久于禮不應追服荅曰禮婦人適人則降父服周爲夫三年既練而見遣父服除矣重制成于已夫故雖反父母之家父亡不得復爲父服三年不貳斬之義也婦人于禮得成其重制于夫景于禮無後乙之義雖甲喪久除而景歸既已不得成重于乙今又不爲甲追制重服是景爲人子終無服父之道也張湛謂曺曰禮所稱爲人後後大宗所以承正統若非大宗之主所繼非正統之重無相後之義今乙雖無子于禮不應取後於甲甲之命景景之後甲皆爲違禮若如前議則兄弟以子相養者代代有之此輩甚衆時

無譏議蓋同繫一祖兄弟所生猶如已生子非犯禮
違義故也雖非禮之正義亦是一代成制由來故事
豈可以甲命獨爲非禮景從便爲失道此之得失自
當與代人共之耳今所疑於景既當持服與不議者
以爲景歸宜制衆引税服爲例恐非明證夫税服者
自謂日月已過而後聞喪之日即初死之時爲制服
之始令月數得全哀情得叙爲人後者父終則盡心
極哀但逼於所後抑情降服以遵父命及其還歸論
喪則已積年即事則必有降殺而方復追所謂不稱
情者矣過時而不知喪則平吉之人既初聞知則同
于始死于喪過而歸何得爲例若謂景既不得全重
制于乙又闕子道于甲故更服重即所謂全父子之
道猶非税服乎又設難云婦人父喪既練而見遣爲

父服周以准爲人後者旣還所生父喪已久於禮不追此議何疑荅曰正以婦人得成制於夫景不得成重制於乙令景于禮誠無後乙之義然據受父命爲人子與婦人出適者皆爲本親降服一等爲所後及夫制服三年其義正同也令以婦人旣練見遣重制已成于夫故不爲父三年令謂景本不應爲乙後然景旣奉命爲乙子則許其降本親之服及其喪過而歸則重制成于所後矣若不服重制其本親乃其可終身無斬衰之服直是率懷而言無所依據耳○又范甯問孔德澤云甲無子取其族子乙爲後所生父歿降服周甲晚自生子乙歸本家後甲終乙當有服否若服當制何服孔荅曰代人行之似當無服繼母常爲母子旣出服周推此粗可相況范又難必當有

服未辯母之定准云繼母既出服周此理所出爲分明釋耳孔又荅云繼母出爲服周是父殁而嫁賀循要說亦謂之出當以捨此適彼不獨在嫁可以意領故不必繼于本也江熙難范云往因禮親反因禮疎何嫌頓盡乎未若相遺于江湖既還宜各反服也○宋庾蔚之云嘗爲父子愛敬兼加豈得事改便同疎族方之繼母嫁于情爲安

後周書柳慶傳慶出後第四叔及遭父憂議者不許爲服重慶泣而言曰禮緣人情若于出後之家更有苴斬之服可奪此以從彼今四叔薨背已久情事不追豈容奪禮乖違天性時論不能抑遂以苫凷終喪卲寶曰格子曰此猶以情言也夫禮則不然礼爲人後者爲之子也以不能追服而降服于所生不亦二乎盖降服而心喪焉可也

隋書劉子翊傳永寧令李公孝四歲喪母九歲外繼

其後父更别娶後妻至是而亡河間劉炫以無撫育之恩議不解任劉子翊駁之曰傳云繼母如母與母同也當以配父之尊居母之位齊杖之制皆如親母又爲人後者爲其父母朞報朞者自以本生非殊親之與繼也父雖自處旁尊之地于子之情猶須隆其本重是以令云爲人後者爲其父母並解官申其心喪父卒母嫁爲父後者雖不服亦申心喪其繼母嫁不解官此專據嫁者生文耳將知繼母在父之室則制同親母若謂非有撫育之恩同之行路何服之有乎服既有之心喪焉可獨異三省令旨其義甚明今言令許不解何其甚謬且後人者爲其父母期未有變隔以親繼親繼既等故知心喪不殊服問云母出則爲繼母之黨服豈不以出母族絶推而遠之繼母

配父引而親之乎子思曰爲伋也妻是爲白也母不爲伋也妻是不爲白也母定知服以名重情因父親所以聖人敦之以孝慈弘之以名義是使子以名服同之親母繼以義報等之己生如謂繼母之來在子出之後制有淺深者攷之經傳未見其文譬出後之之人所後者初亡後之者始至此復可以無撫育之恩而不服重乎論曰禮者稱情而立文仗義而設教還以此義諭彼之情稱情者稱如母之情仗義者仗爲子之義名義分定然後能尊父順名崇禮篤敬苟以母養之恩始成母子則恩由彼至服自己來則慈母如母何得待父命又云繼母慈母本實路人臨己養已同之骨血若如斯言子不由父命縱有恩育得如母乎其慈繼雖在三年之下而居齊期之上禮有

倫例服以稱情繼母本以名服豈藉恩之厚薄也至于兄弟之子猶子也私昵之心實殊禮服之制無二彼言以輕如重自以不同此謂如重之辭即同重法若使輕重不等何得爲如又論云取子爲後者將以供承祧廟奉養已身不得使宗子歸其故宅以子道事本父之後妻也然本父後妻因父而得母稱若如來旨本父亦可無心喪乎何直父之後妻論又云禮言舊君其尊豈復君乎已去其位非復純臣須言舊以殊之別有所重非復純孝故言其已見之目以其父之文是名異也此又非通論何以言之其舊訓殊所用亦別舊者易新之稱其者因彼之辭安得以相類哉至如禮云其父析薪其子不克負荷傳云衛雖小其君在焉若其父而有異其君復有異乎斯不然

矣斯不然矣今炫敢違禮乖令侮聖干法使出從之子無情于本生名義之分有虧于風俗徇飾非於明世强媒蘗於禮經雖欲揚已露才不覺言之傷理事奏竟從子翊之議

邵寶曰格子曰繼母以父重嫁母以父輕出母以父絶以義制恩而服之隆殺從之禮也

宋史中丞何澹所生父繼室周氏死澹欲服伯母服下太常百官雜議呂祖儉遺書宰相曰禮曰爲伋也妻者是爲白也母今周氏非中丞父之妻乎將不謂之母而謂之何中丞爲風憲首而以不孝令百寮何觀焉

閻若璩曰按伯母服期所生父繼室亦服期澹欲服伯母服者不肯解官中心喪耳祖儉以不孝刺之得其情矣

朱子語類問某人不肯丁所生母憂曰禮爲所生母不杖齊期律文許申心喪若所父再娶亦當從

律某人是也又問若所生父與所繼父俱再娶當持六喪乎曰固是又問先儒爭濮議事曰此只是理會稱親當時蓋有引戾園事欲稱皇考者又問稱皇考是否曰不是○又曰爲人後者爲其父母服期年有父母之稱濮議引此爲證欲稱皇考當時雖以衆人爭之得止而至今士大夫猶以爲未然蓋不知禮經中若不稱爲其父母別無稱呼只得如此也○又曰且如今人爲所生母齊衰不杖期爲所養父母斬衰三年以理觀之自是不安然聖人有存亡繼絕之道又不容不安○又曰今法爲所生父母心喪三年此意甚善

呂柟曰爲人後者爲其父母者何曰重生我也雖後于人生身之恩不可忘也然則何以不斬子夏曰不二斬也持重于大宗者降其小宗也故漢唐宋間由藩王入承大統于其父母猶稱皇考皇妣者其亦不講于大宗也哉

汪德輔曰或謂爲人後者當易其父母之名從所後者爲屬而使之無二是未攷于禮也盖父母之服當降使明所後者重而已非遂以爲當變其親也親不當變則名可得而易乎名不可得而易則期服雖除心喪三年礼不可變也而謂輙以絕其親乎不絕其親而能使其屬之疎者相與爲重親之厚者相與爲輕在以礼義名其內而不在于惡其爲二而强易其名于外也經曰爲人後者爲其父母報此其名之見于經未嘗易也經既不易則凡爲人後者生曰本親父母沒曰考妣礼之正也

張懋修談乘胡廣本姓黄父母以五日子弃之江後父得而養之遂不持本生父服○胡寅以五日子父母弃之爲叔父安國所舉後亦不持本生父母服

開元禮　政和禮　書儀　家禮　孝慈録　會典　令律文並同

〔喪服〕女子子適人者爲其父母昆弟之爲父後者敖繼公曰此昆弟不言報是亦爲之大功耳

〔喪服傳〕爲父何以期也婦人不貳斬也婦人不貳斬者何也婦人有三從之義無專用之道故未嫁從父既嫁從夫夫死從子故父者子之天也夫者妻之天也

婦人不貳斬者猶曰不貳天也婦人不能貳尊也注從者從其教令歸宗者父雖卒猶自歸宗其曰父後服重者不自絕于其族類也○疏經無言父母傳特問父不問母者父在爲母期今出嫁仍期但不杖禫未多懸絕故不問爲父在室斬今與母同在不杖懸絕故獨問父也前斬章爲人後不云丈夫不貳斬至此女子〻云婦人不貳斬者則丈夫容有二斬故有爲長子皆斬至于女子〻在家爲父出嫁爲夫唯一無二也婦人有三從所從即爲之斬夫死從子不爲子斬者子爲母齊衰母爲子不得過齊衰也○敖繼公曰從者順其所爲而不違之所謂以順爲正者也天者取其尊大之義人所尊大者無如天故以之爲比

爲昆弟之爲父後者何以亦期也婦人雖在外必有歸宗曰小宗故服期也注小宗者言是乃小宗也小宗明非一也小宗有四丈夫婦人之爲小宗各如其親之服辟大宗○疏云小宗故服期者小宗〻內兄弟父之嫡長者爲之婦人之所歸宗者歸此小宗與大宗別也○敖繼公云歸宗者所歸之宗也婦人雖外成然終不可忘其所由生故以本宗爲歸宗也歸云者若曰婦人或不安于夫家必以此爲歸然也其於爲父後者特重以其爲宗子也以私親言之故曰小宗其昆弟雖繼别猶謂之小宗所以别于夫家之宗也

開元禮　政和禮　書儀　家禮　孝慈録　會典　今律文並同書儀無爲父後者條

喪服　繼父同居者敖繼公云繼父曰母之後夫也其或從繼母而嫁者若爲其夫服亦宜如之

喪服傳何以期也傳曰夫死妻穉子幼子無大功之親與之適人而所適者亦無大功之親所適者以其貨財爲之築宮廟歲時使之祀焉妻不敢與焉若是則繼父之道也同居則服齊衰期異居則服齊衰三月未嘗同居然後爲異居未嘗同居則不爲異居

注妻穉謂年未滿五十子幼謂年十五已下子無大功之親謂同財者也爲之築宮廟于家門之外神不歆非族妻不敢與焉恩雖至親族已絕矣夫不可二此以恩服爾未嘗同居則不服之○疏子家無大功之內親繼父家亦無大功之內親繼父以財貨爲此子築宮廟使此子四時祭祀不絕三者皆具即爲同居子爲之期恩深故也三者若闕一事則爲異居假令前三者皆具後或繼父有子即是繼父有大功內親亦爲異居矣如此則爲之齊衰三月而已若初與母往繼父家時或繼父有大功內親或已有大功內親或繼父不爲已築宮廟三者一事闕雖同在繼父家亦名不同居繼父全不服之矣云築宮廟于家門之外者以其中門外有已宗廟則知此在大門外築之也隨母嫁得有廟者非必正廟但是鬼神所居曰廟若祭法云世子祭于寢也

馬融曰穉少幼少也無大功之親以収養之故母與之俱行適人○又曰謂已自有宗廟不隨母適人初不適人何異居之有

陳銓曰異居者昔嘗同今不同也夫有大功之親同財者也子有大功不可以隨母彼有大功不可以專財也

敖繼公曰傳之言若此則是子于繼父本無服特以三者具且同居故爲服此服若先同居後異居則降而三月是又于三者之外以居之同異爲

大行神不敬非俗俗聽族

十一行幼少少字疑小

恩之深淺而定服之輕重也然則三者或闕其一雖同居亦無服矣小記言同居異居者與此異更詳之

郝敬曰前夫子謂母再嫁之夫曰繼父同居則恩猶父也雖非血屬死亦爲期傳引舊傳明同居之義見所以爲服也夫死妻稺子幼無親與子再適人非得已也子稱其人爲同居繼父非泛然同居也設使子有大功之親則不得依他人爲父使其人有大功之親則亦不得養他人爲子或私不與同利易其宗姓使不得自奉其先祀或私其妻預欲絕之礼不字有一于此則恩誼薄烏得稱父必是數者兼備又獨父孤子依如此真繼父矣然後可爲齊衰期年若三者偏始同居而後異可爲齊衰三月若初未嘗同居于前數者無一焉路人耳三月不

喪服小記繼父不同居也者必嘗同居皆無主後同財而祭其祖禰爲同居有主後者爲異居注錄恩服深淺也見同財則朞同居異財故同居今異居及繼父有子亦爲異居則服齊衰三月未嘗同居則不服○疏異居之道有三一者昔同今異二者今雖共居而財計各別三者繼父更有子便爲異居云有主後者爲異居則此子有子亦爲異居也

陸佃曰言皆無主後則子亦是也然則繼父同居蓋亦爲之娶婦矣娶婦而有子亦異居焉

汪琬曰儀禮喪服傳繼父同居章大死妻稺子幼子無大功之親與之適人而所適者亦無大功之親以其貨財爲之築宮廟歲時使之祀焉妻不敢與則繼父之道也汪子曰此孤子隨母更適者也或爲大宗之世適與或支子與吾皆不能知也苟其爲大宗之適也則家必有廟無所事于更

喪服傳何以期也傳曰夫死妻稺子幼子無大功之親與之適人而所適者亦無大功之親所適者以其貨財爲之築宮廟歲時使之祀焉妻不敢與焉若是則繼父之道也同居則服齊衰期異居則服齊衰三月未嘗同居然後爲異居未嘗同居則不爲異居

注妻稺謂年未滿五十子幼謂年十五已下子無大功之親謂同財者也爲之築宮廟于家門之外神不歆非族妻不敢與焉恩雖至親族已絕矣夫不可二此以恩服爾未嘗同居則不服之○疏子家無大功之內親繼父家亦無大功之內親繼父以財貨爲此子築宮廟使此子四時祭祀不絕三者皆具即爲同居子爲之期恩深故也三者若闕一事則爲異居假令前三者皆具後或繼父有子即是繼父有大功內親亦爲異居矣如此則爲之齊衰三月而已若初與母往繼父家時或繼父有大功內親或已有大功內親或繼父不爲已築宮廟三者一事闕雖同在繼父家亦名不同居繼父全不服之矣云築宮廟于家門之外者以其中門外有已宗廟則知此在大門外築之也隨母嫁得有廟者非必正廟但是鬼神所居曰廟若祭法云也子祭于寢也

馬融曰稺少幼少也無大功之親以收養之故母與之俱行適人○又曰謂已自有宗廟不隨母適人初不適人何異居之有

陳銓曰異居者昔嘗同今不同也夫有大功之親同財者也子有大功不可以隨母彼有大功不可以專財也

敖繼公曰傳之言若此則是子于繼父本無服特以三者具且同居故爲服此服若先同居後異居則降而三月是又于三者之外以居之同異爲

恩之深淺而定服之輕重也然則三者或闕其一雖同居亦無服矣小記言同居異居者與此異更詳之

郝敬曰前夫子謂母再嫁之夫曰繼父同居則恩猶父也雖非血屬死亦爲期傳引舊傳明同居之義見所以爲服也夫死妻穉子幼無親與子再適人非得已也子稱其人爲同居繼父非泛然同居也設使子有大功之親則不得依他人爲父使其人有大功之親則亦不得養他人爲子或私其財貨不與同利易其宗姓使不得自奉其先祀或私其妻預欲絕之祀使鬼神不享有一于此則恩誼薄爲得稱父必是數者無慊又獨父孤子終身相依如此眞繼父矣然後可爲齊衰期年若三者慊始同居而後異居則但可爲齊衰三月若初未嘗同居于前數者無一焉路人耳三月不可況期年乎

喪服小記繼父不同居也者必嘗同居皆無主後同財而祭其祖禰爲同居有主後者爲異居注錄恩服深淺也見同財則朞同居異財故同居今異居及繼父有子亦爲異居則服齊衰三月未嘗同居則不服○疏異居之道有三一者昔同今異二者今雖共居而財計各別三者繼父更有子便爲異居云有主後者爲異居則此子有子亦爲異居也

陸佃曰言皆無主後則子亦是也然則繼父同居蓋亦爲之娶婦矣娶婦而有子亦異居焉

汪琬曰儀禮喪服傳繼父同居章夫死妻穉子幼子無大功之親與之適人而所適者亦無大功之親以其貨財爲之築宮廟歲時使之祀焉妻不敢與則繼父之道也汪子曰此孤子隨母更適者也或爲大宗之世適與或支子與吾皆不能知也苟其爲大宗之適也則家必有廟無所事于更

築在礼禰無廟則與祖同廟爲繼父者如之何其代爲之築也且彼無大功之親矣獨無小功以下諸親乎哉宗法而既行也舉族之父兄子弟方推宗子而重焉有餘財則必歸之雖以之立廟可也安有顛連而入繼父之家者又安有藉繼父之財而始爲宮廟者哉苟其支子而已則雖爵爲大夫士猶當祭于宗子之家而不當有廟況幼孤乎爲繼父者分之賄財可也遺之宮室什器車馬衣服可也犯非礼而爲之築宮廟此暱愛之私不可之甚者也傳言所適亦無大功云云喪服小記又言皆無主後同財而祭其祖禰爲同居則是繼父無子者也繼父無子其可撫夫妻之前子爲子與語曰神不歆非類民不祀非族制礼者宜禁之之不暇而顧倡此說以尊之吾不信也吾嘗攷諸春秋崔杼取東郭姜姜以其孤棠無咎入卒兆大亂于齊蓋同居之禍如此亂宗之端敗家絕祀之所自昉後世宜以爲鑒不可以礼文藉口也嗟乎三礼唯儀礼最古然其說猶有難信者況乎大小戴礼半爲漢儒所附會哉蓋古書之錯亂不可知也久矣善哉傳玄之言曰父無可繼之理此礼焚書之後俗儒妄造也

顧炎武日知錄夫物之不齊物之情也雖三王之世不能使天下無孤寡之人亦不能使天下無再適人之婦且有前後家東西家而爲喪主者矣假令婦年尚少夫死而有三五歲之子則其本宗大功之親自當爲之収恤又無大功之親而不許之從其嫁母則轉于溝壑而已于是其母所嫁之夫親之如子而撫之以至于成人此子之于若人也名之爲何不得不稱爲繼父矣長而同居則爲之服齊衰期先同居而後別居則齊衰三月以其撫育之恩次于生我也爲此制者所以寓恤孤之仁而勸天下之人不獨子其子也若曰以其貨財爲之築宮廟此後儒不得其說而爲之辭

朱董祥經史辨疑母可繼父不可繼母有八父其可二乎按喪服傳繼父同居則服齊衰期異居則服齊衰三月此蓋與寄公爲所寓之義服一例後儒誤解註爲三父與八母並列復作圖以表之舉世從之使繼諸人者無父爲之繼者滅其祖先絕其禋祀此豈先王之制哉或曰子之所論是

也然則儀礼繼父之稱何居曰儀礼之謂繼父謂夫死妻稺子幼子無大功之親與之適人而所適者亦無大功之親所適者以其貨財爲之築宮廟歲時使之祀焉妻不敢與焉若是則繼父之道也夫無大功之親則無俗與之適人則無家無族無家則宗祀廢矣所適者以其貨財爲之築宮廟使其子歲時祭祀則有存亡繼絶之恩故謂之繼父如管仲之稱仲父范增之稱亞父其著服者寄公之義諸侯失國寓于他國謂之寄公則爲所寓者之君服齊衰士庶之失家猶諸侯之失國也則爲所適者服齊衰非以爲父子也父子兄弟之服報礼無繼子之服且無繼子之名其不爲父子曉然至妻不敢與則彼此之宗不亂況爲父子乎若曰異姓可爲父子則儀礼初無是說也父子天倫也爲子受之父爲父受之祖異姓爲之是廢天倫而忘祖父瀆亂甚矣春秋鄫子取莒女爲夫人魯襄公六年鄫立莒子爲後孔子書曰莒人滅鄫穀梁子曰非滅也立異姓以莅祭祀滅亡之道也異姓爲父子滅人宗祀黄歇不韋之行春秋所不容先王之制礼安得有是哉故曰後儒之誤解儀礼無是說也傳玄謂父無可繼之理此礼焚書之後俗儒妄造表準謂此則自制其父亂名之大者二儒之論可謂不惑于俗通經辨義則未盡也

開元禮　政和禮　家禮　孝慈録　會典　今

律文並同惟書儀無

喪服　爲夫之君　疏臣之妻皆禀命于君之夫人不從服小君者欲明夫人命亦由君来故臣妾于夫人無服也

喪服傳　何以期也從服也　疏從服者以夫爲君斬故妻從服期也

馬融曰夫爲君服三年妻從夫降一等故服期

郝敬曰凡從服降正服一等

開元禮迄今律文俱無

喪服姑姊妹女子子適人無主者姑姊妹報疏女子子問在上不言報者女子子出適大功反爲父母自然猶期不須言報故不言也姑對姪姊妹對兄弟出適反爲姪與兄弟大功姪與兄弟爲之降至大功今還相爲期故須言報也○敖繼公云爲姑姊妹女子子出適者降爲大功今以其無主乃加于降服一等而爲之期其姑姊妹于昆弟姪亦不容不以其所加者服之云報者服期之義生于已而不在彼故也女子子適人者爲父母自當期固不必言報矣然父母爲已加一等而已于父母不復加者其亦以婦人不能貳斬也與

爾雅父之姊妹爲姑男子謂女子先生爲姊後生爲妹

喪服傳無主者謂其無祭主者也何以期也爲其無祭主故也注無主後者人之所哀憐不忍降之○疏人之所哀憐者謂行路之人見此無夫復無子而不嫁猶生哀愍況姪與兄弟及父母故不忍降之也若然除此之外餘人爲之服者仍依出降之服而不加以餘人恩疏故也○敖繼公曰祭主者夫若子若孫也死而無祭主尤可哀憐故加一等大功之服乃得加一等者以其本服如是也

雷次宗曰按檀弓曰姑姊妹之薄也蓋有受我而厚之者今無祭主者是無子無夫則無受我而厚之者也既無受我之厚則我不得不降其本情

故哀發于無主而服于天倫也今之不降其服者既緣亡者之煢獨又因報身之無主二塗俱伸彼此無遂故父母兄弟在室姊妹咸得反服也唯出適者自以義結他族事殺本宗受我之厚奪之亦深至乃愛敬兼極者猶抑斬以爲周況他人乎雖則家庭莫主兄弟絕嗣無後之痛路人所悲而深心徙結至服無反良由既曰外成事無兩降故也降由已身之出不計前人應降與不應也所謂反服者反于昆弟伯叔耳若無主服周昆弟大功則是過于昆弟也豈所謂服反哉問者曰女子子出適者不得爲無主服周斯則然矣敢問兩無主得互相反服否荅曰經云姑姊妹報名反服不由己身人今哀己不可無報若兩俱無主義無先服則無服安得互相爲周

通典爲姑姊妹女子子無主後者服議

周制齊衰不杖期章姑姊妹適人無主者姑姊妹報則天子爲姑姊妹女子子嫁于王者後無主者其服與士爲姑姊妹適人無主者同天子之卿大夫爲姑姊妹女子子嫁于諸侯及卿大夫無主者與士爲姑姊妹適人無主者同諸侯爲姑姊妹女子子嫁于天子元子及諸侯卿大夫無主者與士爲姑姊妹適人無主者同諸侯之卿大夫爲姑姊妹女子子爲命婦無主者亦如

增稿

之命婦之無主者爲其昆弟之爲士者亦如之○漢石渠禮議曰經云大夫之子爲姑姊妹女子子無主後者爲大夫命婦者惟子不報何戴聖以爲惟子不報者言命婦不得降故以大夫之子爲之惟子不報者言猶斷周不得申其服也宣帝制曰爲父母周是也吳射慈云士爲姑姊妹女子子適人無主者齊衰周○東晋征西庾亮府倉曹參軍王群從父姊喪無主後繼子俄而又卒羣以爲姑姊妹無主後者反歸服經雖不及從設教必自親始以經言則宜不降以記論例在加服又與此姊同在他邦無餘親情所不忍准經不降不亦可乎通諮府主及僚案詳斷荀訥曰若從姊夫殁無子無主後反服可也今已立後殯葬有主祭足下制小功之服方以爲後者殁更無本親之情尋其始則喪非無主論其終則五月之末繼以大功之受於制則情禮已降

於服則非輕重之序庾亮荅曰存殁禮終而喪其嗣
此之無後雖復可哀然非復本宗之所知矣故不得
以小功之末以亡者喪後而反服大功也○宋庾蔚
之謂王羣從姊喪亡之初有繼兒羣已制小功之服
凡服皆定于始制之日豈得以葬竟兒亡方欲追改
其服乎異于女子爲夫所出申服于父母也經文多
畧可以類推舉近親之有服則疏者知無服凡經五
服之内文有未備皆于公子章發凡以明例無主後
之不降文不及從又無發凡以明之是知相矜止于
周服而已晋朝喪亂移都于江南郡之卿士同奉天
子何他邦之有乎
開元禮　政和禮　書儀　家禮　孝慈録　會
典　今律文並同

讀禮通考　卷九　二十

讀禮通考卷十

喪期

齊衰不杖期下

喪服為君之父母妻長子祖父母敖繼公云祖父母尊也乃在下者見其為變服也孫於祖父母其正服期

喪服傳何以期也從服也父母長子君服斬妻則小君也父卒然後為祖後者服斬注此為君矣而有父若祖之喪者謂始封之君也若是繼體則其父若祖有廢疾不立父卒者父為君之孫宜嗣位而早卒今君受國于曾祖○疏云父母長子君服斬者欲見臣從君服期君之母當齊衰而言斬者以母亦有三年之喪故并言之云妻則小君者欲見臣為小君期是常非從服之例云父卒為祖後服斬者傳解經為君之祖父母從服期之意謂始封之君者始封之君非繼體容有祖父不為君而死君為之斬臣亦從服期也若是繼體則其父若祖合立為廢疾不立已當立是受國于曾祖也云父卒者解傳之父卒耳鄭必以今君受國于曾祖不取受國于祖者若受國于祖祖薨則羣臣為之斬何得從服期故言受國于曾祖也若然曾祖為君薨羣臣自當服斬君之祖薨君為之服斬則臣從服期也趙商問已為諸侯父有廢疾不任國政不任喪事而為其祖服制度之宜年月之斷云何答云父卒為祖後者三年斬何疑趙

商又問父卒為祖後者三年已聞命矣所問者父在為祖如何欲言三年則父在欲言期復無主斬杖之宜主喪之制未知所定答曰天子諸侯之喪皆斬衰無期彼志與此注相兼乃具足也

馬融曰父母長子君服斬故從服降一等周也妻則小君服母之義故同也

敖繼公云此先揔言從服則夫人之服亦在其中矣以其非從斬而期故復以小君別言之為小君亦謂之從服者謂其得配于君乃有小君之稱故也為母齊衰亦云斬者以皆三年而畧從其文耳父卒然後為祖後者服斬則是父在而祖之不為君者卒君雖為之後亦惟服期以父在故爾惟祖後于父而卒者君乃為之斬也蓋其斬與期惟以父之存沒為制君服斬然後臣從服期又此言為君之母與其祖母皆指其卒于夫死之後者也其夫若在君為之期則臣無服也案注云此為君矣而有父若祖之喪者謂始封之君也若是繼體則其父若祖有廢疾不立此揔釋國君有不為君之祖若父也注又云父卒者父為君之孫宜嗣位而早卒今君受國于曾祖此釋父卒然後為祖後者服斬之文也夫君之無父而為祖後者有二有君已即位而父先卒祖後卒者如注所云者是也亦或有父為君而卒子既代立而祖乃卒者注乃舉其一而遺其一意似未備

郝敬曰案鄭謂此始封之君其祖與父未嘗為君故臣無服從君之服是也又謂父卒者為君之孫宜嗣位早卒今君受國于曾祖非也父卒為祖後服斬此禮不專為君設凡孫于祖皆然此因臣從服君祖父母期明君所以服斬之故衛輒繼祖援此禮但此祖父未嘗為君嘗為君則臣亦服斬矣

服問　大夫之適子為君夫人大子如士服注大夫不世子不嫌也士為國

君斬小君期太子君服斬臣從服期

君之母非夫人則羣臣無服惟近臣及僕驂乘從服唯君所服服也注妾先君所不服也禮庶子為後為其母緦言唯君所服申君也春秋之義有以小君服之者時若小君在則益不可○疏君母是適夫人則羣臣服期非夫人君為之服緦則羣臣無服也近臣閽寺之屬僕御車者驂車右也君母非夫人則貴臣不服而此諸臣隨君服緦也

雜記外宗為君夫人猶內宗也注皆謂嫁于國中者也為君服斬夫人齊衰不敢以其親服服至尊也外宗謂姑姊妹之女舅之女及從母皆是也內宗五屬之女也其無服而嫁于諸臣者從為夫之君嫁于庶人從為國君

乾學案此條及上大夫之適子條又見斬衰章臣為君服條下當參看

通典漢景帝前二年文帝所生薄太后崩朝臣居重服

東晉安帝崇安四年太皇太后李氏崩百寮並服朞

乾學按右二條為君之祖母

南齊書禮志建元三年太子穆妃薨南郡王聞喜公國臣疑制君母服王儉議禮庶人爲國君齊衰先儒云庶人在官若府史之屬是也又諸侯之大夫妻爲夫人服繐衰七月以此輕微疎遠故不得盡禮今皇孫自是蕃國之王公太子穆妃是天朝之嫡婦宫臣得申小君之禮國官豈敢爲夫人之敬當單衣白帢素帶哭於中門外每臨輒入與宫官同

魏書禮志延昌三年清河王懌所生母羅太妃薨表求申齊衰三年詔禮官博議侍中中書監太子少傅崔光議喪服大功章云公之庶昆弟爲母王服宜大功又云據喪服厭降之例並無從厭之文今太妃既捨六宫之稱加太妃之號爲封君之母尊崇一國臣下固宜服期不得以王服厭屈而更有降禮有從輕

而重義包於此太學博士封偉伯等十人議案臣從君服降君一等君為母三年臣則期今司空以仰厭先帝俯就大功臣之從服不容有過但禮文殘缺制無正條竊附情理謂宜小功庶君臣之服不失其序升降之差頗會禮意清河國郎中令韓子熙議案喪服公之庶昆弟為其母大功但公之庶昆弟或為士或為大夫士之卑賤不得仰匹親王正以餘厭共同可以奪情相擬然士非列土無臣從服今王有臣復不得一準諸士矣議者仍令國臣從服期鄙昧所見未曉高趣按不杖章云為君之父母妻長子祖父母傳曰父母長子君服斬妻則小君父卒然後為祖後者服斬傳所以深釋父卒為祖服斬者蓋恐君為祖期臣亦同期也明臣之服期由君服斬若由君服斬

然後期則君服大功安得亦期也若依公之庶昆弟不云有臣從朞若依為君之父母則王應申三年此之二章殊不相干引彼則須去此引此則須去彼終不得兩服功朞渾雜一圖也議者見餘尊之厭不得過大功則令王依庶昆弟見不杖章有為君之父母便令臣從服以期此乃據殘文守一隅恐非先聖之情達禮之喪矣且從服之體自有倫貫雖秩微閹寺位卑室老未有君服細經裁踰三時臣著疏衰獨涉兩歲案禮天子諸侯之大臣唯服君之父母妻長子祖父母其餘不服也惟近臣閹寺隨君而服耳若大夫之室老君之所服無所不服而降一等此三條是從服之通旨較然之明例雖近臣之賤不過隨君之服未有君輕而臣服重者也議者云禮有從輕而重

臣之從君義包於此愚謂服問所云有從輕而重公子之妻爲其皇姑直是禮記之異獨此一條耳何以知其然案服問經云有從輕而重公子之妻爲其皇姑而大傳云從服有六其六曰有從輕而重注曰公子之妻爲其皇姑若從輕而重不獨公子之妻者則鄭君宜更見流輩廣論所及不應還用服問之文以釋大傳之義明從輕而重惟公子之妻臣之從君不得包於此矣若復有君爲母大功臣從服期當云有從輕而重公子之妻爲其皇姑爲母大功臣從服期何爲不倫書兩條以杜將來之惑而偏著一事彌結今日之疑且臣爲君母乃是徒從徒從之體君亾則已妻爲皇姑既非徒從雖公子早沒可得不制服乎爲君之父母妻長子君已除喪而後聞喪則不稅蓋

以恩輕不能追服假令妻在遠方姑没遥域過期而後聞喪復可不稅服乎若姑亡必不關公子存否聞喪則稅不計日月遠近者則與臣之從君彌自不同矣又案臣服君黨不過五人悉是三年其餘不服妻服夫黨可直五人乎朞功以降可得無服乎臣妻事殊邈然胡越苟欲引之恐非通例也愚謂臣有合離三諫待決妻無去就一醮終身親義既有參差喪服固宜不等故見厭之婦可得申其本服君屈大功不可過從以期所以從麻而齊專屬公子之妻隨輕而重何關從服之臣尋理求途儻或在此必以臣妻相準未覩其津也子熙誠不能遠探墳籍曲論長智請以情理校其得失君遭母憂臣創之痛臣之爲服從君之義如何君至九月便蕭然而即吉臣猶朞年仍

哀哭於君第創巨而反輕從義而反重緣之人情豈曰是哉侍中崔光學洞今古達禮之宗顧探幽立義申三年之服雖經典無文前儒未辨然推例求旨理亦難奪若臣服從期宜依侍中之論脫君仍九月不得如議者之談耳嬴氏焚坑禮經殘缺故今追訪靡據臨事多惑愚謂律無正條須準旁以定罪禮闕舊文宜準類以作憲禮有期同緦功而服如齊疏者蓋以在心實輕於義乃重故也今欲一依喪服不可從君九月而服周年如欲降一等兄弟之服不可以服君母詳諸二途以取折衷謂宜麻布可如齊衰除限則同小功所以然者重其衰麻尊君母蹙其日月隨君降如此衰麻猶重不奪君母之嚴日月隨降可塞從輕之責矣尚書李平奏以謂禮臣為君黨妻為夫

黨俱為從服各降君夫一等故君服三年臣服一期今司空臣憚自以尊厭之禮奪其罔極之心國臣厭所不及當無隨降之理禮記大傳云從輕而重鄭玄注云公子之妻為其皇姑既舅不厭婦明不厭者還應服其本服此則是其例詔曰禮有從無服而有服何但從輕而重乎憚今自以厭故不得申其過隙衆臣古無疑厭之論而有從輕之據曷為不得申其本制也可從尚書及景林等議尋詔曰比决清河國臣為君母服期以禮事至重故追而審之今更無正據不可背章生條但君服既促而臣服仍遠禮緣人情遇厭須變服可還從前判既葬除之

乾學按右二條為君之母

晋書惠帝愍懷太子薨羣臣服齊衰

通典齊武帝永明十一年文惠太子薨右僕射王晏等奏按喪服經爲君之長子齊縗周今至尊既不行三年之典正服周制羣臣應降一等便應大功九月功縗是兄弟之服不可以服至尊臣等參議謂宜重其縗裳減其月數並同服齊縗三月至於太孫三年既申南郡國臣宜備齊縗周服臨汝曲江既非正嫡不得稱先儲二公國臣並不得服詔依所議

梁天監二年始興王嗣子喪博士管咺議使國長從服緦麻

乾學按右三條爲君之長子

明劉績三禮圖說君之父祖雖曾爲君既老而傳嗣君在位猶臣致仕故無二斬但從君而已先儒說皆非

乾學按注疏之説善矣今觀劉説更勝於注疏蓋前皇既禪位於嗣皇則其崩也嗣皇自行三年之服而羣臣從君降一等服期可也豈必執君服皆斬之説乎

開元禮迄今律文俱無

喪服妾爲女君注女君君適妻也○敖繼公云此服期與臣爲小君之義相類

喪服傳何以期也妾之事女君與婦之事舅姑等注女君君適妻也女君於妾無服報之則重降之則嫌○疏婦之服舅姑期故云等但並后匹嫡傾覆之階故抑之雖或姪娣使如子之妻與婦事舅姑同也云報之則重降之則嫌者還報以期無尊卑降殺則大重若降之大功小功則似舅姑爲適婦庶婦之嫌故使女君爲妾無服也○敖繼公云禮夫妻敵體妾爲君斬衰三年而爲女君期嫌其服輕故發問也妾之至尊者君也而女君次之婦之至尊者夫也而舅姑次之二事相類故以爲況妾之事女君既與婦之事舅姑等則其爲女君服亦不宜過于婦爲舅姑服但當期而已然妾於女君其有親者或大功或小功緦麻乃皆不敢以其服服之而必爲之期又所以見其尊之也女君於妾不著其服者親疎不同則其服亦異故也惟緦章見貴妾之服彼蓋主於士也若以士之妻言之乃爲其無親者耳若有親者則宜以出降一等者服之

雷次宗曰今抑妾使同婦尊女君使同姑女君於妾不得同姑之降婦不降則應報所以不報者欲申聖人抑妾之旨若復報之則並后之誡意無所徵故報之則違抑妾之義降之則有舅姑之嫌故使都無服無重嫌之責也

呂枏曰妾爲嫡妻者何曰妻尊也夫尊於外妻尊於内也子夏曰妾之事女君與婦之事舅姑等是踰分也故今婦從夫爲舅姑三年爲女君期天下之達禮也

郝敬曰案禮鄭謂女君於妾無服非也既云妾事女君如婦事舅姑則女君視妾如舅姑視婦可知舅姑於適婦大功庶婦小功女君于妾亦然

俞汝言曰禮婦爲舅姑期故妾亦期今婦既斬衰三年妾亦應加服三年觀妾爲君之長子三年今改期年則此服亦應改

萬斯大曰傳曰服貴妾緦麻夫妾何以貴也以有子也故小記曰士妾有子而爲之緦無子則已此貴妾與貴臣文連鄭指服之者爲公士大夫之君是也獨於齊衰期妾爲女君條謂女君于妾無服愚竊以爲未然夫妾爲君斬爲女君期服已重矣傳曰妾之事女君與婦之事舅姑等文不及於君亦以妾之服君君之服妾已見于前後獨女君服妾無文故於妾爲女君條舉婦之事舅婦以例妾之事女君俾讀之者即舅姑之於婦還以例女君之于妾也故縱不得如爲嫡婦大功爲庶婦小功降而緦焉亦宜也縱不能凡妾皆爲之服從夫而貴妾緦焉亦宜也鄭謂報之則重報之則誡重也降之則嫌降之果何所嫌乎賈疏乃云並后匹嫡傾覆之階故抑之夫惟君之志淫而溺愛也故匹適之漸以萌豈緣女君服妾而生也若謂嫌于舅姑之爲婦則傳已明言與婦事舅姑等矣此義不明後世禮家於有子之妾唯適子衆子爲之服期而君與女君皆不爲之服此則注疏之失也

開元禮　政和禮　書儀　家禮　孝慈録　會典　今律文並同

〔喪服〕婦爲舅姑

〔爾雅〕婦稱夫之父曰舅，稱夫之母曰姑。疏：夫之父母謂舅姑何？尊如父而非父者舅也，親如母而非母者姑也。

〔喪服傳〕何以期也？從服也。疏：本是路人，與子牉合，得躰其子，爲親，故重服期也。○敖繼公云：子爲父母三年，加隆之服也。妻從其加服，故降一等而爲期。然則從服者，惟順所從者之重輕而爲之，固不辨其加與正也。

馬融曰：從夫而爲之服也。從服降一等，故夫服三年，婦服周也。

王平仲曰：婦爲舅姑期，非輕舅姑也，重斬也。男子非父不天，父在則母降矣；女子非夫不天，從夫則父母降矣。何也？無二天也。無二天，故無二斬也。

或曰：婦体夫，何以期也？曰：婦之尊舅姑也，以舅姑之子爲天也。舅姑死而服斬，是貳其天也，故不敢也。或曰：諸侯爲天王，大夫士爲其國君服斬，從子服父之義也。婦事舅姑同乎子，何以期也？曰：諸侯之於天王，大夫士之於其國君，義服也。義而斬，重也，所以踈也；期而正，輕也，所以親也。

顧炎武曰：婦事舅姑如事父母，而服止於期，不貳斬也。然而心喪則未嘗不三年矣，故曰與更三年喪不去。

〔喪服小記〕婦當喪而出，則除之。注：當喪，當舅姑之喪也。出，除喪，絶族也。○疏：恩情既離，故出即

除服也

服問傳曰有從輕而重公子之妻為其皇姑注皇君也諸侯妾子之妻為其君姑齊衰與為小君同舅不厭婦也○疏公子謂諸侯之妾子也皇姑即公子之母也諸侯在尊厭妾子使為母練冠諸侯沒妾子得為母大功而妾子妻不辨諸侯存沒為夫之母期也其夫練冠是輕也而妻為期是重故云有從輕而重也而謂之皇姑者皇君也此妾既賤若惟云姑則有嫡女君之嫌今加皇字自明非女君而此婦所尊與女君同故云君姑也

吳肅公曰公子之妻為其皇姑期皇姑也者夫所生母也以別於女君也故曰皇姑夫諸侯沒公子為其母大功無存沒而公子之妻亦期也者亦何從屬之殊耶

通典劉系之問子婦為姑既周彩衣耶荀訥荅曰子婦為姑既除服時人以夫家有喪猶白衣

唐李涪刊誤子夏喪服傳婦為舅姑齊衰五升布十一月而練十三月而祥十五月而禫禫後門庭尚素婦服素縑衣以俟夫之終喪習俗以婦之服青縑謂其尚在喪制故因循亦同父之喪紀再周

而後吉禮女子在家以父為天婦人無二天則婦之為舅姑不服齊衰三年著矣貞元十一年河中府倉曹叅軍蕭據狀稱堂兄至女子適李氏婿見居喪今時俗婦為舅姑服三年恐為非禮請禮院詳定垂下詳定判官前太常博士李岧議曰謹案大唐開元禮五服制度為舅姑及女子適人為其父母皆齊衰不杖周蓋以婦之道以專一不得自達必繫於人故女子適人服夫以斬而降其父母喪服傳曰女子已適人為父母何以周也婦人不二斬也婦人從人無專用之道故未嫁從父既嫁從夫夫死從子父者子之天也夫者妻之天也先聖格言歷代不敢易由此論之父母之喪尚止周歲舅姑之服無容三年今之學者不本其義輕重

紊亂寖以成俗伏以開元禮玄宗所修上纂累聖旁求禮經其道昭明其文彰著藏之秘府垂之無窮布在有司頒行天下率土之內固宜遵行有違斯文命曰敗法亂紀請正牒以明典章此李岩之論可謂正矣凡居士列得不守之

汪琬曰或問禮無繼姑之服何也曰非無服也先儒謂子當以父服為正父若服以為妻則子亦應服之此可類而推也傳曰婦人既嫁從夫夫者婦之天也夫既以為母矣婦其敢不以為姑乎然則從夫而服又何惑焉

通典庶子為父後其妻為本舅姑服議晉賀循云庶子為父後為其母緦麻三月庶子之妻自如常禮尊所不降也自天子達於大夫皆然孔瑚問虞喜曰愚謂庶子之妻不得如禮服其私親者以為身為宗主奉修祭祀以別尊卑故也凡婦服夫黨皆降一等唯公子厭至尊故其妻從輕而服重盡禮於皇姑則人

情所許愚謂不得以公子為例喜答曰謂庶子為父後上繼祖禰此則厭於承重不得伸其私情故為所生服緦麻其婦當依公子之妻盡禮皇姑從輕服重不繫於夫哀帝興寧中哀靖皇后有章太妃之喪尚書奏至尊緦麻三月皇后齊衰按周禮有從輕而服重公子為公所厭故不得申舅不厭婦故得以本服綦母邃駮公子不繼祖禰故妻得伸皇姑夫人致齋而會於太廟后服不宜踰至尊亦當緦麻也

乾學按庶子為後其妻自應從庶子而降孔瑚綦母邃之説得其衷矣賀循虞喜引公子之妻為比所謂似是而非也

吳肅公曰婦于舅姑義服也雖然謂正服也可義云乎哉婦于舅姑猶臣於君儀禮不杖期焉耳吾弗敢知也子柳之妻之喪叔皮也衣衰而繆絰子柳使之繐衰而環絰嗚呼是毋乃偷三年齊柳可也今則斬

開元禮同宋太祖時改舅斬衰三年姑齊衰三年政和禮書儀家禮因之明太祖時并改姑斬衰三年今律文因之

喪服　夫之昆弟之子　注男女皆是。疏檀弓云兄弟之子猶子也蓋引而進之進同己子故二母為之亦如己子服期也云男女皆是者據女在室與出嫁與二母相為服同期與大功故子中兼男女也○敖繼公云世母叔母服之也其女子子在室亦如之

喪服傳　何以期也報之也　疏報之者二母與子本是路人為配二父而有母名為之服期故二母報子還服期若然上世叔之下不言報者二父本是父之一躰又引同己子不得言報至此本疏故言報也

馬融曰伯母叔母報之

陳銓曰從于人者宜服大功今乃周者報之也

開元禮　政和禮　書儀　家禮　孝慈録　會典　今律文並同

喪服　公妾大夫之妾為其子　敖繼公云二妾之子為母之服異於衆人嫌母為其子亦然故以明之公國君也

喪服傳何以期也妾不得體君為其子得遂也注此言二妾不得從於女君尊降其子也女君與君一躰惟為長子三年其餘以尊降之與妾子同也○疏諸侯絕旁期為衆子無服大夫降一等為衆子大功其妻躰君皆從夫而降之至于二妾賤皆不得躰君君不厭妾故自為其子得申遂而服期也○按繼公云公與大夫於其子有以正服服之者有以尊降之者絕之者其妻與夫為一躰而從之故不問已子與妾子其為服若不服亦然二妾于君之子亦從乎其君而為之其為服若不服皆與女君同惟為其子得遂獨與女君異者則以不得躰君故也蓋母之于子本有期服初非因君而有之故不得躰君則此服無從君之義是以得遂也

馬融曰公諸侯也

雷次宗曰嫌二妾從于君尊以降其子故明之所嫌者尊降故不言士妾也○又曰夫人與君同躰以尊降其子也公子與君同躰以厭降其親也妾無夫人之尊故不敢降其子無公子之厭故得遂其親也而事隣于躰君跡幾于不遂故每以不躰得遂為言也

開元禮　政和禮　家禮　書儀　孝慈録　會典　今律文並同妾為已子諸禮俱有但無公妾大夫妾之分

喪服女子子為祖父母疏章首已言為祖父母兼男女彼女據成人之女此謂十五許嫁者

喪服傳何以期也不敢降其祖也注經似在室傳似已嫁明雖有出道猶不降○疏祖父母正期也已嫁之女可降旁親祖父母正期故不敢降也經直云女子子無嫁文故似在室傳言不敢則是雖嫁而不敢降祖故似已嫁經傳互言之欲見

在室出嫁同不降也○敖繼公云傳以經意為主于適人者而發故云然女子子適人不降其祖者不敢以兄弟之服服至尊也此不敢降之語與大夫為祖父母之傳意同皆失之也說見於後

馬融曰不言女孫言女子子者婦質者親親故繫父言之出入服同故不言在室適人也

陳銓曰言雖已嫁猶不敢降也駁鄭玄曰經似在室失其旨也在室之女則與男同已見章首何為重出言不敢降者明其已嫁傳義詳之孔倫曰婦人歸宗故不敢降其祖

乾學按此條專指出嫁者而言當以陳氏之說為正

開元禮　政和禮　書儀　家禮　孝慈録　會典　今律文並同

喪服　大夫之子為世父母叔父母子昆弟昆弟之子姑姊妹女子子無主者為大夫命婦者唯子不報注命者加爵服之名自士至上公凡九等君命其夫則后夫人亦命其妻矣此所為者凡六命夫六命婦○疏此言大夫之子為此六命夫六命婦服期不降之事其中雖有子女重出其文其餘並是應降而不降但大夫尊降旁親一等此男女皆合降至大功為作大夫與己尊同故不降還服期若姑姊妹女子子出嫁

大功適士又降至小功今嫁大夫雖降至大功為無祭主哀憐之不忍降還服期也云命凡九等者大宗伯及典命文六命夫謂世父一也叔父二也子三也昆四也弟五也昆弟之子六也六命婦者世母一也叔母二也姑三也姊四也妹五也女子子六也

王肅曰姑姊妹本大功今以無主為之周故亦報已以周女子子亦大功今以無主為之周女子子本為父母周今雖其報自其本服故曰唯子不

報雷次宗曰以報之為言二服如一父母為女子子適人無主者周女子子適人亦為父母周與報相亂故經別其非報也

敖繼公曰大夫之子從其父亦降旁親一等世叔父母子昆弟昆弟之子為大夫命婦與其父尊同故不降而服期若姑姊妹女子子服亦本期也其在室者則以大夫之尊厭降為大功若適士則又以出降為小功今以其為命婦故不復以尊降惟以出降為大功若又無主祭乃加一等而為期大夫之妻謂之命婦者君命其夫為大夫則亦命其妻矣此于其子不別適庶以父在故耳傳曰有適子者無適孫是也是章有大夫為適孫為士者之服則此昆弟之子為其父之適孫者雖不為大夫已亦不降之也又姑姊妹女子子云無主則是夫先卒也夫為大夫而先卒其妻猶用命婦之禮焉以是推之則常為大夫而已者亦用大夫之禮可知

傳曰大夫者其男子之為大夫者也命婦者其婦人之為大夫妻者也無主者命婦之無祭主者也何以言唯子不報也女子子適人者為其父母期故言不報也言其餘皆報也何以期也父之所不降子亦不

敢降也大夫曷為不降命婦也夫尊於朝妻貴於室

矣注無主者命婦之無祭主謂姑姊妹女子子也其有祭主者如衆人唯子不報男女同不報耳傳惟據女子子似失之矣大夫曷為不降命婦據大夫於姑姊妹女子子既已出降大功其適士者又以尊降在小功也夫尊于朝與已同妻貴於室從夫爵也○疏父所不降子亦不敢降者大夫之子得行大夫禮降與不降一與父同故傳據其父為大夫也為本以子亦之也

敖繼公曰經言唯子不報謂男子為父三年與期服異也傳以女子子釋之似失之矣女子子適人者為其父自當期乃不在不報中者以與其餘報服同故畧言之也又世父母叔父母昆弟昆弟之子為大夫命婦乃于大夫之子亦報之者蓋以其父之故不敢以降吾者服之亦貴貴之意也惟父卒乃如衆人大夫曷為不降命婦承父之所不降者而問也此不降命婦據大夫于其子之姑姊妹女子子也大夫為此四命婦或大功或小功皆不以尊降之惟以出降耳問者蓋怪其無爵而不降之夫尊於朝則則妻貴于室言其夫妻一體同尊卑也是以不降之尊于朝謂為大夫貴于室謂為内子

郝敬曰大夫之子厭于父凡旁期以下不得自遂父所降子不得不降至於父所不降子安敢降也世父也叔父也世叔父之子也兄也弟也兄弟之子也六者皆言男子之為大夫者也世母也叔母也姑也姊也妹也女子子也六者皆言婦人之為命婦與無後者也大夫於旁期降於此無降故大夫子亦皆為期然則何不直言大夫言大夫子蓋子之世叔父亦即父之昆弟也其世叔父之子亦即父之昆弟子也其昆弟即父之衆子也其姑即父之姊妹也其姊妹即父之女子子也其倫同其為服可互見也禮為世叔父母昆弟昆弟子皆期大夫降為大功而死者皆大夫貴敵則

皆從期其世叔父母之子已謂從兄弟大功常也在父為昆弟之子以彼為大夫父既為期矣子之昆弟子貴者不降又可降父之昆弟子貴者乎故亦為期父為衆子期已昆弟即父衆子以彼其貴父且不降子兄弟同者又可降乎凡傳所謂男子之為大夫父所不降子亦不敢降也其婦人之為命婦者世母叔母見前父之姊妹曰姑女兄曰姊女弟曰妹與己所生女子子皿婦者適人死為大功常也大夫降為小功以彼為命婦貴敵則仍大功又以其無後加隆為期大夫姑姊妹女子如此大夫子於姑姊妹女子亦然凡傳所謂婦人之為大夫妻者父不降子亦不敢降也無祭主謂無親生子凡服人而人以其服反服之曰報世叔父母與子昆弟昆弟子姑姊妹皆以此服報之爵同親同無後同則其當降不降加等同也惟女子既適人者于父母不杖期定禮不論貴賤有後無後不在報例

萬斯同曰古喪服之最可疑者莫如此大夫之子一條夫大夫降其期親于情于理已不順猶曰周人貴貴大夫爵尊降之猶可也至大夫之子彼有何貴乃亦盡降其期親乎夫人倫本于天屬爵位由于君命君命有時而予奪則爵位之得失因之今日為大夫則槩從降服他日不為大夫則當從正服後日再為大夫則又當從降服以天屬之至親而盡以爵為隆殺更以死者之爵為隆殺豈果先王之禮乎記曰禮不下庶人今若茲則是禮不上大夫矣而可乎吾謂此必非先王之禮殆近世之卿大夫報為之後遂沿之為例而記禮者因筆之耳即欲強為之解亦必大夫之適子而非大夫之衆子也何以知之襍記言大夫之適子服大夫之服蓋以適子隨父而祭有舉奠行養之禮故父之所不服子亦不敢服若夫衆子則固士也身為士而可上擬大夫之禮乎試舉一端折之如為兄弟本期也今以大夫之子而降為大功夫已為大夫之子則兄弟亦大夫之子也何為而降之凡尊同則不降禮之常法也今尊同矣又何為而亦降之且已以兄弟為大夫而加其服彼兄弟之為大夫者亦從而報之則是為大夫

之兄弟反為為士之兄弟服期矣由前言之已以卑而加尊者之服由後言之已以尊而亦不降卑者之服一則不必降而降一則可降而不降何其紛紜顛倒之甚也唯言乎適子則其說亦畧可通而不至如前所云之謬戾矣

乾學按經言唯子不報傳獨以女子子釋之者蓋言男子則子為父三年從無服期之禮不待言而可見惟嫁女為父母朞而期原其本服不得以報言故經曰惟子不報而傳專據女子子為言也鄭氏乃謂男女同不報而以傳之專言女子子者為失何其考之不精與至敖氏又謂經言不報指男子子為父三年與期服異故言惟子不報而亦以傳之專釋女子者為失則益支離之極而大背乎古人立言之旨矣

又按經所云子舊說皆謂已所生子而郝

解獨指爲世叔父母之子何也其所持論可謂婉而辨矣但世叔父之子於已爲從父兄弟本服止於大功豈有因其爲大夫而加服至期年者乎此古今未有之禮何可欲求新異而創此無稽之說也

開元禮迄今律文俱無

喪服　大夫爲祖父母適孫爲士者　敖繼公云此祖父適孫爲士也乃合祖母言之所謂妻從夫爵者也上已見祖父母適孫矣此復著大夫之禮則經凡不見爲服之人者雖曰通上下言之而實則主於士也明矣

喪服傳　何以期也大夫不敢降其祖與適也　注不敢降其祖與適則可降其旁親也○疏大夫以尊降其旁親雖有差約不顯著故于此更明之經云不降祖與適明于餘親降可知大夫降旁親明矣○敖繼公云大夫於爲士者之服則降之此亦爲士也乃不降者以其爲祖與適也大夫所以降其旁親而不降祖與適者聖人制禮使之然也非謂大夫之意亦欲降此親但以其爲祖與適故不敢降之也

馬融曰尊祖重嫡自尊者始也故不敢降

開元禮迄今律文俱無

喪服　公妾以及士妾為其父母　疏中間有孤卿大夫妾不言之者舉其極尊卑其中有妾為父母可知○敖繼公云女子子適人者為其父母則是服已在其中矣復言此者猶嫌為人妾者屈于其君則為其私親或與為人妻者異故以明之云公妾以及士妾又以見是服不以其君之尊卑而異也

喪服傳　何以期也妾不得體君得為其父母遂也　注然則女君有以尊降其父母者與春秋之義雖為天王后猶曰吾季姜是言子尊不加于父母此傳似誤矣禮妾從女君而服其黨服是嫌不是服其父母故以明之○疏問者以公子為君厭為已母不在五服又為已母黨無服公妾既不得躰君君不厭故妾為父母得伸遂而服期也引春秋者桓九年公羊傳文鄭欲破傳義言王后猶不得降父母是子尊不加父母傳何云妾不得躰君乎豈女君降其父母故云傳似誤矣禮妾從女君而服其黨服者雜記文也鄭既以傳為誤故自解之一則以女君不可降其父母二則經文兼有卿大夫士何得專據公子以決父母乎是以傳為誤也○敖繼公云傳意蓋為妾于其父母亦本自有服非因君而服之故不得躰君則為之得遂然妾以不得躰君之故而遂其服者雖自為其子耳若其私親則無與于不躰君之義蓋女君雖躰君亦未見有重降其私親者傳義似誤也

馬融曰公謂諸侯也其間有卿大夫妾故言以及士妾也皆為其父母得服周也

陳銓曰以妾卑賤不得躰君又嫌君之尊不得服其父母故傳明之也

雷次宗曰今明妾以卑賤不得躰君厭所不及故得為其父母遂也

吕枏曰妾為其父母者何曰妻妾于君則有貴賤矣于父母之喪無貴賤一也傳謂妾不得躰君得為其父母遂者非也

郝敬曰此與前章妾為子期義同舉國君及士則凡為妾者皆得為父母期也女子之適人者為父母期前已列此疑妾為夫與適厭不得遂者言

○又曰案鄭謂父母期雖女君不得降以傳躰君之說為誤非也傳未嘗謂女君可降其父母也謂妾之父母若同凡人妾自為重服違君自遂似乎不可耳今以國君之貴尚不厭妾此父母之喪所以為重傳安得誤其引春秋季姜義皆後儒强作春秋未可如此讀也

開元禮　政和禮　家禮　孝慈録　會典並同

書儀今律文無

右儀禮

補　周禮為王后

曲禮天子有后　疏后後也言其後于天子亦以廣後嗣也○吕大臨曰后以配天子其名與諸侯之妃同○方慤曰后以承繼為義以其聽內治有君道故也

周禮春官司服凡喪為王后齊衰　注王后小君也諸侯為之不杖期○疏凡喪者諸侯諸臣皆為王后齊衰天子卿大夫之適子亦當然故云凡以廣之也

乾學按諸侯者畿外之諸侯也諸臣者畿内之公卿大夫也

昏義為后服齊衰服母之義也方愨云服后以母之義者言以其義而服之非服之正故也檀弓謂之方喪者以此

通典諸侯及公卿妻為皇后服議晉孝武帝泰元中瑯琊王納妃裁登車而定后凶禍至即依在途遭喪改服即位哭徐邈以為有服記有其證君為天子三年夫人如外宗之為君夫人猶内宗也吴徐整問曰經言為夫人君不道為其妻然則公卿諸侯之妻不為皇后服耶謝慈荅曰皇后天下之母則宜服周禮君命其夫后夫人亦宜命其婦其受命則不宜無服宋庾蔚之謂服問云君為天子三年夫人如外宗之為君按鄭玄注云外宗君外親之婦也其夫與諸侯為兄弟服斬妻從服周諸侯為天子服斬夫人亦從服周按王肅注云外宗外女之嫁於卿大夫

者也為君服周今鄭王雖小異而同謂夫服君斬衰故妻從服周耳未聞王妃服后與不雜記云外宗為君夫人猶内宗也鄭注皆謂嫁於國中者也為君服斬衰夫人齊衰不敢以其親服服至尊外宗謂姑姊之女舅之女及從母皆是也内宗五屬之親也其無服而嫁於諸臣者從為夫之君按先儒皆以有親服之故成以君臣之服瑯琊王妃者是司馬道子妻於孝武定后本娣姒以小功之服王者絶旁親故宜成以臣妾齊衰之周

皇后親為皇后服議　晋國子博士王翼云按禮無明文依准鄭制齊衰諸婦誠非五屬然緣成親夫屬子道則妻亦婦道矣不得不制親屬之服故孝后崩庚家訪服博士王昆議五服之内一同臣妾宜准小君

服周侍中高崧答以為皆准五屬為夫人周祠部郎孔恢云庾家男女宜齊衰庾家諸婦雖非五屬女今現在五屬之内亦服周護軍江虨云按賀公記天子諸侯五屬之内雖不服職為臣皆斬衰為夫人則齊衰周天子諸侯既同后夫人亦不可得異但文有詳畧耳子姪服周諸婦非復五屬之例謂當從降夫一等鄭彌云諸婦宜從夫若其夫自同人臣婦亦宜同於臣之妻與王后無准雖欲寧戚於大典有闕○宋庾蔚之謂與天子有服既為之斬衰與王后有服則宜齊衰周也雖婦亦宜以有服為斷應如孔恢議

〔蕃國臣為皇后服議〕晉恭皇后崩時東海國臣弘據刺問禮官太學博士謝詮按儀禮諸侯之大夫為周王繐衰至葬除有正文傳曰諸侯之大夫時接見於

天子也至於周王后崩無喪服之制周王天下父周后天下母諸侯大夫宜服繐衰稱情為得又刺問云昔元明二帝崩時朝臣皆服斬衰諸國臣繐衰七月今朝臣既為皇后齊周則國臣宜有差降不得亦繐衰也謝詮荅曰繐衰止於七月故無降錯綜記例亦謂應有服正疑於無降耳按伯叔母與伯叔父恩義有深淺而服亦同齊曾祖與宗子母妻服無差降推此則何必皆降乎將以取節於既葬故無等耶宋庾蔚之謂經但云諸侯大夫為天子而不及后則知於后無服也若有服則當連言且云時接見乎天子益知后不在其例矣弘據引大夫之制不成禮者此后之喪在其數以明后必有服蔚之按記云士之所以異緦不祭鄭氏云然則士不得成禮諸侯之士亦不

得服天子及后而亦不成禮明不成禮不必爲服止以君有天王及后之喪以宜隨例哀致故亦同廢祭耳文明皇后及武元楊后崩天下將吏發哀三日止

呂柟禮問高皇后文皇后何以皆二十七日也曰此群臣之服也爲太祖太宗厭也高皇后崩於洪武十五年文皇后崩于永樂五年故不得三年也然斬衰二十七日素服百日始服黲衣則亦三年之漸耳然而皇太子親王皇孫及女未嘗不三年也故典曰熟布冠九祔或七祔去首絰負版辟領衰及皇孫女熟布蓋頭則喪高皇后既練之服也可知其三年矣君臣皆衰服二十七日皇帝成服三日聽政內命婦四品已上衰服八臨三日又素服二十四日外命婦素服二十七日聽選諸官以下皆素服二十七日在內哭臨順天府在外哭臨衙門皆三日天下軍民男女素服十有三日自正統七年喪誠孝皇太后始也

補 注疏爲姑在室

喪服不杖期章世父母叔父母鄭注云爲姑在室亦如之

黄榦曰姪之爲姑其服如此則在室姑之爲姪其服當與男子服同

補 注疏爲姊妹在室

喪服不杖期章昆弟注云爲姊妹在室亦如之

黄榦曰兄弟之爲姊妹其服如此則在室姊妹之爲兄弟其服當與男子同

補注疏爲女子子在室

喪服不杖期章爲衆子注云女子子在室亦如之

黄榦曰在室女子子爲父母及其餘親其服並當與男子服同

開元禮迄今律文並同

補注疏王爲適曾孫適玄孫適來孫

周禮司服凡凶事服弁服鄭注云服弁喪冠也其服斬衰齊衰賈疏云天子諸侯絶旁期正統之期猶不降然則王爲適子斬衰其爲適孫適曾孫適玄孫適來孫則皆齊衰期又儀禮喪服不杖章云爲適孫鄭注凡父於將爲後者非長子皆期然則王禮亦適子死有適孫適孫死有嫡曾孫向下皆然也

乾學按賈氏之説因周禮服弁服乃天子之制故專指天子而言其實諸侯以下凡立後傳重者皆同此制

開元禮迄今律文並同

補喪服始封之君爲諸父昆弟始封君之子爲諸父昆弟

喪服大功章大夫爲姑姊妹女子子嫁於大夫者傳云始封之君不臣諸父昆弟封君之子不臣諸父而臣昆弟

黄榦曰天子之義亦當然若虞舜之與漢高皆庶人起爲天子蓋亦不臣諸父昆弟而有服也

補注疏兄弟俱爲諸侯從本服

喪服小記與諸侯爲兄弟者服斬孔疏若俱爲諸侯則各依本服期也

補注疏適子父在爲妻

喪服杖期章妻傳注云適子父在則為妻不杖以父為之主也

補注疏士妾為君之衆子

喪服大功章大夫之妾為君之庶子鄭注云士之妾為君之衆子亦期

乾學按黃勉齋所編喪禮尚有禮記六條其一君為天子三年夫人如外宗之為君也（服問○詳見斬衰章諸侯為天子條下）其一外宗為君夫人猶內宗也（雜記○見斬衰章君條下）其一大夫之適子為君夫人大子如士服（服問○詳見斬衰章君條）其一女未練而反則期（喪服小記○詳見斬衰章子嫁反在父之室為父三年條）其一世子為妻與大夫之適子同（小記○見不杖期章大夫之適子為妻條下）其一公子之妻為其皇姑（服問○詳見婦為舅姑條下）今以其

已見前篇俱不載

又按勉齋所採三禮注疏尚有士為小君期太子君服斬臣從服期大夫適子為夫人太子如士服期天子卿大夫適子為王后太子如士服期四條今以其俱附見為君之父母妻長子條下及為王后齊衰條下亦不載

右出經傳注疏黃氏採補

唐律舅姑為嫡婦

舊唐書禮儀志太宗因修禮官奏事之次言及喪服有親重而服輕者亦附奏聞於是侍中魏徵禮部侍郎令狐德棻等奏適子婦舊服大功請加為期從之秘書監顏師古奏曰舅姑為婦其服太輕冢婦止於

大功衆婦小功而已但著代之重事義特隆饋奠之勤誠愛兼極畧其恩禮有虧慈惠猶子之婦並服大功已子之妻反有減降以類而言未爲允恊今請冢婦期服衆婦大功旣表授室之親又荅執笲之養叔仲之後諸婦齊同則周洽平均更無窒礙矣

吳肅公曰子之喪殺冢于衆矣婦之喪進冢于衆婦顧隆爲今制也或曰大功可也

儀禮大功唐初增爲期服　開元禮　政和禮　書儀　家禮　孝慈録　會典　今律文並同

右唐制

開寶禮父所生庶母

吳肅公曰讀禮問甚矣古者之重爲後也父母至爲之三年也不亦久乎斬不已厚乎庶子之子爲祖後則不喪其父之母也謂父何哉嗚呼不已薄乎

乾學按孫爲父所生庶母服禮無明文古今五服考異云始於開寶禮朱子家禮有

庶子之子為父之母而為祖後則不服即此條也

政和禮嫁母出母為其子

車垓曰父卒而母嫁與父在而母出則母于吾父有絶義矣故子為之降服杖期然母之於子則義不絶也故仍為子服不杖期

政和禮繼母嫁為前夫之子從已者

車垓曰子無母而以繼母為母矣及父卒又從繼母再嫁而寄育焉則繼母亦視之如子可也故為義服不杖期即父母為衆子之服也

開元禮　孝慈録　會典同　今律文無

右宋制

孝慈録為嫡長子

呂柟曰古者父母為嫡長子三年傳曰正躰于上又乃将所傳重也又曰父之所不降母亦不敢降也其為衆子則亦不杖期也夫異之以三年則已尊同之于衆子則已卑夫衆子同于兄弟之子而已矣其可并嫡長子而同之耶今典為長子婦期為衆子婦大功必為長子杖期為衆子不杖期也為長子不杖期其記録之誤乎

俞汝言曰禮斬衰三年記云為長子杖則其子不以杖即位今既非三年亦應杖期齊衰不杖期似太輕

乾學按南史齊文惠太子薨有司奏御服期後開元禮政和五禮長子仍從斬服至洪武七年始以期服著為令耳

儀禮迄家禮俱父斬衰三年母齊衰三年明初改為不杖期會典今律文因之

孝慈録　妾為夫之長子衆子與所生子

乾學按儀禮妾為君之長子三年大夫妾為君之衆子大功士妾為君之衆子期已所生子則公妾以及士妾皆期至明制則混而一之耳

儀禮迄家禮長子三年衆子已子期年孝慈録揔為期年會典今律文因之

明律　妾為家長父母

乾學按家長父母家長服之三年矣妾安可不從服古禮不制服自是缺典從而補之雖先王復起必不易斯禮矣

右明制

今律文前夫之子從繼母改嫁於人為改嫁繼母

乾學按古禮杖期今改為不杖期者殺於親生之母也然非從往彼家則不必制服

右今制

齊衰五月（儀禮所無唐世始增）

開元禮為曾祖父母

舊唐書禮儀志太宗貞觀十四年因脩禮官奏事之次言及喪服帝曰喪禮有親重而服輕者皆許奏聞於是侍中魏徵禮部侍郎令狐德棻等奏曾曰

舊服齊衰三月今請增為齊衰五月詔從之

開元禮女子子嫁者未嫁者為曾祖父母

玄宗開元二十年九月中書令蕭嵩與學士王仲丘等條定五禮書成名開元禮增入此條

呂柟曰夫五月者小功之服也何以不歸之小功曰將為尊者服也不敢以卑者服服之耳故稱齊衰尊祖也古無齊衰五月今有齊衰五月為曾祖父母者何曰尊祖也何以齊衰五月也曰期嫌于祖則已重齊衰三月嫌于高祖則已輕故齊衰五月古者三月非所以達曾孫之志也曾孫女雖適人不降者何明不可無祖也祖不可降也曾孫適人而遇服曾祖天下之難得也惡乎而可降

胡翰曰古者為曾祖父母齊衰三月而不及高祖父母說者謂兼高祖而言則其服同其月日亦同也今禮家之為曾祖父母齊衰五月為高祖父母齊衰三月則其服同其月日不同矣以經考之服之數盡于五緦麻三月小功五月等而至於高曾減其月日以是為差其服制則一以齊衰為斷也且疏云為父加隆三年則為曾祖宜大功為高祖宜小功若以齊衰之服從大功小功之月日亦若可為也古之制禮者所以不出乎二者之間而一斷以三月之制豈無其義乎故尊極而恩殺為高曾三月者後世不必易也至尊在不敢伸其私尊為母齊衰期者古禮不必盡從也何以權之禮以義起而緣乎人情者也

汪琬曰按閩清陳氏曰服父三年服祖期則曾祖宜大功高祖宜小功而皆齊衰三月者不敢以大功小功旁親之服加乎至尊故重其齊麻尊尊也

減其月數恩殺之禮□□殺服適子三年庶子期適孫期庶孫大功則曾孫宜五月而與玄孫同緦麻三月者曾孫服曾祖三月曾祖報亦如之曾祖尊也故加齊衰曾孫卑也故服緦麻此禮所謂下殺如此則不應加服五月然喪服經傳正文本無高祖玄孫服○又案霍山雅言經止說曾祖以下至曾孫無高祖至玄孫之文若有高祖之稱則漢惠不應名其父為高祖矣以此知記皆漢儒曲說沈存中亦云由祖而上皆曾祖由孫而下皆曾孫雖百世可也如此則不應加服姑附于此以備一說

閻若璩曰孝惠嗣立至太上皇廟與羣臣上其父廟號曰太祖謚曰高皇帝史記始諱而為高祖班氏作漢書即正之曰高帝紀何得誣孝惠鶴山既誤于前鈍翁復誤于後駁出以為讀書承譌者之戒

乾學按禮之稱高祖者不一而足何以云禮無高祖之稱乎古文簡往往有一言而包數義者其不言高祖父母自是省文豈可因其不及高祖而并謂禮無高祖之稱也唐太宗之增五月雖聖人復起不能易也而胡汪二子皆言不必加服何哉

右唐制

讀禮通考卷十終

讀禮通考

子及其母妻服豈有在嫂叔之列者獨不為之服乎此蓋以宗子論不以嫂叔論故服之無嫌也

喪服傳何以服齊衰三月也尊宗也尊祖故敬宗敬宗者尊祖之義也宗子之母在則不為宗子之妻服也

疏傳以大夫婦人與宗子服絕而越大功小功與曾祖同怪其太重故發此問也祖謂別子為祖百世不遷之祖當祭之日同宗皆來陪位及助祭故云尊祖也尊祖故敬宗者是百世不遷之宗大宗者尊之統故同宗敬之尊祖之義者以宗子奉事別子之祖是尊祖之義也宗子母在則不為妻服者謂宗子父已卒宗子主其祭王制云八十齊衰之事不與則母七十亦不與今宗子母在未年七十母自與祭母死宗人為之服宗子母七十已上則宗子妻得與祭宗人乃為宗子妻服也必為宗子母妻服者以宗子燕食族人於堂其母妻亦燕食族人之婦於房皆序以昭穆故族人為之服也○敖繼公云別子為祖繼別為宗祖者已之所自出也尊之重本也然其尊祖之誠無由自盡故於敬宗見之蓋敬其為別子之後者乃所以尊別子也故曰敬宗者尊祖之義也此為宗子與其母妻服皆敬宗之事故傳言之宗子之[illegible]之妻服者謂族人於宗子之妻其服與否惟以其母〃[illegible]而妻代主家事若先其母而卒族人亦不為此服[illegible]故也此義與宗子不孤而死族人不以宗子服之者[illegible]

乾學案內則云舅沒則姑老[illegible]

子代父為祭主則適子之婦

婦矣何年七十八十之拘乎賈

謂室而迂矣特姑在而婦先没則　而方

姑族人不為其婦行服耳

馬融曰大夫婦人謂一族男女皆為宗子母與妻

王肅曰此謂族人無復五屬者反為其宗子服也

雷次宗曰言尊祖故敬宗明祖已歿也無由施於尊者但敬宗以致尊祖之心

記宗子孤為殤大功衰小功衰皆三月親則月算如邦人

注言孤有不孤者不孤則族人不為殤服服之也不孤謂父有廢疾若年七十而老子代主宗事者也孤為殤長殤中殤大功衰下殤小功衰皆如殤服而三月謂與宗子絶屬者也親謂在五屬之内算數也月數如邦人者與宗子有期之親者成人服之齊衰期長殤大功衰九月中殤大功衰七月下殤小功衰五月有大功之親者成人服之齊衰三月卒哭受以大功衰九月其長殤中殤大功衰五月下殤小功衰三月有小功之親者成人服之齊衰三月卒哭受以小功衰五月其殤與絶屬者同有緦麻之親者成人及殤皆與絶屬者同○疏云孤為殤者謂無父未冠而死者也云大功衰小功衰者以其成人齊衰故長殤中殤皆在大功衰下殤在小功衰也云皆三月者以其衰雖降月本三月法一時不可更服故還依本三月也云親則月算如邦人者上三月

是絶屬者若在五屬之内親月数當依本親爲限如邦人也注云不孤不爲殤服服之者以父在如周之道有適子無適孫以其父在有適子則不爲適孫服同於庶孫明此本無服亦不爲之服殤也成人服之齊衰期者謂宗子親昆弟姑姊妹在室之等皆是也自大功親已下盡小功親以上成人月数雖依本皆服齊衰者以其絶屬者猶齊衰三月明親者無問大功小功緦麻皆齊衰者也既皆齊衰故三月既葬受服乃始受以大功小功齊衰也至於小功親已下殤與絶屬同者以其成人小功至下殤即入三月是以與絶屬者同皆大功衰小功衰三月也云有緦麻之親成人及殤皆與絶屬同者以其絶屬者爲宗子齊衰三月緦麻親亦三月是以成人及殤死皆與絶屬者同也敖繼公曰此言宗子孤而爲殤其服乃如是若不孤則族人之親盡者不爲服而有親者則或降服或降而無服亦如邦人也

乾學按大功衰小功衰者蓋成人宗子死族人服之用齊衰上文爲宗子是也今宗子而殤則服當降一等宗子服止三月無可得而降故不降其月数但降其衰制不用齊衰而用大功之衰小功之衰也期乃三月服之常也衣用功衰服之變也○又按鄭注謂有大功之親者成人服之齊衰

讀禮通考　卷十一　三

三月卒哭受以大功衰九月若是則期年之服矣本服止當九月而服以期年可乎又謂有小功之親者成人服之齊衰三月卒哭受以小功衰五月若是則八月之服矣本服止當五月而服以八月可乎且古無八月之服此果出於何典乎愚謂此條原論殤服不必及於成人即欲為成人解則有大功親者止當九月有小功親者止當五月或者於九月五月之中而服齊衰三月餘則受以本服可也豈有大功而加至期年小功而加至八月之理乎

大傳公子有宗道公子之公為其士大夫之庶者宗其士大夫之適者公子之宗道也注公子不得宗君君命適昆弟為之宗使之宗之是

公子之宗道也所宗者適則如大宗死為之齊衰九月其母則小君也為其妻齊衰三月無適而宗庶則如小宗死為之大功九月其母妻無服公子唯已而已則無所宗亦莫之宗○疏為齊衰九月者以君在猒降兄弟降一等故九月以其為大宗故齊衰與君同母故云其母則小君也為其妻齊衰三月者同喪宗子之妻也為大功九月其母妻無服者此則庶子為宗禮如小宗與尋常兄弟相為君在猒降一等故死為之大功九月母則庶母妻則兄弟之妻故無服也

乾學按此條大傳之文本不言服制因鄭注長言之故附於宗子之末以補儀禮之所未備云

顧炎武日知録賈疏謂母年未七十尚與祭非也祭統曰夫祭也者必夫婦親之是以舅殁則姑老明其不與祭矣雖老固嘗為主祭之人而禮無二敬故為宗子之母服不為妻服

開元禮政和禮書儀俱無家禮有會典今律文亦無

喪服為舊君君之母妻疏舊君舊蒙恩深雖退歸田野不忘舊德故服之也但謂舊君有二一則致仕二則待放未去此則致仕者也○敖繼公云君亦謂舊君也在國而云舊君者明其不見為臣也此服大夫士同之

喪服傳為舊君者孰謂也仕焉而已者也何以服齊衰三月也言與民同也君之母妻則小君也注仕焉而已者謂老若有廢疾而致仕者也為小君服者恩深於民○疏此經上下臣為舊君有二故發問也云仕焉而已者以下為舊君是待放之臣此為致仕之臣也何以服齊衰三月者怪其舊服斬衰今服三月也言與民同者以本義合今義已斷故抑之使與民同也下文庶人為國君無小君是恩淺此為小君是恩深於民也○敖繼公云已猶止也鄭氏以為致仕是也此嘗仕矣今又在國其服宜異於民乃亦齊衰三月者蓋不在其位則不宜服斬以同於見為臣者而臣於君又無期服故但齊衰三月而不嫌其與民同也然又為小君服則亦異於民矣

陳銓曰仕焉而已者致仕也

雷次宗曰身既反昔服亦同民蓋謙遠之情居身之道也然恩紀内結實異餘人故爰其母妻也

通典晉虞喜議云或問曰喪服經傳為舊君謂仕焉而已者鄭注曰仕焉而已謂老若廢疾而致仕者也今致仕與廢疾理得同否喜正之曰廢疾沉淪罔同人伍不淪臣道齊衰三月可也老而致仕臣禮既全恩紀無替自應三年不得三月傳言仕焉而已者謂

誤訂非……也

誅改謀

既仕而去義同人伍耳○殷泉源問天子諸侯臣致仕服有同異范宣答云夫禮制殘缺天子之典多不全具唯國君之禮往往有之臣之致仕則為舊君齊衰三月天子之臣則亦然矣天子之與國君雖名號異至於臣子奉之與王者無殊矣何以明之公羊曰以諸侯踰年稱即位亦知天子之踰年稱即位天子三年然後稱王亦知諸侯於其封內三年稱子也例如此則臣服之制同矣○穆帝崩前尚書郎寺奔赴皆服齊衰治書侍御史喻希表彈其失禮博士孔恢等議云禮無解職厭降之文今有去官從本官之品典律並慫軌訓有違按毓等並以凡才荷蒙榮飾或濯纓清波不能仰遵王度自同緑人慫義違則虧黷王猷請以見事免毓等所覆除官曹毓

喪服傳為舊君者孰謂也仕焉而已者也何以服齊衰三月也言與民同也君之母妻則小君也注仕焉而已者謂老若有癈疾而致仕者也為小君服者恩深於民○疏此經上下臣為舊君有三故發問也云仕焉而已者以下為舊君是待放之臣此為致仕之臣也何以服齊衰三月者怪其舊服斬衰今服三月也言與民同者以本義合今義已斷故抑之使與民同也下文庶人為國君無小君是恩淺此為小君是恩深於民也○敖繼公云已猶止也鄭氏以為致仕是也此嘗仕矣今又在國其服宜異於民乃亦齊衰三月者蓋不在其位則不宜服斬以同於見為臣者而臣於君又無期服故但齊衰三月而不嫌其與民同也然又為小君服則亦異於民矣

陳銓曰仕焉而已者致仕也

雷次宗曰身既反昔服亦同民蓋謙遠之情居身之道也然恩紀內結實異餘人故爰其母妻也

通典晉虞喜議云或問曰喪服經傳為舊君謂仕焉而已者鄭注曰仕焉而已謂老若癈疾而致仕者也今致仕與癈疾理得同否喜正之曰癈疾沉淪罔同人伍不論臣道齊衰三月可也老而致仕臣禮既全恩紀無替自應三年不得三月傳言仕焉而已者謂

既仕而去義同人伍耳○殷泉源問天子諸侯臣致仕服有同異范宣荅云夫禮制殘缺天子之典多不全具唯國君之禮往往有之臣之致仕則爲舊君齊衰三月天子之臣則亦然矣天子之與國君雖名號差異至於臣子奉之與王者無殊矣何以明之公羊傳曰以諸侯踰年稱即位亦知天子之踰年稱即位以天子三年然後稱王亦知諸侯於其封内三年稱子比例如此則臣服之制同矣○穆帝崩前尚書郎曹耽等奔赴皆服齊衰治書侍御史喻希表彈其失禮博士孔恢等議云禮無觧職猒降之文今有去官從本官之品典律並欲軌訓有違按耽等並以凡才荷蒙榮飾或濯纓清波不能仰遵王度自同隷人欲義違則虧黷王猷請以見事免耽等所覆除官曹耽

上表自理曰：臣聞居喪之禮，貴賤不同。禮，臣為君斬衰，仕焉而已。為舊君齊衰，爵祿既絕，朝見既替，蓋以疏賤於親貴，故降其制也。又國喪儀注，居職者朝夕臨，去職者朔望臨，禮哭泣之節，各稱其服，哭輕則服不得重。據令去職之臣朔望哭，宜為舊君服齊衰，是以臣前率而行之，不敢有加。臣服齊衰哭臨殿庭，踰月歷旬，外內監司莫之或譏。及至梓宮將幸山陵，諸官來赴，服斬者多，此皆意存於重，而不原於制，遂使親疏貴賤無有等差。曾參欲勿除父母之喪，仲尼患其過制。今去官者服在官者之服，固為過制，非聖哲所許。而不推古今正禮難臣，若難者有證，臣對無據，甘受違制。

黄乾行曰：按儀禮此大夫為舊君服，有此三節，何也？先王制禮，恩義而已。臣子之仕于人國，位至大夫，荷爵祿之重，蒙眷顧之隆，其恩義可謂深矣。

故在位而君死則為之服斬恩義重故也夫豈以其去位而遂忘之哉是以先王又制之為舊君反服之禮無非所以酌其恩義之淺深而制為服之隆殺也是故仕焉而已者謂致仕而退歸田里者則服齊衰三月恩義存故也此君臣始終之最好者也其次則以道去君而猶未絕者謂始雖道合今以一事三諫不從待于郊得玦而去君臣之間雖微有順逆然君之恩禮猶未絕尚歸其宗廟使其宗族歲時為之祭祀正孟子所謂去三年不反然後收其田祿里居曲禮所謂爵祿有列于朝出入有詔於國者也恩義尚存如此則安得而不為之服故齊衰三月恩義存故也此君臣之次也若其下者待放而去君遂收其宗廟不使為祭祀則是孟子所謂去之日遂收其田祿里居曲禮所謂爵祿無列於朝出入無詔於國者也恩義既絕如此則安得而為之服故此大夫無服唯其妻與長子尚存本國未去者服齊衰三月恩義絕故也此君臣之好不克終者也其下也

宋書禮志魏世或為舊君服三年者至晉泰始四年以尚書何禎奏始依古典

南齊書禮志建元二年皇太子妃薨前宮臣疑所服左僕射王儉議禮記文王世子父在斯為子君在斯為臣且漢魏以來宮僚充備臣隸之節具體在三昔庾翼妻喪王允滕弘謂府吏宜有小君之服況至尊之重耶宜依禮為舊君妻齊衰三月居官之身並合

屬假朝晡臨哭悉繫東宮今臣之未從官在遠者於居官之所屬寧二日半仍行喪成服遣牋表不得奔赴從之此條爲舊君之妻

顧炎武曰知録與民同者爲其君齊衰三月也不與民同者君之母妻民不服而嘗仕者獨爲之服也古之卿大夫有見小君之禮如成公九年季文子如宋致女復命公享之穆姜出于房再拜是也而妻之爵服則又君夫人命之是以不容無服

喪服庶人爲國君注不言民而言庶人庶人或有在官者天子畿內之民服天子亦如之○疏庶人在官者謂府史胥徒經言庶人兼在官者言之云畿內之民亦如之者畿內千里專屬天子故知爲天子亦如諸侯之境內也○△敖繼公云庶人此服夫妻同之非在官與在官與當家者則不服也畿內之民其服天子亦當如此乃不著之者則此經惟主爲侯國而作益可見矣

白虎通義禮庶人爲國君服齊衰三月王者崩京師之民喪三月何民賤而王貴故三月而已天子七月而葬諸侯五月而葬者則民始哭素服先葬三月成齊衰朞月以成禮葬君也禮不下庶人所以爲民制何禮不下庶人者尊卑制度也服者恩從內發故爲

之制也

以上二條開元禮迄今律文俱無

喪服大夫在外其妻長子爲舊國君 注在外待放已去者○疏此大夫在外不言爲本君服與不服者案雜記云違諸侯之大夫不反服違大夫之諸侯不反服以其尊卑不敵若然其君尊卑敵乃反服舊君服則此大夫已去他國不言服者是其君尊卑不敵不反服者也是以直言其妻長子爲舊國君注云在外待放已去者對上下文而知以其上傳以爲仕焉而已下傳云而猶未絶此傳云長子言未去明身是已去他國與本國絶者故鄭云待放已去者也○敖繼公云此承庶人之下故但據其妻與長子言之云舊國君明妻子亦在外也大夫於舊君恩深故雖去國而於已服之外妻子又爲之服也去國且若是則在國可知大夫在外與其長子俱爲君服斬妻服期去位則皆爲之齊衰三月而已又爲君之母妻若去國則不服其母妻也士之異於此者長子無服若去國則夫妻亦不服之矣

喪服傳何以服齊衰三月也妻言與民同也長子言未去也 注妻雖從夫而出古者大夫不外娶婦人歸宗往来猶民也春秋傳曰大夫越境逆女非禮君臣有合離之義長子去可以無服○疏妻本從夫服君今夫已絶妻不合服而服之長子本爲君斬者亦大夫之子得行大夫禮從父而服之今父已絶于君亦當不服矣而皆服齊衰三月故發問也云大夫不外娶者解傳與民同之意以古者不外娶是當國娶婦是當國之女今身與妻俱出他國大夫雖絶而妻歸宗往来猶是本國之民也春秋傳者莊二十七年公羊傳文君臣有離合之義者謂諫爭從臣是有義則合三諫不從是無義則離子既隨父故去可以無服也

夫字疑誤

通典漢石渠禮議戴聖曰大夫在外者三諫不從而去君不絕其祿位使其嫡子奉其宗廟言長子者重長子也承宗廟宜以長子為文蕭太傅曰長子者先祖之遺體也大夫在外不得親祭故以重者為文宣帝制曰以在故言長子○晉賀循按鄭注喪服云凡妻從夫降一等夫合三月則妻宜無服而猶三月者古者大夫不外娶其妻則本國之女也雖從夫而出婦人歸宗往來猶民故從民服也長子有服謂未去者也循以為以道去君非罪之重其子尚可以畱值[illegible]則服也戴逵謂鄭玄注喪服不通何者婦人義無二尊故出嫁則降父而服夫何至為夫去國乃無服二君乎若果宜兩服夫經記應見將謂大夫於君之母妻本有齊斬之殊乃仕焉而已則俱在三月蓋

其義也鄭昕答曰按禮妻爲周而長子三年今夫雖在外妻尚未去恐或者嫌猶宜周故言與民同則出國無服可知也所以别言之者明夫既去位妻便同於民耳崇氏問曰齊衰三月大夫在外其妻長子爲舊君大夫去適他國便爲其所適國君服於本國絶矣妻從夫當爲後君服舊寧以爲民乎以爲宜與長子未去者同耳淳于睿答若妻未去自若民也不爲舊君也

郝敬曰大夫奔他國攜其妻子去妻當爲命婦去則與國人同其宗族在舊國其長子或不去則與民同去則無服

乾學按二鄭戴崇四説立意不同而各有優劣玄則於理未順逵則語言不詳昕及崇氏二説相近而昕説更精至淳于氏謂妻若未去不爲舊君則傳明言長子未去

通典漢石渠禮議戴聖曰大夫在外者三諫不從而去君不絕其祿位使其嫡子奉其宗廟言長子者重長子也承宗廟宜以長子為文蕭太傅曰長子者先祖之遺體也大夫在外不得親祭故以重者為文宣帝制曰以在故言長子○晉賀循按鄭注喪服云凡妻從夫降一等夫合三月則妻宜無服而猶三月者古者大夫不外娶其妻則本國之女也雖從夫而出婦人歸宗往來猶民故從民服也長子有服謂未去者也循以為以道去君非罪之重其子尚可以留值君薨則服也戴逵謂鄭玄注喪服不通何者婦人義無二尊故出嫁則降父而服夫何至為夫去國乃無服二君乎若果宜兩服夫經記應見將謂大夫於君之母妻本有齊斬之殊乃仕焉而已則俱在三月蓋

其義也鄭昕答曰按禮妻為周而長子三年今夫雖在外妻尚未去恐或者嫌猶宜周故言與民同則出國無服可知也所以別言之者明夫既去位妻便同於民耳崇氏問曰齊衰三月大夫在外其妻長子為舊君大夫去適他國便為其所適國君服於本國絕矣妻從夫當為後君服舊寧以為民乎以為宜與長子未去者同耳淳于睿答若妻未去自若民也不為舊君也

郝敬曰大夫奔他國攜其妻子去妻當為命婦去則與國人同其宗族在舊國其長子或不去則與民同去則無服

乾學按二鄭戴崇四說立意不同而各有優劣立則於理未順遂則語言不詳昕及崇氏二說相近而昕說更精至淳于氏謂妻若未去不為舊君則傳明言長子未去

何以云舊君乎此舊君之稱蓋因大夫已去國而言不為妻與長子立文也若夫郝氏之説謂大夫攜其妻子去妻常為命婦去則與國人同果爾則妻當從夫不為之服矣乃夫已不服而妻反服之何哉知其説之益支矣

雜記違諸侯之大夫不反服違大夫之諸侯不反服

注其君尊卑異也違猶去也去諸侯仕諸侯去大夫仕大夫乃得為舊君服○疏去諸侯謂不便其君及辟仇也之往也已若本是諸侯臣如去往仕大夫此是自尊適卑若舊君死則此臣不反服謂今仕卑臣不可反服于前之尊君也違大夫之諸侯不反服者此謂本是大夫臣今去仕諸侯此是自卑適尊若猶服卑君則為新君之恥也故亦不反服舊君也

劉敞曰此言違而仕者不反服舊君避新君也然則違而未仕者聞舊君之喪則反服爾春秋傳所謂未臣焉有伐其國者反死之可也既臣焉而反死之則不可也鄭玄云尊卑異不為服若去諸侯仕諸侯去大夫仕大夫乃得為舊君服非也

檀弓仕而未有祿者君有饋焉曰獻使焉曰寡君違

而君薨弗為服也注以其恩輕也違去也○疏違謂三諫不從以禮去者若已有祿恩重者雖放出仕他國而所仕者敵則猶反服今此未得祿之臣唯在朝時乃服若放出他邦而故君薨所仕雖敵亦不反服也以其本無祿恩輕故也

乾學按禮於舊君之服有三其一仕焉而已身雖朝宁者前章為舊君君之母妻是也其一以道去君身違宗國者次章為舊君是也其一臣誼已絶出居他邦或改事新主者後章大夫在外其妻長子為舊國君是也原臣之於君義當服斬乃不服斬而服齊甚至有不服者何也恩有淺深故服與不服有異也其仕焉而已者雖身猶在國較之居官食祿者其恩已輕故降而服齊猶以君臣誼重故服君而并服其母妻也其以道去君者雖義猶未絶較之致

仕家居者其恩更輕故但服其君而不服其毋妻也其出居他邦者雖恩義已絕而妻子之居本國者不可以無服故妻與長子行服而其身則不服也康成解仕焉而已謂老若有廢疾而致仕解以道去君謂三諫不從待放於郊夫曰仕焉而已則凡解職去官者皆是也何獨指年老廢疾者乎曰以道去君則凡有故而去者皆是也何獨指三諫不從者乎且既曰去君明謂身適他國矣而猶執為待放於郊何也果待放於郊則身在本國猶本國之臣上章為舊君條足以概之矣何為重出此舊君一條乎以此知上之為舊君者乃身留本

國之臣下之為舊君者乃身去本國之臣也鄭注第二條舊君引曲禮爵祿有詔於朝二句不知曲禮上文明言去國三世則非在本國彰彰矣何得執為待放於郊乎或曰鄭注大夫在外謂待放已去故此謂待放於郊如子言二者皆已去國將何以別之曰去國則同而君恩之絕與未絕則不同也何謂無別乎至晉人過泥鄭注又執去官從故官之品之說謂老疾致仕及三諫去者與其他解職歸者有異紛紛服斬服齊之說相尋無已則皆鄭注有以啟之也愚謂禮之意蓋謂凡致政而歸不與朝列者與任職居官者不同皆不服斬而服

齊故特別之為舊君也又何有解職而歸與老疾致仕三諫去者之分別哉乃知去官從故官之品此後世之令不可以語周禮也至賈疏釋大夫在外引雜記為証謂此尊卑不敵不反服者果爾則亦當有尊卑敵而反服者矣何以經文偏主不服為說乎知其說之不可通矣

萬斯同曰此條大夫既放其妻長子猶為舊國君服則上為舊君二條其妻與長子皆服齊衰三月可知也凡經文互見者皆當參考

以上三條開元禮迄今律文俱無

喪服繼父不同居者注嘗同居今不同○疏此則期章云必嘗同居然後為異居者也但章皆有傳唯庶人為國君及此繼父不傳者以其庶人已于寄公上下舊君釋訖繼父巳于期章釋訖是以皆不言也○敖繼公曰為繼父同居者期而為異居者不降一等為大功乃服此服者恩同于父不敢以卑服褻之也繼父於子同居異居皆不為服知不為服者二者無報文且齊衰三月不可用於卑者也

呂坤曰萬物一本毋百可也父可二乎伯父叔父仲父季父謂伯仲叔季于我父也一本而同行者也猶嫌于父而諸之外父外祖父同尊而異姓

者也雖稱曰父而外之父沒矣可繼乎毋緣父有父不緣毋有也儀禮有繼父聖人名之乎謬矣設毋三嫁三從將三繼父乎終始不同居則無服無服而父之可乎曰當以何稱曰從毋所嫁曰姨夫姑所嫁曰姑夫尊我故因我而名之耳毋之再嫁即稱毋夫厚矣親不忘毋尊不忘父不亦可乎

王志長曰愚按婦有二夫非禮也況子可父他人乎但妻稚夫死子幼無親若不聞改嫁一途則轉于溝壑而已柏舟之誓不可責之庸人也乃所適者能以其貨財為之築宮廟歲時使祀焉則若敖氏之不餒皆若人所賜故同居則期異居亦齊衰三月以報之非因毋而及之也毋嫁則與父絕祀不敢與矣豈有以毋推恩又服他人之禮哉

通典唐聖曆元年太子左庶子王方慶嘗書問太子文學徐堅曰女子年幼而早孤其毋貧窶不能守志攜以適人為後夫之鞠養及長出嫁不復同居今毋後夫亡欲制繼父服不知可不人間此例甚衆至於服紀有何等差前代通儒若為議論堅答曰儀禮喪服經繼父同居齊衰周謂子無大功之親與之適人所適亦無大功之親而所適者以貨財為之築宮廟

歲時使之祀焉者也鄭玄曰大功之親同財者也築宮廟於家門之外者神不歆非族也以恩服耳未嘗同居則不服也小戴禮記繼父服並有明文斯禮經之正說也至於馬融王肅賀循等並稱大儒達禮更無異文唯傳玄著書以為父無可繼之理不當制服此禮焚書之後俗儒妄造也袁準作論亦以為此則自制父也亂名之大者竊以父猶天也愛敬斯極豈宜醜貌繼以他人哉然而藐爾窮孤不能自立既隨其母託命他宗本族無養之人因託得存其繼嗣在生也實賴其長育及其死也頓同之行路重其生而輕其死篤其始而薄其終稱情立文豈應如是故袁傳之駁不可為同居者施焉昔朋友之死同爨之喪並制緦麻詳諸經典比之於此蓋亦何嫌繼父之服

宜依正禮今女子母攜重適人寄養他門所適慈流情均膝下長而出嫁始不同居此則笄總之儀無不畢備與宮立廟無異焉蓋有繼父之道也戴德喪服記曰女子子適人者為繼父服齊衰三月不分別同居異居梁氏集說亦云女子子適人者服繼父與不同居者服今為服齊衰三月竊為折衷方慶深善此答

乾學按徐氏五服集證此條分而為二一為繼父先曾同居今不同居者謂父卒而母改嫁其子隨母與繼父同居後來不與同居一為繼父雖同居而有大功之親者引喪服小記曰有主後者為異居注云隨母之子雖與繼父同居而繼父或有親子及隨母之子有兄弟及堂兄弟為主後也

雖與同居亦為先同而後異義亦明晰

開元禮　政和禮同　書儀無　家禮　集禮

會典今律文俱有

喪服曾祖父母疏此經直云曾祖不言高祖案下緦麻章鄭注云族祖父者亦高祖之孫則高祖有服明矣是以此注亦兼曾高而說也不言者見其同服故也○敖繼公曰曾猶重也謂祖之上又有祖也

喪服傳何以齊衰三月也小功者兄弟之服也不敢以兄弟之服服至尊也注正言小功者服之數盡于五則高祖宜緦麻曾祖宜小功也據祖期則曾祖宜大功高祖宜小功也高祖曾祖皆有小功之差則曾孫玄孫為之服同也重其衰麻尊尊也減其日月恩殺也○疏何以三月者怪其三月太輕齊衰又重故問也云小功兄弟之服者案下記傳云兄小功以下為兄弟故云然也服之數盡於五自斬至緦是也云高祖宜緦麻曾祖宜小功者據為父期而言故三年問云至親以期斷然則何以三年也曰加隆焉爾也是本為父期則為祖宜大功曾祖宜小功高祖宜緦麻為父加隆三年則為祖宜期曾祖宜大功高祖宜小功故云高祖曾祖皆有小功之差此鄭總釋傳小功兄弟之服其中含有高曾二祖而言之也云曾孫玄孫為之服同者曾祖中既兼有高祖則曾孫玄孫各為之齊衰三月也云尊尊者既不以兄弟之服服至尊故重其衰麻謂以義服六升衰九升冠此尊尊也云恩殺者減五月為三月因曾高于已非一體是恩殺也

王肅曰祖父周則曾祖大功而傳以小功為說考服本以周為正父則倍之故再周祖亦加焉故服周曾祖恩輕加所不及正當小功故傳以小功言之耳傳言小功者兄弟之服是據祖父而言也從祖祖父從祖父從祖昆弟此三者其親皆從祖父而來也而已皆為之小功從祖昆弟固與已為兄弟之族而從祖父與已父為從父兄弟者也從祖祖父則與已祖父為兄弟故曰小功者兄弟之服也不敢以祖父兄弟小功之服服祖父之尊者故曰不敢以兄弟之服服至尊

○沈括曰予為喪服後傳書成熙寧中欲重定五服勅而予預討論雷鄭之學闕謬固多其間高祖玄孫一事尤為無義喪服但有曾祖齊衰三月曾孫緦麻三月而無高祖玄孫服先儒皆以謂服同曾祖曾孫故不言可推而知或曰經之所不言則不服皆不然也曾重也由祖而上者皆曾祖也由孫而下者皆曾孫也雖百世可也苟有相逮者則必為服喪三月故雖成王之於后稷亦稱曾孫而祭禮祝文無遠近皆曰曾孫禮所謂以五為九者謂旁親之殺也上殺下殺至於九旁殺至於四而皆謂之族族昆弟父母族祖父母族曾祖父母過此則非其族也非其族則謂之無服惟正統不以族名則是無絶道也

敖繼公曰兄弟之服大功以下皆是也小功者據當為曾祖之本服言也曾祖本小功以其為兄弟之服不宜施于至尊故服以齊衰三月焉此其日月雖減于小功而衰麻之屬實過于大功且尚為尊者之服是以日月之多寡有所不計禮有似殺而實隆者此之謂歟曾祖之父本服在緦麻若以此傳義推之則亦當齊衰而經不言之者蓋高祖玄孫亦鮮有相及者也

王志長曰按五服論布斬衰三升繐衰四升半大功八升九升小功緦麻十升十一升由父三年而遞遡之於上不能不漸減為期為數月故重其

衰麻以明尊減其日月以為殺是矣但祖既齊衰期年曾祖不宜即減至三月三月已無可減鄭氏不得已而云高祖同服殊未安也敬標此疑以俟質焉

乾學按傳言小功者兄弟之服也不敢以兄弟之服服至尊也賈氏以小功以下為兄弟釋之王肅以小功章從祖祖父從祖父從祖昆弟皆已與祖父之兄弟釋之俱非也愚謂此所云小功者非指小功五月之期乃指小功衰裳之服也蓋謂小功布衰裳之服乃兄弟之服不可以加至尊故不用小功之服而用齊衰之服也觀傳文三服字其義了然諸家不得其義而紛紜妄解吾無取焉

通典晉袁準正論按禮喪服云為曾祖父母齊衰三

月自天子至於士一也祖周則曾祖大功高祖小功而云三月者此通遠祖之言也今有彭祖之壽無名之祖存焉爾雅有来孫雲孫仍孫昆孫有相及者故也十代之祖在堂則不可以無服也郯子曰我高祖少皞摯之立也非五代祖也蒯聵禱康叔自稱曾孫非四代之祖孫然則高遠也無名之祖希及之矣故不復分别而重言之也故三月以著遠祖之服齊衰以見高祖以上之服遠祖尊故以重服服之恩殺故减其月數故舉三月則知其遠祖稱曾高其服同也儒者或以為高祖無服五服之文而云無服乎族祖祖父緦麻而曾祖三月乎

顧炎武日知録　禮記祭法言適子適孫適曾孫適玄孫適来孫左傳王子虎盟諸侯亦曰及而玄孫無有老幼玄孫之文見於記傳者如此然宗廟之中並無此稱詩維天之命駿惠我文王曾孫篤之鄭氏箋曰曾猶重也自孫之子而下事先祖皆稱曾孫禮記郊特牲稱曾孫某注謂諸侯事

五廟也于曾祖已上稱曾孫而已左傳哀公二年衞太子禱文王稱曾孫蒯聵晉書鍾雅傳元帝詔曰禮事宗廟自曾孫已下皆稱曾孫義取于重孫可歷世共其名無所改也○曾祖父母齊衰三月而不言曾祖父之父母非經文之脫漏也蓋以是而推之矣凡人祖孫相見其得至于五世者鮮矣壽至八九十而後可以見曾孫之子百有餘年而曾孫之子之子亦可以見矣人之壽以百年為限故服至五世而窮苟六世而相見焉其服不異於曾祖矣經于曾祖已上不言者以是而推之也觀於祭之稱曾孫不論世數而知曾祖之名統上世而言之矣

唐開元禮增齊衰三月宋以後因之

喪服大夫為宗子疏大夫尊降旁親皆一等尊祖故敬宗是以大夫雖尊不降宗子宗子既不降毋妻不降可知○敖繼公云亦與宗子絕屬者也前條云丈夫婦人為宗子宗子之毋妻大夫此服既如衆人則命婦亦宜然也此但云大夫為宗子不云命婦又不云宗子之毋妻各見其尊者爾

喪服傳何以服齊衰三月也大夫不敢降其宗也疏以大夫於餘親皆降獨不降宗子故并服而問○敖繼公云言不敢降則是宗子為士也絕屬者且不降則有親者亦服之如邦人可知矣

開元禮迄今律文俱無

喪服舊君注大夫待放未去者○敖繼公云此即在外之大夫為之也子思子曰古之君子進人以禮退人以禮故有舊君反服之禮孟子曰諫行言聽膏澤下于民有故而去則去使人導之出疆又先於其所往去三年不反然後收其田里此之謂三有禮焉如此則為之服矣為舊君之義二

說盡之

喪服傳大夫爲舊君何以服齊衰三月也大夫去君埽其宗廟故服齊衰三月也言與民同也何大夫之謂乎言其以道去君而猶未絕也

注以道去君謂三諫不從待放於郊未絕者言爵祿尚有列於朝出入有詔於國妻子自若民也○疏三諫不從在境待放得環則還得玦則去如此者謂之以道去君有罪放逐爲非道去君爵祿有列謂待放大夫舊位仍在出入有詔於國者謂兄弟宗族猶存吉凶之事書信往來相告不絕引此文者證大夫去君歸其宗廟詔使宗族祭祀爲此大夫雖去猶爲舊君服若然君不使歸宗廟爵祿已絕則是得玦而去亦不服矣妻子自若民也者此鄭還約上大夫在外其妻長子爲舊國君也不言士者此主爲待放未絕大夫有此法士雖有三諫不從出國之時案曲禮踰境素服素髦馬不蚤鬋不御婦人三月而後卽向他國無待放之法是出國卽不服舊君矣是以舊君唯有大夫也不言公卿及孫者詩云三事大夫則三公亦號大夫矣○敖繼公云云君埽其宗廟見猶望其復反之意所謂猶未絕者此也

馬融曰大夫爲舊君據不在列位不敢自比于留臣故自同于庶人也

雷次宗曰前經已有爲舊君今復有此舊君傳所以知前經是仕焉而已後經是待放未去者蓋以兼服小君知恩有淺深也仕焉而退君臣道足恩義既施服及母妻今被放而去名義盡矣若君不能歸其宗廟則但不爲戎首而已以其猶復未絕故得同于庶人適足以反服于君不獲及其親也

閻若璩曰大夫去君為一句歸其宗廟為一句元本歸或作埽敖氏遂解曰埽其宗廟見猶望其復反之意恐未然

乾學按孫奭孟子疏引禮記云臣之去國君不埽其宗廟則為之服疑埽字不誤傳文脫一不字爾

檀弓穆公問於子思曰為舊君反服古與注仕焉而已者穆公魯哀公之曾孫子思曰古之君子進人以禮退人以禮故有舊君反服之禮也今之君子進人若將加諸膝退人若將隊諸淵毋為戎首不亦善乎又何反服之禮之有注言放逐之臣不服舊君也為兵主來攻伐曰戎首

胡銓曰楚鬬辛曰君討臣誰敢讎之則臣無讐君之義服亦可也

乾學按儀禮舊君二條一則謂仕焉而已一則謂以道去君分明有去國在國之別鄭康成之注亦如之乃此章之注前既言

仕焉而已後復云放逐之臣何其自相矛盾乎觀毋為戎首之語則是已去國之臣故附於此

【孟子】孟子告齊宣王曰君之視臣如手足則臣視君如腹心君之視臣如犬馬則臣視君如國人君之視臣如土芥則臣視君如寇讎王曰禮為舊君有服何如斯可為服矣（朱熹集注儀禮曰以道去君而未絕者服齊衰三月王疑孟子之言太甚故以此禮為問）曰諫行言聽膏澤下於民有故而去則君使人導之出疆又先於其所往去三年不反然後收其田里此之謂三有禮焉如此則為之服矣今也為臣諫則不行言則不聽膏澤不下於民有故而去則君搏執之又極之於其所往去之日遂收其田里此之謂寇讎寇讎何服之有（注為臣之時諫行言從德澤加民若有他故不得不行譬如華元奔晉隨會奔秦是也古之賢君遣此則使人導之出境又先至其

所到之國言其賢良三年不反乃收其田里田業也里居也慱執其族親也極者惡而困之也

孔叢子 子思居衛魯穆公卒縣子使乎衛聞喪而服謂子思曰子雖未臣魯父母之國也先君宗廟在焉奈何不服子思曰吾豈愛乎禮不得也縣子曰請問之答曰臣而去國君不埽其宗廟則為之服寄公寓乎是國而為國服吾既無列於魯而祭在衛吾何服哉是寄臣而服所寄之君則舊君無服明不二君之義也縣子曰善哉我未之思也

乾學按孟子子柳子思為臣又云則子君也我臣也豈得謂子思未臣魯孔叢子乃東漢偽書於此可見

通典 晉崇氏問淳于睿曰凡大夫待放於郊三月君賜環則還賜玦則去不知此服巳賜環玦未答曰其

此條不便改

待郊已三月未得環玦未適異國而君埽其宗廟故服齊衰三月或難曰今去官從故官之品則同在官之制也故應為其君服斬王肅賀循皆言老疾三諫去者為舊君服齊則明今以老疾三諫去者不得從故官之品可知矣今論者欲使解職歸者從老疾三諫去者例為君服齊失之遠矣釋曰按令諸去官者從故官之品其除名不得從例令但言諸去從故官之品不分別老疾三諫去者則三諫去得從故官之例王賀要記猶自使老疾三諫去者為舊君服齊然則去官從故官之例敢見臣服斬皆應服齊明矣夫除名伏罪不得從故官之例以有罪故耳老疾三諫去者豈同除名者乎又解職者嘗仕於朝今歸家門與老疾三諫去者豈異而為難者殊其服例哉又難曰

按禮先儒説爲君服齊唯年老廢疾與待放之臣而已老歸者無復爲臣之道放退者終身不復入君之朝臣之義絶宜降而服齊衰解職者後將復仕無離絶之事固應服斬二者各異豈得相準釋曰古者年老廢疾乃得致仕閔子騫曰古之道不即人心退而致仕孔子善之此非老而致仕之例禮亦當爲舊君服齊衰不唯年老廢疾待放而已也夫君退臣苟非墜諸淵之虐臣雖去此仕彼亦無絶道況以老疾歸家不出國内而可絶乎禮臣三諫不從不得已而去若君能悔過納諫聞命駿奔何爲終身不入君朝乎君爲人父母人於君有子道尊君之義臣人一耳而禮臣爲君服斬爲舊君服齊者别親踈明貴賤也老疾待放之臣與民同服者亦以踈賤故也而難者不

察踈賤厭降乃云絶其舊君悖於禮矣解職者既已踈賤與老疾去者無異寧可必已後復還仕與自同于見臣爲其君服斬乎如今後可還仕便得同見臣之制三諫去者一時罷退後可還仕方於解職未始有殊二臣之服例皆應齊而難者偏許三諫去者服齊使去職者服斬難以言通論矣又難曰王者無外天子之臣雖致仕歸家與在朝無異不得稱君爲舊而服齊衰也釋曰京師方千里之地謂之畿其餘以封諸侯畿内之人服天子齊衰畿外之人則不能以爲天子有内外之差王者以天下爲家夷狄之土亦莫不繞故曰無外之義非所以論服也書曰臣爲朕股肱耳目宣力四方言君臣相與共政事有一體之義親而貴故君臣之名生焉致仕者踈賤不得復託

體至尊故謂之舊君凡在職稱君而俱服斬去職亦宜稱舊而俱服齊左丞鄭襲曰君非天子之稱博士答曰天生蒸民而樹之君天子非君君將焉在

北史柳遐傳周柳遐先事梁主詧詧殂遐舉哀行舊臣之服

北史文苑傳許善心初仕陳禎明二年加通直散騎常侍聘隋遇文帝伐陳禮成而不獲反命累表請辭上不許留縶賓館及陳亡上遣使告之善心素服號哭于西階下藉草東向經三日敕書唁焉明日有詔就館拜通直散騎常侍賜衣一襲善心哭盡哀入房改服復出北面立垂涕再拜受詔明日乃朝服泣于殿下悲不能興上顧左右曰我平陳國惟獲此人既能懷其舊君即我誠臣也

乾學按此時陳後主尚在善心此服非為舊君服也哀故國之亡特以喪禮處之耳今以其心懷舊君故附於此

北史羅睺傳羅睺先事陳陳主卒羅睺請一臨哭衰絰送至墓塋還釋服而後入朝世論稱其有禮

元史王鶚傳鶚以金正大元年中進士第一甲第一人出身歷官左右司郎中世祖在藩邸訪求遺逸之至嘗因見請曰天兵克蔡金主自縊其奉御絳山焚瘞汝水之旁禮為舊君有服願往瘞祭世祖義而許之至則為河水所沒設具牲酒為位而哭

喪服曾祖父母為士者如衆人敖繼公云不云如士而云如衆人是庶人之服亦或如士禮矣

喪服傳何以齊衰三月也大夫不敢降其祖也疏問者以大夫

體至尊故謂之舊君凡在職稱君而俱服斬去職亦宜稱舊而俱服齊左丞鄭襲曰君非天子之稱博士答曰天生蒸民而樹之君天子非君君將焉在

北史柳遐傳　周柳遐先事梁主詧詧殂遐舉哀行舊臣之服

北史文苑傳　許善心初仕陳禎明二年加通直散騎常侍聘隋遇文帝伐陳禮成而不獲反命累表請辭上不許留縶賓館及陳亡上遣使告之善心素服號哭于西階下藉草東向經三日敕書唁焉明日有詔就館拜通直散騎常侍賜衣一襲善心哭盡哀入房改服復出北面立垂涕再拜受詔明日乃朝服泣于殿下悲不能興上顧左右曰我平陳國惟獲此人既能懷其舊君即我誠臣也

乾學按此時陳後主尚在善心此服非為舊君服也哀故國之亡特以喪禮處之耳今以其心懷舊君故附於此

北史周羅睺傳羅睺先事陳陳主卒羅睺請一臨哭帝許之衰絰送至墓葬還釋服而後入朝世論稱其有禮

元史王鶚傳鶚以金正大元年中進士第一甲第一人出身歷官左右司郎中世祖在藩邸訪求遺逸之士聘鶚至嘗因見請曰天兵克蔡金主自縊其奉御絳山焚葬汝水之旁禮為舊君有服顧往葬祭世祖義而許之至則為河水所沒設具牲酒為位而哭

喪服曾祖父母為士者如衆人敖繼公云不云如士而云如衆人是庶人之服亦或如士禮矣

喪服傳何以齊衰三月也大夫不敢降其祖也疏問者以大夫

尊皆降旁親今怪其服故發問經不言大夫傳爲大夫解之者以其言曾祖爲士者故知對大夫下爲之服明知曾孫爲大夫○敖繼公云經言大夫爲宗子舊君曾祖父母爲士者蓋連文也故傳於此以大夫言之非專取爲士之文也

開元禮迄今律文統於曾祖內

喪服　女子子嫁者未嫁者爲曾祖父母　疏未嫁者同於前爲曾祖父母今并言者女子子有嫁逆降之理故因已嫁并言未嫁○敖繼公云此不降之服似不必言未嫁者經蓋顧大功章立文耳女子子之適人者降其父母一等乃不降其祖與曾祖者蓋尊服止于齊衰三月其自大功以下則服至尊者不用焉故父母之三年可降而爲齊衰期而祖之齊衰期不可降而爲大功曾祖之齊衰三月又不可降而無服此所以二祖之服俱不降也

喪服傳　嫁者其嫁於大夫者也未嫁者其成人而未嫁者也何以服齊衰三月不敢降其祖也　注言嫁于大夫者明雖尊猶不降也成人謂年二十已笄醴者也此者不降明有所降○疏雖尊猶不降則適士者以下不降可知也案上章爲祖父母又女子子爲祖父母傳不言不敢降至此乃言者謂曾祖輕尚不降況祖父母重者不降可知是舉輕以見重也云此者不降明有所降者案大功章女子子嫁者未嫁者爲世叔父母如此類是有所降也○敖繼公云傳意謂嫁于大夫者雖尊猶不敢降其祖然則大夫妻亦有降其本族之旁親與士妻異者乎又所謂成人而未嫁者與不敢降之意尤不相通傳似失其旨矣

乾學按女子子爲祖父母傳明云不敢降其祖也與此傳語同賈疏柰何顯然背之

鄧元錫曰女子子適人者爲其私親皆降唯高曾祖父母不降爲昆弟爲父後者不降何也不足以二斬焉故得以全恩其嫁而無主後者亦加隆焉以全恩此權制者也

郝敬曰按女子嫁者爲其父母降一等不降其祖與曾祖何也尊服自期已下唯齊衰三月大功已下服至尊者不用故傳曰不敢以兄弟之服服至尊父母三年可降爲期祖之齊衰期降則大功曾祖之齊衰三月降則無服故齊衰三月者古人濟尊服之窮而通其變不可以復降也故居尊服終

開元禮迄今律文俱同

民爲天子

喪服齊衰月章庶人爲國君注曰天子畿內之民服天子亦如之

洛城六字俱應大字　寫

補注疏內宗五屬之女嫁於庶人從爲國君

雜記下外宗爲君夫人猶內宗也注曰其無服而嫁

尊皆降旁親今怪其服故發問經不言大夫傳爲大夫解之者以其言曾祖爲士者故知對大夫下爲之服明知曾孫爲大夫○敖繼公云經言大夫爲宗子舊君曾祖父母爲士者蓋連文也故傳於此以大夫言之非專取爲士之文也

開元禮迄今律文統於曾祖內

喪服女子子嫁者未嫁者爲曾祖父母疏未嫁者同於前爲曾祖父母今并言者女子子有嫁逆降之理故因已嫁并言未嫁○敖繼公云此不降之服似不必言未嫁者經蓋顧大功章立文耳女子子之適人者降其父母一等乃不降其祖與曾祖者蓋尊服止于齊衰三月其自大功以下則服至尊者不用焉故父母之三年可降而爲齊衰期而祖之齊衰期不可降而爲大功曾祖之齊衰三月又不可降而無服此所以二祖之服俱不降也

喪服傳嫁者其嫁於大夫者也未嫁者其成人而未嫁者也何以服齊衰三月不敢降其祖也注言嫁于大夫者明雖尊猶不降也成人謂年二十已笄醴者也此者不降明有所降○疏雖尊猶不降則適士者以下不降可知也案上章爲祖父母又女子子爲祖父母傳不言不敢降至此乃言者謂曾祖輕尚不降況祖父母重者不降可知是舉輕以見重也云此者不降明有所降者案大功章女子子嫁者未嫁者爲世叔父母如此類是有所降也○敖繼公云傳意謂嫁于大夫者雖尊猶不敢降其祖然則大夫妻亦有降其本族之旁親與士妻異者乎又所謂成人而未嫁者與不敢降之意尤不相通傳似失其旨矣

乾學按女子子為祖父母傳明云不敢降其祖也與此傳語同賈疏奈何顯然背之

鄭元錫曰女子子適人者為其私親皆降唯高曾祖父母不降為昆弟為父後者不降何也不足以二斬焉故得以全恩其嫁而無主後者亦加隆焉以全恩此權制者也

郝敬曰按女子嫁者為其父母降一等不降其祖與曾祖何也尊服自期已下唯齊衰三月大功已下服至尊者不用故傳曰不敢以兄弟之服服至尊父母三年可降為期祖之齊衰期降則大功曾祖之齊衰三月降則無服故齊衰三月者古人濟尊服之窮而通其變不可以復降也故居尊服終

開元禮迄今律文俱同

補　注疏畿內之民為天子

齊衰三月章庶人為國君注曰天子畿內之民服天子亦如之

補　注疏內宗五屬之女嫁於庶人從為國君

雜記下外宗為君夫人猶內宗也注曰其無服而嫁

於庶人者從爲國君疏曰嫁於庶人從爲國君者亦內外宗之女並言之則服齊衰三月

右經傳注疏黄氏採補

開元禮高祖父母女子子在室及嫁者亦如之

乾學按儀禮但有曾祖父母服而無高祖父母服説者謂曾祖內足以包之故不別出究竟禮無正文致後人多異論至唐世增曾祖父母服爲齊衰五月因特著高祖父母服爲齊衰三月制雖不始於唐而特標之於書則自唐始也故今以開元禮爲據

沈括夢溪筆談喪服但有曾祖齊衰六月遠曾緦麻三月而無高祖遠孫服先儒皆以爲服同曾祖曾孫故不言可推而知或曰經之所不言則不服皆不然也曾重也由祖而上者皆曾祖也由孫而下者皆曾孫也雖百世可也苟有相逮者則必爲服喪三月故雖成王之于后稷亦稱曾孫而

祭禮祝文無遠近皆曰曾孫禮所謂以五爲九者謂旁親之殺也上殺下殺至于九旁殺至于四而皆有謂之族過此則非其族也非其族則爲之無服惟正統不以族名則是無絕道也

朱子語類沈存中說喪服中曾祖齊衰服曾祖以上皆謂之曾祖恐是如此如此則皆合有齊衰三月服看來高祖死豈有不爲服之理須合行齊衰三月也存中又云高祖齊衰三月不特四世祖爲然自四世以上凡逮事皆當服衰麻三月高祖蓋通稱耳

呂柟曰爲高祖父母何曰尊祖也何以三月也曰其數若緦父之父推之往也其服若期祖之祖推之來也玄孫女雖適人不降何曰亦猶夫曾孫女之于曾祖也蓋孫女遇服高祖古今之所難得者也惡乎而可降傳不見高祖或仍曾祖也

政和禮迄今律文俱仝

右唐制

蘇州全書

甲編

《蘇州全書》編纂出版委員會 編

·讀禮通考

蘇州大學出版社
古吳軒出版社

讀禮通考卷十二

喪服

大功九月

喪服姑姊妹女子子適人者　疏此等並是本朞出降大功○敖繼公云不杖朞章不特著爲此親在室者之服蓋以此條見之蓋經之例然也其他不見者倣此

喪服傳何以大功也出也　注出必降之者蓋有受我而厚之者○敖繼公云以出者降其本親之服故此亦降之也

黃乾行曰天下之情無兼厚之理厚于彼則于此殺此所以未嫁則服重未有所受情之厚而恩重也既嫁則服降而輕既有所受情之殺而恩漸輕也是以義斷恩而酌其中也

檀弓姑姊妹之薄也蓋有受我而厚之者也　註欲其一心于厚之者姑姊妹嫁大功夫為妻期○疏未嫁之時為之厚出嫁之後為之薄蓋有夫壻受我之厚而重親之欲一心事于厚重故我為之薄

子路有姊之喪可以除之矣而弗除也孔子曰何弗

除也子路曰吾寡兄弟而弗忍也孔子曰先王制禮行道之人皆弗忍也子路聞之遂除之疏庾蔚云子路緑姊妹無主後猶可得反服推己寡兄弟亦有申其本服之理故於降制已遠而猶不除非在室之姊妹欲申服過期也是子路已事仲尼始服姊喪明姊已出嫁非在室也

游桂曰伯魚母死期而猶哭孔子曰嘻其甚也為此同意天下之禮當循乎情之所及而為之則將不知其所止夫人有賢不肖賢者過之不肖者不及苟循其過而為之禮則子路伯魚不知其所終約其不及而為之禮則原壤宰予不可以為訓故禮者通乎賢不肖而為之不可以過不可以不及也

吳幸曰聖人以中道抑人之情非惡其過厚懼其不可繼而已

唐書畢構傳始構喪繼母而二妹襁褓身鞠養至成人妹為構服三年

開元禮　政和禮　書儀　家禮　孝慈録　會典　今律文並同

附録

檀弓齊穀王姬之喪註穀當為告聲之誤也王姬周女齊襄公之大夫魯莊公為之

大功或曰由魯嫁故為之服姊妹之服或曰外祖母也故為之服註春秋周女由魯嫁卒服之如內女服姊妹是也天子為之無服嫁于王者之後乃服之莊公齊襄公女弟文姜之子當為舅之妻非外祖母也外祖母又小功也○疏齊王姬卒穀梁傳云為之主者卒之也案莊元年秋築王姬之館于外下云王姬歸于齊是由魯嫁也大功章君為姑姊妹女子子嫁于國君者著大功之服王姬既比之內女故服大功也天子無服者以尊卑不敵故也若嫁於王者之後天子以賓禮待之則亦大功也其女反為兄弟為諸侯者亦大功以喪服女子子出嫁為兄弟大功故也案喪服云女子子為父後者期謂大夫士之妻有往來歸宗之義故喪服傳云婦人雖在外必有歸宗曰小宗是也諸侯夫人父母卒無復歸寧之理故知諸侯夫人為兄弟為諸侯者但大功耳熊氏以為服期非也

葉夢得曰王姬之服檀弓所不能審決主王姬嫁者當為之服姊妹之服則莊公為之固然何疑于外祖母乎若以為外祖母服則主王姬嫁者有不應有服然而喪服記外祖母服小功非大功則檀弓非特不能正主王姬嫁者之有服亦自不能知外祖母之服小功也

吳澄曰第二或曰蓋不學之人既不通春秋王姬齊襄公夫人而誤以為齊僖公夫人又不通禮外祖母服小功而誤以為服大功第一或曰雖自穀梁以來有是說竊疑古無此禮故春秋書齊王姬卒以譏也

春秋莊公二年秋七月齊王姬卒胡安國傳曰內女嫁為諸侯妻則書卒王姬何以書比內女為之服也故檀弓曰齊告王姬之喪魯莊公為之大功或曰由魯嫁故為之服姊妹之服夫服稱情而為之節者也莊公於齊王姬厚矣如不共戴天之讎言何此所謂不能三年之喪而緦小功之察也特卒王姬以著其罪

薛季宣曰主昏之為服自莊公始也其以說齊乎

程迥曰禮於舅之妻無服外祖父母緦小功耳今以世讐而厚其喪非禮也不然外夫人卒不書

穀梁傳為之主者卒之也范甯註主其嫁則有兄弟之恩死則服之服之故書卒

喪服從父昆弟註世父叔父之子也其姊妹在室亦如之○疏謂之從者世叔父與祖為一體又與已父為一體緣親以致服故云從也○敖繼公云世叔父之子謂之從父昆弟者言此親從父而別也故以明之從祖之義亦然

爾雅兄之子弟之子相謂為從父昆弟註從父而別

梁書袁昂傳昂丁內憂服未除而從兄象卒昂幼孤為象所養乃制朞服人有怪而問之者昂致書以喻之曰竊聞禮由恩斷服以情申故小功他邦加制一等同爨有緦明之典籍孤子夙以不天幼傾乾廕資敬未奉過庭莫承藐藐沖人未達朱紫從兄提養訓教示以義方每假其談價虛譽得及人資實亦由薰開拓房宇處以華曠同財共有恣其取足爾來三十

餘年憐愛之至無異於已姊妹姪成就一時篤念之深在終彌固此恩此愛畢壤不追既情若同生而服為諸從言心即事實未忍安昔馬棱與弟毅同居毅亾棱心服三年由也之不除喪亦緣情而致制雖識不及古誠懷感慕常願千秋之後從服朞齊不圖門衰禍集一旦草土殘息復罹今酷尋惟慟絕彌劇彌深今以餘喘欲遂素志庶寄其罔慕之痛少伸無已之情雖禮無明據乃事有先例率迷而至必欲行之君問禮所歸謹以諮白臨紙號哽言不識次

附録

通典從兄弟罪惡絕服議晉御史中丞裴祗兄弟等乞絕從弟儀曹郎耽喪服表曰耽受性凶頑往因品署未了怨恨親親言語悖逆難絕骨肉其兄司空秀

二息從纂祖以下蚤亡耽皆不制服發哀二叔放流鄭段不弟皆經典所絶耽應見流徙未及表聞之頃耽憂恚荒越遂成狂病前即檻閉今以喪亡罪惡彰聞穢辱宗冑耽見周親以下皆宜絶服葬不列墓次請處斷尸冑屬韓壽議云祗表稱二叔放流鄭段不弟大義滅親至公之道然猶作鴟鴞之詩成王封其子胡于蔡明王篤愛親親無已之意也今耽直由病喪神故有悖言非管蔡鄭段之元惡而祗等心棄引致不加痛傷於禮不喪於情不安東閤祭酒李彝議昔公孫敖為亂而亡襄仲猶帥兄弟而哭不廢親愛春秋所善也耽狂疾積年亡歿之後追論往意絶不為服竊所未安主簿劉維議以為先王制禮因情而與五服之義以恩為主是以明親親之分正恩紀屬

恩崇則制重意殺則禮降昔周公誅管蔡鄭伯克叔段皆正以王法絶不為親昵耽凶頑悖戾背義忘親存無歡接之恩絶無禮服之制循名責實不服當矣宜如祗所上記室督田嵩議以為五服之制本乎親屬故賢不加崇愚不降禮昔公孫敖既納襄仲之妻又以幣奔莒至其卒也仲欲勿哭傳曰喪親之終也情雖不同無絶其愛親親之道也叛君為逆納弟妻為亂亂逆之罪猶不廢喪故胤子啓明而唐堯不絶象之傲狠有虞加矜周公戮弟義先王室鄭伯滅段傳不全與議者稱此皆非所據又諸侯絶周公族為戮然猶私喪之也喪禮大制動為典式與其必疑寧居於重學官令徐宣議云昔閼伯實沈親尋干戈而遷於商夏朱象頑傲凶國害家然唐無絶姓之文虞

有封庳之厚斯以重天性篤所承也周公刑叔罪在黨協祿父欲周之亾蓋為王室耳非以流言毀公為戮也召公猶懼天下未解特使兄弟之義薄乃作棠棣之詩以示恩親也耿以亾愚命卒骨肉所哀夫行過乎仁喪過乎哀未宜絶也○宋庾蔚之謂夫聖人設教莫不敦風尚俗睦親糾宗者也每抑其侈薄之路深仁悌之誨公族有罪素服不舉恩無絶也若亾悖陷害則應臨事議其罪豈但不服而已裴耿以狂病致卒無罪可論因岳之議足為允也

開元禮　政和禮　書儀　家禮　孝慈錄　會典　今律文並同

喪服為人後者為其昆弟

喪服傳何以大功也為人後者降其昆弟也疏案下記云為人後

者於昆弟降一等故大功也若然於本宗餘親皆降一等○敖繼公云其姊妹在室亦如之

馬融曰昆弟在周而降之以所後參親也

記為人後者於兄弟降一等報註言報者嫌其為宗子不降○疏謂支子為大宗子後反來為族親兄弟之類降一等嫌其為宗子不降者以其出降本親又宗子尊重恐本親為宗子有不降服之嫌故云報以明之言報是兩相為服也○敖繼公云此為兄弟於本服降一等止謂同父者也禮為宗子服自大功之親以至親盡者皆齊衰但有月數之異爾此報云者昆弟為姊妹在室者但視其為己之月筭也而服亦齊衰惟姊妹適人者則報以小功也

俞汝言為人後者為其伯叔父母服議曰礼為人後者為其本生服降一等其伯叔父母宜何服許子大辛曰服小功礼為伯叔父母齊衰期年從伯叔父母小功五月齊衰降則小功也俞子曰礼無明文事有比附為叔父之長殤大功九月中殤大功七月出嫁女為伯叔父母大功九月為人後者比于嫁女為伯叔父母降一等比于叔父之長殤不亦可乎若曰小功是降二等矣許子又曰如伯叔大功之服何曰豈惟伯叔為其父豈有齊衰期年之服乎哉伯叔無大功者正也服大功者降也且降服之制重于正服礼無明文從其重者庶有合乎故為本生伯叔父母服宜大功九月

顧炎武曰為人後者於兄弟降一等自期降為大功也兄弟之子報之亦降一等亦自期降為大功也兄弟之孫報之亦降一等自小功降而為緦也

開元禮　政和禮　書儀　家禮　孝慈録　會典　今律文並同

喪服庶孫注男女皆是○疏庶孫從父而服祖期故祖從子而服孫大功降一等○敖繼公曰孫言庶者對嫡立文也孫於祖父母本服大功以其至尊故加隆而為之期祖父母於庶孫以尊加之故不報而以本服服之也

陳銓曰自非嫡孫一人皆為庶孫也

開元禮　政和禮　書儀　家禮　孝慈録　會典　今律文並同

喪服適婦注適婦適子之妻○疏其婦從夫而服其舅姑期其舅姑從子而服其婦大功降一等者也

爾雅子之妻為婦長婦為嫡婦

喪服傳何以大功也不降其適也注婦言適者從夫名○疏父母為適長三年今為嫡婦不降一等服期者長子本為正體於上故加至三年婦直是適子之妻無正體之義故直加於庶婦一等大功而已○敖繼公曰亦加隆之服為之大功非不降之謂也婦從其夫而服舅姑期舅姑以正尊而加尊焉故倒為之小功此異其為嫡故加一等

馬融曰重適故不降之為服也

陳銓曰婦為舅姑服周舅姑為婦宜服大功而庶婦小功者以尊降之也此為婦大功故傳釋不降

唐初加為期年後代因之詳見八卷本條

喪服女子子適人為衆昆弟注父在則同父沒乃為父後者服期也○疏為本親降一等是其常故魚傳也○敖繼公曰昆弟云衆對為父後者言之也是亦主言父沒者之禮矣禮女子子成人而未嫁或逆降其旁親之期服此言已適人者乃為其昆弟大功則是其旁親之期服之不可以逆降者惟此爾

記凡妾為私兄弟如邦人注嫌厭降之也私兄弟目其族親也女君有以尊降其兄弟者謂士之女為大夫妻為大夫之女為諸侯夫人諸侯之女為天王后者父卒昆弟之為父後者宗子亦不敢降也○疏妾言凡者總天子以下至士故凡以該之君為女君不厭妾故云嫌厭之其實不厭私兄弟目其族親者以其兄弟總外內之稱此言私兄弟則妾家族親也女君有以尊降其兄弟者以其女君為君體敵故得降故得降其兄弟旁親之等子尊不加父母惟不降父母則可降其兄弟旁親謂士之女為大夫妻大夫之女為諸侯夫人諸侯之女為天王后者此等皆得降其兄弟旁親也父卒昆弟之為父後者宗子亦不敢降者雖得降其兄弟此為父後皆不得降容有歸宗之義歸於此家故不降○敖繼公曰亦嫌屈於其君而為私親或與邦人異也此經正言妾之服其私親者惟有為父母一條其餘則皆與為人妻者並言於凡適人者及嫁者未嫁者為其親屬之條中恐讀者不察故記言此以明之

乾學按妾之服其私親經凡數條不杖期

或曰古之所謂妾其娣姪也娣姪爲媵者多是諸侯與卿大夫之女即他國之媵亦皆出自諸侯卿大夫或與夫人内子同祖父者故互有服若獨嫡服其所親而同祖父母之娣姪不服焉非人情矣似

發下雖有脱字

章則言公妾以及士妾爲其父母大功章則言大夫之妾爲世父母叔父母姑姊妹下記文則言凡妾爲私兄弟如邦人則是古人之于妾未常絶其天性之親而俾其不服也乃後之制禮者于妾父母之服則仍從儀禮之制其他世叔父母姑姊妹兄弟則未常一及焉豈妾於此數人獨不當行服乎說者謂妾之服與女子子適人者同故不别見也夫不特著于正條亦當附注于正正條之下今考諸家之注文亦無之則是竟絶之也嗚呼舉天下皆得服其骨肉之親而獨于妾絶之何其不以人理待之耶且古禮非特妾于諸親有服也即

與後人所置妾不同故三代以後議禮者略焉然從來典冊所載如陶丹周浚之妾亦多出自名家望族或為女宗或持門戶者亦不少矣豈得一槩以斷養下賤目之

妾之子亦于外家諸親有服記所謂庶子為後者為其外祖父母從母舅無服不為後如邦人是也乃後代禮家亦舉此而盡削之遂使妾不得不得盡禮于諸親而妾之子亦不得盡禮于外家之親是何待妾之薄而視妾之賤也後之制禮者取先王之廢典而悉復之庶乎人皆得伸其情矣

開元禮　政和禮　書儀　家禮　孝慈録　會典　今律文並同

喪服　姪丈夫婦人報注為姪男女服同○疏不言男子女子而言丈夫婦人者姑與姪在室出嫁同以姪女言婦人見嫁出因此謂姪男為丈夫亦見長大之稱是以鄭還以男女解之○敖繼公云必言丈夫婦人者明男女皆謂之姪也若但云姪則嫌若偏指昆弟之女然故兩見之經凡於為姪之服皆指姑之已適人者而言蓋以姪或成人或在下殤以上則故亦鮮有在室者矣姪之婦人在室適人同

爾雅　女子謂昆弟之子為姪

喪服傳姪者何也謂吾姑者吾謂之姪疏姪之名唯對姑生稱若對世叔唯得言昆弟之子不得姪名也

馬融曰適人降其昆弟故大功也嫁姑爲嫁姪服也俱出也

陳銓曰此言昆弟非父後者也

乾學按據馬融陳銓之註則此條當與上女子子適人者爲衆昆弟合爲一條蓋此姪丈夫婦人報皆女子子適人者爲之也今本乃鄭康成所更致文儀不接仍當依舊本爲是況此報字連上昆弟而言乃耑屬于姪可乎

開元禮　政和禮　書儀　家禮　孝慈録　會典　今律文並同

喪服夫之祖父母世父母叔父母疏記云爲夫之兄弟降一等此皆夫之朞故妻爲之

大功也○敖繼公云不言報文略也

喪服傳何以大功也從服也夫之昆弟何以無服也其夫屬乎父道者妻皆母道也其夫屬乎子道者妻皆婦道也謂弟之妻婦者是嫂亦可謂之母乎故名者人治之大者也可無慎乎

注道猶行也謂弟之妻為婦者卑遠之故謂之婦嫂者尊嚴之稱嫂猶叟也叟老人稱也是為序男女之別尒若已以母婦之服服兄弟之妻兄弟之妻以舅子之服服已則是亂昭穆之序也治猶理也父母兄弟夫婦之理人倫之大者可不慎乎大傳曰同姓從宗合族屬異姓主名治際會名著而男女有別○疏從服者從夫而服故大功也夫之昆弟何以無服已下揔論兄弟之妻不為夫之兄弟服夫之兄弟不為兄弟妻服之事也若以弟妻為婦即以兄妻為母而以母服服兄妻又以婦服服弟妻又使妻以舅服服夫之兄又使兄妻以子服服已夫之弟則兄弟反為父子亂昭穆之次序故聖人深塞亂源使兄弟之妻本無母婦之名不相為服也○敖繼公云為夫之祖父母世叔父母大功皆從夫之期服者也夫為其昆弟亦期妻若從而服之亦當大功今乃無服故因而發傳母道婦道謂世叔母及昆弟之子婦之類也此據男子所為服者而言故繼之曰謂弟之妻婦者是嫂亦可謂之母乎蓋以當時有謂弟妻為婦者故引而正之以言其不可也傳之意蓋謂男子為婦人來嫁于已族者之服惟在母婦之行者則可若尊不列于母卑不列于婦則不為之服以其無母婦之名也故為昆弟之妻無服經之此條主于妻為其夫之黨傳以從服釋之是也又云夫之昆弟何以無服亦據妻不從夫而服其昆弟發問亦是也顧乃以男子不服昆弟之妻為荅此不惟失所問之意又為夫之昆弟所以無服之

義生於婦人而非起於男子也檀弓曰嫂叔之無服也蓋推而遠之彼似善於此矣爾雅曰弟之妻爲婦

馬融曰從夫爲之服降一等也

陳銓曰凡從夫皆降一等

朱子曰傳意本爲弟妻不得爲婦兄妻不得爲母故反言以詰之曰若謂弟妻爲婦則是兄妻亦可謂之母矣而可乎言其不可爾

呂柟曰婦人爲夫之祖父母世叔父母兄弟之子婦兄弟之女適人者上何不從夫下何以從夫也曰上焉者夫之所尊也下焉者夫之所親也夫之所尊先我而有者也我自外入也可降夫之所親後我而有者也彼自内出也可不降也

開元禮　政和禮　書儀　家禮　孝慈録　會典　今律文並同

喪服大夫爲世父母叔父母子昆弟昆弟之子爲士者

注子謂庶子○疏大夫爲此八者本朞本以爲士故降至大功○敖繼公云大夫於士爲異爵故其喪服例降其旁親之爲士者一等雖世叔父母亦降之所以見貴貴之意勝也不杖期章爲此親之爲大夫命婦者云大夫之子此云大夫互見其人以相備也

本以為士本字改今字

喪服傳何以大功也尊不同也尊同則得服其親服注尊同謂亦為大夫者親服期○疏親服期者此八者並見期章是也謂庶之也皆周也大夫尊降士也尊同者亦為大夫服周也

言大夫公之昆弟大夫之子於兄弟降一等註言兄弟猶言族親也凡不見者以此求之也○疏此三人所以降者大夫以尊降昆弟以旁尊降大夫之子以厭降是以揔云降一等上經當已言訖今又言之者以錯言之恐猶不盡記人揔結之是以鄭云凡不見者以此求之兄弟猶言族親者以下云小功已下為兄弟恐此兄弟亦據小功已下得降故曰猶族親也則此兄弟及為人後者為兄弟皆非專據小功以下猶族親所容廣也○敖繼公云此言所為之兄弟謂為士者也惟公之昆弟雖與其兄弟同為公子亦降之也三人所以降其兄弟之儀固或有異而服則同其兄弟之服雖皆已見于經然亦有不並列三人而言之者故于此明之大夫小功而下之親為士者皆不為之服蓋小功降一等則緦而大夫無緦服故也

君之所為兄弟服室老降一等註公士大夫之君○疏天子諸侯絕期今言為兄弟服明是公士大夫之君于旁親降一等者室老家相降一等不言士邑宰遠臣不從之服若然室老似止君近臣故從君所服也○敖繼公云君者謂凡有家臣者皆是也為室老對曰君亦如妾為君為女君之比

喪服小記大夫降其庶子註大夫為庶子大功○疏大夫降其庶子故為其庶子不為大夫者服其大

義生於婦人而非起於男子也檀弓曰嫂叔之無服也蓋推而遠之彼似善於此矣爾雅曰弟之妻為婦

馬融曰從夫為之服降一等也

陳銓曰凡從夫皆降一等

朱子曰傳意本為弟妻不得為婦兄妻不得為母故反言以詰之曰若謂弟妻為婦則是兄妻亦可謂之母矣而可乎言其不可爾

呂柟曰婦人為夫之祖父母世叔父母兄弟之子婦兄弟之女適人者上何不從夫下何以從夫也曰上焉者夫之所尊也下焉者夫之所親也夫之所尊先我而有者也我自外入也可降夫之所親後我而有者也彼自內出也可不降也

開元禮　政和禮　書儀　家禮　孝慈錄　會典　今律文並同

喪服大夫為世父母叔父母子昆弟昆弟之子為士者

注子謂庶子○疏大夫為此八者本朞今以為士故降至大功○敖繼公云大夫於士為異爵故其喪服例降其旁親之為士者一等雖世叔父母亦降之所以見貴貴之意勝也不杖期章為此親之為大夫命婦者云大夫之子此云大夫互見其人以相偹也

喪服傳何以大功也尊不同也尊同則得服其親服注尊同謂亦為大夫者親服期○疏親服期者此八者並見期章是也

馬融曰子謂庶之也皆周也大夫尊降士故服大功也尊同者亦為大夫服周也

記大夫公之昆弟大夫之子於兄弟降一等註兄弟猶言族親也凡不見者以此求之也○疏此三人所以降者大夫以尊降昆弟以旁尊降大夫之子以厭降是以摠云降一等上經當已言訖今又言之者以雖言之恐猶不盡記人摠結之是以鄭云凡不見者以此求之兄弟猶言族親者以下云小功已下為兄弟恐此兄弟亦據小功已下得降故曰猶族親也則此兄弟及為人後者為兄弟皆非專據小功以下猶族親所容廣也○敖繼公云此言所為之兄弟謂為士者也惟公之昆弟雖與其兄弟同為公子亦降之也三人所以降其兄弟之儀固或有異而服則同其兄弟之服雖皆已見于經然亦有不並列三人而言之者故于此明之大夫小功而下之親為士者皆不為之服蓋小功降一等則緦而大夫無緦服故也

君之所為兄弟服室老降一等註公士大夫之君○疏天子諸侯絕期今言為兄弟服明是公士大夫之君于旁親降一等者室老家相降一等不言士宰遠臣不從服若然室老似止君近臣故從君所服也○敖繼公云君者謂凡有家臣者皆是也為室老對曰君亦如妾為君為女君之比

喪服小記大夫降其庶子註大夫為庶子大功○疏大夫降其庶子故為其庶子不為大夫者服其大

功也

開元禮迄今律文俱無

喪服公之庶昆弟大夫之庶子為母妻昆弟注公之庶昆弟則父也大夫之庶子則父在也其或為母謂妻子也○疏若云公子是父在今繼兄言弟故知父卒也又公子父在為母妻在五服之外今服大功故知父卒也大夫之庶子則父在者以其繼父而言又大夫卒子為母妻得伸其本服今但大功故知父在也其或為母謂妾子者以其為妻昆弟其禮並同又子適妻君大夫自不降其子皆得伸今在大功明妾子自為己母也○敖繼公云母妻及昆弟之尊同者若不宜降而此二人降之者則皆以死者為其父尊之所厭而不得伸其服故也其所厭有遠近之異而意義實同故並言之公之昆弟其親之以厭而降者僅止於此若大夫之子此服之外更有而降在大功者其多寡與公之昆弟不顯乃並言此者蓋主於其庶子之為母妻耳非謂其親之以厭而降者亦僅止於此也且此昆弟之降大夫之子皆然亦不專在於庶

喪服傳何以大功也先君餘尊之所厭不得過大功也大夫之庶子則從乎大夫而降也父之所不降子亦不敢降也注言從乎大夫而降則於父卒如國人也昆弟庶昆弟也舊讀昆弟在下其於厭降之義宜蒙此傳也是以上而同之父所不降謂適也○疏公之庶昆弟以其父在為母妻厭在五服外公卒猶為餘尊之所厭不得過大功其大夫之子據父在有厭從于大夫降一等大夫若卒則得伸無餘尊之厭也○敖繼公云厭謂厭其為服者也不得過大功謂使服之者不得過此而伸其服也大夫之子從乎大夫而降謂尊降之義在大

夫而不已也蓋國君於旁期而下皆以尊厭而絶之此三人者皆君所絶者也尊者之子必從其父而為服故君在則公子於昆弟無服而為母若妻於五服之外君沒矣其死者猶為餘尊之所厭是以公子為此三人止於大功也大夫於所服者或以尊加之而降一等亦謂之厭此三人者皆大夫之所降者也其子亦從其父而降之一等為大功為公子父沒之禮同大夫沒子乃得伸其服以其無餘尊也此傳言公之昆弟大夫之庶子是服之所以同者備矣而諸侯大夫尊厭輕重遠近之差亦略於是乎見焉推而上之則天子之所厭者又可知矣先儒乃以天子之子同於公子之礼似誤也

馬融曰言庶者謂諸侯妾母兄弟也庶子大夫妾子也諸侯貴妾子父在為母期父歿伸服三年大夫貴妾子父在為母期賤妾子父在為母大功所從大夫而降也

雷次宗曰公羊傳云國君以國為體是以其人雖亡其國猶存故許有餘尊以厭降之

陳銓曰云子從大夫而降謂父在者

乾學按此昆弟二字本在下條皆為其從父昆弟之為大夫者之上鄭氏以意解之謂宜在此愚謂此條為母為妻與下記公子為其母妻相炤彼公子以父在故既葬即除此則父歿故得伸大功至大夫之庶

子又畀于公之庶昆弟雖父在亦得伸大功故同類言之初何嘗及于昆弟乎今雖從注疏之本不敢擅易而解義決當以舊讀為正

又按或謂若依舊本則昆弟宜何服曰經不有大夫為昆弟為士者之文乎公之庶昆弟大約仕為大夫者多同為大夫則服期一為大夫而一為士則服士以大功前既言之矣又何必重出乎其大夫之庶子前不杖期章有大夫之子為昆弟為大夫者之文此是為士者之昆弟服為大夫者之昆弟之服也其為大夫者之昆弟服為士者之昆弟即前大夫為昆弟為士者見

文又何必重出其文乎故知此條昆弟二字衍當屬下文也

姜輯議渤海王（名輔安平獻王孚之第三子也）服范太妃事喪服云君為女子子嫁於國君者傳曰尊同則得服其親服然則

查係通典應增通典二字

為君者其公亦不降之明矣士之庶子不降母者以其與父貴賤不足殊也然則尊與父同不見厭者亦宜伸其情盡禮於其母渤海王既不承安平之祀而母已受王命之寵成太妃之號愚謂太妃之尊但當自降于渤海不得配食于安平之廟耳至於渤海三王自宜盡為母之制不復厭於安平以從公子降等之禮按薛公謀議皇子已封為王列土守蕃不得厭於天子者父卒為母三年

穆帝升平中太宰武陵王所生母喪表乞齊衰三年

子又畀于公之庶昆弟雖父在亦得伸大功故同類言之初何嘗及于昆弟乎今雖從注疏之本不敢擅易而觧義决當以舊讀為正

又按或謂若依舊本則昆弟宜何服曰經不有大夫為昆弟為士者之文乎公之庶昆弟大約仕為大夫者多同為大夫則服期一為大夫而一為士則服士以大功前既言之矣又何必重出乎其大夫之庶子前不杖期章有大夫之子為昆弟為大夫者之文此是為士者之昆弟服為大夫者之昆弟之服也其為大夫者之昆弟服為士者之昆弟即前大夫為昆弟為士者見

文又何必重出其文乎故知此條昆弟二字未當屬下文也

姜輯議渤海王（名輔安平獻王孚之第三子也）服范太妃事喪服云君為女子子嫁於國君者傳曰尊同則得服其親服然則君之庶子有封為君者其公亦不降之明矣士之庶子不降母者以其與父貴賤不足殊也然則尊與父同不見厭者亦宜伸其情盡禮於其母渤海王既不承安平之祀而母已受王命之寵成太妃之號愚謂太妃之尊但當自降于渤海不得配食于安平之廟耳至於渤海三王自宜盡為母之制不復厭於安平以從公子降等之禮按薛公謀議皇子已封為王列土守藩不得戚於天子者父卒為母三年

穆帝升平中太宰武陵王所生母喪表乞齊衰三年

詔聽依昔樂安王故事制大功九月太常江虨上慱
士孔恢議禮云庶子為父後者為其母緦又云公之
庶昆弟大夫之庶子為母九月鄭云公子為母大
功大夫卒子為母三年經云則一而鄭有二疑太宰
若從三年之制為重則應從九月無應從緦麻之理
且太宰以天子之庶出繼諸侯本無應猒降之道太
宰今承諸侯别祀又不同庶姓相後有承繼大宗之
義應從降一等之制從九月又降一等應服五月出
後者之子亦皆還降其本親祖父母伯叔一等又禮
無蕃王出後本親與庶姓有異之制尚書謝奉按禮
為人後者三年必以尊服服之庶子為父後為其母
服緦傳曰何以緦與尊者為體不敢服其私親禮唯
大宗無繼支屬之制太宰出後武陵受命元皇則纂

承宗廟策名有在禮制既明豈容二哉夫禮有仰引而違情者故有君服而廢私喪屈伸明義非唯一條所謂以義斷恩況貴賤之禮既正豈得不率禮而矯心當依庶子為後之例服緦而已倉部郎許穆議母以子貴王命追崇夫人視公爵秩比諸侯凡諸侯之禮服斷旁親以國內臣妾並卑故也姑姊妹女子子嫁於諸侯則各以其服服之尊同故也卑則服闕尊則禮行太宰封王繼于蕃國出離其本仰無所厭夫人諸侯班爵不殊緣天然之恩伸王子之厭薄出禮之降服周可也吏部郎嵇重議云考之禮文太宰應服齊衰周今以春秋條例以廣其喻母以子貴庶子為君母為夫人薨卒赴告皆以成禮不行妾母之制夫人成風是也此則身為父後服應緦麻猶以子貴

得遂私情經有明文三傳不貶况於太宰古例貴同不為人後者耶且禮有節文曰革不一自漢以來皇子皆為始封君始封君則私得伸設令太宰不出後必受始封服無厭降出後降一等復何嫌而不周乎

祠部郎書處道云禮庶子為父後為其母緦與尊為體不敢伸恩於私親為人後以所後為父亦是尊者為體其所生母俱是私親為父後及為人後義不異

詔常侍敳喻太宰從緦麻服制纍表至切又遣敳喻太宰不敢執遂私懷以關王憲乃制大功之服

咸和元年瑯邪王昱母鄭氏薨王服重周以出繼宜降國相諸葛曠坐不正諫被彈王表曰亾母生臨臣宫沒畱臣等雖出後而上無所厭則私情得伸昔敬后崩時孝王先出後亦還服重此則明典臣之所憲

章也○宋庾蔚之謂晉簡文愛其膝下之慕不尋為後移天之重

　乾學按晉書簡文帝紀皇時年七歲固請服重元帝哀而許之

晉書禮志孝武帝太元十五年淑媛陳氏卒皇太子所生也有司參詳毋以子貴贈淑媛為夫人置家令典喪事太子前衛率徐邈議喪服傳稱與尊者為體則不服其私親又君父所不服子亦不敢服故王公妾子服其所生母練冠麻衣既葬而除非五服之常則為之無服從之○通典陳淑媛薨尚書疑所服徐邈以為宜依公子為母練冠麻衣既葬除之殷仲堪以為當依庶子為後服所生母緦皇子服乃練冠耳按緦麻章中有庶子為後為其母傳曰與尊者為體

今皇太子繼體宸極正位儲宮猶可同稱庶乎當與尊者為體係遞又曰嫡子服所生禮無其文者蓋不異于庶子故摠以公子為言推義可知既曰君之所不服子亦不服則正庶均於降奪雖登位儲宮而上厭所天義不異也至於既孤則餘尊之厭輕矣故諸庶子服其母大功而為後者服其母緦此存亾異禮何可一其制耶殷又曰伯父與尊者為體諸無子者立宗人為子便當降其本親尋為後之言將關於存亾也徐又按喪服傳三月不舉祭因而服緦明已主烝嘗非復嫡子之時也

宋書禮志元嘉二十三年七月白衣領御史中丞何承天奏尚書刺海鹽公主所生母蔣美人喪海鹽公主先離婚今應成服撰儀注參詳宜下二學禮官博

士議公主所服輕重太學博士顧雅議今既咸用士禮便宜同齊衰削杖布帶疏屨碁禮畢心喪三年博士周野王議又云今諸王公主咸用士禮譙王衡陽王為所生太妃皆居重服則公主情禮亦宜家中碁服為允其博士庾邃之顏測殷明王淵之四人同雅議何悠王羅雲二人同野王議如所上臺案今之諸王雖行士禮是施於傍親及自己以下至於為帝王所厭猶一依古典又永初三年九月符修議亾廣德三主以餘尊所厭猶服大功海鹽公主體自宸極當上最至尊豈得遂服臺據經傳正文并引事例依源責失而博士顧雅周野王等捍不肯怗方稱自有宋以來皇子蕃王皆無厭降同之士禮著於故事緦功之服不廢於末戚頤獨貶於所生是申其所輕奪其

所重豈緣情之謂臺伏尋聖朝受終於晉凡所施行莫不上稽禮文兼用晉事又太元中晉恭帝時為皇子服其所生陳氏練冠縓緣此則前代施行故事謹依禮文者也又廣德三公主為所生母符脩儀服大功此先君餘尊之所厭者也元嘉十三年第七皇子不服朞婕妤止於麻衣此厭乎至尊者也博士既不據古又不依今皆違施行見事而多作浮辭自衛乃五帝之時三王之季又言長子去斬衰除禫杖皆是古禮不少今世博士雖復引此諸條無救於失又詰臺云蕃國得遂其私情此義出何經記臣案南譙衡陽太妃並受朝命為國小君是以二王得遂其服豈可為美人比例尋蕃王得遂者聖朝之所許也皇子公主不得申者由有厭而然也臺登重更責失制不

敬叔二敬查宋書不誤當再考

南板是敬叔

得過十日而復不訓荅既被催攝二三日甫輸估辭雖理屈事窮猶聞義恥服臣聞喪紀有制禮之大經降殺攸宜家國舊典古之諸侯衆子猶以尊厭況在王室而欲同之士庶此之僻謬不俟言而顯太常統寺曾不研却所謂同乎失者亦未得之宜加裁正弘明國典謹按太學博士顧雅國子助教周野王博士王羅雲顏測殷明何惔王淵之前博士遷員外散騎侍郎庾遼之等咸蒙抽飾備位前疑既不謹守舊文又不審據前准遂上背經典下違故事率意妄作自造禮章太常臣敬叔位居宗伯問禮所司騰述往反了無研却混同茲失亦宜及咎請以見事並免今所居官解野王領國子助教雅野王初立議乖舛中執捍愆失未違十日之限雖起一事合成三愆羅雲掌

押捍失三人加禁固五年詔叔敬白衣領職餘如奏

○通典宋庾蔚之云公主為其母應周何以言之在室有餘尊之厭服不得過大功故服母及兄弟不得有異既出則無厭故為母得周所以知既出則無厭者禮尊降出降親踈不異尊降唯不及其嫡耳至于厭降惟子而已在室父在為母周既出服母與父同是故知既出則無厭也又正尊不報禮之大例而女子適人父報以周使其移重於夫族推旁親也以此推之出則無厭理據益明

宋書禮志元嘉二十九年南平王鑠所生母吳淑儀薨依禮無服麻衣練冠既葬而除有司奏古者與尊者為體不得服其私親而比世諸侯咸用士禮五服之内悉皆成服於其所生反不得遂於是皇子皆申

母服

魏書禮志清河王懌所生母羅太妃薨表求申齊衰三年詔禮官博議侍中中書監太子少傅崔光議喪服大功章云公之庶昆弟為母傳曰先君餘尊之所厭不得過大功記公子為其母練冠麻衣縓緣既葬除之傳曰何以不在五服中也君之最不得申其罔極依禮大功清河國郎中令韓子熙議亦云一國之貴子猶見厭況四海之尊固無申理卒如崔光議

顧炎武日知録尊尊親親周道也諸侯有一國之尊為宗廟社稷之主既没而餘尊猶在故公子之庶子于所生之母不得伸其私恩為之大功也大夫之尊不及諸侯既没則無餘尊故其庶子于父卒為其私親並依本服如邦人也親不敵尊故厭尊不敵親故不厭此諸侯大夫之辨也後魏廣陵侯衍為徐州刺史所生母雷氏卒表請解州詔曰先君餘尊之所厭礼之明文季末陵遲斯典或廢侯既親王之子宜從餘尊之義便可大功饒陽男遥官左衞將軍遭所生母憂表請解任詔以餘尊所厭不許

開元禮迄今律文俱無

喪服皆為其從父昆弟之為大夫者　注皆者言其互相為服尊同則不相降其為士者降在小功適子為之亦如之○疏此承上文公之庶昆弟大夫之庶子之下則是上二人也以其二人為父所厭降今此從父昆弟為大夫故此二人不降而依本服也其為士者降在小功者降一等故也○敖繼公云此文承上經兩條而言則皆云者皆大夫公之昆弟大夫之子也大夫公之昆弟於此親則尊同也大夫之子於此親則亦以其父之所不降者也故皆服其親服春秋傳曰公子之重視大夫公之昆弟降其昆弟之為公子者不降其從父昆弟之為大夫者則知先君餘尊之所厭止於上三人耳

乾學按上條昆弟二字當冠于此條之上

說已見前

開元禮迄今律文俱無

喪服為夫之昆弟之婦人子適人者　注婦人子者女子子也不言女子子者因出見恩疏○疏此謂世叔母為之服在家期出嫁大功女在家室之名是親也婦者事人之稱是見疏也

馬融曰在室者周適人者降大功也

陳銓曰婦人者夫之昆弟之子婦也子者夫之昆弟之女子子適人者也此是二人皆服大功先儒皆以婦人子為一人此既不語且夫昆弟之子婦復見何許也

敖繼公曰是服夫妻同也上經不言夫為之者其文脱與或言女子子或言婦人子正文以見其同爾

乾學按此條若依諸說則是一人若依陳說則是二人愚為參考文義及前後服制當從陳說為長

開元禮　政和禮　家禮　孝慈録　會典　今律文並同惟書儀無

喪服大夫之妾為君之庶子注下傳曰何以大功也妾為君之黨服傳為女君同指為此也妾為君之長子亦三年自為其子期異於女君也士之妾為君之衆子亦期○疏引下傳者彼傳為此經而作也在下者鄭彼云文爛在下尒故也○敖繼公云此服亦從乎其君而服之也大夫為庶子大功女子子在室亦如之妾為君之長子亦三年自為其子期經於妾為君之黨服皆略之惟著大夫之妾以見其異則士之妾不言可知也

女子子嫁者未嫁者為世父母叔父母姑姊妹注舊讀合大夫之妾為君之庶子女子子嫁者未嫁者言大夫之妾為此三人之服也○疏舊讀者此馬融之輩舊讀如此鄭以此為非故此下注破之也○敖繼公云此著其降之之節異於他親也在室而逆降正言此七人者蓋世父母叔父母姑之期為旁尊之加服姊妹之期雖本服然以其外成也故并世父已下皆于未

嫁而畧從出降明其異于父母昆弟也此服無為妻為妾之異經雖以嫁為言
者約文以包之耳又前經見姊妹適人者及為夫之昆弟之婦人子適人者此
世父母而下為凡女子子之降服也其服惟
以適人為節以此見逆降之服無報禮也

喪服傳嫁者其嫁於大夫者也未嫁者成人而未嫁
者也何以大功也妾為君之黨服得與女君同下言
為世父母叔父母姑姊妹者謂妾自服其私親也注此不辭
即實為妾遂自服其私親當言其以見之齊衰三月章曰女子子嫁者未嫁者
為曾祖父母經與此同足以見之矣傳所云何以大功也妾為君之黨服得與
女君同文爛在下爾女子子成人者有出道降旁親及將出者明當及時也○
疏何以大功也妾為君之黨服得與女君同此傳當在上大夫之妾為君之庶
子下爛脫誤在此但下言二字及者謂妾自服其私親也九字摠十一字既非
子夏自著又非舊讀者自安必是鄭君置之鄭君欲分別舊讀者如此意趣然
後以注破之此不辭者謂此分別文句不是解義言辭也即實為妾遂自服其
私親當言其以明之者此鄭欲就舊章讀破之案不杖期章云女子子適人者
為其父母昆弟之為父後者也又云公妾以及士妾為其父母自為其親皆言
其以明妾為私親今此不言其明非妾為私親也又引齊衰三月章曰女子子
嫁者未嫁者為曾祖父母經與此同足以見之矣彼二人為曾祖是正尊雖出
嫁亦不降此則為旁親雖未嫁亦逆降聖人作文是同足以明之明是二人為
此七人不得以嫁者未嫁者上同君之庶子下文為世父以下為妾自服私親
也傳所云何以大功也妾為君之黨服得與女君同文爛在下爾者此傳為為
君之庶子而發應在女子子之上君之庶子之下以簡札韋編爛斷後人錯置
于下是以舊讀遂誤也女子子成人者有出道謂女子子十五已後許嫁笄為

成人有出嫁之道是以雖未出即逆降世父已下旁親也及將出者明當及時也者謂女子子年十九後年二月冠子娶妻之月其女當嫁今年遭此世父已下之喪若依本服朞者過後年二月不得及時逆降在大功大功之末可以嫁子則于二月得及時而嫁也

黃榦曰先師朱文公親書藁本云傳先鮮嫁者未嫁者而後遍以上文君之庶子并以妾與女君同釋之乃云下言為世父母以下而以自服私親釋之文勢似不誤也又批云此一條舊讀正得傳意但于經例不合鄭注與經例合但所改傳文似亦牽強又未見妾為己之私親本當服期者合著何服疏言十一字是鄭所置今祥此十一字中包為世至姊妹十字若無上下文即無所屬未祥其說可更攷之

又曰有問大夫之妾章于先生者先生云此段自鄭注時已疑傳文之誤今考女子適人者為父母及昆弟之為父後者已見于齊衰期章為衆兄弟又見于此大功章唯伯叔父母姑姊妹之服無文而獨見于此則當從鄭注之說無疑矣

敖繼公曰傳者以此經合于上謂皆大夫之妾為之故其言如此何以大功惟其卑賤而服之降否如尊者然也妾為君之黨服得為女君同釋所以大功之意言大夫於此庶子女子子或以尊降之或以其尊同而不降皆在大功妻體其夫服宜如之若妾則不體君而此服亦大功者以是三人者皆君之黨已因君而服之故其降若否亦視君以為節而不得不與女君同固無嫌于卑賤也然此但可以釋為君之庶子之文若并女子子未嫁者言之則不合于經蓋經初無為女子子未嫁者之禮且凡云嫁者皆指凡嫁于人者而言非必謂行于大夫而后為嫁也又謂為世父母以下皆妾為私親之服亦不合于經蓋此乃適人者之通禮經必不特為此妾發之又此妾為私親大功者亦不止於是也傳說俱失之詳傳者之意蓋失于分句之不審又求其為嫁者大功之說而不可得故強生嫁于大夫之義以自傳會既以女子子嫁者未嫁者屬于上條則為世父母以下

之文無所屬又以為亦大夫之妾為之遂使一條之意折而為二首尾衡決兩無所當實甚誤也攷此傳文其蓋引大夫之妾至未嫁者之經文而釋之故已釋其所謂本條者之旨復以下言云云併釋下經今在此者乃鄭氏移之爾案注云齊衰三月章曰女子子嫁者未嫁者為曾祖父母經與此同足以明之矣者謂二經之文同足以明其不當如舊說也

郝敬曰合大夫之妾及女子子嫁者為一條解曰君猶主也妾謂夫為君謂適為女君庶子女子子皆夫君之血屬不言長子長子三年大夫不降適也必言君明非妾親生子也大夫女嫁于大夫為大功不降未嫁無屬降期為大功君之党即大夫庶子與女子女君同大夫服妾同女君服也世父母以下妾私親皆大功如常妾不体君得自遂也○又曰按此節文義甚明鄭謂有錯簡非也彼以大夫之妾為君庶子別為一條安得不疑為錯簡乎鄭以傳為不足信世儒纂礼欲并傳弃之鄭始作俑矣

王志長曰案此經據經文如注疏解甚得但傳文之難通者移之終不可通者遂削之則亦難乎其為傳矣今據別解自大夫之妾至未嫁者作一句讀妾字貫下為世父母叔父母姑姊妹此言妾自服其私親文義亦無妨按齊衰不杖期章云公妾以及士妾為其父母傳曰妾不得体君得為其父母遂也則妾得為私親服明矣又按下記云凡妾為私兄弟如邦人正以此經止及世叔父姑姊妹嫌厭降其私兄弟故記又及之況鄭氏之前馬融輩先主是說附以備參可也

汪琬曰按女子子未嫁者其服悉如男子不應乃有此條傳謂妾自服其私親故馬融舊讀合上大夫之妾一條似較有理鄭玄不用其說後儒多主鄭義者今姑從之又梁朱异問比使李業興曰比聞郊丘異所是用鄭義我此中用王義業興曰然异曰女子逆降旁親亦用鄭否業興曰此之

一事亦不專從蓋皆以鄭說為未當也

萬斯大曰大功九月章大夫之妾為君之庶子女子子嫁者未嫁者為世父母叔父母姑姊妹傳曰嫁者其嫁於大夫者也未嫁者成人而未嫁者也何以大功也妾為君之黨服得與女君同下言為世父母叔父母姑姊妹者謂妾自服其私親也此條言大夫之妾當服大功者在君之家則有君之庶子女子子嫁者未嫁者在私家則有世父母叔父母姑姊妹經傳甚明鄭玄不從舊讀分大夫之妾為君之庶子自為一條復援齊衰三月章女子子嫁者未嫁者為曾祖父母之例析女子子嫁者未嫁者為世父母叔父母姑姊妹別為一條而以傳文何以大功也妾為君之黨服得與女君同為大夫之妾為君之庶子之傳謂文爛在下如其言則為世父母叔父母姑姊妹者非大夫之妾故又謂傳文妾自服其私親為不辭非經誣傳莫此為甚今為通考前後經文以正之大凡妾為君黨之服皆從乎女君父母為衆子及女子子未嫁者本期大夫則降而大功故此條上有大夫為子之文鄭謂子為庶子是也包女子子未嫁者父母同服父母為女子子嫁者本大功大夫則降而小功小功章有大夫為女子子適士者嫁于大夫則尊同不降故此條下有大夫大夫之妻為女子子嫁于大夫者之文妾從女君故為此三人指庶子女子子嫁者未嫁者皆服大功之服也夫大夫庶子父為之大功妾亦從而大功此理易明不煩詞說故傳無釋辭傳特恐人之疑于女子子嫁者同于未嫁者故特著之曰嫁者其嫁于大夫者也明其本服大功大夫宜降小功因尊同而不降也未嫁者成人而未嫁者也明本期而以尊降且明惟成人故大功否則當為殤服也大夫為女子子長殤小功恐人之疑于大夫及妻降而妾不當降也故復著之曰何以大功也妾為君之黨服得與女君同明為從服也更恐人疑于為世父母叔父母姑姊妹亦為君家之服也故又著之曰謂妾自服其私親也明其亦服大功故得以類相從也詞明義顯有何可疑而乃謂

之為文爛謂之為不辭也哉朱子謂女子子適人者為父母及昆弟之為父後者已見于齊衰期章為衆兄弟又見于此大功章唯伯叔父母姑姊妹之服無文而獨見于此當從鄭注夫女子子嫁者固為伯叔父母姑姊妹大功矣成人未嫁者應期而亦在大功何以處之豈以鄭氏降旁尊及將出者為當及時之言為足據耶

乾學按此條依舊讀理明詞達有何可疑而鄭氏必欲更之使其更之而善人固當從之經文本顯因更之而彌覺其晦後之人何為必欲附鄭而反詆子夏之傳乎今為攷定文句大夫之妾為君之庶子女子子嫁者未嫁者為一句為世父母叔父母姑姊妹為一句下傳文則自傳曰至得與女君同為一段釋前一句自下言為世父母至服其私親也為一段釋後一句鄭氏以前讀法原自如此今「非敢擅易鄭氏」不

唯其兄弟唯字改于字

遏復經傳之舊文耳至若女子逆降之說尤為無理之甚從來論女子之服但有已嫁未嫁之分豈有已許嫁未許嫁之別乃謂恐妨二十而嫁之期故減其服制意是何言與此則悖理亂常不可不力為辨正者也

又按朱子既以傳文為不誤以鄭氏所改為牽強其說是矣乃因門人之問又謂當從鄭注之說何其見之不定也若謂女子于伯叔父母姑姊妹之服無文則未嫁者與男子同其已嫁者降一等經傳言此不知凡幾何待此處言之而後顯且未嫁者寧可與已嫁者之服同論乎而乃信鄭賈

之為文爛謂之為不辭也哉朱子謂女子子適人者為父母及昆弟之為父後者已見于齊衰期章為衆兄弟又見于此大功章唯伯叔父母姑姊妹之服無文而獨見于此當從鄭注夫女子子嫁者固為伯叔父母姑姊妹大功矣成人未嫁者應期而亦在大功何以處之豈以鄭氏降旁尊及將出者為當及時之言為足據耶

乾學按此條依舊讀理明詞達有何可疑而鄭氏必欲更之使其更之而善人固當從之經文本顯因更之而彌覺其晦後之人何為必欲附鄭而反詆子夏之傳乎今為攷定文句大夫之妾為君之庶子女子子嫁者未嫁者為一句為世父母叔父母姑姊妹為一句下傳文則自傳曰至得與女君同為一段釋前一句自下言為世父母至服其私親也為一段釋後一句鄭氏以前讀法原自如此今非敢擅易鄭氏不

逕復經傳之舊文耳至若女子逆降之說尤為無理之甚從來論女子之服但有已嫁未嫁之分豈有已許嫁未許嫁之別乃謂恐妨二十而嫁之期故減其服制意是何言與此則背理亂常不可不力為辨正者也

又按朱子既以傳文為不誤以鄭氏所改為牽強其說是矣乃因門人之問又謂當從鄭注之說何其見之不定也若謂女子于伯叔父母姑姊妹之服無文則未嫁者與男子同其已嫁者降一等經傳言此不知凡幾何待此處言之而後顯且未嫁者寧可與已嫁者之服同論乎而乃信鄭賈

逆降之説也

通典魏王肅云大夫之妾爲他妾之子大功九月自諸侯以上不服晉孫畧議以爲伯叔父母姑姊妹皆夫家也妻體夫尊降其夫伯叔父母姑姊妹小功妾賤不敢降也張祖高難以爲妻爲夫之黨服降夫一等夫之姑姊妹宜小功妾服君之黨得與女君同豈以貴賤之故而異之縱妻之賔而可以畧君之姑姊妹者則應妾服每當與君同也君之爲父母三年妾何以無其制乎按孫畧云妾賤不可以恩輕從畧故宜在大功耳父不敢與君同服何三年之制乎又有公子之妻服其皇姑不嫌過夫者以各其義故也

乾學按子夏之傳明爲妾自服其私親而孫畧猶指爲夫家何也張祖高之難亦不

得其要領至按以下乃杜君卿說扶孫抑

張彌不得其解矣

開元禮迄今律文俱無

喪服大夫大夫之妻大夫之子公之昆弟為姑姊妹女子子嫁於大夫者馬融曰此上四人者各為其姑姊妹女子子嫁於大夫者服也在室大功嫁於大夫大功尊同也按在室大功以在大夫尊降之限嫁大夫尊同故不敢復重降嫁士則小功○敖繼公云大夫公之昆弟為此服則尊同也大夫之子則亦從乎大夫而為之也大夫之妻為此女子子其義亦然若為此姑姊妹又但為本服耳蓋婦人之嫁者雖其兄弟惟有出降而已姑姊妹雖不為命婦猶為之大功也經言大夫大夫之子為服者多矣於是乃著大夫之妻者以惟此條可為之相通故因而見之也凡妻為夫之族類於其姊妹與其在父列以上者卒降於夫於其昆弟之列者又無服惟在子列而下乃為夫同之耳又孜公之昆弟為此姊妹惟在出降之科則是先君餘尊之所厭亦不及于其嫁出之女也若先于君其姊妹與其孫則不厭之固矣

君為姑姊妹女子子嫁于國君者疏此大夫大夫妻大夫之子公之昆弟四等人尊卑同皆降旁親姑妹已下一等大功又以出降當小功但嫁于大夫尊同無尊降直有出降故皆大功也但大夫妻為命婦若夫之姑姊妹在室及嫁皆小功若不為大夫妻又降在緦麻假令彼姑姊妹亦為命婦唯小功耳今得在大夫科中者此謂命婦為本親姑姊妹已之女子子因大夫大夫之子為姑姊妹女子

子寄文于夫與子姑姊妹之中不煩別見也君為姑姊妹女子子嫁于國君者國君絶期已下今為尊同故亦不降依嫁服大功○馬融曰君諸侯也為姑姊妹女子子嫁於國君者服也不言諸侯者關天子元士卿大夫也上但言君者欲關天子元士卿大夫嫁女諸侯皆為大功也又曰諸侯絶周姑姊妹在室無服也嫁于國君者尊與已同故服周親服○敖繼公云以上條例之則夫人公子之服亦當然也

喪服傳何以大功也尊同也尊同則得服其親服諸侯之子稱公子公子不得禰先君公子之子稱公孫公孫不得祖諸侯此自卑別於尊者也若公子之子孫有封為國君者則世世祖是人也不祖公子此自尊別於卑者也是故始封之君不臣諸父昆弟封君之子不臣諸父而臣昆弟封君之孫盡臣諸父昆弟故君之所為服子亦不敢不服也君之所不服子亦不敢服也注不得禰不得祖者不得立其廟而祭之也卿大夫已下祭其祖禰則世世祖是人不得祖公子者後世為君者祖此受封之君不得祀別子也公子若在高祖以下則如其親服後世遷之乃毀其廟爾因國君以尊降其親故終說此義云○疏諸侯之子稱公子者諸侯之子適適相承而旁支庶已下並為諸侯所絶不得稱諸侯子變名公子適既立廟支庶子孫不立廟是自卑別于尊者也公子之子孫或為天子臣出封為五等諸侯後

並注疏不差此文理可疑

世將此始封之君世世祖是人不復祀別子是自尊別于卑者也始封之君不臣諸父昆弟者以其初升為君諸父是祖之一体又是父之一体其昆弟既是父之一体又是已之一体故不此二者仍為之著服也封君之子不臣諸父而臣昆弟者以其諸父尊故未得臣仍為之服昆弟卑故臣之不為之服封君之孫盡臣諸父昆弟者繼世至孫漸為貴重故盡臣之

黄榦曰先師朱文公親書稾本云今案疏義有未明者竊詳始封之君所以不臣諸父昆弟者以始封君之父未嘗臣之故始封之君不敢臣也封君之子所以不臣諸父而臣昆弟者以封君之子所謂諸父者即始封君謂之昆弟而未嘗臣之者也故封君之子亦不敢臣之封君之子所謂昆弟者即始封君之子始封君嘗臣之者也故今為封君之子者亦臣之封孫所謂諸父昆弟者即封君之子所臣之昆弟及其子也故封君之臣之故下文繼之以君之所不服子亦不敢服君之所為服子亦不敢不服也

楊復曰愚按子夏傳云自卑別于尊是以子孫之卑自別于祖之尊此義為是自尊別于卑乃以子孫之尊自別于祖之卑此說于理有害而鄭注遂以為因國君以尊降其親而說此義則又愈非禮意蓋國君以尊降其親謂降其旁親其正統之服不降祖服期曾祖高祖齊衰三月是未嘗降其祖也鄭注蓋惑于自尊別卑之說乃以封君之不祖公子為以尊降其親而不知公子為別子繼別為宗謂之大宗百世不遷大宗或無後則為之立後世世不絕而常以公子為祖矣若公子之子孫有封為國君者則後世子孫只得祖封君而不得祖公子以紊其別子之宗非是以封君之尊別于公子之卑而不祖之也子夏之說既已失之鄭注沿襲謬誤愈差愈遠蓋失而又失者也

敖繼公曰尊同謂君於夫人者大夫公之昆弟於為命婦者也夫人命婦雖非有爵者然此三人以其與己敵者齊躰之故亦例以尊同者視之而

子寄文于夫與子姑姊妹之中不煩別見也君為姑姊妹女子子嫁于國君者國君絕期已下今為尊同故亦不降依嫁服大功○馬融曰君諸侯也為姑姊妹女子子嫁於國君者服也不言諸侯者關天子元士卿大夫也上但言君者欲關天子元士卿大夫嫁女諸侯皆為大功也又曰諸侯絕周姑姊妹在室無服也嫁于國君者尊與已同故服周親服○敖繼公云以上條例之則夫人公子之服亦當然也

喪服傳何以大功也尊同也尊同則得服其親服諸侯之子稱公子公子之子稱公孫公孫不得祖諸侯此自卑別於尊者也若公子之子孫有封為國君者則世世祖是人也不祖公子此是尊別於卑者也是故始封之君不臣諸父昆弟封君之子不臣諸父而臣昆弟封君之孫盡臣諸父昆弟故君之所為服子亦不敢不服也君之所不服子亦不敢服也注不得禰不得祖者不得立其廟而祭之也卿大夫已下祭其祖禰則世世祖是人不得祖公子者後世為君者祖此受封之君不得祀別子也公子若在高祖以下則如其親服後世遷之乃毀其廟爾因國君以尊降其親故終說此義云○疏諸侯之子稱公子者諸侯之子適適相承而旁支庶已下並為諸侯所絕不得稱諸侯子變名公子適既立廟支庶子孫不立廟是自卑別于尊者也公子之子孫或為天子臣出封為五等諸侯後

世将此始封之君世世祖是人不復祀別子是自尊別于卑者也始封之君不臣諸父昆弟者以其初升為君諸父是祖之一体又是父之一体其昆弟既是父之一体又是已之一体故不臣此二者仍為之著服也封君之子不臣諸父而臣昆弟者以其諸父尊故未得臣仍為之服昆弟卑故臣之不為之服封君之孫盡臣諸父昆弟者繼世至孫斬為貴重故盡臣之

黃榦曰先師朱文公親書藁本云今案疏義有未明者竊詳始封之君所以不臣諸父昆弟者以始封君之父未嘗臣之故始封之君不敢臣也封君之子所以不臣諸父而臣昆弟者以封君之子所謂諸父者即始封君謂之昆弟而未嘗臣之者也故封君之子亦不敢臣之封君之子所謂昆弟者即始封君之子始封君嘗臣之者也故今為封君之子者亦臣之封君之孫所謂諸父昆弟者即封君之子所臣之昆弟及其子也故封君之孫亦臣之故下文繼之以君之所不服子亦不敢服君之所為服子亦不敢不服也

楊復曰愚按子夏傳云自卑別于尊是以子孫之卑自別于祖之尊此義為是自尊別于卑乃以子孫之尊自別于祖之卑此說于理有害而鄭注遂以為因國君以尊降其親而說此義則又愈非禮意盖國君以尊降其親謂降其旁親其正統之服不降祖服期曾祖高祖齊衰三月是未嘗降其祖也鄭注盖惑于自尊別卑之說乃以封君之不祖公子為以尊降其親而不知公子為別子繼別為宗謂之大宗百世不遷大宗或無後則為之立後世世不絕而常以公子為祖矣若公子之子孫有封為國君者則後世子孫只得祖封君而不得祖公子以紊其別子之宗非是以封君之尊別于公子之卑而不祖之也子夏之說既已失之鄭注沿襲謬誤愈差愈遠盖失而又失者也

敖繼公曰尊同謂君於夫人者大夫公之昆弟於為命婦者也夫人命婦雖非有爵者然此三人以其與已敵者齊躰之故亦例以尊同者視之而

如其出嫁之服不敢絶之降之也卑謂為臣者也尊謂為君者也言身為
人臣則其廟不可上及於為君者身為國君則其廟不可上及於為臣者
是謂別之也別於尊者所以塞僭上之原別于卑者所以明貴貴之義聖
人制礼之意然也此言封君之後世世祖封君不祖公子則是封君之時
其祖考之廟在故家自若也不復更立而立一虛廟於公宮查之最東以
為行礼之所及封君沒則於焉祀之謂之大廟而為百世之祖也祖封君
而不祖公子如晉不祖桓叔而祖武公是其事也公子之服與否皆視其
君而為之此指公子之公在者言也若公沒則昆弟之所謂不敢服者今則
皆服之矣但其為先君餘尊所厭者乃降之如其母妻昆
弟大功是也不敢不服之意與前傳所謂不敢降者同

春秋莊公四年三月紀伯姬卒何休註禮天子諸侯絶期大夫
絶緦天子惟女之適二王後者
諸侯唯女之為諸侯夫
人者恩得申故卒之

穀梁傳外夫人不卒此其言卒何也吾女也適諸侯
則尊同以吾為之變卒之也范甯註禮諸侯絶旁期姑姊妹女
子子嫁於國君者尊與己同則為
之服大功九月
變不服之例

文公十有二年二月庚子子叔姬卒孔穎達疏天子諸侯絶
期嫁女于諸侯則尊同
恩成於敵體其禮不為降卒則服大功九月叔姬既為杞之夫人雖見出棄猶
以恩録其卒喪服女子既嫁而反在父母之室從本服為之齊衰期此既書其
卒當服其本服杜註不知此叔姬是何公之女要姑與姊妹皆服期也
釋例曰出棄之女反在父母之室則與既笄成人者同故亦書卒也

開元禮迄今律文俱無

右儀禮

諸字誤疑是註字
或謂字

為人後者其妻為舅姑

喪服小記夫為人後者其妻為舅姑大功註以不貳降○疏賀云此謂子出時已昏故此婦還則服本舅姑大功若子出時未昏至所為後家方昏者不服本舅姑以婦本是路人來又恩義不相接猶臣從君而服不從而稅人生不相及之徒而皆不責非時之恩也今案夫為本生父母期故其妻降一等服大功是從夫而服不論識前舅姑與否假令夫之伯叔在他國而死其婦雖不識豈不從夫服也熊氏云然恐賀義未盡善也

黄乾行曰子婦為父母舅姑皆三年今以為人後者不二斬故子則降期婦則降大功蓋恩隆於所後則于本父母舅姑亦反殺故也

俞汝言曰禮婦為舅姑齊衰不杖期夫為人後降服大功今既服舅姑三年自應從夫改不杖期

汪琬曰或問禮為舅姑齊衰期故為本生舅姑大功今律文既易期為三年斬矣而獨于夫本生如故其降等不太甚歟曰不然也兄弟之子服伯叔父母期則為人後者服本生父母如之兄弟之子之婦服夫之諸父諸母大功則夫為人後者服夫本生亦如之此固相準而制服者也律文未嘗與禮異也何降等太甚之有

開元禮　政和禮　家禮　孝慈録　會典　今

如其出嫁之服不敢絕之降之也卑謂為臣者也尊謂為君者也言身為人臣則其廟不可上及於為君者身為國君則其廟不可上及於為臣者是謂別之也別於尊者所以塞僭上之原別于卑者所以明貴貴之義聖人制礼之意然也此言封君之後世世祖封君不祖公子則是封君之時其祖考之廟在故家自若也不復更立而立一虛廟於公宮之最東以為行礼之所及封君沒則於焉祀之謂之大廟而為百世之祖也祖封君而不祖公子如晉不祖桓叔而祖武公是其事也公子之服與否皆視其君而為之此指公子之公在者言也若公沒則鄙之所謂不敢服者今則皆服之矣但其為先君餘尊所厭者乃降之如其母妻昆弟大功是也不敢不服之意與前傳所謂不敢降者同

春秋莊公四年三月紀伯姬卒何休註禮天子諸侯絕期大夫絕緦天子唯女之適二王後者諸侯唯女之為諸侯夫人者恩得申故卒之

穀梁傳外夫人不卒此其言卒何也吾女也適諸侯則尊同以吾為之變卒之也范甯註禮諸侯絕旁期姑姊妹女子子嫁於國君者尊與己同則為之服大功九月變不服之例

文公十有二年二月庚子子叔姬卒孔穎達疏天子諸侯絕期嫁女于諸侯則尊同恩成於敵體其禮不為降卒則服大功九月叔姬既為杞之夫人雖見出棄猶以恩錄其卒喪服女子既嫁而反在父母之室從本服為之齊衰期此既書其卒當服其本服杜註不知此叔姬是何公之女要姑與姊妹皆服期也釋例曰出棄之女反在父母之室則與既笄成人者同故亦書卒也

開元禮迄今律文俱無

右儀禮

補　注疏　為人後者其妻為舅姑

喪服小記　夫為人後者其妻為舅姑大功　註以不貳降。疏賀云此謂子出時已昏故此婦還則服本舅姑大功若子出時未昏至所為後家方昏者不服本舅姑以婦本是路人來又恩義不相接猶臣從君而服不從而稅人生不相及之徒而皆不責非時之恩也今案夫為本生父母期故其妻降一等服大功是從夫而服不論識前舅姑與否假令夫之伯叔在他國而死其婦雖不識豈不從夫服也熊氏云然恐賀義未盡善也

黃乾行曰子婦為父母舅姑皆三年今以為人後者不二斬故子則降期婦則降大功蓋恩降於所後則于本父母舅姑亦反殺故也

俞汝言曰禮婦為舅姑齊衰不杖期夫為人後降服大功今既服舅姑三年自應從夫改不杖期

汪琬曰或問禮為舅姑齊衰期故為本生舅姑大功今律文既易期為三年斬矣而獨于夫本生如故其降等不太甚歟曰不然也兄弟之子服伯叔父母期則為人後者服本生父母如之兄弟之子之婦服夫之諸父諸母大功則夫為人後者服夫本生亦如之此固相準而制服者也律文未嘗與禮異也何降等太甚之有

開元禮　政和禮　家禮　孝慈録　會典　今

律文同惟書儀無

補　注疏為夫之兄弟

記夫之所為兄弟服妻降一等疏妻從夫服其族親即上經夫之諸祖父母見于緦麻章夫之世叔見于大功章夫之昆弟之子不降嫂叔又無服今言從夫降一等記其不見者當是夫之從母之類乎

應撝謙曰叔嫂無服見檀弓夫之昆弟無服見本篇而此記乃有妻降一等之說則是叔嫂有服矣可疑當闕勉齋喪服亦刪去此條陳注以為外兄弟如夫為姑之子緦服妻則無服或然

萬斯同曰嫂叔無服之說屢見於經以無可疑矣乃儀禮喪服記又有夫之所為昆弟服妻降一等之語則何也鄭氏于此條無注賈氏亦不得其解謂夫之諸祖父母見于緦麻章夫之世叔父母見于大功章夫之昆弟之子不降嫂叔又無服今言從夫降一等記其不見者當是夫之從母之類噫從母之類而可稱之為兄弟乎既言兄弟而可索之于兄弟之外乎鄭氏之不解不能解也賈氏以從母當之不得已而強為之解也然則何以解之曰此正嫂叔有服之明證也喪服經雖不言嫂叔之有服亦未嘗言嫂叔之無服惟子夏作傳見經但言夫之祖父母世叔父母而獨不言昆弟故問曰夫之昆弟何以無服也又自以母道婦道解之以此為子夏之意則可以此為經之本旨則未可蓋記禮者於經之所未及往往見之於記今記文具在人無不以記之所言與經之所言並信何獨此條之記不可信以為嫂叔之服乎所為没其文于經而補其說于記者蓋從上世以來嫂叔原未嘗制服至作儀禮之人見其不可無服也故不直筆之于經而但附著之于記以見後人之所補而非先王之所制也至大傳所言

名治之說即引子夏之傳且細觀其文止言名之宜慎而未嘗言服之宜無則亦不足以為無服據檀弓言子思之哭嫂為位不言有服無服然既已為位安知其不有服也惟奔喪篇言無服而為位者惟嫂叔此蓋傳聞異辭但據喪服之經而不據喪服之記耳然雖言無服而未始不言如麻則亦深知無服之不可而加麻以表其哀戚之情也寧謂遂可以不服乎哉或者曰如子言則是服夫之兄弟大功矣後世制為小功議禮者猶以為非而可以服大功乎曰此所謂服從服也非正服也凡從服者多於己無親如夫之君夫之舊國君族之宗之彼于我何親而皆服之齊衰也無親于我者而可以服齊衰與我同室者獨不可以服大功乎然則何以必大功曰凡從服例降一等夫于姑姊妹大功則妻為之小功夫于兄弟期則妻為之大功此一定之禮也且不觀娣姒之服小功乎夫于兄弟之妻大功故妻降一等而小功吾于服夫之姑姊妹娣姒小功而知大功之服為一定而不可易也獨怪蔣濟諸公不能援此言以明嫂叔之有服而但以娣姒婦為證致人之有異論使其執此以立說則一言可以折諸人之角又何待更端而決哉唯成粲援此為證可謂得其要領而惜其語焉不詳故亦無以關諸儒之口也然則推而遠之之說可廢乎曰此世儒附會之說也先王之制禮寧常為不肖者設哉世之亂常瀆倫之事苟非大不肖者必不至此也欲為不肖者立防而反廢親親之紀先王之所不為也且彼之所為遠嫌者將由夫淫邪之人與雖無服制豈能禁之將由夫脩飭之君子與雖有服制豈能亂焉況所為遠別者亦當遠之于生前而不必遠之于身後當夫身歿之後舉家縞素而我獨吉服于其間曰將以遠嫌也天下豈有此不情之人哉曰子言則既辨矣得毋驚世而駭俗與曰此非吾之言儀禮之言也吾之言不可信儀禮之言亦不可信乎且此條而不作此解將何以解之縱有善辨者恐不能別為之說矣故使喪服記而可盡削之也則吾言為妄說也使喪服記而不可盡削之也則吾固本乎禮而為言也雖為世之所詬庸何傷

乾學按玩此條文義則是妻于夫之兄弟有服矣禮言嫂叔無服而此言服夫之兄弟得毋相剌謬乎且降一等則大功大功豈嫂叔之服故鄭氏于此條不能解而賈氏不得已以夫之從毋當之其說揔與禮不合今欲竟指為嫂叔之服耶則泥于檀弓諸說而不敢决也欲不指為嫂叔之服耶則此條文義究作何解也無已其亭信儀禮之說乎蓋戴記實多漢儒之語而儀禮自是周代之書此必作記之人見先王之制五服不列嫂叔以為憾故從而補之于記猶之唐以前未有嫂叔之服而貞觀時始補之耳豈可惑于檀弓諸說而反以

儀禮為不足信乎然則何以大功也凡妻之從夫例降一等此不得而獨異也人徒見後世之服小功故以大功為駭不知此正唐之儒者不能深攷儀禮之過而非嫂叔必不可制大功也且婦人于夫之從子丈夫于從子之婦皆服大功于彼則安之而于此獨致疑焉吾未見其論之當也後世如五代與宋初固嘗增嫂叔為大功矣當時亦未嘗以為非然則何疑于儀禮哉

右經傳註疏黄氏採補

開元禮定為五月宋以後因之

唐律女適人者為伯叔父兄弟姪

政和禮　書儀　家禮　明集禮　明會典　令

律文同

唐律衆子婦

舊唐書禮儀志貞觀十四年太宗因修禮官奏事之次言及喪服帝曰喪禮有情重而服輕者咸許奏聞于是侍中魏徵侍郎令狐德棻奏衆子婦舊服小功今請與兄弟子婦同為大功從之

儀禮經傳通解續問魏徵以兄弟子之婦同於衆子婦先師朱文公曰禮經嚴適故儀禮適婦大功庶婦小功此固無可疑者但兄弟子之婦則正經無文而舊制為之大功乃更重於衆子之婦雖以報服使然然於親疏輕重之間亦可謂不論矣故魏公因太宗之問而正之然不敢易其報服大功之重而但升適婦為期乃正得嚴適之義升庶婦

為大功亦未害於降殺之差也前此未喻乃深識其兄弟子婦而同於衆子婦為倒置人倫而不察其實乃以衆子婦而同於兄弟子之婦也幸更詳之朱子又曰徵奏云衆子婦舊服小功今請與兄弟之子婦同服大功儀禮無兄弟子婦之文不知何據以為大功而重于庶婦竊謂徵意必以衆子與兄弟之子皆朞而其婦之親疏倒置如此使同為一等之服耳亦未見其倒置人倫之罪也

徐駿五服集證或問父母為養子婦荅曰養子之妻若亾服同衆子婦之服也

開元禮　政和禮　書儀　家禮　孝慈錄　會典　今律文並同

開元禮為兄弟之女適人者報

車垓曰在室兄弟之女本不杖期今既適人則為他家婦矣故為之降服大功也

政和禮　書儀　家禮　孝慈録　明會典　今律文並同

開元禮為人後者為其姑姊妹在室者報

車垓曰姑姊妹在室本不杖期今既為人後則以所後之宗為重矣故皆降服大功也

政和禮　書儀　家禮　孝慈録　會典　今律文並同

政和禮為兄弟之子婦

乾學按昆弟子婦之服儀禮無正文家禮始載此條然據魏徵顔師古等所奏則當時實服大功開元禮為夫之伯叔父母報此報字即為兄弟之子婦服大功之明文也

陳淳曰堂兄弟之妻與堂兄弟子之妻若有尊卑然古礼嫂叔無服蓋推而遠之重別之義以親兄弟之妻猶無服况堂兄弟之妻乎自唐太宗始

制嫂叔服小功而後代因之兄弟子之妻紹興服緦今律服大功已為定制蓋亦以子婦視之引而進之者也

政和禮　書禮　家禮　孝慈録　會典　今律文並同

政和禮為夫兄弟之子婦

乾學按此條本載政和禮然開元禮為夫之伯叔父母報此即伯叔母之報服也

車垓曰婦人既為夫兄弟之子服不杖期矣則宜為其妻服大功也此則俗所謂伯叔母為孫婦服也

政和禮　家禮　孝慈録　會典　今律文並同

開元禮出母為女子子適人者女報同

車垓曰母為嫁女服大功正也母雖為父弃出及父卒再嫁服亦同也或曰嫁女于嫁母出母服有降而嫁母出母于嫁女則無所降者何也蓋女為母服由父而推母被出再嫁則非父之妻而失母之道矣故先王特降其服若母之于女則恩無所從殺也故不降

乾學按政和禮有女適人者為出母條即開元禮所謂女報同也不再列

徐駿曰女在室為嫁母出母降服齊衰杖期今已適人又降一等故服大功九月

家禮迄今律文俱無（家禮圖內有之）

右唐制

政和五禮新儀女適人者為姑姊妹兄弟及兄弟之子

車垓曰女在室于伯叔父母姑姊妹本皆不杖期親也既已適人則所重在夫家矣故于此數親皆降服大功也

家禮　孝慈録　明會典　今律文並同

政和五禮新儀女適人者為伯叔母

乾學按唐律但有女適人者為伯叔父母

政和五禮新儀姑姊妹兄弟為兄弟姪為人後者

車垓曰己于兄弟之子本皆不杖期親也今彼既出為人後則與己又疎遠矣故為之降服大功也若為親伯叔父後則不降

家禮　明會典　今律文同

右宋制

記改計

冒改曹

附録

通典出後子為本生祖毋服議晉武帝太康中尚書令史遂服表云父翔少繼叔父榮榮早終不及持重今祖毋姜氏亡主者以翔後榮從出降之制斷服為假二十日愚以為翔既不及榮持重服雖名户別繼奉養姜故如親子便依降例情制為輕且服是翔之嫡子應為姜之嫡孫乞得依令遣寧去職尚書不及還重之制翔自應降姜服無緣還重詔可○賀循為後服議按喪服曰為人後者於兄弟降一等報於所為後之子兄弟若子時人論者多以為後者子孫皆記本親而降意所不安或曰嫡子不為人後者直謂已嫡不以出後當以支子耳無明于後者之子見捨本親何以言不得為人後耶答曰五服

徐駿曰女在室爲嫁母出母降服齊衰杖期今已適人又降一等故服大功九月

家禮迄今律文俱無家禮圖內有之

右唐制

政和五禮新儀女適人者爲姑姊妹兄弟及兄弟之子

車垓曰女在室于伯叔父母姑姊妹本皆不杖期親也既已適人則所重在夫家矣故于此數親皆降服大功也

家禮　孝慈録　明會典　今律文並同

政和五禮新儀女適人者爲伯叔母

乾學按唐律但有女適人者爲伯叔父母

政和五禮新儀姑姊妹兄弟爲兄弟姪爲人後者

車垓曰已于兄弟之子本皆不杖期親也今彼既出爲人後則與已又疎遠矣故爲之降服大功也若爲親伯叔父後則不降

家禮　明會典　今律文同

右宋制

附録

通典出後子為本生祖毋服議晉武帝太康中尚書令史遂殷表云父翔少繼叔父榮榮早終不及持重今祖毋姜氏亾主者以翔後榮從出降之制斷殷為大功假二十日愚以為翔既不及榮持重服雖名户別繼奉養姜故如親子便依降例情制為輕且殷是翔之嫡子應為姜之嫡孫乞得依令遣寧去職尚書奏禮無不及還重之制翔自應降姜殷無緣還重詔可〇賀循為後服議按喪服曰為人後者於兄弟降一等報於所為後之子兄弟若子時人論者多以為後者子孫皆記本親而降意所不安或曰嫡子不為人後者直謂已嫡不以出後當以支子耳無明于後者之子見捨本親何以言不得為人後耶荅曰五服

之制其屬有六一去本繫以名為正名正則男女有別上下不悖若假之以號者則輕其權定之以名者則尊其統故曰有嫡子者無嫡孫何為言無正以不得名之不得名之則卑其服若得名之則重其制此之有無尊卑之宜則是彼之後者嫡庶之例也至於庶子為後稱名不言孝為墠而祭以其尚有貳志不專故也其子則定之名而處廟以為後情可制此義宜惇故也豈非顧本有已復統有節哉或曰所後在五服之外父制期年而已無服疏親戚之恩非先賢之意也荅曰何為其然禮有節權恩義相厚為所生無絕道其餘皆宜權制也夫初出後者雖至親之側為別宗之胄罷晨昏之歡廢終養之道頤復之恩靡報罔極之情莫申義雖從于為後恩實隆于本親故有

一等之差若能專心所繼後者之子上有所承于今為同室之密領本有異門之疎若以父後輒當服者至于生不及祖父母諸昆弟父有重制而已無服又出母齊衰而杖其子又不從服今出後者于父母乃為不杖之周恐其子不得反重也禮失于煩故約以取通是以後者之子出母之孫其禮闕而不載生在他邦父已不稅其義幽而不彰既以不疑父之出母何獨遲疑別宗之祖耶服之所降其品有四君大夫以尊降公子大夫之子以厭降公之昆弟以旁尊降為人後者女子子嫁者以出降四降之名同止一身出者之子豈當獨以為傳代稱手生長于外不得言出猶繼父未嘗同居不為異也又父報出子誠是疎已稠彼子以父為旁尊則知所天在此初出情重故

不奪其親而與其降承出之後義漸輕疏而絕其恩絕其恩者以一其心其心一則所後親所後親則祭祀敬祭祀敬則宗廟嚴宗廟嚴則社稷重重社稷以尊百姓齊一身以肅家道此殆聖人之意也

宋崔凱喪服駁云代人或有出後大宗者還為其祖父母周與女子出適不降其祖同義凱以為女子出適人有歸宗之義故上不降祖下不降昆弟之為父後者今出後大宗大宗尊之收族者也故族人尊之百代不遷其父母報之周所謂尊祖故敬宗也又曰持重于大宗降其小宗還當為其祖父母大功耳又云代人有出為大宗後還為其父母周其子從服大功者凱以經文為人後者為其父母周為其兄弟降一等此指為後者身也不及其子則當以其父所後

之家還計其親疎為服紀耳按晉劉智釋疑或問禮為人後者為當唯出子一身還本親也魯國孔正陽等議以為人後者服所後之親若子為其本親降一等不言代降一等者以為至其子以義斷不復還本親故也禮云若子者則子本父母不若子矣劉智又按禮為人後者於兄弟降一等此出子及其子孫皆為人後者也甲無後故乙為之後乙之子孫皆去其親往為甲後皆當稱為人後服本親不傷于後者若子則其孫亦然矣本親有自然之恩降一等足以明所後者為重無緣得絶之矣儒林掾謝襲稱學士張擔之從祖母丁喪士本是親祖母亾父出後求詳禮典輙勅助教陳福議當諸出為人後者還服本親皆降一等自為後者之身及為後者之子追服大功如

福議則擔之不應廢業王彪之答如所云族人後大宗者出後者子于本祖無服孫不服祖于情不安是以諸儒之説義旨總謂為人後者雖在五服之外皆降本親一等無孫不服本祖之條按記云夫為人後其妻為舅姑大功鄭玄云不二降也其妻于舅姑義服猶不二降况其子孫骨肉至親便當無服乎禮疑則重義例亦明如禮之例諸出後者及子孫還服本親於所後者有服與無服皆同降一等謂擔之當服大功

通典出後子為本庶祖母服議　晉劉氏問曰弟子遭所生母難弟子有兒出後伯父承嫡當心喪三月不徐邈答曰庶祖母服禮無正條往平臨川王服太妃已為成制今出後承嫡者當依為人後降本親一等

平改年

宜制大功九月○宋庾蔚之謂庶子為父後不得服其所生以服廢祭故也已出後伯父即為祖嫡何由得服父之所生乎

乾學按為人後者為本生祖父母服此人世恒有之事古今喪服書宜有之乃遍檢儀禮開元禮政和禮書儀家禮孝慈録暨

本朝律文並不言及何也以為出後者于本宗概降一等故不必言耶何以于本宗兄弟本宗出嫁之姊妹暨本宗之外祖父母又歷歷言之也蓋使所後者而為父之親昆弟則祖即吾之祖自不必言若使所後者而為父之從昆弟或再從昆弟或五服外之昆弟則依所後之倫序而降將有降

福議則擔之不應廢業王彪之答如所云族人後大宗者出後者子于本祖無服孫不服祖于情不安是以諸儒之説義旨揔謂為人後者雖在五服之外皆降本親一等無孫不服本祖之條按記云夫為人後其妻為舅姑大功鄭玄云不二降也其妻于舅姑義服猶不二降況其子孫骨肉至親便當無服乎禮疑則重義例亦明如禮之例諸出後者及子孫還服本親於所後者有服與無服皆同降一等謂擔之當服大功

通典出後子為本庶祖母服議 晉劉氏問曰弟子遭所生母難弟子有兒出後伯父承嫡當心喪三月不徐邈答曰庶祖母服禮無正條往平臨川王服太妃已為成制今出後承嫡者當依為人後降本親一等

宜制大功九月○宋庾蔚之謂庶子為父後不得服其所生以服廢祭故也已出後伯父即為祖嫡何由得服父之所生乎

乾學按為人後者為本生祖父母服此人世恒有之事古今喪服書宜有之乃遍檢儀禮開元禮政和禮書儀家禮孝慈録暨本朝律文並不言及何也以為出後者于本宗概降一等故不必言耶何以于本宗兄弟本宗出嫁之姊妹暨本宗之外祖父母又歷歷言之也盖使所後者而為父之親昆弟則祖即吾之祖自不必言若使所後者而為父之從昆弟或再從昆弟或五服外之昆弟則依所後之倫序而降將有降

為緦麻及無服者矣此疑似難明之際正不可不為辨別而可無一言及之乎據諸家之禮文皆云為人後者于本生諸親例降一等則其為大功無疑此不論所後者之親疎而槩服大功也况王彪之崔凱諸人已有前議自可依此為準故今附于大功之末以補諸家之所未及云○又按為人後者于本宗之祖父母既當服大功矣若為人後者之子于父之本生父母當何服古禮既不言及後代喪禮諸書亦無之當何所適從將依本宗槩降一等之例耶抑依父所後之倫序而遞降一等耶依本宗降一等之例則諸書但言為後者降一

等初不言爲後者之子亦降一等固不得而擅定也若依父所後之倫序而降則昔爲祖父母者今爲從祖父母矣從祖父母本小功今降一等則緦麻以朞服而降緦雖人情之所不愜猶曰有服可制也倘父所後者而爲疎屬則竟無服矣以祖孫之至戚而等之于路人毋乃非人情乎哉然則宜何服據賀循崔凱孔正陽陳福諸説則爲後者宜降一等而爲後者之子不得隨父而降一等據太康中所處遂殷之事及劉智王彪之之説則爲後者之子不論父所後之親疎而槩降一等禮疑從重今古同情則遂殷王彪之大功之議固可爲

後世之準也蓋父于本生父母期子從父而降大功情之至義之盡也不然天下豈有祖父母之喪而竟降為緦麻且降為無服者哉愚故折衷諸說以與知禮者質焉

右附議

讀禮通考卷十三

喪期

緦衰

喪服諸侯之大夫為天子疏此經直云大夫則大夫中有孤卿以其小聘使下大夫大聘或使孤或使卿以也大行人云諸侯之孤以皮帛繼子男故知大夫中兼孤卿

喪服傳何以緦衰也諸侯之大夫以時接見乎天子

注接猶會也大夫以時會見于天子而服之則其士庶民不服可知○疏周禮大宗伯云時聘曰問殷頫曰視鄭注云時聘者亦無常期天子有事乃遣大夫來聘又注云殷頫謂一服朝之歲以朝者少諸侯乃使卿以大禮衆聘焉此並是以時會見天子天子待之以禮饗食燕賜加恩既深故諸侯大夫報而服之也云士庶民不服者齊衰三月章云庶人為國君注云天子畿內之民服天子則畿外之民不服可知大夫不接見天子者無服士不接見亦無服可知其士與卿大夫聘時作介者雖亦得礼介本副使不得天子接見亦不服可知

乾學按諸侯之臣不服天子卿大夫之家臣不服諸侯其常也此特因常接見于天

子而然其衰制亦在五服之外

通典漢戴德曰緦衰七月之服諸侯之大夫始聞天子之喪白布深衣十五升素冠吉屨無絇從諸侯哭於朝張帷爲次於官舍官門外别外内會疏會有鹽酪之和凡再不會既成服服緦布衰裳十一升白布冠纓緣皆十一升帶亦如之一辟廣三寸偶結於前絰用枲麻首絰大四寸百二十五分寸之七十六右本在上五分寸之三七月而葬葬已而除受以朝服素冠踰月復故○吳謝慈云始聞喪去吉冠著素弁十五升布深衣從其君哭太廟阼階下袒免即位成踊襲絰吉屨無絇張帷爲次於其所舍别内外蔬食飲水牡麻絰至成服服四升半緦布衰裳纓細而疏其冠八升纓帶中衣領袖緣亦如之七月而除受以

朝服素冠踰月復吉○石渠禮曰諸侯之大夫爲天子當總衰既葬除之以時接見於天子故既葬除之大夫之臣無接見之義不當爲國君也聞人通漢對曰大夫之臣陪臣也未聞其爲國君也又問庶人尚有服大夫臣食祿反無服何也聞人通漢對曰記云仕於家出鄉不與士齒是庶人在官也當從庶人之爲國君三月服制曰從庶人服是也又問曰諸侯大夫以時接見天子故服今諸侯大夫臣亦有時接見於諸侯不聖對曰諸侯大夫臣無接見諸侯義諸侯有時使臣奉賀乃非常也不得爲接見至於大夫有年獻於君君不見亦非接見也侍郎臣臨待詔聞人通漢等皆以爲有接見義又徐整問謝慈曰諸侯之大夫時會見於天子故爲總衰七月不知此大夫時以

何事而得見之也遠國大夫在蕃荒服者未嘗及見天子亦爲服不答曰諸侯之大夫有出朝聘之事會見天子故言時會雖未會見猶服此服士以下則無服

東晉簡文帝崩鎮軍府問參佐綱紀服邵戩答曰禮臣爲君服皆斬衰大夫居廬士居堊室又禮君之喪諸達官之長杖先儒以爲非達官謂官長所自除庶人在官者也庶人在官服天子與畿内之人同齊縗三月按參佐無除者宜用此禮又禮諸侯之大夫會見天子者爲天子服緦縗七月按今綱紀雖或被除勑猶古諸侯之卿命於天子比耳會見北面時無二君之道宜依緦縗之制其無除勑又未嘗會見則宜無服

敖繼公曰唯言諸侯之大夫則其士庶不服可知諸侯之大夫於天子爲陪臣不可以服斬又不可以無服故爲之變而制此繐衰焉不齊衰三月者亦辟於其舊國君之服也

郝敬曰諸侯之大夫下大夫以上皆是天子喪而諸侯之大夫往會旣不可以陪臣服斬又不可以無服入見故爲之繐衰以時謂未葬七月內接見天子謂如京師士庶人皆不得服

天天諸侯宜以天子
諸侯

公二十七年夏衛獻公殺甯喜公子鱄曰逐我者出注謂孫林父納我者死注謂甯喜賞罰無章何以沮勸君失其信而國無刑不亦難乎且鱄實使之注使甯喜納君遂出奔晉公使止之不可及河又使止之止使者而盟於河注誓不還託于木門注晉邑不鄉衛國而坐終身不仕公喪之如稅服終身註稅即繐也喪服繐衰裳縷細而希非五服之常本無月數痛愍子鮮故特爲此服此服無月數而獻公尋薨故言終身○疏公喪之者公爲之服喪服也礼無稅服之名按礼記過而追服實名爲稅杜以義不通故云稅即繐也當是聲相近而字改易耳喪服有繐衰裳牡麻絰旣葬除之唯諸侯之大夫爲天子以外無人服此服也凡布細而疏者謂之繐喪服之文在大功之下小功之上是非五服之常也亂天天諸侯絶旁期公于子鮮不應爲之服獻公痛愍子鮮特爲服此服也

何事而得見之也遠國大夫在蕃蕞服者未嘗及見天子亦爲服不答曰諸侯之大夫有出朝聘之事會見天子故言時會雖未會見猶服此服士以下則無服

東晉簡文帝崩鎮軍府問參佐綱紀服邵戩答曰禮臣爲君服皆斬衰大夫居廬士居堊室又禮君之卒諸達官之長杖先儒以爲非達官謂官長所自除庶人在官者也庶人在官服天子與畿内之人同齊縗三月按參佐無除者宜用此禮又禮諸侯之大夫會見天子者爲天子服繐縗七月按今綱紀雖或被除勑猶古諸侯之卿命於天子比耳會見北面時無二君之道宜依繐縗之制其無除勑又未嘗會見則宜無服

敖繼公曰唯言諸侯之大夫則其士庶不服可知諸侯之大夫於天子爲陪臣不可以服斬又不可以無服故爲之變而制此繐衰爲不齊衰三月者亦辟於其舊國君之服也

郝敬曰諸侯之大夫下大夫以上皆是天子喪而諸侯之大夫往會既不可以陪臣服斬又不可以無服入見故爲之繐衰以時謂未葬七月內接見天子謂如京師士庶人皆不得服

左傳襄公二十七年夏衛獻公殺甯喜公子鮮曰逐我者出注謂孫林父納我者死注謂甯喜賞罰無章何以沮勸君失其信而國無刑不亦難乎且鱄實使之注使甯喜納君遂出奔晉公使止之不可及河又使止之止使者而盟於河注誓不還託于木門注晉邑不鄉衛國而坐終身不仕公喪之如稅服終身註稅即繐也喪服繐衰裳縷細而希非五服之常本無月數痛愍子鮮故特爲此服此服無月數而獻公尋薨故言終身○疏公喪之者公爲之服喪服也礼無稅服之名按礼記過而追服實名爲稅杜以義不通故云稅即繐也當是聲相近而字改易耳喪服有繐衰裳牡麻絰既葬除之唯諸侯之大夫爲天子以外無人服此服也凡布細而疏者謂之繐喪服之文在大功之下小功之上是非五服之常也礼天諸侯絕旁期公于子鮮不應爲之服獻公痛愍子鮮特爲服此服也

小功五月上

喪服從祖祖父母從祖父母報註祖父之昆弟之親。馬融曰從祖祖父母者曾祖之子祖之昆弟也正服小功從祖父母者從祖祖父之子是父之從父昆弟也云報者恩施欲見兩相爲服故云報。敖繼公云此與爲之者尊卑雖異亦旁尊也故報之于此即言報者畧輕服齊衰大功重報服或別見之又云按註意蓋謂從祖祖父乃祖父之昆弟從祖父乃祖父昆弟之子故曰祖父之昆弟之親也

爾雅父之世父叔父爲從祖祖父父之世母叔母爲從祖祖母父之從父昆弟爲從祖父父之從父昆弟之妻爲從祖母

朱子曰唐時所添服制有差異處如親伯叔期宜堂伯叔宜是大功乃便降爲小功不知何意萬斯同曰父之兄弟期則祖之兄弟宜大功乃降至小功者亦猶祖父期而曾祖父直降至三月也五服惟兄弟行遞降一等而其他則否者所謂四世而緦服之窮也不然則服及五世矣

乾學按古禮本是小功非唐時所降也但未及增之耳推朱子之意則從祖祖父母

亦合加至大功

開元禮　政和禮　書儀　家禮　孝慈録　會典　今律文並同

政和禮爲兄弟之孫

政和禮爲同堂兄弟之子

政和禮爲夫兄弟之孫

政和禮爲夫同堂兄弟之子

乾學按此四條即包于儀禮從祖祖父母從祖父母内省文互見也葢既言報則彼此之服均故不言耳後世禮家別出之欲人之便于觀覽未爲不可故亦載之

以上四條　家禮　孝慈録　會典　今律文並同

家禮爲從兄弟之女在室者

家禮爲兄弟之孫女在室者

乾學按開元禮原文云爲從祖祖父報兄弟之孫女在室者亦如之爲從祖父報同堂兄弟之女在室者亦如之謂卑幼服尊長耳查書儀明集禮方有之

以上二條 孝慈録 會典 今律文同 政和禮 書儀無

喪服從祖昆弟 注父之從父昆弟之子○疏此是從祖父之子已之再從兄弟以上三者爲三小功也

馬融曰謂曾祖孫也于已爲再從昆弟同出曾祖故言從祖昆弟正服小功也

陳銓曰從祖父之子同出曾祖也

湛若水曰何以小功也其祖與吾之祖出一人之身也

記兄弟皆在他邦加一等不及知父母與兄弟居加

等註皆在他邦謂行仕出遊若辟仇不及知父母父母早卒○疏在他邦加一等者二人共在他國〻死一不死相恤不得辟于親眷故加一等也不及知父母與兄弟居加一等者謂各有父母或父母有早卒者與兄弟共居而死亦當恤其孤幼相育特加一等不及知父母父母早卒者或遺腹子或幼小未有知識而父母早死者也○敖繼公曰兄弟以皆在他邦而加者為其客死于外故也以不及知父母而加者為其有恩于已故也凡兄弟之加服惟此與姑姊妹女子〻適人而無主者也其餘則否

○喪服傳何如則可謂之兄弟傳曰小功以下為兄弟註於此發兄弟傳者嫌大功以上又加也大功以上若皆在他國則親自親矣若不及知父母則固同財矣○疏發問者上經及記已有兄弟皆是降等惟此兄弟一加一等故怪而致問引舊傳者以有成文故引之小功以下為兄弟者以其加一等故也則固同財者既親重則財食是同雖無父母恩自隆重不可復加也○敖繼公曰謂之二字似誤亦當作為〻兄弟者為兄弟服也此惟以加一等者為問耳小功以下為兄弟謂是乃小功以下之親為兄弟之服者然也然則此等加服不得過于大功矣蓋大功以上皆在親者之限故不必復加也

開元禮　政和禮　書儀　家禮　孝慈録　會典　今律文並同

喪服從父姊妹註父之昆弟之女○疏此謂從父姊妹在家大功出適小功

馬融曰伯叔父之女

湛若水曰父兄弟女何以小功也從父而推也

通典娶同堂姊之女爲妻姊亡服議晉李嵩行事記云有娶同堂姊子爲婦婦亡不制婦母服猶制同堂姊服嘗謂三綱之義不可得而無服多以內外姊妹爲婦則絕其本服服絕而情重何嫌不減從姊之服月數作婦母之服耶又以謝沈所言舅與外舅事訪魏君思難云舅本緦麻與外甥之服自可得同然娶姑之女姑亡豈可累降爲三月耶太常劉彥祖云譬如父母服本斬齊至於改葬而制緦麻也近年彭有叔父服而改葬其父更叔之服而著改葬之服此其以緦麻爲重也蓋禮所謂以輕爲重者正此類也此亦無準據殆是率心而行也

開元禮　政和禮　家禮　孝慈録　會典　今律文並同惟書儀無

庶父母 庶改世

雖沒也三字疑悞

小功服孫適人者注孫者子之子女孫在室亦大功也○疏以女孫在室與男孫同大功故出適小功也

馬融曰祖爲女孫適人者降一等故小功也

敖繼公曰從父姊妹孫適人者當連讀三者適人其服同之適人則爲女孫無嫌故不必言女

開元禮　政和禮　家禮　孝慈録　會典並同

…今律文無律文有孫女出嫁小功圖

…後者爲其姊妹適人者注不言姑者舉其親者而恩輕者降可知

馬融曰在室者齊衰周適人者大功以爲大宗後疏之降二等故小功也不言姑者明降一體不降姑也…降也姑不見者同可知也猶爲…昆弟而不載伯父同降不嫌

敖繼…經于爲人後者惟見其父母昆弟姊妹之服餘皆不見是于本服降一等者止于此親爾所以然者以其與已爲一體也然則自此之外凡小宗之正親旁親皆以所後者之親疏爲服不在此數矣此姊妹之屬不言報者文也記曰爲人後者于兄弟降一等報

湛若水曰姊妹期也何以小功以爲人後降也以適人又降也

開元禮　政和禮　家禮　孝慈録　會典　今律文並同　惟書儀無

通典娶同堂姊之女爲妻姊亡服議晉李嵩行事記云有娶同堂姊子爲婦婦亡不制婦母服猶制同堂姊服嘗謂三綱之義不可得而無服多以內外姊妹爲婦則絕其本服服絕而情重何嫌不減從姊之服月數作婦母之服耶又以謝沈所言舅與外舅事訪魏君思難云舅本緦麻與外甥之服自可得同然娶姑之女姑亡豈可累降爲三月耶太常劉彥祖云譬如父母服本斬齊至於改葬而制緦麻也近年彭有叔父服而改葬其父更叔之服而著改葬之服此其以緦麻爲重也蓋禮所謂以輕爲重者正此類也此亦無準據殆是率心而行也

開元禮　政和禮　家禮　孝慈録　會典　今律文並同惟書儀無

夅服　孫適人者　注孫者子之子女孫在室亦大功也○疏以女孫在室與男孫同大功故出適小功也

馬融曰祖爲女孫適人者降一等故小功也

敖繼公曰從父姊妹孫適人者當連讀三者適人其服同之適人則爲女孫無嫌故不必言女

開元禮　政和禮　家禮　孝慈録　會典並同

書儀　今律文無　律文有孫女出嫁小功圖

報服　爲人後者爲其姊妹適人者　注不言姑者舉其親者而恩輕者降可知

馬融曰在室者齊衰周適人者大功以爲大宗後疏之降二等故小功也不言姑者明降一體不降姑也

陳銓曰累降也姑不見者同可知也猶爲人後者爲昆弟而不載伯父同降不嫌

敖繼公曰經于爲人後者惟見其父母昆弟姊妹之服餘皆不見是于本服降一等者止于此親爾所以然者以其與己爲一體也然則自此之外凡小宗之正親旁親皆以所後者之親疏爲服不在此數矣此姊妹之屬不言報者文也記曰爲人後者于兄弟降一等報

湛若水曰姊妹期也何以小功以爲人後降也以適人又降也

開元禮　政和禮　家禮　孝慈録　會典　今律文並同　惟書儀無

喪服爲外祖父母

爾雅母之考爲外王父母之妣爲外王母

喪服傳何以小功也以尊加也疏外親之服不過緦麻今乃小功故發問以尊加也者以言祖者祖是尊名故加至小功言爲者以其母之所生情重故言爲也

馬融曰母之父母也本服緦以母所至尊加服小功故曰以尊加

敖繼公曰尊云者爲其爲母之父母也子之從其母而服母黨者當降于其母二等母爲父母期子爲外祖父母小功宜也非以尊加也

呂柟曰爲外祖父母何曰母之父母也雖欲期年而不可得也故爲之小功然則何以不大功乎曰外親之服皆緦麻也雖小功也爲尊加也

記庶子爲後者爲其外祖父母無服不爲後如邦人

疏以其與尊者爲一体既不得服所出母是以母黨皆不服

敖繼公曰凡從服皆爲所從在三年之科者也庶子爲父後者爲其母緦則於母黨宜無服也不爲後如邦人是君母與己母之黨或兼服之明矣

汪琬曰或問礼有庶子爲其外祖父母從母舅之服而律文無之何也曰古者諸侯卿大夫之妾姪娣爲媵者多若後世之爲妾者皆庶姓也其父母兄弟姊妹往往有不可致者律文不爲之服蓋以賤故絀也然則庶子之服其生母也今且與嫡母同矣夫使伸其私于母而獨絀于母之黨毋乃稍失倫歟曰非也小不可加大卑不可陵尊賤不可干貴聖人之立制也姑以此示嫡庶之閑焉此律文之微意也故庶子得爲適母之黨服而不得爲生母之黨服鄉先生姚文毅公亦以無服爲善也

顧炎武曰與尊者爲一体不敢以外親之服而廢祖考之祭故絀其服也言母黨則妻之父母可知

萬斯大曰身爲庶子于其生母之黨欲尊而親之則嫌于于嫡將薄而遠之則疑于賤母事處兩難據經斷得儀礼喪服傳小功緦麻章明著之即妾子爲君母黨之服小功緦麻章亦明著之獨不見妾子爲其生母黨之服惟喪服記有曰庶子爲後者爲其外祖父母從母舅無服不爲後如邦人愚反覆思之乃知古者妾子于生母之黨一如適子之于母黨無異服也古者妾不得體君于私家得遂故公妾以及士妾爲其父母期大夫之妾爲庶父母叔父母姑姊妹大功而記又言凡妾爲私兄弟如邦人是妾得服其私親也妾既得服其私親則其子從母而服其私親不亦宜乎然其爲父後而于外祖父母從母舅無服則何也古人于子無問衆寡以一人爲後妾子而立爲父後則與尊者爲一體不敢服其私親此無論于生母黨無服即爲其生母父在服期父卒三年者亦降而止于緦也嗚呼古人之于妾子以其分雖異而情則同故于其服母黨也正傳雖畧其文而後記則明其制盖使之得爲服者所以厚私恩使之不得爲服者所以尊先統仁之至義之盡也乃或者疑于所謂外祖父母從母舅者即君母之黨不知君母之黨大傳所謂徒從也小記曰徒從者所從亡則已故喪服傳曰君母在不敢不從服君母不在則不服此即爲後者亦然故小記又曰爲君母後者君母卒則不爲君母之黨服若夫生母之黨則屬從也小記曰屬從者所從雖没亦服唯爲父後則不問母之存否業承先統不得更顧其私恩故不爲之服果若所疑彼妾子于君母之父母從母已見于小功于君母之昆弟已見于緦麻此又奚復贅言不爲後如邦人也哉要知古人之妾不同有二私家者有無私家者曲礼所謂大夫之姪娣士之長妾此有家者也所謂買妾不知其姓此無家者也無家者已矣有家者未有不爲之服也所以然者天下無二父之人天下亦無二母之人也家礼八母服圖云庶子爲父後者爲其母緦爲其母之父母兄弟姊妹無服

蓋本儀礼而文義更明第不言不爲後如邦人然可因之而想見今制唯妾子服母三年妾爲其母服期而無妾母黨之服其有私親者視之如僕隸等嗚呼妾母之私家自適子異視之可況身爲妾子而亦異視之其何以慰母心哉亟爲之說以告妾子之々有私親者○又曰記云庶子爲後者爲其外祖父母從母舅無服不爲後如邦人是古者妾子于其生母之黨皆有服唯爲父後者則否後世喪礼皆因之朱子家礼閩亦明著之而今制直削之不載人皆不知有此礼妾子于母家視同奴隸愚以爲天下無無父之人亦無々母之人子生于是母而以其名位之卑遽忘乎母之所自于情于理豈曰能安因取此條詳爲之說以告凡爲妾子者而或者謂古礼固然々以言乎今實有未可拘者即如三吴間大家往々取僕婢之女以爲妾々既有子々于生母固自無嫌而獨母之父母兄弟姊妹于此子素有主僕之分不容居外祖父母從母舅之名既無其名安從制服余乃慨然曰此世衰道微先王之礼教不明不能正身齊家而惟色之求遂使末流之弊一至于此也君子于此亦惟正其本源而已矣曲礼云大夫不名姪娣士不名長妾々々之有亦礼所不禁然而買妾之法唯曰不知其姓則卜之不聞取諸僕婢之女也坊記有言諸侯不下漁色說者曰諸侯不內娶若下娶本國卿大夫之女則如漁者之于魚但以貪欲之心求之也推此則爲卿大夫而下娶僕婢之女以爲妾不謂之漁色而何古者仕于家曰僕礼運曰卿大夫與家僕雜居齊齒非礼也況可下漁其色至使其絕母黨之親乎君子知其然慎獨以誠其意軌物以約其身閨門之內琴瑟宜焉主僕之間尊卑秩焉不必其有妾也不得已而有妾必娶之以道使妾之有子者得母其母其母之父母兄弟姊妹得居其子之外祖父母從母舅之稱生而存也則親之死而喪也則服之子心既安母心亦慰是則正其本源之謂也不此之務而惟色是求何怪乎此礼之同于贅疣者哉

服問傳曰母出則爲繼母之黨服母死則爲其母之黨服爲其母之黨服則不爲繼母之黨服註雖外親亦無二統○疏此明繼母之党亦是舊傳之辭事異于上故更稱傳曰也

陳澔曰母死謂繼母死也其母謂出母也

原子曰陳註以母死之母爲繼母非也蓋指所生之母言也母出則已與母党絕矣故爲繼母之党服若已母不曾被出而死雖有繼母亦爲其母之党服不得服繼母之党服其母党不以存亡異也

黃乾行曰陳氏以母死爲繼母其母爲出母非也按吴文正公曰母出謂已母被出而父再娶已母義絕子雖不絕母服而母黨之恩則絕矣故服繼母之党而不服已母之党也母死謂若已母死而父再娶已母祔廟則仍服已母之党既服已母之党則又更無服繼母之党之理也凡以雖外親亦無二統此說是也若如陳說則繼母若死仍爲出母之党服按礼爲出母齊衰杖期而爲父後者無服心喪而已豈有尚服其党之理哉故斷以吴氏之言爲正

汪琬曰或問先儒言前母之黨當爲親而不言其服何以無服也曰礼爲其母之黨服則不爲繼母之黨服宗無二統外氏亦無二統前母之子不服後母之黨則後子不逮事前母者亦如之也礼從服者所從亡則已前母既亡如之何其有服歟

又曰或問繼母如母何以不服繼母之黨也曰鄭玄謂外氏不可二也庾蔚之亦謂若服繼母之党則亂于已母之出故也礼慈母與繼母同喪服

小記曰爲慈母之父母無服則其不服繼母之黨宜也嗟乎爲人後者言若子繼母言如母夫謂之如與若者蓋其父母之文同而情異者也故不得已而爲繼母之黨服虞喜謂繼有十繼母惟當服次其母者之黨此說殆近是矣

吳任臣母黨服議曰或問妾女之子爲母之嫡母及生母其服云何蓋爲母之嫡母服爲徒從爲母之生母服爲屬從徒從者義也義有時而割所從亡則已礼云爲母之君母ニ卒則不服是也屬從者恩也恩無時而絕所從雖絕必爲之服若親母之黨與繼母之黨則亦有恩合義合之分焉母黨以恩服者也繼母黨以義服者也服問曰母出則爲繼母之黨服母死則爲其母之黨服爲其母之黨服則不爲繼母之黨服舊注以母死之母爲繼母非也原子云母死蓋指所生之母也母出則與母黨絕故服繼母之黨若已母未絰被出而死雖有繼母亦爲其母之黨服而不得服繼母之黨誠以恩隆于所生不以母歿而情衰也今制爲繼母之父母兄弟姊妹俱義服小功而不以已服未服分焉似與古礼微異云

乾學按虞喜謂從有十繼母惟當服次其母者之黨不知次其母者久亡此從服也所從亡則已曷爲服之竊謂當服在堂繼母之黨耳

喪服小記　爲母之君母母卒則不服

註　母之君母外祖適母徒從也所從亡則已○

疏　母之君母者謂母之適母也此親于子爲輕故徒從也已母若在母爲之服已則服之已母若亡則已不服母之君母矣

羅虞臣曰妾女之子爲外祖之適母據母之存亡爲制母在則女服其嫡母期子從而服小功母死則無服故記曰爲母之君母母卒則不服正此謂也人有疑爲母之嫡服不當仍爲其生母然爲母之嫡母與生母各有正條爲嫡母爲徒從爲生母爲屬從徒從者所從亡則已屬從者所從雖歿服也由此觀之則母之嫡母與生母並服無疑也

通典爲前母黨服議晉蔡謨荅王濛問曰前母之黨應爲親不宜喪服但問尊卑長幼拜敬之禮也代多此事但所不同惠帝時尚書令滿武秋是曹彥真前母之兄而不爲外親相見如他人吾昔以問江思悛悛以爲人宜服繼母之黨不服前母者以不相及也繼祖母亦有不相及者而皆與其黨爲親何至前母而獨疑之吾謂此言是魏時長沙人王毖身在中國遇吳魏隔絕更娶妻生昌昌父母亡後吳平聞毖前妻久亡昌爲前母追服時人疑之武皇帝詔使朝臣通議安平獻王孚以爲禮與祖父母離隔未嘗相見

者不追如獻王此議則前母之黨不應爲親也獻王所據是鄭氏之說吾謂鄭義爲失時卞人劉叔龍議謂昌應服三年吾以劉議爲允何珂前母黨議曰夫子曰必也正名乎正名者理道之本禮之大者也文條或闕而附例可明禮云生不及祖父母昆弟而父稅喪已則不若與祖乖違父既殁而聞喪豈可拘以本制不稅而廢其正服乎若未生而伯叔母終今爲伯叔父後繼嗣之道雖同原情之實則異今必從於所養而反疑於爲本乎諸侯國人生不及先代之君於其陵廟亦必曰君也此公義之正名也前母之尊固家人正稱也其易子檄曰太康初博議王昌前母服少府卞粹以爲母之非親而服三年者非一也前母名同尊正義存配父蓋已生不及故無其制非於

義不可也元康中有改葬前母而疑其服司徒左長史胡濟以爲前母父之元妃所生則家之嫡長應制如改葬之服于時二代無曰不允自茲以來行之不殊禮母卒自爲母之黨服母出則不爲母之黨服而爲繼母之黨服故尊其所從則不敢不服服有所逼則不得自伸外服無二而必宜有一如向所論必所繼不及伯叔之黨居然可見矣明以名禮爲制者不計恩逮與否也荀訥曰人有與前母家爲親者有否者訥直率意而荅之謂不應親又問傳曰繼母之配父與因母同然則前母之配父理不異於繼母何以不爲親也荅曰所以不與前母之黨爲親者恩情不相及故也縱令有母之父母尚存父執子壻之禮而敬事之則其子固不可以不拜之猶不得以外祖父

母爲名名之不正則非親也

親母無黨服繼母黨議後漢鄭志趙商問鄭玄曰禮母亡則服其黨不服繼母黨以外氏不可絕也若母黨先滅亡無親己所未服服繼母黨不玄荅曰此所問權也非禮之正假令母在本自都無親黨何所服邪權者由心○宋庾蔚之謂母亡禮應服其母之黨不服繼母之黨不可以母黨先已滅亡而服繼母之黨若服繼母之黨則亂於己母之出也

母出有繼母非一當服次其母者議晋劉智釋疑曰親母出則服繼母之黨繼母既卒則不服也虞喜通疑曰縱有十繼母則當服次其母者之黨也蜀譙周云其母沒自服其母之黨則繼母之黨無服出母之子爲繼母之黨服則爲其母之黨無服也○宋庾蔚之

曰禮已母被出則服繼母之黨繼母雖亡已猶自服不得捨前以服後當如喜議服次其母者之黨也

乾學按外祖父母之名揔之則一分之則有十三子爲母之父母一也（即此條爲外祖父母是也）前母子爲後母之父母二也（服問母出則爲繼母之党服是也）後母子爲前母之父母三也（通典爲前母党服議是也）庶子爲嫡母之父母四也（喪服本章爲君母之父母是也君母在則服不在則不服）庶子爲繼嫡母之父母五也（通典爲繼嫡母党服議是也）庶子爲生母之父母六也（喪服記庶子爲父後者爲其外祖父母無服是也不爲後則服）爲人後者爲所後母之父母七也（斬衰章爲所後者之妻之父母若子是也）爲人後者爲所生母之父母八也（儀禮無文會典及今律俱緦麻三月）庶女之子爲母之嫡母九也（小記爲母之君母是也母卒則不服）女之子爲母之生母十也

註不言服原子謂有服者是也慈母之子爲慈母之父母十一也小記爲慈母之父母無服是也出妻之子爲母之父母十二也杖期章出妻之子爲外祖父母無服是也嫁母之子爲母之父母十三也儀礼無文會典及今律增于妻之父母雖嫁出猶服則外孫宜有服凡若此者其在于古有服有不服今則無有不服所不服者惟庶子爲生母之父母而已獨怪後母之子于前母之家猶己外家也乃以爲恩不相及而不服甚至滿武秋爲曹彥眞前母之兄而相見如路人不亦可異之甚乎蔡謨江思悛之論可謂當矣

舊唐書禮儀志開元二十三年藉田禮畢下制曰服紀之制或有所未通宜令禮官學士詳議聞奏太常卿韋縚奏曰謹按儀禮喪服舅緦麻三月從母小功

五月傳曰何以小功以名加也堂姨睊舅母恩所不及外祖父母小功五月傳曰何以小功以尊加也舅緦麻三月並是情親而服屬疎者也外祖正尊同于從母之服姨舅一等服則輕重有殊堂姨舅親即未踈恩絶不相爲服親舅母來承外族同爨之禮不如竊以古意猶有所未暢者也且爲外祖小功此則正尊情甚親而服屬踈者也請加至大功九月姨舅同儕親既無别服宜齊等請爲舅加小功五月堂姨舅踈降一等親舅母從服之例先無制服之文並望加至祖免臣聞禮以飾情服從義制或有沿革損益可明事體既大理資詳審望付尚書省集衆官吏詳議務從折衷永爲典則於是太子賓客崔沔建議曰竊聞大道既隱天下爲家聖人因之然後制禮禮教之

設本爲正家家道正而天下定矣正家之道不可以貳揔一定議理歸本宗父以尊崇母以厭降豈忘愛敬宜在倫序是以内有齊斬外服皆緦麻尊名所加不過一等此先王不易之道也前聖所志後賢所傳其來久矣昔辛有適伊川見被髮而祭于野者曰不及百年此其戎乎其禮先亡矣貞觀修禮時改舊章漸廣渭陽之恩不遵洙泗之典及弘道之後唐元之間國命再移於外族矣禮亡徵兆儻或斯見天人之際可不誡哉開元初補闕盧履氷嘗進狀論喪服輕重勑令僉議于時羣議紛拏各安積習太常禮部奏依舊定陛下運稽古之思發獨斷之明至開元八年特降别勑一依古禮事符故實人知向方式固宗盟社稷之福更圖異議竊所未詳頋守八年明旨以爲

萬代程法職方郎中韋述議曰天生萬物惟人最靈所以尊尊親親別生分類存則盡其愛敬歿則盡其哀戚緣情而制服考事而立言往聖討論亦已勤矣上自高祖下至玄孫以及其身謂之九族由近而及遠稱情而立文差其輕重遂爲五服雖則或以義降或以名加教有所從理不踰等百王不易三代可知日月同懸咸所仰也自微言既絕大義復乖雖文質有遷而必遵此制謹按儀禮喪服傳曰外親之服皆緦麻鄭玄謂外親異姓正服不過緦麻外祖父母小功五月以尊加也從母小功五月以名加也舅甥外孫中外昆弟依本服緦麻三月若以匹敵外祖則祖也舅則伯叔父之別也姨舅伯叔則父母之恩不殊而獨殺于外氏聖人之心良有以也喪服傳曰禽獸

知母而不知父野人曰父母何算焉都邑之士則知尊禰矣大夫及學士則知尊祖矣諸侯及其太祖天子及其始祖聖人究天道而厚於祖禰繫姓族而親其子孫近則別其賢愚遠則異於禽獸由此言之母黨比於本族不可同貫明矣且家無二尊喪無二斬人之所奉不可貳也特重於大宗者降其小宗爲人後者減其父母之服女子出嫁殺其本家之喪蓋所存者遠所抑者私也今若外祖及舅更加服一等堂甥及姨列于服紀之內則中外之制相去幾何廢禮徇情所務者末古之制作者知人情之易搖恐失禮之將漸別其同異輕重相懸欲使後來之人永不相雜微旨斯在豈徒然哉且五服有上殺之義必循源本方及條流伯叔父母本服大功九月從父昆弟亦

大功九月並以上出於祖其服不得過於祖也族祖祖父母族祖父母族祖昆弟皆緦麻三月以其出於高祖其服不得過於高祖也堂舅姨既出於外曾祖若爲之制服則外曾祖父母及外伯叔祖父母亦宜制服矣外祖加至大功九月則外曾祖合至小功外高祖合至緦麻若舉此而捨彼事則不均棄親而録跡理則不順推而廣之是與本族無異矣聖人豈薄其骨肉背其恩愛情之親者服制乃輕然本於公者薄於私存其大者畧其細義有所斷不得不然苟可加也亦可減也往聖可得而非則禮經可得而隳矣先王之制謂之彝倫奉以周旋猶恐失墜一紊其叙庸可止乎且舊章淪胥爲日已久矣所存者無幾又欲棄之雖曰未達不知其可請依儀禮喪服爲定禮

部員外郎楊仲昌議曰謹按儀禮曰外服皆緦又曰外祖父母以尊加從母以名加並爲小功五月其爲舅緦鄭文貞公魏徵已議同從母例加至小功五月訖今之所加豈異前旨雖文貞賢也而周孔聖也以賢改聖後學何從堂舅堂姨舅母並升爲袒免則何以祖述禮經乎如以外祖父母加至大功則豈無加報於外孫乎如外孫爲報服大功則本宗庶孫何同等而相淺乎儻必如是深所不便竊恐内外乖序親踈奪倫情之所沿何所不至理必然也昔子路有姊之喪而不除孔子問之子路對曰吾寡兄弟而不忍也子曰先王制禮行道之人皆不忍也子路聞而除之此則聖人因言以立訓援事抑情之明例也禮不云乎無輕議禮明其播於天地並彼日月賢者由之

安敢小有損益也況夫喪服之紀先王大猷奉以周旋以匡人道一辭寧措千載是遵涉於異端豈曰弘教伏望各依正禮以厚儒風太常所謂增加愚見以爲不可又戶部郎中楊伯成左監門録事參軍劉秩並同是議與沔等畧同議奏上又手勑侍臣等曰朕以爲親姨舅既服小功則舅母與舅有三年之服服是受我而厚以服制情則舅母之服不得全降於舅也宜服緦麻堂姨舅古今未制服朕思敦睦九族引而親之宜服袒免又鄭玄注禮記云同爨緦若比堂姨舅於同爨親則厚矣又喪服傳云外親之服皆緦是亦不隔於堂姨舅也若以所服不得過本而須爲外曾祖父母及外伯叔祖父母制服亦何傷乎是皆親親敦本之意卿等更熟詳之侍中裴耀卿中書令

張九齡禮部尚書李林甫等奏曰外族之親禮無厭降外甥既爲舅母制服舅母還合報之夫外甥既爲報服則與夫之姨舅以類是同外甥之妻不得無服所增者頗廣所引者漸疎微臣愚蒙猶有未達玄宗又手制荅曰從服有六此其一也降殺之制禮無明文此皆自身率親用爲制服所有存抑盡是推恩朕情有未安故令詳議非欲苟求變古以示不同卿等以爲外族之親禮無厭降報服之制所引甚疎且姨舅者屬從之至近也以親言之則亦姑伯之匹敵也豈有所引者疎而降所親者服又婦從夫者也夫以姨舅夫既有服從夫而服由是睦親實欲令不肖者企及賢者俯就卿等宜熟詳之擢卿等奏曰陛下體至仁之德推廣恩之道將弘引進以示睦親再發德

音更令詳議臣等按大唐新禮親舅加至大功與從母同服此蓋當時特命不以輕重遞增蓋不欲叅于本宗慎于變禮者也今聖制親姨舅小功更制舅母緦麻堂姨舅袒免等服取類新禮垂示將來通于物情自我作則羣儒風議徒有稽留並望准制施行制從之

乾學按開元禮所議非耑爲外祖父母而發舅及舅母堂姨堂舅咸在其中今因文字不可割裂故摠敘于此閱者詳之

開元禮　政和禮　書儀　家禮　孝慈錄　會典　今律文並同

開元禮母出爲繼母之父母兄弟從母（母卒則爲其母之黨服不爲繼母之黨服）

乾學按儀禮無此條禮記服問篇有之已見于外祖父母下今因開元禮别出此條故亦載之

政和禮　家禮　孝慈録　會典並同　書儀

今律文無

附録

喪服小記爲慈母之父母無服注恩不能及。疏此慈母即是喪服中慈母者父雖命爲母子而本非骨肉故慈母之子不爲慈母之父母有服者爲恩所不及也

慈母與妾母不世祭也注以其非正春秋傳曰於子祭於孫止。疏祭慈母即所謂承庶母祖庶母後者也。妾母謂庶子自爲其母也既非其正故惟子祭之而孫則否引春秋傳者此穀梁傳隱五年謂魯孝公之妾是惠公之母五年傳九月考仲子之宫考成也成之爲夫人也注云仲子本孝公之妾以其子本孝公之妾子則惠公也惠公立爲仲子之後故成之爲夫人也傳又云礼庶子爲君爲其母築宫使公子主其祭注云公子者長子之弟及妾之子也傳又云於子祭於孫止者此經云妾母不世祭也故鄭引爲註此明不得世祭也

通典慈祖母服議晉劉智釋疑問云按喪服小記慈

母之父母無服孫宜無服慈祖母矣又曰慈母與妾母不代祭孫不祭慈祖母何服之有智曰禮爲親母黨服爲繼母之黨不服不妨孫服繼祖母也禮孫爲祖後如子所言妾母不代祭者据奉之者身終則止耳豈有妾子先亡孫持喪事而終喪便不祭也虞喜通疑云慈母雖賤服之如母明矣其父先亡已養於祖以祖母之服二之周可也不得復傳重三年同於繼祖母也○宋庾蔚之云按喪服傳釋慈母如母以爲妾之無子妾子無母父命以爲母子然後慈母之義全也智云有子之妾有母之子並無經傳所說如母之義何由而生子不違父之命豈從失禮之命小記云慈母之父母無服今子服慈母如母猶無所從況可得從父服慈祖母乎且先儒所云婦人不服慈

姑者婦從夫尚猶不服則子不從明矣

南史齊武帝諸子傳安陸王子敬所生早亡帝命貴妃范氏母養之而子及婦服制禮無明文永明中尚書令王儉議孫爲慈孫婦爲慈婦姑爲慈姑宜制朞年服從之

梁書天監七年安成太妃陳氏薨舍人周捨議曰賀彥先稱慈母之子不服慈母之黨婦又不從夫而服慈姑小功服無從故也庾蔚之云非徒子不從母而服其黨孫又不從父而服其慈由斯以言慈祖母無服明矣

吳任臣曰今制慈母斬衰而慈祖母無服按喪服小記慈母之父母無服推此則孫不服慈祖母明矣又曰慈母與妾母不世祭不祭慈祖母又何服焉且先儒云婦人不服慈姑婦從夫尚無服而況于孫乎然亦有宜爲服者虞喜通疑云慈祖母雖賤若其父先亡已養于祖以祖母之服二之周可也是或一道也

朱董祥曰經言妾母不世祭者謂祀妾之禮當殺不得同于女君傳注子祭而孫不祭遂令賢者不祀其祖妾不肖者反致僭祭並于祖嫡等威亂人情拂矣安得謂之禮哉小記本文曰妾祔于妾祖姑亡則中一以上而祔〃必以其昭穆又曰妾無妾祖姑者易牲而祔于女君其言祔于妾祖姑則祖妾爲之祔舍矣無則中一以上而祔則高曾之妾皆祔舍焉胡爲子與孫妾有異乎曰然則稱不世祭何邪曰不世祭者非惟孫不爲祭其子亦不得祭之也禮有牲曰祭無牲曰薦妾易牲則不得用牲矣不用牲則謂之薦不謂之祭豈謂絕之而不祀邪

喪服從母丈夫婦人報註從母〃之姊妹。疏母之姊妹與母一體從于己母而有此名故曰從母〃之姊妹之男女與從母兩相爲服故曰報

爾雅母之姊妹爲從母

喪服傳何以小功也以名加也外親之服皆緦也注外親異姓正服不過緦丈夫婦人姊妹之子男女同。疏以名加者以有母名故加至小功外親以本非骨肉情疏故聖人制禮無過緦也

馬融曰母之姊妹也言丈夫婦人者異姓無出入降皆以丈夫婦人成人之名〃之也。又曰外祖從母其親皆緦也以尊名加故小功也

雷次宗曰夫二親恩等而中表服異君子類族辨物本以姓分爲判故外親之服不過于緦於義雖當求情未愜苟微有可因則加服以伸心外祖有尊從母有名故皆得因之加以小功也舅情同二人而名理闕無因故有心而不獲遂也然情不止于緦亦以見于慈母矣至于餘人雖有尊名而不得加者服當其義情無不足也

敖繼公曰從母之義與從父同以其在母列故但以從母爲稱丈夫婦人即爲從母服者也此爲加服而從母乃報之者以其爲母黨之旁尊不足以加尊焉故報之也經凡三以丈夫婦人連文而所指各異讀者詳之

郝敬曰母之姊妹與兄弟同也從母小功而舅緦者從母近母以名加也

記庶子爲後者爲其從母無服不爲後如邦人疏以其與尊者爲一體既不得服所出母是以母党皆不服

通典晉袁準正論曰從母小功五月舅緦麻三月禮非也從母緦時俗所謂姨母者也舅之與姨俱母之姊妹兄弟焉得異服從母者從其母而爲庶母者也親益重故小功也凡稱父母者皆同乎父母之例者也舅非父列姨非母列故舅不稱父姨不稱母也可稱姨不應稱母謂姨母爲從母者此時俗之亂名書之所由誤也春秋傳蔡哀矦娶于陳息矦亦娶焉息嬀將歸過蔡蔡矦曰吾姨也止而享之爾雅曰妻之

姊妹同出爲姨此本名者也左傳臧宣叔娶于鑄生賈及爲卒而繼室以其姪穆姜之姨子也以蔡侯爾雅言之穆姜焉得言姨此緣妻姊妹之姨因相謂爲姨也姊妹相謂爲姨故其子謂之姨子其母謂之姨母從其母而來故謂之從母從母姨母爲親一也因復謂之從母此因假轉辭而遂爲名者也左傳宋景曹卒季康子使冉有弔且會葬曰以肥之得備彌[illegible]先儒曰彌遠也姊妹之孫爲彌甥此臨時說事而遂可爲名乎亦猶從母之相假也或曰按準以經云從母是其母姊妹從其母來爲已庶母其親益重故服小功非通謂母之姊妹也宣舒曰二女相與行有同車之道坐有同席之禮其情親而比其恩曲而至由此觀之姊妹通斯同矣兄妹別斯異矣同者親之本異

者踈之源也然則二女之服何其不重邪兄妹之服何其不輕邪曰同父而生父之所不降子亦不敢降故二女不敢相與重然則舅何故三月邪從母何故小功邪曰故母取其愛是以外王父之尊禮無厭降之道爲人子者順母之情親乎母之類斯盡孝之道也是以從母重而舅輕也曰姑與父異德異名叔與父同德同名何無輕重之降邪曰姑與叔父斯王父愛之所同也父之所不降子亦不敢降此叔父與姑所以服同而無降也○宋庾蔚之謂傳云以名服及云以名加皆是先有其義故施以此名尋名則義自見矣外親以緦斷者抑異姓以敦已族也緦服旣不足以申外甥外孫之情故聖人因其有伸之義而許其加也外祖以尊加從母以名加者男女異長伯季

不同由母於姊妹有相親之近情故許其因母名以加服兄弟姊妹同氣之懷不異故其服不得殊由若同在他鄉小功加一等而大功以上則不加也

乾學按袁氏之論巧矣然於禮則未合也禮之所謂媵兼有姪在非耑指姊妹也兼有他國之女在非耑指己之姊妹也謂媵爲從母可乎況既來爲父妾自有庶母之服何不服以庶母之服而别制爲從母之服耶且以此條爲父妾將母之姊妹之服又見于何許耶

通典從母適族父服議晉卲戩議按禮記同姓從宗合族屬異姓主名治際會從母嫁於絕屬族父則無復從母之名謂不宜有服戩以爲治際會者患班序

易位及娣叔無名耳服以恩生班以義斷雖門外之事義掩恩至門內之事恩掩義矣同宗之道處恩義之間故宜資之恩義令彼此獲中據易位無名便廢骨肉之服實是所疑記有屬從鄭玄說子爲母黨之服按屬從者自非出母黨及庶子受重自於其所生之黨則無所厭降之文又記云六代親屬竭矣鄭說六代之外親盡爾雅族昆弟之子爲親同姓按從母嫁于無屬名者即與嫁他姓不異則宜服從母嫁於他姓之服矣又嘗見賀公書稱賀新渝夫人爲從姨母尋所以不立名于際會者亦是有恩掩義謂宜服也

朱子荅姨舅殊服之問云姨舅親同而服異殊不可曉禮傳但言從母以名加然甥亦有父名胡爲

獨輕来喻以爲從母乃母之姑姊妹而爲媵者恐亦未然蓋媵而有子自得庶母之服况媵數有等差不應一女適人而一家之姑姊妹皆從之也且禮又有從母之夫之文是則從母固有嫁于他人者矣若從媵者小功則不知不從者又當服何服凡此難以强通後王變而通之未爲過也

又曰母之姊妹服反重于母之兄弟緣于兄弟既嫁則降服而于姊妹之服則未嘗降故于舅服緦于從母服小功也

汪琬曰按姊妹相爲服朱子云不降今攷喪服傳記律文既嫁皆降大功當是兩人皆嫁不更降也姑識于此以竢知礼者

劉績三礼圖母党服說外親之服皆緦也以有祖父母之尊加外祖父母小功有從母之名加從母夫婦小功于舅不加者以母而及從母又及其夫猶以父而及從父又及其妻餘皆踈遠也

乾學按從母之夫無服經有明文乃劉氏

忽畧此說何也得毋因丈夫婦人四字悮以丈夫爲從母之夫耶不守經傳而妄爲無稽之論其誰信之

開元禮　政和禮　書儀　家禮　孝慈録　會典　今律文並同

喪服夫之姑姊妹娣姒婦報 註夫之姑姊妹不殊在室及嫁者因恩輕畧從降

爾雅夫之姊爲女公夫之女弟爲女妹

長婦謂穉婦爲娣婦娣婦謂長婦爲姒婦 注今相呼先後或云妯娌

喪服傳娣姒婦者弟長也何以小功也以爲相與居室中則生小功之親焉 註娣姒婦者兄弟之妻相名也長婦謂穉婦爲娣婦娣婦謂長婦曰姒婦。䟽據二婦互稱謂年少者爲娣故云娣弟是其年幼也年大者爲姒故云姒長是其年長假令弟妻年大稱之曰姒兄妻年小稱之曰娣是以左氏傳穆姜是宣公夫人大婦也聲伯之母是宣公弟叔肸之妻小婦也聲伯之母不聘穆姜云吾不以妾爲姒是據二婦年大小爲娣姒不據夫年爲小大之事也

爾雅　女子同出謂先生爲姒後生爲娣　註同出謂俱嫁一夫　公羊傳曰諸侯娶一國二國往媵之以姪娣從娣者何弟也此即其義也

馬融曰妻爲夫之姊妹姑也娣姒婦者兄弟之妻相名也長稺自相爲服不言長者婦人無所專以夫爲長幼不自以年齒也妻雖小猶隨夫爲長也先娣後姒者明其尊敵也報者姑報姪婦也言婦者爲見成婦乃相爲服

王肅曰按左氏傳曰魯之穆姜晉子容之母皆以稺婦爲娣婦長婦爲姒婦此婦二義之不同者今據傳文與左氏正合宜即而按之

敖繼公曰爲夫之姑姊妹從服也乃小功者惟從其夫之降服也記曰夫之所爲兄弟服妻降一等此爲從服故姑姊妹言報娣姒婦因相爲矣亦言報者明其不以夫爵之尊卑而異也先娣後姒則娣長姒稺明矣

又曰婦人于夫之昆弟當從服以遠嫌之故而止之故無服假令從服亦但可以及于其昆弟之身不可以復及其妻也然則娣姒婦無相爲服之義而礼有之者則以居室相親不可無服故尔然二人或有並居室者有不並居室者亦未必有常共居室者而相爲服之義惟主于此者盖本其礼之所由生者言也

通典　蜀譙周曰父母既殁兄弟異居又或改娶則娣姒有初而異室者矣若不本夫爲倫唯取同室而已則親娣姒與堂娣姒不應有殊絰殊其服以夫之親

疎者是本夫與爲倫也婦人於夫之昆弟本有大功之倫從服其婦有小功之倫於夫從父昆弟有小功之倫從服其婦有緦麻之倫也夫以遠之而不服故婦從無服而服之然則初而異室猶自以其倫服晉徐邈荅范甯問以爲報服在娣姒下則知姑姊之服亦是出自恩紀非從夫之服報也所發在於姑姊耳○宋庾蔚之謂傳以同居爲義蓋從夫謂之同室以明親近非謂當須共居設夫之從父昆弟少長異鄉二婦亦有同室之義聞而服之緦也今人謂從父昆弟爲同室取諸此也婦從夫服降夫一等故爲夫之伯叔父大功則知夫姑姊妹皆是從服夫之昆弟無服自別有義耳非如徐邈之言出自恩紀者

萬斯同曰余觀儀礼娣姒婦之文娣在姒上而傳又釋之曰娣長也分明娣長而姒幼乃鄭康成註始將娣姒倒置而賈氏之疏因之若是將傳文

所謂娣長也之語作何解乎及攷左氏傳穆姜宣公妻也聲伯之母宣公弟叔肸之妻也而穆姜稱聲伯之母爲姒子容之母叔向之嫂也伯石之母叔向之妻也而子容之母稱伯石之母爲姒則是娣爲兄妻姒爲弟妻與儀礼及傳文正合無可疑矣而乃顛倒其說謂姒長而娣穉可乎獨怪賈公彥明知左氏穉婦爲姒之說乃過泥鄭注謂年小爲娣年大爲姒穆姜所言是據年大小爲娣姒而不據夫年爲大小夫婦人以夫之齒爲齒而不以已之齒爲齒此礼至今不變也豈有不據夫之年而但據已之年者乎且又安知穆姜之年必少于聲伯之母乎至孔穎達釋檀弓亦同其說縱使諸子之言盡是寃于傳文娣長之說合乎否乎惟王子雍氏與敖繼公氏其說得之而惜其語焉不詳猶未能大暢厥旨也余故申明其說以與攷古者質焉

乾學按傳文弟長者雙訓娣姒言娣是弟姒是長非以娣爲長也萬氏之引左氏傳似矣但鄭康成以穉婦爲娣長婦爲姒蓋本爾雅釋親篇爾雅一云女子同出謂先生爲姒後生爲娣郭璞註同出謂俱嫁事一夫公羊傳曰諸侯娶一國二國往媵之以姪娣從娣者弟也即其義也此解一夫

之所娶者與妯娌不同一云長婦謂穉婦爲娣婦娣婦謂長婦爲姒婦註今相呼先後或云妯娌足知兄妻爲姒弟妻爲娣甚明矣而儀禮賈公彥疏爾雅邢昺疏皆因左傳穆姜謂聲伯母爲姒叔向之嫂謂叔向之妻爲姒二事遂言娣姒之稱止言婦之長穉不計夫之大小亦已鑿矣邢昺疏引喪服小功章知其以弟長解娣姒者娣是弟姒是長又引公羊傳云娣者何弟也知其以弟解娣自然以長解姒大義已得其半而不熟玩儀禮爾雅本文徒以婦年之長幼爲論是亦何有關係况昺疏亦云賈逵鄭玄及杜預皆云兄弟之妻相謂爲

姒穆姜叔向之嫂所稱亦閨閤相習互以長者推稱耳又奚疑焉余與萬氏討論冣詳而不能盡同者此類是也

開元禮　政和禮　書儀　家禮　孝慈録　會典　今律文並同

政和禮女在室及適人者爲兄弟姪之妻謂兄弟之妻及姪之妻也

乾學按儀禮夫之姊妹報即此兄弟之妻儀禮夫之姑報即此姪之妻是也明律女婦爲夫黨服圖爲夫之親姑及夫之姊妹並小功即此報服特古文簡而今文詳耳

○再按家禮亦載此條會典同宗五服圖凡姑姊妹女及孫女在室或已嫁被出而

歸服並與男子同考男子服嫂及弟婦皆小功五月服姪婦大功九月女亦應同則令姪婦之服重于宋制矣然宋制不及在室適人今則止在室者爲然是適人之女爲姪婦仍當降小功爲兄弟妻又當降緦麻矣此與前說不同則律文之所不晰也

喪服

大夫大夫之子公之昆弟爲從父昆弟庶孫姑姊妹女子子適士者註從父昆弟及庶孫亦謂爲士者○疏從父昆弟庶孫本大功此三等以尊降入小功姑姊妹女子子本期此三等出降入大功若適士又降一等入小功也

馬融曰謂上三人各自爲其從父昆弟庶孫姑姊妹女子子適士者服也從父昆弟庶孫正親大功也以尊降故服小功姑姊妹女子子適人大功適士降一等故服小功也

敖繼公曰此姑姊妹女子子再降故其服在此不言適人而言適士者所以見從父昆弟及庶孫亦謂爲士者也經之例多類此公之昆弟于其從父昆

弟之不爲大夫者乃小功者以其非公子也周之立制諸侯父死子繼不立昆弟于此亦可見矣

大夫之妾爲庶子適人者註君之庶子女子子也庶女子子在室大功其嫁于大夫亦大功○疏此云適人者謂士也是以在室大功出降故小功鄭云嫁于大夫亦大功者直有出降無尊降故也

馬融曰適夫人庶子也在室大功出降一等故服小功

王肅曰適士降一等在小功

敖繼公曰女子子不必言庶文有脫誤也經凡言庶子皆主于男子也此非己子故其服若此若爲己之女子子在室期適人亦大功又故喪服記與小記言妾爲君之長子之服大功章及此章凡三見大夫之妾爲君之庶子及其女子子之服若其君之他親則無聞焉然則凡妾之從乎其君之而服其君之党者止于此耳是亦異于女君者也

乾學按鄭註云嫁于大夫亦大功果爾竟不降矣安得謂之出降賈疏誤也

右二條開元禮迄今律文俱無

庶婦註夫將不受重者○疏經云於支庶舅姑爲其婦小功鄭云夫將不受重則若喪服小記註云庶子有廢疾不可立而庶子立其舅姑皆爲其婦小功則亦無此婦也

馬融曰庶子婦也舅姑爲之服也

喪服小記適婦不爲舅後者則姑爲之小功註謂夫有廢疾他故若死而無子不受重者小功庶婦之服也凡父母于子舅姑於婦將不傳重於適及將所傳重者非適服之皆如庶子庶婦也○疏將所傳重非適者爲無適子以庶子傳重及養他子爲後者也

郝敬曰礼舅姑爲適婦大功爲庶婦小功不爲後謂適婦無子而其舅先死是不爲舅後則姑爲之降服小功殺之也鄭謂適子有廢疾他故及死無子不承重者若是何獨殺于其婦乎

儀禮小功唐貞觀加爲大功詳見第十卷大功篇

世婦下

君母之父母從母註君母父之適妻也從母君母之姊妹○疏此亦謂妾子爲適妻之父母及君母姊妹如適妻子爲之同也

喪服傳何以小功也君母在則不敢不從服君母不在則不服註不敢不服者恩實輕也凡庶子爲君母如適子○疏不敢不從服者言無情實但畏敬耳君母不在者或出或死也君母在既爲君母父母服其已母之父母或亦兼服之若馬氏義君母不在乃可伸矣

馬融曰君母者母之所君事者從母者君母之姊妹也妾子爲之服小功也自降外祖服緦麻外無二統者

又曰從君母爲親服也君母亡無所復厭則不爲其親服也自得伸其外祖小功也

王肅曰君母庶子之嫡母

敖繼公曰君母在則不敢不從服者以其配父尊之也君母不在則不服者別于己之外親也此庶子雖服其君母之父母姊妹彼于此子則無服也蓋庶子以君母之故不得不服其親而彼之視己實非外孫與姊妹之子故畧而不服

乾學按賈疏蕉服之良是若馬氏云君母亡無所復厭母不厭子女君不厭妾說已見前

郝敬曰服爲哀節戚爲喪本服由情生貌以節情仁人之于喪非以不敢不服〻也欲服而不敢服則有之不欲服而不敢不服則幾乎偷矣君母在不敢不服斯礼也雖聖人無如之何聖人于禮人情尓人情所不敢聖人因之尊〻親〻所以不得不相爲用也

喪服小記爲君母後者君母卒則不爲君母之黨服

註徒從也所從亡則已○疏爲君母後者謂無適立庶爲後也妾子于君母之黨悉徒從若君母卒則不服君母之黨今既君母殁爲後者嫡同于適服君母之黨故特明之

通典繼嫡母黨服議晉車胤問臧燾曰今此妾子既

服先適之黨又服繼適母之黨否肅荅曰庶子以賤不敢不從服耳既服前適母黨則後適母黨義無以異疑於三四也肅又荅徐藻藻荅曰庶子若先及嫡母則服其黨若不及則服後嫡母黨外服無二此之謂也賀循問徐邈曰禮嫡母爲徒從嫡母亡則不服其黨今庶子既不自服所生外氏亦以嫡黨爲徒從乎荅曰古者庶子自服所生之黨故以嫡母黨爲徒從故嫡母亡則不服其黨今庶子既不自服其外氏而叙嫡母之親矣謂宜以名而服應推重也古今不同何可不因事求中○宋庾蔚之按禮嫡母之黨徒從徒從者所從亡則已嫡母雖有三四應服見在者之黨但令人不服所生之黨則嫡母之黨非復徒從嫡雖没猶宜服之但外氏無二統不可悉服宜以始

生所過嫡母之黨若已生患不及宜服最後者之黨也

開元禮　政和禮　家禮　孝慈録　會典並同

今律文無唐以後君母之兄弟亦如之

君子子爲庶母慈已者註君子子者大夫及公子之適妻子。疏禮之通例云君子與貴人皆據大夫已上公子尊卑比大夫故鄭據而言又國君之子爲慈母無服士又不得稱君子亦復自養子無三母具故知此二人而已必知適妻子者妾子賤亦不合有三母故也

喪服傳君子子者貴人之子也爲庶母何以小功也以慈已加也註云君子子者則父在也父没則不服之矣以慈已加則君子子亦以士禮爲庶母緦也內則曰異爲孺子室于宫中擇于諸母與可者必求其寛裕慈惠温良恭敬慎而寡言者使爲子師其次爲慈母其次爲保母皆居子室他人無事不往又曰大夫之子有食母庶母慈已者此之謂也其不慈已則緦可矣不言師保慈母居中服之可知也國君世子生卜士之妻大夫之妾使食子三年而出見于公宫則劬非慈母也士之妻自養其子

馬融曰爲慈養已者服小功貴人者嫡夫人也子以庶母慈養已加一等小功也爲父賤妾服緦父殁之後貴賤妾皆小功也

陳銓曰君子子者大夫之美稱也貴人者謂公卿大夫也謂貴人之子父殁之後得行士礼爲庶母緦也有慈養已者乃加服小功

雷次宗曰大夫不服凡妾子所不服子亦不敢服安得爲庶母緦哉大夫惟服姪娣今所服者將姪娣之庶母敖繼公曰此服固嫡妻之子爲之若妾子則謂其母或不在或有他故不能自養其子而庶母代養之不命爲母子者也又曰礼爲庶母緦謂士及其子也其慈已者恩宜有加固小功矣此云君子二者明雖有貴者其服猶然也大夫之子公子之子于庶母亦當緦麻以從其父而降遂不服其於慈已者加在小功若又從父而降則宜在緦麻今乃不降而從其加服者嫌其與凡父在而爲不慈已者之服同也正者降之加者伸之其意雖異而礼則各有所當也云君子二則父在也父在且伸此服則父沒可知矣其爲父後者則但服緦蓋不可以過于因母也若爲大夫則不服之以大夫于庶母本無服故也

通典漢石渠禮議戴聖對曰君子子爲庶母慈已者大夫之嫡妻之子養於貴妾大夫不服賤妾慈已則緦服也其不言大夫之子而稱君子子者君子猶大夫也○後漢陳鑠問汜閣爲庶母慈已鄭註引內則國君之子有子師慈母保母又曰大夫之子有食母庶母慈已此之謂也內則人君養子之法禮人君之庶母尚無服何以爲慈母服乎若欲施大夫大夫無

此禮但有舍母耳汜閣荅曰內則實總國君及大夫養子之禮按內則云大夫見子之禮入門升阼階也遂左旋授師師子師也喪服有庶母慈已礼有子師此明大夫之子有庶母慈已

諸王子所生母嫁爲慈母服議晉譙王司馬恬問范甯曰妾有二子而出嫁君命他妾蓄子爲其母所命妾今亡子當有服不荅曰昔男子外有傅內有慈母君命教子何服之有恬自斷云禮疑從重篤至敬也存同所生没成路人於情未可今勤小功長奉烝嘗以同子道再周乃參吉事言制不爵禮文言情即不乖師資也徐邈云此庶子所生出嫁受命爲他妾子便當始終如所生其親母則同出母耳若用古禮當練冠麻衣既葬除之車胤云大夫爲其庶母慈已者小功也○宋庾蔚之云母出無相鞠養便爲無母不

必限其母亡譙王所命不爲乖禮此子自宜依慈母如母之服按晉朝諸王用士禮則應附父在爲母之條凡慈母以功勤致服本無天屬之愛寧有心喪之文乎

宋書禮志後廢帝元徽二年七月有司奏第七皇弟訓養母鄭修容喪未詳服制下禮官正議太學博士周山文議按庶母慈已者小功五月鄭玄云其使養之不命爲母子亦服庶母慈已之服愚謂第七皇弟宜從小功之制衆議並同

梁書司馬筠傳天監七年安成太妃陳氏薨江州刺史安成王秀荊州刺史始興王憺並以慈母表解職詔不許還攝本任而太妃在都喪祭無主舍人周捨議曰賀彥先稱慈母之子不服慈母之黨婦又不從

叶慈下疑有母字

慈姑小功服無從故也庾蔚之云非徒子不從母而服其黨孫又不從父而服其慈由斯而言慈祖母無服明矣尋門內之哀不容自同於常按丈之祥禫子並受弔今二王諸子宜以成服日單衣一日爲位受弔制曰二王在遠諸子宜攝祭事捨又曰禮云縞冠玄武子姓之冠則世子衣服宜異於常可著細布衣絹爲領帶三年不聽樂高祖因是勅禮官議皇子慈母之服筠時爲尚書祠部郎議宋朝五服制皇子服訓養母禮依庶母慈己宜從小功之制按曾子問云子游曰喪慈母禮歟孔子曰非禮也古者男子外有傅內有慈母君命所使教子也何服之有鄭玄註云此指謂國君之子也若國君之子不服則王者之子不服可知又喪服經云君子子爲庶母慈己

必限其母亡譙王所命不爲乖禮此子自宜依慈母如母之服按晉朝諸王用士禮則應附父在爲母之條凡慈母以功勤致服本無天屬之愛寧有心喪之文乎

宋書禮志後廢帝元徽二年七月有司奏第七皇弟訓養母鄭修容喪未詳服制下禮官正議太學博士周山文議按庶母慈已者小功五月鄭玄云其使養之不命爲母子亦服庶母慈已之服愚謂第七皇弟宜從小功之制參議並同

梁書司馬筠傳天監七年安成太妃陳氏薨江州刺史安成王秀荆州刺史始興王憺並以慈母表解職詔不許還攝本任而太妃在都喪祭無主舍人周捨議曰賀彦先稱慈母之子不服慈母之黨婦又不從

夫而服慈姑小功服無從故也庾蔚之云非徒子不從母而服其黨孫又不從父而服其慈由斯而言慈祖母無服明矣尋門內之哀不容自同於常按父之祥禫子並受弔今二王諸子宜以成服日單衣一日爲位受弔制曰二王在遠諸子宜攝祭事揞又曰禮云縞冠玄武子姓之冠則世子衣服宜異於常可著細布衣絹爲領帶三年不聽樂高祖因是勅禮官議皇子慈母之服筠時爲尚書祠部郎議宋朝五服制皇子服訓養母禮依庶母慈已宜從小功之制按曾子問云子游曰喪慈母禮歟孔子曰非禮也古者男子外有傅內有慈母君命所使教子也何服之有鄭玄註云此指謂國君之子也若國君之子不服則王者之子不服可知又喪服經云君子〻爲庶母慈已

者傳曰君子〻者貴人子也鄭玄引內則三母止施于卿大夫以此而推則慈母之服上不在五等之嗣下不逮三士之息儻其服者止卿大夫尋諸侯之子尚無此服況乃施之皇子謂宜依禮刊除以反前代之惑高祖以爲不然曰禮言慈母凡有三條一則妾子之無母使妾之無子者養之命爲母子服以三年喪服齊衰章所言慈母是也二則嫡妻之子無母使妾養之慈撫隆至雖均乎慈愛但嫡妻之子妾無爲母之義而恩深事重故服以小功喪服小功章所以不直言慈母而云庶母慈己者則異于三年之慈母也其三則子非無母正是擇賤者視之義同師保而不無慈愛故亦有慈母之名師保既無其服則此慈亦無服矣內則曰擇於諸母與可者使爲子師其次

爲慈母其次爲保母此其明文此言擇諸母是擇人而爲此三母非謂擇取兄弟之母也何以知之若是兄弟之母其先有子者則是長妾長妾之禮實有殊加何容次妾生子乃退成保母斯不可也又有多兄弟之人于義或可若始生之子便應三母俱闕耶由是推之內則所言諸母是謂三母非兄弟之母明矣子游所問自是師保之慈非三年小功之慈也故夫子得有此對豈非師保之慈母無服之證乎鄭玄不辯三慈混爲訓釋引彼無服以註慈已後人致謬實此之由經言君子子者此雖起於大夫明大夫猶爾自斯以上彌應不異故傳云君子子者貴人之子也總言曰貴則無所不包經傳互文交相顯發則知慈加之義通乎大夫以上矣宋代此科不乖禮意便加

除削良是所疑于是筠等請依制改定嫡妻之子母沒爲父妾所養服之五月貲賤並同以爲永制

乾學按武帝之定此服由二王之表慈母也則此制既定二王宜依制爲服然制專言嫡妻之子而二王並吳太妃所生則非嫡也按梁書太祖良二王早孤命側室陳氏幷母二子陳亦無子視二子如親生則宜依禮慈母之條乃致二王本傳雖有並以孝聞居喪過禮之稱而服制無明文蓋緣當日詔起視事解職之請不獲而史沒其制耳若武帝可謂能言而不必于行者矣

唐書李愬傳愬早喪所生爲晉國王夫人所鞠王卒

父晟以非嫡敕諸子服緦愬獨號慟不忍晟乃許服縗

宋史后妃傳仁宗景祐三年楊淑妃薨始仁宗在乳褓章獻使妃護視恩意勤備帝思其保護之恩命禮官議加服小功

俞汝言虞諫議有無子妾命第三子母之服議曰按律爲庶母齊衰杖期謂父有子妾嫡子衆子爲之服也爲慈母斬衰三年謂所生母死父令別妾撫育者爲之服也按家礼慈母義服齊衰三年不命則小功謂自小乳養者也礼以乳養爲恩而尤以父命爲重律除不命之文而專三年之服于慈母然皆爲庶子之無母者言也謂有母者而亦然乎今云庶母則無所出云慈母則生母在若同父無子之妾則弥留之命謂何自難委諸草莽然則如何而後可不倍礼律之意雖非乳養而有父命不可同于父妾雖有父命而實非乳養不可同于慈母庶幾義服小功差爲得中礼以乳養而爲之服以無父命而輕茲以父命而爲之服以不乳養而輕準情合義其無忒乎

吴任臣慈母服議曰梁天監時定制嫡妻之子母没爲父妾所養服之五月令律慈母斬衰三年乃或人致疑於古者謂喪服齊衰章云慈母如母小功章云君子子爲庶母慈己者又曾子問篇子游曰喪慈母礼與孔子曰非礼也古者男子外有傳內有慈母君命所使教子也何服之有由是言人人殊未能畫一梁武帝斷以慈母三等似矣余更得即傳義而推之焉慈母如母傳曰妾之無子者妾子之無母者父命妾曰女以爲子命子曰女以爲母若

是生養之終其身慈母死則喪之三年如母貴父之命也按此以妾母而撫妾子恩如己出故父沒後得伸三年之服喪服小記曰慈母與妾母不世祭也又曰爲慈母之父母無服皆此慈母也又礼曰爲慈母後者爲庶母可也爲祖庶母可也若然則父之命妾薦有庶母祖庶母之文其不命爲母子者亦不得服以三年明矣至于小功章君子〻爲庶母慈己者傳云君子〻者貴人之子也爲庶母何以小功也以慈己加也据経傳之義君子〻者大夫及公子之適妻子也盖適妻子使妾養之妾無爲母之道且礙于嫡也故服以小功與父命之慈母有降等焉若子游所問自是師保之慈母如內則三母中其次爲慈母是也要與昆弟之母自別故古礼不爲之制服儀礼鄭注賈䟽頗爲混觧即梁書通典亦有未盡之說今爲循文測義申言之如此

乾學按此條之傳不言爲慈己服而言爲慈己加則是本服應緦因慈己而加至小功耳盖禮大夫爲貴妾緦則子從父服亦應爲庶母緦其異于士者士則不論父之貴妾賤妾皆視爲庶母而服緦大夫之子則必父之貴妾乃服緦而賤妾則竟無服耳獨怪鄭氏釋庶母慈己謂父沒則不服夫既爲慈己有恩而加服則不係于父之

存亡也豈有父没不服之理乎敖氏謂父在且伸此服父没可知可謂深得禮意矣

開元禮　政和禮　家禮並同　書儀無　孝慈録加爲杖期詳見第六卷庶母條

右儀禮

讀禮通考卷十四

喪期

小功五月下

唐律爲舅

爾雅母之昆弟爲舅疏舅者孫炎云舅之言舊尊長之稱詩秦風我送舅氏曰至渭陽是也

舊唐書禮儀志貞觀十四年太宗因脩禮官奏事之次言及喪服太宗曰舅之與姨親踈相似而服紀有殊理未為得宜集學者詳議於是侍中魏徵禮部侍郎令狐德棻等奏議曰舅之與姨雖為同氣論情度義先後實殊何則舅為母之本族姨乃外姓他族求之母族姨不在焉考之經典舅誠為重故周王念齊每稱舅甥之國秦伯懷晉實切渭陽之詩在舅服止

一時爲姨居喪五月循名責實逐末棄本蓋古人之喪或有未達所宜損益實在兹乎謹按舅服緦麻請與從母同服小功制可之

秘書監顔師古議曰外氏之親俱緣於母母舅一列等屬齊尊姨既小功舅乃緦麻曲生異議兹亦未安秦康孝思見舅如母語其崇重寧非密戚三月輕服靡副本心愚請爲舅小功同於姨服則親疎中節名數有倫

玄宗開元五年右補闕盧履氷請減母服爲期制下百官議并舅服不依舊禮亦令議定刑部郎中田再思議曰母之昆弟情切渭陽翟酺訟舅之寃甯氏宅甥之相我之出也義亦殷焉不同從母之尊遂降小功之服依諸古禮有奕俗情今貶舅而崇姨是陋今

而榮古此並太宗之制也行之百年矣輙爲刊復實用有疑左散騎常侍元行冲議曰姨兼從母之名即母之女黨加於舅服有理存焉並請依古爲當自是百寮竟不決至七年八月勅諸服紀一依喪服文（依儀禮喪服之制仍降爲緦麻三月）

二十三年下制曰服制之紀或有未通宜令禮官學士詳議太常卿韋縚奏曰儀禮舅緦麻三月此情親而服屬踈者也請加至小功五月職方郎中韋述議曰舅甥本服緦麻若以匹敵舅則伯叔父之别也父母之恩不殊而殺於外氏者聖人之心良有以也今若加服一等中外之制相去幾何請依儀禮喪服爲定禮部員外郎楊仲昌議曰舅本服緦魏文貞公已加至小功雖文貞賢也而周孔聖也以賢改聖後學

何從於是侍中裴耀卿中書令張九齡等奏按大唐親禮親舅加至小功此盖當時特命不以輕重遞增今聖制為舅小功取類新禮垂示將来並望準制施行從之詳見為外祖父母條當參看

五代會要後唐清泰三年二月太常禮院奏據兵部侍郎馬縞疏言古禮嫂叔無服唐貞觀中魏徵等始加小功五月今所司給假差錯為大功九月請更定太常博士段顒奏自来給假元依令式若云違古不獨嫂叔一條如親舅舊服小功今服大功左僕射劉昫等議令式與開元禮違者所司行已多年臣等集議諸服紀請一依開元禮為定從之

宋史禮志仁宗天聖五年侍講學士孫奭奏伏見禮院及刑法司外州執守服制詞旨俚淺如外祖卑於

姨舅顛倒謬妄難可遵言請下兩制禮院詳定從之

儀禮緦麻唐貞觀加為小功　開元禮　政和禮

書儀　家禮　孝慈録　會典　今律文並同

貞觀

唐律為兄弟妻

爾雅女子謂兄之妻為嫂弟之妻為婦註猶今言新婦也

唐律為夫之兄弟

爾雅夫之兄為兄公夫之弟為叔

檀弓嫂叔之無服也蓋推而遠之也疏兄弟相為服期其妻應降一等服大功今乃使之無服是推使疏而斥遠之也何平叔云男女相為服不有骨肉之親則有尊卑之異也嫂叔親非骨肉不異尊卑恐有混交之失推使無服也

子思之哭嫂也為位註善之也禮嫂叔無服婦人倡踊註有服者娣姒婦小功倡先也○疏子思之哭嫂為親疏之位于時子思婦與子思之嫂有小功之服故子思之婦先踊子思乃隨之而哭

奔喪無服而為位者唯嫂叔及婦人降而無服者麻

註雖無服猶弔服加麻袒免為位哭也正言嫂叔尊嫂也兄公于弟之妻則不能也婦人降而無服族姑姊妹嫁者也逸奔喪禮曰無服袒免為位者唯嫂與叔凡為其男子服其婦人降而無服者麻○疏族姑姊妹女子出嫁於人原是緦麻今降而無服亦當為位哭之加弔服之麻不為之袒免故云無服者麻也鄭知弔服加麻者既云無服又云麻故知弔服加麻也麻謂緦之經也兄公謂夫之兄也於弟之妻則不能為位哭之然則弟婦於夫兄亦不能也兄公於弟妻不服者卑遠之也弟妻于兄公不服者尊絶之也爾雅釋親云婦人謂夫之兄為兄公男子謂族伯叔族兄弟為其族姑及姊妹既降無服其族姑姊妹為族伯叔兄弟亦無服加麻是男之于女女之于男皆無服而加麻也

大傳其夫屬乎父道者妻皆母道也其夫屬乎子道者妻皆婦道也註言母婦無昭穆於此統於夫耳母焉則尊之婦焉則卑之尊之卑之明非己倫以厚別也謂弟之妻婦者是嫂亦可謂之母乎註言不可也謂之婦與嫂者以其在己之列以名遠之耳復謂嫂為母則令昭穆不明昆弟之妻夫之昆弟不相為服不成其親也男女無親則遠於相見名者人治之大者也可無慎乎註人治所以正人○疏凡子行之妻乃謂之為婦弟非子行其妻亦謂之婦者以兄弟同倫嫌相褻瀆弟雖非子行其妻同子行之妻謂之為婦欲卑遠之弟妻既得為婦號記者恐兄妻得為母號故記者明之云是嫂亦可謂之母乎言嫂不可亦謂之為母也然弟妻既得為婦兄妻不可亦得為母者弟小於己妻必幼稚故可謂之為婦而嫂不可借子妻之名謂之為母嫂雖是兄妻年必與己相類既不甚懸絶何得謂之為母且弟妻既為婦兄妻又為母便是昆弟之倫翻為父子之例故嫂不可謂之為母而借嫂老之名以為兄妻之號也

陳澔曰屬聯也父之兄弟為伯叔父則其妻謂之伯叔母兄弟之子為從子則其妻謂之婦此于昭穆為宜弟之妻不可謂之為婦猶兄之妻不可謂之為母以紊昭穆也故云謂弟之妻婦者是嫂亦可謂之母乎言皆不可也舊説弟妻可婦嫂不可母失其指矣

乾學按前大功章為夫之世叔父母傳文與此悉同茲不重出者已見於前篇故也

通典魏太尉蔣濟萬機論以禮記嫂叔無服誤據小功章娣姒婦此三字嫂叔之文也古者有省文互體言弟及兄并嫂矣娣姒者兄弟之妻相名也蓋云夫之昆弟昆弟之妻相與皆小功者尚書何晏太常夏侯泰初難曰夫嫂叔宜服誠自有形然小功章娣姒婦為嫂叔文則恐未是也禮之正名母婦異義今取弟於姒婦之句以為夫之昆弟雖省文互體恐未有及此者也凡男女之相服也非有骨肉之親則有尊卑之敬受重之報今嫂叔同班並列無父子之降則

讀禮通考　卷十四

非所謂尊卑也他族之女則非所謂骨肉也是以古人謂之無名者豈謂其無嫂叔之字或無所與為體也夫有名者皆禮與至尊為體而交與正名同接也有其體有其交故以其名名之故服之可也苟無斯義其服焉依夫嫂叔之交有男女之別故絶其親授禁其通問家人之中男女宜別未有若嫂叔之至者也彼無尊彼之至敬故交接不可不疎彼無骨肉之不殊故交疎而無服情亦微矣蔣荅曰記云小功無位是委巷之禮也子思哭嫂有位蓋亦謂知禮制禮者小功當有位也然則嫂叔服文統見於經而明之可謂微而著婉而成章也中領軍曹羲申蔣濟議以為敵體可服不可尊卑緣情制禮不必同族兄弟親而伯叔疎周服者何以尊服也伯叔母無有骨肉之

親有緣尊之義故亦服周何獨不可緣親而服嫂乎苟以交報數然後服則妻母異域交亦疎矣緣愛制服恩亦微矣豈若嫂叔共在一門之内同統先人之祀有相奉養之義而無服紀之制豈不詭哉且防嫌之道推而遠之孰與制服引而重之推之則同他人引之則親親者矣吴徐整問射慈云子思哭嫂為位在何面加麻袒免為位不審服此有日數乎慈荅云凡喪位皆西面服皆麻者謂大殮及殯之時已畢而釋之○晉傅玄云先王之制禮也使疎戚有倫貴賤有等上下九代别為五族骨肉者天屬也正服之所經也義立者人紀也名服之所緯也正服者本於親親名服者成於尊尊親尊者服重親殺者轉輕此遠近之理也尊崇者服厚尊降者轉薄此高下之叙也記曰其夫屬乎父道者妻皆母道也夫屬乎子道者妻皆婦道也人紀準之兄不可以比父弟

不可以爲子嫂之與叔異族之人本之天屬嫂非姊叔非弟也則不可以親親理矣校之人紀嫂非母也叔非子也稽之五服體無正統定其名分不知所附衰準正論云或人云嫂親者也長嫂少弟有生長之恩而云無服者近非古也殆秦燔詩書之所失也太常成粲云嫂應有服作傳者橫曰無服蔣濟引娣姒婦證非其義論云喪服云夫爲兄弟服妻降一等則專服夫之兄弟固已明矣尊卑相倂服無不服由此論之嫂叔大功可得而從○宋庾蔚之云蔣濟成粲排棄聖賢經傳而茍虛樹已說可謂誣於禮矣

舊唐書禮儀志 貞觀十四年太宗因脩禮官奏事之次言及喪服太宗曰同爨尚有緦麻之恩而嫂叔無服未爲得宜集學者詳議餘有親重而服輕者亦附

奏聞於是侍中魏徵禮部侍郎令狐德棻等奏議曰臣聞禮所以決嫌疑定猶豫別同異明是非者也非從天降非從地出人情而已矣夫親族有九服術有六隨恩以薄厚稱情以立文記曰兄弟之子猶子也蓋引而進之也嫂叔之不服蓋推而遠之也禮繼父同居則爲之朞未嘗同居則不爲服從母之夫舅之妻二夫人相爲服或曰同爨緦然則繼父之徒並非骨肉服重由乎同爨恩輕在乎異居故知制服雖繫於名亦緣恩之厚薄者也或有長年之嫂遇孩童之叔劬勞鞠養情若所生分饑共寒契濶偕老譬同居之繼父方他人之同爨情義之深淺寧可同日而言哉在其生也愛之同於骨肉及其死也則曰推而遠之求之本源深所未喻若推而遠之爲是則不可生

而共居生而共居之為是則不可死同行路重其生而輕其死厚其始而薄其終稱情立文其義安在且事嫂見稱載籍非一鄭仲虞則恩禮甚篤顏弘都則竭誠致感馬援則見必冠孔伋則哭之為位此並躬踐教義仁深孝友察其所尚之旨豈非先覺者歟但於其時上無哲王禮非下之所議遂使深情鬱乎千載至理藏於萬古其來久矣豈不惜哉今屬欽明在辰聖人有作爰命秩宗更詳攺正臣等奉遵明旨觸類旁求詳參厥中申明聖旨謹按嫂叔舊無服今請服小功五月報其弟妻及夫兄亦小功五月制可之

范祖禹曰嫂叔無服古之人豈于其嫂獨無恩乎傳曰其夫屬乎父道者妻皆母道也至于嫂不可以為母則無屬乎妻道者也故推而遠之以明人倫加之而無義不若不加之為愈勝也

乾學按魏公此奏中有曾祖父母嫡婦庶

婦及舅服諸條以其已見諸篇故不重出

顔師古嫂叔服議原夫服紀之制異統同歸或本恩情或申教義所以慎終追遠敦風厲俗輕重各順其適名實不可相違喪過乎哀易象之明訓其易寧戚聖道之遺旨所議兩條實爲舛駁特降緦紵俾革遺謬歷代之所不寤儒者於是未詳超然遠覽獨照深致竊以舊館脫驂尚云出涕鄰里有殯且輟巷歌況乎昆弟之妻嚴親是奉夫之昆弟貲業本同遂乃均諸百姓絶於五服當其喪沒闔門縞素已獨晏然玄黄莫改靜言至理殊非弘通無益閨防實開偷薄相爲制服孰謂非宜在昔子思仲尼之冑爲位哭嫂事著禮文哭既施位明其慘怛苟避凶服豈曰稱情愚謂昆弟之妻服當五月夫之昆弟咸亦如之則親疏

中節名數有倫帷簿之制更嚴內外之序增睦與魏徵等議同

上

玄宗開元五年右補闕盧履冰請減毋服為期因下制令百官詳議并嫂叔服不依舊禮亦令議定刑部郎中田再思議曰同爨服緦禮經明義嫂叔遠別同諸路人引而進之觸類而長猶子咸衣苴枲季父不服緦麻推遠之情有餘睦親之義未足此並太宗之制也行之百年矣輒為刊復實用有疑已而左散騎常侍元行冲議曰嫂叔不服避嫌疑也若引同爨之緦以忘推遠之跡既乖前聖亦謂難行至七年八月下勑諸服紀一依喪服文及蕭嵩等脩開元禮仍定為小功五月

乾學按韓愈三歲而孤兄會繼卒嫂鄭鞠

之鄭喪愈爲服期以報集中祭鄭夫人文云昔在韶州之行受命于元兄曰爾幼養於嫂喪服必以朞今其敢忘天實臨之是事實也

五代會要後唐清泰三年二月太常禮院奏據尚書兵部侍郎馬縞上疏言古禮嫂叔無服蓋推而遠之按五禮精義貞觀十四年魏徵等議親兄弟之妻請服小功五月今所司給假差錯爲大功九月右贊善大夫趙咸議曰臣聞三代之制禮無降減之名五服之容喪有寧戚之義此蓋聖人隨時設教稱情立文沿革不同吉凶相反或服由恩制或喪以禮加太宗文皇帝弘被至仁推大其義因覽同爨有緦之義遂制嫂叔小功之服列尊聖賢已爲故事傳於今式加

以大功今馬縞奏論以為差謬況縞昔事本朝暨至梁室曾為博士累歷經年今始奏陳未為允當謹案儀禮凡制五服或以名加或以尊制或推恩而有服或別義而當喪故嫂叔大功良有以也其如叔以嫂之子為猶子為猶子之妻叔服大功今嫂氏猶子之毋安可却服小功若以名加嫂豈疎於猶子之婦若以尊制嫂豈卑於猶子之妻論恩則有生同骨肉之情引義則有死同宅兆之禮若以推而遠之為是即令式兼無小功既有稱情制宜之非文何止大功九月請依式令永作彝倫勑下尚書省集議尚書左僕射劉昫等議曰伏以嫂叔服小功五月開元禮會要同其式令正文內元無喪服制度只一本編在假寧令後又不言奉勑編附年月除此一條又檢七八條

非文二字疑悞

令式與開元禮相違者所司行已多年固難輕改當議事須案舊章今若鄙宣父之全經紊周公之徃制隳太宗之故事廢開元之禮文而欲取差悞之近規[illegible][illegible]附之新意稱制度且為大典言令式又非正文改更恐難經久臣等集議嫂叔服并諸服紀請依開元禮為定如要給假即請下太常依開元禮內五服制度録出一本編附令文從之

宋史禮志仁宗天聖五年侍講學士孫奭言伏見禮院及刑法司外州執守服制詞旨俚淺如外祖卑於舅姨大功加於嫂叔顛倒謬妄難可遵言臣於開寶正禮録出五服年月并見行喪服制度編附假寧令請下兩制禮院詳定從之

程氏遺書問嫂叔古無服今有之何也曰禮記曰

以大功今馬縞奏論以為差謬況縞昔事本朝暨至梁室曾為博士累歷經年今始奏陳未為允當謹案儀禮凡制五服或以名加或以尊制或推恩而有服或别義而當喪故嫂叔大功良有以也其如叔以嫂之子為猶子為猶子之妻叔服大功今嫂氏猶子之母安可却服小功若以名加嫂豈踈於猶子之婦若以尊制嫂豈卑於猶子之妻論恩則有生同骨肉之情引義則有死同宅兆之禮若以推而遠之為是即令式兼無小功既有稱情制宜之非文何止大功九月請依式令永作彝倫勅下尚書省集議尚書左僕射劉昫等議曰伏以嫂叔服小功五月開元禮會要同其式令正文內元無喪服制度只一本編在假寧令後又不言奉勑編附年月除此一條又撿七八條

令式與開元禮相違者所司行已多年固難輕改當議事須案舊章今若鄙宣父之全經紊周公之往制隳太宗之故事廢開元之禮文而欲取差慢之近規行編附之新意稱制度且為大典言令式又非正文若便改更恐難經久臣等集議嫂叔服并諸服紀請依開元禮為定如要給假即請下太常依開元禮內五服制度錄出一本編附令文從之

宋史禮志仁宗天聖五年侍講學士孫奭言伏見禮院及刑法司外州執守服制詞旨俚淺如外祖卑於舅姨大功加於嫂叔顛倒謬妄難可遵言臣於開寶正禮錄出五服年月并見行喪服制度編附假寧令請下兩制禮院詳定從之

程氏遺書問嫂叔古無服今有之何也曰禮記曰

春

推而遠之也此說不是叔與嫂且遠嫌叔與嫂何嫌之有古之所以無服者只為無屬其夫屬乎父道者妻皆母道也其夫屬乎子道者妻皆婦道也今上有父有母下有子有婦叔父伯父父之屬也故叔母伯母之服與叔父伯父同兄弟之子子之屬也故兄弟之子之婦服與兄弟之子同若兄弟則已之屬也難以妻道屬其嫂此叔嫂所以無服之義理推不行也今之有服亦是豈有同居之親而無服者又問既是同居之親古却無服豈有兄弟之妻死而已恝然無事乎曰古者雖無服若哀感之心自在且如隣里之喪尚舂不相不巷歌匍匐救之况至戚乎又云嫂叔無服先王之權後聖有作雖復制服可矣

乾學按昆弟子婦服大功不與昆弟之子同

張子全書韓退之以少孤養于嫂故為嫂服加等大抵族屬之喪不可有加若為嫂養便以有恩而加服則是待兄之恩至薄大抵無母不養于嫂更無處可養若為族屬之親有恩而加等則待已無恩者可不服乎哉昔有士人少養于嫂生事之如母死自處以齊衰或告之非先王之禮聞而遂除之惟持心喪遂不復應舉人以為得體

朱子語類問嫂叔無服而程先云後聖有作須為制服荅曰看推而遠之便是合有服但安排不得故推而遠之若有鞠養恩義心自住不得如何無服真卿曰當如同爨緦今法從小功

朱子曰嫂叔無類不當制服他服皆以類從兄弟又太重弟婦亦無服嫂婦于伯叔亦無服今皆有之姪婦却有婦皆報服也○又答叔嫂之服云若如来喻則此服有二弔服加麻一也兄弟妻降一等二也不知二者將孰從乎又所謂兄弟同居者乃為小功以下却不知此降一等者之服又是何兄弟也凡此于禮文皆有未明幸考詳以見喻○又曰叔嫂無服不是節目後来多失之

吴澄曰人有嫂之喪者其父母為之服大功小功其子為之服齊衰不杖期豈有已身立于父母妻子之間而獨同于無喪之人也哉雖曰無服亦如弟子為師若喪父而無服孔子為顏淵若子而無服爾又如父在為母雖期而釋服猶終心喪至于再期蓋有服者服其服居喪次雖寢寐亦不釋去嫂叔以其無屬故不制服俾晝夜常服于身居喪次以終其月數然其身當弔服加麻不飲酒不食肉不處內如弟子為師期後為母之例俟其父母妻之服既除然後吉服如無喪之人也推而遠之者文雖殺而情未嘗不隆魏鄭公所議不明古聖人情文隆殺之深意程子以為無屬是矣而又謂同居豈可無服則亦未免于徇俗也

王廷相曰檀弓云叔嫂之無服也蓋推而遠之也自唐以來皆爲之制小功矣而吴氏復非之然耶曰此解經之蔽也緣情飾服以義制禮古今一道也先王制禮豈無不盡者乎古經閱世豈無舛遺者乎而膠柱以持論未有不蹶于義而乖于情者矣子思之哭嫂也爲位嫂可以爲位而哭謂推而遠之乎謂避嫌疑乎不然是子思之犯禮矣推此禮也雖制服亦可也程子亦曰古者叔嫂無服只爲無屬今之有服亦是豈有同居之親而無服者雖然此自同居之義論之也婦人從夫而有從服兄與弟相服矣從夫而相爲昆弟之服昆弟亦報之服其大義自正固執于推遠之說者解經之蔽也

呂枏曰婦人爲夫之兄弟及夫兄弟之妻何以皆小功曰婦人之道恩重于內義輕于外陰陽之義也陰不可以兼外也故大夫爲兄弟期年爲兄弟之妻小功婦人則于期年者降于小功者不降也

張鼎思瑯琊代醉編記云嫂叔之無服也蓋推而遠之也吴澄曰喪有以恩服者子爲父母之類是也以義服者婦爲舅姑之類是也從父之妻名以母之黨而服從子之妻名以婦之黨而服兄弟之妻不可名以妻之黨其無服者推而遠之也唐魏鄭公等議云或有長年之嫂育童孩之叔其在生也同于骨肉及其死也推而遠之求之本原深所未喻嫂叔之服請從小功後世嫂叔之服始于徵等之議

顧炎武日知録謂弟之妻婦者其嫂亦可謂之母乎蓋言兄弟之妻不可以母子爲比以名言之既有所閡而不通以分言之又有所嫌而不可以不遠記曰嫂叔之無服也蓋推而遠之也夫外親之同爨猶緦而獨兄弟之妻不爲制服者以其分親而年相亞故聖人嫌之嫌之故遠之而大爲之坊不獨以其名也此又傳之所未及也存其恩于娣姒而斷其義于兄弟夫聖人之所以處此者精矣○嫂叔雖不制服然而曰無服而爲位者

惟嫂叔子思之哭嫂也為位何也曰是制之所抑而情之不可闕也然而鄭氏曰正言嫂叔尊嫂也若兄公與弟之妻則不能也此又足以補禮記之不及

儀禮禮記無服唐貞觀始制　開元禮　政和禮　書儀　家禮　孝慈録　會典　今律文並同

顯慶禮甥

爾雅謂我舅者我謂之甥也

舊唐書禮儀志高宗顯慶二年九月脩禮官長孫無忌等奏曰依古喪服甥為舅緦麻舅報甥亦同此制貞觀年中八座議奏舅服同姨小功五月而今律疏舅報於甥服猶三月謹按旁尊之服禮無不報巳非正尊不敢降也故甥為從母五月從母報甥小功甥為舅緦麻舅亦報甥三月是其義矣今甥為舅使同從母之喪則舅宜進甥以同從母之報脩律疏人不

知禮意舅報甥服尚止緦麻於例不通禮須改正今請脩改律疏舅報甥亦小功

儀禮緦麻唐顯慶加為小功　開元禮　政和禮　書儀　家禮　孝慈録　會典　今律文並同

顯慶

補 政和禮女適人者為從父兄弟

乾學按本出政和禮然開元禮中有為從父姊妹適人者報一條此即其報服也

家禮　今律文並同　孝慈録　會典俱無會典圖內有之

開元禮為從祖祖姑在室者報祖之姊妹

開元禮為從祖姑姊妹在室者報從祖姑者從祖之女於已為從姑從祖姊妹者從祖之孫女于已ソ為再從姊妹

乾學按禮無此兩條者蓋從祖祖父條包有從祖祖姑在室者在內從祖父從祖昆弟條包有從祖姑姊妹在室者在內以女子未適人者與男子同故經文不言非古無服而後世有服也

右二條　政和禮　書儀　家禮　孝慈録　會典　今律文並同

開元禮為嫡孫之婦

乾學按儀禮于適婦大功于庶婦小功于庶孫之婦緦麻則適孫之婦宜小功而經不言者文脱耳

政和禮　家禮　孝慈録　會典　今律文並同惟書儀無

開元禮同母異父兄弟姊妹報

檀弓上公叔木有同母異父之昆弟死問於子游 注木當爲朱春秋作戍衛公叔文子之子定公十四年奔魯 子游曰其大功乎 注疑所服也親者屬大功是 狄儀有同母異父之昆弟死問於子夏子夏曰我未之前聞也魯人則爲之齊衰狄儀行齊衰今之齊衰狄儀之問也 疏同母異父昆弟之服喪服無文故子游疑之親者屬大功是者以同父同母則服期今但同母而以母是我親生其兄弟是親者血屬故降一等而服大功案聖證論王肅難鄭禮稱親者血屬謂出母之身不謂出母之子服也若出母之子服大功則出母之父母服應更重何以爲出母之父母無服王肅云同母異父兄弟服大功者謂斷父服齊衰其子降一等故服大功馬昭難王肅云異父昆弟恩繼於母不繼於父肅以爲從繼父而服非也張融以爲繼父同居有子正服齊衰三月乃爲其子大功非服之差玄說是也不云自狄儀始者庾蔚云狄儀之前魯人先已行之故不云自狄儀始也

張載曰同母異父之昆弟服齊衰則與親兄弟之服同是知母而不知父如此無分別禽獸之道也或謂大功亦太過以小功服之可也問此而荅云未之前聞當古之時安有此事

乾學按陳氏集說魯人齊衰亦止三月耳

游酢曰後世所承傳之禮有出于二代之末沿禮之失而爲之者不喪出母古禮之正也孔氏喪出母惟孔子行之而非以爲法今禮家爲出母服

齊衰杖期此後世之為非禮之正也昔聖人制禮教以人倫使父子有親男女有別然後一家之尊知統乎父而厭降其母同姓之親厚於異姓父在則為母服齊衰一年出母則不為服後世既為出母制為服限則雖異父之子以母之故亦為之服矣此其失在乎不明父母之辨一統之尊不別同姓異姓之親而致然也及後世父在而升其母三年之服至異姓之服若堂舅堂姨之類亦相緣而升夫禮者以情義言也情義者有所限止不可偏給也母統于父則不得不厭降于其母厚于同姓則不得不降殺于異姓夫是以父尊而母卑夫尊而婦卑君尊而臣卑皆順是而為之也今子游欲以意為之大功此皆承世俗之失失之之原其來寢遠後世不考其原而不能正其失也

方慤曰禮繼父同居服期則其子以大功相為服乃其稱也而子夏以魯人之事告狄儀使行齊衰不亦甚乎吳澄曰子夏固失矣子游亦未為得也張子酌今人情以為可服小功游氏準古禮制以為不當有服後之知禮者詳焉按禮斷父同居有子者服齊衰三月王肅乃云其子降繼父齊衰一等故服大功是以繼父齊衰之服為期服也張融既駁其非矣方氏又襲其誤以為繼父服期何哉

通典王肅云母嫁則外祖父母無服所謂絕族無施服也唯母之身有服所謂親者屬也異父同母昆弟不應有服此謂與繼父同居為繼父周故其子大功也禮無明文是以子游疑而荅也○盧植曰子游為近是也齊衰非也游夏不親問夫子是以疑也禮家

推之以為當在小功以母親極於小功

魏明帝景初中尚書祠部問曰同母異父昆弟服應幾月太常曹毗述博士趙怡據子游鄭注大功九月高堂崇云聖人制禮外親正服不過緦麻異外內之明理也外祖父母以尊加從母以名加皆小功舅緦服而已外兄弟異族無屬疏於外家遠矣故於禮序不得有服若以同居從同爨服無緣章云大功乃重於外祖父母皆實先賢之過也王肅聖證論云孔子但說宜服與不未說服之輕重故子游處以大功也所執如前注又引孔子家語曰邾子有同母異父之昆弟死將為之服因顏亥而問禮於孔子曰繼父同居者則異父昆弟從為之服不同居者繼父且猶不服況其子乎蜀譙周云凡外親正服皆緦加者不過小功今異父兄弟父沒母嫁所生者皆相報服

晉淳于睿以游夏文學之俊也游習於禮者曰大功夏廣學者曰齊衰二者推之明非無服與緦可知也繼父無親立廟祭祀尚爲之周以比夫共胞豈有絕道而欲絕之謂其無親據繼父同居異居有輕重同母昆弟蓋亦宜矣異居大功同居有相長養之恩服齊衰似近人情矣按魏尚書郎武竺有同母異父昆弟之喪以訪王肅肅據子思書曰言氏之子達於禮乎繼父同居服周則子宜大功也宋庾蔚之謂自以同生成親繼父同居由有功而致服二服之來其禮殊乖以爲因繼父而有服者失之遠矣馬昭曰異父昆弟恩繫於母不於繼父繼父絕族者也母同生故爲親者屬雖不同居猶相爲服王肅以爲從於繼父而服又云同居乃失之遠矣子游狄儀或言齊衰

或言大功趨於輕重不疑於有無也家語之言固所未信子游古之習禮從之不亦可乎○齊張融云與已同母故服大功而肅云從繼父而降豈人情哉

〔徐咸西園雜記〕方太常鵬云同母異父昆弟之服子夏以為齊衰比之親兄弟焉是不知有父也子游曰其大功乎近之矣游氏以為無服比之途人焉是不知有母也横渠曰其小功乎得之矣予謂凡為之服者雖緦麻之輕亦必有所繫屬然後為服若同母異父之昆弟其母既與父絶所生子即與途人無異誰所謂有稱呼無服制者何以小功為哉游氏之說得之矣

俞汝言曰愚以從母之子亦服緦麻同母異父之昆弟比之從母之子有間矣安可無服横渠小功之說為當

乾學按同母異父之昆弟自應無服王肅氏同居則服之說未可厚非也而諸儒競詆之何與惟其言因繼父齊衰而降服大功則不可耳若夫魯人齊衰之對必非子夏之言子夏之傳喪服精粹融密為後世說禮之祖寧有精於禮者之人而為此不

經之説者乎必記禮者失其真也

顧炎武日知録同母異父之昆弟不當有服子夏曰我未之前聞也此是正説而又曰魯人則為之齊衰則多此一言矣狄儀從而行之後人踵而効之今之齊衰狄儀之問也以其為大賢之所許也然則魯人之前固未有行之者矣是以君子無輕議禮

吳肅公曰同母異父之昆弟子夏子游一以為齊衰一以為大功其周制之佚乎今制小功是矣家禮謂正服何哉義之也可

政和禮　書儀　家禮　孝慈録　會典並同

今律文無

右唐制

政和禮為人後者為其從父兄弟

乾學按從父兄弟本大功今為人後故降而小功但為人後有後從父者有後再從者及族父者愈遠則服愈輕於其本親甚有至於無服者今為此制則不論其所後之遠近但於其本親降一等耳

政和禮女適人者爲其兄弟姪之爲人後者

乾學按兄弟及姪本大功故出爲人後降而小功儀禮有爲人後者爲其姊妹適人者則此條亦包在内

右二條諸書皆無然爲人後者及女出嫁者於本宗例降一等則不言而義自顯故不載

右宋制

讀禮通考卷十五

喪期

緦麻三月上

喪服族曾祖父母○族祖父母○族父母○族昆弟

注族曾祖父者曾祖昆弟之親也族祖父者亦高祖之孫則高祖有服明矣○疏此即禮記大傳云四世而緦服之窮也各為四緦麻者也族曾祖父母者已之曾祖親兄弟也族祖父母者已之祖父從父昆弟也族父母者已之父從祖昆弟也族昆弟者已之三從兄弟皆名為族族屬骨肉相連屬以其親盡恐相疏故以族言之耳此四緦麻與已同出高祖上至高祖為四世旁亦四世旁四世有服于高祖有服明矣鄭言此者齊衰三月章直見曾祖父母不言高祖以為無服故鄭從下鄉上推之高祖有服可知

爾雅父之從祖、、父、、為族曾王父、、之從祖、、母為族曾王母父之從祖昆弟為族父族父之子為族昆弟父之從祖昆弟之母為族祖王母父之從祖昆弟之妻為族祖母

馬融曰族祖父祖之從父昆弟也族父從祖昆弟之親也族祖父亦高祖之孫

楊復曰春秋傳曰同族于禰廟杜預曰謂高祖已下

敖繼公曰以從父從祖者差之則此乃從曾祖之親也變言族者明親盡于此也凡有親者皆曰族記曰三族之不虞是也

乾學按族曾祖父者高祖之子已之從曾祖也族祖父者高祖之孫族曾祖父之子也族父者高祖之曾孫族祖父之子也族昆弟者高祖之玄孫族父之子也相承四代于我皆緦也○又按鄭註云曾祖昆弟之親是謂為曾祖之親兄弟馬融云從祖昆弟之親則謂為從祖昆弟之父耳二親字各不同

開元禮　政和禮　書儀　家禮　孝慈録　會典今律文並同

喪服庶孫之婦疏以適子之婦大功庶子之婦小功適孫之婦小功庶孫之父緦麻是其差也

馬融曰祖父母為適孫之婦小功庶孫婦降一等故服緦

敖繼公曰庶孫之父緦則適孫之婦小功也小功章不見之者文脫耳夫之祖父母于庶孫之婦其本服當小功以別于適孫之婦故亦降一等而在此

開元禮　政和禮　書儀　家禮　今律文並同

孝慈錄會典俱無會典五服圖內有

喪服從祖姑姊妹適人者疏此本服小功因出適故降一等在緦麻

爾雅父之從父姊妹為從祖姑

馬融曰從祖姑姊妹于己再從在室皆小功適人降一等故緦也

車垓服制通釋曰從祖姑者父之堂姊妹己之堂姑也從祖姊妹者己之再從姊妹與己同曾祖者也在室則皆為小功親既適人則為降服緦麻也

湛若水曰從祖姑父之從也姊妹己之再從也何以緦以出降也親則小功也

乾學按從祖姑者從祖之女于己為從姑從祖姊妹者從祖之孫女于己為再從姊妹其服皆緦故合而言之為從祖姑姊妹

也

開元禮　政和禮　書儀　家禮　孝慈録　會典　今律文並同

補政和禮女適人者為同堂兄弟之子及女之出嫁者車垓曰此從父兄弟之子女與己同祖者也在室則小功今既適人則降服緦麻也

家禮　孝慈録　會典　今律文並同

補政和禮女適人者為從祖兄弟姊妹車垓曰此再從兄弟姊妹與己同曾祖者也在室皆小功今既適人則降服緦麻也

家禮迄今律文俱無疑統于儀禮從祖姊妹適人内

乾學按以上二條即從祖姑姊妹之報服

喪服外孫注女子子之子○疏以女出外適而生故云外孫

爾雅女子子之子為外孫

敖繼公曰此服亦男女同外孫為外祖父母小功不報之者以其為外家之正尊與

湛若水曰外孫何以緦也外也

呂柟曰為外孫何曰報也視己之孫則降三等矣

車垓曰外孫者女所生之子也外孫為外祖服小功而外祖為外孫止服緦麻也夫外孫為外祖服小功者由母而推之也故重而外祖為外孫服緦麻者由女而推之也故輕

開元禮　政和禮　書儀　家禮　孝慈録　會典　今律文並同

喪服　庶子為父後者為其母　疏此為無冢適唯有妾子父死庶子承後為其母緦也

喪服傳　何以緦也傳曰與尊者為一體不敢服其私親也然則何以服緦也有死于宮中者則為之三月不舉祭因是以服緦也　注君卒庶子為母大功大夫卒庶子為母三年士雖在庶子為母皆如衆人○疏一體者父子一體也私親者妾母不得禮君不得為正親既云不敢服其私親即應全不服而又服緦何也有死于宮中者縱是臣僕亦三月不舉祭故此庶子因是為母服緦也有死即廢祭者不敢聞凶人故也君卒庶子為母大功者大功章云公之庶昆弟為其母是也以其先君在公子為母在五服外記所云是也先君卒則是今君

庶昆弟為其母大功先君餘尊之所厭不得過大功今庶子承後故緦大夫卒庶子為母三年者以其父在大功父卒無餘尊所厭故伸三年士雖在庶子為母皆如衆人者士卑無厭故也鄭并言大夫士之庶子者欲見不承後者如此服若承後則皆緦故并言之也向來經傳所云者據大夫士之庶子承後法若天子諸侯庶子承後為其母所服云何案曾子問云古者天子練冠以燕居鄭云謂庶子王為其母無服案服問云君之母非夫人則群臣無服惟近臣及僕驂乘從服惟君所服服也注云妾先君所不服也禮庶子為後為其母緦言惟君所服伸君也春秋之義有以小君服之者時若小君在則益不可曾子問所云據小君在則練冠五服外服問所云據小君沒後其庶子為得伸故鄭云伸君是以引春秋之義母以子貴若然天子諸侯禮同與大夫士禮有異也

馬融曰承父之體四時祭祀不敢申私親服廢尊者之祭故服緦也○又曰緣先人在時哀傷臣僕有死宮中者為缺一時不舉祭因是服緦也

敖繼公曰為父後者或當為嫡母後故不服妾母蓋與適子同也有死于宮中則三月不舉祭者吉凶之事存亡共之因是以服緦者言非若是則不敢服也蓋子之于母情雖無窮然禮所不許則其情亦不可得而遂今因有三月不舉祭之禮乃得畧伸其服焉觀此則孝子之心可知矣何以不齊衰三月也尊者之服不敢用于妾母也

郝敬曰按嫡庶之分嚴已然母以子貴理亦至公豈得謂為私親制禮者主尊適而于人情亦甚闕矣宮中有死者非所以況于生我也世儒動引春秋附會春秋未嘗輕絶人母子後儒鑿說耳

晉書顧和傳和為尚書令時汝南王統江夏公衛崇並為庶母制服三年和乃奏曰禮所以軌物成教故

闕凶人丙字攺闕

有國家者莫不崇正明本以一其統斯人倫之紀不二之道也爲父後者降其所出奪天屬之性顯至公之義降殺節文著于周典按汝南王統爲庶母居廬

夏公衛崇本由踈屬開國之緒近襲所生復行重制違冒禮度肆其私情閭閻許其過厚談者莫以爲非則政道陵遲由乎禮廢憲章頹替始于容違若弗糾正無以齊物皆可下太常奪服若不祗王命應加貶黜詔從之

晉書禮志孝武帝太元十七年太常車胤上言謹按喪服禮經庶子爲母緦麻三月傳曰何以緦麻與尊者爲體不敢服其私親也此經傳之明文聖賢之格言而自頃開國公侯至于卿士庶子爲後各肆私情服其庶母同之于嫡此末俗之弊溺情傷教縱而不

庶昆弟為其母大功先君餘尊之所厭不得過大功今庶子承後故緦大夫卒庶子為母三年者以其父在大功父卒無餘尊所厭故伸三年士雖在庶子為母皆如衆人者士卑無厭故也鄭并言大夫士之庶子者欲見不承後者如此服若承後則皆緦故并言之也向來經傳所云者据大夫士之庶子承後法若天子諸侯庶子承後為其母所服云何案曾子問云古者天子練冠以燕居鄭云謂庶子王為其母無服案服問云君之母非夫人則群臣無服惟近臣及僕驂乘從服惟君所服服也注云妾先君所不服也禮庶子為後為其母緦言惟君所服伸君也春秋之義有以小君服之者時若小君在則益不可曾子問所云据小君在則練冠五服外服問所云据小君没後其庶子為得伸故鄭云伸君是以引春秋之義母以子貴若然天子諸侯禮同與大夫士禮有異也

馬融曰承父之禮四時祭祀不敢申私親服廢尊者之祭故服緦也○又曰緣先人在時哀傷臣僕有死宮中者為缺一時不舉祭因是服緦也

敖繼公曰為父後者或當為嫡母後故不服妾母蓋與適子同也有死于宮中則三月不舉祭者吉凶之事存亡共之因是以服緦者言非若是則不敢服也蓋子之于母情雖無窮然禮所不許則其情亦不可得而遂今因有三月不舉祭之禮乃得畧伸其服焉觀此則孝子之心可知矣何以不齊衰三月也尊者之服不敢用于妾母也

郝敬曰按嫡庶之分嚴已然母以子貴理亦至公豈得謂為私親制禮者主尊適而于人情亦甚闕矣宮中有死者非所以况于生我也世儒動引春秋附會春秋未嘗輕絕人母子後儒鑿說耳

晉書顧和傳和為尚書令時汝南王統江夏公衛崇並為庶母制服三年和乃奏曰禮所以軌物成教故

有國家者莫不崇正明本以一其統斯人倫之紀不二之道也為父後者降其所出奪天屬之性顯至公之義降殺節文著于周典按汝南王統為庶母居廬服重江夏公衞崇本由疎屬開國之緒近喪所生復行重制違冒禮度肆其私情閭閻許其過厚談者莫以為非則政道陵遲由乎禮廢憲章頽替始于容違若弗糾正無以齊物皆可下太常奪服若不祇王命應加貶黜詔從之

晉書禮志孝武帝太元十七年太常車胤上言謹按喪服禮經庶子為母緦麻三月傳曰何以緦麻與尊者為體不敢服其私親也此經傳之明文聖賢之格言而自頃開國公侯至于卿士庶子為後各肆私情服其庶母同之于嫡此末俗之弊溺情傷教縱而不

華則流蕩忘反矣且夫尊尊親親雖禮之大本然猷親于尊由來尚矣禮記曰為父後出母無服也者不祭故也又禮天子父母之喪未葬越紼而祭天地社稷斯皆崇嚴至敬不敢以私廢尊也今身承祖宗之重而以庶母之私廢烝嘗之事五廟闕祀由一妾之終求之情禮失莫大焉舉世皆然莫之裁貶就心不同而事不敢異故正禮遂頽而習非成俗此國風所以思古小雅所以悲歎當今九服漸寧王化維新誠宜崇明禮訓以一風俗請臺省考修經典式明王度不答十八年脩又上言去年上自頃開國公侯至于卿士庶子為後者服其庶母同之于嫡違禮犯制宜加裁抑事上經年未被告報未審朝議以何為疑若以所陳或謬則經有文若以古今不同則晋有成典

有字下似脫一明字

升平四年故太宰武陵王所生母喪表求齊衰三年詔聽依昔樂安王故事制大功九月興寧三年故梁所生母喪亦求三年庚子詔書依太宰故事同服大功若謹按周禮則緦麻三月若奉晉制則大功九月古禮今制並無居廬三年之文而頃年已來各申私情更相擬襲漸以成俗縱而不禁則聖典烕矣夫尊尊親親立人之本王化所由二端而已故先王設教務弘其極尊郊社之敬制越紼之禮嚴宗廟之祀厭庶子之服所以經緯人文化成天下夫屈家事于王道厭私恩于祖宗豈非上行乎下父行乎子若尊尊之心有時而替宜厭之情觸事而申祖宗之敬微而君臣之禮虧矣嚴恪微于祖宗致敬虧于事上而欲俗安化隆不亦難乎區區所惜實在于斯職

華則流蕩忘反矣且夫尊尊親親雖禮之大本然猷親于尊由来尚矣禮記曰為父後出母無服也者不祭故也又禮天子父母之喪未葬越紼而祭天地社稷斯皆崇嚴至敬不敢以私廢尊也今身承祖宗之重而以庶母之私廢烝嘗之事五廟闕祀由一妾之終求之情禮失莫大焉舉世皆然莫之裁貶就心不同而事不敢異故正禮遂頽而習非成俗此國風所以思古小雅所以悲歎當今九服漸寧王化維新誠宜崇明禮訓以一風俗請臺省考修經典式明王度不荅十八年脩又上言去年上自頃開國公侯至于鄉士庶子為後者服其庶母同之于嫡違禮犯制宜加裁抑事上經年未被告報未審朝議以何為疑若以所陳或謬則經有文若以古今不同則晉有成典

升平四年故太宰武陵王所生母喪表求齊衰三年詔聽依昔樂安王故事制大功九月興寧三年故梁王璲又所生母喪亦求三年庚子詔書依太宰故事同服大功若謹按周禮則緦麻三月若奉晉制則大功九月古禮今制並無居廬三年之文而頃年已來各申私情更相擬襲漸以成俗縱而不禁則聖典滅矣夫尊尊親親立人之本王化所由二端而已故先王設教務弘其極尊郊社之敬制越紼之禮嚴宗廟之祀厭庶子之服所以經緯人文化成天下夫屈家事于王道厭私恩于祖宗豈非上行乎下父行乎子若尊尊之心有時而替宜厭之情觸事而申祖宗之敬微而君臣之禮虧矣嚴恪微于祖宗致敬虧于事上而欲俗安化隆不亦難乎區區所惜實在于斯職

之所司不敢不言請臺參詳尚書奏案如辭輒下王者詳尋依禮庶子與尊者為體不敢服其私親此尊祖敬宗之義自頃陵遲斯禮遂廢封國之君廢五廟之重士庶匹夫闕烝嘗之禮習成頹俗宜被革正輒內外參詳謂宜聽循所上可依樂安王大功為正請為告書如左班下內外以定永制普令依承事可奉行詔可

乾學按車公所奏者本據緦麻庶子為父後者為其母條尚書所定者乃用大功章公之庶昆弟為其母條則是不為父後者與車公所奏之本旨異矣蓋緣當時群臣見緦麻之服太輕故引而同之于公之庶昆弟此雖非先王之正禮亦有晉一代

末句疑

之典權輕重之宜而制之者也

通典宋庾蔚之謂庶子爲後爲所生服緦此禮文正史近遂爲三年失之甚也按晉樂安王所生母喪議者謂應小功孝武詔令大功乃合餘尊之義但餘尊不言爲後者也即今猶皆三年

宋會要神宗熙寧三年詔御史臺審決秀州軍事判官李定追服所生母喪御史臺言在法庶子爲父後如嫡母存爲所生母服緦三月仍解官申心喪今定所生仇氏亡日定未嘗請解官申心喪止以父老乞還侍養宜依禮制追服緦麻而解官心喪三年時王安石芘定擢爲太子中允而言者俱罷免

吳肅公曰古庶子之爲父後者爲母緦噫忍歟妾爲君之長子三年衆子期爲其子亦期曾不得食報其所生也歟夫服慈獨無報者歟

開元禮　政和禮並同　書儀無　孝慈録加斬

之所司不敢不言請臺參詳尚書奏案如辭輒下主者詳尋依禮庶子與尊者為體不敢服其私親此尊祖敬宗之義自頃陵遲斯禮遂廢封國之君廢五廟之重士庶匹夫闕烝嘗之禮習成頹俗宜被革正輒内外參詳謂宜聽循所上可依樂安王大功為正請為告書如左班下内外以定永制普令依承事可奉行詔可

乾學按東公所奏者本據緦麻章庶子為父後者為其母條尚書所定者乃用大功章公之庶昆弟為其母條則是不為父後者與東公所奏之本旨異矣蓋緣當時群臣見緦麻之服太輕故引而同之于公之庶昆弟此雖非先王之正禮亦有晉一代

之典權輕重之宜而制之者也

通典宋庾蔚之謂庶子為後為所生服緦此禮文正史近遂為三年失之甚也按晋樂安王所生母喪議者謂應小功孝武詔令大功乃合餘尊之義但餘尊之猒不言為後者也即今猶皆三年

宋會要神宗熙寧三年詔御史臺審決秀州軍事判官李定追服所生母喪御史臺言在法庶子為父後如嫡母存為所生母服緦三月仍解官申心喪今定所生仇氏亡日定未嘗請解官申心喪止以父老乞還侍養宜依禮制追服緦麻而解官心喪三年時王安石芘定擢為太子中允而言者俱罷免

吴肅公曰古庶子之為父後者為母緦噫忍歟妾為君之長子三年衆子期為其子亦期曾不淂食報其所生也歟夫服慈獨無報者歟

開元禮　政和禮並同　書儀無　孝慈録加斬

衰三年詳見第三卷生母條

喪服士為庶母疏傳云大夫已上為庶母無服則為庶母是士可知而經云士者大夫已上不服庶母庶人又無庶母服者惟士而已故言士也傳曰何以緦也以名服也大夫以上為庶母無服疏以名服者以有母名故有服大夫以上無服者以其降故也馬融曰以有母名為之服緦也

雷次宗曰為五服之凡不稱其人者皆士也若有天子諸侯下及庶人則指其稱位未有言士為者此獨言士何乎蓋大夫以上庶母無服庶人無妾則無庶母為庶母者唯士而已故詭常例以著唯獨一人也

敖繼公曰大夫以上為庶母無服者以庶母之服緦而大夫以上無緦服故也又大夫以上于其有親者且降之絕之則此無服亦宜矣

毛先舒曰賈公彥疏儀禮士為庶母章云為庶母服者唯士而已又云除士以外皆無服庶母服獨士有服此語為誤蓋賈疏此章時忘小功五月條君子子為庶母慈已者一章註疏故自相抵牾注述之難如此

通典晉賀循云庶母士父之妾也服緦麻大夫以上無服按馬融引喪服云大夫以上為庶母無服○宋袁悠問雷次宗曰喪服大夫為貴臣貴妾緦何以便

為庶母無服又按檀弓云悼公之母死哀公為之齊衰有若曰諸侯為妾齊衰禮與鄭注云妾之貴者為之緦耳左傳云晋少姜卒明年正月既葬齊使晏平仲請繼室叔向對曰寡君在縗絰之中按此諸侯為妾便有服也次宗荅曰大夫為貴妾緦按注貴妾姪娣也夫姪娣實貴而大夫尊輕故不得不服至于餘妾出自凡庶故不服又天子諸侯一降旁親豈容勝妾更為服也鄭注喪服無服是也又注檀弓哀公為悼公母齊衰云妾之貴者為之緦耳此注謂諸侯為貴妾緦既與所注喪服相違且諸侯庶子母卒無服皆以父所不服亦不敢服未喻檀弓注云何以服言諸侯為貴妾緦即左傳所言少姜之卒有衰絰之言者是春秋之時諸侯淫侈至于甚者乃為齊衰此蓋

當時之褻事非周公之明典也

唐會要高宗顯慶二年修禮官長孫無忌等奏庶母古禮緦麻新禮無服謹按庶母之子即是己之昆弟為之不杖齊衰而己與之無服同氣之內吉凶頓殊求之禮情深非至理請依典故為服緦麻制從之

朱子曰父妾之有子者禮經謂之庶母緦麻三月此其名分固有所係不當論其年齒之長少然禮之隆殺又當從尊長之命非子弟所耑也

俞汝言曰為庶母謂父有子妾也子兼男女言俗不服生女庶母者非是

開元禮　政和禮　家禮並同孝慈録加至杖期

詳見第六卷庶母條

喪服貴臣貴妾註此謂公士大夫之君也殊其臣妾貴賤而為之服貴臣室老士也貴妾姪娣也天子諸侯降其臣妾無服士卑無臣則士妾又賤不足殊有子則為之緦無子則已○疏謂公士大夫之君者士無臣又不得簡妾貴賤天子諸侯于二者無服則知為此服者是公卿大

夫之君也貴臣室老士者上斬章鄭注云室老家相也士邑宰也貴妾姪娣者案曲禮云大夫不名家相長妾士昏禮云雖無娣媵先是士姪娣不具卿大夫有姪娣為長妾可知故曰貴妾姪娣也天子諸侯降其臣妾無服者以其絕期已下故也

喪服傳何以緦也以其貴也疏以其貴者以非南面故簡貴者服之也

馬融曰君為貴臣貴妾服也天子貴公諸侯貴卿大夫貴室老貴妾謂姪娣也

陳銓曰天子貴臣三公貴妾三夫人諸侯貴臣卿大夫貴妾姪娣大夫貴臣室老士貴妾亦為姪娣然則天子諸侯絕周于臣妾無服明矣大夫非其同尊毋降一等而已為士妾貴者有緦麻三月也

敖繼公曰此亦士為之也貴臣室老也貴妾長妾也此服似夫妻同之妻為此妾服則緦有私親者也其有親者宜以其服服之大夫以上無緦服

郝敬曰貴臣貴妾凡臣妾受顧託者家國皆有之

喪服小記士妾有子而為之緦無子則已註士卑妾無男女則不服不別貴賤○疏大夫貴妾雖無子猶服之故喪服云大夫為貴妾緦是別貴賤也士妾賤無子則不服不殊別妾之貴賤

郝敬曰獨言士是大夫以上妾雖有子亦不為之服矣

檀弓悼公之母死注母哀公之妾哀公為之齊衰有若曰為妾齊衰禮與注譏而問之妾之貴者為之緦耳公曰吾得已乎哉魯人以妻

我汪言國人皆名之為我妻重服嬖妾文過非也○疏天子諸侯絕旁期于妾無服惟大夫貴妾緦以哀公為妾著齊衰服故舉大夫貴妾緦以對之耳

俞汝言曰禮大夫為貴妾士為有子妾皆緦麻三月士為庶母亦然今嫡子庶子皆為庶母期年而為妾無服似亦遺漏宜為有子妾補服

汪琬曰儀禮貴妾緦而律文無之今之卿大夫宜何從予應之曰從律何以知其宜從律也古今之制不同有從重服而改輕服者有從輕服而改重服者有從有服而退為無服者有從無服而進為有服者自唐以來損益儀禮多矣而猶欲取久遠不可考之文以自附于好古乎荀卿氏曰法後王不可不深講今之卿大夫不然舉凡服其餘親莫不殺、今甲而莫之敢越而獨于其妾也則必秉周禮毋乃雁于所愛乎哉有難者曰母以子貴非與曰非是之謂也諸侯娣姪媵之子得立則國人從而尊其生母故存則書夫人沒則書薨書葬書小君皆得視其適此春秋之例也然則妾之子而既貴矣天子且許之貤封而家長可不為之制服乎曰天子自貴其卿大夫之母家長自賤其妾律令之與勅也誥也是皆出于天子固並行不倍者也或又難曰律文得毋有闕與曰國家辨妻妾之分嚴嫡庶之閑其防微而杜漸也可謂深切著明矣而又何闕文之有且吾考諸儀禮則曰大夫為貴妾緦考諸喪服小記則曰士妾有子而為之緦儀禮不言士妾小記不言大夫妾而唐開元禮則皆不為之制服宋司馬氏書儀朱子家禮與前明孝慈錄亦概未之及也蓋妾之無服千餘年于此矣今使家長之為大夫者為之服緦則衆子之為士者當如之所生子為父後者亦當如之其父在者當為所生母大功顧已之服其妾也則從儀禮緦而命衆子與所生子則又從律文或齊衰杖期或斬衰三年是于古今之制胥失之也嗟乎非天子不議禮若好古而不純乎古守今而不純乎今是則自剏為禮也吾故曰不可不深講也○又曰楊信齋曰儀禮大夫貴妾雖無子猶服之然則世俗欲以其子之貴賤論妾之貴賤者益可知其謬矣

乾學按古人之妾有出于姪娣者故有貴賤之分後世無姪娣媵之制則貴賤何以分曰亦分之于有子無子而已喪服小記士妾有子而為之緦無子則已其禮可据也夫古人為貴妾緦禮有明文而後世制禮者無之自是缺典豈可因其缺而謂貴妾必不當制服乎且庶子為其母古禮有服三月者有服九月者有服期年者後世直增之為斬衰至于儀禮貴妾之條及禮記士妾有子之條則反削之而不服此豈近于人情耶凡前王所定之禮一時偶遺而不及載者類多有之不必謂前王所定為一字不可增損也

顧炎武日知録此謂大夫之服貴臣室老士也貴妾姪娣也皆有相助之義故為之服緦古者大夫亦有姪娣左傳臧宣叔娶于鑄生賈及為而死繼室以其姪生紇是也脩六禮之制合二姓之好從其女君而歸焉故謂之貴妾士無姪娣故喪服小記曰士妾有子而為之緦然則大夫之妾雖有子猶不得緦也惟夫有死于宮中者則為之三月不舉祭近之矣○唐李晟夫人王氏無子妾杜氏生子愿詔以為嫡子及杜之卒也贈鄭國夫人而晟為之服緦議者以為準禮士妾有子而為之緦開元新禮無是服矣而晟擅舉復之頗為當時所誚今之士大夫緣飾禮文而行此服者比比也

張文嘉齊家寶要夫之于妾律不制服竊以妾雖不敢偶嫡而業居小星之列若其子或顯達則母以子貴朝廷尚有榮誥之封今其所生子固儼然在苫塊之中而嫡子及衆子且皆為之服杖期之衰而已獨若途人焉不惟其所生子必有惘然于懷而揆之此衷恐亦有所不忍者矣喪服曰大夫為妾服緦麻小記曰士為有子妾服緦麻無子則已似亦義之所當出而人情之所安也○但律既無明文不敢妄行僭用凡有生子女之妾當為之心喪三月哭臨受弔但衣袒免而于三月之内不行慶禮不舉宴會不赴人酒食庶于禮義两盡哉○訃狀宜書袒免生某頓首率男治喪哀子其泣血稽顙拜或有止其名不用袒免者亦可

吳肅公曰士妾有子而為之緦不亦可乎今制則亡矣抑悼公之母死哀公為之齊衰嬖也今之不哀公也寡矣

開元禮迄今律文俱無

【喪服】乳母註謂養子者有他故賤者代之慈已○疏案内則大夫之子有食母彼注亦引此云喪服所謂乳母以天子諸侯其子有三母其皆不為之服士又自養其子若然自外皆無此法惟有大夫之子有此食母為乳母其子為之緦也

喪服傳何以緦也以名服也疏以名服者有母名即為之服緦也

荀子曰乳母飲食之者也而三月

馬融曰士為乳母服以其乳養于已有母名

敖繼公曰此亦蒙士為之文也士之妻自養其子若有故或使賤者代食之故謂之乳母其妾子亦然若于大夫之子則慈母之外又有乳母內則曰大夫之子有食母鄭氏以為即此乳母是也大夫之子父沒乃為之服

通典漢石渠禮議問曰大夫降乳母邪聞人通漢對曰乳母所以不降者報義之服故不降也則始封之君及夫人皆不降乳母○魏劉德問田瓊曰乳母緦注云養子者有他故賤者代之慈已今時婢生口使為乳母得無甚賤不應服也瓊荅曰婢生口故不服也○晉袁準云保母者當為保姆春秋宋伯姬待姆是也非母之名也母者因父得稱且保傅婦人輔相婢之貴者耳而為之服不亦重乎先儒欲使公之庶

子為母無服而服乳母乎此時俗之名記者集以為禮非聖人之制賀循云爲乳母緦三月士與大夫皆同不以尊卑降功服故也梁氏云服乳母緦者謂母死莫養親取乳活之者故服之報功也

宋仁宗寶元二年右司諫韓琦上奏曰臣昨奉使還闕竊見朝廷自西事以來兩次非時就宅宣召兩府臣寮在外不測事宜人情驚駭當時物議謂失持重之體昨日午後又聞就宅宣兩府臣寮搢紳士庶無不憂惑至晚方知只是魏國夫人薨謝陛下雖隆乳母之愛其如在禮止為緦麻三月若言乎親則非近也若言乎尊則不崇也此止可一中人傳詔于宰臣之第令議而奏之何必徧宣近輔震恐都人事往不追後當為戒

呂坤四禮疑喪服圖註之誤世莫敢更則儒者之咎也如慈母注云謂所生之母死父命別妾撫育者斬衰三年乳母注云謂父妾乳哺者即稱母緦麻父妾乳哺不可謂慈乎慈母撫育更重於乳哺乎何服制之懸殊且所生之母死父有幾妾而適值有乳之妾乎此乳母者蓋僱他人之婦乳哺三年恩亦如母故以母呼之昔韓昌黎蘇東坡於乳母皆葬而為之銘為之緦若云父妾謬甚矣近世識夫往往通於乳母甚者留之為妾則父妾之藉口也圖注之誤亦至此乎

乾學按子為慈母三年為乳母三月其服制相去懸絕矣及攷會典暨律文之注其說無甚異可以謂之乳母者亦可以謂之慈母使人何所適從乎蓋於慈母條不用儀禮正文止云父命他妾養已者於乳母條儀禮本不言父妾則反添謂父妾乳哺者夫父妾乳哺與他妾養已有異乎無異乎而制服懸絕至此也總由不依禮文而以意自為增損遂致混淆如此呂氏之辨

可謂得禮之精意矣萬斯同曰賈疏石渠禮議及賀循之説皆謂大夫服乳母至宋仁宗以天子之貴亦欲服乳母之賤恩則厚矣何其不攷于禮也夫天子諸侯絶期彼于諸父兄弟皆以旁親而絶之而反服乳母乎大夫絶緦凡在緦之列者皆以已之尊而絶之而獨服乳母乎凡此皆説之不可通者晋袁準之論當矣不然必如梁氏之説母死莫養親取乳活之者然後可以行此服也

開元禮　政和禮　書儀　家禮　孝慈録　會典　今律文並同

【喪服】從祖昆弟之子註族父母為之服○疏從祖昆弟之子者再從兄弟之子族父母為之服者據彼來呼已為族父母為之服緦也敖繼公曰為族曽祖父族祖父族父族昆弟皆緦其族昆弟固相為矣此條則族父報然則族曽祖父于昆弟之曽孫族祖父于從父昆弟之孫以其為旁親卑者之輕服故畧之而不報與○按經但見族父為此服註兼言族母者足經意也婦人為夫黨之卑屬與夫同

乾學按族父為從祖昆弟之子服則族曽祖父必為昆弟之曽孫服族祖父必為從父昆弟之孫服非畧之而不報直文不具

耳

開元禮無正條統于族父報之内　政和禮　家禮　孝慈録　會典　今律文並如儀禮惟書儀無

喪服曾孫注孫之子○疏據曾祖爲之緦不言玄孫者此亦如齊衰三月章直見曾祖不言高祖以其爲曾高同爲曾玄亦同故二章皆畧不言高祖玄孫也

爾雅孫之子爲曾孫注曾猶重也

敖繼公曰此曾祖爲之服也以本服之差言之爲子期爲孫大功則爲曾孫亦宜小功乃在此者以曾孫爲已齊衰三月故已亦爲之緦麻三月蓋不可以過于其爲已之月數也不分適庶者以其卑遠畧之且不可使其庶者無服也

開元禮　政和禮　書儀　家禮　孝慈録　會典　今律文並同

喪服父之姑注歸孫爲祖父之姊妹○疏爾雅云女子謂昆弟之子爲姪謂姪之子爲歸孫是以鄭據而言焉

爾雅王父之姊妹爲王姑

敖繼公曰此從祖之親乃緦者以其為祖父之姊妹于屬為尊故但據已適人者言之其意與姑為姪者同不言報者亦以非其一定之禮故也

乾學按已之姑大功則父之姑宜小功而乃降至緦麻者猶已之世叔父期年而父之世叔父小功也

開元禮 政和禮 家禮 孝慈録 會典 今律文並同惟書儀無

喪服從母昆弟

喪服傳何以緦也以名服也疏以名服者因從母有母名而服其子也

爾雅從母之男子為從母昆弟

馬融曰姊妹子相為服也以從母有母名以子有昆弟名

敖繼公曰從母姊妹亦存焉外親之婦人在室適人同又曰名謂昆弟之名母于姊妹之子小功子無所從也惟以名服之從母以名加此以名服子于母黨其情益可見矣然則有可從而不從者所以遠別于父族與

通典從母被出為從母兄弟服議晉王愷與諸槩兩

姨兄弟王愷母周氏被出後愷亡椠疑于服因車循以問博士朱濤之曰據禮爲服否荅曰母出則爲繼母之黨服褚服當無疑也車循難曰爲其母黨服則不服繼母之黨明無二外氏王今服繼母黨則不得服出母黨明矣王既不服周氏褚無服王之禮濤荅曰禮有從無服而有服不必要以相報爲名王不服褚以其母被出絶于外族褚之從母在王之室及停庾之家愷母更嫁庾氏同曰從母禮云以名服不荅以報服褚若不服王則是卒不爲其母黨服便成遠禮王既一絶周氏不得服褚母故其子亦然褚今服王之母何得不服王乎○宋庾蔚之曰出母絶族惟親者屬母子無絶道餘親不得有服此禮之明文褚所以服王由乎周氏王既絶周不復服褚矣褚何容獨服王耶

禮有從無服而有服蓋是厭降所致豈淂與義絶者同乎從母昆弟以名服者蓋明服之由不關義絶之後從母在王及母在庾誠無以異但在庾則絶王故褚不淂從親者屬而服王也褚以王絶已故不服何嫌褚母之出也不服之理各有其義者也

族父是姨弟爲服議晋蔡謨荅族父爲姨弟問者曰乙是甲族兄子也二人之母則姊妹也以外親言之則是從母之子應服緦麻以同宗言之則六代之親知禮無服今甲亡乙應制服否乙者庾元靖甲者庾仁也謨按禮記云同姓從宗合族屬異姓主名理際會先儒説曰異姓謂来者也正其母與父之名也記又云其夫屬乎父道者妻皆母道也今甲之父與乙于班爲祖族則其妻亦有祖母之名不復淂爲從母也凡親屬之名妻

從其夫子從其母母不得為從母則子亦不得為從母之子也親名既正服亦隨之謂乙應從同宗六代之制不應服也難者曰禮所云異姓主名理際會本是他人惟以來嫁為親故尊卑親疏從其所適至于[旁親二字改親]骨肉之親小功服也今以所適無服之親便從無服之制是為以疏奪親也適他人者猶為之服來適同宗而便絕之豈其理乎荅曰禮大夫之妾皆有姪娣而大夫之子于庶母無服若論其親則此庶母亦是從母也今皆來為父妾則廢從母之名而從庶母之稱緦小功之服而從無服之制此禮之成典也推此而論之適他人者從其本親來適同宗則從其所適不得係本此所謂異姓主名理際會者也或有族父絕服而又是姨弟今叔親當云何徐邈荅曰

禮有從無服而有服蓋是殺降所致豈得與義絶者同乎從母昆弟以名服者蓋明服之由不關義絶之後從母在王及母在庾誠無以異但在庾則絶王故褚不得從親者屬而服王也褚以王絶己故不服何嫌褚母之出也不服之理各有其義者也

族父是姨弟爲服議晋蔡謨荅族父爲姨弟問者曰乙是甲族兄子也二人之母則姊妹也以外親言之則是從母之子應服緦麻以同宗言之則六代之親知禮無服今甲亡乙應制服否（乙者庾元靖甲者庾仁也）謨按禮記云同姓從宗合族屬異姓主名理際會先儒說曰異姓謂来者也正其母與父之名也記又云其夫屬乎父道者妻皆母道也今甲之父與乙于班爲祖族則其妻亦有祖母之名不復得爲從母也凡親屬之名妻

從其夫子從其母〻不得為從母則子亦不得為從母之子也親名既正服亦隨之謂乙應從同宗六代之制不應服也難者曰禮所云異姓主名理際會本是他人惟以來嫁為親故尊卑親疎從其所適至于從母者骨肉之親小功服也今以所適無服之親便從無服之制是為以疎奪親也適他人者猶為之服來適同宗而便絶之豈其理乎荅曰禮大夫之娶皆有姪娣而大夫之子于庶母無服若論其親則此庶母亦是從母也今皆來為父妾則廢從母之名而從庶母之稱絶小功之服而從無服之制此禮之成典也推此而論之適他人者從其本親來適同宗則從其所適不得係本此所謂異姓主名理際會者也或有族父絶服而又是姨弟今叔親當云何徐邈荅曰

書稱以親九族禮親〻以三爲五以五爲九上殺下殺旁殺而親畢矣故上極四代旁觀四等每服有降自五代以往則是九族之外謂之同姓而已其長幼之班拜起之節有時而可改無必不移之道也姨弟爲無服之宗人今若繫踈宗服外之名以奪毋黨有服之親則未見其義也謂宜從姨弟例服散騎常侍

徐衆論云庾左丞孫見遭族父喪父已絶服又是姨弟見問當服不徐答以爲當服右丞徐彦重難曰禮云尊祖故敬宗敬宗則收族收族者序以昭穆也何得以姨弟之服加于宗父乎于情乃可無傷于義實爲有害也衆答曰禮爲曾祖高祖三月又改葬緦麻服所尊又臨至親之葬而服之最輕者豈損所尊之服乎今族父無服姨弟有服自爲姨弟服何爲輕服

服宗父乎雖云于義有害者不解害何義邪天生族父爲吾姨弟非吾貶退所爲何不敬宗之有族父應拜而姨弟不應拜今族父爲姨弟人不可以姨弟不應得拜而不爲族父拜也猶不可以族父無服而不爲姨弟服也若姨弟犯過吾不顧族父與姨弟共身同體恕而容之此不可也于其死亡以姨弟服之正合禮記絶族無施服而親者屬文

爲内外妹爲兄弟妻服議晉徐衆論云徐恩龍娶姨妹爲婦婦亡而諸弟以姨妹爲嫂嫂叔無服不復爲姨妹行喪右丞徐萬謂宜然今議者以嫂無服不得爲姨妹服不解服之爲害義耶爲傷情耶爲尊厭耶所爲尊厭者父在爲母尊卑體異故可得厭耳今姊妹一人之體兼此尊卑何所厭也齊衰之昔與大功

之麻同皆兩服之所以叙親親之情今以嫂叔之嫌不為姨妹制服絶親親之義傷恩眤之道殆非聖人為服之本意乎徐彥難曰本雖中外姨兄弟之親一為嫂然便當以公義斷私不為尊卑之斷也衆曰女人外屬以夫氏為公以公斷不為然服可也然以嫂是姨妹復何公斷而不服耶彥重難曰若以此服為親則不闕親服無報又公義在于夫氏豈在嫂耶衆曰就如難者制公在然不在嫂雖有姨妹之親就于公義不得服之猶可也若然有斷則嫂無斷雖姨妹為嫂必服之為然之姨兄而見服則姨為嫂之姨妹何獨不見服哉若不相服則絶此正親豈聖人之意乎苟姨妹得服姨兄兄亦應服何無報哉彥重難曰若姨妹為嫂而為之服必也正名將謂之何衆答曰

今姨妹為嫂有服者以正名故也言嫂則姨妹不從焉言姨妹則嫂不與焉名別若此故可服也嫂自無服吾不為之服姨妹有服吾為之緦麻吾自服姨妹奚為強謂之服嫂也哉見嫂應拜見姨妹不拜也今嫂妹同體我自拜嫂而謂我拜姨妹不亦惑哉彥重難曰彥以為姨妹為嫂而不服者正以無復姨妹之名故耳衆荅曰不解姨妹為嫂便無復姨妹之名削其氏族滅其名號邪為變化分離嫂留而去妹耶為我嫂者是姨妹也何不得兩全哉彥難曰若如告言嫂則姨妹不從言姨妹則嫂不從未審定言嫂邪言姨妹耶衆荅曰一人合兩親似一人兼兩官當其事則舉其名以應其義何拘以一名一稱哉言嫂則拜之言姊妹則服之各有所施不以此而滅彼耳彥曰

平存許其稱嫂而拜則姨妹也至于亡歿便稱姨不拜則非復嫂也惧一人之身不得以昨日平安為嫂明日終亡為姨妹也衆曰吾得存之與亡為嫂為妹不復異也為我嫂故拜之是姨妹故服之情理自通何以云拜便不得制服制服便不得拜乎彥重難曰若隨其名別其義則著服臨尸不復拜也衆荅曰見姨妹之尸不可以不服臨亡嫂之喪不可以不拜〻〻自為嫂服施為妹服隨其親拜應其名別其義斯之謂矣○大唐之制兩姨姑舅姊妹並不得通婚嫂姊相為小功議按表準正論云中外之親〻〻于同姓同姓且猶不可婚而況中外之親乎誠哉斯旨何者按婚禮娶于異姓所以附遠厚別附遠者欲令敦睦異宗厚別者蓋以別于禽獸則姨舅之女于母可謂至

親矣以之通婚甚黷情理然有若晉徐恩龍者或識昧一時不詳典故姨妹既納之爲婦諸弟安得不謂之嫂乎且男女之際必在正名名正而男女有别安有存時拜之爲嫂殁則服之爲妹徐衆乃云一人兼兩親以一人兼兩官誠如所見兩名兼行是則公私名稱混淆婚姻無别矣或者以服疑從重亦謂不然按喪服有或引或推各存正義故庾蔚之云外姨妹而爲兄弟之妻宜用無服之制兄弟之妻無服乃異于姨妹之有服也況彼既棄本親來爲本族之婦我安得棄正禮而强徇私服哉徐彦之論當矣

乾學按從母昆弟兼有從母姊妹在内故是篇論姨妹爲嫂服者亦見于此條

開元禮　政和禮　書儀　家禮　孝慈録　會

典今律文並同

喪服 甥 註姊妹之子

喪服傳 甥者何也謂吾舅者吾謂之甥何以緦也報之也 疏報之者甥既服舅以緦舅亦為甥以緦也

馬融曰甥從其母而服已緦故報之

敖繼公曰亦丈夫婦人同

喪服 壻 註女子子之夫也

爾雅 女子子之夫為壻 說文曰壻者女之夫也從士從胥聞一知十為士胥者有才知之稱故女之夫為壻也

喪服傳 何以緦也報之也 疏報之者壻既從妻而服妻之父母妻之父母遂報之服

馬融曰壻從女而為已服緦故報之以緦也

五代會要 後唐清泰三年博士段顒奏為壻舊服緦麻今給假令式誤為小功下尚書省議僕射劉昫等議上諸服紀請一依開元禮從之

車垓曰說文云壻者女之夫也婦翁為壻義服緦麻而壻與婦翁服亦同也或謂翁壻相與情分似不薄而服制若是之輕何也蓋先王制服惟本宗為

重于異姓則輕翁之與壻本異姓也況一以妻而親一以女而親又其相褢之日少而相遠之日多服由是而推宜乎其緦也或者又謂舅甥亦異姓而服則小功何也蓋舅之服由母而推甥之服由姊妹而推故其重加于翁壻一等耳

呂枏曰為壻何曰報也以緦報緦不亦重乎曰無緦則無服古者迭為賓主

開元禮　政和禮　書儀　家禮　孝慈録　會典　今律文並同

喪服妻之父母

爾雅妻之父為外舅妻之母為外姑成氏曰婦人謂夫之父母曰舅姑男子亦謂妻之父母曰舅姑但加外字耳夫婦齊體父母互相敬也

喪服傳何以緦從服也註從于妻而服之○馬融曰壻從妻而服緦也

敖繼公曰從期服而緦是降于其妻三等矣妻從夫降一等子從母降二等夫從妻降三等差之宜也

喪服小記世子不降妻之父母註世子天子諸侯之適子也不降妻之父母為妻故親之也

應鏞曰天子諸侯降其妻之父母而世子上不敢擬于尊者儲副韜潜而未有君道也

服問有從重而輕為妻之父母註妻齊衰而夫從緦麻不降一等言非服差有從

有服而無服公子爲其妻之父母註凡公子厭于君降其私親女君之子不降也○疏雖爲公子之妻猶爲父母期是有服也公子被厭不從妻服父母是從有服而無服也

通典宋庾蔚之謂夫妻一體之親而謂之妻父母徒從失之甚矣言應服者辨之已詳或疑外氏無二統則妻之父母亦不宜二意以爲母之兩三親継不同妻之三四于已猶一非其例也

五代會要後唐清泰三年太常博士段顒言妻之父母舊服緦麻今給假令式服小功下尚書省集議左僕射劉昫等奏上諸服紀請一依開元禮從之車垓曰爾雅云妻之父母曰外舅外姑其壻爲之義服緦麻三月也若妻亡別娶亦服若妻之親母雖改嫁被出亦服

乾學按世子不降妻之父母而公子反無服何也豈諸侯可以厭公子不可以厭世子耶盖緣世子得遂其妻服而公子于妻

則在五服之外緦冠麻衣既葬而即除彼于妻既不服則妻之父母又何服之有

開元禮　政和禮　書儀　家禮　孝慈錄　會典　今律文並同家禮及會典妻亡而別娶亦同妻之親母雖嫁出猶服

喪服　姑之子註外兄弟也

喪服傳　何以緦報之也疏外兄弟者姑是內人以出外而生故也姑舅之子兩相為服故云報之也

車垓曰已于姑之子女所謂外兄弟姊妹者也已為其母服大功而為其子則服緦麻也夫為出嫁姑服大功者由吾父之同氣也故重于姑之子女服緦麻者由其父之異姓也故輕

呂柟曰為舅之子姑之子姨之子者何曰從父母也是故從父則及其表兄弟從母則及其內兄弟舅姨母兄弟之在內者也姑父兄弟之在外者也

開元禮　政和禮　書儀　家禮　孝慈錄　會典　今律文並同

喪服　舅註母之兄弟

爾雅　母之昆弟為舅

喪服傳何以緦也從服也註于母而服之。疏不言報者既是母之懷抱之親不得言報也

敖繼公曰從于母之大功而緦也母于昆弟之爲父後者期子乃不從之而服小功者亦可以見從服一定之制矣

爲所後者妻之昆弟若子此即斬衰章爲人後者傳文解見前篇

記庶子爲後者爲其舅無服不爲後如邦人疏以其與尊者爲一體既不得服所出母是以母黨皆不服

唐貞觀時加爲小功後代因之詳見第十二卷

喪服舅之子註內兄弟也

喪服傳何以緦從服也疏內兄弟者對姑之子云舅子本在內不出故得內名也從服者亦是從于母而服之不言報者爲舅既言從服其子相施亦不得言報也

程子曰報服若姑之子爲舅之子服是也異姓之服只推得一重若爲母而推則及舅而止若爲姑而推可以及其子故舅之子無服却爲姑之子服既與姑之子服姑之子須報之也故姑子舅子其服同

宋末人應繼公前

乾學按姑之子為舅之子是從服舅之子為姑之子方是報服

敖繼公曰此與姑之子相為皆男女同也子為母黨服止于外祖父母從母舅〻之子從母之子耳其餘則無服也外祖父母從母舅與母為一體至親也故從服舅之子與從母昆弟則以其為尊者至親之子而在兄弟之列不可以無服故或從服而或以名服也

車垓曰已于舅之子女所謂內兄弟姊妹者也已為舅服小功矣則宜為其子服緦麻也夫內兄弟與外兄弟皆服緦麻者親同服亦同也然姑則父之姊妹也舅則母之兄弟也其親亦同而服乃不同者何也蓋姑之服由父之同氣推之也故重舅之服由母之異姓推之也故輕

喪服傳為所後者妻之昆弟之子若子此即斬衰章為人後者傳文解見前篇

開元禮　政和禮　書儀　家禮　孝慈録　會典　今律文並同

喪服夫之諸祖父母報註諸祖父母者夫之所為小功從祖〻父母外祖父母或曰曾祖父母曾祖于曾孫之父無服而云報乎曾祖父母正服小功妻從服緦〇疏夫之所為小功者妻降一等故緦麻以其本疏兩相為服則生報名或人解諸祖之中兼有夫之曾祖父母故鄭破其說又言若今本不為曾祖齊衰三月而依差降服小功其妻降一等得有緦麻今既齊衰三月明為曾孫妻無服

馬融曰妻為夫之諸祖父母服所服者四其報者二曾祖正小功故妻服緦不報也從祖〻父旁尊故報也

敖繼公曰夫之所爲服小功者則妻爲之緦若于夫之祖父母之行而服此者惟其從祖〻父母耳似不必言諸然則此經所指者其夫之從祖〻父母及從祖父母與但言諸者疑文誤且脫也

乾學按諸祖父母者即小功章從祖〻父母從祖父母也夫爲之服小功故妻從服緦麻敖氏之言是鄭氏兼外祖父母言恐未必然也

萬斯同曰馬氏謂夫之諸祖父母所服者四所報者二而不明指其人何也愚按所服者四謂曾祖父母也從祖〻父母也從祖父母也外祖父母也所報者二謂從祖〻父母也從祖父母也

開元禮　政和禮　書儀　家禮　孝慈録　會典　今律文並同

補唐律爲從父兄弟子之婦

補唐律爲夫從父兄弟之子婦

政和禮　書儀　家禮　孝慈録　會典　今律

文並同

補政和禮爲兄弟孫之婦車垓曰兄弟之孫親姪孫也已爲親姪孫服小功則宜爲其妻服緦麻也

補政和禮爲夫兄弟孫之婦

補政和禮爲外孫之婦車垓曰外祖爲外孫服緦麻矣而爲外孫婦亦服緦麻者亦引而進之之義也

書儀　家禮　明會典　今律文並同

乾學按儀禮夫之諸祖父母報條注指爲夫之從祖祖父母外祖父母則以上五條即夫之諸祖父母所報之人也

喪服君母之昆弟

喪服傳何以緦從服也註從于君母而服緦也君母在則不敢不從服君母卒則不服也○疏徒從故從亡則已也

馬融曰妾子爲嫡夫人昆弟服緦君母卒則不服也○又曰從母在爲之服

敖繼公曰庶子從君母之服惟止于此不及其昆弟之子與從母昆弟異于因母也若為父後則服之盖其禮當與為人後者同也

開元禮迄今律文統于甥為舅服內

喪服為夫之從父昆弟之妻疏夫之從父昆弟之妻同堂娣姒降于親娣姒故緦麻也

喪服傳何以緦也以為相與同室則生緦之親焉注同室者不如居室之親也○疏發問者以本路人夫又不服之今相為服故問之以大功有同室同財之義故云相與同室則生緦之親焉

敖繼公曰小功章云夫之姑姊妹娣姒婦報是章惟見此服不及夫之從父姊妹者文不具耳此亦言其所以有服之由也其義與娣姒婦以居室之故而有服者同

開元禮　政和禮　書儀　家禮　孝慈録　會典　今律文並同

喪服記改葬緦注謂墳墓以他故崩壞將亡失尸柩者也改葬者明棺物毀敗改設之如葬時也其奠如大歛從廟之廟從墓之墓禮宜同也服緦者臣為君也子為父也妻為夫也必服緦者親見尸柩不可以無服緦三月而除之○疏其奠如大歛者案既夕記朝廟至廟中更設遷祖奠此移柩向新葬之處所設之奠亦如大歛奠士用肫三鼎則大夫以上更加牲牢大夫用特牲諸侯用少牢天子用大牢可知從廟之廟從墓之墓禮宜同者朝廟載柩之時士用輁軸大夫已上用輴不用蜃車飾以帷幭則此從墓之墓亦與朝廟同可知故云禮宜同也知服緦為臣子與妻者若更言餘服無

妨更及齊衰已下今直言緦之輕服明知惟據極重而言故以三年也三月而除者謂葬時服之及其除也亦法天道一時故三月而除也若然鄭言三年舉痛極者而言父為長子子為母亦與此同也

春秋莊公三年五月葬桓王○穀梁傳改葬也改葬之禮緦舉下緬也注緦者五服最下言舉下緬上從緦皆反其故服因葬桓王記改葬之禮不謂改葬桓王當服緦也甯之先君與蔡司徒論之詳矣江熙曰葬稱公舉五年之上改葬禮緦舉五服之下以喪緬藐遠也天子諸侯易服而葬以為交于神明者不可以純凶況其緬者乎是故改葬之禮其服惟輕言緬釋所以緦也

孔叢子司徒文子改葬其叔父問于子思子思曰禮父母改葬緦既葬而除不忍無服送至親也非父母無服無服則弔服加麻

通典改葬服議漢戴德云制緦麻具而葬葬而除謂子為父妻妾為夫臣為君孫為祖後也無遣奠之禮其餘親皆弔服○馬融曰棺有弛壞將亡尸柩故制改葬棺物敗者設之如初其奠如大斂時不制斬者

禮已終也從墓之墓事已而除不必三月惟三年者服緦周以下無服○陳鑠問趙商云親見尸柩不可吉服既虞可除何為乎三月商荅曰經云改葬緦三月一時無他變易今既緦無因便除故待三月除以順緦之數○魏王肅云本有三年之服者道有遠近或有艱故既葬而除不待有三月之限也非父母無服無服則弔服加麻○吴徐整問射慈云改葬緦其奠如大斂從廟之廟從墓之墓禮宜同也又此大斂謂如始死之大斂耶從廟謂從何廟牲物何用慈荅奠如大斂奠士大斂特豚從禰廟朝祖廟從故墓之新墓皆用特豚大夫以上其禮亡以此推之大夫奠用特豚天子太牢諸侯少牢

晉袁準正論云喪無再服然哀甚不可無服若終月

數是再服也道遠則過之可也道近旬月可也或問何親服緦大功以上可也○東晉賀循荅傳純云鄭玄云三月者以親覩尸柩故三月以紓其餘哀但遲速不可限故不在三月章也王氏虞畢而除且無正文鄭得從重故要記從之

殷仲堪問范甯曰從兄道林營還故事先儒並不疑緦服代所多用且當依行至于釋除王鄭不同何者為允甯荅曰改葬者非常故不在五服之章葬遲者自當以畢事為斷亦猶久喪服踰三年又云父喪未葬主喪者不除當其為主五服皆然苟有事故葬必踰期此非常之通服也

成帝咸和四年太尉庾亮改葬服齊衰咸康三年司空何充改葬亦然蔡謨以為改葬斬衰禮言緦者謂

緦親以上皆反服也范汪與江惇書孝子重覲靈櫬哀慟擗踊何以緦服臨至親之喪三月而除此乃儀禮數字了無首尾今人有疑孫放改葬其祖放開壙服斬衰一門反服從行者待柩至以衰絰迎于郊二月事畢放父四月晦除放兄弟二月晦除此皆反服孟陋難放曰未嘗有斬服旬月而除者放荅曰禮亦有積年而無變父喪是也或再以表哀親屬臨壙是也或旬月而除訖葬即吉是也或服重而月促齊衰三月是也何琦云皇祖恩遠猶不敢以輕服〻之況以緦臨父母之葬乎若傳重之孫改葬其父則為二斬于禮亦通順鄭玄三月之義則進退有疑從王肅虞除之文則就吉倉卒從蔡謨則闋于二斬且喪服齊衰三月之例而緦無異條也王濛曰改葬緦奪之以漸可也今若極重制于旬日同至痛于始哀而就吉不漸于禮有疑于濟荅曰蔡謨云傳云不以兄弟之服〻

至尊者乃始喪正服耳且斬衰之末便自縞冠麻衣乃輕于緦麻然猶以服至尊矣范宣曰斬衰既葬則布同于齊衰既練則同大功大祥之後略如緦麻禮之次序也安得反服始服不從其變又既葬緦麻服三月者非也直訖葬為斷矣若改葬不過一旬安可便脫乎禮云一時時踰思變故取節焉若道遠難故不得時畢則猶禮云久喪不葬主喪者不除可待葬訖而除○宋庾蔚之謂改葬所以緦而不重者當以送亡有已復生有節若用始亡之服則是死其親故制緦以示變吉既有其服若旬月而葬則當如鄭玄說卒緦之限三月而除若葬過三月者須葬畢釋服服為葬設故也

虞氏家記潭母太夫人薨宜都府君即世五十九載

改殯脩構窀穸靈柩任而莫前群從咸以喪事有往無反不應遷移潭以昔文王之葬王季既定而洪水出壞棺槨文王乃設張屋出柩三日羣臣臨之然後葬此則上聖之遺令載其薦籍遂奉遷神柩權停幕屋使子孫展哀晨夕宗族相臨允合張屋之儀也天子給太夫人緋細車謁者送喪禮儀光備合葬于舊壙

通典嫡孫有父喪未練改葬祖服議晉殷疑問嫡孫居父喪未練而改葬祖當何服又出養子居所生父喪齊衰改葬合當何服荀訥云禮父母喪偕葬先輕後重謂便當以重服而葬也若服重可以臨葬則為人後者亦當著齊衰耳禮無的文此意決耳步熊問改葬但言臣子妻為君父夫三者而孫為祖後亦宜

緦否審受重于祖父已後祖墓崩不知云何許猛云按經文以謂諸有三年者皆當緦如注意據此三者明惟斬者耳今父卒孫爲祖後而葬祖雖不受重于祖據爲主雖不爲祖斬亦制緦以葬也

有小功喪及兄喪在殯改葬父母服議魏荀昊云有小功喪服改葬父母服以重包輕宜便服小功王肅以爲宜服改葬緦卒事反故服○晉蔡謨荅或問改葬服緦今甲當遷葬而先有兄喪在殯爲當何服議荅亦應服緦禮三年之喪既練而遭緦麻之服則服其服往哭之凡喪相易皆以重易輕至于此事則以輕易重所以然者臨其喪故也卑者猶然況至尊乎謂甲臨葬應改服緦麻

改葬父母出適女服議晉庾蘇問女子適人今改葬

兒既服緦女子當有服否王翼荅云喪禮改葬緦鄭氏以爲臣子妻以例推之女子雖降父母卽亦子也今男女皆緦于義自通

改葬前母及出母服議晉胡濟改葬前母服議云今禮無其章不服特爲之法故取繼母服准事目下淂申孝養之情推此所奉前繼一也以爲前母改葬宜從衆子之制又劉鎮之問父尚在母出嫁亡今改葬應有服否徐廣荅云改葬服緦惟施極重此既出嫁未聞兒有服之文然緣情立禮今制服奉臨就從重之義合卽心之理亦當無疑于不允也

魏書禮志明帝神龜元年十一月侍中國子祭酒儀同三司崔光上言被臺祠部書符文昭皇太后改葬議至尊皇太后羣臣服制輕重四門博士劉季明議

云案喪服記雖云改葬緦文無指據至于注解乖異不同馬融王肅云本有三年之服者鄭及三重然而後來諸儒符融者多與玄者少今請依馬王諸儒之議至尊宜服緦案記外宗爲君夫人猶内宗鄭注云爲君服斬夫人齊衰不敢以親服至尊也今皇太后雖上奉宗廟下臨朝臣至于爲姑不淂過期計應無服其清河汝南二王母服三年亦宜有緦自餘王公百官爲君之母妻惟期而已並應不服又太常博士鄭六議云謹檢喪服并中代雜論記云改葬緦鄭注臣爲君子爲父妻爲夫親見屍柩不可以無服故服緦三年者緦則期已下無服竊謂鄭氏淂服緦之旨謬三月之言如臣所見請依康成之服緦既葬而除愚以爲允詔可

隋書禮儀志後齊王元軌子欽改葬祖及祖母列上未知所服邢子才議曰禮改葬緦麻鄭玄注臣為君子為父妻為夫惟三人而已然嫡曾孫承重者曾祖父母祖父母改葬既並三年之服皆應服緦而止言三人若非遺漏便是舉其畧耳

開元禮改葬之日內外諸親皆至墓所主人衆主人妻妾女子子俱緦麻服周親以下皆素服既虞主人以下釋緦服著素服而還政和禮同

韓愈改葬服議經曰改葬緦春秋穀梁傳亦曰改葬之禮緦舉下緬也此皆謂子之于父母其他則皆無服何以識其必然經次五等之服小功之下然後著改葬之制更無輕重之差以此知非記其最親者其他無服則不記也若主人當服斬衰其

餘親各服其服則經亦言之不當惟云緦也傳稱舉下緦者緦猶遠也下服之最輕者也以其遠故其服輕也江熙曰禮天子諸侯易服而葬以爲交于神明者不可以純凶况其緦者乎是故改葬之禮其服惟輕以此而言則亦明矣衛司徒文子改葬其叔父問服于子思子思曰禮父母改葬緦既葬而除之不忍無服送至親也非父母無服無服則弔服而加麻此又其著者也丈子又曰喪服既除然後乃葬則其服何服子思曰三年之喪未葬服不變除何有焉然則改葬與未葬者有異矣古者諸侯五月而葬大夫三月而葬士踰月無故未有過時而不葬者也過時而不葬謂之不能葬春秋譏之若有故而未葬雖出三年子之服不變此

孝子之所以著其情先王之所以必其時之道也雖有其文未有著其人者以知其至少也改葬者爲山崩水涌毁其墓及葬而禮不備者若文王之葬王季以水囓其墓魯隱公之葬惠公以有宋師太子少葬有闕之類是也喪有進而無退有易以輕服無加以重服殯于堂則謂之殯瘞于野則謂之葬近代已來事與古異或游或仕在千里之外或子幼妻稚不能自還甚者拘以陰陽畏忌遂葬于其土及其反葬也遠者或至數十年近者亦出三年其吉服而從于事也久矣又安可取未葬不變服之例而反爲之重服與在喪當葬猶宜易以輕服况既遠而反純凶以葬乎若果重服是所謂未可除而除不當重而更重也或曰喪與其易也

寧戚雖重服不亦可乎曰不然易之與戚則易固不如戚矣雖然未若合禮之爲懿也儉之與奢則儉固愈于奢矣雖然未若合禮之爲懿也過猶不及其此類之謂乎或曰經稱改葬緦而不著其月數則以三月而後除也子思之對文子則曰既葬而除之今宜如何曰自啟殯至于既葬而三月則除之未三月則服以終三月也曰妻爲夫何如曰如子無弔服而加麻何如曰今之弔服猶古之弔服也

宋史凶禮志　宋太祖改葬宣祖有司言按儀禮改葬緦注云臣爲君子爲父妻爲夫也必服緦者親見尸柩不可以無服緦三月而除之今請皇帝服緦皇親及文武官護送靈駕者亦服緦既葬而除

朱子云改葬服緦鄭玄謂終三月而除王肅謂事畢而除俱不可攷禮宜從厚從鄭可也鄭氏謂改葬三年服者服緦三月否則弔服加麻葬畢除之是也子思曰禮父母改葬緦而除服非父母不服緦也

集禮將改葬之日内外諸親皆至各就次主人服緦麻服諸親皆素服既葬行虞祭畢主人以下出就别次釋緦麻服素服而還

續文獻通考明太祖念仁祖太后始葬時禮有未備議欲改葬問博士許存仁荅改葬典禮當何据存仁荅曰禮改葬易常服用緦麻葬畢除之今當如其禮上愴然曰改葬雖有常禮父母之恩豈能盡報耶命有司制素冠白纓衫絰皆以粗布爲之起居注王禕

曰比緦為重矣上曰與其輕也寧重

〔王廷相改葬議〕庾亮何充改葬服衰禮乎曰斯禮之過也儀禮喪服傳曰改葬緦戴氏曰緦麻具而葬葬而除謂子為父妻妾為夫臣為君孫為祖後也非是親也皆弔服而加麻鄭氏云必終三月而除何也曰王肅有云道有遠近或有艱故使三月之外尚未集事處可除乎葬畢而除不限三月宜也曰不亦輕服而臨至親乎曰非是之謂也斬衰既葬則布同于齊衰既練則同大功故曰功衰大祥之後縞冠麻衣即如緦麻矣服變之漸也改葬緦者以不可以吉服從事也故服緦以從已變之、爾春秋穀梁傳曰改葬緦舉下緬也緦五服之最下者也緬遠也曰以其遠故舉其輕服也衛司徒文子改葬其叔父問服于子思子思曰禮父母改葬緦既葬而除之不忍無服送至親也非父母無服則弔服而加麻由是言之反重服限三月者皆禮之過者也從事以緦畢事而除禮也曰父母之墓崩毀或盜矣露柩體修之宜何服曰此痛之甚者也可無制服以臨之乎禮無正文以義而起亦可也改葬禮緦其服雖輕而用情甚重脩墓更葬其事體均制緦禮也

徐駿改葬服議經曰改葬緦春秋穀梁傳亦曰改葬之禮緦舉下緬也此皆謂子之于父母其他則皆無服何以識其必然經次五等之服小功之下然後著改葬之制更無輕重之差以此知惟記其最親者其他無服則不記也若主人當服斬衰其餘親各服其服則經亦言之不當惟云緦也傳稱舉下緬者緬猶遠也下謂服之最輕者也以其遠故其服輕也江熙曰禮天子諸侯易服而葬以為交于神明者不可以純凶況其緬者乎是故改葬之禮其服惟輕以此而言則亦明矣衛司徒文子改葬其叔父問服于子思子思曰禮父母改葬緦既葬而除之不忍無服送至親也非父母無服無服則弔服而加麻此又其著者也文子又曰喪服既除然後乃葬則其服何服子思曰三年之喪未葬服不變除何有焉然則改葬與未葬者有異矣古者諸侯五

月而葬大夫三月而葬士逾月而葬未有過時而不葬者也過時而不葬謂之不能葬春秋譏之若有故而未葬雖出三年子之服不變此孝子之所以著其情先王之所以必其時之道也雖有其文未有著其人者以是知其至少也改葬者為山崩水湧毁其墓及葬而禮不備者若文王之葬王季以水齧其墓魯隱公之葬惠公以有宋師太子少葬故有闕之類是也喪事有進而無退有易以輕服無加以重服殯于堂則謂之殯瘞于野則謂之葬近代以來事與古異或游或仕在千里之外或子幼妻稚而不能自還甚者拘以陰陽畏忌遂葬于其土及其遷葬也遠者或至數十年近者亦出三年其吉服而從于事也久矣又安可取未葬不變服之例而反為之重服與在喪常葬猶宜易以輕服況既遠而反純凶以葬乎若果重服是所謂未可除而除不當重而更重也或曰喪與其易也寧戚雖重服不亦可乎曰不然易之與戚則易固不如戚矣雖然未若合禮之為懿也過猶不及其此類之為乎或曰經春改葬緦而不著其月數則似三月而後除也子思之對文子則曰既葬而除之今宜何如曰自啟至于既葬而三月則除之未三月則服以終三月也曰妻為夫何如曰如子無吊服而麻則何如曰今之吊服猶古之吊服也

汪琬曰或問禮改葬緦鄭玄謂三月除之而明集禮既葬釋服何以不同也曰集禮釋緦服者謂釋其衰麻耳下文素云云則猶未敢即吉也是故吾從三月

【梁紹炳改葬服議】門人有改葬其遠祖者問于予曰改葬而服緦禮與予謂改葬服緦孝子為其父母也孫以下則否況遠祖耶蓋葬凶禮也古人葬有程限無服內不葬其親者有故而不克葬亦不釋服故于既葬釋服之後脫有所改則孝子當服緦以致哀焉自祖以上至曾高則正服遞殺及齊三月況其遠者服且盡矣奈何改葬而反為之緦與按記曰凡同五世祖族屬在緦麻絶服之外皆為袒免親遇喪葬則服素服尺布纏頭然則裔孫于遠祖

即正喪葬不過袒免而止若改葬又加殺矣昔韓子引子思之言曰禮父母改葬緦既葬而除之非父母無服則弔服而加麻此其最著者及考會典改葬條曰孝子及妻妾女子子俱緦麻服周親之下素服周親者期親也謂孫若姪輩也何以知周親爲期其別條議繼子之先儘同父周親次及功緦是也期親而下止素服遠者可知是故改葬雖遠不可以吉服行事若服緦并于孝子則過矣門人曰敬聞命于是以素服遷葬焉

俞汝言曰改葬緦謂葬之時服緦非謂服緦三月也昌黎韓氏以營葬及畢恰值三月爲解亦屬附會戴德云制緦麻具而葬葬而除得之矣

右樣二匡

讀禮通考卷十六

喪期

緦麻三月下

補注疏爲夫之外祖父母從母[illegible]

服問有從無服而有服公子[illegible]爲公子之外兄弟

註謂爲公子之外祖父母從母緦麻○疏公子被[illegible]不服已母之外家是無服也妻猶從公子而服公子外祖父母從母緦麻是從[illegible]而有服也經唯云公子外兄弟知非公子姑之子者以喪服記云夫之所謂兄弟服妻皆降一等夫爲姑之子緦麻妻則無服今公子之妻爲之有服故知公子之外祖父母從母也此等皆小功之服凡小功者謂爲兄弟若同宗直稱兄弟以外族故稱外兄弟也

乾學按公子之妻既爲其夫之外祖父母從母則凡諸人之妻皆爲其夫之外祖父母從母可知也故取此條補之不及夫之舅者舅本服緦妻從夫降一等則無服故

不言也

萬斯同曰本文言外兄弟依注家外兄弟之説當是姑之子即不然以外家之兄弟釋之亦當是舅之子乃不指此二人者妻從夫服降一等姑舅之子皆緦麻則妻無服故不言此二人孔氏之疏是也獨是禮言兄弟而以外祖父母從母當之豈外祖父母從母可以稱之爲兄弟乎乃孔氏謂此等皆小功之服凡小功者謂爲兄弟則益大謬不然記言小功以下爲兄弟者蓋謂期兄弟本一體之人其服已重不可得而加大功兄弟有同財之義其服又不必加惟小功以下之兄弟情分已疎今同居同在他邦而一人死則當加服一等故曰小功以下爲兄弟猶言記之所謂兄弟者蓋指小功以下之兄弟云爾非謂凡小功者皆可稱之爲兄弟也孔氏此言且不得儀禮之意而欲以兄弟之稱槩加于外祖父母從母乎況小功之服多矣在吾上者則有從祖祖父母從祖父[illegible]在吾下者則有昆弟之孫從父昆弟之子之類吾未見此等之人[illegible]稱之爲兄弟也鄭氏不得已而爲此注猶可也至孔氏之[illegible]其謬有不可得而揜者矣吳草廬號爲善解經者終疑之而[illegible]別爲之説則此條固不可解今姑且從鄭注以補夫之外祖父母從母服制之缺焉

郝敬曰公子之外兄弟即公子妻之兄弟也妻[illegible]不言兄弟而言公子者從夫也禮爲外父母緦則外兄弟無服而其妻[illegible]則女子子之適人者爲其昆弟之爲父後者期是從夫之無服而有服也（按鄭謂外兄弟爲公子之外祖父母從母非也既稱兄弟何謂[illegible]爲外祖父母從母乎

乾學按凡人之妻之兄弟皆無服何必繫以公子郝氏解未當

又按孔疏凡小功者謂為兄弟蓋本齊衰三月章小功者兄弟之服也

開元禮　政和禮　書儀　家禮　孝慈録　會典並同　今律文無

右經傳注疏

唐律為玄孫　車垓曰曾祖父母為曾孫服緦麻而高祖父母為玄孫亦同若當承重者則服不杖期

政和禮　書儀　家禮　孝慈録　會典　今律文並同

唐律為夫之曾高祖父母

乾學按夫為曾高祖父母齊衰三月妻不服齊衰而服緦麻者妻從服降一等齊衰三月無可降故月數則同夫而服式則用

緦也

萬斯同曰禮有夫之諸祖父母條反無夫之曾祖父母條殊為闕典然諸祖父母既有服則曾祖父母豈有無服之理乎此可推而知也○又按儀禮曾孫為曾祖止三月故妻亦止三月至唐加曾祖為五月矣則其妻亦可遞加而乃仍三月者何也若謂從服須降一等則夫齊衰而婦小功衰已為降矣不必再減其月數然後為降也乃竟與玄孫婦同服亦當時慮不及之耳

政和禮　書儀　家禮　孝慈錄　會典　今律文並同

唐律為夫之從父姊妹在室及適者

車垓曰夫之從父姊妹者即夫之同之服大功則妻以堂嫂而服緦麻雖適降也

政和禮　書儀　家禮　孝慈錄　會典　今律文並同

唐律為夫之舅及從母

政和禮　家禮　明會典並同　今律文無

唐律為姊妹子之婦

政和禮　家禮　明集禮並同　明會典今律文無

唐律為甥之婦

政和禮　家禮　明會典並同　今律文無

乾學按開元禮為姑之舅及從母報則此二條即是所報之人[illegible]特別出之耳

開元禮為族曾祖姑在室者報

車垓曰族曾祖姑者曾祖之親姊妹也已為曾祖服齊衰五月矣則宜為其姊妹服緦麻三月也

徐駿五服集證曰族曾祖姑者是曾祖之姊妹也出嫁則無服

開元禮為族祖姑在室者報

車垓曰族祖姑者祖之堂姊妹也已為祖之親姊妹小功矣則宜為其堂姊妹緦麻也

徐駿曰祖之同堂姊妹謂之族祖姑出嫁則無服

開元禮為族姑在室者報

車垓曰族姑者吾父之再從姊妹吾高祖之曽孫女也故冝為服緦麻

徐駿曰父之再從姊妹謂之族姑出嫁則無服

乾學按族曽祖姑即族曽祖父之姊妹族祖姑即族祖父之姊妹族姑即族父之姊妹也卷首三條足以包之猶齊衰不杖期章言世叔父而不言姑言兄弟而不言姊妹言衆子而不言女子子皆省文也

以上三條 政和禮 書儀 家禮 孝慈録 會典 今律文並同

補 政和禮為兄弟之曽孫女在室同

車垓曰兄弟之曽孫姪孫之子也已為姪孫小功矣則冝為其子緦麻也

補 政和禮為從父兄弟之孫女在室同

車垓曰從父兄弟之孫即堂兄弟之孫也已為堂兄弟之子小功矣則冝為其孫緦麻也

乾學按此二條即卷首為族曾祖父為族祖父制服之人也凡旁尊之服皆報則此二條已包於上二條之中特文畧耳○又按族曾祖父族祖父所報之人則經不言族父所報之從祖兄弟之子則經獨言之或略或詳非有他説舉一端以概其餘使人推尋而得之耳

補 政和禮為夫兄弟之曾孫

補 政和禮為夫同堂兄弟之孫即從父兄弟之孫

以上四條　家禮　明集禮　明會典　今律文並同

乾學按以上四條本出政和禮然開元禮有族曾祖父母報族曾祖姑報又有族祖

父母報族祖姑在室報即此四條皆其報服也

開元禮爲族姊妹

車垓曰族姊妹者巳之三從姊妹與巳同高祖者也故亦宜爲服緦麻

徐駿曰族姊妹者即曾祖親兄弟之曾孫女巳之三從姊妹同出于高祖者也出嫁則無服

政和禮　書儀　家禮　孝慈録　會典　今律文並同

開元禮爲人後者爲本生外祖父母

車垓曰人子于母之父母本小功今既爲人後則爲之降服緦麻也于所後家之外祖父母却當爲服小功

政和禮　家禮　孝慈録　會典並同　書儀今律文無

開元禮女適人者爲從祖父母報

車垓曰從祖父者父之堂兄弟巳之堂伯叔也本小功之親今既適人則降服緦麻也

禮爲從父兄弟之女出嫁者謂從父兄弟之女者即堂兄弟之女堂姪女也在室則爲小功親既適人爲降服緦麻也一條今律文同諸書皆無

政和禮　家禮　孝慈錄　會典　今律文並同

惟書儀無

補政和禮爲夫從父兄弟之女適人者

車垓曰此夫同堂兄弟之女也在室本小功今適人則爲降服緦麻也

乾學按二條即上從祖父母之報服

開元禮爲兄弟之孫女適人者報

車垓曰兄弟之孫女者已之親姪孫女也伯叔祖父于姪孫女本小功既適人則爲降服緦麻也

政和禮　家禮　孝慈錄　會典　今律文並同

惟書儀無

開元禮爲夫之從祖兄弟之子

徐駿曰此夫再從兄弟之子謂之再從姪服緦麻三月報之也女在室者亦同

政和禮　家禮　孝慈錄　會典　今律文並同

惟書儀無

唐禮儀志舅母

舊唐書禮儀志玄宗開元二十三年台制諸服紀有所未通者令禮官學士詳議太常卿韋縚奏曰按儀禮舅緦麻三月從母小功五月舅母恩所不及同爨之禮不如竊以古意猶有所未暢望加至袒免太子賓客崔沔職方郎中韋述户部郎中楊伯成禮部員外郎楊仲昌暨録事叅軍劉秩皆不同其議帝手勅曰朕以姨舅既服小功則舅母於舅有三年之服以服制情則舅母之服不得全降於舅也宜服緦麻侍中裴耀卿中書令張九齡禮部尚書李林甫等奏曰外族之親禮無厭降外甥既為舅母制服舅母還合報之夫外甥既為報服則與夫之姨舅以類是同外甥之妻不得無服所增者頗廣所引者漸疎微臣愚

蒙有所未逮帝又手詔諭之於是耀卿等奉詔制舅母服緦麻三月詳見第十三卷外祖父母條當參考

勉齋儀禮經傳續觧案本朝乾德三年左僕射魏仁浦等奏云唐明皇增舅母服緦麻又堂姨舅服袒免訖今遵行遂為定制及案今服制令與溫公書儀等書並不見有舅母服緦麻及堂姨舅袒免之文

乾學按舅母之服唐宗既制于前宋初復遵于後而服制令諸書不載者蓋前此禮院及刑法司所執姨舅嫂叔皆加至大功婦翁女壻皆加至小功至天聖時學士孫奭請兩制詳定因并舅母服而削之也夫甥舅母無服雖本古禮然檀弓有同爨服緦

之言明皇既定之為制則後世因而仍之何害於禮而必欲削之乎倘以古之所無不可增益則後世之增益古禮者不知凡幾矣何獨此條必不可存而將已成之典汲汲去之也

開元禮迄今律文俱無此制定于開元禮既成之後故不復補載至政和禮諸書則此制已革故無可載也

右唐制

政和五禮新儀女適人者為兄弟之孫

乾學按儀禮有父之姑條此即父之姑所報之人也

家禮迄今律文俱無疑統于儀禮父之姑内

政和禮為夫兄弟之孫女適人者

祖

車垓曰伯叔伯毋為在室姪孫女本小功今彼既適人則降服緦麻也

書儀　家禮　明集禮　會典並無　今律文有

政和禮女適人者為從祖祖父母為從祖祖姑

車垓曰此祖之親兄弟姊妹在室則皆小功今既適人則降服緦麻也

政和禮女適人者為從祖姑

車垓曰此父之同堂姊妹在室小功今既適人則降服緦麻也

乾學按從祖姑者即從祖父之姊妹也乃開元禮有從祖父而無從祖姑亦省文

以上二條　家禮　孝慈録　會典　今律文並同

朱子家禮為從兄弟之妻

家禮為夫之從父兄弟

家禮為夫之從祖祖姑

家禮為夫之從祖姑在室者

以上四條　孝慈錄　會典　今律文並同

家禮為同爨

檀弓從母之夫舅之妻二夫人相為服君子未之言也註二夫人猶言此二人也時有此二人同居死相為服者甥居外家而非之或曰同爨緦註以同居生緦之親可○疏甥居外家而非之者以言從母及舅皆是外甥稱謂之辭故知甥也甥來居在外姓舅氏之家見有此事而非之也甥既指為非禮或人以為于禮可許既同爨而食合有緦麻之親此皆據緦麻正衰非弔服也何胤以為弔服加麻經如朋友然非也凡弔服不得稱服

張子曰此是甥自幼居於從母之家或舅之家孤稚恩養直如父母不可無服所以為此服也非是從母之夫與舅之妻相對如何得此稱既言從母與舅故知是甥為二夫人者為之服也

吳澄曰禮為從母服小功五月而從母之夫則無服為舅服緦麻三月而舅之妻則無服時有妻之姊妹之子依從母家同居者又有夫之甥依舅家同居者念其鞠養之恩故一為從母之夫服一為舅之妻服二夫人謂妻之姊妹之子與從母之夫也謂夫之甥與舅之妻也見其二家有此二

人者相為服然禮之所無故曰君子未之言也又記或人之言以為有同居而食之恩則雖禮之所無而可以義起此服也張子義是注疏非也

朱子語類黄文問從母之夫舅之妻皆無服何也曰先王制禮父族四故由父而上為從曾祖服緦麻姑之子姊妹之子女子子之子皆有服皆由父而推之故也母族三母之父母之母母之兄弟恩止於舅故從母之夫舅之妻皆不為服推不去故也妻之族二妻之父妻之母粗看似乎雜亂無紀仔細看皆有意義存焉○又云從母之夫舅之妻二人相為服這恰似難曉往往是外甥在舅家見得舅母與姨夫相為服其本来無服故異之也

郝敬曰二夫人猶言此二人一人則妻姊妹之子也幼依母姨夫家一人則夫之外甥也幼依舅母家同居恩養如父母故一人為其母姨夫服一人為其舅母服故曰相為服此禮經所不載故曰君子未之言因引或人語明之

汪琬曰或問舅妻何以無服也曰由父而推之則有父族之服由母而推之則有母族之服姑之夫不可以為父族舅妻與從母之夫不可以為母

族者也禮絕族無施服其此之謂與

乾學按張子吳氏郝氏之解皆是也注疏之說備覽而已〇又按同爨緦即指上二人而言非謂他人之同爨者皆當服緦也乃唐太宗欲加嫂叔之服首以同爨尚有緦服為言則竟以凡同爨者皆當為之緦矣此豈記禮者之意乎若家禮所云為同爨則難執一夫同爨不止於同居情誼非泛然矣苟遇死喪其人舉家衰麤而我獨吉服與之相雜於心安乎雖在服制之外為之服緦其亦可也

顧炎武曰從母之夫舅之妻二夫人相為服從母之夫與謂吾從母之夫者相為服也舅之妻與謂吾舅之妻者相為服也上不言妻之姊妹之子下不言夫之甥語繁而冗不可以成文也聞一知二吾于孟子以紂為兄之子言之

家禮爲朋友

喪服記朋友麻註見心喪章

以上二條諸書皆無

右宋制

孝慈録嫁女爲同堂姊妹之出嫁者

會典同今律文無

右明制

袒免

大傳四世而緦服之窮也五世袒免殺同姓也六世親屬竭矣註四世共高祖五世高祖昆弟六世以外親盡無屬名○疏四世謂上至高祖下至己兄弟同承高祖之後爲族兄弟相報緦麻是服盡於此故緦麻服窮是四世也爲親兄弟期一從兄弟大功再從兄弟小功三從兄弟緦麻共承高祖爲四世而緦服盡也五世謂共承高祖之父者也言服袒免而無正服減殺同姓也六世謂共承高祖之祖者也言不服袒免同姓而已故云親屬竭矣

馬晞孟曰服有五者蓋其親有隆殺則服有精粗故四世而緦者服之精乃其服之窮也至于五世則宜其無服而先王不忍遽絶之也故爲之袒

免之禮所以殺同姓也免者如冠廣一寸加之於首所以示其吉袒者袒其體所以示其凶吉凶相半此其所以為殺同姓也

文王世子族之相為也宜弔不弔宜免不免有司罰之註弔謂六世以往免謂五世○疏六世以往者從六世以至百世但有弔禮四世同高祖有緦麻之親五世則親盡但有袒免故云免謂五世也

陳祥道曰五世而親屬盡故為之免六世而親屬竭故弔之而已宜弔不弔宜免不閔有司罰之則緦麻而上宜服不服者可知也

問喪或問曰免者以何為也曰不冠者之所服也禮曰童子不緦唯當室緦緦者其免也當室則免而杖矣注不冠者猶未冠也當室謂無父兄而主家者也童子不杖不杖者不免當室則杖而免免冠之細別以次成人也緦者其免言免乃有緦服也

喪服記朋友皆在他邦袒免歸則已再見

奔喪聞遠兄弟之喪既除喪而后聞喪免袒成踊註小功緦麻不稅者也雖不服猶免袒○疏小功以下應除之後服雖不稅而初聞喪亦免袒而成其踊也以本是五服之親為之變也

孔叢子魯人有同姓死而弗弔者人曰在禮當免不免當弔不弔有司罰之如之何子之無弔也答曰吾以其疎遠也子思聞之曰無恩之甚也昔者

季孫康子問於夫子曰百世之宗有絕道乎子曰繼之以姓義無絕也故同姓為宗合族為屬雖國子之尊不廢其親所以崇愛也是以綴之以食序列

孔叢子不用〻○又曰接寫不另起

不通忠篤之道然也

問於子魚曰請問同姓而服不及者其制何耶對曰先王制禮雖國君有合族之道宗人掌其列繼之以姓而無別醊之以食而無殊各隨本屬之隆殺屬近則死為之免屬遠則弔之而已禮之正也是故臣之家哭孔氏之別姓於弗父之廟哭孔氏則於夫子之廟此有據而然也

舊唐書禮儀志　玄宗開元二十三年詔議服紀所未通者韋縚言堂姨舅親未疏不相為服請降親舅從母一等着服太子賓客崔沔職方郎中韋述禮部員

免之禮所以殺同姓也免者如冠廣一寸加之於首所以示其吉袒者袒其體所以示其凶吉凶相半此其所以為殺同姓也

〔文王世子〕族之相為也宜弔不弔宜免不免有司罰之 註弔謂六世以往免謂五世○疏六世以往者從六世以至百世但有弔禮四世同高祖有緦麻之親五世則親盡但有袒免故云免謂五世也 陳祥道曰五世而親屬盡故為之免六世而親屬竭故弔之而已宜弔不弔宜免不問有司罰之則緦麻而止宜服不服者可知也

〔問喪〕或問曰免者以何為也曰不冠者之所服也禮曰童子不緦唯當室緦緦者其免也當室則免而杖矣 注不冠者猶未冠也當室謂無父兄而主家者也童子不杖不杖者不免當室則杖而免免冠之細別以次成人也緦者其免言免乃有緦服也

〔喪服記〕朋友皆在他邦袒免歸則已 再見

〔奔喪〕聞遠兄弟之喪既除喪而后聞喪免袒成踊 註小功緦麻不稅者也雖不服猶免袒○疏小功以下應除之後服雖不稅而初聞喪亦免袒而成其踊也以本是五服之親為之變也

〔孔叢子〕魯人有同姓死而弗弔者人曰在禮當免不免當弔不弔有司罰之如之何子之無弔也荅曰吾以其疏遠也子思聞之曰無恩之甚也昔者

季孫康子問於夫子曰百世之宗有絕道乎子曰繼之以姓義無絕也故同姓為宗合族為屬雖國子之尊不廢其親所以崇愛也是以綴之以食序列昭穆萬世婚姻不通忠篤之道然也

孔叢子陳王勝問於子魚曰請問同姓而服不及者其制何耶對曰先王制禮雖國君有合族之道宗人掌其列繼之以姓而無別醊之以食而無殊各隨本屬之隆殺屬近則死為之免屬遠則弔之而已禮之正也是故臣之家哭孔氏之別姓於弗父之廟哭孔氏則於夫子之廟此有據而然也

舊唐書禮儀志玄宗開元二十三年詔議服紀所未通者韋縚言堂姨舅親未疏不相為服請降親舅從母一等著服太子賓客崔沔職方郎中韋述禮部員

外郎楊仲昌等皆不同其議帝乃降手勅朕思敦睦九族其堂姨舅宜袒免於是侍中裴耀卿中書令張九齡等請準制施行從之（詳見第十三卷外祖父母條下宜參看）

（馮善家禮集說或問國朝之制本族五服之外為袒免親遇喪葬則素服尺布纏頭此可為法用麻布頭巾然近今功緦之服亦多尺布纏頭而已曾未及月或甫及葬又悉除之甚可嘆也然則親近而無服者雖同于此亦何害乎）

（車垓曰袒免親蓋五服之外五世之親也袒謂偏脫一袖也臨喪而袒所以示哀苦之勞也免謂裂布廣寸自項向前交於額上却遶髻如着掠頭也古者五服之人將帶首絰必先之以免故于五世之親而以袒免為服也然袒免之儀其廢久矣故今之人雖齊衰帶絰而亦未嘗免也是以五世之親不為袒免之服止于成服之日白襴縞巾弔哭而已免音問）

徐駿五服集證無服之親

已身為本宗親不載服紀

曾祖之姊妹適人（謂之族曾祖姑）及夫

祖之姊妹之夫（謂之從祖祖姑之夫）

祖之同堂姊妹適人（謂族祖姑）及夫

從祖叔父中下殤謂之堂叔是父之堂弟

父姊妹之夫謂之姑夫姊妹之夫

父之同堂兄弟中下殤謂之從祖叔父及妻

父之同堂姊妹中下殤謂之從祖姑及夫

父再從兄弟中下殤謂之族伯叔

父再從姊妹適人并長中下殤謂之族姑及夫

再從兄弟中下殤是族伯叔之子及妻

再從姊妹中下殤及夫

三從兄弟長中殤謂之族兄弟及妻

三從姊妹適人并長中下殤謂之族姊妹及夫

同堂兄弟之子中下殤謂之堂姪

同堂兄弟之女中下殤及夫

再從兄弟之子長中下殤謂之再從姪及妻

再從兄弟之女適人并長中下殤及夫

三從兄弟之子

三從兄弟之女

同堂兄弟之孫長中下殤（謂之堂姪孫）及妻

同堂兄弟之孫女適人并長中下殤及夫

兄弟之孫中下殤（謂之姪孫）

兄弟之孫女中下殤及夫

兄弟之曾孫長中下殤（謂之姪曾孫）及妻

兄弟之曾孫女適人并長中下殤及夫

嫡曾孫長中下殤及妻

嫡曾孫女長中下殤并適人及夫

嫡玄孫長中下殤及妻

嫡女孫女長中下殤并適人及夫

同堂姊妹之夫
兄弟女之夫謂之姪女夫
姑之孫及妻并姑之孫女及夫
女之孫及妻并女之孫女及夫
外甥女之適人
　已身為母黨無服之親
母之祖父母
母之兄弟子之妻
母之姊妹之女適人
母之兄弟之妻
母之姊妹之夫
母之堂兄弟姊妹
母之兄弟中下殤

母之姊妹中下殤
母之同堂兄弟之子及妻
母之同堂姊妹之女及夫
母之兄弟之孫及妻
母之兄弟之孫女及夫
　女適人者爲本宗親不載服紀
曾祖之兄弟及妻
曾祖之姊妹及夫
祖之同輩兄弟及妻
祖之同堂姊妹及夫
祖之姊妹之夫
父之姊妹之夫
父之再從兄弟及妻

父之再從姊妹及夫
父之同堂姊妹之夫
姊妹之夫
三從兄弟及妻
三從姊妹及夫
從祖兄弟長中下殤及妻
從祖姊妹長中下殤及夫
從父兄弟中下殤
從父姊妹中下殤及夫
同堂兄弟之子長中下殤及妻
同堂兄弟之女適人并長中下殤及夫
再從姪及妻
再從姪女及夫

兄弟之孫長中下殤

兄弟之孫女長中下殤并適人及夫

堂姪孫及妻

堂姪孫女及夫

姪曾孫及妻

姪曾孫女及夫

兄弟女之夫

姑舅之女

母之兄弟姊妹

　妻為夫之親不載服紀

夫曾祖兄弟及妻

夫曾祖姊妹及夫

夫堂祖兄弟及妻

夫堂祖姊妹及夫

夫祖姊妹適人及夫

夫從祖父長中下殤

夫之父再從兄弟及妻

夫之再從姊妹及夫

夫族伯叔父母

夫族姑及夫

夫堂姑長中下殤

夫之父妹中下殤

夫之從兄弟中下殤

夫之再從兄弟及妻

夫之三從兄弟及妻

夫之兄弟中下殤

夫之姊妹中下殤及夫
夫之從父姊妹適人及夫
夫之三從姊妹及夫
夫之兄弟女之夫
夫之同堂兄弟之子長中下殤
夫同堂兄弟之女長中下殤并適人及夫
夫再從兄弟之子長中下殤及妻
夫再從兄弟之女長中下殤并適人及夫
夫之兄弟之孫長中下殤
夫之毋兄弟之妻

緦麻親有四

曾祖兄弟
祖從父兄弟

父之再從兄弟
身之三從兄弟
　袒免者據禮有五
高祖兄弟
曾祖從父兄弟
祖再從兄弟
父三從兄弟
身之四從兄弟

雙峰車氏袒免服圖

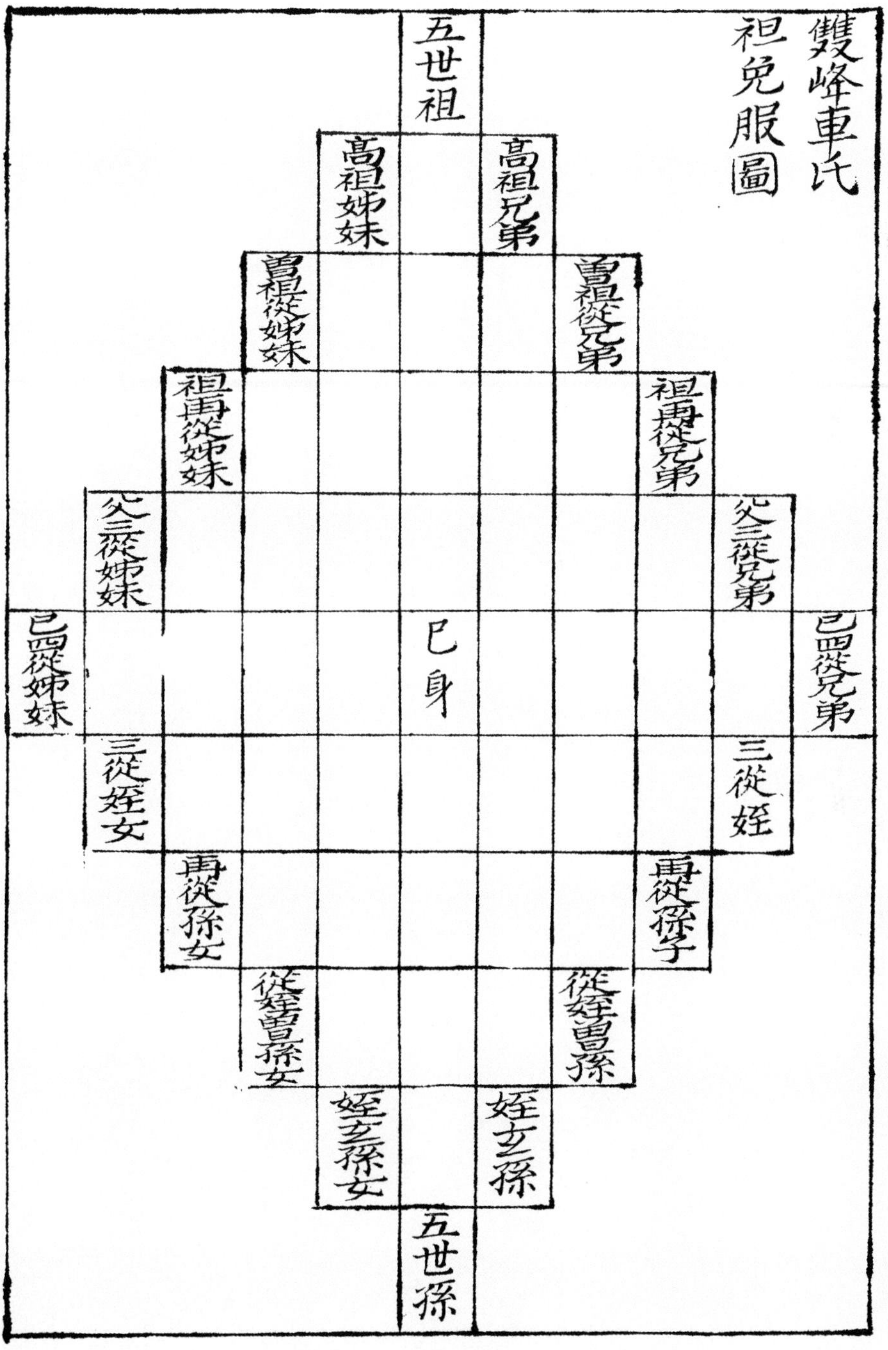
五世祖
高祖兄弟
高祖姊妹
曾祖從兄弟
曾祖從姊妹
祖再從兄弟
祖再從姊妹
父三從兄弟
父三從姊妹
己四從兄弟
己身
己四從姊妹
三從姪
三從姪女
再從孫子
再從孫女
從姪曾孫
從姪曾孫女
姪玄孫
姪玄孫女
五世孫

讀禮通考卷十七

喪服

殤大功九月七月

喪服子女子子長殤中殤註殤者男女未冠笄而死可殤者女子子許嫁不爲殤也。疏鄭知是未冠笄者以小記云男子冠而不爲殤女子笄而不爲殤故知之也中殤或從上或從下是則殤有三等制服惟有二等者欲使大功下殤有服故也若服亦三等則大功下殤無服矣聖人之意然也

馬融曰子者男子之已爲子及女子子之殤服也成人服周長中殤降一等服大功也不書男子女子者男女異長也男子二十而不爲殤女子十五許嫁笄而不爲殤也其未嫁如男子二十乃不爲殤

敖繼公曰言子又言女子子以殊之習是經之正例凡言子者皆謂男子蓋可見矣此子之殤服不分適庶但俱從本服而降者以齊衰服重不宜用之于殤也經言男女爲殤之節如此則是古者男女必二十乃冠笄明矣

傳曰何以大功也未成人也何以無受也喪成人者其文縟喪未成人者其文不縟故殤之絰不樛垂蓋

未成人也年十九至十六爲長殤十五至十二爲中殤十一至八歲爲下殤不滿八歲以下爲無服之殤無服之殤以日易月以日易月之殤殤而無服故子生三月則父名之死則哭之未名則不哭也註縟猶數也其文數者謂變除之節也不樛垂者不絞其帶之垂者雜記曰大功以上散帶以日易月謂生一月者哭之一日也殤而無服者哭之而已爲昆弟之子女子〻亦如之凡言子者可以兼男女又云女子〻者殊之以子關適庶也○疏以日易月謂一月者哭之一日也若至七歲〻有十二月則八十四日哭此則唯據父母于子不關餘親王肅馬融以爲日易月者以哭之日易服之月殤之期親則以旬有三日哭緦麻之親則以三日爲制若然哭緦麻三月喪與七歲同又此傳承父母子之下而哭緦麻孩子疎失之甚也

乾學按疏云哭緦麻三月喪與七歲同者傳稱八歲爲下殤不滿八歲爲無服之殤以日易月蓋言哭緦麻之喪同此以日易月也

劉敞曰以日易月者假令長子也其本服三年則殤之二十五日餘子也其本服期則殤之十三日

敖繼公曰以日易月惟用于凡有齊斬之親者自大功以下則否蓋齊斬之長殤中殤大功下殤小功以次言之則七歲以下猶宜有服但以其不入當服之限是以畧之然其恩之輕重與殤之在緦麻者相等故不可不計日而哭之若滿七歲者哭之八十四日則亦近于緦麻之日月矣是其差也知大功以下之親則否者大功之下殤在緦麻則七歲者自無服故大功以下者不必與無服之殤以日易月之哭可也子生三月則父名之者三月天時一變故名子者法之未名則不哭者子見于父乃名之未名則是未之見也未見則未成父子之恩故不哭也其他親之哭與否亦以此爲節此義與婦之未廟見而死者同義

郝敬曰以日易月應服七月者哀傷不過七日應服九月者哀傷不過九日如不飲酒不作樂之類○又曰按小斂帶散麻以始死哀甚也故成服後即絞殤麻終不絞不尤甚于斬齊邪此礼似未協

王志長曰案經文易字其說甚明下殤已下雖不制服然既爲戚屬豈無哀傷之思以日易月先王所以伸人之情而爲節也殤期之內如不飲酒不作樂之類後儒多主此其說本之馬融王肅甚正而賈氏附會鄭氏駁之未見其當也

喪服叔父之長殤中殤○姑姊妹之長殤中殤○昆弟之長殤中殤○夫之昆弟之子女子子之長殤中殤○適孫之長殤中殤○大夫之庶子爲適昆弟之長殤中殤○公爲適子之長殤中殤○大夫爲適子

之長殤中殤註公君也諸侯大夫不降適殤者重適也天子亦如之○疏自叔父至大夫庶子爲適昆弟之長殤中殤皆是成人齊衰期長殤中殤通降一等在大功故于此摠見之公爲適子大夫爲適子皆是正統成人斬衰今爲殤死不得著代故入大功特言適子者天子諸侯于庶子則絶而無服大夫于庶子降一等故于此唯言適子也

乾學按鄭釋以日易月謂子生一月哭之一日賈氏伸其説謂若至七歲歲有十二月則八十四日哭此説恐未合禮唯馬氏王氏謂易月者以哭之日易服之月殤之期親則以旬有三日哭緦麻之親則以三日爲制其説最爲合禮再益以戴德不飲酒食肉之説則所以處無服之殤者無遺議矣○

乾學又按禮無七月之服惟殤有之殤之中又惟中殤有之蓋長殤降一等下殤降

二等中殤則無定其在大功之殤則中從上而降一等在小功之殤則中從下而降二等降二等者固與小功之服同其降一等者不可即與大功之服同故特設七月以處之誠先王盡愛盡倫之善制也

殤小功五月

㖹服叔父之下殤○適孫之下殤○昆弟之下殤○大夫庶子爲適昆弟之下殤○爲姑姊妹女子子之下殤疏自叔父已下至女子子之下殤八人皆是成人朞長殤中殤大功已在上殤大功章此下殤小功故在此章也仍以尊者在前卑者居後○馬融曰本皆周服下殤降二等故小功也○敖繼公曰別言女子子之下殤而不見子之下殤又公爲適子大夫爲適子之下殤俱不見皆文脫耳○

爲人後者爲其昆弟從父昆弟之長殤疏此二者以本服大功今長殤中殤小功故在此章從父昆弟情本輕故在出降昆弟後也○馬融曰成人服大功也長殤降一等故小功也○敖繼公曰爲從父昆弟者異人也經文省耳其姊妹之殤亦如之

傳曰問者曰中殤何以不見也大功之殤中從

上小功之殤中從下

註問者據從父昆弟之下殤在緦麻也大功小功皆謂服其成人也大功之殤中從上則齊衰之殤亦中從上也此主謂丈夫之爲殤者服也凡不見者以此求之也。疏問者據從父昆弟之下殤在緦麻者以其緦麻章見從父昆弟之下殤此章見從父昆弟之長殤唯中殤不見故問也大功小功皆謂服其成人者以其緦麻章傳云齊衰之殤中從上大功之殤中從下據此二傳言之礼無殤在齊衰則下齊衰之殤與大功之殤據成人明此大功與小功之殤據服其成人可知也大功之殤中從上則齊衰之殤亦中從上者大功重者中從上齊衰重于大功明從上可知也又此主謂丈夫之爲殤服者鄭以此云大功之殤中從上小功之殤中從下緦麻章云齊衰之殤中從上大功之殤中從下两文相反故鄭以彼謂婦人爲夫之族類此謂丈夫爲殤者服也鄭必知義然者以其傳發在從父昆弟丈夫下下文發傳在婦人爲夫之親下也凡不見者以此求之者周公作經不可具出畧舉以明義故云不見者以此求之也

敖繼公曰大功之殤始見于此而文不言中殤故發問也喪服之等其重者自大功而上輕者自小功而下已于麻本有無之類見之矣此復以二者之中殤各異其從上從下之制亦因以見義云從父昆弟之長殤丈夫與女子子在室者爲之同也然則此傳亦兼婦人之爲其親族之爲殤者言矣凡不見者以此求之

郝敬曰按三殤言等分疏煩瑣故傳融會其旨此章以殤服權其中緦麻章又以成人服權其重此言大小功緦麻亦可推矣盖以小功律大功則小功之中殤從下如以緦麻律小功則小功之中殤又從下情重者升情輕者降意自通融而鄭註固執作解所謂惟眂之類不能方者其鄭康成之于礼乎

喪服為夫之叔父之長殤註不見中殤者中從下也○疏成人大功故長殤降一等在小功不見中殤者中從下者下傳云大功之殤中從下主謂此婦人為夫之黨類故知中從下在緦麻也

馬融曰成人大功長殤降一等故服小功也

喪服昆弟之子女子子夫之昆弟之子女子子之下殤疏此皆成人為之齊衰期長中殤在大功故下殤在此小功也

馬融曰伯叔父母為之服也成人在周下殤降二等故服小功也

陳銓曰妻為夫之昆弟之子女子子與夫同

喪服為姪庶孫丈夫婦人之長殤疏謂姑為姪成人大功長殤在此不言中殤中從上庶孫者祖為之大功長殤中殤亦在此皆不言男子女子而言丈夫婦人是見恩踈之義也

馬融曰適人故還為姪祖為庶孫成人大功長殤降一等故小功也言丈夫婦人者明姑與姪祖與孫踈遠故以遠辭言之

雷次宗曰前大功章為姪已言丈夫婦人今此自指為庶孫言不在如

喪服大夫公之昆弟大夫之子為其昆弟庶子姑姊妹女子子之長殤註大夫為昆弟之長殤小功謂為士者若不仕者也以此知為大夫無殤服也公之昆弟不言庶者

此無服無所見也大夫之子不言庶者闕適子亦服此殤也云公之昆弟爲庶子之長殤則知公之昆弟猶大夫○疏謂此三人爲此六種人成人以尊降至大功故長殤在小功中殤亦從上此一經亦尊卑爲次序也以此知爲大夫無殤服者已爲大夫則冠矣大夫冠而不爲殤也

馬融曰大夫以尊降公之昆弟以尊厭大夫子以父尊厭各降在大功長殤復降一等故服小功也大夫無昆弟之殤此言殤者闕有罪若畏厭溺當殤服之

敖繼公曰其中殤亦從上若下殤則不服之蓋大夫無緦服也公之昆弟於庶子而下則爲以尊而降於昆弟則亦以其父之所厭而降也大夫大夫之子所以降之意前章詳之矣此已爲大夫不應有昆與姊之殤而此經乃尔蓋以昆弟姊妹宜連文且此條亦不專主于大夫故也

郝敬曰此三貴人各爲其昆弟與庶子姑姊妹女子子七種成人已上降至大功故長殤小功凡殤無大夫故大夫于殤無敵貴皆降也

喪服　大夫之妾爲庶子之長殤　註君之庶子○疏妾爲君之庶子成人在大功章今長殤降一等故在此君之庶子者若適長則成人隨女君三年長殤在大功也

馬融曰除嫡子一人其餘皆庶子也男女有成人同在大功長殤除一等故小功也不言君者殤賤見妾亦得子之也

敖繼公曰上已言君之庶子故此畧之爲君之女子子亦然是雖大功之殤亦中從上蓋女君之爲此子與夫同而妾爲君之党或得與女君同故皆宜中從上而不可以婦人之從服者例論也其下殤亦不服之

右儀禮

開元禮爲從父兄弟姊妹之長殤

右唐制

緦麻三月

喪服庶孫之中殤註庶孫者成人大功其殤中從上此當爲下殤言中殤者字之誤爾又諸言中者皆連上下也○疏庶孫成人大功其殤中從上者則長中殤皆入小功章中故此當爲下殤又諸言中皆連上下者謂大功之殤中從上小功緦麻之殤中從下凡殤之内無單言中殤者此經單言中殤故知誤宜爲下也

馬融曰祖爲孫成人大功長殤降一等中下殤降二等故服緦也言中則有下文不備疏者畧耳

王肅曰此見大夫爲孫服之異也士爲庶孫大功則大夫爲之小功降而小功者則殤中從上故舉中以見之

喪服從祖父從祖昆弟之長殤註不見中殤中從下○疏此本服小功以長殤降一等在緦麻不見中殤中從下者以其小功之殤中從下故也其云從祖父長殤謂叔父者也

馬融曰成人服小功長殤降一等故緦麻也中下殤無服故不見也

敖繼公曰上章之首連言三小功此惟見其二者之殤蓋以從祖祖父未必有在殤者也此與經不見曾祖之父及曾孫之子之服者意頗相類

喪服從父昆弟姪之下殤疏從父昆弟成人大功長中殤在小功故下殤在此章也姪者爲姑之出降大

功長中殤小功故下殤在此也

馬融曰降二等故服緦也

敖繼公曰單言姪者前既以丈夫婦人言之此無嫌也又以前章例之則爲人後者爲其昆弟之下殤亦當在此經文闕耳

喪服夫之叔父之中殤下殤註言中殤者中從下○疏夫之叔父成人大功長殤在小功故中下殤在此以下傳言之婦人爲夫之族類大功之殤中從下故鄭據而言之也

馬融曰妻爲之服也成人在大功中下殤降二等故服緦也

陳銓曰本服與從父昆弟同

敖繼公曰見中殤者明其與前條異

喪服從母之長殤報疏從母者母之姊妹成人小功故長殤在此中下之殤則無服故不言按小功章已見從母報服此殤又云報者以前章見兩俱成人以小功相報此章見從母與姊妹子亦俱在殤死相爲報服故二章並言報也

馬融曰成人小功長殤降一等故緦也

敖繼公曰前章從母成人之服已言報此復見之者嫌其報加服者或畧于殤也

喪服夫之姑姊妹之長殤疏夫之姑姊妹成人婦爲之小功長殤降一等故緦麻也○妻服見大功章大

夫之妻爲君之庶子條

馬融曰成人服小功長殤降一等故服緦也中下殤降一等無服也礼三十乃娶而夫之姊殤者闕有畏厭溺者

陳銓曰夫未三十而娶故有姊殤然矣夫雖未二十則成人

孔倫曰蓋以爲違礼早娶者制非施畏厭溺也

敖繼公曰夫之姊無在殤者此云姊蓋連妹而立文耳古者三十而娶何夫姊之殤之有

通典吳徐整問射慈曰古者三十而娶何緣當服得夫之姊殤服經文特爲士作若說國君皆別言君若公慈荅曰三十而娶禮之常制也古者七十而傳宗事與子年雖幼未滿三十自得少娶故曾子問曰宗子雖七十無無主婦此言宗子已老傳宗事與子則宜有主婦

喪服從父昆弟之子之長殤○昆弟之孫之長殤疏此二人本皆小功故長殤在緦麻中殤從下殤無服

馬融曰成人小功長殤降一等故服緦也

敖繼公曰此從祖父從祖〻父爲之服也然則從祖〻母從祖母亦當服之矣

喪服傳長殤中殤降一等下殤降二等齊衰之殤中從上大功之殤中從下

註齊衰大功皆服其成人也大功之殤中從下則小功之殤亦中從下也此主謂妻爲夫之親服也凡不見者以此求之○疏長殤中殤降一等以下乃是婦人爲夫之族著殤服法雖文承上男子爲殤之下要爲下婦人而發也若然云長殤中殤降一等者據下齊衰中殤從上在大功也下殤降二等者亦是齊衰下殤在小功者也齊衰大功皆服其成人者以其無殤在齊衰之服明據成人齊衰既是成人明大功亦是成人可知也大功之殤中從下則小功之殤亦中從下者則舉上以明下上殤大功注云大功之殤中從上則齊衰之殤亦中從上彼注舉下以明上皆是省文之義上文據大功小功不據齊衰以其重故據男子爲殤服而言此不言小功上取齊衰對大功以其輕故知婦人義服爲夫之親而發也凡不見者婦人爲夫之親從夫服降一等而經傳不見者也

杜佑曰上文謂丈夫之爲殤者服此謂婦人爲夫之親服五服之中親者上附疏者下附

右儀禮

開元禮爲從父姊妹之中殤下殤

開元禮爲從祖姑姊妹之長殤

開元禮爲人後者爲其兄弟之中殤下殤

開元禮爲人後者爲其姑姊妹之中殤下殤

開元禮爲人後者爲其從父昆弟之長殤

右唐制

殤服摠論

喪服小記丈夫冠而不爲殤婦人笄而不爲殤註言成人也婦人許嫁而笄未許嫁與丈夫同○盧植曰女年十五笄○杜佑曰公羊傳云許嫁則笄而字之死以成人之喪服之○陳澔曰男子有不俟二十而冠者冠則成人也其女子已笄而死則亦依在室之服服之不降而從殤服也

檀弓戰于郎註郎魯近邑也哀十一年齊國書帥師伐我是也公叔禺人遇負杖入保者息註遇見也見走避齊師將入保罷倦加其杖頸上兩手掖之休息者保縣邑小城禺人昭公之子春秋傳曰公叔務人曰使之雖病也註謂時繇役任之雖重也註謂時賦稅君子不能爲謀也士弗能死也不可註君子謂卿大夫也魯政既惡復無謀臣士又不能死難禺人恥之我則既言矣註欲敵齊師踐其言與其鄰重汪踦往皆死焉註奔敵死齊寇鄰鄰里也重皆

當爲童〻未冠者之稱姓汪名踦鄰或爲談春秋傳曰童汪踦魯人欲勿殤重汪踦注見其死君事有士行欲以成人之喪治之言魯人者死君事國爲斂葬問於仲尼仲尼曰能執干戈以衛社稷雖欲勿殤也不亦可乎注下

春秋僖公九年秋七月乙酉伯姬卒○公羊傳此未適人何以卒注據杞叔姬不卒許嫁矣婦人許嫁字而笄之注字者尊而不泄所以遠別也笄者簪也所以繫持髮象男子飾也服此者明繫屬於人所以養貞一也婚禮曰女子許嫁笄而醴之稱字死則以成人之喪治之注不以殤禮降也許嫁卒者當爲諸侯夫人有卿貴之漸猶侯卒也日者恩尤重於未命大夫故從諸侯夫人例○穀梁傳內女也未適人不卒此何以卒也許嫁笄而字之死則以成人之喪治之注女子許嫁不爲殤死則以成人之喪治之謂許嫁於諸侯尊同則服大功九月吉笄以象爲之刻鏤其首以爲飾成人著之

文公十有二年二月庚子子叔姬卒注卒者許嫁○公羊傳此未適人何以卒許嫁矣婦人許嫁字而笄之死則以成人之喪治之其稱子何注據伯姬卒亦許嫁不稱子貴也其貴奈

何母弟也註不稱母妹而繫先君言子者遠別也礼男子不絕婦人之手婦人不絕男子之手

通典凡臣不殤君子不殤父妻不殤夫漢戴德云七歲以下至生三月殤之以日易月生三月哭之朝夕即位哭葬於園既葬止哭不飲酒食肉畢喪各如其日月此獨謂父母爲子與昆弟相爲耳

三國志陳羣傳明帝太和中皇女淑薨追封謚平原懿公主羣上疏曰長短有命存亡有分故聖人制禮或抑或致以求厥中防墓有不修之儉嬴博有不歸之魂夫大人動合天地垂之無窮又大德不踰閑動爲師表故也八歲下殤禮所不備況未朞月而以成人禮送之加爲制服舉朝素衣朝夕哭臨自古已來未有此比而乃復自往視陵親臨祖載願陛下抑割無益有損之事但悉聽羣臣送葬乞車駕不行此萬

國之至望也

通典吳徐整問射慈曰八歲以上爲殤者服未滿八歲爲無服假令子以元年正月生七年十二月死此爲七歲則無服也或以元年十二月生以八年正月死以但踐八年計其日月適六歲耳然號爲八歲日月甚少全七歲者日月爲多若人有二子各死如此其七歲者獨無服則父母之恩有偏頗荅曰凡制數自以生月計之不以歲也問曰無服之殤以日易月哭之於何處有位無荅曰哭之無位禮奠下殤於園中則無服之殤亦於園也其哭之就園也

晉袁準喪服傳曰按孔子家語曰男子十六而成童女子十四而化育此成人之大例也人成有早晚又按左氏傳曰國君十五而生子冠而生子禮也然則

十五十六可以爲成人矣女七歲男八歲而墮齒此墮齒之大例也以是而處殤之義則七歲至九歲宜爲下殤十歲至十二宜爲中殤十三至十五宜爲長殤合古十六成人十五生子之義十九以下四歲之差傳所記言非經典也二十而冠三十而娶是無不冠不娶之限耳若必三十則舜爲得禮矣奚爲稱鰥哉

崇氏問云舊以日易月謂生一月哭之一日又學者云以日易月者易服之月殤之周親者則以十三日爲之制二義不同何以正之淳于睿荅云按傳之發正於周年之親而見服之殤若以周親之重雖未成殤應有哭之差大功以下及於緦麻未成殤者無復哭日也何以明之按長殤中殤俱在大功下殤小功

無服之殤無容有在緦麻以其幼稚不在服章隨月多少而制哭日也大功之長殤俱在小功下殤緦麻無服之殤則已過絕無復服名不應制哭故傳據周親以明之且緦麻之長殤服名已絕不應制哭豈有生三月而更制哭乎

晉書元四王傳　琅邪悼王煥薨年二歲帝悼念無已將葬以煥既封列國加以成人之禮詔立凶門柏歷脩吉凶儀服營起園陵功役甚衆琅邪國右常侍會稽孫霄上疏諫曰臣聞法度典制先王所重吉凶之禮事貲不過是以世豐不使奢放凶荒必務約殺朝聘嘉會足以展庠序之儀殯葬送終務以稱哀榮之情上無奢泰之謬下無匱竭之困故華元厚葬君子謂之不臣嬴博至儉仲尼稱其合禮明傷財害時古

人之所議節省簡約聖賢之所嘉也棺槨與服旒翣之屬禮典舊制不可廢闕凶門柏歷禮典所無天晴可不用遇雨則無益此至宜節省者也凶門兩表衣以細竹及材價直既貴又非表凶哀之宜如此過飾宜從麤簡又按禮記國君之葬棺槨之間容柷大夫容壺士容甒以壺甒爲差則柷財大於壺明矣槨周于棺槨不甚大也語曰葬者藏也藏欲其深而固也槨大則難爲堅固無益于送終而有損于財力又禮將葬遷柩於廟祖而行及墓卽窆葬之日卽虞哭而虞如此則柩不宿于墓上也聖人非不哀親之在土而無情於丘墓蓋以墓非安神之所故修虞於殯宮始則營草宮于山陵遷神柩于墓側又非典也非禮之事不可以訓萬國今天下至弊自古所希宗廟社

禝遠託江表半州之地凋殘以甚加之荒旱百姓困瘁非但不足死亡是懼此乃陛下至仁之所矜愍可憂之至重也正是匡矯末俗改張易調之時而猶當竭已罷之人營無益之事殫已困之財修無用之費此固臣之所不敢安也

通典范甯與戴逵書問馬鄭二義逵荅曰夫易者當使用日則廢月可得言易爾鄭以哭日準平生之月而謂之易且無服之殤非惟周親七歲以下也他親殤也如馬義則以此文悉關諸服降之殤者皆如鄭長中降而不服故傳曰不滿八歲以下皆爲無服之義諸降之殤當作何哭耶若復哭其生月則緦麻之長殤決不可二百餘日哭鄭必推之於不哭則小功之親以志學之年成童而夭無哭泣之位恐非有情

者之所允也甯又難逵曰傳云不滿八歲爲無服則八歲已上不當引此也尋制名之本意父之於子下殤小功猶有緦麻一階非爲五服已盡而不以緦麻服之者以未及人次耳○長史姜輯議安平嗣孫服曰諸侯體國嗣孫至重欲其肩嗣早繼者文王之爲世子在於王季之時亦猶凡諸侯之世子耳而十五便生武王推此而言則禮許世子以早冠禮男子冠而不爲殤既冠婚姻不復得以殤服服之謂已爲嗣孫年已十八備禮冠娶當從成人之例○宋庾蔚之謂漢戴德云獨謂父母爲子昆弟相爲耳不如鄭以期親爲斷期親七歲以下容有緦麻之服而不以緦麻服之者以其未及於禮故有哭日之差耳他親有三殤之年而降在無服者此是服所不及豈得先以

日易月之例邪戴逵雖欲申馬難鄭而弥覺其躓范甯難之可謂當矣按束晳通論無服之殤云禮緦麻不服長殤小功不服中殤大功不爲易月哭惟齊衰乃備四殤馬凡云男二十而冠三十而娶女十五許嫁而笄二十而出並禮之大斷至於形貌夙成早堪冠娶亦不限之二十矣笄冠有成人之容婚嫁有成人之事鄭玄曰殤年爲大夫乃不爲殤爲士猶殤之今代則不然受命出官便同成人也

晉書禮志惠帝太安元年三月皇太孫尚薨有司奏御服齊衰期詔下通議散騎常侍謝衡以爲諸矦之太子誓與未誓尊卑體殊喪服云爲嫡子長殤謂未誓也已誓則不殤也中書令卞粹曰太子始生故已尊重不待命誓若衡議已誓不殤則無服之子當斬

衰三年未誓而殤則雖十九當大功九月誓與不誓其爲升降也微斬衰與大功其爲輕重也遠而令註云諸侯不降嫡殤重嫌于無服以大功爲重嫡之服則雖誓無復有三年之理明矣男能衛社稷女能奉婦道以可成之年而有已成之事故可無殤非孩亂之謂也爲殤後者尊之如父猶無所加而止殤服況以天子之尊而爲無服之殤行成人之制邪[illegible]諸宜重之殤皆士大夫不加服而令至尊獨居其重未之前聞也博士蔡克同粹秘書監摯虞云太子初生舉舉以成人之禮則殤理除矣太孫亦體君傳重由位成而服全非以年也天子無服殤之義絕期故也于是從之

乾學按祭法明云王下祭殤五鄭康成曰

諸侯大夫不降適殤天子亦如之摯虞說謬矣

通典爲太子太孫殤服議晉惠帝無嫡子以廢子爲太子亡謂應降永寧中冲太孫亡議者謂應爲殤中書侍郎高齊議太孫自是無服之殤不應制服此禮之明義宜從以日易月之制博士蔡克議以爲臣子不殤君父者此謂臣子尊其君父不敢殤之耳非爲有臣子便爲成人不服殤也按漢平帝年十四而崩羣臣奏臣不殤君宜加元服後漢許慎鄭玄論立廟亦唯謂臣子不上殤耳又長子自以正體於上不以命誓也今廢孫四歲則誓之古適子何獨十九不誓喪服君爲嫡子長殤大功鄭玄曰天子亦如之所言臣不殤君者自謂如太孫等之臣不殤耳太子唯尊

于東宮東宮臣不殤之耳今太孫未冠婚四歲而齊縗成人之禮於太廟愚謂不可慭懷若在太孫當依庶殤不祭

通典爲諸王殤服議晉新蔡王年四歲而亡東海王移訪太常博士張亮議聖人因親以教愛親不同而殤有降殺蓋由知識未同成人故也七歲以下謂之無服之殤記曰臣不殤君子不殤父東海與新蔡別國旁親尊卑敵均宜則同殤制而無服也國子祭酒杜夷議諸侯體國備物典策不異成人宜從成人之制○宋庾蔚之謂嗣子之體不以成人爲義故經有諸侯嫡子之殤服臣子不殤君父宮臣得服斬耳自餘親自依其本服記云能執干戈以死社稷則以成人服之先儒又推年未二十而冠婚及爲大夫者皆

不爲殤至若諸矦體象賢君臨一國事過大夫遠矣而可反殤之乎

通典王侯世子殤服議晉有問者曰某國中尉虞某按本論無國名亦無虞名訪太常王蕞云臺贈國王第二郎年在殤爲世子臣當有服不蕞云禮無從君服殤之文大臣從君而服以其體尊承統緒非繼成人與殤也苟爲代嫡君爲之服則臣以何而不從服乎若以禮無文者亦可不服長子之下殤也○宋庾蔚之謂臣以義服故所從極於三年經舉重服必從則輕不從可知也若從服世子之殤亦可從服嫡婦豈其然乎唯小君非從故與君同

宋書禮志孝武帝孝建元年有司奏故第十六皇弟休倩薨夭年始及殤追贈謚東平冲王服制未有成

準輒下禮官詳議太學博士陸澄議按禮有成人道則不為殤今既追胙土宇遠崇封秩圭黻備典成孰大馬典文式昭殤名去矣夫典文垂式元服表身猶以免殤子之制全丈夫之義安有名頒爵首而可服以殤禮有司尋澄議無明證却使秉正吏上澄重議竊謂贈之為義所以追加名器故贈公者便成公贈卿者便成卿贈之以王得不為王乎然則有在生而封或既沒而爵俱受帝命不為吉凶殊典同備文物豈以存亡異數今璽策咸秩是成人之禮群后臨哀非下殤之制若喪用成人親以殤服末學含疑未之或辨敢求詳衷如所稱左丞臣羊希參議尋澄議既無畫然前例不合準據按禮子不殤父臣不殤君君父至尊臣子恩重不得以幼年而降又曰尊同則服

其親服推此文旨旁親自宜服殤所不殤者唯施臣子而已詔可

孝武帝大明五年七月有司奏故永陽縣開國侯劉叔子夭喪年始四歲旁親服制有疑太學博士虞龢領軍長史周景遠司馬朱膺之前太常丞庾蔚之等議並云宜同成人之服東平冲王服殤實由追贈異于已受茅土博士司馬興之議應同東平殤服左丞荀萬秋等參議南面君國繼體成家雖則佩觿未闋成德得君父名臣不容服殤故云臣不殤君子不殤父推此則知旁親故依殤制東平冲王已經前議若升仕朝列則爲大成故鄱陽哀王追贈太常親戚不降愚謂下殤以上身居封爵宜同成人年在無服之殤以登官爲斷今永陽國臣自應全服至於旁親宜

從殤禮詔景遠議爲允

隋書禮儀志梁天監十四年舍人朱异議禮年雖未及成人已有爵命者則不爲殤封陽侯年雖中殤已有拜封不應殤服帝可之于是諸王服封陽侯依成人之服

郘寶曰格子曰童汪踦以戰死魯人問於孔子喪而勿殤是故有有功而勿殤有有德而勿殤有封拜而勿殤其亦可也

明成祖實録永樂四年二月壬午宜都王賓㷀訃聞禮部言王四歲而薨爲下殤無輟朝賜祭加謚之禮上曰免輟朝加謚仍遣官賜祭賓㷀遼簡王第六子也

郘寶喪礼雜說成化庚子冬予爲丁壽夫墓記有薄棺無槨淺土不墳之語意以壽夫既冠且應舉矣不當以殤礼處之時秦東丘作書遺予以予言爲非又謂如予言必引魯汪踦事爲據于時未有以荅也今讀喪服小記丈夫冠而不爲殤之文乃知昔之爲記有暗合焉者若以此荅東丘一言足矣亦何必引汪踦哉人未多讀書而輕下筆爲文難乎免于東丘之議矣越四十四年讀礼苫次追念疇昔于是乎書

乾學按儀禮有三殤之服漢晉迄元皆因之明初集禮一書亦仍其制至改制孝慈録盡去殤服不載而

本朝律文因之士大夫遭此變者既不可盡用成人之禮又不可竟安于無服不得已多依倣古禮行之雖亦情理之所宜然不知實非現行之制也

汪琬曰殤服似不可廢孝慈録與明律所以不載者以有明令並行故也今律文既仍孝慈録遂不及增入士大夫行服時或應以明令參酌知礼者詳之

讀禮通考卷十八

喪期

國恤一

徐乾學曰嗚呼古道不可見矣當孟子之時自謂諸侯之禮未之學況於後世乎蓋自周衰禮廢列國擅權蔑棄先典家自為制魯秉周禮為同姓諸侯宗猶不知通喪之為重也而況其凡乎降至後世以喪為諱故府之遺日就湮滅又其宜也然儀禮喪服篇首稱父至尊也天子至尊也蓋以是二者為制禮之大綱及序服則獨詳於士大夫疑別有王朝禮而世無傳焉嘗取經傳遺文參伍求之中庸曰期之喪達乎大夫三年之喪達乎天子父母之喪無貴賤一也是

知斬衰齊衰之制通乎上下而王侯降服之說亦自此昉矣周靈王喪后及太子叔向以為有三年之喪二是知崇嫡以尊統在天子為尤重矣周禮司服凡凶事服弁服注云弁喪冠也其服斬衰齊衰疏云天子諸侯絕旁期正統之期猶不降故兼言齊衰夫所謂正統之期者上而祖父母下而適孫由祖父母而推則為曾祖父母高祖父母皆當齊衰三月由適孫而推至於適曾孫適元孫適來孫之父死傳重者皆當期是也服問曰君所主夫人妻太子適婦疏云既稱君所主不宜降矣天子諸侯為后夫人朞為適婦大功為適孫婦又當小功亦正統之說也即旁期亦有不盡絕者喪服傳曰始封之君不臣諸父昆弟封君之子不臣諸父而臣昆弟封君之孫盡臣諸父昆

弟所不臣者猶當服之司服注云始封之君如虞舜漢高是其說亦通於天子也凡天子所服之人可考者止於此若夫諸侯及王朝之卿大夫士為王斬衰為后齊衰見於周禮諸侯之大夫為天子繐衰既葬除之見於儀禮諸侯夫人為天子期見於雜記天子五屬之親為天子斬衰見熊氏諸侯昆弟䟽天子女嫁諸侯為父斬衰為母齊衰見子嫁反䟽五屬之女曰內宗姑姊妹之女舅之女若從母曰外宗皆為天子斬衰又姑之子婦從母之子婦亦曰外宗其服則期見鄭氏注王朝卿大夫之適子為天子斬衰見周禮司服疏畿內之民為天子齊衰三月見庶人為國君注五宗之女適士庶而無服者為天子齊衰三月見雜記注凡為天子制服之人可考者止於此其正

見於經傳者不過數條餘皆出於傳述之儒依緣比擬相倚而成故其說多畧而不詳缺而不備迨至孝文更制以日易月士大夫益罕言國恤矣夫以殘缺之文當放棄之後而議之以不學之人無怪乎其展轉支離也嘗慨後世每當大禮紛紜聚訟或乃曲說阿附人便其私顯悖經傳而不知懼若宋太宗明世宗之事可勝嘆哉予竊愍焉用是徧考諸史及儒先語錄蓋不乏讜論閎議可以輔翼經傳昭示來世者如漢哀以定陶王入繼大統師丹引爲人後之義宋寧以嫡孫代父執喪朱熹引父在爲祖之文皆確守經傳不可回撓至於晉武魏文高慕亮陰尤稱卓犖爰論次其文上自殷宗下訖明代爲喪期國恤六篇若夫天屬之親則更有太皇太后皇太后皇后皇妃

太子諸王及太子諸王妃更相為服皆國恤也復有后妃之父母在天子則外祖父母外父母也然經傳無明文後世君臣援引前典因時定制互有得失并著於篇備參考云

鄭康成曰改注
孔穎達曰改疏

嗣天子服先君

商書說命篇王宅憂亮陰三祀既免喪其惟弗言

喪服四制書曰高宗諒闇三年不言善之也（鄭注諒古作梁楣謂之梁闇讀如鶉鶴之鶴闇謂廬也廬有梁者所謂柱眉也○孔氏曰既虞之後施梁而柱楣故云諒闇之中○呂氏大臨曰闇陰同義信默之謂也）王者莫不行此禮何以獨善之也曰高宗者武丁武丁者殷之賢王也繼世即位而慈良於喪當此之時殷衰而復興禮廢而復起故善之善之故載之書中而高之故謂之高宗（陸佃曰孝常行也今載而高之則以不能喪者多也中宗中而已高宗中而高焉故曰中而高之）三年之喪君不言書云高宗諒闇三年不言此之謂

見於經傳者不過數條餘皆出於傳述之儒依緣比擬相倚而成故其說多畧而不詳缺而不備迨至孝文更制以日易月士大夫益罕言國恤矣夫以殘缺之文當放棄之後而議之以不學之人無怪乎其展轉支離也嘗慨後世每當大禮紛紜聚訟或乃曲說阿附人便其私顯悖經傳而不知懼若宋太宗明世宗之事可勝嘆哉予竊愍焉用是徧考諸史及儒先語録盖不乏讜論閎議可以輔翼經傳昭示來世者如漢哀以定陶王入繼大統師丹引為人後之義宋寧以嫡孫代父執喪朱熹引父在為祖之文皆確守經傳不可回撓至於晋武魏文高慕亮陰尤稱卓犖爰論次其文上自殷宗下訖明代為喪期國恤六篇若夫天屬之親則更有太皇太后皇太后皇后皇妃

太子諸王及太子諸王妃更相為服皆國恤也復有后妃之父母在天子則外祖父母外父母也然經傳無明文後世君臣援引前典因時定制互有得失并著於篇備參考云

嗣天子服先君

商書說命篇王宅憂亮陰三祀既免喪其惟弗言

喪服四制書曰高宗諒闇三年不言善之也鄭注諒古作梁楣謂之梁闇讀如鶉鵪之鵪闇謂廬也廬有梁者所謂柱楣也○孔氏曰既虞之後施梁而柱楣故云諒闇之中○呂氏大臨曰闇陰同義信默之謂也王者莫不行此禮何以獨善之也曰高宗者武丁武丁者殷之賢王也繼世即位而慈良於喪當此之時殷衰而復興禮廢而復起故善之善之故載之書中而高之故謂之高宗陸佃曰孝常行也今載而高之則以不能喪者多也中宗中而已高宗中而高焉故曰中而高之三年之喪君不言書云高宗諒闇三年不言此之謂

也然而曰言不文者謂臣下也註言不文者謂喪事辨不所當共也孝經說曰言不文者指士民也○陳澔集說曰君不言謂百官百物不言而事行者也臣下不能如此必言而後事行但不文其言辭耳故曰言不文者謂臣下也

檀弓子張問曰書云高宗三年不言言乃讙有諸註時人君無行三年之喪禮者問有此與怪之也讙喜悅也言乃喜悅則民臣望其長久仲尼曰胡為其不然也古者天子崩王世子聽於冢宰三年註冢宰天官卿貳王事者三年之喪使之聽朝○疏言乃讙者尚書無逸云言乃雍雍讙字相近義得兩通

論語子張曰書云高宗諒陰三年不言何謂也集註高宗商王武丁也諒陰天子居喪之名未詳其義子曰何必高宗古之人皆然君薨百官總己以聽於冢宰三年集註言君薨則諸侯亦然總己謂總攝己職冢宰太宰也百官聽於冢宰故君得以三年不言也○胡氏曰位有貴賤而生於父母無以異者故三年之喪自天子達於庶人子張非疑此也殆以為人君三年不言則臣下無所稟令禍亂或由以起也孔子告以聽於冢宰則禍亂非所憂矣

曲禮天子未除喪曰予小子生名之死亦名之鄭康成曰謙未敢稱一人春秋傳曰以諸侯之踰年即位亦知天子之踰年即位以天子三年然後稱王亦知諸侯于其封內三年稱子也生名之曰小子王死亦曰小子王

晉有小子侯是僭取于天子號也○孔穎達曰適嗣于初喪未忍即受天王之稱云予小子者言我德狹小也鄭引春秋文九年公羊傳文證天子三年之內稱予小子也嗣王既呼為小子若於喪中而死亦謚為小子王喪賀故不變稱也○胡銓曰案書顧命乙丑成王崩癸酉康王尸天子位豈俟踰年也三年之內王自稱不曰王爾臣下未嘗不稱曰王也王乃反喪服是也鄭又云謙未敢稱一人康王何以稱一人釗也

君大夫之子不敢自稱曰予小子大夫士之子不敢自稱曰嗣子某不敢與世子同名

鄭康成曰君大夫天子大夫有土地者不敢稱曰余小子辟天子之子未除喪之名大夫士之子亦辟其君之子未除喪之名不與世子同名辟僭傚也其先之生則亦不改○馬融曰詩曰嗟予小子書曰眇眇予末小子皆天子未除喪之稱也蓋天子域中之大故必謙以小子諸侯有繼世之禮故必命以嗣此在下者所以必辟之也禮諸侯在凶服曰適子孤春秋傳曰在喪公侯曰子儀禮士喪服曰哀子某是國君與士之所自稱者如此而已然則春秋之例踰年稱公何耶蓋臣民之心不可一日無君故踰年稱公以孝子之心三年不忍當故三年稱子衛宣公未葬而嗣子稱侯非禮也晉有小子侯僭禮也大夫士之子先國君而名同之者猶稱字蓋君雖不奪其名而臣不可不稱字

春秋文公九年春毛伯來求金

註求金以共葬事雖踰年而未葬故不稱王使

公羊傳毛伯者何天子之大夫也何以不稱使當喪未君也

註時王新有三年喪○疏即去年八月天王崩是也

踰年矣何以謂之未君即位

矣而未稱王也未稱王何以知其即位以諸侯之踰年即位亦知天子之踰年即位也以天子三年然後稱王亦知諸侯於其封內三年稱子也踰年稱公矣則曷為於其封內三年稱子緣民臣之心不可一日無君緣終始之義一年不二君註故君薨稱子某既葬稱子明繼體以繫民臣之心不可曠年無君緣孝子之心則三年不忍當也註孝子三年志在思慕不忍當父位故雖即位猶於其封內三年稱子毛伯來求金何以書譏何譏爾王者無求求金非禮也然則是王者與曰非也非王者則曷為謂之王者王者無求曰是子也註雖名為三年稱子者其實非唯繼父之位繼文王之體守文王之法度文王之法無求而求故譏之也註引文王者文王始受命制法度○胡安國曰毛伯天子大夫何以不稱使當喪未君也踰年即位矣何以言未君古者諒陰三年百官總己以聽于冢宰夫百官總己以聽則是冢宰獨專國政之時託于王命以號令天下夫豈不可而不稱使春秋之旨微矣非特謹天下之通喪所以示後世大臣當國秉政不可擅權之法戒也跋扈之臣假仗主威脅制中外凡有所行動以詔書從事蓋未有以春秋此義折之耳○家鉉翁曰魯論三年

無改于父之道諸說不同皆未得其當及讀公羊春秋傳而得其說三年無改於父之道者稱子之義也君薨太子立既為君矣而猶稱子於其國中既葬而後稱爵以子道終喪不忍代君所以為孝也推其不忍代君之心則事死如生喪亡若存而其為孝無所不在矣是襄王未葬故毛伯不稱使○汪克寬曰三年之喪自天子達觀春秋在喪不書王命則喪制不可短矣○又曰非王出號令而冢宰攝行不可遂同王命而稱使示君臣之分不可紊而大權不可專也君命者人君威福之所係也人臣而假君命行于天下是專輒之極篡奪之萌也故周公輔成王召公初立康王以王命誥臣民皆稱王若曰所以謹君臣之名分也

漢書文帝紀後七年夏六月己亥帝崩於未央宮乙已葬霸陵

景帝紀後七年夏六月丁未太子即皇帝位遺詔喪制以日易月見臣民服天子條

胡寅曰文帝減節喪紀貽萬世譏責以小仁害大仁固有罪矣然遺詔所諭者謂吏民耳太子嗣君豈吏民與而景帝冒用此文乃自短三年之制是不為君父服斬衰自景帝始也且天子之所以不遂服三年者何謂哉謂妨政事耶謂費財用耶謂防篡弑之人耶謂妨政事孰先于國家之大憂也謂費財用耶不得不可以為悅財用所以行禮也謂防攝政之人則自堯舜至周末未聞有攝政之人而奪喪君之國者至於為臣民嫁娶祠祀之故則用輕費重尤為不儉揆之以理稽之以事無一而可不法堯舜三代乃安然以刻薄之景帝為師而無所戒懼特謂位尊勢隆得以自

羅宜改羅

便是不知理義之為大也寥寥千載惟晉武欲行古制而尼於裴傅之邪說獨魏孝文天性仁厚斷以不疑雖不盡合禮文而哀戚之情溢於杖絰讀其史者猶惻然感動想見其為人

馬端臨曰按後之儒者皆以為短喪自孝文遺詔始以為深譏然愚考之三年之喪自春秋戰國以來未有能行者矣子張問曰書云高宗諒陰三年不言何謂也子曰何必高宗古之人皆然蓋時君未有行三年喪者故子張疑而問之而夫子荅以古禮皆然蓋亦嘆今人之不能行也滕文公問喪禮于孟子欲行三年之喪父兄百官皆不欲曰吾宗國魯先君莫之行吾先君亦莫之行也魯最為秉禮之國夫子稱其一變可以至道而尚不能行此則他國可知漢初禮文大率皆承秦舊無禮義者也其喪禮固無可考然杜預言秦燔書籍率意而行亢上抑下漢祖草創因而不革乃至率天下皆終重服旦夕哀臨經罹寒暑禁塞嫁娶飲酒食肉制不稱情是以孝文遺詔斂畢便葬葬畢制紅禫之文以是觀之則孝文之意大槩欲革秦之苛法耳蓋古人所謂方喪三年所謂為天王斬衰者亦以資於事父以事君其義當然然檀弓言天子崩三日祝先服五日官長服七日國中男女服三月天下服又言君之喪諸達官之長杖則亦未嘗不因其官之崇卑情之淺深而有所降殺秦務欲尊君卑臣而驅之以一切之酷法意其所以令其臣民者哭臨之期衰麻之制必有刻急而不近人情者是以帝矯其弊釋其重服而為大功小功纖釋其久臨而為三十六日詔語忠厚懇惻與其時振貸勸課等詔皆仁人之言豈可訾也帝之詔固不為嗣君而設而景帝之短喪亦初不緣遺詔也何也蓋古者天子七月而葬諸侯五月而葬雖通喪必以三年然亦以葬後為即吉之漸宋桓公卒未葬而襄公會諸侯於葵丘故書曰宋子貶之也晉悼公卒既葬未終喪而平公會諸侯于溴梁則書以晉侯矣晉獻公卒奚齊未葬而遇殺則稱君之子卓既葬而遇弑則稱君明未葬則不可名其為君也自春秋以來

諸侯多不能守五月之制蓋欲急于從吉也至秦始皇以七月崩於沙丘九月葬漢高祖崩凡二十三日而葬葬之一日而惠帝即位文帝崩凡七日而葬葬之三日而景帝即位蓋葬期愈促矣必葬而即位者可知其以吉禮即位也必促葬期者可知其決不能諒陰三年也景帝之所遵者惠帝之法惠帝之所遵者春秋以至亡秦之法耳豈孝文遺詔為之乎劉公非言翟方進後母死葬後三十六日起視事以身備漢相不敢踰國家之制以為明證然詳孝文之詔既不為嗣君而設亦未嘗以所謂三十六日者為臣下居私喪之限制也俗吏薄孝敎而躭樂祿是以並緣此詔之語遂立短喪之法以便其私至方進之時遂指為漢家之法耳

乾學按文帝此詔其所謂令到三日釋服者專指在外吏民而言也其所謂大紅十五日小紅十四日纖七日者專指在朝群臣而言也初非為嗣君創短喪之制也乃景帝以此為嗣君之服而後世之嗣君遂緣此為子服父之永制後世之人臣見其君之服如此亦竟緣此為臣服君之永制於是乎先王之禮遂一變而不可復矣哉

讀禮通考　卷十八

詔中已下棺之語是謂既葬之後服三十六日也乃後世竟從初喪服三十六日則是失而又失矣

晉書禮志文帝之崩國內服三日武帝亦遵漢魏之典既葬除喪然猶深衣素冠降席撤膳太宰司馬孚太傅鄭沖太保王祥太尉何曾司徒領中領軍司馬望司空荀顗車騎將軍賈充尚書令裴秀尚書僕射武陔都護大將軍郭建侍中郭綏中書監荀勗中軍將軍羊祜等奏曰臣聞禮典軌度豐殺隨時虞夏商周咸不相襲蓋有由也大晉紹承漢魏有革有因期於足以興化而已故未得皆返太素同規上古也陛下既已俯遵漢魏降喪之典以濟時務而躬蹈大孝情過乎哀素冠深衣降席撤膳雖武丁行之於殷世

曾閔履之於布衣未足以喻方今蠻未夷庶政未乂萬機事殷勤勞神慮豈遑全遂聖旨以從至情臣等以為陛下宜割情以康時濟俗輒敕御府易服內省改坐太官復膳諸所施行皆如舊制詔曰每感念幽冥而不得終苴絰於草土以存此痛況當食稻衣錦誠詭然激切其心非所以相解也本諸生家傳禮來久何心一旦便易此情於所天相從已多可試省孔子答宰我之言無事紛紜也言及悲敘奈何奈何孚等重奏伏讀聖詔感以悲懷輒思仲尼所以抑宰我之問聖思所以不能以已甚深甚篤然今者干戈未戢武事未偃萬機至重天下至衆陛下以萬乘之尊履布衣之禮服麤席藁水飲蔬食殷憂內盈毀悴外表然而躬勤萬機坐而待旦降心接下反不遑食所

以勞力者如斯之甚是以臣等悚息不寧誠懼神氣用損以疢大事輒敕有司改坐復常率由舊典惟陛下察納愚款以慰皇太后之心又詔曰重覽奏議益以悲剥不能自勝奈何奈何三年之喪自古達禮誠聖人稱情立哀明恕而行也神靈日遠無訴告雖薄於情食服旨美所不堪也不宜反覆重傷其心言用斷絶奈何奈何帝遂以此禮終三年後居太后之喪亦如之

乾學按武帝不從群臣之請而决意遂服三年此帝生平第一盛德事也及太子居母喪正可終服乃聽杜預輩之説遂既葬而除何其厚於待已而薄於待子也可謂信道不篤者矣

宋書禮志晉文帝之崩也羊祜謂傅玄曰三年之喪自天子達漢文除之毀禮傷義今上有曾閔之性實行喪禮喪禮實行何爲除服若因此守先王之法不亦善乎玄曰漢文以末世淺薄不能復行國君之喪故因而除之數百年一旦復古恐難行也祜曰且使主上遂服猶爲善乎玄曰若上不除而臣下除此爲但有父子無復君臣三綱之道虧矣

葛洪曰晉之宣景文武四帝居親喪皆毀瘠踰制又不用王氏二十五月之禮皆行二十七月服於時天下之在重哀者咸以四帝爲法

習鑿齒曰傅玄知無君臣之傷教而不知兼無父子爲重豈不蔽哉且漢廢君臣之喪不降父子之服故四海黎庶莫不盡情于其親三綱之道二服恒用于私室而王者獨盡廢之豈所以孝治天下乎詩云猷之未遠其傅玄之謂也

司馬光曰三年之喪自天子達于庶人此先王禮經百世不易者也漢文師心不學變古壞禮絕父子之恩虧君臣之義後世帝王不能篤於哀戚之情而群臣諂諛莫肯釐正至于晉武獨以天性矯而行之可謂不世出之賢君而裴傅之徒固陋庸臣習常玩故不能將順其美惜哉

宋書周朗傳世祖即位朗上書曰三年之喪天下之

達喪以其哀並衰出故制同外典日久均痛故愈遲齊典漢氏節其臣則可矣薄其子則亂也云何使哀苴之容盡嗚號之音息夫佩玉啟旒深情弗忍冕珠視朝不亦甚乎凡法有變於古而刻於情則莫能順焉至乎敗於禮而安於身必遽而奉之何乃厚於惡薄於善與今陛下以大孝始基宜反斯謬

舊唐書高祖本紀高祖崩遺詔喪事一依漢制

貞觀政要貞觀十七年太宗謂侍臣曰人情之至痛者莫過乎喪禮也故孔子云三年之喪天下之通喪自天子達於庶人一也又曰何必高宗古之人皆然近代帝王遂行漢儀以日易月之制甚乖於禮典朕昨見徐幹中論復三年喪篇義理甚審深恨不早見此書所行太疏畧但知自咎自責追悔何及因悲泣

从之

唐書代宗崩德宗即位欲禫服終制下詔曰朕聞禮貴緣情因心展孝高宗得說其代予言今朝有股肱濟爲舟楫出納惟允足以保邦况荼蓼在懷日時猶淺欲遂權奪抑就公除攀號痛心實所未忍朕將從禫服以終喪紀百辟卿士宜悉哀懷禮儀使禮部尚書顔真卿奏曰哀號在疚開闢所無誠懇尚違庶僚增懼伏見百辟並已釋除事既合權禮無獨異不可以吉凶兼制臣子殊儀伏乞奉顧命之文節因心之孝順時即吉屈己臨朝則萬姓心安四方事集臣典司儀注不敢輕移犯冒宸嚴無任懇息又下詔欲以素服練巾聽政詔曰昔高宗諒陰三年舜爲堯禹爲舜亦服喪三年故禮曰三年之喪自天子達是知罔極之

恩昊天難報朕虔奉遺詔又迫於群議將欲從吉未
忍割哀其百寮宜以今月十七日釋服朕以素服練
巾衙哀聽政凡百在位知朕意焉禮儀使又奏曰孝
德動天事踰前古德音俯降感咽載深臣伏守遺詔
禮從易月祥禫變除儀注皆備若陛下未忍即吉更
服練巾則遺詔不得奉行群僚無以覲見伏乞俯順
人望仰遵先旨實大孝不虧萬方幸甚臣職在典禮
愚守如前無任懇迫之至

宋史至道三年三月二十九日太宗崩真宗散髮號擗有
司定散髮之禮皇帝皇后諸皇公主縣主諸王夫人
六宮內人並左被髮皇太后全被髮皇帝服布斜巾四
脚大袖裙袴帽竹杖腰絰首絰直領布襴衫白綾襯
服諸王皇親以下如之加布頭冠綃襯服太皇后皇

后内外命婦布裙衫帔帕頭首絰絹襯服宫人無帔乾興元年二月十九日真宗崩仁宗即位二十四日大歛成服三月一日小祥帝行奠釋衰服群臣入臨退赴内東門進名奉慰自是每七日皆臨至四十九日止十三日大祥帝釋服服慘

馬端臨曰時上雖用以日易月之制改服臨朝宫中實行三年之喪

元豐八年三月五日神宗崩十三日大歛帝成服十七日小祥四月一日禫除自成服至除服僅十九日

紹興五年四月甲子徽宗崩於五國城七年正月問安使何蘚等還以聞宰執入見帝號慟擗踊終日不食宰臣張浚等力請始進糜粥成服於几筵殿文武百僚朝晡臨於行宫自聞喪至小祥百官朝晡臨自小祥至禫祭朝一臨太常寺言舊制沿邊州軍不許

舉哀緣諸大帥皆國家腹心爪牙之臣休戚一體至於將佐皆懷忠憤宜就所屯自副將而上成服日朝晡臨故校哭於本營命徽猷閣待制王倫等為奉迎梓宮使時知邵州胡寅上疏畧曰三年之喪自天子至於庶人一也乃漢孝文自執謙德用日易月至今行之子以便身忘其親臣以便身忘其君心知其非而不肯改自常禮言之猶且不可況變故特異如今日者又當如何恭惟大行太上皇帝大行寧德皇后蒙塵北狩永訣不復實由粘罕是有不共戴天之讐考之於禮讐不復則服不除寢苫枕戈無時而終所以然者天下雖大萬事雖衆皆無以加於父子之恩君臣之義也伏覩某月某日聖旨緣國朝故典以日易月臣竊以為非矣自常禮言之猶須大行有遺詔

然後遵承今也大行詔旨不聞而陛下降旨行之是以日易月出陛下意也大行幽厄之中服御飲食人所不堪疾病粥藥必無供億崩殂之後衣衾歛藏豈得周備正棺卜兆知在何所茫茫沙漠瞻守為誰伏惟陛下一念及此荼毒摧割倍難堪忍縱未能遵春秋復讐之義俟讐殄而後除服猶當茟漢景之薄喪紀以三年為斷不然以終身不可除之服二十七日而除之是薄之中又加薄焉必非聖人之所安也昔滕定公薨滕文公欲行三年喪問於孟子孟子曰親喪固所自盡也文公用其言而父兄百官皆不欲文公猶以為疑孟子曰上有好者如風下之從者如草歠粥面深墨即位而哭百官莫敢不哀者以身先之故也文公篤信而力行顏色戚哭泣哀於是時四方

來弔者皆悅其得禮何則舉措合於人之良心良心不可滅故也今在陛下斷之於心身自行之裴秀傳玄之言曾何足恤乎陛下遠離大行十有一年雞鳴問寢以天下養既不足以當大事矣獨有三年之服少稱孝思尚可自勉耳吳王夫差每出必使人謂已曰汝忘越王之殺汝父乎則對曰唯不敢忘陛下哀服在躬痛苦隨之甚於夫差敵有人焉豈不知畏雖宅憂三祀而軍旅之事皆當決於聖裁則諒闇之典有不可舉蓋非枕塊無聞之日是乃枕戈有事之辰故魯侯有周公之喪而徐夷並興東郊不開則是墨衰即戎孔子取其誓命後世晋王克用薨梁兵壓境莊宗決勝於夾寨周太祖殂契丹入寇世宗接戰於高平古今莫不以為孝今六師戒嚴方將北討萬機

之衆孰非軍務陛下聽斷平决得禮之變卒哭之後
以墨衰臨朝合於孔子所取其可行無疑也如合聖
意便乞直降詔旨云恭惟太上皇帝寧德皇后誕育
眇躬大恩難報欲酬罔極百未一伸鑾輿遠征遂至
大故訃音所至痛貫五情想慕慈顔杳不復見怨讐
有在朕敢忘之雖軍國多虞難以諒闇然衰麻枕戈
非異人任以日易月情所不安興自朕躬致喪三年
即戎衣墨况有權制布告中外昭示至懷其合行典
禮令有司集議來上如敢沮格是使朕為人子而忘
孝之道當以大不恭論其罪陛下親御翰墨自中降
出一新四方耳目以化天下天地神明亦必有以佑
助臣不勝大願
張浚論終行喪禮疏曰臣昨日伏蒙聖慈特遣中使

宣諭欲終行喪禮且緩聽政之期仰惟聖情哀慕大孝格天凡在臣子孰不感涕竊惟天子之孝與士庶不同必也仰思所以承宗廟奉社稷若規規然以堅守孝節為事顧何以副委託之重哉今日之事利害所繫則又有大於此者梓宮未返天下塗炭至讐深恥亘古所無陛下揮涕而起斂髮而趨一怒而安天下之民臣猶以為晚也至若易月之制聽政之期臣嘗考之故事揆以人情皆為得中伏望聖慈痛自抑損早賜矜從臣不勝至願

浚又論易月之制曰臣竊惟陛下至孝之性出於天成思養親之弗及痛梓宮之在遠雖躬行終身之喪臣知其猶未稱陛下孝思之深也惟是易月之制若聖慈堅欲不允則出而勞師臨戎訓閱士卒皆為非

禮陛下固當不得已以狥群臣之請獨異時視朝之服比故事更令淡白仍寬其制多以疏厚之帛為之供帳服用並去采飾悉從樸素以稱天下追慕痛念之意蓋太上皇帝在位二十六年天下蒙被厚澤今不幸而崩於沙漠之地故天下之責望於陛下也深陛下勉從群請上以軍旅多事思所以雪大恥圖恢復安宗廟救百姓而身行於宫中者喪禮如制可以感格天心可以俯慰人望臣累被聖訓知聖心之所以自處者於孝道已盡尚慮陛下疑易為非制故不憚煩瀆上浼宸聽伏幸裁覽

淳熙十四年十月八日高宗崩孝宗號慟擗踊踰二日不進膳尋諭宰執王淮欲不用易月之制如晋武魏孝文實行三年之喪自不妨聽政淮等奏通鑑載

晉武帝雖有此意後來只是宮中深衣練冠帝曰當時羣臣不能將順其美司馬光所以譏之後來武帝竟欲行之淮曰記得亦不能行帝曰自我作古何害淮曰御殿之時人主衰絰群臣吉服可乎帝曰自有等降乃出內批朕當衰三年群臣自行易月之令其合行儀制令有司討論詔百官於以日易月之內衰服治事二十日丁亥小祥帝未改服王淮等乞俯從禮制帝流涕曰大恩難報情所未忍二十一日車駕還內帝衰絰御輦設素杖軍民見者往往感泣詔自今五日一詣梓宮前焚香帝服衰服素幄引輔臣及班次而禮官奏謂苴麻三年難行於外庭奏入不出十一月戊戌朔禮官顏師魯尤袤等奏乞禮畢改服小祥之服去杖絰禫祭禮畢改服素紗軟脚折上巾

育按康誥應作康王之誥

淡黃袍黑銀帶神主祔廟畢改服幞頭黑鞓犀帶遇過宮燒香則於宮中衰絰行禮二十五月而除帝批淡黃袍改服白袍二月己亥大祥四日辛丑禫祭禮畢五日壬寅百官請聽政不允八日百官三上表引康誥被冕服出應門等語以證九日詔可十五年正月十八日甲寅百日帝過宮行焚香禮二十一日丁巳諭輔臣曰昨内引洪邁見朕已過百日猶服衰麤因奏事應以漸今宜服如古人墨衰之義而巾則用繒或羅朕以羅絹非是若用細布則可王淮等言尋常士大夫丁憂過百日巾衫皆用細布出而見客則以黲布今陛下舉曠古不能行之禮足爲萬世法帝又曰晚間引宿直宿之類如何淮曰布巾布背子便是常服上不以爲然自是每御延和殿止服白布折

上巾布衫過宫則衰絰而杖三月壬子啟攢帝服初喪之服甲寅發引丙寅掩攢甲戌親行第七虞祭大臣言虞祭乃吉禮合用黲帶上曰只用布折上巾黑帶布袍可也二十日丙戌神主祔廟是日詔曰朕昨降指揮欲衰絰三年緣群臣屢請御殿易服故以布素視事内殿雖有俟過祔廟勉從所請之詔稽諸典禮心實未安行之終制乃爲近古宜體至意勿復有請於是大臣乃不敢言盖三年之制斷自帝心執政近臣皆主易月之説諫官謝鍔禮官尤袤心知其不可而不敢盡言惟勅令所删定官沈清臣再上書頗堅主聽大事於内殿之旨将來祔廟畢日預降御筆截然示以終喪之志杜絶輔方來之章勿令再有奏請力全聖孝以示百官以刑四海帝納用焉

周必大思陵録曰辛巳朝晡臨如儀聽第二不允批荅就拜第三表上令甘昪傳旨欲不用易月之制如晋孝武魏孝文實行三年服自不妨聽政可商量所降詔旨但縗衣久則壞又難改造可商量以聞既而有旨未時奏事行自司去裹面計會上只用白衫否予以紹興十二年徽宗之喪太常寺撿會永昌陵故事皇帝視事日去杖絰服斜巾垂帽小祥改服布四脚直領布襴腰絰布袴今恭酌俟皇帝視事日宰執奏事去杖至小祥日去冠餘官依此今既未視事難遽改服奏事遂不改服未時入奏事上服衰絰嗚咽流涕奏早來喪服指揮上曰司馬光通鑑所載甚詳予奏通鑑載晋武雖有此意後來止是宮中深衣練冠上曰當時群臣

不能將順其美光所以譏之後來武帝竟行蓋所謂皇太后之喪上不無及太后字予奏記得亦是不能行上曰自我作古何害予奏御殿之時人主縗絰群臣吉服可乎上曰自等降予曰臣從君者也若或可行則祖宗行之矣今乞令有司討論廢使四方知陛下之聖孝自不必降詔上曰指揮可也○丙申朝臨訖赴後殿素幄奏事奏謝前日遣中使且云臣等已具奏昨禮官謂苴麻三年難行於外廷今祥禫甚邇乞付外施行施樞密再三云百日之制實不可行正礙正月人使朝見上曰朕自有所見少間批出予奏陛下聖孝冠古知漢文短喪之失而陋晉群臣不能成武帝之美所以銳意復古非聖學高明豈易及此上曰朕正欲稍抹

千餘年之弊

周密癸辛雜誌曰三年之喪自天子達於庶人自漢文短喪其後時君皆以日易月行之既久無以為非者惟孝宗皇帝行之獨斷一旦復古可謂孝矣李氏雜記常書其事甚略今摭當時始末於此以益國史之未備云高宗之喪既易月孝宗常諭大臣不用易月之制如晉武魏孝文實行三年之服自不妨聽政丞相周必大入奏上服縗絰嗚咽流涕奏及喪服指揮上曰司馬光通鑑所載甚詳必大奏晉武雖有此意後來止是宮中深衣練冠上曰當時群臣不能將順其美光所以譏之後來武帝竟行謂皇太后之喪必大奏記得亦是不能行上曰自我作古何害遂詔曰大行太上皇帝奄棄至養朕

當衰服三年群臣自遵易月之令至小祥祭奠上不變服必大奏聖孝過哀猶御初祥之服臣等不勝憂惶乞俯從禮制上流涕曰大恩難報情所不忍倏過大祥商量既而必大又奏禮官苴麻三年恐難行於外庭今祥禫在邇乞付外施行樞密施師點奏曰百日之制其實不可行正礙正月人使朝見上曰朕自有所見必大奏陛下聖孝冠古知漢文短喪之失而陋晉群臣不能成武帝之美所以鋭意復古非聖孝高明豈易及此上曰朕正欲稍捄千餘載之弊會勅令所删定官沈清臣論喪服六事凡八千言展讀甚久極合上意知閤張嶷奏已展正引例隔下清臣奏讀如初久之嶷又云簡径奏事上目之令勿却已而甚久嶷前奏恐妨

進膳清臣正色曰言天下事讀竟乃已上勞之曰卿二十年閑廢今不枉矣於是上意益堅一日奏事上忽指示衣袂曰此已易用布不太細否必大奏曰陛下獨斷行三年之喪均是布衣何細也且光堯初上仙陛下便有此意而群臣不能將順致煩聖慮所謂其臣莫及足以垂訓萬世矣至卒哭祭迎祔太廟内批朕昨降指揮欲縗經三年緣群臣屢請御殿易服故以布素視事内殿雖有祔廟勉從所請之詔然稽之經典心實未安行之終制乃為近古宜體至意勿復有請於是徑行三年之服焉

〔建文書法儗〕建文帝既即位詔行三年喪禮時上欲行三年喪有司執例以請上出諭曰三年之喪

自天子達於庶人先太子殂向欲終之而不可得茲當大故敢不如禮有司奏曰天子之孝與庶人異當以社稷生靈為重惡得狥匹夫之節況遺詔在乎復傳諭曰魏文帝猶能守禮況朕讀書知禮義不能遵古先王之定制爾等不欲朕行古禮是謂吾君不能也有司復奏曰陛下欲行三年之喪非敢謂不能也但郊社宗廟之祭不可久虛朝貢訟獄之繁不可暫廢故漢文詔以日易月而歷代因之遺詔諄諄欲一如漢文行事其慮甚遠願陛下少抑至情俯循衆論復諭曰朕非敢效古人諒陰不言也郊社宗廟朕將執紼而行事朝貢訟獄罔敢不親但朝則麻冕麻裳退則齊衰杖經食則饘粥有何不可不然食稻衣錦爾輩真以為安乎

群臣奏曰陛下既不廢政事而自致哀情敢不惟
命遂定儀注以進
仁宗實録永樂二十二年九月癸未禮部尚書兼太
常卿呂震奏太宗皇帝遺命喪服一如太祖高皇帝
倣漢制以日易月今已踰二十七日請上釋衰服服
烏紗冠素服黑角帶臨朝上不聽命六部都察院詳
議以聞震與六部都察院奏上宜服素衣冠黑角帶
群臣從君服上曰梓宮在殯朕何忍遽易自是臨朝
素冠麻衣麻絰朝退仍衰服
時上命廷臣議楊士奇以為不可黃淮亦
與士奇合震辭色忿然蹇義從旁解之請兼取二
說具奏上宜服素衣冠黑角帶羣臣皆從君服報
可明旦上素冠麻衣麻絰出視朝文臣惟學士忒

臣惟英國公如上所服餘文武群臣之服皆從義等所定朝罷上召蹇義夏原吉楊士奇等諭曰吕震昨奏易服云皆與汝等議定然後奏聞時吾已疑其非但聽臣下易之梓宫在殯吾豈忍易後聞士奇有言始知其妄士奇所執是因曰張輔知禮六卿乃有不及又顧義曰汝所折衷亦未當然不必再以語人群臣聽從其便

袁黄曰喪之有服也非文具也將以表其中心之哀而自致其情也故有喪之文有喪之實如建文君服太祖之喪欲行三年之禮而群臣固執以為不可建文遂請治民事神種種不廢而不飲酒不食肉不處内獨盡其居喪之實群臣不能奪洪熙初即位語輔臣曰喪禮一如建文可除者服不可不盡者心此聖人高出千古之事也

宣宗實録洪熙元年六月丙寅行在禮部尚書吕震奏大行皇帝喪禮原定儀注自六月初三日聞喪為始百官素服烏紗帽用白麻布腰經於西角門朝叅

遵依遺詔二十七日而除今請自七月初一日為始鳴鐘鼓上服浅淡色衣烏紗翼善冠黑角帶於奉天門視事百官皆浅淡色服烏紗帽黑角帶朝叅如常儀退朝仍終太宗文皇帝服制上曰固是遺詔然朕心何能忍古人云雖加一日愈於已初一日仍素服坐西角門不鳴鐘鼓待滿百日再議

乾學按仁宗在位僅踰年耳其所行喪禮昭然在人耳目則宣宗之居喪率而行之可也吕震前此建議已嘗見責於仁宗而今復以此禮進新主何其不學無術之至

實録言仁宗之視朝素冠麻衣麻絰而於宣宗僅言素服亦不能率由舊章矣

憲宗實録成化初張元禎為編脩上疏勸行三年喪

〔孝宗實録〕成化二十三年十二月戊辰憲宗純皇帝之喪至是已百日上以梓宫在殯仍不釋服視事百官素服朝參如舊丙子監察御史曹璘上疏請梓宫發引之日上衰絰杖履至大明門外率百官拜哭而别仍率宫中行三年之喪

〔紹興府志理學傳〕潘府字孔脩上虞人自爲諸生讀濂洛書即慨然有志成化丁未成進士憲廟賓天敬皇踐祚哭臨二十七日禮官請如制易服敬皇素服如故朝臣服吉者皆趨出易素百日又如之禮官愈請從吉府乃毅然抗疏勸行通喪其畧曰仁莫大於父子義莫大於君臣子爲父臣爲君皆斬衰三年仁之至義之盡也堯舜以來自天子至於庶人一用此道漢文帝事不師古遺詔短喪

景帝苟從綱常墮地晉武帝欲之不能行魏孝文行之不能盡宋孝宗鋭志復古易月之外猶執通喪然能行於上不能行於下未足為聖王達孝也憲宗皇帝奄棄四海臣庶銜哀陛下至愛由衷痛切肝肺柩前即位三請始從麻衣視朝百日未改此一念天理之發也伏乞力排群議斷自聖心定為三年之喪詔禮官博士叅考載籍使喪不廢禮朝不廢政合於古不戾於今行於上可通於下則大本以立大經以正子化於孝臣化於忠使天下後世仰為三綱五常之共主顧不偉哉剴切數千言親友疑懼沮以皇明祖訓勸行三年之喪者斬府不聽疏竟上衰絰待罪詔輔臣看詳並泥成說禮部侍郎倪岳獨贊決之定儀制三年不鳴鐘鼓

不受朝賀朔望宫中素服舉奠梓宫發引府獨哀絰哭送衆皆目之由是敬皇孝德感動中外而府名重海内矣

臣民爲天子服

漢書文帝紀帝崩遺詔曰朕聞之盖天下萬物之萌生靡不有死死者天地之理物之自然奚可甚哀當今之世咸嘉生而惡死厚葬以破業重服以傷生吾甚不取且朕既不德無以佐百姓今崩又使重服久臨以罹寒暑之數哀人父子傷長老之志損其飲食絶鬼神之祭祀以重吾不德謂天下何朕獲保宗廟以眇眇之身託於天下君王之上二十有餘年矣賴天之靈社稷之福方内安寧靡有兵革朕既不敏常畏過行以羞先帝之遺德惟年之久長懼於不終今

乃幸以天年得復供養於高廟朕之不明與嘉之其奚哀念之有其令天下吏民令到出臨三日皆釋服無禁取婦嫁女祠祀飲酒食肉自當給喪事服臨者皆無踐晉灼曰漢語作跣跣徒跣也絰帶無過三寸無布車及兵器應劭曰無以布衣車及兵器也無發民哭臨宮殿中殿中當臨者皆以旦夕各十五舉音禮畢罷非旦夕臨時禁無得擅哭臨以下師古曰為下棺也服大紅十五日小紅十四日纖七日釋服服虔曰皆當言大功小功布也纖細布衣也應劭曰紅者中祥大祥以紅為領緣纖者禫也凡三十六日而釋服矣此以日易月也晉灼曰漢書例以紅為功也師古曰紅與功同服晉二說是也此喪制者文帝自率己意創而為之非有取于周禮也何為以日易月乎三年之喪其實二十七月豈有三十六月之文禫又無七月也應氏既失之於前而近代學者因循謬說未之思也它不在令中者皆以此令比類從事布告天下使明知朕意霸陵山川因其故無有所改師古曰自崩至葬凡七日也

劉敞曰文帝制此喪服斷自已塟之後其未葬之前則服斬衰漢諸帝自崩至塟有百餘日者未葬則服不除矣翟方進傳後母終既葬三十六日

起視事以身脩漢相不敢踰國家之制此其証也說者遂以日易月又不通計葬之日皆大謬也若文帝既葬除重服制大紅小紅所以漸即吉耳

徐積曰孔子云三年之喪自天子達而漢文行以日易月之制甚非也後世因循無人議之亦可惜也然漢以三十六日而後世以二十七日而釋尤非也宜稱時制爲衣服以軟巾墨衰以臨便坐見群臣亦可也

閻若璩曰劉攽謂漢文制此喪服斷自既葬之後其未葬之前則仍服斬衰漢諸帝自崩至葬有百餘日者未葬則服不除矣翟方進傳後母終既葬三十六日除服起視事其證也說者遂以日易月又不通計葬之日皆大謬也余因是取漢文遺詔反覆讀之益嘆貢父之論眞精確不可易也史記漢書皆云已下服大紅十五日已下爲一句無棺字索隱曰已下謂柩已下於壙始服大紅小紅等服則三十六日者在既葬之後明矣至魏武始令葬畢便除無所爲三十六日之服者後又何代直以三十六日爲除服之期而不論葬與否至唐明皇肅宗之喪又降三十六日而爲二十七日是非禮之中又非禮矣嗚呼漢詔具在豈竟未之讀耶抑讀之而不解耶何其自爲紛紛耶

三代時天子與諸侯實各治其國故諸侯爲天子服斬衰大夫朝于天子者有服而國人則闕焉

乾學按秦漢以後封建廢而天下一統爲郡縣事體既已不同至漢文行以日易月之制而古今之禮益不可合矣古之諸侯畧如今之封疆大吏古諸侯之臣畧如今之郡邑守長乃古有斬衰緦衰之制而漢

讀禮通考　卷十八

後之外吏與庶民皆三日而釋服古之庶民惟畿內有齊衰三月之服畿外則無之漢後庶民之服且徧於天下且吏則由重而減輕民則推近以及遠此一統之所以異於郡縣也古諸侯之夫人為天子齊衰不杖期諸侯之子嫌不敢服士之子賤不制服大夫之子則與士俱服斬衰蓋古之諸侯多為天子之內外親屬故從服之義亦如家人一體後世官員親屬槩非服制所及矣惟給事殿中者服斬衰三十六日畧如古之王朝卿士而日月又殊於是斷自漢文遺詔以下立臣民為天子一條載之於此而諸侯服天子古制則見於首卷

儀禮篇中不敢混也

漢書王莽傳平帝崩大赦天下有司議曰禮臣不殤君皇帝年十有四歲宜以禮斂加元服奏可莽徵明禮者宗伯鳳等與定天下吏六百石以上皆服喪三年宋書禮志云王莽欲眩惑天下示忠孝也

乾學按杜預言漢氏承秦率天下為天子終服三年是三年之喪在暴秦猶不廢也平帝崩王莽令吏六百石以上皆服喪三年是三年之喪在賊莽猶能復也由前言之則漢文之失甚矣由後言之則晋武每未盡善耳

漢書光武帝紀帝崩遺詔曰朕無益百姓皆如孝文皇帝制度務從約省刺史二千石長史皆無離城郭

無遣吏及因郵奏

三國志魏武帝本紀王崩遺令曰天下尚未安定未得遵古也葬畢皆除服其將兵屯戍者皆不得離屯部有司各率乃職斂以時服無藏金玉珠寶

沈約曰帝以正月庚子崩辛丑即殯是月丁卯葬亟反吉是為不踰月也

乾學按魏志丁卯乃二月是字誤

蜀先主傳章武三年先主殂丞相亮言於後主曰乃顧遺詔事惟太宗動容損益百寮發喪滿三日除服到葬期復如禮其郡國太守相都尉縣令長三日便除服

乾學按自漢文創短喪（三十六日）之制後代率因之然其所謂三十六日釋服者斷自既葬以後也乃魏則定以葬畢而除已減於漢文

矣至蜀則定為三日而除更减於魏矣自晋以後大率循魏之舊葬畢而除彼於漢文葬後三十六日之制尚不能守又何况行三年之服哉

南齊書武帝本紀建元四年三月太祖崩上即位大赦征鎮州郡令長軍屯營部各行喪三日不得擅離任詔曰喪禮雖有定制先旨每存簡約内官可三日一還臨外官間一日還還臨後有大喪皆如之

北齊書文宣帝紀天保十年冬十月帝暴崩遺詔三年之喪雖曰達禮漢文革創通行自昔義有存焉同之可也喪月之斷限以三十六日嗣主百僚内外遐邇奉制割情悉從公除

周書明帝紀武成二年夏四月帝大漸口授詔曰小

欽訖七日哭文武百官各權辟衰麻且以素服從事四方州鎮使到各令三日哭哭訖悉權辟凶服還以素服從事待大例除喪葬訖內外悉除服從吉三日之內勿禁昏娶飲食一令如平常也

宣政元年六月帝崩遺詔喪事資用須使儉而合禮墓而不墳自古通典隨吉即葬葬訖公除四方士庶各三日哭

周書顔之儀傳時京兆郡丞樂運亦以直言數諫高祖崩宣帝嗣位葬訖詔天下公除帝及六宫便議即吉運上疏曰三年之喪自天子達於庶人先王制禮安可誣之禮天子七月而葬以俟天下畢至今葬期既促事訖便除文軌之內奔赴未盡隣境遠聞使猶未至若以喪服受弔不可既吉更凶如以玄冠對使

未知此出何禮進退無據愚臣竊所未安

舊唐書太宗本紀貞觀二十三年五月太宗崩遺詔喪紀一用漢制

唐書太宗崩高宗即位禮部尚書許敬宗奏言伏奉遺詔臣下喪服以日易月皆從三十六日之限但大行在殯皇帝主喪山陵事畢方釋衰絰依禮近臣君服期服斂緣斯義請延至葬畢後除從之

通典大唐元陵遺制其喪儀務從儉約天下節度觀察團練使刺史等並不須赴哀其天下人吏勅到後出臨三日皆釋服無禁婚娶祠祭酒肉其宮殿中當臨者朝夕各十五舉音禮固從宜喪不可久皇帝宜三日聽政十三日小祥二十五日大祥二十七日而釋服

乾學按唐書本紀及凶禮志皆不載遺詔服制故今以通典為據

又按遺制但言天下人吏而不分別在朝諸臣下所言皇帝宜三日聽政十三日小祥二十五日大祥二十七日而禫又專為嗣君而設則在朝諸臣之服實統於天下人吏之中矣宜乎代宗之喪崔祐甫竟欲三日而釋也嗚呼君父之服始而三十六日繼而二十七日後又易之以三日議禮至此尚可與言先王之制哉

唐書代宗崩群臣朝夕臨常衮哭委頓從吏或扶之中書舍人崔祐甫曰臣哭君前有扶禮乎衮恨之會議群臣喪服衮以為禮臣為君斬衰三年漢文權制

猶三十六日玄宗以来始服二十七日古者卿大夫從君而服群臣當從皇帝二十七日而除其天下吏人三日釋服自遵遺詔祐甫以爲遺詔無朝臣庶人之别皆應三日釋服相與力爭聲色陵厲衮不能堪乃奏祐甫率情變禮貶之

杜佑曰大唐元陵遺詔天下人吏勑到後三日釋服伏以公卿百寮不同人吏准禮臣爲君服斬衰三年按高宗實録昭陵臣下喪服皆准漢文帝故事三十六日又按高宗崩服紀輕重亦依太宗故事中宗睿宗時臣下喪服並所遵守據禮及故事今百官並合准遺詔二十七日釋服其小祥内百官並無服日每日平明詣延英門進名起居不入正衙至臨時赴西内哭訖各歸至小祥日去弁絰著布冠其日早集于西内哭望日及大祥又赴西内哭大祥日除衰冠杖等服慘公服至山陵時却服本衰服事畢除之

于慎行曰衮議是也二十七日視漢文之制已自減少豈可更從三日且公卿大臣以吏人自處亦不明大義矣衮之排祐甫非也其論喪禮是也

順宗實録遺詔十三日小祥二十五日大祥二十七日釋服

宋史禮志開寶九年十月二十日太祖崩遺詔以日

易月皇帝三日而聽政十三日小祥二十七日大祥諸道節度防禦團練使刺史知州等不得輒離任赴闕諸州軍府臨三日釋服

乾學按以日易月嗣皇群臣之制也三日釋服牧守令長之制也此則京官與外官之分也不言庶民者與外官同也

臣為君服宋制有三等中書門下樞密使副尚書翰林學士節度使金吾上將軍文武二品以上布梁冠直領大袖衫布裙袴腰經竹杖或布幞頭襴衫布斜巾絹襯服文武五品以上并職事官監察御使以上內客省宣政昭宣知閤門事殿前都知押班布梁冠直領大袖衫裙袴腰經或幞頭襴衫腰經而已入局治事並不易服宰執奏事去杖小祥去冠餘官奏事

如之大祥素紗軟脚折上巾黲公服白鞓錫帶禫除畢公黲服常服仍黑帶皂鞍韉祔廟畢始純吉服宗室出則常服居則衰麻以終制

乾學按唐人遭大喪不言喪服之式若何蓋猶用古衰冠之遺制也至宋則直以時俗之服代之於是始變古制矣此考禮者不可不知也

〔二程全書〕仁宗登遐遺制官吏成服三日而除三日之朝府尹率群官將釋服先生進曰三日除服遺詔所命莫敢違也請盡今日若朝而除之所服止二日爾尹怒不從先生曰公自除之某非至夜不敢釋也一府相視莫除者

〔后山叢談〕司馬温公曰仁宗崩有司用乾興故事

群臣布四脚加冠於是時莫識其制以幅巾幕首破其後為四脚其後鄭穀夫讀續事始云三代黔首以皂絹裹髮周武帝裁為四脚名為幞頭馬周請重繫前脚盖布四脚脚背後垂如周制遇暑則繫其前脚如唐制英宗崩宋次道誤為布幞頭有司遂用民間幕喪之服以漆紗幞頭去其鐵脚而布裹之前繫後垂而不可加冠壞之而冠幞頭之失自次道始也余謂四脚加冠今士大夫喪冠是也大布之冠古也四脚今也於禮為繁矣

宋史禮志元豐八年三月五日神宗崩秘書正字范祖禹言先王制禮以君服同於父皆斬衰三年盖恐為人臣者不以父事其君此所以管乎人情也自漢以來不惟人臣而人君遂亦不為三年之喪惟國朝

自祖宗以来外廷雖用易月之制而宫中實行三年之喪故十二日而小祥二十四日大祥再期而又大祥夫練祥不可以有二也既以日為之又以月為之此禮之無據者再期而大祥中月而禫禫者祭之名非服之色也今乃為之黲服三日然後禫此禮之不經者也既除服至葬而又服之蓋不可以無服也祔廟而後即吉財八月矣而遽純吉無所不佩此又禮之無漸也易月之制因襲已久既不可追宜命群臣朝服止如今日而未除衰至期而服之漸除其重者再期而又服之乃釋衰其餘則君服斯服可也至於禫不必為之服惟純吉以至於祥然後無所不佩則三年之制畧如古矣詔禮官詳議禮部尚書韓忠彦等議朝廷典禮時世異宜不必循古若

先王之制不可盡用則當以祖宗故事為法今言者欲令群臣服喪三年民間禁樂如之雖過山陵不去衰服庶協古制緣先王恤典節文甚多必欲循古又非特如所言而已今既不能盡用則當循祖宗故事及先帝遺制詔從其議

乾學按范公兩疏前後皆數千言文多不能盡録故但録志文如右

宋史高宗崩孝宗欲行三年喪宰相王淮曰御殿之時人主衰絰群臣吉服可乎帝曰自有降等乃出批朕當衰三年群臣自行易月之令

朱子曰高宗大行壽皇三年戴布幞頭著布衫遵行古禮可謂上正千年之失當時宰相不學三日後便服朝服雖　皇　不欲以此喻群臣然臣

子自不當如此謂士[illegible]而無君臣

又曰漢文葬後三易服三十六日而除差賢於後世二十七日者耳楊敬仲之說未嘗[illegible]其文字但章疏詆之竊以為敬仲之說固未合[illegible]猶賢於今世之朱紫臨君喪者也孝宗服高宗既葬白布衣冠視朝此足破千載之謬前世人君自不為服故不能復行古禮當時有此機會而儒臣禮官不能有所建明遂至君服於上臣除於下

宋史寧宗居光宗之憂復令百官以日易月禫除畢服紫衫皂帶以治事從禮部侍郎陳宗召請也諸路監司州軍縣鎮長吏以下服布四角直領布襴衫麻腰絰朝晡臨三日除之內外命婦當入臨者布裙衫帔首絰絹襯衫帕首士庶於本家素服三日而除

朱子君臣服議曰太皇上仙禮部所下符云用布四脚直領布襴衫麻經於四脚之下注云係幞頭於直領布襴衫之下注云上領不盤官吏不曉四脚幞頭之說予考溫公書儀及後山談叢幞頭乃周武帝所製用布一方前兩角綴兩大帶後兩角綴兩小帶覆頂四垂以前邊抹額而繫大帶於腦後收後邊而繫小帶於髻前以代古冠亦名折上巾其後以漆紗為之專名幞頭禮官以幞頭解四脚是已而不詳言其制將如周武所製耶抑若今之漆紗者耶至於直領布襴衫上領下盤之說尤不可曉既曰直領則非上領既曰上領則不容不盤予亦莫能識也強為之說者曰雖為上領而不聯綴斜帛湊成、：曲之　以就正圓但以長布直

縫使足以遠項、謂衤之意或是如此但於古
無考何敢信之盖古今之禮不同禮官不能分別
去取依違其間是以成此回惑耳直領者古禮也
其制具於儀禮其象見於三禮圖上[illegible]衣而下有
裳者也上領有襴者今禮也今之公服上衣下襴
相屬者也竊意國恤舊文必有直領布衫又有布
襴衫服直領布衫則兼服布裙而加冠於首服布
襴衫則首加四脚幞頭雖合用古今之禮而各有
所施亦未為失禮官不察見公服之上領而有襴
遂解直領為上領不盤而增襴字於衫字之上文
若遷今以就古實則廢古以狥今也又前禮部所
下獨不言杖則於禮粗合而有未盡禮於君之喪
諸達官之長則有杖達官謂專達之官在今日則

内之省曹寺監長官外之監司郡守凡一司之長若常任侍從以上得專奏事者也今不杖之制施於僚佐以下則可若長官亦然則雖故相領帥與家居者無異豈不薄哉而朝廷冠服云皇帝初喪服白羅袍黑銀帶絲鞋白羅軟脚折上巾成服日服布斜巾四脚裙袴冠帽竹杖腰絰首絰直領大袖布襴衫白綾襯衫視事日去杖首絰小祥日改服布四脚直領布襴衫腰絰布袴大祥日服素紗軟脚折上巾淺黄衫黑銀帶群臣之服分為三等上等布頭冠布斜巾布四脚大袖襴裙袴首絰腰絰竹杖襯服中等布頭冠幞頭大袖襴衫袴腰絰下等布幞頭襴衫腰絰夫有冠有裙而衫曰直領則是古之喪服當之一襲者也有四脚有襴

衫則今世常服 別 襲者也此乃比而同之矣至於小祥之服衫是直領而無裙宰臣之服有裙而衫非直領又不可曉且斜巾四脚冠帽乃是四物四脚是古人常服冠是古人禮冠帽是後世燕服斜巾乃民間初喪未成服時所用古人免之遺制也不知四物何以一時並加於首耶況既成服則必用喪冠而用未成服之斜巾其失一也宇文氏廢古法而用四脚幞頭若兼存而互用猶不相妨今乃同時並加其失二也燕服與正服各有所施今以帽與古冠四脚並用其失三也今世天子之冠有袞冕通天幞頭帽子然未嘗並用於一時也古禮小祥改服練冠以熟布爲之其制不易今之喪冠當服之終喪不當小祥而易以布四脚

直領上領古裙今襴亦是四物不當一時並用四脚幞頭折上巾三名一物不當錯出而又於朝臣中列四脚爲上等幞頭爲中下與部文注語又背其曰銀帶絲鞋白綾襯衫則不須辨矣此類不能一一正之當正其本則曰斬衰三年爲父爲君必如儀禮之說其服則布冠直領大袖布衫加布衰辟領負版掩衽布襯衫布裙麻腰絰麻首絰麻帶菅屨竹杖自天子至於庶人所同用也儀禮三梁冠士禮也今天子通天冠二十四梁當去其半羣臣則如其本品進賢冠之數大本既然後益考禮經以修殯葬饋奠之禮參度人情以爲居處飲食之節凡詭聖不經如上領朝服之類一切革去則無紛紛之惑　若四世吉凶之服上領之制

相承已久恐難[illegible]革[illegible]然也古今之制祭祀用冕服朝會用朝服皆用直領垂之而不加紳束則如今婦人之服也交掩於前而束帶焉則如今男子之衣也皆未嘗上領今之上領公服乃夷狄之服五胡時流入中國隋煬帝巡游無度令百官戎服從駕而以紫緋綠三色為九品之别唐謂之便服又名從省服非先王法服亦非當時朝祭之正服也今之服亦雜用之曷若準朝服祭服之法叅取唐公服之制以為便服而去之哉唐公服見通[illegible]開元禮序例下[illegible]民喪皆如此禮但以親踈分五等而衣服之制不殊温公書儀大功以下從俗禮非是唯高氏送終禮其説甚詳當更討論以為公私通行喪服制度頒行民間令其遵守使大義素定於臣民之家免

至臨事紛錯疑惑衆聽○又答人書云来諭欲以襴衫幞頭居喪而易皂衫於禫固足以爲復古之漸然襴衫幞頭本非喪服羔裘玄冠夫子不以弔皆非臣子之服也竊謂當如孝宗所制之禮君臣同服略爲區别以辨上下十三月而服練以祥二十五月而服襴幞以禫二十七月而服朝服以除朝廷州縣皆用此制燕居許服白絹巾白凉衫白帶選人小使臣既祔除衰而皂巾白凉衫青帶以終喪庶人吏卒不服紅紫三年如此似亦允當○又問至尊之喪小官及士庶等服於古皆差儀禮諸侯爲天子及諸臣爲國君俱斬衰三年傳曰君至尊也注天子諸侯及卿大夫有地者皆曰君庶人爲國君齊衰三月言民而言庶人庶人或

有在官者天子之內、　服天子亦如之以是觀之自古無通天下為天子三年之制前輩恐未之考朱子曰今士庶人既無國君之服又無至尊之服則是無君矣今之凉衫猶存得影子問士庶不可以庶人為國君齊衰三月諸侯之大夫為天子小功緦衰問有官人嫁娶當在祔廟後荅曰亦不可帶花用樂少示其變又曰至尊之服始三日用古冠服上衣下裳以後用今制四脚幞頭等自京官以上是一等服京官以下是一等服士人又一等服庶人又一等服如此等級分明乃善問壽皇行三年之喪是誰建議曰自意要行惜無宰相將順成此一大事若能因此舉行盛典及於天下則成數千百年之成憲矣當時宰相用紫衫皁帶入臨用白衫歸便不著某在上前說及三年之喪亦自感動次日即付出與禮官集議後亦無人助成此事儀禮注疏說嫡孫承重甚詳君之喪士庶人亦可聚哭但不可設位哭於官署可也○又曰初喪便當制古喪服以臨别制布幞頭布公服布平帶以朝乃爲古禮○又曰議者謂元祐盛時天子群臣不能行范祖禹三年喪之說在今可知夫自漢以來所以不能行此者以人主不能力行以率於上又恐妨臣民冠昏祠享會聚之期也國家自祖宗以來三年通喪實行於内獨所以下爲臣民之慮者未有折衷是以未敢輕議此亦過矣夫古禮君死而方喪三年方者比也謂服如父母而分有親疎則義至情盡非必使天下之人寢

苫枕塊飲水食，泣亠　廿俱同居父母之喪也

今群臣之服已有定說獨庶人軍吏之貧者宜無責乎其全惟白紙冠去華飾其亦可也至如婚嫁之事則分別貴賤親疎以為隆殺之節一月之外許庶民三月之外許士吏復土之後許選人祔廟之後許承議郎以下小祥之後許朝請大夫以下大祥之後許中大夫以下各借吉三日其大中大夫以上禫祭然後行吉禮官卑而差遣職事高者從高遷官者從新貶官者從舊如此則亦不悖於古無妨於今庶乎其可行矣○又曰天子之喪自宰執而下漸降其服至於四海則自聞訃而始止於三月又云古者公卿大夫與列國之諸侯各為天子三年喪列國之卿大夫各為其君三年喪止

是自服其君諸侯之大夫則不為天子服百姓則畿内之民自為天子服本國之君之服

乾學按儀禮諸侯之大夫曾接見天子者為天子繐衰是諸侯之大夫亦有服也

真西山集理宗初真德秀論小祥不當從吉狀伏覩指揮群臣侯過寧宗皇帝小祥並服純吉等某按禮經子為父臣為君皆服斬衰三年自漢文帝率情變古後世始不復見三代之禮間有天資篤孝鋭欲復古如晉武帝者而其臣習卑守陋沮而止之其説曰君服於上臣除於下是有父子無君臣也獨不思古禮之不行患在人君憚其難耳豈有君能服之臣不能耶本朝列聖相承外庭雖用易月之制而宮中實行三年之服逮至阜陵獨斷易月之外衰服如初

朝衣朝冠皆以大下蓋未之有惜時臣不能并定臣下執喪儀遂使人主衰服三年於上而群臣易月公除於下此千載無窮之恨也逮紹熙甲寅阜陵上賓羅點等建議乞令群臣於易月之後不釋衰服朝會治事權用公服黑帶每遇七日及朔望時節朝臨奉慰應干喪禮皆以衰服行事山陵之後期與再期則又服之大祥而後除至於燕服亦去紅紫之飾詔從之當時臺諫集議以為點等所請雖未純古畧存遺意且請併定君服竟以不果竊謂古制不行久矣使人君居喪若阜陵群臣執喪如甲寅雖節文未盡如古而意已庶幾侂胄弄權群奸朋附一切反慶元初政故光宗之喪群臣復以小祥純吉今考會要群臣禫祭而純吉者累朝之制也其後易以升

祔紹興而易以小祥甲寅易以大祥二百餘年之間喪制四變皆近而之遠侂胄變甲寅之制而從小祥之舊自近而之遠舍厚而從薄其可乎哉且嘉泰元年禮官乞遵紹興已行之典淳熙申命之文令百官過小祥純吉臣今考之淳熙宅憂之日雖有群臣易月之令不言小祥從吉蓋高廟登遐光宗踐祚十有六月百僚悉用吉禮然因新君受禪非爲高廟小祥也嘉泰禮官敢於舞禮如此其後有司失於討論徒以光宗喪紀近而可遵不知其權臣所更改自嘉定以來權臣之竊政謬令剗革多矣喪紀重事豈容反隔其失乎且揆之禮意參之人情有未安者二焉皇帝以躬執三年之喪在宮則苴麻臨朝則淺黄之服黑犀之帶而群臣[illegible]已。　不佩豈君服斯服之義

乎此其未安者一　八　日實維小祥越七日而
遂純吉追念去歲是時先皇帝負扆朝群臣今音容
若存仙遊已邈臣子雖號慟泣血未足以洩其哀乃
遽即純吉之服忘憂戚之容揆之人情必所不忍此
其未安者二也欲望朝廷更下有司考求紹興甲寅
已定之例斟酌而行之其八月十日百官純吉指揮
姑賜收寢庶幾稍合禮意足以貽示方來
宋史張忠恕傳　理宗初忠恕爲戶部郎官上言人道
莫先乎孝送死尤爲大事孝宗朝衣朝冠皆以大布
迨寧考以適孫承重光宗雖有疾未嘗不服喪宫中
也暨光宗上賓權殯方張莫有言者去秋禮寺受成
胥吏未嘗以義折衷慶元間再期而祥百僚始純服
吉今若甫經練祭雖朝臣一帶之微不復有凶吉之

別則是三年之喪降而爲期害理滋甚況人主執喪於內而群工之服無異常日是有父子而無君臣也

太祖實録洪武三十一年五月乙酉太祖崩遺詔喪葬之儀一如漢文天下臣民令到出臨三日皆釋服

仁宗實録仁宗崩禮部上喪禮儀注一在京文武官聞喪素服烏紗帽黑角帶自明日始至三日旦俱詣思善門外哭退於本衙門宿歇不飲酒食肉第四日各俱斬衰服至思善門外朝夕哭臨三日又朝臨七日各十五舉聲止凡在朝及衙門視事用布裹紗帽垂帶素服要絰麻鞋退居即服孝服通前二十七日而除一文武官一品至四品命婦麻布大袖員領長衫布蓋頭清晨由西華門入思善門外哭臨三日而止悉去金銀首飾素服前二十七日而除一在

京以聞喪日為始、、屠中　　三日一軍民素服婦人
素服不粧飾俱以聞喪日為始二十七日而除一聽
選官辦事官監生人材吏典僧道耆老聞喪即易素
服自次日至第三日每旦詣順天府朝闕設香案哭
臨至四日百官各具斬衰服監生等素服朝夕哭臨
三日又朝臨七日各十五舉聲止仍各具素服通前
二十七日而除一外國四夷朝使行哭臨禮工部造
與孝服一内文武官吏人等遵依遺詔二十七日釋
服後仍終太宗文皇帝服制一諸皇子郡王及王妃
郡王妃郡主以下聞訃皆哭盡哀行五拜三叩頭禮
畢並易素服第四日易衰服遵依遺詔二十七日而
除一遺詔到日在外文武官吏人等素服烏紗帽黑
角帶行四拜禮跪聽宣讀訖舉哀再行四拜禮畢各

置斬衰於衙門內望闕設香案朝夕哭臨三日各十五舉聲止自是素服通記二十七日而除一在外官聞喪命婦素服舉哀三日各十五舉聲素服通記二十七日而除軍民男女止素服十三日

呂柟禮問古諸侯世子不為天子斬今親王世子郡王各暨其妃及公主郡主為天子者何曰至尊也至尊一統也若曰有繼世之躰而不斬畀二絻笑視事則素服烏紗帽黑角帶者何也降太上也古者諸侯為天子方喪三年諸王皆古諸侯也今何以二十七日也自宣德始也然皇帝于祔廟之後素服御西角門以視朝時享服黃袍至禫始釋素服則猶三年也內外文武諸臣于始崩素服烏紗帽黑角帶聽詔四日成服在內臨于思善門朝夕三日又朝三日在外哭臨于牙門其數同若入朝及視事則布裹紗帽垂帶素服要絰麻鞋退服斬衰既二十七日乃素服烏紗帽黑角帶二十七月何曰亦方喪之義也其然者降皇太子諸王也故聽選辦事諸官衰服哭臨順天十三日又素服十四日不臨生儒吏典僧道諸人素服哭臨順天十三日又素服十四日不臨軍民婦人皆素服二十七日天下軍民男女皆素服十有三日群臣命婦麻布大袖負領麻布蓋頭要絰入臨三日又素服二十四日外命婦其服同不臨又以降文武諸臣也故古者與諸侯兄弟者之卿大夫為天子斬大夫之適子與夫人及太子皆斬若非兄弟適子則有不斬者矣故曰天子崩三日祝先杖五日官長杖七日國中男女服三月天下服又曰君之喪諸達官之長杖三日子夫人杖五日大夫世婦杖然、今何[illegible]十七日也曰固宣德始也從諸王也群臣用布四脚幞頭[illegible]經者何曰宋淳熙之禮也軍吏

之貧者以白紙為冠巾何曰宋朱元晦之議始白

顧清制服私議數日來聞諸公議禮區區愚闇竊有所疑今不敢遠引盛際直以春秋之世禮教殘缺之時言之亦自有不然者按檀弓記魯莊公之喪既塟經不入庫門士大夫卒哭麻不入傳云莊公卒慶父作亂閔公時年八歲既塟遂以吉服即位故曰經不入庫門士大夫仍麻經至卒哭乃不以入且曰記禍亂孔迫禮所由廢也夫閔公以沖幼之年迫于禍亂既塟從吉廢先王之禮儒者記之為萬世戒魯不少貸今天下一家南北東西無纖塵之警大行晏駕嗣聖龍飛四方萬國于是觀禮議者乃欲于即位之後遽從吉服臨御正衙是不以堯舜三代之盛望吾君而使下襲衰世亂邦之迹也而可乎且閔公從吉于既葬群臣從吉于卒哭亦君除而後臣乃敢除先儒尚以不能三年為失禮之甚今遺詔雖許群臣以四月十二日釋服而此時車駕方在途中約計踐祚之期尚在易月之內夫喪寧遂戚禮貴從宜古之道也議者不原此意徒執遵奉末命之說欲以是日即遂云除如從所言使君被齊斬之衣臣曳玄縞之製于礼則不順于情則不安傳之四方何以為訓是不惟得罪于古先制禮之聖王亦魯閔君臣迫于禍亂者之所不為也又按喪服小記傳云近臣從君往他國既返而君之親喪服限已過君追服之此臣亦從而追服若卿大夫之後行者返而君之服限未滿則亦從而服之若在限外則不從而追服明君服未除則臣下皆當從服也今日嗣君從外來與在他國而還者畧相似就使成服而行計其至日猶在服限之內則群臣不敢遵易月之制而從之服者正此禮之謂也而議者執于四月十二日群臣皆服吉冠又欲嗣君即位三日而釋服皆不知何所本也

讀禮通考卷十八終

讀禮通考卷十九

喪期

國恤二

天子服毋后

晉書禮志泰始四年皇太后崩有司奏前代故事倚廬中施白縑帳蓐素牀以布巾裹革軺輦版轝細犢車皆施縑裏詔不聽但令以布衣車而已其餘居喪之制不改禮文有司又奏大行皇太后當以四月二十五日安厝故事虞著衰服既虞而除其内外官寮皆就朝晡臨位御服訖各還所次除衰服詔曰夫三年之喪天下之達禮也受終身之愛而無數年之報奈何葬而便即吉情所不也有司又奏世有險易

道有洿隆所遇之時異也　固然非忽禮也方今戎馬未散王事至殷交須聽斷以熙庶績昔周康王始登翌室猶戴冕臨朝降於漢魏既葬除釋諒闇之禮自遠代而廢矣惟陛下割高宗之制從當時之宜詔曰夫三年之喪所以盡情致禮葬已便除所不堪也當叙吾哀懷言用斷絶奈何奈何有司又固請詔曰不能篤孝勿以毁傷爲憂也誠知衣服末事耳然今思存草土率當以吉物奪之迺所以重傷至心非見念也每代禮典質文皆不同耳何爲限以近制使達喪闕然乎羣臣又固請帝流涕久之迺許

乾學按晉有細犢車麤犢車或作油犢車者非也止有油犢車油軿車見晉志且晉志原文原有細犢車至麤犢車見愍懷太

子傳

魏書禮志魏自太祖至於武泰帝及太皇太后皇太后皇后崩悉依漢魏既葬公除惟高祖太和十四年文明太后崩將營山陵九月安定王休齊郡王簡咸陽王禧河南王幹廣陵王羽潁川王雍始平王勰北海王詳侍中太尉録尚書事東陽王丕侍中司徒淮陽王尉元侍中司空長樂王穆亮侍中尚書左僕射平原王陸叡等率百寮詣闕表曰上靈不弔大行太皇太后崩背溥天率土痛慕斷絶伏惟陛下孝思烝烝攀號罔極臣等聞先王制禮必有隨世之變前賢制法亦務適時之宜良以世代不同古今異制故也三年之喪雖則自古然中代已後未之能行先朝成式事在可準聖后終制刊之金册伏惟陛下至孝烝

衷哀毀過禮欲依上古喪終三年誠協大舜孝慕之
德實非俯遵濟世之道今雖中夏艱清庶邦康靜然
萬機事殷不可暫曠春秋烝嘗事難廢闕伏願天鑒
抑至孝之深誠副億兆之企望喪期禮數一從終制
則天下幸甚日月有期山陵將請展安兆域以備奉
終之禮詔曰凶禍甫爾未忍所請休等又表曰臣等
聞五帝已前喪期無數三代相因禮制始立名雖虛
置行之者寡高宗徒有諒闇之言而無可遵之式康
王既廢初喪之儀先行即位之禮於是無改之道或
虧三年之喪有缺夫豈無至孝之君賢明之子皆以
理貴隨時義存百姓是以君薨而即位不暇改年踰
月而即葬豈待同軌葬而即吉不必終喪此乃二漢
所以經綸治道魏晉所以綱理政術伏惟陛下以至

孝之性遭罔極之艱永慕崩號哀過虞舜誠是萬古之高德曠世之絕軌然天下至廣萬機至殷曠之一朝庶政必滯又聖后終制已有成典宗社廢禮其事尤大伏願天鑒抑哀毀之至誠思在予之深責仰遵先志典册之文俯哀百辟元元之請詔曰自遭禍罰慌惚如昨奉侍梓宮猶悕髣髴山陵遷厝所未忍聞十月休等又表曰臣等頻煩上聞仰申誠款聖慕惟遠未垂昭亮伏讀哀灼憂心如焚臣等聞承乾統極者宜以濟世為務經綸天下者特以百姓為心故萬機在躬周康弗獲申其慕漢文作戒孝景不得終其禮比乃先代之成規近世所不易伏惟太皇太后叡聖淵識慮及始終明誥垂於典策遺訓備於末命聿脩厥德聖人所重遵承先式臣子攸尚陛下雖欲終

上達之禮其如黎元何臣等不勝憂懼之誠敢冐重陳乞垂聽訪以副億兆之望詔曰仰尋遺旨俯闚所奏倍增號絶山陵可依典册如公卿所議衰服之宜情所未忍別當備叙在心既葬休又表曰奉被癸酉詔書述遺誡之旨昭達從之義遵儉葬之重式稱孝思之深誠伏讀未周悲感交切日月有期山陵即就伏惟陛下永慕崩號倍增摧絶臣等具位在官與國休戚庇心之至不敢不陳咸以為天下之至尊莫尊於王業皇極之至重莫重於萬幾至尊故不得以常禮任已至重亦弗獲以世典申情是以二漢已降逮于魏晉葬不過踰月服不淹三旬良以叔世事廣禮隨時變不可以無為之法行之於有為之辰文質不同古今異制其來久矣自皇代革命多歷年祀四祖

三宗相繼纂業上承數代之故實俯副兆民之企望
豈伊不懷理宜然也文明太皇太后欽明稽古聖思
淵深所造終制事合世典送終之禮旣明遺誥之文
載備奉而行之足以垂風百王軌儀萬葉陛下以至
孝之誠哀毀過禮三御不充半溢晝夜不釋經帶永
思纏綿減性幾及百姓所以憂懼失守臣等所以肝
腦塗地王者之尊躬行一日固可以感徹上靈貫被
幽顯況今山陵告終　咸畢日已淹月仍不卜練
比之前世理爲過矣願陛下思大孝終始之義愍億
兆悲惶之心抑思割哀遵奉終制以時即吉一日萬
機則天下蒙恩率土仰賴謹依前式求定練日以備
祔禫之禮詔曰比當别敘在心旣而齊引見大尉丕
及羣臣等於太和殿前哭拜盡哀出幸思賢門右詔

尚書李沖宣旨於王等仰惟先后平日近集羣官共
論政治平秩民務何圖一旦禍酷奄鍾獨見公卿言
及喪事追惟荼毒五内崩摧丕對曰伏奉明詔羣情
圮絶臣與元等不識古義以老朽之年歷奉累聖國
家舊事頗所知聞伏惟遠祖重光世襲至有大諱之
日唯侍送梓宫者凶服左右盡皆從吉四祖三宗因
而無改世祖高宗臣所目見惟先帝升遐臣受任長
安不在侍送之列竊聞所傳無異前式伏惟陛下以
至孝之性哀毁過禮伏聞所御三食不滿半溢臣等
叩心絶氣坐不安席願暫抑至慕之情遵先朝成事
思金冊遺令奉行前式無失舊典詔曰追惟慈恩昊
天罔極哀毁常事豈足關言既不能待沒而朝夕食
粥粗亦支任二公何足以至憂怖所奏先朝成事亦

所具聞祖宗情專武畧未脩文教朕今仰稟聖訓庶習古道論時比事又與先世不同太尉等國老政之所寄於典記舊式或所未悉且可知朕大意其餘喪禮之儀古今異同漢魏成事及先儒所論朕雖在衰服之中以喪禮事重情在必行故暫抑哀慕躬自尋覽今且以所懷别問尚書游明根高閭等公且可聽之高祖謂明根曰朕丁罹酷罰日月推移山陵已過公卿又依金冊據案魏晉請除衰服重聞所奏倍增號哽前者事逼山陵哀疚頓敝未得論叙今故相引欲具通所懷卿前所表除釋衰麻聞之實用悲恨于時親侍梓宮匍匐筵几哀號痛慕情未暫闋而公卿何忍便有此言何於人情之不足夫聖人制卒哭之禮受練之變皆奪情以漸又聞君子不奪人之喪亦

不可奪喪今則旬日之閒言及即吉特成傷理明根對曰臣等伏尋金册遺旨踰月而葬葬而即吉故於卜葬之初因奏練除之事仰傷聖心伏增悲悚高祖曰卿等咸稱三年之喪雖則自古然中代以後未之能行朕謂中代所以不遂三年之喪蓋由君上違世繼主初立故身襲衮冕以行即位之禮又從儲宫而登極者君德未流臣義未洽天下顒顒未知所傒故須備朝儀示皇極之尊及后之喪也因父在不遂即生情易之情踵以為法諒知敦厚之化不易遵也朕少蒙鞠育慈嚴兼至臣子之情君父之道無不備誨雖自蒙昧粗解告旨庶望量行以免咎戾朕誠不德在位過紀雖未能恩洽四方化行萬國仰稟聖訓足令億兆知有君矣於此之日而不遂哀慕之情使情

禮俱損喪紀圮壞者深可痛恨高閭對曰太古既遠事難襲用漢魏以来據有成事漢文繼高惠之蹤斷獄四百幾致刑措猶句三旬之禮孝景承平遵而不變以此言之不為即位之有所逼懼也良是君臣之道理自宜然又漢稱文景雖非聖君亦中代明主今遺冊之旨同於前式伏願陛下述遵遺令以副羣庶之情杜預晋之碩學論自古天子無有三年之喪者以為漢文之制闇與古今雖叔世所行事可承踵是以臣等慺慺干謁高祖曰漢魏之事與今不同備如向說孝景雖承昇平之基然由嫡子即位君德未顯無異前古又父子之親誠是天屬之重然聖毋之德昊天莫報思自殞滅豈徒衰服而已竊尋金冊之旨所以告奪臣子之心令早即吉者慮遺絕萬機荒廢

政事羣臣所以慺慺亦懼機務之不理矣今仰奉冊令俯順羣心不敢闇然不言以荒廢政唯欲存衰麻廢吉禮朔望盡哀寫泄悲慕上無失導誨之志下不乖衆官所請情在可許故專欲行之公卿宜審思朕懷不當固執至如杜預之論雖暫適時事於孺慕之君諒闇之主蓋亦誣矣孔聖稱喪與其易也寧戚而預於孝道簡略朕無馭焉秘書丞李彪對曰漢明德馬后保養章帝母子之道無可間然及后之崩葬不淹旬尋以從吉然漢章不受譏於前代明德不損名於往史雖論功比德事有殊絶然母子之親抑亦可擬願陛下覽前世之成規遵金冊之遺令割哀從議以親萬機斯誠臣下至心兆庶所願高祖曰既言事殊固不宜仰匹至德復稱孝章從吉不受譏前代朕

所以眷戀衰経不從所議者仰感慈恩情不能忍故也蓋聞孝子之居喪見美麗則感親故釋錦而服麤衰內外相稱非虛加也今者豈徒顧禮違議苟免嗤嫌而已抑亦情發於衷而欲肆之於外金册之意已具前答不復重論又卒日奉旨不忍片言後事遂非嘿嘿在念不顯所懷今奉終之事一以仰遵遺册於令不敢有乖但痛慕之心事繫於予雖無丁蘭之感庶聖靈不奪至願是以謂無違旨嫌諸公所表稱先朝成式事在可準朕仰惟太祖龍飛九五初定中原及太宗承基世祖纂歷皆以四方未一羣雄競起故銳意武功未脩文德高宗顯祖亦心存武烈因循無改朕承累世之資仰聖善之訓撫和內外上下輯諧稽參古式憲章舊典四海移風要荒革俗仰遵明軌

庶無愆違而方於禍酷之辰引末朝因循之則以為
前準非是所喻高閭對曰臣等以先朝所行頗同魏
晉又適於時故敢仍請高祖曰卿等又稱今雖中夏
穆清庶邦康靜然萬機事廣不可暫曠朕以卿若見
逼奪情不自勝尋覽喪儀見前賢論者稱卒哭之後
王者得理庶事依據此文又從遺冊之旨雖存衰服
不廢萬機無闕庶政得展罔極之思於情差申高閭
對曰君不除服於上臣則釋衰於下從服之義有違
為臣之道不足又親御衰麻復聽朝政吉凶事雜臣
竊為疑高祖曰卿等猶以朕之未除於上不忍專釋
於下奈何令朕獨忍於親舊論云王者不遂三年之
服者屈己以寬群下也先后之撫羣下也念之若子
視之猶傷卿等哀慕之思既不求寬朕欲盡罔極之

慕何為不可但逼遺冊不遂乃心將欲居廬服衰寫朝夕之慕升堂襲素理日昃之勤使大政不荒哀情獲遂吉不害於凶凶無妨於吉以心處之謂為可爾遺旨之文公卿所議皆服終三旬釋衰襲吉從此而行情實未忍遂服三年重違旨誥今處二理之際惟臣應是臣可期使四氣一周寒暑代易雖不盡三年之心得一終忌日情結差申案禮卒哭之後將受變服于朕受[illegible]及小官皆命即吉內職羽林中郎已下虎[illegible]已上及外職五品以上無衰服者素服以終三月內職及外臣衰服者變從練禮外臣三月而除諸王三都駙馬及內職至來年三月晦朕之練也除凶即吉侍臣君服斯服隨朕所降此雖非舊式推情即理有貴賤之差遠近之別明根對曰聖慕深遠孝情

庶無愆違而方於禍酷之辰引末朝因循之則以為前準非是所喻高閭對曰臣等以先朝所行頗同魏晋又適於時故敢仍請高祖曰卿等又稱今雖中夏穆清庶邦康靜然萬機事廣不可暫曠朕以卿若見逼奪情不自勝尋覽喪儀見前賢論者稱卒哭之後王者得理庶事依據此文又從遺冊之旨雖存衰服不廢萬機無闕庶政得展罔極之思於情差申高閭對曰君不除服於上臣則釋衰於下從服之義有違為臣之道不足又親御衰麻復聽朝政吉凶事雜臣竊為疑高祖曰卿等猶以朕之未除於上不忍專釋於下奈何令朕獨忍於親舊論云王者不遂三年之服者屈已以寬群下也先后之撫羣下也念之若子視之猶傷卿等哀慕之思既不求寬朕欲盡罔極之

慕何為不可但逼遺册不遂乃心將欲居廬服衰寫
朝夕之慕升堂襲素理日昃之勤使大政不荒哀情
獲遂吉不害於凶凶無妨於吉以心處之謂為可爾
遺旨之文公卿所議皆服終三旬釋衰襲吉從此而
行情實未忍遂服三年重違旨詔今處二理之際惟
望至期使四氣一周寒暑代易雖不盡三年之心得
一終忌日情結差申案禮卒哭之後將受變服于朕
受日庶民及小官皆命郎吉內職羽林中郎已下虎
賁郎已上及外職五品以上無衰服者素服以終三
月內職及外臣衰服者變從練禮外臣三月而除諸
王三都駙馬及內職至來年三月晦朕之練也除凶
即吉侍臣君服斯服隨朕所降此雖非舊式推情即
理有貴賤之差遠近之別明根對曰聖慕深遠孝情

彌至臣等所奏已不蒙許願得踰年即吉既歷冬正歲序改易且足申至慕之情又近遺詔之意何待期年高祖曰冊旨速除之意慮廣及百官久曠衆務豈於朕一人獨有違奪今既依次降除各不廢王政復何妨於事而猶奪期年之心高閭對曰昔王孫倮葬士安去棺其子皆從而不違不為不孝此雖貴賤非倫事頗相似臣敢借以為喻今親奉遺令而有所不從臣等所以頻煩干奏李彪亦曰三年不改其父之道可謂大孝今不遵冊令恐涉改道之嫌高祖曰王孫士安皆誨子以儉送終之事及其遵也豈異今日改父之道者蓋謂慢孝忘禮肆情違度今梓宮之儉玄房之約明器幃帳一無所陳如斯之事卿等所悉衰服之告乃是聖心卑已申下之意寧可苟順冲約

諫字誤十一

君順文應云經諫後禮

之旨而頓絕創臣之痛縱有所涉甘受後代之譏未忍今日之請又表稱春秋烝嘗事難廢闕朕聞諸夫子吾不與祭如不祭自先朝以來有司行事不必躬親比之聖言於事殆闕賴蒙慈訓之恩自行致敬之禮今昊天降罰殃禍上延人神喪恃幽顯同切想宗廟之靈亦輟歆祀脫行饗薦恐乖冥旨仰思成訓倍增痛絕豈忍身襲衮冕親行吉事高閭對曰古者郊天越紼行事宗廟之重次於郊祀今山陵已畢不可久廢廟饗高宗曰祭祀之典事由聖經未忍之心具如前言脫至廟庭號慕自纏終恐廢禮公卿如能獨行事在言外李彪曰三年不爲禮禮不壞三年不爲樂樂必崩今欲廢禮闕樂臣等未敢高祖曰此乃宰予不仁之說已受責於孔子不足後言羣官前表稱

彌至臣等所奏已不蒙許顧得踰年即吉既歷冬正歲序改易且足申至慕之情又近遺誥之意何待期年高祖曰冊旨速除之意慮廣及百官久曠衆務豈於朕一人獨有違奪今既依次降除各不廢王政復何妨於事而猶奪期年之心高閭對曰昔王孫倮葬士安去棺其子皆從而不違不為不孝此雖貴賤非倫事頗相似臣敢借以為喻今親奉遺令而有所不從臣等所以頻煩干奏李彪亦曰三年不改其父之道可謂大孝今不遵冊令恐涉改道之嫌高祖曰王孫士安皆誨子以儉送終之事及其遵也豈異今日改父之道者蓋謂慢孝忘禮肆情違度今梓宮之儉玄房之約明器幃帳一無所陳如斯之事卿等所悉喪服之告乃是聖心畢已申下之意寧可苟順冲約

之旨而頓絶創臣之痛縱有所涉甘受後代之譏未忍今日之請又表稱春秋烝嘗事難廢闕朕聞諸夫子吾不與祭如不祭自先朝以來有司行事不必躬親比之聖言於事殆闕頼蒙慈訓之恩自行致敬之禮今昊天降罰殃禍上延人神喪恃幽顯同切想宗廟之靈亦輟歆祀脱行饗薦恐乖冥旨仰思成訓倍增痛絶豈忍身襲袞冕親行吉事高閭對曰古者郊天越紼行事宗廟之重次於郊祀今山陵已畢不可久廢廟饗高宗曰祭祀之典事由聖經未忍之心具如前言脱至廟庭號慕自纏終恐廢禮公卿如能獨行事在言外李彪曰三年不爲禮禮不壞三年不爲樂樂必崩今欲廢禮闕樂臣等未敢高祖曰此乃宰予不仁之説已受責於孔子不足後言羣官前表稱

高宗徒有諒闇之言而無可遵之式朕惟信闇默之難周公禮制自茲以降莫能景行言無可遵之式良可怍矣復云康王既廢初喪之儀先行即位之禮於是無改之道或虧三年之喪有缺朕謂服美不安先賢有諭禮畢居喪著在前典或虧之言有缺之義深乖理衷高閭對曰臣等據案成事依附杜預多有未允至乃推校古今量考衆議實如明旨臣等切惟曾參匹夫七日不食夫子以為非禮及録其事惟書七日不稱三年蓋重其初慕之心伏惟陛下以萬乘之尊不食竟於五日既御則三食不充半溢臣等伏用悲惶肝腦塗地躬行一日足以貫被幽顯豈宜衰服三年以曠機務夫聖人制禮不及者企而及之過之者俯而就之伏願陛下抑至慕之情俯就典禮之重

泰字下應有禮字

誠是臣等悽悽之願高祖曰思隆德厚則思戀自深日所足論也又前表稱古者葬而即吉不必終禮此乃二漢所以經綸治道魏晉所以綱理庶政朕以為既葬即吉蓋其季俗多亂權宜救世耳諒非光治興邦之化二漢之盛魏晉之興宜由簡略喪禮遺忘仁孝哉公卿偏執一隅便謂經治之要皆在於斯殆非義也昔平日之時公卿每奏稱當今四海晏安諸夏清泰禮樂日新政和民悅蹤侔軒唐事等虞禹漢魏已下固不足仰止聖治及至今日便欲苦奪朕志使不踰于魏晉如此之意未解所由昔文母上承聖主之資下有賢子之化惟助德宣政因風致穆而已當今衆事草創萬務惟始朕以不德沖年践阼而聖母匡

高宗徒有諒闇之言而無可遵之式朕惟信闇默之難周公禮制自茲以降莫能景行言無可遵之式良可怵矣復云康王既癈初喪之儀先行即位之禮於是無改之道或虧三年之喪有缺朕謂服美不安先賢有論禮畢居喪著在前典或虧之言有缺之義深乖理衷高閭對曰臣等據案成事依附杜預多有未允至乃推校古今量考衆議實如明旨臣等切惟曾參匹夫七日不食夫子以為非禮及録其事惟書七日不稱三年蓋重其初慕之心伏惟陛下以萬乘之尊不食竟於五日既御則三食不充半溢臣等伏用悲惶肝腦塗地躬行一日足以貫被幽顯豈宜衰服三年以曠機務夫聖人制禮不及者企而及之過之者俯而就之伏願陛下抑至慕之情俯就典禮之重

誠是臣等慺慺之願高祖曰恩隆德厚則思戀自深雖非至情由所感發然曾參之孝曠代而有豈朕今日所足論也又前表稱古者塟而即吉不必終禮此乃二漢所以經綸治道魏晉所以綱理庶政朕以為既塟即吉蓋其季俗多亂權宜救世耳諒非光治興邦之化二漢之盛魏晉之興豈由簡略喪禮遺忘仁孝哉公卿偏執一隅便謂經治之要皆在於斯殆非義也昔平日之時公卿每奏稱當今四海宴安諸夏清泰禮樂日新政和民悅蹤侔軒唐事等虞禹漢魏巳下固不足仰止聖治及至今日便欲苦奪朕志使不踰于魏晉如此之意未解所由昔文母上承聖主之資下有賢子之化惟助德宣政因風致穆而已當今衆事草創萬務惟始朕以不德沖年踐阼而聖母匡

訓以義方，詔誨以政事，經綸內外，憂勤億兆，使君臣協和，天下輯穆，上代以來，何后之功得以仰比？如有可擬，則從衆議。堯雖棄子禪舜，而舜肯有聖德，不假堯成，及其徂也，猶四海遏密，終於三年。今慈育之恩、詔教之德，尋之曠代，未有匹擬，既受非常之恩，寧忍從其常式？況未殊一時，而公卿欲令即吉，冠冕黼黻，行禮廟廷，臨軒設懸，饗會萬國，尋事求心，實所未忍。高閭對曰：臣等遵承冊令，因循前典，惟願除衰即吉，親理萬機。至德所在，陛下欽明稽古，周覽墳籍，孝性發於聖質，至情出于自然，斟酌古今，事非臣等所及。李彪曰：當今雖治風輯穆，民庶晏然，江南有未賓之吳，朔北有不臣之虜，東西二蕃雖文表稱順，情尚難測，是以臣等猶懷不虞之慮。高祖曰：魯公帶絰從師晉侯墨衰敗殽往聖無譏前典所許如有不虞雖越紼無嫌而況衰麻乎豈可於晏安之晨豫念戎旅之事以廢喪紀哉李彪對曰昔太伯父死適越不失至德之名夫豈不懷有由然也伏願抑至慕之心從遺誥之重臣聞知子莫若父母聖后知陛下至孝之性也難奪故豫造金冊明著遺禮今陛下孝慕深遠果不可奪臣等常辭知何所啟高祖曰太伯之言有乖今事諸情備如前論更不重叙古義亦有稱王者除衰而諒闇終喪者若不許朕衰則當除衰闇默委政冢宰二事之中惟公卿所擇明根對曰陛下孝侔高宗慕同大舜服衰麻以申至痛理萬機以從遺旨與曠世之廢禮制一代之高則臣等伏尋淵默不言則代政將曠仰順聖慕之心請從衰服之旨東陽王丕

曰臣與尉元歷事五帝雖衰老無識敢奏所聞自聖世以来大諱之後三月必須迎神於西禳惡於北具行吉禮自皇始以来未之或易高祖太尉國老言先朝舊事誠如所陳但聰明正直惟德是依若能以道不召自召苟失仁義雖請弗来大禍三月而備行吉禮深在難忍縱即吉之後猶所不行況數旬之中而有此理恐是先朝萬得之一失未可以為常式朕在不言之地不應如此但公卿執奪朕情未忍從遂成往復追用悲絶上遂號慟羣官亦哭而辭出壬午詔曰公卿屢上啓事依據金冊遺旨中代成式求過葬即吉朕仰惟恩重不勝罔極之痛思遵遠古終三年之禮比見群官具論所懐今依禮既虞卒哭冠此月二十日受服以葛易麻既衰服在上公卿不得獨釋

於下故於朕之受變從諫已下復爲節降斷度今古以情制哀但取遺旨速除之一節粗申臣子哀慕之深情欲令百官同知此意故用宣示使及變禮感痛彌深

十五年四月癸亥朔設薦於太和廟是日高祖及從服者仍朝夕臨始進蔬食上哀哭追感不飯侍中南平王馮誕等諫經宿乃膳甲子罷朝夕哭九月丙戌有司上言求卜祥日詔曰便及此期覽以摧絶敬祭卜祥乃古之成典但世失其義筮曰永吉既乖敬事之志又違永慕之心今将屈禮厲衆不訪龜兆已企及此晦寧敢重違册旨以異群議尋惟永往言增崩裂丁亥高祖宿於廟至夜一刻引諸王三都大官駙馬三公令僕已下奏事中散已上及刺史鎮将立哭

於廟庭三公令僕升廟既出監御令陳服笥於廟陛南近侍者奉而升列於坐室前廡侍中南平王鑠誕跽奏請易服進縞冠皂朝服革帶黑屨侍臣各易以黑介幘白絹單衣革帶烏屨遂哀哭至乙夜盡戊子質明薦羞奏事中散已上冠服如侍臣刺史已下無變高祖薦酌神部尚書王諶讚祝訖哭拜遂出有司陳祥服如前侍中跽奏請易祭服進縞冠素紕白布深衣麻繩屨侍臣去幘易幍羣官易服如侍臣又引入如前儀曹尚書游明根升廟跽慰復位哭遂出引太守外臣及諸部渠帥入哭次引蕭賾使并雜客入至申夜四刻侍御散騎常侍司衛監以上升廟哭既而出帝出廟停立哀哭久而乃還

胡寅曰孝文慕古力行尤著于喪禮其始終情文亦粲可觀矣自漢以來未之有也後世儒慕之君可不景仰而先王是憲乎方孝文之欲三年也

在廷之臣無一人能將順其美者莫不沮遏帝心所陳每下若非孝文至情先定幾何不爲邪說所惑耶禮曰百官備百物具不言而事行者扶而起齊衰之喪蓋對而不言也若夫八事之權非經禮也今孝文百官備矣百物具矣是宜三日而粥三月而沐期而練冠三年而祥使禮廢而復起如古之高宗焉而羣臣狃于漢制雜以國俗使其君不得自由其初守禮違衆欲行通喪甚力其終也不能三年於是期而祥改月而禫是用古者父在爲母之服不中節矣無乃不得其本遂殺其末耶夫禮惟其當而已施之當則如被袞冕而執鎮圭施之不當是衣狐白裘而坐諸草莽也豈不惜哉

胡宏皇王大紀論曰子張曰書云高宗三年不言言乃雍有諸仲尼曰胡爲其不然也古者天子崩王世子聽於冢宰三年蓋父子天性哭泣之哀齊衰之情饘粥之食自天子至於庶人一也古者天子崩天下之人無不服者愚觀漢紀惟文帝孜孜有愛民之心其將沒也自媿德薄無恩于百姓故令輕其服不欲使疏遠之人爲不情之舉耳曷嘗命太子曰爾無喪我三年乎景帝能終身遵文帝之恭儉而不能有三年之愛遂比類從事以日易月輕蔑君父等於無服之殤何哉漢初貴黃老尚清淨景帝之爲太子孝文未嘗教以禮也自是而漢嗣子按爲故常若晉武魏文徒能知母而不知父豈禮也哉後世欲復是禮者必君父明于大道了達死生深知仁政之必由禮起也當天下安乎春秋強盛之時講明是理著爲大典則倉卒之際可以按行而無疑矣

乾學按高祖當羣議紛呶之日而能獨行已志式遵前典豈不賢哉其所以期年而

考文明太后恣虐無道
祖五歲時慮帝聰聖
不利于馮氏將謀廢之
寒日單衣閉室絕
朝元丕穆泰李沖固
而止又嘗以宦者譖言杖
數十後后死絕不以介意
欲行三年之喪懇懇不已
毀逾制又不爲生母
奠追服可謂能守
禮而至性度越百王者

輟者非帝不能遂服也無賢臣為之將順相與講明其禮耳彼元丕穆亮輩固不足責高閭游明根李彪諸人號稱儒者乃亦曲隨柄臣之意而持議至此使人致歎於有君而無臣不亦深可痛惜哉○胡氏謂高祖用古者父在為母之服亦非也古禮父在為母十一月而練十三月而祥十五月而禫高祖有是乎其所易之服用縞冠素紕白布深衣則是不用期年小祥之服而竟用再期大祥之服矣故高祖之志可嘉也其所制之禮則非也君子亦取其志而已矣

周書武帝紀建德三年三月癸酉皇太后叱奴氏崩

獨其居顯祖之喪未
有聞豈帝幼沖時
文明太后所制不得盡
衣耶

帝居倚廬朝夕共一溢米群臣表請累旬乃止詔皇太子贇總釐庶政五月庚申葬文宣皇后於永固陵帝祖跣至陵所辛酉詔曰齊斬之情經籍彝訓近代沿革遂亡斯禮伏奉遺令既葬便除攀慕几筵情實未忍三年之喪達於天子古今無易之道王者之所常行但事有未諧不得全制軍國務重庶自聽朝縗麻之節苫廬之禮率遵前典以申罔極百寮以下宜依遺令公卿上表固請俯就權制過葬即吉帝不許引古禮答之羣臣乃止於是遂申三年之制五服之內亦令依禮

胡寅曰自漢文短喪之後能斷然行三年者惟晉武帝魏孝文周高祖可謂難得矣然春秋之義責備賢者晉武既為裴杜所惑行禮不備魏孝文之禮若備矣而服非所服周高祖衰麻苫堊廬三年之制最為賢行然推明通喪止於五服之內不及群臣非所以教天下著於君臣之義也而又在喪頻出遊幸無門庭之慝興師伐隣此皆禮所不得為者由高祖不學左右無稽古之臣以輔成之也使高祖至心如魏晉二君而講禮如孝文

之詳訓臣下以方喪三年不出遊幸不動兵革以終禮制雖三代何以加諸

五代史記唐本紀同光三年五月皇太妃薨廢朝五日

徐無党曰太祖正室於莊宗爲嫡母書太妃及輟朝見亂世禮壞而恩薄

五代會要後唐莊宗同光三年七月貞簡皇太后遺令曰皇帝以萬機至重八表所尊勿衣麤縗勿居諒闇三年之制以日易月過三日便親朝政皇后諸妃及諸王公主並制齊縗本服以日易月十三日除皇帝釋服後未御八音勿廢群祀勿斷屠宰勿禁宴游園陵喪制皆從簡者故申遺令奉而行之其月太常禮院奏案故事中書門下翰林學士在朝文武百官內諸使司供奉官巳下從成服三日每日赴長壽宮朝臨自後不臨其服以日易月三十日除至小祥

合釋服每至月朔月望小祥大祥釋服日未除服者練服臨已除服者則素服不臨並赴長壽宮先拜靈訖移班近東進名奉慰又准奏故事文武前資官及六品已下未升朝官并士庶等各於本家素服一臨僧尼道士各於本寺觀一臨外命婦各於本家素服朝臨三日諸道節度觀察防禦團練刺史及寮佐等聞哀後當日成服三日改縗十三日除從之

五代史記周世宗家人傳宣懿皇后崩議者以方用兵請殺喪禮於是百官三日釋服帝亦七日釋

葉隆禮契丹國志聖宗紀帝親政後方一月太后暴崩帝哀毀骨立哭必嘔血番漢群臣上言山陵已畢宜改元帝曰改元吉禮也居喪行吉禮乃不孝子也群臣曰古之帝王以日易月宜法古制帝曰吾契丹

主也寧違古制不為不孝之人終制三年

（宋史）元豐二年帝居慈聖喪毀甚魏國大長公主曰我與上同體視此亦復何聊立散遣歌舞十三輩

入紹定五年前

錄無其人殆屬偽書然聖宗居喪一事傳聞或有所本存之以俟再考

宋史

紹定五年皇太后崩群臣凡七表請聽政從之詔外朝大典不敢輕改宮中自服三年喪

神宗實錄萬曆二十四年八月丙申朔禮部題喪禮以日易月先朝舊典但梓宮在殯服色未用全吉在昔憲宗皇帝居孝莊皇太后喪服除後仍素翼善冠

素服腰絰御西角門視事文武百官素服角帶朝參不鳴鐘鼓武宗皇帝居孝貞太皇太后之喪服制亦如之待神主祔廟後禮部奏請變服此累朝之舊典也至世宗皇帝居章聖皇太后喪服除次日即遇正旦朝會祭享皆爲吉禮禮官仍舉舊典酌議以請擬元旦上服黑翼善冠黃袍御殿百官公服致辭居他處服黑布至喪次仍素服百官具青素冠服郊有事吉服作樂廟有事淺色服不作樂奉引安靈仍用縗衣以終之此皇祖之獨斷也臣等查據舊典斟酌禮儀除服之後大事未襄居艱仍遵累朝之遺典遇有吉禮如萬壽聖節凡朝賀等事則遵世廟之權宜報曰可時神宗遵嫡母仁聖皇太后之喪故禮官有此奏

附晉書載記李雄母羅氏死欲申三年之禮群臣

主也寧違古制不爲不孝之人終制三年

乾學按契丹志所云太后睿智皇后蕭氏也以統和二十七年崩是時聖宗親政已久遼史不言其暴崩亦未紀終制三年之事志係葉隆禮所撰卷首有進呈表在淳熙七年三月自稱秘書丞考中興館閣續録無其人殆屬僞書然聖宗居喪一事傳聞或有所本存之以俟再考

宋史紹定五年皇太后崩群臣凡七表請聽政從之詔外朝大典不敢輕廢宫中自服三年喪

神宗實録萬曆二十四年八月丙申朔禮部題喪禮以日易月先朝舊典但梓宫在殯服色未用全吉在昔憲宗皇帝居孝莊皇太后喪服除後仍素翼善冠

素服腰絰御西角門視事文武百官素服角帶朝參不鳴鐘鼓武宗皇帝居孝貞太皇太后之喪服制亦如之待神主祔廟後禮部奏請變服此累朝之舊典也至世宗皇帝居章聖皇太后喪服除次日即遇正旦朝會祭享皆為吉禮禮官仍舉舊典酌議以請擬元旦上服黑翼善冠黃袍御殿百官公服致辭居他處服黑布至喪次仍素服百官具青素冠服郊有事吉服作樂廟有事淺色服不作樂奉引安靈仍用縗衣以終之此皇祖之獨斷也臣等查據舊典斟酌禮儀除服之後大事未襄居艱仍遵累朝之遺典遇有吉禮如萬壽聖節凡朝賀等事則遵世廟之權宜報曰可時神宗遭嫡母仁聖皇太后之喪故禮官有此奏

附晉書載記李雄母羅氏死欲申三年之禮群臣

固諫雄不許李驤謂司空上官惇曰今方難未弭
吾欲固諫不終主上終諒闇君以為何如惇曰三
年之喪自天子達於庶人故孔子曰何必高宗古
之人皆然但漢魏以來天下多難宗廟至重不可
久曠故釋縗絰至哀而已驤曰任回方至此人決
於行事且上常難違其言待其至當與俱請及回
至驤與回俱見雄驤免冠流涕固請公除雄號泣
不許回跪而進曰今王業初建凡百草創一日無
主天下惶惶昔武王素甲觀兵晉襄墨經從戎豈
所願哉為天下屈己故也願陛下割情從權永隆
天保遂彊扶雄起釋服親政

姚興母虵氏死興哀毀過禮不親庶政羣臣議請
依漢魏故事既葬即吉尚書郎李嵩上疏曰三王

異制五帝殊禮孝治天下先王之高事也宜遵聖性以光道訓既葬之後應素服臨朝率先天下仁孝之舉也尹緯駁曰帝王喪制漢魏為準嵩矯常越禮愆于軌度請付有司以專擅論既葬即吉乞依前議興曰嵩忠臣孝子有何咎乎尹僕射棄先王之典而欲遵漢魏之權制豈所望於朝賢哉其一儀嵩議

兄弟相繼之主為先君

春秋僖公元年春王正月胡安國曰不書即位內無所承上不請命也閔公薨夫人孫于邾慶父出奔莒於是焉以成風所屬而季子立之內無所承也嗣子定位于初喪而魯使不告於周明年正位改元而周使亦不至于魯又明年服喪已畢而不見于京師上不請命也不書即位正王法也

乾學按昭七年衛齊惡告喪于周文元年叔服會葬毛伯錫命此魯使當告周周使

當至魯之證也通典晉武帝咸寧二年安平穆王甍無嗣以母弟敦上繼獻王後移太常問應何服博士張靖荅宜依魯僖服三年例此胡氏傳之所本也

文公二年八月丁卯大事於大廟躋僖公胡安國曰有事者時祭大事祫也合羣廟之主食于大廟升僖于閔之上也閔僖二公親則兄弟分則君臣以為逆祀者兄弟之不先君臣禮也君子不以親親害尊尊夫有天下者事七世諸侯五世說禮者曰世指父子非兄弟也然三傳同以閔公為祖而臣子一例是以僖公父視閔公為禮而父死子繼兄亡弟及名號雖不同其為世一矣○高閌曰父子相繼禮之常也至于傳之兄弟則亦不得已焉耳既授以國則所傳者雖非子亦猶子道也傳之者雖非其父亦猶父道也漢之惠文亦兄弟相繼而當時議者皆推文帝上繼高祖而惠帝親受高祖天下者反不得與昭穆之正至于光武當繼平帝又自以世次當為元帝後皆背經違禮而不可傳者也凡人君以兄弟為後者必非有子者也引而為嗣臣子一體矣而當嗣者反以兄弟之故不繼所受國者而繼先君則是所受國者竟莫之嗣生則以臣子事之死則以兄弟治之忘生倍死況已實受之後君今乃自繼先君不唯棄後君命已之意又廢先君傳授之命人民土地則歸之已而父子之禮則恥不為此皆不可者也豈所以重受國之意也○汪克寬曰僖公之不可先閔公三傳辨析明矣但穀梁謂逆祀是無昭穆范甯曰以昭穆父祖為喻何休謂惠公與莊公當同南面西上隱桓與閔僖亦當同北面西上孔穎達正義曰父子異昭穆兄弟昭穆同閔僖不得為父子同為穆耳今升僖先閔此二公位次之逆非

昭穆亂也若兄弟相代即異昭穆設令兄弟四人皆立則祖父之廟即已從毁禮必不然今考文定此傳用韋昭說父為昭子為穆僖為閔臣臣子一例而以閔僖各為一世襄公三年謂哀公以襄公為皇考亦以昭定各為一世則是異昭穆矣朱子謂文王為昭武王為穆自其始祔而已然管蔡郕霍為文之昭邗晋應韓為武之穆子孫亦以為序而不易則昭穆不可易也但其論天子廟制謂周孝王時武王親盡始立武世室孝王乃共王之弟而各為一世又以宋太祖太宗指徽欽高皆兄為穆而弟為昭則又紊昭穆矣如何休顗達並立廟而同昭穆則躋之孝昭懿惠兄弟四人相繼衛之懿戴文公兄弟三人相繼立廟將無所容苟各為一世而異昭穆則齊頃不得祭其祖而衛成不得祭曾祖矣古制不存無得可考竊疑古者一君各為一廟則兄弟同昭穆共為一世祫祭大廟則魯當以僖公特設位於閔公之下後世同堂異室不可以二先君共居于一室必至于異昭穆而仍以兄弟共為一室數之也然曾子問云七廟五廟無虛主諸侯祫祭則祝逆四廟之主是諸侯之昭穆無過四廟天子之昭穆無過六廟考之春秋哀公之世桓宮猶在則是祭十君而八世定公立煬宮則是祭二十一傳之祖後世天子之廟有十餘世歷十四五君而其廟皆不毁說禮者反引春秋以為證而聖王經世之制不可復見矣

乾學按文公逆祀之失雖屬諸侯之事而諸儒論天子繼統引經以斷必緣此為言故特冠於兄弟相繼之主躋先君之首

公羊傳躋者何升也何言乎升僖公譏何譏爾逆祀也其逆祀奈何先禰而後祖也注升謂西上禮昭穆指父子近取法春秋惠公與莊公當同南

面西上隱桓與閔僖亦當同北面西上繼閔者在下文公緣僖公於閔公為庶兄置僖公以閔公上失先後之義故譏之傳曰後祖者僖公以臣繼閔公猶子繼父故閔公于文公亦猶祖也自先君言之隱桓及閔僖各當為兄弟顧有貴賤耳自繼代言之有父子君臣之道此恩義逆順各有所施也

穀梁傳躋升也先親而後祖也逆祀也范甯注舊說僖公閔公庶兄故文公升僖公之主於閔公之上耳僖公雖長已為臣矣閔公雖小已為君矣臣不可以先君猶子不可以先父故以昭穆父祖為喻甯曰即之于傳則無以知其然若引左氏以釋此傳則義雖有似而于文不辨高宗殷之賢主猶祭豐于禰以致雉雊之變然後率修常禮文公傾倒祖考固不足多怪矣親謂僖祖謂莊逆祀則是無昭穆也無昭穆則是無祖也無祖則無天也故曰文無天無天者是無天而行也注祖人之始也人之所仰天也君子不以親親害尊尊此春秋之義也注尊卑有序不可亂也○楊士勛疏先親而後祖親謂僖公祖謂閔公也僖繼閔而立猶子之繼父故傳以昭穆祖父為喻此于傳文不失而范氏謂莊公為祖其理非也何者若范云文公傾倒祖考則是僖在于莊上謂之夷狄猶自不然况乎有道之邦豈其若是明范說非也

左傳秋八月丁卯大事於太廟躋僖公逆祀也注僖是閔兄不得為父子嘗為臣位應在下令居閔上故曰逆祀○疏禮父子異昭穆兄弟昭穆同故僖閔不得為父子同為穆耳當閔在僖上今升僖先閔故云逆祀二公位次之逆非昭穆亂也魯語云將躋僖公宗有司曰非昭穆也弗忌曰我為宗伯明者為昭其次為穆何常之有如彼所言似閔僖異昭穆者位次之逆如昭穆

之亂假昭穆以言之非謂異昭穆也若兄弟相代即異昭穆設令兄弟四人皆立為君則祖父之廟即已從毀知其禮必不然故先儒無作此說於是夏父弗忌為宗伯尊僖公且明見曰吾見新鬼大故鬼小先大後小順也躋聖賢明也明順理也君子以為失禮禮無不順祀國之大事也而逆之可謂禮乎子雖齊聖不先父食久矣注臣繼君猶子繼父故禹不先鯀湯不先契文武不先不窋宋祖帝乙鄭祖厲王猶上祖也

乾學按公羊之説謂先禰而後祖穀梁之説謂先親而後祖是明指閔公為祖僖公為父矣即左氏子雖齊聖不先父食之説其義亦然而杜預范甯孔穎達諸家皆不明其義何休楊士勛之觧得之而亦未盡唯賈公彥冢人掌公墓之疏最得三傳之

意蓋僖雖閔之庶兄而既承其統則降而為子矣閔雖文之從父而既子乎僖則尊而為祖矣王侯之家臣子一例當其生也既可以諸父昆弟為臣則其死也豈不可以諸父昆弟為子故弟而繼兄之統弟即子也即兄而繼弟之統兄亦子也今文公躋僖於閔上是躋禰於祖上矣故公羊謂先禰後祖穀梁謂先親後祖而左氏亦譏其子先父食也若如杜范諸子之解則與三傳祖禰之義不亦大相刺謬哉或曰兄弟不可以為子而子之是亂天倫之序也而可乎曰王侯之禮與臣庶不同王侯以承祧為重承其祧則為之子矣觀閔公之

薨僖公行三年之喪是固子為父之服矣既服子之服而不正子之名無是理也或曰若是古不云兄弟昭穆同乎而奈何其亂之也曰此亦諸儒之說禮經未嘗有是也若兄弟果同昭穆則夏父此舉昭穆原未之紊也魯之有司何為責夏父以非昭穆乎乃知魯有司之言斷以賈公彥周禮疏為正而孔氏假昭穆以言之之說不可據以為信也

附録　賈公彥冢人掌公墓之地疏曰兄死弟及俱為君則以兄弟為昭穆以其弟已為臣臣子一例則如父子故別昭穆也必知義然者案文二年秋八月大事于太廟躋僖公謂以惠公為昭隱公為穆桓公為昭莊公為穆閔公為昭僖公為穆今升僖公于閔公上為昭以閔為穆故云逆祀知不以兄弟同居昭位升僖于閔上為逆祀者案定八年經云從祀先公傳曰順祀先公而祈焉若本同倫以僖公升于閔公之上則以後諸公昭穆不亂何得至定八年始云順祀乎明本以僖閔昭穆別故於後皆亂也

後漢書質帝紀詔曰孝殤皇帝雖不永休祚而即位踰年君臣禮成孝安皇帝承襲統業而前世遂令恭陵在康陵之上先後相踰失其次序非所以奉宗廟之重垂無窮之制昔定公追正順祀春秋善之其令恭陵次康陵憲陵次恭陵以序親秩爲萬世法

晉書康帝紀建元元年六月有司奏成帝崩一周請改素服御進膳如舊詔曰禮之降殺因時而寢興誠無常矣至於君親相準名教之重莫之改也權制之作蓋出近代雖曰適事實弊薄之始先王崇之後世猶怠而況因循又從輕降義弗可矣康帝成帝母弟本服朞因繼成帝後欲服三年

乾學按紀所載如此及考禮志言建元元年正月晦成恭杜皇后周忌有司奏至尊期年應改服詔曰君親名教之重也權制

出於近代耳於是素服如舊同一晉書也而紀與志矛盾如此宋書禮志及杜氏通典亦載杜后事而不載成帝事將何所適從乎然杜后於康帝為嫂何至服重且杜后崩於咸康七年三月至建元元年正月已踰二歲何云周忌惟成康崩於咸康八年六月至此適合一周其為成帝無疑志與通典謬也

通典東晉穆帝升平五年五月崩（康帝子）皇太后令立瑯琊王丕（哀帝也成帝子康帝從子）儀曹郎王琨議今立之於大行皇帝屬則兄弟凡奠祭之文皆稱哀嗣斯蓋所以卹參昭穆自同繼統在茲一人不以私害義專以所後為正今皇太后德訓弘著率母儀於內主上既纂業承

統亦何得不述遵於禮僕射江虨議兄弟不相為後雖是舊說而經無明據此語不得施於王者王者雖兄弟既為君臣則同父子故魯躋僖公春秋所譏左傳曰子雖齊聖不先父食閔公弟也而同於父僖公兄也而齊于子既明尊之道不復叙親之本也公羊傳曰逆祀者何先禰而後祖穀梁傳曰先親後祖逆祀也君子不以親親害尊尊兄弟也由君臣而相後三傳之明義如此則承繼有叙而上下洽通於義為允應繼大行皇帝

晉書禮志王述等云成帝不私親愛越授天倫康帝受命顯宗社稷之重已移所授纂承之序宜繼康皇謝奉等云繼體之正宜本天屬考之人情宜繼顯宗也詔從奉等議上繼顯宗

哀帝紀詔曰顯宗成皇帝以時事多艱弘高世之風樹德傳重以隆社稷而國故不已康穆早世朕以寡德復承先緒夫昭穆之義固宜本之天屬宜上嗣顯宗以修本統

乾學按哀帝爲成帝之子成帝臨崩以子幼弱屬國於母弟康帝康帝崩子穆帝嗣穆帝崩無後而哀帝復立然則哀之與穆親雖從弟分則君臣也王琨江霦欲竟稱哀嗣禰穆帝深合春秋閔僖相繼之旨而王述議禰康皇已失傳授之正乃卒從謝奉等之邪說還繼成帝由是康穆二君斬焉無後降祖考之稱而爲叔爲兄亂常失序甚矣夫康帝之於成帝亦兄弟也嘗爲

之素服持喪逾期不改豈不以繼體之義同於父子乎康帝已後成帝而穆帝繼之哀帝但如王江之義承紹大宗則成帝之祀與國祚同永矣不是之圖而猶私癈公使成帝立長傳重之美湮沒而不彰匪直輕蔑祖宗亦成帝之罪人矣哉

宋史禮志 真宗咸平元年判太常禮院李宗訥等言太祖宜稱皇伯后宜稱皇伯妣事下尚書省議戶部尚書張齊賢等言王制天子七廟謂三昭三穆與太祖之廟而七前代或有兄弟繼及亦移昭穆之列是以漢書為人後者為之子所以尊本祖而重正統也又云天子絕期喪安得宗廟中有伯氏之稱乎其唐及五代有所稱者蓋禮官之失非正典也請自今有

事於太廟則太祖并諸祖室稱孝孫孝曾孫嗣皇帝太宗室稱孝子嗣皇帝詔下禮官議議曰按春秋正義躋魯僖公云禮父子異昭穆兄弟昭穆同此明兄弟繼統同為一代又魯隱公繼及皆當穆位又尚書盤庚有商及王史記云陽甲至小乙兄弟四人相承故不稱嗣子而曰及王明不繼兄之統也又唐中睿皆處昭位敬文武昭穆同為一世伏請皇太祖室曰皇伯考妣太宗室曰皇考妣每大祭太祖太宗昭穆同位祝文並稱孝子詔都省復集議曰古者祖有功宗有德皆先有其實而後正其名今太祖受命開基太宗纘承大寶則百世不祧之廟矣豈有祖宗之廟已分二世昭穆之位翻為一代如臣等議禮為人後者為之子以正父子之道以定昭穆之義則無疑也

必若同為一代則大宗不得自為世數而何以得為宗乎不得為宗又何以得為百世不祧之主乎春秋正義亦不言昭穆不可異此又不可以為證也今若序為六世以一昭一穆言之則上無毀廟之嫌下有善繼之義於禮為大順於時為合宜何嫌而謂不可乎已竟從學士宋湜言祭太祖仍稱孝子

乾學按真宗乃太祖從子而齊賢欲稱孝孫則是禰太宗而祖太祖矣真宗以太祖為祖則太宗當以太祖為父由常情言之鮮不以為驚世而駭俗揆以三傳譏先禰後祖之義及春秋從祀先公之文則張公實古之達禮者若都省集議謂禮為人後者為之子以正父子之道定昭穆之義寔

正論也而乃拘於祖功宗德二廟之說則反不合於春秋之旨矣至於禮官及宋湜所議則俗儒相沿之陋說烏足與論先王之定禮哉

劉敞為兄後議禮天子之廟三昭三穆與太祖而七諸侯二昭二穆與太祖而五所謂昭者父道也所謂穆者子道也天子諸侯未必皆身有子故或取于兄弟之子以為嗣親同則取其賢者賢同則取其長者長同則取其吉者非兄弟之子則弗取故不以諸父為嗣父尊也不以諸兄為嗣兄亦尊也不以諸弟為嗣弟已之倫也此古者七廟五廟之序所以昭穆不相越迭毀不相害也至乎後世國家多事或傳之諸兄或傳之諸弟蓋有不得已焉則禮散久矣然既已受天下國家則所傳者雖非子亦猶子道也傳之者雖非其父亦猶父道也以天下國家為重矣春秋僖公寔閔公之兄閔公遭弑僖公書即位明臣子一體也公孫嬰齊卒春秋謂之仲嬰齊以謂為人後者為之子當下從子例不得復顧兄弟之親稱公孫也春秋之義有常有變夫取後者不得取兄弟此常也既已不可及取兄弟則正其禮使從子例此變也故僖公以兄繼弟春秋謂之子嬰齊以弟繼兄春秋亦謂之子所謂常用于常變用于變者也既正其名則僖公不得不以閔公為昭歸父不得不以嬰齊為穆既正其昭穆則迭毀之次不得不以一代一也而儒者或疑禮無後兄弟之文遂以春秋書仲嬰齊為不與子為父孫非也子為父孫誠非禮之正有不得已者春秋正其為臣子一體而已故寔公孫嬰齊而謂之仲嬰齊若春秋本不聽其為後者則當書曰公孫嬰齊卒學者悶之曰此仲嬰齊曷為謂之公孫嬰齊不與為兄

後也乃可矣夫春秋家猶重之況國乎國猶重之況天下乎故凡繼其君雖兄弟必使子之繼其大宗雖兄弟必使子之如繼其君繼其大宗而不使子是敎不子而輕其所託也此文公所以受逆祀之貶也然春秋固爲衰世法非太平正禮也太平之世未嘗有也漢時定迭毀之禮丞相玄成丞相衡引昭宣兩帝並爲昭猶以孫爲昭而不知禮無兩昭使昭帝之天下無所傳宣帝之天下無所受非禮意也又惠帝文帝皆高祖子惠帝親受之高祖文帝則受之惠帝雖皆兄弟此與閔公僖公何異哉存當以臣子敘之死當以昭穆正之而漢時議者皆推文帝使上繼高祖而惠帝親受高祖天下者反不與昭穆之正至於光武當繼平帝又自以世次元帝之子上繼元帝而爲元帝後皆倍經違禮而不可傳者也自漢世以來其議尤衆皆曰兄弟不相爲後不當以昭穆格之妄也若不以昭穆格之則天下受之誰乎凡人君以兄弟爲後者以非有子者也引而爲嗣臣子一體矣而當嗣者反以兄弟之故不繼所受國而繼先君則是所受國者竟莫有嗣之者也不可一矣生則以臣子事之死則以兄弟治之忘生悖死不可二矣已寔受之後君不受之先君今當自繼先君者不惟棄後君命已之命又當廢先君命兄之命不可三矣天下國家則歸之已而父子之禮則恥不爲不可四矣徐邈曰若兄弟爲昭穆者設兄弟六人爲君至其後世當祀不及祖禰此又妄之甚者禮有所極義有所斷爲之後者爲之子所以正授受重祖統也兄弟六人相代爲君亦六代祀祖禰矣假令非兄弟相代其祖亦當遷矣不得故存也即如此言使有兄弟六人爲君各自稱昭是有十三廟也又其最後一君當上繼先君而五君終爲無後也豈其所以傳重授國之意乎禮爲人後者降其私親設兄弟六君故各當自爲嗣義不可曲顧其親何說祀不及祖禰哉凡言禮者惡其諂時君之意苟曰益廣宗廟大宗之本而不詳授受之道春秋之義使當傳國者不忍以國與其宗曰非吾子也當受國者又不肯以臣子之道事其君曰非吾父也至令宗廟猥衆昭穆駢積而鬼有不嗣推生嗣死獨何悖哉

乾學按敞立議甚偉但中間引公羊傳仲嬰齊卒一段猶未確蓋大夫傳世之法與天子諸侯殊不可與閔僖逆祀共論也詳見第五卷

元符三年正月十二日哲宗崩徽宗即位太常寺言太宗皇帝上繼太祖兄弟相及雖行易月之制實斬衰三年以重君臣之義公除已後庶事相稱具載國史今皇帝嗣立哲宗實承神考之世已用開寶故事爲哲宗服衰重今神主已祔百官之服並用純吉皇帝服御宜如太平興國二年故事禮部言太平興國中宰臣薛居正表稱公除以來庶事相稱獨命徹樂誠未得宜即是公除後除不舉樂外釋衰從吉事理甚明今皇帝當御常服素紗展腳幞頭淡黃衫黑犀

帶請下有司裁制羣臣請從禮官議乃詔候周服吉時詔不由門下徑付有司給事中龔原言喪制乃朝廷大事今行不由門下是廢法也臣爲君服斬衰三年古未嘗改且陛下前此議服禮官持兩可之論陛下既察見其姦其服遂正今乃不得已從之臣竊爲陛下惜開寶時并汾未下兵革未弭祖宗櫛風沐雨之不暇其服制權宜一時非故事也原坐黜知南康軍於是詔依元降服喪三年之制其元符三年九月自小祥從吉指揮改正

紹興三十一年五月金國使至以欽宗訃聞詔朕持斬衰三年之服以申哀慕是日文武百僚並常服黑帶去魚詣天章閣南空地立班聽詔旨舉哭畢次赴後殿門外進名奉慰次詣几筵殿焚香舉哭六月權

禮部侍郎金安節等請依典故以日易月自五月二十二日立重安奉几筵至六月十七日大祥所有衷服權留以待梓宮之還從之

帶請下有司裁制卒臣請從禮官議乃詔候周服吉時詔不由門下徑付有司給事中龔原言喪制乃朝廷大事今行不由門下是廢法也臣為君服斬衰三年古未嘗改且陛下前此議服禮官持兩可之論陛下既察見其姦其服遂正今乃不得已從之臣竊為陛下惜開寶時并汾未下兵革未弭祖宗櫛風沐雨之不暇其服制權宜一時非故事也原坐黜知南康軍於是詔依元降服喪三年之制其元符三年九月自小祥從吉指揮改正

紹興三十一年五月金國使至以欽宗訃聞詔朕持斬衰三年之服以申哀慕是日文武百僚並常服黑帶去魚詣天章閣南空地立班聽詔旨舉哭畢次赴後殿門外進名奉慰次詣几筵殿焚香舉哭六月權

禮部侍郎金安節等請依典故以日易月自五月二十二日立重安奉几筵至六月十七日大祥所有衰服權留以待梓宫之還從之

讀禮通考卷二十

喪服

國恤三

藩王入繼大統服先君 追崇本生附

漢書孝哀皇帝元帝庶孫定陶恭王子也母曰丁姬年十三歲嗣立爲王成帝無子使執金吾任宏守大鴻臚持節徵定陶王立爲皇太子謝曰願留國邸旦夕奉問起居俟有聖嗣歸國守藩書奏天子報聞

漢書定陶共王傳上以太子奉大宗後不得顧私親乃立楚思王子景爲定陶王奉共王後成帝崩太子即位追尊共王爲共皇置寢廟京師序昭穆如孝元帝

漢書師丹傳上少在國見成帝委政外家王氏僭盛帝内邑邑即位多欲有所匡正封拜丁傅奪王氏權丹自師傅居三公位得信于上上書言古者諒闇不言聽於冢宰三年無改於父之道大行尸柩在堂官爵臣等以及親屬赫然皆貴寵封舅為陽安侯皇后尊號未定豫封父為孔鄉侯出侍中王邑射聲校尉王邯等詔書比下變動政事卒暴無漸閒者郡國多地動水出流殺人民日月不明五星失行此皆舉錯失中號令不定法度失理陰陽溷濁之患也臣伏惟人情無子年雖六七十猶博取而廣求孝成皇帝深見天命燭知至德以壯年克己立陛下為嗣先帝暴棄天下而陛下繼體四海安寧百姓不懼此先帝聖德當合天人之助也臣聞天威不違顏咫尺願陛下

深思先帝所以建立陛下之意且克己躬行以觀羣之從化天下者陛下之家也胏附何患不富貴不宜倉卒

乾學按衰麤哭泣喪記之文繼志述事致孝之實師丹欲哀帝致孝于所後而責以諒闇不言三年無改可謂善言喪者也

初哀帝即位成帝母稱太皇太后成帝趙皇后稱皇太后而上祖母傅太后與母丁后皆在國邸自以定陶共王為稱高昌侯董宏上書言秦莊襄王母本夏氏而為華陽夫人所子及即位後俱稱太后宜立定陶共王后為皇太后事下所司事丹以左將軍與大司馬王莽共劾奏宏知皇太后至尊之號天下一統而稱引亡秦以為比喻誣誤聖朝非所宜言上免宏

為廢人傳太后大怒要上必欲稱尊號上于是追尊定陶共皇丁后為共皇后郎中令泠褒黃門郎段猶等復奏言定陶共皇太后共皇后皆不宜復引定陶藩國之名以冠大號車馬衣服宜皆稱皇之意置吏二千石以下各共厥職又宜為共皇立廟京師上復下其議有司皆謂宜如褒猶言丹獨議曰聖皇制禮取法于天地故尊卑之禮明則人倫之序正人倫之序正則乾坤得其位而陰陽順其節人主與萬民俱蒙祐福尊卑者者所以正天地之位不可亂也今定陶共皇太后共皇以定陶共為號者母從子妻從夫之義也欲立官置吏車服與太皇太后並非所以明尊卑亡二上之義也定陶共皇號謚已前定義不可復改禮父為士子為天子祭以天子其尸服士服子

亾爵父之義尊父母也為人後者為之子故為所後服斬衰三年而降其父母朞明尊本祖而重正統也孝成皇帝聖恩深遠故為共王立後奉承祭祀令共皇長為一國太祖萬世不毀恩義已備陛下既繼體先帝持重大宗承宗廟天地社稷之祀義不得復奉定陶共皇祭入其廟今欲立廟於京師而使臣下祭之是無主也又親盡當毀定去一國太祖不墮之祀而就無主當毀不正之禮非所以尊厚共皇也丹由是寖不合上意

上用朱博之議尊傅太后為太皇太后丁后為帝太后與太皇太后及皇太后同尊又為共皇立廟京師儀如孝元皇帝傅遷為丞相復與御史大夫趙立奏言前高昌侯宏首建尊號之儀而為丹所劾奏免為

庶人時天子哀麃麃竟委政于丹丹不深惟褒廣尊親之義而妄稱說抑貶尊號虧損孝道不忠莫焉陛下聖仁昭然定尊號宏以忠孝復封高昌侯丹惡逆暴著雖蒙赦令不宜有爵邑請免為庶人奏可

平帝即位新都侯王莽皇太皇太后發掘傅太后丁太后冢奪其璽綬更以民禮葬之定陶墮廢共皇廟諸造議泠褒段猶等皆徙合浦復免高昌侯宏為庶人封丹為義陽侯

蔡邕獨斷曰高祖得天下而父在上尊號曰太上皇不言帝非天子也孝宣繼孝昭帝其父曰史皇孫祖父曰衛太子太子以罪廢及皇孫皆死宣帝起園陵長承奉守不敢加尊號於祖父也光武繼孝元亦不敢加尊號于父祖也世祖父南頓令曰

皇考祖鉅鹿都尉曰皇祖曾祖鬱林太守曰皇曾祖高祖春陵節侯曰皇高祖起陵廟置章陵以奉祠之而已至殤帝崩無子弟安帝以和帝兄子從清河王子即尊號依高帝尊父為太上皇之義追號父清河王曰孝德皇順帝崩冲帝無子弟立樂安王子是為質帝帝偪于順烈梁后父大將軍梁冀未得尊其父而崩桓帝以蠡吾侯子即尊位追尊父蠡吾先侯曰孝崇皇母匽太夫人曰孝崇后祖父河閒孝皇曰孝穆皇祖母妃曰孝穆后桓帝崩無子今上即位追尊父辟犢亭侯曰孝仁皇母董夫人曰孝仁后祖父河閒敬王曰孝元皇祖母夏妃曰孝元后

乾學按受命之君追王先世固非奉藩稱

臣者所可比蔡氏以太上皇與追崇諸皇相提並論似未協師丹之議

三國志魏明帝太和三年秋七月詔曰禮皇后無嗣擇建支子以繼大宗則當纂正統而奉公義漢宣繼昭帝後復加悼考以皇號哀帝以外藩援立而董宏等稱引亡秦惑誤時朝既尊共皇立廟京師又寵藩妾使比長信叙昭穆于前殿並四位于東宮僭差無度人神祐而非罪師丹忠正之諫用致丁傅焚如之禍自是之後相踵行之昔魯文逆祀罪由夏父宋國非度譏在華元其令公卿有司深以前世行事為戒後嗣萬一有由諸侯入奉大統則當明為人後之義敢為佞邪導諛時君妄建非正之號以干正統謂考為皇稱妣為后則股肱大臣誅之無赦其書之金策

藏之宗廟著于令典

通鑑晉元帝大興元年三月愍帝凶問至建康王斬衰居廬

宋史禮志嘉祐八年三月晦日仁宗崩英宗立喪服制度並用定陵故事禮院言故事大祥變除服制以四月二十九日祥至五月二十九日禫六月二十九日禫除至七月一日從吉已蒙降敕謹按禮學王肅以二十五月為畢喪而鄭康成以二十七月通典用其說又加至二十七月終則是二十八月畢喪而二十九月始吉蓋失之也天聖中更定五服年月敕斷以二十七月今士庶所同遵用夫三年之喪自天子達不宜有異請以四月二十九日為大祥五月擇日而為禫六月一日而從吉於是大祥日不御前後殿

開封府停决大辟及禁屠至四月五日待制觀察以上及宗室管軍官日一奠二十八日而群臣俱入奠二十九日禫除群臣皆奉慰焉

馬端臨曰上欲命韓琦攝冢宰行亮陰三年禮執政以為不可三表乃聽政

宋史宗室傳濮安懿王允讓字益之商王元份子也仁宗在位久無子乃以王第十三子宗實為皇子仁宗崩皇子即位是為英宗

彭百川太平治蹟統類曰治平元年宰相韓琦言濮安懿王德盛位隆所宜尊禮陛下受命先朝躬承聖統顧以大義後其私親請下有司議濮安懿王及譙國太夫人王氏襄國太夫人韓氏仙遊縣君任氏合行典禮詳處其當以時施行詔須大祥後議二年四月詔議崇奉濮典禮以聞翰林學士

王珪等相顧不敢先天章閣待制司馬光獨奮筆立議議成王珪即敕吏以光手藁為案其議曰臣等謹按儀禮喪服為人後者傳曰何以三年也受重者必尊服服之為所後者之祖父母妻妻之父母昆弟昆弟之子若子若子者皆如親子也又為人後者為其父母傳曰何以期也不二斬也持重于大宗者降其小宗也又為人後者為其昆弟傳曰何以大功也為人後者辟其昆弟也以此觀之為人後者不敢顧私親聖人制禮尊無二上若恭愛之心分施于彼則不專一于此故也是以秦漢以來帝王有自旁支入繼大統或推尊父母以為帝后皆見非當時取譏後世臣等不敢引以為聖朝法前代之入繼者多宮車晏駕之後援立之策或

出母后或出近臣非如仁宗皇帝年齡未衰深惟
宗廟之重祗承天地之意于宗室衆多之中簡拔
聖明授以大業陛下身為先帝之子然後繼體承
祧光有天下濮安懿王雖于陛下有天性之親顧
復之恩然陛下所以負扆端冕富有四海子〻孫
孫萬世相承者皆先帝之德也臣等愚淺不達古
今切謂今日所以崇奉濮安懿王典禮宜準先朝
封贈期親尊屬故事高官大國極其尊榮襄國太
夫人仙遊縣君亦改封大國太夫人考之古今實
為宜稱議上中書奏王珪等議未見詳定濮王當
稱何親珪等議濮王于仁宗為兄皇帝宜稱皇伯
而不名如楚王涇王故事中書又奏按儀禮為人
後者為其父母服及按令文五服年月勅並云為

人後者為其所後父斬衰三年為其父母齊衰期即出繼之子于所繼所生父母皆稱父母又漢宣帝光武皆稱其父為皇考今珪等議皇伯于典禮未見明據請下尚書省集議從之臺諫皆是王珪太后聞之內出手書切責韓琦等不當議稱皇考上命權宜罷議令有司博求典故以聞范鎮時判太常率禮官上言漢宣帝于昭帝為孫光武于平帝為祖則其父容可稱皇考然議者猶或非之謂其以小宗而合大宗之統也今陛下既考仁宗又考濮王則其失又非漢宣光武比也凡稱帝稱皇稱皇考立寢廟論昭穆皆非是侍御史知雜事呂誨言臣切原敕意直欲加濮安懿王為皇考與仁廟同稱如是則尊有二上服有二斬律禮之文皆

相戾臣恭以陛下龍躍藩邸入繼大統南面尊臨皆先帝之德也方勤孝養上奉慈承顏猶懼其不足復欲顧私恩别親踈而忘大義哉人言不已誠有累於聖躬欲解天下之疑莫若發睿斷特以手詔自中而下以王珪等前議為定追封濮安懿王大國諸夫人典禮稱是慰厭人心於體為順皆留中不下司馬光又言聖人舉事與衆同欲故能下叶人心上順天意洪範曰三人占從二人言蓋國有大疑則決之于衆自上世而然矣伏見向者詔羣臣議濮安懿王合行典禮翰林學士王珪等二十餘人皆以為宜準先朝封贈期親尊屬故事凡兩次會議無一人異辭蓋欲奉濮王以禮輔陛下以義也而政府之意獨欲尊濮王為皇考巧飾詞

説誤惑聖德不顧先王之大典蔑棄天下之公議使宗室疎屬皆已受奉贈而崇奉濮王之禮未能知二議是非臣更為陛下別白言之政府言儀禮令文五服年月勅皆云為人後者為其父母即出繼之子于所生皆稱父母臣按禮法必須指事立文使人曉解今欲言為人後者為其父母之服若不謂之父母不知如何立文此乃政府欺罔天下之人謂其皆不識文理也又言漢宣帝光武皆稱其父為皇考臣按宣帝承昭帝之後以孫繼祖故尊其父為皇考而不敢尊其祖為皇考以其昭穆同故也光武起布衣誅王莽親冒矢石以得天下名為中興其實創業雖自立七廟猶非大過况但稱皇考其謙損甚矣今陛下親為仁宗之子傳曰

國無二君家無二尊若復尊濮王為皇考則置仁宗于何地乎政府前以二帝不加尊號于父祖引以為法則可矣若謂皇考之名亦可施于今日則事恐不侔設使仁宗尚御天下濮王亦萬福當是之時命陛下為皇子則必不謂濮王為父而為伯若先帝在則稱伯沒則稱父臣計陛下必不為此行也以此言之濮王當稱皇伯又何疑矣三年正月呂誨前後十一奏乞依王珪等奏定濮王崇奉典禮不報

〔東都事略歐陽脩傳〕脩著濮議引喪服記曰為人後者為其父母服服者齊衰期也謂之降服親不降降者降其外物爾喪服是也其必降者示有所屈也以重承大宗之重尊祖而為之屈於此以伸

於彼也生莫重於父母而為之屈者以承大宗者亦重也此以義制者也父子之道天性也臨之以大義有可以降其外物而本之於至仁則不可絕其天性絕人道而滅天理此不仁者之或不為也故聖人制服為降三年為朞而不沒其父母之名以見服可降而名不可沒也此以仁存者也今議者欲以為人後之故使一旦反視父母若未嘗生我者其絕之也甚矣使其真絕之與是非人情也迫於義而偽絕之與是仁義者教之為偽也其議如此

太平治蹟統類侍御史范純仁御史裏行呂大防合奏曰伏見參政歐陽脩首開邪議妄引經據以枉道說人主以近利負先帝欲累濮王以不正之

號陷陛下于過舉之譏朝命駭聞天下失望政典之所不赦人臣之所共棄哀帝之失既難施于聖朝褒猶之奸固逃于公論當更議以安衆意併言韓琦飾非曾公亮趙槩苟且依違未嘗辨正乞下脩于理正琦等之罪臺諫論列不已中書亦以劄子自辨曰伏見朝廷議濮王典禮兩制禮官請稱皇伯中書之議以爲事體至大理宜審重必合典故方可施行皇伯之稱考于經史皆無所據方欲下三省博議陛下手詔中罷衆論紛然臣竊謂衆論雖多其說不過三其一宜稱皇伯是無稽之臆說二曰簡宗廟致水灾是厚誣天人之言也三曰不當用漢宣哀爲法以干亂統紀是不原本末之論也願陛下明告中外以皇伯無稽決不可稱今

所欲定者正名號耳至于立廟京師干乱統紀原非朝廷本意庶羣疑可釋

宋史禮志御史呂誨等彈奏歐陽脩首建邪議韓琦曾公亮趙槩附會不正之罪固請如王珪等議既而内出皇太后手詔曰吾聞群臣議請皇帝封崇濮安懿王譙國夫人王氏襄國夫人韓氏仙游縣君任氏可令皇帝稱親濮安懿王稱皇王氏韓氏任氏並稱后氏事方施行而英宗即日手詔曰稱親之禮謹遵慈訓追追之典豈易克當且欲以塋為園即園立廟俾王子孫俾主奉祠事翌日誨等以所論列彈奏不見聽用繳納御史敕告居家待罪誨等所列大納以前詔稱權罷集議後詔秋且欲以塋為園即追崇之意未已英宗命閤門使以告還之誨等力辭臺職

伊川程子代侍御史彭思永論濮王典禮疏伏見近日以濮王稱親事言事之臣奏章交上中外論議沸騰此蓋執政大臣違亂典禮左右之臣不能開陳理道而致陛下聖心疑惑大義未明臣待罪憲府不得不為陛下辨明其事竊以濮王之生陛下而仁宗皇帝以陛下為嗣承祖宗大統則仁廟陛下之皇考陛下仁廟之適子濮王陛下所生之父於屬為伯陛下濮王出繼之子於屬為姪此天地大義生人大倫如乾坤定位不可得而變易者也固非人意所能推移苟亂大倫人理滅矣陛下仁廟之子則曰父曰考曰親乃仁廟也若更稱濮王為親是有二親則是非之理昭然自明不待辯論而後見也然而聖意必欲稱之者豈非陛下大孝之心義雖出繼情厚本宗以濮

王是生聖躬曰伯則無以異於諸父稱王則不殊於臣列恩有以尊大使絕其等倫如此而已此豈陛下之私心哉蓋大義所當典礼之正天下之公論而執政大臣不能將順陛下大孝之心不知尊崇之道乃以非礼不正之號上累濮王致陛下於有過之地失天下之心貽乱倫之咎言事之臣又不能詳據典禮開明大義雖知稱親之非而不知為陛下推所生之至恩明尊崇之正礼使濮王與諸父夷等無有殊別此陛下之心所以難安而重違也臣以為所生之父至尊至大雖當專意於正統豈得盡絕於私恩故所繼主於大義所生存乎至情至誠一心盡父子之道大義也不忘本宗盡其恩義至情也先王制禮本緣人情既明大義以正統緒復存至情以盡人心是故

在喪服恩義別其所生蓋明至重與伯叔不同也此乃人情之順義理之正行於父母之前亦無嫌間至於名稱統緒所繫若其無別斯亂大倫今濮王陛下之所生義極尊重無以復加以親為稱有損無益何哉親與父同而所以不稱父者陛下以身繼大統仁廟父也在於人倫不可有貳故避父而稱親則是陛下明知稱父為決不可也既避父而稱親則是親與父異此乃下人以邪說惑陛下言親意非一不止謂父臣以謂取父義則與稱父正同決然不可不取父義則其稱甚輕今宗室疎遠卑幼悉稱皇親加於所生深恐非當孝者以誠為本乃以疑似無正定之名瀆於所尊骿屬不恭義有大害稱之於仁廟乃有嚮背之嫌去之於濮王不損所生之重絕無小益徒亂

大倫臣料陛下之意不必須要稱親止為不加殊名無以別於臣列臣以為不然推所生之義則不臣自明盡致恭之禮則其尊可見況當揆量事體別立殊稱要在得盡尊崇不愆禮典言者皆欲以高官大國加於濮王此甚非知禮之言也先朝之封豈陛下之敢易爵秩之命豈陛下之敢加臣以為當以濮王之子襲爵奉禮尊稱濮王為濮國太王如此則夐然殊號絕異等倫凡百禮數必皆稱情請舉一以為率借如既置嗣襲必伸祭告當曰姪嗣皇帝敢昭告于皇伯父濮國太王自然在濮王極尊崇之道於仁皇無嫌貳之失天理人心誠為允合不獨正今日之事可以為萬世之法復恐議者以太字為疑此則不然蓋繫于濮國下自於大統無嫌今親之稱大義未安言

事者論列不已前者既去後者復然雖使臺臣不言
百官在位亦必繼進理不可奪勢不可遏事體如此
終難固待仁宗皇帝在位日久海寓億兆涵被仁恩
陛下嗣位之初功德未及天下而天下傾心愛戴者
以陛下仁廟之子也今復聞以濮王為親含生之類
發憤痛心蓋天下不知陛下之孝事仁宗皇帝格於
天地尊愛濮王之意非肯以不義加之但見誤致名
稱所以深懷疑慮謂濮王既浸稱親則仁廟不言自
絶群情訩懼異論喧囂夫王者之孝在手得四海之
歡心胡為以不正無益之稱使億兆之口指斥謗讟
致濮王之靈不安於上臣料陛下仁孝豈忍如斯皆
由左右之臣不能為陛下開明此理在於神道不遠
人情故先聖謂事死如事生事亡如事存設如仁皇

在位濮王居藩陛下既為冢嗣復以親稱濮王則仁皇豈不震怒濮王豈不側懼是必君臣兄弟立致釁隙其視陛下當如何也神靈如在亦豈不然以此觀之陛下雖加名稱濮王安肯當受伏願陛下深思此禮去親之文以明示天下則祖宗濮王之靈交歡於上皆當垂祐陛下享福無窮率土之心翕然慰悅天下化德人倫自正大孝之名光於萬世矣

宋史禮志誨等既出而濮議亦寢至神宗元豐二年詔以濮安懿王三夫人可並稱王夫人

理宗本紀嘉定十七年寧宗崩子昀嗣皇帝位尊楊皇后曰皇太后同聽政詔宮中自服三年喪

時張忠恕移書史彌遠請取法孝宗行三年喪且曰孝宗始自踐祚服勤子職凡二十有七

年今上自外邸入繼大統未常一日躬定省之勞欲報之德視孝宗宜有加

明世宗實録正德十六年二月甲辰禮部尚書毛澄等言茲者大行皇帝大喪成服已畢恭惟皇上登寶位之初萬幾所繫伏望宗廟社稷為重少節哀情于西角門視事文武百官行奉慰禮上曰朕哀痛方切未忍遽離喪次其以二十七日視朝具儀來聞于是澄等具上儀注曰本月二十七日早上服衰服御西角門視朝文武百官素服烏紗帽黑角帶皂靴行奉慰禮二十八日以後上仍衰服御西角門視朝五月十八日遵依遺詔二十七日服制已滿自十九日以後合照孝宗皇帝服制上釋衰服易素翼善冠麻布袍腰絰御西角門視事俱不鳴鐘鼓文武百官仍素

服烏紗帽黑角帶皂靴朝叅至百日後變服如常候
梓宮䕀引之時另行奏請上從之
十六年六月禮部言今月二十四日武帝皇帝百日
禮宜釋服如常查得孝宗皇帝百日因梓宮未入山
陵上仍素服翼善冠麻布袍腰絰御西角門視事不
鳴鐘鼓文武百官素服烏紗帽黑角帶皂靴朝叅今
武宗皇帝梓宮亦未入山陵請如前例詔可

乾學按世宗之服武宗用二十七日之制
則是子為父之服矣既服子之服而他日
乃不禰武宗可乎惜當時議禮之家無有
以此禮深折之者

〔朱國禎史槩〕正德十六年四月癸卯上即皇帝位
戊申命禮部會議興獻王主祀封號五月戊午禮

部尚書毛澄等會議疏曰漢成帝立定陶王為太子即立楚孝王孫景為定陶王奉共王祀時大司空師丹以為恩義兼備今皇上入繼大統宜如定陶王故事以益王第二子崇仁王厚炫繼興獻王後襲封興王立祀事又考之宋濮安懿王之子入繼仁宗後是為英宗命有司議禮知諫院司馬光謂秦漢以來有旁支入繼大統推尊父母為帝后者皆見非當時取譏後世濮王宜稱皇伯而不名乃詔立濮王園廟以宗樸奉濮王祀程頤之言曰為人後者謂所後為父母而謂所生為伯叔父母此生人之大倫也然所生之義至尊至大宜別立殊稱曰皇伯叔父某國大王則正統既明而所生亦尊崇極矣今興獻王于皇上為本生父與濮安

懿王事正相等皇上宜稱孝宗為皇考改稱興獻王為皇叔父興獻大王興獻王妃為皇叔母興獻大王妃凡祭告上箋俱署名侄皇帝則隆正統崇本生恩禮備至可為後世法疏入上曰父母可移乎命再議進士張璁獨以廷議為非上疏曰陛下嗣登大寶即議追尊聖考以正其號廷議皆執漢定陶宋濮王故事謂為人後者為之子不得顧私親夫天下豈有無父母之國哉記曰禮非從天降非從地出也人情而已漢哀帝宋英宗皆成帝仁宗預立為嗣養之宮中其為人後之義甚明今武宗皇帝嗣孝廟十有六年未有儲建比于崩殂而陛下以倫序當立入繼大統故遺詔直曰興獻王長子而未嘗著為人後之義視漢唐旧事同異較

然夫統與嗣不同非必父死子立也漢文承惠後則以弟繼宣承昭後則以兄孫繼若必奪此父子之親建彼父子之號則古有稱高伯祖皇伯考者皆不得謂之統矣竊謂今日之禮宜別立聖考廟于京師使得隆尊親之孝上得璁疏大喜曰此論一出我父子終可完也亟下所司議大學士楊廷和曰秀才何知上疏請如禮官議疏入留中八月翔澄等復上議如初且言推尊之非莫詳於魏明帝之詔稱親之非莫詳于宋程頤之議扨聞初上嗣位遣太監秦文邵恩捧箋詣安陸奉迎母妃十月至通州聞稱號未定諸旧臣皆已晉秩愠甚曰安得以我子〻他人奴等恩澤從何來大王王妃固是本分何子貴父母独否且我入宮何以行禮

我還任皇帝自為之可也上聞涕泣請皇太后辭謝請奉母歸藩宮府皆大震于是皇太后有旨命興獻王稱興獻帝妃稱興獻后憲廟貴妃邵氏為皇太后母妃始入京謁奉先奉慈二殿張璁復進大禮或問反覆四千言南京兵部主事霍韜亦上疏議與璁合並下所司十二月諭廷和等加興獻帝后尊號上各加皇字廷和等言聖孝有甚不得已之情臣等職在輔導不敢阿順以損聖德封還御批仍依原擬進復與禮官臺省合詞奏曰舜受堯之天下禹受舜之天下當時未聞帝其所生萬世稱聖焉漢宣帝繼孝昭後追謚史皇孫王夫人曰悼后而已光武上繼元帝鉅鹿南頓君以上立廟章陵而已皆未聞有追尊之號而考后之稱後

之議者猶非之晉元帝由瑯琊王入繼大統止立皇子為王奉父共王祀宋英宗詔加濮王典禮久不決光獻太后乃以手詔尊濮王為皇夫人為后英宗願下詔讓而未受未嘗修然自加尊稱也今興獻帝后之加較諸前代尊稱已極若復加一皇字與孝廟慈壽並非尊無二上之義臣等不敢奉詔願賜歸上優留之吏部尚書喬宇侍郎羅欽順等言正統大義惟賴一皇字以明若加于所生則正統混而無別非所以重宗廟也報以皇太后懿旨不敢有違于是給事中朱鳴陽等御史程昌曹嘉等南京大理寺丞黄鞏郎中黄偉等大理寺副沈光大等合疏爭之俱不報元年正月給事中熊浹言武宗皇帝臨崩重念宗社大計特請慈壽皇

太后迎立陛下先時未嘗育之宮中立以為後如宋英宗故事則興獻王固陛下之父不得以濮王為比而陛下之繼武宗有祖訓兄終弟及之文可據不得曰為人後者為之子也必曰為後而以繼嗣為名則陛下直繼武宗為之後乎抑追繼孝宗為之後乎武宗本無後而陛下以弟為之後孝宗已有後而陛下又越武宗而重為之後無一可者也故興獻王宜尊帝稱別立廟徽號如恭仁康定以示不敢上躋于列聖加上慈聖皇太后及武宗皇后徽號而母妃則尊為太后如慈壽之例庶幾恩義並行不悖下所司會南郊禮成是日乾清宮小室災毛澄言變不虛生乞存憂懼以致順天悅親之實御批父母各加皇字恐不可告郊廟給事

中安磐言藩國不可加于帝號之上獻為謚法不可加于生存之母御史李儼言慈壽母妃分均体敵恐生羣小之心漸搆兩宮之隙俱報聞上亦因災不自安持未決二月諭禮部慈聖皇太后加上尊號昭聖慈壽皇太后皇嫂皇后加上尊號為莊肅皇后本生母興獻后加上尊號為興獻國太后卲皇太后加上尊號為壽安皇太后興獻帝冊文稱孝子二年毛澄罷以汪俊代之三年正月南京刑部主事桂蕚上疏請正大禮畧謂宜稱孝宗曰皇伯考武帝曰皇兄興獻帝曰皇考別立廟于大內興國太后曰聖母則天下之為君臣父子者定上命會文武羣臣集前後章疏詳議三月丙寅朔勅禮部加慈壽皇太后為聖母昭聖康惠慈壽皇

太后獻帝為本生皇考恭穆獻皇帝興國太后為本生母章聖皇太后

〔國朝典彙〕三年四月禮部會文武羣臣上議漢宋以來入繼大統之君間有為本生立廟園陵及京師者第歲時遣官致祠尋亦奏罷至于立廟大内而親祀古未有也萼璁之言曰繼統公立後私又曰統為重嗣為重臣等謂正統所傳之謂宗故立宗所以繼統立嗣所以承宗宗之與統初無輕重況繼統則法堯舜而宗祀何獨不然萼又欲改稱孝宗為皇伯考臣等歷稽前古廟制未有皇伯考神主之稱惟天子稱諸王曰伯叔父恐非所以加于宗廟也諸請罷建室之議立廟安陸上嚴旨詰責

〔史槩〕禮臣言前後章疏惟張璁霍韜熊浹三人與

萼議同其兩京諸臣凡八十餘疏二百五十餘人皆如部議上命再議廷和知上意不可回再疏乞歸許之

禮部尚書汪俊等言陛下欲改稱廟號自尊本生立廟大內臣等切念此舉所係甚大陛下入奉大宗不得祭小宗亦猶小宗之不得祭大宗也故昔興獻帝奉藩安陸則不祭憲宗今陛下入繼大統亦不得祭興獻帝是皆制于禮而情有屈也然興獻帝不得迎養壽安皇太后于藩邸陛下得迎興國太后于大內受天下之養而尊祀興獻帝以天子之禮樂則人子之情俱獲自盡矣乃今聖孝無窮臣等不自揣度請于獻帝徽稱之上仍加興字則于本生不失尊崇于正統無嫌二聖上切責而

宥之尚書喬宇石珤皆力爭不聽張璁自南京来途中上疏請去本生二字畧謂不去二字雖稱皇考實與皇叔無異又言皇上稱孝宗為皇考稱興獻帝為本生父子之名既更尊崇之義安在詔促之入京汪俊乞休許之以席書代之璁蕚及南京主事黄宗明經歷黄綰同上疏曰今日典禮之議以皇上為為人後者禮官附和之私也以皇上為入繼大統者臣等考經之論也人言兩議相持有大小衆寡不相敵之勢臣等則曰惟理而已皇上何不親御朝堂進羣臣而詢之疏入報聞編修鄒守益上言昔曾元以父寢疾憚于易簀愛之至也而曾子責之曰姑息曾受天子禮樂以祀周公尊之至也而孔子傷之曰周公其衰矣臣願陛下勿

以姑息事敵帝而使後世有其衰之嘆且羣臣之議再四詳慎謂當存始封之號避皇考之嫌陵廟歲時重臣代祭皇嗣既蕃立後安陸全百世不祧之尊此皆為陛下忠謀也今不察而督過之謂忤且慢喜怒好惡不無少失其平臣歷觀前史冷褒段猶之徒當時所謂忠愛後世所斥以為邪媚者也師丹司馬光之徒當時所謂欺慢後世所仰以為正直也後之視今猶今之視昔望陛下屈已從善不吝改過以光大孝上以為出位瀆擾下鎮撫司

〔何喬遠名山藏開聖記〕大學士蔣冕上疏曰頃者建室之議臣等與毛紀費宏反覆論奏數千言矣仰惟皇上天縱聖神嗣承大統至親倫序天與人

歸固不待贅然非昭聖張太后傳武宗皇帝遺命則將無所承受而授受大義不明今既受命于武宗即宜嗣統以為後特兄弟之名有不容紊故但兄武宗考孝宗母張太后而於孝武二廟皆稱嗣皇帝稱臣稱御名以示繼統承祀之義所後所生不可混也陛下曰朕於正統大義不敢有違固知之矣自古人君嗣承天位謂之承祧踐祚祧宗祧祚廟之阼階也禮為人後者惟大宗大宗尊之統也皆主宗祀言漢至今千七百歲矣未有廟本生父大内者漢宣帝以兄孫繼統為叔祖昭帝後立所生父廟于奉明園光武掃平僭亂奮然崛起蓋取位於新莽非繼統于平嬰一聞張純朱浮之議即降其私親四世祀于舂陵宋英宗所生父濮安

懿王亦止即國立廟我皇上為獻皇帝立祀安陸禮雖非經事猶類古今後武宗考孝宗身主祖宗列聖之祀又欲兼奉小宗情既重於所生義必踈于所後二宗在天之靈誰託乎臣等考經質禮稽詢僉謀不蒙採納汪俊乞休遽聽其去萼璁有言亟名其來其日天氣晴明陡變陰晦至暮風霾特甚天心仁愛尤極惓惓願陛下詳察之

〔典彙〕五月詔名奉先殿西室為觀德殿奉安獻皇帝神主遣官詣安陸奉迎禮部侍郎吳一鵬言歷考前代無自寢園迎主入大內者况安陸乃啟封之地獻皇帝神主久安太祖之重中都太宗之重留都皆以王業所基永修典禮今獻皇帝神主宜永祀安陸不聽

〔史熙〕六月璁蕚至京給事中張翀等三十餘人御史鄭本公等四十餘人連章劾之并及黄綰黄宗明方獻夫席書下所司擢璁蕚翰林學士尚書喬宇言席書以內旨陞尚書臣两言其不可今璁蕚復拜學士之命內降恩澤多施于倖幸上曰璁蕚非干進者令即視事吏部員外郎薛蕙上為人後辯一篇為人後辨一篇

〔西原集〕為人後辯禮之所以立後者重大宗也何言乎重大宗小宗無子以為可以絕者也故不為之立後大宗無子不可以絕故立後以繼之小宗不可擬大宗故曰重大宗也曷為後大宗不後小宗重本也其重本柰何大宗者祖之正體也本也小宗者禰之旁體也支也本存而支亡亡而猶存也尊者存焉耳本亡而支存存而猶亡也存者微矣是故小宗無後禰不絕大宗無後祖絕矣禮之後大宗不後小宗重絕祖也雖然大宗者卿大夫之禮也何以曰卿大夫之禮古者公子為卿大夫及始仕而為大夫者謂之別子繼別子者謂之大宗故曰大宗者卿大夫之禮也此卿大夫也而不可絕益知天子之不可絕矣天子之不可絕柰何大宗者繼別云爾曰尊之統也收同族云爾曰收族者也天子之統受諸始祖始祖受諸天不啻尊之統也內治同姓外治異姓不啻收族者也饗百神以為天地社稷可無主也天下可無君也故天子無嗣建支子以後天子禮也支

子後天子適子不為後乎礼之正者支子為後禮之變者適子亦為後矣
何言乎禮之變者適子亦為後適子不為後者非他也傳小宗之統焉耳
明小宗之統為重也益知大宗之統為重矣明大宗之統為重也益知天
子之統為尤重矣故適子可以後大宗可以後大宗斷可以後天子矣天
者始祖之躰大統之所在尊則無上親則本始也諸侯雖有尊焉不敢信
其尊矣雖有親焉不敢專其親矣信其尊嫌于貳君專其親嫌於貳
祖故諸侯適子後天子者不敢遂其尊親也尊親者人之至重也然而不
敢遂焉示猶有至重者也繼大統者因斯舉也而知其所由来則可以事
天可以保宗廟可以有天下是故明
于為人後之義者錯知天下無難矣
為人後辨陛下繼祖體而承適統合于為人後之義坦然明白無可疑者
也洒有二三臣者詭經畔礼以惑聖聽夫經傳纖悉之指彼臣未能睹其
十一處欲恃小慧而騁奇辭可謂不知而作者也其曰陛下為獻帝不可
奪之適嗣按漢石渠議曰大宗無後族無庶子已有適子當絕父祀以後
大宗否戴聖云大宗不可絕禮言適子不為後者不得先庶子耳族無庶
子則當絕父以後大宗晉范汪曰廢小宗昭穆不亂廢大宗昭穆乱矣先
王所重大宗也豈得不廢小宗以繼大宗乎汪又曰大宗者人之本也人
不可以無其本所以立大宗也小宗之家五世則遷安知始祖之所從出
與宗祀之所由来敬宗所以尊祖禰不為重乎此二說者其亦得禮意矣
夫謂得禮意者以其別祖禰之統權大宗小宗之輕重而違於立後之義
也蓋人子雖有適庶其親親之心一也而禮適子不得為後世子得為後
者此非親其父母有厚薄也直繫于傳重收族不同耳今之言者不知推
本祖禰惟及其父母而止此弗忍薄其親而忍遺其祖也其曰為人後者
為之子乃漢儒邪說按此踵歐陽修之謬也夫為人後為之子其言出于
公羊固漢儒所傳者然于儀禮實相表裏古今以為折衷未有異論者也
藉若修之說其悖禮甚矣禮為人後者斬衰三年此子于父母之喪也以

父母之喪服之不曰爲之子而向其言之悖禮一也傳言爲所後者之祖父母妻妻之父母昆弟昆弟之子若子其若子者由爲之子故爾傳明言若子今頓曰不爲之子其言之悖禮二也爲人後者不爲之子然則稱謂之閒將不曰父而仍曰伯父叔父乎其言之悖禮三也又立後而不爲之子則古立後者皆未嘗實子之而姑僞立是人也是聖人僞教人以立後而實則無後焉耳其言之悖禮四也夫無後者重絕祖考之祀故立後以奉之今所後既不得而子則祖考亦不得而孫矣豈可以入其廟而奉其祀乎其言之悖禮五也由此觀之名漢儒以邪說無乃其自名也抑二三臣者亦自度其說之必窮也于是又爲遁辭以倡之曰夫統與嗣不同陛下之繼二宗當繼統而不繼嗣此一言者將欲以盡廢先王爲人後之義與則尤悖禮之甚者也然其牽合附會眩于名實苟不辨而絕之殆將爲後世禍矣夫禮爲大宗立後者重其統也重其統不可絕乃爲之立後至于小宗不爲之後者統可以絕則嗣可以不繼也是則繼統故繼嗣繼嗣所以繼統也故禮爲人後言繼嗣也後大宗言繼統也統與嗣非有二也其何不同之有自古帝入繼者必明爲人後之義而后可以繼統蓋不爲後則不成子也若不成子夫安所得統而繼之故爲後也者成子也成子而后繼統又將以絕同宗覬覦之心焉聖人之制禮也不亦善乎抑成子而后繼統非獨爲人後者爾也禮無生而貴者雖天子諸侯之子苟不受命于君父亦不敢自成尊也春秋重授受之義以爲爲子受之父爲臣受之君故穀梁子曰臣子必受君父之命斯義也雖直尊君父也亦所以自尊焉耳蓋尊其君父亦將使人之尊己也如此則禮義明而禍亂已今說者謂倫序當立斯立已是惡知禮與春秋之意哉若夫前代之君閒有弟終而兄繼姪終而伯叔父繼者此遭變不正者也然多先君之嗣先君于己則考也己于先君則子也故不可考後君而亦無兩統二父之嫌若晉之哀帝唐之宣宗是已晉哀帝成帝之子封瑯琊王穆帝之叔也穆帝崩無嗣迎即帝位唐宣宗憲宗之子初封光王武宗之叔也武宗大漸立爲

皇太叔即位極前其或諸侯之嗣則未有仍考諸侯而不考天子者也陛下天倫不先于武宗正統不自于獻帝是非予奪至為易辨而二三臣者猥欲比于遭变不正之舉故曰悖禮之尤者也

史槩上下憲詔獄黜為民七月喬宇致仕去侍郎賈詠學士豐熙等修撰楊慎等給事中張翀等御史余翱等郎中余寬等寺正毋德純等同上疏諸十九順門跪伏大呼上方齋閣之遣司禮官諭令退不起命執豐熙等八人下詔獄修撰楊慎檢討王元正撼門大哭羣臣皆哭聲震闕庭上大怒命逮五品以下員外馬理等一百三十四人並下詔獄廷杖謫戍霍韜家居上疏曰議禮有兩端曰崇正統曰正天倫徒崇正統其弊至于利天下而棄父母徒重天倫其弊至于小加大而卑踰尊故臣前日謂陛下宜稱孝宗曰皇伯考獻帝曰皇考武

宗曰皇兄此天倫之當辨者也尊崇之義則姑在所緩此正統之當崇者也乃近者廷臣議上考孝宗又兼考獻帝此漢人二父之失也獻考徽稱既極尊崇聖母尊號亦二昭聖此漢人兩統之失也本原既差愈議愈失臣之愚慮則願陛下預防未然之失毋重將來之悔而已夫昭聖久稱聖母一旦改稱大非人情所堪所賴陛下之委曲承迎務得懽心此可慮者一昭聖禮秩雖崇然其勢日輕章聖尊稱雖或未至然其勢日重恐給使左右之人不達聖意妄生疑間或以彌文小節遂搆兩宮之隙此可慮者二願陛下啟聖母曰皇太后實大統嫡宗至尊無對必時自謙抑以示尊敬莊肅皇后母儀天下十有六年接見之儀不可輕忽俾宮

闈大權一歸昭聖廢宗統正而嫌隙消天下萬世無所非議上嘉其忠趣令赴召九月桂萼書獻夫等議定大禮稱孝宗曰皇伯考昭聖曰皇伯母獻皇帝曰皇考章聖曰聖母是日獻皇帝神主至京奉安觀德殿

〔典彙〕上以觀德殿地勢迫隘欲改建四年四月光祿寺署丞何淵言獻皇帝入繼大統所自出之帝請于太廟內立世室以為禰廟禰廟得所而後大統有光下部議禮部尚書席書等議言周以文武有功德乃立世室與后稷廟皆百世不遷我太祖始建四廟後改同堂異室以太祖擬文世室太宗擬武世室今獻皇帝以藩王追稱帝號何淵乃欲比之太祖太宗立世室祀于太廟不知何說也若

王者立始祖之廟又推始祖所自出之帝不知何說也初議以孝宗為禰今祀獻帝于觀德殿卽禰廟也何淵又曰禰廟得所而後正統有光又不知何說也張璁言臣與廷臣抗論之初卽曰當別為立廟京師又曰別立禰廟不干正統此非臣一人之議天下萬世之公議也桂萼言孝子不順情以危親忠臣不兆姦以陷君如何淵之說誠所謂陷君者可順情而信之紊昭穆之序亂統紀之常乎皆不聽五月禮官會羣臣復奏上以觀德殿在大內大常不得行禮命再議且遣中官諭席書曰必祔廟乃已吏部尚書廖紀都御史李鉞通政棨義等皆奏如何淵之言是獻皇帝曾稱臣於外藩今並祀于帝位不得為而為之非孝也乱昭穆之倫

蔑祖宗之法不可為而為之非孝也上意已决即命營建定名曰世廟九月成自觀德殿奉遷神主于世廟後又改為獻皇帝廟

〔史槩〕六年張璁請修大禮全書七年六月書成命曰明倫大典楊廷和除名為民毛澄追削生前官蔣冕毛紀喬宇汪俊林俊冠帶閑住

〔何喬遠名山藏〕林俊嘉靖六年卒七年明倫大典書成追罪俊進歷代成禮論革為民

〔典彙〕十七年六月通州同知豐坊言宜建明堂加尊皇考獻皇帝廟號稱宗以配上帝下部議禮部尚書嚴嵩言大祀殿在圜丘北秋享即此可行獻皇帝配帝侑食元合周道上諭明堂秋享宜于奉天殿行之皇考稱宗不為過情命再議戶部侍郎

唐冑上疏力爭黙為民嵩復議古者父子異昭穆兄弟昭穆同晉則十一室而六世唐則十一室而九世宋真宗詔議太廟禮學士宋湜議以太祖太宗合祭同位其禘祫圖又以太祖太宗同居昭位皆古事之可據者今皇帝與孝宗同氣之親臣謂宜奉皇考與孝宗同為一廟

〔史槩〕秋九月辛巳上獻皇帝尊謚曰知天守道洪德淵仁寛穆純聖恭儉敬文獻皇帝廟號睿宗是日奉主祔享太廟辛卯大享上帝于元極寳殿奉睿宗獻皇帝配自是歲一行之二十年四月辛酉風雷雨雹太廟災羣廟皆燼惟睿廟在垣外得存二十二年十一月命重建太廟更為同堂異室之制二十四年六月太廟成詔定安神位次太祖居

中左庁成宣憲膺　英孝武追崇之典至是

而極

增按一條

讀禮通考卷二十一

喪期

國恤

天子父在服祖

宋史紹熙五年六月九日孝宗崩太皇太后有旨皇帝以疾聽在內成服太皇太后代皇帝行禮（太皇太后高宗后吳氏也）知閤門事趙汝愚奏請車駕過宮執喪成禮疏曰邦國不幸大行聖帝奄棄羣臣臣等不任哀痛昨早後殿奏事陛下面許臣等只候審問關禮等子細即便過宮玉音甚確臣等退就祥曦殿門外等候久之未有處分臣等哀懇相繼屢有文字控請及繳進慈福壽聖皇太后御札令臣等遂請車駕過宮雖蒙奏知

晝降御寶付外亦未聞鑾駕之出至日景過午又縁
大暑大行梓宮不可淹緩臣等不得已先請重華哭
臨宣布遺誥了當雖賴陛下威靈一夕内外幸而無
事然自古及今未有聞父喪而不奔赴者今陛下聖
德愈虧今情愈怨縱禍亂未作臣等竊為陛下危之
伏惟大行皇帝已擇用此月十一日小斂十三日大
斂成服陛下若不及此時速往執喪成禮少用人子
之情不知何時而可遂耶陛下既失此時而不往則
陛下將終不成服乎陛下既有父之喪而終不成服
不審將服何服而視朝以見群臣乎故事成服聽政
御殿皆有節次今禮節盡廢不審陛下將用何日復
視朝乎縱陛下一切不問不審北使將來弔祭陛下
亦可堅辭固拒而不出乎陛下若預思北使之來不

可不往受弔祭則今日之奔赴尔何可緩也按時汝愚已知樞密院事茲云知閤門事誤汝愚又有第二疏今不載

宋史初高宗之喪孝宗為三年服及孝宗之喪有司請於易月之外用漆紗淺黃之制蓋循紹興以前之舊朱熹初至不以為然奏言今已往之失不及追改惟有將來啟攢發引禮當復用初喪之服則其變除之節尚有可議望明詔禮官稽考禮律豫行指定其官吏軍民方喪之服亦宜稍為之制勿使肆為華靡其後詔中外百官皆以凉衫視事蓋用此也

朱熹乞討論喪服劄子曰臣聞三年之喪齊疏之服饘粥之食自天子達於庶人無貴賤之殊而禮經勅令子為父嫡孫承重為祖父皆斬衰三年蓋嫡子當為父後以承大宗之重而不能襲位以執喪則嫡孫

繼統而代之執喪義當然也然自漢文短喪之後歷
代因之天子遂無三年之喪為父且然則嫡孫承重
從可知矣人紀廢壞三綱不明千有餘年莫能釐正
及我大行至尊壽皇聖帝至性自天孝誠內發易月
之外猶執通喪朝衣朝冠皆以大布超越千古拘攣
牽制之弊革去百王衰陋卑薄之風甚盛德也所宜
著在方冊為世法程子孫守之永永無斁而間者遺
誥初頒太上皇帝偶違康豫不能躬就喪次陛下實
以世嫡之重仰承大統則所謂承重之服著在禮律
所宜一遵壽皇已行之法易月之外且以布衣布冠
視朝聽政以代太上皇帝躬執三年之喪而一時倉
卒不及詳議遂用漆紗淺黃之服不惟上違禮律無
以風示天下且將使壽皇已革之弊去而復留已行

之禮舉而復墜臣愚不肖誠竊痛之然既往之失不及追改唯有將來啟殯發引禮當復用初喪之服則其變除之節尚有可議欲望陛下仰體壽皇聖孝成法明詔禮官稽攷禮律預行指定其官吏軍民男女方喪之禮亦宜稍為之制勿使過為華靡布告郡國咸使聞知庶幾漸復古制而四海之衆有以著於君臣之義實天下萬世之幸

建炎以來朝野雜記方文公上議時門人有疑者文公未有以折之後讀禮記正義喪服小記為祖後者條因自識於本議之末其畧云準五服年月格斬衰三年嫡孫為祖（謂承重者）法意甚明而禮經無文但傳云父沒而為祖後者服斬然而不見本經未詳何據但小記云祖父沒而為祖母後者三年

可以旁照至為祖後者條下疏中所引鄭志乃有諸侯父有癈疾不任國政不任喪事之問而鄭荅以天子諸侯之服皆斬之文方見父在而承國於祖服向來入此文字時無文字可檢又無朋友可問故大約且以禮律言之亦有疑父在不當承重者時無明白證驗但以禮律人情大意荅之心常不安歸来稽考始見此說方淂無疑乃知學之不講其害如此而禮經之文誠有闕畧不無待於後人向使無鄭康成則此事終未有斷決不可直謂古経定制一字不可增損也

宋史慶元二年六月九日大祥八月十六日禫祭時光宗不能執喪寧宗嗣服欲大祥畢更服兩月曰但欲禮制全盡不較此兩月於是監察御史胡紘言孫

為祖服已過期矣議者欲更持禫兩月不知用何典禮若曰嫡孫承重則太上聖躬亦已康復於宮中自行二十七月之重服而陛下又行之是喪有二孤也自古孫為祖服何嘗有此禮詔侍從臺諫給舍集議吏部尚書葉翥等言孝宗升遐之初太上聖體違豫就宮中行三年之喪皇帝受禪正宜倣古方喪之服以為服昨來有司失於討論今胡紘所奏引古據經別嫌明微委為允當欲從所請參以典故六月六日大祥禮畢皇帝及百官並純吉服七月一日皇帝御正殿饗祖廟將來禫祭令禮官檢照累朝禮例施行四月庚戌詔羣臣所議雖合禮經然於朕追慕之意有所未安早來奏知太皇太后面奉聖旨以太上帝雖未康愈宮中亦行三年之制宜從所議朕躬奉慈

訓敢不遵依

母后不知存亡嗣皇制服

舊唐書代宗睿真皇后沈氏吳興人世為冠族父易直秘書監開元末以良家子選入東宮賜太子男廣平王天寶元年生德宗皇帝祿山之亂玄宗幸蜀諸王妃主從幸不及者多陷於賊后被拘於東都掖庭及代宗破賊收東都見之留於宮中方經略北征未暇迎歸長安俄而史思明再陷河洛及朝義敗復收東都失后所在莫測存亡代宗遣使求訪十餘年寂無所聞德宗即位下詔曰王者事父孝故事天明事母孝故事地察則事天莫先於嚴父事地莫盛於尊親朕恭承天命以主社稷執珪璧以事上帝祖宗克配園寢永終而內朝虛位闕問安之禮銜悲內惻憂

戀終歲思欲歷舟車之路以聽求音問而主茲重罷
莫匪深衷是用仰稽舊儀敬崇大號舉茲禮命式遵
前典宜令公卿大夫稽度前訓上皇太后尊號建中
元年十一月遥尊聖母沈氏為皇太后陳禮于含元
殿庭如正至之儀上衮冕出自東序門立於東方朝
臣班於位册曰嗣皇帝臣名言恩莫重於顧復禮莫
貴於徽號上以展愛敬之道下以正春秋之義則祖
宗之所稟命臣子之所盡心尊尊親親此焉而在兩
漢而下帝王嗣位崇奉尊稱厥有舊章永惟丕烈敢
墜前典臣名謹上尊號曰皇太后帝再拜歔欷不自
勝左右皆泣下仍以睦王述為奉迎皇太后使工部
尚書喬琳副之候太后問至昇平公主宜備起居於
是分命使臣周行天下明年二月吉問至羣臣稱賀

既而詐妄自是詐稱太后者數四皆不之罪終貞元之世無聞焉德宗敦崇外族贈太后父易直太師易直子庫部員外郎介福贈太傅介福子德州刺史士衡贈太保易直第二子秘書少監震贈太尉晧沈氏封贈拜爵者百餘人貞元七年詔外曾祖隋陜令沈琳贈司徒追封徐國公與外祖贈太師易直等立五廟以琳為始緣祠廟所須官給后無近屬惟族子房為近德宗用為金吾將軍主沈氏之祀憲宗即位之年九月禮儀使奏太后沈氏厭代登真於今二十七載大行皇帝至孝惟深哀思罔極建中之初已發明詔舟車所至靡不周遍歲月滋深迎訪理絕按晉庾蔚尋求三年之後又俟中壽而服之今參詳禮例伏請以大行皇帝啟攢宮日百官舉哀於肅章門內之

正殿先令有司造褘衣一副發哀日令内官以褘衣置於幄自後宮人朝夕上食先啟告元陵次告天地宗廟昭德皇后廟太皇太后謚册造神主擇日祔於代宗廟其褘衣脩法駕奉迎於元陵祠復置於代宗皇帝衮衣之右便以發哀日為國忌詔如奏其年十一月册謚曰睿真皇后奉神主祔於代宗之室

藩王入繼大統服本生母

明世宗實録嘉靖十七年十二月乙丑禮部言十二月三十日大行皇太后服制二十七日已滿恭檢孝貞皇太后喪禮制滿後上位仍素翼善冠布袍腰絰御西角門不鳴鐘鼓百官具素服烏紗帽黑角帶侍朝候梓宮入山陵奏請變服第今歲適遇正旦朝會祭享一切吉儀所當酌議臣等恭擬皇上是日早黑翼善冠

淺淡袍服黑犀帶御殿受朝疏入未報上諭大學士言元旦玄極殿拜天仍具制服陛下望拜及先期一日合變服否於是禮部更請正旦日上拜天受朝及先期一日俱宜青服孟春特享宗廟自前三日奏齋始皇上具青服臣下同之後遇祭享以此為例餘日仍以孝貞皇太后喪禮例行上覽疏諭內閣曰部疏所擬未免循故事未見損益何如禮曰三年之喪賢者勿過不肖者不可不勉若拘此紙上法度自後世君人者皆罪人也不但景君一人耳朕氣質微弱志念實不副每有志于古道力不克然時尔不同也今既曰以日易月無有不知無有不見非虛文也是實行也更不必小惠報父母姑息以事親直便實為之庶不旁牽蔓引而聖人可作偽乎雖山陵之未就而

實不是古人未葬之時百事皆輟之義吉典亦行郊社在上又不敢廢封建征伐賞罰諸事命出一人本無虛日謂之居喪吾不信也便當如制定服後皆不必遷就遇郊有事宜吉服作樂況父在柩子嗣位率用全吉何事天反云爾耶其尊尊也廟有事著淺色服不作樂此親親也居他處服墨布至喪次仍素色直候奉引安陵仍用始服之服以終之庶為情實卿等即抄明白付宗伯翰林禮科各議來行否即曰否禮部覆皇上析理精微可為萬世法請令臣等通行內外一體遵奉報可

嘉靖十七年十二月章聖皇太后崩尚寶司司丞馬從謙疏曰臣聞三年之喪自天子達於庶人無貴賤一也然而賢者之心猶無窮也要亦古昔聖帝明王

揆諸天理本之人情立為中制以傳天下萬世非必謂此足以盡報其親尒藉此以少伸父母三年之懷之愛爾故曰養生不足以當大事惟送死可以當大事又曰親喪固所自盡也考之堯舜以至三代他政雖不能無損益而獨三年之喪未之有改也至於貶廢古制減節喪紀陋哉漢文之所為也以日易月至今行之子以自便而忘其親臣以自便而忘其君莫不心知其非而卒不能復古之制以自便之私也雖然以區區滕文公猶能復古制於五十里之國民到於今稱之惜哉漢唐宋之英君狃於羣議以堂堂天下萬姓之主敢於忘親而敢蹈文帝之陋規中間有晋武帝議之而未行魏孝文行之而未備周高祖但行於五服之内而不及羣臣宋之賢君能行於宮闈

之內而未能明正其制以廣示天下固將有待于今日大聖人之改定也逎者章聖皇太后升遐雖有遺詔以日易月有司不過仍舊具儀鄭陛下適在嬛疚哀痛之中不暇詳議遽為批答臣知陛下之心必有不能自已者求所以自盡焉而已矣夫曰自盡云者謂非人言所能與也時制所能拘也根於心發於情作於寤寐起處譪乎莫之能以自禁也果何以見之乃者角門發勅哀意慘苦陵兆興役衝寒奔視羣臣莫不為之感泣以隨臣是以知陛下之心必不能若是已也制令天下臣民皆得以終三年之喪于天下臣民之父母違者罪以違制是驅天下以禮道也而陛下獨遵以日易月之制恐非躬行率先之孝臣是以知陛下之心必不能若是已也臣聞陛下之在藩

卽天啓冲慧尙能力持喪紀於睿宗獻皇帝之上實乃今不得行於大行章聖皇太后是聖人在天子之位反不能議禮制度考文臣是以知陛下之心必不能若是已也伏覩我朝制作釐革陋習超出近古至矣美矣至於禮樂待百年而後興者又在今日也若夫郊之為四廟之為九正皇帝之號去孔子之封籍田明堂以次興舉可為一洗近代之鄙而上追唐虞三代之盛規矣至於喪禮猶獨因陋就簡未能真切以示孝於天下臣是以知陛下之心必不能若是已也誠恐易日之制已畢內外皆從吉矣（也而或以為喪詔已發而不可易）梓宮在殯誠有未安不能不貽陛下他日之悔臣愚以為事固有一定之而不可易十易之而不為病者惟顧禮之是非何如耳今日之事但當改定於哀詔既發之後蓋哀

詔者奉行大行皇太后之遺意改定者又聖天子仰荅之孝心也或者以為三年之久恐妨民事之吉臣愚以為此不過襲漢儒假借之言耳豈可徙重而就輕下狥天下之情而阻我天性之至愛也雖然此亦無難者固不必膠於三年不言萬幾之盡廢亦不必直禁三年之嫁娶隳四時之祀典乞下禮官博考唐虞三代之古制采集漢唐宋諸儒之議論兼求宋朝宮幃三年之禮度而參訂之出入古今酌量輕重變通權宜上不廢郊廟之禮下不廢天下之萬幾然後

上請裁定以終三年庶幾化導有本而天下萬世之為人子禮者無容議矣

為故國主服

史記項羽陰令衡山王臨江王擊殺義帝漢王聞之

袒而大哭如淳曰袒亦如禮袒踊遂為義帝發喪臨三日發使者告諸侯曰天下共立義帝北面事之今項羽放殺義帝於江南大逆無道寡人親為發喪諸侯皆縞素悉發關內兵收三河士南浮江漢以下願從諸侯王擊楚之殺義帝者

三國志建安二十五年或傳聞漢帝見害先主乃發喪制服追謚曰孝愍皇帝

魏明帝青龍二年詔有司以太牢告祠文帝廟追謚山陽公為漢獻皇帝葬以漢禮

獻帝傳帝變服率羣臣哭之使使持節行司徒太常和洽弔祭又使持節行大司空大司農崔林監護喪事詔曰蓋五帝之事尚矣仲尼盛稱堯舜巍巍蕩蕩之功者以為禪代乃大聖之懿事也山陽公深識天

禄永終之運禪位文皇帝以順天命先帝命公行漢正朔郊天祀祖以天子之禮言事不稱臣此舜事堯之義也昔放勲殂落四海如喪考妣遏密八音明喪葬之禮同於王者也今有司奏喪禮比諸矦王此豈古之遺制而先帝之至意哉今謚公漢孝獻皇帝使太尉具以一太牢告祠文帝廟曰叡聞夫禮也者反本修古不忘厥初是以先代之君尊尊親親咸有尚焉今山陽公寢疾棄國有司建言喪紀之禮視諸侯王叡惟山陽公昔知天命永終於已深覩歷數久在聖躬傳祚禪位尊我民主斯乃陶唐懿德之事也黄初受終命公于國行漢正朔郊天祀祖禮樂制度率乃漢舊斯亦舜禹明堂之義也上考遂初皇極攸建允熙克讓莫朗于兹盖子以繼志嗣訓為孝臣以配

命欽述為忠故詩稱匪棘其猶聿追來孝書曰前人受命茲不忘大功叡敢不奉承徽典以昭皇考之神靈今追謚山陽公曰孝獻皇帝册贈璽紱命司徒司空持節弔祭護喪光禄大鴻臚為副將作大匠復土將軍營成陵墓及置百官羣吏車旗服章喪葬禮儀一如漢氏故事喪葬所供羣官之費皆仰大司農立其後嗣為山陽公以通三統永為魏賓

宋書武帝永初二年九月己丑零陵王薨車駕三朝率百僚舉哀于朝堂一依魏明帝服山陽公故事太尉持節監護葬以晉禮

五代會要周廣順元年正月勑漢祖為義帝舉喪魏明正禪陵尊號一時達禮千古所稱況朕久事前朝常參大政宜令所司擇日為故主舉喪仍脩山陵葬

禮有司上言皇帝為故主舉喪日服縞素直領深衣腰絰等成服畢祭奠不視朝七日防禁音樂文武內外臣僚成服後每日赴太平宮臨三日止七日釋服至山陵啓攢日仍服喪服送靈車出城班辭釋服從之

通鑑南唐主知誥為李氏考妣發哀與皇后斬衰居廬如初喪禮朝夕臨凡五十四日初喪之禮自古無五十四日之制唐主亦是依傍漢晉以日易月之制居父喪母喪各二十七日故為五十四日

附晉書載記呂光聞苻堅為姚萇所害奮怒哀號三軍縞素大臨於城偽謚堅曰文昭皇帝長史百石已上斬衰三月庶人哭泣三日

天子服曾祖母

宋史禮志高宗憲聖慈烈皇后吳氏慶元三年崩時

光宗以太上皇承重寧宗降服齊衰期○憲聖慈烈
吴皇后傳后崩遺誥太上皇帝疾未痊瘉宜於宫中
承重皇帝服齊衰五月以日易月詔服朞年喪
乾學按寧宗于吴皇后曾孫也曾孫為曾
祖母本宜齊衰五月若承重則斬衰三年
今既有光宗承重則寧宗但服齊衰五月
可已而乃加至期年淂無過於禮制乎

天子服庶祖母

通典漢文帝所生母薄太后以景帝前二年崩天子
朝臣並居重服謂齊衰三年也
晉書禮志安帝隆安四年孝武太皇太后李氏崩疑
所服尚書左僕射何澄右僕射王雅尚書車胤孔安
國祠部郎徐廣議太皇太后名位允正體同皇極理

制備盡情禮彌申陽秋之義母以子貴既稱夫人禮服從政故成風顯夫人之號文公服三年之喪子於父之所生體尊義重且禮祖不厭孫固宜遂服無屈而緣情立制若嫌明文不存則疑斯從重謂應同於為祖母後齊衰朞通典作齊衰三年宜從通典永安皇后無服但一舉哀百官亦一朞詔可晉書止此以下補入通典

通典　徐廣又尋按漢文所生薄太后亾朝臣亦重服太常殷茂曰太皇太后名稱雖尊而据非正體主上纂承宗祖不宜持重謂齊服為安徐野人云若以魯侯所行失禮者左傳不見譏責而漢代持服與正嫡無異殷太常所上服事于禮中尋求俱無明文然僕之所言專據春秋也車胤荅云漢代皆服重且大體已定此當無服緦革耶於是安帝服齊衰三年百寮

並服期於西堂設菰廬神武門施凶門柏歷○宋庾
蔚之謂公羊明母以子貴者明妾貴賤若無嫡子則
妾之子為先立又子既得立則母隨貴宜謂可得與
嫡同耶成風非夫人非禮之正穀梁已自為通小記
云大夫降其庶子其孫不降其父此謂凡庶子故鄭
玄云祖不厭孫耳非謂承祖之重而可得伸其私服
也庶子為後不得服其母以廢祭故也則已卒已子
亦不得服祖庶母可知矣小記言妾子不代祭穀梁
傳言於子祭於孫止此所明凡妾非謂有加崇之禮
者也古今異禮三代殊制漢魏以來既加庶以尊號
徽旗章服為天下小君與嫡不異故可得服重而廟
祭傳祀六代耳非古有其義也
五代史記晉本紀天福七年秋七月壬辰皇祖母劉

氏崩輟視朝三日

徐無黨曰高祖所生母也高祖時尊為皇太后矣其崩也喪葬不用后礼見恩礼之薄不書曰皇太后者於帝為祖母也曰崩正其名也

明世宗實録嘉靖元年十一月庚申壽安皇太后崩憲宗之妃興獻王之生母也世宗服喪二十七日而除

楊廷和自記嘉靖元年十一月十八日壽安皇太后崩逝蕭敬司禮傳上意欲須遺詔且手持一黄揭帖曰此已有稿第欲先生潤色之予云遺詔止行于宮中先傳旨諭禮部具喪禮儀注可也蕭去予遂與同官言曰遺詔在壽安未宜皆以為然予又曰三年之喪亦不可行礪菴毛紀曰且先議服制服制定乃議其他因取會典摘大明律令孫為祖服齊衰期年之文相示又取孝肅孝貞大喪禮儀注閱之予曰内庭一應祭奠皆如舊儀不可減外

庭之禮皆殺之服以十三日而除遂擬勅諭進呈敬所（蔣冕）謂有勅諭可以止遺詔矣明日早掖門未啟散本官趣予輩入索遺詔予曰昨已進勅諭矣再來應亦如之未幾諸司禮偕至閣中傳諭上意今日之禮悉如孝肅行事急須遺詔予曰事體似有不同蕭曰壽安與孝肅皆自皇妃為皇太后如何不同余謂孝肅於憲廟為親母孝廟承憲廟之後服制當行三年亦當須遺詔今上繼孝宗之後承武宗之統因興獻帝乃加尊號蓋聖情有不瀉已者于禮為未安于義為未正予輩自去年二月言之至今外議紛紛猶未已也此事豈可更犯衆議以損聖德萬一不聽予輩言議者復將紛紛聖躬才平復能無傷聖心耶宮中禮儀一切從厚聖

心亦可少慰也尋復來執議如前謂上意必欲服三年之喪予輩言此乃綱常典禮所繫決不敢從諸司禮謂非天子不議禮今以上意行之何為不可予言非天子不議禮謂所議者合于禮也若非禮之禮豈天子所議況既謂之議須合天下之情非獨斷也尋召予輩至文華門予以為上將面議之及至門下則諸司禮云一應禮儀上意俱從列位先生言但欲改十三日為二十七日耳再無容議也予云所當議者正在服制廷和今日不言將得罪于天下後世太祖太宗孝宗在天之靈必加陰譴他日死而有知見自己父母于地下父母必謂爾伏祖宗福廕遭逢聖明濫叨大任不能輔導朝廷以禮今日何顔見我也張司禮云老先生議

論已到忠情已盡朝廷行三年之喪亦盡孝道君臣之間忠孝兩全豈不是好老先生說他日無顏見父母于地下即是王旦削髮之意但王旦是賛助天書矯誣之事與今日事體不同予云為大臣不能事君以道隱忍不言即是欺心與矯誣天書一般衆司禮云連日議論我輩一一奏知聖意堅欲行三年之喪以盡孝道先生每欲不順從予云經書所言孝道事甚多今不必遠引論語中孔子告孟懿子問孝的言語只語生事之以禮死葬之以禮祭之以禮便是盡孝的事若服制非禮豈得是孝豈可阿意曲從同官相繼言之諸司禮皆變色謂上意已定我輩更不敢奏也然二十七日之制但行于宮中免須遺詔外朝哭臨止三日在外

王府并諸司俱免進香亦見降殺之義矣

乾學按自漢以後天子由支庶登大位者莫不尊其所生同之于嫡沒則服以三年若沒於其孫之世則其孫以父之所尊也莫不奉以太皇太后之禮而亦服以三年此後世之常禮不必盡記今但取其有議論可採者著之於篇

天子服適母

晉書禮志　武帝楊悼皇后既母養懷帝后遇難時懷帝尚幼及即位中詔述后恩愛及后祖載羣官議帝應為追制服式以庶母慈母已依禮制小功五月式以謂慈母服如母服齊衰者衆議不同閻丘冲議云楊后母養聖上蓋以曲情今以恩禮追崇不配世祖

廟王者無慈養之服謂宜祖載之日可三朝素服發
哀而已於是從之

乾學按悼后于懷帝總嫡母也依禮宜服
三年况又有慈養之恩乎引庶母慈已者
固非引慈母如母者亦非至閻立沖謂悼
后不配世祖廟但三朝素服發哀則益非
矣夫帝本有行服之意郡臣不能推明正
禮而乃導之以非禮皆得罪于名義者也

按成帝咸康七年始配食武帝

魏書禮志神龜元年九月尼高皇太后崩于瑶光寺
肅宗詔曰崇憲皇太后德協坤儀徽符月晷方融壼
化奄至崩殂朕幼集荼蓼夙憑德訓及翕虣定難是
賴謨謀夫禮沿情制義循事立可特為齊衰三月以

申追仰之心有司奏案舊事皇太后崩儀自復臯斂葬百官哭臨其禮甚多今尼太后旣存委俗尊憑居道法凶事簡速不依配極之典庭局狹隘非容百官之位但昔逐奉接義成君臣終始情禮理無廢絶輙準故式立儀如別内外羣官權改常服單衣邪巾奉送至墓列位哭拜事訖而除止在京師更不宣下詔可

乾學按是時胡氏擅權高后失位肅宗之不服重實受制于胡氏耳然而降至齊衰三月則進退無所據矣○又按天子服嫡母自有三年正禮不必盡記茲所載者但取其禮之變者耳

唐武宗會昌五年正月兵部尚書歸融奏伏

觀義安殿皇太后遺令皇帝三日不聽政十三日小祥二十五日大祥二十七日釋服者皇帝遵奉遺誥將欲施行臣等商量事貴得中禮從順變伏以宣懿皇太后武宗之母常奉太皇太后之命追尊徽名祔配廟室今之議禮合有等殺伏請皇帝降服期行以日易月之制十三日釋服其內外臣寮亦請以此除釋至于營奉陵寢制度法物即請準舊例更無降制從之

乾學按義安太后即恭僖皇后王氏敬宗之母也本非穆宗正配則于武宗為庶母但武宗既遠承敬宗之後則亦當事之如母而服之三年乃遺誥命制服二十七日而禮官又減為十三日則是導其君以薄道矣〇此非嫡母而禮當仝于嫡母故列

于此條

天子為生母服

晋書禮志興寧元年哀帝章皇太妃薨帝欲服重江虨啟先王制禮應在緦服詔欲降朞虨又啟歉屈私情所以上嚴祖考於是制緦麻三月

乾學按儀禮庶子為父後者為其母緦麻三月此江虨所据之禮也但儀禮指大夫士而言非上同于天子今太妃雖帝之妾母然自春秋以降支庶為天子者皆尊其所生如嫡則制服三年其來舊矣若獨使帝制緦麻雖曰守禮得無缺於情乎厥後車徹論為父後者不得為所生服重而尚書定議大功遂為一代之制方之于此足

知緦服之為非矣

（萬斯同曰司馬公通鑑亦載此條胡三省注謂周礼王為諸侯緦衰彪之請服緦者以帝入繼大宗則太妃乃瑯琊之母故以服諸侯者服之殊不知彪之所据乃儀禮庶子為父後者為其母緦麻三月條初非据周禮緦衰之文也胡氏豈未見儀礼乎且用庶子為父後之服則太妃猶不失生母之尊若用天子為諸侯之服則哀帝竟臣其母矣天下豈有此禮之論哉周禮王為諸侯緦衰但言緦而不言三月則與緦麻三月之服固有間矣晋書原文明言帝制緦麻三月豈可與周禮緦衰之文混而一之況儀礼此條之傳言與尊者為体不敢服其私親正與此厭屈私情所以上嚴祖考之語合豈非彪所据之礼乎乃舍儀礼可據之條而引周礼不合之說何其謬也此實有關於名分故不可以不辨）

天子為皇伯母服

宋史禮志哲宗昭慈聖獻皇后孟氏紹興元年四月崩詔以繼體之重當承重服（后妃傳作紹興五年誤此與高宗本紀同）御史中丞章誼奏曰臣等伏覩四月十四日大行隆祐皇太后遺誥時方艱難合行禮儀難以備舉皇帝服期以日易月仍不候除服聽朝御政又奉四月十五日手詔朕以繼體之重當從重服以稱孝

字悮或是議字
或是奏字

恩之意臣等恭讀遺誥則謙慈之心周密之慮固已合於禮經宜於時事有司訓典未易改易陛下追崇恩禮務極孝誠尚以期制為輕荐降重服之詔雖改傳從重將以風勵四方實為盛德之事然捨輕從重之先王禮儀有紊隆殺之節遺誥服朞之制已應禮典伏望陛下少抑聖情俯就中制以為天下後世之訓○誼又奏曰臣伏覩大行隆祐皇太后遺誥皇帝不俟除服御朝聽政勿以吾故妨廢軍國事務臣等有以見皇太后丁寧諄復之意為備盡矣陛下聖性自天朝夕追悼未即臨朝頗妨萬微（幾）于茲累日軍書邊瑣有合條廷國是民言或須奏稟令以仁孝之至情而忘天下之大計恐無以壓四海望治之心奉太母遺世之訓伏冀皇帝陛下體宗廟付託之重念

知緦服之為非矣

萬斯同曰：司馬公通鑑亦載此條，胡三省注謂周礼王為諸侯緦衰，彪之請服緦者，以帝入繼大宗，則太妃乃瑯琊之母，故以服諸侯者服之。殊不知彪之所据乃儀禮庶子為父後者為其母緦麻三月條，亦非据周禮緦衰之文也。胡氏豈未見儀礼乎？且用庶子為父後之服，則太妃猶不失生母之尊；若用天子為諸侯之服，則哀帝竟臣其母矣。天下豈有此禮之論哉？周禮王為諸侯緦衰，但言緦而不言三月，則與緦麻三月之服固有間矣。晉書原文明言帝制緦麻三月，豈可與周禮緦衰之文混而一之？況儀礼此條之傳言與尊者為体，不敢服其私親，正與此厭屈私情所以上嚴祖考之語合，豈非彪之所据之礼乎？乃舍儀礼可據之條，而引周礼不合之說，何其謬也。此實有關於名分，故不可以不辨。

天子為皇伯母服

宋史禮志：哲宗昭慈聖獻皇后孟氏紹興元年四月崩，詔以繼體之重，當承重服。后妃傳作紹興五年，誤。此與高宗本紀同。

御史中丞章誼奏曰：臣等伏覩四月十四日大行隆祐皇太后遺誥，時方艱難，合行禮儀難以備舉，皇帝服期，以日易月，仍不候除服，聽朝御政。又奉四月十五日手詔：朕以繼體之重，當從重服，以稱孝思之意臣等恭讀遺誥則謙慈之心周容之慮固已合於禮經宜於時事有司訓典未易改易陛下追崇恩禮務極孝誠尚以期制為輕荐降重服之詔雖改薄從重將以風勵四方實為盛德之事然捨輕從重較之先王禮儀有衰隆殺之節遺誥服朞之制已應禮典伏望陛下少抑聖情俯就中制以為天下後世之訓○誼又奏曰臣伏覩大行隆祐皇太后遺誥皇帝不俟除服御朝聽政勿以吾故妨廢軍國事務臣等有以見皇太后丁寧諄復之意為備盡矣陛下聖性自天朝夕追悼未即臨朝頗妨萬微于茲累日軍書邊瑣有合條廷國是民言或須奏禀今以仁孝之至情而忘天下之大計恐無以壓四海望治之心奉太母遺世之訓伏冀皇帝陛下體宗廟付託之重念

生靈仰戴之誠，少寬聖心，勉稽典禮，以日易月。既已克用舊章，則聽政御朝，尔乞俯從輿望，庶幾遵奉徽音，亟臻至治。臣不勝懇切之至。

乾學按：高宗之位受於欽宗，欽宗受於徽宗，徽宗受於哲宗，則高宗不上繼哲宗明矣。今乃言繼體之重，何也？蓋高宗即位於搶攘之際，一切傳授之命皆由孟后出，非但先朝之母后，國家實賴以傳統，此高宗所以欲服重也。況高宗遠溯哲宗，有父道焉，君道焉，則於哲宗之后有母道焉，君母之服舍三年更何服哉？

明世宗實録　嘉靖二十年八月辛酉，昭聖皇太后張氏崩（孝宗之后）。上即日發喪，諭禮部曰：朕承天位，奉遵皇祖大訓昭聖雖稱伯母朕母事之尤敬慎焉一切禮制自有定式朝夕等奠祭令內侍官代行禮部上儀注發喪日上素服詣大行太后前舉哀設奠初九日小斂十一日上素服舉哀設奠大斂奉安梓宮几筵殿安神帛立銘旌哭盡哀上齊衰舉哀行祭禮十三日上舉哀朝夕設奠如前儀內外文武各官(俱斬衰)及命婦(俱素服)宗室諸親(俱斬衰)及在京軍民男婦(俱素服)俱二十七日而除在外軍民男婦(俱素服)俱十三日而除

乾學按世宗之服孝后自宜斬衰今世宗雖自稱其考妣而以孝后為伯母然前皇之后有母道焉斷無不服斬之理乃禮官之定儀注於臣下則言斬衰於世宗則但言齊衰臣下之斬衰則言二十七日世宗

之齊衰則不言日數是但於成服日服之并不終十三日之期矣嗚呼君母也而可服以齊衰之服乎若言伯母之服止於期年則天子絕期何不并期年而亦之既不能廢期年之服則其心固知不可以無服矣不可以無服獨可以期服乎天子既已蔑禮而朝臣但知順從可慨也已

萬斯同曰孝后之喪百官皆制斬服是已不知百官之服從服也非正服也從服者從君而服也今世宗已不服斬而使臣下服斬所謂從之義安在乎考儀禮凡臣從君服例降一等今君服齊而臣服斬則是加一等矣而可乎前此武宗夏后之喪帝以從嫂不制服而臣下亦制斬衰雖曰服母之義安在也自古豈有母后之喪君不制服而但使臣下服之者哉世宗既私其所親背經反古猶自以為知禮遂以制禮作樂自任而於孝武兩宮之喪輕褻至此是從來之蔑禮亂常者莫如世宗之甚從來之阿意順旨者莫如世宗之臣之甚矣讀史至斯寧不令人裂眥哉

讀禮通考卷二十二

喪期

國卹

天子服前皇之后

晉書禮志孝武寧康中崇德太后褚氏崩后於帝為從嫂或疑其服博士徐藻議以為資父事君而敬同又禮其夫屬父道者其妻皆母道也則夫屬君道妻亦后道矣服后宜以資母之義魯譏逆祀以明尊尊今上躬奉康穆哀皇及靖后之禮致敬同於所天豈可敬之以君道而服廢於本親謂應服齊衰期於是帝制期服

明世宗實録嘉靖十四年正月丙戌莊肅皇后崩武宗

讀禮通考　卷二十二

后夏氏也上命禮部具喪祭儀尋遣中官諭曰喪禮量視
聖慈仁壽太皇太后制行於是禮部具上儀注中有
上素冠素服絰帶舉哀及群臣奉慰等禮上覽之曰
朕於皇兄后無服制矧奉兩宮皇太后在上不迫臨
聖母壽豈忍用純素朕青服視事諸合行禮儀再酌
議來聞於是禮部尚書夏言等上言大行莊肅皇后
喪禮其在臣民者無容別議唯是皇上天子之尊服
制既絕則不必臨御西角門及一切奉慰禮皆不當
舉但群臣成服之後又不服素於奉天門朝叅蓋情
固有所當伸而尊尤在所當避宜俟命下暫免朝叅
便於是帝竟不服其宗室內外文武官及軍民男婦
皆服二十七日而除
乾學按夏后於世宗從嫂也依明制從兄

弟之妻有緦麻之服以爲天子絶期則從嫂固應無服然世宗親受國於武宗不有父道乎武宗有父道則武宗之后不有母道乎前既服武宗以二十七日則固行子爲父之服矣今之服夏后獨不當依子爲母之服乎何乃竟從無服之例也揔之帝天資刻薄事事皆然而於待孝武兩宫爲尤甚乃主既慫禮而群下爭爲阿順絶不敢据禮以諍帝固有慙於晉孝武夏言輩得不爲徐藻之罪人哉

天子服皇后

左傳昭公十五年六月乙丑王大子壽卒（注：周景王子）○秋八月戊寅王穆后崩（注：大子壽之母也傳爲晉荀躒如周葬穆后起）○十二月晉荀

躒如周葬穆后籍談爲介既葬除喪以文伯宴樽以魯壺註文伯荀躒也魯壺魯所獻壺樽籍談歸以告叔向叔向曰王其不終乎王一歲而有三年之喪二焉註天子絶期惟服三年故后雖期通謂之三年喪○疏妻服齊衰期耳傳以后崩太子卒爲三年之喪二者喪服杖期章有父在爲母傳曰何以期屈也至尊在不敢伸其私尊也父必三年然後娶達子之志也父以其子有三年之戚爲之三年不娶則夫之于妻有三年之義故可通謂之三年之喪於是乎以喪賓宴非禮也三年之喪雖貴遂服禮也註天子諸侯除喪當在卒哭今王既葬而除故譏其不遂王雖弗遂宴樂以早亦非禮也註言今雖不能遂服猶當靜嘿可便宴樂又失禮也

乾學按景王既葬除喪自是其失禮之罪而杜預乃反以爲先王之正禮遂借此以牽附其短喪之説不如叔向所謂雖貴遂服者正謂雖天子之貴猶當遂三年之服預乃注天子除喪當在卒哭今王既葬而除故譏其不遂是何敢於侮聖亂經一至

此乎若叔向以后服爲三年之喪止因太子之喪而類言之亦猶儀禮喪服傳曰父母長子君服斬君服母當齊衰乃亦言斬者以父與長子并及之是也非果以妻喪爲三年也後世乃有据此以爲三年者其失正與杜預等耳

舊唐書德宗昭德皇后王氏生順宗册爲淑妃疾病册爲皇后是日崩成服百寮服三日而釋用晉文明后崩天下發哀三日止之義上服凡七日而釋

乾學按妻服宜齊衰期從易月之例亦宜十有三日今乃七日而釋何也以其爲妾耶則天子於妾無服并不得有七日以其爲后耶則爲后自應期年豈得止於七日

然則德宗之服七日果何所取義也盖緣唐世治喪之家咸用釋氏七七之說德宗之爲此殆亦因初七而即除耳夫由期年而减爲十三日亦既極其殺矣乃復减之爲七日將先王制服之意安在哉

宋史禮志眞宗章穆皇后郭氏崩皇帝七日釋服後改用十三日羣臣三日釋服

明世宗實録嘉靖七年十月丁未皇后陳氏崩禮部上喪祭禮儀上疑過隆令更議部臣具累朝舊儀量加叅酌上請上乃躬自裁定以示閣臣云聞喪次日百官素服於思善門橋南哭臨又次日亦如之第四日成服百官服喪服入臨如前三日免哭臨盖尊皇太后之意第四日朕視朝百官素冠服行奉慰禮自

二十七日之後百官黑冠素服角帶朝叅發引後從吉如遇七及百日小祥大祥俱淺色衣朝叅初喪三日朕不視朝如當朝兩宮服淺色衣玉帶盖盡事親之道第四日成服為始朕冠黑翼善冠素服犀帶視朝一十二日盡杖期以日易月之意一十二日前後共二十七日俱西角門視朝服淺色衣百官黑冠素服之日於奉天門視朝俱不鳴鐘鼓如遇朝兩宮之日則具常服以盡尊親之禮制下閣臣張璁等擬上服制宜服素服經帶十二日其後乃服黑翼善冠犀帶前後二十七日俱御西角門視朝朝之日百官皆素服經帶二十七日以後皇上御奉天門百官乃更素服角帶上意既允已復降旨曰朕當黑冠素服降之九日而釋可矣璁等復奏曰茲者大行皇后喪禮

臣等執奏再三未回聖聽仰見皇上以兩宮皇太后在上不敢以卑加尊是以欲為降殺非故嗇恩也臣竊謂夫婦之倫叅三綱而立人君居皇極之位為綱常之主言動世為法則尤不可不慎臣謹按記曰天子之與后猶父之與母也故為天王服斬衰父之義也為后服齊衰母之義也又謹按左傳昭公十五年六月乙丑周景王太子壽卒秋八月戊寅王穆后崩叔向曰王一歲而有三年之喪二焉蓋古禮父為子夫為妻皆服報服三年故叔向以為王一歲而有三年之喪二焉者此也觀此則周天子當時尚為后服三年之服中庸曰三年之喪達乎天子正此之謂也後世夫為妻始制為齊衰杖期父母在則不杖夫喪服自期以下諸侯絶然特為旁期言若妻之喪本自

三年報服殺為期年則固未嘗絶者也今古制不可復皇上為后服期以日易月僅十二日臣子為君母服三年以日易月僅二十七日較諸古禮已至殺也殺而又殺則至於無矣臣愚以為皇上宜服期十二日宜容臣子素冠服終二十七日不然恩紀不明典禮有乖臣等何忍令後世史臣書曰天子不成后服自皇上始亦何忍令後世史臣書曰臣子不終君母之服自臣等始乎臣職在輔導不敢陷皇上有過之地謹昧死言上曰卿所奏雖出忠愛然而似未精詳綱常倫理朕豈敢違越禮制又朝廷重事況孝為百行之先朕已有旨下禮部其勿得過慮時禮臣方獻夫亦雜引儀禮喪服等篇反覆爭辨謂旁期可降正期不可降亦舉周景王為后三年之文及三朝聖諭

所載仁孝皇后崩太宗皇帝衰服後仍服數月白衣冠故事以證之上曰覽卿等所引經傳皆無甚明据我皇祖太宗文皇帝之於皇后喪禮與今大不相同况其時上無聖母下有東宮從重盡禮或為所宜卿獻夫是昔議禮之臣他人引程子之言曾辨其非豈今日以周景王事強為固執且既有此見初議即宜言之朕初定制亦誤及此今不敢不改以順天下之情其遵朕欽定儀制行之已詹事霍韜奏曰臣頃見禮部所議大行皇后喪禮臣竊謂斯禮也統係綱常始基治化不可毫髮差焉者也盖立人道之極者存乎經濟人事之變者裁乎義劑量重輕以適時者存乎權臣昨與禮官面論勸其更議禮官以臣為迎合臣獨以為臣子議朝廷公事各盡其愚而已臣惟天

子之有后猶天之有地故禮云夫爲妻服期謂三綱五常帝王所以建天下極者也此萬世之經也因禮之變而酌義之中則有權焉是故中宮皇后者配陛下者也所以共事天地而承祖考者也陛下爲之服焉凡以爲天地祖宗之故也然限於陰陽内外之辨則有不得盡致其情者矣今百官遭哀之喪無服哀涖事之禮唯三年之喪乃釋位行服蓋謂父母之喪達乎上下若妻之喪則内而不外陰而不可以當陽也在百官則然也至於陛下何獨不然聖諭云素服十日放輟朝之義臣則曰爲皇后服焉禮也然於内廷行之可也若對臨百官揔理萬幾履當陽之位行中宮之服或不可也蓋制服於内可以自盡素服於外特以時變權而得中乃所以爲禮也百官有司爲

讀禮通考　卷二十二

皇后服衰爲其母儀天下也其服之也爲天下之母之故也然上厭於陛下則有不得盡致其禮者矣古禮父在爲母杖不上於堂尊父也爲衆人言之也至於朝廷何獨不然臣請陛下玄冠素衣御西角門十日即玄冠玄裳御奉天門百官有司入左掖門則烏帽玄衣侍班奏事退出公衙及居私室仍素服白帽二十七日而除若曰於禮猶有所未慊也則山陵事畢而除其入見陛下而玄服者杖不上堂之義也若陛下於二十七日俱御角門則混而無辨臣下素服朝於中門則瀆而不敬皆非事義之宜也此於古禮所未有然固可以義裁者也禮官所執者古禮也臣所權者時宜也語云權者聖人之大用非皇上之義精仁熟焉能獨斷而裁之唯禮官所言類於守正臣

言類於導諛禮官所言類於從厚臣言類於從薄要之人極大中之矩萬世自有能辨之者上曰喪服禮制朕已兩定儀注下禮部遵行今覽霍韜所奏斟酌時宜當從所擬不厭數易朕於十五日常服在奉天門視朝百官淺色朝叅退仍如制服二十七日而除

乾學按實録及會典所載高皇馬后文皇徐后喪禮俱不言天子當制何服蓋皆依齊服權制故不必詳也至世宗則更從降殺而又有邪人如霍韜者復為導之以刻薄於是妻喪杖期之制蕩裂無餘矣噫霍韜之阿旨蔑禮至此世人猶稱之為大儒天下豈有決裂名教之大儒也哉○

又按帝為后服自有期年正禮即降從易

月亦有十三日權制故諸史於后服不多
載今之所采大都皆變易常禮者可因以
考見前王之得失云

天子服太子

宋書禮志晉惠帝永康元年愍懷太子薨帝依禮服
長子三年群臣服齊衰期

通典天子立庶子爲太子薨服議晉惠帝愍懷太子
以庶子立爲太子及薨疑上當服三年司隸王堪議
聖上統緒無所他擇踐祚之初拜於南郊告於天地
謁於祖廟明皇儲也正體承重豈復是過司隸從事
王接議愍懷太子雖已建立所謂傳重而非正體者
也依喪服及鄭氏說制服不得與嫡同應從庶例天
子諸侯不爲庶子服聖上於愍懷無服之喪難者曰

君父立之與后所生同矣焉有既為太子而復非嫡乎荅曰嫡庶定名非建立所易喪服庶子為其母緦不言嫡子為其妾母而曰庶子為其母許其為後庶名猶存矣○宋庾蔚之謂王堪以為拜為太子則全同嫡正王接據庶子為後為其母緦庶名不去故雖為太子猶應與衆子同天子不為服可謂兩失其衷嘗試言之案喪服傳通經長子三年言以正體乎上又將傳重明二義兼足乃得加至三年今拜為太子雖將所傳重而非正體安得便同嫡正為之斬衰乎既拜為太子則是將所傳重寧得猶與衆庶子同其無服乎天子諸侯絕旁期今拜庶子為太子不容得以尊降之既非正嫡但無加崇耳自宜伸其本服一期庶子為後不得全與嫡同庶名何由得去已服祖

曾嫡庶不異是與嫡同者也祖曾爲已服無加崇是與嫡異者也天子諸侯大夫不以尊降又與衆子不同矣

乾學按太子遹立十年爲賈后所廢廢四月而被害是時已不成爲太子何敢議服被害之次月趙王倫廢賈后追復皇太子位當是爾時始議服制耳然總閱九月倫即篡位帝豈能終三年之制耶獨是廷臣於國事搶攘之際猶且據禮陳説如此其賢於後代之子死不服者指莊敬太子不亦遠哉

南齊書禮志武帝永明十一年文惠太子薨右僕射王晏等奏案喪服經爲君之父長子同齊衰朞今至尊既不行三年之典止服朞制群臣應降一等便應

大功九月功衰是兄弟之服不可以服尊臣等叅議謂宜重其衰裳減其月數同服齊衰三月

乾學按儀禮父為長子斬衰三年此通上下而言也降及後世猶然故晋惠於愍懷亦行此禮至齊則降為期服不知何人叔為此禮而後世遂因之不革亦禮之一變也

唐書三宗諸子傳高宗太子弘上元二年薨詔謚為孝敬皇帝百官從權制三十六日釋服

乾學按唐書但言百官服三十六日而不言帝服何服大約帝用期年之制而使群臣服臣為君之服也夫謚以皇帝已為非禮又高宗尚在而使百官竟以君服服之

則是二天子矣帝之爲此固爲過舉而廷臣竟無有一人諍之者豈非舉朝皆不學無術之人哉

宋史禮志孝宗乾道三年七月九日莊文太子薨成服日皇帝服期次麤布幞頭襴衫腰絰絹襯衫白羅韈以日易月十三日而除

寧宗嘉定十三年八月六日景獻太子薨其發哀制服並如莊文太子之禮

乾學按父爲長子三年不獨儀禮爲然唐開元宋政和諸禮莫不皆然乃禮文則如彼而制服則如此何不竟易之爲期年耶世咸謂長子服期由明太祖始改不如前代帝王已皆不行三年矣

明太祖實録洪武二十五年三月丙子皇太子薨命禮部議喪禮侍郎張智等議曰喪禮父為長子服齊衰期年又云期之喪達乎大夫今斟酌其宜皇帝當以日易月服齊衰十二日祭畢釋之

萬斯同曰按父為長子服斬自儀禮迄開元政和諸禮及書儀家禮莫不皆然初未常有齊衰期年之説也迨明太祖定孝慈録始改為期年耳禮官之奏若曰本朝喪禮父為長子期年則可若槩指古之喪禮皆如是將誰欺乎觀下文又引期之喪達乎大夫是則指古之喪禮矣禮官不學如此寧不遺訕于後世哉

乾學按期喪十一月而練十三月而祥故雖以日易月猶必用十有三日兹又殺一日矣明臣議禮如此

憲宗實録成化八年正月壬戌皇太子薨年止三歲上諭禮部太子年幼喪禮宜從簡於是部臣上儀注皇帝自發喪日為始服翼善冠素服七日而除

世宗實録嘉靖二十八年三月十七日莊敬大子薨禮部尚書徐階上議曰按查景泰四年成化八年及嘉靖十二年雖節有皇太子喪儀但俱在下殤奉旨禮從簡殺今皇太子册立已踰十年近又已成冠禮所有先年簡殺儀文未敢援據爲例臣等謹按本朝喪服之制父爲長子服期又按儀禮臣爲君長子齊衰不杖期傳曰何以期也從服也言從君而服也臣等謹參酌古今事宜自十七日至十九日皇上服淺淡服色二十日易素服凡十二日而除文武百官聞喪素服烏紗帽黑角帶於本衙門宿歇至二十日早具齊衰服不杖赴思善門舉哀行四拜禮二十二日百官素服烏紗帽黑角帶詣西角門行奉慰禮退易布裹紗帽絰帶麻履本衙門辦事通十二日而除奏

入上曰天子絕期況十五歲之外方出三殤朕服非禮止輟朝十日百官如制成服無詣門哭臨之禮

王問曰嘉靖中莊敬太子薨禮官議本朝喪服之制父為長子服期奉旨天子絕期況十五歲之外方出三殤朕服非禮止輟朝十日謹按期之喪有二有正統之期為祖父母者也有旁親之期為世父母叔父母衆子昆弟昆弟之子是也正統之期雖天子諸侯莫降然古禮父為長子喪亦三年故周穆后崩太子壽卒叔向曰王一歲而有三年之喪二焉本朝雖為長子服期然於國本之重似猶有當議者先朝既未有定議至莊敬太子之薨禮官當詳考以請上裁而止泛引期服則聖語天子絕期之一語宜乎折之而無辭也

天子服太子妃

宋書禮志宋孝武大明五年閏月有司奏皇太子妃薨至尊服大功九月

乾學按傅士司馬興之議禮無天王服適婦之文直後學推貴適之義耳非也儀禮疏云大夫不以尊降適婦天子諸侯雖尊不降可知又云天子諸侯為正統之親后夫人與長子長子之妻等不降餘親則絕天子諸侯絕者大夫降一等然則大夫所不降天子諸侯亦服之爾矣或曰大夫所不降者何曰儀禮有四祖也適也宗也命婦之貴也皆所不降則亦皆所不絕矣○或問天子諸侯安得有命婦之貴余曰諸

侯姑姊妹女女子嫁於國君者天子之嫁於二王之後者皆所謂尊同尊同則得服其親服

天子服太孫

晉書禮志惠帝太安元年三月皇太孫尚薨有司奏御服齊衰期詔下通議散騎常侍謝衡以爲諸侯之太子誓與未誓尊卑體殊喪服云爲嫡子長殤謂未誓也已誓則不殤也中書令卞粹曰太子始生故已尊重不待命誓若衡議已誓不殤則元服之子當斬衰三年未誓而殤則雖十九當大功九月誓與未誓其爲升降也微斬衰與大功其爲輕重也遠而今注云諸侯不降嫡殤重嫌於無服以大功爲重嫡之服則雖誓無復有三年之理明矣男能衛社稷女能奉

婦道以可成之年而有已成之事故可無殤非孩亂之謂也謂殤後者尊之如父猶無所加而止殤服況以天子之尊而為無服之殤行成人之制耶凡諸宜重之殤皆士大夫不加服而令至尊獨居其重未之前聞也博士蔡克同粹秘書監摯虞議太子初生舉以成人之禮則殤理除矣太孫亦體君傳重由位成而服全非以年也天子無服殤之義絶期故也於是從之宋志作於是御史以上皆服齊衰今案御史二字必誤當云御服齊衰耳

通典爲太孫殤服議晉惠帝永寧中沖太孫亡永寧在太安前一年太孫實卒于太安春當依晉志作太安議者謂應為殤中書侍郎高齊議太孫自是無服之殤不應制服此禮之明義宜從以日易月之制博士蔡克議以為臣子不殤君父者此謂臣子尊其君父不敢殤之耳非為有臣子使為成人

不服殤也按漢平帝年十四而崩群臣奏臣不殤君宜加元服後漢許慎鄭玄論立廟亦惟謂臣子不上殤耳又長子自以正體於上不以命誓也又命庶孫四歲則誓之古嫡子何獨十九不誓喪服君爲嫡子長殤大功鄭玄曰天子亦如之所言臣不殤君者自謂如太孫等之臣不殤耳太子唯尊於東宮東宮臣不殤之耳今太孫未冠婚四歲而齊衰成人之禮於太廟愚謂不可愍懷若在太孫當依庶殤不祭

乾學按三殤之制爲常人設耳豈有既立爲太孫而可以殤論乎謝衡謂已誓不殤是已卞粹所駁已誓未誓之論大謬不然蓋未誓則猶然庶孫耳天子豈有服庶孫之理若夫既誓則將代已爲宗廟主雖無

服之殤禮當與成人同可以無加也而不
為制服乎即就太孫尚而論其前有太孫
殤矣尚原非嫡孫故必待既誓始得為正
統之適而行期年之服謝衡之言深為知
禮卞粹高齊蔡克紛〻之論何為者乎

天子服外祖父母

通典天子為母黨服議後漢和熹鄧太后新野君薨
時安帝服緦百官服素○魏太和六年四月明帝有
外祖母安成鄉敬侯夫人之喪（即甄后母也）太常韓暨奏天
子降周為外祖母無服尚書奏漢舊事亡闕無外祖
制儀三代異禮可臨轝御還寢明日反吉便膳尚書
趙咨等奏哭敬侯夫人張帷幕端門外之左群臣位
如朝皇帝黑介幘進賢冠皁服十五舉聲則罷詔問

漢舊儀云：何散騎常侍繆襲奏後漢鄧太后新野君薨，時安帝服緦，百官素服。安帝繼和帝後，鄧太后母即爲外祖母也。但太后臨朝，安帝自蕃見授立故也。

又按後漢壽張恭侯樊宏以光祿大夫薨，宏即光武之舅也。親臨喪葬，準前代宜尚書侍中以下弔祭送葬。博士樂祥議周禮王弔弁絰錫衰，禮有損益，今進賢冠練單衣。又詔當依周禮，無事更造。蜀譙周云：天子諸侯爲外祖父小功。諸侯嫡子爲母妻及外祖父母妻父母皆如國人。舊說外祖父母，母族之正統；妻之父母，亦妻族之正統也。母妻與己尊同，母妻所不敢降，亦不降。○

宋庾蔚之謂禮父所不服，子不敢服，嫡子爲妻之父母服，則天子諸侯亦服妻之父母可知也。妻之父母猶服，況母之父母乎？

乾學按：儀禮爲外祖父母小功五月。安帝爲新野君，若以爲天子絶期，則宜無服；若

以爲母族之正統而不降則宜小功今乃
制爲緦麻之服則進退無所據矣而可乎

宋書殷景仁傳元嘉三年景仁爲中領軍太祖所生
章太后早亡上奉太后所生蘇氏甚謹六年蘇氏卒
車駕親往臨哭下詔曰朕夙罹偏罰情事兼常每思
有以光隆懿戚少申罔極之懷而禮文遺逸取正無
所監之前代用否又殊故惟疑累年在心未遂蘇夫
人奄至傾殂情禮莫寄追思遠恨與事而深日月有
期將卜宅兆便欲粗依春秋以貴之義式遵二漢推
恩之典但動籍史筆傳之後昆稱心而行或容未允
可時共詳論以求其中執筆永懷益增感塞景仁議
曰至德之感靈啟厥祥文母俔天實熙皇祚主上聿
遵先典號極徽崇以貴之義禮盡於此蘇夫人階緣

戚屬情以事深寒泉之思實感聖懐明詔爰發詢求厥中謹尋漢氏推恩加爵於時承秦之弊儒術蔑如自君作故罔或前典懼非盛明所宜軌蹈晋監二代朝政之所因君舉必書哲王之所慎體至公者懸爵賞於無私奉天統者每屈情以申制所以作孚王國貽則後昆臣豫蒙慱逮謹露庸短帝從之

乾學按魏明宋文皆欲為外祖母制服而廷臣執議不從蓋皆據天子絶期之義也乃譙周庾蔚之以為當服何與彼蓋據諸侯嫡子為外祖父母妻父母行服而推類言之也不知諸侯嫡子無君國子民之責其行服固宜天子而欲等之於諸侯之子毋乃非其類乎且天子於五服之旁親皆

不服則外親無服可知也乃以爲母族之正統而不降此果何所本乎情固宜從學而禮又貴乎得中則韓暨殷景仁輩之議未可謂非也

魏書胡國珍傳女生肅宗即靈太后也神龜元年四月國珍薨肅宗服小功服舉哀於太極東堂

唐開元禮外祖父母没皇帝於舉哀日服小功五月之服五日公除至五月則擇下旬之吉仍服初喪之服而除

天子服皇后父母

宋書禮志孝武帝孝建三年三月有司奏故散騎常侍右光祿大夫開府儀同三司義陽王師王偃喪逝至尊爲服緦三月成服仍即公除至三月竟未祥當

除服與不太學博士王膺之議尊卑殊制輕重有級五服雖同降嚴則異禮天子止降旁親外舅緦麻本在服例但衰絰不可以臨朝饗故有公除之議雖釋衰襲冕尚有緦月之制愚謂至尊服三月既竟猶宜除釋國子助教蘇瑋生議案三日成服即除禮無其文若謂之公除則可粗相依準凡諸公除之設蓋以王制奪禮葬及祥除皆宜反服未有服之於前不除於後雖有齊斬重制猶為功緦除喪夫公除蹔奪豈可遂以即吉耶愚謂至尊三月服竟固宜依禮除釋尚書令中軍將軍建平王宏議謂至尊緦制終止舉哀而已不須釋服前祠部郎中周景遠議權事變禮五服俱革緦麻輕制不容獨異謂至尊既已公除至三月竟不復有除釋之義重加研詳以宏議為允詔

可

魏書禮志孝静帝武定五年正月齊獻武王即高歡薨時祕凶問六日孝静皇帝舉哀於太極東堂服齊衰三月

乾學按妻之父母當服緦麻三月茲乃隆以齊衰三月是明畏其勢而為此過情之禮也縣子有言有畏而哭之今則有畏而服之者矣不亦異哉

唐開元禮皇后父母沒皇帝於舉哀日服緦麻三月之服準朝制三日公除至三月則釋下旬之吉仍服初喪之服而除

天子服公主

歷代奏議唐貞觀時豫章公主薨魏徵上奏曰自豫

章公主薨逝陛下久著素服群情悚慄咸不自寧臣聞古之王者絕於期服此乃前書典禮列代舊章陛下發上聖之慈深下流之慟素服以來遂經旬月悼往之義足為加隆伏願割無已之痛從先王之禮改御常服以副群下之心臣濫蒙重任不敢寢默帝從之按唐書為太宗第六女

乾學按天子於公主本無服今太宗素服經月則踰於禮制矣故鄭公諫止之

讀禮通考　卷二十二

讀禮通考卷二十三

喪期

國恤

太后服天子

晉書禮志太元二十一年孝武帝崩孝武太后制三年之服

宋書禮志宋武帝永初三年武帝崩蕭太后制三年之服

乾學按儀禮母為長子齊衰三年故齊宋二后皆為三年之禮也

宋史后妃傳高宗吳皇后孝宗崩始正太皇太后之號時光宗疾未平不能執喪宰臣請垂簾主喪事后

不可已而宰執請如唐肅宗故事群臣發喪太極殿成服禁中許之后代行祭奠禮○禮志紹興五年六月九日孝宗崩太皇太后有旨皇帝以疾聽在内成服太皇太后代皇帝行禮

乾學按禮志及吴后傳但言代主喪事而不言服制若何大約依母為長子三年之制也蓋既主喪則不可無服欲制服則必當三年從易月權制亦不過二十七日耳但太皇太后服制史家自宜備詳此亦其疎畧之失也

萬斯同曰按孝宗崩光宗不能執喪則當使寧宗代之乃宰臣請太后為喪主何也蓋天子之喪非諸王所得主時寧宗猶為嘉王則無主喪之禮故不得已而使母后代之迨寧宗既受禪則主喪者當在寧宗而不當在太后一切葬虞卒哭之禮自必寧宗行之矣夫天子之崩有子有孫而主喪者乃一太皇太后亦千古處禮之變也

太后服太子妃

宋書禮志大明五年閏月有司奏皇太子妃薨皇太后小功五月

乾學按儀禮為適孫婦小功五月故有司据此以請盖太后之尊雖絶期以下服而正統之親亦在所不絶故得為太孫婦服也開元禮備載皇太后諸服而獨不及太孫之妃得無有所遺失乎

皇太妃為諸親服

宋書禮志宋明帝泰豫元年後廢帝即位崇所生陳貴妃為皇太妃有司奏皇太妃位亞尊極未詳國親舉哀格當一同皇太后為有降異又於本親朞以下當猶服與不前曹郎王爕之議按喪服傳妾服君之

黨得與女君同如此皇太妃服宗與太后無異但太后既以尊降無服太妃儀不應殊故悉不服也計本情舉哀其禮不異又禮諸侯絶朞皇太妃雖云不居尊極不容輕於諸侯謂本親朞以下一無所服有慘自宜舉哀親踈二儀準之太后兼太常丞司馬燮之議禮妾服君之庶子及女君之黨皆謂大夫士耳妾名雖總而班有貴賤三夫人九嬪位視公卿大夫猶有貴妾而況天子諸侯之妾為他妾之子無服既不服他妾之子豈容服君及女君餘親況皇太后妃貴亞相極禮絶羣后宗輝盛典有踰東儲東儲尚不服期太妃豈應有異若本親有慘舉哀之儀宜仰則太后參議以燮之議為允太妃于國親無服故宜緣情為諸王公主于至尊是朞服者及其太妃王妃二夫

人九嬪各舉哀

皇后服太后

宋史禮志太祖建隆二年六月二日皇太后杜氏崩太常禮院言皇后宜服齊衰三年準故事合隨皇帝以日易月之制二十五日釋服二十七日禫除畢服吉心喪終制從之

乾學按前史無皇后服皇太后之文蓋皆依古齊衰期之制也至五代唐時始增爲齊衰三年故禮院準此以定儀注然太祖雖從易月之奏而孝明皇后實行三年喪則亦不盡依有司之所請也宋之增舅姑服在乾德三年時后已先没故但據五代言

太祖孝明王皇后居昭憲杜太后之喪齊衰三年見魏仁浦請增舅姑三年服奏内

萬斯同曰攷宋史皇后崩塟志及王皇后傳皆無服太后三年之文而其說乃獨見於魏仁浦奏將史官畧而不載耶但太祖既從易月之制而皇后反終三年之喪何帝之薄於母而后之厚于姑也當時禮院所定后服及皇弟光義光美之服皆請以日易月而后獨能終喪則是太祖太宗之孝其親反不如后之知禮遠矣

乾學按太后之崩去太祖得國僅踰年耳王后之服三年固后之盛德亦由其未登后位時習見民閒婦爲姑服皆行三年故不從禮官之議而獨行其禮如此厥後廷臣奏增舅姑服制引此以爲徵其議遂定賢哉后也誠足爲後世法矣

宋史禮志太宗明德皇后李氏眞宗景德元年三月十五日崩太常禮院言皇后宜準昭憲皇太后禮例合隨皇帝以日易月之制禫除畢吉服心喪終制

皇后服太子妃

宋書禮志宋孝武大明五年閏月有司奏皇太子妃

薨皇后服大功九月

乾學按儀禮爲適婦大功九月故宋之禮

官据此以定皇后之服也遍覽前史紀皇

后服太子妃者唯此而已大都依儀禮九

月之制故不必載至唐貞觀中改適婦爲

朞服而宋明俱因之則自唐以後其制太

子妃服者雖不載於史要皆齊衰期可知

也凡史文缺畧而不可攷見者皆當以此

類求之〇又按唐開元禮有皇后爲祖父

母父母及外祖父母成服諸條獨不及太

子妃服亦缺典也

皇后服父母皇太后服父母附

宋書禮志孝武孝建三年三月有司奏故右光祿大夫王偃喪逝皇后依朝制服心喪行喪三十日公除至祖葬日臨喪當著何服又舊事皇后心喪服終除之日更還著未公除時服然後就除未詳今皇后除心制日當依舊更服為但釋心制中所著布素而已勒禮官處正太學博士王膺之議吉凶異容情禮相稱皇后一月之限雖過二功之服已釋哀喪所極莫深於尸柩覿見之重不可以無服案周禮為兄弟既除喪已及其葬也反服其服輕喪雖除猶齊衰以臨葬舉輕明重則其理可知也愚謂王右光祿祖葬之日皇后宜反齊衰又議喪禮即遠變除漸輕情與日殺服隨時改權禮既行服制已變豈容終除之日而更重服乎按晉太始三年武帝以朞除之月欲反重

服拜陵頻詔勤勤思申棘心於時朝議譬執亦遂不果愚謂皇后終除之日不宜還著重服直當釋除布素而已太常丞朱膺之議凡云公除非全除之稱今朝臣私服亦有公除猶自窮其本制膺之云晉武拜陵不遂反服此時是權制旣除衰麻不可以重制耳與公除不同愚謂皇后除心制日宜如舊反服未公除時服以申劇巨之情餘同膺之議國子助教蘇瑋生議案皇后衍喪三十日禮無其文若謂之公除則可粗相依凖凡諸公除之設蓋以王制奪禮葬及祥除皆宜反服未有服之於前不除於後雖有齊斬重制猶爲功緦除喪夫公除蹔奪豈可遂以即吉耶愚謂皇后臨祖及一周祥除並宜反服齊衰尚書令中軍將軍建平王宏前祠部郎中周景遠並同朱膺之

議詔可

魏書胡國珍傳國珍寢疾靈太后親侍藥膳薨太后還宮成服於九龍殿遂居九龍寢室○皇后傳靈太后父薨百寮表請公除太后不許嫁女為父當期年故事皇后父母喪服齊衰一月即公除胡氏欲終期服故不許○禮志神龜二年正月二日元會高陽王雍以靈太后臨朝太上秦公即國珍喪制未畢欲罷百戲絲竹之樂太后訪於侍中崔光光曰太后不許公除衰麻在體正月朔日還家哭臨至尊輿駕奉慰今雖已安厝纔三月爾陵墳未乾固宜停樂從之

乾學按國珍及胡后傳俱不明言后終朞服觀崔光之言則后欲衰服終喪明矣且國珍卒於神龜元年四月十二日至二年正月猶服衰麻則欲終期年無疑但胡氏

失德醜惡萬狀茲乃矯情狥禮如此豈誠有孝親之心哉徒欲假此以博名高耳

太子服母后

晉書禮志武帝泰始十年武元楊皇后崩及將遷於峻陽陵依舊制既葬帝及群臣除喪即吉先是尚書祠部奏從博士張靖議皇太子亦從制俱釋服博士陳逵議以為今制所依蓋漢帝權制興於有事非禮之正皇太子無有國事自宜終服有詔更詳議尚書杜預以為古者天子諸侯三年之喪始同齊斬既葬除喪服諒闇以居心喪終制不與士庶同禮漢氏承秦天下為天子脩服三年漢文帝見其下不可久行而不知古制更以意制祥禫除喪即吉魏氏直以訖葬為節嗣君皆不復諒闇終制學者非之久矣然竟

不推究經傳考其行事專謂王者三年之喪當以衰麻終二十五月嗣君苟若此則天子羣臣皆不得除喪雖志在居篤逼而不行至今世主皆從漢文輕典由處制者非制也今皇太子與尊同體宜復古典卒哭除衰麻以諒闇終制於義既不應不除又無取於漢文乃所以篤喪禮也於是尚書僕射盧欽尚書魏舒問杜預證據所依預云傳稱三年之喪自天子達此謂天子絶朞唯有三年喪也非謂居喪衰服三年與士庶同也故后世子之喪而叔嚮稱有三年之喪二也周公不言高宗服喪三年而云諒闇三年此釋服心喪之文也叔嚮不譏景王除喪而譏其燕樂已早明既葬應除而違諒闇之節也春秋晋侯享諸侯子產相鄭伯時簡公未葬請免喪以聽命君子謂之

得禮寧咺來歸惠公仲子之賵傳曰弔生不及哀此皆既葬除服諒闇之證先儒舊説往往亦見學者未之思耳喪服諸侯爲天子亦斬衰豈可謂終服三年耶上考七代未知王者君臣上下衰麻三年者誰下推將來恐百世之王其理一也非必不能乃事勢不得故知聖人不虛設不行之制仲尼曰禮所損益雖百世可知此之謂也於是欽舒從之遂命預造議奏曰侍中尚書令司空魯公臣賈充侍中尚書僕射奉車都尉大梁侯臣盧欽尚書新沓伯臣山濤尚書奉車都尉平春侯臣胡威尚書劇陽子臣魏舒尚書堂陽子臣石鑒尚書豐樂亭侯臣杜預稽首言禮官參議博士張靖等議以爲孝文權制三十六日之服以日易月道有汙隆禮不得全皇太子亦宜割情除服

博士陳逵等議以為三年之喪人子所以自盡故聖人制禮自上達下是以今制將吏諸遭父母喪皆假寧二十五月敦崇孝道所以風化天下皇太子至孝著於内而衰服除於外非禮所謂稱情者也宜其不除臣欽臣舒臣預謹按逵等議各見所學之一端未統帝者居喪古今之通禮也自上及下尊卑貴賤物有其宜故禮有以多為貴者有以少為貴者有以高為貴者有以下為貴者唯其稱也不然則本末不經行之不遠天子之與群臣雖哀樂之情若一而所居之宜實異故禮不得同易曰上古之世喪期無數虞書稱三載四海遏密八音其後無文至周公旦乃稱殷之高宗諒闇三年不言其傳曰諒信也闇默也不遠五百餘歲而子張疑之以問仲尼仲尼答云何

必高宗古之人皆然君薨百官總已以聽於冢宰三年周景王有后世子之喪既葬除喪而樂晉叔向譏之曰三年之喪雖貴遂服禮也王雖弗遂宴樂已早亦非禮也此皆天子喪事見於古文者也稱高宗不云服喪三年而云諒闇三年此釋服心喪之文也譏景王不譏其除喪而譏其宴樂已早明既葬應除而違諒闇之節也堯崩舜諒闇三年故稱遏密八音由此言之天子居喪齊斬之制菲杖絰帶當遂其服既葬而除諒闇以終之三年無改父之道故百官總已聽於冢宰喪服已除故稱不言之美明不復寢苫枕土以荒大政也禮記三年之喪自天子達又云父母之喪無貴賤一也又云端衰喪車皆無等此通謂天子居喪衣服之節同於凡人心喪之禮終於三年亦

無服喪三年之文然繼體之君猶多荒寧自從廢諒闇之制至今高宗擅名於往代子張致疑於當時此乃賢聖所以為譏非譏天子不以服終喪也秦燔書籍率意而行亢上抑下漢祖草創因而不革乃至率天下皆終重服旦夕哀臨經羅寒暑禁塞嫁娶飲酒食肉制不稱情是以孝文遺詔斂畢便葬葬畢制紅禫之除雖不合高宗諒闇之義近於古典故傳之後嗣于時預備脩陵廟故斂葬得在浹辰之内因以定制近至明帝存無陵寢五旬乃葬安在三十六日此當時經學疏畧不師前聖之病也魏氏革命以既葬為節合於古典然不垂心諒闇同譏前代自泰始開元陛下追尊諒闇之禮慎終居篤允臻古制超絕於殷宗天下歌德誠非靖等所能原本也天子諸侯之

禮當以具矣諸侯惡其害已而削其籍今其存者唯士喪一篇戴聖之記雜錯其間亦難以取正天子之位至尊萬機之政至大羣臣之衆至廣不同之於凡人故大行既葬祔祭於廟則因疏而除之已不除則羣臣莫敢除故屈已以除之而諒闇以終制天下之人皆曰我王之仁也屈已以從宜皆曰我王之孝也既除而心喪我王猶若此之篤也凡等臣子亦焉得不自勉以崇禮此乃聖制移風易俗之本高宗所以致雍熙豈惟衰裳而已哉若如難者更以權制自居疑於屈伸厭降欲以職事為斷則父在為母朞父卒三年此以至親屈於至尊之義也出母之喪以至親為屬而長子不得有制體尊之義升降皆從不敢獨也禮諸子之職掌國子之倅國有事則帥國子而致

之太子唯所用之傳曰君行則守有守則從從曰撫軍守曰監國不無事矣喪服母爲長子妻爲夫妾爲主皆三年內宮之主可謂無事揆度漢制孝文之喪紅禫既畢孝景即吉於未央薄后竇后必不得齊斬於別宮此可知也況皇太子配貳至尊與國爲體固宜遠遵古禮近同時制屈除以寬諸下協一代之成典君子之於禮有直而行曲而殺有經而等有順而去之存諸內而已禮云非玉帛之謂喪云唯衰麻之謂乎此既臣等所謂經制大義且即實近言亦有不安今皇太子至孝蒸蒸發於自然號咷之慕匍匐殯宮大行既奠往而不反必想像平故彷徨寢殿若不變從諒闇則東宮臣僕義不釋服此爲永福官屬當獨衰麻從事出入殿省亦難以繼今將吏雖蒙同二

又書二條可加○接寫某篇起

十五月之事寧至於大臣亦奪其制昔翟方進自以漢相居喪三十六日不敢踰國典而况於皇太子臣等以爲皇太子宜如前奏除服諒闇制於是太子遂以厭降之議從國制除衰麻諒闇終制于時外内卒聞預異議多怪之或者乃謂其違禮以合時時預亦不自解說退使博士段暢博採典籍爲之證据令大義著明足以垂示將來暢承預旨遂撰集書傳舊文條諸實事成言以爲定證以弘指趣其所記有與今議同者亦具列之博舉二隅明其會歸以證斯事文多不載按通典摠論喪期篇有段暢與袁準范宣一相難之說凡數千言即預使暢爲之者也別見第七十六卷短喪條茲不重出

摯虞答杜預論皇太子除服書唐稱遏密殷云諒闇各舉事以爲名非既葬有殊降周室以來謂之

之太子唯所用之傳曰君行則守有守則從從曰撫軍守曰監國不無事矣喪服母爲長子妻爲夫妾爲主皆三年內宮之主可謂無事揆度漢制孝文之喪紅禫既畢孝景即吉於未央薄后竇后必不得齊斬於別宮此可知也況皇太子配貳至尊與國爲體固宜遠遵古禮近同時制屈除以寬諸下協一代之成典君子之於禮有直而行曲而殺有經而等有順而去之存諸內而已禮云非玉帛之謂喪云唯衰麻之謂乎此既臣等所謂經制大義且即實近言亦有不安今皇太子至孝蒸蒸發於自然號咷之慕匍匐殯宮大行既奠往而不反必想像平故彷徨寢殿若不變從諒闇則東宮臣僕義不釋服此爲永福官屬當獨衰麻從事出入殿省亦難以總今將吏雖蒙同二

十五月之事寧至於大臣亦奪其制昔翟方進自以身為漢相居喪三十六日不敢踰國典而況於皇太子臣等以為皇太子宜如前奏除服諒闇制於是太子遂以厭降之議從國制除衰麻諒闇終制于時外內卒聞預異議多怪之或者乃謂其違禮以合時時預亦不自解說退使博士段暢博採典籍為之證据令大義著明足以垂示將來暢承預旨遂撰集書傳舊文條諸實事成言以為定證以弘指趣其所記有與今議同者亦具列之博舉二隅明其會歸以證斯事文多不載按通典總論喪期篇有段暢與袁準范宣相難之說凡數千言即預使暢為之者也別見第七十六卷短喪條茲不重出

摯虞答杜預論皇太子除服書唐稱遏密殷云諒闇各舉事以為名非既葬有殊降周室以來謂之

喪服喪服者以服表喪今帝者一日萬機太子監撫之重以宜奪禮葢訖除服變制通理審典将来何必附之於古使老儒致爭哉

又書古者無事故喪三年非訖葢除心喪也後代一日萬機故魏權制晉氏加以心喪非三年也

又書僕以為除服誠合事宜附古則意有未安五服之制成于周室周室以前仰迄上古雖有在喪之哀未有行喪之制故堯稱遏密殷曰諒闇各舉其事而言非未葢降除之名也禮有定制孝景之即吉方進之從時皆未足為準葢聖人之於禮議其失而通其變今皇太子未就東宫猶在殿省之内故不得伸其哀情以宜奪志何必附之於古歟以舊義哉　按摯虞書凡三篇其一見晉書本傳其二見通典摠論喪期篇其三見虞文集今備載之庶得攷見其議論之詳云

爾

司馬光曰規矩主於方圓然庸工無規矩則方圓不可得而制也衰麻主於哀戚然庸人無衰麻則哀戚不可得而勉也素冠之詩正謂是矣杜預巧飾經傳以附人情辯則辯矣臣謂不若陳逵之言質略而敦實也

黄榦曰杜預之議司馬公嘗言其失矣然其言乃曰衰麻主於哀戚然庸人無衰麻則哀戚不可得而勉又謂杜預辯則辯矣不若陳逵之言質畧而敦實也愚謂衰麻之制乃古先聖人沿孝子之情爲之制服盖天理人心之所不容已者豈專爲庸人而設以勉其哀戚哉杜預違經悖禮淪斁綱常當爲萬世之罪人坐以不孝莫大之法而特言其不若陳逵之言質畧而敦實非所以明世教也

唐書儒學暢當傳貞元初當爲太常博士昭德皇后崩中外服除皇太子諸王將服三年詔太常議太子服當與博士張薦柳冕李吉甫曰子爲母齊衰三年盖通喪也太子爲皇后服古無文晋元皇后崩亦疑太子服杜預議古天子三年喪既葬除服魏亦以既葬爲節皇太子與國爲體若不變除則東宮臣僕亦以衰麻出入殿省太子遂以卒哭除服貞觀十年六

月文德皇后崩十一月而葬太子喪服之節國史不
書至明年正月以晉王爲并州都督既命官當已除
矣今皇太子宜如魏晉制既葬而虞虞而卒哭卒哭
而除心喪三年宰相劉滋齊映召問當等予食於有
喪者之側未嘗飽也今太子以衰服侍膳至葬可乎
令羣臣齊衰三十日公除宜約以爲服限乃請如宋
齊皇后爲其父母服三十日除入謁則服墨慘還宮
衰麻右補闕穆質上疏曰三年之喪自天子達於庶
人漢文帝以宗廟社稷之重自貶乃以日易月後世
所不能革太子人臣也不得如人君之制母喪宜無
厭降唯晉既葬公除議者詭辭以甘時主不足師法
今有司之議虧化敗俗常情所欝夫政以德爲本德
以孝爲大後世記禮之失自今而始顧不重哉父在

為母期古禮也國朝服之三年臣謂三年則太重唯行古為得禮德宗遣内常侍馬欽叙謂質曰太子有撫軍監國問安侍膳之事有司以三十日除既葬釋服以墨衰終是何疑耶質又奏疏曰太子於陛下子道也臣道也君臣以義則撫軍監國有權奪父子問安侍膳固無服衰之嫌古未有服衰而廢者舒王以下服三年將不得問安侍膳耶太子舒王皆臣子也不宜甚異且皇后天下之母其父母士庶也以天下之母為士庶降服可也太子臣子也以臣子為母降可乎公除非古也入公門變服今期喪以下慘制是也太子晨昏侍非公除比墨衰奪情事緣金革今不監國撫軍何抑奪耶子之於父母禮異而情均太子奉君父之日遠報母之日少忍使失令名哉乃詔宰

臣與有司更議當等曰禮有公門脫齊衰開元禮皇后父母服十三月從朝旨則十三日而除皇太子外祖父母服五月從朝旨則五日而除恐衰服入侍傷至尊之意非特以金革奪也太子公除以墨慘奉朝歸宮衰麻酌變為制可也宰相乃令太常卿鄭叔則草奏既葬卒哭十一月小祥十三月大祥十五月禫內謁即墨服復詔問質質以為雖不能循古禮猶愈於魏晉之文遠甚宰相乃言太子居皇后喪至朝則抑哀承慈實臣子至行唯心與服內外宜稱今質請降詔於外無害墨衰於內臣謂言行於外而服異於內事非至誠乖於德教請下明詔如叔則議天子從之及董晉代叔則為太常卿帝曰皇太子服期縣諫官初非朕意暢當等請循魏晉故事至論也

乾學按父在爲母古禮原止期服至唐始增爲三年穆質請依古服期雖已違本朝之制然猶曰古禮可依也乃暢當輩堅守杜預之外說欲卒哭而除已爲非禮之極而宰相猶以爲過重然則母喪竟可不服乎厥後德宗雖從太常之議終以暢當說爲善是何邪說之入人牢不可破也凡此皆杜預爲之俑預誠爲萬世之罪人與

明太宗實録洪武十六年八月辛巳孝慈皇后小祥皇太子服熟布練冠九䄉去首絰負版辟領衰見上及百官則素服烏紗帽烏犀帶及永樂六年七月庚辰仁孝皇后小祥皇太子服亦如之

乾學按明太祖太宗實録馬徐兩皇后初

崩禮官所上儀注俱不載太子服制會典亦然至小祥則言去負版辟領衰然則初喪服斬衰明矣誠如此實賢於古太子喪母之禮但不知爾時將隨天子用易月之制日滿除之至小祥復著之而後毀耶抑竟服三年如古禮耶懿文仁宗皆賢者當必服三年無疑而禮文不詳莫可攷信可惜也

皇太子服生母

晉書禮志孝武帝太元十五年淑媛陳氏卒皇太子所生也有司叅詳母以子貴贈淑媛為夫人置家令典喪事太子前衛率徐邈議喪服傳稱與尊者為體則不服其私親又君父所不服子亦不敢服故王公

妾子服其所生母練冠麻衣既葬而除非五服之常則謂之無服從之

通典皇太子為所生母服議晉廢帝海西公太和中太子所生陳淑媛薨尚書疑所服徐邈以為宜依公子為母練冠麻衣既葬除之殷仲堪以為當依庶子為後服所生母緦皇子服乃練冠耳按緦麻章中有庶子為後為其母傳曰與尊者為體今皇太子總體宸極正位儲宫猶可同稱庶乎當與尊者為體徐邈又曰嫡子服所生禮無其文者蓋不異於庶子故揔以公子為言推義可知既曰君之所不服子亦不服則正庶均於降奪雖登位儲宫而上嚴所天義不異也至於既孤則餘尊之厭輕矣故諸庶子服其母大功而爲後者服其母緦此存亡異禮何可一其制耶

殷又曰伯父與尊者為體諸無子者立宗人為子便當降其本親尋為後之言將關於存亡也徐又按喪服傳三月不舉祭因而服緦明已主蒸嘗非復嫡子之時也按海西公無太子當從晋志作太元中

乾學按徐邈所引公子為毋條乃禮記言諸侯之庶子非指為後者言也若主為後者立論當以仲堪之說為長且禮言庶子為後者為其毋自必存亡同之豈可槩謂父亡之後乎雖既葬而除與緦麻三月其服之輕重無甚異然一在五服之內一在五服之外其禮自有閒矣況古諸侯之妾視大夫三月而葬則既葬而除者尚有三月之服後世皇家之葬或一月或二三月

甚者或止數日則既葬而除者多不及三月之期矣而可乎徐邈之論雖詳終不若仲堪之核也

太子服庶母

〈姜寶秘史〉洪武七年秋九月孫貴妃薨十一月一日孝慈録成太祖既裁定喪禮太子當服齊衰杖期太子曰在禮唯士為庶母服緦大夫以上為庶母則無服又公子為其母練冠麻衣既葬除之蓋諸侯絶期以下無服諸侯之庶子雖為其母亦厭於嫡母不得伸其私故權為此制也然則諸侯之世子不為庶母服也明矣今陛下貴為天子臣雖不肖忝居嫡長幸得備位儲副而為庶母服期非所以敬宗廟明正體重繼世也上必欲太子服之太子終不奉詔上大怒

顧取劍太子走上逐之羣臣震讋皆不知所為時有桂彥良當上前跪抱上泣曰陛下之於太子愛之深故責之重也上為之心動彥良乃追太子及之諫曰貴妃之事陛下當緣君父之情為之制服否可執小禮以虧大孝也因持衰服之太子不得已乃服以拜謝上怒解擲劍於地曰老桂爾今日竟能和朕父子者矣已見嫡子衆子為庶母此再見

乾學按儀禮大夫以上為庶母無服歷代皆守之不變豈有太子而服庶母者乎輕服且不可而何況于期服期服且不可而何況於杖期宜太子之不肯服也且非獨太子也即降而士庶人服之以期已為重矣何至加之以杖然則太祖之制此禮誠

不可為則於萬世者也或曰太子即孫妃所出也故特為之加服云

閻若璩曰成穆貴妃薨上命吳王為之子則似無所出者且果生懿文豈有命之杖期而如此執禮不少為感動者乎又按南太常寺誌懿文太子為淑妃李氏所生

太子服外祖父母

隋書禮儀志梁天監五年貴嬪母車喪議者疑其儀明山賓以為貴嬪既居母憂皇太子出貴嬪別第一舉哀以申聖情廢不弔禮帝從之

乾學按晉宋閒議禮者謂外祖父母及妻之父母皆外族之正統天子亦宜制服故是時天子往往服之今貴嬪之母太子之外祖母也宜制小功之服而乃但一舉哀者何也攷儀禮廢子為後者為其外祖父

母無服昭明既爲皇嗣則於貴嬪之母自不宜行服故山賓之議如此爾時禮官建議自必援引此條乃史文缺畧使後人莫得聞甚詳甚可惜也

唐開元禮皇太子爲外祖父母服小功五月之服從朝制公除五日而釋

貴妃服父母

宋書禮志明帝泰始中陳貴妃父金寶卒貴妃制服三十日滿公除

乾學按制服三十日者蓋女爲父本當斬衰從公除之例故止三十日也然女既嫁矣當降爲齊衰期則宜公除十三日釋服晉宋世議禮家猶未精析到此故皇后服

父母及貴妃從皇后之禮俱三十日耳

隋書禮儀志梁天監五年祠部郎司馬褧牒貴嬪母車亡應有服制謂宜準公子為母麻衣之制既葬而除帝從之貴嬪丁氏昭明太子之母

蕙田案儀禮公子為母麻衣乃庶子為所生母服也貴嬪非庶子何乃引此條若謂受厭而然則公子厭於諸侯故降于五服之外貴嬪不厭于父當是厭于武帝耳然禮無天子厭妃嬪私親之條不得引以為例晉宋之代久有三十日公除之文正可援之以為例乃禮官捨此而遠引不合之禮何其舛也

附録諸侯服生母

春秋文公四年冬十有一月壬寅夫人風氏薨僖公生母文公庶祖母

徐廣曰陽秋之義母以子貴既稱夫人禮服從正故成風顯夫人之號文公服三年之喪

胡安國曰風氏僖公之母莊公妾也而稱夫人自是嫡妾亂矣語曰邦君之妻邦人稱之曰君夫人稱諸異邦曰寡小君蓋敵體之稱也若夫妾媵則非敵矣其生亦以夫人之名稱號之其沒亦以夫人之禮卒葬之非所以正其分也以妾媵為夫人徒欲尊寵其所愛而不虞卑其身以妾母為

夫人徒欲崇貴其所生而不虞賤其父卑其身則失位賤其父則無本越禮至是不亦悖乎夫禮庶子為君為其母無服不敢貳尊者也春秋於成風記其卒葬各以實書不為異辭者謹禮之所由變也

五年三月辛亥葬我小君成風

胡安國曰仲子雖聘非惠公之嫡也春秋之初尚以為疑故別為立宮而羽數特異此雖非禮之正然不祔于姑猶有辨焉至于成風書葬乃有二夫人祔廟而亂倫易紀無復辨矣故禮之失自成風始也

汪琬曰君氏隱公之母也春秋書曰君氏卒而不書葬是猶不以夫人之禮葬其母也定姒哀公之母也書曰姒氏卒雖已書葬矣而不書夫人與小君是亦不以夫人之禮喪其母也若僖公之母薨則稱夫人葬則稱小君與君氏姒氏異矣嗣後宣之敬嬴襄之定姒昭之齊歸亦如之皆僭也

呂氏曰自僖公致享于妾母而薨稱夫人則適庶亂矣葬又稱小君于是有二夫人祔廟則黷倫易禮無復辨矣蓋歸獄于僖公之詞然則喪妾母〔姪〕[illegible]如之何曰緦麻之服不赴于同既葬不反哭于寢不祔于廟

服問君之母非夫人則羣臣無服唯近臣及僕驂乘從服唯君所服服也

註妾先君所不服也禮庶子為後為其母緦言唯君所服伸君也春秋之義有以小君服之者時若小君在則益不可○疏若君母是適夫人則羣臣為服期今君母非夫人君為之服緦則群臣為之無服也近臣謂閽寺之屬僕御車者也驂車右也君之母非夫人貴臣乃不服而此諸臣賤者隨君之服也故云從服唯君所服服者君服緦則此等之人亦服緦天子諸侯為妾無服唯大夫為貴妾服緦故知

五代唐時改大字单行写

妾先君所不服禮庶子為後為其母緦者按喪服緦麻章云庶子為父後者為其母是也言唯君所服伸君者若其不為後則為母無服故喪服記云公子為其母練冠麻衣縓緣今以為君得著緦麻服是伸君之尊也君既服緦是近臣得從君服也此謂禮之正法既以正禮言之又引春秋之時不依正禮者有以為小君之服服其妾母者是文公四年夫人風氏薨是僖公之母成風也又昭十一年夫人歸氏薨是昭公之母齊歸也皆亂世之法非正禮也案異義云妾子立為君得尊其母立以為夫人否今春秋公羊說既妾子立為君母得稱夫人故上堂稱妾屈于適也下堂稱夫人尊于國也子不得爵命父妾子為君得爵命其母者以妾在奉授于尊者有所因緣故也穀梁傳曰魯僖公立妾母成風為夫人是子爵于母以妾為妻非禮也故春秋左氏說成風妾得立為夫人母以子貴禮也許君謹案舜為天子瞽瞍為士起于士庶者子不得爵父母也至于魯僖公得尊母成風為小君經無譏文從公羊左氏之說鄭則從穀梁之說故異義駁云父為長子三年為衆子期明無二適也女君卒繼攝其事耳不得復立為夫人如鄭駁之言則此云春秋小君服之者是灼然非禮也時若小君在則益不可者其小君無而以夫人服之已為不可今小君既在而以夫人服妾母彌益不可故云益不可也

徐師曾曰案魯僖公立母成風為夫人穀梁傳曰子爵于母以妾為妻非禮也正與此合公羊謂子得爵母左氏謂母以子貴失之矣

通典諸侯為所生母服議後漢許慎五經異義云諸侯有妾母喪得出朝會否春秋公羊說妾子為諸侯不敢以妾母之喪廢事天子大國出朝會禮也魯宣公如齊有妾母之喪經書善之左氏說云妾子為君

夫人徒欲崇貴其所生而不虞賤其父卑其身則失位賤其父則無本越禮至是不亦悖乎夫禮庶子為君為其母無服不敢貳尊者也春秋於成風記其卒葬各以實書不為異辭者謹禮之所由變也

五年三月辛亥葬我小君成風

胡安國曰仲子雖聘非惠公之嫡也春秋之初尚以為疑故別為立宮而羽數特異此雖非禮之正然不祔于姑猶有辨焉至于成風書葬乃有二夫人祔廟而亂倫易紀無復辨矣故禮之失自成風始也

汪琬曰君氏隱公之母也春秋書曰君氏卒而不書葬是猶不以夫人之禮葬其母也定姒哀公之母也書曰姒氏卒雖已書葬矣而不書夫人與小君是亦不以夫人之禮喪其母也若僖公之母薨則稱夫人葬則稱小君與君氏姒氏異矣嗣後宣之敬嬴襄之定姒昭之齊歸亦如之皆僭也

呂氏曰自僖公致辠于妾母而薨稱夫人則適庶亂矣葬又稱小君于是有二夫人祔廟則瀆倫易禮無復辨矣蓋歸獄于僖公之詞然則喪妾母宜如之何曰緦麻之服不赴于同既葬不反哭于寢不祔于廟

〔服問〕君之母非夫人則羣臣無服唯近臣及僕驂乘從服唯君所服服也註妾先君所不服也禮庶子為後為其母緦言唯君所服伸君也春秋之義有以小君服之者時若小君在則益不可○疏若君母是適夫人則羣臣為服期今君母非夫人君為之服緦則群臣為之無服也近臣謂閽寺之屬僕御車者也驂車右也君之母非夫人貴臣乃不服而此諸臣賤者隨君之服也故云從服唯君所服服者君服緦則此等之人亦服緦天子諸侯為妾無服唯大夫為貴妾服緦故知

妾先君所不服禮庶子為後為其母緦者按喪服緦麻章云庶子為父後者為其母是也言唯君所服伸君者若其不為後則為母無服故喪服記云公子為其母練冠麻衣縓緣今以為君得著緦麻服是伸君之尊也君既服緦是近臣得從君服也此謂禮之正法既以正禮言之又引春秋之時不依正禮者有以為小君之服服其妾母者是文公四年夫人風氏薨是僖公之母成風也又昭十一年夫人歸氏薨是昭公之母齊歸也皆亂世之法非正禮也案異義云妾子立為君得尊其母立以為夫人否今春秋公羊說既妾子立為君母得稱夫人故上堂稱妾屈于適也下堂稱夫人尊于國也子不得爵命父妾子為君得爵命其母者以妾在奉授于尊者有所因緣故也穀梁傳曰魯僖公立妾母成風為夫人是子爵于母以妾為妻非禮也故春秋左氏說成風妾得立為夫人母以子貴禮也許君謹案舜為天子瞽瞍為士起于士庶者子不得爵父母也至于魯僖公得尊母成風為小君經無譏文從公羊左氏之說鄭則從穀梁之說故異義駮云父為長子三年為衆子期明無二適也女君卒繼攝其事耳不得復立為夫人如鄭駮之言則此云春秋小君服之者是灼然非禮也時若小君在則益不可者其小君無而以夫人服之已為不可今小君既在而以夫人服妾母彌益不可故云益不可也

徐師曾曰案魯僖公立母成風為夫人穀梁傳曰子爵于母以妾為妻非禮也正與此合公羊謂子得爵母左氏謂母以子貴失之矣

通典諸侯為所生母服議後漢許慎五經異義云諸侯有妾母喪得出朝會否春秋公羊說妾子為諸侯不敢以妾母之喪廢事天子大國出朝會禮也魯宣公如齊有妾母之喪經書善之左氏說云妾子為君

當尊其母有三年之喪而出朝會非禮也故譏魯宣公按禮妾母無服貴妾子不立而他妾子立者也不敢以卑廢事尊者禮也即妾子為君義如左氏鄭玄駁云喪服緦麻庶子為後為其母此義自天子下至庶人同不得三年魯襄公所以得尊其妾母敬嬴為夫人者以夫人姜氏已歸齊不反故也因是言妾子立母卒得為之三年於禮為通乎其服之間其出朝會無王事與鄭伯伐許何異鄭志趙商問云按許氏異義駁以為妾子為其母依喪服庶子為後為其母緦麻三月按禘祫注稱春秋魯昭公十一年夏夫人歸氏薨十三年五月大祥七月而禫是得為妾母三年經無譏文得合下禘祫之數若不三年則禘祫事錯鄭玄荅云春秋經所譏所善皆於禮難明者也其

事著明但如事書之當按禮以正之今以不譏為是亦寧有善之文歟薛公謀議曰按春秋庶子為君則母稱夫人故昭公之母齊歸卒經書曰夫人歸氏薨言母以子貴也及至國有大喪昭公不戚叔向曰公室其卑乎君有三年之喪而無一日之戚明孔子以義書叔向以禮譏也

乾學按儀禮喪服篇但載諸侯昆弟以下為生母之服而不載諸侯為生母之服故附於此卷之末至魏晉以後諸侯王皆行士禮故其服生母之制別見於第十卷大功篇不與此並列云

萬斯同曰諸侯於生母先儒或以為當服或以為不當服然則孰為是攷之禮喪三年不祭故庶子為父後者僅為其母緦麻傳曰何以緦也與尊者為體不敢服其私親也又曰有死于宮中者為之三月不舉祭因是以服緦也由是觀之古人抑妾母以緦服者耑為祖宗之祀事耳蓋私親固在

所當服而祀事尤在所當嚴倘因一已之私親致廢三年之常祀人子之心其安之否耶且庶子爲後雖奪其三年之服至于哀慕哭泣不飲酒食肉處内如所稱心喪之禮固未嘗禁也故服以緦服雖拂孝子之意猶可自致于其親服以斬服雖慰孝子之情勢將失禮于祖此先王所爲權于輕重之閒寧廢私親之服而不敢廢先祖之祀也然而此之爲失非失于子之行服而失于尊其妾母爲夫人葢既稱爲夫人則是假以尊名矣既假以尊名則必制爲重服矣既制爲重服則必得其祀事矣夫欲尊其私尊而致亂嫡庶之名分不可言也既亂其嫡庶而復廢祖考之薦享更不可言也然則公羊家所謂上堂稱妾下堂稱夫人者不亦背禮之甚哉春秋莫嚴于正名成風之薨與葬兩書夫人而其義自見彼許叔重輩從公羊左氏之說以爲妾母當三年者誠不若鄭康成之駮異義爲詞嚴而義正也

讀禮通考卷二十四

喪期

王侯降服

周禮司服凡凶事服弁服 注服弁喪冠也其服斬衰齊衰○疏天子諸侯絶旁期正統之期猶不降故兼云齊衰其正服大功亦似不降也大功章曰適婦注云適子之婦傳曰何以大功也不降其適也既無所指斥明關之天子諸侯也又服問云君所主夫人妻大子適婦既言君所主服不宜降也如是則為嫡孫之婦又當小功今注止云斬衰齊衰者以其正服齊衰是不降之首然則王為適子斬衰其為嫡孫嫡曾孫嫡玄孫嫡來孫則皆齊衰不杖章云嫡孫傳曰何以期也不敢降其嫡也有適子者無嫡孫孫婦亦如之玄謂凡父於將為後者非長子皆期然則王禮亦嫡子死有嫡孫嫡孫死有嫡曾孫向下皆然也又案喪服傳云始封之君不臣諸父昆弟封君之子不臣諸父而臣昆弟天子之義亦當然若虞舜之與漢高皆庶人起為天子蓋亦不臣諸父昆弟而有服也

卿大夫之服自玄冕而下如孤之服其凶服加以大功小功士之服自皮弁而下如大夫之服其凶服亦如之 注卿大夫加以大功小功士亦如之又加緦焉○疏卿大夫加以大功小功者是據正服大功小功若緦則降而無服故不言士又加緦者士

不降服明知更加緦也

中庸期之喪達乎大夫三年之喪達乎天子父母之喪無貴賤一也註達乎大夫者謂旁親所降在大功者其正統之期天子諸侯猶不降也大夫所降天子諸侯絕之不為服所不臣乃服之也○疏達乎大夫者欲見大夫之尊猶有期喪謂旁親所降在大功者得為期喪還著大功之服故云達乎大夫若天子諸侯旁期之喪則不為服也達乎天子者謂正統在三年之喪父母及適子并妻也不云父母而云三年者包適子也天子為后服期以三年包之者以后卒必待三年然後娶所以達子之志故通在三年之中是以昭十五年左傳云穆后崩大子壽卒叔向云王一歲而有三年之喪二焉是包后為三年也直云達乎天子不云諸侯者諸侯旁親尊同則不降故喪服大功章云諸侯為姑姊妹嫁于國君者是也熊氏云此對天子諸侯故云期之喪達乎大夫其實大夫為大功之喪得降小功小功之喪得降緦麻是大小功皆達乎大夫熊氏又云天子為正統之喪適婦大功適孫之婦小功義或然但無正文耳所不臣乃服之也者喪服傳云始封之君不臣諸父昆弟封君之子不臣諸父而臣昆弟但不臣者皆以本服服也

朱子曰喪服自期以下諸侯絕大夫降

乾學按周禮但有大夫降服之說而天子諸侯絕期三禮俱無正文故今取周禮中庸註疏補之其餘降服之制已詳見儀禮

吳射慈二條
俱據通典下
不另起

喪服中茲不復重議

通典天子降服議魏田瓊云天子不降其祖父母曾祖父母后太子嫡婦姑姊妹嫁於二王後皆如邦人

按白虎通云天子為諸侯絕期者何亦同愛百姓明……親其親也……云天子之子封……子皆不服也

皇后降服議魏田瓊云諸侯女嫁為天王后降其旁親一等與出降為二等為外親尊不同則降天子后為眾子無服何以明之据大夫於庶子大功其妻亦服大功今天子諸侯於眾子無服后何緣獨服之耶

○晉賀循云諸侯女為天王后以尊還降其族人吳射慈云諸侯之女為天子后為天王之親服隨天王而降一等諸侯之女為天后為其父母及昆弟為父後者服齊衰其宗子亦不降徐整云諸侯女嫁為天王后為外親尊同則如邦人為君之長子三年也

不降服明知更加緦也

中庸期之喪達乎大夫三年之喪達乎天子父母之喪無貴賤一也註達乎大夫者謂旁親所降在大功者其正統之期天子諸侯猶不降也大夫所降天子諸侯絕之不為服所不臣乃服之也○疏達乎大夫者欲見大夫之尊猶有期喪謂旁親所降在大功者得為期喪還著大功之服故云達乎大夫若天子諸侯旁期之喪則不為服也達乎天子者謂正統在三年之喪父母及嫡子并妻也不云父母而云三年者包適子也天子為后服期以三年包之者以后卒必待三年然後娶所以達子之志故通在三年之中是以昭十五年左傳云穆后崩大子壽卒叔向云王一歲而有三年之喪二焉是包后為三年也直云達乎天子不云諸侯者諸侯旁親尊同則不降故喪服大功章云諸侯為姑姊妹嫁于國君者是也鄭氏云此對天子諸侯故云期之喪達乎大夫其實大夫為大功之喪得降小功小功之喪得降緦麻是大小功皆達乎大夫鄭氏又云天子為正統之喪適婦大功適孫之婦小功義或然但無正文耳所不臣乃服之也者喪服傳云始封之君不臣諸父昆弟封君之子不臣諸父而臣昆弟但不臣者皆以本服服也

朱子曰喪服自期以下諸侯絕大夫降

乾學按周禮但有大夫降服之說而天子諸侯絕期三禮俱無正文故今取周禮中庸註疏補之其餘降服之制已詳見儀禮

衆服中茲不復重議

通典天子降服議魏田瓊云天子不降其祖父母曾祖父母后太子嫡婦姑姊妹嫁於二王後皆如邦人按白虎通云天子為諸侯絕期者何示同愛百姓明不獨親其親也

吳射慈云天子之子封為諸侯天子皆不服也

皇后降服議魏田瓊云諸侯女嫁為天王后降其旁親一等與出降為二等為外親尊不同則降天子后為衆子無服何以明之据大夫於庶子大功其妻亦服大功今天子諸侯於衆子無服后何緣獨服之耶

○晉賀循云諸侯女為天王后以尊還降其族人

吳射慈云諸侯之女為天子后為天王之親服隨天王而降一等諸侯之女為后為其父母及昆弟為父後者服齊衰其宗子亦不降徐整云諸侯女嫁為天王后為外親尊同則如邦人為君之長子三年也

通典皇太子降服議晉孔安國問徐邈云皇太子為親安公主當何服邈荅云禮父之所不服子亦不敢服諸侯之嗣子及大夫之嫡子皆降絕旁親雖父毋之所服子乃敢服王侯絕周不為姊妹服太子體君之尊亦同無服皇子厭其君又不敢服○宋庾蔚之謂今唯太子從君所服皇子公子則無厭降

晉書禮志漢魏故事無五等諸侯之制公卿朝士服喪親疏各如其親新禮王公五等諸侯成國置卿者及朝廷公孤之爵皆旁親絕朞而旁親為之服斬衰卿校位從大夫者皆絕緦摯虞以為古者諸侯君臨其國臣諸父兄今之諸侯未同於古未同於古則其尊未全不宜便從絕朞之制而令旁親服斬衰之重也諸侯既然則公孤之爵亦宜如舊昔魏武帝建安

中巳曾表上漢朝依古為制事與古異皆不施行施行者置魏科大晉采以著令宜定親禮皆如舊詔從之

通典三公諸侯大夫降服議　尉衛昌邑侯滿璋問淳于睿曰庶妹亾有服否睿曰喪服諸侯以尊降不服孔瑄議天子諸侯誠不應服又大夫降緦尊與已敵則不敢降旁親降一等緦麻絶也凡以尊所降而不服著弔服加緦之絰帶而往哭之姜輯議云三公爵命雖尊班重諸侯據在王朝上厭天子有由而屈義不得伸耳以例言之宜依卿大夫降之服司空荀顗議以為諸侯絶周大夫絶緦然則尊同周以及皆如本親喪服經云君為姑姊妹女子子嫁於國君者傳曰何以大功尊同也又曰大夫為伯叔父母子昆弟昆弟之子為士者傳曰何以大功尊不同也然則

尊不同則降不待所臣乃絶之諸矦尊重大夫尊輕以大夫尊降其親則知諸侯雖所不臣絶不服也有司奏如顗議○又姜輯議安平王嗣孫薨諸侯應降服云禮父在斯為子君在斯為臣安平嗣孫雖巳誓于天子据在臣子之位五服之差君臣殊制其閒豈復容他禮哉君薨未踰年而世子卒者猶稱子而名不成君春秋之正義也茍不成君則羣臣親戚必不得服其重服明矣況安平王見在而使諸王服嗣孫以諸侯之禮未之敢安也然諸侯以尊絶周今嗣孫見在臣子之例諸王公宜從尊降之禮不應為制服也昔秦滅五等更封列侯以存舊制稱列侯者若云列國之侯也故策命稱國終沒稱薨魏代相承未之或改大晉又建五等憲章舊物雖國有大小輕重不

侔通同大體其義一也故諸書亭矦以上與王公同又以為列侯以上策命建國者皆宜依古諸侯使絶周服○瑯琊中尉王輿問國王為太宰武陵服事云太宰降為庶人諸侯貴與庶人不敵為不降邪昆弟俱仕一人為大夫一人為士便降况諸侯而全持庶人服乎徐邈荅云按禮以貴降賤王侯絶周以尊降卑餘尊所厭則公子服其母妻昆弟不過大功以嫡别庶則父子所降子亦不敢降也此三者舊典也喪服傳又曰始封之君不臣諸父昆弟先儒以為不臣則服之漢魏以來王侯皆不臣其父兄則事異於周厭降之節與周不同緦猶不降况其親乎既不以貴降則無餘尊之厭故五服内外通如周之士禮而三降之典不服同矣昔魏武在漢朝為諸侯制而竟不

立荀公定新禮亦欲令王公五等皆旁親絶期而摯仲理駮以為今諸侯與古異遂不施行此則是近代成軌也記又云古者不降故孟虎孟皮得全齊衰然則殷周立制已自不同所謂質文異宜不相襲禮大晉世所行遠同斯義孔彭祖昔詔簡文帝諸王所服聖旨以為近代以来無服相降○虞喜釋滯曰漢魏以来先儒論禮及喪服變降者皆言大夫降其旁親為士者一等時人或班駁行之自謂合禮按喪服經傳始封之君不臣諸父兄弟封君之子不臣諸父封君之孫盡臣之矣夫始封之君尚服諸父昆弟而始為大夫便降旁親尊者就重而卑者即輕輕重顛倒豈禮意哉然當有意此為據諸侯成例包於大夫以相兼通也如此則一代為大夫不降諸父二代為大

夫不降兄弟三代為大夫皆降之古者貴大夫有釆邑繼位不止一身魯之三桓鄭之七穆皆自此也或問曰今大夫雖不繼位亦有三代皆為大夫者名例相准必當隨古乎荅曰古重今輕位無常居使吾處之至不存降

諸侯大夫子降服議　魏田瓊曰公子以厭降公子厭於君為其母妻昆弟練冠麻衰謂君所不服子亦不敢服也父卒猶有先君餘尊所厭不得過大功也瓊又曰喪服經不見大夫嫡子為庶昆弟服者與大夫為庶子為士者同父之所降子亦不敢不降也蜀譙周云大夫之子父在降旁親亦如大夫從父猒也大夫庶子為妻父母無服為其母妻大功父沒皆如國人○吳徐整議問者云若父已卒已未為大夫故猶

士耳未審庶子及昆弟當服降否答云大夫之子從乎大夫而降至於父卒則如國人也

諸侯夫人及大夫妻降服議

魏田瓊曰大夫女嫁於諸侯降其家旁親一等與出嫁降并二等為外親尊不同則降諸侯夫人為衆子無服何以明之据大夫於庶子大功其妻亦服大功今天子諸侯於衆子無服夫人何緣獨得服之又大夫妻為大夫之親亦隨大夫而降一等大夫之女嫁於大夫還為其族親尊不同者亦降之唯父母昆弟為父後者宗子亦不降也士之女嫁於大夫者亦降其族親尊不同者如大夫也又大夫之妻為庶子女子在室大功女適於士小功此為大夫之妻尊與大夫同大夫為伯叔父母子昆弟為士者以尊降一等為之大功其妻服大功

○吴射慈云諸侯之女爲諸侯夫人服諸侯之親隨諸侯降一等還爲族親則皆降之○蜀譙周曰諸侯夫人亦隨其君降旁親無服爲其族亦降旁親非諸侯自周以下無服爲其父母及祖如國人又大夫命婦爲其旁親以大夫爵降又降一等其爲父後者不以嫁降但以尊降一等○晋賀循曰大夫妻其娣其姒夫爲士者服亦降一等

貴不降服議魏田瓊云大夫之妻爲長子三年女子子嫁大夫大功○吴射慈云傳曰尊同則得服其親服言尊同者諸侯爲卿大夫毋隨本親則不降也諸侯女爲諸侯夫人不降父母昆弟之服及父後者大夫妻唯父母昆弟爲父後者宗子不降也○蜀譙周云諸侯降旁親旁親若爲諸侯及女子嫁於諸侯者

服如國人諸侯嗣子為母妻及外祖父母妻父母皆如國人世子雖無正爵與君為體其誓於天子則下其成人一等未誓次小國君其妻君為之主故嗣子之所為服服如國人舊說外祖父母母族正統也妻之父母妻族正統也毋妻與已尊同其所當降亦不降也故嗣子亦不降妻之父母諸侯夫人為其父母祖如國人大夫命婦為其昆弟為父後者大宗則服如國人也○晉虞喜釋滯云古者不降上下各以其親此殷以前也降殺之禮始之於周然先所未臣不忍即臣之故為之服也此當出逸禮採之以為義滕伯文為叔父齊衰既周代諸侯而從殷禮也若殷時諸侯通爾非獨一人指論滕伯欲以何明明其在周遠追於殷引古證今耳賀循云諸侯於其旁親一無

所服唯父母妻長子長子之妻及為父之後者姑姊妹嫁於諸侯及始封之君所未臣諸父昆弟皆以其服服之大夫為其外親為士者尊雖不同亦不降大夫女為國夫人唯父母及昆弟為父後者不降士女為大夫妻者不降高祖曾祖父母兄弟為父後者及大宗而已

朱子曰夏殷而上大概只是親親長長之意到得周來則有添得許多貴貴底禮數如始封之君不臣諸父昆弟封君之子不臣諸父而臣昆弟期之喪天子諸侯絕大夫降然諸侯大夫尊同則亦不絕不降姊妹嫁諸侯者則亦不絕不降此皆貴貴之義上世想皆簡畧未有許多降殺貴貴底禮數凡天下之大經前世所未備到得周公搜剔出來

立為定制更不可易○

或問司服卿大夫加以大功小功自卿大夫而上皆無此何也朱子曰此中庸所謂期之喪達乎大夫是也乃古人貴貴之義然亦是周公制禮以後如此檀弓又云古者不降上下各以其親

隋書劉炫為散騎尉吏部尚書牛弘建議以為禮諸侯絶旁期大夫降一等今之上柱國雖不同古諸侯比大夫可也官在第二品宜降旁親一等議者多以為然炫駁之曰古之仕者宗一人而已庶子不得進緜是先王重適其宗子有分禄之義族人與宗子雖踈遠猶服齊衰三月良由受其恩也今之仕者位以才昇不限嫡庶與古既異何降之有今之貴者多忽近親若或降之民德之踈自此始矣遂寢其事

唐制皇家所絕旁親無服者皇弟皇子為之皆降一等

明世宗實録嘉靖十三年孟夏享太廟先期命侍郎顧鼎臣霍韜捧主會鼎臣韜皆有期功之服上言臣等考之古禮期服諸侯絕大夫降今之公卿即古之諸侯而猶有期制非禮也若律言緦麻以上皆不與祭者謂其身蒞之者也而百官聞期功之訃不過私家為位及踰旬月則無容於避矣上曰所言亦當但不以私妨公可也然須分別輕重令禮官考議以聞於是尚書夏言奏封建法廢世無諸侯久矣古之諸侯建邦啓土世有其國伯叔兄弟皆其臣也故期可絕不知今之所謂公卿者能以君道自處而臣其伯叔兄弟乎又曰在位則為公卿釋位乃為族屬不知

喪服之制人情之所由生也豈以在位釋位為有隆殺哉夫喪服哀有淺深故服有輕重定之三月以哀不能忘於三月也定之期年以哀不能忘於期年也而祭祀吉禮所以致敬於神明若情未忘哀則不能專誠於祭故不與也今以其不身蒞喪與夫時之過者皆無可避匿未之前聞也禮曰小功緦麻執事不與禮言小功緦麻但可執事至饋奠之禮重則不敢與也今二臣所服之喪非小功緦麻皆服之重者也太廟捧主又禮之重者也以服之重而與夫禮之重者是得謂之知禮乎臣等職司典禮敢不据經守正以嚴瀆踰之防若苟狥二臣之請以滅先王彝憲且使之得罪名教傳咲後世臣等與有責矣疏入詔粤臣韜迴避以侍郎黄宗明林廷棡代之且令自後廟

享前五日太常侍卽奏捧主官十餘人以請

乾學按降服之禮行於大夫其實不止大夫也考之儀禮大夫以尊降大夫之子以厭降公之昆弟以旁尊降五服之親得以遂其服者秖有士而已原夫古人制服之意未有不本乎情也情由中出非自外至寧以貴賤而有閒哉奈之何骨肉之親而盡以勢位格也縣子言古者不降而以滕伯文為證寧非有感於斯乎雖然周之諸侯得以臣其諸父昆弟周之大夫得以世其爵祿以統其族屬其於旁親之服絕之降之猶可也後世之諸侯大夫其視周世何如而亦欲絕之降之哉摯虞賈喜徐邈

劉炫之言可謂篤論矣

萬斯同曰自周世有諸侯絕期大夫降服之禮後之身為王公者莫不援此而欲絕其親屬之服嗚呼始為是說者誰與吾疑此非周公之禮也使從上世以來原有是降服之禮周公仍之宜也縣子言古者不降滕伯文以殷之諸侯而服其從父從子則是諸侯且不降矣諸侯不降而何況乎大夫周公殷之諸侯之子也為殷諸侯之子固嘗習行殷禮矣何至身為諸侯而遽絕之則是以骨肉之親開偷薄之路自周公始也吾疑儀禮之中凡所謂大夫以尊降大夫之子以厭降公之昆弟以旁尊降之類皆後世之強宗增損先王之舊典為之而非周公之本書如是也不然五服親疎之制自必通上下言之寧有大夫以上或絕或降而獨責此禮於士庶人者哉從來論教化之本必自貴者始今身都爵位及都爵位者之子弟盡絕其親親之恩而獨責之于閭閻之士庶夫豈先王之禮意乎更可怪者兩漢以隆王侯卿相久無降服之禮而後之庸夫猶欲以已之貴而絕五屬之服庸非名教之罪人乎善乎虞喜之言曰古始封之君尚服諸父昆弟而一代為大夫便降旁親輕重顛倒豈禮意哉知此禮者可以斷荀顗王輿牛弘翟酺諸儀之謬矣

王安石議降服劄子先王制服也順性命之理而為之節恩之深淺義之遠近禮之所與奪刑之所生殺皆於此乎權之傳曰三年之喪未有知其所從來者也蓋朞年及緦麻緣是以為衰而其輕重遲速之制非得與時變易唯貴之於賤或降或絕或否蓋在先王之時諸侯大夫各君其父兄欲尊尊之義有所伸則宜親親之恩有所屈此其所以降絕之意也自封建之法廢諸侯大夫降絕之禮無所復施士大夫無宗其適孫傳重之屬不可純用周制臣愚以為方今惟諸侯大夫降絕之禮可廢而適子死非傳爵者無衆子乃可於適孫承重自餘喪服當用周制而已

喪遇閏月

春秋襄公二十八年十有二月甲寅天王崩註靈王也乙未楚子昭卒何休注乙未與甲寅相去四十二日蓋閏月也葬以閏數卒不書閏者正取朞月明朞三年之喪始死得以閏數非死月不得數閏○疏卒不書閏正取朞月者以其取朞月故不得書閏何者以閏非正月故也以此言之明朞三年之喪始死在閏月得數之何者正以閏月者前月之餘故得繼前月言之若閏不在始死之月則不得數之何者朞三年皆以年計若通閏數之則不滿朞三年故也

哀公五年閏月葬齊景公　公羊傳閏不書此何以書注據楚子昭卒不書閏喪以閏數也注謂喪服大功以下諸喪當以閏月為數喪曷為以閏數註據卒不書閏喪數略也注略猶殺也以月數恩殺故并閏數○疏鄭志趙商問曰經曰閏月不告朔猶朝于廟穀梁傳曰閏月附月之餘日喪事不數又哀五年閏月葬齊景公公羊傳云閏月不書此何以書喪以閏數喪數畧也此二傳義反于禮斷之何就荅曰居喪之禮以月數者數閏以年數者雖有閏無與于數也然則鄭氏之意以為彼云喪事不數者謂期與三年也此云喪以閏數者謂大功以下也若穀梁之意以為大功以下及葬皆不數閏

穀梁傳不正其閏也注閏月附月之餘日喪事不數○疏案經書閏月葬者年若數閏則十三月故書閏月葬以見喪事亦不數之例

附文公六年閏月不告月猶朝于廟　穀梁傳閏月者附月之餘日也積分而成於月者也天子不以告朔而喪事不數也注閏是叢殘之數非月之正故吉凶大事皆不用也

白虎通德論三年之喪不以閏月數何以其言期也期者復其時也大功以下月數故以閏月餘

晉書禮志寧康二年七月簡文帝崩再周而遇閏博士謝攸孔粲議魯襄二十八年十二月乙未楚子卒實閏月而言十二月者附正于前月也喪事先遠則應用博士吴商之言以閏月祥尚書僕射謝安中領軍王劭散騎常侍鄭襲右衛將軍殷康驍騎將軍袁宏散騎侍郎殷茂中書郎車胤左丞劉遵吏部郎劉耽意皆同康曰過七月而未及八月豈可謂之踰朞必所不了則當從其重者宏曰假值閏十二月而不

取者此則歲未終固不可得矣漢書以閏為後九月明其同體也襲曰中宗肅祖皆以閏月崩祥除之變皆用閏之後月先朝尚用閏之後月今閏附七月取之何疑亦合遠日申請之言又閏是後七而非八也豈踰月之嫌乎尚書令王彪之侍中王混中丞譙王恬右丞戴謐等議異彪之曰吳商中才小官非名賢碩儒公輔重臣為時所準則者又取閏無證據直覽遠日之義越祥忌限外取不合卜遠之理又丞相桓公嘗論云禮二十五月大祥何緣越朞取閏乃二十六月乎於是啓曰或以閏附七月宜用閏月除者或以閏名雖附七月而實以三旬別為一月故應以七月除者臣等與中軍將軍沖參詳一代大禮宜準經典三年之喪十三月而練二十五月而畢禮之明文

也陽秋之義閏在年內則略而不數明閏在年外則不應取之以越朞忌之重禮制祥除必正朞月故也己酉海帝除縞即吉徐廣論曰凡辯義詳理無顯據明文可以折中奪易則非疑如何禮疑從重喪易寧戚順情通物固有成言彪之不能徵援正義有以相屈但以名位格人君子處心無適莫豈其然哉執政從而行之其殆過矣

通典簡文帝崩再周而遇閏博士謝攸孔粲議按左氏春秋經魯襄公二十八年十二月甲寅天王崩乙未楚子卒其間相去四十二日是則乙未閏月之日也經不書閏月而書十二月明閏非正宜附正之文其不曰二十九年正月是附前月之證又禮記曰喪事先遠日則祥除應在閏月尚書左丞劉遵議喪記

之制歲數者沒閏而三年之喪閏在始末者用捨之論時有不同惟當本乎閏之所繫可以明折衷經傳具四時以編年一時無事經書首月及其有事隨月而載初不書閏者以閏附正月不應時見也唯魯文公六年書閏月不告朔指見告朔之餘無事也又文公元年閏三月故傳曰于是閏三月欲審所附此明證設此閏遭喪者取其周忌應用來年三月既合喪期大數得周忌定日何休亦以為然朝論同之不嫌原其所由在乎閏附前月而不屬後故也始喪在閏月以附前祥除遇之豈得屬後立閏有定所而施用有彼此求之理例殊不經通且喪疑從重不貳之道祥用遠日禮之正典愚謂周忌故當七月二十八日大祥應用閏月晦既得周忌之正不失遠日之義禮

之遠日誠非出月遇閏而然蓋隨時之變耳劉遵用
月祥散騎常侍鄭襲議云中宗肅祖皆以閏崩祥除
之變皆用閏之後月先朝尚爾閏附七月用之何疑
荀司徒亦以閏薨荀家祥亦用閏之後月諸荀名德
相繼習于禮學故號為名宗議者引周官左氏而非
公羊穀梁今按周官左氏傳所書自書閏月中事閏
月長三十日三十日中何得無事明閏月非附月之
例也議者稱三年之喪二十五月遇閏之年便二十
六月三年之喪不應以閏為月議者稱禮傳終身之
哀忌日之謂不惟周年子卯之謂代不用子卯閏月
及大月三十日亾至於無閏之年及與小盡都是無
忌所以古人用子卯也簡文皇帝七月二十八日崩
巳未之日今年巳未在閏月十日時不用子卯而用

二十八日久矣若巳未在他月今者不能變改閏附七月巳未在閏今者用閏益合遠日之情也吏部郎中劉耽議以為喪禮之制周年沒閏者議以閏非正月故畧而不數是以丘明謂之閏三月公羊則曰天無是月由此言之閏無定所隨節而立其名稱則在上月是以卒于閏者則以所附之月為周至於祥變理不得異豈有始喪則附之於前祥變則別之於後以例推之情所未安且夫禮雖制情必復因情制禮若情因事伸則古人順而不奪是以每於祥葬咸用遠日斯所以即順物情因可伸之故數年則沒閏喪禮所不嫌附于前月春秋之明義愚謂國祥用閏月晦既合經傳附前之義又得遠日伸情之旨且喪疑從重古今所同詳尋理例謂此為允太常丞殷合議

謂忌不可遷存終月也祥不必本月尚遠日也謂宜以七月二十八日為忌閏月晦而祥尚書右丞戴謐議尋博士所上祥事是專用吳商議也商之所言依公羊何氏注及禮之遠日也禮稱三年之喪十三月而小祥二十五月而畢春秋傳曰三年之喪其實二十五月此喪服之大數周月之正文也又云喪以月者數閏以歲者不數閏是為有閏則十四月而祥二十六月而除不用喪月之常數所以重周忌之正也夫練除之節喪禮之大終身之哀忌日之謂喪中遇閏禮不可略周忌之月不可而移故緣情以立制變文而示義也至閏在喪表三年之限已全周忌之正已得何故於此而復延月耶議者据左氏之閏三月公羊無是月穀梁附月餘日以明閏非月數皆應屬

前之證按推考分度隨以置閏閏月之所在年中無常要有繫以名其所在三月後謂之閏三月非三月也天無是月非常月也非無此月所在無常也穀梁亦云積分以成月經傳之文先儒舊說並不謂閏是餘日不別月數而以六十日為一月也三年之喪禮之所重其為節文不專一制亾在於閏喪者之變祥除之事無復本月應有所附以正所周閏在三月後附于三月喪紀無違順序有節合三傳三禮意也若閏非月數皆屬以前功服葬月何以數之于葬則數于祥則否用捨二義未安也凶事遠日言月中之遠耳若遷一月當是遠月豈遠日之義耶卜葬之遠不出于月卜祥之遠而乃包閏卜同遠異復非所宜也按何休云閏死者數閏以正周月非死月不得數大

較粗同但其年無閏而以乙未為閏之日考校經傳未之詳耳吳商採尋便為正義不亦謬乎閏在喪中畧而不計祥除值閏外而不取重周忌也閏凶無正推以附前喪期不關順序不悖合禮變也鄭襲難范甯曰以閏三月五日死者當以來年何月祥何月為忌日荅曰謂之閏月者以餘分之日閏益月耳非正月也非正月則吉凶大事皆不可用故天子不以告朔而喪者不數以閏月死既不數之禮十三月小祥二十五月大祥自然當以來年四月小祥明年四月大祥也所謂忌日者死者之日月耳今以閏月來年無閏月安得有忌日邪當以後歲閏月五日為忌是五年再有忌日也雖曰忌日之感終身之戚罔極之恩不離一日今須後閏則三年之忌不亦遠乎傳稱

子夘不樂謂之疾日先儒以為甲子乙夘誠如是自宜以日辰為忌遇之而感耳御史中丞譙王臣恬議云夫閏非正數故附前月為稱至於月也豈得為一臣請以宿度論之閏所附月盡之夕寧猶見乎又閏之初豈不始鼂以茲言之不可謂兩月耶天無是月正數耳非無此月也若用閏祥則虧二十五月之大斷失周忌之正典出于祥月非卜遠日之謂二三無據義實致疑愚謂正周而除於禮為允會稽內史郄愔書云省別書并諸議具三禮證據誠所未詳然恐祥忌異月於理既為不安又十三月而祥二十五月而畢明文煥然而閏在周內合而不數者則閏正月遭難便應以十二月祥於時則未及周年於忌則時尚平吉若有天無是月故畧而不計則凡在五服皆

從兄

應包閏具如足下所論若云情重則宜包情輕故宜數是爲制之由情而未本乎曆數苟本乎曆數必天無是月則雖情有輕重而含閏宜一且齊衰之制遇閏而包降爲大功則數而除天性攸同而包數異制以月爲斷者數閏以年爲斷者除閏推此而言則除數所由蓋以所遇爲分斷非本情之所以後月爲周者故是上之所論以吉爲忌於理不通故耳云閏在周後將非其喻至於凶事尚遠蓋施於卜日祥葵制無定期故不得即伸物情務從其遠耳若理例坦然義無疑昧豈得不循成制而以過限爲重或謂閏者蓋年中餘分故宜計其正限以補不足今再周無閏則不補小月之限閏在周後便欲以六十日爲一月者當以既已遇閏便宜在盡其月節故也月節之難

足下釋之且節必在閏月之中則合月從節即復進退致闕尚書僕射謝安等參詳宜准經典三年之喪十三月而練二十五月而畢禮之明文也祥除必正周月請依禮用七月晦至尊釋除縞素俯就即吉詔可

宋書禮志孝武帝孝建元年六月湘東國刺稱國太妃以去三十年閏六月二十八日薨未詳周忌當在六月為取七月勒禮官議正博士丘邁之議按吳商議閏月亾者應以本正之月為忌謂正閏論雖各有所執商議為允宜以今六月為忌左僕射建平王宏謂邁之議不可准據案晉世及皇代以來閏月亾者以閏之後月祥宜以來七月為祥忌及大明元年二月有司又奏太常鄱陽哀王去年閏三月十八日薨

今為何月末祥除下禮官議正博士傅休議尋正禮喪遇閏月數者數閏歲數者沒閏閏在朞內故也鄱陽哀王去年閏三月薨月次節物則是四月之分應以今年四月末為祥晉元明二帝並以閏二月崩以閏後月祥先代成准則是今比太常丞庾蔚之議禮正月存親故有忌日之感四時既已變人情亦已衰故有二祥之殺是則祥忌皆以周月為議而閏亡者明年必無其月不可以無其月而不祥忌故必宜用閏所附之月閏月附正公羊明義故班固以閏九月為後九月月名既不殊天時亦不異若用閏之後月則春夏永革節候亦舛設有人以閏臘月亡者若用閏後月為祥忌則祥忌應在後年正月祥涉三載既失周朞之義冬亡而春忌又乖致感之本譬如今年

末三十日亾明年末月小若以去年二十九日親尚存則應用後年正朔為忌此必不然則閏亾可知也通闕並同蔚之議三月末祥

南齊書禮志齊高帝建元三年有司奏皇太子穆妃以去年七月薨其年閏九月未審當數閏月為應以閏附正月若數閏者南郡王兄弟便應以此四月晦小祥至於祥月不為有疑不左僕射王儉議三百六旬尚書明義文公納幣春秋致譏穀梁云積分而成月公羊云天無是月雖然左氏謂告朔為得禮是故先儒咸謂三年期喪歲數沒閏大功以下月數數閏夫閏者蓋是年之餘日而月之異朔所以吴商云含閏以正周允協情理今杖朞之喪雖以十月而小祥至於祥縞必須周歲凡厭屈之禮要取象正服祥縞

相去二月猒降小祥亦以則之又且求之名義則小祥本以年限考於倫例則相去必應二朔今以猒屈而先祥不得謂此事之非期事既同條情無異貫沒閏之理固在言先設令祥在此晦則去縞三月依附准例益復為礙謂應須五月晦乃祥此國之大典宜共精祥并通關八座丞郎研盡同異尚書令褚淵難僉議曰猒屈之典由所尊奪情故祥縞備制而年月不伸今以十一月而祥從期可知既計以月數則應數閏以成典若猶含之何以異于縞制疑者正當以祥之當閏月數相懸積分餘閏曆象所弘計月者數閏故有餘月計年者包含故致盈積据理從制有何不可僉又荅曰含閏之義通儒所難但祥本應期屈而不遂語事則名体具存論哀則情無以異跡雖數

月義實計年閏是年之歸餘故宜揔而包之期而两祥緣尊故屈祥則沒閏象年所伸屈伸兼著二塗並舉經紀之旨其在茲乎如使五月小祥六月乃閏則祥之去縞事成三月是為十一月以象前期二朔以放後歲名有區域不得相參魯襄二十八年十二月乙未楚子卒唯書上月初不言閏此又附上之明義也鄭射王賀唯云期則沒閏初不復區別杖期之中祥將謂不俟言矣成休甫曰大祥後當禫有閏別數之明杖期之祥不得方於緦縞之末即恩如彼就例如此淵又據舊義難僉十餘問僉隨事解釋祠部郎中王珪之議謂喪以閏施功衰以下小祥值閏則略而不言今雖最屈祥名猶存異于餘服計月為數追屈慕之心以遠為近日既餘分月非正朔含而全制

于情惟允僉議理據詳博謹所附同諸淵始雖議難再經徃反末同僉議依舊八座丞郎通共博議爲允以來五月晦小祥其祥禫自依常限班下内外詔可

隋書禮儀志梁天監四年掌凶禮嚴植之定儀注以亾月遇閏後年中祥疑所附月帝曰閏蓋餘分月節則各有所隸若節屬前月則宜以前月爲忌節屬後月則宜以後月爲忌祥逢閏則宜取遠曰

魏書禮志明帝延昌二年春偏將軍乙龍虎喪父給假二十七月而虎并數閏月詣府求上領軍元珍上言案違制律居三年之喪而冒哀求仕五歲龍虎未盡二十七月而請宿衛依律結刑五歲三公郎中崔鴻駮曰三年之喪二十五月大祥諸儒或言祥月下旬而禫或言二十七月各有其義未知何者會聖人

之旨龍虎居喪已二十六月若依王杜之義便是過禫即吉之月如其依鄭玄二十七月禫中既可以從御職事求上何為不可珍又言三年沒閏理無可疑麻衣在体冒哀求榮實為大尤罪其焉捨鴻又言詳之律意冒哀求仕謂在斬焉草土之中不謂除衰杖之後也又龍虎具列居喪日月無所隱冒府應告之

魏書禮志　炤另本

還終月便牽彼眛識欲加之罪豈是遵禮敬匪愛民之致乎正如鄭義龍虎罪亦不合刑忽忽之失宜科鞭五十

隋書禮儀志開皇初太常卿牛弘撰儀禮百卷上之定制三年及朞喪不數閏大功以下數之以閏月亾者祥及忌日皆以閏所附之月為正開元禮同

張子全書大功以下筭閏月朞已上以期斷不筭

于情惟允儉議理據詳博謹所附同諸淵始雖議難再經往反末同儉議依舊八座丞郎通共博議為允以來五月晦小祥其祥禫自依常限班下內外詔可

隋書禮儀志梁天監四年掌凶禮嚴植之定儀注以凶月遇閏後年中祥疑所附月帝曰閏蓋餘分月節則各有所隸若節屬前月則宜以前月為忌節屬後月則宜以後月為忌祥逢閏則宜取遠曰

魏書禮志明帝延昌二年春偏將軍乙龍虎喪父給假二十七月而虎并數閏月詣府求上領軍元珍上言案違制律居三年之喪而冒哀求仕五歲龍虎未盡二十七月而請宿衛依律結刑五歲三公郎中崔鴻駁曰三年之喪二十五月大祥諸儒或言祥月下旬而禫或言二十七月各有其義未知何者會聖人

之旨龍虎居喪已二十六月若依王杜之義便是過禫即吉之月如其依鄭玄二十七月禫中既可以從御職事求上何為不可珍又言三年沒閏理無可疑麻衣在体冒哀求榮實為大尤罪其焉捨鴻又言詳之律意冒哀求仕謂在斬焉草土之中不謂除衰杖之後也又龍虎具列居喪日月無所隱冒府應告之以禮遣還終月便牽彼昧識欲加之罪豈是導禮敬風愛民之致乎正如鄭義龍虎罪亦不合刑忽忽之失宜科鞭五十

隋書禮儀志開皇初太常卿牛弘撰儀禮百卷上之定制三年及朞喪不數閏大功以下數之以閏月亾者祥及忌日皆以閏所附之月為正開元禮同

張子全書大功以下筭閏月期已上以期斷不筭

閏月三年之喪禫祥閏月亦筭之

乾學按喪遇閏月六朝諸儒辨論非一其最為合理者王彪之譙王恬戴謐郗愔庾蔚之諸議也其似理而非者吴商劉遵謝攸孔粲鄭襲劉眈傅休諸議也至范甯之說謂前閏亾者取後閏之日為忌則謬妄不經非所語于喪之正禮也若夫王儉小祥舍閏之議梁武一月兩屬之言亦率情而談初無準據豈若牛弘之所定為經通而可久哉

呂柟曰禮疑喪不計閏謂在二十七月之中也閏月遭喪無補閏之禮閏前當禫無待閏之禮朞值閏亦不計

萬斯同曰喪遇閏月如簡文帝湘東妃鄱陽王之類辨之甚易王彪之庾蔚之諸儒所言可謂得其衷矣至於齊穆妃之小祥依十一月而練之期則宜數閏月依十三月而祥之期則又不宜數閏月此王儉褚淵輩所以反覆不已也愚謂練既取十一月為正自當并數閏月而以四月練祥必

取周忌為正自當滿夫周歲而以七月祥雖練祥相去三月亦何害禮之有王儉之言名為禮疑從重而其實未盡乎禮也當時盈廷之議始雖相難而後卒相從者豈盡屈于其禮哉亦由儉權重而辨博屈于其勢而不敢爭也且夫月數者數閏歲數者沒閏斯禮也誰不知之如依淵輩之說練則數閏祥則沒閏于禮原不相背也何必于月數者而亦沒閏乎期之練祥原為父在為母及妻喪而設後世母服既增為三年妻喪又廢夫練祥則前此紛紛之辨論舉無所用之矣予特惡夫儉之強辭好勝也故為折之如此

改另案低四字寫

讀禮通考卷二十五

喪期

心喪

徐乾學曰聖人制喪服所以序倫紀也在昔司徒敬敷五教一曰父子有親故父母爲斬衰齊衰之首二曰君臣有義故君服次之三曰夫婦有別故夫妻之服又次之四曰長幼有序故世父母叔父母昆弟昆弟之子又次之五曰朋友有信宜亦有服而不著也獨見於記中曰朋友麻註云弔服加麻也其服素弁環絰疑衰布裳既葬除之至於師弟則尤重矣欒貞子曰民生於三事之如一蓋亞於君親矣乃并不列於五倫何歟說者以爲蓋統于朋友之中矣然則師

讀禮通考卷二十五

喪期

心喪

徐乾學曰聖人制喪服所以序倫紀也在昔司徒敬敷五教一曰父子有親故父母爲斬衰齊衰之首二曰君臣有義故君服次之三曰夫婦有別故夫妻之服又次之四曰長幼有序故世父母叔父母昆弟昆弟之子又次之五曰朋友有信宜亦有服而不著也獨見於記中曰朋友麻註云弔服加麻也其服素弁環絰疑衰布裳既葬除之至於師弟則尤重矣欒貞子曰民生於三事之如一蓋亞於君親矣乃并不列於五倫何歟說者以爲蓋統于朋友之中矣然則師

弟與朋友若是班乎曰非也友之名與義皆非可輕也有父事之友有兄事之友若父所交友則固非吾所得友也然其名不過曰執友曾子曰君子以文會友以友輔仁師以傳道尤必待友之相成友顧不重歟且夫朋友可以該師弟師弟不可以該朋友猶夫長幼可以該尊卑尊卑不可以該長幼也此立文之體也孔子之喪二三子絰而出絰必素弁矣必疑衰矣此師弟之服見于朋友之說也聖人又以爲師之恩重未足以報也于是乎有心喪爲師心喪三年如事父爲朋友心喪期年如事兄用示差等焉然則何爲不明著其服而謂之心喪也曰是有微權焉鄉塾歲更師學校無常師醫巫百工亦曰師若友之族則益衆矣盡人而心喪之不滋僞乎心喪者生乎心者

也苟其心有不得已焉則喪之可也由是門生爲舉主故吏爲舊君治民爲守令以及親屬之厭于所尊而不得遂者皆可與于心喪之數也

檀弓上　事師無犯無隱左右就養無方服勤至死心喪三年　註心喪戚容如父而無服○疏事師無犯是同親之恩無隱是同君之義●師所以成我無犯與親同無隱則與親異無隱與君同無犯則與君異喪三年則與君親同無服則與君親異師之有喪不始于古蓋先王之變禮歟

馬晞孟曰爲師心喪雖有哀戚之情而不爲齊斬之服何者學校有師皆出于先王命教之所使而學之者亦無常師教出于上則不可歸德于師師無常則不能皆爲三年之喪然則孔子之喪門人若喪父而無服者蓋上世以來未嘗有也則亦以心致其哀而已矣

方慤曰君親之與師相須而後成吾之身報之當何如哉亦惟其稱而已故其喪之也或以致或以方或以心所以盡三年之隆則一也欒共子曰民生于三事之如一蓋謂是矣

乾學按心喪之說始見于此蓋以師恩深重不可以制服而又不可竟以無服處之故雖外無衰絰之制內實存哀痛之心如

子之所以戚父者此實耑爲無服而恩重者設非概施于有服之人蓋以外既有服則内之哀戚所不必言故凡有服者皆無心喪之制也後世服期服而不得遂其三年者率行心喪此雖非古人制禮之本意然禮以義起亦先王之所許也

學記師無當於五服五服弗得不親註當猶主也五服斬衰至緦麻之親○疏師於弟子不當五服之一人若無師教誨則五服之情不相和親也師情有在三年之義故亦與親爲類

奔喪哭師於廟門外

方慤曰師以道之尊而有别于父故於廟門外

檀弓孔子曰師吾哭諸寢

盧植曰有父道故於所寢哭之

馬晞孟曰寢所以安身而所哭必成己之德乃可以哭諸寢在寢則私之者也故不敢哭諸廟其死則心喪而已

陸佃曰禮哭師於廟門外而孔子曰師吾哭諸寢至是師少隆矣

檀弓孔子之喪門人疑所服註無喪師之禮子貢曰昔者夫子之喪顔淵若喪子而無服喪子路亦然請喪夫子若喪父而無服註無服不爲衰弔服而加麻心喪三年○疏禮喪師無服然夫子聖人與凡師不等當特加喪禮故疑所服也按喪服朋友麻知師亦加麻也麻謂絰與帶皆用麻既葬除之

胡銓曰師友服皆弔服加麻謂服緦之絰帶以麻爲之

孔子之喪二三子皆絰而出註尊師也出謂有所之適然羣居則凡弔服加麻者出則變服羣居則絰出則否註羣謂七十二弟子相爲朋友服子夏曰吾離羣而索居

張載曰羣居則絰出則否喪常師之禮也絰而出特厚於孔子也

陸佃曰二三子蓋謂七十子知師之深者也孔子之徒三千羣者不在七十子之列者也其服孔子如此

吳澄曰按鄭陸二說不同然皆當斷羣字爲一句疑未安竊意記者先記孔門弟子爲師之特禮又記凡爲師與朋友弔服加麻之常禮以表出不釋絰者之爲特而非常也張子說優

湛若水曰經而出者何也隆師之禮也恩之重也羣居者何也同居也朋
友有同道之恩又同居焉生親親之情矣其經者何也服緦之經帶也出
否者何也朋友之
禮也其恩輕也
徐師曾曰此章當削今姑依文解之而辨其非言孔子之喪門人皆經而
出所以隆師也若論常禮羣居則經出則免經今經而出加于常禮故知
其隆師也然前章既云若喪父而無服則不經可知矣若謂弔服加麻之
環經此特出于一時耳弟子羣居則令守喪之謂非來弔也豈得加麻乎
鄭註以羣居爲朋友尤爲不通蓋羣居對出而言非謂朋友也鄭氏
既爲此說疏家遂云弔服不得稱服以解前章無服之義不亦謬也

家語子游曰吾聞諸夫子喪朋友居則經出則否喪所尊雖經而出可也

孟子滕文公篇昔者孔子沒三年之外門人治任將歸入揖於子貢相嚮而哭皆失聲然後歸子貢反築室於場獨居三年然後歸

集註三年古者爲師心喪三年若喪父
而無服也任擔也場冢上之壇場也

史記孔子世家孔子葬魯城北泗上弟子皆服三年三年心喪畢相訣而去則哭各復盡哀或復留唯子貢廬於冢上凡六年然後去

乾學按此弟子爲師心喪始見於史者也與檀弓所言合

白虎通德論弟子爲師服者弟子有君臣父子朋友之道也故生則尊敬而親之死則哀痛之恩深義重故爲之隆服入則絰出則否

漢書夏侯勝傳勝遷太子太傅卒官賜冢塋葬平陵太后爲勝素服五日以報師傅之恩儒者以爲榮

兩龔傳勝死門人衰絰治喪者以百數

揚雄傳雄天鳳五年卒侯芭爲起墳喪之三年

後漢書李固傳固既被殺梁冀暴固屍於四衢令有敢臨者加其罪固弟子汝南郭亮年始成童遊學洛陽乃左提章鉞右秉鈇鑕詣闕上書乞收固屍不許因往臨哭陳辭於前遂守喪不去太后聞而不知南

陽人董班亦往哭固而殉尸不肯去先賢傳曰班少遊太學宗事李固才高行美不交非類嘗耦耕澤畔惡衣蔬食聞固死乃星行奔赴哭泣盡哀司隸按狀奏聞天子釋而不罪班遂守屍積十日不冒去桓帝嘉其義烈聽許送喪到漢中赴葬畢而還也太后憐之乃聽得遂斂歸葬二人由此顯名

荀淑傳淑建和三年卒李膺時爲尚書自表師喪卹寶曰格子曰表師喪自李膺爲荀淑始制舉主服自荀爽爲袁逢始皆厚之道也礼惟其稱隆汚在人觀過知仁不有君子者乎

陳寔傳寔卒于家海內赴者三萬餘人制衰麻者以百數

延篤傳篤爲平陽矦相以師喪棄官奔赴

儒林任末傳末奔師喪於道物故臨命勑兄子造曰必致我尸於師門使死而有知魂靈不慙如其無知得土而已造從之

黨錮孔昱傳昱補洛陽令以師喪棄官卒于家

鄭玄傳玄卒自郡守以下嘗受業者縗絰赴會千餘

人

〔方術傳〕李郃卒於家門人上黨馮冑獨制服心喪三年時人異之

乾學按此數傳或止言奔喪然至棄官則當時亦必制服可知故并志之

〔水經注〕郭林宗卒門人著錫衰者千數

〔金石録〕元初四年三月鄭令景君被病喪身歸于幽冥門人服義百有餘人

〔金石録〕漢封丘令王元賞碑陰載門生始名有云右奔喪右斬杖三年余甞爲聖人之制禮爲可繼也無過與不及之槩務合于中庸而已禮曰事師無隱服勤至死心喪三年孔子之喪門人疑所服子貢曰昔者夫子之喪顏淵若喪子而無服喪子

路亦然請喪夫子若喪父而無服彼漢人爲王君乃爲斬衰之服於禮無乃過乎

〔三國志王朗傳〕朗除菑丘長師太尉楊賜賜薨棄官行服子肅甘露元年薨門生縗絰者以百數

〔劉馬傳〕馬以宗室拜中郎後以師祝公喪去位裴松之曰祝公司徒祝恬也

風俗通義[illegible]敦煌宣度爲師太常張文明制杖謹案孔子之喪門人疑所服子貢曰請喪夫子如父而無服羣居則否今人乃爲制杖同之於父論者既不匡糾而云觀過知仁謂心之哀惻終始一者也凡今杖者皆在權戚之門至有家遭齊衰同生之痛俯伏墳墓而不歸来真不愛其親而愛他人者也無他也庶福報耳凡庸小夫何

風俗通條內 羣居則否 應作羣居則絰 出則否

議稱然宣度凉州知名士吾是以云耳

通典師弟子相爲服議魏王肅曰禮師弟子無服以

通典條內出入常經出則變服出則上

添朋○○友兩字或爲○○友兩字

寢○蜀譙周曰爲師如本有

師少長所成就者雖服除心喪

皆三年曹弁敏問曰弔服加麻者幾時而除鄭稱荅

曰凡弔服加麻者三月除之師朋友嫂叔族姑姊妹

嫁者皆弔服加麻爲師出入常經出則變服○晉賀

循謂如朋友之禮異者雖出行猶經所以尊師也按

禮記夫子之喪門人疑所服子貢曰昔夫子喪顏回

若喪子而無服請喪夫子若喪父而無服於是門人

廬于墓所心喪三年蓋師徒之恩重也無服者謂無

正喪之服也孔子之喪二三子皆經而出注曰爲師

也然則凡弔服加麻者出則變服矣范寗問曰奔喪

路亦然請喪夫子若喪父而無服彼漢人爲王君乃爲斬衰之服於禮無乃過乎

三國志王朗傳朗除菑丘長師太尉楊賜賜薨棄官行服子肅甘露元年薨門生縗絰者以百數

劉焉傳焉以宗室拜中郎後以師祝公喪去位裴松之曰祝公司徒祝恬也

風俗通義大將軍掾燉煌宣度爲師太常張文明制杖謹案禮記孔子之喪門人疑所服子貢曰請喪夫子如父而無服羣居則否今人乃爲制杖同之於父論者既不匡糾而云觀過知仁謂心之哀惻終始一者也凡今杖者皆在權戚之門至有家遭齊衰同生之痛俯伏墳墓而不歸来真不愛其親而愛他人者也無他也庶福報耳凡庸小夫何

議稱然宣度涼州知名士吾是以云耳

通典師弟子相爲服議魏王肅曰禮師弟子無服以弔服加麻臨之哭之於寢○蜀譙周曰爲師如本有服降而無服者其爲師少長所成就者雖服除心喪皆三年曺弁敏問曰弔服加麻者幾時而除鄭稱荅曰凡弔服加麻者三月除之師朋友嫂叔族姑姊妹嫁者皆弔服加麻爲師出入常絰出則變服○晉賀循謂如朋友之禮異者雖出行猶絰所以尊師也按禮記夫子之喪門人疑所服子貢曰昔夫子喪顏回若喪子而無服請喪夫子若喪父而無服於是門人廬于墓所心喪三年盡師徒之恩重也無服者謂無正喪之服也孔子之喪二三子皆絰而出注曰爲師也然則凡弔服加麻者出則變服矣范甯問曰奔喪

禮師哭於廟門外孔子曰師吾哭之寢何邪徐邈荅曰蓋殷周禮異也○宋庾蔚之謂今受業於先生者皆不執弟子之禮唯師氏之官王命所置故諸王之敬師國子生之服祭酒猶粗依古禮弔服加麻既葬除之但不心喪三年耳

晉書禮志喪服無弟子爲師服之制新禮弟子爲師齊衰三月摯虞以爲自古無師服之制故仲尼之喪門人心喪三年此則懷三年之哀而無齊衰之制也先聖爲禮必易從而可傳師徒義誠重而服制不著歷代相襲不以爲缺且尋師者以彌高爲得故屢遷而不嫌修業者以日新爲益故舍舊而不疑仲尼稱三人行必有我師焉子貢云夫何常師之有淺教之師暫學之徒不可皆爲之服義有輕重服有廢興則

臧否由之而起是非因之而爭愛惡相攻悔吝生焉宜定新禮無服如舊詔從之

孝友傳許孜東陽吳寧人師事豫章太守會稽孔冲學竟還鄉里冲在郡卒孜聞問盡哀負擔奔赴送喪還會稽蔬食執役制服三年

隱逸傳郭瑀敦煌人東遊張掖師事郭荷盡傳其業荷卒瑀以爲父生之師成之君爵之而五服之制師不服重蓋聖人謙也遂服斬衰廬墓三年

唐書王義方傳義方卒門人員半千何彥先行喪蒔松柏塚側三年乃去

宋胡瑗卒凶訃至京學士錢公輔與太學生徒百餘人詣興國戒壇院舉哀自陳師喪給假二日近時無此事

二程全書師不立服不可立也當以情之厚薄事之大小處之如顔閔於孔子雖斬衰三年可也其成已之功與君父並其次各有淺深稱其情而已下至曲藝莫不有師豈可一槩制服

張子全書聖人不制師之服師無定体如何是師見彼之善而已效之便是師也故有得其一言一義如朋友者有相親炙而如兄弟者有成就已身而恩如天地父母者豈可一槩服之故聖人不制其服心喪之可也孔子死弔服加麻亦是服也却不得謂無服也

伊洛淵源録胡文定荅其子宏其一如子弟之於父兄居則侍立出則杖屨服勤至死心喪三年若子貢曾子之於仲尼近世呂與叔潘康仲之於張

横渠是也

宋史文苑傳張耒初在潁聞蘇軾訃爲舉哀行服言者以爲言遂貶房州別駕安置於黄

道學傳黄榦受業朱熹熹卒訃聞榦持心喪三年

王褘擬元儒林傳云何文定公基卒於咸淳戊辰金履祥謂治喪之禮四方所觀瞻乃攷案禮制而爲之議曰爲師服者弔服加麻心喪三年古之制也布襴俗服也今之服緦功以上者用之生絹鈎領之衫俗服也今之服緦麻者亦用之服也今緦麻之服是不得同喪父無服之重也疑衰古士之弔服也其服亡矣白布深衣古庶人之弔服也其制今猶存焉然古之士今之官也今之士其未仕者古之庶人也宜用古庶人之弔服而以深衣爲弔服

昔朱子之服門人用細麻深衣而布緣矣然凡布皆麻古以三十升麻爲麻冕之布以十五升麻爲深衣之布深衣之麻自司馬氏朱氏皆云用極細布則深衣布用苧代麻久矣其緣則孤子純以素是喪父既除之服也孔門喪夫子若喪父而無服則以喪父服除之服爲若喪父無服之服其純用素可也其冠則庶人之弔素委貌失其制矣以白布代之而加素絰于冠可也加麻之絰緦服之絰也今用緦麻而小可也加麻之帶緦服之帶也今用細苧可也所謂疑衰擬于衰者也王文憲公柏乃與治喪者首遵用之而履祥因復攷深衣之制爲之外傳及文憲沒履祥率門人制服如初鄉人乃始知師弟子之義繫於常倫之重如此

敖英東郭贊言或問昔者孔子沒子貢築室於場獨居三年然後歸揚時之於伊川黃榦之於晦菴亦猶子貢之在孔門也及程朱下世不聞二子有廬墓之戚何也余按古禮師死心喪三年若喪父而無服夫父喪無廬墓之制而師顧廬之豈師父之恩殊科邪且記者言子貢獨居三年然後歸觀獨居二字可見當時在門諸賢莫之能從也乃子貢獨行其志以報夫子罔極之恩前乎此者無證也後乎此者無繼也所謂賢者過之也夫賢者之過非道之中也非道之中子何必於龜山勉齋責備邪

乾學按濂洛關陝諸大儒相繼而興一時從遊之士遍于海內其所以事之者迥異於常師暨其卒也宜必有制服行喪者今遍攷伊洛淵源録名臣言行録及宋史道學儒林諸傳寔寥寥罕聞焉何諸賢之事師反不若漢之經師也豈當時果不爲制服耶抑有之而傳者失記耶吾觀呂與叔之傳初不言爲師心喪而胡文定之書言之則知有而失記者多矣不然不幾令人

讀禮通考　卷二十五　九

疑洛閩諸高弟爲薄于其事師之禮哉

元史儒學傳韓擇奉元人尤邃禮樂有質問者口講指畫無倦容其卒也門人爲服緦麻者百餘人

輟耕錄顧德玉字潤之檇李人幼從寧國路儒學教授俞觀光先生學先生無子嘗語人曰吾昔寢疾于杭潤之侍湯藥情至切若父子醫爲之感動弗忍受金令吾行且老必託之以死既而訪醫吳中病且革趣舟歸潤之進次尹山卒時後至元初元閏十二月戊子也明日乃至檇李潤之奉其屍斂于家衰絰就位邦人士爲潤之來弔者潤之拜之越明年葬于海鹽近顧氏之先塋歲時祭享惟謹或曰斂于家禮歟曰吾聞師哭諸寢又云生於我乎館死於我乎殯非家斂之則將師尸委諸草

莽生服其訓死而委諸草莽有人心者弗爲也曰師無服而爲衰絰固近于掠美矣曰疑衰加麻之絰帶禮也故曰二三子絰而出既葬除之心喪感容終三年夫民生于三師居其一于父子也何異今吾則加一等以行之盖出于人心天理之本然若之何其惑也聞者歎服俞先生諱長孺越之新昌人

湛若水師陳獻章獻章没若水心喪三年

鄒守益師事王守仁守仁没守益行心喪之禮

錢德洪字緒山師事王陽明嘉靖丙戌舉進士未廷試而歸戊子冬將治裝北上途中聞陽明之喪往迎至廣信且馳書於其父具陳父生師

教頗爲喪服父曰吾貧與祿養豈忍以貧故俾兒薄其師許之與同門王畿議服制德洪以父母在麻衣布絰弗敢加也畿請服斬衰以從築場廬墓三年而後去

吕枬受業於行人孫昂昂没爲之服衰及枬卒高陵人爲罷市三日四方學者聞訃皆設位持心喪

于仲子師服議記曰事師無犯無隱左右就養無方服勤至死心喪三年心喪者心誠致其哀慼云爾而觧者曰若喪父而無服夫君子之著情也以文而其事生也以心以心事之必以心喪之以心恫之必以儀呈之未有二其心而無其儀者也夫鐘鼓羽籥所以飾喜也鈇鉞干戚所以飾怒也有是哀于中方有是服于外有是服于外必有是哀于中故曰戚容稱其服夫容不可以僞爲也孝子居喪食旨不甘聞樂不樂夫不樂心不樂之也不甘心不甘之也若曰心甘之而不甘之心樂之而不樂之則喪礼者僞而已矣本人情以制礼不如是之强世也予近歷內外艱始知聖人制礼無毫末加于人情之外者節而之于中則有之矣夫九族之等以次而推則以次而降其推也情之不容已也其降也義之不可加也無意必也故由齊斬以至於緦其志一也故父之喪謂之斬母之喪謂之齊祖妣伯叔兄弟之喪謂之期又由是降而大功小功緦皆以父母兄弟身推之

也師之喪既不可等之父母又不可同之兄弟故謂之心喪也夫先王之制服也緣事生之情以定喪死之制由喪死之制可知事生之情故有以義服者有以恩服者人之于父子兄弟也以恩言也其在君臣朋友也以義言也師之于弟子恩義之間也恩既可以擬于父子兄弟義亦可參之君臣朋友四者之間可以行服也矣故予妄議以爲心喪之說心誠篤之之謂也弟子之事師也事之以心而師之教弟子也成之以心故弟子之報師也亦以心心至而禮篤矣昔者孔子沒七十子服心喪三年然後去夫不去者不敢死其師也心師者不敢欺于內也若是而古人嚴師之禮不亦切乎當羣弟子各致其土之木而植之乎孔氏之冢其志固已哀矣迨夫治任將歸相嚮而哭失聲此情此德固無毫末之強流于心而感于人可動千古者也三年之久哭尚失聲始喪至期吉容而無服孔門弟子必不然矣吾意古人之喪師必如期之喪服而期之外未能遽忘也故曰心喪云爾是心喪者言其無已之心也非無服之文也或曰師之義誠重矣然遽等于至親之期則至親之恩禮爲殺奈何余曰今之人無師也今之世無師道也自洙泗之教衰民不興行秦漢而降有經師訓詁焉耳晉宋隋唐有辭賦師著華焉耳宋元迄今有舉業師聲利焉耳皆不可以稱師昌黎作師說嘆人之無師而舉夫巫醫樂師今之爲師者其計利之心固無異於巫醫樂師之類而事師之禮曾不如巫醫樂師之類也不亦異哉夫人之生也有君臣父子兄弟夫婦之倫而朋友介乎其間獨若無所爲者乃共之而稱五何也蓋惇倫必須於明德而進賢必資於取友朋友之義盡則君臣以正父子以親兄弟以睦夫婦以別故友道之於人重矣師也者友之致嚴者也成德之莫切者也可以繼往可以垂後可以開人經世皆於師乎得之則師之爲德輕重大小宜如何報也昔宋岳武穆王學射周同及同沒朔望必祭其墓終身不輟夫武穆天性忠孝以之事師固宜如此然武穆猶武人也於學射之一藝圖報如此矧以逢掖之倫受賢聖之訓而在三之事可忘哉

韓如璜喪禮疏云記曰事師服勤至死心喪三年心喪者身無衰絰之服而心有哀戚之情子貢請喪孔子若喪父而無服是也程子云師不可立服當以情之厚薄處之張子謂師無定不可以一槩服之此古者不制服之義歟夫弟之于師固心喪而無服矣若夫弔奠之時從葬之際服何服歟禮曰朋友麻註曰弔服加麻師與朋友同已葬除之

顧大韶放言七十子之事孔子也若事父其喪孔子也若喪父而無服矣然而終不能爲之服者何也懼啓後世之爭也使喪服有師弟之條則世所謂句讀之師百工技藝之師以市井爲心交易爲道者將安所置之邪故聖人渾之而教之心喪焉夫曰心喪則其事之如父也與視之如市人也烏乎知之亦惟其心焉知之而已夫朋友亦猶是也

汪琬曰或問師弟子何以無服也曰昔者孔子之喪顏回也若喪子而無服子貢請喪夫子若喪父而無服今之爲師爲弟子者其視夫子子貢何如而遂相爲服也先儒謂師不立服不可立此說是也然則弔服加麻出八皆絰者非歟曰昔者朱文公之喪黃文肅公爲其師加麻制如深衣用冠絰何文定公之喪王文憲公服深衣加帶絰冠加絲武許文正公薨蒲人王楫衰絰赴葬司賓者辭曰門人衰禮歟楫曰吾師也術藝之師與賓主之師與吾猶懼乎報之無從耳由是言之後世有人師經師如朱何許三先生者夫亦可以用此服矣

乾學按儀禮喪服記言朋友麻注疏謂麻者弔服加麻既葬除之大夫士之葬爲期三月則朋友有三月之服明矣夫朋友尚

有三月之服師之恩義豈不更重於朋友哉柰之何其反無服也說者謂師與友同言友則師在其中此言似矣而猶未盡也夫朋友於我爲同輩故可以弔服而加麻師在三之義與君父並而可以朋友之服服之乎然則宜何服愚謂當倣庶人爲國君族人爲宗子之禮齊衰三月葢服以齊衰分之尊也期以三月友之例也庶乎情與義之閒兩得之矣觀唐制門生於舉主服齊衰三月人不以爲非夫舉主尚服以齊衰而謂弟之於師不可用齊衰之服哉若夫淺學之師曲藝之師則固有辨何可與傳道授業者同日而語也

萬斯同曰檀弓曰孔子之喪門人疑所服子貢曰夫子之喪顏回若喪子而無服請喪夫子若喪父而無服吾讀禮至此未嘗不嘆記禮者之失言也夫父之服子以期惟宗子為長子三年其餘則長子与衆子均齊衰期年子之服父以斬若是乎父之為子與子之與父其禮原有不同也夫子之于門人可以無服而門人之於夫子亦可以無服乎倘謂師不服弟而弟亦可不服師則父服子以期者子亦將報之以期乎愚謂情若父子可也因師無服而弟亦無服則不可也禮又言孔子之喪二三子皆絰而出夫喪莫重乎首絰既加絰則必用素弁矣既素弁則必用疑衰矣凡此非喪服而何而何以云無服也孟子亦言三年之外門人治任將歸相嚮而哭彼三年之中既羣聚於廬內豈以吉服相對乎知其必有服無疑也而子貢乃更築室獨居三年始返彼隆于師誼如此豈肯覥為無服之說以薄待其師耶愚謂喪父無服之言必記禮者失其真而非子貢實有是言也乃自檀弓載此說後之論師服者率以此為據紛紛之論皆謂師不當制服則皆此說有以啓之也夫朋友麻之文載在儀禮聖門諸子豈有不知之者而謂其待夫子反不若朋友哉吾因以為非子貢之言也

右弟子為師

儀禮喪服記朋友麻

註朋友雖無親有同道之恩相為服緦之絰帶檀弓曰羣居則絰出則否其服弔服也周禮曰凡弔當事則弁絰弁絰者如爵弁而素加環絰也其服有三錫衰也緦麻也疑衰也王為三公六卿錫衰為諸侯緦麻為大夫士疑衰諸侯及卿大夫亦以錫衰為弔服當事則弁絰否則皮弁辟天子也士以緦麻為喪服其弔服則疑衰也舊說以為士弔服布上素下或曰素委貌冠加朝服論語曰緇衣羔裘又曰羔裘玄冠不以弔何朝服之有乎然則二者皆有似也此實疑衰也其弁絰皮弁之時則如卿大夫然又改其裳以素辟諸侯也朋友之相為服即士弔服疑

衰素裳庶人不爵弁則其弔服素冠委貌○疏知緦之經帶者以緦是五服之輕爲朋友之經帶約與之等故云緦之經帶也其服弔服者以其不在五服五服之外唯有弔服故引周禮弔服之等證此朋友麻實疑衰也知士弔服爲疑衰者士卑無降服旣以緦爲喪服不得復將緦爲弔服故向下取疑衰爲弔服也舊說者以士弔服無文故或以爲布上素下或以爲素委貌加朝服前有此二種解故鄭引論語破之言朝服不合首加素委貌又布上素下近是天子之朝服又不言首所加故非之也二者皆有似者未小斂以前容有著朝服弔法但非正弔法之服又布上素下近士之弔服素下故云有似也又改其裳以素辟諸侯者諸侯及卿大夫不著皮弁辟天子此諸侯之士不著疑衰裳而用素又辟諸侯也故朋友之相爲服即士弔服疑衰素裳是鄭正解士之弔服庶人不爵弁則其冠素委貌不言其服則白布深衣也以白布深衣庶人之常服又尊卑始死未成服以前服之故庶人得爲弔服也凡弔服直云素弁環經不言帶或云有經有帶但弔服旣著衰首有經不可著吉時之大帶吉時之大帶有有采麻旣不加于采〻可得加于凶服乎按此注服緦之經帶則三衰經帶同有可知

朱子曰喪服五服皆用麻朋友麻是加麻于弔服之上麻謂經也

敖繼公曰天子弔服三錫衰也緦衰也疑衰也諸侯弔服二錫衰也疑衰也皆用于臣承國君不相弔則亦未必有朋友之服是記蓋主爲大夫以下言之服問謂大夫相爲錫衰以居當事則弁經此大夫于朋友之爲大夫者服也以是推之則大夫于士若士于大夫皆疑衰裳雖當事亦素冠也士庶人相爲亦然其服皆加麻旣葬乃已若非朋友則弔之時其服皆與朋友同所異者退則不服耳疑衰者亦十五升而去其半蓋布縷皆有

事者也布縷皆有事則疑于吉升數與緦錫同則疑于凶故因以名之

朋友皆在他邦袒免歸則已　註謂服無親者當爲之主每至袒時則袒袒則去冠代之以免已猶止也歸有主則止也主若幼少則未止小記曰大功者主人之喪有三年者則必爲之再祭朋友虞祔而已○疏謂同門曰朋同志曰友或共遊學皆在他國而死若每至可袒之節則爲之袒而免與宗族五世袒免同歸則已者謂在他國袒免爲死者無主歸至家自有主則至不爲袒免也

馬晞孟曰古者朋友之喪若兄弟而無服其弔哭則麻絰可也蓋死喪之戚致哀戚者兄弟而已若朋友皆在他邦而無宗族兄弟乃得施親親之恩相爲袒免

敖繼公曰朋友相爲弔服加麻也此亦爲其客死于外尤可哀憐故加一等而爲之袒免以示其情歸于其國則復故而如其常服故曰歸則已也死于他邦者朋友袒免兄弟加一等其意正同此云歸則已是兄弟雖歸其加服故自若也亦足以見親疏之殺矣

檀弓　孔子曰父之友吾哭諸廟門之外朋友吾哭諸寢門之外所知吾哭諸野

馬晞孟曰所知非朋友之比志不必同方道不必同術汎愛以交之者也

喪服小記　哭朋友者於門外之右南面　註門外寢門外

奔所知之喪則哭于宮而后之墓　註宮殯宮也○疏所知由主人乃致哀戚故先哭于

宮

檀弓上曾子曰朋友之墓有宿草而不哭焉註宿草謂陳根也爲師心喪三年於朋友期可也。疏草經一年則根陳朋友相爲哭一期草根陳乃不哭也所以然者朋友雖無親而有同道之恩言朋友期而猶哭者非謂在家立哭位以終期年張敷云謂于一歲之內如聞朋友之喪或經過朋友之墓及事故須哭如此則哭焉若期之外則不哭也

王肅曰謂過期不復哭

方慤曰師猶父朋友相視猶兄弟既以喪父之義處喪師則以喪兄弟之義處喪朋友不亦可乎墓有宿草則期年矣是以兄弟之義喪之也

陳澔曰生既館之死則當殯應氏曰朋友以義合謂之賓客者以其自遠方而來也

黃叔陽曰此章當爲疑經蓋倣魯論而爲之辭也夫朋友既死而無所歸曰於我殯可也若朋友方至而無所館則義當館而館之何必豫擬其死而曰於我乎殯哉此雖厚道然非人情不可信也

賓客至無所館曰生於我乎館死於我乎殯註仁者不忍人

論語朋友死無所歸曰於我殯註孔曰重朋友之恩無所歸言無親昵。疏言朋友若死更無親昵可歸孔子則曰於我殯與之爲喪主也。集注朋友以義合死無所歸不得不殯

孔叢子秦莊子死孟武伯問於孔子曰古者同寮

有服乎荅曰然同寮有相友之義貴賤殊等不爲同官聞諸老聃昔者虢叔閎夭太顛散宜生南宫适五臣同寮比德以贊文武及虢叔死四人者爲之服朋友之服古之達理者行之也

魯人有同歲上計而死者欲爲之服問於季彦季彦曰有恩好其緦乎昔諸侯大夫共會事于王及以君命同盟霸主其死則有哭臨之禮今之上計並覲天子有交燕之歡同盟綈素上紀先君下録子弟相敦以好相勵以義又數相往來特有私親雖比之朋友不亦可乎（季彦孔僖次子）

後漢書獨行傳范式字巨卿張劭字元伯相與爲友劭尋卒式忽夢見元伯而呼曰巨卿吾以某日死當以爾時葬子未我忘豈能相及式恍然覺寤便服朋

友之服投其葬日馳往赴之式未及到而柩已發引既至壙將窆而柩不肯進其母撫之曰元伯豈有望邪遂停柩移時乃見有素車白馬號哭而來其母望之曰是必范巨卿也既至式因執紼而引柩於是乃前式遂留止冢次爲修墳樹然後乃去

水經注郭林宗卒陳留蔡伯喈范陽盧子幹扶風馬日磾等遠來奔喪持朋友服心喪朞年者如韓子助宗子後等二十四人

通典朋友相爲服議漢戴德云以朋友有同道之恩加麻三月○魏劉德議問曰小記云朋友虞祔而已此謂主幼而爲虞祔也若都無主族神不歆非類當爲虞祔否田瓊荅曰虞安神也祔以死者祔於祖也既朋友恩舊歡愛固當安之祔之然後義備也但後

讀禮通考　卷二十五

日不常祭之耳又問朋友無所歸曰於我殯若此者當迎彼還已館皆當停柩於何所荅曰朋友無所歸故呼而殯之不謂已殯迎之也于已館而殯之者殯之而已不於西階也○晉曹述初問有仁人義士矜幼攜養積年爲之制服當無疑邪徐邈荅曰禮緣情耳同爨緦又朋友麻

北史隱逸傳眭夸少與崔浩爲莫逆之交浩爲司徒奏徵爲中郎辭疾不赴及浩没爲之素服受鄉人弔唁經一時乃止

節義傳馬八龍武强人輕財重義友人武遂縣尹靈哲在軍喪亡八龍聞即奔赴負屍而歸以家財殯葬爲制緦麻撫其孤遺恩如所生州郡表列詔表門閭

唐書文藝傳杜審言少與李嶠崔融蘇味道爲文章

四友融之亡審言爲服緦云崔融傳同
李白集上安州裴長史書昔與蜀中友人吳指南同遊于楚指南死于洞庭之上白禫服慟哭若喪天倫炎月伏尸泣盡而繼之以血行道聞者悲皆傷心猛虎前臨堅守不動遂權殯于湖側便至金陵數年來觀筋肉尚在白雪泣持刃躬申洗削裹肉徒步負之而趨寢興攜持無輟身手遂丐貸營葬于鄂城之東故鄉路遠魂魄無主禮以遷窆式昭朋情此則是白存交重義也
文苑英華崔祐甫廣喪朋友議殿中侍御史安定皇甫政字公理故尚書左丞之子文行兼茂其儔蓋寡祐甫昔年嘗爲左丞使介而公理又余之族甥故狎焉大曆七年余寓滁而公理寓楚適有來

訊示余以所著喪朋友議又諗余曰政自從事于
文舅氏未嘗以一言見誨豈所望哉盍示今議之
利病猗歟公理年未四十班在赤墀爲王近臣乃
不遺我謏狹周爰諮詢以師道見待我亦何有但
美子之求益不倦因覽斯議忽憶永泰中于穆鄂
州寧席與故湖南觀察韋大夫之晉同宴適有發
遠書者知鄭郴州炅麗歙州濬或以疾而没或遇
戕于盜韋氏出涕沱若而言曰二刺史之晉之友
也於是歛匕箸離筵席歸於所次而哭三日人來
弔之者韋則盡哀長號不徒慼容而已又間歲祐
甫佐江南西道連帥魏尚書時屬幕中之參佐有
加官者卜日爲宴〻前行人至知團練副使考功
邢郎中宇捐館於荆南邢則諸魏之出于尚書爲

内外昆弟適受朝命爲尚書倅僕感杜貰規乎公之事將八言於府主請罷宴若不則請徹樂卒事而同列之士沮之及其宴也大庖具酒鄭衛之女列于賓席之末俳優侏儒設于公堂之下晝日不足繼之以燭追想韋湖南猶孔門之訓其他則我不知因縱言之以報公理示之議當矣又何以規議既成客或謂祐甫曰二觀察頗嘗知其風味公直簡諒則魏先之飾情强仁韋之志也今吾子之論無乃剥魏而附韋乎祐甫應之曰噫寧以他規我是論也我復之有日矣韋湖南飾情强仁誠如來議禮不云乎先王制禮賢者俯而就之不肖者企而及之子張曰先王制禮不敢不至焉韋氏之喪朋友摠不由衷亦與夫二者之義合矣我雖

欲不與其可得哉至于魏尚書公直簡諒清身敬職郡人戴于下豈造次之所盡哉但于邢副使之喪若忍悲而就宴可謂哀樂失其節若情不至焉率而爲宴則禮經所謂直情而徑行者戎狄之道也吾雖欲勿議又不可得也且我之所論者因皇甫公理喪朋友議故縱言及之未敢定之二觀察之褒貶湖南吾取節焉而已矣自漢徐孺子於故舉主之喪徒步千里而行一祭厚則厚矣其於傳繼非可也歷代莫之非也近日張荆州九齡又刻石而美之於是後來之受舉爲參佐者報恩之分往往過當或撓我王憲捨其親戚之罪負舉其不令子孫以竊名位背公死黨茲或近之時論從而與之通人又不救遂往而不返徐生徐生得非失中

之履霜也嘗積憤藴因而書之

韓愈集孟郊墓誌唐元和九年歲在甲午八月已亥貞曜先生孟氏卒無子其配鄭氏以告愈走位哭且召張籍會哭明日使以錢如東都供葬事諸嘗與往來者咸來哭弔韓氏遂以書告興元尹故相餘慶閏月樊宗師使來弔告葬期徵銘以序而銘之

乾學按檀弓伯高死於衛赴於孔子孔子曰夫由賜也見我吾哭諸賜氏遂命子貢爲之主今貞曜死而朋友皆哭于韓氏正子貢爲主之意也韓子其猶行古之道夫○文但言會哭而不言制服豈竟無服乎然既以相弔則必爲弔服可知矣故附志

之

唐書忠義傳吳保安魏州人睿宗時李蒙爲姚州都督宰相郭元振以弟之子仲翔託蒙蒙表爲判官時保安罷義安尉未得調以仲翔里人也不介而見之求事蒙仲翔哀其窮力薦之蒙表掌書記保安後往蒙已深入與蠻戰没仲翔被執蠻之俘華人必厚責財乃肯贖聞仲翔貴胄也求千縑會元振物故保安留嶲州經營十年得縑七百都督楊安居知狀助以貲得仲翔以歸始仲翔爲蠻所役凡十五年後爲代州戶曹母喪服除喟曰吾賴吳公生吾死今親殁可行其志乃求保安于時保安以彭山丞客死喪不克歸仲翔爲服縗絰囊其骨徒跣負之歸葬魏州廬墓三年乃去

家禮爲朋友緦麻三月

汪琬曰或問礼言朋友麻而律文無之何也曰吾聞之同門爲朋同志爲友古之爲朋友者其將與之交也則有始相見之礼其既與之交也則有終身同道之恩蓋慎於初而厚於繼也如此夫惟始慎之繼厚之故沒則哭於寢門之外加麻三月今交道廢矣彼之憧憧往來者飲食而已耳博奕語笑而已耳有善不相勉有過不相規此則孔子謂之所知曾子謂之相識者也非朋友也而顧欲爲之加麻不已重乎夫朋友之服不在五服之内故律文略之後之學者緣情義之深淺厚薄而加折衷焉可也

乾學按儀禮喪服記言朋友皆在他邦袒免又言朋友麻而注疏謂弔服加麻既葬猶除之古人之於朋友不可謂不厚矣然猶在五服之外也至朱子家禮直列之於緦麻之内不已過乎曰緦麻之與弔服加麻名異而實不異也弔服加麻者原用緦之經帶此其同者一也緦用七升半之布而朋友之弔服疑衰亦用七升半之布此其

同者二也緦以三月爲期大夫士之弔亦以三月爲期而言既葬除之此其同者三也朱子亦猶行古之道也何謂已重乎且夫古之篤於友誼如管鮑王貢輩分雖列於朋友情實等於骨肉直以兄弟之服服之亦不爲過而况於緦服乎其他若眭夸之於崔浩則有素服受弔之舉韓愈之於孟郊則有設位會哭之事李商隱之於劉蕡則有不敢哭寢門之句彼其情發於中特無由加服焉耳寧以緦麻之服而謂其已重乎若夫往來徵逐之徒酒食談讌之侶則固非吾所謂朋友也又何服之有哉

疑衰用七升半之布本敖繼公說

〔朱子語類〕朋友麻則弔服而加麻絰耳然不言日數至於祭奠則温公説聞親戚之喪當爲位哭之不當設祭以神靈不在此也又當以厚薄長少而爲之節難以一定

〔王柏朋友服議〕咸淳戊辰臘月十有九夜承北山何先生之訃次蚤排闥往哭之既斂僕雖以深衣入哭隱之於心疑所服之未稱也自我夫子之喪門人不立正服乃以義起若喪父而爲心喪程子曰師不可立也當以情之厚薄事之大小處之若顔閔之于孔子雖斬衰三年可也其成已之功若君父並其次各有淺深稱其情而已僕于北山受教爲甚深豈可自同於流俗因思儀禮喪服有朋友麻三字豈非朋友之服乎鄭康成云朋友雖無親有同道之恩相爲服緦之絰帶又曰士以緦麻爲喪服其弔服則疑衰疑之爲言擬也緦麻之布十五升疑衰十四升即白麻深衣擬于吉服也蓋緦衰服之極輕者也他無服矣止有弔服所以擬之注云弔服加麻其師與朋友同既葬除之疏云以白布深衣庶人之常服又尊卑未成服以前服之故庶人得爲弔服素冠吉屨無絇其弔服圖云庶人弔服素委貌白布深衣士朋友相爲服弔服加麻加麻者即加緦之絰帶是爲疑衰或曰深衣吉服也而可爲弔服乎僕曰注固已云擬於吉服也况非止爲弔服親疾病時男女改服注云庶人服深衣又曰子爲父斬衰尸既襲衣十五升布深衣扱上衽徒跣交手哭是孝子未成服亦服深衣也或者又曰安知深衣爲弔服又爲麻純乎僕曰純之以采者曰深衣純之以麻者曰麻衣純之以素者曰長衣以采緣之衰長在外則曰中衣又各自有名不可亂也或又曰子創爲此服豈不驚世駭俗人將指爲怪

民矣僕曰以深衣爲弔服鄉閭亦行之但未有麻耳是服也勉斎黄先生攷之爲至詳其書進之于朝藏于秘省板行天下非一家之私書也遵而行之豈得爲過僕於北山成服日服深衣加絰帶冠加絲武即素委貌覆以白巾見者未嘗以爲怪越數日通斎葉仲成父來弔僕問昔日穀斎之喪門人何服曰初遭喪時朋友以襴襆加布帶其後共攷儀礼至葬時方以深衣加絰帶僕于是釋然知其無戾於礼也故作朋友服議

宋史文天祥傳武岡教授羅開禮起兵復永豐縣已而兵敗被執死於獄天祥聞開禮死製服哭之哀

陳沂蓄德録明吴文定寬爲修撰時有同年賀恩寢疾將易簀託於公之旁廡公即掃室請遷及卒舉殮於中堂使其子服衰以荅弔者

張獻翼幼于有友姚文學懋言借齋中養疾疾篤其伯氏懋樂欲舁之歸幼于覸然曰生爲吾友死即非吾友邪竟卒於館舍幼于服緦送之

右朋友

蘇州全書

甲編

《蘇州全書》編纂出版委員會 編

·讀禮通考

蘇州大學出版社
古吳軒出版社

讀禮通考卷二十六

喪期

心喪下

後漢書桓典傳典舉孝廉為郎居無幾會國相王吉以罪被誅故人親戚莫敢至者典獨棄官收歛歸葬服喪三年負土成墳為立祠堂盡禮而去

桓鸞傳鸞年四十餘太守向苗乃舉鸞孝廉遷為膠東令始到官而苗卒鸞即去職奔喪終三年然後歸淮汝之間高其義

杜喬傳喬既死與李固俱暴尸於城北家屬故人莫敢視者喬故掾陳留楊匡聞之號泣星行到洛陽乃著故赤幘托為夏門亭吏守衛尸喪驅護蠅蟲積十

二日都官從事執之以聞太后義而不罪匡於是帶鈇鑕詣闕上書并乞李杜二公骸骨太后許之成禮殯殮送喬喪還家葬送行服隱匿不仕

〔竇武傳〕武自殺梟首洛陽都亭武府掾桂陽胡騰少師事武獨殯斂行喪坐以禁錮

〔王允傳〕允年十九為郡吏太守劉瓆下獄死允送喪還平原終畢三年然後歸家復還仕

〔荀爽傳〕司空袁逢舉爽有道不應及逢卒爽制服三年當世往往化以為俗

〔風俗通義〕弘農太守吳匡為侍御史與長樂少府黃瓊共佐清河王後匡去濟南相瓊為司空比比援舉匡家拜尚書遷弘農班詔勸耕道於澠池聞瓊薨即發喪制服上病載輦車還府謹按春秋大

夫出使聞父母之喪徐行而不反君追還之禮也臣雖爲瑱所援舉由郡縣功曹州治中兵曹位朝廷尚書也允所按選豈得復爲君臣者耶今臣剖符守境勸民耕桑國之大事而顧私恩傲很自遂若宮車晏駕何以過茲論者不深察而歸之厚多有是言及其人患失而亦曰其然司空袁周陽舉荀慈明有道太尉鄧伯條舉訾盍直方正二公薨皆制齊衰荀訾通儒于義足責或舉者名位斥落子孫無繼多不親至何乃衰乎過與不及古人同稱弔服之制斯近之矣

通典秀孝爲舉將服議魏景元元年傅玄舉將僕射陳公薨以諮時賢光禄鄭小同云宜準禮而以情義斷之服弔服加麻可也三月除之司徒鄭公云昔王

司徒爲諫議大夫遭舉將喪雖有不反服今不同古便制齊衰三月漢代名臣皆然○宋庾蔚之謂白衣舉秀孝既未爲吏故不宜有舊君之服尊卑不同則無正服弔服加麻可也今人爲守相刺史又無服但身蒙舉達恩深於常謂宜如鄭小同言弔服加麻爲允

宋史李庭芝傳舉進士中第辟孟珙幕中主管機宜文字珙卒遺言薦於賈似道庭芝感珙知己扶其柩葬之興國即棄官歸爲珙行三年喪

錢謙益祭大學士孫承宗文崇禎十二年正月十八日丙子門生錢謙益哭我師高陽公于墓次之明發堂爲位而奠爲士友之來弔者拜爲已而疑所服心喪三年洙泗以後未有聞焉我未之能行

也唐制為座主齊衰三月宋蘇軾之喪張方平也亦然本朝不為座主制服做于唐宋之間其可也於是服齊衰三月越四月十九日丙午始除服為位于斯堂陳庶羞清酌之奠而為文以告

右門生為舉主

襍記孔子曰管仲遇盜取二人焉上以為公臣曰其所與遊辟也可人也注言此人可也但居惡人之中使之犯法管仲死桓公使為之服官於大夫者之為之服也自管仲始也有君命焉爾也注亦記失禮所由也襄桓公不忘賢者之舉官猶仕也此仕於大夫更升於公與遺大夫之諸侯同爾禮不反服○疏依禮仕於大夫升為公臣不合為大夫著服今此二人是仕於大夫升為公臣者之為大夫而著服也從管仲為始言自此以後升為公臣皆服官于大夫之服也

漢後書胡廣傳廣年八十二熹平元年薨故吏自公卿大夫博士議郎以下數百人皆縗絰殯位自終及葬漢興以來人臣之盛未嘗有也

隸釋劉寬遷梁令喪舊君去官

涼州刺史魏元丕碑故吏荒夫雲中太守漢陽口胄泛事口威軼琰等不遠萬里斷制縗裳感恩奔哀

通典郡縣守令遷臨未至而亡新舊吏為服議魏河南尹丞劉綽問曰士孫德祖以樂陵太守被書遷陳留已受印綬發遣迎吏雖未至左右已達未入境而亡不知樂陵送故吏當持重乎陳留迎吏當持重乎河南尹司馬芝答曰德祖見陳留太守故樂陵守耳樂陵吏以舊君服復何疑劉綽難云雖去樂陵其義未絕陳留雖迎其恩未加今使恩未加而服重恩未絕而服輕乎禮娶女有吉日而女死壻齊衰而弔既葬除之謂樂陵宜三年矣芝答德祖已受帝命君名

已定乃欲以已成名之君比未成之婦何耶緯又難陳留之吏既未相見而使三年是責非時之恩禮云仕而未有祿違而君薨弗爲之服明服以恩不以名也○宋庾蔚之曰爵位以受命爲判德祖已受陳留之印則於樂陵爲舊君矣不俟迎至乃相見也陳留君吏之名雖判而恩實未接同吉日之婦于情爲安今吏爲君齊衰以弔披究今遷爲元城已來在道元城左右奉圖籙主簿衆吏在後未到今死二縣吏疑所服馬博士以爲究君臣未絕舊吏不得不服元城宜弔服加麻賈博士以爲已正名元城雖未入境可依女在塗之服究當爲舊君之服或問長吏遷在傳舍而死彼迎吏未至此二國吏服誰當輕重孫叔然荅曰古者諸侯以國爲家衛出其君于襄牛不書出

奔以未出境也衛侯奔死鳥傳曰猶在境內則衛君也雖出傳舍固當以君服之被迎吏依娶女有吉日夫死斬衰弔既葬除之

宋書禮志漢魏廢帝喪親三年之制而魏世或爲舊君服三年者至晉泰始四年尚書何禎奏故辟舉綱紀吏不計違適皆反服舊君齊衰三月於是詔書下其奏所適無貴賤悉同依古典

通典晉武帝泰始中尚書令史恂本文姓缺等是故少府鮑馳故吏假請喪所行服散騎常侍何遵駁以爲禮云違大夫之諸侯不反服則之天子亦不反服矣恂等已登天朝反服舊主典禮相違荀顗表云禮臣爲君斬衰三年與子爲父同以進登天朝絕無舊君之心廢反服之禮非所以敦風崇教今使仕者反服舊

君於義爲弘詔曰可重下禮官詳考尚書吴奮議以爲皆不應服尚書何禎議以爲禮爲貴臣貴妾緦麻三月夫貴之施賤猶論恩紀以制服況嘗爲臣吏禮遇恩紀優劣不同爲可同之一例今以爲辟舉正職之吏宜依古爲舊君服不論違適之異皆齊衰三月其餘郡吏聞喪盡哀而已衡陽内史曾瓌議以爲古者失地之君託身造次感一時之惠猶齊衰以爲報嘗爲臣吏禮待優備故依禮敦情而弘教訓矣○國子祭酒孔愉議應從弟子服師之制昔夫子既喪門人若喪父而無服弔服加麻今縱不能爾自宜三月加以環絰未聞深衣之制白帢布衣是今之吉服君弔其臣猶錫縗況臨故君而可奪情服乎范汪議當今刺史郡守幕府事任皆重與古諸侯不異也案謹

魏名臣爲州郡吏者雖違適不同多爲舊君齊衰三月范甯議云吊服加麻輕末之服臣爲君服斬衰舊君齊衰三月此古今所以得異甯謂臣有貴賤禮有隆殺州郡綱紀察舉辟命之吏聞舊君喪應卽奔赴在官之人亦宜棄職而去雖不皆與禮合稱情立文也或曰州郡守牧喪官吏爲之齊衰以終喪故服舊君緦麻所以爲輕重之殺也臣爲君服斬三代之達禮秦罷侯置守雖不繼位皆有吏臣不得準古諸侯也虞道蓀問曰舊君齊衰三月今見爲人吏舊君喪今同在此未知禮猶得服否徐邈荅曰若更仕一君便絶前君足下疑於今爲人吏是也吾謂仕者豈以後絶前耶正使仕於此君之朝而追前君亦何不可況爲前君服舊君之服也

乾學按孔愉范汪輩去太始遠甚必非一時會議之言通典特以其說亦爲故吏而發故聯爲一耳

通典與舊君不通服議晉或問云君無道而臣見黜放君薨爲服不許猛荅曰君無道則當三諫不從則適他國君既亡不越境君雖無道猶責以臣禮○惠帝元康中趙郡吏蘓宙不奔弔於郡將中郎閔中侯曹臣移冀州太中正臣以元康四年爲先定公薨符還濟北穀城墓宅安厝大學博士趙國蘓宙昔先公臨趙以宙爲功曹後爲察孝前臣遭難宙爲鎮東司馬趙之故吏有致身叙哀者有在職遣奉版者唯宙名諱不至宙今典禮學之官口誦義言不可廢在三之義於宙應見論貶博士蘓宙移國子博士被符不

讀禮通考　卷二十六

肖請議郡將曹公昔臨敵國見棲有布衣之交高枯
盡歡謂千年可畢不意後會遙爲功曹尋被州召不
爲公察孝也欲深其罪崇飾虛名以惑明將甫雖不
德教愛敬於君子寧有故將之喪而忘奔赴之哀過
蒙殊恩忝任方岳銜命守制無因致身禮闈父母喪
不得奔赴爲位歛髮成踊襲經割孝子之心以終君
之命謂之禮也在聞喪設位盡哀卽則先哲脩順王
度儀刑古典不失舊物若此爲罪不敢逃刑聞凶則
因發健步書弔嫡孫健步廻說喪已還東阿留書付
其從子綜甫尋被召爲博士王事敦戎不遑啟處如
甫凶薄天討其罪孤獨無子代之哀人也彼穀梁傳
曰周人有喪魯人有喪周人弔魯人不弔魯人曰吾
君親之者也使大夫則不可周人弔魯人不弔是其

下成康未為久也下有去也言去成康之時不遠無愧于不往也禮無臣祭君之文時俗之所行非先王之令典也庶子不得祭父臣之祭君也求之禮傳無弔祭之文國子博士謝衡議云大夫去國其妻長子為舊君服傳曰妻言與人同長子言未去也言去則無服矣是違諸侯之天子不反服違天子之諸侯亦不反服以在外也今之官長皆自外來假借一時共相君臨去則在外體遠事絕恩輕義疏至於死亡隔限遠路或有雖故不得時往奔赴之義無所施也博士周良議云事君之道資于事父委質之日貳乃辟也苗受署而退義已周矣諸侯五月而葬同盟至所以哀其喪矜其孤也苟能致書言弔祭闕之可也河南太守孫兆議曰秦罷侯置守漢氏因循郡守喪官有斬衰負土成墳此可謂竊袖

之不中過猶不及者也至于赴弔祭故將非禮也所載是末代流俗相習委巷之所行耳非聖朝之明式也今之郡守內史一時臨宰轉移無常君遷於上臣易於下猶都官假合從事耳又當故將未殯之前已受天子肅命之任王事敦我寧匆所職詎不云乎王事靡盬不遑將父孝子之情猶不得將養父母而況遠是弔祭故將乎其議既者可謂行人失辭仲尼所以非子路由爾責於人終無已也○元康中南陽張觀告太常稱其父昔為丹陽郡有二臣主簿劉亶留頌等理罪除名今觀父亡居在郡下亶等不來臨喪又不奔葬允人有喪匍匐救之況於君臣之義乎而亶等敢懷讐君之心公肆夷狄之行按亶頌告太常自理云近為陳事犯忤加鞭付獄亶頌默然待放戮辱放退君臣道絕抱罪之人不敢見靈柩也博士馬平議云按禮君臣

讀禮通考　卷二十六

之道有合離之義實等昔爲君所棄是爲義絶之臣責其自親於君已見放逐求還親臨喪事於事則近僞於禮無所制也

漢晉春秋習鑿齒曰禮故臣爲舊君齊衰三月謂策名委質稱君吏者也見察舉而不爲吏者弔服加麻

通典吏受令君使聞舊君薨服議晉范甯荅問者曰禮銜命出使而君薨在道則反入境則遂其事然則聞舊君之喪反命而後赴也又問曰仕今君之期欲奔舊君之喪而今君不許可以輒去乎甯荅事君當不義則爭之三諫不從去之可也君有戎役之事王命所制非禮權也

乾學按漢魏以來守令辟官者掾吏皆制

斬衰之服蓋本儀禮至服君斬之義也但後之守令遷轉甚速而爲掾史者亦去來無常情義之相接可與古諸侯之世君其地者同類語乎名爲敦厲風教而其實不情之甚故其時好名者多以此邀譽而率情不服者致紛紛起糾訐之訟是徒長虛僞之風實無益於君臣之大義也何禎奏易齊衰三月當矣但自漢文以後君臣皆不爲先皇服而獨責掾史爲舊君服不已過乎愚謂齊衰三月亦已重矣酌于情文之間不可以重服而又不可以無服則爲弔服加麻以臨之俟其喪出境而除之亦庶乎其可矣

附爲舊君從服議風俗通義河南尹太山羊融祖在家平原相封子衡薨母子衡故臨太山數十日將融祖去河南矣子衡有從子曇憑復爲太山士大夫用此行者數百人皆齊衰絰帶時與太尉府自劾歸家故侍御史胡母季皮獨過相候求欲作衰謂君不爲子衡作吏何制服曰衆人若此不可獨否又謂足下往行自可今反相歷令子失禮僕豫從古有弔服可依其制因爲裁縞冠幘袍單衣大爲同作所非然頴川有識陳元方韓元長綦母廣明咸嘉是爲謹按禮爲舊君齊衰三月謂策名委質爲臣吏者也子衡臨郡日淺無他功惠又非其身融祖位則亞卿雅有令稱義當綱紀人倫爲之節文而首倡導犯禮違制使東嶽一郡朦朦爲

豈不愍哉由郡人失君子卑爲之喪雖失於子衡歸於㬎慈者矣

汪琬曰或問漢魏屬吏皆爲州郡將服君與舊君之服而唐以後無之何與曰漢魏之制州郡皆得自辟其屬僚服此服可也後世一命以上無不請于天子受天子之爵食天子之祿州郡不得而臣之也州郡既不得而臣之則品秩崇卑雖異皆其比肩事主者而又何服焉

右故吏爲舊君

通典郡縣吏爲守令服議魏令曰官長卒官者吏皆齊衰葬訖而除之蜀譙周云大夫受畿內之釆邑有家臣雖又別典郡遂之事其下屬皆止相屬其吏非臣也秦漢無復釆邑之家臣郡縣吏權假斬衰代至則除之○晉喪葬令曰長吏卒官吏皆斬衰以喪服理事若代者至皆除之武昌太守徐彥與征西桓溫牋云蔡徐州薨主簿服斬王征北薨於京都王丞相時在喪庭徐州主簿以服事諮公公謂輕重可依蔡侯時北中郎劉公薨於淮陰州主簿相承持重至郗太宰薨州主簿改服齊衰中興以來江南皆從

之公卿以下至邑宰吏服其君齊衰則無從服之文而由來多有從服者陶大司馬遭兄子喪府州主簿從服時卞光祿經過自說爲太傅主簿太傅喪母已不從服非是用晉令也郗太宰遭姊喪吏服爲疑郗問譙秀言不應從服諸主簿仍便從服旣服君旁親則服君便應重矣及二公之甍府州主簿服齊衰○宋庾蔚之謂晉令云代至而除施之州郡縣長吏宜用齊周之制禮代殊事異理有大斷今州府之君旣不久居其位暫來之吏不得以爲純臣則齊周之制不爲輕也君齊矣豈有從乎母妻其猶不從本無義於旁親卞光祿所行是也二公使吏從服姪娣可謂恢踈固其乖遠矣

宋書張暢傳暢起家爲太守徐佩之主簿佩之被誅

暢馳出奔赴制服盡哀為論者所美南齊書褚淵傳淵以司徒改授司空薨時司空掾屬以淵未拜疑應為吏敬不王儉議依禮婦在塗聞夫家喪改服而入今掾屬雖未服勤而吏節稟於天朝宜中禮敬司徒府史又以淵既解職而未恭後授府猶應上服以不儉又議依中朝士孫德祖從樂陵遷為陳留未入境樂陵郡吏依見君之服陳留迎吏依娶女有吉日齊衰弔司徒府宜依居官制服

朱子曰南北朝是甚時節而士夫間禮學不廢有考禮者說得亦自好如此類是也近世蓋無聞矣

右郡縣吏為官長

魏書節義傳石文德有行義真君初縣令黃宣在任喪亡宣單貧無期親文德祖父苗以家財殯葬持服

三年奉養宣妻二十餘載及亡又衰絰斂祔卒禮無闕自茵逮文德刺史守令卒官者制服送之

〔瑯琊代醉篇〕唐程賀為崔亞持緦三年

右治民為守令

乾學按洪丞相隸釋跋孔宙碑陰云漢儒開門受徒著錄有盈萬人者其親受業則曰弟子以久次相傳授則曰門生未冠則曰門童總而稱之亦曰門生舊所治官府其掾屬則曰故吏占籍者則曰故民非吏非民則曰處士素非所涖則曰義士義民亦有稱議民賤民者是皆當日持心喪之人也古人心喪本不制服至漢以後往往有斬衰麻者特出于一時至情要非經義

所有故統附于心喪之條

喪服記公子爲其母練冠麻麻衣縓緣爲其妻縓冠葛絰帶麻衣縓緣皆既葬除之註公子君之庶子也其或爲母謂妾子也麻者緦麻之絰帶也此麻衣者如小功布深衣爲不制衰裳變也詩云麻衣如雪縓淺絳也一染謂之縓練冠而麻衣縓緣三年練之受飾也檀弓曰練練衣黃裏縓緣諸侯之妾子厭於父爲母不得伸權爲制此服不奪其恩也爲妻縓冠葛絰帶妻輕〇疏練冠麻麻衣縓緣者以練布爲冠麻者以麻爲絰帶又云麻衣者謂白布深衣縓緣者以緅爲縓色與深衣爲領緣爲妻縓冠葛絰帶者以縓色布爲冠以葛爲絰帶也既葬除之者與緦麻所除同也公子君之庶子者君之適夫人第二已下及公妾子皆名庶子其或爲母謂妾子者以其適夫人所生第二已下爲母自與正子同故知爲母妾子也麻者緦麻之絰帶者以絰有二麻字上麻爲首絰腰絰也知如緦之麻者以緦麻亦言麻也知此麻衣如小功布深衣者妾士之妾子父在爲母期大夫之妾子父在爲母大功則諸侯妾子父在小功是其差次故知此當小功布也爲不制衰裳變也者以其爲深衣不與喪服同也詩云麻衣如雪者彼麻衣十五升布深衣與此小功布深衣異引之者證麻衣之名同取數則異也縓緣三年練之受飾者檀弓云練衣黃裏縓緣注云練衣練中衣以黃爲內縓爲飾爲中衣之飾落重服三年變服後爲中衣之飾也諸侯尊絕期已下無服公子被厭不合爲母服不奪其母子之恩故五服外權爲制此服必服麻衣縓緣者麻衣大祥受服縓緣練之受飾雖抑猶容有三年之哀故也妻輕者以縓冠對母用練冠以葛是葬後受服而爲絰帶對母用麻皆是輕故也〇敖繼公云縓冠之縓亦當作練字之誤也練冠者九升若十升布練熟之爲之與衆人爲母爲妻之練冠同麻衣以十五升布爲衣如深衣然其異者緣爾縓緣以縓色布爲領及純也閒傳曰練冠縓緣是冠紕亦以縓也此緣皆

視其衣冠之布爲母但言麻故於爲妻言葛絰帶以見之練冠麻葛㠯服也先言之麻衣吉布也後言之文當然爾此二者本當有練有祥故於此得用既練之冠既祥之衣與夫練服之飾以明其服之本重又小其麻葛之絰帶以見不敢爲服之意也此爲妻之衣冠一與爲母同惟以絰帶爲輕重耳妾與庶婦則於其君公子爲之不得伸故權爲制此服然君在公子不得伸其服者多矣乃於其母妻特制此服者爲其皆在三年之科與他期服異也諸侯之妾公子之妻視外命婦

皆三月而葬

喪服傳何以不在五服之中也君之所不服子亦不敢服也君之所爲服子亦不敢不服也

註君之所不服謂妾與庶婦也君之所爲服謂夫人與適婦也諸侯之妾貴者視卿賤者視大夫皆三月而葬○疏諸侯之妾貴者視卿賤者視大夫皆三月而葬者大戴禮文○敖繼公云君之所不服子亦不敢服者謂其母與妻皆君之所厭而不服者也子亦從乎其君而不敢服之傳以此釋其所以不在五服中之意其實子從君而不敢服者則不止于此也君之所爲服謂適與尊同者也君爲之服子亦各以其服服之傳又因上文而并言此以見凡公子之服與不服其義皆不在己也

馬驌曰不見日月者既葬而除之無日月數也

雷次宗曰本不以寸一升布爲冠恐入正服也而得用練雖重以在周外非復正服故亦可著爲本重也○邵寶喪禮集說曰子爲母服禮也夫爲妻服亦禮也謂五服外何居母庶母也庶母于君爲妾妻庶子之妻也於君爲庶婦君服妻不服妾服冢婦不服庶婦君之所不服而制服爲權也故曰五服之外然則孰爲在內凡君之所服者皆是也聖人于恩之中而不能無義於義之中而不能無恩五服之內外非天下之至權其孰能與于此

讀禮通考　卷二十六

乾學按公子爲其母服不在五服之中劉智有言凡屈不得服者皆有心喪之禮故附于此

孟子盡心篇王子有其母死者其傅爲之請數月之喪公孫丑曰若此者何如也趙岐註丑曰王之庶夫人死迫于適夫人不得行其喪親之服其傅爲請之於君欲使得行數月喪如之何○集註陳氏曰王子所生之母死厭于嫡母而不敢終喪其傅爲請於王欲使得行數月之喪也按儀禮公子爲其母練冠麻衣縓緣既葬除之疑當時此禮已廢或既葬而未忍即除故請之也曰是欲終之而不可得也雖加一日愈於已謂夫莫之禁而弗爲者也註孟子曰如是王子欲終服其子禮而不能者也加益一日則愈於止况數月乎所謂不當者謂無禁自欲短之故譏之也

乾學按趙朱二家之說皆非也詳考儀禮但有父厭子之文從無嫡厭妾之文故諸侯庶子爲其母父在則練冠麻麻衣縓緣既葬除之父沒則大功大夫庶子爲其母

父在則大功父沒則三年士之庶子爲其母父在則杖期父沒則三年此皆禮文及傳注之可信者也則適母之不厭庶母明矣此王子之母本以父在不得服非因嫡母之故也趙注既失之于前朱子復襲之于後實與儀禮不合故爲辨之○又按儀禮麻衣之上有麻字集註漏亦非

附儀禮齊衰杖期章父在爲母疏子於母屈而期心喪猶三年

通典天子諸侯之庶昆弟及妾子爲母服議漢戴德喪服變除曰天子諸侯之庶昆弟與大夫之庶子爲其母大功九月哭泣飲食思慕猶三年○晉賀循喪服要記曰公之庶兄弟父卒爲其母大夫之庶子父在爲母皆大功九月凡降服既降心喪如常月又天

子諸侯賤妾子為其母厭於父不得制縗粗之服三月而葬葬已而除居處飲食言語心喪三年劉智釋疑曰凡厭不得服者皆有心喪之禮小功以下不稅服乃無心喪耳

通典除心喪議晉蔡謨之問徐野人云從弟心喪當除此月不知猶應設祭者為應施床為地席耶其大兄昔在西知喪晚心制乃應除臘月其妹先除不知便可著綵衣否徐荅曰禫者喪事之極也故於此日設祭告終自爾之後沉哀在心故謂之心喪外無節文故服祭並闋也晦日唯哭以寫哀而已既各盡其服從禮而除矣著綵衣無所疑

乾學按如此條所言則大功亦有心喪之禮矣故劉智釋疑云小功以下不稅服乃

無心喪夫古人于釋服之後猶且嚴于禮制如此今有在齊斬之中而怡然忘哀行樂者視此何如耶噫

宋書禮志宋文帝元嘉十七年元皇后崩太子心喪三年禮心喪者有禫無禫禮無成文世或兩行皇太子心喪畢詔使博議有司奏喪禮有禫以祥變有漸不宜便除即吉故其間服以縗縞也心喪已經十三月大祥十五月禫變除禮畢餘一期不應復有禫宣下以爲永制詔可

孝武大明二年正月有司奏故右光禄大夫王偃喪依格皇后服期心喪三年應再周來二月晦檢元嘉十九年舊事武康公主出適二十五月心制終盡從禮即吉昔國哀再周孝建二年一月其月末諸公主

心制終則應從吉于時猶心禫素衣二十七月乃除二事不同領曹郎朱膺之議詳尋禮文心喪不應再禫皇代考驗已爲定制元嘉季年禍難深酷聖心天至喪紀過哀是以出適公主還同在室即情變禮非革舊章今皇后二月晦宜依元嘉十九年制釋素即吉

通典宋庾蔚之云母子至親本無絶道禮所謂親者屬也出母得罪于父猶追服周若父卒母嫁而反不服則是子自絶其母豈天理耶宜與出母同制按晉制齊假二十五月是終其心喪耳

乾學按晉代之制母及嫁母出母妾母本生父母不得遂服者皆心喪二十五月以正史無明文故不得特標於篇茲因庾氏

之說輒附見于此以補一代之禮闕若詳

之

隋書禮儀志陳天嘉元年八月癸亥尚書儀曹請今月晦皇太后服安吉君禫除儀注沈洙議謂至親期斷加隆故再期而再周之喪斷二十五月但重服不頓除故變之以纖縞創巨不可便愈故称之以祥禫禫者淡也所以漸祛其情至如父在為母出適後之子則屈降之以期朞而除服無復衰麻緣情有本同之義許以心制心制既無杖經可除不容復改玄綅既是心憂則無所更淡其心也且禫杖朞者十五月已有禫制今申其免懷之感故斷以再周止二十五月而已所以宋元嘉立義心喪以二十五月為限大明中王皇后父喪又申明其制齊建元中太子穆妃

隋制

喪亦同用此禮唯王儉古今集記云心制終二十七月又爲王逡所難何佟之儀注用二十五月而除案古循今宜以再周二十五月爲斷今皇太后於安吉君心喪之期宜除於再周無復心禫之禮詔可之

齊衰心喪已上雖有奪情並終喪不弔不賀不預宴

誠節劉子翊傳永寧令李公孝本生後母亡劉炫以無撫育之恩議不解任子翊駮之曰令云爲人後者爲其父母並解官申其心喪父卒母嫁爲父後者雖不服亦申心喪詳見第七卷本生父母條當參考

舊唐書禮儀志唐制父在爲母一周除靈三年心喪

高宗龍朔二年同文正卿蕭嗣業嫡繼母改嫁身亡請申心喪勅付所司議隴西郡王博乂等奏據令嫁母及出妻之子俱當解任並合心喪其不解者唯有

繼母之嫁竊以嫡繼慈養皆非所生並同行路嫁雖比出稍輕于父終爲義絕繼母之嫁既殊親母慈嫡義絕豈合心喪望請凡非所生父卒而嫁爲父後者無服非承重者杖期並不心喪一同繼母（詳見第卷繼母嫁條參考）

開元禮齊衰杖周及爲人後者爲其父母若庶子爲後爲其母亦解官申其心喪（皆爲生己者）

宋史禮志仁宗景祐二年詔議集賢校理郭稹嫁母服侍御史劉夔曰按假寧令諸喪斬齊三年並解官齊衰杖期及爲人後者爲其父母若庶子爲後爲其母亦解官申心喪母出及嫁爲父後者雖不服亦申心喪注云皆爲生己者律疏云心喪者爲妾子及出妻之子合降其服二十五月內爲心喪載詳格令子爲嫁母雖爲父後者不服亦當申心喪又称居心喪

讀禮通考　卷二十六

者釋服從吉及忘哀作樂冒哀求仕者並同父母正服今龍圖閣學士王博文御史中丞杜衍嘗為出嫁母解官行喪若使生為母子沒同路人則必虧損名教上玷孝治顏之行服是不為過詔自今並聽解官以申心喪(詳見第八卷嫁母條當參考)

宗室傳吳榮王顥慈聖光獻太后之服易月當除顥曰身為孫而情文缺然若是可乎請如心喪禮須上禫除即吉詔可

許奕傳授簽書劍南東川節度判官未期年持所生父心喪

> 朱子曰今法為所生父母心喪三年此意甚善
>
> 汪琬曰戴德喪服變除曰天子諸侯之庶昆弟大夫之庶子為其母大功哭泣飲食思慕猶三年賀循喪服要記凡降服既降心喪如常月劉智爲謂小功以下不稅乃無心喪又陳沈洙議元嘉立義心喪以二十五月為限惟王儉古今集記終二十七月為王逡所難何佟之儀注亦用二十五月無復心禫

云云是則心禫可廢心喪不可廢也宋服制凡如適孫祖在為祖母為人後者為其所生父母之類皆許解官申心喪三年蓋猶遵用前代制也自明以來此禮不行久矣當亦士大夫所宜講求者

乾學按六朝及唐宋之制凡父在為母嫁母出母妾母本生父母及父卒祖在為祖母皆心喪二十五月而心喪者又必解官此禮最為盡善可補古禮所未及至明則盡削而去之何其與古殊制也然親母生母固已加至斬衰本生父母嘉靖間亦許其給假治喪則唯嫁母出母祖在為祖母三者不得解官行心喪耳然即不得解官而所謂心喪之實朝廷固未嘗禁也則士大夫值此變者可曰當今無心喪之制遂飲酒食肉恣聲色之樂而不自制哉

右親屬

追服

禮記曾子曰小功不稅註據禮而言也日月已過乃聞喪而服曰稅大功以上然小功輕不服則是遠兄弟終無服也註言相離遠者聞之恒晚而可乎○疏曾子以為依禮小功之喪日月已過不更稅而追服則是遠處兄弟聞喪恒晚終無服而可乎言其不可也曾子仁厚禮雖如此猶以為薄故怪之此據正服小功也故喪服小記云降而在緦小功者則稅之其餘則否鄭康成義若限內聞喪則追全服若王肅義限內聞喪但服殘日若限滿即止假令如王肅之義限內祇少一日乃始聞喪若其成服服未得成即除也若其不服又何名追服進退無禮王義非也

葉夢得曰鄭氏謂大功以上則追取小功則不追服此所謂以義斷恩者而曾子以終無服疑為蓋察于恩不答於義信乎禮之難知也

馬晞孟曰曾子於喪有過乎哀是以疑于此然小功之服雖不必稅而稅之者蓋亦禮所不禁也昔齊王子欲為其母請數月之喪孟子曰雖加一日愈於已推此則不稅而欲稅之者固可矣

喪服小記生不及祖父母諸父昆弟而父稅喪已則否註謂子生於外者也父以他故居異邦而生己己不及此親存時歸見之今其死於喪服年月已過乃聞之父為之服己則否若不責非時之恩於人所不能也當其時則服稅讀如無禮則稅之稅稅喪者喪與服不相當之言○疏謂父先在本國有此諸親後或隨官出遊居於他國更取而生此子此子生則

不及歸與本國祖父以下諸親相識故云不及謂不及歸見也若此諸親死道路既遠喪年限已竟而始方聞父則稅之而子則否所以否者不責非時之恩於人所不能也若將年未竟則稅服其全服然已在他國後生得本國有弟者謂假令父後又適他國更取所生之子則為已弟故有弟也王肅以為計已之生不及此親之存則不稅若此親未亡之前而已生則稅之也又謂昆弟為諸父之昆弟也劉智釋疑亦與王合而以弟為衍字庾氏以為已謂死者為昆則謂已為弟已不能稅昆則昆亦不能稅已昆弟尚不能相稅則餘從者不稅可知也此等並非鄭義今所不取知當其時則服者以稅是不相當之言若服未除則猶是服內故知服其全服也稅讀如無禮則稅之稅者案左傳僖三十三年秦師襲鄭過周北門超乘者三百人王孫滿尚幼觀之言于王曰秦師輕而無禮必敗輕則寡謀無禮則脫今讀從之也稅喪與服不相當之言者稅是輕稅或前後不與正時相當故云稅也

盧植曰謂父客他所子生服竟乃歸父追服子生所不見恩淺不追服也

王肅曰謂父與祖離隔子生之時祖父母已死故曰生不及祖父母若至長大父稅服已則不服也諸父伯叔也昆弟諸父之昆弟也

淳于纂曰據降而緦小功者稅之蓋正親而重骨肉也今父在則祖周父亡則三年此非重與若但以不見則割其至親之本愛而忍惻怛之痛使與諸父母昆弟同制此其可乎尊祖之義於是頹矣又禮為慈母之父母無服亦云恩不能及恩不及者慈母之父母則可也今以他故生不見祖而以為非尊之恩意實不厭

降而在緦小功者則稅之註謂正親在齊衰大功者親緦小功不稅矣曾子問曰小功不稅則是遠兄弟終無服也此句補脫誤在是宜承父稅喪已[illegible]否○[illegible]句廣釋檀弓中曾子所說也曾子所云小功不稅是正小功耳若小大功[illegible]降而在緦小功者則為稅

之本情重故也

陳澔曰降者殺其正服也如叔父及適孫正服皆不杖期死在下殤則皆降服小功如庶孫之中殤以大功降而爲緦也從祖昆弟之長殤以小功降而爲緦也如此者皆追服之禮功曾子所言小功不税是正服小功非謂降也凡降服重于正服詳見儀禮

黄叔陽曰此章當爲疑經按儀禮兄弟皆在他邦加一等不及知父母與兄弟居加一等言凡生不得與昆弟同居則聞其死有加而無殺蓋以不幸之中又不幸爲而致其哀亦今祖父母諸父昆弟之喪皆不税而唯税降在緦小功者是舍其至重而服其輕也豈情理哉且父在則祖期父亡則祖三年以其重也若但以不見之故而使與諸父昆弟同制則尊祖之義疏矣讀者詳之

爲君之父母妻長子君已除喪而后聞喪則不税 註臣之恩輕也 謂卿大夫出聘問以他故久留○疏此謂臣出聘不在而君諸親喪而臣後方聞其喪時若君未除則從爲服之若君已除則臣不税之所以然者恩輕故也

近臣君服斯服矣其餘從而服不從而税 註謂君出朝覲不時反而不知喪者近臣閽寺之屬也其餘羣介行人宰史也

君雖未知喪臣服已 註從服者所從雖在外自若服也○疏此明賤臣從君出朝覲在外或遇險阻不時反國比反而君諸親喪君自税之而臣之卑近者則從君其餘爲臣之貴者羣介行人宰史之屬若君親服限未除而君既服之則臣下亦從而服之也若限已竟而君税之此臣不從君而税君雖未知喪臣服已者謂君出而臣不隨君君之親於本國内喪君雖未知而在國之臣即服之也嫌從君之未服臣不先服故明得先服也若如也謂自如尋常依限着服凡從服者悉然也

通典小功不稅服議晉元帝制曰小功緦麻或晝竟聞問宜全服不得服其殘月以為永制束晳問步熊熊答曰禮已除不追耳未除當追服五月賀循曰小功不稅者謂喪月都竟乃聞喪者耳若在服內則自全五月徐邈答王詢曰鄭玄云五月之內追服王肅云服其殘月小功不追以恩輕故也若方全服與追何異宜服餘月○宋庾蔚之謂鄭王所說雖各有理而王議容朝聞夕除或不容成服求之人心未為允愜若服其殘月人心得寧則應多少不同令心喪寧制既無其條則是前朝已自詳定無服殘月之制

通典生不及祖父母不稅服議蔡謨以為禮大功猶稅況此三親情次於所生服亞於斬衰雖不相見或者音問時通而絕其稅服宜稱情乎夫言生不及者

謂彼已沒已乃生耳豈是同時並存之名哉若鄭説不以生年爲主但不相見便爲不及則此祖父即復可言生不及孫而父亦生不及子兄復生不及弟也此辭不順亦已甚矣自古及今未有此言也鄭君見禮文有弟弟不得先兄生不知所以通其義故因而立此説非禮義也吾謂此直長一弟字耳書歷千載又更暴秦錯謬非一王氏説云已生之時祖父母已卒也諸父謂伯叔也昆弟者伯叔之子也此於情爲允又生不及之名亦得通然既謂諸父爲伯叔而復稱伯叔之兄弟於文煩重又不説已聞兄喪當稅與否於制亦闕未盡善也然猶賢乎鄭氏以同時並存爲生不及○荀訥荅曰別示并曹主簿書其中兄在南娶喪亡已三年其兄子該等未曾相見一應爲服

否記云生不及祖父母諸父昆弟而父稅喪已則否
先儒以爲父異邦而生已不及祖在時歸見之故過
時則不服也記云不及而諸儒以爲不見文義各異
然則不及當謂生不及此親在時也意謂音問旣通
情已著雖未相見禮疑從重猶稅服○孫略議曰記
云不及祖謂不及並代而不相服略昔親行其事時
人咸不見許○北齊張亮云小功兄弟居遠不稅曾
子猶歎之而况祖父母諸父兄弟恩親至近而生乖
隔而鄭君云不責人所不能此何義也生不及者則
是已未知前已歿矣乖隔斷絶父始奉諱居服而已
否者尋此文義蓋以生存異代後代之孫不復追服
先代之親耳豈有並代不服者哉
隋書禮儀志梁天監二年何佟之議追服三年無禫

尚書議並以佟之言為得

魏書房景先傳景先作五經疑問居禮記生不及祖父母父母税喪已則否曰報以恩制禮由義立愍母三年孫無緦葛者以戚非天屬報養止身祖雖異域恩不及己但正幹於下可無服乎且緇冠玄武子姓之服縞練之後線經已除猶懷慘素未忍從吉况斬為初喪創巨方始復弔之實尚改緇襲奉哀苫次而無追變孝子孝孫豈天理是與

南史袁昂傳父顗敗時昂年五歲乳媼携抱匿於廬山會赦得出猶從晋安至元徽中聽還時年十五葬父訖更制服廬于墓次

魏書孝感傳楊引三歲喪父為叔所養母年九十三卒引年七十五哀毁過禮三年服畢恨不識父追服

銓移此

斬衰食粥麤服誓終身命

開元禮小功以下日月過制而聞喪則不追服降而在緦麻小功者追服之生不及祖父母諸父兄弟而父追服已則否

韓愈與李秘書論小功不稅書曾子稱小功不稅則是遠兄弟終無服也而可乎鄭玄注云以情責情今之士人遂引此不追服小功小功服最多親則叔父之下殤與適孫之下殤與昆弟之下殤尊則外祖父母常服則從祖祖父母禮治人情其不可不服也明矣古之人行役不踰時各相與處一國其不追服雖不可猶至少今之人男出仕女出嫁或千里之外家貧訃告不及時則是不服小功者恒多而服小功者恒鮮矣君子之於骨肉死則悲哀而為之服者豈牽於外哉聞其死則悲哀豈有間於新故死哉今特以訃告不及時聞死出其月數則不服其可乎愈常怪之近出弔人見其顏色戚戚類有喪者而其服則吉問之則云小功不稅者也禮文殘缺師道不傳不識禮之所謂不稅果不追服乎無乃別有所指而傳注者失其宗乎伏惟兄道德純明躬行古道如此之類必經於心而有所決定不惜示及幸甚幸甚

宋史儒林傳胡旦字周父濱州渤海人爲祠部郎中服母喪既除乃言父卒時嘗詔奪哀從事請追行服三年已而失明以秘書省少監致仕

低一字
小字

胡銓曰小功之服最多親則叔父之下殤適孫之下殤與兄弟下殤尊則外祖父母常服則從祖父母其不可不服明矣韓愈之意似不可不追服窮欲追服以附韓說

宋劉敞小功不稅論曾子曰小功不稅則是遠兄弟終無服也而可乎韓子常弔於人見其貌戚其意哀而其服吉者問之曰何也曰小功不稅也是以韓子疑之而作小功不稅之書夫為服者至親之恩以期斷其殺至于大功兄弟之恩以小功止其殺止於緦外親之服以緦窮其殺止於袒免聖人之制禮豈苟言情哉亦著於文而已矣大功稅小功不稅其文止於是也兄弟之服不過小功外親之服不過緦其情止於是也因其情而為之文親疏之殺見矣故禮大功以上不謂之兄弟兄弟有加而大功無加者親親者稅不親親者不稅是亦其情也且禮專為情乎亦為文乎如專為情也則至親不可以期斷小功不可以不稅如其文也則至親之期斷小功之不稅一也夫曾子韓子隆於情而不及文失禮之指而遂其說雖然韓子疑之是也彼人之為非也何以言之邪小功雖不稅亦不吉服而已矣記曰聞遠兄弟之喪既除喪而后聞之則免袒哭之成踊夫若是奚其吉哉故曰彼人之為非也韓子疑之是也小功不稅禮也然則免袒成踊則已乎猶有加焉曰我未之聞也雖然降而無服者麻不稅是亦降而無服也哀之以其麻哭之以其情踰月然後已其亦愈乎吉也

明譚綸請補服父喪疏嘉靖四十年三月十九日臣以叅政丁父憂回籍守制本年十一月伏蒙聖恩起復領浙兵往江西殺賊至四十一年九月賊平具奏

終制未幾又以倭奴攻陷興化府蒙聖恩再起臣領浙兵往福建殺賊授臣節鉞時訃臣父之喪甫及大祥烏鳥之私缺然未盡而不敢請者竊念皇上所以奪臣於縗絰之中誠以寇勢猖狂故以金革之事責之于臣而臣不敢不強起任事乃者山海之寇次第蕩平臣惟我朝成憲凡人子執親之喪不計閏二十七箇月夫官制給由必計閏而守制不計閏者蓋推人子無窮之心雖加一日愈於已之意伏念臣亦人子也遭臣父之喪雖已服除然臣居苫塊前後纔十四月耳餘皆在墨縗之中夫起復墨縗既已居位而食祿固非閏月之比乃貪位嗜進不一哀訴於君父之前以求盡一日之私則臣父爲無子臣心爲無親臣復何面目立于皇上盡孝盡制之朝乎伏望皇上

憫臣缺然未盡之情無所伸於其心之私勅下該部
查照不計閏之例放臣回籍追補[illegible][illegible]制終之日付
湯蹈火惟陛下所命

讀禮通考卷二十七

喪期

通論

喪服四制 凡禮之大體，體天地，法四時，則陰陽，順人情，故謂之禮。訾之者，是不知禮之所由生也。夫禮，吉凶異道，不得相干，取之陰陽也。喪有四制，變而從宜，取之四時也。有恩有禮，有節有權，取之人情也。恩者仁也，理者義也，節者禮也，權者知也。仁義禮知，人道具矣。注禮之言體也，故謂之體，言本有法則而生也。口毀曰訾。吉禮凶禮異道，謂衣服容貌及器物也。取之四時，謂其數也。取之人情，謂其制也。○疏此篇總論喪之大體，有四種之制，又明三年喪以下節制之差，結成仁義之事。天地之間皆禮以體定之，四時陰陽人情無物不變也。喪有四制，變而從宜者，言門內主恩，若於門外則變而行義，尊卑有定，禮制有恒，以節為限，或有事故不能備禮，則變而行權，是皆從宜取之人情也。恩屬於仁，理屬於義，節屬於禮，量事權宜，非知不可，人道具矣。此總結四制之義。○呂大臨云：禮之有吉凶，猶天之有陰陽，可異而不可相干也。禮有恩有理有節有權，猶天之有四時，可變而不可執一也仁義禮知人道具矣人道具則天道具其實一也○方慤云恩則有所愛故曰仁理則有所宜故曰義節則有所制故曰禮權則有所明故曰知四者廢一不可取之者謂取而法之也○馬晞孟云天地者禮之本也陰陽者禮之端也四時者禮之柄也人情者禮之道也恩理節權所以存其生厚其死者故為父斬衰三年為君亦斬衰三年存其生者故曰毀不滅性不以死傷生也

其恩厚者其服重故為父斬衰三年以恩制者也門内之治恩揜義門外之治義斷恩資於事父以事君而敬同貴貴尊尊義之大者也故為君亦斬衰三年以義制者也注資猶操也貴貴謂為大夫君也尊尊謂為天子諸侯也○疏此一節明四制之中恩制并義制也父恩最深故特舉父言之其實門内諸親之服皆恩制也門内之親故得行私恩揜公義若公羊傳云有三年之喪君不呼其門是也門外謂朝廷之間公朝當以公義絶私恩若曾子問父母之喪既卒哭金革之事無辟是也資於事父言操事父之道以事君則敬君與父同也貴貴謂大夫之臣事大夫為君大夫尊貴臣能盡敬故曰貴貴也尊尊謂天子諸侯之臣事天子諸侯為君同為南面臣能極敬故曰尊尊也義斷恩門外如一雖復大夫與王侯有異而其臣敬不殊故並云義之大者也故為君亦斬衰三年同於父也○呂大臨曰父子之道天之合也其愛不可解于心以恩制者也君臣之道人之合也義則從不義則去此以義制者也情之至者遂之則無窮也情至于無窮則賢者過之不肖者不可繼道所以不行此不可不以節制者也遂其所不得申則無等差施之于所不必用則事無實責之于所不能具則力不給必之于所不能行則人告病此不可不以權制也故恩莫大于父服莫重斬衰極其恩而制其服也極天下之愛莫愛于

父極天下之敬莫敬于君愛敬生乎心與生俱生者故門内以親為重故為父斬衰親親之至也門外以君為重故為君亦斬衰尊尊之至也内外尊親其義一也○馬晞孟曰貴貴者大夫之君也尊尊者天子諸侯之君也

三日而食三月而沐朞而練毀不滅性不以死傷生也喪不過三年苴衰不補墳墓不培祥之日鼓素琴告民有終也以節制者也資於事父以事母而愛同天無二日土無二王國無二君家無二尊以一治之也故父在為母齊衰朞者見無二尊也注食食粥也沐謂將虞祭時也補培猶治也鼓素琴始存樂也三年不為樂樂必崩○疏此一節明四制之中節制也士虞記曰沐而不櫛虞後有事得沐浴也故雜記云非虞祔練祥無沐浴苴麻之衰雖破不補一成丘陵之後不培益其土大祥鼓素琴始存省此樂以上事教民哀有終極以禮節為限制此下申明節制欲尊歸于一持事父之道以事于母恩愛雖同服乃有異以不敢二尊故也○方慤曰練謂練帛以為冠毀謂瘠其身毀而過制則傷生矣鼓琴固所以散哀止以素而不加飾以示有漸也凡此皆以禮節之而不使過哀焉事君同事父之敬而愛則異者以其内外之別也事母同事父之愛而敬則異者以其尊親之殊也○馬晞孟曰君者疏也資于事父以事君而尊同故為君斬衰三年以義者也母者親也資于事父以事母而愛同故父在為母齊衰朞以權制者也者宜殺而以尊隆之故曰義親者宜隆而以卑殺之故曰權權不可以為正者也

杖者何也爵也三日授子杖五日授大夫杖七日授士杖或曰擔主或曰輔病婦人童子不杖不能病也百官備百物具不言而事行者扶而起言而后事行者杖而起身自執事而后行者面垢而已禿者不髽傴者不袒跛者不踊老病不止酒肉凡此八者以權制者也注詳三十一卷

始死三日不怠三月不解朞悲哀三年憂恩之殺也聖人因殺以制節此喪之所以三年賢者不得過不肖者不得不及此喪之中庸也王者之所常行也書曰高宗諒闇三年不言善之也王者莫不行此禮何以獨善之也曰高宗者武丁武丁者殷之賢王也繼世即位而慈良於喪當此之時殷衰而復興禮廢而復起故善之善之故載之書中而高之故謂之高宗

三年之喪君不言書云高宗諒闇三年不言此之謂也然而曰言不文者謂臣下也禮斬衰之喪唯而不對齊衰之喪對而不言大功之喪言而不議緦小功之喪議而不及樂注不怠哭不絕聲也不解不解衣而居不倦息也諒古作梁楣謂之梁闇讀如鶉鵪之鵪闇謂廬也廬有梁者所謂柱楣也言不文者謂喪事辨不所當共也孝經說曰言不文者指士民也唯而不對侑者為之應耳言謂先發口也此謂與賓客也○疏此一節覆明前經四制之中節制之事喪以三年為限節朞之間朝夕恒哭三年憂者不復朝夕哭但憂慼而已恩漸減殺也聖人因孝子情有減殺制為限節此喪之中平常行之節也既虞之後施梁而柱楣故云諒闇之中對而不言對其所問之事不餘言也言而不議但言說他事不與人論議相問答也○呂大臨曰子之于親天性也不可觧于心也孰親之喪創鉅痛深雖日月之久豈有殺乎此君子所以有終身之憂然喪必有月筭服必有變除天地已易四時已變哀之感者亦安能無殺創鉅者其日久痛甚者其愈遲此以恩之薄厚而有久近之殺也三日不怠三月不觧朞悲哀三年憂此以日月之久近而有哀慼之殺也始死哭不絕聲水漿不入口者三日此三日不怠也未葬哭無時居倚廬寢不絕絰帶此三月不觧者也既虞卒哭惟朝夕哭此朞悲哀者也既練不朝夕哭哭無時謂哀至則哭此三年憂也君子之居喪期合于中者也有如是之隆殺聖人因隆殺而制其禮所謂品節斯斯之謂禮者也禮者所以教民之中故三年之喪賢者不得過不肖者不敢不勉也三年之[illegible]自天子達于庶人古之道也書獨稱高宗諒闇三年不言者先王之禮廢王[illegible]之貴有不能行之者高宗以善喪聞而廢禮所由興故善之也[illegible]下之謂也書云高宗諒闇三年不言此云諒闇陰同義信默之謂[illegible]鄭氏[illegible]文尚書其說迂遠殆不

可取不言而後事行此人君之喪禮故高宗三年不[illegible]口也言而後事行者杖而起故言不文此士大夫之喪禮也所謂斬衰之喪唯[illegible]不對齊衰之喪對而不言非人君而亦不言者謂與賓客接也若治喪之事[illegible]亦言而後行事也唯而不對相者代之也對而不言應之而不倡也言而不[illegible]者無往反酬問也議而不及樂有往反酬問而不及樂事也此因論三不言與言不文而及之也故備引五服之喪哀之發於言語之節也

父母之喪衰冠繩纓菅屨三日而食粥三月而沐朞十三月而練冠三年而祥比終茲三節者仁者可以觀其愛焉知者可以觀其理焉強者可以觀其志焉禮以治之義以正之孝子弟弟貞婦皆可得而察焉

註仁有恩者也理義也察猶知也○疏此一節更覆結居父母之喪能終此三節可以知其德行三節者初喪至沐一也十三月練二也三年祥三也仁者居喪可以觀其知愛親知者居喪則合道理強者居喪則能守其志節用禮以治喪事用義以正喪禮則是孝子弟弟貞婦也○呂大臨曰父母之喪其大變有三始死至于三月一也十三月而練二也三年而祥三也莫不執喪也善于此者難莫不善其始也善于終者難故終茲三節以善喪稱者則孝子弟弟貞婦可得而知也惻怛痛疾悲哀志懣非仁者之篤于愛則不能也然哭踊無節喪期無數服不別精粗位不別賓主乃野人夷狄直情徑行者其知不足道也哀之發于容體發于聲音發于言語發于飲食發于居處發于衣服輕重有等變除有等至于襲含斂殯之具賓客弔哭之文無所不中于禮非知者之明于理則不能也然有其文矣實不足以稱之有其始矣力不足以終之其強不足道也喪事不敢不勉此強有志者之所能也故古之善觀人者察其言動之所趨

而知其情驗其行事之所久而知其德親喪者人之所自致者也哭死而哀非為生者則其仁可知矣生事之以禮死葬之以禮祭之以禮則其知可知矣先王制禮不敢不及則其强可知矣故君子之觀人常于此而得之

大傳服術有六一曰親親二曰尊尊三曰名四曰出入五曰長幼六曰從服注術猶道也親〻父母為首尊〻君為首名世母叔母之屬也出入女子子嫁者及在室者長幼成人及殤也從服若夫為妻之父母妻為夫之黨服○馬晞孟曰術者言其所由服之制有五而術則有大其詳至于如此者所謂喪多而其服五上附下附是也親〻者門内之喪門内之喪則必以恩揜親而以父母為首故為父母斬衰此親〻之重也尊〻者門外之喪門外之喪則以義斷恩而以君與臣為首故為君斬衰此尊〻之重也名者自彼而適我也出入者自我而適彼若姑姊妹之服是也方姑姊妹之未重則其服重其已出則其服輕所謂姑姊妹有受我而厚之者也從服者言其以類相從而非正服也○陸佃曰親親下所謂自仁率親是也尊〻下所謂自義率祖是也三曰名所謂名曰輕名曰重是也四曰出入所謂一輕一重是也鄭氏謂用恩則父母重而祖輕用意則祖重而父母輕是也謂出入○應鏞曰鄭康成謂親〻父母為首尊〻君為首名世母叔母之屬長幼成人及殤其説是也謂出入女子子嫁者及在室者以嫁者為出在室者為入然在室者于兄弟有長幼之服于姪姒有尊卑之服入非在室者也周官媒氏判妻入子皆書之喪服出妻之子為母期為人後者為其父母期喪服小記婦當喪而出則除之為父母喪未練而出則已未練而反則期既練而反則遂之以妾從女君而出則不為女君之子服然則大傳所謂出入蓋此類歟○吴澄曰服術謂古先聖人制服之[illegible]其一親〻之服承上文人道之親〻下治子孫者而言子至親也故適[illegible]子[illegible]衰三年同于父衆子齊衰期同于祖子之下其親者孫故嫡孫[illegible]衰期[illegible]同[illegible]祖衆孫則大功九月孫

讀禮通考　卷二十七

之下其親曾玄並緦麻三月此親〻之一殺也[illegible]等〻之服承上文入道之尊〻上治祖禰者而言父至尊也故斬衰三年〻父[illegible]一重無以加父之上其尊者祖故齊衰期祖之上其尊曾高並齊衰三月此尊[illegible]之上殺也其三名服其四出入之服承上文人道之男女有別〻之以禮義[illegible]而言入者彼女來配此男毋者配父之名其尊齊于至尊之父故服三年之衰與父同但齊其斬而已妻者配已之名其親比于至親之子故服期年之齊衰[illegible]子同又加之以杖也而妻之于夫則比于至尊之父故服三年之斬衰移其所天之父以天其夫也婦者配子之名故服大功九月小功五月伯毋叔毋其名同于父之配視已尊一等故服齊衰期昆弟之子之婦其名同于子之配視已卑一等故服小功五月唯兄弟之妻其名不可同于已之配為其與已同等故無服出者此女往配彼男故姑姊妹女子子在室齊衰期出嫁則降大功九月入者雖已出嫁或被出或無子而復歸本宗則仍服在室未嫁之本服也其五長幼之服承上文人道之長〻旁治昆弟者而言長者謂昆幼者謂弟昆弟相為服齊衰期也同祖者從昆弟則服大功九月同曾祖者再從昆弟則服小功五月同高祖者族昆弟則服緦麻三月此長幼之旁殺也由長而上則有旁尊之殺父之親昆弟為從父則服齊衰期父之從昆弟為再從父則服小功五月父之族昆弟為族父則服緦麻三月祖之親昆弟為從祖則服小功五月祖之從昆弟為族祖及曾祖之親昆弟為族曾祖並服緦麻三月由幼而下則有旁卑之殺子之從昆弟為親昆弟之子則服齊衰期子之再從昆弟為從昆弟之子則功小功五月子之族昆弟為再從昆弟之子則服緦麻三月孫之再從昆弟為親昆弟之孫則服小功五月孫之族昆弟為從昆弟之孫及曾孫之族昆弟為親昆弟之曾孫並服緦麻三月以上喪服之五術本乎人道之四親皆為親之服也非親而服者不在此數其六從服謂非已之正服從于人而服也故殿于五術之後

從服有六有屬從注子為毋之黨有徒從注臣為君之黨有從有服而無

服注公子為其妻之父母有從無服而有服注公子之妻為公子之外兄弟有從重而輕注夫為妻之父母有從輕而重注公子之妻為其皇姑○疏從服有六者從術之中別有六種有屬從一也屬謂親屬以其親屬為其支黨鄭云子為母之黨是也鄭舉一條耳妻從夫夫從妻並是也有徒從二也徒空也與彼無親空服彼之支黨鄭云臣為君之黨鄭亦畧舉一條妻為夫之君妾為女君之黨庶子為君母之親子為母之君母並是也有從有服而無服三也鄭引服問篇云公子為其妻之父母其妻為本生父母期而公子為君所厭不得服從是妻有服而公子無服是從有服而無服嫂叔無服亦是也有從無服而有服四也鄭亦引服問篇云公子之妻為公子之外兄弟也公子被君厭為已外親無服而妻猶服之是從無服而有服娣姒亦是也有從重而輕五也鄭引服問篇云夫為妻之父母妻自為其父母期為重夫從妻服之三月為輕是從重而輕也舅之子亦是也有從輕而重六也鄭引服問云公子之妻為其皇姑公子為君所厭自為其母練冠是輕其妻猶為服期是從輕而重也

呂本中曰從輕而重所因者自輕而已從之乃反重也從重而輕妻為重又其父母當重而已反輕從無服而有服所從者自無而已反有從有服而無服所從者自有而已乃無服

陸佃曰無屬而從謂之徒從

吳澄曰從服之目又六屬從者屬謂親屬以親屬[illegible]為其黨服妻從夫服夫家旁尊旁卑之親子從母服母黨之親也徒從[illegible]徒空也與彼非親屬空為其黨服子為母之君母庶子為[illegible]為女君之黨也從有服而無服者其夫為其昆弟有服妻從[illegible]兄弟則無服公子之妻

讀禮通考　卷二十七

為其父母有服夫從妻而公子為君所厭父母則無服也從無而有服者其夫為兄嫂弟婦無服妻從夫而如婦相為小功則有服也公子被君厭為母之父母姊妹無服妻從夫而公子之外祖父母及從母皆緦則有服也從重而輕者姑雖出嫁猶為姪婦大功九月為重其子從母而為內兄弟服緦則輕妻為其父母服朞為重夫從妻而服外舅外姑皆緦則輕也從輕而重者公子為君所厭為其母練冠為輕妻從夫而為公子之母服朞則重也

自仁率親等而上之至于祖名曰輕自義率祖順而下之至于禰名曰重一輕一重其義然也注自猶用也率循也用恩則父母重而祖輕用義則祖重而父母輕恩重者為之三年義重者為之齊衰然如是也〇疏案喪服條例衰服表恩若高曾之服本應緦麻小功而進以齊衰踰數等之服並非為尊重而然也至親以期斷而父母加三年寧不為恩深故亦然矣

方慤曰因親以推祖則以階而升故曰等而上之由祖以及禰則即世以降故曰順而下之或自仁率或自義率而下止言其義然者義宜也宜輕而輕宜重而重是義而已

輔廣曰親親仁也逆而上之則漸輕故至于祖名曰輕尊尊義也順而下之則漸重故至于禰名曰重輕則齊衰三月重則斬衰三年一輕一重其義則然非人之所能為也

馬晞孟曰以祖對禰則禰為仁以禰對祖則祖為義祖以義為主禰以仁為本故曰自仁率親等而上之以至于祖名曰輕以其義有所殺也自義

率祖順而下之以至于禰名曰重以其仁有所隆也唯其仁有所隆義有所殺其理不得不然故曰一輕一重其義然也

應鏞曰自從也仁恩之厚于親者無極以仁率親逆而推於祖乃漸殺以是較之則謂之曰輕義道之施于祖者有節以義率祖順而及于親乃愈隆以是擬之則謂之為重非故欲為是輕重之差乃其理之不容不然者耳

吳澄曰因上文有從重而輕從輕而重之語遂申釋制服輕重二字之義恩愛之心無限極故于至親之服斬衰三年者仁也然仁雖無限極以漸而減殺焉循親之重服等差而上至祖則減為齊衰期又至祖上之祖則為齊衰三月愈殺而輕矣事宜之理有裁制故于曾高祖之服齊衰三月者義也義雖有裁制然以漸而加隆焉循曾高祖之輕服順序而下至祖則加為齊衰期又至祖下之禰則加為斬衰三年愈隆而重矣皆事理之宜如是也

四世而緦服之窮也五世祖免殺同姓也六世親屬竭矣注詳十六卷

絶族無移服注族昆弟之子不相為服親者屬也注有親者服各以其屬親疏。疏絶族者謂三從兄弟同高祖者族兄弟緦麻族兄弟之子及四從兄弟為袒免屬既絶者無移服在旁而及曰移言不延移及之親者屬謂有親者各以屬而為之服故云親者屬也

張子曰君子之澤五世而斬人之澤五世而斬

讀禮通考　卷二十七

澤斬於五世則恩可知矣故以六世為絕族而從旁及之服特親者各以親疎屬之也服不及於六世而昏姻乃百世不通者仁之所施有宗而義之所別不可已也然所謂絕非特此也喪服出妻之子為母期則為外祖父母無服傳曰絕族無施服親者屬也謂妻於夫家與族盡其出也與族絕族絕則為外祖父母無服此所謂無施服然夫妻則合有絕族子母至親無絕道故為出母期謂親者屬禮記作移喪服傳作施蓋古者移施通用也

方慤曰九族之外謂之絕族以其恩至此絕故也有恩則有服以其恩絕故無施服也夫以卑而屬尊以幼而屬長以庶而屬嫡以旁而屬正親親之道如斯而已故曰親者屬也族絕即非其所屬

呂本中曰絕族無移服謂四從兄弟無服者推也推不去親者屬也如期服親兄弟之屬也大功同堂兄弟之屬也此類皆是

吳澄曰高曾祖禰之子孫曾玄為族移推而旁及之也高祖之族其服旁及者族曾祖族祖族父族兄弟皆緦曾祖之族其服旁及者從祖再從父

再從兄弟皆小功族子緦祖之族其服旁及者從父朞從兄弟大功再從子小功族孫緦禰之族其服旁及者昆弟從子皆期從孫小功族曾孫緦出乎此為絕族族絕則無旁及之服矣若在族內為高曾祖禰之親者各以子之屬孫之屬曾孫之屬玄孫之屬而服之也

服問傳曰有從輕而重公子之妻為其皇姑注皇君也諸侯妾子之妻為其君姑齊衰與為小君同舅不厭婦也有從重而輕為妻之父母注妻齊衰而夫從緦麻不降一等言非服差有從無服而有服公子之妻為公子之外兄弟注謂為公子之外祖父母從母緦麻有從有服而無服公子為其妻之父母

注凡公子厭于君降其私親女君之子不降也○疏此四條明從服輕重之異公子之妻為其皇姑公子謂諸侯之妾子也皇姑即公子之母諸侯在尊厭妾子使為母練冠諸侯沒妾子得為母大功而妾子妻不辨諸侯存沒為夫之母期也其夫練冠是輕也而妻為期是重故云從輕而重謂之皇姑者此妾既賤若惟云姑則有嫡女君之嫌今加皇字自明非女君而此婦所尊與女君同故云君姑也公子之妻為公子之外兄弟者謂公子之外祖父母也公子被厭不服已母之外家是無服也妻猶從公子而服公子外祖父母從母緦麻是從無服而有服也經唯云公子外兄弟知非公子姑之子者以喪服小記云夫之所為兄弟服妻皆降一等夫為姑之子緦麻妻則無服今公子之妻為之有服故知公子之外祖父母也此等皆小功之服凡小功者謂為兄弟若同宗直稱兄弟以外族故稱外兄弟也

方愨曰此一節即釋大傳服術有六之文也故稱傳曰以冠之

讀禮通考　卷二十七

馬晞孟曰大傳從服有六而此言其四皆[illegible]以變易者則服亦從而隆殺之有從輕而重有從無服而有服者以六[illegible]情無所嫌而伸之也有從重而輕有從有服而無服者以其人情有所[illegible]壓之也先王制服人情而已矣然而服術之六從服為末而從服之中有至無服則雖禮之微者不可不辨

陸佃曰公子之妻為其皇姑謂之皇姑者死而後稱姑避小君也先儒謂春秋之義妾母稱夫人若小君在上堂稱妾下堂稱夫人天一而已矣夫妻之天也雖其父母猶降雖其舅姑猶降即妻齊衰夫亦齊衰是相報也故先王制服為妻之父母其輕重不倫如此婦之黨為昏兄弟壻之黨為姻兄弟又各謂其外家之黨為外兄弟喪服傳曰何如則可謂之兄弟小功以下為兄弟小功以下親不足言也謂之兄弟可故曰四海之内皆兄弟也公子不服其母故為其妻之父母無服

傳者罪多而刑五喪多而服五上附下附列也注列等比也○疏罪之與喪其數雖多其限同五其等列相似故云列也

陸佃曰列若今例矣

方慤曰言上下各有所比附而為之等列也

馬晞孟曰法者所以齊天下之過失然民之過失浩繁而不勝齊也故法不可以不省禮者所以辨天下之親疏然人之親疏輕重之不易辨也故禮不可以簡是故制為五刑以斷其罪而罪多有非五刑所屬則隨時而參酌之列為五服以定其喪而喪多而服五上附下附列也故有從輕從

重有服無服之别焉葢先王之制必以五數舉其大者而畧言之五典五禮五聲五色五味五行日月不可闕一焉易曰天數五地數五王者之政天地而已

喪服小記親親以三為五以五為九上殺下殺旁殺而親畢矣注已上親父下親子三也以父親祖以子親孫五也以祖親高祖以孫親玄孫九也殺謂親益疏者服之則輕○疏親親以三者以上親父下親子并已為三故云以三也又以父上親祖以子下親孫鄰者三今加祖及孫故言五也以五為九者已上祖下孫則是五也又以曾祖故親高祖曾孫故親玄孫上加曾高二祖下加曾玄兩孫以四籠五故為九也然已上親父下親子合應云以一為三而以三為五者父子一體無可分之義故祖親之說不須分矣而分祖孫非已一體故有可分之義而親名著也又以祖親曾祖以孫親曾孫應云以五為七而言九者曾祖曾孫為情已遠非已一體所親故略其相親之旨也庾氏云由祖以親曾高二祖由孫以親曾玄二孫服之所同義由于此也上殺者據已上服父祖而減殺故服父三年服祖減殺至期以次減之應曾祖大功高祖小功而俱齊衰三月者但父祖及于已是同體之親故依次減殺曾祖高祖非已同體其恩已疏故畧從齊衰三月曾高一等所以喪服注云重其衰麻尊尊也減其日月恩殺也不可以大功小功旁親之服加至尊故皆服齊衰也下殺者謂下于子孫而減殺子服父三年父亦宜報服而父子首足不宜等衰故父服子期也若正適傳重便得遂情故喪服云不敢降是也父服子期孫卑理不得祖報故為九月若傳重者亦服期也為孫既大功則曾孫宜五月但曾孫服曾祖止三月故曾祖報[illegible]一時也而曾祖是正尊自加齊衰服而曾孫正卑故止服緦麻曾孫既緦麻[illegible]月玄孫理不容異且曾孫非已同體故服不依次減殺畧同三月旁殺[illegible]世[illegible]叔之屬是也父是至尊故以三年若據祖期年則世叔宜九月而世叔是[illegible]故加至期也從世叔既

疏加所不及據期而殺是以五月族世叔又疏[illegible]宜緦麻此外無服也此是發父而旁斷至輕也又祖是父一體故加至[illegible]之兄弟非己一體故加亦不及據于期之斷殺便止五月族祖又疏一等故[illegible]緦麻此外無服是發祖而旁斷殺也又曾祖據期本應五月曾祖之兄弟謂族曾祖既疏一等故宜三月也自此以外及高祖之兄弟悉無服矣又至親期[illegible]兄弟至親一體相為而期同堂兄弟疏于一等故九月從祖兄弟又疏一等故小功族之昆弟又殺一等故宜三月此外無服是發兄弟而旁殺也又父為子期而兄弟之子但宜九月而今亦期者父為[illegible]子本應報以三年特為首足故降至期而兄弟之子為世叔本應九月但言世叔與尊者一體而加至期世叔旁尊不得自比彼父祖之重無義相降故報兄弟子期且已與兄弟一體兄弟之子不宜闊異欲見猶子之義與已子等所以至期故檀弓云兄弟之子猶子也蓋引而進之是也又同堂兄弟之子服從伯叔無加則從伯叔亦正報五月也族兄弟之子又疏故宜緦耳此發子而旁殺也又孫服祖期祖尊故為孫大功兄弟之孫服從祖五月故從祖報之小功也同堂兄弟之孫疏疏為之理自緦麻其外無服矣曾祖為曾孫三月為兄弟曾孫以無等降之故亦為三月始自父母終于族人故云親畢矣且五屬之親若同父則期同祖則大功同曾祖則小功同高祖則緦麻高祖外無服

亦是畢也

方慤曰親親之道成于三窮于九夫道生一一生二二生三三生萬物萬物有生則有成矣人道上由父生下以生子身居其中然後人道成焉此謂成于三變而為九是所謂九族而人道盡于此矣此之謂窮于九曰上殺者遠近之殺也曰下殺者尊卑之殺也曰旁殺者親疏之殺也遠近之殺者近者隆而遠者殺故也尊卑之殺者尊者隆而卑者殺故也所謂親疏者亦若是而已不曰隆而曰殺者親愈上則愈殺于遠親愈下則愈殺于卑故也所謂旁殺者亦若是而已三殺既畢則九族之外也絕族無移服故曰而親畢矣曾者增之也高者積而上之謂也玄者久而小之謂也

馬晞孟曰親親以三為五以五為九而不言七者以其上而高曾者皆為遠祖也下而曾玄者皆為遠孫也凡喪服之道以近為親是故上殺者有緦麻而無功衰以其相遠也旁殺之親有大功有小功者以其相近也近者至于親親而不尊遠者至于尊尊而不親唯其親而不尊故九月五月之喪功衰而已唯其尊而不親故

雖齊衰之喪亦有三月者也

李格非曰周官小宗伯曰掌三族之別以辨親疏書曰九族既睦辨因其近故止于三睦舉其遠故至于九蓋六世則親族竭矣自已而上殺至于高祖則五世自已而下殺至于玄孫則五世自已而旁殺至于三從兄弟則五世故曰上殺下殺旁殺而親畢矣夫服者所以序其親者也禮有經而等義有推而進權有重而輕輕而重孫為祖齊衰而祖為之緦麻兄弟之子為世叔期從兄弟之子為從世叔小功五月而從世叔亦為之五月族兄弟為族世叔緦三月而族世叔亦為之緦兄弟之孫為從祖五月而從祖亦為之小功從兄弟之孫為曾祖之兄弟三月而曾祖兄弟亦為之緦兄弟則期從兄弟則大功從祖兄弟則相為緦此經而等也子為父三年而父為之期孫為祖期而祖為之大功曾孫玄孫為曾祖高祖齊衰三月而曾祖高祖亦為之緦此順而殺也為孫期則為兄弟之子當大功而亦期此推而進也有傳重者則父為祖三年祖為孫期此輕而重也為祖期為曾祖當大功而乃

為之五月此重而輕也

陳祥道曰書與詩序皆言九族特周禮小宗伯儀禮士昏禮記仲尼燕居特言三族者三族父子孫也九族高祖至玄孫也三族舉其本九族極其末舉三族則九族見矣白虎通夏侯歐陽何琦如淳之徒以父族四母族三妻族二為九族其說蓋以詩之葛藟刺平王不親九族而言謂他人父謂他人母頍弁刺幽王不親九族而言豈伊異人兄弟甥舅角弓亦不親九族而言兄弟昏姻無胥遠矣則所謂九族者特內宗而已是惡知詩

人之所主者因內宗而發哉彼謂父族四者父[illegible]姓為一族父女昆弟適人者子為二族已女昆弟適人者子為三族[illegible]適人者子為四族母族三者母之父母為一族母之昆弟為二族母之女昆弟為三族妻族二者妻之父為一族妻之母為二族然于母之母則合而為一族妻之父母則離而為二可乎爾雅于內宗皆內族于母妻曰黨而已又禮小功之末可以嫁娶妻之黨固無妨于嫁娶昏禮不容慮其不慮也然則九族之說當從孔安國鄭康成為正此經則九族殺之差也

陸佃曰族之以喪紀論者孔氏云上至高祖下及玄孫為九族此斥同姓而兼死言之也族之以親屬論者歐陽氏云父族四母族三妻族二為九族此斥生而兼異姓言之也以此經考之則孔氏之言為是以詩頍弁角弓考之則九族異姓在焉于歐陽氏之言為當也夫以喪紀言服者推而上之極于高祖引而下之極于玄孫者何也蓋曾祖之上其祖謂之高祖尊者以親屬高遠也曾孫之下其孫謂之玄言卑者于親屬微昧也故喪紀于是盡焉以親屬言族者母族三有母之母姓父族四無父之母姓者蓋屈于父之姓故也此父在為母期之意也然則母之姓于母之父姓何以無屈曰理有等恩有殺于同姓之族嚴于異姓之族畧仁義之道也母族三有母之女昆弟適人者而妻族二無妻之昆弟適人者何也蓋女子謂姊妹之夫為私以其非正親故也妻之姊妹于已則非正親其不在族中也宜矣

親親尊尊長長男女之有別人道之大者也注言服之所以隆殺

○疏親親謂父母也尊尊謂祖及曾祖高祖也長長謂兄及旁親也不言卑幼舉尊長則卑幼可知也男女之有別者若為父斬為母齊衰姑姊妹在室期出嫁大功為夫斬為妻期之屬是男女之有別也

吳澄曰此一條舊本與上殺下殺旁殺而親畢之文不相屬其實當相屬故鄭注以為言服之隆殺蓋以結上親親三五九之意也親親之三五九以一家所親之親合為一而言也此條之親親在尊尊長長男女有別之先以一家所親之親分為四而言也親親謂親而非尊非長者大傳謂之下治子孫此章所為下殺之親正子孫之服與從族旁親之子孫也尊尊謂親而又尊者大傳謂之上治祖禰此章所謂上殺之親正父祖與從祖旁尊之父祖也長長謂親而又長者言長則兼幼矣大傳謂之旁治昆弟此章所謂旁殺之親正昆弟與從族旁長旁幼之昆弟也男女之有別謂他姓之女来為本姓父本姓之女往為他姓婦者是為内治夫婦之親大傳之服術所謂名服出入服也獨皇氏不取鄭注謂此是記者言別事不論服之隆殺澄初亦頗然其說而以此為泛論親親者父子之倫尊尊者君臣之倫長長者兄弟之倫男女有別者夫婦之倫該五倫之四故曰人倫之大其後細味上下文意又觀大傳與此章文意大同小異乃知已說為非而鄭注為當但孔疏所釋親親尊尊之服未當爾故特據大傳上治下治旁治之說以定尊長之服焉

從服者所從亡則已注謂若為君母之父母昆弟從母也屬從者所從雖沒也服注謂若自為己之母黨○疏按服術有六其一是徒從與彼非親屬空從此而服彼徒中有四一是妾為女君之黨二是子從母服于母之君母三是妾子為君母之黨四是臣從君而服君之黨就此四徒之中而一徒所從雖亡則猶服如女君雖沒妾猶服女君之黨其餘三徒則所從亡而已謂君母死則妾子不復服君母之黨及母亡則子不復服母之君母又君亡則臣不復服君黨親也其中又有妾捐女君為女君黨各有[illegible]故也今云所從亡則已巳止也止謂徒從亡則止而不服也屬者骨肉[illegible]為親也亦有三一是子從母服母之黨二是妾從夫服夫之黨三是[illegible]服妻之黨此三從雖沒猶

從之服其親也注特云謂若自為已之母黨者亦舉一隅也

曲禮　夫禮者所以定親疏決嫌疑別同異明是非也

疏定親疏者五服之内大功已上服麤者為親小功已下服精者為疏故周禮小史掌定繫世辨昭穆也決嫌者若妾為女君期女君為妾若服之則太重降之則有舅姑為婦之嫌故全不服是決嫌疑者孔子之喪門人疑所服子貢曰昔者夫子喪顔回若喪子而無服喪子路亦然請喪夫子若喪父而無服是決疑也別同異者賀瑒云本同今異姑姊妹是也本異今同世母叔母及子婦是也明是非者得禮為是失禮為非若主人未斂子游裼裘而弔得禮是也曾子襲裘而弔失禮非也但嫌疑同異是非之屬在禮甚衆各舉一事為證而皇氏具引今亦畧之

吕大臨曰伯母叔母疏衰踊不絶地姑姊妹之大功踊絶于地為祖父母齊衰期為曾祖父母齊衰三月此所以定親疏也嫂叔不通問嫂叔無服君沐粱大夫沐稷士沐粱燕不以公卿為賓以大夫為賓此所以決嫌疑也已之子與兄弟之子異矣引而進之同服齊衰期天子至于庶人貴賤異矣而父母之喪衰疏之服飦粥之食無貴賤一也大夫為世父母叔父母衆子昆弟昆弟之子降服大功尊同則不降此所以別同異也

馬希孟曰喪期有遠近之數宗廟有遷毀之制恩之隆者服之三年而不為厚殺之遠者殺于袒免而不為薄定親疏也

文王世子　喪紀以服之輕重為序不奪人親也注紀猶事也○

疏不計爵之尊卑以服之本輕者為下本重者為上是不奪人本親之恩

三年問　三年之喪二十五月而畢

閒傳期而小祥又期而大祥中月而禫

雜記期之喪十一月而練十三月而祥十五月而禫

喪服小記再期之喪三年也期之喪二年也九月七月之喪三時也五月之喪二時也三月之喪一時也

注言喪之節應歲時之氣也

吴澄曰再期一期九月七月五月三月者喪節之隆殺也三年二年三時二時一時者氣運之久近也隆殺在人者也久近在天者也故祭以存親者亦以盡乎人之禮除喪以順變者亦以從乎天之道人禮之當盡者可有窮已天道之當從者不得不然也

徐師曾曰九月七月大功也儀禮大功章有中殤七月之文以實歷之月言之則再期九月七月五月三月以歲時之氣言之則三年二年三時二時一時也期以上以年計功緦以時計服之隆殺有此五等凡取義于人情天道而已

中庸期之喪達乎大夫三年之喪達乎天子父母之喪無貴賤一也注見王侯降服篇

朱子曰喪服自期以下諸侯絶大夫降而父母之喪上下同之推己以及人也

孟子不能三年之喪而緦小功之察放飯流歠而問

無齒決是之謂不知務

孝經援神契曰喪不過三年以期增倍五五二十五月義斷仁示民有終緣喪絶情

說苑古者有親喪者不呼其門有齊衰大功五月不服力役之征有小功之喪者未葬不服力役之征

白虎通德論三年之喪何二十五月以爲古民質痛於死者不封不樹喪期無數亡之則除後代聖人因天地萬物有終始而爲之制以朞斷之父至尊母至親故爲加隆以盡孝子恩恩愛至深加之則倍故再期二十五月也禮有取於三故謂之三年緣其漸三年之氣也故春秋傳曰三年之喪其實二十五月也三年之喪不以閏月數何以其言

朞也朞者復其時也大功已下月数故以閏月除

喪者何謂也喪者亡人死謂之喪言其亡不可復得見也不直言喪何為孝子心不忍言尚書曰武王既喪喪終曰死為適室知據死者稱喪也生者哀痛之亦稱喪禮曰喪服斬衰易曰不封不樹喪期無数孝經曰孝子之喪親也是施生者也天子下至庶人俱言喪何欲言身體髮膚俱受之父母其痛一也

晉書禮志晉國建文帝命荀顗因魏代前事撰為新禮參考今古更其節文羊祜任愷庾峻應貞並共刊定成百六十五篇奏之太康初尚書僕射朱整奏付尚書郎摯虞討論之虞表所宜損增曰臣典校故太尉顗所撰五禮臣以為夫革命以垂統帝王之美事

也隆禮以率教邦國之大務也是以臣前表禮事稽
留求速訖施行又以喪服最多疑闕宜見補定又以
今禮篇卷煩重宜隨類通合事久不出懼見寢嘿蓋
冠婚祭會諸吉禮其制少變至于喪服世之要用而
特易失旨故子張疑高宗諒陰三年子思不聽其子
服出母子游謂異父昆弟大功而子夏謂之齊衰及
孔子沒而門人疑於所服此等皆明達習禮仰讀聖
典循師仲尼漸漬聖訓講肄積年及遇喪事猶尚若
此明喪禮易惑不可不詳也况自此以來篇章焚散
去聖彌遠喪制詭謬固其宜矣是以喪服一卷卷不
盈握而爭說紛然三年之喪鄭云二十七月王云二
十五月改葬之服鄭云服緦三月王云葬訖而除緦
母出嫁鄭云皆服王云從乎繼寄育乃為之服無服

五代史馬縞傳縞言袁麻喪紀所以別親疏辨嫌疑禮叔嫂無服推而遠之也唐太宗時有司議

為兄之妻小功五月今有司給假為大功九月非是太常博士段顒議嫂服給假以大功者令文也令與禮

異者非一而喪服之不同者五禮姨舅皆服小功令皆大功妻父母壻外甥皆服緦令皆小功禮令之不同如

此右贊善大夫趙咸議喪與其易也寧戚儀禮五服或以名加或因尊制推恩引義各有所當據禮

為兄之子妻服大功令為兄之子母服小功是輕重失其倫也以名則兄子之妻疏因尊則嫂非卑嫂服

大功其來已久令國之典不可滅也左僕射劉昫等議令於喪服無正文而嫂服給大功假乃假寧附令

而勑無年月請凡喪服皆以開元禮為定下太常具五服制度附於令令有五服自縞始也

入二十七卷末十二号

也隆禮以率教邦國之大務也是以臣前表禮事稽
留求速訖施行又以喪服最多疑闕宜見補定又以
今禮篇卷煩重宜隨類通合事久不出懼見寢嘿蓋
冠婚祭會諸吉禮其制少變至于喪服世之要用而
特易失旨故子張疑高宗諒陰三年子思不聽其子
服出母子游謂異父昆弟大功而子夏謂之齊衰及
孔子沒而門人疑於所服此等皆明達習禮仰讀聖
典俯師仲尼漸漬聖訓講肄積年及遇喪事猶尚若
此明喪禮易惑不可不詳也況自此以來篇章焚散
去聖彌遠喪制詭謬固其宜矣是以喪服一卷卷不
盈握而爭說紛然三年之喪鄭云二十七月王云二
十五月改葬之服鄭云服緦三月王云葬訖而除繼
母出嫁鄭云皆服王云從于繼寄育乃爲之服無服

之殤鄭云子生一月哭之一日王云以哭之日易服之月如此者甚衆喪服本文省略必待注解事義迺彰其傳說差詳世稱子夏所作鄭王祖經宗傳而各有異同天下並疑莫知所定而顓直書古經文而已盡除子夏傳及先儒注說其事不可得行及其行事故當還頒異說一彼一此非所以定制也臣以為今宜参采禮記略取傳說補其未備一其殊義可依準王景侯所撰喪服變除使類統明正以斷疑爭然後制無二門咸同所由詔可其議

讀禮通考卷二十八

喪期

通論中

〔陳祥道禮書〕易繫辭曰古之葬者厚衣之以薪葬之中野不封不樹喪期無數書稱堯之殂落百姓如喪考妣三載四海遏密八音而喪服精麤之制于經無見然則有喪無期有期無服皆心喪而已後世漸文故為冠絰衰裳帶屨以飾之于是有斬齊功緦袒免之等三年期九月七月三月之別然後情文稱而恩義立矣蓋喪服之制上取象于天下取法于地中取則于人故再期之喪三年期之喪二年九月七月之喪三時五月之喪二時三月

之喪一時遠者象閏近者象時則凡在天地之間者有變易矣此喪服所以立中制節也孔子曰子生三年然後免于父母之懷則三年之喪固孝子之所以自盡也宰予欲短之曰舊穀既沒新穀既升鑽燧改火期已久矣而孔子非之則至親不可以期斷也荀卿與三年問皆謂至親以期斷而以三年為加隆如此則是期為喪之盡而三年為禮之加也與孔子之説戾矣禮曰太古冠布齊則緇之鄭氏謂冠即白布冠今喪冠也然則太古之冠吉凶同色其服又可知也

〔二程全書〕問喪止于三年何義曰歲一周則天道一變人心亦隨以變惟人子孝于親至此猶未忘故必至于再變猶未忘又繼之以一時

朱子語類母之姊妹服反重于母之兄弟緣于兄弟嫁則降其服而姊妹不降故也舅于甥之妻有服妻于夫之舅無服亦可疑恐是舅從父而推之故廣甥之妻從夫而推之故狹朋友加麻于弔絰之上麻謂絰也

吴澄服制考詳序曰凡喪禮制為斬齊功緦之服者其文也不飲酒不食肉不處内者其實也中有其實而外飾之以文是為情文之稱徒服其服而無其實則與不服等爾雖不服其服而有其實者謂之心喪心喪之實有隆而無殺服制之文有殺而無隆古之道也愚嘗謂服制當一以周公之禮為正後世有所增改者皆溺乎其文昧乎其實而不究古人制禮之意者也為母齊衰三年而父在

為母杖期豈薄于其母哉蓋以夫為妻之服既除則子為母之服亦除家無二尊也子服雖除而三者居喪之實如故則所殺者三年之文而已實固未嘗殺也女子在室為父斬既嫁則為夫斬而為父母期蓋曰子之所天者父妻之所天者夫嫁而移所天于夫則降其父婦人不貳斬者不貳天也降己之父母而期為夫之父母亦期期之後夫未除服婦已除服而居喪之實如其夫是舅姑之服期而實三年也豈必從夫服斬而後為三年哉喪服有以恩服者有以義服者有以名服者恩者子為父母之類是也義者婦為舅姑之類是也名者為從父從子之妻之類是也從父之妻名以母之黨而服從子之妻名以婦之黨而服兄弟之妻不

可名以妻之黨其無服者推而遠之也然兄弟有妻之服已之妻有娣姒婦之服一家老幼俱有服己雖無服必不華靡于其躬宴樂于其室如無服之人也同爨且服緦朋友尚加麻鄰喪里殯猶無相杵巷歌之聲奚獨于兄嫂弟婦之喪而恝然待之如行路之人乎古人制禮之意必有在而未易以淺識窺也夫實之無所不隆者仁之至文之有所或殺者義之精古人制禮之意蓋如此後世父在為母三年婦為舅姑從夫斬齊並三年為嫂有服為弟婦亦有服意欲加厚于古而不知古者子之為母婦之為舅姑之于嫂未嘗薄也愚故曰此皆溺乎其文昧乎其實而不究古人制禮之意者也古人所勉者喪之實也自盡于己者也後世

所加者喪之文也表暴于人者也誠僞之相去何如哉

〔徐駿五服集證〕周喪制將死比生而定立二十七月凡人之生日與死日皆同其數假令人于子年十二月三十日生至丑年正月一日稱二歲謂兩日經二年也又至寅年十二月三十日謂經二十五月而稱三歲假令人于夘年十月十日死至辰年十月十日為一周年謂經十三月漸二周之度謂之小祥又至巳年十月十日通數二十五月漸經三年之度謂之大祥孔子云喪不過三年蓋三年之喪其孝子痛切之至五內分崩必盡節哀之禮而無損傷之過也二十五月雖越三年亦不忍便服吉服又服禫素之衣兩月共二十七月則踰

月從吉也踰月從吉者自父母死日實數二十七月外次二十八月一日方始釋服從吉禮云徹悔至朔爲餘月是也○按儀禮疏衰裳齊牡麻絰冠布纓則杖布帶疏屨三年者其降服父卒則爲母父在則爲母期傳曰何以期也屈也至尊在不敢伸其私尊也夫期之喪子爲父屈而三年之喪母爲長子得遂揆其輕重二者蓋不侔矣唐孔氏謂子于母屈而從期心喪三年蓋亦于義不安而創爲其說耳古未之聞也古者弟子爲師心喪三年若喪父而無服由子貢以義起之也子貢以孔子之施于門人者還以報也苟施于母子之間則疏衰裳齊服若師之無服也服斷以期而猶爲心喪則是外屈父之尊而內存喪母之哀所謂服者何

以表衰也斯亦僞而已矣後世之言禮者不以父降其母而使子得伸其尊誠不過矣抑所本者何取于古也又古者爲曾祖父母齊衰三月傳曰何以齊衰三月也小功也小功兄弟之服也不敢以兄弟之服服至尊也故重其衰麻减其月日尊而恩殺也是雖不及高祖父母說者謂兼高祖而言則其服同其日月亦同也今禮家之爲曾祖父齊衰五月爲高祖父母齊衰三月則其服同其日月不同矣以經攷之服之數盡于五緦麻三月小功五月等而至于高祖意其日月以是爲差其服制則一以齊衰斷也且疏云爲父加隆三年則爲祖宜大功爲高祖宜小功苟以齊衰之服從大功小功之月日亦若可爲也古之制禮者所以不出乎

二者之閒而一斷以三月之制豈無其義乎故尊而恩殺爲高曾三月者後世不必易也至尊在不敢伸其私尊爲母衰期者雖古不必盡從也何以殺之禮以義起而緣乎人情也

劉績三禮圖小記親、以三爲五以五爲九上殺下殺旁殺而親畢矣上親父三年祖父期下親長子亦三年適孫期庶則各降一等以親祖故曾高皆齊衰三月以親孫故曾玄皆緦麻三月已之昆弟期從夫昆弟大功從祖昆弟小功族昆弟緦服至此而皆竭矣凡女子在家與男子同出嫁則于旁親降一等其旁親以有受我而厚者爲之服亦降一等以無二斬又降其父期父則以親屬仍大功本服若無主被出則皆仍在家本服男子爲人後亦同但女子有歸宗之道獨于昆弟為父後者不杖期耳凡此皆親〻出入義也若為大夫尊不同于旁親皆降一䓁諸父昆弟庶子有為大夫者姑姊妹女子〻適大夫為命婦者尊同則仍本服命婦無祭主仍在家服大夫妻體君同大夫降妾事女君與舅姑䓁皆從女君服妾之父母子世叔父母姑姊妹以不體君各遂本服蓋大夫妻皆不服妾私親惟庶子大功耳士妾亦然大夫庶子父在則從父降一䓁母妻昆弟皆大功父沒則得伸無厭矣又徒從服君母之黨君母卒則不服若為諸侯則始封之君不臣諸父昆弟封君之子不臣諸父而臣昆弟封君之孫盡臣諸父昆弟凡臣則絶旁親不服而旁親皆同臣服斬衰三年姑姊妹

從夫服齊衰期若諸父昆弟爲諸侯姑姊妹女子子嫁國君尊同則亦仍本服夫人體君同諸侯絶公妾不體君爲子期及遂私親猶大夫妾也諸侯庶子從君爲昆弟無服母妻不過爲之練冠麻衣父沒猶爲餘尊厭不過大功諸父昆弟以下公子之重視夫夫自以其重降一等若爲大夫尊同則亦不降矣天子其尊無對通臣而絶焉凡此皆尊尊别卑義也惟曾祖至曾孫自天子至庶人皆不降絶宗子自大夫以下五月外皆服齊衰三月正體一本義也男子于昆弟有服而昆弟妻無服推而遠之也婦人于夫昆弟無服而昆弟妻有服同居室生親也長殤中殤降一等下殤降二等未成人也從母服其父母昆弟姊妹及其子從妻止服

其父母尊卑殺也外親本皆緦以尊加外祖父母小功以名加從母夫婦小功耳

魏校五服圖說父母至親也故喪三年至痛極也此喪禮之大綱五服因是以生矣父母之于子其痛同而庶子以尊加之故降而期則以降為正服而長子三年為加隆焉耳以傳重也祖尊矣故自三年而期而孫以尊加之則為大功適子死則適孫為祖承重三年故于嫡孫加隆為期也曾高祖尊同而恩殺矣故不敢以大功小功服之而為之齊衰則殺其數為三月也曾玄孫緦同不可加其月數也此皆正統之親也昆弟一體也自吾父而推故期從父昆弟自吾祖而推故大功從祖昆弟自吾曾祖而推故小功族昆弟自吾高祖而推

故緦也世叔父自吾祖而推當大功矣以吾父一體則加隆而為期其報服與庶子同昆弟之子猶子也從祖父從祖祖父自吾曾祖而推也故緦而報服同以旁尊不可加之也此皆旁親也尊卑之體適庶之分親疏遠近之等恩義曲盡矣

瑯琊代醉編古者父在為母期武后始令同父三年開元五年盧履冰以為非是田再思曰高宗實行之著令已久何必乖先帝之旨闕人子之情使與伯叔母姑姊妹同履冰謂武后陰儲篡謀升齊抗斬乘陵唐家今不正其失恐後世復有婦奪夫之政元行冲亦謂孝莫大于嚴父故父在為母免官齊而期心喪三年情已申而禮殺也自堯舜周孔所同帝弗報七年乃下詔服紀一用古制二十

年又詔為母加服齊衰三年及頒開元禮遂依行焉然其後德宗有后之喪太子及舒王將行三年之制柳冕請依魏晋故事穆質言遵三年之制則太重從三十日之服則太輕惟行古期年為得禮之中而德宗不以質為然（唐書列傳）又李晟二子愬忞居母喪大祥而除官晟奏二子終禫而後朝請（唐會要）然則此制唐時亦未通行也宋寶元中王恪言父母相繼亡没乞通持五十四月服仁宗許之（宋會要）熙寧七年命官參酌舊例定為新式父母及繼母慈母已所生母並三年（亦宋會要）朱子語録曰儀禮父在為母服期非是薄于母只為尊在其父元吳澄服制考詳序云心喪之實有隆而無殺服制之文有殺而無隆古之道也古人所勉者實後世所加者文也

我朝洪武七年勅禮官定議有引子游問孔子魯昭公之服為對聖祖曰喪禮久出天王昭公諸侯也問孔子欲更其禮孔子不教人不忠故不言期之非及宰予閑居之論孔子却言其不仁可見毋之期服不近人情乃斷自聖衷立為定制子為父母庶子為其母皆斬衰三年而嫡子衆子為庶母皆齊衰杖期蓋至我聖祖而後人子之心始無憾矣彼謂隆其實而殺其文不知苟無其文實終無以自表且古所謂不肖者企而及使之何所據而企也胡翰讀喪禮云唐孔氏謂子于母屈而從期心喪三年蓋亦于義不安而創為是說耳古者為師心喪三年師本無服故子貢以義起之苟施于母子之間則疏衰齊裳非若師之無服也服斷以

讀禮通考　卷二十八

呂坤在鄒元錫後

期而猶爲心喪所謂服者以表哀也斯亦僞而已矣此言可破心喪之説

〔呂坤四禮疑〕小字 孫與祖爲體祖愛孫不異父之子子杖妻不杖祖何也玄孫女曾孫女孫女出嫁不降高曾祖〻父母曰不敢降也玄孫婦曾孫婦孫婦乃敢降我高曾祖〻父母乎或曰義服也出母嫁母皆杖而不杖本生父母或曰欲推而遠之也母妻與父稱三族父族九世四而三從凡四十有八母族始自小功凡四妻族止于外舅姑凡二何隆殺也父母于女伯叔父母于姪女無亦當稍别乎或曰猶子也夫親姑夫姊妹小功不分室嫁女嫁于兄弟妻姪妻不報服何也孤甥依舅母有乳哺衣食昏嫁成家者舅母死緦亦不及焉無乃忍乎

先王之外女也不如路人父母死父族絕寧用東西南北家獨不許女壻主喪何其踈而女之服上下通乎七世旁推及于三從又何親也服圖母家直名外親忍矣而舅之子又稱内兄弟何也禮也有義先王精意必自有說儒者當講求焉不可習矣而不察也○母族之殺何也曰母喪期母家安得不殺妻族之甚殺何也曰母族殺妻族安得不甚殺今母喪已三年矣且與父等矣而二族似亦稍隆庶于士庶之家人情為近○

喪禮先王所制以制放逸忘哀之情故謂之制制以三年為重故嫡長子不在嫡長孫承祖之重謂之承重五服者三年一年九月五月三年五等之衣服也十制者斬衰三年齊衰三年齊衰杖期齊

衰不杖期齊衰五月齊衰三月大功九月小功五月緦麻三月袒免在次十等之制度也齊衰與斬衰布麻有麄細五齊衰布麻無麄細袒免雖極輕亦先王禮制但不成服故不可入五服耳○疑服有四曰正義加降正服禮稱情也義服情從禮也加服禮從情也三者皆隆降服禮裁情也○降服非君子之所忍也服所降以明禮稱所本以明情○三年重喪也降為期稱重期期降大功稱期功小功降緦稱功緦仁之至義之盡也故曰加服不稱本服降服不忘本服厚道也

鄧元錫喪服經傳繹喪服本天天一氣而二體其生物也使之一本故喪之無二斬者無二天之道也斬衰父父者子之天父一而已親莫親焉故為

致喪三年隆恩以親親也是立隆爲極矣曰爲君不斬乎爲君斬不二斬乎曰資于事父以事君而敬同君者臣之天君一而已尊莫尊焉故爲君亦方喪三年疑于父義服也以尊尊也恩者仁也義者義也生物者仁成物者義父生之君成之一氣二體之道也然則何以謂無二斬乎曰君取其敬母取其愛其所本者一也故爲父衰三升而君衰三升有半明無二本也爾其爲母齊衰三年何也曰母至恩也資于事父以事母而愛同故爲母申之則齊衰三年然衰不斬而齊矣父在猒而期矣義服嫡繼母如母矣天之尊也地不得而亢焉父之尊也母不得而並焉故曰無二斬也此喪服之本制生人之大義天地之性也故服術有六一曰

親親二曰尊尊其親親以三為五以五為九何也天函三為一也播一氣于五行宣五氣為九類也父子一體譬則首足然而何可得解故人之生上父下子慈孝不可解于其心故已為父斬衰子為已亦斬衰已為嫡長子亦斬衰三而一者也其夫婦一體何也譬左右胖之合焉亦焉可得解夫者妻之天故為夫斬衰子為母杖衰母為子亦杖衰夫為妻削杖痛矣斷而期則無二斬也天地尊卑之義也昆弟一體何也譬則手足然亦焉可得解然而支矣世父叔父于父昆弟也則亦一體也然而旁尊矣服斬齊而下期故世父叔父期昆弟期昆弟之子報亦期皆期而不杖圖中有上有下有中皆函三為一而一統于其中其所本者一也曰

父子一體昆弟之子非子也其期何也形日隔而跡各親其親各子其子孰爲手足一體之念乎又旁尊也不足以加尊故庶子期兄弟之子猶子報亦期引而進之以聯恩也其以三爲五何也曰父子一體父之父曰祖子之子曰孫析二氣而四時象也自仁率親等而上能無殺乎而祖至尊也父之所尊尊莫重焉尊之故嚴之嚴之故爲䟽衰期以是爲正尊其不杖何也曰父之所杖子不得而杖焉何也不敢也無二斬之義也父卒承正體之重則斬三年而祖爲嫡孫報期重正體之義也生克嗣續之道蓋取諸五行以五爲九何也自義率祖等而上一本而主不尊尊乎祖之父則曾矣祖之祖則高矣皆正尊也皆正尊尊嚴焉故皆齊衰

疏然而恩有苛矣不得自邇于尊焉故疏衰齊
牡麻絰無受三月而止葵為期其承重亦斬傳曰
不敢以小功之服而加之所尊此立隆殺之極明
尊親之至也孫之子曰曾孫之孫曰玄殺而下故
上殺下殺以五為九而服屬盡于此其旁殺何也
曰同父昆弟期同祖昆弟大功同曾祖昆弟小功
同高祖昆弟緦是由身而推者也父昆弟無大功
服不及三從矣祖昆弟亦無大功服不及再從矣
曾祖昆弟無大小功服不及從矣何也旁尊也不
足加于正孫曾玄之旁殺也亦然旁殺也不足以
加正故也世叔父期從祖祖父母從祖父母報皆
殺而小功無已遽乎曰世叔父從斬而殺昆弟之
子猶子也加隆焉爾也不可格于從于其從而殺

者正也族父緦族祖父族曾祖父從祖兄弟之子亦皆緦何也曾祖父齊衰然而三月矣庸將加乎曾孫緦其旁從庸得加乎旁不得加正故降之也故曰上殺下殺旁殺而親盡戚盡于上服殫于下而生人之道窮故通于五屬之服者其知自然之爲體乎其名服何也曰傳有之同姓從宗合族屬異姓主名治際會也異姓乎于逺之人幾矣娶于異姓以合體而成恩以合體而同尊卑名以命之禮之治也由身而上名之母〻之矣義同母而尊故從祖〻父母從祖父母皆曰母報皆小功族祖父母族父母亦皆曰母報皆緦尊隆從而隆也由身而下名之婦〻之矣恩同婦而親故夫之諸祖父母報皆緦昆弟五服具乃嫂〻婦無服何也以

名治之也謂兄之妻嫂嫂之言叟也尊同母使不敢邇焉謂弟之妻卑同婦使不得邇焉名彰義立而後人道有别人道有别而教嚴故抑而無服推而遠之也微然者兄非屬父道也弟非屬子道也嫂婦之名此何以稱焉名以治之尊尊長長男女有别治際會之大者也是名服也服有出入何也曰恩義之權也女在室從父天吾父為父斬出嫁從夫天吾夫為夫斬蓋天移而斬易矣傳曰有受我而厚之者是也令内屬而恩隆不二斬乎無以長亂乎故女子子入在親為親恩同子在夫為夫降同昆弟之子降其昆弟同從父昆弟嫁而反在室同此室此以義而權恩者也無二斬之道也子為父後為父斬出為人後為所後者斬父天也為

所後受重爲正體亦天也傳曰受重者以尊服〻之今爲本生者恩重而服隆不二斬乎無以長亂乎故出爲所後者斬爲其父母報不杖期爲其昆弟大功亦以義而權恩而爲本生父母伸心喪曰女子〻適人者爲其私親皆降惟高曾祖父母不降爲昆弟爲父後者不降何也不足以二斬焉故得以全恩其嫁而無主後者亦加隆焉以全恩此權制者也其從服何也屬之而從之也子從母而服母黨妻從夫而服夫黨夫從妻而服妻黨庸得已乎以有屬而成恩而妻屬夫其重矣則自斬而推故也夫婦人無身以夫之身爲身故婦人無親以夫之親爲親非無親也不敢恩其私親也故爲夫斬三年夫父母從爲之斬若之小三年爲長子

亦齊三年夫祖父母而上〻殺子以下殺世叔父母而上夫昆弟之子而下旁殺雖其殺也從為之服亦加降焉爾也移天易服移所殺為其所從服者服是屬從之道也妻父母緦母父母小功母重于妻也母兄弟舅小功母姊妹從母亦小功舅若從母之子緦重母之義也妻黨自妻父母而止義不淂復推何也母疏衰齊妻疏衰杖期本服異故也其甥外孫報何也古無施不報也已爾乃從服有六自屬從而下推恩義降殺屈伸以從文記具之又周貴爵而尚文降其上下殤有上下諸徒從服從輕重上下焉今制省質矣故服有恩有義有節有權皆取之人情恩觀仁義觀化權節觀制大者天也順陰陽四時以為經夫安可淂訾哉夫

乾學按斬衰實非三年而曰三年者何也三年之內既卒哭則用六升之布如齊衰既小祥則用七升之布爲功衰而謂斬衰三年者對齊衰期而下言之斬衰二字爲句其服則三年乃除耳始喪不食三日寢苫枕塊飲粥色墨譬之隆冬折膠凝冰安可常哉故受之以卒哭受之以大小祥以漸而殺至于禫譬則大寒不能驟暑以漸而移所謂因天理本人情而爲之節文者也如必以斬衰之初達三年之久世無復有能行之者矣即如始死哭無時謂哀至輒哭無論旦暮至三月卒哭惟朝夕奠必哭矣至大祥後又哭無時謂朝夕不必哭獨遇哀乃哭初無時日又殺矣此皆先王之禮使人人可行者也乃若首絰腰帶以葛代麻及祥禫所受之服練冠縓緣縞冠素紕今人不知爲何物古禮漸湮固不可以一一討論則在人之自盡而已

袁吉云斬衰因喪之稱非爲終三年也

先王制禮使人人盡孝又惧其過哀毀性立爲中制

脩復是在知禮者一一考論以期于

寫在鄧元錫後

亦齊三年夫祖父母而上〻殺子以下殺世叔父母而上夫昆弟之子而下旁殺雖其殺也從為之服亦加降焉爾也移天易服移所殺為其所從服者服是屬從之道也妻父母緦母父母小功母重于妻也母兄弟舅小功母姊妹從母亦小功舅若從母之子緦重母之義也妻黨自妻父母而止義不得復推何也母疏衰齊妻疏衰杖期本服異故也其甥外孫報何也古無施不報也已爾乃從服有六自屬從而下推恩義降厭屈伸以從文記具之又周貴爵而尚文降其上下殤有上下諸徒從服從輕重上下焉今制省質矣故服有恩有義有節有權皆取之人情恩觀仁義觀化權節觀制本諸天地順陰陽四時以為經夫安可得訾哉夫

安可得訾哉

荅友人書曰承諭斬衰三年而有祥禫則何以稱斬衰三年也夫有祥禫而謂斬衰三年者對齊衰期而下言之統之以三年立隂以爲極焉耳夫不食三日苫塊色墨譬之隂冬析膠凝氷安可常哉故受之以卒哭受之大小祥以漸而殺至于禫譬則大寒不能驟而暑以漸而移所謂因天理本人情而爲之節文者也如必以斬衰之初逮三年之久世無復有能行之者矣即如始死哭無時謂哀至輒哭無論旦暮至三月卒哭惟朝夕奠必哭矣至大祥後又哭無時謂朝夕不必哭獨遇哀乃哭初無時日又殺矣錄如此類皆本情質禮可循而行者也乃若祥禫所受之服練冠縓緣黑經白緯今不見爲何物身安能行其禮哉則知時勢異宜固不可以一二建服而日用服御情禮可稽未始無可自致者也

張獻翼曰五服之制父母喪之外有期有大功有小功有緦服皆可言制今人居期服稱制即羣然譁之況緦乎嗚呼成人之兄死而子皐爲之衰兄死而不爲衰匪斯今矣往往見士人居期之喪以下必不能如期而先自除服其所服又不過素冠而已不爲衰冠至舉殯行喪有親弟親姪而不爲衰者其白素冠又外不以白褁巾薄亦甚矣禮之廢亦久矣予嘗往無錫華氏送喪見行喪之日有期服大功小功緦服及袒免等分别云某服在某處今吳中寡大族人人無百人以上者此制不立遂使忘其服制而不爲衰服期喪如袒免矣宋史載劉珙功緦之戚必素服以終予見先人亦然予大伯父二伯父之喪期年之内並未嘗以青布爲褁巾又未嘗門用紅帖緦服兄弟未嘗不着衰冠素冠期則及期三月則及三月汝書慎之行之勿以他人不行隨俗習非我苟行之而是雖一國非之而不顧可也

郝敬曰喪服有等不得不殺至于三殤之辦頗覺太瑣衰麻有數不得不異至于麻葛之易亦覺太褻

〔劉畏所族約〕五服之制先王稱情而立文者八[illegible]所自盡至于期功之服皆不可忽近族姓繁多鮮有服其服者是視親屬多異于路人也以後親族有喪須應期成服若親族之喪未舉雖亦服既除亦不宜歡會作樂違者司禮正之

顧炎武曰今人三年之喪有過于古人者三事禮記三年問曰三年之喪二十五月而畢檀弓曰祥而縞是月禫徙月樂王肅云是祥之月而禫禫之明月可以樂矣又曰魯人有朝祥而暮歌者子路笑之夫子曰由爾責于人終無已夫三年之喪亦已久矣夫子路出夫子曰又多乎哉踰月則其善矣喪服小記曰再期之喪三年也春秋閔公二年公羊傳曰三年之喪實以二十五月孔安國書傳太甲篇云湯以元年十一月崩至此二十六月三年服闋鄭玄謂二十四月再期其月餘日不數為二十五月中月而禫則空月為二十六月出月禫祭為二十七月與王肅異按三年問曰至親以期斷是何也曰天地則已易矣四時則已變矣其在天地之中者莫不更始焉以是象之也然則何以三年也曰加隆焉爾也焉使倍之故再期也今從鄭氏之說三年之喪必二十七月其過于古人一也儀禮喪服篇曰疏衰裳齊牡麻絰冠布纓削杖布帶疏屨期者父在為母傳曰何以期也屈也至尊在不敢伸其私尊也禮記雜記下篇曰期之喪十一月而練十三月而祥十五月而禫注云此謂父在為母也喪大記曰期終喪不食肉不飲酒父在為母為妻又曰期居廬終喪不御于內者父在為母為妻喪服四制曰資于事父以事母而愛同天無二日土無二王國無二君家無二尊以一治之也故父在為母齊衰期者見無二尊也喪服傳曰禽獸知母而不知父野人曰父母何筭焉都邑之士則知尊禰矣今從武后之制亦服三年之服其過于古人二也喪服篇又曰不杖麻屨者婦為舅姑傳曰何以期也從服也檀弓上篇曰南宮縚之妻之姑之喪夫子誨之髽曰爾毋從從爾爾毋扈扈爾蓋榛以為笄長尺而總八寸正義謂以其為期之喪而殺于斬衰之服喪服小記曰婦人為夫與長子稽顙其餘則否今從後唐之制婦為舅姑亦服三年其過于古人三

也皆後儒所不敢議非但因循國制亦畏宰我短喪之譏若乃日月雖多而哀戚之情不至焉則不如古人遠矣○

又曰孝經援神契曰喪不過三年以期增倍五五二十五月義斷仁示民有終故漢人喪服之制謂之五五堂邑令費鳳碑曰菲五五衰杖其未除洪氏曰菲五五者居喪菲食二十五月也巴郡太守樊敏碑曰遭離母憂五五斷仁是也○

又曰唐時武韋二后皆以婦秉夫欲除三綱變五服以申尊母之儀故高宗上元元年十二月壬寅天后上表請父在為母服齊衰三年中宗神龍元年五月丙申皇后表請天下士庶為出母三年服其意一也彼且欲匹二聖于天皇陪南郊以亞獻而况區區之服制乎玄宗開元七年八月癸丑勅周公制禮歷代不刊子夏為傳孔門所受格條之內有父在為母齊衰三年此有為而為非尊厭之義與其改作不如師古諸服紀宜一依喪服舊文可謂簡而當矣奈何信道不篤朝令夕更至二十四年又從韋縚之言加舅母堂姨舅之服天寶六載又令出母終三年之服而太和開成之世遂使駙馬為公主服斬衰三年禮教之淪有繇來矣○自古以來姦人欲蔑先王之禮法而自為者必有其漸天后父在為母齊衰三年之請其意在乎臨朝也故中宗景龍二年二月庚寅大赦天下內外五品以上母妻各加邑號一等無妻者聽授其女而安樂公主求立為皇太女遂進鴆于中宗矣○

又曰唐人所議服制似欲過于聖人嫂叔無服太宗令服小功曾祖父母舊服三月增為五月嫡子婦大功增為期衆子婦小功增為大功舅服緦增為小功父在為母服期高宗增為三年婦為夫之姨舅無服玄宗令從夫服又增舅母緦麻堂姨舅袒免而弘文舘直學士王元感遂欲增三年之喪為三十六月皆務飾其文欲厚于聖王之制而人心彌流風化彌薄不探其本而妄為之增益亦未見其名之有過乎三王也是故知廟有二王之非則叔孫通之以益廣宗廟為大孝者絀矣知喪不過三年示民有終之義則王元感之服喪三十六月者絀矣知親親之殺禮所繇生則太宗魏徵所加嫂叔服者絀矣唐書禮樂志

言禮之失也在于學者好為曲說而人君一[illegible]私意以增多為盡
禮而不知煩說之為黷也子曰道之不明也賢者過之夫賢者率情之偏猶
為悖禮而況欲以私意求過乎三王者哉○宗廟之制始變于漢明帝服紀
之制始變于唐太宗皆率一時之情而更三代之禮後世不學之主踵而行之
又曰讀檀弓二篇及曾子問乃知古人于禮服講之悉而辨之明如此漢書
言夏侯勝善說禮服蕭望之從夏侯勝問論語禮服唐開元四部書目喪服
傳義疏有二十三部昔之大儒有專以喪服名家者其去鄒魯之風未遠也
故蕭望之為太傅以論語禮服授皇太子宋元嘉末徵隱士雷次宗詣京邑
築室于鍾山西巖下為皇太子諸王講喪服經齊初何佟之為國子助教為
諸王講喪服陳後主在東宮引王元規為學士親受禮記左傳喪服等義孝
文帝親為羣臣講喪服于清徽堂而梁書言始興王憺薨昭明太子命諸臣
共議從明山賓朱异之言以慕悼之辭宜終服月梁陳北齊各有皇帝皇后
太子王侯已下喪禮之書謂之凶儀夫以至尊在御不廢講
求喪禮異于李義府之言不豫凶事而去國恤一篇者矣○
舊唐書李義府傳初五禮儀注自前代相沿吉凶畢舉太常博士蕭楚材孔
志約以皇室凶禮為豫備凶事非臣子所宜言義府深然之于是悉刪而焚
焉○裴守貞傳守貞為太常博士高宗崩時無大行凶儀守貞與同時博士
韋叔夏輔抱素等討論舊事創為之○宋史章衡傳熙寧時判太常寺建言
自唐開元纂修禮書以國恤一篇為豫凶事刪而去之故不幸
遇事則捃墜殘茫無所據今宜為厚陵集禮以貽萬世從之○
又曰宋孝宗崩光宗不能執喪寧宗辭嗣服已服期年喪欲大祥畢更服兩
月監察御史胡紘言孫為祖服已過期矣議者欲更持禫兩月不知用何典
禮若曰嫡孫承重則太上聖躬亦已康復于宮中自行二十七月之重服而
陛下又行之是喪有二孤也詔侍從臺諫給舍集議時朱熹上議以紘言為
非而未有以折之後讀禮記正義喪服小記為祖後者條因自識于本議之
末云云詳見第二十一卷天子服紀中嗚呼若曾子子游之倫親受學于聖人

其于節文之變辨之如此其詳也今之學者生于草野之中當禮壞樂崩之後于古人之遺文一切不為之討究而曰禮吾知其敬而已喪吾知其哀而已以空學而議朝章以清談而干王政是尚不可以闚漢儒之里而何以升孔子之堂哉○外親之服皆緦外祖父母以尊加故小功從母以名加故小功唐玄宗開元二十三年制令禮官議加服制太常卿韋縚請加外祖父母服至大功九月舅服至小功五月堂姨堂舅舅母服至袒免太子賓客崔沔職方郎中韋述禮部員外郎楊仲昌皆執議不可詳見第十一卷外祖父母條下帝手勅再三竟加舅服為小功舅母緦麻堂姨堂舅袒免宣宗舅鄭光卒詔罷朝三日從御史大夫李景讓言減二日詳見第六十一卷輟朝條下夫繇韋述楊仲昌之言可以探本而尊經繇崔沔李景讓之言可以察微而防亂豈非能言之士深識先王之禮而亦目見武韋之禍思永監于將來者哉○又曰古人以祥為喪之終中月而禫則在除服之後故喪服四制言祥之日鼓素琴示民有終也檀弓言孔子既祥五日彈琴而不成聲十日而成笙歌有子蓋既祥而絲屨組纓又曰祥而外無哭者禫而內無哭者樂作矣故也自魯人有朝祥而莫歌者子路笑之孔子言踰月則其善而孟獻子禫縣而不樂孔子曰獻子加于人一等矣于是自禫而後乃謂之終喪

柴紹炳服議先王喪服之制所以哀死也蓋稱情而立之節文也其間或進或退或少或多有以恩制者有以義制者非無為而為也如父母之三年也明報也恩也君之如父也示有尊也為人後之如父也受重也繼母之如母也以配父與己母同也慈母之如母也貴父之命也義也或曰繼母如母已重已夫慈母尚如母況繼者乎或曰祖母斷以期繼母亦宜斷以期禮有上殺有旁殺祖母之斷以期上殺也世母叔母之斷以期旁殺也若繼母配父厥體惟均殺之為大悖孝子不敢殊也且服有從重而輕者為人後者為其父母女子子已適人者為其父母皆服期是也有從輕而重

者為人後者為所後父母當室者為大父母云　及繼母慈母如母
俱服三年是也或重祖敬宗或尊父也此皆無易之道也有宜有而之無者
師友之誼同于君父昆弟而心喪無服厚薄不可為準也有宜無而之有者
從母之夫舅之妻相為服或曰同爨緦是也此變之正也亦可以意為低昂
者也禮時為大倫次之宜次之又曰禮者義之實也協諸義而宜禮雖先王
未之有可以義起也考諸喪服傳與服問雜記比附今之典制因革升降亦
互有得失焉語曰子生三年然後免于父母之懷其恩一也古者父在為母
服期庶子為其母服大功為父後者服緦雖曰厭于所尊而義掩恩則太過
矣今皆得三年伸孝子之情是也妻者齊也妾者接也古者士妾有子而為
之緦今遽削之已薄也且妾為君三年而不獲一日反服稱情云報是耶非
耶為兄之妻曰嫂從服可也古者娣姒報服俱五月乃獨嫂叔無服為推而
遠之乎子思哭嫂為位則制服良宜今之小功是也婦當從夫古者舅姑服
期而今皆三年是也母黨次于父古者母之兄弟緦而今小功是也尊卑隆
殺宜有差古者父母于長子三年而今服期是也殤雖不成人哀戚之情有
殺無絕也古者三殤遞降而今槩省之過已故報服可減也殤服不可省也
何則制服之道雖本先王大抵以恩者期于恩不掩義以義者期于義不掩
恩則通變隨時而倫宜亦于是在矣傳稱非天子不議禮然而道之所在則
匹夫立說以明之俟夫後之在位者斟酌而損益庶乎其義則是也竊取之耳

服制增減輕重議　先王制服各有重輕而又時為增減于彼于此各酌其宜
故一定者載諸律令無得而議惟身處其變制可兩屬者則惟知禮君子善
為衡量以行之而聚訟之譚始息焉晉李嵩行事記云有要同堂姊子為婦
婦母亡猶制同堂姊服或以當減從姊之服月數行婦母之服有難者曰娶
姑女姑亡豈可累降為三月耶答云羊彭有叔父喪而改葬其父更卅之服
而著改葬之服豈以緦麻為輕也禮有以輕為重者正此類乎謂此說似是
而非者也夫律禁尊卑親屬為婚若取已之堂甥女為婦此正鄧攸所深痛
者士大夫詎敢奸之可置勿論然中表兄弟婚姻之禁明初詔已寬世俗不

之此等若欲減姑母而行婦母服則是減大功而從緦由重入輕何以哉且所引改葬服緦之事此孝子之禮故不得以期混之且改葬不過暫易畢葬之後仍可終期服彼改大功而從緦則遽減六月事不相比又以輕為重之說于禮未愜何則姑是父黨婦母是妻黨人必先父母黨而後妻黨未有重在妻而輕在父母者奈何損父黨之功而從妻黨之緦猥襍以輕為重耶然則取姑女而姑亡服當從大功取舅女而舅亡服當從小功其舅母本無服為婦母則為之緦情重所親禮從其厚斯為變而得中耳若曰已娶為婦則從妻黨論是表兄弟竟當絕服也于情安乎雖服之增減因時制宜有自無之有者舅之妻從母之夫同爨相為緦是也有從有之無者服嫡母若繼母之黨母亡則已之是也若姑舅為父母之親以其女為已婦而服從妻黨是由厚而之薄由重而之輕豈為得變之正哉知禮君子幸無惑于聚訟之言而失其衡量也

嵩人鳳曰樵李沈氏曰三年之喪其來久矣堯典帝乃殂落百姓如喪考妣三載唐虞以來三代共之宰我有為期之問子曰子生三年然後免于父母之懷夫三年之喪天下之通喪也孟子對滕文公亦如之迨漢文帝遺詔短喪以日易月定以三十六日是知三年者三十六月也時雖廢古禮而禮固在也及考儀禮期而小祥又期而大祥中月而禫是月也吉祭猶未配此下疑有缺文乃戴禮襍記有云三年之喪二十五月而畢未審據何經典于是鄭玄以中月為間月則主二十七月王肅以中月為月中則主二十五月而三年之喪遂不復行是雖存古禮而禮已亡矣知禮者其詳致焉按沈諱堯中字執甫官刑部尚書著沈氏學弢考必甚悉予每疑三年之喪何以止二十七月今讀沈司寇此論乃是禮之代變非古禮也今家禮及王制皆二十七月服除相沿已久固罔敢過然母之同于父而斬衰也生母之同于適母而三年也後王議禮改而從厚協乎天理人心之至百代定為遵守則有志復古者自當以三年之喪仍從三十六月為斷以稍盡罔極之悲焉

乾學按唐人王元感嘗[illegible][illegible]十六月之論為張公東之所闢已無餘藴矣乃沈堯中復為此說豈未睹張公之文耶其所引書傳中語正如公羊何休注所謂漸（平聲）三年耳果三十六月之謂耶必以三年為三十六月將禮文所云期之喪二年句又何以解之且三年之喪二十五月而畢之語出于禮記三年問而三年問之篇又即荀子禮論中之文荀子周人也以周人而說周事豈有謬誤而謂其据何經典耶周人之言不足信彼生于千載之後者又誰其信之凡此皆不待闢而明特慮人之猶惑其說也故聊為辨之

萬斯同曰予鄉四明之俗禫除之後仍以素服終三十六月歷禩相沿莫以為誤既非古典又違時制乃不知禮者竟以為古禮當然而不敢變其知禮者又以為親喪宜厚而不敢議此實非禮之禮君子不以為可也

吳肅公讀禮有古隆而今殺之者父母為嫡子妾為君長子是也有古殺而今隆者子為母婦為舅姑是也有古無而今有者兄弟之妻從兄弟之妻是也今則是古則非也繼也養也慈也三母之易齊而斬不幾亡母乎非亡母也君子傷母之不得有其子也今則非古則是也○古總衰七月今損之古五月無齊衰今益之三年之衰今有斬而無齊○易三月而五月者曾祖也易大功而期者冢婦也易小功而大功者衆婦也易緦而小功者甥與舅之相為也皆益之而善者庶子為嫡母之昆弟緦今益之小功蓋庶子猶子也引而進之也儀禮之不復于今也時哉宜哉○儀禮為舅緦而為從母小功也姨重舅乎婦不為夫之兄弟而為其兄弟之妻小功娣姒重嫂叔乎抑婦人同親其侶乎故夫之姊妹亦小功

李潛服論古禮父服斬衰母齊衰唐武后矯而一之國初尚遵古禮洪武七年始加折衷父母俱斬衰意者時禮古禮非與曰否父兮生我母兮鞠我恩無差等而胎産撫恤之勤若母視父恩尤倍焉先王惟慮遠憂深目擊前代之興亡逆知後世必有妖淫專擅柔克剛陰乘陽反叛天常如呂雉武曌其人者因在多端扶抑中即服制亦顯示低昂然先王但令人子于母降服寧令人子于母恝心倘期年外不食稻不衣錦心喪致孝詎有苛禁哉故時禮雖大協羣情要未可以古禮為非也禮經云士妾有子而為之緦今忽變為斬衰三年父在嫡母在則如之何既兩無避忌嫡孫父卒為祖父母承重服斬衰三年祖在為祖母止服杖期此何以說可見古聖扶陽抑陰之意高皇帝未嘗不知一時誤定之制非萬世不易之規慈母養母誤皆可以例推三年之喪輒行假借人子報本服重服其事烏足重乎也況制杖者何居為人子親亡慘痛四體委頓必藉是而後興耳故是[illegible]則為孝見之于悲

妻則爲愛愛不可極此杖義所當除似不必以[illegible]爲用捨也禮經婦爲夫杖曾未及庶姑今庶子之妻既不杖夫所生父母嫡子衆子之妻又可杖夫之庶子耶此處晰出是非嫡子衆子爲庶母杖其是非不辨而自明矣

讀禮通考卷二十九

喪期

通論下（禫月之辨）

乾學按公羊傳三年之喪實以二十五月荀子禮論三年之喪二十五月而畢葢漢以前無有以禫爲二十七月者言之自戴德始自此以後鄭康成則主戴説而以爲二十七月王子雍則主古禮而以爲二十五月紛紛之論至程猗許猛而極乃朝廷之制禮亦隨其議論爲廢置自魏迄晉用王氏之説至宋依王准之外改用鄭説至

〔戴德喪服變除篇〕禮二十五月祥二十七月而禫

於今因之雖朝有定制人不敢違而好事者猶各持一說莫肯相下故今悉採諸家同異之論著於篇

白虎通德論三年之喪再期二十五月

又曰二十七月而禫

劉熙釋名間月而禫閻若璩曰班固亦有此言

閻若璩曰班固亦有此言

何休公羊傳註士虞記曰期而小祥又期而大祥中月而禫是月也吉祭猶未配是月者二十七日也

高誘淮南子飭喪記注云紀數也二十五月之數

孔穎達孟獻子禫疏祥禫之月先儒不同王肅以二十五月大祥其月為禫二十六月作樂所以然者以下云祥而縞是月禫徒月樂又與上文朝祥而暮歌孔子云踰月則其善是皆祥之後月作樂也又間傳云三年之喪二十五月而畢又士虞禮中月而禫是祥月之中也與尚書文王中身享國謂身之中間同又文公二年冬公子遂如齊納幣是僖公之喪至此二十六月左氏云納幣禮也故王肅以二十五月禫除喪畢而鄭康成則二十五月大祥二十七月而禫二十八月而作樂復平常鄭必以為二十七月禫者以雜記云父在為母為妻十三月大祥十五月禫為母為妻尚

祥禫異月豈容三年之喪乃祥禫同月若以父在為母屈而不伸故延禫月其為妻當亦不申祥禫異月乎若以中月而禫為月之中間應曰月中而禫何以言中月乎案喪服小記云妾祔于妾祖姑亡則中一以上而祔又學記云中年考校皆以中為間謂間隔一年故以中月為間隔一月也下云祥而縞是月禫徙月樂是也謂大祥者縞冠是月禫謂是月禫月而禫二者各自為義事不相干故論語云子於是日哭則不歌文無所繼亦云是日文公二年公子遂如齊納幣者鄭箴膏肓傳云母成風主婚得權時之禮若公羊猶譏其喪娶其魯人朝祥而暮歌及喪服四制云祥之日鼓素琴及夫子五日彈琴不成聲十日成笙歌并孟獻子禫縣之屬皆據省樂忘哀非正樂也其八音之樂工人所奏必待二十八月也即此下文是月禫徙月樂是也其朝祥暮歌非正樂歌是樂之細別亦得稱樂故鄭云笑其為樂速也其三年問云三年之喪二十五月而畢據喪事終除衰去杖其餘哀未盡故更延兩月非喪之正也王肅難鄭云若以二十七月禫其歲末遭喪則出入四年喪服小記何以云再期之喪三年如王肅此難則為母十五月而禫出入三年小記何以云期之喪二年明小記所云據喪之大斷也又肅以月中而禫案曲禮喪事先遠日則大祥當在下旬禫祭又在祥後何得云中月而禫又禫後何以容吉祭故鄭云二十六月也戴德喪服變除禮二十五月大祥二十七月而禫故鄭依而用焉

〈後漢書陳忠疏〉先聖緣人情而著其節服制二十五月

〈魏書〉魏明帝以景初三年正月崩至五年正月積二十五晦為大祥太常孔美博士趙怡等以為禫在

二十七月其年四月祫祭散騎常侍王肅博士樂詳等以為禫在祥月其年二月祫祭

宋書禮志武帝永初元年黄門侍郎王準之議鄭玄喪制二十七月而終學者多云得禮晉初用王肅議祥禫共月遂以為制江左以來唯晉朝施用搢紳之士猶多遵玄議宜使朝野一禮詔可

魏書禮志明帝延昌二年春偏將軍乙龍虎喪父給假二十七月而虎并數閏月詣府求上領軍元珍上言案違制律居三年之喪而冒哀求仕五歲刑龍虎未盡二十七月而請宿衛依律結刑五歲三公郎中崔鴻駁曰三年之喪二十五月大祥諸儒或言祥月下旬而禫或言二十七月各有其義未知何者會聖人之旨龍虎喪已二十六月若依王杜之義便是過

禫即吉之月如其依鄭玄二十七月禫中復可以從御職事禮云祥之日鼓素琴然則大祥之後喪事終矣既可以從御職事求上何為不可若如府判禫中鼓琴復有罪乎求之經律理實未允下更詳辨琢又上言案士虞禮三年之喪期而小祥又期而大祥中月而禫鄭玄云中猶閒也自喪至此凡二十七月又禮言祥之日鼓素琴鄭云鼓琴者存樂也孔子祥後五日彈琴而不成聲十日而成笙歌鄭注與鄭志及踰月可以歌皆身自逾月可為此謂存樂也非所謂樂樂者使工為之晉博士許猛解三驗曰業黍離麥秀之歌小雅曰君子作歌惟以告哀魏詩曰心之憂矣我歌且謠若斯之類豈可謂之金石之樂哉是以徒歌謂之謠徒吹謂之和記曰比音而樂之及干戚

羽旄謂之樂若夫禮樂之施於金石越於聲音者此乃所謂樂也至於素琴以示終笙歌以省哀者則非樂矣閒傳云大祥除衰杖而素縞麻衣大祥之服也雜記注云衣黃裳則是禫祭黃者未大吉也檀弓云祥而縞是月禫徙月樂鄭志趙商問鄭玄荅云祥謂大祥二十五月是月禫謂二十七月非謂上祥之月也徙月樂許猛釋六徵曰樂者自謂八音克諧之樂也謂在二十八月工奏金石之樂耳而駮云大祥之後喪事終矣脫如此駮禫復焉施又駮云禫中鼓琴復有罪乎然禫則黃裳未大吉也鼓琴存樂在禮所許若使工奏八音融然成韻既未徙月不罪伊何又駮云禫中既得從御職事求上何為不可檢龍虎居喪二十六月始是素縞麻衣大祥之中何謂禫乎三

年沒閏禮無可疑麻衣在體冒仕求榮實為大尤罪其馬捨又省依王杜禫祥同月全乖鄭義喪凶尚遠而欲速除何匆匆者哉下府愚量鄭為得之何者禮記云吉事尚近日凶事尚遠日又論語云喪與其易寧戚又撿王杜之義起於魏末晉初及越騎校尉程猗贊成王肅駁鄭禫二十七月之失為六徵三驗上言於晉武帝曰夫禮國之大典兆民所日用豈可二哉今服禫者各各不同非聖世一統之謂鄭玄說二十七月禫甚乖大義臣每難鄭失六有徵三有驗初未能破臣雖而通玄說者如猗之意謂鄭義獘矣太康中許猛上言扶鄭釋六徵解三驗以鄭禫二十七月為得猗及王肅為失而博士宋昌等議猛扶鄭為衷晉武從之王杜之義於是敗矣王杜之義見敗者

晉武知其不可行是也而上省同請而賛王欲虧鄭之成規竊所未寧更無異義還從前處鴻又駁曰按三年之喪沒閏之義儒生學士猶或病諸龍虎生自戎馬之鄉不蒙稽古之訓數月成年便懼違緩原其本心非貪榮求位而欲責以義方未可便爾也且三年之喪再朞而大祥中月而禫鄭玄以中為間王杜以為是月之中鄭亦未為必會經旨王杜豈於必乖聖意既諸儒探賾先聖後賢見有不同晉武後雖從宋昌許猛之駁同鄭禫議然初亦從程猗賛成王杜之言二論得不未可知也聖人大祥之後鼓素琴成笙歌者以喪事既終餘哀之中可以存樂故也而樂府必以干戚羽毛施之金石然後為樂樂必使工為之庶民凡品於祥前鼓琴可無罪乎律之所防豈必

為貴士亦及凡庶府之此義彌不通矣魯人朝祥而暮歌孔子以為踰月則可矣爾則大祥之後喪事已終鼓琴笙歌經禮所許龍虎欲宿衛皇宮豈欲合刑五歲就如鄭義二十七月而禫二十六月十五升布麻衣素冠縞紕及黃裳綵纓以居者此則三年之餘哀不在服數之內也衰絰則埋之於地杖則棄之隱處此非喪事終乎府以大祥之後不為喪事之終何得復言素琴以示終也喪事尚遠日誠如鄭義龍虎未盡二十七月而請宿衛實為忽忽於戚之理合在情責便以深衣素縞之時而罪同杖絰苫凷之日於禮憲未允詳之律意冒哀求仕謂在斬焉草土之中不謂除衰杖之後也又龍虎具列居喪日月無所隱冒府應告之以禮遣還終月便幸彼昧識欲加之罪

豈是遵禮敦風愛民之致乎正如鄧義龍虎罪亦不合刑勿匆之失宜科鞭五十

舊唐書張柬之傳聖曆時柬之爲鳳閣舍人時弘文館直學士王元感著論云三年之喪合三十六月柬之駁之曰三年之喪二十五月不刊之典也謹案春秋魯僖公三十三年十二月乙巳公薨文公二年冬公子遂如齊納幣左傳曰禮也杜預注云僖公喪終此年十一月納幣在十二月士婚禮納采納徵皆有玄纁束帛諸侯則謂之納幣蓋公爲太子已行婚禮故傳稱禮也公羊傳曰納幣不書此何以書譏喪娶在三年之外何以譏三年内不圖婚何休注云僖公以十二月薨至此冬未滿二十五月納采問名納吉皆在三年之内故譏何休以公十二月薨至此冬十

二月終二十四月非二十五月是未三年而圖婚也
按經書十二月乙巳公薨杜以長曆推乙巳是十一
月十二日非十二月經書十二是經誤文公元年四
月葬我君僖公傳曰緩也諸侯五月而葬若是十二
月薨即是五月不得言緩明知是十一月薨故注僖
公喪終此年至十二月而滿二十五月故丘明傳曰
禮也据此推步杜之考較豈公羊之所逮況丘明親
受經於仲尼乎且二傳何杜所爭唯爭一月不爭一
年其二十五月除喪由來無別此則春秋三年之喪
二十五月之明驗也尚書伊訓云成湯既沒太甲元
年惟元祀十有二月伊尹祠於先王奉嗣王祗見厥
祖孔安國注云湯以元年十一月殂據此則二年十
一月小祥三年十一月大祥故太甲中篇云惟三祀

十有二月朔伊尹以冕服奉嗣王歸于亳是十一月大祥訖十二月朔日加王冕服吉而歸亳也是孔言湯元年十一月之明驗顧命云四月哉生魄王不懌是四月十六日也翌日乙丑殂是十七日也丁卯命作册度是十九日也越七日癸酉伯相命士須材是四月二十五日也則成王殂至康王麻冕黼裳中間有十日康王方始見廟則知湯殂在十一月淹停至殯訖方始十二月祗見其祖顧命見廟訖諸侯出廟門俟伊訓言祗見厥祖侯甸羣后咸在則殂及見廟殷周之禮並同此周因於殷禮損益可知也不得元年以前别有一年此尚書三年之喪二十五月之明驗也禮記三年問云三年之喪二十五月而畢哀痛未盡思慕未忘然而服以是斷之者豈不送死有已

復生有節又喪服四制云變而從宜故大祥鼓素琴告人以終又閒傳云期而小祥食菜果又期而大祥有醯醬中月而禫食酒肉又喪服小記云再期之喪三年也朞之喪二年也九月七月之喪三時也五月之喪二時也三月之喪一時也此禮記三年之喪二十五月之明驗也儀禮士虞禮云期而小祥又期而大祥中月而禫禫是吉祭此禮周公所制則儀禮三年之喪二十五月之明驗也此四驗者並禮經正文或周公所制或仲尼所述吾子豈得以禮記戴記所修輙欲排毀漢初高堂生傳禮記未周備宣帝時少傳后倉因淹中孔壁所得五十六篇著曲臺記以授弟子戴德戴聖慶普三人合以正經及孫卿所述並相符會列於學官年代已久今無端構□異論既無

依擬深可嘆息其二十五月先儒考較惟鄭康成注儀禮中月而禫以中月間一月自死至禫凡二十七月又解禫云禫澹澹然平安之意也今皆二十七月復常從鄭議也踰月入禫禫既復常則二十五月為免服二十五月二十七月其議本同切以子之於父毋喪也有終身之痛創巨者日久痛深者愈遲豈徒歲月而已乎故練而慨然蓋悲慕之懷未盡而踊擗之情已歇祥而廓然者蓋哀傷之痛已除而孤邈之念更起此皆情之所致豈外飾哉故記曰三年之喪義同過隙先王立其中制以成文理是以祥則縞帶素紕禫則無所不佩今吾子將徇情棄禮實為乖僻夫棄哀麻之服襲錦縠之衣行道之人皆不忍也直為節之以禮無可柰何故由也不能過制為姊服鯉

也不能過期哭其母夫豈不懷懼名教逼已也至若孔鄭何杜之徒並命代挺生軌模來裔宮墻積仞未易可窺但鑽仰不休當漸入勝境詎勞終年矻矻虛肆莠言請所有掎摘先儒頋且以時消息時人以東之所駮頗合於禮典

乾學按唐書儒林中有王元感傳是固深於經學者矣何乃叙此無稽之論張公此駮不但折元感之角并古來議禮從鄭康成二十七月者亦以此折之而有餘矣雖然三年之喪二十五月而畢者不數禫月也三年之喪二十七月者數禫月也故曰二十五月二十七月其議本同也東之王佐才史稱其剛直不傅會然邃於學此論

非研精經術者能之乎

通典杜佑議曰中月而禫鄭玄以中月爲間月王肅以中月爲月中致使喪期不同制度非一歷代學黨禮論紛紜宗鄭者則云祥之日鼓素琴孔子彈琴笙歌乃省哀之樂非正樂也正樂者八音並奏使工爲之者也按鄭學之徒不云二十五月六月七月之中無存省之樂也但論非是禫後復吉所作正樂耳故鄭注喪服四制鼓素琴云蓋以存樂也君子三年不爲樂樂必崩三年不爲禮禮必壞故祥日而存之非有心取適而作樂三年之喪君子居之若駟之過隙故雖以存省之時猶不能成樂是以孔子既祥五日彈琴而不成聲禮記云二十五月而畢者論喪之大事畢也謂除衰絰與堊室耳餘哀未盡故服素縞麻衣著未吉之服伯叔無禫十三月而除爲母妻有禫則十五月而畢爲君無禫二十五月而畢爲父長子有禫二十七月而畢明所云喪以期斷者禫不在期中禮記二十五月畢者則禫不在祥月此特爲重喪加之以禫非論其正祥除之義也三年之喪二十五月而禫者論其正二十七月而禫者明其加宗王者按禮記云三年之喪再周二十五月而畢又檀弓云祥而縞是月禫徙月樂又魯人有朝祥而暮歌者子路笑之夫子曰踰月則其善也又夫子既祥五日彈琴而

不成聲十日而成笙歌又祥之日鼓素琴以此證無二十七月之禫也【按王學之徒難曰若二十五月大祥二十七月而禫二十八月作樂則二十五月二十六月二十七月三月之中不得作樂者何渇禮記云祥之日鼓素琴孔子既祥五日彈琴十日笙歌又喪大記云禫而內無哭者樂作矣故也孟獻子禫縣而不樂此皆禫月有樂之義豈合二十八月然始樂乎鄭學之徒嬿祥禫同月不用遠日無中月之義者祥禫之祭雖用遠日若卜遠日不吉則卜近日若近得吉便有中月之義也所以知卜遠不得吉得用近日者以吉祭之時卜近不吉得卜遠者故禮記云旬之內曰近某日旬之外曰遠某日特牲饋食云近日不吉則筮遠日若吉事得用遠則凶事得用近故有中月之義也禮記作樂之文或在禫月或在異月者正以禫祥之祭或在月中或在月末故也喪事先遠日不吉則卜月初禫在月中則得作樂此喪大記禫而內無哭者作樂矣故孟獻子禫縣而不樂之類皆是也祥之日鼓琴者特是存樂之義非禫後之樂也】夫人倫之道以德為本至德以孝為先上古喪期無數其仁人則終身滅性其衆庶有朝喪暮廢者則禽獸之不若中代聖人緣中人之情為作制節使過者俯而就之不及者跂而及之至重者斬衰以周斷後代君子居喪以周若駒之過隙而加崇以再周焉禮記云再周之喪二十五月而畢至於祥禫之節其文不備

先儒所議互有短長遂使歷代習禮之家翻為聚訟各執所見四海不同此皆不本禮情而求其禮故也夫喪本至重以周斷後代崇加以再周豈非君子欲重其情而彰孝道者也何乃止一月之禫而不加之以膠柱於二十五月者哉或云孝子有終身之憂何須過聖人之制者二十七月之制行尚矣遵鄭者乃過禮而重情遵王者則輕情而反制斯乃孰為孝乎且練祥禫之制者本於哀情不可頓去而漸殺也故閒傳云再周而祥大祥素縞麻衣中月而禫禫而纖無所不佩中猶閒也謂大祥祭後閒一月而禫也據文勢足知除服後一月服大祥服後一月服禫服今俗所行禫則六旬既祥縞麻闕而不服稽諸制度失之甚矣今約經傳求其適中可二十五月終而大祥受以祥服素縞麻衣二十六月終而禫

受以禫服二十七月終而吉吉而除徙月樂無所不佩夫如此求其情而合乎禮矣

司馬氏曰所謂中月而禫者蓋禫祭在祥月之中也歷代多從鄭說今律敕三年之喪皆二十七月而除不可違也

張子曰三年之喪二十五月而畢又兩月為禫共二十七月禮鑽燧改火天道一變其期已矣情不可以已於是再期再期又不可以已於是加之三月是二十七月也

陳祥道禮書朞之喪十三月大祥十五月禫而祥禫間月則三年之喪二十五月大祥二十七月禫而祥禫間月可知也聘禮士中曰禽二隻學記中年考校小記中一以上而祔玉藻士中武皆以中為間則士虞間傳所謂中月者其為間月可知也戴德喪服变除禮二十五月大祥二十七月而禫鄭氏據以為説蓋溺之矣王肅之徒以記云三年之喪二十五月而畢又云祥而縞是月禫徙月樂祥之日鼓素琴夫子既祥三日而彈琴十日而成笙歌魯人朝祥而暮歌孔子曰踰月則善于是謂二十五月大祥其月為禫二十六月作樂是不知所謂是月樂者所以發下文而不係于上也語曰子於是日哭則不歌而文無所係執謂是月禫云者乃祥月乎果禫在祥月應曰月中而禫不可謂之中月也孟獻子禫縣而不樂然則所謂徙月樂者以備縣也若彈琴笙歌間作而不禁既祥為之可也春秋文公二年冬公子遂如齊納幣僖公之喪至文公二年冬適二十六月

左氏曰納幣禮也而公羊譏其喪娶則公羊亦以三年之喪二十七月而除與鄭氏之說合矣然則喪大記云禫而從御吉祭而復寢傳云大祥居復寢何也孔穎達曰大祥去堊室復殯宮之寢則禫而復寢者復平居之寢也

朱子曰二十五月祥後即禫當如王肅於是月禫徙月樂之說為順今從鄭氏之說雖禮宜從厚然未為當喪禮當從儀禮為正○喪禮只二十五月是月禫徙月樂又曰中月而禫猶曰中一以上而祔漢書亦云間不一歲即鄭注儀禮為是杜祐亦從此說但與檀弓所云是月禫及踰月異旬之說不合今既以二十七月為期此等不須細討自致其哀足矣

車垓曰禮曰大祥之後中月而禫鄭氏曰中間也朱子曰間一月也自初喪至此不計閏凡二十七月謂如正月大祥方二十五月祥祭之後即服禫服至于二月則二十六月也又及乎三月然後方滿二十七月却于三月之內選卜一日行禫祭禮是則所謂二十七月而禫祭也間月而禫者正謂祥祭與禫祭相間一月也踰月從吉者禫祭雖畢孝子猶未忍遽即吉也故又服此禫服盡此月之終至于次月改朔然後除禫服服吉服而

行吉事是則所謂踰月從吉也踰月云者蓋以改朔為月非以三十日為月也故禮云徹晦至朔為踰月已上皆從鄭氏之說也喪稱三年者實計二十七月而謂之三年者蓋以年辰計之而不以月日計之也謂如子年死至丑年而小祥又至寅年而大祥既跨涉子丑寅三年故謂之三年也雷伯顴曰三年之喪古今之通喪也歲久事弛其失有三喪二十五月而議禮者定以為二十七月此一失也二十七月已非禮矣而京省諸衙門丁憂起復例以二十八月此二失也世不察先王制禮之意拘于三年之名遂以三年為限起復之後猶謂未終喪凡三失也卑庸浅鄙人狃所見訛以傳訛雷同公襲縉紳先生不悟其差章句腐儒不識其謬莫甚之陋遺笑百世非細節也喪服小記曰再期之喪三年也期之喪二年也九月七月之喪三時也五月之喪二時也三月之喪一時也喪服盡于一時進而二時又進而三時又進而二年三年一年而期則二年也至親以期斷天地已易寒暑已變三年加隆焉而倍之則再期也故曰三年之喪二十五月而畢喪服之所從始如此自周公以來未之有改也然大祥之外禫有中月而禫之文小祥大祥皆用忌日取于月之周不至十二月有不計閏之文再期之喪為三年之喪有斬衰三年齊衰三年之文世人于斯三者粗拾其文不解其旨而窃窺近似緣以有三失中月而禫鄭注曰中猶間也喪至此二十七月驗之禮不合再期之喪三年二十七月踰再期者兩月而二十五月之後尚有兩月之禫不當云三年之喪二十五月而畢也司馬温公謂中月而禫者蓋禫祭于祥月之中也斯為得之而自鄭注有閏月之詁歷代循以為制二十七月之失由于中月之誤也凡期云者周一年之月也倘主十二月而不取于月之周則遇有閏月者必闕一月如始以正月內置閏月至十一月而止不可謂兩故小祥大祥必用忌日如小祥遇閏則小祥為十三月合大祥之十二月為二十五月而大祥遇閏亦然所以有再朞之名再期以春夏秋冬月之所周餘閏不計凡二十五月也京省諸衙門起復曰喪二十七月也除閏不可再期二十四月不

計閏而有二十五月間月而禫爲二十七月二十七月之內已除閏不計矣又不計閏而爲二十八月二十八月之失由於不計閏之過也喪服之制五等三年二年三時二時一時以次而降小功以上其禮隆則其數虚緦麻禮殺則其數盈知期之喪爲二年即知再期之喪爲三年矣世不達于禮但以號稱三年之喪遂謂士大夫之起復爲未終喪而庶人終喪又三年會典品官喪禮與庶人喪禮皆二十七月無貴賤之殊三年之失由于斬衰三年齊衰三年之誤也夫二十七月編在律勅非所敢議矣然始于鄭玄成于陳澔不爲無據至誤而爲二十八月爲三年此流俗相承之弊所謂無稽之說守禮君子宜較訂而歸于是者也或以爲禮貴從厚況于親喪此之失失諸厚者也豈可改而之薄此竟不然無過不及之謂禮直情而徑行者豈可乎爲隨俗因仍持之無其故求之無其理而君子執喪亦不必讀喪禮矣且喪以哀爲本哀有發于容體者有發于聲音言語者有發于飲食居處者衣服其一端也世人執喪宴樂盤游無一不爲而獨衰麻披身越月淹時以表厚安在其爲厚乎古今之喪天下之通喪以古今之通喪而其失若此又莫曉爲誤故備論之

乾學按雷子之説善矣但古之練祥不用忌日而一聽之於卜筮故有喪事先遠日之文練祥之用忌日後世之禮也乃欲執後世之禮而斷先王之禮乎古人以再期之喪爲二十五月者蓋年雖再期而所閲

之月實二十有五也何嘗數閏在其中倘再期之内而不遇閏將不得謂之二十五月乎欲辨古人之非而先為無稽之論其誰信之凡此皆常人之所知雷子豈有不知者特欲為新異之説而不自覺其非也

〔呂柟禮問〕或問斬衰再期大祥始斷杖食肉飲酒復寢不數閏二十七月而禫者何曰以期不足也加隆焉故再之又不足也加隆焉故時之故二十七月當三年也古者三年取一月故二十五月今三年取一時故二十七月

〔呂坤四禮疑〕餘哀世俗之論也喪忌者親死之日也三年之喪二十五月而畢三見親死之日也禫以中月是餘哀之月也近制二十七月而除是兩月餘哀矣世俗每以餘哀罪人又有請服三十六月者皆不達于禮者也

汪琬曰禮服問父母之喪期而小祥又期而大祥中月而禫鄭玄謂大祥之後間一月禫祭故主二十七月三年問父母之喪二十五月而畢又檀弓祥而縞是月禫故王肅又謂祥禫共月鄭王皆本于禮而二義不同其徒往往相難晉初用王肅義遂以為制宋初從王淮之言施用鄭說嗣是之後遂皆以二十七月為斷矣按禮親之喪外除兄弟之喪内除杖期猶祥禫間月豈三年重服而不可用期喪為准乎春秋文二年冬公子遂如齊納幣蓋僖公之喪至是已二十六月矣而公羊氏譏其喪娶由此言之固當從鄭義無疑先儒謂遵鄭者過禮而重情遵王者枉情而反制斯乃執

為孝乎其說是也

萬斯同曰按公羊傳何休注謂僖公以十二月薨至此喪未滿二十五月故譏則是公羊本不言二十七月也況閔二年禘于莊公公羊言三年之喪實以二十五月則其意自明豈有前則言二十五月後則二十六月而猶譏者乎汪氏之言實不得公羊・意而乃引以為證是誣古人矣

閻若璩曰汪氏之言不曾誣乃本陳祥道祥道又以長歷為主是二十六月尚未滿喪最合歷法未可輕非

萬斯同曰諸家之論禫月詳矣但祥禫之禮古今所通用非若祭之立尸喪之用重及席地膝坐之制或行于前而不行于後也鄭氏之主二十七月不知漢無此禮止用戴德之說耶抑不知後漢之末民間原用此禮耶若當時原用此禮而為是言則鄭氏不可謂非若當時不用鄭氏但據經以立說則固更宜詳核耳夫鄭氏與王氏相去不遠固前後輩也王氏乃主二十五月以與鄭難則是當王氏之時民間不用二十七月可知矣意者自漢以來初無禫制故二子各据遺書以立論不則漢之所行即周之遺制二子豈敢背當代之禮以自逞其說哉乃自二子之後王者各主其說以定制于是曹魏以降則用王說劉宋以降則用鄭說而鄭說至今遵之非謂鄭之所言果合乎禮也大都謂朝制不可違親喪又宜從重故相率守之不變耳若必欲求合乎經旨則自當以王氏為長豈可背聖人之經而曲附乎鄭氏耶或謂鄭氏固本經旨何以必取乎王氏曰不觀禮之乎三年問曰至親以期斷倍之故再期也喪服小記曰再期之喪三年也若二十七月何以謂之倍何以謂之再期禮文可據而鄭氏故違之此鄭氏之違禮非學者之違鄭氏也不然康成固賢者豈後人所敢妄議哉

〔顧炎武日知錄〕王肅據三年問二十五月而畢檀弓祥而縞是月禫徙月樂之文謂為二十五月鄭玄據服問中月而禫之文謂為二十七月二說

各有所據古人祭當卜日小祥卜于十三月之日大祥卜于二十五月之日而禫則或于大祥之月或于大祥之後間一月自記禮之時而行之已不同矣

〔欒紹炳禫說〕禮有祥禫之分自漢以來學者解說不同鄭玄以禫在二十七月王肅以禫在二十五月為鄭學者援儀禮云中月而禫中月者間一月也故二十五月大祥間一月則二十七月矣為王學者曰中月者禫在月中引禮云三年之喪二十五月而畢又檀弓云祥而縞是月禫徙月樂是也唐杜佑折中兩家之義以為君子教孝禮寧從厚以禫服二十七月終而吉徙月樂于義為得矣然其說猶未悉也夫大祥之為再期時則二十五月疇人所知若禫則有服與祭之別焉禫服者于大祥除喪之後猶有餘哀故服介凶吉之間檀弓所謂祥而縞是月禫間傳所謂又期而大祥素縞麻衣是也是月禫者謂大祥之後則服禫服禫服者素縞麻衣是也禫祭者服終而釋吉卜日以祭按唐韻釋曰禫者除服祭也鄭玄曰禫者澹澹然平安之意此指禫祭非言服也即儀禮所謂中月而禫間傳所云禫而纖無所不佩是也纖者吉服正與魯論去喪無所不佩之義同蓋既祭而釋吉故禫服曰是月禫祭曰中月由此言之再期而大祥復間一月而禫要以二十七月為斷矣按會典載品官喪禮本性理家禮之說曰期而小祥設次陳練服再期而大祥設次陳禫服大祥後中月而禫卜日祭而釋吉焉石梁王氏曰二十七月禫祭徙月則樂矣徙月者二十八月其禫祭不言設次陳服者蓋小祥即易練服大祥即易禫服禫祭即易吉服此正合于禫而纖無所不佩之義然禫祭在二十七月卜吉則行不限于何旬也卜日而祭祭已則釋吉矣所以知禫而釋吉不踰二十七月者蓋古者不獨三年之喪有禫為母妻服期者亦有之故雜記曰十一月而練十三月而祥十五月而禫禮家亦云伯叔無禫十三月而除母妻有禫十五月而畢夫十三月而除者朞喪也故當不踰是月知期之不踰十三

閒傳

月則禫之不踰十五月也審矣知期之禫不踰十五月則大喪之禫之不踰二十七月也又審矣或曰禮禫禫除斷以二十七月今令律制官吏服闋必滿二十七月計日而除何與蓋律禮相為表裏然法主畫一故仕進者寧使日月匝而後闋以杜浮競耳若依禮禫除固已許之矣何則品官喪禮載于會典與律例並行皆令甲之書也誰謂非制耶昔子路笑朝祥而暮歌者夫子曰爾責于人終無已夫朱元晦亦曰禮說當從王肅于禮為合夫聖賢豈居于薄哉禮貴得中不必求過今欲執法家之議而于鄭氏閒月之禫復有餘訾恐未為平論也已

徐乾學曰言有出於近古之儒與經傳之言似異而實同正可相為發明者如禮經云三年之喪二十五月而畢而戴氏變除篇云二十五月而大祥二十七月而禫是也二十五月者再朞大祥之月也從死月數之復遇是月始為再期故曰二十五月也當是時埋衰服斷杖棄之可以謂之畢矣然猶有哀痛未盡思慕未忘故服問曰再朞而大祥素縞麻衣中月而禫禫而纖

鄭注云中月間一月也二十五月之後猶服縞麻又間一月而禫非二十七月而何哉然二十七月終不見於經則賴有襍記之文可證其言曰朞之喪十一月而練十三月而祥十五月而禫鄭注云父在為母也凡朞喪十三月而終矣為母得延兩月至十五月而禫斯即間月而禫之證也又何疑於戴氏鄭氏之説哉為異説者始於王子雍以月中釋中月遂謂祥祭之月即行禫祭而服盡除矣蓋嘗論之有必不然者二古人祭必卜日吉事先近日凶事先遠日先近日者卜上旬不從則卜中旬又不從則用下旬先遠日者卜下旬不從則

卜中旬又不從則用上旬張子曰丕若直筮筮日止於三即定説也今以中月為月中則禫祭斷在中旬矣將不卜乎藉令祥祭一卜而從則當在下旬豈可先禫而後祥乎必不然者一也間月禫祭之制本出於三年喪父在為母壓屈於父不敢終重服而惟此祥後之縞麻不嫌同於三年也於是乎有十五月之制馬氏泥於檀弓是月禫之語曲為之解曰祥禫施於三年之喪則其月同施於朞喪則其月異為父三年得致哀戚之情故祥禫同月以彌其日為母期年不得致其哀戚之情故祥禫異月以彌其月果若此言則朞喪之禫視三

年反加隆矣九五服儀節無不以次減殺何此一條之獨異乎又喪服小記爲父母妻長子禫妻服亦重次於父母叔向等之於三年喪故亦有禫制四服並列有斬有齊有杖朞何嘗分同月異月乎又何嘗因哀戚之得致與否而進退哀益於其間乎議禮者固可臆撰如此乎必不然者二也至於檀弓曰祥而縞是月禫徙月樂則自有正解陳用之云是月之云乃發下文非蒙上文也猶言予於是日哭則不歌也徙月樂者即孟獻子禫懸而不樂踰月吉祭乃作樂之説也斯言諒矣或謚予曰三年之喪再朞也至親以朞斷加隆焉使倍之

非禮經乎曰再朞曰期斷加倍則誠二十五月矣予應之曰比就祥祭之日言之也原未嘗謂祥禫之事盡畢於此也是日也重服已釋古人直謂之除喪故言喪畢檀弓言子夏既除喪而見予之琴和之而不和彈之而不成聲作而曰哀未忘也先王制禮不敢過也子張既除喪而見予之琴和之而和彈之而成聲作而曰先王制禮不敢不及焉在禮祥之日鼓素琴故夫子予之琴又孔子既祥五日彈琴不成聲十日而成笙歌二子或過或不及亦在斯時可知矣豈非祥後除喪之明證哉家語詩傳並載此條作喪畢而見益與禮經合然

自是以後猶有素縞麻衣縓冠黃裳之漸變豈限於此乎戴氏所言者變除也言變除則必迄於玄端吉祭而後止故曰二十七月而禫復何悖於經哉秦火之後諸儒掇拾殘燼安知當時不別有據而輕議之杜佑氏曰除服後一月服大祥服大祥後一月服禫服是則除服之後更有餘服古人亦有知之者矣統而論之三年之喪二十五月而畢猶言期之喪十有三月而畢也三年之喪二十七月而禫猶言期之喪十五月而禫也三年之喪有不禫者矣臣為君妾為夫子為慈母是也期之喪有不禫者矣伯叔以下父母在為妻是也有禫

不禫之分無同月異月之別三年之有禫者終於二十七月，無禫者終於二十五月。去禫言之，則皆終於二十五月，此禮經之旨也

讀禮通考卷二十九終

讀禮通考卷三十

喪服一

徐乾學曰喪服者所以飾哀也三日而不生則不生矣聖人以雞斯徒跣哭泣擗踊之節為不足以致吾哀也於是制為一斬四緝疏布縗錫疑之衰左縫右縫條屬外畢繩纓布纓澡纓之冠苴麻牡麻澡麻左本右本之絰麻葛散垂樛垂之帶桐竹下本之杖菅菲藨蒯疏繩之屨隨其親屬之戚疏以為差次焉創鉅者痛深三年之喪人道之至文者也是故斬衰之貌若苴齊衰之貌若枲服亦以是象之下此則漸殺矣卒哭之後又為之受衰受冠即葛之絰小祥大祥禫祭之後又為之練縞纖之服其不厭詳密也如此

凡為布縷之升數裁制之尺寸麻縩素縞鍛治之法具載禮經學士大夫世世守之可謂重矣有其禮無其財君子不為有其財無其時君子弗由若乃財足以資時處得為而不知稽古率禮之為急是流俗之失也司馬溫公問服制於宋次道次道曰齊衰當服布幞頭布襴衫布帶大功以下隨俗以絹為之但以四脚包頭帕額溫公取而著之於書儀朱子初不知喪冠之制考於政和禮而知之彼皆當代大儒也然猶若是況下此者乎蓋古制之亡久矣予既録儀禮喪服之文參以聶氏三禮之圖具載於首又取三禮注疏詳次於後至於變除尤喪禮之至重古所傳載氏鄭氏崔氏諸家互有詳畧謹備述之又彙次為變除表二篇讀者詳焉

五服圖依聶氏崇義三禮圖

斬衰服

斬衰衣　斬衰裳　斬衰衽　苴絰　要絰　絞帶　斬衰冠

冠繩纓　苴杖　菅屨

斬衰衣

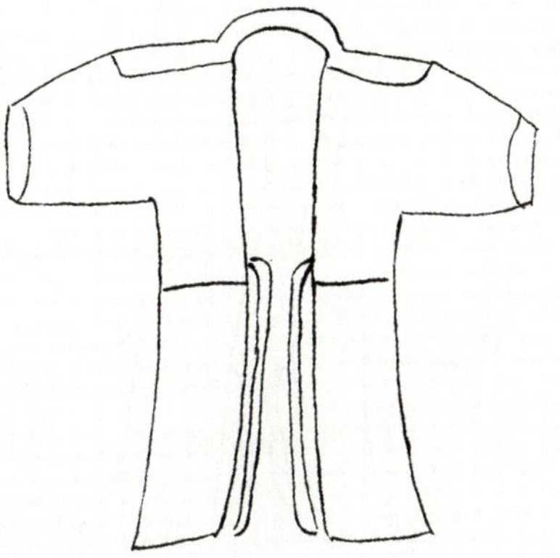

斬衰裳

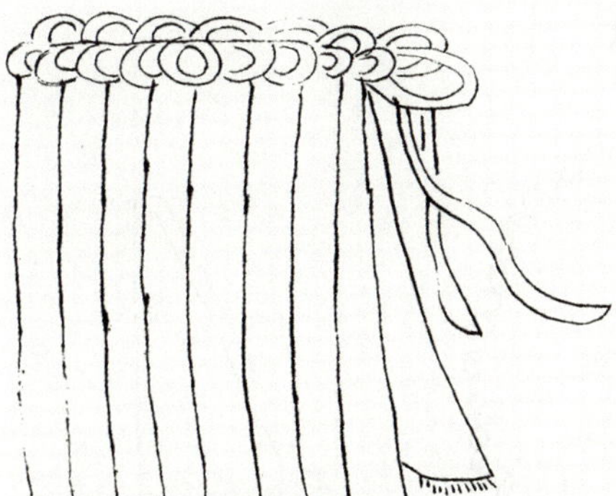

斬衰

後虞卒哭其衰六升
後鉤長三尺三寸

苴絰

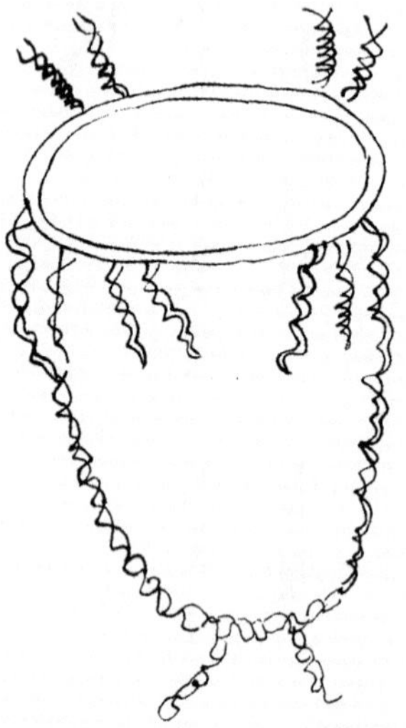

斬衰衽

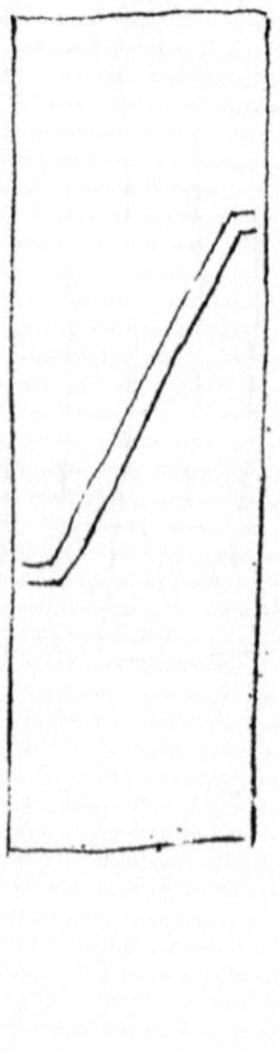

腰絰

冠繩纓

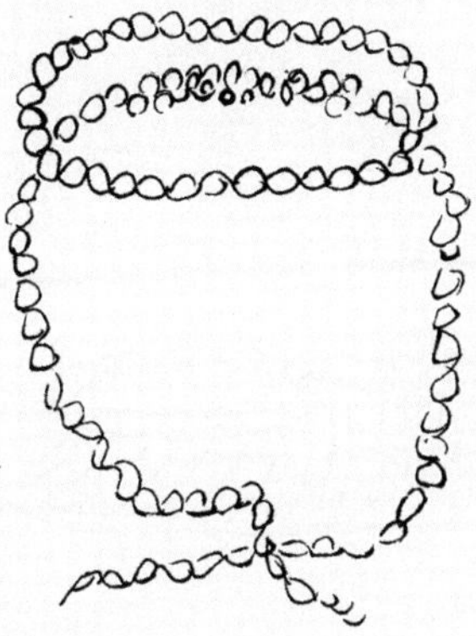

絞帶

苴杖

斬衰冠

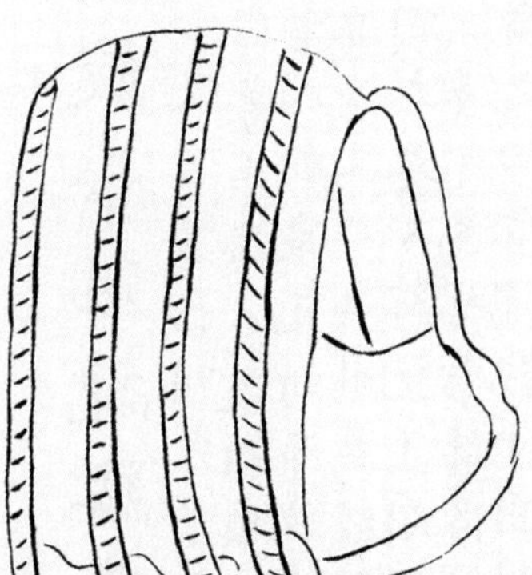

菅屨

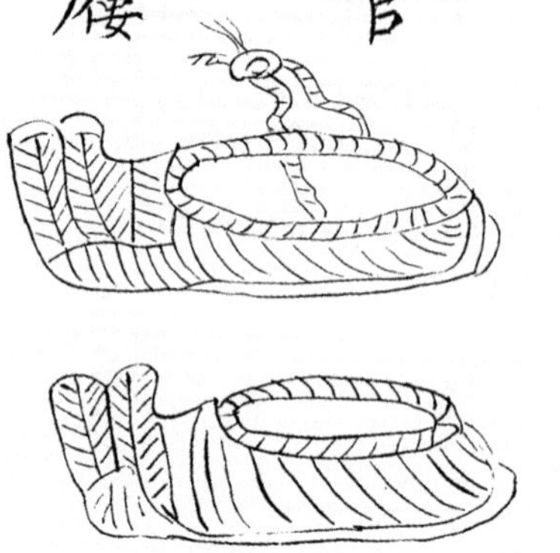

儀禮喪服○斬衰裳苴絰杖絞帶冠繩纓菅屨者九註服在上曰衰在下曰裳在首在要皆曰絰〻之言實也明孝子有忠實之心首絰象緇布冠之缺項要絰象大帶又有絞帶象革帶○疏斬衰裳者謂斬三升布以為衰裳斬衰先言斬下疏衰後言齊者以斬衰先斬布後作之疏衰先作之後齊之也苴絰絞帶者以苴麻為首絰要絰又以苴麻為絞帶知三物同用苴者以絞帶與要絰象大帶與革帶二者同在要〻絰既苴明絞帶同用苴可知冠繩纓者以六升為冠又屈一條繩為武垂下為纓菅屨者謂以菅草為屨詩曰白華菅兮白茅束兮鄭云白花已漚者之曰菅濡韌中用則此菅亦是已漚者也○問喪斬衰貌若苴之惡也貌苴惡服亦苴惡○士冠禮緇布冠青組

纓屬于缺鄭注云缺讀曰有頍者弁之頍著頍圍髮際結項中隅爲而綴以固冠者也喪服治吉服爲之緇布冠無笄故用頍項以固之喪之首絰象頍項而爲之喪冠亦無笄也

敖繼公曰苴絰謂絰帶用苴麻也絞帶所以束衣代革帶也齊衰以下用冠布則此其用牡麻與菅茅類也凡喪服衰裳冠帶之屬皆因吉服而易之若首絰則不然蓋古者未有喪服之時但加此絰以表哀戚後世聖人因而不去且異其大小之制以爲輕重云斬衰自卒哭以至練祥服有變除絰皆不著之唯言初服者喪服之行于世其來久矣節文纖悉人所習見故經但舉大畧以記之耳後皆倣此

傳曰斬者何不緝也苴絰者麻之有蕡者也苴絰大搹左本在下去五分一以爲帶齊衰之絰斬衰之帶也去五分一以爲帶大功之絰齊衰之帶也去五分一以爲帶小功之絰大功之帶也去五分一以爲帶緦麻之絰小功之帶也去五分一以爲帶註盈手曰搹搹扼也中人之扼圍九寸以五分一爲殺者象五服之數也○疏爾雅釋草云蕡枲實孫氏注云蕡麻子也以色言之謂之苴以實言之謂之蕡下言牡者對蕡爲名言枲者對苴生稱也枲是雄麻蕡子麻大搹先據首絰而言也本謂麻根士喪禮鄭注云下本在左重服統于內而本陽也以父是陽左亦陽言下是內故云重服統于內以痛從心內發故也此對爲母右本在上杖服統于外而本陰也斬衰之絰圍九寸者首是陽欲取陽數極于九自齊衰以下日殺降殺之義無所法象也

敖繼公曰此釋苴絰之大也麻有蕡則色惡而粗惡故以為斬衰衰絰之大唯以搹為度而不言寸數未詳重服之絰以麻之有本者為之苴絰纓此絰左本而在下所以見其以本為纓也去五分一五分其絰之大而去其一也絰大帶小見輕重也閒傳曰男子重首婦人重帶絰帶大小之義主于男子

苴杖竹也削杖桐也杖各齊其心皆下本杖者何爵也無爵而杖者何擔主也非主而杖者何輔病也童子何以不杖不能病也婦人何以不杖亦不能病也

注爵謂天子諸侯卿大夫士也無爵謂庶人也擔猶假也無爵者假之以杖尊其為主也非主謂衆子也○疏為父所以杖竹者父者子之天竹圓象天竹又外内有節象子為父亦有外内之痛又竹能貫四時而不變子之為父哀痛亦經寒溫而不改故用竹也為母杖桐者桐之言同内心同之於父外無節象家無二尊屈于父為之齊衰經時而有變又削之使方取象于地故也此不言杖之粗細案喪服小記云絰殺五分而去一杖大如絰鄭云如要絰也本根也下本順其性也擔主者以其雖無爵然以適子故假有爵之杖為之喪主拜賓送賓成喪主之義也輔病者衆子雖非為主子為父母致病是同亦為輔病也此童子謂庶童子若當室則皆杖矣婦人亦謂童子婦人若成人婦人正杖喪大記云三日子夫人杖五日大夫世婦杖諸經皆有婦人杖文故知成人婦人正杖也若然童子得稱婦人者按小功章云為姪庶孫丈夫婦人之長殤是未成人稱婦人也

敖繼公曰此主釋苴杖而并及削杖也竹杖而謂之苴者以其不修治故也削杖齊衰之杖也用桐木而又削之所以別于斬衰者杜元凱曰員削

之象竹是矣小記曰杖大如絰絰則是二杖皆如其首絰之度矣各齊其心者謂其長短以當每人之心為節也皆者皆二杖也下本所以別于吉凡吉杖下末曲禮曰獻杖者執末謂吉杖也○傳意蓋謂此杖初為有爵者居重喪而設所以優貴者也其後乃生擔主輔病之義焉童子與婦人皆謂非主者也故但以不能病而不杖然此章著妻妾女子子之服異者布總箭笄髽衰也是其絰杖之屬如男子矣妾與女子子非主也而亦杖則似與不能病而不杖之義異

絞帶者繩帶也冠繩纓條屬右縫冠六升外畢鍛而勿灰衰三升菅屨者菅菲也外納注屬猶著也通屈一條繩為武垂下為纓著之冠也

雜記曰喪冠條屬以別吉凶三年之練冠亦條屬右縫小功以下左縫外畢者冠前後屈而出縫于武也絞帶繩帶者絞麻為繩作帶故云絞帶也王肅以為絞帶如要絰焉鄭不言當依王義絰帶至虞後變麻服葛絞帶虞後不言所變案公士衆臣為君服布帶又齊衰以下亦布帶則絞帶虞後變麻服布于義可也○疏冠繩纓者冠用繩為纓著之冠垂之為纓也右縫者大功已上哀重其冠三辟積向右為之從陰小功緦麻哀輕其冠亦三辟積向左為之從陽二者皆條屬但從吉從凶不同也外畢者前後兩畢之末向外揖之也鍛而勿灰者以冠為首飾布倍衰裳而用六升但加以水濯勿灰冠六升勿灰則七升以上固灰也故大功章鄭注云大功布者其鍛治之功麤沽之則七升以上皆用灰也菅菲者周公時謂之屨子夏時謂之菲納狀餘也謂正向外編之通屈一條繩為武者吉冠則纓武別材凶冠則纓武同材謂將一條繩從額上納之至項後交過兩廂各至耳為武綴之各垂于頤下結之武纓皆上著冠也引雜記者證條屬是喪冠若吉冠則纓武異材也前後屈而出縫于武者冠廣三寸落頂前後兩頭皆在武下鄉外出反屈之縫于武而為之兩頭縫畢向外故云外畢

按曲禮云厭冠不入公門鄭注云厭猶伏也以冠厭服是五服同名由在武下出反屈之故得厭伏之名吉冠則辟積無數擗縫亦兩頭皆在武上向内反屈而縫之不得厭伏之名

敖繼公曰經言絞帶而傳以繩帶釋之者蓋絞之則爲繩矣絞者糾也先儒以此絞帶象革帶則其傳當二寸齊衰以下之布帶其傳宜亦如之玉藻曰革帶傳二寸條屬右縫皆謂纓也條屬者以一條繩爲纓而又屬于武也右縫者以纓之上端縫綴于武之右邊也必右邊者辟經之纓也其屬之内以下端向上而結于武之左邊以固其冠也齊衰大功布纓亦如之惟小功以下則纓在左而屬于右雜記曰小功以下左是也畢謂縫冠于武而畢之也外畢者别于吉也吉冠于武上之内縫合之凶冠于武上之外縫合之是其異也鍛而勿灰者嫌當異于衣也故以明之凡五服之布皆不加灰雜記曰加灰錫也則凶服可知云衰三升者但以正服言之不及義服也記曰斬衰三升三升有半是斬衰有二等也升之縷數未詳今吴人謂四十縷爲烝烝升聲相近或古之遺言歟

公士大夫之衆臣爲其君布帶繩屨傳曰繩屨者繩菲也註繩菲今時不借也○周時人謂屨子夏時人謂之菲漢時人謂之不借言凶時茶屨不渇從人借亦不得借人皆是異時而别名也

齊衰三年服

齊衰衣　齊衰裳　牡麻絰　冠布纓　削杖　布帶

疏屨

齊衰衣

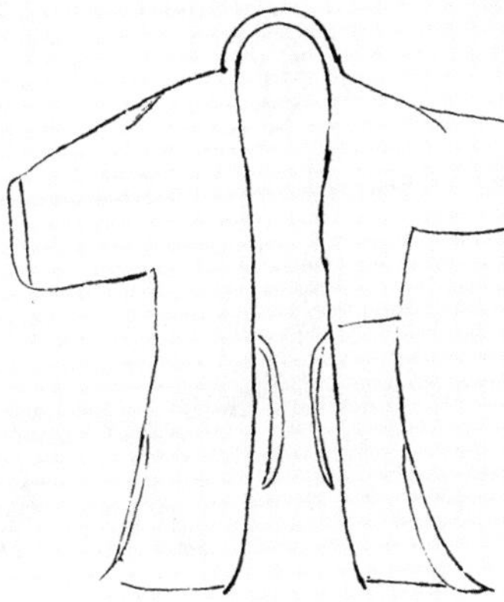

齊衰裳

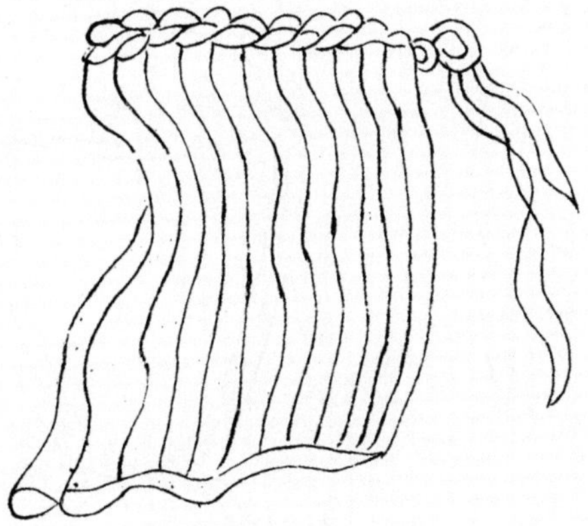

牡麻經

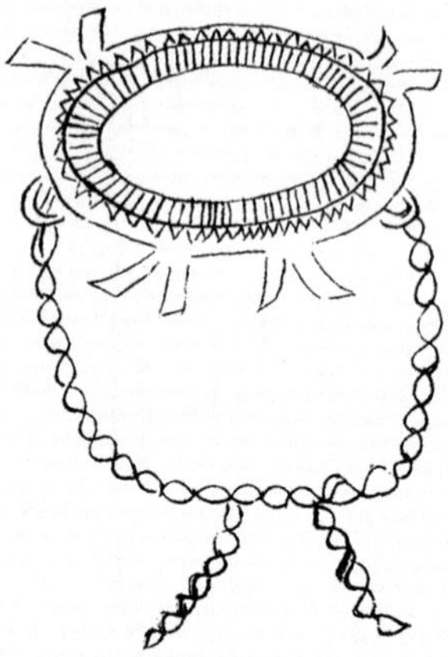

削杖

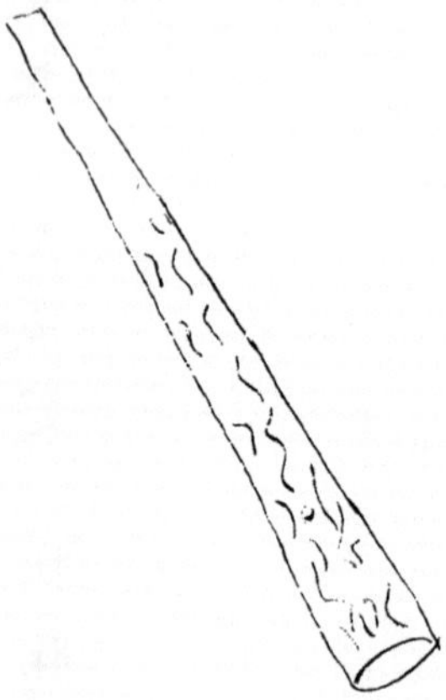

冠布纓

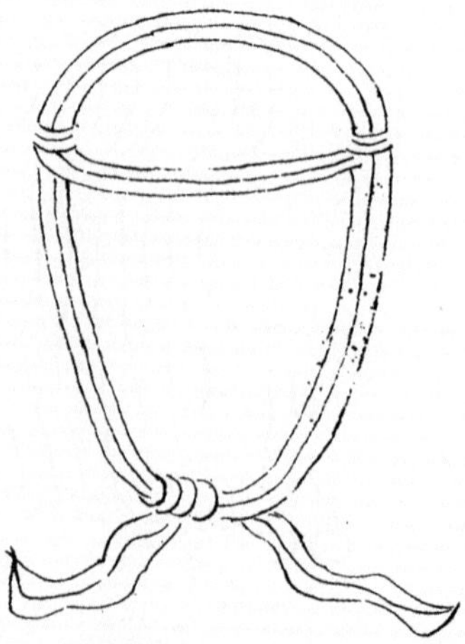

布帶

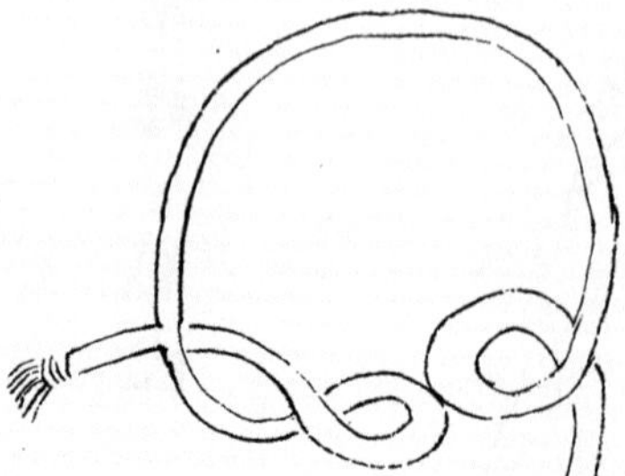

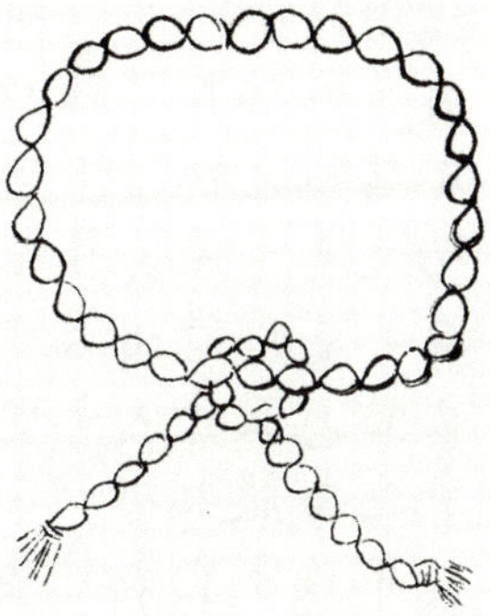

草疏屨

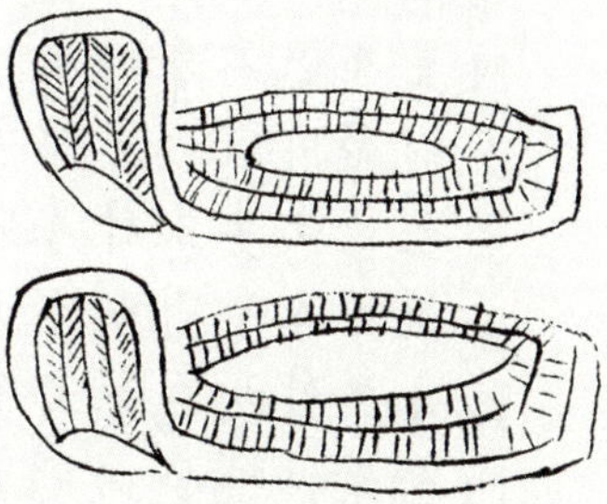

疏衰裳齊牡麻絰冠布纓削杖布帶疏屨三年者疏猶麤也傳曰齊者何緝也牡麻者枲麻也牡麻絰右本在上冠者沽功也疏屨者藨蒯之菲也注沽猶粗也冠尊加其粗之功大功也○疏緝今人謂之緶苴是惡色枲是好色故間傳云疏衰貌若苴齊衰貌若枲齊上章為父左本在下者陽統于內此則為母陰統于外故右本在上也藨草名玉蒣云屨蒯席則蒯亦草類此章齊冠七升初入大功之境故言沽功始見人功沽粗之義也

敖繼公曰此冠布纓亦條屬右縫又下傳曰帶緣各視其冠以此推之則凡布纓皆當同于冠布也屨云疏者亦疏粗也以其爲之者不一故不備見其物而以疏言之此衰裳與屨皆言疏則斬衰者可知矣又經列削杖布帶皆在冠布纓之下與前章杖帶之次異者此杖之文無所蒙而帶與冠纓之縷數同宜復其常處而在此也

疏衰裳齊牡麻絰冠布纓削杖布帶疏屨期者傳曰問者曰何冠也曰齊衰大功冠其受也緦麻小功冠其衰也帶緣各視其冠注問之者斬衰有三其冠同今齊衰有四章不知其冠之異同爾緣如深衣之緣○

疏齊衰大功冠其受者降服齊衰四升冠七升既葬以其冠爲受〻衰七升冠八升正服齊衰五升冠八升既葬以其冠爲受〻衰八升冠九升義服齊衰六升冠九升既葬以其冠爲受〻衰九升冠十升降服大功衰七升冠十升既葬以其冠爲受〻衰十升冠十一升正服大功衰八升冠十升既葬以其冠爲受〻衰十升冠十一升義服大功衰九升冠十一升既葬以其冠爲受〻衰十一升冠十二升以其初死冠升與其既葬衰升數同故云冠其受也緦麻小功冠其衰者降服小功衰十升正服十一升義服十二升緦麻十五升抽其半冠皆與其衰升數同故云冠其衰也帶緣各視其冠者帶謂布帶象革帶者緣謂喪服之內中衣緣用布緣之二者之布升數多少各比擬其冠也此本問齊衰之冠因答大功與緦麻小功并答帶緣者子夏欲因問傳陳其義是以假問答異常例也

敖繼公曰斬衰有二其冠同齊衰三年惟有子爲母之冠耳是章有降服有正服有義服疑其冠之異同故發問也齊衰大功有受布故冠其受冠

衰布異也緦麻小功無受布故但冠其衰冠衰布同也問者嫌疑此章之冠各者則總以諸章之冠為言以其下每章之服亦或各自不同故也帶[illegible]冠者謂齊衰以至緦麻其布帶與其冠衰之緣亦各以其冠布[illegible]傳曰期而小祥練冠縓緣檀弓曰練衣縓緣則重服未練以前與夫輕服之冠衰皆有布緣明矣此所云者是也冠緣者紕也衰緣者其領及袪之純也此復言帶緣者又因其布之與冠同而并及之

楊復曰按斬衰冠繩纓齊衰冠布纓齊衰以下不見所用何纓按雜記曰緦冠繰纓注云繰當為澡麻帶絰之澡謂有事其布以為纓以此條推之則自緦而上亦皆冠布纓而未澡至緦始澡其纓耳

乾學按儀禮喪服篇斬衰齊衰皆言冠大功以下不言冠何也蓋齊衰言布纓則大功以下亦布纓可知也斬衰言條屬則齊衰以下亦條屬可知也其異者惟緦麻則澡纓小功以下則左縫及布之升數有不同耳其冠之形制無不同也

聶崇義曰傳曰齊衰大功冠其受也然斬衰亦冠衣相受何者凡喪制服所以表哀ゝ者盛時殺時其服乃隨哀隆殺故初服粗惡至葬後練後大祥後漸細加飾是以冠受斬衰裳初三升冠六升既葬以其冠為受ゝ衰六升冠七升小祥又以冠為受ゝ衰七升冠八升此是葬後祥後皆更

敖繼公曰此冠布纓亦條屬右縫又下條曰帶緣各視其冠以此推之則凡布纓皆當同于冠布也屨云疏者亦粗也以其為之者不一故不備見其物而以疏言之此衰裳與屨皆言疏則斬衰者可知矣又經列削杖布帶皆在冠布纓之下與前章杖帶之次異者此杖之文無所蒙而帶與冠纓之縷數同宜復其常處而在此也

疏衰裳齊牡麻絰冠布纓削杖布帶疏屨期者傳曰問者曰何冠也曰齊衰大功冠其受也緦麻小功冠其衰也帶緣各視其冠注問之者斬衰有三其冠同今齊衰有四章不知其冠之異同爾緣如深衣之緣○疏齊衰大功冠其受者降服齊衰四升冠七升既葬以其冠為受〻衰七升冠八升正服齊衰五升冠八升既葬以其冠為受〻衰八升冠九升義服齊衰六升冠九升既葬以其冠為受〻衰九升冠十升降服大功衰七升冠十升既葬以其冠為受〻衰十升冠十一升正服大功衰八升冠十升既葬以其冠為受〻衰十升冠十一升義服大功衰九升冠十一升既葬以其冠為受〻衰十一升冠十二升以其初死冠升與其既葬衰升數同故云冠其受也緦麻小功冠其衰者降服小功衰十升正服十一升義服十二升緦麻十五升抽其半冠皆與衰升數同故云冠其衰也帶緣各視其冠者帶謂布帶象革帶者緣謂喪服之內中衣緣用布緣之二者之布升數多少各比擬其冠也此本問齊衰之冠因荅大功與緦麻小功并荅帶緣者子夏欲因問傳陳其義是以假問荅異常例也

敖繼公曰斬衰有二其冠同齊衰三年惟有子為母之冠耳是章有降服有正服有義服疑其冠之異同故發問也齊衰大功有受布故冠其受冠

衰布異也緦麻小功無受布故但冠其衰冠衰布同也問者惟疑此章之冠答者則總以諸章之冠為言以其下每章之服亦或各自不同故也帶緣各視其冠者謂齊衰以至緦麻其布帶與其冠衰之緣亦各以其冠布為之間傳曰期而小祥練冠縓緣檀弓曰練衣縓緣則重服未練以前與夫輕服之冠衰皆有布緣明矣此所云者是也冠緣者紕也衰緣者其領及袪之紕也此復言帶緣者又因其布之與冠同而并及之

楊復曰按斬衰冠繩纓齊衰冠布纓齊衰以下不見所用何纓按雜記曰緦冠繰纓注云繰當為澡麻帶絰之澡謂有事其布以為纓以此條推之則自緦而上亦皆冠布纓而未澡至緦始澡其纓耳

乾學按儀禮喪服篇斬衰齊衰皆言冠大功以下不言冠何也蓋齊衰言布纓則大功以下亦布纓可知也斬衰言條屬則齊衰以下亦條屬可知也其異者惟緦麻則澡纓小功以下則左縫及布之升數有不同耳其冠之形制無不同也

聶崇義曰傳曰齊衰大功冠其受也然斬衰亦冠衣相受何者凡喪制服所以表哀哀者盛時殺時其服乃隨哀隆殺故初服粗惡至葬後練後大祥後漸細加飾是以冠受斬衰裳初三升冠六升既葬以其冠為受衰六升冠七升小祥又以冠為受衰七升冠八升此是葬後祥後皆更[illegible]

輕服受之故有受冠受服之名六降服齊衰初死衰裳四升冠七升父卒為母亦四升七升既葬以其冠為受〻衰七升冠八升正服齊衰五升冠八升父在為母為妻俱禫杖及不杖者宜五升八升已葬以其冠為受〻衰八升冠九升義服齊衰六升冠九升既葬以其冠為受〻衰九升冠十升降服大功衰七升冠十升已葬以其冠為受〻衰十升冠十一升正服大功衰八升冠十升已葬衰十升冠十一升義服大功衰九升冠十一升已葬衰十一升冠十二升以其初無冠升數皆與既葬衰升數同故云齊衰大功冠其受傳又曰小功緦麻冠其衰者謂降服小功衰冠皆十升正服小功衰冠皆十一升義服小功衰冠皆十二升緦麻十五升抽其半而七升半衰冠升數亦同

不杖麻屨者注此亦齊衰言其異于上數繐公曰大功章曰三月受以小功衰即葛九月此受以大功衰即葛而期為異耳

疏衰裳齊牡麻絰無受者注無受者服是變而除不以輕服受之不著月數者天子諸侯葬異月也小記曰齊衰三月與大功同者繩屨○疏曰此齊衰三月章以其義服日月又少故在不杖章下

乾學按喪服本經大功以下皆不言用何屨惟喪服小記言齊衰三月與大功同者繩屨則大功用繩屨也鄭氏謂小功以下吉屨無絇則小功緦麻同用吉屨也詳見

下

敖繼公曰受者以輕衰受重衰也成人齊衰之服而無受則惟三月可知故不復見月數

大功服

大功布衰

大功布裳

大功牡麻絰

大功牡麻絰纓

大功布衰

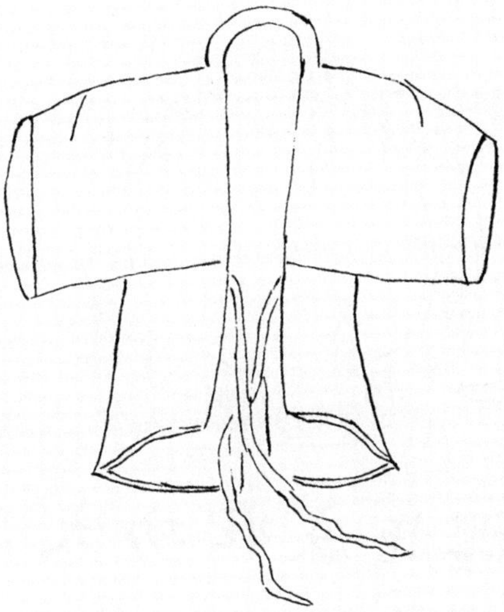

大功布裳

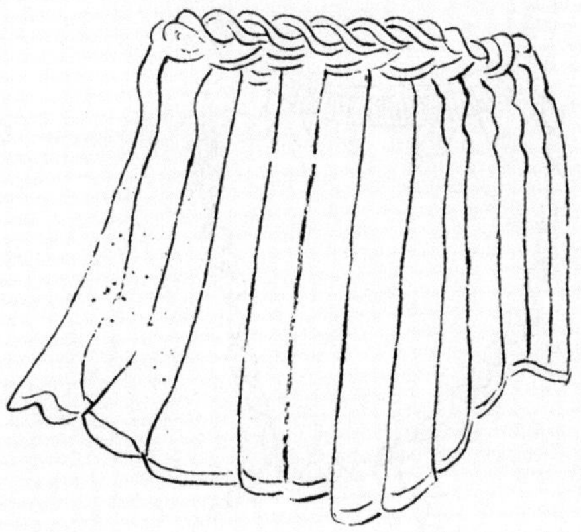

大功牡麻絰

中殤降在小功者絰無纓

大功牡麻絰纓

長殤與正服同

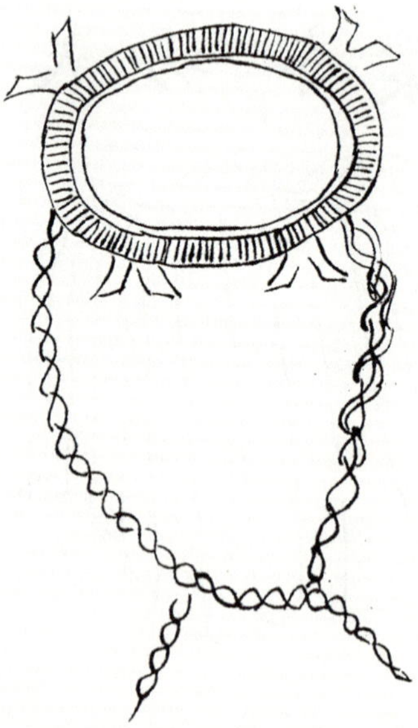

大功布衰裳牡麻絰無受者注大功布者其鍛治之功麤沽之疏此本服齊衰斬爲殤死降在大功故在正大功之上義齊衰之下也斬衰章云冠六升不加灰則此七升言鍛治可以加灰矣

子女子子之長殤中殤注殤者男女未冠笄而死可哀殤者女子子許嫁不爲殤也

傳曰何以大功也未成人也何以無受也喪成人者

其文縟喪未成人者其文不縟故殤之絰不樛垂蓋未成人也註縟猶數也其文數者謂變除之節也不樛垂者不絞其帶之垂者○疏成人之喪既葬以輕服受之又變麻服葛緦麻者除之至小祥以輕服受之男子除于首婦人除于帶是有變除之數也今殤之喪象服不成無此變除之節數月滿則除之不樛垂者凡喪至小斂大功以上皆散帶垂至成服乃絞之小功以下初即絞之今殤大功于小斂服麻散垂至成服後亦散不絞以示未成人與成人異

馬融曰長殤以成人其絰有纓中殤則禮畧其絰無纓也

王肅曰大功已上以繩為絰之纓也

敖繼公曰文謂禮文也樛當作繆檀弓曰齊衰而繆絰正謂此也繆絞也絰謂首絰也垂者其纓也殤絰之有纓者不絞其纓而散之此亦異于成人者故以證之

陳銓曰長中殤惟以絰有纓無纓為異耳

湛若水曰何以服殤也為其同于父之親也為其同于己之親也從其同于夫之親也為其適之重也其九月纓絰者何也正服也其七月不纓絰者何也殺也變也

郝敬曰按尊屬之殤止于叔父姑自世父以上長于父則無殤父母雖殤不在殤服之并其為斬齊猶之成人也有如十八之父母死為長殤九月服即除可乎古者男女年十二以上皆可冠笄苟男已冠娶女已笄嫁雖殤猶成人也

其長殤皆九月纓絰其中殤七月不纓絰注經有纓者為其重也自大功以上經有纓以一條繩為之小功以下經無纓也○疏經之有纓所以固經猶如冠之有纓以固冠亦經于頤下也五服之正無七月之服惟大功中殤有之自大功以上經有纓明矣知一條繩為之者見斬衰冠繩纓通屈一條繩為武垂下為纓故知此經之纓亦通屈一條繩為之經垂下為纓可知小功以下經無纓者亦以此經中中殤七月經無纓明小功五月已下經無纓可知

敖繼公曰纓經謂纓其經也纓即經之散垂者大功之纓經亦右本在上其異于成人者散而不絞耳纓經止于大功九月故此七月者雖亦大功而不纓經所以見其差輕也此經雖不纓猶以麻之有本者為之以其為大功之服也

大功布衰裳牡麻絰纓布帶三月受以小功衰即葛

注受猶承也凡天子諸侯卿大夫既虞士卒哭而受服○疏此成人大功輕于前殤

敖繼公曰齊衰以上其絰皆不言絰纓故于此成人大功言之乃因輕以見重且明有纓者之止于此也受以小功衰者說大功布衰裳而以小功布衰裳受之也即葛說麻絰帶就葛絰帶也三月而變衰葛九月而除之婦人異于男子者不葛帶耳小功亦然檀弓曰婦人不葛帶此章特著受月者以承上經無受之後嫌與之同亦且明受衰之止于此也此三月受服上下同之章內有君為姑姊妹女子子嫁于國君者而服問又言君主適婦之喪是諸侯雖無大功而于其尊同者若所不可得而絕者亦服此服也其姑姊妹女子子之嫁于國君者為外喪君之受服固不視其卒哭之節適婦雖內喪而其禮則比于命婦但三月而葬故君亦惟三月而受服也

傳曰大功布九升小功布十一升注此受之下也以發傳者明受盡于此也間傳曰小功之葛與大功之麻同○䟽此章有降有正有義降則衰七升冠十升正則衰八升冠亦十升義則衰九升冠十一升十升者降小功十一升者正小功傳以受服不言降大功與正大功直言義大功之受者鄭云此受之下據之發傳明受盡于此其小功至葬惟有變麻服葛因故衰無受服之法

緦衰服

緦衰衣　緦衰裳　縷如小功細而䟽

敖繼公曰大功布三等受布二等此于大功與受布各見一等者但以其一一相當者言也觀此則其上二等之受布亦可見矣

緦衰衣

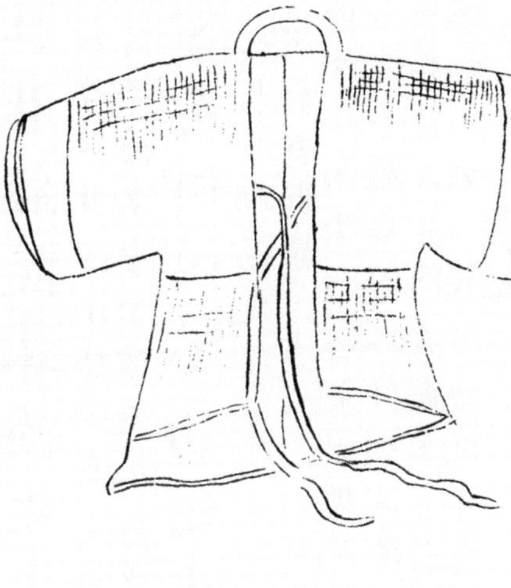

緦衰裳

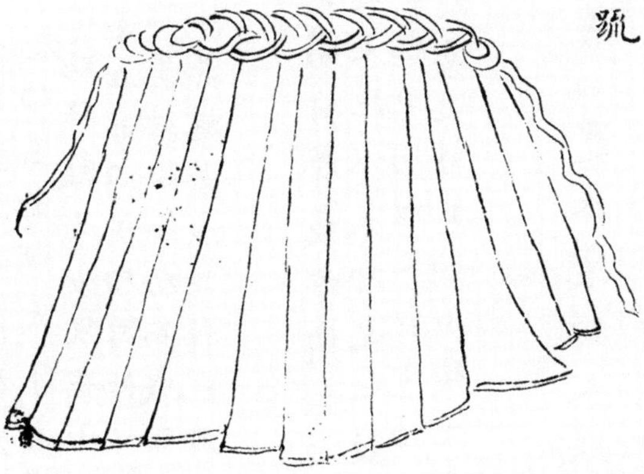

繐衰裳牡麻絰既葬除之者以此衰是諸侯之臣為天子在大功下小功上者以天子七月葬既葬除故在大功九月下小功五月上又縷雖如小功升數又少故在小功上也此不言帶屨者案下傳云小功之繐也則帶屨亦同小功可知

傳曰繐裳者何以小功之繐也注治其縷如小功而成布四升半細其縷者以恩輕也升數少者以服至尊也凡布細而疏者謂之繐今河南有鄧繐敖繼公曰七月而除則絰未必纓也其度亦未聞前齊衰章傳云帶緣各視其冠又記云繐衰冠八升則此帶亦八升矣又此承大功之下疑其亦用繩屨與齊衰三月同蓋服至尊之屨或當然也○何以又云小功之繐則繐之粗細亦不一矣小功之布有三等此繐衰之縷其如小功之上者

殤小功婦人服

殤小功

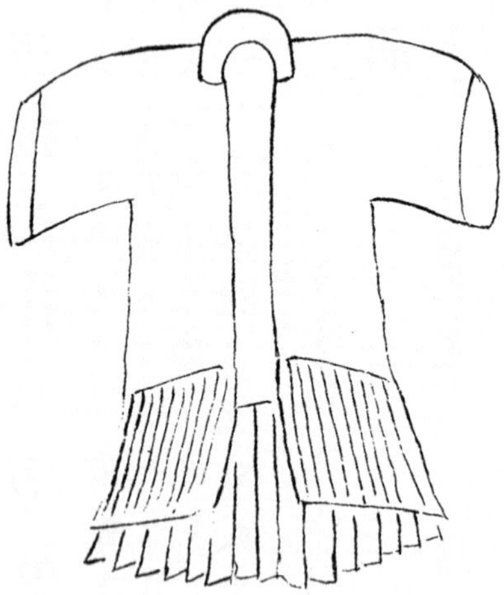

聶崇義曰連衣裳婦人服特圖此者明斬衰至緦麻婦人服皆然

按殤小功布衰宜有圖因布衰之制畧同於大功故不復圖而圖婦人衰裳於此

笄

布總

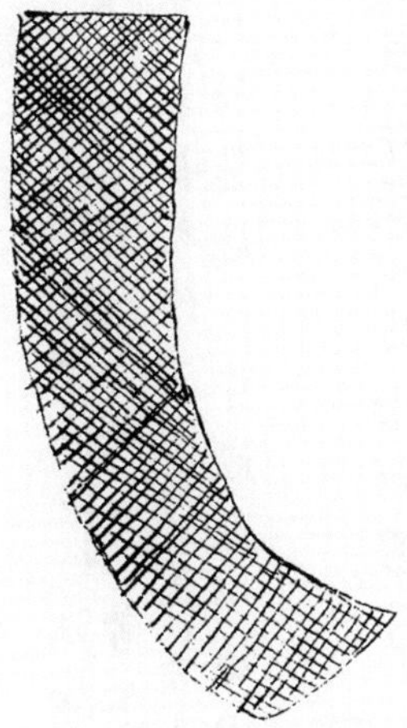

二圖出陳祥道禮書

妻為夫妾為君女子子在室為父布總箭笄髽注此妻妾女子子喪服之異于男子者總束髮謂之總者既束其本又總其末箭笄篠也髽露紒也猶男子之括髮斬衰括髮以麻則髽亦用麻也蓋以麻自項而前交于額上卻繞紒如著幓頭焉

敖繼公曰髽者露紒之名也此主言成服以後之禮然當髽者自小斂時則然矣故士喪禮卒斂婦人髽于室內此以至終喪不變也此言笄總

髽衰皆所以示其異于男子則與男子同者絰帶與屨也士喪禮曰婦人牡麻絰結本是亦婦人斬衰要絰之異於此不見之者以經惟主言首絰故畧之

衰三年注凡服上曰衰下曰裳此但言衰不言裳婦人不殊裳衰如男子衰下如深衣深衣則衰無帶下又無衽○疏下如深衣者如深衣六幅破爲十二闊頭向下狹頭向上縫齊倍要也深衣則衰無帶下者此裳既縫著衣不見裏衣不須要以掩裳上際故知無要也又無衽者男子裳開兩邊露裏衣是以須衽屬衣兩旁垂之以掩交際之處此既下如深衣縫之以合前後兩邊不開故不須衽以掩之也

郝敬曰鄭注謂婦人衰不言裳者衣與裳不殊無據或因周禮王后六服但言衣故附會之與詩云綠兮衣兮綠衣黃裳此婦自言已服也又曰衣錦褧衣裳錦褧裳叔兮伯兮駕予與行此人刺婦人服也安在其爲不殊耶昏禮女純衣纁袡袡即裳鄭避不殊之証解袡爲衣緣豈有言衣不及裳復言緣者耶即本記衣衽尺寸各殊衽即裳未別男女也如冠笄男女異記明言之矣

傳曰總六升長六寸箭笄長尺吉笄尺二寸注總六升者首飾象冠數長六寸謂出紒後所垂爲飾也○疏此箭笄長尺檀弓榛以爲笄亦長尺則大功以下不得更容差降皆用一尺而已此斬衰總六寸繐麻小功同一尺吉總當尺二寸與笄同也

敖繼公曰總六升亦但指卒哭以前者及其卒哭以後當與男子受冠之布同七升既練則八升也變服之後其長之異同則未聞

女子適人者爲其父母婦爲舅姑惡笄有首以髽卒

哭子折笄首以笄布總注言以鬈則鬈有著笄者明矣○疏此二者皆期服婦人以飾事人雖居喪內不可頓去修容故惡笄有首至卒哭女子子哀殺歸于夫氏折吉笄之首而著布總也

傳曰笄有首者惡笄之有首也惡笄者櫛笄也折笄首者折吉笄之首也吉笄者象笄也何以言子折笄首而不言婦終之也注櫛笄者以櫛之木爲笄或曰榛笄有首者若今時刻鏤摘頭矣卒哭而喪之大事畢女子子可以歸于夫家而著吉笄折其首者爲其大飾也吉笄尊變其尊者婦人之義也據在夫家宜言婦終之者終子道于父母之恩○疏按玉藻沐櫛用樿櫛鄭云樿白理木櫛即梳也以白理木爲梳櫛也此注云櫛之木爲笄即此木也

敖繼公曰云有首見惡笄之制也言笄有首而復云以鬈見成服以後猶鬈且明齊衰而鬈者之止于是也卒哭子折笄首以笄則不復鬈矣婦則惡笄以鬈自飾若也此亦微有內夫家外父母家之意總之用布五服婦人皆然特以齊衰章亦不言總故記因而見之也言子折笄首而不言婦者婦惡笄以終喪無折笄首之事故不言婦也傳引記文云笄有首則笄之惡字似衍

郝敬曰始死盡去笄總露鬈成服則惡笄布總此女與婦同者也既卒哭女子適人者歸夫家則以吉笄易凶笄蓋笄不可更受[illegible]不可純吉用吉笄而去其首此女與婦異者也

小功服

小功葛絰　腰絰　小功葛帶

小功葛絰

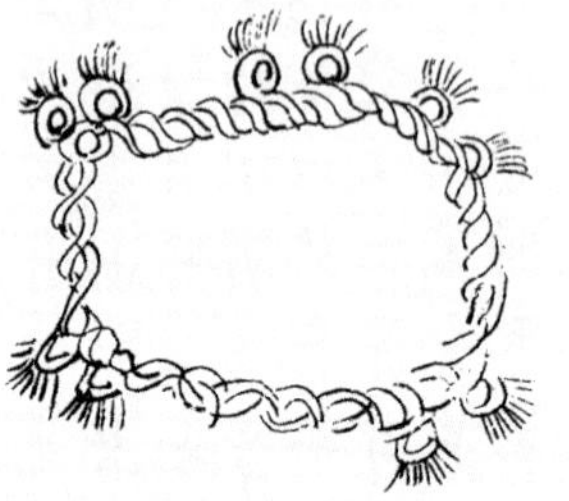

腰絰

小功葛帶

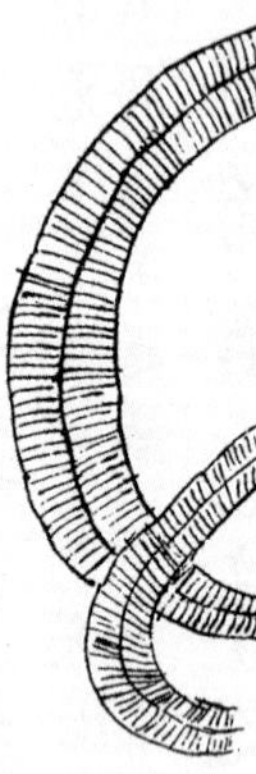

小功布衰裳澡麻帶絰五月者注：澡者治去莩垢不絶其本也小記曰下殤小功帶澡麻不絶其本屈而反以報之○疏此殤小功章本齊衰大功之親爲殤降在外小功故在此成人小功之上也自士以來皆帶在經下今此帶在經上者以大功已上經帶有本小功已下斷本此殤小功中有下殤小功帶不絶本與大功同故進帶于經上倒文以見重也言小功者用功細小精麤者也殤大功直言無受不言月數此直言月不言無受者聖人作經欲互見爲義又下章言即葛此不言即葛亦是兼見無受之義也

小功布衰裳牡麻絰即葛五月注：即就也小功三月變麻因故衰以就葛絰帶間傳曰小功之葛與緦之麻同○疏此是成人小功章輕于殤小功故次之成人文縟故有變麻從葛故曰即葛但以日月爲足故不變衰也敖繼公曰此變麻即葛乃不易衰者爲無受布也即葛不云三月者已于大功章見之故不言也

緦麻服

緦麻澡纓

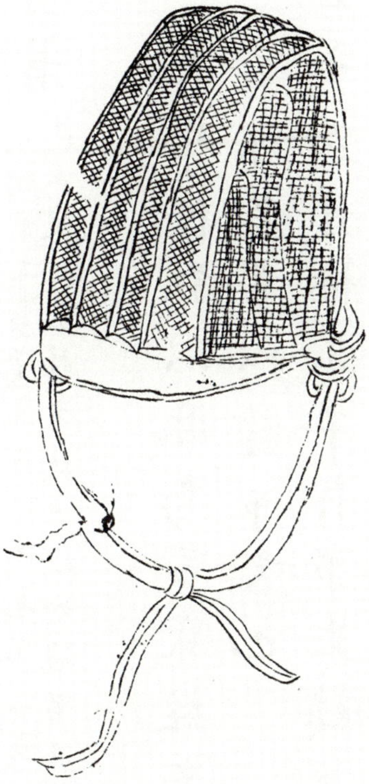

小功緦匕左縫不灰治纓則灰治

緦麻三月者緦麻布衰裳而麻絰帶也不言衰絰畧輕服省文。疏此五服之至輕者故以緦如絲者爲衰裳又以澡治莩垢之麻爲絰故曰緦麻也

乾學按注以麻爲言麻絰帶者蓋經傳單言麻者多以絰帶言也

傳曰緦者十五升抽其半有事其縷無事其布曰緦注謂之緦者治其縷細如絲也或曰有絲朝布用布何衰用絲乎抽猶去也。疏八十縷爲升十五升千二百縷抽其半六百縷麄細如朝服數則半之

敖繼公曰十五升者將爲十五升布之縷也抽其半而爲布則成布七升有半也此比于他服之布爲稍疏比于他布之縷爲最細細者所以見其爲輕喪疏者所以明其非吉布若布縷之或治或否其意亦猶是也曰緦者蓋治其縷則縷細如絲故取此義而名之亦以異于錫衰也此布七升有半乃在小功之下者以其縷細也凡五服之布皆以縷之粗細爲序其粗者則重細者則輕故升數雖多而縷粗猶居于前如大功在繐衰之上是也升數雖少而縷細猶居于後如緦麻在小功之下是也

雜記曰緦冠繰纓注繰當爲澡麻帶絰之澡聲之誤也謂有事其布以爲纓。疏緦冠澡纓緦衰治縷不治布冠又用澡治緦布爲纓以輕故也經之繰字絲旁爲之非澡治之義故讀從喪服小記下殤澡麻帶絰之澡有事其布以爲纓者緦麻既有事其縷繰則又治其布謂縷布俱治也

陸佃曰繰讀如蚤繰之繰〻纓散絲纓也即言絲嫌不散也

徐師曾曰小功緦麻之服輕故縫向左而同于吉緦服又輕故以灰湅治之布為纓然但云湅纓則冠與衰皆治縷不治布可知矣

讀禮通考卷三十一

喪服制二

衰裳

儀禮喪服記凡衰外削幅裳內削幅幅三袧注削猶殺也大古冠布衣布先知為上外殺其幅以便體也後知為下內殺其幅稍有飾也後世聖人易之以此為喪服袧者謂辟兩側空中央也凡裳前三幅後四幅也○疏自此已下盡袪尺二寸記衰裳之制用布多少尺寸之數凡言者揔五服而下外削幅者謂縫之邊幅向外內削幅者謂縫之邊幅向內幅三袧者據裳而言為裳之法前三幅後四幅幅皆三辟攝之以其七幅布幅二尺二寸幅皆兩畔各去二寸為削幅則二七十四丈四尺若不辟積其要中則束身不得就故須辟積要中也要中廣狹任人麤細故袧之辟攝亦不言寸數多少但幅別以三為限耳袧辟兩側空中央者袧是屈中之稱一幅凡三處屈之辟、相著自然中央空矣裳前三幅後四幅者前為陽後為陰象陰陽也

敖繼公曰凡衰謂凡名衰者也其外削幅者所以別于吉服之制亦如喪冠外畢之類裳不變者衣裳同用[illegible]重而裳輕變其重者以示異足矣故裳不必變也

若齊裳內衰外注齊緝也凡五服之衰一斬四緝緝裳者內展之緝衰之○疏裳內衰外者上言衰外削幅此齊還向

外展之上言止下故先言也一斬
遂向內展之先言裳者凡齊據下裳而縫之裳在齊衰至緦麻並齊齊則有針功緦之名雖沒其齊名而齊可知也

敖繼公曰裳內衰外與其削幅之意同亦以齊衰別于吉也凡齊主于裳也之失之之

負廣出於適寸　注負在背上者也適辟領也負出于辟領外旁一寸○疏以一方布置于背上上畔縫著領下下以之以在背上故得負名出于辟領外旁一寸摠尺八寸也

敖繼公曰負之廣無定數唯以出于適旁一寸爲度也其長盖比于衰與

適博四寸出於衰　注博廣也辟領廣四寸則與闊中八寸也兩之爲尺六寸也出于衰者旁出衰不著寸數者可知也○疏此辟領廣四寸據兩相而言兩相向外各廣四寸不著寸數可知者以衰廣四寸辟領橫廣摠尺六寸除中央四寸當衰衰外兩旁各出衰六寸故云不著寸數可知也

敖繼公曰適辟領之布旁出者也云博四寸又云出于衰則出于衰者非謂其博也然則博者其從之廣與凡爲衣必先開當項之處其上下之度相去四寸左右之度則隨其人之肥瘠而爲之闊狹不定也凡吉衣皆方翦之所謂方領是也此凶服亦方領其異者則但翦其上下之相去四寸者而不殊其左右之布使連于衣而各出于肩上之兩旁以爲適所謂適博四寸也以其橫之濶狹不定故不著其出于衰之寸數唯言出于衰而已

王廷相曰辟領向外謂之適左右各廣四寸反摺向外即今之開肩寄餘布不縫于領中而著之于外也衰博四寸當心辟領左右各四寸則當中闊八寸矣皆反摺向外則出于衰外左右各六寸矣

衰長六寸博四寸 注廣袤當心也前有衰後有負版左右有辟領孝子哀戚無所不在。疏綴于外衿之上故得廣長當心哀戚無所不在者以衰之言摧孝子有哀摧之志也負者荷負其悲哀在背也適者人子哀戚之情嵩適于父母以不兼念餘事也是其四處皆有悲痛無所不在也

敖繼公曰五服之屬及錫與疑皆以衰爲名則是凡凶服弔服無不有此衰矣其辟領亦當同之若負版則惟孝子乃有之故記先言之也孔子式負版者以其服㝡重故爾

衣帶下尺 注衣帶下尺者要也廣尺足以掩裳上際也。疏謂衣要也衣即衰也帶謂帶衣之帶非大帶革帶也下尺者據上下闊一尺若橫不著尺寸者人有粗細取足爲限也足以掩裳上際者若無要則衣與裳交際之間露見表衣有要則不露見也言上際者對兩旁有衽掩旁兩廂下際也

敖繼公曰此接衣之布其廣亦無常度但以去帶一尺爲準豈亦以人有長短之不齊故與帶爲要經也絞帶布帶亦存焉

王廷相曰後儒因鄭賈之説遂于衣下施要取布半幅横綴于身下謂之衣帶其謬妄無實成法制殊爲可鄙近世四明黃氏潤玉五衰圖論曰經謂衣帶下隨身長短于束帶下再長一尺可掩裳際也會解之曰此蓋言也人身有長短不可槩以尺寸計之止于束

帶之處其下仍長一尺爲度耳非如此不足以掩裳際黄氏之論得之也

郝敬曰衣即衰帶入帶凡礼服吉凶皆有大帶衣長出帶下尺使不見裳要也

衽二尺有五寸

注衽所以掩裳際也上正一尺燕尾二尺五寸凡用布三尺五寸○疏掩裳際者對上要而言此掩裳兩廂下際不[illegible]合處也上正一尺者取布三尺五寸廣一幅留上一尺爲正正者正方不破之也一尺之下從一畔旁八六寸乃邪向下一畔一尺五寸下畔亦六寸橫斷之留下一尺爲正如是則用布三尺五寸得兩條衽衽各二尺五寸兩條共用布三尺五寸也然則兩旁皆綴于衣垂之向下掩裳際此謂男子之服婦人則無以婦人之服連衣裳衰無帶下又無衽也

王廷相曰注疏謬誤之大莫甚于此近世丘氏有云注疏有綴衰于外衿之上之文既曰有外衿則必有內衿矣今之衰衣之制止有衣身而繫帶于兩旁如世俗所謂對衿衣者衣著之際遂使衰不當心殊失古制今擬綴繫帶四條以外衿掩于內衿之上則具服之際衰正當心矣丘氏雖有是論然不知以衿施于袷下續于衣正幅之旁雖欲以外衿掩內然領止于領下安得斜掩于脇亦不通之論也惟四明黄氏論云衽二尺五寸言用布一幅長二尺五寸斜尖裁爲燕尾狀施于領下作內外衿乃爲得之蓋衣必有衿而後可以掩其胷體若如鄭賈之說是衣皆無衽如對衿比甲之制矣當心正中其膚體必是暴露豈事理之順適聖人制衣之善哉今按戴記問喪曰親始死扱上衽若在裳之兩旁安謂之上大記曰小歛大歛祭服不倒皆左衽論語曰被髮左衽謂左掩其衿也若在裳之兩旁謂之左衽何居許氏說文曰衽衿交也若在裳之兩旁安有交義今解之曰衰領當如二槩相交衣身承領不盡別用布二尺五寸交斜裁之綴于衣身之旁以承領狹頭皆向上廣頭皆向下以一爲上衽以一爲下衽黄

氏所謂領下施衿是也

黃宗羲曰鄭賈之說取布三尺五寸上下各留一尺一尺之外上于左旁裁入六寸下于右旁裁入六寸便于盡處相望斜裁如是則用布三尺五寸得兩條衽各長二尺五寸廣頭向上狹頭向下綴于衣兩旁狀如燕尾以掩裳旁際此與深衣之曲裾制雖異而其義則同盖以深衣之裳一旁連一旁不連故曲裾兩條重沓而掩于一旁喪服前後不連故衽分綴于兩旁也夫既同是一物不應在彼爲鉤邊在此爲衽如彼曲裾之非則知此衽之制未爲得矣且衣既對衿則前綴之裹不能居下鄭所謂廣袤當心者亦自牴牾矣今用布二尺五寸交斜裁之爲二狹頭向上廣頭向下辟領五寸綴于衣身之旁上以承領下與衣齊在左者爲外衽在右者爲内衽此之制也喪服之制惟黃潤玉爲得之

袂屬幅

注屬猶連也連幅謂不削○疏屬幅者謂整幅二尺二寸凡用布爲衣皆去邊幅一寸爲縫殺今此屬連其幅則不削去其邊幅取整幅爲袂也必不削幅者欲與衣二尺二寸同縱横二尺二寸正方也

敖繼公曰袂屬幅而不削是縫合之也古者衣袂皆屬幅乃著之者凶服之制或異于吉也此袂之長短盖如深衣之袂亦反屈之及肘

衣二尺有二寸

注衣自領至要二尺二寸倍之四尺四寸○疏衣二尺二寸者衣身有前後今且據一相而言摠前後計之爲四尺四寸

王廷相曰此言衣者自袂之本及衣身而言也大凡布幅二尺二寸故在衣身得二尺二寸偶幅又二尺二寸共長四尺四寸也周尺十寸只有漢尺八寸布幅四尺得二尺二寸四寸又得三寸二分是以袂之廣共該今之尺三尺五寸二分矣布幅中度狹廣如此亦足以反屈及肘矣使布幅少狹

別以布而續之如三尺五寸二分之長亦無不可焉

袪尺二寸　注袪袖口也尺二寸足以容中人之併兩手也吉時拱尚左手喪時拱尚右手○疏尺二寸者據複攝而言之則二尺四寸與深衣之袪同

敖繼公曰此袂廣二尺二寸而袪尺二寸亦謂圜殺一尺如深衣之袪也此衣與袪衽帶下之度吉服亦然特于此見之耳

萬斯同曰按袪尺二寸者謂于二尺二寸之袂縫其下一尺而其上一尺二寸不縫也故袪謂之袖口乃通典謂縱袂之末又綴以廣尺二寸之布則失之遠矣

杜佑曰周制凡五服在上曰衰在下曰裳衰縫外殺裳縫內殺經云凡衰外削幅裳內削幅鄭玄云削猶殺也外殺其幅以便體也內殺其幅稍有飾也身長二尺二寸合前後爲四尺四寸兩邊凡八尺八寸經云衣二尺有二寸鄭玄云衣自領至要二尺有二寸是也鄭亦以此爲袂中之数則袂亦正方二尺二寸也以古布幅廣二尺二寸礼記所云端衰謂此也縱袂之末又綴以廣尺二寸布謂之袪經云袪尺二寸馬融云袪袂末也尺二寸足以容拱手也喪袪尚右手又衣下施要取半幅攢綴身下長短隨衣經云衣帶下尺鄭云謂要也廣尺足以掩裳上際又于要兩旁當縫各綴一衽經云衽二尺有五寸鄭云衽所以掩裳際其制上正方一尺之下角斜向下長尺五寸末頭闊六寸今但取三尺五寸布交解相沓裁之即可亦謂之燕尾令闊頭向上取象與吉服之衽相及又取布方尺八寸著背上〻縫著領下垂之謂之負經云負廣出于適寸鄭云負在背上也適辟領也負出于辟領外旁一寸也今據辟領廣尺六寸負各出一寸故知尺八寸其開領處左右各闊四寸也向外辟斂之謂之適經云適博四寸出于

衰鄭云適辟領廣四寸則兩灟八寸也兩之爲尺六寸又取布長六寸博四寸綴于衣上衿外謂之衰經云衰長六寸博四寸鄭云廣衰當心也負左右有辟領孝子哀戚無不在其裳之制前三幅後四幅開兩邊故以衽掩之于要上每一幅爲三辟積其辟積相向爲之謂之約其約大小隨人要粗細爲之經云裳內削幅々三約鄭云約謂辟兩側空中央也凡裳前三幅後四幅按稱幅不必全幅蓋中破爲之故礼記深衣篇云制十有二幅以應十二月是六幅交解之也若斬衰即衰與裳不縫緝若齊衰以下衰則外縫之裳則內縫之謂之齊經云若齊裳內衰外鄭云齊緝也凡五服之衰一斬四緝々裳者內展之緝衰者外展之展則縫緝也按喪服本文甚難曉悟歷代著述悉皆手寫本經今先言其制次引經文所異後學易爲詳覽

陳祥道曰衰博四寸當心辟領博四寸出于衰則綴于兩廂各去衰二寸以其去衰二寸并辟領四寸與衰四寸此所謂與濶中八寸兩之爲尺六寸也辟領及闊中尺六寸負出于辟領外旁一寸則負廣尺八寸矣廣尺八寸而長稱之則辟領之長蓋與衰齊衰用三升布則負與辟領之布亦三升

喪服傳斬衰衰三升注八十縷爲升々字當爲登々成也○疏不言裳者裳與衰同故舉衰以見裳爲君義服衰三升半不言者舉正以包義也

檀弓衰與其不當物也寧無衰注惡其亂禮不當物謂精粗廣狹不應法制○疏此語通于五服衰以表情制有法度若精麤不應廣狹乖法便爲失礼雖有不如無也

馬晞孟曰衰不當物則亂先王之制而後世疑其傳無衰則礼雖不行而其制度定于一猶可以識之故曰寧無衰

陸佃曰物若周書所謂朝服八十物七十物是已據此布之精粗非獨升數不同縷數亦不同矣尊者服精卑者服粗

黄榦曰左傳載晉平公有卿佐之喪而奏樂飲酒膳夫屠蒯入諫曰服以將礼礼以行事事有其物物有其容今君之容非其物也以此驗之物者心貌哀戚之實以稱其服若介冑則有不可犯之色也蓋哀戚者喪礼之實衰者外飾之容若但服衰于身而心貌無哀戚之實者寧如不服衰也

齊衰不以邊坐大功不以服勤 注邊偏倚也○疏喪服宜敬坐起必正不可著衰而偏倚也言齊衰則斬衰可知大功雖輕然亦不可著衰服爲勤勞之事也

張子曰齊衰不以邊坐有喪者專席而坐也

縣子曰綌衰繐裳非古也 注非時尚輕涼慢禮○疏綌葛也繐疏布時尚輕細有喪者不服麤衰但疏葛爲衰繐布爲裳故云非古也

方慤曰古之五服自斬至緦一以麻若以綌爲衰以繐爲裳則取其輕涼而已非古制也

叔仲皮學子柳 注叔仲皮魯叔孫氏之族學教也子柳仲皮之子 叔仲皮死其妻魯人也衣衰而繆絰 注衣當爲齊壞字也繆當爲不樛垂之樛士妻爲舅姑之服也言雖魯鈍其于礼勝學 叔仲衍以告 注告子柳言此非也衍蓋皮之弟 請繐衰而環絰 注繐衰小功之縷而四升半之衰環

經帶服之經時婦人好輕細而多服者衍既不知礼之本子柳亦以爲然而請于衍使其妻爲舅服之曰昔者吾喪姑姊妹亦如斯末吾禁也注衍莒子柳也姑姊妹在室齊衰與婦爲舅姑同末無也言無禁我欲其言行退使其妻繐衰而環絰注婦以諸侯之大夫爲天子之衰帶服之絰服其舅非○疏言叔仲皮教訓其子二柳雖受父教猶不知礼在後皮死子柳之妻是魯鈍婦人猶知爲舅著齊衰服繆絰謂絞麻爲絰衍是皮之弟子柳之叔見當時婦人好尚輕細反以子柳妻爲非礼之服子柳亦以爲然遂請于衍欲令其妻身著繐衰首服環絰衍莒子柳云昔者我喪姑姊妹我著繐衰環絰無人于我相禁明其得著繐衰子柳得衍言乃使其妻著繐衰而環絰繆讀喪服傳不樛垂之樛謂兩股相交也五服之絰皆然唯弔服環絰不樛耳

黃震曰繆古讀如樛木之樛然方氏謂兩股相交綢繆故云繆絰則當音綢繆之繆此服之重者也繐衰之布細環絰則一股回環而不相繆綢此服之輕者也子柳雖受教于其父曾不若愚婦人之所爲也此鄭氏以來之舊說而諸家從之者也惟陸氏云據文子柳乃叔仲皮之師其妻乃皮之妻二爲其夫叔仲皮衣斬衰而繆絰而叔仲衍以告子柳請使其妻爲兄繐衰而環絰且言其妻嘗爲吾姊妹亦服繐衰小功之服然礼于夫之姑姊妹有服于夫之兄弟無服仲衍之請非也省室賈氏以陸說爲長愚按若如陸說則學字不必改爲斅衣字不必改爲衰繆字不必改爲樛

乾學按陸氏之說甚善但如舊說則是婦爲舅姑服如陸說則是婦爲夫之兄服古無夫兄弟之服衍豈得翻爲之還當以舊

說爲是○又按若依陸說則上其妻爲度之妻下其妻爲行之妻文義亦不順故不如仍從舊說也

雜記朝服十五升去其半而緦加灰錫也注緦精麗與朝服同去其半則六百縷而疏也又無事其布不灰焉○疏朝服精細全用十五升布爲之緦麻十五升之內減去其半以七升半用爲衰服也加灰者取緦以爲布又加灰治之故曰錫

朱子曰緦十五升抽其半者是一簆只用一經如今廣中疏布又如单經黃草布皆只一經也然小功十二升則其縷反多于緦矣又不知是如何

端衰喪車皆無等注喪車惡車也喪者衣衰及所乘之車貴賤同孝子于親一也衣衰言端者玄端吉時常服喪之衣衰當如之○疏端衰謂喪服上衣以其縗六寸之衰于心前故衣亦曰衰端正也吉時玄端服身與袂同以二尺二寸爲正而喪衣亦如之故曰端衰天子至士制度同無等差之別也

凡弁経其衰侈袂注侈猶大也弁経服者弔服也其衰錫也緦也疑也袂之小者二尺二寸大者半而益之則侈袂三

尺三寸○疏凡弔服首著弁絰身著錫衰緦衰疑衰此等三衰大作其袂凡常服二袂二尺二寸此等三衰之袂半而益一大三尺三寸也若士則其衰不侈故周礼司服有玄端素端注云變素服言素端者明異制大夫以上侈之明士不侈故稱端

周禮天官內司服凡命婦共其衣服共喪衰亦如之疏凡命婦者兼外內命婦也外命婦喪衰謂王服齊衰于后無服若九嬪以下及女御于王服斬衰于后服齊衰也

春官小宗伯縣衰冠之式于路門之外注制色宜齊同

肆師禁外內命男女之衰不中灋者注外命男六鄉以出也內命男朝廷卿大夫士也其妻爲外命女內命女王之三夫人以下不中灋違升數與裁制者

地官閭師不績者不衰注不衰喪不得衣衰也○疏婦人不績其麻者死則[illegible]不爲之著衰裳以罰之也

唐開元禮衰裳之式並同儀禮其麻之升數則斬衰正服加服衰裳三升義服三升半布八十縷爲升○齊衰三年正服加服衰裳四升義服五升其縷四升半成布四升○齊衰期降服衰裳四升正服五升義服六升○義服齊衰三月者衰裳六升○大功降服衰裳七升

正服八升義服九升○小功降服正服衰同十升義服十一升○緦麻正服義服衰同十五升去其半有事其縷無事其布

宋政和禮衰裳之制凡衰外削幅裳內削幅裳前三幅後四幅皆三辟攝之斬衰衰與裳皆不緶緝齊衰而下衰則外緶裳則內緶又以方一尺八寸之布置背上縫著領下垂之出于辟領外一寸又以博四寸之布爲領出于衰之兩旁又以長六寸博四寸之布綴于布外襟廣衰當心衣帶下尺衽二尺有五寸以掩裳之兩際袂屬幅衣自領至腰長二尺有二寸袪長尺二寸○凡五服衰裳以布之精細爲之等○凡斬衰之裳以繩爲帶齊衰之裳以布爲帶

温公書儀衰裳之制斬衰用極麤生布爲之不緝衣

縫向外裳縫向內裳前三幅後四幅每幅作三輒音輒皆屈兩邊相著空其中負版方一尺八寸此尺寸皆用周尺在背上綴于領下垂放之辟領方四寸置于負版兩旁各攙負版一寸亦綴于領下衰長六寸廣四寸綴于前心當衿衣長過腰足以掩裳上際衽用布三尺五寸留上一尺正方不破旁入六寸乃向下邪裁之一尺五寸去下畔亦六寸橫斷之留下一尺正方以兩正方左右相沓綴于衣兩旁垂之向下狀如燕尾掩裳旁際○齊衰以布稍麄者爲寬袖襴衫○大功小功緦麻皆用生白絹爲襴衫○凡緝者皆向外撚之○小祥則除負版及衰大祥後服皂布衫○凡齊衰以下皆當自制其服而往會喪今人多忌諱皆仰喪家爲之喪家若貧親戚異居者自制而服之禮也溫公

自注檀弓曰與其不當物也寧無衰注不當物謂精麤廣狹不應法制古者五服皆用布以尺數爲别每幅二尺二寸其經以八十縷爲一升同服之中升數又有異者焉故間傳曰斬衰三升齊衰四升五升六升大功七升八升九升小功十升十一升十二升緦麻十五升去其半有事其縷無事其布曰緦蓋當時有織此布以供喪用者布之不論升數久矣裴茝劉岳書儀五服皆用布衣裳上下異制度略相同但以精麤及無[illegible]緝[illegible]爲異耳然則唐五代之際士大夫家喪服猶如古礼也近世俗多忌諱自非子爲父母婦爲舅姑妻爲夫妾爲君之外莫肯服布有服之者必爲尊長所不容衆人所譏誚此必不可強此無如之何者也今且于父母舅姑夫君之服粗存古制度庶幾有好礼者猶能行之○又曰世俗五服皆不緝非也礼惟斬衰不緝餘衰皆緝必外向所以别其吉服也下俚之家或不能備衰裳之制亦可隨俗且作粗布寬袖襴衫然冠絰帶不可闕也○又曰齊衰之服其尊則高祖曾祖父母伯叔父母親則衆子兄弟兄弟之子而世俗皆服絹是與緦麻無以異也宋次道今之練習礼俗者也余嘗問以齊衰所宜服次道曰當服布襆頭布襴衫布帶今從之大功以下隨俗且用絹爲之但以四脚包頭帕額别其輕重而已此子思所謂有其禮有其財無其時君子弗行者也以俟後賢廢爲釐正之耳○古者既葬練祥禫皆有受服變而從輕今世俗無受服自成服至大祥其衰無變故于既葬别爲家居之服是亦受服之意也

家禮斬衰衣裳皆用極麤生布旁及下際皆不緝也衣縫向外裳前三幅後四幅縫向内前後不連每幅作三㡇㡇謂屈其兩邊相著而空其中也衣長過腰足以掩裳上際縫外向背有負版用布方尺八寸綴

于領下垂之前當心有衰用布長六寸廣四寸綴于左衿之前左右有辟領各用布方八寸屈其兩頭相著爲廣四寸綴于領下在負版兩旁各攙負版一寸

〔丘濬家禮儀節補〕●衰服制度 度用指尺裁製之際又當量其人長短肥瘠以爲度

○愚按喪服制度家礼備矣但詞義深古及附注所引用又多繁襍深于問學者固已瞭然于心若夫窮鄉淺學之士泥文者各執已見任情者妄有作爲卒無定制竊不揣愚陋一本家礼而又考古礼經以參定之易簡古之辭以淺近之語庶幾學古者易曉云

斬衰 用極粗生麻布爲之斬不緝也 凡衣裳旁及下際皆不縫緶

身 用布二幅各長四尺四寸用指尺每幅分中屈之爲前後兩葉每葉長二尺二寸兩幅共四葉前兩葉後兩葉屈訖然後將後兩葉縫合爲脊縫留上四寸不合凡縫皆以邊幅向外後有縫者皆倣此

袂 即袖也用布二幅亦各長四尺四寸與衣身同亦分中屈之亦長二尺二寸縫連衣身前後四葉又縫合其下際以爲袖 儀礼曰縫屬幅注謂不削也不削謂隨其布幅不用剪裁修飾

袪 即袖之口也袖長二尺二寸從下量上一尺縫合之留其上一尺二寸不縫謂袖口

適 即所謂辟領也從衣身分中屈處直量下四寸即後兩葉脊縫原留不合處及在前兩葉之上邊前後四葉各横裁入四寸當直量下四寸處分裁從邊入中四寸雖裁開不斷裁訖分指所裁者向外當衣身兩肩上爲左右適在左肩上向左爲左適右肩上向右爲右適既轉所裁者向外其間空缺處前後俱名爲闊中

領 別用布一幅長一尺六寸闊八寸重

摺爲兩長條不斷分上下條上四寸下四寸將其下條之兩頭各裁去一塊方四寸除去不用留其中間八寸連上條裁訖將所留連上八寸處縫在衣身後兩葉合縫上原裁爲濶中處以塞其空缺此謂後濶中既縫定又將上條分中斜摺兩頭向前綴在前兩葉原裁爲濶中處此謂前濶中

帶下尺又用布高一尺上縫連衣身橫繞腰前後

衽用布二幅各長三尺五寸每幅上下各從一頭直量入一尺先于上頭所量一尺處從左橫裁入中間六寸又于下頭所量一尺處從右橫裁入中間六寸然後從上邊所裁六寸處斜裁去尋下邊所裁六寸處分爲兩片各長二尺五寸其兩片俱以所留一尺處爲上用裁開處相向其上片蓋下片垂下兩條如燕尾狀綴在衣身兩旁當腋下蓋過帶下尺以掩裳之旁掩分開者

衰用布一片長六寸廣四寸綴在衣前左邊當心處

負版用布一幅方一尺八寸綴于衣後當補領下垂之以上皆不緶邊

衣繫按礼疏有綴衰于外衿之上之文既謂有外衿則必有內衿矣今世俗作衰綴帶于衣身兩衿之旁際如世俗所謂對衿衣者衣著之際遂使衰不當心殊失古制今擬綴繫帶四條一如朝祭等服以外衿掩于內衿之上則具服之際衰正當心矣

裳裳用布七幅其長短隨人身前縫三幅作一聯後縫四幅作一聯前後不相聯每一幅作三箇𢄼子前三幅九箇後四幅十二箇其作𢄼子也于每幅布上頭將入腰處用指提起布少許摺向右又提起少許摺向左兩相湊著用線綴住而空其中間以爲𢄼子其大小隨人肥瘦大約𢄼子如今人裙𢄼相似但裙𢄼向一邊順去此𢄼子則兩邊相向耳其縫也邊幅皆向內前三後四共七幅同作一要〻兩頭各有帶

齊衰三年用斬衰次等麁生布凡衣裳旁及下際皆緝身　袂　袪　適　帶下　衽　負版　裳俱與

斬衰同但布與緝邊不同

齊衰杖期制俱同上但用麄生布比齊衰三年所用者又次等耳衰負版辟領裳俱同上

〔丘濬家禮儀節〕按楊信齋附注謂旁親不用衰負版辟領以爲朱子後來議論之定者愚按齊衰有三年杖期不杖期之别然礼通謂之衰齊恐不當分别也使有所分别則古人必異其稱矣當從家礼本注爲是

齊衰不杖期服制同杖期但用麄生布比杖期所用者又次等耳

齊衰五月　三月服制俱同不杖期

大功言布之用功麄大也服制同齊衰但用布比齊衰稍熟耳無衰負版辟領餘並同

小功言布之用功細小也服制同大功但用布比大功稍熟細耳

緦麻緦絲也治其縷細如絲也又以澡治莩垢之麻

爲絰帶故曰緦麻服制同小功但用極細熟布爲之

黄榦曰今按衰服衣衽袂袪帶下自斬至緦皆同惟衰負版左右辟領擴儀礼注云前有衰後有負版左右有辟領孝子哀戚之心無所不在疏云衰者孝子有哀摧之志負者負其悲哀適者指適緣于父母不念餘事若然則此衰負版左右辟領四者惟于爲父母用之旁親皆不用歟

楊復曰按注釋衰負版辟領三者之義惟子爲父母用之旁親則不用也家礼至大功乃無衰負版辟領者蓋家礼乃初年本也後先生之家所行之礼旁親皆無衰負版辟領若此之類皆從後來之議論定者爲正

丘濬曰愚按服有五斬衰齊衰大小功緦麻是也惟斬齊二者謂之衰旣同謂之衰則其制度必皆同矣但緝不緝異耳古人喪父以斬喪母以齊喪母而父在則齊杖期父歿則齊三年則是服之重者莫大乎斬與齊也齊衰服有三年杖期不杖期五月三月之異用布則有粗細不同若其制度則未必有異也使其有異古人必異其稱矣凡喪服上曰衰下曰裳五服皆同惟于斬齊二服又用布一片當心亦謂之衰意者古人因此特用以爲名稱歟不然何功緦之稱則耑取于用功治絲之義而于此乃獨以其上衣爲名哉必不然也儀礼注所謂孝子哀戚之心無所不在特就其重者言爾豈具服者于其旁親皆無哀戚之心特假是以爲文具哉所見如此姑書之以俟知礼之君子

乾學按儀禮喪服經大功小功皆言布衰裳又言大功衰小功衰者不一而足即緦麻三月下注疏亦言布衰裳則五服未有

不用衰者且鄭注言五服之衰一斬四緝賈疏言凡衰者揔五服而言而開元禮政和禮大功以下亦俱言衰裳則古人未嘗謂功緦不用衰也乃溫公書儀則齊衰不用衰而易以寬袖襴衫朱子家禮則自大功以下俱不用衰後之言禮者率以二先生之言爲準于是輕喪皆不知有衰矣余往年過松江上海縣見有功緦之喪者皆準古禮製衰服嘆其風俗淳厚嗚呼所謂以禮爲服制以興太平者也

〔朱子語類〕問古者男子殊衣裳婦人不殊裳今以古人連屬之衰加于婦人而以殊裳之制加于男子則世俗之見皆以爲怪而不以爲禮也將如之

何朱子荅云若考得古制分明改以圖善若以爲難從俗無害○問周大述先生說云衰服不比尋常衫領耶帛盤旋者只用直布一條夾縫作領如州府承局衫領然黃寺丞又述先生語云如承局衫領者非古制當如深衣直領未知是否朱子荅云周說誤也古制直領如今婦人之服近年禮官不曉乃改云直襴衫又于其下注云謂上領不盤遂作上領襴衫黃寺丞說近是而未詳○問喪服之制朱子荅曰衣帶下尺鄭注云腰也廣尺足以掩裳上際廖西仲云以布半幅其長如衣之圍橫綴于衣下謂之腰如今道服之橫欄但綴處稍高耳儀禮喪服用布有尺寸衣只列帶處此半幅乃綴于下以接之廖說是也○問喪服記云衽二尺

有五寸制謂凡用布三尺五寸周丈云三尺五寸布裁爲兩處左右相沓一邊之衽也彼邊亦然廖丈圖說惟衰服後或有之似只用三尺五寸之布裁爲兩衽分爲左右亦相　在後與心聲啓圖合恐不掩裳之兩際如何朱子荅曰詳廖之圖及釋録示又批于原書行間云衽既以丈尺計之合如廖說可更分于兩旁自足以掩之矣○朱子曰今人齊衰用布太細又大功小功皆用苧布恐皆非禮大功須用布中所賣火麻布稍細者或熟麻布亦可小功須用度布之屬古者布帛精粗皆有升數所以說布帛精麗不中度不鬻于市今更無此制聽民之所爲所以倉卒難得中度者只得買来自以意擇製之耳○又曰喪服葛巾極粗非若今

之細也○因論喪服曰今人吉服皆已變古獨喪服必欲從古恐不相稱閎祖云雖是如此但古禮已廢幸此喪服尚有古制不猶愈于俱亡乎直卿亦已爲然先生曰禮時爲大某嘗謂衣冠本以便身古人亦未必一一有義又是逐時增添名物愈繁若要可行須是酌古之制去其重複使之簡易然後可又云一人自在下面做不濟事須是朝廷理一齊與整頓過又云康節說某今人須著今時衣服忒煞不理會也○子升因問喪禮如溫公儀今人平時既不用古服却獨于喪禮服之恐亦非宜庶非禮不足哀有餘之意故向來斟酌只以今服加衰絰曰論來固是如此只如今因喪服尚存古制後世有願治君臣或可因此舉而行之若一

向廢了恐後來者愈不復識矣○問喪禮服今人亦有欲用古制者時舉以爲吉服既用今制而獨喪服用古制恐徒駭俗不知當如何曰駭俗猶些小事但恐考之未必是耳若果考得是用之亦無害○又曰温公儀凶服斬衰古制而功緦又却不古制是何說也古者五服皆用麻但布有差等皆有冠絰但功緦之絰小耳○又問君喪冠服答曰今考政和五禮喪服却用古制准此而行則亦無特然改[illegible]之嫌

讀禮通考

楊信齋儀禮圖

家礼及勉齋儀礼旁通圖與此悉同

裁辟領四寸圖

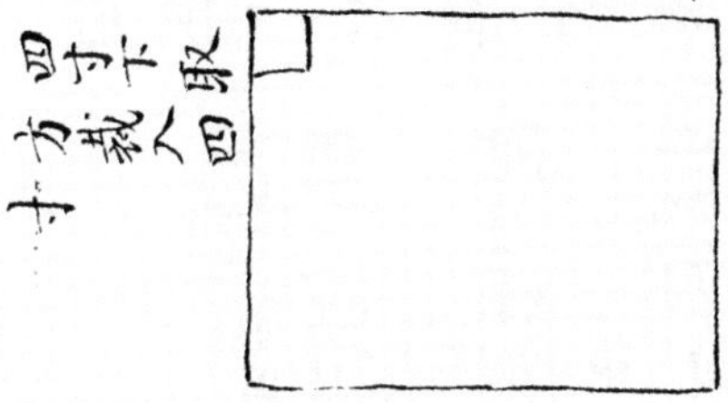

辟領四寸爲左右適圖

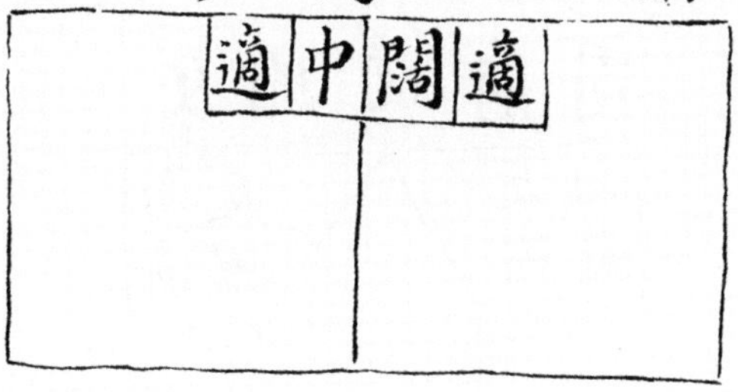

裁衽圖

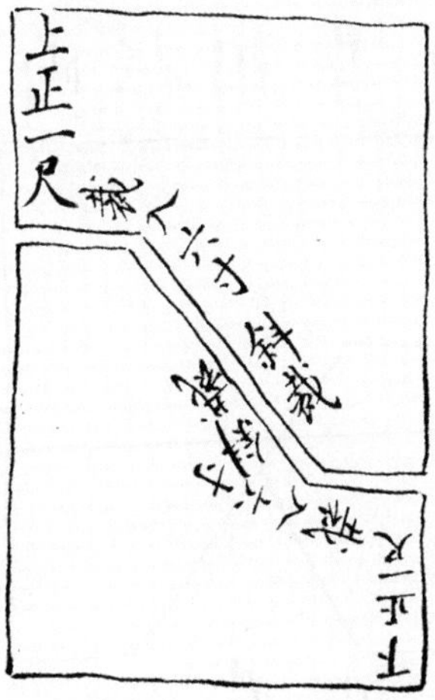

別用布橫長一尺六寸廣八寸塞闊中爲領圖

反摺向前圖

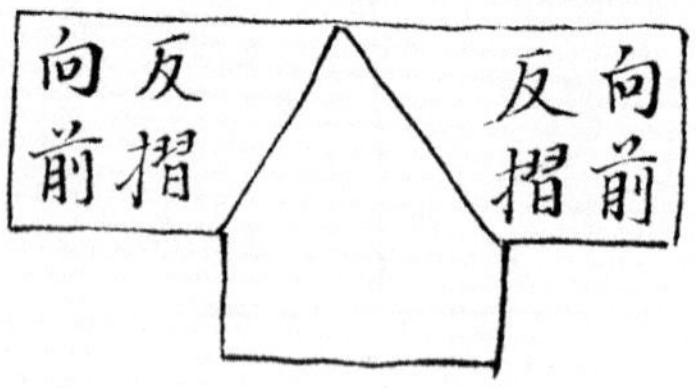

兩衽相疊圖

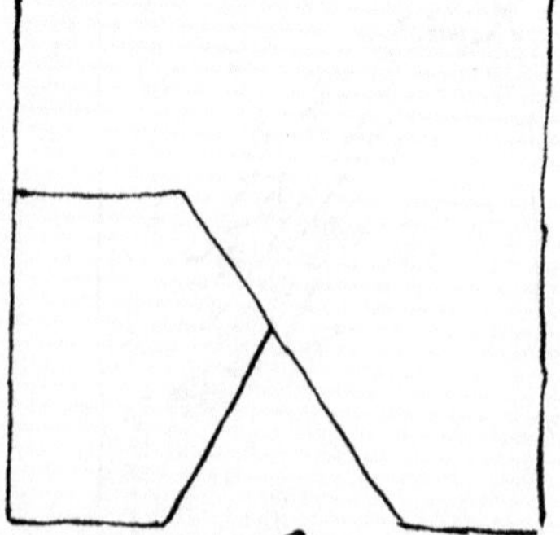

衰衣前圖

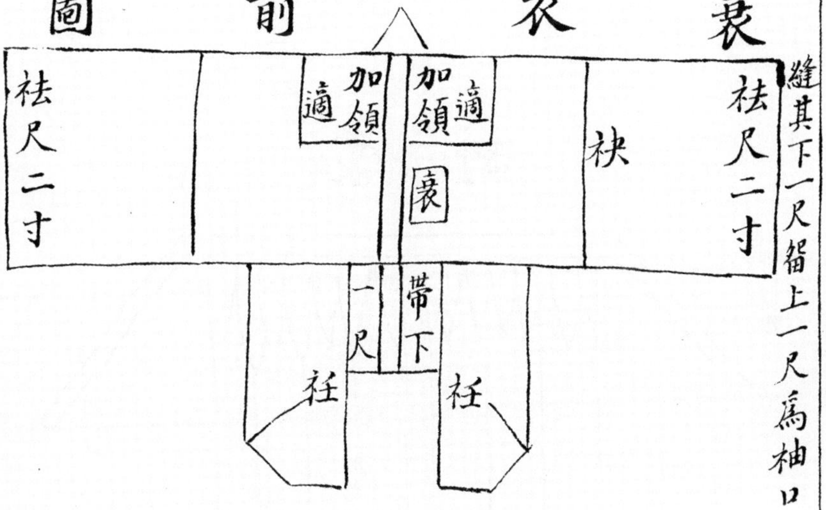
縫其下一尺留上一尺爲袖口
袪尺二寸
袂
加領
適
衰
加領
適
袪尺二寸
帶下
一尺
衽
衽

衰衣後圖

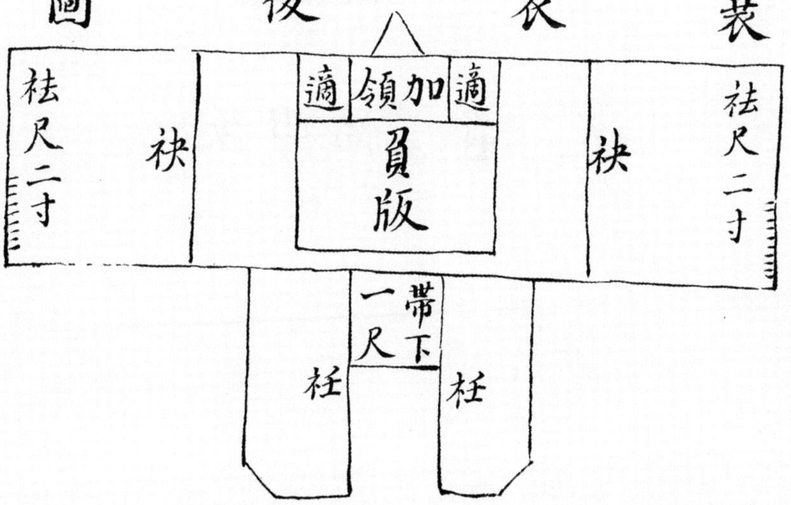
袪尺二寸
袂
適
加領
適
負版
袂
袪尺二寸
帶下
一尺
衽
衽

裳制

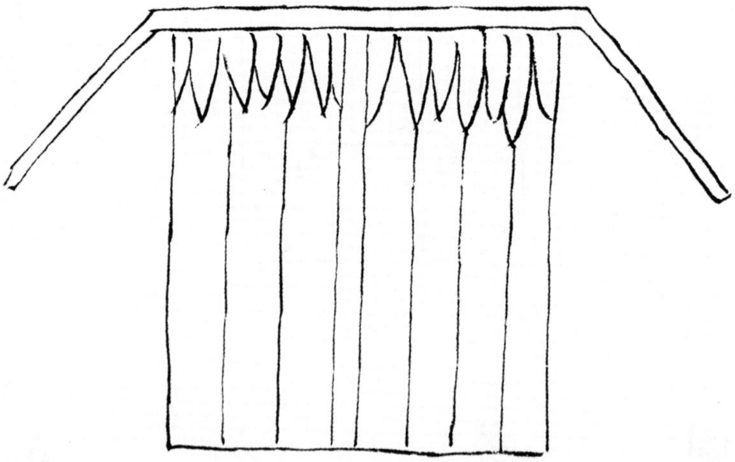

後四幅　前三幅

揚復曰喪服制度惟辟領一節沿襲差誤自通典始按喪服記云衣二尺有二寸蓋指衣身自領至要之長而言之也用布八尺八寸中斷以分左右爲四尺四寸者二又取四尺四寸者二中摺以分前後爲二尺二寸者四此即尋常度衣身之常法也合二尺二寸者四疊爲四重從一角當領處四寸下取方裁入四寸乃記所謂適博四寸註疏所謂辟領四寸是也按鄭注云適辟領也則兩物即一物也今記曰適注疏又曰辟領何爲而異其名也辟猶開也從一角當領處取方裁開入四寸故曰辟領以此辟領四寸反摺向外加兩肩上以爲左右適故曰適乃疏所謂兩相向外各四寸是也辟領四寸既反摺向外加兩肩上以爲左右適故後之左右各有四寸虛處當脊而相並謂之闊中前之左右各有四寸虛處當脊而相對亦謂之闊中乃疏所謂闊中八寸是也此則衣身所用布之處與裁之之法也注又云加辟領八寸而又倍之者謂別用布一尺六寸橫濶八寸又縱摺而中分之其下一半裁斷左右兩端各四寸除去不用只留中間八寸以加後之闊中元裁辟領各四寸處而塞其缺當脊相並處此所謂加辟領八寸是也其上一半全一尺六寸不裁以布之中間從項上分左右對摺向前垂下以加于前之濶中與原裁斷處當肩相對處相接以爲左右領也夫下一半加于後之闊中者用布八寸而上一半從項而下以加前之闊中者又倍之而爲一尺六寸焉此所謂而又倍之者也此則衣領所用之布與裁之之法也古者衣服吉凶異制故喪服與吉服領不同而其制如此也注又云凡用布一丈四寸者周身八尺八寸衣領一尺六寸合爲一丈四寸也此又用布正數又當少寬其布以爲針縫之用然此即衣身與衣領之數若負衰帶下及兩衽又在此數之外矣但領必有袷此布何從出乎曰衣領用布闊八寸而長一尺六寸者布幅闊二尺二寸除衣領用布闊八寸之外更餘闊一尺四寸長一尺六寸可以分作巨條施于袷而適足無餘欠也通典以辟領爲適本用注疏又自謂喪服記文難曉而用臆說以參之既別用以爲辟領又不言制領所用何布又不

計衣身衣領用布之數失之矣但知衣身八尺八寸之外又別用布一尺六寸以為凡用布共一丈四寸則文義不待辨而自明矣○又按喪服記及註云袂二尺二寸緣衣身二尺二寸故左右兩袂亦二尺二寸欲使縱橫皆正方也喪服記又云袪尺二寸袪者袖口也袂二尺二寸縫合其下一尺留上一尺二寸以為袖口也

馮善家礼集說或問程氏遺書云古者八十縷為一升斬衰三升布則是二百四十縷于今之布已為細絲麻十五升則是千有二百絲今蓋無有矣按程氏之說則今緦麻當用何等布曰間傳云緦麻十五升去其半則用六百絲布正是今之稍麤麻布宜用之但云斬衰三升布為細則比今之俗稱冷布若已為麤矣若三升布更嫌細則恐非三升織不成布矣

乾學按辟領之制楊說為長衽及衣帶之制黃南山王浚儀之說最善得此數說而衰裳之式無遺憾矣

呂柟曰斬衰裳者何衰裳皆斬也衰也者摧也摧折其心若不能以生明欲斬也猶曰天胡不斬我身云爾不斬則絞也故帶曰絞帶二者刑之極者也而孝子㒹服之痛之甚也故縣子曰三年之喪如斬負版者負衰也負其摧悲之意于背猶曰前後無怙恃也辟領者適也適者責也開其領以責心也則何以至是乎痛之甚也○練去首絰負版辟領衰繩屨猶腰絰不除婦人去腰絰則奚冠奚衰奚帶曰其衰猶斬也其升同大功故礼曰服其功衰不言裳者衰之長或可以掩裳其今之直領長衫而不緝者乎今大夫士以下練而白布齊是斬衰一年也既葬而白布齊是斬衰二

月也

金賁亨曰喪礼衰衣圖無内外衿與儀礼不合按儀礼喪服云衰長六寸博四寸注云廣衰當心也疏云綴于外襟之上故得廣袤當心觀此則衰衣有衿明矣今圖無衿而衰綴衣之左殊失當心之義

吕坤曰衰絰之不分明也非所以示别也斬衰重故期降二等緦麻輕又降小功二等布以升數絰以指寸庶幾其準乎。按斬衰之布以三升則二百四十縷此至重之服其餘不得接次今擬期之布以五升四百縷大功六升四百八十縷小功七升五百六十縷緦麻八升七百二十縷麻絰用中指大指之端除甲肉相抵圍圓一彄爲斬衰大指頭抵中指第二節爲齊衰大指抵中指第三節爲大功大指頭抵中指第四節爲小功虎口綮二圍圓爲緦麻緦麻之絰粗如小指。服之制冠裳絰帶具而後成服五服未闕不敢除也故聖人重之緦麻輕之至也猶麻况期功乎今也麻冠耳小功而下葛冠耳雖終身可也服者服以飾情今也無而飾雖終身可也

汪琬曰斬齊大功小功緦麻五服之服通謂之衰雖弔服亦謂之衰鄭玄云凡服上曰衰下曰裳又五服之衰一斬四緝三山楊氏喪服圖衰裳之制五服皆同前有衰後有負版左右有辟領惟子爲父母用之旁親則否此先王之礼然也然衰之爲言摧也明孝子有哀摧之心也夫哀摧之心凡在五服中者莫不有之奚獨孝子亦曰孝子之于父母視旁親有加戚焉非謂旁親而遂可以不哀摧也然則五服之服通謂之衰宜矣顧近世士大夫自大功之喪而下舉無有服衰者皆非知礼者也按喪服傳大功布衰裳牡麻絰無受或牡麻絰纓布帶有受小功布衰裳澡麻帶絰或牡麻絰又記宗子孤爲殤大功小功衰皆三月又襍記功衰食菜果飲水漿無鹽酪不能食二鹽酪可也此大功小功爲衰之明驗也肎朱子家礼明

集礼孝慈録鄭玄云緦麻布衰裳而麻絰布又周礼王爲三公六卿錫衰爲諸侯緦衰爲大夫士疑衰此緦麻爲衰之明驗也自朱子家礼明集礼孝慈録莫不仍之頤律令大功已下言服不言衰非不爲衰也省文也士大夫亦無有服功衰緦衰者此近世溥于旁親而然矣豈先王之制與○或問衰衣之有衰負版辟領也果獨爲父母用之與曰喪經傳無明文鄭玄之注賈公彥之疏亦然如曾孫爲曾祖父母也適孫祖在爲祖母也爲人後者爲本生父母也是皆難以旁親例者也其遂可不用衰負版辟領與家礼之與儀礼圖說盍各發明注疏而猶各有所未盡也吾固謂齊衰必當有

二式

萬斯同曰古之五服未有不用衰者不但齊斬用衰即功服亦曰功衰緦服亦曰緦衰其他弔服亦曰錫衰疑衰是可徵喪服之必用衰矣故開元政和二礼及明之集礼猶仍其制而不變乃温公書儀則惟三年用之朱子家礼則惟期服以上用之雖失古人之制猶曰已所著書原非盡依古礼也勉齋信齋素稱達于礼者其于儀礼一書析之極其精矣乃謂礼惟父母用衰而旁親皆不用是何敢于背礼而爲此無稽之論也家礼功緦不用衰或其未及改定之故正賴後人補之信齋反以期服用衰爲過此豈可謂達礼者乎至于書儀之失尤不可言夫齊衰也而可用寬袖襴衫乎大小功也而可用白絹襴衫乎齊衰有三年母服亦將不用衰乎在公之意謂習俗如此無可奈何而爲此說夫所貴乎君子者謂其能秉礼以正俗也今既不能正俗則已矣又以此筆之于書是非惟無以正之反若有以導之矣夫我不能强天下以由礼豈不能使吾身之由礼吾盡吾礼而世之從不從聽之而已今觀公之書則是公于喪服未必能一一如礼矣人望公而爲此非礼之服世之論者不論公之狥俗而以公爲樹之標必曰公猶如此吾儕何爲不然是因公之書而先王喪服之制將從此而盡廢其始也人猶以爲陋製其繼也人竟以爲礼服矣不意賢達如公

而有是也況喪服礼之重者此而可徇將何者不可徇又可以著書垂訓焉哉彼開元政和諸礼亦豈能強世之必從但制礼者不可不如是耳書儀家礼二書無事不折衷至善寔萬世不刊之典也獨于喪服猶稍有遺憾吾故不能以無辨

乾學按古之喪服自三年至九月皆有受服以初喪之衰疏而易壞故至卒哭即易其衰而受之以成布書儀之不言受服者以有居喪常服也家禮既不言居喪之常服又不言葬後之受服將齊斬之衰可服至三年期年之久乎抑葬後即除衰服但存齊衰期年斬衰三年之名乎凡此皆朱子之偶失而後人之所當補也乃秦溪瓊山亦竟未有補之者于此書寧無遺憾哉

墨衰

左傳僖公三十三年晉原軫曰秦違蹇叔而以貪勤

民天奉我也注奉與也奉不可失敵不可縱必伐秦師遂發命遽興姜戎子墨衰絰注晉文公未葬故襄公稱子以凶服從戎故墨之夏四月辛巳敗秦師于殽遂墨以葬文公晉於是始墨注後遂常以爲俗記禮所由變

襄公二十三年晉欒盈晝入絳公有姻喪注夫人有杞喪。疏杞孝公卒夫人有兄弟之服是有杞喪也樂王鮒使范宣子墨縗冒絰注晉自殽戰還遂常墨縗。疏夫人爲其兄弟當大功喪服大功布衰裳牡麻絰冒絰者言以絰冒其首也樂王鮒使宣子詐爲夫人孝服也二婦人輦以如公注恐欒氏有內應距之故爲婦人服而入奉公以如固宮

〔張子全書〕父在爲母服三年則家有二尊有所嫌也處今之宜服齊衰一年外以墨衰從事可以合古之禮全今之制

〔朱子語類〕問今之墨衰便于出入而不合禮經如何曰若能不出則可以不服但有出入治事只得

服之喪服四制說百官備百物具不言而事行者扶而起言而後事行者杖而起身執事而後行者面垢而已蓋惟天子諸侯始全伸其禮庶人皆是自執事不得伸其禮

王廷相集或問三年之喪衣服何如曰衰練之服雖不能備而縞冠麻衣絰帶終制一日不可墨其衰廢乎喪之大節也

馮善家礼集說或問墨衰今宜服之否曰未葬服斬衰葬後服葛衫今人服生麻布衫小祥換練服墨衰不必服也

姚翼家規通俗編今世人謁見有司貴官及臨吉事往往衰凶服而襲吉服亦曰墨衰夫曰我非貴官既不可凶服入公門而事關身家不得不謁有司者則從權而墨可也若我與有司相敵可以凶服見者則不必墨其餘若鄉之貴官及親友吉事視吾親輕重何如也何以墨哉

乾學按墨衰之制本後世失禮之事乃秉禮如張子欲服于母喪期年之外而朱子亦謂出入治事可以服之豈墨衰竟可爲禮服乎愚謂母喪三年朝廷既定之爲制有何所嫌而必欲墨其衰若夫出入治事

讀禮通考　卷三十一

難服齊斬則易以白布之衣如書儀所載葬後常服可也如曰衰不可廢而加之以墨則是欲守古而反大戾乎古欲盡禮而實大背乎禮矣不亦作僞之至哉姚翼所言亦末俗之陋習不可爲訓揆時度理王馮二子之説得其衷矣

〔附〕深衣

〔朱子語類〕荅麗布深衣加衰云深衣爲古之便服朝玄端夕深衣吉服依玄端於凶服亦仿爲之則宜矣

〔文天祥深衣吉凶通服説〕深衣篇大槩三節第一節言其制短無見膚長無被土以下是也第二節言其義規者行擧手以爲容以下是也第三節言其用可以爲文可以爲武以下是也此雖三節然畢竟義爲之主故篇首曰以應規矩繩權衡其文坦易明白前輩解之悉矣獨吉凶通服猶有可疑或謂考之本篇曰可以爲文可以爲武可以擯相可以治軍旅而不曰可以弔喪可以受弔曰善衣之次而不曰喪服之次雖其間有孤子則

純以素一語近于喪服則又曰鄭氏注年三十以下無父稱孤則是無父而服此衣當用素純耳非孤子于居喪之中可以此代喪服也其必以爲吉服之說如此然愚嘗參互經傳博采旁證則此雖吉服未見其不可通于凶事按檀弓將軍文子之喪既除服而後越人來弔主人深衣練冠待于廟垂涕洟注云深衣練冠凶服變也蓋既除喪則不得復衣喪服故以深衣受弔以喪服一變而即用深衣則深衣雖謂之喪服之次可也雖與善衣之次之說相反正足以見其互相發明耳按曾子問親迎女在塗而壻之父母死如之何孔子曰女改服布深衣縞總以趨喪注云婦人始喪未成服之服蓋成乎婦則成乎婦服惟其未成婦也不可以衰故趨喪以深衣然則此亦凶服之變也今世女子未聞有服深衣者然以此事攷之凶事而可服其服于吉事可知也注云礼教久廢故女遂廢此衣耳按雜記大夫卜宅與葬日有司麻衣布衰注曰麻衣白布深衣而著衰焉此服非純吉亦非純凶也大衰凶服也深衣吉服也衰之下有深衣焉故非純凶深衣之上有衰焉故非純吉由此論之深衣不專用于吉事又可見也按間傳大祥素縞麻衣注云麻衣十五升布深衣謂之麻者純用布無采飾也蓋大祥已除衰杖本須服吉然使便用采飾之服則孝子之餘哀未忘必不安于此故魯人朝祥而暮歌子路笑之有子既祥而絲屨組纓記礼者譏之此所以用深衣者蓋在不衰不采飾之間也按喪服記公子爲其母麻衣縓緣注云麻衣小功布深衣以麻爲小功布者以大功疏云公子之庶昆弟爲其母若父卒爲母大功父在降大功一等用小功布深衣以此證之深衣固爲大祥之服而亦爲小功之服但大祥緣以布小功緣以縓耳夫以深衣正篇本專爲吉服而言然畧以此數節推之其于凶服亦自可通大槩喪服皆用布而以精粗爲輕重之等鄭氏云深衣用十五升布鍛濯灰治升八十縷則是千二百縷爲經此今世極細之布也然則深衣之所以爲吉服者以其布之精密又布易得而難損取其賫賤可以通服經所謂完且弗費注所謂可苦衣而易有者也而援之喪服則用布

適同而爲色又相似且經鍛濯灰治故止可用之于服輕者耳非如他衮服用縉帛采色則當專施于吉而不可通于凶也此正如近世涼衫耳皁陵以前士大夫皆以爲會聚之常服其後遂于弔喪用之則亦以其顏色可通之故止此類也但是深衣之制領緣不同其間純以績者乃是以畫餙爲美此恐專爲吉服而不當與凶服通至于用素用縓自是喪服本色獨用青者則通于吉凶之間皆無外耳若夫冠屨一節却欠商議今人謂服深衣必須用其冠其屨此恐未明蓋冠屨之制深衣正篇既不曾見明言而其散見于他傳者其冠亦各有變如將軍文子之喪主人深衣練冠是受弔之時方用練冠也其施之吉則固有他冠矣如女用深衣之總總則趍喪而後變用縞總也其在平時必他有以爲之總者矣又如漢制乘輿服深衣則用通天冠高九寸是天子而後有此冠也推而下之諸侯大夫士以至庶人豈當拘于一冠矣乎抑意深衣有一定不易之制而本篇所以不載冠屨者恐冠屨當是從時耳何以辨之夏之冠曰毋追殷之冠曰章甫周之冠曰委貌又曰玄冠三代之冠其制已各不同有虞氏深衣而養老則深衣自虞氏已有之此時自須用虞氏之冠尚不及有三代之冠也又安得所謂某冠者以是推之深衣則古矣而冠屨則無定制也孔子少居魯衣逢掖之衣長居宋冠章甫之冠衣少所居之服冠長所居之冠二者參用各隨其宜初不必曰魯服則魯冠宋冠則必宋服也以聖人于時且然況今世而服深衣者其爲冠屨也既不載于經則其隨時也爲得矣必欲用某冠某屨則恐又失之泥也然則所謂隨時者宜何如其以深衣爲吉服則今之緇冠爲不必易也如其以爲凶服則受弔者固當以檀弓練冠爲法而往弔者亦須知之玄冠不以弔故也嗚呼礼之時義大矣哉器數之精微制度之詳密雖以夫子之聖不敢自謂生知而屈意于一問區區何人乃敢率其胸臆評論千載之上多見其不知量也雖然亦識其所見云爾尚以俟有考者

乾學按深衣雖吉服然古人于斂中往往用之如文公所援引最爲明確故今備錄其說附于喪服之後

婦人喪裳

温公書儀斬衰婦人用極麤生布爲大袖及長裙衆妾以背子代大袖○齊衰婦人以布稍細者爲背子及裙○大功婦人以生白絹爲背子及裙○小功緦麻婦人勿著華采之服而已公自注云古者婦人衣服相連今不相連故但隨俗作布大袖及裙而已

家禮斬衰婦人用極麤生布爲大袖長裙皆不緝衆妾則以背子代大袖

齊衰三年婦人服制　大袖　長裙　背子俱同斬衰但用布稍細緝邊

齊衰杖期婦人服制俱同上

大功婦人服制同上但用布稍熟

小功婦人服制同上但用麻布稍熟細

緦麻婦人服制同小功但用熟麻布極熟細者

朱子曰婦女之服古禮不可攷用温公書儀可也

揚復曰儀礼婦人不殊裳衰如男子衰下如深衣無帶下又無衽夫衰如男子未知倫負版辟領之制與否下如深衣未知裳用十二幅與否此雖無文可明但衣身必二尺二寸袂必屬幅裳必上屬于衣裳旁兩幅必相連屬此所以衣不用帶下尺裳旁不用衽也今攷家礼則不用此制婦人用大袖長裙蓋頭男子衰服純用古制而婦人不用古制此則未詳

丘濬曰愚按此言則婦人亦有衰服但衰與裳相連而無帶下與衽耳今無可據雖不敢爲負版辟領之制然亦宜用極麄生布如深衣制度爲之上身外其縫裳用十二幅內其縫斬衰則不緝齊衰下則緝之然既謂之衰則亦宜于衣左衿上如男子服制綴布一片以爲衰雖未必盡合古制然猶彷彿古人遺意之一二如此則女皆古服矣謹書所見如此以俟知礼君子質焉

丘氏家禮儀節補● 婦人服制大袖用極麄生麻布爲之如今婦人短衫而寬大其長至膝袖長一尺二寸其邊皆縫向外不緶邊準男子衰衣之制○按古者婦人皆有衰家礼本書儀而代以時俗之服所謂大袖者今

卿字疑鄉。

世不知何等服也今人家有喪婦女或爲短衫或爲長衫其制不一按事物紀原唐命婦服裙襦大袖爲礼衣又云大袖在背子下身與衫子齊而

考衫子之制乃云女子衣與裳連至秦始皇方令短作衫衣裙之始也據此說則大袖長短與衫子齊衫子既是秦所作之短衫則大袖亦是衫之短者但袖大耳然謂之大袖則裁制必須寬大今準以衰袂之袪爲長尺二寸葢準袂恐太長故酌中而準以袂耳

長裙

用極麤生麻布六幅爲之六幅共裁爲十二破聯以爲裙其長拖地其邊幅俱縫內向不緶邊準男子衰裳之制○按事物紀原隋作長裙十二破今大衣中有之然不謂之幅而謂之破意其分一幅而爲兩也故擬其制如此然古礼婦女亦有衰不若準衰裳之制前三幅後四幅每幅爲三㡇子爲不失古意姑書所見以俟擇者

胡翰曰朱子家礼男子自緦以上莫不悉遵乎古而婦人之服豈宜以俚俗參之若大袖遮頭竹釵布頭𦄂之屬考之于古何服也古者婦人不殊裳非無衰也其衰之下與男子異耳非今大袖也檀弓注云去纚而露髻夫云露髻則以麻繞額與髻耳非今遮頭也婦人不冠布總箭笄傳云總六尺長六寸箭笄長尺猶今釵與頭𦄂耳而今云竹釵布𦄂亦非制也五礼廢久矣惟喪服民間尚多用之今家子斬衰裳苴絰杖絞帶冠繩纓菅屨即位而有事于外家婦大袖遮頭竹釵布頭𦄂即位而有事于[illegible]何啻黃鐘大呂而間以師延靡靡之樂犧尊龍勺而置之玉杯象箸之間其淆也甚矣是非朱子意也門人不察之過也問喪之記曰親始死雞斯徒跣說者謂雞斯當作笄纚夫纚以黑繒韜髮士冠礼所謂纚廣終幅長六尺者以之即吉可也而凶事去之此又漢儒之不察也

呂坤曰婦人斬衰冠服同于男子近世之謬也竹釵布總葢頭衣裳猶其裙衫是男女之別也布之升數陽縫斬斬衰杖絰同又曰礼家之制皆如此

齊衰杖期婦人服制俱同上

大功婦人服制同上但用布稍熟

小功婦人服制同上但用麻布稍熟細

緦麻婦人服制同小功但用熟麻布極熟細者

朱子曰婦女之服古禮不可攷用温公書儀可也

楊復曰儀礼婦人不殊裳衰如男子衰下如深衣無帶下又無衽夫衰如男子未知備負版辟領之制與否下如深衣未知裳用十二幅與否此雖無文可明但衣身必二尺二寸袂必屬幅裳必上屬于衣裳旁兩幅必相連屬此所以衣不用帶下尺裳旁不用衽也今攷家礼則不用此制婦人用大袖長裙盖頭男子衰服純用古制而婦人不用古制此則未詳

丘濬曰愚按此言則婦人亦有衰服但衰與裳相連而無帶下與衽耳今無可據雖不敢爲負版辟領之制然亦宜用極麤生布如深衣制度爲之上身外其縫裳用十二幅內其縫斬衰則不緝齊衰下則緝之然既謂之衰則亦宜于衣左衿上如男子服制綴布一片以爲衰雖未必盡合古制然猶彷彿古人遺意之一二如此則女皆古服矣謹書所見如此以俟知礼君子質焉

丘氏家禮儀節補●婦人服制大袖用極麤生麻布爲之如今婦人短衫而寛大其長至膝袖長一尺二寸其邊皆縫向外不緶邊準男子衰衣之制○按古者婦人皆有衰家礼本書儀而代以時俗之服所謂大袖者今

世不知何等服也今人家有喪婦女或爲短衫或爲長衫其制不一按事物紀原唐命婦服裙襦大袖爲礼衣又云大袖在背子下身與衫子齊而袖大及考衫子之制乃云女子衣與裳連至秦始皇方令短作衫衣裙之分自秦始也據此說則大袖長短與衫子齊衫子既是秦所作之短衫則大袖亦是衫之短者但袖大耳然謂之大袖則裁制必須寬大今準以衰袂之祛爲長尺二寸蓋準袂恐太長故酌中而準以袂耳

長裙

用極麤生麻布六幅爲之六幅共裁爲十二破聯以爲裙其長拖地其邊幅俱縫內向不緶邊準男子衰裳之制○按事物紀原隋作長裙十二破今大衣中有之然不謂之幅而謂之破意其分一幅而爲兩也故擬其制如此然古礼婦女亦有衰不若準衰裳之制前三幅後四幅每幅爲三幅子爲不失古意姑書所見以俟擇者

胡翰曰朱子定礼男子自緦以上莫不悉遵乎古而婦人之服豈宜以俚俗參之若大袖遮頭竹釵布頭須之屬考之于古何服也古者婦人不殊裳非無衰也其衰之下與男子異耳非今大袖也擅弓注云去纚而露髻夫云露髻則以麻繞額與髻耳非今遮頭也婦人不冠布總箭笄傳云總六尺長六寸箭笄長尺猶今釵與頭須耳而今云竹釵布須亦非制也五礼廢久矣惟喪服民間尚多用之今家子斬衰裳苴絰杖絞帶冠纓菅屨即位而有事于外家婦大袖遮頭竹釵布頭須即位而有事于內何曾黃鍾大呂而間以師延靡靡之樂犧尊龍勺而置之玉杯象箸之間其淆也甚矣是非朱子意也門人不察之過也問喪之記曰親始死雞斯徒跣說者謂雞斯當作笄纚夫纚以黑繒韜髮士冠礼所謂纚廣終幅長六尺者以之即吉可也而凶事去之此又漢儒之不察也

呂坤曰婦人斬衰冠服同于男子近世之謬也竹釵布總蓋頭衣裳衫其裙衫是男女之別也布之升數陽縫斬衰杖絰同又曰礼家之制皆如此

而近世混之且婦人不首絰古之布總即今所謂布頭𢄼也用稍細布狀如假髻以束髮而雖麻絰于上其首絰腰絰竹杖摠之類皆同男子禮

汪琬曰或問婦人可以不衰乎曰不可服以飾情﹅貌相配吉凶相應故衰之爲服所以表中誠也婦人首何獨不然由是言之是雖旁親猶不可以不衰而況妻爲夫妾爲家長女子﹅爲父母乎

讀禮通考卷三十二

喪服

冠

既夕記冠六升外縪纓條屬厭注縪謂縫著于武也外之者外其餘也厭伏也○武謂冠卷以冠前後皆縫著于武若吉冠則從武上鄉內縫之縪餘在內謂之內縪若凶冠從武下鄉外縫之謂之外縪厭伏者以其冠在武下過鄉上反縫著冠在武下故云厭也五服之冠皆厭但此冠上下攝斬衰而言也

喪服記斬衰冠六升受冠七升齊衰冠七升受冠八升總衰冠八升詳見上衰裳卷

雜記喪冠條屬以別吉凶三年之練冠亦條屬右縫小功以下左注別吉凶者吉冠不條屬也條屬者通屈一條繩若布為武垂下為纓屬之冠象太古喪事畧也吉冠則纓武異材焉右縫者右辟而縫之左辟象吉輕也○疏此言吉冠則纓與武異材喪冠則纓與武共材故云別吉凶也三年練冠小祥之冠也雖微入吉亦猶條屬與凶冠不異也吉冠則揖上辟縫向左左為陽陽吉也凶冠縫向右右陰也過小祥猶條屬縫向右也小功以下輕故縫同吉向左也

大白冠緇布之冠皆不蕤委武玄縞而后蕤注不蕤質無飾也大白冠大古之布冠也委武冠卷也秦人曰委齊人曰武玄玄冠也縞縞冠也○疏大白冠白布冠也緇布冠黑布冠也二冠無飾故皆不蕤此緇布冠謂大夫士之冠其諸侯則玉藻云緇布冠繢緌是也玄縞二冠既先有別卷後乃可蕤故云而后蕤也大祥縞冠亦有蕤何以知之前既云練冠亦條屬右縫則知縞不條屬既別安卷灼然有蕤也

〔檀弓〕喪冠不緌注去飾

陳澔曰冠必有笄以貫之以紘繫笄順頤而下結之曰纓垂其餘于前者謂之緌喪冠不緌蓋去飾也

吴澄曰吉冠既結其纓而垂其餘者為飾謂之緌喪服斬衰冠以繩為纓齊衰以下冠以布為纓其纓結于頷下而無所垂之餘表衰從質非如吉冠之文而有飾也

古者冠縮縫今也衡縫故喪冠之反吉非古也注縮從也今礼制衡讀橫今冠橫縫以其辟積多○疏古自殷以上也縮直也殷以上質吉凶冠皆直縫直縫者辟積襵少故一一前後直縫之周世文冠多辟積不復直縫多作襵而橫縫之周吉冠文故多積襵而橫縫若喪冠質猶疏辟而直縫是喪冠與吉冠相反時人因謂古時亦相反記者釋云非古也明是周世如此古則吉凶同直縫

橫渠張氏曰吉冠之制監搭過布布幅以二尺二

寸為率則前後共有四尺四寸首圍所占之外餘廣尚多而為縫以文多故為吉凶冠橫繞布直縫無文至後無不然故曰喪冠之反吉非古也

陳祥道曰一幅之材順經為辟積則少而實順緯為辟積則多而文順經為縮縫順緯為橫縫古者吉凶之冠皆縮縫今吉冠橫縫而喪冠縮縫是喪冠與吉反矣故記者譏之

玉藻縞冠玄武子姓之冠也注謂父有喪服子為之不純吉也武冠卷也古者冠卷殊縞冠素紕既祥之冠也注紕緣邊也已祥祭而服之間傳曰大祥素紕麻衣○疏武用玄玄是吉冠用縞縞是凶吉而雜凶故云不純吉也紕謂緣冠兩邊及冠卷之下畔其冠與卷身皆用縞但以素緣耳縞是生絹而近吉當祥祭之時身著朝服者著縞冠以其漸吉故也既祥之後微申孝子哀情故加以素紕以素重于縞也皇氏以為縞重素輕不知何據

陸佃曰縞冠玄武孫為祖既祥之冠縞冠素紕子為父既祥之冠言子姓下言既祥相備也縞冠玄武在上父親而先祖也期而小祥孫為祖服除矣而父之服未除不敢純吉以有承重之端焉

方慤曰既祥之冠不以布而以縞者古事之先見也紕不以采而以素者有禫餘哀故也子姓之冠用縞以示凶為祖之凶也武用玄以示吉為父之存也冠在上武在下冠為外武為內為祖而縞尊尊于上也為父而玄親親于下也為祖而凶制義于外也為父而吉本仁于內也

大帛不緌注帛當爲白聲之誤也大帛謂白布冠也不緌凶服去飾

唐開元禮斬衰冠六升右縫通屈一條繩爲武垂下爲纓冠外縪外縪者冠前後屈而出于武外厭縫之也小祥練八升布爲冠纓武亦如之大祥縞冠素紕纓禫祭玄冠皂纓○齊衰三年冠七升右縫布纓武冠內縪小祥練九升布爲冠纓武亦如之○齊衰杖期不杖期五月三月降服冠七升正服八升義服九升右縫布纓武冠內縪○大功降服正服冠十升義服冠十一升○小功殤降服正服冠十升義服冠十一升冠在縫不厭成人降服正服冠十一升義服冠十二升○緦麻冠十五升去其半左縫不厭

宋政和禮冠制斬衰通屈繩爲武齊衰以降以布爲武緦麻澡治其布爲武皆垂其下爲纓其冠以布爲

三辟攝前後屈而出于武其外厭而縫之為外縪其内厭而縫之為内縪大功以上辟攝向右小功以下辟攝向左

温公書儀冠比衰布稍細廣三寸跨頂前後以紙糊為材上裹以布為三㡇皆向右縱縫之兩頭皆在武下向外反屈之縫于武用麻繩一條從額上約之至頂後交過前各至耳於武上綴之各垂于頤下結之○齊衰以布稍細者為布四脚其制如幅巾前綴二大脚後綴二小脚以覆髻自額前向頂後以大脚繫之大暑則屈後小脚于髻前繫之謂之幞頭◎大功以生白絹為四脚○大祥後服垂脚黲紗幞頭

陳師道集司馬温公云仁宗崩有司用乾興故事群臣布四脚加冠時莫識其制以幅巾幕首破其後為四脚其後鄭穀夫讀續事始云三代黔首以皂絹裹髮周武帝裁為四脚名幞頭馬周請重繫前脚、蓋布四脚、皆後垂如周制遇暑則繫其前脚如唐制英宗崩宋次道誤為布幞頭有司遂用民間幕喪之服以今漆紗幞頭去其鐵脚而布裹之前繫後垂而不可加冠壞之而冠幞頭之失自次道始也余謂四脚加冠今士大夫喪冠是也大布之冠古也四脚今也于礼為䋣矣

陳祥道禮書吉凶冠式

冠制 有梁有武有緌有纓有紕

夏毋追冠 狀如覆杯

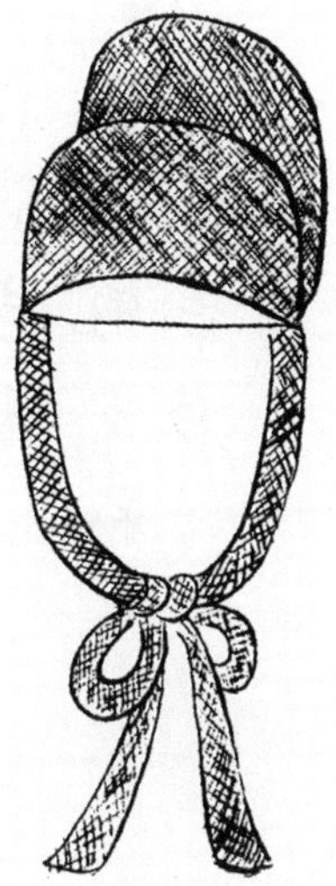

周委貌冠 釋名曰委貌上小下大

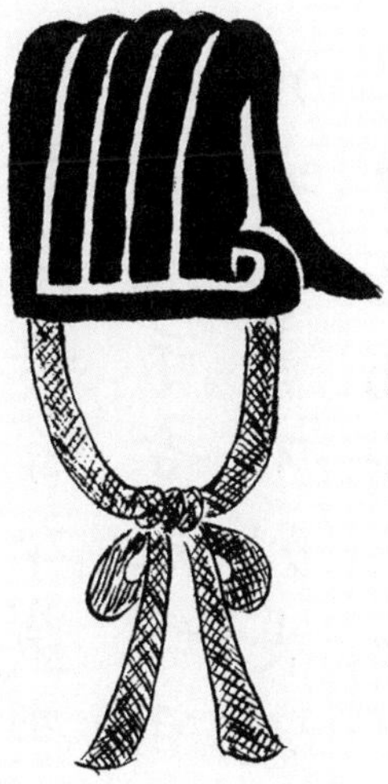

緇布冠 古時不緌後世有緌

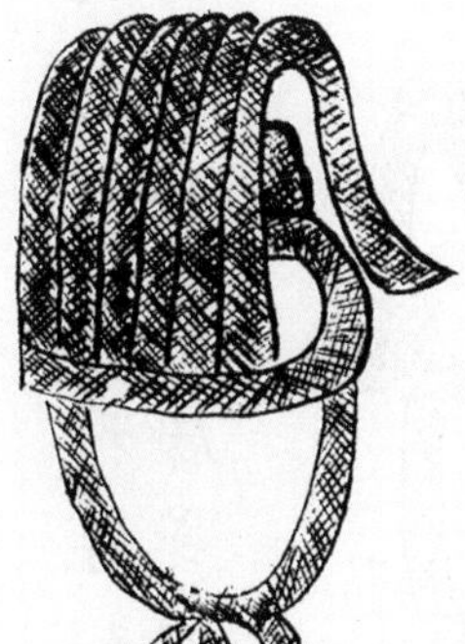

右皆吉冠

子姓冠縞冠玄武其制厭

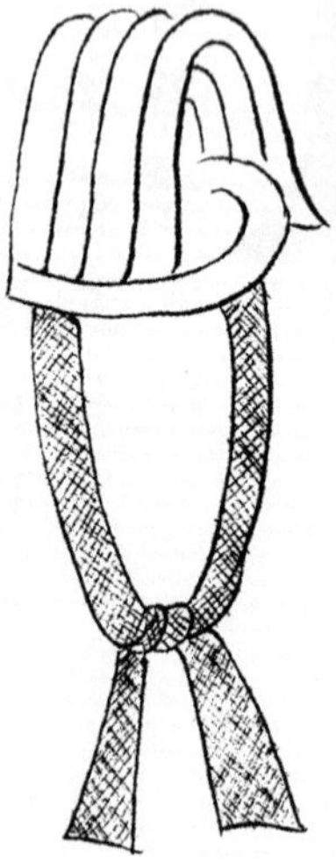

大白冠其制厭不緌

既祥冠縞冠素紕其制厭無緌

乾學按此書夲載喪礼所以及于吉冠者囙陳用之礼書不列喪冠圖欲知喪冠不可不知吉冠故也

家禮斬衰冠比衣裳用布稍細紙糊為材廣三寸長足跨頂前後裹以布為三㡇皆向右縱縫之用麻繩一條從額上約之至頂後交過前各至耳結之以為武屈曲兩頭入武內向外反屈之縫于武武之餘繩垂下為纓結于頤下○齊衰三年冠制並如斬衰但用次等麤生布為之又以布為武及纓○齊衰杖期冠制同上但又用次等生布○齊衰不杖期冠制同上但又用次等生布○大功冠制同上但用稍熟布以上辟積縫皆向右○小功冠制同上但用稍熟細布辟積縫向左○緦麻冠制同上但用極細熟布辟積縫向左

丘濬家禮儀節補冠即所謂梁也褙厚紙為梁廣三寸長足以跨頂前後用稍細布裹之就摺其布為細㡇子三條直過梁上其㡇俱向右是謂三辟積其梁之兩頭盡處捲屈向外以承武是謂外縪武用麻繩一條折其中從額上約之至頂後交過

前各至耳邊結住以為武纓又以武之餘繩垂下為纓結于頤下按喪礼冠條屬跡謂纓武同材今世俗別用繩為之非是合冠

制先將冠梁折彎安在武內又于冠梁兩頭盡處各出少許于外向上卻將武安在其上向外縫之垂纓兩旁下結

齊衰冠制俱同惟武與纓不同武用布一條重疊之折其中從額上約之項後交過前各至耳用線綴之為武各垂其末稍為纓結之頤下○按世俗齊衰下冠武往往背紙為材用布褁之別以布為纓非儀禮條屬之制不可用

大功冠制同齊衰○小功冠辟積向左餘同大功

○緦麻冠澡纓餘同小功

丘濬曰按今世俗于冠兩旁當耳處垂兩綿絮不知于禮何據意者用充耳之説而誤耶

黄榦曰按五服之喪冠其制之異者有四升數之不同一也斬衰正服義服冠皆六升齊衰三年杖期與不杖期降服冠皆七升正服冠皆八升義服冠皆九升齊三月冠九升大功殤服大功正服與小功殤服冠皆十升大功義服與小功正服冠皆十一升小功義服冠十二升緦麻十五升抽其半繩纓之與布纓澡纓二也惟斬衰用枲麻繩為纓自齊三年至小功皆用布為纓緦麻澡纓繩之大小布之升數未詳右縫之與左縫三也大功以上哀重辟積之縫向右小功以下哀輕辟積之縫向左勿灰之與灰四也惟斬衰鍛而勿灰蓋以水濯之而已勿用灰自齊三年以下皆用灰治之緦則有事其縷復已灰治之也其制之同者尒四條屬一也屬猶著也著之冠垂之為纓也吉冠纓武異材凶冠纓武同材斬衰則用一條繩齊衰以下則皆用一條布從額上約之至項後交過兩廂各至耳綴之為武其餘垂而結之頤下者為纓外畢二也外畢者冠落額前後兩頭皆在武下向外出反屈之縫于武而為之兩頭縫畢向外褰曲礼云猒冠不入公門猒猶伏也喪冠猒伏是五服同名由在武下出反屈之故淂猒伏之名又檀弓云古者冠縮縫今也横縫故喪冠之反吉非古也是吉冠則辟積無殺横縫尒兩頭皆在武上向內反屈而縫之不淂猒伏之名辟積之數三也自斬至緦其冠皆三辟積廣狹之制

四也自斬至緦其冠皆廣三寸

呂枏曰吉冠纓武異材喪冠纓武同材斬衰之冠則又異于他衰冠也故繩纓以辟布纓澡纓也約屬以辟布武澡武也右縫以辟小功緦絲也外畢以辟吉冠也故天子右縫十有二幅皇太子親王右縫九幅皇孫諸王右縫七幅卿大夫右縫五幅士及庶人右縫皆三幅服圖說曰古者五服皆三幅朱子曰天子當十二梁羣臣如其本品○文皇后之喪期東宮親王[illegible]布練冠九褫皇孫熟布冠七褫皇孫女熟布蓋頭則大夫士亦可例降也今[illegible]士皆熟繐裹大帽不然則熟麻帽然其麻冠則一也古者婦人去腰絰則葛帶今不帶古者練冠縓緣今不縓緣不縓緣可不帶不可天子白羅袍銀帶絲鞋白羅軟角巾卿大夫士布襴衫宋王淮之議也

括髮

儀禮士喪禮篇卒斂主人髺髮袒衆主人免于房注始死將斬衰者雞斯將齊衰者素冠今至小斂變又將改初喪服也髺髮者去笄纚而紒免者齊衰將袒以免代冠冠服之尤尊不以袒也免之制未聞舊說以為如冠狀廣一寸用麻布為之狀如今之著幓頭矣自項中而前交于額上卻繞紒也于房于室釋髺髮宜于隱者○疏知將斬衰雞斯者問喪云親始死雞斯徒跣注云雞斯當為笄纚是將斬衰者雞斯也將齊衰素冠者問喪斬衰男子笄纚明齊衰男子素冠可知髺髮去笄纚而紒者此即喪服小記云斬衰髺髮以麻為母髺髮以麻問而以布是母雖齊衰初亦髺髮與斬衰同故云去笄纚而紒紒上著髺髮也齊衰將袒以免代冠者此亦小斂節與斬衰括髮同時此皆據男子若婦人則用髽髽與髺髮皆以麻布自項而向前交于額上卻繞紒如著幓頭焉免亦然但以布廣一寸為異也髺麻宜于隱者并下文婦人髽

于室兼言之也

杜佑曰免之制未聞舊說以爲如冠狀廣一寸著之自額而却交于項中併其末覆紒而前綴連之如冠弁象

敖繼公曰檀弓曰始死羔裘玄冠者易之而已易者謂易之以素冠深衣也然則始死之服主人以下皆同而未暇有所別異令既小斂主人乃去冠與纚而以麻爲髺髮衆主人以下乃去冠與纚而以布爲免二者皆所以代冠也其制雖不可攷然以意求之疑其度但足以繞紒而已以其無纚故謂之髺髮言括結其髮也以其無冠故謂之免言因免冠而爲之也小斂之日喪事方始乃以二者別親疎而復以絰帶之差繼之曲礼曰生與來日其此之謂乎于房兼髺髮者言也必于房者宜與髽者異處也免不言袒可知

婦人髽于室

注始死婦人將斬衰者去笄而纚將齊衰者骨笄而纚今言髽者亦去笄纚而紒也齊衰以上至笄猶髽髽之異于髺髮者既去纚而以髮爲大紒如今婦人露紒其象也其用麻布亦如著幓頭然○疏知將斬衰去笄而纚者喪服小記云男子冠而婦人笄冠笄相對男子既去冠而著笄纚則婦人亦去笄而纚可知知將齊衰骨笄而纚者上引男子始死素冠則知婦人骨笄而纚也亦去笄纚而紒者謂至小歛節男子去笄纚而髺髮則此將斬衰婦人亦去笄纚而麻髽齊衰婦人去骨笄與纚而布髽矣鄭所云紒即髽也喪服注亦云髽露紒也齊衰以上至笄猶髽者謂從小歛著未成服之髽至成服之笄猶髽不改至大歛殯後乃著成服之髽代之也古者男子婦人吉時皆有笄纚喪至小歛男子去笄纚著髺髮婦人去纚著髽髽形先以髮爲大紒紒上斬衰婦人以麻齊衰婦人以布其著之如男子髺髮與免故云其用麻布亦如著幓頭然既髺髮與髽皆如著幓頭而異爲名者以男子陽外物爲名而謂之括髮婦人陰內物爲稱而謂之髽也

敖繼公曰曾子問言婦為舅姑始死之服布深衣縞總則吉笄而纚自若矣是乃將齊衰者也以始死男子之服準之則此時婦人將斬衰而下者之服皆當如此齊衰者之為也髽者去笄總與纚而露紒也至是而當髽者乃髽其不當髽者但云笄總耳當髽者妻妾也女子子與婦也非是雖三年者猶不髽此時當髽者皆在室故于焉為之由便也

喪大記卒斂主人袒括髮以麻婦人髽

檀弓袒括髮變也去飾去美也袒括髮去飾之甚也有所袒有所襲哀之節也

疏言袒衣括髮者是孝子形貌之變也去其尋常吉時服飾者是去其華美也孝子去飾雖有多塗袒括髮者就去飾之中最為甚也孝子悲哀理應當袒何以有所袒有所襲表明哀之限節哀甚則袒哀輕則襲也

喪服小記斬衰括髮以麻為母括髮以麻免而以布

注母服輕至免可以布代麻也為母又哭而免○疏括髮者為父未成服之前所服也親始死子布深衣去冠而猶有笄纚徒跣扱上衽至將小斂去笄纚著素冠視斂斂訖投冠而括髮為母初喪至小斂後括髮與父禮同故亦云括髮以麻也免而以布者此謂為母與父異者也亦自小斂後括髮至尸出堂子拜賓之時猶與為父不異拜賓後子往即堂下之位時則異也為父此時猶括髮而踊襲絰帶以至大斂而成服若母則不復括髮乃著布免踊而襲絰帶以至成服故云免而以布也注云又哭是小斂拜賓竟後即堂下位哭踊之時也士喪禮云卒小斂主人髻髮袒此是初括髮哭踊之時也又云男女奉尸侇于堂主人降自西階東即位主人拜賓即位踊襲絰于序東復位此是又哭之節若為父于此時猶括髮為母于此時以免代括髮故云為母又哭而免

呂大臨曰免以布為卷幘以約四垂短髮而露其髻于冠礼謂之闕項冠者必先著此闕項而後加冠故古者有罪免冠而闕項存因謂之免音免以其與冕弁之冕其音相亂故改音問

朱子曰括髮是束髮為髻儀禮注疏以男子括髮與免及婦人髽皆云如著幓頭然所謂幓頭即如今之掠頭編子自項而前交于額上却繞髻也

黄榦曰括髮免髽乃小斂至大斂未成服之制又有變礼括髮免髽者奔喪是也有啟殯見棺柩變同小斂之時者既夕禮大夫髽散帶垂是也大要不出此三節而免之用為尤廣蓋喪禮未成服以前莫重于袒括髮免之禮則稍殺于括髮也故小斂為父括髮而至于成服為母則即位之後不括髮而為免小斂有括髮有免至啟殯則雖斬衰亦免而無括髮以至卒哭不唯此也自斬至緦皆有免五世無服者亦袒免童子當室免朋友在他邦亦袒免君弔雖不當免時必免是免之用為尤廣也

檀弓叔孫武叔之母死既小斂舉者出户出户袒且投其冠括髮子游曰知禮注尸出户乃變服失哀節冠素委貌○疏按士喪禮卒斂徹帷主人馮尸踊無筭括髮袒下云士舉男女奉尸侇于堂喪大記亦云卒小斂主人袒說髦括髮以麻下云奉尸侇于堂是括髮在小斂之後奉尸侇于堂之前主人為欲奉尸故袒而括髮今武叔于奉尸侇于堂之後乃投冠括髮故鄭云失哀節子游習礼見武叔失礼反謂之知礼蓋嗤之也

陳祥道曰問喪曰親始死雞斯徒跣扱上衽檀弓曰始死羔裘玄冠者易之而已則始死有易冠無去冠者有易裘無袒衣矣儀礼小斂之節主人髺髮袒婦人髽于室問喪曰三日而斂袒而踊之檀弓曰主人既小斂袒括髮又曰袒括髮變也袒括髮去飾之甚也又曰叔孫武叔之母死既小斂舉者出户出户袒且投其冠子游曰知礼喪大記曰小斂主人袒說髦括髮以麻則小斂投冠脱髦髺髮而袒矣蓋人子之于始喪其幸生之心未已故未忍去飾焉及小斂則已矣然後髺髮而袒叔孫武叔既小斂舉者出户而投其冠子游嗤之則投冠髺髮宜在未舉出户之前歟曾子問曰女改服布深衣以趨喪鄭氏曰婦人始喪未成服之服然則男子始喪蓋亦用白布深衣也雞斯之喪不可以考鄭氏改雞斯為笄纚將齊衰者素冠婦人將斬衰者去笄而纚將齊衰者骨笄而纚孔穎達之徒遂謂始死去冠而有笄縰將小斂則去笄縰者素冠視斂其說無據喪服小記曰斬衰括髮以麻為母括髮以麻免而以布則小斂奉尸出堂主人拜賓之時為母括髮以麻與父同也尸出堂訖降自西階即位復位之時為母不括髮而免與父異也喪大記曰君大夫之喪子弁絰雜記曰小斂環絰君大夫士一也則大夫以上素弁士素委貌皆加環絰也孔穎達曰斬衰男子括髮齊衰男子免皆斂殯之時耳非斂殯則大夫以上加素弁士加素冠皆于括髮之上天子七日成服諸侯五日成服大夫士三日成服於理或然

方慤曰蓋小斂而後袒括髮則得其序矣出户而後袒括髮則非其所也子游曰知礼所以甚言不知礼也

〔王廷相喪服說〕儀禮小斂主人括髮袒衆主人免于房婦人髽于室括髮免髽之制何如曰斬衰男子去冠纚露紒亦以麻繩自項後交于額前却繞于髺曰括髮女子去笄纚露紒亦以麻繩自項後交于額前却繞于髺曰髽齊衰以下男女既去冠笄首不可無喪飾也故男子以布廣寸亦自項後交于額前却繞于髺而為免女子以布為髽如之曰廣寸不亦太狹乎曰此鄭氏之臆度也今以布一幅摺之而裹于首自前向後而復繞于髺亦可也然則秃

者不免何謂也曰免之制繞于髮而頂無飾免者則露其頂矣故不免不免則不括髮可推矣然則三者不近于相類乎曰括髮免髽皆髮居内而以麻與布表之其制一也在男女則異其名耳男以外故以外物為稱曰括髮曰免若曰自其麻與布言之也女主内故以内物為稱曰髽若曰自其髮言之也然究其制則一也曰麻髮相半合結非乎曰此杜預之論也後世被髮之誤自此始也非古也

萬斯同曰括髮免髽之制注疏謂皆以麻自項而前交于額却繞于髻惟免用布為異是三物而一製也愚嘗竊有疑焉括髮之式自注疏而外諸家從無别解愚謂玩此二字之義則必其制足以括盡其髮而無餘也若止用麻一條果足以括盡其髮乎蓋古者有纚以韜髮纚用繒為之廣幅長六尺親始死冠去而纚猶存至小斂并纚去之而易以括髮其製必與纚相似蓋纚用繒而括髮用麻布此時不可以服繒故易之以麻布也不然括髮既用麻繩矣又以麻繩為絰而加于括髮之上豈人之首所能容乎此括髮之可疑者一也免之式鄭氏固謂未聞又引舊説以為如冠狀夫曰如冠狀則非以一寸之布自項而繞于額矣淂毋自解而自背之乎善乎呂與叔之言曰免以布為卷幘以約四垂短髮而露其髻于冠礼謂之缺項冠者必先著此缺項而後加冠故古者有罪免冠而缺項存因謂之免是説也不勝于布廣一寸之説乎此免之可疑者二也髽之式鄭司農謂麻與髮相半結之馬季長謂屈布為巾高四寸惟鄭氏謂如幓頭耳昔夫子誨兄子以髽戒以毋縱縱毋扈扈釋者謂縱縱大高也扈扈大廣也倘如注疏亦以麻自項而交于額則本無高廣之形何必戒之以縱縱扈扈乎鄭司農之説杜元凱用之雖若勝于康成終不若馬氏高四寸之説與孔子之言有合也此髽之可疑者三也凡此三説非敢故違乎注疏但以昔賢原有别解何必鄭氏之是而他説之非也愚故聊抒臆見以質正于知礼者焉〇余既為此説或者謂經言括髮以麻而子謂用麻布則與免而以布何别乎不知括髮以麻者蓋未成之布故謂之麻免而以布者乃已成之布故謂之布也若果如注疏之説自項

而前交于額將交于額上乎則束髮不能固將交于額下乎則于髮不能括无一而可也故愚以為其制必當如纚也

乾學按人子始遭父喪鄭注謂將斬衰者笄纚蓋去冠而但存笄纚也陳用之非之謂始死有易冠無去冠而敖繼公用其說謂當易之以素冠若是則鄭氏之說非乎愚以為親始死徒跣扱衽無容哀之至也豈有下則徒跣扱衽而上仍著冠者乎夫冠所以為飾此何時也而尚存其飾也孝子之心固謂遭禍之深以罪人自處也倘猶然加冠以為飾是視親死無異于平日矣豈人情之所忍哉此鄭氏笄纚之說誠有所據而不可非也○又按括髮也免也髽也本各為一物不宜相混今因其並用

于一時不可一一分析故摠叙于此而其可分者仍分叙之如左

免

問喪或問曰冠者不肉袒何也曰冠至尊也不居肉袒之體也故為之免以代之也注言身無飾者不敢冠冠為褻尊服肉袒則著免免狀如冠而廣一寸然則禿者不免傴者不袒跛者不踊非不悲也身有錮疾不可以備禮也故曰喪禮唯哀為主矣女子哭泣悲哀擊胷傷心男子哭泣悲哀稽顙觸地無容哀之至也注將踊先袒將袒先免此三疾俱不踊不袒不免頎其所以否者各為一耳擊胸傷心稽顙觸地不踊著若此而可

陳澔曰免而袒袒而踊先後之次也有一疾則廢一礼女子不踊則惟擊胸男子不踊則惟稽顙觸地皆可以為哀之至也

方慤曰露肉体而袒衣故謂之肉袒免雖在首而非冠以之代冠禿則頂無飾故不免免則頂露矣傴則形褻矣故不袒袒則形褻矣跛則足不正故不踊踊則足劳矣

檀弓公儀仲子之喪檀弓免焉

陸佃曰免以布廣一寸從項中而前交于額上又却向後繞于髻

方慤曰免之為服施于五世之親而朋友死于他邦者亦服之

喪服小記緦小功虞卒哭則免注棺柩已藏嫌恩輕可以不免也言則免者則既殯先啓之間雖有事不免○疏言遣緦小功之喪棺柩在時則當著免今至虞卒哭之時棺柩雖藏已久亦著免也虞卒哭則免明未虞之前則不免也虞前有葬葬是喪之大事棺柩既啓著免可知嫌虞與卒哭棺柩既掩不復著免故特言虞卒哭以明之也

既葬而不報虞則雖主人皆冠及虞則皆免注有故不淂疾虞雖主人皆冠不可久無飾也皆免自主人至緦麻○疏前云赴葬者赴虞於疾葬者矣虞今依時而葬不依時而虞主人以下則皆冠不可久無飾也

為兄弟既除喪已及其葬也反服其服報虞卒哭則免如不報虞則除之注小功以下○陳澔曰此言為兄弟除服及當免之節

遠葬者比反哭者皆冠及郊而后免反哭注墓在四郊之外○疏葬在遠處歸途不可無飾故臨欲反哭之時皆著冠及至近郊而後去冠著免反哭于廟

君弔雖不當免時也主人必免不散麻雖異國之君免也親者皆免注不散麻者自若絞垂為人君變貶于大斂之前既啓之後也親者大功以上也異國之君免或為弔○疏凡

大斂之前著免大功以上散麻大斂以後著冠不散麻紏其垂也至將葬啓殯之後已葬之前亦免大功以上亦散麻若君弔雖不當免時必為之著免不散麻帶貶于大斂之前及既啓之後也雖他國君来主人亦為之著免大功以上親者皆從主人而免敬其國君也

一主人未除喪有兄弟自他國至則主人不免而為主注親質不崇敬也○疏免必有時葬後唯君来弔為之免崇敬欲新其事也若五屬之親非時而奔則主人不須為之免嫌親始奔亦應為免如君故明之也

雜記非從柩與反哭無免於堩注言喪服出入非此二事皆冠也免所以代冠人于道路不可以無飾堩道路○疏從柩謂孝子送葬從柩去時也反哭謂葬竟孝子還時也道路不可無飾故孝子唯從柩反哭時于道得免而行非此二時則不得免于道路也

玉藻小功不說笏當事免則說之注免悲哀哭踊之時不在于記事也小功輕不當事可以搢笏也

左傳哀公二年六月乙酉晉趙鞅納衛大子于戚宵迷陽虎曰右河而南必至焉使大子絻注絻者始發喪之服○疏士喪礼既小斂主人括髮袒衆主人免于房鄭玄云括髮者去笄纚而紒衆主人免者齊衰將袒以免代冠冠服之尤尊不以袒也又奔喪之礼至于家入門哭盡哀括髮

袒自齊衰以下入門哭盡哀免麻于序東如彼礼文則主人當括髮齊衰以下乃免此大子絻者礼不至喪所不括髮故以絻代之耳靈公以四月卒今已六月而大子絻故云絻始發喪之服也遠道不臨喪者不得括髮故始發喪服絻也八人衰經偽自衛逆者注欲為衛人逆故衰經成服告於門哭而入遂居之

〔陳祥道礼書〕儀礼小歛主人括髮袒衆主人免于房喪服小記曰為母括髮以麻免而以布又曰男子免而婦人髽喪大記曰母之喪即位而免奔喪曰奔母喪一括髮其餘以免終事小記又曰緦小功虞卒哭則免既葬而不報虞則雖主人皆冠及虞則皆免為兄弟既除喪已及其葬也反服其服報虞卒哭則免如不報虞則除之遠葬者反哭者皆冠及郊而後免反哭君弔雖不當免時也主人必免不散麻雖異國之君免也親者皆免又曰主人未除喪有兄弟自他國至則主人不免而為主然則袒免非喪服之常有時用之而已免于括髮為輕故為父括髮為母免于冠飾為重故緦小功之虞卒哭遠葬者之及郊反哭主人之于君弔必免也

乾學按泰之此論雖與諸家箋疏不同尔當並存不廢者也

〔楊復髽髮免髽圖〕

髽髮士喪礼云主人髽髮袒注云始死將斬衰者鷄斯今至小歛變又將改初喪服也括髮者去笄纚而紒用麻為之狀如今之著幓頭矣自項中而前交于額上却繞紒也今按喪服小記云斬衰括髮以麻為母括髮以麻免而以布疏云為母初喪至小歛後括髮與父礼同至尸出堂子拜賓事之時猶與為父不異唯為父則括髮以至大歛而成服若母喪則襲經帶乃奠則已著布免矣此為母與父異者

也

免 士喪禮云衆主人免注云始死將齊衰者素冠今至小斂將袒以免代冠免之制未聞舊説以為如冠狀廣一寸用布為之狀如今之著幓頭矣亦自項中而前交于額上卻繞紒也○案此經文唯言衆主人而賈氏士喪礼記疏云齊衰以下至緦麻首皆免也○其所用布之升數未詳

髽 士喪礼云婦人髽于室注云始死將斬衰婦人去笄而纚將齊衰婦人骨笄而纚今至小斂盡去笄纚而露紒也髽之異于髻髮者既去纚而以髮為大紒如今婦人露紒其象也其用麻布亦如著幓頭者疏云將斬衰婦人去笄纚而麻髽將齊衰婦人去骨笄與纚而布髽也○其大功以下之髽案賈氏疏則自齊衰以下至緦皆布髽

右括髮免髽乃小斂至大斂未成服之制又有變理括髮免髽者奔喪是也有啟殯見棺柩變同小斂之時者既夕礼大夫髽散帶垂是也大要不出此三節而免之用為尤廣蓋喪礼未成服以前莫重于袒括髮檀弓曰袒括髮去飾之甚也括髮以麻免以布又曰免不冠者之所服則免之礼稍殺于袒括髮也是故小斂為父括髮至于成服為母則即位之後不括髮而為免小斂有括髮有免至啟殯則雖斬衰亦免而無括髮以至卒哭不惟此也自斬至緦皆有免五世無服者亦袒免童子當室免朋友在他邦亦袒免君弔雖不當免時必免是免之用為尤廣也故今析括髮免髽為三條而逐條開其所用之節于下

括髮之節 小斂主人括髮袒○士喪礼大斂注云不言髽免括髮者小斂以來自若矣○奔喪括髮詳見奔喪變服圖

免之節 為父小斂馮尸衆主人免○詳見啟殯虞卒哭变服圖○為母小斂主人即位亦免○啟殯至卒哭 喪服小記曰諸侯弔雖已葬主人

必免疏云凡五服自大功以上為重〻服為免之節自始死至葬卒哭後乃不
服免也小功以下為輕〻服為免之節自始死至殯〻後不服免至葬啓殯之
後而免以至卒哭如始死若人君來弔雖非服免時必為免以尊重人君故也
又曰君弔雖不當免也主人必免不散麻雖異國之君免也親者皆免○已上
君弔免　奔喪免○詳見奔喪變服圖　童子當室免○此本不
當免而免　五世袒免　朋友在他邦袒免○已上五服外袒免

髽之節

小歛髽見奔喪變服圖　啓殯髽○詳見啓葬反哭虞卒哭變服圖　奔喪髽○詳
司馬公書儀曰括髮先用麻繩撮髻又以布為頭
漘齊衰以下皆免用布或縫絹廣寸婦人髽亦紐麻為繩齊衰以下亦用布絹
皆如幓頭之制自項向前交于額上却繞髻如著幓頭也　先師朱文公曰儀
礼注疏以男子括髮與免及婦人髽皆如著幓頭然幓頭如今之
掠頭編子自項而前交于額上却繞髻也免或讀如字謂去冠

程大昌演繁露■礼有袒免鄭氏曰免音問以布廣一寸從項中而前交于
額上又卻向後繞于髻也予疑不然記曰四世而緦服之窮也五世袒免殺
同姓也服之旁殺而至于緦僅為三月則自此之外不更有服矣然而由四
殺五不可頓如路人故屬及五世而族人有喪則脱露半袖見其內服是之
謂袒鮮除吉冠是之謂免〻之為言正是免冠之免不應別立一冠名之為
免而讀之如問也曲礼曰冠毋免勞毋袒免且袒皆變易其常故待君子者
以為不恭尔无服者之屬用以致哀示與路人異也經于緦有三月而祖免
無期日也既无服又无期日第行之始死之時其斯以為戚矣歷考礼經本
文止言袒免更无一語記其如何為袒如何為免則是小功以上哀經冠杖
実有其制而袒免則原无冠服故亦莫得而記也周礼垂哀冠之式于路門
謂緦小功以上亦无袒免体式也使誠有其制如鄭氏所言則亦不成其為
冠也况袒既不別為之衣又对免而言知當未歛之時第使之袒衣免冠者
事情之稱也古今言以布繞項及髻而謂之為免者惟鄭氏一人自漢以後
并免而數以為冠名則皆師述鄭氏也杜佑博識古事而特致疑于此雖其

叙載喪制即免加絲借古冕之綖著以為綖若用鄭矣而特自出其見于下曰綖制未聞惟鄭氏云云則佑固不以為安矣按礼凡因事及免必與冠對喪服小記曰男子冠而婦人笄男子免而婦人髽又曲礼冠无免則凡免皆與冠對免之為免當正讀為免其理已明矣喪而免冠不惟五世无服用之雖重如斬衰當其未歛未及成服尒當用之蓋喪之始未辦成服姑仍常時衣冠在衣則袒在冠則免以為変常之始故経紀重喪曰袒括髮変也悒哀之変也去飾去美也袒括髮去飾之甚也賈公彦之釋袒免首尾遵本鄭氏惟于此特循正礼而為之言曰冠尊不居肉袒上必先免故凡哭哀則踊〻必先袒〻必先免是袒且免皆因哀変常而未及為服者之所為也斬衰重矣故免冠〻而肉袒免冠且肉袒矣而又被髮不紒則以麻約之較之五世袒免則此為其重若其袒衣免冠以示変常則斬齊袒免其意同也且免之為免不止始喪然也喪服小記曰既葬而不報虞則雖主人皆冠及虞則皆免又曰遠葬者比反哭者皆冠及郊而後免又曰君弔雖不當免時也主人尒免凡此三節皆以冠對免而免則皆取其進而及于重也葬而誠虞也遠葬而及郊近墓也已過免時而君始臨弔也則皆以免冠為礼取始死之節以重為之也葬不報虞遠葬而未及墓若過時而有弔者自非其君則皆仍所喪之冠而不為之免處之以喪礼之常也從是推之知免冠之為始死之節也喪服小記又曰斬衰括髮以麻為母括髮以麻免而以布蓋父母皆當以麻括髮而古礼母皆降父故減麻用布尒殺于父也此之謂免蓋應用而許其不用故特言免以明之若如鄭言以免為免則居母喪者既括髮以麻而以布為免遂當以免而加諸齊衰之上則是降斬而齊遽著五世以外輕殺無服之冠豈其理乎然以免為冠萬世宗信鄭氏予獨不以為安故著此以待博而不惑者折衷之

汪琬曰宋儒程子泰之嘗辨袒免謂免如字不當如鄭〻音問予始愛其文久而考之礼経則程子所辨未合也程子曰不應別立一冠名之為免字則

曰布廣一尺從項交額而却繞于紒是固不成其為冠也鄭氏尔未嘗以冠名之也程子曰解除吉冠之謂免如免冠之免予則曰此非礼經意也礼充者不免謂其無紒可繞故不免也又或問曰免者以何為也曰不冠者之所服也洵如經言則不止于不冠而已如之何借免冠以為釋也程子曰衰經冠裳俱有其制而袒免則元无冠服故經莫得而記予則曰經文有之矣程子未之詳也礼奔喪者自齊衰以下入門左中庭北面哭盡哀免麻于序東是免用麻也斬衰括髮以麻為母括髮以麻免而以布是免用布也布與麻者免之制也其可謂之无其制與程子曰礼男子冠而婦人笄男子免而婦人髽是冠與免對也故得以免冠為免予則曰非也冠與笄對免與髽對者也髽不止于除笄而免獨止于免冠乎左傳韓之戰秦穆公獲晉侯穆姬登臺履薪使以免服衰經逆則免之有服審矣程子又釋喪小記曰父母皆應以麻括髮而古礼母皆降父故減麻用布而特言免以明之予則曰此又非也經文上言括髮而下言免則免與括髮不同不可以合釋之也有免而括髮者焉母喪是也有免而不括髮者焉屬及五世之喪是也先儒之立言雖不能无淳駁而其音釋必有所師承未可遽以為疑也

髽 笄 總

周禮夏官大僕縣喪首服之灋于宮門注首服之法謂免髽笄總廣狹長短之數縣其書于宮門示四方

追師喪紀共笄經亦如之

喪服小記齊衰惡笄以終喪注笄所以卷髮婦人質于喪所以自卷持者有除无變

男子冠而婦人笄男子免而婦人髽其義為男子則免為婦人則髽

別男女也○疏惡笄者榛木為笄也婦人質至服竟而除故云惡笄以終喪親始死男去冠女去笄成服為父男則六升布為冠女則箭篠為笄為母男則七升布為冠女則榛木為笄故云男子冠而婦人笄也遭齊衰之喪首飾尒別當襲斂之節男子著免婦人著髽故云男子免而婦人髽〻〻形有多種有麻有布有露紒其形有異同謂之髽也其麻髽之形與括髮如一其著之以對男子括髮時也前云斬衰括髮以麻則婦人于時髽尒用麻男子括髮先去冠纚用麻則婦人髽尒去笄纚用麻以此知有麻髽以對男括髮時也又知有布髽者案此男子免對婦人髽男免既用布則婦人髽不容用麻也是知男子為母免時則婦人布髽也又若成服後男或對賓必踊免則婦人理自布髽對之知有露紒髽者喪服傳云布總箭笄髽衰三年三年之内男不恒免則婦人不恒用布髽故知恒露紒也又齊衰期髽无麻布何以知然檀弓言尒无縱〻尒〻毋扈〻尒但戒其高大不云有麻布別物是知露紒悉名髽也又案奔喪云婦人奔喪東髽鄭云謂姑姊妹女子〻也去纚大紒曰髽唯云去纚大紒不言布麻當知期以下无麻布也然露紒恒居之髽則有笄何以知之案笄以對冠男在喪恒冠婦則恒笄也喪服惡笄有首以髽是也此三髽之殊是皇氏之說今考校以為止有二髽一是斬衰麻髽二是齊衰布髽皆名露紒必知然者以喪服女子〻在室為父箭笄髽衰是斬衰之髽用麻鄭注以為露紒明齊衰髽用布尒謂之露紒髽也其義為男子則免為婦人則髽者以其義止于別男女而已非別有義也

方慤曰男子所以冒首者謂之冠婦人所以貫髮者謂之笄此特言其吉而已及凶而變焉男子則去冠而免婦人則去笄而髽也蓋有冠則首服去冠則免故去冠以麻繞之謂之免有笄則髮立去笄則髽從去笄以麻繞之謂之髽若夫男子成服則尒有冠焉所謂厭冠是也婦人成服則亦有笄焉所

謂惡笄是也然則喪之或免或髽者豈有他哉特以辨男女之義而已

箭笄終喪三年　注尔于喪所以自卷持者有除无変○疏前云惡笄終喪是女子為母也此謂女子在室為父也

陸佃曰箭笄重矣據齊衰惡笄以終喪箭笄猶苴杖惡笄猶削杖

檀弓　南宮縚之妻之姑之喪　注南宮縚孟僖子之子南宮閱也字子容其妻孔子兄女　夫子誨之髽曰爾毋從從爾爾毋扈扈爾　註誨教也爾女也從從謂大高扈扈謂大廣爾語助

蓋榛以為笄長尺而總八寸　注總束髪垂為飾齊衰之總八寸○疏言期之髽稍輕自有常法毋淂從從而大高毋淂扈扈而大廣又教以笄總之法蓋用榛木為笄其長尺而束髪垂餘之總八寸喪服傳云總長六寸謂斬衰也此齊衰長八寸以二寸為差也以下尔當然喪服箭笄長一尺吉笄長尺二寸此榛笄尔長尺是斬衰齊衰笄同一尺降于吉笄二寸也

魯婦人之髽而弔也自敗於臺鮐始也　注魯襄四年秋也春秋傳作狐鮐時家家有喪髽而相弔去纚而紒曰髽礼婦人弔服大夫之妻錫衰士之妻則疑衰與皆吉笄无首素總

方慤曰髽所以梅于喪非所以施于弔弔則各以其哀而已臺鮐之敗以家各有喪故髽而弔然魯婦人因之而弗改則非矣

左傳　襄公四年冬十月邾人莒人伐鄫臧紇救鄫侵邾敗于狐鮐　注臧紇武仲也鄫屬魯故救之　國人逆喪者皆髽魯於是乎

始髽注髽麻髮合結也遭喪者多故不能備凶服髽而已○疏髽之形制禮無明文先世儒者各以意說鄭衆以為枲麻與髮相半結之馬融以為屈布為巾高四寸著于額上鄭玄以為去纚而紒按檀弓言爾毋從從爾爾毋扈扈鄭云從從謂太高扈扈謂太廣若布高四寸則有定制何當慮其從從扈扈而謂之扈如鄭去纚而空露其紒則髮上本无服矣喪服女子在室為父髽衰三年空露紒髮安得與衰共文而謂之髽衰也魯人逆喪皆髽豈直露紒迎喪哉凶服以麻表髽字從髟是髮之服也杜以鄭衆為長故用其說

陳祥道禮書喪笄有三箭笄也櫛笄也折首笄也箭笄長尺二寸箭笄為重櫛笄次之折首笄為輕斬衰笄以箭齊衰笄以櫛女子子在室為父箭笄則斬衰之笄以箭矣女子子適人者為其父母婦人為舅姑惡笄則齊衰以櫛矣箭笄惡不足以言之櫛笄言惡以其木之无文故也古者櫛以樿樿白理而无文則櫛笄用樿无樿則榛可矣故檀弓曰蓋榛以為笄也儀禮曰卒哭子折笄首折笄首者折吉笄之首也言子不言婦終之也蓋惡笄有首吉笄折首吉笄則婦而不子折其首別子而不婦以其不可全于子故吉笄以其不可全于婦故折其首儀禮曰女子子在室為父箭笄三年小記曰齊衰惡笄以終喪則惡笄不終喪而吉笄折其首者特字之適人者而已鄭氏曰笄有首者若今時刻鏤摘頭矣觀古笄字則笄之形制可知

右論笄

又曰鄭氏釋喪大記曰去纚大紒曰髽釋喪服曰髽露紒也猶男子之括髮斬衰括髮以麻則髽亦用麻以麻者自項而前交于額上郤繞紒如著幓頭然蓋其所傳然也其狀則毋從從爾不至于縱而高也毋扈扈爾不至于卑而大也爾雅曰卑而大扈則從從為縱而高可知也小斂主人括髮袒衆主人免于房婦人髽于室奔喪男子東括髮婦人東髽又小記曰男子免而婦人髽則婦人之髽猶男子之括髮故也故括髮以麻則髽以麻矣免而以布

則髽以布矣髽以麻則斬衰也髽以布則齊衰也小斂之髽不言笄則未成服之髽无笄矣女子子適人者為其父母婦為舅姑惡笄有首以髽孔子言髽而繼之以榛笄則成服之髽有笄矣又儀禮言髽衰三年小記言齊衰惡笄以終喪則齊衰斬衰之髽皆終喪矣然則啓殯之髽雖在成服之後蓋亦无笄以對男子之袒而免故也男子之袒免及于五世婦人之髽不及于大功者以髽不特對免而又上同于括髮故也禿者不髽以[illegible]者不髽以疎也皇氏以麻髽布髽露紒為三髽然則髽雖麻與布之不同其為露紒一也

右論髽

又曰內則子事父母雞初鳴咸盥漱櫛縰笄總拂髦冠緌纓男女未冠笄者盥漱櫛縰拂髦總角士冠礼緇纚廣終幅長六尺賛者坐櫛設纚賓坐正纚特牲礼主婦纚笄宵衣鄭氏曰纚今幘梁也纚一幅長六尺足以韜髮而結之蓋櫛以理髮而後纚以纚為紒然後笄古之言纚笄者未有先笄而後纚也問喪曰親始死雞斯徒跣蓋雞斯云者哭聲然也鄭氏改雞斯為笄纚恐不然也纚亦作縰

右論纚

又曰內則曰櫛纚笄總則纚韜髮也總束髮也玉藻曰童子錦束髮喪服女子子在室為父布總六寸女子子適人者為其父母婦為舅姑妾為女君君之長子布總檀弓曰南宮縚之妻為姑總八寸士喪礼鬠用組乃笄然則總或以錦或以布或以組吉凶之礼異也謂之總以既束其本又總其末也孔穎達曰朞總八寸大功總亦八寸緦麻小功同一尺吉總當尺二寸此不可攷

右論布總

纚

緇色

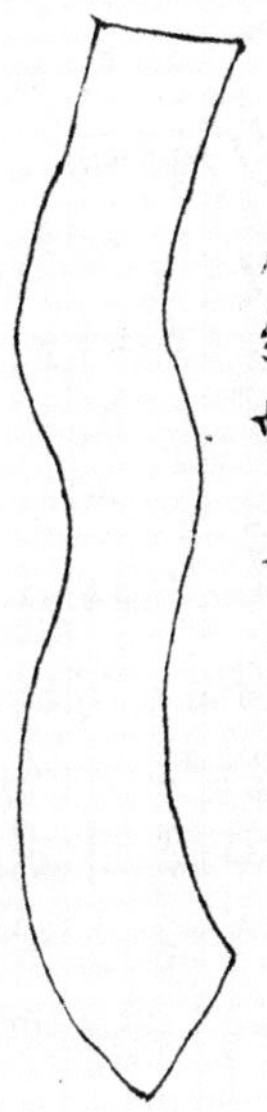

廣終幅長六尺

笄

鄭氏曰笄卷髮者箭笄長尺吉笄長尺二寸

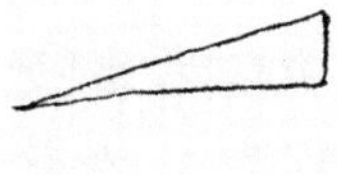

布總

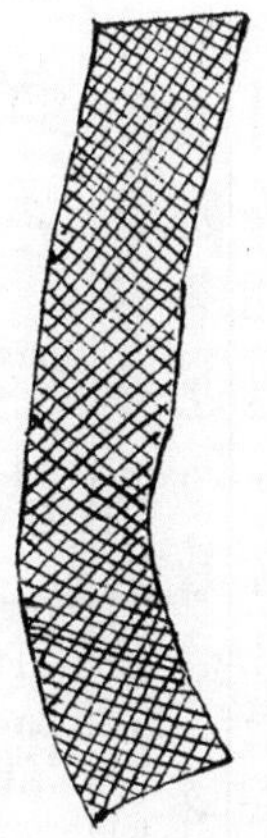

右三圖本陳氏禮書

楊復婦人首飾圖

自斬至緦成服皆布總束髮謂之總既束其本又摠其末○按始死婦人皆縞總今此成服則用布為之○其布之升數象男子冠數具見前條○其長則斬衰總長六寸○注六寸謂出紒後所垂為飾者也○朞總八寸○大功總亦八寸○小功緦麻同[illegible]○吉總當尺二寸也期以下皆孔疏云○布總終喪○婦人相弔者素總所謂素者布歟縞歟未詳

斬衰箭笄箭篠竹也以箭篠為笄也○按始死將斬衰婦人去笄至男子括髮著麻髽之時猶不笄今成服始用箭笄○箭笄長尺○婦人箭笄終喪婦人質有除无變也○惟妾為君之長子雖服齊衰不著箭笄見下惡笄條

齊衰惡笄有首惡笄者櫛笄也○惡者木理麤惡非木名也○或曰榛笄也以榛木為之也○有首者若漢之刻鏤摘頭矣○案檀弓榛以為笄長尺者婦為姑也然則凡惡笄皆長尺歟○按儀礼傳女子適人者為其父母婦為舅姑惡笄有首及妾為女君〻之長子亦惡笄有首餘无明文則齊衰輕期之笄未詳○婦人惡笄終喪唯女子〻既卒哭而歸夫家則折吉笄之首以笄吉笄者象骨為之吉時有首為其太飾故折之

大功以下笄未詳○今按女子〻既卒哭折吉笄之首以笄又婦人相弔者吉笄无首素總則此大功以下之笄或者亦吉笄无首而加以布總歟

斬衰以下髽髽之制先儒所釋各不同今條具在下○士喪服篇注云髽露紒也猶男子之括髮斬衰括髮以麻則髽亦用麻以麻者自項而前交于額上却繞紒如著幓頭焉○賈氏疏曰髽有二種一是未成服之髽即是喪礼所云將斬衰者用麻將齊衰者用布是也二者成服之後

露笄之髽是也又云自斬至緦婦人皆露紒而髽○喪服小記孔氏疏引皇氏之說言婦人之髽有三有麻有布有露紒○孔疏雖引皇說在前又駁之今考校止有二髽一是斬衰麻髽二是齊衰布髽皆名露紒其將斬衰著于男子括髮之時則以麻為髽其將齊衰著于男子免時則以布為髽其奠之時婦人之髽則與未成服之時同其大功以下則无髽也○今考三説互有得失更當考詳○喪服四制云禿者不髽

魏書高祖宴羣臣于華林王肅語次云古者惟婦人有笄男子則無劉曰推禮經正文古者男子婦人俱有笄肅曰喪服稱男子免而婦人髽男子冠而婦人笄如此則男子不應有笄芳曰此專謂凶事也禮初遭喪男子免時則婦人髽男子冠時則婦人笄言俱以時變而男子婦人免髽冠笄之不同也又冠尊故奪其笄稱且互言也非謂男子無笄又禮內則稱子事父母雞初鳴櫛縰笄總以茲而言男子有笄明矣

唐開元禮斬衰婦人以六尺布為總（總束髮也）小祥練總大祥縞總禫緇總齊衰大功小功緦麻皆布總精粗

如男子之冠

書儀斬衰婦人用極粗生布為頭𢄼悉竹髮布蓋頭

齊衰婦人露髻以生白絹為頭𢄼蓋頭大功亦如

之

家禮斬衰婦人用極麤生布為蓋頭不緝布頭𢄼竹

釵 齊衰婦人蓋頭制同斬但用布稍細緝邊布總 竹釵 大功小

功緦麻制俱同上但布之精麤有異

楊復曰儀禮妻為夫妾為君女子子在室為父布總箭笄髽衰三年以家禮參攷之儀禮小斂婦人髽于室以麻為髽家禮小斂婦人用麻繩撮髻為髽其制同儀禮婦人成服布總六寸謂出紒後所垂者六寸箭笄長尺家禮婦人成服布頭𢄼竹釵所謂布頭𢄼即儀禮之布總也所謂竹釵即儀禮之箭笄也

丘濬家禮儀節補蓋頭用稍細麻布為之比衣裙稍細者凡三幅長與身齊不緝邊按事物紀原唐初宮人著冪䍦全身障蔽永徽之後用帷帽又戴皂羅五尺今曰蓋頭凶服者亦以三幅布為之案此則蓋頭之來也遠矣雖非古制是亦古禮婦人出而擁蔽其面之意 布頭𢄼用畧細布一條為之長八寸用以束髮根而垂其餘于後○按此即所謂總也儀禮女子在室為父布總傳曰

大字
仍四字

總長六寸注謂六寸出髻外所垂之飾也曾子問縞總注縞白絹也長八寸今世俗婦女有服者用白布束髻上謂之孝圍尔是此意但彼加于髻上而不束髪尓不垂其餘尓

竹釵 削竹為之長五六寸案此即儀礼所謂箭笄也傳曰箭笄長尺今恐太長其長僅以約髪可也

呂柟曰婦人大袖麻布圓領長衫者何衰之変也礼婦人言衰不言裳衰之長可以掩裳秦人以長衫為背子故長衫者衰之変也麻布盖頭者何布總之変也自有書儀以来未之有改也丘文莊曰唐羃䍦之変也家礼有布頭須竹釵者何曰箭笄之変也奚不經手既盖頭奚經也故有腰經无首經白羅盖頭宋王淮之議也

●乾峯按此條雖列女子子在室之後實連妻為夫妾為君女子子反在室為文上言衰裳冠纓皆男子之服于婦人服制未詳故更著總髻髽及衰以明四婦人之服其經杖絞帶菅屨則男女並同也賈疏曰女子子總用布云者因傳文吉笄句所誤耳盖傳之云吉笄因釋經文總六升長六寸箭笄長尺遂連總笄之文曰吉笄尺二寸傳者以附著吉笄尺寸此飾乃婦人已嫁之服固非經文所有尓非斬服中所有也賈遂以此條專屬之女子子不知未嫁之女其總笄髽衰與妻妾反在室之女並同觀上子為父諸侯為天子父為長子臣為君為人後者同是衰裳冠纓則此條尓裳上文三婦人而不專為女子子設明矣下女子子適人條不言吉笄記子折笄首不著尺寸以附見首章故不復詳大畧皆可見云

讀禮通考卷三十三

喪服

絰帶

士喪禮苴絰大鬲下本在左要絰小焉散帶垂長三尺牡麻絰右本在上亦散帶垂皆饌于東方注苴絰斬衰之絰也下本在左重服統于内而本陽也要絰小焉五分去一牡麻絰者齊衰以下之絰也右本在上輕服本于陰而統于外散帶之垂者男子之道文多變也饌于東方東坫之南苴絰為上○疏此陳絰帶者以其小斂訖當服未成服之麻故也

敖繼公曰左本右本纓皆在左也麻所重者本絰所重者纓苴麻絰以本為纓明其最重也牡麻絰有本而不以為纓明其差輕也纓皆在左者左尊右卑重者宜居尊處也散謂不絞之也云帶垂又云長三尺見其帶下之長與大帶行

婦人之帶牡麻結本在房注婦人亦有苴絰但言帶者記其異此齊衰婦人斬衰婦人亦有苴絰也○疏此經不言婦人苴絰者記其異謂男子帶有散麻婦人則結本是其異也

既夕記三日絞垂注成服日絞要絰之散垂者○疏以經小斂日要絰大功以上散帶垂不言成服之時絞之故記人言之小功

緦麻初即絞之不待三日也

乾學按此篇所載皆絰帶之制也至于宜用絰帶之時則仍列于大小歛諸篇蓋以加絰加帶自有儀節次第不可混于此篇故不重載

檀弓絰也者實也注所以表哀戚

陳澔曰麻在首在要皆曰絰分言之則首曰絰要曰帶絰之言實明孝子有忠實之心也

喪服小記絰殺五分而去一杖大如絰注如要絰也○疏喪服傳云首絰大搹去五分一以為帶是首尊而要卑卑宜小故五分而去一象服數有五也杖大如絰者謂如要絰也

陸佃曰齊衰之絰斬衰之帶也大功之絰齊衰之帶也杖大如絰蓋如其首絰即如要絰是如帶非如絰也

下殤小功帶澡麻不絕本詘而反以報之注報猶合也下殤小功本齊衰之親澡其麻為帶不絕其本屈而上至要中合而糾之明親重也凡殤散帶垂○疏謂本期親在下殤降在小功者服澡麻為帶而不斷麻根示輕故也凡殤不糾垂皆散其帶此下殤則不散垂免麻向下又屈反向上合而糾之故云屈而反以報之也糾謂合糾為繩

雜記大功以上散帶注小功緦輕初而絞之○疏小斂之後主人拜賓襲絰于序東小功以下皆絞之大功以上散此帶垂不忍即成之至成服乃絞

麻者不紳執玉不麻〻不加于采注吉凶不相干也麻謂絰也紳大帶也喪以要絰代大帶也麻不加于采衣采者不麻謂弁絰者必服弔服是也采玄纁之衣○疏麻者不紳言著要絰者不得復着大帶也故在喪以絰代紳執玉不麻者謂平常執玉行禮不得服衰麻也案聘禮已國君薨至于主國衰而出執玉得服衰絰者彼謂受主君小禮得以凶服若行聘享大事則吉服故鄭云其聘享之事自若吉也麻不加于采者謂弁絰之麻不得加于玄衣纁裳之采也

玉藻五十不散送注送喪不散麻始衰不備禮○疏始死三日之前要絰散垂三日之後乃絞之至葬啓殯以後亦散垂既葬乃絞五十既衰不能備禮故不散垂

凡帶必有佩玉惟喪否注喪主于哀去飾也凡謂天子以至士

服問凡見人無免絰雖朝于君無免絰惟公門有稅齊衰傳曰君子不奪人之喪亦不可奪喪也注見人謂行求見人也無免絰〻重也稅猶免也有免齊衰謂不杖齊衰也于公門有免齊衰則大功有免絰也

檀弓婦人不葛帶注婦人質不變重者至期除之卒哭變絰而已○疏此論齊斬婦人帶要絰也葬後卒哭變麻易葛

婦人重要而質不變所重故不葛帶至期除之卒哭直變絰而已大功以下輕至卒哭並變為葛與男子同絰首絰也婦人輕首重要故也

陳澔曰禮婦人之帶牡麻結本卒哭丈夫去麻帶服葛帶而首絰不變婦人以葛為首絰以易去首之麻絰而麻帶不變所謂不葛帶也既練則男子除絰婦人除帶婦人輕首重要故也然此謂齊斬之服若大功以下至卒哭則並變為葛與男子同

少儀葛絰而麻帶 注謂既虞卒哭也帶所以自結束也婦人質少變于喪之帶有除而無變○疏此謂婦人既虞卒哭其絰以葛易麻故云葛絰婦人尚質所貴在要帶有除無變終始是麻故云麻帶也

王志長曰按經載婦人喪服不及帶絰大約與男子同耳按士喪禮婦人之帶牡麻結本注云婦人亦有首絰但言帶者記其異蓋男子大功已上小斂帶皆散垂成服乃絞婦人之帶小斂即結本不散垂此為異耳士虞禮云卒哭婦人脫首絰又本記註云婦人亦苴絰則首絰直與男子同少儀云葛絰而麻帶正謂婦人卒哭後以葛絰易首之麻絰而要之麻帶不變故云葛絰而麻帶也經文簡不必再出者多從畧餘可類推也

雜記小斂環絰公大夫士一也

檀弓弁絰葛而葬與神交之道也有敬心焉

間傳斬衰既虞卒哭去麻服葛葛帶三重期而小祥要絰不除男子除乎首婦人除乎帶男子何為除乎首也婦人何為除乎帶男子重首婦人重

帶除服者先重者易服者易輕者自小斂環絰至此詳見喪服變除篇

陳祥道曰喪服有二帶絰帶象大帶絞帶象革帶斬衰絰帶絞帶皆以麻齊以下絰帶以麻絞帶以布然絰帶之麻有苴者有牡者有澡者有不澡者有有本者有絕本者其施之于身有散者有不散者斬衰苴絰齊衰大功總衰小功牡麻絰殤而小功澡麻絰苴者麻之有蕡者也牡者枲麻也澡者治莩垢者也苴色惡澡色潔牡則不惡不潔而適輕重之中此所以自齊衰至小功皆用之也儀禮謂丗父之下殤適孫之下殤昆弟之下殤大夫庶子為適昆弟之下殤為姑姊妹女子子之下殤為人後者為其昆弟從父昆弟之長殤皆澡麻絰帶小記云下殤小功澡麻不絕其本屈而反以報之服問曰麻之有本者變三年之葛鄭氏曰有本謂大功已上小功以下澡麻斷本既練遇麻斷本者于免絰之又曰小功之麻不變大功之葛以有本者為稅則大功以上有本小功以下絕本小功雖絕本而不澡特下殤之在小功者澡之下殤在小功者澡之則于小功為輕以其在所降者不絕其本則于小功為重以其本非小功也儀禮為人後者為其昆弟從父昆弟之長殤亦澡麻而小記特言下殤小功指其本宗者言之也喪禮正小功無澡麻小記小功下殤有澡麻無斷本鄭氏曰小功以下澡麻斷本失之矣小記曰君弔雖不當免時也主人必免不散麻雜記曰大功以上散垂玉藻曰五十不散送菊子曰喪之散麻則凡喪大斂以前既啟之後皆免而散帶免必散帶而有所不散帶則君弔免而不散麻是也凡服有受故大功以上成服之後又絞其帶之垂者殤之服無受故樛垂殤之帶不樛垂屈而反以報之蓋下殤屈反絞之與長中異乎其有所糾而合者下殤小功凡此皆麻帶之別也記曰斬衰之葛與齊衰之麻同齊衰之葛與大功之麻同大功之葛與小功之麻同小功之葛與緦之麻同此練而受以葛者也喪服記曰公子為其妻縓冠葛絰帶此服輕而用葛者也

乾學按第四十二卷並有喪服篇多言經帶之制當與此叅看

楊信齋

喪絰帶旁通圖

儀禮注疏所論絰帶寸分之數甚密而難用約法甚疎而易見今圖只用約法後成服受服圖準此

	斬衰男子	婦人	齊衰男子
首絰	以苴麻為之圍九寸不去莩茹下本在左	同前	以牡麻為之圍七寸二分右本在上雖齊衰三年亦同
要絰（象大帶者）	苴麻為之圍七寸二分散垂至三日絞之惟年五十不散垂	以苴麻為之但初即絞之仍結其本不散垂	牡麻為之圍五寸七分有奇散垂
絞帶（象革帶者）	亦苴麻為之王肅以為其大如要絰雷氏以為比要絰又五分去一	同前	布為之降齊衰布七升正齊衰八升義齊衰及三月皆九升

婦人	同前	牡麻為之圍同前但即結本耳	同前
大功男子	以牡麻為之圍五寸七分有奇右本在上	牡布為之圍四寸六分有奇散垂	布為之降大功十升正大功布十升義大功十一升
婦人	同前	牡麻及圍同前但結本耳大功以上絰帶有本小功以下斷本為殤小功帶不絶本	同前
小功男子婦人同	正服義服以牡麻為之惟殤服以澡治莩垢之麻為之圍皆四寸六分有奇	正服義服牡麻殤服澡麻不絶本詘而反以報之圍三寸五分有奇並不散垂	布為之降小功布十升正小功七升義小功十二升
緦麻男子婦人同	澡麻為之圍三寸五分有奇	澡麻為之圍二寸八分有奇	布為之十五升抽其半

開元禮殤者未成人而死可哀傷也男子已娶女子許嫁皆不爲殤哭之以日易月服周者哭之十三日大功九日小功五日緦麻三日

朱子曰凡爲殤服以次降一等應服期者長殤降服大功九月中殤七月下殤小功五月應服大功已下以次降等

入部賓前

明會典古禮有三殤年十九至十六爲長殤十五至十二爲中殤十一至八歲爲下殤長殤中殤降正服一等下殤降長殤中殤一等即生三日至七歲者爲無服之殤其已娶已嫁則服之如成人具載大明令者

入部賓前

斬衰首絰左本　下本在左

有繩纓

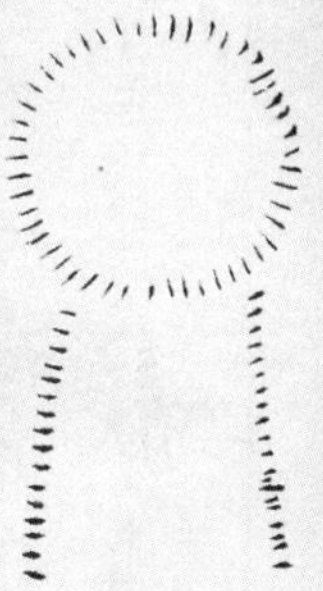

男子婦人用之

要絰散垂

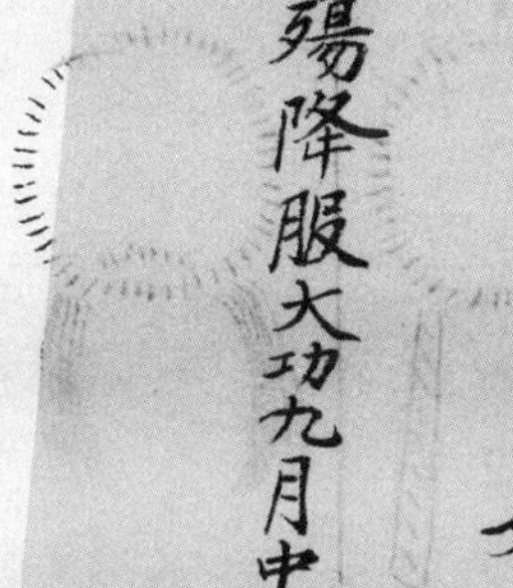

斬衰麻

絞帶

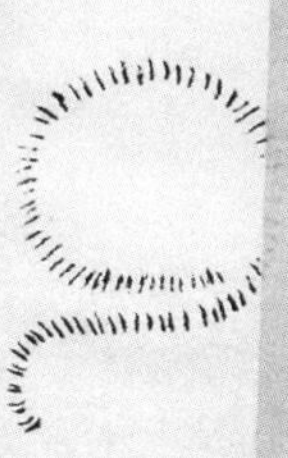

疏云婦人亦有二首絰與絞

帶備本禮

婦人	同前	牡麻爲之圍同前但即結本耳	同前
大功男子	以牡麻爲之圍五寸七分有奇右本在上	牡布爲之圍四寸六分有奇散垂	布爲之降大功十升正大功布十升義大功十一升
婦人	同前	牡麻及圍同前但結本耳大功以上經帶有本小功以下斷本爲殤小功帶不絕本	同前
小功男子婦人同	正服義服以牡麻爲之惟殤服以澡治莩垢之麻爲之圍皆四寸六分有奇	正服義服牡麻殤服澡麻不絕本詘而反以報之圍三寸五分有奇並不散垂	布爲之降小功布十升正小功七升義小功十二升
緦麻男子婦人同	澡麻爲之圍三寸五分有奇	澡麻爲之圍二寸八分有奇	布爲之十五升抽其半

斬衰首絰左本有繩纓	齊衰以下首絰右本大功以上有繩纓小功以下無纓	大功以上要絰散垂	小功以下要絰結本	斬衰麻絞帶
下本在左	右本在上			
男子婦人用之	男子婦人皆用之	斬衰至大功男子皆散垂不忍即成之至成服乃絞。五十不散垂。婦人之帶牡麻結本不散垂	蓋初而絞之不待成服絞垂也	男子婦人用之斬衰章疏云婦人亦有二首絰與絞帶備考禮

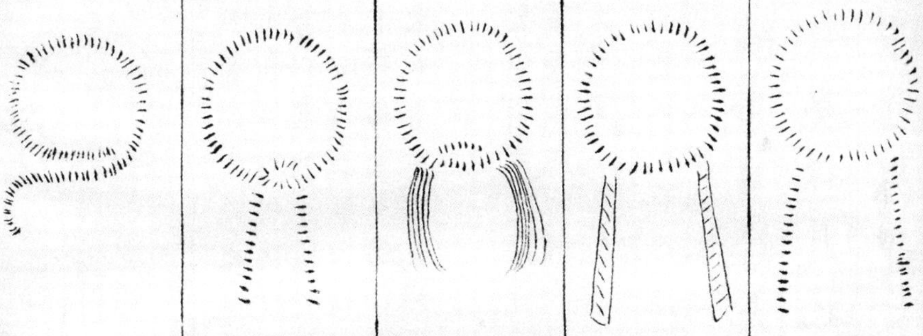

齊衰以下

布絞帶

男子婦人皆用之

先師朱文公曰首經右本在上者齊衰經之制以麻根處着頭右邊而從額前向左圍向頭後却就右邊元麻根處相接即以麻尾藏在麻根之下麻根搭在麻尾之上綴殺之有纓者以其加于冠外故須着纓方不脱落也○闊經帶之制曰首經大一搤只是拇指與第二指一圍腰經較小絞帶又小于腰經腰經象大帶兩頭長垂下絞帶象革帶一頭有彄子以一頭串于中而束之○又曰革帶是正帶以束衣者不專為佩而設大帶乃申束之耳申重也故謂之申

按士喪禮小斂馮尸主人括髮袒衆主人免于房婦人髽于室又士喪記曰既馮尸主人絞帶衆主人布帶喪大記曰婦人髽帶麻于房中以此觀之則知小斂馮尸之後括髮免髽之時主人已絞帶衆主人已布帶婦人已帶麻特主人未襲經爾藍田呂氏曰婦人不俟男子襲經亦先帶麻者以其無絞帶布帶且質畧少變故因髽而襲經也但喪服斬衰章疏云婦人亦有絞帶布帶以偹喪禮呂氏云無絞帶布帶當考

〔唐開元禮〕斬衰苴麻經帶首經大九寸左本在下繩纓五分首經去一以為要經大七寸二分絞垂兩端相去四寸婦人經如男子男子又有絞帶小祥除首

絰大祥去絰用華帶婦人亦去絰禫仍葛帶○齊衰牡麻絰帶首絰大七寸二分右本在上繩纓五分首絰去一以為要絰大五寸七分半布帶代絞帶齊衰三年及杖周不杖周五月三月者其絰帶俱三升○大功殤及成人牡麻絰首絰大五寸七分半長殤及成人纓以繩中殤絰無纓俱五分首絰去一以為要絰大四寸六分布帶繩纓○小功殤及成人首絰大四寸六分五分首絰去一以為要絰大三寸七分布帶婦人絰精麤如男子成人之麻斷本○緦麻澡麻斷本以為絰大三寸七分五分首絰去一以為腰絰大二寸九分布帶

宋政和禮首絰之制斬衰以苴麻為首絰大九寸左本在下齊衰以牡麻為首絰大七寸二分右本在上

大功以牡麻為絰以繩為纓中殤無纓其大五寸七分小功成人以牡麻為絰小功殤服以繰麻為絰皆大四寸六分緦麻以繰麻為首絰其大三寸七分大功以上麻皆有本小功以下麻絰皆斷本○要絰絞帶之制五分首絰殺一以為腰絰五分腰絰殺一以為絞帶斬衰以麻齊衰以下要帶以麻絞帶以布麻有苴有牡有澡有不澡有〻本有絕本者皆如首絰之等

温公書儀 斬衰以有子麻紐為首絰其大一扼左本在下五分去一以為腰絰兩股相交兩頭結之各存麻本散垂三尺其交結處兩旁各綴細白絹帶繫之使不脫又以細繩帶繫于其上子為母布帶婦為姑以無子麻為絰○齊衰布帶大功小功緦麻皆繫黑

絰角帶

家禮斬衰首絰以有子麻為之其圍九寸麻本在左從額前向右圍之從頂過後以其末加于本上又以繩為纓以固之如冠之制腰絰大七寸有餘兩股相交兩頭結之各存麻本散垂三尺其交結處兩旁各綴細繩繫之絞帶用有子麻繩一條大半腰絰中屈之為兩股各一尺餘乃合之其大如絰圍腰從左過後至前乃以其右端穿兩股間而反插于右在絰之下○齊衰首絰以無子麻為之大七寸餘本在右末繫本下布纓腰絰大五寸餘絞帶以布為之而屈其右端

楊復曰儀禮婦人有絰帶絰首絰也帶腰帶也圍之大小無明文大約與男子同卒哭丈夫去麻帶服葛帶而首絰不變婦人以葛易首絰而麻帶不變既練男子除絰婦人除帶其謹于變除之節若此家禮婦人並無絰帶之文當以禮絰為正

丘濬家禮儀節補首経用有子麻帶黑色者爲單股繩約長一尺七八寸圓圍九寸或云只是大指與
第二指一搤也先將麻頭安在左邊當耳上却將其餘從頭前向右邊圍
回項後過至左邊原起頭處即以麻尾加在麻頭上綴殺之又以細繩二
條一繫在左邊原起麻頭上一繫在右邊當耳上以固結之各垂其末爲
纓如冠之制按知此爲單股者以家禮本注腰経有兩股相交之説故知
此爲單服也腰経用有子麻兩股相交爲麄繩圓圍七寸有餘兩相交結之除
圖身外兩頭各存散麻三尺未結待成服日方結之其交結
處兩頭各綴細繩繫之絞帶用有子麻爲繩一條圓圍二三寸許初起長二尺就當
中屈轉分爲兩股各長一尺結合爲一彄子然後合兩
股爲一條比腰経較小些圍腰從左過後至前乃以末稍串從彄子中過
反揷于右邊在経之下如今人繫公服之革帶相似○按文公語録首経
大一搤腰経較小絞帶又小于腰経今家禮
本注絞帶下謂其大如腰経今擬較小爲是

婦人腰経用有子麻爲之制如男子繫于大袖之上未成服不散垂○按家禮婦人服制皆本書儀自大袖以下皆非古制今
亦不敢擅有增損姑因其舊而詳考其制如右又特補入腰経一事者蓋
以禮男子重乎首婦人重乎帶存其一之最重者使後人或因此復古也
故既補此而又詳考禮書以爲婦人服制考證于後有志于復古者誠能
叅考以有取焉使三代之時男女服制皆復其舊是亦朱子待後世之意
也

齊衰首経用無子麻爲粗繩周圍七寸餘先將繩頭安在右邊當耳
上却將餘繩從額前向左邊圍繞項後過至右邊原起繩
頭處却以繩尾藏在繩頭之下繩頭搭在繩尾之上綴殺之又用布兩
條約長二尺許廣寸半許用線綴在首経上左右兩邊垂下以爲纓腰経

帶下缺文

大五寸餘其制一如斬衰而小絞帶用布夾縫之約寬四寸許屈其右端尺許用線綴之連下梢通長七八尺繫圍腰從左過後至前乃以其末梢穿過其右端屈轉處之中而反揷于右邊如今革帶之制

齊衰婦人腰絰制如男子用無子麻為之

大功首絰圍五寸餘腰絰四寸餘絞帶同上

小功首絰圍四寸餘腰絰三寸餘絞帶

緦麻首絰圍三寸腰絰圍二寸並用熟麻為之

丘濬家禮儀節補**首經**用有子麻帶黑色者為單股繩約長一尺七八寸圍圓九寸或云只是大指與

第二指一搤也先將麻頭安在左邊當耳上却將其餘從頭前向右邊圍

回項後過至左邊原起頭處即以麻尾加在麻頂上綴殺之又以細繩二

條一繫在左邊原起麻頭上一繫在右邊當耳上以固結之各垂其末為

纓如冠之制按知此為單股者以家禮本注腰經有兩股相交之說故知

此為單服也**腰經**用有子麻兩股相交為麄繩圓圍七寸有餘兩相交結之除圍身外兩頭各存散麻三尺未結待成服日方結之其交結處兩頭各綴細繩繫之**絞帶**用有子麻為繩一條圓圍二三寸許初起長二尺就當中屈轉分為兩股各長一尺結合為一彄子然後合兩

股為一條比腰經較小些圍腰從左過後至前乃以末稍串從彄子中過

反插于右邊在經之下如今人繫公服之革帶相似○按文公語録首經

大一搤腰經較小絞帶又小于腰經今家禮

本注絞帶下謂其大如腰經今擬較小為是

婦人腰經用有子麻為之制如男子繫于大袖之上未成服不散垂○按家禮婦人服制皆本書儀自大袖以下皆非古制今

亦不敢擅有增損姑因其舊而詳考其制如右又特補入腰經一事者盖

以禮男子重乎首婦人重乎帶存其一之最重者使後人或因此復古也

故既補此而又詳考禮書以為婦人服制考證于後有志于復古者誠能

㕘考以有取焉使三代之時男女服制皆復其舊是亦朱子待後世之意

也

齊衰首經用無子麻為粗繩周圍七寸餘先將繩頭安在右邊當耳上却將餘繩從額前向左邊圍繞項後過至右邊原起繩

頭處却以繩尾藏在繩頭之下繩頭搭在繩尾之上綴殺之又用布兩

條約長二尺許廣寸半許用線綴在首經上左右兩邊垂下以為纓**腰經**

大五寸餘其制一如斬衰而小**絞帶**用布夾縫之約寬四寸許屈其右端尺許用線綴之連下梢通長七八尺繫圍腰從左過後至前乃以其末梢穿過其右端屈轉處之中而反插于右邊如今革帶之制

齊衰婦人腰絰制如男子用無子麻為之

大功首絰圍五寸餘**腰絰**四寸餘**絞帶**同上

小功首絰圍四寸餘**腰絰**三寸餘**絞帶**

緦麻首絰圍三寸**腰絰**圍二寸並用熟麻為之

首絰式

斬衰

左本在下

齊衰

右本在下

腰絰式

斬衰至大功初皆散垂至成服乃絞五十者不散垂

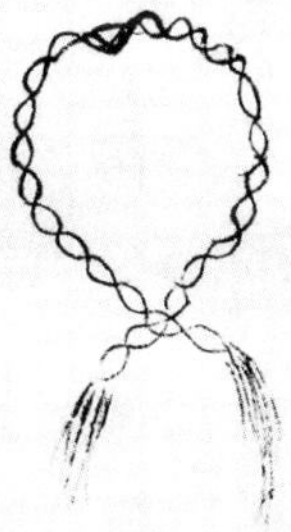

小功以下結本不散垂

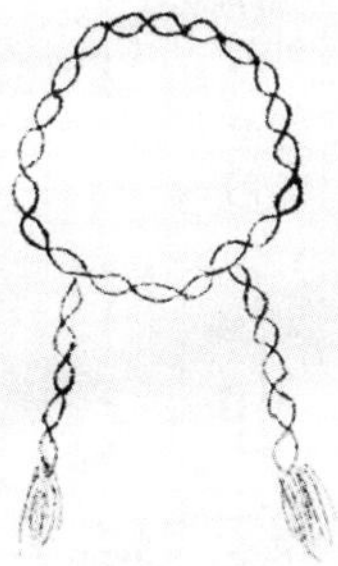

絞帶式

斬衰用麻

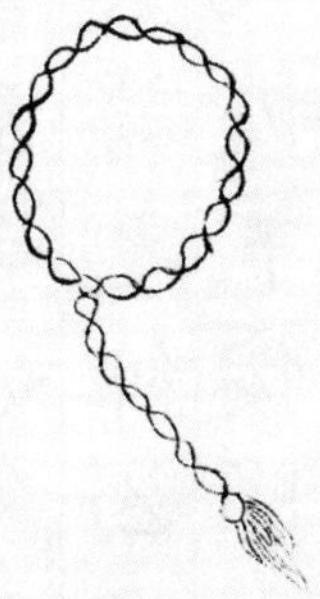

齊衰以下布

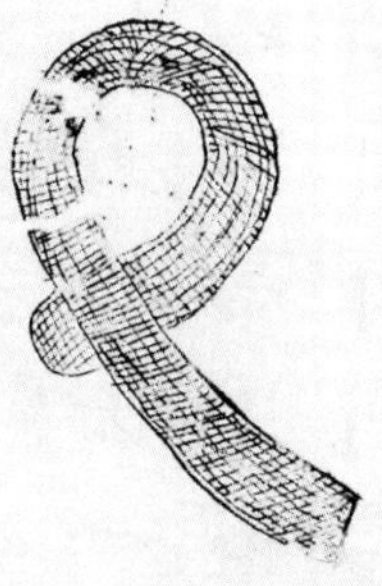

〔朱子語類〕問周大以爲苴絰著于冠武稍近上處，廖大以爲繫冠于絰上，絰在武下，未知孰是。朱子荅云絰當在武之外。○問又按禮經五分去一以爲帶，始疑帶即絞帶，續又觀齊衰以下帶用布不用麻，則布帶必難以圍量喪服，所指須有别義，但未知絞帶大小以何爲定。書儀謂以細繩帶繫于其上，恐指絞帶。然絞帶以束腰絰，以爲禮則絰在上矣，未知然否。朱子荅曰吉服先繫革帶，如今之皮束帶。其外又有大帶以申束衣，故謂之紳。凶服先繫絞帶，一頭作環，一頭穿之而反扱于腰間，以象革帶。絰帶則兩頭皆散垂之，以象大帶。此等處疏文甚詳，何不熟考而問邪。○問大帶束衣腰絰則之革帶以佩玉珮及事珮，絞帶則之喪服無佩既有腰絰絞帶何用朱子荅曰絞帶象革帶革帶是正帶以束衣者不專爲佩而設大帶乃申束之耳○問三禮圖首絰之製作繩一圈者而圈之又似以麻橫纏與畫者不同而與先儒所言環絰相似周丈云當只用一大繩自喪冠額前繞向後結之或以一繩兩頭爲環別以小繩束其兩環然未明左本在下之制近潯廖西仲畫圖乃似不亂麻本末紐而爲繩屈爲一圈相交處以細繩繫定本垂于左末屈于内似與左本在下之制相合不知當如何朱子荅曰未曉所疑然廖說近之○問書儀要絰交結處兩旁相綴白絹帶繫之周丈云綴小帶于衰服上以繫絰廖丈則謂以二小繩綴于腰絰相交處以紐繫腰帶如大帶之紐約用組也

二說孰是朱子荅云廖說與温公之說似是注疏本文可更考之

〔呂柟禮問〕絰也者實也明孝子之心也何以在首曰冠首不可以有加也今也加絰乎其上其心實有所重乎絰帶三寸自漢景帝始也古者首絰圍九寸腰絰圍七寸三寸者緦絰也

〔蒲道源西軒王先生行實〕家禮婦人無要絰先生則以儀禮為主而用之但視男子之制為小爾童穉則絰而不冠

杖

〔士喪禮〕三日成服　注既殯之明日全三日始歠粥矣○疏既殯之明日者上厥明滅燎者是三日之朝行大斂之事今別言三日成服則除上三日更加一日是四日矣而言三日者謂除死日數之為三日也

〔既夕記〕杖下本竹桐一也　注順其性也○疏本謂根順其性者謂順木之性

〔喪服小記〕苴杖竹也削杖桐也　疏苴者黯也至痛內結必形色外章心如斬斫貌必蒼苴所以衰裳絰杖俱備苴色也必用竹者以其体圓性直履四時不改子為父禮申痛極自然圓足有終身之痛故也故斬而用之無所厭殺削殺也削奪其貌不使

苴也必用桐者明其外雖被削而心本同也且桐隨時彫落亦外被削殺服從時除而終身之心當與父同也

虞杖不入于室祔杖不升于堂注哀益衰敬彌多也虞于寢祔于祖廟

陳澔曰虞祭在寢祭後不以杖入室祔祭在祖廟祭後不以杖升堂皆哀殺之節也

絰殺五分而去一杖大如絰詳見上

練筮日筮尸視濯皆要絰杖繩屨有司告具而后去杖筮日筮尸有司告事畢而后杖拜送賓注臨事去杖敬也

庶子不以杖即位注下適子也位朝夕哭位也父不主庶子之喪則孫以杖即位可也注祖不厭孫孫得伸也父在庶子為妻以杖即位可也注舅不主妾之喪子得伸也○疏庶子不以杖即位者適子得執杖進阼階哭位庶子至中門外而去之以下于適子也孫以杖即位可者父主適子喪而有杖適子〻不得以杖即位以辟祖故耳非厭也今父不主庶子喪則庶子〻得杖即位也祖不厭孫〻得伸也庶子以杖即位可者父不主庶子之妻故得為妻以杖即位也雜記云為妻父母在不杖亦是庶子而云不杖者謂同宮者也若妻次子既非冢嗣亦同妾子之限也

陸佃曰庶子無厭有降若父為長子杖其子不以杖即位是厭也非降也父雖不主庶子之喪孫猶不以杖即位作此記者見適孫〻厭今祖不與因欲緣情許之故曰可也下父在庶子為妻〻蒙上〻蓋父不主庶子之喪則雖父在庶子為妻以杖即位可也其曰可也則不以杖即位亦可

婦人不為主而杖者姑在為夫杖注姑不厭婦母為長子削杖注嫌服男子當杖竹也母為長子服不可以重于子為己也女子子在室為父母其主喪者不杖則子一人杖注女子子在室亦童子也無男昆弟使同姓為攝主不杖則子一人杖謂長女也許嫁及二十而笄笄為成人成人正杖也○疏曰男主適婦喪則厭嫡子使不杖今姑主子喪恐其厭婦明姑雖為主不厭婦也

方慤曰杖桐非所以服男子然母為長子則杖之者以其所以服我者而報之也

陸佃曰婦人不杖為主而杖猶童子當室杖也今雖不為主為夫杖為長子杖異于童子亦其情至且能病也曲禮曰士曰婦人雖曰婦人為夫為長子杖在可以勉之域也若庶人非男子蓋不杖矣雖男子後世猶有以杖闒轂而輠輪者則先王不責婦人可知也

雜記為長子杖則其子不以杖即位注辟尊者○疏其子長子之子祖在不厭孫其孫得杖但與祖同處不得以杖即位辟尊者

為妻父母在不杖不稽顙注尊者在不敢盡禮于私喪也○疏此謂適子為妻父母見存不敢為妻杖又不可為妻稽顙故云不杖不稽顙按喪服云大夫為適婦為喪主父為己婦之主故不敢為婦杖若父殁母在不為適婦之主為妻雖得杖而不得稽顙不杖屬于父在不稽顙屬于母在故云父母在不杖不稽顙

古者貴賤皆杖叔孫武叔朝見輪人以其杖闒轂而

輠輪者于是有爵而后杖也注記庶人失禮所由始也輪人作車輪之官○疏關穿也輠迴也謂作輪之人以扶病之杖關穿車轂中而迴轉其輪于是有爵而后杖者以其爵位既尊其杖不鄙褻而許用也

喪大記君之喪三日子夫人杖五日既殯授大夫世婦杖子大夫寢門之外杖寢門之内輯之夫人世婦在其次則杖即位則使人執之子有王命則去杖國君之命則輯杖聽卜有事于尸則去杖大夫于君所則輯杖于大夫所則杖注三日者死之後三日也爲君杖不同日人君禮大可以見親疏也輯斂也斂者謂擧之不以拄地也夫人世婦次于房中即位堂上堂上近尸殯使人執杖不敢自持也子于國君之命輯杖下成君不敢敵之也卜〻葬卜日也凡喪祭虞而有尸大夫于君所輯杖謂與之俱即寢門外位也獨焉則杖君謂子也于大夫所杖俱爲君杖不相下也○疏子兼適庶及世子也子大夫廬在寢門外得持杖拄地行以至寢門也寢門之内斂之不拄地殯柩在門内神明所在故入門斂之也若庶子至寢門則去杖不得持入也此大夫與子同者謂大夫特來不與子相隨也若與子相隨子杖則大夫輯子輯則大夫去杖故下文云大夫于君所則輯杖是也次謂婦人居喪之地在房内位在堂〻上有殯即位則不復自執也子有王命亦謂世子也有天子命則對之不敢杖以尊王命國君謂隣國之君使人來弔雖與敵國而世子自卑未敢比成君故自斂杖以敬彼君命也聽卜謂卜葬卜日也有事于尸謂虞及卒哭祔祭事尸時也敬卜及尸故去杖也君謂世子也若大夫與世子俱來在門外位大夫則輯以敬嗣君也若不

與世子俱來而與諸大夫俱在門外位既同是為君杖無相敬下故並得執杖拄地也

大夫之喪三日之朝既殯主人主婦室老皆杖大夫有君命則去杖大夫之命則輯杖內子為夫人之命去杖為世婦之命授人杖注大夫有君命去杖此指大夫之子也而云大夫者通大夫有父母之喪也授人杖與使人執之同也○疏內子卿妻若卿大夫妻有夫及長子喪君夫人有命弔已者皆為夫人之命去杖也若有君之世婦命弔則使人執杖以自隨也世婦卑于夫人隨而不去也

士之喪二日而殯三日之朝主人杖婦人皆杖于君命夫人之命如大夫于大夫世婦之命如大夫注士二日而殯者下大夫也士之禮死與往日生與來日此二日于死者亦得三日也婦人皆杖謂主婦容妾為君女子子在室者子皆杖不以即位注子謂凡庶子也不以即位與去杖同大夫士哭殯則杖哭柩則輯杖注哭殯謂既塗也哭柩謂啟後也大夫士之子于父父也尊近哭殯可以杖天子諸侯之子于父父也君也尊遠杖不入廟門弃杖者斷而弃之于隱者注杖以喪至尊為人得而褻之也○疏皇氏云子謂大夫士之庶子也不以杖即位避嫡子也知此是大夫士庶子者下大夫士哭殯哭柩是大夫士適子則知此是大夫士之庶子也熊氏云此文承上君大夫士之喪下則此謂君大夫士之庶子故注云子謂凡庶子義亦通也哭柩

謂故後知非未殯之前者大夫士之喪未殯之前則未杖也

檀弓公之喪諸達官之長杖注謂君所命雖有官職不達于君則不服斬○疏公者五等諸侯也達官國之卿大夫士被君命者也既被君命故稱達官也若遭君喪則備服衰杖不云衰從可知也若府史之屬不達于君不服斬衰但服齊衰三月耳故喪服齊衰三月章有庶人為國君若近臣閽寺之屬雖無爵命但嗣君服斬則亦服斬與此異也

朱子曰達官謂得自通于君者如內則公卿宰執與六曹之長九寺五監之長外則監司郡守得自通章奏于君者凡此皆杖次則不杖如太常卿杖太常少卿則不杖若太常卿闕則少卿代之杖

乾學按此條之解當以朱子為正若依注疏則是諸達官杖非達官之長杖矣

問喪或問曰杖者何也註怪其義各異曰竹桐一也故為父苴杖苴杖竹也為母削杖削杖桐也註言所以杖者義一也顧所用異耳或問曰杖者以何為也

註怪所爲施曰孝子喪親哭泣無數服勤三年身病體羸以杖扶病也註言得杖乃能起也則父在不敢杖矣尊者在故也堂上不杖辟尊者之處也堂上不趨示不遽也此孝子之志也人情之實也禮義之經也非從天降也非從地出也人情而已矣注父在不杖謂爲母喪也尊者在不杖辟尊者之處不杖有事不趨皆爲其感動使之憂感也

喪服四制杖者何也爵也三日授子杖五日授大夫杖七日授士杖或曰擔主或曰輔病婦人童子不杖不能病也百官備百物具不言而事行者扶而起言而后事行者杖而起身自執事而后行者面垢而已禿者不髽傴者不袒跛者不踊老病不止酒肉凡此八者以權制者也注五日七日授杖謂爲君喪也扶而起謂天子諸侯也杖而起謂大夫士也面垢而已謂庶民也髽婦人也男子免而婦人髽〻或爲免

唐開元禮斬衰苴竹杖其大如腰絰長齊其心本在下主婦亦杖諸婦則不杖童子不杖其當室者則免而杖童子及婦人不杖者以其不能病也然而童子當室杖者尊其為喪子大祥去杖○齊衰三年齊衰杖周皆桐杖大如要絰通圓之長齊其心本在下十三月小祥除小祥除謂三年者其期年者亦十三月除

宋政和禮為父杖竹而苴為母杖桐而削其大皆如要絰其長皆齊心

温公書儀為父截竹為杖高齊其心本在下為母上圓下方亦本在下

家禮苴杖用竹高齊心本在下○凡婦人皆不杖

齊衰三年　齊衰杖期用桐木為之上圓下方長齊心圍五寸餘

楊復曰愚按家禮書儀服制婦人皆不杖與開元禮喪大記喪服小記不同恨未得質正

〔丘濬家禮儀節補〕杖父用竹為之母用桐木削上圓下方其長俱齊心圍九寸本在下按古禮衰服父斬母齊斬杖用竹齊杖用桐今制父母俱服斬其冠裳之制並同獨于杖有異今從之

乾學按削杖之制孔仲達陳可大輩謂削之使方以象地書儀家禮則謂上圓下方乃開元禮獨謂削杖圓之而敖繼公引杜元凱説註削杖為圓諸説紛紜如此然則當何從愚謂小記言杖大如絰絰之形既圓則杖形亦圓可知况桐之言同謂其制同之于父也何必取天圓地方之説乎書儀上圓下方亦以其意為之耳較之孔疏益無所取象矣

〔呂柟禮問〕杖何以竹何以桐天地之體陰陽之義也竹杖圓節著于外桐杖方心通于內也何以言苴言削言苴貌若苴言削辨其為方也婦人何以不杖猶童子不病之説也其後世乎古者君之喪三日子夫人杖五日大夫世婦杖大夫之喪三日主人主婦室老杖士之喪三日主人主婦杖庶人亦杖

者何父母之喪無貴賤一也以輸人閔轂輠輪而瘞魯叔孫州仇之過也

〔呂坤四禮疑〕父竹母桐父圓母方夫婦何以曰槐而半之是齊體所分也桐取竹取槐取不可必得土宜可也棺槨之餘可也○杖父以竹者觸處皆痛也桐者痛同于父也圓象天也母削其下令方以象地也妻將何以昔者吾弟喪妻吾令槐木圓杖半分其下生也比耦死也分形槐者懷也故持其半以象之不欲使同母也妻為夫亦然

汪琬曰或問禮無爵者非擔主不杖然則庶人居三年之喪亦有不杖者與曰無之古人之居喪也哭踊無筭水漿不入口者三日既殯食粥朝一溢米暮一溢米如是則無不病者故曰非擔主而杖為輔病也夫安得有不杖者與今人之居喪也哭泣不哀飲食居處如故其違禮也多矣而又逆億古人之不能病不亦悲夫○又或問婦人可以不杖乎曰婦人之不杖也傳謂其不能病故也假令哀毀而能病則聖人許之矣豈遂禁其以杖即位乎然則傳也喪服小記也或言杖或言不杖者蓋兩相發明者也或又問婦人謂童女孔穎達之疏亦可信乎曰不然也婦之言服也服事其夫也非未嫁女子之稱

乾學按夫服斬衰古禮斬衰皆苴杖則夫杖亦用竹也妻服齊衰古禮齊衰皆削杖則妻杖亦用桐也呂氏改而用槐不知何本凡若此類古人已有定制從古可也何

必剏為新說乎

屨

既夕記屨外納注納收餘也○疏外納者謂收餘末向外為之取醜惡不事飾故也

鄭康成注舊說小功以下吉屨無絇○疏以小功輕非直喪服不見屨諸經亦不見其屨是以引舊說為證絇者按周禮屨人職屨皆有絇繶純〻者于屨口緣繶者牙底接處縫中有絛絇者屨鼻頭有飾為行戒吉時有行戒故有絇喪中無行戒故無絇以其小功輕故從吉約為其大飾故無絇也

喪服小記齊衰三月與大功同者繩屨注雖尊卑異于恩有可同也○疏繩屨以麻繩為屨齊衰為尊大功為卑而三月為恩輕九月恩稍重制之在尊卑深淺之間

檀弓練繩屨無絇詳見喪服變除篇

周禮天官屨人掌王及后之素屨注素屨者非繩吉有凶去飾者辨外內命夫命婦之散屨注散屨亦謂去飾○疏素屨者大祥時所服去飾也

唐開元禮斬衰菅屨外納納其餘于外婦人屨亦如男子大祥素屨婦人亦如之禫吉屨　齊衰三年屨內納

杖期藨屨内納不杖期則麻屨　五月三月則繩屨

大功繩屨　小功吉屨無約　緦麻亦如之

宋政和禮如開元禮　齊衰麻屨婦人白屨

同

周礼注素屨者下十二字應小字双行即接下疏素屨者至去飾也十二字

楊復曰附注儀禮菅屨菅屨草屨也家禮菅亦粗麻為之恐當從儀禮為正

鄭康成注舊説小功以下至末乃喪服章注無經文無屨故另附此然未安愚擬作附喪服小功章注

家禮儀節補屨用菅草或粗麻為之其余未妝向外婦人麻鞋用麻為之或粗生布亦可鞋或用布大功屨用布為之小功屨為之

楊復曰婦人屨經傳無明文惟周禮屨人云命婦有散屨注云散屨去飾又云祭祀而有散屨者惟大祥時呂柟曰麻屨者繩屨也古者菅屨外納練而後麻屨今也線履必也菅屨

附禮書繐約純綦説

繐

必朔為新說乎

屨

既夕記屨外納注納收餘也○疏外納者謂收餘末向外為之取醜惡不事飾故也

鄭康成注舊說小功以下吉屨無約○疏以小功輕非直喪服不見屨諸經亦不見其屨是以引舊說為證約者按周禮屨人職屨皆有約繶純純者于屨口緣繶者牙底接處縫中有紃約者屨鼻頭有飾為行戒吉時有行戒故有約喪中無行戒故無約以其小功輕故從吉約為其太飾故無約也

喪服小記齊衰三月與大功同者繩屨注雖尊卑異于恩有可同也○疏繩屨以麻繩為屨齊衰為尊大功為卑而三月為恩輕九月恩稍重制之在尊卑深淺之間

檀弓練繩屨無絇詳見喪服變除篇

周禮天官屨人掌王及后之素屨註素屨者非純吉有凶去飾者辨外内命夫命婦之散屨注散屨亦謂去飾○疏素屨者大祥時所服去飾也

唐開元禮斬衰菅屨外納納其餘于外婦人屨亦如男子大祥素屨婦人亦如之禫吉屨齊衰三年屨内納

杖期蕉屨內納不杖期則麻屨　五月三月則繩屨

大功繩屨　小功吉屨無約　緦麻亦如之

宋政和禮如開元禮

書儀斬衰着麄麻屨婦人同　齊衰麻屨婦人白屨

家禮斬衰屨麄麻為之婦人同

楊復曰附注儀禮菅屨菅屨草屨也家禮菅亦粗麻為之恐當從儀禮為正

丘濬家禮儀節補屨用菅草或粗麻為之其餘末收向外婦人麻鞋用麻為之或粗生布亦可

齊衰屨以草或麻為之收其餘向內婦人麻鞋或用布大功屨用布為之小功屨用白布為之

楊復曰婦人屨經傳無明文惟周禮屨人云命婦有散屨注云散屨去飾又云祭祀而有散屨者惟大祥時

呂柟曰麻屨者繩屨也古者菅屨外納練而後麻屨今也線屨必也菅屨

附禮書繶約純綦説

繶

士虞禮曰足有緣之爵謂之繶爵則繶緣也鄭司農曰赤繶黄繶以赤黄之絲為下緣鄭康成曰繶縫中紃正義曰繶者互底相接之縫綴絛于其中

絇

屨人作句士冠士喪禮作絇鄭釋屨人曰絇謂之拘狀如刀衣鼻著屨寫之頭以為行戒釋士喪禮曰綦結于跗連絇者絇在屨頭以餘組連之止足折也賈公彦曰絇謂屨頭以絛為鼻或謂用繒一寸屈之為絇〻所以受繫穿貫者也盖絇以絲為之所以自拘戒猶幅所以自偪束也童子不絇未能戒也喪屨無絇去飾也人臣去國鞮屨不絇以喪禮處之也

純

儀禮曰純博寸鄭康成曰純緣也正義曰純以為口

緣

綦

儀禮組綦繫于踵又曰綦結于跗連約內則曰屨著綦注周曰正瘵繫綦鄭氏曰綦屨繫也所以拘止屨也綦讀如馬絆綦之綦蓋綦屬于跟後以兩端向前而結之特死者連約止足折也

喪車

既夕記主人乘惡車白狗幦蒲蔽御以蒲菆犬服木錧約綏約轡木鑣馬不齊髦主婦之車亦如之疏布裧貳車白狗攝服其他皆如乘車注詳儀節

周禮春官巾車王之喪車五乘木車蒲蔽犬𧞪尾櫜疏飾小服皆疏注木車不漆者鄭司農云蒲蔽謂臝蘭車以蒲為蔽天子喪服之車漢儀亦然犬𧞪以犬皮為覆笭故書疏為揟杜子春讀揟為沙玄謂蔽車防禦風塵者犬白犬皮既以皮為覆笭又以其尾為戈戟之弢粗布飾二物之側為之緣若揗服云服讀為箙小箙刀劍短兵

之衣此始畫喪所乘為君之道尚微倫姦臣也書曰以虎賁百人逆子釗亦為倫焉○疏木車不漆者喪中無飾後至禫乃漆之此明木二十及下素車等皆未漆也先鄭云謂蠡蘭車者此舉漢時有蠡長蘭乘下善之事故舉以說之也云犬䄒以犬皮為覆笭者古者男子立乘須馮軾上取皮覆之故云犬䄒玄謂蔽車防禦風塵者上文重翟厭翟之等為蔽皆是禦風塵故知此蔽亦是蔽風塵也云犬白犬皮者士喪記主人乘惡車白狗幦是也云既以皮為覆笭又以其尾為戈戟之弢者明䄒與櫜共用犬櫜則弢也云粗布飾二物之側為之緣若按喪服齊衰已下皆稱疏禮之通例凡皆疏布者皆據大功布而言若然則以八升布為二物之緣也云若揖服者按既夕記云貳車白狗揖服注云揖猶緣也狗皮緣服差飾也小箙刀劍短兵之衣者此小箙即既夕記云主人乘惡車白狗幦蒲蔽大服鄭彼注云笭閑兵服以犬皮為之是也云此云遣喪所乘者此喪車五乘貴賤皆同乘之是以士喪禮主人乘惡車鄭注引雜記曰端衰喪車皆無等然則此惡車王喪之木車也是其尊卑同也云為君之道尚微倫姦臣也者按士喪有大服則此小服亦是其常今言為君之道尚微倫姦臣者此言非為小兵服以戈戟人君乃有之然服倫姦臣為尾櫜戈戟而言也引書曰者顧命文彼以成王崩子釗康王也康王常在尸所以為嫡子故使康王出卿門外以虎賁百人更以太子之禮迎之別于庶子

必用虎賁備姦臣者證人君有戈戟亦是備奸臣

黃度曰康成以尾櫜以犬尾為戈戟之弢小服刀劍短兵之服始畫喪所乘為君之道尚微倫奸臣未必然疏家引禮喪事無等亦恐未盡此言王之喪五等則非諸臣之制鄭自始遣喪至禫次五等恐當如此或曰喪車尾櫜疏飾小服皆疏尾末也車之大木末皆布韜之以為飾小木則皆布之

素車棼蔽犬䄒素飾小服皆素注素車以白土堊車也棼讀為蘋蘋麻以為蔽其䄒服以素繒為緣此卒哭所乘為君之道益著在車可以去戈戟○疏鄭知素車以白土堊者爾雅釋宮云地謂之黝墻謂之堊堊謂以白土為飾則此素車亦白土為飾

可知云棼讀為薠薠麻者義取用麻為蔽之意云其䄠服以素繒為緣者禮之通例素有二種其義有色飾者以素為白土義有以繒為飾即以素為繒故鄭釋二素以白繒別釋之也云此卒哭所乘者按士喪禮卒哭丈夫說經帶于廟門外婦人說首經下說帶是卒哭變服即易車按喪服大功章注云凡天子諸侯卿大夫既虞士卒哭而受服此鄭云卒哭據士而言也云為君之道益著在車可以去戈戟者以經不云尾櫜明去戈戟故為此解也

王安石曰素車蔽䄠服皆素則少變而飾以素不皆疏矣蓋後車變而彌吉以至于喪除

黃度曰素車素飾不言尾櫜因上文且言小服皆素則尾櫜可知漢文帝遺詔無布車及兵器其制至漢猶在藻車以下不言小服則如常車施華䡙車反漸漆矣

藻車藻蔽鹿淺䄠革飾 注故書藻作䡟杜子春䡟讀為華藻之藻直為華藻也玄謂藻水草蒼色以蒼土堊車以蒼繒為蔽也鹿淺䄠以鹿夏皮為覆笭又以所治去毛者緣之此既練所乘○疏鄭為蒼色者且藻之水草見為蒼艾色也云鹿淺䄠以鹿夏皮為覆笭者夏時鹿毛新生為淺毛故鄭云鹿夏皮為覆笭也云又以所治去毛者緣之者以經云革飾皮去毛曰革故以去毛言之云此既練所乘者王喪十三月練是變除之節故知此即既練所乘也

王安石曰革不言色蓋如素車用素

駹車雚蔽然䄠髹飾 注故書駹作龍髹為軟杜子春云龍讀為駹軟讀為駹垸之桼直謂髹桼也玄謂駹車邊側有漆飾也雚細葦席也以為蔽者漆則成藩即吉也然果然也髹赤多黑少之色韋也此大祥所乘○疏後鄭知駹為邊側之飾者以下文漆車全有漆則此時未全

為漆故知髹是邊側少有漆也云漆則成藩者下文藩蔽者因此舊蔽而漆之則藩者以此為本故云漆則成藩也云然果然也者果然獸名是以賈氏亦云然獸名也云髹赤多黑少之色韋也知色如此者案下注雀黑多赤少故知此髹是赤多黑少者也云此大祥所乘者以二十五月大祥除服之節故知此車是大祥所乘也

王安石曰髹與雀不言物蓋如藻車用革鄭康成曰此大祥所乘

漆車藩蔽豻䄙雀飾注漆車黑車也藩今時小車藩漆席以為之豻胡犬雀黑多赤少之色韋也此禫所乘○疏知漆是黑者凡漆不言色者皆黑且大夫所乘黑車及篆縵之飾直得黑名是凡車皆黑漆也鄭知漆席以為之者以其席即上文雀上注云漆即成藩是也云豻胡犬者謂胡地之野犬云雀黑多赤少之色韋也者鄭以目驗雀頭黑多赤少雀即緅也此禫所乘者以二十七月禫祥之節素縞麻衣而服禫服朝服綅冠故知當禫所乘也案下文大夫乘墨車士乘棧車皆吉時所乘之車既言天子至士喪車五乘尊卑等則大夫士禫亦得乘漆車所以大夫士禫即乘漆車與吉同者禮窮則同也

李嘉會曰喪車五乘必有蒲蔽藻雀藩為之蔽者居喪衣服麤惡形貌毀瘠不可見人人亦不可見已故有蔽以自障也又用犬鹿然豻之皮以為旗者蓋喪服之中雖不治人事而防身之道不可不謹獸之害人以其皮而為之防亦示服猛之義然喪車既無他飾而戈戟之弢與小服刀劍短兵之類必言之者自衛其身不可不謹與書曰虎賁百人迎子釗于南門者是也又喪車五乘貴賤皆同者惟喪不辨貴賤自天子達于庶人皆終三年之喪故有官者必曰解官持服與無官同

劉昺曰三年之喪皆乘惡車謂木車也齊衰之喪皆乘素車大功之喪皆乘藻車小功之喪皆乘駹車服緦者乘漆車

雜記 端衰喪車皆無等 注喪車惡車也喪者衣衰及所乘之車貴賤同孝子于親一也衣衰言端者玄端吉時常服喪之衣衰當如之○疏端正也吉時玄端服身與袂同以二尺二寸爲正而喪衣亦如之以其綴六寸之衰于心前故曰端衰等等差也喪也衣衰及惡車天子至士制度同無等差之別也案鄭注巾車喪車凡五等木車始遭喪所乘素車卒哭所乘藻車既練所乘駹車大祥所乘漆車禫所乘

陸佃曰衰制雖無等其布之精粗則有差也據衰與其不當于物也寧無衰

讀禮通考卷三十四

喪服

受服

喪服記衰三升三升有半其冠六升以其冠為受受冠七升注衰斬衰也或曰三升半者義服也其冠六升齊衰之下也斬衰正服變而受之此服也三升三升半其受冠皆同以服至尊宜少差也〇疏自此至篇末皆論衰冠升數多少也以其冠為受者至虞變麻服葛時更以六升布為衰以葬後衰殺衰亦隨而變輕故也義服者斬衰有正有義子為父父為長子妻為夫之等是正斬諸侯為天子臣為君子等是義斬此三升半是義服但無正文故引或人所解為證也

敖繼公曰以其冠為受謂受衰之布為冠布同也此言衰布有二其冠以下惟見其一則是斬衰正義之服冠為受布皆同但初死之衰差異耳

齊衰四升其冠七升以其冠為受受冠八升注言受以大功之上也此謂為母服也齊衰正服五升其冠八升義服六升其冠九升亦以其冠為受凡不著之者服之首主於父母〇疏此據父卒為母齊衰三年而言也上言三升主于父此言四升主于母〇敖繼公云此齊衰以下其於三年者為正服於期者為降服也齊衰三年有正有義義服五升冠八升齊衰期有降有正有義正服五升冠八升義服六升冠九升亦皆以其冠為受其受冠之升數亦多于受服一等記不著之者蓋特奉重者以見其餘也

乾學按鄭注指為母服是兼父存父亾而言也賈疏謂父卒為母則父在為母之服可以不用四升乎鄭説是也

繐衰四升有半其冠八升注此諸侯之大夫為天子繐衰也服在小功之上者欲著其縷之精麤也升數在齊衰之中者不敢以兄弟之服服至尊也○疏著其縷之精粗者據升數合在杖期上以其升數雖少縷精粗與小功同不得在杖期上故在小功之上也不敢以兄弟之服服至尊者據縷如小功小功已下乃是兄弟故云不敢以兄弟之服服至尊也

乾學按鄭注云服在小功之上者據喪服繐衰條本在大功之後小功之前也升數在齊衰之中者齊衰有四升五升六升此四升半是在齊衰之中也

大功八升若九升小功十升若十一升注此以小功受大功之差也不言七升者主于受服欲其文相值言服降而在大功者衰七升正服衰八升其冠皆十升義服九升其冠十一升亦皆以其冠為受也其降而在小功者衰十升正服衰十一升義服衰十二升皆以即葛及緦麻無受也○疏小功大功俱有三等此唯各言二等者以此二小功衰為二大功之受衰也七升乃是殤大功殤

大功無受此主于受故不言也欲其文相值者以其正大功衰八升冠十升與降服小功衰十升同既葬受衰十升冠十一升義服大功衰九升其冠十一升與正服小功衰十一升同既葬以其冠為受受衰十一升冠十二升故云文相值也

敖繼公曰此齊衰以至小功服各有三等自大功而上皆有受服受冠其受服當下于本服三等故斬衰受以齊衰之下齊衰三等受以大功三等各如其次焉大功之上亦受小功之上皆校三等也以例言之大功之中當受以小功之中大功之下當受以小功之下如是則可與前之受服者輕重相比而乃不然中者亦受以小功之上下者則受以小功之中止校二等此非有他故蓋欲以小功之下十二升者為大功義服之受冠而然也大功受冠亦多于受布一等○按汪云不言七升者主于受服欲其文相直謂記者于小功但言十升若十一升不言十二升是主于受服故于大功亦但言八升若九升以當之而不必言七升是欲其文相直若謂七升者亦受十升而并言之則大功三而小功二不相直也鄭氏之意蓋或如此

問傳斬衰三升既虞卒哭受以成布六升冠七升為母疏衰四升受以成布七升冠八升去麻服葛葛帶三重註葛帶三重謂男子也五分去一而四糾之帶輕既變因為飾也婦人葛經不葛帶舊說云三糾之練而帶去一服去一服則小於小功之經似非也○疏受以成布六升者以三升四升五升之布其縷既麤疏未為成布六升以下其縷漸細與吉布相參故稱成布也葛帶三重者既虞卒哭要中之帶以葛代麻帶又差小于前以五分去一唯有四分見在三重謂作四股糾之積而相重四股則三重未受服之前麻帶為兩股相合也此直云葛帶三重則

首絰雖葛不三重也猶兩服絰之也

喪服傳齊衰大功冠其受也注詳五服圖

疏衰裳齊牡麻絰無受者注詳五服圖

大功布衰裳牡麻絰無受者注詳五服圖

練功衰附

喪服四制父母之喪朞十三月而練冠

間傳期而小祥練冠縓緣要絰不除男子除乎首婦人除乎帶男子何為除乎首也婦人何為除乎帶也男子重首婦人重帶註婦人重帶帶在下體之上婦人重之辟男子也其為帶猶五分絰去一耳○疏期而小祥練冠縓緣者父沒為母與父同也至小祥又以卒哭後冠受其衰而用練易其冠也又練為中衣以縓為領緣也其帶五分絰去一者以婦人斬衰不變帶重要故也既重要恐要帶與首絰粗細相似故云須五分首絰去一分耳

吳澄曰此明三年之喪初服至終服受變除之節士卒哭後受服降初服三等受冠降初冠一等去麻服葛謂男子去麻首絰服葛首絰去麻要帶服葛要帶帶絰以四服為三重女子唯去麻首絰服葛首絰要麻帶如初練後男子首除葛絰要葛帶不除女子要除麻帶首葛絰不除

檀弓 練練衣黃裏縓緣註小祥練冠練中衣以黃為內縓為飾黃之色卑於纁縓纁之類明外除○疏練小祥也小祥而著練冠練中衣故曰練也練衣者練為中衣黃裏者黃為中衣裏也正服不可變中衣非正服但承衰而已故小祥而為之黃袷裏也縓緣者縓為淺絳色縓謂中衣領及褎緣也裏用黃而領緣用縓者領緣外也明其外除故飾見外也纁是赤色其色革美黃雖是正色質卑於纁爾雅釋器云一染謂之縓三染謂之纁故言纁類也華者在外故外除○音義曰縓淺赤色今之紅也 葛要絰疏亦小祥後事也小祥男之去首絰唯餘要葛也 繩屨無絇疏繩屨者謂父母喪菅屨卒哭受齊衰蒯藨屨至小祥受大功繩麻屨也無絇者絇屨頭飾也吉有喪無 角瑱註瑱充耳也吉時以玉人君有瑱○疏人君平常用玉為之以掩于耳在初喪亦無至小祥微飾以角為之案吉時君大夫士皆有瑱注唯云人君有瑱者以經云角瑱故鄭云吉時以玉據人君吉時又云人君有瑱故知人臣凶時無瑱 鹿裘衡長袪註衡當為橫字之誤也袪謂褎緣袂口也練而為裘橫廣之又長之又為袪則先時狹短無袪可知吉時麑裘○疏冬時吉凶衣裏皆有裘吉時則貴賤有異喪時則同用大鹿皮為之鹿皮色白與喪相宜也小祥之前裘狹而短袂又無袪至小祥稍飾則更易作橫廣大者也又長之有設其袪也 袪裼之可也註裼表裘也有袪而裼之備飾也玉藻曰麛裘青豻褎絞衣以裼之鹿裘亦用絞乎○疏裼謂裘上又加衣也吉時裘上皆有裼衣喪已後既凶質雖有裘裘上未有裼衣至小祥稍文故加裼之也按如此文明小祥時外有衰衰內有練中衣中衣內有裼衣裼衣內自有鹿裘鹿裘內自有常著襦衣引玉藻者以此經鹿裘宜云裼之不知裼用何衣大者曰鹿小者曰麛同類之物麛裘既用絞為裼則鹿裘亦用絞乎乎者疑辭麛裘用青豻為褎則鹿裘之褎亦用青豻也

呂大臨曰斬疏繐大功小功緦錫皆曰衰衰正服也練麻皆曰衣衰變服也至親以期斷加隆而三年故加隆之服者正服當除有所不忍故為之

首絰雖葛不三重也猶両服絣之也

喪服傳齊衰大功冠其受也 注詳五服圖

疏衰裳齊牡麻絰無受者 注詳五服圖

大功布衰裳牡麻絰無受者 注詳五服圖

練 功衰附

喪服四制父母之喪朞十三月而練冠

間傳期而小祥練冠縓緣要絰不除男子除乎首婦人除乎帶男子何為除乎首也婦人何為除乎帶也男子重首婦人重帶 註婦人重帶帶在下體之上婦人重之辟男子也其為帶猶五分絰去一耳○疏期而小祥練冠縓緣者父沒為母與父同也至小祥又以卒哭後冠受其衰而用練易其冠也又練為中衣以縓為領緣也其帶五分絰去一者以婦人斬衰不變帶重要故也既重要恐要帶與首絰粗細相似故云須五分首絰去一分耳

吴澄曰此明三年之喪初服至終服受變除之節士卒哭後受服降初服三等受冠降初冠一等去麻服葛謂男子去麻首絰服葛首絰去麻要帶服葛要帶帶絣以四服為三重女子唯去麻首絰服葛首絰要麻帶如初練後男子首除葛絰要葛帶不除女子要除麻帶首葛絰不除

檀弓　練練衣黄裏縓緣註小祥練冠練中衣以黄為內縓為飾黄之色卑於纁縓纁之類明外除○疏練小祥也小祥而著練冠練中衣故曰練也練衣者練為中衣黄裏者黄為中衣裏也正服不可變中衣非正服但承衰而已故小祥而為之黄袷裏也縓緣者縓為淺絳色縓謂中衣領及褎緣也裏用黄而領緣用縓者領緣外也明其外除故飾見外也纁是赤色其色華美黄雖是正色賤卑於纁爾雅釋器云一染謂之縓三染謂之纁故言纁類也華者在外故云明外除○音義曰縓淺赤色今之紅也　葛要絰疏亦小祥後事也小祥男之去首絰唯餘要葛也　繩屨無絇疏繩屨者謂父母喪菅屨卒哭受齊衰蒯藨屨至小祥受大功繩麻屨也無絇者絇屨頭飾也吉有喪無　角瑱註瑱充耳也吉時以玉人君有瑱○疏人君平常用玉為之以掩于耳在初喪亦無至小祥微飾以角為之案吉時君大夫士皆有瑱注唯云人君有瑱者以經云角瑱故鄭云吉時以玉據人君吉時又云人君有瑱故知人臣凶時無瑱　鹿裘衡長袪註衡當為横字之誤也袪謂褎緣袂口也練而為裘横廣之又長之又為袪則先時狭短無袪可知吉時麑裘○疏冬時吉凶衣裏皆有裘吉時則貴賤有異喪時則同用大鹿皮為之鹿皮色白與喪相宜也小祥之前裘狭而短袂又無袪至小祥稍飾則更易作横廣大者也又長之有設其袪也　袪裼之可也註裼表裘也有袪而裼之備飾也玉藻曰麑裘青豻褎絞衣以裼之鹿裘亦用絞手○疏裼謂裘上又加衣也吉時裘上皆有裼衣喪已後既凶質雖有裘裘上未有裼衣至小祥稍文故加裼之也按如此文明小祥時外有衰衰內有練中衣中衣內有裼衣裼衣內有鹿裘鹿裘內自有常著襦衣引玉藻者以此經鹿裘直云裼之不知裼用何衣大者曰鹿小者曰麑同類之物麑裘既用絞為裼則鹿裘亦用絞手手者疑辭麑裘用青豻為褎則鹿裘之褎亦用青豻也

呂大臨曰斬疏總大功小功緦錫皆曰衰衰正服也練麻皆曰衣喪變服也至親以期斷加隆而三年故加隆之服者正服當除有所不忍故為之

變服以至於再期也首絰除矣七升之冠六升之衰皆易而練矣屨易而繩矣所不變者要絰與杖而已蓋天地已易四時已變衰亦不可無節故從而多變亦如宰予齊宣王皆欲短喪蓋疑於此斬衰之冠鍛而勿灰錫則緦而加灰錫則事布而不事縷服雖輕而衰以功意練衣之升當如功衰加灰事布當如錫有緣為裏當如衣衰則無緣於裏故比功衰則輕功衰卒哭所受比麻衣則重大祥麻衣麻衣吉服也情文之殺義當然也諸侯之喪慈母公子為其母皆無服使不可繩以凶而古並除喪不當受弔昔之人皆變用練冠以從事則練冠者非正服明矣唯鄭氏功衰為既練之服功衰自是卒哭所受六升之服正服大功七升則六升成布所可為功不可皆為練服

陳祥道曰袪裼之可也其裼之也亦裼受服以見麑裘之美而已鄭氏曰麑裘之裼亦用絞乎是鄭氏亦自疑而不必其說也練用麑裘何也禮始喪則居廬自屏既練則可以接物麑善接其類者也故裘用焉周禮既練乘藻車鹿淺幦為此同義麑裘袪裼之則裼其袪而已非若餘衣之袒也

鄭氏曰有袪而裼之脩飾也麑裘亦用絞[illegible]理不然也

方慤曰麑裘以白麑之皮為裘也凡此所以向易除之漸而已

馬晞孟曰哀痛至甚則耳無聞目無見也而哀殺則能有聞矣故又為角瑱以充之

胡銓曰如青豻褎則以蒼黃色為衣以淺之使可裼也袒而有衣曰裼裼所以表裘也表而出之詳見玉藻

吳澄曰衡即古橫字如鄭注之義則橫當訓廣窮謂衣自肩上直垂至下謂從袖自衣側旁達左右為橫居喪之裘其橫袖短則左右盡處不露見于外練後漸文則橫長其袖與吉裘同又緣其袖口練前裘雖有裼但裼衣之正身而不至袖練後既有橫長袪則裼衣掩至袖口可也

徐師曾曰練小祥也以其著練冠衣練衣故名曰練練衣以精熟之麻為之三年之喪斬齊正服不可變但以練為中衣而以黃為其裏使承衰而已又以淺絳色為中衣領及褎緣要帶用葛屨用麻其頭無飾瑱充耳也初喪衰甚則耳無聞故去瑱小祥後哀殺則能有聞矣故為角瑱以充之鹿裘以白鹿之皮為裘也袪褎口亦謂緣也裼裘上又加衣也小祥之前裘狹而短袂無袪今小祥稍飾故廣之又長之又袪之既袪以為飾故又裼之以斷向吉也

郝敬曰按練冠有吉凶大有冠用布吉凶皆布也後世吉冠用帛凶冠用布曾子問云古天子練冠燕居帛也此小祥練冠布也大祥縞冠帛之白而稀薄者也練衣縓緣黃裏近于列采小祥葛絰未除用之無乃太驟與

雜記朞之喪十一月而練

三年之喪雖功衰不弔注功衰既練之服也○疏三年之喪小祥後衰與大功同故曰功衰衰雖外輕而痛猶內重故不得弔人也

陸佃曰功衰猶言功裘微加人功雖服功衰不弔則以創鉅痛深故也

有父母之喪尚功衰而附兄弟之殤則練冠附于殤注斬衰齊衰之喪練皆受以大功之衰此謂之功衰○疏已有父母喪猶尚身著功衰今兄弟有殤在小功者當須祔祭則不改其時之服身着練冠祔祭于殤也

張子曰有父母之喪尚功衰謂未祥猶衣所練之功衰未衣麻衣也

服問三年之喪既練矣有朞之喪既葬矣則帶其故葛帶絰朞之絰服其功衰注服其功衰服麤衰也○疏功衰謂七升父之衰也經不云服其父衰而云功衰者經稱三年之衰則父為長子及父卒為母皆是三年今朞喪既葬反服其服若言功衰總道三人故不得特言服父衰也射慈曰謂三年既練衰七升男子首絰婦人麻帶俱已除矣又遭期喪更制期衰裳絰帶悉麻期衰既葬為母總七升正服衰八升義服衰九升謂之功衰男子帶練之葛絰期之麻謂既葬之麻也其大四寸百二十五分寸之七十六也

張子曰小祥乃練其功衰而衣之則練為功衰非二物若正大功之服則有小功之受蓋大功乃亞三年朞之重喪其卒哭之稅亦其稱爾若殤則不練矣練亦謂之功衰蓋練其功衰而衣之爾據曾子問三年之喪不弔又雜記三年之喪雖功衰不以弔文服問三年之喪既練矣有朞之喪既葬矣

則服其功衰經意蓋謂當練而服後喪之衰即用七八升則前喪易忘故反七八升之衰矣又雜記有父母之喪尚功衰此云尚功衰蓋未祥之前尚衣經練之功衰尔知既練猶謂之功衰者以下文云則練冠又三年之喪禮不當吊而雜記又云雖功衰不以吊

陸佃曰禮父之喪既練服其功衰母之喪既葬服其功衰即有父之喪既練矣母之喪既葬服其功衰而帶以故葛帶絰朞之絰男子重首絰朞之絰則以母喪尚新故也雜記三年之喪雖功衰既練之衰也

吕大臨曰此功衰之喪既葬所受之功衰也故曰絰朞之絰服朞功衰承朞文也蓋朞之既葬之葛輕於三年之練葛故帶其故葛帶三年之練除首絰而朞之既葬未除故絰朞之絰朞之既葬之功衰重於三年之練故又服朞之功衰

黄榦曰練再受服經傳雖無明文謂既練而服功衰則記禮者屢言之服問曰三年之喪既練矣朞之喪既葬矣則服其功衰雜記曰三年之喪雖功衰不弔又曰有父母之喪尚功衰而附兄弟之殤則練冠是也案大功之布有三等七升八升九升而降服七升八升為之受重斬衰既練而服功衰是受以大功七升布為衰裳也故喪服斬衰章賈氏疏云斬衰初服粗至葬後練後大祥後漸細加飾斬衰裳三升冠六升既葬後以其冠為受衰裳

讀禮通考　卷三十四

六升冠七升小祥又以其冠為受衰裳七升冠八升女子之嫁反在父之室疏云至小祥受衰七升總八升又案閒傳小祥練冠孔氏疏云至小祥以卒哭後冠受其衰而以練易其冠而與渠子之說又曰練衣必鍛練大功之布以為衣故言功衰功衰上之衣也以其在衰於上故通謂之功衰必著受服之上稱受者以此得名受蓋以受始喪斬疏之衰而著之變服其意以喪久變輕不欲摧割之心亟忘於內也據橫渠此說謂受以大功之衰則為傳記註疏之說同謂鍛煉大功之布以為上之以則非特練中衣亦練功衰也又取成服之初衰長六寸博四寸綴於當心者著之於功衰之上是功衰雖漸輕而長六寸博四寸之衰猶在不欲哀心之遽忘也此說則為先儒異今並存之當考

縞

檀弓　祥而縞注縞冠素紕也○疏祥大祥也縞謂縞冠大祥日著之

喪服小記　除成喪者其祭也朝服縞冠注成成人也縞冠未純吉祭服也既祥祭乃素縞麻衣○疏成喪謂成人之喪其祥祭也衣朝服而縞冠未純吉也大夫朝服而祭朝服者玄冠緇衣素裳是純吉今用縞冠是未純吉之祭服

閒傳　又期而大祥素縞麻衣注喪服小記曰除成喪者其祭也朝服縞冠此素縞者玉藻所云縞冠素紕既祥之冠麻衣十五升布深衣也謂之麻者純用布無采飾也大祥除衰杖○疏謂二十五月大祥祭此日除脫則首服素冠以縞紕之身著朝服而為大祥之祭祭訖之後而哀情未除更反服微凶之服首著縞冠以素紕之身著十五升麻深衣未有采緣故云大祥素縞麻衣也引喪服小記者證當祥祭所著之服非是素縞麻衣也麻衣十五升布深衣者襍記云朝服十五升此大祥之祭既著朝服則大祥之後麻衣麤細當與朝服同故知十五升布深衣也

純用布無采飾者若有采飾則謂之深衣深衣篇所云者是也若緣以素則曰長衣聘禮長衣是也若緣之以布則曰麻衣此云麻衣是也

雜記子游曰既祥雖不當縞者必縞然後反服注謂有以喪事贈賵來者雖不及時猶變服服祥祭之服以受之重其禮也其於此時始弔者則衛將軍文子之為之是矣反服反素縞麻也○疏既祥謂大祥後有人以喪事來弔者既晚不正當祥祭縞冠之時主人必須反著此祥服縞冠受來弔者之禮然後反服大祥素縞麻衣之服

陸佃曰此言親喪雖既祥猶有他喪未除今以祥故無所不用縞縞既祥之服也然後反服然後反他喪之服萬斯同曰雜記此節注疏以為大祥之後有人來弔雖不當祥祭縞冠之時必著縞冠以受弔然後反服素縞麻衣之服夫記文未嘗言弔注疏烏知其為弔而為此辭此說之無據者也陸農師知其不安以為既祥當縞若有他喪雖不當縞亦必服縞以終前喪然後反他喪之服夫記文未嘗言他喪陸氏烏知其為他喪而為此辭此又說之難信者也愚以為大祥之時止妻妾子女有服其他朞服以下之親皆除之矣當此祥祭諸人寧有不來與祭者乎既來與祭寧有仍用吉服者乎是必易之以縞冠至事訖而後反吉服所謂雖不當縞者必縞然後反服也即如孫為祖父既除朞喪猶服縞冠玄武以父服未終而已不敢純吉則當祖祥祭之時其必用縞冠可知矣是記所言不可以此意推之乎

纖

間傳中月而禫禫而纖所不佩注黑經白緯曰纖舊說纖冠者采纓也無所不佩紛帨之屬如平常也纖或作綅○疏中月而禫者中間也大祥之後更間一月而為禫祭二十五月大祥二十七月而禫禫而纖者禫祭之時玄冠朝服禫祭既訖而首著

纖冠身著素端黄裳以至吉祭無所不佩者吉祭之時身尋常吉服平常所服
之物無不佩也黒經白緯曰纖者戴德變除禮也舊說纖冠者采纓者以無正
文故以舊說言之紛帨之屬者此謂禫祭既畢吉祭以後始得無所不佩若吉
祭之前禫祭雖竟未得無所不佩以其禫後身著纖冠素端黄裳故知吉祭以後
始從吉也若吉祭在禫祭既畢以後始從吉也若吉祭在禫月猶未純吉士虞
記云是月也吉祭猶未配注云是月也是禫月也當四時之祭月則祭而猶未
以其妃配則禫之後月乃得復平常

兼服

間傳除服者先重者易服者易輕者注易服謂為後喪所變也○疏以身先有前喪重服今更遭後喪輕服欲變易前喪故云為後喪所變也易服者何為易輕者也註因上說而問之

斬衰之喪既虞卒哭遭齊衰之喪輕者包重者特注說所以易輕者之義也既虞卒哭謂齊衰可易斬服之節也輕者可施于卑服齊衰之
麻以包斬衰之葛謂男子帶婦人絰也重者宜主于尊謂男子之絰婦人之帶
特其葛不變之也此言包特者明于卑可以兩施而尊者不可貳○疏此謂士
及庶人也故卒哭與虞並言之若大夫以上則虞變服故喪服注云天子諸侯
卿大夫既虞士卒哭而受服輕者包言斬衰受服之時而遭齊衰初喪男子輕
要得著齊衰要帶而兼包斬衰之帶若婦人輕首得著齊衰首絰而包斬衰之
絰故云輕者包也重者特者男子重首特留斬衰首絰婦人重要特留斬
衰要帶是重者特也○陳澔云特者單獨而無所兼之義非謂特留也
射慈曰斬衰既葬衰裳六升男子絰帶悉易以葛婦人易首絰以葛腰帶
故麻也但就五分去一分殺小耳仍遭母及伯叔兄弟齊衰之喪其為母

此處應查

俱有紅點宜查

更以四升布為腰帶謂之包言包斬衰帶也絰斷衰之葛絰謂之重者主於尊也婦人易首絰以麻亦謂之包帶斷衰之麻帶謂之特期喪既葬服上服六升之衰裳男子帶上服之葛帶婦人絰上服之葛絰也

方慤曰輕者謂男子之要帶婦人之首絰重者謂男子之首絰婦人之要帶以其輕則兩施之故曰包以其重則獨留焉故曰特

徐師曾曰男子輕要則繫齊衰之帶而兼繫斬衰之帶婦人輕首則著齊[illegible]而兼著斬衰之絰故云輕者包也男子重首則獨著斬衰之絰而[illegible]衰之絰婦人重要則獨繫斬衰之帶而不繫齊衰之帶故云重者特也

既練遭大功之喪麻葛重注此言大功可易斬服之節也斬衰已練男子除絰而帶獨存婦人除帶而絰獨存謂之單單獨也遭大功之喪男子有麻絰婦人有麻帶又皆易其輕者以麻既虞卒哭男子帶其故葛帶絰期之葛絰婦人絰其故葛絰帶期之葛帶謂之重葛。疏麻葛重者斬衰既練男子除首絰婦人除要絰男子唯有要帶婦人唯有首絰是其單也今遭大功之喪男子首空著大功麻絰婦人要空著大功麻帶男子又以大功麻帶易練之葛帶婦人又以大功麻絰易練之葛絰是重麻也至大功既虞卒哭男子帶其練之故葛帶首著期之葛絰婦人絰其練之故葛絰著期之葛帶是謂之重葛也大功既虞卒哭之後大功葛帶輕於練之葛帶故男子反帶其練之故葛帶也絰期之葛絰者以男子練時首絰既除今大功又既葬其首則絰大功之葛絰今云期之葛絰以大功葛絰既與練之葛帶粗細相似非上下之差故云絰期之葛絰其實大功葛絰也婦人絰其故葛絰帶期之葛帶者大功既葬之後大功葛絰輕于練之葛絰故反服其練之故葛絰帶謂婦人練後要帶已除今大功已葬其要則帶大功葛帶也謂之期葛帶者粗細與期同其實是大功葛帶也。陳澔曰按檀弓云婦人不葛帶者謂斬衰齊衰服也喪服大功章男女並陳有即葛九月之文是大功纖冠身著素端黄裳以至吉祭無所不佩者吉祭之時身尋常吉服平常所服之物無不佩也黑經白緯曰纖者戴德變除禮也舊說纖冠者采纓者以無正文故以舊說言之紛帨之屬者此謂禫祭既畢吉祭以後始得無所不佩若吉祭之前禫祭雖竟未得無所不佩以其禫後尚纖冠素端黄裳故知吉祭以後始從吉也若吉祭在禫祭既畢以後始從吉也若吉祭在禫月猶未純吉士虞記云是月也吉祭猶未配注云是月也是禫月也當四時之祭月則祭而猶未以其妃配則禫之後月乃得復平常

兼服

間傳除服者先重者易服者易輕者注易服謂為後喪所變也。疏以身先有前喪重服今更遭後喪輕服欲變易前喪故云為後喪所變也易服者何為易輕者也註因上說而問之

斬衰之喪既虞卒哭遭齊衰之喪輕者包重者特注說所以易輕者之義也既虞卒哭謂齊衰可易斬服之節也輕者可施于卑服齊衰之麻以包斬衰之葛謂男子帶婦人絰也重者宜主于尊謂男子之絰婦人之帶特其葛不變之也此言包特者明于卑可以兩施而尊者不可貳。疏此謂士及庶人也故卒哭與虞並言之若大夫以上則虞變服故喪服注云天子諸侯卿大夫既虞士卒哭而受服輕者包言斬衰受服之時而遭齊衰初喪男子輕要得著齊衰要帶而兼包斬衰之帶若婦人輕首得著齊衰首絰而包斬衰之絰故云輕者包也重者特者男子重首特留斬衰首絰婦人重要特留斬衰要帶是重者特也○陳澔云特者單獨而無所兼之義非謂特留也

射慈曰斬衰既葬衰裳六升男子絰帶悉易以葛婦人易首絰以葛腰帶故麻也但就五分去一分殺小耳仍遭母及伯叔兄弟齊衰之喪其為母

更以四升布為腰帶謂之包言包斬衰帶也絰斷衰之葛絰謂之重者主
於尊也婦人易首絰以麻亦謂之包帶斬衰之麻帶謂之特期喪既葬服
上服六升之衰裳男子帶上服
之葛帶婦人絰上服之葛絰也
方慤曰輕者謂男子之要帶婦人之首絰重者謂男子之首絰婦
人之要帶以其輕則兩施之故曰包以其重則獨留焉故曰特
徐師曾曰男子輕要則繫齊衰之帶而兼繫斬衰之帶婦人輕首則著齊
衰之絰而兼著斬衰之絰故云輕者包也男子重首則獨著斬衰之絰而
不著齊衰之絰婦人重要則獨繫斬衰
之帶而不繫齊衰之帶故云重者特也

既練遭大功之喪麻葛重注此言大功可易斬服之節也斬衰已練男子除絰而帶獨存婦人除帶而絰
獨存謂之單單獨也遭大功之喪男子有麻絰婦人有麻帶又皆易其輕者以
麻謂之重麻既虞卒哭男子帶其故葛帶絰期之葛絰婦人絰其故葛絰帶期
之葛帶謂之重葛○疏麻葛重者斬衰既練男子除首絰婦人除要絰男子唯
有要帶婦人唯有首絰是其單也今遭大功之喪男子首空著大功麻絰婦人
要空著大功麻帶男子又以大功麻帶易練之葛帶婦人又以大功麻絰易練
之葛絰是重麻也至大功既虞卒哭男子帶其練之故葛帶首著期之葛絰婦
人絰其練之故葛絰著期之葛帶是謂之重葛也大功既虞卒哭之後大功葛
帶輕於練之葛帶故男子反帶其練之故葛帶也絰期之葛絰者以男子練時
首絰既除今大功又既葬其首則絰大功之葛絰今云期之葛絰以大功葛絰
既與練之葛帶粗細相似非上下之差故云絰期之葛絰其實大功葛絰也婦
人絰其故葛絰帶期之葛帶者大功既葬之後大功葛絰輕于練之葛絰故反
服其練之故葛絰帶謂婦人練後要帶已除以今大功已葬其要則帶大功葛帶
也謂之期葛帶者粗細與期同其實是大功葛帶也○陳澔曰按檀弓云婦人
不葛帶者謂斬衰齊衰服也喪服大功章男女並陳有即葛九月之文是大功

婦人亦受葛也又士虞禮餞尸章注云婦人大功小功者葛帶射慈曰既練遭大功喪麻葛重者既練男子有葛帶婦人有首葛絰男子首絰婦人麻帶俱已除矣又遭大功之[illegible]更[illegible]衰絰帶皆麻謂之重麻大功既葬還服練衰男子帶練之葛帶絰周之葛絰其婦人絰其練葛絰帶期之葛帶謂之重葛檀弓曰婦人不葛帶謂齊斬之婦人也今此帶期之葛帶者大功既葬婦人得葛帶不服大功之葛帶而帶周之葛帶者斬衰既練婦人除葛絰大五寸百十五分八寸之十九差帶大功之葛帶裁大三寸六百二十五分寸之四百二十有九非絰帶五分去一之差也故帶期之葛帶大四寸百二十五分寸之七十六為練首絰差之宜也男子不絰大功葛絰而絰周之葛絰者亦以非練帶之差也崔凱曰斬衰既練而遭大功之喪則著大功之冠及麻麻謂男子首絰婦人腰絰也又易其故既練之葛以麻謂男子腰婦人首也大功子喪既葬卒哭男子復其練冠帶期之葛帶男子首絰婦人腰絰皆言期者斬衰練男子除首婦人除腰今大功之喪既葬首腰皆當有絰大功既葬之葛絰則小功之絰也大四寸六分小不可以居三年之喪故皆絰周絰也

齊衰之喪既虞卒哭遭大功之喪麻葛兼服之注此言大功可易齊衰期服之節也兼猶兩也不言包特而言兩者包特著其義兼者明有絰有帶耳不言重者三年之喪既練或無絰或無帶言重者以明今皆有期以下固皆有矣而者有麻有葛耳葛者亦特其重麻者亦包其輕○疏麻葛兼服之者即前文輕者包重者特之義今齊衰既虞卒哭遭大功之喪易換輕者男子則大功麻帶易齊衰之葛帶其首猶服齊衰葛絰是首有葛要有麻故云麻葛兼服之兼服之文據男子也婦人則首服大功之麻絰要服齊衰之麻帶上下俱麻不得云麻葛兼服之也鄭云包特著其義兼者明有絰有帶耳者以卑者可包尊須特著其尊卑之義故於斬衰重服言之兼者不取其義直云絰帶麻

葛兼有故于男子齊衰輕服言之也不言重或無絰或無帶言重以明今皆有者鄭以既練遭大功之喪麻葛重此文承麻葛重下所以不稱麻葛重者以三年之喪既練之後男子除首絰是或無絰也婦人除要帶是或無帶也所以稱重以於先既单今首絰皆有故須稱重期以下固皆有者言期喪虞卒哭男子首之與要固當皆有絰帶婦人亦然既不是既練之单所以不得稱重也○陳澔曰此據男子言之以大功麻帶易齊衰之葛帶而首猶服齊衰葛絰首有葛要有麻是麻葛兼服之也

射慈曰齊衰之喪既虞卒哭遭大功之喪麻葛兼服齊衰既葬為母七升正服衰八升絰帶悉葛婦人首絰以葛腰帶故麻也亦就五分去一殺小之耳又遭大功之喪更制大功之衰裳男子亦麻為腰帶絰期之葛絰婦人易首絰以麻帶期之葛帶大功既葬亦服其功衰男子婦人悉反著期喪既葬之絰帶也

斬衰之葛與齊衰之麻同齊衰之葛與大功之麻同大功之葛與小功之麻同小功之葛與緦之麻同同則兼服之注此章言有上服既虞卒哭遭下服之差也唯大功有變三年既練之服小功以下則於上皆無易焉此言大功之葛與小功之麻同小功之葛與緦之麻同主為大功之殤長中言之○疏此明五服葛之與麻麄細相同同者與後兼前服也麻同則兼服之者以後服之麻與前服之葛麄細同則得服後麻兼前服葛也案服問篇小功緦不得變大功以上此小功之麻得變大功之葛緦之麻得變小功之葛謂成人大功之殤在長中服問已釋

兼服之服重者則易輕者也注服重者謂特之也則者則男子與婦人也凡下服虞卒哭男子反其故葛帶婦人反其故葛絰其上服除則固自受以下服之受矣○疏服重者前文重者特是也易輕者前文麻葛兼服之是施於男子不包婦人今此易輕者男子則易於要婦人則易於首男子婦人俱得易輕故云則男子與婦人也凡下服虞卒哭男子反服其故葛帶婦人反服其故葛絰此明遭後服初喪男子婦人雖易前服之輕至後服既葬之後還須反服其前喪之服故也○陳澔曰同者前喪既葬之葛與後喪初死之麻麤細無異也兼服者服後麻兼服前葛也服重者即上章重者特之說也易輕者即輕者包是也

張子曰舊注不可用此為三年之喪以上而言故作記者以斬衰及大功明之若斬衰既練齊衰既卒哭則首帶皆葛又有大功新喪之麻則與齊之首絰麻葛兩施之既不敢易斬衰之輕又不敢易齊首之重故麻葛之絰兩施于首若大功既葬則當服齊首之葛不服大功之葛所謂兼服之服重者則變輕者正謂此爾若齊麻未葛則大功之麻亦止于當免則絰之而已如此喪變雖多一用此

應是衰字

制前後禮文不相乖戾

呂大臨曰此篇所記前後喪輕重之變以斬既虞與齊初喪幾同矣斬既練齊既虞與大功初喪亦幾同矣故輕包重特止爲斬既虞遭齊衰之喪而立文麻葛重止爲斬既練遭大功之喪而立文麻葛兼服則爲齊既虞大功之喪大功既虞遭小功之喪小功既虞遭緦之喪而立文麻葛重[illegible]始也以麻葛變麻葛兼服者其輕者變而兼服之

吳澄曰此承上易服者易輕者之文專明上服之後遭下服易新麻之制其一斬衰卒哭後遭齊衰而易麻其二斬衰練後遭大功而易麻其三齊衰期卒哭後遭大功而易麻其四大功三月後易小功之新麻小功五月後易緦之新麻然大功小功之先言斬葛與齊麻同者即上文斬衰卒哭後易齊衰新麻者也言齊葛與大功麻同者即上文齊衰卒哭後易大功新麻者也于其一而言輕包重特于其二而言麻葛重于其三而言麻葛兼服之于其四亦言兼服之乃摠提兼服之三字又以服重者則易輕者釋兼服之之義而結前文也

喪服小記除喪者先重者注謂練男子除乎首婦人除乎帶易服者易輕者注謂大喪記虞卒哭而遭小喪也其易喪服男子易乎帶婦人易乎首。疏重謂男首絰女要絰男重首女重要凡所重者有除無變所以卒哭不受以輕服至小祥各除其重也易謂先遭重喪後遭輕喪變先者輕謂男子要婦人首也謂先遭斬服虞卒哭已變葛絰大小如齊衰之麻若又遭齊衰之喪齊衰要首皆牡麻則重於葛服宜從重而男[illegible]變首[illegible]易要以其所重故也但以麻易男要女首是所輕故也若未虞卒[illegible]則後喪不能變也

斬衰之葛與齊衰之麻同注絰之大俱七寸五分寸之一帶五寸二十五分寸之十九齊衰

兼服之服重者則易輕者也注服重者謂特之也則者則男子與婦人也凡下服虞卒哭男子反其故葛帶婦人反其故葛絰其上服除則固自受以下服之受矣。○疏服重者前文重者特是也易輕者前文麻葛兼服之文施於男子不包婦人今此易輕者男子則易於要婦人則易於首男子婦人俱得易輕故云則男子與婦人也凡下服虞卒哭男子反服其故葛帶婦人反服其故葛絰此謂遭後服初喪男子婦人雖易前服之輕至後服既葬之後還須反服其前喪之服故也。○陳澔曰同者前喪既葬之葛與後喪初死之麻麤細無異也兼服若服後麻兼服前葛也服重者即上章重者特之說也易輕者即輕者包是也

張子曰舊注不可用此為三年之喪以上而言故作記者以斬衰及大功明之若斬衰既練齊衰既卒哭則首帶皆葛又有大功新喪之麻則與齊之首絰麻葛兩施之既不敢易斬衰之輕又不敢易齊首之重故麻葛之絰兩施于首若大功既葬則當服齊首之葛不服大功之葛所謂兼服之服重者則變輕者正謂此爾若齊麻未葛則大功之麻亦止于當免則絰之而已如此喪變雖多一用此

制前後禮文不相乖戾

吕大臨曰此篇所記前後喪輕重之变以斬既虞與齊初喪幾同矣斬既練齊既虞與大功初喪亦幾同矣故輕包重特止爲斬既虞遭齊衰之喪而立文麻葛重止爲斬既練遭大功之喪而立文麻葛兼服則爲齊既虞遭大功之喪大功既虞遭小功之喪小功既虞遭緦之喪而立文麻葛重者其始也以麻葛變麻葛兼服者其輕者變而兼服之

吴澄曰此承上易服者易輕者之文專明上服之後遭下服易新麻之制其一斬衰卒哭後遭齊衰而易麻其二斬衰練後遭大功而易麻其三齊衰期卒哭後遭大功而易麻其四大功三月後易小功之新麻小功五月後易緦之新麻然大功小功之先言斬葛與齊麻同者即上文斬衰卒哭後易齊衰新麻者也言齊葛與大功麻同者即上文齊衰卒哭後易大功新麻者也于其一而言輕包重特于其二而言麻葛重于其三而言麻葛兼服之于其四亦言兼服之乃摠提兼服之三字又以服重者則易輕者釋兼服之之義而結前文也

喪服小記除喪者先重者注謂練男子除乎首婦人除乎帶易服者易輕者注謂大喪記虞卒哭而遭小喪也其易喪服男子易乎帶婦人易乎首。疏重謂男首絰女要絰男重首女重要凡所重者有除無變所以卒哭不受以輕服至小祥各除其重也易謂先遭重喪後遭輕喪變先者輕謂男子要婦人首也謂先遭斬服虞卒哭已變葛絰大小如齊衰之麻若又遭齊衰之喪齊衰要首皆牡麻則重於葛服宜從重而男子不變首而易要以其所重故也但以麻易男要女首是所輕故也若未虞卒哭則後喪不能變也

斬衰之葛與齊衰之麻同注絰之大俱七寸五分寸之一疏帶五寸二十五分寸之十九齊衰

之葛與大功之麻同注绖之大俱五寸二十五分寸之十九带四寸百二十五分寸之七十六麻葛皆兼服之注皆者皆上二事也兼服之謂服麻又服葛也男子則绖上服之葛带下服之麻婦人則绖下服之麻固其故带也所謂易服易輕者也兼服之文主于男子○疏此一節明前遭重喪後遭輕喪麻葛兼服之義斬衰既虞受服之葛要绖要带與齊衰初喪麻绖带同齊衰變服之葛與大功初死之麻同麻葛皆兼服之者皆上斬衰齊衰大功麻葛之事也兼服謂服麻兼服葛也斬衰既虞遭齊衰新喪男子則要服齊衰之麻带首服斬衰之麻带首服斬衰之葛绖婦人則首服齊衰之麻绖要仍服斬衰之麻带婦人上下皆麻此云麻葛兼服之謂男子也

陸佃曰謂若斬衰卒哭男子變要绖以葛若又遭齊衰之喪則以齊衰之麻易葛带其首绖猶是斬衰之麻女子更首绖以葛若又遭齊衰之喪則以齊衰之麻易葛绖其要绖猶是斬衰之麻是之謂兼服何也斬衰之葛與齊衰之麻同故也下放此鄭氏為服麻又服葛誤矣

服問三年之喪既練矣有期之喪既葬矣則帶其故葛帶绖期之绖服其功衰注带其故葛带者三年既練期既葬差相似也绖期之葛绖三年既練首绖除矣為父既練衰七升母既葬衰八升凡齊衰既葬衰或八升或九升○疏謂三年之喪練祭之後又當期喪既葬之節也帶其故葛帶者謂三年練葛帶也今期喪既葬男子則應著葛帶與三年之葛帶粗細正同以父葛為重故帶其故葛帶绖期之绖者謂三年練後首绖既除故绖期之葛绖若婦人練後麻帶除矣則绖其故葛绖帶期之麻帶以其婦人不葛帶故也服其功衰者謂服父練之功衰也凡齊衰既葬衰或八升或九升者以父之既練母之既葬衰皆七升其齊衰仍有八升九升故更言之八升者是正服九升者是義服也服其功衰服麄衰者功即麄也言齊衰既有八升九升服其麄者謂七升父之衰也

有大功之喪亦如之注大功之麻變三年之練葛期既葬之葛帶小于練之葛帶又當有絰亦反服其故葛帶絰期之絰差之宜也此雖變麻服葛大小同耳亦服其功衰凡三年之喪既練始遭齊衰大功之喪絰帶皆麻○疏此明三年之喪練後有大功之喪也前云期之喪既葬則此大功之喪亦既葬不云既葬者從上省文也亦如之者亦帶其故葛帶絰期之葛絰也大功初死之麻變三年練後之葛首要皆麻矣故閒傳謂之重麻也期既葬之葛帶者謂大功既葬葛帶以次差之三寸有餘三年練之葛帶以次差之則四寸有餘大功既葬葛帶小于練之葛帶故反服練之故葛帶也又大功既葬者首絰四寸有餘若要服練之葛帶首服大功既葬之葛絰既粗細相似不得為五分去一為帶之差故首絰與期之絰五寸有餘准與期之既葬同也故云絰期之絰是差次之宜也此注亦主於男子矣其婦人之服于閒傳篇具釋也此雖變麻服葛大小同者大功初喪服麻之時首絰五寸餘要帶四寸餘大功既葬之後首絰應合四寸餘要帶本合三寸餘既服練之要帶四寸餘則其首絰合五分加一成五寸餘也是大功初死之麻齊衰既葬之葛與初死之麻大小同耳亦服其功衰者亦上文也服其功衰謂服父之練衰也以大功初喪者衰七升八升九升既葬之後則有十升然服父七升也凡三年之喪既練始遭齊衰大功之喪絰帶皆麻者閒傳篇云斬衰既練遭大功之喪既重麻則知斬衰既練遭齊衰灼然重麻故云絰帶皆麻也此熊氏皇氏之說撿勘鄭意其義然也崔氏云此絰大功之後承前絰之下既有三年之練又有期喪既葬合大功既葬之後故帶其練之故帶絰期之葛絰於此絰文其義得通然于閒傳之文於義不合案閒傳斬衰既虞卒哭遭齊衰之喪又云既練遭大功之喪文各別則此絰文大功唯據三年練後不合期喪既葬也注云男子絰期之葛絰婦人帶期之葛帶其誤者為明[illegible]注期[illegible]其大功之絰大功之帶然於鄭注其義稍乖也[illegible]以[illegible]為正也

小功無變也注無所變於大功齊衰之服不用輕累重也○疏謂先有大功以上喪服今遭小功之喪無變於前服不以輕服減

累於重也

麻之有本者，變三年之葛。注有本謂大功以上也小功以下澡麻斷本○疏謂大功以上為帶者麻之根本并留之合糾為帶如此者得變三年之練葛若麻之無本謂小功以下其絰澡麻斷本不得變三年之葛也言變三年葛舉其重者其實期之葛有本者亦得變之矣

既練遇麻斷本者，於免絰之；既免去絰，每可以絰必絰；既絰則去之。注雖無變緣練無首絰於有事則免絰如其倫免無不絰絰有不免其無事則自若練服也○疏此明斬衰既練之後遭小功之喪雖不變服得為之加絰也以練無首絰於小功喪有事于免之時則為之加小功之絰也既免去絰者謂殯事竟既免之後則脫去其絰也每可以絰必絰者當斂殯之節每可以絰之時必為之加麻也既絰則去之者謂不應絰之時則去其絰自若練服也有事則免絰如其倫者倫謂倫類雖為之不變服其應免絰之時如平常有服之倫類也免無不絰者解絰於免絰之于是免之時必著絰則大斂小斂之節衆主人必加絰也絰有不免者解絰每可以絰必絰也既葬之後虞及卒哭之節但著絰不有免以服成故也是絰有不免者也

小功不易喪之練冠，如免，則絰其緦小功之絰，因其初葛帶。疏小功不易喪之練冠者言小功以下之喪不合變易三年喪之練冠其期之喪冠亦不得易也如免則絰其緦小功之絰者謂如當緦小功著免之節則首絰其緦與小功之絰所以為後喪緦絰者以前練冠首絰已除故也上云小功不易明緦不易下兼言緦者恐免絰不及緦故也言

小功以下之喪要中所著仍因其初喪練葛帶上文云期喪既葬則帶練之故葛帶此小功以下之喪亦著練之初葛不帶云故而云初者以期初喪之時變練之葛帶為麻期既葬之後還反服練之故葛帶故言故也謂其小功以下之喪不變練之葛帶故云初葛帶也

緦之麻不變小功之葛小功之麻不變大功之葛以有本為稅注稅亦變易也小功以下之麻雖與上葛同猶不變也此要其麻有本者乃變上耳襍記曰有三年之練冠則以大功之麻易之唯杖屨不易也○疏謂輕喪之麻本服既輕雖初喪不變前重喪之葛也以有本為稅者稅謂變易也所以緦之麻不變小功者以其緦與小功麻絰既無本不合稅變前喪唯大功以上麻絰有本者得稅變前喪也稅亦變易者以一絰之內自變稅兩文故言稅亦變易也引襍記者欲明大功之麻非但得易期喪之葛亦得易三年練冠之葛也

殤長中變三年之葛終殤之月筭而反三年之葛是非重麻為其無卒哭之稅下殤則否注謂大功之親為殤在緦小功者也可以變三年之葛正親親也三年之葛大功變既練齊衰變既虞卒哭凡喪卒哭受麻以葛殤以麻終喪之月數非重之而不變為殤未成人文不縟耳下殤則否言賤也男子為大功之殤中從上服小功婦人為之中從下服緦麻○疏謂本服大功之喪今乃降在長中殤男子則為之小功婦人為長殤小功中殤則緦麻如此者得變三年之葛著此殤喪服之麻終竟小功之月以後還服三年之葛也既殤長中之麻不改非重此麻也以殤服質略無卒哭之稅麻服葛之法故也下殤則否者謂大功以下殤男子婦人俱為之緦麻其情既輕則不得變三年之葛也案上文麻之有本得變三年之葛則齊衰下殤雖是小功亦是麻之有本故

通典

喪服小記云下殤小功帶澡麻不絶本然齊衰下殤乃變三年之葛今大功長殤麻既無本得變三年之葛者以其殤服質略無虞卒哭之稅故特得變之若成人小功緦麻麻既無本不得變也

宋庾蔚之謂服問云麻之有本者變三年之葛既練遇麻斷本者於衰絰之次云小功不易喪之練冠因說麻之有本乃能變正服之葛又云殤長中變三年之葛終殤之月筭而反三年之葛是非重麻為其無卒哭之稅下殤則不當是論周殤之大功若是大功之殤記當明之期殤最在上所以不言期耳鄭玄謂期殤長中自大功不復指明殤服之異不于卒哭而變上服之葛又明下殤之麻雖不斷本以其幼賤亦不能變上服之葛間傳大明斬衰變受之節因偹列五服麻葛之分緦小功之麻不變上服之葛已自別見故此雖并言而在兼服之例是以不復曲辨若如

鄭說謂大功親之殤者其如緦小功之經麻既斷本又與三年之葛大小殊絶安得相變邪

雜記有三年之練冠則以大功之麻易之惟杖屨不易注謂既練而遭大功之喪者也練除首絰要絰葛又不如大功之麻重也言練冠易麻互言之也唯杖屨不易言其餘皆易也屨不易者練與大功俱用繩耳○疏此明先有三年練冠之節今遭大功之麻易之先師解此凡有三義案聖證論云范宣之意以母喪既練遭降服大功則易衰以母之既練衰八升降服大功衰七升故得易之其餘則否賀瑒之意以三等大功皆得易三年練衰其三等大功衰雖七升八升九升之布有細於三年之練衰以其新喪之重故皆易之庾氏之說唯謂降服大功衰得易三年之練其餘七升八升九升之大功則不得易今依庾說此大功者特據降服大功也故下文云祔兄弟之殤雖論小功之兄弟而云降服則知此大功之麻易據殤也三年之喪至練時首絰已除故特云冠杖屨不易者大功無杖無可改易三年練與大功初喪同是繩屨故杖屨不易練除首絰者閒傳云首絰既除故著大功麻絰要絰葛不如大功之麻重者斬衰既練要絰與大功初死要絰麤細同斬衰是葛大功是麻不如大功之麻重也練冠易麻互言之者麻謂絰帶大功言絰帶則三年練亦有絰帶三年練云冠明大功亦有冠是大功冠與絰帶易三年冠及絰帶故云互言之其餘皆易者絰既言杖屨不易則知衰亦在易中謂冠也要帶也衰也言悉易也然練之首絰除矣無可易也又大功無杖亦無可易也而云易與不易者因其餘有易者連言之

有父母之喪尚功衰而附兄弟之殤則練冠注此兄弟之殤謂大

功親以下之殤也○疏功衰者謂三年練後之衰升數與大功同故云功衰已
有父母之喪尚身著功衰今兄弟有殤在小功者當須附祭小功以下既輕不
合改練時之服則身著練冠附祭于殤知大功以下之殤者
若大功正服則變三年之練此著練冠故知大功以下之殤
呂大臨曰上言有三年之練冠則以大功之麻易之唯杖屨不易此謂三
年既練遭大功之喪當易練冠練衣而服大功之衰又如首絰以麻易葛
所不易者杖屨而已然此三年者統言父母君長子及為人後及適孫為
祖之類若父母之喪既練而祔兄弟之殤則杖屨與練冠俱不易此一節
於三年練冠中特為父母立例蓋大功之衰有重於三年之練冠故所不
易者唯有杖屨兄弟之殤雖亦大功然既殤且祔宜輕於父母之練故比
之三年所不易者又有練冠也功衰者卒哭所受六升之服也既練則以
功衰之布練而為衣故猶曰功衰此不曰練而曰功衰者為下練冠立文
也言尚者明受功衰之日已遠故知為練服也若哭兄弟之
殤則必易練冠蓋練之喪雖無卒哭之稅至于祔宜有殺矣

大夫有私喪之葛則於其兄弟之輕喪則弁絰 [注私喪妻子之
喪也輕喪緦麻也大夫降焉弔服而往不以私喪之末臨兄弟○疏謂妻子之
喪至卒哭以葛代麻之後于此之時遭兄弟之輕喪緦麻著弔服弁絰而往不
以私喪之末臨兄弟也若成服之後則錫
衰未成服之前身著素裳而首服弁絰也]

[徐師曾曰大夫降旁親於緦麻兄弟無服故以弔服之弁絰而往若當私
喪既葛之時而遭此喪則以弁絰易葛不以私喪末服臨兄弟之喪厚同
氣也成服則錫衰
未成服則素裳]

有父之喪如未沒喪而母死其除父之喪也服其除

服卒事反喪服注沒猶竟也除服謂祥祭之服也卒事既祭反喪服服後死者之服○疏謂父喪小祥後大祥前于時又遭毋喪母既葬值父應大祥除服以行祥事故云服其除服也卒事謂父祥竟更還服母服也若母喪未葬而值父二祥則不得服其祥服也所以爾者二祥之祭為吉未葬為凶故未忍凶時行吉禮也

方慤曰服除服而後反喪服示前喪有終也

雖諸父昆弟之喪如當父母之喪其除諸父昆弟之喪也皆服其除喪之服卒事反喪服注雖有親之大喪猶為輕服者除骨肉之恩也唯君子喪不除私服言當者期大功之喪或終始皆在三年之中小功緦麻則不除殤長中乃除○疏言當者此諸親自始死至除服皆在父母服內其除諸父昆弟之喪也皆服其除喪之服服既除竟仍反先服也此亦謂重喪葬後之時也何以知然既始末在重喪中則其除自然在重喪之葬後也上文為父祥尚待母葬後乃除則輕親可知也在大喪之中得為輕服除者輕服是骨肉恩親故得除之小功緦麻則不除者按服問云緦之麻不變小功之葛小功之麻不變大功之葛是尋常小功緦麻不得易大功以上之服殤長中乃除者以服問云殤長中變三年之葛既變三年之葛明亦得為之除也

徐師曾曰諸父昆弟之喪雖輕於父母之喪然昆弟之恩不可忘親愛之情不可薄若其喪自始死至除服皆在父母服內則其除之各服其除服以行禮卒事而後反父母之喪服焉然此言期[illegible]大功及降服之殤爾若小功緦麻則不除有君喪亦不除服過曾子問已言之矣

如三年之喪則既顈其練祥皆行注言今之喪服既顈乃為前三年者變除而練祥祭

也此注謂先有父母之服今又喪長子者其先有長子之服今又喪父母其禮亦然然則言未沒喪者已練祥矣顈草名無葛之鄉去麻則用顈○疏此明前後俱遭三年之喪後喪既受葛之後得為前喪練祥既顈者謂後喪既虞卒哭合變麻為葛無葛之鄉則用顈也後喪既葬之後其前喪得練祭祥祭皆行之依禮父在不為長子三年今云先有長子之服又喪父母者庾氏及熊氏並云有父者誤也當云今又喪母不得并稱父也庾氏又云後喪既顈又前喪練祥皆行若後喪既殯得為前喪虞祔未知然否且依錄之前云未沒喪此云既顈則知既顈與未沒喪者有別既顈是既虞變服之時沒喪是既練之後也若先有父喪而後母死練祥亦然以前文父死為母三年也故喪服齊衰三年章云父卒則為母是也若先有母喪而後父卒母喪雖正期父喪既顈母之練祥亦皆行也

陸佃曰凡喪服皆麻練而葛蓋禫而後顈顈吉服也知然者以被顈黼衣錦尚絅知之也三年重服故雖當既顈其練祥猶行鄭氏謂未沒喪者已練祥矣御當父母之喪未練祥也然則既顈在禫之後明矣

吳澄曰按古字聲同者多借用故檾麻之檾與𦅾縠之𦅾並通作顈鄭氏以顈為代葛之檾是也陸氏以此為𦅾縠之𦅾而為顈乃禫後之吉服且引詩衣錦尚褧儀禮被顈黼為證詩之褧衣禮之顈黼皆婦人之服加於正服之上以御道路之塵者至夫家則脫去豈可指為男子常服之吉服哉若欲言禫後吉服何不言玄端而乃言顈乎陸農師於禮注正捄甚多但時或好新尚奇以破鄭說而不自知其失當也

喪服小記父母之喪偕先葬者不虞祔待後事其葬服斬衰注偕俱也謂同月若同日死也先葬者母也曾子問曰葬先輕而後重又曰反葬奠而後辭於殯遂脩葬事其虞也先重而後輕待

後事謂如此也其葬服斬衰者喪之隆殺宜從重也假令父死在前月而同月葬猶服斬衰不葬不變服也言其葬服斬衰則虞祔各以其服矣及練祥皆然卒事反服重○疏葬母既竟不即虞祔而更脩葬父之禮也所以不即虞祔者虞祔稍飾父喪在殯未忍為也後事謂葬父也葬父竟先虞父乃虞母所謂祭先重而後輕也父母俱喪而服斬者從重也雖葬母亦服斬衰葬之以父未葬不得變服也其葬服斬衰直以葬為文明為母虞祔練祥皆齊衰也卒事之日反服父服也

通典晉杜預云若父母同日卒其葬先母後父皆服斬衰其虞祔先父後母各服其服卒事反服父服若父已葬而母卒則服母之服至虞訖反服父之服既練則服母之服喪可除則服父之服以除之訖而服母之服○賀循云父之喪服未竟又遭母喪當父服應竟之月皆服祥祭之服如除喪之禮卒事反母之喪服也

晉束晳問曰有父母之喪遭外緦麻喪往奔不步態

荅曰不得也若外祖父母喪非嫡子可往若姑姊妹

喪嫡庶皆宜往奔也傅純云禮先重後輕則輕服臨之輕服臨者新亡新哀以表新情亦明親親不可無服及其還家復著重者是輕情輕服已行故也今新死者在千里表應服者以官役爲限奔臨無由乃以重包之夫重服自前亡非關新死則新死無服也豈應服之親卒爲無服宜制新輕之哀以當往臨之服若新亡除既了則反服先重自然包之前後二喪人情與服得兩濟乎或難曰服以禮爲主禮有臨喪之哀而無便制之服如便制輕哀恐非禮也荅曰禮是經通知變而築王姬之館于外春秋以爲得禮之變明變反合禮者亦經之所許也

通典居所後父喪有本親喪服議晉韓康伯問荀訥云有人奉其伯後服制未除復有本父喪當復應還

所生兩處作喪位不若作壟室今當服斬先斬以居壟卯答曰今身有所後重服未練雖有所生之喪無所改易既練則當服期布冠幘首經齊衰先喪既練已有壟室唯當服期以居之耳不復還本家作喪位

○宋庾蔚之謂禮齊衰斬衰之受服大功變既練之服計衰升數從其麄者若升數同則不變經帶而已今代則不然應别制本親期服還本家則著之時代不同不得全依禮

通典居親喪除旁親服議晉賀循云雖有父母之喪皆為期大功之服祥除各服其除喪之服如祥除之節小功已下則不除轉輕也降而為小功則除之殷允有兄子喪應除除兄服與徐邈書云其晨當著吉服除服不當竟此日以吉服接客當兄舊服見客耶又

云禮云服其服卒事反喪服庚太尉大喪中除妻服白袷對客終日今齊服既同且下流宜無嫌於變吉服也竟此一日然後反喪服耶

婦人有夫喪而母亡服議

晉羊祖延問曰外生車騎婦先遭車騎喪斬衰服也後遭母喪齊衰服也禮爲兩制服有所變易也案曾子問曰君喪已殯臣有父母喪歸家卽往殷事應依此不往服何服家服何服賀彥先荅曰禮女子適人服夫三年而降其父母傳曰不貳斬既不貳斬則不得捨其所重服其所降有分明矣國妃有車騎斬衰之服宜以包母齊衰無兩服之義唯初奔當有母初喪之服以明本親之恩成服之日故宜反斬衰之服此輕重之義也又禮君不猒臣君既殯又有父母之喪與君俱三年故有歸家

之義而猶云有居喪者不敢私服何除之有以此言之雖君父而服當其無喪以君衰為主而不以己私服為重也

為祖母持重既葬而母亡服議　晉雷孝清問曰為祖母持重既葬而母亡服制云何范宣曰按禮應服後喪之服至祖母練日則變除事畢反後喪之服

居重喪遭輕喪易服議　晉謝奉議曰夫孝子之處喪服勤三年不懈不怠情思所主無不在曾子問三年之喪可以弔乎孔子曰三年之喪練不羣立不旅行君子禮以飾情三年之喪而弔哭不亦虛乎蓋以為彼興哀則不專於所重也而禮云卒哭既練遭周大功之喪皆隨所服而變代行喪者咸從此制竊有所恨夫人子之道天屬之恩可謂重矣終身之憂非一

朝可消故有祥練而為其極夫以資於事父之道在公尚有奪私服之制況兼愛敬之重而更屈於慈屬乎奔喪之禮赴哭輒備其經帶歸於本宮即反正服於權宜兼通廢可知無大過矣

兼親服議宋庾蔚之謂一人身而內外兩親論尊卑之敘當以己族為正昭穆不可亂也論服當以親者為先親親之情不可沒也或族叔而是姨弟若此之類皆是也禮云夫屬父道妻皆母道夫屬子道妻皆婦道此言本無親也若本有外屬之親則當推其尊親之宜外親不關父母之例無嫌昭穆之亂故可得隨其所親而服之若外甥女為己子婦則不用外甥之服是從親者服也外姊妹而為兄弟之妻亦宜用無服之制兄弟妻之無服乃親於外親之有服也至

若為從父昆弟之子婦則不可以服禮待之由外親之屬近而尊也其餘皆可推而知矣

乾學按古人先有重喪後遭輕喪其所變易者不過經帶而已衰與冠固不變也至後世則更新喪之衰而並不言經帶豈爾時之喪服無經帶可易耶是又禮之一變也

開元禮諸先遭重喪後遭輕喪皆為制服往哭則服之反則服其重服其除之也亦服其服而除

政和禮若先遭重喪後遭輕喪皆為制服往哭則服之反則如初

宋史禮志天禧

溫公書儀若重喪未滿而遭輕喪則制輕喪之服而哭之月朔輒為位服而哭之既畢返重服其除之也

亦服輕服若除重喪而輕未除則服輕服以終其餘日文公家禮同

［朱子語類］問三年之喪而又遇期喪當服期喪之服以臨其喪卒事而反初服或以為方服重不當改而衣輕不知如何朱子荅曰或者之說非是陳淳答友人書所引雜記之文窃詳其義是前遭重喪已制重服服之矣未終而復併遭輕喪則又製後輕喪之服暫以從事而不以輕為常若前遭輕喪已製輕服服之矣未終而復所遭重喪則又必製後重喪之服而專以重為常及除輕喪之日暫服輕服以為祥祭既卒事然後反服重服如常

［邱寶喪禮襍說］喪有常服而所遭不能無變變之所值服之所雜故服有成有受有練有禫其常也有易有包有特有重有兼其變也三日歛而成服期而小祥而練除首之絰受以功衰又期而大祥中月而禫當其時服其服所謂常也如此是固無庸於論者唯夫斬衰之喪既虞卒哭而遭齊衰則男子有易要絰婦人有易首絰所謂包者男子有仍首絰婦人有仍要絰所謂特者斬衰既練遭大功之喪有男婦首要皆麻所謂重麻者有男婦首要皆葛所謂重葛者齊衰虞卒哭遭大功之喪男以功麻易齊帶之葛而首猶齊葛婦以功麻易齊首之麻而要猶齊葛所謂兼服者有斬葛齊麻以至功葛緦麻前喪既葬後喪初歛男要婦首易而兼服者彼一時也此一時也物以時變新故重輕參伍伸屈而無失乎恩義之中所謂變

又如此夫是之謂雜苗類而推之則一人之身周旋五服之內雖日有變不虞也而况其常乎

卹博曰先友周全伯喪嫡母次所生母死疑其為服為位全伯程伊川子壻伊川尚不能决先人問之司馬文正公曰某承問有人居嫡母之喪而所生母卒疑其所以為服及之、按雜記云有三年之練冠則以大功之麻易之又云有父之喪如未歿喪而母死其除父之喪也服其除服卒事反喪服雖諸父昆弟之喪如當父之喪其除諸父昆弟之喪也皆服其除喪之服卒事反喪服是先有喪而重有者皆當別為服也又曾子問曰並有喪如之何何先何後孔子曰其葬也先輕而後重其葬及虞先重而後輕此謂遭同月者也今之律令嫡繼慈養與母同例皆應服齊衰三年子之于母嫡庶雖殊情無厚薄固當同服而喪服小記云妾附于妾祖姑古妾與女君尊卑殊絕設位于他所可也禮者大事先賢不敢輕議况如某詎敢輒以許人姑記所聞以報尚裁為幸乎謂文正公之于禮可以為後世法矣故表出之聞見後録

〔王廷相〕並有喪服說並有父母之喪如之何曰父已葬而有母之喪則服母之服既虞也反服父之服既練也則服母之服不以輕掩重也其除父之喪也服其除服卒事反母服母先而父後也亦如之曰祖父之喪將練而父亡何如曰持重于祖無主于父禮也練祥禫祭也服其除服卒事反父服曰父喪未終而祖父沒何如曰嫡孫為父後者承重禮也父雖練也猶服其承服其除父之喪也服其除服卒事反承服諸父昆弟之亡也當其父母之喪則何如曰其初喪也服諸父昆弟之服返而適次也反喪服其除喪也服其除服卒事反喪服外親之喪亦如之有所後父之喪而本生父母亡如之何曰已殯則服其服而往哭之而歸反喪服已葬則往其殯而歸反喪服其除喪也服其除服卒事反喪服曰不亦輕本生乎曰禮有所重斬不可以離次也

〔呂坤四禮疑〕斬衰而遇功緦成服，制其服而哭之，月朔服其服而哭之，精矣哉禮也。輕不奪重矣，其人不服其服，薄之云乎？卑當尊、幼當當，雖以緦功易斬衰可也。○重喪遭輕喪，即以重喪臨之，於禮無害，謂之不忘吾親之喪可也，謂之拋棄緦功之喪亦可也。若借數刁之輕，於禮固精，即不哭輕者之服，而吾身固非羔裘玄冠也，於死者奚薄乎？視三年之喪不哭吊者，情理猶為近〕矣。若居父母之喪，而高曾祖及伯叔祖、伯叔父、姑死，居妻子之喪，而舅姑、兄弟、姊妹死，彼服雖功緦，亦當暫成功緦之服，入其門，會其葬，即服其服可也。此以尊長卑幼為輕重，而服非所論矣。

〔宋纁四禮初編〕父喪未滿而遭母喪，則當除父喪之時，服除喪之服以行大祥之禮，行事畢，即服母喪之服。若母喪未葬而值父喪之二祥，則不得服祥服。以祥祭為吉，未葬為凶，不忍于凶時行吉禮也。居母喪遭父喪者亦然。

讀禮通考卷三十五

喪服六

弔服

周禮春官司服凡弔事弁絰服

注弁絰者如爵弁而素加環絰論語曰羔裘玄冠不以弔絰大如緦之絰其服錫衰緦衰疑衰諸侯及卿大夫亦以錫衰為弔服喪服小記云諸侯弔必皮弁錫衰則變其冠耳喪服舊說以為士弔服素委貌冠朝服此近庶人弔服而衣猶非也士當事弁絰疑衰變其裳以素耳國君于其臣弁絰他國之臣則皮弁大夫士有朋友之恩亦弁絰○疏弔事言凡者以其弔事非一故云凡以廣之也弁絰其服則錫衰緦衰之等也弁絰如爵弁而素者爵弁之形以木為體廣八寸長尺六寸以三十升布染為爵頭色赤多黑少今為弁絰之弁其體亦然但不同爵色之布而用素為之加環絰者凡五服之絰皆兩股絞之今言環絰即與絞絰有異矣謂以麻為體又以一股麻為體糾而橫纏之如環然故謂之環絰加於素弁之上論語曰羔裘玄冠不以弔者彼謂小斂之後主人已改服客則不用玄冠羔裘朝服以弔之引之者證凡弔服及弁絰皆施之於小斂已後也絰大如緦之絰者弔服環絰大小無文但五服之絰緦絰最小弔服之絰亦不過之是以約同緦絰也其服錫衰緦衰疑衰者據下文而說也諸侯及卿大夫亦以錫衰為弔服者案服問云君為卿大夫錫衰當事則弁絰大夫相為亦然故知之也諸侯弔必皮弁錫衰則變其冠耳者不言君而言諸侯則是弔異國之臣法不著弁絰而云皮弁故云變其冠耳士弔服素委貌朝服此近庶人弔服而衣猶非者此引舊說而破之庶人弔服首服素冠而素

讀禮通考　卷三十五

裳其衣裳當疑衰故喪服鄭注云士疑衰素裳冠則皮弁之絰庶人不爵弁則其弔冠素委貌也若然士與庶人服同冠弁則異也國君于其臣弁絰者服問云當事則弁絰是也他國之臣皮弁者喪服小記文是也大夫士有朋友之恩亦弁絰者喪服記云朋友麻故知大夫于士士自相于有朋友之恩者服麻大夫相于不假朋友恩以其服問卿大夫相為亦錫衰弁絰不言朋友也凡弔服天子之服于此上下文具矣其諸侯弔服亦應三衰俱有知者以天子自大裘以下至素服上公自袞冕以下如王之服侯伯自鷩冕而下如公之服子男自毳冕而下如侯伯之服皆相如明諸侯三衰皆有但所用據文唯有服問云為卿大夫錫衰以居出亦如之當事則弁絰其用緦衰疑衰則文王世子注同姓之士緦衰異姓之士疑衰以其卿大夫已用錫衰故以二衰施于同姓異姓之士也案士喪禮注云君弔必錫衰者蓋士有朋友之恩者加之與大夫同用錫衰耳大夫相于必用錫衰者以大夫雖以降服仍有小功降至緦麻則不得以緦衰為弔緦衰既不弔明既衰亦不可為故以錫衰為弔服也士之弔服不用錫衰者避大夫疑衰不用疑裳者鄭注喪服云避諸侯也凡弔服皆既葬除之其大夫妻亦與大夫同故喪服云大夫弔于命婦錫衰命婦弔于大夫亦錫衰是也服問云為其妻出則不弔與大夫小異耳

王為三公六卿錫衰為諸侯緦衰為大夫士疑衰其首服皆弁絰注君為臣服弔服也鄭司農云錫麻之滑易者十五升去其半有事其布無事其縷緦亦十五升去其半有事其縷無事其布疑衰十四升衰玄謂無事其縷哀在內無事其布哀在外疑之言擬也擬于吉○疏天子臣多故三公與六卿同錫衰諸侯五等同緦衰大夫與士同疑衰不見三孤者與六卿同又不辨同姓異姓亦以臣故也首服皆弁絰者三衰同皆弁絰君為臣服弔服者欲見臣為君斬君為臣無服直弔服既葬除之而已鄭司農解錫衰緦衰者喪服傳文其疑衰無文先鄭當更有所見後鄭皆從但增成其義耳鄭注喪服破升皆為登布八十縷為登登成也今云十五

升則千二百縷去其半則六百縷也有事其縷及有事其布者皆謂以水濯治去其垢者也玄謂擬于吉者以其吉服十五升今疑衰十四升少一升而已故云擬于吉者也凡弔皆不見婦人弔服者以婦與夫同故喪服云大夫弔于命婦錫衰命婦弔于大夫亦錫衰是婦與夫同其首服即鄭注喪服云凡婦人弔服吉笄無首素總是也

王昭禹曰錫衰緦衰疑衰三者皆服之輕者而用之于弔故皆同服弁絰也錫如金錫之錫以金性堅剛而錫則散施而金性易矣然則麻之滑易者施于喪服亦如是焉故曰錫衰緦則又輕于錫以緦麻縷數服至于緦衰不足也致其思而已故曰緦衰疑衰則又輕于緦以吉服十五升布而疑衰則用十四升是有疑于吉矣故曰疑衰

易祓曰父母于子亦有服故王于諸侯羣臣則有錫衰緦衰疑衰之差然至尊不可以服言其首服皆加弁絰既葬除之

王明齋曰禮必有報臣于君服如此其重然則臣有喪禍天子其忍居然衣錦而不為服乎諸侯王之屏翰也故為之服緦緦雖至輕然天子絕期則為重也三公六卿王之股肱也故為服錫衰稍加于緦矣大夫士雖衆皆王平日所倚任而宣力者故服疑衰也或疑諸侯諸臣衆矣天子皆為之弔與服不亦煩勞而日無乃不給乎夫禮者固理之至極而制為大中之矩其行之則有權焉是故周公康叔始封不降自當依喪制而服之二王之後待之特隆緦服亦不得而殺又若伊尹太公太甲成王皆當為之心喪者雖錫衰數月何得為過其餘但聞喪而哭時服之原不廢大禮而所謂弔者或以公卿大夫士爵同者攝之非必天子一一親往故禮者制為之極使人有所底止耳

乾學按王為諸侯服緦衰本弔服與緦麻

三月之緦不同義王氏以絻期論之失其倫矣

敖繼公曰疑衰者亦十五升而去其半蓋布縷皆有事者也布縷皆有事則疑于吉升數與緦錫同則疑于凶故因以名之

夏官弁師　王之弁經弁而加環經　注弁經王弔所服也其弁如爵弁而素所謂素冠也而加環經環經者大如緦之麻經纏而不糾司服職曰凡弔事弁經服○疏緦之經則兩股此環經則以一股纏之不糾

王昭禹曰王之弁經弁而加環經此王之弔服也弁經如爵弁而素環經則知經之麻經也司服所謂凡弔事弁經服是已

李嘉會曰弁經五服之輕者王弔乃五服之外故約言之

諸侯及孤卿大夫之弁經各以其等為之而掌其禁令　注弁經之弁其辟積如冕繅之就然庶人弔者素委貌○疏弁辟積如冕繅之就者以其弔服非吉故無飾故辟積有數也

儀禮喪服記　大夫弔於命婦錫衰命婦弔於大夫亦錫衰　注弔于命婦命婦死也弔于大夫大夫死也小記曰諸侯弔必皮弁錫衰服問曰公為卿大夫錫衰以居出亦如之當事則弁經大夫相為亦然為其妻往則服之出則否○敖繼公云服問以錫衰為大夫相為之服則命婦相弔亦錫衰矣此記惟見大夫于命婦命婦于大夫者嫌所弔者異則服或異也大夫命婦之錫衰惟于尊同者用之則弔于其下者不錫衰明矣

傳曰錫者何也麻之有錫者也錫者十五升抽其半無事其縷有事其布曰錫

注謂之錫者治其布使之滑易也錫者不治其縷哀在內也緦者不治其布哀在外也君及卿大夫弔士雖當事皮弁錫衰而已士之相弔則如朋友服疑衰素裳凡婦人相弔吉笄無首素總○疏錫謂不治其縷治其布以哀在內緦則治縷不治布哀在外以其王為三公六卿重于畿外諸侯故也君及卿大夫弔士雖當事皮弁錫衰而已者是士輕無服弁經之禮有事無事皆皮弁若然文王世子注諸侯為異姓之士疑衰同姓之士緦衰今言士與大夫又同錫衰此言與士喪禮注同亦是君于此士有師友之恩者也吉笄無首素總者婦人弔之首服無文故特釋錫衰傳後乃解之必知用吉笄無首素總者下文女子子為父毋卒哭折吉笄之首布總此弔服用吉笄無首素總又男子冠婦人笄相對婦人素服又笄總相對上注男子弔用素冠故知婦人弔亦吉笄無首素總也

敖繼公曰服問以錫衰為大夫相為之服則命婦相弔亦錫衰矣此記唯見大夫于命婦命婦于大夫者嫌所弔者異則服或異也大夫命婦之錫衰唯于尊同者用之則弔于其下者不錫衰明矣○有錫疑當作滑易蓋二字各有似以傳寫而誤也鄭司農注司服職云錫麻之滑易者也其据此記未誤之文歟以天子弔服差之錫重于緦故緦治縷而錫則否蓋凡服以麤細為先後錫不治縷則其縷不如緦之細所以差重也然而必有事其布者蓋弔服不可以無所事既不治縷則當治布也治其布則滑易矣所以謂之錫

萬斯同曰諸家皆言錫衰重于緦衰蓋本于注疏之說也愚竊以為不然夫錫有事其布緦但有事其縷則錫之布治于緦理自顯然矣況緦為五服之一而錫在五服之外果孰輕而孰重乎若謂內之公卿重于外之諸侯故公卿用錫衰諸侯用緦衰愚又以為不然凡外之諸侯加于內之公

鄉一等故三公八命出封為公則加一等為九命六卿六命出封為侯則加一等為七命此周禮文之可据者也又孰輕而孰重乎試觀禮文所言錫衰之用至多緦衰之用至少可見緦衰即緦麻之服故不槩用之為弔服而常用錫衰也况雜記言朝服十五升去其半而緦加灰錫也則錫加灰而緦不加灰又較然章著矣安得謂錫重而緦輕乎

服問 公為卿大夫錫衰以居出亦如之當事則弁經大夫相為亦然為其妻往則服之出則否 注 弁經如爵弁而素加經也不當事則皮弁出謂以他事不至喪所○疏此明君為卿大夫之喪成服之後著錫衰以居也雖以他事而出不至喪所亦著錫衰其首則服皮弁若往弔卿大夫當大殮及殯弁將葬啓殯時則首著弁經身衣錫衰士雖當事首服皮弁故士喪禮君視大殮注云皮弁服襲裘是也大夫相為亦如君于卿大夫不當事則皮弁當事則弁經故雜記云大夫與殯亦弁經是也大夫于士雖當事亦皮弁也公于卿大夫之妻及卿大夫相為其妻往臨其喪則服錫衰不恒著之以居若餘事之出則不服也言居亦不服其當殯斂之事亦弁經也

陸佃曰當事則弁經者据此王為三公六卿錫衰大夫士疑衰其首服蓋當事而後弁經也大夫相為亦然者雜記曰大夫哭大夫弁經與殯亦弁經為其妻往則弔也弔而服之弔而出則除之喪服傳曰大夫弔于命婦錫衰命婦弔于大夫亦錫衰

喪服小記 諸侯弔必皮弁錫衰所弔雖已葬主人必免主人未喪服則君亦不錫衰 注 必免者尊人君為之變也未喪服未成服也既殯成服○疏

皮弁錫衰者一云此弔異國臣若自弔已臣則素弁環經錫衰也故鄭注國君于其臣弁經他國之臣皮弁一云自弔已臣而未當事則皮弁錫衰至當事乃弁經耳主人必免者諸侯來弔主人必為之重禮凡五服自大功以上為重〻服為免之節自始死至塟卒哭後乃不復免也小功以下輕〻服為之節自始死至殯〻後不復免至塟啓殯之後而免以至卒哭如始死今人君來弔雖非服免時必為免以尊重人君故也然此謂大功以上小功以下則不然也未成服謂未括髮未散麻帶經之屬既殯成服士喪禮既殯三日成服

陸佃曰据此凡諸侯弔皆皮弁錫衰言必者著諸侯弔無內外皆當如此然則天子弔服與諸侯異歟天子重經諸侯重衰天子弔服皮弁加環經諸侯弔服皮弁錫衰凡弔主人服而後弔〻而後為之服若王弔三公六卿主人成服王皮弁服加環經以弔及其為之服也皮弁錫衰以居出亦如之當事則弁經

雜記　大夫之哭大夫弁經大夫與殯亦弁經　注弁經者大夫錫衰相弔之服也如爵弁而素加環經曰弁經○疏成服以後大夫往弔哭大夫身著錫衰首加弁經未成服前與殯之時首亦加弁經身著當時所服之服故士喪禮注云主人成服之後往則錫衰主人未成服君亦不錫衰則著皮弁服也若主人未小斂之前則吉服而往不弁經也案禮主人未成服之前小斂之後大夫著弁經而衣皮弁服此云弁經大夫錫衰相弔者据主人成服之後故云然但文在大夫與殯之上故南北諸儒皆以此哭大夫弁經是三斂之間怪鄭注云錫衰所以各為異說今謂大夫之哭大夫廣解成服之後于義無妨但既成服之後又卻明與殯之前理亦可通

陳澔曰大夫之喪既成服而大夫往弔則身著錫衰首加弁經若與其殯事是未成服之時也首亦弁經但身不錫衰不錫衰則皮弁服也

檀弓天子之哭諸侯也爵弁絰紂衣陸德明音義紂本又作緇○注服士之祭服以哭之明為變也天子至尊不見尸柩不弔服麻不加於采此言經衍字也時人聞著弁絰因云之耳周禮王弔諸侯弁絰緦衰也疏諸侯薨在本國天子遥哭之不服緦衰弔服而服爵弁紂衣紂衣絲衣也則諸侯以下雖不見尸柩仍弔服也

吴澄曰紂與緇同紂衣絲衣也爵弁紂衣士之祭服諸侯薨天子不親見其尸柩則不服弔服但服士之祭服哭之

羔裘玄冠夫子不以弔注不以吉服弔喪○疏羔裘玄冠即朝服也時有小斂後羔裘弔者記人引鄉黨孔子身行之禮以譏當時多失禮也

孔安國曰喪主素吉主玄吉凶異服

馬晞孟曰弔者在小斂之前猶當服羔裘玄冠以主人未成服弔者麻絰不敢先也故子游裼裘而弔既小斂乃襲裘帶絰而入若夫子之羔裘玄冠不以弔者是言小斂之後而已矣

曾子襲裘而弔子游裼裘而弔曾子指子游而示人曰夫夫也為習於禮者如之何其裼裘而弔也注曾子蓋知臨喪無飾夫夫猶言此丈夫也子游于時名為習禮主人既小斂袒括髮子游趨而出襲裘帶絰而入注于主人變乃變也所弔者朋友曾子曰我過矣我過矣

夫夫是也注服是善子游言。疏凡弔喪之禮主人未變之前弔者吉服而弔吉服謂羔裘玄冠緇衣素裳又袒去上服以露裼衣則此裼裘而弔是也主人既變之後雖著朝服而加武以經又掩其上服若是朋友又加帶則此襲裘帶經而入是也案喪大記云弔者襲裘加武帶經注云始死弔者朝服裼裘如吉時也小斂則改襲裘而加武與帶經矣

張子曰曾子子游同弔異服必是去有先後故不得同議各守所聞而往也二人皆聖門高弟其分契與常人殊若使一人失禮必面相告豈有私指示于人而不告之也此段義可疑

朱子曰裘似今之襖子裼衣似今背子襲衣似今凉衫公服襲裘者冒之不使外見裼裘者袒其半而以禪衣襯出之緇衣羔裘素衣麑裘黃衣狐裘緇衣素衣黃衣即裼衣欲其相稱也

方愨曰掩而襲衣謂之襲裘露而裼衣謂之裼裘以裘在二衣之內故皆曰裘也

郝敬曰襲掩也裘吉服襲裘謂以衣掩蓋其裘裼裘露裘也凡衣重曰襲單曰裼

乾學按玉藻裘之裼也見美也疏言裘上加裼衣裼衣上雖加他服猶開露裼衣見裼衣之美以為敬又弔則襲不盡飾也疏言凡此弔襲謂主人既小斂之後若未斂之前則裼裘又君在則裼盡飾也疏言君在之時則露此裼衣盡其文飾之道以敬於君又服之襲也充美也疏言君之不在臣所加上服掩襲裼衣謂覆蓋裼衣之美以敬心殺故也是故襲裘與表裘皆不入公門蓋文質遞變代有因革古人宮室衣服多與後世不同論世知人以意逆志可耳若執目前之見而致疑於古人則按以禮經窒礙正多也

衛司徒敬子死注司徒官氏公子許之後子夏弔焉主人未小斂絰而往子游弔焉主人既小斂子游出絰反哭注皆以朋友之禮而二人異子夏曰聞之也與曰聞諸夫子主人未改服則不絰疏此唯云絰鄭知是朋友者凡弔者主人成服則客乃服弔絰今此隨主人主人始小斂未成服而已便出著絰故知有緦之恩隨主人變如五服親也又至小斂出絰反哭與子游前裼裘弔朋友同也前子游云帶絰故知是朋友此下不云帶知是朋友者凡弔則應弁絰環絰之屬是也此雖不云帶凡單云絰則知有帶猶如喪服云苴絰檀弓為師二三子皆絰而出及朋友羣居則絰皆是包帶之文也

左傳十二年夏五月昭夫人孟子卒孔子與弔適季氏季氏不絻放絰而拜注孔子始老故為弔也絻喪冠也孔子以小君禮往弔季氏不服喪故去絰從主節制○疏禮齊衰之喪始死而絻以至于成服絻以代吉冠故以絻為喪冠也孔子以季孫當服臣為小君之禮故以小君禮往弔季氏傳言適季氏謂適季氏哭位故杜言往弔謂就其哭位也季孫既不服喪孔子不得服弔服故去絰從主節制也大夫之弔服弁絰曲禮云凡非弔喪非見國君無不荅拜者鄭玄云喪賓不荅拜不自賓客也禮弔無拜法而此言放絰而拜者記言喪賓不荅拜謂喪主既拜賓賓不荅拜耳其初見主人成弔者先拜据此傳文必有拜法記無其事記不具耳

家語魯昭公夫人吳孟子卒不赴于諸侯孔子既致

仕而往弔焉適于季氏季氏不經孔子投經而不拜注以季氏無禮故已亦不成禮子游問曰禮與孔子曰主人未除服則弔者不經焉禮也黃氏曰案春秋左氏傳云孔子與弔適季氏季氏不絻放經而拜季恒子死魯大夫朝服而弔子游問于孔子曰禮乎夫子不荅他日又問夫子曰始死羔裘玄冠者易之而已汝何疑焉黃氏曰案檀弓曰始死羔裘玄冠者易之而已注云養疾者朝服羔裘玄冠即朝服也始死則易去朝服著深衣故云易之而已檀弓注据養疾者言之家語所載据弔者言之文同而意則異

通典漢戴德曰君弔於卿大夫錫衰以居不聽樂弔於士皆服弁經疑衰君弔臣疑衰素弁加經明日主人衰經拜謝於朝君若使人弔其服疑衰素裳素冠諸侯會遇相弔則錫衰皮弁加經不舉諸侯弔於寄公錫衰諸侯相弔及同國大夫相弔錫衰十五升抽其半素冠加經朋友弔服有經經大與緦麻經同素

冠素帶既塟而除皆在他國則袒免同國大夫命婦相服錫衰素總加麻同國之士相為朝服加經其妻相為亦如之朝服不髽

白虎通義玄冠不以弔者不以吉服臨人凶示助哀也

通典蜀譙周云國君為卿大夫皮弁錫衰以居他事出亦如之其弔則皆錫衰布弁而經三月服吉其弔士則服弁經疑衰亦往則服出則不公及大夫弔衆妾如君弔他國卿大夫皮弁錫衰不經大夫弔服以錫衰用緦麻布而夾理之曰錫士弔服以疑衰用錫布為衣而素裳擬於吉也其冠各以其衰歸其家猶弔服弁經以居其以他事出則脱經三月既塟服吉五代兄弟相為亦然

乾學按此所解疑衰與注疏異注疏十四升布之説本出鄭司農經原無明文而後代敖繼公氏又謂用七升半之布内外皆有事三説不同未審孰是以臆見斷之敖勝于譙譙勝于鄭

吳射慈喪服圖王弔三公及三孤弁経錫衰弔六卿弁経錫衰弔大夫弁経疑衰弔士弁経緦衰弔畿内諸侯弁経緦衰

晉書禮志禮王為三公六卿裼衰為大夫士疑衰首服弁経天子諸侯皆為貴臣貴妾服三月漢為大夫制服無聞焉

通典魏蔣濟奏會喪不宜去冠奏事者上言前會故鎮軍朱鑠喪自卿以下皆去冠以布巾帕額使者侍

中散騎則不皆非舊法夫冠成德之表於服為尊唯君親之喪小斂之前與服罪之人去冠其餘禮儀雖齊衰之痛有變無廢今為弔去冠甚違禮意下博士杜希議以為論語曰羔裘玄冠不以弔故周人玄冠代以素弁漢去玄冠代以布巾亦王者相變之儀未必獨非也古禮野夫著巾古者軍禮韋弁冠今者亦幘此明轉相變易不可悉還及古今宜因漢氏故事又按漢儀注諸侯王薨天子遣使者往皆言使者素服又禮自天子下達於士臨殯斂之事去玄冠以素弁君子臨喪必有哀素之心是以去玄冠代之以素是以漢巾輿臨喪之事與禮合自是之後或言臨喪使者常吉服布巾以為使者亦宜去玄冠代以布巾示不純吉侍中散騎諸會喪亦宜去玄冠代以布巾

詔從希議

晋書輿服志天子素服白帢單衣

白帢漢末王公名士多委王服以幅巾為雅是以袁紹崔鈞之徒雖為將帥皆着縑巾魏武以天下凶荒資材乏匱擬古皮弁裁縑帛以為帢合乎簡易隨時之義以色別其貴賤本施軍飾非為國容也徐爰曰俗說帢本未有岐荀文若巾之行觸樹枝成岐謂之為善因而弗改今通以為慶弔服宋書禮志同

通典晋摯虞決疑云凡使弔祭同姓者素冠幘白練深衣器用皆素異姓者服色器用皆不變○陳舒議至尊臨溫公夫人喪按禮天子哭諸侯則弁經錫衰哭大夫士則弁經疑衰此皆當時殯葬之間服耳今溫公喪已久遠主人本應改葬之服今之所服大夫

喪耳天子於諸侯之妻禮變今以白帢深衣當古弔服今至尊臨喪謂應深衣而已著深衣者不復變服其餘侍官謂當公服直衛不應復哭

〔賀循喪服要記〕始弔朝服玄端之服也皮弁經素弁而加環經也始死而往朝服者主人未變賓未可以變也○又曰大夫弔於大夫始死而往朝服裼裘如吉時也當斂之時而至則弁經服皮弁之服以襲裘也主人成服而往則皮弁經而加錫衰也大夫于士有朋友之恩乃得弁經

〔宋書禮志〕古者人君弔服皮弁疑衰今以單衣白帢爲弔服脩敬尊秩亦服之也單衣古之深衣也裁製與深衣同唯絹帶爲異深衣絹帽以居喪單衣素帢以施吉

南齊書禮志海陵王薨（即後廢帝為蕭鸞所廢復弑之）百官會哀時纂嚴朝議疑戎服臨會祠部郎何佟之議羔裘玄冠不以弔理不容以兵服臨喪宋泰始二年孝武大祥之日於時百寮入臨皆於宮門變戎服著衣帢入臨畢出外還襲戎衣從之

隋書禮儀志梁制單衣白帢以代古之疑衰皮弁為弔服為羣臣舉哀臨喪則服之（陳制同）

後魏制天子東西堂舉哀服白帢○皇太子為宮臣舉哀白帢單衣烏皮履未加元服則素服（後齊制同）

後周制皇帝弔服錫衰以哭三公緦衰以哭諸侯（皆十五升抽其半錫者浣其布不浣其縷衰在內緦者浣其縷不浣其布衰在外也）疑衰以哭大夫（十四升）皆素弁（如爵弁之數）環絰（一服纏絰）諸侯於其卿大夫錫衰同姓緦衰於士疑衰其當事

則弁絰否則皮弁公孤卿大夫之弔服錫衰弁絰皮弁亦如之士之弔服疑衰素裳當事弁絰否則徒弁

皇后弔服為妃嬪三公之夫人孤卿内子之喪錫衰錫者十五升去其半無事其縷有事其布衰在内也為諸侯夫人之喪緦衰緦亦十五升去其半有事其縷無事其布衰在外也為媛御婉及大夫孺人士之婦人之喪疑衰十四升疑于吉皆吉笄無首象笄去首飾

諸侯夫人於卿之内子大夫孺人錫衰於已之同姓之臣緦衰於士之婦人疑衰皆吉笄無首其三妃已下及媛三公夫人已下及孺人其弔服錫衰御婉及士之婦人弔服疑衰疑衰同笄九嬪已下皆骨笄

隋制皇帝臨臣之喪三品以上服錫衰五等諸侯緦衰四品以下疑衰

白帢白紗單衣烏皮履皇帝為羣臣舉哀則服之

皇太子臨弔三師三少則錫衰宮臣四品以上緦衰
五品以下疑衰

白帢单衣烏皮履皇太子為宮臣舉哀則服之

白帢按傅子魏太祖以天下凶荒資財乏匱擬古皮弁裁縑帛以為之盖自魏始也梁令天子為朝臣等舉哀則服之今亦准此其服白紗单衣承以裙襦烏皮履舉哀臨喪則服之傅子傅玄所著

乾學按隋制既備列三等之衰復言白帢单衣舉哀者盖以白帢单衣代古之疑衰也

新唐書禮志皇帝服一品錫衰三品以上緦衰四品以下疑衰

車服志天子之服曰白帢者臨喪之服也白紗单衣

烏皮履顯慶元年長孫無忌等言禮皇帝爲諸臣及五服親舉哀素服今服白帢禮令乖舛且白帢出今代不可用乃改以素服而白帢廢矣

宋史凶禮志通禮著皇帝臨諸王妃主外祖父母皇后父母宗戚貴臣等喪出宮服常服至所臨處變服素服天聖喪葬令皇帝臨臣之喪一品服錫衰三品以上緦衰四品以下疑衰皇太子臨弔三師三少則錫衰宮臣四品以上緦衰五品以下疑衰

通志略周制司服職掌王之吉凶衣服王爲三公六卿錫縗爲諸侯緦縗爲大夫士疑縗其首服皆弁經魏蔣濟奏會喪不宜去冠奏事者上言前會故鎮軍朱鑠喪自卿以下皆去冠以布巾帕額使者侍中散騎則不皆非舊法夫冠成德之表於服爲尊唯君

親之喪小斂之前與服罪之人去冠其餘禮儀雖齊縗之痛有變無廢今為吊去冠其違禮意下博士杜布議以為論語曰羔裘玄冠不以弔故周人玄冠代以素弁漢去玄冠代以布巾亦王者相變之儀未必獨非也古禮野夫著巾古者軍禮韋弁冠今者赤幘此明轉相變易不可悉還及古今宜因漢氏故事又按漢儀注諸侯王薨天子遣使者往皆言使者素服又禮自天子下達于士臨殯斂之事去玄冠以素弁君子臨喪必有哀素之心是以去玄冠代之以素是以漢中興臨喪之事與禮合自是之後或言臨喪使者常吉服布巾以為使者亦宜去玄冠代以布巾亦不純吉服侍中散騎諸會喪亦宜去玄冠代以布巾詔從布議晉摯虞云凡使弔祭同姓者素冠幘白練

深衣麗用皆素異姓者服色器用皆不變唐之制如開元禮

丁晋公談録嘗見常武太原王公言先太師傾背時朝賢來相弔朱紫盈門惟徐左省省鉉獨攜一麻袍角帶于客位內更易後方入相弔以此知士大夫具朝服臨哀弔固深不可也先太師即兵部侍郎祐也

葉夢得石林燕語幍苦洽反與恰同魏武擬古皮弁裁縑皂以為幍合乎簡易隨時之義以色別其貴賤本施軍飾非為國容後通以慶弔晋因之咸和中制聽尚書八座丞郎門下三侍官乘車白幍齊依以素為之舉哀臨喪服之梁因之以代古疑衰為弔服羣臣舉哀臨喪則服之陳因之而初婚冠送餞亦服之隋依梁不易唐因之案宋書孝友傳郭世通服除後哀感思慕終身如喪者未嘗釋衣幍又宋明帝泰始六年定服制舉哀臨喪白帢單衣亦謂之素服則直以為凶服非可通于慶弔矣

程大昌演繁露溫公著論士夫弔喪可服公服案孔子謂羔裘玄冠不以弔則恐公服之說未穩北魏太和中文明太后崩齊遣裴昭明往弔欲以朝服行事孝文遣成淹論執昭明言不聽朝服行禮義出何典淹言羔裘玄冠不以弔童稚共聞昭明說屈乃借衣幍以申國命則夫吉服而弔似

與夫子之說異也

家禮凡弔皆素服各隨其人所當服之衣而用縞素者丘濬曰按本注幞頭衫帶皆以白生絹爲之今制惟國恤用布裹紗帽其餘則不許有官者衣可變而冠不可變若無官者用素巾可也

朱子語類問曾子問取女有吉日而女死如之何孔子曰壻齊衰而弔既葬而除之夫死亦如之服用斬衰恐今亦難行也朱子荅云未見難行處但人自不恥行耳〇問今弔者用橫烏如何曰此正與羔裘玄冠不以弔相反亦不知起于何時想見當官者既不欲易服去弔人故杜撰成此禮數若閒居時當易服用涼衫

黄勉齋儀禮弔服圖說

主人未小歛而弔〇弔者易羔裘玄冠此据家語夫子曰始死羔裘玄冠者易之而已裼裘而弔此據子游裼裘而弔疏云主人未變之前弔者吉服謂羔裘玄冠緇衣素裳又袒去上服以露裼衣〇案疏云

羔裘玄冠與家語不同當攷

主人既小斂而弔○弔者襲裘喪大記曰弔者襲裘加武帶絰小斂之後來弔者以上朝服揜襲裘上裼衣加武者武吉冠之卷也主人既袒括髮故弔者加武明不改冠亦不免也帶絰者帶謂要帶絰謂首絰以朋友之恩加緦之絰帶也主人既襲帶絰故弔者亦襲裘帶絰也所謂子游襲裘帶絰而入是也

主人既成服而弔○凡弔事弁絰服○凡弁絰其衰侈袂

王弔服圖

弁絰
- 錫衰　王爲三公六卿
- 緦衰　王爲諸侯
- 疑衰　王爲大夫士

諸侯弔服圖

弁絰
- 錫衰　君于大夫士有朋友之恩者亦弁絰錫衰君爲卿大夫錫衰
- 緦衰　同姓之士

疑衰 異姓之士

諸侯弔異國之臣　皮弁　錫衰

大夫相為弔服　弁絰　錫衰

士朋友相為服弔服加麻　緦絰帶　疑衰素裳

庶人弔服　素委貌　白布深衣

婦人弔服　吉笄無首素總服婦與夫同 凡弔皆不見婦人弔服者以婦與夫同大夫弔于命婦錫衰命婦弔于大夫亦錫衰大夫之妻錫衰士妻亦疑衰歟

〔補〕孔穎達禮記疏周禮司服有錫衰緦衰疑衰錫衰為上緦衰次之疑衰為下案喪服大夫弔服錫衰喪服小記云諸侯弔必皮弁錫衰則君弔大夫大夫相弔皆錫衰其服同也錫衰之下但有緦衰疑衰天子弔諸侯皆以緦衰弔大夫士以疑衰若諸侯弔大夫以錫衰弔同姓之士緦衰弔異姓之士疑衰故鄭注文王世子云同姓士緦衰異姓士疑衰以其士自相弔如一皆疑衰故鄭注司服云舊說士弔服素委貌冠朝服此士不以緦衰為弔服者以緦衰是士之喪服不以弔也故鄭注喪服云士以緦衰為喪服其弔服則疑衰也改其裳以素辟諸侯近庶人弔服而衣猶非也疑衰變其裳以素耳以此言之是士弔服疑衰素裳也故以為士妾弔服疑衰必知弔服夫妻同者以喪服大夫命婦俱以錫衰弔故也

〔呂坤四禮疑〕朝著常服非大喪不布冠布冠三年之喪也鄉黨羔裘玄冠不以弔哀素之心也若冠帶以弔不妨玄冠便服以弔非冠素不可歸德

素冠素帶得之矣

乾學按天子諸侯大夫弔服三禮皆有明文惟士庶人弔服禮不之及即有羔裘玄冠不以弔之說亦不言宜着何服然則士庶人之行弔究將何服乎鄭注言士之相弔首服素弁而身服疑衰庶人之相弔首服素委貌而身服白布深衣此雖經文無之或亦禮所當然也但弁為貴服恐士之弔不當用故敖氏有士用素冠之說較鄭說似為勝之遠魏晋以後則以白帢單衣為貴賤通用之弔服然而吉慶之事亦用之則未可純謂之凶服也諸史載天子之弔服必備列古之三衰但襲其名而不襲

其實其所用以弔者亦惟白帢單衣也後世名實之相乘往往如此至於臣民之弔服益無一定之制至朱子家禮但言凡弔皆素服又注云各隨其人所當服之衣而用縞素者其言雖未有指實其禮實不得不如是也嗟夫言喪禮於後代雖齊斬之重且不能盡如其制又何論區區之弔服哉○又按朱子弔用素服是已下注云幞頭衫帶皆用白生絹為之夫白絹吉服所用也而用之於弔可乎愚謂當易以葛明世士大夫行弔皆用葛衣葛帶庶乎其當矣

萬斯同曰賈氏釋周禮弁絰服言凡弔服皆既葬除之若是則諸侯五月而葬服五月之服大夫士三月而葬服三月之服乎此于禮無正文不可

得而考然服問言公為卿大夫錫衰以居則知不特弔時服之即平居亦服之矣平居服之將何時而釋釋于既殯之後耶抑釋于既葬之後耶小記言主人未喪服則君亦不錫衰是錫衰用于成服之後不可言既殯而釋矣若待既葬而後釋則此禮行于諸侯則可若行于天子則在外之諸侯不知其幾也在內之公卿大夫士不知其幾也皆至五月三月之葬畢而釋則為天子者將無日不衣喪服矣而可乎彼于旁親之期且絕之而謂其常行三月五月之服乎觀公為卿大夫錫衰以居之文但言公而不及天子則此禮惟施于諸侯可知也蓋諸侯之臣少其勢得行天子之臣多其勢有所不能行也雖君臣之誼天子不異于諸侯而勢有所格庸得不少變其禮哉或曰諸侯亦絕旁期而謂服三月之喪可乎據卿大夫三月而葬言曰彼服我以三年而我報之以三月未見其為過也且雜記言君于卿大夫比葬不食肉比卒哭不舉樂夫不食肉舉樂哀之甚者也中存乎哀而謂外無素服可乎不可也則此禮之為諸侯設斷乎其無可疑也

汪琬曰喪服記大夫弔于命婦錫衰命婦弔于大夫亦錫衰鄭玄謂弔于命婦命婦死也弔于大夫大夫死也汪子曰否大夫之弔命婦有之命婦弔大夫則未也何也婦人之職惟司酒食織紝而已不當與聞梱外之事故曰婦人無外事禮知生則弔所識則弔為命婦者何自而與大夫有素也如其為有服諸親則聞喪之日必往而號踊哭泣次于姑姊妹娣姒衆婦人之列矣夫安得行弔禮且自有居喪之本服在夫安得而用錫衰舍是而出弔則與外事之漸也獨不觀魯之公父文伯之母乎公父文伯之母季康子之從祖叔母也康子往焉闖門與之言皆不踰閾仲尼謂之知禮蓋古人謹于男女之辨如此使先王而果制此服是誨命婦以淫也夫防之猶虞其未足而顧誨之乎其可疑審矣說者曰禮尚往來大夫弔命婦命婦不可以不弔大夫如之何予告之曰有命婦之夫與其子在服問大夫相為錫衰以居出亦如之為其妻往

則服之出則否獨不言命婦為大夫此可據也說者又曰婦人不越疆而弔人禮禁其越疆豈遂禁其弔人乎哉予曰非是之謂也命婦死則命婦當弔大夫死則命婦不當弔殆亦不畔于禮者也

朱董祥讀禮紀略居喪出弔已屬非禮衰絰而往失尤甚焉人子臨父母之喪平日不爲衰絰未葬即釋麻衣布而獨于弔人之頃飾僞以掩耳目其誰欺禮制斬衰未除而遭五服之喪則制其服而往哭之反而服斬檀弓曰有殯聞遠兄弟之喪雖緦必往非兄弟雖鄰不往雜記曰三年之喪雖功衰不弔設欲隨俗亦必父母既葬而所弔者又故友則制其服而弔之權也禮之變也孔子曰三年之喪而弔哭不亦虛乎

葬服

檀弓弁絰葛而葬與神交之道也註接神之道不可以純凶天子諸侯變服而葬冠素

弁以葛為環絰既虞卒哭乃服受服也雜記曰凡弁絰其衰侈袂○疏葬時居喪著喪冠麻絰身服衰裳是純凶也又尋常弁絰以麻為環絰今乃去喪冠著素弁又加環絰用葛不以麻故云交神之道不可以純凶天子諸侯變服而葬者以下云有敬心焉以日月踰時敬心乃生大夫與士三月而塟敬心未生故知天子諸侯也冠素弁以葛為環絰者素謂素帛為弁鄭注周禮司服云弁如爵弁而素不云麻是用素絹也以葛與弁絰連文故云葛環絰然則要帶猶用麻也

有敬心焉註踰時哀衰而敬生敬則服有飾大夫士三月而葬未踰時　周人弁而葬殷人冔而葬註周弁殷冔俱象祭冠而素禮同也○疏士冠禮周弁殷冔夏收王制云夏后氏收而祭殷人冔而祭周人弁而祭此弁既對冔故知俱象祭冠

方慤曰與神交之道則心主乎敬夫厭冠麻絰居喪之禮也至于葬則以弁易冠以葛易麻者亦敬故也子游曰飯于牖下小斂于戶內大斂于阼殯于客位祖于庭葬于墓所以即遠也比至于葬則即遠之至矣故以神道交之

陸佃曰弁絰葛在下則葛帶也絰仍用麻弁絰葛而葬卿大夫以下禮知然者以下周人弁而塟殷人冔而塟知之也喪致哀而已塟則有敬心焉弁而葬冔而塟則其敬心益隆

陳澔曰居喪時冠服皆純凶至塟而吾親託體地中則當以禮敬之心接於山川之神也

徐師曾曰厭冠麻絰居喪之禮也至于塟則親已之幽有神道焉故以弁易冠以葛易麻不以純凶之服交神者亦敬也

乾學按注以此為王侯之禮本無所據疏

謂大夫士三月而葬敬心未生故知為天子諸侯則亦不經之甚陸氏謂指卿大夫以下其說得之

陳廷會葬服說今之用禮者率本朱氏家禮家禮不載葬服故臨窆者皆斬衰以從之其實非也禮曰弁經葛而葬與神交之道也故殷人冔而葬周人弁而葬漢鄭康成云接神之道不可以純凶天子諸侯變服而葬冠素弁以葛為環經既虞卒哭乃服受服也臨窆安得用斬用斬衰非古也曰然則不衰其親與曰哀親平日之事也豈知禮之所托不可以無敬神之心也故不敢以純凶而行禮公所無私諱接神猶之君所也苞屨扱衽厭冠不入公門臨穴亦猶之入公門也故不敢以已之私伸于神也此孝子之用心也曰孝子之變服將毋謂含奠使然與曰不然禮既反哭有司以几筵舍奠于墓左反日中而虞舍奠有司之事也孝子之變服非為舍奠故也曰然則今之服除而葬者用吉服者禮與曰用吉服非禮也經曰改葬緦穀梁子曰改葬之禮緦舉下緬也改葬雖緬猶必以緦況始葬乎禮天子七月而葬自諸侯而下降服以兩故無踰時不葬者有故三年之喪未葬服不忍變古之道也記為兄弟者除喪則已及其葬也反服其服自期以下且藏之以俟反服況人子乎吉何可云也曰然則臨窆宜何服曰古士廢冠免錫衰古諸侯大夫之弔服也不敢以借宜服今弔服冠免未窆則孝子服斬衰憑棺而哭稽顙再拜以待至客既窆釋弔服免冠加斬衰憑棺哭盡哀稽顙再拜以謝至客客既退主人還其封此所謂亡于禮者之禮也

未葬不變服

喪服小記父而不葬者唯主喪者不除其餘以麻終月數者除喪則已○註其餘謂旁親也以麻終月數不葬者喪不變也○疏父而不葬者謂有事礙不得依月葬者則三年服身皆不得祥除也今云唯主喪者亦欲廣說子為父妻為夫臣為君孫為祖得為喪主悉不除也其餘謂期以下至緦也麻終月數者主人既未葬故諸親不得變葛仍猶服麻各至服限竟而除不待主人葬除也然此皆藏之至葬則反服之也雖緦亦藏服以其未經葬故也盧氏曰其下子孫皆不除也以主喪為正耳餘親者以麻各終其月數除矣庾氏云案服問曰君所主夫人妻太子適婦故謂此在不除之例以尊主卑不得同以卑主尊無緣以卑之未葬而使尊者長服衰經也且前儒說主喪不除無為下流之義是知主喪不除唯于承重之身為其祖曾若子之為父臣之為君妻之為夫此之不除也不俟言而明矣盧植云下子孫皆不除蕭望之又云獨謂子皆未善也謂庾言為是

陸佃曰言以麻終月數則期不在此列據為兄弟既除喪已及其葬也反服其服兄弟期也反服其服即非不除亦非除喪則已除喪則已于葬不反服也

孔叢子衛司徒文子問服於子思曰喪服既除然後乃葬則其服何服子思曰三年之喪未葬服不變除何有焉期大功之喪服其所除之服以葬既葬而除之其虞也吉服以行事也

通典漢石渠禮議蕭太傅云以麻終月數者以其未葬除無文節故不變其服爲稍輕也已除喪服未葬者皆反服庶人爲國君亦如之宣帝制曰會葬服喪衣是也或問蕭太傅久而不葬唯喪者不除今則或十年不葬主喪者除否答云所謂主喪者獨謂子耳雖過期不葬子義不可以除○鄭志趙商問主喪者不除且以今言之人去邦族假葬異國禮不大備要亦有反土之意三年闋矣可得除否明爲改葬總之例乎爲久不葬也或答云葬者送亡之終假葬法後代巧僞反可以難禮乎○吳徐整問射慈曰久喪不除小祥練可知耳有故未得葬遂至二十八月服制已過可得變否豈服十年五年至葬乃止乎答云主雖不得變其餘旁親亦不除日月竟自釋之耳○晉

陳氏問劉世明曰其餘以麻終月數者注云謂旁親不指言衆子當除也然人皆分斷之於意否耳劉荅云父謂衆子爲庶子庶子不謂父爲庶父也父得卑其庶子而降之庶子不得降其父也然子之於親體同服等非旁親之謂也喪服大功章女子之嫁者降伯叔父母及姑姊妹注謂此旁親而經無降父之文明衆子及女雖不承嫡猶非旁親也故記云兄弟之喪内除親喪外除外除者謂由外設節以散其哀也故靈柩未安則服不變服不變則哀未衰未衰之喪不可卒除也然則未葬而除自謂旁親得以麻終者耳又問久而不葬葬後幾月日便可除世人有踰月者有既虞便除者夫改葬猶三月乃除情爲不輕於改葬也若應三月乃除者廬帳亦當三月乃毀復有

先後耶答曰記三年而後葬者必再祭注云謂練祥也葬月虞明曰練又明月祥計此亦得三月不爲輕於改葬也禮虞而柱楣翦屏練而毀廬居堊室祥而席禫而牀今此虞及練祥雖爲局促猶追償其事若在異月以其本異歲也練祥之服變除之宜宜如其節也○梁劉昭難劉世明云喪無二孤廟無二主受弔之禮唯喪主稽顙餘人哭踊而已諸言喪主唯謂一人不指衆子

通典婦喪父不葬服議晉夏侯盛議曰婦喪既周而未葬服當除否答云凡婦喪夫爲主子不以杖即位避父之尊也主喪不變禮有明文然子亦不除魏孟叔難盛曰嫡子婦死舅亦爲喪主家負經年不葬舅及子孫並不得除耶豈可爲一嫡婦使三代累載不

釋服乎盛答仲由傷貧之言啜菽飲水盡其懽還葬而無槨豈有非之者哉若知禮者自當不久淹魏又難曰舊時夫為妻杖居倚廬服並如三年之制今人通所不行則自宜隨時而除何應以喪主為斷盛答曰棄先王之教而令隨俗意所未可今人不禫不杖蓋失禮耳顧氏問王虞云從外弟婦亡未葬今服訖又無子其夫便是喪主當時除服否答曰禮云主喪者不除其文不別喪之輕重須俟葬訖不知世人有妻喪用此禮否杜挹問徐邈曰亡婦遂未得葬挹服便周既無別喪主多云未應得除今定云何答曰無子為主按禮不應除卽於下流多不能備禮今且宜變至葬反服亦無不可之理也○宋蔡廓問雷次宗曰禮稱唯主喪不除恐此止施於嫡傳重者耳按漢

蕭太傅云主喪獨謂子也又按王肅云斬衰之喪未葬經云主喪不除而王舉重爲言明止謂孝子不變餘皆除也今世人爲妻亦不除主喪將宜除耶雷次宗曰不言三年而云主喪是不必唯施子孫也吉凶異道不得相干殯柩尚在豈可弁冕臨奠夫主妻喪以本重故也謂不宜除○庾蔚之曰喪服小記云爲兄弟既除喪及葬反服其服此是至葬反服之明文未解漢宣帝何故復爲祥制集禮論者不記至葬反服之禮而載諸變除以明之可謂棄本逐末雜記云姑姊妹之夫死而夫黨無兄弟使夫之族人主喪妻之黨雖親不爲主夫若無族則東西家若又無則里尹主之喪大記云喪有無後無無主此皆謂喪事之主也服問云君所主夫人妻太子嫡婦此謂君雖尊

統一家但有嫡者主喪耳而小記又云久喪不葬者不除是居周功之喪也若女子適人及男子為人後者皆隨其服而釋除緣其出有所屈故也素服心喪以至過葬但世輕於下流之喪妻猶去其杖禫不容後有未葬不除也議者疑不得以下流之未葬以縻祖禰之烝嘗且未葬亦可十年五歲常試言之夫子許貧者還葬而無椁是明亡者急於送往不容甚久可知若事遲過於服限亦不得停殯在宮而響樂在廟既吉凶不可以相干亦在心所不忍也

王廷相曰或問久而不葬者何如也曰喪服小記曰久而不葬者唯主喪不除其餘以麻終月數者除喪則已為尸柩尚存主喪者雖三年之外不得祥除其旁親雖不得變葛皆以麻終其月數而除之至葬則仍服其服虞則除之其既葬也何以除曰記亦言之三年而後葬者必再祭其祭之間不同時而除喪謂未葬其親雖當練祥之月不可除服必得葬畢而後除之然其除也又有漸焉必再祭而後除不可同時也故葬而虞卒哭而祔次月而練次月而祥再次月而禫可也

魏禧與宗子發論未葬不變服書　向見足下先人未葬免喪服不除此古人之道足下行之于今日敬服禧竊有疑者古者喪有定期士踰月庶人可知喪服小記云久而不葬者惟主喪者不除又曰三年而後葬者必再祭其祭之間不同時而除喪則古有不得速葬其親者矣疏曰再祭者練祥之祭兩祭不可同舉亦不可同時除服然則不變服者非止不即吉也必不變其初喪之服喪禮廢闕久矣三年之內不能行者皆是南方土薄多蟻水又拘牽形家言爲俗已久或貧不能買地營葬有動延至十年以外內若頓衰經如初喪之服禧愚以爲在今日似爲難行且先王制禮衰麻苴經以物與情使不及者勉而至足下既免喪其能不飲酒食肉乎不入內乎不大懽笑乎不與慶會賓筵乎假令此數者一一如平人而獨不變衣冠則文存而實亡也文存實亡徒駭人耳目近于爲名夫死者以歸土爲安人子所宜日夜竭力不幸力不能禧愚以爲上之心喪而無服次忍其嗜欲之篤者一二事以拂性而警動于心次不炫服采色與優伎之戲是亦亡于禮者之禮也或言喪禮有進無退故輕不可以反重未葬除服而即吉及其葬將吉服乎大不可也以斬衰葬則是退而反重矣竊謂古者改葬緦穀梁傳曰舉下緬也蓋去喪緬遠故舉其最下者而韓愈於免喪而葬者亦云近代以來事與古異安能取未葬不變服之例爲之重服又引江熙言禮天子諸侯易服而葬以爲交于神明不可以純凶是在喪當葬猶宜易以輕服况既遠而反純凶以葬乎禧愚以爲免喪而葬此改葬之服大祥以上以本服葬人子之不孝莫大于生不能養死不能葬人生而不養者少死而不葬不必其不肖者皆是也足下酷貧仰無所告訴非世俗不葬比然當視其急如父母之飢不得食如己身陷囹圄而求脫當不在不變服南昌胡心仲好飲酒其先君子殉義樂平服除貧不克歸葬心仲乃爲戒既葬而後飲酒蓋若是者類推而行之其亦可矣

汪琬與友人論葬服書　蒙足下見示諄諄以古無葬服爲疑僕請得申其說而足下試詳擇焉古人之居喪也葬不逾時故先王不制此服至孔子世其

遵三月五月之制而行之者固已少矣殆非獨近世然也考諸春秋列國之葬其君往往緩不及禮故公羊氏譏之謂之不能葬然猶在未終喪以前當無有不衰經者也近世士大夫溺于陰陽家之說其營葬也尤緩有及數年者矣有年十年二十年者矣如此而不爲之制衰經可不可也葬凶事也啓殯而祖竊引而行即壙而窆當此之時主人或踊或哭其不得以吉服將事審矣禮有之曰久而不葬唯主喪者不除蓋久而不葬主喪者之過也又曰爲兄弟反服其服然則主人主婦而外亦無有純乎襲吉者也近世士大夫自終喪之後或從事四方或服官政于朝既不能不除其服而臨葬又不爲之服是忍于死其親也而可乎昔者司徒文子問于子思曰喪服既除然後葬其服何服子思曰三年之喪未葬服不變除何有焉由是言之葬其有無服者歟爲人子者夫亦返諸心而已假令祖也行也窆也或可以不踊不哭是雖用吉服將事其亦何嫌之有如其有所不能而顧諉之曰古無葬服然則當用何服以葬歟僕故謂今之葬服猶不失禮之遺意者殆以是也足下盍審思之

葬後常服

温公書儀三年之喪既葬家居非饋祭及見賓客服白布襴衫白布四脚白布帶麻屨亦可也〇古者既葬練祥禫皆有受服變而從輕今世俗無受服自成服至大祥其衰無變故于既葬別爲家居之服是亦受服之意也

陳淳答友人書所叩出入服色在今時俗言之只得用黲布衫巾為得情理之宜溫公論禫服亦云未祥間出謁人家假而用之見書儀禫祭條正是此意其為白布四脚白布襴衫者乃公所自撰為家居之服詳見本章已明矣若今人假禫服果為喪事而出未為失禮唯其視以為常及至慶弔燕集無所往而不之全似已除喪者却為大害義也

讀禮通考卷三十六

喪服

變除表

斬衰三年　齊衰三年　齊衰杖期　齊衰不杖期　齊衰三月　大功九月七月　小功五月　緦麻三月

疾病　男女改服（鄭云爲賓客來問亦朝服也）

始死　羔裘玄冠者易之（鄭云易去朝服著深衣）

雞斯徒跣　同（戴云父卒始有母之喪）　同（戴云父在始有母之喪）　同（戴云始有祖父母之喪白布深衣十五升素冠吉屨無絇）　同（戴云始有曾祖父母之喪）　同（戴云始有從父兄弟之喪）　同（戴云始有叔父下殤之喪）　同（戴云始有族祖父母之喪○餘親應服倣此）

扱上衽（鄭云雞斯當作笄纚去冠徒空）

斬衰

也無屨空䟽○䟽深衣上衽扱之於帶○戴云始有父之喪○惟父爲長子不笄纚徒跣餘皆同

齊衰三年杖朞

不杖朞

齊衰三月大功

小功

緦麻

飯含

主人面南左袒扱諸右實米惟盈主人襲反位䟽云袒則露形襲則復著衣○戴云尸既襲服白布深衣十五升

同　同　無緌

素章甫冠

同　同

白麻屨無絇

同　同

厥明小斂

環絰鄭云士素委貌

加此經焉○疏環經一股而纏

苴首經苴麻為之　牡麻首經牡麻為之　同　同　同　同　同　深麻首經深麻為之殤服深麻為之

卒斂馮尸　主人括髮袒鄭云去笄纚而紒○喪大記髺髮以麻○敖云去冠與纚以麻括髮　於房鄭云齊衰將袒以免代冠○敖云去冠與纚以布為免　衆主人免　同　同　同　同　同　同

主人絞帶鄭云象革帶　衆主人布帶鄭云齊衰以下用布　同　同　同　同　同　同

奉尸俠于堂　主人拜賓

即位

經敖云經著經帶也

苴要經崔云　牡麻要經　同散垂　同散垂　同散垂　同大功以上散帶垂　同小功緦麻初而絞之　深麻要經

斬衰〔士喪禮小歛之前陳首絰大鬲下本在左要絰小焉散帶垂長三尺〕　齊衰三年杖期〔崔云牡麻絰右本在上亦散帶垂〕　不杖期　齊衰三月　大功　小功〔殤服澡麻不絞垂絕本〕　緦麻

大歛　主人及親者袒

二日殯　卒塗主人復位襲

既殯　主人脫髦〔鄭云子生三月鬋髮長大猶以為飾曰髦父死脫左母死脫右〕

三日成服　皆杖

杖　苴杖〔竹也〕　削杖〔桐也〕　同

帶	絞垂鄭云絞要絰之垂者	同	同	同	同	同殤服不絞垂未成人文不縟也		
冠	冠繩纓布六升辟積之縫向左	冠布纓布七升	同布八升	同降服布七升正服八升義服九升	同布九升	同殤服正服布十升義服布十一升○繐衰冠布八升	同殤服布十升辟積之縫向左正服十一升義服十二升	冠澡纓布十五升抽其半
衰	衰裳不緝布三升義服布三升有半	衰裳緝降服布四升正服五升負版辟積衰惟子於父母有之	同布五升	同降服布四升正服五升義服六升	同	同殤服布七升正服八升義服九升○繐衰治其布如小功而成布四升半	同殤服布十升正服十一升義服十二升	同布十五升抽其半
屨	菅屨	疏屨	同	麻屨	繩屨	同		
居處	居倚廬	同	同父在為母同餘如不杖	居堊室	同	寢有席	牀	同
	寢苫	同	父在為母同餘如不杖	苄翦不納	同			
	枕凷							
車	乘木車不漆							

	斬衰	齊衰三年	杖期	不杖期	齊衰三月	大功	小功	緦麻
	蒲蔽以蒲爲蔽							
	犬複尾索							
	疏飾白犬皮爲覆笭尾爲戈韔疏布爲緣							
	小服皆疏服當作箙○疏云此遣喪所乘貴賤皆同							
筮宅	主人皆往疏云皆往衆主人亦行也							
	免絰							
卒筮	主人絰							
卜日	有事于尸							
	則去杖							
將啟	男子免服喪	同	同	同	同	同		

小記

散帶垂儀禮

疏曰男子免散帶垂皆小斂之節啟殯亦見尸柩变同小斂時

啟遷

主人袒啟遷于祖正柩主人襲

載

主人袒乃載卒束襲

祖

袒商祝御柩乃祖襲

公賵

主人及衆主人袒賓

斬衰

齊衰三年杖期

不杖期

齊衰三月大功

小功

緦麻

出襲

柩行 主人袒乃行出宫襲

窆 屬引主人袒乃窆主人襲

贈 贈用制幣玄纁卒袒拜賓襲

三月葬 弁絰葛而葬檀弓○鄭云接神不可純凶○以葛為環絰○大夫士三月而葬○崔云士則素委

為兄弟既除喪已及其塟也反服其服士虞

貌加環絰

反哭 皆冠及郊 同 同 同 同 同 同 同

禮緦小功章○按小功服除而葬者謂諸侯之兄弟也

而後反哭

鄭曰墓在四郊之外○疏曰及郊而後去冠著免反哭于廟○按此喪冠也

既葬而不 同 同 同 同 同 同 同

報虞則雖主人皆冠

報音赴○鄭云有故不得疾虞○疏云此依時而葬不依時而虞

	斬衰	齊衰三年杖期	不杖期	齊衰三月	大功	小功	緦麻
虞	主人及兄弟如葬服督主人髻髮衆主人及兄弟免大功以上皆散帶垂也	同免	同免	同散帶垂	同散帶垂		
布席	祝布席主人倚杖入						
迎尸	一人衰絰奉篚哭從尸鄭云主人兄弟及虞則皆同免杖不入於室	同	同	同	同	同	同為兄弟既除喪及虞卒哭則免如不報虞則除之

卒哭

卒哭獻畢同　同　同　同　同　同　同

乃餞賓出

丈夫說絰

帶於廟門

外鄭云當変麻受之以葛也

受服冠

正服冠六降服冠七同　同　義服冠九殤降服冠殤降服冠冠十五升

升受冠七升受冠八　升無受　十升無受十升無受抽其半無

升　升　成人降服成人降服受降正義同

義服冠六正服冠八　冠十升受冠十升無

升受冠七升受冠九　冠十一升受

升　升　正服冠十正服冠十

義服冠九　升受冠十一升無受

斬衰　齊衰三年杖期　不杖期　齊衰三月大功　小功　緦麻
升受冠十　一升　義服冠十
升　義服冠十二升無受
一升受冠
十二升

衰

正服衰三降服衰四同　同　義服衰六殤降服衰殤降服衰衰十五升
升既塟以升既塟以　升無受　七升無受十升無受抽其半無
其冠為受其冠為受　成人降服成人降服受
衰六升　衰七升　衰七升既衰十升無
義服衰三正服衰五　塟以其冠受
升有半既升既塟以　為受衰十正服衰十
塟以其冠其冠為受　升　一升無受
為受衰六衰八升　正服衰八義服衰十
升　義服衰六　升既塟以二升無受

升既葽以（黄曰衰冠升數及受服出本經記及賈氏疏又曰負版適衰三者用與不用未詳）
其冠為受
衰九升

其冠為受
衰十升
義服衰九
升既葽以
其冠為受
衰十一升（繐衰既葽除之冠衰皆無受）

即葛（鄭曰受麻經以葛經間傳曰大功之葛與小功之麻同）
即葛（鄭曰小功輕三月变麻因故衰以就葛經帶○間傳曰小功之葛與緦之麻同）

經

去麻服葛同
同
同

葛帶三重（間傳○鄭云謂作四服紏之積而相重四股則三重也○黄謂此要經○又曰去麻服葛無葛之鄉則用顈）

	斬衰	齊衰三年	杖期	不杖期	齊衰三月	大功	小功	緦麻
帶	絞帶疏曰絞帶虞後雖不言所變按公士衆臣爲君布帶變麻服布與氣可也							
首絰	苴首絰疏云雖葛不三重也猶尚股糾之也	同	同	同		即葛	即葛	
杖	不變	同	同					
屨	受齊衰蒯 藨屨	未詳	未詳	未詳		未詳	未詳	
居處	柱楣翦屏 芐翦不納古曰柱廬閒之楣翦傍屏之草○鄭云芐蒲苹也							
車	乘素車土堊							

棼蔽蘋草為蔽

犬榠素飾素繒為緣

小服皆素

杖不升於堂

祔

五月

七月

齊衰三月除

緦麻服除

小功服除

大功中殤服除

除殤之喪者其祭也

斬衰
齊衰三年
杖期
不杖期
齊衰三月
大功
小功
緦麻

九月

必玄鄭曰殤無變文不縟玄冠玄端黃裳而祭不朝服未純吉也于成人為釋禫之服

緦衰服除

大功長殤服除

成人大功服除

十一月

期之喪十一月而練鄭云父在為母也○雜記

十二月

期而小祥

十三月練

期之喪十同（伯叔以下服除）
三月而祥
十五月而
禫（鄭云父在為母也○）
雜記

斬衰三年

練祭

筮日筮尸視濯皆要絰杖繩屨有司告具而後去杖（疏曰練為小祥男子除首絰惟要絰病尚深故猶有杖屨又變繩将小祥前日豫筮也）同

筮日筮尸有司告事畢而後杖拜送賓（筮日筮尸皆有賓不言視濯事輕無賓也）同

練服

父母之喪十三月而練冠（喪服四制○方氏曰練謂練帛以為冠）同

三年之練冠亦條屬右縫

期而小祥練冠縓緣（間傳○疏曰父沒為母與父同也至小祥又以卒哭後冠受其衰而用練易其冠也又練為中衣以縓為領緣也）

齊衰三年

衰

功衰按此即前疏所云以卒哭後冠受其衰也○黃氏云練再受服經傳無明文謂既練而服功衰則記言之服問曰三年之喪既練矣期之喪既葬矣則服其功衰雜記三年之喪雖功衰不弔又曰有父母之喪尚功衰而祔兄弟之殤則練冠是也喪服斬衰章賈氏疏云斬衰初服祖至葬後練後大祥後漸細加飾斬衰裳三升冠六升既葬以其冠為受衰裳六升冠七升小祥又以其冠為受衰裳七升業大功之布有三等而七升為最重也橫渠曰練衣必煅煉大功之布以為衣故言功衰○司馬溫公曰古者葬練祥禫皆有受服變而從輕 同

中衣

練衣黃裏縓緣疏練為中衣正服不可變中衣非正服但承衰而已故小祥而為之黃袷裏縓緣者縓為淺絳色爾雅云一染謂之縓三染謂之纁

經

葛要絰疏曰男子去首絰惟餘要絰也 同

屨

繩屨無絇疏曰父喪菅屨卒哭受齊衰蒯藨屨小祥後受大功繩麻屨也絇屨頭飾吉有喪無 同

瑱

角瑱疏曰瑱充耳也人君用玉為之初喪亦無小祥微飾以角為之 同

裘

鹿裘衡長袪袪裼之可也疏曰裘貴賤有異喪時則同用大鹿皮為之以色近白與喪相宜也衡橫也袪褏緣口也小祥之前裘狹而短袂又無袪至小祥稍飾則更易作橫廣大者又長之又設其袪也裘上有裼衣喪雖有裘未有裼衣小祥後轉文加裼可也此明小祥時外有衰衰內有練中衣中衣內有裼衣裼衣內有裘裘內有常著襦衣○檀弓 同

要絰不除男子除乎首婦人除乎帶男子何為除乎首也婦人何為除乎 同

帶也男子重首婦人重帶疏云以首尊乎要婦人避男子而重帶耳○閒傳

再期之喪三年也期之喪二年也故期而祭禮也期而除喪道也祭不為除喪也疏曰為此練祭自為存念其親除喪自為天道減殺兩事雖同一時不相為也此除喪謂男子除首絰婦人除要帶○喪服小記疏

縞冠玄武子姓之冠也鄭云謂父有喪服子為之不純吉也武冠卷也疏姓生也孫是子之所生○玉藻○案此孫應期服此時已除猶未純吉

居處

期而小祥居堊室閒傳

車

乘藻車水草蒼色以蒼土堊車

藻蔽以蒼繒為蔽

鹿淺幦革飾以鹿夏皮為覆笭又以所治去毛者緣之

二十五月

再期而大祥

三年之喪二十五月而畢三年問○崔云斬衰二十五月大祥○車垓曰同自始死之月數起至第三年所死之月凡二十五月

祥祭

祥主人之除也於夕為期朝服疏于祥祭前日豫告祥祭之期朝服謂緇衣素裳

祥因其故服疏明旦祥之時因著前日故朝服也○雜記

除成喪者其祭也朝服縞冠喪服小記○疏云朝服玄冠今著縞冠未純吉也○黄云縞是生絹近吉

祥服

祥而縞疏祥大祥也縞謂縞冠○檀弓

冠

縞冠素紕既祥之冠也鄭曰紕緣邊也既祥之冠已祥祭而服之也○玉藻

素冠朱曰既祥之冠也○檜風

衣

又期而大祥素縞麻衣鄭云素縞〻冠麻衣十五升布深衣也謂之麻者純用布無采飾

素衣

素韠朱曰韠蔽膝素裳則素韠也○檜風

杖　同

棄杖者斷而棄之於隱者

屨　同

既祥白屨無絇

有子蓋既祥絲屨組纓鄭云譏其早也○疏有子蓋亦白屨以素絲為繶純也○檀弓

居處　同

居復寢

車　同

乘駹車邊側有漆

雚蔽細葦席

然複髤飾然果然獸名髤赤多黑少之色韋也

二十七月　中月而禫鄭云自喪至此凡二十七月○士虞記○疏中月而禫者中間也大祥之後更間一月而爲禫祭二十七月而禫　同

乾學按祥禫之期諸家不同詳見喪期通論今從黃氏

禫祭　玄衣黃裳鄭云禫祭玄冠矣黃裳者未大吉也　同

禫服　禫而纖鄭曰黑經白緯爲纖○戴云纖冠素纓○鄭云既祭乃服禫服朝服綅冠綅纖通　同

無所不珮鄭云紛帨之屬如平常也　同

居處　禫而床閒傳　同

車　乘漆車黑車

藩蔽葦席漆即成藩

豻複雀飾豻胡犬名雀頭黑多赤少雀即緅也

踰月吉祭　玄冠朝服　同

既祭所服　玄端而居　同

婦人變除表

斬衰三年　齊衰三年　齊衰杖期　齊衰不杖期　齊衰三月　大功九月七　小功五月　緦麻三月

始死

布深衣縞　母為長子妻為　女子在室為母
君之長子皆不　不徒跣不扱上
笄纚徒跣　女子　衽
子在室父卒為

總　曾子問曰　親迎女在
塗壻之父母死　母始死笄纚不
如之何女改服　徒跣不扱上衽
布深衣縞總以　餘不見者與父
趨喪鄭云布深　卒為母同○黃
衣縞總婦人始　氏
喪未成服之服
○疏縞白絹也
總束髮也○崔
云婦人衣與男
子同不徒跣不
扱衽

女子子適人者　姑姊妹適人者
為曾祖父母素　為昆弟其異于
總餘與男子同　男子者始死素
總

婦為夫曾祖父
斯異于男子者
以素總也

去笄而纚　士喪禮註○崔
云始死婦人去
纚黃曰崔誤也

骨笄而纚同

同

吉屨無絇　同　同　同　同

小斂

婦人髽于室（鄭云：去纚而紒也。齊衰以上至笄猶髽。○疏云：小斂著未成服之髽，笄猶髽，未改，至大斂時乃著成服之髽也。○士喪禮）　同　同

髽

麻髽（喪服小記男子）　布髽（按：卒斂馮尸衆主人免而婦人髽。鄭云：髽形多種，有麻，有布，有露紒。男子括髮用麻則婦人亦用麻，男子爲母免用布時則婦人布髽三年之内，男子不恒免則婦人恒露紒。○按：婦人應布髽）　同　同　同

露紒髽（大功以下，鄭氏云：皆露紒。疏曰：無髽）　同　同

斬衰	齊衰三年	杖期	不杖期	齊衰三月	大功	小功	緦麻
動尸舉柩	同	同	同	同			
袒而踊婦人不宜袒							
襲絰帶　要絰以苴麻為之與男子同但初即絞之仍結其本不散垂	要絰以牡麻為之	同	同	同	同	同殤服澡麻為之不絕本	要絰以澡麻為之
首絰與男子同							
婦人之帶牡麻結本在房鄭曰婦人亦有首絰但言帶記其異○故曰婦							

人斬衰之經不與首皆用苴麻以其卒哭無変至祥乃除故聖人權其前後輕重之宜而于始死時用牡麻為之也○按此説與黄氏異

三日成服　婦人皆杖

緦　布緦六升降服布七升正服八升垂六寸○布八升　緦八升檀弓降服布七升正服八升義服九升長八寸　布九升長八寸　殤服布六升長八寸　正服布十升長八寸　義服布十一升長八寸　殤服布十升長八寸　正服布十一升長一尺　義服布十一升長一尺　布十五升抽其半長一尺

長六寸喪服傳○鄭云緦束髮既束其本又緦其末長六寸紒後所垂　義服同前

笄　箭笄長尺惡笄櫛笄同喪服傳○鄭云以箭篠竹為之也以榛為之長一尺　同惟女子子適人者為其父母婦為舅姑妾為女君惡　黄曰案女子子既卒哭折吉笄之首又婦人相弔者吉笄無首

丈夫

服	髽	衰	杖	屨	将啟
斬衰　○惟妾為女君之長子雖服斬只用惡笄	男子括髮之時已用麻髽今既成服男子著冠婦人只露紒之髽	布三升　男子但無帶下又無衽○其裳之制用布六幅破為十二幅如深衣之下連綴于衣故婦人但言衰不言裳	與男子同	未詳	丈夫髽疏云
齊衰三年	同	制同　降服四升正服五升緝衰外展之裳內展之餘同前			布髽
杖期	同	布五升			同
不杖期　笄有首餘未詳	同　杖期以下男子括髮時已用布髽今成服亦只露紒髽	降服布四升正服五升義服六升自此以下制並同前但末有負版辟領及當胸之衰也			同
齊衰三月		同			同
大功　大功以下之笄或亦然歟	大功以下疏云無髽	殤服布七升正服八升義服九升			
小功		殤服布十升正服十一升義服十二升			
緦麻		布十五升抽其半			

髽是婦人之变，免是男子之变，丈夫不見免，婦人見其髽，亙文也。喪服小記男子免而婦人髽。○成服時婦人只是露紒，至啟殯時復用麻髽。○若賓客弔，男子着免之時則用布髽

受服總

布七升

降服布八升，正服九升

正服布九升

降服布八升，正服九升，義服十一升

降服布十一升，正服布十二升，義服布十二升

無受

未詳

未詳

未詳

笄

箭笄無變

惡笄無變

惡笄無變

同

齊衰帶惡，女子子適

笄以終喪，人者爲其

父母子折

鄭云婦人質于喪，有除無變。○疏舉齊衰，則斬衰可知

笄首以笄

	髽	首經	婦人葛經
斬衰	露紒	婦人說首以葛易麻 經不脫帶 鄭曰齊斬婦人帶不变也婦人重帶〻下體之上也大功小功葛帶亦不說者未可以輕文变于主婦之質也至祔葛帶以即位○士虞記	
齊衰三年杖期 傳曰折笄首者折去笄之首也吉笄者象笄也鄭云卒哭而喪之大事畢女子子可以歸于夫家而吉笄	同　同	同	
不杖期	同	同	
齊衰三月大功	孔疏云以下無	同　同	
小功		同	
緦麻			

而麻帶鄭曰既虞卒哭其絰以葛易麻○少儀

衰
布六升其制同降服七升正服　正服八升
成服負適衰用八升
與不用未詳
降服七升正服八升義服九升
降服布十升正服義服布十一升　無受

帶
婦人不葛麻帶　同　同
帶鄭曰婦人重要而質不變所重故不葛帶至期除之直變首絰而已大功以下輕至卒哭並變為葛與男子同
黃云齊斬之婦人則易首絰不易要帶大功小功之婦人則易要帶為葛卒哭時亦未脫麻至

練受服
女子子在室至小祥祭受衰七

讀禮通考　卷三十六　十五

斬衰　升總八升嫁反者亦如之黃氏受服圖婦人除乎帶鄭云婦人重帶其為帶猶五分絰去一疏云婦人既重要恐要帶與首絰粗細相似故須五分去一

齊衰三年杖期

不杖期

齊衰三月大功祔乃脫麻服葛故士虞礼云至祔葛帶以即位

小功

緦麻

乾學按儀禮經文妻為夫妾為君女子子在室為父布總箭笄髽衰三年不言受服而惡笄麻帶顯無變易所謂婦人尚質而少變也惟子嫁反在室為父三年條註云謂遭喪而出者始服齊衰期出而虞則受

以三年之喪受既虞而出則小祥亦如之既除喪而出則已䟽云不杖期章女子子嫁為父母若不被出則虞後以其冠為受嫁女在室為父五升衰裳八升總今未虞而出〻而乃虞〻後受服與在家兄弟同受斬衰初死三升衰裳六升冠既葬以其冠為受衰六升冠七升此被出之女亦受衰裳六升冠七升與在室之女同故曰受以三年之喪受也虞已前未被出受以出嫁之受八升衰裳九升總虞後乃被出又與在室女同至小祥練祭在室之女受衰七升總八升此被出之女亦與之同也勉齋序次諸受服皆從此推出

讀禮通考卷三十六

讀禮通考卷三十七

喪服

通論

間傳父母之喪既虞卒哭柱楣翦屏芐翦不納期而小祥居堊室寢有席又期而大祥居復寢中月而禫禫而牀斬衰三升齊衰四升五升六升七升八升九升小功十升十一升十二升緦麻十五升去其半有事其縷無事其布曰緦此哀之發於衣服者也

注芐今之蒲苹也比齊衰多二等大功小功多一等服主于受是極列衣服之差也○疏此明五服精粗之異芐翦不納芐爲蒲芐爲席翦頭爲之不編納其頭而藏於內也亦有斬衰不居倚廬者則雜記云大夫居廬士居堊室是士服斬衰而居堊室也亦有齊衰之喪不居堊室者喪服小記云父不爲衆子次於外注云自若居寢是也有事其縷無事其布曰緦者以三月之喪治其麻縷其細如絲故曰緦麻以朝服十五升抽去其半縷細而疏也有事其縷事謂鍛治布縷也無事其布謂織布既成不鍛治其布以哀在外故也按喪服記云齊衰四升此經云四升五升六升多於喪服篇二等也按喪服記大功八升若九升此云七升八升

九升是多喪服一等也喪服記又云小功十升若十一升此云小功十升〻一升十二升是多於喪服一等也鄭云服主于受者以喪服之經主于受服者而言以大功之殤無受服不列大功七升以喪服父母爲主欲其文相值故略而不言記者於是經極列衣服之差所以齊衰多二等大功小功多一等也

方慤曰柱廬間之楣以爲之固故曰柱楣翦廬傍屏蔽之草而飾之故曰翦屏八十一縷曰升一服而升數不同者以有正服義服故也所謂喪多而服五者此也

陸佃曰苄翦不納者翦之而已不納也言翦屏則前此茅茨不翦柱楣於柱置楣而已此朞而廗居堊室喪服傳既虞寢有席既練舍外寢傳所記尊者居喪之法此言大夫士礼而已知然者以傳上翦屏蓋屏不欲視外尊者之事也故曰前旒蔽明黈纊塞聰亦天子虞之日遠大夫士近若寢有席一施之於虞則疾徐相懸矣其言既虞卒哭柱楣翦屏亦以此然則諸侯五月而葬七月而卒哭其寢有席又在卒哭歟

陳祥道曰服有降有正有義而其別有升數其變有有受無受閒傳于喪服斬衰少一等而無三升有半齊衰多二等而有五升六升大功多一等而有七升小功多一等而有十二升蓋斬衰三升正服也三升有半義服也齊衰四升降服也五升正服也六升義服也大功七升降服也八升正服也九升義服也小功十升降服也十一升正服也十二升義服也齊衰大功之冠其受也緦麻小功之衰其冠也則大功以上以其冠爲受而冠衰升數異小功以下以其衰爲冠而衰冠升數同喪服斬衰三升三升有半其冠同六升以其冠爲受〻冠七升則始喪衰異而冠同及受則冠衰皆同是喪之別尤嚴于衰而衰之別尤嚴于始也由是推之齊衰四升冠七升受冠八升則四升五升六升之衰其冠同七升受則衰同七升冠同八升矣大功八升若九升小功十升若十一升蓋大功用小功之衰爲冠小功用大功之冠爲衰則大功七升八升九升而冠同十升受衰同十升

而冠同十一升此喪服重輕之節然也何則喪服斬衰備舉義正齊衰舉上大功舉中下小功舉上中其文錯出互見則斬衰二衰同冠而齊衰大功可知矣斬衰二受同冠衰而齊衰大功又可知矣先儒以齊衰正服而下冠受之說不見於經于是謂正服衰五升冠八升受衰八升冠九升義服衰六升冠九升受衰九升冠十升大功降服衰七升冠十升受衰十升冠十一升義服九升冠十一升受衰十一升冠十二升自大功降服以上之冠去衰常三等受冠去衰常一等大功正服義服之冠去衰二等受冠去衰亦一等其銖銖而第之可謂詳矣然與斬衰之例不同以爲不同邪至大功降正又異衰同冠而二受亦同冠衰是其說自惑也攷之于經冕弁尊而衣服卑尊者常少卑者常多故王之衮服同冕后之三翟同副弔服三衰同弁絰降義正之三衰同冠乃礼意也服重者冠衰相遠服輕者冠衰相近至輕者冠衰同故斬衰之冠去衰三等齊衰之冠去衰一等小功緦之冠與衰同等此礼之差也

（白虎通德論）喪禮必制衰麻何以副意也服以飾情情貌相配中外相應故吉凶不同服歌哭不同聲所以表中誠也布衰裳麻絰蕭笄繩纓苴杖爲畧及本絰者亦示也故總而載之示有喪也腰絰者以代紳帶也所以結之何思慕腸若結也必再結之何明思慕無已所以必杖者孝子失親悲哀

哭泣三日不食身體羸病故杖以扶身明不死傷生也禮童子婦人不杖者以其不能病也以竹杖何取其名也竹者蹙也桐者痛也父以竹母以桐何竹者陽也桐者陰也竹何以爲陽竹斷而用之質故爲陽桐削而用之加人功文故爲陰也故禮曰苴杖竹也削杖桐也

〔釋名〕三日不生生者成服曰衰衰摧也言傷摧也絰實也傷摧之實也絞帶絞麻緦爲帶也三年之喪曰斬不緝其末直翦斬而已期曰齊齊齊也九月曰大功其布如麤大之功不善治練之也小功精細之功小有飾也緦麻緦絲也積麻緦如絲也錫衰錫治也治其麻使滑易也疑儗也儗于吉也繐細如繐也疏疏如繐也環絰末無餘散麻圜如

環也弁絰如爵弁而素如絰也

〔車垓内外服制通釋〕正服正先祖之體本族之正也故曰正服加服加者增也本體輕而增之於重如孫爲祖本服期或以嫡孫承重則服斬衰三年若此之類名曰加服降服降者下也減也本服重而減之從輕如子爲父母本服三年或爲人後則爲本生服期年耳若此之類名爲降服義服元非本族以義相聚而爲之服如夫爲妻舅姑爲子婦之類名曰義服

〔徐駿五服集證〕問如何謂之正服荅曰正者先祖之体本族之正故曰正服問如何謂之加服荅曰加者增也添也本服輕而加之重謂孫爲祖本服期年而嫡孫承祖後重加之斬衰三年故曰加服問

如何謂之降服荅曰降者下也貶也本服重而降之從輕謂子爲母本服三年之喪其母被出或改嫁子服期年之類故曰降服問如何謂之義服荅曰義者原非本族因義共處而有服者謂婿服緦麻妻服期之類故曰義服問如何謂之報服荅曰報者互相報服也謂如兄爲弟服朞弟爲兄亦服朞姒婦爲娣婦服小功娣婦爲姒婦亦服小功蓋兄弟妯娌遞互相報之類故曰報服

駱問礼曰喪服有一定之制固不可求美亦不可苟且古者布各有升數今所謂麻布實草布耳此則儉吾從衆可也而絰帶不辨巾冠各異男子乂巾婦人非送葬不蓋頭而制極短小至墓所即棄之不知婦人平時出外必擁蔽其面蓋頭正以蔽面而奠哭男女俱在塗次不論往回正所當用乂巾無弦至于梁冠蓋有官者之服士庶平日不服梁冠朝服居喪用之于義無取人亦有言之者而或謂父母之喪無貴賤一詆之爲謬然則天子九月而葬庶人何正踰月也無貴賤一者三年之喪因貴辨賤者儀物之節況今朝服非大朝會不服則喪之冠服雖取法于朝其服之亦必有時經傳所著多士大夫礼下而衆庶恐不無小異且礼謂言而後行事者扶而起身自執事者面垢而已許以面垢而必責以梁冠衰絰古人制

（禮當不若是之苛也知礼者察之）

通典漢戴德喪服變除云斬衰三年之服始有父之喪笄纚徒跣扱上衽交手哭踊無數惻怛痛疾既襲三稱服白布深衣十五升素章甫冠白麻屨無絇（屨之飾如刀衣鼻繩連以爲行戒喪無節速故無絇）孫爲祖父後者上通于高祖自天子達于士與子爲父同爲長子自天子達于士不笄纚不徒跣不食粥（餘與子爲父同）妻爲夫妾爲君笄纚不徒跣扱上衽既襲三稱白布深衣素總白麻屨（餘與男子同也）○齊衰三年者父卒始有母之喪笄纚徒跣扱上衽交手哭踊無數既襲三稱服白布深衣十五升素章甫冠白麻屨無絇父卒爲繼母君母慈母孫爲祖後者父卒爲祖母服上至高祖母自天子達于士爲人後者爲所後之祖母母妻（以上與父卒爲母同）母爲長子妾爲君之長子

繼母爲長子皆不笄纚徒跣也女子子在室父卒爲母始死笄纚不徒跣不扱上衽既襲三稱素總其餘不見者與父卒爲母同也○齊縗杖周者父在始有母之喪笄纚徒跣扱上衽交手哭踊無數既襲三稱白布深衣十五升素章甫冠吉白麻屨無絇爲出母慈母繼母君母自天子達于士父卒爲繼母嫁及繼母報繼子以上並與父在爲母同夫爲妻始死素冠深衣不笄纚不徒跣女子子在室爲母不徒跣不扱上衽既襲三稱素總○齊衰不杖周者謂始有祖父母之喪則白布深衣十五升素冠吉屨無絇哭踊無數既襲無變其餘應服者並同○其齊縗三月者始有曾祖父母之喪白布深衣十五升素冠吉屨無絇其餘應服者同女子子適人者爲曾祖父母素總餘與男子同○大功親長中殤七月無受服始有昆弟長殤喪白布深

衣十五升素冠吉屨無絇○成人九月從父昆弟之喪與殤同天子諸侯之庶昆弟與大夫之庶子爲其母哭泣飲食居處思慕猶三年也其餘與士爲從父昆弟相爲服同爲人後爲其昆弟大夫爲伯叔父母子昆弟昆弟之子爲士者哭泣飲食思慕以上並猶周也天子爲姑姊妹女子子嫁于二王後者諸侯爲姑姊妹女子子嫁于諸侯大夫命婦大夫之子諸侯之庶昆弟爲姑姊妹女子子嫁于卿大夫者與士之爲姑姊妹適人者服同天子之昆弟爲姑姊妹女子子嫁于諸侯大夫者姑姊妹適人者爲昆弟其異于男子者始死素總○小功五月無受之服者始有叔父下殤之喪白布深衣十五升素冠吉屨無絇天子諸侯大夫爲嫡子嫡孫玄孫以上並下殤不爲次飲食衎爾爲姑

姊妹女子子子昆弟之子夫昆弟之子下殤爲人後者爲其昆弟姑姊妹之長殤並哭泣飲食猶大功也大夫之子天子諸侯之昆弟庶子姑姊妹女子子爲從父昆弟從父姊妹祖父母爲孫以上並長殤與叔父之下殤同姑姊妹適人者爲昆弟姪之殤與爲從父昆弟之長殤同○成人小功者從祖祖父母之卒與下殤小功服同餘應服者並同○緦麻三月之服者族祖父母始死朝服素冠吉屨無絇婦爲夫曾祖父母異于男子者以素總也

後漢鄭玄云子爲父斬衰始死笄纚如故斬衰者斷其布不緝也古者無幘以六尺纚縚縚髮其狀如一尾以笄橫貫之加絰其上後漢時遭卒者帞巾帕頭即笄纚之存象也既襲三稱衣十五升布深衣古者衣裳上下殊此深衣漢時單衣也扱上衽以深衣上衽扱于要帶中以便事徒跣交手哭諸侯爲天子父爲長子不徒跣爲次子內不歠

𥘉臣爲君不笄纚不徒跣餘與爲父同女子子嫁反在父室者及妻爲夫妾爲君不徒跣不扱上衽發曾拊心哭泣無數鞶帶如故餘與男子同○劉表云母爲長子齊衰三年始死不徒跣拊心哭泣女子已嫁而反在室父卒爲母與母爲長子同齊衰杖周者父在爲母不徒跣哭踊無數凡四不食礼三年之喪五不食者是常日二食自始死至三日既成服後可食是三日五不食也周之喪全二日不食故四不食也爲曾祖父母不敢以輕服服至尊減其月則當大功九月但三月耳始死哭泣三日爲舊君之母妻與曾祖父母同蜀譙周云爲父始死去冠及羔裘大帶其笄纚革帶者皆如故衣布深衣扱上衽徒跣拊心號咷而無常聲哭踊無數始死者至小斂大功以上皆在室丈夫在夾牀東西面婦人夾牀西東面雖諸父兄姑姊不踰主人皆次其後餘衆婦人戶外北面衆兄弟堂下北面諸侯之喪惟主人主婦坐其餘皆立卿大夫亦在室外命婦戶外北面有司庶士堂下北面大夫之喪主人主婦及有命夫命婦者皆坐無者皆立室老亦立室老之妻戶外北面衆臣堂下北面士之喪父兄子姪婦人皆坐他皆如前父爲長子不徒跣不歠𥘉凡父兄雖往哭不于子弟之官設哀次女子子未嫁爲父始卒去縰飾之屬笄纚及帶如故衣布深衣不扱上衽不徒跣吉白麻屨無絇拊心哭泣無數又不

袒其踊不絶地父卒爲母始死去玄冠尸襲之後因其笄纚而加素冠其餘與爲父同○吳射慈云夫爲妻去吉冠大夫以上素弁士素委貌衣十五升白布深衣吉屨無絇尸襲之時亦哭踊○晉杜元凱云父在爲母冠縗裳絰帶皆疏縗三年者始死之制如不扶周○宋崔凱云禮孝子始有親喪悲哀至甚充充如有窮未可以節哭踊無數三日既殯瞿瞿如有求而不得賓客弔及祭祀皆三踊君來弔則九踊躍皆有儐相詔導之者童子始有親喪去首飾首飾卷幘綃頭之類也服十五升白布深衣以至成服女子子許嫁成人在室父卒爲母始死去首飾而骨笄纚不徒跣不扱上衽不踊哭拊心無數素總髽以麻母爲長子繼母爲長子妾爲君之長子與在室女子子父卒爲母同伯叔父母爲女子子長中殤始死骨笄纚

通典斬衰變齊辨晉魏休寧云以大功之衰易既練

之服是中祥宜緝其衰也若不緝爲重大功不得奪之魏顗云按卒哭更以六升布爲衰但齊既葬還服既虞之衰若如斯言以大功之喪奪既練之服尋詳三年之喪及大功之服皆喪之重者也而使斬衰但止三月殆非立禮之意禮大功以上服降皆以布升數爲差故大喪初衰三升既虞六升中祥七升衰以三變非不降也何必期於緝衰然後爲殺愚謂服相易奪正以升數重輕不係衰之齊斬休寧又言三年之喪笄杖不易其餘皆變中祥緝衰是輕之也且爲父初以三年之衰既虞□八升之布輕於母也齊衰既葬而虞以七升布爲衰輕于爲父也顗又難曰女子子之適人有父母之喪既成齊衰之服而夫出之不改服而待□虞更服斬衰之服受笄總髽帶如故

終三年以此徵之不緝衰亦可知也緝與不緝別齊斬耳今斬止一周稱爲三年未爲無見休寧又云三年之喪再周耳數月不合稱三年斬者舉大數之名一周大喪之正禮自轉降中祥安得不緝不緝則無變明不應終喪斬者可知也虞喜云斬衰因喪之稱非爲終三年也按禮爲母喪衰四升而父喪既虞衰六升此爲齊制不復斬也今代人既葬之後無改易惟小祥而變故緝在此月父母情等服俱三年父斬衰母緝衰以別尊卑斬止三月未爲怪也女子出待既虞受以斬衰之受非更斬也魏顗又云要記稱母爲長子齊衰三年其服節如父爲子者未有明徵而便緝之斬名何得復存禮雖言餘皆易不言減斬喜又云父爲長子斬衰母爲齊衰若不言齊其下恐母

與父俱當斬衰所以別耳非謂明終斬之議也孔注
問徐邈云斬衰三年或既虞衰縗行者往往不同意
常謂既以斬表重其喪應有變降爲使終喪服斬釋
斬便縞非漸殺意邪邈荅曰凡喪服襍變備戴絰記
而變斬以縗都無絰明證此服之大節豈記者所遺
蓋本無其制也禮稱斬衰三年此不易之文也禮大
功布三等先儒以爲降服七升正服八升又同則不
易此變受之通例故謂大功不得變斬周繢之釋禮
或問曰斬衰終三年乎荅曰不也卒哭而服齊衰又
問若不終三年則喪服禮何故云髽三年又云三年
之喪若斬則是居情理之極所謂制喪者也焉得卒
哭而奪情荅曰但尋名教者宜求其本本正則條目
自明聖王雖緫企及俯就以爲之制要以滅性爲深

憂是以節哀順變每受爲輕也○宋庾蔚之謂昔賀循以爲夫服緣情而制故情降則服輕既虞哀心有殺是故以細代麤以齊代斬耳若猶斬之則非所謂殺也若謂以斬衰命章便謂受猶斬者則疏衰之受復可得猶用疏布乎是知斬之名本生于始死之服以名其喪耳不謂終其日月皆不變也

崔靈恩喪服變除論曰立義既載五服變除今要舉變除之旨凡親始死將三年者皆去冠笄纚如故十五升白布深衣扱上衽徒跣交手而哭故禮記問喪云親始死雞斯徒跣扱上衽又鄭注云始死將斬衰者雞斯是也其婦人則去纚衣與男子同不徒跣不扱衽知不徒跣不扱衽者問喪文知去纚者鄭注士喪禮云始死婦人將斬衰者去纚知著白布深衣者

曾子問云女改服布深衣縞總以趨喪鄭注云婦人始喪未成服之服其齊衰以下男子皆素冠齊衰以下婦人皆骨笄而纚知者鄭注士喪禮云男子婦人皆吉屨無絇其服皆白布深衣知者

變除云至死之明日士則死日襲明日小斂故士喪禮云小斂主人髻髮若大夫死之明日襲而括髮故鄭注喪服變除云尸襲去纚括髮在二日不斂之前是括大夫也大夫與士括髮于死者俱二日故鄭注門喪云二日去笄纚括髮通明大夫士也始死以後小斂之前大夫與士皆加素冠于笄纚之士故檀弓云叔孫武叔之母死既小斂舉者出尸出戶袒且投其冠括髮是素冠者以其始死哀甚未暇分別尊卑故大夫與士其冠皆同也至小斂投冠括髮之後大

夫加素弁士加素委貌故喪大記云君大夫之喪子弁絰又喪服變除云小斂之後大夫以上冠素弁士則素委貌其素弁素冠皆加環絰故雜記云小斂環絰君大夫士一也鄭注云大夫以上素爵弁士素委貌是也凡括髮之後至大斂成服以來括髮不改故鄭注士喪禮云自小斂以至大斂括髮不改但死之三日說髦之時以括髮因而壞損更正其括髮故士喪禮既殯說髦喪大記云小斂說髦括髮是正其故括髮也非更爲之但士之既殯諸侯小斂於死者皆三日說髦同也其齊衰以下男子于主人括髮之時則著免故士喪禮小斂主人括髮衆主人免是也而喪服變除不杖齊衰條云襲尸之時云括髮者誤也其婦人將斬衰者於男子括髮之時則以麻爲髽故

士喪禮云主人髻髮婦人髽于室其齊衰者于男子免時婦人則以布爲髽故此經云男子免而婦人髽是也其大功以下無髽也其服斂畢至成服以來白布深衣不改士死後二日襲帶絰故士喪禮小斂之前陳首絰大鬲下本在左要絰小焉散帶垂長三尺牡麻絰亦散垂斂訖主人拜賓乃襲絰于序東旣夕禮三日絞垂鄭注云成服日絞要絰之散垂者是主人及衆主人皆絞散垂此襲帶絰絞垂月數皆士之禮也其大夫以上成服與士不同其襲帶絰之屬或與士同或與士異無文以言之其斬衰男子括髮齊衰男子免皆謂喪之大事斂殯之時若其不當斂殯則大夫以上亦素弁士加素冠皆于括髮之上天子七日成服諸侯五日成服大夫士三日成服服之精

麗及日月之多少及葬之時節皆具在喪服及禮文不能繁説其葬之時大夫及士男子散帶婦人髽未（與）成服時同其服則如喪服故既夕禮云大夫髽散帶垂鄭注云爲將啟變也此互文以相見耳諸文言髽見婦人也若天子諸侯則首服素弁以葛爲環絰大夫則素弁加環絰士則素委貌加環絰故下檀弓云弁絰葛而葬鄭注云接神不可以純凶天子諸侯變服而葬冠素弁以葛爲環絰是王侯與卿大夫士異也至既虞卒哭之時乃服變服故鄭注喪服云天子諸侯卿大夫既虞士卒哭而受服其受服之時首絰要帶男子皆以葛易之齊斬之婦人則易首絰不易要帶大功小功婦人則易要帶爲葛雖受變麻爲葛卒哭時亦未説麻至祔乃説麻服葛故士虞禮云婦

人說首絰不說帶鄭云不說帶齊斬婦人也婦人少變而重帶大功小功者葛帶時亦不說者未可以絰文變于主婦之質也至祔葛帶以即位案文直云婦人不辨輕重故鄭爲此解其斬衰至十三月練而除首絰練冠素纓中衣黃裏縓爲領袖緣布帶繩屨無約若母三年者小祥亦然斬衰二十五月大祥朝服縞冠故襍記云祥主人之除也於夕爲期朝服又喪服小記云除成喪者其祭也朝服縞冠既祥乃服十五升布深衣領緣皆以布縞冠素紕故間傳云大祥素縞麻衣二十七月而禫服玄冠玄衣黃裳而祭祭畢服朝服以黑經白緯爲冠所謂纖冠而練纓吉屨踰月服吉間傳所謂禫而纖父沒爲母與父同父在爲母十一月而練十三月而大祥十五月而禫其服

變除與父没爲母同其不杖齊衰及大功以下服畢皆初服朝服素冠踰月服吉也此皆崔氏準約禮經及記而爲此説其有乖僻者今所不取

通典五服成服及變除附周制喪服斬衰裳苴絰杖絞帶冠繩纓菅屨者謂既殯成服斬衰裳三升苴絰大搹九寸左本在下去五分一以爲腰絰大七寸二分絞垂兩結間相去四寸竹杖大如腰絰長齊心本在下絞帶大五寸七分半緆結如前皆三重冠六升外縪條屬右縫菅屨外納居倚廬寢苫枕凷哭晝夜無時歠粥朝一溢米夕一溢米不食菜果寢不説絰帶義服所異者衰裳三升半繩屨餘與正同斬者不緝也苴者麻之有蕡也女子子在室爲父布總六升（長六寸）箭笄長一尺髽衰三年三月而卒哭男子受以六升

布爲衰裳七升布爲冠纓帶亦如之一辟博三寸偶結於前藨屨內納葛絰首絰大七寸五分寸之一右本在上五分首絰去一以爲要絰大五寸二十五分寸之十九參摎之食麗食水飲翦屏柱楣寢蒲席翦而不納朝夕卽以哭婦人亦以六升布爲連裳七升布爲總十三月大祥而練除首絰受以七升布爲衰裳練冠素纓中衣黃裏縓爲領袖緣以練帶繩屨無絇其腰絰縮一股去之飯素食有菜茹鹽酪之和未有醯醬居室之堊在中門外屋下西向開戶嫡子在前庶子在後哭無時哭殺十日五日可也二十五月大祥朝服縞冠既祥改服十五升布深衣領袖緣皆然素冠縞紕素中衣領袖緣帶皆然去腰絰棄杖白麻屨無絇食醯醬乾肉出堊室始居內寢二十七月

不

而禫玄衣黃裳而祭祭畢更服朝服以黑經白緯爲冠而緌纓縞帶緣中衣吉屨無絇革帶得佩紛帨之屬如其平常寢有牀猶别內始飲醴酒踰月復吉三年之禮成也○疏衰齊牡麻絰冠布纓削杖布帶疏屨三年者謂齊衰三年既殯成服以麤衰四升爲衰裳六升爲冠纓布帶代絞帶牡麻絰大七寸二分右本在上五分去一大五寸六分以爲腰絰削桐木爲杖長與心齊下本大如腰絰藨蒯爲屨食粥居廬與爲父同五十食齊者緝也牡麻者麻之無子者女子子在室白布總六升長六寸一辟博一寸惡笄用榛木長尺用白布絇之博五分白布七升爲帶無腰絰深衣不裳居房中張帷爲次至虞不變者三笄總帶也既卒哭受以八升布爲衰裳冠九升布纓帶中

衣領袖緣亦然服葛絰首絰大五寸七分半腰絰四寸六分十三月小祥除首絰練九升布爲冠纓武亦如之其他祥禫變除與斬衰同踰月復平常○疏衰裳齊牡麻絰冠布纓削杖布帶疏屨周者謂齊衰杖周降服四升爲衰裳冠纓皆七升正服五升爲衰裳冠纓皆八升義服六升爲衰裳冠纓皆九升冠皆右縫内縪絰帶與三年同○不杖麻屨者謂不杖周成服五升布爲衰裳八升布爲冠纓絰帶大小與杖周同居堊室食素食水飲寢有席薦不納斷木爲枕不脱絰帶朝夕即位哭○殤大功布衰裳牡麻無受者謂殤降大功成服七升布爲衰裳十升布爲冠纓帶中衣領袖緣牡麻爲首絰大五寸七分半腰絰四寸六分不絞其垂唯中殤七月者不纓絰繩屨張帷爲

次於内門外屋下哀至而哭素食有醢醬既葬除絰帶食菜果寢居内凡殤大功以上中從上小功以下中從下○大功布衰裳牡麻絰纓布帶三月受以小功衰即葛九月者謂成人大功正服八升布爲衰裳冠十升義服九升布爲衰裳其冠十一升絰帶與殤同既葬皆受以十升布爲衰裳冠十一升變麻絰服葛絰絞之九月除朝服素冠吉屨無絇踰月復吉○殤小功布衰裳澡麻帶絰五月者謂殤降小功十升布爲衰裳十二升澡麻絕本爲絰大四寸六分腰絰大三寸七分散垂唯周之下殤降在此者其帶不絕本出而反至腰而絞之張帷爲次哀至而哭食有醢醬菜茹葬而除絰食乾肉飲醴酒寢有牀五月除○小功布衰裳即葛五月者謂成人小功正服十一升

布爲衰裳義服十二升布爲衰裳冠同十二升亦澡麻絰本爲絰帶寢有牀哀至而哭既葬除麻受葛絰大三寸六分腰絰大二寸九分衰裳如故寢居内至除受以朝服素冠踰月復吉○緦麻三月者謂緦麻之麻成服降正義同以七升半布緦而疏之爲衰裳及冠纓帶首絰亦澡麻絰本大三寸七分腰絰大二寸九分吉屨無絇寢有牀飲酒食肉不至變色既葬受以朝服素冠踰月復吉

南齊書有司奏按禮祥除皆先于今夕易服明旦乃設祭尋比世服臨然後改服于禮爲乖今東宫公除日若依例皇太孫服臨方易服臣等參議謂先哭臨竟而後祭之應公除者皆于府第變服而後入臨行奉慰之禮詔可

隋書仁壽三年制曰家無二尊母爲厭降是以父存喪母服期豈容期內而更小祥三年之喪有小祥者禮云朞而祭禮也朞而除喪道也以是之故雖未再朞而天地一變不可不祭不可不除故有練焉以存喪祭之本若期喪有練於理未安儒者徒擬三年之喪立練禫之節欲漸於奪乃薄於喪致使子則冠練去絰黃裏縓緣姪則布葛在躬麗服未改豈非姪哀尚存子情已奪親疏失倫輕重顛倒豈聖人之意也父存喪母不宜有練但依禮十三月而祥中月而禫廢以達孝子之心

乾學按母之朞喪所以有練祥禫之禮者因孝子不得遂其三年聖人知其心有所歉故制爲此禮以伸其情使於一朞之外

更加一時以別於他服之期耳茍無練何以有祥禫廢練而存祥禫是無期年而有再期也此意違於禮意者乎隋文固不學無術大臣如牛弘輩頗號知禮乃忽翫此論以隳前典誠可怪也攷之禮夫之喪妻亦然蓋夫當主妻之喪故因子有練祥禫之節而隨之以制服隋既廢母之練則妻之廢練可知矣至唐增母服爲三年此禮遂無所用而妻喪之祥禫亦因之以廢昔人論妻之喪謂彼以父服服我我故以母服服之此不易之論也祥禫之禮廢則竟仝於他服之期而無所別矣此亦論禮者所宜深究其得失也

隋書仁壽三年獻皇后崩牛弘定儀制弘以三年之喪祥練具有隆殺期服十一月而練者無所象法以聞於帝帝下詔除期練之禮自弘始也

唐制天子崩三十六日釋服至開元時更制二十七日而釋宋以後因之

乾學按上漢魏兩條及此條乃天子之權制非臣民通例也以屢朝大禮所係故亦載之

張子全書祭器祭服以其嘗用於鬼神不敢褻用故具埋焚之禮至於衰絰冠屨不見所以毀之文惟杖則言棄諸隱者棄諸隱不免有時而褻何不即焚埋之嘗謂喪服非爲死者已所以致哀也不須道敬喪服也禮云齊衰不以邊坐大功不以服

勤皆言主在哀也非是爲敬喪服毁喪服者必於除日毁以散諸貧者或諸守墓者皆可也蓋古人不惡凶事而今人以爲嫌留之家人情不悅不若散之焚埋之又似惡喪服○練亦謂之功衰蓋練其功衰而衣之爾據曾子問三年之喪不弔又襍記三年之喪雖功衰不以弔又服問三年之喪既練矣有期之喪既葬矣則服其功衰又襍記有父母之喪尚功衰此云尚功衰蓋未祥之前尚衣輕練之功衰耳兼服之服重者以易輕者○小祥乃練其功衰而衣之則練與功衰非二物也

乾學按小祥易以功衰張子說是已至練之爲義蓋用練治之布爲冠故名之爲練非練其布以爲衰也乃謂練其功衰而衣

之得毋竟同于吉服乎禮無正文雖大儒之言不敢不辯

呂大臨曰斬疏總大功小功緦褐皆曰衰喪正服也練麻皆曰衣喪变服也至親以期斷加隆而三年故加隆之服者正服當除有所不忍故爲之变服以至于再期也首絰除矣七升之冠六升之衰皆易而練矣屨易而緦矣所不变者要絰與杖而已蓋天地已易四時已变哀亦不可無節故從而多变也斬衰之冠鍛而不灰錫則緦而加灰錫則事布而不事縷服雖輕而哀在內切意練衣之升當如功衰加灰事布當如錫有緣與裏當如衣衰則無緣與裏故比功衰則輕功衰卒哭所受比麻衣則重大祥麻衣麻衣吉服也情文之殺義當然也諸侯之妾慈母公子爲其母皆無服史不可以純凶而占筮除喪不當受弔昔之人皆用練冠以從事則練冠者非正服明矣唯鄭氏以功衰爲既練之服功衰自是卒哭所受六升之服正服大功七升則六升成布所可爲功不可指爲練服

邵寶喪礼襍記五月之間而易衰者二昭公之童心不度無足論者然由今觀之喪自成服至小祥而練歲則朞矣衰能無易乎今有百日而練者有六旬而練者與其喪練不如易也

林大春與趙汝泉書喪服之制既祥易練亦礼也然而士家鮮服練服者爲其近於禫也時未朞不忍遽变也蓋孝子之志也至于大祥之後不得不服禫者制也爲其逼於初也夫禫者淡然舒緩之義也情無窮而制有限不敢過也詩曰庶見素冠兮棘人欒欒兮勞心慱慱兮譏不能終三年之制者也夫素冠即禫服也世人至祥而止不能服是以素冠不見而詩人思之也由此觀之禫服之制必行無疑也按制有官者遇禫服素圓領

冠素冠束帶今似不安謂宜易以素巾大帶斜領此亦礼之稱也且夫當禫而負重衰是遍初戚也驟爾易吉是忘親也故君子不忍也是先王制礼之微意也是以人子於親没之後遠庖廚屏羞薦於是有蔬食終身不與高位絶綺麗之觀去珠玉之飾於是有弁布終身不事游宴聞絲竹管弦之音而愀然不樂於是有楚處終身不奉通都貴人以極耳目之娛是謂君子有終身之喪也非以服之謂也故曰先王制礼之微意也不可不省察也唯足下高明而裁擇之幸甚。

〔王廷相喪未斂服說〕喪礼初終至成服三日之内其服何如王子曰崔氏云凡親死將三年者皆去冠而笄纚如故著十五升白布深衣扱上衽徒跣交手而哭婦人去笄而纚如故不徒跣不扱衽亦著白布深衣齊衰以下男子著素冠婦人骨笄而纚皆吉屨無絇其服皆白布深衣此未小斂時所服也小斂畢斬衰男子以麻括髮女子以麻爲髽齊衰男子於主人括髮之時皆去冠纚以布爲免婦人皆去笄纚以布爲髽大功以下男子皆免而婦人不髽但素笄耳其服自斂畢至成服皆白布深衣不改此小斂以後成服以前之服也曰古人之爲服既聞命矣敢問今之服宜如何曰古今冠服異宜用其意可也其未斂也男子去冠巾婦人去假髻然喪不可無飾也仍各以白布一幅裹其首漢時裹巾幍頭之制其既小斂也男子則去布以麻繩括其髮仍帶白布巾而加環絰于其上腰絰散垂其末而加絞帶婦人亦去布以麻繩纏其髮爲髽齊衰男女免而髽大功以下免而素笄皆如其制可也今之白布長衫衣與裳連古深衣之變也男子初喪至成服不改可也婦人白布衫裙不改亦可也。又曰三年之喪以漸而變者也其在衣服何如曰礼有之矣斬衰裳苴絰絞帶冠繩纓菅屨苴杖疏衰裳齊牡麻絰冠布纓布帶疏屨削杖此既殯之成服也三月而卒哭斬衰受以成布六升冠七升疏衰受以成布七升冠八升冠布纓藨屨內以絰帶去麻服葛期而小祥以七升布爲衰裳去負版衰辟領練冠素纓中衣

黃裏縓緣除首絰繩屨無絇要絰不除又期而大祥去腰絰除杖麻屨無

絇祭用朝服練冠中衣素緣祭訖更首著練冠素纓身著十五升麻布深

衣中月而禫祭以玄衣黃裳祭訖服朝服以黑經白緯爲冠練纓縞帶緣

中衣吉屨無絇革帶得佩紛帨之屬如平時其衣服之變如此也曰古人

喪礼之變如此今之人宜何如曰古今異宜存乎今之法制者不可不深

長思也喪之礼所以飾哀也務盡其實而不周於文焉亦庶幾矣哀練之

服雖不能備而縞冠麻衣絰帶終制一日不可墨其

哀如此雖不能周於文焉亦庶幾乎喪之大節也

汪琬曰古人之于喪服也至纖至悉而于三年之喪尤加慎焉是故三日

而成服三月而葬既葬則有受衰服葛絰至于小祥則除首絰服練冠練

衣黃裏縓緣繩屨無絇至于大祥則除衰服斷杖服縞冠素紕麻衣白屨

無絇蓋孝子之哀以次而衰則其服亦以次而變有子既祥而絲屨組纓

則記者譏之以爲蚤也唐開元礼練縞皆如儀而受衰麻矣明集礼倣家

礼行之益不能盡合乎古而小祥祭前一日陳練服大祥陳禫服猶有礼

之遺意焉又按練衣鄭玄謂爲中衣孔穎達謂此非正服也以承衰而已

溫公書儀及家礼皆既練去負版辟領衰顛與礼異其說未知何據○又

曰或問古者既虞則服受衰既練則服練冠既祥則有大祥之服其變除

也匪一而近世俱不行何與曰練禫之服明集礼會典有之品官與庶人

皆同然而莫之行者非令甲

之疏也此世俗不學之咎也

萬斯大曰喪服之重者有變有除所以然者親喪至痛日月甚長而衰麻

之麗不可以久故每因吉祭而爲變除之節觀先王制礼雖曰親喪外除

而所以節哀順變者尚使之由漸之輕故哭踊亦皆有節蓋不如是賢者

無由俯而就不肖者無所跂而及此礼遂不可以傳不可以繼也內哀且

當以漸殺外服自宜以漸輕彼夫始死不食既殯食粥既葬疏食小祥而

菜果大祥而醯醬禫而醴酒飲食以漸而加也始死居倚廬既葬柱楣小

祥堊室大祥復寢禫而牀居處以漸而進也何獨衣服而不然乎孔子之論喪曰戚容稱其服言內心之哀視外以爲之節也是則服之變除蓋與哀情相終始矣然變者則不遽除而除者不更變故變有受而除無受夫變則變矣而謂之受者何也孝子于此有不忍遽變之心若人爲之而已受之者然也攷礼喪冠爲父六升既卒哭受七升爲母七升既卒哭受八升至練而易爲練冠祥而更易爲縞素禫更易而纖此冠之變也喪衰爲父三升既卒哭受以成布六升爲母四升既卒哭受以成布七升練後易衰不見于經襍記曰有父母之喪尚功衰服問曰三年之喪既練矣服其功衰注疏謂練後之衰升數與大功同故曰功衰也又間傳注云大祥除衰杖此衰之變也初喪承衰之衣于經無所考觀檀弓云練〻衣黃裏縓緣則未期不練不緣可知故大祥始變而麻服禫後始變而素端黃裳此衣之變也若夫首要之絰父喪以苴麻母喪以牡麻男子婦人所同也卒哭後男子以葛絰變要麻婦人以葛絰變首麻蓋男子重首婦人重要輕者變而重者不變故至練男子除首絰而要葛猶存婦人除要絰而首葛不去間傳及小記所謂除喪者先重者此也至于屨父喪初以菅母喪以藨蒯卒哭後父與母同而練後皆易以麻檀弓所謂練繩屨無絇者此也合而觀之冠也衰也衣也男之要帶婦之首絰也屨也則變而不遽除者也男之首絰婦之要帶也則除而不更變者也喪服之變除者蓋如此嗚呼古人于親喪居處飲食衣服無一日之安其于變除也猶有所不忍特重違礼制必不得已而後受後世人子不能如古人之一日止惟衣服異于平時然綺縠其中而衰麻其外素縞丁暫而雜情于恒羣相習以爲固然莫或有覺其非者此非論不知有變除之節亦且無所用其變除之節嘻古今人不相及何至于親喪而亦有如此哉

乾學按喪禮自成服之後莫要于卒哭受

服一節蓋斬衰之布以三升齊衰之布以四升其服至粗而易壞勢必不能久故既虞卒哭三升者受以六升四升者受以七升也豈惟三年者有受即期年九月者亦莫不有受自唐開元禮迄於明之集禮練服禫服則有之而卒哭受服之制皆廢是必既葬以後竟不服齊斬之服而後可也如猶將服之則初喪至祖之服其能歷三歲之久而不壞乎蓋由唐世以降士大夫惑於地理既不克三月而葬則無所憑以爲變除之節而又篤信釋氏七七百日之邪說如開元禮政和禮諸書陰用其實而陽諱其名大抵當七七之期或百日之期

則釋去衰麻而易以平常之素服至小祥之後原無衰服可易故諸議禮之家亦因之而不載也嗟夫古者喪服之變除絰則有除而衰但有變故可謂之斬衰三年齊衰三年也後世未嘗以齊斬終其期則于古人名服之義果有合焉否耶今茲篇所載大都先王之禮詳而後代之禮略非故略之也欲詳之而不可得也至於練禫之服開元禮諸書所載者則已分見于衰絰諸篇故不重載云

乾學又按戴德喪服變除崔氏變除古人論禮皆以爲據隋書經籍志載喪服經傳義疏甚多唐書藝文志存者斬不多矣以

今攷之喪服變除不可以不講也止就斬衰三年言之自雞斯扱衽至於成服自吉而之凶也自筮宅至虞純是凶禮而間用吉也自卒哭至除服自凶而之吉也親始死雞斯徒跣扱上衽上衽深衣之前衽也孔子曰始死羔裘玄冠者易之而已謂易去朝服著深衣也崔氏變除以爲十五升白布深衣也此變服之始也（庶人無朝服惟深衣）飯含之時主人出南面左袒扱諸面之右實米惟盈主人襲反位疏謂袒左袖扱于右掖之下帶之內也變之次也小斂環絰士素委貌大夫以上素爵弁而加此絰也戴德喪服變除以爲素章甫冠章甫委貌一也

變之三也卒斂馮尸主人髺髮袒去笄纚而紒也散帶垂絰首絰之外更有絞帶鄭康成以爲絰象大帶絞帶象革帶也帶之四也奉尸夷于堂主人拜賓即位襲絰于序東謂拜賓時袒拜訖襲衣加要帶首絰于序東士喪礼先踊而襲絰諸侯則襲絰而踊變之五也大斂主人及親者卒塗主人復位襲既殯脫髦諸侯礼小斂主人脫髦髺髮以麻士既殯脫髦於死者俱第三日變之六也殯之明日成服杖士二日而殯大夫三日而殯皆於第三日成服喪服斬衰裳苴絰杖絞帶冠繩纓菅屨於是始備記曰三日絞垂謂小斂日要絰大功以上散帶垂於成服日絞之也蓋變者七而成服人子之至痛矣筮

宅則免絰聽卜則去杖不純凶也此成服後變一也既夕禮丈夫髽散帶垂髽猶免也男子免而婦人髽崔氏變除云男子散帶婦人髽與未成服時同其服則如啓服以啓殯亦見尸柩故變同小斂也變二也自殯宮祖而啓遷于祖正柩主人襲爲朝祖變也二也將載主人先祖乃載載訖而襲爲載變也三也商祝御柩乃祖既祖訖乃踊而襲爲將祖變也四也公賵而祖送于門外襲五也君親臨喪變服無有定時賵有一定儀節主人祖柩車乃行出宮襲爲柩行變也六也從柩不可無飾于道得免而行若葬遠則著冠至郊乃著免七也檀弓云弁絰葛而葬接神之道不

公賵西祖送於門外新不甚下書服為祖変也一字

三十九卷二十六終廿四

可以純凶也鄭氏以爲惟天子諸侯變服
而葬崔氏變除云天子諸侯首服素弁以
葛爲環絰大夫則素弁加環絰士則素委
貌加環絰似大夫士亦弁絰但未明在脫
載之時乎窆之時乎贈之時乎其變服八也
屨弁主人袒[illegible]也贈用制幣
玄纁贈卒更袒而拜賓拜已乃襲九也反
哭者皆冠及郊而去冠着免反哭于廟十
也虞之日主人及兄弟如葬服葬服者即
既夕禮大夫髽散帶垂也有故不依時而
虞主人以下皆冠及虞則皆免十一也自
筮宅至虞有此十一節卒哭主人說絰帶
于廟門之外言既卒哭當變麻受之以葛

宅則免絰聽卜則去杖不純凶也此成服後變一也既夕禮丈夫髽散帶垂髽猶免也男子免而婦人髽崔氏變除云男子散帶婦人髽與未成服時同其服則如啓服以啓殯亦見尸柩故變同小斂也變二也自殯宮袒而啓遷于祖正柩主人襲爲朝祖變也二也將載主人先祖乃載載訖而襲爲載變也三也商祝御柩乃祖既祖訖乃踊而襲爲將祖變也四也公賵而祖送于門外襲五也君親臨喪變服無有定之時賵有一定儀節主人祖柩車乃行出宮襲爲柩行變也六也從柩不可無飾于道得免而行若葬遠則著冠至郊乃著免七也檀弓云弁絰葛而葬接神之道不

可以純凶也鄭氏以爲惟天子諸侯變服而葬崔氏變除云天子諸侯首服素弁以葛爲環絰大夫則素弁加環絰士則素委貌加環絰似大夫士亦弁絰但未明在脫載之時乎窆之時贈之時乎其變服八也屬引主人袒乃窆窆而襲九也贈用制幣玄纁贈卒更袒而拜賓拜已乃襲九也反哭者皆冠及郊而去冠着免反哭于廟十也虞之日主人及兄弟如葬服葬服者即既夕禮大夫髽散帶垂也有故不依時而虞主人以下皆冠及虞則皆免十一也自筮宅至虞有此十一節卒哭主人說絰帶于廟門之外言既卒哭當變麻受之以葛

也（婦人說首絰不說帶）明旦爲祔期因祔變之此除服之始變之一也斬衰三升既虞卒哭受以成布六升冠七升疏曰三升四升五升之布其縷麤疏未爲成布六升以下其縷漸細與吉布相參故稱成布也是以初死之冠六升布爲衰而更以七升布爲冠葬後哀殺衰冠亦隨而變輕也以葛帶代麻帶又差小於前五分去一又以布帶易絞帶去菅屨受齊衰蒯藨屨變之二也練筮日筮尸視濯皆要絰杖繩屨有司告具而後去杖筮日筮尸有司告事畢而後杖拜送賓變之三也十三月小祥而練以卒哭後之冠七升布爲衰裳謂之功衰而更以八

升布爲冠縓冠縓中衣以黄爲内縓爲飾明外除也中衣非正服但承衰而已是時去首絰惟餘要葛繩屨無絇大功繩麻屨也鹿裘衡長袪〻裼之可也前此裘狹而短袂又無袪至小祥稍飾更作横廣大者也又長之又設其袪而加裼變之四也再期而大祥朝服而筮尸變之五也大祥白屨無絇弁去絰杖繩屨喪服小記曰除成喪者其祭也朝服縞冠未純吉也既祭素縞麻衣釋禫之禮云玄衣黄裳則是禫祭玄冠矣黄裳者未大吉也既祭乃服禫服朝服綅冠踰月吉祭乃玄冠朝服既祭玄端而居復平常也從祥至吉凡有數變祥

祭朝服縞冠變之六也祥訖素縞麻衣七也禫祭玄冠黄裳八也禫訖朝服綅冠九也踰月吉祭玄冠朝服十也既祭玄端而居十一也自卒哭至除服有此十一節斬衰重服惟既殯成服以後虞卒哭以前三月之内具衰裳絰杖帶冠纓屨之制卒哭而後以次除殺雖曰斬衰三年其實喪服以時變除創巨痛深莫如此三月爲甚然有故乘惡車而出或爲經營宅兆未必朝夕居廬又筮宅則去絰聽卜則去杖三月之内容有不純用凶服者至葬後哀情漸減服遂漸變從輕以復其初先王制禮最重者送死大事而又恐以死傷生故衰服

有變除哭踊有時候所以節其哀而順其變其間輕重等殺皆因人情而爲之制雖自後人觀之以爲委曲繁重而揆之天經地紀有斷乎不可廢秩乎不可紊者荀明於變之節文則於禮也思過半矣

乾學又按聖人之立制因人情而爲之者也哀重則服重哀輕則服輕始死充充如有窮既殯瞿瞿如有求而弗得既葬皇皇如有望而弗至練而慨然祥而廓然衰服之重輕遂即以是爲斷賢者過之不肖者不及或哀已盡而引而致之於禮或哀未盡而使之自割以禮故其變除有漸謂之中制曹風之思見素冠素衣是十三月

之練服思見素韠是大祥祭服疏所謂從初嚮末而思之亦可以知其變除之有漸也

低四字

讀禮通考卷三十八

喪儀節

徐乾學曰君子之於禮終身焉而已古者婦人妊身則有胎教之禮將生子及月辰則有舉子之禮子生三月則有命名之禮所以正人道之始也疾病外內皆埽疾者養者皆齋男子不死於婦人之手婦人不死於男子之手所以正人道之終也若夫知學以來息養瞬存造次顛沛罔敢或忽更可知矣故曰父母全而生之子全而歸之戰戰兢兢如臨深淵如履薄冰君子其敢一日忘此哉予述喪儀節以疾病正終冠其首凡以爲君子所兢兢者亦不敢忽也儀禮十七篇喪居其四一曰喪服二曰士喪禮三曰既夕禮

四曰士虞禮喪服一篇予已取爲喪期餘三篇則皆儀節也盖其説爲特詳昔朱子嘗以儀禮爲經禮記爲傳編爲通解之書諸禮次第告成獨喪祭未竟勉齋黄氏續成之信齋楊氏又附圖焉予取兩家之章次益以後世之制薈萃成篇其説大約相同惟古設重温公始易以魂帛襲歛之衣古多今少祔祭之禮温公請祖主於廟並設影堂殯塗之禮朱子除之卜宅告后土之禮古闕今備斯雖少異要皆無戾於古夫聖人之制喪禮也盖欲爲人子者順天道以事其親焉爾記曰骨肉斃於下陰爲野土其氣發揚於上爲昭明知形體之必有所終也則爲之絞衾衿冒棺槨墻翣宅兆以安之壤樹以固之所以謹其襲藏者無弗至也知魂氣之必有所託也故既葬迎精而

返虞祔練祥吉祭而配於廟人道終而鬼道起矣三篇之制條目千端舉其大要不出乎此自是以外世俗所為皆禮所不設也當世士大夫未嘗不用家禮而往〻參之流俗閒嘗論之古者喪禮不舉樂誠謂哀樂不同時亦欲致其嚴靜也今則盛奏軍樂震盪魂魄其失一矣古者喪次哭泣擗踊之外無他焉今多用浮屠老子之法謬稱資福於冥路實取喧雜為飾觀其失二矣古者三月而葬〻而卒哭今以七〻百日為斷亦始於僧家其失三矣古者葬不擇日一以禮制為期今或於陰陽拘忌每失之緩甚至未葬而除服其失四矣古之弔者車馬曰賵貨財曰賻衣被曰襚無以冥鏹楮錢為弔者不知何自始其失五矣若夫推干支以避煞神焚寃衣以代皋復接巫媒

以招游魂未練釋哀而謝慰殯旁張樂以酬賓皆失禮之尤者聊舉大端用砭愚俗自非達於幽明之故通乎古今之變者烏足以語此哉

疾病

既夕記 士處適寢寢東首於北墉下注將有疾乃寢於適室○疏凡記者皆是經不具記之使充經文也適寢與適室一也若不疾則在燕寢東首者向生氣之所墉謂之墻必在北墉下取十一月一陽生于北生氣之始故也○敖繼公曰適寢正寢也此云適寢明經所謂適室者為適寢之室耳 有疾疾者齊注正情性也適寢者不齊不居其室 養者皆齊注憂也○疏男女養疾皆齊戒正情性也○敖繼公曰養者齊欲專心于所養者也 徹琴瑟注去樂○疏君子無大故琴瑟不離其側今以父母有疾憂不在于樂故去之 疾病外內皆埽注為有賓客來問也疾甚曰病 徹褻衣加新衣注故衣垢汙為來人穢惡之○疏徹褻衣據死者而言則生者亦去故衣服新衣矣褻衣謂故玄端新衣謂更加新朝服○敖繼公曰必易之者為不可使之服故衣以死也衣云褻見其非上衣然則新者亦非上衣矣上衣者朝服玄端之類 御者四人皆坐持體注為不能自轉側御者今時侍從之人○疏四體各一人士雖無臣亦有侍御僕從之人終于其手也○敖繼公曰持體正其手足也 男女改服注為賓客來問病亦朝服庶人深衣 屬纊以俟絶氣注為其氣微難節也纊新絮○疏纊今之新綿易動

搖置口鼻之上以為候

喪大記 疾病外內皆埽君大夫徹縣士去琴瑟 注聲音動人病者欲靜也凡樂器天子宮縣諸侯軒縣大夫判縣士特縣去琴瑟者不命之士○疏宮縣四面軒縣去其一面判縣又去其一面特縣又去其一面縣于東方或于階間而已 寢東首於北牖下 注為君來視之時也病者恒居北牖下或為北墉下○李格非曰東首所以歸魂于陽北牖下所以反魄于陰使之各歸其真宅而已 廢牀徹褻衣加新衣體一人 注廢去也人始生在地去牀庶其生氣反徹褻衣則所加者新朝服矣加朝服者明其終于正也 男女改服屬纊以俟絕氣

曲禮 父母有疾冠者不櫛行不翔 注憂不為容也 言不惰 注憂不在私好惰不正之言 琴瑟不御 注憂不在樂 食肉不至變味飲酒不至變貌 注憂不在味 笑不至矧怒不至詈 注憂在心難變也齒本曰矧大笑則見 疾止復故 注自若常也○疏食肉不至變味猶許食肉但不許多耳變味者少食則味不變多食則口味變也○陳澔曰此乃養父母疾之禮不櫛不為飾也不翔不為容也不惰不及他事也琴瑟不御以無樂意也猶可食肉但不至厭飫而口味變耳猶可飲酒但不至醺酣而顏色變耳齒本曰矧笑而見矧是大笑也怒罵曰詈怒而至詈是甚怒也皆為忘憂故戒之

君有疾飲藥，臣先嘗之；親有疾飲藥，子先嘗之。注：嘗度其所堪。

醫不三世，不服其藥。注：慎物齊也。○疏：凡病疾，以筋血不調，故服藥以治之。其藥不慎于物，必無其徵，故宜戒之。擇其父子相承至三世，是慎物調齊也。○程子曰：病臥于床，委之庸醫，比之不慈不孝。事親亦不可不知醫。

〈喪服小記〉養有疾者不喪服，遂以主其喪。注：不喪服，求生主吉，惡其凶也。遂以主其喪，謂養者有親也，死則當為之服，其為主之服如素無喪服。非養者入主人之喪，則不易己之喪服。注：入猶來也。謂養者無親于死者，不得為主，其有親來為主者，素有喪服而來為主，與素無服者異。素無服、素有服，為今死者當服，亦皆三日成也。養尊者必易服，養卑者否。○尊謂父兄，卑謂子弟之屬。陳澔曰：親屬無近親而遇疾者，已往養之，而身有喪服，則釋去其服，惡其凶也。若此疾者遂死，既無主後，己既養之，當遂主其喪。蓋養者與死者有親也，然亦不著己之喪服。非養者入主人之喪，謂疾時不曾釋服，未致其養，今死乃來主其喪，則亦不易去己之喪服。

〈喪大記〉君於大夫疾，三問之；士疾，壹問之。

〈雜記〉卿大夫疾，君問之無筭；士壹問之。疏：按〈喪大記〉君于大夫疾三問之，此無筭，謂有師保恩舊之親，或三問，謂君自行；無筭，謂遣使也。

〈論語〉子疾病，子路諸禱。子曰：有諸？子路對曰：有之。誄

曰禱爾於上下神祇子曰丘之禱久矣孔曰誄禱篇名○孔子素行合于神明故曰丘之禱久矣

子疾病子路使門人爲臣病閒曰久矣哉由之行詐也無臣而爲有臣吾誰欺欺天乎且予與其死於臣之手也無寧死於二三子之手乎且予縱不得大葬予死於道路乎包曰疾甚曰病○鄭曰孔子嘗爲大夫故子路欲使弟子行其臣之禮○孔曰少差曰閒○馬曰就使吾不得君臣禮葬有二三子在吾寧憂棄于道路乎

疾君視之東首加朝服拖紳注包咸曰夫子疾處南牖之下東首加其朝服拖紳紳大帶不敢不衣朝服見君○疏病者常居北牖下爲君來視則暫時遷向南牖下東首令君得南面而視之以病卧不能衣朝服大帶又不敢不衣朝服見君故但加朝服於身又加大帶于上是禮也

曾子有疾孟敬子問之曾子言曰鳥之將死其鳴也哀人之將死其言也善君子所貴乎道者三動容貌斯遠暴慢矣正顏色斯近信矣出辭氣斯遠鄙倍矣

籩豆之事則有司存馬融曰孟敬子魯大夫仲孫捷也○檀弓鄭玄註敬子武伯之子名捷

漢書蕭何傳何病上親自臨視何疾

張禹傳禹每病輒以起居聞車駕自臨問之

後漢書鄧禹傳禹寢疾帝數自臨問

吳漢傳漢病篤車駕親臨問

趙熹傳熹疾病帝親幸視

樊宏傳宏病困車駕臨視留宿

陰興傳興疾病帝親臨問

桓榮傳榮每疾病帝輒遣使者存問太官太醫相望於道病篤上疏謝恩讓還爵土帝親奔其家問起居下車擁經而前撫榮垂涕賜以牀茵帷帳刀劔衣被良久乃去自是諸侯卿大夫問疾者不敢復乘車到門皆拜牀下

乾學按尊師重道至於此極千載下讀之
猶為媿動況當日乎故東漢氣節獨盛然
則君之獲報不亦多乎

唐書高士廉傳士廉有疾帝即所舍問之疾甚帝幸
其第為流涕

魏徵傳徵疾甚帝令中郎將宿其第動靜輒以聞藥
膳賜遺無筭中使者綴道帝親問疾屏左右語終日
乃還

段志玄傳志玄疾帝臨視及卒帝哭之慟

薛收傳收寢疾遣使臨問相望於道命輿疾至府親
舉袂撫之論叙生平感激涕泗及卒王（即太宗）哭之慟因
遣使弔祭贈帛三百段

杜淹傳淹疾帝為臨問

杜如晦傳如晦以疾辭職醫候之使道相屬及病甚詔皇太子就問帝親至其家撫之梗塞及薨帝哭爲慟

房玄齡傳玄齡疾甚帝命鑿苑垣以便候問親握手與决詔皇太子就省

李綱傳綱疾帝遣房玄齡至家存問

封德彝傳德彝遘疾卧尚書省帝親臨視命尚輦送還第

馬周傳周病消渴連年帝幸翠微宮求勝地爲構第每詔尚食具饍上醫使者視護躬爲調藥太子問疾

岑文本傳文本至幽州抱病帝臨視流涕卒之夕帝聞夜嚴曰文本死所不忍聞命罷之

高季輔傳季輔疾歸第有詔以其兄虢州刺史季通

為宗正少卿視疾遣中使日候增損病太宗親問之

開元禮皇帝遣使勞問諸王疾苦本司散下其禮所司隨職供辦所司先於受勞問者第在大門外之右設使者便次南向於庭中近北設使者位南向又於使者之南三丈所設主人位北向其府國寮屬並部列於庭中之左右國官在東府寮在西俱以北為上使者至受勞問者第大門外掌次者延入次使者及勞問者皆公服贊禮者引使者出次立於門西東面使二人奉制書案立於使者之南差退贊禮者引受勞問者出立於門東西向受勞者再拜贊禮者引受勞問者先入立於門內之右西向贊禮者引使者入就庭中位持制案者立於其右贊禮者引受勞問

杜如晦傳如晦以疾辭職醫候之使道相屬及病甚詔皇太子就問帝親至其家撫之梗塞及薨帝哭為慟

房玄齡傳玄齡疾甚帝命鑿苑垣以便候問親握手與決詔皇太子就省

李綱傳綱疾帝遣房玄齡至家存問

封德彝傳德彝遘疾卧尚書省帝親臨視命尚輦送還第

馬周傳周病消渴連年帝幸翠微宮求勝地為構第每詔尚食具饍上醫使者視護躬為調藥太子問疾

岑文本傳文本至幽州抱病帝臨視流涕卒之夕帝聞夜嚴曰文本死所不忍聞命罷之

高季輔傳季輔疾歸第有詔以其兄虢州刺史季通

爲宗正少卿視疾遣中使日候增損

柴紹傳紹病太宗親問之

開元禮皇帝遣使勞問諸王疾苦本司散下其禮所司隨職供辦所司先於受勞問者第在大門外之右設使者便次南向於庭中近北設使者位南向又於使者之南三丈所設主人位北向其府國寮屬並部列於庭中之左右國官在東府寮在西俱以北爲上使者至受勞問者第大門外掌次者延入次使者及勞問者皆公服贊禮者引使者出次立於門西東面使二人奉制書案立於使者之南差退贊禮者引受勞問者出立於門東西向受勞者再拜贊禮者引受勞問者先入立於門內之右西向贊禮者引使者入就庭中位持制案者立於其右贊禮者引受勞問

者就庭中位北向立持案者以案進使者前使者取制書持案者退復位使者稱有制受勞問者再拜贊禮者引受勞問者詣使者前受制書退復位再拜訖使者以下出又贊禮者引受勞問者隨出各即門外位受勞問者再拜訖贊禮者引使者以退就次又贊禮者引受勞問者入若受勞問者疾未間不堪受制則子弟代受如上儀○外祖父疾苦○皇后父疾苦○大臣疾苦皆與勞問諸王禮同○問都督刺史疾苦與大臣疾苦禮同其異者諸引導之官所以勞問州府有司充之（其使于京師者則謁者引導）○問藩王疾苦與都督刺史同○凡有勞問無正篇者皆臨時約準上禮而為儀注

問外祖母疾苦　皇帝遣勞問外祖母疾苦本司散下

具禮所司隨職供辦內給事一人爲使者所司先於受勞問者第大門外之右設使者便次南向又於內寢庭少北設使者位南向又於使者位之南三丈所設受勞問者位北向使者至受勞問者大門外掌次者延入次使者公服攝迎者亦公服使者出次立於門西東面給使二人奉制書案立於使者之南差退贊禮者引攝迎者出立於門東西面攝迎者再拜訖贊禮者引攝迎者先入立於門內之右西面內典引引使者入就內寢庭位持案者立於使者之右受勞問服朝服女侍者引就庭中位立持案者以案進使者前使者取制書持案者退復位使者稱有制受勞問者再拜女侍者進詣使者前受制書退授受勞問者受勞問者又再拜內典引引使者以下出女侍者

引受勞問者退賛禮者引攝迎者随出各就門外位攝迎者再拜内典引引使者退即使次賛禮者引攝迎者入若受勞問者疾未間不堪受制則攝迎者於外堂之庭拜受制書如上禮其異者受制詣閤授女侍者受奉入授受勞問者

中宮問外祖父疾苦

太皇太后皇太后皇后遣使勞問外祖父疾苦本司散下其禮所司随職供辦内給事一人為首使者所司先於受勞問者第大門外之右設使者次南面向又於使者之位南三丈所受勞問者位北向使者至受勞問第大門外掌次者引入次使者及受勞問者皆公服内典引引使者出次立於門西東向給使二人奉令書案立於使者之南差退賛禮者引受勞問者出立於門東西向受勞問者

再拜贊禮者引受勞問者先入立於門内之右西向内典引引使者入就庭中位立持案者立於其右贊禮者引受勞問者就庭中位立持案者以案進使者前使者取令書持案者退復位使者稱太皇太后若皇太后皇后有令受勞問者再拜贊禮者引受勞問者進詣使者前受令書案退復位又再拜内典引引使者以下出贊禮者引受勞問者從出各即外門位受勞問者再拜訖内典引引使者以下退舍使次贊禮者引受勞問者入若受勞問者疾未間不堪受令則子弟代受如上儀○問諸王疾苦與問外祖父疾苦禮同太皇太后皇太后皇后勞問外祖母疾苦本司散下其禮所司隨職供辦内給事一人為使者所司先於受勞問者第大門外之右設使者次南向又於内寢

庭少北設使者位南向又於使者位南三丈所設受勞問者北向使者至受勞問者大門外掌次者引入次使者服公服攝迎者亦公服使者出次立於門西東向給使二人奉令書案立於使者之南差退贊禮者引攝迎者出立於門東西面攝迎者再拜贊禮者引攝迎者先入立於門內之右西面內典引引使者入就內寢庭位立持案者立於使者之右受勞問者服朝服女侍者引就庭中位立持案者以案進使者前使者取令書持案者退復位使者稱太皇太后（若皇太后皇后）有令受勞問者再拜女侍者進詣使者前受令書退授受勞問者又再拜內典引引使者引受勞問退贊禮者引攝迎者隨出各即門外位攝迎者再拜內典引引使者即便次贊禮者引攝迎者入若受勞

問者疾未間不堪受令則攝迎者於外堂之庭拜受令書如上儀其異者受令書詣閤傳付女侍者受之奉入受勞問者也○問諸妃主疾苦○問宗戚婦女疾苦右二條同勞問諸外祖母疾苦○凡內侍之屬充使則內常侍以下準所慰勞者之尊院準約

〈東宮問諸王疾苦〉皇太子遣使勞問諸王疾苦本司散下其禮所司隨職供辦所司先於受勞問者第大門外之右設使者次南向又於庭中設使者位東向又於使者位之東三丈所設受勞問者位西向使者至受勞問者第大門外掌次者引入次使者及勞問者皆公服贊禮者引使者出次立於門西東向使二人奉令書案立於使者之南差退贊禮者引受勞問者出立於門東西向受勞問者再拜贊禮者引受勞

問者先入立於門内之右西面贊禮者引使者入就庭中位立持案者立於其右贊禮者引勞問者進就庭中位立持案者以案進使者前使者取令書持案者退使者稱有令受勞問者再拜贊禮者引受勞問者進詣使者前受令書退復位又再拜訖贊禮者引使者以下出又贊禮者引受勞問者隨出各即門外位受勞問者再拜訖贊禮者引使者以下退舍便次又贊禮者引受勞問者入若受勞問者疾未愈不堪受令則子弟代受如上儀○

問外祖母疾苦本司散下其禮所司隨職供辦闈宦一人爲使者所司先於受勞問者第大門外設使者次南向又於内寢庭西階前設使者位東向又於使者位東三丈所設受勞問者位西向使者至受勞問

者大門外掌次者引之次使者服公服攝迎者亦公服使者出次立於門東西面給使二人奉令書案立於使者之南差退贊禮者引攝迎者出立於門東西面攝迎者再拜贊禮者引攝迎者先入立於門内之右西面内典引引使者入就内寢庭位東面立給使奉令書案隨入立於使者之南差退受勞問者服朝服女侍者引就内寢庭位立於使者之右持案者以案進使者前使者取令書持案者退使者稱有令受勞問者再拜女侍者進詣使者前受令書退授受勞問者受勞問者又再拜内典引引使者以下出女侍者引受勞問者退贊禮者引攝迎者隨出各就門外位攝迎者再拜内典引引使者退即使次贊禮者引攝迎者入若受勞問者疾未愈不堪受令書則攝迎

者於外堂之庭拜受令書如上儀其畀者受令書詣閤傳付女侍者女侍者受之奉入授所勞問者○問妃主疾苦○問妃母疾苦右兩件同勞問外祖母疾苦○問師傅保疾苦○問宗戚疾苦○問上臺貴臣右三件同勞問諸王疾苦○皇太子於諸王妃主以下疾苦其在家人親屬之禮率爾遣近侍勞問則主人受勞問者侍之亦從家人親屬之式不拜迎送及不為授受之禮

唐書禮志凡問疾天子遣使者持節至其所位於庭使者南面持節在其東南主人北面再拜以授制書主人迎使者於門外使者東面主人西面再拜而入其問婦人之疾則受勞問者北面

宋史諸王宮主宗室將軍以上有疾皆乘輿臨問如

小疾在家或幸其第有至三四者其宮邸在禁中多不時而往惟宰相使相駙馬都尉疾亟幸其第或賜勞加禮馬建隆元年七月宰相范質有疾太祖親幸其第賜黃金銀絹有差開寶二年趙普有疾帝再往視賜銀器綃甚厚太平中鎮寧節度楊信以病瘖忽能言帝異之遽幸其第加賜賚祥符三年鎮安節度使駙馬都尉石保吉疾亟帝將臨視其日大忌宰相言於禮非便遂遣內侍諭保吉明日臨省馬六月幸侍講學士邢昺第視疾賜白金千兩衣著千匹名藥一奩熙寧七年詔頒新式凡臨幸問疾者賜銀絹宰臣及樞密使帶使相者二千五百兩匹樞密使使相二千兩匹知樞密院事參知政事樞密副使同知樞密院事一千五百兩匹簽書樞密院事同簽書樞密

院事宣徽使七百五十兩匹殿前都指揮使一千五百兩匹駙馬都尉任使相以下者二千五百兩匹任節度觀察留後以下者一千五百兩匹並入內內侍者取賜

政和禮皇帝遣使問諸王以下疾前期有司於受勞問者之第於大門外設使者位於受勞問者之左北下有闕文使者至贊者引入次使者及受勞問者皆公服贊者引使者立於門西東向引受勞問者立於門東西向史二人以案奉詔書立於使者之南贊者曰拜受勞問者再拜贊者引受勞問者入就望闕位立史捧詔書案前行使者從之入就庭中位贊者贊使者搢笏取詔書執笏加詔書於笏上史以案退使者稱有詔受勞問者再拜使者宣詔書訖受勞問者又再

拜贊者引使者及受勞問者少前相向各俛伏跪搢笏使者以詔書授受勞問者訖各執笏受勞問者加詔書於笏上各俛伏興復位贊者曰拜受勞問者再拜贊者引使者歸次受勞問者乃入若受勞問者疾未聞不能親受則子弟代受如上儀

皇帝遣使問帝姬以下疾以内給事一人爲使者前期有司於受勞問者之第大門外設使者次又於寢庭望闕設受勞問者位使者位於其前少北南向使者至内侍引入次使者服公服女侍引受勞問者朝服出詣望闕位立内侍引使者出次給使二人以案奉詔書前行使者從之入就庭中位内侍贊使者搢笏取詔書執笏加詔書於笏上給使捧案退使者稱有詔内侍曰拜受勞問者再拜宣訖又再拜女侍進

詣使者前受誥書退授受勞問者訖內侍曰拜受勞問者再拜內侍引使者歸次受勞問者乃入若受勞問者疾未間不能親受則以女侍迎攝受誥書如上儀以所受誥書詣寢閤授之

中宮遣使問諸王以下疾以內給事一人爲使者前期有司於受勞問者之第大門外設使者次又於庭中設受勞問者位北向使者位南向使者至贊者引入次使者及受勞問者皆公服贊者引使者立於門東西向給使二人以案奉令書立於使者之南贊者曰拜受勞問者再拜贊者引受勞問者入就庭中位贊者贊使者搢笏取令書執笏加令書於笏上給使捧案退使者稱有令受勞問者再拜讀訖又再拜贊者引使者及受勞問者少前相向各俛伏跪搢笏使

者以令書授受勞問者訖各執笏受勞問者加令書於笏上各俛伏興復位贊者曰拜受勞問者再拜贊者引使者歸次受勞問者乃入若受勞問者疾未間不能親受則子弟代受如上儀

中宫遣使問帝姬以下疾以内給事一人爲使者前期有司於受勞問者之第大門外設使者次又於寢庭少北設使者位南向受勞問者位北向使者至内侍引入次使者公服訖女侍引受勞問者朝服出詣庭中位内侍引使者出次給使二人次案奉令書前行使者從之至庭中位内侍贊使者搢笏取令書執笏加令書於笏上給使以案退使者稱有令内侍曰拜受勞問者再拜讀訖又再拜女侍進詣使者前授令書退授受勞問者内侍曰拜受勞問者再拜内侍

引使者歸次受勞問者乃入若受勞問者疾未間不能親受則以女侍迎攝受令書如上儀以所受令書詣寢閤授之

東宮遣使問諸王以下疾前期所司於受勞問者之第大門外設使者次又於庭中設受勞問者位西向使者位東向使者至贊者引入次使者及受勞問者皆公服贊者引使者立於門西東向引受勞問者立於門東西向史二人以案奉令書立於使者之南贊者曰拜受勞問者再拜贊者引受勞問者入就庭中位立史捧令書案前行使者從之入就庭中位贊者贊使者搢笏取令書執笏加令書於笏上史以案退使者稱有令贊者曰拜受勞問者再拜讀訖受勞問者又再拜贊者引使者及受勞問者少前相向各俛

伏跪搢笏使者以令書授受勞問者訖各執笏受勞問者加令書於笏上各俛伏興復位贊者曰拜受勞問者再拜贊者引使者歸次受勞問者乃入若受勞問者疾未間不能親受則子弟代受如上儀

東宮遣使問帝姬以下疾以內給事一人為使者前期有司於受勞問者之第大門外設使者次又於寢庭西階下設使者位東向受勞問者位西向使者至內侍引入次使者公服訖女侍引受勞問者朝服出詣庭中位立內侍引使者出次給使二人以案奉令書前行使者從之至庭中位內侍贊使者搢笏取令書執笏加令書於笏上給使以案退使者稱有令內侍曰拜受勞問者再拜讀訖受勞問者又再拜女侍進詣使者前受令書退授受勞問者訖內侍曰拜受

勞問者再拜內侍引使者歸次受勞問者乃入若受勞問者疾未間不能親受則以女侍迎攝受令書如上儀以所受令書詣寢閤授之其皇太子於諸王帝姬疾從家人親屬之禮遣近侍勞問則受勞問者侍之亦從家人之禮不拜迎拜送與授受之儀

明集禮皇帝遣使問王公大臣疾病儀是日奉命至病者家攝受問者或尊長或子弟出接於大門外之右引禮引使者入至正廳東南面立引攝受問者入就廳下拜位北向使者前稱有制贊禮唱鞠躬拜興拜興平身攝受者鞠躬拜興拜興平身贊禮唱跪攝受問者跪使者宣制曰皇帝聞某官某疾遣臣某勞問宣制畢贊禮唱俛伏興拜興拜興平身攝受問者入告於病者出復命引禮引使者出攝受問者送出于大門之外使者還奏如問公主疾病則遣內侍監官禮同駙馬

或子孫

攝受問

讀禮通考卷三十九

喪儀節

正終

喪大記男子不死於婦人之手婦人不死於男子之手註君子重終為其相褻君夫人卒於路寢大夫世婦卒於適寢内子未命則死於下室遷尸于寢士之妻皆死于寢註言死者必皆於正處也○疏諸侯三寢一正者曰路寢餘二曰小寢卒歸於正故在路寢也夫人亦有三寢一正二小亦卒正者也適寢猶今聽事處也其制異諸侯大夫死適寢其妻亦死適寢也大夫妻曰命婦而云世婦世婦是諸侯之次婦今明諸侯世婦尊與命婦敵故互言見義今命婦死于正寢則世婦死女君次寢之上也内子卿妻也未命則初死在下室至小斂後遷尸乃復還其正寢士妻皆死于寢者亦名死其正室也夫妻俱然故云皆也○方慤曰路寢謂之路猶路車乎路以大言之也適寢謂之適猶適子謂之適以正言之也

既夕記男子不絶於婦人之手婦人不絶於男子之手註備褻○疏疾時使御者持幹弃死于其手若婦人則内御者持幹之死于其手乃行禱于五祀註盡孝子之情五祀

悖言之士二氏曰門曰行〇流死期已至必不可求生但盡孝子之情故乃行禱五祀望佑助病者使之不死也〇敖繼公曰士之得行五祀於此可也

乃卒 注卒終也 主人啼兄弟哭 注哀有甚有否於是以一去冠而笄纚服深之

〔敖英東谷贅言〕或問君親有疾禱于鬼神以求福有是理乎予曰古人有行之者矣昔武王弗豫周公禱于三王以求自代庾黔婁因父疾篤禱于北辰以求身代是皆臣子迫切之至情夫豈索之茫昧者哉且病者臥榻奏藥罔功其心皇皇惟冀鬼神陰佑之一聞有禱躍然快心或若起之而疾以為矣況感應之理又有不可誣者是則禱云禱云庸非佐助醫藥之一術乎毋執曰死生有命不可禱也若自身有疾執為可也

春秋莊公三十有二年八月癸亥公薨于路寢〇公羊傳路寢者何正寢也〇穀梁傳路寢正寢也寢疾居正寢正也男子不絕于婦人之手以齊終也 註齊絜

僖公三十有三年十有二月乙巳公薨于小寢 註小寢內寢也 〇左傳薨于小寢即安也 註小寢夫人寢也譏公就所安不終于路寢 〇穀梁傳小寢非正也 註非路寢也

文公十有八年春王二月丁丑公薨于臺下〇穀梁傳臺下非正也

襄公三十有一年夏六月辛巳公薨于楚宮公適楚好其宮歸而作之故名楚宮○〔穀梁傳〕楚宮非正也註楚宮別宮名非路寢

定公十有五年夏五月壬申公薨于高寢杜註高寢宮名不於路寢失其所

○〔穀梁傳〕高寢非正也

〔呂坤四禮疑〕正寢下室夫人世婦所以辨貴賤也士庶人無多室正喪終于寢無正寢從宜○諸侯大夫家有正寢小寢下室蓋家富而室多故所在皆足成喪受吊也庶之家或兄弟子孫同宅甚者夫婦所居室僅容膝殯死者則生者且無所之又居近內宅院無中霤男女不宜混雜吊客何以成禮者故凡夫婦正喪不分尊長卑幼皆以正寢惟妾與殤不可以褻南面者則殯于東西之室如無旁室則殯於正寢之邊楹不受祭奠可也殯凶所不宜每室皆在貧賤之家總于一室似于人情為便耳

〔左傳〕襄公二十九年五月公還自楚及方城季武子取卞使公冶問璽書追而與之曰聞守卞者將叛臣帥徒以討之既得之矣敢告公冶致使而退及舍而聞取卞公曰欲之而言叛祇見疏也公與公冶冕服固辭強之而後受註以卿服玄冕賞之五月公至自楚公冶致其一

於季氏而終不入焉及疾聚其臣曰我死必無以冕服歛非德賁也（註：言公畏季氏而賁其使非以我有德）且無使季氏葬我

定公元年正月辛巳晉魏舒合諸侯之大夫于狄泉將以城成周魏獻子屬役于韓簡子及原壽過而田於大陸焚焉還卒于甯范獻子去其柏槨以其未復命而田也（註：范獻子代魏子爲政去其柏槨示貶之）

檀弓孔子蚤作負手曳杖消搖於門歌曰泰山其頹乎梁木其壞乎哲人其萎乎既歌而入當户而坐子貢聞之曰泰山其頹則吾將安仰梁木其壞哲人其萎則吾將安放夫子殆將病也遂趨而入夫子曰賜爾來何遲也夏后氏殯於東階之上則猶在阼也殷人殯於兩楹之間則與賓主夾之也周人殯於西階之上則猶賓之也而丘也殷人也予疇昔之夜夢坐

奠於兩楹之間夫明王不興而天下其孰能宗予〻殆將死也蓋寢疾七日而沒鄭云泰山衆山所仰梁木衆木所放哲人亦衆人所仰放也萎病也又以三王之礼占己夢疇發聲也夢坐兩楹之間而見饋食言奠者以為凶象兩楹之間南面鄉明人君聽治正坐之處宗尊也今無明王孰能尊我以為人君乎是我殷家奠殯之象以此自知將死七日而沒明聖人知命也○黃榦曰孰能宗予但言無人宗己之道註言尊為人君既失之曳杖消搖鄭註又以為欲人怪已孔疏亦以為寬縱自放皆非所以言聖人曳杖消搖蓋既病之餘閒適之際德容如是也○陳祥道曰聖人所以悟于將死之夢至于負手之忘形曳杖之忘物消搖自得之場以與天為徒也然安得恝然忘物而吉凶不與之同乎此所以有哲人之嗟以與人為徒也○方慤曰夏后氏殯于東階之上示不忍賓之爾故曰則猶在阼也殷人殯于兩楹之間若將賓之矣故曰則與賓主夾之也周人賓于西階之上則若賓之矣故曰則猶賓之也凡此以其世漸文而殯死之所以愈遠而已然孔子夢坐奠于兩楹之間乃知其將死者以殷人則宜享殷禮故也

【論語】曾子有疾召門弟子曰啟予足啟予手詩曰戰戰兢〻如臨深淵如履薄冰而今而後吾知免夫小子鄭曰啟開也曾子以為受身體於父母不敢毀傷故使弟子開衾而視之也○孔云此言詩者喻己常戒慎恐有所毀傷○周曰乃今日後我自知免于患難矣

【檀弓】曾子寢病藥正子春坐于堂下曾元曾申坐于

讀禮通考　卷三十九

足童子隅坐而執燭童子曰華而睆大夫之簀與子春曰止曾子聞之瞿然曰呼曰華而睆大夫之簀與曾子曰然斯季孫之賜也我未之能易也元起易簀曾元曰夫子之病革矣不可以變幸而至於旦請敬易之曾子曰爾之愛我也不如彼君子之愛人也以德細人之愛人也以姑息吾何求哉吾得正而斃焉斯已矣舉扶而易之反席未安而沒鄭註子春曾參弟子元申參之子簀牀笫也睆者以

睆為刮節目舉扶而易之病雖困猶勤于禮○孔氏曰此一節論曾子臨死守禮不變之事爾雅釋詁簀謂之笫○河南程子曰人苟有朝聞道夕死可矣之志則不肯一日安于所不安也何止一日須臾不能如曾子易簀須要如此乃安人不能若此者只為不見實禮實禮者實見得是實見得非凡實禮得之于心自別若耳聞口道者心實不見若見得必不肯安于此○陳祥道曰曾子仕于莒得粟三秉方是之時曾子重其祿而輕其身親沒之後齊迎以相楚迎以令尹晉迎以上卿方是之時曾子重其身而輕其祿夫重三秉之粟輕令尹卿相之祿則是未嘗為大夫矣未嘗為大夫而死于大夫之簀宜曾子之所不為童子以其非禮而應問為事節以義故也曾元知其非禮而不忍易之事父以恩故也是雖恩義之所施有所不同要之小恩不如大義之愈也孟子曰曾子可謂養志者也曾元可謂養口體者也不易簀其養體之事歟曾子之死其言正顏色動容貌出辭氣而其行至于易簀子路之死不忘結纓成子高之死不

怠擇焉是皆全一世之德正一世之事而天下後世之言君子者必稽之矣彼秦穆之死其亂命乃於三良魏武子之死其亂命欲及於其妾魯僖公薨于小寢文公薨于臺下其視君子之所處不亦遠乎○陸佃曰姑息者且止之謂蓋未有不壞于且止者也聖人以義制礼其祥見于林簀之間君子以仁行礼其勤見于垂死之際○胡銓曰士不聞道窮知其無以死也何正而斃雖死無餘事矣故曰斯已矣○游酢曰曾子之於始終雖一簀之不正不以疾亟而不易此聖門學道治心養氣之功也以其治心養氣之功既至則臨死生之際而不亂自孔孟而下此學之失而近之者釋氏有焉故自晝以來聰明睿智之士無有不溺于學佛者蓋上失其道皇極不建儒者專以義讀言語為事至于治心養性之學泛然而不得其原其勢出於不得已君子苟欲正之必先立皇極之道則道出于上人知向方矣苟惟不然徒罪天下之溺于佛則是吠其斯人失其性而死耳○葉適曰曾子之學堅定明萬雖神已離形而不變異死生若一然且改過甚勇以正為終是後學堅定準程處也

大戴禮記曾子疾病曾元抑首曾華抱足曾子曰微乎吾無夫顔氏之言吾何以語汝哉然而君子之務盡有之矣夫華繁而實寡者天也言多而行寡者人也鷹鶽以山為卑而曾巢其上魚鼈黿鼉以淵為淺而蹷穴其中卒其所以得之者餌也是故君子苟無以利害義則辱何由至哉親戚不悦不敢外交近者

不親不敢求遠小者不審不敢言大故人之生也百歲之中有疾病焉有老幼焉故君子思其不復者而先施焉親戚既歿雖欲孝誰爲孝年既耆艾雖欲弟誰爲弟故孝有不及弟有不時其此之謂與言不遠身言之主也行不遠身行之本也言有主行有本謂之有聞矣知身是言行之基可謂聞矣君子尊其所聞則廣大矣高明廣大不在於他在加之志而已矣與君子遊苾乎如入蘭芷之室久而不聞則與之化矣與小人遊貸乎如入鮑魚之次久而不聞則與之化矣是故君子慎其所去就與君子遊如長日加益而不自知也與小遊如履薄冰每履而下幾何而不陷乎哉吾不見好學盛而不衰者矣吾不見好教如食疾子矣吾不見日省而月考之其友者矣吾不見

孜孜而與來而改者矣

子張病召申祥而語之曰君子曰終小人曰死吾今日其庶幾乎鄭康成曰申祥子張子欲使執喪成己志也死之言澌也事卒爲終消盡爲澌○陳祥道曰君子小人曰終曰死之別蓋言人生斯世當盡人道君子之人人道既盡則其死也爲能終其事故以終稱之若小人則無可盡之道只是形氣消盡故稱之曰死終以道言死以形言子張言庶幾者蓋以生平推自惟恐有不盡之道今至將沒幸其得以盡道而終故以爲言亦有曾子知免之意觀其將死喜幸之言足以見其平生恐懼之意正學者所當用力也汪以爲欲使成志不可曉○黃榦曰君子盡人之道而異乎物故曰終小人非盡人道則物而已故曰死曲礼於大夫曰卒于士曰不祿於庶人曰死與此同意子張之病自以庶幾于君子之終而不爲小人之死者蓋使申祥觀其行以自勵而已○胡銓曰終謂以禮終始○游酢曰古之學者貴乎行己而無愧怍其死也責乎得其正得其正謂死于牖下且不死于婦人之手也觀人之法不觀于無事之時而觀于患難之際不信其平居之時而信其將死之日苟行已無愧怍將死而得其正是得其死者也苟得其死在君子爲得其終在小人爲得其死雖有君子小人之辨然皆孝者之道也庶幾者謂庶幾乎學者之道也觀成王之顧命則知成王所以學于周公之道觀曾子子張之言則知曾子子張所以學于孔子之道

緇衣葉公之顧命曰毋以小謀敗大作毋以嬖御人疾莊后毋以嬖御士疾莊士大夫卿士葉公楚縣公葉公子高也臨死遺書曰顧命小謀小臣之謀也大作大臣之所爲也嬖御人愛妾也疾亦非也莊后適夫人齊莊得禮者嬖御士愛臣也莊士亦謂士之齊莊得禮者今爲大夫卿士

葉夢得曰：大臣則牧伯也，其與之計議未定，亦不可以小謀敗之；近臣則四輔三公也，其與之論道而有爲，亦不可以遠言間之；外臣則諸侯也，貝與之同守天下以經理邦國，亦不可以内寵圖之。蓋任賢不貳，則賢者得以盡其致，故大臣不敢謀，則無怨于心；近臣之言無間，則[illegible]上；外臣之議得以自通，則不蔽于下。與智者謀之，而不智者議之，是以小謀敗大作也；寵嬖妾而疾惡有禮之后，是以嬖御之臣疾莊后也；昵倭臣而惡用莊謹之卿士，是以嬖御士疾莊士大夫卿士也。蓋小謀敗大作，則不足以尊賢；嬖御人疾后，則不足以治家；嬖御士疾大夫卿士，則不足以治國。此葉公所遺于後世。

陸佃曰：此顧命大夫卿士之詞也，故其卒篇稱大夫卿士云。及夫人言后，其流蓋及上也。顧命如此，忠教之至也。蓋是時徐楚亦僭稱后。

後漢書列女傳：漢中陳文矩妻字穆姜，年八十餘卒。臨終勑諸子曰：吾弟伯度，智達士也，所論薄葬，其義至矣。又臨亡遺命，賢聖法也。令汝曹遵教，勿與俗同，增吾之累。諸子奉行焉。

諸葛亮集遺表：臣賦性拙直，遭時艱難，興師北伐，未獲全功，何期病在膏肓，命垂旦夕。伏願陛下清心寡慾，約己愛民，達孝道於先君，布仁心於寰宇，提拔逸隱以進賢良，屏黜奸讒以厚風俗。臣家成

都有桑八百株薄田四十五頃子孫衣食自有餘

[illegible]悉仰於官不別

命將盡吾既好儉而聖朝著終誥之制爲天下法吾

氣絕之日自殯及葬務奉詔書昔衛大夫蘧瑗葬濮

陽吾望其墓常想其遺風願托賢靈以弊髮齒營吾

兆域必往從之禮男子不卒婦人之手亟以時成東

堂之成名之曰遂志之堂輿疾往屬遂又令世子曰

汝幼少未聞義方早爲人君但知樂不知苦不知苦

必將以驕奢爲失也接大臣務以禮雖非大臣老者

猶宜答拜事兄以家恤弟以慈兄弟有不良之行當

漢書何並傳並疾病召丞掾作先令書曰告子恢吾生素餐日久死雖當得法賻勿受葬爲小槨亶容下棺

增後漢書前

葉夢得曰大臣則牧伯也其與之計議未定亦不可以小謀敗之近臣則四輔三公也其與之論道而有爲亦不可以遠言間之外臣則諸侯也其與之同守天下以經理邦國亦不可以內寵圖之盖任賢不貳則賢者得以盡其致故大臣不敗謀則無怨于心近臣之言無間則六效於上外臣之議得以自適則不蔽于下與智者謀之而不智者議之是以小謀敗大作也寵嬖妾而疾惡有礼之后是以嬖御之臣疾莊后也嬖佞臣而惡用莊誰之卿士是以嬖御士疾莊士大夫卿士也盖小謀敗大作則不足以尊賢嬖御人疾后則不足以治家嬖御士疾大夫卿士則不足以治國此祭公所遺于後世

陸佃曰此顧命大夫卿士之詞也故其卒篇稱大夫卿士云爽夫人言后其流盖及上也顧命如此忠敎之至也盖是時徐楚亦僭稱后

後漢書列女傳漢中陳文矩妻字穆姜年八十餘卒臨終勑諸子曰吾弟僧度智達士也所論薄葬其義至矣又臨亡遺命賢聖法也令汝曹遵教勿與俗同增吾之累諸子奉行焉

諸葛亮集遺表臣賦性拙直遭時艱難興師北伐未獲全功何期病在膏肓命垂旦夕伏願陛下清心寡慾約己愛民達孝道於先君布仁心於寰宇提拔逸隱以進賢良屏黜奸讒以厚風俗臣家成

都有桑八百株薄田四十五頃子孫衣食自有餘饒臣身在外別無調度隨時衣食悉仰於官不別治生以長尺寸臣死之日不使內餘帛外有盈財以負陛下也

魏書中山恭王袞疾困勑令官屬曰吾寡德忝寵大命將盡吾既好儉而聖朝著終誥之制為天下法吾氣絕之日自殯及葬務奉詔書昔衛大夫蘧瑗葬濮陽吾望其墓常想其遺風願托賢靈以弊髮齒營吾兆域必往從之禮男子不卒婦人之手亟以時成東堂之成名之曰遂志之堂輿疾往居之又令世子曰汝幼少未聞義方早為人君但知樂不知苦不知苦必將以驕奢為失也接大臣務以禮雖非大臣老者猶宜答拜事兄以家恤弟以慈兄弟有不良之行當

造膝諫之諫之不從流涕喻之喻之不改乃白其母若猶不改當以奏聞并辭國土與其子罹禍不若貧賤全身也此亦謂大罪惡耳其微過細故當掩覆之嗟尔小子慎修乃身奉聖朝以忠貞事太妃以孝敬閨闈之內奉令於太妃閫閾之外受教于沛王無怠乃心以慰予靈其日薨

南齊書顧歡自知將終賦詩言志云精氣因天行游魂隨物化剋死日卒於剡山

陳書周弘直遇疾且卒乃遺疏勑其家曰吾今年已來筋力減耗可謂衰矣而好生之情曾不自覺唯務行樂不知老之將至今時制云及將同朝露七十餘年頗經稱足斂手告全差無遺恨氣絕已後須買市中見材材必須小形者使易提挈斂以時服古人通

制但不見先人必須備禮可著單衣裙衫故履棺内唯安白布手巾湘香爐而已其外一無所用

唐書李大亮傳寢疾帝親和藥驛賜之臨終表請罷遼東役又言京師宗廟所在願以関中爲意就藁歛曰吾聞男子不死婦人手命屏左右言終卒

唐書高儉傳遺命墓不得它藏惟置衣一襲與生所好書示先王典訓可用終始者

唐書姚崇傳崇析貲産命諸子各有定分治命曰比見達官之裔多貧困至銖尺是競無論曲直均受嗤詆田宅水碓既共有之至相推倚以頓廢陸賈石苞古達者也亦先有定分以絶後爭昔楊震趙咨盧植張奐咸以薄葬知眞識去身貴速朽耳夫厚葬之家流于俗以奢靡爲孝令死者戮尸暴骸可不痛哉死

者無知自同糞土豈煩奢葬使其有知神不在柩何用破費徇侈乎吾亡歛以常服四時衣各一稱牲不喜冠衣毋以入墓紫衣玉帶足便於體今之佛經羅什所譯姚興與之對翻而興命不延國亦隨滅梁武帝身為寺奴齊胡太后以六宮入道皆亡國殄家近孝和皇帝發使贖生太平公主武三思等度人造寺身嬰夷戮為天下笑五帝之時父不喪子兄不哭弟致仁壽無凶短也下逮三王國祚延久其臣則彭祖老聃皆得長齡此時無佛豈抄經鑄像力邪緣死喪造經像以為追福夫死者生之常古所不免彼經與像何所施為兒曹慎不得為此

席豫傳疾篤遺命三日斂斂已即葬勿久留以黷公私費不足可賣居宅以終事

李夷簡傳將終戒毋厚葬毋事浮屠毋碑神道惟識墓則已世謂行已能有終始者

李翺韓文公行狀云公屬纊語曰某伯兄德行高曉方藥食必視本草年止於四十二某疎愚食不擇禁忌位爲侍郎年出伯兄十五歲矣如又不足於何而足自獲終於牖下幸不至失大節以下見先人可謂榮矣

皇甫湜韓文公神道碑云遺命喪葬無不如禮俗習　畫寫浮圖曰以七數之及拘陰陽所謂吉凶一無汚我

曾鞏撰林逋傳卒年六十一臨終有詩云湖上青山對結廬亭前修竹亦蕭疎茂陵他日求遺草猶喜曾無封禪書

另起

宋祁撰孫宣公奭行狀夏五月疾篤戊子移居正寢命子孫曰明日午中吾當逝矣且吾在仕塗四十年訖無悔尤乃今奉遺體終牖下君子其以我爲知命口占遺奏初不以家事爲言又謂子瑜曰逮吾屬纊當無内姬妾獨右與諸孫在廁不死於婦人之手歐陽修撰王武恭公德用神道碑公以疾薨於家遺言曰臣有俸禄足以具死事不敢復累朝廷須無遣使者護喪無厚賻贈

歐陽修撰楊諫議偕墓誌公疾革出其兵論一篇示其子忱慥而授以言曰臣子雖死不敢忘其君父者天下之至恩大義也今臣偕不幸猶以垂閉之口言天下莫大之憂爲陛下無窮之慮者其事有五以畢後志死無所恨唯陛下用臣言不必哀

臣死也言訖而卒不及其私

〔范鎮撰宋景文公祁神道碑〕公自鄭州移疾還京師明年夏四月疾益侵召門弟子范鎮謂之曰疾病者既死毋受贈典毋丐子孫恩毋請謚毋立碑我雖戒諸子恐其弱不能聞于朝子其爲我達之[illegible]死

習下有脱字曰訛曰

習字是夷狄二字[illegible]

〔[illegible]〕[illegible]安公存墓誌〕年逾八十耳目手足[illegible]輕利臨終前呼門生問西邊用兵今何如

應云謂之路以大言之也

[illegible]朝廷法無復變更否

〔王安石撰曾諫議致堯墓誌〕公疾不起遺戒曰毋陷於佞媚佛夷鬼以汙我家尋卒

〔宋史邵雍傳〕雍疾病司馬光張載程顥程頤晨夕候之將終共議喪葬事外庭雍皆能聞衆人所言召子

另起

宋祁撰孫宣公奭行狀夏五月疾篤戊子移居正寢命子孫曰明日午中吾當逝矣且吾在仕塗四十年訖無悔尤乃令奉遺體終牖下君子其以我為知命口占遺奏初不以家事為言又謂子瑜曰逮吾屬纊當無內姬妾獨右與諸孫在廡不死於婦人之手歐陽修撰王武恭公德用神道碑公以疾薨於家遺言曰臣有俸祿足以具死事不敢復累朝廷須無遣使者護喪無辱賻贈

歐陽修撰楊諫議偕墓誌公疾革出其兵論一篇示其子忱慥而授以言曰臣子雖死不敢忘其君父者天下之至恩大義也今臣偕不幸猶以垂閉之口言天下莫大之憂為陛下無窮之慮者其事有五以畢後志死無所恨唯陛下用臣言不必哀

臣死也言訖而卒不及其私

范鎮撰宋景文公祁神道碑公自鄭州移疾還京師明年夏四月疾益侵召門弟子范鎮謂之曰疾病者既死母受贈典毋丐子孫恩毋請謚毋立碑我雖戒諸子恐其弱不能聞于朝子其爲我達之粤五月丁酉公死

司馬光撰張恭安公存墓誌年逾八十耳目手足皆聰明輕利臨終前呼門生問西邊用兵今何如朝廷法無復變更否

王安石撰曾諫議致堯墓誌公疾不起遺戒曰毋陷於俗媚佛夷鬼以汙我家尋卒

宋史邵雍傳雍疾病司馬光張載程顥程頤晨夕候之將終共議喪葬事外庭雍皆能聞衆人所言召子

讀禮通考　卷三十九

伯温謂曰諸君欲葬我近城地當從先塋爾
程子記邵先生遺事邵堯夫臨終時只是諧謔須臾便去他疾甚革頤往視之因警之曰堯夫平生所學今日無事否他氣微不能答次日見之却有聲如絲髮來大答云你道生薑樹上生我亦只得依你說是時諸公都在廳上議後事它在房間便聞得諸公恐喧他盡出外說話他皆聞得有一人云有新報堯夫問何事曰某事堯夫曰我將謂收却幽州也以他人觀之便以為怪此只是心虚而明故聽得也問堯夫未病時不如此何也曰病後氣將絕心無念慮不昏又問釋氏亦先知死何也曰只是一箇不動心釋氏平生只學這箇事將這做一件大事學者不必學他但燭理明自能之只

如堯夫他自如此亦豈嘗學也

孫奇逢理學宗傳堯夫七月初四日大書詩一章生於太平世死於太平世客問年幾何六十有七歲俯仰天地間浩然獨無愧以是夜五更捐館

蘇軾撰趙清獻公抃愛直之碑公將薨晨起如平時子屼侍側公與之訣詞色不亂安坐而終

曾肇撰彭待制汝礪墓誌得疾草遺表家人怪之公笑曰此何可免作詩貽其子終於正寢

橫渠先生遺事橫渠再移疾西歸過洛見二程先生曰載病不起尚可及長安也行至臨潼沐浴更衣而寢及旦視之亡矣門人衰絰挽車以葬

伊洛淵源伊川先生年譜疾革門人進曰先生平日所學正今日要用先生力疾微視曰道著用便

不是其人未出寢門而先生沒○易傳成書已久學者莫得傳授或以為請先生曰自量精力未衰尚覬有少進耳其後寢疾始以授尹焞張繹

呂宣義大鈞行狀君既感疾一日命內外灑掃齋居冥然若思久之客至問安交語未終而沒

李籲劉博士絢墓誌君雖步不忘學既病與予言曰每嘗悶時正坐端意氣即下平居時養氣可忽乎同舍呂與叔過問疾君曰死生常理無足言者獨念累吾親耳

王曮撰吳武順王璘安民保蜀定功同德之碑王之未病也呼其幕客曰為我草遺表客曰郡王安寧如此何遽出不祥語王曰死生之機默存吾胸中人安得知君第為之止直書其事且曰願陛下

毋棄四州毋輕出兵又先數日封遺事付其家令毋啟之薨之日啟封則家廟等數事語不及他

朱熹撰張忠獻公後行狀公薦享祖考既奠而跌公起嘆曰吾大命不遠矣手兩家事付兩子且定祭祀喪葬之禮俾遵守曰喪禮不必用浮屠氏且曰吾嘗相國家不能恢復中原盡雪祖宗之恥不能歸葬先人墓有即死葬我衡山足矣及仲秋二十日猶爲饒守王十朋作不欺室銘二十六日始寢疾二十八日晡時命子栻等坐前問國家得無棄四郡乎日暮命婦女悉去夜分而薨

趙雄撰韓忠武王世忠興佐命定國元勳之碑二十一年秋王病不能朝廼上表謝事悉召故人列侯勉以忠義大節焚逋券百萬親視含襚曰吾以

布以百戰致位公王可以無憾矣八月四日薨於私第之正寢

朱子大全劉子翬屏山先生墓表先生始得疾即入諸家廟泣别母夫人前徧以書告訣素所與往來者召珙付以家事指示塋處中外孤遺人人為計久遠與學者論說修身求道之要作訓戒數百言彈琴賦詩澹然如平日熹蔣侍疾請問先生平昔入道次第先生欣然告之曰少未聞道官莆田時以疾病始接佛老子之徒聞其所謂清淨寂滅者而心悅之以為道在是矣比歸讀吾書而有契焉然後知吾道之大其體用之全乃如此抑吾於易得入德之門焉所謂不遠復者則吾之三字符也熹頓首受教居兩日而先生沒

承事郎潘景憲墓誌君卒時年五十七病不伏枕凡終猶歛襟端坐而沒

敷文閣直學士李椿墓誌病革題詩一章以示諸子沐浴正衣巾而逝

陳師德墓誌於其疾之革也公夫人往視之謂曰死生有命汝所知也師德拱手對曰戰戰兢兢如臨深淵如履薄氷又顧其兄屬以問學修身之意越多而逝

何叔京墓誌君疾病召子弟教戒一以義理終不及家人生產事獨曰治喪以禮勿用浮屠鬼教亂吾法而已

曹建墓表君知病不可爲猶書其牖曰未死之前不可自棄遷善改過自是愈篤死之日起正衣冠

危坐如平日語其弟廷曰吾雖甚病而學益進此心瑩潔無復纖翳如是而先庶幾可以言命矣語訖就枕未安而沒

程端蒙墓誌方疾革時手書來曰端蒙先不恨〻不克終養而卒業於門耳然已無可言顧先生自愛早就群書以俟來哲世不我知天豈亦不我知也哉

宋史朱子傳疾且革手書屬其子在及門人范念德黄榦拳〻以勉學及修正遺書爲言翌日正坐整衣冠就枕而逝

朱子節要先生疾革訓門人曰爲學之要惟事〻審求其是決去其非積習久之心與理一自然所發皆無私曲聖人應萬事天地生萬物直而已矣

理學宗傳陸象山先生傳一日謂女兄曰先教授兄有志天下竟不施以沒女兄盡然又語家人曰吾將死矣又告僚屬曰某將告終會禱雪〻降接見僚屬與論政理如平時命具浴〻罷易新衣幅巾端坐而逝

尹和靖焞傳疾革將省門人問學曰有疑便問病亦不妨葢絶至如此

許文正衡傳病革值家祠祭起奠獻如儀既徹家人餕怡〻如也顧語其子曰我平生為虛名所累竟不能辭官死慎勿立碑但書許某之墓四字使子孫識其處足矣遂卒

胡長孺傳晚寓武林病喘上氣者久之一日具酒食召比隣别云將返故鄉門人曰先生精氣不衰何

云亙耶長孺曰精神與死生無涉至夕喘忽止子駒排户視之則正衣冠端座逝矣

陳樵傳家燬于兵寓子婿王爲家留六年卒且卒默坐一室不食飲踰日縣令遣人以醫來視麾之去曰吾年八十有八死可矣脩然逝

王文成守仁傳先生以疾劇上疏請告踰梅嶺疾甚門人周積爲安南推官來問先生曰病勢危亟所未死者元氣耳晚泊清龍舖明日召積入開目視曰吾去矣積泣下問何遺言先生微哂曰此心光明亦復何言頃之瞑目而逝

羅文恭洪先傳疾作子世光適赴省試家人問何言答曰兒歸但語以莫厭窮窮固自好諸生環侍以意示令扶起危坐正巾斂手端然而卒

羅近溪汝芳傳戊午八月偶示微疾與門弟子講學不倦一日具衣冠禮天地祖考畢端坐弟子環侍請教曰徒言也不是道滿前洋溢俱是發育峻極明日爲九月朔盥櫛出堂端坐命諸孫次第進酒微飲拱手別諸生曰我行矣諸生懇留許之次日梳出中堂盤衣冠端坐而逝

兩浙耆舊傳趙撝謙爲瓊山縣學教諭卒於番禺將終以書別瓊山弟子曰太虛之中不能不聚而爲人物人物又不能不散而還太虛其聚其散皆理數相推不能自已豈有所爲而爲者予之身在太虛中如水爲水而今將爲水矣水與水將爲之何所留亦何足戀聽其自然可耳

讀禮通考卷四十

喪儀節

初終上

士喪禮　疏天子諸侯皆有士此當諸侯之士知者下云君若有賜不言王又喪大記云君沐粱大夫沐稷士沐粟粱鄭云士喪禮沐稻此云粱蓋天子之士也又大斂陳衣與喪大記不同鄭亦云彼天子之士此諸侯之士以此言之此篇諸侯之士可知但公侯伯之士一命子男之士不命一命與不命皆分爲三等各有上中下及行喪礼其節同但銘旌有異

乾學按士喪禮篇耑言士之喪禮至襍記喪大記諸篇則諸侯大夫士禮並陳今凡屬天子喪禮別見國卹篇其諸侯以下亦附見此篇之内蓋以後代開元政和禮諸書皆有品官喪禮諸侯亦品官也故不別爲篇而揔見于士喪禮内云○又按此篇

之內有諸侯大夫喪禮而仍稱爲士喪禮者以儀禮士喪禮篇爲主也儀禮始末完具次第井如而他書則不過偶見一二故以儀禮爲主而他書附之揔名爲士喪禮云

死於適室幠用斂衾注適室正寢之室也疾者齊故于正寢焉疾時處北墉下死而遷之南牖下有牀衽幠覆也斂衾大斂所幷用之衾衾被也○疏正寢對天子諸侯謂之路寢卿大夫士謂之適室亦謂之適寢揔而言之皆謂之正寢言正寢者對燕寢與側室非正大斂所幷用之衾者案喪大記君大夫士皆小斂一衾大斂二衾今始死小斂之衾當陳故不用大斂未至且用大斂一衾以覆尸

郝敬曰死于適室正終也斂衾大小斂之衾喪大記云小斂一衾大斂二衾始死即用其衾覆尸以便沐浴

乾學按每段之首不著篇名者皆士喪禮文也士喪禮首末完備條貫秩如每段以此爲首而其他諸書採用者别標篇名焉觀者審之

喪大記始卒主人啼兄弟哭婦人哭踴注悲哀有深淺也

問喪親始死雞斯徒跣扱上衽交手哭惻怛之心痛疾之意傷腎乾肝焦肺水漿不入口三日不舉火故鄰里爲之糜粥以飲食之夫悲哀在中故形變於外也痛疾在心故口不甘味身不安美也注親父母也雞斯當爲笄纚聲之誤也親始死去冠二日乃去笄纚括髮也徒猶空也上衽深衣之裳前五藏者腎在下肝在中肺在上舉三者之焦傷而心脾在其中矣悲哀在中变形于外言人情中外相應也○疏笄謂骨笄纚謂韜髮之繒親始死去冠惟留笄纚士喪礼云小斂括髮是死二日乃去笄纚也徒跣無屨而空跣也扱上衽扱深衣前衽於帶以號踴履踐爲妨案深衣衽當旁此云妨履踐故註爲裳前其實衽象小要屬裳處皆狭旁與在前俱得衽名但扱處當衽也交手謂交手拊心而爲哭也傷腎乾肝焦肺舉此三者五臟俱傷可知也不舉火者哀痛之甚情不在食也旁親以下食不可廢故鄉里爲糜粥以飲食之糜厚而粥薄々者以飲之厚者以食之

陸佃曰扱上衽則以有辟踊之端焉交手哭捧心而哭癸胸擊心在斂之後惻怛痛疾而精先傷魂次之魄又次之故曰傷腎乾肝焦肺傷々而已乾於是爲甚乾猶可也焦又甚矣

右始死

始卒禮圖

今案後楔齒綴足始死奠帷堂命赴哭位數事文有先後其實數事並作檀弓曰復楔齒

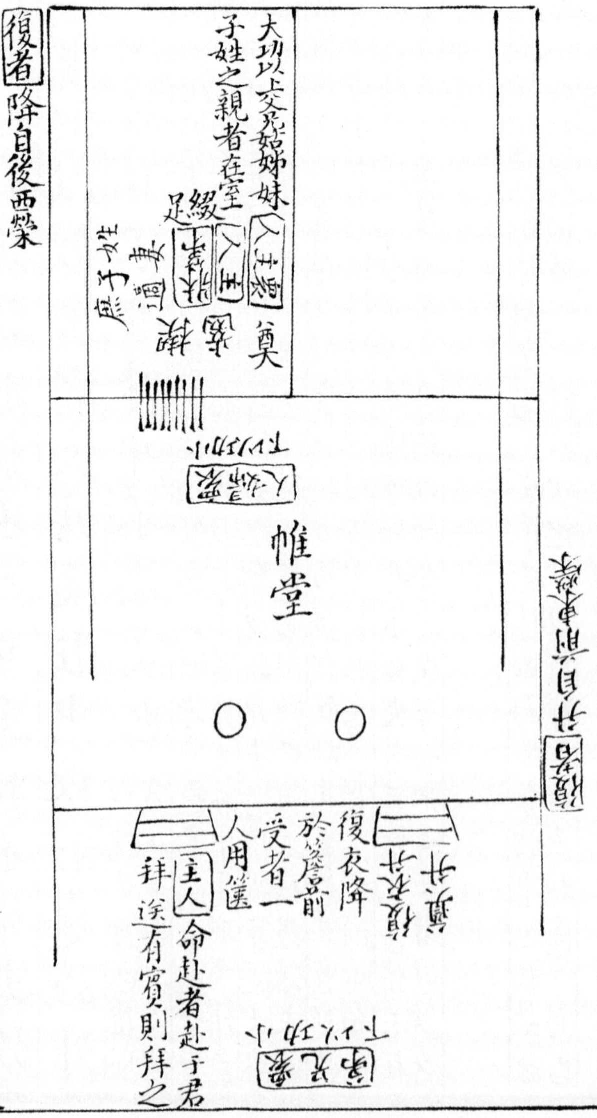

綴足飯設飾帷堂並作注云作起爲也自復以下諸事並起故云並作故今總見於一圖

要項楓　後同　注疏同

復者一人以爵弁服簪裳于衣左何之扱領于帶注復者有司招䰟復魄也天子則夏采祭僕之屬諸侯則小臣爲之爵弁服純衣纁裳也礼以冠名服簪連也○疏服者多少各如其命之數若上公九命則依命數九人之類喪大記復者小臣則士家不得同僚爲之則有司府史之等也純衣纁裳者士冠礼爵弁服纁裳純衣是也雜記士弁而祭於公是士服爵弁助祭於君士復用助祭之服則諸侯已下皆用助祭之服可知礼以冠名服者案士冠礼皮弁爵弁並列于階下而空陳服于房皮弁服爵弁服是以冠名服鄭言此者欲見復時惟用緇衣纁裳不用爵弁而經言爵弁服是礼以冠名服也常時衣服衣裳各別今此招䰟取其便故連裳于衣○敖繼公曰爵弁士之上服故復用之左手何之而空右手爲登梯備顛蹷也

升自前東榮中屋北面招以衣曰皐某復三降衣于前注北面招求諸幽之義也皐長聲也某死者之名也復反也降衣下之也○敖繼公曰前東榮者東方之南榮也屋有二楣每旁各有南榮北榮中屋屋脊之中也

受用篋升自阼階以衣尸注受者受之于庭也復者其一人招則受衣亦一人也人君則司服受之衣尸者覆之若得䰟反之○疏降衣篋前受而升自阼階明知在庭可知○敖繼公曰升自阼階象其反也

復者降自後西榮注不由前降不以虛反也降因徹西北扉若云此室凶不可居然也自是行死事○疏凡復者緣孝子之心望得䰟氣復反復而不蘇則是虛反今降自後是不欲虛反也案喪大記將沐甸人爲垼于西墻下取所徹廟之西北扉薪爨之諸文不見徹扉薪之文故知復者降時徹之也

記復者朝服左執領右執要招而左注衣朝服服未可以變○疏招而左

者以左手執領還以右手招之招魂所以求生左陽主生故用左復者士之有司左執領謂爵弁服

喪大記復有林麓則虞人設階無林麓則狄人設階注階所乘以升屋者虞人主林麓之官也狄人樂吏之賤者階榢也小臣復復者朝服君以卷夫人以屈狄大夫以玄赬世婦以襢衣士以爵弁士妻以稅衣皆升自東榮中屋履危北面三號卷衣投于前司服受之降自西北榮注朝服所以事君之衣用朝服而復者敬也復用死者之祭服以其求于神也君以卷謂上公也夫人以屈狄互言耳上公以衮則夫人用褘衣而侯伯以鷩其夫人用揄狄子男以毳其夫人乃用屈狄矣赬赤也玄衣赤裳所謂卿大夫自玄冕而下之服也其世婦亦以襢衣榮屋翼升東榮者謂卿大夫士也天子諸侯言東霤危棟上也號若云皋某復也司服以篋待衣于堂前○疏三號者一號于上冀神在天而來一號于下冀神在地而來一號于中冀神在天地之間而來也復衣不以衣尸不以歛注復者庶其生也若以其衣襲歛是用生施死於義相反士喪礼云以衣衣尸浴而去之婦人復不以袡注袡嫁時上服而非事鬼神之衣凡復男子稱名婦人稱字注婦人不以名行唯哭先復復而後行死事注氣絶則哭哭而復復而不蘇可以行死事

雜記復諸侯以褒衣冕服爵弁服注冕服者上公五侯伯四子男三褒衣亦始命爲諸

侯及朝覲見加賜之服也。疏諸侯既用褒衣又以冕服爵弁服而復也夫人稅衣揄狄狄稅素沙注言其招魂用稅衣上至揄狄也狄稅素沙言皆以白紗縠爲裏。陳澔曰稅衣色黑而緣以纁揄與搖同狄當爲翟江淮以南青質而五色成章者曰搖狄雉名也此服蓋畫搖狄之形以爲文章因以爲名也狄稅素紗言自搖翟至稅衣皆用素沙爲裏即今之白絹也

乾學按婦人服有六褘衣揄狄闕狄鞠衣展衣禒衣也稅衣即禒衣

內子以鞠衣褒衣素沙下大夫以襢衣其餘如士復西上注下大夫謂下大夫之妻襢周礼作展王后之服六唯上公夫人亦有褘衣侯伯夫人自揄狄而下子男夫人自闕狄而下卿妻自鞠衣而下大夫妻自展衣而下士妻稅衣而已素沙若今紗縠之帛也六服皆袍制不禪以素紗裏之褒衣者始爲命婦見加賜之服也其餘如士之妻則亦用稅衣。方慤曰復北面求諸幽故以西爲上西北皆陰故也

檀弓復盡愛之道也有禱祠之心焉望反諸幽求諸鬼神之道也注鬼神處幽闇望其從鬼神所來北面求諸幽之義也注鄉其所從來也

邾婁復之以矢蓋自戰於升陘始也注戰於升陘魯僖二十二年秋也時師雖勝死

傷亦甚無衣可以招魂。陳澔曰復者以盡愛之道禱祠之心孝子不能自已冀其復生也疾而死行之可也兵刃之下肝腦塗地豈有再生之理復之用矢不亦誣乎

禮運夫禮之初始諸飲食其燔黍捭豚汙尊而抔飲蕢桴而土鼓猶若可以致其敬於鬼神及其死也升屋而號告曰皋某復然後飯腥而苴孰故天望而地藏也疏魂不復然後浴尸而行含礼于含之時飯用生稻之米故云飯腥用上古未有火化之法也至葬之時用苞裹熟肉以遣送尸法中古修火化之利也天望謂望天而招魂地藏謂葬地以藏尸也

馬晞孟曰始死者人以不忍之心而望其重生求生者人以必還之礼而欲其不死故謂之復自君至于士自夫人至于士妻各以其祭服之至盛者招之庶乎神之衣是而來也中屋履危則求之上下之間北面三號則求諸幽陰之義及乎不知神之所在而卒不復也然後捲衣投于前而降焉盡死矣滅矣不可以復生矣則自小斂以至于葬此所謂唯哭先復復而後行死事也

右復

記設牀第當牖衽下莞上簟設枕注病卒之間廢牀至是設之事相變衽臥席。疏始死在地無牀復而不蘇乃設牀于南牖下有枕席。敖繼公曰設枕于南

遷尸注從於牖下也於是幠用斂衾

乾學按此條本既夕之記因經無正文故補于此

乾學又按士喪禮死于適室幠用斂衾下文接以復者一人既夕篇記於主人啼兄弟哭後先言設牀第遷尸而後及復者朝服鄭注遷尸從于牖下也於是幠用斂衾孔氏疏云於是幠用斂衾者釋士喪禮幠用斂衾之時節也按喪大記云惟哭先復復而後行死事孔氏亦云復而不蘓乃設牀于南牖下則幠用斂衾亦在復後蓋用斂衾即死事矣喪大記云去死衣鄭注謂病時所加新衣及復衣則去死衣亦在復後是篇條貫次第不紊惟此先後微有可

疑勉齋黃氏以設牀第遷尸序復之後今從之

喪大記始死遷尸于牀幠用斂衾去死衣　注牀謂所設牀第當牖者也。疏遷尸于牀者尸初在地冀生氣復既不生更遷尸于牀用斂衾覆之除去死時所加新衣及復衣爲尸將浴故也初廢牀時牀在北牖當戶至復魄後遷之在牀當牖南首

右遷尸

楔齒用角柶　注爲將含恐其口閉急也。疏此角柶其形與扱醴角柶制別屈之如軛中央入口兩末向上取事便也

綴足用燕几　注綴猶拘也爲將履恐其辟戾也。敖繼公曰綴足用几欲拘其足使之正也

記楔貌如軛上兩末　疏如軛謂如馬鞅軛馬領亦上兩末今以屈處入口取出時易也。敖繼公曰楔因其楔齒而名之以別于他柶軛在大車轅端厭牛領者楔狀類之故以曉未知者焉楔齒時以兩末上鄉則末出于口傍矣

綴足用燕几校在南御者坐持之　注校脛也尸南首几脛在南以拘足則不得辟戾矣。疏古者几兩頭各施兩足尸南首足鄉北故以几腳鄉南以夾足恐几欹側又使侍御者一人坐持夾之使足不辟戾可以著屨也。敖繼公曰校几左廉之名校在南則橫設也几之爲制前後狹而左右差廣綴足宜寬故橫設之必設在南者生時設几左廉近人故仿之也坐持之則

御者亦在牀矣其於几之比與

喪大記小臣楔齒用角柶綴足用燕几君大夫士一也

檀弓掘中霤而浴毀竈以綴足殷道也學者行之注學於孔子者行之傚殷礼○疏中霤室中也掘室中之地作坎一則言此室于死者無用二則以牀架坎上尸于牀上浴可令浴汁入坎也毀竈亦兼二義一則死而毀竈示死無復飲食之事二則恐死人冷强足辟戾不可著屨故用毀竈之甓連綴死人足令直可著屨也

呂坤四礼疑楔齒以含也死欲安氣散魂分之時親心何似而楔以困之安得含爲此泥礼之過而近于忍心者也含之義不忍親口之虛也不知含以飯其能令親生乎能令親飽乎當氣欲絶之時魂魄離合親身必有難言之苦而又楔其齒使不得合親口便乎不便乎口容止一楔之後雖含以物而口不復有合時矣若天暑飯壞穢污生虫尤爲不宜制此礼者獨不念及乎吾不忍聞之

右楔齒綴足

奠脯醢醴酒升自阼階奠于尸東注鬼神無象設奠以憑依之○疏按檀弓始死之奠其餘閣也與則此奠是閣之餘食爲之下小歛一豆一籩大歛兩豆兩籩此始死亦無過一豆一籩而已○敖繼公曰此奠之而已無他礼儀故曰奠也死而奠之如事生也此時尸南首東乃其右也奠于其右若便其飲食然

記即牀而奠當腢用吉器若醴若酒無巾柶 注 腢肩頭也用吉器ニ未変也或卒無醴用新酒○疏即就也謂就尸牀而設之尸南首則在牀東當尸肩頭也未忍異于生故用吉器至小斂奠則用毼豆之等爲変矣

敖繼公曰此吉器之異于凶者豆籩耳凶時毼豆籩無縢其觶則無吉凶之異皆用角也若醴若酒謂無酒則二觶皆醴無醴則皆酒無巾者非盛饌無柶者異于大斂以後之奠也

檀弓曾子曰始死之奠其餘閣也與 注 不容改新閣庋藏食物○疏始死未容改易故以生時庋閣上所餘脯醢爲奠閣架撂之屬人老及病飲食不離寢故近置室裏閣上若死仍用閣之餘奠不容方始改新也○陸佃曰閣其餘者幸其更生若有待焉耳大夫七十而後有閣如舊說則死而無閣者何物奠之

右始死奠

帷堂 注 事小訖也○疏未襲斂必帷之者鬼神尚幽闇故也

檀弓曾子曰尸未設飾故帷堂小斂而徹帷仲梁子曰夫婦方亂故帷堂小斂而徹帷 注 斂者動搖尸帷堂爲人褻之言方亂非也仲梁子魯人○疏方亂非者以小斂之後豈無夫婦方亂之事何故徹帷乃云方亂明爲動尸故帷堂○陳澔曰尸猶未襲故曰未設飾于是設帷于堂者不欲人褻

之也故小斂畢乃徹帷仲梁子謂夫婦方亂者
以哭位未定也二子各言禮意而曾子爲長
復楔齒綴足飯設飾帷堂並作注設飾謂遷尸又加新衣
乾學按復當在帷堂之前陸農師乃謂復
楔齒綴足飯設飾此五事並作于帷堂之
時疑誤疏云作起也自復以下諸事並起
也孔氏得之
邵寶曰帷殯非古也然則何以帷堂夫帷堂在小斂之前於死者有避惡
之道焉於生者有別嫌之道焉既殯則二者皆無之矣是以帷堂而不帷
殯也乃若既葬反哭雖有几筵
何帷之有故曰無柩者不帷

右帷堂

乃赴于君主人西階東南面命赴者拜送注赴告也臣君之股肱死當有
恩○疏檀弓父兄命赴者謂大夫以上士則主人親命之尊卑禮異也○敖
繼公曰經惟言赴于君之儀則是古者士大夫赴告之禮惟止于君而已
有賓則拜之注賓僚友羣士也其位猶朝夕哭矣○疏此謂因命赴者有賓
則拜之若不因命赴者則不出是以下云唯君命出始喪之日
哀戚甚故在室不出也始死唯赴君此先知疾重未赴即來明是僚友之士若
有大夫則絰辮之而稱大夫是以下文因君襚即云有大夫則特拜之是也其

位猶朝夕哭者謂賓弔位猶如賓朝夕哭位其主人之位則異于朝夕而在西階東南面拜之。敖繼公曰既拜則入不即位

記赴曰君之臣某死赴母妻長子則曰君之臣某之某死疏上某是士名下某是母妻長子假令長子則云長子某若母妻則婦人不以名行直云母與妻也

右命赴拜賓

入坐于牀東衆主人在其後西室婦人俠牀東面注衆主人庶昆弟也婦人謂妻妾子姓也亦適妻在前。疏此論主人以下哭位云入坐者謂上文主人拜賓訖而入也衆主人直言在其後不言坐則立可知婦人雖不言坐案喪大記婦人皆坐無立法言俠牀者男子牀東婦人牀西以近而言也。敖繼公曰至是方云坐則先時主人亦立也衆主人在其後尊主人亦爲室中迫隘衆主人齊衰大功之親親者在室注謂大功以上父兄姑姊妹子姓。敖繼公曰此親者繼婦人而言則專指婦人矣下篇主婦及親者由足西面是也衆婦人戶外北面衆兄弟堂下北面注衆婦人衆兄弟小功以下。疏同是小功以下而男子在堂下者以其婦人有事自堂及房不合在下耳

記室中惟主人主婦坐兄弟有命夫命婦在焉亦坐注別尊卑也

喪大記既正尸子坐于東方卿大夫父兄子姓立于

東方有司庶士哭于堂下北面夫人坐于西方內命婦姑姊妹子姓立于西方外命婦率外宗哭于堂上北面注正尸者謂遷尸牖下南首也子姓謂衆子孫也其男子立于主人後女子立于夫人後世婦爲內命婦卿大夫之妻爲外命婦外宗姑姊妹之女○疏此人君初喪哭位也子謂世子大夫之喪主人坐于東方主婦坐于西方其有命夫命婦則坐無則皆立注命夫命婦來哭者同宗父兄子姓姑姊妹子姓也凡此哭者尊者坐卑者立○疏哭泣之中有命夫命婦雖卑于死者以其位尊故坐哭若無命夫命婦雖尊于死者亦皆立哭此大夫之喪不顯父兄子姓及姑姊妹哭位者約上文君喪及下文士喪可知也成服之後尊于死者則坐卑于死者則立也○士之喪主人父兄子姓皆坐于東方主婦姑姊妹子姓皆坐于西方注士賤同宗尊卑皆坐○疏君與大夫位尊故坐者殊其貴賤士既位下故坐者等其尊卑無所異也凡哭尸于室者主人二手承衾而哭注承衾哭者哀慕若欲攀援○應鏞曰男東女西陰陽之大分也喪遽哀迫人雜事叢先謹男女之親疏各以其從則絲絲秩秩者有倫矣主東賓西內外之大貌也男主居東之上而內之家長雖若母亦在西則示一國一家之有主而內外族姓之尊卑咸有所統攝矣

朱子荅尸南首之問云尸當北首亦無正經可攷只喪

大記大斂陳衣君北領大夫士西領儀禮士南領以此

推之恐國君以上當北首耳若無他證論而闕之可也

右哭位

君使人弔徹帷主人迎于寢門外見賓不哭先入門右北面注使人士也礼使人必以其爵寢門内門也徹帷居之事畢則下之○疏居之者謂褰帷而上非全徹去○敖繼公曰喪不迎賓惟于君及君使則迎之此不出外門者别于君之自来也先入門右道之徹帷爲君命変也事畢復設之弔者入升自西階東面主人進中庭弔者致命注主人不升賤也致命曰君聞子之喪使某如何不淑○敖繼公曰此西方中庭也主人雖在下弔者猶東面礼之也小斂以前主人位在西方主人哭拜稽顙成踊注稽顙頭觸地成踊三者三○疏三者三凡九踊也○敖繼公曰謝君命也既拜稽顙而成踊唯于君及君命則然其餘則否拜稽顙者一拜而遂稽顙也不再拜稽首者喪礼宜変于吉也賓出主人拜送于外門外敖繼公曰拜送一拜送之也此與下篇云拜送者皆然迎不拜而一拜送之皆喪礼異也凡拜喪賓不再拜

記尸在室有君命衆主人不出注不二主○敖繼公曰異時衆主人與主人皆在庭嫌此時亦然故明之

右君使弔

君使人襚徹帷主人如初襚者左執領右執要入升致命注襚之言遺也衣被曰襚致命曰君使某襚○疏主人如初者如上迎于寢門外以下之事也此君襚雖在襲前襲與小斂俱不得用至大斂

乃用之故下文大斂之節云君襚不倒是也○敖繼公曰礼別更端則弔襚不同時也衣服曰襚此執衣如復則是衣裳具且蓍裳于衣也主人拜如初襚者入衣尸出主人拜送如初唯君命出升降自西階遂拜賓有大夫則特拜之即位如西階下東面不踊大夫雖不辭入也注唯君命出明大夫以下時来弔襚不出也始喪之日哀戚甚在室故不出拜賓也大夫則特拜別于士旅拜也即位西階下未忍在主人位也不……主人升入明本不爲賓出不成礼也○疏主人拜如初……稽顙成踊也遂拜賓者因事曰遂因有君命故拜賓若……忍在主人位者至小斂後始就東階下西南面主人位也○敖繼公曰衣尸亦覆于復衣之上與惟君命出小斂以前則然若小斂之後雖不迎賓亦出送賓矣升降自西階自此至葬其礼然也於大夫云特拜見于士亦旅之也即位于西階下此非正位因賓而出乃在是耳不踊者明本不爲賓出也主人既即位大夫宜辭之謂不必以已故而留于外也既辭則主人乃入大夫若或不辭主人猶入矣親者襚不將命以即陳注大功以上有同財之義也不將命不使人將之致于主人也即陳二在房中庶兄弟襚使人以將命于室主人拜于位委衣于尸東牀上注庶兄弟即衆兄弟也變衆言庶容同姓耳將命曰某使某襚拜于位室中位也○疏同姓緦服者有襚法故知言庶者同姓○敖繼公曰云庶者蓋兼衆兄弟外兄弟言也既小斂拜襚者則稽顙此唯拜而已者以其與君襚同節宜遠辟之尸東牀上奠之北也委于此者辟君襚且不必其用之也既將命而又不以即陳亦遠辟親者之礼朋友襚親以進主人拜

因字下似當有君命二字須查

推之恐國君以上當北首耳若無他證論而闢之可也

右哭位

君使人弔徹帷主人迎于寢門外見賓不哭先入門右北面 注使人士也礼使人必以其爵寢門内門也徹帷㡃之事畢則下之○疏㡃之者謂褰帷而上非全徹去○敖繼公曰喪不迎賓惟于君及君使則迎之此不出外門者别于君之自來也先入門右道之徹帷爲君命変也事畢復設之 弔者入升自西階東面主人進中庭弔者致命 注主人不升賤也致命曰君聞子之喪使某如何不淑○敖繼公曰此西方中庭也主人雖在下弔者猶東面礼之也小斂以前主人位在西方 主人哭拜稽顙成踊○注稽顙頭觸地成踊三者三○疏三者三凡九踊也○敖繼公曰謝君命也既拜稽顙而成踊唯于君及君命則然其餘則否拜稽顙者一拜而遂稽顙也不再拜稽首者喪礼宜変于吉也 賓出主人拜送于外門外 敖繼公曰拜送一拜送之也此與下篇云拜送者皆然迎不拜而一拜送之皆喪礼異也凡拜喪賓不再拜

記尸在室有君命衆主人不出 注不二主○敖繼公曰異時衆主人與主人皆在庭嫌此時亦然故明之

右君使弔

君使人襚徹帷主人如初襚者左執領右執要入升致命 注襚之言遺也衣被曰襚致命曰君使某襚○疏主人如初者如上迎于寢門外以下之事也此君襚雖在襲前襲與小斂俱不得用至大斂

乃用之故下文大斂之節云君襚不倒是也○敖繼公曰札別更端則弔襚不同時也衣服曰襚此執衣如復則是衣裳具且簪裳于衣也主人拜如初襚者入衣尸出主人拜送如初唯君命出升降自西階遂拜賓有大夫則特拜之即位如西階下東面不踊大夫雖不辭入也注唯君命出明大夫以下時来弔襚不出也始喪之日哀戚甚在室故不出拜賓也大夫則特拜別于士旅拜也即位西階下未忍在主人位也不踊但哭拜而已不辭而主人升入明本不爲賓出不成礼也○疏主人拜如初者亦如上進中庭哭拜稽顙成踊也遂拜賓者因事曰遂因有君命故拜賓若無君命則不出戶也未忍在主人位者至小斂後始就東階下西南面主人位也○敖繼公曰衣尸亦覆于復衣之上與惟君命出小斂以前則然若小斂之後雖不迎賓亦出送賓矣升降自西階自此至葬其礼然也於大夫云特拜見于士亦旅之也即位于西階下此非正位因事而出乃在是耳不踊者明本不爲賓出也主人既即位大夫宜辭之謂不必以己故而留于外也既辭則主人乃入大夫若或不辭主人猶入矣親者襚不將命以即陳注大功以上有同財之義也不將命不使人將之致于主人也即陳二在房中庶兄弟襚使人以將命于室主人拜于位委衣于尸東牀上注庶兄弟即衆兄弟也變衆言庶容同姓耳將命曰某使某襚拜于位室中位也○疏同姓絶服者有襚法故知言庶者同姓○敖繼公曰云庶者蓋兼衆兄弟外兄弟言也既小斂拜襚者則稽顙此唯拜而已者以其與君襚同節宜遠辟之尸東牀上奠之北也委于此者辟君襚且不必其用之也既將命而又不以即陳亦遠辟親者之礼朋友襚親以進主人拜

委衣如初退哭不踊注親以進親之恩也退下堂反賓位也主人徒哭不踊別于君襚也○敖繼公曰親以進亦自釋其辭主人拜亦不荅之與弔賓同也親者襚不將命庶兄弟將命不親致朋友則親致之盖親則礼畧疏則礼隆聖人之意然爾主人于庶兄弟之使者與朋友之退也則哭而不踊朋友退反賓位使者退則出矣徹衣者執衣如襚以適房注凡于襚者出有司徹衣○疏上文君襚之時襚者左執領右執要此徹衣者亦左執領右執要故云如襚也

記襚者委衣于牀不坐其襚于室戶西北面致命注始死時也○疏未小斂之前尸在室中戶西故北面致命若小斂之後奉尸俠于堂則中庭北面致命

右致襚

乾學按襍記諸篇亦有致襚之文但非始死時所行之禮故不列於此而類見于第三十六卷弔賻篇讀者參攷之可也

君使人弔襚圖

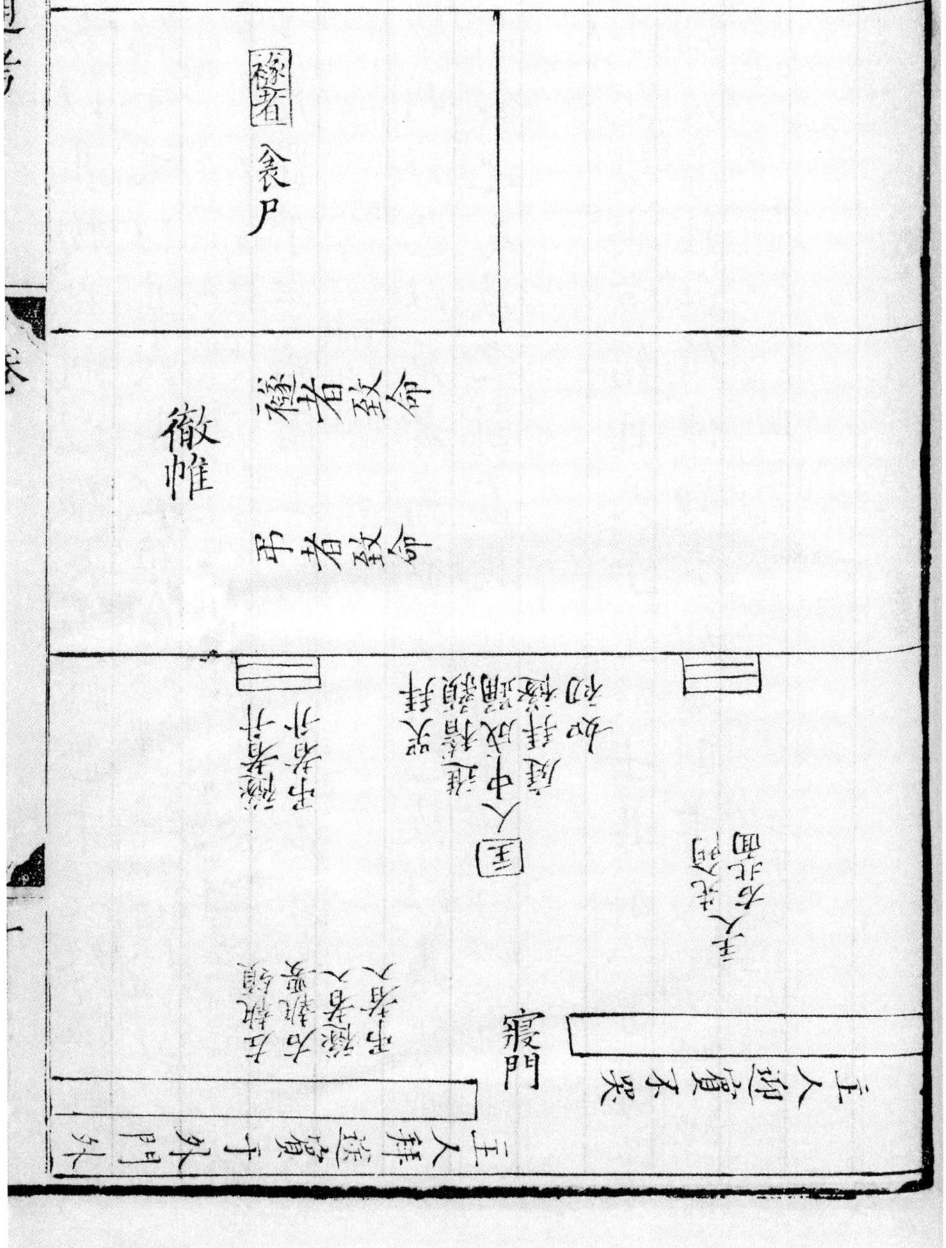

爲銘各以其物亡則以緇長半幅經末長終幅廣三寸書銘于末曰某氏某之柩注銘明旌之襍帛爲物大夫之所建也亡無也無旌不命之士也半幅一尺終幅二尺在棺爲柩○疏經直云長半幅不言廣則亦三寸布幅二尺二寸鄭云二尺者兩邊除二寸而言之銘旌表柩不表屍故據柩而言竹杠長三尺置于宇西階上注杠銘橦也宇梠也○疏此始造銘訖置于宇下西階上待爲重訖以此銘置於重又下文卒塗始置於肂此時未用權置于此也梠謂當檐下

檀弓銘明旌也以死者爲不可别已故以其旗識之愛之斯録之矣敬之斯盡其道焉耳疏按士喪礼士長三尺則大夫五尺諸侯七尺天子九尺

喪服小記復與書銘自天子達於士其辭一也男子稱名婦人書姓與伯仲如不知姓則書氏注此謂殷礼也殷質不重名復則臣得名臣君周之礼天子崩復曰臯天子復諸侯薨復曰臯某甫復其餘及書銘則同○疏書名謂書亡人名字于旌旗也天子書名于大常諸侯以下則各書于旌旗也氏如孟孫三家之屬

右爲銘

乾學按漢以來皆有銘旌其制度長短別見于喪儀品式篇茲不重載

甸人掘坎于階間少西爲坅于西墻下東鄉注甸人有司主田野者坅塊竈西墻下中庭之西○疏周礼甸師掌田野士雖無此官亦有掌田野之人謂之甸人新盆槃瓶廢敦重鬲皆濯造于西階下敦音對重平聲○注新此瓦器五種者重死事盆以盛水槃承渜濯瓶以汲水也廢敦敦無足者所以盛米也重鬲鬲將縣於重者也濯滌溉也○疏盆祝淅米時所用槃置于尸牀下盛餘瀋水凡物無足稱廢士虞礼主人洗廢爵注云爵無足是也重鬲將縣重者下文鬻餘飯乃縣于重此時先用煑瀋沐故云將縣重者也○敖繼公曰云造者明濯于他處

記掘坎南順廣尺輪二尺深三尺南其壤坅用塊注南順統于堂輪從也○疏經直云甸人掘坎不辨大小故記明之○敖繼公曰南順復南其壤明其掘之自北而南也

右掘坎

陳襲事于房中西領南上不綪注襲事謂衣服也綪讀爲䋫屈也○疏襲用三稱而已其中庶襚之等雖不用亦陳之以多爲貴○敖繼公曰事猶物也言襲事而不言衣者衣少于他物也惟言西領主于衣也其他物亦上端鄉西必西領者以尸在室也士冠礼曰陳服于房中西墉下東領此西領者其於東墉下乎不綪者一一自南而北若一列不足以盡之則復以其餘者始于明衣之東而陳之亦自南

而比其次列之首與前列之末不相屬而更端別起不如物之緝屈者然也不緝者襲事少且變于斂也明衣裳用布注所以親爲圭潔也

記明衣裳用幕布袂屬幅長下膝注幕布帷幕之布升數未聞也屬幅不削幅也長下膝又有裳于蔽下體深也○疏布幅二尺二寸凡用布皆削去邊幅旁一寸此則不削幅長下膝者凡爲衣以其有裳故不至膝下此又有裳而至膝下欲蔽下體深也○敖繼公曰必云袂屬幅者嫌明衣或異于生也有前後裳不辟長及觳注不辟積也觳足跗也凡他服短無見膚長無被土○疏凡男子裳不連衣皆前三幅後四幅辟積其要閒以示文今此亦前三後四不辟積以其一服不動不假上狹下寬也○敖繼公曰裳前三幅後四幅不辟之則其要廣必前後相掩者深旁不開體不見矣長及觳爲蔽足也明衣之長下膝其裳之制復如是皆爲重形且異于生也縓綼緆綼音畢緆他計反○注一染謂之縓今紅也飾裳在幅曰綼在下曰緆緇純注七入爲緇緇黑色也飾衣曰純謂領與袂衣以緇裳以縓象天地也

鬠笄用桑長四寸纋中注桑之爲言喪也用爲笄取其名也長四寸不冠故也纋笄之中央以安髮○疏以髻爲鬠義取以髮會聚之意爲喪所用故用桑凡笄有二種一是安髮之笄男子婦人俱有即此笄是也一是爲冠笄皮弁爵弁笄唯男子有而婦人無也此二笄皆長不惟四寸而已今此笄四寸者僅取入髻而已以其男子不冠冠則笄長矣下記云其母之喪鬠無笄注云無笄猶丈夫之不冠也纋笄之中央以安髮者兩頭闊中央狹則于髮安故云以安髮也○敖繼公曰會髮爲紒曰鬠云鬠笄者明其不纚也生時櫛而纚乃加笄此于生時爲冠內之笄但不用桑

耳其或用長笄則去之不笄用也長笄者冕弁之笄也也婦人有長笄無短笄下云鬠用組此不言者文畧耳布巾環幅不鑿注環幅廣袤等也不鑿者士之子親含反其巾而已大夫以上賓爲之含當口鑿之嫌有惡○疏此爲飯含而設所以覆死者面布幅二尺二寸則等廣袤等亦二尺也○敖繼公曰布巾不鑿士之制然也此云不鑿則有當鑿者矣鑿者其君礼與掩練帛廣終幅長五尺析其末注掩裹首也析其末爲將結于頤下又還結于項中○疏掩若今人幞頭但死者以後二脚于頤下結之與生人爲異也○敖繼公曰析其末者兩端皆析而爲二也瑱用白纊注瑱充耳纊新綿○疏生時人君用玉臣用象示不聽讒今直用纊塞耳異于生也幎目方緇方尺二寸䞓裏著組繫注幎目覆面者也䞓赤也著充之以絮也組繫爲可結也○疏四角有繫於後結之故有組繫也握手用玄纁裏長尺二寸廣五寸牢中旁寸著組繫郝敬曰握手縫帛如箭韜尸兩手玄表纁裏長尺二寸寬五寸牢猶籠也空其中旁寬寸著綿以組爲繫兩手交貫于牢決用正王棘若擇棘組繫纊極二敖繼公曰決與極皆用于右手決著右擘極韜食指○郝敬曰決象骨爲之著右手大指射者以鉤弦死則用木爲之正猶善也王棘擇棘二木皆棘類必言二木用二決左右大指各一皆有組爲繫借以連屬兩擘也極本韋爲之射者以韜右手第二三四指大射礼云朱極三是也尸以纊爲之裹其手指亦用二左右手各一死者手不屬因生時所有事以爲歛具愛敬之至也○萬斯大曰握手所以交籠兩手者其制圜而縫之圓如竹筩手從兩端而入兩手掌交疊二處厚須寬大乃得容故牢中窄籠也中寬而兩端窄也旁寸謂于兩端摺而縫之廣一寸也著組繫貫組于兩端摺縫中繫手腕以爲固也冒緇質長與手齊䞓

殺掩足　注冒韜尸者制如直囊上曰質下曰殺質正也其用之先以殺韜足而上後以質韜首而下齊手上玄下纁象天地也凡冒質長與手齊殺三尺○疏凡人著服先下後上又質長與手齊殺長三尺人有短者質下覆殺故後韜質也

爵弁服純衣　注謂生時爵弁所衣之服也純衣者纁裳古者以冠名服死者不冠○疏爵弁服士之常服以助祭者也死者不冠而經云爵弁皮弁此直取以冠名服不用其冠

皮弁服　注皮弁所衣之服也其服白布衣素裳也

褖衣　注黑衣裳赤緣之謂褖褖之言緣也所以表袍者也喪大記曰衣必有裳袍必有表不襌謂之一稱○疏知此褖衣是黑衣裳者以士冠礼陳三服玄端皮弁爵弁有玄端無褖衣此士襲亦陳三服與彼同此無玄端有褖衣故知此褖衣即玄端也玄端有三等裳此喪礼質畧用玄裳而已但此玄端連衣裳與婦人褖衣同故變名褖衣也連衣裳者以其用之以表袍袍連衣裳故也

緇帶　注黑繒之帶○疏上陳三服同用一帶者以士惟有此一帶而已按玉藻云士練帶緇辟是黑繒之帶據畢著而言也但生時著服不重各設帶此襲時三服共一帶爲異也

韎韐　注一命緼韍○疏韎者據色而言以韎草染之取其赤韐者合韋爲之故名韎韐也一命緼韍者玉藻文但祭服謂之韍他服謂之韠士一命名爲韎韐亦名緼韍不得直名韍也但士冠礼玄端爵韠皮弁素韠爵弁服韎韐今亦三服共設韎韐者以其重服亦如帶矣

竹笏　注笏所以書思對命者玉藻曰笏天子以球玉諸侯以象大夫以魚須文竹士以竹本象可也又曰笏皮二尺有六寸其中博三寸其殺六分而去一

夏葛屨冬白屨皆繶緇絇純組綦繫于踵　注冬皮屨變言白者明夏時用葛亦白也此皮弁之屨士冠礼曰素積白屨以魁柎之緇絇繶純純博寸綦屨係也所以拘止屨也○疏夏言葛冬當用皮冬言白明夏亦用白又士冠礼云爵弁纁屨素積白屨玄端黑屨以三服各自用屨屨從裳色其色自明今死者重用其服屨惟一故須見色若然三服相參帶用玄端屨用皮弁韎

舄用爵弁各用其一以當三服而已引緇約繶純着欲解士冠礼繶約純同用緇此経繶雖在緇上明亦用緇可知繶謂縧在牙底相接之縫中約在屨鼻純謂緣口皆以縧爲之綦屨係者経云繫于踵則綦當屬于跟後以兩端向前與絇相連于脚跗踵足之上合結之名爲繫于踵也

庶襚繼陳不用

注庶衆也不用不用襲也多陳之爲榮少納之爲貴○疏庶襚即上親者襚庶兄弟襚朋友襚皆是繼陳謂繼襲衣之下陳之不用以襲至小斂則陳而用之惟君襚至大斂乃用也

貝三實于笲稻米一豆實於筐

笲音煩○注貝水物古者以爲貨江水出焉笲竹器名豆四升

沐巾一浴巾二皆用綌於笲

注巾所以拭汙垢浴巾二者上體下體異也綌麤葛○敖繼公曰沐巾以晞髮浴巾以去垢三巾共一笲

櫛用簞

注簞葦笥

浴衣於篋

注浴衣已浴所浴之衣以布爲之其制如今通裁○疏既浴所著之衣以晞身即布单衣以其無殺故漢時名爲通裁

皆饌于西序下南上

注東西墻謂之序中以南謂之堂○疏謂從序半以北陳之○敖繼公曰必南上者便其取之先後也

右陳服器

管人汲不說繘屈之

注管人有司主館舍者不說繘將以就祝濯米屈縈也○疏此論沐浴及寒尸之事○敖繼公曰此下當有盡階不升堂授祝之事蓋文脫耳

祝淅米于堂南面用盆

注祝夏祝也淅汏也

管人盡階不升堂受潘煑于垼用重鬲

注盡階三等之上○疏用重鬲者以其先煑潘後煑米爲鬻懸于重故煑潘用重鬲也

祝盛米于敦奠于貝北

注復於筐處也○疏敦即上廢敦也向末淅實

于筐今淅訖陳于敦所置之處遂于筐所以擬飯之所用也**士有冰用夷槃可也**注謂夏月而君加賜冰也夷槃承尸之槃。疏喪大記云士無冰用水此云有冰明據士得賜者也**外御受沐入**注外御小臣侍從者沐管人所煑潘也。敖繼公曰受沐亦於堂上管人亦盡階不升堂授之此當更有管人汲而授浴水之事亦文不具也**主人皆出戶外北面**注象平生沐浴倮裎子孫不在旁主人出而禮第。敖繼公曰是時婦人亦皆出經不言畧之出則立于房矣**乃沐櫛挋用巾**注挋晞也清也古文挋作振。疏挋謂拭也櫛訖又以巾拭髮乾使清淨無潘瀾仍未作紒下文待蚤揃訖乃鬠用組是其次也**浴用巾挋用浴衣**注用巾用拭之也**渜濯棄于坎**注沐浴餘潘水巾櫛浴衣亦并棄之。疏潘水既經溫煑名之為渜已將沐浴謂之爲濯已沐浴訖餘潘水棄于坎知巾櫛浴衣亦棄之者以其已經尸用恐人褻之若棄杖者棄于隱者故知亦棄于坎**蚤揃如他日**注蚤讀爲爪斷爪揃鬚也人君則小臣爲之他日平生時。萬斯大曰蚤揃如他日蚤去手足爪甲也揃展通展其鬚使直也喪大記亦曰爪手揃鬚如他日如生時也**鬠用組乃笄設明衣裳**注用組組束髮也。疏鬠紒乃可設明衣以蔽躰是其次也。萬斯大曰設明衣裳檀弓所謂設飾也先時尸裸躰唯幠斂衾至此始有飾故曰設飾

記夏祝淅米差盛之注差擇之**御者四人抗衾而浴襢第**注抗衾爲其裸裎蔽之也襢袒也袒簀去席盥水使。敖繼公曰古襢袒字通詩曰襢裼暴虎史記左襢右襢是也四人抗衾而二人浴**其母之喪則內御者浴鬠無笄**注內御女御也無笄猶大夫之不冠也。疏婦人不死男子之

手故知爲女御也設明衣婦人則設中帶注中帶若今之褌襂褌音昆襂音衫。疏經直云設明衣不辨男子與婦人故記人辨之也

乾學按士喪禮祝淅米于堂南面用盆鄭氏因記有夏祝淅米云云故注以爲夏祝也祝取銘置于重鄭注祝習周禮者也是周祝也其明置爲夏祝者士喪禮夏祝鬻餘飯用二鬲于西牆下又夏祝及執事盥既夕祝降與夏祝交于階下取銘置于重是也其著爲商祝者士喪禮襲祭服執巾掩瑱設幎目小斂則布絞衾散衣祭服大斂則布絞紟衾衣既夕免袒執功布拂柩飾柩御柩皆是也疏謂同是周祝而習夏禮則曰夏祝習殷禮則曰商祝夏人教忠

從小斂奠大斂奠及朔半薦新祖奠大遣奠皆是夏祝爲之其間雖不言祝名亦夏祝可知也其徹之者皆不言祝名則周祝徹之也殷人教以敬神但是接神皆商祝爲之其間行事祝取銘之類不言祝名亦周祝可知惟既夕啓殯時以周祝徹饌而堂下二事不可並使周祝故夏祝取銘置于重賈氏之論詳矣余以爲夏祝如淅米鬻飯皆共養之事商祝主襲斂衣衾拂柩御柩交于神明之事夏祝事簡商祝事繁周祝文飾實兼兩者周制博采夏商周人講習夏商之禮所謂監于二代郁郁乎文者以此卽如啓殯時商祝方執功布入周

祝徹宿奠降＝之時夏祝自下升取銘置于重曰祝曰夏祝曰商祝各司其事屨趾相接是喪事縱＝之時而不至凌節儀禮所以爲萬世經也嘗讀士冠禮委貌周道也章甫殷道也毋追夏后氏之道也孔子便冠章甫當時葢兼用殷道矣檀弓載孔子之喪公西赤爲志飾棺墻置翣設披周也設崇殷也綢練設旐夏也子張之喪公明儀爲志褚幕丹質蟻結于四隅殷士也夏后氏用明器殷人用祭器周人兼用之絰也者實也掘中霤而浴殷竈以綴足及葬毀宗躐行出于大門殷道也學者行之禮器云三代之禮一也民共由之可見武

王周公盛時既因前代典章以著爲周禮而又令學士大夫採掇遺聞以存舊時文獻故雖周之輓季本朝之禮與夏殷並著學者擇而行之不以爲嫌蓋即夏祝商祝之名可以知公天下之至意而禮非虛器矣

喪大記管人汲不說繘屈之盡階不升堂授御者御者入浴小臣四人抗衾御者二人浴浴水用盆沃水用枓浴用絺巾挋用浴衣如它日小臣爪足浴餘水棄于坎其母之喪則內御者抗衾而浴○注爪足斷足爪也 疏管人主館舍者繘汲水瓶索也遽促于事故不說去此索它日謂平生尋常之日也○方慤曰管人主管鑰之人也井竈亦其所司故使之汲水

管人汲授御者御者差沐于堂上君沐粱大夫沐稷士沐粱甸人爲垼于西牆下陶人出重鬲管人受沐

乃煑之甸人取所徹廟之西北厞薪用爨之管人授御者沐乃沐沐用瓦盤挋用巾如他日小臣爪手翦須濡濯棄于坎注差淅也淅飯米取其潘以爲沐也士喪礼沐稻此云士沐粱蓋天子之士也○疏重鬲者謂懸重之罌也是瓦瓶受三升爨然也甸人爲空竈竟取復者所徹厞以然竈煑沐汁也謂正寢爲廟神之也何取此薪而用之示主人已死此堂無復用故取之也沐竟翦手爪又治須象平生也

檀弓曾子之喪浴於爨室注見曾元之辭易簀矯之以謙儉也礼死浴于適室○疏易簀之後反席未安而没焉得有浴爨室遺語者以反席之前欲易之後足可有言但記文不備必知爲矯之者曾子達礼之人應須浴于正寢今乃浴于爨室明知意有所爲故云矯之也○王安石曰此自元華失礼于記曾子無遺言鄭何由知其矯也○萬斯同曰注疏之說固非矣但此章當作何解尸本在適室豈可遷于爨室以就浴乎無論曾子不爲是言即曾元亦不爲是事也士之喪礼有階間掘坎西墻爲堲諸事意者曾元家貧無有司以供此役一切沐浴諸具皆出之于爨室乎不然真不可解矣

喪大記君設大盤造冰焉大夫設夷盤造冰焉士併瓦盤無冰設牀襢第有枕注造猶納也襢第袒簀也謂無席如浴時牀也礼自仲春之後尸既襲既小斂先內冰盤中乃設牀于其上不施席而遷尸焉秋凉而止士不用冰以瓦爲盤併以盛水耳漢礼大盤廣八尺長丈二深三尺赤中夷盤小焉周礼天子夷盤

士喪禮士賜冰亦用夷盤然則其制宜同之。疏浴時無牀爲漏水也設冰無牀爲通寒氣也人君仲春則用冰卿大夫以下三月以後得用冰𦋐夕謂大夫也既小斂謂士也皆是死之明日若天子諸侯亦三日而設冰在襲斂之前也

左傳昭四年申豐曰古者日在北陸而藏冰西陸朝覿而出之其藏冰也深山窮谷固陰沍寒於是乎取之其出之也朝之祿位賓食喪祭於是乎用之其出入也時食肉之祿冰皆與焉大夫命婦喪浴用冰祭寒而藏之注享司寒獻羔而啓之注謂二月春分獻羔祭韭開冰室公始用之注公先用優尊火出而畢賦注火星昏見東方謂三月四月中自命夫命婦至於老疾無不受冰

呂坤四禮疑生浴兒死浴尸終始之義也梁宋浴病不浴尸衣生不衣死君子曰禮從宜。浴尸生者所難裸躰死者所諱他人爲之則勿誠子婦爲之又不可梁宋間不浴尸有病臨危而頭浴者有不浴者其新潔之衣多衣于屬纊之前俗既相沿又無所害從之可也。斷爪揃須何謂也躰受歸全存之奚病

右沐浴及設冰

陳沐浴具圖

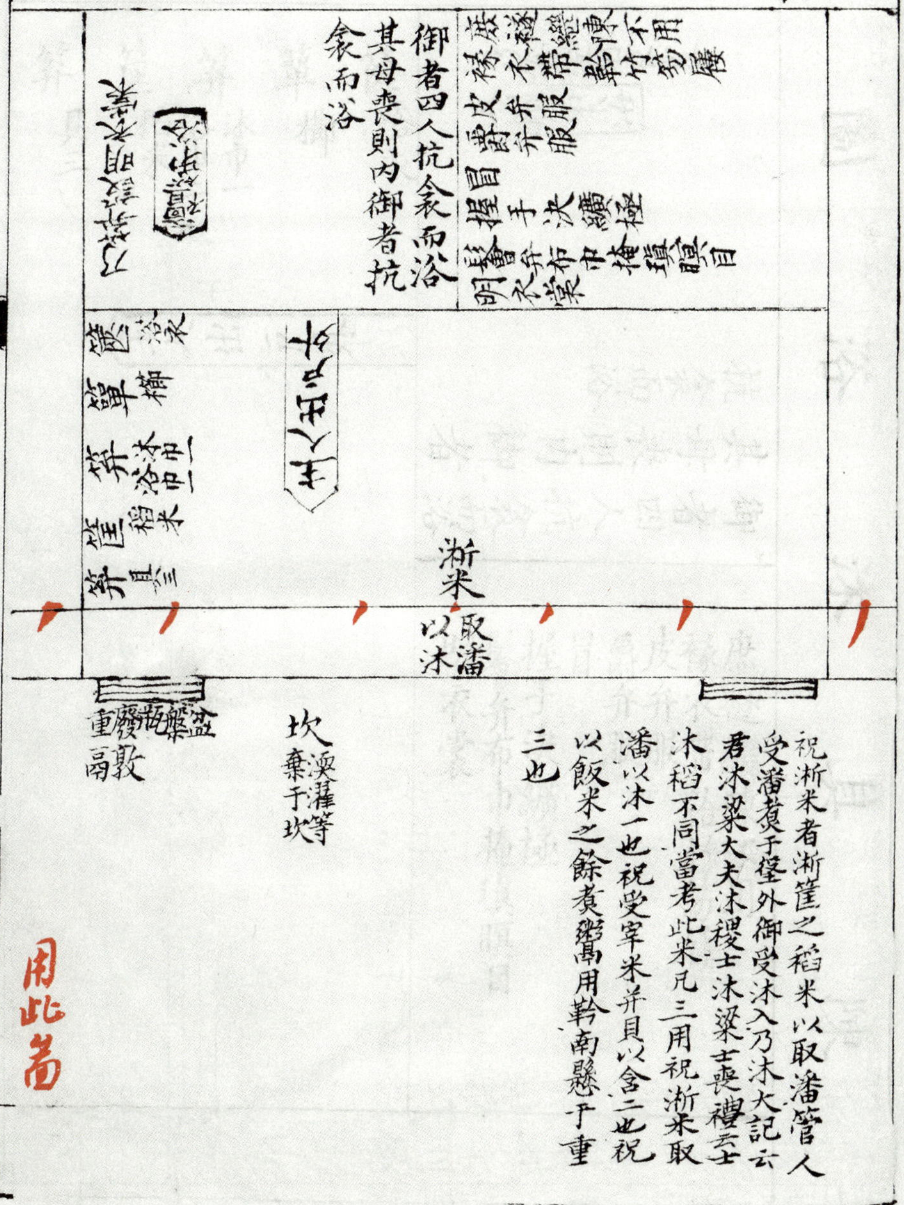

祝淅米者淅筐之稻米以取潘管人受潘煑于垼外御受沐入乃沐大記云君沐粱大夫沐稷士沐粱士喪禮云士沐稻不同當考此米凡三用祝淅米取潘以沐一也祝受宰米并貝以含二也祝以飯米之餘煑鬻用幹南懸于重三也

淅米取潘以沐

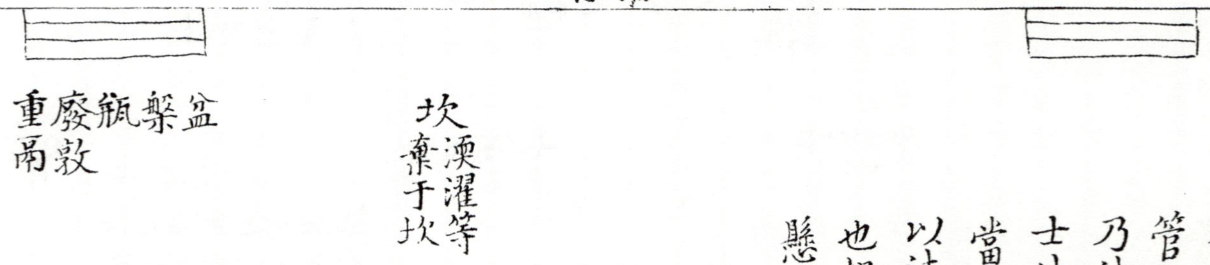

祝淅米者淅筐之稻米以取潘管人受潘煮于役外御受沐入乃沐大記云君沐粱大夫沐稷士沐粱士喪禮云士沐稻不同當考此米凡三用祝淅米取潘以沐一也祝受宰米并具以含二也祝以飯米之餘煮鬻盛用幹南懸于重三也

主人入即位注已設明衣可以入也。敖繼公曰主人入則衆主人及婦人亦皆入即位也商祝襲祭服褖衣次注商祝=習商禮者商人教之以敬于接神宜襲布衣牀上祭服爵弁服皮弁服皆從君助祭之服大蜡有皮弁素服而祭送終之禮也襲衣于牀=次含牀之東衽如初也喪大記曰含一牀襲一牀遷尸于堂又一牀。疏襲布衣牀上者喪大記云襲一牀此雖布衣未襲待飯含訖乃襲也。敖繼公曰襲謂布衣而將襲之也爵弁助祭于君之服也皮弁謂君祭蜡之服也士祭于已用玄端此褖服雖以當玄端然非其本制故不在祭服之中先布祭服美者在外也主人出南面左袒扱諸面之右盥于盆上洗貝執以入宰洗柶建于米執以從注俱入戶西向也。疏面前也謂袒左袖扱于右掖之下帶之內取便也建于米者於廢敦之內建之。敖繼公曰執=笄執敦也商祝執巾從入當牖北面徹枕設巾徹楔受貝奠于尸西注當牖北面值尸南也設巾覆面爲飯之遺落米也如商祝之事位則尸南首明矣。疏受貝者就尸東主人邊受取笄貝從尸南過奠尸西牀上以待主人親含也舊有解云遷尸于南牖時北首若北首則祝當在北頭而南鄉以其爲徹枕設巾要須在尸首便也今商祝事位俱北面則尸南首明矣若然未葬以前不異于生皆南首檀弓曰葬于北方北首者從鬼神尚幽闇鬼道事之故也惟有喪朝廟時北首順死者之孝心故北首也。朱子語類荅尸南首之問云士喪禮飯含章鄭注云尸南首遷柩于祖注云此時柩北首祖祭注云旋柩鄉外足知古人尸柩皆南首唯朝祖之時北首非温公創爲南首之説也君臨臣喪升自阼階西鄉撫尸當心則尸之南首本不爲君南面弔而然也。敖繼公曰設巾者慮孝子見其親之形變而哀或不能飯含也奠貝于尸西蓋在主人所坐處之南。郝敬曰巾以承餘粒既飯含即以掩其口尸首南故北面去其枕使首仰則飯易入以巾藉其首則米不落牀簀閒徹楔去角柶奠貝于尸西避奠位也主人由足西牀上坐東面注不敢從首前也祝受貝米奠之口實不由足也。疏前文祝入當牖北面是由尸首受主人貝奠之笄受米奠于尸西以其口實不可由足恐褻之故也。敖繼公曰由足西自牀北而西也凡過尸柩而西東者必由其足敬也不坐于尸東辟奠位祝又受米奠于貝北宰從立于牀西在右注米在貝北便扱者也宰立牀西在主人之右當佐飯事。疏祝先奠貝于尸西祝又受米從首西過奠于貝南便矣今不于貝南奠之而奠于貝北故云便主人之扱也宰在主人之右著以米在主人之右故宰亦在右主人左扱米實于右三實一貝左中亦如之又實米唯盈注于右尸口之右唯盈取滿而已。疏尸南首云右謂口東邊也左右及中各三扱米更云實米唯盈則九扱恐不滿是以重云唯盈也。敖繼公曰左手不便于用乃用之者由下飯舍之順也主人東面坐若用右手則必反用其柶且加手于其親之面皆非孝敬之道故不爲也先實米爲貝藉也又實米唯盈象食之飽也先右次左次中礼之序然也實米所謂飯也實貝所謂含也

記 卒洗貝反于笄實貝柱右顑左顑注象齒堅。疏經直于云實貝于尸左右及中不言遠近故記人辨之右顑左顑謂牙兩畔最長者象生時齒堅也夏祝徹餘飯注徹去鬻。敖繼公曰顑牙也含而因柱其左右顑蓋恐其口復閉也

檀弓 飯用米貝弗忍虚也不以食道用美焉爾注尊之也食道

褻米貝美○疏死者既無所知所以飯用米貝不忍虛其口也既不忍虛其口乃不用飲食之道而必用米貝皆以食道褻米貝美尊之不敢用褻故用米美善焉耳○方慤曰弗忍虛則無致死之不仁不以食道則無致生之不知也

雜記天子飯九貝諸侯七大夫五士三注此蓋夏時礼也周礼天子飯含用玉○以非周法故疑夏礼

大戴禮天子飯以珠含以玉諸侯飯以珠大夫士飯以珠含以貝陸佃曰諸侯言飯不言含則蒙上含以玉可知

春秋稽命徵天子飯以珠含以玉諸侯飯以珠含以璧相備也

雜記鑿巾以飯公羊賈爲之也注記士失礼所由始也士親飯必發其巾大夫以上賓爲飯焉則有鑿巾○疏大夫以上貴故使賓含恐尸爲賓所憎故設巾覆尸面而當口鑿穿之令含得入口也士賤不敢使賓則子自含其親不得憎之故不鑿巾但露面而含耳于時公羊賈是士自含其親而用鑿巾則是憎穢其親矣故爲失礼也

白虎通所以有飯含何緣生食今死不欲虛其口故含用珠寶物何也有益死者形骸故天子飯以

玉諸侯以珠大夫以米士以貝也

右含飯

主人襲反位注襲復衣也位在尸東。疏鄉袒則露形今云襲是復著衣也商祝掩瑱設幎目乃屨綦結于跗連絇注掩者先結頤下既瑱幎目乃還結項也跗足上也絇屨飾如刀衣鼻在屨頭上以餘組連之止足坼也。疏經先言掩後言瑱與幎目鄭知後結項者以其掩有四脚後二脚先結頤下無所妨故先結之待設瑱施幎目乃結項後也跗足上謂足背也絇在屨頭上有孔得穿繫于中而過者也。△敖繼公曰掩瑱皆謂設其物也設掩者既結頤下卽還結項中急欲覆其形也掩其前後而兩旁猶開故可以瑱幎目當面飾之加于掩之上交結于後既設此則掩旁亦固矣乃襲三稱注遷尸于襲上而衣之凡衣死者左衽不紐襲不言設牀又不言遷尸于襲上以其居當牖無大異。疏上文已布衣于含東牀上而未襲今已飯含訖乃遷尸以衣著于尸故云遷尸于襲上而衣之也此襲牀與含牀並在南牖下小別而已無大異故不言設牀與遷尸也。△敖繼公曰浴時去衣故於此加衣焉曰襲三稱者爵弁服一也皮弁服二也褖衣三也襲不言設牀不言布衣又不言遷尸經文畧也襲牀當在戶牖之間明衣不在筭注筭數也不在數明衣禪衣不成稱也。疏喪大記云袍必有表不禪衣必有裳謂之一稱其褖衣雖禪與袍爲表故云稱明衣禪而無裏不成稱故不數也設韐帶搢笏注韐帶靺韐緇帶不言靺緇者省文亦欲見韐自有帶韐帶用革搢插也插于帶之右旁。疏見韐自有帶者靺韐用革帶也生時緇帶以束衣革帶以珮玉生時有二帶死亦佩此二帶也設決麗于掔自飯持之設握乃連掔掔烏亂反。注飯大擘指本也決以韋爲之藉有彄彄內端爲紐外端有橫帶設之以紐繯本擘本也因沓其彄以橫帶貫紐結於擘之表也○敖繼公曰擘字未詳以此文意求之或是巨擘之別名麗附也飯字亦未詳且從舊注持謂繞而固之也蓋設決于大擘指而以其繫自指本貫紐繞而固之及設㨌乃以㨌之繫與擘之決繫相結則擘與握相連而不開矣既設決乃設極而後設握不言設極亦文省也此惟右手設㨌而左手則否其特重乎日之便于用者乎或曰飯當作後謂指後也未知是否○郝敬曰設決前所陳棘決施兩大指以決繫交麗兩擘掌後骨曰擘麗連也左決連于右擘右決連于左擘使手交如生自飯含時持其擘使不旁垂以便飯設握乃連之不設極極無衣但以纊包之

記瑱塞耳注塞充窒○疏瑱用白纊用掩之不云塞耳恐同生人懸于耳旁故記人言之也○設握裹親膚繫鉤中指結于擘敖繼公曰握手唯一而已與決同設于右手其繫則相關經文詳于設決畧于設握故記見之○萬斯大曰經云設決施決于右手之大指也麗于擘者指設握後兩手交疊砧拊其決附著左擘也擘手下腕方設決時未遽麗從其後而言耳自飯持之謂自飯含時已設決持之若然設決在襲前而文在後連設握者決有組以連左擘未襲則衣未加握未入兩手宜開未遽得連必既襲既設握乃得取決之組連于擘而繫之故郎繼之曰設握乃連擘以見設決之事至此而始畢也記云設握裹親膚擊鉤中指結于擘則設握法也手既從兩端入握兩手交疊中指長出握外故取握之組鉤繞中指一匝而還結于擘以爲固也

雜記公襲卷衣一玄端一朝服一素積一纁裳一爵弁二玄冕一褖衣一朱緑帶甲加大帶於上注朱緑帶者襲衣之

帶飾之雜以朱緑異于生也此帶亦以素爲之申重也革帶以佩韍必言重加大帶者明雖有變亦備此二帶也士襲三稱子羔襲五稱今公襲九稱則尊卑襲數不同矣諸侯七稱天子十二稱與○疏公襲以上服在内者公身貴故以上服親身又欲尊顯加賜故褒衣最外而細服居中也子羔賤故卑服親身也玄端一者賀云燕居之服玄端朱裳也朝服一者緇衣素裳公日視朝之服也素積一者皮弁之服公視朔之服也纁裳一者賀云冕服之裳也亦可鷩毳任取中間一服也爵弁二者玄衣纁裳二通也此是始命之服示重大故二通也招魂君亦用爵弁服也玄冕之下又取一也褒衣一者所加賜之衣最上華君賜也自卷衣至此合爵弁二爲九稱朱緑帶者諸侯襲尸除五采之大帶外又别有此帶以素爲之而朱緑飾之亦異于生時也已用此朱緑小帶結束之重加大帶于革帶之上者象生時大帶也

率帶諸侯大夫皆五采士二采注此謂襲尸之大帶率繂也繂之不加箴功大夫以上更飾以五采士以朱緑襲事成于帶变之所以異于生○疏此謂尸襲竟而著此帶也繂謂但褊帛邊而熨殺之不加箴切異于生也以五采飾之亦異于生也大夫與諸侯同而士二采並異于生也然此士天子之士也諸侯之士則緇帶故士喪礼緇帶

子羔之襲也繭衣裳與税衣纁袡爲一素端一皮弁一爵弁一玄冕一曾子曰不襲婦服注繭衣裳者若今大襦也纊爲繭緼爲袍表之以税衣乃爲一稱爾税衣若玄端而連衣裳者也大夫而以纁爲之緣非也唯婦人纁袡礼以冠名服此襲其服非襲其冠曾子譏襲婦服而已玄冕又大夫服未聞子羔曷爲襲之玄冕或謂爲玄冠或爲玄端○疏此明大夫死者襲衣稱數也繭衣裳者纊爲繭謂衣裳相連而綿纊著之也稅衣謂黑衣也若玄端

而連衣裳也玄端多種今衣裳連是玄端玄裳也纁絳也衻裳下緣襈也以絳爲緣故云稅衣纁衻也繭衣既褎用稅衣表之合爲一稱故云繭衣裳與稅衣纁衻爲一也素端一第二稱也盧云布上素下皮弁一第三稱也十五升白布爲衣積素爲裳也爵弁一第四稱玄衣纁裳也玄冕一第五稱也大夫之上服也纁衻是婦人之服而子羔襲用之故曾子譏之

檀弓司士賁告於子游曰請襲於牀注時失之也礼唯始死廢牀子游曰諾縣子聞之曰汰哉叔氏專以禮許人注當言礼然言諾非也叔氏子游氏○疏按喪大記始死廢牀至遷尸及襲皆在于牀當時失礼襲在于地故司士賁告子游子游知襲在牀爲是故許諾之汰自矜大也言凡諾礼事當據礼以荅之今子游不據前礼以荅專輒許諾如礼出于已是自矜大故縣子譏之

諸侯伐秦曹桓公卒於會注魯成十三年曹伯盧卒于師是也諸侯請含注以朋友有相唅含之道使之襲注非也襲賤者之事

襄公朝于荊康王卒注在魯襄二十八年康王楚子昭也荊人曰必請襲注欲使襄公衣之魯人曰非禮也荊人强之注欲尊康王巫先拂柩荊人悔之注巫祝挑茢君臨臣喪之禮○陳澔曰魯襄公以二十八年朝楚適遭楚子昭之喪魯人知襲之非禮而不能違于是以君臨臣喪之禮先之及其覺之而悔已無及矣此其適權變之宜足以雪恥

呂坤四禮疑斂不冠不帶非待死之禮也便宜爲之○禮冠帶不送死妨斂襲也然冠帶自有不妨斂襲者劉氏謂幅巾大帶良便即野服道袍亦無不可要在成禮而已

乾學按古禮但無冠而已非無帶也蓋古人之襲斂全骵包裹其内加冠則勢有所難容故不得已而去之意在堅束其尸非以爲容飾也劉氏幅巾大帶之說本于書儀用之亦可若云野服道袍此何禮乎呂氏耑據已見而掊擊古禮不遺餘力亦未見其說之盡當也

家語孔子之喪公西赤掌葬焉含以疏米三貝襲衣十有一稱加朝服一冠章甫之冠佩象環徑五寸而綦組綬桐棺四寸柏椁五寸

乾學按襲衣之數士三稱大夫五稱孔子

卽行大夫禮亦止于五稱豈有用十一稱之禮況古之襲與歛皆不用冠蓋旣加冒則无所用冠也此云章甫之冠亦不可信足知家語非古也

右襲

飯含襲圖

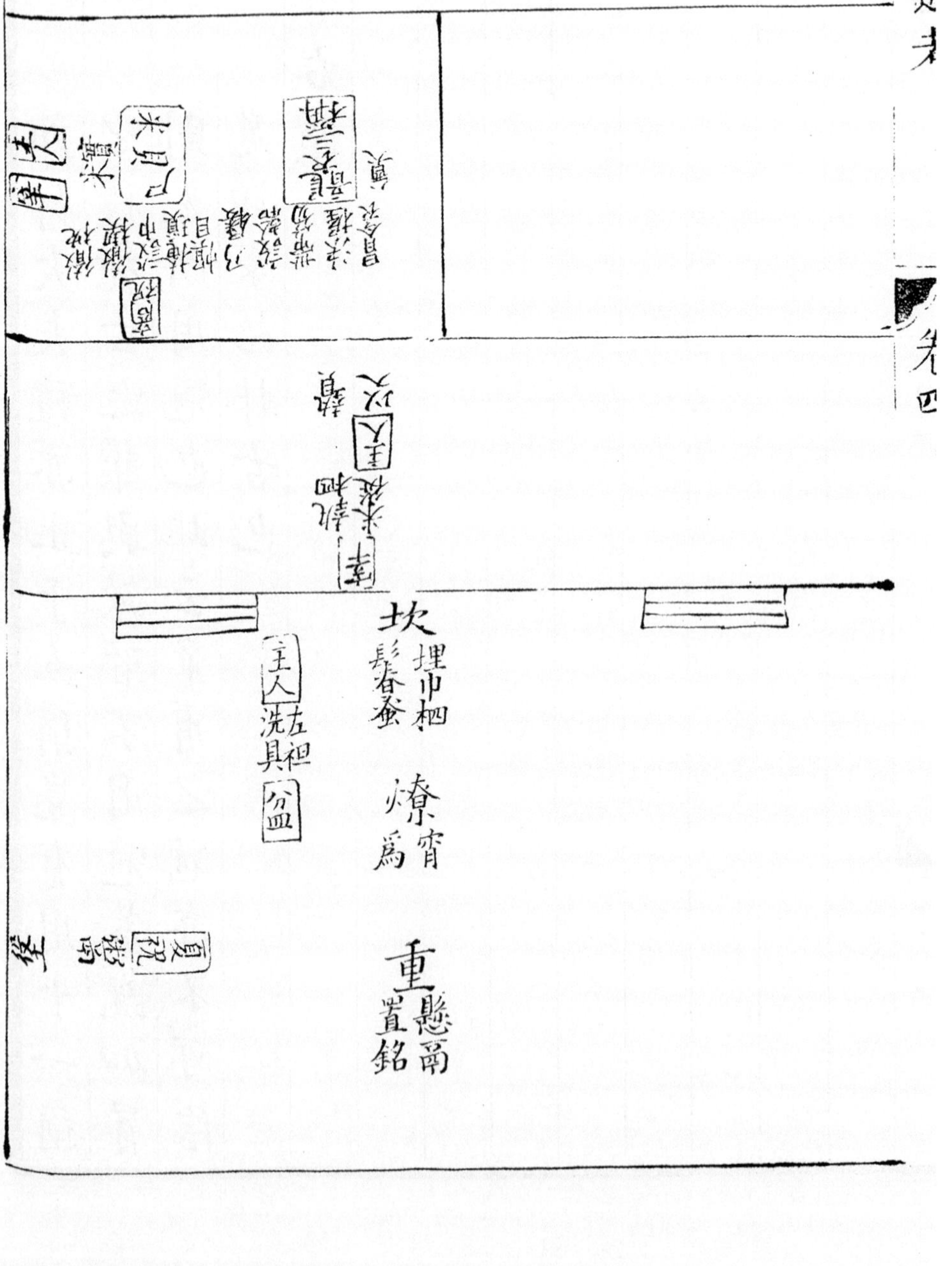

設冒櫜之幠用衾疏櫜是韜盛之名今以冒櫜盛尸故名爲櫜襲訖仍用大斂衾以其襲時無衾也

雜記冒者何也所以揜形也自襲以至小斂不設冒則形是以襲而后設冒也疏小斂之前雖已著衣若不設冒則尸象形見爲人所惡是以襲而后設冒也

喪大記君錦冒黼殺綴旁七大夫玄冒黼殺綴旁五士緇冒赬殺綴旁三凡冒質長與手齊殺三尺自小斂以往用夷衾夷衾質殺之裁猶冒也注冒者既襲所以韜尸重形也殺冒之下裙韜足上行者也小斂又覆以夷衾裁猶制也。疏冒有質有殺作兩囊每囊橫縫合一頭又縫連一邊餘一邊不縫兩囊皆然也上曰質下曰殺君質用錦殺用黼綴旁七者不縫之邊上下安七帶綴以結之故云綴旁七也大夫玄冒黼殺綴旁五士緇冒赬殺綴旁三尊卑之差也凡謂貴賤冒通名也言冒之質從頭韜來至下長短與手相齊也殺三尺者殺從足韜上長三尺也小斂前有冒不用夷衾自小斂後衣多不可用冒故用夷衾覆之也夷衾長短制度如冒之質殺但不復爲囊及旁綴也

右設冒

巾柶鬠蚤埋于坎鬠音舜。坎至此築之也將襲辟奠既則反之。疏上文直云渜濯棄于坎必至此乃築之者以其斂事遽無暇卽埋又慮更有須埋者故至此覆尸訖乃埋始死脯醢醴酒之奠設于尸東方襲時必當遷避之襲訖反之于尸東以其不可空無所依故也築

下記云小斂辟奠不出室彼還是襲奠則此辟襲奠亦不出室仍不言處大斂時辟小斂奠于序西南則此宜室西南隅也此奠襲後因名襲奠故下鄭注云將小斂則辟襲奠○敖繼公曰巾飯時覆面之巾也柶楔齒及扱米者也鬊櫛餘之髮及所揃須也蚤所斷手足爪也埋者亦爲人褻之

記甸人築坅坎注築実土其中堅之穿坎之名一曰坅○疏甸人掘還使甸人築之也隸人涅厠注隸人罪人也今之徒役作者也涅塞也爲人復往褻之又亦鬼神不用○疏古者非直不共湢浴亦不共厠故得云死者不用也

喪大記君大夫鬊爪實于緑中士埋之注緑當爲角謂棺内四隅也鬊亂髮也將実爪髮棺中必爲小囊盛之○疏死者之亂髮及手足之爪君大夫則盛以囊実于棺角之中士賤亦有物盛而埋之

右埋鬊爪

重木刊鑿之甸人置重于中庭三分庭一在南注木也縣物焉曰重刊斲治鑿之爲縣簪孔也士重木長三尺○疏以木有物縣于下相重累故得重名簪孔者若冠之笄謂之簪使冠連屬于紒此簪亦相連屬于木也士重木長三尺則大夫以上當約銘旌之杠大夫五尺諸侯七尺天子九尺據竪之者横者宜半之○敖繼公曰木刊鑿之者謂以木爲之而加刊鑿也鑿謂鑿其前爲二孔而以簪貫之爲縣鬲之用也

夏祝鬻餘飯用二鬲于西墻下鬻本作粥注夏祝祝習夏禮者也夏人教以忠其於養宜鬻餘飯以飯尸餘米爲鬻也士二鬲則大夫四諸侯六天子八與簋同差○疏西墻下有竈即甸人爲垼是也前鬲祝奠米夏祝徹之今乃鬻之而盛于鬲也

冪用疏布久之繫用靲縣于重冪用葦

席北面左衽帶用幹賀之結于後注久讀爲灸謂以蓋塞鬲口也幹竹䈾也以席覆重辟屈而反兩端交于後左衽西端在上賀加也○疏久塞義謂用粗布蓋鬲口爲塞也䈾謂竹之青可以爲繫者以席覆重辟屈而反者以席先于重北而南掩之然後以東端爲下向西西端爲上向東是爲辟屈而反兩端交于後爲左衽然後以䈾加束之結于後也○敖繼公曰冪用疏布以布覆鬲也旣夕禮曰木桁久之然則久者乃以物㪚他器之稱此久不言其物則是因以所冪者爲之與既以布冪其上又承其下乃以幹繫之而縣于重前之簪也幹字從革似當爲革之屬冪用葦席以席蔽重之前後也北面謂席之西端皆在北也左衽者右端在上而西向象死者之左衽也帶用幹者以幹中束其席如人之帶然因以名之後謂重之南也重主道也故言面言衽與帶以見其義云

祝取銘置于重注祝習周禮者也○疏以重木待殯訖乃置于肂今且取銘置于重以重與主皆是錄神之物故也○敖繼公曰未用之權置于此蓋杠在其後銘在其前

檀弓重主道也注始死未作主以重主其神也重既虞而埋之乃後作主

右設重

記既襲宵爲燎于中庭注宵夜○疏士之喪死日而襲經不云中庭設燎故記明之也

喪大記君堂上二燭下二燭大夫堂上一燭下二燭士堂上一燭下一燭注燭所以照饌也滅燎而設燭○疏有喪則于中庭終夜設燎至曉滅燎而日光未明故須燭

以照祭饌也。萬斯同曰鄭孔之說皆謂設燭以照饌然則後世之祭奠而燒燭者其肇端于此乎

右設燎乾學按經無設燎之文故取記文補之

乾學按士與大夫俱三日而殯注家謂士之三日連死日數大夫之三日從死之第二日數禮或然也此篇雖雜陳諸侯大夫之禮要之以士禮爲主士之禮死之日襲第二日小斂第三日大斂則此篇所載皆死日之事也然周人斂用日出則襲亦必用日出死日卽襲豈能行于日出之候乎必爲次日之日出可知也但次日日出之前摠可名爲死之第一日則襲仍死日之事云

讀禮通考卷四十一

喪儀節

初終下

唐開元禮三品以上喪

乾學按開元禮原本分三品以上五品以上六品以下爲三篇杜氏通典及新唐書凶禮志則彙而爲一今依通典取三品以上爲主而四品以下之異者則仍採通典之注以别之庶便於觀覽云

初終○有疾丈夫婦人各齋於正寢北墉下東首（墉墻也東首順生氣也）養者男子婦人皆朝服齊親飲藥子先嘗之（嘗度其所堪）疾困去故衣加新衣（爲人來穢惡也）徹樂清掃内外（爲賓客來問）分

禱所祀[盡孝子之情也五祀及所封境内名山大川四品五品祀中霤門戶竈行六品以下祀門及行]侍者四人[六品以下俱四人也]坐持手足[為不能自屈伸内喪則婦人持之]遺言則書之屬纊以候氣[纊新綿置於口鼻]氣絕廢牀寢於地[人始生在地庶其生氣反也]主人啼餘皆哭[哀有深淺也]男子易以白布衣被髮徒跣婦人青縑衣被髮不徒跣女子子亦然[父為長子為人後者為其本生父母皆素冠不徒跣女子子嫁者髽六品以下内外皆著素服妻妾皆被髮徒跣女子子不徒跣出嫁者髽出後人者為本生父母素服不徒跣主人主婦衣服無改男女隨事設帷帳]齊衰以下丈夫素冠婦人去首飾[謂齊衰婦人也]内外皆素服[素服謂有服者白布十五升無服者不服列緣則常所素衣]主人坐於牀東啼踊無數衆主人在主人之後兄弟之子以下又在其後俱西面南上哭妻坐於牀西妾及女子子在妻之後哭踊無數兄弟之女以下又在其後俱東面南上藉稾坐哭[六品以下孫及兄弟孫在諸子之後女孫及兄弟女孫在兄弟女子子之後服精粗為坐先後下准此]内外之際隔以行帷[帷堂内門南其隔之]祖父以下於帷東北壁下南面西上祖母以下於帷

西北壁下南面東上皆藉席坐哭六品以下爲嫡子三年者則草薦

乾學按古者宮室之制前爲堂後爲室中以壁隔之則在堂帷之内者正直北壁下後世宮室之制異於古大約左右爲室而中爲堂則死於室中者尸在北墉下子女妻妾皆俠牀而在北壁下矣即隔以行帷安所得北壁而坐之此皆欲依古禮而不知古今之異制故也

外姻夫夫於戸外東北面西上婦人於主婦西南北面東上皆藉席坐哭若舍窄則宗親丈夫在戸外之東北面西上外姻丈夫在戸外之西北面東上諸内喪則尊行丈夫外親丈夫席位於前堂若戸外之左右俱南面宗親戸東西上外親戸西東上凡喪位皆以服精麤爲序國官位於門内之東重行北面以西

讀禮通考　卷四十一

為上俱哀巾帕頭舒稾薦坐參佐位於門內之西重行北面以東為上俱素服舒席坐哭自國官以下六品以下無斬衰三日不食齊衰二日不食大功一日不食小功緦麻再不食

復始死則復○復於正寢復者三人復謂招魂復魄四品五品則二人六品以下則一人皆常服以死者之上服左荷之升自前東霤六品以下則升自前東霤霤屋翼也當屋履危北面西上危棟左執領右執腰招以左每招長聲呼其復男子皆稱字及伯仲婦人稱姓其復者人數依其夫也六品以下男子稱名三呼而止以衣投於前承之以篋六品以下以箱升自阼階入以覆尸若得魂魄返然復者徹舍西北扉降自後西不由前降不以虛返因徹西北扉若云此室凶不可居然自是行死事所徹扉之薪以充煑沐六品以下西榮餘同復衣不以襲斂浴則去之乃設牀

設牀○設牀於室戶內之西去脚舒簟設枕施幄六品以下不施幄去裙遷尸於牀南首覆用斂衾去死衣斂衾大斂所用之衾

黄表素裏也死衣病時所加新衣 楔齒用角柶為將含也 綴足以燕几校在南綴猶拘也校几脛也尸南首几脛在南以拘之則不使辟戾 侍者坐持之其内外哭位如始死之儀乃奠

奠六品以下含而後奠文與此同 ○奠以脯醢酒用吉器無巾柶升自阼階奠於尸東當腢鬼神無象故設奠以依憑 内喪内贊者皆受於戶外而設之凡内喪皆内贊者行事 既奠贊者降出帷堂初氣絶室内隨事設帷至此小歛訖故設帷堂若有赴者遣赴〻禮合在此下含篇後為與勅使弔篇宜相近故列在後也

沐浴自沐浴下至設重其事皆可同時而與 ○掌事者掘埳於階間近西南順廣尺長二尺深三尺南其壤為坄竈於西墻下東向以俟煑沐新盆盤瓶六鬲四品五品四鬲六品以下二鬲 皆濯之陳於西階下新此器者重死事坄竈累土為竈盆以盛水盤以承濡濯瓶以汲也鬲瓦罌受二升有蓋濯謂滌溉 沐巾一浴巾二用絺若綌實於笲巾所以拭也浴巾二者上躰下躰異絺細葛綌粗葛也笲竹器也 櫛實於箱若簞浴衣實於篋浴衣已浴所衣之衣其制今之服帕六品以下櫛及浴衣各寘于篋 皆具於

西序下南上水漸稷米（六品以下漸粱米）取潘煮之又汲爲湯以俟浴以盆盛潘及沐盤升自西階授沐者執潘及盤入主人皆出戶外（象平生沐浴子孫不在旁主人出而袒簀謂牀簀去席）主人以下於戶東北面西上主婦以下皆於戶西北面東上俱立哭其尊行丈夫於主人之東北面西上婦人於主婦之西北面東上俱坐哭婦人權幛以帷主人以下既出乃沐櫛（櫛梳）束髮用組抿用巾（抿晞也清也）浴則四人（六品以下則二人）抗衾二人浴拭用巾抿用浴衣設牀於尸東衽下莞上簟浴者舉尸易牀設枕翦鬢斷爪如平常鬚髮爪盛以小囊大斂納於棺楔齒之柶浴巾皆埋於坎實之著明衣裳以方巾覆面仍以大斂之衾覆之訖內外入就位哭乃襲

襲○陳襲事於房內襲衣三稱（六品以下一稱）西領南上（朝服一稱常服

二稱凡陳衣者實之以箱籃承以席明衣裳合用生絹單衫舄一六品以下履一帛巾一方尺八寸充耳用白纊面衣用玄方尺纁裏組繫六品以下裏纁握手用玄纁裏長尺二寸廣五寸削約於內旁寸著以綿組繫握手手所握者面衣及手衣皆通餘色六品以下繫手衣一具執服者陳襲衣庶襚繼陳不用庶衆也不用不襲也多陳之爲榮少納之爲貴將襲具牀席於西階西內外皆出哭於戶外其位如浴時襲者以牀升入設於尸東枕席如初自庶襚繼陳以下六品以下無執服者陳襲衣於席祝去巾六品以下襲者去巾加面衣設充耳著握手納舄若履凡衣死者左袵不紐將襲辟奠既襲則設六品以下皆納履著手衣既襲乃覆以大斂之衾始死時所覆衾內外俱入復位坐哭諸尊者于卑幼之喪及嫂叔兄弟婦姪婦哭朝晡之間非有事則休于別室

含○贊者奉盤水及笄笄竹器飯用粱含用璧四品五品用稷與碧六品以下粱與貝升堂含者盥手於戶外贊者沃盥含者洗粱璧四品五品洗稷碧六品以下洗粱貝實於笄執以入祝從入北面六品以下無祝從

徹枕去楔受笄奠於尸東含者（六品以下主人含）坐於牀東西面鑿巾（巾皆覆面將含當口鑿之六品以下去巾）納飯含於尸口既含主人復位楔齒之柶與浴巾同埋於坎（六品以下于此後用奠與上文同）

宋政和五禮新儀品官喪禮

初終（自有疾至襲）○有疾者齋於正寢東首北墉下養者皆公服齋徹樂藥先嘗之疾困去故衣加新衣清掃內外分禱所祀侍者四人坐持手足（內喪以婦人充）遺言則書之屬纊以俟氣絶廢牀寢於地主人啼餘皆哭男子以白布衣披髮徒跣婦人青縑衣披髮不徒跣女子亦然（父為長子為人後者為其本生父母皆素冠不徒跣女子子嫁者髽）齊衰期以下丈夫素布巾婦人去首飾主人坐於牀東餘在其後啼踊無算兄弟之子以下又在其後俱西面南上妻坐於牀西妾及女子在其後哭踊無算兄弟之女以下又在其後

俱東面南上藉稾坐哭內外之際隔以行帷祖父以下於帷東北壁下南面西上祖母以下於帷西北壁下南面東上外姻丈夫於戶外之東北面西上婦人於主婦西南北面東上皆舒席坐哭若舍窄則宗親丈夫在戶外之東北面西上外姻丈夫在戶外之西北面東上若內喪則尊行丈夫外親丈夫席位于前堂若戶外之左右俱南面宗親戶東西上外親戶西東上凡喪位皆以服精麤為序復於正寢復者三人六品以下二人婦人視其夫皆常服以死者之上服左荷之升自前東榮當屋履危危屋棟也北面西上左執領右執腰招以左每招曰皐某復三呼而止丈夫稱字或伯仲婦人皆稱姓投衣於前授以箱升自東階入以覆尸復者降自後西榮復衣不以襲斂浴則去之設牀第於室戶內之西去脚舒簟設枕施幄去裙遷尸於牀南首覆用夷衾大斂時所用之衾也黃表素裹下同去死衣疾用所加新衣即牀而奠贊者以脯醢酒用吉器升自東階設于尸東當

隅（内喪皆内贊者行事受于戶外入而設之）既奠贊者降出帷堂掌事者掘坎於階間少西（廣尺長二尺深三尺）為塊竈於西墻下東向以俟煑沐（塊竈掘土為之）新盆盤瓶鬲皆濯之陳於西階下（盆以盛水盤以承濡濯瓶以汲水鬲瓦罌一品以下六四品以下四六品以下二）沐巾一浴巾二用絺若綌櫛及浴衣各實於篋（六品以下無篋以箱）皆具於西序下南上陳襲事於房中襲衣三稱西領南上（公服一稱常服二稱皆實以篋承以席凡陳衣如之六品以下一稱）明衣裳屨襪具掩練帛一方尺八寸（掩裹首也）充耳用白纊幎目用緇赬裏方尺二寸組繫（幎目面衣也組繫可結下同）握手用緇纁裏長尺二寸廣五寸著組繫將沐掌事者淅稷米（六品以下用粱米）取潘煑之又汲為湯以俟浴以盆承潘及沐盤升自西階以授沐者（以侍者四人為之六品以下三人）沐者執潘及盤入主人以下皆出戶外北面西上俱立哭（丈夫在東婦人在西婦人權障以帷下同）乃沐櫛束髮用組浴則四人抗衾二人浴拭用巾挋

用浴衣濡濯棄於坎設牀於尸東袵下莞上簟浴者舉尸易牀設枕翦鬢斷爪盛以小囊大歛納於棺著明衣裳以方巾覆面仍以大歛之衾覆之主人以下入就位哭乃唅贊者奉盤水及笲（笲竹器也）飯用稷唅用璧升堂（六品以下用粱與貝）唅者（六品以下主人自為之）盥手於戶外贊者沃盥唅者洗稷璧（粱貝同）實於笲執以入贊者從入北面徹枕奠笲於尸東唅者坐於牀東西面發巾實飯唅於尸口訖主人復位（位在尸東）襲者以牀升入設於尸東布枕席如初執服者陳襲衣於席遷尸於席上而衣之（凡衣死者左袵不紐）祝去巾加面衣設充耳著握手納履若舄覆以衾衾內外皆就位哭如初（諸尊者于卑幼之喪及嫂叔兄弟婦姪婦哭朝晡之間非有事則休于別室）設銘以絳廣充幅（四品以下廣終幅）韜杠（杠銘竿也其長視絳四品以上長九尺六品以上長八尺九品以上長七尺）書曰某官封之柩（婦人視其夫有官封則曰某官封某人姓氏之柩未有封曰某姓或

妻某氏之柩）為重（以木刻鑿之為懸孔）長八尺橫者半之（五品以下七尺七品以下六尺）置於中庭參分庭一在南掌事者以沐之米為粥實於二鬲（鬲各視其數）冪用疏布繫以竹篾垂於重覆用葦席北向屈兩端交於後兩端在上綴以竹篾祝取銘置於重又於殯堂前楹下夾以葦席簾門以布又設葦障於庭厥明乃歛（凡言贊者視掌事者皆以常使者臨時為之東西之序臨時隨所居之向背設之）

士庶人喪禮

初終（自有疾至襲）○有疾者齋於正寢東首北墉下養者齋徹樂飲藥先嘗之疾困去故衣加新衣清掃內外分禱所祀使人坐持手足（內喪使婦人）遺言則書之屬纊以俟氣氣絕廢牀寢於地主人啼餘皆哭男子易以白布衣被髮徒跣婦人青縑衣被髮不徒跣女子亦然（父為長子為人後者為其本生父母皆素冠不徒跣女子子嫁者髽）期親以下丈夫素巾婦人去首

飾主人坐於牀東餘次之啼踊無筭凡弟之子以下又在其後俱西面南上妻坐於牀西妾及女子子次之哭踊無筭兄弟之女以下又在其後俱東面南上籍稾坐哭內外之際隔以行帷宗親尊行丈夫於帷東北壁下南面西上婦人於帷西北壁下南面東上外姻丈夫於戶外之東北面西上婦人於主婦西南北面東上皆坐席而哭凡喪位皆以服精麤為序復於正寢復者一人以死者之上服左荷之升自前東榮當屋履危北面西上左執領右執腰招以左每招曰皐某復三呼而止（男稱名婦人稱姓）投衣於前授以箱升自東階入以覆尸復者降自後西榮復衣不以襲斂浴則去之設牀於室戶內之西去腳舒簟設枕遷尸於牀南首覆用夷衾（大斂時所用之衾黃表素裏下同）去死衣（病困所加新衣）即牀而

奠贊者以親或所使者為之以脯醢酒用吉器升自東階設於尸東當腢内喪皆内贊者行事受于戶外入而設之既奠贊者降出帷堂掌事者掘坎於階間少西坎深三尺長二尺為堀竈於西墻下東向以俟煑沐掘土為竈新盆盤缾皆濯陳於西階下沐巾一浴巾二皆用布櫛及浴衣各實於箱皆具於室西南上陳襲事於房中襲衣一稱西領南上明衣裳屨襪具掩練帛一方尺八寸掩首衣也充耳用白纊面衣用緇䞓裏方尺二寸握手用緇纁裏長尺二寸廣五寸將沐掌事淅粱米取瀋煑之又汲為湯以俟浴以盆承瀋及沐盆升自西階沐及浴皆二人抗衾一人浴沐者受沐主人以下皆出戶外北面西上俱立哭丈夫在東婦人在西權障以帷乃沐櫛抆用巾抿用浴衣束髮用組濡濯棄於坎設牀於尸東衽下莞上簟浴者舉尸易牀設枕翦鬊斷爪盛以小囊大

斂納於棺著明衣裳以方巾覆面仍以大斂之衾覆之主人以下入就位哭乃唅贊者舉奉盤以及笄飯用粱唅用貝升堂主人出盥手於戶外洗粱貝實以笄執以入徹枕箄奠笄於尸東主人坐於牀東西面發巾實飯唅於尸口訖主人復位襲者以牀升入設於尸東布枕席如初執服者陳襲於席遷尸於席上而衣之左衽不紐襲者去巾加面衣設充耳著握手覆以衾衾內外哭如初諸尊者于卑幼之喪及嫂叔兄弟婦姪婦哭朝晡之間非有事休于別室設銘於西階下銘以絳廣充幅輜杠書云某人之柩為重置於庭厥明乃小斂

司馬氏書儀

初終病附甚○疾病謂疾甚時也遷居正寢內外安靜以俟氣絶諠譁奔走固病者所惡也悲哀哭泣傷病者心叫呼撼捽尤為不可使病者驚怛擾頓皆未免為不終天年故不若安恬靜默以待其氣息自盡為最善也男子不絶於婦人之手婦人不絶於男子之手春秋

書公薨于路寢禮之正也士喪禮死于適室適室正寢之室也曾子且死猶易簀曰吾得正而斃焉斯可矣近世孫宣公臨薨遷于外寢蓋君子慎終不得不爾也凡男子疾病婦人侍疾者雖至親當處數步之外婦人疾病男子亦然此所謂能以禮自終也既絕諸子啼兄弟親戚侍者皆哭各盡哀止哭開元禮于此下即言男女易服布素及坐哭之位按喪大記惟哭先復〻然後行死事復者返也孝子之心猶冀其復生也又布素之服非始死所有今並繫之復後

復立喪主護喪等附○侍者一人以死者之上服按雜記喪大記復衣諸侯以袞大夫以褕狄內子以鞠衣今從開元禮有官則公服無官則襴衫或衫婦人以大袖或背子皆常經衣者左執領右執腰就寢庭之南北面招以衣呼曰某人復喪大記曰凡復者男子稱名婦人稱字今但稱官封或依常時所稱可也凡三呼畢卷衣入覆於尸上士喪禮復者升自前東榮中屋履危北面招以衣曰皋某復三開元禮亦做此今升屋而號慮其驚衆故但就寢庭之南面而已然後行死事立喪主凡主人以長子為之無長子則長孫承重奔喪曰凡喪父在父為主註與賓客為禮宜使尊者又曰父沒兄弟同居各主其喪注各為妻子之喪為主也又曰親同長者主之鄭康成曰昆弟之喪宗子主之又曰不同親者主之注從父昆弟之喪也喪大記曰喪有無後無〻主若子孫有喪而祖父主之子孫執喪祖父拜賓主婦檀弓啜主人主婦正義曰主人亡者之子主婦亡者之妻若亡者無妻及母之喪則以主人之妻為主婦護喪以家長或子孫能幹事知禮者一人為之凡喪事皆稟焉若主人未成服不出則代主人受弔拜賓及受賻襚古礼初喪主人常在尸側惟君命出〻而遇賓則拜

司書以子弟或吏人能書禮者為之掌糾書疏之事司貨以子弟或吏僕可委信者為之掌糾貨賄之事置曆以註其出入親賓有賻襚則書于別曆收之以待喪用其衣服不以襲斂

易服○既復妻子婦妾皆去冠及上服上服謂衫帶背子之類被髮男子扱上衽謂插衣前襟之帶徒跣婦人不徒跣男子為人後者為本生父母及女子已嫁者皆不被髮徒跣但去冠及上服凡齊衰以下內外有服親及在喪側給事者皆釋去華盛之服謂錦繡緋紅金玉珠翠之類著素淡之衣問喪親始死笄纚徒跣扱上衽注親始死去冠二日去笄纚括髮也上衽深衣之裳前開元礼初終男子易以白布衣被髮徒跣婦人易以青縑衣被髮不徒跣為人後者為本生父母素冠不徒跣女子已嫁者髽齊衰以下丈夫素冠婦人去首飾內外皆素服按笄纚今人平日所不服被髮尤哀毀無容故從開元礼然白布青縑衣素冠素服皆非始死所能辦故但釋去華盛之服本應三年喪者則去冠及上服期喪以下士大夫帽子皂衫青黃勒帛庶人不服常服礼男子括髮婦人多髽故于始死時期喪以下但去首飾易華盛之服而已世俗多忌諱或為父則被左髮母則被右髮舅則被後左姑則被後左皆非礼宜全被之

訃告○護喪司書為之發書訃告於親戚及僚友檀弓曰父兄命赴者然則主人不自赴也若無護喪及司書則主人自赴親戚不赴僚友劉岳書儀卒哭然後發外人書疏蓋以哀痛方深未暇與人通問故

也然問候慶賀之書居喪誠不當發必若有事不得已須至有閒于人者雖未卒哭豈可以不發也

沐浴飯含襲始死之奠哭泣附○將沐浴則以帷障臥內侍者設牀於尸所臥牀前縱置之施簀席簟枕不施氈褥古者疾病廢牀人生在地去牀庶其生氣返也將沐浴則復遷尸于牀人既死乃卧尸于地訛也古者沐浴及飯含皆在牖下今室堂與古異制故于所卧牀前置之以從宜也古者沐浴設牀袒簀袒簀者去席盝水便也今籍以簟不設氊褥亦于沐浴便云遷尸於牀上南首覆之以衾禮運曰死者北首謂葬時也自沐浴至殯古亦南首惟朝廟北首侍者掘坎於屏處潔地士喪禮甸人掘坎于階閒少西今以孝子之心不忍朝夕見親爪髮及沐浴之具故掘坎于屏處陳襲衣裳於堂前東北籍以席西領南上幅巾一古者死人不冠但以帛裹其首謂之掩蓋以襲斂主于保護肌體貴于柔軟緊實冠則磊塊難安況今幞頭以鐵爲脚長三尺而帽用漆紗爲之上有虛簷置于棺中何由安帖莫若襲以常服上加幅巾深衣大帶及屨既合于古又便于事幅巾所以代掩也其制如今之煖帽深衣帶屨自有制度若無深衣帶屨止用衫勒帛鞋亦得其幞頭公服靴笏俟葬時置于棺上可也充耳二用白纊以綿爲之如棗核大用塞耳中幎目一用帛方尺二寸所以覆面者也握手用帛長尺二寸廣五寸所以裹手者也深衣大帶屨若襚衣有餘則繼陳而不用謂親戚以衣服來襚者繼陳于襲衣之下而不用以

襲也多陳之為榮少納之為貴又陳飯含沐浴之具於堂前西壁下南上錢三實於小箱古者飯用米貝今用錢猶古用貝也大夫以上仍有珠玉錢多既不足貴又口所不容珠玉則更為盜賊之招故但用三錢而已米二升實於盌古者諸侯飯用粱大夫用稷士用稻今但用卿士平日所食之米可也古升小故用四升今升大故用二升沐巾一浴巾二設於篚浴巾二上下體各異也櫛置於卓子上侍者汲新水淅米令精復實於盌侍者以沐浴湯入主人以下皆出立於帷外北面以其裸程子孫不可在側故也侍者沐髮櫛之晞之以巾撮為髻舉衾而浴亦為其裸程故舉衾以障之拭之以二巾翦爪如平時其沐浴餘衣及巾櫛皆弃於坎遂築而實之侍者別設襲牀施薦席褥枕如平時先置大帶深衣袍襖汗衫袴襪勒帛裹肚之類於其上遂舉以入置浴牀之西遷尸於其上悉去病時衣及復衣易以新衣但未著幅巾深衣履移置堂中間鄭注喪大記曰正尸謂遷尸于牖下南首也今室堂既異于古故置堂中間取其容男女夾牀哭位也卑幼則各於其

室中間自餘應在堂者並倣此執事者置脯醢酒於卓曾子問始死之奠其餘閣也與注不容改新也古人常畜脯醢故始死未暇別具饌但用脯醢而已今人或無無脯醢但有食物一兩種并酒可也凡奠除酒器之外盡用素器不用金銀稜果之物以主人有哀素之心故也升自阼階祝盥手洗盞斟酒奠於尸東當腢巾之腢肩頭也士喪禮復者降楔齒綴足即奠脯醢醴酒于尸東開元禮五品以上如士喪禮六品以下含而後奠今不以官品高下沐浴正尸然後設奠于事為宜奠謂斟酒奉至卓上而不酹也主人虞祭然後親奠酹巾者以辟塵蠅凡無兩階者止以階之東偏為阼階西偏為西階祝選親戚為之主人坐於牀東奠北衆男應服三年者坐其下皆西向南上藉以稾同姓男子應服期者坐其後大功以下又以次坐其後皆西向南上尊行坐於北壁下南向西上藉以席薦各以服重輕昭穆長幼為叙主婦及衆婦女坐於牀西藉以稾同姓女子應服期以下坐於其後尊行坐於牀東北壁下南向東上藉以席薦亦各以服重輕昭穆長幼為叙如男子之儀妾婢立於婦女之後婦以夫之長幼為序不以身之長幼異姓之親丈夫坐於

帷外之東北向西上（此非沐浴之帷謂設帷于堂裡所以別內外者也）婦人坐於帷內之西北向東上皆藉以席有服者在前無服者在後各以尊卑長幼為叙若內喪（謂婦人之喪）則同姓丈夫尊卑坐於帷外之東北向西上異姓丈夫坐於帷外之西北向東上（士喪禮及喪大記皆倚列親屬哭位今堂室異制難一一如古但倣開元禮為哭位古者諸侯卿大夫于其宗族有君臣之義故其臣不敢坐于君側今但依士禮婢妾之外皆坐哭寒月老病之人有不堪藁及單席者三年之喪聽坐藁薦期喪以上聽于白氊于薦上可也或堂宇狹隘五服不能各為一列則輕服次重服之下絕席以別之）自既復之後男女哭擗無數至是始就位而哭盡哀止（三年之喪夜則寢于尸旁藉藁枕塊羸病者藉以草薦可也期喪以下寢于側近男女異室外親歸其家可也）主人出左袒自面前扱於腰之右盥手洗盞執箱以入侍者一人插匙于米盌執以從置於尸西又一人執巾以從徹枕以巾覆面（恐飯之遺落米也）主人就尸東由足而西牀上坐東面舉巾以匙抄米實於尸口之右并實一錢又施左於中亦如之主人襲（謂襲所袒之衣）

也復位侍者加幅巾充耳設幎目納屨乃襲深衣結大帶設握手覆以衾

朱子家禮凡言儀節者皆瓊山丘氏濬所補

疾病遷居正寢凡疾病遷居正寢内外安静以俟氣絶男子不絶于婦人之手婦人不絶于男子之手○丘濬曰正寢即今人家所居正廳也按士喪禮鄭注謂爲士喪其父母之禮今家禮亦然所謂遷居正寢者惟家主爲然餘人則各遷于其所居之室中○馮善家禮集説或問病篤遷出外寢能不傷其心乎子之於親心忍遷乎舉扶遷動或致奄絶能無憾乎曰喪大記云君夫人大夫卒于正寢内子未命則死下室遷尸于寢士之妻皆死于私寢蓋貴者宜遷賤而無嫌者不必遷也且當温公時遷者亦少不然公何獨稱孫宣公一人哉既絶乃哭

儀節若病勢度不可起則先設床于正寢中凡喪禮儀節特揭出以曉人非用以唱贊也後倣此遷居正寢子弟共扶病者出居牀上東首戒内外既遷則戒内外安静毋得喧譁驚擾仍令人坐其旁持手足男子不死婦人之手婦人不死男子之手書遺言問病者有何言々則書于紙無則否加新衣撤去舊衣加新衣喪大記用朝衣今但用新者可也屬纊置新綿于口鼻之間以俟氣絶綿不動則是氣絶廢牀寢地病者氣將絶則鋪薦褥于地俟其氣絶則扶居其上以衾覆之楔齒以一筋横口中楔齒使不合可以含按古禮楔齒用角柶々用角爲之長六寸兩頭屈曲爲將含恐死者口閉故以柶拄齒令開而受含也今以筋代之舉哀至是婦女入男女哭擗無數以上初喪礼自補入以下若倉卒不能盡從惟用遷居正寢屬纊廢牀

寢地楔齒舉衰五節亦可

復 侍者一人以死者之上服嘗經衣者左執領右執要自前榮升屋中霤北面招以衣三呼曰某人復畢卷衣降覆尸上男女哭擗無數○上服謂有官則公服無官則襴衫皁衫深衣婦人大袖背子呼某人者從生時之號

高閌曰今淮南風俗民有暴死則使數人升其居屋及于路旁遍呼之亦有蘇活者豈復之餘意與

孫氏家秉吾常之俗人始卒其子親自招魂于土地祠此大非禮也夫親死則孝子當時刻不離左右豈有反出門者乎觀古禮之復但遣家人于家中升屋今乃往土地祠更何說與此必始于市井妾人凡為士君子者不可以不知其說也

〔儀節〕遣一人持死者之上衣曾經服者左執領右執要上衣即今俗所謂上蓋衣也 升屋 自前屋升脊北面 招呼 呼曰

某人復 凡三次男子稱名或字及行第婦人稱姓氏或行第隨常所稱呼 捲衣 降 自屋後下以所捲衣覆尸上

哭擗 復畢男女哭擗無數

立喪主 凡主人謂長子無則長孫承重以奉饋奠其與賓客為禮則同居之親且尊者主之 主婦 謂亡者之妻無則主喪者之妻

護喪 以弟子知禮能幹者為之凡喪事皆稟之 司書 以子弟知書者為之 司貨 置二曆其一書凡喪禮當用之物及財貨出入其一書親賓賻襚祭奠之數

〔丘氏補〕立主賓 用同居之尊且親者一人為之如無同居者擇屬之親賢者又無族屬則用親戚又無親戚則用執

友亦可專、主與賓客爲禮

立相禮按禮司徒敬子之喪孔子爲之相杜橋母喪宮中無相時人譏其粗畧則喪必有相也久矣況禮廢之後人家子弟未必皆知禮宜議親友或鄉鄰中素習禮者一人爲相禮凡喪事皆聽之處分而以護喪助焉○凡喪事合當用之物一相禮者俱命司貨豫爲之備及所用之人亦當與護喪議豫求其人庶臨事得用不致缺乏今謹詳其目如左

棺具　板油杉爲上柏次之土杉爲下　油桐麻　漆　灰　檯青用少蚌粉黃蠟青油合煎之出厚終禮　糯米　紙　麻穰　鐵釘　鐵鐶　大索　七星板用板一片其長廣棺中可容者鑿爲七孔

遷尸之具　幃聯白布爲之以障尸　尸牀以木爲之去脚　牀簀以竹爲之　枕衾以上皆用舊者無則買之或造　卓子

沐浴之具　幃縫白布爲之　掘坎　爲堡以土塊爲竈爇沐浴湯者　盆盛水者　瓶汲水者　沐巾　浴巾二俱用布上下體各用其一　櫛梳也　組絲繩束髮根者

襲具　襲牀　草薦　席褥　枕　幅巾其制如今之煖帽以古之掩也　充耳用白纊二塊如棗核大以塞耳　幎目帛用熟絹方尺二寸夾縫內充以絮四角有繫于後結之　握手巾用熟絹二幅各長尺二寸廣五寸以裹手兩端各有繫二物制見後圖　深衣　明衣裳

用白布新製貼身者大帶　布履一雙　袍襖有綿者　汗衫　袴　布

襪　勒帛　裹肚以上隨所用之多少皆新製者　衾　冒見考証今世用冒于小斂非是

含具

錢二文金珠亦可　箱竹木器皆可用以盛錢者　米二升臨用以新水淅令精　椀盛米者

匙　盥盆

斂具

綿布用細者綃亦可用以為二斂之絞　衾二一即向以覆者一有綿者　衿單被也用布五幅

牀　席　褥　薦

奠具

卓子　香爐　香合　香匙　酒注　酒

盞　椀　盤　楪　茶　盞并托　罩巾製竹為之蒙以細紗

盥盆　帨巾　燭臺　脯　醢

括髮免髽之具

麻繩　布頭𢄼用以括髮者　裂布或絹亦可用以免者　竹簪木亦可用以髽者

服制之具

麻布凡六等極麤生者以為斬衰服次等麤生者以為齊衰服次等生者以為期服稍麤熟布為大功服稍細熟布為小功服細熟布為緦麻服　有子麻　枲麻　草屨　線　竹

杖或桐木　綿

〔靈座魂帛銘旌之具〕交椅　卓子　幃幕用布爲之設于堂裏以別內外者也　衣架　帕　坐褥　衣服生時所用者　櫛合　頮盆　帨巾　牀帳枕席衾褥全靸鞋凡生時奉養之具皆備　紅絹爲銘旌者或段子　竹竿　木趺　白綃爲魂帛者　粉書銘旌者　箱盛魂帛者

〔治葬之具〕炭　石灰　細沙　黃土　澀青　石　淡酒　薄板　桐油

〔送葬之具〕明器　下帳　苞筲　罌䍃　功布　喪車　竹格　木主箱　木主櫝并　方相　戈　盾　冠服　面具方相服冠如道士執戈揚盾盾牌也四品以上四目爲方相以下兩目爲魌頭　靈車　玄皂色絹　纁淺紅色絹　布幕所以障婦人者

〔當用之物〕燭　香　木　竹　石灰　炭　黃泥　盆　甕　刀　斧　鋤　鋸　畚　杵

〔當用之人〕贊者　祝　侍者以上皆用親戚及常內役使者臨時為之

御者沐浴婦人用之　執事者　方相用狂夫或師巫為之　木工　針工

漆工　石工以上物事皆相禮者與護喪者計議或因其舊而用之或一器而數處用之或借諸其親鄰或買之市肆或命工修造皆次第預為措辦免致臨時倉卒失誤則禮不難行矣

乾學按丘氏所載諸器物非盡始死時所需多有用於既襲既斂之後者今以其不可分析故仍其舊揔録之

乃易服不食妻子婦妾皆去冠及上服被髮男子扱上衽徒跣餘有服者皆去華飾為人後者為本生父母及女子已嫁者皆不被髮徒跣諸子三日不食期九月之喪三不食五月三月之喪再不食親戚鄰里為糜粥以食之尊長強之少食可也○扱上衽謂插衣前襟之帶華飾謂錦繡紅紫金玉珠翠之類是也

治棺護喪命匠擇木為棺油杉為上柏次之土杉為下其制方直頭大足小僅取容身勿令高大及為虛簷高足內外皆用灰漆內仍用瀝青溶瀉厚半寸以上以煉熟秫米灰鋪其底厚四寸許上鋪以紙〻上加七星板其底四隅各釘大鐵環動則以大索貫而舉之

訃告于親戚僚友護喪司書為之發書若無則主人自訃親戚不訃僚友自餘書問悉停以書來弔者並須卒哭後答之

執事者設幃及牀遷尸掘坎執事者以幃障卧内侍者設牀于尸牀前縱置之施簀去薦設席枕遷尸其上南首覆以衾掘坎于屏處潔地陳襲衣以卓子陳于堂前東壁下西領南上幅巾一充耳二幎目帛握手帛深衣一大帶一履二袍襖汗衫袴襪勒帛裹肚之類隨所用之多少沐浴飯含之具以卓子陳于堂前西壁下南上錢三實于小箱米二升以新水淅令精實于盌櫛一沐巾一浴巾二上下躰各用其一也乃沐浴侍者以湯入主人以下皆出帷外北面侍者沐髮櫛之晞以巾撮為髻抗衾而浴拭以巾剪爪其沐浴餘水并巾櫛弃于坎而埋之襲侍者別設襲牀于帷外施薦席褥枕先置大帶深衣袍襖汗衫袴襪勒帛裹肚之類于其上遂舉以入置浴床之西遷尸于其上悉去病時衣及復衣易以新衣但未著幅巾深衣履徙尸牀置堂中間卑幼則各于室中間餘言在堂者倣此乃設奠執事者以卓子置脯醢升自阼階祝盥手洗盞斟酒奠于尸東當肩巾之○祝以親戚為之

主人以下為位而哭主人坐于牀東奠北衆男應服三年者坐其下皆藉以藁同姓期功以下各以服次坐于其後皆西向南上尊行以長幼坐于牀東北壁下南面西上藉以席薦主婦衆婦女坐于床西藉以藁同姓婦女以服為次坐于其後皆東向南上尊行以長幼坐于牀西北壁下南向東上藉以席薦妾婢立于婦女之後別設幃以障內外異姓之親丈夫坐于幃外之東北向西上婦人坐于帷外之西北向東上皆藉以席以服為行無服在後○若內喪則同姓丈夫尊卑坐于帷外之東北面西上異姓丈夫坐于帷外之西北面東上○三年之喪夜則寢于尸旁藉藁枕塊羸病者藉以草薦可也期以下寢于側近男女異室外親歸家可也乃含飯主人哭盡哀左袒自前扱于腰之右盥手執箱以入侍者一人

揷匙于米盌執以從置于尸西徹枕以幎巾入覆面主人就尸東由足而西牀上坐東面舉巾以匙抄米實于尸口之右并實一錢再實于尸口之左實一錢三實于尸口之中實一錢去楔齒捨所袒衣復位

侍者卒襲覆以衾加幅巾充耳設幎目納屨乃襲深衣結大帶設握手覆以衾

高閌曰禮士襲衣三稱而子羔之襲也衣五稱孔子之喪公西赤掌殯葬焉襲衣十一稱加朝衣一雜記曰公襲九稱蓋襲數之不同如此大抵衣衾唯欲其厚耳衣衾之所以厚者豈徒以設飾哉蓋人死始悪之矣聖人不忍言也但制為典禮使厚其衣衾而已今世之襲者不知此意或止用單袷一稱雖富貴之家衣衾畢備皆不以襲斂又不能謹藏古人遺衣裳必置于靈座既而藏于廟中乃或相與分之甚至計直貿易以充喪費徒加功于無用擲財于無謂而所以附其身者曾不之慮嗚呼又孰若用以襲斂而使亡者獲厚芘于九泉之下哉

楊復曰按高氏一用禮經襲斂用衣多故襲有冒小斂有布絞大斂有布絞布衿所以保其肌躰者固矣司馬氏欲從簡易襲斂用衣少故小斂雖有布絞而襲則無冒大斂則無絞衿此為踈畧先生初述家禮皆取司馬公書儀後與學者論禮以高氏喪禮為最善遺命治喪俾用儀禮此可以見其去取折衷之意矣況夫古者襲斂用衣甚多故古有襚士喪禮親者襚庶兄弟襚朋友襚又君使人襚今世俗有襲而無大小斂故襚禮亦從而廢惜哉然欲悉從高氏之說則誠非貧者所能辦有如司馬公之所慮者但當量其力之所及可也愚故于襲小斂大斂之下悉述儀禮并高氏之說以備參考

置靈座設魂帛設椸于尸南覆以帕置倚卓其前結白綃為魂帛置倚上設香爐合盞注酒果于卓子上侍者朝夕設櫛類奉

養之具皆如平生

問重朱子曰三禮圖有畫像可考然且如司馬公之說亦是合時之宜不必過泥于古也

楊復曰禮大夫無主者束帛依神司馬公用魂帛蓋取束帛依神之意高氏謂古人遺衣裳必置于靈座既而藏于廟中恐當從此說以遺衣裳置于座而加魂帛于其上可也

立銘旌以絳帛為銘旌廣終幅三品以上九尺五品以下八尺六品以下七尺書曰某官某公之柩無官即隨其生時所稱以竹為杠如其長置于靈座之右不作佛事執友親厚之人至是入哭可也主人未成服而來哭者當服深衣臨尸哭盡哀出拜靈座上香再拜遂弔主人相向哭盡哀主人以哭對無辭

丘濬曰主人未成服來哭者素淡色衣可也按高氏曰古人謂弔喪不及尸非禮也今多待成服而後弔則非矣又曰親始死雖不敢出見賓然有所尊者則不可不出今本注有弔主人相向盡哀主人以哭對無辭之文則是主人出對賓矣然考書儀及厚終禮又有未成服主人不出護喪代拜之說今兩存之各為其儀于後俾有喪者于所尊親用前儀于所疎遠者用後儀云

〔儀節〕舉哀弔者臨尸哭詣靈座前上香　鞠躬拜興拜興平身　哀止　弔主人弔者向主人致辭曰某人如何不淑主人稽顙拜興拜興主人徒跣扱衽拊心立西階下向賓立且拜且哭無辭賓荅拜相向哭弔者

與主人相向哭盡哀禮畢弔者哭出主人哭入護喪送弔者出門以上主人未成服有來弔者用此蓋本家禮本注及喪大記也

○舉哀弔者入門望尸哭哀止護喪者見弔者致辭曰竊聞某如何不淑拜興拜興平身弔者拜護喪答拜護喪答辭曰孤某遭此凶禍蒙慰問以未成服不敢出見不勝哀感使某拜拜興拜興平身弔者答拜禮畢弔者退護喪送出門外以上主人未成服者有來弔者用此儀蓋本書儀及厚終禮也若成服以後有來弔者其儀見本條下

乾學按古禮行弔未襲之前主人不出既襲之後主人始出拜賓然但主人拜賓賓不荅拜其意蓋為執事而來不敢自居於賓也至于死者之前雖每日設奠從無拜禮不但弔賓不拜即孝子亦未嘗拜蓋事之如生不欲以死禮待之也後世如開元政和諸禮皆然猶有古人之意至温公書

儀則有主賓交拜之禮且有入拜靈座之禮而文公家禮悉遵之與古禮始大異矣夫古人之於尸柩雖子孫猶且不拜奈何賓客而使之拜哉今世之弔賓無有不拜靈座者甚有高年尊長之人而僕僕下拜於卑幼此豈情之所安乎雖世俗通行難以猝變惟於平日不可受拜者則受其拜而其未嘗受拜者則固辭而力却之庶幾恊於人情也

明會典品官喪禮

有疾遷於正寢養者皆齋徹樂飲藥疾困去故衣加新衣清掃內外分禱所祀侍者坐持手足遺言則書之屬纊以俟絕氣男子不絕於婦人之手婦人不絕

於男子之手乃廢牀寢於地孝子啼餘皆哭男子白布衣被髮徒跣婦人青縑衣被髮不徒跣女子子亦然（父爲長子爲人後者爲其本生父母皆不徒跣女子嫁者髽）齊衰以下丈夫素冠婦人去首飾孝子坐於牀東餘在其後啼踊無筭兄弟之子以下又在其後俱西面南上妻坐於牀西妾及女子子在其後哭踊無筭兄弟之女以下又在其後俱東面南上藉藁坐哭內外之際隔以行帷祖父以下於帷東北壁下南面西上祖母以下於帷西北壁下南面東上外姻丈夫於戶外之東北面西上婦人於主婦西南北面東上皆舒席坐哭若舍窄則宗親丈夫在戶外之東北面西上外姻丈夫在戶外之西北面東上若內喪則尊行丈夫外親丈夫席位於前堂在戶外之左右俱西面宗親戶東西上外親戶西東上

讀禮通考　卷四十一

乃復於正寢復者以死者之上服左荷之升自前東榮當屋覆棟北面西上左執領右執腰招以左每招曰某人復三呼而止男子稱字及伯仲婦女稱姓以衣投於前承之以篋升自東階入以覆尸復者降自後西榮乃立喪主長子無則長孫主婦亡者之妻無則主喪者之妻護喪子孫知禮能幹者爲之司書司貨子弟或使僕爲之執事者設牀於室戶內之西去脚舒簟設枕施幄遷尸於牀南首覆用歛衾去死衣即牀而奠奠者以酒饌升自東階設於尸東當腢內喪皆內贊者行事受于戶外入而設之既奠贊者降出帷堂掌事者掘坎於屏處盆盤之屬陳於西階下沐巾浴巾浴衣皆具於西序南上陳襲衣於房中掌事者爲湯以俟以浴盆及沐盤升自西階以授沐者以侍者四人爲之六品以下三人沐者入喪主以下皆出戶外北面西上俱立哭乃沐櫛束髮用組抗衾而浴拭以巾

餘水棄於坎設牀於尸東袵下莞上簟浴者舉尸易牀設枕翦鬚斷爪盛於小囊大斂納於棺著明衣裳以方巾覆面仍以大斂之衾覆之喪主以下入就位哭乃含贊者奉盤水及笄升堂含者六品以下喪主自爲之盥手於戶外贊者沃盥含者洗飯玉實於笄執以入贊者從入北面徹枕奠笄於尸東含者坐於牀東西面發巾實飯含於尸口訖喪主復位襲者以牀升入設於尸東布枕席如初執服者陳襲衣於席遷尸於席上而衣之去巾加面衣設充耳著握手納屨若舃覆以大斂之衾內外皆就位哭乃置靈座結白絹爲魂帛立銘旌倚於靈座之右諸子三日不食期九月之喪三不食五月三月之喪再不食

庶人喪禮

疾病遷居正寢清掃內外分禱所祀使人坐持手足遺言則書之屬纊以俟絕氣氣絕乃哭廢牀寢於地乃易服男子扱上衽被髮徒跣婦人去冠被髮不徒跣諸有服者皆去華飾乃復侍者一人以死者之上服嘗經衣者左執領右執腰升屋中霤北向招之三呼曰某人復畢卷衣降覆尸上男女哭擗無數乃立喪主主婦護喪司書司貨護喪命匠擇木爲棺或已有棺則不再治訃告於親戚朋友執事者設幃及牀遷尸其上南首覆以衾卽牀而奠奠訖掌事者掘坎於屏處潔地乃陳襲衣於堂東壁下及飯含沐浴之具侍者以湯入喪主以下皆出幃外北面侍者沐髮櫛之晞以巾撮爲髻抗衾而浴拭以巾翦爪并沐浴餘水巾櫛棄於坎而埋之侍者設襲牀於幃外施薦席褥枕先置

深衣大帶袴襪汗衫之類於其上遂舉以入置浴牀之西遷尸其上悉去病時衣及復衣易以新衣徙尸牀置堂中間喪主以下就位而哭喪主坐於牀東衆男子應服三年者坐其下皆藉以藁同姓期功以下各以服次坐於其後皆西向南上尊行以長幼坐於牀東北壁下南向西上藉以席薦主婦衆婦女坐於牀西藉以藁同姓婦女以服爲次坐於其後皆東向南上尊行以長幼坐於牀西北壁下南向東上藉以席薦妾婢立於婦女之後别設帷以障内外異姓之親丈夫坐於帷外之東北面西上婦人坐於帷外之西北面東上皆藉以席以服爲行無服者在後若内喪則同姓丈夫尊卑坐於帷外之東北面西上異姓丈夫坐於帷外之西北面東上乃含喪主哭盡哀左

袒自前扱於腰之右盥手執錢箱以入侍者一人揷匙於米盌執以從置於尸西以幎巾徹枕覆面喪主就尸東由足而西牀上坐東面舉巾以匙抄米實於尸口併實以錢侍者加幅巾充耳設幎目納屨乃襲深衣結大帶設握手覆以衾置靈座設魂帛立銘旌諸子三日不食期九月之喪三不食五月三月之喪再不食

讀禮通考卷四十一終

讀禮通考卷四十二

喪儀節

小歛

儀禮士喪禮篇厥明陳衣于房南領西上綪絞橫三縮一廣終幅析其末注綪屈也絞所以收束衣服為堅急者也以布為之縮從也橫者三幅從者一幅析其末者令可結也喪大記曰絞一幅為三○疏厥明者對昨日始死之日而言也此絞直言從橫幅數不言長短者人有短長不定取足而已○敖繼公曰此雖有他物而衣居多故惟以陳衣言之南領變於襲亦以既小歛則尸在堂也衣南領則絞與衾亦皆北陳矣綪者前列自西而東次列自東而西其下皆然如物之綪屈也絞橫三縮一順其用之時而陳之也析其末者析其兩端為二如揜之制然絞言廣不言長取節於人其度不定也緇衾赬裹無紞赬赤也○注紞被識也歛衣或倒被無別于前後也凡衾制同皆五幅也○疏被生時有紞為記識前後恐于後互換死者一定不須別其前後故無紞也祭服次注爵弁服皮弁服○疏凡陳歛衣先陳絞紟于下次陳祭服于上故云祭服次至大歛陳衣亦先陳絞紟衾次陳君襚祭服所以然者以絞紟裹束衣故皆絞紟為先但小歛先布散衣後布祭服大歛則先布祭服後布散衣是小歛美者在內大歛美者在外也○敖繼公曰祭服蓋指玄端以上而言也士玄端而祭于已助祭則朝服焉襲用爵弁服皮弁服褖衣各一稱故惟以二弁服為祭服此歛衣多矣宜用朝服玄端也

讀禮通考　卷四十二

散衣次注祿衣以下袍繭之屬○疏袍繭有著之異名同入散衣之屬也凡十有九稱注祭服與散衣○疏士之服惟有爵弁皮弁祿衣而已云十九稱當重之使充十九必十九者法天地之終數也天地之終數天九地十死人之終事故取終數為斂衣稱數也

陳衣繼之注庪繸不必盡用注取稱而已不務多○疏襲時言庪繸縫陳則全不用此云不必盡用即兼用之不必盡而已不務多者衣服雖多不得過十九耳

記厥明滅燎陳衣凡絞紟用布倫如朝服注凡凡小斂大斂也倫比也○疏小斂大斂有絞大斂又有紟故知凡中有大小斂也言類如朝服者襍記云朝服十五升是也

喪大記小斂布絞縮者一橫者三君錦衾大夫縞衾士緇衾皆一衣十有九稱君陳衣于序東大夫士陳衣于房中皆西領北上絞紟不在列注絞既斂所用束堅之者士喪禮小斂陳衣于房中南領西上與大夫異今此同蓋天子之士也絞紟不在列以其不成稱不連數也小斂無紟因絞不在列見之也或曰縮者二○疏布絞者以布為絞也謂從者一幅豎置于尸下橫者三幅亦在尸下從者在橫者之上每幅之末析為三片以結束為便也大夫士各用一衾舒于絞上同用十九稱衣布于衾上然後舉尸于衣上屈衣裹之又屈衾裹之然後以絞束之也小斂無紟者以大斂始云布紟此直云布絞故知無紟也

小斂之衣祭服不倒注尊祭服也斂者要方散衣有倒○疏小斂十九稱不悉著之但用裹尸要取其方有倒領

在足間者唯祭服尊雖散不著而領不倒在足也君無襚大夫士畢主人之祭服親戚之衣受之不以即陳注無襚者不陳不以斂○疏君無襚者國君陳衣乃斂悉用已衣不用他人襚送者大夫士則先盡用己正服後乃用賓客襚者也若親屬有衣相送受之而不以即陳列也小斂君大夫士皆用複衣複衾陳澔曰複衣複衾衣衾之有綿纊者袍必有表不禪衣必有裳謂之一稱註袍褻衣必有以表之乃成稱也襍記曰子羔之襲繭衣裳與税衣纁袡為一是也論語曰當暑袗絺綌必表而出之亦為其褻也○疏熊氏云褻衣所用尊卑不同士襲用褻衣故士喪禮陳襲事爵弁服皮弁服褖衣純衣注云褖所以表袍者是襲有袍也士喪禮小斂云祭服次散衣次注云褖衣以下袍繭之屬是小斂有袍也士喪禮大斂散衣是亦有袍若大夫襲亦有袍襍記云子羔之襲繭衣裳是也斂則必用正服不用褻衣故檀弓云季康子之母死陳褻衣注云將以斂敬姜曰將有四方之賓来褻衣何為陳于斯命徹之若公則襲及大小斂皆不用褻衣知者襍記云公襲無袍繭襲輕尚無則大小斂無可知也○陸元朗曰衣單複具曰稱

凡陳衣者實之篋取衣者亦以篋升降者自西階凡陳衣不詘非列采不入絺綌紵不入注不詘謂舒而不卷也列采謂正服之色也絺綌紵者當暑之褻衣也襲尸重形冬夏用袍及斂則用正服○疏非列采謂襍色不入陳之也絺是細葛綌是粗葛紵是紵布此褻衣故不入陳也

乾學按此一節與上袍必有表一節非專

指小歛言襲與大歛亦然觀者參考之可

也

檀弓　季康子之母死陳褻衣敬姜曰婦人不飾不敢見舅姑將有四方之賓來褻衣何為陳於斯命徹之注褻衣非上服陳之將以歛

右陳小歛衣

饌于東堂下脯醢醴酒冪奠用功布實于簞在饌東注功布鍛濯灰治之布也凡在東西堂下者南齊坫○疏南齊坫者記云設棜于東堂下南順齊于坫則凡設物于東西堂下者皆南與坫齊北陳之堂隅有坫以土為之或謂堂隅為坫也○敖繼公曰功布大功小功布之通稱設盆盥于饌東有巾注為奠設盥也喪事略故無洗也○疏為設奠又設盥洗及巾直以盆為盥器也下云夏祝及執事盥執醴先酒即是于此盥也

苴絰大鬲下本在左要絰小焉散帶垂長三尺牡麻絰右本在上亦散帶垂皆饌于東方婦人之帶牡麻結本在房敖繼公曰此謂婦人凡帶之有本者皆然斬衰之帶亦在其中矣是時帶亦未絞但結其本以別于男子耳其首絰亦皆與男

子同婦人斬衰之帶所以不與其首絰皆用苴麻者以其卒哭無變至祥乃除故聖人權其前後輕重之宜即于始死之時用牡麻為之而但以首絰見斬衰之義也注見第二十九卷經帶篇

牀第夷衾饌于西坫南注第簀也夷衾覆尸之衾喪大記曰自小斂以往用夷衾○疏小斂訖奉尸夷于堂幠用夷衾故陳之于西坫南引喪大記小斂以往用夷衾則此夷衾本為覆尸覆柩不用入棺是以將葬啟殯覆棺亦用之○敖繼公曰尸夷于堂乃設此衾故以夷衾名之不以斂故別饌之

西方盥如東方注為舉者設盥也如東方者亦用盆布巾饌于西堂下○疏為舉尸者即下士盥二人是也

陳一鼎于寢門外當東塾少南西面敖繼公曰當東塾亦在其南也少南者明其稍遠之不北面者奠禮異也

其實特豚四鬄去蹄兩胉脊肺設扃鼏鼏西末素俎在鼎西西順覆匕東柄胉音愽○注鬄解也四解之殊肩髀而已喪事畧去蹄去其甲為不絜清也胉脅也素俎喪尚質既饌將小斂則辟襲奠○疏此為小斂陳奠之鼏用茅為編言西末則茅本在東方○郝敬曰一鼎特豚也小斂畢將奠先設鼎寢門外當鼎北面今西面凶事變也實鼎中實特獨也鬄解也四謂兩肩兩髀各去蹄甲胉脅也兩胉與脊併四為七軆共實一鼎肺周人所尚亦實于鼎扃以木貫于鼎鉉橫制鼏鼏鼎蓋末扃尾末向西抽扃者自東出奠于食鼎也俎以載肉素俎白木為俎喪主素俎順鼎西橫設匕以舉鼎肉橫加俎上亦末西柄東皆小斂之奠具也

讀禮通考　卷四十二

記小斂辟奠不出室注未忍遽遠之也辟襲奠以辟斂既斂則不出于室設于序西南畢事而去之○疏始死猶生事之不忍即為鬼神事之故奠不出室辟襲奠只為辟斂也將小斂辟奠于室至既小斂亦不出于室設于序西南奉尸夷于堂乃去之而設小斂奠于尸東也○敖繼公曰奠即始死之奠也後奠未即設而先辟此奠者辟斂也不出室明未徹去也是時尸在室未忍遽徹其奠而牖臨醴酒又無改設于西堂之禮故辟之于室中而已既設小斂奠乃去之舊說謂辟之設于室西南隅

右陳奠具經帶

讀禮通考　卷四十二　四

陳小斂衣物圖

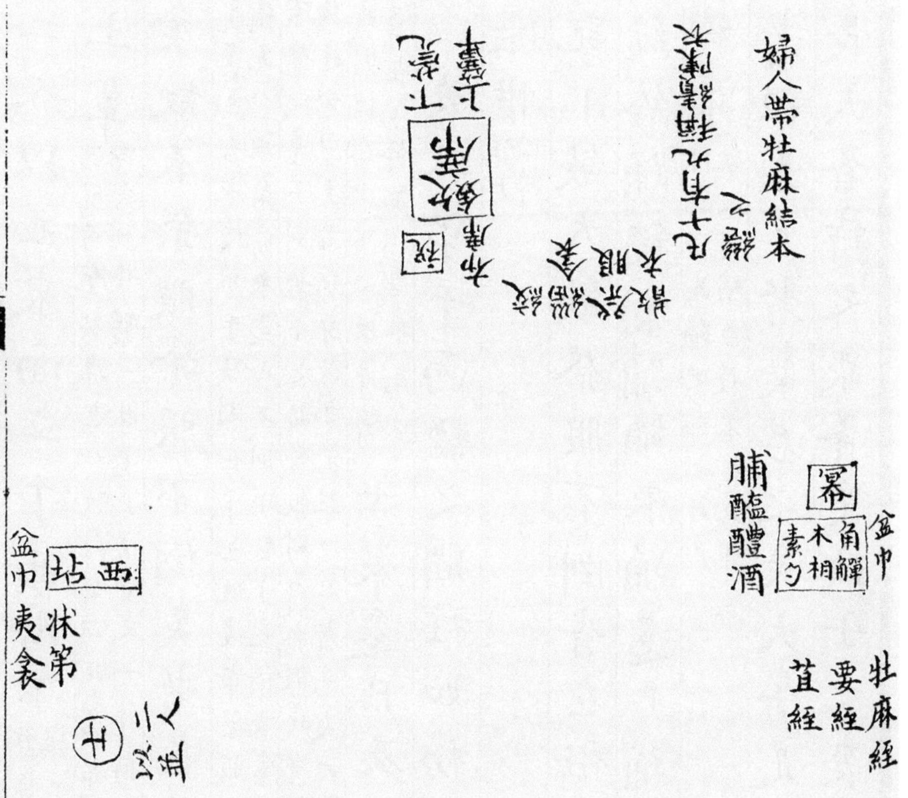

士盥二人以並東面立于西階下注立俟舉尸也布席于戶內下莞上簟注有司布斂席也○敖繼公曰此席布于地也喪大記曰含一牀襲一牀遷尸于堂又一牀用牀者止于是耳商祝布絞衾散衣祭服祭服不倒美者在中注斂者取方或傎倒衣裳祭服尊不倒之也美善也善衣後布于斂則在中也既後布祭服而又言美者在中明美服非一稱也○疏襲時衣裳少不倒小斂十九稱衣裳多取其方除祭服之外或倒或否祭服尊不倒者士之助祭服則爵弁服皮弁服并家祭服玄端亦不倒也○敖繼公曰美者猶尊者也祭服以尊者為美云在中者據斂時而言也若于此時則但為上下之次耳爵弁服最尊在上餘亦以尊卑為次士舉遷尸反位注遷尸于服上○敖繼公曰反位待後事也位猶在西階下設牀第于兩楹之間衽如初有枕注衽寢臥之席也亦下莞上簟卒斂徹帷注尸已飾

〈喪大記〉小斂大斂祭服不倒皆左衽結絞不紐注左衽〻向左反生時也鋪絞紟踊鋪衾踊鋪衣踊遷尸踊斂衣踊斂衾踊斂絞紟踊陳澔曰此踊之節也動尸舉柩哭踊無數不在此節

凡斂者袒遷尸者襲君之喪大胥是斂眾胥佐之大夫之喪大胥侍之眾胥是斂士之喪胥為侍士是斂

注胥樂官也不掌喪事胥當為祝字之誤也侍猶臨也大祝之職大喪贊斂喪祝卿大夫之喪掌斂士喪禮商祝主斂○疏大祝是接神者故使之斂衆祝喪祝也衆祝賤故佐大祝君尊故大祝執斂大夫卑故大祝臨之喪祝執斂侍者臨檢之也大夫言侍則君亦應有侍者未知何人也士卑故喪祝臨之朋友來助斂也

斂者既斂必哭士與其執事則斂斂焉則為之壹不食凡斂者六人注斂者必使所與執事者不欲妄人褻之○疏斂竟必哭者以其與亡者或臣舊或有恩心自增感故哭也執事謂平生曾與亡者共執事今來喪所則助斂也若不經共執事則褻惡之故不使斂也生經有恩今又為之斂則為之廢一食凡者貴賤同也兩邊各三人故用六人

〈雜記〉小斂環絰公大夫士一也注環絰者一股所謂纏絰也士素委貌大夫以上素爵弁而加此絰焉散帶○疏環絰一股而纏也親始死孝子去冠至小斂不可無飾士素委貌大夫以上素爵弁而貴賤悉得加于環絰故云一也知以一股纏絰者若是兩股相交則謂之絞今云環絰是周迴纏繞之名故知是一股纏絰也○黃榦曰小斂所用之日以喪禮義考之但有死三日而斂若併死日而數二日而小斂三日而大斂今言三日而斂則恐指大斂而不及小斂惟白虎通義云天子諸侯三日小斂大夫士二日小斂此乃游斂日數雖引以為在禮有之然無所考天子諸侯殯葬月日與士不同則斂日亦當不同也

〈檀弓〉扶君卜人師扶右射人師扶左君薨以是舉注見

國恤

顧炎武曰扶君卜人師扶右射人師扶左君薨以是舉此所謂男子不死于婦人之手也三代之世侍御僕從罔非正人綴衣虎賁皆惟吉士與漢高之獨枕一宦者卧異矣春秋傳曰公薨于小寢即安也魏中山王袞疾病令官屬以時營東堂〻成輿疾往居之其亦得禮之意者與

右小斂

小斂圖

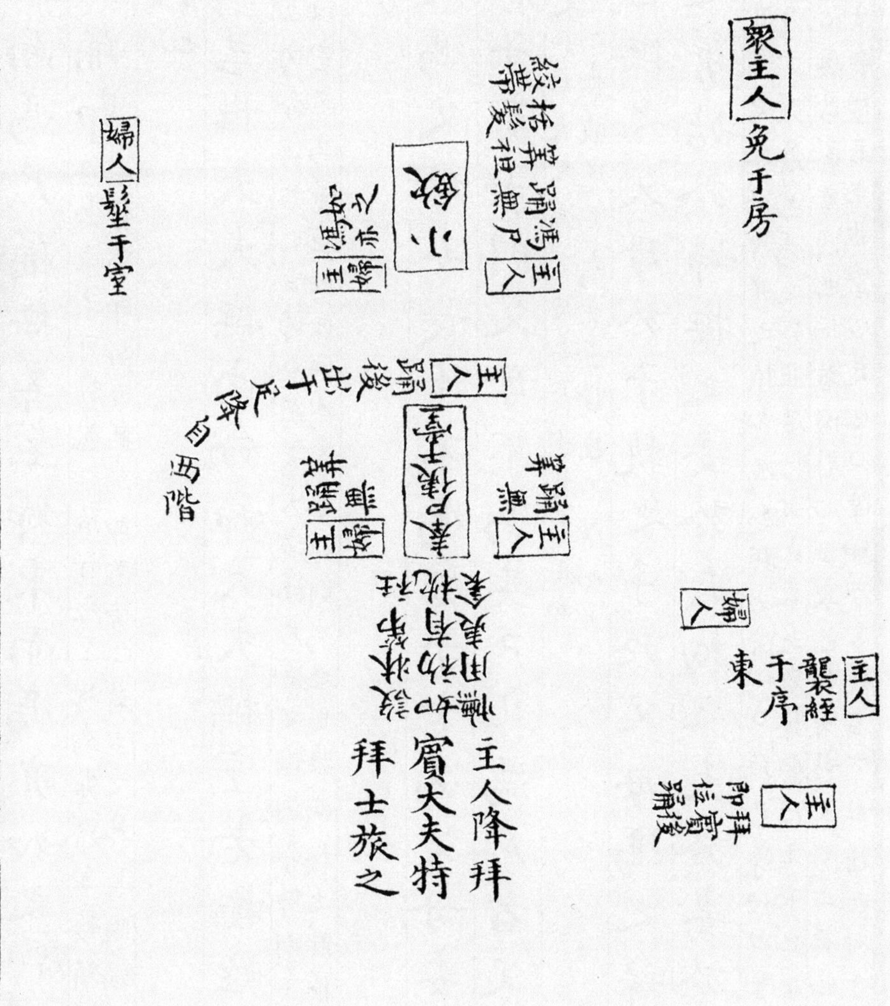
衆主人免于房
主人括髮袒絞帶
主人馮尸踊無算
小斂
婦人髽于室
主人踊後出于足降自西階
奉尸侇于堂
主人踊無算
婦人
主人襲經于序東
主人拜賓即位踊襲
主人降拜賓大夫特拜士旅之

主人西面馮尸踊無筭主婦東面馮亦如之注馮服膺之

記無踊節注其哀未可節也○疏自死至此為節賓主拾踊有三者三有踊節而云無踊節者除三者三之外其間踊皆無節即上文踊無筭是也

喪大記君撫大夫撫內命婦大夫撫室老撫姪娣注撫以手按之也內命婦君之世婦○疏大夫貴故君撫之撫內命婦則不撫賤者可知大夫以室老為貴臣以姪娣為貴妾死則為之服故並撫之既撫姪娣則賤妾不撫也

君大夫馮父母妻長子不馮庶子士馮父母妻長子庶子庶子有子則父母不馮其尸凡馮尸者父母先妻子後注君大夫馮父母妻長子者主此四人喪故俱馮之庶子賤故不得也

君於臣撫之父母於子執之子於父母馮之婦於舅姑奉之舅姑於婦撫之妻於夫拘之夫於妻於昆弟執之注此恩之深淺尊卑之儀也馮之類必當心○疏君尊但以手撫按尸心身不服膺也馮之謂服膺心上也奉之者捧當心上衣也舅姑于婦亦手案尸心與君為臣同也拘者微引心上衣也執者執其心上衣也馮之類必當心者士喪禮君坐撫當心是也○陸佃曰言執若不能捨也婦于舅姑言

奉若舅姑在焉婦人從一拘之若猶有所拘焉

馮尸不當君所注不敢與尊者所馮同處。疏假令君已馮心則餘人不敢當君所馮之處宜少避之也

凡馮尸興必踊注悲哀之至馮尸必坐。疏凡者貴賤同然也馮尸竟則起馮必哀殞故起必踊泄之也

雜記君不撫僕妾注畧於賤也

嫂不撫叔叔不撫嫂注遠別也

右馮尸

主人髺髮袒衆主人免于房註始死將斬衰者雞斯將齊衰者素冠今至小斂變又將初變服也

髺髮者去笄纚而紒衆主人免者齊衰將袒以免代冠冠服之尤尊不以袒也免之制未聞舊說以為如冠狀廣一寸喪服小記曰斬衰髺髮以麻免而以布此用麻布為之狀如今之著幓頭矣自項中而前交于額上卻繞紒也于房于室釋髺髮宜于隱者今文免皆作絻古文髺作括。疏知將斬衰雞斯者禮記問喪云親始死雞斯徒跣故知之將齊衰素冠者問喪親始死男子去笄纚明齊衰男子素冠可知今至小斂變者謂服麻之節故云變也髺髮去笄纚而紒者此即喪服小記云斬衰髺髮以麻為母髺髮以麻免而以布是母雖齊衰初亦髺髮與斬衰同故云去笄纚而紒紒上著髺髮也齊衰將袒以免代冠者此亦小斂節與斬衰髺髮同時此皆據男子若婦人斬衰婦人以麻為髽齊衰婦人以布為髽髽與髺髮皆以麻布自項而向前交于額上卻繞紒如著幓頭焉免亦然但以布廣一寸為異也釋髺髮宜于隱者并下文婦人髽于室兼言之也。敖繼公曰檀弓云始死羔裘玄冠者易之而已易著謂易之以素冠深衣

也然則始死之服主人以下皆同而未暇有所別異今既小斂主人乃去冠與纚而以麻為髻髮衆主人以下乃去冠與纚而以布為免二者皆所以代冠也以其無纚故謂之髻髮言括結其髮也以其無冠故謂之免言因免冠而為之也小斂之日喪事方始乃以二者別親疏而復以絰帶之差繼之于房兼髻髮者言

婦人髽于室

註始死婦人將斬衰者去笄而纚將齊衰者骨笄而纚今言髽者亦去笄纚而紒也齊衰以上至笄猶髽髽之異於髻髮者既去纚而以髮為大紒如今婦人露紒其象也檀弓曰南宮縚之妻之姑之喪夫子誨之髽曰爾毋縱〻爾〻毋扈〻爾其用麻布亦如著幓頭然○疏知婦人將斬衰去笄而纚者喪服小記云男子冠而婦人笄冠笄相對將斬衰男子既去冠而著笄纚則婦人將斬衰亦去笄而纚可知又知將齊衰骨笄而纚者上引男子齊衰始死素冠則知婦人將齊衰骨笄而纚也今言髽者亦去笄纚而紒者謂今至小斂節亦如上將斬衰男子去笄纚而髻髮則此將斬衰婦人亦去笄纚而麻髽齊衰婦人去骨笄而布髽矣鄭不云斬衰婦人去纚而云去笄纚者專據齊衰婦人而言文畧故也鄭所以云而紒〻即髽也故喪服注亦云髽露紒也齊衰以上至笄猶髽髽者謂從小斂著未成服之髽至成服之笄猶髽不改至大斂殯後乃著成服之髽代之也髽之異于髻髮者古者男子婦人吉時皆有笄纚有喪至小斂則男子去笄纚著髻髮婦人去纚而著髽〻形先以髮為大紒〻上斬衰婦人以麻齊衰婦人以布其著之如男子髻髮與免故云其用麻布亦如著幓頭然既髻髮與髽皆如著幓頭而異為名者以男子陽外物為名而謂之髻髮婦人陰內物為稱而謂之髽也○敖繼公曰曾子問言婦為舅姑始死之服布深衣縞總則吉笄而纚自若矣是乃將齊衰者也以始死男子之服準之則此時婦人將斬衰而下者之服皆當如此齊衰者之為也髽者去笄總與纚而露紒也至是而當髽者乃髽其不當髽者但去笄總耳當髽者妻也妾也女子子與婦也非是雖三年者猶不髽此時當髽者皆在室故於焉為之由便也

記既馮尸主人袒髺髮絞帶衆主人布帶注衆主人齊衰以下

○疏小歛于戶內訖主人袒髺髮散帶垂經經不云絞帶及齊衰以下布帶事故記者言之案喪服苴經之外又有絞帶鄭注云要經象大帶又有絞帶象革帶齊衰以下用布齊衰無等皆是布帶也知衆主人非衆子其衆子皆斬衰絞帶故知衆主人齊衰以下至緦麻首皆免也○敖繼公曰絞帶繩帶也先言袒髺髮者著其節也然則布帶者亦于既免乃加之

乾學按喪大記亦有主人括髮婦人髽之文鄭注謂諸侯之禮故茲不載

喪大記小歛主人即位于戶內主婦東面乃歛卒歛主人馮之踊主婦亦如之主人袒說髦括髮以麻婦人髽帶麻于房中上儀禮及此條注疏詳見第二十八卷括髮免髽篇

呂大臨曰婦人不俟男子襲經亦先帶麻者以其無絞帶布帶且質略少變故因髽而襲經也

黃榦曰案士喪禮小歛馮尸主人括髮袒衆主人免于房婦人髽于室又士喪禮曰既馮尸主人絞帶衆主人布帶喪大記曰婦人髽帶麻于房中以此觀之則知小歛馮尸之後括髮免髽之時主人已絞帶衆主人已布帶婦人已帶麻特主人未襲經耳

右變麻

士舉男女奉尸侇于堂幠用夷衾男女如室位踊無筭注侇之言尸也夷衾覆尸柩之衾也堂謂楹閒牀笫上也○疏尸之衾曰夷衾尸之牀曰夷牀并此經侇尸不作移字皆作侇者皆是依尸爲言也初死幠用大斂之衾今小斂後大斂之衾當擬以斂故用覆棺之夷衾以覆尸也○敖繼公曰士舉舉尸手足也男奉其右女奉其左也室位馮尸之位

主人出于足降自西階衆主人東即位婦人阼階上西面主人拜賓大夫特拜士旅之即位踊襲絰于序東復位注拜賓向賓位拜之也即位踊東方位襲絰于序東東夾前○疏衆主人雖無降階之文當從主人降自西階主人降階拜賓之時衆主人遂東即位于阼階下主人位南西面于時阼階上空故婦人得立阼階上復位者復阼階下西面位也○敖繼公曰阼階上非婦人之正位于主人之降乃居之者辟賓客之行禮者也後遂以之爲節主人拜賓鄉其位特拜者每人各一拜之也旅之者其人雖衆惟三拜之而已絰著絰帶也

喪大記君之喪未小斂爲寄公國賓出大夫之喪未小斂爲君命出士之喪于大夫不當斂則出注父母始死悲哀非所尊不出也出者或至庭或至門國賓聘大夫不當斂其來非斂時○疏此明未小斂之前主人出迎賓之節或至庭者謂世子迎寄公及國賓士出迎大夫士皆至庭下文云降自西階又云士于大夫親弔則與之哭不迎于門外是也或至門者謂大夫于君命下文云大夫于君命迎于寢門外是也以此言之則世子于天子之命士于君命亦皆然也

凡主人之出也徒跣扱衽拊心降自西

階君拜寄公國賓于位大夫于君命迎于寢門外使者升堂致命主人拜于下士于大夫親弔則與之哭不逆於門外注拜寄公國賓于位者于庭鄉其位而拜之此時寄公位在門西國賓位在門東皆北面小斂之後寄公東面國賓門西北面大夫身來弔與之哭既拜之即位西階東面哭大夫特來則北面○疏主人降自西階者不忍當主位也夫人為寄公夫人出命婦為夫人之命出士妻不當斂則為命婦出注出拜之于堂上也此時寄公夫人命婦位在堂上北面小斂之後尸西東面○疏出謂出房也婦人不下堂但出房拜于堂上也婦人尊卑與夫同故所為出者亦同也

徹帷男女奉尸夷于堂降拜注夷之言尸也于遷尸主人主婦以下從而奉之孝敬之心降拜拜賓也○疏斂畢徹帷此士禮諸侯及大夫賓出乃徹帷曳陳也小斂竟舉尸往陳于堂男女親屬並扶捧之以極孝敬之心也降拜者適子下堂拜賓也○方慤曰夷之為言移也

君拜寄公國賓大夫士拜卿大夫于位于士旁三拜夫人亦拜寄公夫人于堂上大夫內子士妻特拜命婦氾拜衆賓于堂上注衆賓謂士妻也尊者皆特拜拜士與其妻皆旅之○徐師曾曰嗣君小斂後而拜寄公國賓

大夫士小斂後而拜卿大夫皆嚮其位而拜之尊之也大夫士拜士則在旁三拜而已不正嚮之或卑或敵也必三拜者士有上中下三等每等各一拜故共三拜也君之夫人小斂後亦拜寄公夫人于堂上大夫之內子士之妻小斂後于卿大夫之命婦則特拜之于士妻之衆賓則汎拜之皆于堂上言堂上者婦人不下堂故不降拜也

主人即位襲帶經踊注即位阼階之下位也有襲經乃踊尊卑相變也○疏主人拜賓後稍近北即阼階下位拜賓時袒今拜訖襲衣加要帶首經于序東復位乃踊也尊卑相變者士喪禮先踊乃襲經此先襲經乃踊據諸侯爲尊故云尊卑相變也

母之喪即位而免注記異者禮斬衰括髮齊衰免以至成服而冠爲母重初亦括髮既小斂則免○疏爲父喪拜賓竟即阼階下位序東帶經猶括髮若爲母喪至拜賓竟即位時不復括髮以免代之所以異于父也

乃奠注小斂奠也○疏拜賓襲經踊竟始設小斂之奠也

弔者襲裘加武帶經與主人拾踊注始死弔者朝服裼裘如吉時也小斂則改襲而加武與帶經矣武吉冠之卷也加武者明不改冠亦不免也檀弓曰主人既小斂子游趨而出襲裘帶經而入○疏小斂之前來弔者裘上有裼衣裼衣上有朝服開朝服露裼衣今小斂之後來弔以上朝服揜襲裘上裼衣時主人既素冠素弁故弔者加素弁于武而用緦之經帶以朋友之恩故加帶與經也若無朋友之恩則無帶惟經而已拾更也謂主人先踊婦人踊弔者踊三者三是拾踊也

哭尸于堂上主人在東方由外來者在西方諸婦南鄉注由外來謂奔喪者也無奔喪者婦人猶東面○疏此一節逋明小斂後尸出在堂時法也主人之位猶在尸東婦人之位猶在尸西如室中也若于時有新奔喪從外來者則居尸西方所以爾者阼階有事故升自西階就西方欲見異于在家者故在西方也若未小斂而奔者則在東方也婦人位本在

西方東鄉今既有外來者故移辟之而近北以鄉南也

婦人迎客送客不下堂下堂不哭男子出寢門外見人不哭注婦人所有事自堂及房男子所有事自堂及門非其事處而哭猶野哭也出門見人謂迎賓客者也○疏下堂不哭者敵者不下堂若有君夫人弔則主婦下堂至庭稽顙而不哭也男子遭喪敵者來弔不出門若有君命則出門迎亦不哭也故士喪禮君使人弔徹帷主人迎于寢門外見賓不哭是也

其無女主則男主拜女賓于寢門外其無男主則女主拜男賓于阼階下子幼則以衰抱之人為之拜為後者不在則有爵者辭無爵者人為之拜在竟內則俟之在竟外則殯葬可也喪有無後無無主注為後者有爵攝主為之辭于賓耳不敢當尊者禮也○疏謂主有官爵出行不在而家有喪其攝主無官爵則辭謝于賓云已無爵不敢拜賓也無爵者人為之拜謂不在之主無官爵其攝主之人為主賓拜也○應鏞曰有爵者來弔則辭謝不敢見重爵命也無爵者則代之拜有爵無爵蓋係于弔者而注以係于為後不在之人雖于理有之而有不通者人之于喪也惟其情之厚者則弔之初不視其爵之有無而為攝主者亦通大夫士而言也大夫或弔于士士或弔于大夫其往來初無常而受弔者不拘為後之貴賤但弔者之至則隨其人而應之有所辭所拜之不同耳且攝主所以領賓而欲弔者之不虛辱耳若如注說則為後不在而

必身無爵者于凡有客始一例接之苟有爵則一例辭之是皆無事于接賓也又何以攝主焉在禮士不主大夫之喪士不攝大夫則有爵者喪必有爵者而後主之矣為主者有爵則受有爵之弔乃為相稱又何辭焉○方慤曰有後無後存乎天有主無主存乎人存乎天者不可為也故喪有無後者存乎人者可以為也故無〻主也○陳澔曰為後者不在以事故在外也此弔賓是有爵之人則辭以攝主無爵不敢拜賓若是無爵之人則攝主代之拜賓可也

檀弓　大夫弔當事而至則辭焉注辭猶告也擯者以主人有事告也主人無事則為大夫出○疏當事大小斂事也

雜記　當袒大夫至雖當踊絶踊而拜之反改成踊乃襲注尊大夫來至則拜之不待事已也更成踊者新其事也於士既事成踊襲而后拜之不改成踊注於士〻至也事謂大小斂之屬○疏此明士有喪大夫及士來弔之禮當袒謂斂竟時也假令大夫至當主人踊時主人則絶止踊而拜此大夫也反還也拜大夫竟反還先位更為踊尊大夫之來欲新其事更成踊竟乃襲初袒之衣也若當大小斂諸事而士來弔則主人畢事而成踊不即出拜至成踊畢而襲乃拜之拜之而止不更成踊也

小斂大斂啟皆辯拜注嫌當事來者終不拜故明之也此既事皆拜○疏禮凡當大斂小斂及殯攢之時唯有君來則止事而出拜之若他賓客至則不止事〻竟乃即堂下之位悉徧拜故云皆辯拜也然若士當事而大夫至則士亦為大夫出雜記云大夫至絶踊而拜之是也○應鏞曰小斂以襲其形大斂以斂于棺啟殯以載其柩皆喪事之變節而切于死者之身也生者之痛此為甚賓亦于是拜死者弔生者故主人皆徧

拜以謝之而致其哀也○黃乾行曰此記喪禮拜弔賓之禮吳文正公曰應氏謂賓亦于是拜死者古無是禮也按公此辨是古今一大變易處何也古人弔賓之禮于生者只有慰問之辭于死者則有襚賵之物及哭踊馮尸之節而已并無拜祭于死者之禮至于主人拜賓以謝其恩禮拜送以重其來辱亦惟自盡而已賓皆無荅拜之文此古禮之精意也蓋知生者弔知死者傷弔賓之情于是為至主人拜謝理所宜然喪事倥偬各欲自盡而已此何時而可以交拜致曲以成禮耶故凡非弔喪無不荅拜者獨喪拜不荅意在斯也後世之禮大與古人相背故楊氏復曰今世俗弔賓來見几筵哭拜主人亦拜謂代亡者荅拜非禮也既而弔賓主人又相與交拜亦非禮也應氏乃謂賓于是拜死者果何據而云然耶

右遷尸及拜賓

乃奠注祝與執事為之舉者盥右執匕卻之左執俎橫攝之入阼階前西面錯錯俎北面注舉者盥出門舉鼎者右人以右手執匕左人以左手執俎因其便也攝持也西面錯錯鼎于此宜西面錯俎北面俎宜西順之○疏鄉北入內東方為右人西方為左人兩人各用內手舉鼎外手執匕俎故云便也錯鼎宜西面者對在門外時北面陳鼎鄉內為宜也右人左執匕抽扃予左手兼執之取鼏委于鼎北加扃不坐注抽扃取鼏加扃于鼏上皆右手乃朼載載兩髀于兩端兩肩亞兩胉亞脊肺在於中皆覆進柢執而俟注乃朼以朼次出牲體右人也載受而載於俎左人也亞次也凡七體皆覆為塵柢本也進本者未異于生也骨有本末○疏諸進體皆不言覆此言覆者由無尸

不食故覆之也公食大夫亦進本是生人法今以始死故未異于生也○敖繼公曰此時匕者西面于鼎東載者北面于鼎西南西端俎之前後也西肩亞各次于髀也兩胉亞各次于肩也脊肺在于兩胉之中脊東而肺西也俟者俟同升上言四鬄去蹄則前骵乃肩臂臑後骵乃髀肫胳也此唯以肩髀爲稱者其骵不分故以上包下也皆覆亦以別于生也 夏祝及執事盥執醴先酒脯醢俎從升自阼階丈夫踊甸人徹鼎巾待于阼階下 注巾功布也執者不升已不設祝既錯醴將受之○郝敬曰夏祝及執事盥將升奠也夏祝執醴先升執事者以酒脯醢俎從俎升丈夫踊要節也凡奠男女踊皆以奠者往來升降爲節甸人徹空鼎出反門外故處初堂下簟內功布巾待祝于阼階下親受 奠于尸東執醴酒北面西上 注執醴酒者先升尊也立而俟後錯要成也 豆錯俎錯于豆東立于俎北西上醴酒錯于豆南祝受巾巾之由足降自西階婦人踊奠者由重南東丈夫踊 注巾之爲塵也東反其位○疏主人位在阼階下婦人位在上故奠者升丈夫踊奠者降婦人踊各以所見先後爲踊之節也奠者降反位必由重南東者以其重主道神所憑依不知神之所爲故由重南東而過是以主人又踊也注云東反其位者其位蓋在盆盥之東南上○敖繼公曰祝既受巾巾之即由足而降明不立于俎北之位祝降而執事者從之由重南而東也

檀弓 小斂之奠子游曰於東方曾子曰於西方斂斯席矣 注曾子以俗説非又大斂奠于室乃有席 小斂之奠在西方魯禮之末失

也注末世失禮之爲。疏依禮小斂之奠設于東方又無席魯之哀末奠于西方而又有席魯子見時如是謂將爲禮故記者正之云小斂奠所以在西方是末世失其法也案士喪禮小斂之奠設于尸東今曾子言西方故爲非也○方慤曰萬物生于東而死于北小斂之奠于東方則孝子未忍死其親之意也

喪不剥奠也與祭肉也與注剥猶倮也有牲肉則巾之爲其久設塵埃加也脯醢之奠不巾○疏謂喪不倮露奠者爲有祭肉也無祭肉即得倮露案士喪禮小斂奠于尸東祝受巾巾之是有牲肉則巾之也始死脯醢醴酒奠于尸東無巾又殯後朝夕奠醴酒脯醢如初設不巾是脯醢醴酒不巾也

雜記枇以桑長三尺或曰五尺注枇所以載牲躰者此謂喪祭也吉祭枇用棘○疏枇者所以載牲躰從鑊以枇升入于鼎從鼎以枇載之于俎以其用桑故知喪祭也吉祭枇用棘者特牲記云枇用棘心是也畢用桑長三尺刊其柄與末注畢所以助主人載者刊猶削也○疏主人舉肉之時則以畢助主人舉肉用桑者亦喪祭故也刊其柄與末謂畢末頭亦刊削之畢既如此枇亦當然若吉時亦用棘

檀弓奠以素器以生者有哀素之心也唯祭祀之禮主人自盡焉爾豈知神之所饗亦以主人有齊敬之心也注哀素言哀痛無飾也凡物無飾曰素哀則以素敬則以飾禮由人心而已○疏奠謂始死至葬之祭名以其時無尸奠置于地故謂之奠患

用素器所以表主人哀素之心祭祀之禮者因上奠用素以表哀素遂論虞祭後卒哭練祥之祭哀則以素謂葬前敬則以飾謂虞後故士虞禮不用素器○吳澄曰虞以前視喪未久奠而不謂之祭其奠也非不敬其親也哀心特甚禮尚質朴無心于飾故用素器虞以後視喪漸久卒祔練祥雖猶在喪制之中然已是祭祀之禮其祭祀也非不哀其親也敬心加隆非如初喪之素器也然其盡禮而漸文豈是爲死者真能來享而然亦自盡其禮以致敬親之心焉爾大槩喪主于哀祭主于敬故喪奠以素器之質而見其哀祭祀以盡禮之文而寓其敬

右設奠

小斂奠圖

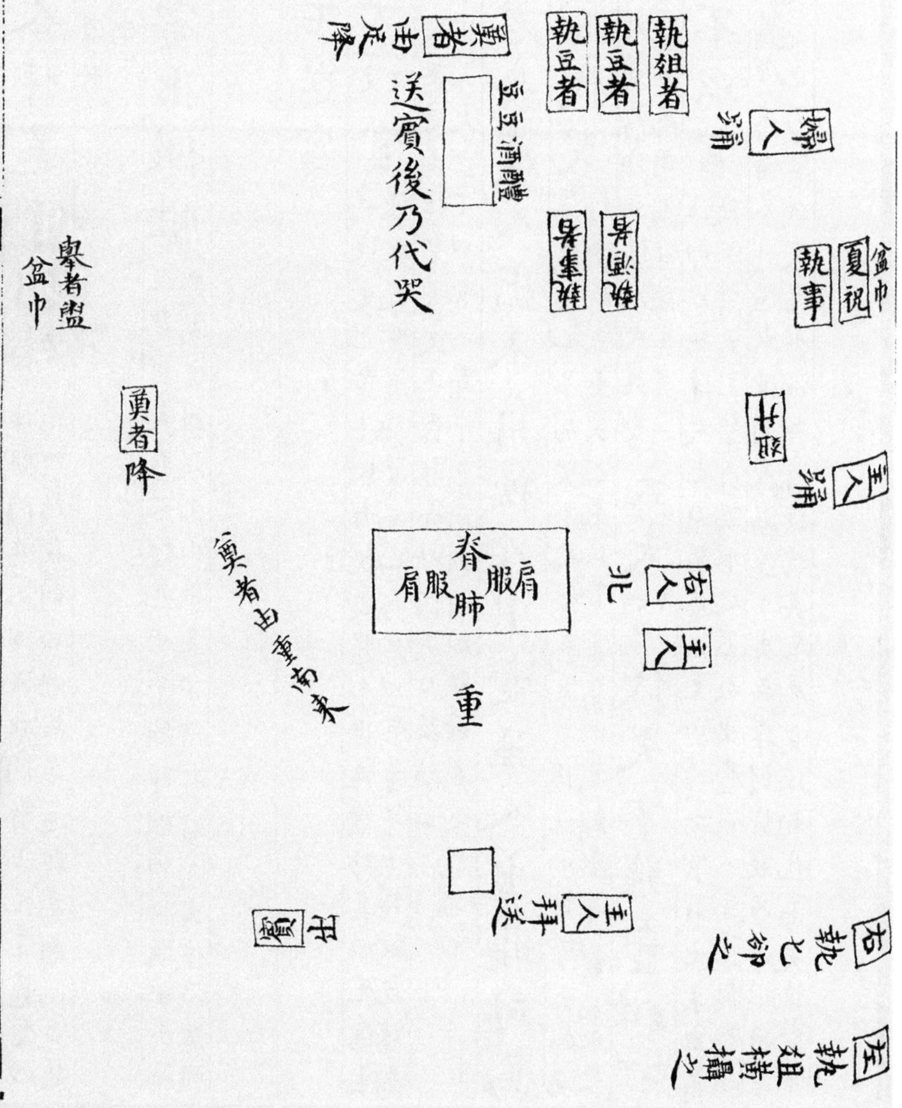
執俎者
執豆者
執豆者
奠者由足降
送賓後乃代哭
婦人踊
執事
夏祝
盆巾
主人踊
主人
主人拜送
肩
服
脊
肺
服
肩
重
奠者由重南東
舉者盥
盆巾
奠者降
右執匕卻之
左執俎横攝之

賓出主人拜送于門外注廟門外也○疏廟門者士死于適室以鬼神所在則曰廟故名適寢為廟也○敖繼公曰凡喪賓者皆于既奠乃出

喪大記賓出徹帷注君與大夫之禮也士卒斂即徹帷○疏士小斂竟而徹帷此至小斂竟下階拜賓賓出後乃除帷是人君及大夫禮

右送賓

乃代哭不以官注代更也孝子始有親喪悲哀憔悴禮防其以死傷生使之更哭不絕聲而已人君以官尊卑士賤以親疏為之○疏三日之後哭無時周禮挈壺氏凡喪縣壺以代哭○敖繼公曰不以官者下大夫也不以官之尊卑為序則但以親疏為之

喪大記君喪虞人出木角狄人出壺雍人出鼎司馬縣之乃官代哭注代更也未殯哭不絕聲為其罷倦既小斂可以為漏刻分時而更哭也木給爨竈角以為斞水斗壺漏水之器也冬漏以火爨鼎沸而後沃之此挈壺氏所掌也屬司馬司馬涖縣其器大夫官代哭不縣壺注下君也士代哭不以官注即以親疏哭也○疏虞人主山澤之官故出木與角狄人樂吏主挈壺漏水之器故出壺雍人主烹飪故出鼎也所以用鼎及木者冬月恐水凍則鼎漏遲遲更無準則故取鼎煖水用虞人木爨鼎煑之也乃官代哭者縣漏分時使均其官屬更次相代而哭使聲不絕也

周禮夏官挈壺氏凡喪縣壺以代哭者皆以水火守之分以日夜注鄭司農云縣壺以爲漏代更也禮未大斂代哭以水守壺者爲沃漏也以火守壺者夜則火視刻數也分以日夜者異晝夜漏也漏之箭晝夜共百刻冬夏之間有長短焉大史立成法有四十八箭○疏禮未殯已前無問尊卑皆哭不絶聲小斂之後乃更代而哭亦使哭不絶聲大夫以官士親疏代哭人君尊又以壺爲漏分更相哭○呂坤四禮疑代哭何情也能生死乎吾哭而使人代之果于死無裨也安用代爲○哭生于哀之不容已非僞爲也故禮有哀至則哭不作而致之又云哭盡哀不强而抑之蓋哀以一痛而盡則情以一痛而息無以感之尚有可已之哭而况五服以次相遞代哭不計其情之戚不戚而惟欲其有聲此何爲者古有縣壺則僞之甚矣不意聖人以誠教人世道以真爲貴而有此不情之禮也

右代哭

有襚者則將命擯者出請入告主人待于位注喪禮畧于威儀既小斂擯者乃用辭出請之辭曰孤某使某請事○疏案上文始死云有賓則拜之君使人弔皆不云擯者出請入告之事至此乃云擯者出請入告是喪禮畧于威儀既小斂擯者乃用辭也擯者出告須以賓入注須亦待也出告之辭曰孤某須矣賓入中庭北面致命主人拜稽顙賓升自西階出于足西面委衣如於室禮降出主人出拜送○敖繼公曰亦西方中庭也致命之禮施于主人也乃北面者凡喪禮惟致命于堂乃東面其他則否亦異于吉禮也襚者親友殷勤之意故爲之稽顙以重謝之此非君襚之節故無嫌于室禮謂委衣于尸東牀上也主

人出拜送亦于廟門外小斂以後主人于喪賓則出送之惟不迎賓耳

朋友親襚如初儀西階東北面哭踊三降主人不踊注朋友既委衣又還哭于西階上不背主人○疏朋友親襚如初儀者謂初死時庶兄弟襚朋友襚是也○敖繼公曰初儀拜送以上之禮也尸在牖間襚故于西階東北面鄉之哭踊此則異于使人襚者也主人不踊惟哭而已

者以褶則必有裳執衣如初徹衣者亦如之升降自西階以東注帛為褶無絮雖複與禪同有裳乃成稱不用表也以東藏以待事也○敖繼公曰褶褶衣也裹衣之袷者也徹衣者以東变于小斂以前之禮

右致襚

宵為燎于中庭注宵夜也燎大燋○疏案少儀云主人執燭抱燋注云未爇曰燋古者以荊燋為燭故云燎大燋也或解庭燎與手執為燭別故郊特牲云庭燎之百由齊桓公始也注云僭天子也庭燎之差公五十侯伯子男三十大夫士無文大燭或云以布纏葦以蠟灌之謂之庭燎則此云燎亦如之云大者對手執者為大也

右設燭

開元禮三品以上喪四品以下至庶人附

小斂陳衣○小斂之禮以喪之明日各陳其斂衣一

十九稱無者各隨所辦六品以下服一稱于東房西領夏則衫朝服一稱自餘皆常服陳於東序四品五品以下于東房西領北上笏一凡斂非正色不入絺紘不入乃奠將小斂又奠

陳奠具○饌于東堂下九奠器皆素六品以下籩豆無漆以下至虞祭其器同瓦甒二實醴及酒觶二六品以下瓦甒實酒觶一角柶一六品以下無少牢及腊六品以下特牲三俎籩豆各八籩實鹽脯棗栗之屬也豆實醓醬虀葅之屬也四品五品則籩豆各六六品以下籩豆之數各二實亦如之設盆盥于饌東布巾為奠者設盥喪事畧故無洗贊者辟脯醢之奠於尸牀西南乃斂

小斂○將小斂具牀席于堂西又設盆盥于西階之西如東方為舉尸者設盥斂者盥訖與執服者以斂衣入主人以下少退西面主婦以下少退東面內外俱哭斂者斂訖覆以夷衾設牀于堂下兩楹間衽下莞上簟尸牀之席有枕卒斂開帷主人以下西面憑哭主婦以下東

面憑哭俱南上凡憑尸父母先妻子後訖退乃斂髮

斂髮○男子斂髮束巾帕頭六品以下則男子以衰巾束髮女子斂髮而

髽主人以下立哭于尸東西面南上主婦以下坐哭

于尸西東面南上祖父母以下仍哭于位各如初外

姻丈夫婦人哭于位各如初斂者舉尸男女從奉之

遷于堂仍覆以夷衾棺衣哭位皆如室内

奠○贊者盥手奉饌至階豆去蓋籩俎去巾冪升奠

于尸東醴酒奠于饌南西上訖其俎祝受巾巾之六品以下奉饌升奠于尸東訖斂者受巾巾之奠者徹襲奠自西階降出下帷内外

俱坐哭有國官僚佐者以官代哭無者以親踈為之

夜則為燎於庭厥明滅燎乃大斂

政和禮品官喪儀

小斂○小斂之禮以喪之明日夙興陳斂衣九稱謂朝

服公服各爲一稱餘皆常服不足各隨所辦下同於東房西領南上非正色不入絺綌不入饌於東堂階下隨宜設醴饌器皆以素下依此具牀席於堂西斂者盥訖執服者以斂衣入主人以下少退西面主婦以下少退東面內外俱哭斂者斂訖覆以夷衾設牀于兩楹間衽衽寢臥之席也下莞上簟設枕卒斂開帷帷堂之帷事畢則下之主人以下西面憑哭踊無筭主婦以下東面憑亦如之男子括髮袁巾帕頭六品以下布東婦人括髮而髽斂者舉尸男女從奉之遷於堂覆以夷衾哭位如室中踊無筭贊者盥手奉饌至階升奠于尸東徹襲奠自西階降出下帷內外俱坐以親疎為之代哭宵為燎于庭厥明滅燎乃大斂

庶人喪儀

小斂○小斂之禮以喪之明日夙興陳斂衣一稱於

東房西領南上饌于堂東階下（隨宜設醴饌器皆以素下同）具牀於堂西歛者盥訖執服者以歛衣入主人以下少退西面主婦以下少退東面內外俱哭歛者歛訖覆以夷衾設牀於兩楹間衽如初設枕卒歛開帷（帷堂之帷事畢則下之）主人以下西面憑踊無筭主婦以下東面憑亦如之男子袁巾束髮婦人束髮而髽歛者舉尸男女從奉之遷於堂寢覆以夷衾哭位如室中踊無筭賛者奉饌至階升奠于尸東徹襲奠自西階降出下帷內外俱坐以親疎為之代哭宵為燎于庭厥明滅燎乃大歛

司馬氏書儀

小歛○厥明陳小歛衣於堂東北下以席（凡歛葬者孝子愛親之肌躰不欲使為物所毀傷故裹以衣衾盛以棺槨深藏之于地下古者死之明日小歛又明日大歛顛倒衣裳使之正方束以絞衾韜以衾冒皆所以保肌躰也今世俗有襲而無大小歛所缺多矣然古者士襲衣三稱大夫五稱諸侯七稱公九稱小歛尊卑通用十九稱大歛士三十稱大夫五十稱君百稱此非貧者所辦

也今從簡易襲用衣一稱小大斂則據死者所有之衣及親友所襚之衣隨宜用之若衣多不必盡用也夏后氏斂用昏商人斂用日中周人斂用日出今事辦則斂不拘何時

設卓子于阼階東用置饌及盃注于其上冪之以巾古者小斂之奠用牲今人所難辦但如待賓客之食品味稍多于始死之奠則可也設盥盆二帨巾各二于饌其東有臺祝所盥其西無臺執事所盥中各有架別以卓子設潔滌盆新拭巾于其東所以洗盞拭盞自此至遣奠皆同具括髮麻免布及髽麻古者主人素冠環絰視小斂既而男子括髮婦人髽皆有首絰腰絰始死去冠二日去笄纚括髮男子括髮以麻婦人髽帶麻髽者去纚爲紒也今恐倉猝未能具冠絰故于小斂說男子婦人皆収髮爲髻先用麻繩撮髻又以布爲頭𢄼斬衰者括髮紐麻爲繩齊衰以下至同五世祖者皆免裂布或縫絹廣寸婦人髽亦紐麻爲繩齊衰以下亦用布絹爲免皆如幓頭之制自項向前交于額上卻遶髻如著幓頭也爲母雖齊衰亦用麻婦人惡笄當用鏹釵或竹木骨角爲簪至于環釧之類用金銀者居喪盡當去之設小斂牀施薦席氈褥于西階之西執事者鋪絞絞以細布或練爲之一幅末析爲三鋪橫三于下縱一于上橫者足以周身相結縱者上足以掩首下足以掩足古者析其末使可結然布強而潤難結不若于兩端各綴二絹帶則緊急複衾小斂衣于牀或顛或倒取方而已斂時平鋪其衣不復穿袖又去枕舒絹或疊衣藉首卷其兩端夾首兩旁以補肩上空虛之處又卷衣以夾兩脛然後以餘衣掩尸裹之以衾未掩其面蓋孝子猶俟其復生欲時見其面故也及將大斂則并掩首裹之束之以絞使其形正方適足滿棺鋪時即依此次序

上衣不倒上衣謂公服襴衫之類故尊之執事者舉牀自西階升堂設于
中間襲牀之南古者小斂襲于戶內設牀笫于兩楹之間既殮移于堂今堂室之制異于古且從簡易故小斂亦于中間
乃遷襲奠卓子下缺

朱子家禮

小斂○厥明謂死之明日執事者陳小斂衣衾以卓子陳于堂東壁下據死者所有之衣隨宜用之若多則不必盡用也衾用複者絞橫者三縱者一皆以細布或綵一幅而析其兩端爲三橫者取足以周身相結縱者取足以掩首至足而結于身中

高閌曰襲衣所以衣尸斂衣則包之而已此襲斂之辨也○小斂衣尚少但用全幅細布析其末而用之凡斂欲方半在尸下半在尸上故散衣有倒者唯祭服不倒凡鋪斂衣皆以絞紟爲先小斂美者在內故次布散衣後布祭衣大斂美者在外故次布祭服後布散衣也○斂以衣爲主小斂之衣必以十九稱大斂之衣多至五十稱夫既襲之後而斂衣若此之多非絞以束之則不能以堅實矣凡物束縛緊急則細小而堅實夫然故衣衾足以朽肉而形骸深秘可以使人之勿惡也今之喪者衣衾既薄絞冒不施懼夫形骸之露也遽納之于棺乃以入棺爲小斂蓋棺爲大斂入棺既在始襲之時蓋棺又在成服之日則是小斂大斂之禮皆廢矣

呂坤曰衣厚則水土之入也難斂實則衣裳之容也多厚一重則土緩侵一重此不欲速朽之意也高氏乃云人死斯惡故厚其衣衾以掩之似為

臆見但死者存日從容舒暢而大小歛之束縛亦孝子慈孫所不忍視者衆宋送死美服稱身端然仰卧藉以褥而覆之衾棺内空缺以平生之衣盡力填塞務極實滿而已若道長天暑則大小歛不可廢也

設奠 設卓子于阼階東西置奠饌及盞注于其上用巾罩之又設盥盆帨巾各二于饌東其東有臺者祝所盥也其西無臺者執事所盥也別以卓子設潔滌盆新拭巾于其東所以洗盞拭盞也此一節至遣並同 具括髮麻免布髽麻 括髮謂麻繩撮髻又以布爲頭䰅也免謂裂布或縫絹廣寸自項向前交于額上卻遶髻如著掠頭也髽亦用麻繩撮髻竹木爲簪也設之皆于別室○丘濬曰具環絰用一股麻爲之散垂腰絰其末長三尺絞帶或麻或布 設小歛牀布絞衾衣 設小歛牀施薦席褥于西階之西鋪絞衾衣舉之升自西階置于尸南先布絞之橫者三于下以備周身相結乃布縱者一于上以備掩首及足也衣或顛或倒但取正方惟上衣不倒 乃遷襲奠 執事者遷置靈座西南俟設新奠乃去之後凡奠皆倣此 遂小歛 侍者盥手舉尸男女共扶助之遷于小歛牀上先去枕而舒絹疊衣以藉其首仍卷兩端以補兩肩空處又卷衣夾其兩脛取其正方然後以餘衣掩尸左衽不紐裹之以衾而未結以絞未掩其面蓋孝子猶俟其復生欲時見其面故也斂畢則覆以衾 主人主婦憑尸哭擗 主人西向憑尸哭擗主婦東向亦如之○凡子于父母憑之母于子夫于妻執之婦于舅姑奉之舅姑于婦撫之于昆弟執之凡憑尸父母先妻子後 袒髻髮免髽于別室 男子斬衰者袒括髮齊衰以下至同五世祖者皆袒免于別室婦人髽于別室

楊復曰小歛變服斬衰者袒括髮今人無袒括髮一節何也緣世俗以襲爲小歛故失此變服一節在禮聞喪奔喪入門詣柩前再拜哭盡哀乃就東

方去冠及上服被髮徒跣如始喪之儀詣殯東面坐哭盡哀乃就東方袒括髮又哭盡哀如小斂之儀明日殺日朝夕哭猶袒括髮至第四日乃成服夫奔喪禮之變也猶謹其序而況處禮之常可欠小斂一節又無袒括髮乎此則孝子知禮所當謹而不可忽也

五濤曰案儀禮有卒斂徹帷之文無有未結絞未掩面猶俟其生之說家禮此說蓋本溫公書儀也今擬若當天時暄熱之時死者氣已絕肉已冷決無可生之理宜依儀禮卒斂為是增入掩首結絞于襲衾之下而于大斂條擧棺入置堂中儀節下去掩首結小斂絞

遂遷尸牀于堂中執事者徹襲牀遷尸其處哭者復位尊長坐卑幼立

〔儀節〕執事者徹幃徹去向所設之幃堂徹襲牀遷尸牀連牀遷尸于堂中安于向所置沐牀處謝賓主人降階下凡與斂者人皆拜之拜興拜興哭踊拜訖即于階下且拜且踊訖襲衣掩向所袒之上衣具經帶首戴白布巾上加以单股之經禮所謂環經也成服日去之其腰經散垂其末三尺及其絞帶復位按禮于奉尸侇于堂之後有拜賓襲經之文家禮無之今補入者蓋以禮餘之後能知斂者少賓友來助斂者不可不謝之也及家禮卷首腰經圖有散垂至成服乃絞之說而家禮無有所謂未成服而先具腰經者故據禮補入

乃奠祝帥執事者盥手擧饌升自阼階至靈座前祝焚香洗盞斟酒奠之卑幼者皆再拜侍者罩之

〔儀節〕祝帥執事者盥洗洗手擧奠案先所設奠案至是擧之升自阼階至靈前祝詣靈座前跪焚香興洗盞斟酒奠酒卑幼者皆再拜孝子不拜鞠

躬拜興拜興平身　舉巾用巾罩冪饌　舉哀
主人以下哭盡哀乃代哭不絶聲使人更相代哭朝夕不絶聲
姚翼家規通俗編按古小斂畢代哭不絶聲不俟哀至似乎不情莫若已之
會典品官禮
小斂○小斂之禮以喪之明日厥明陳其殮衣于東序四品五品以下于東房　饌于堂東階下設牀施薦席褥于西階鋪絞衾衣舉之升自西階置于尸南先布絞之橫者三于下以備周身相結乃布縱者一于上以備掩首及足也侍者盥手舉尸男女共扶助之遷于牀上先去枕而舒絹疊衣以藉其首仍卷兩端以備兩肩空處又卷衣夾其兩脛取其正方然後以餘衣掩尸左衽不紐裹之以衾而未結以絞未掩其面蓋孝子猶欲俟其復生欲時見其面也殮畢覆以衾喪主西向

憑尸哭擗主婦東向憑尸哭踊斬衰者袒以麻繩括髮齊衰以下裂布廣寸自項向前交于額上卻繞髻如著掠頭婦人以麻撮髻而髽殯者舉尸男女從奉之遷于堂中哭位如室内執事者盥手舉饌升自東階至靈座前祝焚香洗盞斟酒奠之喪主以下哭盡哀乃代哭不絶聲宵為燎于庭厥明滅燎乃大斂

庶人禮

小斂○死之明日厥明執事者陳小斂衣衾于堂東北壁下設卓子于阼階東南置奠饌及盃注于其上巾之設盥盆帨巾各二于饌東設小斂牀施薦席褥于西階之西鋪絞衾衣舉之升自西階置于尸南先布絞之横者三于下乃布縱者一于上侍者盥手舉尸男女共扶助之遷于牀上先去枕而舒絹疊衣以

藉其首乃卷兩端以補兩肩空處又卷衣夾其兩脛取其正方然後以餘衣掩尸左衽不紐裹之以衾而未結其絞未掩其面盖孝子猶欲見其面也殮畢覆以衾喪主主婦馮尸哭擗男子袒而括髮齊衰以下袒而裂布以免婦人亦用麻繩髽髻乃遷尸牀于堂中執事者舉饌升自阼階至靈座前祝焚香洗盞斟酒奠之喪主以下哭盡哀乃代哭不絕聲

讀禮通考卷四十二

讀禮通考卷四十三

喪儀節

大歛

儀禮士喪禮篇厥明滅燎陳衣于房南領西上綪絞紟衾二君襚祭服散衣庶襚凡三十稱紟不在筭不必盡用注紟单被也衾二者始死歛衾今又復制也小歛衣數自天子達大歛則異矣○疏絞不在筭者以其不成稱故不在數内○敖繼公曰祭服散衣皆主人之衣也後言庶襚則是庶襚之中雖有上服猶在主人散衣之後也云紟不在筭則衾在筭矣不言絞者挾小于紟不在筭可知不必盡用亦謂庶襚繼陳或出于三十稱者也

喪大記大歛布絞縮者三横者五布紟二衾君大夫士一也君陳衣于庭百稱北領西上大夫陳衣于序東五十稱西領南上士陳衣于序東三十稱西領南上絞紟如朝服絞一幅為三不辟紟五幅無紞注二衾者或覆之或薦之如朝服者謂布精麤如朝服十五升小歛之絞也廣終幅析其末以為堅之強也大歛之絞一幅三析用之以為堅之急 紞以組類為之綴

之領側若今被識矣生時禪被有識死者去之異于生士喪禮大斂陳衣于房中南領西上與大夫異今此亦與大夫同蓋亦天子之士○疏縮者三謂取布一幅分裂之作三片直用之三片即共是一幅兩頭裂中央不通橫者五謂取布二幅分裂之作六片而用五片橫之于縮下也紟在絞上以絞束之襲衣大夫五諸侯七上公九天子十二稱則此大斂天子當百二十稱此領者尸在堂也西上者由西階取之便也大夫士西領南上異于小斂北上者小斂尸在室故北上大斂尸在堂故南上也辟擘也小斂絞全幅析裂其末爲三大斂之絞既小不復擘裂其末讀辟爲擘也紟舉尸之禪被也注以爲堅之強者解小斂衣少用全幅布爲絞欲淂堅束力強也堅之急者解大斂一幅分爲三片之意凡物細則束縛牢急以衣多故須急也

大斂君大夫士祭服無筭君褶衣褶衾大夫士猶小斂也

注褶袷也君衣尚多去其著也○疏祭服謂死者所淂用祭服以上也筭數也大斂之時所有祭服皆用之無限數也大夫士猶小斂則複衣複衾也據主人之衣故用複若遂亦淂用袷故士喪禮云遂以褶是也

右陳衣

東方之饌兩瓦甒其實醴酒角觶木柶毼豆兩其實葵菹芋蠃醢兩籩無縢布巾其實栗不擇脯四脡

注此饌但言東方則亦在東堂下也毼白也齊人或名全菹爲芋縢緣也布巾籩巾也籩豆具而有巾盛之也特牲饋食禮有籩巾○疏菹法舊短四寸者全之若長于四寸者切之葵長者自然切之乃爲菹但喪中之菹葵雖長而不切取齊人全菹爲芋之解也小斂一豆一籩籩豆不具故無巾此籩有巾豆無巾者以

豆盛葅醢湿物不嫌無巾故不言其實有巾矣○敖繼公曰記言設棜于東堂下南順齊于坫饌于其上者正指東方之饌也始死之奠用吉器小歛用素俎

缺一字查補

注[illegible]用先豆而籩無縢皆以漸變之記皆巾之亦指此時也

奠席在饌北歛席在其東注[illegible]而有席弥神之○疏小歛奠無巾大歛奠有巾已是神之今于大歛奠又有席是弥神之也○敖繼公曰奠席萑席也歛席筦與葦也其謂奠席也此二席皆不在棜大歛之奠在室遠于尸柩故始用席以存神也

記設棜于東堂下南順齊于坫饌于其上兩甒醴酒酒在南篚在東南順實角觶四木柶二素勺二豆在甒北二以並籩亦如之注棜今之轝也角觶四木柶二素勺二為夕進醴酒兼饌之也○疏大小歛之奠皆有醴酒勺二醴酒各一也豆籩二以併則是大歛饌也○疏醴一觶又用一柶酒用一觶計醴酒但用二觶一柶而觶有四柶有二者朝夕酒醴及器別設不同器朝夕二奠各饌其器也小歛一豆一籩大歛乃有二豆二籩故知二謂大歛饌也

凡籩豆實具設皆巾之注籩豆偶而為具具則于饌巾之巾之加飾也明小歛一豆一籩不巾○疏實具設皆巾之者東堂實之于奠設之二處皆巾故云皆巾之大歛奠二豆二籩實與奠二處皆巾小歛奠一豆一籩堂東饌時不巾若然小歛奠設于牀東巾之為在堂經久設塵埃加故雖一豆一籩亦巾之○敖繼公曰籩豆實謂菹栗之屬皆皆上下也籩豆有實而具則饌于東方及奠于席前皆巾之若一豆一籩則于奠時或有巾之者饌時則不巾也經言小歛之饌云饌于東堂下脯醢醴酒冪用功布實于簞此則不皆巾者也

觶俟時而酌柶覆加之

之領側若今被識矣生時禪被有識死者去之異于生、士喪禮大斂陳衣于房中南領西上與大夫異今此亦與大夫同蓋亦天子之士○疏縮者三謂取布一幅分裂之作三片直用之三片即共是一幅兩頭裂中央不通橫者五謂取布二幅分裂之作六片而用五片橫之于縮下也給在絞上以絞束之襲衣大夫五諸侯七上公九天子十二稱則此大斂天子當百二十稱北領者尸在堂也西上者由西階取之便也大夫士西領南上異于小斂北上者小斂尸在室故北上大斂尸在堂故南上也辟擘也小斂絞全幅析裂其末為三大斂之絞既小不復擘裂其末讀辟為擘也給舉尸之禪被也注以為堅之強者鮮小斂衣少用全幅布為絞欲得堅束力強也堅之急者鮮大斂一幅分為三片之意凡物細則束縛牢急以衣多故須急也

大斂君大夫士祭服無筭君褶衣褶衾大夫士猶小斂也注褶袷也君衣尚多去其著也○疏祭服謂死者所得用祭服以上也筭數也大斂之時所有祭服皆用之無限數也大夫士猶小斂則複衣複衾也據主人之衣故用複若襚亦得用袷故士喪禮云襚以褶是也

右陳衣

東方之饌兩瓦甒其實醴酒角觶木柶毼豆兩其實葵菹芋嬴醢兩籩無縢布巾其實栗不擇脯四脡注此饌但言東方則亦在東堂下也毼白也齊人或名全菹為芋縢緣也布巾籩巾也籩豆具而有巾盛之也特牲饋食禮有籩巾○疏菹法舊短四寸者全之若長于四寸者切之葵長者自然切之乃為菹但喪中之菹葵雖長而不切取齊人全菹為芋之解也小斂一豆一籩籩豆不具故無巾此籩有巾豆無巾者以

豆盛葅醢湿物不嫌無巾故不言其實有巾矣○敖繼公曰記言設掕于東堂下南順齊于坫饌于其上者正指東方之饌也始死之奠用吉器小斂用素俎至是乃用毼豆而籩無縢皆以漸變之記曰凡籩豆實具設皆巾之亦指此時也

奠席在饌北斂席在其東注大斂奠而有席弥神之○疏小斂奠無巾大斂奠有巾已是神之今于大斂奠又有席是弥神之也○敖繼公曰奠席萑席也斂席莞與葦也其謂奠席也此二席皆不在掕大斂之奠在室遠于尸柩故始用席以存神也

記設掕于東堂下南順齊于坫饌于其上兩甒醴酒酒在南篚在東南順實角觶四木柶二素勺二豆在甒北二以並籩亦如之注掕今之轝也角觶四木柶二素勺二為夕進醴酒兼饌之也勺二醴酒各一也豆籩二以併則是大斂饌也○疏大小斂之奠皆有醴酒醴一觶又用一柶酒用一觶計醴酒但用二觶一柶而觶有四柶有二者朝夕酒醴及器別設不同器朝夕二奠各饌其器也小斂一豆一籩大斂乃有二豆二籩故知二謂大斂饌也

凡籩豆實具設皆巾之注籩豆偶而為具：則于饌巾之巾之加飾也明小斂一豆一籩不巾○疏實具設皆巾之者東堂實之于奠設之二處皆巾故云皆巾之大斂奠二豆二籩實與奠二處皆巾小斂奠一豆一籩堂東饌時不巾若然小斂奠設于牀東巾之為在堂經久設塵埃加故雖一豆一籩亦巾之○敖繼公曰籩豆實謂葅栗之屬皆：上下也籩豆有實而具則饌于東方及奠于席前皆巾之若一豆一籩則于奠時或有巾之者饌時則不巾也經言小斂之饌云饌于東堂下脯醢醴酒冪用功布實于簞此則不皆巾者也

觶俟時而酌柶覆加之

面枋及錯建之注時朝夕也檀弓曰朝奠日　夕奠逮日○疏言此者記人恐饌時已酌于觶故云俟時而酌也

乾學謹按設枋于東堂下二節向在小歛辟奠不出室之上鄭氏注孔氏疏皆云是大歛饌敖氏集説謂其次當在衆主人布帶之後今從之移于此

右陳奠歛之具

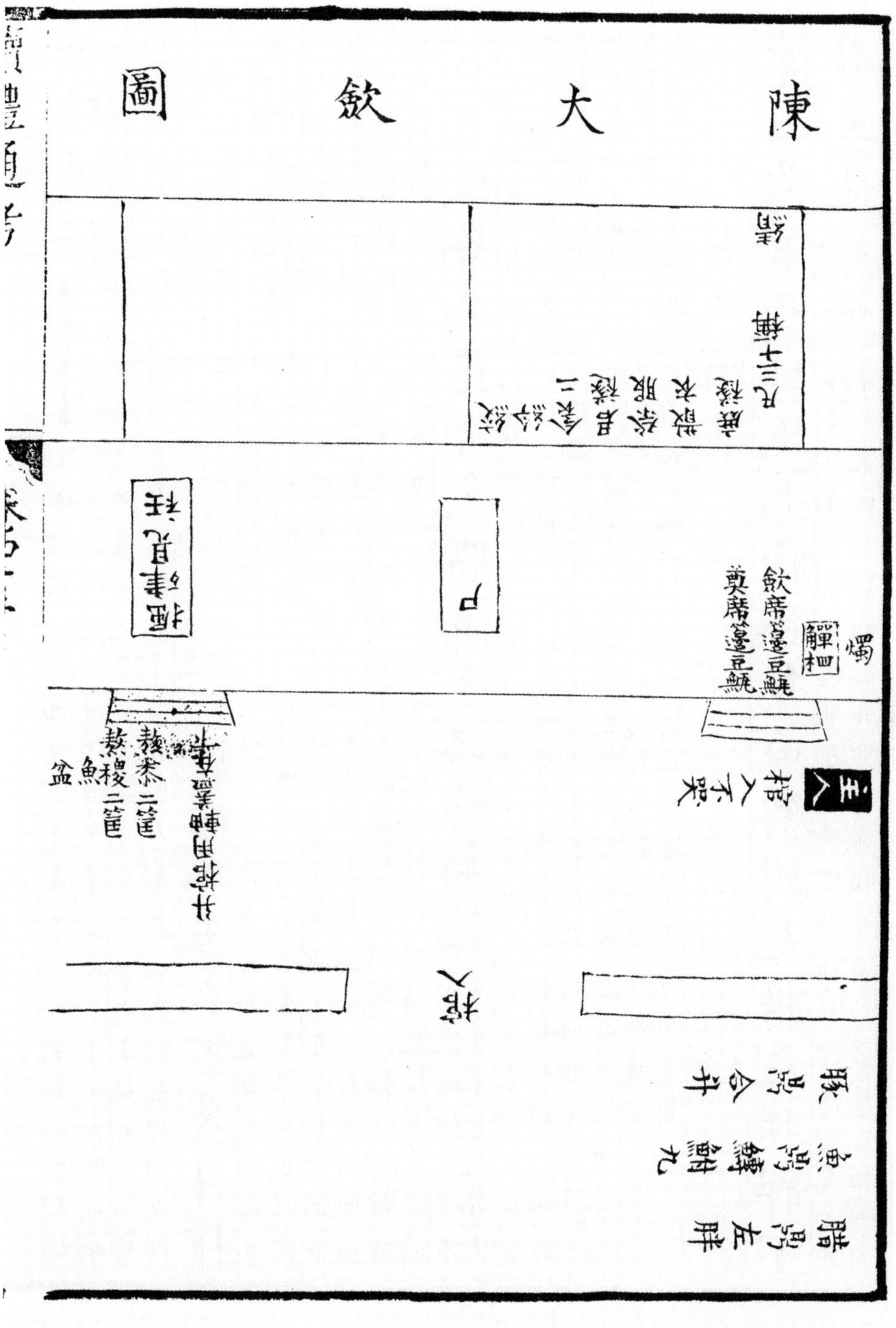
陳大斂圖
燭
主人
豚鼎合升
魚鼎鱄鮒九
腊鼎左胖

掘肂見衽肂音四○注肂埋棺之坎也掘之于西階上衽小要也喪大記曰士殯見衽塗上帷之○疏肂訓為陳謂陳尸于坎鄭即以肂為埋棺之坎也知于西階上者檀弓孔子云周人殯于西階之上故知士亦殯于西階之上此殯時雖不言南者南首可知引喪大記者即此經掘肂而見其小要于上塗之而已○敖繼公曰言肂之深淺以見衽為度也此肂亦在西序下其南蓋近于序端棺入主人不哭升棺用軸蓋在下注軸輁軸也輁狀如牀軸其輪輓而行郝敬曰此陳殯具大斂尸入棺遂殯殯實也周人殯于西階上賓之也埋棺之坎曰肂其深見衽棺蓋合際處曰衽詳見禮記檀弓升棺棺升堂載以輴車蓋棺蓋居棺下棺遷于坎尸遷于棺而后加蓋便也○敖繼公曰蓋在下者卻于棺之下也棺既升則入于肂中而蓋則置于序端也又曰注云軸狀如轉轔轔猶輪也以木關其轔之中央而引之則轔由此而轉故以轉轔名之蓋漢時語也熬黍稷各二筐有魚腊饌于西坫南注所以惑蚍蜉令不至棺旁也為舉者設盆盥于西魏了翁曰周禮小祝設熬置銘杜子春云熬謂重也疏云以士喪禮取銘置于重與此設熬記置銘于熬上事相當故以熬為重後鄭不從云熬所以惑蚍蜉也鄭以意解義劣于杜○敖繼公曰有魚腊謂每筐皆有之也此四物者擬用于肂中故饌于此孝子以尸柩既殯不得復奠于其側雖有奠在室而不知神之所在故置此于棺旁以盡愛敬之心也然不以食而用熬穀不以牲而用魚腊亦所以異于奠也與○郝敬曰按熬黍稷魚腊以殯迂闊無當不可用

右為殯具

陳三鼎于門外北上豚合升魚鱄鮒九腊左胖髀不升其他皆如初注合升合左右體升于鼎其他皆如初謂豚體及匕俎之陳如小斂時合升四鬄亦相互耳○敖繼公曰腊用

左髀別于吉也此腊惟豚解其髀不升亦前肩後肫胳脊而已凡腊必去髀不以豚解體解合升髀升而異其他皆如初謂豚體骨及鼎之面位與匕俎之陳如小斂時○郝敬曰此陳殯奠之具三鼎豚魚腊門外殯宮門外北上三鼎自北直陳而南豚合左右體升于鼎魚用九鱄鮒二魚名腊乾禽兔也用左胖別于吉也髀尾骨不升于鼎其他豚體及匕俎之陳皆與小斂同 燭俟于饌東注燭燋也饌東方之饌有燭者堂雖明室猶闇火在地曰燎執之曰燭○疏此大斂奠于室之奧故有燭以待之

右陳鼎

祝徹盥于門外入升自阼階丈夫踊注祝徹祝與有司當徹小斂之奠者小斂設盥于饌東有巾大斂設盥于門外彌有威儀○疏此直云祝徹盥于門外者不知何時設此案上小斂陳饌訖即言設盥則陳大斂饌訖亦設盥于門外也○敖繼公曰祝徹者題下事以此徹者多矣惟言祝見其尊者耳是時無東堂下之盆盥故盥于門外 祝徹巾授執事者以待注授執巾者于尸東使先待于阼階下為大斂奠又將巾之祝還徹醴也○疏此巾前為小斂奠巾之今祝徹巾還為大斂奠巾之前小斂奠升自阼階設于奧亦宜受巾于阼階下而升故知祝授巾于執巾者使先待于阼階下也又知祝還徹醴者下文徹饌先取醴故也○敖繼公曰設小斂奠之時執巾者待于阼階下祝就而受之然則祝于此時亦惟以巾授之于阼階下蓋授受之節宜同也祝既授巾乃還徹醴以待者謂執事以巾置于饌所以待奠事之至也 徹饌先取醴酒北面注北面立相待俱降○敖繼公曰饌當作奠相待謂待取俎豆者也 其餘取先設者出于足降自西階婦人踊設于序西南當

西荣如設于堂注為求神于庭孝子不忍使其親　史無所憑依也堂謂尸東也凡奠設于序西南者畢事而去之○疏凡奠謂小斂奠大斂奠遷柩奠祖奠但將設後奠則徹先奠于西序南待後奠事畢則去之故小斂奠設之于此不巾以不久設故也○敖繼公曰其餘謂取籩豆俎者也先設者先取之後設者後取之經惟言取先設者見其　者耳既取則南面西上俟執醴酒者行而從之降矣設于序西南改設之也凡徹尊者之饌必改設之而後去之序西南：北節也當西榮東西節也不設于東異于生也凡改設者嘗出則徹之醴酒位如初執事豆北南面東上注如初者如其醴酒北面西上也執醴尊不為便事變位○疏前設小斂奠于尸東時醴酒先升北面西上執豆俎者立于俎北西上至此執豆俎者立北東上為便事：訖向東為便故東上變位以執醴者尊仍西上是不淂為便事變位也○敖繼公曰醴酒亦後設故其位如初執豆俎者既設而東上俟設醴酒者畢而從之降亦由便也此奠于西堂其俟降之位東上是由饌東而南乃降自側階也然則側階南于序端矣凡升降自側階者經皆不見之乃適饌注東方之新饌○疏將設大斂新饌于室故知是新饌也○敖繼公曰謂適東方之饌處以待事至也適饌亦由主人之北

右徹奠

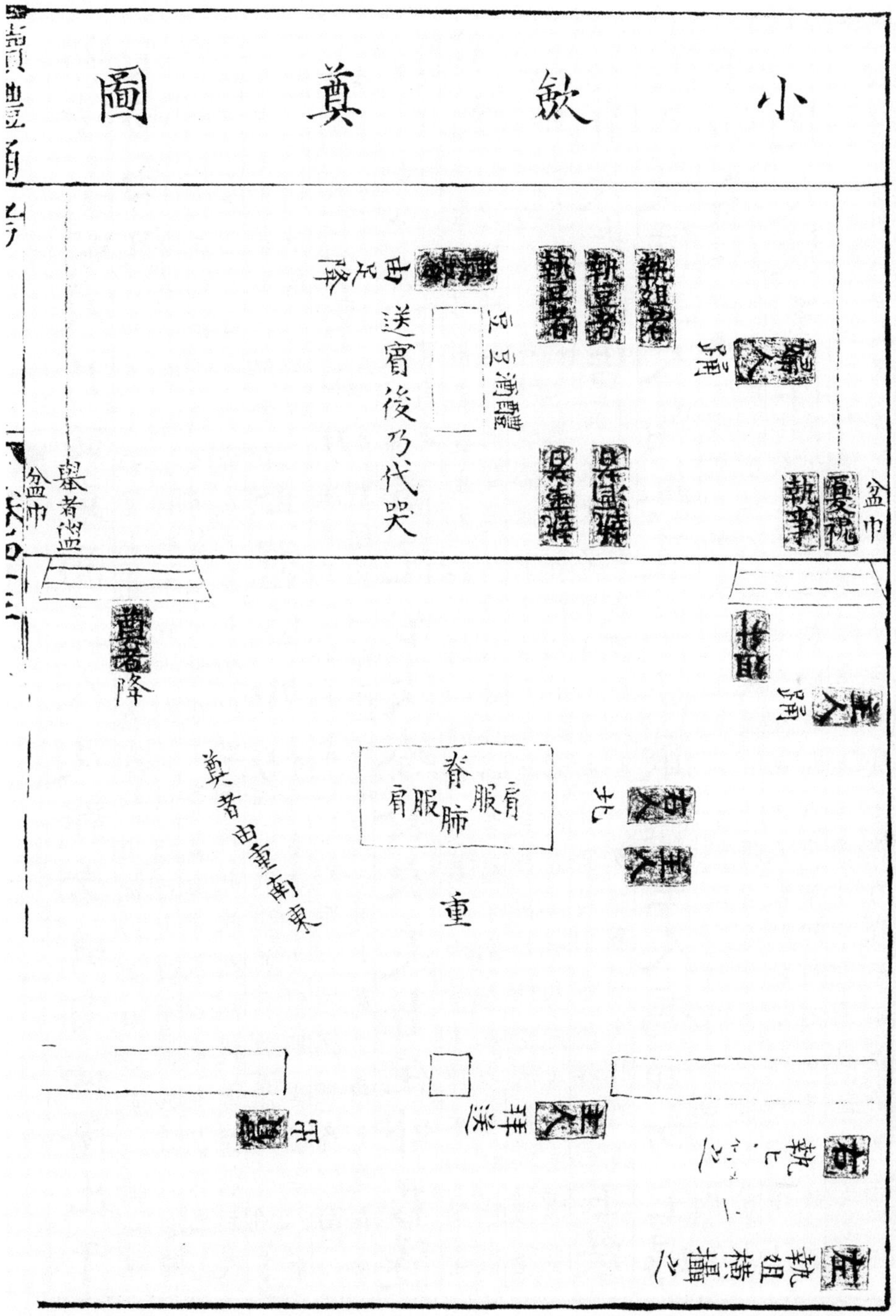
小斂奠圖
盆巾
夏祝
執事
婦人
踊
執俎者
執豆者
執豆者
由足降
送賓後乃代哭
豆 豆 醴酒
舉者盥
盆巾
奠者降
主人
踊
有司
主人
肩 服 脊 胏 服 肩
重
奠者由重南東
主人
拜送
有司
執匕從之
左
執俎橫攝之

帷堂注徹事畢婦人尸西東面主人及親者升自西階出于足西面袒注袒為大斂變也不言髽免髻髮小斂以來自若矣○疏知袒為大斂變者前將小斂袒今言袒即行大斂事故知為大斂變也小斂袒男有髻髮免婦人有髽今大斂袒不言者自小斂以來有此成服乃改故不言也○敖繼公曰婦人尸西東面以男子將升故也此親者謂衆主人也此時主人堂上之位其在阼階上所布席之東與士盥位如初注亦既盥並立西階下○疏言亦者亦如小斂時士盥二人並立于西階下以待遷尸也布席如初注亦下莞上簟鋪于阼階上于楹間為少南○敖繼公曰布席之處其于階上為少西于楹為少北蓋小斂之席大斂之席與殯肂南北之節宜同也商祝布絞紟衾衣美者在外君襚不倒注至此乃用君襚主人先自盡○疏始死君襚小斂不陳不以斂至大斂乃用主人先自盡也○敖繼公曰君襚不倒尊也以祭服視散衣則祭服為尊以君襚視祭服則君襚為尊至是乃用君襚者大斂之禮重故以服之尤尊者為之襲而美者在外小斂而美者在中大斂又反之禮貴相實也有大夫則告注後来者則告以方斂非斂時則當降拜之○敖繼公曰告謂告以主人方有事未及拜賓也士舉遷尸復位主人踊無筭卒斂徹帷主人馮如初主婦亦如之疏士舉遷尸謂從戶外夷牀上遷尸于斂上○敖繼公曰復位及階下位以俟也于主人主婦既馮尸乃復升而舉尸以斂于棺也

[記]大斂于阼注未忍便離主人位也主人奉尸斂于棺則西階上賓之○疏經大斂時直云布席如初不言其處故記云大斂于阼〻是主人位未忍便離主位也喪事所以即遠斂訖即奉尸斂于棺則西階上賓客之○敖繼公曰大斂于阼乃殯于西階象其由主

位而往也大夫升自西階階東北面東上注視歛○疏知視歛者以其文承大歛下故知大夫升爲視歛也既馮尸大夫逆降復位注中庭西面位○疏知大夫位在中庭西面者上篇朝夕哭云主人入堂下直東序西面卿大夫在其南卿大夫與主人同西面向殯故知大夫位在中庭西面也○敖繼公曰視歛也云階東者明大夫雖多亦不可以當階恐妨歛者之往來也

喪大記小歛于户内大歛于阼君以簟席大夫以蒲席士以葦席注簟細葦席也三者下皆有莞○疏士以葦席與君同者士卑不嫌故與君同也

君將大歛子弁絰即位于序端卿大夫即位于堂廉楹西北面東上父兄堂下北面夫人命婦尸西東面外宗房中南面小臣鋪席商祝鋪絞紟衾衣士盥于盤上士舉遷尸于歛上卒歛宰告子馮之踊夫人東面亦如之注子弁絰者未成服弁如爵弁而素大夫之喪子亦弁絰○疏即位序端謂東序端序之南頭也堂廉堂基南畔廉稜之上楹謂南近堂廉者子位既在東序端故羣臣列于基上東楹之西也子在東尸在阼階故在基者以東爲上也父兄堂下北面者謂諸父諸兄不仕者以其賤故在堂下外宗君之姑姊妹之女及姨舅之女也輕故在房中西鄉南也歸者夫人命婦俱東鄉于尸西今獨云夫人馮者命婦賤不得馮馮見乃歛于棺子

弁絰雖以大斂爲文其小斂時子亦弁絰君大夫士之子然故襍記云小斂環絰公大夫士一也大夫之喪子亦弁絰者案襍記云大夫與殯亦弁絰與他殯事尚弁絰明自爲父母弁絰可知其士則素冠故武叔小斂投冠是諸侯大夫與天子士同

雜記外宗房中南面小臣鋪席商祝鋪絞紟衾士盥于盤北舉遷尸于斂上卒斂宰告子馮之踊夫人東面坐馮之興踊 疏此喪大記君喪之節于此重記之

檀弓夏后氏尚黑大事斂用昏 注昏時亦黑此大事謂喪事也 殷人尚白大事斂用日中 注日中時亦白 周人尚赤大事斂用日出 注日出時亦赤

右大斂

主人奉尸斂于棺踊如初乃蓋 注棺在肂中斂尸焉所謂殯也○疏奉尸斂于棺謂從阼階上斂遷尸鄉西階斂于棺中乃加蓋于棺上也棺在肂中者欲見先以棺入肂中乃奉尸入棺中以尸入棺名斂亦名殯也

主人降拜大夫之後至者北面視肂 注北面于西階東○疏小斂後主人阼階下今殯後拜大夫後至者殯訖不忍即阼階因拜大夫即于西階東北面視肂而哭也 衆主人復位婦人東復位 注阼階上下之位○疏衆主人與婦人于賓無事故殯後即鄉阼階上下之位也○敖繼公曰阼階上雖非婦人之正位以其鄉者在此今又反之故亦云復

位也此復位皆當在主人拜大夫之時無大夫後至者則在主人視肂之時

設熬旁一筐乃塗踊無筭注以木覆棺上而塗之為火備○敖繼公曰喪大記注引此云旁各一筐則是此脫一各字也各各黍稷也每旁二筐黍當在南塗者以木覆棺上而塗之象塈時加土之意也

〔喪大記〕熬君四種八筐大夫三種六筐士二種四筐加魚腊焉注熬者煎穀也將塗設于棺旁所以惑蚍蜉使不至棺也士喪禮曰熬黍稷各二筐大夫三種加以粱君四種加以稻四筐則手足皆一其餘設于左右○疏熬者謂火熬其穀使香欲使蚍蜉聞其香氣食穀不侵尸也魚腊謂乾腊士腊用兔大夫腊用麋天子諸侯無文當用六獸之屬亦為惑蚍蜉士喪四筐旁各一筐則兩旁有兩筐首有一筐足有一筐也

卒塗祝取銘置于肂主人復位踊襲注為銘設柎樹之肂東○疏始死則作銘訖置于重今殯訖取置于肂上銘所以表柩故也肂東者以不使當肂于東可知○敖繼公曰置銘蓋于肂南柩在肂中而復塗之孝子憲神于其柩故置銘于此若使之知其處然位阼階下位也襲于序東

〔記〕既殯主人說髦注既殯置銘于肂復位時也兒生三月鬋髮為鬌男角女羈否則男左女右長大猶為飾存之謂之髦所以順父母幼小之心至此尸柩不見喪無飾可以去之髦之形象未聞○疏凡說髦尊卑同皆三日知者喪大記云小斂主人即位于戶內乃斂卒斂主人袒脫髦髺髮以麻注云士既殯說髦此云小殮蓋諸侯禮也士之既殯諸侯之小斂于死者俱三日是尊卑同三日也三日說髦者禮記

問喪云三日而不生亦不生矣以髦是子事父母之飾〻母既不生故去之夾囟曰角午達曰覊詩云髧彼兩髦鄭云髦者鬄至眉子事父母之飾以其云髦〻者垂之貌又云兩髦故以鬄至眉辦之其狀猶未聞也○敖繼公曰子事父母必著拂髦親已死至殯乃說之者未殯之前孝子猶兾其復生既殯則絕望矣乃說之也詩云髧彼兩髦兩者為父母俱存之故若然則是時但當脫其一耳孔氏曰父死說左髦母死說右髦二親並歿並說之親歿不髦是也郝敬曰主人袒脫髦〻與毛通亂髮蓬首如今人脫去網巾鄭以髦為人子事親之飾非

喪大記君殯用輴欑至于上畢塗屋大夫殯以幬欑至于西序塗不暨于棺士殯見衽塗上帷之注欑猶菆也屋殯上覆如屋者也幬覆也暨及也此記參差以檀弓參之天子之殯居棺以龍輴欑木題湊象椁上四注如屋以覆之盡塗之諸侯輴不畫龍欑不題湊象椁其他亦如之大夫之殯廢輴置棺西墻下就墻欑其三面塗之不及棺者言欑中狹小裁取容棺然則天子諸侯差寬大矣士不欑掘地下棺見小要耳帷之鬼神尚幽闇也士達于天子皆然○疏此明尊卑殯之制度君諸侯也殯時置棺于輴內以木欑輴至于棺上欑之既訖畫塗其屋也幬覆也謂棺衣覆之也大夫言幬覆則王侯並幬覆幬即加斧之類是也西序屋堂西頭壁也大夫不輴又不四面欑以一面倚西壁而三面欑之又上不為屋也王侯欑廣去棺遠大夫欑狹去棺近裁使塗不及棺故云不暨棺也士掘肂見衽其衽之上所出之處亦以木覆上而塗之故謂塗上也帷之者帷幃也貴賤悉然故朝夕哭乃徹帷也

檀弓君於士有賜帟注帟幕之小者所以承塵賜之則張于殯上大夫以上幕人供職焉

周禮天官幕人三公及卿大夫之喪共其帟注惟士無帟王有惠則賜

之

掌次凡喪王則張帟三重諸侯再重孤卿大夫不重注張帟柩上承塵○疏喪言凡者以其王以下至孤卿大夫兼有后及三夫人已下故言凡以廣之也后與王同三重世子三夫人與諸侯再重九嬪世婦與孤卿大夫同不重一而已御妻與士同無帟有賜乃得帟也此諸侯謂三公王子母弟若畿外諸侯掌次不張之

春秋僖公三十有二年冬十有二月己卯晉侯重耳卒○左傳冬晉文公卒庚辰將殯于曲沃疏晉武公自曲沃而兼晉國曲沃有舊時宮廟故公卒而往殯焉禮諸侯五日而殯案經文以己卯卒庚辰是卒之明日即將殯者以曲沃路遠故早行耳禮在床曰尸在棺曰柩下云柩有聲明是斂于棺而後行也出絳柩有聲如牛

乾學按諸侯之禮當五日而殯今己卯卒而庚辰柩已出絳是大小斂諸禮悉行于一日之中矣何其速耶殯當于路寢之西序今晉都絳而出殯于曲沃何其遠耶踰日而殯是死其親也殯不于正寢是忘其

親也二者皆不孝也而晉之君臣乃冒昧行之亦喪禮之一大變矣

〔家語〕史魚將卒命其子曰吾在朝不能進蘧伯玉退彌子瑕是吾爲臣不能正君生而不能正君死不可以成禮我死汝其陳尸牖下靈公弔焉怪而問之其子以父言告公公曰寡人過也命殯于客位進蘧伯玉退彌子瑕孔子曰史魚死而尸諫可謂直乎

〔白虎通德論〕夏后氏殯于阼階殷人殯于兩楹之間周人殯于西階之上何夏后氏教以忠忠者厚也曰生吾親也死亦吾親也主人宜在阼殷人教以敬曰死者將去又不敢客也故置之兩楹之間賓主共夾而敬之周人教以文曰死者將去不可

起

又滑故賓客之也檀弓記曰夏后氏殯于阼階殷人殯于西楹之閒周人殯于西階朱子語類問殯禮可行否朱子曰此不須問人當自觀其宜今以不漆不灰之棺而欲以甎土圍之必不可矣呂坤四禮疑西階之殯人情所不忍也中野之葬能幾何時乃中堂斯須亦不欲棺常在吾目耶殯于中堂後世得之矣○坎于西階下棺于坎而累墼塗之中堂止奉魂帛此何為者無亦人死斯惡之說乎愚謂人子見棺猶見親也中野之葬迫矣依依中堂能幾何時而忍為此乎此儀禮也家禮改之

乾學按呂氏之說頗為近情若中堂奉魂帛古禮何常有是呂氏專掊擊古人往往加古人以未有之事如含飯本用米貝乃謂恐飯穢生虫及茲魂帛之說是欲譏古人而不知實誣古人也

右蓋棺塗殯

大斂殯圖

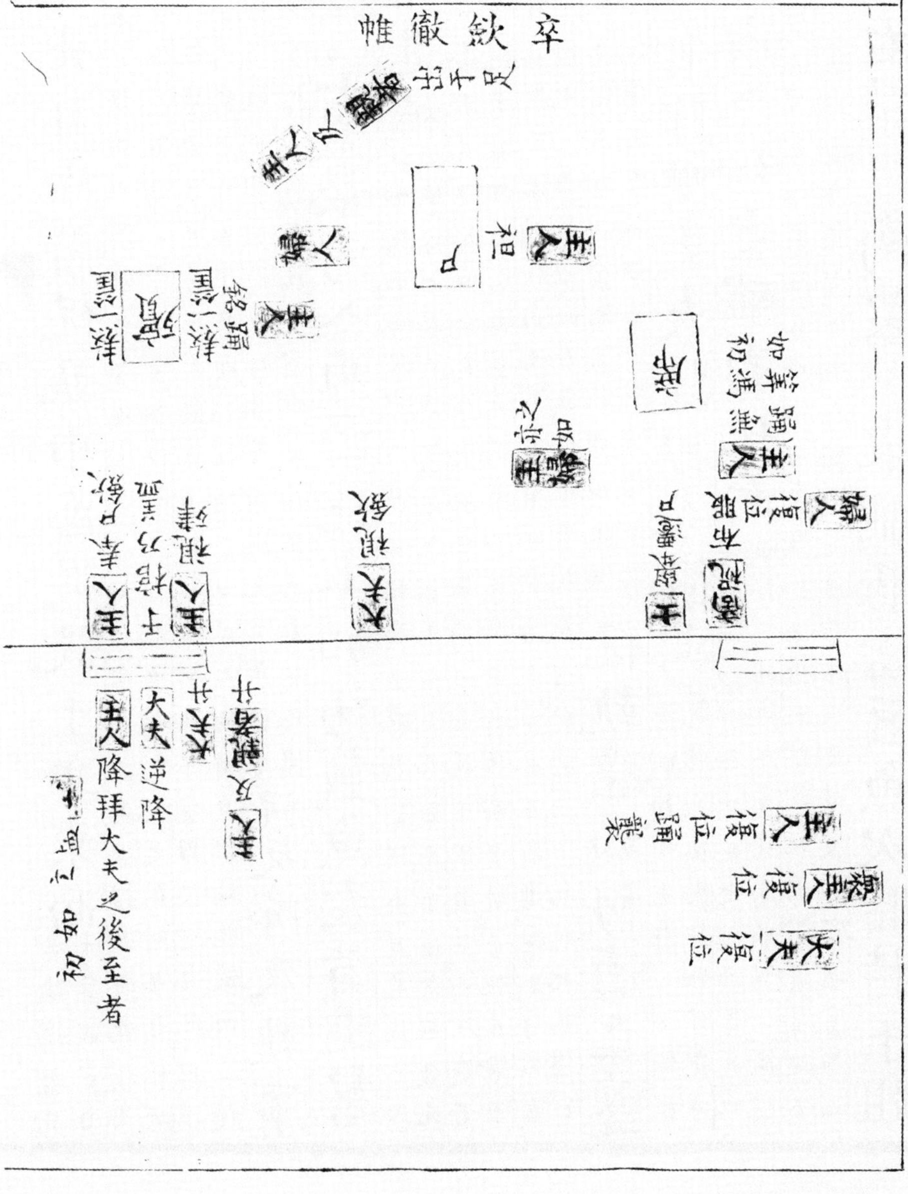

乃奠燭升自阼階祝執巾席從設于奧東面注執燭者先升堂照室自是不復奠于尸祝執巾與執席者從入為安神位室中西南隅謂之奧執燭南面巾委于席右○疏燭升堂照室者以其設席于奧當先照之為明也自始死以來襲奠小斂奠皆在尸旁今大斂奠不在西階柩所于室內設之自此以下朝夕奠朔月薦新奠皆不于尸所○敖繼公曰周人斂用日出故既斂而室猶闇須用燭也祝執巾與席從執燭者升而設之于奧既委巾乃設席士虞禮曰祝布席于室中東面凡喪奠不啓牖祝及降及執事執饌注東方之饌士盥舉鼎入西面北上如初載魚左首進鬐三列腊進柢注如初如小斂舉鼎執匕俎扃鼏朼載之儀魚左首設而在南鬐脊也左首進鬐亦未異于生也凡未異于生者不致死也○疏案公食右首進鬐此云左首則與生異而云未異于生者下文注載者統于執設者統于席彼公食言右首據席而言此左首據載者統于執若設于席前則亦右首也○敖繼公曰左首其首于載者為左也左首進鬐則寢右矣魚以鬐為上腴為下進鬐猶牲之進柢也魚九而三列則三三為列也凡俎實進上乃食生之禮喪之初奠而若此但取其未異于生耳其後遂因而不變又以別于吉祭云祝執醴如初酒豆籩俎從升自阼階丈夫踊甸人徹鼎注如初祝先升○小斂祝執醴醴在先故知祝先升也奠由楹內入於室醴酒北面注亦如初○疏小斂之醴酒先升北面西上此經亦言北面明與小斂同經不言如初文畧也○敖繼公曰楹內東楹北也惟云醴酒北面則其餘之未設者亦西面矣此奠于室者尸柩既殯不可復奠于其側故宜在室也室事神之處也設豆右菹菹南栗栗東脯豚當豆魚次腊特于俎

北醴酒在籩南巾如初注右菹、在醢南也此左右異于魚者載者統于執設者統于席醴當栗南酒當脯南○疏設豆右菹者凡設醢菹常在右今特言之者此從北鄉南而陳嫌先設者在左故言右菹則醢自然在左是以菹在醢南也載者統于執設者統于席者上文魚言左首據載者統于席前若執來即左俎也醴當栗南酒當脯南者以其陳饌要成尊者後設故先設栗脯于北乃于南設醴酒醴酒、在東故醴在栗南酒在脯南也○敖繼公曰設豆右菹豆南上也豆南上則席亦南上矣凡設豆而與其席之所上相 者于生人耳鬼神則否既錯者出立于戶西西上祝後闔戶先由楹西降自西階婦人踊奠者由重南東丈夫踊注為神馮依之也○疏重主道為神馮依之故丈夫取以為踊節也○敖繼公曰立于戶西南面待祝出而偕行也祝後闔戶者祝錯醴最在後故後出而因闔戶也惟云闔戶是初時牖未嘗啟也明矣既闔戶祝西行而南執事者從之皆由楹西而降奠者由重南而東復其門東之位也祝位在門西

記巾奠執燭者滅燭出降自阼階由主人之北東注巾奠而室事已○疏既巾記是室事已故執燭者出也○敖繼公曰言由主人之北則主人之位近于階明矣

右設奠

賓出婦人踊主人拜送于門外入及兄弟北面哭殯兄弟出主人拜送于門外注小功以下至此可以歸異門大功亦存焉○疏北面哭、 者喪大記云大夫

讀禮通考　卷四十三

士哭殯則杖哭柩則輯杖注云哭殯謂既塗也哭柩謂啟〻也此哭不言杖者文畧也既殯雖歸至朝夕朔奠之曰近者亦入哭限也至葬時皆就柩所故既夕反哭云兄弟出主人拜送注云兄弟小功以下也異門大功亦可以歸是也○敖繼公曰賓出而主人乃與兄弟哭殯順其親〻之心也有親者宜異于朋友下云殯前北面哭也衆主人出門哭止皆西面于東方闔門注次謂斬衰倚廬齊衰堊室也大功有帷帳小功緦麻有牀第可也○疏凡言次者廬堊室以下總名

右送賓

主人揖就次注次謂斬衰倚廬齊衰堊室也大功有帷帳小功緦麻有牀第可也○疏凡言次者廬堊室以下捴名○敖繼公曰東方之位亦北上

〔記〕居倚廬寢苫枕塊注見喪具不說絰帶哭晝夜無時非喪事不言歠粥朝一溢米夕一溢米不食菜果注分見各卷

右次就次

君若有賜焉則視斂既布衣君至注賜恩惠也斂大斂君視大斂皮弁服襲裘主人成服之後往則錫衰○敖繼公曰君欲視斂則使人告喪家故主人不敢升堂而先布絞衾衣以待其來主人出迎于外門外

見馬首不哭還入門右北面及衆主人袒注不哭厭于君不敢伸其私恩○敖繼公曰喪禮主人不迎賓若有所迎見之則不哭蓋禮然耳上經云見賓不哭是也此于君弔既迎之于外門外又見其馬首即不哭敬之至也言見馬首明未入巷門入門右廟門也巫止于廟門外祝代之小臣二人執戈先二人後注小臣掌正君之法儀者諸侯臨臣喪使祝代巫執莂居前下天子也小臣君行則在前後君升則俠阼階北面凡宮有鬼神曰廟○敖繼公曰國君不得並用巫祝其在廟門外則巫前至廟門則祝前互用其一所以下天子也小巫執戈前後以備非常君釋采入門主人辟注釋采者祝為君禮門神也必禮門神者明君無故不來也○敖繼公曰采讀為菜物之可為豆實者葵韭之類是也釋采蓋于闑西閾外釋設奠之于地盛之、器則用笲云主人辟于是衆主人衆賓亦皆辟位○郝敬曰君臨臣喪一體之誼哀敬之情而使巫祝告門小臣執戈前驅後入何為者也此後世人主妄自驕貴崇尚巫風而為此非先王哀有喪之禮○萬斯大曰君視大歛釋采入門說者曰釋采禮門神也夫以君之尊而下臨臣喪必禮其門神而後入竊疑于禮未安深求其故蓋先儒緣喪大記君親大歛條註釋采為釋菜遂以為禮門神喪大記後人所述則因古有釋奠釋菜之禮遂訛釋采為釋菜不知采與菜不同釋菜者祭禮之細釋采者釋去吉衣也據服問云君為卿大夫錫衰以居此指成服後言大歛時未成服君未錫衰吉服而來不可即以吉服入故釋而去之以著其哀也豈禮門神之謂哉君升自阼階西鄉祝負墉南面主人中庭注祝南面房中東鄉君墻謂之墉主人中庭進益北○疏祝必負墉南面鄉君者喪大記云君視祝而踊祝相君之禮故須向君也○郝敬曰升自阼階君自主也君立阼階西面祝背東房墻南面立君側詔禮也喪大記曰君視祝而踊君將哭尸主人由門右進中庭下北面○敖

繼公曰此東方中庭也

君哭主人哭拜稽顙成踊出注不敢必君之卒斂事○敖繼公曰君已哭而主人出爲君既有事矣自此以下共節每節之畢主人輒出皆爲不敢久留君也喪大記曰出俟于門外

君命反行事主人復位注大斂事

君升主人主人西楹東北面注命主人使之升○敖繼公曰升之使視斂也西楹東明其在堂中西也主人與君同在堂宜遠之

升公卿大夫繼主人東上乃斂注公大國之孤四命也春秋傳曰吾公在壑谷○敖繼公曰升之使視斂以其尊也云繼主人東上則主人之位在楹東少南矣

卒公卿大夫逆降復位主人降出注逆降者後升者先降位如朝夕哭弔之位○疏卒者謂卒斂也主人降出者亦是不敢久留君先出也

君反主人主人中庭君坐撫當心主人拜稽顙成踊出注撫手按之

君反之復初位衆主人辟于東壁南面注以君將降也南面則當坫之東○疏初位即中庭位○敖繼公曰初位入門右位也嫌在中庭故以初名之衆主人南面西上

君降西鄉命主人馮尸主人升自西階由足西面馮尸不當君所踊主婦東面馮亦如之注君必降者欲孝子盡其情

奉尸斂于棺乃蓋主人降出君反之入門左視塗注肂在西階上入門左由便趨疾不敢久留君○敖繼公曰君反主人而主人即入視塗者蓋君反之之時必以是命之也下云君命反奠亦見其一耳但言入門左則是未必在西階下也所以然者欲其出之便也

君升即位衆主人復位敖繼公曰位入門右之位也卒塗主人出君命之反奠入門右注亦復中庭位○敖繼公曰入門右即初位也先言位次言初位此復著其所者以明其非有事于中庭則東方之位皆在是乃奠升自西階注以君作阼○疏凡奠皆升自阼階為君在阼故辟之而升西階也君要節而踊主人從踊注節謂執奠始升階及既奠由重南東時也○疏案上大欽奠升時丈夫踊降時婦人踊由重南面東丈夫踊此注不言降時踊者以經直有君與主人丈夫踊節故不言降時踊節也○敖繼公曰要猶候也節當踊之節也卒奠主人出哭者止注以君將出不敢讙囂聒尊者也君出門廟中哭主人不哭辟君式之注辟逡遁辟位也古者立乘式謂小俛以禮主人也○疏君入臣家至廟門乃下車則貳車本不入大門下云貳車畢乘主人哭拜送者明出大門矣貳車畢乘主人哭拜送注貳車副車也其數各視其命之等君出使異姓之士乘之在後君吊蓋乘象路○敖繼公曰凡有貳車者為毀折之備也此車惟有御右而已主人拜送不著其處則是但于廟門右耳襲入即位衆主人襲拜大夫之後至者成踊注後至布衣而後來者○疏知布衣而後来者若未布衣時来即入前卿大夫從君之内今承上君大夫之下明布衣後来也○敖繼公曰既送君即襲于外明其袒之久者為君在故也既即位乃拜大夫之後至者此已禮宜更始而為之不可于送君之餘由便拜之也此後至謂君既至而後来者賓出主人拜送注自賓出以下如君不在之儀○疏上經君在之時卿大夫士從君者不得與主人為禮君出後有賓来乃得别與主人為禮故云自賓出以下如君不在之儀也

〔記〕君視斂若不待奠加蓋而出不視斂則加蓋而至卒事注為有他故及辟忌也○疏君于士既殯而往有恩則與大斂不辨不得終視斂之事故記人明之一為君有急事他故是以不得待奠一是君有辟忌不用見尸柩是以加蓋乃来卒事者待大斂訖乃出

右君視斂

乾學按喪大記襍記諸篇皆有君視斂之禮因採入第十卷恩卹篇故此不重載讀者詳之

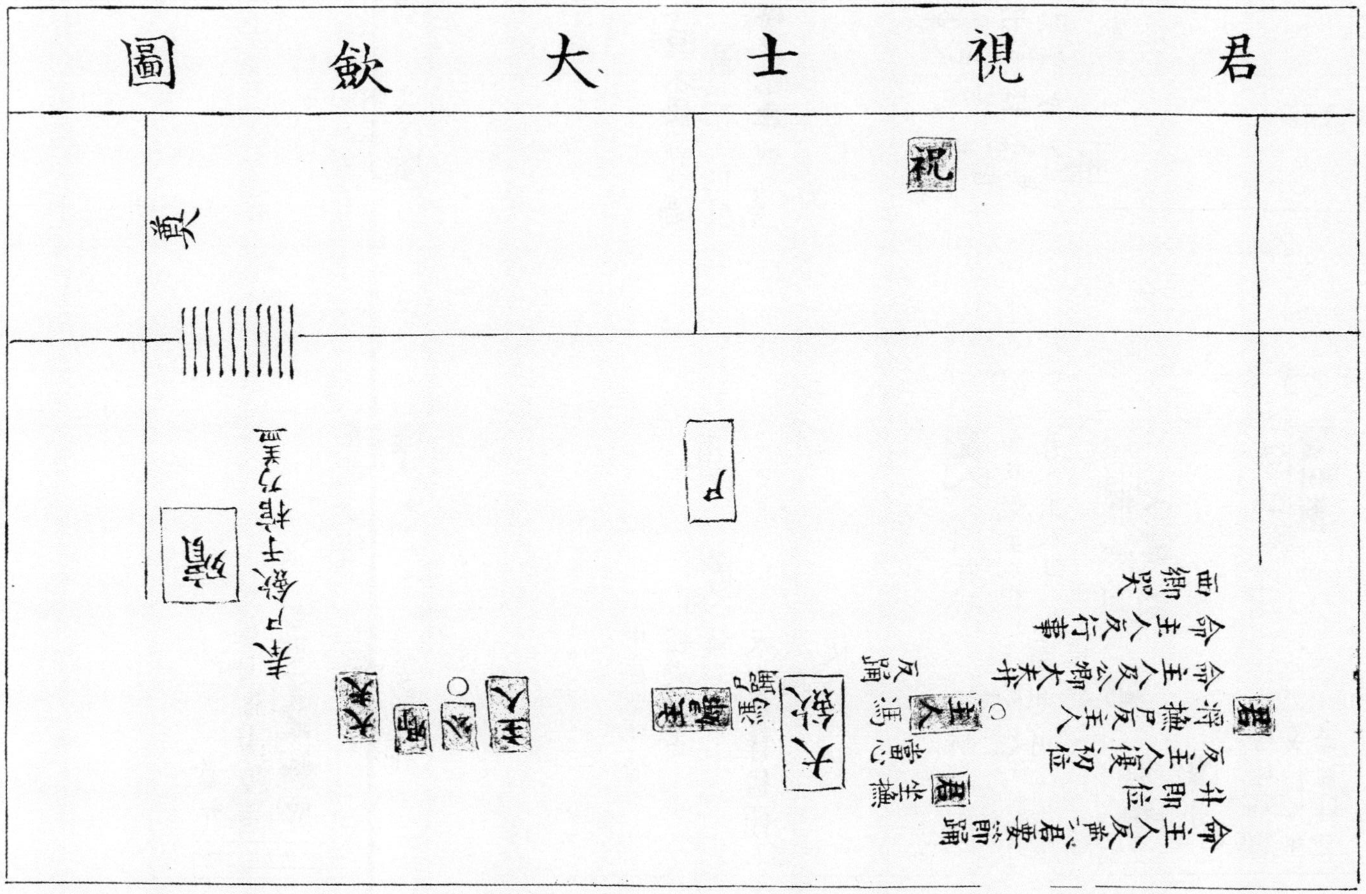
君視士大斂圖
祝
奠
尸
殯
大斂
主人

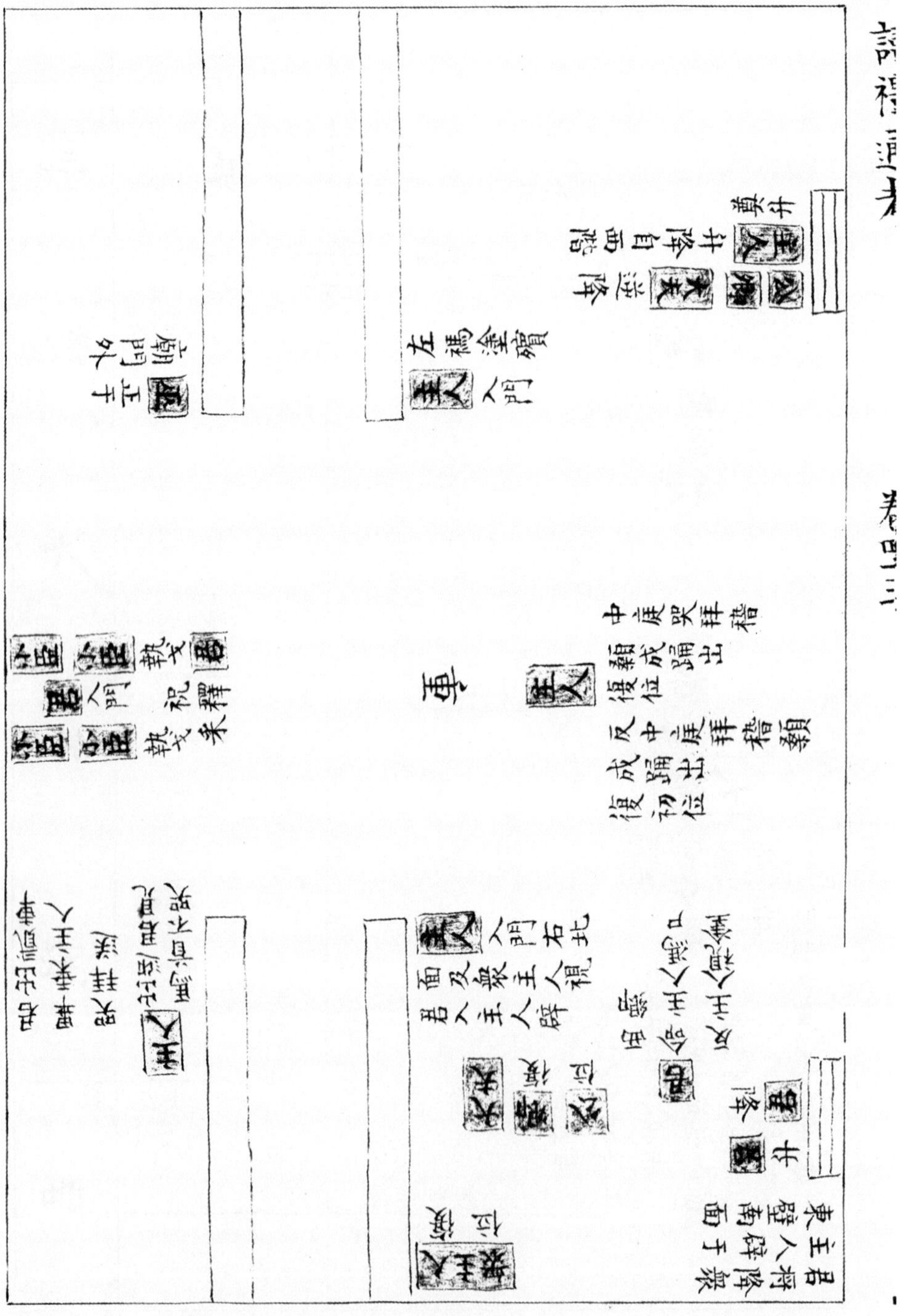

書徐勉傳

開元禮三品以上喪儀 四品以下至庶人附

何孟春餘冬序錄梁徐勉遷尚書時人間喪事多不遵禮朝終夕殯相尚以速勉上疏曰禮記問喪云三日而後斂者以俟其生也三日而不生亦不生矣頃來不遵斯制送終之禮殯以朞日潤屋豪家乃或半晷衣衾棺槨以速爲榮親戚徒隸各念休返故屬纊纔畢灰釘已具忘狐鼠之顧步愧燕雀之徊翔傷情戚理莫此爲大且人子承衾之時志懣心絶喪事所資悉關他手愛憎深淺事實難原如覘視或爽存没違濫使萬有其一怨酷已多豈可不緩其告斂之辰申其望生之冀請自今士庶宜悉依古三日大斂如其不奉加以糾繩詔可其奏

大字頂格

增　書九十五卷小斂絞大斂絞條下

功布有簟席素几功布巾在饌北掘殯坎于西階之上 喪從外來者殯于西楹之側 乃斂

大斂將大斂棺入內外皆止哭升棺于殯所棺中之具灰炭枕席之類皆先設于棺內置棺訖內外皆哭

熬八筐 熬所以惑蚍蜉令不至棺旁四品五品則六筐六品以下則四筐 黍稷粱各二 六品以下無 皆加

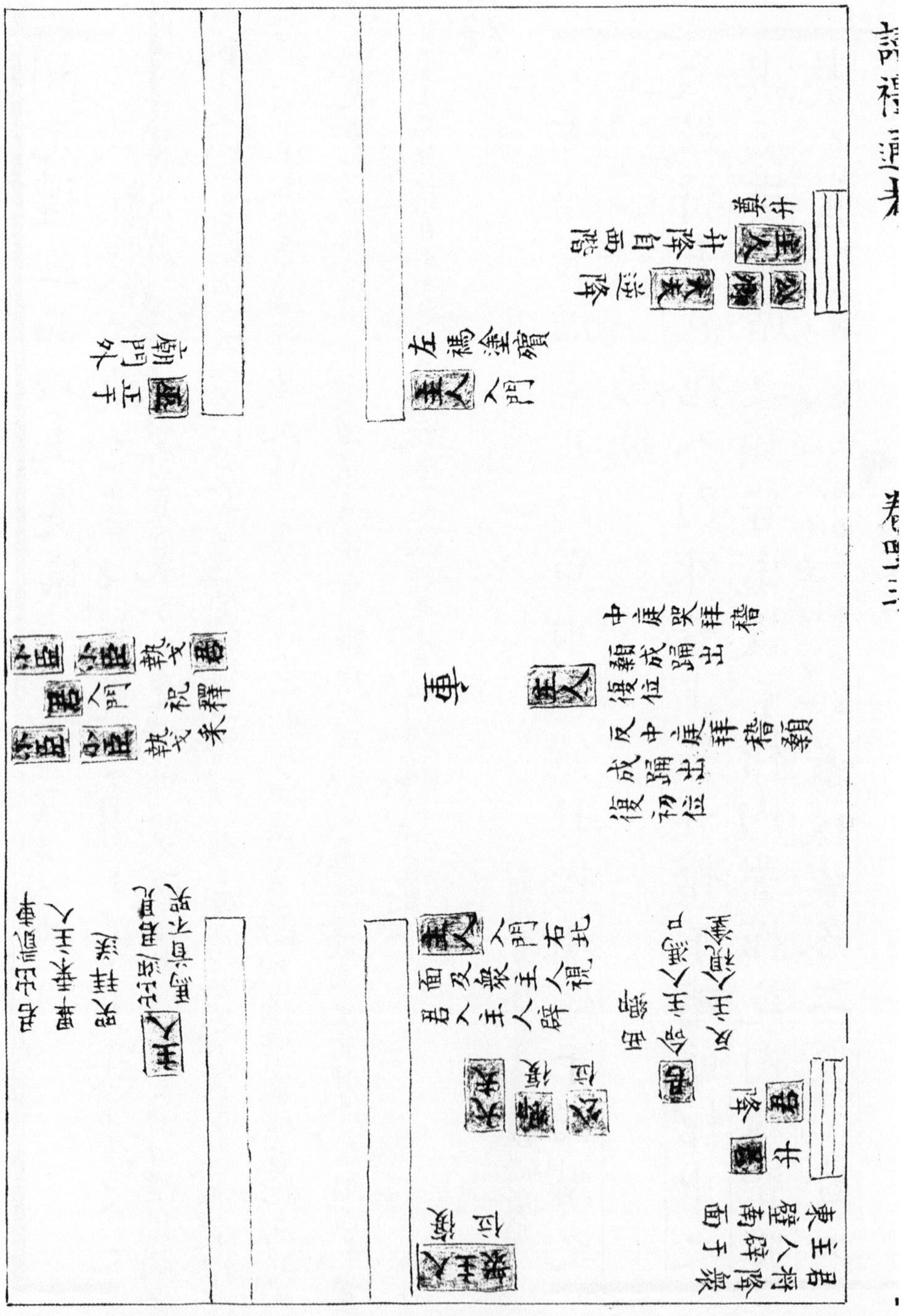

開元禮三品以上喪儀四品以下至庶人附

大斂陳衣大斂之禮以小斂之明日其日夙興陳衣于序東三十稱無官各隨所辦各具上服一稱西領南上自餘皆常服冕具通簪纓在北內喪花釵衾一衾以黃為表素為裏六品以下朝服一稱制用隨所有公服常服各為一

陳奠具奠于堂東階下兩甒醴及酒六品以下甒酒置于席醴在南各加勺六品以下無篚在東南順四品五品云東肆實角觶二木柶一豆在甒北籩次之六品以下一籩一豆牢饌如小斂籩豆俎皆冪以功布有簟席素几功布巾在饌北掘殯坎于西階之上喪從外來者殯于西楹之側乃斂

大斂將大斂棺入內外皆止哭升棺于殯所棺中之具灰炭枕席之類皆先設于棺內置棺訖內外皆哭熬八筐熬所以惑蚍蜉令不至棺旁四品五品則六筐六品以下則四筐黍稷粱各二六品以下無皆加

魚腊蠟燭俟于饌東設盆盥于東階東南（六品以下設盆盥于饌西）祝
盥訖（六品以下掌事者盥于門外）升自阼階徹巾授執巾者執巾者降
待于阼階下祝盥（六品以下掌事者盥）贊者徹小斂之饌降自西階
設于序西南當西霤（六品以下西榮）如設于堂上（堂上謂尸東凡奠設序西者事畢而去之）乃
適于東階下新饌所帷堂內外皆少退立哭御者斂
丈夫加冠婦人加花釵覆以衾（六品以下御者設覆以衾）斂訖開帷主
人以下西面憑哭主婦以下東面憑哭退復位次諸
親憑哭斂者四人舉牀男女從奉之奉尸斂于棺乃
加蓋覆以夷衾內外皆復位如初設熬穀首足各一
筐旁各二筐（六品以下一筐）以木覆棺上乃塗之設帟于殯上
（帟柩上承塵）祝取銘置于殯（六品以下既殯設靈座于殯東）
〔奠〕將奠執巾几席者升自阼階入設于室之西南隅
東面右几加以巾（四品以下升自阼階設于座右加以巾）贊者以饌升入室西

面設于席前六品以下設于靈座前席上殯于外者施蓋訖設大斂之奠于殯東祝受巾巾俎六品以下掌事者受巾奠者降自西階以出下帷內外皆就位哭如初旣殯設靈座于下室西間東向施牀几案屏幔服飾以時上膳羞及湯沐皆如平生當殷奠之日不饋于下室下室謂燕寢無下室者則設靈座于殯東朝夕進常食之具于靈前如平常也自當殷奠之日以下六品以下無文

政和禮品官喪儀

大斂大斂之禮以小斂之明日夙興陳衣于東序十稱朝服公服各一稱餘皆常服不足者隨所有西領南上內喪則具花釵饌于堂東階下如初掘殯坎于西階之上棺入內外哭止升棺于殯所灰炭枕席之屬皆預設于棺內升訖內外皆哭熬黍稷六箱皆加魚腊燭俟于饌東贊者徹小斂之饌降出乃適新饌所斂者盥訖與執服者以斂衣入內外皆少退立哭斂者斂訖覆以夷衾卒斂開帷主人以下憑哭如

初退復位諸親以次憑哭斂者四人舉牀男女從奉尸斂于棺乃加蓋覆以夷衾內外皆復位如初設奠首足各一箱旁各二箱以木覆棺上乃塗卒塗乃設帟于殯上祝取銘置于殯贊者盥手以饌升入室西面設于殯前降出下帷內外皆就位哭如初既殯設靈座于下室西間東向（下室謂燕寢無下室者設靈座于殯東六品以下止設于殯東）施牀案屛幛服飾以時上飲膳及湯沐如平生大功以下異門者各歸其家

庶人喪儀

大斂　大斂之禮以小斂之明日夙興陳衣三稱于東序西領南上饌于堂東階下（如小斂）掘殯坎于西階之上棺入內外哭止升棺于殯所（灰炭枕席之屬皆預設于棺內）升訖內外皆哭奠黍稷二箱加魚腊燭俟于饌東贊者徹小斂之

饌降出乃適新饌所斂者盥訖與執服者以斂衣入内外皆少退立哭斂者斂訖覆以夷衾卒斂開帷主人以下憑哭斂者四人舉牀男女從奉尸斂于棺乃加蓋覆以夷衾内外皆復位如初設熬穀首足各一箱以木覆棺上乃塗卒塗乃設帟贊者以饌入設于殯前降出下帷内外皆就位哭如初既殯設靈座于殯東施牀案屏幃服以時上飲食及湯沐如平生大功以下異門者各歸其家

司馬氏書儀

大斂（上文缺俟補）即又揣其空缺之處卷衣塞之務令充實不可揺動慎勿以金玉珍玩置棺中啓盜賊心收衾先掩足次掩首次掩左次掩右令棺中平滿主人主婦憑哭盡哀婦人退入幕下然後召匠加蓋下釘徹

小斂牀役者畢塈塗殯訖祝取銘旌設跗立于殯東跗杠足也其制如人衣架復設靈座于故處主人以下皆復位如故凡動尸舉柩主人以下哭擗無筭曲禮在牀曰尸在棺曰柩若無護喪則主人當輟哭親視殯斂務令安固不可但哭而已祝帥執事者盥手舉新饌自阼階升置于靈座前祝焚香洗盞斟酒奠之卑幼再拜哭皆如小斂奠之儀士喪禮卒塗乃奠設于奥注自是不復奠于尸既夕記燕養饋羞湯沐之饋如生日注孝子不忍一日廢其事親之禮于下室日設之如生也開元禮奠于室之西南隅六品以下設于靈座前席上殯于外者施盖訖設大斂之奠于殯東既殯設靈座于下室西間東向施牀几案屏幛服飾以時上膳羞及湯沐皆如平生下室者謂燕寢無下室則設靈座于殯東案古者室中牖在西戶在東故設神席于西南隅東面得其宜也今士大夫家既不可殯于聽事則正室之外別無燕寢又朝夕之奠何常不用飯而更設靈座于下室西間東向兩處饋奠甚無謂也又靈座若在殯而奠于殯東亦非禮也今但設奠于靈座前庶從簡易主人以下各歸其次留婦人兩人守殯共止代哭者

朱子家禮

大斂濬按家禮小斂條厥明陳小斂衣衾其注下條書布絞縱橫之數又于設奠具麻之後設小斂牀布絞衾衣其注下又條書布絞先後之

序至于大斂條止書陳大斂衣衾而注下無布絞之數惟云衣無常數衾用有綿者所謂衣者乃即大斂條下舉以塞空缺者也所謂衾者即舉棺條下垂其裔于外者也皆非用以斂者也且此後並無設大斂布絞衣衾之文而乃大斂條下注所云掩首結絞者蓋以小斂時未掩其面未結以絞至是始掩而結之所謂結絞者政謂結小斂之絞耳注中所謂收衾亦謂收向置于棺内其裔之外垂者也由是觀之家禮無大斂之絞明矣惟卷首有大斂圖其布絞之數亦與附注所引高氏說不同蓋非家禮本文也竊意家禮本書儀蓋合兩斂以為一小斂雖布絞而未結至將入棺乃結之似是以入棺即為大斂也温公非不知古人大小斂之制蓋欵從簡以便無力者耳然君子不以天下儉其親有力者當如禮大斂絞數用縱一横五而斂之于牀斂訖舉以入棺别用衣塞其空處而以衾之有綿者裹之斯得禮意矣若夫無力者不得已如家禮只一小斂亦可又詳見考証及楊氏說

厥明小斂之明日死之第三日也**執事者陳大斂衣衾**以卓子陳于堂東壁下衣無常數衾用有綿者

高閌曰大斂之絞直者三蓋取一幅布裂為三片也横者五蓋取布二幅裂為六片而用五也以大斂衣多故每幅三析用之以為堅之急也衾凡二一覆之一襲之○楊復曰儀禮士喪大斂衣三十称紟不在筭不必盡用注云紟單被也

設奠具如小斂之儀**舉棺入置于堂中少西**執事者先遷靈座及小斂奠于旁側役者舉棺以入置于牀西承以兩凳若卑幼則于别室役者出使者先置衾于棺中垂其裔于四外

儀節執事者先**遷靈座**次**遷小斂奠**俱于旁側**舉棺**役者先置兩凳于堂中少西舉棺以入置凳上**置衾棺中**置衾之有綿者垂其裔于四外**設大斂牀**牀上施薦褥衾絞如小斂畢舉而置尸牀之右並列**盥洗**侍者

與子孫婦女俱洗手掩首掩盖其頭結小歛絞先結直者後結横者舉尸侍者洗手安尸于大

歛牀　徹小歛牀

乃大歛侍者與子孫婦女俱盥手掩首結絞共舉尸納于棺中實生時所落齒髮及所翦爪于棺角又揣其空缺處卷衣塞之務令充實不可揺動勿以金玉珍玩置棺中啟盜賊心收衾先掩足次掩首次掩左次掩右令棺中平滿主人主婦憑哭盡哀婦人退入幕中乃召匠加盖下釘徹床覆柩以衣祝取銘旌設跗于柩東復設靈座于故處留婦人兩人守之○按古者大歛而殯既大歛則累墼塗之今或漆棺未乾又南方土多螻蟻不可塗殯故從其便

儀節盥洗子孫婦女及侍者俱洗手掩衾単被也結絞先結直者三後結横者五舉尸于棺結絞畢子孫婦女及侍者共舉尸納棺中綿衾内實齒髮實生時齒髮及所翦爪于棺中四角塞空缺又揣其空缺處卷衣塞之務令充實不可揺動收衾收綿衾之裔垂棺外者先掩足次掩首次掩左次掩右令棺中平滿憑哭盡哀主人主婦憑棺而哭哭畢婦人俱退入幕中盖棺乃召匠盖棺下釘謝賔　拜興拜興　徹大歛

牀　復靈座于故處設銘旌跗立于柩東

設靈牀于柩東牀帳薦席屏枕衣被之屬皆如平生時乃設奠如小歛之儀主人以下

各歸喪次中門之外擇朴陋之室為丈夫喪次斬衰寢苫枕塊不脫絰帶不與人坐焉非時見乎母也不及中門齊衰寢席大功以下異居者既殯而歸居宿于外三月而復寢婦人次于中門之内别室或居殯側去帷帳衾裀之華麗者不得輙至男子喪次止代哭者

明會典品官禮

〔大斂〕大斂之禮以小斂之明日夙興陳衣于東序饌于堂東階下如小斂之儀舉棺以入置于堂中少西侍者先置衾于棺中垂其裔于四外侍者與子孫婦女俱盥手掩首結絞共舉尸納于棺中實生時所落齒髮及所剪爪于棺角又揣其空缺處卷衣塞之務令充實不可搖動以衾先掩足次掩首次掩左次掩右令棺中平滿喪主主婦憑哭盡哀乃召匠匠加蓋下釘徹牀覆柩以衣設靈牀于柩東贊者以饌升入室西向奠于牀前內外皆就位哭如初喪主以下各歸喪次

庶人禮

〔大斂〕小斂之明日執事者陳大斂衣衾奠具如小殮

之儀舉棺入置于堂中少西侍者置衾于棺中垂其裔于四外侍者與子孫婦女俱盥手掩首結絞共舉尸納于棺中實生時所落髮齒及所剪爪于棺角又揣其空缺處卷衣塞之務令充實先掩足次掩首次掩左次掩右令棺中平滿喪主〻婦憑哭盡哀乃加蓋下釘覆柩以衣設靈牀于柩東乃奠喪主以下各歸喪次

〔王廷相荅趙生家禮疑問〕：喪禮飯含之後卒斂覆以衾注曰加覆巾充耳設幎目納屨乃襲深衣結大帶若服上服矣乃小斂大斂之時又有死者所有之衣不知用以為塡實之具不知復著于深衣之上否也○按儀禮襲衣三稱明衣不在筭庶襚繼陳不用謂不用以襲也小斂陳衣祭服庶襚十有九稱陳衣繼之不必盡用不盡用者納之以少為貴也蓋襲者為死者著上衣也卒襲後即以冒韜之小斂時雖欲著衣亦不可得矣大抵大小斂所陳之衣為斂時冒覆掩之具故小斂曰祭服不倒美在其中大斂曰美在其外君襚不倒謂之不倒者豈著于体之云耶○問有若喪次之居殯側之居二者不知居孰為宜三日而斂〻而即殯〻于堂中少西蓋疾病遷居正寢已在堂中記曰尸未設飾故帷堂觀此則喪次與殯側一而已矣自喪者言之謂之喪次自死者言之謂之殯側

恁是日字

〔王文祿葬度〕古有大小斂之法今皆廢之吳南溪云斂能固尸不特禦行路動搖而已昔聞魏莊渠遷葬啟棺見親骸宛然斂之力也予先慈淑母氏秋九月大斂先康毅君夏六月小斂大小斂尚憾不忍裹首未盡也為人子者冒可不知大小斂之法哉

陳龍正曰贈斂世祿之家斂法務宜從朴雖有爵者止用深衣幅巾勿加進賢冠袍帶久多未便襯墊棺中切勿用華服新服俱用平生舊衣及新白布[illegible]極淨曝極乾蓋舊衣恐有汗沾汚白布恐有漿粉俱生蟲引齒也鄉[illegible]塊置屍旁或用黃楮作枕狂愚之見貽悔最甚戒之戒之將蓋棺之[illegible]臨畢鄰里熟識之人皆聽入縱觀一時使知毫無長物耳目流傳自無後患○斂衣初殘之頃俗例必取衣服焚于屍前謂之斷命衣極無謂此不論故存之可以付子孫可以惠貧交焚之何意又貴人棺中襯墊多用平生舊袍表裏皆紵段不便多端有膠有漿引蛀一也精好之用付之朽蠹二也袍本公服上下通重藝用至此情禮不安三也必用潔布斂衣為是

〔華氏憲得集〕牀上用一布褥或攀枝花或木綿花厚裝在內不須用席有絞衾包襯之耳○枕用員頂布袋以細末香裝實在內其外以細布裹之更用帛裝薄綿而夾之如枕衣以藉首切勿用灰枕久埋則灰溼而滷漬于首矣○衣服自裏至表一如生時着之務令端正平妥勿得苟且須是人子親視而詳檢之必要十分停當○男子禮服冠幘幅巾鶴氅或深衣綿襪綿履○婦女首飾只用薄銀鍍木者佳禮服合用紗冠大衣霞帔或只用褙子長襖隨家所有者襖裙鞋襪裏衣俱用生時着者或新製又佳握手俱用絹帛必要潔淨勿用珍異裝飾並須儉素久遠無害○絞衾只用其一以白綿布或好絹如被夾之裝綿在內木綿花亦可約闊六尺長丈三四尺四角勿得裁剪須是寬製則可包裹也古者小斂大斂之衾各有制度今恐不能只用其一如被樣者乃從省且便耳○巾衣絲紳襪履禮服既俱着完躬視周正妥帖上下內外並無一件之不了則衆手輕移于絞衾之中間又載周徧詳視不須促迫緩緩務得停當乃先

之儀舉棺入置于堂中少西侍者置衾于棺中垂其裔于四外侍者與子孫婦女俱盥手掩首結絞共舉尸納于棺中實生時所落髮齒及所剪爪于棺角又揣其空缺處卷衣塞之務令充實先掩足次掩首次掩左次掩右令棺中平滿喪主主婦憑哭盡哀乃加蓋下釘覆柩以衣設靈牀于柩東乃奠喪主以下各歸喪次

〔王廷相荅趙生家禮疑問〕：喪禮飯含之後卒斂覆以衾注曰加覆巾充耳設幎目納屨乃襲深衣結大帶若服上服矣乃小斂大斂之時又有死者所有之衣不知用以為塡實之具不知復著于深衣之上否也○按儀禮襲衣三稱明衣不在筭庶襚繼陳不用謂不用以襲也小斂陳衣祭服庶襚十有九稱陳衣繼之不必盡用不盡用者納之以少為貴也蓋襲者為死者著上衣也卒襲後即以冒韜之小斂時雖欲著衣亦不可得矣大抵大小斂所陳之衣為斂時冒覆掩之具故小斂曰祭服不倒美在其中大斂曰美在其外君襚不倒謂之不倒者豈著于体之云耶○問有若喪次之居殯側之居二者不知居孰為宜三日而斂斂而即殯殯于堂中少西蓋疾病遷居正寢已在堂中記曰尸未設飾故帷堂觀此則喪次與殯側一而已矣自喪者言之謂之喪次自死者言之謂之殯側

〔王文禄葬度〕古有大小歛之法今皆廢之吳南溪云歛能固尸不特禦行路動摇而已昔聞魏莊渠遷葬啟棺見親骸宛然歛之力也予先慈淑母氏秋九月大歛先康毅君夏六月小歛尚憾不忍褁首未盡也為人子者冒可不知大小歛之法哉

陳龍正曰殯歛世祿之家歛法務宜從朴雖有爵者止用深衣幅巾勿加進賢冠袍帶久多未便襯墊棺中切勿用華服新段俱用平生舊衣及新白布但須洗極淨曝極乾蓋舊衣恐有汗沾汚白布恐有漿粉俱生蟲引螘也鄉俗例用炭塊置屍旁或用黃楮作枕狂愚之見貽悔最甚戒之戒之將蓋棺之頃親友臨畢隣里熟識之人皆聽入縱觀一時使知毫無長物耳目流傳自無後患○歛衣初殁之頃俗例必取衣服焚于屍前謂之斷命衣極無謂此不論故存之可以付子孫可以惠貧交焚之何意又貴人棺中襯墊多用平生舊袍袍表裏皆紵段不便多端有膠有漿引蛀一也精好之用付之朽蠹二也袍本公服上下通重褻用至此情禮不安三也必用潔布敝衣為是

〔華氏慮得集〕牀上用一布褥或攀枝花或木綿花厚裝在內不須用席有絞衾包襯之耳○枕用員頂布袋以細末香裝實在內其外以細布褁之更用帛裝薄綿而夾之如枕衣以藉首切勿用灰枕久埋則灰湿而滷漬于首矣○衣服自裏至表一如生時着之務令端正平妥勿得苟且須是人子親視而詳檢之必要十分停當○男子禮服冠幘幅巾鶴氅或深衣綿襪綿履○婦女首飾只用薄銀鍍木者佳禮服合用紗冠大衣霞帔或只用褙子長襖隨家所有者襯裙鞋襪裏衣俱用生時着者或新製又佳握手俱用絹帛必要潔淨勿用珍異裝飾並須儉素久遠無害○絞衾只用其一以白綿布或好絹如被夾之裝綿在內木綿花亦可約潤六尺長丈三四尺四角勿得裁剪須是寬製則可包褁也古者小歛大歛之衾各有制度今恐不能只用其一如被樣者乃從者且便耳○巾衣縧紳韈履禮服既俱着完躬視周正妥帖上下內外並無一件之不了則衆手輕移于絞衾之中間又載周徧詳視不須促迫緩緩看得停當乃先

掩足次掩首使衾裔上下參搭于中次掩左次掩右着邊着〻俱要手到又再三看得端正使無縐㡎及皺摺不齊預製絹帶十條濶寸半長二尺許作五道對綴于兩旁針線極要牢密而活結于身中間以次垂下綴〻宜匀停在項之更下勿參差不整須要端正切莫造次斯可矣此謂之小歛移屍入棺復以衾累之覆之謂之大歛茲併而用其一亦可也切不可不盡心盡力恐遺後日之悔一入棺歛再不可動矣至慎至詳之其多用綿累者蟲蟻不能入也肩足兩旁以舊衣潔者塞之以防動搖永無欹偏之患若綿衾累厚則亦自無空處矣○凡移屍及殮入之時須預備長手巾或淨巾三五條絡于身下衆手輕擧而平穩移之其合用凳板之類亦必預爲措辦安置毋得臨時自誤○明器據鄙見男子可用筆硯帋墨婦女可用針線剪尺其芭管什物及梳鏡圖書之類倣古遺意畧用不妨無亦不妨今俗用飯團竹棒過河棍生炭紙錢及一應邪説之物俱不當用切宜禁絶○銘旌依式用

書

《蘇州全書》編纂出版委員會 編

· 讀禮通考

蘇州全書

甲編

蘇州大學出版社
古吳軒出版社

讀禮通考卷四十四

喪儀節

成服

儀禮士喪禮篇三日成服杖注既殯之明日全三日始歠粥矣曲礼曰生與来日○疏上厭明滅燎是三日之期行大歛之事今別言三日成服則除上三日更加一日是四日矣而言三日者謂除死日数之為三日也敖繼公曰云成服者鄭已經帶矣今復以冠衰之屬足而成之也三日者以加經帶之日數之也曲礼曰生與来日是也喪大記曰士之喪二日而殯三日之朝主人杖婦人皆杖然則此蓋於來朝哭為之也○郝敬曰按三日成服喪礼之大節儀尓不宜太畧

乾學按開元政和禮諸書皆有成服儀注而士喪禮止三日成服杖一語京山郝氏遂謂其太畧然既夕篇記自三日絞垂以下冠衰屨杖具焉居處哭泣飲食之節具焉朝夕哭時位次具焉是即開元政和諸

禮之所本也安得以太畧議之

〔記〕三日絞垂注成服日絞要絰之散垂者○疏以絰小斂曰要絰大功以上散帶垂不言成服之時絞之故記言之云成服曰者曲礼生與来日則除死三日経云三日成服此云三日絞垂之日也小功緦麻初而絞之不待三日也○敖繼公曰記惟指主人也而男女大功以上亦存焉小斂之時婦人之帶雖結本亦未絞至此與大夫同絞之將成服先絞其帶之垂者以其已在身故也其下絰衰屨亦皆以所加之次言之

冠六升外縪纓條屬厭注詳二十八卷冠制衰三升注衣與裳也○疏注兼言裳者以衰裳升數同屨外納疏此菅屨也杖下本竹桐一也注見二十九卷

〔唐開元禮〕三日成服皆除去死日數六品以下則并死日為三日以內外皆哭盡哀內外俱降就次著縗服無服者仍素服相者引主人以下俱杖三日而後食杖而後能起衆子皆杖以病故也童子婦人不能病故不杖亦不居廬不著菲屨若適子雖童亦杖幼不能自杖人杖執之所謂當室杖者也自此以後唯嫡子及有爵之庶子皆得杖在位其庶子无爵者杖于他所不杖在位凡正寢户内曰室户外曰堂虞杖不入室祔杖不升堂以今言之即靈堂户之內外也周人祔在卒哭今之百日也哀哀歇止故其杖不升靈寢之堂前其衰服及杖皆致之于庐内應杖者朝夕哭則杖之若孝子出无他適惟向殯及向墳墓而已遠則乘車近則使人代執杖六品以下則不著菲屨升立哭於殯東西向南上齊縗以下升就位婦人升詣殯西位若殯逼

西辟婦人皆位于殯北南面東上尊行者坐內外皆哭盡哀諸子孫就祖父及諸父前跪哭皆撫哭盡哀就祖母前哭尒如之女子子對祖母及諸母前哭遂就祖父及諸父前哭如男子之儀唯諸父不撫之耳訖各復位伯叔母以下就主婦哭尒如之始遭親喪孝子荒迷三日而食乃成服是以尊卑內外聚居哭哀諸尊者降出還次主人以下降立于阼階下外姻在南少退俱西面北上哭盡哀各還次閫戶小功以下各還歸其家自成服之後諸尊者及婦人於諸親男女之喪有事則哭于殯所無事有時須哭者或在正寢則于北辟下舒席南面坐哭父母喪食粥朝米四合暮米四合不能食粥以米為飯婦人皆以米為飯

宋政和禮品官喪儀其日夙興內外皆哭盡哀各就

次服衰服無服者素服贊者引主人以下俱杖（童子婦人不杖不居庐不著菲屨若嫡子雖童亦杖不能自杖人執之）升立哭于殯東西面南上婦人升詣殯西東面南上期親以下各就位（若殯逼西壁婦人皆位于殯北南面東上尊行者坐）內外皆哭盡哀諸子孫就祖父及諸父跪哭皆撫哭盡哀就祖母及諸母前哭亦如之女子就祖母及諸母前哭遂就祖父及諸父前哭如男子之儀唯不撫主婦以下就伯叔母哭亦如之訖乃復位諸尊者降出還次主人以下降立于東階下外姻在南俱西面北上哭盡哀各還次闔户既成服大功以下異門者各歸其家主人及諸子妻妾女子子哭於其次晝夜無時（父母之喪居倚庐寢苫枕凷寢不脫絰帶頭有瘡則沐身有瘍則浴有疾則飲酒食肉疾止復初升降不由東階出入不當門隧不避涕泣而見人）諸尊及婦人于諸親男女之喪有事則哭于殯所若無事有時須哭者或在正寢則於北壁下舒席

南面坐哭親故弔贈如別儀

庶人喪儀

其日夙興內外皆哭盡哀降就次服繐無服者素服賛者引主人以下俱杖（童子婦人不杖不居廬一不著菲屨若嫡子雖童亦杖不能自杖人代執之）升立哭于殯東西面南上婦人殯西東面南上期親以下各就位（若殯逼西壁婦人皆殯北南面東上尊行者坐）內外皆哭盡哀諸子孫就祖父及諸父前跪哭皆撫哭盡哀就祖母及諸母前哭亦如之女子子就祖母及諸母前哭遂就祖父及諸父前哭如男子之儀唯不撫主婦以下就伯叔母哭亦如之訖乃復位諸尊者降出還次主人以下降立于東階下外姻在南俱西面北上哭盡哀還次闔户既成服期親以下各歸其家主人及諸子妻妾女子子哭於其次晝夜無時（父母之喪居倚廬寢苫枕凷寢不脫巾帶頭有瘡則沐身有瘍則浴有疾則飲酒食肉疾止復初）諸尊者及婦人於諸親男女之喪有

事則哭於殯所若無事有時須哭者或在正寢則於辟下舒席南面坐哭親故弔賻如別儀

司馬氏書儀大斂之明日曲礼曰生與来日死與往日鄭曰與数也生数来日謂成服杖以死来日数也死数往日謂殯斂以死日数也今人大斂即成服是无袒括髮也五服之人各服其服入就位然後朝夕奠

明會典品官禮大殮之明日厥明五服之人各服其服然後朝哭相弔諸子孫就祖父及諸父前跪哭皆盡哀就祖母及諸母前哭亦如之女子子就祖母及諸母前哭遂就祖父及諸父前哭如男子之儀主婦以下就伯叔母哭亦如之訖乃復位諸尊者降出還次喪主以下降立于東階下外姻在南俱西面北上哭盡哀各還次既成服喪主及兄弟始食粥妻妾及期九月者疏食水飲不食菜果大功以下異門者各

歸其家自是每日晨起喪主以下皆服其服入就位尊者坐哭卑者立哭

庶人禮大殮之明日厥明五服之人各服其服入就位然後朝哭相弔如儀成服之日喪主及兄弟始食粥妻妾及期九月者疏食水飲不食菜果大功以下異門者各歸其家自是每日晨起喪主以下各服其服入就位尊長坐哭卑幼立哭

右成服

拜君命及衆賓不拜棺中之賜注礼尊者加惠明日必往拜謝之棺中之賜不施已也敖繼公曰記於此者明已成服然後可為之也君命及衆賓謂弔者也拜之者謝其弔已也棺中之賜謂襚也不拜襚者襚礼不為已也此謂不弔而襚者若弔襚並行則其拜亦惟主于弔凡往拜之節其於朝奠之後乎拜之皆於其外門外所拜者不見

記主人乘惡車注拜君命拜衆賓及有故行所乘也襍記曰端衰喪車皆无等然則此惡車王喪之木車也○疏引雜記者証喪事上下同以其貴賤雖異于親一也王喪之木車者案巾車王之喪車五乘首云木車蒲蔽是王始喪所乘木車无飾與此惡車同故引之

見尊卑同也**白狗幦**注未成豪狗幦覆笭也以狗皮為之取其臑也白于喪飾宜○疏此喪車无飾故用白狗幦以覆笭未成豪狗
者尒雅釋畜文**蒲蔽**注蔽藩○疏車兩邊禦風為藩蔽以蒲草尒无飾也○敖繼公曰蔽即笰也在車兩邊以蒲席為之吉時或以簟詩
云簟笰魚服是也**御以蒲蔽**注不在于驅馳蒲蔽牡蒲莖也○疏士乘惡車之時御車用蒲蔽以策馬喪中亦不在于驅馳
蒲蔽牡蒲莖者案宣十二年智莊子每射抽矢蔽納諸廚武子之房注云蔽好箭以此而言蒲非直淂策馬尒為矢榦也**犬服**注笭間兵服以
犬皮為之取堅也尒白○疏凡兵器建之于車上笭間喪中乘車尒有兵器自衛以白犬皮為服取其堅固也**木錧**錧音管○注取少声
○疏其車錧常用金喪用木是取少声也**約綏約轡**注約繩也綏所以引升車○疏平常吉時綏轡用索為之今喪中取其无飾故
皆用繩為之也**木鑣**注尒取少声○疏平常用馬鑣以金為之今用木尒取少声也**馬不齊髦**注齊翦也主人之惡車如
王之木車則齊衰以下其乘素車繅車駹車漆車與○疏案巾車王之喪車五乘木車始死所乘素車卒哭所乘繅車既練所乘駹車大祥所乘漆車既
禫所乘此士之喪車尒當五乘主人乘惡車齊衰乘素車與卒哭同大功乘繅車與既練同小功乘駹車與大祥同緦麻乘漆車與既禫同主人至卒哭
以後哀殺故齊衰以下節級約與主人同故鄭為此義也若然士尋常乘棧車不革鞔而漆之今既禫尒與王以下同乘漆車者礼窮則同也**主**
婦之車尒如之疏布裧注裧者車裳幃於蓋彡垂之○敖繼公曰婦人之車必有裧而喪車則以疏布為
之明吉時不然也主婦乘車而出者拜夫人之命及女賓之弔者也**貳車白狗攝服**注貳副也揖猶緣也狗皮緣服差飾
○疏依正礼大夫以上有貳車士卑无貳車但以在喪可有副貳之車非常法則有兵服〻又加白狗皮緣之謂之揖服對主人服无緣此則有緣是差飾也

其他皆如乘車注如所乘惡車○疏其他者惟白狗攝服為異其他謂惡車白狗幦以下齊髦以上皆同主人惡車也

司馬氏書儀父母之喪不當出若為喪事及有故不而出則乘樸馬布裹鞍轡以代古惡車婦人以布幕車檐

呂坤四礼疑凶服不入吉門祭奠之客礼止喪前一謝遠客間有書疏近日謝客城市猶可遠鄉徧拜衰絰既不登堂主人必須具食使即脫衰飲酒食肉是何喪礼夫吉凶之事家家所有彼此俱不遠謝彼此俱不責礼奈何倡此敝風耶

乾學按後世有謝孝之禮多謂輓近之陋習不知古禮已先有之然注謂尊者加惠必往拜謝則是所謝者耑指曾来賵賻之人非盡弔客而徧謝之也又古之仕者不出本國則其所謝近在一城之中豈若後世之過都歷邑越在數百里之遠而亦往謝之哉況古之所重者君賜君有賜不可以不拜謝故因拜君而即拜衆賓後世大

見尊卑同也白狗幦注未成豪狗幦覆笭也以狗皮為之取其臑也白于喪飾宜○疏此喪車无飾故用白狗幦以覆笭未成豪狗者尔雅釋畜文蒲蔽注蔽藩○疏車兩邊禦風為藩蔽以蒲草尔无飾也○敖繼公曰蔽即第也在車兩邊以蒲席為之吉時或以簟詩云簟第魚服是也御以蒲菆注不在于驅馳蒲菆牡蒲莖也○疏士乘惡車之時御車用蒲菆以策馬喪中亦不在于驅馳蒲菆牡蒲莖者案宣十二年智莊子每射抽矢菆納諸厨武子之房注云菆好箭以此而言蒲非直淂策馬尔為矢幹也犬服注笭間兵服以犬皮為之取堅也尔白○疏凡兵器建之于車上笭間喪中乘車尔有兵器自衛以白犬皮為服取其堅固也木錧錧音管○注取少声○疏其車錧常用金喪用木是取少声也約綏約轡注約繩也綏所以引升車○疏平常吉時綏轡用索為之今喪中取其无飾故皆用繩為之也木鑣注尔取少声○疏平常用馬鑣以金為之今用木尔取少声也馬不齊髦注齊翦也主人之惡車如王之木車則齊衰以下其乘素車繅車駹車漆車與○疏案巾車王之喪車五乘木車始死所乘素車卒哭所乘繅車既練所乘駹車大祥所乘漆車既禫所乘此士之喪車尔當五乘主人乘惡車齊衰乘素車與卒哭同大功乘繅車與既練同小功乘駹車與大祥同緦麻乘漆車與既禫同主人至卒哭以後哀殺故齊衰以下節級約與主人同故鄭為此義也若然士聶常乘棧車不革鞔而漆之今既禫尔與王以下同乘漆車者礼窮則同也主婦之車尔如之疏布裧注裧者車裳幃於蓋弓垂之敖繼公曰婦人之車必有裧而喪車則以疏布為之明吉時不然也主婦乘車而出者拜夫人之命及女賓之弔者也貳車白狗攝服注貳副也攝猶緣也狗皮緣服差飾○疏依正礼大夫以上有貳車士卑无貳車但以在喪可有副貳之車非常法則有兵服服又加白狗皮緣之謂之攝服對主人服无緣此則有緣是差飾也

其他皆如乘車注如所乘惡車○疏其他者惟白狗攝服為異其他謂惡車白狗幦以下齊髦以上皆同主人惡車也

司馬氏書儀父母之喪不當出若為喪事及有故不得已而出則乘樸馬布裹鞍轡以代古惡車婦人以布幕車檐

呂坤四礼疑凶服不入吉門祭奠之客礼止喪前一謝遠客間有書疏近日謝客城市猶可遠鄉徧拜衰絰既不登堂主人必須具食使即脫衰飲酒食肉是何喪礼夫吉凶之事家家所有彼此俱不遠謝彼此俱不責礼奈何倡此敝風耶

乾學按後世有謝孝之禮多謂鞔近之陋習不知古禮已先有之然注謂尊者加惠必往拜謝則是所謝者尚指曾来賵賻之人非盡弔客而徧謝之也又古之仕者不出本國則其所謝近在一城之中豈若後世之遠都歷邑越在數百里之遠而亦往謝也哉況古之所重者君賜君有賜不可以不拜謝故因拜君而即拜衆賓後世大

臣之歿及大臣之父母歿倒淂蒙君之惠初未嘗有凶服往拜之禮獨奈何于遠客之弔而僕僕拜謝之哉守禮之孝子方當處苫塊之中以奉朝夕之饋奠乃遠離喪次而奔走于道途此何禮也欲徇流俗而大違乎正禮諒爾秉禮者之所不為況吾誠能守禮吾即不往謝人亦安淂而責之慎毋錯會経旨而藉口于古人庶不貽乎禮者之誚乎

孫氏家乘謝弔不遠出今時有踵門謝孝之舉初喪遠出有至四五百里者大失朝夕倚庐之意家礼云按曲礼凡非弔喪非見國君无不荅拜者則弔喪不荅拜明矣而家礼本書儀乃從世俗有賓主荅拜之文蓋以義起也是弔之荅拜猶為起義況弔畢稽顙謝賓已盡謝孝之礼何必他日又踵門乎今或時俗如此不能盡違則有折衷之道如遠來親友即至舟中或寓所叩謝不必他日更往也家礼注世俗既葬之後凡有親戚僚友來弔祭賻葬者其哀子必具衰経躬造其門拜之謂之謝孝有不行者怪責叢焉謂為不知礼遂使居喪者舍几筵朝夕之奉縲然衰経奔走道途信宿旅次甚至浹旬

経月不歸者有之行之已久習以為常考之古礼无有也知礼君子既當以礼自處又當以礼處人痛革世俗非礼之礼可也

右拜君命及賓

朝夕哭不辟子卯疏殯後阼階下朝夕哭也桀以乙卯亡紂以甲子死王者以為忌日惟凶事不辟婦人即位于堂南上哭大夫即位于門外西面北上外兄弟在其南〻上賓繼之北上門東北面西上門西北面東上西方東面北上主人即位辟門注外兄弟異姓有服者也辟開也凡廟門有事則開无事則閉○疏此外位皆有哭今直云婦人哭則丈夫亦哭但文不備也外兄弟若舅之子姑姊妹從母之子皆是有服者也○敖繼公曰即位于堂阼階上也大夫衆主人衆兄弟也同姓異姓之親及賓客雖以親疏為序列于東方而所上相変明其不相統也門東北面西上與西面北上者相変也門西北面東上與東面北上者相変也以下文攷之則此東方之賓卿大夫也門東諸公也門西他國之異爵者也然則西方者其士與門東門西外門内之左右也列定而主人乃即位于東方之北婦人拊心不哭注方有事止讙囂○疏方有事謂下徹大斂奠設新奠之時也○敖繼公曰拊心不哭見其悲哀而未敢哭也所以然者以男子未哭故也主人拜賓旁三右還入門哭婦人踊注先西面拜乃南面拜東面拜也○敖繼公曰旁三謂卿賓所立之方而三拜之也于内位之拜別其尊卑故于此畧之總旅拜而已以序言之先南面拜乃東面拜西面拜既則右還而入門也嫌其句便故言右還以明之婦人但言踊以踊見哭也哭有不踊〻无不哭者主人堂

下直東序西面兄弟皆即位如外位卿大夫在主人之南諸公門東少進他國之異爵者門西少進敵則先拜他國之賓凡異爵者拜諸其位注賓皆即此位乃哭盡哀止主人乃右還拜之如外位矣兄弟齊衰大功者主人哭則哭小功緦麻亦即位乃哭上言賓此言卿大夫明其亦賓亦少進前于列異爵卿大夫也他國卿大夫亦前于列尊之拜諸其位就其位特拜○疏案外位主人之南有外兄弟其南乃有賓此內位主人之南即有卿大夫不言兄弟者外兄弟雖在主人之南以少退故卿次夫繼主人而言也諸公門東少進者門東有士故云少進少進于士也此所陳位不言士之屬吏者案大夫家臣位在門右則士之屬吏亦在門右又在賓之後也主人右還拜之者亦右還如外位也○敖繼公曰此位與外位同故上言其位是者主人以互見之上言賓繼外兄弟此言卿大夫在主人之南明外兄弟以上皆少退于主人亦互見之也門東又有私臣之位門西又有公有司之位故諸公與他國異爵者皆少見以別之特牲記曰公有司門西北面東上私臣門東北面西上此位亦當如之也敵則先拜他国之賓惟謂異爵者若士則否以其同國異國者皆同在西方之位又旅拜之亦不宜異也他國之異爵者謂來聘若從君來朝者也凡諸公卿大夫也

右哭位

徹者盥于門外燭先入升自阼階丈夫踊注徹者徹大斂之宿奠○敖繼公曰徹者徹既殯之宿奠也言燭先入則徹者從之可知然則此特燭亦俟于外矣檀弓曰朝奠日出故用燭祝取醴北面取

酒立于其東取豆籩俎南面西上祝先出酒豆籩俎序從降自西階婦人踊注序次也○疏此所言先後祝執醴在先次酒次豆籩次俎為次第也敖繼公曰祝已取醴北面立已取酒者亦北而立于其東西上也餘人已取豆籩俎南面西上蓋立于神席之前不敢以由便而変位也設于序西南直西榮醴酒北面西上豆西面錯立于豆北南面籩俎既錯立于執豆之西東上酒錯復位醴錯于西遂先由主人之北適饌注遂先者明祝不復位也適饌適新饌將復奠○敖繼公曰惟豆云西面錯蓋其他不盡然也祝與執事者自西階下而徑東故出于主人之北是時東方之饌醴酒在甒既適饌乃酌之

右徹大斂奠

乃奠醴酒脯醢升丈夫踊入如初設不巾注入〻于室也如初設者豆先次籩次酒次醴也不巾无菹无栗也菹栗具則有俎有俎乃巾之○敖繼公曰如初設者醴酒錯于脯南也不巾別于殷奠也室中惟殷奠則巾其餘否錯者出立于戶西西上滅燭出祝闔戶先降自西階婦人踊奠者由重南東丈夫踊賓出婦人踊主人拜送注哭止乃奠〻〻則礼畢矣敖繼公曰滅燭出謂執燭者滅燭而出也亦先降自阼階由主人之北東衆主人出婦人踊

出門哭止皆復位闔門主人卒拜送賓揖衆主人乃就次敖繼公曰自婦人即位至此惟主言朝哭之禮其夕哭之與此異者惟徹醴者脯醢不設于序西南耳餘並同

右朝奠

朔月奠用特豚魚腊陳三鼎如初東方之饌亦如之注朔月月〻朔日也自大夫以上月半有奠如初者謂大斂時敖繼公曰朔月則殷奠象生前之朔食也無籩有黍稷用瓦敦有蓋當籩位注黍稷并于甒北也于是始有黍稷死者之于朔月〻半猶平常之朝夕大祥之後則四時祭焉○敖繼公曰朔奠及薦新不用籩所以別于殯奠之類此云用瓦敦則吉時或不用瓦者矣主人拜賓如朝夕哭卒徹注徹宿奠也○敖繼公曰朝夕奠无俎非盛饌徹則去之不復改設于序西南惟言卒徹為下事節也舉鼎入升皆如初奠之儀卒杝釋匕于鼎俎行杝者逆出甸人徹鼎其序醴酒菹醢黍稷俎注俎行者俎後執〻俎者行鼎可以出其序升入之次○疏按下文設時豆錯俎錯黍稷後設則俎宜在黍稷前今在黍稷後而言俎行者欲見俎雖在黍稷前設以執之在後欲與鼎匕出為節故云俎行即匕鼎出也○敖繼公曰升謂匕而升于俎也初奠小斂既殯之具其設于室豆錯俎錯腊特黍稷當籩位敦啟會卻諸其南醴酒位如初注當籩位俎南黍〻東稷會蓋也敖繼公曰黍稷後設変于籩實也醴酒位如

初亦醴在黍南酒在稷南祝與執豆者巾乃出注共為之也○敖繼公曰中分其奠祝巾在南者執豆者巾在北者各以近其位而為之然則巾殯奠亦當如之經于此乃見之耳主人要節而踊皆如朝夕哭之儀

月半不殷奠注殷盛也士月半不復如朔盛奠下尊者○疏下尊者以下大夫以上有月半奠故也有薦新如朔奠注薦五穀若時果物新出者○疏按月令仲春開氷先薦寢廟季春薦鮪于寢廟孟夏以彘嘗麥仲夏羞以含桃先薦寢廟皆是薦新如朔奠者牲牢籩豆一如上朔奠也○敖繼公曰新謂穀之新熟者也薦新則敦實皆以新物為之與春秋傳曰不食新矣少儀曰未嘗不食新皆指五穀而言也

徹朔奠先取醴酒其餘取先設者敦啟會面足序出如入注啟會徹時不復蓋也面足執之令足間嚮前也敦有足則敦之形如今酒敦○疏以前設時即不蓋至徹亦不蓋今經云敦啟會嫌先蓋至徹重啟之故云不復蓋也其設于外如於室注外序西南

記朔月童子執帚卻之左手奉之注童子隸子弟若內豎寺人之屬執用左手卻之示未用○疏此下室論饋奠掃潔之事按曲禮掃地者箕帚俱執此直執帚不執箕者下文掃室聚諸窔故不用箕也左傳云士有隸子弟注云士卑自以子弟為僕隸不足以及宗是以有隸子弟也示未用者用之則用右手也從徹者而入注童子不專禮事比奠舉席埽室聚諸窔布席如初卒奠埽者執帚垂末內鬣從執燭者而東注比猶先也室東南隅謂之窔○疏上文童子從徹者入此則從執燭者出以

其入則燭在先徹者在後出則徹者在先執燭者在後童子常在成人之後故出入所從不同也敖繼公曰此埽室之節蓋於既徹則為之如初亦東面也執帚垂末內鬣則鬣者卻之其皆反是與

燕養饋羞湯沐之饌如他日注燕養平常所用供養也饋朝夕食也羞四時之珍異湯沐所以洗去汙垢內則曰三日具沐五日具浴孝子不忍一日廢其事親之礼于下室日設之如生存也進徹之時如其頃○疏燕養者燕寢之中平生時所有供養之事則饋羞湯沐之饌是也如他日者死不忍異于生平之日也一日之中三時食今注云朝夕不言日中者或鄭畧言亦有日中也或以死後畧去日中直有朝夕食也知下室日設之者下經云朔月不饋食于下室明非朔月在下室設之也○敖繼公曰此饌蓋使人為之孝子不親視之也記曰在堊室之中非時見乎母也不入門說者謂居廬時絕不入門

朔月若薦新則不饋于下室注以其殷奠有黍稷也下室如今之內堂正寢聽朝事○疏大小斂奠朝夕奠皆无黍稷朔月有黍稷下室之饋亦有黍稷今殷奠自有黍稷故不復饋食于下室也大夫以上又有月半奠有黍稷亦不饋食于下室可知

萬斯同曰諸家解燕養饋羞湯沐之饌謂正寢朝夕奠之外別有燕寢朝夕之奠若是則一時而兩處設奠矣愚竊以為不然此記所言即經文朝夕奠之事故記者以一語盡之若果別有燕寢下室之奠則經文何為无一語言及今觀儀礼之所載雖至纖至屑如陳設之或左或右位次之或東或西无不一一詳列豈有如此節目而經文不一及之乎且如注疏之說朝夕之奠无黍稷下室之饋有黍稷則下室之礼盛于正寢之礼矣礼盛則執事之奔走子孫之陳列必更有加于朝夕奠之上者何為畫略之而不載乎輕者詳之而重者略之亦无此作書之体也概觀儀礼之記大要經文之所未備者記人為足成之並无經所不言而耑于記見之者鄭賈既誤解于前諸儒復附和于後雖最達礼如敖氏者亦謂在堊室之中非時見乎母也不入門故

孝子不親視嘻天下豈有致奠于先人而不親視者乎試觀朝夕奠之時自死者親屬而外疎而及于外兄弟遠而及于卿大夫又遠而及于異國之賓客无不陪位以視奠何獨于下室并孝子而无之古人制祭奠之礼必先聚子孫之精神然後能聚祖考之精神今奠焉而无一人在其側則祖考之精神何所憑依而來享乎先王之制礼孝子之事親必不如是也且正寢之奠本以栖神也謂神不在于正寢乎則朝夕亦不必設奠矣謂神既在于正寢乎又何為于燕寢而奠之也揆之于礼既不合考之于經又无文而儒者乃耑據其說以制礼吾誠不知其何解也後世唯溫公疑之謂兩處饋奠甚无謂故書儀止設奠于靈座前可謂淂礼之正矣然而注疏之謬公實未之覺也或者曰信如子言下文朔月若薦新則不饋于下室當作何解乎曰下室即正寢之室也謂既有朔月薦新之奠則不必有朝夕室中之奠故記人明之奈何以下室為燕寢而謂正寢之外復有燕寢之奠也哉況燕寢之說不但儀礼无之即小戴礼亦无之可知為鄭賈之臆說矣礼經之說不敢議注疏之說亦不可議乎是以不揣鄙陋而辨之以質正于知礼者焉

乾學按下室之饋即指室中朝夕之奠初非别奠于燕寢也其言饋羞即酒醴脯醢之類其言湯沐則于饋羞之外或設湯沐之具耳豈謂别設于燕寢之下室乎如果有其禮則經文必言之經文不言可知其必無此禮也

雜記朝夕哭不帷注緣孝子心欲見殯肂也既出則施其扂鬼神尚幽闇也〇疏孝子心欲見殯故當朝夕入廟門之時除去殯宮帷哭竟則帷之扂是褰舉之名初哭則褰舉事畢則施下之無柩者不帷注謂既葬也棺柩已去鬼神在室堂无事焉去帷〇疏无柩謂葬後也神主祔廟還在室則在堂无事故不復用帷也

檀弓帷殯非古也自敬姜之哭穆伯始也注穆伯季悼子之子公甫靖也敬姜穆伯妻文伯歜之母也礼朝夕哭不帷〇疏案張逸荅陳鑑云敬姜早寡晝哭以辟嫌帷殯或尔辟嫌表夫之遠色也

喪服小記無事不辟廟門注鬼神尚幽闇也廟殯宮哭皆於其次注无時哭也有事則入即位〇疏辟開也朝夕入即位哭則暫開之若无事則不開也次謂倚廬晝夜无時之哭皆于廬次之中也

檀弓士備入而后朝夕踊注備猶盡也國君之喪主人哭入則踊〇疏國君喪則羣臣即位哭踊嗣君雖先入即位哭必待諸臣皆入列位畢乃俱踊士畢最後故舉士入為畢也所入有前後必相待踊者踊須相視為節故俟齊也

朝奠日出夕奠逮日注陰陽交接庻幾遇之〇陳澔曰逮日及日之未落也〇方慤曰朝奠以象朝時之食夕奠以象夕時之食孝子事生如事生也

有薦新如朔奠注重新物為之殷奠〇疏薦新謂未葬中間淂新味而薦亡者其牲物如朔奠也

應鏞曰荐新重時物也荐新于庿死者已遠則感傷或淺荐新于殯其痛尚新則感傷必重朔祭謂之大奠其礼視大歛故薦新亦如之謂男女各即位

內外各從事而奠哭之儀如一也是礼之同非其物之同注謂殷奠恐未然蓋經曰如朔奠非為之也

右朔日奠

開元禮三品以上喪

朝夕奠○每日先具朝奠于東階下瓦甒二實以醴及酒樿杓疏布冪角觶一木柶二籩一豆一實以脯醢也六品以下瓦甒一實以酒素勺疏布冪籩一豆一實脯醢內外夙興各縗服凡言縗服應杖者皆杖以下准此男子就東階下位若升哭于殯東也其位如始成服之式婦人升詣殯西位內外皆哭凡朝夕哭皆開帷質明掌事者升自阼階入徹奠出置于序西南如殯東之儀又以朝奠入至阼階豆去蓋籩甒去巾冪升阼階入設于室如初執饌者出降自西階日出後少頃內外皆止哭各還次朝夕之間主人及諸子妻妾女子〻哭于其次無時至夕內外俱就位哭徹朝奠進夕奠如初儀日入後內外俱止哭各還次哭者出閤門自是以後至于啟殯

每朝夕如上儀既殯大功以下異門者歸于家

殷奠○每朔望具殷奠饌于東堂下瓦甒二實以醴及酒角觶二角柶一少牢及腊三俎二簋二簠二鉶六籩六豆設瓮盥於饌東布巾（爲奠者盥）其日内外夙興衰服升就位哭質明執饌者徹宿奠遂以饌入至阼階去巾蓋升入室設于席前酌奠訖冪俎以巾執饌者降自西階以出少頃内外各還次既出闔門及夕執饌者升徹殷奠進夕奠如常禮若有薦新如朔奠（薦五穀若時物新出者）其日不饋于下室（不饋于下室者爲殷奠有黍稷）

政和禮

朝夕奠○每日先具朝奠于東階下（隨宜設酒饌）内外夙興各衰服（應杖者皆杖）男子升詣殯東婦人升于殯西内外皆就位哭（凡朝夕哭開帷）質明掌事者升自東階徹宿奠降出乃

以朝奠入升自東階設于殯前如初乃出日出少頃內外俱止哭還次至夕內外俱就位哭徹朝奠進夕奠如初日入後少頃止哭還次哭者闔户主人以下自哭于次如初自是至啟殯朝夕如之

朔望奠○五品以下若遇朔望則具盛奠如朝奠之儀不饋于下室至夕則徹之設夕奠如常禮

卒哭奠○六品以下則百日乃卒哭其日夙興掌事者具饌于堂東內外夙興各衰服贊者引主人以下俱杖升立哭于靈座東西面南上婦人升詣靈座西東面南上內外俱就位哭贊者自東階入徹夕奠出如初掌饌者以饌升設于靈座前如初贊者引主人降自西階為初獻主人以下長為初献次為亞終献无則以親賓代盥手詑進詣靈座前以醆跪奠酒俛伏興少退西向立祝入立于靈

座南北面內外哭止祝跪讀祝文曰維某年某月某朔日辰孤子某敢告于考某官封日月不居奄及卒哭叩地號天五情糜潰謹以清酌庶羞哀薦成事于考某官封尚饗祝興主人哭再拜退復位次引亞獻盥手奠酒如初次引終獻亦如之內外皆再拜哭盡哀各還次闔戶自卒哭以後朝一哭夕一哭乃諱名

庶人禮

朝夕奠〇每日先具朝奠于東階下（酒饌隨宜）夙興各哀服（應杖者皆杖下同）男子升詣殯東婦人升詣殯西就位哭（凡朝夕哭闔帷）質明掌饌者升徹宿奠降出乃以朝奠入升自東階設于殯前如初乃出日出少頃內外止哭還次至夕俱就位哭徹朝奠進夕奠如初闔戶主人以下哭于次自是至啓殯朝夕如之

卒哭奠○百日乃卒哭其日夙興掌事者具饌于堂東内外各哀服贊者引主人以下俱杖升立哭于殯東西面南上内外俱就位哭贊者升自東階入徹夕奠出如初執饌者以饌升設于殯前如初贊者引主人降階盥手訖進詣殯前以盞跪奠酒俯伏興少退西面祝入立于殯南北面内外哭止跪讀祝文曰維某年某月某朔日辰孤子某（母曰哀子）敢昭告于考某人（妣曰妣某氏）日月不居奄及卒哭叩地號天五情糜潰謹以清酌庶羞哀薦成事于考某人尚饗祝興主人再拜哭應拜者皆再拜哭盡哀主人以下各還次闔户自卒哭後朝一哭夕一哭乃諱名

乾學按古禮卒哭之祭行于既葬三虞之後無有未葬而先行者獨政和禮以百日

為卒哭之期列此祭于朝夕奠之後而既葬虞祭之後反無之蓋緣宋時葬無定期多在三月之外故于百日先行卒哭之祭葬則隨其或遲或速而不為之限也夫禮制出自朝廷自當折衷古典以為天下萬世之章程豈可遷就俗習以變亂夫古制哉政和議禮君臣皆昏愚奸慝之至宜其謬戾而不可為典要也

司馬氏書儀

朝夕奠○自成服之後朝夕設奠朝奠日出夕奠逮日陰陽交接庶幾通之如平日朝晡之食加酒果事死如事生月朔則設饌古謂之殷奠然亦不可盛於時祭之饋遇麥禾黍稻熟荐新亦如朔奠皆褰帷幔雜記曰朝夕哭不帷注緣孝子心欲見殯肆也既出則施其居鬼神尚幽闇也用素器以主人有哀素之心也執事者具新饌於阼

階東无阼階但在靈座東南可也主人以下各服其服入就位尊長坐哭卑幼立哭祝帥執事者盥手徹舊饌置座西南乃設新饌于靈座前止哭祝洗醆斟酒奠之復位卑幼皆再拜哭盡哀歸次夕奠將至然後徹朝奠各用罩子若天暑恐息敗則設饌如食頃去之止留茶酒果仍罩之

朱子家禮

朝奠每日晨起侍者設頮盆帨巾櫛具于靈牀側凡生時所用之物皆列之執事者設蔬果脯醢羹飯酒茶匙筯于靈座前卓子上○置執事盥盆帨巾于其座東

劉璋曰凡奠用脯醢者蓋古人家常用之如无別具饌數器亦可夫朝夕奠者謂陰陽交接之時思其親也朝奠將至然後徹夕奠夕奠將至然後徹朝奠各用罩子若暑月恐臭敗則設饌如食頃去之止留茶酒果屬仍罩之

儀節主人以下各服其服入就位尊者坐卑者立舉哀皆哭盡哀奉魂帛出就靈座侍者入靈牀奉出魂帛寘交椅上魂帛出侍者入靈牀中斂枕被祝盥洗祝洗手焚香斟酒點茶主人以下拜興拜興平身且哭且拜禮畢罩巾用罩子罩蔬果之類夏月撤去

脯醢留茶酒之類

食時上食　執事者徹去朝奠陳設如前

儀節　主人以下各服其服入　就位　舉哀　祝盥洗　焚香　斟酒　點茶　主人以下　拜興拜興平身　禮畢　罩巾　如朝奠儀但不用出魂帛

夕奠　執事者徹去舊奠陳設如前

儀節　主人以下各服其服入　就位　舉哀　祝盥洗　焚香　斟酒　點茶　主人以下　拜興拜興平身　且拜且哭　奉魂帛入靈牀　侍者先入靈牀内鋪被安枕然後出奉魂帛安牀上置靸鞋于牀下收晨所陳頮櫛之具

哭無時　朝夕之間哀至則哭于喪次

朔日則於朝奠設饌　饌用肉魚麪米食羹飯各一器禮如朝奠之儀

高閌曰若遇朔望節序則具盛饌其品物比朝夕奠差衆禮疏曰士則月望不盛奠唯朔奠而已○問母喪朔祭子為主朱子曰凡喪父在父為主則父在子无主喪之禮也又曰父沒兄弟同居各主其喪注云各為妻子之喪為主也則是凡妻之喪夫自為主也今以子為喪主似未安○楊復

曰案初喪立喪主條凡主人謂長子无則長孫承重以奉饋奠今乃謂父在父為主父在子死主喪之礼二說不同何也蓋長子主喪以奉饋奠以子為母喪恩重服重故也朔奠則父為主者朔殷奠以尊者為主也喪服小記曰婦之喪虞卒哭其夫若子主之虞卒哭皆是殷祭故其夫主之亦謂父在父為主也朔祭父為主義與虞祭卒哭同

〔儀節〕主人以下各服其服入 就位　舉哀　奉魂帛出就靈座　盥洗　焚香　斟酒　點茶　拜興拜興平身且哭且拜　禮畢　罩巾　按礼母喪朔祭則用父為主用父為主則是以夫而祭妻也其礼視子于父母為輕其行礼之際稍加節文似亦不為過今擬子之喪母有父在主祭者之儀如後就位主人以下次立　舉哀　奉魂帛出就靈座　主人盥洗　詣香案前　焚香　斟酒·執事者點茶　奉鞠躬拜興拜興平身　礼畢　按母喪而父主之若父不親焚香斟酒則與子主者何異未葬父母所以不親行者居重喪未葬不當自行也

有新物則薦之如上食儀

劉璋曰孝子之心事死如事生斯須不忘其親也如遇五穀百果一應新熟之物必以荐之如上奠儀凡靈座之間除金銀酒器之外盡用素器不用金銀錢飾以主人有哀素之心故也

朱子語類問檀弓既祔之後唯朝夕哭拜朔奠而

橫渠以為王年之中不徹几筵故有日祭温公亦謂朝夕當饋食則是朝夕之饋終喪行之與禮經不合如何朱子荅曰今世此等禮不失為厚無嫌于僭且當從之○問政和禮六品以下至庶人無朔奠書儀有之今將何從朱子荅曰既無朔奠則朔奠遵當代之制不用

王廷相荅趙生家礼疑問有若朝奠奉蒐帛出就靈座夕奠奉蒐帛入就靈床其出其入不知指何所曰此蓋謂殯所朝夕哭奠也朝奉蒐帛出就靈座而後行奠如生之夙興也夕既奠而後奉蒐帛入就靈床如生之夜寐也蒐帛不経見温公以義起之按儀礼重木刋鑿之祝取銘置于重記曰重主道也注云士重木三尺始死作重以依神雖非主而有主之道襍記曰重既虞而埋之蓋以葬後既有主則重可埋也若以木如今神牌之式為之尓自有古意蒐帛不用尓可也

明會典品官禮

每日晨起侍者設盥櫛之具于靈牀側奉蒐帛出就靈座然後朝奠執事者設饌祝盥手焚香斟酒喪主

以下再拜哭盡哀食時上食至夕進夕奠如朝奠儀喪主以下奉魂帛入就靈牀哭盡哀朝夕之間哀至則哭自此以至于虞朝夕如之若遇朔望則具殷奠比之常奠其饌為盛禮如朝奠行之至夕徹去進夕奠如常禮有時物則薦之百日而卒哭

庶人禮

每日晨起侍者設盥櫛之具于靈牀側奉魂帛出就靈座然後朝奠執事者執饌祝盥手焚香斟酒喪主以下再拜哭盡哀食前上奠至夕進夕奠喪主以下奉魂帛入就靈床哭盡哀朝夕之間哀至則哭朔日之奠如朝奠之儀時物之薦如上食之儀

讀禮通考卷四十五

喪儀節

筮宅

儀禮士喪禮篇筮宅冢人營之注宅葬居也冢人有司掌墓地兆域者營猶度也○敖繼公曰士筮宅而不卜辟尊者之禮也掘四隅外其壤掘中南其壤注為葬將北首故也○疏為葬時北首故壤在足處既朝哭主人皆往兆南北首免絰免如字○注兆域也新營之處免絰者求吉不敢純凶○敖繼公曰云皆往明衆主人亦行也免絰亦左擁之絰服之冣重者于此免之以對神明冝與人異命筮者在主人之右注命尊者冝由右出也少儀曰贊幣自左詔辭自右筮者東面抽上韇兼執之南面受命注韇藏筴之器兼與筴之○疏抽上韇則下韇未抽待用筮時乃并抽也命曰哀子某為其父某甫筮宅度茲幽宅兆基無有後艱注某甫且字也若言山甫孔甫矣基始也言為其父筮葬居今謀此以為幽冥居兆域之始得無後將有艱難乎艱難謂有非常若崩壞也孝經曰卜其宅兆而安厝之○疏上大夫以上卜而不筮故雜記云大夫卜宅與葬日下文云如筮則史練冠鄭注云謂下大夫若士也則卜者為上大夫上大夫卜則天子諸侯卜可知但此注兆

為域彼注兆為吉不同者周禮太卜掌三兆有玉兆瓦兆原兆孝經注亦云兆塋域此文主人皆往兆南北面是兆為塋兆之處矣筮人許諾不述命右還北面指中封而筮卦者在左注既受命而申言之曰述不述者士禮畧中封中央壤也卦者識卦爻畫地者卒筮執卦以示命筮者命筮者受視反之東面旅占卒進告於命筮者與主人占之曰從注卒筮卦者寫卦示主人乃受而執之旅衆也反與其屬共占之從猶吉也○敖繼公曰卦者書卦于木既卒筮而筮者乃執以示命筮者必示命筮者以其出命故爾既占而先告命筮者乃告主人亦此意也若吉時則受命示卦皆于主人占之曰從所吉之辭云爾從謂從其所筮之地也書曰龜從筮從主人經哭不踊若不從筮擇如初儀注更擇地而筮之歸殯前北面哭不踊注易位而哭明非常○疏朝夕哭當在阼階下西面今筮宅來歸北面哭者是易位非常故也○敖繼公曰謂殯前西階下也

記筮宅冢人物土注物猶相也其地可葬者乃營之○疏正經筮宅之事不物土故記人言之凡筮皆先相乃筮之筮吉乃掘坎今直云營之不言筮宅者營之中兼筮使冢人物土乃筮也

●月令孟冬之月飭喪紀辨衣裳審棺椁之薄厚塋丘壟之大小高卑厚薄之度貴賤之等級注此亦閑藏之具順時飭正之也辨

衣裳謂襲歛尊卑所用也所用又有多少○陳澔曰飭喪紀者飭正喪事之紀律也即辨衣裳以下諸事是也上綫下裳以布之精麤為親疏故曰辨亦謂襲歛之衣數多寡棺椁厚薄有貴賤之等垒有大小丘壟有高卑皆不可踰越厚薄之度主禮而言貴賤之等級主人而言故總曰審○朱氏曰喪者人之終冬者歲之終故于此時而飭喪紀焉

雜記大夫卜宅與葬日有司麻衣布衰布帶因喪屨緇布冠不蕤占者皮弁注有司卜人也麻衣白布深衣而著衰焉及布帶緇布冠此服非純吉亦非純凶也皮弁則純吉之尤者也占者尊於有司卜求吉其服彌吉○疏宅謂葬地大夫尊故得卜宅并葬日因喪屨謂因喪之繩屨以緇布為冠不加緌占者謂卜龜之人尊于卜之有司故皮弁純吉也○陸佃曰有司羣吏有事者也鄭氏謂有司卜人誤矣據士冠禮有司如主人服即位於西方東面北上筮與席所卦者具饌於西塾言因喪屨則麻衣布衰布帶緇布冠不蕤非前日之服也凡服皆先服服而後冠聘禮曰遭喪將命于大夫主人長衣練冠以受是也筮先冠後衣自既服之後欤緇布冠不蕤禮也不待言不緌而後著今言不緌以有緌之者也如筮則史練冠長衣以筮占者朝服注筮者筮宅也謂下大夫若士也筮史筮人也長衣深衣之純以素也長衣練冠純凶服也朝服純吉服也○疏以吉凶之服筮輕故用純凶服長衣深衣其制同長衣是深衣之純以素者凶時深衣純以布麻衣亦純以布此長衣則布衣而純之以素練冠是小祥以後以練為冠都無吉象故云純凶[illegible]也○陸佃曰長衣蓋練衣也練而為衣長之即吉有漸也知然者以練練衣黃裏縓緣鹿裘衡長袪知之也鄭氏謂長衣深衣之純以素非也大夫之喪大宗人相小宗人命龜卜人作龜注卜葬及日也

相相主人禮也命龜告以所問事也作龜謂揚火灼之以出兆。劉氏曰大宗人或是都宗人小宗人或是家宗人掌邦家之禮者

喪服小記祔葬者不筮宅注宅葬地也前人葬既筮之。疏宅謂塋壙也前人之葬已筮而吉故祔塋則不必再筮也。方慤曰祔葬與祔廟皆謂之祔者以後死祔前而神事之則一故也凡祔以廟爲正葬則如之而已故言祔廟則不言廟祔葬則必言葬

獻椁材及明器

既井椁主人西面拜工左還椁反位哭不踊婦人哭于堂注既已也匠人爲椁刊治其材以井構于殯門外也反位拜位也既哭之則往施之竁中矣主人還椁亦以既朝哭矣。疏檀弓云既殯旬而布材與明器則椁及明器之材布之已久豈今始獻但至此時將用故主人親看視既哭之則往施之竁中也匠人主木工之事刊治有功故主人拜之也下文獻材于殯門外則此亦在殯門外。郝敬曰井椁椁形方如井文左還左體向西南繞椁視其材制之美惡反位哭歸殯前北面哭也。敖繼公曰拜工謝其劳也主人西面拜工則工東面矣左還椁由椁之東南行也

獻材于殯門外西面北上綪主人徧視之如哭椁獻素獻成亦如之注材明器之材視之亦拜工左還形法定爲素飾治畢爲成。疏上經已言椁此經言材故知明器之材也明器之材先獻之驗其堪否也素是未加飾之名成是已成就之名明器須好故有獻法上椁材既多故不須獻直還觀之而已。敖繼公曰北上西北上也南北陳之而前列在西徧視之亦自其所上者始此又與還椁異矣亦先拜工乃視之云如哭椁者如其反位哭不踊也此著殯門外則井椁之處其在外門外乎

檀弓既殯旬而布材與明器注木工宜乾腊。踰旬謂殯後十日也布班也材椁材也殯後十日班布告下覓椁材及送葬明器之材或云布其木宜乾腊故須豫纍之也

卜日

卜日既朝哭皆復外位卜人先奠龜于西塾上南首有席楚焞置于燋在龜東注楚荊也荊焞所以鑽灼龜者燋炬也所以燃火者也凡卜以明火爇燋。疏古法鑽龜用荊謂之荊焞存火者為炬亦用荊為之故云所以燃火者也明火以陽燧取火于日也。敖繼公云席亦在龜後龜南首燋在其左皆變于卜時也葬日卜而不筮亦變于吉族長涖卜及宗人吉服立于門西東面南上占者三人在其南北上卜人及執燋席者在塾西注族長有司掌族人親疏者也涖臨也吉服服玄端也在塾西者南面東上。敖繼公曰族長族人之尊者也族長與主人有親乃立于門西以將涖卜變其位此占者亦吉服不言者文省也吉服者亦以對越神明故也占者有司掌占事者也必三人者欲考其言異同之多寡而定是非也書曰三人占則從二人之言卜人有司掌共卜事者也在塾西者便其升也東西塾之階蓋與東西堂側階之所鄉同闔東扉主婦立于其內注扉門扉也席于闑西閾外注為卜者也宗人告事具主人北面免絰左擁之涖卜即位于門東西面注涖卜族長也更西面當代主人命卜。疏下

文受龜受視受命許即云命曰哀子某則族長非直視高蕞行命龜之事也故云代主人命卜卜人抱龜燋先奠龜西首燋在北注既奠燋又執龜以待之。踩卜人抱龜燋者謂從塾上抱鄉閾外待也先奠龜于席上乃復奠燋在龜北既奠燋又執龜以待之者鄉時先奠龜次奠燋既奠燋又取龜執之以待之者下經授與族人宗人受之是也。敖繼公曰燋先謂執燋者先于龜而行也奠龜西首象神位在西鄉之奠龜與燋皆東面不言焞與燋同處可知。乾學按注踩以卜人抱龜燋為句先奠龜為句敖氏以卜人抱龜為句燋先為句讀法不同義無大異

宗人受卜人龜示高注以龜腹甲高起所當灼處示涖卜也。踩凡卜法春占後左夏占前左秋占前右冬占後右今云腹甲高者謂就龜腹下之甲高起之處鑽之以示涖卜也涖卜受視反之宗人還少退

受命注受涖卜命授龜宜近受命宜卻也命曰哀子某來日卜葬其父某甫考降無有近悔注考登也降下也言卜此日葬龜神上下得無有近于悔咎者乎。敖繼公曰無有近悔謂其日若吉則不近于悔如葬而遇雨及他有不虞則非吉日矣許諾不述命還即席西面坐命龜興

授卜人龜負東扉注宗人不述命亦士禮畧凡卜述命命龜異龜重威儀多也負東扉俟龜之兆也。敖繼公曰言不述命則命龜之辭與涖卜所云者異矣。乾學按命龜者以所卜之事告于龜也卜人坐作龜興注作猶灼也周禮卜人凡卜事示高揚火以作龜致其墨興起也宗人受龜示涖卜涖卜受視反之宗人退東面乃旅占卒不釋龜告于涖卜與主人占曰其

日從注不釋龜復執之也。敖繼公曰不哭者吉服也主人不哭者未經也授卜人龜告于主婦主婦哭注不執龜者下主人也。敖繼公曰涖卜不哭者吉服也主人不哭者未經也告于異爵者使人告于衆賓注衆賓僚友不來者也。疏上云既朝哭皆復外位外位中有異爵卿大夫等故就位告之言使人告明不在此故云不來者也。敖繼公曰衆賓謂士之在外位者也卜人徹龜宗人告事畢主人經入哭如筮宅賓出拜送敖繼公曰云徹龜則鄉者復奠于西塾上以待事畢也拜送賓蓋于外門外若不從卜擇如初儀

記卜日吉從于主婦主婦哭婦人皆哭主婦升堂哭者皆止注事畢。疏正經直云闔東扉主婦哭不云主婦升堂哭者皆止之事故記明之

曲禮外事以剛日注順其出為陽也出郊為外事春秋傳曰甲午祠兵內事以柔日注順其居內為陰凡卜筮日旬之外曰遠某日旬之內曰近某日喪事先遠日吉事先近日注喪事葬與練祥也吉事祭祀冠娶之屬也曰為日假爾泰龜有常假爾泰筮有常注命龜筮辭龜筮于吉凶有常大事卜小事筮卜筮不過三注求吉不過三魯四卜郊春秋譏之卜筮不相襲注卜不吉則又筮筮不吉則又卜是瀆龜筴也。疏外事郊外之事也內

事郊内之事也十日有五奇五偶甲丙戊庚壬五奇爲剛乙丁己辛癸五偶爲柔卜用龜筮用蓍大事卜小事筮喪事謂葬與二祥是奪哀之義也非孝子之所欲但制不獲已故卜先從遠日而起示不宜急微伸孝心也故左傳云禮卜葬先遠日辟不懷是也此尊卑俱然雖士亦應今月下旬先卜来月下旬不吉卜中旬不吉卜上旬也吉事謂祭祀冠昏之屬少牢云若不吉則及遠日又筮日如初是先近日也曰命龜筮辭也卜擇吉日故云爲日假因也爾指蓍龜也泰敬褒美此龜筮故謂爲太龜太筮有常者言汝決判吉凶分明有常也卜筮不過三日者王肅云禮以三爲成也上旬中旬下旬三卜筮不吉則不舉也不相襲者襲因也前卜不吉則止不得更筮前筮不吉則止不得更卜是不相襲也若相因不止是瀆龜筮則神不告也

雜記祝稱卜葬虞子孫曰哀夫曰乃兄弟曰某卜葬其兄弟曰伯子某疏謂卜葬卜虞擇日而卜人祝龜所稱主人之辭也子卜葬父則祝辭云哀子某卜葬其父某甫若孫卜葬祖則祝辭云哀孫某卜葬其祖某甫若夫葬其妻則祝辭云乃某卜葬其妻某氏乃者言之助也妻卑故假助句以明夫之尊也其弟爲兄則祝辭云某卜葬兄伯子某若兄爲弟則云某卜葬其弟某兄弟稱名則子孫與夫皆稱名可知也

啟殯

儀禮既夕篇注士喪禮之下篇也謂先葬二日既夕哭時與葬間一日其上士二廟則既夕哭先葬前三日○敖繼公曰此禮承上篇爲之乃别爲篇者以其禮更端故也篇首云既夕哭故以既夕命篇

既夕哭注既已也謂出門哭止復外位時○疏復外位之時必有弔賓來亦在外位故請期因告賓也

請啟期告于賓注將葬當遷柩于祖有司於是乃請啟肂之期于主人以告賓賓宜知其時也

○敖繼公曰鼏者既卜日即告于異爵者及衆賓則是賓固知其葬日矣而有司必請其期以告于賓重慎之至也夙興設盥于祖廟門外注祖王父也下士祖禰共廟○疏夕哭請期訖明旦早起豫設盥盥于祖廟門外擬舉鼏之人盥手案大歛盥在門外東方也祭法適士二廟官師一廟此經所朝專據一廟者言故曰設盥于祖廟下記則據二廟言之○敖繼公曰設盥為舉鼏及設奠者也一廟而祖禰皆在焉惟云祖者是禮主于祖也陳鼎皆如殯東方之饌亦如之注皆皆三鼎也如殯如大歛既殯之奠○疏案殯後大殮陳三鼎有豚魚腊在廟門外西面北上此陳鼎亦如之大殮時東方之饌兩瓦甒其實醴酒觶豆兩其實葵菹蠃醢兩籩無縢布巾其實栗不擇脯四脡此東方之饌亦如之侇牀饌于階間注侇之言尸也朝正柩用此牀○疏謂柩至祖廟兩楹之間尸北首之時乃用此牀○敖繼公曰此即鼏者承尸于堂之牀也階間祖廟堂下

記夷牀輁軸饌于西階東注明階間者位近西也夷牀饌于祖廟輁軸饌于殯宮其二廟者于禰亦饌輁軸焉○疏正經直云階間恐正當兩階之間故記人明之輁軸以俟載柩故近西皆在西階東知禰亦饌輁軸者以柩先朝禰至禰廟移柩升堂明旦乃移柩于輁軸上載以朝祖廟朝祖廟時下柩訖明日用蜃車輁軸无復更用不饌之其二廟則饌于禰廟如小斂奠乃啟注祖尊禰卑也士事祖禰上士異廟下士共廟○疏饌于禰廟者以先朝禰後朝祖故先于禰廟饌至朝設之故也如小斂奠者亦門外特豚一鼎東上兩甒醴酒一豆一籩之等也祖尊禰卑者欲見朝祖時如大斂奠此朝禰如小斂奠多少不同之意也○敖繼公曰此主于朝祖故于朝禰之奠降焉蓋不可與祖奠同也是日二廟皆饌記惟見其異者耳均之為士而廟數不同者蓋士之先世或為大夫而

有三庙至後世為士則廢其一而但存二廟若先世無為大夫者則惟一庙而已

二燭俟于殯門外注早闇以為明也燭用蒸。疏將炤徹與啟肂于此預備之蒸薪也大夫髽散帶垂即位如初注為將啟變也此亙文以相見耳髽婦人之變如初朝夕哭門外位。疏為將啟變者凡男子免與括髮散帶垂婦人髽皆當小斂之節今啟殯時亦見尸柩故變同小斂之時此亙文以相見者髽既是婦人之變則免是男子之變今丈夫見其人不見免則丈夫當免矣婦人見其髽不見人則婦人當髽矣故云亙文以相見耳但小斂之時斬衰男子括髮齊衰以下男子免此不言男子括髮者欲見啟殯之後雖斬衰亦免而無括髮若然後至卒哭其服同矣以其反哭之時更無變服之文也散帶垂者大功已上男子皆然若小功已下婦人無問輕重皆初即絞之。敖繼公曰髽者去冠與纚而為露紒也將髫髮者必先髽故言此以明之此斬衰者耳其齊衰以下則皆免散帶垂解其三日所絞者也凡大功已上皆然髽與散帶垂未殯之服也是時棺柩復見故服此服焉但言丈夫婦人不與也婦人之帶所以不散垂者初已結本又質而少變故于此不可與丈夫同其不言髽者亦不髽則此時可知矣婦人不哭主人拜賓入即位袒注此不蒙如初者以男子入門不哭也將有事止讙囂也商祝免袒執功布入升自西階盡階不升堂聲三啓三命哭注功布灰治之布也執之以接神為有所拂仿也聲三三有聲存神也啓三三言啓告神也。疏下經云商祝拂柩用功布是拂拭去塵也此始告神而用功布拂仿者謂拂仿去凶邪之氣也。敖繼公曰商祝公有司也其為士但當弔服加麻此時有事于柩故徙為之袒免燭入注炤徹與啟肂者。疏一燭于室中炤徹奠一燭于堂炤開殯肂也祝降與夏祝交于階下取銘置于重注祝降者祝徹宿奠降也與夏祝交事相接也夏祝取銘置于重為啟肂還之吉事交相左凶事交相右。踩此祝不言商夏則周祝也燭既入室時周祝從而入室徹宿奠降降時夏祝自下升取銘降置于重為妨啟殯故也宿奠謂昨暮所設夕奠経宿故謂之宿奠也此宿奠擬朝廟所用即下云重先奠從者是也此奠所徹所置之處雖不言接上篇大斂還小斂奠于序西南此亦序西南可知也。敖繼公曰祝降者周祝取銘而降也不言其升故以降見之與夏祝交事相接也惟云交者亦相右也凡交而非相右者經必言相左以別之夏祝與執事者升取宿奠也祝取銘置于重為啟肂還之取銘在前置于重在後乃合而言之文順耳

踊無筭注主人也商祝拂柩用功布幠用夷衾注拂去塵也幠覆之為其形露。踩開柩巳出時是棺南首夷衾本擬覆柩故歛時不用今得覆棺于後朝廟及入壙雖不言用夷衾又無徹文以覆棺言之當隨柩入壙矣。敖繼公曰夷衾即小歛後覆尸者也以其事相類故復用之

記

啟之昕外內不哭注將有事為其讙囂既啟命哭。踊將啟殯經唯言婦人不哭不云男子故記明之

朱子語類

問朝祖時有遷祖奠恐在祖廟之前祖無奠而亡者難獨享否曰不須如此理會禮說有奠處便是合有奠無奠處便合無奠更何用疑

士喪有與天子同者三其終夜燎及乘人專道而行注乘人謂使人執引也專道人辟之。踩終夜燎一也乘人二也專道而行三也終夜燎謂柩還之夜須光明故竟夜燎也乘人謂人引車不用馬也專道行

謂喪在路不辟人也三事為重故與天子同

朝祖

遷于祖用軸注遷從也從于祖朝祖廟也蓋象平生時將出必辭尊者軸輁軸也軸狀如轉轔刻兩頭為軹輁狀如長牀穿程前後著金而關軸焉大夫諸侯以上有四周謂之輴天子畫之以龍○疏朝廟之時從殯宮遷移于祖廟用輁軸載之軸狀如轉轔者此以漢法況之漢時名轉軸為轉轔轔軸也上文云升棺用軸注云軸輁軸也輁狀如牀軸其輪輓而行是以輪為轔也士朝廟用輁軸則大夫朝廟當用輴諸侯天子殯葬朝廟皆用輴但天子畫轅為龍謂之龍輴此輴皆有四周為輴故名為輴也○敖繼公曰必遷于祖者以其昭穆同後又當祔之于此故也檀弓曰喪之朝也順死者之孝心也其哀離其室也故至於祖考之廟而后行○崇精問曰葬母亦朝廟否其虞父與母同日異日乎焦氏荅曰婦未廟見不朝廟冄內豎職云王后之喪朝廟則為之蹕也是母喪亦朝廟明也虞當異日也

重先奠從燭從柩從燭從主人從注行之序也主人從者丈夫由右婦人由左以服之親疏為先後各從其昭穆男賓在前女賓在後○疏柩之前後皆有燭者以柩車為隔恐闇故各有燭以照道若至廟燭在前者升堂照正柩在後者在階下照升柩也○敖繼公曰主人從衆主人以下從婦人從女賓從男賓在後女賓以上其行皆以服之親疏為序服同乃以長幼也

升自西階注柩也猶用子道不由阼也○敖繼公曰升自西階神之也凡柩歸自外而入廟者既小歛則升自阼階未忍異于生也既大歛則升自西階此亦入廟故其禮與大歛而入者同

奠俟于下東面北上注俟正柩也○疏既升階當正之于夷牀之上北首既正乃設奠○敖繼公曰北上則巾席在後也

主人從升婦人升東面衆人

東即位注東方之位。○疏主人主婦從柩而升，衆主婦東面，則主人西面可知。衆人東即位者，惟主人主婦升，衆主人從柩至西階下，遂鄉東階下即西面位。○敖繼公曰：婦人東面當負序，以辟奠者之往來。東即位者，乃衆主人也，脫主字。此時堂下之位，亦如朝夕哭，不皆在東方。正柩于兩楹間用夷牀注兩楹間象鄉戶牖也。是時柩北首。○敖繼公曰：此正柩于堂，正與小歛之後尸俠于堂者相類，故仍用其牀。兩楹間，東西節也。其于楹間爲少北。主人柩東西面置重如初注如殯宮時也。○疏主婦上文即言東面，至此乃言主人西面者，待正柩訖乃西面也。如初者，亦如上三分庭一在南，二在北而置之，如殯宮時也。席升設于柩西奠設如初巾之升降自西階注席設于柩之西，直柩之西，當西階也。從奠設如初，東面也。不統于柩，神不西面也。不設柩東，東非神位也。巾之者，爲禦當風塵。○疏從奠設如初者，此奠從柩而來，還是彼夕奠脯醢醴酒，攄神東面設之于席前也。○敖繼公曰：席設于柩西，亦差近于柩。奠設于席前，亦當柩少北。柩北首，西乃右也。於此奠焉，與奠于尸右之意同也。主人踊無筭降拜賓即位踊襲主婦及親者由足西面注設奠時，婦人皆室戶西南面，奠畢乃得東面。親者西面，堂上迫，疏者可以居房中。○敖繼公曰：主人即柩東之位，則踊既奠乃降也。即位亦在阼階下，襲亦在序東。婦人由足，出于柩南也。西面于阼階上，亦南上。若有南面者，則東上。薦車直東榮北輈注薦，進也。進車者，象生時將行陳駕也。今時謂之魂車。輈，轅也。車當東榮，東陳西上於中庭。○疏明旦將行，故預陳車。謂之魂車者，鄭舉漢法況之，以其神靈在焉，故謂之魂車也。此車既非載柩之車，即下記云薦乘車、道車、槀車，以次言之，則先陳乘車，次陳道車，次陳槀車。知東陳西上者，下文明器繼乘車而西，則知乘車在上東，有道車、槀車也。乘車既當東榮，則三者不當中庭，而云中庭者據南北之中庭不據東西為中庭也。敖繼公曰此即遣車也北輈者以柩北首故爾如其在東方之中庭者以襍記所言賵車之位定之也質明滅燭注質正也。疏自啟殯至此時在殯宮在道及祖廟皆有二燭為明以尚早故也今至正明故滅燭

檀弓喪之朝也順死者之孝心也其哀離其室也故至於祖考之廟而后行殷朝而殯於祖周朝而遂葬

疏為人子之禮出必告反必面以盡孝子之情今此載柩而朝是順死者之孝心也

既夕徹者升自阼階降自西階注徹者辟新奠不設序西南已再設為褻乃奠如初升降自西階注為還祖奠也奠升不由阼階柩北首辟其足。疏此還柩朝祖之奠也如初者亦于柩西當階之上東面席前也前大斂小斂及朝夕奠皆升自阼階降自西階今此奠升不由阼階以其來往不可由首又飲食之事不可褻之由足故升自西階也徹時所以由足者奠畢去之由足無嫌也。敖繼公曰徹者無由足之嫌故得升自阼階從其正禮亦可以見此奠者自西階升之意矣徹奠不改設于序西南亦以無俎而非盛饌故也主人要節而踊注節升降。疏奠升時主人踊降時婦人踊由重南東主人踊此不言婦人文不具也。敖繼公曰節謂徹者奠者之升降與奠者由重南東時也要節而踊丈夫婦人皆然如其在殯宮之儀也薦馬纓三就入門北面交轡圉人夾牽之注駕車之馬每車二疋纓今馬鞅也就成也諸侯之臣飾纓以三色而三成天子之臣如其命數圉人養馬者在左右曰夾既奠乃薦馬者為其踐汚廟中也凡入門參分庭一在南。疏薦馬并薦纓者纓為馬設故與馬同時薦之案下記云薦乘

車又云纓轡貝勒縣于衡此薦馬得有纓者以薦時縣于衡至此薦馬時又取而用之故兩見之也車三乘馬則六匹每馬二人交轡牽之也前薦車在奠上今此薦馬在奠後者欲其既薦既出恐踐汚廟中故後薦之也。敖繼公曰三就采三匝也唯言入門則是但沒霤耳每馬兩轡交轡而夾牽之謂左人牽右轡右人牽左轡也

御者執策立于馬後哭成踊右還出 注主人於是乃哭踊者薦車之禮成於薦馬。疏車得馬而成故前薦車時主人不哭踊至薦馬乃哭也主人哭踊訖馬則右還而出右者亦取便故也。敖繼公曰馬有纓而無樊蓋臣禮也春秋傳仲叔于奚請繁纓以朝孔子非之哭成踊圉人與御者也雜記薦馬者哭踊右還者西上也

賓出主人送于門外 敖繼公曰送亦拜之門廟門也

記 朝于禰廟重止于門外之西東面柩入升自西階正柩于兩楹間奠止于西階之下東面北上主人升柩東西面衆主人東即位婦人從升東面奠升設于柩西升降自西階主人要節而踊 注重不入者主於朝祖而行若過之矣門西東面待之便也。疏此是上士二廟先朝禰之事衆主人東即位者柩未升之時在西階下東面北上柩升主人從衆主人已下乃即阼階下西面位婦人從升不云主婦者以其婦人皆升故總言之主人要節而踊者奠升主人踊奠降婦人踊也門西東面待之便者以其祖廟在東柩入禰廟明旦出門東鄉朝祖時其重于柩車先東鄉祖廟便也。敖繼公曰重不入者亦以既奠則柩行不久留于此故也夷牀一而已惟嘗陳于祖廟

讀禮通考　卷四十五　八

此正柩其在軸與是時即要節而踊亦其異于祖廟者燭先入者升堂東楹之南西面後入者西階東北面在下注照正柩者先先柩者後後柩者適祖時燭亦然互記于此。疏此燭本是殯宮中照開殯者在道[illegible]一在柩前一在柩後今又一升堂一在堂下。敖繼公曰記于此者見下適祖時不用燭也主人降即位徹乃奠升自西階主人踊如初注如其降拜賓至於要節而踊不薦車不從此行。疏上朝祖時既正柩設從奠訖主人降拜賓至於要節而踊故此記所云如之也上朝廟日即薦車今此二廟明日于祖庙薦車馬以其從祖廟行故薦今此禰廟不從此行故不薦也。敖繼公曰主人降即位則婦人亦東即阼階上位矣不拜賓踊襲以成禮不在此且欲急于適祖也其他禮之不同者意亦如是奠即如小斂奠者也如初謂設奠及踊節也是時丈夫婦人皆踊惟言主人亦文省祝及執事舉奠巾席從而降柩從序從如初適祖注此謂朝禰明日舉奠適祖之序也此祝執醴先酒脯醢俎從之巾席為後既正柩席升設設奠如初祝受巾巾之凡喪自卒至殯自啟至葬主人之禮其變同則此日數亦同矣。疏朝祖與朝禰別日祝執醴先酒脯醢俎從之者此禰奠與小斂奠同小斂奠時云夏祝及執事盥執醴先酒脯醢俎從之與此同也此篇啓日朝禰又明日朝祖又明日出葬與始死日襲明日小斂又明日大斂而殯同主人主婦變服亦同以其小斂主人散帶主婦髽自啟至葬主人主婦亦同于未殯也。敖繼公曰柩從從巾席而降也序從柩從奠主人以下從柩而出也如初謂出殯宮時也此與主人踊之文相屬則是其事相接也柩過禰庙因而朝之初無他事既奠則禮畢矣故即適祖不見適祖之儀者盖與本篇所言者不異故耳記載二庙者其禰庙在西祖庙在東以是言之則古之廟尊者東而卑者西，皆有常位，固無昭居昭廟、穆居穆廟之制也。○乾學按：注疏之說，分朝禰與朝祖爲二日，敖氏則謂同在一日，未知孰是。但朝禰日並無別事，何須歷終日之久，覺敖說爲長。

載柩

有司請祖期注：亦因在外位請之，當以告賓。每事畢，輒出。將行而飲酒曰祖，祖，始也。曰日側注：側，昳也，謂將過中之時。主人入，袒，乃載，踊無算，卒束，襲。注：袒爲載變也。舉柩卻下而載之，束，束棺於柩車。賓出，遂匠納車於階間，謂此車。○疏：鄉柩在堂北首，今卻下以足鄉前，下堂載于車，故謂之卻也。降奠，當前束。注：下遷祖之奠也。當前束，猶當尸腢也，亦在柩車西。束有前後也。○疏：卒束乃云降奠，則未束以前，其奠使人執之，待束訖，乃降奠之當束也。商祝飾柩，一池，紐前䞓後緇，齊三采，無貝。注：飾柩爲設牆柳也。巾奠乃牆，謂此也。牆有布帷，柳有布荒。池者，象宮室之承霤，以竹爲之，狀如小車笭，衣以青布。一池縣於柳前。士不揄絞。紐所以聯帷荒，前䞓後黑，因以爲飾。左右面各有前後。齊居柳之中央，若今小車蓋上甤矣。以三采繒爲之，上朱中白下蒼，著以絮。元士以上有貝。設披注：披，輅柳棺上，貫結於戴，人居旁牽之，以備傾虧。喪大記曰：士戴前纁後緇，二披用纁。○疏：喪大記注云：戴之言植也，所以連繫棺束與柳材，使相值，因而結前後披也。此注云披輅柳棺上，貫結於戴，以此而言，則戴兩頭皆結于柳材、以披在棺木絡過，然後貫穿戴之連繫棺束者，乃結于戴，餘披出之于外，使人持之。一畔有二，爲前後披，故下記云執披者旁四人，注云前後左右各二人是也。人君則三披，各三人持之，備傾虧也。喪大記者，證披連戴而施之也。二披用纁者，與戴所用異。大夫與人君則其與披用物同，故喪大記云君纁戴六，纁披六；大夫戴

前纏後玄披亦如之是其用物同也**屬引**注屬猶著也引所以引柩車在軸輴曰紼古者人引柩春秋傳曰坐引而哭之三

記

薦乘車鹿淺幦干笮革靾載旜載皮弁服纓轡貝勒縣于衡注士乘棧車鹿淺鹿夏毛也幦覆笭玉藻曰士齊車鹿幦豹犆干盾也笮矢箙也靾韁也旜旌旗之屬通帛為旜孤卿之所建亦攝馬皮弁服者視朔之服其勒貝飾勒有干無兵有箙無弓矢明不用。疏此弁下車三乘謂葬之魂車。敖繼公曰勒馬頭絡銜也衡輈端橫木以駕馬者既夕禮曰薦馬纓三就入門北面交轡圉人夾牽之則是薦馬之時纓轡皆在馬之身矣此乃謂纓轡貝勒縣于衡其指薦馬前後之時而言與蓋事至則加之既則脫之而置于此也

道車載朝服注道車朝夕及燕出入之車朝服日視朝之服也玄衣素裳

稾車載蓑笠注稾猶散也散車以田以鄙之車蓑笠備雨服凡道車稾車之纓轡及勒亦縣于衡也

將載祝及執事舉奠戶西南面東上卒束前而降奠席于柩西注將于柩西當前束設之。疏經載柩時不去去奠設席之事故記人明之要須設席乃設奠故云將于柩西當前束設之

巾奠乃牆注牆飾也。疏正經直云降奠當前束商祝飾棺木云巾奠故記人辨之。乾學按飾棺之制莫詳于喪大記因別見于第十卷喪儀品式茲故不載讀者參考之可也

陳器

陳明器于乘車之西。注明器藏器也陳器於乘車之西則重之北也。敖繼公曰陳器于車西其在東堂之南與

折横覆之　注折猶庪也方鑿連木為之蓋如牀而縮者三横者五無簀窆事畢加之壙上以承抗席横陳之者為苞筲以下綪于其北便也覆之見善面也。疏折如牀則加于壙上時南北長東西短今經云横明知其長者東西陳之縮三横五無簀者此無正文以經云横覆之明有縱對之既為縱横即知有長短廣狹以承抗席故為如牀解之又知縮者三横者五亦約茵與抗木但于壙口承抗席宜大于茵與抗木故縮三横五也。敖繼公曰陳折云横則是折之狀當與抗木之横者相似但未必有縮者耳于此横陳之蓋象其在壙也後言横者縮者皆放此

抗木横三縮二　注抗禦也所以禦止土者其横與縮各足掩壙。疏以其在抗席之上故知以禦土也

加抗席三　注席所以禦塵。疏既陳抗木與折北又加此抗席三領于抗木之上知抗木不在折上者以抗木直言横三縮二不言加明别陳于折北抗木之下而此云加明加于抗木之上抗席之下云加明又加于抗席之上此三者以後陳者先用故先陳抗木次陳抗席而後陳茵也抗木在上故云禦土抗席在下隔抗木慮有塵鄉下故云禦塵。敖繼公曰此席在茵與抗木縮者之間是亦縮也每席之長亦與壙齊用三則壙足以掩之矣用時云覆是此陳時卻也

加茵用疏布緇翦有幅亦縮二横三　注茵所以藉棺者翦淺也幅緣之亦者亦抗木也及其用之木三在上茵二在下象天三合地二人藏其中焉。疏疏布謂用大功疏麤之布緇翦謂染為淺緇之色言有幅者用一幅布為之縫合兩邊幅為帒不去邊幅用之以盛著也。敖繼公曰有幅謂條縫之而不削幅

器西南上綪　注器目言之也陳明器以西行南端為上綪屈也不容則屈而反之。敖繼公曰器自苞而下者也均其多寡分為數列以要方也其前列始于茵北之西以次而綪焉其後列不過于茵北之東可知矣毀主于入壙故南上

茵　注茵在抗木上陳器次而北也。疏茵非明器而言之者陳器從此茵鄉北為次第故言之

苞二　注所以裹遣奠羊豕之體

筲三黍稷麥

注筲畚種類也其容蓋與簋同一轂也。疏案下記云管筲三則筲以管草為之筲三各盛一種黍稷麥也昭三年晏子云四升曰豆豆實三而成轂則轂受斗二升

甕三醯醢屑冪用疏布注甕瓦器其容亦蓋一轂屑薑桂之屑也內則曰屑桂與薑冪覆也甒二醴酒冪用功布注甒亦瓦器皆木桁久之注桁所以庪苞筲甕甒也久當為炙炙謂以蓋案塞其口每器異桁。疏自苞筲以下皆塞之置于木桁也既皆炙塞而甕甒獨云冪者以苞筲之等燥物直苞塞之而無冪甕甒溼物非直炙塞其口又加冪覆之

用器弓矢耒耜兩敦兩杅槃匜匜實于槃中南流注此皆常用之器也杅盛湯漿槃匜盥器也流匜口也。疏弓矢兵器耒耜農器敦杅食器槃匜洗浴之器皆象生時而藏之也無祭器注士禮畧也大夫以上兼用鬼器人器也有燕樂器可也注與賓客燕飲用樂之器也。疏言可者許其得用燕飲用樂之器者則升歌有琴瑟庭中有特縣縣磬也役器甲冑干笮注此皆師役之器甲鎧冑兜鍪干楯笮矢箙燕器杖笠翣注燕居安躰之器也笠竹篛蓋也翣扇。疏杖者所以扶身笠者所以禦暑翣者所以招凉而在燕居用之故云燕居安體之器也篛竹青之皮以竹青皮為之

記抗木刊注剝削之。敦繼公曰兩面皆刊也茵著用荼實綏澤焉注荼茅秀也綏廉薑也澤澤蘭也皆取其香且禦溼。疏茵著非直用茅秀蕙實綏澤取其香知且御溼者以其在棺下須御溼之物故與荼皆所以御溼葦苞長三尺一編注用便易也。疏葦草即長截取三尺一道編之用便易故也菅筲三其實

皆淪注米麥皆湛之湯未知神之所享不用食道所以為敬。疏經直云筲三黍稷麥不辨芑之所用及黍稷生熟故記人明之以其鬼神從暗生者不見故淹而不熟以其不知神之所享故也。敖繼公曰此筲設于棺旁其實宜皆用穀亦如殯時之熬然弓矢之新沽功注設之宜新沽示不用。疏正經直云用器弓矢不辨弓矢善惡及弓矢之名故記人明之有弭飾焉注弓無緣者謂之弭弭以骨角為飾。疏弓有緣謂之弓無緣謂之弭詩云象弭魚服是用象骨為飾也亦可張也注亦使可張。疏此死者之弓雖不射而沽畧亦使可張有柲注柲弓檠弛則縛之於弓裏備損傷以竹為之詩云竹柲緄縢。疏冬官弓人造弓之時弓成納之檠中以定往來躰此弓檠謂凡平弛弓之時以竹狀如弓縛之於弓裏亦名之為柲設依撻焉注依纏絃也撻弣側矢道也皆以韋為之。疏言依者謂以韋依纏其絃即今時弓彄是也撻弣側矢道者所以撻矢令出謂生時以骨為之弣側今死者用韋依與撻皆以韋為之異于生者也有韣注韣弓衣也以緇布為之翭矢一乘骨鏃短衛注翭猶候也候物而射之矢也四矢曰乘骨鏃短衛亦示不用也生時翭矢金鏃凡為矢五分笴長而羽其一。疏言翭矢笴長三尺五分羽一則六寸也謂之羽者指躰而言謂之衛者以其無羽則不平正羽所以防衛其矢故名羽為衛志矢一乘軒輖中亦短衛注志猶擬也習射之矢書云若射之有志輖墊也無鏃短衛亦示不用生時志矢骨鏃凡為矢前重後輕也。疏知是習射矢者以其矢中特輕於習射宜也知此矢無鏃者上翭矢言骨鏃此不云鏃故知無鏃

喪服小記陳器之道多陳之而省納之可也省陳之

而盡納之可也注多陳之謂賓客之就器也以多為榮省陳之謂主人之明器也以節為禮

設祖奠

徹奠巾席俟于西方主人要節而踊注巾席俟于西方祖奠將用焉要節者來象升丈夫踊去象降婦人踊徹者由明器北西面既徹由重南東不設于序西南者非宿奠也宿奠必設者為神馮依之久也。敖繼公曰徹者由東方當棧之南折而西至棧之西南折而北東面而徹奠既徹至西方折而南乃由重東南也要節者東方西鄉時丈夫踊西方南鄉時婦人踊由重南東時丈夫踊也此時徹奠辟還柩也不改設亦以無俎也

祖注為將祖變

商祝御柩。注亦執功布居前為還柩車為節。疏御柩謂居柩車前却行詔傾虧使執披人知其節度

乃祖注還柩鄉外為行始。疏商祝既執功布為御乃還柩車使轅鄉外也

踊襲少南當前束注主人也柩還則當前東南。敖繼公曰不言主人者可知也此踊襲皆于故位既則少南也主人柩東之位皆當前束載時前束在北及還柩則在南故少南以當之然則柩車雖還亦不離其所也

婦人降即位于階間注為柩將去有時也位東上。疏婦人降者以柩還鄉外階間空故婦人從堂上降在階間堂上時婦人在阼階西面統于堂下男子今柩車南還男子亦在車東故婦人降亦東上統于男子也婦人不鄉車西者以車西有祖奠故辟之在車後。敖繼公曰柩已還而首南鄉婦人乃得即位于其北位亦當西上婦人不位于車西恐妨賓客之行禮者也

祖

還車不還器注祖有行漸車亦宜鄉外也器之陳自若南上。疏祖還車者為載時向北今為行始故須還鄉南

祝取銘置于茵注重不藏故于此移銘加於茵上。疏初死為銘置于重祖廟又置于重今將行置于茵者重不藏擬埋于廟門左茵是入壙

之物銘亦入壙故移銘加于茵上也。敖繼公曰銘之在重其面外鄉正與重之鄉背異故將還重則徹之置于茵者當與之同入壙**二人還重左還**注重與車馬還相反由便也。疏重在門內面鄉北人在其南以左還鄉門為便。敖繼公曰車馬西上宜右還重一而已宜左還皆由便也二人還之則衆之亦二人矣重之向背不必與柩同因還柩之節而并還之也**布席乃奠如初主人要節而踊**注車已祖可以為之奠也是之謂祖奠。敖繼公曰記云祝饌祖奠于主人之南當前輅北上巾之謂此時饌如記所云則是布席于柩東少南東面而奠于其東也柩已南首故奠于此亦奠于尸東之意也布席于柩西則北上柩東則南上與初大歛時衆男以下之儀也是雖所奠異處而面位則同故以如初蒙之奠者之來由東方當前輅而西既奠則由柩北而西亦由重南而東反于其位矣要節而踊謂奠者于東方西鄉時丈夫踊西方南鄉時婦人踊由重南東丈夫踊也**薦馬如初**注柩動車還宜新之也。疏上已薦馬今又薦者以柩車動而鄉南為行始宜新之故薦馬如初也

賓出主人送

記　祖還車不易位注為鄉外耳未行。疏上經未還車車在階間婦人在堂上還車去階間婦人降堂下若然則是還車易位而云不易位者以三分其庭為三位車雖去階間猶不離三分其庭一在北之位據大判而言不易位也。敖繼公曰還車謂還柩車也不易位西者亦當東榮**執披者旁四人**注前後左右各二人。疏一旁四人兩旁則八人備傾虧也

○**祝饌祖奠于主人之南當前輅北上巾之**注言饌於主人之南當前輅則既祖祝乃饌。疏正經[illegible]云奠如初不云饌處故記人明之。敖繼公曰饌猶設此祖奠即如殯[illegible]也祝及執事者饌此唯言祝者祝尊也于主人之

南明其在車東也主人之位當前東故奠少南當前輅也北上謂先設豆于北也是亦畧言之以見其如初耳經于既祖但云布席乃奠如初不言其所故記明之

賵贈

有司請葬期注亦因在外位時入復位注主人也自死至于殯自啟至于葬主人及兄弟恒在內位。教總公曰謂復柩東之位公賵玄纁束馬兩注公國君也賵所以助主人送葬也兩馬士制也。教總公曰國君以馬幣禮于其臣者惟此耳君賵之用兩馬者如其駕遣車之數也擯者出請入告主人釋杖迎于廟門外不哭先入門右北面及衆主人袒注尊君命也衆主人自若西面馬入設注設于庭在重南。䟽以馬是庭實故云設于庭知在重南者以庭實法皆三分庭一在南設之又重北陳明器不得設馬故知在重南也賓奉幣由馬西當前輅北面致命注賓使者幣玄纁也輅轅縛所以屬引由馬西則亦當前輅之西於是北面致命得鄉柩與奠柩車在階間少前三分庭之北輅有前後。䟽輅轅縛所以屬引者謂以木縛於柩車轅上以屬引於上而挽之故名轅縛也主人哭拜稽顙成踊賓奠幣于棧左服出注棧謂柩車也凡士車制無漆飾左服象授人授其右也服車箱。䟽主人以賓致命訖遂哭拜也成踊者三者三凡九踊此棧車即柩車柩車即蜃車四輪迫地無漆飾故言棧也宰由主人之北舉幣以東注柩東主人位以東藏之士受馬以出注此士謂胥徒之長也有勇力者受馬。疏受幣者宜尊受馬者宜卑故知受馬是胥徒之長主人送于外門外拜襲入復位杖疏主人既送賓還入廟門東東復位杖也賓賵者將命注賓卿大夫士也擯者出請入告出告須注不迎告曰孫某須馬入設賓奉幣擯者先入賓從致命如初注初命使者主人拜于位不踊。注柩車東位也既啓之後與在室同疏與在室同者上篇始死時云庶兄弟禭使人以將命于室主人拜于位此主人亦拜于位俱是不為賓出故云與在室同至于有君命亦出迎也賓奠幣如初舉幣受馬如初擯者出請注賓出在外請之為其復有事若奠注賓致可以奠也。疏謂賔不辭此釋所致之物或可堪為奠于祭祀者也入告出以賓入將命如初士受羊如受馬又請注士亦謂胥徒之長又復也。敖繼公曰此將命猶致命也主人亦拜于位如其受之以出也羊者士葬奠之工牲故此奠者用之奠不用幣若賻注賻之言補也助也入告主人出門左西面賓東面將命注主人出者賻主施於主人主人拜賓坐委之宰由主人之北東面舉之反位注坐委之明主人哀戚志不在受人物反位反主人之後位若無器則捂受之注謂對相授不委地。疏在門外若有器盛之則坐委于地若無器則對面相授受故云捂受之捂即迎也對面相逢受也又請賓告事畢拜送入贈者將命注贈送擯者出請納賓如初注如其人告出告須賓奠幣

賓賵奠賻贈圖

如初注亦於棧左服若就器則坐奠于陳注就猶善也贈無常惟翫好所有陳明器之陳。○疏玩好曰贈謂生時玩好之具與死者相知皆可以贈死者廟中所陳惟明器故鄭指明器而言凡將禮必請而后拜送注雖知事畢猶請君子不必人意兄弟賵奠可也注兄弟有服親者可且賵且奠許其厚也賵奠於死生兩施所知則賵而不奠注所知通問相知也降於兄弟奠施於死者為多故不奠。○敖繼公曰賵以幣馬尊敬之意也故親疏皆得用之奠以羊若相飲食然親親之恩也故疏者不得用之以自別于兄弟所知謂知死知生者也朋友亦存焉知死者贈知生者賻注各主於所知。○疏贈是玩好施于死者故知死者行之賻是補主人不足施于生者故知生者行之書賵於方若九若七若五注方板也書賵奠賻贈之人名與其物於板每板若九行若七行若五行。○疏以賓客所致有賻有賵有贈有奠直云書賵者舉首而言所送有多少故行數不同書遣於策注策簡也遣猶送也謂所當藏物茵以下。疏編連為策不編為簡上書賵于方此書遣于冊者聘禮記云百名以上書于冊不及百名書於方以賓客贈物名字少故書于方則盡遣送死者明器之等并贈死者玩好之物名字多故書之于策乃代哭如初注棺柩有時將去不忍絕聲也初謂既小歛時宵為燎于門內之右注為哭者為明○疏燎大燭必于門內之右門東者奠于柩車西鬼神尚幽闇不須明柩車東有主人階閒有婦人故于門右照之為明而哭也

記凡贈幣無常注賓之贈也玩好曰贈任所有

設大遣奠

厥明陳鼎五于門外如初　注鼎五羊豕魚腊鮮獸各一鼎也士禮特牲三鼎盛葬奠加一等用少牢也如初如大斂奠時。疏士本用特牲今用少牢是加一等也如初者如大斂[illegible]門外及東方之饌也雖如大斂鼎數亦不同以大斂三鼎此則五鼎然大小斂時無黍稷朔月則有黍稷此葬奠又無黍稷者以其始死至殯自啓至葬其禮同故無黍稷亦同也。敖繼公曰少牢五鼎大夫之禮士奠乃用之者以大事也而並爲尤重故於此奠特許而設用之明非常礼如初如殯奠者

其實羊左胖　注反吉祭也言左胖者體不殊骨也。疏特牲少牢吉祭皆升右胖此用左胖故云反吉祭也實鼎實也總爲五鼎言之羊其一鼎羊豕用左胖亦變于吉凡食生與吉祭皆尚右體

髀不升　注周貴[illegible]賤髀

腸五胃五　注亦盛之也。疏案少牢用腸三胃三今加至五亦是盛此奠也

離肺　注離摿。疏此非直升腸胃又升離肺者案少儀云牛羊之肺離而不提心注云提猶絕也摿離之不絕中央少許使易絕以祭此爲食而舉亦名舉肺也

豕亦如之

豚解無腸胃　注如之如羊左胖髀不升離肺也豚解解之如解豚亦前肩後肫脊脅而已無腸胃者君子不食溷腴。疏謂豕與羊同仍與羊異羊則體不殊骨上下共爲二段此豕之左胖則爲四段故別云豚解豚解總有七段今取左胖仍爲四段矣前肩後肫脊脅而已者鄭欲爲四段與羊異也不食溷腴者禮記少儀文謂犬豕之屬食米穀者也

魚腊鮮獸皆如初　注鮮新殺者士腊用兎加鮮獸而無膚者豕既豚解略之。敖繼公曰如初者如殯奠魚九腊左胖髀不升也鮮獸亦如腊凡魚腊皆貴豪而賤新此牲用少牢乃無膚而加鮮獸者凡牲用豚者例無膚此豕用豚解之法故亦放豚之不用膚而以鮮獸代之也

東方之饌四豆脾析蜱醢葵菹蠃醢　注脾析百葉也蜱蜯也。疏陳鼎既訖又陳東方之饌于主人之南前略之東其豆有[illegible]脾析一蜱醢二葵菹三蠃醢四案醢人注云脾析牛

百葉也此不云牛者彼子禮有牛此用少牢無牛當是羊百葉也蜱即蛤也四籩棗糗栗脯注糗以豆糗粉餌醴酒注此東方之饌與祖奠同在主人之南當前輅北上巾之。疏祖奠與大斂同二豆二籩此葬奠四豆四籩籩豆雖不同而同處並北上者兩甒在北次南饌四豆豆南饌四籩也陳器注明器也夜斂藏之。疏朝祖之日已陳明器此復陳之者由朝祖至夜斂藏之至此厥明更陳之也滅燎執燭俠輅北面注照徹與葬奠也。疏燎既滅二人執燭俠輅北面一人在輅東一人在輅西輅西者炤徹祖奠輅東者炤葬奠之饌也賓入者拜之注明自啓至此主人無出禮。疏此時有弔葬之賓主人皆不出門但在位拜之所以不出迎者既啓之後既覩尸柩不可離位以迎賓唯有君命乃出

記凡糗不煎注以膏煎之則褻非敬。疏正經直云棗糗栗脯不云糗之煎不故記人明之凡糗直空糗而已不用脂膏煎和之

徹者入丈夫踊設于西北婦人踊注猶阼階升時也亦既盥乃入入由重東而主人踊猶其升也自重北西面而徹設于柩車西北亦猶序西南。疏將設葬奠先徹祖奠也徹者東注由柩車北東適葬奠之饌鼎入注舉入陳之也陳之蓋於重東北西面北上如初。疏上小斂大斂朔月奠鼎皆在阼階下西面北上今此但云鼎入不言如初故云在重東北西面也乃奠豆南上綪籩羸醢南北上綪注籩羸醢南辟醴酒也。疏先饌脾析于西南次北蜱醢次東葵菹次南羸醢陳設要方則四籩豆亦宜設于脾析南綪之為次不于脾析南為次而于羸醢南為次故知辟醴酒醴酒當設在脾析之南也俎二以

成南上不精特鮮獸注成猶併也不精者魚在羊東腊在豕東。疏西南設羊次北豕魚設于羊東腊設于魚北還從南為始是不精也其鮮獸在北北無偶故云特也醴酒在籩西北上注統於豆也。敖繼公曰北上醴在棗西酒在糗西凡饌異位則亦上相變明不相統也此設之次亦如殯奠奠者出主人要節而踊注亦以往來為節奠由重北西既奠由重南東甸人抗重出自道道左倚之注抗舉也出自道出從門中央也不由闑東西者重不反變於恒出入道左主人位。疏重不反變於恒出入者恒出入則闑東闑西也道左主人位者始死未作主以重主其神則重主死者故於主人之位埋之也薦馬馬出自道車各從其馬駕于門外西面而俟南上注南上便奠行也行者乘車在前道藁序從徹者入踊如初徹巾苞牲取下體注苞者象既饗而歸賓俎者也取下體者脛骨象行又俎實之終始也士苞三个前脛折取臂臑後脛折取骼亦得俎釋三个。疏取下躰者以父母將行向壙故取前脛後脛下躰行者以送之遣奠天子太牢包九个諸侯亦太牢苞七个大夫亦太牢苞五个士少牢苞三个大夫以上有遣車士無遣車則所苞者不載于車直持之而已士有一包而包三个則一包之中有三个牲躰故云前脛折取臂臑後脛折取骼也不以魚腊注非正牲也行器注自葬行明器在道之次。疏苞牲訖明器當行鄉壙故云行器即茵苞以下是也茵苞器序從注如其陳之先後車從注次器。疏上陳明器訖次列車以從明器故云次器也徹者出踊如初注於是廟中當行者唯柩車主人之史請讀賵執筭從柩東當前束西面不命毋哭哭者相止也附士人主婦哭燭在右南面注史南面請既而與執筴西南于主人之前讀書釋筴燭在右南面照書便也○敖繼公曰賵即書於方者也不命毋哭嬔若併止主人主婦然也哭者相止將讀書不可讙譁右史在也執燭者在右則執筴者在左也讀書釋筴則坐注必釋筴者榮其多○既讀書者立敬也釋筴者坐便也

檀弓讀賵曾子曰非古也是再告也陳澔曰賵所以助主人之送葬也既受則書于方版葬時柩將行史于柩前讀之古者奠之而不讀周則既奠而又讀焉故曾子以為再告也曾子曰晏子可謂知禮也已恭敬之有焉有若曰晏子一狐裘三十年遣車一乘及墓而反國君七个遣車七乘大夫五个遣車五乘晏子焉知禮注言其太儉逼下非之及墓而反言其既窆則歸不留賓客有事也人臣賜車馬者乃得有遣車遣車之差大夫五諸侯七則天子九諸侯不以命數喪數畧也个謂所包遣奠牲躰之數也雜記曰遣車視牢具曾子曰國無道君子恥盈禮焉國奢則示之以儉國儉則示之以禮注時齊方奢矯之是也○陳澔曰狐裘貴輕新三十年而不易是儉于己也遣車一乘儉其親也禮窆後有拜賓送賓等禮晏子窆訖即還儉于賓也三者皆儉而失禮者也曾子主權有子主經是以二端之論不合

雜記大夫之喪既薦馬薦馬者哭踊出乃包奠而讀

書注嫌與士異記之也既夕禮曰包牲取下體又曰主人之史請讀賵

遣車視牢具注言車多少各如所包遣奠牲體之數也然則遣車載所包遣奠而藏之者與遣奠天子太牢包九个諸侯亦太牢包七个大夫亦太牢包五个士少牢包三个大夫以上乃有遣車。疏遣車送葬載牲體之車也牢具遣奠所包牲牢之體貴賤各有數也一个為一具取一个載之也故云視牢具

疏布輤四面有章置于四隅注輤其蓋也四面皆有章蔽以隱翳牢肉四隅椁中之四隅。陸佃曰疏布輤亦如殯車為輤其異者四面有章置于椁之四隅

載粻有子曰非禮也注粻米糧也

喪奠脯醢而已注言死者不食糧也遣奠本無黍稷。疏遣車載粻有子譏其為失然既夕禮有黍稷麦者但遣奠之饌無黍稷故遣車所載遣奠不合載粻既夕藏筲者謂遣奠之外別有黍稷麦也死者不食糧故遣奠不用黍稷牲體是脯醢之義也。陳澔曰章與障同也

或問於曾子曰夫既遣而包其餘猶既食而裹其餘與君子既食則裹其餘乎注言遣既奠而又包之是與食於人已而裹其餘將去何異君子寧為是乎言傷廉也曾子曰吾子不見大饗乎夫大饗既饗卷三牲之俎歸于賓舘父母而賓客之所以為哀也子不見大饗乎注既饗歸賓俎所以厚之也言父母家之主今賓客之是孝子哀親之去也

萬斯大曰朝祖之明日薦道車槀車于廟為遣送死者之車故亦謂之遣車檀弓曰國君遣車七〻五乘以降殺以兩之礼差之士遣車止當三乘

遣奠圖

先儒不祭不謂此車即芻于椁中之四隅不思從葬道也則知此禮陳明器時塗車亦在陳中而此三遣車則載皮弁服朝服簑笠之類葬事畢則斂衣載之以歸檀弓著晏子遣車一乘及墓而反譏其以大夫而用一車為儉其親也若果三車非遣車而別有載遣奠包牲之遣車則下文言行器何以第云茵苞器序從不言載苞于車也先儒更因是而謂此為諸侯士禮故無遣車則其說愈支矣

釋遣車為從葬之車其制甚小載遣奠苞牲置謂之塗車孔子曰塗車芻靈自古有之明器之

發引

卒命哭滅燭書與筴執之以逆出注卒已也。疏言逆出則入時長在前出後長在後

公史自西方東面命毋哭主人主婦皆不哭讀遣卒命哭滅燭出注公史君之典禮書者遣者入壙之物君使史來讀之成其得禮之正以終也燭俠輅。敖繼公曰遣即書于策者也此主人之物故公史為讀之柩將行而讀賵與遣者若欲伸一一知之賻者賵時雖致命于柩亦宜與遣物皆讀之故不嫌於再告

商祝執功布以御柩執披注居柩車之前若有低仰傾虧則以布為抑揚左右之節使引者執披者知之士執披八人。疏道有低則抑下其布使知下坡道有仰則揚舉其布使知上坡東轍下則下其布向東西邊執披者持之西轍下則下其布向西東邊執披者持之使執披者知其左右引者知其上下也。敖繼公曰不言引者披後於引言執披則引可知矣

主人袒乃行踊無筭注袒為行變也乃行謂柩車行也凡從柩者先後左右如遷于祖之序

出宮踊襲注哀次。疏哀次大門外賓客次舍之處父母生時接賓之所主人至此

感而哀是以有踊踊訖即襲襲訖而行也。敖繼公曰出宮而踊哀親之遂離其室也行路不宜袒故于此而襲

至于邦門公使宰夫贈玄纁束注邦門城門也贈送也。疏贈用玄纁束帛者即是至壙窆訖主人贈死者用玄纁束帛也以其君物重故用之送終也

主人去杖不哭由左聽命賓由右致命注柩車前輅之左右。當時止柩車

主人哭拜稽顙賓升實幣于蓋降主人拜送復位杖乃行注升柩車之前實其幣於棺蓋之柳中若親授之然復位反柩車後。敖繼公曰不成踊變于家也幣不奠於左服別於在家之禮也是時宰不舉之乃行亦謂柩車行

記　唯君命止柩于堩其餘則否注不敢留神也堩道也。疏正經直云柩至邦門君使宰夫贈不云止柩之事故記人明之

檀弓　及葬毀宗躐行出于大門殷道也學者行之注明不復有事於此周人葬不毀宗躐行毀宗毀廟門之西而出行神之位在廟門之外學于孔者行之傚殷禮。疏葬不毀宗躐行者周殯于正寢至葬而朝廟從正門出不毀宗也故士喪礼不云躐行也

曲禮　祥車曠左注空神位也祥車葬之乘車。疏祥善也吉也吉車平生時所乘葬時用為魂車曠空也車上貴左故僕在右空左以擬神也

下壙

至于壙陳器于道東西北上注統於壙茵先入注當藉柩也元士則葬用輁軸加茵焉屬引注於是說載除飾更屬引於緘耳。疏屬引于緘耳者喪人謂棺束為緘君三紝三束大夫士二紝二束束有前後于束末皆為緘耳以紼貫結之而下棺。敖繼公曰此屬之為將窆也其用異矣猶以引名之者見其索不易也引柩下棺異索天子之禮主人袒眾主人西面北上婦人東面皆不哭注俠羨道為位。疏主人袒者為下棺變不哭者下棺宜靜也羨道謂入壙道上無負土為羨上有負土為隧

記車至道左北面立東上注道左墓道東先至者在東。疏三等之車不入壙故東上不統于壙也柩至于壙斂服載之注柩車至壙祝說載除飾乃斂乘車道車稾車之服載之不空之以歸送形而往迎精而反亦禮之宜。疏謂柩車既空乃斂乘車皮弁服道車朝服稾車簑笠載之于柩車示不空之以歸也

檀弓國昭子之母死問於子張曰葬及墓男子婦人安位注國昭子齊大夫子張曰司徒敬子之喪夫子相男子西鄉婦人東鄉注夾羨道為位夫子孔子也曰噫毋曰我喪也斯沾注斯盡也沾讀曰覘覘視也昭子自謂齊之大家有事人盡視之欲人觀之法其所為爾專之賓為賓焉主為主焉

注壽猶同也時子張相婦人從男子皆西鄉注非也。方慤曰禮之辨異尤重於男女之際雖喪紀憂遽之中亦莫不各正其位焉故自始死以至于葬男子則西向而位乎東婦人則東向而位乎西凡以辨陰陽而已國昭子徒為賓主之辨曾無男女之別其失禮不已甚乎

喪大記

凡封用綍去碑負引君封以衡大夫以咸注咸讀為緘凡柩車及壙說載除飾而屬紼於柩之緘又樹碑於壙之前後以紼繞碑間之鹿盧輓棺而下之也衡平也人君之喪以木橫貫緘耳居旁持而平之又擊鼓為縱舍之節大夫士旁牽緘而已庶人縣窆不引紼也禮惟天子葬有隧今齊人謂棺束為繩緘。疏下棺之時將綍一頭以繫棺緘又將一頭繞碑間鹿盧所引之人在碑外背碑而立負引者漸漸應鼓聲而下故云去碑負引也君封以衡者諸侯棺重恐棺不正下棺之時別以大木為衡貫穿棺束之緘平持而下備傾頓也大夫士無衡以綍直繫棺束之緘而下也以鼓封者君下棺時令衆人無得諠譁擊鼓為縱舍之節每一鼓漸縱綍也大夫卑不得擊鼓直命人無哭耳士又卑不得施教令直以哭者自相止耳君命毋譁以鼓封大夫命毋哭士哭者相止也

乃窆主人哭踊無算注窆下棺也襲贈用制幣玄纁束拜稽顙踊如初注丈八尺曰制二制合之束十制五合。疏凡禮幣皆用制者取以儉為節聘禮云釋幣制玄纁束注云凡物十則曰束玄纁之率玄居三纁居二此注云二制合之束十制五合者則每一端丈八尺二端為一疋五疋合為十制也。敖繼公曰此贈謂主人以幣贈死者于壙中也尸柩已在壙則長不復反之意故此禮亦以贈朋友贈于家主人贈于壙親疏之宜卒袒拜賓主婦亦拜賓即拾踊三襲注主婦拜賓拜女賓也即位反位也。疏卒謂贈卒。敖繼公

曰於此拜賓特為之非至親不送其葬即位夫婦亦拜賓謂內賓與宗婦之屬古者婦人婦也拜賓必鄉之拾踊者主先賓後婦人三謂三者三也襲者主人也禮婦人不袒**賓出則拜送**注相問之賓也凡弔賓有五去皆拜之此舉中

雜記魯人之贈也三玄二纁廣尺長終幅注言失之也。疏既夕禮曰贈用制幣玄纁束今魯人雖三玄二纁而用廣長尺幅不復丈八尺則失禮也

檀弓既封主人贈而祝宿虞尸注贈以幣送死者於壙也於主人贈祝先歸。疏巳下棺主人以幣贈死者於壙之時祝先歸宿戒虞尸**藏器於旁加見**注器用器役器也見棺飾也更謂之見者加此則棺柩不復見矣先言藏器乃云加見者器在見內也內之者君子之於事終不自逸也。疏用器即上弓矢耒耜之屬役器即上甲胄干笮之屬棺飾即帷荒以其與棺為飾柩入壙還以帷荒加于柩加此則蹔見帷荒故名帷荒為見也。敖繼公曰器用器至燕器也此旁先言之謂棺之左旁也加見者以見加於棺及藏器之上也以其見於棺器之外故因以名之**藏苞筲於旁**注於旁者在見外也不言甕甒餘相次可知四者兩兩而居喪大記曰棺椁之間君容柷大夫容壺士容甒。疏陳器之法後陳者先用先書甒後用苞筲苞筲藏明甕甒先藏可知苞筲居一旁甕甒居一旁兩兩而居也喪大記者出見椁內棺外所容寬狹得容器物之意也。敖繼公曰苞筲先陳乃藏於用器以下之後亦先陳而後用也旁右旁也**加折郤之加抗席覆之加抗木**注宜次也。疏上陳折時美面向上今用即美面向下抗席又覆之折承席席承木皆是其宜也**實土三主人拜鄉人**注謝其勤勞。疏雜記云鄉人五十者從反哭四十者待盈坎于時主人未反哭鄉人並在故拜謝之謝其勤

勞勤勞者謂在道助執紼在壙助下棺及實土也。敖繼公曰下云襲是亦袒拜卿人也不言袒蓋文脫耳即位踊襲如初注哀親之在斯。疏謂既拜鄉人乃於羨道東即位踊無筭如初也

雜記醴者稻醴也甕甒筲衡實見間而后折入注此謂葬時藏物也衡當為桁所以庪甕甒之屬聲之誤也實見間藏於見外椁內也折承席也。疏言此醴是稻米之為

檀弓宋襄公葬其夫人醯醢百甕曾子曰既曰明器矣而又實之注言名之為明器而與祭器皆實之是亂鬼器與人器。疏曾子不譏器之多但譏其實為非也大夫以上兼用鬼器與人器則空鬼而實人是亂鬼器與人器也

喪大記椁棺之間君容柷大夫容壺士容甒注間可以藏物因以為節。疏此明棺槨之間廣狹所容也柷如漆桶壺是漏水之器大夫所掌甒盛酒之器士所用也。方慤曰柷方二尺四寸深一尺八寸壺大一石甒五斗

讀禮通考卷四十六

喪儀節

唐開元禮三品以上喪（四品以下至庶人附）

卜宅兆○既度宅兆掘四隅外其壤掘中南其壤（宅葬居也兆域也南其壤者為將北首故也壤土也）既朝哭主人遂哭出乘堊車詣宅兆所出國門止哭（六品以下出郭門外止哭）掌事者先設主人以下次於宅兆東南將到主人又哭至宅兆所主人停於次止哭涖卜者一人（國官若僚佐之長涖之無者親屬為之）緇布冠不緌布深衣因喪屨（涖卜者非國官則吉冠素服）祝及卜師凡行事者皆吉冠素服掌事者布卜筮席於兆南北向西上相者引涖卜筮者及祝立於卜筮席西南東面南上卜師筮師立于祝南東面北上相者引主人詣卜筮席南十五步許當內

壤北向立相者立於主人之左少南俱北向親賓及從者立於筮席東南重行西面諸親北上諸賓南上立定相者少進東面稱事具退復位主人免首絰左擁之莅卜者進立于主人東北西面卜師抱龜筮師開櫝出策兼執之（櫝藏策器）執韇以擊策（擊之以動其神）進立于莅卜前東面南上莅卜者命曰孤子姓名為父某官封某甫（某甫父字也無封者去封四品以下父祖稱孤子孫母及祖母稱哀子哀孫下皆准此）度茲幽宅無有後艱（度謀也言為父卜筮葬居今謀此以為幽冥居域之處得無有後艱難乎謂有非常崩壞若內喪云為某母夫人某氏）卜師筮師俱曰諾遂述命訖右旋就席北面坐命龜筮曰假爾泰龜有常假爾太筮有常指中封逆卜筮訖興各以龜筮東面稱占曰從還本位主人經哭從者皆盡哀止相者進主人之左東面稱禮畢相者遂引主人退立於東南隅西面又相者引卜者立于主人之後重行

西面俱北上掌事者徹卜席當安墓處立一標又于四隅各立一標當南門兩廂各立一標祝師掌事者入鋪后土氏神席于墓左南向設酒罇於神座東南加勺冪設洗於酒罇東南罍水在洗東篚在洗西南肆篚實以巾爵加以冪相者引告者及祝與執罇罍篚者俱立于罍洗東南重行西面以北為上國官若僚佐之長若無國官僚佐者親賓為之主人告者俱去經杖立定俱再拜祝與執罇罍篚者先立于罇罍篚之後執饌者以脯醢跪設於神座前興還本位相者引告者詣罍洗盥手洗爵詣酒罇所酌酒進跪奠於神座前興少退北向立祝持版進于神座之右東面跪讀祝文曰維年月朔日子某官姓名若主人自告父稱孤子母稱哀子名字敢昭告於后土氏之神今為某官姓名若主人自告云為父某官封某甫母太夫人若謀君謀氏各隨官職稱者營建宅兆神其保佑俾無後艱謹以清酌脯

醢祇薦于后土之神尚饗訖興告者再拜相者引告者還本位西面再拜相者引出掌事以下俱復位再拜遂徹饌席罇罍以出主人哭還去墓三里許止哭及國門又哭内外升哭于位主人入升詣殯前北面哭盡哀止哭西面再拜降就次有國官僚佐從主人入就門内哭主人拜俱再拜主人降就次各就次若不從又卜筮擇地如初儀

卜葬日四品以下及士庶人附○既朝哭主人及諸子以下出立於殯門外之東壁下西面北上國官僚佐之長莅卜無國官僚佐者親賓為之行事者吉服立于門西東面南上卜師抱龜六品以下筮人執韇韇藏筮器在其南東面闔門東扇主婦立于其内掌事者設卜席于閾外闑西相者詣主人前東面告事具遂引主人立于門南北面相者立于主人之左少退俱北面主人免首絰左擁之莅卜者進立于主人東

北面面卜師少進筮則筮人開櫝出策兼執之少進莅卜前東面受命莅卜命曰孤子某來日卜葬其父某官封某甫母則云為某母太夫人某氏考降無有近悔考登也降下也言卜此日葬惟神上下得無近于咎悔卜師曰諾遂述命訖右旋進就席西面坐六品以下執韇擊筮命龜曰叚爾太龜有常筮云太筮乃作龜筮云以卦訖興以龜退東面稱占曰從主人經興諸子以下哭盡哀相者告于主婦哭入遂使人告于親賓諸親及僚友卜日不來者卜師以龜退筮則筮人以韇退掌事者徹卜席相者進六品以下莅卜進告禮畢主人與諸子以下入升詣殯前北面立哭內外俱哭盡哀內外各還次若不從又卜擇如初儀

乾學按開元禮有卜宅卜日之儀而政和禮無之但云墓兆葬日皆前期擇之不知其所擇者用何法也將仍用龜蓍擇之乎

抑用地師之術擇之乎如其用龜蓍必倫詳其儀如開元禮矣今但曰擇之而不載其儀則用地師之術可知也盖唐之世相地擇日之書雖已行于時而儒臣之議禮猶知依仿古人以飾天下之耳目則古意尚存君子不無餼羊之幸焉至宋則并此虛文而亦亾之矣尚論者于此能無升降之感哉

啓殯○葬有期前一日之夕掌事者除葦障偹啟奠具饌如大歛設賓次于大門外之右南向内外夕哭如常儀啓殯之日内外夙興衰服主人及諸子皆去冠絰以衰巾帕頭國官亦以衰巾帕頭内外升階就位哭尊行者坐國官及僚佐就下位哭之祝衰服執功布功布長五尺六品以下祝素服執功布長三尺升自東階詣殯南北向内

外皆止哭祝三聲噫嘻乃曰謹以吉辰啟殯既告内外皆哭盡哀内外各還次祝降與執饌者升徹宿奠如常祝取銘置於重北建之掌事者升徹殯塗訖設席於柩東升柩於席上又設席於柩東祝執功布升以拂柩覆用夷衾降出周設帷東面開户若不為坎而殯則徹塗訖設席于柩東相者引主人以下升哭于帷東西向妻妾女子子以下哭于帷西東向俱南上諸祖父以下哭於帷東北辟下南面西上諸祖母以下哭於帷西北辟下南面東上外姻丈夫帷東北面西上婦人帷西北面東上尊者坐内外俱哭祝與進饌者各以奠升設于柩東席上祝酌醴奠之内外俱哭于位如未成服之禮親賓致奠如别儀有國官僚佐者以官代哭無者以親疎為之晝夜不絶聲

贈謚六品以下無○告贈謚於柩無贈者設啓奠訖即告謚其日主人入升立于饌東西面祝持贈謚文升自東階進立于柩東南北向内外皆止哭祝少進跪讀文訖興主人哭拜稽顙内外應拜者皆再拜祝進跪奠贈謚文於柩東興退復位内外皆就位坐哭

親賓致奠○啟之日親賓致奠于主人設啓奠後諸奠者入立于寢門之外東向謂卑幼者其有故則遣使祭具陳於奠者東南北向西上相者入告内外卑者皆興立哭于位又相者引奠者入升當柩東西面奠者哭祭具從升于柩東奠者之西西向南上設饌訖執饌者降出尊者止哭詣酒罇所取爵酌酒跪奠于柩東興少退西向立内外皆止哭奠者曰某封若某位伯叔各從官爵稱之将歸幽宅謹奉奠若異姓各從其稱若使者云某封

若某姓位聞某封若某官將歸幽宅使某奉辭奠畢應拜者再拜內外皆哭主人哭拜稽顙奠者哭盡哀止相者引執事者以次徹饌而去

陳車位○啟日之夕納柩車于大門之內當門南向進靈車于柩車之右內外所乘之車陳於大門外大夫之車門西婦人之車門東俱服重者在上以近門及北方為上女子子妻妾之車以木為之不漆飾無者以蘧篨衣車以蒲纏轅轂若白土堊之以麤布為幌幰周及大功之車以白土堊之或衣蘧篨皆以布為幌幰其布如服布也掌事者先於宿所張吉凶帳幕凶帷在西吉帷在東俱南向設靈座于吉帷下如常式

陳器用○啟之夕發引前一刻搥一鼓為一嚴無鼓者量時而行事陳布吉凶儀仗方相黃金四目為方相六品以下設魌頭之車魌頭兩目也誌石大棺

車及明器以下陳于柩車之前一品引四披六鐸左右各八黼翣二黻翣二畫翣二（二品三品引二披四鐸左右各六黼翣二畫翣二四品五品引二披二鐸左右各四黼翣二畫翣二六品以下引二披二鐸畫翣各二惟無黼黻翣耳凡引者輀車索也披者繫於輀車四周在旁執之以備傾覆鐸者以銅為之所以節挽翣者以木為筐廣二尺高二尺四寸其形方兩角高衣以白布柄長五尺黼翣黻翣畫黼黻文于翣之內緣畫以雲氣畫翣者內外四緣皆畫雲氣庶人無引披鐸翣）

進引○二刻頃搥二鼓為二嚴（六品以下無鼓嚴）掌饌者徹啟奠以出初徹奠內外俱興立哭於位執紼者皆入掌事徹帷持翣者升以翣障柩執紼者升執鐸者入夾西階立執纛者入當西階南北面立（六品以下無纛下皆准此）掌事者取重出倚於門外之東執旌者立於執纛南北面（諸執披排鐸旌纛翣者皆布深衣介幘六品以下但執旌者立于西階南北面餘皆同）陳布將訖搥三鼓為三嚴進靈車於內門外南向祝以罾輿詣靈座前（內喪則婦人執腰輿）祝於輿左西向跪昭告曰孤子某（母云哀子）謹用吉辰奉歸先

寢若新卜宅云奉遷幽宅四品以下先兆幽宅靈車就引神道紆回惟以荒寥無任輴絕輿立少頃腰輿出降自西階羽儀六品以下云威儀從者如平生詣靈車後少頃輿退

引輴四品以下舉柩下皆如此〇將引輴輴即柩車執鐸者俱振鐸引輴降就階間南向初輴動及進止執鐸者皆振鐸每振者先搖之搖訖三振之其持翣者常以翣障于輴降階執纛者却行而引輴止則廻北面立執旗者亦漸而南輴止廻北面立主人以下以次從輴而降主婦又次其後降

輴在庭位〇輴至庭庭內先施席以居柩主人及諸子以下立哭于輴東西向南上祖父以下立哭于輴東北南向西上異姓之大夫立哭於主人東南西面北上婦人以次從降妻妾女子子以下立哭于輴西東向南上祖

母以下立哭於輴西北南向東上異姓之婦人亞哭於主婦西南東面北上内外之際障以行帷（此帷用如服布）國官立哭於執紼者東南北面西上（六品以下無國官也）僚佐立哭于執紼者西南北面東上

祖奠○庭位既定祝帥執饌者設祖奠于輴東如大斂之儀祝酌奠訖進饌南北面跪曰永遷之禮靈辰不留謹奉柩車式遵祖道尚饗少頃徹之

輴出升車○執披者引前後披執紼者引輴出（四品以下無）輴車動旋先纛次主人以下從立於輴車後婦人次哭於後輴出到轜車執紼者解紼屬於轜車（四品以下唯柩出到轜車餘同）設帷幛於輴車後執紼執披者如常遂升柩内外俱哭位如在庭之儀

遣奠○既升柩祝與執饌者設遣奠於柩東如祖奠

之儀祝酌奠于饌前少頃徹之

遣車○既遣奠掌事者以蒲葦苞牲體下節七苞（四品五品五苞六品以下三苞）以繩束之盛以盤載于車列旌前

器行序○徹遣奠靈車動從者如常鼓吹振作而行（六品以下無鼓吹）去靈車後次方相車（六品以下魌頭車也）次誌石車次大棺車次輴車（誌石輿大棺若先設者不入陳布之次四品以下無輴車）次明器輿次下帳輿次米輿（五穀米實以五筲各斗三升冪用疏布）次酒脯醢輿（酒實二壺各五升冪用功布醢實于二甕各二升冪用疏布）次苞牲輿次食輿（食盤梡具自足方相以下駕士駆士舁明器下帳等人皆介幘深衣六品以下魌頭無駕士）次銘旌次纛次鐸（鐸分左右）次轜車

諸孝從柩車序○主人及諸子俱絰杖縗服（秃者衰巾加絰）徒跣哭從諸丈夫婦人各依服精麤以次而從哭出門内外尊行者皆乘車馬哭不絶聲

郭門親賓歸○出郭若親賓送者權停柩車内外尊

西

行者皆下車馬依服之麄細為序立哭如式相者引親賓以次就柩車之左向柩立哭盡哀畢者再拜而退婦人亦如之

諸孝乘車○親賓既還内外乘車馬若墓遠及病不堪步者雖無親賓還主人及諸子亦乘至車出埜三百步皆下

宿止○靈車到帷門外迴南向進腰輿於靈車後威儀從者如常少頃輿入詣靈座前少頃降出遂進常食於靈座若食頃徹之每至停宿之所于室設靈座進食如初柩車到入凶帷停於西廂南轅祝設几席於柩車東

宿處哭位○初至宿處内外皆就柩車所主人及諸子以下於柩車之東西面南上妻妾女子子婦人于柩車之　東面南上祖父以下柩車東北南面西上異族有服者於柩車東南西面北上祖母以下於柩

車西北南面東上異姓婦人又於柩車西南東面北上國官於帷外柩之東北面西上僚佐於柩之西北面東上俱立哭（自國官以下六品無）行次奠○凡停宿進酒脯之奠於柩東如朝奠之儀既設奠內外各還次迭哭不絕聲及夕內外就柩車所哭進夕奠如朝奠之儀訖迭哭如常厥明又就位哭進朝奠亦如之若食頃徹之吉凶儀仗式發引內外從哭如初儀

親賓致賵○賓有賵禮在主人設祖奠之時賓立於大門外西廂東面從者以篚奉玄纁立於賓西南俱東面牽馬者以馬陳於賓東面北首西上相者入告遂詣主人之左北面受命出對賓前西面曰敢請事賓曰某敢賵相者入告出曰孤某須矣賓之從者坐

讀禮通考　卷四十六

謹

奠篚取幣西詣賓前西面以授賓退復位相者引賓
入牽馬先以馬入陳於輴車南北面西上（六品以下於柩車前）賓
入由馬西當輴車東南北面立內外權止哭賓曰某
謚封若某位將歸幽宅敢致賵辭畢而哭內外皆哭
主人拜稽顙賓止哭相者引賓進輴車東西面奠幣
于車上相者引賓又由輴車前以西而出初賓出掌
事者由主人右詣輴車東西面舉幣以東（東藏之也）受馬者
由前旋牽馬者後適其右受之牽者由前以西而出
賓將出主人拜稽顙送之
塋夕○前一日之夕掌事者先於墓門內道西張帷
幕設靈座如初
到墓○乘車者卑行見墓而下尊者及塋而下序哭
靈車至帷門外迴車南向祝以腰輿詣靈車後少頃

入詣靈座前少頃以輿降出遂設酒脯之奠如初柩車至壙前迴南向大夫婦人之位如遣奠之儀

陳明器○掌事者陳明器於壙東南西向北上

下柩哭序○進輴車（四品以下布席）於柩車之後張帷下柩於輴丈夫柩東婦人柩西以次進憑柩哭盡哀各退復位内外卑者再拜辭訣相者引主人以下哭於羨道東西面北上妻及女子子以下婦人皆障以行帷哭于羨道西東面北上

入墓○施席於壙户内之西（四品以下柩于壙）遂執紼者屬紼於輴（六品以下無執紼者）遂下柩於壙户内席上北首覆以夷衾

墓中祭器序○輴出（四品以上無輴車但有持翣者）持翣者入倚翣于壙兩廂遂以下帳張於柩東南面米酒脯陳于下帳東北食盤設於下帳前苞牲置於四隅醯醢陳于食盤

之南籍以版明器設於壙内之左右

掩壙○掌事者以玄纁受主人主人授祝祝奉以入奠於靈座主人拜稽顙旌銘誌石於壙門之内置設訖掩户設關鑰遂復土三主人以下稽顙哭盡哀俱就靈所哭掌儀者設祭后土于墓左如後儀

祭后土○先於墓左除地為祭所柩車到祝吉服鋪后土氏神席北方南向設酒罇於神座東南北向設洗于酒罇東南北向罍水在洗東篚在洗西南肆加巾爵於篚既復土告者吉服國官僚佐之長若無者親賓充也相者引告者與祝及執罇罍篚者俱立于罍洗東南重行西面以北為首立定俱再拜祝與執罇罍篚者俱就罇罍篚之後相者進告者之左北面曰請事掌饌者以饌入祝迎引設於神座前置設訖掌饌者出相者引告

者詣罍洗盥手洗爵相者引告者詣酒罇所執罇者舉冪告者酌酒進跪奠神座前俛伏興少退北向立祝持版進於神座之右東面跪讀祝文曰維年月朔日子某官姓名敢昭告於后土之神某官封謚窆茲幽宅神其保佑俾無後艱謹以犧牲粢盛庶品明薦于后土之神尚饗訖興告者再拜祝進跪奠版於神座興還罇所相者引告者退復位再拜相者引告者出祝以下俱復位再拜徹饌席以出

宋政和禮品官喪儀

啓殯○墓兆塋日皆前期擇之葬有期前一日之夕除葦障倫饌于東階下（如大斂之奠）設賓次于大門外之右南向內外夕哭如常儀啓之日夙興內外哀服主人及諸子去冠絰以衷巾帕頭皆升就位哭（尊行者坐）祝綫

服執功布長五尺升自西階詣殯南北向止哭祝三聲噫嘻乃曰謹以吉辰啓殯既告内外皆哭盡哀各還次祝與執饌者升徹宿奠如常祝取銘旌置重北建之掌事者升徹殯塗訖設席於柩東升柩於席上祝以功布拂柩覆用夷衾降出設帷東面開户贊者引主人以下升哭于帷東西面妻妾女子子以下哭於帷西東面俱南上祖父以下帷東北壁下南面西上祖母以下帷西北壁下南面東上外姻丈夫帷東北面西上婦人帷西北面東上尊者坐掌饌者以饌升設於柩前降出祝以酒奠之主人以下哭踊無筭内外俱哭于位如未成服之礼以親疏代哭晝夜不絕聲若親賓致奠於主人啓奠之後諸奠者以次立於寢門之外東向謂卑幼者有故則遣使祭饌陳於前贊者入告内外卑者皆興立哭於位執饌

者以饌升設訖降出贊者引奠者以次入詣柩前西面南上為首者進以醆跪奠酒俛伏興少退內外哭止奠者曰某位伯叔各從官爵稱之將歸幽宅謹奉奠若異姓者從其稱若遣使者云某封若某姓名聞某封若某官將歸幽宅使某奉辭尊卑應拜者皆再拜內外皆哭主人拜稽顙奠者哭盡哀乃出掌事者以次徹饌而退既奠乃告贈亦于柩或贈或謚皆告無則不告主人升立於柩東西面祝持贈文升自東階進立于柩東南北面內外哭止祝少進跪讀文訖興主人哭拜稽顙祝進跪奠之于柩東興降出內外哭盡哀復位哭如初

塋〇啓之日掌事者納輀車于大門內當門南向設靈車于右內外所乘之車陳于大門外丈夫之車門西婦人于東先於宿所張吉凶帷凶帷西吉帷東俱南向設靈座於吉帷下如常儀啓之夕未發前五刻擊鼓為節陳布吉

凶儀仗方相（四品以上為方相黄金四目八品以上為魌頭兩目九品無皆深青衣朱裳執戈揚楯）誌石（九品以下無）大棺車及明器以下陳於柩車前紼披鐸翣挽歌皆具（紼引輀車索也披者繫于輀車四周在傍執之以備傾覆諸持紼披翣者皆布幘布深衣挽歌者白練幘白練褠衣）二刻再擊鼓為節掌饌者徹啟奠以出內外俱興立哭於位執紼者皆入掌事者徹帷持翣者俱升以翣障柩執紼乃升執鐸者入當西階立執纛者入當西階南北面立（七品以下无纛下同）掌事者取重出待於門外之東執旌者立於執纛者南北向（諸執旌纛者皆布深衣介幘若無纛則執旌者立于西階南北面）陳布訖三擊鼓為節乃引靈車于內門外南向祝詣靈座前西向跪昭告曰孤子某（母曰哀子）謹用吉辰奉歸先兆（若新卜宅云奉歸幽宅）靈車就引神道紆迴帷以荒蓼無任鞕絕興立少頃執鐸者振鐸引柩降階間南向（加披拂于上）持翣者當以翣障柩柩降階執纛者却行而引止則迴北向立執

旌者繼纛而行止則北向立無纛者則執旌者引主人以下以次從柩哭而降主婦以下又次之柩至庭主人及諸子以下於柩東西面南上祖父以下於東北南面西上異姓丈夫于主人東南西面北上妻妾女子子以下於柩西東面南上祖母以下於西北南面東上異姓婦人於主婦西南東面北上皆立哭內外之際障以行帷庭位既定祝帥執饌者設祖奠於柩東如盛奠之饌祝以酒奠訖詣饌南北面跪曰永遷之禮靈辰不留謹奉旋車式遵祖道尚饗興少頃徹之若致賵賓立于大門外西從者以篚奉玄纁束帛立於賓側贊者入告乃引賓入當柩車東南北面從者以篚授賓退內外哭止賓曰某謚封君某位將歸幽宅敢致賵辭畢乃哭內外皆哭主人拜稽顙賓止哭進奠幣於柩前

詣西而出主人拜稽顙送之（初賓出掌事者于柩前取幣以束藏之）柩動旌先䡴次之主人以下從哭于柩後婦人次之柩至輴車（輴車載柩之車也）執紼者解紼屬于輴車設帷障於柩後執紼披者如常去靈車遂升柩於輴車上內外哭位如初在庭之儀乃設遣奠於柩車前如祖奠之儀祝奠酒訖少頃徹饌靈車動從者如常若二品以上設鹵簿鼓吹儀伏於靈車之前三品止鹵簿無鼓吹靈車後方相車（無方相設魌頭車）次誌石車（九品無）次大棺車（誌石與大棺若先設于墓不在陳設）次明器輿次下帳輿次米輿次酒脯醢輿次食輿（食器具從人皆布幘深衣）次銘旌次䡴次鐸（分左右）次輓歌次輴車主人及諸子俱絰杖衰服（禿者衰巾加絰）徒跣哭從餘各依服精麁為序從哭出門內外尊行者皆乘車馬哭不絕聲出郭門若親賓還者權停柩車乘者皆下立哭賛者引親

賓以次俱向柩立哭盡哀畢者再拜而退婦人亦如之親賓既還乘車馬如初若墓遠及病不堪步者出郭主人及諸子亦乘去塋三百步乃下靈車至帷門外謂吉帷廻南向遂薦常食於靈座前若食頃徹之每于庭宿之所設靈座薦食柩車至入凶帷停於西廂南向祝設几席於柩車之東初至宿次內外皆就柩車所分東西如常立哭凡停宿薦酒脯之奠于柩東如朝夕之儀既設奠內外各就位迭哭不絕聲將至乘車者畢行見墳而下尊行及塋而下以序哭靈車至帷門外掌事者先于墓門內道西張帷幕設靈座如初廻車南向遂設酒脯之奠柩車至壙前廻南向哭位如在庭之儀掌事者陳明器於壙東南西面北上設靈車於柩車之後張帷下柩於靈車無靈車者止用席丈夫柩東婦人柩西以次憑哭盡哀各退復位內外卑者哭再辭訣贊者引主人以下哭于羨道

東西面北上妻及女子子以下哭於羡道西東面北上踊無筭婦人皆障以行帷掌事施席于壙內遂下柩於壙內席上北首覆以夷衾持翣者入倚翣于壙內兩廂遂以下帳張於柩東南向米酒脯陳于帳東北食器設於帳前醯醢于食器南藉以版明器設于壙內左右掌事者以玄纁束帛授主人主人授祝祝奉以入奠于靈座主人拜稽顙施銘旌誌石於壙內置訖于戶設關鑰遂復土三主人以下稽顙哭盡哀內外俱就靈所哭乃祭后土具別儀饌者徹酒脯之奠設靈車於帷外陳布如來儀少頃靈車發行內外從哭如初

祭后土○掌事者先于墓左除地為祭所柩車至祝吉服鋪后土神席于北方南向饌者備饌於其側既

復土告者吉服親賓為告者贊者引告者及祝俱立于神位東南立定俱再拜贊者曰告者請行事掌饌者以饌入設於席位乃出贊者引告者盥手詣神席前以醆跪奠酒俛伏興少退北向立祝于神席右向跪祝讀文曰維某年某月某朔日某官某姓名敢昭告于后土之神某官封謚窆茲幽宅神其保佑俾無後艱謹以清酌庶羞明薦于后土之神尚饗祝興告者再拜贊者引告者退復位俱再拜以次出乃徹饌席

庶人喪儀

啟殯○墓地塋日皆前期擇之葬有期前一日之夕掌事者除葦障俻饌於東階下如大斂設賓次於大門外之右南向內外夕哭如常儀啟之日夙興內外哀服主人及諸子去冠經以裹巾帕頭皆升就位哭尊行者坐贊

者繐服執功布（長三尺）升自西階詣殯南北向內外止哭祝三聲噫嘻乃曰謹以吉辰啟殯既告內外皆哭盡哀各還次執饌者升徹夕奠如常祝移銘旌重北建之掌事者升徹殯塗訖設席於柩東升柩於席上贊者以功布拂柩覆用夷衾降出設帷東面開戶主人以下升哭于帷東西面妻妾以下于帷西東面俱南上宗親尊行丈夫以下帷東北壁下南面東上外姻丈夫帷東北面西上婦人帷西北面東上（尊行者坐）執饌者以饌升奠于柩東降出贊者以酒奠之主人以下哭踊無筭內外俱哭於位（如未成服之禮以親疏代哭晝夜不絕聲）若親賓致奠於主人啟奠之後諸奠者以次入于寢門內東向（謂卑幼者有故則遣使）祭饌陳於前贊者入告內外卑者皆興立哭於位執饌者以饌升設訖降出奠者以次入詣柩前

西向南上為首者進以醆跪奠酒俛伏興少退內外哭止尊者曰某位伯叔將歸幽宅謹奉奠（若姓異各從其稱若遣使使者云某官封若某姓某聞某人將歸幽宅使某奉辭）尊卑應拜者再拜內外皆哭主人拜稽顙奠者哭盡哀乃出掌事者以次徹饌而退

葬○啓之日掌事者納柩車于大門內當門南向設靈車於右內外所乘之車陳于大門外（大夫之車門西婦人之車門東）先于宿所張吉凶帷凶帷西吉帷東設靈座于吉帷下如常儀啓之夕未發前一刻引靈車於內門外南向祝詣靈座前西向跪昭告曰孤子某（母曰哀子）謹用吉辰奉歸先域（若新為墓則曰奉歸幽宅）靈車就引神道紆迴唯以荒蓼無任梗絕興立少頃柩動降就階間主人以下以次從柩哭而降主婦又次之柩至庭（庭內先設牀席次居柩）主人以下於柩東西立哭（大夫在東婦人在西以服之輕重為序）內外之際障以行帷

庭位既定祝帥執饌者設祖奠於柩東（如啟奠）祝以酒奠訖詣饌南北面跪曰永遷之禮靈辰不留謹奉旋車式遵祖道尚享興少頃徹饌親賓致賻之禮（其辭曰某人將歸幽宅敢致賵辭畢哭盡哀奠幣于柩東）柩動旌先之主人以下以次從哭柩至柩車設帷障于後遂升柩於車內外哭位如在庭之儀乃設遣奠如祖奠祝奠酒訖少頃徹饌靈車動餘以次設靈車後次明器輿次下帳輿次米輿次酒脯醢輿次食輿（食器具）次柩車主人及諸子俱絰杖衰服（禿者衰巾皆絰）徒跣哭從諸大夫婦人皆依服輕重為序從哭出門內外尊行者皆乘車馬哭不絕聲出郭外若親賓還者權停柩車乘者皆下立哭親賓向柩立哭盡哀畢者再拜而退婦人亦如之賓既還乘車馬如初靈車至吉帷門外迴南向遂薦常食於靈座前若食

頃徹之（每于停宿之所皆設靈座荐食）柩車至入凶帷停于西廂南向至宿次内外皆就柩車所主人以下分東西立哭如初凡停宿薦酒脯之奠于柩車至墓乗馬者畢行見墳而下尊行及塋而下靈車至帷門外（掌事者先於墓門内道西張吉帷設靈座夕荐食）迴車南向遂設酒脯之奠柩車至壙前迴南向哭位如在庭掌事者陳明器于壙東南西向北上設狀席於柩車之後張帷舉柩于席上大夫柩東婦人柩西以次憑哭盡哀各退復位内外畢者再拜辭訣賛者引主人以下哭于羡道東西面北上妻及女子哭于羡道西東面北上踊無筭（婦人設帷）設席于壙内遂下柩于壙内席上覆以夷衾遂以下帳張於柩東南向米酒脯設于帳東北食器設于下帳前醯醢于食器南藉以板明器設壙内左右主人拜稽顙乃掩户設

闋籥遂復土三主人以下稽顙哭盡哀内外俱就靈所哭乃祭后土具别儀饌者徹酒脯之奠設靈車于帷外少頃靈車發行内外從哭如初出墓門尊行者乘車馬去墓百步許卑行者乃乘

祭后土○掌事者先於墓左除地為祭所柩車至祝吉服鋪后土神席北方南向饌者倫饌于其側既復土告者吉服（以親賓為告者）賛者引告者及祝俱立于神席東南立定俱再拜掌饌者以饌入設于席位乃出賛者引告者盥手詣神席前以醆跪奠酒俛伏興少退北向立祝于神座右西面跪讀祝文曰維某年某月朔日辰姓名敢昭告于后土之神某人窆兹幽宅神其保佑俾無後艱謹以清酌庶羞明薦于后土之神尚饗訖興告者再拜賛者引告者復位再拜以次出少

頃乃徹席饌

乾學按葬必有槨今古皆然未有公卿大夫而直埋棺于土中者古禮不惟有槨槨之下有茵槨之上有折而折之上復有抗木與抗席所以衛其棺者若是乎周詳而慎重也今開元政和二禮並不言治槨其將窆也但言下柩于壙内席上豈唐宋公卿大夫之葬皆有棺而無槨耶如其無之則孝子之葬親胡為若是之薄如其有之則作者之記禮胡為若是之疎兩者皆所不可解也及考杜氏通典言大唐制諸葬不得以石為棺槨其棺槨皆不得雕鏤彩畫宋史凶禮志亦云然則是唐宋固皆有

椁矣有椁而記禮者何故不言今觀其書其始而陳器繼而載器終而下器無不一一詳列其次第何獨於椁而遺之儀禮筮宅之後即有井椁之文則人自知其有椁矣今此兩書則始終不一及將無之而不言耶抑有知之而不言耶不特此也彼陳器之中有所謂大棺車者此棺下壙之時亦當一語言及而亦竟無之是何疎略之甚也要之開元制禮名為依倣古制而其實多所牴牾故不覺遺脫若此至政和禮則又沿襲開元而失之者也愚于此更無譏為

讀禮通考卷四十七

喪儀節

司馬氏書儀

卜宅兆葬日［開元禮五品以上卜六品以下筮今若不曉卜筮止用杯珓可也若葬于祖塋則更不卜筮］○既殯以謀葬事［檀弓曰既殯旬而布材與明器今但殯畢則可以謀葬事］既擇地得數處執事者掘兆四隅外其壤［兆塋域也］掘中南其壤［為葬將北首故也］莅卜或命筮者［擇遠親或賓客為之］及祝執事者皆吉冠素服［雜記大夫卜宅與葬日有司麻衣布衰布帶因喪屨緇布冠不蕤占者皮弁如筮則史練冠長衣以筮占者朝服注曰麻衣至緇布冠非純凶也皮弁則純吉之尤者也長衣練冠純凶服也朝服純吉服也今從簡易依開元禮皆非純吉亦非純凶素服者但徹去華采珠玉之飾而已］執事者布卜筮席於兆南北向主人既朝哭適兆所立於席南當中壤北向免首絰左擁之莅卜筮者立於主人之右北向卜筮者東向執龜筴進南面受命于主人莅卜者從旁

命之曰孤子姓名為父某官（為母則稱哀子為母某）封度茲幽宅無有後艱（度謀也宅居也言謀此以為幽冥之居得無將有艱難謂有非常若崩壞也）卜筮者許諾右旋就席北面坐述命（士喪禮不述命既受命而申言之曰述不述者士禮畧今從開元禮）指中封而卜筮（中封中央壤也）占既得吉則執龜筴東向進告于莅卜筮者及主人曰從主人經哭若不從更卜筮他所如初儀兆既得吉執事者于其中壤及四隅各立一標當南門立兩標祝帥執事者入設后土氏神位於中壤之左南向（古無此開元禮有之）置倚卓盥盆帨架盞注脯醢（不能如此只常食兩三味）皆如常日祭神之儀（但不用紙錢）告者與執事者皆入（卜者不入）序立於神位東南重行西向北上立定俱再拜告者盥手洗盞斟酒進跪酹于神座前俛伏興少退北向立搢笏執詞進于神座之右東面跪念之曰維年月朔日子某官姓名敢昭告於后土氏之神今為某官

姓名（主人也）營建宅兆神其保佑俾無後艱謹以清酌脯醢祗薦于神尚饗訖興復位告者再拜出祝及執事者皆西向再拜徹饌出主人歸殯前北面哭卜筮葬日于三月之初（若墓遠則卜筮于未三月之前命曰某月日）主人先與賓議定可葬日三日（謂可以辦具及于事便者必用三日備不吉也）執事者布卜筮席於殯門外闑西北向主人既朝哭與衆主人（謂亡者諸子）出立於殯門外之東壁下西向南上闑東扉主婦立於其內主人進立於門南北向免首絰左擁之莅卜筮者立主人東北西向卜筮者執龜筴東向進受命于莅卜筮者命之曰孤子某將以今月某日（先卜遠日不吉再卜近日）卜葬其父某官考降無有近悔（考上也降下也言卜此日葬魂神上下無得近于咎悔者乎）卜筮者許諾右旋就席西向坐述卜筮不吉則又興受命述命再卜占既得吉興告于莅卜者及主人曰某日從

主人絰與衆主人皆哭又使人告于主婦主婦亦哭

主人與衆主人入至殯前北向哭遂使人告于親戚僚友應會葬者若孫為祖後則莅卜筮者命之曰孤孫某卜葬其祖某官夫曰乃夫某卜葬其妻某氏兄弟及他親為喪主者各隨其所稱曰某親某卜葬某親某官

穿壙詳葬考

碑誌詳喪具

明器　下帳　苞筲　祠版詳喪具

啟殯○啟殯之日墓近則于葬前一日啟殯墓遠則于發引前一日啟殯夙興執事者縱置席于影堂前階上及聽事中央仍帷其聽事席所以藉柩也帷之為有婦人在焉既夕禮遷于祖用軸注蓋象平生將出必辭尊者開元禮無朝廟禮今從周制又周既載而祖于庭今人既載遂行無祖于庭雖施哭位故但祖于聽事喪事有進而無退無聽事者但向外之屋可置柩者皆可也備功布長三尺以新布稍細者為之祝御柩執此以指麾役者也五服之親皆來會各服其服入就位哭喪服小記曰緦小功虞卒哭則免然則既殯先啟之間雖有事不免又曰既葬而不報虞則雖主人皆冠及虞則皆免注有故不得疾虞雖主人皆冠不可久無飾

也皆免自主人至緦麻開元禮主人及諸子皆去冠絰以邪巾帕頭按自啟殯至于卒哭日數甚多今已成服若使五服之親皆不冠而袒免恐其驚俗故但各服其服而已○呂氏家範主人及衆主人皆去冠絰以邪布巾帕頭○按儀禮既夕禮云丈夫髽散帶垂即位如初注爲將啟變也此互文以相見耳髽婦人之變喪服小記曰男子免而婦人髽正義云爲將啟變也凡男子免與括髮散帶垂婦人髽皆當小斂之節今于啟殯時亦見尸柩故變同小斂之時故云爲將啟變也云此互文以相見耳髽婦人之變者髽既是婦人之變則免是男子之變今丈夫見其人不見免則丈夫當免矣婦人見其髽不見人則婦人當髽矣故云互文以相見耳啟後著免後至卒哭其服同矣以其反哭之時更無變服之文故知同也又按士虞禮云主人及兄弟如葬服正義云葬服者既夕曰丈夫髽散帶垂也此惟謂葬日反日而虞及三虞時其後卒哭即服其故服是以既夕禮注云自卒至殯自啟至葬主人之禮其變同則始虞與葬服同三虞皆同至卒哭卒去無時之哭則依其喪服乃變麻服葛也溫公書儀以爲自啟殯至于卒哭日數甚多今已成服使五服之親皆不冠而袒免誠爲駭俗若從書儀則人子與啟殯動柩之際其服畧無所變亦未安今叅酌惟主人及衆主人變服免之制雖鄭康成亦云未聞故止從開元禮

執事者遷靈座及椸于旁側爲將啟殯也

祝凶服無服者則去華盛之飾

執功布呂氏家範按儀禮注功布灰治之布也正義云商祝拂柩用功布是拂拭去塵也二禮圖云舊圖云功布謂以大功之布長三尺以御柩居前爲行者節度又隱義云羽葆功布等其象皆如麾旌旗無旒者周謂之大麾以此攷之則功布啟殯時執之以拂拭出葬時竿揭之以指麾

止哭者北向立於柩前抗聲三告曰謹以吉辰啟殯既告內外皆哭盡哀止既夕禮商祝袒免執功布八升自西階盡階不升堂聲三啟三命哭開元禮祝三聲噫嘻今恐驚俗故但用其辭

婦人退避於他所（為役者將入）主人及衆主人輯杖立視啟殯祝取銘旌置靈座之側役者入徹殯塗及墍掃地潔之祝以功布拂去棺上塵覆以袂衾（既夕禮祝取銘置于重今以魂帛代重故置于靈座側）役者出婦人出就位立哭執事者復設椸及靈座于故處乃徹宿奠置新奠如常日朝夕奠之儀

朝祖○役者入婦人退避主人立視如啟殯役者舉柩詣影堂前祝以箱奉魂帛在前執事者奉奠及倚卓次之銘旌次之柩次之（未明則柩前後皆用二燭照之）主人以下皆從哭男子由右婦人由左重服在前輕服在後各以昭穆長幼為序侍者在末無服之親男居男之右女居女之左不與主人主婦並行婦人皆蓋頭（為有役者在前故也役者出則去蓋頭）至影堂前置柩于席北首（呂氏家範按書儀置柩于席北首不惟于事不便亦于禮不合據儀禮既夕禮遷于祖正柩于兩楹間用夷床是則古禮朝祖置柩于床不于席也今世俗置柩用凳亦夷床之遺意）役者出祝帥

執事者設靈座及奠于柩西東向若影堂前迫隘則置靈座及奠于旁近從地之宜主人以下就位位在柩之左右前後如在殯宮立哭盡哀止役者入婦人避退祝奉魂帛導柩右旋主人以下哭從如前詣聽事置席上南首設靈座及奠于柩前南向餘如朝祖主人以下就位坐于柩側藉以薦席如在殯宮乃代哭如未殯之前呂氏家範按儀禮啟殯夙興設盥于祖廟門外陳鼎皆如殯東方之饌亦如之是陳鼎及饌皆在廟而不在殯所也遷于祖正柩于兩楹間質明乃奠如初升降自西階是行奠禮在朝廟之時而不在啟殯之時也然啟殯動柩豈無奠祭似于人情未盡故書儀從開元禮設啟奠而朝祖之時不設遷祖奠今從書儀

親賓奠世俗謂之祭賻贈○賓客欲致奠於其家者以飯牀設茶果酒饌于其庭暑則覆之以幄將命者入白主人主人絰杖降自西階待于阼階下西向賓入家人皆哭賓叙立于饌南北向東上置卓子於賓北炷香澆茶實酒于注洗盞斟酒于其上上賓進燒香退復

位與衆賓皆再拜上賓進跪酹茶酒俛伏興賓祝執祝辭出扵上賓之右西向讀之曰維年月日某官某謹以清酌庶羞致祭于某官之靈（中間詞臨時請文士為之）尚饗祝興（凡吉祭祝出于左東向凶祭出于右西向）賓再拜（應哭者哭）進詣主人前東向北上上賓止主人哭主人稽顙再拜賓荅拜主人哭而入護喪延賓坐于他所茶酒送出如常儀祝納酒饌及祝辭扵喪家若奠扵轝所經過者設酒饌于道左右或有幄或無幄（附令勑諸喪葬之家只許祭于塋所不得于街衢致祭然親賓祭于喪家大門之内及郭門之外亦非街衢也）望柩將至賓燒香酹茶酒祝拜哭柩至少駐主人詣柩所拜賓哭從柩而行餘如上儀奠于墓所皆如在其家之儀（既夕禮擯者出請若奠入告出以賓入將命如初士受羊如受馬然則古者但致奠具而已漢氏以来必設酒食沃酹徐稱每為諸公所辟雖不就有死喪負笈赴弔常于家預炙雞一隻以一兩綿絮漬酒中暴乾以裹雞徑到所赴冢隧外以水漬絮使有酒氣汁米飯白茅為藉以雞置前醊酒畢留謁則去不見喪主然則奠貴哀誠酒食不必豐腆也自唐室中葉藩鎮強盛不遵法度競其侈靡始縛祭幄至高數丈廣數十丈作鳥獸花木

輿馬僕從侍女衣以繒綺轜車過則盡焚祭食至百餘品染以紅綠實不可食流及民間遞相誇尚有費錢數百緡者曷若留以遺喪家為賻贈哉

其親賓賻贈皆如始死之儀而不襚士喪禮始死有弔有襚將葬有賵有奠有賻贈知死者贈知生者賻賵皆用貨財但將命之辭異耳春秋傳訊贈死不及尸之謂未葬時也然則自始死至葬賻贈之禮皆可行也

陳器○轝夫陳器於門外方相在前喪葬令四品以上用方相七品以上用魌頭方相四目魌頭兩目載以車次誌石次椁二物已在墓所則不陳次明器次下帳次上服有官則公服靴笏無官則襴衫皆有幞頭腰帶○呂氏家範按下帳上服古無其制然儀禮陳器有燕器從器杖笠之屬則亦可以義起次苞但陳所用之苞其脯俟遣奠畢始苞之○呂氏家範按儀禮既夕禮云苞二注所以裹奠羊豕之肉下記云葦苞長三尺一編三禮圖云以葦長雜用截取三尺一道編之用苞牲體為便易也今參定用二苞遣奠畢以裹羊豕之肉用桁輿之次筲呂氏家範按儀禮既夕禮云筲三黍稷麥注筲畚種類也正義云畚器所以盛種此筲與畚盛種同類又下記云菅筲三其實皆瀹注米麥皆湛之以湯未知神之所享不用食道所以為敬今參定用三筲並用湯畧煑亦各用桁輿之次醯醢呂氏家範按溫公書儀止言醯醢不言屑又不言所盛之物今從儀禮注屑薑桂之屑次酒一斗盛以瓶以上並以小牀轝舉之○呂氏家範按儀禮用二甒溫公書儀止用酒一斗盛以瓶今從儀禮用桁輿之次銘旌去跗使人執之入壙則去杠覆于柩上次靈舁葬日置魂帛于上炷香其前藏祠版于箱篋置其後返則置祠版于前藏魂帛于箱篋亦以小舁牀舉之開元禮靈輿在方相前今置柩前次大轝載柩者也宜用輕堅木為格僅能容柩上施鼈甲蓋轝竿則宜強壯多用新絚纏束

巨組數道撮角樓底縛于竿上則可保無虞喪大記飾棺君龍帷三池振容黼荒火三列黼黻三列素錦褚加帷荒纁戴六纁披六大夫士以是為差此其制度今既難備畧設帷荒花頭其不必繁華高大若柩遠行則多以柿單覆藉轝之上下四旁以禦雨濕繞以畫布帷龍虎轝更無他飾今世俗信轝夫之言多以大木為轝務高大盛其華飾至不能出入大門紙為幡花繽紛塞路徒欲誇示觀者殊不知轝重大門多觸礙難進退遇峻隘有傾覆彼轝夫但欲用人多取厚直豈顧喪家之利害耶○呂氏家範按喪大記飾棺大夫畫帷二池不振容畫荒火三列黻三列素錦褚纁紐二玄紐二齊三采三具黻翣二畫翣二皆戴綏魚躍拂池大夫戴前纁後玄披亦如之正義曰帷柳車邊障也以白布為之大夫畫帷者為雲氣池謂織竹為衣以青布挂著于柳上荒邊爪端象平生宮室有承霤也荒蒙也謂柳車上覆謂鱉甲也在旁曰帷在上曰荒皆所以衣柳也柳者謂木材將此帷荒在外而衣覆之振容者振動也容飾也謂以絞繒為之長丈餘如幡畫幡為雉縣于池下為容飾車行則幡動故曰振容雜記曰大夫不揄絞屬于池下是不振容也畫荒者為雲氣也既云畫荒又云火三列黻三黻既為三列其處寬多宜在荒之中央則知畫宜在荒之外畔素錦褚者素錦白錦也褚屋也于荒下又用白錦以為屋也纁紐二玄紐二者上蓋與邊墻相離故又以紐連之相著用四以連四旁也不一色故二為纁二為玄也齊三采者謂鱉甲上當中央形圓如車蓋高三尺徑二尺餘人君以五采繒衣列行相次故云五采也大夫齊三采者降黃黑也三具者連具為三行交給齊上也齊上象車蓋甤縫合雜采為之形如瓜分言齊既圓上下縫合雜采豎有限襱如瓜內之子以穰為分限也綴具落具上黻翣二畫翣二皆戴綏者翣形似扇以木為之在路則障車入椁則障柩也漢禮翣以木為筐廣三尺高二尺四寸其形方兩角高衣以白布畫雲氣其餘各如其象柄長五尺皆戴綏者翣角不圭但用五采羽作綏注于翣首謂翣之兩角魚躍拂池者凡池必有魚故此車池縣銅魚于池下若車行則魚跳躍上拂池也大夫戴前纁後玄戴用帛繫棺紐著柳骨也穿戴于柳以繫柳骨披亦如之披者索車登高則引前以防軒

車適下則引後以防翻車欹左則引右欹右則引左使車不傾覆也今恭定不用車則引披無所用此外悉遵古禮惟省去三具恐難致也銅魚以鐵魚代法所禁也紼與格七品轝夫三十二人據古禮用黻翣二畫翣二今紼與格七品翣二故減從今制大轝旁有翣貴賤有數開元禮一品引四披六鐸左右各八黼翣二黻翣二畫翣二二品以下有差庶人皆無之喪葬令三品以上六翣挽歌六行三十六人四品至九品各有差按今人不以車載柩而用轝則引披無所施矣轝夫集衆乃為行止之節多用鉦鼓可以代鐸禮望柩不歌里有殯不巷歌豈可身挽柩車而更歌乎況又歌者復非挽柩之人也此謂葬日行器之敘若柩自他所歸鄉里則銘旌靈轝龍虎轝之外皆不用也

祖奠○執事者具祖奠酒饌如殷奠其日晡時祖禮用日昃謂日過中時今宜比夕奠差早用晡時可也主人以下卑幼皆立哭祝帥執事者設酒饌於靈前祝奠訖退北面跪告曰永遷之禮靈辰不留謹奉柩車式遵祖道俛伏興餘如朝夕奠儀主人以下復位坐代哭以至于發引呂氏家範按儀禮既夕禮稱奠者有四葬前一日柩遷于祖質明乃奠如初所謂遷祖奠也日側乃載布席乃奠如初者所謂祖奠也賓賵者將命兄弟賵奠可也者注兄弟有服親者可且賵且奠許其厚也所謂有服之親奠也葬日厥明陳鼎饌乃奠者所謂大遣奠也則是葬前一日先遷祖奠次祖奠次乃有服親之奠書儀親賓奠乃在祖奠之前似不合古今移祖奠在親賓奠之前

讀禮通考　卷四十七

遣奠○厥明執事者具遣奠（亦如殷奠）舉夫納大舉于聽事前中庭執事者徹祖奠祝奉（遷）靈座置旁側祝北面告曰今遷柩就輿敢告婦人避退召舉夫遷柩乃載（載謂升柩于轝也以新絙左右束柩于轝乃以橫木楔柩足兩旁使不動搖）男子從柩哭降視載婦人猶哭於帷中載畢祝帥執事遷靈座于柩前南向乃設遣奠惟婦人不在餘如朝夕奠之儀執事者徹所奠脯置舁牀上史執賻贈歷立于柩左當肩西向祝在史右南向哭者相止跪讀賻贈歷畢與祝皆退執事者徹遣奠（若柩自他所將歸葬鄉里則但設酒果或脯醢朝哭而行至葬日之朝乃行遣奠及讀賻禮）祝奉魂帛升靈舁焚香婦人蓋頭出帷降階立哭有守家不送葬者哭于柩前盡哀而歸卑幼則再拜辭

在塗○柩行自方相等皆前導主人以下男女哭步從如從柩朝祖之敘出門以白幕夾鄣之尊長乘車

馬在其後無服之親又在其後賓客又在其後皆乘車馬無服之親及賓客或先待于墓及祭所出郭不送至墓者皆辭于柩前卑幼亦乘車馬若郭門遠則步從三里所可乘車馬塗中遇哀則哭無常準若墓遠經宿以上則每舍設靈座于柩前設酒果脯醢為夕哭之奠夜必有親戚宿其旁守衛之明旦將行朝奠亦如之館舍迫隘則設靈座于柩之旁側隨地之宜

及墓○掌事者先張靈幄于墓道西設倚卓又設親戚賓客之次男女各異又于羨道之西設婦人幄蔽以簾帷柩將及墓親戚皆下車馬步進靈帷前祝奉祠版箱及魂帛置倚上設酒果脯醢之奠於其前巾之大轝至墓道轝夫下柩轝之趣壙主人以下哭步從掌事者設席於羨道南轝夫置柩于席上北首乃退掌事者陳明器下帳上服苞筲醯醢酒用飯牀于壙東南北上銘旌施于柩上賓客送至墓者皆拜辭

先歸（至是上下可以具食既食而窆）主人拜賓客賓客荅拜

下棺○主人及諸丈夫立於埏道東西向主婦及諸婦人立於埏道西幄內東向皆北上以服之重輕及尊卑長幼為叙立哭舉夫束棺乃窆諸子輟哭視窆既窆掌事者置上服銘旌于柩上慎勿以金玉珍玩入壙中為亡者之累主人贈用制幣玄纁束置柩旁再拜稽顙在位者皆哭盡哀（既夕禮注丈八尺曰制二制合之束十制五合○疏玄纁之率玄居三纁居二或家貧不能備玄纁束則隨家所有之帛為贈幣雖一制可也）匠以塼塞壙門在位者皆還次掌事者設誌石藏明器下帳苞筲醯醢酒於便房以版塞其門遂實土親戚一人監視之至于成墳

呂氏家範按儀禮既夕禮乃窆藏器于旁加見藏筲于旁温公書儀掌事者設誌石藏明器下帳苞筲醯醢酒于便房以版塞其門今南方土虛若于壙中穿便房則壙中太寬恐有推覆之患但設誌石于壙中其餘明器之屬于壙外別穿地瘞之

祭后土（既夕禮無之檀弓曰有司以几筵舍奠于墓左注為父母形體在此禮其神也今從開元禮）○掌事者先

於墓左除地為祭所置倚卓祭具等既塞壙門告者吉服（亦擇親賓為之）與祝及執事者俱入行事惟改祝辭某官姓名營建宅兆為某官封謚（亡者也）定茲幽宅餘皆如初卜宅兆祭后土之儀

題虞主○執事者置卓子設香爐酒盞置於靈座前置盥盆帨巾於靈座西南又置卓子於靈座東南西向設筆硯墨于其上主人立于靈座前北向祝盥手出祠版卧置硯卓子上藉以褥使善書者西向立題之祝奉祠版立置靈座匵帛前藉以褥祝炷香斟酒酹之訖執辭跪于靈座東南西向讀之曰孤子某（妣曰哀子）敢昭告于先考某官（妣曰先妣某封）形歸窀穸神返室堂虞主既成伏惟尊靈捨舊從新是憑是依懷辭興復位主人再拜哭盡哀止祝藏魂帛于箱篋靈舁上乃奉祠

版韜籍匣之置其前炷香執事者徹靈座遂行呂氏家範按温公書儀以祠版代主若從古制作主其制具伊川集雜記祭稱孝子孝孫喪稱哀子哀孫是喪禮不分父母皆稱哀子也

朱子家禮

三月而葬前期擇地之可葬者按古者葬地葬日皆決于卜筮今人不曉占法且從俗擇之可也

丘濬曰按禮大夫士三日而殯故三月而葬既殯之後即謀葬事其有祖塋則祔葬其次若窄狹及有所妨礙則別擇地可也

擇日開塋域祠后土主人既朝哭帥執事者于所得地掘兆先掘其四隅出其土壤于外次掘其中出其土壤于南乃于其中壤及四隅各立一標當南門立兩標擇遠親或賓客一人告后土氏祝帥執事者設位于中標之左南向設盞注酒果脯醢于其前又設盥盆帨巾二于其東南其東有臺架告者所盥其西無者執事者所盥也告者吉服入立于神位之前北向執事者在其後東上皆再拜告者與執事者皆盥帨執事者一人取酒西向跪一人取盞東向跪告者斟酒及注取盞酹于神位前俛伏興少退立祝執版立于告者之左東向祝讀之曰維某年歲月朔日子某官姓名敢告于后土氏之神今為某官姓名營建宅兆神其保祐俾無後艱謹以清酌脯醢祇薦于神尚饗訖復位告者再拜祝及執事者皆再拜徹出主人若歸則靈座前哭再拜後倣此

丘濬曰按掘兆謂掘地四隅為塋兆之域兆謂開穴也今家禮刻本多誤以兆字為穴字相承之誤久矣殊不知本文止是開塋域下文穿壙方是

掘穴。今制塋地一品周圍九十步，二品以下每品降十步，七品以下三十步，士庶之家準此以降殺可也。

〔儀節〕就位告者立北面，執事者二人在其後 鞠躬拜興拜興平身告者與執事者皆拜 盥洗告者與執事者俱洗 詣香案前 跪 上香 斟酒執事者一人執酒注西向跪，一人執盞東向跪，告者取注斟酒于盞，畢，反注取盞 酹酒傾酒于地 獻酒復斟酒置神位前 俯伏興少退立 讀祝祝執版跪于告者之左而讀之 復位 鞠躬拜興拜興平身禮畢

祝文維某年歲次干支幾月干支朔幾日干支某官姓某敢昭告于后土之神今為某官姓名，母則云某封某氏營建宅兆神其保佑俾無後艱謹以清酌脯醢祇薦于神尚饗

丘濬曰：按古禮雖有舍葬墓左之文，而無所謂后土氏者，惟唐開元禮有之。溫公書儀本開元禮，家禮本書儀，其喪禮開塋域及窆與墓祭俱祀后土。然后土之稱對皇天也，士庶之家有似乎僭。考之文公大全集有祀土地祭文，今擬改后土氏為土地之神。

遂穿壙穿地直下曰壙

作灰隔詳葬考

刻誌石　造明器　下帳　苞筲　甖　大轝　翣

詳喪具

發引前一日因朝奠以遷柩告設饌如朝奠祝斟酒訖北面跪告曰今以吉辰遷柩敢告俛伏興主人以下哭盡哀再拜蓋古有啟殯之奠今既不塗殯則其禮無所施又不可全無節文故為此禮也

〔儀節〕就位五服之外親皆來會各服其服入就位哭　奉魂帛出靈座　祝盥洗　跪　斟酒　告辭曰今以吉辰遷柩敢告　俯伏興平身　舉哀主人以下拜興拜興平身　禮畢

楊復曰古禮自啟殯至卒哭更有兩變服之節啟殯斬衰男子括髮婦人髽蓋小斂括髮髽今啟殯亦見尸柩故變同小斂之節也此是一節今既不塗殯則亦不啟雖不變服可也古禮啟殯之後斬衰男子免至虞卒哭皆免此又是一節開元禮主人及諸子皆去冠絰以斜巾帕頭亦倣古意家禮今皆不用何也

奉柩朝于祖將遷柩役者入婦人退避主人及衆主人輯杖立視祝以箱奉魂帛前行詣祠堂前執事者捧奠及倚卓次之銘旌次之役者舉柩次之主人以下從哭男子由右婦人由左重服在前輕服在後服各為叙侍者在末無服之親男居男右女居女左皆次主人主婦之後婦人皆蓋頭至祠堂前執事者先布席役者致柩于其上北首出婦人去蓋頭執事者設靈座及奠于柩西東向主人以下就位立哭盡哀止此禮蓋象平生將出

必辭尊者也

楊復曰：按儀禮朝祖正柩之後，遂匠始納載柩之車于階間，即家禮所謂大舉也。方其朝祖時，又别有輁軸，注云輁軸狀如長牀。夫輁狀如長牀，則僅可承棺，轉之以軸，輔之以人，故得以朝祖。既正柩，則用夷牀。蓋朝祖時載柩則有輁軸，正柩則有夷牀，後世皆缺之。今但使役者舉柩，柩既重大，如何可舉？恐非謹之重之之意。若但魂帛朝于祖，亦失遷柩朝祖之本意。恐當從儀禮别制輁軸以朝祖，至祠堂前正柩，用夷牀北首，祝帥執事者設靈座及奠于柩西東向，主人以下就位立哭，盡哀止。

丘濬曰：案奉柩朝祖，象其人平生出必辭尊者也，固不可廢。但今人家多狹隘，難于遷轉，今擬奉魂帛以代柩，雖非古禮，蓋但主于必行，猶愈于不行者爾。若其屋宇寬大者，自宜如禮。

〔儀節〕將遷柩，婦人退避，主人以下輯杖立。祝跪告辭曰：請朝祖。俯伏興平身。祝以箱奉魂帛。奉魂帛詣祠堂。執事者奉奠及倚卓前行，銘旌次之，魂帛又次之。按奉柩則魂帛前行，今以魂帛代柩，故次銘旌。主人以下哭從。男子由右，婦人由左，重服在前，輕服在後，婦人皆蓋頭。至祠堂前，執事者布席。先布席以俟既至。以奉魂帛朝祖。置魂帛箱于席上北向。主人以下就位。婦人去蓋頭。舉哀。少頃，哀止。奉魂帛送柩所。若奉柩則去奉魂帛。主人以下哭從。如來儀。安魂帛于靈座。主

人以下就位　舉哀　哀止

遂遷于廳事執事者設帷于廳事役者入婦人退避祝奉䰟帛導柩右旋主人以下男女哭從如前詣廳事執事者布席役者置柩于席上南首而出祝設靈座及奠于柩前南向主人以下就位坐哭藉以薦席

丘濬曰今人家未必有廳又有堂其停柩之處即是廳事畧移動可也若有兩處者自合依禮遷之

〔儀節〕役者入婦人退避祝跪　告辭曰請遷柩于廳事　俯伏興平身　役者舉柩　祝奉䰟帛前導右旋主人以下哭從如朝祖儀布席執事先布席于廳事中安柩役者置柩于席上南首設靈座　設奠　主人以下就位藉以薦席舉哀坐哭

乃代哭如未斂之前以至發引親賓致奠賻如初喪儀

丘濬曰初喪奠用香茶燭酒果至是親厚者用牲可也祭文不能作者請文士代之亦可

〔儀節〕陳設祭儀訖主人就位哭俟護喪出迎賓賓至引詣柩前立定贊唱序立　舉哀　哀止

鞠躬拜興拜興平身若壻甥及弟子四拜詣靈座前　跪尊長

不用此焚香執事者一人執酒注向右跪一人執酒盞向左跪祭者取注斟酒于盞反注取酒酹酒傾少許于地奠

酒執事者接盃置靈座上讀祭文祝跪讀祭文于祭者之右讀訖起舉哀俯伏興

平身若不跪不用此句復位鞠躬拜興拜興平身若卑幼四拜焚

祭文哀止禮畢

祭文式牲豕曰剛鬣羊曰柔毛俱有則並稱

賻狀式式俱見前

陳器方相在前役夫為之冠服如道士執戈揚盾四品以上四目為方相以下兩目為魌頭次明器下帳苞筲甕以牀舁之次銘旌去跗執之次靈車以奉魂帛香火次大轝轝旁有翣使人執之

劉璋曰司馬溫公喪禮陳器藟內于下帳之下有曰上服二字者注云有官則公服靴笏幞頭無官則襴衫鞋履之類又大轝旁有翣貴賤有數處人無之今書雖不曾載姑附此以備引用

日晡時設祖奠饌如朝奠祝斟酒訖北面跪告曰永遷之禮靈辰不留今奉柩車式遵祖道俯伏興餘如朝夕奠儀

朱子語類云葬前數日啟殯未可謂之辭訣是日但設奠而啟殯至葬前一夕乃設奠辭訣高氏祝辭云形神不留非是據開元禮乃是靈辰不留

儀節主人以下就位　舉哀　哀止　祝盥洗　詣靈座前跪　焚香　斟酒　告辭曰永遷之禮靈辰不留今奉柩車式遵祖道　俯伏興平身　舉哀主人以下且哭且拜拜興拜興拜興拜興平身　禮畢

厥明遷柩就轝轝夫納大轝于中庭脫柱上橫扃執事者徹祖奠祝北向跪告曰今遷柩就轝敢告遂遷靈座置旁側婦人退避召役夫遷柩就轝乃載施扃加楔以索維之令柩牢實主人從柩哭降視載婦人哭于帷中載畢祝帥執事者遷靈座于柩前南向

儀節是日役夫納大轝于中庭脫柱上橫扃　執事者徹祖奠　祝跪　告辭曰今遷柩就轝敢告　俯伏興平身

遷靈座置旁側召役夫　訖遷柩就轝役夫俱用手舉柩底以遷之既就乃載柩于轝施扃加楔以索維之令極牢實　載轝畢主人視載主人從柩哭降視其載柩于轝婦人哭于帷中　安靈座祝帥執事者遷靈座于柩前南向

乃設奠饌如朝奠有脯惟婦人不在奠畢執事者徹脯納苞中置舁牀上遂徹奠

儀節主人以下就位　舉哀　哀止　祝盥洗祝洗手　詣靈座

溪條重出

前跪　焚香　斟酒　告辭曰靈輀既駕往即

幽宅載陳遣禮永訣終天俯伏興平身　納脯納于

苞中置舁卓子上舉哀主人以下且哭且拜拜興拜興拜興拜興平身

禮畢

楊復曰載謂升柩于轝也以新組左右束柩于轝乃以横木楔柩足兩旁使不動搖

呂坤曰禮疑遣奠婦人不與而遷柩辭靈五服人皆至主人當設酒于柩前陳饌尊長卑幼各奠一杯慟哭以辭共享柩前之祭品為生死之永別似為近情

祝奉魂帛升車焚香別以箱盛主置魂帛後至是婦人乃蓋頭出帷降階立哭守舍者哭辭盡哀再拜而歸尊長則不拜

儀節　舉哀　祝奉魂帛升車　焚香　守舍者

辭柩男左女右且拜且哭拜興拜興拜興平身

柩行方相等前導如陳器之叙

儀節先方相　次明器床　次銘旌　次靈車　次大轝夾以功布及翣今世俗送葬有食案香案從俗用之亦可

主人以下男女哭步從（如朝祖之叙出門則以白幕夾障之）尊長次之無服之親又次之賓客又次之（皆乘車馬親賓或先待于墓所或出郭哭拜辭歸）親賓設幄于郭外道旁駐柩而奠（如在家之儀）

〔儀節〕（如前親賓致賻奠儀）

塗中遇哀則哭（若墓遠則每舍設靈座于柩前朝夕哭奠食時上食夜則主人兄弟皆宿柩旁親戚共守衛之）

未至執事者先設靈幄（在墓道西南向有倚卓）親賓次（在靈幄前十數步男東女西次北與靈幄相直皆南向）婦人幄（在靈幄後壙西）方相至（以戈擊壙四隅）明器等至（陳于壙東南北上）靈車至（祝奉魂帛就幄座主箱亦置帛後）遂設奠而退（酒果脯醢）柩至（執事者先布席于壙南柩至脫載置席上北首執事者取銘旌去杠置柩上）主人男女各就位哭（主人諸丈夫立于壙東西向主婦諸婦女立于壙西幄內東向皆北上如在塗之儀）賓客拜辭而歸（主人拜之賓荅拜）

〔儀節〕（賓客詣柩前）舉哀　鞠躬拜興拜興平身　主人謝賓鞠躬拜興拜興平身（賓荅拜）

乃窆（先用木杠橫于灰隔之上乃用索四條穿柩底鐶不結而下之至杠上則抽索去之別摺細布若生絹兜柩底而下之更不抽出但截其餘棄

之若柩無鐶即用索兜柩底兩頭放下至杠上乃去索用布如前大凡下柩最須詳審用力不可誤有傾墜動搖主人兄弟宜輟哭親臨視之已下再整柩衣銘旌令平正

【儀節】橫杠役者先用木杠橫于灰隔之上主人以下輟哭視審下棺乃用索四條穿柩底鐶不結而下之至杠上別摺細布或生絹兜柩底而下之更不抽出截其餘棄之整柩衣鋪銘旌須令平正

主人贈玄六纁四各長丈八尺主人奉置柩旁再拜稽顙在位者皆哭盡哀家貧或不能具此數則玄纁各一可也其餘金玉寶玩並不得入壙以為亡者之累

金賁亨曰葬禮主人贈注云玄六纁四各長丈八尺蓋即士喪禮所謂制幣玄纁束也禮云柩至郭門公使宰夫贈玄纁束及窆主人襲贈用制幣玄纁束此君施于士之禮用之以窆榮君賜也時異勢殊茲禮已不復見而孝子自為玄纁束以贈其親于義何居

【儀節】主人奉玄纁置柩旁就位且拜且哭拜興拜稽顙以首叩地興舉哀在位者皆哭盡哀

加灰隔內外蓋先度灰隔大小制薄板一片旁距四墻取令脗合至是加于柩上更以油灰彌之然後旋旋灌瀝青于其上令其速凝即不透板約已厚三寸許乃加外蓋實以灰三物拌勻者居下炭末居上各倍于底及四旁之厚以酒灑而躡實之恐震動柩中

故未敢築但多用之以俟其實耳

乃實土而漸築之下土每尺許即輕手築之勿令震動柩中

祠后土于墓左如前儀祝版同前但云今為某官封謚窆兹幽宅神其後同

劉璋曰為父母形骵在此故禮其神以安之

儀節見治葬條下

藏明器等實土及半乃藏明器下帳苞筲甖于便房以版塞其門

下誌石墓在平地則于壙內近南先布磚一重置石其上又以磚四圍之而覆其上若墓在山側峻處則于磚南數尺間掘地深四五尺依此法埋之

復實以土而堅築之下土亦以尺許為準但須密杵堅築

題主執事者設卓子于靈座東南西向置硯筆墨對卓置盥盆帨巾如前主人立于其前北向祝盥手出主卧置卓上使善書者盥手西向立先題陷中父則曰某官某公諱某字某第幾神主粉面曰考某官封謚府君神主其下左旁曰孝子某奉祀母則曰故某封某氏諱某字某第幾神主粉面曰妣某封某氏神主旁亦如之無官封則以生時所稱為號題畢祝奉置靈座而藏魂帛于箱中以置其後炷香斟酒執版出于主人之右跪讀之曰孤子某敢昭告于考某官封謚府君形歸窀穸神返室堂神主既成伏惟尊靈舍舊從新是憑是依畢懷之興復位主人再拜哭盡哀止母喪稱哀子後放此凡有封謚皆稱之後皆倣此

儀節主人向卓子前拜

盥洗祝與題主者俱洗

出主祝開箱出木主卧置卓子上題主者盥手畢向右立

題主先題陷中次粉面題畢

祝奉主置靈座置畢

收魂帛乃藏魂帛于箱中置

（主後）祝焚香　斟酒　跪（主人以下皆跪）讀祝（祝讀畢懷之不焚）興復位

鞠躬拜興拜興拜興拜興平身（主人以下哭盡哀）謝題主

者（主人再拜題主者荅拜）

題主式　陷中（父則曰）明故某官某公諱某字某行幾神

主（母則曰）明故某封某氏諱某字某行第幾神主　粉面

（父則曰）顯考某官封謚府君神主（母則曰）顯妣某封某氏神

主（其下左旁皆書曰）孝子某奉祀（無官則以生所稱為號如父曰）顯考處士府君

神主

祝文維年歲次月朔日辰孤子某敢昭告于某官

封謚府君形歸窀穸神返室堂神主既成伏惟尊

靈舍舊從新是憑是依（母則改孤子為哀子）

問夫在妻之神主宜書何人奉祀朱子曰旁注施

于所尊以下則不必書也

高閌曰觀木主之制旁題主祀之名而知宗子之法不可廢也宗子承家主祭有君之道諸子不得而抗焉故禮支子不祭〻必告于宗子宗子爲士庶子爲大夫則以上牲祭于宗子之家其祝辭曰孝子某爲介子某薦其常事若宗子居于他國庶子無廟則望墓爲壇以祭其祝辭曰孝子某使介子某執其常事若宗子死則稱名不稱孝盖古人重宗如此自宗子之法壞而人不知其所自來以至流轉四方徃〻親未絶而有不相識者是豈教人尊祖收族之道哉

馮善家禮集說或問無官者則書處士秀才而下復可書府君否曰按祠堂章有事則告條下注云有官者皆書封謚無官者則以生時行第稱號加于府君之上是則庶民皆可稱其先爲府君也

祝奉神主升車魂帛箱在其後執事者徹靈座遂行主人以下哭從如來儀出墓門尊長乘車馬去墓百步許卑幼亦乘車馬但留子弟一人監視實土以至成墳

墳高四尺立小石碑于其前亦高四尺趺高尺許今案孔子防墓之封其崇四尺故取以爲法用司馬溫公說別立小碑但石須闊尺以上其厚居三之二圭首而刻其面乃畧述其世系名字行實而刻于其右轉及後右而周焉婦人則俟夫葬乃立

馮善家禮集說或問主人不親監視成墳而留子弟于心安否曰按雜記論弔者注云五十者隨主人反哭四十者待土盈坎乃去則是主人先奉靈車而反哭也愚謂主人必須親視實土成墳然後反哭又何遲乎況虞祭注云若墓遠或不出是日或行于所館是則反哭亦未嘗必于速也

明會典品官禮

三月而葬前期擇地之可葬者葢地有美惡地之美者則其神靈必安其子孫必盛地之惡者則反是所謂美者土色之光潤草木之茂盛他日不爲道路不爲城郭不爲溝池不爲貴勢所奪不爲耕犂所及即所爲美地也古人所謂卜其宅兆者正此意而非若後世陰陽家禍福之說也既得地喪主帥執事者於所得地掘兆四隅外其壤掘中南其壤各立一標當南門立兩標擇遠親或賓客一人告后土氏祝帥執事者設位于中標之左南向設盞陳饌于其前又設盥盆帨巾二于其東南其東有臺架告者所盥其西無者執事者所盥也告者吉服入立于神位之前北面執事者在其後東上皆再拜告者與執事者皆盥帨執事者一人取酒注西向跪一人取盞東向跪告

者斟酒及注取酒酹于神位前俯伏興少退立祝執板立于告者之左東向跪讀之曰維某年歲月朔日辰某官姓名敢告于后土氏之神今為某官姓名營建宅兆神其保佑俾無後艱謹以清酌脯醢祗薦於神尚享訖復位告者再拜祝及執事者皆再拜徹出遂穿壙乃刻誌石造冥器備大轝作神主以俟發引

庶人禮

三月而葬擇地之可葬者土色光潤草木茂盛之處即為美地又須慎五患使他日不為道路不為城郭不為溝池不為貴勢所奪不為耕犂所及乃可世人多狥俗師陰陽之說既擇年月日時又擇山水形勢以為子孫貧賤富貴壽夭賢愚盡係于此至有終身不葬或累世不葬棄捐不葬者悖禮傷義無過於此

既得地乃擇日開塋域祠后土南向設神位設盞注酒饌于其前又設盥盆帨巾于其東南告者吉服入立于神位之前北向執事者在其後東上皆再拜告者與執事者皆盥帨執事者一人取酒注西向跪一人取盞東向跪告者斟酒反注取盞酹於神位前俯伏興少退立祝執板立于告者之左東向跪讀曰維某年歲月朔日辰某敢告于后土氏之神今為某親營建宅兆神其保佑俾無後艱謹以清酌脯醢祇薦于神尚享訖復位告者再拜祝及執事者皆再拜乃徹遂穿壙作灰隔造冥器刻誌石脩大轝作神主以俟發引

會典品官禮

啟之日掌事者納柩車於大門之內當門南向進靈

車于柩車之右先于墓所張吉凶帷凶帷西吉帷東俱南向設靈座于吉帷下如常儀啟之夕發引前五刻擊鼓為節陳布吉凶儀仗方相誌石及冥器等物于柩車前紼披鐸翣挽歌者皆具二刻再擊鼓為節內外俱興立哭于位執紼者皆入掌事者徹帷持翣者俱升以翣障柩執紼者乃升執鐸者入夾西階立執纛者入當西階南北面立執旌者立于執纛者南北向陳布訖三擊鼓為節乃引靈車于內門外南面祝詣靈座前西向跪昭告曰孤子某（母則云哀子）謹用吉辰奉歸幽宅靈車就引神道紆迴惟以荒寥無任哽絕興立少頃執鐸者俱振鐸引柩詣階間南向持翣者常以翣障柩柩降階執纛者却行而引止則迴北向立執旌者繼纛而行止則北向立（無纛者則執旌者引）喪主以下

以次從柩哭而降主婦以下又次之柩至庭喪主及
諸子以下于柩東西面南上祖父以下于東北南面
西上異姓丈夫于喪主東南西面北上妻妾女子子
以下于柩西東面南上祖母以下于西北南面東上
異姓婦人于主婦西南東面北上皆立哭內外之際
障以行幃祝帥執饌者設祖奠于柩東祝以酒奠訖
詣饌南北面跪曰永遷之禮靈辰不留謹奉旋車式
遵祖道尚享少頃徹之柩動旌次之纛次之喪者以
下從哭于柩後婦人次之遂升柩就輿內外哭位如
初在庭之儀乃設遣奠于柩車前如祖奠之儀祝奠
酒訖少頃徹饌祝奉魂帛置靈車上別以箱盛主置
帛後靈車動從者如常靈車後方相車次誌石車次
明器輿次下帳輿次米輿次酒脯輿次食輿次銘旌

次纛次鐸次挽歌次柩車喪主及諸子俱絰杖衰服徒跣哭從餘各依服精麄爲序從哭出門内外尊行者皆乘車馬哭不絶聲出郭門親賓還者權停柩車乘者皆下哭賛者引親賓以次俱向柩立哭盡哀畢者再拜而退婦人亦如之親賓既還乘車馬如初若墓遠其病不堪步者出郭喪主及諸子亦乘去塋三百步乃下靈車至帷門外迴南向遂薦食于靈座前少頃徹之柩車至入凶帷南向祝設几席于柩車之東初至宿次内外皆就柩車所分東西如常立哭遂設酒脯之奠柩車至壙前迴南向哭位如在庭之儀掌事者陳冥器于壙東南西向北上乃下柩于席丈夫柩東婦人柩西以次憑哭盡哀各退復位内外畢者哭再拜辭訣賛者引喪主以下哭于羨道東西面

北上妻及女子子以下哭于羨道西東面北上哭踊無筭婦人皆障以行帷掌事者設席于壙內遂下柩于壙內席上北首覆以夷衾持翣者入倚翣于壙內兩廂遂以下帳張于柩東南向米酒脯陳于帳東北食器設于帳前醯醢于食器南藉以版其器設于壙內之左右掌事者以玄纁授喪主喪主授祝祝奉以置柩旁喪主拜稽顙施銘旌誌石于壙內乃掩壙覆土喪主以下稽顙哭盡哀乃祠后土于墓左（如卜宅儀祝云某官封謚窆茲幽宅神其保佑俾無後艱）取木主而題之執事者設卓于靈座東南西向置筆硯墨對卓置盥盆帨巾喪主立于其前北向祝盥手出主卧置卓子上使善書者盥手西向立先題陷中後題粉面題畢祝奉置靈座而藏魂帛于箱中炷香斟酒執版出于喪主之右讀云孤子某

敢昭告于先考某官封謚府君形歸窀穸神返室堂神主既成伏惟尊靈舍舊從新是憑是依畢喪主再拜哭盡哀止祝奉神主置靈車上執事者徹靈座遂行內外從哭如來儀出墓門尊者乘車馬去墓百步許卑者乃乘

會典庶人禮

發引前一日執事者設饌如朝奠祝斟酒訖北面跪告曰今以吉辰遷柩敢告俯伏興喪主以下哭盡哀再拜乃遷柩役者入婦人退避喪主及衆兄弟斂杖立視祝以箱奉魂帛導柩前行喪主以下從哭男子由右婦人由左重服在前輕服在後服各為序侍者在末無服之親男居男左女居女右皆次喪主主婦之後遂遷于聽事執事者布席役者置柩于席上祝

設靈座及奠于柩前南向喪主以下就位坐哭藉以薦席乃代哭如小殮之前親賓致奠賻者其儀並如初喪時日晡時設祖奠祝斟酒訖北面跪告曰永遷之禮靈辰不留今奉柩車式遵祖道俯伏興厥明輿夫納大輿于中庭執事者徹祖奠祝北面跪告曰今遷柩就輿敢告遂遷靈座置旁側召役夫遷柩就輿喪主從柩哭視載婦人哭于帷中載畢祝帥執事者遷靈座于柩前南向乃設遣奠奠畢執事者徹奠祝奉魂帛置靈車別以箱盛主置魂帛後婦人蓋頭出帷降階立哭守舍者哭辭盡哀再拜柩行冥器銘旌等前導喪主以下男女哭步從尊長次之無服之親又次之賓客又次之途中遇哀則哭未至墓執事者先設靈幄在墓道西南向親賓次在靈幄前十數步

婦人幄在靈幄後壙西冥器等至靈車至祝奉魂帛就幄座遂設奠而退執事者先布席于壙内柩至脱載置席上北首執事者取銘旌去杠置其上喪主男女各就位哭賓客拜辭而歸乃窆喪主兄弟輟哭臨視喪主奉玄纁置柩旁再拜稽顙在位者皆哭盡哀加灰隔内外蓋實以灰乃實土而漸築之祠后土于墓左如前儀藏冥器下誌石復實以土而堅築之乃題主以生時所稱為號題畢祝奉置靈座而藏魂帛于箱中炷香斟酒執版出于喪主之右跪讀之云孤子某（母云哀子）敢昭告于某親府君曰形歸窀穸神返室堂神主既成伏惟尊靈舍舊從新是憑是依畢復位喪主再拜哭盡哀止祝奉神主升車執事者徹靈座遂行喪主以下哭從如來儀留子弟一人監視實土以

至成墳喪主以下奉靈車在塗徐行哭至家哭奉神主入置于靈座喪主以下哭于廳事遂詣靈座前哭盡哀有弔者拜之如初期九月之喪者可以飲酒食肉惟不與宴樂小功以下大功異居者可以歸

讀禮通考卷四十八

喪儀節

反哭

儀禮既夕篇乃反哭入升自西階東面衆主人堂下東面北上注西階東面反諸其所作也反哭者於其祖廟不于阼階西面西方神位○疏繼公曰反哭于祖廟者為其柩從此而出也升自西階未變其鄉者升堂之路也升堂而不見故但止於西階之上為此亦變於尸柩在堂之位也衆主人西方東面統於主人也婦人入大夫踊升自阼階注辟主人也○疏反哭之礼主人男子等先入主婦婦人等後入故婦人入大夫在位者皆踊婦人不升西階者由主人在西階也○敖繼公曰以上文及此經考之則送葬之行婦人次于衆主之不明矣主婦入于室踊出即位及大夫拾踊三注入于室反諸其所養也出即位堂上西面也拾更也○疏自小斂奉尸侇于堂已後主婦等位皆在阼階上西面故知即阼階上西面位也拾更也凡成踊而拾皆主人踊主婦踊賓乃踊故云更也○敖繼公曰惟主婦入于室則餘人先即位于阼矣必入于室者以其生時於此共祭祀也入室又不見矣故出而與主人相向而哭踊同其哀也賓弔者升自西階曰如之何主人拜稽顙注賓弔者衆賓之長也反而亡焉失之矣于是為甚故弔之弔者北面主人拜于位○疏弔賓

讀禮通考　卷四十八　一

皆在堂下今升堂釋辭故知為首者賓之長也弔者升自西階即曰如之何不見弔者改面之文明升堂北面可知主人拜于位首拜下西階上東面位了設繼公曰此弔異於常故為之稽顙

賓降出主人送于門外拜稽顙遂適殯宮皆如啟位拾踊三注啟位婦人入升堂丈夫即中庭之位○疏案士喪禮朝夕哭位婦人即位于堂南上主人堂下直東序西面督殯時云主人位如初則此如啟位即如朝夕哭位也

兄弟出主人拜送注兄弟小功以下也異門大功亦可以歸○敖繼公曰賓出自廟兄弟出自殯宮親疏之殺

衆主人出門哭止闔門主人揖衆主人乃就次注次倚庐也

猶朝夕哭不奠注是日也以虞易奠○疏自啓殯以來常奠今反哭至殯宮猶朝夕哭如前不奠耳

三虞卒哭明日以其班祔注班次也祔卒哭之明日祭名祔猶屬也祭昭穆之次而屬之喪服小記曰祔必以其昭穆亾則中一以上○敖繼公曰卒哭謂卒殯宮之哭也礼于三虞既餞之後而遂卒哭以其明日祔于祖故不復朝夕哭于殯宮惟朝一哭夕一哭于其次而已明日三虞之次日也班昭穆之次也祔謂祔于祖父孫與祖其昭穆同既葬則祔之者尸柩已去神宜在庙也祔而祭之因名其祭為祔云

記卒窆而歸不驅注孝子往如慕反如疑為親之在彼○疏往如慕者如嬰兒隨母而啼慕反如疑者孝子不見其親疑精寬在彼不歸

檀弓反哭升堂反諸其所作也注堂親所行礼之處

主婦入于室

反諸其所養也注室親所饋食之處○疏此皆謂在廟也○陳澔曰此堂與室皆謂廟中也卒窆而歸乃反哭于祖廟其二廟者則先祖後禰○方慤曰言主婦入室則升堂者主人而已主人升堂主婦入室陰陽之義

反哭之弔也哀之至也反而亡焉失之矣於是為甚注哀痛甚殷既封而弔周反哭而弔孔子曰殷已慤吾從周注慤者得哀之始未見其甚○方慤曰人之始死也則哀其死既葬也則哀其亡亡則哀為甚矣故反哭之時有弔禮為既封而弔者受弔于壙也反哭而弔者受弔于家也弔也者所以弔其哀而已葬雖為哀然不若反哭之哀為甚此所以謂殷慤也

問喪其往送也望望然汲汲然如有追而弗及也其反哭也皇皇然若有求而弗得也故其往送也如慕其反也如疑注望望瞻望之貌也慕者以其親之在前疑者不知神之來否求而無所得之也入門而弗見也上堂又弗見也入室又弗見也亡矣喪矣不可復見已矣故哭泣辟踊盡哀而止矣注說反哭之義也心悵焉愴焉惚焉愾焉心絕志悲而已矣

檀弓孔子在衛有送葬者而夫子觀之曰善哉為喪

政和

乎足以為法矣小子識之子貢曰夫子何善爾也曰其往也如慕其反也如疑注慕謂小兒隨父母啼呼疑者哀親之在彼如不欲還然子貢曰豈若速反而虞乎子曰小子識之我未之能行也

注哀戚本也祭祀末也○陳澔曰往如慕反如疑此孝子不死其親之至情也子貢以為如疑則反遲不若速反而行虞祭之禮是知其禮之常而不察其情之至矣夫子申言小子識之且曰我未之能行則此豈易言哉

〔顧湄反哭不于廟辨〕喪卒窆乃反哭鄭注既夕礼及檀弓皆云反哭于祖廟賈疏尔遂因之曰先祖後禰而兩經俱無明文鄭賈執以為祖廟者只緣士喪礼始云乃反哭入升自西階後云賓降出主人送于門外遂適殯宮乃以未適殯宮之前哭踊在何所遂執以為廟也夫反哭自廳先至家何以言之其時尚未虞祔則新主未入廟也主未入廟寧有向祖禰哭踊之理乎檀弓云反哭升堂反諸其所作也主婦入于室反諸其所養也此升堂與入室明指至家而言所作謂居處于斯所養謂飲食于斯下云反而亾焉失之矣則知在家非在廟也蓋士喪礼未適殯宮之前入升自西階云云者乃西階即向所殯處東西面相向而哭踊也初至家哀痛已甚主人即于向所殯處西階東面位主婦阼階西面位衆主人堂下東面北上有哭踊之節賓弔之故送賓而後入哭于殯宮也西階阼階即殯宮之階也其義甚明問喪云其反也如疑求而無所得之也入門而弗見也上堂又弗見也入室又弗見也亾矣喪矣不可復見已矣此門與堂與室指家而言更明白顯著即鄭賈尔不能強之為廟也及考開元礼靈車到第入至西階少頃升入靈座前主人以下從升此西階即士喪礼之升自西階此靈座即士喪礼之遂適殯宮也司馬氏書儀及家望門俱哭及門哭入至聽事主人升自西階賓客有弔者

亨

又喪大記甸人取所徹廟之西北厞薪孔云謂正寢爲廟神之也

主人拜之主人入詣靈座與親戚皆立哭此西階靈座亦即士喪礼之西階殡宫也朱子家礼與書儀同古今之礼雖異而揆之人情則一鄭賈之説斷乎其不可信也然古人以鬼神所在則曰廟尊言之也故殡宫亦曰廟士虞礼卒亨于廟門之外記陳牲于廟門外鄭云祭之殡宫也喪服小記無事不辟廟門孔云殡宫門也故経記有以殡宫為廟者至反哭則経文並无廟字安得強之為廟乎惜鄭賈未之深考也

乾學按反哭不在廟而在寢顔子之言極為有理但于経文遂適殯宫皆如啓位二語終有未合夫言遂適殯宫則其初不在殯宫矣言皆如啓位則非初西階之位矣愚反覆檀弓問喪諸篇未嘗不欲從在寢之説而究無如儀禮何故不得已而亦從注疏至于顔子所言亦卓然有識採之以備異聞焉

反哭于祖廟返殯宮圖在楊復儀礼图

讀禮通考

唐開元禮

反哭○既下於壙搥一鼓為一嚴無鼓者量時陳布也掩墓户搥鼓為再嚴内外就靈所搥三鼓為三嚴徹酒脯之奠進靈車于帷外陳布儀衛六品以下唯陳布也如來儀及進腰輿入詣靈座前少頃出詣靈車後少頃輿退靈車發行内外從哭如初儀出墓門尊行者乘車馬去墓百步許卑者乘馬以哭從靈車到第内外皆下車馬靈車入至西階前迴南向祝以腰輿詣靈車後少頃升入詣靈座前主人以下從升立于靈座東西面南上少頃腰輿降出内外俱升諸祖父以下哭於帷東北辟下南面西上妻及女子〻以下婦人哭於靈西東面南上諸祖母以下哭于帷西北辟下南面東上外姻哭于南廂大夫於帷東北面西上婦人于帷西北面

東上有親賓弔哭者升堂西向靈座哭如常其弔于庭者稱痛當柰何餘如常儀盡一哀相者引主人以下降各還次沐浴以俟虞斬衰者沐而不櫛齊衰以下櫛

宋政和禮品官喪儀

出墓門尊行者乘車馬去墓百步許卑者乃乘靈車至宅內外乘者皆下靈車入至西階廻南向少頃靈車退主人以下升立哭于靈座東西面南上內外以次升祖父以下哭於帷東南面西上妻及女子〻以下哭于靈座西東面南上祖母以下哭于帷西南面東上外姻丈夫帷東北面西上婦人帷西北南東上親賓弔如初弔于庭者稱痛當柰何哭盡哀主人以下各還次沐浴以俟虞

庶人喪禮

出墓門尊行者乘車馬去墓百尺許卑行者乃乘靈車至宅内外皆下靈車入至西階前迴南向少頃靈車退主人以下升立哭于靈座東西面南上内外以次升妻及女子〻以下哭于靈座西東面南上祖父以下哭于帷東南面西上祖母以下哭于帷西南面東上外姻丈夫帷東北面西上婦人帷西北面東上親賓弔如初弔于庭者稱痛當柰何哭盡哀主人以下還次沐浴以俟虞

司馬氏書儀

反哭〇靈舁發行親戚以叙從哭如來儀出墓門尊長乘車馬去墓百步許卑幼亦乘車馬徐行勿疾驅既夕礼卒窆而歸不驅哀至則哭及家望門俱哭掌事者先設靈座于殯宫靈轝至祝奉祠版置匣前藉以褥主人以

下及門下車馬哭入至聽事主人升自西階丈夫從升如柩在聽事之位主哭盡哀止既夕礼注反哭于祖廟古今堂室異制又祖載不在廟中故但反哭于聽事如昨日柩在聽事之位反諸其所作也婦人先入立哭於堂如在殯之位盡哀止亦反諸其所養也執事者徹簾帷婦人已入故也賓客有弔者主人拜之賓客荅拜主人入詣靈座與親戚皆立哭如在殯之位盡哀止開元礼主人以下到第從靈輿入即哭于靈座今從既夕礼宗族小功以下可以歸大功異居者亦可以歸

朱子家禮

反哭○主人以下奉靈車在塗徐行哭其反如疑為親在彼哀至則哭至家哭望門即哭祝奉神主入置于靈座執事者先設靈座于故處祝奉神主入就位櫝之并出魂帛箱置主下主人以下哭于庭事主人以下及門哭入升自西階哭于聽事婦人先入哭于堂

朱子曰反哭升堂反諸其所作也主婦入于室反諸其所養也須知得這意思則所謂踐其位行其

禮等事行之自安方見浔継志述事之事楊復曰按先生此言蓋謂古者反哭其廟反諸其所作謂親所行礼之處反諸其所養謂親所饋食之處皆指反哭于廟而言也先生家礼反哭于廳事婦人先入哭于堂又與古異者後世廟制不立祠堂狹隘所謂廳事者乃祭祀之地主婦饋食亦在此堂也

遂詣靈座前哭盡哀止有弔者拜之如初謂賓客之親密者既歸待反哭而復弔檀弓曰反哭之弔也哀之至也反而亡焉失之矣于是為甚期九月之喪者飲酒食肉不與宴樂小功以下大功異居者可以歸

明會典品官禮

反哭○出墓門尊者乘車馬去墓百步許卑者乃乘靈車至宅内外乘者皆下靈車入至西階前廻南向少頃靈車退祝奉神主置于靈座喪主以下升立哭于靈座東西向南上内外以次升祖父以下哭于帷東南面西上妻及女子〻以下哭于靈座西東面南上祖母以下哭于帷西南面東上外姻丈夫帷東北

面西上婦人帷西北面東上親賓弔如初哭盡哀相者引喪主以下降各還次沐浴以俟虞

庶人禮

反哭○喪主以下奉靈車在塗徐行哭至家哭奉神主入置于靈座喪主以下哭於聽事遂詣靈座前哭盡哀有弔者拜之如初期九月之喪者可以飲酒食肉惟不與宴樂小功以下大功異居者可以歸

虞

儀禮士虞禮篇特豕饋食註饋猶歸也○疏左氏傳云卜日曰牲此虞為喪祭又葬日虞無卜牲之礼故以豕體而言○敖繼公曰祭而用黍稷為曰饋食猶言饋之以食也側亨于廟門外之右東面注側亨亨一胖也亨于爨用鑊不于門東未可以吉也鬼神所在則曰廟尊言之○疏案吉礼全左右胖此云側亨明亨一胖而已以虞不致爵自獻賓以後無主人主婦及賓已下之俎故唯亨一胖也廟與寢別今既葬迎蒐而反神還在寢故以寢為廟○敖繼公曰東面謂亨者也爨亦存為此亨亨門外之西變于吉祭且別于奠也廟亦謂殯宮魚腊爨亞之北上注爨竈饎爨在東壁西

讀禮通考　卷四十八

面注炊黍稷曰饎虞有亨饎之爨彌吉○敖繼公曰爨在堂下乃云在東壁者見其近于壁也設洗于西階西南水在洗西篚在東注反吉也亦當西榮南北以堂深○敖繼公曰此設洗在西亦以主人位于西階故也尊于室中北牖下當户兩甒醴酒酒在東無禁冪用絺布加勺南枋注酒在東上醴也絺布葛屬○敖繼公曰醴酒並用者醴以饗神酒以飲尸亦見其未甚變于奠也兩甒西上亦以神席在西也素几葦席在西序下注有几始鬼神也苴刌茅長五寸束之實于篚饌于西坫上注苴猶藉也饌兩豆菹醢于西楹之東醢在西一鉶亞之敖繼公曰醢在西東上也東上者變于堂下之敦位也鉶亞于醢又在其西鉶不言豕可知從獻豆兩亞之四籩亞之北上注豆從主人獻祝籩從主婦獻尸祝北上菹與棗不東陳別於正○敖繼公曰此豆籩云從獻者以其先獻而後荐也兩豆亞之菹在鉶西醢在菹南也四籩亞之于醢之南一一為列也北上者南陳不東上西陳者別于正饌黍稷二敦于階間西上藉用葦席匜水錯于槃中南流在西階之南簞巾在其東注流匜吐水口也○敖繼公曰匜水匜中有水也所以沃盥自設洗至此其陳設之位與特牲饋食異者皆為變於吉陳三鼎于門外之右北面北上設扃鼏注門外之右門西也匕俎在西塾之西注不饌於塾上統于鼎也塾有西者是室南鄉○敖繼公曰爓

炙肉言羞見其非正俎南順以羞之者當北面縮執之也俎在塾上執時則升取之然不言肝俎肝先進此時亦設之可知設肝俎當在燔西便其先取之也

羞燔俎在内西塾上南順注南順於南面取縮執之便也肝俎在燔東

記虞沐浴不櫛注沐浴者將祭自潔清不櫛未在於飾也惟三年之喪不櫛期以下櫛可也陳牲于廟門外北首西上寢右注言牲腊在其中西上變吉寢右者當升左胖也腊用棜○敖繼公曰陳之亦在西方而當陳鼎之南路如特牲禮也西上腊在東也腊與豕亭則不在棜矣北首寢右謂牲也吉時腊東首則此時西首與日中而行事注朝葬日中而虞君子舉事必用辰正也再虞三虞皆質明○敖繼公曰日中行事亦變于吉祭也三虞皆然至祔乃質明行事以其始用吉祭也殺于廟門西主人不視豚解注主人視牲不視殺凡為喪事略也豚解解之前後脛脊脇而已熟乃体解升於鼎也○敖繼公曰廟門亦庙門外也主人不視亦變於吉主人不視殺則陳牲之時可知羹飪升左肩臂臑肫骼脊脅離肺膚祭三取諸左膉上肺祭一實于上鼎注内謂之羹飪熟也脊脇正脊正脅也喪祭畧七体耳離肺舉肺也膉脰肉也○敖繼公曰惟云脊脇則是各一骨耳无横脊短脅而又但用一骨遠别于吉祭也離肺乃與脊同舉者也言離見其制與絶祭者同膚祭三以為神祭肺祭一以為尸祭升魚鱄鮒九實于中鼎注差減之○疏特牲魚十有五今為喪祭畧而用九故云差減之也○敖繼公曰魚九亦未可與其吉祭用凡士之喪奠用魚則九升腊左胖髀不升實於下鼎注用亦七体牲

之類○敖繼公曰腊亦体五骨二所謂腊如牲骨也皆設扃鼏陳之注嫌既陳乃設扃鼏也鉶芼用苦若薇有滑夏用葵冬用荁有柶荁音丸○注苦苦荼也荁堇類也乾則滑夏秋用生葵冬春用乾荁豆實葵菹菹以西臝醢籩棗烝栗擇祝俎髀脰脊脅離肺陳于階間敦東注不升於鼎賤也統於敦明神惠也祭以離肺下尸

檀弓既反哭主人與有司視虞牲注日中將虞省其牲有司以几筵舍奠於墓左反日中而虞注所使奠墓有司來歸乃虞也舍奠墓左為父母形体在此礼其神也周礼冢人凡祭墓為尸○疏詳見八十七卷祭墓篇

葬日虞弗忍一日離也注弗忍其無所歸○方慤曰主人不親舍奠而使有司代之者欲速反而修虞事故也必待有司反而修虞祭者葬礼畢然後敢成葬反之礼故也弗忍一日離其親故不待明日而後虞也是日也以虞易奠者以虞之礼漸吉故也是日也以虞易奠注虞喪祭也○陳澔曰始死小斂大斂朝夕朔月朝祖賵遣之類皆喪奠也此日以虞祭代喪奠故曰以虞易奠虞而立尸有几筵疏未葬猶生事之未有尸既葬親形已藏故立尸以係孝子之心也前所云祝宿虞尸是也未葬之前筵雖大斂之時已有至此虞祭更立筵與几相配故云有几筵

祭陳牲及器圖

雜記上大夫之虞也少牢卒哭成事附皆大牢下大夫之虞也犆牲卒哭成事附皆少牢注下大夫虞以犆牲與士虞禮同與

主人及兄弟如葬服賓執事者如弔服皆即位于門外如朝夕臨位婦人及內兄弟服即位于堂亦如之注葬服者既夕曰丈夫髽散帶垂也賓執事者賓客來執事也○敖繼公曰葬服主人髻髮衆主人及兄弟免而大功已上者皆散帶垂也弔服疑衰素冠麻絰帶也如朝夕臨位主人及兄弟在東方賓執事者在西方也婦人及內兄弟其服亦如葬服其位亦如臨位婦人葬服絰无所見蓋與既殯之服同

祝免澡葛絰帶布席于室中東面右几降出及宗人即位于門西東面南上注免者祭祀之禮祝所親也澡治也治葛以為首絰及帶接神宜變也然則士之屬官為其長弔服加麻矣至於既祝哭主人變服則除右几於席近南也○疏喪服小記云緦小功虞卒哭則免卒是執事無免法嫌其大重故云祭祀之禮祝所親可以變服也○敖繼公曰祝公有司之助喪祭者也其服但當弔服加麻以其接神也則宜少異故免而葛絰帶爲其免也若過於重其葛也若過於輕然輕重相準則與其本服亦不甚相遠也當事則然既事則已宗人亦公有司也南上明其與賓不相統葛絰帶云澡則有不澡者矣右几神席南上也

宗人告有司具遂請拜賓如臨入門哭婦人哭注臨朝夕哭○疏朝〻哭時門外送賓訖入門男子婦人共哭也○敖繼公曰告主人以有司已具遂請行祭事也拜賓如臨謂旁三拜也

主人即位于堂

外門内堂上位図

衆主人及兄弟賓即位于西方如反哭位注反哭入門升自西階東面主人堂下東面北上異於朝夕○敖繼公曰反哭之位乃順孝子一時之心而為之本非正位自始虞至卒哭其位皆如之者蓋因此以別于旣祔以後吉祭之位也賓位于西方朝夕反哭同也是時賓皆為執事而來无異爵者爲惟士而已祝入門左北面注不與執事同位接神尊也○敖繼公曰門内之西祝之位也宗人西階前北面注當詔主人及賓之事○敖繼公曰宗人即立于此者以主人已在階上故也祝盥升取苴降洗之升入設于几東席上東縮降洗觶升止哭注縮從也○敖繼公曰東縮上西也上哭為祭事至祝洗觶升則執之以入俟時而酌尒異於吉也主人倚杖入祝從在左西面贊薦菹醢醢在北注主人倚杖西序乃入主婦不薦齊斬之服不執事也曾子問曰士祭不足則取於兄弟大功以下者○敖繼公曰凡喪祭之始及无尸者之祭主人皆先祝而入室祝從故入即西面亦皆異于吉祝在左之義醢在北豆南上也席南上而豆如之神饌之異者也主婦不設豆及敦未敢同於吉也佐食及執事盥出舉長在左注舉舉鼎也長在左在西方位也凡事宗人詔之○敖繼公曰此云長在左下云佐食及右人載是佐食非長也乃先言之者以其有常識故尒鼏在門外北面則舉時長者在西鼎入設于西階前東面北上匕俎從設左人抽扃鼏匕佐食及右人載注載載于俎佐食載則尒在右矣○敖繼公曰此執匕俎者尒三人各兼執匕俎也從設從鼏入而各設于其鼏之東其設之法俎東順而匕西枋也卒杝者逆退

復位注復賓位也俎入設于豆東魚亞之腊特注亞次也贊設二敦于俎南黍其東稷注簋實尊黍也○疏西黍東稷以西上故云尊黍也經云敦注言簋者特牲佐食分簋鉶分敦黍於會為有對也設一鉶于豆南注鉶菜羹也佐食出立于戶西注已也贊者徹鼎注反于門外祝酌醴命佐食啟會佐食許諾啟會卻于敦南復位注會合也謂敦蓋也復位出立于戶西祝奠觶于鉶南復位注復位復主人之左

記載猶進柢魚進鬐注猶猶士喪既夕言未可以吉也柢本也鬐脊也○疏士喪礼小斂進柢至大斂載魚左首進鬐腊進柢皆未異于生也今虞亦如之皆未異于生○敖繼公曰喪奠於牲進柢於魚進鬐始以未忍異於生之故其後遂因之以別於吉祭故三虞之時雖祭而不奠猶未变於初也主人在室則宗人升戶外北面注當詔主人室事佐食無事則出戶負依南面注室中尊不空立戶牖之間謂之依

主人再拜稽首祝饗命佐食祭注饗告神饗也此祭祭于苴也饗神辭記所謂哀子某哀顯相夙興夜處不寧下至適爾皇祖某甫饗是也○疏下云祝祝卒注云祝祝者釋孝子祭辭又下文迎尸後尸墮祭云祝祝主人拜如初此等三者皆有辭此文饗神引記者是陰厭饗神辭下文迎尸前釋孝子辭者紹記無文案少牢迎尸祝孝子辭云孝孫某敢用柔毛剛鬣嘉薦普淖用薦歲事于皇祖伯某以某妃

配某氏尚饗是釋孝子辭此釋辭宜與彼同但称哀爲異其迎尸後祝辭者即下記饗辭云哀子某圭爲而哀薦之饗是也下二虞卒哭記皆有辭佐食許諾鉤袒取黍稷祭于苴三取膚祭祭如初祝取奠觶祭亦如之不盡益反奠之主人再拜稽首注鉤袒如今擐衣也苴所以藉祭也○敖繼公曰祭爲神祭食也鉤袒蓋外卷其袂以出臂也爲神祭當與尸祭異處故祭于席爲其汚席故以苴藉之三者三祭之也每一祭畢則反取之取膚祭如初亦于苴三也記曰膚祭三取諸左膉上神祭用膚亦別于尸也祝取奠觶祭于苴亦三注之不盡者三祭而不盡其醴也既祭更酌而益之乃反奠于故處主人拜爲饗也既祭乃拜者以此饗礼成于祭也於此而饗且爲之祭皆異于吉祝祝卒主人拜如初哭出復位注祝祝者釋孝子祭辭

乾學按此經初言祝饗中言祝祝卒末復言祝祝注疏謂三者皆有詞因以記文哀子某哀顯相云云爲初饗詞哀子某圭爲云云爲末祝詞而取少牢迎尸祝詞爲中次祝詞愚竊以爲不然使三者果皆有詞則記文必備詳之矣胡爲列其二而遺其

一愚謂經既言祝〻則必有詞無疑若上所言祝饗則饗未必有詞也何以言之尸未入而告神止一事耳胡為既有饗詞而又有祝詞饗詞已有潔牲剛鬣嘉薦普淖之語而祝詞復有柔毛剛鬣嘉薦普淖之語何詞之重而意之複也古人必無是禮也愚以為經言祝饗不過祝以饗告神而未有詞至佐食代祭之後始讀祝以告神耳故今定以夙興夜處不寧云〻為告神之詞以圭為而哀薦之云〻為告尸之詞前說以告神故有適爾皇祖之語後說以告尸故但言圭為而哀薦之且前既告以牲醴諸饌則于此不必復告也至于鄭賈

以意妄補之記則斷斷不敢從焉

〔記〕始虞用柔日注葬之日日中虞欲安之柔日陰取其靜○敖繼公曰柔日乙丁己辛癸也柔日言用則固非葬日矣曰哀子某哀顯相夙興夜處不寧注不寧悲思不安○敖繼公曰哀顯相衆主人以下也夙興夜處不寧言其以神未祔廟之故日夜悲思不安也此祝祝之辭也云夙興夜處則始虞與葬不同日明矣敢用絜牲剛鬣注敢昧冒之辭豕曰剛鬣香合注黍也大夫士於黍稷之號合言普淖而已此言香合蓋記者誤尒辭次黍又不得荐上○乾學按鄭氏之意以下普淖為黍稷則此香合二字疑衍文嘉薦普淖注嘉薦菹醢也普淖黍稷也普大也淖和也德能大和乃有黍稷故以為號云明齊溲酒注明齊新水也言以新也溲釀此酒也郊特牲曰明水涚齊貴新也○敖繼公曰祝祝之時奠用醴而已不用酒也云溲酒似衍文哀薦祫事注始虞謂之祫事者主欲祫先祖也以與先祖合為安適爾皇祖某甫注爾女也女死者告之以適皇祖所以安之也皇君也某甫皇祖字也若言尼甫○敖繼公曰適尒皇祖某甫所以劝勉之尸柩已去則神宜在廟為神未欲遷離其室故于三虞皆告之以此饗注勸勉之也再虞皆如初曰哀薦虞事注丁日葬則己日再虞其祝辭異者一言耳○疏一言者謂一字也初虞云祫再虞云虞三虞云成是也○敖繼公曰皆如初謂日與祝辭也虞之言度也告之則有使之度其去就之意故曰虞事為虞祭之名蓋取諸此三虞卒哭他用剛日亦如初曰哀薦成事注當祔于祖廟為神安于此後虞改用剛日剛

日陽也陽取其動也士則庚日三虞壬日卒哭其祝辭異者亦一言耳他謂不及時而葬者喪服小記曰報葬者報虞三月而後卒哭然則虞卒哭之間有祭事者亦用剛日其祭無名謂之他者假設言之○敖繼公曰三虞卒哭謂既三虞遂卒朝夕哭也他者變易之辭猶今之言別矣不用柔日而別用剛日故曰他也他用剛日則三虞卒哭後于再虞三日矣所以用剛日者為祔祭當用柔日故爾蓋三虞與祔日當相接經云明日以其班祔是也亦如初謂祝辭也成事謂見其一言之異者耳三虞云成事者謂神靈適祖之意已定也此三祭之辭皆吉之以適其皇祖乃異其某事之云者所以見義也初言祫者象吾尊者以其事也次言虞者象尊者聞言則度其可否也末言成者象其思慮已審將行之也凡此皆所以順孝子事死如事生之心故其為辭先後有漸從容不迫蓋若此：先王之道所以為美與

萬斯大曰始虞用柔日曰哀薦祫事再虞皆如初曰哀薦虞事卒哭他用剛日亦如初曰哀薦成事先儒謂唯始虞再虞用柔日三虞與卒哭皆剛日他不及時而葬者虞卒哭之間有祭亦用剛日其祭無名謂之他者假設言之此說非也詳玩記文始虞用柔日矣再虞皆如初包有三虞故曰皆文未及三虞故于哀薦虞事下出三虞二字以足之三虞不連卒哭讀卒哭他用剛日言別用剛日即三虞之明日也檀弓曰卒哭曰成事故卒祝辭曰哀薦成事如讀三虞連卒哭將三虞祝辭亦同曰哀薦成事矣而可乎

祝迎尸一人衰經奉篚哭從尸 注尸主也孝子之祭不見親之形象心無所繫立尸而主意焉一人主人兄弟○疏知是主人兄弟者以主人哭出復位無從尸之理又云衰經且非疏遠故知是主人兄弟也○敖繼公曰衰經明其為主人兄弟且不易服也祝出迎尸而主人不降者亦變於吉

尸入門丈夫踊婦人踊 注踊不同文者本先後也尸入主人

不降者喪事主哀不主敬○疏主人在西序東面衆兄弟西階下亦東面婦人堂上當東序西面故主人與兄弟見尸先踊婦人後見尸故後踊是旨先踊

淳尸盥宗人授巾注淳沃也沃尸盥者賓執事者也○敖繼公曰亦于入門左之位為之也尸及階祝延尸注延進也告之以升尸升宗人詔踊如初注言詔踊如初則凡踊宗人詔之○疏上文无宗人詔踊之事此云如初明前踊并下文踊皆宗人詔之○敖繼公曰如初如其丈人先婦人後尸入户踊如初哭止注哭止尊尸婦人入于房注辟執事者○疏以其婦人在堂上執事由堂東故辟之也○敖繼公曰祭礼婦人當在房前此在堂者以其有尸入之哭也今哭止故入于房及尸謖又復位而哭也主人及祝拜妥尸尸拜遂坐注妥安坐也○疏尸即至尊之坐或不自安故拜以安之○敖繼公曰此皆變于其吉祭士之吉祭尸既坐主人乃拜妥尸祝不拜

記尸服卒者之上服注上服者如特牲士玄端也不以爵弁服為上者祭于君之服非所以自配鬼神士之妻則宵衣耳男男尸女女尸必使異姓不使賤者注異姓婦也賤者謂庶孫之妾也尸配尊者必使適也○疏虞卒哭之祭男女別尸故別言之也此經男女別尸據虞祭而言至卒哭已後自禫已前喪中之祭皆男女別尸尸入祝從尸注祝在主人前也○疏上經陰厭時主人先祝入户至此迎尸祝在主人前先後有異故記人明之○敖繼公曰入謂入門也言祝從尸嫌其如迎尸之時猶先也祝始出迎尸先行入門及尸入祝乃居後而從之入門如是則入户亦從尸可知尸坐不說屨疏案鄉飲酒燕礼之等凡坐降說屨乃升坐今尸雖坐不說屨者為侍神不敢燕惰故也淳尸

盥執槃西面執匜東面執巾在其北東面宗人授巾南面注槃以盛棄水為淺汙人也執巾不授巾卑也從者錯篚于尸左席上立于其北注北席北也○疏此虞礼篚象特牲肵俎置于席北明此篚亦在席北以擬盛尸之饌也尸取奠左執之取菹擩于醢祭于豆閒祝命佐食墮祭注下祭曰墮墮之猶言墮下也○疏凡祭皆手舉之向下祭之故云下祭曰墮○敖繼公曰墮一作綏綏或是授字之誤佐食取黍稷肺祭授尸尸祭之祭奠祝祝主人拜如初尸嘗醴奠之注如初亦祝祝卒乃再拜稽首○敖繼公曰拜為祝祝也故尸不荅拜嘗醴奠之復於故處佐食舉肺脊授尸尸受振祭嚌之左手執之注右手將有事也尸食之時亦奠肺脊于豆○疏肺氣之主也脊正体之貴者先食啗之所以道食通氣也下文注云尸不受奠腊以喪不備味則亦不食庶羞矣○敖繼公曰於此舉之明其不在舉數中也祝命佐食邇敦佐食舉黍錯于席上注邇近也尸祭鉶嘗鉶注右手也○疏上文尸受肺脊左手執之此嘗鉶用右手也案記云鉶毛用苦若薇有柶是用柶祭也泰羹湆自門入設于鉶南胾四豆設于左注博異味也湆肉汁也胾切肉也○疏鉶南𨯳北留空處以待泰羹左者正豆之左又少牢云上佐食羞胾兩瓦豆有醢于荐豆之北言北亦是左也博異味者以其有湆有胾故也尸飯播餘

于籠注不反餘也古者飯用手吉時播餘于會○敖繼公曰於尸之初飯即言播餘是每飯皆然也惟飯而已不食舉未忍司[illegible]吉惟不食長角亡執之

三飯佐食舉幹尸受振祭嚌之實于籠注飯間啗肉安食氣又三飯舉胳祭如初佐食舉魚腊實于籠注尸不受魚腊以喪不備味○疏佐食舉魚腊不云尸受嚌之明尸不受魚腊可知案特牲不舉魚腊尸皆振祭嚌之此佐食舉魚腊實于籠尸不嚌故云喪不備味○敖繼公曰於前後二舉不舉魚腊此節舉之又不以授尸以其亦在三舉之數必於此節舉之者所以見前後宜舉而不舉之意也

又三飯舉肩祭如初注後舉肩者貴要成也○疏祭統云周人貴肩故云貴者要成也要成者據後食即飽也○敖繼公曰此三舉牲之体骨始於脅終於肩先賤而後貴也於前後体惟以肩骼者後体則舉其下前体則舉其上亦宜爾

舉魚腊俎俎釋三个注釋猶遺也遺之者君子不盡人之歡不竭人之忠个猶枚也此腊亦七体如其牲也○疏此経直舉魚腊俎盛于籠俎釋三个不言盛牲体者案下記云羨飪升左肩臂臑肫骼脊脅七体此上経佐食初舉脊次舉幹又舉骼終舉肩總舉四体惟有辟臑肫三者佐食即當俎釋三个故直舉魚腊而已又案特牲釋三个注云謂改饌于西北隅遺之與此注不同者此注亦有改饌之義又兼有此不盡歡忠之礼也○敖繼公曰佐食於魚亦舉其五腊又舉其三每俎各釋三箇腊体之在俎者亦臂臑肫也必釋之者俎未即徹則不宜空之此腊亦体五骨二如其牲

尸卒食佐食受肺脊實于籠反黍如初設注九飯而已士礼也籠猶吉祭之有肵俎○疏上文佐食舉黍錯于席上此尸卒食故反黍于本處也九飯士礼者少牢十一飯諸侯十三飯天子十五飯故九飯士礼也特牲少牢尸舉牲体振祭嚌之皆加于肵俎此尸舉牲体振祭嚌之皆實于籠故云猶吉祭之有肵俎○敖繼公

曰尸九飯乃卒食雖與吉祭之数同然其間無告飽拜侑之事亦喪質威儀少也云受肺脊則尸歸者未嘗奠于豆明矣是亦變于其吉祭者也

記　饗辭曰哀子某圭爲而哀薦之饗 注饗辭勸強尸之辭也圭絜也凡吉祭饗尸曰孝子○疏此一辭說三虞卒哭勸尸辭若祔及練祥吉祭其辭亦用此但改哀爲孝耳

主人洗廢爵酌酒酳尸尸拜受爵主人北面荅拜尸祭酒嘗之 注爵无足曰廢爵酳安食也主人北面以酳酢變吉也凡異者皆變吉○疏北面酳酢變吉者案特牲少牢尸拜受主人西南拜送與北面相反故云變吉也

賓長以肝從實于俎縮右鹽 注縮從也從實肝炙於俎也喪祭進柢右鹽於俎近北便尸取之也縮執俎言右鹽則肝鹽併也○疏據執俎之人左畔有肝右畔有鹽西面向尸尸東面以右手取肝于俎右畔擩鹽于左畔是以鹽于俎近北便尸取之俎既縮執則狹肝鹽不容相遠是執俎人右畔有鹽左畔有肝故云併也○敖繼公曰實于俎縮右鹽言肝鹽在俎之法尔非此時方實之也鹽於俎與執者皆爲右

尸左執爵右取肝擩鹽振祭嚌之加于俎賓降反俎于西塾復位 注取肝右手也加于俎從其牲体也以喪不志於味○疏復位者謂賓長也尸既振肝訖復西階前衆兄弟之南東面位也

尸卒爵祝受不相爵主人拜尸荅拜 注不相爵喪祭於礼畧相爵者特牲曰送爵皇尸卒爵○敖繼公曰不相爵變于吉祝相爵者命主人拜送爵也此雖不相爵而主人猶先拜蓋其節宜然也

祝酌授尸尸以醋主人主人拜受爵尸荅拜 醋音酉 注醋報

主人坐祭卒爵拜尸荅拜敖繼公曰尸無洗爵之礼故祝為酌之酢不洗爵口礼也之子于之時乃次而卒爵者為尊者之賜也筵祝南面注祝接神尊也筵用萑席○疏尸用莞席以在喪故不用萑祝宜與平常同故用萑也○敖繼公曰筵祝蓋贊者也筵于北墉下尊之西也室中之席南面以西方為上既筵則祝升席與主人獻祝、拜坐受爵主人荅拜注獻祝因反西面位○敖繼公曰祝與佐食皆事尸者也故于酳尸獻尸之後因而獻為承已飲之後乃不洗而獻祝者下尸也坐受爵者因尸礼也以明其由尸而溽獻祝既受爵主人乃反西面位而荅拜也薦菹醢設俎、祝左執爵祭薦奠爵興取肺坐祭嚌之興加於俎祭酒嘗之肝從祝取肝擩鹽振祭嚌之加于俎卒爵拜主人荅拜祝坐授主人疏此直言薦菹醢設俎者不見荐徹之人案下文云祝薦席徹入于房注云徹荐席者執事者則此設者亦執事可知○敖繼公曰祭荐亦右手以菹擩醢祭于豆閒也先奠爵乃取肺以祭離肺用二手也祭不言絶文省以肝從亦賓長也祝亦左執爵乃取肝不言之者同於尸可知授主人下宜脫一爵字主人酌獻佐食佐食北面拜坐受爵主人荅拜佐食祭酒卒爵拜主人荅拜受爵出實于篚升堂復位注篚在庭不復入事已也亦因取杖乃東面立主婦洗足爵於房中酌亞獻尸如主人儀注爵有足輕者飾也昏礼曰內洗在北堂直室東隅○疏如主人儀者即上主人酳尸、拜受爵主人北面荅拜之等今主婦亞献亦然主人之婦為舅姑齊衰是輕于主人故爵有足為飾也引昏礼者證經洗爵于房中不言設洗處宜與昏礼同也○敖繼公曰此不謂之酳而云献者食尸之礼非閑於主婦故惟以進酒者為称也如主人儀則亦北面拜

會南棗在西注尚棗ミ美○疏案特牲宗婦執兩籩主婦受設于敦南此主婦自反兩籩不使宗婦者以喪尚縱ミ反吉故然上

自反兩籩棗果設于主人献使贊薦菹醢注云齊斬之服不執事者彼為主人献故不使主婦薦此亞献已所有事故自薦可知○敖繼公曰反或是取字之誤此兩籩自堂而設于室非可言反云自者明其不用贊也吉祭則宗婦贊之

尸祭籩祭酒如初賓以燔從如初尸祭燔祭爵如初酳獻祝籩燔從獻佐食皆如初

以虛爵入于房注初主人儀○疏此尸祭籩已下至籩燔從献佐食皆與主人献尸賓長以肝從至佐食祭酒卒爵拜主人荅拜受爵出實于篚並如主人儀故皆云如初也○敖繼公曰賓謂次賓燔從豕如初者如肝從之儀也皆ミ献祝以下四事也籩位則豆俎西

賓長洗繶爵三獻燔從如初儀注繶爵口足之間有篆又弥飾

婦人復位注復堂上西面位事已失將出當哭踊

祝出户西面告利成主人哭注西面告ミ主人也利猶養也成畢也言養礼畢也不言養礼畢於尸間嫌○疏主人東面故祝西面對而告之

皆哭注丈夫婦人於主人哭斯哭矣

祝入尸謖謖起也○注祝入而无事尸則知起矣不告尸者无遺尊者之道也

從者奉篚哭如初注初哭從尸

祝前尸出户踊如初降堂踊如初出門亦如之注前道也如初者出如入降如

升三者之節悲哀同○敖繼公曰祝前者道尸也踊如初者丈夫先婦人後也云降堂者明其方降於階上而即踊

記尸謖祝前鄉尸注前道也祝道尸必先鄉之為之節還出戶又鄉尸還過主人又鄉尸還降階又鄉尸還音旋○注過主人則西階上不言及階明主人見尸有踧踖之敬降階還及門如出戶注及至也言還至門明其間无節也降階如升時將出門如出戶時皆還向尸也每將還必有辟退之容凡前尸之禮儀在此○敖繼公曰還謂先鄉尸而即還也

祝反入徹設于西北隅如其設也几在南厞用席注改設饌者不知鬼神之節改設之庶幾歆饗所以為厭飫也厞隱也于厞隱之處從其幽闇○敖繼公曰設于西北隅者亦以尊者之盛饌未可遽徹去之故改徹於此也几在南在饌之南也厞用席者以席之一端倚于几一端倚于俎則足以障蔽其饌矣祝改設之亦变于吉祝薦席徹入于房祝自執其俎出注徹荐席者執事者祝荐席則初自房来贊闔牖戶注鬼神尚居幽闇或者遠人乎贊佐食者○疏或者遠人乎礼記郊特牲文非直取鬼神居幽闇或取遠人之意故也自上以来行事惟有祝與佐食祝既執其俎出故知闔牖戶者是佐食也

記尸出祝反入門左北面復位然後宗人詔降疏謂祝復位宗人乃詔主人降以其無事故也○敖繼公曰祝於尸出即反則不復前矣祝於門外迎尸而不送亦終始異也

主人降賓出注宗人詔主人降賓則出廟門主人出門哭止皆復位注門外未入位○敖繼公曰案注云門外未入位者謂殯宮門外未入時之位也宗人告事畢賓出主人送拜稽顙注送拜者明于大門外也賓執事者皆去即徹室中之饌者兄弟也○敖繼公曰送賓亦稽顙者為徒勞之故重拜其辱也吉祭之賓有俎主人則但拜送之而已蓋儀物相為隆殺也

記無尸則禮及薦饌皆如初注无尸謂无孫列可使者也殤亦是也礼謂衣服即位升降○敖繼公曰礼謂主人哭出復位以前之儀及改設饌與賓出以後之事薦饌神席前俎豆之類皆是也如初謂與有尸者同既饗祭于苴祝祝卒注記異者之節○疏既饗者謂祝釋神辭告之使令祔之安之釋饗訖佐食取黍稷祭于苴不綏祭無泰羹湆胾從獻注不綏言獻記終始也事尸之礼始於綏祭終於從獻綏當為墮○疏此四事皆為尸无尸闕此四事○敖繼公曰綏當作授祭謂佐食授祭也無尸則固无所授矣從獻謂籩及肝燔俎也此記終始也事尸之礼始於授祭終於從獻主人哭出復位注於祝祝卒○疏謂祝祝卒无尸可迎既无上四事主人遂哭出復户外東面位祝闔牖户降復位于門西注門西北面位也○疏知門西北面位者據上文尸出祝反入門左北面復位也男女拾踊三注拾更也三更踊○疏凡言更踊者主人踊主婦踊賓乃踊三者三為拾也如食間注隱之如尸一食九飯之頃也○敖繼公曰闔户好食間象神食之也此謂陰厭祝升止哭聲三啟户注声者噫歆也

將啟戶警覺神也○敖繼公曰注云警覺神者謂欲令其知將啟戶也主人入注親之○疏主人無事而入皆是主人見臣申所恭敬之事也祝從啟牖鄉如初注牖先闔後啟扇在內也鄉牖一名也如初者主人入祝從在左○疏詩云塞向墐戶北牖名鄉〻亦是牖故云牖一名也主人哭出復位注堂上位也卒徹祝佐食降復位注祝復門西北面位佐食復西方位不復設西北隅者重閉牖戶褻也○敖繼公曰卒徹者言其節也此徹亦改設于西北隅不言之者亦為其已蒙如初之文也卒徹祝闔牖戶乃與佐食俱降佐食於此方云復位則陰厭之時其在中庭北面與士之佐食位在兄弟之列特牲記曰佐食於旅齒於兄弟是也宗人詔降如初注初贊闔牖戶宗人詔主人降之○疏降謂礼畢降堂也經云贊闔牖戶主人降賓出注云宗人詔主人降彼謂降堂故知此云如初亦如上經詔降也

雜記士三虞大夫五諸侯七注尊卑恩之差也天子至士葬即反虞

凡喪小功以上非虞附練祥無沐浴注言不有飾事則不沐浴○陳澔曰潔飾所以交神故非此四祭則不沐浴也

孫氏家乘眉山劉氏云虞者既葬反哭而祭也蓋未葬則柩猶在殯既葬則迈而亾為則虞度其神氣之迈于是而祭以安之且為木主而托之以憑依為故謂之虞主嘗求之傳注謂天子九虞以九日為節諸侯七虞以七日為節大夫五士三由是言之既葬而虞〻而卒哭降殺有等是春秋末世大夫僭用諸侯七虞之礼矣後代循習莫究其義而世俗遂以親亾以後每七日必供佛飯僧以為是日當于地府見某王者吁古人七虞之説乃如是哉故

世之治喪者未葬則當朝夕奠朔望殷奠既葬則作主虞祭不惑于浮屠齋七之說庶乎可謂祭之以禮矣集禮宋制三品以上七虞五品以上五虞九品以上三虞

再虞

士虞禮記再虞皆如初曰哀薦虞事注丁日葬則己日再虞○疏初虞再虞皆用柔日始虞用丁日隔戊日故知再虞用己日也

敖繼公曰舊說謂再虞後於始虞二日理或然也皆如初謂日與祝辭也曰哀薦虞事見其與上文異者惟虞祫二字耳虞之言度也再告之則有使之度其去就之意故曰虞事爲虞祭之名蓋取諸此不以祫爲稱者以其與大祫之名同且此時犹未畢祫也

乾學按皆如初者謂其所行祭禮悉如初虞也三虞同

三虞

士虞禮記三虞卒哭他用剛日亦如初曰哀薦成事注當祔于祖廟爲神安於此後虞改用剛日剛日陽也陽取其動也士則庚日三虞壬日卒哭其祝辭異者亦一言耳他謂不及時而葬者喪服小記曰報葬者報虞三月而後卒哭然則虞卒哭之間有祭事者亦用剛日其祭無名謂之他者假設言之文不在卒哭上者以其非常也令正者自相亞也檀弓曰葬日

中而虞弗忍一日離也是日也以虞易奠卒哭曰成事是日也以吉祭易喪祭明日祔於祖父如是虞為喪祭卒哭為吉祭今文他為它、凡三虞交用剛日將祔于祖取其動義故也士則庚日三虞壬日卒哭以其已日為再虞後改用剛日故次取庚日為二虞也卒哭亦用剛日故庚日後隔辛日取壬日為卒哭改虞為成是一言也

穀繼公曰三虞卒哭謂既三虞遂卒朝夕哭也他者變易之辭猶今之言別矣不用柔日而別用剛日故曰他也他用剛日則三虞卒哭後於再虞三日矣所以用剛日者為祔祭宜用柔日故爾蓋三虞與祔日當相接經云明日以其班祔是也亦如初謂祝辭也成事謂見其一言之異者耳三虞言成事者謂神霣適祖之意已定也此三祭之辭皆告之以適其皇祖乃異其某事之云者所以見義也初言祫者象啟尊者以其事也次言虞者象尊者聞言則度其可否也末言成者象其思慮已審將行之也凡此皆所以順孝子事死如事生之心故其為辭先後有漸從容不迫蓋若此〻先王之道所以為美與

唐開元禮（三品以上喪礼四品以下至庶人附）

虞祭○柩既入壙國若僚佐之長與祝（六品以下无國官）先歸脩虞事牢饌如殷奠器用烏漆先造虞主以烏漆匱匱之盛於箱烏漆趺一皆置於別所（虞主用桑主皆長一尺方四寸上頂圓徑一寸八分四廂各刻一寸一分又上下四方周孔徑九分其匱底蓋俱方底自下而上蓋從上而下與底齊其趺方一尺厚三寸將祭出神主置于座其匱安于神

（人之後四品以下无）具饌於堂東柩車將至掌事者先施靈座於寢堂室內戶西東向於靈座之南北設帷東出戶（若室內窄則設靈座于堂）腰輿將入祝奉虞主入置于靈座東向設素几于右（自腰輿以下四品以下无）掌事者設洗于西階西南北向東西當西霤（六品以下西荣）南北以堂深罍水在洗西篚在洗東南肆篚實爵一巾一加冪設甒二於靈座之左北墉下醴酒在東冪用絺加勺南柄既沐浴主人及諸子妻妾女子子內外升詣靈所主人及諸子倚杖於室戶外及應拜者哭于靈東西如初內外皆哭祝與執罇罍篚者各就罇罍篚所立執饌者以饌入俱升自東階陳設如殷奠之儀訖掌饌者降出相者引主人降自西階詣罍洗主人止哭執罍洗者酌水主人盥手執篚者取巾於篚興授主人主人拭手訖受巾奠

于篚又取爵興以授主人執盥洗者又酌水主人洗廢爵（爵无足者）執篚者又授巾主人拭爵訖受巾奠于篚相者引主人升自西階詣酒罇所執罇者舉冪主人酌醴相者引主人進詣靈座前西向跪奠爵于饌前俛伏興少退西向立祝以祝文進立于神座之右北面內外皆止哭祝跪讀祝曰維年月朔日子孤子哀子某（孫稱哀孫此為母及祖母所稱也父祖則稱孤子孤孫）敢昭告于考某官封謚（妣則云妣）夫人某氏（孫為喪主則稱祖妣）日月遄速奄及反虞叩地號天五情糜潰謹以潔牲柔毛剛鬛明粢薌合薌萁嘉蔬嘉薦醴齊（四品以下謹以潔牲剛鬛嘉薦普淖明齊溲酒餘同）哀薦祫事于考某官封謚尚饗祝興主人哭再拜內外應哭者皆哭再拜祝進跪奠版於靈座興出復位哭盡哀相者引主人以下出杖降西階各就次妻妾女子〻以下各還別室祝闔戶與

執罇罍者降出少頃祝與掌饌者入開戶徹饌祝匱主（四品以下无主）闔戶已出掌事者埋重于門外道左閒日再虞後日三虞禮皆與初虞同又閒日為卒哭祭其虞祝辭再虞云哀薦虞事第三虞云哀薦成事

宋政和禮品官喪儀

虞○柩既入壙掌事者先歸脩虞事具饌于堂東靈車將至掌事者先施靈座於寢堂室內戶西東向於靈座東南北設帷東出戶（若室窄則設靈座于堂）既沐浴主人以下內外升詣靈座所主人及諸子倚杖於堂戶外內外皆哭掌饌者以饌入陳于堂靈座前降出贊者請主人止哭盥手進詣靈座前以盞跪奠酒俛伏興少退西向立內外哭止祝進于靈座之右跪讀祝文曰維某年某月某日辰孤子某（母稱哀子）敢昭告於考某官封

謚曰月遄速奄及反虞叩地號天五情糜潰謹以清酌庶羞哀薦祫事于考某官封謚尚饗祝興主人哭再拜主人退復位次引亞獻終獻皆如之（不讀祝文）內外哭盡哀主人以下出杖降自西階就次妻妾女子各還別室少頃徹饌闔户降出乃埋重于門外道左（三品以上七虞五品以上五虞九品以上三虞如初虞之礼皆以柔日祝辞終虞曰哀薦成事餘皆曰哀荐虞事）卒哭掌事者改廬翦屏柱楣塗廬不塗見面翦蒲為席不緣以木為枕

庶人喪禮

虞○柩既入壙掌事者先歸脩虞事具饌于堂東靈車將至掌事者先設靈座于寢堂室內户西東向于靈座東南北設帳東户既沐浴主人以下內外俱請靈所主人及諸子倚杖于靈户外內外俱哭掌饌者以饌入設于靈座前降出贊者請主人止哭盥手詣

靈座前以琖跪奠酒俯伏興少退西向立內外哭止祝進立于靈座右跪讀祝文曰維年月朔日辰孤子某敢昭告于考某人之靈曰辰遄速奄及反虞叩地號天五情糜潰謹以清酌庶羞哀薦虞事于考某人之靈尚饗祝興主人哭再拜主人退復位內外哭盡哀主人以下出杖降自西階就次妻妾女子﹅還别室少頃徹饌闔户既虞掌事者改廬翦屏柱楣塗廬不塗見面裏塗外不塗者剪蒲為席不緣以木為枕

司馬氏書儀

虞祭虞安也骨肉歸于土魂氣無所不之孝子為其彷徨三祭以安之雜記士三月而葬是月也卒哭大夫三月而葬五月而卒哭諸侯五月而葬七月而卒哭士三虞大夫五諸侯七今五服年月勅自王公以下皆三月而葬三虞而卒哭○柩既入壙掌事者先歸具虞饌如朔奠是日虞檀弓曰日中而虞葬日虞弗忍一日離也注弗忍無所歸㕥或墓遠不能一日中但不出葬日皆可也主人以下皆沐浴或已晚不暇沐浴但畧自澡潔可也執事者設盥

盆帨巾各二於西階西東南上（帨手巾也）東盆有臺帨巾有架在盆北主人以下親戚所盥也其西無架執事者所盥也設酒一瓶於靈座東南（置開酒刀子拭布于旁）旁置卓子上設注子及盞一別置卓子於靈座前設蔬果匕筯茶酒盞醬楪香爐主人及諸子倚杖於堂門外與有服之親皆入尊長坐哭如反哭位卑幼立哭於靈座前斬衰為一列最在前齊衰以下以次各為一列無服之親又為一列丈夫處左西上婦人處右東上各以昭穆長幼為叙皆北向婢妾在婦人之後頃之祝止哭者主人降自西階盥手帨手詣靈座前焚香再拜退復位及執事者皆盥手帨手執事者一人升開酒拭瓶口實酒于注取盞斟酒西向酹之祝跪餘執事者奉饌設于靈座前主人進詣酒注所北向執

事者一人取靈座前酒盞立于主人之左主人左執盞右執注斟酒授執事者置靈座前主人進詣靈座前執事者取酒盞授主人主人跪酹執事者受盞俛伏興少退立祝執辭出主人之右西向跪讀之曰維年月日朔日孤子孫曰孤孫為母及祖母称哀子哀孫某敢昭告于先考某官祖考同妣則曰某封某氏日月不居奄及初虞夙興夜處哀慕不寧謹以潔牲柔毛豕曰剛鬣嘉薦普淖明齊溲酒哀薦祫事尚饗士虞礼始虞用柔日葬用丁亥是柔日開元礼開日再虞然則古人葬皆用柔日乎今不拘剛柔葬日即虞後遇剛日即再虞不須間日也士虞礼祝曰哀子某哀顯相夙興夜處不寧敢用絜牲剛鬣嘉薦普淖明齊溲酒哀薦祫事適爾皇祖某甫饗注喪祭称哀顯相助祭名也顯明也相助也不寧悲思不安嘉薦菹醢也普淖黍稷也明齊新水也言以新水溲釀此酒也始虞謂之祫事者主欲其祫先祖也以與先祖合為安皇君也某甫皇祖字也饗勸强之也今叅用開元礼祝詞祝興主人哭再拜退復位哭止主婦亞獻親戚一人或男或女終獻不焚香不讀祝婦人不跪既酹四拜此其異于大夫餘皆如初獻之儀士虞礼主人洗廢爵酌酳注爵无足曰廢爵酳安食也又曰主婦洗足爵酌

亞獻尸賓長洗億爵三獻注億爵口足之間有瑑文彌飾開元礼止有主人一獻今從古畢執事者別斟酒滿瀝去茶清以湯斟之主人以下皆出祝闔門主人立于門左卑幼丈夫在其後主婦立于門右卑幼婦人在其後皆東向尊長休於他所卑幼亦可更代休于他所常留一二人在門左右如食閒祝立于門外北向告啟門三乃啟門主人以下皆入就位祝立于主人之右西向告利成歛祠版韜藉匣之置靈座主人以下皆哭應拜者再拜盡哀止出就次執事者徹饌士虞礼祝反入徹設于西北隅如其設也凡在南扉用席注改設饌者不知鬼神之節改設之庶幾歆饗所以為厭飲也扉隱也于扉隱之處從其幽闇又曰贊闔牖戶注鬼神常居幽闇或者遠人乎贊佐食者又曰无尸則礼及薦饌皆如初主人哭出復位祝闔牖戶如食閒祝升止哭聲三啟戶注聲噫歆也將啟戶驚覺神也又曰祝出戶西面告利成皆哭注利猶養也成畢也言養礼畢也祝取蒐帛帥執事者埋于屏處絜地既夕礼甸人抗重出自道之左倚之雜記重既虞而埋之注所倚處埋之今蒐帛以代重故虞有主亦埋之遇柔日再虞質明祝出祠版置靈座主人以下行禮改祝詞云奄及再虞哀薦虞事餘皆如

初虞之儀士虞礼再虞用柔日三虞卒哭用剛日注丁日葬則已日再虞庚日三虞壬日卒哭葬用丁亥是柔日然則古人皆用柔日耶今葬日既不拘剛柔日但于葬日即虞後遇柔日再虞又遇剛日即卒哭三虞又遇剛日即甲丙戊庚壬為剛日乙丁己辛癸為柔日改剛日

三虞改祝辭云奄及三虞又云哀薦成事餘如再虞

朱子家禮

虞祭葬之日日中而虞或墓遠則但不出是日可也若去家經宿以上則初虞于所館行之鄭氏曰骨肉歸于土魂氣則无所不之孝子為其徬徨三祭以安之○朱子曰未葬時奠而不祭但酌酒陳饌再拜虞始用祭礼卒哭謂之吉祭○丘濬曰按所館行礼但寓他人宅舍未必皆寬厰及哭泣于他宅俗人所忌若經宿以上預先用蓬蓽搆一屋度寬可行礼似為簡便○主人以下皆沐浴或已晚不暇即畧自滌潔可也

執事者陳器具饌盥盆帨巾各二于西階西南上東盆有臺巾有架西者无之凡喪礼皆放此酒瓶并架一于靈座東南置卓子于其東設注子及盆盞于其上火炉湯瓶于靈座西南置卓子于其西設祝版于其上設蔬果盆盞于靈座前卓上匕筯居內當中酒盞在其西醋楪居其東果居外蔬居果內實酒于瓶設香案居堂中炷火于香炉東茅聚沙于香案前具饌如朝奠陳于堂門外之東祝出神主于座主人以下皆入哭主人及兄弟倚杖于室外及與祭者皆入哭于靈座前其位皆北面以服為列重者居前輕者居後尊長坐卑幼立丈夫處東西上婦人處西東上逐行各以長幼為序侍者在後降神祝止哭者主人降自西階盥手帨手詣靈座前焚香再拜執事者皆盥帨一人開酒入于注西面跪以注授主人主人跪受一人奉卓上盤盞東面跪于主人之左主人斟酒于盞以注授執事者左手取盤

右手執盞酹之茅上以盤盞授執事者俛伏興少退再拜復位**祝進**饌執事者佐之其設之敘如朝奠**初獻**主人進詣注于卓前執注北向立執事者一人取靈座前盤盞立于主人之左一人斟酒反注于卓子上與執事者俱詣靈座前北向立主人跪執事者亦跪進盤盞主人受盞三祭于茅束上俛伏興執事者受盞奉詣靈座前奠于故處祝執版出于主人之右西向跪讀之前同但云日月不居奄及初虞夙興夜處哀慕不寧謹以絜牲柔毛粢盛醴齊哀薦祫事尚饗祝興主人哭再拜復位哭止牲用豕則曰剛鬣不用牲則曰清酌庶羞祫合也欲其合于先祖也**亞獻**主婦為之礼如初但不讀祝四拜**終獻**親賓一人或男或女為之礼如亞獻**侑食**執事者執注就添盞中酒**主人以下皆出祝闔門**主人立于門東西向卑幼丈夫在其後重行北上主婦立于門西東面卑幼婦女亦如之尊長休于他所如食間○揚復曰士虞礼死尸者祝闔牖户如食間詳見後四時祭礼**祝啟門主人以下入哭辭神**祝進當門北向噫歆告啟門三乃啟門主人以下入就位執事者點茶祝立于主人之右西向告利成斂主匣之置故處主人以下哭再拜盡哀止出就次執事者徹

儀節

通贊唱**序立**　**出主**祝啟櫝出主服重者在前輕者在後男東女西以長幼為序今擬用礼生二人一通贊一引贊其說具祭礼**舉哀**少頃**哀止**引贊唱**盥洗**　**詣靈座前**　**焚香**　**鞠躬拜興拜興平身**　**降神**執事者二人皆洗手一人開酒實于注西面立一人取卓子盤盞捧之東面立**跪**主人跪執事二人者向主人跪執注者以注授主人主人受注執之斟酒于執事所捧之盞斟訖以注授執事

者酹酒主人左手取盤盞右手執盞盡傾于茅沙上訖以盤盞授執事者俯伏興平身少退鞠躬拜興拜興平身復位參神鞠躬拜興拜興平身進饌祝以魚肉炙肝米麪食進列于靈前卓子上次二行空處初獻禮主人進詣注子卓前執注北向立執事者一人取靈座前盤盞立主人之左主人斟酒于盞中訖反注于卓子上詣靈座前主人詣靈座前執事者捧盞隨之跪主人跪祭酒執事者跪進酒盞主人受之三傾于茅沙上奠酒執事者受盞置靈座前俯伏興平身稍退後立跪主人以下皆跪讀祝祝執版立主人之右西向跪讀之畢俯伏興平身少退舉哀主人以下皆哭少頃哀止鞠躬拜興拜興平身主人獨拜復位亞獻禮詣靈座前跪祭酒奠酒俯伏興拜興拜興平身若主婦行禮不跪不俯伏立傾酒于地四拜復位終獻禮詣靈座前跪祭酒奠酒俯伏興拜興拜興平身復位侑食子弟一人執注就添盞中酒主人以下皆出主人立于門東西向卑幼丈夫在其後重行北上主婦立于門西東向卑幼婦女在後重行北上尊長休于他所俱肅靜以俟闔門執事者閉門無門下簾食頃祝噫歆祝當門北面作欬声者三

啓門乃開門捲簾復位主人以下復舊位點茶執事者進茶置匙筯旁告利成祝立于主人之右西向利成　辭神主人以下皆拜舉哀且拜且哭鞠躬拜興拜興平身　哀止焚焚祝文　納主　徹饌　禮畢按虞祭于辭神下有云主人以下哭再拜而前此只是主人行礼而主人以下惟序立而已別无叅拜之文今補入又若路遠于所館行礼恐不能備可畧去闔門啓門噫歆告利成四節

祝文式維

幾年歲次干支幾月干支朔幾日干支孤子某敢昭告于母則云哀子某考妣某官府君封孺人日月不居奄及初虞夙興夜處哀慕不寧謹以潔牲柔毛粢盛庶品哀薦祫事尚饗

祝埋魂帛祝取魂帛帥執事者埋于屏處潔地若路遠于所館行礼必須三虞後至家埋之罷朝夕奠朝夕哭哀至哭如初遇柔日再虞乙丁己辛癸為柔日其礼如初虞惟前期一日陳器具饌厥明夙興設蔬果酒饌質明行事祝出神主于座祝詞改初虞為再虞祫事為虞事為異若墓遠塗中遇柔日則亦于所館行之遇剛日三虞甲丙戊庚壬為剛日其礼如再虞惟改再虞為三虞〻事為成事若墓遠在塗中遇剛日且闕之須至家乃行此祭

明會典品官禮

虞○柩既入壙掌事者先歸脩虞事或墓遠則但不出是日可也喪主以下既沐浴執事者陳器具饌設盥盆帨巾各二於西階西南上酒瓶并架一於靈座東南置卓子于其東設注子及盤盞于其上火爐湯瓶于靈座西南置卓子于其西設祝板于其上設蔬果盤盞于靈座前卓上匕筯居內當中酒盞在其西醋楪居其東果居外蔬居果內實酒于瓶設香案于堂中炷火于香爐束茅聚沙于香案前具饌如朝奠陳于堂門之東祝出神主于座喪主及兄弟倚杖于室外及與祭者皆入哭于靈座前其向皆北面以服為列重者居前輕者居後尊長坐卑幼立丈夫處東西上婦人處西東上逐行各以長幼為序侍者在後

乃降神祝止哭者喪主降自西階盥手帨手詣靈座前焚香再拜執事者皆盥帨一人開酒實于注西向跪以注授喪主喪主跪受一人捧卓上盤盞東向跪于喪主之左喪主斟酒于盞以注授執事者左手取盤右手執盞酹于茅上以盤盞授執事者俯伏興少退再拜復位既降神祝進饌執事者佐之喪主乃初獻進詣注子卓前執注北面立執事者佐之喪取靈座前盤盞立于喪主之佐喪注斟酒反注于卓上與執事者俱詣靈座前北面立喪跪執事者亦跪進盤盞三祭于茅東上俯伏興執事者受盞奉詣靈座前奠于故處祝執版出于喪主之右西向跪讀之曰日月不居奄及初虞夙興夜處哀慕不寧謹以絜牲庶羞粢盛醴齊哀薦祫事祝興喪主再哭復位哭止主

婦為亞獻禮如初不讀祝文親賓一人為終獻禮如亞獻乃侑食執事者執注添盞中酒喪主以下皆出祝闔門喪主立于門東西向卑幼丈夫在其後重行北上主婦立于門西東向卑幼婦女亦如之尊長休于他所祝進當門北面噫歆告啓門三乃啓門喪主以下入就位祝立于喪主之右斂主匣之置故處喪主以下哭辭神再拜盡哀止出就次執事徹祝取魂帛埋之屛處潔地罷朝夕奠遇柔日再虞惟前期一日陳設具饌厥明夙興設蔬果酒醴質明行事祝出神主于座祝辭改初虞為再虞祫事為虞事遇剛日三虞禮如再虞祝辭改再虞為三虞〻事為成事若去家經宿以下則初虞于所館行之墓遠途中遇柔日亦于所館行之若三虞必須至家始可行禮

庶人禮

虞○葬之日日中而虞或墓遠則但不出是日可也柩既入壙掌事者先歸修虞事具饌于堂東既沐浴

喪主以下內外俱詣靈座所喪主及諸子倚杖于室戶內外俱哭掌饌者以饌入設于靈座前降出贊者請喪主止哭盥手詣靈座前以盞跪奠酒俯伏興西向立內外哭止祝進立于靈座右跪讀祝文曰維年月朔日辰孤子某敢昭告于考某人之靈日月遄速奄及初虞叩地號天五情糜潰謹以清酌庶羞哀薦虞事尚饗祝興喪主哭再拜退復位內外哭盡哀喪主以下出杖降自西階就次妻妾女子〻還別室少頃徹饌祝取魂帛帥執事者埋于屏處潔地罷朝夕奠

遇柔日再虞剛日三虞

讀禮通考卷四十九

喪儀節

卒哭

儀禮士虞禮記卒哭他用剛日亦如初曰哀薦成事注詳前卷。乾學按士虞禮經文但言虞祭而止初不及卒哭祔祭惟記文有之故今即取記文以補經文云。又按亦如初者謂所行祭禮悉如虞祭也

獻畢未徹乃餞注卒哭之祭既三獻也餞送行者之酒尸旦將始祔于皇祖是以餞送之。疏自此盡不脫帶論卒哭之祭末徹餞尸于寢門外之事鄭知是卒哭之祭者以三虞無餞尸之事明旦當入廟易處鄉尊所故特有餞送之禮也。敖繼公曰此承上文謂三虞之祭既三獻也餞尸于外者象神將適其祖而送之也。徐元文曰獻畢未徹乃餞鄭注謂卒哭祭三獻之後而敖氏謂虞祭三獻之後其說不同何以斷之愚以為若依敖說則是卒哭即在三虞之日但有餞尸之禮而無卒哭之祭矣禮明指卒哭為吉祭且儀禮有卒哭祝詞則卒哭之有祭昭昭矣今以餞尸之禮當之是果合于經意乎況餞尸之儀節畧矣卒哭成事之吉祭果如是而止乎敖氏之說吾斷以為不可從也

尊兩甒于廟門外之右少南水尊在酒西勺北枋注少南將有事于北有玄酒即吉也此在西尚凶也言水者喪質無鬲不久陳。疏將有事于北者即下文尸出門右南面已下之也虞祭用醴酒無玄酒卒哭與虞祭同今至餞尸用玄酒亦將即吉也

洗在

尊東南水在洗東篚在西注在門之左又少南饌籩豆脯四脡注酒宜脯也有乾肉折俎二尹縮祭半尹在西塾注乾肉牲体之脯也折以為俎實優尸也尹正也雖其折之必使正縮從也○敖繼公曰二尹云縮則祭半尹橫美乾肉在俎而縮亦变于牲三者盖饌于外西塾上之南籩豆在俎北也尸出執几從席從注祝入亦告利成入前尸尸乃出几席素几葦席也以几席從執事也尸出門右南面注俟設席也○疏尸門右南面在坐北立下即云席設明俟設席也○敖繼公曰他時尸出則歸此乃南面立者或祝告之以將有事也與席設于尊西北東面几在南賓出復位注將入臨之位士喪禮賓繼兄弟北上門東北面西上門西北面東上西方東面北上主人出即位于門東少南婦人出即位于主人之北皆西面哭不止注婦人出者重餞尸○疏婦人有事自堂及房而已今出寢門之外故云重餞尸也○敖繼公曰主人位少南者宜稍向尸且為婦人當位于其北也衆主人以下亦在主人之南如臨位而婦人之位則當南上婦人出者宜送神也云哭不止見其哭而出也尸即席坐惟主人不哭洗廢爵酌獻尸尸拜受主人拜送哭復位薦脯醢設俎于薦東胊在南注胊脯及乾肉之屈也屈者在南变于吉○敖繼公曰是時惟主人不哭為將行禮也然則亞獻三獻之時主婦賓長亦不哭特于此見之也主人拜送盖亦北面如室中之儀尸左執爵取脯擩醢祭之佐食授嚌注授乾肉之祭

尸受振祭嚌反之祭酒卒爵奠於南方注反之反于佐食佐食反之于俎尸奠爵禮有終○敖繼公曰卒爵而主人不拜且奠之而不酢皆畧也南方薦右也後奠者又以次而南主人及兄弟踊婦人亦如之主婦洗足爵亞獻如主人儀無從踊如初賓長洗繶爵三獻如亞獻踊如初佐食取俎實于篚尸謖從者奉篚哭從之祝前哭者皆從及大門内踊如初注男女從尸男由左女由右及至也從尸不出大門者由廟門外無事尸之禮也尸出門哭者止注以餞于外大門猶廟門○疏尸出大門哭者便止者正以餞于寢門以大門為限也賓出主人送拜稽顙注送賓拜于大門外主婦亦拜賓注女賓也不言出不言送拜之于闈門之内闈門如今東西掖門丈夫説經帶于廟門外注既卒哭當變麻受之以葛也夕日則服葛者為祔期○敖繼公曰喪服之始經帶先加故于將變之時亦先説之入徹主人不與注入徹者兄弟大功以下言主人不與則知丈夫婦人在其中婦人説首經不説帶注不説帶齊斬婦人帶不説也婦人少變而重帶帶下體之上也大功小功者葛帶時亦不説者未可以輕文變于主婦之質至祔葛帶以即位檀弓曰婦人不葛帶○敖繼公曰既徹乃説經下丈夫也婦人指五服之親言也不説帶則不以葛易之間傳曰男子重首婦人重帶婦人質故于其所重者有除無變其三年者至小祥而除之齊衰期以至小功則皆終喪而除之檀弓曰婦人不葛帶是也其緦麻者此時亦不説既退則除之與無尸則不

讀禮通考　卷四十九

餞猶出几席設如初拾踊三注以餞尸者本為送神也丈夫婦人亦從几席而出○敖繼公曰此節在既陰厭主人復位之後拾踊者謂丈夫婦人及賓也然則于餞尸之時賓亦踊矣上記不見之者文畧也死三日而殯三月而葬遂卒哭注謂士也將旦而祔則薦注薦謂卒哭之祭○疏記人見卒哭之祭為祔而設故云將旦而祔則為此卒哭祭也○敖繼公曰此薦在三虞之夕也將以來日旦明祔神靈于廟則是時復薦于寢而告之薦謂薦脯醢而奠酒也惟主告神以祔期耳故其禮畧曩者既餞尸送神于外也今復薦于寢者以神不可測雖已送之猶不敢必其往也○乾學按此句之義依注疏則不過覆解上文之詞依敖氏則別有薦神之禮愚謂死者之靈將出寢而入廟故上有餞尸之禮則于餞尸之後而行告神之禮自不可少此敖氏之說為勝于注疏也不然此語不幾為贅詞乎卒辭曰哀子某來日某隮祔爾于爾皇祖某甫尚饗注卒辭卒哭之祝詞隮升也尚庶幾也不稱饌明主為告祔也女子曰皇祖妣某氏注女孫祔于祖母○疏此女子謂女未嫁而死或出而歸或未廟見而死歸葬女氏之家既葬祔于祖母也婦曰孫婦于皇祖姑某氏注不言爾曰孫婦〻差疏也其他辭一也疏謂來日某隮附尚享女子及孫婦皆有此詞也其祔女子云來日某隮祔爾于爾皇祖妣某氏尚享其孫婦云來日某隮祔孫婦于皇祖姑某氏尚享

〔檀弓〕卒哭曰成事注既虞之後卒哭而祭其辭蓋曰哀薦成事成祭事也祭以吉為成○疏虞祭之時以其尚凶祭禮未成今既卒無時之哭惟有朝夕二哭漸就于吉故云成事

是日也以吉祭易喪祭注卒哭吉祭明日祔于祖父注祭告于其祖之廟

陳澔曰吉祭卒哭之祭也喪祭虞祭也卒哭在虞之後故云以吉祭易喪祭也

雜記士三月而葬是月也卒哭大夫三月而葬五月而卒哭諸侯五月而葬七月而卒哭疏大夫以上葬與卒哭異月者以其位尊念親哀情于時長遠士職卑位下禮數未申故三月而葬〻罷即卒哭

萬斯同曰世之論喪禮者皆謂三虞之後別有卒哭之祭惟敖氏謂三虞即卒哭蓋于三虞之日即卒無時之哭故三虞亦名為卒哭引士虞記三虞卒哭曰哀薦成事為據愚始見其說而駭之既而思之知其言之合于禮而不背也檀弓云卒哭曰成事謂卒哭之祝詞易為哀薦成事也夫卒哭始謂之成事則卒哭前之三虞不可謂之成事矣今士虞記之文乃言三虞卒哭用剛日曰哀薦成事果其分三虞與卒哭而二之則卒哭可曰成事而三虞亦可曰成事乎夫所謂成事者成祭事也若依舊說則三虞與初虞再虞并是時祭猶未成也祝詞可曰成事乎惟卒哭與三虞即一事此所以儀禮記文于初虞則曰祫事于再虞則曰虞事而于三虞卒哭則曰成事也蓋虞乃祭名其字之義實卒哭乃因事得名其字之義虛就其祭而言則謂之三虞就其事而言則謂之卒哭無二禮也當夫三虞之前猶有無時之哭至三虞祭竟則卒去無時之哭而但存朝夕之哭故名為卒哭原非以卒哭為祭名也自注疏錯解經旨謂虞為凶祭卒哭為吉祭分三虞與卒哭而二之而儀禮之旨始不明于天下矣或曰檀弓明言是日也以吉祭易喪祭注疏之言正與檀弓之言合而謂其言非乎曰三虞與初虞再虞本不異惟前用柔日後用剛日前無玄酒後有玄酒前無

讀禮通考　卷四十九

餞尸之禮後有餞尸之禮較之初虞再虞爲稍盛有自凶而趨吉之漸焉故名之爲吉祭原指三虞之祭爲吉于前此二虞非謂三虞以後別有卒哭之祭也若別有卒哭之祭則卒哭用剛日可也三虞何爲亦用剛日乎況祭不欲數既葬而三虞以安之亦云足矣胡爲更設卒哭之祭哉既別以卒哭爲吉祭矣宜別有吉祭之禮胡爲亦同之于虞而經文絕無所及哉且卒哭者卒子孫之哭也而以之爲祭祖父之名亦見其不達于文義矣故敖氏之言深合乎禮不但解經之有識已也

讀禮通考

卷四十九

四

唐開元禮三品以上喪（四品以下及庶人附）

卒哭祭○前一日之夕掌事者改廬翦屏柱楣塗廬不塗見面（塗廬裏不塗廬外）翦蒲為席不緣以木為枕牢饌如虞祭其日夙興祝入燭先升自阼階入于室祝整拂几筵啟匱出神主置于座以出（自啟匱以下四品以下無）掌事者設洗于西階西南北向東西當西霤（六品以下當西榮）南北以堂深罍水在洗西篚在洗東南肆篚實爵一巾一加冪設瓦甒二于靈座之左北墉下醴酒〻在東冪用綌加勺南柄掌事者具饌于堂東祝與執罇罍篚者先入立于罇罍篚之後緦服俱升主人及諸子倚杖于室戶外俱立于靈座東西面南上妻妾女子子立于靈座東西面南上內外各就位坐哭（應拜者立）掌饌者以饌升入設于靈座前相者引主人降自西階詣罍洗主

人止哭盥手洗爵相者引主人升自西階入詣酒罇所主人酌醴相者引主人進跪奠于靈座俯伏興少退西面立應拜者陪于後祝持版入立于靈座之南北面内外止哭祝跪讀祝文曰維年月朔日哀子某敢昭告于考某官封謚妣云妣某夫人氏日月不居奄及卒哭追慕永往攀號無逮謹以潔牲柔毛剛鬣明粢薌合薌萁嘉蔬嘉薦醴齊四品以下謹以潔牲柔毛剛鬣嘉薦普淖明齊溲酒餘同六品以下無柔毛餘與四品五品同下皆准此哀薦成事于考某官封謚尚饗主人以下哭再拜内外應拜者皆再拜哭祝興進跪奠版于靈座興還罇所祝讀版訖興進版與主人哭同時相者引主人退復位哭盡哀内外各還次祝闔戶與執罇罍者降出少頃與掌饌者入開戶徹饌祝跪主人闔戶以降自卒哭之後朝一哭夕一哭蔬食飲水周而小祥

乾學按政和禮無卒哭之祭者蓋宋以百日為卒哭之期其祭不舉于三虞之後而舉于百日之期故繫此禮于朝夕奠後而三虞之後反無之夫既葬而虞既虞而卒哭此不可易之禮也宋則虞自行于葬後而卒哭不行于虞後何其顛倒之甚乎揔由葬無定期往往出三月之外故于百日即為卒哭祭而既葬之三虞反在其後此不學無術之過也今依其原本卒哭之祭仍列于朝夕奠篇末而此處缺之庶不失其實云

司馬氏書儀

卒哭○三虞後遇剛日設卒哭祭其日夙興執事者

具饌如時祭陳之于盥帨之東用卓子蔬果各五品膾今紅生炙今炙肉羹今炒肉殽今骨頭軒今白肉脯今乾脯醢今肉醬庶羞謂豕羊及其他異味麵食如薄餅油餅胡餅蒸餅棗糕環餅捻頭餺飥米食謂黍稷稻粱粟所為飯及粢餻團粽之類共不過十五品若家貧或鄉土異宜或一時所無不能辦此則各隨所有蔬果肉麵米食不拘數品可也器用平生飲食器雖有金銀不用設玄酒一瓶以井花水充之于酒瓶之西主人既焚香帥衆丈夫降自西階衆丈夫盥手帨手以次奉肉食升設靈座前蔬果之北主婦帥衆婦女降自西階盥手帨手以次奉麵食米食設于肉食之北主人既初獻祝出主人之左東向跪讀祝詞改虞祭祝辭云奄及卒哭又云哀薦成事来日躋祔于祖考某官妣云祖妣某封某氏既啟門祝立於西階上東向告利成餘皆如三虞之儀既夕禮始虞之下云猶朝夕哭不奠三虞卒哭注卒哭三虞之後祭名始朝夕之間哀至則哭至此祭止也朝夕哭而已檀弓曰是日也以虞易奠然則既虞斯不奠矣今人或有猶朝夕饋食者各從其家法至小祥止朝夕哭惟朔望未除服者饋食會哭大祥而外無哭者禫而內無哭者檀弓又曰卒哭

曰成事是日也以吉祭易喪祭如讀祝于主人之左之類是漸之吉祭也

朱子家禮

卒哭檀弓曰卒哭曰成事是日也以吉祭易喪祭故此祭漸用吉禮○三虞後遇剛日卒哭前期一日陳器具饌並同虞祭惟更設玄酒瓶一于酒瓶之西厥明夙興設蔬果酒饌並同虞祭惟更取井花水充玄酒質明祝出主同再虞主人以下皆入哭降神並同虞祭主人主婦進饌主人奉魚肉主婦盥帨奉麪米食主人奉羹主婦奉飯以進如虞祭之設初獻並同虞祭惟祝執版出于主人之左東向跪讀為異詞並同虞祭但改三虞為卒哭哀薦成事下云来日隮祔于祖考某官府君尚饗○案此云祖考亡者之祖考也亞獻終獻侑食闔啟門辭神同虞祭惟祝西階上東面告利成

朱子曰温公以虞祭讀祝于主人之右卒哭讀祝于主人之左蓋得禮意

楊復曰高氏禮祝進讀祝文曰日月不居奄及卒哭叩地號天五情麋潰謹以清酌庶羞哀薦成事尚饗

〔儀節〕序立　出主祝盥洗啓櫝出主服重者在前輕者在後男東女西以長幼為次序舉哀　哀止　降神　盥洗主人降階洗手詣香案前　跪　上

香　酹酒傾于茅沙上　俯伏興拜興拜興平身　復位

參神　鞠躬拜興拜興拜興拜興平身　進饌主人奉魚肉主婦奉麪米食主人奉羹主婦奉飯　初獻禮　詣靈座前　跪　祭酒傾少許于茅沙上　奠酒執事者接盞置神主前　俯伏興拜興拜興平身稍退後立　跪　主人以下皆跪　讀祝祝執版立于主人之左東向讀之畢　俯伏興平身少退　舉哀主人以下皆哭少頃　哀止　鞠躬拜興拜興平身主人獨拜　復位亞獻禮　詣靈座前　跪　祭酒　奠酒　俯伏興拜興拜興平身若主婦行禮則拜四拜不用俯伏平身　復位

終獻禮　詣靈座前　跪　祭酒　奠酒　俯伏興拜興拜興平身　復位　侑食子弟一人執注就添盞中酒　主人以下皆出　闔門執事者閉門無門下簾少頃　祝噫歆祝當門北向作聲三　啟門乃開門　復位主人以下皆復位　點茶執事者以茶進　告利成祝立西階上東向告　辭神

舉哀主人以下皆哭　鞠躬拜興拜興拜興拜興平身　哀止

焚祝文　納主　徹饌　禮畢

祝文並同虞祭但改三虞為卒哭哀薦成事下云來日躋祔于祖考某官府君尚享餘並同所謂祖考亡者之祖考也

乾學按丘氏儀節一祭而再拜者五四拜者二何為如是之多太繁則不成禮拜豈以多為貴乎不如依書儀及家禮本文為得禮之中也

自是朝夕之間哀至不哭猶朝夕哭主人兄弟蔬食水飲不食菜果寢席枕木

楊復曰按古者既虞卒哭有受服練祥禫皆有受服蓋服以表哀哀漸殺則服漸輕今世俗無受服自始死至大祥其哀無變非古也書儀家禮從俗而不泥古所以從簡

明會典品官禮

卒哭〇三虞後遇剛日卒哭前期一日陳器具饌並同虞祭惟更設玄酒瓶一于酒瓶之西厥明夙興設蔬果酒饌並同虞祭質明祝出主

喪主以下皆入哭降神喪主奉魚肉主婦盥帨奉麪米食喪主奉羮主婦奉飯以進乃初獻並同虞祭惟祝執版立于喪主之左東向跪讀爲異祝辭改三虞爲卒哭哀薦成事下云來日隮祔于祖考某官府君尚饗亞獻終獻侑食闔門啟門辭神其儀並與虞祭同自是朝夕之閒哀至不哭其朝夕哭猶故喪主兄弟疏食水飲不食菜果寢席枕木

庶人禮

卒哭○三日而卒哭其日夙興掌事者具饌于堂東内外各衰服贊者引喪主以下俱杖升立哭于靈座東西向南上婦人升詣靈座西東向南上内外俱就位哭贊者升自東階入徹夕奠出執饌者以饌升設于靈座前贊者引喪主降盥手訖進詣靈座前以盞跪奠酒俯伏興少退西面祝入立于靈座南北面内

外哭止跪讀祝文曰維某年某月某朔日哀孤子某敢昭告于考某人母則曰哀子曰妣某氏日月不居奄及卒哭叩地號天五情糜潰謹以清酌庶羞哀薦成事尚饗祝興喪主再拜哭應拜者皆再拜哭盡哀喪主以下各還次自卒哭後朝一哭夕一哭乃諱名喪主疏食水飲不食菜果寢席枕木

祔

儀禮士虞禮記明日以其班祔注卒哭之明日也班次也凡祔已復于寢如既祫主反其廟練而後遷廟○疏大夫士無木主以幣主其神天子諸侯有木主者以主祔祭訖主反于寢如祫祭訖主反廟相似文二年穀梁傳曰作主壞廟有時日于練焉壞廟是練而遷廟故引之為證也○呂與叔曰禮之祔祭各以昭穆之班祔于祖廟有祭即而祭之既除喪而後遷于新廟故此謂之祔沐浴櫛搔翦注搔自飾也搔當為爪○疏上文虞沐浴不櫛今祔時櫛是搔自飾也用專膚為折俎取諸脰膉注專猶厚也折俎謂主婦以下俎也體盡人多折骨以為之今以脰膉貶于純吉○敖繼公曰惟云取諸脰膉是不分左右皆用之矣此折俎謂尸祝之外凡執事者之俎也作俎亦存焉有此俎則有致爵獻之禮矣曾子問曰小祥者主人練祭而不旅奠酬于賓賓弗舉禮也然則祔祭其無奠酬之

事與以專膚為俎且取諸脰膉明不用躰骨也所以然者祔未純吉猶以左胖為神俎其右胖之躰骨則不敢以為執事者之俎實蓋辟吉祭神俎之所用者也

其他如饋食注如特牲饋食之事○疏知不如士虞饋食禮者虞不致爵則夫婦無俎矣上文有俎則祔時夫婦致爵以祔時變麻服葛其辭稱孝夫婦致爵與特牲同故云如特牲饋食之事也○乾學按此所云饋食即儀禮特牲饋食篇也彼注疏謂是士常祭之禮今祔祭亦用之者蓋卒哭既為吉祭則祔之為吉祭可知故亦得倣而行之但虞不致爵小祥不旅酬祔則得致爵而不得旅酬亦自凶而趨吉之漸也其特牲饋食禮詳見下卷

用嗣尸注虞祔尚質未暇筮尸○疏言用嗣尸則從虞以至祔祭惟用一尸而已以哀未殺未暇筮尸練祥則筮尸矣○敖繼公曰嗣尸主人子行之次于為虞尸者也以次相繼而用之故曰嗣虞祔異尸者若曰吉凶不可相因然

曰孝子某孝顯相夙興夜處小心畏忌不惰其身不寧注稱孝者吉祭○疏對虞時稱哀案檀弓虞為喪祭卒哭為吉祭卒哭既為吉祭祔在卒哭後亦是吉故鄭以吉祭言之○敖繼公曰此祭兩告之而詞乃惟以孝子為稱者蓋主于祔者也

用尹祭注尹祭脯也大夫士祭無云脯者今不言牲號而云尹祭亦記者誤矣○疏知尹祭是脯者曲禮脯曰尹祭故知也但曲禮所云是天子諸侯禮用脯特牲少牢無云用脯者惟上餞尸有脯此非餞尸而云尹祭亦記者誤也以其上文初虞云敢用潔牲剛鬣今不言牲號而云尹祭是記人誤云亦者亦上文香合也

嘉薦普淖普薦溲酒注普薦鉶羹不稱牲記其異者○疏知普薦是鉶羹者案上文虞禮及特牲皆云祝酌獻于鉶南則鉶在酒前而設此亦普薦在酒上故知也但虞禮一鉶此云饋食則與特牲同二鉶故云普薦也

適爾皇祖某甫以隮祔爾孫某甫尚饗注欲其祔合兩告之○曾子問曰天子崩國君薨則祝取羣廟之主而藏諸祖廟

禮也卒哭成事而後主各反其廟然則士之皇祖于卒哭亦反其廟無主則反廟之禮未聞以其幣告之乎○疏欲使死者祔于皇祖又使皇祖與死者合食故須兩告之是以告死者曰適爾皇祖某甫謂皇祖曰隮祔爾孫某甫二者俱享是兩告也卒哭成事而後主各反其廟者至祔須得祖之木主以孫祔祭故也天子諸侯有木主可言聚與反廟之事大夫無木主故云無主則反廟之禮未聞以其幣告之者曾子問云無遷主將行以幣帛為主命此大夫士或用幣以依神而告使聚之無正文故云乎以疑之○黃幹曰按卒哭有享辭此祔禮既有尸則勸尸亦合有享辭今案卒哭享辭注云祔及練祥亦同但改哀為孝耳則其辭當云孝子某圭為而薦之享○敖繼公曰此兩告之是兩祭之也兩祭之而用一尸且不別設几席薦饌蓋祭禮或當然也

檀弓　其變而之吉祭也比至於祔必於是日也接不忍一日末有所歸也

注末無也○疏上云虞卒哭及祔皆據得常正禮此謂不得正禮故謂之變即喪服小記云赴葬者赴虞三月而后卒哭速葬速虞而后卒哭之前其日尚賒不可無祭謂之為變其禮如何謂于三虞卒哭之間剛日而連接其際所以恒用剛日接之者孝子不忍使親每一日之間無所歸依也○吳澄曰變易也變而之吉祭即上文所謂以吉祭易喪祭也比至于祔必于是日也接即上文所謂明日祔于祖父也言喪祭變而趨吉祭自卒哭始相比逮及祔祭必于此卒哭之日相連接而不閒斷者不忍使親之神一日無所歸也前言弗忍一日離蓋言孝子送形而往既窆而還則已與親之軆魄離矣迎精而反于家即宜聚親之神魂與相交接若不遄修虞祭而待明日則是此葬之一日與親相離孝子不忍故不待明日虞而于葬日虞也此言不忍一日末有所歸蓋言卒哭之末有餞禮送神適祖廟矣翼早急宜就祖廟迎奉其神若用虞祭之例相隔一日而始祔祭則卒哭後祔祭前此一日親之神無所依歸孝子不忍故祔祭必于卒哭之日相連接而不間日也注疏以變為非常禮之祭謂速葬速虞者于卒哭前再有此

非常之祭考之經傳記未見明據○乾學按此條注疏未合經意當以吳氏之說為正也

殷練而祔周卒哭而祔孔子善殷注期而神之人情○陳澔曰孝經云為之宗廟以鬼享之孔子善殷之祔者以不急于死其親也

喪服小記婦之喪祔則舅主之注婦謂凡適婦庶婦之祔于祖廟尊者宜主焉○疏祔是祔於祖廟其事重故舅主之婦之所祔者則舅之母也

士大夫不得祔於諸侯祔於諸祖父之為士大夫者其妻祔於諸祖姑妾祔於妾祖姑亡則中一以上而祔祔必以其昭穆注士大夫謂公子公孫為士大夫者不得祔於諸侯卑別也既卒哭各就其先君為祖者兄弟之廟而祔之中猶間也○疏禮孫死祔祖祖為諸侯孫為士大夫而死則不得祔祖謂祖貴宜自卑遠之故也諸祖祖之兄弟也既不得祔祖當祔祖之兄弟之為大夫士者也夫既不得祔祖故妻亦不得祔于祖姑而可以祔于諸祖姑也諸祖姑是夫之諸祖父兄弟為士大夫者之妻也然上云士易牲祔于大夫而大夫不得易牲祔于諸侯者諸侯之貴絕宗故大夫士不得輕親也妾祔于妾祖姑者言妾死亦祔夫祖之妾也亡無也中間也若夫祖無妾則又間曾祖而祔高祖之妾也凡祔必使昭穆同曾祖非夫同列也然此下云妾母不世祭于孫否則妾無廟今乃云祔及高祖者當為壇祔之耳

諸侯不得祔於天子天子諸侯大夫可以祔於士注人莫敢

卑其祖也○疏諸侯不得祔天子者卑孫不可祔于尊祖也祖賤而孫貴祔之不嫌也若不祔之則是自尊欲卑于祖也

士祔於大夫則易牲注不敢以卑牲祭尊也大夫少牢○疏謂祖為大夫孫為士孫死祔祖則用大夫牲不敢用士牲士牲卑不可祭于尊者之前也然賤不祔貴而此云士祔大夫者謂無士可祔則不得不祔于大夫猶妾無妾祖姑易牲而祔于女君也

婦祔於祖姑祖姑有三人則祔於親者注謂舅之母死而又有繼母二人也親者謂舅所生○疏謂舅之母有三人則祔于舅之所生者也

張子曰祔葬祔祭極至理而論只合祔一人夫婦之道當其初婚未嘗約再配是夫只合一娶婦只合一嫁今婦人夫死而不可再嫁乃天地之大義夫豈得而再娶然以重者計之養親承家祭祀繼續不可無也故有再娶之理然其葬其祔雖為同穴同筵几然譬之人情一室中豈容二妻以義斷之祔以首娶繼室別為一所可也

或問朱子曰頃看程氏祭儀謂凡配止用正妻一

人或奉祀之人是再娶所生即以所生配謂凡配止用正妻一人是也若再娶者無子或祔祭別位亦可也若奉祀者是再娶之子乃許用所生配而正妻無子遂不得配享可乎朱子云程先生此說恐誤唐會要中有論凡是適母無先後皆當並祔合祭與古者諸侯之禮不同○

又曰夫婦之義如乾大坤至自有差等故方其生存夫得有妻有妾而妻之所天不容有二況于死而配祔又非生存之比橫渠之說似亦推之有大過也只合從唐人所議爲允況又有前妻無子後妻有子之碍其勢將有所杌隉而不安者唯葬則今人夫婦未必皆合葬繼室別營兆域宜亦可矣

黄榦曰今案喪服小記云婦祔於祖姑祖姑有三人則祔於親者祖姑有三人皆得祔于廟則其中必有再娶者則再娶之妻自可祔廟程子張子

特考之不詳耳朱先生所辨正合禮經也

其妻為大夫而卒而后其夫不為大夫而祔於其妻則不易牲妻卒而后夫為大夫而祔於其妻則以大夫牲注妻為大夫夫為大夫時卒不易牲以士牲也此謂始来仕無廟者不祔宗子去國乃以廟從○疏謂夫為大夫時而妻死其夫或黜退不復為大夫而死而祔于此妻但依夫今所得用之牲不得易用昔大夫時牲若妻死後夫乃得為大夫而祔祭其妻則得用大夫牲妻從夫禮故也謂始来仕無廟者若其有廟則死者當祔于祖不得祔于其妻今夫死祔于其妻故知是無廟者○方慤曰婦人以從人為事故貴賤從夫而不在己也○陸佃曰祔于其妻即是祔于其祖蓋妻未有不祔于祖姑者也鄭氏謂始来仕無廟者誤矣○應鏞曰此據妻之生死同夫榮辱而立文注以祔于其妻則為始仕而未有廟亦未必然正使新徙他國而為大夫亦必有廟既不立祖廟豈敢為妻立廟乎

乾學按應氏之說是也但不祔祖而祔於妻自是變禮鄭氏未仕無廟之說未可非

妾無妾祖姑者易牲而祔於女君可也注女君適祖姑也易牲而祔則凡妾下女君一等○疏妾當祔于妾祖姑若無妾祖姑當祔于高祖妾祖姑今又無高祖妾祖姑則當易妾之牲用女君之牲祔于女君鄭恐女君是見在之女君故云女君適祖姑也若女君少牢妾則特牲若女君特牲妾則特豚也

雜記　主妾之喪則自祔注祔自為之者以其祭于祖廟○疏妾卑賤得主之者崔氏云謂女君死攝女君也以其祔祭于祖姑尊祖故自祔也妾合祔于妾祖姑若無妾祖姑則祔于女君可也

大夫附於士士不附於大夫附於大夫之昆弟無昆弟則從其昭穆雖王父母在亦然注附皆讀為祔大夫祔於士不敢以己尊自殊于其祖也士不祔于大夫自卑別于尊者也大夫之昆弟謂為士者也從其昭穆中一以上祖又祖而已祔者祔于先死者○疏大夫祔於士者謂祖為士孫為大夫可以祔祭於祖之為士者也士不祔於大夫者謂先祖為大夫孫為士不可祔祭於大夫惟得祔於大夫之兄弟為士者無昆弟則從其昭穆者謂祖為大夫無昆弟為士則從其昭穆謂祔於高祖為士者若高祖為大夫則祔於高祖昆弟為士者雖王父母在亦然者謂孫死之後應合祔於王父王父見在無可祔亦如是祔於高祖也○萬斯同曰祔于大夫之昆弟則是從孫而上附于從祖矣從孫恐無配食從祖之禮若果有之將其子如何行事且從祖他日不有己之孫來祔乎一廟之中而孫祔之從孫又祔之恐無此雜亂之禮也倘使其士而本宗子則固當祀于宗子之家今祔于從祖則是宗子而入支廡之廟矣士祔于大夫為失貴賤之倫宗子祔于支廡不幾亂本支之義乎凡雜記所言多論貴貴而不論親親大要末世之禮而未必本先王之禮也況喪服小記言士祔于大夫則易牲則士固有上祔大夫之禮矣胡為而祔于從祖乎

婦附於其夫之所附之妃無妃則亦從其昭穆之妃

妾附於妾祖姑無妾祖姑則亦從其昭穆之妾注夫所祔之妃

于婦則祖姑○疏無妃謂無祖姑亦間一以上祔于高祖之妃高祖無妃則祔于高祖之祖妣

乾學按疏言附於高祖之祖妣則是祭及六世矣豈有士大夫而上祭六世之祖乎儒者但解文義而不顧正禮往往如此

男子附於王父則配女子附於王母則不配注配謂并祭王母不配則不祭王父也有事于尊者可以及卑有事于卑者不敢援尊配與不配祭饌如一祝詞異不言以某妃配某氏耳女子謂未嫁者也嫁未三月而死猶歸葬于女氏之黨○疏男子祔于王父則配者謂祭王父并祭所配王母女子祔于王母則不配者謂在室之女及已嫁未三月而死祔祭于王母則不祭所配之王父

公子附於公子注不敢戚君○疏公子者君公子之祖為君公子不敢祔之祔于祖之兄弟為公子者不敢戚君故也○萬斯同曰公子諸侯之子也死則自得立廟所謂別子為祖也何須祔于他人此之所云或殤與無後者耳不然或卒哭而行祔祭暫祔于諸祖之為公子者至喪畢而當遷廟乃始立己之廟乎

祭稱孝子孝孫喪稱哀子哀孫注各以其義稱○疏祭吉祭也謂自卒哭以後之祭吉則申孝子之心祝詞云孝也或子或孫隨其人也喪謂自虞以前凶祭也痛慕未申故稱哀子哀孫士虞禮稱哀子卒哭乃稱孝子

乾學按孔疏謂卒哭稱孝子今考卒哭祝辭實稱哀子則是自祔以後始易哀稱孝也故今系之祔祭篇

少儀為人祭曰致福為己祭而致膳於君子曰膳祔練曰告注此皆致祭祀之餘于君子攝主言致福申其詞也自祭言膳謙也祔練言告不敢以為福膳也○疏為人祭謂攝祭致胙于君子其將命之詞謂致使祭祀之福若已自祭而致胙則不敢云福而言致膳膳善也言致善味耳若已祔祥而致胙又不敢云福膳但云告言以祭胙告君子使知已祔祥而已顔回之喪饋孔子祥肉是也○陸佃曰祔練凶事也難以福言又難以善言旁言之而已故曰告

通典晉賀循云卒哭祭之明日以其班祔於祖廟各以昭穆之次各有牲牢所用同卒哭今無廟其儀于客堂設亡者祖坐東向又為亡者坐于北少退平明持饌具設及主人之節皆如卒哭宜先向祖座拜次向祔座拜訖西面南上伏哭主人進酌祖座祝曰曾孫某敢用絜牲嘉薦于曾祖某君以隮祔某君之孫

某又酌亡者座祝曰哀子某夙興夜處不寧敢用潔牲嘉薦祔事于皇考某君適明祖某君尚饗皆起再拜伏哭盡哀復位各再拜以次出妻妾婦女以次向神座再拜訖南向東上異等少退哭盡哀各再拜還房遂徹之自祔之後唯朔月月半殷奠而已其饌如來時儀即日徹之○

宋崔凱云祔祭於祖廟祭於祖以今亡者祔祀之也以卒哭明日其辭曰哀子某敢用潔牲剛鬣普淖普薦醴酒用薦祔事適爾皇祖某甫以隮祔爾孫某甫女子祔於祖姑北皆於今亡者為祖姑也今代皆無廟堂於客堂設其祖座東面令亡者在其北亦東面而共此饌也若祖父母生存無亡祖可祔者當中一以上祔高祖父母姑也

乾學按開元政和二禮卒哭之後不祔廟至三年禫後始祔廟故今依其原本仍列祔祭于禫祭之後而此處缺之不敢失其實也

唐書儒學傳太子少傅判太常卿事鄭餘慶廟有二祖妣疑于祔祭請諸有司韋公肅議古諸侯一娶九女故廟無二嫡自秦以來有再娶前娶後繼皆嫡也兩祔無嫌晉驃騎大將軍溫嶠繼室三疑並為夫人以問大學博士陳舒舒曰妻雖先沒榮辱並從夫禮祔于祖姑祖姑有三則各祔舅之所生是皆夫人也生以正禮歿不可貶于是遂用舒議且嫡繼于古有殊制于今無異等祔配之典安得不同卿士之寢祭二妻廟享可異乎古繼以媵妾今以嫡妻不宜援一

娶為比使子孫縈享不逮也或曰春秋魯惠公元妃孟子卒繼室以聲子聲子孟姪娣也不入惠廟宋武公生仲子歸于魯生桓公而惠薨立宮而奉之不合于惠公而別宮者何追父志也然其比奈何曰晉南昌府君廟有荀薛兩氏景帝廟有夏侯羊兩氏唐家睿宗室則昭成肅明二后故太師顏真卿祖室有殷柳兩氏二夫人並祔故事則然諸儒不能異

程子全書凡配止以正妻一人如諸侯用元妃是也或奉祀之人是再娶所生者即以所生母配

又曰喪須三年而祔若卒哭而祔則三年却都無事禮卒哭猶存朝夕哭若無主在寢哭于何處

張子全書鄭氏之說恐非喪須三年而祔若卒哭而祔則三年都無事禮卒哭猶存朝夕哭若無主

于殯宮則哭于何處古者君薨三年喪畢吉禘然後祔因其祫祧主藏于夾室新主遂自殯宮入于廟國語言日祭月享禮中豈有日祭之禮此正謂三年之中不徹几筵故有日祭朝夕之饋猶定省之禮如其親之存也至于祔祭須是三年喪終乃可祔也

呂大臨曰禮之祔祭各以昭穆之班祔于其祖主人未除喪主未遷于新廟故以其主祔藏于祖廟有祭即而祭之既除喪而後主遷于新廟故謂之祔左氏傳云君薨祔而作主特祀于主烝嘗禘于廟周人未葬奠于殯虞則立尸有几筵卒哭而祔祔始作主既祔之祭有練有祥有禫皆特祀其主于祔之廟至除喪然後主遷新廟以時而烝嘗禘焉不立主者其祔亦然士虞禮及雜記所載祔祭皆是殷人練而祔則未練以前猶祭于寢有未忍遽改之心此孔子所以善殷

陳祥道曰先儒謂既祔主反其寢大夫士無主以幣告然坊記曰喪禮每加以遠荀卿曰喪事動而遠故將葬而既祖柩不可反孰謂將祔而既餞主可反乎

高閌曰案禮記虞卒哭明日祔于祖父此周制也若殷人則以既練祭之明日祔故孔子曰周已戚吾從殷蓋期而神之人之情也若卒哭而遽祔

于廟亦太早矣然唐開元禮則已禫而祔夫孝子哀奉几筵至大祥而既徹之矣豈可復始禫祭乃行祔乎唐禮祥祭與禫祭隔兩月小又失之于緩故今于大祥徹靈座之後則明日祔于廟緣孝子之心不忍一日未有所歸也

朱子語類荅陸子壽書云衆言淆亂折諸聖人之言則不可易況朞年而神之揆之人情亦為允愜但其節文次第今不可考而儀禮自始死以至祥禫度數詳焉故温公書儀雖記孔子之言而卒從儀禮之制蓋謹于闕疑以為不得其詳則雖孔子之言亦不敢從耳程子之說意亦甚善然鄭氏說祔已主反于寢練而後遷廟左氏亦言特祀于主則古人祔後固非遂徹几筵也開元禮之說高氏非之而其謂大祥徹靈座明日祔于廟則徹後祔前尚有一日無所歸也不若且從儀禮温公之說次序節文亦有精意如檀弓諸說不見尊兄所行

頤以示教若從高氏之説但祥祭之日未可徹去几筵或遷稍近廟處明日祔廟然後徹之

答陸子壽書先王制禮本緣人情吉凶之祭其變有漸故始死全用事生之禮既卒哭祔廟然後神之然猶未忍盡變故主復于寢而以事生之禮事之至三年而遷于廟然後全以神事之也此其禮文見于經傳者不一雖未有言其意者然以情度之知其必出于此無疑矣其遷廟一節鄭氏用穀梁練而壞廟之説杜氏用賈逵服虔説則以三年為斷其間同異得失雖未有考然穀梁但言壞舊廟不言遷新主則安知其非于練而遷舊主于三年而納新主耶至于禮疏所解鄭氏説但據周禮廟用卣一句亦非明驗故區區之意竊疑杜氏之

說為合于人情也来諭考證雖詳其大槩以為既吉則不可復凶既神事之則不可復以事生之禮接爾竊恐如此非惟未甞深考古人吉凶華變之漸而亦未暇反求于孝子慈孫深爱至痛之情也至謂古者几筵不終喪而力詆鄭杜之非此尤未敢聞命據禮小斂有席至虞而後有几筵但卒哭而後不復饋食于下室耳古今異宜禮文之變亦未有可深考者然周禮自虞至祔曾不旬日不應方設而遽徹之如此其速也又謂終喪徹几筵不聞有入廟之說亦非也諸侯三年喪畢之祭魯謂之吉禘晉謂之禘祀禮疏謂之特禘者是也但其禮亾而士大夫以下則又不可考耳夫今之禮文其殘缺者多矣豈可以其偶失此文而遽謂無此

禮耶又謂壞廟則變昭穆之位亦非也據禮家說昭常爲昭穆常爲穆故書謂文王爲穆考詩謂武王爲昭考至左傳猶謂畢原酆郇爲文之昭邘晋應韓爲武之穆則昭穆之位豈以新主祔廟而可變哉但昭主祔廟則二昭遞遷穆主祔廟則二穆遞遷爾又謂古者每代異廟故有祔于祖父祖姑之禮今同一室則不當專祔于一人此則爲合于人情矣然伊川先生嘗譏關中學禮者有役文之弊而吕與叔以守經信古學者庶幾無過而已義起之事正在盛德者行之然則此等苟無大害于義理不若且依舊說亦夫子存羊愛禮之意也熹于禮經不熟而考證亦未及精且以愚意論之如此不審高明以爲如何

問練而祔是否朱子荅曰此是殷禮今人皆從周禮若惟此節行殷禮亦無意思若如陸子静所説祔後便除去几筵則須練而祔若如鄭氏所説祔畢復移主出于寢則當如周制祔亦何害今不立昭穆則古所謂祔于曾祖曾祖姑者無情理也

問檀弓云殷練而祔周卒哭而祔孔子善殷程張以為須三年而祔若卒哭而祔則三年中全無事禮卒哭猶存朝夕哭若無主在寢哭于何處如左傳杜氏注士虞禮鄭氏注所説于經未有所見不知如何朱子荅曰周禮卒哭而祔其説甚詳殷禮只有一句餘不可考孔子之時必有證驗故善殷今則難遽復矣況祔與遷自是兩事謂既祔則無主在寢者考之未詳若謂只是注文于經無見而

未言注疏之所以不可從者如何不當直以注為不足信也

問士虞禮記曰卒哭明日以其班祔禮記亦曰卒哭明日祔于祖父又曰殷練而祔周卒哭而祔孔子善殷開元禮政和禮皆禫而祔伊川橫渠亦曰三年而祔温公書儀雖卒哭而祔然祔祭畢反祖考神主于影堂仍置亾者神位于靈座夫既祔自當遷主于廟若復于靈座則祔祭乃似文具先生荅云吉凶之禮其變有漸卒哭而祔者漸以神事之復主于寢者猶未忍盡用事死之禮也又按儀禮始虞之下猶朝夕哭不奠書儀亦謂葬後饋食為俗禮如此則几筵雖在但存朝夕哭為事生意耳禮儀朔月奠下鄭注大祥之後則四時祭焉如此則朔奠于祫祭後亦似不廢未知是否

朱子有書云禮注穀梁傳皆謂練而遷廟大戴禮諸侯亦然以此知古人必以練而遷几筵于廟猶日祭之如横渠之説然今人家廟只有一間祖考同之豈容如此况又過時只從温公之儀亦當人情雖于古不同未為大失也錢君謂既祔之後主不當復于寢則似未安蓋祔與遷自是兩事祔者奉新死之主以祭于其所當入之祖廟并祭其祖祭已則復新死者之主于寢而祖尚未遷比至于練乃遷其祖而納新主于其廟耳其未遷于廟與既遷而未祥饋羞自如〻此則廟自不虚寢亦有饋非如錢君所慮者也

朱子答遷主之問書云既祔之後主不當反于寢陸子静力主此説子壽疑之皆以書來問余以儀

禮注告之予靜謂非經之本文不足據信當時常痛闢之以為毋論古禮但令卒哭之後便除靈席孝子之心豈能自安今更言之大戴禮諸侯遷廟篇云君及從皆玄服則是大祥之後除喪而遷矣其初言遷不言祔則既祔之後主復于寢至此方遷于廟矣穀梁云易檐改塗禮志云更釁其廟則必先遷高祖于太廟夾室然後可以改釁故廟待納祖考之主又俟遷祖考于新廟然後可以改釁故廟而納新祔之主矣左氏云特祀于寢國語有日祭之文則是主復寢後猶日上食矣惟穀梁所謂練而壞廟在三年之內似乎太速禮志所謂既廟而移故主乃不俟廟之虛而遷遷之恐非人情左氏所謂祔而作主與禮經虞主用桑者不合又

謂烝嘗禘于廟與王制喪三年不祭不合擬左氏乃當時之失穀梁因之遂有國君卒哭除服之說非礼之正皆不足惜國語曰祭月祀時享與周禮祀天神祭地祇享人鬼之名不合常昭謂日上食于祖禰月祀于曾高時享于二祧但與祭法畧相表裏不見于他經又主既復寢而日祭之則其几筵臨祭而設耶或常設而不除也此類皆無明文更當詳考者昭穆之次昭常為昭穆常為穆故祔新死者于其廟之廟是告其祖當遷他廟而告新死者當入此廟之漸也今公私之廟皆同堂異室以西為上而無左昭右穆之次新主入廟群主皆遷新主不入祖廟而入于禰之故室此大端與古不同而為禮者猶執祔于祖廟之文似無意義然遂祔于禰廟又非愛禮存羊之意竊意與其

依違牵制而均不免為失禮曷若獻議于朝盡復公私之廟皆為左昭右穆之制乎

祔新主而遷舊主亦合告祭舊主古書無所載並不說遷於何所天子則有始祖之廟而藏之夾室大夫亦自有始祖之廟今皆無此更無安頓處古人埋桑主於兩階間蓋古者階間人不甚行今則混雜亦難埋于此看來只得埋于墓所大戴禮說得遷祔一條又不分曉

朱子曰卒哭即祔更立木主于靈座朝夕奠就之三年除之

禮卒哭而祔于祖始三年而後入廟今既未葬則三虞卒哭之制無所施不若終喪立主而祔祔畢于家廟旁設小位以奉其主不可于廟中別設位

讀禮通考　卷四十九

更以温公書儀及髙氏送終禮参考之當有定論

問禮記曰妾毋不世祭于子祭于孫止又曰妾祔于妾祖姑既不世祭又安有妾祖姑之可祔耶朱子答云此條未詳

明劉基集問曰古者諸侯不再娶于礼無二適孟子既入惠公之廟仲子祭享無所乃別立宮此明驗也今或祔二妻于一室者無乃非礼竟乎劉基答曰是有説也古者諸侯一娶九女夫人之外則姪娣也廟無二嫡所以預絶其爭心秦漢以來此禮久廢今之再娶皆夫人也豈可貶之以齊姪娣乎連祔之宜也在昔則有行之者矣

王庭相祔廟説士喪禮卒哭明日而祔祔者祔于祖也以未有廟故祔食于祖喪畢而後遷廟禮也鄭氏練而遷書儀祥而遷開元禮禫而遷其不同何也王子曰禮無明訓儒者各以己意斷之矣然則今也宜何從曰張子有云君薨三年喪畢告禘然後因其祫祭祧主藏于夾室新主遂于廟鄭氏練而遷喪事方中書儀祥而遷似亦尚早不若開元礼禫祭既畢遂行祧遷之禮主人既禫已從吉祧主安于別室新主亦正其位乃于情理宛轉不遷是故三年除喪而後遷亦以体新主不忍遽祧祖考之孝也曰鄭氏云凡祔已即更復于寢何如曰古礼一祔于廟更不復寢觀戴記諸侯遷廟則知之矣其曰出廟門至于新廟是自所祔之廟而至新廟非自殯宮來明矣其曰奉衣服者降堂君及在位者皆辟奉衣服者至碑君與有司皆從雖廟中堂下有碑則主由祔廟而出明矣其曰孝嗣侯某敢以嘉幣告于皇考某侯成廟將從敢告則為禰廟始遷之禮明矣是則主祔于祖不復出居殯宮其昭昭如

此鄭氏謂祔已復寢不知何據呂氏曰礼之祔祭各以昭穆之班祔于其祖主人未除喪神主未遷于新廟以其主祔藏于祖廟有祭即而祭之故謂之祔左氏傳云君薨祔而作主特祀于主烝嘗于廟周人未葬奠于殯虞則立尸而有几筵卒哭而祔始作主既祔之後有練有祥有禫皆特祀其主于祔之廟至除喪然後主遷于新廟以時而烝嘗焉由戴氏呂氏之言觀之則既祔不復寢也明矣然則今也宜何如曰既祔而主常居廟不復奉返于寢遇練祥禫祭出而祀于寢

必俟祫祭而後遷禮也

黄宗羲曰左傳凡君薨卒而哭祔：而作主特祀于主烝嘗禘于廟後儒抱緣解此而誤夫言特祀于主似乎主不在廟故有祔已復寢之文不知既已復寢則烝嘗禘于廟者為新主乎為祖廟乎為新主在寢不當言于廟為祖廟則四時常祀不當繫之于此蓋祔者既虞之後埋重于祖廟門外即作新主以昭穆之班祔于皇祖廟中各主不動如故特此時之祭只皇祖新主所謂兩告之也更不及別祖自此以後小祥大祥禫祭之類皆于祖廟特祭新死者并皇祖亦不及也烝嘗禘于廟者烝嘗四時吉祭行于廟中亦不及新死者左氏言此者嫌新主在廟有碍于吉祭也三年喪畢親過高祖者當祧于是易檐改塗群主合食于廟

以次而遷而新主遷居禰廟矣

萬斯大曰卒哭之明日祔主于祖廟自此往而不返故卒哭後更有餞猶人之遠行而餞之也坊記云喪礼每加以遠子游亦曰喪事有進而無退虞時作主于寢祔則主入于祖廟所謂自近而遠以漸而進也先儒謂祔後復反于寢至練而後遷于廟則是遠而復近進而復退矣然則何容有餞乎

徐秉義曰世之論祔祭者謂祖與孫同廟當行大小祥祭之時為孫而設不可祭及于祖而祖之神在上得毋有所嫌乎予曰不然雜記云男子祔于王父則配女子祔于王母則不配夫王母與王父共廟當其以女子祔王母也王父之神不儼然在上哉然且祭王母不祭王父而不以王父為嫌又何以

大小祥祭為嫌也且夫古人之制禮不可以後人之常情測也即如祔祭之時王父與王母並在而其立尸也止一人而已此尸為死者而立亦為先祖而立是名為祖孫而告而其實僅祀新死者之一人也又何嘗以先祖為嫌哉知乎此者可以知大小祥祭之無所嫌矣

萬斯同曰周制卒哭而祔以死者之神主祔于王父之廟也儀禮及戴記皆無祔己主反于寢之文自鄭氏剏為此說而朱子恪遵之諸家有辨鄭氏之誤者反力詆以為非不知喪禮每加以遠見于坊記喪事有進而無退見于檀弓皆主不反寢之證也朱子乃不信經而信傳謂卒哭之後便除靈席孝子之心豈能自安夫反之心而不安以此議周制之未盡善則可乃因不安于心而必欲強古人之心以從吾己之心則安矣其于解經得毋有未安乎況殷練而附周卒哭而附孔子善殷則孔子固以周為未善矣朱子謂心豈能安正合孔子之意若謂主反于寢則既祔猶之未祔也孔子何以善殷而不善周是欲伸己之說而反不合孔子之意矣即程張言喪須三年而祔亦謂理當如是耳初未嘗謂周制必反主也惟朱子力執之故其定家礼卒哭但告祔之大祥而始遷祔以此為祔礼宜然則自有信之者以此為周礼固然則人又有不信之者矣且所為祔者何謂也蓋以死者未入新廟其主無所歸暫以死者之主祔于王父之廟故謂之祔君祭畢即反于寢是一日未嘗祔于祖矣何名為祔乎為此言者其亦不達于祔之義矣蓋人死不可無所歸死而未葬則以入土為歸死而既葬則以入廟為歸廟者亾人之室歸于廟而神得所安寢者生人之居歸于寢而神何所泊今曰主必當反于寢則是以死者而處生者之所矣毋乃神人雜揉乎廟以棲神故廟必嚴靜寢以居人故寢必褻邇祀主于寢是欲孝其親而反褻其親矣何如祀主于廟之為得哉夫使人之居喪而三年不離喪次則祀于寢固可也苟不能常居喪次致考妣之主褻越于生人褻邇之所反之于心能自安否也夫古之人不忍使其親一日未有所歸而後之人乃欲使其親三年未有所歸乎則知卒哭而祔周人固自有精意而未可厚非也大凡解經者泛解義理與實解

制度則當考古人之詳朱子所言未免信心之過而愚則據經以復舊耳豈敢與先賢抗辯而漫逞其臆說哉

乾學按士虞禮曰三虞卒哭明日以其班祔鄭氏註曰祔卒哭之明日祭名猶屬也祭昭穆之次而屬之也又曰祔已復于寢如既祫主反于廟陳用之以為既祔不復反吕與叔直謂其主即祔藏于祖廟議者遂不復以祔為祭名竟欲以三月卒哭之後撤几筵罷饋食薄恩傷教莫此為甚矣予謂祔祭有不能在廟者即祭于寢槩云祭畢反于寢猶為鄭氏之說而祔藏之不可行無待言者請辨之喪服小記曰士大夫不得祔于諸侯祔于諸祖父之為士大夫者其妻祔于諸祖姑妾祔于妾祖姑亡

則中一以上以祔祔必以其昭穆諸侯不得祔于天子諸侯大夫可以祔于士雜記曰大夫祔于士士不祔于大夫祔于大夫之昆弟無昆弟則從其昭穆雖王父母在亦然婦祔于其夫所祔之配無妃則亦從其昭穆之配妾祔于妾祖姑亡妾祖姑則亦從其昭穆之妾公子祔于公子是二者詞意相同注疏皆云論祔祭其言祔必以昭穆即所謂以其班也其所言天子諸侯公子大夫士之殊則取予卑不敢祔尊務求夫爵列之相同者祔之也蓋祔之為義首辨名分次辨班位固甚嚴也以諸侯而言則周公康叔不敢祔王季而祔于太伯

虞仲伯禽叔虞不敢祔文王而祔乎虢仲
虢叔芮伯彤伯不敢祔武王而又當祔乎
周公康叔以公子之為大夫者而言則魯
僖之庶子不敢祔莊公而祔于三桓鄭成
之庶子不敢祔襄公而祔于七穆以公子
之子孫而言其人或降而為士則亦必祔
于族祖之為士者是故晋之欒郤胥原狐
續慶伯齊之高國晋鮑宋之向魚華蕩亦
必互相從祔務適當于爵列之宜而後止
諸侯之廟各在其國亡論已大夫之廟亦
亦必在其采邑晉趙孟宴于溫會孟子餘
是趙氏之廟在溫也衛孔悝載伯姬以行
及西門使二車反祏于西圃是孔氏之廟

在平陽也地之相去或数百里將使為人子者寄父主于数百里之外而空守殯宫有是理乎即如鄭氏說祭畢仍反于寢亦甚勞矣且又何能刻期于卒哭之明日也至于妾毋無廟于子祭于孫止妾所得祖妾之廟而祔之祖妾且無廟况高祖之妾乎凡若此者寄主之說固不可通就廟以祭亦有難行惟是即寢立尸設當祔者之主與新死者共祭之猶夫始祖所自出之帝本自無主因祭則設之也孔氏疏云妾無廟今乃云祔及高祖者為壇祔之耳斯壇也不在寢安在乎祖妾可為壇餘親視此矣若夫嗣世之諸侯公子大夫士則有

祖廟可祔矣然如鄭氏祔已復寢則可欲如呂與叔祔藏以待遷廟則亦難矣何者祖廟必在嫡長子孫之家今祖有數十孫則祔者無虛日又設有數孫同祔于祖復有數婦同祔于祖姑婦不依孫孫不偕婦一廟之中嫂叔雜糅不便一矣嫡屬自修時享喪主則舉祥禫吉凶間作各不相謀雖或為禮制所許而經傳絶無明文亦何敢信其為可行也不便二矣然亦言乎聚族聯居者耳設以他故散徙又無可祔矣鄭氏云大夫始來仕無廟無廟者不祔宗子去國乃以廟從即是說也予故曰祔藏之說即在祖廟亦有難行也抑予更有說

焉凡行禮必有畫一之制使在彼可行而在此不可行即非通行之禮請更言古人制祔之意人死氣魄附于尸既葬迎精而反則惟祖考之依將上同乎祖考則必神靈之檀于虞而立尸有几筵虞祭篇云側享于廟門外則寢有廟之稱矣孝子之心慮吾親之不能上同乎祖考故制為祔祭冀得因昭穆之班以漸合焉重在合享不在入廟也既即寢為廟則祖考之靈無乎不在矣周公祭太王王季文王為三壇同墠豈必在廟哉斯則未敢以為必然然于雜記諸文無不環合又無悖于喪事即遠之旨聊以質于後之君子焉或又曰殷人

練而祔周卒哭而祔孔子善殷又如何曰此亦祭之說也注曰期而神之最是殷人不忍死其親自練以前猶不擾引之同于先祖周人迫欲神其親卒哭之後巢速引之同于先祖二者各欲伸其孝非有厚薄也孔子善殷善其慎重于合享非善其慎重于入廟也

〔張獻翼家規私語〕余生自二母情雖無二然礼必如生母一等不敢並施以遵先人嫡世（庶）之辨陳脩弟表武庚子也兄脩士後表母不肯事脩母表謂其母曰兄不幸早亡表統家事當奉嫡母〻若能為表屈情承順嫡母者是至恩也若母不能直當出別居耳由是二母感悟雍睦（如）嘗子友何良俊孔〻與弟良傅祠部書責之曰吾與叔皆庶出何為稱生母為先妣〻者比也比于父也然則生母不得稱妣敢以庶同于嫡乎此區〻正論非特為嫡母夌養愈于已出發此議也他日吾身後祠堂中以汝嫡母朱氏配不得入生母違犯之以不孝論吾鬼亦不享汝曹之祭

司馬氏書儀

祔　檀弓曰商人練而祔周卒哭而祔孔子善商注期而神之人情開元礼既禫而祔按士虞礼始虞祝詞云適爾皇祖某甫告之以適皇祖所以安之故置

于此〇卒哭之來日祔于曾祖考曾祖考曾祖姑皆以生人言之内外夙興掌事者具饌三分妣則具饌三分雜記曰男子祔于王父則配女子祔于王母則不配注謂若祭王母則不祭王父也有事于尊者可以及卑有事于卑者不敢援尊祭饌如一祝詞異不言以其妃配某氏耳如時祭設曾祖考妣坐于影堂南向影堂窄則設坐于他所妣則但設祖妣坐設死者坐于其東南西向各有倚卓設盥盆帨巾于西階下設承版卓子于西方火鑪湯瓶火筯在其東其日夙興設玄酒酒瓶盞注卓子於東方設香卓于中央置香爐炷香于其上質明主人以下各服其服哭于靈座前奉曾祖考妣祠版匣置承祠版卓子上出祠版置于坐藉以禱次詣靈座奉祠版匣詣影堂主人以下哭從如從柩之敘至影堂前止哭祝祠版置于坐籍以禱諸人及諸子倚杖于階下與有服之親尊長卑幼皆立于庭曾祖考妣在焉故尊長不敢坐前無庭則立于曾祖考位前以服重輕為列丈夫處左西上

婦人處右東上[左右皆據曾祖考妣言之]各以昭穆長幼爲叙皆北向婢妾在婦人之後位定俱再拜[參曾祖考妣]其進饌先詣曾祖考妣前設之次詣亡者前設之主人先詣曾祖考妣前北向跪酹酒俛伏興少退立祝奉詞出主人之左東向跪讀曰惟某年月日子曾孫某敢以柔毛嘉薦普淖明齊溲酒適于曾祖考某官[不言以某封某氏配若妣祔于祖妣則云適于祖姑某封氏]隮祔孫某官[妣云隮祔孫婦某封某氏]尚饗祝興主人再拜不哭次詣亡者前東向跪酹酒俛伏興少退立祝讀曰惟年月日孝子某敢用柔毛嘉薦普淖明齊溲酒哀薦祔事于先考某官[妣云先妣某封]適祖考某官尚饗祝興降位主人再拜不哭降復位亞獻終獻皆如主人儀惟不讀祝祝闔門主人以下出侍立于門左右不哭如食間祝告啓門三及啓門主人以下各就位祝東向告

啓門主人以下各就位祝東向告利成主人以下哭皆再拜辭神祝先納曾祖考妣祠版于匣奉置故處次納亡者祠版于匣奉之還靈座主人以下哭從如來儀至靈座置之哭盡哀

呂氏家範按溫公書儀祝辭適于曾祖考某官隮祔孫某官儀禮止稱祖蓋自所祔之士者言之則祖也故其文云適爾皇祖某祔以隮祔爾孫某甫上祖下稱孫於辭為順書儀稱曾祖為奉祭之人言也然既云曾祖則不得云孫今改從儀禮儀禮辭云用尹祭注尹祭脯也夫士祭無云脯者亦記者誤故削去儀禮祝辭下稱姓號今從書儀有柔毛

朱子家禮

祔 檀弓曰殷練而祔周卒哭而祔孔子善殷注曰期而神之人情然殷禮既亡其本末不可考今三虞卒哭皆用周禮次第則此不得獨從殷禮〇丘濬曰父則祔于父之祖考母則祔于祖妣祔父則設祖考妣二位祔母則設祖妣一位而已且不敢援尊也〇若喪主非宗子則宗子主祭降神初獻喪主行亞獻〇異居則宗子為告于祖為埒位而祭畢則焚之

卒哭明日而祔卒哭之祭既徹即陳器具饌 儀如卒哭皆陳之于祠堂堂狹即于廳事或他所隨便祔父則設父之祖考妣二位當中南向西上設亡者位于其東南西向母喪則不設祖考位酒瓶玄酒瓶于阼階上火爐湯瓶于西階上其饌並如卒哭而三分母喪則兩分祖妣二人以上則以親者

高閌曰若祔妣則設祖妣及妣之位更不設祖考位若父在而祔妣則不可迺遷祖妣宜別立室以藏其主俟考同祔若考妣同祔則並設祖考及祖妣之位○胡泳曰高氏別室藏主之說恐未然先生內子之喪主只祔在祖妣之旁此當為據○楊復曰父在祔妣則父為主乃是夫祔妻于祖妣三年喪畢未遷尚附于祖妣待父他日三年喪畢迺遷祖考妣始考妣同遷也高氏父在不可迺遷祖妣之說亦是但別室藏主之說則非也

厥明夙興設蔬果酒饌 並同卒哭 質明主人以下卒哭於靈座前 主人凡爭皆倚杖于階下入哭盡哀止○按此謂繼祖宗子之喪其庶嫡當為後者主喪乃用此礼若喪主非宗子則皆以亡者繼禰之宗子主此祔祭禮注云祔于祖廟宜使尊者主之

詣祠堂奉神主出置于座 祝軸簾啓櫝奉所祔祖考之主置于座內執事者奉祖妣之主置于座西上若在他所則置于西階上卓子上然後啓櫝○若喪主非宗子而與繼祖之宗異居則宗子為告于祖而設虛位以祭之訖除之

還奉新主入祠堂 主人以下還詣靈座所哭祝奉主櫝詣祠堂西階上卓子上主人以下哭從如從柩之叙至門止哭祝啓櫝出主如前儀若喪主非宗子則惟喪主主婦以下還迎

敘立祝進饌 並同虞祭

初獻 若宗子自為喪主則喪主行之若喪主非宗子則宗子行之並同卒哭但酌獻先詣祖考妣卓子前儀同卒哭祝版但云孝子某敢以絜牲柔毛粢盛醴齊適于某考某官府君隮祔某孫官尚饗皆不哭內喪則云某妣某封某氏隮祔孫婦某封某氏次詣亡者前若宗子自為喪主則祝版同前但云薦祔事于先考某官府君適于某官某官府君尚饗若喪主非宗子則隨宗子所稱若亡者于宗子為卑幼則宗子不拜

亞獻終獻 若宗子自為喪主則主婦為亞獻親賓為終獻若喪主非宗子則喪主為亞獻主婦為終獻並同卒哭及初獻儀惟不讀祝

侑食闔門啓門辭神 並同卒哭但不哭

祝奉主各還故處祝先納祖考妣神主于龕中匣之次納亡者神主西階卓子上匣之奉之反于靈座出門主人以下哭從如來儀盡哀止若喪主非宗子則哭而先行宗子亦哭送之盡哀止若祭于他所則祖考妣之主亦如新主納之

楊復曰司馬公家禮並是既祔之後主復于寢所謂奉主各還故處也

儀節序立服重者在前輕者在後男東女西主人非宗子則宗子主祭主人立宗子右宗子若于亡者為尊長則不拜　叅神　鞠躬拜興拜興拜興拜興平身　降神　盥洗　詣香案前　跪　上香　酹酒　俯伏興拜興拜興平身　進饌祝以饌進執事者佐之　初獻禮　詣亡者祖考神位前　跪　祭酒　奠酒　俯伏興拜興拜興平身　跪　主人以下皆跪　讀祝祝執版立主人之左東向跪讀畢　俯伏興主人獨立　鞠躬拜興拜興平身　詣顯考神位前毋則云妣後放此　跪　祭酒　奠酒　俯伏興拜興拜興平身　跪　主人以下皆跪　讀祝祝立主人之左南向跪讀文畢　俯伏興　鞠躬拜興拜興平身　復位　亞獻禮

詣祖考神位前　跪　祭酒　奠酒　俯伏興拜興拜興平身　詣祖妣神位前　跪　祭酒　奠酒　俯伏興拜興拜興平身　終獻禮（其儀一如亞獻）　侑食（執事以注徧斟滿盞中酒）　主人以下俱出　闔門（有門則闔無門則下簾）　祝噫歆（祝當門北面作聲者三）　啓門　主人以下復位　主婦點茶　告利成（祝立西階上東面）　利成　辭神　鞠躬拜興拜興平身　焚祝文　納主（祝先納祖考妣于龕中次納亡者神主于西階卓子上俱匣之）　奉新主返靈座　主人以下哭從　舉哀（至靈座中安主訖又哭之）　禮畢（若祔行于聽事則改納主云奉神主返祠堂主人送至祠堂納主訖後回西階卓子上奉新主）

祝文式（祔文）　維年歲次月朔日良　謹以潔牲柔毛粢盛醴齊適于顯曾祖考（某官處士）府君躋祔孫（某官處士）尚饗（如用豕則曰剛鬣並用羊豕則曰柔毛剛鬣）

（祔母）維年歲次月朔日良（以下至適于並同前）顯曾祖妣某封某氏躋

祔孫婦某封某氏尚饗

亡者

維年歲次月朔日辰以下至禮齋同前哀薦祔事于先考某官府君處士母則改云先妣某封某氏適于顯曾祖考某官府君母則改云曾祖妣某封某氏尚饗

萬斯同曰考溫公書儀其所載祔祭之禮但于叅神時再拜及辭神時再拜而已即朱子家礼祔祭儀同虞祭亦不過降神時再拜酹酒時再拜讀祝時再拜辭神時再拜而已其亞獻終獻皆易人為之故亦有拜從不若丘氏儀節四拜者二而再拜者八若是之多也夫拜以成礼非以多為恭礼可以止而頎僕〻而亟拜也是可謂之礼乎古之獻考妣者獻考則不復獻妣蓋禮繞于尊猶之燕饗之礼與席者雖多而其獻實止一人而已此古礼也亦即溫公文公之礼也豈有既獻祖考復獻祖妣既拜于祖考之前復拜于祖妣之前者乎今丘氏乃竟分行之復于亡者之前亦謂之獻則是尊卑無序而上下無統矣名為致敬而實不敬之甚矣不將為知礼者所誚哉世有刻行家礼儀節者多删去朱子之本文但詳存丘氏之儀節于是家遵礼一書非復朱子之書而止為丘氏之書矣欲復朱子之舊者可不重為釐正乎

會典品官禮

祔○卒哭明日而祔卒哭之祭既徹即陳器具饌陳于祠堂堂狹即于廳事隨便設亡者祖考妣位于中南西上設亡者位于其東南西向母喪則不設祖考

位置酒瓶玄酒瓶於阼階上火爐湯瓶于西階上具饌如卒哭而三分母喪則兩分祖妣二人以上則以親者厥明設蔬果酒饌質明喪主兄弟皆倚杖于階下入詣靈座前哭盡哀止乃詣祠堂祝軸簾啓櫝奉所祔祖考之主置于座内執事者奉祖妣之主置于座西上喪主以下還詣靈座所哭祝奉主櫝詣祠堂西階上卓子上喪主以下哭從如從柩之次至門止哭祝啓櫝出主乃叅神在位者皆再拜乃降神祝進饌酌獻先詣祖考妣前祝版云孝孫某謹以潔牲庶羞粢盛醴齊適于某考某官府君隮祔孫某官尚饗皆哭内喪則云某妣某封某氏隮祔孫婦某封某氏次詣亡者位前祝版云薦祔事于先考某官府君適于某考某官府君尚享三獻侑食闔門啓門辭神並同

卒哭儀禮畢祝奉主各還故處先納祖考妣神主于龕中匣之次納亾者神主西階卓子上匣之奉而還于靈座出門喪主以下哭從如來儀

庶人禮

祔○卒哭之明日乃祔其日夙興執事者具器陳饌喪主以下入哭于靈座前乃詣祠堂奉所祔祖考之主置于座内執事者奉祖妣之主置于座還詣靈座所哭祝奉新主以行喪主以下哭從如從柩之次至祠堂門止哭祝出主置于座喪主以下各就位贊者曰再拜在位者皆再拜掌饌者以饌升各陳于座前設訖降出贊者引喪主盥手酌酒先詣祖考妣位前祝辭云孝孫某謹以清酌庶品適于某祖之靈躋祔孫某人之靈内喪則云適于某祖妣某人躋祔孫婦

某人某氏次詣亡者位前祝辭云薦祔事于先考之靈適于某考之靈尚饗喪主再拜興降出贊者引喪主詣諸座前各再拜乃復位贊者曰再拜在位者皆再拜祝先納祖考妣神主于龕中匣之次納亡者神主匣之奉之反于靈座喪主以下哭從如來儀

陸粲與薰國材論家礼纂要書承示家礼纂要已遵條改正有可商確者数處具列請教如左○一卒哭之祔未敎云考祔殷礼既練周礼卒哭孔子善殷而朱子從周從周者有䫆也程伊川有言喪須三年而祔若卒哭而祔三年卻都無事了且礼卒哭猶存朝夕哭若既祔則無主在寢哭于何所張横渠亦云喪須三年後祫祭于廟遂奉祧主歸夾室遷主新主皆歸廟此程張二儒皆不從卒哭而祔也文公于嘗謂横渠此言似得礼意故于家礼告祔于卒哭而祔廟于大祥蓋兩從焉雖然礼順人情因時損益若卒哭告祔至大祥方祔廟則祖去將二年而絡繹成兩祔非人情矣不如直以大祥之明日祔廟若為宗子則改主遷主祔主同日行之亦因時損益人情簡便

又考家礼卒哭而祔其末云祝奉主各還故處注云納亡者神主匣之反于靈座楊氏復亦曰司馬公家礼並是既祔之後主復于寢觀此則雖告祔而神主猶未入祠堂待三年之喪畢而後遷正來教所謂告祔于卒哭而祔廟于大祥蓋兩從焉者也又案礼記檀弓藍田呂氏曰主人未除喪主未遷于新廟故以其主祔藏于祖廟有祭即而祭之既除喪而後遷主于新廟愚意古者一世自為一廟則此礼可行今之祠堂四代之主皆在一處則所謂有

祭即而祭之者窒碍而難行矣此朱子所以雖從卒哭之祔而必反主于寢也来教兩祔之疑愚意亦同况卒哭之祔祝文沉云適于祖考某官躋祔某官則是已告祖考以當祔亡者之主矣然其主乃不入祠堂而復反于寢祝文之意毋乃盧乎此其失又不但兩祔之非人情也窃謂有程張之說可據則如来教大祥而遷祔之議似亦無悖于禮但家禮大祥前期一日告遷于祠堂改題神主厥明行事畢祝奉主入于祠堂所謂厥明者即祥祭之本日也今来教欲祥之明日而改主遷祔同日行之未知何據更詳之

呂坤四礼疑祔何謂也在堂者終入廟豈能濡滯家庭在廟者終遞遷豈能夷猶位次必以死者告祔無乃逼乎無已與其卒哭也寧練○死者無終不入廟之理祖考無終不知死者入廟之時安用奉主告祭于廟乎此其取義殆不可曉如不可已寧從孔子之善殷練而祔可也

讀禮通考卷五十

喪儀節十三

小祥

儀禮士虞禮記朞而小祥注小祥祭名祥吉也檀弓曰歸祥肉○疏自祔以後至十三月小祥故云朞而小祥引檀弓者證小祥是祭故有肉也○敖繼公曰三年之喪至朞而凶服或有所除故謂之祥再朞而祭祀除乃曰祥事則此未得正謂之祥也故以小言之自此以下之祭皆于祖廟特祭新死者不復及其黃祖與祔異曰薦此常事注祝辭之異者言常者朞而祭禮也○疏一朞天氣變易孝子思之而祭是其常事故祝辭異也

萬斯大曰卒哭祔祭繼三虞而行故曰與尸不更筮賓不更宿小祥之去祔大祥之去小祥為日遠矣日也尸也賓也無不筮不宿可知攷虞禮記第云朞而小祥曰薦此常事又朞而大祥曰薦此祥事不著二祥之禮此當放特牲饋食禮為節自筮日筮尸宿賓以至於獻兄弟及私臣內兄弟則小祥之節也自筮日筮尸筮賓以至于賓主黨旅酬交錯則大祥之節也特冠服用練祥所宜不如特牲禮冠端玄耳

乾學按士虞禮篇末其言大小祥祭但言朞而小祥曰薦此常事又朞而大祥曰薦

此祥事並不言祭之儀節若何唯前記祔禮有其他如饋食一語鄭注謂如特牲饋食之事夫曰饋食則士虞立尸有九飯之文亦饋食也此所云饋食安知非指士虞之禮而謂必指特牲之禮乎故賈疏亦疑之唯據專膚折俎句辨其為如特牲之禮愚則謂虞為喪祭卒哭祔為吉祭至小祥以後則彌吉矣豈得復用喪祭之禮乎故不特祔祭如饋食即練祥禫之祭亦莫不如饋食其異者惟小祥不旅酬大祥無無算爵耳欲知大小祥祭之詳者尚於特牲饋食篇攷之○篇見下卷

雜記自諸侯達諸士小祥之祭主人之酢也嚌之衆

賓兄弟則皆啐之大祥主人啐之衆賓兄弟皆飲之可也注嚌啐皆嘗也嚌至齒啐入口○疏主人之酢嚌之者謂正祭之後主人獻賓長賓長酢主人主人受賓長酢則嚌之也衆賓兄弟皆啐之者亦謂祭末受獻之時啐之以其差輕故也大祥主人啐之者謂受賓酢之時主人啐之也必知此主人之酢非受尸酢者以士虞禮主人主婦獻尸受酢之時皆卒爵虞祭比小祥為重尚卒爵今小祥祭主人受尸之酢何得惟啐之而已故知受賓酢也受尸酢神惠為重雖在喪亦卒爵賓禮為輕受賓之酢但嚌之而已知喪祭有受賓酢者鄭注曾子問云虞不致爵小祥不旅酬大祥無無筭爵故知大小祥祭皆為之也

萬斯大曰士虞禮喪祭也尸酢主人主人飲且卒爵練祥吉祭何以反止於嚌啐孔疏云此主人嚌之啐之謂正祭之後主人獻賓長賓長酢主人時也衆賓兄弟啐之飲之謂祭末受獻時也賓酢止於嚌啐而尸酢反卒爵者神惠重賓酬輕也通練祥二祭於特牲禮者不可不知也

凡侍祭喪者告賓祭薦而不食注薦脯醢也吉祭告賓祭薦賓既祭而食之喪祭賓不食○疏侍謂相於喪祭禮者喪禮不主飲食故相者告賓但祭其薦不食之也此亦謂喪之正祭之後主人獻賓之時賓受獻主人設薦賓祭而不食謂練祥祭也其虞祔不獻賓也○方慤曰祭之而不食者哀而不忍故也

喪服小記練筮日筮尸視濯皆要絰杖繩屨有司告具而后去杖筮日筮尸有司告事畢而后杖拜送賓注臨事去杖敬也濯謂溉祭器也○疏練謂小祥也喪至小祥男子除首絰惟有要絰病尚深猶有杖屨是末服又變為繩麻將欲小祥前日豫筮日筮尸及

視濯器則豫著小祥之服以臨此三事也所以然者此三事悉是為祭〻欲吉故豫服也不言衰與冠者亦同小祥矣有司告具而后去杖者曰鄉者已服猶杖今既告三事辦具將欲臨事故孝子便去杖敬賓故也筮日與尸皆有賓來曰鄉當臨事時去杖今告筮占之事已畢則孝子更執杖以拜送賓矣不言視濯者視濯輕而無賓故不言也

故期而祭禮也期而除喪道也祭不為除喪也注此謂練祭也禮正月存親〻亡至今而期〻則宜祭期天道一變哀惻之情益衰〻則宜除不相為也○疏孝子之喪親應歲時之氣歲序改易隨時傷感故一期而為練祭是孝子存親之心故云禮也親終一期天道改變哀情益衰而除說其[illegible]天道當然故云道也為此練祭自為存念其親不為除喪而設爲事雖同一時不相為也故云祭不為除喪也此除喪謂練時除喪也男子除首絰女子除要帶與小祥祭同時不相為也莊元年三月夫人孫于齊公羊傳云其言孫于齊何念母也正月以存君念母以首事是也

曾子問

曾子問曰祭如之何則不行旅酬之事矣孔子曰聞之小祥者主人練祭而不旅奠酬於賓賓弗舉禮也注奠無尸虞不致爵小祥不旅酬大祥無〻筭爵彌吉昔者魯昭公練而舉酬行旅非禮也孝公大祥奠酬弗舉亦非禮也注孝公隱公之祖父○疏練小祥祭也旅謂旅酬奠無尸虞不致爵小祥彌吉但得致爵于賓而不得行旅酬之事大祥乃得行旅酬而不得行無筭爵之事喪事簡畧

于禮未備也

方慤曰昭公未可為而為之于禮為不及孝公可以為而不為于禮為過之猶不及故皆以為非禮然不及近薄過近厚與其薄也寧厚故于昭公言非禮于孝公曰亦而已

吳澂曰凡吉祭酳尸之後有旅酬旅酬之後有無筭爵曾子問凶祭之禮比吉禮減殺若何者不行旅酬孔子謂小祥之祭不行旅酬以此答曾子所問之一事爾鄭注因言小祥以前虞祭及奠之二事又言小祥以後大祥祭之一事所以異于賓席前而不舉以飲也注所云虞不致爵謂致爵于賓是酬賓之爵非致爵主人主婦者也

穀梁傳文公二年作主壞廟有時日於練焉壞廟壞廟之道易檐可也改塗可也楊士勛疏作主在十三月壞廟在三年喪終而傳連言之者此主終入廟入廟即易檐以事相繼故連言之非謂作主壞廟同時也或以為練而作主之時則易檐改塗故此傳云于練壞廟于傳文雖順舊說不然故不從之直記異同耳○黃幹曰案張子曰祔與遷自是兩事祔者奉新死者之主而告新死者以將遷于此廟也既告則復新死者之主于寢而祖亦還此至于練乃遷其祖入他廟或夾室而遷新死者之主于其廟今案橫渠之說如此鄭注亦然既因練而遷則必易檐改塗而後遷此疏乃謂壞廟在三年則失之矣但練雖遷主于廟祭訖復反主于寢

魏了翁讀書雜鈔遷廟早晚左氏以為三年喪畢乃遷廟故僖三十三年左氏傳云烝嘗禘于廟杜服皆以為三年禘祭乃遷此廟鄭則以為練時則不

禘而遷廟主故鄭注士虞禮以其班祔之下云練而遷廟主故鄭注廟用卣謂始禘特鄭必謂以練者以文二年作僖公主穀梁傳云于練焉壞廟壞廟之道易檐可也改塗可也范甯曰親過高祖則毀其廟以次而遷將納新神故示有所加是鄭之所據

乾學按鄭氏士虞禮注凡祔已復於寢練而後遷廟其注玄鳥詩則曰君喪三年既畢禘於其廟而後祫祭於太祖明年春禘於群廟又與注禮言小異賈公彥遷就其詞故云鄭意除練時特禘三年喪畢更有此特禘之禮也左氏傳服注云三年喪畢遭蒸嘗則行祭皆於廟焉自三年以前未得遷於廟而禘祭此言善矣殷練而祔周卒哭而祔孔子善殷殷自周以後皆卒哭乃祔開元禮獨於練特行祔禮不可解也

萬斯同曰穀梁言練而作主壞廟鄭康成從之張橫渠黃勉齋亦從之杜元凱本賈服之説言遷廟在三年喪終而穀梁疏因之呂與叔亦謂既

除喪然後主遷新廟衆言淆亂如此將何所適從愚謂論周家之禮當以周人之言爲據穀梁子周人也以周人而言周制豈有謬乎遷廟之期儀禮戴記無明文幸有此傳可據則據此傳以斷周制自無可疑君又舍之而不信將後乎此者之紛紛更誰其信之也且桒主曰虞既用于虞祭之日則桒主曰練必用于練祭之時既作主則入廟矣豈有名之爲練主而不用之于練祭者使其仍祔于祖廟則不必更作矣新主既已更作矣新主則必遷之于新廟可知矣不然何名爲練主而又將何所置之乎説者謂練主雖入廟亦仍還祀于寢與虞主同是又不然虞主無入廟而還寢之理愚既常辨之矣練主亦豈有入廟而還寢之理倘果還祀于寢則是時王父已遷將廟有虛主矣昔者孔子言之曰七廟五廟無虛主虛主者惟天子崩國君薨與去其國與祫祭于祖爲無主耳孔子謂廟無虛主而諸儒乃欲使廟有虛主乎故言練主不入于新廟與言入廟復祀于正寢者皆顯背孔子之説者也夫孔子之言既如此穀梁之言又如彼則作主即以入廟時章廟即在練時章章矣又何疑

乾學按遷廟當在三年吉禘之時辨見五十二卷

喪大記既練居堊室不與人居君謀國政大夫士謀家事疏練後漸輕故得自謀己國家事也○婦人喪父母既練而歸注歸謂歸夫家也○大夫士父母之喪既練而歸疏謂庶子爲大夫士練後各歸其宮也○公之喪大夫俟練而歸○練而食菜果注果瓜桃之屬

雜記大夫次於公館以終喪士練而歸注公館公宮之舍也練而歸之士謂邑宰也

間傳父母之喪期而小祥居堊室寢有席○期而小祥食菜果

唐開元禮三品以上喪四品以下及庶人附

小祥祭○主人有司先制栗主并趺匱等如喪注之禮四品以下無前一日之夕毀廬為堊室設蒲席周喪堊室者除之設地席陳練冠于次主人及諸子俱沐浴櫛爪翦牢饌及器如卒哭之禮其日夙興祝入燭先升自阼階入于室四品以下無主人加整拂几筵以出祝於靈座之西更設喪主座東向祝奉喪主置於座訖祝出迎栗主入置于舊靈座祝開匱奉出栗主置于座訖設几於右乃出四品以下無木主儀掌事者設罍洗篚於西階西南如初篚實爵一

巾一加冪設尾鯱二於靈座之右北墉下醴酒在東冪用絺加勺南柄具饌於堂東祝與執罇罍篚者先入立于罇罍篚之後內外纕服主人倚杖于階東俱升就位（應拜者立）哭盡哀相者引降主人杖就次主婦以下各就次主人及諸子除首絰著練冠妻妾女子〻除腰絰周服者皆除之丈夫素服吉冠屨婦人素服吉屨相者引主人及諸子倚杖如初內外俱升就位哭掌饌者以饌升自東階入設于靈座前設訖掌饌者降自西階以出相者引主人降自西階詣罍洗主人止哭盥手洗爵相者引主人升自西階入詣酒罇所酌醴進跪奠于靈座前俛伏興少退西面立祝持版進立於靈座之右北面內外皆止哭祝跪讀祝文曰維年月朔日哀子某（父殁稱孤子某）敢昭告于考某官封謚

（妣云妣夫人某氏）歲月驚迫，奄及小祥，攀慕永遠，重增屠裂，謹以絜牲柔毛、剛鬣、明粢、薌萁、嘉蔬、薦醴齊（四品以下謹以絜牲柔毛剛鬣）（嘉薦普淖明明齊溲酒同）祗薦祥事于考某官封諡，尚饗。主人哭再拜，內外應拜者皆再拜哭。祝興進，跪奠版于靈座前，興，還罇所（主人哭拜興，祝興奠版同時）。祝闔戶，與執罇罍哭盡哀，內外各還次（主人依次立）。祝闔戶，與執罇罍者降出。少頃，祝與進饌者入，開戶徹饌，祝匱主，闔戶以降，其喪主祝奉出埋之于廟門外之左（四品以下但祝闔戶以降，無匱主儀）。自小祥之後，止朝夕之哭（哭無時，哀至則哭），始食菜果飯，素食，飲水漿，無鹽酪。不能食，食鹽酪耳。又周而大祥。

宋政和禮品官喪儀

小祥○小祥前一日之夕，毀廬為堊室，設蒲席。周喪堊室者除之，設地席，陳練冠于次。主人及諸子俱沐浴櫛爪翦具饌如感奠其日夙興祝先入室整拂几筵以出內外練服主人倚杖於階東俱升就位哭盡哀贊者引主人杖就次主婦以下各就次主人及諸子除首經著練冠妻妾女子子除腰經周服者除之大夫素服吉履婦人素服吉履贊者引主人及諸子倚杖如初內外俱升就位哭掌饌者以饌入升自東階設如初贊者引主人盥手及奠酒如初就進立于靈座右北面內外皆止哭祝跪讀祝文曰維某年某月朔日辰孤子某（母曰哀子）敢昭告於考某官封謚歲月鶩迫奄及小祥攀慕永遠重增屠裂謹以清酌庶羞祗薦祥事于考某官封謚尚饗祝興主人拜退復位次引亞獻終獻如虞祭之儀內外再拜哭盡哀贊者引主人杖降自西階就次內外皆出火頃徹饌闔户

降出自小祥之後止朝夕之哭哭無時（哀至則哭）始食菜果飲素食

庶人喪禮

小祥〇小祥前一日之夕毀廬為堊室設蒲席陳練冠于次主人及諸子俱沐浴具饌於堂東其日夙興祝入整拂几筵以出內外練服主人以下倚杖于階東俱升就位哭盡哀贊者引主人杖就次主婦以下各就次主人及諸子除首絰著練冠妻妾女子子除腰絰周服者除之大夫素服吉巾履婦人素服吉履贊者引主人倚杖如初乃升內外俱升就位哭設饌如初贊者引主人盥手及奠酒如初祝進立于靈座右內外止哭祝跪讀祝文曰維年月朔日辰孤子某敢昭告於考某人之靈歲月驚迫奄及小祥攀慕永

遠重增屠裂謹以清酌庶羞祇薦祥事于考某人之靈尚饗餘如虞祭之禮自小祥止朝夕之哭哭無時哀至則哭

司馬氏書儀

小祥〇將及期年先以栗木為祠版并趺皆如桑板之制考以紫囊妣以緋囊盛之各有藉褥貯于漆匣于十一月之末主人設香爐炷香卜筮曰于影堂外西向先擇日于來月下旬卜筮之不吉次擇中旬不吉次擇上旬既得吉日主人焚香于靈座前北向立祝執詞出于主人之左東向讀曰孝子某將以來月某日祇薦常事于先考某官妣言某封占既得吉敢告既讀卷詞懷之興復位主人再拜退或不卜則從初忌日小祥前一日主人及諸子俱沐浴櫛髮翦爪衆丈夫洒掃滌濯

主婦帥衆婦滌釜鬲具祭饌如時祭（主人主婦縱不能親為亦須監視務極精潔）丈夫婦人各設次於別所置練服於其中（禮既虞卒哭則有受服間傳期而小祥男子除首絰婦人除帶今人無受服及練服小祥則男子除首絰及負版辟領衰婦人截長裙不令曳地而已應服期者及小祥皆改吉服然後盡其月不服金珠錦繡紅紫）執事者置卓子設香爐酒盞注於靈座前置盥盆帨巾於靈座西南別設座於靈座前卓子之右東向別置卓子于靈座東南西向置栗版匣及筆硯墨於其上主人立于靈座前北向使善書者西向立題栗版畢以蠟塗灸令入理刮拭之復納于匣祝盥手奉桑版置於東向之座次奉栗版置於靈座舊位出之藉以薦主人盥手焚香斟酒酹之退少立祝執辭出讀曰年月日孝子其（開元礼小祥祝文猶稱孤哀子按士虞礼祔祭已稱孝子故今從之）敢昭告于先考其官（妣言某氏）来日小祥栗主既成伏惟尊靈捨舊從新是憑是依祝興主人再拜哭盡哀明

日夙興執事者設玄酒一瓶酒一瓶刀子拭布酒盞注於卓子上在東階之上西向設香卓子于靈前堂中央置香爐香合香匙于其上裝灰餅設火爐湯瓶火筯于西階上對酒瓶設盥盆二于西階下一盆有臺供親戚一盆供執事者各有帨東上乃具饌陳于堂門外之東質明主人倚杖于門外喪服小記虞杖不入于室祔杖不升于堂注然則練杖不入門明矣入與期親各服其服坐立哭於靈前如虞祭之位若大功之下有來預祭者釋去華盛之服同叙坐立亦如虞祭之位大祥禫准此哭盡哀主人及期親出就次易練服及吉服復入就位哭頃之祝止哭者主人盥手焚香如虞祭帥衆丈夫設肉食主婦帥衆婦女設麵食米食如卒哭執事者開酒主人斟酹酒如虞祭祝執詞讀曰年月日孝子某敢昭告于先考某官妣云某封日月不居奄及小祥夙興夜處小心畏忌不惰其身哀慕不

寧敢用柔毛嘉薦普淖明齊溲酒薦此常事于先考某官（妣如前）尚饗祝興主人再拜退復位哭止亞獻終闔門啓門復入就位皆如虞祭祝東向告利成如卒哭祝斂粟版韜藉匣之置靈座主人以下哭拜出就次執事者徹饌如虞祭祝取桑板匣帥執事者徹東向坐埋桑主匣于屛處潔地

朱子家禮

小祥（鄭氏云祥吉也）○朞而小祥（自喪至此不計閏凡十三月古者卜日而祭今止用初忌以從簡易大祥倣此）前期一日主人以下沐浴陳器具饌（主人帥衆丈夫灑掃滌濯主婦帥衆婦女滌釜鼎具祭饌他皆如卒哭之禮）設次陳練服（丈夫婦人各設次于別所置練服于其中男子以練服為冠去首絰負版辟領衰婦人截長裙不令曳地應服期者改吉服然猶盡其月不服金珠錦繡紅紫唯為妻者猶服禫盡十五月而除）

楊復曰按儀禮喪服記載衰負版辟領之制甚詳但有關文不言衰負版辟領何時而除司馬公書儀云既練男子去首絰負版辟領衰故家禮據書儀云小祥去首絰負版辟領衰但禮經既練男子除首絰婦人除腰帶家禮于婦人成服時並無婦人絰帶之文此為疎畧故既練亦不言婦人除帶當以禮經

為正

立濬曰按家禮于設次陳練服下既曰男子以練服為冠而不言冠之制又曰去首絰負版辟領衰而不言別有所著今考之韻書練漚熟絲也意其以練熟之布為冠服故謂之焉古人因其所服遂以為小祥之冠雜記云三年之練冠亦條屬右縫注謂三年練冠小祥之冠也則小祥別有冠明矣服問云三年之喪既練矣則服其功衰襍記亦云有父母之喪尚功衰注謂三年喪練後之衰升數與大功同故云功衰也則小祥別有衰明矣又檀弓云練練衣黃裏縓緣葛腰帶繩屨注練衣中衣之承衰者也葛腰帶用葛為腰絰也繩屨用麻繩為屨也又喪服小記曰練皆腰絰杖繩屨今擬冠別為練其制繩武條屬右縫一如衰冠但用稍粗熟麻布為之其服制則上衰下裳一如大功衰服而布用稍粗熟麻布為之不用負版適衰腰絰用葛為之麻屨用麻繩為屨也又喪服小記曰練皆腰絰杖繩屨今擬冠別為練其制繩武條屬右縫一如衰冠但用稍粗熟麻布為之不用負版適衰腰絰用葛為之麻屨用麻繩為之父杖用竹母杖用桐如故又案溫公書儀謂今人無受服及練服小祥則男子除首絰及負版辟領衰婦人長裙不令曳地蓋不復別有所製惟仍其舊而已此去首絰服上去負版等三物婦人之服只截去長裙令不曳地噫古禮以小祥為練而不制練服可乎故今擬為練服如古及擬婦人服制亦用稍粗熟麻布為之庶稱練之名云

厥明夙興設蔬果酒饌並同卒哭質明祝出主主人以下入哭皆如卒哭但主人倚杖于門外與期親各服其服而入若已除服者來預祭亦釋去華盛之服皆哭盡哀止乃出就次服復入哭祝止之降神如卒哭三獻如卒哭之儀祝版同前但云日月不居奄及小祥夙興夜處小心畏忌不惰其身哀慕不寧敢用絜牲柔毛粢盛醴齊薦此常事門辭神皆如卒哭之儀

止朝夕哭惟朔望未除服者會哭始食菜果

問妻妾踰期主祭朱子曰此未有考但司馬氏大小祥祭已除服者皆與祭者雖已除服亦何害于與祭乎但不可純用吉服須如弔服及忌日之服可也

儀節　祝出神主　主人以下入舉哀主人以下期親各服其服倚杖哭于門外少頃哀止　就次易服各出就次易服畢各具新服　序立舉哀　哀止　降神自此以後儀節並同卒哭

祝文維年歲次月朔日辰並同前

明會典品官禮

小祥○期而小祥喪至此凡十三月不計閏古者卜日而祭今止用初忌以從簡易前期一日喪主以下皆沐浴喪主帥衆丈夫洒掃滌濯主婦帥衆女滌釜鼎

具祭饌（如卒哭）設次陳練服厥明夙興設蔬果酒饌質明祝出主喪主倚杖于門外與期親各服其服而入皆哭盡哀止乃出就次易服復入哭祝止哭乃降神初獻亞獻終獻侑食闔門啟門辭神並同卒哭之儀祝版云日月不居奄及小祥夙興夜處小心畏忌不情其身哀慕不寧敢用絜牲庶羞粢盛醴齊薦此常事尚享自是止朝夕哭始食菜果

庶人禮

小祥○前期一日喪主及諸子皆沐浴具饌陳器設次陳練服于其所其日夙興祝入整拂几筵以出內外衰服喪主以下倚杖于階東俱出就位哭盡哀贊者引喪主倚杖就次主婦以下各就次乃陳練服贊者引喪主倚杖如初乃升內外俱升就位哭贊者引

喪主盥手奠酒祝進立于靈座右內外止哭祝讀祝文曰維年月朔日辰孤子某敢告于考某人之靈歲月驚迫奄及小祥攀慕永遠重增荼裂謹以清酌庶羞祇薦祥事尚享祝興喪主哭再拜退復位內外哭盡哀喪主以下出杖降自西階就次妻妾女子還別室自小祥之後止朝夕哭

大祥

儀禮士虞禮記又朞而大祥曰薦此祥事注又復也曰甄此謂二十五月大祥祭變常言祥者亦是常事也

徐元文曰儀禮虞卒哭之後尚有祔練祥禫四祭並不言祭之儀節者蓋以祔祭之禮既倣特牲饋食為之則練祥諸祭皆倣特牲可知故不言也況士虞禮後即繼以特牲饋食之篇其意更可推而知矣特所異者常祭則有旅酬而練無旅酬常祭則有無筭爵而祥無無筭爵蓋哀以漸而殺則礼亦以漸而隆至于除喪而禫祭始盡用其礼耳自注疏以指特牲為四時之常祭似乎練祥諸祭制禮者有缺文矣豈知特牲饋食固為四時之常祭亦可通于練祥之喪祭哉觀特牲饋食之詞止言皇祖而不言某氏配鄭氏亦以為禫月吉祭之禮然則作儀禮者以特牲繼士虞之後豈

無意乎

乾學按大祥之祭亦倣特牲饋食禮説見小祥篇

喪服小記大祥吉服而筮尸注凡變除者必服其吉服以即祭事不以凶臨吉也閒傳曰大祥素縞麻衣○疏吉服朝服也大祥之日縞冠朝服今將欲祥亦于前日豫服大祥之服以臨筮日及筮尸視濯今唯云尸不言日及濯者從服祥可知也大祥則并去絰杖繩屨故不云杖絰屨下以凶臨吉者下云大祥朝服縞冠是祥祭之時著朝服此筮尸又在祥祭前已著吉服不以凶臨吉故也引閒傳者以大祥之後著素縞麻衣此云吉服則非祥後之服是朝服也故引以證

雜記祥主人之除也於夕為期朝服祥因其故服注為期為祭期也朝服以期至明日而祥祭亦朝服始即吉正祭服也喪服小記曰除成喪者其祭也朝服縞冠是也祭猶縞冠未純吉也既祭乃服大祥素縞麻衣釋禫之禮云玄衣黃裳則是禫祭玄冠矣黃裳者未大吉也既祭乃服禫服朝服綅冠踰月吉祭乃玄冠朝服既祭乃服復平常也○疏祥謂祥祭之時主人除服之節于夕為期者謂于祥祭前夕豫告明日祥祭之期此時主人即著朝服謂緇衣素裳其冠則縞冠也至明旦祥特主人因著其前夕故朝服也前練祭之時不著祭服于此祥時正著祭服故注云正祭服此朝服謂之正祭服者以諸侯卿大夫朝服而祭少牢孔云主人朝服是也按雜記端衰喪車皆無等則祥後并禫服尊卑上下無別皆服此緇衣素裳也此據諸侯卿大夫言之故云正祭服引喪服小記者證此經中朝服是除成喪之服祭猶縞冠未純吉者以純吉朝服玄冠今著縞冠

故云未純吉既祭乃服大祥素縞麻衣著間傳文以祥祭奪情故朝服縞冠祥祭雖訖哀情未忘其服稍重加著縞冠素紕麻衣引釋禫之禮者是變除禮也其禮云玄衣黃裳既著玄衣應著玄冠故云則是禫祭玄冠矣黃裳未大吉者以大吉當玄衣素裳今用黃裳故云未大吉既祭乃服禫服朝服綅冠者亦變除禮文以祥祭之後乃著大祥素縞麻衣故知禫祭之後亦著禫服朝服綅冠也踰月吉祭乃玄冠朝服者以少牢吉祭朝服故也若天子諸侯以下各衣本官吉祭之服也既祭玄端而居復平常者謂既祭之後同平常無事之時也從祥至吉凡服有六祥祭朝服縞冠一也祥訖素縞麻衣二也禫祭玄冠黃裳三也禫訖朝服綅冠四也踰月吉祭玄冠朝服五也既祭玄端而居六也

〔喪大記〕祥而外無哭者禫而內無哭者樂作矣故也

注外無哭者於門外不哭也內無哭者入門不哭也禫踰月而可作樂作無哭矣○疏外中門外即堊室中也祥之日鼓素琴故中門不哭也內中門內也禫已已縣八音于庭故門內不復哭也二處兩時不哭是無有樂作故也隱義云練後三日一哭于次次在中門外謂堊室也至大祥則不復哭于外若有弔者則入即位哭是外無哭者鄭此注之意以祥踰月作樂故禫時無哭則經云樂作之文但釋禫時無哭之意不釋祥之無哭皇氏以為鼓素琴樂作之文釋二處兩時無哭與鄭注違皇說非也

〔喪服四制〕祥之日鼓素琴 注鼓素琴始存樂也三年不為樂樂必崩

〔檀弓〕祥而縞 注縞冠素紕也○疏縞謂縞冠大祥日著之小記除成喪者其祭朝服縞冠是也

魯人有朝祥而莫歌者子路笑之 注笑其為樂速 夫子曰由爾

責於人終無已夫三年之喪亦已久矣（注為時如此人行三年喪者希抑子路以善彼）子路出子曰又多乎哉踰月則其善也（疏歌哭不同日故仲由笑之然時人皆廢而此獨能行何須笑之案喪服四制喪之日鼓素琴不譏彈琴而譏歌者琴以手笙歌以氣手在外而遠氣在内而近也）

孔子既祥五日彈琴而不成聲（注哀未忘）十日而成笙歌（注踰月且異旬也祥亦凶事用遠日五日彈琴十日笙歌除由外也琴以手笙歌以氣○疏祥是凶事用遠日故十日得踰月若其卜遠不吉則用近日雖祥後十日亦不成笙歌以其未踰月也○吴澄曰成者樂曲之一終聲者曲調之聲也不成聲謂不終曲也祥後可以彈琴矣然猶有餘哀故彈之不終一曲而又廢也十日之後則不但彈琴終曲吹笙而歌亦終曲矣哀情之殺以漸也）

有子蓋既祥而絲屨組纓（注譏其早也禮既祥白屨無絢縞冠素紕○疏此絲屨組纓禫後之服今既祥而著故譏其早礼既祥白屨無絢戴德喪服變除禮文縞冠素紕者玉藻文素紕當用素為纓未用組今用素組為纓故譏之案士冠禮冬皮屨夏用葛無云絲屨者此絲屨以絲為絢繶純之屬士冠礼云白屨緇絢繶純此有子蓋亦白屨以素絲為繶純也○方慤曰以絲為屨之絢以組為冠之纓服之吉者也而有子服之于既祥失于早矣既祥之屨如之何曰繳絢既祥之纓如之何曰用素有子孔門高第而失礼若是疑或不然故曰蓋焉）

顔淵之喪饋祥肉孔子出受之入彈琴而后食之（注彈琴以散哀也）

張子全書祥日食肉彈琴恐不是聖人舉動使其哀未忘則子于是日哭不飲酒食肉以全哀況彈琴可乎使其哀已忘何必彈琴

子夏既除喪而見（注：見于孔子）予之琴和之而不和彈之而不成聲（注：樂由人心）作而曰哀未忘也先王制禮而弗敢過也子張既除喪而見予之琴和之而和彈之而成聲作而曰先王制禮不敢不至焉（注：雖情異善同俱順禮○疏此言子夏子張者案家語及詩傳皆言子夏喪畢夫子與琴援琴而弦衎衎而樂閔子喪畢夫子與琴援琴而弦切切而哀與此不同者當以家語及詩傳為正知者以子夏喪親無異聞焉能彈琴而不成聲而閔子至孝之人故孔子善之）

閒傳又期而大祥素縞麻衣○又期而大祥有醯醬○又期而大祥居復寢

雜記三年之喪祥而從政（注：此謂庶人也從政從為政者教令謂給繇役）

喪大記祥而食肉○既祥黝堊（注：黝堊堊室之飾也地謂之黝牆謂之堊）

徐秉義曰喪之有祭始于虞故儀礼有士虞之文其再虞三虞及卒哭之祭皆倣初虞為之矣至卒哭之後尚有祔練祥禫四祭而儀礼俱無其文何哉蓋士虞記篇末畧陳祔祭之礼而以其他如饋食一語括之所謂饋食者即下篇特牲饋食礼是也特牲之礼雖屬四時之常祭亦可通于卒哭後之喪祭故士之祔祭倣之祔既倣特牲則練祥禫三祭自倣特牲可知故經于大小祥祭止言祝詞之異而不祥其祭之儀節也所以然者卒哭以前之祭尚為死者而祭猶在寢則其祭也主于哀祔以後之祭不尚為死者而祭已在廟則其祭也主乎敬此所以虞卒哭則有士虞之篇而祔練祥即用特牲之礼也但虞不致爵小祥不旅酬大祥不行無筭爵則祔祭與練同夫婦得致爵而不得旅酬原未純用夫吉也大祥之祭畧與小祥異主黨賓黨得旅酬而不得行無筭爵猶未盡用其全也此以漸而即吉之說也至于禫祭乃始盡用夫吉礼觀士虞礼之後即繼以特牲之篇則作者之意曉然矣孰謂特牲尚指吉祭哉又孰謂儀禮無練祥禫之祭禮哉

唐開元禮三品以上喪禮（四品以下至庶人附）

大祥祭○前一日之夕除堊室張帷又脩內外受服各於其次主人及諸子俱沐浴櫛爪翦牢饌及器如小祥之禮其日夙興內外各服其襄服並於次哭盡哀止昧爽前（六品以下云夙興）祝入燭先升自阼階入於室祝整拂靈筵啟匱出神主置於座右几筵以出（四品以下惟祝拂几筵以出）

掌事者設罍洗篚于西階西南如初篚實爵一巾一加冪設瓦甒二于靈座之左北墉下醴酒在東冪用絺加勺南柄具饌於堂東祝與執罇罍者洗入位于罇罍之後內外俱升就位哭掌饌者以饌升自東階入室于座前置設訖掌饌者降自西階以出相者引主人降自西階詣罍洗主人止哭盥手洗爵相者引主人升自西階詣酒罇所酌醴進跪奠于靈前俯伏興少退西面立祝持版進立于座之右北面內外皆止哭祝跪讀祝文曰維年月朔日子哀子（父喪稱孤子）某敢昭告於其官封謚（妣云某夫人某氏）日月逾邁奄及大祥攀慕永遠無任荒踣謹以絜牲柔毛剛鬣明粢薌合薌萁嘉薦醴齊（四品以下謹以絜牲柔毛剛鬣嘉薦普淖明齊溲酒餘同）祇薦祥事于考其官封謚尚饗主人哭再拜應拜者皆再拜哭祝興進跪奠版

於靈座興還罇所相者引主人就位哭盡哀主人以下各還外寢妻妾女子子以下還于寢祝闔戶與執罇罍者降出以俟掌饌者入開戶徹饌祝匱主四品以下但掌事者除靈座闔戶而出間月而禫自大祥之後無哭者食有監醬

宋政和禮品官儀

大祥○大祥前一日之夕除堊室張帷幄內外大祥之服于次主人及諸子沐浴具饌如初其日夙興祝先入拂几筵降出內外素服主人以下皆哭盡哀止掌事者設饌如初內外俱就位哭贊者引主人盥手奠酒如初祝于靈座右跪讀祝文曰維年月朔日辰孤子某敢昭告于考某官封謚日月逾邁奄及大祥攀慕永遠無任荒踣謹以香酌庶羞祇薦祥事于考

某官封謚尚饗餘皆如小祥之儀主人以下還外寢妻妾女子子以下還于內寢掌事者除靈座自大祥之後外無哭者間月而禫

庶人喪禮

大祥○大祥前一日之夕除堊室張帷幄大祥之服于次哭盡哀掌事者設饌如初內外俱就位哭贊者引主人盥手奠酒如初祝立于靈座右跪讀祝文曰維年月朔日良孤子某敢昭告于考某人之靈日月逾邁奄及大祥攀慕永遠無任荒踣謹以清酌庶羞祇薦祥事于考某人之靈尚饗餘如小祥之禮主人以下還外寢妻妾女子子還于寢掌事者除靈座自大祥之後外無哭者間月而禫

司馬氏書儀

大祥○再期而大祥於二十三月之末主人卜日如小祥禮丈夫婦人各設次于別所置禫服其中今世丈夫禫服垂脚黲紗幞頭皁布衫脂皮鑞鐵帶或布裹角帶未大祥間出謁人家亦假服之婦人可以冠梳假髻以鵞黃青碧皁白為衣履其金銀珠玉紅繡皆不可開元礼云倫内外受服禫祭云仍祥服又云著禫服按世俗無受服謂大祥為除服即著禫服今從衆其日夙興執事者設酒饌香火盥器皆如小祥質明主人與未除服者入就位於靈前立哭盡哀已除服者若來預祭亦哭于故位如小祥出就次易禫服復就就位哭頃之祝止哭者主人降盥手焚香如虞祭帥衆男子設肉食主婦帥衆婦女設麵米食如卒哭執事者開酒主人斟酹酒如虞祭改小祥祝詞云奄及大祥又曰薦此祥事惟不改題粟主埋桑主外其餘如小祥之儀祭畢遷就堂及祠匣於影堂徹靈座斷杖弃之屏處

朱子家禮

大祥○再期而大祥自喪至此不計閏凡二十五月亦止用第二忌日祭前期一日沐浴陳器具饌皆如小祥設次陳禫服司馬温公曰丈夫垂脚黲紗幞頭黲布衫布裹角帶未大祥間假以出謁者婦人冠梳假髻以鵞黄青碧皂白為衣履其金珠紅繡皆不可用丘濬曰案説文黲淺黒青也今世無垂脚幞頭之制擬有官者用白布裹帽白布盤領袍布帶無官者用白布巾白直領衣布帶婦人純用素衣履

朱子語類問子為母大祥及禫夫已無服其祭當如何朱子曰今禮几筵必三年而除則小祥大祥之祭皆夫主之但小祥之後夫即除服大祥之祭夫亦恐須素服如弔服可也但改其祝辭不必言為子而祭也

告遷于祠堂以酒果如朔日之儀若無親盡之祖則祝版云云告畢改題神主如加贈之儀遞遷而西虛東一龕以俟新主若有親盡之祖而其別子也則祝版云云告畢而遷于墓所不埋其支子也而族人有親未盡者則祝版云云告畢遷于其廟之房使主其祭其餘改題遞遷如前若親皆已盡則祝版云云告畢埋于兩階之間其餘改題遞遷如前

儀節　序立主人詣祠堂前盥洗　啓櫝　出主　叅神

鞠躬拜興拜興拜興拜興平身　降神　盥洗

詣香案前　跪　上香　酹酒　俯伏興拜興拜

興平身　斟酒主人執注遍斟酒盞中畢少退立　主婦點茶茶畢與主人並立　鞠

躬拜興拜興平身　主婦復位主人不動　跪主人以下皆跪　讀祝

祝跪讀之　俯伏興拜興拜興平身　請主主人進奉主于卓子上執事者洗其當改

字別塗以粉俟乾其親盡者以紙裹暫置卓子上　題主命善書者改題曾祖考妣為高祖又改祖考妣為曾祖又改考妣為祖題畢

遷主主人自奉其主迤遷而西虛東一龕以俟新主少退立　鞠躬拜興拜興拜興拜

興平身　復位　辭神　鞠躬拜興拜興拜興拜

興平身

焚祝文　禮畢

祝文維年歲次月朔日辰孝孫某敢昭告于

某官府君　某氏某封　某官府君　某氏某封

某官府君　某氏某封　某官府君　某氏某封

兹以先考某官府君大祥已屆禮當遷主入廟某官府君某氏某封親盡神主當祧某官府君某氏某封神主改題為高祖某官府君某氏某封神主改題為曾祖某官府君某氏某封神主改題為祖世次迭遷不勝感愴謹以酒果用伸虔告尚饗祝文神主止書官封稱呼而不書高祖曾祖考妣者是時高祖親盡曾祖二考妣神主未改題故也○案禮服小記父母並喪則先葬母而不虞祔以待父喪畢而後祔今擬若父先死則用此告遷儀節若父在母先死則是父為喪主惟祔于祖母之櫝不必告遷也待父死之後然後用此儀節告遷而于祝文大祥已屆下添入及先妣某封某氏先已祔于祖妣于礼遷入廟之上若父先亡已入祠堂而後母死則告先考一位其祝文曰兹以先妣某封某氏大祥已屆礼當祔于先考並享不勝感愴並同

厥明行事皆如小祥之儀惟祝版改小祥曰大祥常事曰祥事畢祝奉神主入于祠堂主人以下哭從如祔之叙至祠堂前哭止

〔儀節〕序立以下至辭神以上其儀節並同小祥惟辭神後添舉哀　焚祝文　祝奉新主入祠堂　主人以下哭從至祠堂前　安神

主安神主于櫝哀止　鞠躬拜興拜興平身　禮畢

祝文並同小祥但改小祥曰大祥常事曰祥事

徹靈座斷杖棄之屏處奉遷主埋于墓側

江濤曰祥祭後陳器具饌如朔日之儀用卓子陳廳事上質明主人奉安親盡之主于卓子上

〔儀節〕序立如常儀參神　鞠躬拜興拜興拜興拜興平身　降神　盥洗。詣香案前　跪　上香　酹酒　俯伏興拜興拜興平身　主人斟酒　主婦點茶並畢立　鞠躬拜興拜興平身　主婦復位　跪　讀祝　俯伏興拜興拜興平身　復位　辭神　鞠躬拜興拜興拜興拜興平身　焚祝文

送主執事者用盤盛主捧之主人自送至墓側　埋主祝埋畢始回案楊氏附注引朱子他日與學者書既祥而徹几筵其主且當祔于祖父之廟俟三年喪畢合祭而後遷蓋有取于橫渠祫祭後奉祧主于夾室之說也而楊氏亦云俟告祭前一夕以薦告遷主畢乃題神主厥明合祭畢奉神主埋于墓所奉遷主新主各歸于廟夫所謂合祭者即橫渠所謂祫祭也家禮時祭之外未嘗有合祭若即是時祭又不知設新主位于何所令

不敢從且依家禮為此儀節度幾不失云

祝文維年歲次月朔日辰孝玄孫某敢昭告于

五世祖考某官府君妣某氏某封古人制禮祀止

四代心雖無窮分則有限神主當祧不勝感愴謹

以酒果百拜

告辭尚饗

始飲酒食肉而復寢

問祧主朱子曰天子諸侯有太廟夾室則祧主藏

于其中今士人家無此祧主無可置處禮記說藏

于兩階間今不得已只埋于墓所○李繼善問曰

納主之儀禮經未見書儀但言遷祠版匣于影堂

別無祭告之禮周舜弼以為昧然歸匣恐未為得

先生前云諸侯三年喪畢皆有祭但其禮亡而大

夫以下又不可考然則今當何所據耶曰橫渠說三年後祫祭於太廟因其告祭畢還主之時則奉祧主歸于夾室遷主新主皆歸于其廟此以為得禮鄭氏周禮注大宗伯享先王處似亦有此意而舜弢所疑與熹所謂三年喪畢有祭者似亦暗與之合但既祥而徹几筵其主且當祔于祖父之廟俟祫畢然後遷耳

楊復曰家禮祔與遷皆祥祭一時之事前期一日以酒果告訖改題逓遷而西龕東一龕以俟新主厥明祥祭畢奉神主入于祠堂又按先生與學者書則祔與遷是兩項事既祥而徹几筵其主且當祔于祖父之廟俟三年喪畢祫祭而後遷蓋世次迭遷昭穆繼序其事至重豈可無祭告禮但以酒果告據行迭遷乎在禮喪三年不祭故橫渠說三年喪畢祫祭于太廟因其祭畢還主之時迭遷神主用意婉轉此為得禮而先生從之或者又以大祥除喪而新主未得祔廟為疑竊嘗思之新主所以未遷者其為禮亡者尊敬祖考之意祖考未有祭告豈敢據遷也況禮辨昭穆孫必祔祖凡祫祭時孫常祔祖今以新主且祔于祖父之廟有何所疑當俟告祭前一夕以薦告遷主畢乃題神主厥明祫祭畢奉神主埋于墓所奉遷主新主各歸于廟故因述其說以俟叅考○高閌告祔遷祝文曰年月日孝曾孫某罪積不滅歲及免喪世次迭遷昭穆繼序先王制禮不敢不至

問此者大祥祭止用再忌日雖衣冠不得不易而食肉欲以適月為節不知如何朱子答云踰月為是

朱子語類先生以長子大祥先十日朝暮哭諸子不赴酒食會近祥則舉家蔬食此日除袝先生累日顏色憂戚

馮善曰或問家禮大祥用酒果告遷于祠堂楊氏附注以為世次迭遷昭穆繼序其事至重豈可無祭告禮但以酒果告盡行送遷于二說不同今當何從曰考朱子與學者書亦從横渠三年喪畢合祭而後遷自與家禮不同今從附注

陸粲與蕭國材論家禮纂要書來說云一家禮大祥註問子為母大祥及禫夫已無服其祭當如何朱子曰今礼几筵必三年而除則小祥大祥之祭皆夫主之小祥之後夫即除服大祥之祭夫亦須素服●今案此說是矣但謂几筵必三年而除施之妻喪則恐未安蓋小祥之後夫既除服則几筵亦當徹矣雖子之服未除然以父為主故也請裁之

會典品官禮

大祥○再期而大祥喪至此凡二十五月亦止用第

二忌日祭前期一日沐浴陳器具饌（如小祥）設次陳禫服以酒果告遷于祠堂告畢改題神主如加贈之儀遞遷而西虛東一龕以俟新者厥明行事皆如小祥之儀（祝版改小祥曰大祥常事曰祥事）祝畢奉神主入于祠堂喪主以下哭從如祔之叙至祠堂前止哭執事者徹靈座斷杖棄之屏處奉遷主埋於墓側始飲酒食肉而復寢

庶人禮

大祥○前期一日喪主及諸子俱沐浴具饌陳器陳禫服于次乃告遷于祠堂告畢改題神主而遞遷之虛東一龕以俟厥明祝先入拂几筵降出內外于次哭盡哀掌事者設饌于靈座前內外俱就位哭贊者引喪主盥手奠酒祝立于靈座右跪讀祝文曰維年月朔日辰孤子某敢昭告于考某人之靈日月逾邁

奄及大祥攀慕永遠無任荒踣謹以清酌庶羞祗薦
祥事尚饗祝興喪主哭再拜退復位内外哭盡哀祝
奉神主入于祠堂喪主以哭送掌事者徹靈座斷杖
棄之屏處始飲酒食肉而復寢

抄　提大字

讀禮通考卷五十一

喪儀節十四

禫

儀禮士虞禮記中月而禫注中猶間也禫祭名也與大祥間一月自喪至此凡二十七月禫之言澹澹然平安意也○敖繼公曰中如中夜之中謂半之也中月者祥之後半月其相去蓋十五日也如以乙丑日祥則或以巳卯禫矣記曰三年之喪二十五月而畢其此之謂與○乾學按禫在二十五月諸家辨說甚多詳見第十卷○徐師曾曰中月而禫二十七月也詳禫月數篇是月也吉祭猶未配注是月是禫月也當四時之祭月則祭猶未以某妃配某氏哀未忘也少牢饋食禮祝祝曰孝孫某敢用柔毛剛鬣嘉薦普淖用薦歲事于皇祖伯某以某妃配某氏尚饗○疏謂是禫月當四時吉祭之月則行四時之祭于羣廟而猶未得以某妃配哀未忘若喪中然也言猶者如祥祭以前不以妃配也案禮記云吉事先近日喪事先遠日大祥之祭仍從喪事先用遠日下旬為之此禫得行四時之祭則可從吉事先近日用上旬為之若然二十七月上旬行禫祭於寢當祭月即從四時祭于廟亦用上旬為之引少牢禮者證禫月吉祭未配後月吉如少牢配可知也

萬斯大曰特牲饋食禫月吉祭之禮也于何知之士虞禮曰中月而禫是月也吉祭猶未配考少牢禮祝辭曰薦歲事于皇祖伯某以某妃配某氏此禮祝辭不及配故知為禫月吉祭也既曰吉祭則四時嘗祭矣何以不及配在禫月也禫月何以不及配喪終矣哀未忘也因父喪之禫而祭祖

之配可乎曰三年不祭並廢久矣至是而始復焉復以其漸也既不及配矣安知非即祭父之禫乎曰祝辭稱孝孫則祭祖也非禫也既曰祭祖而祝辭曰適其皇祖適者其離也喪三年不祭廢久矣至是而復焉故為是始適之辭云爾

萬斯同曰吉祭猶未配諸家皆謂祭羣廟之祖不以祖妣配引少牢祝詞以某妣配某氏而特牲禮無之為證愚獨以為不然所謂配者以新死者之主配食于祖禰耳當禫之月而行宗廟吉祭則但祫祭祖禰而不以新死者配之是之謂吉祭猶未配蓋服雖除而哀猶未忘不忍遽同之于先祖也豈謂祭羣祖而不配以祖妣乎從來祭祖無有不配以妣者寧有因子孫之除喪而去祖妣不配之理是欲致哀于吾親而實得罪于祖妣不孝之大者也先王豈有此瀆亂不經之禮乎然則少牢何以言配而特牲不言配曰特牲不言配于宰贊命之詞見之此蓋文有詳畧記禮者偶不及之非謂祭祖可不配妣也凡經文有不足者往往彼此互相證此不言配正當取少牢之詞以見其必有配豈得反因彼之言配以疑此之無配乎況少牢陰厭祝詞言祖而又言配特牲陰厭無祝詞非惟不言配并不言祖寧可因其不言祖而謂祖亦不祭耶鄭氏見無祝詞即取少牢祝詞以補之正吾所謂彼此互相證之義也祝詞可取彼以相證而贊命之詞獨不可取彼以相證耶且特牲固為祥禫通用之禮其實即四時嘗祭之禮倘專指為禫祭之禮則于此說猶可通若此禮而常祭皆用之也則祭祖何為不及其妣乎亦可見此說之必不可通矣故吾謂吉祭未配乃新死者之未配祀于祖禰而非妣之不配食于祖也敢書之以質于知禮者焉

乾學按禫祭之禮全用特牲饋食篇之儀蓋小祥不旅酬大祥無無筭爵禫則既行

旅酬又加以無筭爵一如特牲禮行之故儀禮士虞之後即繼以特牲之篇非無故也今取其禮附録於後不但禫祭可攷即祔練祥三祭亦可因以攷見云

特牲饋食禮篇鄭目録云特牲饋食之禮謂諸侯之士祭祖禰非天子之士。疏鄭知非天子之士者案曲禮云大夫以索牛士以羊豕彼天子大夫士此用特牲故知是諸侯士也。郝敬曰士虞後繼以特牲者自凶趨吉也特牲後繼以少牢者自殺趨隆也皆記禮之序故是篇首云冠端玄與兄弟之服辭曰諏事適皇祖不言配皆繼前篇虞後祥禫等吉祭言否則何爲反以士先大夫耶。萬斯大曰特牲少牢二禮不曰祭而曰饋食者祭以粢盛爲重也孟子云卿以下必有圭田圭者何所以給粢盛也故王制云士有田則祭無田則薦蓋有田則粢盛具而特殺豐皿得因之以備無田則無以具粢盛也就二禮攷之尸者祭祀之主食飯唯尸而他人不及嫂猶受福之重嘏惟用黍而他物不及此食之所以重而特舉以爲名也前篇士虞雖不名饋食然尸入之後亦先飯而後獻畧與特牲禮同要知周時凡士大夫之祭皆先飯後獻其既也賓主旅酬爵行無筭蓋以食禮始而以燕禮終其大較也謂之饋食者何凡孝子養親曰饋養昏禮婦饋特豚以明婦順而此禮黍稷之設必主婦親之故曰饋食者事死如生之義也

特牲饋食之禮不諏日注諏謀也士賤時可以祭則筮其日矣不如少牢大夫先與有司于廟門諏丁巳之日及筮日

主人冠端玄即位于門外西面注冠端玄玄冠玄端門謂廟門子姓兄弟

另起大字

如主人之服立于主人之南西面北上注所祭者之子孫言子姓者子之所生小宗祭而兄弟皆來與焉宗子祭則族人皆侍有司群執事如兄弟服東面北上注士之屬吏也席于門中闑西閾外注為筮人設之也筮人取筮于西塾執之東面受命于主人宰自主人之左贊命命曰孝孫某筮來日某諏此某事適其皇祖某子尚饗注宰羣吏之長自由也贊命由左者為求神變也士祭曰歲事此言某事又不言妃者容大祥之後禫月之吉祭皇君也言君祖者尊之也某子者祖字也伯子仲子也尚庶幾也○疏容大祥之後禫月之吉祭者少牢吉祭云以某妃配士虞記中月而禫是月也吉祭猶未配此與彼文同故知是禫月吉祭也筮者許諾還即席西面坐卦者在左卒筮寫卦筮者執以示主人注士之筮者坐蓍短由便卦者主畫地識爻爻備以方寫之主人受視反之筮者還東面長占卒告于主人占曰吉注長占以其年之長幼旅占之若不吉則筮遠日如初儀注遠日旬之外日宗人告事畢張子曰祭之筮日若再不吉則止櫌儀禮唯有筮遠日之文不云三筮筮日之禮止是二筮先筮近旬日後筮遠日不從則直用下旬遠日蓋亦足以致聽于鬼神之意而祀則不可廢前期三日之朝筮尸如求日之儀命筮曰孝孫某諏此

某事適其皇祖某子某筮某之某為尸尚饗注二日者容宿賓視濯也某之某者字尸父而名尸連言其親庶幾其馮依之也大夫士以孫之倫為尸乃宿尸注宿讀為肅肅進也進之者使知祭日當來○敖繼公曰如求日之儀兼若不吉而改筮者言也命筮之辭異故特見之明其餘皆同也某之某謂某之子某也春秋傳曰潘尫之黨申鮮虞之孳皆謂其子也前期三日說見士冠禮按注云大夫士以孫之倫為尸不及天子諸侯者天子諸侯所祭者遠為尸者不必皆其孫之倫或但以昭穆耳○郝敬曰越宿預戒曰宿祭前二日也主人立于尸外門外子姓兄弟立于主人之後北面東上注不東面者來不為賓客子姓立于主人之後上當其後○敖繼公曰上言筮尸如求日之儀則是筮時兄弟咸在所筮者亦存焉筮之而吉不即告之乃于其既歸也然後親宿之于其門者尊之而不敢苟也北面者亦尊尸若不敢其必其西面見已然尸如主人服出門左西面注不敢南面當尊○敖繼公曰出門左西面見賓客之正位也主人北面尸不南面見之者辟尊者之禮也主人辟皆東面北上主人再拜尸荅拜注主人先拜尊尸宗人擯辭如初卒曰筮子為某尸占曰吉敢宿注宗人擯者釋主人之辭如初者如宰贊命筮尸之辭卒曰者著其辭所易也祝許諾致命注受宗人辭許之傳命於尸始宗人祝北面至於傳命皆西面受命東面釋之尸許諾主人再拜稽首注其許亦宗人受于門而告主人○敖繼公曰拜稽首亦尊尸也尸既許諾則成為尸故于此不荅拜尸入主人退注相揖而去尸不拜送尸尊宿賓賓如主人

服出門左西面再拜主人東面荅再拜宗人擯曰某薦歲事吾子將涖之敢宿注薦進也涖臨也言吾子[illegible]臨之知賓在有司中今特肅之尊賓[illegible]賓曰某敢不敬從主人再拜賓荅拜主人退賓拜送敖繼公曰筮尸宿尸宿賓皆同日為之故下文別云厥明以別之○厥明夕陳鼎于門外北面北上有鼏注宿賓之明日夕門外北面當門也棜在其南南順實獸于其上東首注順猶從也棜之制如今大木轝矣上有四周下無足獸腊也○敖繼公曰士腊用兔牲在其西北首東足注其西棜西也東足者尚右也牲不用棜以其生設洗於阼階東南壺禁在東序豆籩鉶在東房南上几席兩敦在西堂敖繼公曰豆籩鉶蓋在東房之東墉下南上者豆二以並在南二籩次之此未實之故南上之文惟主于器士家亦有左右房于此見之矣主人及子姓兄弟即位于門東如初注初筮位也賓及衆賓即位于門西東面北上注不象如初者以賓在而宗人祝不在宗人祝立于賓西北東面南上注事彌至位彌異宗人祝於祭宜近廟主人再拜賓再荅拜三拜衆賓衆賓荅再拜注衆賓再拜者士賤旅之得備禮也○敖繼公曰衆賓荅一拜言再者字誤也主人揖入兄弟從賓

及衆賓從即位于堂下如外位（注為視濯也）宗人升自西階視壺濯及豆籩反降東北面告濯具（注濯溉也不言敦鉶者省文也東北面告緣賓意欲聞也言濯具不言絜以有几席）賓出主人出皆復外位（注為視牲也）宗人視牲告充雍正作豕（注充猶肥也雍正官名也北面以策動作豕視聲氣）宗人舉獸尾告備舉鼎鼏告絜請期曰羹飪（注肉謂之羹飪熟也謂明日質明時宗人既得期西北面告賓有司）告事畢賓出主人拜送○夙興主人服如初立于門外東方南面視側殺（注夙早也興起也主人服如初則其餘有不玄端者側殺殺一牲也）主婦視饎爨于西堂下（注炊黍稷曰饎宗婦為之爨竈也西堂下者堂之西下也近西壁南齊于坫）亨于門外東方西面北上（注亨煮也煮豕魚腊以鑊各一爨）羹飪實鼎陳于門外如初（注初視濯也）尊于戶東玄酒在西（注戶東室戶東玄酒在西尚之凡尊酌者在左）實豆籩鉶陳于房中如初（注如初者取而實之既而反之○敖繼公曰如初亦如其南上之位也記曰賓與長兄弟之薦自東房其餘在東堂然則視主人及主婦賓長長兄弟之豆籩亦皆二以並相繼而陳之于鉶之北矣）執事之俎陳于階間二列北上（注執事謂有司及兄弟二列者因其位在東西祝主人主婦之俎亦存焉不升鼎者異于神）盛兩敦陳于

西堂藉用萑几席陳于西堂如初注盛黍稷者宗婦也萑細葦尸盥匜水實于槃中簞巾在門內之右註設盥水及巾尸尊不就洗又不揮門內之右象洗在東統于門東西上凡鄉內以入為左右鄉外以出為左右○祝筵几于室中東面注為神敷席也至此使祝接神○主婦纚笄宵衣立于房中南面注主婦主人之妻雖姑存猶使之主祭祀纚笄首服宵綺屬也此衣染之以黑其繒本名曰宵詩有素朱宵記有玄宵衣凡婦人助祭者同服也內則曰舅歿則姑老冢婦所祭祀賓客每事必請于姑主人及賓兄弟群執事即位于門外如初宗人告有司具注具猶辨也主人拜賓如初揖入即位如初注初視濯也佐食北面立于中庭注佐食賓佐尸食者立于宗人之西○敖繼公曰佐食主人兄弟之佐尸食者記曰佐食于旅齒于兄弟是也鄉于門外猶在兄弟之位至此乃立于中庭以事將至宜異其位也此中庭謂東西之中其南北則參分庭一在北與○主人及祝升祝先入主人從西面于戶內注祝先入接神宜在前也少牢饋食禮曰祝盥于洗升自西階主人盥升自阼階祝先入南面主婦盥于房中薦兩豆葵菹蝸醢醢在北注主婦盥盥于內洗昏禮婦洗在北堂直室東隅宗人遣佐食及執事盥出注命之盥出當助主人及賓舉鼎主人降及賓盥出主人在右及佐食舉牲鼎賓長在右

及執事舉魚腊鼎除鼏注及與也主人在右統于東主人與佐食者賓尊不載少牢饋食禮魚用鮒腊用麋士腊用兔宗人執畢先入當阼階南面注畢狀如叉蓋為其似畢星取名焉主人親舉宗人則執畢導之既錯又以畢臨匕載備失脫也雜記曰杙用桑長三尺畢用桑長五尺刊其本與末杙畢同材明矣今此杙用棘心則畢亦用棘心舊說云畢以御他神物神物惡桑叉則少牢饋食及虞無叉何哉此無叉者乃主人不親舉耳少牢大夫祭不親舉虞喪祭也主人未執事祔練祥執事用桑叉自此純吉用棘心叉鼎西面錯右人抽扃委于鼎北注右人謂主人及二賓既錯皆西面俟也贊者錯俎加匕注贊者執俎及匕從鼎入者其錯俎東縮加匕東柄既則退而左人北面也○敖繼公曰贊者取匕俎于東塾東執以上而錯俎于鼎西加匕于鼎上而肵俎亦在豕俎之北也此贊者蓋三人其二人各合執二俎一人兼執三匕與知取匕俎于東塾東者士虞禮匕俎在西塾之西此士吉祭當反之也乃朼注右人也尊者于事指使可也左人載之佐食升肵俎鼏之設于阼階西注肵謂心舌之俎也郊特牲曰肵之為言敬也言主人之所以敬尸之俎卒載加匕于鼎注卒已也已載畢亦加焉主人升入復位俎入設于豆東魚次腊特于俎北注入設俎載者腊特饌要方也凡饌必方者明食味人之性所以正主婦設兩敦黍稷于俎南西上及兩鉶芼設于豆南南陳注宗廟不贊敦鉶者以其少可親之芼菜也祝洗酌奠奠于鉶南遂命佐食啓會佐食啓會卻于敦南出立

于西南面注酌奠奠其爵觶少牢饋食禮啓會乃奠之。敖繼公曰酌奠酌其所奠之酒也不云酒而云奠因事名之主人再拜稽首祝在左注稽首服之甚者祝在左當為主釋辭于神也祝祝曰孝孫某敢用剛鬣嘉薦普淖用薦某事于皇祖某子尚饗。疏引少牢祝祝以下者欲見迎尸之前釋孝子之辭也卒祝主人再拜稽首○祝迎尸于門外注尸自外來代主人接之就其次而請不拜不敢與尊者為禮周禮掌次凡祭祀張尸次主人降立于阼階東注主人不迎尸成尸尊尸所祭者之孫也祖之尸則主人乃宗子禰之尸則主人乃父道事神之禮廟中而已出迎則為厭尸入門左北面盥宗人授巾注侍盥者執其器就之執簞者不授巾賤也宗人授巾少牢饋食禮曰祝先入門右尸入門左尸至于階祝延尸尸升入祝先主人從注延進在後詔侑曰延禮器所謂詔侑武方者也少牢饋食禮曰尸升自西階入祝從主人升自阼階祝先入主人從尸即席坐主人拜妥尸注妥安坐也尸答拜執奠祝饗主人拜如初注饗勸彊之也其辭取于士虞記則宜云孝孫某圭為而孝薦之饗舊說云明薦之祝命挼祭尸左執觶右取菹㨍于醢祭于豆間注命詔尸也挼祭祭神食也士虞禮古文曰祝命佐食墮祭周禮曰既祭則藏其墮墮與挼讀同耳㨍醢者染于醢佐食取黍稷肺祭授尸尸祭之祭酒啐酒告旨主人拜尸奠觶答拜注肺祭刌肺也旨美也祭酒穀味之芬芳者齊敬共之唯恐不美告之美達其心明神享之祭鉶嘗之告旨主人拜尸荅拜注鉶肉味之有菜和者祝命爾敦佐食爾黍稷于席上注爾近也近之便尸之食也設大羹湆于醢北注大羹湆煑肉汁也不和貴其質設之所以敬尸也不祭不嚌大羹不為神非盛者也舉肺脊以授尸尸受振祭嚌之左執之注肺氣之主也脊正體之貴者先食啗之所以導食通氣乃食食舉注舉言食者明凡解體皆連肉○敖繼公曰乃食乃以右手食食也既食食則食舉所以安之主人羞肵俎于醢北注肵俎主于尸主人親羞敬也神俎不親設者貴得賓客以神事其先○敖繼公曰肵俎一而已故主可以親設之神俎多宜使賓也不言降與升文省少牢禮曰主人羞肵俎升自阼階尸三飯告飽祝侑主人拜注三飯告飽禮一成也侑勸也或曰又勸之使又食少牢饋食禮侑辭曰皇尸未實侑也○敖繼公曰此祭以饋食為名故當食而尸尤尊雖主人拜亦不荅也佐食舉幹尸受振祭嚌之佐食受加于肵俎舉獸幹魚一亦如之注幹長脅也獸腊其體數與牲同尸實舉于菹豆注為將食庶羞舉謂肺脊佐食羞庶羞四豆設于左南上有醢注庶衆也衆羞以豕肉所以為異味四豆者膮炙胾醢南上者以膮炙為上以有醢不得綪也尸又三飯告飽祝侑之如初注禮再成也舉骼及獸魚如初尸又三飯告飽祝侑之如初注禮三成獸魚如初者獸骼魚一也舉肩及獸魚如初注不復飯者三

三者士之禮大成也舉先正脊後肩自上而卻下綪而前終始之次也佐食盛肵俎俎釋三个注佐食取牲魚腊之餘盛于肵俎將以歸尸俎釋三个為改饌于西北隅遺之所釋者牲腊則正脊一骨長脅一骨及臑也魚則三頭而已个猶枚也舉肺脊加于肵俎反黍稷于其所注尸授佐食佐食受而加之反之也肺脊初在菹豆○主人洗角升酌酳尸注酳猶衍也是獻尸也云酳者尸既卒食又卻頤衍養樂之不用爵者下大夫也尸拜受主人拜送尸祭酒啐酒賓長以肝從注肝肝炙也尸左執角右取肝換于鹽振祭嚌之加于菹豆卒角祝受尸角曰送爵皇尸卒爵主人拜尸答拜注曰送爵者節主人拜○祝酌授尸尸以醋主人注醋報也祝酌不洗尸不親酌尊尸也古文醋作酢主人拜受角尸拜送主人退佐食授挼祭注退者進受爵反位尸將嘏主人佐食授之挼祭亦使祭尸食也其授祭亦取黍稷肺祭○敖繼公曰此挼亦因與授字相類而衍也以神俎敦之黍稷肺祭授之者象尊者賜之食然主人坐左執角受祭祭之祭酒啐酒進聽嘏注聽猶待也受福曰嘏嘏長也大也待尸授之以長大之福也佐食摶黍授祝祝授尸尸受以菹豆執以親嘏主人注獨用黍者食之主其辭則少牢饋食禮有焉○疏按少牢云祝以嘏于主人曰皇尸命工祝承致多福無疆于女孝孫來女孝孫使女受祿于天宜稼于田眉壽萬年勿替

引之是也。敖繼公曰少牢饋食禮所載嘏辭乃祝傳尸嘏者也此尸親嘏其辭之首與彼異主人左執角再拜稽首受復位詩懷之實于左袂挂于季指卒角拜尸荅拜注詩猶承也謂奉納之懷中季小也實于左袂挂袪以小指者便卒角也。敖繼公曰左執角謂右手將有事也詩字未詳或曰敬慎之意内則曰詩負之亦此意也拜不奠爵受黍不祭皆異于大夫也季指左手之小指也挂袪于指以黍在袂中故也古者袪挾于袂然猶挂之者慮拜時或遺落也主人拜受黍而尸不荅拜者以其受神惠故也主人出寫嗇于房祝以籩受注變黍言嗇因事託戒欲其重稼嗇嗇者農力之成功○筵祝南面注主人自房還時主人酳獻祝祝拜受角主人拜送設菹醢俎注行神惠也先獻祝以接神尊之菹醢皆主婦設之佐食設俎祝左執角祭豆興取肺坐祭嚌之興加于俎坐祭酒啐酒以肝從祝左執角右取肝擩于鹽振祭嚌之加于俎卒角拜主人荅拜受角。酳獻佐食佐食北面拜受角主人拜送佐食坐祭卒角拜主人荅拜受角降反于篚升入復位○主婦洗爵于房酳亞獻尸注亞次也次〻貳主婦貳獻不夾拜者士妻儀簡耳尸拜受主婦北面拜送注北面拜者辟内子也大夫之妻拜于主人北西面宗婦執兩籩戶外坐主婦受設于敦南注兩籩棗栗棗在西祝贊籩祭尸受祭之祭酒啐酒注籩祭棗栗之祭其祭之亦于豆間兄弟長以燔從尸受振祭嚌之反之注燔炙肉也羞燔者受加于肵出注出者俟後事也尸卒爵祝受爵命送如初注送者送卒爵○酢如主人儀注尸酢主婦如主人儀者自祝酌至尸拜送如酢主人也不易爵辟內子主婦適房南面佐食挼祭主婦左執爵右撫祭祭酒啐酒入卒爵如主人儀注撫挼祭示親祭佐食不挼而祭于地亦儀簡也入室卒爵于尊者前成禮明受惠也○獻祝籩燔從如初儀及佐食如初卒以爵入于房注及佐食如初如其獻佐食則拜主人之北西面也○賓三獻如初燔從如初爵止注初亞獻也尸止爵者三獻禮成欲神惠之均于室中是以奠而待之○席于戶內注為主人鋪之西面席自房来主婦洗爵酌致爵于主人主人拜受爵主婦拜送爵注主婦拜：于北面也宗婦贊豆如初主婦受設兩豆兩籩注初贊亞獻也主婦薦兩豆籩東面也俎入設注佐食設之主人左執爵祭薦宗人贊祭奠爵興取肺坐絕祭嚌之興加于俎坐挩手

祭酒啐酒注絕肺祭之者以離肺長也少儀曰牛羊之肺離而不提心豕亦然挩拭也挩手者為絕肺染汗也刌肺不挩手肝從左執爵取肝擩于鹽坐振祭嚌之宗人受加于俎燔亦如之興席末坐卒爵拜注于席末坐卒爵敬也一酳而備再從而次之亦均主婦荅拜受爵酌醋左執爵拜主人荅拜坐祭立飲卒爵拜主人荅拜○主婦出反于房主人降洗酌致爵于主婦席于房中南面主婦拜受爵主人西面荅拜宗婦薦豆俎從獻皆如主人主人更爵酌醋卒爵降實爵于篚入復位注主人更爵自酢男子不承婦人爵也祭統曰夫婦相授受不相襲處酢必易爵明夫婦之別○三獻作止爵注賓也謂三獻者以事命之作起也舊說云賓入戶北面曰皇尸請舉爵尸卒爵酢酌獻祝及佐食洗爵酌致于主人主婦燔從皆如初更爵酢于主人卒復位注洗乃致爵為異事新之燔從皆如初者如亞獻及主人主婦致爵也凡獻佐食皆無從其薦俎獻兄弟以齒設之賓更爵自酢亦不承婦人爵○楊復曰今按上文主婦獻皆至祝佐食而止今賓獻祝佐食畢又致爵于主人主婦故洗爵曰致為異事新之也○主人降阼階西面拜賓如初洗注拜賓而洗爵為將獻之如初視濯時主人再

拜賓荅拜三拜衆賓衆賓荅再拜者賓辭洗卒洗揖讓升酌西階上獻賓賓北面拜受爵主人在右荅拜注就賓拜者此禮不[illegible]於尊也賓卑則不專階主人在右[illegible]于其位薦脯醢設折俎注凡節解者皆曰折俎不言其體畧云折俎非貴體也上賓畧衆賓儀公有司設之賓左執爵祭豆奠爵興取肺坐絕祭嚌之興加于俎坐捝手祭酒卒爵拜主人荅拜受爵酌酢奠爵拜賓荅拜注主人酌自酢者賓不敢酢主人主人達其意主人坐祭卒爵拜賓荅拜揖執祭以降西面奠于其位位如初薦俎從設注位如初復其位東面少牢饋食禮宰夫執薦以從設于祭東司士執俎以從設于薦東是則皆公有司為之與○衆賓升拜受爵坐祭立飲薦俎設於其位辯主人備荅拜焉降實爵于篚注衆賓立飲賤不備禮鄉飲酒記曰立卒爵者不拜既爵備盡盡人之荅拜○尊兩壺于阼階東加勺南枋西方亦如之注為酬賓及先弟行神惠不酌上尊卑異之就其位尊之西壺皆酒優之先尊東方示惠由近禮運曰澄酒在下主人洗觶酌于西方之尊西階前北面酬賓賓在左注先酌西方者尊賓之義主人奠觶拜賓荅拜主人坐祭卒觶拜賓荅拜

主人洗觶賓辭主人對卒洗酌西面賓北面拜注西南者鄉賓位立于西階之前賓所荅拜之東北主人奠觶于薦北注奠酬于薦左非為其不舉行神惠不可同于飲酒賓坐取觶還東面拜主人荅拜賓奠觶于薦南揖復位注還東面就其位薦西奠觶薦南明將舉○主人洗爵獻長兄弟于阼階上如賓儀注酬賓乃獻長兄弟者獻之禮成于酬先成賓禮此主人之義亦有薦脀設于位私人為之與○洗獻眾兄弟如眾賓儀注獻畢而必為之洗者顯神惠此言如眾賓儀則如獻眾賓洗明矣○洗獻內兄弟于房中如獻眾兄弟之儀注內兄弟內賓宗婦也如眾兄弟如其拜受坐祭立飲設薦俎于其位而立內賓位在房中之尊北不殊其長畧婦人也有司徹曰主人洗獻內賓于房中南面拜受爵主人西面荅拜更爵酢卒爵降實爵于篚入復位注爵辯乃自酢以初不殊其長也內賓之長亦南面荅拜○長兄弟洗觚為加爵如初儀不及佐食洗致如初無從注大夫士三獻而禮成多之為加也不及佐食無從殺也致致于主人主婦○敖繼公曰無從謂所獻所致者皆無燔從也無從則不啐酒而卒爵亦其異者眾賓長為加爵如初爵止注尸爵止者欲神惠之均于在庭○嗣舉奠盥入北面再拜稽首注嗣主人將為後者舉飲酒也使嗣子飲奠者將傳重累之者大夫之嗣子不舉奠辟諸侯尸執奠

進受復位祭酒啐酒尸舉肝舉奠左執觶再拜稽首進受肝復位坐食肝卒觶拜尸備荅拜焉注□肝受尊者賜不□餘也備猶盡也每拜荅之以尊者與卑者為禮畧其文耳○敖繼公曰奠觶南之觶也肝即鼏之加于菹豆者也位室中之位也坐卒觶亦異其室中之禮凡子姓受主人之獻亦立卒爵不拜旣爵舉奠洗酌入尸拜受舉奠荅拜祭酒啐酒奠之舉奠出復位注啐之者荅其欲酢己也奠之者復神之奠觶嗣齒于子姓凡非主人升降自西階○兄弟弟子洗酌于東方之尊阼階前北面舉觶于長兄弟如主人酬賓儀注弟子後生也○宗人告祭脀注脀俎也所告者衆賓兄弟內賓也獻時設薦俎于其位至此禮又殺告之祭使成禮也其祭皆離肺不言祭豆可知乃羞注羞庶羞也下尸胾醢豆而已此所羞者自祝主人至于內賓無內羞○賓坐取觶阼階前北面酬長兄弟長兄弟在右注薦南奠觶賓奠觶拜長兄弟荅拜賓立于觶酌于其尊東面立長兄弟拜受觶賓北面荅拜揖復位注其尊長兄弟尊也此受酬者拜亦北面長兄弟西階前北面衆賓長自左受旅如初注旅行也受行酬也初賓酬長兄弟長兄弟卒觶酌于其尊西面立受旅者拜受長

兄弟北面荅拜揖復位衆賓及衆兄弟交錯以辯皆如初儀注交錯猶言東西○為加爵者作止爵如長兄弟之儀郝敬曰此尸飲衆賓長之加爵也初衆賓長繼長兄弟加爵尸飲長兄弟爵不飲衆賓長爵以已受加爵而衆賓與兄弟酬未及今旣旅及衆賓與兄弟尸可飲矣故加爵之賓長作起其初止之爵請尸飲如長兄弟加爵之儀尸卒爵拜荅拜自酢復位同也○長兄弟酬賓如賓酬兄弟之儀以辯卒受者實觶于篚注長兄弟酬賓亦坐取其奠觶此不言交錯以辯賓之酬不言卒受者實觶于篚明其相報禮終于此其文省○賓弟子及兄弟弟子洗各酌于其尊中庭北面西上舉觶于其長奠觶拜長皆荅拜舉觶者洗各酌於其奠復初位長皆拜舉觶者皆奠觶于薦右注奠觶進奠之于薦右非神惠也長皆執以興舉觶者皆復位荅拜長皆奠觶于其所皆揖其弟子弟子皆復其位注復其位者東西面位弟子舉觶于其長所以序長幼教孝弟凡堂下拜亦皆北面爵加無筭注筭數也賓取觶酬兄弟之黨長兄弟取觶酬賓之黨唯已所欲亦交錯以辯無次第因今接會使之交恩定好優勸之○敖繼公曰此亦賓先舉奠觶酬兄〻長交錯以辯卒飲者洗酌亦反奠于故處賓及兄弟又先舉奠觶皆如初禮終而復始故云爵皆無筭若其儀之與旅異者唯不拜耳○利洗散

獻于尸酢及祝如初儀降實散于篚注利佐食也言利以今進酒也更言獻者以利侍尸禮將終宜一進酒嫌于加酒亦當三也不致爵禮又殺也⊙主人出立于戶外西南注事尸禮畢

祝東面告利成注利猶養也供養之禮成不言禮畢于尸閒之嫌尸謖祝前主人降注謖起也前猶導也少牢饋食禮曰祝入尸謖主人降立于阼階東西面祝先尸從遂出于廟門前尸之義士虞禮備矣祝反及主人

入復位命佐食徹尸俎俎出于廟門注俎所以載肵俎少牢饋食禮曰有司受歸之

⊙徹庶羞設于西序下注為將餕去之庶羞主為尸非神饌也尚書傳曰宗室有事族人皆侍終日大宗已侍于賓奠然後燕私燕私者何也已而與族人飲也此徹庶羞置西序下者為將以燕飲與然則自尸祝至于兄弟之庶羞宗子以與族人燕飲于堂內賓宗婦之庶羞主婦以燕飲于房○筵對席佐食分簋鉶注為將餕分之也分簋者分敦黍于會為有對也敦有虞氏之器也周制士用之變敦言簋容同姓之士得從周制耳祭統曰餕者祭之末也不可不知也是故古之人有言曰善終者如始餕其是已是故古之君子曰尸亦餕鬼神之餘也惠術也可以觀政矣宗人遣舉奠及長兄弟盥立于西階下

東面北上祝命嘗食餕者舉奠許諾升入東面長兄

弟對之皆坐佐食授舉各一膚注命告也士使嗣子及兄弟餕其惠不過族親古文餕皆從餕

○敖繼公曰舉奠子姓也云及長兄弟則主人之子位在長兄弟之上明矣立于西階下俟命也其位蓋在賓之東北○郝敬曰徹庶羞設于室中西序使嗣

子與長兄弟餕莛對席設東西席二餕相對簋敦也分敦中黍稷與鉶中和羹二餕各一舉奠卽嗣子宗人遣嗣子與長兄弟盥手立西階下俟祝命嘗食餕者猶言命餕者嘗食升入升堂入升嗣子東面尊繼體也授舉授俎肉手執曰舉尸俎有三膚二餕各一⊙主人西面再拜

祝曰餕有以也兩餕奠舉于俎許諾皆荅拜注以讀如何其久也必有以也之以祝告餕釋辭以戒之言女餕此當有所以也以先祖有德而享于此祭其坐餕其餘亦當以之也少牢饋食禮不戒者非親昵也舊說曰主人拜下餕席南若是者三注丁寧戒之皆取舉祭食祭舉乃食祭鉶食舉注食乃祭鉶禮殺⊙郝敬曰餕有以以先澤享此教嗣子兄弟思先也餕者置所舉膚于俎應且拜許諾應聲主人三祝二餕三諾三荅拜乃取舉以祭：食祭飯也次祭舉祭肉也乃食食飯也後祭鉶羹乃食舉祭皆畢而後食肉也卒食主人降洗爵宰贊一爵主人升酌酳上餕上餕拜受爵主人荅拜酳下餕亦如之主人拜祝曰酳有與也如初儀注主人復拜為戒也與讀如諸侯以禮相與之與言女酳此當有所與也與者與兄弟也既知似先祖之德亦當與女兄弟謂教化之兩餕執爵拜注荅主人也祭酒卒爵拜主人荅拜兩餕皆降實爵于篚上餕洗爵升酌酢主人主人拜受爵注下餕復兄弟位不復升也上餕卽位坐荅拜注既授爵戶內乃就坐主人坐祭卒爵拜上餕荅拜受

爵降實於篚主人出立于戶外西面注事餕者禮畢〇郝敬曰食畢主人降洗爵宰以一爵助酳二養用二爵也上養即嗣子下養即長兄弟酳有與、兄弟共飲親親之意也亦如初亦三祝也二養卒爵並降獨上養升酢主人事、子也嗣子既受爵于主人復戶內北面之位號而荅拜荅主人拜受虛爵也主人出戶外西面俟徹俎陽厭也〇祝命徹阼俎豆籩設于東序下注命命佐食阼俎主人之俎宗婦不徹豆籩徹禮畧各有為而已設于東序下亦將燕也祝執其俎以出東面于戶西注俟告利成少牢下篇曰祝告利成乃執俎以出宗婦徹祝豆籩入于房、徹主婦薦俎注宗婦既並徹、其卑者士虞禮曰祝薦席徹入于房〇佐食徹尸薦俎敦設于西北隅几在南厞用筵納一尊佐食闔牖戶降注厞隱也不知神之所在或諸遠人乎尸謖而改饌為幽闇庶其饗之所以為厭飫少牢饋食禮曰南面如饋之設此所謂當室之白陽厭也則尸未入之前為陰厭矣祝告利成降出主人降即位宗人告事畢賓出主人送于門外再拜注荅送賓也凡去者不荅拜佐食徹阼俎堂下俎畢出注記俎出節兄弟及衆賓自徹而出惟賓俎有司徹歸之尊賓也

記特牲饋食其服皆朝服玄冠緇帶緇韠注于祭服此也皆者謂賓及兄弟筮日筮尸視濯亦玄端至祭而朝服朝服者諸侯之臣與其君日視朝之服大夫以祭今賓兄弟緣孝子欲得嘉賓尊客以事其祖禰

故服之緇韠者下大夫之臣夙興主人服如初則固玄端唯尸祝佐食玄端玄裳黃裳雜裳可也皆爵韠注與主人同服周禮士之齊服有玄端素端然則玄裳上士也黃裳中士雜裳下士○敖繼公曰士尸服玄端亦以其為卒者之正服也然則尸服卒者之上服唯喪祭耳祝佐食與主人亦玄端者以其事尸于室尤為近之故服宜與尸同言玄端玄裳又言黃裳雜裳可也者蓋以賤者或不能備服故制此禮以通之其朝服之裳惟許用素積者豈以素者易辦故與設洗南北以堂深東西當東榮注榮屋翼也水在洗東注祖天地之右海篚在洗西南順實二爵二觚四觶一角一散注順從也言南從統于堂也二爵者為賓獻爵止主婦當致也二觚長兄弟酌衆賓長為加爵二人班同迎接並也四觶一酌奠其三長兄弟酬賓卒受者與賓弟子兄弟弟子舉觶于其長禮殺事相接禮器曰貴者獻以爵賤者獻以散尊者舉觶卑者舉角舊說云爵一升觚二升觶三升角四升散五升○敖繼公曰二觚者長兄弟以觚為加爵因以致于主人主婦既則更之以酢于主人也四觶者其一奠于神席前其一乃主以奠酬于賓其一乃衆賓長為加爵于尸其一乃爵止而未舉之時兄弟弟子舉觶于其長者也壺棜禁饌于東序南順覆兩壺焉蓋在南明日卒奠冪用綌即位而徹之加勺注覆壺者盝瀝水且為其不宜塵○郝敬曰兩壺一盛酒一玄酒皆塵壺倒置棜上曰覆以瀝餘水未奠也蓋壺蓋明日即祭日乃實酒水著禁奠畢加巾冪俟主賓以下即位乃徹巾加勺籩巾以給也纁裏棗烝栗擇注籩

有巾者果實之物多皮核優尊者可褁之也烝擇五文舊說云纏裹者皆去柎鉶芼用苦若薇皆有
滑夏葵冬荁注苦：荼也。荁，堇屬，乾之，冬滑于葵。○郝敬曰：滑，和以粉，使滑利也。葵菜夏可食，荁芋屬，冬可食，芼也。棘
心匕刻注刻若今龍頭牲爨在廟門外東南魚腊爨在其南
皆西面饎爨在西壁注饎，炊也。西壁，堂之西牆下。舊說云南北直屋梠，稷在南。肵俎心舌
皆去本末午割之實于牲鼎載心立舌縮俎注午割，從橫割之，亦勿沒。立，縮，順其牲。心舌知食味者，欲尸之饗之，祭是以進之。○郝敬曰：肵俎，尸食俎，實以牲心舌，貴之也。午割，縱橫割，不斷也。實于牲鼎，從其類，熟之，載于肵俎。心立舌直，縮直也，順俎為直。賓與長兄弟之薦自東房其餘在
東堂注東堂，東夾之前近南。○敖繼公曰：經惟云豆籩鉶在東房，蓋主于尸者也。此又見賓與長兄弟之薦亦在東房矣。賓、長也。其餘次賓、次兄弟而下與內兄弟及公有司、私臣也。公有司、私臣有俎則有薦可知，經記不見之耳。少牢饋食禮私人有薦脀。沃尸盥者
一人奉槃者東面執匜者西面淳沃執巾者在匜
北注匜北，執匜之北，亦西面。每事各一人，淳沃，稍注之。宗人東面取巾振之三南面
授尸卒執巾者受注宗人代授巾，庭長尊。尸入主人及賓皆辟位
出亦如之注辟位，逡遁。嗣舉奠佐食設豆鹽注肝宜鹽也。佐食當

事則尸外南面無事則中庭北面注當事將有事而未至凡祝呼佐食許諾注呼猶命也宗人獻與旅齒於衆賓注尊庭長齒從其長幼之次佐食於旅次於兄弟○尊兩壺于房中西墉下南上注為婦人旅也其尊之節亞西方內賓立于其北東面南上宗婦北堂東面北上注二者所謂內兄弟內賓姑姊妹也宗婦族人之婦其夫屬于所祭為子孫或南上或北上宗婦宜統于主婦主婦南面北堂中房而北主婦及內賓宗婦亦旅西面注西面者異於獻也男子獻于堂上旅于堂下婦人獻于南面旅于西面內賓象衆賓宗婦象兄弟其節與其儀依男子也主婦酬內賓之長酌奠于薦左內賓之長坐取奠于右宗婦之娣婦舉觶于其姒婦亦如之內賓之長坐取奠觶酬宗婦之姒交錯以辯宗婦之姒亦取奠觶酬內賓之長交錯以辯內賓之少者宗婦之娣婦各舉奠于其長並行交錯無筭其拜及飲者皆西面主婦之東南宗婦贊薦者執以坐于戶外授主婦○尸卒食而祭饎爨雍爨注雍孰肉以尸享祭竈有功也舊說云宗婦祭饎爨亨者祭雍爨用黍肉而已無籩豆俎禮器曰燔燎于爨夫爨者老婦之祭盛于盆尊于瓶賓從尸俎出廟門乃反位注賓從尸送尸也士之助祭終其事也俎尸俎也賓既送尸復入反位者宜與主為禮乃去之○尸俎右肩臂臑肫胳正脊二骨橫脊長脅二

骨短脅注尸俎神俎也士之正祭九體貶于大夫有併骨二亦得十一之名合少牢之體數此所謂放而不致者凡俎實之數奇脊無中脅無前貶于尊者不貶正脊不奪正也正脊二骨長脅二骨者將舉于尸尸食未飽不欲空神俎○郝敬曰俎實牲體以骨為本[illegible]卑為數多寡吉牲尚右故尸俎用右肩肩下為臂臂下為臑肫作髀股骨也胳骼同腳骨也正脊脊頸也骨多併二為一短脅近肩骨短也膚三注為養用二厭飫一也離肺一注離猶掔也小而長午割之亦不提心謂之舉肺刌肺三注為尸主人主婦祭○郝敬曰刌肺刌斷以祭者此十一物皆承俎也魚十有五注魚水物陰中之物取數于月十有五日而盈少牢饋食禮亦云十有五而俎尊卑同腊如牲骨注不但言體以有一骨二骨者○郝敬曰腊野獸殺者腊俎如牲骨無膚與肺也○祝俎髀脡脊二骨脅二骨郝敬曰祝俎祝承俎解[illegible]骨脡脊即正脊脡直也祝以下俎不言魚腊同也膚一離肺一○阼俎臂正脊二骨橫脊長脅二骨短脅注主人尊欲其體得祝之加數五體臂左體臂膚一離肺一○主婦俎觳折注觳後足折分後右足以為佐食俎不分左臑折臂大夫妻其餘如阼俎注餘謂脊脅膚肺○郝敬曰觳蹄尖脛不足用觳分折也其餘謂承脊脅以下及膚肺與魚主婦俎與阼俎同也佐食俎觳折脊脅注三體卑者從正膚一離肺一○賓骼長兄弟及宗人折其餘如佐食俎注骼左骼也賓俎全體尊賓不用尊體為其已甚卑而全之其宜可也長兄弟及宗人折不言所分畧之○敖

繼公曰凡骼與觳連乃為全體上記西見觳折則此骼亦非全體矣不言骼折者以其可知不必言也長兄弟及宗人折亦謂折分其全體也不言其體者或以其所用者不定故與其餘謂脊脅膚肺

衆賓及衆兄弟內賓宗婦若有公有司私臣皆殽脀注又畧此所折骨直破折餘體可殽者升之俎一而已不備三者賤祭禮接神者貴凡骨有肉曰殽祭統曰凡為俎者以骨為主貴者取貴骨賤者取賤骨貴者不重賤者不虛示均也俎者所以惠之必均也善為政者如此故曰見政事之均焉公有司亦士之屬命于君者也私臣自己所辟除者

膚一離肺一○公有司門西北面東上獻次衆賓私臣門東北面西上獻次兄弟升受降飲注獻在後者賤也祭祀有上事者貴之亦皆與旅

【萬斯大讀特牲饋食禮三則】禮言小宗之法有曰宗其繼高祖者五世則遷者也夫宗子為主祭而立有繼高祖之宗則士之祭自高祖而下可知大夫則更有太祖其宗百世不遷故謂之大宗然禮又曰大夫士有大事省于其君干祫及其高祖干求也祫合祭也必求于君而後得祫則其常時但得特祭而不得合祭又可知考特牲少牢二禮其祝辭及命筮之辭唯其皇祖而自稱孝孫則常時之祭也其為特祭昭昭矣蓋舉祭祖以為例其祭高曾及禰俱以此推之自稱則孝孫孝曾孫若孝子焉所易可也○凡主祭者稱主人即宗子也祝辭稱孝孫則適孫為宗子也適孫為宗子而祭祖則伯父叔父以下皆宗之以祭故特牲少牢二禮子姓兄弟皆與主人同祖同父者也而伯父叔父獨未有見焉豈適孫主祭者其伯父叔父可以不預乎蓋祖為伯父叔父之所自出無不預祭之理禮文未有見已包于兄弟之中也其不別〃文者宗子先君之正體伯父叔

父同祖之旁尊旁尊不以加宗故不以出伯父叔父之子所以全宗子之尊也推此而言宗子而祭曾祖也則從祖而下凡再從者皆在焉[illegible]兄弟包之也宗子而祭高祖也則族曾祖而下凡三從者皆在焉無不于兄弟包之也禮文所稱長兄弟者此其最尊者歟○天子諸侯[illegible][illegible]之始有灌地降神之事而大夫士無之然特牲少牢二禮尸未入之前祝酌奠〻于鉶南主人再拜稽首祝〻竟然後迎尸此亦降神之意鄭氏釋曾子問隂厭援之以實之天子諸侯于祭之終不知神之所在于彼于此故設祭于堂爲祊乎外而大夫士無之然特牲禮既饗佐食徹尸薦俎敦設于西北隅此亦于彼于此之義鄭氏釋曾子問陽厭援此以實之不思祭成喪者必有尸而祭殤必厭隂厭以祭宗子之殤陽厭以祭凡殤曾子問昭〻明著非指祭祖禰時尸未入之始與尸既出之終也且厭之爲言饜飫之義也祭方始而奠祝安得遽饜又陽厭當室之白以其在室西北隅屋漏故曰陽也特牲禮之改設雖于屋漏然而厞用筵且闔戶牖俾之幽暗于陽厭之義謂何且使凡祭必備二厭則少牢禮何以不儐尸者有改設之事而儐尸者無之耶

乾學按祭畢設幕之時有宗人遣舉奠之文諸家據上文嗣舉奠謂此舉奠即主人之嗣子他日代主人爲後者也夫以舉奠爲嗣子而主人致祝而拜者再獻酬而拜者亦再是父拜其子矣父拜其子古今未

聞而儀禮乃有之誠所不可解也不然則

諸家解者之謬也

喪大記禫而從御吉祭而復寢 注從御御婦人也復寢不復宿殯宮也○疏吉祭而復寢者謂禫祭之後同月之內值吉祭之節行吉祭訖而復寢若不當四時吉祭則踰吉祭乃復寢故士虞記云中月禫是月也吉祭猶未配注云是月是禫月也當四時之祭月則祭也亦不待踰月故熊氏云不當四時祭月則待踰月也案閒傳既祥復寢與此吉祭復寢不同者彼謂不復宿中門外復于殯宮之寢此吉祭後不復宿殯宮復于平常之寢文雖同義別故此注不復宿殯宮也明大祥後宿殯宮也

顧炎武曰禫而從御吉祭而復寢互言之也鄭注已明而孔氏乃以吉祭為四時之祭雖禫之後必待四時之祭訖然後復寢非也禫即吉祭也豈有未復寢而先御婦人者乎

檀弓祥而縞是月禫徙月樂 注言禫明月可以用樂○馬希孟曰三年之喪人子之所自盡而尤不可以死傷生故死與其往則設祭以致存親之禮生與其來則除喪以明順變之道祭禮曰文喪道曰損是以既塟則虞成事則祔朞而小祥再朞而大祥祥則禫言祭有即吉之漸也始喪喪冠繩纓練冠以葛易麻大祥則素縞以除言喪有即遠之漸也祭不為除喪而除喪者必有祭故凡變除者皆以祭為節大祥之祭可以從吉之時而為人子者不忍一朝之間釋衰經[illegible]黃故又有禫以延之雖然祥禫之祭皆重喪之禮也而先儒論其月則異焉以情致之蓋祥禫者施于三年之喪則其月同施于[illegible]之喪則其月異士虞[illegible]亦曰一十五月大祥中月而禫言中月者以其在[illegible]中此三年之喪者也鄭康成之說則

欲以三年祥禫而視于期為二十七月此四父在為母亦固有所屈乎為父三年而得致哀戚之情故祥禫同月所以殺其日為母而朞則哀戚之禮殺于三年之中故祥禫異月所以弥其月蓋三年所以為極而致于二十五月者其禮不可過以三年之愛而斷于期者其情猶可伸夫三年之喪既以禫在祥月之中而從月可以作樂故魯人朝祥暮歌而孔子曰踰月則其善也至于孟獻子既禫而不樂則孔子以為加于人一等矣在禫而樂者聽于人者也在從月而樂者作于已者也雜記曰親喪外除故笙歌之宗不作于未禫之前然則孔子既祥五日彈琴而不成聲十日而成笙歌言十日者蓋亦從月之間也三年之喪致于從禫之月而得作樂則喪道終矣此謂二十五月而禫者也

孟獻子禫縣而不樂比御而不入注可以御婦人矣尚不復寢夫子曰獻子加于人一等矣注加猶踰也。疏此一節論獻子除喪作樂得禮之宜也依禮禫祭暫縣省樂而不恒作也至二十八月乃始作樂又依禮禫後吉祭乃始復寢當時人禫祭之後則恒作樂未至吉祭而復寢今獻子特異餘人故夫子善之云加于人一等不謂加于禮一等。陳祥道曰禫而內無哭者樂作矣又曰禫而從御吉祭而後寢由此觀之孟獻子禫縣而不樂比御而不入則過乎此矣故孔子稱之今夫先王制禮以中為界子夏子張援琴于除喪之側孔子皆以為君子伯魚子路過哀于母姊之喪孔子皆非之然則孟獻子之過于禮孔子反稱之者非以為得禮也特稱其加諸人一等而已

間傳中月而禫禫而飲醴酒始飲酒者先飲醴酒始食肉者先食乾肉注先飲醴酒食乾肉者不忍發御厚味○中月而禫禫而牀

○中月而禫禫而纖無所不佩

論語去喪無所不佩

朱子語類先是一日吳兄不講禮先生問何故曰為祖母承重方在禫故不敢講賀禮或問為祖母承重有禫制否曰禮惟于父母與長子有禫今既承重則便與父母一般了當服禫○或問女子已嫁為父母禫否曰據禮云父在為母禫止是主男子而言

案周怡曰三年之喪禮書止于再期而大祥中月而禫凡二十七月本朝用二十七月扣日計月實滿二十七月計月則二十八月也禫者淡淡然意則前此皆哀聲戚容至此始淡而實非忘哀也若依禮書中月而禫則于二十八月忌日無事舉行何以釋服若再祭吉是重禫也禮則瀆矣禮本諸人情親喪自盡三年之喪自先王制禮不敢過也孝子之心雖加一日猶為可也孟獻子禫縣而不樂比御而不入夫子曰獻子加于人一等矣說者皆病獻子之過謂夫子言其禮過于人非先王中制之愚則謂寧過也無寧不及也少連大連善居喪三年憂禫在其中矣人子之于親也雖至情難孝子久而易忘也何忍于祥禫之間計月日乎有所限而行者謂之守禮則可謂之[illegible]則吾不知也

方中履古今釋疑　履聞之父老曰禫禫服之名也按諸家禮既祥則遷主于廟二十有七月而禫禫則祭皆本諸鄭氏謂中猶間也與大祥間一月其祭玄冠朝服既祭纓冠素端黃裳終月而除之夫禮三年而後塟者必再祭再祭謂練祥也期而練禮也過期而猶不廢仗禫而畢其祭則三年而禫反可廢乎鄭氏乃謂練祥而不禫何也禮始虞曰哀薦祫事再虞曰虞事卒哭曰成事期而小祥曰薦此常事又期而大祥曰薦此祥事中月而禫獨無辭何也凡喪非虞祔練祥無沐浴練祥之祭其他禮儀之變散見乎禮經而獨無一辭及于禫何也禫而飲酒從御作樂無所不佩皆復其常矣而獨纓冠素端何也且纓冠素端與夫纖之為黑經白緯皆于經無考鄭氏之鑿說也由此論之禫非祭名也既祥則除矣孝子猶素縞麻衣而後禫其變也馴矣而又何纓冠之有蓋三年之喪既虞視齊衰既練視大功既祥則麻衣輕于緦矣不言禫何時除是禫即除之名也曰是月禫王肅之說是也

附期喪禫制

雜記　期之喪十一月而練十三月而祥十五月而禫　注此謂父在為母也

喪服小記　為父母妻長子禫　注自所為禫者也○疏慈母亦宜禫下庶子在父之室為其不禫則慈母亦不禫也故不言之妻為夫亦禫也特記文不具

庶子在父之室則為其母不禫　注妾之子父在厭也○疏此謂不命之士父子同宫者若異宫則

禫之如下文言則亦猶杖也禫為服外故微奪之耳

宗子母在為妻禫注宗子之妻尊也。疏賀瑒云父在適子為妻不杖不杖則不禫若父沒母存則為妻得杖又得禫凡適子皆然嫌畏宗子尊嫌其妻故特云宗子母在為妻禫宗子尚然則其餘適子母在為妻禫可知賀循云出居廬論稱杖者必廬廬者必禫此明杖章尋常之禮謂杖章之內居廬必禫若別而言之則杖有不禫禫有不杖者按小記篇云宗子母在為妻禫則其非宗子其餘適庶母在為妻並不得禫也小記又云父在為妻以杖即位鄭云云庶子為妻然父在為妻猶有其杖則父沒母存有杖可知此是杖有不禫者也小記又云庶子在父之室則為其母不禫若其不杖則喪服不杖之條應有庶子為母不杖之文今無其文則猶杖可知也前文云三年而後葬者但有練祥而無禫是有杖無禫此二條是杖而不禫賀循又云婦人尊微不奪正服並厭其餘哀如賀循此論則母皆厭其嫡子庶子不得為妻杖也故宗子妻尊母所不厭故特明得禫也

乾學按期服有禫謂父在為母及夫為妻也其祭之儀節不知與三年之禫同乎異乎然禮言十一月而練十三月而祥十五月而禫既備此三者之節則必倣三年之禮行之矣是禮也自周至梁陳皆守而不變逮隋牛弘始奏十一月之練而祥禫猶

如故至唐高宗[illegible][illegible][illegible]之齊服以三年于是母喪無期服因無期服之祥禫而妻喪之祥禫亦廢矣古人之論妻服也謂彼以父服服我我故以母服報之誠哉是言也後世妻服無祥禫之制則妻喪竟等于諸期喪而與古禮大異矣

〔萬斯大與張仲嘉書〕禫祭條欲補妻期亦服禫之說按雜記曰朞之喪十一月而練十三月而祥十五月而禫注曰父在為母小記又云為父母妻長子禫有禫亦當有練祥則雜記注專指為母者泥也今制母喪亦三年有禫可弗論妻長子不復有禫蓋亦有由古人父在子為母期故妻有子者已與子同服其練也祥也禫也已與子亦同一日也今制子雖父在為母三年則妻有子者已服期而子服三年已為妻之練也祥也禫也與子為其母之練也祥也禫也先行其祭子之練也祥也禫也復設祭之禮古人父為長子三年子為父三年故長子喪而有子者已與孫同服其練也祥也禫也已與孫亦同一日也今制父為長子期則長子有子者其喪也已服朞而孫服三年已為子之練也祥也禫也先行其祭及其孫之練也祥也禫也復設祭之禮于此欲得兩盡之道不可不酌古今之宜妻喪未有子者其練祥禫祭當如期以行若其有子則當就子之練祥禫祭已為主而致其哀可也然小記又云宗子母在為妻禫則父在不得為妻禫可知所以然者父主嫡婦已不得為主故也此處又宜分別書之

禫

唐開元禮三品以上喪禮（四品以下至庶人附）

禫祭○前一日掌事者先備内外禫服各陳于別所主人及諸子俱沐浴櫛爪翦仍宿于外寢牢饌及器如大祥之禮其日夙興祝入燭先升拂几筵啓匱出神主置於座（四品以下唯設几筵于奠）掌事者設罍洗篚于東階東南如常篚實爵一巾一加冪設尾甒二于座之左北墉下醴酒酒在東冪用絺加勺南柄具饌于堂東祝與執尊罍篚者先入立于尊罍篚之後主人及諸子妻妾女子子仍祥服（爲長子者三年亦祥）内外俱升就位哭盡哀降釋祥服應禫服者著禫服相者引主人以下俱升就位哭掌饌者以饌入升設于座前訖執饌者出相者引主人降自東階詣罍洗盥手洗爵相者引主人升自東階詣酒尊所酌醴進跪奠于座前俛伏興少

退西面立祝持版進立于座之右北向內外皆止哭祝讀祝文曰維年月朔日子孤子某敢昭告于考某官封謚（妣曰妣夫人某氏）禫制有期追遠無及謹以潔牲柔毛剛鬣明粢薌合薌萁嘉蔬嘉薦醴齊（四品以下謹以潔牲柔毛剛鬣嘉薦普淖明齊溲酒餘同）祗薦禫事于考某官封謚尚饗主人哭再拜應拜者再拜內外皆哭祝興跪進奠版于座還罇所相者引主人以下出降自東階還寢內相者內引妻妾女子子以下降自西階側還于寢祝闔戶與執罇罍者降出少頃掌饌者入開戶徹饌以出祝匱神主闔戶以降祔廟如別儀自禫之後內無哭者始飲醴酒食乾肉

附廟（六品以下云附祭將附卜日如常儀四品以下筮日如常儀）

將附掌事者先于始祖廟室內西壁下為埳室（四品以下無此）

儀前三日主人及亞獻終獻及諸執事者俱散齋二日致齋一日前一日掌事者清掃室之內外其廟應遞遷者皆出神主置于座（四品以下但遞遷者設座無神主下同）主人以酒脯告遷訖遂移牀幄以次遷神主置于幄座又奠酒脯醢以安神少頃掌事者徹饌以出掌廟者以次匱神主納于埳室訖（六品以下但前一日掌事者清掃正清之內外其日未明掌事者設曾祖之座于正寢室內之奠東向）又設考之祔座于曾祖室內東壁下西向右几（婦則祔于曾祖姑亦如之言曾祖及曾祖姑皆據孝子之言于亡者祖及祖姑也祔于曾祖則曾祖姑配有事于尊可以及卑者六品以下設考之祔座于曾祖座東北南向皆右几餘同）設主人位于東階東南西向設子孫位于門內道東北面西上設亞獻終獻位于主人東南設掌事以下位于終獻東南俱西向北上（亞獻終獻以國官僚佐若無親賓充）設贊唱者位于主人西南西面設酒罇于堂上室戶之東南北向西上設洗于阼階東南北向罍西當東霤（六品

讀禮通考　卷五十一

以下云東荣南北以堂深罍水在洗東篚在洗西南肆篚實
爵三巾二加冪其爵数每廟三祔日內外夙興掌饌者先具少
牢之饌二座各俎三簋二六品以下具特牲之饌二座各俎一簋二餘同簠二鉶二
酒罇二其二罇一實玄酒為上一實清酒次之上罇加玄酒者
重古其籩豆一品者各十二二品三品各八四品五品各六六品以下者各四主人及
行事者各服祭服掌事者具腰輿掌廟者開神主置
于座降出曾祖妣神主並處右若祔妣則出曾祖妣神主而已執罇罍篚者入就位四品以下
則主人以下皆入就位又諸婦人停于門外周以行帷俟祭訖而還六品以下云諸婦人位于西階西南餘與四品以下同內外俱就
靈室所祝進座前西面告曰以今吉辰奉還新主于
廟執輿者以輿升入進輿于座前祝納神主于匱置
于輿祝仍扶于左若祔妣則閽寺之屬扶于右降自西階子孫內外陪
從于後至廟門諸婦人停于門外周以行帷俟祭訖
而還神主入自門升自西階入于堂諸子孫從升立

于室户西重行東面以北為上行事者從入各就位輿者詣室前迴輿西向祝啓匱出神主于座輿降立于西階下東向相者引主人以下降自東階各就位自内外各就靈室以下四品以下無祝立定贊唱者曰再拜在位者皆再拜掌饌者引饌入升自東階入于室各于神座前施設訖掌饌以下降出相者引主人詣罍洗盥手洗爵升自東階詣酒罇所執罇者舉冪主人酌酒斟相者引主人入室進北面跪奠爵于尊祖神座前俛伏興相者引主人出詣酒罇所取爵酌酒入室進東向跪奠于神座前俛伏興出户北面立羣祖考妣如之祝持版進于室户外之右東向跪讀祝文曰維年月朔日子孝曾孫某官封某敢昭告于曾祖某官封謚若無官封但云曾祖之靈母云曾祖妣夫人某氏不告曾祖祖某官封謚若祔母云祖妣某氏以下無官封者但云考妣之靈考某官封謚若祔

母云妣某氏如父在不可遽遷祖妣先忙日于廟東北當別立一室藏其主待考同祔某罪積不淑歲及免喪

先王制禮練主入祔宗廟上遷昭穆繼序是用適于

皇考封謚以遷王考封謚祭祔孫某封謚無官封者但云以適遷于祖躋祔某孫若毋同祔則二適遷于

祖姑夫人某氏以躋祔孫婦夫人某氏各隨所祔無官封者但云以適遷于祖姑某氏以躋祔孫婦某氏謹以潔牲剛鬣

嘉薦普淖明齍溲酒祗薦于曾祖某官封謚曾祖妣

某氏配祖某官封謚祖妣某氏配考某官封謚若祔毋則云曾

祖妣某氏祖妣某氏尚饗興主人再拜祝進入奠版于曾祖神座

興還罇所相者引主人出降還本位初主人獻將畢

相者引亞獻詣罍洗盥手洗爵升詣酒罇所酌酒入

進北面跪奠于曾祖座前俛伏興相者引亞獻詣酒

罇所取爵酌酒入進東面跪奠于尊祖神座考亦如之俛

伏興出戶北面再拜訖又入室立于壁下東面再拜

相者引出降復位亞獻將畢相者引終獻詣罍洗盥

手升酌終獻如亞獻之儀訖相者引終獻降復位祝入徹豆還罇相贊唱曰再拜在位者皆再拜相者引主人出又相者引在位子孫以下出掌饌者入徹饌以出掌廟者與執闈寺者納曾祖神主于埳室出又以腰輿升詣考神座前祝納主于匱置于輿詣考廟出神主置于座進酒脯之奠于前少頃徹之祝納神主于埳室（自掌廟者以下六品以下無）齊衰三年其虞卒哭祥禫變除之節與斬縗同父在為母為妻當二祥及禫日月之期雖異其儀節則同周服以下變除依其月奠各以其日之晨備衰服升就位哭盡哀降詣別室釋縗服著諸服又就位哭盡哀出就別室終日異門者至夕各還其家

宋政和禮品官喪儀

禫

禫祭前一日之夕掌事者先備內外禫服各陳于別所主人及諸子俱沐浴具饌如初其日夙興祝入設几筵于奥主人及諸子妻妾女子仍祥服內外俱升就位哭盡哀降釋服服禫服復升就位哭設饌如初贊者引主人盥手奠酒如初祝進立于靈座右止哭跪祝讀祝文曰維某年月朔日辰孤子某敢昭告于考某官封謚尚饗餘如大祥之儀贊者引主人以下出降自東階還寢祝收几筵以出自禫之後內無哭者擇日乃祔如別儀

庶人喪禮

禫

禫祭前一日之夕掌事者先備禫服陳于別所主人

及諸子俱沐浴具饌如初其日夙興祝入設几筵于奧主人及諸子妻妾女子子仍祥服內外俱升就位哭盡哀降釋祥服服禫服復升就位哭設饌如初贊者引主人盥手奠酒如初祝立于靈座右止哭祝跪讀祝文曰維年月朔日辰孤子某敢昭告于考某人之靈尚饗如大祥之禮贊者引主人以下出降自東階還次自禫之後內無哭者祝收几筵以出

品官喪禮

祔

將祔乃擇日以柔日前期三日主人及亞獻終獻諸執事謂祝及贊者之類俱散齋二日致齋一日前一日之夕掌事者清掃廟之內外無廟者正寢之內外設祖考之座于廟無廟者于正寢或五位或三位或二位皆臨時視品秩設之尊者東向餘西與北相向祭二世者止設南北位而已若祔妣則設祖妣及妣之座更不設祖考位其有考者妣同祔則皆設之下

依此設三獻位于東階東南少西向諸子孫位于庭北向西上其日夙興掌饌者具饌于階下主人以下入就位贊者曰再拜在位者皆再拜掌饌者以饌升各陳于座前設訖降出贊者引初獻盥手升自東階進詣東向位前以醆跪奠酒俛伏興又引詣次者位奠酒如初再詣東向位前面西立祝進神座之右跪讀祝文曰維年月朔日辰某孫某官封某各隨其官爵稱之敢昭告于某祖某官封謚無官封謚者云某祖之靈謹以清酌庶羞祗薦于某祖某官封謚某妣某人某氏配餘依此例考某封謚若毋先亡則云妣某氏配若祔妣則曰某祖妣某人某氏若同祔則如上儀皆言配如毋亡而父在更不祔止為他室祭之也尚饗祝興主人再拜興降出贊者引主人詣諸座前各再拜乃復位次引亞獻盥手詣諸座前奠酒再拜如初不讀祝文復位引終獻亦如之復位贊者曰再拜左右皆再拜贊

者引主人以下出掌饌者徹饌別薦酒脯之奠少頃徹之

乾學按政和禮凡品官喪儀後必列庶人喪禮惟祔則有品官而無庶人不知何故將當時禮官遺之耶抑後世傳録者偶軼耶

萬斯同曰開元政和二禮祔廟不在卒哭後而在三年禫後與古禮大異矣書儀家禮則于卒哭次日行祔禮祔畢返主于寢至大祥徹靈座而後主始入廟按古禮與開元禮而兼用之世人皆以為善愚竊以為廟者神之所處寢者人之所居以死者而處生者之寢毋乃褻越已甚乎況人死既葬則以入廟為安今也不忍遽離其親而俾神靈不得歸于廟是欲愛其親而反陷于不敬矣如何早歸于廟者為幽期之兩得哉至于孫必祔祖為古之宗廟迭遷者言也後世無別廟之制祖考盡處于一堂則祔自不必拘昭穆之例而竟祔其祖矣開元禮亦並祭三代雖有戾于古禮此固可以義起者也又何必古人之是而後世之非耶

司馬氏書儀

禫祭

大祥後間一月禫祭士虞禮中月而禫三年問曰三年之喪二十五月而畢然則所謂中月而禫者蓋禫祭在祥月之中也歷代多從鄭說今律勅三年之喪皆二十七月而除不可違也是月之中隨便擇一日設亡者一位于中堂祝奉祠版匣置于座出之藉以褥主人以下不改服入就位俱立哭祝止哭主人降盥手焚香如虞祭帥衆設食亦同卒哭禮執事開酒主人斟亦如虞祭禮拜不哭改大祥祝詞云奄及禫祭又云祇薦禫事亞終獻闔門啓門復入就位皆如虞祭而不哭祝東向告利成主人以下應拜者再拜哭盡哀祝匣祠版奉之還于影堂主人以下從至影堂不哭退執事者徹饌

朱子家禮

禫鄭氏曰澹澹然平安之意

大祥之後中月而禫間一月也自喪至此不計閏凡二十七月

司馬温公曰士虞禮中月而禫鄭注云中猶間也禫祭名也自喪至此凡二十七月按魯人有朝祥而暮歌者子路笑之夫子曰踰月則其善也孔子既祥五日彈琴而不成聲十日而成笙歌檀弓曰祥而縞注縞冠素紕也是月禫從月樂三年問曰三年之喪二十五月而畢然則所謂中月而禫者蓋禫祭在祥月之中也歷代多從鄭說今律勅三年之喪皆二十七月而除不可違也○朱子曰二十五月祥後便禫看來當如王肅之說于是月禫從月樂之說為順而今從鄭氏之說雖是禮宜從厚然未爲當

前一日下旬卜日下旬之日擇來月三旬各一日或丁或亥設卓子于祠堂門外置香爐香合环珓盤子于其上西向主人禫服西向衆主人次之少退北上子孫在其後重行北上執事者北向東上主人炷香薰珓命以上旬之日曰某將以來月某日祗薦禫事于先考某官府君尚饗即以珓擲于盤以一俯一仰為吉不吉更命中旬之日又不吉則用下旬之日主人乃入祠堂本龕前再拜在位者皆再拜主人焚香祝執詞立于主人之左跪告曰孝子某將以來月某日祗薦禫事于先考某官府君卜既得吉敢告主人再拜降與在位者皆再拜祝闔門退若不得吉則不用卜既得吉一旬

前期一日沐浴設位陳器具饌設神位于靈座故處也如大祥之儀厥明

行事皆如大祥之儀但主人以下詣祠堂祝奉主櫝置于西階卓子上出主置于座主人以下皆哭盡哀三獻不哭改祝版大祥為禫祭祥事為禫事至辭神乃哭盡哀送神主至祠堂不哭

【儀節】主人以下具素服詣祠堂焚香跪告辭曰孝子某將祗薦禫事敢請先考神主出就正寢俯伏興拜興拜興

平身　奉主就位（祝奉主櫝于西階卓子上）　出主（祝出主置于座）　序立　舉哀

哀止　降神　盥洗（以後至辭神並同大祥）　酹神　鞠躬拜興

拜興拜興拜興平身　舉哀　哀止　焚祝文

送主（主人以下從）　納主　禮畢

祝文維年歲次月朔日辰孤子某敢昭告于

顯考某官府君神主禫制有期追遠無及謹

以清酌庶羞祇薦禫事尚饗（母則改稱妣）

移

始飲酒食肉而復寢

立濬曰案此條舊在大祥下今移于此案禮中月而禫禫而飲醴酒始飲酒者先飲醴酒始食肉者先食乾肉又大祥居復寢禫而牀由是觀之則禫猶未可以食肉飲酒惟飲醴食脯而已而況大祥乎今擬禫後始飲淡酒食乾肉大祥後雖復寢至是乃卧牀庶幾得禮之意

朱子曰薦新告朔吉凶相襲似不可行未葬可廢既葬則使輕服或已除者入廟行禮可也四時大祭既葬亦不可行如韓魏公所謂節祠者則如薦

新行之可也又曰家間頃年居喪于四時正祭則不敢舉而俗節薦享則以墨衰行之盖正祭三獻受胙非居喪所可行而俗節則唯普同一獻不讀祝不受胙也○又云喪三年不祭但古人居喪衰麻之衣不釋于身哭泣之聲不絶于口其出入居處言語飲食皆與平日絶異故宗廟之祭雖廢而幽明之間兩無憾焉今人居喪與古人異卒哭之後遂墨其衰凡出入居處言語飲食與平日之所為皆不廢也而獨廢此一事恐亦有所未安竊謂欲處此議者但當自省所以居喪之禮果能始卒一一合于曲禮即廢祭無可疑若他時不免墨衰出入或其他有所未合者尚多即卒哭之前不得已準禮且廢卒哭之後可以略倣左傳杜注之說

遇四時祭祭以褻服特祀于几筵用墨衰常祀于家廟可也

楊復曰朱子以子喪不舉盛祭就祠堂內致祭用淺衣幅巾祭畢反喪服哭奠子則至慟

明會典品官禮

禫

大祥之後間一月而禫禫者淡淡然平安之意蓋喪至此計二十有七月前一月下旬卜來月三旬中各一日或丁或亥設卓子于祠堂門外置香爐香合环珓于其上喪主禫服西向衆兄弟次之子孫在其後重行北上執事者北向東上喪主炷香薰珓命以上旬之日曰某將以來月某日祇薦禫事于先考某官府君即以珓擲于盤以一俯一仰為吉不吉更命中旬之日又不吉則直用下旬之日喪主乃入祠堂本

龕前再拜在拜在位者皆再拜喪主焚香祝執版立于喪主之左跪告曰孝子某將以來月某日祗薦禫事于先考某官府君卜既得吉敢告喪主再拜降與在位者皆再拜祝闔門退乃前期一日沐浴設神位于靈座故處陳器具饌厥明行事皆如大祥之儀喪主以下詣祠堂祝奉主櫝置于西階卓子上出主置于座喪主以下皆哭盡哀乃降神三獻侑食闔門啓門禮畢辭神乃哭盡哀送神主至祠堂

庶人禮

禫

大祥之後間一月而禫既卜日前期一日喪主及諸子俱沐浴設神位于靈座故處乃陳器具饌其日夙興祝入拂拭几筵詣祠堂出奉神主置于座喪主及

諸子妻婦女子子內外俱升就位哭贊者引喪主盥手奠酒祝立于神座右止哭跪讀祝文曰維年月朔日辰孤子某敢昭告于考某人之靈禫制有期追遠無及謹以清酌庶羞祗薦禫事尚享祝興喪主哭再拜退復位內外俱哭盡哀送神主還于祠堂

讀禮通考卷五十二

喪儀節十五

喪畢吉祭

詩序玄鳥祀高宗也箋祀當為祫祫合也高宗殷王武丁中宗玄孫之孫也有雊雉之異又懼而修德殷道復興故亦表顯之號為高宗云崩而始合祭于契之廟歌是詩焉古者君喪三年既畢禘于其廟而後祫祭于太祖明年春禘于羣廟自此之後五年而再殷祭一禘一祫春秋謂之大事○疏玄鳥燕也一名鳦祫三年喪畢之祭也契殷之始祖也古者三年喪畢祫于太廟明年禘于羣廟○武丁為太戊玄孫之孫禮三年喪畢祫于太祖之廟以新崩之主序于昭穆此高宗崩喪畢之後新與羣廟之主五祫合祭于契之廟故詩人作歌○序云祫高宗也若是常祫則毀廟之主陳于太祖未毀廟之主皆升合食于太祖不獨主于高祖今序言祫高宗是為高宗而作祫故知是為高宗之後初祫于契之廟也○魯禮三年之喪畢則祫于太祖明年春禘于羣廟僖也宣也八年皆有禘祫祭則公羊傳所云五年而載殷祭祫在六年明矣○文二年經書大事于太廟公羊傳曰大事者何祫也彼是除喪而祫則知閔公之吉禘之前亦當先有祫祭

天命玄鳥降而生商宅殷土芒芒古帝命武湯正域彼四方傳湯之先祖有娀氏女簡狄配高辛氏帝帝率與之祈于郊禖而生契故本其為天所命以玄鳥至而生焉正長域有也○箋契為堯司徒

有功封商自契〻〻還始亳之殷地而受命國日以〻大芒〻然右天也天帝〻命旨咸武之德者成湯使之當有〻邦域

方命厥后奄有九有商之先后受命不殆在武丁孫子武丁孫子武王靡不勝龍旂十乘大糦是承傳九有九州也勝任也○箋方命其君謂徧告諸侯也商之先君受天命而行之不解殆者在高宗之孫子言高宗興湯之功法度明也高宗之子孫有武功有王德于天下者無所不勝服乃有諸侯建龍旂者十乘奉黍稷而進之

邦畿千里維民所止肇域彼四海四海來格來格祁祁景員維河殷受命咸宜百祿是荷傳畿疆景大也員均荷任也○箋止猶居肇當作兆王居千里之內其民居安乃後兆域正天下之經界言其為政自內及外彼至也祁〻衆多也天下既蒙王之政令皆得其所而來朝覲貢獻其至也祁祁然衆多殷王之受命其宜也百祿是荷謂是擔荷天下多福○疏景員維何者謂政教大均如河之潤然言其沾潤無所至也

乾學按此三年祔廟之禮于經傳所稱為最古但謂之祫而不謂之禘與春秋不合也春秋謂禘于太廟此云先禘于其廟後祫于太廟杜預謂三年一禘此謂五年再

殷祭一禘一祫皆不同也然名異實同予特著喪畢吉祭本于鄭氏以見後人誤解練而遷廟之説有必不可通者耳

春秋 莊公三十有二年八月癸亥公薨於路寢○閔公二年夏五月乙酉吉禘於莊公范甯注三年喪畢致新死者之主于廟廟之遠主當遷入大祖之廟因是大祭以審昭穆謂之禘莊公喪制未闋時別立廟廟成而吉祭之不于太廟故詳書以示譏

左傳 夏吉禘于莊公速也

公羊傳 其言吉何言吉者未可以吉也曷為未可以吉未三年也注礼禘祫從先君数朝聘從今君数三年喪畢遭禘則禘遭祫則祫三年矣曷為謂之未三年三年之喪實以二十五月注時莊公薨至是適二十二月礼士虞記曰朞而小祥又期而大祥中月而禫是月也吉祭猶未配是月者二十七月也傳言二十五月者在一十五月外可不譏其言于莊公何未可以稱宮廟也注時閔公以莊公在三年之中未可入太廟禘之于新宮故不稱宮廟明皆非也曷為未可以稱宮廟在三年之中矣吉禘于莊公何以書譏何

譏爾譏始不二年也

乾學按公羊言三年之喪實以二十五月是二十五月而喪畢也何休亦以是月為二十七月似與公羊不同蓋二十五月者指大祥而言二十七月者兼言中月而禫也

穀梁傳吉禘者不吉者也喪事未畢而舉吉祭故非之也注莊公薨至此方二十二月喪未畢○楊士勛疏吉禘于莊公即是莊公立宮而不稱宮者莊公廟雖立訖而公服未除至此始十二月未滿三年故不得稱宮也此喪服未終舉吉以非之文二年亦喪服未終而大事于太廟不言吉者其譏已明故不復云吉知禘是三年喪畢之祭者此莊薨來二十二月仍吉書以譏之明三年喪畢方得為也其禘祀之月王肅杜預之徒皆以二十五月除喪即得行禘祭鄭玄則以二十八月始服吉嘗即禘于太廟明年春始禘于羣廟今三年喪畢禘于太廟必不得與明年春禘于羣廟同其除喪之月或與鄭合故何休注公羊亦以除喪在二十七月之後也

胡安國曰禘言吉者喪未三年行之太早也于莊公者方祀于寢非宮廟也

高閌曰初魯之喪莊公也既葬而絰不入庫門士大夫既卒哭而麻不入則當時君臣雖未終喪蓋皆吉服矣豈獨禘為然哉

張洽曰魯禘非礼也雖先壽賜而止可用于周公之庙趙氏陳氏言之詳矣今喪未三年主未遷祔嗣君幼弱而以吉礼盛樂用于神主亾哀僭上反易人心何秉礼之有此益出于哀姜慶父樂哀謀簒而為之又非他日僭礼之所得比矣

楊復曰閔公喪未畢竊禘之盛礼以行吉祭又不于周公之廟而禘之礼始紊僖公八年用禘礼合先祖叙昭穆用致夫人于庙而禘礼始與祫混淆而無別春秋禘事不書特書閔公僖公兩禘者譏失礼之始也魯之有禘行于周公之庙已非礼矣况僭用之于莊公又禘于太廟以致妾毋可以謂之礼乎

吳澄曰莊公薨喪未二十七月而遽吉祭僭用禘礼之盛樂非别有所追享而降莊公為配食也其時閔公幼事出亂臣淫妻之所為無知不孝非礼非義而其名非實一舉而五悪具書法五字諸罪畢見真聖筆也

一 趙汸曰周礼記四時祭名春祠夏礿秋嘗冬蒸公羊傳亦同毛詩云礿祠蒸嘗于公先王協韻故云爾其實祠礿嘗烝禘非時祭之名王制祭統春礿夏禘祭義春禘秋嘗鄭玄注皆云夏殷礼周以禘為殷祭故更名春祭曰祠郊特牲春禘而秋嘗鄭注禘當為禴夫礼記諸篇或孔氏之後末流弟子所撰或是漢初諸儒私撰之以求購金皆約春秋為之見春秋禘于莊公遂以為時祭之名見春秋唯兩度書禘一春一夏所以或謂之春或謂之夏各自著書不相符會鄭玄不達其意故主異説且祭統篇末云成王追念周公賜之重祭郊社嘗禘是也何得云夏殷禮哉左傳云蒸嘗禘于廟又云禘于武宮僖宮襄宮又晋書云以寡君之未禘祀杜見經書禘于莊公以為諸庙合行之皆妄引禘文但據經文不識經義所以云爾

汪克寬曰檀弓虞祭之明日祔于祖父曾子問卒哭成事而後主各反其廟注云卒哭成事先祔之祭名然則莊公之葬已踰年主當祔廟但不當吉祭今曰禘于莊公蓋以吉礼特祀于寢也

春秋文公二年作僖公主注主者殷人[illegible]周人用栗三年喪終然後主入于廟

左傳僖三十三年傳凡君薨卒哭而祔祔而作主特祀于主烝嘗禘于廟注以新死者之神祔之于祖尸柩已遠孝子之思慕故造木主立几筵焉特用喪禮祭祀于寢不同之宗廟宗廟四時常祀自如舊也三年禮畢又大禘乃同之于吉○疏三年喪畢致新死者之主以進于廟廟之遠主當遷入祧于是大祭于大廟以審定昭穆謂之禘此皆自諸侯上達天子之制也○釋例曰舊說以為諸侯喪三年之後乃蒸嘗按襄公十五年冬十二月晉侯周卒十六年春葬晉悼公既服修官烝于曲沃其後晉人徵朝于鄭鄭公孫僑云溴梁之明年公孫夏從寡君以朝于君見于嘗酎與執膰焉此皆春秋之明證也○釋例又曰凡三年喪畢而後禘于是遂以三年為節仍計除喪即吉之月十日而後行事無復常月也是以經書禘及大事唯見莊公之速他無非時之譏也如例所言除喪即吉禘遂以三年為常則新君即位二年而禘五年又禘八年又禘僖八年禘于太廟宣八年有事于太廟定八年從祀先公皆得三年之常期也按元年夫人姜氏薨當以三年喪畢而禘再經三年則九年乃可禘耳而得八年禘者哀姜喪畢下為作禘八年因禘祭乃致之故計閔公之喪數之耳昭十五年有事于武宮計非禘年而為禘者釋例曰禘于大廟禮之常也各于其宮時之為也雖非三年大禘而書禘用禘禮也昭二十五年傳曰將禘于襄公亦其義也

乾學按遭喪不祭禮有明文王制則言喪三年不祭小記則言喪者不祭曾子問則兩言緦不祭儀禮則言有死于宮中者為

之三月不舉祭雜記則言如同宮雖臣妾葬而後祭是皆遭喪不祭之顯證也左傳曰特祀于主烝嘗禘于廟服虔注三年喪畢遭烝嘗則行禘于廟焉此正論也杜預喜其言與己古天子無三年喪之說合遂竭力敷衍謂卒哭之後四時常祭如舊若是將儀禮禮記之言皆不足信乎愚以為左氏之意蓋謂祔後練祥禫之祭特祀死者于主至除喪之後乃始遷主于新廟所行烝嘗禘于廟耳豈謂喪服之內亦行烝嘗之吉祭乎且左氏原為作主而傳則必耑指新死者而言何為泛及于他廟之常祀故曰傳所謂廟乃謂喪畢遷主之新廟而

非祖宗昭穆之舊廟也所以為是言者蓋卒哭而祔祖祔祭其主于祖父之廟祭畢反于寢所以死者未嘗有常處故上可稱主而不可稱廟至喪畢而入新廟始可嘗享一廟之祭故曰蒸嘗禘于廟左氏之意本明何嘗謂喪內可行祭禮乎杜預因之嘗建太子短喪之議為特論所譏必欲求勝其說以自蓋其醜故遂卒祔之說而不知其失背乎禮也左氏之辭既明則知居喪行祭之為非而儀禮禮記之言可徵信而不疑矣

左傳昭公十六年冬穆叔如晉聘且言齊故晉人曰以寡君之未禘祀與民之未息不敢忘注禘祀一年喪畢之吉祭

乾學按吉禘于莊公傳范甯注云三年喪畢致新死者之主于廟何休注云士虞禮中月而禫是月也吉祭猶未配作僖公主杜預注云三年喪終然後主入于廟烝嘗三注祔廟之期可知已然猶有謂當以卒卒哭之明日祔主者請以三傳之文申繹之左傳曰凡君薨卒哭而祔祔而作主特祀于主烝嘗禘于廟曰祔而作主是作主之日即祔之日也明日即以祔廟是主不過一日在寢矣虞而設几筵本欲以依神乃不數日而遽撤之依神之謂何但觀于主于廟對舉並稱主之不在廟可知矣公羊傳曰主者曷用虞主用桑練主用栗用

栗者藏主也何氏曰期年練祭埋虞主于兩階之間虞主即所謂祔而作主也埋于兩階不祔明審矣穀梁傳曰作主壞廟有時日于練焉壞廟壞廟之道易檐可也改塗可也鄭氏以為練時當遷廟與吉禘之傳不相合何氏曰禮親過高祖則毀其廟以次而遷朱子曰穀梁但言壞旧廟不言遷新主則安知其非于練遷舊主于三年而納新主耶又云易檐改塗禮志云更釁其廟必先遷高祖于太廟夾室然後可以改釁其廟將納祖考神主又俟遷祖考于新廟然後可以改釁其廟而納新祔之主斯言諒矣蓋古人謀事貴豫祧遷之時當行

之事非一遷高祖之主而壞其廟一事也改易高祖之廟而納祖考之主又一事也遷祖考之主而壞其廟一事也改易祖考之廟以納新死者之主又一事也古人知數事不可並舉故豫其期于練逮至三年喪畢而祧禮告成廟亦堅完然後可以徐奉吾親之主此古人用心之慎也或又疑七廟五廟無虛主虛主者惟天子崩諸侯薨與去其國與祫祭於祖為虛主耳斯亦姑引其端其實虛主之事不止此也國有水火之災則遷主昭十八年鄭災子產使祝史徙祏于周廟是也修廟則虛主文十三年世室屋壞譏不修也脩廟時主必納

于夾室不獨壞廟為然練所主入夾室三年審禘昭穆而祧之又何嫌于虛主乎若夫莊薨以二月而吉禘經於譏其速成公三年二月書新宫災三日哭穀梁傳曰禰宫也迫近不敢稱謚恭也宣公薨已二十九月猶言迫近三年入廟之期遂一定不可易矣

再按開元禮書儀家禮明會典神主入廟之禮並舉于大祥之次日蓋泥于公羊吉禘于莊公傳謂三年之喪二十五月而畢也然儀禮曰中月而禫是月也吉祭猶未配祔廟之禮不可先于禫祭何氏曰是月者二十七月也當從古禮為正

雜記成廟則釁之其禮祝宗人宰夫雍人皆爵弁純衣雍人拭羊宗人視之宰夫北面于碑南東上雍人舉羊升屋自中中屋南面刲羊血流于前乃降門夾室皆用雞先門而後夾室其衈皆于屋下割雞門當門夾室中室有司皆鄉室而立門則有司當門北面既事宗人告事畢乃皆退反命于君曰釁某廟事畢反命于寢君南鄉于門內朝服既反命乃退路寢成則考之而不釁釁屋者交神明之道也凡宗廟之器其名者成則釁之以豭豚鄭氏曰廟新成必釁之尊而神之也宗人先請于君曰請命以釁某廟君諾之乃行宰夫攝主故居上拭靜也自由也其衈謂將刲割牲以釁先滅耳旁毛薦之耳聽聲者告神欲其聽之周礼有刏衈有司宰夫祝宗人也告事畢告宰夫也君朝服者不至廟也路寢生人所居不釁者不神之也考之者設盛食以落之爾檀弓曰晉獻文子成室晉大夫發焉是也宗廟名器謂尊彝之屬

大戴禮諸侯遷廟篇成廟將遷之新廟君前徙三日齋祝宗人及從者皆齋徙之日君玄服從者皆玄服

從至于廟（黄榦、一廟擯言也）君臣如朝位君、立于阼階下西向有司如朝位宗人擯舉手曰有司某請升君升祝奉幣從在左北面跪陳興祝祭三曰孝[illegible]夫某敢以嘉幣告于皇考某侯成廟將徙敢告君及祝再拜興祝曰請導君降立于階下奉衣服者皆奉以從祝奉衣服者降堂君及在位者皆辟也奉衣服者至碑君從有司皆以次從出廟門奉衣服者升車乃步君升車從者皆就車也凡出入門及大溝渠祝下擯至于新廟遷于戶牖間樽于西序下脯醢陳于房中設洗當東榮南北堂深有司皆先入如朝位祝導奉衣服者乃入君從奉衣服者入門左在位　也奉衣服者升堂皆反位君從升奠衣服于席上祝奠幣于几東君北向祝在左贊者盥升適房薦脯醢君盥酌奠于薦西反位君及祝再拜興祝聲三曰孝嗣侯某敢用嘉幣告于皇考某侯今月吉日可以從于新廟敢告再拜君就東箱西面祝就西箱東面在位者皆反走辟如食間擯者舉手曰請反位君反位祝從在左卿大夫及衆有司諸在位者皆反位祝聲三曰孝嗣侯某絜為而明薦之享君及祝再拜君反位祝徹反位擯者曰遷廟事畢請就燕君出廟門卿大夫有司執事者皆出廟門告事畢乃曰擇日而祭焉

乾學按朱子引大戴禮國君遷廟篇謂君及從者皆玄服是大祥之後除喪而遷矣即此文是也尸載君先至廟下徙即告于殯宮之几筵也士虞禮特牲饋食側享于廟門外注曰鬼神所在則言廟尊言之是

寢亦可得稱廟矣但中夲春衣服至碑語據祭義君牵牲穆荅君卿大夫序從既入廟門麗于碑是廟中方有碑寢有碑未見經傳再據賈公彦儀禮疏曰宮必有碑案士昏禮聘禮云三揖鄭注皆云入門揖曲揖既北面揖當碑揖則大夫士廟内皆有碑。鄉飲酒鄉射言三揖則庠序之内亦有碑明矣。但生人寢内不見有碑兩君相朝燕在寢豈不三揖乎明亦當有碑矣碑所以識日景觀碑景邪正以知日之早晚也然則遷廟篇中所云出廟門其為出殯宮無疑後曰擇日而祭即喪畢吉禘也釁廟遷廟二篇吳澄編入儀禮逸經中春秋僖公八年秋七月禘于太廟用致夫人杜注禘三年大祭之名致者致新死之主于廟而列之昭穆夫人淫而與殺不薨于寢于礼不應致故僖公疑其礼歷三禘今果行之

左傳秋禘而致哀姜焉非禮也凡夫人不薨于寢不殯于廟不赴于同不祔于姑則弗致也注寢小寢同同盟將葬又不以殯過廟据經哀姜薨葬之文則為殯廟赴同祔姑今當以不薨于寢不得致也

乾學按公羊傳以夫人為僖公之夫人穀梁傳以夫人為僖公之母氏皆與喪禮無涉故不載

春秋僖公三十有三年十有二月乙巳公薨于小寢

○文公二年八月丁卯大事于太廟躋僖公范甯注大事祫也時三年之喪未終而吉祭于太廟則其譏自明

乾學按三傳皆論先禰後祖之義不及于喪中之祭故皆不載

通典古者天子諸侯三年喪畢皆合先祖之神而享之以生有慶集之懽死亦應有合食之禮緣生以事死因天道之成而設祫祀之享皆合先祖之神而享之虞夏先王崩新王二年喪畢而祫三年春特禘夏特禘秋特嘗冬特烝四年春特禴夏祫禘秋祫嘗冬祫烝每間歲皆然以終其代高堂隆云喪以奇年畢則祫亦常在奇年偶年畢則祫亦常在偶年殷先王崩新王二年喪畢而祫三年春特禘夏特禴秋特嘗冬特烝四年春特禘夏祫禴秋祫嘗冬祫烝間歲奇偶如虞夏按殷改虞夏春禴曰禘、又改禘為禴按郊特牲春禘秋嘗則殷祭周制天子諸侯三年喪畢禫祭之後乃祫于太祖來年春禘于群廟祫毀廟未毀廟皆合升于太祖禘則不及親廟但文武以下毀主依昭穆于文武廟中祭之王季以上于后稷廟祭之知先祫後禘者按春秋魯僖公定公宣公皆八年而禘以再殷祭推之爾後五年再殷祭一禘一祫所以喪畢有此禘祫者為後再殷祭之本也喪畢之祫祫之本明年之禘禘之本也從此後各自數每至二年則各為之故得五年再殷祭因以法五歲再閏天道大成也禘以夏祫以秋詩閟宮傳云諸侯再禘則不祫秋祫則不嘗唯天子兼之是也崔靈恩云禘以夏者以審諦昭穆序列尊卑夏時陽在上陰在下尊卑有序故次第而祭之故禘者諦也第也祫以秋者以合聚群生其禮最大必秋時萬物成熟大合而祭之祫者合也

魏武宣皇后太和四年六月崩至六年三月有司以今年四月禘告王肅議曰今宜以崩年數按春秋魯閔公二年夏禘于莊公是時纏絰之中至二十五月大祥便禘不復禫故譏其速也去四年六月武宣皇后崩二十六日晚葬除服即吉四時之祭皆親行事今當計始除服日數當如禮須到禫月乃禘趙怡等以為皇帝崩二十七月之後乃得祫禘案太和六年用王肅議

博士徐禪議春秋左氏傳曰歲祫及壇墠終禘及郊宗石室許慎稱舊說云終者謂孝子三年喪終則禘于太廟以致新死者也徐邈議禮五年再殷凡六十月分中每三十月殷也太學博士曹述初難云三年

之喪其實二十五月則五年何必六十月禮天子特礿三時皆祫禘祫雖有定年而文無定月按明堂位夏六月以禘礼祀周公則今之四月七月至孟獻子曰其七月今之五月春秋文公二年大事于太廟則今之六月邈荅曰五年再殷象再閏無服三年喪也祫三時皆可者蓋喪終則吉而祫服終無常故祫隨所遇春不祫故曰特礿祭殷祀常也禮大事有時日故烝嘗以時況祫之重無定月乎今據徐邈議每三十月當殷祀

乾學按通典此條列于元興三年議殷祭之後則此徐禪所議亦應在此故今列于宋志孔安國議前

宋書禮志晉安帝義熙二年六月白衣領尚書左僕射孔安國啓云元興三年夏應殷祠昔三月皇輿旋軫元興二年十二月桓玄篡位三年三月劉裕復京師次年改元義熙三月安帝至京師其年四月夏應殷而

而太常博士徐乾等議云應用孟秋臺尋校自泰和
四年相承皆用冬夏乾等既伏應孟冬回復追明孟
秋非失御史中丞范泰議今雖既祔之後得以烝嘗
而無殷薦之比太元二十一年十月應殷烈宗以其
年九月崩至隆安三年國家大吉乃脩殷事又禮有
喪則廢吉祭〻新主于寢今不設別寢既祔祭于廟
故四時烝嘗以寄追遠之思三年一禘以習昭穆之
序義本各異三年喪畢則合食太祖遇時則殷無取
于限三十月也當是內臺常以限月成舊就如所言
有喪可殷隆安之初果以喪而廢矣月數少多復遲
速失中至于應寢而修意所未詳安開[illegible]啟范泰云
今既祔遂祭于廟故四時烝嘗如泰此言殷與烝嘗
其本不同既祔之後可親烝嘗而不得親殷也太常

劉瑾云章后以未一周下應祭按穆帝章皇后何氏崩于元興三年七月瑾與徐乾范泰等所奏俱在義熙元年四月後喪未滿一期故云然臣尋太平五年五月穆皇帝崩其年七月山陵十月殷與寧二年二月哀皇帝崩泰和元年五月海西夫人庾氏薨時為皇后七月葬十月殷此在哀皇再周之內庾夫人既葬之後二殷策文見在廟又文皇太后以隆安四年七月崩陛下追述先旨躬服重制五年十月殷再周之內不以廢事今以小君之哀而泰更謂不得行大禮臣尋永和十年至今五十餘載用三十月輙殷皆見於注記是依禮五年再殷而泰所言非真難臣乃以聖朝所用遲速失中泰為憲司自應明審是非羣臣所啟不允即當責失奏彈而僭隨聲遂非忘舊請免泰瑾官丁巳詔皆白衣領職於是博士徐乾皆免官

乾學按安國之奏言其年四月應殷是指論義熙元年事也時章皇后未及一期自不宜殷祭劉瑾范泰俱引義執爭反致劾貶何也縱晉家故事不然要其議自正而安國必欲加之以罪不亦甚歟○又按泰等所議在義熙元年而安國劾泰等免官乃在二年六月當是追論其罪耳

宋孝武帝孝建元年十二月戊子有司奏依舊今元年十月是殷祠之月領曹郎范泰參議依永和二年例須再周之外殷祭尋祭再周二年三月若以四月殷則在禫內下禮官議國子助教蘇瑋生議按禮三年喪畢然後祫于太祖又云三年不祭唯天地社稷越紼行事且不禫即祭見譏春秋求之古禮喪服

未終果無可[illegible]之義自漢文以來一從權制宗廟朝聘莫不皆吉雖祥禫空存無綾縞之變烝嘗薦祀不異乎日殷祠禮既共豈獨以心憂為礙太學博士徐宏議三年之喪雖從權制再詳周變猶服縞素未為純吉無容以祭謂來四月未宜便殷十月則允太常烝臣朱膺之議虞禮云中月而禫是月也吉祭猶未配哀未忘也推此而言未禫不得祭也又春秋閔公二年吉禘于莊公鄭玄云閔公心懼于難務自尊成以厭其禍凡二十二月而除喪又不禫云又不禫明禫內不得禘也案王肅等言於魏朝云今權宜從古禮俟畢三年舊說三年喪畢遇禘則禘遇祫則祫鄭玄云禘以孟夏祫以孟秋今相承用十月如宏所上公羊之文如為有疑亦以魯閔設服因言喪之紀

制爾何必全許素冠可吉禘縱公羊異説官以禮為正亦求量宜郎中周景遠參議永初三年九月十日奏傅亮議權制即吉御世宜爾宗廟大禮宜依古禮則是皇宋開代成準謂博士徐宏太常丞朱膺之議用來年十月殷祠為允詔可

魏書禮志世宗景明二年夏六月秘書丞孫惠蔚上言王制曰天子犆礿祫禘祫嘗祫烝鄭玄曰天子諸侯之喪畢合先君之主于祖廟而祭之謂之祫後因以為常魯禮三年喪畢而祫于太祖明年春禘于群廟自爾之後五年而再殷祭一祫一禘春秋公羊魯文二年八月丁卯大事于大廟傳曰大事者何大祫也大祫者何合祭也毁廟之主陳于太祖未毁廟之主皆升合食于太祖五年而再殷祭何休曰陳者就

讀禮通考　卷五十二

陳列太祖前八祖東鄉昭南鄉穆北鄉其餘孫從王父文曰昭子曰穆又曰殷盛也謂三年祫五年禘禘所以異于祫者功臣亦祭也祫猶合也禘猶諦也審禘無所遺失察記傳之文何鄭祫禘之義略可得聞然則三年喪畢祫祭太祖明年春祀遍群廟此禮之正也古之道也又案魏氏故事魏明帝以景初三年正月崩至五年正月積二十五晦為大祥太常孔美博士趙怡等以為禫在二十七月到其年四月依禮應祫散騎常侍王肅博士樂詳等以為禫在祥月至其年二月宜應祫祭雖孔王異議六八殊制至于喪畢之祫明年之禘其議一焉陛下永惟孝思因心即禮取鄭捨王禫終此晦來月中旬禮宜大祫六室神祏升食太祖明年春享咸禘羣廟自茲以後五年為

常然大禮久廢群議或殊以臣觀之理在無怪何者心制既終二殷惟始禘祫之正實在于斯請付禮官集定議制制可

延昌四年正月世宗崩肅宗即位三月甲子尚書令任城王澄奏太常卿崔亮上言秋七月應祫祭于太祖今世宗宣武皇帝主雖入廟然烝嘗時祭猶別寢室至于殷祫宜存古典案禮三年喪畢祫于太祖明年春禘于群廟又按杜預亦云卒哭而除三年喪畢而禘魏武宣后以太和四年六月崩其月既葬除服即吉四時行事而猶未禘王肅韋誕並以為今除即吉故特時祭至於禘祫宜依古禮高堂隆亦如肅議于是停不殷祭仰尋太和二十三年四月一日高祖孝文皇帝崩其年十月祭廟景明二年秋七月祫于

太祖三年春祫于羣廟亦三年乃祫謹準古禮及晉魏之議并景明故事愚謂來秋七月祫祭應停宜待年終乃後祫禘詔曰八常援引古今並有據證可依請

舊唐書禮志高宗上元三年十月將祫享于太廟時議者以禮緯三年一祫五年一禘公羊傳云五年而再殷祭義交互莫能斷決太學博士史玄璨等議曰按禮記正義引鄭玄禘祫志云春秋僖公三十三年十二月薨文公二年八月丁卯大享于太廟公羊傳云大享者何祫也是三年喪畢新君二年當祫明年當禘于羣廟又僖公宣公八年皆有禘則後禘去前禘五年以此定之則新君二年祫三年禘自爾已後五年而再殷祭則六年當祫八年當禘祭昭公十年

齊歸薨至十三年喪畢當祫為平丘之會冬公如晉至十八年祫二十年禘二十三年祫二十五年禘昭公二十五年有事于襄宮是也如上所云則禘已後隔三年祫祫已後隔二年禘此則有合禮經不違傳義自此依燦等議為定開元六年秋睿宗喪畢祫享于太廟自後又相承三年一祫五年一禘各自計年不相通數

乾學按玄燦此議與文苑英華所載仝若新唐書所載則過于疎略故今從舊書

陸淳禘祫說禘者帝王立始祖之廟猶謂未盡其追遠尊先之義故又推其始祖所出之帝而追祀之以其祖配之者謂於始祖廟祭之而便以始祖配祭也此祭不兼羣廟之主為其疎遠不敢褻狎故也其年

數或每年一行或三年一行可知也問曰若禘非三年喪畢之殷祭則晉人云以寡君之未禘祀何也荅曰此左之妄也左氏既經之云吉禘于莊公以為喪畢當禘而不知此本魯禮之不合施于他國左氏亦自云魯有禘樂賓祭用之即明諸國無禘了可知矣是左氏自相違背亦可見矣

乾學按禮大傳言不王不禘王者禘其祖之所自出以其祖配之此禘之所由設亦即後世儒者論禘之本也乃許叔重鄭康成輩皆以為三年喪畢之祭得毋與大傳之文相背乎彼見春秋閔二年書禘于莊公以為莊公之喪將畢故禘以致新死者之主不知此特慶父僭亂之所為何常因

莊公之喪乎况莊公之卒至是始二十二月其可謂之喪畢乎夫以慶父一時犯分之事而後人乃據之以為典要何其謬也

陸氏之言深得制禘之意故録之

宋史禮志真宗咸平二年八月太常禮院言今年冬祭畫日以十月六日薦享太廟按禮三年一祫以孟冬又疑義云三年喪畢遭禘則禘遭祫則祫宜改孟冬薦享為祫享仁宗天聖元年禮官言真宗神主祔廟已行吉祭三年之制又從易月之文自天禧二年四月禘享至今已及五年行禘禮遂以孟夏薦享為禘享

英宗治平元年有司準畫日孟冬薦享改為祫祭按春秋閔公喪未除而行吉禘三傳譏之真宗以咸平

二年六月喪除至十月乃祫祭天聖元年在諒陰有
司誤通天僖舊禘之數在喪期內按行禘祭以禮推
之是二年冬應祫而誤禘了元年夏計四十九年閒
九禘八祫例皆太速事失始則歲月相乘不得而
正今在大祥內禮未應祫明年未禫亦未應禘至六
月即吉十月合行祫祭乞依舊時享廢合典禮二年
二月翰林學士王珪等上議曰同知太常禮院吕夏
卿狀古者新君踐阼之三年先君之喪二十七月為
禫祭然後新主祔廟特行禘祭謂之始禘是冬十月
行祫祭明年又行禘祭自此五年再為禘祫喪除必
有禘祫者為再大祭之本也今當祫祭緣陛下未終
三年之制納有司之說十月依舊時享然享廟祫祭
其禮不同故事郊享之年遇祫未嘗權罷唯罷臘祭

是則孟享與享廟常併行于季冬矣其禘祫年數乞一依太常禮院請今年十月行祫祭明年四月行禘祭仍如夏卿議權罷今年臘享

金史大定二十九年章宗即位禮官言自太定二十七年十月祫享至今年正月世宗升遐故四月下行禘禮按公羊傳閔公二年吉禘于莊公言吉者未可以吉謂未三年也注謂禘祫從先君數朝聘從今君數三年喪畢遇禘則禘遇祫則祫故事宜辛亥歲大祥三月禫祭踰月即吉則四月一日為初吉適當孟夏禘祭于時可為親祠詔從之及期以孝懿皇后崩而止五月禮官言世宗升祔已三年尚未合食于祖宗若來冬遂行祫禮伏為皇帝見居心喪喪中之吉春秋譏其失恐冬祫未可行然周禮王有哀慘則春

官攝事竊以世宗及孝懿皇后升祔以來未曾公謁豈可令有司先攝事哉況前代令攝事者止施于常祀今乞依故事三□喪畢合行祫禘則禘于明昌年四月一日釋心喪行禘禮上從之

陳祥道禮書古者喪除朝廟合羣祖而祭焉故祫謂之朝享以合羣祖為不足明年又禘其祖之所自出故禘謂之追享自此五年而再殷祭三年一祫又二年一禘公羊曰五年而再殷祭禮緯曰三年一祫五年一禘考之春秋文二年八月大事于太廟躋僖公公羊曰大事者何祫也穀梁曰大事者何大是事也著祫嘗則僖公之喪畢于文二年十二月八月喪未畢而祫且躋僖公焉非礼也故書大事躋僖公以譏之先儒曰禫而後祫僖公以十二月所以者四月喪畢也閔二年吉禘于莊公公羊曰言吉者未可吉也穀梁曰喪事未畢而舉吉祭故非之也則莊公之喪畢于閔二年而禘必踰年二年而禘非禮也故書吉禘于莊公以譏之此喪除而祫士虞礼曰哀薦祫事虞而欲合于先祖則喪畢之祭莫始于祫也踰年而禘之證也禮記曰未卜禘不視學左傳稱晉人曰寡君之未禘祀此皆喪除踰年之禘也故僖二年除閔之喪八年秋禘于太廟宣二年除文之喪八年夏有事于太廟均八年也其去喪除踰年之禘適五年耳則有事為禘可知此五年而禘之證也鄭康成曰魯禮三年喪畢禘于其廟然後祫于太廟明年春禘于羣廟其言喪畢之祫明年之禘固合春秋之義其言禘于其廟又禘于羣廟是不知魯之失禮而惑之也左氏曰禘于僖公武公襄公此魯之失禮孔子曰魯之郊禘非礼也周公其衰矣禘之非礼蓋此類歟

忌日

檀弓 喪三年以爲極亡則弗之忘矣故君子有終身之憂而無一朝之患注念其親故忌日不樂注謂死日言忌日不用舉吉事

注毀不滅性

○疏言服親之喪已經三年可以弃忘而孝子有終身之痛曾不暫忘于心也雖終身念親而不得有一朝之閒有滅性禍患故惟忌日不爲樂事他日則可防其滅性故也下篇子卯爲人君忌日鄭恐此忌日亦爲子卯故云謂死日也

陳祥道曰君子之于親有終制之喪有終身之喪終制之喪三年是也終身之喪忌日是也文王之于親忌日必哀而不樂豈非能全終身之憂乎有終身之憂仁也無一朝之患義也

吳澄曰忌日親之死日不樂有哀心也父母之恩至隆也然喪之當有限制故不過三年而止喪之限制止于三年親身雖已不存而孝子思親之情則無時而忘之故有終身之憂憂雖終身不解然不可恃以毀瘠而致有一旦殞滅其身之禍故所謂終身之憂者唯每歲於親之死日則哀慕如祔死之時餘日則以禮節情而不常哀也

陳澔曰喪莫重于三年而畢已亡中庸[illegible]亡如事存雖已葬[illegible]忘其親所以爲終身之憂而忌日不樂也祭義曰君子有終身之憂忌日之謂也冢宅崩毀出于不意所謂一朝之患惟其必誠必信故無一朝之患也

祭義 君子有終身之喪忌日之謂也忌日不用非不

祥也言夫日志有所至而不敢盡其私也注忌日親亡之日忌日者不用舉他事如有時日之禁也祥善也志有所至ゝ于親以此日亡其哀心如喪時○疏忌日不用非謂此日不善別有禁忌不舉事也言夫日孝子志意有所至極思念親不敢盡其私情而營他事也

陳澔曰不用不以此日為他事也非不祥言非以死為不祥而避之也夫日猶此日也此心極于念親不敢盡心于己之私事也

方慤曰練祥則止于又期而已忌日則氏年有為故曰君子有終身之喪忌日之謂也以于是日志于親而有所至故不敢盡情于他事

輔廣曰忌日當以喪禮處之志有所至謂思念于親必極其至

文王之祭也事死者如事生思死者如不欲生忌日必哀稱諱如見親祀之忠也注言思親之深

喪大記大夫士父母之喪既練而歸朔月忌日則歸哭于宗室注歸謂歸其宮也忌日死日宗室宗子之家謂殯宮也礼命士以上父子異宮○疏此明庶子遭喪歸家之節大夫士有父母之喪至小祥各歸其宮也若適子終喪在殯宮也朔月朔望也忌日死日也宗室適子家殯宮也庶子雖練各歸至忌日及朔望則歸殯宮也

周禮春官小史若有事則詔王之忌諱注先王死日為忌名為諱

孔叢子季節見于子順子順賜之酒辭問其故對曰

今日家之忌日也故不敢飲子順曰飲也禮雖服衰麻見于君及先生與之深內無辭所以敬尊長而不敢其私也忌日方于有服則輕矣

續漢書申徒蟠字子龍父毋卒蟠思慕不飲酒食肉十餘年忌日哀戚輒三日不食

顏子推家訓礼云忌日不樂正以感慕罔極惻愴無聊故不接外賓不理衆務耳必能悲慘自居何限于深藏也世人或端坐奥室不妨言笑盛營甘美厚供齋食迫有急卒密戚至交盡無相見之理蓋不知礼意乎魏世王修母以社日亡來歲社修感念哀甚鄰里聞之為之罷社今二親喪亡偶值伏臘分至之節及月小晦後忌之外所經此日猶應感慕異于餘辰不預飲讌聞聲樂及行遊也

舊唐書祝欽明傳欽明為禮部尚書知政事以匿忌日為御史中丞蕭至忠所劾貶申州刺史

盧邁傳德宗貞元八年將作監元亘當攝太尉祭享昭德皇后廟以私忌日不受誓誡為御史劾奏于是令尚書省與禮官法官參議右丞盧邁議奏曰臣按禮云大夫士將

奉祭于公既沉濯而文毋死則猶祭也又按唐禮散齋有大功喪致齋有周喪及齋中疾病則還家無忌日之文雖假寧令有給假一日春秋不以家事辭王事亘不當以忌日辭攝祭也是坐罰俸

唐開元禮凡百官私忌日給假一日忌前之日聽還

宋史群臣私忌開寶勅六應常參官及內殿起居職官等自今刺史郎中將軍以下遇私忌請準式假一日忌前之夕聽還私第

封氏見聞記忌日請假非古也世說云忌日惟不飲酒作樂會稽王世子以忌日送客至新亭主人欲作樂王便起去持彈往衛洗馬墓下彈鳥晉書又載柏玄忌日與賓客遊晏唯至時一哭而已前代忌日無假之證也沈約荅庾光祿書云忌日制應是晉宋之間其事未久制假前止是不為晏樂本不是封閉如今世自處者也居喪再周之內每至忌日哭臨受弔無不見人之義而除服之後乃不見人實由世人以忌日不樂而不能竟日與感以對賓客故弛懈故過自晦不與外接請假之由是在于此顏之推亦云忌日感慕故不接外賓不理庶務不能悲愴自居何限于深藏也世人或端坐奧室不妨言笑迫有急卒寧無晝見之理其不知禮意乎

請對

葉夢得石林燕語禮逮事父母則諱王父母不逮事父母則不諱王父母鄭氏以逮為及識當是有知之稱舊法祖父母私忌不為假元豐編勅修假寧令于父母私忌假下添入逮事祖父母者推此意謂生時祖父母尚存云爾然不當言逮事蓋誤用禮之文也原為此法者謂生而祖父母死則為不假存則為假所以別于父母也若謂逮事為及見之辭則禮云不逮父母者今遺腹子固有不及見父者矣而母安有不及見者乎法初行安厚卿為樞密適祖母忌祖母没時厚卿纔二歲疑而以問禮部郎官何洵直雖知法官之誤因欲遷就其說引子生三月而父名之以為天時一變為有識欲以三三月為限斷過矣今士大夫凡生而祖父母存者皆告假從立法者之意也

乾學按唐宋之世士大夫遇忌日率多齋居謝客不預諸事而朝廷亦有給假之令故元亘以私忌辭攝祭欽明以匿忌被貶官其時之嚴于忌日如此後世後居官者不得給假不過陳饌一享竟飲宴燕飲如平時其視古人為何如哉

丁晉公談錄史仲孺侍郎言仲孺嘗聞其姑當于歸時衣笥中得黑縿衣褶裙骨肉皆驚駭而詰之云父母將此令候翁家私忌日著此衣出慰之當時士族之家猶有此禮今之時固未嘗聞也

張子全書人問忌日有薦可乎曰古則無之今有于人情自亦不害○凡忌日必告廟為設諸位不可獨享故迎出廟設于他次既出則當告諸位不雖尊者之忌亦迎出此雖無古禮可以意推薦用酒食不焚楮幣其子孫食素○忌日變服為曾祖祖皆布冠而素帶麻衣為曾祖祖之妣皆素冠布帶麻衣為父布冠帶麻衣麻屨為母素冠布帶麻衣麻屨為伯叔父皆素冠帶麻衣為伯叔母麻衣素帶為兄麻衣素帶為弟姪易褐不肉為庶母及嫂亦不肉○古人于忌日不為薦奠之禮特致哀示變而已

侯子雅言人有父在而身為祖母忌日飯僧者召侯師聖師聖不往或問之師聖曰主祭祀者其父也而子當之則無父矣

二程全書忌日必遷主出祭于正寢蓋廟中尊者

所攄又同室難以獨享也

家禮忌日儀　前一日齋戒設位陳器具饌止一位一卓厥明夙興設素果酒並如祭禰之儀質明主人以下變服今擬用素服詣祠堂奉神主出就正寢參神降神初獻亞獻終獻侑食闔門啓門辭神納主徹

附丘氏儀節

並如祭禰除去受胙一節其奉神主出就正寢告辭曰今以某親某官遠諱之辰敢請神主出就正寢恭伸追慕若考妣及祖考妣近死則讀祝後加舉哀哀止非考妣及祖考妣遠死則否餘儀皆如祭禰

祝文維　年歲月朔日辰孝子某或孫或曾孫玄孫敢昭告于某親某官府君歲序流易諱日復臨追遠感時昊天罔極如祖考妣改此句爲不勝永慕旁親不用追遠感時一句止云不勝感愴謹以牲醴用伸奠獻尚饗

是日不飲酒不食肉不聽樂黲布素服以居夕寢于外

朱子語類問忌日不變服否曰謂自曾祖以下變服各有等級聞先生于諱日亦變服不知今合如何朱子荅云唐人服黲今日用白生絹衫帶黲巾○問忌日當哭否曰若是哀來時自當哭又問衣服之制曰某自有吊服絹衫絹巾忌日則服之○先生母夫人忌日着黲黑布衫其巾亦然友人問今日服色何謂曰公豈不聞君子有終身之喪○適每論士大夫家忌日用浮屠誦經追薦鄙俚可怪既無此理是使其先不血食也乙卯年見先生家凡值遠諱蚤起出主于中堂行三獻之禮一家固自蔬食其祭祀食物則以待賓客考妣諱日祭罷

衰生絹黲巾終日一日晚到閤下尚衰白巾未除○先生為無後叔祖忌祭未祭之前不見客○問人在旅中遇有私忌于所舍設卓炷香可否曰這般微細處古人不曾説若是無大碍於義理行之亦無害○忌日衣服飲食如何答曰橫渠忌日衣服有數等今恐難遽行但主祭者易以黲素之服可也○未葬不當時祭遇先忌如何朱子曰忌者喪之餘祭亦無妨然正寢已設几筵即無祭處亦可暫停

真德秀讀書記近世大儒有忌日以黲衣巾墨衰受弔者或疑之答曰礼不云君子有終身之喪乎前世家嫁女女夫篋中有墨衰一襲以為忌日慰舅姑之服皆可法也

李濟翁資暇録忌日必哀又曰不樂今或其日匿訃不聞哀停喪不戚甚不面親戚不留尺題抑有前一日晚便絶賓者未知出于何典也代説云前輩人忌日唯不飲酒作樂近之矣然加以不出齋閤飯不葷茹蔬晨受親戚慰早見不惟別異凡賓抑晝得議事暮當賓朕務不必黄昏客遠者以也其

晝也尺題留而下復親戚來而不拒言不近娛志不離戚斯可謂中禮矣若乃送客挾彈訪斟酒立詩之輩揖祭之流固無足言者至于子就三日之不飧叔治七歲之至性豈惟不樂必哀所可折制耶

或聞近代有其日焚紙錢既非典禮所載余未之信

金史　明昌元年制內外官及諸局承應人遇祖父母父母忌日並給假一日

〔張萱西園聞見錄〕鄭克敬將樂人洪武中由薦舉任延平府儒學訓導賜名公正擢監察御史正色立朝以廉介授知高廟常奉使復命賜燕不飲食光祿以聞上詰其故曰今日臣父忌日不忍食肉上曰尊者賜少者賤者不敢辭況君命乎公正對曰臣聞有父子而後有君臣上悅其言賜鈔五錠

張吉成化時為工部郎以直諫謫景東州判官景東西南極邊俗鄙吉素教之以禮義土官陶氏者遣其子棨來學聞教即善事其父遇母忌即斷酒肉不御其俗亦漸以變

〔李濂忌日答問〕李子當考妣忌日必杜門謝客不覩書史蔬素竟日客有造謁于門者閽人辭焉他日客慍見李子再拜謝已而嘆曰古禮不明于天下也久矣檀弓曰忌日不樂祭義曰君子有終身之喪忌日之謂也忌日不用非不祥也言夫日志有所至而不敢盡其私也又曰忌日必哀其于考妣忌日致齋于內不通賓客守先王之礼也亦情之不容已者也粵稽諸古若王脩之母以社日亡每歲社日脩感念哀甚閭里為之罷社祝欽明以匿親忌日而貶申州元亘以忌日辭揖祭而甘坐罰凡此咸可鑒也夫既見賓客必接談笑而孝子之心忍乎不忍乎顏氏家訓曰忌日不樂正以感慕罔極惻愴無聊故不接外賓不理衆務而艾仲孺侍郎嘗聞其祖母于歸時衣笥中得黲黑衣婦姒皆驚駭詰之曰父母教以遇翁家忌日着此服耳當時衣冠

之家猶知此禮惜今未之聞也晦菴先生毋于毋夫人忌日著黲黑巾衫門人問其故先生曰予豈不聞君子有終身之喪乎先生凡值先代忌日必早起出主于中堂行三獻禮闔門蔬食此士大夫所當法也故曰君子有終制之喪有終身之喪有斯須之喪終制之喪三年是也終身之喪忌日是也斯須之喪弔日是也夫天之道陰陽不同時則當寒而燠者逆道也人之理哀樂不同日則忌日接見賓客談笑如故者逆理也君子愛人以德君其勿深咎予哉客再拜曰先生教吾矣作忌日荅問

〔葉夢禮教家類纂〕凡祭祀所以報本不可不重近世多不行四時之祭惟于忌日設祭前期不齋臨祭無儀祭畢請客飲酒皆非禮也今宜悉依家禮○忌日祭止本親用四果小三牲考以妣配妣不援考

〔錢謙益初學集〕繆公昌期行狀云公詔獄死狀秘外人莫得知四月二十九日橐饘中傳出寸紙自是而絕五月二日獄吏以死上竟莫知何日也正統八年六月閹振殺侍講劉忠愍公球忠愍之死以二十一日二十三日家人莫得聞其諱祭自二十一日後凡三歲益疑之也今公之絕命則未知[illegible]四月為五月也而其家遂以四月二十九日為忌辰一也劉則疑之繆則意之死于禮者之禮孰是孰非均可以痛哭矣

〔倪氏家範〕凡遇忌辰請主出就正寢[illegible]服致祭是日不得飲酒食肉夜則出宿于外

〔張文嘉齊家寶要〕忌祭儀節質明主人以下素服詣祠堂考妣前焚香跪告曰今以某官某考遠諱之辰敢請神主出就正寢伸追慕儀節同時祭用贊唱去飲福受胙○若考妣于讀祝後加舉哀哀止若祖考妣近故者亦然○祝文云歲序流易諱日復臨追遠感時昊天罔極如祖考妣以上則改昊天罔極為不勝永慕[illegible]以清酌庶羞用伸虔獻謹奉顯妣孺人某氏配食尚饗若妣忌則用伸虔獻下云敬奉以配顯考某官府君尚饗妣不曰配食而

曰配食配合也蓋夫婦得合食也〇忌日變服高曾祖考妣衣用青素祖考妣玄冠白衣考妣白冠白衣〇陳敬亭曰君子有終身之喪忌日之謂也又曰忌日不用非不祥也言夫日志有所至而不敢盡其私也蓋父母之恩與天無窮雖喪三年亦未足報故于是日追思哀慕傍徨急切屏絶人事而獨致其情所以盡思親之誠伸終身之慕焉耳迩世禮教廢弛此義不明雖當忌辰仍治私事無復哀慼于親亦恝然忘矣予情寧若是忍哉鄉先生喬廣平相嘗有言曰凡祭皆吉服而忌用縞素凡祭皆飲福而忌獨舉哀夫縞素舉哀非所以施之祭也故此祭宜與祥禫祭同類列于喪禮之末庶合事宜斯言良為有見

瞿式耜愧林湯録祖先忌辰誠慮有遠而忘之者忘生于不可知不可知則雖有其心而無可自盡于是有飲食燕樂適值吾先祖之忌為吾上世沈公所呼號擗踊之日者而若子若孫反以行樂如路人然各悲各笑無相關矣由不可知之誤也宜歷考先人忌日序刻為單附以生辰揭諸祠壁用惕示子孫勿忘

張獻翼家兒私語甲申之歲余年五十一矣二月十一日先妣葉太君忌日也余晨起著麻衣率三男請所供先妣象于寢室而拜之嗚咽涕淚不能起仍命三男曰此余嫡母猶汝曹之于吾妻朱氏也予五十猶能慕親汝曹嫡母之服未闋朔望拜奠遂不知孺子慕何耶及傭保類諷予曰有生母高年在為嫡母忌日喪服舉哀何不降殺稍避之予曰吾聞為生母壓于嫡母者有之未聞為嫡母壓于生母者也

生辰

顔之推家訓江南風俗衆生一朞為製新衣盥浴裝飾親表聚集致讌享焉自茲已後二親若在每至此日嘗有酒食之事耳無教之徒雖已孤露其日

告之祭

皆為供頓酣暢聲樂不知有所感傷梁孝元年少之時每八月六日載誕之辰常設齋講自阮修容薨殁之後此事無絕

隋書高祖紀仁壽三年夏五月癸卯詔曰哀哀父母生我劬勞欲報之德昊天罔極但風樹不靜嚴敬莫追霜露既降感思空切六月十三日是朕生日宜令海內為武元皇帝元明皇后斷屠

真西山曰人子之于生日苟無父母當以忌日之禮自處唐太宗以萬乘之主能行之况學者而可昧此乎今北人有以生日為母難日祀其父母者蓋思此身之所從來有申吾追慕之情良是也程子亦云人無父母生日當倍悲痛更安忍置酒張樂以為樂欲人之自省切矣

馮家善禮集說家禮親生辰無祭鄭氏曰祭死不祭生今俗皆有祭及觀義門鄭氏麟溪集云四月一日乃始遷祖初生之辰奉神主于有序堂上行一獻禮此為可據切念親在生辰既有慶禮沒遇此日能不感慕如死忌之祭可也○生忌祝文維年月日孝子某敢昭告于考某官府君曰歲序易遷生辰復遇存既有慶沒寧敢忘□□遠之時昊天謹以清酌庶羞恭伸追慕尚饗妣同

姚旅露書南州宗室謂親死日為暗忌生日為明忌宗中極重明忌親死者遇十生日如五十六十之類猶追壽焉侯人且禮謁賀一如存日

顧湄生忌說

讀禮通考卷五十三

喪儀節十六

喪主

奔喪凡喪父在父為主注與賓客為禮宜使尊者父沒兄弟同居各主其喪注各為其妻子之喪為主也祔則宗子主之親同長者主之注父母沒如昆弟之喪宗子主之不同親者主之注從父昆弟之喪。疏言子有妻子喪則其父為主案服問云君所主夫人妻太子適婦若此所言則亦主庶婦是與服問違者服問所言通命士以上父子異宮則庶子各自主其私喪今此言是同宮者也兄弟同居各為其妻子為喪主此言父沒同居各主之當知父在同居父主之親同謂同三年期者若父母喪則推長子為主昆弟喪亦推長者為主也不同謂從父昆弟親近自主之也

服問君所主夫人妻大子適婦注言妻見大夫以下亦為此三人為主喪也。疏此三人既正雖國君之尊猶主其喪非此不主也大夫以下亦為妻及適子適婦為主也

陸佃曰言妻非見大夫以下大夫以下為此三人為喪主不必見也曲禮曰公侯有夫人有世婦有妻有妾

陳澔曰夫人者君之適妻故云大夫妻大子適子也其妻為適婦三者皆正故君主其喪

喪大記其無女主則男女拜女賓于寢門內其無男主則女主拜男賓于阼階下子幼則以衰抱之人為之拜為後者不在則有爵者辭無爵者人為之拜在竟內則俟之在竟外則殯葬可也喪有無後無無主

主拜者皆拜賓于位也為後者有爵攝主為之辭于賓耳不敢當尊者禮也○疏此明喪無主使人攝者禮也若有主則男主拜男賓女主拜女賓無女主則男主拜女賓于寢門內少遠階下位鄭云女有下堂為此也子雖幼則以衰抱之為主而人代之拜賓也為後者不在則有爵者辭者謂主有官爵出行不在而家有喪其攝主無官爵則辭謝于賓云已無爵不敢拜賓也無爵者人為之拜謂不在之主無官爵其攝主之人為主拜賓也若主行近在竟內則俟其還乃殯葬若主行在國外計不可待則殯殯後人不可待則葬可也喪有無後無無主釋所以使人攝及以衰抱幼之義無主則對賓有闕故四隣里尹主之無得無主也

應鏞曰有爵者來弔則辭謝不敢見重爵命也無爵者代之拜此有爵無爵蓋係于弔者而注係以為後不在之人理有不通人之于喪也惟其情之厚者則弔之初不視其爵之有無而無攝主者亦通大夫士而言也大夫或弔于士士或弔于大夫其往來初無常而受弔者不拘為後者之貴賤但弔者之至則隨其人而應之有所辭所拜之不同且攝主所以領賓而欲弔者之不虛辱耳若如注說則為後不在必身無爵者於凡有客始一例接之苟有爵則一例辭之是無事乎接賓也又何以攝主爲在禮士不主大夫之喪士不攝大夫則有爵之喪必有爵者而後主之矣為主者有爵則受有爵之弔

乃為相稱又何辭焉

雜記：主妾之喪，則自祔至於練祥皆使其子主之，其殯祭不於正室。注：祔自為之者，以其祭于祖廟○疏：妾既卑賤，得主之者，崔氏云謂女君死攝女君也。自祔者，以其祔祭于祖姑，尊祖，故自祔廟也。妾合祔于妾祖姑，若無妾祖姑，則附于女君可也。殯祭不于正室，雖攝女君，猶下正適，故殯之與祭不得在正室。庾蔚之云：妾祖姑無廟，為壇祭之。鄭云于廟者，崔氏云于廟中為壇祭之。此謂攝女君，若不攝女君之妾，不得為主，則別為壇，不在祖廟中，而子自主之也。

陸佃曰：主妾之喪則自祔，則妾之喪其主有不主者矣。崔氏謂女君死攝女君也，然則練祥使其子主之，曰練祥可矣，今曰使于練祥，則又以著虞卒哭其子主之固也。

凡主兄弟之喪，雖疏亦虞之。注：喪事虞祔乃畢○疏：此疏謂小功緦麻。喪事虞祔乃畢，雖服緦小功之疏，彼既無主，亦為之主虞祔之祭。案小記云：大功者主人之喪，有三年者則必為主再祭。鄭注云：小功緦麻為之練祭可也。與此不同者，彼承大功有三年者，此則緦小功有三年者，故至小祥同于二年也。主虞祔也。今此言疏者，亦虞但虞者，謂無服者，朋友相為亦虞祔也。故熊氏云：主喪者與死者無服，謂袒免以外之兄弟。經云虞，而注連言祔者，以祔與虞相近，故連言之。

乾學按：孔疏前既以疏者為小功緦麻，後復以疏者為無服兄弟，何其說之不一也。

讀禮通考　卷五十三

觀小記大功主人之喪爲之練祥再祭則小功主人之喪當爲之小祥一祭無服兄弟主人之喪當爲之虞祔可知也此但言雖疏亦虞孔氏後說是也

姑姊妹其夫死而夫黨無兄弟使夫之族人主喪妻之黨雖親弗主注此謂姑姊妹無子寡而死也夫黨無兄弟無緦之親也其主喪不使妻之親而使夫之族人婦人外成主必宜得夫之姓類夫若無族則前後家東西家無有則里尹主之注喪無主也里尹閭胥里宰之屬王度記曰百戶爲里里一尹其祿如庶人或在官者諸侯弔于異國之臣則其君爲主里尹主之亦斯義也曰主之而附於夫之黨注妻之黨自夫主之非也夫之黨其祖姑也

朱子語類門人問雜記此條之說如此今某有姑處勢正同既無所祔豈忍其神之無歸乎朱子荅曰古法既廢隣家里尹決不肯祭他人之親則從宜而祀之別室可也

呂坤曰婦無喪主寧用東西家前後家及里尹而不用女與壻曰女既適人明其爲外人也不亦拂情乱常之甚乎女雖外父母兄弟家然期親壻亦緦親也閭胥里宰於死者何有焉

顧炎武曰此文以姑姊妹發端以戒人不可主姑姊妹之夫之喪也夫寧使疏遠之族人與隣家里尹而不使妻之党爲之主聖人之意蓋已逆知後世必有如王莽假母后之權行居攝之事而篡漢家之統而豫爲之防者矣別内外定嫌疑自天子至于庶人一也或曰主之而附于夫之党是烏知礼意哉

萬斯同曰婦人死夫家無族妻党弗得主喪以婦人外成妻族不可以干夫族也然里尹與東西前後家寧親于妻之党乎妻党之親者不可外人之踈者反可何其不情之甚也愚意下文或人之説當爲正礼故記者附著之而注家反詆以爲謬何也倘此説爲謬則記者亦不必言之矣故此條之解斷以後説爲正

士之子爲大夫則其父母弗能主也使其子主之無子則爲之置後注大夫之子得用大夫之禮而士不得也置猶立也。疏士之子身爲大夫而死則父母是士故不可爲大夫喪主使此死者之子爲主以其子爲大夫適子故得服大夫服爲之主前經云大夫之適子服大夫服是也若無適子則以庶子當適處若無庶子則以族人之子當適處皆得用大夫禮所以然者父貴可以及子故大夫之子得用大夫之禮子貴不可以及父故父不得用大夫之禮

陳澔曰此最無義理究其説則是子爵高父母遂不能止之舜可臣瞽瞍皆齊東野人語也

喪服小記男主必使同姓婦主必使異姓注謂爲無主後者爲主也異姓同宗之婦也婦人外成○疏男主以接男賓女主以接女賓或無適子適婦爲正主以他人攝主若攝男主必使喪家同姓之男若攝婦主必使喪家異姓之女注又云異姓同宗之婦者謂喪家同宗其婦必與喪家異姓也

徐師曾曰此言立喪主之義爲無主後者言也男主使同姓雖婿不得與女主使異姓雖姊妹及女不但與各從其親也

大功者主人之喪有三年者則必爲再祭朋友虞祔而已注謂死者之從父昆弟來爲喪主有三年者謂妻若子幼小大功爲之再祭則小功緦麻爲練祭可也○疏謂死者無近親而從父昆弟爲之主喪故云主人喪也有三年者謂死者有妻若子妻不可爲主而子猶幼少未能爲主故大功者主之爲之練祥再祭朋友疏于大功不能爲練祥但爲之虞祔而已然則大功尚爲練祥則虞祔亦爲之可知親重者爲之遠祭親輕者爲之近祭故大功爲之祥及練小功練麻爲之練朋友但爲虞祔也○田瓊曰劉德議問朋友虞祔謂主幼而爲虞祔也若都無主族神不歆非類當爲虞祔否荅曰虞安神也祔以死者祔于祖也朋友恩舊歡愛固當安之祔之然後彝倫但後日不常祭之耳

皇侃曰死者有三年之親大功主者爲之練祥若死者但有大功則大功主者至期小功緦麻至祔若又無期則依服月數而止故雜記云凡主兄弟之喪雖疏亦虞之謂無三年及期者也

應鏞曰責人必以其所故同姓之所親則要以三年于交游之所厚則期以三月爲義必于其可故變除生者之服飾非親者不能而安祔死者之精神

雖死者可爲之然又兄有妻子則爲之練祥再祭雖不廢而變除之節可畧也凡此皆爲死者無主後而慮生者不能久其事故以親疎而爲之節若盡送往撫孤之義則雖過于厚而無害也夫生死之相收恤人道之當然今其身死而又妻子懦弱適無父母兄弟之至親也則大功當任其責而至於終喪或其適無小功之親也則朋友當任其責而至于逾葬使其不幸而無大功以爲之休則小功以下其可以坐視乎又不幸而無朋友以爲之助則爲鄰党與之舊其可以恝然乎是以體朋友死無所歸於我殯之義則練祥不必大功而親党皆不可得而辭推行有死人尚或墐之之心則虞練不必朋友而凡相識者皆不可得而拒特其情有厚薄則處之各不同自其篤于義者言之則各有加爲無害也凡遇人之急難而處事之變者不可以不知

大夫不主士之喪注士之喪雖無主不敢攝大夫以爲主。疏謂士死無主後其親屬有爲大夫者曾不得主之

婦之喪虞卒哭其夫若子主祔則舅主之注婦謂凡嫡婦庶婦也虞卒哭非舅事也祔于祖廟尊者宜主焉。疏虞與卒哭在寢故其夫或子得主之祔是祔于祖廟其事既重故舅主之婦之所祔者則舅之母也

士不攝大夫士攝大夫惟宗子注士之喪雖無主不敢攝大夫以爲主宗子尊可以攝之。疏士喪無主不敢使大夫兼攝爲主士卑故也若宗子爲士而無主後者可使大夫攝主之宗子尊則可以攝之也

陸佃曰若應大夫主喪雖無大夫士不得攝

吳澄曰陸說于文爲順此一節蓋言大夫士無主後其親屬有爲士而無爲大夫者士之位卑不可攝大夫而主已死大夫之喪唯宗子爲士雖是位卑而宗子分尊故可以士而攝主大夫之喪也上言大夫不可主士之喪此則言士不可主大夫之喪注疏說與上文大夫不主士之喪義重非是宗子謂

主喪之人非謂已死之人也

乾學按此宗子當指生者說若依孔疏則是大夫攝士非士攝大夫矣陸氏吳氏之說得之

主人未除喪有兄弟自他國至則主人不免而為主注親質不崇敬也。疏謂在國主人以喪服未服有兄弟自他國至謂五屬之親從遠歸奔者也免兑有時若葬後惟君來弔雖非時亦免崇敬欲新其事故也若兄弟非時而奔則主人不須免也

諸侯弔于異國之臣則其君為主注君為之主弔臣恩為已也子不敢當主中庭北面哭不拜。疏君無弔他臣之禮若來在此國遇主國之臣喪時為彼君之故而弔故主國君代其臣之子為主按士喪禮君弔主人中庭拜稽顙成踊彼為主人故中庭拜今隣國君弔君為主拜賓則主人不拜曾子問稱季桓子之喪衛君來弔魯君為主季桓子拜而稽顙故譏其二主

曾子問

曾子問曰喪有二孤廟有二主禮與注怪時有之孔子曰天無二日土無二王嘗禘郊社尊無二上疏嘗郊社之時雖眾神並在猶先尊後卑一一祭之不一時總祭故云尊無二上未知其為禮也昔者齊桓公

亟舉兵作僞主以行及反藏諸祖廟廟有二主自桓公始也注僞猶假也舉兵以遷廟主行無則主命為假主非也喪之二孤則昔者衛靈公適魯遭季桓子之喪衛君請弔哀公辭不得命公為主客入弔康子立于門右北面公揖讓升自東階西鄉客升自西階弔主拜興哭康子拜稽顙於位有司弗辯也今之二孤自季康子之過也注辯猶正也若康子者君弔其臣之禮也鄰國之君弔君為之主主人拜稽顙非也當哭踊而已靈公先桓子以魯哀公二年夏卒桓子以三年秋卒是出公也○疏有司謂當時執事之有司畏康子之勢不敢辯正也曾子時去桓公已遠二主行之已久故云自桓公始康子正當孔子之時未知後代行之以否不得去云自季康子始但見當時失禮故云康子之過也

方慤曰喪有孤則哀之所主廟有主則神之所依二孤則莫適為主二主則莫適為依是豈禮之意哉然後世行之皆盖自桓公始之季康子之過也

春秋隱公三年夏四月辛卯尹氏卒

公羊傳外大夫不卒此何以卒天王崩諸侯之主也疏時天王崩魯隱往奔喪尹氏主儐諸侯與隱交接而卒恩隆于王者則加禮録之

穀梁傳外大夫不卒此何以卒之於天子之崩為

魯主故隱而卒之

春秋定公四年秋七月劉卷卒

穀梁傳此不卒而卒者賢之也寰內諸侯也非列土諸侯此何以卒也天王崩為諸侯主也昭二十二年景王崩當以賓主之禮相接能為諸侯主所以為賢

通鑑秦莊襄王七年韓王往弔信陵君其子榮之以告子順子順曰必辭之以禮隣國君弔君為之主今君不命子則子無所受韓君也其子辭之

通典晉韓伯為殷靈符問或人答云昔亡伯喪未除而祖母見背從兄不廢父喪主而為主居廬郗太尉來弔不以為非禮也。宋庾蔚之謂父喪內祖亡則應兼主二喪

晉雷孝清問曰為祖母持重既葬而母亡云何范宣

荅曰一身當爲兩喪之主。庾蔚之謂應別室爲廬兼主二喪

有祖喪而父亡立廬議宋孟氏問曰嗣子今爲孟使君持重光祿喪庭便無主位于禮云何周續之云禮無曉然之文意謂嗣子宜兼持重位之喪豈可闕三年正主耶

梁天監四年安成國刺稱廟新建欲剋今日遷立所生吳太妃神主國主既有妃喪欲使臣下代祭明山賓議以爲不可宜待王妃服竟親奉盛禮

開元禮凡主兄弟之喪雖疏必虞此爲兄弟或在他方或無後嗣而爲之主

家禮立喪主凡主人謂死者長子無則長孫承重者專奉饋奠主婦謂死者之妻無則主喪者之妻

朱子語類朱子荅妻踰期孰爲祭主之問云此未有攷但司馬氏大小祥祭已除服者皆與則主祭

者雖已除服亦何害于主祭但用吉服或忌日之服可也。朱子答朔祭子爲主之問云凡喪父在父爲主子無主喪之禮父沒兄弟同居各主其妻子之喪。長子死則主父喪用次子不用姪今法如此宗子法立則用長子之子此法已壞只從今法。問今制夫爲妻服朞子爲母齊衰三年則夫之大祥乃子小祥之祭子之大祥禫祭夫已無服可以夫爲主祭祝辭曰夫某爲子某薦其祥事如曾子問宗子爲介子之禮可乎朱子答云今禮凡筵几三年而除則小祥大祥之祭皆夫主之但小祥之後夫即釋服大祥之祭夫亦須改其祝祠亦不必言爲子而祭。李孝述問云先兄居嫡長已娶無子而沒或以爲母在宜用尊厭之例不須偹禮如何朱子荅云宗子成人而無子當為立後尊厭之說非是又問誰主其喪朱子荅云既已立後何有此疑又問云先兄嘗抱一襁褓之子為嗣既没孝述以其未勝喪又别無同居長上遂自主喪兩月而此子卒前者仰問不曾言及先兄將奠孝述復求從兄之子為之後亦在襁褓孝述仍主祠板之題而從弟稱既領尊教始悟其非猶疑不能執喪問之伯量彼云嘗以此仰問先生荅云有攝主愚按喪大記云子幼則以衰抱之人為之拜是當以孝述攝也乃欲俟練祭換栗板時易題所稱復慮先兄之後為同宗子之子不知亦謂之嫡孫否若可謂嫡孫則廟祭當使為主未知襁褓之子即可主祭為後待其成人或稍長則若即可主祭

則今祠板之變固合異日還廟之稱矣如或亦可則今日易從子稱異日復曰從弟稱有瀆慢之嫌又按喪服小記云婦之喪虞卒哭其夫若子主之祔則舅主之所主不同而各有所宜不嫌數更則異日再易祠板所稱恐亦無害又衆議以爲兄以幼子主之理勢方順孝述于粟板日已更稱矣不知是否先生批云揖主但主其事名則宗子主之不可易也細考曾子問諸說可見

明會典立喪主謂長子無則長孫主婦亡者之妻無則主喪者之妻

王廷相荅劉遠夫論喪禮書季亦父在毋亡父自主其喪之論竊詳先儒多以喪服小記爲據今考之小記云父之喪虞卒哭其夫若子主之祔則舅主之鄭氏注曰婦謂凡嫡婦庶婦也虞卒哭祭婦非舅事也祔于祖廟尊者宜主焉及考士虞禮祝辭云哀子某顯哀相夙興夜處不寧敢用潔牲剛鬣香合嘉薦普淖明齊溲酒哀薦祫事卒哭祝辭云哀子某來日隮祔爾于皇祖某甫尚饗祔祭祝辭云孝子某孝顯相夙興夜處小心畏忌不惰其身不寧用尹祭嘉薦普薦溲酒適爾皇祖某甫以隮祔爾孫某甫尚饗由此三辭觀之皆其子主祭事矣今詳小記之義蓋謂諸子之婦亡者無子則虞卒哭之

祭其夫主之有子則其子主之至于祔廟則其舅主焉爾謂之舅與婦對言也非謂父在毋喪之云也家禮本之書儀或者緣此而誤遂以虞卒哭並祔通為父主之也僕初纂時亦止據家禮注子書入未至詳考遂前後不倫爾承教多謝然僕竊有說焉夫在妻亡有有子者有無子者有子者固為祭主矣而無子者其夫自主亦禮也古今諸書皆無明證若以儀礼及家禮祭儀論之皆子祀父母之文也以夫行之于妻仍為過重今宜斟酌纂之何如且如父在毋亡其子仍依諸礼主虞祔卒哭祥禫之祭但其父畧先拜奠以休他所而後長子率諸子孫内外之人舉行其夫在妻亡而無子者亦當别定節儀比之子祭父毋步為簡省另為祝文去其夙興夜處哀慕不寧及叩地號天五情糜潰之辭如此庶得禮意周盡而于先王禮之未備者有所裨補家礼立喪主之下注子再為更定喪服小記之說不必盡以為準亦無不可者何也儀禮乃聖經而禮記多出于漢儒之襍故也

汪琬曰或問喪必有主與曰禮喪有無後無無主然則孰為之主曰惟家子與其婦礼所謂主人主婦是也支子不在列與曰雖在列不敢主之也何為其不敢也曰非傳重也曾子問曰喪無二孤此之謂也親戚故舊亦可主與曰可古者喪必訃訃必哭哭則必右吊者孔子之哭子路也身為之主其哭伯高也使子貢為之主皆是然則父母之喪可使他人主之與曰不可禮父不主庶子之喪夫不主妻之喪舅不主庶婦之喪妻之党不主姑姊妹之夫之喪吾未聞執親之喪而使他人主之者也無主後則如之何有揖主禮大夫而無主後宗子為士者可揖也宗子為士而無主後大夫可揖也何為其使大夫揖曰公子有宗道焉非宗子而特起為大夫者亦有宗道故也無宗子是無族也禮無族則前後家東西家主之無有則里尹主之是揖主之變也然則今之吴人有喪也或使同姓之人護喪之訃告必屬名其間其殆古之揖主與曰是與揖主不同護喪之名不見于經朱子家禮使子若弟知礼者為之有喪事則必稟之前後集礼則兼用孫吾未聞士大夫而執弟與子孫之役者也雖謂之非禮可也

萬斯大學礼質疑　武林張仲嘉著齋宗寶要有云父母之喪長子為主無則次子或長孫主之予當改云無長子則長孫主之此古人重適之意因引公儀仲子舍孫立子孔子曰立孫為據友以吴東孝謂予曰有次子而以孫立主喪恐世俗難行且予所引乃卿大夫礼士庶之家不必然予曰其所言者古今之通義也君之所慮者末俗之秘見也予亦知適孫為主即承重之謂乎曰雖承重猶當次子主之予曰若是猶未明乎承重之謂矣古人于子無問衆寡為父後者止嫡長一人是謂適子父老則傳重父沒為喪主適子死則父報子故喪服父為長子斬傳曰正体于上又乃將所傳重也注云重其當先祖之正体又以其將代已為宗廟主也此重之義也適子死則適孫為後喪服傳曰有適子者無適孫注云適子在則皆為庶孫必適子死乃立適孫適孫為祖後也為祖後則凡適子之事皆適孫承之故祖父卒服斬與子為父同此承重之義也夫祖非無庶子而必以適孫承之為後則知所謂正体之重庶子不得傳之矣庶子不得傳重則為喪主者非適孫而誰庶子何以不得傳重也小記曰庶子不為長子斬不継祖與禰故也注云尊先祖之正体不二其統也大傳曰庶子不祭明其宗也觀此則庶子不得傳重可知矣不得傳重而得為喪主乎使庶子而可為喪主則適孫可無承重矣使適孫而不為喪主則所謂承重者為何矣今天下喪礼廢壞獨適孫承重律令著之通俗行之稍見古人為後之義于此而更忽之則古意亡矣士君子之所深憂也曰適孫為主庶子反無所事乎曰非也喪主者喪礼所謂主人也庶子者喪礼所後衆主人也古礼唯擗踊哭泣衰服首絰衆主人所同而拜賓送賓及祝辞之稱與凡成禮于喪中者主人所獨今世居喪禮儀大要古初子孫不分適庶槩施而無別孰謂其無所事也曰然則庶子與父喪亦各有所重適孫何以得專主耶曰庶子之均其儀節亦庶子之不欲自異于適耳謂各有所重何以庶子先父而死者其子不為祖承重乎觀此則庶子無所重而重在適孫也庶子雖叔父之尊不得以其為兄子而厭之矣曰庶子雖不厭然居喪儀節適庶既均適孫之為主者於何見之曰勢重者難逆欲

一旦復古礼于今日有所不能就今言今唯祝辞及名刺之通于外者先適孫而後廢子存古意什一于千百而已矣曰如適孫復死則如之何曰今制不有曾玄承重者乎謂之承重則毋問曾玄服斬與孫承重同服同則其為喪主亦無不同次子亦不得而專之也故次子為喪主者必長子無子或適孫曾無子不得已而後為之乃可耳古人無子孫者兄弟主之無兄弟者族人主之無族人則東西家前後家或里尹主之蓋喪有無後無無主聖人盡禮之變而為之制若言其常礼則適子適孫適曾孫適玄孫之為喪主其可得而移易也哉

張獻翼曰予長嫂没長兄會試在燕京予在傍荅弔者之拜因而謝焉記云為賜而來者拜之況嫂叔乎及舉殯則吾兄主之可無事于荅拜矣此等之禮随時斟酌不可預定者也

攝主

曾子問　曾子問曰君薨而世子生如之何孔子曰卿大夫士從攝主北面於西階南注變于朝夕哭位也攝主上卿代君聽國政大祝裨冕執束帛升自西階盡等不升堂命毋哭注將有事宜清靜也裨冕者接神則祭服也諸侯之卿大夫所服裨冕絺冕也玄冕也士服爵弁服大祝裨冕則大夫祝聲三告曰某之子生敢告注聲噫歆警神也某夫人之字也升奠幣于殯東几上哭降注几筵於殯東明繼体也衆主人卿大夫士房中皆哭不踊注衆主人君之親也房中婦人

盡一哀反位遂朝奠注反朝夕哭位小宰升奉幣注所主也舉而下埋之階間○蹶熊氏云下稱奠幣于殯東則此告世子生謂既殯已後若未殯之前則庶子生亦不告卿大夫士等皆衣衰服北面文不言殯下文云大祝裨冕明卿大夫等不裨冕也士喪禮朝夕哭大夫即位于門外西面北上外兄弟在其南南上賓繼之北上若其門內位主人堂下直東序西面兄弟皆即位如外位卿大夫在主人之南是朝夕內外哭位皆在東方也今乃從揖主北面于西階南故云變于朝夕哭位也至于西階南者以將告殯近殯位故也欲往告殯故升自西階若于堂下告則大遠堂上告則大近殯故升階盡等級即不升堂將有告事宜靜故命毋哭天子諸侯在殯宮則有几筵大夫士大歛有席虞始有几然殯宮几筵為朝夕之奠常在不去今更特設几于殯東當明世子是繼体之貴故于常几筵之外別特設之案士喪礼每日之旦于朝夕哭位先哭而後行朝奠朝奠了又哭今因西階前哭畢反此朝夕哭位于位不更哭即行朝奠禮謂一時兼哭兩事故云遂朝奠所主幣必知埋之階間者下文云師行主命反必告設奠卒歛幣玉藏諸兩階之間故知此幣亦埋之階間也三日衆主人卿大夫士如初位北面注三日負子日也初告生時大宰大宗大祝皆裨冕少師奉子以衰祝先子從宰宗人從入門哭者止注宰宗人贊君事者詔子升自西階殯前北面祝立于殯東南隅祝聲三曰某之子某從執事敢見子拜稽顙哭注奉子者拜哭祝宰宗人衆主人卿大夫士哭踊三者三降東反位皆袒子踊房中亦

踊三者三襲衰杖注踊襲衰杖成子禮也奠出注亦謂朝奠大宰命祝史
以名徧告于五祀山川注因負子名之喪於禮畧也○疏三日之朝自衆主人以下悉到西階下列位如初日子
生之儀也以子自爲主故不云從揖主也大宰大宗大祝皆裨冕者奉子接神故服祭服此大宰大宗等亦從子升堂故下文云祝宰宗人降東反位既言降
名其時當在堂此經不云升堂者文不具耳少師奉子以衰者少師主養子之官又奉子故與子皆着衰也入門入殯宮門也衆主人及諸臣並已先列位而
哭今祝宰宗三人將子入門見故命門內在位者止哭也前告是初生日哀甚故祝升階乃命止哭今三日哀已微殺故子入門而哭則止也子升自西階者
謂世子不忍從先君之階升故由西階升于時大宰大宗及祝亦升不言從者以子爲主也殯前北面者殯以東爲前謂當殯之東稍南北面也祝立于殯東
南隅者祝在子之西而北面當殯之東南也其宰及宗人皇氏云以次立于子之東皆北面若其須詔相之時或就子前而西南也祝聲三者亦謂聲神也前
告主哀甚故盡階不升堂此見子須近殯故進立于殯東南隅既聲神之後祝乃告曰夫人某氏之子某從執事宰宗人等敢見告訖奉子之人拜而稽顙乃
哭不踊者未即位故也皇氏云于時未立子名不得云某氏之子某從執事下有某字者誤也今案定本及諸本皆有某字子升堂之時大宰即位立名告殯
云某之子某祝宰宗人等以子稽顙哭故亦哭每踊三度爲一節如此者三故云三者三降東反位者堂上皆降反東在下者皆東反朝夕哭位降者謂降自
西階也皆袒者以初堂上堂下之哭非正位故不袒今反朝夕哭位皆袒子踊房中亦踊者以上文子不踊房中亦不踊主此乃皆踊也當子踊之時亦袒
也故下注云踊襲衰杖成子禮也既云[illegible]時袒也初朝奠非特奠者在禮無特告奠之法故也案內則及左傳桓六年[illegible]三月乃名之今因負子三日即
名之以喪事促遽于禮簡不待三月也上見殯之時既以名告故云某之子亦非謂告山川之時始作名也

曾子問曰：如已葬而世子生，則如之何？孔子曰：大宰、大宗從大祝而告于禰，三月乃名于禰，以名徧告及社稷、宗廟、山川。注：告生也。疏：禰，父殯宮之主也。既葬，說殯無尸柩，准有主在，故告于主，斷事神之故也。直云三人，亦禰不云揖主者，葬時揖主已并經，當以交神明，葬竟又服受服，喪之大事使畢，揖主無復有此事，故子生則揖主不復與羣臣列位西階下也。不云禰冕，若未葬尚禪冕，葬後不言自顯也。不言束帛，凡告必制幣從之，可知也。不言盡階不升者，三人例是升者，非不升也。不言某之子生敢告者，亦自可知也。三月乃名于禰者，葬後神事之故，依平常之禮，三日不見也，三月乃見，因見乃名，從見之人與告生不異，故不重言也。雖三日不見，其成服衰經自依常礼也。前不云社稷、宗廟，此不言五祀，互相明也。

立後

檀弓：公儀仲子之喪，檀弓免焉。注：故為非禮以譏仲子也。禮，朋友皆在他邦乃袒免。仲子舍其孫而立其子。注：此其所立非也。公儀蓋魯同姓。周禮：適子死，立適孫為後。檀弓曰：何居？我未之前聞也。注：居讀為姬姓之姬，齊魯之間語助也。前，猶故也。趨而就子服伯子於門右，曰：仲子舍其孫而立其子，何也？注：去賓位，就主人兄弟之賢者而問之。子服伯子，蓋仲孫蔑之玄孫子服景伯。蔑，魯大夫。伯子曰：仲子亦猶行古之道也。昔者文王舍伯邑考而立武王微子舍其孫腯而立衍也夫仲子亦猶行古之道也注伯子爲親者隱耳立子非也文之立武王權也微子適子死立其弟衍殷礼也

子游問諸孔子孔子曰否立孫注據周禮。疏公儀仲子占檀弓與之爲友又非處他邦爲之著免故爲重服譏其失禮也注云去賓位者案賓之位隨主人而變小斂之前主人未忍在主位有事在西階下則賓亦入門西弔于西階下故士喪礼君使人襚主人拜送拜賓即位西階下東面鄭云未忍即主人位也小斂之後尸則出堂廉然後有飾主人位則在阼階下西面賓弔者入門東于東階下弔也故士喪禮小歛訖男女奉尸侇于堂主人降自西階即位踊襲鄭云即位踊東方位也則衆主人不接賓發初在東耳而檀弓之來當在小歛之前初于西階行譏弔而主人未覺後乃趨向門右問伯子焉知小歛前者以仲子初喪即正適庶之位故也未小歛而著免者故爲非禮之弔亦異常也然則子游之弔惠子是小歛後也故服衰而在門東故鄭云大夫家臣位在賓後又云在門内北面也

方慤曰免之爲服特施于五世之親而朋友死于他邦者亦服仲子之于檀弓既非五世之親又非死于他邦檀弓爲之免焉蓋服非所服之服以譏立非所立爾

應鏞曰檀弓然而不復言子游疑而復求止非夫子明辨以示之孰知舍孫立子之爲非[illegible]

馬驌曰史記云微子卒立其弟衍家語[illegible]然禮記公儀仲子舍其孫而立子子服伯子引此以爲說詳其文義則仲似微子之次子矣

乾學按管蔡世家云[illegible]立伯邑考既已

前卒矣又云伯邑考於後不知所封可見伯邑考仍有子文王以其死舍其子而立次子發也此辭與馬氏相胳合

司寇惠子之喪注惠子衛將軍文子彌牟之弟惠叔蘭也生虎者子游爲之麻衰牡麻絰注惠子廢嫡立庶爲之重服以譏之麻衰以吉服之布爲衰文子辭曰子辱與彌牟之弟游注謝其存時又辱爲之服敢辭注止之服也子游曰禮也文子退反哭注子游名習禮文子亦以爲當然未覺其所譏子游趨而就諸臣之位注深譏之大夫之家臣位在賓後文子又辭曰子辱與彌牟之弟游又辱爲之服又辱臨其喪敢辭注止之在臣位子游曰固以請注再不從命文子退扶適子南面而立曰子辱與彌牟之弟游又辱爲之服又辱臨其喪虎也敢不復位注覺所譏也虎適子名文子親扶而辭敬子游也南面而立則諸臣位在門內北面明矣子游趨而就客位注所譏行。疏世本靈公生昭子郢郢生文子木及惠叔蘭蘭生虎爲司寇氏文子生簡子瑕瑕生衛將軍文氏然則彌牟是木之字子游既與文子爲朋友應著弔服加緦麻帶絰今乃著麻衰牡麻絰故云重服譏之麻衰以吉服之布爲衰者案詩云麻衣如雪又間傳云大祥素縞麻衣皆吉服之布稱麻故知此麻亦吉服之布也案弔服錫衰十五升去其半疑衰十四升今子游麻衰乃吉服十五升輕于弔服而云重服以訊之者據牡麻絰爲重弔服弁絰大如緦之絰一股而環之今乃用牡麻絞絰與齊衰絰同故云重也大夫之賓位在門東近北則大夫之家臣位亦在門東而近南並皆北嚮故在賓後也故盧云喪賓後主人同在門東家臣賓後則近南也然鄭亦不知臣定位今以此爲證故云明矣子游弔在臣位適子既向南面對子游故知臣位在門内北面也

馬睎孟曰死喪之威致哀戚者惟兄弟而已若朋友皆在他邦而無宗族兄弟乃得施親親之恩相爲袒免檀弓之免子游之麻絰皆非在他邦者也而其服有過焉以爲仲子之舍孫惠子之立庶而父兄不能正是猶無親也檀弓子游雖有朋友之道欲正而不可得故重爲之服所以視其親言唯親則有可正之恩就臣之位所以視其臣言唯臣則有可正之義

〔高唐郢子游麻衰議〕書曰盛德不狎侮使弥年知禮邪是君子也當直言以救失爲不知禮邪是小人也當矜其不能提耳喻之何狎侮之爲乎觀文子未正虎位非不知也重違惠子之志將俟告者而行之偃奈何以廣自許以狎待人重其語言輕其重服衆人之失代之之明又非美之位不可謂無辱且多識前言以匡其失而回適若此設使方人之朝譏人之政至于講大礼臨大節獻可替否任賢去邪言可得聞乎無以乃裂冠毀冕行怪而已矣遠觀望之未見其可直人不以其直也不敢以道狥物而忘其身赴井救人傷教害義殆非所謂習礼者矣

邵寶曰公儀仲子舍孫立子而檀弓[illegible]免司冠惠子舍嫡立孫庶子游弔之以麻衰禮歟非禮也然則二子之服之也何居將以明礼也將以明礼而自蹈于非禮可乎皆者孟子嘗以仁術爲戛非禮以起問者而牽人小礼近于術矣可不可之十

檀弓石駘仲卒無適子有庶子六人卜所以爲後者曰沐浴佩玉則兆五人者皆沐浴佩玉石祁子曰孰有執親之喪而沐浴佩玉者乎不沐浴佩玉石祁子兆衛人以龜爲有知也注駘仲衛大夫石碏之族兆吉兆言齋潔則得吉兆

方愨曰曲礼云居喪之礼頭有創則沐身有瘍則浴非有創瘍固不可以沐浴矣玉藻云凡帶必有佩玉唯喪否非去喪固不可以佩玉執親之喪而沐浴佩玉是忘孝忘礼也唯石祁子不爲之龜之獨兆于祁子爲有知也

公羊傳公注隱公何以不言即位成公意也何成乎公之意公將平國而反之桓桓幼而貴隱長而卑其爲尊卑也微國之人莫知隱長又賢諸大夫扳隱而立之隱于是焉而辭立則未知桓之將必得立也且如桓立則恐諸大夫之不能相幼君也故凡隱之立爲桓立也隱長又賢何以不宜立立適以長不以賢立子以貴不以長注適謂適夫人之子尊無與敵故以齒子謂左右媵及姪娣之子位有貴賤又防其同時而生故以貴也禮適夫人

無子立右媵右媵無子立左媵左媵無子立嫡姪娣嫡姪娣無子立右媵姪娣右媵姪娣無子立左媵姪娣質家親親先立弟文家尊尊先立孫其雙生也質家據見立先生文家據本意立後生皆所以防愛爭 桓何以貴母貴也注據桓母右媵 母貴則子何以貴子以母貴母以子貴

公羊傳 宋宣公謂繆公曰以吾愛與夷則不若愛女以為社稷宗廟主則與夷不若女盍終為君矣注與夷者宣公之子繆公者宣公之弟 宣公死繆公立逐其二子莊公馮與左師勃注左師官勃名也 曰爾為吾子生毋相見死毋相哭注所以遠絕之 與夷復曰先君之所為不與臣國而納國乎君者以君可以為社稷宗廟主也今君逐君之二子而將致國乎與夷此非先君之意也且使子而可逐則先君其逐臣矣繆公曰先君之不爾逐可知矣注爾女也可知者欲使我反國 吾立乎此攝也注暫攝行君事不得傳與子也讓辭 終致國乎與夷莊公馮弒與夷注馮與督共弒在桓二年危之于此者死乃反國非至賢之君不能不爭也 故君子大居正注明修法守正最計之要者 宋

之禍宣公爲之也注言死而諱開爭原也

左傳襄公三十一年六月辛巳公薨立胡女敬歸之子子野注胡歸姓之國敬歸襄公妾次于季氏秋九月癸巳卒毀也注過哀毀瘠以致滅性立敬歸之娣齊歸之子公子裯注齊謚裯昭公名穆叔不欲曰大子死有母弟則立之無則立長注立庶子則以年年鈞擇賢義鈞則卜古之道也注先人事後卜筮也義鈞謂賢等非適嗣何必娣之子注言子野非適嗣且是人也居喪而不哀在慼而有嘉容是謂不度不度之人鮮不爲患若果立之必爲季氏憂武子不聽卒立之比及葬三易衰衰衽如故衰於是昭公十九年矣猶有童心君子是以知其不能終也注言其嬉戲無度

左傳哀公三年秋季孫有疾命正常曰無死注正常桓子之寵臣敕付以後事故敕令勿從己死南孺子之子男也則以告而立之注南孺子季桓子之妻言若生

男告公而立之女也則肥也可注肥康子也季孫卒康子即位既葬康子在朝注在公朝也南氏生男正常載以如朝告曰夫子有遺言命其圉臣曰南氏生男則以告於君與大夫而立之今生矣男也敢告遂奔衛康子請退注退避位也公使共劉視之注共劉魯大夫則或殺之矣乃討之注討殺者召正常正常不反注畏康子也傳終言季氏家事

宋書禮志大明二年六月有司凡侯伯子男世子喪無嗣求進次息為世子檢無其例下禮官議正博士孫武議案晉濟北侯荀勗長子連卒以子輯拜世子先代成準宜為今例博士傅郁議禮記微子立衍商禮斯行仲子舍孫姬典攸昭歷代遵循靡替于茲今胙土之君在而世子卒厥嗣育非孫之謂愚以為次子有子自宜紹為世孫若其未也無容遠捜輕屬

承綱繼體傳之有由父在立子允稱情典曹郎諸葛雅之議案春秋傳云世子死有母弟則弟無則立長年均擇賢義均則卜古之制也今長子早卒無詞進立次息以為世子取諸左氏義理無違又孫武所據晉濟北侯荀勗長子卒立次子亦近代成例依文據比竊所允安謂宜開許以為永制參議為允詔可

大明四年九月有司奏陳留國王曹虔季長兄虔嗣早卒季龔封之後生子銑以繼虔嗣今依應拜世子未詳應以為銑世子為應立次子鍇太學博士王溫之江長議並以銑為正嗣太常陸澄議立鍇右丞徐爰議謂禮後大宗以其不可乏祀諸侯世及春秋成義虔嗣家傳嗣身為國王雖薨沒無子猶列昭穆立後之日便應即纂國統于時既無承繼虔季以

次蘗紹虔嗣既列廟饗故自與世數而遷豈容蒸嘗無闕橫取他子爲嗣爲人亂嗣又應恭祀先父案禮文公子不得禰諸侯虔嗣無緣降廟就寢銑本長息宜還爲虔季世子詔如爰議

北齊書刁柔傳文宣帝天寶中參議律令時議者以爲立五等爵邑承襲者無嫡子立嫡孫無嫡孫立嫡子弟無嫡子弟立嫡孫弟中舍人刁柔以爲無嫡子立嫡孫不應立嫡子弟議曰柔案禮立廟以長故謂長子爲嫡嫡子死以嫡子之子爲嫡孫死則曾玄亦然然則嫡子名本爲傳重故喪服曰庶子不爲長子三年不繼祖與禰也禮記公儀仲子之喪檀弓曰何居我未之前聞仲子舍其孫而立其弟何也子服伯子曰仲子亦猶行古之道鄭注曰仲子爲親者諱耳

立子非也文王之立武王權也微子嫡子死立其弟衍殷禮也子游問諸孔子曰否立孫注曰據周禮然則商以嫡子死立嫡子之母弟周以嫡子死立嫡子之子爲嫡孫故春秋公羊之義嫡子有孫而死質家親親先立弟文家尊尊先立孫喪服云爲父後者出母無服小記云祖父卒而後爲祖母後者三年爲出母無服者喪者不祭故也爲祖母三年者大宗傳重故也今議以嫡子孫死而立嫡子母弟者則爲父後矣嫡子母弟本非承嫡以無嫡故得爲父後則嫡孫之弟理亦應得爲父後則是父卒然後爲祖後者服斬既得爲祖服斬而不得爲傳重者未之聞也若用商家親親之義本不應嫡子死而立嫡孫若從周家尊尊之文豈舍其子而立其弟或文或質愚用惑焉小

記復云嫡婦不爲舅後者則姑爲之小功注云謂夫有廢疾他故者死無子不受重者小功庶婦之服凡父母于子舅姑于婦將不傳重于嫡及將所傳重者非嫡服之皆如衆子庶婦也言死無子者謂絶世無子非謂無嫡子如其有子焉得云無後夫雖廢疾無子婦猶以嫡名旣在而欲廢其子者其如禮何禮有損益代相沿革兑謂宗嫡可得而變者則爲後服斬亦宜有因而改

唐律諸立嫡違法者徒一年即嫡妻年五十以上無子者得立庶以長不以長者亦如之

疏議曰立嫡者本擬承襲嫡妻之長子爲嫡子不依此立是名違法合徒一年即嫡妻年五十以上無子者謂婦人年五十以上不復乳育故許立庶子

爲嫡皆先立長不立長者亦依一年故云亦如之
依令無嫡子及有罪疾立嫡孫無嫡孫以次立嫡
子同母弟無母弟立庶子無庶子立嫡孫同母弟
無母弟立庶孫曾玄以下準此無後者爲戶絶

唐六典吏部司封郎中員外郎掌邦之封爵諸侯王
公侯伯子男皆無嫡子及罪疾立嫡孫無嫡孫以次
立嫡子同母弟無母弟立庶子無庶子立嫡孫同母
弟無母弟立庶孫曾玄以下同此無後者國除

宋史禮志神宗熙寧八年禮院請爲祖重重者依封
爵令立嫡孫以次立嫡子同母弟無母弟立庶子無
庶子立嫡孫同母弟如又無之即立庶長孫行斬衰
服於是禮房詳定古者封建國邑而立宗子故周禮
嫡子死雖有諸子猶令嫡孫傳重所以一本統明尊

尊之義也至於商禮則嫡子死立衆子然後立孫今既不立宗子又未嘗封建國邑則嫡孫喪祖不宜純用周禮若嫡子死無衆子然後嫡孫承重即嫡孫傳襲封爵者雖有衆子猶承重時知廬州孫覺以適孫解官持祖母服覺叔父在有司以新令乃改知潤州元豐三年太常丞劉次莊請祖母亡有嫡曾孫次莊爲嫡孫同母弟在法未有庶孫承重之文詔下禮官立法自今承重者嫡子死無諸子即嫡孫承重無嫡孫嫡孫同母弟承重無母弟庶孫長者承重曾孫以下準此其傳襲封爵自依禮令

陳祥道禮書子服三年父以尊降服子朞而長子三年以其傳重也孫服祖朞祖以尊降服孫大功而服適孫朞亦以其傳重也亦適子在而適孫死

則祖亦服大功以其有適子者無適孫也適子不在而祖死則嫡孫亦服三年以其無適子者適孫承其服也然則古者父死立嫡子嫡子死立嫡孫上以後先祖下以收族人謂之大宗大宗不可以絶故無子則族人以支子後之凡以尊正統而重嫡嗣也春秋左氏傳曰太子有母弟則立之無則立長年均擇賢義均則卜又曰王后無嫡則擇立長年均以德德均以卜以爲太子死而無後則立適子之母弟以其出于嫡室也無母弟則立庶長以其不得已而立妾之長也立妾之長則無間于貴賤公羊曰立適以長不以賢立子以貴不以長桓何以貴母貴也何休曰禮嫡夫人無子立右媵子右媵無子立左媵子左媵無子立嫡姪娣子嫡

姪娣無子立右媵姪娣子右媵姪娣無子立左媵姪
娣子不識何據云然耶夫嫡室所以配君子奉祭
祀者也媵與姪娣所以從嫡室廣繼嗣者也故內
則以冢子母弟爲適子書以母弟與王父同其重
則太子而無後立太子之母弟可也均庶妾也而
立其母之貴者可乎左氏曰非嫡嗣何必娣之子
又曰王不立愛公卿無私蓋言此也禮言爲後者
也有正体而不傳重子有罪疾是也有傳重而非
正體庶孫爲後是也有體而不正庶子爲後是也有
正而不體適孫爲後是也然傳至適孫適孫無後
則必立適孫之弟猶太子之母弟也禮謂族人以
支子後之蓋自其無弟者言之也令文諸王公
侯伯子男皆子孫承嫡者傳襲若無嫡子及有罪

疾立嫡孫無嫡孫以次立嫡子同母弟無母弟立庶子無庶子立嫡孫同母弟無母弟立庶孫曾玄以下準此若然是無適孫則舍適孫母弟而上取適子之兄弟無適曾孫則舍適曾孫母弟而上取適孫之兄弟適子之子宜立而不立適子之兄弟不宜立而立之是絕正統而厚旁枝矣與禮大宗不可絕云不亦異乎

元史世祖至元四年詔諸用廕者以嫡長子若嫡長子有廢疾立嫡長子之子孫曾玄同如無立嫡長子同母弟曾玄同如無立繼室所生如無立次室所生如無立婢子如絕嗣者旁廕其親兄弟各及子孫如無旁廕伯叔及其子孫

明會典凡封爵典制洪武初定親王嫡長子年及十

歲立為王世子如或以庶奪嫡輕則降為庶人重則流竄遠方王世子承襲親王朝廷遣人行冊命之禮如無嫡長子以庶長子承襲親王次嫡子及庶子年至十歲皆封郡王郡王受封并郡王嫡長子襲封者亦行冊命之禮如無嫡長子以庶長子承襲世子嫡長子封世孫郡王嫡第一子封長子長子嫡第一子封長孫○萬曆十年議准親王薨逝其子應襲封及世孫承重者先請勅管理府事俟服制已滿方許請封不得服内陳乞若薨而絶嗣許親弟親姪進封為親王如無親弟親姪以次推及倫序相應者進封該有期功服制亦先請勅管理府事俟本等服制滿日請封日後子孫除承襲郡王外其餘俱照依原封次授以本等爵級不准加封若嘉靖四十四年例前

加封者姑准照常傳襲例後加封者查照世次改正

○凡庶子襲封萬曆十年議准郡王娶有内助

勝不論入府先後已未加封所生之子皆為庶乞如

嫡子有故庶子襲封父爵定以庶長承襲若有越次

承襲朦朧奏擾者將本宗參罰究治輔導官并同謀

撥之人行巡按御史提問擬罪○

凡襲職替職洪武二十六年定軍官亡故年老征傷

須以嫡長男承襲替職或嫡長男早喪及篤疾殘

疾則嫡孫襲替如無嫡子孫則庶長子襲替若嫡庶

子孫俱無方許弟姪襲替○永樂二年題准軍職正

妻無子其妾婢所生子均為庶子不論母之次序止

以年長者承襲○嘉靖三十七年例軍職娶樂人之

女為妾生子雖係長男亦不准襲令無礙庶次男承

襲如無庶次男取大次房應襲之人承襲戶無應襲之人即行停革○萬曆十二年題准大臣恩廕武職必須世嫡或嫡長子孫別有職事方許次房借廕次房亦有職事方及再次待後身終及應替日仍還嫡長子孫世襲若一家二廕或原有世職則以職大小爲序大者與長房次者與次房例前襲過者候身終日改正

明律凡立嫡子違法者杖八十其嫡妻年五十以上無子者得立庶長子不立長子者罪亦同

王廷相曰立後從周何謂也曰殷人嫡子死立嫡子之母弟周人嫡子死立嫡孫春秋傳曰質家親親先立弟文家尊尊先立孫是也文王立發微子立衍孔子乃曰立孫此又何謂也曰文王立發遵時制也微子立衍守殷道也立孫周道也故孔子從周曰後世不可易乎曰立嫡所以重宗一統消覬覦而絕禍變萬世不易之道也故無嫡子立嫡孫無嫡孫立嫡曾孫無嫡曾孫立嫡曾孫之弟先支後庶可也無則上求嫡子之弟立之無嫡弟而後立庶弟爲由是而行人倫正天理公而天下萬世非分覬覦之心絕矣曰有嫡而立庶者何也曰此亂世之道也爭端者也不可以爲訓也

讀禮通考　卷五十三　三

讀禮通考卷五十四

喪儀節十七

容體

周禮地官保氏養國子以道教之六儀四曰喪紀之容 注喪紀之容弟弟翔翔○王昭禹曰喪紀之容非特哀經杖屨之設而已必期乎哀

玉藻喪容纍纍色容顛顛視容瞿瞿梅梅言容繭繭 注纍纍羸憊貌顛顛憂思貌瞿瞿梅梅不審貌繭繭聲氣微也○疏此一節論居喪容貌言語瞻視之儀喪容瘦瘠纍纍然顏色憂思顛顛然不舒暢也瞿瞿驚遽貌梅梅謂微昧也繭繭猶綿綿聲氣微細也○陳祥道曰喪容纍纍總言之也色視及言悉言之也顛顛憂思之貌梅梅於義无取意當為晦亦以哀故視不明也○方慤曰纍如纍紲之纍言憂心有所拘繫家語言喪家之狗亦曰纍然者以此色容顛顛言其色之顛毀而不能立也問喪所謂如壞牆然者以此言容繭繭者謂憂營於內而言不能繹也○輔廣曰纍纍欲落之意憂悴而不能自營也顛顛如字纍纍顛顛皆隕落崩壞之貌繭繭鬱結而未有緒也○陸佃曰顛顛摧頹貌梅梅酸貌繭繭未有緒之貌張則瞿瞿收則梅梅以目瞿

檀弓

喪事欲其縱縱爾 注趨事貌 吉事欲其折折爾 注安舒貌 故喪

事雖遽不陵節，吉事雖止不怠，故騷騷爾則野注謂太疾，鼎鼎爾則小人注謂太舒，君子盖猶猶爾注疾舒之中

陳澔曰縱〻給于趨事之貌折〻從容中礼之貌喪事雖急遽而不可陵躐其節次吉事雖有立而待事之時亦不可失于怠惰若騷〻而太疾則鄙野矣鼎〻而太野則小人之為矣猶〻而得緩急之中君子行礼之道也

間傳斬衰貌若苴，齊衰貌若枲，大功貌若止，小功緦麻容貌可也，此哀之發於容體者也注有大憂者面必深墨止謂不動於喜樂之事

○疏苴是黧黑色止平停不動也大功轉輕心无斬𠜾故貌不為之變又不為之傾若止於二者之間小功緦麻其情既輕哀声從容於理可也○方慤曰孝子之情在内者既極其哀則形于外也亦為之不美故斬衰則服苴以表之故曰所以首其内而見諸外以其所表如此而貌亦宜如之故曰斬衰貌若苴枲亦苴也蓋謂牡麻尔其為布稍精於子麻上言斬衰服苴則知齊衰而下服枲矣且齊衰既以緝而齊其下為義則其服緝之枲固亦宜矣其服如此貌亦宜如之故曰齊衰貌若枲以其哀既殺於斬衰故貌不若苴之惡也

表記君子衰絰則有哀色方慤曰衰者齊衰斬衰絰者首絰腰絰是皆喪服也○葉夢得曰君子之於喪无不哀非特衰絰而後有哀色也

曲禮居喪之禮，毀瘠不形，視聽不衰注為其廢喪事形謂骨見，升降

不由阼階出入不當門隧注當若親存隧道也○疏毀瘠羸瘦也形骨露也骨爲人形之主故謂骨爲形居喪許羸瘦不許骨露也阼階主人之階也孝子事死如事生故在喪思慕不忍從父阼階上下也若祔祭以後即得升阼階知者士虞礼卒哭以後称哀子祔祭称孝子祔祭如饋食之礼既同于吉則得升阼階也然雜記云弔者入主人升堂西面此未葬得升阼階者敬異國之賓也門隧門之中道也

方慤曰毀瘠不形慮或至於滅性也居喪之礼雖哭泣无時然不可以過哀而喪其明爲雖聞樂不樂然不可以過哀而瞶其聰爲視聽衰則不足當大事也雜記言視不明聽不聰君子病之者以此

呂大臨曰君子執親之喪其哀慕之至如不欲生所以致毀者僅至於不死而已然先王制礼毀不滅性教民无以死傷生毀瘠形視聽衰幾於滅性矣非特然也送死之大事且將廢而莫之行則罪莫大焉此君子所以不敢過也君子之居喪三年无改於父之道若父存爲而升降不由阼階出入不當門隧孰人子之礼而不忍廢也士喪礼既啟柩遷于祖主人送升自西階既葬反哭入升自西階此不由阼階之節也

徐師曾曰先王制礼教民无以死傷生故毀瘠形視聽衰則禁之所以防賢者之過也事死如事生故由阼階當門隧則禁之所以全不忍死親之心也

雜記子貢問喪子曰敬為上哀次之瘠為下顏色稱其情戚容稱其服疏顏色称其情當須毀瘠戚容称其服當須憔悴也○方慤曰敬足以盡礼故為上哀足以盡情故次之瘠足以盡容故為下顏色在乎面目而面目者情之所見也故顏色称其情戚容兼乎四体者服之所被也故戚容称其服顏色称其情者以外称內也戚容称其服者以本称末也情有悲哀隆殺之別服有齊斬重輕之殊外不称內之隆殺則為僞矣本不称末之輕重則為野矣○陳澔曰附于身附于棺者

皆欲其必誠必信故敬為上不毀喪比于不慈不孝故瘠為下也

檀弓　毀不危身為無後也　注危身謂憔悴將滅性

喪服四制　毀不滅性不以死傷生也

百官備百物具不言而事行者扶而起言而後事行者杖而起身自執事而后行者面垢而已

檀弓　始死充充如有窮既殯瞿瞿如有求而弗得既葬皇皇如有望而弗至練而慨然祥而廓然　注皆憂悼在心之貌也求猶索物○疏事盡礼屈為窮親始死孝子匍匐而哭如急行道極无所復去窮急之容也瞿瞿眼目速瞻之貌求猶覓也貌恒瞿瞿如有所失而求覓之不淂然也皇皇猶栖栖也葬後親歸草土孝子心形栖栖皇皇无所依託如望人来而人不至也至小祥歎慨日月若馳之速也至大祥而寥廓情意不樂而已

方慤曰下篇述顔丁之居喪則言皇皇于始死言慨焉于既葬問喪則言皇皇于反哭所言不同者蓋君子有終身之喪思親之喪豈有隆殺哉先王制礼畧為之節而已故其所言不必同

馬晞孟曰親始死惻怛痛疾傷腎焦肺而其志懣氣盛袒踊无數故曰充充如有窮在床為尸在棺為柩而人子之心猶望其反及既殯也尸柩不可見

魂氣不可復而欲冀其声容之髣髴又不可得則忽焉失之矣故曰瞿瞿如有求而弗得殯則在宮葬則在野宮則猶近雖不可復生然且有所據依求索之及葬于野則遠矣而魂氣无所依焉入門弗見也上堂弗見也入室又復見也不可復見已矣于是為甚有憂以迎之祔以安之然猶不知鬼神之格歟故曰皇皇如有望而弗至

雜記免喪之外行于道路見似目瞿聞名心瞿弔死而問疾顏色戚容必有以異于人也如此而後可以服三年之喪其餘則直道而行之是也陳澔注見人貌有類其親者則目為之瞿然驚变聞人所称名與吾親同則心為之瞿然驚变喪服雖除而餘哀未忘故于弔死問疾之時戚容有加異于无憂之人也如此而後可以服三年之喪言其哀心誠實无偽也其餘服輕者直道而行則不過循喪礼而已○胡銓曰路隋父死母告以貌類父終身不引鏡近于目瞿劉温叟父名岳終身不聽絲竹近于心瞿

顏丁善居喪注顏丁魯人始死皇皇焉如有求而弗得及殯望望焉如有從而弗及既葬慨焉如不及其反而息注從隨也慨憊貌

方愨曰皇皇言心无所依望望言形无所跂此淺深之別也其反而息言葬反而亡于是為甚心與形俱息也息與詩言戚心則休同義言其極而不可

加故也

吴澄曰親之始死如有一物失去求索之而不能淂故皇〻焉及其既殯如有一人前行已随其後〻逐之而不能及故望〻爲既葬謂迎精而反一路之時如親已還反至家已尚追逐不及力已疲倦行不能前而暫爲休息言其悵怳不安之甚故曰慨爲

陳澔曰息猶待也不忍决忘其親猶且行且止以待親之反也蓋葬者往而不反然孝子于迎精而反之時猶如有所疑也

高子皋之執親之喪也泣血三年注言泣无声如出血未嘗見齒注言笑之微君子以為難注言人不能然○疏凡人涕淚必因悲声而出言血出則不由声也今子皋悲无声其涕亦出如血之出故云泣血

吴澄曰泣謂目有淚凡人號哭之時目有淚出子皋雖當不哭時黙思其親目亦有淚如血之出経三年之久如此人大笑則齒本見微笑則齒見未嘗見齒言其未嘗微笑也

哭踊

儀禮喪服傳斬衰哭晝夜無時既虞朝一哭夕一哭而已既練哭無時疏哭有三无時始死未殯已前哭不絶声一无時既殯已後卒哭祭已前阼階之下為朝夕哭在庐中思憶則哭二无時既練之後无朝夕哭惟有庐中或十日或五日思憶則哭三无時也朝一哭夕一哭而已者此當士虞礼卒哭之後彼云卒哭者謂卒去

㡀中无時之哭唯朝夕于阼階下哭喪中三无時哭外唯此卒哭之後未練之前是有時之哭故云而已

既夕記　哭晝夜無時　注哀至則哭非必朝夕○疏此謂殯後在㡀中思憶則哭无時節

敖繼公曰哭无時者既練又變而不朝夕哭惟哀至則哭而已此哭亦在次中凡哭有三无時二有時始死未殯以前哭不絕声一无時也既殯以後阼階下朝夕哭之外有次中晝夜无時之哭二无時也既練之後无次中朝夕之哭惟哀至則哭即此所云若三无時也既殯之後卒哭之前朝夕哭于阼階下一有時也卒哭之後未練之前朝夕哭于次中二有時也

檀弓　辟踊哀之至也有筭為之節文也　注筭數也○疏撫心為辟跳躍為踊孝子喪親哀慕至懣男踊女辟是哀痛之至極也若不裁限恐傷其性故辟踊有筭為準節準節之數不一每一踊三跳三踊九跳為一節士合死日三日而殯凡有三踊初死日襲ミ而踊明日小斂小斂而踊又明日大斂大斂又踊凡三日為三踊也大夫五踊合死日四日而殯初死日一踊明日襲又一踊至三日小斂朝一踊至小斂時又一踊至四日大斂朝不踊當大斂時又一踊凡四日為五踊諸侯七踊合死日六日而殯初死日一明日襲又一至三日小斂朝一當小斂時又一四日无事一五日又一至六日朝不踊亦當大斂時又一凡六日七踊周礼王九踊合死日八日而殯死日一明日襲一其間二日為二至五日小斂為二其間二日又二至八日大斂則其朝不踊也大斂時又一凡八日九踊故云為之節文也故雜記云公七踊大夫五踊士三踊鄭注云士小斂之朝不踊君大夫大斂之朝乃不踊是也

方慤曰有筭則有節有節則有文无節則質故謂之節文

雜記公七踊大夫五踊婦人居間士三踊婦人皆居間注公君也始死及小歛大歛而踊君大夫士一也則皆三踊矣君五日而殯大夫三日而殯士二日而殯士小歛之朝不踊君大夫大歛之朝乃不婦人居間者踊又拾主人踊婦人踊賓乃踊○疏諸侯去死日五日而殯則合四日六日也七踊者始死一踊明日襲之時又一踊襲明日朝又明日小歛朝一踊為四也其日晚小歛時又一踊是小歛日再踊就于前三日為五也小歛明日踊又踊為六也至明日大歛之朝不踊當大歛時乃踊凡為七踊也大夫五者大夫三日殯合死日為四日始死一明日襲朝一又明日小歛日再小歛明日大歛凡五也士三者士二日殯合死日数也始死一小歛朝不踊至小歛時一又明日大歛一是凡三也婦人皆居間者謂婦人與丈夫更踊也男子先踊踊畢而婦人踊〻畢賓乃踊婦人居賓主之中間也又云皆居間者言皆于貴賤婦人悉居賓主間也然親始死及動尸舉柩哭踊无数今云七五三者謂為礼有節之踊每踊輙三者三為九而謂為一也

陸佃曰公五日而殯踊七日大夫三日而殯踊五日其始死之日踊既殯之後一日猶踊若士三日而殯踊三日則其既殯之後一日不踊數三五七然後有間士三踊婦人居間言皆三无又間故也然則婦人居間若公七踊其二日甲一踊又二日乙一踊又二日甲一踊大夫放此

方慤曰為貴者踊則多為賤者踊則少此重輕之別也

許三礼曰踊分七五三輕不踰重賤不踰貴也謂每踊三跳者悞

乾學按陸氏之說其解七踊五踊三踊理或有然至婦人居間之解則穿鑿而不経

不若孔疏之為有據也

孔子曰伯母叔母疏衰踊不絕地姑姊妹之大功踊絕於地如知此者由文矣哉由文矣哉 注由用也言知此踊絕地不絕地之情者能用礼文矣能用礼文哉美之也伯母叔母義也姑姊妹骨肉也

陸佃曰疏衰大功文也踊絕不絕情也伯叔母之喪文至而情不至姑姊妹之喪文不至而情至知此者則凡於礼知由於内也

吴澄曰喪礼有情有文誠乎中者情也形乎外者文也伯母叔母之疏衰期其文隆于大功矣然義服之情輕於骨肉故踊不絕地其哀淺也姑姊妹之大功九月其文殺于疏衰矣然骨肉之情重于義服故踊絕于地其哀深也知此二者則知哀之淺深由乎其中之情也豈由乎外之文矣哉陸說優于鄭注

曾申問於曾子曰哭父母有常聲乎曰中路嬰兒失其母焉何常聲之有 注言若小兒亡母啼號安得常声乎所謂哭不哀

喪大記鋪絞紟踊鋪衾踊鋪衣踊遷尸踊斂衣踊斂衾踊斂絞紟踊 注目孝子踊節○疏此一經明尊卑貴賤踊節也

吴澄曰貴賤謂君大夫士之礼皆同大斂當此一節則孝子多踊也

徐師曾曰此記踊節有七君大夫士所同也動尸舉柩哭踊无數不在此節數目先在外斂者先在上

乾學按此率凡七踊小斂大斂皆然也此則孔氏解三踊五踊七踊謂士小斂一踊大斂一踊大夫諸侯小斂朝夕各一踊大斂止斂時一踊之說恐未必然

喪大記祥而外無哭者禫而內無哭者樂作矣故也

注外无哭者于門外不哭也內无哭者入門不哭也禫踰月而可作樂〻作无哭者〇疏外即中門外堊室中也祥之日鼓素琴故中門外不哭若有弔者則入即位哭也內中門也禫已縣八音于庭是樂作矣故門內不復哭也

問喪三日而斂在牀曰尸在棺曰柩動尸舉柩哭踊無數惻怛之心痛疾之意悲哀志懣氣盛故袒而踊之所以動體安心下氣也婦人不宜袒故發胷擊心爵踊殷殷田田如壞牆然悲哀痛疾之至也故曰辟踊哭泣哀以送之送形而往迎精而反也

注辟拊心也哀以送之謂葬時

也迎其精神而反謂日中而虞也

檀弓　弁人有其母死而孺子泣者注言声无節孔子曰哀則哀矣而難為繼也夫禮為可傳也為可繼也故哭踊有節疏雜記曾申問于曾子曰哭父母有常聲乎曰中路嬰兒失其母何常声之有與此違者曾子所言是始死之時悲哀志懣未可為節此在襲斂之時可以制礼故哭踊有節也所以知然者曾申泛問于哭時故知舉重時荅也此所言哭踊有節〻哭之時在于後也

有子與子游立見孺子慕者有子謂子游曰予壹不知夫喪之踊也予欲去之久矣情在於斯其是矣夫注喪之踊猶孺子之號慕子游曰禮有微情者注節哭踊有以故興物者注哀經之制有直情而徑行者戎狄之道也注哭踊无節衣服无制禮道則不然人喜則斯陶〻斯咏注咏謳也咏斯猶注猶當為搖声之誤也搖謂身動搖也猶斯舞注手舞之舞斯慍注慍猶怒也慍斯戚注戚憤恚戚斯歎注歎吟息歎斯辟注辟拊心辟斯踊矣注踊躍品〻斯〻之謂禮注舞踊皆有節乃成礼人死斯惡之矣無能也斯倍之矣是故制絞衾設蔞翣為使

人勿惡也注絞衾尸之飾蔞翣棺之牆飾周礼蔞作柳始死脯醢之奠將行遣而行之既葬而食之注將行將葬也葬有遣奠食反虞之祭未有見其饗之者也自上世以来未之有舍也為使人勿倍也故子之所刺於禮者亦非禮之訾也注訾病也○疏微殺也賢者喪親必致滅性故制三日而食哭踊有数以殺其內情使之俯就也何胤云哭踊之情亦發于內謂之微〻者不見也興起也物謂哀絰也若不肖之屬本无哀情故為哀絰使其覩物思哀起情企及也引由外来故云興物也然哀絰之用一則為孝子至痛之節二則使不肖之人企及今止說興物以對微物之故若直肆已情无哭踊節制乃是夷狄之道以下極言哀樂之本喜者外境會心之謂陶者心初悅而未暢之意人若外竟會心則懷抱欣悅但始發俄尒則鬱陶未暢鬱陶轉暢則口歌咏之歌咏不足漸至搖動身体搖身不足乃至起舞足蹈手揚樂之極也慍怒也外境違心之謂凡喜怒相對哀樂相生故若舞而无節形疲猒倦事與心違則怒生怒生由于舞極故云舞斯慍也慍斯戚者戚憤恚也怒来觸目故憤恚起憤恚轉深因發吟息吟息不泄故至拊心拊心不泄乃至跳踊奮擊亦哀之極也品階格也節制斷也斯此也若喜而不節自陶至舞俄頃而慍生若怒而不節從戚至踊〻極則笑故夷狄无礼朝殞夕歌童兒任情倏啼倏笑今若品節此二塗使咏舞有数則久長故有数則久長故云此之謂礼

劉敞曰人舞宜樂不宜更慍又不當漸至辟踊此中間有遺文矣蓋本曰人喜則斯陶〻斯咏〻斯猶〻斯舞〻斯蹈矣人悲則斯慍〻斯戚〻斯歎〻斯辟〻斯踊矣自喜而下五變而至蹈自悲而下亦五變而至踊

方慤曰陰陽之理憂樂之情固常如此則礼雖經而為三百曲而為三千不過品于斯節于斯而已品于斯故所施之上下有常節于斯故所處之多少无失故曰品節斯〻之謂礼

胡銓曰咏斯猶解作君子盖犹犹尔之犹鄭讀為搖動恐非

父母之喪哭無時使必知其反也注謂既練或時為君服金革之事反必有祭○疏礼哭无時有三種一是初喪未殯之前哭不絶声二是殯後除朝夕之外廬中思憶則哭三是小祥之後哀至而哭或一日二日而无復朝夕之時也此云哭无時謂小祥之後何以知然下云使必知其反是其可使之時也使謂君使之也既小祥哭无時其時可為君所使服金革之事也反還也若為使還家堂必設祭告親之神令知其反亦出必告反必面之義也注謂或時為君服金革之事者礼運云三年之喪期不使公羊傳亦言期不使是知期內不使則期外可使也

祭義郊之祭也喪者不敢哭凶服者不敢入國門敬之至也注祭者吉礼不欲聞見凶人○陳澔曰吉凶異道不得相干

郊特牲國禁哭則止朝夕之奠即位自因也徐師曾曰此記居喪遇禁之礼國有大祭祀而禁哭以敬神也為人臣子丕奉禁固不可奉禁而癈奠亦不可必止哭以盡奉公之義而而于朝夕奠時自為阼階下之位因仍礼節之故事而行以盡事親之仁則兩全而无害矣

間傳斬衰之哭若往而不反齊衰之哭若往而反大

功之哭三曲而偯小功緦麻哀容可也此哀之發於聲音者也注三曲一舉声而三折也偯声餘從容也○疏斬衰之哭一舉而至氣絶□似氣往而不却反声也哀容可者言小功緦麻其情既軽哀声從容于理可也

方慤曰往而不反言氣欲絶而不能生也偯則哀之餘声也夫哀之所感天性然也孝経言喪親日哭不偯故此至大功始有偯也哀容則其哀從容而不迫

孔子惡野哭者注為其变衆○疏哭非其地謂之野為变衆故悪之也

張子曰為有服者之喪不哭諸家而哭于野是悪凶事也所知自當哭于野又若奔喪者安得不哭于道

方慤曰子蒲卒哭者呼滅子高曰若是野哉孔子之所悪者以其如此故家語之文則連言之孔子常言所知吾哭諸野若此所謂野豈其悪之哉

胡銓曰謂哭不以礼為野

子蒲卒哭者呼滅注滅蓋子蒲名子皐曰若是野哉哭者改之疏唯復呼名奠其間名而反哭則敬鬼神不復呼其名

孟子華周杞梁之妻善哭其夫而變國俗注華周華旋也杞梁杞殖也二人齊大夫死於戎事者其妻哭之哀城為之崩國俗化之則效其哭

顏氏家訓礼閒傳云斬縗之哭若往而不反齊縗之哭若往而反大功之哭三哭（曲）而哀小功緦麻哀容可也孝經云哭不哀皆論哭有輕重質文之声也礼以哭有言者為號然則哭亦有辭也江南喪哭時有哀訴之言耳山東重喪則唯呼蒼天朞功以下則唯呼痛深便是號而不哭

唐書貞觀四年太宗謂侍臣曰比聞京城士庶居父母喪者乃有信巫書之言辰日不哭以此辭于弔問拘忌輟哀敗俗傷風極乖人理宜令州縣教導齊之以禮典

唐書韋挺傳時承隋大亂風俗薄惡人不知教挺上疏曰父母之恩昊天罔極創巨之痛終身何已今衣冠士族辰日不哭謂為重喪親賓來弔輒不臨舉又閭里細人每有重喪不即發問先造邑社待营辦具乃始發哀至假車乘雇棺槨以榮送葬既葬鄰伍會

吏傳

移上

集相與酣醉名曰出孝望　切懲革甲明禮憲

張公謹傳公謹卒帝將出次哭之有司奏曰在辰不可帝曰君臣猶父子也情感于内安有所避遂哭之

呂才傳世之人為葬巫所惑謂辰日不哭欣然而受弔數禮傷俗不可為法

開元禮卒哭之後朝一哭夕一哭周而小祥止朝夕之哭哭無時（哀至則哭）大祥之後外無哭者禫之後内無哭者（案政和礼同書儀家礼哭泣之節俱率略不備无可攷）

唐書循吏傳陳思忠居父喪詔奪服客往弔思忠辭以辰日不哭薛克構曰事親者避嫌可也既孤矣則無不哭世服其論言

長編至道三年九月閤門奏每月朔望群臣赴萬歲殿哭臨十月朔在壬辰請改用九月晦上問呂端曰

此何禮也端曰陰陽家以辰日為哭忌上曰哀疚之情寧有所避乎不許

〔李濟翁資暇録〕辰日不哭前哲非之切矣國朝又有故事誠為不能明矣今抑有孤辰不哭其何云耶

〔呂柟礼問〕古者既虞翦屏柱楣疏食水飲朝夕一溢米者何曰節之也人子之心无窮也制礼者曰死者既棺椁而窆不可起矣生者不節是以死傷生矣故節之也故文庙之喪九虞畢唯與朝夕奠也今大夫士既虞遂罷朝夕哭庶人既七遂罷朝夕哭則又厚自樽也○哭晝夜无時傷腎乾肝焦肺如中路嬰兒失其母也安淂復見其形容聞其謦欬哉不可淂矣十五舉声為臣民設也漢景帝則行之

〔呂坤四礼疑〕哀極擗踊有哀極而不擗踊者有甚于擗踊者有擗踊而不哀者以文飾情制為節數情乎哉○哀極則擗踊哭者之自然也有哀極而嘔血者有幾絶復甦者有觸頭者有臥地者至哀无容何獨擗踊為哀而制為多寡之數輕重之節將孝子且哭且數乎人將代為之數乎弱者之擗不能如壞墻將謂之不哀乎婦人擗可也北土婦女畏旦將不一踊而仆乎情本自然作而致之使男女相率而矯强又有笑于其旁者王庸之哭母也以手擊地右掌血流郭金之哭父也以手爬地十指肉損情之所極流其自然安用文其不及率天下以失真哉此必後進之礼樂孔子曰喪與其易也寧戚蓋傷之矣○又代哭何情也能生死乎吾哭而使人代之果于死无裨也安用代為○哭生于哀之不容已非偽為也故礼有哀至則哭不作而致之又云哭盡哀不强而抑之蓋古以一痛而盡則情以一痛而息无以感之苟有可已之哭而况五服以次相必哭不計其情之戚不戚而惟欲其有声此何為者古有懸壺則偽之甚矣不意聖人以誠教人世道以之為貴而有此不情之礼也○又哭无時哀至則哭此真情也制為哭情乎○礼始死不哭

既含乃哭奔喪望其州境縣境其城其家皆哭又入門拜興拜興而後擗踊皆以礼為情最失自然之意近于奔喪未成服入門再拜而後擗踊既成服四拜而後擗踊尤為无謂愚謂當入門擗踊而後拜拜以四可也○喪有六至感而至思而至見死者之親知而至見我之親而至靜而至夕昏而至有六不至氣弱甚不至大慟後不至見不傷之人不至无感不至朝不至冗不至即不至見弔容不可无哀声哀者以衣擁口哭者兩口相向不及以涕淚之有无多寡占孝思之淺深也故臨喪者皆宜哀亦不及以无涕淚而不哀也○男女不識面不相哭弔生而已五服之親无識不識皆哭

飲食

儀禮喪服傳斬衰歠粥朝一溢米夕一溢米既虞食疏食水飲既練始食菜果飯素食注二十两曰溢為米一升二十四分升之一素猶故也謂復平生時食也○疏孝子遭父母之喪水漿不入口三日之後乃始食朝夕各一溢米而已也未虞以前渴亦飲水而在既虞後與疏食同言水飲者恐虞後飲漿酪之等故云飲水而已也注謂復平生時食者此食為飼讀之不淂為食讀之知者天子以下平常之食皆有牲牢魚腊練後始食菜果未淂食肉飲酒何淂平常時食明專據米飯而言也以其初據一溢米而言既虞飯疏食〻亦米飯也此既練後復平生時食亦據米飯而言以其古者名飯為食與公食大夫者同音也

敖繼公曰溢未詳小爾雅曰一手之盛謂之溢兩手謂之掬掬一升也

楊梧曰溢一手所握也握容溢及有溢于外者故云溢米

郝敬曰溢與搤掬通謂一溢米耳

既夕記歠粥朝一溢米夕一溢米不食菜果注不在于飽與滋味粥糜也實在木曰果在地曰蓏○疏不在乎飽者案周礼廪人中歲人食三鬴注云六斗四升為鬴三鬴為米一斛九斗二升三十日之食則日食米六升四合今日食米二溢二升有餘是不在于飽

乾學按鄭注以二十兩為一溢而王肅劉逵袁準孔衍葛洪之徒皆云滿手曰溢據鄭說則朝暮各一溢為米二升有奇古一升大約當今三合為米亦六合有奇以此為朝暮兩粥似不為少原古人必言之意自必舉其至少者而言豈有日食米六合尚得謂其少乎則王劉諸人之言庶乎可信而賈乃引周禮人食三鬴之說以日食二升為多何也至陳氏下大集說截去

鄭注一升二字而直指為二十四分升之一吾不知其何解矣

喪大記君之喪子大夫公子衆士皆三日不食子大夫公子衆士食粥納財朝一溢米莫一溢米食之無筭士疏食水飲食之無筭夫人世婦諸妻皆疏食水飲食之無筭注納財謂食穀也二十兩曰溢于粟米之法一溢為米一升二十四分升之一諸妻御妾也同言無筭則是皆一溢米或粥或飯○疏謂所食之米也食之無筭者言居喪困病不能頓食隨須而食故云無筭疏麤也食飯也士賤病輕故麤米為飯水為飲婦人質弱恐食粥傷性故亦疏食水飲也

大夫之喪主人室老子姓皆食粥衆士疏食水飲妻妾疏食水飲注室老其貴臣也衆士所謂衆臣士亦如之注如其子食粥妻妾疏食水飲

既葬主人疏食水飲不食菜果婦人亦如之君大夫士一也練而食菜果祥而食肉注果瓜韭之屬○疏熊氏云既葬哀殺可以疏食不復用一溢米也

食粥於盛不盥食於篹者盥食菜以醯醬始食肉者先食乾肉始飲酒者先飲醴酒注盛謂今時杯杅也篹竹筥也歠者不盥手飯者盥篹或作簨○疏不盥者以歠粥不用手故不盥飯盛于篹以手就篹取飯故盥也食菜以醯醬者謂練而食菜果之時用醯醬也先飲醴酒文承既祥之下謂祥後也然間傳曰父母之喪大祥有醯醬禫而飲醴酒二文不同者庾氏云蓋記者所聞之異熊氏云此據病而不能食者練而食醯醬祥而飲酒也

徐師曾曰乾肉味澁醴酒味薄先食飲之不敢遽御醇原之味也

乾學按杜君卿理道要訣曰周人尚以手摶食故記云共飯不澤手豈若後代用匕筯手此疏云以手就篹取飯正周俗也

期之喪三不食食疏食水飲不食菜果三月既葬食肉飲酒期終喪不食肉不飲酒父在為母為妻九月之喪食飲猶期之喪也食肉飲酒不與人樂之注食肉飲酒亦謂既葬○疏三不食者謂義服也其正服則二日不食也故間傳云齊衰二日不食

徐師曾曰三不食謂當食而三次不食是一日不食耳非三日不食也不與人樂之不以酒肉與人共食為歡樂也

五月三月之喪壹不食再不食可也比葬食肉飲酒不與人樂之叔母世母故主宗子食肉飲酒注義服恩輕也故主謂舊君也言故主者關大夫及君也○疏壹不食謂緦麻再不食謂小功并言之也容殤降之緦麻再不食義服小功一不食故緦以一不食再不食結之間傳云小功緦麻再不食殤降者也

不能食粥羹之以菜可也注謂性不能者可食飯菜羹有疾食肉飲酒可也

既葬若君食之則食之大夫父之友食之則食之矣不辟粱肉若有酒醴則辭注尊者之前可以食美也變于顏色亦不可○疏葬後情殺可從尊者奪也君食之謂君食臣也大夫謂大夫食士也父友謂父同志者也其人並尊若命食則可從之食也不辟粱肉者雖以粱米之飯及肉命食孝子食之若酒醴飲之則變見顏色故辭而不飲也

士與其執事則斂斂焉則為之壹不食疏士與其執事謂平生曾與亡者共執事今與喪所則助斂若不經共執事則褻惡之不使斂也生經有恩死又為之斂故為之廢壹食

徐師曾曰若士之喪士之友来與其喪事則為之斂其情與執役者不同故不但哭而又為之一不食義隆而哀勝也

間傳斬衰三日不食齊衰二日不食大功三不食小功緦麻再不食士與歛焉則壹不食故父母之喪既殯食粥朝一溢米莫一溢米齊衰之喪疏食水飲不食菜果大功之喪不食醯醬小功緦麻不飲醴酒此哀之發於飲食者也疏齊衰二日不食者皇氏謂正服齊衰也喪大記云三不食者當是義服小功緦麻再不食者喪大記云一不食再不食則是一不食謂緦麻再不食謂小功也與此不同熊氏云異人之説故其義別也

父母之喪既虞卒哭疏食水飲不食菜果期而小祥食菜果又期而大祥有醯醬中月而禫禫而飲醴酒始飲酒者先飲醴酒始食肉者先食乾肉注先飲醴酒食乾肉者不忍即御厚味○疏大祥之節食醯醬則小祥食菜果之時食鹽酪也若不能食者小祥食菜果之時得用醯醬也故喪大記云小祥食菜果以醯醬此云禫而飲醴酒食肉喪大記云祥而食肉者異人之説故不同也醴酒味薄乾肉又濇所以先食之以喪初除孝子不忍即御醇厚之味故飲醴酒食乾肉也

檀弓曾子謂子思曰伋吾執親之喪也水漿不入於口者七日子思曰先王之制禮也過之者俯而就之

不至焉者跂而及之故君子之執親之喪也水漿不入於口者三日杖而后能起注為曾子言難繼以礼御之

陳祥道曰先王制為喪親之礼其服哀止于三年其哭泣止于三月其水漿不入口止于三日蓋三日可以怠而食三月可以解而沐三年可以祥而除使過之者俯而就不及者跂而及若以親之恩為罔極吾之情為无窮徇其无窮之情而不節之以礼則在己不可傳在人不可繼是賊天下之人而禍于孝也此曾子所以不為子思取也樂正子春之母死五日不食既而悔之况七日乎

樂正子春之母死五日而不食曰吾悔之注勉強過礼子春曾子弟子自吾母而不得吾情吾惡乎用吾情注惡乎猶于何也○疏吾悔之者悔其不以實情勉强而至五日吾母死而不得吾之實情矯詐勉強為之更于何處用吾之實情乎

黄裳曰礼制雖云三日而曾參喪親不食七日子春心慕師道執親之喪五日而後食既而告人曰吾悔之自是吾母之喪不能及于七日是一身盡吾哀痛之情以報罔極之恩更于何處盡用吾哀痛之情歟悔不及七日也

張氏曰三日不食礼也子春既悔其過而又言情之所至如此所謂賢者過之也

悼公之喪季昭子問于孟敬子曰為君何食敬子曰食粥天下之達禮也吾三臣者之不能居公室也四

方莫不聞矣勉而為瘠則吾能毋乃使人疑夫不以情居瘠者乎哉我則食食注悼公魯哀公之子昭子康子之曾孫名強敬子武伯之子名捷三臣謂仲孫叔孫季孫氏○疏君存時不盡忠喪又不盡礼非也胡銓曰食〻不食粥非[illegible]

朱子長子一段重見

[illegible]則受之必三辭主人[illegible]味○疏衰絰而受之者雖受之[illegible]食肉猶不得飲酒故喪大記云

[illegible]而薦之注薦于廟貴君之礼

喪者不遺人人遺之雖酒肉受也從父昆弟以下既卒哭遺人可也注言斬衰之喪重志不在施惠于人

方慤曰心有所樂然後以物遺人喪以哀為主故不遺人人遺之雖酒肉受者卻之為不恭故也

喪食雖惡必充饑饑而廢事非禮也飽而忘哀亦非禮也視不明聽不聰行不正不知哀君子病之故有

不至焉者跂而及之故君子之執親之喪也水漿不入於口者三日杖而后能起注為曾子言難繼以礼御之

陳祥道曰先王制為喪親之礼其服衰止于三年其哭泣止于三月其水漿不入口止于三日蓋三日可以息而食三月可以解而沐三年可以祥而除使過之者俯而就不及者跂而及若以親之恩為罔極吾之情為无窮徇其无窮之情而不節之以礼則在己不可傳在人不可繼是戕賊天下之人而禍于孝也此曾子所以不為子思取也樂正子春之母死五日不食既而悔之况七日乎

樂正子春之母死五日而不食曰吾悔之注勉强過礼子春曾子弟子自吾母而不得吾情吾惡乎用吾情注惡乎猶于何也○疏吾悔之者悔其不以實情勉强而至五日吾母死而不淂吾之實情矯詐勉强為之更于何處用吾之實情乎

黄裳曰礼制雖云三日而曾参喪親不食七日子春心慕師道執親之喪五日而後食既而告人曰吾悔之自是吾母之喪不能及于七日是一昰盡吾哀痛之情以報罔極之恩更于何處盡用吾哀痛之情歟悔不及七日也

張氏曰三日不食礼也子春既悔其過而又言情之所至如此所謂賢者過之也

悼公之喪季昭子問于孟敬子曰為君何食敬子曰食粥天下之達禮也吾三臣者之不能居公室也四

方莫不聞矣勉而為瘠則吾能毋乃使人疑夫不以情居瘠者乎哉我則食食注悼公魯哀公之子昭子康子之曾孫名強敬子武伯之子名捷三臣謂仲孫叔孫季孫氏○疏君存時不盡忠喪又不盡礼非也

胡銓曰食〻不食粥非也礼小祥則飯素食

應鏞曰季子之問猶有君子補過之心孟氏之對可謂小人而无忌憚者矣

雜記三年之喪如或遺之酒肉則受之〻必三辭主人衰絰而受之注受之必正服明不苟於滋味○疏衰絰而受之者雖受之而不得食也尊者食之乃得食肉猶不得飲酒故喪大記云不辟粱肉若有酒醴則辭是也如君命則不敢辭受而薦之注薦于廟貴君之礼

喪者不遺人人遺之雖酒肉受也從父昆弟以下既卒哭遺人可也注言斬衰之喪重志不在施惠于人

方愨曰心有所樂然後以物遺人喪以哀為主故不遺人人遺之雖酒肉受者卻之為不恭故也

喪食雖惡必充饑〻而廢事非禮也飽而忘哀亦非禮也視不明聽不聰行不正不知哀君子病之故有

疾，飲酒食肉；五十不致毀，六十不毀，七十飲酒食肉，皆為疑死。注君子病之非之也。疑死，疑猶恐也。

方慤曰：禮所以制中。飢而忘飽，而忘哀，皆非中道，故皆以為非禮。然送死所以當大事，則飢而廢事尤為非禮矣。君子病之，以其不足以當大事也。

有服人召之食，不往。大功以下，既葬，適人，人食之，其黨也食之，非其黨弗食也。注往而見食則可食也，為食而往則不可。黨猶親也。非親而食，則是食于人无數也。○疏親族不多，則其食有限。若非類而輒食，則无復限數，忘哀也。

功衰，食菜果，飲水漿，無盐酪。不能食食，盐酪可也。注功衰，斉斬之末也。

呂大臨曰：功衰亦卒哭之受服。間傳：父母之喪，既虞卒哭，疏食水飲，不食菜果。與此文正合。疏食水飲，其飲不加盐酪，故曰飲水漿无盐酪也。不能食食，盐可也者，喪大記不能食粥，羹之以菜可也。蓋人有所不能，亦不可勉也。

陸佃曰：鄭氏謂功衰齊斬之末者，齊衰既葬，斬衰既練之後。

問喪：親始死，水漿不入口，三日不舉火，故鄰里為之糜粥以飲食之疏：不舉火者哀痛之甚，情在不食也。旁親以下食不可廢，故鄰里爲糜粥以飲食之。糜厚而粥薄，薄者以飲之，厚者以食之。

大戴禮斬衰蔄屨杖而歠粥者，志不在於飲食。

漢書霍光傳奏昌邑王無悲哀之心，廢禮誼，居道上不素食。師古注：素食，菜食无肉也。言王在道常肉食，非居喪之制也。

唐書房元齡傳父彥謙疾，緜十旬不解衣，及喪，勺飲不入口五日。

唐開元禮斬衰三日不食，齊衰二日不食，大功一日不食，小功緦麻再不食。既成服，父母之喪食粥，朝米四合，暮米四合。不能食粥，則以米爲飯。婦人皆以米爲飯。卒哭之後，疏食水飯。周而小祥，始食菜果，飯素食，飲水漿，無盐酪。不能食盐酪可。又周而大祥，食有盐醬。禫之後，始飲醴酒，食乾肉。

三年之喪如遺之酒肉則受之必三辭主人衰絰而受之如君命則不敢辭受之而薦父母之喪不遺人人遺之雖酒肉受也三年之喪既葬尊者遺之食則不避梁肉若酒醴則辭

司馬氏溫公書儀凡初喪諸子三日不食期九月之喪三不食五月三月之喪再不食或一不食親戚鄰里必為糜粥以飲食之尊少勉之強之亦可少食足以充虛續氣而已既殯諸子食粥妻妾及期九月之喪疏食水飲不食菜果五月三月之喪食肉飲酒既葬不與人樂之父母之喪既虞卒哭疏食水飲不食菜果小祥食菜果大祥食肉飲酒期九月之喪既葬食肉飲酒不與人樂之若有疾雖父母之喪食肉飲酒疾止復初五十不極毀瘠六十不毀瘠七十惟衰麻在身

飲酒食肉處于內儀礼〻記言居喪飲食之節詳矣今參取其中而用之人食飲多少不同食粥者取飽而已不為限量凡居喪雖以毀瘠為貴然亦須量力而行之孝經三日而食教民无以死傷生毀不滅性此聖人之政也滅性謂毀極失志变其常性也鄉里舊俗親鄰有喪以罌貯粥謂草土中哺之謂之飱孝粥此乃古礼之尚存者也雜記曰喪食雖悪又充飢〻而廢事非礼也飽而忘哀亦非礼也視不明聽不聰行不正不知哀君子病之故強忍致疾亦非聖人之所許也人或俸羸不能三日不食者量食粥可也粥不能飽者既殯食粗飯可也疏食水飲不能飽者既葬食菜茹醯醬可也喪大記曰不能食粥羹之以菜可也注謂性不能者可食飯菜羹彶應食粥也猶可食菜羹況既葬應疏食者至于餅餌亦无傷但勿食肉飲酒斯可矣古人居喪无敢公然食肉飲酒者漢昌邑王奔昭帝喪道〻不素食霍光數其罪而廢之晋阮籍居喪无礼何曾面折籍于文帝曰籍以毀哀飲酒食肉宜擯之四裔宋庐陵王義真居武帝憂於齋內別立廚帳為劉湛所訊楚王馬希声葬其父日猶食雞臛其官屬潘起非之然則五代之時居喪食肉者人猶以為異事是流俗之弊猶未甚也今之士大夫居喪食肉飲酒无異平日又相從宴集靦然无愧人亦恬不為怪礼俗之壞習以為常悲夫乃至鄙野之人或初喪未歛親賓則齎酒饌徃劳之主人亦自偹酒饌相與飲啜醉飽連日及葬亦如之甚者初喪作樂以娛尸及喪葬殯則以樂導輀車而號哭隨之亦有乘喪即嫁娶者噫習俗之難变愚夫之難曉乃至此乎凡居父母之喪者大祥之前皆未可食肉飲酒若有疾暫須食飲疾止亦當復初必若素食不能下咽久而羸憊恐成疾者可以肉汁及脯醢或肉少許助其滋味不可恣食珍羞盛饌及與人宴樂是則雖被衰麻其實不行喪也唯五十以上氣血既衰必資酒肉扶養者則不必然耳其居喪聽樂及嫁娶者國有正法此不復論

家禮諸子三日不食期九月之喪三不食五月三月

之喪再不食親戚鄰里爲糜粥以食之尊長强之食可也成服之日諸子食粥妻妾及期九月疏食飲水不食菜果五月三月者飲酒食肉不與宴樂及葬期九月之喪者飲酒食肉不與宴樂既卒哭主人兄弟疏食水飲不食菜果小祥始食菜果大祥飲酒食肉家禮原本載大祥飲酒食肉瓊山丘氏移于禫後今從之

〔朱子語類〕問喪之五服皆有制不知飲食起居亦當終其制否曰合當盡其制但今人不能行然在人斟酌行之○問居喪尊長强之以酒當如何曰若不得辭則勉徇其意亦無害但不可至沾醉食已復初可也問坐客有歌唱者如之何曰當起避○朱子于長子大祥先十日朝暮哭諸子不赴酒食會近祥則舉家蔬食此日除祔朱子累日顏色

憂戚

〔齊東野語〕凡居喪者舉茶不用托雖曰俗禮然莫曉其意或謂昔人托必有朱故有所嫌而然要必有所據宋景文雜記云夏侍中薨于京師子安期他日至館中同舍謁見舉茶托如平日衆頗訝之又平園思陵記載阜陵居高宗喪宣坐賜茶亦不用托始知此事流傳已久矣

〔明會典〕諸子三日不食期九月之喪三不食五月三月之喪再不食既成服喪主及兄弟始食粥妻妾及期九月者疏食水飲不食菜果既葬哭喪主兄弟疏食水飲不食菜果期而小祥始食菜果大祥始飲酒食肉而復寢

〔葉盛水東日記〕居喪之禮又可[illegible]勉人固有体氣素弱不能節去肉食者禮亦許之然亦不得已耳至若寢苫于地東南卑濕決不可行食去鹽酪亦非

南人所堪如此之類小有出入固有不得已者若夫歛酒及廣設殽蓋以至招客赴食之類乃可以守礼而[?]子者亦是近世礼法陵夷遂至于此汝輩各宜勉之若不能人人皆行[?]行者自行而已兄弟相駁亦无如之何也

王廷相集居喪見人乎曰記有之疏衰之喪既葬人請見之則見不請見人小功請見人可也大功不以執贄惟父母之喪不避涕泣而見人將弔人乎曰記亦有之三年之喪雖功衰不弔自諸侯達諸士如有服而將往哭之則服其服而往將遺人乎曰記亦有之喪者不遺人人遺之雖酒肉受也從父昆弟以下既卒哭遺人可將食于人乎曰記亦有之有服人召之食弗往大功以下既葬適人人食之其党也食之非其党弗食也曰父母之喪四者皆不行焉古之道也敢問今之人宜何如曰礼者以情制者也使宜于人情焉亦猶夫行古之道也是故士之居于鄉也事有必見人者況庶民乎既葬焉不得已而有為雖見人可也見人而人食之雖食亦可也非以其召而食之也三年之内曾幾之必請見人而人食之乎則夫食于人者亦寡矣非有事焉其党亦不得過而食之也礼者往来人情之相望也久矣不可以徒受也若曰吝其礼也既葬而遺人亦可也父母之喪既葬焉下服之喪服其服而往哭之權也夫人死也去而不可返之道也果吾之舊與友焉既葬而往哭之可也因以弔一其孤亦可也

賀欽醫閭集憲廟喪先生于書舍率子弟門生齋宿有別館生三人以市无肉買豕殺而食之先生怒而責之

呂柟礼問三日始食粥三日之前不能粥也朝夕皆溢米溢米之上不能加也曾子水漿不入口者七日後魏孝文帝食飲不入口者五日後周武帝溢米累旬蓋創極者痛甚然非所以達衆人也于是乎有未葬食肉者矣○食旨不甘聞樂不樂此夫子萬世之教也近見都城大邑于初喪之時親朋携酒肴及歌者自晝達旦飲宴謂之伴喪敢問此果成風而難變抑變之者无其人耶先生曰嗚呼悲哉俗也惟有以生為憂者矣故有以死為樂者矣又

曰民不知生故不知死則豈民之罪哉

〔呂坤四礼疑〕三日不食礼也孝子度身度親度事人子侍親病篤之時常幾日食不遑寢食形神憔悴始哭者盈門三日擗踊无数兼之三日之内棺椁衣衾凡袝于身者必誠必信劳心悴体百務應酬而又不食焉恐此身将不勝喪矣故當量其身之强弱雖則曾子水漿不入口者七日亦无過分之事若勉强三日至不勝喪甚者血氣羸弱之人致疾滅性死者有知于心安否若父在喪母母在喪父父母命之食或期功尊者強之食食可也若力量有餘自當守礼○又居喪下瘠故食粥濟以菜羹尊賜不避粱肉体死亦必至之情而受其遺体也酒醴則辭无乃僞乎親吾親也居喪爲非親也非以爲人非以爲礼非以爲吾也力能則礼爲重不能則身爲重重礼非爲礼不忍忘親也重身非爲身幽体親心也故礼有食粥不下共之以羹尊者之賜雖粱肉不避或强以酒不可至醉此礼中之情也乃有粱肉不避酒醴則辭爲見顔色之説豈以粱肉爲可欺人乎此非君子之言也故尊賜暫食酒肉食已初有疾暫食酒肉疾已如初古有拘于節文而固違親力不勝礼而竟以喪死者君子謂之不孝謂其全己之名而拂親之心也此非爲忘哀者開徑竇事死如事生重實不及文二十若弃礼者以此爲借口豈能欺君子哉

〔華氏慮得集〕居喪茹素非爲亡者作福乃是人子痛哀其親不忍飲酒食肉衣絲行樂耳俗造素食反奢于葷尤不可也素者淡薄之云耳大槩不問葷素但是美味皆不當入口痛念之至情自不安也惟衰老之人須得滋味適養者少用以資之不純于枯淡亦不可恣食盛饌及宴樂也

〔仇氏家範〕喪事不得用樂服未闋者不得飲酒食肉違者不孝詳見家礼

〔黄佐卿礼〕凡居喪始惟始□蔬蔬不得飲酒食肉寢食于内大祥後禫而後飲醴酒食乾肉有能盡礼者衆共敬賓以憑旌奬

言語

喪服四制三年之喪君不言書云高宗諒闇三年不言此之謂也然而曰言不文者謂臣下也注言不文者謂喪事辨不所當共也孝經說曰言不文者指士民也徐師曾曰既曰君不言矣而又曰言不文者何也蓋不言者謂百官能体君心以具百物不待言而事行者也若臣下不能如此則必言而後行但不文其言辭爾

禮斬衰之喪唯而不對齊衰之喪對而不言大功之喪言而不議緦小功之喪議而不及樂注此謂與賓客也唯而不對侑者爲之應耳言謂先發口也○疏礼斬衰之喪但稱唯而已不對其所問之事侑者爲之對不旁及也齊衰但對其所問之事不餘言也大功但言說他事不與人論議相問荅也緦小功得議他事但不能聽及于樂也

喪大記父母之喪非喪事不言既葬與人立君言王事不言國事大夫士言公事不言家事既練君謀國政大夫謀家事注此常礼也○疏未葬不與人並立既葬後可與人並立也猶不羣立耳君諸侯也王天子也既可並立則諸

展可得言天子之事而猶不自言己國事也公君也大夫士葬後亦得言君事而未可言私事也庾氏云曾子問三年之喪練不羣立不旅行此言既葬而與人立得為常礼者鄭以下經君既葬王政入于國既卒哭而服王事是權礼故以此經不言國事及不言家事大判為常礼也且曾子問據无事之時故不羣立不旅行此有事須言故與人立也

雜記三年之喪言而不語對而不問注言〻己事也為人說為語。疏謂大夫士言而後事行者得言己事不得為人語說也有問者得對而不得自問于人此謂與有服之親者行事之時若于賓客疏遠者言則間傳云斬衰唯而不對齊衰對而不言是也

間傳斬衰唯而不對齊衰對而不言大功言而不議小功緦麻議而不及樂此哀之發於言語者也注議謂陳說非時事也。疏唯而不對者皇氏以為親始死但唯而已不以言對案雜記云三年之喪對而不問謂在喪稍久故對也言而不議者大功輕得言他事而不議論時事之是非雜記云三年之喪言而不語然謂言己事故鄭彼注云言〻己事也為人說為語與此言異也

曲禮居喪不言樂注非其時也

儀禮既夕記非喪事不言注不忘所以為親。疏喪服四制云不言而事行者扶而起言而後事行者杖而起庶人面垢而已則天子諸侯臣不言而事得行者喪事〻不〻大夫士降于君言而事行士亦言而事行故非喪事不言也孝經云言不文亦據大夫

低一字

士也

孝經言不文注不為文飾

白虎通德論喪禮不言者何思慕盡情也言不文者指謂士民

開元禮斬衰唯而不對齊衰對而不言大功言而不議小功緦麻議而不及樂故喪事不言樂非其時父母之喪不避涕泣而見人言重喪不行求見人人來求見已可以見之不避涕泣言至哀无飾也非喪事不言言而不語對而不問言者言已事為人說為語

拜稽顙

周禮春官大祝辨九拜一曰稽首二曰頓首三曰空首四曰振動五曰吉拜六曰凶拜七曰奇拜八曰褒拜九曰肅拜以享右祭祀注稽首拜頭至地也頓首拜頭叩地也空首拜頭至手所謂拜手也吉拜拜而后稽顙謂齊衰不杖以下者言吉者此殷之凶拜周以其拜與頓首相近故謂之吉拜云凶拜稽顙而后拜謂三年服者杜子春云振讀為振鐸之振動讀為

哀慟之慟奇讀為奇偶之奇謂先屈一膝今雅拜是也鄭大夫云奇拜謂一拜也褒讀為報報拜再拜是也鄭司農云肅拜但俯下手今時撎是也介者不拜故曰為事故敢肅使者玄謂振動戰栗變動之拜書曰王動色變一拜荅臣下拜再拜拜神與尸享獻也謂朝獻饋獻也古讀為侑侑勸尸食而拜○疏此九拜之中四種是正拜五者逐事生名還依四種正拜而為之也稽首頓首空首三者相因而為之空首者先以兩手拱至地乃頭至手是為空首也以其頭不至地故名空首頓首者謂空首之時引頭至地首頓地即舉故名頓首稽首稽留之稽頭至地多時則為稽首也此三者正拜也稽首拜中最重臣拜君之拜頓首平敵自相拜之拜空首君荅臣下拜知義然者按哀十七年公會齊侯盟于蒙孟武伯相齊侯稽首公則拜齊人怒武伯曰非天子寡君無所稽首公如晉孟獻子相公稽首知武子曰天子在而君辱稽首寡君懼矣孟獻子曰以敝邑介在東表密邇仇讎寡君將君是望敢不稽首郊特牲云大夫之臣不稽首非尊家臣以避君也是諸侯于天子臣于君皆稽首禮之正也若諸侯相于大夫之臣及凡平敵者皆當從頓首之拜也如是差之君拜臣下當從空首拜其有敬事亦稽首故大誓云周公曰都懋哉予聞古先哲王之格言大子發拜手稽首是君于臣稽首事洛誥云周公拜手稽首朕復子明辟成王拜手稽首不敢不敬天之休者此即兩相尊敬故皆稽首七曰肅拜者拜中最輕唯軍中有此婦人亦以肅拜為正其餘五者附此四種正拜四曰振動附稽首五曰吉拜附頓首六曰凶拜亦附稽首七曰奇拜附空首八曰褒拜亦附稽首以享侑祭祀者享謂朝踐獻尸時拜侑侑勸尸食而拜此九拜不專為祭祀而以祭祀結之者祭祀事重故舉以言之稽首頓首二種拜俱頭至地但稽首至地多時頓首至地則舉故以叩地言之謂若以首叩物然空首所謂拜手者即尚書拜手稽首吉拜拜而後稽顙謂齊衰不杖已下喪拜而云吉者對凶拜為輕此拜先作頓首後作稽顙稽顙是頓首但觸地无容則謂之稽顙齊衰不杖以下者以其杖衰入凶拜中故雜記云父在為妻不杖不稽顙明知父沒為妻杖而稽顙是以知此吉拜謂齊衰不杖已下也凶拜稽顙而后拜謂三年服者雜記云三

年之喪以喪拜非三年喪以其吉拜又檀弓云稽顙而后拜頎乎其至孔子云三年之喪吾從其至者故知謂三[illegible]喪也杜子春解振動竒拜之義後鄭皆從之鄭大夫云竒拜一拜者謂君拜臣下按燕禮大射有一拜之時后鄭從之褒讀爲報報謂再拜是也后鄭亦從之鄭司農云肅拜今時撎者按儀禮鄉飲酒賓客入門有撎入門之法推手曰揖引手曰撎爲享故敢肅使者左傳文案成十六年晉楚戰於鄢陵楚子使工尹襄問郤至以弓郤至見客云君命之辱爲事故敢肅使者三肅使者而退是軍中有肅拜法云謂振動戰栗變動之拜書曰王動色變按中侯我膺云季秋七月甲子赤雀銜丹書入酆至昌戶再拜稽首受今文大誓得火烏之瑞王動色變雖不見拜文與文王受赤雀之命同爲稽首拜也一拜荅臣下拜再拜ゝ神與尸增鄭大夫之義知拜神與尸者按特牲礼祝酌奠於鉶南主人再拜祝在左也再拜於尸謂獻尸ゝ拜受主人拜送是也天子諸侯亦當然或解一拜荅臣下亦據祭祀時以其宴礼君荅拜臣或再拜時故也享謂朝獻饋獻者以祭祀二灌之後惟有朝踐饋獻稱獻也侑勸尸食而拜者按特牲尸食祝侑主人拜故知侑尸時有拜也

世婦凡王后有拶事於婦人則詔相注拜ゝ謝之也喪大記曰夫人亦拜寄公夫人於堂上○疏上言大喪大言后之拜事則所拜者爲大喪而拜故引喪大記爲證但喪大記是諸侯之喪以寄公與主人体敵故也明知天子之喪賓亦拜二王後夫人於堂上可知左氏僖二十四年傳宋公過鄭ゝ伯問礼於皇武子武子對曰宋於周爲客天子有事膰焉有喪拜焉明二王後夫人來弔后有拜法若然二王後夫人得有赴王喪者或夫人家在畿內來歸寧值王喪則弔赴也

檀弓　孔子曰拜而后稽顙頽乎其順也注此殷之喪拜也頽順也先拜賓順於事也　稽顙而后拜頎乎其至也注此周之喪拜也頎至也先觸地無容哀之至也　三年

之喪吾從其至者注重者尚哀戚自期如殷可○疏拜者孝子拜賓也稽顙者觸地无容頹然不逆之意所是為賓稽顙為
已前賓後已顙然而順序也頎惻隱貌先觸地无容後乃拜賓是為親痛深惻隱之至也
馬睎孟曰記曰三年之喪以喪拜非三年之喪以吉拜當周之衰人不知喪拜之儀故孔子及之鄭氏以此為殷周喪拜於經无見
吴澄曰周官九拜之目令約之為三一曰拜先跪兩膝着地次拱兩手到地乃俯其首不至于地其首懸空但與腰平荀子所謂平衡曰拜是也周官謂
之空首尚書謂之拜手與凡經傳記単言拜字者皆謂此拜也此拜之正也故淴專拜之明二曰頓首先兩膝著地次兩手到地乃俯其首下至手此
拜之加重者三曰稽首兩膝著地兩手到地乃俯其首下至于地在首之前手下腰高如衡之頭低尾昂荀子所謂下衡曰稽首〻〻此拜之最重者頓
首亦首下腰高然頓首〻但至手稽首〻直至地比之頓首其首彌下故下衡二字特于稽首言之稽顙即是稽首以其為凶礼故易首為顙以別於吉
礼云爾凡喪之再拜者先作空首一拜後作稽首一拜則曰拜而後稽顙九拜中此名吉拜輕喪之拜用此先作稽首一拜後作空首一拜則曰稽顙而
後拜九拜中此名凶拜重喪之拜用此末上重喪之拜亦如輕喪故夫子正之曰三年之喪吾從其至者吾從二字與論語所言吾從下吾從周吾從先
進意同
陳澔曰拜以礼賓稽顙以自致謂之順者以其先加敬於人而後盡哀于已為淂其序也頎者惻隱之發也謂之至者以其哀常在于親而敬暫施于人
為極自盡之道也夫〻注其至者亦與其易也寧戚之意

拜稽顙哀戚之至隱也稽顙隱之甚也注隱痛也稽顙者觸地无容○疏孝子拜

賓之時先爲稽顙而後拜者哀戚之至痛
就拜與稽顙二事之中稽顙爲痛〻甚
方慤曰孝子哀痛〻容有若孑〻之擗足之踊口之哭
目之泣鼻之洟固非一〻顙特不若稽顙之爲甚爾

〔雜記〕爲妻父母在不杖不稽顙注尊者在不敢盡礼於私喪○疏案喪服大夫與適婦爲喪主父爲已婦之主故父在不敢爲婦杖若父沒母在不爲適婦之主爲妻雖淂杖而不淂稽顙以與與稽顙文連不杖屬于父在不稽顙文屬母在故云父母在不杖不稽顙也

陳澔曰大夫主適婦之喪故其夫不杖若父沒母存母不主喪則子可以杖但不稽顙耳此并言之讀者不以辞害意可也

萬斯同曰諸家以不杖不稽顙屬之于父以不稽顙屬之于母者儀礼不杖朞篇言父在則爲妻不杖足知母在可杖但不可稽顙故諸家据此立文也

然此但主適子而言衆子則否

母在不稽顙稽顙者其贈也拜注言獨母在〻曾拜淂稽顙則父在贈拜不淂稽顙〻○疏父沒母在稍降殺于父有他人以物来贈已其思既重其謝此贈之人時爲拜淂稽顙故云其贈也拜

陳澔曰贈謂人以物来贈已助喪事也母在雖不稽顙唯拜謝此贈物之人則可以稽顙故云稽顙者其贈也拜一說贈謂以物送别死者即既夕礼所云贈用制幣也

非爲人喪問與賜與注此上滅脫未聞其首云何是言非爲人喪而問之與人喪而贈之與問遺也三年

之喪以其喪拜非三年之喪以吉拜注謂受問受賜者也稽顙而後拜曰喪拜拜而後稽顙曰吉拜○疏平敵則問卑下則賜三年之喪謂父母長子也其實杖期以上皆為喪拜非三年之喪謂不杖期以下

方愨曰喪拜吉拜皆為拜賜與問也

乾學按非為人喪二句鄭氏謂上有脫滅方氏謂當在遺人可也之下應氏則解作非為喪而問也又非為喪而賜也乃為已之親耳不作脫簡說愚謂此二句止訛一非字其下文固可解也應氏不主喪說將下喪拜吉拜之文如何連屬乎

喪服小記為父母長子稽顙注尊者及正体不敢不盡礼大夫弔之雖緦必稽顙注尊大夫不敢以輕待之婦人為夫與長子稽顙其餘則否注恩殺于父母○疏重者凡稽顙而後拜父母長子並重其餘期以下先拜後稽顙也此謂平等來弔若大夫弔士雖是緦麻之親亦必先稽顙而後拜也婦人為夫與長子亦先稽顙而後拜其餘否者謂父母也以受重他族其恩殺于父母

陳祥道曰稽顙猶稽首也礼非至尊不稽首則喪非至重不稽顙大然有非至重而稽顙者非以其至親則以弔者之尊也故為妻稽顙以至親也大夫弔之雖緦必稽顙以弔者之尊也婦人雖父母不稽顙所稽顙者夫與長子而已所受于此者重則所報于彼者殺也

少儀婦人吉事雖有君賜肅拜為尸坐則不手拜肅拜為喪主則不手拜　注肅拜〻低頭也手拜〻至地也婦人以肅拜為正凶事乃手拜耳為尸為祖姑之尸也士虞礼曰男〻尸女〻尸為喪主不手拜者為喪長〻當稽顙也其餘亦手拜而巳雖或為唯或曰喪為主則不手拜肅拜也〇疏婦人吉礼不手拜但肅拜肅拜如今婦人拜也吉事及君賜悉然手拜則周礼空手鄭注周礼空手拜頭至地此云手至地不同者此手拜之法先以手至地而頭來至手兩注不同其實一也肅拜是婦人之常而昏礼婦拜扱地以其新來為婦盡礼於舊姑故也左傳穆嬴頓首於宣子之門者有求於宣子非礼之正也下云為喪主則不手拜明不為喪主其餘喪凶事則手拜也周礼坐尸嫌婦人或〻〻記者明之坐尸謂虞祭若平常吉祭共以男子一人為尸祭統云設同几是〻婦人為尸或荅拜時但肅拜而不拜手也

陳祥道曰肅拜俯其首而肅之也婦人與介者之拜也手拜者手至地也士昏礼婦拜扱地是也

徐師曾曰肅拜今婦人拜也手拜手至地而頭在手上如今男子拜也婦人以肅拜為正故有吉事雖君賜之重亦但肅拜而受之或為虞祭祖姑之尸而坐其荅拜時亦不手拜而但肅拜也若有夫與長子之喪而為主則稽顙而不手拜由此言之則婦无手拜之時矣其唯有喪而不為主乎

曲禮凡非弔喪非見國君無不荅拜者　注礼尚往来喪賓不荅拜不自賓客也國

顧湄亮侌考定

君見士不荅其拜士賤○疏弔賓不荅拜者本為助執喪事非行賓主之礼故不荅也士喪礼有賓則拜之賓不荅拜是也士見已君〻尊不荅也

檀弓晉獻公之喪秦穆公使人弔公子重耳稽顙而不拜哭而起起而不私子顯以致命於穆公穆公曰公子重耳夫稽顙而不拜則未為後也故不成拜哭而起則愛父也起而不私則遠利也疏為後則當拜八不受其勸故不拜所以稽顙者自為父喪哀號也凡喪礼先稽顙而後拜乃成今直稽顙而不拜故云不成拜也

檀弓孔子與門人立拱而尚右二三子亦皆尚右注做孔子也孔子曰二三子之嗜學也注嗜貪也我則有姊之喪故也二三子皆尚左注復正也喪〻右〻陰也吉尚左〻陽也

張子曰拱而尚右叉手以右手在上也以其姊之喪故如此

三程全書家祭凡拜皆當以兩拜為禮今人事生以四拜為再拜之禮者蓋中間有問安之事故也

陳祥道曰稽顙猶稽首也礼非至尊不稽首則喪非至重不稽顙矣然有非至重而稽顙者非以其至親則以弔者之尊也故為妻稽顙以至親也大夫弔之雖緦必稽顙以弔者之尊也婦人雖父母不稽顙所稽顙者夫與長子而已所受于此者重則所報于彼者殺也

【少儀】婦人吉事雖有君賜肅拜為尸坐則不手拜肅拜為喪主則不手拜 註肅拜拜低頭也手拜手至地也婦人以肅拜為正凶事乃手拜耳為尸為祖姑之尸也士虞礼曰男男尸女女尸為喪主不手拜者為與長子當稽顙也其餘亦手拜而已雖或為唯或曰喪為主則不手拜肅拜也○疏婦人吉礼不手拜但肅拜肅拜如今婦人拜也吉事及君賜悉然手拜則周礼空手鄭注周礼空手拜頭至地此云手至地不同者此手拜之法先以手至地而頭來至手兩注不同其實一也肅拜是婦人之常而昏礼婦拜扱地以其新來為婦盡礼於舊姑故也左傳穆嬴頓首於宣子之門者有求於宣子非礼之正也下云為喪主則不手拜明不為喪主其餘喪凶事則手拜也周礼坐尸嫌婦人或[illegible]記者明之坐尸謂虞祭若平常吉祭共以男子一人為尸祭統云設同几是也婦人為尸或荅拜時但肅拜而不拜手也

陳祥道曰肅拜俯其首而肅之也婦人與介者之拜也手拜者手至地也士昏礼婦拜扱地是也

徐師曾曰肅拜今婦人拜也手拜手至地而頭在手上如今男子拜也婦人以肅拜為正故有吉事雖君賜之重亦但肅拜而受之或為虞祭祖姑之尸而坐其荅拜時亦不手拜而但肅拜也若有夫與長子之喪而為主則稽顙而不手拜由此言之則婦无手拜之時矣其唯有喪而不為主乎

【曲禮】凡非弔喪非見國君無不荅拜者 注礼尚往來喪賓不荅拜不自賓客也國

君見士不荅其拜士賤○疏弔賓不荅拜者本為助執喪事非行賓主之禮故不荅也士喪禮有賓則拜之賓不荅拜是也士見已君〻尊不荅也

檀弓晉獻公之喪秦穆公使人弔公子重耳稽顙而不拜哭而起起而不私子顯以致命於穆公穆公曰仁夫公子重耳夫稽顙而不拜則未為後也故不成拜哭而起則愛父也起而不私則遠利也疏為後則當拜今不受其勸故不拜所以稽顙者自為父喪哀號也凡喪禮先稽顙而後拜乃成今直稽顙而不拜故云不成拜也

檀弓孔子與門人立拱而尚右二三子亦皆尚右注傚孔子也孔子曰二三子之嗜學也注嗜貪也我則有姊之喪故也二三子皆尚左注復正也喪尚右右陰也吉尚左左陽也

張子曰拱而尚右叉手以右手在上也以其姊之喪故如此

二程全書家祭凡拜皆當以兩拜為禮今人事生以四拜為再拜之禮者蓋中間有問安之事故也

事死如事生誠意則當如此至如死而問、却是瀆神若祭祀有祝有告謝神等事則自當有四拜

六拜之禮

陳祥道禮書礼曰拜服也稽首服之甚也拜稽顙哀戚之至隱也稽顙隱之甚也荀卿曰平衡曰拜下衡曰稽首至地曰稽顙許慎曰頓下首也然則書稱拜手稽首則拜手〻拜也稽首〻至地也荀卿所謂下衡曰稽首是也稽顙則首至地矣荀卿所謂至地曰稽顙是也太祝言礼之重者則先稽首而繼之以頓首空首振動言礼之輕者則先奇拜而繼之以褒拜肅拜則頓首空首振動重礼之漸殺者也褒拜肅拜輕礼之尤殺者也然則稽首拜手而稽留焉頓首則首頓於手而已空首不至于手空其首而已奇拜一拜也儀礼鄉飲鄉射騁礼士相見凡礼之殺者皆一拜是也肅拜俯其首而肅之也婦人與介者之拜也少儀曰婦人雖有君賜肅拜爲尸坐則不手拜肅拜爲喪主則不手拜則所謂手拜者手至地也士婚礼婦拜扱地是也褒拜介於一拜肅拜之間則礼固殺矣其詳不可考也記曰大夫之臣不稽首避君也孟武伯曰非天子寡君无所稽首知武子曰天子在君稽首寡君懼矣是稽首者諸侯於天子大夫士於其君之礼也然君於臣有所稽首書稱太甲稽首于伊尹成王稽首於周公是也大夫於非其君亦有所稽首儀礼公勞賓〻再拜稽首勞介〻再拜稽首是也蓋君子行礼於其所敬者无所不用其至則君稽首於其臣者尊德也大夫士稽首於非其君者尊主人也春秋之時晉穆嬴抱太子頓首於趙宣子魯季平子頓首於叔孫則頓首非施於尊者之礼也鄭氏謂稽首頭至地頓首頭叩地空首頭至手褒讀爲報再拜也又引書曰王動色變爲振動之拜此不可考○三年之喪稽顙而後拜所謂喪拜也朞以下之喪拜而後稽顙所謂吉拜也蓋拜則致敬於人稽顙則

致哀於已拜而後稽顙頽乎其順也以其先致敬故也稽顙而後拜頎乎其至也以其先致哀故也孔子之時礼廢滋久天下不知後稽顙之為重而或以輕為重是為不知拜下之為礼拜上之為泰而或以泰為礼故孔子救拜之獘則曰吾從其至者救泰之獘則曰吾從下凡欵礼之明於天下而已然士喪礼於三年之喪拜稽顙喪大記雜記皆言拜稽顙此謂拜必稽顙非拜而後稽顙也晋獻公之喪秦穆公吊公子重耳重耳稽顙而不拜穆公曰稽顙而不拜未為後也故不成拜

國語曰重耳拜而不稽顙誤矣

【朱子語類】問稽顙而後拜拜而後稽顙之義朱子荅曰兩手下地曰拜拜而後稽顙乃以兩手伏地如常然後引首向前叩地稽顙而後拜開兩手先以首叩地却交手如常頓首亦是引首少叩地稽首是引首稍久在地稽首稽留之意稽顙而后拜謂先以頭至地而後下手此喪拜也若拜而后稽顙則今人常用之拜也稽顙而後拜稽顙者首至地也拜字從兩手下○問孝子于尸柩之前在喪禮都不拜如何曰想只是父母在生時子弟[illegible]拜亦

須俟父母起而合哭今恐未忍以祔事之□亦不

拜

劉世節尻釜湯記礼疏曰婦人以肅拜為正今之婦人荅男子拜但叉手斂身亦名為拜遠而望之端立若不為礼者何其亢也程泰之以為始于武后及考後周天元令命婦為男子拜史官書之以表其異則古者婦人之立拜非始于武后明矣少儀曰婦人吉事雖有君賜肅拜為尸坐則不手拜肅拜為喪主則不手拜羅大經曰古者婦女皆拜以為正陳澔曰肅拜如今之婦人拜也左傳三肅使者杜預注曰肅以手至地若今揖也三肅盡敬也鄭氏周礼注亦以俯下手為肅拜朱子語録有問者曰何謂肅拜朱子曰兩膝齊跪手至地頭不下為肅拜手拜亦然為喪主則頭亦至地不肅拜古樂府云婦人伸腰再拜跪伸腰亦是頭不下也意者先王制礼或以婦人首飾盛多時遇脈服俯伏地上為難故止令其肅拜乎惟婚礼以新婦見舅姑故拜手扱地即手拜也為喪主敬凶事也故稽顙為尸坐象神也故不手拜肅拜蓋婦人之立拜可以當男子之長揖婦人之手拜可以當男子之頓首稽顙則與男子相埒餘礼唯當肅拜為正自肅拜之義不明而諸家之說始紛紛矣茲揭其人之所常行易曉者言之平衡曰拜謂磬折頭與腰相平如今揖也下衡曰稽首即今之躬身至地也頓首者手至地頭頓手上也稽顙者卻兩手而頭至地也太甲之拜手揖而至地之久也雅拜者先下一膝也周礼奇拜者一拜也褒拜者再拜也凶拜者拜而後稽顙也之拜者兩膝齊屈如今道士之拜也瞋拜者兩手合掌以受顙也是皆男子之拜也若婦人之肅拜則兩膝齊跪手下地頭低俯而不至手也婦人之手拜則亦手至地而頭在手上也又男子再拜婦人四拜謂之俠拜是主立拜言也今世俗南方婦女皆立而叉手屈膝以拜北方婦女見客輒俯伏地上謂之磕頭以為重礼礼之輕者亦立而拜但比南方略淺耳第即古礼及儒先之說酌而論之大畧

兩膝齊跪伸腰低頭俯引其手以為礼而不至地是謂肅拜居常見人當以此礼為正但南方立拜已久不可遽釐謂宜如丘文莊所議深屈其膝毋但如北俗之沾裙又手以右為尚每拜以四為節如所謂俠拜者然若夫見舅姑則扱地為喪主則稽顙不為喪主則手拜庶幾得古礼之意云○宋祖嘗問趙中令礼何以男子跪拜而婦人不跪趙不能對徧詢礼官皆无知者王貽孫祁公溥之子也為言古詩長跪問故夫婦人亦跪也唐天后朝婦人始拜而不跪趙問所出因以太和中幽州司馬張建章渤海國記所載為證天聖初明肅太后垂簾欲披袞冕親祀南郊大臣爭莫能沮薛簡肅公問即服袞冕陛下當為男子拜乎議遂格禮九拜雖男子亦不跪貽孫之言益陋矣簡肅亦適幸其言偶中使當時有言貽孫所陳密啓者則亦無及矣汪聖錫端明作燕語譏誤又云漢書周昌傳呂后見昌為跪謝宣帝詔命婦皆執笏其拜宗廟及天臺皆俛伏則其時婦人已不跪矣攷侍有是詔云始于則天非也明肅乃謁太廟非郊社也九拜有稽首有頓首非皆不拜也○古之坐即今之跪儀禮所載凡祭主至神位前者曰坐是也

田藝蘅香宇外集拜本作㩑手至地也今作拜服也蓋兩手下地曰拜又曰拜乎衡也平衡曰磬折頭與腰乎漢書酈生不拜長揖師古曰長揖者手自上而及下也周禮九㩑一曰稽首頭下至地稽留乃起殆下衡服之甚也太甲拜手稽首蓋頭至地而留之久也二曰頓首下手置首于地即起也乃今之叩頭類于凶拜古之君臣相荅拜或書啟稱頓首者皆尊重之意非伏地而拜也三曰空首下手首不至地蓋惟頭至手即拜手也四曰振動頭振動而戰慄也或以為兩手相擊非也五曰吉拜雍容而下手即今之常拜或以為拜而後稽顙非也六曰凶拜拜而後稽顙也七曰奇拜一拜也禮簡不再拜也八曰褒拜褒[illegible]荅拜也或以褒拜為持節拜亦非也九曰肅拜直身肅容而微下手或兩膝齊跪手至地而頭不下曰肅拜如今之婦人拜也又有曰雅拜者先下一膝唐人謂之雅拜或曰倚拜也曰之[illegible]前一膝齊跪而俱下如今之道士拜及鄉間老婦猶然曰䢜拜者兩手合掌以承額如今

之僧拜本夷狄拜也周禮婦拜神地古樂府伸腰拜手跪是也後周天元令
婦人為男子拜是古時婦人以肅拜也今則但微屈其膝而跪亡其名曰
趍曰福并男子之揖皆曰唱喏也後漢書高句驪國跪拜曳一脚行步皆
走古者郊祀天地再拜是神祇雖至尊至重其禮不可加也見天子亦
曰稽首再拜董偃館陶公主家庖人也見漢武帝亦曰昧死再拜謁令君臣
之四拜大朝則五拜三叩頭子弟之于父兄亦四拜甚至于明友長幼亦四
拜皆非禮也至于致書父母則稱百拜我朝洪武三年五月諭中書省曰今
人書劄多稽首頓首再拜百拜實非禮也宜定其式禮部議凡致書于尊者
稱端肅奉書答則端肅奉復敵也者奉書奉啓上與下稱
書寄書答卑幼與尊長云家書敬復尊與卑幼云書付某
〔王廷相九拜辯〕按太祝辨九㩦注以頭拜至地為稽首拜頭叩地為頓首拜
頭至手為空首今按荀子曰平衡曰拜下衡曰稽首至地曰稽顙蓋謂兩手
拱至地如衡然故謂之衡下衡者首下手而稽留也故曰下衡曰稽首稽顙
則首至地矣故曰至地曰稽顙是稽首者首至地而稽留也頓首者首頓于
手而即起如叩物然也空首者手雖至地頭不至手空其首而已也礼注
似未盡振動注云戰慄變動之拜記疏曰謂敬懼故為振動蓋是感恩服罪
倉卒致謝之狀鄭注謂王動色變為振動恐非吉拜凶拜皆喪拜也襍記曰
三年之喪以其喪拜非三年之喪以吉拜注曰拜而後稽顙為吉拜謂齊衰
不杖期以下者言稽顙而後拜為凶拜謂三年服者言是也奇讀為奇耦之
奇謂一拜也如儀禮賓拜洗拜告旨拜執爵興不言再拜者及士見大夫於
其入也一拜常為臣者奠摯再拜主人荅一拜之類皆奇拜也鄭氏曰襃讀
為報謂再拜也義未詳肅拜而跪拜也手不至地頭不至手是爾左傳郤至三
肅使者少儀婦人吉事雖有君賜肅拜是也鄭注謂特揖非是蓋拜也者服
也服而俛伏以致敬順也稽首頓首空首肅拜以淺深言者也振動者以形
狀言者也吉凶者以節度言
者也奇襃者以數言者也

夏婦人拜解禮既云婦人以肅拜為正朱子語録有問古者婦人以肅拜為正何為肅拜朱子曰兩膝齊跪手至地頭不下為肅拜手拜亦然唐孔氏云肅拜如今婦人拜也今按少儀曰婦人吉事雖有君賜肅拜為尸坐則不手拜肅拜為喪主則不手拜蓋肅拜者兩膝齊跪手不下地頭低俯而不至手也手拜者手至地而頭在手上也婚禮婦拜扱地即手拜也蓋婦人以肅拜為常雖君賜亦止肅拜而受婚禮拜手扱地以其新婦初見舅姑盡禮也為喪主欲凶事也故稽顙為尸坐象尊者也故不手拜肅拜者如孔氏陳氏如今婦人不跪地而拜則尸坐字說不通矣古樂府詠婦人云伸腰再拜跪亦謂其跪拜爾若為喪主則當稽顙故不手拜此見肅拜者婦人之常禮而手拜稽顙非婚喪不行蓋其禮之變者爾婦人立拜男子長跪立於後世簡便之習非拜之正者居常相見為禮亦可也若涉大禮仍當跪拜如北方士人家婦女拜不下手可也若如家禮男子跪拜婦人立拜是尊女卑男剛柔倒置居然鬼方蠻獠之俗可恥甚矣司礼教者不可不辨

呂柟禮問孔子曰稽顙而後拜頎乎其至也拜而後稽顙顙乎其順也三年之喪吾從其至者何曰告哀于人也上不能問天下可以叩地其稽顙乎周人之禮也殷人拜而後稽顙

呂坤四禮疑喪禮拜且稽顙文而不情也寧多稽顙孝子見弔客高拜而後稽顙禹稽顙而後拜則古無不拜弔客之禮矣然弔客之來不時喪子有終日二三百拜者即平居尚且病況積毀之身乎即一日亦且病況彌旬月乎此文盛而不達於情者尊賓遠客間一全行以明禮其親知狎見者不若四稽顙跪致謝辭再拜亦與易寧戚之意也○男女異拜拜興男子之禮也婦人非喪不拜手手者手至地頭不下非重喪不稽顙稽顙者頭至地手不舉今之磕頭也又曰婦女只肅拜俗多拜興已非古禮乃看節誤矣○禮弔喪四拜奠五拜今也只四而奠九矣設加何以加為今擬客平交以

上吊再拜奠五拜畢幼吊四拜奠九拜二親尊長揖而小拜妻子朋客平交四稽顙尊長八稽顙〇跪者下見上之禮也吉凶之禮有拜無跪今人拜後一跪最謬宜革

〔稿〕如璜拜說〔周官有九拜惟肅拜為婦人之拜其餘男子之拜凡八而約之則三一曰拜先跪兩膝着地次拱兩手到地乃俯其首不至于地其首縣空但與腰平荀子所謂平衡曰拜是也周官謂之空首尚書謂之拜手凡經傳記單言拜者皆謂此此拜之輕者也一曰頓首兩膝着地兩手到地乃俯其首下至於手首下腰高此拜之加重〻也一曰稽首兩膝着地兩手到地乃俯其首下至於地在手之前比之頓首首彌下如衡之頫低尾昂荀子所謂下衡曰稽首是也此拜之最重者也稽顙即稽首以其凶禮欲別于吉故曰顙拜無奇數或再或四或八或十二若奠獻跪而俯伏非拜也故贊者不列於拜數今會典載臣子謝恩禮五拜三叩頭禮臣誤也其實四拜四叩頭第五拜為一叩再加三為四叩婦人肅拜云何考之古禮男子再拜婦人四拜謂之鞠躬婦人立屈膝男子跪伏婦人又立屈膝男子再鞠躬跪伏婦人又兩立屈膝今制太子與妃初見帝后太子四跪拜妃八立拜惟致辭同跪太子伏則妃興命婦朝賀先立四拜後再立四拜中序跪辭畢不伏亘贊興宮人平時遇后叩首而行朝賀亦只立拜此之謂肅拜近世婦人簡書曰端肅拜非矣歛衽萬福愈不經矣若婦人興伏為拜此則起于武曌衮冕郊天伏興而成天子之禮遂致沿襲成習云然婦人喪禮亦有稽顙之文即叩頭之及地者故非謂婦人不叩頭但伏興為非則不可蓋珠冠之製俯首不得惟不伏興故無墜髻落冠之失此禮之所由適其宜也

顧潛稽顙稽首考

讀禮通考卷五十五

喪儀節十八

居處

儀禮喪服篇　斬衰居倚廬寢苫枕塊不說絰帶既虞翦屏柱楣寢有席既練舍外寢　注楣謂之梁柱楣所謂梁闇舍外寢于中門之外屋下壘墼為之不塗塈所謂堊室也○疏居倚廬者孝子所居在門外東壁倚木為廬故既夕記云居倚廬鄭注云倚木為廬在中門外東方北戶又喪大記云凡非適子者自未葬以于隱者為廬注云不欲人屬目蓋廬于東南角若然適子則廬于其北顯處以適子當應接弔賓故不于隱者喪大記云婦人不居廬此經云居倚廬專據男子下文云寢苫枕塊既夕記與此同彼注云苫編稾塊墣也在中門外者哀親之在外寢苫者哀親之在草故云翦者三虞之後改舊廬西鄉開戶翦去戶旁兩廂屏之餘草柱楣者前梁謂之楣楣下兩頭豎柱施梁乃夾戶旁之屏也寢有席者閒傳云既虞卒哭柱楣翦屏芐翦不納鄭云芐今之蒲苹即此寢有席謂蒲席加于苫上也楣謂之梁所謂梁闇者喪服四制云高宗諒闇注云諒古作梁楣謂之梁闇讀如鶉鵪之鵪闇謂廬也廬有梁者所謂柱楣也舍外寢于中門之外者後不居舊廬還于廬處為屋但天子五門諸侯三門有中門大夫士唯有外門內門兩門而已無中門而云中門外者案士喪禮及既夕外位在寢門外其東壁有廬堊室若然則以寢門為中門處外門皆有哭位其門在外內位中故為中門非謂在外門內門之中為中門也言屋下壘墼

為之者東壁之所舊本無屋二云屋者謂由下為屋謂之屋下對廬而加東壁非兩下為之廬也間傳云父母之喪期而小祥居堊室彼練後居堊室即此外寢故鄭云所謂堊室也

喪大記父母之喪居倚廬不塗寢苫枕凷君為廬宮之大夫士襢之 注宮謂圍障之也襢袒也謂不障○疏謂于中門之外東墻下倚木為廬但以草夾障不以泥塗之也寢苫枕凷者謂寢卧于苫頭枕于凷宮之者謂廬以帷幛之如宮墻襢之者其廬袒露不帷幛也案既夕礼注云倚木為廬在中門外東北方戶

既葬柱楣塗廬不於顯者君大夫士皆宮之 注不顯者不塗見面○疏既葬情殺故柱楣稍舉以納日光又以泥塗避風寒不于顯者言不塗廬外顯處大夫士既葬得皆宮之

凡非適子者自未葬以於隱者為廬 注不欲人屬目蓋廬于東南角既葬猶然○疏庶子既非喪主不欲人屬目故于東南角隱映處為廬經雖云未葬其實葬竟亦然也

既練居堊室不與人居既祥黝堊 注黝堊堊室之飾也地謂之黝墻謂之堊○疏不與人居者在堊室之中猶不與人居也祥大祥也黝黑也平治其地令黑也堊白也新塗堊于墻壁令白稍飾故也黝謂治堊室之地堊謂塗堊室之墻地謂之黝墻謂之堊釋宮文

方慤曰黝堊蓋絜其地使微青塗其墻使純白以吉之先見故致飾以變其凶者既練所居之室以堊則以表哀素之心爾非致飾也

期居廬終喪不御於內者父在為母為妻齊衰期者

大功布衰九月者皆三月不御於內

吳澄曰上言期謂杖期也故終喪不御于內下言期謂不杖期也故與大功九月者皆三月不御于內而已然皆旁親之不杖期爾若正統之不杖期當與上杖期者同

婦人不居廬不寢苫喪父母既練而歸期九月者既葬而歸

注歸謂歸夫家也○疏女子出嫁為祖父母及兄弟為父後者皆期九月謂本是期而降在大功者棄喪服女子子適人者為父母卒哭折笄首之謂卒哭喪之大事畢可以歸于夫家此云既練歸不同者熊氏云喪服注卒哭可以歸是可以歸之節其實歸時在練後也

大夫士父母之喪既練而歸朔日忌日則歸哭于宗室諸父兄弟之喪既卒哭而歸

注歸謂歸其宮也忌日死日也宗室宗子之家謂殯宮也禮命士以上父子異宮○疏此一經明庶子遭喪歸家之節大夫士謂庶子為大夫士也禮命士以上父子異宮故大夫士有父母之喪至小祥各歸其宮也適子終喪在殯宮也朔日朔望也宗室適子家殯宮也雖練各歸至忌日及朔望仍歸殯宮也諸父兄弟並期為輕故至卒哭而各歸

【朱子語類】問[illegible]女子適人為父母期服賊婦喪毋既葬卒哭而歸其[illegible]喪大記曰喪父母既[illegible]而歸

若既葬而歸乃婦人為祖父母及兄弟之為父後者耳某今不以其月數而後歸不知尚可補塡乎

因思世人在母家或彼此有所不便不能待練又如之何朱子曰補塡猶今之追服意亦近䢇其有不便居母家而歸者變其居處飲食可也衣服亡不可不變

公之喪大夫俟練士卒哭而歸注此公、士大夫有地者也其大夫士歸者謂素在君所食都邑之臣○疏注知此公是公士大夫有地者案雜記大夫次于公館以終喪士練而歸彼謂正君與此殊故知此非正君謂素在君所食都邑之臣者皇氏云素先也君所食都邑謂公士大夫之采地公士大夫在朝廷以此臣先在其君所食之采邑聞君喪而來服至小祥卒哭而各反故云歸也皇氏所詳于文為便然惟據國中而死若在采邑理則不包也熊氏云謂家臣不在君所出外食都邑者今君喪皆在練及卒哭後素在君所者歸于家素食都邑者歸于都邑也

雜記大夫次于公館以終喪士練而歸士次于公館大夫居廬士居堊室注公館公宮之舍也練而歸之士謂邑宰也練而猶處公館朝廷之士也唯大夫三年無歸大

夫居廬謂未練時也士居堊室亦謂邑宰也朝廷之士亦居廬○疏大夫恩深祿重故為君喪居廬終喪乃還家也邑宰之士恩輕故至小祥而反其所治邑也若朝廷之士雖輕而無邑事亦留次公館三年也大夫位尊恩重故居廬士位卑恩輕故居堊室案閒傳云斬衰之喪居倚廬既練居堊室此云大夫居廬則未練時也士未練之前亦當居廬此經云士居堊室亦謂邑宰之士降于大夫故也若朝廷之士俱服斬衰其未練之前亦居廬也然周礼官正注云親者貴者居廬疏者賤者居堊室引此大夫居廬士居堊室則是大夫以上定居廬士以下居堊室此云朝廷之士亦居廬是也若與王無親自又是士則居堊室則此經士居堊室是也若與王親雖疏但是貴者則居廬也

應鏞曰士次于公館即練而歸之士也但大夫以其序於次且朝夕存焉以待終喪故曾子問曰君未殯則朝夕不歸士則下盡次而又止于練未必朝夕存焉故檀弓曰士備入而後朝夕踊經所以既曰練而歸又曰次于公館者正謂其不能盡次故以次為後也鄭氏謂士分兩等而有邑宰朝廷之殊諸侯之士多矣由大國小國其有中士下士若數各居其上之三分固不止于兩等然而邑散布于四境之內固有去國猶遠者若邑宰之士盡釋邑寄而館于次豈不皆廢一邑之事乎于經文似不通

三年之喪廬堊室之中不與人坐焉在堊室之中非時見乎母也不入門 注以時事見母乃後入門則居廬時不入門○疏喪大記云練居堊室不與人居〻即坐也

疏衰皆居堊室不廬廬嚴者也 注言廬哀敬之處非有其實則不居

陳澔曰疏衰齊衰也齊衰有三年者有期者有三月者皆居堊室廬乃哀敬嚴肅之所服輕者不得居也

方慤曰廬堊室之中不與人坐示憂之所獨也在堊室非時見乎母不入門則在廬之中非時亦有所不見矣以廬為嚴故父母之喪乃居之所謂嚴者以居喪之重人不可犯也

間傳　父母之喪居倚廬寢苫枕塊不稅絰帶齊衰之喪居堊室芐翦不納大功之喪寢有席小功緦麻牀可也此哀之發於居處者也○父母之喪既虞卒哭柱楣翦屏芐翦不納期而小祥居堊室寢有席又期而大祥居復寢中月而禫禫而牀　注芐今之蒲苹○疏謂以蒲苹為席翦頭為之不編納其頭而藏于内也斬衰居倚廬齊衰居堊室論其正耳亦有斬衰不居廬者雜記云大夫居廬士居堊室是士服斬衰而居堊室也亦有齊衰不居堊室者喪服小記云父不為衆子次于外注云自若居寢是也

陸佃曰此期而有席喪服傳既虞寢有席傳所記尊者居喪之法此言大夫士礼而已知然者天子虞祭之日遠大夫士近若寢有席一施之于虞則疾徐相懸矣

乾學按儀禮喪服傳言既虞寢有席此乃言小祥寢有席所以來陸氏之疑然儀禮

明係士喪禮安謂尊者之制意者此條寢有席句原在苄翦不納之下而記者脫誤與不然則兩書必有一誤不可無陸氏之疑也

問喪成壙而歸不敢入處室居於倚廬哀親之在外也寢苫枕塊哀親之在土也故哭泣無時服勤三年思慕之心孝子之志也人情之實也

周禮天官宮正大喪則授廬舍辨其親疏貴賤之居

注廬倚廬舍堊室也親者貴者居倚廬疏[illegible][illegible]者居堊室雜記曰大夫居廬士居堊室○疏大喪謂王喪臣子皆為之斬則[illegible]廬舍所居則異也授廬舍者總諸臣而辨其親疏貴賤之居異也親謂大功以上貴謂大夫以上疏謂小功緦麻賤謂士引雜記者彼是諸侯之臣彼注士居堊室亦謂邑宰也朝廷之士亦居廬引之者證貴者居廬賤者居堊室一邊之義耳

史浩曰禁聲亂而別嫌疑也

孟子滕文公五月居廬未有命戒

注諸侯五月而[illegible]葬居倚廬于中門之外也未有

前

命戒居喪不言也○疏世子二月居于喪廬不敢入處故未有命以令人未有戒以號人以其在外思之而不言也

曲禮有憂者側[illegible]而坐有喪者專席而坐疏憂謂親有疾側猶獨也獨席謂獨坐不舒他面席憂不在接人故也案聘礼云公礼賓賓側授醴是側猶特也專猶單也吉時貴賤有重席之礼若父母始喪寢苫無席卒哭後乃有芐翦不納自齊衰以下始喪而有席並不重降居處也

張子曰有憂者心未安故側席有喪者坐無容故專席非謂不與賓客接也

呂大臨曰側席坐不安也專席不與人共坐也有憂者行不能正履則坐不能安席可知矣有喪者致于哀慕心不二事則不與人共處可知矣居倚廬非喪事不言既練居堊室不與人居皆專席之義也先儒以側為特以專為單既無所據而以側為特如礼所謂側降側受之類所訓雖可然與專席無別則不可以特訓側也

胡銓曰側不正也漢王嘉傳喜魏徐奕傳皆云楚有子玉則文公側席而坐專猶特也

通典並有父母之喪練日居廬堊室議晉荀訥云世人有向曙〔毀〕廬作堊室祭畢居堊室見客者或有於廬前設位著練服事畢服母服居廬○宋庾蔚之謂前

喪既期應毀廬為堊室而後喪猶應居廬古者受弔於庭階廬堊室自是寢處之所今雖以廬堊室為喪位然自異於褻經矣

居所後父喪有本親喪服議

晋韓康伯問荀訥云既為人後後先服重制豈當有致要當有時還本哭臨其本親赴弔不設喪位情為不安可於本親兄弟次作堊室歸來處之否荀荅意謂自有所後重服當不得復於本兄弟廬室作堊室歸可設哭位而已○宋庾蔚之謂今以堊室為對弔之所叙應還本家立堊室在諸弟之下以受弔設使本家遠便當於本室不得於所後靈前受本親喪之弔

虞喜云若父死未殯服祖但期則祖無倚廬傳重在誰○宋庾蔚之謂父以未殯同之平存是父不傳重

正主已揖行事〻無所闕何謂無倚廬乎廬〻子之
所寢處下關〻之缺之何嫌
晉雷孝清問曰為祖母持重既葬而母亡應別開門
更立廬否范宣荅曰承適居諸父之上一身為兩喪
之主無緣更別開門立廬〻　居正之意至祖母練
日則居堊室○宋庾蔚之謂如范說亦應還毀堊室
立廬在諸父堊室之上但二喪共位廬堊室襍處恐
非適時之禮謂宜別室為廬兼主二喪
有祖喪而父亡服議宋孟氏問曰嗣子今為孟使君
持重光祿喪庭應有廬耶周續之荅禮之倚廬在東
墻下蓋是寢苫枕甴之處非接賓位也謂寢息之所
宜在親之殯宮於光祿喪庭若賓客饋奠然後之喪
所已則還廬次然今世皆以廬為接賓之位位則二

處從禮之變亦宜兩設耶

父喪內祖亡立二廬議　宋庾蔚之曰父喪內祖亡則應兼主二喪今世以廬為受弔之處則立廬是也人為父喪來弔則往父廬之所若為祖喪來弔則往祖廬之所

宋書　宋文帝元嘉十七年七月壬子元皇后崩兼司徒給事中劉溫持節監喪神虎設凶門柏歷至西上閤皇太子于東宮崇正殿及永福省並設廬諸皇子未有府第者于西廨設廬

唐開元禮　將成服掌事者預為廬于殯堂東廊下近南北戶設苫由於廬內（諸子各一廬凡廬五品以上宮之）齊衰于廬南累墼為堊室俱北戶翦蒲為席不緣（父兄不次于殯所各在其正寢之東為廬次堊室祖為嫡孫居堊室寢有牀皆西面西出戶）父不為衆子次於外（於廢畧自若居寢）大功於堊

室之南張帷席以蒲小功緦麻于大功之南設牀席以蒲婦人次於房若殯後施下牀殯堂無房者次于後若各別室卒哭前一夕掌事者翦屏柱楣塗廬不塗見面塗廬裡不塗廬外翦蒲為席不緣以木為枕小祥前一夕毀廬為堊室設蒲席凡芐堊室者除之大祥前一夕除堊室張禫而復寢品官士庶同○為人後者為其父母居堊室舅姑服嫡婦不為次為昆弟之女適人者不為次次為堊室之屬

案聶崇義三礼圖說按唐大曆年中有楊垂撰喪服圖說廬形制及堊室幕次序列次第云設廬次于東廊下無廊于墻下北上凡起廬先以一木橫于墻下去墻五六尺卧于地為楣即立五椽于上斜倚東墉上以草苫蓋之其南北面亦以草屏之向北開門一孝一廬門簾以縗布廬形如偏屋其間容半席廬間施苫土其廬南為堊室以墼壘三面上至屋如于墻下亦如偏屋以瓦覆之西向戶室施為木枕室南為大功幕次次中施蒲席次南又為小功緦麻次施床並西戶如諸侯始起廬門門外便有小屏餘則否其為母與父同為繼母慈母不居廬居堊室如繼母有子即隨子居廬為妻准母其堊室及幕次不必每人為之共處可也婦人須于西廊之下

陳祥道禮書堊室周禮宮正授廬舍鄭氏曰舍堊室也喪服既練舍外寢鄭
氏曰外寢堊室也又士喪既夕主人揖就次而堊室預焉則次舍外寢皆堊
室之異名也其制則鄭氏謂屋下壘土為之不塗墍屋下則其屋兩下與廬
之倚木異矣不塗墍則既祥堊矣爾雅曰地謂之黝牆謂之堊或曰父喪既
祥而母亡嫡居父喪而祖父母亡嫡居祖父喪而母亡其所居有異乎禮輕
者包重者特父喪既祥而母亡則毀堊室立廬是包輕也嫡之于祖所以繼
禮也父喪既廬而祖父母亡宜別立廬以受弔者示傳重也居祖父喪而母
亡二喪殊位則亦宜別立廬也然則父為長子出後之子為父母出妻長子
為父母與為出嫁母庶子為其母所居有辯乎先儒謂父為長子不被髮不
徒跣為次于內不歠粥立廬于內可也凡杖者則廬廬則禫為人後者為父
母不杖則堊室而不廬可也出妻之子非廬于母之家則廬于別室可也父
亡母嫁有服而已不廬可也庶子父在為其母不禫固不廬矣若君母在亦
廬也然小記云父不為衆子次于外則長子固次于外矣或曰聞喪而不得
奔可以立廬乎廬者所以示哀之發于居處也其設不必為殯也則聞喪而
不得奔不可不廬于其所居也○倚廬鄭氏曰倚木為廬在中門外東方北
戶蓋倚廬之制橫木于地以為楣倚木于墻以為椽覆之以苫不翦不塗其
位中門之外雜記謂在堊室之中非時、、乎母也不入門問喪謂成壙而歸
不敢入處室居于倚廬哀親之在外也其位東壁士喪既夕謂衆主人皆
西面于東方主人揖就次是也古者于中門之外自漢以來于中門之內以
其近殯也唐礼于殯堂廊下近南承漢禮者也君障之大夫士不障喪大記
謂君為廬宮之大夫士襢之、、也庶子而下廬于東南喪大記謂凡非適子
者自未葬于隱者為廬是也先儒曰諸子各一廬既虞卒哭則翦所覆之屏
以齊其苫蔚葛洪、、云屏廬前屏也卒哭除其屏更作外障然大夫士廬
前無屏葛說誤也二迫地之楣以易其戶廬北戶柱楣西戶塗不于顯而無
事乎飾君與大夫皆宮之而不使袒皆所以即變也廬立于既殯二儒曰殯
之明日成服而立廬毀于既練寢苫枕塊不脫帶絰不與人坐此君廬之大

（畧然也廬男子之事成人之禮也故婦人與童子不廬唐制婦人不爲廬設次西房若殯堂後施下床坐廬嚴者也故疏衰不廬疏衰不廬非服母者也服母雖疏衰廬）

宋政和禮品官成服前一日掌事者先為廬次于殯堂東廊下近南北戶設苫凷于內期親于廬南累墼為堊室俱北戶翦蒲為席不緣大功于堊室之南張帷席以蒲婦人次于西房若殯堂無房者次于後或別室

庶人成服前一日掌事者先為廬次于殯堂東廊下近南北戶設苫凷（諸子各一廬）婦人次于西房若殯堂無房者次于後或別室既虞掌事者改廬翦屏柱楣塗廬不塗見面（裏塗外不塗內）翦蒲為席不緣以木為枕小祥前一日之夕毀廬為堊室設蒲席大祥前夕除堊室張帷

司馬氏書儀喪次中門之外擇朴陋之室以為丈夫喪

次斬衰寢苫枕塊不脫絰帶不與人坐非時見乎母也不入中門既虞寢有席枕木二十七月除服而後寢齊衰寢有席大功以下異居者既殯可以歸其家猶居宿于外三月而後復寢婦人次于中門之內別室或居殯側雖斬衰不寢苫但徹去帷帳衾褥之華麗者可也男子無故不入中門婦人不得輒至男子喪次按楊垂喪服圖式非富家大第不能備此禮故擇朴陋之室不丹雘黝堊者居之斬衰居一室齊衰居一室可也若大寒大暑雨濕蚊蚋其羸疾之人有不能堪者聽施單席白氈布褥白幬帳可也晉陳壽遭父喪有疾使婢丸藥客往見之鄉黨以為貶議坐是沉滯坎軻終身嫌疑之際不可不慎故男子無事不入中門婦人不得輒至男子喪次也

家禮中門之外擇樸陋之室為丈夫喪次斬衰寢苫枕塊不脫絰帶不與人坐焉非時見乎母也不入中門齊衰寢席大功以下異居者既殯而歸居宿于外三月而復寢婦人次于中門之內別室或居殯側去

帷帳衾褥之華麗者不得輒至男子喪次既虞寢席枕木大祥復寢

朱子語類古人殯於西階之上設倚廬于庭中皆在中門之外○又問喪大記三年之喪禫而從御大功布衰九月者皆三月不御于內小功緦無文其義安在朱子曰禮既無文即當自如服輕故也○又答諒闇云翦屏柱楣是兩事翦屏者初時戶北向用草為屏不翦其餘至是改而西向翦其餘草始著無柱與楣簷着于地至是乃施短柱及楣架起其簷令稍高可作戶也未喻于柱楣之下云既虞乃翦而除之似謂翦其屏而并及柱楣誤矣諒陰諒闇未詳古制不敢臆說假使不如鄭氏說亦未見天子不可居廬也滕文公五月居廬是諸

侯居廬之驗天子亦須如此

乾學按明會典大歛之後但言喪主以下各歸喪次而不言喪次之制若何至卒哭後言寢席枕木大祥後言復寢而小祥時則無所言其前後踈畧至此當時禮官之不學亦可見矣

吕柟□禮問居于倚廬哀親之在外者則何以不居殯宮墓曰始死有居殯者矣既葬有居墓者矣達之天下則居廬也庶人何以不廬庶人不能廬也古者天子諒闇居廬故康王居翼室于路寢故宮正大喪則授廬舍辨其親踈貴賤之居君宮之大夫士禮之或曰諸侯大夫居倚廬士居堊室倚廬中施白縷帳褥素牀自魏始也身除喪服以居諒闇晉杜預之議也○寢苫枕塊哀親之在土也苫何以謂之土曰弗付弗膏則土矣然猶苫焉者不敢以先父母之遺体即病也寢不脫絰帶絰帶不脫況衰裳乎衰裳不脫況褻衣乎故期年之內体有垢不知搔有瘍不知浴

吕坤四禮疑次中門遠于死矣人子心乎婦人或居殯側情乎溺乎○中門之外明不內寢也乃孤親于中堂何其為已重而為親薄也婦次在中門之內或居殯側不惟婦〻多畏近死者不能安死者而舅而伯叔也婦人寢處其側可乎近世人子枕塊于柩旁最為得之

喪次

喪大記　父不次於子，兄不次於弟。注謂不就其殯宮為次而居○疏喪[illegible]卑故尊者不居其殯宮次也

喪服小記　父不為衆子次於外。注於庶子畧自若居寢○疏衆子庶子次謂中門外次也庶子賤略之故父不為之次自若常居于寢也不為之處門外為喪次也長子則次于外為喪次也

無事不辟廟門。注鬼神尚幽闇也廟殯宮　哭皆於其次。注無時哭也有事則入即位○疏辟開也廟門殯宮門也鬼神尚幽闇若朝夕入即位哭則暫開之若無事則不開也次謂倚廬唯朝夕哭入門內即位耳若晝夜無時之哭則皆于廬次之中也凡葬前哭晝夜無時若有事謂賓來弔之時則入即位若朝夕哭及嫡子受弔之事並入門即位而哭

檀弓　曾子與客立於門側，其徒趨而出。注徒謂客之旅　曾子曰：爾將何之？曰：吾父死，將出哭於巷。注以為不可發凶于人之館　曰：反哭於爾次。注次舍也礼館人使專之若其自有然　曾子北面而弔焉。疏依礼喪主西面曾子所以北面弔者案士喪禮主人西面其賓亦在門東北面謂同國之賓曾子既許其哭于次故以同國賓礼北面弔焉

子思之母死於衛，注嫁母也姓庶氏　赴於子思，子思哭於廟。門人至曰：庶氏之母死，何為哭於孔氏之廟乎？注門人弟子也嫁母與廟絕族

子思曰吾過矣吾過矣遂哭於他室

唐開元禮為人後者為其父母居堊室舅姑服嫡婦不為次為昆弟之女適人者不為次々為堊室之屬也

曲禮居喪之禮頭有瘡則沐身有瘍則浴有疾則飲酒食肉

附入老疾居喪

喪位

奔喪是禮記篇名

奔喪凡為位不奠注以其精神不存乎是也

張子曰為位者哭位也然亦有神位不奠者奠則久奠也在他所則難為久奠喪禮則于殯常奠喪不剥奠為其久設也脯醢之奠則易之○又曰為位不奠謂之不祭則不可但恐不如喪奠以新易舊如此久設也

無服而為位者唯嫂叔及婦人降而無服者麻注雖無服猶弔服加麻袒免為位哭也正言嫂叔尊嫂也兄公于弟之妻則不能也婦人降而無服族姑姊妹嫁者也疏奔喪禮曰無服袒免為位者惟嫂與叔凡為其男子服其婦人降而無服者麻○疏族姑姊妹女子出嫁于人亦是緦麻今降而無服亦當為位哭之既無服又云麻故知弔服加麻也麻謂緦之經也

檀弓曾子曰小功不為位也者是委巷之禮也子思之哭嫂也為位婦人倡踊申祥之哭言思也亦然注位謂以親疏敘列哭也委巷猶街里也子思之哭嫂也為位善之也禮嫂叔無服婦人姊姒婦有小功服者倡先也言思子游之子申祥妻之昆弟也亦無服過此以往獨哭不為位○疏曾子以哭小功之喪當為位時有哭小功不為位者故曾子非之云是委巷之禮言非禮儀正法既言其失又引得禮之人子思之哭嫂為親疏之位子思婦與子思之嫂為姊姒有小功之服故子思之婦先踊子思隨之而哭非直子思如此其申祥哭妻之兄弟言思亦然

張子曰小功情疏疏則容為位而後哭情重者始聞喪而哭不暇為位哀甚也

方愨曰位者哭泣之位也親有遠近服有重輕不可以無辨故哭泣之際各為之位焉逮乎周室之衰典籍多失而一時之禮或起于委巷或有小功不為位者此曾子所以譏之委巷言委曲之巷也子思之哭嫂也為位以言無服之喪猶且為位則知小功之不為位猶為非矣

馬睎孟曰無服而為位者惟嫂叔蓋無服者所以遠男女近似之嫌而為位者所以篤兄弟內喪之親子思之哭嫂也為位婦人倡踊以婦人相為姊姒

之道故可以倡踊妻之昆弟外喪也而既無服則不得為哭位之主矣記曰妻之昆弟為父後者死哭之適室子為主袒免哭踊夫入門右由是言之則哭妻之昆弟以子為主異于叔嫂之喪也以子為主則婦人不當倡踊矣

吳澄曰子思申祥哭無服之親猶且為位況小功有服之親而可不為位乎為嫂無服而其妻為娣姒婦則有服為妻之兄弟無服而其妻為其兄弟則有服故子思之哭嫂申祥之哭妻兄弟皆使其妻有服者倡踊于前而已無服者隨哭于後也

國昭子之母死問於子張曰葬及墓男子婦人安位子張曰司徒敬子之喪夫子相男子西鄉婦人東鄉曰噫毋曰我喪也斯沾爾專之賓為賓焉主為主焉婦人從男子皆西鄉 注國昭子齊大夫夫子孔子也西鄉東鄉夾羨道為位也沾讀曰覘覘視也國昭子自謂齊之大家人盡視之欲人觀之法其所為時子張相○疏吾居喪人盡來覘視當更為別禮豈得依舊礼爾當使此婦人與男子一處是昭子家婦人從男子同在主位西鄉賓之男子及賓之婦人皆西廂東鄉非也

方愨曰礼之辨異尤重于男女之際雖在喪紀憂遽之中亦各正其位故自始死以至于葬男子則西鄉而位乎東婦人則東鄉而位乎西以辨陰陽之義司徒敬子之喪夫子為相固當行之矣而國昭子徒為賓主之辨曾〻男女之別其失禮不亦甚乎

喪位

周案（齊東野語）南人尚左北人尚右或問孰為是因攷其說于此與識者訂之檀弓鄭氏注曰喪尚右右陰也吉尚左左陽也老子亦云吉事尚左喪事尚右河上公注左生位也右陰道也禮正義案特牲少牢吉祭皆載右胖取其反吉也老子又云偏將軍處左上將軍處右河上公注卑而居陽以其不專殺尊而居左以其主殺也吳世傑漢書刊誤云凶事尚右孔子有姊之喪凶事也禮乘君之乘車不敢曠左注謂車上貴左乘車則貴左兵車則貴右乘居君在左御者在中兵車君在中御者在左少儀論乘兵車云軍尚左疏云軍將尊尚左按老子上將軍處右偏將軍處北非指車同言也左傳韓厥代御居中杜注自非元帥御皆在中將

在左乃知兵車惟君及元帥然後尚右其餘將軍亦尚左而已按古人主當阼以右爲尊而遜客而已居左則左非尊位也後世以左爲主位而貴不敢當則以左爲尊也如魏無忌迎侯生而虛車左何也地道陰道尚右故後世之祀以右爲上今宗廟亦然人家門符左神荼右鬱壘攷張子賦亦守以鬱壘神荼副焉左傳載天子所右寡人亦右之天子所左寡君亦左之則以爲坐之重且大者漢右賢左戚他如左官左遷又皆以左爲輕或謂左手足不如右故論輕取者必重右而輕左

擯相

檀弓杜橋之母之喪宮中無相以爲沽也疏沽麤畧也孝子喪親悲迷不復自知禮節事儀皆須人相導而杜橋家母死宮中不立相導故時人謂其於礼有麤畧也

有若之喪悼公弔焉子游擯由左疏悼公魯君哀公之子擯贊相礼事也立者尊右子游由公之左則公在右為尊矣少儀云詔辭自右者謂傳君之詔命則詔命為尊故傳者居右詩相喪礼者亦多由右故子游正之也

國昭子之母死問於子張曰葬及墓男子婦人安位子張曰司徒敬子之喪夫子相男子西鄉婦人東鄉疏主人尊男子皆西鄉婦人皆東鄉而男賓在衆主人之南女賓在衆婦之南禮也曰噫毋曰我喪也斯沾爾專之賓為賓焉主為主焉婦人從男子皆西鄉疏昭子聞子張之言嘆息而止之言我為大夫齊之顯家今行喪礼人必盡來覘視當有所更改以示人豈宜一循舊礼爾當專主其事使賓自為賓主自為主可也于是昭子家婦人既與男子同居主位而西鄉而女賓亦以男賓同居賓位而東鄉矣斯盡也

雜記泄柳之母死相者由左泄柳死其徒由右相由右相泄柳之徒為之也注亦記失礼所由也泄柳魯穆公時賢人也相相主人之禮

大夫之喪大宗人相

家語孔子在衛司徒敬子卒夫子弔焉主人不哀夫子哭不盡聲而退蘧伯玉請曰衛鄙俗不習喪禮煩

檀弓言司徒敬子之喪孔子爲相其時必延致知禮之君子孔子之喪公西赤爲志子張之喪公明儀爲志直欲備三代之制以章明志識非其人亦莫能任矣

王之制

吾夫子辱相焉孔子許之

書儀護喪以家長或子孫能幹事知禮者一人爲之

乾學按古人於喪事必有相禮之人是以禮儀無失孝子得致其情文而無憾也蓋先王因人情以制禮而人子之於親喪也創巨痛深其禮儀亦曲折繁重非時又不豫爲事苟非深明于禮意者其孰能行之檀弓言司徒敬子之喪夫子爲相有若之喪子游擯由左從喪事曰相禮節須人相導也儐與擯同以身儐侑亦贊導意也于時孝子悲迷必延致知禮之君子嗟其不逮而其人既稱知禮當思凡民有喪匍匐救之之義有不得辭者矣至若孔子之喪公西赤爲志子張之喪公明儀爲志以其師是至聖大賢直欲備舉前代之制以章明志識是豈常人所能任哉

檀弓言司徒敬子之喪孔子爲相其時必延致知禮之君子一切皆聽其指使至于孔子之喪公西赤爲志子張之喪公明儀爲志直欲備三代之制以章明志識非其人亦莫能任矣

者一人爲護喪助焉

必有相也久矣況礼廢之後人家子弟未必皆知礼

相杜橋毋喪宮中無

遭喪必有相禮之人是以禮儀無失孝子得致其情文而無憾後世遭喪之家孝子既在荒迷之中不能一一如禮而其時之親友又未必有素諳喪禮之人即欲令爲擯相而不可得以故行禮多缺苟且從俗而不得以自盡也然則今人遭喪者惡可以無相又惡可不廣求

有若之喪悼公弔焉子游擯由左疏悼公魯君哀公之子擯贊相礼事也立者尊右子游由公之左則公在右為尊矣少儀云詔辭自右者謂傳君之詔命則詔命為尊故傳者居右時相喪礼者亦多由右故子游正之也

國昭子之母死問於子張曰葬及墓男子婦人安位子張曰司徒敬子之喪夫子相男子西鄉婦人東鄉疏主人皆男子皆西鄉婦人皆東鄉而男賓在衆主人之南女賓在衆婦之南禮也曰噫毋曰我喪也斯沾爾專之賓為賓焉主為主焉婦人從男子皆西鄉疏昭子聞子張之言嘆息而止之言我為大夫齊之顯家今行喪礼人必盡來覘視當有所更改以示人豈宜一循舊礼爾當專主其事使賓自為賓主自為主可也于是昭子家婦人既與男子同居主位而西鄉而女賓亦以男賓同居賓位而東鄉矣斯盡也

雜記泄柳之母死相者由左泄柳死其徒由右相由右相泄柳之徒為之也注亦記失礼所由也泄柳魯穆公時賢人也相之主人之禮

大夫之喪大宗人相

家語孔子在衛司徒敬子卒夫子弔焉主人不哀夫子哭不盡聲而退蘧伯玉請曰衛鄙俗不習喪禮煩

吾夫子辱相焉孔子許之

書儀 護喪以家長或子孫能幹事知禮者一人為之凡喪事皆稟焉

家禮 護喪以子弟知禮能幹者一人為之

丘氏家礼儀節立相礼按礼司徒敬子之喪孔子為之相杜橋毋喪宮中無相時人譏其粗畧則喪必有相也久矣況礼廢之後人家子弟未必皆知礼宜議親友或鄉隣中之素習礼者一人為相礼凡喪事皆聽之處分而以護喪助焉

乾學按古人遭喪必有相禮之人是以禮儀無失孝子得致其情文而無憾後世遭喪之家孝子既在荒迷之中不能一一如禮而其時之親友又未必有素諳喪禮之人即欲令為擯相而不可得以故行禮多缺苟且從俗而不得以自盡也然則令人之遭喪者惡可以無相又惡可不廣求

知禮之人以為相爭○又按周禮諸官凡天子遭喪及天子弔臨臣下多有相禮之人固已見職掌中故不重載閱者詳之

祝

周禮喪祝掌喪祭祝號注喪祭虞也王弔則與巫前注喪祝與巫以桃厲執戈在王前凡卿大夫之喪掌事而斂飾棺焉

喪大記君之喪大胥是斂衆胥佐之大夫之喪大胥侍之衆胥是斂士之喪胥為侍士自斂注胥樂官也不掌事胥當為祝字之誤也侍猶臨也大祝之職大喪賛斂喪祝卿大夫之喪掌斂士喪礼商祝主斂○疏大祝是接神者故君喪使執斂事是猶執也衆祝喪祝也賤故副佐大祝也大夫卑故大祝侍之侍謂臨、之也君應有侍者不知何人也衆祝即喪祝卑故親執斂也士之喪、、祝臨之士之朋友来助斂也士喪礼士舉遷尸是也

士喪禮祝淅米於堂注祝夏祝也

商祝襲祭服褖衣次注商祝、習商礼者○疏同是周祝仰習夏礼則曰夏祝仰習商礼則曰商礼也從小斂奠大

及朔半薦新祖奠大遣奠皆是夏祝為之其間雖不言祝名亦夏祝可知其徹之者皆不言祝名則周祝徹之也但是接神皆商祝為之其間行事若取祝銘之類不言祝名者亦周祝可知惟既夕開殯時以周祝徹饌而堂下二事不可並使周祝取銘置于重按周禮有大祝小祝喪祝詛祝甸祝此篇及既夕言夏祝商祝周祝以喪祝行事皆當喪祝者也

樂記　宗祝辨乎宗廟之禮故後尸商祝辨乎商禮故後主人　疏宗謂宗人祝謂太祝辨曉宗廟詔相之禮故在尸後商祝謂習商礼而為祝者辨曉死殯相之礼故在主人之後

陳祥道曰太祝掌六祝之辭以事鬼神示辨六號九祭逆尸相尸禮則辨宗廟之禮後尸而相之者宗祝之職也古者祝習夏礼謂之夏祝習商礼謂之商祝故士喪礼主人入即位商祝襲祭服褖衣次繼之主人襲反位商祝權瑱設幎目則辨喪礼後主人而相之者商祝之職也

方慤曰宗廟之禮主乎敬而敬之所主在尸喪之礼主于哀而哀之主在主人

郊特牲　祝將命也　疏祝以傳達主人及神之辭命

方慤曰將命燕饗之間以交賓主者介也將命于祭祀之間以交神人者祝也此主祭言故曰祝將命也礼運曰祝以孝告嘏以慈告茲非將命乎

讀禮通考卷五十六

喪儀節十九

神帛

許慎五經異義大夫士無主大夫束帛依神士結茅為菆鄭玄說同

鄭玄儀禮注曾子問曰天子崩國君薨則祝取羣廟之主而藏諸祖廟禮也卒哭成事而後主各反其廟然則士之皇祖於卒哭亦反其廟無主則反廟之禮未聞以其幣告之乎賈疏祔須得祖之主以孫祔祭故也天子諸侯有木主可言聚於反廟之事大夫無木主故云無主則反廟之禮未聞以其幣告之乎者曾子問無遷主將行以幣帛為主命此大夫士或用幣以依神而告使聚之無正文故云乎以疑之

乾學按此乃士虞禮適爾皇祖某甫條之註

崔靈恩云大夫士無主以幣帛祔祔竟並還殯宮至小祥而入廟見王制措之廟立之主註中

賈公彥明日以其班祔疏大夫士無木主以幣主其神

司馬氏書儀魂帛結白絹為之設椸於尸南覆以帕置倚卓其前置魂帛於倚上設香爐杯注酒果於卓子上是為靈座倚銘旌於倚左侍者朝夕設櫛纇奉養之具皆如平生俟葬畢有祠版則埋魂帛潔地注士喪禮有重開元禮及今國家亦用之士民之家未常識也皆用魂帛魂帛亦主道也禮大夫無主者束帛依神今且從俗貴其簡易然世俗或用冠帽衣屐裝飾如人狀此鄙俚不可從俗也

家禮置靈座設魂帛魂帛以白絹為之

丘濬曰案魂帛之制本注引温公說謂用束帛依神而朱子本文則又謂結白絹為之考古束帛之制用絹一匹撚兩端相向而束之結之制無可考近世行禮之家有摺帛為長條而交互穿結如世俗所謂同心結者上出其首旁出兩耳下垂其餘為兩足有肖人形以此依神似亦可取雖然用帛代重

本朝非古禮用束用結二者俱可

王廷相魂帛說書儀未葬而以魂帛依神何謂也曰此鄭氏之說而溫公因之也鄭以天子諸侯有木主大夫士無木主故引曾子問主命之義疑以為可用幣今考之記蓋謂天子諸侯傳繼未及六世無毁廟之主在廟之主又不可以行故將行師以幣帛皮圭告于祖禰之廟載之以行如受祖禰之命以出也故孔子曰主命今大夫士之主將以依神乎抑將以像受命乎其不相類也甚矣安可以幣代況幣置于廟則祖禰無別考妣不分參之事体亦非書故鄭氏雖取之而終不敢自決猶云乎以疑之矣大抵有廟即有主上下之達禮也所謂諸侯出疆大夫出聘他國皆載毁廟之主而行是也士喪禮未有作主之文而鄭氏遂以大夫士無主因而疑其用幣此大不然矣檀弓曰重主道也殷主綴重焉周主重徹焉蓋言重設于始死之日主立于既虞之後雖非主而有主之道故主未作刊木為重以依神而幣之出于主命者不用亦可也

萬斯大與張仲嘉書曰承示齊家寶要中有云既含襲乃置靈座設寛帛按古人始死刊木懸鬲名之曰重蓋既有柩更有木用以依神故曰重也後世以寛代重其名不雅稱第從末俗尚豈能遽違攷溫公說止云用束帛朱子則云結白絹為之今世所行儀節因謂如世俗所謂同心結者上出其首旁出兩耳下垂其餘為兩足有似人形更俚鄙不堪道矣不得已從束帛猶可也

乾學按古禮無神帛之說自許鄭以誤大夫士無木主遂謂大夫束帛依神士結茅為蔵自魏晉迄唐宋士大夫守許鄭之說皆

不敢立主又以神之不可無所依也不得已而易之以祠版宋來嘗畫用神帛之制亦可見神帛之非正禮矣但據許鄭之意原以神帛代木主非木主之外又有神帛也自程子定為木主之式而朱子家禮因之則大夫士俱得用木主矣既用木主可以不用神帛矣今家禮初喪之時設為蒐帛以代重則分魂帛與木主為二矣然神帛設于既虞之後蒐帛設于未葬之前則朱子之蒐帛非即許鄭之所謂神帛也愚謂今士大夫之家既有木主則祠版可廢既有畫像則蒐帛亦可廢倘謂蒐帛所以代重而不可廢則古禮之廢于後世者多矣

何獨重之一事必須設一物以代之乎今世俗相沿未有不用畫像者既用畫像而復用蒐帛將使我祖考之神依于畫像乎依于蒐帛乎兩者皆後世之俗禮擇其一而用之毋寧畫像之為愈也

神主

檀弓重主道也注始死未作主以重主其神也重既虞而埋之乃後作主春秋傳曰虞主用桑練主用栗殷主綴重焉注綴猶聯也殷人作主而聯其重縣諸廟也去顯考乃埋之周主重徹焉○注周人作主徹重埋之疏言始死作重猶若吉祭木主之道主所以依神重亦所以依神故云重主道也殷人始殯置重于廟庭作虞主訖則綴重縣于新死者所殯之廟也周人虞而作主重則徹去而埋之殷人綴而不即埋周人埋而不縣于廟為異也按士喪禮士有重無主此云重主道者此據天子諸侯有主者言之卿大夫以下無主春秋孔悝為祏主鄭駁異義云孔悝祭所出君故有主去顯考乃埋之者謂死者世世遞遷至為顯考其重恒在死者去離顯考乃埋其重及主以其既遷無復有廟故也顯考謂高祖也其主之狀范甯云正方穿中央達四方天子長尺二寸諸侯長一尺○案既夕禮將葬甸人抗重出自道道左倚之鄭注云重既虞將埋之是鄭埋重于門外之道左也若虞主亦埋之祖祖廟門外之道左桒異義戴禮及公羊說虞主埋于壁兩楹之間一說埋之于廟北牖下左氏說虞主所藏無明文鄭

駁之云案士喪禮重與柩相隨柩將出則重倚于道左柩將入于廟則重止于門西虞主與神相隨亦當然練時既特作栗主則入廟之時祝奉虞主于道左練祭訖乃出就虞主而埋之如既虞埋重于道左是埋虞主于廟門之道左也

方慤曰重設于始死之時主立于既虞之后則重非主也有主之道爾毀雖作主矣猶綴重以縣于廟不忍棄之也周既作主矣重遂徹而埋于土不敢瀆之也不忍弃之者所以致其愛而質故毀人行之不敢瀆之者所以致其敬而文故周人行之夫重與主皆所以依神或曰重或曰主何也始死而未葬則有柩矣有柩而又設重所以為重也既有廟矣有廟而必立主是為主也

曲禮　措之廟立之主曰帝　疏措置也祔而立主使神依之也白虎通云所以有主者神無依據孝子以繼心也主用木木有始終又與人相似也蓋紀之為題欲令後世知也

曾子問　曾子問曰古者師行必以遷廟主行乎孔子曰天子巡守以遷廟主行載于齊車言必有尊也今也取七廟之主以行則失之矣注齊車金路當七廟五廟無虛主虛主者唯天子崩諸侯薨與去其國與祫祭於祖為無主耳吾聞諸老聃曰天子崩國君薨則祝取羣廟之主而藏諸祖廟禮也卒哭成事而后主各反

其廟注老聃古壽考者之號也與孔子同時藏諸主于祖廟象有凶事者聚也君去其國大宰取羣廟之主以從禮也注鬼神依人者也祫祭於祖則祝迎四廟之主主出廟入廟必蹕注蹕止行也老聃云疏遷廟主者皇氏謂載新遷廟之主義或然也卒哭各反其廟者為明日祔時須以新死者祔祭于祖故祖主先反廟也出廟者謂出已廟而往太祖廟入廟者謂從大祖廟而還入已廟若在廟院之外當主出入之時必須蹕止行人若主入大祖廟中則不須蹕也以壓于尊者也若有喪及去國無蹕禮也

曾子問曰古者師行無遷主則何主孔子曰主命問曰何謂也孔子曰天子諸侯將出必以幣帛皮圭告于祖禰遂奉以出載于齊車以行每舍奠焉而後就舍注以脯醢禮神乃敢即安也所告而不以出即埋之反必告設奠卒斂幣玉藏諸兩階之間乃出蓋貴命也疏鄭云脯醢禮神者以其在路不可恒設牲牢故知用脯醢也與殯奠同謂之奠以其無尸故也所告而不以出即埋之者皇氏謂有遷主者直以幣帛告神而不將幣帛以出行即埋之兩階之間無遷主者加之以皮圭告于祖禰遂奉以出熊氏以為每告一廟以一幣玉告畢將所告遠祖幣玉載之而去若近祖幣玉不以出者即埋之反還之時以此載行幣玉告于遠祖事畢則埋于遠祖兩階間其近祖以下直告祭而已不陳幣玉也

曾子問曰廟有二主禮與孔子曰天無二日土無二王嘗禘郊社尊無二上未知其爲禮也昔者齊桓公亟舉兵作僞主以行及反藏諸祖廟廟有二主自桓公始也

周禮司巫祭祀則共匰主 注杜子春云匰器名主謂木主也○疏以匰器盛主來向祭所人祝取得主匰器即退也

春秋文公二年春王二月丁丑作僖公主 注主者殷人以柏周人以栗三年喪終則遷入于廟○疏主所用木經無正文公羊傳曰主者曷用虞主用桑練主用栗左傳惟言祔而作主主一而已非虞練再作公羊之言不可通于此也論語哀公問主于宰我宰我對曰夏后氏以松殷人以柏周人以栗先儒舊解有以爲宗廟主者故杜依用之案古論語及孔鄭皆以爲社主社爲木主者古論不行于世且社主周禮謂之田主無單稱主者以張包周等並爲廟主故杜所依用劉炫就所聞以規杜過未爲得也

左傳僖公三十三年作主非禮也凡君薨卒哭而祔祔而作主特祀於主烝嘗禘於廟 注冬祭曰烝秋祭曰嘗新主既立特祀于寢則宗廟四時常祀自如舊也三年禮畢又大禘乃皆同于吉

文公二年丁丑作僖公主書不時也注過葬十月故曰非禮曰不時○疏釋例云以新死者之神祔之于祖尸柩既已遠矣神形又不可得而見矣孝子之思慕篤徬徨求索不知所至故造木主立几筵特用喪禮祭祀于寢不同之于宗廟宗廟則復用四時烝嘗之禮也三年喪畢致新死者之主以進于廟廟之遠主當遷入祧于是乃大祭于太廟以審定昭穆謂之禘此皆自諸侯上達天子之制也其意與此注同又小祥耳公羊傳曰主者曷用虞主用桑練主用栗鄭玄注禮用公羊之說以為虞已有主此傳稱祔而作主者虞而作主禮本無文不可以公羊而疑左氏也

公羊傳文公二年作僖公主者何為僖公作主也注為禧公廟作主也主狀正方穿中央達四方天子長尺二寸諸侯長一尺也主者曷用虞主用桑注用桑者取其名與其麤觕所以副孝子之心練主用栗注謂朞年練祭也埋虞主于兩階之間易用栗也夏后氏以松殷人以柏周人以栗禮士虞記云桑主不文吉主皆刻而謚之蓋為禘祫時別昭穆也虞主三代同者用意尚麤觕未暇別也用栗者藏主也注藏于廟室中當所當奉事也質家藏于堂作僖公主何以書注據作餘公主不書譏何譏爾不時也其不時奈何欲久喪而後不能也注禮作練主當以十三月文公亂聖制欲服喪三十六月十九月作練主又不能卒竟故以二十五月也

孔穎達檀弓疏既虞之後乃始埋重埋重之後乃始作主公羊云虞主用桑謂虞祭之末也左傳云祔而作主謂用主之初俱是喪主其義不

異故異義公羊說虞而作主左氏說天子九虞十六日祔而作主謂喪主許慎謹案左氏說與禮同鄭氏不駁則是從左氏之義非是虞祭之日即作主也其卒哭之祭已用主也心知然者以卒哭曰成事以吉祭易喪祭故知與虞異也

劉敞曰公羊謂欲久喪而後不能非也文公自惰緩不作主耳何以知其欲久喪

家鉉翁曰魯文公惰人也恐不能有志久喪蓋是時逆祀有萌議論未定緩於作主以是故也禮既葬而作主欲神靈之有所馮依也於是奉主反虞虞而祔孫從于主既祔仍特祭于寢終喪祫乃以入庙此禮之常節有不待考而知者緣文公欲躋僖于閔之上又妄欲以兄弟自為昭穆所以緩于作主當祔而不知所祔故也及是羣下垂從邪議乃始作主而依神明年大事太庙遂躋僖于閔之上而行祔庙之禮春秋先書作主次書逆祀言緩于作主迺逆祀之端爾

穀梁傳 文公二年作為也為僖公主也注為僖公廟作主也主蓋神之所馮依立主喪主於虞注其主用桑吉主於練注期而小祥其主用栗作僖公主譏其後也注僖公薨至此已十五月作主壞廟有時日於練焉壞廟壞廟之道易檐可也改塗可也注禮親過高祖則毀其廟以次而遷將納新神故示有所加○疏作主在十三月壞廟在三年喪終傳連言之者此主終入廟入廟即易檐以事相繼故連言之非謂作主壞廟同時也或以為練而作主之時則易檐改塗故此傳云于練壞廟文傳文雖順舊說不然故不從之宜記異聞耳麋信引衛次仲云宗廟主皆用栗右主八寸左主七寸廣厚三寸若

祭訖則納于西壁埳中去地一尺六寸右主謂父也左主謂毋也何休徐邈並與范注同云天子尺二寸諸侯一尺狀正方穿中央達四方是與衛氏異也其藏之也白虎通亦云藏之西壁則納之西壁中或如衛說去地高下則無文以明之

左傳莊公十四年原繁對鄭厲公曰先君桓公命我先人典司宗祏注桓公鄭始受封君也宗祏宗廟中藏主石函言已世為宗廟守臣○疏宗祏者慮有非常火災于廟之北辟內為石室以藏木主有事則出而祭之既祭納于石室

左傳昭公十八年鄭災子產使祝史徙主祏於周廟告于先君注祏廟主石函周廟厲王廟也有火災故合羣主于祖廟易救護○疏每廟木主皆以石函盛之當祭則出之事畢則納于函藏于廟北辟之內所以避火災也

哀公十六年六月衛侯飲孔悝酒於平陽重酬之大夫皆納焉注納財賄也醉而送之夜半而遣之注夜遣者慙負孔悝不欲令人見載伯姬於平陽而行注載其母俱去及西門注平陽門使貳車反祏於西圃注使副車還取廟主西圃孔氏廟所在祏藏主石函○疏少宰饋食大夫之祭禮其祭無主鄭玄祭法注云惟天子諸侯有主禘祫大夫不禘祫無主耳今孔悝得有主者當時僭為之非禮也鄭玄駁異義云大夫無主孔悝之反祏所出公之主耳案孔氏姞姓春秋時國唯南燕

為姞姓耳孔氏仕于衛朝已歷多世不知本出何國安得有所出公之主也知是僭為之耳

公羊傳叔弓卒去樂卒事何君有事于廟聞大夫之喪去樂大夫聞君之喪攝主而往

漢書禮儀志既復土反廬立主如禮桑木主尺二寸不書謚虞禮畢祔于廟如禮漢舊儀曰高帝崩三日小斂室中牖下作栗木主長八寸前方後圓圍一尺置牖中望外內張緜絮以障外以皓木大如指長三尺四枚纏以皓皮四方置牖中主居其中央七日大斂棺以黍飯羊舌祭之牖中已葬收主為木函藏廟太室中西墻壁埳中望內外不出室堂之上坐為五時衣冠履几杖竹籠為俑人無頭坐起如生時皇后主長七寸圍九寸在皇帝主右旁高皇帝主長九寸上林給栗木長安祠廟作神主

許慎五經異義主者神象也孝子既葬心無所依故虞而立主以事之唯天子諸侯有主卿大夫無主尊卑之差也卿大夫無主者依神以几筵故少牢之祭但有尸無主三王之代小祥以前主用桑者始死尚質故不相變既練易之遂藏于廟以為

祭主〇釆五經異義或曰卿大夫士有主否荅曰按公羊說卿大夫非有土之君不得祫享昭穆故無主大夫束帛依神士結茅為菆愼據春秋左氏傳曰衛孔悝反祏于西圃祏石主也言大夫以石為主鄭駁云少牢饋食大夫祭禮也束帛依神特牲饋食士祭禮也結茅為菆鄭志張逸問許氏異義駁衛孔悝之反祏有主者何謂也荅禮大夫無主而孔獨有者或時末代之君賜之使祀其所出之君也諸侯不祀天而魯郊諸侯不祖天子而鄭祖厲王皆時君之賜也

鄭玄祭法篇注唯天子諸侯有主禘祫大夫有祖考者亦鬼其百世不禘祫無主爾孔穎達疏云案王制天子諸侯有禘祫故始有主大夫三廟一昭一穆與大祖而三大祖即是大夫之始祖既有祖始明應遷之祖以制幣招其神而藏焉故云亦鬼其百世大夫若無始祖秖得立曾祖與祖及父三廟而已則不得鬼百世也不禘祫無主若唯有百世之鬼不得禘祫無主爾主所用之木案異義今春秋公羊說祭有主者孝子之主繫心夏后氏以松殷人以柏周人以栗又周禮說虞主用桑練主用栗無夏后氏以松為主之事許君謹案從周禮說論語所云謂社主也鄭氏無駁從許義也

晉徐邈曰左傳稱孔悝反祏又公羊大夫聞君之喪攝主而往注義以為斂攝神主而已不暇待祭也皆大夫有主之文大夫以下不云尺寸雖有主無以知其形制然推義謂亦應有按喪之銘旌題別亡者設重于庭亦有所憑祭必有尸想像乎存此皆自天子及士並有其禮但制度降殺為

殊何至於主唯侯王而已禮言重主道也埋重則立主今大夫士有重亦
宜有主以紀別座位有尸無主何以為別將表稱號題祖考何可無主今
按經傳未見大夫士
無主之義有者為長

陳祥道曰公羊曰虞主用桑練主用栗穀梁曰喪主於虞吉主於練特左
氏曰凡君祔而作主曲禮曰措之廟立之主曰帝然人子之於親不忍一
日使無依焉故始死依以重既葬依以主重埋則桑主埋則栗主立豈有
既虞卒哭不存其象俟祔而後為之乎然則左氏曲禮之說蓋曰作主將
以祔廟非祔而後作之也先儒為大夫士無主以幣告夫重主道也大夫
士有重尸神象也大夫士有尸孔悝大夫也去國載祏孰謂大夫士無主
乎徐邈清河王懌之徒皆曰大夫士有
主特鄭康成許慎謂大夫士無主耳

汪琬曰大夫士之廟祀也一以為有主一以為無主謂之無主者鄭玄許
慎也謂之有主者徐邈清河王懌也或問宜何從予告之曰廟所以栖主
也大夫三廟士一廟使其無主則祭于寢足矣廟何為者祔之言附也以
主升附也士虞禮以其班祔喪服小記祔必以昭穆亡則中一以上使其
無主又何所憑以班昭穆乎許氏知其說之不可通也曲為之解曰大夫
束帛依神士結茅為菆此不根之詞以聽[illegible]之者也或問禮經無有主之
文柰何予又曰經不明言有主亦不言無主也檀弓重主道也商主綴重
焉周主重徹焉並非指天子諸侯為說也則大夫士宜有主者一孔子曰
祭祀之有尸也宗廟之有主也示民有事也以此坊民民猶忘其親亦非
專指天子諸侯也則大夫士宜有主者二徐邈所引左氏春秋其義甚長
而許氏顧斥孔悝反祏之舉以為出于時君所賜吾不知其何據也陳祥
道曰重主道大夫士有重尸神象大夫士有尸大夫去國載祏孰謂大夫
士無主乎斯可以闢鄭許之妄矣然則廟主之制宜何如按[illegible]斲木為形
如札士三尺卿大夫五尺諸侯七尺謂未葬未有主故以重當之是則主

制雖無考其脩短宜略與重彷可知也又有謂天子主長尺二寸諸侯一尺大夫士而下當以次殺云

萬斯大曰喪禮不言作主而虞禮及特牲少牢二禮皆有尸無主先儒因謂主惟天子諸侯有之大夫士不得有主按檀弓曰重主道也周主重徹焉夫主所以依神重有主道者以始死未作主而依神于重有主之道也重既天子諸侯大夫士皆有之則主亦天子諸侯大夫士皆有之矣蓋人始死有尸既殯有柩而死者游魂爲變不可使之無歸故復刋木以依神就尸柩言有重見之義故名之曰重既葬則尸柩不見重之爲重于義無歸故既虞則埋重作主所以名爲主者以死者之神主于此生者奉以烝嘗亦主于此也左傳云祔而作主公羊云虞主用桑蓋作主本爲祔廟而其作則在虞時故二傳異文而同實在二傳雖指君禮言然大夫士之作主亦即此可見然則特牲少牢何以不言主主在則祖考之神即在祭時則立尸象神以行獻酬而無事于主故文不之及乃謂大夫士無主豈知禮義者哉

乾學按主以依神廟以藏主有廟則有主豈有大夫士許其立廟而不許其立主者乎若曰儀禮大夫士之祭言尸不言主遂謂不得立主則儀禮初未嘗有王侯之祭禮也何從見其言主而斷大夫士之無主乎至束帛依神結茅爲菆之說實妄誕不

經乃因許鄭之言自晉以後士大夫多不立主或為祠版或為神帛曰吾不敢僭上也致使廟中無主而鬼神無所憑依則皆許鄭二子之過也

通典晉武帝太康中制太廟神主尺二寸后主一尺與尺二寸中間木以栗

晉劉氏問蔡謨云時人祭有板板為用當主為是神坐之榜題謨荅今代有祠板乃禮之廟主也主亦有題今板書名號亦是題主之意安昌公荀氏祠制神板皆正長尺一寸博四寸五分厚五寸八分大書某祖考某封之神座夫人某氏之神座以下皆然書訖蠟油炙令入理刮拭之安昌公荀氏祠制神板藏以帛囊白縑裏盛如昏禮囊板〻與囊合於竹箱中以帛緘之檢封曰祭板

通典藏主制　周制公羊說主藏太廟室西壁中以備火災○魏代或問高堂隆曰昔受訓云馮君八萬言章句謂正廟之主各藏太室西壁之中遷廟之主於太祖太室北壁之中按逸禮藏主之處似在堂上壁中荅曰章句但言藏太祖北壁中不別堂室愚意以堂上無藏主當室之中也蜀譙周禮祭集志曰四時祭各于其廟中神位與西墉下東嚮諸侯廟木主在戶之南爲在尸上也東嚮以南爲上　東晉尚書符問太常賀循太廟制度南向七室北向陰室復有七帝后應共處七室堦中當別處陰室循上曰謹按后配尊於帝神主所居同太室循又按漢儀藏主於室中西牆壁埳中去地六尺一寸當祠則設座於埳下禮天子達嚮者牖也謂夾戶之窗古者帝后異廟今者共堂別室制度不同疑室戶亦異又按古禮神主皆盛以石函余薦籍文不備見摯虞決疑云廟主藏于戶之外西牖之中有石函名曰宗祏函中筥以盛主○又瑯琊王妃敬后前薨而王後纂統追加謚號改神主訪賀循云瑯琊典祠令孫文立議

使者奉主及冊命詣中閤中人受取入内易置石函中故主留於廟閤新主出廟國官拜送如文議則非於行廟受冊循荅曰崇謚敬后宜立行廟以主后之號有加常尊輕重不同則禮宜有變故旣立行廟則常主宜出居座位臨加冊謚而並易以新主則故主宜還埋故廟西階之間○又穆帝永和二年有司奏征西章郡潁川京兆四府君毀主藏處尚書郎徐禪議禮去祧為壇為墠歲祫則祭之今四祖遷主可藏之石室有禱則祭壇墠又遣禪至會稽訪處士虞喜曰漢代韋玄成等以毀主瘞於園魏朝議曰應埋兩階間且神主本在太廟若今別室而祭則不如永藏又四君無追號之禮益明應毀而祭於是會稽王昱等奏四祖同居而祧藏主石室禘祫乃祭按賀循與王導書云世祖

武皇帝初成太廟時巨神既亡而有揚元后之神時亦權立一室永熙元年告世祖謚于太廟八室才協按元皇后于太廟東陰室中安神主不增立一室

魏書禮志太傅清河王懌奏王延業盧觀前經詳議並據許慎鄭玄之解謂天子諸侯作主大夫及士則無意謂此議雖出前儒之事實未允情禮何以言之原夫作主之禮本以依神孝子之心非主莫依今銘旌紀柩設重憑神祭必有尸神必有廟皆所以展事孝敬想象平存上自天子下逮于士如此四時並同其禮何至于主惟謂王侯禮云重主道也此為埋重則立主矣故王肅曰重未立主之禮也士喪禮亦設重則士有主明矣孔悝反祏載之左史饋食設主著於逸禮大夫及士既得有廟題紀祖考何可無主公羊傳君有事于廟聞大夫之喪去樂卒事大夫聞君

之喪攝主而往今以為攝主者攝神斂主而已不暇待徹祭也何休云宗人攝行主事而往也意謂不然、君聞臣喪尚為之不懌況臣聞君喪豈得安然代主終祭也又相國立廟設主依神主無貴賤紀座而已若位疑諸侯者則有主位為大夫者則無主便是三神有主一位獨闕求諸情禮實所未安宜通為主以銘神位

通典大唐之制主長尺二寸上頂徑一寸八分四廂各剡一寸二分上下四分通孔徑九分玄漆匵玄漆趺其匵底蓋俱方底自下而上蓋從上而下與底齊趺方一尺厚三寸皆用古尺以光漆題謚號於背

唐書禮樂志三品以上有神主五品以上有几筵王公之主載以輅夫人之主以翟車

通考　高宗永徽中禮部尚書許敬宗奏皇祖弘農府君廟迭毀謹按舊儀漢丞相韋玄成以為毀主瘞埋萬國宗饗有所從來一朝埋藏事不允愜又按晉博士范宣欲別立廟宇方之瘞埋頗協情理然事無典故亦未足依今謹准量去祧之外猶有壇墠祈禱所及竊謂合宜今廟制與古不同共階別室西方為首若在西夾之中既取尊位祈禱則祭未絕祇享方諸舊儀情實可安弘農府君廟遠親殺詳據舊章禮合迭毀臣參議遷奉神主藏于夾室本情篤敬在理為弘詔從之

開元禮　凡遭喪廟有主者則取諸廟之主藏于祖廟卒哭而後主各歸其廟藏于祖廟象有凶事聚也

司馬氏書儀　以栗木為祠版自注云鄭康成以為卿大夫士無神主大夫束帛依神士結茅為菆

徐邈以為公羊大夫聞君之喪攝主而往重主道也埋重而立主大夫士有重亦宜主蔡謨以為今世有祠版乃禮之廟主也主亦有題今版亦名號亦是題主之意安昌公荀氏祠制神版皆正長尺一寸博四寸五分厚五寸八分大書某祖考某封之神座夫人某氏之神座書訖蠟油炙令入理括拭之今士大夫家亦有用祠版者而長及博厚不能盡如荀氏之制題云某官府君之神座某封邑夫人郡縣君某氏之神座續加封贈則先告以貼黃羅而改題無官則題處士府君之神座版下有趺韜之以囊藉之以褥府君夫人共為一匣今從之禮虞主用桑練主用栗祠版主道也故于虞亦用桑將小祥則更以栗木為之

二程全書木主必以栗何也曰周用栗土所産之木取其堅也今用栗從周制也若四方無栗亦不必用但取其木之堅者可也○庶母亦當為主但不可入廟子當祀于私室主之制度則一蓋有法象不可增損則不成矣

張子全書重主道也既葬然後為主未葬之時棺柩尚存未可為主故以重為主今人之喪既設魂帛又設重則是兩主道也○古人不為影像繪畫不真世遠則弃不免于褻慢也故不如用主古人

猶以主為蔵之于壙設之于位亦為褻慢故始死設為重鬲以為主道其形制甚陋止用葦篾為之又設于中庭則是敬鬼神而遠之之義重主道也士大夫得為重應當有主既埋重不可一日無主故設苴及其既作主即不用苴

蒲道源閒居叢稿有義起而因時制宜者如父在妻亡而有子而主祭者父也夫祭妻亦禮也題其主則如之何西軒王先生以宗子之法斷之俾題曰亡室某氏冢婦某氏神主祭則使其夫與子奉父祖之命而祭之

陳祥道禮書神主圖

虞主主制不一今從何休之說

何休公羊傳注曰主狀正方穿中央達四方天子長尺二寸諸侯長一尺

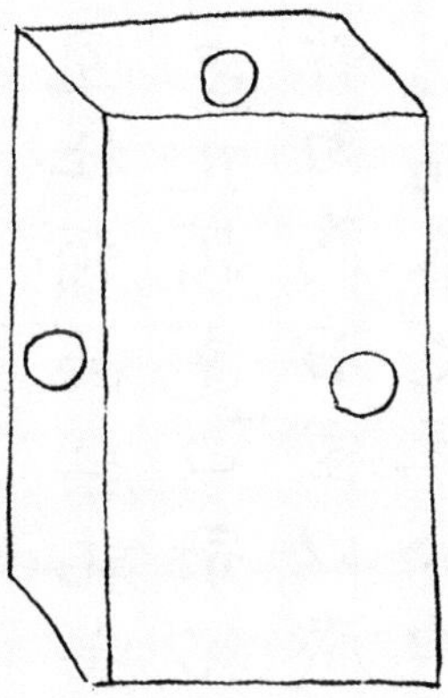

吉主練主用栗刻而諡之以辨昭穆

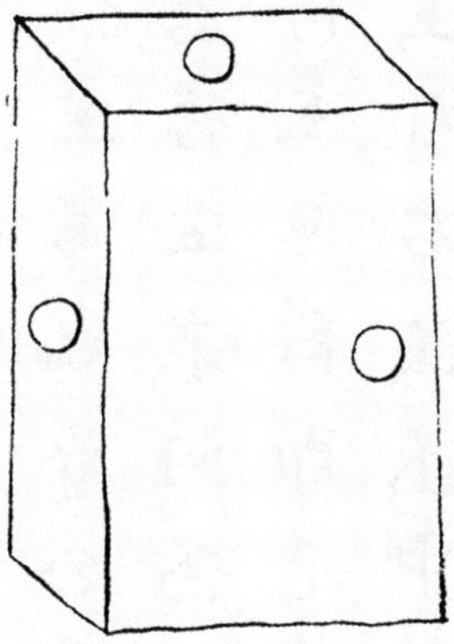

祏

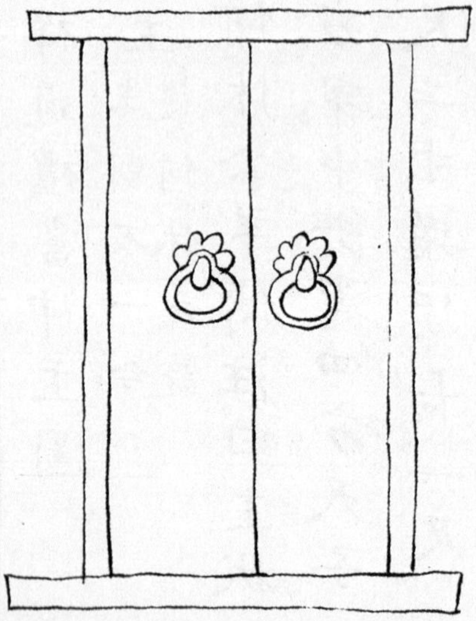

左傳曰典司宗祏又曰孔悝反祏於西圃杜預曰宗祏宗廟中藏主祏室孔穎達曰宗祏者於廟之北壁內為石室以藏木主有事則出而祭之既祭納於石室祏從示字神之也

匰

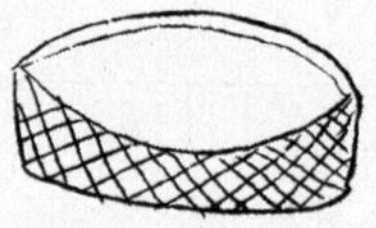

司巫祭祀共匰主說文曰宗廟盛主器也賈公彥曰以匰器盛主來向祭所太祝取得主匰器即退摯虞曰藏主有石函函中笥以盛主然則匰笥類也

陳祥道曰主之制不見于經何休曰主狀正方穿中央達四方天子長尺二寸諸侯長一尺桑主不文吉主皆刻而謚之衛次仲曰右主八寸左主七寸廣厚三寸右主父也左主母也漢舊儀后主長七寸圍九寸帝主長九寸其制雖不可考然正廟之主各藏其室西壁之中遷廟之主藏于太室北壁之中去地六尺一寸大戴禮五經異義江都集禮傳述皆然蓋有所授之也自東漢迄隋唐宗廟之制與古不同而遷主所藏或在西儲或在西夾室其正廟之主雖各藏廟室西壁之中而帝后別爲石函非禮意也按少牢饋食薦歲事于皇祖必以其妃配其氏故同几共牢一尸而俎豆不兩陳以其夫婦一體故也賀循亦謂后配尊于帝神主所居宜同故東晉明帝時一廟有函室者十皆帝后共一石室至恭帝時廟爲函室一十八而帝后異室此議者所以譏之也

家禮神主式

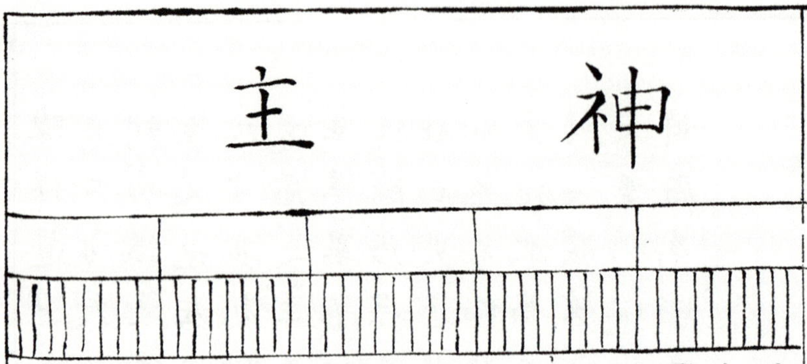

周尺比今鈔尺六寸四分弱。鈔尺者，其長準大明通行寶鈔也。今裁縫尺近之。〇右瓊山丘氏所定

伊川神主式説

作主用栗，取法於時日月辰。趺方四寸，象歲之四時。高尺有二寸，象十二月。身博三十分，象月之日。厚十二分，象日之辰。身趺皆厚一寸二分剡上五分爲圓首，寸之下勒前爲頷而判之，一居前，二居後。前四分後八分陷中以書爵姓名行，曰宋故某官某公諱某字某第幾神主陷中長六寸闊一寸合之植於趺。身趺上一尺二寸并趺高一尺八寸二分竅其旁以通中，如身厚三之一，謂圓徑四分居二分之上，謂在七寸二分之上粉塗其前以書屬稱屬謂

尺式

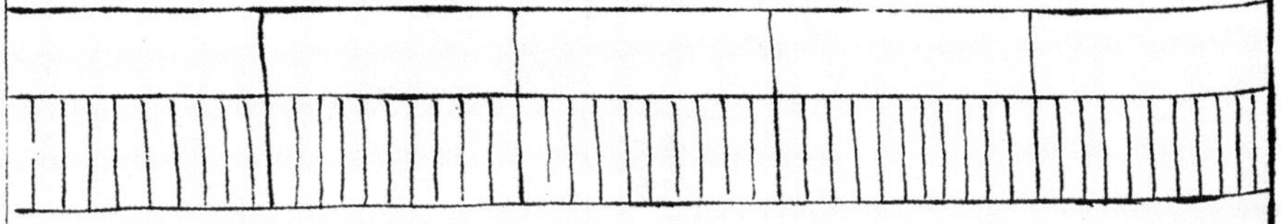

高曾祖考稱為官或號行號如處士秀才行如幾郎幾公旁題主祀之名曰孝子某奉祀加贈易世則筆滌而更之水以洒牆壁外改中不改

丘瓊山曰按家禮神主制度本伊川說而無尺式後人以潘時舉所得司馬家二尺式圖於卷首其一三司布帛尺一即周尺也近時書肆刻附註等書以板本短狹之故而所畫之尺亦隨之而短雖其旁書曰當今三司布帛尺七寸五分弱今世之人豈識三司尺為何等尺哉唯鄭霖所刻家禮今本在南監者橫書尺式最為得體但亦無所準則今以武林應氏圖及以貨泉錢較定周尺而準以今之鈔尺使作主者有所據依云朱子曰得二書為據是矣故凡南軒家所刻及建本吳門官本言學禮器圖本一切削去惟據周尺為則云

神主全式

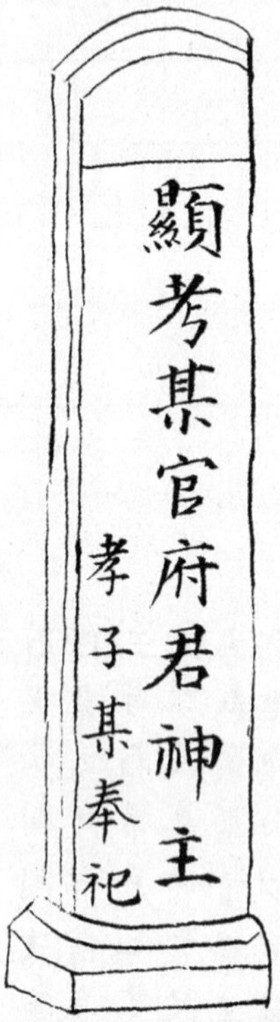

作主制度

身高一尺二寸闊三寸厚一寸二分首削去其上兩角各去五分俾其首作圓形頷從上量下寸橫勒其前人身深四分為頷判開其下分陷中于頷下本身上刻深四分闊一寸長六寸為陷中竅于本身兩側旁鑽兩圓孔徑四分以通陷中其孔離趺面七寸二分前面廣三寸安在頷下

神主分式

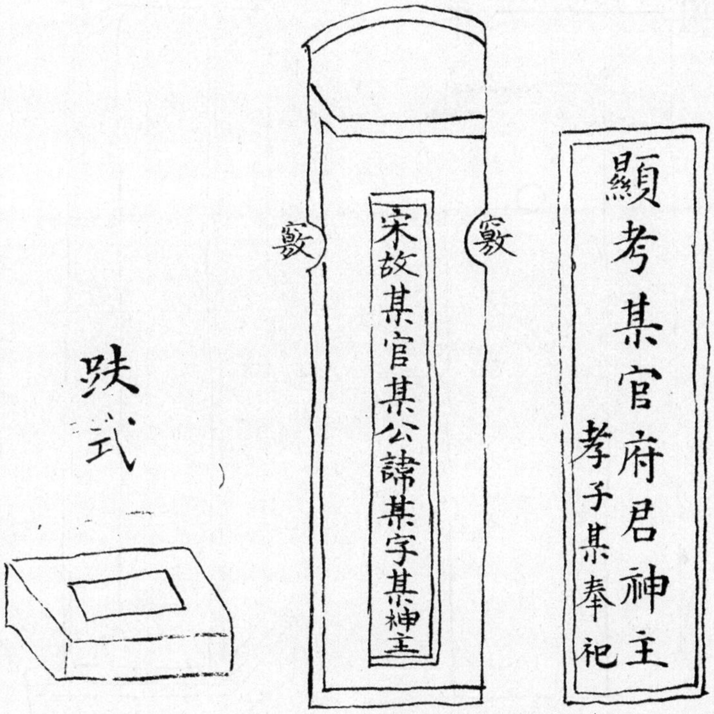

合式 前合於後身納於趺植立仍高一尺二寸。按既有伊川之説而又申之者文之以淺易之言使人易曉也

趺 方四寸厚一寸二分鑿之通底以受主身

座按蓋式

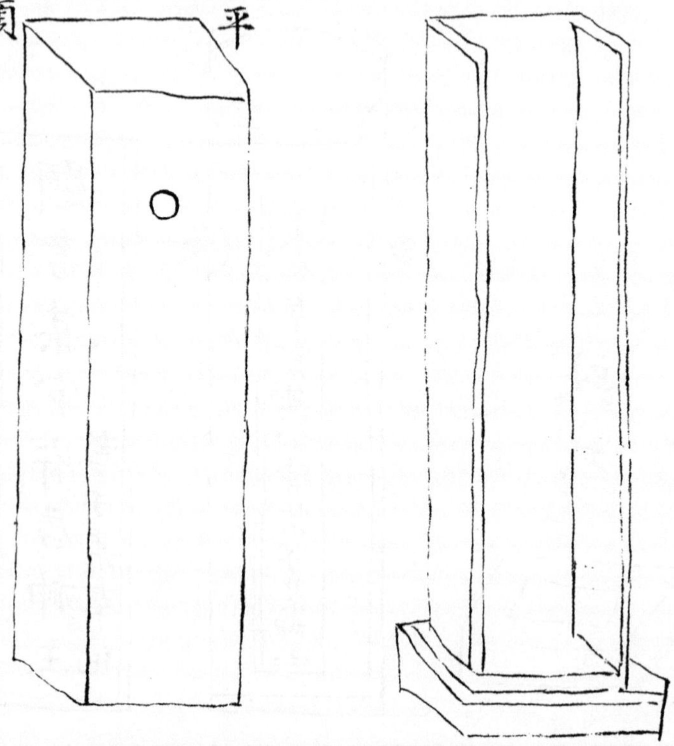

座蓋制度案座以薄板三片相合安於趺之兩旁及後面比主稍高面頂俱虛趺之四邊各寬於板少許令可蓋一蓋亦以薄板為之四片相合有頂可以罩趺上板惟前面留一圓竅俱飾以黑漆古以帛縫如斗帳齊主四方板為頂覦其主置於座中然後加蓋令人從簡便不復茲用

藏主櫝式

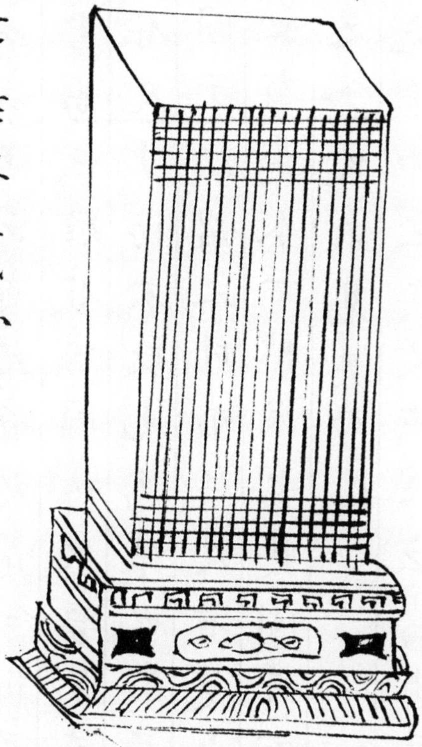

家禮儀節丘濬曰祠堂本章下止云為四龕每龕内置一卓子其上置櫝龕外各垂小簾無有韜藉之說其說蓋出溫公書儀朱子雖已不取然今人家往往遵之故仍列圖於前而此復為櫝式有力者如制為之亦無不可

已下俱摘寫

朱子語類問程先生主式與古今家祭禮所說長
短不同所謂古尺將今尺七寸五分弱不知當用
今何尺古今家祭儀中有古人樣較之今尺不止
七寸五分注云省尺省尺是今誰尺朱子荅曰適
于二書高低雖有不同然只要見式樣其高廣之
度自有尺寸初不取此為準也省尺乃是周尺溫
公有圖子所謂三司布帛尺者是也會稽司馬侍
郎家必有是本可轉求之其圖并有古尺數等此
舊有之今久不見矣○
問程先生神主式尺法注云當省尺七寸五分弱
覺大短狹舜弢云程沙隨尺與今尺相近曾問先
生以為極當尺法已失不若以人身為度而鄭氏
注苴絰太搤云中人之扼圍九寸以今人之手約

之則沙隨之法深合古制未審先生當時取沙隨尺法何意纔約沙隨尺比古尺止得六寸許朱子荅曰尺樣温公有圖後人刻之于石其說甚詳程沙隨之說據之○

又江都集禮晋安昌公荀氏祠制云祭版皆正長一尺二寸博四寸五分厚五分八分大書云云今按它所引或作厚五寸八分通典開元禮皆然詳此八分字連下大書為文故徐潤之又按不必八分楷書亦可必是荀氏全書本有此文其作五寸者後人誤也若博四寸五分而厚五寸八分則側面濶于正面決無此禮當以集禮為正○

又問主式祠版朱子荅曰伊川主式雖云殺諸侯之制然未見諸侯之制如何若以為疑則用牌子

可也安昌公荀氏是晉荀勗非孫氏也但諸書所載厚薄之制有誤字耳士大夫而云幾郎幾公或是上世無官者也

朱子荅影堂祠版之問云古禮廟無二主欲祖考之精神萃聚焉故不可以有二今有祠版又有影是二主矣古人宗子承家主祭仕不出鄉故廟無虛主而祭必于廟惟越在他國則以庶子居者代之祝曰孝子某使介子某執其常事然猶不敢入廟特望墓為壇以祭其尊祖敬宗之嚴如此今世主祭者遊宦立朝非古人越在他國之比則當以其田祿脩其薦享不得同于去國而使支子代之也泥古則闊于事情徇俗則無復品節酌適古今之宜則宗子所在奉二主以從之上不失萃聚

祖考精神之義下使宗子得以田禄荐享祖宗宜亦歆之所謂先王未之有可以義起者也但支子自主之祭則當留以奉祀不得隨宗子而徙也所喻留影于家奉祠版而行恐精神分散非鬼神所安而支子私祭上及高曾又非所以嚴大宗之旨也○

又朱子曰士人神主但依伊川説而勿陷中及二片○

又問重朱子荅云三禮圖有畫象可攷温公之説亦合時宜不必過泥古禮也○

又問子所生母死題主當何稱祭于何所祔祭于何所朱子荅云今法五服年月篇母字下注云謂生已者但謂之母若避嫡母則止稱亡母不稱妣

也○

又竇文卿問夫在妻之神主宜書何人奉祀若用夫則題嫡某氏神主旁注夫某祀否朱子曰旁注施于尊者其他不必○

問亡妻神主可題其子之名奉祀否朱子荅曰不題奉祀者之名為得○

又朱子曰妻喪者木主要作妻名不可作母名若是子婦須作子婦名翁主之卒哭即祔更立木主于靈座朝夕奠就之三年除之○

又伊川制士庶不用主只用牌子看來牌子當如主制只不消做四片相合及竅其旁以通中○

又堯卿問士牌子式曰晉人制長一尺二寸博四寸五分亦太大不如只依程主外式然其題則不

小字

能如陷中之多矣○

又直卿問神主牌先生夜來說荀勗禮未終曰温公所製牌闊四寸厚五寸八分錯了據隋煬帝所編禮書有一篇荀勗禮乃是之闊四寸厚五寸八分大書某人神座不然只小楷書亦得後人相承誤了却作五寸八分為一句○

又無爵曰府君夫人漢人碑已有只是尊神之辞府君如官府之君或謂之明府今人亦謂父為家府君●

何基荅莊行之問主式若主式古無傳只安昌公荀氏始有祠版而温公因之然字已舛訛分寸不中度難于遽從程子始創為定式有所法象已極精確然陷中亦不言定寸至高氏儀始言闊一寸

長六寸朱文公又云當深四方若匕皆官號字多則不必拘六寸之制溫公儀韜以囊考紫妣緋者亦是以意裁之見小祥篇者所謂府君夫人則自漢以來為尊神之通稱文公說漢人碑已如此云

金史貞祐四年禮官言遷廟事主用栗依唐制皇統九年所定也祏室旁及上下皆石門東向以木為闔縣以朱室中有褥奠主訖帝主居左覆以黃羅帕后主居右覆以紅羅帕藉扆以紙木為筐兩足如立屏狀覆以紅羅三幅繡金斧五十四裹以紅絹覆于屏上其半無文者垂于其後置北牖下南向前設几筵以坐神主五席各長五尺五寸闊二尺五寸莞筵粉純以藺為席緣以紅羅以白繡蕙文及雲氣之狀復以紅絹裹之每位二繅席畫純以五色絨織青蒲為

之緣以紅羅畫藻文及雲氣狀亦以紅絹褁之每位二在筦上次席黼純以輕筠為之亦曰桃枝席緣以紅綃繡黻色斧褁以紅綃每位二在繅席上虎席二大者長同惟濶增一尺以虎皮為褥有縕以紅羅繡金色斧緣之又有小虎皮褥制同三席時暄則用桃枝次席時寒則去桃枝加虎皮褥夏秋享則用桃枝次席二冬則去桃枝加小虎皮槈于繅席上臘冬則又添大虎皮褥二于繅上遷小虎皮褥二在大褥之上曲几三足直几二足各長尺五寸以丹漆之帝主前設曲几后設直几

元史神主之制至元二年始命太保劉秉中攷古制為之高一尺二寸上頂圜徑二寸八分四廂合剡一寸一分上下四方穿中央通孔徑九分以光漆題尊

謚于背上匱趺底蓋俱方底自下而上蓋從上而下底齊趺方一尺厚三寸皆準元祐古尺圖主及匱趺皆用栗木匱趺並用玄漆設祏室以安奉帝主用曲几黄羅帕覆之后主用直几紅羅帕覆之祏室每室紅錦厚褥一紫錦薄褥一黄羅複帳一龜背紅簾一緣以黄羅帶飾六年十二月十八日國師奉旨造木質金表牌位十有六亦號神主設大榻金椅位置祏室前帝位于右后位于左題號其面籠以銷金絳紗其制如櫝

至元十二年檢討張謙呈昔者因脩太廟奉遷金牌位于饌幕殿設以金椅其栗主却與舊主牌位各貯箱内安置金椅下禮有非宜今擬合以金牌位遷于八室内其祏室栗主宜用綵輿遷納舊主并牌位安

置于箱為宜

大明會典神主式

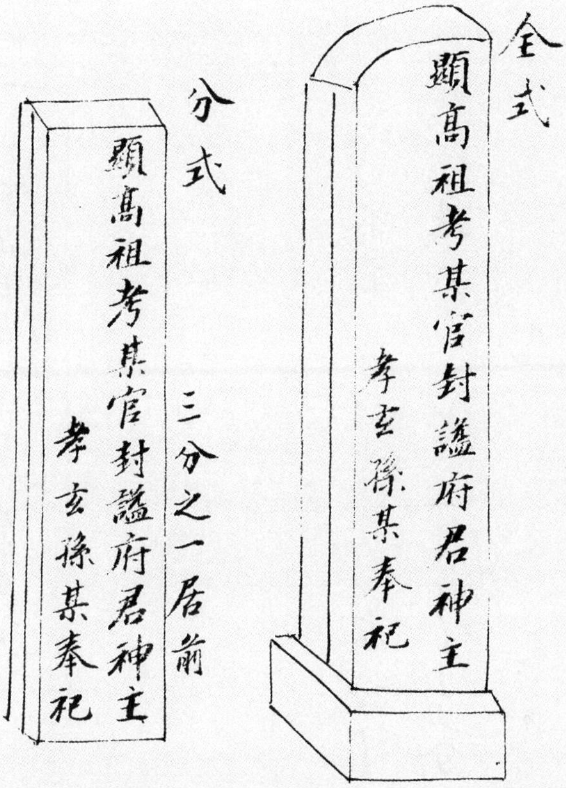

禮經及家禮舊本于高祖考上皆用皇字今止用顯字

作主用栗取法于時日月辰趺方四寸象歲之四時高尺有二寸象十二月身博三十分象月之日厚十二分象日之辰（身趺皆厚一十二分）剡上五分為圓首寸之下勒前為額而判之一居前二居後（前四分後八分）陷中以書爵姓名行（書曰故某官某公諱某字某第幾神主陷中長大寸闊一寸）合之植於趺（身出趺上一尺八分并趺高一尺一）

陷額三分之二居後

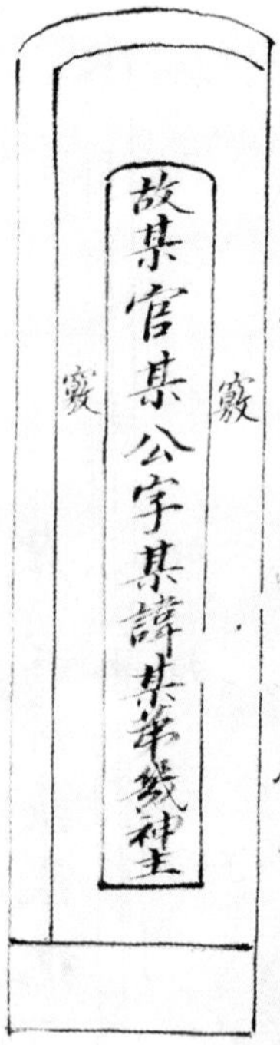

木主趺式

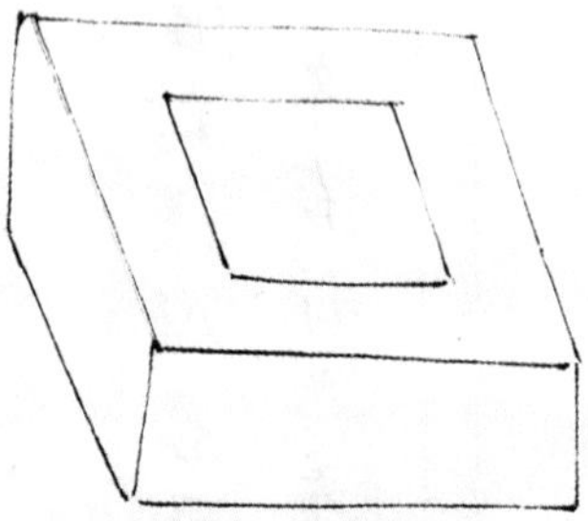

方四寸
厚寸二分

寸竅其旁以通中如身厚三之一謂圓徑四分居二分之上謂在七寸一分之上粉塗其前以書屬稱屬謂高曽祖考稱謂官或號行如處士秀才幾郎幾公旁題主祀之名曰孝子某奉祀加賜易世則筆滌而更之水以洒廟墻外改中不改

櫝韜藉式

面頂俱虛

座式

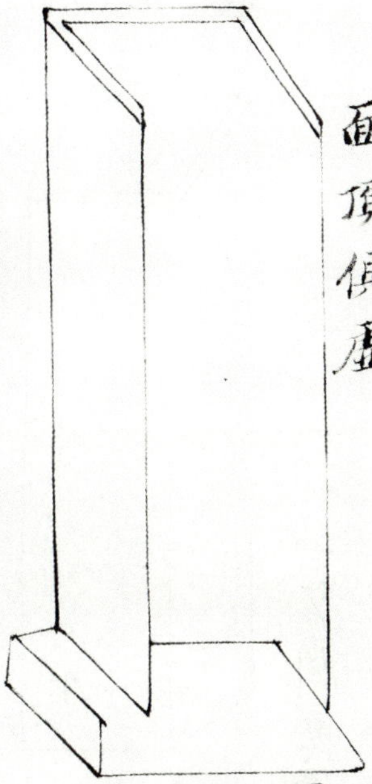

底盖古尺當宋省尺五寸五分濶厚弱周尺當宋省尺七寸五出令分弱宋省尺當周尺一尺受蓋三寸四分神主用周尺

平頂四向直下正濶旁挾

蓋式

蓋座亦以黑漆飾之

韜全式

式如斗帳合縫居後之中稍留其末須用薄板自上下韜之與圭身齊

韜縫式

藉

方濶與櫝内同疊布加厚裹之以帛考紫妣緋囊亦如之

櫝式

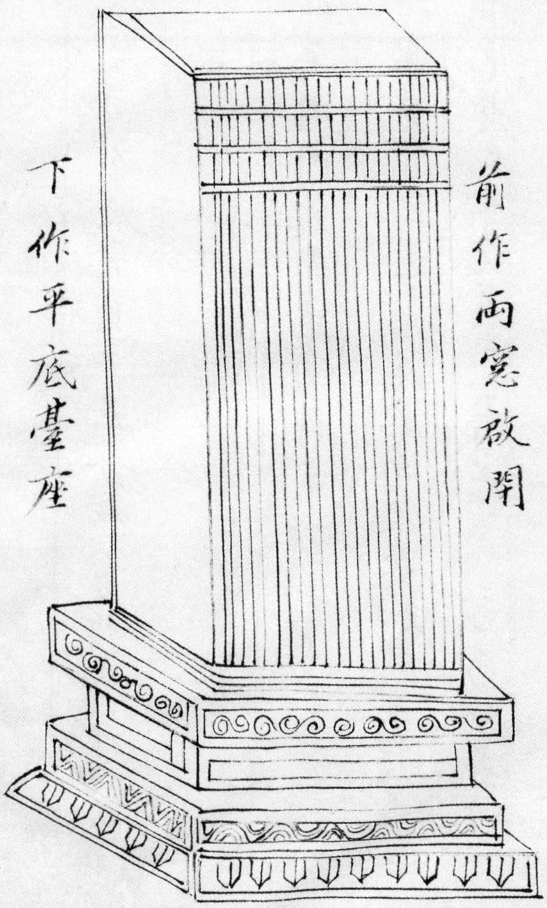

尺式

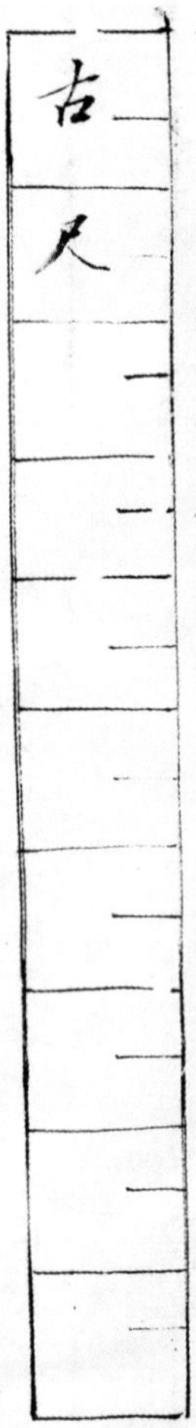

當宋省尺五寸五分弱

當三司布尺帛七寸五分弱當浙尺八寸四分

神主用周尺亦見南軒家所刻尺

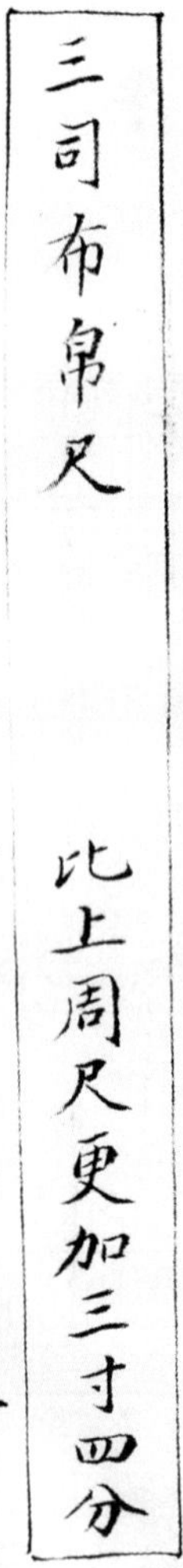

比上周尺更加三寸四分

即是省尺又名京尺當周尺一尺三寸四分當浙尺一尺一寸三分

右司馬公家石刻本

張孚敬議尊謚禮儀内一條云粉主用水不用油者夫神主至重貴質一成而不可易故水無他飾用水粉亦庶可代遷時刷洗改題稱號及旁注如用油便應用刮削非所以示安重也與神位不同若神位可裝飾也

〔呂坤四禮疑〕府君孺人爵也生爲庶人死而爵之可乎誣也僭也孝子不誣親聖人不誨僭○家禮有家之禮非家〻之禮也生有爵死而稱于廟不没其實也爵不一等舉府君孺人例其餘耳庶人止宜稱顯考某字行幾顯妣某氏行幾神主爲是何必竊名器以自重哉又按伊川製主式士庶不用盖知府君孺人非士庶之通稱矣○

〔又主無式〕〻自程氏取義亦精而尺辨古今用禁士庶攣矣夫儒者之見也○主之式題考妣姓字以依神俾子孫祭之爲如在耳庶人之家久則木牌暫則紙位但存尊祖敬宗之心不必拘泥韜藉之說至于偶無柏栗凡貴重之木皆可用但太高大則近于僭耳伊川主式偶未之思備考有尊爵崇銜勢難摘取者隔中字數有定何以書之即用三司布帛尺隔中分寸稍長似亦無害或曰四龕之主高下須同曰通用三司尺可也近曰市井布尺長以三掌裁縫與段行尺則今之最小者然視周尺亦差大制非周制人非周人何以周尺之拘哉用今之裁縫尺可也坤送仁壽太后之喪見其主亦用周尺高下視家禮國初議禮之臣可謂泥古之過矣天子有十六字廟號及宗銜不减二十餘字豈可與臣庶同乎○

又旁題嫡長奉祀天子諸侯之禮也士大夫之家衆子孫不名祖考之心與右名而稱與祀○父母有衆子而旁題止云孝子某人奉祀書嫡長明主祭之有人也衆子或三或五不得書名于人情亦不近不若左書孝子某人或孝孫某人奉祀右書介子某〻〻與祀若衆孫隔世書則不必書矣盖諸侯不得祖天子大夫不得祖諸侯故不名于廟士庶人何嫌之有○

又宗子仕以主行必無庶也則可有庶則與其行也寧攝庶子雖不承宗然稱宗子以祭亦祖考之所不吐也跪驅千萬里置主于篋笥可乎況後世仕非久任而器具難全執事雖備或官不尊而案盛無具署不廣而居處無餘不幾于褻神乎如遊宦只奉小影堂一軸情盡而禮不褻甚爲簡便宗子更宜如此○

又庶子不與不主不攝不位是無祖考也而可乎○禮謂庶子與祭而不主祭此兄弟同在之時也若宗子他出而庶子不得與祭又不敢主祭又不得攝祭或主隨宗子以行又不得爲位則是庶子無尊祖敬宗之分非祖生父育之身非教人以孝矣故宗子不在則攝行神主不在則爲位此必不可廢者不知宗子仕而父母不從即有庶子必不當養于家乎泥禮至此非聖人意也○

又制祠堂之主尚右點主非禮也禮有題而無點今也題主既主字上空一點請貴賓以硃點之云以生者接死者之氣謬矣婦人之氣以他人之丈夫接之尤謬矣宜從禮子弟善書書之不善書用善書者

萬斯大與張仲嘉論齊家寶要書題主條云古人必葬而後題今世俗大都臨舉殯時題于家隨俗亦可按古人始死有重既葬而虞乃埋重作主卒哭之明日以主祔廟後世葬日作主于墓義實較勝蓋尸柩入土孝子皇皇若失于此立主則神即有所依而子亦即有所奉所謂不忍一日未有所歸之意尤切于此也家禮著之通俗行之獨杭俗舉殯前題主于家夫柩猶在堂且有魂帛有像而更立主則神益無專依矣又柩行時主與像帛俱往中途則子奉主以歸安主而更至墓此何禮乎愚意此條宜改世字爲杭而去大都二字隨俗亦可四字易殊爲非禮可也

馮善家禮集說或問今人以坐蓋爲韜櫝而罕用前啟兩窓之櫝間有用者則不復用坐蓋又夫婦共爲一匣之制則爲匾濶坐蓋以受二主其式見下

圖而又雜施考紫妣緋之韜令當如何曰意古者置主于座乃用帛韜〻之然後加蓋後置于櫝後人從簡不復兩用乃呼座蓋為韜櫝沿襲用之故家禮籍下注云方潤與櫝內同及櫝用黑漆且容一主則至今遂一向呼坐蓋為韜櫝而不復依古制兩用矣以禮揆之則合依前式兩用者為是若欲從簡則依下圖合式止為廣潤坐蓋夫婦共為一匣則韜帛亦何嫌于一色哉蓋前代重紫輕緋故有此分然吾以祖宗均視考妣又豈必規〻以分重輕于事為之末哉且玄黃紫色國朝制度不可僭用韜用紅羅當遵從之且朱子論作主周尺長短云主之大小然非有聲律高下之差得一書為據足矣愚以韜櫝亦然不必過論也〇或問無官者則書處士秀才而下復可書府君否曰按祠堂章有事則告條下注云有官者皆書封謚無官者則以生時行第稱號加于府君之上是則庶民皆可稱其先為府君也又問令人又于神主陷中兩旁增書生于何年月日卒于何年月日享年幾歲葬某處如何曰亦自詳備宜從之也

姚翼家規通俗編按朱肉菴題無官神主稱處士鄭介菴作無封婦人誌稱碩人處士非褒先徐稱之流本不易稱但含此無以順孝子之心碩人既可稱于誌則主亦可稱也故皆從之〇按黃騂蓬窗類記曰令無官者稱府君蓋襲古式而不知本朝有禁然禁無可考而嘗于載籍中見甚甘泉先生告祖文稱曾祖處士府君此公非不知禮不致典故者丘文莊公乃本朝達禮之士其輯家礼亦稱處士府君恐蓬窗類紀所言訛也詩楚茨先祖是皇朱注皇大也君也而慶源輔氏曰君即是府君之謂則府君乃人子尊祖考之辭非以爵稱也明矣卑幼于主人者則不可槩稱耳

聾人鳳曰祔主奉祀止宜長子署名如長子不在則列長孫三代尊稱題銜俱當改題所以重宗法也故長孫長曾孫皆有承重之服所以承重者乃承宗祀耳今見世俗神主概列衆子之名殊為非禮識尊祖敬宗之義者所當改正

乾學按古人於祖考及妣之上皆加一皇字逮元大德朝始詔改皇為顯以士庶不得稱皇也不知皇之取義美也大也初非取君字之義而當時乃以此為嫌何也其在于今則相沿既久自不必復用皇字矣

王巖主主議自先妣見棄諸凡喪儀巖酌古裁今期于至當至主主一節尤喪祭之大者巖蓋有所致謹也檀弓曰重主道也注曰始死立重以依神士重木三尺重非主而有主之道周人虞而作主徹重埋之家禮既葬題主三虞卒哭乃以主祔溫公改重為魂帛朱子謂適時之宜夫立重之意蓋恐神無所依又不敢遽立主者竊意初死尚以人道事之而主則神道矣故不忍之死而致死也今扶柩南歸道途數百里葬畢而返往後旬餘而必待既葬三虞則發引以後虞祭以前靈座久虛吾母朝夕神遊堂戶庭階無不之也而無所棲止不可也溫公之為魂帛也既以代重亦以象主也其既葬主歸魂帛在後初虞埋之此家禮也今既立主主立則魂帛不必復留而周主重徹如必待既虞然後埋之不可也近世俗禮將葬則豫題其主而虛主字之一點柩車既出乃于大門之外加此一點謂之點主倉卒之際苟且率略無復謹重父母之意不可也世俗之礼其主主也必延有爵位者以為重又以其尊貴不可煩也乃預題其主獨留一點以待之夫神之依于主也豈貴者為之則依非貴則不依也且彼貴人者其人品果何如耶其君子也誠足為吾母重非以其貴也其小人也則齒纖鄙瑣之氣吾母所惡而吐之況神之所依豈專因乎一點今乃以尊嚴貴人之故遷就苟且以畢事于一點重勢

萬斯大

利而輕忽其親不可也艾千子之治喪其主主亦不待既葬矣然主于始死而不設魂帛夫魂帛與主皆象死者而有異焉始死設魂帛不遷以鬼事之不忍之死而致死也是亦始死立重葬乃爲主之遺意也千子廢魂帛而立主始死則是之死而致死之不可也此皆巖所致謹不敢忽者謹于發引前一日爲母立主柩行即奉主登于靈座不待既葬立主則魂帛即埋潔處不必既虞則巖扶柩以行而吾母安居靈座出入神遊自如而家礼題主但用善書之人故巖不援卿貴倚倉卒門外之一點以見古礼之可通變世俗之禮之不可從如巖所酌庶無戾于古可行于今將爲文以告先妣因爲議如此以待議礼之君子

朱董祥曰或問神主用栗禮乎曰栗堅耐久火不易然古曰爐口大門皆用之用之而宜是可以爲禮也謂周人以栗未敢爲信也又問神主之長短厚薄家礼有定式其尺何從曰當從古尺先王制度近取諸身布手知尺布肘知尋三代以八尺爲步秦以六尺四寸爲步秦非減短其步乃增長其尺也今之匠尺秦尺也自漢　秦制至今用之古尺比秦尺爲短大指中指一圍是爲一尺右手左手一拓共八圍是爲一尋與身長短亦同故曰布手知尺布肘知尋曰今民間所用之尺校匠尺尤大何代之制曰此唐初租庸調時官府收民間布帛所用以其爲布帛而設故惟裁衣者用之民間亦帛以量布帛嗚呼今之神主其要不在尺寸用木而已始死不復則魂散既斂不立重則魂無所憑而亦散主不統於一而支庶分立則主不成主魂無專依則終散死題主者不以親不以賢以素不相知之人而爲漢不相關之事而又不明主之用題者何義自其外遺其內起止正直皆違於礼如是而欲其通幽明使魂有所爲神鬼有所歸安於主與子孫相通歲時　其祭祀豈可得乎

神坐

三條俱低一字大

黄長睿東觀餘論近歲商於耕夫得漢世石刻數種有云圈公神坐綺里季神坐角里先生神坐又各有神祚机皆漢人隸書三輔舊事云漢惠帝為四皓作碑於其所隱處此神坐及祚几豈亦當時所立耶

趙明誠金石録右四皓神位神胙几刻石四在惠帝陵傍驗其字畫蓋東漢時書按顔師古匡謬正俗引圈稱陳留風俗傳自序云圈公之後圈公為秦博士避地南山漢祖聘之不就惠太子即位以圈公為司徒自圈公至稱十一世按班固述四皓但有園公非圈公也云當秦之時避地入商洛深山則不為博士明矣又漢初不置司徒安得以圈公為之乎稱之説實為鄙野余嘗疑稱著書自述其世系不應妄誕如此及得四皓刻石見其所書亦為圈公乃知稱所述

果非臆說蓋當時所傳如此耳至謂園公爲秦博士及惠帝時拜司徒者疑無所據

洪适隸釋右四老神坐神祚機凡四楊子雲法言曰美行園公綺里季夏黄公角里先生班孟堅敘迥古逸民與楊子同陳留志云園公姓庾字宣明常居園中因以爲號夏黄公姓崔名廣隱居夏里號曰黄公角里先生姓周名術或曰霸上先生皇甫謐之徒說又相戾故顔師古注漢書悉棄不取陶淵明詩有黄綺之南山杜子美詩有黄綺終辭漢之句似亦以夏爲地名也惟園稱陳留耆舊傳自序云園公爲秦博士避地南山惠太子以爲司徒至稱十一世此刻有園公神坐及神祚机則園公蓋有所據也此四人者神坐及胙几當各有之今綺季角里尚缺其一而黄

公者未見傳者云數十年前啇于農人耕地得此

神像

司馬氏書儀世俗皆畫影置于魂帛之後男子生時有畫像用之猶無所謂至于婦人生時深居閨闥出則乘輜軿擁蔽其面既死豈可使畫士直入深室揭掩面之帛執筆望相畫其容貌此殊為非禮勿可用也

二程全書今人以影祭或畫工所傳一髭髮不當則所祭已是別人大不便

元史耶律希亮性至孝困厄遐方家貲散亡已畫僊藏祖考畫像四時就穹廬陳列致奠盡誠敬朔漠之人咸相聚來觀嘆曰此中土之禮也

林俊集方棠陵先世遺像跋墓以藏魄廟以栖神主以象之偽矣繪形以自志豐衰之候孝子順孫因之有感程子之論太嚴恐像設之二氏以主教也先世遺容士大夫多尚之予亦尚之方思道豪亦尚之亦有事奉木主以行以像代主者便禮有義起故書

劉世節危峯漫記祭祀用尸其義精深尸不能行也而易以木主〻不能行也而易之畫像二者猶有用尸之義至宋儒謂影像與祖考無干專用木主不知數寸之木與祖何相干也古人木主之設蓋以祭祀用尸皆使子弟爲之高曾祖考無以分別故用主以識之今不用尸而獨用主正如今之鄉飲主賓介僎之帖獨有帖而無人也

蔡英東郭贊言古人祠堂或祀木主或祀小影程伊川朱晦菴以主司馬溫公呂東萊以影蓋主者神之栖也影者神之像也我朝劉文安公不用主不用影止用一軸太書三代考妣之靈此又是一見也

呂坤四禮疑影堂繼祀也此無聲之親也旦暮瞻依死而遐睇長望終古不復見焉孝子無奈思何也故像之繪壁偶閒行道偶見形容彷彿乎吾親也猶傷心隕涕焉真耶幻耶夢耶瞑而在目耶恍然失矣像之不猶似乎視主不猶親乎孔子曰祭如在商頌曰綏我思成欲見也程伊川不取影堂曰若多一莖鬚便是別人不知木主何以似吾親耶伊川高祖少師有影帳旁畫二婢曰鳳子曰宜子叔祖七郎中有影帳旁畫二婢曰楚雲曰賽奴夫畫以侍見褻矣然程氏先祖固有影堂古有鑄金刻木琢石塑土以像親者皆出于思慕之極無聊不得已之情亦何病于礼乎孝子慈孫于木主影帳兩存之可也不必于有不必于無亦可也

萬斯大與張仲嘉書古礼有畫像之事而後世亦有之溫公以其非古故于書儀止載魂帛依神而朱子不改其則謂繪畫之事自古而有如書言日月星辰山龍華虫作會左傳言遠方圖物知虞夏時有繪物者矣書言乃審厥象以形求說知商時有繪人者矣特當時無有子孫繪其祖父者故聖人不著于經後世圖功臣圖賢哲往〻見于記載而謂子孫獨不可繪其祖父此不近人情之論也且古礼不有尸乎以孫像祖事死如生古人自有深心然

行之令日未亦不視同見戲者曷若傳神楮墨子孫歲時瞻拜思其居處思其笑語思其所樂思其所嗜實有洋洋如在者乎故尸必不可有于今日像不妨有于今日如謂神像之名非古則古人于尸業稱之為神像矣如謂肖形為不經則傳已稱惟肖而魂帛之肖形為褻矣今天下士大夫與之諱形為不經則傳已稱惟肖而魂帛之肖形為褻矣今天下士大夫與之諱

禮兒曰像不可增一至其親不忍言之際斷斷乎無或有一人焉能違俗而不繪者是避其名而為其實也噫亦思像果何害于禮而必欲避其名乎嘗讀潛溪九賢圖贊周程張朱及堯夫君實伯恭欽夫皆在焉其須眉面目各各生氣如見此非得之其家傳又何從而肖之耶然則溫公朱子之書子孫已不能悉遵之矣其于此敢為一言曰人情之所不能免者聖人不禁其在斯乎今之人有能確守礼文親死而不繪像者縱不敢議其為非吾終欲去魂帛之號而復為重改結帛而從束帛苟其不能直書廢魂帛而不置蓋始死有柩有像即古人主重之意更有魂帛則為三矣神無常依蓋非礼意狂簪之論不敢自隱敬以質之先生

乾學按神像之設或以為可或以為不可然則宜何從愚以為當揆之于人情而已度今之世無有不用像者衆皆用之而吾獨矯情焉于我心獨慊乎否也況圖形之說其來舊矣文翁之講堂為土偶以像聖賢人不以為非也土偶猶可而繪畫獨不

可乎先聖賢猶可而吾先人獨不可乎人子當親歿之後亡矣喪矣不可復見已矣歲時享祀一展視而儀容如在若親其笑語焉若聆其欬唾焉悽悵悲懷之意益于是而深雖歲月已久而吾親固猶然在目也是亦見似目瞿之義也謂非人子之至情哉奈何其欲去之也愚故曰當揆之于人情而已

讀禮通考卷五十七

喪儀節二十

老疾居喪

曲禮居喪之禮頭有創則沐身有瘍則浴有疾則飲酒食肉疾止復初不勝喪乃比於不慈不孝注勝任也○疏不勝喪謂疾不食酒肉創瘍不沐浴毀而滅性者也不留身繼世是不慈也滅性是違親生時之意是不孝也比滅性本心實非為不慈不孝故言比也

呂大臨曰居喪非虞祔練祥无沐浴然頭有創身有瘍必為之沐浴者有疾不可以致毀也有疾則飲酒食肉者毀不可滅性也不勝喪而死雖志在慕親而至於滅性絶後徇輕忘重謂之不孝可也汎言居喪而不獨父母此所以兼言不慈也

朱子曰下不足以傳後故比于不慈上不足以奉先故比于不孝

吴澄曰不勝喪謂哀過不能堪將至于羸憊甚則至于滅性也此本是慈孝其親而然々毀而不能存其父母所生之身雖曰慈孝而與不慈不孝者一也蓋居喪固當致其哀然毀瘠不可形見于外視聽不可衰損于前平時不沐浴不酒肉若有創有瘍有疾則亦許其沐浴與酒肉俟疾既止乃復其舊

然此皆年五十以下強仕者所行若五十以上氣血漸衰則雖死疾與瘧瘍其哀毀視強壯亦當減殺故曰不致毀

雜記孔子曰身有瘍則浴首有創則沐病則飲酒食肉毀瘠為病君子弗為也毀而死君子謂之無子注毀而死是不重親

檀弓曾子曰喪有疾食肉飲酒必有草木之滋焉注增以香味為其疾不嗜食以為姜桂之謂也注為記者正曾子所云草木滋者謂姜桂○疏下云姜桂之謂是解上草木之滋故以為記者正曾子之言

方慤曰姜者草之滋桂者木之滋酒肉之外又有草木之滋者亦慮其不勝喪而已

歠主人主婦室老為其病也君命食之也注尊者奪人易也歠歠粥也○疏歠者親喪三日後歠粥之時主人亡者之子主婦亡者之妻室老家之長相此三者歠粥病困故君命食疏飯也若非三者雖歠粥致疾病君不命食之以其賤故也其士之主人主婦君下命也喪大記主婦食疏食謂既殯之後此主婦歠者謂未殯前故問喪云鄰里為之糜粥以飲食之

陸佃曰據問喪云鄰里為之糜粥以飲食之此言君命食之謂大夫以上篤于爰鄰里或不能勉親喪三日之後君命以粥歠焉故鄭氏謂尊者奪人易

乾學按三日始食粥禮也若三日之內或

有哀毁致病者則君命以粥食之通其變也孔氏謂三日外食以疏飯則經何以言歠乎陸氏言三日外君命以粥歠則三日之外禮自應食粥何須重以君命乎即問喪言鄰里為糜粥以飲食之義亦仝此而孔氏謂為旁親恐未必然也蓋三日不食雖禮之正世多有不能三日而致病者故在大夫則君命食以歠在士庶人則鄰里食以糜實之至而亦先王之所許也何必拘于三日不食之說乎

曲禮五十不致毁六十不毁七十唯衰麻在身飲酒食肉處於内注所以養衰老人五十始衰也○疏致極也五十始衰居喪許有毁不得極羸瘦六十轉更衰甚都不許毁也

呂大臨曰养老之政自五十始血氣既衰养道所以不可闕居喪有不能任故爲之節也致毁之食饘粥也不毁之食疏食水飲也衣服居處哭泣之節

猝之不致毀則食：而不食粥矣不毀則亦不疏而有醯醬矣七十之制所變者衰麻之服餘无變也

喪大記五十不成喪七十唯衰麻在身注成猶備也所不能備謂不致毀不散送之屬也○疏致毀謂致極哀毀散送謂經帶垂散麻玉藻云五十不散送汻云謂送喪不散麻也

王制八十齊喪之事弗及也○七十致政唯衰麻為喪陳澔曰或有死喪之事唯備衰麻之服而已其他礼節皆在所不責也

內則八十齊衰之事弗及也凡自七十以上唯衰麻為喪

喪服四制禿者不髽傴者不袒跛者不踊老病不止酒肉疏髽者婦人之大紒重喪辮麻繞髮禿者无髮故不髽男子禿亦不免也袒者露膊傴者可憎故不露也跛人脚蹇故不跳躍老及病身已羸瘠又使備礼必致滅性故酒肉養之

問喪然則禿者不免傴者不袒跛者不踊非不悲也身有錮疾不可以備禮也方慤曰禿則頂无飾故不免：則頂露矣傴則形褻矣跛則足不正故不踊：則足劳矣

婦人居喪

問喪婦人不宜袒故發胷擊心爵踊殷殷田田如壞墻然悲哀痛疾之至也注爵踊足不絕地○疏爵踊似爵之跳其足不離于地如壞墻言將欲崩倒也

方慤曰爵踊猶莊子所謂爵躍如壞墻然言其不可枝梧

陸佃曰殷殷踊也田田懇惻也

女子哭泣悲哀擊胷傷心

喪服小記婦人為夫與長子稽顙其餘則否

陳祥道曰婦人移天於夫而傳重於長子故雖父母不稽顙所稽顙者夫與長子而已

坊記寡婦不夜哭

雜記婦人非三年之喪不踰封而弔

嫂不撫叔

喪大記婦人迎客送客不下堂下堂不哭注婦人所有事自堂及房非其事處而哭猶野哭也○疏婦人質故送迎敵者不下堂有君夫人弔則主婦下堂至庭稽顙而不哭也

婦人不居廬不寢苫喪父母既練而歸朞九月者既葬而歸注歸謂歸夫家也

〔檀弓〕帷殯非古也自敬姜之哭穆伯始也

穆伯之喪敬姜晝哭文伯之喪晝夜哭孔子曰知禮矣

方慤曰經曰寡婦不夜哭蓋遠嫌之道當然爾穆伯夫也故晝哭而不嫌于薄文伯子也故晝夜哭而不嫌于厚

文伯之喪敬姜據其牀而不哭曰昔者吾有斯子也吾以將為賢人也吾未嘗以就公室今及其死也朋友諸臣未有出涕者而內人皆行哭失聲斯子也必多曠於禮矣夫疏上云晝夜哭此不哭者謂暫時也家語云文伯歜卒其妻妾皆行哭失声敬姜戒之曰吾聞好外者士死之好內者女死之今吾子早夭吾惡其好內聞也二三婦共祭祀者无加服孔子聞之曰公父氏之婦知礼矣

〔章望之曹氏女傳〕曹氏者吾同郡尚書郎脩古之幼女也公天聖中累更御史持憲无阿回言事失職知閩之興化軍朞年而卒曹氏以室居未嫁父既沒其故僚卒吏民錢三十萬致之柩前曰以供窆葬之用夫人陳氏將受之女曰制家之用惟其家之酌初吾父入司朝廷出莅民政約於奉身廉於

臨人今其亡矣葬之豐儉請以吾家具之苟將受私遺焉惟他人忍之我弗忍也母因是請而使辭焉其故僚復謂之曰葬先公弗資是則亦聞命矣願以異日嫁公女爲可乎拒也女曰俾用於喪尚不敢取今欲備吾之嫁是使妾幸父喪而自醜也人之聞之謂如何哉吉凶有常礼男女有常位妾有大罰父没而喪存焉不以此時哀戚而遽謀嫁幣不亦亂常礼乎以室中而受門外之私賄不亦亂常位乎妾不才以先人之靈幸而卒有所歸則有妾之紡績之備何敢以是自誘哉願弗聞二三君子之命也遂不受夫婦人事勤儉恭謹則良矣會无賢者之責也此何特異也彼貪殘之夫好財瀆貨死則已爾悪復悔悟耶方朝廷發貪冒之禁防制執事之人如維絷之械繫之尚有濫狀相望于敗辱者爲不少矣卒帷死作焉有如曹氏専脩父志而不有所累孰謂曹氏也哉孟子曰聞伯夷之風者頑夫廉懦夫有立志曹氏近之矣雖然厚於義而薄於利者人之常行也詩書不聞而尚廉篤孝固賢矣其里人曾孝基渇斯說來告則未知其年與名

童子居喪

儀禮喪服傳童子何以不杖不能病也婦人何以不杖亦不能病也疏婦人亦謂童子婦人若成人〻婦人正杖喪大記云三日子夫人杖五日大夫世婦杖諸經皆有婦人杖又〻知成人〻婦人正杖也

問喪或問曰免者以何爲也注此本所爲施也曰不冠者之所服也禮曰童子不緦惟當室緦緦者其免也當室則免

而杖矣疏不冠者猶未冠也當室謂一八弟而主家者也童子不杖不杖者不免當室則杖而免〻冠之細別以次成人也緦者其免也言免乃有緦服也

玉藻童子不裘不帛不屨約無緦服聽事不麻無事則立主人之北南面見先生從人而入注皆為幼少不備礼也雖不服緦猶免深衣无麻往給事也裘帛溫傷北氣也約屨頭飾也○疏童子唯當室與族人為禮有恩相接之義故遂服本服之緦爾不當室則情不能至緦故不服也雖不緦猶著免深衣无經以往給事鄭注猶免者謂未成服而來也問喪云不當室不免者謂成服之後也主人喪主也此童子來聽使若有事則使之若无事時在旁謂在主人之北南面而立先生師也童子不能獨為礼若往則師則隨成人而入也

方慤曰不裘即不衣裘裳是也不帛即不帛襦袴是也不屨約未拘之以行戒也不服麻則以幼未能勝經故也

陸佃曰童子于有喪者之家當事則不麻為其幼也故謂之聽事而已少儀曰童子曰聽事

雜記童子哭不偯不踊不杖不菲不廬注童子未成人不能備礼也當室則杖○疏案問喪云童子當室則免而杖當室謂十五以上若世子生則杖故曾子問云子哀杖成子礼是也皇氏云童子當室則備此經中五事問喪之免而云杖舉重言也

喪大記子幼則以衰抱之人為之拜徐師曾曰幼子為主不能拜則衣之以衰使人

抱之而人代之拜

少儀　適有喪者曰比童子曰聽事徐師魯曰童子未成人則其辭云某願聽事于將命者不敢比于成人故但言來聽主人以事見使令也○喪俟事不犆弔徐師魯曰至于弔喪必待尊長朝夕哭時而往若非其時則不特弔亦恐煩動也

通典　漢戴德喪服變除曰童子當室謂十五至十九為父後持宗廟之重者其服深衣不裳其餘與成人同禮不為未成人制服者為用心不能一也其能服者亦不禁縗絰不以制度惟其所能勝○晉劉智釋疑曰嬰兒無知然於其父母之喪則以縗抱之其餘親八歲則制服矣七歲曰悼過此有罪則入于刑又致之于礼故在下殤之年為之制服按小功章昆弟之殤服昆弟之下殤是以下殤之年則行服也蜀譙周喪服圖童子不降成人小功親以上皆服本親之衰童子不杖不廬不絻不麻當室者絻麻十四以下不堪麻則不除整問為姑姊妹殤在大功下殤在小功為姊下

殤以下緦六七歲未成童子為父母不杖一[illegible]不菲至童猶尚不備今此何以越淂為姊殤服備大功小功之制乎十七八尚可恕六七歲兒誰能服此衰麻謝慈荅六七歲雖未為童其姊死故可著布深衣○宋庾蔚之謂馬融以童子為未成人鄭玄以為未成人之稱並不明下至幾歲戴德以童子當室十五至十九譙周云十四以下不堪麻則不記云十五成童舞象耳豈是經所云童子當室者耶按禮稱童子參差不一以事推之則大小可知矣愚謂常室與族人為禮若是八歲以上及礼之人以其當室故令與成人同昔謝慈以為未八歲者服其近屬布深衣或合禮意

通典 宗室童子為天子服制議 魏晉故事皇子廣陵王年十一孫為祖服周當為臣服從本親服皇弟吴王年十章郡王年七又當依廬服成人禮著何幘服應琳議按礼喪服諸侯為天子斬今廣陵王列土建

國古之諸侯宜從臣例又禮童子不居廬不杖不菲廣陵王未冠吳王章郡王畢幼不應居廬古但有冠無幘漢始制幘可如今服卷幘萬斯同曰禮所謂童子不偯云云者自指幼稚無知之人耳若十五以上亦既成人矣而謂不責以成人之禮乎儀禮喪服篇有爲姑姊下殤之文彼姊在下殤則其弟之年更少矣而猶有服爲可知所謂童子者必其十五以下而非指十五以上明矣乃戴氏拘三殤之說以十五至十九爲童子不亦謬乎曾子問篇世子初生即奉子以衰而喪大記亦言子幼則以衰抱之是則子之當服者在初生已服衰矣豈有年至十五以上猶服深衣而不服齊斬哉益知戴氏之說不足信矣

魏書孝文帝泰和十九年太師馮熙薨有數子尚幼議者以為童子之節事降成人謂為衰而不裳免而不經又無腰麻緦垂唯有絞帶時博士孫惠蔚上書言臣雖識謝古人然微涉傳記近取諸身遠取諸漕驗情以求理尋理以推制窮謂童子在幼之儀居喪之節冠杖之制有降成人衰麻之服略為不異以玉藻二簡微足明之曰童子之節錦紳并紐錦即大帶

既有佩觿之革又有錦紐之[illegible]此明童子雖幼已備
二帶以凶類吉則腰經存焉又曰童子無緦服鄭注
曰雖不服緦猶免深衣是許其有裳但不殊上下又
深衣之制長幼俱服童子爲服之緦猶免深衣況已
有服之斬而反無裳乎臣又聞先師舊說童子常服
類深衣衰裳所施理或取象但典無成言故未敢孤
斷又曰聽事則不麻則知不聽事麻矣故注曰無麻
往給事此明族人之喪童子有事貫經帶麻執事不
易故暫聽去之以便其使往則不麻不往則經如使
童子本自無麻禮腰首聽與不聽俱闕兩經唯舉無
麻足明不備豈得言聽事則不麻乎以此論之有經
明矣且童子不杖不廬之節理儉于責疑不裳不經
之制未覩其說又臣竊觧童子不衣裳之記是有聞

之言將謂童子時甫稚齡未就外傳出則不交族人內則事殊長者餕㫖父母之前往來慈乳之手故許其無衰以便易之若在志學之後前冠之初年居二九質並成人受道成均之學釋菜上庠之內將命孔氏之門執燭曾參之室而惟有掩身之衣有蔽下之衰臣愚未之安矣又女子未許嫁二十則笄觀祭祀納酒漿助奠廟堂之中視禮至敬之處其于婉容之服寧無其備以此推之則男女雖幼理應有衰但男女未冠禮謝三加女子未出衣殊狄褖無名之服禮文罕見童子雖不當室苟以成人之心則許其人報緦之絰輕猶有經斬重無麻是為與輕而奪重非礼之意此臣之所以深疑也又衰傍有衽以掩裳際如使無衰衽便徒設若復去衽[illegible]又不備設有齊斬之

故而使成童男女唯服無袒免衰去其冠經此必識禮之所不行亦以明矣若不行于己而立制于人是為違制以為法從制以誤人恕禮而行理將異此詔從其議

通典大唐元陵之制孫為祖齊衰周年臣為君斬衰三年今伏准遺詔皇帝服十三日小祥二十五日大祥二十七日釋服臣下並從釋服皇孫既是齊衰周年服禮有嫡子無嫡孫其服並合從皇帝十三日小祥二十五日大祥二十七日釋服釋服後以慘公服至山陵時却服初齊衰服事畢即吉服

乾學按喪大記言子幼則以衰抱之人為之非則知童子能勝衣者未有不服衰者矣王藻言童子無緦服則知小功以至斬

衰童子皆有服矣乃戴德釋童子當室謂自十五至十九天下豈有十五以上之人而尚名之爲童子哉又豈有十五以上之人而不服親戚之喪者哉然則童子以何時爲限劉智八歲之説最爲確當蓋八歲以上之殤成人皆爲之制服則成人之喪彼豈得不爲之制服特不責以備礼斯已耳寧可拘于三殤之年數而謂在長殤之年者亦不責以居喪之禮乎蓋自八歲以至十五斯爲童子之限其異于成人者𠃊不踊不杖不菲不廬而其他居喪之節固無不同也不然天下固有幼而執禮之人可槩視爲無所知哉而不教之以禮哉

三殤喪禮

檀弓周人以殷人之棺椁葬長殤以夏后氏之堲周葬中殤下殤以有虞氏之瓦棺葬無服之殤又見棺椁篇

君之適長殤車三乘公之庶長殤車一乘大夫之適長殤車一乘陳澔曰十六至十九爲長殤葬此殤時柩朝祖畢將行設遣奠以奠之牲体分析包裹用此車載之以遣送死者故名遣車〻〻制甚小以置之椁中四隅不容大爲之也礼中殤從上君適長三乘則中亦三乘下則一乘也公庶長一乘則中亦一乘下則无也大夫適長一乘則中亦一乘下殤及庶殤並无也

曾子問曾子問曰下殤土周葬于園遂輿機而往塗邇故也注土周堲周也周人以夏后氏之堲周葬下殤於園中以其去成人遠不就墓也機輿尸之牀也以繩絙其中央又以繩從而旁鉤之謂以機舉尸輿之以就園而斂葬焉塗近故耳今墓遠則其葬也如之何注令人欲於下於宮中而葬於墓與成人同墓塗乃遠其葬當輿其冠手載之也問礼之變也孔子曰吾聞諸老聃曰昔者史佚有子而死下殤也墓遠注蓋欲葬墓如長殤從成人也長殤有送葬車者則棺載之矣召公謂之曰何以不棺斂於宮中注欲其斂於宮中如成人也斂於宮中則葬當載也史佚

曰吾敢乎哉召公言於周公周公曰豈不可史佚行之下殤用棺衣棺自史佚始也注棺謂斂於棺

吴澄曰周人葬下殤之礼蓋不用棺但以衣斂尸而置之尸牀不用車載褁于舁之以往曾子問去墓園塗近者可如此若去墓之塗遠則舁尸以往而不用棺不用車似若不可故問當如之何孔子遂引老聃所言史佚之事以荅蓋史佚曾葬下殤之子而其墓遠方疑于舁尸之不可而召公勸以棺斂于宮中棺斂者謂納之棺中也棺斂于宮中則如成人而載以喪車不舁機史佚以前未有此礼故有所不敢于是召公為史佚問之周公周公曰豈不可蓋礼有從權而以義起者墓近則舁機墓遠則棺斂而車載以往雖前時礼所未有然亦无害于義也史佚依周公所言行之自是以後葬下殤者若墓遠則用棺也棺衣者謂斂以衣又斂于棺也下殤用棺而衣之棺之者蓋自史佚始前此則衣之而已不棺之也棺字並如字讀鄭注以為下殤不葬于墓而別葬于口今從張氏之說諸家皆以豈不可為周公不許之今從陸氏之說

曾子問曰祭必有尸乎若厭祭亦可乎孔子曰祭成喪者必有尸尸必以孫孫幼則使人抱之無孫則取於同姓可也祭殤必厭蓋弗成也祭成喪而無尸是殤之也孔子曰有陰厭有陽厭曾子問曰殤不祔祭何謂陰厭陽厭注祔當為備声之誤也言殤乃不成人祭之不備礼而云陰厭陽厭手乇孔子指也祭成人始設奠於奥迎

尸於前謂之陰猒尸謖之後改饌於西北隅謂之陽猒殤則不備○疏陰猒謂適殤也陽猒謂庶殤也注知祔當為備者案喪服小記云殤與无後者從祖祔食今云殤不祔祭與小記文乖故知當為備○陸佃曰據此成人之祭无陰猒陽厭鄭氏謂迎尸之前祝酌奠奠之且饗是陰猒也尸謖之後徹薦俎敦設西北隅是陽猒也非是特少牢祝酌奠下云敢用柔毛剛鬣嘉薦普淖用薦歲事于皇祖伯某以某妃配某氏則祝酌奠所以告之爾非陰猒也佐食徹尸薦俎敦設于西北隅凡在南扉用筵納一尊佐食闔戶降則徹俎敦設于西北隅所以依神周官所謂藏其隋者此歟非陽猒也

孔子曰宗子為殤而死庶子弗為後也其吉祭特牲注尊宗子從成人也凡殤則特豚自卒哭成事之後為吉祭

祭殤不舉肺無肵俎無玄酒不告利成是謂陰猒疏士祭成人特牲今宗子殤亦特牲尊宗子也熊氏云殤與无後者唯祔與除服二祭則止此言吉祭者唯據祔與除服也吉祭特特牲則喪祭之時以其未成人降用豚也祭殤无尸故不舉肺脊肵是尸所食歸餘之俎无尸故无肵俎祭成人則有玄酒重古之義祭殤略故无玄酒也告利成于祭畢今无无所可告故不告利成也此宗子殤死祭于祖廟之奧陰闇之處是謂陰猒

凡殤與無後者祭於宗子之家當室之白尊于東房是謂陽猒疏祭于宗子之家祖之内不敢在成人之處故于當室之明白顯露處為之設尊于東房以其明是陽故為陽猒也宗子之殤祭于室奧尊于戶東但不舉肺无肵俎无玄酒不告利成其餘皆與祭成人同今祭凡殤乃當室之白尊于東房異于宗子之殤也

方慤曰陽尊而陰卑宗子之殤曰陰猒而凡殤曰陽猒者鬼神尚幽闇故也

吴澄曰室内四隅奥為極尊之處故常祭皆于奥室之西壁以南為上奥尊而屋漏卑凡殤及死後者禮殺故不敢在尊處由奥而北當屋漏卑處也此是辨尊卑隆殺之禮非有取于陽明陰闇之義也

萬斯大曰天子諸侯于祭之始有灌地降神之事而大夫士无之然特牲少牢二禮尸未入之前祝酌奠奠于鉶南主人再拜稽首祝祝竟然後迎尸此亦降神之意鄭氏釋曾子問陰厭援此以實之天子諸侯於祭之終不知神之所在于彼于此故設祭于堂為祊乎外而大夫士无之然特牲禮既養佐食徹尸薦俎敦設于西北隅此亦于彼于此之義鄭氏釋曾子問陽厭援此以實之不思祭成喪者必有尸而祭殤必厭陰厭以祭宗子之殤陽厭以祭凡殤曾子問昭昭明著非指祭祖禰時尸未入之始與尸既出之終也且厭之為言飽飫之義也祭方始而奠祝安得遽飽又陽厭當室之白以其在室西北隅屋漏故曰陽也特牲禮之改設雖于屋漏然而厞用筵且闔戶牖俾之幽暗于陽厭之義謂何且使凡祭必備二厭則少牢禮何以不儐尸者有改設之事而儐尸者无之耶

乾學按二厭之禮當據祭殤而言非謂成人之祭亦備此二厭也鄭氏注儀禮以尸未入之前設饌告神為陰厭尸既出之後改設闔戶為陽厭毋乃與孔子之言戾乎諸家皆仍其說而[illegible]覺其謬至陸農師始

破之誠爲深明禮意雖聖人復起不能易也

雜記附於殤稱陽童某甫不名神也注陽童謂庶殤也宗子則曰陰童某甫其字也尊神不名爲之造字○疏當附祭此殤之時其祝辭稱曰陽童又稱此殤曰某甫所以不呼其名者神之也

喪服小記降殤之喪者其祭也必玄注殤无變文不縟冠玄端玄裳而祭不朝服未純吉也于成人爲釋禫之服○疏除喪祭服必玄冠玄端黃裳異于成人之喪也言殤死変者无虞卒哭既練之変服所以然者文不縟本服既重者意在于質不在繁縟若成人喪服初除著朝服禫祭始從玄端今除殤之喪即從禫服是文不繁縟也

乾學按三殤喪禮禮經不詳大約節目視成人而儀文稍殺之耳今就経文所有者録之如右

殤

開元禮三殤之喪始死浴襲及大小斂與成人同其長殤有棺及大棺中殤下殤有棺靈筵祭奠進食葬

送哭泣之位與成人同其苞牲及明器長殤三分減一中殤三分減二唯不復魄無含事辦而葬不立神主既虞而除靈坐其虞祝辭云維年月朔日告子云告于某昭告弟云某兄日月易往奄及反虞悲念相續心焉如燬兄云悲慟猥至情無可處弟云哀痛無已五情如割也今以弟祭兄云謹以潔牲嘉薦普淖明齊溲酒薦虞事于子某[illegible][弟某/兄某]魂其饗之弟祭兄則云尚饗嫡殤者時享皆祔食于祖無祝文亦不拜設祔食之坐于祖之左西向一獻而已不祝不拜者以其從食其祖祔以未云孫某祔食也庶子不祔食庶子之嫡祔如嫡殤禮凡無服四歲以上畧與下殤同又無靈筵坐唯大斂奠而已三歲以下斂于瓦棺葬于園又不奠

政和禮三殤之喪始死浴襲大小斂及喪送哭泣之位與成人同不復無含辦而葬一虞乃除之其虞祝

詞云維年月朔日辰父告子某（若兄云兄告弟某若弟云弟某昭告某兄）日月易云奄及反虞悲念相續心焉如燬（兄云悲慟猥至情何可處弟云哀慟無已五情如割）今以（弟祭兄則云謹以）清酌庶羞薦虞事于子某（弟某兄某）寃其饗之（弟祭兄云）尚享嫡殤者時享皆祔食

陸寅許嫁殤女服議

金子尤之妹死走告于余曰余妹之死距其生十五年矣宜何服余應之曰禮與律載之詳矣女在室服期殤則降曰女許嫁男子已娶者勿殤是則宜何服曰期也曰女許嫁勿殤是已禮不云乎無服之殤哭之以日易月生未三月則不哭也今俗有襁褓爲婚姻而或五六年以夭者服期之喪毋乃已重乎曰固也此情之所未安也禮曰女子許嫁笄而字解經者曰許嫁十五而笄未許嫁二十而笄成人之道也故凡言許嫁勿殤者宜斷自年十

五以上為成人言之也若曰襁褓而為之服則已過矣夫禮者先王原人情而以義起者也下殤而為之服五月中殤之服七月長殤九月其生未三月者不哭也非三月之內不畜之以子女也又非薄于幼而厚于長也以為視其以恩相接之淺深緣是而為之服可以無憾矣其曰許嫁勿殤者蓋禮之以成人也非為襁褓言之也且襁褓而許嫁則亦將襁褓而為之笄與字乎曰然則宜何如而可曰無服之殤其去成人也遠甚固不可以許嫁而為之服矣其或下殤也猶大遠于成人也服其服可也其自中殤以上父子之情已深也則請為中殤者進而服長殤為長殤者進而服在室之服可也[illegible][illegible]禮者之禮也抑又聞之子之妹親為母執爨以供[illegible]餌者七年毒發于顧

而竟以是死焉孔子論童汪踦曰能執干戈以衛社稷雖欲勿殤也不亦可乎據此意也即服期可也

讀禮通考卷五十八

喪儀節二十一

訃禮

雜記凡訃於其君曰君之臣某死父母妻長子曰君之臣某之某死君訃於他國之君曰寡君不祿敢告於執事夫人曰寡小君不祿大子之喪曰寡君之適子某死注君夫人不稱薨告他國君謙也○疏不敢指斥鄰國君身故云敢告於執事也夫人大子皆當云告於執事不言者略之也大夫訃於同國適者曰某不祿訃於士亦曰某不祿訃於他國之君曰君之外臣寡大夫某死訃於適者曰吾子之外私寡大夫某不祿使某實訃於士亦曰吾子之外私寡大夫某不祿使某實注適讀為匹敵之敵謂爵同者也實當為至○疏言外臣者大夫不屬他國故云外臣自謙是無德故云寡大夫某尊敬他君不敢申辭故曰某死赴于適者謂赴于他國大夫相敵體者以其私有恩好故

低一字大

曰外私以訃大夫其辭得申故云某不祿於身赴告故云使某實

劉敞曰使某實實者以異國傳聞疑言使人實之也

方愨曰使某實謂以事實來告

胡銓曰實謂身親告也

士訃於同國大夫曰某死訃於士亦曰某死訃於他國之君曰君之外臣某死訃於大夫曰吾子之外私某死訃於士亦曰吾子之外私某死疏此論士喪相訃告之稱士賤赴大夫士及他國皆云某死但於他君稱外臣於大夫士言外私耳

檀弓父兄命訃者注謂大夫以上也士主人親命之○疏父兄命訃者亦復後之事訃謂死者生時于他人有恩識者今死則其家宜使人往相訃告也士喪禮則孝子自命訃者若大夫以上則父兄命之雖代命之猶書孝子名也

文王世子五廟之孫祖廟未毁雖及庶人冠取妻必告死必赴不忘親也注赴告於君也

白虎通德論臣死亦赴告於君何此君哀痛於臣子

也欲聞之加賻賵之禮故春秋曰蔡侯考父卒傳曰卒訃而塋禮也諸侯薨訃告鄰國何緣隣國欲有禮也春秋傳曰桓母喪告於諸侯桓母賤尚告於諸侯諸侯薨告鄰國明矣諸侯夫人薨告天子者不敢自廢政事天子亦欲知之當有禮也春秋曰天子使宰咺來歸惠公仲子之賵譏不及事仲子者魯君之貴妾也何況於夫人乎

唐書任瓌傳瓌卒時有司以在外對仗白奏太宗怒曰昔杜如晦亡朕不能事者數日今瓌喪所司不以狀言豈朕意乎有如朕子弟不幸死當此奏耶自是大臣喪遂不對仗奏云

開元禮初終遣使赴於闕使者進立於西階東面南上主人訃使者前北面曰臣某之父某官臣薨若母若妻各隨

其稱四品以下言死餘同謹遣其官臣姓某奏聞訖再拜使者出主人哭入復位

弔禮

周禮天官宰夫凡邦之弔事掌其戒令與其幣器財用凡所共者注弔事弔諸侯諸臣幣所用賻也器所致明器也凡喪始死弔而含襚葬而賵贈其間加恩厚則賻焉○疏弔謂王使人弔諸侯自弔諸侯須從王行者并有贈喪之具百官當共故宰夫總戒令之

世婦掌弔臨於卿大夫之喪注王使往弔○疏案内宗云凡卿大夫之喪掌其弔臨注云王后弔臨諸侯而已是以内宗言掌卿大夫文同而注異者彼上文云王后有事則從大喪序哭者文與后

女御從世婦而弔于卿大夫之喪注從之數蓋如使者之介云○疏王之妃妾三夫人象三公九嬪象孤卿二十七世婦象大夫女御象元士但介數依命數為差則王之大夫四命世婦之從亦四人以無正文故言蓋言云以疑之也萬斯同曰此世婦女御乃天子之妾媵也豈有往弔卿大夫之理縱云所弔者即天子之子弟則婦人無外事王朝公卿百執事具在豈無他人可使而顧使及婦人乎吾知先王必無是禮也

寺人凡内人弔臨於外則帥而往立於其前而詔相

之注從世婦所弔若哭其族親立其前者賤也戚而之詔相之者出入于王宮不可以闕於禮

史浩曰內人弔臨于外非寺人帥之而往誰歟監臨立於前而詔相之衆安敢不肅

春官鬯人凡王弔臨共介鬯注以尊適卑曰臨王弔臨諸臣則有副使從行疏介副也

鄭鍔曰王親弔諸臣之喪或適四方舍於諸侯祖廟之時雖曰至尊於人之祖先神明有所不敢忽使介執鬯以禮之

陳祥道曰天子無容禮於天下而有摯禮于鬼神天子以鬯為摯共介鬯則以介致之而已

內宗凡卿大夫之喪掌其弔臨注王后弔臨諸侯而已是以言掌卿大夫云疏明為后掌之

王安石曰世婦言掌弔臨于卿大夫之喪則王或使焉乃往內宗言凡卿大夫之喪掌其弔臨則凡喪皆往亦同族故也

喪祝王弔則與巫前注喪祝與巫以桃厲執戈在王前

男巫王弔則與祝前注巫祝前王也

李嘉會曰王弔祝可往也巫何與焉祝則以辭巫則用桃茢以除害也

女巫若王后弔則與祝前注女巫與祝前后如王禮

典路王弔于四方以路從注王乘一路典路亦以餘路從行

夏官太僕掌三公孤卿之弔疏此等皆王親往今使太僕者或王有故不得親往故使太僕

也

小臣掌士大夫之弔勞疏太僕注云王使往此亦王使往可知

御僕掌羣吏之逆及庶民之復與其弔勞

李嘉會曰羣吏庶臣安有弔勞觀陽門之介夫死而子産哭之哀漢征民宿衛及其去也天子親享之羣吏庶民或有弔勞宜也

鄭鍔曰於吏民有哀則弔有勞則勞未嘗以其戚而遺也使御僕掌弔勞見恩意之厚

易祓曰以太僕掌三公孤卿之弔勞小臣掌大夫士之弔勞推之此亦羣吏之弔勞也

喪大記君於大夫世婦大斂焉為之賜則小斂焉於外命婦既加蓋而君至於士既殯而往為之賜大斂焉注為之賜謂有恩惠也加蓋而至於臣之妻畧也○疏自此至君退必奠明君於大夫及士并夫人於大夫士恩賜弔臨主人迎送之節君於世婦謂內命婦常為之恩賜則小斂而往然則君於大夫大斂是常小斂是恩賜君於外命婦恩輕故既大斂入棺加蓋之後而君至也於諸妻謂姪娣及同姓女也同士禮故為之賜大斂焉若夫人姪娣尊同世婦當大斂為之賜小斂焉於大夫外命婦謂夫人於大夫及外命婦既殯而往但有一禮無恩賜差降之事也

方慤曰小斂在先大斂在後喪事以速為敬故大斂而往者則為禮之常小斂而往者則為之賜也

夫人於世婦大斂焉為之賜小斂焉於諸妻為之賜

大歛焉於大夫外命婦旣殯而往 疏於諸妻謂姪娣及同姓女也同士禮故為之賜大……君當大斂為之賜小斂焉夫人于

五十八卷要增歎第
宗經 增二條 莊子 低一字 列女傳 孟子 已上低一字
孔叢子 荀子 白虎通 漢書 東觀漢記 續漢書 郭泰別傳 謝承後漢書 徐穉 荀爽 低一字 法林
禮儀志 通典 賀循 二條 王隱 鄧粲 裴楷 晉中興 世說 低一字 通典

君釋菜于門內祝先升自阼階負墉南面君即位于阼小臣二人執戈立于前二人立于後擯者進主人拜稽顙君稱言視祝而踊主人踊大夫則奠可也士則出俟于門外命之反奠乃反奠卒奠主人先俟于門外君退主人送于門外拜稽顙 注殷猶大也朝夕小奠奠至月朔則大奠君將來則具大奠之禮以待之榮君之來也祝負墉南面直君北房戶東也小臣執戈先後君君升而夾階立大夫殯即成服成服則君亦成服錫衰而往弔之擯者進當贊主人也始立門東北面稱言舉所以來之辭也視祝而踊祝相君之禮當節之也迎不拜拜送者拜迎則為君之荅 疏此明君弔大夫之禮君於大

也

小臣掌士大夫之弔勞 疏太漢注云王使往此亦王使往可知

御僕掌羣吏之逆及庶民之復與其弔勞

李嘉會曰羣吏庶臣安有弔勞觀陽門之介夫死而子產哭之哀漢征民宿衛及其去也天子親享之羣吏庶民或有弔勞宜也

鄭鍔曰於吏民有哀則弔有勞則勞未嘗以[illegible]其賤而遺也使御僕掌弔勞見恩意之厚

易祓曰以太僕掌三公孤卿之弔勞小臣掌大夫士之弔勞推之此亦羣吏之弔勞也

喪大記君於大夫世婦大斂焉為之賜則小斂焉於外命婦既加蓋而君至於士既殯而往為之賜大斂焉 注為之賜謂有恩惠也加蓋而至於臣之妻畧也○疏自此至君退必奠明君於大夫及士并夫人於大夫士恩賜弔臨主人迎送之節君於世婦謂內命婦常為之恩賜則小斂而往然則君於大夫大斂是常小斂是恩賜君於外命婦恩輕故既大斂入棺加蓋之後而君至也於諸妻謂姪娣及同姓女也同士禮故為之賜大斂焉若夫人姪娣尊同世婦當大斂為之賜小斂焉於大夫外命婦謂夫人於大夫及外命婦既殯而往但有一禮無恩賜差降之事也

方慤曰小斂在先大斂在後喪事以速為敬故大斂而往者則為禮之常小斂而往者則為之賜也

夫人於世婦大斂焉為之賜小斂焉於諸妻為之賜

大斂焉於大夫外命婦既殯而往疏於諸妻謂姪娣及同姓女也同士禮故為之賜大斂焉若夫人姪娣尊同世婦當大斂為之賜小斂焉夫人于大夫及外命婦既殯而往但有一禮無恩賜差降之事也徐師曾曰諸妻御妻也孔氏謂姪娣及同姓女者非故亦自謂姪娣尊同世婦當視小斂妻下疑脫既殯而往四字內命婦貴故夫人待之與君同諸妻卑故同士禮君於大夫視大斂於外命婦加益而至夫人則皆既殯而往于夫人避嫌於外命婦恩輕故與君有同異也

大夫士既殯而君往焉使人戒之主人具殷奠之禮俟于門外見馬首先入門右巫止于門外祝代之先君釋菜于門內祝先升自阼階負墉南面君即位于阼小臣二人執戈立于前二人立于後擯者進主人拜稽顙君稱言視祝而踊主人踊大夫則奠可也士則出俟于門外命之反奠乃反奠卒奠主人先俟于門外君退主人送于門外拜稽顙注殷猶大也朝夕小奠奠至月朔則大奠君將來則具大奠之禮以待之榮君之來也祝負墉南面直君北房戶東也小臣執戈先後君君升而夾階立大夫殯即成服成服則君亦成服錫衰而往弔之擯者進當積主人也始立門東北面稱言舉所以來之辭也視祝而踊祝相君之禮當節之也迎不拜拜送者拜迎則為君之答　疏此明君弔大夫之禮君於大

夫雖視大斂或有既殯之後而始往與士同君將往使人豫戒主人主人重君之來先備月朔大奠之禮待于門外見君馬首先君而入祝先道君升阼階在君之北立于房戶之東背負壁而北面牖辟也君位于阼者主人不敢有其室也執戈辟邪氣也擯者進于孝子前告使行禮喪贊曰相此云擯者以君之弔禮故以擯言主人于庭中北面拜而稽顙君舉弔辭祝以相君先踊君乃視視而踊君踊畢主人乃踊君來弔士與大夫其禮不同大夫者君既在阼主人在庭踊畢則釋此殷奠于殯可也言對人君可為此奠士畢不敢留君待奠故先出俟君于門外君使人命反設奠士乃反入設奠主人奠畢又先出門待君君退主人門外送之而拜大夫士同

君於大夫疾三問之在殯三往焉士疾壹問之在殯壹往焉注所以致殷勤也

君弔則復殯服注謂臣喪既殯後君乃始來弔復反也反其未殯未成服之服新君事也復或為服○疏臣喪大斂與殯之時君有故不得來至殯後主人已成服而君始來弔于時主人則復殯時未成服之服其服苴絰免布深衣也不散帶為人君變貶于大斂之前既啓之後也

夫人弔於大夫士主人出迎于門外見馬首先入門右夫人入升堂即位主婦降自西階拜稽顙于下夫人視世子而踊奠如君至之禮夫人退主婦送于門內拜稽顙主人送于大門之外不拜注視世子而踊世子從夫人夫人以為節也世

子之從夫人位如祝從君○疏孝子迎君之妻亦入迎君禮先入門右門亦大門也主婦臣妾也夫人來弔故婦人為主人世子夫人之世子隨夫人來也夫人來弔則世子在前道引其禮奠如君至之禮者亦先戒乃具殷奠夫人即位哭後主婦拜竟而設奠事如君弔禮主婦送于門內門寢門也婦人迎送不出門故夫人去于路寢門內拜送之主人送于大門外喪無二主主婦已拜故主人不拜

案應鏞曰君臣之際猶家人也君于外內婦既殯往夫人於大夫士之家亦往弔之然蓋弔內子士妻之禮亦在其中矣主人迎而先入門右夫人升自階待夫人猶待君也主婦拜稽顙于下執妾禮猶臣禮也夫人之行世子實侍之世子視祝而踊夫人則視世子而踊也退則送于門外婦人迎送不下堂而特至門者為所尊變也其來也主人迎于門外送亦如之所以代主婦而伸敬也門外者男子之所有事婦人迎送不出門雖對所尊而不敢變也古之君臣猶一體也頭目手足疾痛慘楚彼此無不相應君臣猶一家也父兄子弟吉凶休戚上下無不相關視之如一體故疾則君三問再問喪則君或撫或踊真若吾手足之虧折焉視之如一家故君喪則大夫士位乎東世婦士妻位乎西不翅父兄之痛也及臣之有故則君視之夫人視之世子視之真若子弟之失亡焉然諸婦之至君所唯喪祭為然詩曰諸宰君婦廢徹不遲諸侯非問疾弔喪則不入諸臣之家夫人之行必與世子偕其動也不苟矣

大夫君不迎于門外入即位于堂下主人北面衆主人南面婦人即位于房中若有君命命夫命婦之命四鄰賓客其君後主人而拜主人即位于下不升堂而立阼階下西面下正君也衆主人南面

于其北婦人即位于房中君雖不升堂猶房〻〻也後主人乃拜者將拜賓使主
人隨其後而君前拜不俱拜者主人無二也○疏大夫下臣稱大夫為君故曰
大夫君不〻于門外既于正君也主〻北面者其君即阼階下位故適子辟之
所以在君〻南北面也婦人〻位在堂君雖不升堂猶辟于房中正君來禮亦
如此不言大夫君之妻來者當同夫人禮也前君臨大斂云主婦尸西以大斂
哀深故不辟君今謂殯後也當此大夫君來弔時或有本國之君或有國中大
夫命婦之命或有昔經使四隣之國卿大夫遣使來弔若有此諸賓在庭則此
大夫君代主人拜命及拜賓以喪用尊者拜賓故也然大夫君不敢同于國君
專代為主故以主人陪置君之後
君先拜主人後拜不同時拜也

君弔見尸柩而后踊注君弔塗之後雖往不踊○疏皇氏曰前文
既殯君往視祝而踊謂既殯未塗得有踊也

大夫士若君不戒而往不具殷奠君退必奠注榮君之
來也○疏

君來不先戒當時雖不得殷
奠君去後必設殷奠告殯

大夫之喪將大斂既鋪絞紟衾衣君至主人迎先入
門右巫止于門外君釋菜祝先入升堂君即位于序
端卿大夫即位于堂廉楹西北面東上主人房外南
面主婦尸西東面遷尸卒斂宰告主人降北面于堂
下君撫之主人拜稽顙君降升主人馮之命主婦馮

之注先入右者入門而右也巫止者君行必與巫巫辟凶邪也釋菜禮門神也必禮門神者君非問疾弔喪不入諸臣之家也主人房外南面大夫之子尊得升視斂也○疏此明大夫斂節主人適子也出門迎君望見馬首不哭不拜先還入門右北面以待君至巫止門外者君臨臣喪巫祝桃茢至門恐主人惡之且禮敬主人故不將巫入對尸柩巫止而祝代入故先君而入門升自阼階也君隨祝後而升堂即位於東序之端阼階上之東是適子臨斂處也主人房外南面者卿者在門右君升則主人亦升立君之北東房之外面向南俱欲視斂也遷尸者卿鋪絞紟衾衣而君至今列位畢故舉尸于鋪衣上也主人得告斂畢降西階堂下鄉北立待君者君臣情重方為分異故斂竟君以手撫按尸與之別主人見君撫尸故在堂下拜稽顙以禮君之恩君降者撫尸畢而下堂也升主人者君命升之也主人升自西階由足西面馮尸不當君所君又命主婦馮之士喪禮子不得升大夫之子尊得升視斂也

敖繼公曰周官言喪祝男巫皆於王弔則然國君不得並用巫祝其在廟門外則巫前入廟門則祝前互用其一所以下天子也

黄叔陽曰古者人君於臣之死也即其子位而視斂斂畢撫尸其恩禮一何厚也巫不入門而使祝先之其恭敬一何至也升主人馮之又命主婦馮之其教孝一何切也人臣於君之臨也雖當喪事倥傯之際迎而先入撫而先降必俟君命而後馮馮又不敢當君之所且於男女之别亦不紊焉細微曲折無不盡禮如此此所以家齊國治而天下平也

士之喪將大斂君不在其餘禮猶大夫也

檀弓喪公弔之必有拜者雖朋友州里舍人可也弔曰寡君承事主人曰臨注拜者往謝之也○疏諸侯臣之喪公來親弔或遣人來弔喪家雖無主後必有以次疏

親往拜其君以謝恩疏亦無則雖死者朋友同州同里凡喪家典含之人往拜可也若有主後則主人自當親拜是以既夕禮云主人乘惡車鄭注曰拜君命也弔曰寡君承事此是君來語擯者使傳辭也弔為助事故雖君尊亦曰承事也曰臨者主人辭謝之語言君屈辱降臨其之喪稱寡君謙也若弔士則直稱君故士喪禮君使某弔如何不淑是也

徐師曾曰喪大記曰喪有無後無無主言必有拜賓者況君弔乎故君弔臣喪而喪家若無主後則以次疏親拜之若又無疏親則朋友或同州同里典含之人皆可拜之

君遇柩於路必使人弔之注君於民人有父母之恩○疏君于其臣當特弔于家故喪大記于大夫及士皆親弔之又禮譏蕢尚受弔及杞梁之妻不受野弔是也其或卑小之臣及庶人之等君不豫知其喪造次遇柩于路必使人弔也

胡銓曰若齊侯哭敝無存之類

君於大夫將葬弔於宮及出命引之三步則止如是者三君退朝亦如之哀次亦如之注宮殯宮也出柩已出在路命引之以義奪孝子也三命引之凡移九步退去也朝喪朝廟也次他日賓客所受大門外舍也孝子至此而哀君或于是弔不必于宮也○疏君于大夫之喪將至葬時必親往弔孝子于殯宮及其柩出殯宮之門孝子號慕攀轅柩車不動君奪孝子之情命遣引之引者三步則止所以止者不忍頓奪孝子之情故且止柩君又命引之柩車遂行君乃退去君或來弔叅差早晚不必皆在殯宮或當朝廟明日當發之時或已出大門至平生待賓客次舍之處孝子哀泣停柩不行君于是始弔弔畢

君命引之使行亦如上來如是者三之事

張氏曰禮弔于葬者必執引君尊故命人引之也

襍記君若載而后弔之則主人東面而拜門右北面而踊出待反而后奠注主人拜踊于賓位不敢迎君也君即位車東出待不必君留也君反之使奠○疏臣喪朝廟柩已下堂載在柩車而君來弔君位于車東故主人在車西東面而拜門謂祖廟門也右西邊也若門外來則右在東此據車門內出故右在西孝子拜君竟從位立近門內西邊北面而哭踊為禮也出待者孝子哭踊畢而先出門待君以君來則拜迎去則拜送今君弔事竟不敢必君久留故孝子先出待君出也反而后奠者君使人命孝子反還喪所而后設奠告柩知之或謂此在廟載柩車時奠謂反設祖奠也

禮運諸侯非問疾弔喪而入諸臣之家是謂君臣為謔陳澔曰諸侯于其臣有問疾弔喪之禮非此而往是戲謔也敗禮之禍恒必有之

喪服小記諸侯弔于異國之臣則其君為主注君為之主弔宜恩為已也子不敢當主中庭北面哭不拜○疏按士喪禮君弔主人出迎于門外見馬首入門右北面尸升主人下庭拜稽顙成踊彼為主人為主故中拜今鄰國君君為之主拜賓則主人中庭北面哭不拜曾子問稱季桓子之喪衛君來弔魯君為主季康子立于門右北面拜而後稽顙故識其喪有二主當惟哭踊而已是于禮不拜也

乾學按儀禮士喪禮篇有國君弔臨之禮已見第四十三卷不重載

雜記弔者即位于門西東面其介在其東南北面西上西於門 注賓立門外不當門 主孤西面 注立於阼階下 相者受命曰孤某使某請事客曰寡君使某如何不淑 注受命受主人命以出也不言擯者喪無接賓也淑善也如何不善言君痛之甚使某弔 相者入告出曰孤某須矣 注稱其君名者君薨稱子某使人知適嗣也須矣不出迎也 弔者入主人升堂西面弔者升自西階東面致命曰寡君聞君之喪寡君使某如何不淑子拜稽顙弔者降反位 注子孤子也降反位者出反門外位○疏此明諸侯相弔之禮門西大門之西也 上客臨曰寡君有宗廟之事不得承事使一介老某相執綍 注上客弔者也臨視也言欲入視喪所不足而給助之謙也其實為哭耳 相者反命曰孤某須矣臨者入門右介者皆從之立于其左東上 注入門右不自同於賓客 宗人納賓升受命于君降曰孤敢辭吾子之辱請

吾子之復位客對曰寡君命某毋敢視賓客敢辭宗人反命曰孤敢固辭吾子之辱請吾子之復位客對曰寡君命某毋敢視賓客敢固辭宗人反命曰孤敢固辭吾子之辱請吾子之復位客對曰寡君命使臣某毋敢視賓客是以敢固辭固辭不獲命敢不敬從注賓三辭而稱使臣爲恭也爲恭者將從其命客立于門西介立于門左東上孤降自阼階拜之升哭與客拾踊三注拜客謝其厚意客出送于門外拜稽顙注不迎而送喪無接賓之禮○疏此明弔含襚賵既畢上客行臨哭之禮

乾學按雜記本文此節之上首節弔者之下有使者含襚賵三事今將含襚賵採入下篇故玆不載

其國有君喪不敢受弔注辟其痹僔已之親如君○疏此謂國有君喪臣又有親喪則不敢受他國賓來弔以義斷恩哀痛主于君不私于親也

三年之喪雖功衰不弔自諸侯達諸士○有服而將往哭之則服其服而往注功衰既練之服也諸侯服新死者之服而往哭謂所不臣也○疏重喪小祥後衰與大功同故曰功衰衰雖外輕而痛猶內重故不得弔人也功衰雖不弔人若自有五服之親喪則不著己功衰而著彼親之服以哭之申于骨肉之情故也

期之喪十一月而練練則弔注父在為母功衰可以弔人者以父故輕于出也然則凡齊衰十一月皆可以出矣○既葬大功弔哭而退不聽事焉注聽猶待也事謂襲斂執綍之屬○疏既葬大功者謂身有大功之喪既葬之後往弔他喪弔哭畢即退去不待主人襲斂之事期喪練弔則亦然也○期之喪未葬弔於鄉人哭而退不聽事焉功衰弔待事不執事注謂為姑姊妹無主殯不在己族者○疏期喪未葬謂姑姊妹無主為之服期未至于葬往弔鄉人之喪哭畢則退不待主人襲斂之事也姑姊妹期喪既葬受以大功衰謂之功衰此後若弔鄉人其情稍輕于未葬之前得待主人襲斂之事但不親自執事經直云期喪鄭知是姑姊妹無主者以前云大功既葬始得弔人今此期喪未葬已得弔人明知是姑姊妹無主殯不在己族者女未廟見反葬女氏之黨此姑姊妹已于他族成婦日久但夫既蚤死故殯在夫族

○小功緦執事不與於禮注禮饋奠也○疏執事擯相也禮饋奠也緦小功服輕故未葬便可弔人為彼擯相但不得助彼饋奠耳○相趨也出宮而退相揖也哀次而退相問也既封而退相見也反哭而退朋友虞附而退注此弔者恩薄

厚去遲速之節也相趨謂相聞姓名來會喪事也相揖嘗會于他也相問嘗相恵遺也相見曾執摯相見也附皆當爲祔○疏相趨謂與孝子本不相識但聞姓名而來趨喪情既輕故柩出廟之宮門而退去相揖謂經會他處已相揖者也恩微深故待柩出至大門外之哀次而退去相問謂嘗相餉遺恩轉深故至窆竟而退相見謂身經自執摯相詣往來恩轉厚故至窆竟孝子反哭還至家時而退也朋友謂昔情重生死同殷故至主人虞附而退也

○弔非從主人也四十者執紼注言弔者必助主人之事從猶隨也戍人二十以上至四十丁壯時鄉人五十者從反哭四十者待盈坎注非鄉人則長少皆反優遠也○疏弔喪本是來助事非爲空隨主人而已故年二十以上至四十強壯者皆執紼也鄉人同鄉之人也五十始衰待主人窆竟而孝子反哭故鄉人助葬老者亦從孝子反也盈坎謂窆竟以上盈滿其坎四十強壯不得即反待土滿坎而反也若非鄉人則無問長少皆從主人歸優饒遠者

曲禮齊者不樂不弔注爲哀樂則失正散其思也○呂大臨曰古之有致事者必齊齊者致精明之德也樂則散哀則動皆有害于齊不樂不弔者全其齊之志也

知生者弔知死者傷知生而不知死弔而不傷知死而不知生傷而不弔注人恩各施于所知也弔傷皆爲致命辭也雜記曰諸侯使人弔辭曰寡君聞君之喪寡君使其如何不淑此施于生者傷辭未聞也說者有弔辭云皇天降災子遭罹之如何不淑此施于死者蓋本傷辭辭畢退皆哭○疏此一節論弔傷之法存與亡並識則弔辭傷辭兼行若但識生惟致弔辭而無傷辭但識亡唯施傷辭而無弔辭也

方慤曰不知生而弔之則其弔也近于諂不知死而傷之則其傷也近于僞

應鏞曰弔者死之恤乎外傷者情之痛乎中

弔喪不能賻不問其所費

呂大臨曰君子於其言無所苟而已所問不由於誠不如勿問之矣

檀弓死而不弔者三畏厭溺盧植曰畏者兵刃所殺也○王肅曰犯法獄死謂之畏○

方慤曰戰陣無勇非孝也其有畏而死者乎君子不立巖墻之下其有厭而死者乎孝子舟而不游其有溺而死者乎三者皆非正命故先王制禮在所不弔

應鏞曰情之厚者豈容不弔但其辭未易致耳若為國而死于兵亦無不弔之理若齊莊公于杞梁之妻未嘗不弔也

陳澔曰愚聞先儒言明理可以治懼見理不明者畏懼而不知所出多自經于溝瀆此真為死于畏矣似難專指戰陣無勇也或謂狠狠亡命曰畏

通典魏王肅聖證論鄭玄曰孔子畏匡德能自全也設使聖人卒離不幸可得不痛悼而罪之乎非徒賢者設有罪愚人亦不得不哀傷之也

殷既封而弔周反哭而弔孔子曰殷已慤吾從周○

五十無車者不越疆而弔人注氣力始衰○疏五十既衰越疆則道路遥遠弔人又悲感哀戚恐增哀故不許也

陳澔曰始哀之年不可以筋力為禮也

弔於人是日不樂注君子哀樂不同日子于是日哭則不歌○婦人不越疆而弔人注不通于外行弔之日不飲酒食肉焉注以全哀也弔於葬者必執引若從柩及壙皆執紼注示助之以力車曰引棺曰紼從柩贏者○疏引柩車索也弔葬本為助執事故必相助引柩車也紼引棺索也凡執引用人貴賤有數若其數足則餘人不得遥行皆散而從柩至壙下棺時則不限人數皆悉執紼示助力也贏餘也從柩者是執引所餘之人也○大夫之喪庶子不受弔注不以賤者為有爵者主○疏適子主喪受弔拜賓若適子或有他故不在則雖庶子不敢受弔明已卑辟適也大夫庶子不受弔則士之庶子得受弔也所識其兄弟不同居者皆弔疏所識若身死其兄弟雖不同居皆往弔之則死者子孫就弔可知舉疏以見親也

吳澄曰所識之人其家若有同居之親死自當往弔雖其兄弟之不同居者死亦皆弔之蓋厚于所識故推其恩愛以及于其有服之兄弟者如此不同居者皇氏以為小功以下之親小功以下兄弟服輕尚弔況其大功以上服重者乎孔疏引鄭注以為所識者死而弔于其不同居兄弟之家不如皇氏之說為當按記文言皆弔夫喪無二主若所識一人死而皆往弔其不同居之兄弟則一喪不止一主矣殆無是禮也

少儀適有喪者曰比童子曰聽事適公卿之喪則曰

聽役於司徒 萬斯同曰喪不行賓客之禮故頒比于執事者童子不能執事但來聽命于主人故曰聽事公卿家臣有司徒孟獻子之喪司徒旅歸四布是也其宮主徒役之事故曰聽役于司徒

尊長於己踰等喪俟事不犆弔 注犆音特○疏踰等祖與父之行也若尊長家有喪則待主人哭之時往弔不非時特弔

雜記凡喪服未畢有弔者則為位而哭拜踴 注客始來主人不可以殺禮待之○疏喪服將終猶有餘日未滿若有人始來弔當為位哭踊不以殺禮而待新弔之賓也言凡者五服悉然

奔喪所識者弔先哭于家而後之墓皆為之成踴從主人北面而踊 注從主人而踊拾踊也北面自外來便也主人墓左西面

陳澔曰已所知識之人死而往弔之時已在葬後必先哭于其家以情雖由于死者而禮則施于生者故也主人墓左西向賓北面向墓而踊同主人拾之然必主人先而賓從之故曰從主人也言皆者必于家于墓皆踊也

文王世子五廟之孫祖廟未毀雖及庶人冠取妻必告死必赴不忘親也敬弔臨賻賵睦友之道也

族之相爲也宜弔不弔宜免不免有司罰之

曾子問 曾子問曰三年之喪弔乎孔子曰三年之喪練不羣立不旅行注為其苟語忘哀也君子禮以飾情三年之喪而弔哭不亦虛乎注為彼哀則不專于親也為親哀則是妄弔○疏君子行禮必使外内相副用外之物以飾内情故麄哀以飾哀痛之情若身有重服而弔他人則弔與服並虛也何者已有喪弔彼而哭哀彼則忘已本哀爲已服爲虛也若心存於已哀忘彼而哭彼則是于弔為虛也故曰不亦虛乎

吳澄曰練者一期之後群立同群而立也旅衆也旅行與衆而行也重喪雖已朞猶且不與人並立並行恐與人相語而忘已哀親之情又豈可忘已親之哀而哭弔以哀他人之親乎

呂坤曰三年之喪而弔哭不亦虛乎此非孔子之言也為吾親而哭者吾不哭其親為吾而弔者吾不弔其人鄉隣可也伯叔舅姑兄弟之喪是可已乎此非孔子之言也

檀弓 曾子弔於負夏注衛地主人既祖填池注祖謂移柩車去載處為行始也填池當為奠徹聲之誤也奠徹謂徹遣奠設祖奠推柩而反之注反於載處榮曾子弔欲更始降婦人而后行禮注禮既祖而婦人降今反柩婦人辟之復升堂矣柩無反而反之而又降婦人蓋欲矜賓于此婦人皆非從者曰

禮與曾子曰夫祖者且也注且未定之辭且胡為其不可以反宿也從者又問諸子游曰禮與子游曰飯於牖下小斂於戶內大斂於阼殯於客位祖於庭葬於墓所以即遠也故喪事有進而無退注明反柩非曾子聞之曰多矣乎予出祖者注善子游言且服□既曾子弔于負夏氏正當主人祖祭之明旦既徹祖奠之後設遣奠之時而來弔主人榮曾子之來乃徹去遣奠更設祖奠又推柩少退而反之嚮北按既夕禮既祖而婦人降益既祖柩車南出階間既空故婦人得降立階間今柩車反還階間故婦人辟之升堂至明旦婦人從堂更降而後乃行遣車之禮從曾子者意以為疑故問之曾子既見主人榮已不欲指其錯失為之隱諱云祖是行之始未是實行且去住二者皆得既得且住何為不可以反宿明日乃去此不顧禮以捷給說于人也從者又疑遂問子游曾子聞子游之荅是自知已說之非故善子游多猶勝也言子游所說出祖之事勝于我所說出祖也

陸佃曰池殯坎也既祖則填之故曰主人既祖填池孔叢子曰埋柩謂之肂肂坎謂之池是也

胡銓曰池以竹為之衣以青布喪行之飾也填謂縣銅魚以實之謂將行也鄭改為奠徹未詳

吳澄曰多矣乎猶言贅也祖者行之始柩所出而為行始矣豈可再入而反宿乎此禮之所無故為贅而謂之多矣乎也胡氏不改填池二字則填當讀為陟刃切填猶云安頓也謂已安頓棺飾之池而將行也但考之士禮填池在朝祖後階下載柩之時今二字在既祖之下則亦可疑未敢必以不改字

爲是

子張死曾子有母之喪齊衰而往哭之或曰齊衰不以弔注以其無服非之曾子曰我弔也與哉注於朋友哀痛甚而往哭之非若凡弔○疏曾子與子張無服不應往哭故或人非之也若有服者雖緦亦往也

▲陳澔曰以喪母之服而哭朋友之喪踰禮也甚故或人止之但友義隆厚不容不往哭之又不可釋服而往但往哭而不行弔禮耳故曰我弔也與哉

一劉氏曰曾子嘗問三年之喪弔乎夫子曰三年之喪練不群立不旅行君子禮以飾情三年之喪而弔哭不亦虛乎既聞此矣而又以母喪弔友必不然也凡經中言曾子失禮之事不可盡信此亦可見

將軍文子之喪既除喪而后越人來弔主人深衣練冠待于廟垂涕洟注主人文子之子簡子瑕也深衣練冠凶服變也待于廟受弔不迎賓也子游觀之曰將軍文氏之子其庶幾乎亡於禮者之禮也其動也中注中禮之變○疏深衣是既祥之麻衣練冠是未祥之練冠始死至東祥亦弔是有文之禮祥後來弔是無文之禮今文氏之子舉動也中當于禮之變節也

陳澔曰將軍文子即彌牟也禮無弔人于除喪之後者亦無除喪後受人之弔者深衣吉凶可以通用小祥練服之冠不純吉亦不純凶廟者神主之所

在待而不迎受弔之禮也不哭而垂涕哭之行一過而哀之情未忘也子游善其處礼之變故曰其動也中

有若之喪，悼公弔焉，子游擯由左。

季孫之母死，哀公弔焉，曾子與子貢弔焉，閽人為君在，弗納也。曾子與子貢入於其廄而修容焉，子貢先入，閽人曰：「鄉者已告矣。」曾子後入，閽人辟之。涉內霤，卿大夫皆辟位，公降一等而揖之。君子曰：「盡飾之道，斯其行者遠矣。」注閽人守門者修容更莊飾也子貢先入閽人既不敢止以言下之故曰鄉者以告矣閽人見兩賢相隨彌益恭故辟之也公降等揖禮之也□蹤二子初時不具衣服則閽人拒之二子退而修容閽人雖愚猶知敬畏二子涉至內霤卿大夫皆逡巡辟位公于堂上降階一等揖而禮之君子遂美之云凡人盡其容飾行之可長遠矣

陳祥道曰曾子子貢弔于季孫氏當其容之未修也閽人拒之而不內及其既修也閽人敬而辟之涉于內霤卿大夫皆辟位公降一等而揖之夫以閽人之愚卿大夫之貴哀公之尊而容之所施猶足以動之況其下愚不貴不尊者乎

晉獻公之喪，秦穆公使人弔公子重耳，且曰：「寡人聞之，亡國恒於斯，得國恒於斯。雖吾子儼然在憂服之

中喪亦不可久也時亦不可失也孺子其圖之以告舅犯舅犯曰孺子其辭焉喪人無寶仁親以為寶父死之謂何又因以為利而天下其孰能說之孺子其辭焉公子重耳對客曰君惠弔亡臣重耳身喪父死不得與於哭泣之哀以為君憂父死之謂何或敢有他志以辱君義稽顙而不拜哭而起起而不私

滕成公之喪使子叔敬叔弔進書子服惠伯為介及郊為懿伯之忌不入惠伯曰政也不可以叔父之私不將公事遂入注成公喪在昭三年子叔敬叔魯宣公弟叔肹之曾孫叔弓也進書奉君弔書也惠伯慶父玄孫之子名椒介副也郊滕之近郊懿伯惠伯之叔父忌怨也

哀公使人弔蕢尚遇諸道辟於路畫宮而受弔焉曾子曰蕢尚不如杞梁之妻之知禮也齊莊公襲莒于奪杞梁死焉其妻迎其柩於路而哭之哀莊公使人

弔之對曰君之臣不免於罪則將肆諸市朝而妻妾執君之臣免於罪則有先人之敝廬在君無所辱命

左傳襄公二十三年齊侯襲莒獲杞梁莒人行成齊侯歸遇杞梁之妻於郊使弔之辭曰殖之有罪何辱命焉若免於罪猶有先人之敝廬在下妾不得與郊弔齊侯弔諸其室

昭公二十年琴張聞宗魯死將往弔之仲尼曰齊豹之盜而孟縶之賊女何弔焉注言齊豹所以為盜孟縶所以見賊皆由宗魯

家語顏回死魯定公弔焉使人訪于孔子孔子對曰凡在封內皆臣子也禮君弔其臣升自東階向尸而哭其恩賜之施不有筭也

齊景公遊于蔞聞晏子卒公乘輿素服驛而驅之自以為遲下車而趨知不若車之速則又乘比至于國

條本晏子春秋非家語也

一字大

一字大

者四下而趨行哭而往矣至伏屍而號曰子大夫日夜責寡人不遺尺寸寡人猶且淫泆而不收怨罪重積于百姓今天降禍于齊國不加寡人而加夫子齊國之社稷危矣百姓將誰告矣

莊子老聃死秦失弔之三號而出弟子曰非夫子之友耶曰然然則弔焉若此可乎曰然始也吾以為其人也而今非也向吾入而弔焉有老者哭之如哭其子少者哭之如哭其母彼其所以會之有不蘄言而言不蘄哭而哭者是遁天倍情忘其所受古者謂之遁天之刑適來夫子時也適去夫子順也安時而處順哀樂不能入也古者謂之帝之懸解

列女傳魯黔婁先生之死曾子與門人往弔焉隱門而入立于堂下其妻出衣褐袍曾子弔之上堂見先

生尸坐牖下枕墼席藁緼袍無表裼以巾被首足不盡斂覆頭則足見覆足則頭見

孟子公行子有子之喪右師往弔入門有進而與右師言者有就右師之位而與右師言者集注公行氏齊大夫右師王驩也孟子不與右師言右師不悅曰諸君子皆與驩言孟子獨不與驩言是簡驩也集注簡略也孟子聞之曰禮朝廷不歷位而相與言不踰階而相揖也我欲行禮子敖以我為簡不亦異乎集注是時齊卿大夫以君命弔各有位次若周禮凡有爵者之喪禮則職喪涖其禁令序其事故云朝廷也歷更涉也位他人之位也右師未就位而進與之言則右師歷已之位矣右師已就位而就與之言則已歷右師之位矣孟子右師之位又不同階孟子不敢失此禮故不與右師言也

孔叢子魏公子無忌死韓君將親弔焉其子榮之以告子順子順曰必辭之禮鄰國君弔君主之今君不命子則子無所受其君也其子辭韓韓君乃止

□字大

附子入此

一字大下三條同

白虎通德論禮檀弓曰曾子有母之喪弔子張子張者朋友有服雖重服弔之可也

婦人不出境弔者婦人無外事防淫泆也禮雜記曰婦人越疆而弔非禮也而有三年喪君與夫人俱往禮妻為父母服夫亦當服

乾學按雜記之文是言君之夫人歸耳非謂君與夫人俱歸也白虎通之言别是一説採之以備異聞

有不弔三何為人臣子常懷恐懼深思遠慮志在全身今乃畏厭溺死用為不義故不弔也

臣子死君往弔之何親與之共治恩深義重厚欲躬見之故禮雜記曰君弔臣主人待于門外見馬首不哭君至主人先入君升自阼階而向哭主人居中庭

不觀漢記

從哭

漢書龔勝死有老父來弔其哭甚哀既而曰吁薰以香自燒膏以明自消龔生竟夭其天年非吾徒也

蔣詡遭父憂弔者盈門後母疾之不與席不得止舊廬於側作小菴往如舊也

續漢書郭泰退身隱居教授徒衆甚盛喪母友人或千里來弔之

謝承後漢書徐孺子不就諸公之辟及有喪者萬里赴弔常於家預炙雞一隻以一兩綿絮漬酒中暴乾以裹雞徑到所赴家遂以水漬綿使有酒氣以雞置前祭畢便去

後漢書徐穉傳穉嘗為太尉黃瓊所辟不就及瓊卒歸塟穉乃負糧徒步到江夏赴之設雞酒薄祭哭畢

而去不告姓名謝承書曰穉諸公所辟雖不就有死喪負笈赴弔常于家預備炙雞一隻以一兩綿絮漬酒中暴乾以裹雞徑到所赴冢隧外以水漬綿使有酒氣斗米飯白茅為藉以雞置前醊酒畢留謁則去不見喪主郭林宗有母憂穉往弔之置生芻一束於廬前而去衆怪不知其故林宗曰此必南州高士徐孺子也詩不云乎生芻一束其人如玉吾無德以堪之

荀爽傳時人雖在親憂猶有弔問喪疾者爽引據大義正之經典雖不悉變亦頗有改

郭泰別傳賈淑林宗鄉人雖世有冠冕而性險害邑里患之林宗遭母憂淑來弔之而鉅鹿孫威直亦至威直以林宗賢而受惡人弔心怪之不進而去林宗遽追而謝曰賈子厚誠凶德然洗心向善仲尼不逆互鄉故與其進也淑聞之改過自厲終成善士

語林陳元方遭父喪形體骨立其母哀之以錦蒙其

上郭林宗往弔見錦被而責之寧家絕百許日

後漢書禮儀志朝臣中二千石將軍卒使者弔祭君臨弔若遣使者主人免絰去杖望馬首如禮免絰去杖不敢以戚凶服當尊者

通典劉表喪服云君來弔至主人待君到腕頭絰貫左臂去杖出門迎門外再拜乃還先入門東壁向君讓君于前聽進即堂先哭乃止於廬外伏哭當先君止君起致辭子對而不言稽顙以荅之

後漢劉德問曰君弔大夫迎于門外又拜送于門外大夫弔不迎于門外今時縣令長弔主人待之當依國君來弔禮與依大夫來弔禮也又當去杖其至皆如故無可拾耶又今時丞尉來弔待之當云何田瓊荅曰今之君與禮所云君輕重不同若必欲依之令

長宜依國君丞尉宜依大夫君于禮但見去杖輯杖其餘不見也今于君弔以首絰貫臂遣人則不釋之而已

魏明帝弔陳群詔曰司空今遭母憂當遣使者弔祭如故事尚書司馬孚奏尋故事自魏興無三公喪母弔祭輒訪韋誕王肅高堂隆尋靜等曰漢太傅胡廣喪母天子使謁者以中牢弔祭送葬王肅議禮臣有父母之喪訃君弔之弔諸臣之母當從夫爵

王肅云禮有親喪而君來弔則免絰貫左臂去杖迎拜于大門之外見馬首不哭先入門右庭中北面君升自東階南面哭主人乃哭君出又拜送大門外又

按禮三年之喪終服不弔期之喪既練而弔大功之喪既葬而弔

二條增入此

袁粲晉記　中興書　裴楷別傳　世說二條

賀循喪服要記古之弔者皆因朝夕哭而入弔賓至主人即出中門外西面北上拜賓入門即位于堂下當陛西面賓即位哭哭止主拜之○

王隱晉書何劭為司徒甍養子岐為嗣袁粲弔岐岐辭以疾粲獨哭而出曰今年決下婢子品王詮謂之曰知死弔死何必見生岐前多罪爾時不下令何公新亡便下岐品人謂中正畏強侮弱粲乃止也

通典宋崔凱云有弔賓主人迎即位中門外西面北上衆賓東面者北上門西北面者東上主人拜賓旁三拜衆賓不荅拜主人入即堂下朝夕哭位衆隨入如外位也知生者弔知死者傷主人哭弔者皆哭退出主人拜中門外如初弔辭至主人前曰聞君有其之喪如何不淑傷辭詣喪前曰子遭離之如何不淑

此各主于其所知也若有知生又知死者傷而且弔也又曰同僚賓客相弔者因主人朝夕哭而往弔也又曰凡賓客來弔孝子皆當位東階下西面不得廬中長吏自弔其人左貫首絰出迎還入門君至門謝孝子還位乃從命還位若不謝遣者君向柩哭則孝子當伏孝子當後哭先止所以不使君甚哀也哭訖君遣還位乃從命還位則哭不得入廬也哭位在東階下辭去孝子哭止君先出孝子後出于門外見馬而拜訖哭而還也若有命止令勿出亦便隨從命也羸可使人自扶若病不能者君至自杖而已○欒亮問徐廣曰君弔之儀雖在於禮未審皇子之弔受弔為當迎送及拜以不當于廬室主當别施位耶若别施位者應在何處即位為應立應坐君弔雖已塟主

人必纔此禮已廢並未詳既小祥服已除正當即以練冠功衰受弔耶徐廣荅曰皇子之儀揖而不拜然猶應以練冠功衰迎立于側皇子向戶揖訖伏廬室而哭及皇子前執手時乃可長跪受之去出室還立戶更哭

開元禮賓至掌次者引之次賓著素服相者入告內外衰服相者引主人以下立哭于阼階下婦人幷哭于殯西相者引賓入立于庭北面西上為首者一人進當主人東面立云如何不淑主人哭再拜稽顙為首者復北面位弔者俱哭十餘聲相者引出少頃相者引主人以下各還次

勑使弔使者公服入立于寢門外之西東面相者入告主人素冠降自西階迎于寢門外見賓不哭先入

立于門右北面内外皆止哭闕帷帷堂之帷事畢則下之使者入升立西階東面進主人於階下北面使者稱有勑主人再拜使者宣勑云某封位薨無封者稱姓位四品五品云某封喪餘同情以惻然如何不淑主人哭拜稽顙内外皆哭使者出主人拜送於大門外親故為使弔者既出易服入向尸立哭十數聲止降出主人唯勑使出升降自西階主人升降自西階者親始死未忍當主位

若刺史哭其所部主人設席于柩東西向刺史素服將到相者引主人去杖立于門内之右北面刺史降入升自東階即坐西向哭主人升就位哭刺史哭盡哀將起主人降復階下位刺史降復主人拜送于大門外杖哭而入

刺史遣佐弔刺史遣使者至掌次引就次内外俱哀

服主人以下就階下位婦人入就堂上位內外俱哭使者素服執書相者引入門而左立于閒階東面使者致辭主人拜稽顙相者引主人進詣使者前西面受書退復位左右進受書主人拜送于位相者引使者若自入弔哭如常儀賓出少頃內外止哭各就次

（朱子語類）開元禮有刺史弔吏民之禮畧如古者國君弔臣禮本朝刪去此條

乾學按今世士大夫遭喪地方長吏無有不弔者主人之待之也亦與他賓客無甚異此舉世所通行不足為重惟唐時以刺史而弔吏民斯為異事耳然安知所謂吏民者非即縉紳之士乎葢古人稱守令為君凡縉紳在其封內者皆為治民故開元

禮總名之為吏民耳若夫田瓊之說待令長以國君之禮待丞尉以大夫之禮此在爾時則可若欲施之于今日不已過乎

政和禮品官儀弔者至掌事者引之次素服（若主人未成服弔者不變服）贊者入告内外衰服贊者引主人以下立哭于東階下婦人升哭于殯西弔者入立于庭北面西上為首者進當主人前云如何不淑主人哭再拜稽顙為首者復位弔者俱哭十餘聲乃出少頃主人以下各還次

庶人儀弔者至掌事者引之次素服（若主人未成服弔者不變服）贊者入告引主人以下立哭于東階下婦人升哭于殯西弔者入立于庭北面西上為首者進當主人前云如何不淑主人哭再拜稽顙為首者復位弔者俱哭十

餘聲乃出少頃主人以下各還次

司馬氏書儀凡弔人者必易去華盛之服喪大記小斂奠弔者襲裘加武帶絰與主人拾踊孔子羔裘玄冠不以弔子游弔人襲裘帶絰而入古者弔服有絰唐人猶著白衫今人無弔服故但易去華盛之服亦不當著公服若入酹則須具公服靴笏也作名紙右卷之繫以線題其陰面凡名紙吉者左卷之題陽面凶者反卷之陽面在左陰面在右曰某郡姓名慰同州則云同郡皆不著官職先使人通之主人未成服則護喪為之出見賓曰竊聞某人薨沒尊官則云薨沒或云捐館卑官則云傾逝少年則云夭沒後書做此如何不淑因再拜護喪答拜曰孤某遭此凶禍蒙慰問若有贈禭則并言之以未成服不敢出見不勝哀感使其拜又再拜此為子孫被髮徒跣者不出其餘皆出喪大記曰未小斂大夫為君命士為大夫出主人升降未敢由阼階禮也賓荅拜自餘如常儀

凡弔人者必有慼容曲禮臨喪不笑入臨不翔檀弓曰行弔之日不飲酒食肉孔子于是日哭則不歌又食于喪者之側未常飽也若在喪者家談笑諧謔豈弔人之道耶若賓與亡者為執友則入酹婦人非親戚及與其子為執友嘗升堂拜母者則不入酹名紙既通喪家于靈座前炷香澆

茶斟酒設席褥家人皆哭若主人未成服則護喪出延賓曰孤某須矣賓入至靈前哭盡哀古禮弔人無不哭者世俗皆以無涕為偽哭故恥之弔酹多不哭人之性自有少涕淚者不可必責于人孔子弔于舊館而出涕亦鮮矣若知生而不知死勿哭可也若親戚朋友死安可以不哭哉乃焚香再拜跪酹茶酒俛伏興再拜主人被髮徒跣扱上衽自樾左哭而出賓東向弔主人西向稽顙再拜秦穆公弔公子重耳稽顙不拜以未為後是故不成拜今人衆子皆拜非禮也然恐難頓改賓荅拜主人興進謝曰某罪逆深重禍延其親蒙賜沃酹不勝哀感又再拜賓荅拜賓主相向哭盡哀賓先止寬釋主人曰修短有命痛毒柰何望抑損哀思俯從禮制主人官尊則云伏望揖而出主人不送哭而反護喪為之送賓若主人已成服則自出受弔畢若賓請入酹則主人命炷香斟茶酒于靈座前家人皆哭主人揖賓遂導賓哭而入賓亦哭而入至靈座前主人立於宵東北向立哭

賓酹如○儀酹畢主人西向謝賓曰已辱臨弔重煩沃酹不勝哀感稽顙再拜賓荅拜相向哭寬釋如上儀賓出主人送至廳事如常儀自有三年之喪則不出弔人為其以人之親忘已之親故也期喪十一月已後可以出弔如有服而將往哭之則服其服而往往謂服之親死而往哭之非弔人其服謂死者之服也事見雜記檀弓曰有殯聞遠兄弟之喪雖緦必往非兄弟雖鄰不往若執友死雖齊衰亦可以往哭曾子之哭子張是也

凡弔及送喪葬者必助其喪事而勿擾也助謂問其所乏分導營辦貧者為之執綍負土之類擾謂受其飲食財貨

朱子家禮凡弔皆素服幞頭衫帶皆以白生絹為之

問今弔人用橫烏此禮如何朱子曰此是玄冠以弔正與孔子所謂羔裘玄冠不以弔者相反○丘濬曰各隨其人所當服之衣而用縞素者按本注幞頭衫帶皆以白生絹為之今制唯國恤用布裹紗帽其餘則不許有冠者衣可變而冠不可變若無冠者用素巾可也

儀節弔者至護喪先入白主人以下各服其服就位哭以待　就位弔者至向靈座前立　舉哀　哀止　詣靈座前　上香　鞠躬拜興拜興平身弔者拜拜畢主人持杖哭出西

向立賓弔主人曰不意凶變其親其官如何不淑隨意致辭亦可鞠躬拜興拜興平身弔者拜主人荅拜尊長來弔不拜主人致詞曰某罪逆深重禍延某親非父母及承重不用此二句蒙賜慰問不勝哀感稽顙拜興拜興平身主人拜弔者荅之禮畢弔者退主人哭入喪次護喪代送出或少延待一茶按家禮未小斂前已有親厚者入哭條畧既從為儀節矣而又為此者盖未成服以前來弔者用前儀成服以後來弔者用此儀有祭奠用下儀

朱子弔說凡弔禮聞其初喪未易服則率同志者深衣而往哭弔之凡弔尊者則為首者致詞而旅拜敵以下則不拜主人拜則荅之少者以下則扶之不識生者則不弔不識死者則不哭且助其凡百經營之事主人既成服則相率素幞頭素襴衫素帶皆以生紗絹為之具酒果食物而往奠之死者是敵以上則拜而奠以下則奠而不拜主人不易服則亦不易服主人不哭則亦不哭情重則雖主人不變不哭亦變而哭之賻禮用錢帛衆議其數如弔禮及葬又相率致賵俟發引則素服而送之賵如賻禮或以酒食其役夫及為之幹事卒哭大祥小祥皆常服弔之○喪家不可具酒食衣服以待弔客弔客亦不

可受凡所知之喪遠不能往則遣使致奠就外次弔服拜哭而送之惟父之親篤友乃然過期年則不哭情重則哭其墓

宋名臣言行録呂陶言明堂降赦臣寮稱賀訖兩省欲往奠司馬光程頤言曰子于是日哭則不歌豈可賀赦才了却往弔喪坐客有難之曰子於是日哭則不歌不言歌則不哭今賀赦了却往弔喪于禮無害軾遂以鄙語戲頤衆皆大笑結怨之端蓋自此始

呂大鈞弔説詩曰凡民有喪匍匐救之不謂死者可救而生謂生者或不救而死也夫孝子之喪親不能食者三日其哭不絶聲既病矣杖而後起問而後言其惻怛之心痛疾之意如不欲生則思慮所及雖其大事有不能周之者而況于他哉故親戚僚友鄉黨聞之而往者不徒弔哭而已莫不為之致力焉始則致含襚以周其急三日則具糜粥以扶其羸每奠則執其禮將葬則助其事其從柩也少者執紼長者專進止其掩壙也壯者盈坎老者從反哭祖而賵焉不足則賻焉不足則時爲凡有事則相焉斯可謂能救之矣故適有喪者之詞不曰願見而曰比鄰國君之臨亦曰寡

君承事他國之使者曰寡君使某母敢視賓客主人見賓不以尊卑貴賤莫不拜之明所以謝之且自別于常主也賓見主人無有荅其拜者明所以勵之且自別于常賓也自先王之禮壞後世雖傳其名數而行之者多失其義喪主之待賓也如常主喪賓之見主人也如常賓如常賓故止于弔哭而莫敢與其事如常主故舍其哀而為衣服飲食以奉之其甚者至于損奉終之禮以謝賓之勤廢弔哀之儀以寬主之費由是則先王之禮意其可以廢而已乎今欲行之者雖未能盡得如禮至于始喪則哭之有事則奠之又能以力之能及為營葬塟之未具者以應其求輟子弟僕隸之能幹者以助其役易紙幣壺酒之喪家之待已者恚以他辭受焉庶幾其可也

朱子語類問曾子問昏禮既納幣有吉日女之父母死則如之何孔子曰壻使人弔如壻之父母死則女之家亦使人弔如未有吉日獨不當弔乎朱子荅曰無不弔之禮□問行弔之日不飲酒食肉施于有服之親及情分之厚者則當若泛常之弔只當于行弔之時不飲酒食肉或問朱子荅曰有服則不但弔日不飲酒食肉矣其他則隨情分之厚薄可也

明會典品官儀始死訃告于親戚僚友方弔者至執友親厚之人則入哭臨尸盡哀出拜靈 上香再拜遂弔喪主相持哭盡哀喪主以下哭對無辭凡弔者奠賻皆有狀先具刺通名喪主炷火燃燭布席皆哭以俟護喪者出迎賓賓入至廳事揖曰竊聞某人傾背不勝驚怛敢請入酹併伸慰禮護喪者引賓入至靈座前哭盡哀再拜焚香跪酹祭酒俯伏興護喪止哭者祝跪讀祭文奠賻狀于賓之右畢興賓主皆哭盡哀賓再拜喪主哭出西向稽顙再拜賓亦哭東向荅拜進曰不意凶變某親某官奄忽傾背伏惟哀慕何以堪處喪主對曰某罪逆深重禍延某親伏蒙奠酹并賜臨慰不勝哀感又再拜賓荅拜又相向哭盡哀賓寬譬喪主曰修短有數痛毒奈何願抑孝思俯

從禮制乃揖而出喪主哭而入護喪者送至聽事茶湯而退喪主以下止哭亡者官尊即云薨逝稍尊即云捐館生者官尊則云奄弃榮養

庶人禮　凡來弔者必素服奠用香茶燭酒果賻用錢帛先具刺通名乃入喪主哭以俟護喪出迎賓賓入至廳事進揖曰竊聞某人傾背不勝驚怛敢請入酹并伸慰禮護喪引客入至靈座前哭盡哀再拜焚香跪酹茶酒俛伏興護喪止哭者祝跪讀祭文奠賻狀于賓之右畢興賓主皆哭盡哀賓再拜喪主哭出西向稽顙再拜賓亦哭東向答拜進曰不意凶變某親奄弃色養伏惟哀慕何以堪處喪主對曰某罪逆深重禍延某親伏蒙奠酹并賜臨慰不勝哀感又再拜賓答拜又相向哭盡哀賓寬譬喪主曰修短有數痛毒奈何俯抑孝思俯從禮制乃揖而出喪主哭而入

護喪者迎至廳事茶湯而退喪主以下止哭

賀欽醫閭集門生有居喪而外父死議往弔之或曰禮三年之喪不弔先生曰此非尋常弔者比乃重喪未除而遭輕喪制其服而往哭之禮也

呂坤四禮疑哀以衣掩口也弔以巾承口也凡臨喪為死無不哀者為生無不弔者傷不傷惟其情○生不相見者死不相弔執友之妻之母入弔可乎禮遠別情近親君子寧處于厚○溫公有入弔執友之妻之母之文然必生時數相見情相關又年各長老入弔可也苟無親親之情只宜拜于門外蓋遠別之禮生死不可廢耳○又曰三不弔非□情也三族五服之親是可也乎禮畏壓溺皆不弔甚遠于人情父母□□服血屬之親寧忍于不弔乎○又曰婦人之喪非五服不入奠奠于戶外拜于階下非男子之列死無二

乾學按古之弔禮不一有因凶災而弔者宋遭大水魯使弔之廐焚孔子拜鄉人為火來者是也有因疾病而弔者子夏喪明曾子弔之是也有因失國而弔者魯昭出疆齊人來唁是也諸不在喪禮中茲皆不入

宋董祥讀禮紀畧曲禮曰知生者弔知死者傷知生而不知死弔而不傷知死而不知生傷而不弔今雖不能從古亦須于禮無悖如弔帖稱于生者奠

帖稱于死者人能知之間有弔帖亦稱于死者謂奠則必不可稱于生乃至男子稱名以奠婦人此豈禮哉按禮男女不通問婦人之喪有子姓饋奠之禮而無朋友拜饗之禮若果同學世誼或可拜奠其母奠帖稱于其夫夫死從子稱于其子書奉奠某母某某人靈几如是則弔必以生而奠則男女異稱也古人奠不為文告辭不過申其饋獻稱致奠不稱致祭未葬曰奠既曰祭世俗未葬而用文以奠書致祭稱祭文及稱奠文者俱謬晦庵公曰未葬時奠而不祭虞始用祭既有文則是祭而非奠斷不可行至於朋友之妻決無奠拜之禮弔其夫或弔其子可也夫禮嚴內外男女有別聽其像而拜之合其夫之友而共饗之是以其死而忽諸也夫繪像止為傳諸子孫俾得思其笑語之意懸諸素幃端拱而受賓朋之跪拜非禮也況婦人之像乃可懸之于外以示羣賓耶致奠者固為失禮懸像以受之用贊以呼之對諸賓朋而進饗之寧有是哉靈其有知能無憾乎

讀禮通考　卷

讀禮通考卷五十九

喪儀節二十二

臨禮

周禮大宗伯朝覲會同則爲上相王哭諸侯亦如之

注哭諸侯者爲薨于國爲位而哭之

胡安國曰周制王哭諸侯則大宗伯爲上相司服爲王制緦麻宰夫掌邦之弔事戒令與其幣器財用是王者所以懐諸侯也

乾學按天子爲諸侯緦衰非緦麻也

檀弓天子之哭諸侯也爵弁絰紂衣或曰使有司哭之

注天子服士之祭服以哭之明爲變也天子至尊不見尸柩不弔服麻不加于采此言絰衍字也時人聞有弁絰因云之爾周禮王弔諸侯弁絰緦衰使有司哭之非也哀戚之事不可虛○疏諸侯薨在本國天子遥哭之不親見尸柩不服緦衰弔而假爵弁紂衣紂衣絲衣也則諸侯以下雖不見尸柩仍弔服也

方慤曰爵弁則其色如爵紂衣音緇則以其色如之

胡銓曰有司哭之非也惡夫涕之无從況使人乎

雜記上客臨曰寡君有宗廟之事不得承事使一介老某相執綍相者反命曰孤某須矣臨者入門右介者皆從之立于其左東上宗人納賓升受命于君降曰孤敢辭吾子之辱請吾子之復位客對曰寡君命某毋敢視賓客敢辭宗人反命曰孤敢固辭吾子之辱請吾子之復位客對曰寡君命某毋敢視賓客敢固辭宗人反命曰孤敢固辭吾子之辱請吾子之復位客對曰寡君命使臣某毋敢視賓客是以敢固辭固辭不獲命敢不敬從客立于門西介立于其左東上孤降自阼階拜之升哭與客拾踴三客出送于門外拜稽顙注上客弔者也臨視也言欲入視喪所不足而結助之謙也其實為哭耳臨者入門右不自同於賓客賓三辭而稱使臣為恭也為恭者將送其命孤降自阼階拜之拜客謝其厚意不迎而送喪无接賓之禮○疏此一節明弔含襚賵既畢上客行臨哭之禮使一介老某相執綍者某

者上客名也相助也謙言助主人执其葬綍其實爲哭而来耳一介言唯有一人爲介謙辭耳其實介数各下其君二等臨者不敢自同賔故入門右從臣位也宗人納賔升受命于君者主國宗人掌礼欲納此弔賔先受納賔之命於主國嗣君降曰請復位者宗人下阼階請客復門西客位也反命者反此客之辭命於嗣君也曰孤敢固辭者是宗人受嗣君之命以告客前文云孤某此直云孤不云某者客是使臣不復称名也前四礼客皆在門西此臨在門東者前是奉君命而行此是私礼若聘礼私覿故在門東

陸佃曰臨應親至故其詞如此攝寡君使某弔使某含使某襚使某賵不云不淂承事其遣上客亦以此賵称上介亞於此歟若陳乘黄大路于中庭蓋亦重礼也言执紼容外客臨有葬而至者也含不及斂不及事矣襚不及殯不及事矣賵不及葬不及事矣雖然犹愈乎否賔升受命于君变子称君容外客臨有不及事既葬與踰年而後至也公羊傳曰君薨称子某既葬称子踰年称公其曰孤降自阼階則子踰年可知孤不名亦以此

檀弓　君臨臣喪以巫祝桃茢執戈惡之也所以異于生也喪有死之道焉先王之所難言也注桃鬼所惡茢萑苕可掃不祥爲有凶邪之氣也生人則无凶邪○疏此一節論君臨臣之喪礼君謂天子往臨臣喪則以巫執桃祝執茢又使小臣執戈若往臨生者但有執戈无巫祝桃茢之事故云異於生也案喪大記大夫之喪將大斂君往巫止於門外祝先入又士喪礼大斂而往巫止于廟門外祝代之小臣二人執戈先二人後此皆大斂之時小斂及殯更无文明與大斂同也直言巫止无桃茢之文則去桃茢可知也喪大記雜記諸矦礼明天子亦然此經所云謂天子礼諸矦臨臣之喪則使祝代巫執茢居前下天子也尔謂未襲以前若已襲之後茢亦去[illegible]天子同是天子未襲之前臨臣之喪巫祝桃茢執戈三者并具諸矦臨喪未襲之前巫止

祝執茢小臣執戈若既襲之後歛殯以来天子與諸侯同也人之喪也有死散之道人之所悪故難言也

劉敞曰君臨臣喪以桃茢先非礼也周之末造也事之斯為臣焉使之斯為君焉君臣之義非虛加之也寄社稷焉爾寄宗廟焉爾寄人民焉爾夫若是其孰輕故吾有慶臣亦有慶君有戚臣亦有戚書曰元首明哉股肱良哉尊卑異而已矣雖于其臣亦然故臣疾君親問之臣死君親哭之所以致忠愛也若生也而用死也而棄生也而厚死也而薄生也而愛死也而悪是教之忘生也是教之背死也禍莫甚於背死而忘生苟為背死而忘生則不足以託六尺之孤寄百里之命施之於人者不變[illegible]亡然後人之視其君亡猶存矣則夫桃茢胡為乎諸臣之庿哉[illegible]之宜若礼然曰吾是故亦周末之記也昔者仲尼之畜狗死子貢埋之曰丘聞之也敝帷不弃為埋馬也敝蓋不棄為埋狗也而丘也貧无蓋也亦予之席為夫不以賤而弃之為勞也夫不以死期之為有生也勞雖賤不弃也死雖狗不其也而况於君臣乎吾故曰君臨臣喪以桃茢先非礼也周之末造也

曲禮臨喪則必有哀色

陳祥道曰情者色之實色者情之文情之淂失存乎内則色之淂失見于外臨喪必有哀色則哀之情可知

呂大臨曰色必称其服情必称其色内外相顧所謂不失色于人

臨喪不笑

呂大臨曰臨喪非笑所也

入臨不翔

疏入臨人之喪不淂趨翔為容

哭日不歌 疏哭日謂弔人日也

論語子於是日哭則不歌 集注哭謂弔哭一日之內餘哀未忘自不能歌也

子曰臨喪不哀吾何以觀之哉 疏親臨死喪當致其哀不哀則失于和易

黄公紹韻會舉要臨力鴆切哭也顏師古曰衆哭曰臨毛晃增韻喪哭論語臨喪不哀礼記臨喪則必有哀色周礼王弔臨注以尊適卑曰臨

禮記奔喪篇哭父之黨於廟母妻之黨於寢師於廟門外朋友於寢門外所識於野張帷 注此因五服聞喪而哭列人恩諸所當哭者也

黨謂族類无服者也逆奔喪礼曰哭父族與母党於廟妻之党於寢朋友於寢門外壹哭而已不蹋言一哭而已則不為位矣○疏此明无服之親聞喪所哭之處案檀弓云師吾哭諸寢與此異者熊氏云檀弓殷礼此周法也此哭父党於廟而檀弓云有殊聞遠兄弟之喪哭于側室若无殡則在寢與此不同者異代礼也此母党在寢逆奔喪不五常[illegible]者皇氏云母存則哭於寢母亡則哭於廟熊氏云哭于廟者是親母宪乎於寢者蓋慈母繼母之党未知孰是故兩存之沈氏云事由父者哭之廟事由己者則哭之寢此師於廟門外者是父之友與為師同故哭之廟義亦通也

方慤曰廟者神之所居有尊之道故哭父之党於廟寢者人之所居有親之道故母妻之党於寢師以道之尊而有別于父故於廟門外朋友以德之親而有別於妻母故於寢門外所識則非親特與之相識而已故於野以示其遠爲

喪服小記哭朋友者於門外之右南面 注亦於有親者門外寢門外

〔宋陸揆王經稽疑〕曰朋友哭于寢門之右南面者以言門外至故向外爲位而哭也哀盡則位徹矣安得有弔賓來而爲主以待之乎說者亦鑿矣

〔檀弓〕妻之昆弟爲父後者死哭之適室注以其正也子爲主袒免哭踊注親者主之夫入門右注北面辟正主使人立于門外告來者狎則入哭注狎相習知者父在哭於妻之室注不以私喪干尊非爲父後者哭諸異室疏適室正寢也禮女子子適人者爲昆弟之爲父後者不降以其正故也又[illegible]夫爲之哭于適室之中庭也甥服舅緦故命己子爲主受弔拜賓也袒免哭踊者冠尊不居肉袒之上必先去冠而加免故凡哭哀則踊踊必先袒袒必先免故袒免哭踊也子既爲主位在東階之下西鄉父入門右近南而北向哭也鄭注知此北面者鄭推子既爲主在阼階下西鄉父不爲主若又西向便似二主故入門右而北面示辟爲主之處也門內有哭則鄉里聞之必來相弔故使人出門外告語來弔者述所哭之事明爲主在子不關己也若弔人與此亡者曾經相識狎習當進入共哭也若父在則適室由父故但於妻室之前而哭之亦子爲主使人立于門外也案奔喪禮妻之黨哭諸寢此哭於適室及異室者寢是大名雖適室及妻室異室揔皆曰寢此云子爲主袒免哭踊則夫入門右亦哭踊知者以其上文申祥之哭言思婦人倡踊故知夫入門右亦踊但文不備耳

有殯聞遠兄弟之喪哭于側室注嫌哭殯無側室哭于門內之右注近南者爲之變位同國則往哭之注喪无外事○疏此哭于門內之右謂庶人无側室者故內則云庶人无側室言近南爲之變位以其尋常爲主當作阼階東西面今稱門內之右故知近南爲之變位也必變之者以哭于大門內之右既非常哭之處故繼門而近

於南也鄭云近南則猶西面但近南耳又知西面者案士喪礼朝夕哭衆主人衆兄弟繼婦人南皆西面明此哭兄弟亦西面也所以同國則往哭異國則否者以其已有喪殯不得嚮他國故鄭云喪无外事

方慤曰哭于側室者欲其遠殯宮也哭于門内之右者不居主位示爲之変也同國往哭之者以其不遠故也

孔子哭子路於中庭注寢中庭也與哭師同親之有人弔者而夫子拜之注爲之主也既哭進使者而問故注使者自衛來赴者故謂死之意狀使者曰醢之矣注時衛世子蒯聵篡輒而立子路死之醢之者示欲啗食以怖衆遂命覆醢注覆棄之不忍食○疏哭諸寢今哭子於中庭故云與哭師同親之若其不親當哭于寢門外與朋友同

王安石曰孔子哭子路與哭師同或者哭弟子之礼當如師猶服之有報乎

陳祥道曰哭于中庭視之猶子也有人弔者而夫子拜之自視猶父也遂命覆醢者非特不忍食之又不忍見之也

陸佃曰哭以師友之間進之也

吳澄曰哭師于寢哭朋友于寢門外中庭在寢之外寢門外之內故陸氏謂之師友之閒也

伯高死於衛赴於孔子注赴告也凡故舊恩者則使人告之孔子曰吾惡乎哭諸注以其交會亦新兄弟吾哭諸廟父之友吾哭諸廟門之

外注別親疏也師吾哭諸寢朋友吾哭諸寢門之外所知吾哭諸野注別輕重也於野則已疏於寢門已重注已猶大也夫由賜也見我吾哭諸賜氏注本于恩哭於子貢寢門之外遂命子貢為之主注明恩所由曰為爾哭也来者拜之知伯高而来者勿拜也

注異於正主○疏兄弟親父友疏死哭諸廟及廟門外者兄弟是先祖子孫則哭之于廟此殷礼周則哭于寢故雜記云有殯聞兄弟之喪哭之側室若无殯當哭諸正寢父之友與父同志故哭諸廟門外非先祖之親故在門外也師友為重所知為輕所以哭師于寢寢是已之所居師又成就于已故哭之在正寢此謂殷礼若周礼則奔喪云師哭諸廟門外故鄭荅趙商之問亦以為然孫炎云奔喪師哭諸廟門外是周礼也依礼而哭謂野若不依此礼則不可故下云惡野哭者以違礼為野哭也

陳祥道曰為子貢而来知生者也為伯高而来知死者也知生者弔而不傷則来者礼也故拜之知死者傷而不弔則来者非礼也故勿拜之哭於賜氏義也故子貢之拜不拜礼也

陸佃曰礼哭師于廟門外而孔子曰師吾哭諸寢至是師少隆矣蓋君不知所以教而後師之報礼重故子貢請喪夫子若喪父而无服然則心喪三年記孔子以後之礼

徐師曾曰兄弟出于祖内親也故哭諸廟父友聯于父外親也故哭諸廟門外師以成德其親視父故哭諸寢友以輔仁其親視兄弟故哭諸寢門之外

皆重之也泛交之人不及朋友故哭諸野踈之也此常礼也今伯高於我過於所知而不及師友於野則太踈於寢則太重此常礼所无要當以義起爾故因其由賜而見遂哭諸賜氏且使為之主明恩之所由也既而又教以拜賓之礼為子貢而來則弔生之情在子貢知伯高而來則傷死之情在伯高或拜或不拜凡以称其情耳聖人酌哭泣之位審拜賓之礼其慎如此所以為礼義之宗主也

檀弓　陳莊子死赴於魯魯人欲勿哭穆公召縣子而問焉縣子曰古之大夫束脩之問不出境雖欲哭之安得而哭之今之大夫交政於中國雖欲勿哭焉得而弗哭且臣聞之哭有二道有愛而哭之有畏而哭之公曰然然則如之何而可縣子曰請哭諸異姓之廟於是與哭諸縣氏注君无哭隣國大夫之礼陳莊子齊大夫陳恒之孫名伯

方慤曰生既畏之不敢不與之交死亦畏之不敢不為之哭矣哭諸縣氏以其礼所由起與哭伯高于賜氏同義

游桂曰春秋時先王之礼顛倒錯亂甚矣魯悼[illegible]之[illegible]敬子食〻此人臣而礼損于君者也穆公之于莊子此人君而加[illegible]臣者也行道者以政正人之情因情以制當行之礼苟惟不然政亂而時獘時獘而情佚情佚而礼變矣

徐師魯曰哭諸縣氏以礼自妫子而起也

陽門之介夫死司城子罕入而哭之哀晉人之覘宋者反報於晉侯曰陽門之介夫死而子罕哭之哀而民說殆不可伐也孔子聞之曰善哉覘國乎詩云凡民有喪扶服救之雖微晉而已天下其孰能當之注陽門宋國門名介夫甲衛士子罕戴公子樂甫術之後樂喜也救猶助也微猶非也○疏介夫匹庶之賤人子罕是國之卿相以貴哭賤感動民心皆喜悅若有人伐必致死故云殆不可伐

陳祥道曰吴起吮一人之疽而鄰敵莫抗段頴裹一人之瘡而西羌頓平然則司城子罕哭一介夫而民悅其可伺隙抵巇而伐之哉覘者所知微也

葉夢得曰介夫至賤子罕一哭之哀而晉國覘之不敢伐聖如孔子以為天下莫能當之故曰治國不敢侮鰥寡而況於士民乎

【左傳】成公二年九月衛穆公卒晉二子注郤克士燮自役弔焉哭于大門之外注師還過衛故因弔之未復命故不敢成礼衛人逆之注逆于門外設喪位婦人哭于門内注喪位婦人哭于堂賓在門外故移在門内送亦如之遂常以葬注至葬行此礼○疏哭于大門之外謂大門外之西東面衛人逆之謂大門外之東西面各從賓主之位婦人哭于門内謂門内之西東面以堂上在西東面

故也至于二子之去衛人送之其位亦如之自此有鄰國弔者常行此礼而至于葬沈氏云雜記弔者即位于門西東面主孤西面相者受命曰孤某使請事客曰寡君使某如何不淑相者入告出曰孤某須矣弔者入主人升堂西面弔者升自西階東面致命此臣奉君命行弔之礼今二子師行經衛竟不敢成礼故于大門之外喪大記云君之喪夫人坐于西方內命婦姑姊妹子姓立于西方外命婦率外宗哭于堂上北面又曰婦人迎客送客不下堂是喪位婦人哭于堂

本傳襄公十二年吳子壽夢卒臨於周廟禮也注文王廟也周公出文王魯立其廟凡諸侯之喪異姓臨於外注於城外向其國同姓於宗廟注所出王之廟同宗於祖廟注始封君之廟同族於禰廟注父廟也同族謂高祖以下是故魯為諸姬臨於周廟注諸姬同姓國為邢凡蔣茅胙祭臨於周公之廟注即祖廟也六國皆周〻之支子別封為國共祖周公

漢書賈山傳上書曰古之賢君於其臣也尊其爵祿而親之疾則臨視之亡數死則往弔哭之臨其小斂大斂已棺塗而後為之服錫衰麻絰而三臨其喪未斂不飲酒食肉未葬不舉樂當宗廟之祭而死為之

廢樂故古之君人者於其臣也可謂盡禮矣服法服端容貌正顏色然後見臣下莫敢不竭力盡死以報其上功德立于後世而令聞不忘也

光至賀循傳移此

職官分記晉尚書令拜授皆策命薨則于廟堂發哀

晉書載記後秦姚興以大臣屢　　、所司更詳臨赴之制所司白興依故事東堂發哀興不從每大臣死皆親臨之

書至周書移此

唐書禮志君臨臣喪則設大次於其門西設素裀榻于堂上皇帝小駕鹵簿乘四望車警蹕鼓吹備而不作皇帝至大次易素服從官皆易服侍臣則不皇帝出次喪主人免絰釋杖哭門外望見乘輿止哭而再拜先入門右西向皇帝至堂升自阼階即哭位巫祝各一人先升巫執桃立于東南祝執茢立于西南戈

儀傳至蘇頌宋史

者四人先後随升喪主人入庭再拜勅引乃升立户内之東西向皇帝出喪主人門外拜送皇帝變服于次乃還廬文武常服皇帝升車鼓吹不作而入

宋史禮志車駕臨奠太常新禮宰相樞密宣徽使叅知政事樞密副使駙馬都尉甍皆臨幸奠酹及發引乗輿或再往咸平二年工部侍郎樞密副使楊礪卒即日冒雨臨其喪大中祥符元年殿前都虞候端州防禦使李繼和卒真宗將臨其喪以問宰臣對曰繼和以品秩實無此禮陛下郭序外戚先朝亦嘗臨杜審瓊之喪於禮無嫌帝然之即日幸其第康定二年右正言知制誥吴育奏臣竊見車駕每有臨奠臣僚宗戚之家皆即時出幸道路不戒羽衛不全從官奔馳衆目驚異萬乗法駕豈慎重之意乎雖震悼方切於

皇慈而舉動貴合乎經禮臣竊詳通禮舊儀蓋俟喪家成服然後臨奠于事不迫在禮亦宜臣愚欲乞今後車駕如有臨奠去處乞俟本家既歛成服然後出幸則宸意容典詳而得中警蹕羽儀倫之有素事下禮官議遭喪之家有出殯日及成服者恐至時難行臨奠請自今聖駕臨奠臣僚宗戚之家若奏訃在交未前即傳宣閤門只於當日令所屬候儀衛備奏請車駕出幸若奏訃在交未後即次日臨奠庶使羽衛整肅於事為宜詔可其儀乘輿自内出千牛將軍四人執戈一人執桃一人執茢前導車駕將至所幸之第贊禮者引喪主哭于大門内望見乘輿止哭再拜立于庭皇帝至幕殿改素服就臨喪主内外再拜皇帝哭十五舉音喪主内外皆哭皇帝詣祭所三奠酒

喪主已下再拜皇帝退止哭從官進名奉慰皇帝改常服還內

朱彧可談故事宰相薨駕幸澆奠褰帷見尸則所陳尚方金器盡賜其家不舉帷則收去宰相吳充元豐間薨于私第上幸馬夫人李氏徒跣下堂叩頭曰吳充貧二子官六品乞依兩制例持喪仍支俸詔許之然倉卒白事不及褰帷駕興諸司斂器皿而去計其所宜與二子特支俸頗相當因謂官物不可妄得如此

朱子語類本朝於大臣之喪待之甚哀賀孫舉哲宗哀臨溫公事曰溫公固是如此至于嘗為執政已告老而死祖宗亦必為之親臨罷樂看古禮君于大夫小斂往焉大斂往焉于　既殯往焉何其

胡息齋存稿張翊士元人孫詒
舉人嘗采宋史臨奠大臣之
三編曰臨奠錄示大臣宜學也

入朱子語類後

誠愛之至今乃怛然此是渡江後君臣之勢一向懸絶無相親之意故如此古之君臣所以事事可爲缘是親愛一體耳

霍光傳光薨上及皇太后親臨光喪大中大夫任宣與侍御史五人持節護喪事

後漢書蔡遵傳遵卒喪至河南縣詔遣百官先會喪所車駕素服臨之望哭哀慟還幸城門過其車騎涕泣不能已喪禮成復請祀以太牢詔大長秋謁者河南尹護喪事大司農給費博士范升上疏曰古者臣疾君視臣卒君弔德之厚者也陵遲以來久矣及至陛下復興斯禮羣下感動莫不自勵至塟車駕復臨贈以將軍侯印綬朱輪容車介士軍陳送葬既葬車駕復臨其墳存見夫人室家

李通傳通卒帝及皇后親臨弔送葬
銚期傳期卒帝親臨襚斂
鄧晨傳晨卒乘輿與中宮親臨送葬
卓茂傳茂卒賜棺椁冢地車駕素服親臨送葬
趙憙傳憙疾病帝親幸視及薨車駕往臨弔
牟融傳融卒車駕親臨其喪
鄧彪傳彪卒天子親臨弔爲
馮勤傳勤卒帝悼惜之使者弔祠賜東園秘器賻贈有加焉
伏湛傳湛卒賜秘器帝親弔祠遣使者送喪脩冢
侯霸傳霸卒帝深悼惜之親自臨弔
張禹傳禹卒使者弔祭
趙典傳典病卒使者弔祠

梁商傳商薨帝親臨其喪及葬贈輕車介士中宮親送帝幸宣陽亭瞻望車騎

杜林傳林卒帝親自臨喪送葬

馬廖傳廖卒帝以廖先帝之舅厚加賵賻使者弔祭王主會喪

桓榮傳顯宗永平中榮卒帝親自變服臨喪送葬賜冢塋於首山之陽

通典魏大司馬曹真薨王肅爲舉哀表云在禮大臣之喪天子臨弔諸侯之薨又庭哭焉同姓之臣崇於異姓自秦逮漢多闕不脩暨光武頗臻其禮于是羣臣莫不競勸博士范升上疏稱揚以爲美可依舊禮爲位而哭之敦睦宗族於是帝幸城東張帷帳而哭之及鍾太傅薨又臨弔焉

晉書鄭冲薨帝于朝堂發哀
羊祜喪既引帝于大司馬門南臨送
王沉薨帝素服舉哀
賀循卒帝素服舉哀哭之甚慟將葬帝又出臨其柩
哭之甚哀
梁書天監二年沈約遭母憂輿駕親出臨弔
十八年武帝春祠二廟既出宮有司以左將軍馮道
根卦聞帝問中書舍人朱异曰吉凶同日可乎對曰
昔衞獻公聞柳莊死不釋祭服而往哭之道根有勞
王室臨之禮也帝即幸其宅哭之慟
魏書盧魯元卒太武帝三臨之
武帝時渭州刺史昌國伯雷紹卒還葬長安武帝素
服臨弔

明帝時長孫澄卒自初喪至葬帝三臨之宇文容曰君臨臣喪自有節制今乘輿屢降恐乖典禮

周書太師李弼薨明帝三臨其喪

唐書魏徵傳徵薨帝臨哭爲之慟罷朝五日太子舉哀西華堂将葬帝登苑西樓望哭盡哀

高士廉傳士廉卒帝臨弔房玄齡以帝餌金石諫不宜近喪帝曰朕有舊故姻戚之重君臣之分卿置勿言即從數百騎出長孫無忌伏馬前陳士廉遺言乞不臨喪帝猶不許無忌至流涕乃還入東苑南向哭喪出橫橋又登城西北樓望哭

張公謹傳公謹卒帝将出次哭之有司奏曰在辰不可帝曰君臣猶父子也情感于內安有所避遂哭之

王珪傳珪卒帝素服哭別次

常因革禮接[illegible]寫

李大亮傳大亮卒太宗爲之舉哀于別殿

崔敦禮傳敦禮卒高祖爲舉哀東雲龍門

郭孝恪傳孝恪討龜茲中流矢卒太宗責孝恪斥候不明至顛覆奪其官後愍死戰更爲舉哀

郝處俊傳處俊卒帝哀歎其忠舉哀光順門祭以少牢賻絹布八百段米粟八百石

泉男生傳男生卒帝爲舉哀喪至都詔五品以上官哭之

蘇瓌傳瓌卒皇太子別次舉哀

蘇頲傳頲卒帝即日帳次哭洛城南門

太常因革禮

宋史建隆四年山南東道節度使慕容延釗卒太祖素服發哀其後趙普薨太宗亦如之景德四年李沆薨礼官言舉哀品秩雖載礼典必緣國朝惟趙普曹

常因革禮入此

彬曾行玆礼今望裁自聖恩詔特擇日舉哀自後宰
臣薨皆用此礼

薛居正傳太平興國初居正卒太宗親臨居正妻拜
於喪所

邢昺傳國朝故事非宗戚將相無省疾臨喪之禮特
加于邢昺與郭贄者以恩舊故也

李沆傳沆薨真宗再往臨哭之

程大昌演繁露石熙載為樞密使乞解政除右僕
射太平興國九年薨太宗即往臨其喪近世執政
既罷而卒車駕臨視自公始

楊礪傳礪為樞密副使卒官真宗軫悼即冒雨臨其
喪礪僦舍委巷中乘輿不能進步至其地嗟憫久之
廢朝贈兵部尚書

天禧元年太尉王旦薨時季秋大享明堂其日發哀真宗疑之禮官言初事在質明之前成服于既祠之後於禮無嫌詔可

仁皇訓典太傅致仕張士遜卒幸其第上翌日上頤謂輔臣曰昨日左右有言庚戌是朕本命日不宜臨喪朕以師臣之舊何所避也文彦博進曰陛下過于唐太宗辰日哭張公謹遠矣

宋史元祐元年王安石薨在神宗大祥之内司馬光薨亦在諒闇中皆不舉哀成服○高宗於劉光世張俊秦檜之喪皆為臨奠然後設幄舉哀成服之禮未之有也

遼史重熙十二年蕭孝忠薨帝素服哭臨赦死囚數人為孝忠薦福葬日親臨賜官户守冢

金史貞元三年太傅大㚖薨親臨哭之命有司廢務大定六年僕散忠義薨上親臨哭之慟輟朝奠祭賻銀一千五百兩重綵絹各五十世宗將幸西京復臨奠命參知政事唐括安禮護喪事凡葬祭從優厚官為給之

十二年紇石烈志寧薨上輟朝臨其喪行哭而入哀動左右將葬上致祭見陳甲柩前復慟哭之賻銀千五百兩重綵五十端絹五百匹葬事祠堂皆從官給

明太祖洪武初鄂國公常遇春卒于軍帝聞之慟喪車至龍江親出奠為文祭之

明太祖實録洪武二年冬十月庚午日常遇春訃至上悲悼罷朝即命禮部議天子為大臣發哀禮禮官言周制王哭諸侯大宗伯為上相檀弓天子之哭諸

侯雀弁紂衣自周以降天子爲諸王大臣皆有舉哀之禮漢東海恭王薨明帝幸津門亭發哀晉長樂公主扶風王亮薨武帝並舉哀三日唐永安王孝基薨高祖爲之發哀宋汝南郡王晉王夫人符氏薨天子皆爲之素服舉哀此爲諸王妃主而舉哀也魏司馬曹真薨帝幸城東張帳而哭之唐太子右衛率李大亮卒太宗爲之舉哀樂安郡公惟正薨仁宗素服發哀于後苑此爲大臣宗戚而舉哀也今請用宋太宗爲韓王趙普舉哀故事制可其儀注與集礼文同

十八年二月太傅魏國公徐達卒帝袒跣徐達寢撫尸而慟

衛國公鄧愈卒于壽春帝哭之慟輟朝三日喪車至三山帝親出臨奠之

乾學按禮有君視大歛之儀記詳君弔大夫士之節後世君臣执分日隔其或奏訃而舉哀或臨弔或賜賻或送葬皆為殊典因統載于臨哀之條

開元禮若有親故哭殯者内外俱升就殯堂位尊者坐若賓敵体以上賓初入則起賓坐亦坐賓起亦起内外俱哭相者引賓入升堂立于殯東西面南上尊者坐俱哭盡哀尊者起相者引出卑者再拜訖乃就主人前稍南東面執慰相者引以次出恩深者賓拜訖主哭盡哀或就孝子撫哭盡哀而出少頃相者引主人以下降還次

政和禮品官喪儀若哭殯内外俱升就殯堂尊者坐若賓敵体賓初入門起賓坐亦坐賓起亦起内外俱哭賛者引弔者入升堂立于殯東西向南上尊者坐哭盡哀乃出卑者再拜訖乃

二字大
一字大

就主人前慰訖贊者引以次出思深者賓拜訖入哭盡哀少頃還訖如初賓客以弔而重來者主人哭而見其去也又哭之未葬必備衰絰而后見

庶人喪儀哭殯俱升就殯堂哭尊者坐若與敵体以上賓初入則起賓坐亦坐賓起亦起贊者引親賓入升堂立于殯東西向南上尊者坐哭盡哀乃出卑者再拜訖乃就主人前慰訖贊者引以次出少頃還次如初

奠禮

許慎說文奠置祭也

劉熙釋名喪祭曰奠奠停也言停久也亦言樸奠合體用之也

家禮奠用香茶燭酒果有狀或用食物即別為文也賻用錢帛有帷親友分厚者有之具刺通名賓主皆有官則具門狀否則名紙題其陰面先使人通之與礼物俱入入哭奠訖乃弔而退既通名喪家炷火燃燭布席皆哭以俟護喪出迎賓賓入至廳事進揖曰竊聞某人傾背不勝驚怛敢請入酹并伸慰礼護喪引賓入至靈座

前哭盡哀再拜焚香祝酹茶酒俯伏興護喪止哭祝跪讀祭文奠賻狀于賓之右畢興賓主皆哭盡哀賓再拜主人哭出西向稽顙再拜賓亦哭東向答拜進曰不意凶变某親某官奄忽傾背伏惟哀慕何以堪處主人對曰某罪逆深重禍延某親伏蒙奠酹并賜臨慰不勝哀感再拜賓答拜又相向哭盡哀賓先止賓慰主人曰脩短有数痛毒奈何願抑孝思俯從礼制乃揖而出主人哭而入護喪送至廳事茶湯而退主人以下止哭○若亡者官尊即云薨逝少尊即云捐　生者官尊則云奄棄榮養付亡俱无官即云違遠色養若尊長拜賓礼亦同此惟其辭各如啟狀之式見卷末

〈儀節〉既通名主人炷香燃燭布席以具服就位哭以俟護喪出迎賓祝至進揖訖引至靈座前[illegible]亭立獨祭則曰就位舉哀　哀止　鞠躬拜興拜興平身　詣靈座前若是衆賓則尊者一人獨詣焚香　跪尊長者則不用此句酹酒執事者跪奉盞與賓賓接之傾酒于地奠酒執事接盞置靈座前讀祭文祝跪于賓之右讀訖舉哀俯伏興平身若不跪不用此二句復位鞠躬拜興拜興平身　焚祭文　哀止　禮畢

按曲礼凡非弔喪非見國君无不答拜者則弔喪不答拜明矣而家礼本書儀乃從世俗有賓主拜荅之文蓋礼從宜二先生蓋以義起也弔不荅拜礼有明訓二先生尚以義起之若无祭奠而主人代亡者拜恐无甚害今從弔奠者尊長于亡者則主人代拜平等與尊者則否

〈慰謝儀〉行礼畢主人哭出西向主人稽顙拜興拜興賓亦哭荅拜賓慰主人曰某親傾背哀慕何堪主人謝賓曰伏蒙奠酹

幷賜慰臨不勝哀感拜興拜興賓荅拜舉哀賓主相向哀哭盡哀

止賓先止寬主人曰顧抑孝思俯從禮制禮畢賓揖而出主人哭而入護喪送出或

少延茶湯而退

高閌曰既謂之奠而乃燒香酹酒則非奠矣世俗承習久矣非礼也○又曰喪礼賓不荅拜凡非弔喪无不荅拜者胡先生書儀曰若弔人是平交則落一膝展手策之以表半荅若孝子尊弔人卑則側身避位候孝子伏次卑者即跪還須詳緩去就无令跪伏與孝子齊○楊復曰按程子張子與朱先生後來之説奠謂安置也奠酒則安置于神座前既獻則徹去奠而有酹者初酌酒則傾少酒于茅代神祭也今人直以奠為酹而尽傾之于地非也高氏之説亦然與此條所謂入酹跪酹似相牴牾蓋家礼乃初年本當以後來已定之説為正詳見祭礼降神條○又曰按弔礼主人拜賓賓不荅拜此何義也蓋弔賓來有哭拜或奠礼主人拜賓以謝之此賓所以不荅拜也故高氏書有半荅跪還之礼凡礼必有義不可苟也書儀家礼從俗有賓荅拜之文亦是主人拜賓賓不敢當乃荅拜今世俗弔賓來見几筵哭拜主人亦拜謂代亡者荅拜非礼也既而賓弔主人又相與交拜亦非礼也

明唐順之與宜興諸大書古禮饋奠則從主人而服則從族戚朋友各以親踈輕重自製之是故主人饋奠而族戚朋友助之執事則有之矣在禮未聞有族戚朋友供奠物之文之工人勞族戚朋友

以執事則有之矣在禮未聞有主人散麻散縞散絹于親戚朋友之文也今一切反是族戚朋友為之饋奠是以族戚朋友而代主人之所自盡也主人為之散麻散縞散絹是以主人而擅族戚朋友之所自備也此禮不知始何時古所謂野于禮者其此類之謂乎且近世喪葬日奢日靡富貴之家一日至享十家之奠自啓殯至葬數日間大牲小牲刲割狼藉且百千計鬼神情狀與人情不相遠鬼而無餒所食幾何今若此不惟生者靡費抑亦使死者不忍且夫放生以資冥福則儒者所不信殺生以重冥罪則理未必無是以痛為亡妻謝此業債族戚朋友則相信者多矣而一麾自宜興歸聞諸友復欲醵金為奠且殺生靡費于有所用所

必受猶尚不可況施于所必無用所必不敢受其謂之何如諸友以為情有未盡但遠来臨葬此亦足矣即使我身後諸友亦只須如是行之但能相體不為無情也

後漢書禮儀志朝臣中二千石將軍卒使者弔祭郡國二千石六百石以至黄綬皆賜常車驛牛贈祭

明會典洪武二十六年定公侯亡故不分病故陣亡禮部具手本赴光禄寺備辦祭物自初喪至除服以次遣官致祭　聞喪　入斂　首七至終七　下葬　百日　新冬　周年　二周　除服　都督至都指揮亡故仍備辦祭物自初喪至除服節次遣官致祭　聞喪　下葬　百日　周年　除服　指揮使至指揮僉事亡故亦節次遣官致祭　安靈　下葬

周年　除服　衛所鎮撫千户百户亡故止二次
遣官致祭　安靈　下葬
公侯及在京一品二品父母妻喪三品四品父母喪
曾授封贈及致仕者各照品級造墳安葬在外止祭
祀未封贈者無○在外都指揮使至指揮僉事止是
禮部遣人往祭一次若回京安葬則照例祭祀千百
户别無祭葬例
永樂以後續定凡公侯承襲病故者祭二壇若管府
事有功績加太子太保以上及守備南京者俱祭十
六壇○凡駙馬都尉病故者祭十五壇○凡伯爵承
襲病故者祭二壇其年幼襲爵不及而故者祭一壇
若管事有功績加太子太保以上者祭十五壇若公
侯伯為事病故者祭俱無

凡公侯伯母與妻俱祭二壇係皇親者加祭取自上裁

凡兩京二品以上文官并父母妻三品文官并父母曾受本等封者俱照例與祭葬其三品父母止授四品封及四品官并父母授本等封者俱止賜祭一壇若止授五品以下封者祭葬俱無其有出自特恩者不在此限

凡一品官病故者祭九壇父母受封至一品者祭二壇妻祭一壇

凡尚書左右都御史在任病故者祭二壇其加有東宮三少或兼大學士贈一品者祭四壇父母妻祭俱一壇

凡兩京三品官病故者俱祭一壇致仕者亦然其以

侍郎兼學士贈尚書者祭二壇
凡左右都督至都督僉事管府事病故者俱祭六壇若其先有功後閒住病故者祭二壇毋妻祭俱一壇若署都督僉事祭一壇○凡中都留守正副俱祭一壇○凡在京親軍衛分帶俸都指揮使及同知僉事在御馬監把總或出充遊擊參將等官有功無過者祭一壇○凡錦衣衛等官指揮使同知僉事或帶俸都指揮職銜者俱祭一壇無葬其係于皇親者祭葬取自上裁
凡在京在外文武官員不拘品級其以死勤事者卹典取自上裁
凡外國使臣病故者令所在官司賜棺及祭
凡公侯伯殁于王事者嘉靖八年題准于本爵應得

祭外加祭二壇

隆慶三年更定凡四品五品文官以侍從春宮軍功等項應沾卹典者禮部臨時具由取自上裁其他一切雜途盡行停止（弘治十年例）遇有前項陳請仍先移文翰林院兵部覈實如軍功必躬履行陣侍從必日侍講讀春宮必親奉出閣開陳有勞方與具由題請若止曾受官未經實効勤勞者不准（嘉靖二十三年例）其特恩所加祭葬大約于本等品級内量加一等如無祭者給與祭一壇無葬者給與半葬應半葬者給與全葬如講讀官則五品本身有祭四品本身父母得擬祭葬三品祭得及其妻軍功則四品本身得擬祭葬三品未滿淂及其父母各有差等不得越次妄生希覬或有講讀年久啟沃功多軍旅身殲勳勞懋著者卹典自

宜加厚禮部臨時擬議奏請定奪

凡二品官本等祭二壇若加陞一品致仕者祭五壇（正德七年例）加東宮三少致仕者祭三壇（正德六年例）原加東宮三少而續奉旨革去者止與本等祭二壇妻未封夫人者不准與祭（俱嘉靖二十三年例）其加陞日淺政蹟未著者臨時覈實奏請量減若被劾冠帶閒住者祭葬俱無（俱弘治十年例）

○凡四品官已經考滿者其父母例不重封雖止授五品封亦與祭一壇未考滿者不准（嘉靖二十三年例）○凡四品以上官其父母曾授本等封贈者先後病故祭淂因後升及其先如有前母亦得及之無封贈者不得越例陳乞其品官妻非係封贈夫人者原無祭典不准並祭（俱嘉靖二十三年例）○凡被劾聽調官有心本無疵事因詿誤雖遺指摘不累其人品者原得祭葬仍准全給

或功有可録過有可原者功過當相較量其祭葬應全給者半給應半給者有祭無葬若罪過昭彰公論共棄者照閒住例不准給

凡公侯伯本爵應得祭二壇若在内掌府事坐營守備南京同在外總兵征討積有勳勞而加太子太保以上者公侯祭十六壇伯祭十五壇掌府事坐營總兵歷有勳勞者祭七壇掌府事坐營積有年劳者祭五壇雖掌府事而政績未著者祭四壇管事而被劾勘明閒住者止與本爵祭二壇被劾而未經勘實者祭一壇勘實而罪重者并本爵應得祭葬一槩盡削○凡都督同知僉事起用未久病故者與祭三壇嘉靖三十年例錦衣衛都指揮使身後贈都督同知者亦祭三壇正德二年例俱照例造葬

凡公侯襲爵未謝恩病故者萬曆一年議準照伯襲
爵未久例與祭一壇造葬
凡公侯伯為事未經勘實身故者其妻封命雖未追
奪亦從夫例止與祭一壇○凡左右都督都督同知
都督僉事管府事及在外總兵病故者俱祭六壇照
例造葬都督同知以上不分真署一體給祭葬署都
督僉事止祭一壇不得妄援○凡興都正副留守俱
祭一壇○凡以死勤事若抗節不屈身死綱常者犯
顏諫爭身死國是者執銳先登身死戰陳者危城固
守身死封疆者諸如此類開具實跡卹典自上裁
其城池失守戰陳敗衂以致殞命者不許一槩議給
萬曆十二年續定凡公侯伯掌府坐營總兵加太子
太保以上者必查前項官銜因何加授果以勳勞進

秩方許照會典公侯祭十六壇伯祭十五壇之例如係因事加恩功業未副者止照勳臣二等例與祭七壇其有不顧坐營管府懇疏乞休者查其平生有功無過俱照見任優䘏

〔馮善家禮集說〕朝廷遣使或令有司差人致祭者皆先期報知於喪家設靈位于中堂西東向設使者致奠位于東西向讀祭文位于使者之右喪主拜位于靈位之右北向至日陳設牲醴如常儀使者至喪主以下止哭去衰経易素服出迎于大門外引使者入立于致奠位喪主就位先行四拜禮執事者酌酒授使者致奠三讀祝者取祭文立讀訖喪主以下復行四拜禮焚祭文畢使者出喪主請使者于賓次拜見如常儀如坐之朝向不同則

以前爲南凡封贈焚黄亦依下圖跪讀祝于喪主位後立宣誥命于使者位

宋纁四禮初編凡文武官殁朝廷遣官致祭喪家設靈位于堂西東向設使者致奠位於東西向讀祭文位于使者之右南向喪主拜位於靈右北向祭品至喪主烏紗帽青衣角帶跪迎龍亭于大門外龍亭過即起入門安龍亭于堂中設香案于龍亭前行五拜三叩頭禮使者就致奠位喪主跪靈筵右北向使者上香執事者酌酒授使者致奠三讀祝者取祭文立讀訖焚祭文喪主謝恩五拜三叩頭禮畢候龍亭出門拜謝使者畢仍更衰服宴使者于賓次

賜祭圖式

《蘇州全書》編纂出版委員會 編

·讀禮通考

蘇州全書

甲編

蘇州大學出版社
古吳軒出版社

讀禮通考卷六十

喪儀節二十三

含禮

雜記諸侯使人弔其次含襚賵臨皆同日而畢事者也其次如此也注言五者相次同時○疏諸侯使人弔鄰國先行弔礼宣君命人以飲食為急故含次之食後須衣故襚次之有衣即須車馬故賵次之君事既畢則臣行私礼故臨在後事雖名同一日畢也

含者執璧將命曰寡君使某含相者入告出曰孤某須矣含者入升堂致命子拜稽顙含者坐委于殯東南有葦席既葬蒲席降出反位宰夫朝服即喪屨升自西階西面坐取璧降自西階以東疏此明含之所用含者坐委所含之璧于殯之東南席上未葬之前有葦席承之既葬已後則以蒲席承之宰夫朝服即喪屨者宰謂上卿也言夫衍字朝服者吉服也又用吉服者以鄰國執玉而來執玉不麻故著朝服且不敢純凶待鄰國也以在喪不可純吉故仍喪屨也此遺喪已久故嗣子親受礼宰著朝服若新始遺喪不親受使大夫受於殯宮

此弔者既爲上客又賵者是上介則此含者禭者當是副介末介但含禭於死者爲切故在先陳之

檀弓　邾婁考公之喪徐君使容居來弔含曰寡君使容居坐含進侯玉其使容居以含有司曰諸侯之來辱敝邑者易則易于則于易于雜者未之有也容居對曰容居聞之事君不敢忘其君亦不敢遺其祖昔我先君駒王西討濟於河無所不用斯言也容居魯人也不敢忘其祖注考公隱公益之曾孫考或爲定容居欸親含非也含不使賤者君行則親含大夫歸含耳言侯王者時徐僭稱王自比天子使大夫斂諸侯有司拒之易謂臣礼于謂君礼雜者容居以臣斂行君礼也駒王徐先君僭號容居其子孫也濟渡也討渡河廣大其國魯魯鈍也言魯鈍者自明不妄○疏容居致其君命云寡君使容居親坐行含進侯王于邾君此是使致詞也其使容居以含者此是記人録語云其使容居奉玉以行含礼鄭知君行則親含者曹桓公卒于會諸侯請含是也大夫歸含者雜記云諸侯之喪君使人弔含賵禭是也凡行含礼未歛之前以玉實口士則主人親含大夫以上則使人含若既歛已後至殯葬其有含者親自致璧於柩及殯上者謂之親含若但致命以璧授主人主人受之謂之不親含徐自比於天子以邾君爲巳之諸侯言進侯氏以玉故云進侯王邾之有司乃拒之易謂簡易爲臣礼于謂廣大爲君礼容居聞舊日之言臣之事君奉命出使不敢忘其君之言子孫事祖亦不敢違我泛先君駒王以来於諸侯无不称王我若是曉利之人或妄称先祖之善自言魯鈍朴實不解虛詐唯知不敢忘其祖也

諸侯伐秦曹桓公卒于會諸侯請含使之襚注曹伯庐謚宣言桓聲之誤也請含以明友有相啖食之道使之襚非也襚賤者之事

春秋文公五年春王正月王使榮叔歸含且賵

公羊傳含者何口實也其言歸含且賵何兼之兼之非禮也注含孝子所以实親口也緣生以事死不忍虛其口天子以珠諸侯以玉大夫以碧士以貝春秋之制也文家加飯以稻米

穀梁傳含一事也賵一事也兼歸之非正也其曰且志兼也其不言來不周事之用也賵以早而含已晚注礼含賵襚各異人乘馬所以助葬成風未葬故書早已殡故言晚

賵禮

文王世子族之相為也娟賻承含皆有正焉注承讀為贈声之誤也正正礼也○疏隨其親疏各有正[illegible]車馬賻財帛含珠玉襚衣服總[illegible]之[illegible]敬弔臨賻賵睦友之道也疏君爲重弔臨賵賻不使闕失是君親睦和友之道也

雜記上介賵執圭將命曰寡君使某賵相者入告反

命曰孤某須矣陳乘黃大路於中庭北輈執圭將命客使自下由路西子拜稽顙坐委于殯東南隅宰舉以東注輈轅也自率也下謂馬也馬[illegible]足之[illegible]執禮曰路下四亞之客給使者入設乘黃於大路之西客入[illegible]致命矣使或爲吏○疏此一節明賵禮乘黃謂馬也大路謂車也陳四黃之馬於大路之西于殯宮中庭北輈者大路輈轅北嚮也客使謂使客之從者〻客所使故曰客使自下由路西者由左也陳路北轅既竟賵客執圭升堂致命而宍〻從者牽馬設在車之西大路亦使設之也引覲礼證馬爲下也四亞之謂馬四疋亞次路車也賵既夕有奠主於親者故既夕礼兄弟賵奠此諸侯相於既踊故无奠

方愨曰乘馬曰賵此言賵礼故陳乘黃大路於中庭

陸佃曰犬馬不上於堂故執圭將命小行人圭以馬喪事君言相大夫士言擯亦言之法正言大路舉重以該之蓋二王之後歟所謂乘黃亦如此客使牽馬者也自下自路下西之前聘礼所謂牽馬者自前西乃出是也商拜而後稽顙周稽顙而後拜今拜稽顙拜其臣故也即拜其君宜稽顙而後拜稽首〻至地而遲也頓首〻至地而頓也空首〻不至地凡此三拜以兩手承之所謂拜手稽首是也若今吉拜也吉拜〻而後稽顙凶拜稽顙而後拜振動若今叩頭矣春秋傳曰再拜稽顙肅拜若今婦人拜是歟春秋傳曰敢肅使者嫌於不敬故謂之肅奇拜一拜也孔子拜爲火来者士一大夫再士貶於大夫一拜則凡再拜褒矣褒讀如字言坐委于殯東不言圭尊圭也

賵馬入廟門賻馬與其幣大白兵車不入廟門注賵馬入庙門

以其主於死者賻馬以下不入廟門以其主於生人也兵車革路也雖為死者来陳之於外○疏此論賻賵之異以馬送死曰賵賵副亡者之意既送亡者遂入廟門以馬助生人營喪曰賻賻幣謂以財貨賻助主人喪用並助主人之物故不將入廟大白兵車革路之旗並為送喪之從車本是田戰之具故不入廟門然所以得有大白兵車来助主人者此謂諸候有喪鄰國之君以此賻之或家國自有也庾蔚之曰礼既祖而後賵馬入設於廟庭而入門者欲以供駕䰟車也故鄭云主於死者

檀弓讀賵曾子曰非古也是再告也注祖而讀賵賓致命將行主人史又讀賵所以存録之曾子言非礼

方慤曰古者奠之而不讀周則既奠而又讀焉故曾子以為再告也

春秋隱公元年秋七月天王使宰咺来歸惠公仲子之賵

左傳天王使宰咺来歸忠公仲子之賵緩且子氏未薨故名天子七月而葬同軌畢至諸侯五月同盟至大夫三月同位至士踰月外姻至贈死不及尸注尸未葬之通称○疏惠公既葬乃来故云不及尸弔生不及哀疏哀謂卒哭以前今惠公亡葬[illegible]云不及哀豫凶事非

禮也注仲子在而來贈故曰豫凶事

公羊傳惠公者何隱之考也仲子者何桓之母也何以不稱夫人桓未君也賵者何喪事有賵賵者蓋以馬以乘馬束帛車馬曰賵貨財曰賻衣被曰襚桓未君則諸侯曷為來賵之隱為桓立故以桓母之喪告于諸侯然則何言爾成公意也其言來何不及事也注時葬事已畢无所復施故云不及事其言惠公仲子何兼之兼之非禮也何以不言及仲子仲子微也

左傳哀公二十三年春宋景曹卒注景曹宋元公夫人小邾女季桓子外祖母季康子使冉有弔且送葬曰敝邑有社稷之事使肥與有職競焉是以不得助執紼使求從輿人曰以肥之得備彌甥也注弥遠也康子父之舅氏故称弥甥有不腆先人之產馬使求薦諸夫人之宰其可以稱旌繁乎注称擧也繁馬飾繁纓也

劉向後

穀梁傳母以子氏仲子者何惠公之母孝公之妾也禮賵人之母則可賵人之妾則不可君子以其可辭受之其志不及事也賵者何也乘馬曰賵衣衾曰襚貝玉曰含錢財曰賻

萬斯同曰左氏言仲子未薨故名天下豈有其人尚在而先來賵者乎此又死之事乎王雖庸主宰咺雖具臣吾知其萬萬不為也左氏之言真瀆禮不經之甚不如穀梁以仲子為孝公妾者近是蓋文九年書僖公成風正與此一例也若公羊言薨之非禮亦不可信人死自有先後豈可賻兩人而並時行禮乎此賵在七月則仲子之卒必在是年之春孔子因位微不書而三傳乃各持一說誠不如斷以僖公成風之例為畫一而可徵也

劉向說苑贈賵及事之謂時時禮之大者也春秋曰天王使宰咺來歸惠公仲子之賵賵者何喪事有賵者蓋以乘馬束帛輿馬曰賵貨財曰賻衣被曰襚口實曰唅玩好曰贈知生者賻賵知死者贈襚贈襚所以送死也賻賵所以佐生也輿馬束帛貨財衣被玩好其數奈何曰天子乘馬六匹諸侯

四匹大夫三匹元士二匹下士一匹天子束帛五匹玄三纁二各五十尺諸侯玄三纁二各三十尺大夫玄一纁二各三十尺元士玄一纁一各二丈下士緅縵各一匹庶人布帛各一匹天子之賵乘馬六匹乘車諸侯四匹乘輿大夫曰參輿元士下士不用輿天子文繡衣各一襲到地諸侯覆跗大夫到踝士到髀天子含實以珠諸侯以玉大夫以璣士以貝庶人以穀實位尊德厚及親者賻賵含襚厚貧富亦有差二三四五之數取之天地而制奇偶度人情而出節文謂之有因禮之大宗也

白虎通德論　臣死亦赴告於君乎此君哀痛於臣子也欲聞之加賻賵之禮諸侯夫人薨告天子者不敢自廢政事天子亦欲知之當有禮也春秋曰天子使

宰咺來歸惠公仲子之賵譏不及事仲子者魯君之貴妾也而况于夫人乎○贈賵者何謂也贈者助也所以相佐不足也故弔詞曰知生則賻貨財曰賻車馬曰賵

襚禮

少儀臣致襚於君則曰致廢衣於賈人敵者曰襚親者兄弟不以襚進注言廢衣不必其以斂也賈人知物善惡也不以襚進不執將命也以即陳而已○疏此明送凶襚者以衣送死人之稱禮以衣送敵者死曰襚襚者遂彼生時之意也君臣以衣送君死不得曰襚但云致廢衣言不敢必充君斂但充廢致不用之列也賈人者識物價貴賤主君衣物者也不敢云與君故云賈人也然喪大記云君無襚注云無襚者不陳不以斂鄭注周禮云物謂文織畫繡之物送敵者無譏故云襚也親者相襚但直將進即陳之不須執以將命若非親則擯者傳辭將進以為禮節進謂執之將命也案士喪禮大功以上同財之親襚不將命即陳于房中小功以下及同姓等皆將命

雜記諸侯相襚以後路與冕服先路與褒衣不以襚注不以已之正者施于人以彼不以為正也後路弍車貳車行在後也○疏襚謂以物送死用後路謂上路之後次各也[illegible]冕之後次冕也先路褒衣

是已車服之上不可以施人以彼不以正為服所用也陸佃曰車馬曰賵衣服曰襚襚而以路非正也

襚者曰寡君使某襚擯者入告出曰孤某須矣襚者執冕服左執領右執要入升堂致命曰寡君使某襚子拜稽顙委衣于殯東注亦席上所委壁之北順其上下襚者降受爵弁服于門內霤將命子拜稽顙如初受皮弁服於中庭自西階受朝服自堂受玄端將命子拜稽顙皆如初襚者降出反位注授襚者以服者賈人宰夫五人舉以東降自西階其舉亦西面注亦西面者亦襚者委衣時○疏案禮有賈人故知授襚者之服是賈人也上云委衣于殯東又云受爵弁皮弁玄端皆云如初是皆在殯東西面而鬌殯也其服重者使執而入爵弁受于內霤皮弁受于中庭朝服受于西階玄端受于堂既受處不同則陳于壁北亦重者在南

陸佃曰所受服轉卑故其所授轉高也爵弁皮弁不言委朝服玄端不言委受可言也委不可言也凡端不言服愧於言服據爵弁服纁裳皮弁素積玄端玄裳爵弁服尊矣受於門內霤皮弁次之受於中庭朝服又次之自西階受朝服玄端卑矣自堂上受玄端不言受朝服於西階受玄端於堂亦以此

喪大記君無襚注無君襚者不陳不以斂也○疏君無襚者國君陳衣及斂悉用己衣臣有致襚不得陳用也

胡銓曰謂君不以衣襚大夫士也此謂小斂若大斂則君有襚士喪禮具之

檀弓衛有大史曰柳莊寢疾公曰若疾革雖當祭必告公再拜稽首請于尸曰有臣柳莊也者非寡人之臣社稷之臣也聞之死請往不釋服而往遂以襚之與之邑裘氏與縣潘氏書而納諸棺曰世世萬子孫毋變也注脱祭服以襚臣親賢也凡襚以斂○疏案士喪禮君使人襚不云祭服襚臣今以祭服襚故鄭云親賢也得以祭服襚者諸侯玄冕祭廟大夫自玄冕以下以其俱是玄冕故得襚也又士喪禮君襚衣不用襲爲近尸事褻大斂得用君襚鄭云凡襚以斂者謂庶襚以小斂君襚以大斂也

春秋文公九年冬秦人來歸僖公成風之襚

左傳秦人來歸僖公成風之襚禮也諸侯相弔賀也雖不當事苟有禮焉書也以無忘舊好疏僖公成風服除久矣今始來弔贈當以變禮待之檀弓衛將軍文子之喪既除喪而後越人來弔是古有以服終來弔者也何休膏肓云禮主於[illegible]禮既緩而左氏以之爲禮

非也鄭箴云若以爲縗枕礼衛以單文子以辛卩隊喪而越人来弔子游何淂善之是鄭不非其縗也若譏一使兼二乜集凡諸侯弔礼有含襚賵臨何以一使兼行知休言非也

公羊傳其言僖公成風何兼之兼之非禮也曷爲不言及成風成風尊也

左傳襄公二十九年春王正月公在楚楚人使公親襚公患之穆叔曰祓殯而襚則布幣也注先使巫祓殯之凶邪而行襚礼與朝而布幣无異○疏祓殯是君臨臣喪之礼祓除既了而行襚礼布陳衣物有何可患楚以親襚屈魯〻以祓殯自尊也乃使巫以桃茢先祓殯楚人弗禁既而悔之注礼君臨臣喪乃祓殯故楚悔之

襄公三十年秋七月伯有死於羊肆子產襚之枕之股而哭之

昭公九年王有姻喪晉使趙成如周弔且致襚

本傳哀公九年秋齊侯伐晉夷儀敝無存之父將室之辭以與其弟曰此役也不死反必娶于高國先登

求自門出死于霤下齊侯謂夷儀人曰得敝無存者以五家免乃得其尸公三禭之與之犀軒與直蓋注犀軒輕車直蓋高蓋而先歸之坐引者以師哭之注得喪車以盡哀也君方為位而哭故挽喪者不敢立親推之三注齊侯自推喪車輪三轉

白虎通德論贈禭何謂也贈之為言稱也玩好曰贈禭之為言遺也衣被曰禭知死者則贈禭所以助生送死追恩重終副至意也

賻禮

少儀臣為君喪納貨貝於君則曰納甸於有司注甸謂田野之物○疏臣為君喪進物為献言入此物是田野之所出合献之于君有司也又云田所出者臣皆受君地明地物本由君出也賻者既致命坐委之擯者舉之主人無親受也注喪者非尸柩之事則不親也舉之舉以東○疏此明賻者受物及主人受之之禮生時贈賻謂賻者既致命跪而委物于地主人擯者舉而取之吉時若人饋物主人自拜受之有喪主於哀戚不得拜受使擯者受舉之而已鄭知舉以東者雜記云含者入升堂致命坐委于擯東南宰夫坐取璧降自西階以東後〻布專有[illegible]，[illegible]生人則致命擯者不告殯

不升堂然車馬不舉以束謂幣之屬也

〔表記〕是故君子於有喪者之側不能賻焉則不問其所費疏此有言无实戒其不淂虛言也

〔檀弓〕伯高之喪注伯高死時在衛未聞何國人孔子之使者未至注謂賻賵者冉子攝束帛乘馬而將之注攝猶貸也孔子曰異哉徒使我不誠於伯高陳澔曰十箇為束每束五兩蓋以四十尺帛從兩頭各卷至中則每卷二丈為一箇束帛是十箇二丈今之五匹也乘馬四馬伯高不知何人意必與孔子厚者冉子知以財而行礼不知聖人之心則于其誠不于其物也雖若自責之言而实則深責冉子矣○吳澄曰帛五匹為束馬四匹為乘以冉氏之物而假作孔氏之名以與人是虛偽不实也故曰不誠於伯高

孔子之衛遇舊館人之喪入而哭之哀出使子貢說驂而賻之注騑馬曰驂子貢曰於門人之喪未有所說驂說驂於舊館乃已重乎夫子曰予鄉者入而哭之遇於一哀而出涕注遇見也舊館人恩雖輕我入哭見主人為我尽一哀是以厚恩待我〻為出涕恩重宜有施惠予惡夫涕之無從也小子行之注客行无他物可以易之者使遂以往○疏顏回之喪子哭之慟〻非出涕為

甚舊館之恩不淂比顏回之極而說驂于旧館惜車于顏回者舊館情疏厚恩待我須有賵賻故說驂賻之顏回則師徒之恩親乃是常事且顏回之死必當以物與之顏路無獻更請賣車為棺以其不知止足故夫子抑之○陳澔曰駕車者中兩馬為服馬兩旁各一馬為驂馬遇一哀而出涕情亦厚矣情厚者礼不可薄故解說驂馬以為之賻凡以称情而已客行死他財貨故也從自也今若不賻則是于死者無故舊之情而此涕為無自而出矣惡其如此所以必當行賻礼

孟獻子之喪司徒旅歸四布夫子曰可也注獻子魯大夫仲孫蔑旅下士也司徒使下士歸四方之賻布時人皆貪夫子善其能廉○疏此論因喪不貪利之事四方賻泉布本助喪用今既有餘故歸還之司徒家臣司徒也左傳云叔孫氏之司馬鬷戾是家臣亦有司徒司馬也

陳祥道曰知死者贈知生者賻贈賻之餘君子不可利於已亦不可歸于人利於已則啟天下家喪之心歸于人則絕天下卹喪之礼與其利於已寧歸于人與其歸於人寧班諸兄弟之貧者孟獻子之喪司徒旅歸四布孔子可之以其賢乎利於已者而已□若班諸貧者為盡善也

馬晞孟曰司徒歸四布蓋以為愈夫家於喪者可也以為善於礼則未矣

子柳之母死既葬子碩欲以賻布之餘具祭器子柳曰不可吾聞之也君子不家於喪請班諸兄弟之貧者注賻布謂古者以錢為泉布所以通布貨財不宜□喪者惡因死者以為利也班諸貧者以分死者所矜也□□則具□□□□○疏古謂錢為泉布者言

其流通有如泉水

方慤曰无田禄者不設祭器豈宜以賻布之餘具之乎此子柳所以不從子碩之請也

春秋隱公三年秋武氏子來求賻

公羊傳武氏子者何天子之大夫也其稱武氏子何譏何譏爾父卒子未命也何以不稱使當喪未君也注當喪謂天子也未君者未三年也未可居君位稱使也武氏子來求賻何以書譏何譏爾喪事無求求賻非禮也蓋通于下注云爾者嫌天子財多不當求下財少可求故明皆不當求之

穀梁傳武氏子者何也天子之大夫也天子之大夫其稱武氏子何也未畢喪孤未爵注平王之喪未殯未爵使之非正也其不言使何也無君也注桓王在喪未即位故曰无君歸死者曰賵歸生者曰賻曰歸之者正也求之者非正也注喪事无求而有賵賻周雖不求魯不可以不歸雖不歸周不可以求之

求之為言得不得未可知之辭也交譏之

漢諸侯王薨天子遣使者素服往弔皇子始封者薨賻錢三千萬布三萬匹嗣王薨賻錢千萬布萬匹

漢書原涉父哀帝時為南陽太守時天下殷富大郡二千石死官賦斂賻葬皆千萬以上妻子受之以定産業及涉父死乃讓還南陽賻送行喪廬冢三年由是顯名京師

何並從潁川太守疾病召丞掾作先書告子昭曰吾生素餐日久雖溲官賻勿受

後漢書羊續為南陽太守徵為太常未及行會病卒遺言薄斂不受賻遺舊典二千石卒官賻賵百萬府丞焦儉尊續先意一無所受詔書褒勅太山太守以

府賻錢賜續

魯公父期為武陵太守卒官恭年十二晝夜號踊郡中賻一無所受

王丹好周給有喪者則賻給親自營[illegible]遭喪者輒待丹為辨河南守陳遵關西之大俠也其友人喪親遵為護喪事賻助甚豐丹乃懷縑一匹陳於主人前曰如丹此縑出自機杼遵聞而有慙色

管寧喪父中表愍其孤貧咸共贈賻悉辭不受稱財以送終

尚書左僕射張九齡卒令九品以上就第哭比斂中使三至賻絹布八百段米粟八百石

司空楊賜薨贈以東園梓器襚服賜錢三百萬布五百匹

融傳笠超民孫徵冬月遭喪居貧融往弔之悉以爲賻披牛被而反

世說王戎父渾官至梁州刺史渾所歷州郡義故懷其德惠相率致賻數百萬戎悉不受

齊書張稷所生母劉先假葬瑯琊黄山建武中改申葬禮賻助委積於時雖不拒絶事畢隨以還之

江斆卒遺令不受賻詔賻錢三萬布百匹子遡斆命不受詔嘉美之從其所請

唐書竇建德父卒里中送葬千餘人所賻皆讓不受

房玄齡薨帝給以絹布二千段粟三千斛

李勣卒帝曰勣奉上忠事親孝歷三朝未嘗有過性廉謹不立産業今亡當無贏貲有司其厚贈恤之

孔巢父卒賜其家酉、存存恤之

田神功死賻賵絹千疋布五百端

陸贄以喪解官客東都諸方賻遺一不取惟韋皋以

布衣交先以聞故所致隸稱詔受之

歐陽地餘貴幸至少府戒子曰我死官屬送汝財勿受也子如父命天子命之賜錢百萬

開元禮賵賻之禮與弔使俱行則有司預備物數多少准令其目使者至主人大門外便次物輿陳于使者幕南東西為列馬陳于使者東南北首西上于使者以下入即庭中位物輿陳于使者位南亦東西為列馬從入陳于庭北首西上于使者出主人有司受而以藏其特行也亦准弔禮

東宮所弔宮臣喪葬若有賻贈之禮與弔使俱行則有司預備物數其目使者至主人第大門外便次物陳于使者幕南東西為列使者以下入即庭中位物隨入陳于使者位南亦東西為列于使者出主人有

司受而以東其時行也亦准弔禮致奠

親故遣使致賻使者立于大門外之西東面從者以篋奉玄纁東帛立於使者西南俱東面（凡賻通以貨財使者隨執其物不限于玄纁）相者入告主人立哭相者進主人前東面受命出請使者前西面曰敢請事使之從者以篋進請使者前西向以授使者退復位使者曰某封若某官（无官封者即稱某子）使某賻相者入告出曰孤某須矣相者引使者入立于內門外之西東面主人止哭使者少進東面曰某封若某官使某賻主人哭再拜使者少進坐委之興復位掌事者進坐舉之興以東相者引使者出主人拜送若使者致不以器掌事者逆受之不委于地（其餘賻物從者執之立于使者東南北面西上掌事者受之以東藏之）

五代會要後唐明宗長興元年十月十九日勑太常

禮院例凡賻匹帛言段不言端疋每二丈為段四丈為疋五丈為端近日三司支遣每段全支端疋此後凡支賻贈匹帛秖言疋支多少段庫司臨時併計丈尺給付不得剩有支破○

二年四月五日中書門下覆奏尚書都官員外郎知制誥張昭遠丁母憂伏以大臣枕凷有弔祭之恩羣寮寢苫無慰問之例高下之位君臣之事無偏況為卿士者甚多有父母者極少囙于孝道上軫聖懷張昭遠望量與恩賜自此朝臣或有丁憂亦乞頒賚其狀尋已印出令具官員等第所定支給數目如後○

文班左右常侍諫議給事舍人諸部尚書太子賓客諸寺大卿御史中丞國子祭酒詹事左右丞諸部侍郎絹三十疋布二十疋粟麥各二十五石起居補闕

拾遺侍御史殿中監察御史左右庶子諸寺少卿國子監司業河南少尹左右諭德諸部郎中員外郎太常博士絹二十疋布一十五疋粟麥各一十五石國子五經博士兩縣令著作郎太常宗正殿中丞諸局奉御大理寺太子中允洗馬左右贊善太子中舍司天五官正絹布各一十五疋粟麥各一十石左右諸衛大將軍左右諸衛將軍絹二十疋布一十五疋粟麥各一十五石左右率府副帥絹布各一十五疋粟麥一十石奉勅宜依其張昭遠所支絹布粟麥仍依所定官資須給

乾學按五[illegible]之時天下之亂極矣一時君臣皆苟且立國宜其于典禮之事無暇詳及乃長興年中廷臣議禮之章不一而足

且值國計匱乏之時而于羣臣之恩卹有加焉不但卹及于大臣并且卹及于庶士是何情之　禮之備也此即全盛之朝有所不逮可以五代而輕之哉後世帝王欲舉体羣臣之典而行之則此亦在所取法矣

宋史禮志　賻贈凡近臣及帯職事官薨非詔葬者如有喪訃及遷葬皆賜賻贈鴻臚寺與入内内侍省以舊例取旨其嘗踐兩府或任近侍者多增其數絹自五百匹至五十匹錢自五十萬至五萬又賜羊酒有差其優者仍給米麥香燭自中書樞密而下至兩省五品三司三舘職事内職軍校并執事禁近者亡殁及父母近親喪皆有贈賜宗室朞功袒免乳母殤子

及女出適者各有常數其特恩加賜者各以輕重為隆殺焉建隆元年十月詔有死于矢石者人給絹三匹仍復其家三年長吏存撫之慶曆二年詔陣亡軍校無子孫者賜其家錢指揮使七萬副指揮使六萬軍使都頭副兵馬使副都頭五萬熙寧七年忝酌舊制著為新式諸臣喪兩人以上各該支賜考贈只就數多者給官與職各該賻贈者從多給差遣權并同權發遣並與正同諸兩府使相宣徽使并前任宰臣問疾或澆奠已賜不須勅葬者并宗室不經澆奠支賜雖不係勅葬並支賻贈餘但經問疾或澆奠支賜或勅葬者更不支賻外前兩府如澆奠只支賻贈仍加絹一百布一百羊酒米麪各一十諸支賜考贈在京羊每口支錢一貫以折第二等絹充每匹折錢一

貫三百文餘支本色在外米支白秔米麵每石支小麥五斗酒支細色餘依價錢諸文臣卿監以上武臣元係諸司使以上分丁致仕身亾者其賻贈並依見任官三分中給二限百日内經所在官司投狀召命官保関申限外不給待制觀察使以上更不石保元豐五年詔鄜延路没于王事有家屬見今在本路欲歸鄉者給賻外其大使臣以上更支行李錢百千小使臣五十千差使殿侍三十千其餘比類支給紹興二十六年詔今後命官實因幹辦公事避逅非理致死者依舊法所有李光申請於紹興條内添注日限指揮更不施行舊法非理致死者謂焚溺隆壓之類通判以上賜銀五百兩餘三百兩職司已上取旨初紹興二年五月吏部侍郎李光申明立定折跌骨五

十餘日三十日内身亡之人並支前項銀數至是戶部侍郎宋旣言自立定日限後來多是因他病身故之人子孫規圖賞給計會所屬旋作差出名目陳乞保奏誠為欺罔故有是命

政和五禮新儀品官喪儀若遣使致賻使者至立于大門外之西東面從者以箱奉玄纁束帛立于使者之側凡賻通以貨財則不限以玄纁束帛贊者入告主人立哭贊者引使者入立于門内之西東面從者以箱授使者主人哭止使者奉箱少進東面曰某封某官使某賻主人哭再拜使者又少進坐委之興復位掌事者進坐舉之興以東使者出主人拜若使者致物不以器掌事者迎受之不委于地餘專物則從者執之至于使者之側掌事者受之以東藏之

庶人喪儀若遣使致賻使者至于大門外之西東面

從者以箱奉玄纁束帛㚒于使者之側（凡賻通以貨財不限以玄纁束帛）贊者入告主人立哭贊者引使者入立于門内之西東面從者以箱授使　主人哭止使者奉箱少進東面曰某封若某官使某賻（无官者曰某人）主人哭再拜使者又少進坐委之興復位掌事者進坐舉之興以東使出主人拜送（若使者致物不以器掌事者迓受之不委于地餘賻物者從者執之立于使者之側掌事者受之以東藏之）

司馬氏書儀其所賻襚者則先遣人以書致之（書儀在後）然後往弔既弔而致之亦可也（詩云凡民有喪匍匐救之故古有含襚賵賻之禮皆所以矜恤喪家助其斂葬也今人皆送紙錢焚為灰燼何益喪家不若復賻襚之礼既不用珠玉則含礼可廢又今人亦无以車馬助喪者則賵礼亦不必存也凡金帛錢穀之類皆可謂之貨財其多少之數則无常準繫其家之貧富親之遠近情之厚薄自片衣尺帛百錢斗粟以上皆可行之勝于无也孔子遇舊館人之喪入而哭之哀出使子貢說驂而賻之曰予惡夫涕之无從也蓋君子行礼情與物必相副苟第哭雖哀而无賻襚以將之亦君子所耻也前漢王丹友人喪親河南太守陳遵為護喪賻助甚豐丹乃懷縑一疋陳之于主人前曰如丹此縑出自機杼遵聞而有慚色然則物豐而誠不副亦君子所不為也古記曰不以靡没礼不以菲廢礼此之謂也昔子碩欲以賻布之餘具祭器子柳不可曰君子不家于喪請班諸兄弟之貧者然則為人之子孫豈可幸其親之喪以使家耶彼為祭器且不可況專以增產業乎故當

司貨別置曆收之古者袒而讀賵賓致命將行主人之史又讀賵所以存録之今宜俟其人至則司貨以曆示之知其得達于主人也其物專供喪用有餘則班諸親戚之貧者凡賻襚之物執事者必先執之北面白尸柩（雜記曰凡將命鄉殯將命蓋含襚賵賻主為死者故也若已葬則白於靈座）然後白主人次白護喪以授司貨書於別曆而藏之以待喪用其同族有服之親賻襚之物不白主人以通財故也若主人已成服則哀絰杖哭（礼受弔不迎賓而送之）賓進弔主人曰某罪逆深重禍延其親蒙賜慰問不勝哀感稽顙而後拜（稽顙謂以頭觸地若非三年之喪則拜後稽顙）賓荅拜（自非親戚雖平日受拜至是須賓主相拜）主人置杖坐几子不設坐褥或設白褥茶湯至則不執托子賓退釋杖而送之（此皆俗礼然亦表哀素之心故從之）其非三年之喪未成服則小帽勒帛既成服則服其服而出（辭）云私門不幸其親喪亾蒙賜慰問不勝哀感拜而後稽顙餘皆如常儀

明會典優給則例洪武二十六年定凡陣亾失陷傷

故淯没者全支邊遠守禦出征并出海運糧病故者減半○一品米六十石麻布六十疋○二品米五十石麻布五十疋○三 四品米四十石麻布四十疋○五品六品米三十石麻布三十疋○凡公侯不分病故陣亡止給麻布一百疋○嘉靖六年定凡在京文武官員及夫人病故者止與應得祭葬其齋糧麻布一體裁革

湛若水荅人辭賻書承厚賻豈勝哀感撥之于心實有未安往者慈親亡恙苟以悅养為心辭受取舍不必合義今則長已矣復何為哉苟有餘資尚欲分散以𧹞窮約況又苟取乎自失恃以来沿途知舊餽遺一切辭謝雖古礼附身非時義難虗旣親死之謂何又因利以為家焉亦君子之所悪也且在礼孟獻子既葬司徒旅歸四方之布言不可有其餘賻以利為利也惟高明念我以德而處我以礼焉不勝哀感之至

李瀌徵賻荅問曰汴省有卒于官者其寮寀憫其亾也思有以賙之寀牒下屬徵賻或問于嵩渚子曰卒于官而下屬徵賻可乎曰不可也檀弓子柳之母死子碩請具子柳曰何以哉子碩曰請粥庶弟之母子柳曰不可如之何其粥人之母以葬其母也旣葬子碩欲以賻布之餘具祭器子柳曰不可吾聞之也君子不家于喪請班諸兄弟之貧者夫不家于喪悪因死者以為利也子碩欲粥其庶母以供葬事其貧甚矣然子柳猶悪其家于喪焉古人

之安貧守礼如此孟献子之喪司馬旅歸四布夫子曰可也夫世衰道微時人皆貪而献子之家獨能守礼如此故夫子曰可也蓋嘉其廉云尔于高曰吾聞之也生有益于人死不害于人吾縱生无益于人吾可以死有害于人乎哉曾子曰君子之愛人也以德細人之愛人也以姑息吾何求哉吾得正而斃焉斯已矣由一聖三賢之言而觀之則下屬徵賻之舉斷乎其不可行也矧州縣之吏藉是以擾吾民者吽囂乎閭里催科鞭笞之下称貸乾没其弊又有不可勝言者矣是故為此舉者施之于死者則為不忠施之于死者之子弟則是不以孝廉待其子弟剥下以市恩孰謂知礼者為之乎然則何為案牒而行之曰徇小仁而破大義蓋囿于世俗煦煦之見而不自知其非者也

讀禮通考 卷六十 六

讀禮通考卷六十一

喪儀節

輟朝

唐書蘇頲傳頲卒帝猶視朝起居舍人韋述上疏曰貞觀永徽時大臣薨輒罷朝舉哀成終始恩上有旌賢録舊之德下有生榮死哀之美昔晉知悼子卒平公宴樂蕢一言而悟春秋載之故禮部尚書頲累葉輔弼奉事軒陛二十餘今奄忽不還邦人痛嗟准帷蓋之舊股肱之戚宜節廢朝明君臣之誼帝曰固朕意也即日帳次哭（洛城南門不朝）

唐會要玄宗開元十八年十二月左丞相燕國公張說薨輟朝五日廢元日朝會

德宗正元十五年七月黔府觀察使王礎卒輟朝一日故事團練觀察使卒未有廢朝者自礎始焉其年九月義成軍節度使盧群卒輟朝故事節度使卒皆先廢朝然後除代至是先除尚書右丞李元素然後輟朝非也十六年徐泗濠節度使張建封卒輟朝近例節度使帶僕射以上卒輟朝三日尚書以上及下都團練觀察使則否洎正元八年嗣曹王臯十一年李自長皆以節度使帶尚書卒各輟朝三日至十四年樊澤以僕射卒輟朝一日

憲宗元和九年六月丙子天德軍經畧使周懷義卒輟朝一日經畧使廢朝自懷義始也

文宗太和九年七月太常博士崔龜從奏大臣薨輟朝日伏以廢朝軫悼義重君臣所貴及哀允宜示信

自頃已來輟朝非奏報之時備禮於數日之外雖遵常制似不本情臣不敢遠徵古書請引國朝故事正觀中任環卒有司對仗奏聞太宗責其乖禮岑文本既沒其夕為罷嚴張公謹之亡哭之不避辰日是知憫悼之意不宜過時臣謂大臣薨禮合輟朝縱有疑務急速便殿須召宰臣不臨正朝無爽事體如此則由衷之信載感於幽明稱情之文無虧於禮典太常寺叅定伏以近日文武三品已上官薨卒皆為輟朝其間有未經親重之官　任又是列散者為之禮變誠恐非宜自今已後文武三品已上非曾任將相及曾在密近宜加恩禮者餘請不在輟朝其餘並請依元勅又中書門下奏覆古有當祭告喪義在申情同禮過時而哭於禮為乖禮院所請合輟朝者各以聞

讀禮通考　卷六十一

哀之明日請依餘酌太常寺所奏别其品例輕重進
定謹按儀制令百官正一品喪皇帝不視事一日又
准官品令太師太傅太保太尉司徒司空已上正一
品太子太師太子太傅太子太保已上從一品侍中
中書已上正二品左右僕射太子少師太子少傅太
子少保三京牧大都護上將軍統將已上從二品門
下中書侍郎六尚書左右散騎常侍太常宗正卿左
右衛及金吾大將軍左右神策神武龍武羽林大將
軍內侍監已上正三品御史大夫殿中秘書監七寺
卿國子祭酒少府監將作監京兆河南尹已上從三
品緣令式舊文三品已上薨殁通有輟朝之制伏以
君臣之間禮情所及事必繫於委遇官則以時重輕
一用舊儀咸乖中道臣等參酌色目如前其留守節

度觀察都護防禦經畧等使並聽各據所兼官爲例依奏其年九月中書門下奏近奏定合輟朝官品勑已尋行其致仕官多是優禮合同正觀勑例未該須有處分自今已後其致仕官如非曾任三品已上正官及歷四品清望並不在此例依奏勑應官至丞郎亡殁合有廢朝況班在諸司三品之上自今已後宜准諸司三品官例處分因尚書左丞庾散體薨乃降是勑也太和八年七月太僕卿段伯倫卒秀實之子自古殁身以利社稷無如秀實者文宗乃特加贈仍輟朝一日以禮忠臣之嗣

宋史輟朝之制禮院例册文武官一品二品喪輟視朝二日於便殿舉哀掛服文武官三品喪輟視朝一日不舉哀掛服然其車駕臨問并特輟朝日數各繫

聖恩一品二品喪皆以翰林學士以下為監護葬事以內侍都知已下為同監護葬事葬日輟視朝一日皆取旨後行慶曆五年四月禮院奏準度支員外郎集賢校理知院曾公亮奏朝廷行輟朝禮並乞以聞哀之明日輟朝以其假日便以充數仍為永例如值其日前殿須坐則禮有重輕自可略輕而為重更不行輟朝之禮臣今看詳公亮所奏誠於輟朝之間適宜順變然慮君臣恩禮之情有所未盡欲乞除人使見辭春秋二宴合當舉樂即于次日輟朝餘乞依公亮所奏詔可太平興國六年守司空兼門下侍郎平章事薛居正薨準禮一品喪合輟二日詔特輟三日其後鄧王錢俶太師趙普右僕射李沆薨皆一品合輟二日詔並特輟五日二品三品者亦有特輟焉太平

似一字大

興國九年右諫議大夫叅知政事李穆卒準禮諫議大夫不合輟朝特輟一日開寶三年羅彥瓌魏仁浦薨以郊祀及軍事不輟朝景德四年同平章事王顯薨以皇帝朝拜諸陵吉凶難于相干更不輟朝康定元年光禄卿鄭立卒禮官舉故事輟朝臺官言卿監職任踈遠恩禮不稱自後遂不輟朝

宋敏求春明退朝録皇祐二年七月李侍中用和卒詔輟視朝下禮院乃檢會李繼隆例院吏用印紙申請自二十一日至五日輟朝而二十四日太廟孟饗在輟朝之内同知院范侍郎鎮引春秋仲遂卒猶繹請罷饗判寺宋景文以日逼集議不及止之會繙見大中祥符三年四月敕石保吉卒輟四日五日七日朝三日其六日太廟孟饗已是大祠不坐又二十六

常因革禮

日宣祖忌行香奉慰予時同知院欲請移輟二十七日朝判寺王原叔言與申請反覆遂亦止○太祖時大卿監卒皆輟朝一日景德以前文武官贈三品皆不得謚曾任三品官乃得謚真宗大中祥符中命陳文僖公彭年重定以正三品尚書節度使卒始輟朝贈尚書節度使許定謚自後遵用其制而日曆實録國史皆遺其事

明太祖實録洪武二十三年三月庚辰命禮部定公侯卒葬輟朝禮著為令禮部議凡公侯卒于家者聞喪輟朝三日下葬輟朝一日喪柩至京輟三日下葬仍輟一日凡輟朝日不鳴鐘鼓各官服淺淡色服烏紗帽黑角帶朝叅從之

去樂

周禮大司樂諸侯薨令去樂大臣死令弛樂注去樂藏之也弛釋下之

雜記君于卿大夫比卒哭不舉樂爲士比殯不舉樂

檀弓仲遂卒于垂壬午猶繹萬入去籥仲尼曰非禮也卿卒不繹疏萬舞執干以舞也籥舞吹籥以舞也萬入去籥者言此繹祭時以仲遂之卒但用無聲之干舞以入去有聲之籥舞而不用也

陳澔曰春秋之法當祭而卿卒則不用樂明日則不繹故叔弓之卒昭公去樂卒事君子以爲禮仲遂之卒宣公猶繹而萬入去籥聖人以爲非禮

知悼子卒未葬平公飲酒師曠李調侍鼓鐘杜蕢自外來聞鐘聲曰安在曰在寢杜蕢入寢歷階而升酌曰曠飲斯又酌曰調飲斯又酌堂上北面坐飲之降而趨出平公呼而進之曰蕢曩者爾心或開予是以不與爾言爾飲曠何也曰子卯不樂知悼子在堂斯其爲子卯也大矣曠也太師也不以詔是以飲之也爾飲調何也曰調也君之褻臣也爲一飲一食忘君

之疾是以飲之也爾飲何也曰蕢也宰夫也非刀匕是共又敢與知防是以飲之也平公曰寡人亦有過焉酌而飲寡人杜蕢洗而揚觶公謂侍者曰如我死則必無廢斯爵也至于今既畢獻斯揚觶謂之杜舉

春秋宣公八年夏六月辛巳有事于太廟仲遂卒于垂壬午猶繹萬入去籥注繹所以賓尸萬舞名籥管也猶者可止之辭魯人知卿佐之喪不宜作樂而不知廢繹故內舞去籥惡其聲聞

左傳有事于太廟襄仲卒而繹非禮也

公羊傳繹者何祭之明日也萬者何干舞也籥者何籥舞也其言萬入去籥何去其有聲者廢其無聲者注廢置也置者不去也存其心焉爾者何知其不可而為之也猶者何通可以已也

穀梁傳此公子也其曰仲何也疏之也何為疏之也

是不卒者也不跣則無用見其不卒也則其卒之何也以譏乎宣也其譏乎宣何也聞大夫之喪則去樂卒事

左傳昭公九年晉荀盈如齊逆女還六月卒于戲陽殯于絳未葬晉侯飲酒樂膳宰屠蒯趨入請佐公使尊許之而遂酌以飲工曰（注工樂師師曠也）女為君耳將司聰也辰在子卯謂之疾日（注紂以甲子喪桀以乙卯亡故國君以為忌日）君徹宴樂學人舍業為疾故也君之卿佐是為股肱股肱或虧何痛如之女弗聞而樂是不聰也又飲外嬖嬖叔曰女為君目將司明也服以旌禮禮以行事事有其物物有其容今君之容非其物也而女不見是不明也亦自飲也曰味以行氣氣以實志志以定言言以出令臣實司味二御失官而君弗命臣之罪也公說徹酒初

公欲廢知氏而立其外嬖為是悛而止秋八月使荀躒佐下軍以説焉注躒盈之子

春秋昭公十五年二月癸酉有事于武宮籥入叔弓卒去樂卒事

左傳二月癸酉禘叔弓涖事籥入而卒去樂卒事禮也

公羊傳其言去樂卒事何禮也君有事于廟聞大夫之喪去樂卒事大夫聞君之喪攝主而往大夫聞大夫之喪尸事畢而往

穀梁傳君在祭樂之中聞大夫之喪則去樂卒事禮也注祭樂者君在廟中祭作樂君在祭樂之中大夫有變以聞可乎大夫國體也古之人重死君命無所不通

晋書武帝咸寧二年十一月詔諸王公大臣薨應三

朝發哀者踰月不舉樂其一朝發哀者三日不舉樂也

通典大臣喪廢樂議晉賀循曰車騎大將軍未葬不應作鼓吹鼓吹之興雖本為軍之凱樂有金革之音于宮庭發明大節以此為盛與樂實同按禮于貴臣比卒哭不舉樂今車騎未葬不宜作也

魏書神龜二年正月二日元會高陽王雍以靈太后臨朝太上秦公喪制未畢欲罷百戲絲竹之樂清河王懌以為萬國慶集天子臨享宜應備設太后訪之于侍中崔光光從雍所執懌謂光曰宜以經典為證光據禮記縞冠玄武子姓之冠父母有重喪子不純吉安定公親為外祖又有師恩太后不許公除衰麻在體正月朔日還家哭臨至尊輿駕奉慰記云朋友

之墓有宿草焉而不哭是則朋友有朞年之哀子貢曰夫子喪顏淵若喪子而無服喪子路亦然顏淵之喪饋祥肉夫子受之彈琴而後食之若子之哀則容一期不舉樂也孔子旣大祥五日彈琴父母之喪也由是喪夫子若喪父而無服心喪三年由此而制雖古義難追比來發詔每言師祖之尊是則一期之内猶有餘哀且禮母有喪服聲之所聞子不舉樂今太后更無別宫所居嘉福去太極不爲大遠鼓鐘于宫聲聞于外况在内密邇也君之卿佐是爲股肱股肱或虧何痛如之智悼子喪未葬杜蕢所以諫晋公也今相國雖已安厝才三月耳陵墳未乾懌以理證爲然乃從雍議

通典 唐代宗大曆十四年十二月禮儀使吏部尚書

顏真卿奏謹按周禮大司樂職云諸侯薨令去樂大臣死令弛縣鄭注云去謂藏之弛謂釋下也是知哀重者藏哀輕者釋又晉元后秋崩武帝咸寧元年饗萬國不設樂晉博士孔恢議朝廷遏密懸而不樂恢以爲宜都去懸設樂爲作不作則不宜懸國哀尚近謂金石不可陳于庭伏請三年未畢朝會都不設懸如有大臣薨歿則量事輕重懸而不作勅付有司

宋史太宗太平興國七年十月中書言今月七日乾明節選定二十二日大宴二十日叅知政事竇偁卒明日皇帝親幸其第臨喪慟哭設奠還宮即令罷宴有司奏伏以百司告備六樂在庭睿聖至仁聞哀而罷足以顯君父愛慈之道勵臣子忠孝之心伏請宣付史館傳録美實詔可

太常因革禮

真宗天禧二年九月十一日宴近臣于長春殿餞河陽三城節度使張旻赴任以王旦在殯不舉樂

仁宗嘉祐六年三月五日宰臣富弼母秦國太夫人薨十七日春宴禮院上言君臣父子國家均同元首股肱相濟成體貴賤雖異哀樂則同一人向隅滿堂嗟戚今宰臣新在苫塊欲乞特罷春宴聲樂以表聖人優恤大臣之意詔下并春宴寢罷太常因革禮同

金史皇統元年六月有司請舉樂上以宗幹新喪不允貞元三年太傅大臭薨禁樂三日

會喪

漢書左將軍孔光薨公卿百官會弔送葬

後漢書征虜將軍潁陽侯祭遵卒于軍喪至河南縣詔遣百官會于喪所

唐書魏徵傳徵卒詔内外百朝集使皆赴喪

王珪傳珪卒帝素服哭別次詔魏王率百官臨哭

尉遲敬德傳敬德卒高宗詔京官五品以上及朝集使赴第臨弔

張行成傳行成卒于尚書省舍詔九品以上就第哭比歛三遣使賜内衣服尚宮宿其家護視

戴至德傳至德卒詔百官哭其第

郝處俊傳處俊卒詔百官赴哭官庀葬事

政和禮前期一日所司于主人第大門右量地之宜設百官（朝參官以上）會弔者次其日先于主人寢庭設百官位重行應會弔者集于門外次各常服贊者以次引入就位立定贊者曰可哭百官在位者皆哭十五舉音贊者曰可止百官在位皆止哭贊者引為首一員

升詣主人前展慰訖贊者引降出諸在位者以次而出（應致恭者皆再拜而出）會葬如會喪之儀

護喪

漢書霍光薨太中大夫任宣與侍御史五人持節護喪事發材官輕車北軍五校士軍陳至茂陵以送其葬

明會典凡二品以上大臣在任病故者嘉靖二十八年議准行兵部應付舡隻脚力差官一員護送還鄉

冊贈

春秋昭公七年秋八月戊辰衛侯惡卒

左傳衛齊惡告喪于周且請命王使成簡公如衛弔且追命襄公曰叔父陟恪在我先王之左右以佐事上帝（注命如今之哀策）余敢忘高圉亞圉（注二圉周之先也為殷諸侯亦受殷王追命者）

（太常因革禮）通禮策贈貴臣守宮于主人大門外設使副位使人公
單封冊命
服從朝堂受策載于犢車各備鹵簿至主人之門降車
使者稱有制主人降階稽顙內外皆哭讀策訖主人拜
送之〇
（禮閣新編國朝之制策命大臣有于私第策之若有于
本道策之者私第冊者乾德三年正衙命使冊贈故開
府儀同三司檢校太師兼中書令柱國秦國公食邑一
萬戶食實封三千戶孟昶可贈尚書令追封楚王是也
本道冊者建隆元年故推誠奉議同德翊戴功臣荆南
節度歸峽等州觀察處置等使特進檢校太師守太傅
兼中書令江陵尹上柱國南平王食邑四千五百戶食
實封一千三百戶高保融奉敕可贈太尉端拱元年九
月二日敕故安時鎮國崇文耀武宣德守道中正功臣
武勝軍節度使鄧州管內觀察處置等使開府儀同三
司守太師尚書令兼中書令持節鄧州諸軍事行鄧州
刺史上柱國鄧王食邑九萬七千戶食實封一萬六千
九百戶賜劍履上殿詔書不名錢俶可特追封秦王是
也然私第本道所冊之地不同並于擇日冊命禮物之

類皆均等今止取孟景儀著之以見當時因革耳儀曰前一日中書省以冊進内其日文武百官並入朝典儀設羣官等位如常儀左右金吾量排仗衛所司先陳載冊犢車及冊使輅車鹵簿鼓吹儀仗等于昇龍門外以俟典儀設冊使位南北向設中書令位于冊使位之東北又設門下侍郎中書侍郎押節案位于中書令位東北俱面西文武臣寮依時刻入就位應行事官朝服餘官公服門下侍郎帥主節者持幡節中書侍郎帥令史絳衣介幘奉冊案立于横街北近東節在南案在北門下侍郎中書侍郎各立于節案之前俱面西以俟次引冊使朝服立于文德門外道東面西俟百官立班定礼官通事舍人引入就横街南位閤門使引内冊案自東上閤門出詣横街南向立常皇村白麻附宣曰奉敕付中書令礼官通事舍人引中書令從本班就冊案跪搢笏受冊轉授中書侍郎執笏俯伏興中書侍郎帥令史對舉門下侍郎帥主節者持幡節于冊案前行中書令前導至命使位面西立稱有制冊使再拜訖宣曰冊贈故開府儀同三司檢校太師兼中書令上柱國秦國公食邑一萬户食實封

三千戶孟昶奉敕可贈尚書令追封楚王命卿持節虔
礼冊使再拜訖中書令退本位次引門下侍郎帥主節
者詣使以幡節授使使跪轉付主節者中書侍郎帥舁
案者以冊授使使跪受復置于案門下侍郎中書侍郎
俱還本班次引冊使出持節者前導持案者次之出文
德西門俟冊使出門所司宣放仗退如常儀至舁龍門外奉冊至于載冊
犢車冊使升輅車鹵簿鼓吹引從備而不作赴追封楚王
孟昶私第展礼訖其鹵簿鼓吹儀仗車輅等還本司受
冊儀與通礼皆相類今不復録○礼閣新編乾德三年
十二月二十二日礼院奏今來贈冊楚王孟昶欲不差
冠劍使所有礼衣冠劍一副准例冊使賫赴本道于受
冊前一日宣賜詔可○礼閣新編乾德三年十一月礼
院又奏准舊儀礼例冊贈諸王及貴臣鼓吹儀仗引至
都亭驛次日常服持節往本道行冊礼如別儀如是鑾
駕出征則無儀當司常酌況是冊贈欲不于正衙命使
行礼所司修制行冊礼衣法物等畢日交與冊使副持
節押冊進發往本道展
冊礼詔令正衙命使

似一字大

後漢書禮儀志諸侯王列侯始封貴人公主薨皆令
贈印璽

漢書孔光傳光薨莽白太后使九卿策贈以太師博
山侯印綬

後漢楊賜薨策贈特進

唐書禮志君以敕使冊贈則受冊于朝堂載以犢車
脩鹵簿至第妃主以内侍爲使贈者以蠟印畫綬冊
贈必因其啓葬既葬則受于靈寢既除則受于廟主
人公服而不哭或单衣而介幘受必有祭未廟受之
寢

摭言韋莊奏請追贈近代人不及第者孟郊李賀皇
甫松李羣玉陸龜蒙趙光遠李甘温庭皓劉得仁陸
逵傅錫平曾賈島劉稚珪顧卲孫沈珣顧蒙羅鄴方

太常因革禮

于前件人俱無顯遇皆有奇才麗句清詞徧在時人之口銜寃抱恨竟為㝠路之塵但恐憤氣未銷上衝穹昊伏乞宣賜中書門下追贈進士及第各贈補闕拾遺見存明代惟羅隱一人亦乞特賜科名録升三級便以特敕顯示優恩俾使已升寃人皆霑聖澤後来學者更屬文風

乾學按此即所謂孤䰟及第也明　宗時貢院火焚死舉人皆贈進士葬之事亦相類

賜葬

漢書霍去病傳去病薨上悼之發屬國玄甲軍陳自長安至茂陵為冢象祁連山

衛青傳青薨起冢象盧山

乾學按前史王侯將相賜葬者不一以無關于喪禮故不盡載今但志其一二而其他史志中有言賜葬儀注者則盡採之以見恩䘏之有終云○攷漢書高惠文景時諸將相皆無賜葬之事故以衛霍二事爲始

唐書百官志司儀署掌凶禮喪葬之具京官執事三品以上散官二品以上祖父母父母喪職事散官五品以上都督刺史卒于京師及五品死王事者將葬祭以少牢率齋郎執俎豆以往三品以上贈以束帛黑一纁二一品加璧五品以上葬給營葬夫

宋史禮志詔葬禮院例册諸一品二品喪敕備本品鹵簿送葬者以少牢贈祭于都城外加璧束帛深青

三纏二按會要勳戚大臣薨卒多命詔葬遣中使監護官給其費以表一時之恩殯前一日對靈柩及至壙所下事時皆設敕祭監葬官行禮熙寧初又著新式頒于有司○乾德六年三月中書令秦國公孟昶薨其母李氏繼亡命鴻臚卿范禹偁監護喪事詔禮官議定吉凶儀仗禮例以聞太常禮院檢晋天福十二年葬故魏王周廣順元年葬故樞密使陽邠侍衛使史弘肇三司使王章故事以聞詔從之其儀從詳見喪儀品式篇及葬命供奉官周貽慶押奉議軍士二指揮防護至洛陽又賜予玄喆墳庄一區○開寶四年建武軍節度使何繼筠卒詔遣中使護喪仍賜寶劍甲胄同葬咸平元年護國軍節度使駙馬都尉王承衍葬鹵簿鼓吹備而不作以在大宗大祥忌禁內也元豐五年崇

信軍節度使華陰郡王宗旦薨聽以旌節牌印葬尋又詔不即隨葬者徒二年因而行用者罪之○紹興二十四年太師清河郡王張俊薨上曰張俊極宣力與他將不同恩數務從優厚仍賜十梁額花冠貂蟬籠巾朝服一襲水銀二百兩龍腦一百五十兩其後楊存中薨孝宗令諸寺院聲鐘仍賜水銀龍腦以殮

熙寧新式先是知制誥曾布言竊以朝廷親睦九族故于死喪之際臨弔賻恤至于窀穸之具皆給于縣官又擇近臣專董其事所以深致其哀榮而盡其送終之禮近世使臣沿襲故常過取饋遺故私家之費往往倍于公上祥符中患其無節嘗詔有司定其數皇祐中又著之編敕令使臣所受無過五百朝臣無過三百有違之者御史奏劾伏見比歲以來不復循

明集禮

守其取之者不啻十倍于著令乞取舊例裁定酌中
之數以為永式詔令太常禮院詳定令布裁定以聞
嘉祐七年詔大宗正自今皇親之喪五年以上未葬
者不以有無尊親新喪並擇日葬之祕龍圖閣直學
士向傳式言故事皇親係節度使以上方許承凶營
葬其卑幼喪皆隨葬之自慶曆八年後積十二年未
葬者幾四百餘喪官司難于卒辦致濮王薨百日不
及葬請自今兩宅遇有尊屬之喪不以官品為限而
葬之下判大宗正司太常禮儀院司天監議而有是
詔
明會典禮部職掌凡公侯亡故不分病故陣亡禮部
移咨工部造辦冥器棺槨及撥人匠甎石造墳安葬
劄付欽天監選擇墳地○都督都指揮指揮衛所鎮

撫千户百户亡故俱禮部移咨工部備辦棺槨并項造墳安葬

凡公侯及在京一品二品父母妻喪三品四品父母喪曾授封贈及致仕者各照品級造墳安葬在外止祭祀未封贈者無○在外都指揮使及指揮僉事止是禮部遣人往祭一次若回京安葬則照例祭祀造墳千百户別無祭葬例以上洪武二十六年定

凡公侯駙馬伯病故其葬禮照依定制若公侯伯為事病故者祭葬等項俱無○凡公侯伯母與妻俱祭二壇有葬係皇親者加祭壇數取自上裁○凡兩京三品以上官葬祭制度俱照依品級其四品五品官得特恩賜葬者亦以本等品級為定惟衍聖公葬祭照一品禮行○凡左右都督至都督僉事管府事病

故者其先有功後閒住病故者俱有葬○凡都督僉事以上葬禮俱照品級若署都督僉事無葬以上永樂以後續定

凡左右都督都督同知都督僉事管府事及在外總兵病故者照例造葬都督同知以上不分真署一體給葬署都督僉事不得妄授○凡二品三品文臣曾經賜葬者妻故在後俱許祔葬惟授封夫人者例給開壙工價其餘不給若妻先故者除已封夫人照例祭葬外其餘俟夫故之日祔葬○凡大臣父母先後病故者萬曆三年題准如父先以三品封給祭葬其母後封一品夫人開壙合葬者准行工部量給增造工價以足一品之數以上萬曆六年更定

乾學按會典所載大約葬與祭並言不可一一分裂故今撮其單言葬者列于此篇

而其與祭連言者則詳見上篇祭奠内觀

明集禮開平忠武王之薨其喪葬之具凡百皆

文武官員造墳總例洪武元年定

職官一品塋地九十步墳高一丈八尺二品塋地八

出於官不煩其家蓋所以優待勳臣非常之盛禮也其詳見第九十八卷歷代品式條

七十步墳高一丈二

地六十步墳高八尺

以上石獸並四六品塋地四十步七品以下二十步

墳高六尺以上步法皆從塋心各數至邊五品以上

許用碑龜趺螭首六品以下許用碣方趺圓首庶人塋地九步

穿心一十八步止用壙誌

二十九年定公侯塋地周圍一百步墳高二丈圍墻

高一丈一品塋地周圍九十步墳高一丈八尺圍墻

高九尺二品塋地周圍八十步墳高一丈六尺圍墻

故者其先有功後閑住病故者俱有葬○凡都督僉事以上葬禮俱照品級若署都督僉事無葬以上永樂以後續定凡左右都督都督同知都督僉事管府事及在外總兵病故者照例造葬都督同知以上不分真署一體給葬署都督僉事不得妄授○凡二品三品文臣曾經賜葬者妻故在後俱許祔葬惟授封夫人者例給開壙工價其餘不給若妻先故者除已封夫人照例祭葬外其餘俟夫故之日祔葬○凡大臣父母先後病故者萬曆三年題准如父先以三品封給祭葬其母後封一品夫人開壙合葬者准行工部量給增造工價以足一品之數以上萬曆六年更定

乾學按會典所載大約葬與祭並言不可一一分裂故今撮其單言葬者列于此篇

而其與祭連言者則詳見上篇祭奠内觀者審之

明會典工部職掌文武官員造墳總例洪武元年定職官一品塋地九十步墳高一丈八尺二品塋地八十步墳高一丈四尺三品塋地七十步墳高一丈二尺以上石獸並六四品五品塋地六十步墳高八尺以上石獸並四六品塋地四十步七品以下二十步墳高六尺以上步法皆從塋心各數至邊五品以上許用碑龜趺螭首六品以下許用碣方趺圓首庶人塋地九步穿心一十八步止用壙誌

二十九年定公侯塋地周圍一百步墳高二丈圍墻高一丈一品塋地周圍九十步墳高一丈八尺圍墻高九尺二品塋地周圍八十步墳高一丈六尺圍墻

高八尺三品塋地周圍七十步墳高一丈四尺圍墻高七尺四品塋地周圍六十步墳高一丈二尺圍墻高六尺五品塋地周圍五十步墳高一丈圍墻高四尺六品塋地周圍四十步墳高八尺七品以下塋地周圍三十步墳高六尺○公侯石碑螭首高三尺二寸碑身高九尺闊三尺六寸龜趺高三尺八寸石人二石馬二石羊二石虎二望柱二○一品石碑螭首高三尺碑身高八尺五寸闊三尺四寸龜趺高三尺六寸石人二石馬二石羊二石虎二望柱二○二品石碑蓋用麒麟高二尺八寸碑身高八尺闊三尺二寸龜趺高三尺二寸石人二石虎二石羊二石馬二石望柱二○三品石碑蓋用天禄辟邪高二尺六寸碑身高七尺五寸闊三尺龜趺高三尺二寸石虎二

石羊二石馬二石望柱二○四品石碑圓首高二尺
四寸碑身高七尺闊二尺八寸方趺高三尺石虎二
石馬二石望柱二○五品石碑圓首高二尺二寸碑
身高六尺五寸闊二尺六寸方趺高二尺八寸石羊
二石馬二石望柱二○六品石碑圓首高二尺碑身
高六尺闊二尺四寸方趺高二尺六寸○七品石碑
圓首高一尺八寸碑身高五尺五寸闊二尺二寸方
趺高二尺四寸
天順二年奏準文武大臣官爲造墳者夫故在前併
造妻壙妻故在前併造夫壙後葬者止令所在官司
起倩夫匠開壙安葬繼室則祔葬其旁同一享堂不
許另造○成化十三年奏准令本家自行開壙附葬
○弘治十年仍令有司開壙凡功臣武官造墳洪武

讀禮通考　卷六十一

三年定功臣守墓人戶各以封爵官品之差并給之其合用石碑石獸之類亦令有司俱依品級成造○二十六年詔自今凡功臣故不建享堂其墳塋葬具皆令自備惟歿于戰陣者官給○又定凡武職官員或歿于矢石或死于任所先由禮部定奪應合造墳者移咨知會仍審安葬去處若在京者與擇墳地會計工程照例應撥囚徒甎灰造墳中間有公侯伯合用硃紅槨寘器誌石甎灰人工別無定例度量支撥其槨具寘器行下寶源軍器營繕鍼工鞍轡局所依例料造應付若有令許令祖墳或就任所安葬及造享堂者臨期定奪施行

造槨并寘器甎灰公侯伯造槨無寘器○都督同知僉事指揮使紅漆槨誌石甎四千五百箇石灰四千

五百斤因五十名○指揮同知僉事黑漆椁誌石甎三千四百五十箇石灰三千四百五十斤因二十名○正副致仕千户衛鎮撫甎一千五百箇石灰一千五百斤因一十二名○百户所鎮撫甎二百四十箇石灰二百四十斤因六名○千百户所鎮撫骨殖安葬甎灰因減半○寶源局造公侯伯都督冥器内用小銅釜一面小銅竈一箇小火箸一雙小銅火盆一箇椁誌事件鐵束二道鐵鋦二道兩尖釘二百箇鈠鐶一副○軍器局錫造水盆一臺醆一杓一壺瓶一酒甕一唾盂一水罐一香爐一香合一燭臺一對香匙箸連瓶一副茶鍾一茶盞一梳二槖二燈臺盞一副楪十二油瓶一匙箸連瓶一副○營繕所木造牙仗二骨朶三交椅一脚踏一交牀一馬杌一誕馬二

倉卓一香卓一牀一拄杖一箱一凳一枕一揮一清
道一對樂人八控士二門神二儀仗人十二女使八
武士四翣六五穀倉一凉漿瓶二鎗二斧二班劍一
紅旂二金一鼓一箭三弓一甲一盔一弩一鍋竈一
副火爐○鍼工局造青羅幙罩一紅紵絲煖帳一紅
綃金紗幮一茶褐羅傘一紅絹旗二枕頭一紅紵絲
綿被一紅絹夾被一綿布臥單一紵絲褥一布手巾
一衿一鞶一○鞍轡局造小鞍籠一小弓箭袋一副
今例公侯伯造墳合用黃麻一百二十斤白麻一百
二十斤（俱丁字庫支）石灰七千五百斤（馬鞍山支）蘆蓆四百領（營繕司支）楸
棍三百根（大峪廠支）沙板甎三千箇（通即抽分竹木局支）松木長柴一百
根把柴一百五十根（俱蘆溝抽分竹木局支）棺槨一副（通州抽分竹木局支）糯米
一石五斗（戶部支）夫匠三十二名（內後軍都督府二十名每名銀一兩順天府十二名每名一兩五錢）開

壙合葬減半都督等官同○都督都督同知僉事造墳合用黃麻一百斤白麻一百斤石灰五千斤蘆席三百領楸棍三百根沙板甎二千箇松木長柴一百根棺槨一副糯米一石夫匠二十名內後軍都督府十二名順天府八名各銀數如前

凡文官造墳嘉靖六年奏准一品二品三品未經考滿者價銀夫匠減半給領開壙者不分品級崇卑止與夫匠五十名如有一府一州一時造墳數處在各省者聽本布政司官在直隸者聽撫按官酌派鄰近府州通融區畫病故大臣果有功德昭彰聞望表著公私無過者禮部擬奏差官造葬以示優崇○二十七年奏准今後大臣病故例該造葬者其奏討差官查果合例方與題請如或例有未合止行各司府委官照依品級造葬○近例文官父母妻故例應造墳

及開壙合葬者俱照受封品級崇卑裁自派給○嘉靖初定文官造墳料價一品料價銀三百兩夫匠二百名（每名銀一兩下同）二品料價銀二百五十兩夫匠一百五十名三品料價銀二百兩夫匠一百名○續定四品五品官特恩賜葬者料價銀八十兩夫匠三十名○凡內臣病故乞葬正德十二年奏准務查本官歷年深淺有無勤勞應該造墳或蓋享堂碑亭者定與等第照例奏請不許一槩妄行比乞○凡衍聖公及夫人造葬開壙行山東布政司照例措辦輭灰夫匠物料及棺椁一副

萬曆六年更定凡文官三品以上不論已未考滿其各父母妻必曾授本等封俱照例祭葬四品本身及父母皆止一祭無葬而出自特恩者不拘○凡一品

父母妻已授本等封予例祭外父母有加祭二壇者正德十年例妻有加祭一壇者弘治十二年例係出特恩取自上裁陳乞者不得輒援爲例○凡三品官曾經考滿者祭一壇全葬未經考滿者祭一壇減半造葬正德六年例其以侍郎兼學士贈尚書者祭二壇不拘已未考滿給與全葬或兼官雖同非係贈尚書者止給與本等卹典不得槩援爲例○凡致仕養病終養聽用等項官員祭葬俱與見任官同革職閒住及先曾爲事謫戍遇蒙恩詔辯復原職者祭葬俱不准給○凡文官二品三品共實歷三年以上者雖未考三品滿父母准與三品祭葬三品四品共歷三年以上者雖未考四品滿父母准祭一壇若未及三年者不准正德九年例其有未及三年而遇蒙恩詔父母已授本等封及父母先授外

封後任京職考滿例不重封者俱照品級給與應得祭葬（內外通理嘉靖二十八年例）○凡三品以上官有被劾致仕及先被劾冠帶閑住後奉特旨復職者俱准照例與祭葬（弘治十年嘉靖二十七年例）若罪過昭彰公論共棄者不拘見任致仕并項俱不准給其被劾閑住遇蒙覃恩槩復致仕者亦不准給被劾聽調及聽勘未明病故者務稽考其平生履歷人品高下功罪重輕議擬奏請定奪○一凡三品以上致仕官其雅負時望懇疏乞休者照見任例給與應得祭葬如被劾致仕及考察自陳致仕者二品曾經考滿祭葬准全給未經考滿者祭照舊葬減半三品曾經考滿祭照舊半葬未經考滿者有祭無葬四品雖經考滿亦不准祭其被劾自陳官員有日久論定原無可議者仍照例給與祭葬父母妻

曾受本等封者應得卹典亦視本身致仕緣由以為差等不得濫給○凡三品以上被劾聽用聽調官員祭葬俱照今擬被劾自陳致仕官遞減之例如公論已明人品無玷仍准全給聽勘未明官員有陳乞卹典者仍行原勘撫按衙門查明無礙應否量給臨時題請定奪如果有顯過為公論所不容無論聽用聽調聽勘徑照閒住例俱不准給其父母祭葬亦稽其子功過以為差等○凡京官三品陞四品者不拘四品已未考滿俱照三品未考滿例祭一壇半葬父母曾授三品封者與同授四品封者止祭一壇其原以三品降調後歷陞四品者止照四品者止照四品例不得妄行陳乞○凡三品父母曾授本等封者無論亡故先後一視其子以為差等其已經考滿者祭葬

全給未經考滿者祭一壇減半造葬○凡文官二品三品共歷三年以上者雖未考三品滿其父母曾授四品五品封准與三品祭葬三品四品共歷三年以上者雖未考四品滿其父母曾授五品封准祭一壇其未經授封及止授六七品封者不得援以為例○凡三品官本生父母有值覃恩乞以本身應得誥命移封者身後量給祭一壇其授二品封者量給半葬凡管府及總兵都督僉事止與祭四壇照品造葬其陞署都督同知者如之若由署都督僉事陞署都督同知者與祭二壇減半造葬○凡留守正副親軍衛分都指揮使并官贈都督同知者於本級上加祭一壇減半造葬○凡三品以上文官父母曾授本并封而子先亡故者

萬曆元年題準查無違礙仍與應得卹典若被罪削籍本身原無祭葬父母雖經授封亦不准給○凡奏請卹典萬曆元年題準兩京大臣病故應得卹典如見任公差於外者許各差撫按官勘明具奏其在家致仕養病給假等項病故者各地方有司具本官履歷緣由及病故日期申報撫按衙門覈實季終類奏中間果有行業超卓公論共推及罪過昭彰公論共棄者據實開列聽禮部議覆若大臣見在不拘見任致仕其父母妻曾授本等封病故者許照例自行陳乞其致仕在家等項子孫微弱官司一年之外不為代奏者亦許子孫自行陳乞禮部仍行撫按勘明議覆若撫按官并所屬留難者聽禮部及該科叅究

讀禮通考卷六十二

喪儀節二十五

名號

曲禮君天下曰天子朝諸侯分職授政任功曰予一人注皆擯者辭也踐阼臨祭祀内事曰孝王某外事曰嗣王某注皆祝辭也臨諸侯畛於鬼神曰有天王某甫注畛致也祝告致於鬼神辭也曰有天王某甫某甫其字也不名者不親往也周禮大會同過山川則大祝用事焉鬼神謂百辟卿士崩曰天王崩注史書策辭復曰天子復矣注始死時呼魂辭也不呼名臣不名君也諸侯呼字○疏此謂告王者升假而史官載于方策之辭崩者自天墜下曰崩王者死如從天墜下故曰崩也復曰天子復者復招魂復魄也夫精氣為魂身形為魄人若命至終畢必有精氣離而臣子罔極之至猶望復生故使人升屋北面招呼死者之魂令還復身中故曰復也若復招呼則無指的故男子呼名婦人呼字令魂識知其名字而還王者不呼名字者一則臣子不可名君二則普天率土王者一人而已故呼天子復而王者必知呼己而返也以例而言之則王后死亦呼王后復也告喪曰天王登假注告赴也登上也假已也上已者若仙去云耳措之廟立之主曰帝注同之天神春秋傳曰凡君卒

哭而祔祔而作主

天子未除喪曰予小子注謙未敢稱一人生名之死亦名之注生名之曰小子王死亦曰小子王也晉有小子侯是僭取於天子號也○疏告喪謂天子崩遣使告天下萬國之辭也措置也王葬後卒哭竟而祔置於廟立主使神依之也白虎通云所以有主者神無依据孝子以繼心也主用木木有始終又與人相似也蓋記之爲題欲令後可知也方尺或曰尺二寸鄭云周以栗漢書前方後圓丘經異義云主狀正方穿中央達四方天子長尺二寸諸侯長一尺曰帝者天神曰帝今號以主同于天神故題稱帝云文帝武帝之類也崔靈恩云古者帝王生死同稱生稱帝者死亦稱帝生稱王者死亦稱王今云措之廟立之主曰帝者蓋是爲記時有主入廟稱帝之義記録以爲法也予小子者人子未忍即受天王之稱故不曰予一人而稱予小子者言我德狹小也生名之死亦名之者嗣王既呼爲小子若于喪中而死亦謚爲小子王喪質故不變稱也

呂大臨曰書崩及告喪皆曰天王書史策告民之詞也復曰天子告天之辭也假至也猶易所謂王假有廟詩所謂來格來饗莊子亦云登假于道是也体魄則降知氣在上詩云三后在天書曰殷先哲王在天言其精神升至於天臣子不忍斥言故婉其詞也先儒以假爲遐音恐未然也措之廟立之主曰帝者祔于廟之詞也周人卒哭而祔殷人練而祔蓋祔而作主始入于廟曰帝者同于天神生事畢而鬼事始也鬼神莫尊於帝以帝名之言其德主以配天也然攷之禮經未見有以帝名者唯易稱帝乙亦不知其何帝獨司馬遷史記載夏殷之王皆以帝名疑殷人祔廟稱帝遷據世本而言當有所考至周有謚始不名帝○

又曰天子未除喪而没則其祔也不曰帝而曰小子如晉有小子侯之類蓋在喪當稱子故也春秋書王子猛卒不言小子者臣下之稱與史策之辭異

也此云予小子者予衍文也詩書所載予小子之稱不必未除喪之稱此又承措庿立主曰帝之文言之也則非自稱之辭故知無予字也生死皆名之曰小子王不稱帝不立謚未成為君也

胡銓曰遐遠也竹書紀年帝王没皆曰陟陟亦登也○

又曰案書顧命乙丑成王崩癸酉康王尸天子豈俟踰年也三年之内王自稱不曰王爾臣下未嘗不稱曰王也王乃反喪服是也鄭又云謙未敢稱一人康王何以稱一人釗也

吳澄曰登猶言升陟假與遐同尊之不敢言其死但言其升陟于遐遠之處猶言其登天也

又曰春秋景王崩悼王未踰年入于王城不稱天王而稱王猛所謂生名之也死不稱天王崩而稱王子猛卒所謂死亦名之也

陳澔曰假乃遠邈之義登遐言其所升高遠猶漢書稱大行行乃循行之行去聲以其往而不反故曰大行也措置也立之主者始死則鑿木為重以依神既虞而埋之乃作主以依神也

徐師魯曰其崩史書策辭曰天王崩自上墜下也凡復皆稱名唯王呼曰天子復臣不名君也告喪於諸侯曰天王登假言升之高遠也葬後卒哭竟而祔置於庿立主曰帝同於天神也按周王無稱者此或夏殷之禮歟此死後之稱○

又曰天子即位三年除喪而後稱王其在三年之内則自稱予小子未敢稱予一人其未踰年則稱名或不幸而即死則亦稱名凡此皆不忍忘先王也此孔氏說與鄭注不同殊為有理今從之

小爾雅諱死謂之大行

史記李斯傳秦始皇崩于沙丘胡亥喟然嘆曰今大行未發喪禮未終吳曾能改齋漫録古來人君之亡未有謚號皆以大行稱之往而不返之義也

漢書霍光傳太子受皇帝信璽行璽大行前孟康曰大行前昭帝柩前也韋昭曰大行不返之辭也

後漢書安帝紀大行皇帝不永天年章懷太子注曰禮有大行人小行人主謚號官也韋昭曰大行者不返之辭也天子崩未有謚故稱大行也穀梁傳曰大行受大名風俗通也天子新崩未有謚故且稱大行皇帝義兩也

通典魏孫毓議皇后未有謚宜稱大行古禮無大行之名按漢天子所居稱行在言不常居也崩曰大行者不返之辭也未有謚不言大行則嫌與嗣天子同號至于后崩未葬禮未立后宜無所嫌故漢氏之後不稱大行○又云大行之稱起於漢氏漢書曰大行無遺詔竇嬰傳大行在前殿謚法大行受大名小行受

移上曲礼後小尔雅前

一字小

小名言其有大德行必受大名若稱諡也

周密齊東野語太行章註平聲理宗之喪湖州教官劉億讀祝依文選註作去聲所謂大行受大名細行受小名此雖諡法而實不然也

乾學按逸周書諡法解曰諡者行之迹也號者功之表也車服位之章也是以大行受大名細行受小名原不專指天子蓋諡法通乎上下故與車服並稱也韋氏以不返釋大行自是正解迨章懷孫緬兼陳多義其說始淆李善注文選專用後說而世輙襲之悖乎古矣公謹之言可謂有識

諸侯見天子曰臣某侯某其與民言自稱曰寡人其在凶服曰適子孤（注凶服亦謂除喪）臨祭祀內事曰孝子某侯

其外事曰曾孫某侯某注朝國者遠辟天子死曰薨注亦史書册辭復曰其甫復矣注其甫且字既葬見天子曰類見注代父受國類猶象也執皮帛象諸侯之禮見也其禮也言謚曰類注言謚者序其行及謚所宜其繼也○疏適子孤者謂擯者告賓之辭雜記云相者告曰孤某須矣故文不云適子以直云適子孤不云名俱文不具也稱孤稱名者皆謂父死未葬之前也故雜記云孤某須矣下云既葬蒲席明孤某是未葬也凡諸侯在喪之稱公羊未葬稱子某者莊三十二年子般卒襄三十一年子野卒皆是君薨未葬稱子某也既葬稱子則文公十八年子惡卒經書子卒是也踰年稱君者則僖公十年里克弒其君卓及文公元年公即位是踰年稱君也謂臣子稱君也若其君自稱猶曰子故公羊傳文九年諸侯于其封内三年稱子是也案昭十一年楚滅蔡執世子有其時蔡君已死其子何稱世子者何休云稱世子者不許楚之滅蔡也猶若君存然故猶稱世子文十四年九月齊商人弒其君舍舍爲君商人之弒也襄二十九年吳子使季札來聘先君未踰年吳稱子者賢季子故録之桓十一年鄭忽出奔衛先君既葬而尚稱名者公羊云何以名尚子男一也辭無所貶何休云直以喪降稱名無餘罪致貶凡以王事出會未踰年皆稱子僖九年會於葵丘宋襄公稱子僖二十八年會于踐土陳共公稱子定四年會召陵陳懷公稱子皆未踰年會王事而稱子也若未踰年非王事而稱爵者皆譏耳成四年鄭伯伐許是也從上以來皆公羊之義也其左氏之義君薨未葬未行即位之禮前稱子其子般子野是也其出會諸侯未葬之前稱子故僖九年左氏傳云凡在喪王曰小童公侯曰子葵丘之會宋襄公稱子踐土之會陳共公稱子是也葬雖未踰年則稱君則晉里克弒其君卓商人弒其君舍是也文十八年子惡卒先君卒後稱子者杜預云時史畏襄仲不敢稱君故云子也其王事出會則稱爵陳四年鄭伯伐許是也案桓十五年經書衛惠公稱侯成十三年經書宋公衛侯以並先君未葬而稱爵者賈服注譏其不稱子杜預云非禮

也僖二十五年會衛子莒慶盟于洮時先君已葬衛成公猶稱子者杜預云善其成父之志故上繫于文而稱子服虔亦云明不失子道成十年晉侯伐鄭時厲公父景公患未薨而厲公出會稱爵譏其生代父位不子也此皆左氏之義公羊以奚齊僖九年死卓子十年死以卓子踰年故稱君左氏卓子亦九年死但赴告在十年以葬後故稱君左氏公羊二傳不同也公羊以成四年鄭伯伐許非王事未踰年而稱爵譏之也左氏則以鄭伯伐許為王事雖未踰年得稱爵當與公羊異鄭駮異義從公羊義以鄭伯伐許為非禮及公羊未踰年為王事皆稱子即宋襄公稱子陳共公稱子是也左氏未踰年為王事皆稱爵鄭駮異義引宋襄公稱子從公羊說以為稱子禮也外事謂社稷山川在封内者也天子外事言嗣王某諸侯不得稱嗣侯但稱曾孫所以然者天子尊謂能繼天德而立也諸侯無德不繼嗣為侯故不云嗣但是父祖重孫故言曾孫也死曰薨者此謂諸侯死而國史策辭也若其國史書之則但云卒也在四夷不言亦賤畧也自此以下皆然上文云天王崩書策辭今諸侯云薨故亦史策辭若告于諸侯則辭當謙退故雜記云赴於諸侯曰寡君不祿天子復則曰天子諸侯不可復云諸侯復故呼其字曰某甫故鄭注前文諸侯呼字是也諸侯世子葬後見於王執皮帛以象諸侯見故曰類見然春秋之義三年除喪之後乃見而今云既葬者謂天子或巡狩至境故得見天子未葬未正君臣故雖天子巡狩亦不見也言謚謂將葬就君請謚也凡謚既是表德故由尊者所裁當未葬之前親使人請之於天子若檀弓云其子戍請謚於君是言謚於君也而曰類者王肅云請謚於天子必以其實為謚類於平生之行也何胤云類其德而稱之如經天緯地曰文也鄭云使大夫來行聘問之禮言類鄭吉謂吉時遣大夫行則曰聘今請謚使大夫不得曰聘而名曰類者言類擬聘而行此禮也故云言謚曰類也

方愨曰諸侯曰某甫復字之也常人曰皐某復名之也

陳氏曰諸侯既葬見天子曰類見也有事於上帝而非事天之常禮曰類于上帝有事於社稷宗廟而非祭享之常禮曰類于社稷宗廟則嗣君之朝王大夫之言謚非朝聘之常禮謂之類宜矣

呂氏曰先儒謂類猶象也其義未安求之未得闕疑可也

王氏曰請謚必以其實為謚類於平生之行也

呂氏曰繼先君之德乃得受國而見天子故曰類見誄先君之善而請謚於天子故亦曰類

陳澔曰曾孫猶平公禱河而稱曾臣彪之類天子德厚流光故外事稱嗣王某諸侯不敢言繼嗣推始封之君而祖之故稱曾孫也費之為言費也繼晦

黃叔暘曰內事稱孝不殺於天子者孝親之心自天子達於庶人一也外事稱曾孫不敢同於天子者推始封之君而祖之明己之有國受之天子傳之之義本國史書之之辭

先君不敢專也

徐師魯曰適子稱孤適別於庶也稱孤無父也類肖似也既葬見天子曰類見言德類先君乃得受國而見天子也將葬謂親請謚亦曰類言類先君之善而稱之不敢誣也

天子死曰崩諸侯曰薨大夫曰卒士曰不祿庶人曰死

注異死名者為人褻其無知若猶不同然也自上顛壞曰崩薨顛壞之聲卒終也不祿不終其祿死之言澌也精神澌盡也

在牀

曰尸註尸陳也言形體在也在棺曰柩注柩之言究也死寇曰兵註異于凡人當饗祿其後○疏生時尊卑著見可識死隳為野土嫌若可輕褻故為制尊卑之名明其猶有貴賤之異也崩者譬若天形墜壓四海已覩王者登假率土咸知也薨者崩之餘聲聲遠劣于形壓諸侯之死知者亦狹也卒畢竟也大夫是有德之位仕能至此亦是了畢平生也士祿以代耕而今遂死是不終其祿也澌是消盡無餘之目庶人生無令譽死絕餘芳精氣一去聲名俱盡也人初生在地病困氣未絕之時下置于地冀脫死重生氣絕之後更還牀上既未殯斂陳列在牀故曰尸白虎通云失氣失神形體獨陳也三日不生斂之在棺死事竟畢于此故曰柩死寇曰兵謂父祖死君之寇而子孫為名也言人能為國家捍難禦侮為寇所殺者謂為兵兵器仗之名言其為器仗之用也故君恒祿恤其子孫異于凡人也故鄭云當饗祿其後春饗孤子是也

呂氏曰兵者死于寇難之稱有兵死而可褒者如童汪踦能執干戈以衛社稷孔子欲勿殤勇於死難者也有兵死而可貶者如冢人凡死於兵者不入兆域戰陳無勇者也

祭王父曰皇祖考王母曰皇祖妣父曰皇考母曰皇妣夫曰皇辟注更設稱號尊神異于人也皇君也考成也言其德行之成也妣之言媲也媲于考也辟法也妻所取法也

陳澔曰皇曰王皆以君之稱尊之也為之宗廟以鬼享之不得不異其稱謂也

徐師曾曰王大也皇美也舊說謂以君之稱尊之是教僭也亦悖於禮矣為之宗庙以鬼神享之故各加以美稱也後世天子稱皇王稱王於是始有禁矣

讀禮通考　卷六十二

生曰父曰母曰妻死曰考曰妣曰嬪注嬪婦人有法度者之稱也壽考曰卒短折曰不祿注祿謂有德行任為大夫士而不為者老而死從大夫之稱少而死從士之稱○疏前是宗廟之祭神其尊稱故父母並曰皇也此謂非祭時所稱也此生死異稱出爾雅文言其別於生時耳若通而言之亦通也尚書云大傷厥考心又云聰聽祖考之彝訓倉頡篇云考妣延年又云嬪於虞詩大明云曰嬪于京周禮九嬪之官並非生死異稱矣鄭知德行任為大夫士而不為者若賓是大夫士前文已顯今更別云卒與不祿同大夫士之稱故知堪為大夫士而不為者檀弓云君子曰終小人曰死與此不同者此据年之老者從大夫之稱少者從士之稱檀弓不据年之老少但据君子取終其成功小人精神盡澌與此別也

謝氏曰易曰有子考無咎又曰意承考也又書言事厥考厥長之類皆非死而後稱蓋古者通稱後世乃異之耳

陳澔曰此言卒與不祿與上文大夫士之稱同者彼以位之尊卑言此以數之修短言也

周禮大祝辨六號一曰神號二曰鬼號三曰示號注號謂尊其名更為美稱焉神號若云皇天上帝鬼號若云皇祖伯某祇號若云后土地祇○詳解曰以實命物使有所辨則謂之名因名命物使無相害則謂之號是名為實之賓而號為名之美稱也

鄭鍔曰神示百物各有其名以名舉則失於褻易其名而為之美稱所以致敬以尊神明見其肅敬之意大祝掌辨而為之

雜記君薨太子號稱子待猶君也注謂未踰年也雖稱子與諸侯朝會如君矣春秋魯

僖公九年夏葵丘之會宋襄公稱子而與諸侯序○疏君存稱世子君薨稱子與諸侯並列其待之禮猶如正君知未踰年者若踰年則稱君也按僖九年二月宋公御說卒夏公會宰周公齊侯宋子以下于葵丘是宋襄公稱子序在齊侯之下與尋常宋公同是與諸侯序也至定四年陳懷公稱子進在鄭上僖二十八年陳共公稱子降在鄭下衛侯弟叔武称子亦序在鄭下此皆春秋之時霸者所次不與此記同也

黃叔暘曰君薨未踰年太子不敢遽有君位故其號猶稱子所以執子道以教孝也然雖未即位改元而君位已定故諸臣待之如君所以執臣道以作忠也忠孝盡而人之大倫定矣

祭稱孝子孝孫喪稱哀子哀孫　注各以其義稱○疏祭吉祭卒哭以後之祭也吉則申孝子心故祝辭云孝或子或孫隨其人喪稱哀者謂自虞以前凶祭也喪則痛慕未申故稱哀也故士虞禮稱哀子而卒哭乃稱孝子也

徐師魯曰祭吉祭也卒哭以後為吉祭喪凶祭也虞以前為凶祭孝子哀子之類皆祝辭所稱者祭以追養故稱孝喪以哀死故稱哀各以其義也

祝稱卜葬虞子孫曰哀夫曰乃兄弟曰某卜葬其兄弟曰伯子某　注祝稱卜葬虞者卜葬卜虞祝稱主人之辭也孫謂為祖後者稱曰哀孫某卜葬其祖某甫夫曰乃某卜葬其妻某氏兄弟相為卜稱名而已○疏謂卜葬擇日而卜人祝龜所稱主人之辭也虞用葬日故并言葬虞子孫曰哀者若子卜葬父則祝辭稱云哀子某卜葬其父某甫若孫卜葬祖則祝辭稱云哀孫某卜葬其祖某甫夫曰乃者若夫卜葬其妻則祝辭云乃某卜葬其妻某氏乃者言之助也妻卑故假助句以明夫之尊也若兄弟相為其弟為兄則祝辭云某卜葬兄伯子某若兄為弟則云某卜葬其弟某兄弟稱名則子孫與夫皆稱名故鄭注於子孫通稱可知也

徐師曾曰此記卜葬祝辭之入稱有所稱之辭子孫則曰哀子某哀孫某喪主哀也夫則曰乃夫某乃者語助辭妻卑故假耶言以明夫之尊也兄弟則曰凡某弟某有稱所為卜者之辭卜葬其兄而弟曰伯子某則弟而兄曰仲子某季子某妻而夫曰妻某氏父祖而子孫曰父某甫祖某甫皆可知

坊記子云升自客階受弔於賓位教民追孝也注謂反哭時也既葬矣猶不由阼階不忍即父位也未沒喪不稱君示民不爭也故魯春秋記晉喪曰殺其君之子奚齊及其君卓注沒終也春秋傳曰諸侯于其封內三年稱子至其臣子踰年則謂之君矣奚齊與卓子皆獻公之子也獻公卒其年奚齊殺明年而後卓子殺矣以此坊民子猶有弒其父者注弒父不子之甚○疏謂既葬反哭之時孝子升自客階受弔于堂上西方賓位之處不敢在東方以即父位示民追孝之心也未終三年之喪嗣子不合稱君所以然者示民不令父子相爭也案僖九年秋九月晉侯詭諸卒冬晉里克弒其君之子奚齊十年里克弒其君卓子公羊云其年奚齊殺明年卓子弒是踰年稱君

方慤曰升自客階而不敢由於主人之階受弔于賓位而不敢居於主人之位所以避父之尊盡為子之孝而已父既往而猶未忍升其階居其位故曰教民追孝也居君之位而未敢稱君之號則推讓之心固可見矣故曰示民不爭也

葉夢得曰升客階不敢代父也受弔於賓位不敢為主也不敢代父而為主者不忘親也故曰追孝古者君薨百官總己以聽冢宰三年則是君不言而冢宰攝之也以其不言故未終喪止稱曰子

子云天無二日上無二王家無二主尊無二上示民有君臣之別也春秋不稱楚越之王喪禮君不稱天大夫不稱君恐民之惑也注楚越之君僭號稱王不稱其喪謂不書葬也春秋傳曰吳楚之君不書葬辟其僭號也臣者天君稱天子為天王稱諸侯不言天公辟王也大夫有臣者稱之曰主不言君辟諸侯也此皆為使民疑惑不知孰者尊也周禮曰主友之讎視從父昆弟○疏不稱楚越之王喪者言春秋之義但書其卒不稱其喪葬之事若書葬則當稱葬楚越某王辟王之名故不書葬

春秋隱公三年三月庚戌天王崩

公羊傳曷為或言崩或言薨天子曰崩諸侯曰薨大夫曰卒士曰不祿

穀梁傳高曰崩注梁山崩厚曰崩注沙鹿崩尊曰崩天子之崩以尊也其崩之何也以其在民上故崩之其不名何也大上故不名也

左傳隱公三年夏君氏卒聲子也不赴於諸侯不反哭於寢不祔於姑故不曰薨不稱夫人故不言葬

春秋僖公九年春王三月丁丑宋公御說卒□夏公會宰周公齊侯宋子衛侯鄭伯許男曹伯于葵丘

左傳九年春宋桓公卒未葬而襄公會諸侯故曰子

凡在喪王曰小童公侯曰子 注在喪未葬也小童者童蒙幼稺之稱子者繼父之辭公侯位尊上連王者下絶伯子男周康王在喪稱予一人釗禮稱亦不言小童或所稱之辭各有所施此謂王自稱之辭非諸侯所得書故經無其事傳通取舊典之文以事相接

春秋莊公三十有二年冬十月己未子般卒 注子般莊公太子先君未葬故不稱爵

公羊傳子赤云子卒此其稱子般卒何 注據子赤不言子赤卒 君存稱世子君薨稱子某既葬稱子踰年稱公子般卒何以不書葬未踰年之君也有子則廟廟則書葬 注錄子恩也 無子不廟不廟則不書葬 注未踰年之君禮臣下無服故無子不廟不廟則不書葬是一年不二君也稱卒不地者降成君也日者為臣子恩錄之也

刪小示雅至安遇前書俟入此

孔叢子衞將軍文子之內子死復者曰皐媚女復子思聞之曰此女氏之字非夫氏之名也婦人於夫氏以姓氏稱

白虎通德論書曰成王崩天子稱崩何別尊卑異生死也天子曰崩大尊像崩之為言崩伏强天下撫擊失神明黎庶殞涕海內悲涼諸侯曰薨國失陽薨之言奄也奄然亡也大夫曰卒精燿終卒卒之為言終於國也士曰不祿失其忠節不忠終君之祿祿之言消也身消名彰庶人曰死魂去亡死之為言澌精氣窮也崩薨紀於國何以為有尊卑之禮謚號之制即有矣禮始於黃帝至堯舜而備易言復者據遂也書殂落死者矣各自見義堯皆惜痛之舜見終各一也喪者何謂也喪者亡人死謂之喪言其亡不可復得

見也不直言喪何爲孝子心不忍言尚書曰武王旣喪喪終曰死爲適室知據死者稱喪也

〈劉熙釋名〉人始氣絶曰死死澌也就消死也士曰不禄不復食禄也大夫曰卒言卒竟也諸侯曰薨薨壞之聲也天子曰崩崩壞之形也崩硼聲也殪翳也就隱翳也徂落徂祚也福祚殞落也徂亦往也言往去落也○老死曰壽終壽久也終盡也生已久遠氣終盡也少壯而死曰夭如取物中夭折也未二十而死曰殤殤傷也可哀傷也父死曰考考成也亦言槁也槁於義爲成凡五材膠漆陶冶皮革乾槁乃成也母死曰妣妣比也比之於父亦然也漢以來謂死爲物故言其諸物皆就朽故也旣定死曰尸尸舒也骨節解舒不復能自勝斂也

通典漢石渠議聞人通漢問云記曰君赴於他國之君曰不禄夫人曰寡小君不禄大夫士或言卒死皆不能明戴聖對曰君死未葬曰不禄既葬曰薨又問尸服卒者之上服士曰不禄言卒何也聖又曰夫尸者所以象神也其言卒而不言不禄者通貴賤尸之義也通漢對曰尸像神也故服其服士曰不禄者諱辭也孝子諱死曰卒五經通義云春秋説題辭曰大夫曰卒精耀終卒卒之為言終于國也士曰不禄不禄為身消名彰也

白虎通德論父在稱世子何繫於君也父沒稱子某者何屈於尸柩也既葬稱小子者即尊之漸也踰年稱公者緣民之心不可一日無君也緣終始之義一年不可有二君也故踰年即位所以繫臣民之心

年洪後爵者緣孝子之心未恐安吉也故春秋魯僖公三十三年十二月乙巳薨于小寢文公元年春王正月公即位四月丁巳葬我君僖公韓詩內傳曰諸侯世子三年喪畢上受爵命於天子所以名之為世子何言欲其世世不絕也何以知天子子亦稱世子也春秋傳曰公會世子於首止或曰天子之子稱太子尚書曰太子發升於舟也或曰諸侯之稱太子則傳曰晉有太子申生鄭有太子華齊有太子光由是觀之周制太子世子亦不定也天子大斂之後稱王者明不可一日無君也故尚書曰王麻冕黼裳此斂之後也何以知非從死後加王也以尚書言迎子釗不言迎王王者既殯而即繼體之位何緣民臣之心不可一日無君故先君不可得見則後君繼體矣尚

書曰再拜興對乃受同冒也明為繼體君也緣始終之義一年不可有二君也故尚書曰王釋冕反喪服吉冕受同稱王以接諸侯明已繼體為君也釋冕藏同反喪明未稱王以統事也不可曠年無君故逾年乃即位改元名元年年以紀事君名其事矣而未發號令也何以言踰年即位謂改元位春秋傳曰以諸侯踰年即位亦知天子踰年即位也春秋曰元年春王正月公即位改元位也王者改元年即事天地諸侯改元即事社稷王制曰夫喪三年不祭唯祭天地社稷為越紼而行事春秋傳曰天子三年然後稱王者謂稱王統事發號令也尚書曰高宗諒陰三年是也論語君薨百官總已聽於冢宰三年緣孝子之心則三年不忍當也故三年除喪乃即位統事即位踐

作為主南面朝臣下稱王以發號令也故天子諸侯凡三年即位終始之義乃備

通典魏明帝詔亭侯以上稱薨夫爵命等級貴賤之序非特偏制蓋禮關存亡故諸侯大夫既終之稱以薨卒為別今縣鄉亭侯不幸稱卒非也禮大夫雖食釆不加爵即縣亭侯既受符策茅土名曰列侯非徒食釆之比也於通存亡之制豈得同稱卒耶某亭侯以上當改卒稱薨三府上事博士張敷等進議諸王公大將軍縣亭侯以上有爵土者依諸侯禮皆稱薨關外侯無土銅印當古稱不祿千石六百石下至二百石皆詣臺拜受與古士受命同依禮稱不祿高堂隆議諸侯曰薨亦取隕墜之聲也禮王者之後公及王之上公九命為二伯者侯伯皆執珪子男及王之

公皆執璧其卒皆曰薨令可使二王後公及諸國王執珪大將軍縣亭侯有爵土者車騎衞將軍辟召掾屬與三公俱執辟者卒皆稱薨禮大夫曰卒者言陳力展志功成事卒無遺恨也今大中大夫秩二千石諫議中散大夫秩皆六百石此正天子之大夫也而使下與二百石同列稱不祿為大夫死貶從事殆非先聖制禮之意也士不祿者言士業未卒不終其祿也尚書曹訪云官寮終卒依禮各有至于其間令長以下通言物故不知物故之名本何所出高堂隆曰聞之先師物無也故事也言無復能於事者也

晉雷孝清問曰為祖母持重既葬而母亡言稱孤孫為稱孤子范宣曰禮無書疏稱孤子孤孫之文今世行之合於人情稱孤系存傳重之臣宜至祖母訖服

然後稱孤子

或問顔延之曰甥姪亦可施於伯叔從母耶顔荅曰伯叔有父名則兄弟之子不得稱姪從母有母名則姊妹之子不可言甥且甥姪唯施之於姑舅耳何者姪之言實也甥之言生也女子雖出情不自絶故於兄弟之子稱其情實男子居内據自我出故于姊妹之子言其出生伯叔本内不得言實從母俱出不得言生然謂我伯叔者吾謂之兄弟之子謂我從母者吾謂之姊妹之子雷次宗曰夫謂吾姑者吾謂之姪此名獨從姑發姑與伯叔於昆弟之子其名宜同姑以女子有行事殊伯叔故獨制姪名而字偏從女如舅與從母為親不異而言謂我舅者吾謂之甥亦猶自舅而制也名發於舅字亦從男故姪字有女明不

及伯叔甥字有男見不及從母是以周服篇無姪字小功篇無甥名也

陳書知儀禮沈文阿等謂應劭風俗通前帝謚未定臣子稱大行以別嗣主近檢梁儀曰梓宫將登轀輬版奏皆稱某謚皇帝登轀輬伏尋今祖祭已奉策謚哀冊既在庭遣祭不應猶稱大行且哀策篆書藏於玄宫謂依梁儀稱謚以傳無窮詔可之

唐開元禮凡百官身亡者三品以上稱薨五品以上稱卒六品以上達於庶人稱死○虞祭祝文父喪稱孤子母喪稱哀子祖父稱孤孫祖母稱哀孫大小祥祭如之

宋政和禮虞祭至大小祥祭祝文父曰孤子母曰哀子

低一字寫　在溫公書儀後　家禮前

韓魏公祭式　古人書曾祖皇祖皇魏公易皇以顯字

顯曾祖顯曾祖妣顯祖顯祖妣顯考顯妣妻先亡曰

顯嬪妻祭夫曰顯辟穆甫兄弟曰顯穆甫右元遺山所記見潘昂霄金石例

溫公書儀　虞祭祝文子曰孤子孫曰孤孫為母及祖

母稱哀子哀孫○父母亡荅人狀父亡稱孤子父在

母亡稱哀子父先亡母與父同承重者稱孤孫女曰

孤女小祥以後祝文俱改稱孝子

乾學按書儀原本言父先亡母與父同文

義不可解竊嘗疑之今攷家禮所載溫公

書疏則言父喪稱孤子母喪稱哀子俱亡

即稱孤哀子承重者稱孤孫哀孫孤哀孫

文義明顯與書儀不同不知書儀原本謬

誤耶抑為文公所改正耶今當從家禮本為正

家禮虞祭祝文稱孤子指祭文言卒哭以後祭稱孝子

江潛曰禮稱哀子哀孫其孤子乃議禮者所指論非其自稱也今父亡稱孤母亡稱哀父母俱亡稱孤哀子於禮無據然世俗相沿已久恐難猝改從俗亦可

[illegible]父喪稱孤母喪稱哀不自溫公朱子始也開元禮四品以下卜宅兆筮卜者命曰孤子某云云注曰令儀父祖稱孤子孤孫母及祖母稱哀子哀孫而虞祔諸祭文亦然則是孤哀之分稱在世已然五代以前謂無所據耳

〔朱子語類〕問世間孤哀子之稱如何朱子荅曰溫公因今俗以別父母不欲混也從之亦無害○問妾母之稱曰恐也只得稱母他無可稱在經只得云妾母不然無以别於他母也又問弔人妾母之死合稱云何曰恐也只得隨其子平日所稱而稱之或曰五峰稱妾母為少母南軒亦然據爾雅亦有少姑之文五峯想是本此○又曰姊妹呼兄弟之子為姪兄弟相呼其子為從子禮云喪服兄弟之子猶子也以為己之子與為兄弟之子其喪服一也為己之子期兄弟之子亦期也今人呼兄弟之子為猶子非是也

移後

此段扣石林燕語先查録再序録讀書

尤鍾紅相集禮記曰生曰父母妻死曰考妣嬪後學據之遂為死生定稱非也如喪考妣舜典也大傷厥考心康誥也事厥考厥長聰聽祖考之彝訓俱酒誥也此皆生稱考妣者也公羊傳曰惠公者何隱之考也仲子者何桓之母也此即死稱母也蒼頡篇曰考妣延年此亦生稱考妣也堯典曰嬪于虞大雅曰曰嬪于京又周禮有九嬪之官屬天官掌婦學之法此皆生稱嬪者也明此信非生死有異稱可以破俗儒之論矣

顧湄曰

葉夢得石林燕語父沒稱皇考於禮本無所見王制言天子五廟曰考廟王考廟皇考廟顯考廟祖考廟則皇考乃曾祖之稱也屈原離騷云朕皇考曰伯庸則直以皇考為父矣漢時議宣帝父稱蔡義請稱悼太子魏相以為宜稱尊號曰皇考則皇考乃至尊之稱非後世所得通用然沿習既久雖儒者亦不能自異也又曾鞏為人後議云皇考一名而為說有三禮曰考廟曰皇考廟曰顯考廟曰祖考廟是則以皇考為曾祖之廟號也魏相謂漢宣帝父宜稱尊號曰皇考既非禮之曾祖之稱又有尊號之文故魏明帝非其加悼考以皇號至于光武亦于南頓君稱皇廟義出于此是以加皇號為事考之尊稱也屈原稱朕皇考曰伯庸晉司馬機為燕王告禰廟文稱敢昭告于皇考清惠亭侯是又達於羣下以皇考為父沒之通稱也以為曾祖之廟號者于古用之以為事考之尊稱者於漢用之以為父沒之通稱者至今用之據石林以為沿習既久雖儒者不能自異予固以為父沒之通稱至今用之則是宋時羣下得暨稱皇考未嘗有明禁也永樂六年十二月戊戌賜秦王尚炳書曰朝廷制禮各有定分毋敢僭踰尔今僧人脩齋資薦考妣蓋欲以報劬勞之恩而於文字稱皇考皇妣又稱慈烈妃皇考皇妣是朝廷尊稱藩國豈得僭用況於禮有違且爾父於冥冥之中亦不自安況慈烈之號果朝廷所賜乎抑爾自加之乎爾年少寡學未諳大体此必俗學腐儒所為陷於僭妄而爾不能察也自今但據寔書之庶不貽譏有識之人則直以皇考為朝廷尊稱迄今無敢僭用者禁之自明初始也惜秦藩諸臣無能援屈原司馬機故事為上告者抑慴于尊嚴而不敢言耶

呂坤四禮疑承重孫有祖父母之喪諸父在則誰通名曰主上之旁注孫稱孝孫則通名于親友當稱承重孫矣曰諸父不列名乎等於侄之下乎曰名不可廢等於□下可也曰喪次出入誰先曰諸父先重長孫謂與祖爲體尊祖也故名先孫弟爲尸之義也讓諸父謂與父爲行尊父也故先庶父庸敬之禮也

顧炎武日知録子孫得稱祖父之字子稱父字屈原之言朕皇考曰伯庸是也孫稱祖字子思之言仲尼祖述堯舜是也儀禮筮宅之辭曰哀子某爲其父某甫筮宅又曰哀子某來日某卜葬其父某甫字父也虞祭之祝曰適爾皇祖某甫卒哭之祝曰哀子某來日某隮祔爾于爾皇祖某甫字祖也祔祭之祝曰適爾皇祖某甫以隮祔爾孫某甫兩字之也○爾雅父曰考母曰妣愚考古人自祖母以上通謂之妣經文多以妣對祖而並言之若詩之云似續妣祖烝畀祖妣易之云過其祖遇其妣是也左傳昭十年邑姜晉之妣也尤可證○過其祖遇其妣據文義妣當在祖之上不及其君遇其臣臣則在君之下也昔人未論此義周人以姜嫄爲妣周禮大司樂注周人以后稷爲祖而姜嫄無所配是以特立廟祭之謂之閟宮是以妣先乎祖周禮大司樂享先妣在享先祖之前而斯干之詩曰似續妣祖箋曰妣先妣姜嫄也祖先祖也或乃謂變文以協韻是不然矣或曰易爻何得及此夫帝乙歸妹箕子之明夷王用享于岐山爻辭屢言之矣

許三禮讀禮偶見禮曰君子行禮不求變俗有斷不可從者他且勿論如父母死卒哭以前稱哀子哀孫卒哭以後稱孝子孝孫此等分別既虞漸吉各有義存乃父喪稱孤子母喪稱哀子果何說也儀節注俗久難變姑從亦可實大有未安者言不順由于名不正如前母之子值繼母在堂或前母無子孫繼母有兒遭父喪稱孤不稱哀疑無前母再孤兼稱哀無别於繼母在又若庶子父没嫡母在堂而□生母稱孤□哀疑無嫡母稱孤不稱哀不顯

其生母亡種種未安甚至茲紛紛者如是分別何如不別爲愈耳嘗想父與嫡母並生母會典既齊一斬衰三年今代因之無分別以後不拘父母或前或後喪嫡子衆子俱爲斬衰子庶子爲所生母死爲斬衰子嫡子衆子爲庶母死爲杖期子既合國制又無嫌疑做期服生功服生等例不必理順心安耶此古經未載國制未詳以大義裁之而不狥流俗之一也

萬斯大與應撝謙論孤哀義書先生謂世俗初喪人子刺中自稱無問父母皆當稱哀引禮文喪稱哀子哀孫爲證且言家禮父喪稱孤母喪稱哀竝氏謂爲無據而孤爲國君之稱後世爵隆如溫公者或可假稱若士庶稱孤爲僭其退而思之皆于禮有未盡也按雜記云祭稱孝子孝孫喪稱哀子哀孫孔疏曰祭吉祭也謂自卒哭以後之吉祭則申孝子之心祝辭稱孝也喪謂自虞以前凶祭也痛慕未申故稱哀然則哀子哀孫盖子孫喪中祭祖父母父母祝辭之稱也顧欲移以施于今之柬刺不已非禮意乎且孔疏之言非無本也古者人自始死至葬有奠而無祭葬之日日中而虞謂之喪祭故檀弓曰是日也以吉祭易喪祭喪祭吉祭其變有漸故祝辭之稱不容無別士虞禮三虞祝辭皆稱哀子某即此喪稱哀孫之謂也卒哭祔祭稱孝子某特牲少牢饋食祝辭俱稱孝孫某即此祭稱孝子孝孫之謂也理經明甚疏言明甚而欲移以施之于柬刺是謂非所據而據焉奚其可古者往來之禮有擯辭有將命之辭有自稱古禮于天子諸侯大夫士吉凶稱謂畧見于士相見禮及曲禮少儀玉藻諸篇後世乃爲柬刺以通姓名即居喪不廢溫公定禮見喪中之刺禮無明稱遂從舊俗定爲父喪稱孤子母喪稱哀子要不可謂之無據也孟子曰幼而無父曰孤曲禮曰孤子當室又曰君子已孤不更名是父喪不可以稱孤乎問喪篇云喪禮唯喪爲主矣稱孤不可通于母則取所主之義而母喪稱哀豈不可乎雖孟子曲禮之言亦非居喪之自稱然溫公不據哀子哀孫之祝辭而必從孤哀者祝辭之稱人子對父母之辭也人子對父母異于人子對外人之辭也父母之喪外人或未察不可以無諱

故折為孤哀以著之也丘氏謂爲無据豈知斯義者乎曲禮云庶方小侯自稱曰孤左傳云列國有凶稱孤是孤固國君之稱然曲禮又云已孤貴不為父作謚是未貴而無父者亦得稱孤也且無父曰孤者取無父何怙之義君公稱孤者取特立無得能之義又君公止稱孤而父喪稱孤子稱固不同義各有在不相妨也何嫌何疑而以此為拘且目之妄乎剔孤哀之稱溫公著之朱子因之煌煌會典載之頒自朝廷行之天下且數百年初未有所失乃欲一旦更之而曰禮文若是也禮文果若是乎望高明平心察之勿執偏見幸甚

攜譏復書

前有數友見問謂父喪稱孤母喪稱哀而母喪之後繼母在父喪并不得稱哀攜譏以為如此則使人子周旋人情薄於所生大失禮意因欲拔本塞原諱孤哀二字所由起士庶不得稱孤吾兄所引孤子當室君子已孤皆非士庶自稱亦可相例而曲禮諸侯在凶服曰適子孤左傳列國有凶稱孤確有可據非士庶之稱也哀子係祭自稱非所施于名刺尊說於禮不悖但今人哀子已施於名刺獨不欲以其哀哀其父耳此固不必辯也苟其不可稱於名刺則母喪亦不可若曰可施於母何獨不可施於父乎且老而無夫曰寡幼而無父曰孤皆凶稱而王侯自以為稱恐何怙之孤與特立之孤總為不遠不知高明以為然否要之攜譏立諱之意本不起孤哀二但為人子不欲以哀施于父并不欲以哀施於所生母耳惟先王諒之

萬斯大再與應攜譏書

人子遭父喪日繼母而不稱哀尊見以為周旋人情夫先王制禮固順人情而為之節文以為周旋則非也周旋二字施於外人則可施於後母將後母非母乎又以不稱哀為薄于所生大失禮意則更不然曾子問有云並有喪葬先輕而後重奠與虞先重而後輕輕指母重指父古人於父母並喪猶分輕重先後其於母也行葬不哀次今人於父母雖不敢或為輕重然母已先亡而今值父死則今日之痛在父不在母又以後母之故而刺不稱哀其于吾母終天之痛自若終身之慼自若也烏害于義哉又云欲拔本塞原臣為之虖　哀二字所由起士庶不得孤稱且謂禮經孤

子當室君子、孤卜非士庶稱抑何讀古之泥也夫禮經特未載士庶喪中自稱耳業言無父曰孤矣而謂不可以自稱孤乎若疑于上僭則諸侯曰適子孤士庶曰孤子此其辭也且孤哀二稱尊見以為稱孤重乎稱哀重乎言孤則包有哀義言哀則不得無孤先生乃謂今人哀子以施于名刺獨不欲以其哀哀其父豈今之居喪父者因刺稱孤不稱哀遂嘻笑怒罵惟有所意豪無戚容者乎如此立論是求人子之哀於一字之間既失其本并其稱孤深意亦昧焉不察矣子之於父猶天也父之怙子猶天之覆物無父是天以生無可再得故當舉筆書孤子如何等痛割何等傷悼乃曰不欲以哀哀其父何其謬也夫尊意所欲以並稱哀子者喪稱哀子哀孫之言也今既如此言不可據而尚欲並稱哀子以為繼母在不稱哀為薄于所生獨不思父喪不稱孤而稱哀於己故之母母則存矣奈何反忘見在之父喪乎此即百口辭之曰父喪可以稱哀也人且曰考之禮經而一無可据則何如父喪稱孤母喪稱哀者雖不載禮經猶有書儀家禮會典之可憑乎故繼母在而父喪止稱孤者順人情也亦所以尊父也非忘母也以為今人不欲以哀施於父并不欲以哀施於所生母者直無稽之言不可以語人也

應撝謙再荅萬斯大書

雜記諸侯之禮他國弔含襚賵皆對曰孤某須矣以世子無父始為諸侯故可稱孤然無母喪又有何稱則以禮通乎母喪皆得稱孤而無稱哀子者矣曲禮諸侯在喪曰適之孤左傳列國有凶稱孤則通乎母喪皆無哀子之稱矣後世封建禮廢始有有顯爵而父在母死得稱哀子兒云自古皆父喪稱孤母喪稱哀則列國有凶稱孤之文不唯贅詞且使臣民將何適從襍記喪稱哀子哀孫並不言所稱之地先儒据禮經虞卒哭祥祭皆稱哀子故以喪祭釋之則哀子之稱禮經無父母之異可知矣且筮宅辭曰哀子某為其父某甫筮宅卜曰辭曰哀子某來日卜葬其父某甫則哀子之稱不徒對父母稱之且對神亦稱之矣對神可稱獨不可對人而稱之乎對人不得稱哀子此于古不知出何經且家禮會典無繼母在父喪不

得稱哀子祇許稱孤子之文，凡何必附會俗說增此一條。儒者論禮皆以經為據，未有以俗為據而駁經者。今繼母在不稱哀，此出何經？人問朱子哀孤之說，朱子曰：溫公亦是據今俗不欲父母混并之也，且從之亦無害。觀此言溫公祇是從宋俗，若果自古迄今皆從此稱，朱子焉得言且從之亦無害？要之古諸侯雖母喪亦稱孤，虞卒哭祥祭雖父亦稱哀子，不惧父母之混并者，以孤字原可兼哀，哀字不得專於母，故不以此為別異，亦不意後人并父母變亡而繼母在亦不許稱哀也。溫公文公原係諸侯本不悖禮，但未發明出士庶不可稱孤一義，故今日有此鶻突耳。凡據書儀家禮弟據禮經，不敢謂古之士庶皆稱孤道寡，恐亦無礙，各遵所聞，不必盡同，何如？

萬斯大三與應撝謙書：孤哀二義，溫公從宋俗而定為此稱，要知原非始于宋。陳子昂為其父墓誌自稱孤子，李華祭蕭穎士文已有父喪自稱孤子，則唐俗已然。古喪禮小斂奠後有遂者，擯者出請入告，主人待于位，擯者出告須以賓入。鄭玄注曰：出請之辭曰孤某使某請事，出告之辭曰孤某須矣。則周時士已孤稱，由是以觀，在古為擯辭，為將命之辭，在後世為名刺。禮記諸侯之礼，他國弔含襚賵，皆對曰孤某須矣。尊說據此，謂世子無父，始為諸侯，故可稱孤，意重在始為諸侯上，以諸侯是國名，得稱孤道寡也。某則謂諸侯喪稱曰孤，係于無父，不係于始為諸侯也，與孟子所云幼而無父曰孤者有異乎無異乎？恐尊卑貴賤不同，而無父之情則同。素何因礼文不備，遂謂士庶不得稱孤。稱孤即謂之稱孤道寡也。諸侯母喪礼同，無稱哀之文，然某細思之，諸侯母先父死，則已猶為世子，君父為喪主，其致稱孤乎？若父先母死，則已繼為諸侯，為喪主矣。及母之死，其或亦稱孤，或別有稱，而禮文不具，不可得而知也。至于祭稱孝子孝孫，喪稱哀子哀孫，二言是天子諸侯大夫士之所同。二句當連看，不可拆看。當主祝辭說，不當主通稱說。按曲禮云天子臨祭祀內事曰孝王某，諸侯臨祭祀內事曰孝子某；洎某而儀礼少牢特牲祝辭稱孝孫某，士虞禮[illegible]祝辭孝子某，是祭稱孝子孝孫也。喪祭惟存

士虞祝稱哀子天下諸侯無可攷見然必無對父母新喪而祝辭不稱哀子
之禮故曰天子諸侯大夫士所同也祭稱孝子孝孫是言吉祭喪稱哀子哀
孫是言也祭連看則意義分明拆看則支離鶻突主于祝辭則天子諸侯大
夫士可以相通主于通稱必無上句通乎天子諸侯之祝辭而下句專屬士
庶喪中自稱之理故曰可連看不可拆看當主祝辭說不當主通稱說也今
尊意据喪稱哀子之言堅謂父喪亦可稱哀子豈以今之母喪稱哀子者為
据此喪稱哀子之言乎非也先王制禮父喪稱孤母喪稱哀前後相承迄今
不變特禮文不具必不寄喪中自稱於祝辭之內也若謂祝辭可以通稱也
則通稱之可矣又何為筮宅筮日復出一經曰祝稱卜葬虞子孫曰哀子觀
此則知對父母之祝辭不足以包對神之祝辭故雖同稱哀子而復出一經
也尚謂祝辭可以為喪中自稱于喪稱哀子之言得矣何以處祭稱孝子孝
孫之言乎豈古人除喪之後皆吉祭之時對人皆自稱孝子耶如之何其弗
思也來諭謂古時諸侯雖母喪亦稱孤虞卒哭雖父喪亦稱哀子於士庶之
父喪稱孤罪為僭妄始終混喪稱無父之孤為孤寡不穀之孤故反復言之
而不決豈知其稱雖相似而其實不同乎古者諸侯薨嗣君未踰年稱子居
倚廬百官總己以聽冢宰三年喪畢以士服入見天子天子錫之命然後得
為諸侯未錫爵視天子之元士以君其國則喪中猶未全乎為君也豈惟諸
侯天子至尊貴也其未除喪也曰予小子生名之死亦名之亦未全乎為君
也未全乎君而諸侯曰孤則以無父之孤也然則士庶無父稱孤又何謙或
柰何以稱孤道寡誣之也又先生以對神稱哀子因曰父喪對人不得稱哀
子此于古不知出何經某亦曰父喪對人得自稱哀子此于古不知出何經
來諭云兄據書儀家禮弟據禮經然某據書儀家禮而謂父喪當稱孤猶不
失孟子無父曰孤之義先生据禮經而云不敢謂士庶皆稱孤道寡則混喪
稱父無之孤為孤寡不穀之孤不知於禮意為何如也且父喪曰繼母而不
稱哀家禮會典雖不著然此亦就人子所處之位有萬不得已之情姑為此
說以通其變不增固無害也今先生曰繼母在不稱哀此出何經某亦曰繼

母在并父喪亦稱哀子哀孫喪祭祝辭也其還其爲祝辭不敢雷同尊說以爲父喪柬刺亦自稱哀子遂謂其以俗爲据而駁經其所駁何經也其不任此責也

萬斯大與抗人論曾孫不當稱功服書非見令郎名刺有功服字不審此何人之服也若仍是令祖母之服則令郎爲曾祖母當是齊衰五月不當是功服考儀禮曾孫爲曾祖父母齊衰三月注云高祖同今制曾孫爲曾祖則齊衰五月玄孫爲高祖齊衰三月喪服斬衰之下即是齊衰其服最重蓋曾玄孫之于曾高祖乃一本之親故服齊衰重服但以其世已遠恩已殺故降于期而五月三月在古則儀礼可按在今則家禮會典可證昭昭然不可易也今抗俗曾孫皆稱功服夫功服有大小皆旁支及外親之服本支子孫無服此者雖高祖爲玄孫曾祖爲曾孫祖爲諸孫尊服卑上服下故報以緦功今之曾孫稱功服者不審大功乎小功乎令祖母之喪在去年八月至十二月則齊衰五月之期已滿令郎之服可除而今正月尚稱功服必謂是大功矣夫大功九月較齊衰五月月數雖多而服反殺徒知九月之重于五月而不知大功之輕于齊衰是欲孚其曾祖而反薄之欲親其尊祖而反疏之如之何其可也古人制服有輕重衰布有精粗故齊衰四升五升六升布猶未成大功七升八升九升則已成布故齊衰重于大功不惟五月即爲高祖之三月亦非大功所得同也豈以月數拘哉今喪禮幾亡五服之衰輕重一施無精粗之別第惟先王制禮其所以崇一本之親而爲之稱情以立文者其名不可或紊也故特言之

陳廷會曰喪礼不二孤支子不與而況於孫乎署孫以不贅矣況近世頻有吉拜也稽首喪拜也自孫以下皆有齊衰之喪不署稽首非礼也服衰何以不泣不署泣拜亦非禮也古者喪不二孤自孫以下不署正也署而必如禮變之正也○門外小帖之母書荒迷不及適報妻喪改荒迷爲悲迷

張文嘉曰卒之一字雖有官者宜稱常人亦應擅稱止可曰沒曰終文按丘氏曰禮稱哀子哀孫其孫子乃議禮所指論非其自稱也今父亡稱孤母亡稱哀父母俱亡稱孤哀子于禮無據然世俗相沿已久恐難猝改從俗亦可竊意父母之變哀推于心孟子曰幼而無父曰孤言孤則哀在其中矣若六十七十而亦稱孤者年雖老而情同孺慕也蓋父母之喪外人或未察故以此分辨爲況書儀會典皆從之無可議矣但訃狀列名從來止有孝子或承重孫主喪者而已近乃有以諸孫及曾玄一切列名者知禮者宜反古爲

【紫紹炳孝子喪父有繼母訃不稱哀議】近世孝子訃狀喪父稱孤子喪母稱哀子父母並喪則稱孤哀子其說本于宋司馬光載諸儒家礼朱熹亦是之比有喪父而繼母在者其訃狀疑所署或欲並稱孤哀或欲去哀稱孤容未能决質于予予應之曰有繼母在宜避不稱哀否則無以處其後母將繼親也而父妾與哉礼取別嫌明微者此也或曰按礼居喪祭祀曰孝子其訃告曰哀子其哀哀父母孝子之情也第稱哀何嫌予謂礼時為大宜次之因時制宜不得泥古如孤哀之稱昉于宋儒循行已久何容獨異猶之稽首頓首倒分吉凶君子未嘗或矯爲故稱孤則人知喪父稱哀則人知喪母父沒而有繼母者并書哀則嫌于無繼母義不敢出也若謂從礼書哀不必狥俗已矯生今反古之道又連文書孤更屬駢枝矣或又曰喪母稱哀於俗爲允今已母實亡而去哀存孤不幾于忘母乎予謂喪母哀訃其事在前今居父喪而壓于繼母而不敢書哀直避其名耳喪其母而書哀者實也壓于繼母而不敢書哀者名也礼之節文是也古有母死而請數月之喪者亦有壓而然豈忍恝耶考律之制服凡喪繼母舅如其舅服功繼母死則已之服舅之有無尚以繼母存亡爲別則繼母在而避不稱哀礼由義起詎爲得已哉如近人登科序齒錄父沒而有繼母在堂必書曰慈侍下而不曰永感何則書永感則嫌于無繼母書慈侍不嫌于忘已母也比是以觀亦可曉然已且執或之說如喪父有二子一子前母出一子後母出前子以已母先亡而欲書孤

哀後子以已母尚在而欲但書孤則二子皆將同訃異状即是子行礼每稱
情立文而未始壹于直遂彼事後母之如母有父制命焉愚敢以父没而遺
遺之故喪吾母也哀喪後母也亦哀惟其喪也亦當哀則其存也必不敢顧
哀倘以属哀吾母不為後母計有如執言以問嫌隙所開其罪等于不孝也
持論者善處人骨肉之閒宜何從焉或又曰今俗有停柩在家経年始殯者
假令母殯未舉而父已續娶於發引之時孝子通状亦緣繼母去哀否乎予
謂喪母書哀自屬定礼繼親後来悪得避之且前此訃告以父為政率男稱
哀專為其母則無可引嫌者也夫礼者稱情立文恒緣義起喪父有繼母而
并書哀失之戇喪其母因後母来而遂削哀失之葸戇葸非礼葸亦
非礼也抑語有之議礼如聚訟吾安得通人而與之折中也哉

張文嘉曰凡繼母在如遭父喪訃状止宜稱孤子不宜稱孤哀或疑曰不幾于
忘前母乎答曰繼母如母今現在堂自應諱却哀字觀鄉會齒録凡父及繼
母在者必書具慶止繼母在者必稱慈侍從可知矣況母已先亡而今值父
死則今日之哀在父不在母又以後母之故而剌不稱哀其于吾母終天之
痛自若終身之喪自
若也烏害于義哉

朱董祥曰孤獨也礼曰少而無父者謂之孤孟子曰幼而無父曰孤鄭氏礼
注曰三十以下無父稱孤曲礼曰人生十年曰幼學二十曰弱冠三十曰壯
有室三十以内未有室而無父母謂之孤子當室父母存衣冠不純素孤子
當室衣冠不純采所謂孤子者如寡婦鰥夫之稱非人人子臨喪所自稱也臨
喪以哀為本舍哀稱孤是忘本也忘本
則無父無父則難言之矣人子忍乎哉

○或問期功緦麻皆制乎曰然不特期功緦麻也冠昏喪祭皆制王者治天
下之法無不為制制王制也又王者之言曰制居喪書制古人於喪服未終
遇身家所関之事不得已謁見官長書哀恐忌不祥書從吉則犯十悪之條
故書制其去其平日尊卑乚文之稱以存孝子三年不為礼之意苟無關身

家弔喪之重雖鄰不往大功之喪既葬而出弔今人居喪不敢求之如古人第非謁見官長稱哀何忌而必從而改制乎孔子曰三年之喪練不群立不旅行不出弔恐忘哀耳無故而諱哀易制是反之也其可哉至於居喪乎人而書制惟有重喪者為然豈期功緦麻期功緦麻獨非王制耶

乾學按父喪稱孤母喪稱哀不自溫公朱子始也開元禮四品以下卜宅兆涖卜者命曰孤子某云云注曰今儀父祖稱孤子孤孫母及祖母稱哀子哀孫而虞祔諸祭文亦然則是孤哀之分稱在唐世已然邱氏乃謂無所據宋政和禮虞祭至大小祥祭祝文父曰孤子母曰哀子丘氏未詳考乃謂無所據耳

讀禮通考卷六十三

喪儀節二十六

諱

曲禮卒哭乃諱注敬鬼神之名也諱辟也生者不相辟名衛侯名惡大夫有名惡君臣同名春秋不非禮不諱嫌名二名不偏諱注為其難辟也嫌名謂音聲相近若禹與雨丘與區也偏謂二名不一一諱也孔子之母名徵在言在不稱徵言徵不稱在逮事父母則諱王父母不逮事父母則不諱王父母注逮及也謂幼孤不及識父母恩不至于祖名孝子聞名心瞿諱之由心此謂庶人適士以上廟事祖雖不逮事父母猶諱祖君所無私諱注謂臣言于君前不避家諱尊無二也大夫之所有公諱注辟君諱也詩書不諱臨文不諱注為其失事正廟中不諱注為有事于高祖則不諱曾祖以下尊無二也于下則諱上夫人之諱雖質君之前臣不諱也注臣于夫人之家恩遠也質猶對也婦諱不出門注婦親遠于宮中言辟之大功小功不諱入竟而問禁入國而問俗入門而問諱疏卒哭前猶以生事之則未諱至卒哭後服已受變神主遷廟乃以鬼事之敬鬼神之名故諱之諱避也生不相

避名名以名質故言之諱死則質藏言之則感動孝子故諱之也嫌名謂若禹與雨音同而義異丘與區音異而義同如此者不諱以其音同義同乃始諱也孔子言徵不言在言在不言徵者案論語云足則吾能徵之矣是言徵也又云某在斯是言在也大夫之所有公諱者人于大夫之所止得避公家之諱不得避大夫諱所以然者尊君諱也若兼為大夫諱則君諱不尊也或云大夫所有公諱者君及大夫諱耳亦無己之私諱夫人君之妻與對也夫人本家所諱臣雖對君前而言語不為諱也臣于夫人之家恩遠故不諱注婦親遠于宮中言辟之者陳鏗問云雜記母之諱宮中諱妻之諱不舉諸其側也此則與母諱同何也田瓊答曰雜記方分尊卑故詳言之曲禮擾不出門大畧言之耳母諱遠妻諱近則亦宜言也但所辟者依耳大功小功不諱者古者期親則為諱陳鏗問曰亦為父乎自己親乎田瓊答曰雜記云卒哭而諱王父母兄弟世父叔父姑姊妹子與父同諱父諱齊衰親也然則大功小功不諱矣熊氏云大功亦諱小功不諱若小功與父同諱則亦諱之知者雜記云王父母兄弟世父叔父姑姊妹子與父同諱是父之世叔父及姑姊妹以下皆為之小功父為諱故己從父為之諱

盧植曰廟中不諱者不諱新君壓於祖禰也

王肅曰祝則名君不諱君也

○馬融曰始死而諱是之死而致死之不仁也卒哭而不諱是之死而致生之不智也聖人知其然故將葬則有賜謚易名之禮卒哭則有含舊諱新之令以明生事於此畢鬼事於此始也禮不諱嫌名若曾子不以諱晳而不稱昔者裼裘之類是也

張子曰言不逮事父母則不諱王父母此尤非義

理雖今之人情猶未有不諱祖者也又如以木鐸徇于廟曰舍故而諱新如是則此說又不用也又如先君以獻武諱二山則是雖數世祖猶諱也是難於信書

方慤曰公所無私諱則私之尊不伸于公故也私所有公諱則公之尊無往而不伸故也范獻子聘於魯而不知先君之諱則入門可以不問其諱乎

馬睎孟曰始死而諱是知死而致死之不仁也卒哭而不諱是知死而致生之不知也聖人知其然故將葬則有賜謚易名之禮卒哭則有舍舊諱新之令以明生事於此畢鬼事於此始也

劉彝曰死而不諱則安忍而忘親二名而均諱則易犯而難辟聖人知其然為之諱名之禮使之卒哭而諱所以盡愛敬之心二名不偏諱所以適言語之便

馬睎孟曰曲禮言王父母則於已為祖者也雜記言王父母則於父為祖者也於父為祖則於已為曾祖而其服則小功於父為世父叔父姑則於已為從祖祖姑而其服亦小功於父為姊妹則於已為姑而其服則期與大功凡此以父為之諱而諱之是大功小功有所謂諱也大功小功不諱言其不與父同諱者而已

乾學按曾祖父母古禮齊衰三月後世齊衰五月馬氏言其服小功非也

胡銓曰君所無私諱欒鍼於晉君之前名其父書是也詩書不諱誦詩讀書是也臨文不諱文謂文章也舊云禮文恐非

呂大臨曰君所無私諱廟中不諱猶君前臣名父前子名也大夫之所有公諱廟中下則諱上其義同也

田瓊曰雜記母之諱宮中諱妻之諱不舉諸其側此婦諱與母諱同者雜記分尊卑此據不出門大略言之耳

陳祥道講義曰凡言于大夫之所則衆所當諱者皆諱也玉藻云士于君所言大夫没矣則稱謚若字名士與大夫言名士字大夫于大夫所有公諱與私諱然則大夫之名亦固有衆所當諱者是所謂公諱也言公諱則君與大夫凡所當諱者皆在其中矣

檀弓卒哭而諱注諱避其名生事畢而鬼事始已注謂不復饋食于下室而鬼神祭之已語辭也既卒哭宰夫執木鐸以命于宮曰舍故而諱新注故為高祖之父當遷者也自寢門至于庫門注百官所在庫門宮外門明堂位曰庫門天子皐門○疏前既執木鐸以命宮中又出宮從寢門至于庫門寢門路門庫門是魯之外門也百官及宗廟所在之次至庫門咸使知之也魯三門故至庫門耳若天子五門則至皐門故鄭引明堂位云庫門天子皐門也

二名不偏諱夫子之母名徵在言在不稱徵言徵不

低一字大

官大史掌建邦之六典以逆邦國之治掌法以逆官府之治掌則以逆都鄙之治正歲年以叙事于官府頒告朔于邦國而小史掌邦國之志奠繫世辨昭穆若有事則詔王之忌諱大畧皆同也

周禮春官小史詔王之忌諱 注先王之名為諱○疏先王死日為忌名為諱者告王當辟此二事

左傳桓公六年申繻曰周人以諱事神名終將諱之 注君父之名固非臣子所斥然禮既卒哭以木鐸徇曰舍故而諱新謂舍親盡之祖而諱新死者故言以諱事神名終將諱之自父至高祖皆不敢斥言

孟子盡心篇諱名不諱姓姓所同也名所獨也

白虎通德論太古之時所不諱者何尚質也故臣子不言其君父之名故禮記曰朝日上值不諱正天名也

通典晉孫毓七廟諱字議乙丑詔書班下尊諱唯從宣皇帝以來京兆府君以上皆不別著按禮士立二廟則諱王父以下天子諸侯皆諱羣祖親盡廟遷乃捨故而諱新尊者統遠卑者統近貴者得申賤者轉

降蓋所以殊名位之數禮上下之序也先代創業之主唯周追王夏殷以前未有聞焉顯考以下謂之親廟月祭屬近禮崇周武王時諸盩為顯考廟周人以諱事神固不以追王所不及而闕正廟之諱也禮大夫所有公諱又曰子與父同諱明君父之諱臣子不可以不諱也范獻子聘於魯問具敖之山魯人以其鄉對曰先君獻武之諱也此時獻武已為遠祖鄰國大夫猶以犯諱為失歸而作戒著於春秋大晉龍興弘崇遠制損益因改思臻其極以為京兆府君以上雖不追王列在正廟臣下應諱禮有明義宜班下諱字使咸知所避上崇寅嚴之典下防僭同之繆

束晳不得避諱議

元康七年詔書稱咸寧元年詔下尊諱風伯雨師皆為訓詁又公官文書吏人上事稱

引經書者復多廻避使大義不明諸經傳咸言天神星宿帝王稱號皆不得變易本文但省事言語臨時訓避而已太常博士華簡言按周禮大宗伯職云槱燎祀司中司命風伯雨師此禮文正稱應如丙辰詔書不改其名事下五府博議賊曹屬束晳議按風伯之名所由來遠其在漢魏固已有之非晉氏避諱始造此號也若以異於周禮宜當改則今國家行事神物稱號近代不皆率古蓋亦簡易以從仍舊隨時之制不足悉變唯雨師之名實由避嫌宜如舊稱

魏王肅已遷主諱議　高皇諱明皇帝既祔遷高皇主尚書來訪宜復諱不及引殷家乃或同名荅曰殷家以甲乙為字既二名不偏諱且殷質故也禮所謂捨故而諱新諸侯則五代不諱天子之制恐不得與諸

侯同五代則又諱也春秋魯諱具敖二山五代之後可不復為諱然已易其名則故名不復諱也猶漢元后父名禁改禁中為省中至今遂以省中為稱非能為元后諱徒以名遂行故也春秋時晉范獻子適魯名其二山自以為不學當獻子時魯不復為二名諱而獻子自以為犯其諱直所謂不學者也禮曰詩書臨文廟中皆不諱此乃謂不諱見在之廟不謂已毀者也文王名昌武王名發成王時頌曰克昌厥後駿發爾私箕子為武王陳洪範曰使羞其行而邦其昌厲王名胡其子宣王時詩曰胡不相畏先祖于摧其孫幽王時詩曰哀今之人胡為虺蜴此則詩書不諱明驗也按漢氏不名諱常曰臣妾不得以為名字其言事不諱蓋取諸此也然則周禮其不諱時則非唯

詩書臨文廟中其餘皆不諱矣今可太祖以上去墠乃不諱諱三祖以下盡親如禮唯詩書臨文廟中不諱自此以後雖百代如漢氏故事臣妾唯不得以為名字其言事不諱所謂魏國於漢禮有損益質文隨時亦合尊之大義也

晉武帝太始二年正月有司奏故事皇后諱與帝諱俱下詔曰禮内諱不出宫而近代諱之非也勿下

晉江統上言臺選臣叔父春為安成郡宜春縣令與縣同名故事皆得改選臣以為父祖改選者蓋以臣子開地不為祖父之身也今身名所加亦施於臣子吏人係屬朝夕從事官位之號發言所稱若指實而語則違經典諱尊之義若託辭迴避則有廢官擅犯憲制名號繁多士人殷富至使有受寵皇朝出身宰

牧而令吏人不得表其官稱子孫不得言其位號上名嚴父下為臣子體例不通若改易私名以避官稱則違春秋不奪人親之義臣以為身名與職官同者宜與觸父祖名為比體例既合於義為弘元康七年尚書勅自今以後諸身名與官職同者與觸父祖諱同例

東晉康帝諱岳大學言被尚書符解列尊諱無舊詁是五山之大名按釋山篇曰山大而高曰嵩今取諱宜曰嵩如辭訓宜詳其嵩議未允當更精詳禮文正上徐禪議謹按輒闕博士王貿胡納許翰議按爾雅無舊訓非可造立五山之名取其大而高也其詩曰於皇時周陟其高山高山則岱衡華恒也周禮謂之五岳詩人謂之高山字無詁訓而有二名今若舉名

別之宜曰高取義爲訓宜如前曰嵩

晉右將軍王遐司馬劉曇父名遐曇求解職事博士謝詮曰按禮諸侯諱祖與父大夫士并諱伯父母及姑又父母之所天尊無以比宜聽解職博士許乾議曰按禮君子不奪人親故孝經云資父以事君而敬同是以爲尊者諱爲親者諱曇自列父與將軍同名聖朝垂恩不許曇解可使换官

晉博士孔晁上書犯帝諱後自上又觸諱而引詩書不諱臨文不諱有司奏以慢論詔曰晁自理頃所稱引雖不與今相值然情有所由其特原之然則自今以後三帝諱情亦瞿然長吏以上足閑禮法可如舊科其餘散官以下但有謬語者不可具責又古者内諱不出宫但勿聽以爲名字至於吾名但在見避過

禮其或過謬皆勿劾問以煩簡書也又都官曹奏以吳興郡上事有春字犯會稽鄭太妃諱下制書推之王彪之謂今皇太后臨朝奏事詣太后爲故應復犯會稽太妃諱不都官郎傅讓尚書王劭議並謂不應復諱尚書陸納等並謂故應諱王尚書謂朝臣所諱君之母妻諱者以是小君故耳君之所生非小君也亦不上諱榜非羣下所應諱且瑯邪夏侯太妃章郡恭惠君章皇太妃諱並不須下令天下同諱宜更詳之右丞戴謐議云朝臣所諱君之母妻施于小君非君之所生所生之諱不上諱榜非羣下所宜諱也竊謂如此則不唯奏事太后不應諱而已恐門號縣名亦不宜改須于天下而闔朝之臣陳事不避悠悠人吏犯者不問官號獨易餘莫之諱將於大體有不通

耶父之所諱子無不諱君之所諱臣其不諱乎施于小君誠有其文毋以子貴亦有明義若以事經至尊應諱但奏御太后不諱一朝之事諱不並行復是所疑衆官皆從尚書令王彪之議凡訓體憲章經典無文者則當准已行之舊令議者所從是右丞議也按右丞議云門縣改名既頒天下則朝臣不得不諱意以為門縣名以犯先帝所生之諱故先帝時改之與明穆皇后臨朝除光祿勳字義體同爾並皆頒下著令知官名之改非頒下令人皆諱之也謂尚書奏事詣先帝令上書為諱耳太后及朝臣並應諱之義今者奏事詣太后何諱之有而乃稱太后制書遠推之乎議又喻以父之所諱竊以父子天性君臣異族君之所諱何必盡同元明哀三帝之朝無以所生之諱

頒行天下令人皆同諱則臣不同子之一隅也明臣之所諱君之母妻諱者諱小君耳且四海之人皆小君之臣妾非所生之臣妾也以小君之諱列于諱榜故天下同諱所生之諱不列諱榜故天下不同諱于時主相賢明朝多雋彥今所應准而議云非今所議竊所未達又云母以子貴三帝之母不以子貴耶議又云章皇太妃之喻殆非今嫌既不解哀帝所生何以獨非今嫌又今上即位所生李淋妃諱何以不頒下天下與簡文皇帝順皇后諱率土同諱之乎中興有八帝迄今上五帝有所生豈可四帝所生普天下不諱而簡文帝所生獨率土同諱乎謂王尚書傳郎議為允

晉書禮志孝武帝太元十三年召孔安國為侍中安

國表以黄門郎王愉名犯私諱不得連署求解有司議云名終諱之有心所同聞名心瞿亦明前誥而禮復云君所無私諱大夫之所有公諱無私諱又云詩書不諱臨文不諱豈非公議奪私情王制屈家禮哉尚書安衆男臣先表中兵曹郎王祐名犯父諱求解職明詔爰發聽許换曹蓋是恩出制外耳而頃者互相瞻式源流既啟莫知其極夫皇朝禮大百僚備職編官列署動相經涉若以私諱人遂其心則移官易職遷流莫已既違典法有虧政體請一斷之從之

通典東晉孝武泰元十九年七月義興太守褚爽上表稱太子名下太學議助教臧燾議按禮記云父前子名君前臣名又云君之於嗣子親則父也尊則君也如此則太子雖國之儲貳猶同於臣列以君前臣

名之義言則與表未為失禮然史籍所載人臣與人
主言及上表未有稱太子名者今省無先比即其驗
也昔武皇帝代尚書僕射山濤啟事稱皇太子而不
言名濤中朝名士必詳典式其不稱名當有理趣特
以皇太子儲君名諱尊重不敢指斥故耳古今異儀
禮有損益今依仗前賢固循先比則與表所稱為違
舊准徐乾議禮記曰夫人之諱雖質君之前臣不諱
也按夫人國之小君君之一體太子之母也而尚不
諱則太子何嫌乎又禮君前臣名父前子名又周公
告父皆稱武王名益可明矣徐邈議云左傳周人以
諱事神名終將諱之記云卒哭而諱皆周禮也名之
與謚並是人倫所以相稱殷尚質無諱議其遇名字
如往位耳箕子荅武王而邦其昌知于時未有諱也

周公於成王六年始制周禮曲備節文而諱名稱謚然又臨文不諱廟中不諱故周頌有克昌厥後先儒以為宗廟詠歌上不諱下即是父前子名也

南齊書武帝時步兵校尉王慈以明堂諱榜非古舊制上表曰夫帝后之德綢繆天地君人之亮蟬聯日月至于名族不著昭自方篆號謚聿宣載伊篇籍所以魏臣據中以建議晉主依經以下詔朝堂榜誌諱字懸露義非綿古事殿中世空失資敬之情徒乖嚴配之道若乃式功鼎臣贊庸元吏或以勳崇或由姓表故孔悝見銘謂標叔舅子孟應圖稱題霍氏況以處一之重列尊名以止仁無二之貴黌冲文而止敬昔東平即世孝章巡宮而灑泣新野云終和熹見似而流涕感循舊類尚或深心矧觀徽跡能無惻隱今

扃禁嶔邃動延車蓋若使鑾駕紆覽四時臨閱豈不重增聖慮用感宸衷愚謂空標簡第無益于匪躬直日朝堂寧虧于夕惕伏惟陛下保合萬國齊聖羣生當刪前基之弊軌啟皇齊之孝則詔付外詳議

開元禮卒哭而諱名凡父之所諱子亦諱之母之所諱不言于內妻之所諱不言于其側

唐武德九年六月太宗初即位謂侍臣曰准禮名終為諱之前古帝王亦不生諱其名故周文王名昌周詩云克昌厥後春秋時魯莊公名同十六年經云齊侯宋公同盟于幽惟近代諸帝皆妄為節制特令生避其諱理非通允宜有改張因詔曰依禮二名義不偏諱尼父達聖非無前指近世以來曲為節制兩字兼避廢闕已多率意而行有違經誥今宜依據禮典

務從簡約仰効先哲垂法將來其官號人名及公私
文籍有世及民兩字不連讀並不須避
貞觀二十三年高宗即位先是太宗二名令天下不
連言者勿避至是始改官名犯先帝諱者
高宗永徽二年十月七日尚書左僕射于志寧奏言
依禮舍故而諱新故謂親盡之祖今皇祖弘農府君
神主上遷請依禮不諱從之
顯慶五年正月一日詔孔宣設教正名為首戴聖貽
範嫌名不諱比見抄寫古典至於朕名或缺其點畫
或隨便改換恐六籍雅言會意多爽九流通義指事
全違誠非立書之本自今已後繕寫舊典文書並宜
使成不須隨義改易
武后長安二年正月麟臺監兼左庶子王方慶上言

謹按典籍所載人臣與人主言及上表言未有稱皇太子名者當為太子皇儲不敢指斥晉尚書僕射山濤啟事稱皇太子不言名濤中朝名士必詳典故其不稱名應有憑准朝官尚猶如此宮臣諱則不疑今東宮殿及門名皆觸犯臨事論啟廻避甚難孝敬皇帝為皇太子時改弘教門為崇教門沛王為太子改崇賢館為崇文館皆避名諱以遵典禮此則成例並為軌模伏請改換從之

睿宗延和元年賈曾除中書舍人固辭以父名忠同音議者以為中書是曹司名又與曾父音同字別於禮無嫌曾乃就職

順宗永貞元年十二月改淳州為睦州還淳縣為清溪縣橫州淳風縣為從化縣淳于姓改為于以

音與憲宗名同也論者以古不諱嫌名若禹與雨丘與區臨文不諱若文王名昌武王名發周詩曰克昌厥後又曰一之日觱發魯莊公名同春秋曰同盟于幽宣公名午書曰陳侯午卒之類是也今古時變故廣避焉初憲宗為廣陵王順宗詔下將冊為皇太子數日兵部尚書王紹上陳請改名紹本名與憲宗諱同時君子非之曰皇太子亦人臣也東宮之臣當請改耳奈何非其屬而遽請改名以避東宮豈為禮事上耶左司員外郎李蕃曰歷代故事皆因無經學之臣而失之卒不可復正多此類是時韋貫之為監察御史名與東宮同獨不請改既而下詔以陸淳為給事中改名質充皇太子侍讀貫之不得已乃上疏改其名大臣溺於風俗以為細事而不正之非故事也

韓愈諱辨愈與李賀書勸賀舉進士賀舉進士有名與賀爭名者毀之曰賀父名晉肅賀不舉進士爲是勸之舉者爲非聽者不察也倡而和之同然一辭皇甫湜曰若不明白子與賀且得罪愈曰然律曰二名不偏諱釋之者曰謂若言徵不稱在言在不稱徵是也律曰不諱嫌名釋之者曰謂若禹與雨丘與區之類是也今賀父名晉肅賀舉進士爲犯二名律乎爲犯嫌名律乎父名晉肅子不得舉進士若父名仁子不得爲人乎夫諱始於何時作法制以教天下者非周公孔子歟周公作詩不諱孔子不偏諱二名春秋不譏不諱嫌名康王釗之孫實爲昭王曾參之父名晳曾子不諱昔周之時有騏期漢之時有杜度此其子宜如何諱將諱

其嫌遂諱其姓乎將不諱其嫌者乎漢諱武帝名徹為通不聞又諱車轍之轍為某字也諱吕后名雉為野雞不聞又諱治天下之治為某字也今上章及詔不聞諱滸勢秉饑也滸勢秉饑為近太祖太宗世祖玄宗廟諱也蓋太祖名虎太宗名世民世祖名昞玄宗名隆基惟宦官宫妾乃不敢言諭及機以為觸犯以諭為近代宗廟諱以機為近玄宗廟諱代宗諱豫玄宗諱見上士君子言語行事宜何所法守也今考之于經質之于律稽之以國家之典賀舉進士為可耶為不可耶凡事父母得如曾參可以無譏矣作人得如周公孔子亦可以止矣今世之士不務行曾參周公孔子之行而諱親之名則務勝于曾參周公孔子亦見其惑也夫周公孔子曾參卒不可勝勝周公孔子曾參乃比于宦者宫妾則是宦者宫妾之孝于其親賢于周公孔

子曾參者耶

乾學按二名不偏諱等語本是經昌黎作

律曰若盖唐以此入律令中也

文宗開成元年十一月中書舍人崔龜從奏前婺王府叅軍宋昻與御名同十年不改昨日叅選追驗正身更改稍遲殊戾勑旨宜殿兩選

武宗會昌六年四月二十日勑中外官寮有名與御名同者及文字點畫相似今後即任奏改音韻相近文字點畫不同不在奏改之限

僖宗咸通十二年七月侍御史李谿以進狀內字與廟諱音同罰一季俸復執奏曰臣按禮記不諱嫌名又職制律諸犯廟諱嫌名不坐注云若禹與雨謂聲同而字異也今若受罰是違典律乃免之

昭宗天祐元年九月二十九日中書門下奏太常寺止鼓兩字敔上字犯御名請改曰肇從之

五代會要後唐天成元年六月十二日勑朕聞古者酌禮以製名懼廢于物取其難犯而易避貴便于時況徵在二名抑有前例恭以太宗皇帝自登寶位不改舊稱時則臣有世南官以民部靡聞曲避止禁連呼朕以眇躬托於人上虔遵聖範非敢有廢文書內所有二字但不連稱並不得迴避如是臣下之名不欲與君親同字者任自更改務從所便庶體予懷

三年正月詔曰本朝列聖及新追四廟諱近日章奏偏傍文字皆缺點畫凡當出諱止避正呼若違避于偏傍則虧缺於文字宜從朴素庶便公私此後凡廟諱但避正文其偏傍文字不在減少點畫　又八月

詔曰凡有姓犯廟諱者改以本望為姓

廢帝清泰二年五月中書門下奏御名上一字與諸王相連按太宗玄宗廟故事人臣諸王合避相連字改從單名

晉天福三年二月中書門下奏禮經云禮不諱嫌名二名不偏諱注云嫌名謂聲音相近若禹與雨丘與區也二名不偏諱孔子之母名徵在言在不稱徵言徵不稱在此古禮也唐太宗玄宗二名皆諱人姓與國音聲相近是嫌名者亦改姓氏與古禮有異若廟諱平字即不諱餘側若諱側字即不諱平聲所諱字正文及偏傍皆闕點畫望令依令式施行勑朝廷之制今古相沿道在人弘禮非天降況以方開曆數虔奉祖宗雖逾孔子之文爽周公之訓冀崇孝行永載

簡編所為二名及嫌名事依唐朝施行

宋高宗時起居郎胡安國上奏曰臣昨列職經筵専以春秋進讀緣春秋正文有淵聖御名方奏劄未及進稟得罪去國後聞禮官建議乞以他字易之定讀為威其經傳本字即不改易事已施行臣今奉旨纂修于經傳本字既有詔令可遵即未委臣所纂修出于己見援引他經子史有犯淵聖御名者亦許依本字書寫或當遷避有所疑惑臣聞古者不以名為諱堯典稱有鰥在下曰虞舜則堯舜者固二帝之名而堯典乃虞氏史官所作直載其君之名而不避也周人以謚易名于是有諱禮然臨文不諱二名不偏諱載在禮律其義明白孔子作春秋凡書周魯事雖婉其文至于名諱並依本事若襄王名鄭而書衛侯鄭

匡王名班而書曹伯班簡王名夷而書晉侯夷恭王名匄而書晉士匄莊公名同而書同盟于幽僖公名申而書戊申朔襄王名午而書陳侯午定公名宋而書宋仲幾是也按春秋書成當恭王之朝哀公之世匄乃恭王之名也夷即三世之穆也定即哀公之考也午即皇考之廟諱也而筆削之際並無迴避春秋為尊君父而作仲尼豈不恭者書法如此義亦可知自漢以來此義不行臣子習為諂諛而不知恭順之實則有易人之名以徹為通者易人之姓以莊為嚴者易甲乙之紀以丙為景者易郡縣之號以還淳為青溪者又其甚則父名晉肅而子不敢應進士舉者忌諱既繁名實愈亂本朝沿習漢唐故事未暇盡革恭惟陛下天縱聰明既尊春秋之書以宣聖德宜用

春秋之法以斷政事凡所施設動以春秋從事即有撥亂反正之功臣所纂修繕寫進本援引他經子史之類欲乞應犯聖朝廟諱不可遷避者依太常博士王晳所奏春秋解例並依監本空缺點畫于淵聖御名亦不改易本字覆以黄紙庶幾名實不亂上尊春秋之法亦以消臣子諂諛之端向孟軻氏欽王之義明恭順之實

〔合璧事類〕諱非古也夫所謂諱者諱死而不諱生也故禮卒哭乃諱以木鐸徇于路曰捨故而諱新釋之者曰故謂高祖新謂新死者然則諱之為諱為死者設審矣亦孰知其又有不諱者也禮不諱嫌名二名不偏諱逮事父母則諱王父母不逮事父母則不諱王父母且不止此也君所無私諱是

私諱不諱于公也大夫所有公諱是公諱不諱于私也詩書不諱臨文不諱為其失事正也廟中不諱為其有事于高祖則不諱曾祖以下尊無二也夫人之諱雖質君之前臣不諱為臣之于夫人之家恩遠也婦諱不出門為婦之親遠于宮中則避之也大功小功不諱是為其屬漸疏也是又其不諱者也夫惟其諱者如彼而其不諱者又如此是禮也蓋亦周公之所創乎按周禮小史王有事詔王之忌諱而釋者乃曰諱先王名而左氏傳舉申繻之言亦謂周人以諱事神名終將諱之捨是未之前聞焉故自周人之諱行而後名始尊蓋諱之者所以尊其名也雖然諱雖行矣猶未至如後日之悉也故誦其詩讀其書容或有不能盡避者漢

猶是也迨魏晉而下以至于我國朝士大夫之不尚諱者亡幾然至于諱嫌名諱二名又并其生者而諱之諂也況其他乎吾于是知其非古矣○

〔合璧事類〕晉咸和元年當徵蘇峻司徒王導欲出王舒為外援乃拜撫軍將軍會稽内史舒上疏以父名會不作會稽廷尉以字同音異于禮無嫌舒陳狀音雖異而字同乞換他郡于是改會為鄶

〔孔氏叢説〕羊祜為荆州刺史及卒有遺愛州人為諱其名改戶曹為辭曹焉○

〔顔氏家訓〕范曄父名楚金故為文皆以今為兹〔孔氏叢説〕梁武小名阿練皆呼練為絹乃謂銷鍊物為絹物有諱銅者呼銅為鐵乃謂梧桐樹為白鐵樹便以戲笑耳〔並顔氏家訓〕○

宋殷淳字子孚與何勗共食孚羨盡勗曰益殷蓴羨勗司空無忌子也淳徐輟筯曰何無忌憚

〔揮麈録〕張垍乃張説之子敬翔為敬暉之孫本朝劉温叟以父名岳終身不聽樂至其孫几乃自度曲預修樂書可笑

歐陽文忠公父名觀文多避之如碧落碑在絳州龍興宮之類蘇東坡祖名序文多云引或作叙近為文者或倣此不知兩先生之意也

〔程大昌演繁露〕左氏曰周人以諱事神名終將諱之言周人常時固嘗避其君上之名不敢斥言矣至事神之際則雖它時嘗避者亦正讀無避蓋不敢伸其尊于所尊也此之謂以諱事神名也及嗣君繼立則前君之名亦必諱之是謂終將諱之也——本朝著令則分名諱為二正對時君之名則命為御名若先朝帝名即改名為諱是為廟諱也若漢時則未如此分故孝宣改舊名病已而更其名以為詢其詔曰古者天子之名難知而易諱今百姓上書觸諱以犯罪者朕甚憐之其更名詢其觸諱在令前者赦之則是名諱未分也唐太宗朝不諱世字李世勣皆并世名之自見本項

洪邁容齋隨筆唐人避家諱甚嚴固有出于禮律之外者李賀應進士舉忌之者斥其父名晉肅以晉與進字同音賀遂不敢試韓文公作諱辯論

之至切不能解衆惑也舊唐史至謂韓公此文爲文章之紕繆者則一時横議可知矣杜子美有送李二十九弟晉肅入蜀詩蓋其人云裴德融諱臯高鍇以禮部侍郎典貢舉德融入試鍇曰伊諱臯向某下就試與及第困一生事後除屯田員外郎與同除郎官一人同參右丞盧簡求到宅盧先屈前一人入前人啟云某與新除屯田裴員外同祇候盧使驅使官傳語曰員外是何人下及第偶有事不得奉見裴蒼遑出門去觀此事尤爲乖剌鍇簡求皆當世名流而所見如此語林載崔殷夢知舉吏部尚書歸仁晦託弟仁澤殷夢唯唯而已無何仁晦復請託之至于再三殷夢斂色端笏曰某見進表讓此官矣仁晦始悟已姓殷夢諱也按宰相世系表其父名龜從此又與高相類且父名晉肅子不得舉進士父名臯子不得于主司姓高下登科父名龜從子不得列姓歸人于科籍揆之禮律果安在哉後唐天成初盧文紀爲工部尚書新除郎中于鄴公參文紀以父名嗣業與同音竟不見鄴憂畏太過一夕雉經于室文紀坐謫石州司馬此又可怪也

〔葉時禮經會元〕小史曰有事則詔王忌諱王制亦曰太史執簡記奉諱惡小史太史之屬故奉諱詔諱之職同夫周人以諱事神名終將諱之此左氏之語也然達孝莫如周公周公作周禮名苟可諱則周公知所避矣今攷之周禮文王名昌而醢人亦曰昌本麋臡武王名發而小行人則曰時聘以發四方之禁周公名旦雞人曰掌呼旦以詔百官是猶曰君前不自諱也成王名誦大司樂曰興道諷誦言語橝人曰誦王志瞽矇曰諷誦詩甚至官名謂之誦訓胡爲而亦不爲君諱乎由是觀之則周人以諱事神之說左氏之語誣也不思文王名昌武王名發而詩曰克昌厥後駿發爾私周人不諱於詩矣魯莊公名同襄公名午而春秋曰同盟于幽陳侯午卒孔子不諱於春秋矣漢儒記禮乃曰詩書不諱臨文不諱廟中不諱嫌名不諱二名不偏諱亦知其諱之非而廣爲是說爾孟子諱名不諱姓之語毋亦爲人子者不忍自斥其父祖之名而他則未嘗諱也然則太史之

奉諱惡小史之詔忌諱果爲何事耶曰此則如地官誦訓所謂掌道方慝以詔辟忌之類是也人君行事當知孰善而避惡即吉日忌凶所謂忌者非謂忌日也君子有終身之憂故忌日不樂此則孝子慈孫之心尚何待於小史之詔彼鄭康成徒見忌諱之文屬於繫世昭穆之下故以死日爲忌名爲諱豈知王制之所謂諱惡者以惡事之當諱避爾小史之所謂忌諱者其亦諱惡忌避之義歟自此義不明後世乃有以諱而易人之名者以諱而易人之姓者漢史之書蒯徹爲通莊周爲嚴是也嫌名而諱荀卿爲孫是也二名而諱世民爲人是也甚至諱惡益繁避忌愈衆有廣行之諱有梁山壞之諱愚者違禮以爲孝諂者獻諛以爲忠吾恐周公孔子之變君父不如是之屑也故因小史之詔忌諱而爲是論以祛漢儒之惑而明周禮之疑以附韓文公胡文定公之辨

〔明〕劉基〔集〕殷尚無諱諱自周始然亦不如後世之甚后稷名棄文王諱昌武王諱發成王諱誦孔子父諱紇而洪範周頌大雅春秋皆不避甚至厲王名胡而僖王亦名胡齊蔡文侯昭侯相去五世皆名中魏安同父名屈同之長子亦名屈襄陽羅氏名靖而父亦名靖此雖不可爲訓未聞其爲不孝之人也嗚呼人之孝思不獨避諱諱固當避何至使人改邑改姓乎

〔敖〕英東郭贅〔言〕古禮親死卒哭宰夫執木鐸命于宫中曰舍故而諱新或問余曰舍故者舍何親哉予按此故字先儒陳澔指高祖之父當遷者而言蓋五服上至高祖而止高祖之父則無服無服則親盡親盡則不諱故蘇老泉族譜引亦曰自吾父以至吾之高祖皆諱曰某其他則遂名之即此觀之古者士大夫以上止諱四代之親曲禮曰逮事父母則諱王父母不逮事則不諱王父母即此觀之古者庶人止諱一代之親

〔錢〕謙益原〔諱〕韓退之爲李賀作諱辨辯二名嫌名不諱之義詳矣而未覈諱之所自始曲禮曰卒哭乃諱鄭玄曰敬鬼神之名也生者不相辟名衛

俟名惡大夫有名惡君臣同名春秋不非檀弓曰卒哭而諱生事畢而鬼事始已既卒哭宰夫執木鐸以命于宮曰舍故而諱新盧植曰喪朝夕奠尚生事之虞而立尸卒哭諱新以為生道之事畢矣復以鬼道始事之也玄曰謂不復饋食于下堂而鬼神之也故謂高祖之父當遷者也王肅曰故謂五廟諱者左傳曰周人以諱事神名終將諱之者之于經質之于傳古人之制諱也生事耶死事耶吉禮耶凶禮耶故曰之死而致生之不知而不可為也之生而致死之不仁而不可為也今之議辟諱者懵于生事鬼事舍故諱新之典而雜然曰辟諱故諱之不知而辟新諱斯不仁不知之尤也孔子謂為芻靈者善謂為俑者不仁不殆于用人乎哉今人不讀書不考古不悉忌諱典故但以獻諛教諂為能事之生致死陷于大不敬之律而不自知斯孔子之所哀殆於用人者也崑山歸子莊字玄恭吳越閒傳知其姓字唐人所謂不以名而知其人也士友筆札忽改稱為元恭歸子錯愕不置荅謂余習于禮者而問焉廣昌黎之辯作原諱以告之

〔楊瑀旭樓集〕家訓部子生三月之末妻以子見於父父名之若孫見於祖祖亦名之冠於阼階醮於客位已冠而字之闔棺累其德行遣之日讀誄定謚卒哭而諱宰夫執木鐸以命於宮曰舍故而諱新禮也故生而名自始生至冠但有名也冠而字責成人之禮慮敵者卑賤者之不敢斥其名也死而謚而諱慮子若孫之不忍聞其名也因名而字因名之諱而謚分之為名為字為諱為謚實則一名之用也然而名與字生之事也謚與諱死之事也今世忌諱滋多凡不敢斥其名而槩目之曰諱此皆禮之不講也

讀禮通考卷六十四

喪儀節二十七

謚

檀弓幼名冠字五十以伯仲死謚周道也疏幼名冠字者名以名質生若無名不可分別故始生三月而加名年二十有為人父之道朋友等類不可復呼其名故冠而加字年至五十轉尊又捨其二十之字直以伯仲別之至死而加謚凡此皆周道也自殷以前為字不在冠時伯仲不當五十殷尚質不諱名故也又殷以上有生號仍為死後之稱更無別謚堯舜禹湯之例是也周則死後別立謚故揔云周道也

乾學按堯舜禹皆名惟湯是號蓋名乃履也疏少誤此節以柳下惠一人證之即了然柳下惠生而三月其父名之於廟曰獲及二十字之曰禽至五十人皆以季稱之死而謚曰惠

郊特牲死而謚今也古者生無爵死無謚注古謂殷以前也大夫以上乃謂之爵死有謚也周制爵及命士雖及之猶不謚耳今記時死則謚之非禮也○疏此論士死而加謚是為記之時加謚故云今也古謂殷以前士生時無爵死不制謚案典命曰小國之君其卿三命其大夫再命其士一命士既有命命即爵也猶不謚者檀弓云士之有誄自此始也既從縣賁父為始明以前無誄也無誄即無謚也

乾學按儀禮士冠禮記亦有此數語文同不載○又按謚起自周公鄭註以殷有謚未聞

表記子曰先王謚以尊名節以壹惠恥名之浮於行也注謚者行之迹也名者謂聲譽也言先王論行以為謚以尊名者使聲譽可得而尊信也壹讀為一惠猶善也言聲譽雖有衆多者即以其行一大善者為謚耳在上曰浮君子勤行成功聲譽踰行是所耻○疏言人身死之後累列生前之行迹作謚號者以尊敬生前之聲名可得傳於後世節以壹惠者言為謚之時善行雖多但限節以一箇善惠而為謚也耻名之浮於行者所以善行雖多但取一善為謚者耻善名之浮過於行所以減衆善之名但取一事之善為謚也

曲禮君子已孤不更名已暴貴不為父作謚注子事父無貴賤○疏名

徐師曾

父之所作父今已死若其更名似遺棄其父也孤不辨老少惟無父則是也暴貴本為士庶今起為諸侯非一等之位故云暴貴也謚者列平生德行而為作美號若父昔賤本無謚今已暴貴不得為父作謚所以爾者父賤無謚而忽造之如似鄙薄父賤不宜為貴人之父也

既葬見天子曰類見言謚曰類 徐師曾曰類見言德類先君乃得受國而見天子也將葬為親請謚亦曰類言類先君之善而稱之不敢誣也

劉敞曰言謚曰類當為誄聲誤耳謂誄而謚之也

胡銓曰周官典命諸侯之嫡子未誓于天子攝其君朝則以皮帛繼子男故既葬見天子亦執皮帛象父見禮也見天子而請父之謚是能象賢也故曰類或謂春秋書蔡桓侯以能請謚非也鄭云使大夫行亦非

樂記聞其謚知其行也

周禮春官太史小喪賜謚 注小喪卿大夫也。疏大史雖賜之謚不讀使小史讀之故小史職云卿大夫之喪賜謚讀誄其卿大夫將作謚之時其子請于君君親為之制謚謚成使大史將往賜之小史至遣之日往為讀之知義然者檀弓云公叔文子卒其子戍請謚于君曰日月有時將葬矣請所以易其名者是其事也明王禮亦當然其諸侯之法按曾子問云賤不誄貴幼不誄長諸侯相誄非禮春秋之世卑謚于尊不得如禮按曲禮言謚曰類以其象聘問之禮見天子乃使大史賜之謚小史不讀之以諸侯自有史也此直言小喪賜之謚則三公諸侯亦在焉

小史卿大夫之喪賜謚讀誄 注其讀誄亦以大史賜謚為節事相成也。疏賜謚是大史之事小

史于大史賜謚之時須誄列生時行迹而讀之故云以大史賜謚為節

大師大喪帥瞽而廞作匶謚注廞興也興言王之行謂諷誦其治功之詩故書廞為淫鄭司農云淫陳也陳其生時行迹為作謚○疏大喪言凡則大喪中兼王后雖婦從夫謚亦須論行乃謚之言帥瞽者即帥瞽矇歌王治功之詩匶即柩也古字通用以其興喻王治功之詩為柩作謚故云廞作柩謚

小師大喪與廞注從大師

大戴禮周公旦太師望相嗣王作謚法謚者行之迹也號者功之壯也服者位之彰也是以大行受大名細行受小名行出於已名出於人謚愼也以人行之始終悉愼録之以為名也

周書謚法解周公肈制文王之謚義以垂於後作謚法惟周公旦太公望開嗣王業攻於牧野之中終塟乃制謚叙法謚者行之迹也號者功之表也車服位之章也是以大行受大名細行受小名行出於已名

生於人一人無名曰神稱善口簡曰聖敬賓厚禮曰聖德象天地曰帝靜民則法曰皇仁義所在曰王立制及衆曰公執應八方曰侯壹德不解曰簡平易不疵曰簡經緯天地曰文道德博厚曰文學勤好問曰文慈惠愛民曰文愍民惠禮曰文錫民爵位曰文剛彊直理曰武威彊叡德曰武克定禍亂曰武刑民克服曰武大志多窮曰武敬事供上曰恭尊賢貴義曰恭尊賢敬讓曰恭既過能改曰恭執事堅固曰恭安民長悌曰恭執禮敬賓曰恭芘親之門曰恭尊長讓善曰恭淵源流通曰恭照臨四方曰明譖愬不行曰明威儀悉備曰欽大慮靜民曰定安民大慮曰定安民法古曰定純行不二曰定謀慮不威曰德辟地有德曰襄甲冑有勞曰襄有伐而還曰釐質淵受諫曰

翬慈惠愛親曰翬博聞多能曰獻聰明叡哲曰獻溫柔聖善曰懿五宗安之曰孝協時肇享曰孝秉德不回曰孝大慮行節曰孝執心克莊曰齊輔輕供就曰齊溫年好樂曰康安樂撫民曰康令民好樂曰康安民立政曰成布德執義曰穆中情見貌曰穆敏以敬順曰頃昭德有勞曰昭聖文周達曰昭保民耆艾曰胡彌年壽考曰胡彊毅果敢曰剛追補前過曰剛柔德考衆曰靜供己鮮言曰靜寬樂令終曰靜治而清省曰平執事有制曰平布綱治紀曰平由義而濟曰景布義行剛曰景清白守節曰貞大慮克就曰貞不隱無克曰貞彊以剛果曰威猛以剛果曰威彊毅信正曰威辟土服遠曰桓道德純一曰思不眚兆民曰思外內思索曰思追悔前過曰思柔質受課曰惠能

思辯衆曰元行義說民曰元始建國都曰元主義仁德曰元兵甲亟作曰莊叡通克服曰莊死於原野曰莊屢征□伐曰莊武而不遂曰莊克殺秉正曰夷安心好靜曰夷執義揚善曰懷慈義短折曰懷夙夜警戒曰敬夙夜恭事曰敬象方益平曰敬合善法典曰敬述善不克曰丁述義不悌曰丁有功安民曰烈秉德遵業曰烈剛克為伐曰翼思慮深遠曰翼剛德克就曰肅執心決斷曰肅愛民好洽曰戴典禮不塞曰戴死而志成曰靈亂而不損曰靈極知鬼事曰靈不勤成名曰靈死見鬼能曰靈好祭鬼神曰靈短折不成曰殤未家短折曰殤不顯尸國曰隱隱拂不成曰隱年中早夭曰悼肆行勞祀曰悼恐懼從處曰悼不思忘愛曰刺愎很遂禍曰刺外內縱亂曰荒好樂怠

政曰荒在國逢難曰愍使民折傷曰愍在國連憂曰愍禍亂方作曰愍蚤孤短折曰哀恭人短折曰哀蚤孤有位曰幽壅遏不通曰幽動祭亂常曰幽克威捷行曰魏克威惠禮曰魏去禮遠衆曰煬醜心動懼曰甄容儀恭美曰勝威德剛武曰圉聖善周聞曰宣治民克盡曰　行見中外曰愨勝敵壯志曰勇昭功寧民曰商狀古述今曰譽心能制義曰庶好和不爭曰安外內貞復曰白不生其國曰聲致戮無辜曰厲官人應實曰知凶年無穀曰糠名實不爽曰質不悔前過曰戾溫良好樂曰良怙威肆行曰醜勤政無私曰類好變動民曰躁慈和徧服曰順滿志多窮曰惑危身奉上曰忠思慮深遠曰　息政外交曰推疏遠繼位曰紹彰義掩過曰堅肇敏行成曰直內外賓服曰

字大

正華言無實曰　教敏不倦曰長愛民在刑曰克嗇
於施與曰愛逆天虐民曰煬好廉自克曰節擇善而
從曰比好更改舊曰易名與實爽曰繆思厚不爽曰
愿貞心大度曰匡隱哀之也施為文也除為武也辟
地為襄視遠為恒剛克為發柔克為懿履忌為莊有
過為僖施而不成曰宣惠而內德曰獻治而生青為
平亂而不損為靈由義而濟為景失無　則以其明
餘口象也和會也勤勞也遵循也爽傷也肇始也又
治也康安也怙恃也享祀也胡大也服敗也康順也
就會也愜過也錫與也典常也肆於也糠虛也叡聖
也惠愛也綏安也堅長也耆彊也考成也周至也懷
思也式法也敏疾也捷克也載事也彌久也
白虎通德論謚者何也謚之為言引也引烈行之跡

也所以進勸戒上務德也故禮特牲曰古者生無爵死無謚此言生有爵死當有謚也死乃謚之何言人行終始不能若一故据其終始可知也士冠禮曰死而謚之今也所以臨葬而謚之何因衆會欲顯揚之也黄帝先黄後帝何古者質死生同稱各持行合而言之美者在上黄帝始制法度得道之中萬世不易黄自然也後世雖聖莫能與同也後世德與天同亦得稱帝不能立制作故不得復黄也謚或一言或兩言何文者以一言為謚質者以兩言為謚故尚書曰高宗殷宗也湯死後世稱成湯以兩言為謚也號無質文謚有質文何號者始也為本故不可變也周已後用意尤文以為本生時號令善故有善謚故舍文武王也合言之則上其謚明別善惡所以勸人為善

戒人為惡也帝者天號也以為堯猶謚顧上世質直死後以其名為號耳所以謚之為堯何為謚有七十二品禮記謚法曰翼善傳聖謚曰堯仁聖盛明謚曰舜慈惠愛民謚曰文剛强直理謚曰武天子崩臣下至南郊謚之者何以為人臣之義莫不欲褒大其君掩惡揚善者也故之南郊明不得欺天也故曾子問孔子曰天子崩臣下至南郊告謚之諸侯薨世子赴告天子天子遣大夫會其葬而謚之何幼不誄貴諸侯相誄非禮也臣當受謚于君也卿大夫老歸死有謚何謚者別尊卑彰有德也卿大夫歸無過猶有禄位故有謚也夫人無謚者何無爵故無謚或曰夫人有謚夫人一國之母修閨門之内羣下亦化之故設謚以彰其善惡春秋傳曰葬宋恭姬傳曰其稱謚何

二字大

賢也傳曰哀姜者何莊公夫人也卿大夫妻無謚何賤也八妾所以無謚何卑賤無所能務猶士卑小不得有謚也太子夫人無謚何本婦人隨夫太子無謚其夫人不得有謚也天子太子元士也士無謚知太子亦無謚也附庸所以無謚何卑小無爵也王制曰爵禄凡五等附庸本無爵也後夫人於何所謚之以為於朝廷朝廷所以治政之處臣子共審謚白之於君然後加之婦人天夫故但白君而已何以知不之南郊也婦人本無外事何為於郊也禮曾子問曰唯天子稱天以誄之唯者獨也明天子獨於南郊耳顯號謚何號法天也法日也日未出而明謚法地也法月也月已入有餘光也

風俗通義禮臣子無爵謚君父之義也故羣臣累其

一字大

功美塋日遣太尉於南郊告天而謚之

獨斷帝謚違拂不成曰隱靖民則法曰黃翼善傳聖曰堯仁聖盛明曰舜殘人多壘曰桀殘義損善曰紂慈惠愛親曰孝愛民好與曰惠聖善同文曰宣聲聞宣遠曰昭克定禍亂曰武聰明睿智曰獻溫柔聖善曰懿布德執義曰穆仁義說民曰元安仁立政曰神布剛治紀曰平亂而不損曰靈保民耆艾曰明辟土有德曰襄貞心大度曰匡大慮慈民曰定知過能改曰恭不生其國曰聲一德不懈曰簡夙興夜寐曰敬清白自守曰貞柔德好衆曰靖安樂治民曰康小心畏忌曰僖中身早折曰悼慈仁和民曰順好勇致力曰莊恭人短折曰哀在國逢難曰愍名實過爽曰繆壅遏不通曰幽暴虐無親曰厲致志大圖曰景辟土

一字大

兼國曰桓經緯天地曰文執義揚善曰懷短折不成曰殤去禮遠衆曰煬怠政外交曰攜治典不數曰祈一曰震

釋名曰古者諸侯薨時天子論行以賜謚惟王者無上故于南郊稱天以謚之當春秋時周室卑微臣謚其父故諸侯之謚多不以實也

檀弓公叔文子卒注文子衛獻公之孫名拔或作發其子戍請謚於君曰日月有時將葬矣請所以易其名者注謚者行之迹有時猶言有數也大夫士三月而葬君曰昔者衛國凶饑夫子為粥與國之餓者是不亦惠乎注君靈公也昔者衛國有難夫子以其死衛寡人不亦貞乎夫子聽衛國之政修其班制以與四鄰交衛國之社稷不辱不亦文乎故謂夫子貞惠文子注後不言貞惠者文足以兼之

穀梁傳桓公葬而後舉謚謚所以成德也於卒事乎加之矣注謚者行之迹所以表德人之終卒事畢于葬故於葬定稱號也昔武王崩周公制謚法大行受大名小行受小名所以勸善而懲惡禮天子崩稱天命以謚之諸侯薨天子謚之卿大夫卒受謚於其君

左傳襄公十三年楚子疾告大夫曰不穀不德少主社稷生十歲而喪先君未及習師保之教訓而應受多福是以不德而亡師於鄢以辱社稷為大夫憂其弘多矣若以大夫之靈獲保首領以沒于地惟是春秋窀穸之事注窀厚也穸夜也厚夜猶長夜春秋謂祭祀長夜謂葬埋所以從先君於禰廟者注從先君代為禰廟請為靈若厲注欲厚惡謚以歸先君也亂而不損曰靈戮殺不辜曰厲大夫擇焉莫對及五命乃許秋楚共王卒子囊謀謚大夫曰君有命矣子囊曰君命以共若之何毀之赫赫楚國而君臨之撫有蠻夷奄征南海以屬諸夏而知其過可不謂共乎請謚之共大夫從之[illegible]囊之善

讀禮通考

論語子貢問曰孔文子何以謂之文也子曰敏而好學不恥下問是以謂之文也註孔文子衛大夫孔圉文謚也敏者職之疾也下問謂凡在己下者公叔文子之臣大夫僎與文子同升諸公子聞之曰可以為文矣疏此章論衛大夫公孫枝之行謚法錫民爵位曰文

孟子名之曰幽厲雖孝子慈孫百世不能改也註名之謂謚之也謚以幽厲以章其惡百世傳之孝子慈孫何能改也

列女傳柳下惠死門人將謚之妻曰夫子之謚宜為惠乎門人從以為謚

列女傳曰魯黔婁先生死曾子與門人往弔焉曰何以為謚其妻曰以康為謚昔先君嘗賜之粟三十鍾先生辭而不受是其餘富也君嘗欲授之以國相先生辭而弗為是其餘貴也彼先生者甘受天下之淡味安天下之卑位不戚戚於貧賤不急急于富貴求

一字大

仁而得仁求義而得義其謚為康不亦宜乎

　乾學按上二條乃私謚之始

史記秦始皇本紀二十六年制曰朕聞大古有號毋謚中古有號死而以行為謚如此則子議父臣議君也甚無謂朕弗取焉自今已來除謚法朕為始皇帝後世以計數二世三世至千萬世傳之無窮

荀氏家傳荀爽對策曰臣聞火生于木故其德孝漢之謚帝稱孝者其義取此也故漢制使天下皆誦孝經選吏則舉孝廉以孝為務也

張璠漢書范丹卒三府各遣令史奔弔累行論謚曰宜為貞節先生

蔡邕至朱穆家寫其書及穆卒邕及門人共謚穆曰忠文張璠曰夫謚者上之所贈非下之所造故顏冉

至德不聞有謚蔡哀穆獄否不立汝私議也

晉中興書時賜謚多由封爵不考德行王導上疏曰臣聞大行受大名小行受小名則實稱不誣而已近代以来惟爵得謚武官牙門有爵必謚卿校常伯無爵悉不賜謚甚失制謚之本今中興肇造勲德兼被宜深體前訓使行以謚彰豈可限以有爵中宗納焉自後公卿無爵而謚自導始也

通典帝王謚號議五經通義曰號者亦所以表功德號令天下也謚之言列陳列所行善有善謚惡有惡謚亦以為勸戒也問曰天子有天下大號諸侯寧有國大號乎答曰天子居上之位下無所屈故立大號以勸勉子孫諸侯有爵之賞削絀之義鈇鉞之誅故無所有國之號也趙商問鄭志曰曲禮云已暴貴不

為父作謚而武王即位追王太王王季文王改謚爵何也荅曰周道之業興于二王之功德由之王迹初焉凡為人父豈能盡賢乎若夏禹殷湯則不追謚矣郊特牲云死而謚之今也古者生無爵死無謚質家兩言為謚成湯是也文者一言為謚文武是也號無質文謚有質文或以名配者德薄因名配謚祖甲是也質家不連號謚文家連號桀紂先號後謚者别誅絶不嫌也

皇后謚及夫人謚議　白虎通云后夫人謚臣子共于廟定之五經通義云婦人以隨從為義夫貴於朝婦貴於室故得蒙夫之謚又云夫人無爵故無謚或曰夫人有謚夫人一國之母修閨門之内則下以化之故設謚章其善惡公羊曰葬宋恭姬稱其謚賢之也

卿大夫妻命婦也無謚者以賤也妾無謚亦有卑賤
無所能與猶士卑小不得謚也
通典魏劉輔等啟論賜謚云古者存有號則沒有謚
必考行迹論功業而為之制漢不修古禮大臣有寵
乃賜之謚今國家因用未革臣以為今諸侯薨于位
者可有謚主者宜作得謚者秩品之限尚書衛覬奏
舊制諸王及列侯薨無少長皆賜謚古之有謚隨行
美惡非所以優之又次以明識昭穆使不錯亂也臣
以為諸侯王及王子諸公侯薨可隨行迹賜謚其列
侯始有功勞可一切賜謚至於襲封者則不賜謚尚
書趙咨又奏云其諸襲爵守嗣無殊才異勳於國及
未冠成人皆不應賜謚黄門侍郎荀攸議以為古之
謚紀功懲惡也故有桓文靈厲之謚今侯始封其以

稱在

方慤曰夫子曰不在顓臾而在蕭墻之内若此則言在不稱徵也又曰夏禮吾能言之杞不足徵若此則言徵不稱在也

雜記卒哭而諱注自此而鬼神事之尊而諱其名王父母兄弟世父叔父姑姊妹子與父同諱注父為其親諱則子不敢不從諱也謂王父母以下之親是謂士也天子諸侯諱羣祖母之諱宮中諱妻之諱不舉諸其側與從祖昆弟同名則諱注母之所為其親諱子孫于宮中不言妻之所為其親諱夫于側亦不言也孝子聞名心瞿凡不言人諱者亦為其相感動也子與父同諱則子可盡曾祖之親也從祖昆弟在其中于父輕不為諱與母妻之親同名重則諱之○疏王父母謂父之王父母于己為曾祖父母正服小功不合諱以父為之諱故子亦同于父而諱之兄弟是父之兄弟于己為伯叔正服期父亦為之期是子與父同是有諱也世父叔父是父之世父叔父于己是從祖也正服小功不合諱以父為之諱故己從父而諱姑謂父之姑也于己為從祖姑在家正服小功出嫁緦麻不合諱以父為之諱故己從父而諱姊妹謂父之姊妹于己為姑在家正服期出嫁大功九月是己與父同為之諱也天子諸侯諱羣祖者以其天子七廟諸侯五廟故知諱羣祖母與妻二者之諱與己從祖昆弟名同則為之諱不但宮中匋側其在餘處皆諱之不但為母妻而諱若從祖昆弟身死亦為諱也

過而舉君之諱則起注舉猶言也起立者失言而變自新與君之諱同則稱字注謂諸臣之名也○疏過謂過誤也若過誤言君之諱則起而改變自新

玉藻於大夫所有公諱無私諱注公諱若言許所辟先君之名凡祭不諱廟中不諱注謂祝嘏之辭中有先君之名者也凡祭祭羣神廟中上不諱下教學臨文不諱注為惑未知者○疏有公諱無私諱者謂士及大夫言但諱君家不自私諱父母也崔氏云謂伯叔之諱耳若至親則不得言庾云謂士與大夫言有名字同己祖禰名字皆不得諱辟敬大夫故也凡祭謂社稷山川百神也祝嘏辭中有先君之名不諱之也廟中上不諱下若有事于祖則不諱父也有事于父則諱祖教學謂師長也教人若諱疑誤後生也臨文謂簡牒及讀法律之事也若諱則失于事正也

陳澔曰公諱本國先君之諱也私諱私家之諱也

范鍾曰自士于大夫止臨文不諱論士大夫交際與名諱之法先之以事君之禮繼之以卿大夫士交際之禮蓋次第等級士知有大夫大夫知有君其義然也貴貴尊賢之義並行不悖于其下然後同心協志一德以尊于天子制禮之意深矣不特其生為然也周人以諱事神名終將諱之然君所無私諱廟中不諱而義達于上下貫于幽明矣教學臨文豈可以一日之避就而失萬世之經哉

王制大史典禮執簡記奉諱惡注簡記策書也諱先王名惡忌日若子卯○疏奉猶進也謂奉進于王以所諱所惡

劉彝曰此夏殷大史之職主典國之禮法凡有大禮大事則執簡記以考正其儀天子行禘祫會遠祖于太廟則奉其諱若日月有可惡而齋戒恐懼以俟天譴則奉其惡日于天子所以佐佑一人惕厲修德若天地有大災變三辰失其常度咎徵作於四時札瘥刑于四國皆天子之所惡也周

功美受爵土者雖無官位宜皆賜謚以紀其功且旌奉法能全爵禄者也其斬將搴旗以功受爵而身在本位類皆比例侯自關内侯以下及名號賜爵附庸非謚所及皆可闕之若列侯襲有官位比大夫以上其不莅官理事則當宿衛中勤或身死王事皆宜加謚其餘襲爵既無功勞官小善微皆不足録

晋書禮志五經通義以為有德則謚善無德則謚惡故雖君臣可同魏朝初謚宣帝為文侯景王為武侯文王表不宜與二祖同於是改謚宣文忠武至文王受晋王之號魏帝又追命宣文為宣王忠武為景王太康八年十月太常上謚故太常平陵男郭奕為景侯有司奏云晋受命以来祖宗號謚羣下未有同者故郭奕為景與景王同不可聽宜謚曰穆王濟羊璞

等並云夫無窮之祚名諡不一皆得避於制難全
如悉不避復非推崇事尊之禮宜依諱名之義但及
七廟祖宗而已不及遷毀之廟成粲武茂劉訥並云
同諡非嫌號諡者國之大典所以厲時作教經天人
之遠旨也固雖君父義有所不隆及在臣子或以行
顯故能使上下邁德罔有殆荒臣願聖世同符堯舜
行周同諡之禮舍漢魏近制相避之義又引周公父
子同諡曰文武帝詔曰非言君臣不可同正以奕諡
景不相當耳宜諡曰簡及太元四年侍中王欣之表
君臣不嫌同諡尚書奏以欣之言為然詔可

通典　元帝大興三年詔曰古者皆諡名實相稱頃來
有爵乃諡非聖賢本意通議之有司表云劉毅宜諡
以申毅忠允匪躬贈右光禄大夫儀同三司斯誠聖

朝考績以著勳之美謚也按謚者行之迹而號者功之表今敍功德並立而有號無謚於義不體竊以春秋之事求之謚主於行而不繫爵然漢魏相承爵非列侯則皆沒其高行而不加之謚至使三事之賢臣不如野戰之將士臣願聖代舉春秋之遠制改近代之舊服

東晉瑯邪世子未周而卒大司農表瑯邪世子降君一等宜謚哀愍大常賀循云謚者所以表功行之目也故古者未居成人之年及名位未備者皆不作謚也是以周靈王太子聰哲明智年過成童亡猶無謚春秋諸侯即位之年稱君稱子而卒皆無謚名未成也未成為君既無君謚時見稱子復無子謚明俱未得也唯晉之申生以仁孝遭命年近成人晉人悼之

故特為謚諸國無例也及至漢代雖尊之禮過於古禮然亦未有未踰年之君而立謚也殤沖二帝皆已踰年方立謚按哀沖太孫各以幼齡立謚不必依古然皆即位臨官正名承重與諸下定君臣之義尊成體具事無所屈且天下之名至重體其尊者亦宜殊禮故隨時定制有立謚之事也瑯邪世子雖正體乎上生而全貴適可明嫡統之義未足定為謚之正也

干寶晋記何曾卒下禮官議謚博士秦秀議曰曾資性驕奢不修軌則奕世以来宰臣輔相未有受詬辱之聲被有司之劾父子塵累而蒙恩貸若曾者也謹按謚法名與實爽曰繆怙威肆行曰醜宜謚為繆醜

又曰太尉魯公賈充以韓謚為賈氏嗣上特許之及

議謚博士秦秀曰充位冠羣后惟民之望而悖理溺情以亂大倫按謚法昏亂紀度曰荒上弗從賜謚曰武

晉書太常博士掌王公以下應賜謚者則博士議定之

太尉荀顗上謚法云若賜謚而道遠不及塟者皆封策下屬遣所承長史奉册即家祭賜謚

太常蔡司空謚議云博士曹眈等議曰謨可謂善終令終者矣按謚法布德執義曰穆司徒左長史孔嚴與王彪之書云博士引禮之義以通高尚之事穆誠實美謚然蔡公德業既重又是先帝師傅居摠録之任則是叅二宰相考行定名議存實録不可不詳彪之答按謚法布德執義曰穆謂山名目殊為不輕太

始初張皇后大寧庾太后並謚曰穆魏司空陳泰王昶賀循皆名士也並謚曰穆此與蔡公名體相應中朝複謚亦不勝單安平獻王孚齊獻王攸並單謚自頃複謚者非大晉舊典必重複謚也蓋是近來儒官相承近意耳皆顧命重勳或居分陜或處阿衡蔡公存嫌素之懷不當此任于今詠之所以不複謚欲令異于數公所以表沖虛述德美也又中朝及中興曾居師傅及録事臺者亦皆不複謚山李二司徒吾族父安豐侯近賀司空荀太尉顗周光禄顗或曾師傅或曾總録並不複謚吾謂此謚弘美不應翻改按謚法條有限而應謚者無限亦何得令名德必皆齊同遠准周之文武則後代不應復得通用此名近按晉朝舊比山濤荀顗周顗同謚康羊祜荀勗同謚成此

例甚衆不可悉載近朱伯高謚簡時尚書符却已不應與和嶠同謚蔡為太常據上論可同理甚有義遂便施行蔡家固當有此故事准例如此復無所為疑

晉書禮志永和十一年彭城國為李太妃求謚博士曹耽之議夫婦行不必同不得以夫謚謚婦春秋婦人有謚甚多經無譏文知禮得謚也胡訥云禮婦人生以夫爵死以夫謚春秋夫人有謚不復依禮耳安平獻王李妃瑯琊武王諸葛妃大傅東海王裴妃並無謚今宜率舊典王彪之云婦人有謚禮壞故耳聲子為謚服虔諸儒以為非杜預亦云禮婦人無謚春秋無譏之文所謂不待貶絶自明者也近世惟后妃有謚耳

通典孝武大元四年光祿勳王欣之表伏尋太康中

郭奕謚曰景有司執孝宗同號臣聞姬朝盛明父子齊稱諸侯與周同謚經諸哲王不易之道也宜遵古典訓範来裔徐邈議按郭奕謚景實不以犯帝謚而改也又武帝永平元年詔書貴賤不嫌同號周公謚文君父同稱名行不殊謚何得異自今以後其各如禮尚書奏文武舉其一致聖賢有時而同故文王經緯天地孔文子不恥下問所以為文也遠稽周典嘉號通乎上下近准太康改謚匪嫌同稱自頃議者或乖體尚之實非所以經綸無窮永代垂式王欣之所表抑實舊典宜如所陳詔可

後魏孝明帝正光五年侍中甄琛卒太常議謚文穆吏部郎袁翻奏曰按禮謚者行之迹也號者功之表也車服者位之章也是以大行受大名細行受小名

行生於已名生於人故闔棺然後定謚皆累其生時美惡所以為將來勸戒身雖死使名常存也凡薨亡者屬所即言大鴻臚移本郡大中正條其行迹功過承中正移言公府下大常部博士評議為謚列上謚不應法者博士坐如選舉不以實論若行狀失實中正坐如博士自古帝王莫不殷勤慎重以為褒貶之實也今之行狀皆出自其家任其臣子自言君父之行無復相是非之事臣子之欲光揚君父但苦迹之不高行之不美是以極辭肆意無復限量觀其狀也則周孔連鑣伊顏接衽論其謚也雖窮文盡武罔或加焉然今之博士與古不同唯知依其行狀又先問其家人之意臣子所求便為議上都不復斟酌與奪商量是非致號謚之加與汎階莫異專以極美為稱

無復貶降之名禮官之失一至于此安甄司徒行狀至德與聖人齊蹤鴻名共大賢比跡文穆之謚何足加焉但比來贈謚于例普重如甄琛之流無不復謚謂宜依謚法慈惠愛民曰孝宜謚曰孝穆公自今以後明勒太常司徒有行狀如此言辭流宕無復節限者卷請裁量不聽為受必準人立謚不得甚加優越復仍踵前来之失者付法司科罪從之

唐六典注諸職事三品已上散官二品已上身亡者佐吏録行狀申考功考功責歷任勘校下太常寺議謚訖覆申考功于都堂集省内官議定然後奏聞贈官同職事無爵者稱子若藴德丘園聲實明著雖無官爵亦奏稱賜謚曰先生

通典大唐之制太常博士掌凡王公以下擬謚皆跡

其功德而爲之襃貶（諸謚執事官三品以上散官佐吏錄行狀申考功勘校下太常擬謚記申省議定然後奏聞）無爵稱子（沈約謚法云晉大興三年始詔無爵者謚皆稱子）養德丘園聲實明著則謚曰先生大行則大名小行則小名（舊有周書謚法大戴禮謚法又漢劉熙謚法一卷晉張靖撰謚法兩卷又有廣謚一卷梁沈約揔集謚法凡一百六十五卷）告贈謚於柩而開元禮武德以來通太常所謚有異議者略件如後

咸通三年太常博士袁思古謚揚州大都督高陽郡公許敬宗曰繆議曰敬宗位以才昇歷居清級棄長子於荒徼嫁少女於夷落聞詩聞禮事絶於趨庭納采問名惟聞於黷貨白圭斯玷有累清塵易名之典須憑實行敬宗孫太子舍人彥伯訴屈戶部尚書戴至德問博士王福畤其故荅曰昔晉司空何曾既忠且孝徒以日食萬錢所以貶爲繆醜况敬宗忠孝不逮於曾飲食男女之累過之而宂詒爲繆無負於許

氏矣詔令尚書省五品以上重議禮部尚書楊思敬議稱按謚法既過能改曰恭請謚為恭

景雲元年太常謚贈荆州大都督舒國公韋巨源曰昭户部員外郎李邕駁曰三思引之為相阿常託之為親無功而封無德而禄同族則醜正安石佗人則附邪楚客謚之曰昭良恐未當博士李處直請依前定

開元七年太常博士張星謚贈工部尚書宋慶禮曰專議曰慶禮太剛則折至察無徒有事東北所亾萬計所謂害於家凶於國按謚法好功自是曰專禮部員外郎張九齡駁之曰營州鎮彼戎夷扼喉斷臂逆則制其死命順則為之主人是稱樂都其來尚矣尋罷海運克廣歲儲邊庭晏然河朔無擾與夫興師之

費轉輸之勞較其優劣孰爲利害而云所亡萬計一何繆哉安有踐其迹以制實貶其謚以徇虚採慮始之謗聲忘經遠之權利義非得所孰謂其可請以所議更下太常乃謚曰敬

十八年太常寺謚贈太師燕國公張説爲文貞左司郎中楊伯成駁曰謚者德之表行之迹將以激厲風俗檢束名教固無虚稱是存實録准張説罷相制云不肅細微之人頗乖周順之旨又致仕制云行虧半古防闕周身未免瓜李之嫌而喧衆多之口且玉之有瑕尚可磨也人之斯玷焉得逭諸謚曰文貞何成勸沮請下太常更據行事定謚工部侍郎張九齡又立議請依太常爲定未决玄宗爲製碑文賜謚曰文貞

永泰中太常博士獨孤及謚贈京州都督太原郡公郭知運曰威右司員外郎崔厦駁之曰郭知運承恩詔塋向五十餘年今請易名竊謂非禮謹按禮經云禮時為大又曰過時不及非禮也昔衛公叔文子卒将塋其子戍請謚於君曰日月有時将葬矣請所以易其名者蓋時不可踰也節度既沒名不浮行數紀之前門生故吏已合謀謚今乃申請竊将有為而作嗣子英乂頃屬多故屢制方隅朝廷策勳位表端揆附從者竊不中之禮合無妄之求況今裂土者接軫専征者百輩若率而行之誰曰無請不惟有司疲於簡牘抑恐名器等於草芥雖欲曲全竊将不可及禮經云已孤暴貴不為父作謚若知運合謚而不以其時則嗣子廢先君之德若不合謚而苟遂其志則先

君因嗣子而見尊以僕射而言恐貽越禮之譏以國家而言又殊旌善之體請下太常寺重議及荅禮時為大順次之將葬易名時也有故闕禮追遠請謚順也公叔戍請謚適當葬前謹按三百禮經三千威儀曾不言已葬則不追謚況三王殊途不相沿禮新禮則死必有謚不云日月有時今請易名者五家無非塟後苗太師一年矣呂諲四年矣盧奕五年矣顔杲卿八年矣並荷褒寵無異同之論獨知運不幸遂以過時見抑茍必以已葬為節制則八年與五年其緩一也而與奪殊制無乃不可乎議云已孤暴貴不為父作謚此謂其父無位而子居貴位不當以子之貴加榮於父若知運者處方面重寄列位九卿茂勲崇名與衛霍侔飭終之禮宜加於位將一等豈待因嗣

子之德然後作謚今之征鎮者率多屠販皂隸之中雖逢風雲化為王侯而其間有祖父爵位與知運等當請謚者有幾何乃懼名器等於草芥以是廢禮竊謂近誣竊考載籍徵諸舊章易名之禮請如前議

獨孤及又謚贈禮部尚書呂諲曰肅度支員外郎嚴郢駁曰今所議荆南之政詳矣而曰在台司齷齪無匪躬之能者乃抉瑕掩德非中道之言也國家故事宰臣之謚皆有二字以彰善旌德焉夫以呂公文能無害武能禁暴貞則幹事忠則利人威烈宏規不可倫舉傳叙八元之德曰忠肅恭懿若以美謚擬於形容請謚呂公曰忠肅及重議曰謹按舊儀凡没者之故吏得以行狀請謚於尚書省而考行定謚則有司存朝廷辨可否宜存衆議今駮議撰謚異同之說並

補 補

何孟春曰前輩文章有簡短而可稱者宋人記歐陽文忠公奉母喪過某郡郡守屬同官為祭文冊三戒之留意此至始出書云孟軻之賢母之教也夫人有子如軻死復何憾文忠大賞之

入趙璘後徐𤇆前　六十五卷

故吏專之伏恐亂庖人尸祝之分違公器不私之誠文三代以下樂崩禮壞乃有二字之謚非古也其源生於臬周漢興蕭何張良霍去病霍光俱以文武大畧佐漢致太平其事業不一不足以紀其善於是有文終文成景桓宣成之謚雖黷禮甚矣然猶褒不失人唐興黍用周秦之制以魏徵為文貞蕭瑀為貞褊其杜如晦封德彝陳叔達溫彥博岑文本唐休璟魏知古崔日用並當時赫赫以功名居宰相者謚不過一字不聞子孫佐吏有以字少稱屈者由此言之二字不必為褒一字不必為貶若褒貶果在字數則是堯舜禹湯文武幽厲不如周威烈慎靚也齊桓晉文

子之德然後作謚今之征鎮者卒多至屠販皂隸之中雖逢風雲化為王侯而其閒有祖父爵位與知運等當請謚者有幾何乃懼名器等於草芥以是廢禮竊謂近誣竊考載籍徵諸舊章易名之禮請如前議

獨孤及又議贈禮部尚書呂諲曰肅度支員外郎嚴郢駮曰今所議荆南之政詳矣而曰在台司齷齪無匪躬之能者乃抉瑕掩德非中道之言也國家故事宰臣之謚皆有二字以彰善旌德焉夫以呂公文能無害武能禁暴貞則幹事忠則利人盛烈宏規不可備舉傳敘八元之德曰忠肅恭懿若以美謚擬於形容請謚呂公曰忠肅及重議曰謹按舊儀凡沒者之故吏得以行狀請謚於尚書省而考行定謚則有司存朝廷辨可否宜存衆議今駮議撰謚異同之說並

故史專之伏恐亂庖人尸祝之分違公器不私之誠且非唐虞師錫僉曰之道謚法在懲惡勸善不在字多必稱其大而畧其細故曰言文不言武言武不言文三代以下朴散禮壞乃有二字之議非古也其源生於衰周漢興蕭何張良霍去病霍光俱以文武大畧佐漢致太平其事業不一不足以紀其善於是有文終文成景桓宣成之謚雖黷禮甚矣然猶褒不失人唐興㳂用周秦之制以魏徵為文貞蕭瑀為貞褊其杜如晦封德彝陳叔達溫彥博岑文本唐休璟魏知古崔日用並當時赫赫以功名居宰相者謚不過一字不聞子孫佐吏有以字少稱屈者由此言之二字不必為褒一字不必為貶若褒貶果在字數則是堯舜禹湯文武成康不如周威烈慎靚也齊桓晉文

不如趙武靈魏安釐也杜如晦巳主[illegible]下或成或明或懿或憲不如蕭瑀之貞褊也然肅者以諲之從政威能閑邪德可濟衆故以肅易名而忠在其中矣亦猶隨會甯俞之不稱文宣必因而重之然後為美魏晉以賈謐之籌筭賈逵之忠壯張既之政能程普之智勇傾恩之密重王渾之器量劉惔之鑒裁庾翼之智畧彼八君子者方之東平宜無慙德死之日並諡曰肅當代不以為貶何嘗徵一字二字之降乎上稽前典下據甲令參之禮經而寃其往事請依前定

唐書宋慶禮傳慶禮為政嚴少私吏畏威不敢犯太常博士張星以好巧自是諡曰專禮部員外郎張九齡申駁曰慶禮國之勞臣在邊垂三十年往城營州士纔數千無甲兵强衛指期而往不失所慮遂罷海

運收歲儲邊亭晏然其功可推不當醜謚慶禮兄子辭玉亦自詣闕訴改謚曰敬

唐書元和中賜太子賓客于頔謚曰思初有司謚曰厲至是特易之右丞張正甫封其勅請還本謚補闕高越上疏曰夫謚者所以懲惡勸善激濁揚清使忠臣義士知勸亂臣賊子畏罪孔子修春秋亂臣賊子懼蓋為此也垂範如此尚不能救況又隳其典法乎大曆十三年太常謚贈司徒楊綰曰文貞工部郎中蘇端駁曰夫道德博文曰文清白守節曰貞且元載與司徒友敬殊深推為長者首舉清要人莫與爭及司徒寵望漸高載畏其偪旋又知載隳壞綱紀心貳於君既懼其疑因為踈簡有口皆知載惡而獨曾無一言或有發載之惡潛告未明抗試工法者司徒時

居上列奏達非難不能因此披衷旦解全志士之命露兇狡之私而乃晏安自泰優游過日使元載禍大滅身竟勞主上防伺之慮豈守節不隱耶豈懷道無毒耶非謂文貞明矣洎元載畜惡於下招怨於上使塞人勞有過時之戍西郊虜入無吊災之患磁邢堅義之士將死復生梁宋傷夷之人或寒或餒捜訪旌恤中外所急載皆絕之使王澤不及於下爲行路所嗟而楊公當聖上維新之日居天下得賢之望誠宜不俟終日造次速言乃寂寥啟悟喋閉謀猷貪食萬錢之賜虛承一心之煩豈慈惠愛人乎既曰不慈不惠何以謂之文有隱有毒何以謂之貞乎古者諸侯有國卿大夫有家上以報祖宗下以處子孫之義也楊公歷處厚俸人謂儒宗曾不立家又無私廟寧使

人老闕敬祖之義位極匹祭禰之宮凡在衣冠誰不歎恨又乖大義克就愍仁接禮之義矣曰文與貞曷可以議聖人立謚盡公而無私之謂也所以周宣不敢私於其父謚曰厲漢宣不敢私於祖謚曰戾百王明制歷聖通則昔公叔文子有死衛之節修班制之勤社稷不辱方居此謚爰及太宗初魏公徵有匡救公直之忠中宗末蘇公瓌有保安不奪之節所以諸賢甚衆謚文貞者不過數公至於燕國公張說先朝輸能名節昭著省司尚不可至今人故稱之由是言之馬可比德請牒太常更詳佗謚以守彝章庶乎青史之筆不乖於周漢黃泉之魂免懟於蘇魏別勑謚為文簡

乾學按唐書楊綰傳稱無而儉人也持異

議即此

贈司空陳國公竇抗謚曰博贈左衛大將軍宇文士及初謚為恭黄門侍郎劉洎駮之曰士及居家侈縱不宜為恭竟謚為縱工部尚書楊昉謚曰恪定州刺史定襄郡公于匡濟謚曰果廣州都督謝方叔謚曰勤以上五人按謚法並無乃有司一時之議所以不具其年

後唐同光二年送史館事例凡公王百官定謚考功録行狀并謚議逐月具有無牒報中外官薨已請謚許本家各録行狀一本申送

宋史禮志王公及職事官三品以上薨贈官同本家録行狀上尚書省考功移太常禮院議定博士撰議考功審覆判都省集合省官叅議具上中書門下宰臣判准始録奏聞敕付所司即考功録牒以未葬前賜

其家省官有異議者聽具議聞蘊德丘園聲實明著雖無官爵亦奏賜謚曰先生太平興國八年詔增周公謚法五十五字美謚七十一字為一百字平謚七字為二十字惡謚十七字為三十字其沈約賀琛續廣謚盡廢後以直史館胡旦言舊制文武官臣僚皆以功行上下各賜謚法近朝以來遂成闕典建隆以後臣僚三品以上合賜謚者百餘人望令史館編録行狀送禮官定謚付史館修入國史詔今後並令禮官取行狀定謚送考功詳覆関送史館永為定式直集賢院王皞言謚者行之表也善行有善謚惡行有惡謚蓋聞謚知行以為勸戒六典太常博士掌王公以下擬謚皆跡其功德為之褒貶近者臣僚薨卒雖官該擬謚其家自知父祖別無善政慮定謚之際斥

其謬戾皆不請諡竊惟諡法自周公以来無爲不刊之典蓋以彰善癉惡激濁揚清使其身没之後是非較然用爲勸懲今若任其遷避則爲惡者肆志而不悛乞自今後不必候其請諡並令有司舉行如此則隱慝無行之人有所勸沮若須行狀申乞方行擬諡考諸方冊別無明證唯衛公叔文子卒其子戍請諡臣謂春秋之時禮壞樂闕公叔之卒有司不能明舉舊典故至將葬始請諡於君且周制太史掌小喪賜諡小史掌卿大夫之家賜諡以此知有司之職自當舉行明矣詔下有司詳定如晫請焉禮院更議贈安遠軍節度使馬懷德已葬請諡乃言自古作諡皆在葬前唐開元三品以上將葬既啓殯告贈諡於柩前無贈者設啓奠即告諡既葬加諡出於唐時如顔杲

卿盧奕盡忠王室當時置而不議至郭知運死五十餘年乃始請謚右司員外郎崔厦以爲非旌善之禮而太常博士獨孤及謂新制死必有謚又謂有故闕禮追遠請謚順也及長於開元之世親聞啟奠告謚而謂新制死必有謚豈不誣哉又有故闕禮追遠請謚皆違禮經何順之有國家給謚一用唐令然請謚之家例供尚書省官酒食撰議官又當有所贈遺故或闕而不請景祐四年宋綬建言官給酒食其後又罷贈遺自此既葬請謚者甚衆歲月浸久官閥行跡士大夫所不能知子孫與其門生故吏志在虛美隱惡而有司據以加謚是非聖人之法而徇唐庸有司之議也詔自今得謚者令葬前奏請或其家不請則尚書太常合議定謚前葬牒史館及付其家御徇私

謚不以實論如選舉不以實法既葬明謚者不定謚
鄭樵通志古無謚謚起於周人羲皇以前名是氏亦是號亦是至神農氏則有炎帝之號軒轅氏則有黃帝之號二帝之號雖殊名氏則一焉堯曰陶唐舜曰有虞禹曰夏后湯曰殷商則氏已異於名堯曰放勳舜曰重華禹曰文命湯曰武王則號已異於氏然是時有名號之别者不過開基之祖耳夏自啟商自太甲皆一名而生死通稱若其曰祖曰宗為中為高則又不可常也以諱事神者周道也周人卒哭而諱將葬而謚有諱則有謚無諱則謚不立蓋名不可名已則後王之語前王後代之及前代所以為昭穆之次者將何以别哉生有名死有謚名乃生者之辨謚乃死者之辨初不為善惡也以謚易名名尚不敢稱况

查何人語著

即鄭樵序論

可加之以惡乎非臣子之所安也嗚呼春秋紀實事而襃貶之說行謚法别昭穆而美刺之說行當其時已紛紜矣後之人何獨不然臣恐襃貶之說不已則春秋或幾乎息矣於是作春秋考春秋傳又恐美刺之說不已則周公之意其亡矣夫於是作謚法使百代之下為人臣為人子者知尊君嚴父奉亡如存不敢以輕重之意行乎其間以傷名教者也

序論三

天下有難行之道雖曰古有是道而後世終不可行者非古有是道也後之人設是道以實之耳豈有可行於古而不可行於今之道乎若曰臣子可以議君父之得失使有德則謚善無德則謚惡大行受大名細行受細名行生於己名生於人此真不可行之道也自非伐無道誅有罪收其鯨鯢以爲京觀則安得

有惡謚之稱乎臣以為立謚之本兩昭于命謚之義取於尊隆且生有惡死無惡者人之情也生可簡死不可簡者禮之事也生雖侯伯死必稱公生不踰等死必加等先王之通制也豈有稱生之號有隆而命死之名有虧乎謚亦有惡惡謚非所以加君父也子曰父在觀其志父沒觀其行三年無改於父之道可謂孝矣不若是是不當於人心子議父臣議君秦人之所厭而削之也今先儒之所為謚者正秦人之論耳不合乎古道

按謚法惡謚莫如桀紂其次莫如桓靈其次莫如幽厲此古今之所聞也以臣所見皆不然桀紂是名耳非謚也名者生之所命而非死之所加也當夏之季當殷之興則未有謚桀非謚也當殷之季當周之興

雖有諡法然得諡為榮不得諡為辱名之以紂辱莫大焉桀之所名者取於木猶高桀公孫枝之所取云耳安有賤人多殺之名而可以為名乎紂之所名者取於絲猶臧紇南宮縚之所取云耳豈有殘義損善之名而可以為名乎是名也非已之所更即父兄之所命也安得有是義乎桓於經典並無惡義如公執桓圭桓乃圭璋之首稱如桓桓武王桓乃果毅之盛德齊之桓王用能霸業周之桓王元無累行安得桓為惡名乎靈者神聖之異名周之東也王綱不振四方解體迨夫靈王周道始昌諸侯服從故傳曰惟有髭王甚神聖以其生有神聖之德死則諡之以靈是為名實允當其曰請為靈若厲者荊蠻不根之論也安得靈為惡名乎幽者隱之並[illegible]也周幽王喪於犬

戎之禍魯隱公卒於羽父之難　臣子所不忍言故以幽隱命之痛惻之甚也豈有擁遏不通之義乎語曰子溫而厲威而不猛恭而安厲與安並德故於厲言而猛則異於是故於猛言不厲非惡也豈有暴虐無親之義乎厲王過矣使厲王而有暴虐無親之名則宣王不得為孝子幽王過矣使幽王而受擁遏不通之責則晉文侯鄭武公不得為良臣成周之法初無惡謚謚之有惡者後人之所立也由有美刺之說行然後人立惡謚

（序論四）

謚之有善惡者即文而見不即說而見且曰戾曰剌豈不見其有凶德何必以不悔前過然後為戾暴慢無親然後為剌乎一戾不足其說又益之以戾一剌不足其說又益之以剌非古之道也曰蕩曰荒豈不

見其有淫行何必好内遠禮然後為蕩縱樂無度然後為荒乎一蕩不足其說又益之以蕩一荒不足其說又益之以荒非古之道也謚之善惡可即一文以見義一文不得而盡者即複文以見義複文不足以盡者又從而加之如衛之公孫枝是為惠貞文子亦古之道何必為之說以釋之乎釋之之言既多又非載籍之常義學者而盡欲以善惡之義通之其有名實相違而義不可通者則必迂其說曲而通之也紂紂初非惡名桓靈亦非惡謚由其君為衆惡所集使名與謚不能主也人聞其名見其謚則翕然以為惡矣且愛人愛其人之烏惡人惡其人之狗烏狗何與於善惡但隨人好惡所生矣是以君子惡居下流故名之曰幽厲

法之為諡者即一文耳非有說也諡法行乃其說紛
紛其書見於世者有周公諡法有春秋諡法有廣諡
有今文尚書有大戴記有世本有獨斷有劉熙之書
有来奧之書有沈約之書有賀琛之書有王彦威之
書有蘇冕之書有扈蒙之書有蘇洵之書其實皆由
漢魏以来儒生取古人之諡而釋以己說集而為法
也故蘇氏曰周公之法反取賀琛之新法而載之書
是知世之諡法其名尤古者益非古法也今考周公
之書所用後人之語甚多是皆為諡法者展轉相因
言文雜揉無足取也惟沈約之書博採古今詮次有
序然亦無所建明至蘇氏承詔編定六家諡法乃取
周公春秋廣諡沈約賀琛扈蒙之書斷然有所去取
其善惡有一成之論實前人所不及也皇也帝也王

二字大

也公也侯也君也師也長也胥也實尊卑之號上下之稱且生有爵死有謚以是為謚未之敢聞也若帝王可以為謚則天子亦可以為謚矣若公侯可以為謚則卿大夫亦可以為謚矣若師長可以為謚則父兄亦可以為謚矣無義之談莫此為甚經幾百年間而後蘇子闢之堯取累土以命名舜取濃華以命名禹取於嘼湯取於水桀以喬木紂以繹絲是非已之所更必父兄之所命也且生有爵死有謚以是為謚未之敢聞也蘇氏未暇及臣不敢後焉謹條其可用者二百十謚分為三類只以一文見義無事乎文之廣無事乎說之繁庶乎表裏蘇氏之學是亦典禮之大者

上謚法

神聖賢文武成人獻總元

章釐景宣明昭正敬恭莊

肅穆戴翼襄烈桓威勇毅

克壯圉或作禦魏安定簡貞節白

匡質靖真順思考曷顯和

玄高光大英睿博憲堅孝

忠惠德仁智慎禮義周敏

信達寬理凱清直欽益良

度類基慈齊深溫讓密厚

純勤謙友祁廣淑儉靈榮

厲比絜舒賁逸退訥偲述

懋宜哲察通儀經庇協端

休悅綽容確恒熙洽紹世

以三字大

果

右百三十一謚用之君親焉用之君子焉

中謚法

悼　懷　愍（亦作閔）　哀　隱　幽　冲　夷　懼　息

攜　鄉　愿　儆

右十四謚用之閔傷焉用之無後者焉

下謚法

野　夸　躁　伐　荒　煬　戾　剌　虚　蕩

墨　僭　亢　于　褊　專　輕　苛　介　暴

虐　愎　悖　凶　慢　忍　毒　悪　殘　嬰

攘　頑　昏　驕　酗　湎　僥　佃　侈　惑

靡　溺　僞　妄　讒　諂　誣　詐　譎　訩

詭　姧　邪　慝　蠱　危　圮　偏　扤　覆

敗　戮　疵　饕　費

右六十五謚用之殲夷焉用之小人焉　凡上中

下謚共二百十言以備典禮之用

後論第二

凡蘇氏所取一百六十八謚三百十一條臣今只即一文以見義即文可以見文不必曰施而中理曰文經緯天地曰文即武可以見武不必曰克定禍亂曰武保大定功曰武即孝可以見孝不必曰慈惠愛親曰孝能養能恭曰孝即忠可以見忠不必曰盛衰純固曰忠臨患不忘曰忠且即文以見義則文簡而義顯舍文而從說則說多而義惑蘇氏所削為多矣臣今復削去三百十一條之說只從百六十八謚而增損焉實得二百十謚分而為三上謚百三十用於君親

用於君子下謚六十五用於殲夷用於非君子中謚十四用於閔傷用於無後者其有堯舜禹湯桀紂六文乃人名非謚法所宜去也陳胡公滿者言其老也有胡耇之稱焉胡非謚義齊有丁公名也漢有丁公姓也丁非謚義故去胡去丁曰商曰使曰軍曰趣曰咢曰莫曰敵曰震曰攝曰革曰易曰素曰頃凡十三文雖有其謚於辭義未安所宜去也曰原曰愛曰聲曰聞曰要曰强曰平凡七文文雖可用於義不專亦宜去蘇氏所取者百六十八謚今去其二十八凡蘇氏所去者百九十八今取其七十二謚披沙得金甄金去土非相違也而相從也

後論第二

蘇氏去其歷代所以為尊卑之號者九皇帝王公侯

君師長胥是也子曰左丘明恥之丘亦恥一蘇氏去其義之不安者八今取其賁取其逸所以待丘園也蘇氏去其子孫不忍稱者九十四今取其暴取其虐取其愎取其凶取其悖取其慢取其忍取其毒取其惡取其哭取其攘取其頑所以待暴戾取其昏取其驕取其酗取其湎取其僥取其佃取其侈取其惑取其靡取其溺所以待淫侈取其諂取其偽取其讒取其妄取其誣取其詐取其譎取其訕取其詭取其姧取其邪取其慝取其蠱所以待姦回取其危取其圮取其撓取其覆取其敗取其戮所以待覆亡取其懦取其痗取其饕所以待貪鄙蘇氏去其名之不能舉其人之要者八今取其訥取其退所以待恬退之士取其修取其訓所以待禮法之人蘇氏去其鄙陋不

足以訓者十有一今取其偲取其逑為靜專者倫也蘇氏去其泛濫不可指明善惡之狀者七今取其懋為黽勉者倫也取其宜為中庸者倫也蘇氏去其重複而無益於用者五十七今取其哲有異於智也取其察有異於明也取其通有異於敏也取其儀有異於穆也取其經有異於憲也取其庇有異於禮也取其協有異於順也取其端有異於直也取其費有異於令也取其休取其悅有異於凱也取其綽取其容有異於寬也取其確取其恒有異於介也取其熙取其洽有異於和也

後論第三

蘇氏於百六十八謚之外有七去三百十一條之中有六類七去皆削其文六類者易其義臣今此書只

以文顯不用茲說故於六類亦無所用但於四類中比儉二義於文未安不得不為之說儉乃恭儉之儉比乃協比之比儉也比也古之美謚也蘇氏引儉則固之義而更之曰菲薄廢禮曰儉引君子周而不比之義而更之曰事君有黨曰比以比儉二謚內於惡德此臣之所不取也儉若為惡德則夫子溫良恭儉之儉其將何處比若為惡德則協比其鄰婚姻孔云之比其將何為若之何以不中禮之儉為儉朋比之比為比乎臣今易置從古道也

後論第四

語曰孔文子何以謂之文也子曰敏而好學不恥下問是以謂之文也然則文子之謚初無謚法仲尼則因問而即其人之行事以釋之奈何先立其法必使

人之曲中也規矩本為方圓設而非豫為小大劑量使制器者範圍於此況所作之法只採經傳之言其間有大不通理處子曰敏而好學不恥下問是以謂之文而云敏而好學曰文可也孟子曰陳善閉邪謂之敬而云陳善閉邪曰敬可也易之益曰君子見善則遷有過則改而云遷善改過曰益可也左氏曰共用之謂勇而云率義共用曰勇可也奈何詩曰哿矣能言巧言如流曰哿可乎書曰賓於四門四門穆穆而云闢於四門曰穆可乎傳曰季子生而有文在其手曰友遂命之而云有文在手曰友何義也書曰乃聖乃神乃武乃文而云乃聖乃神曰武何義也詩序曰太平之君子能持盈守成而云持盈守滿曰成何義也至於終始如一者則為之終為人所瞻望者則

一字大

謂之渴於義安乎取並后匹嫡之義而為並取牝鷄之晨惟家之索義而為索是可用乎千百年間學者見之禮官博士行之而斷無以為非者

春明退朝録 古者将葬請謚以易名近世多稾殯或已葬而請謚唐獨孤及謚郭知運而右司員外郎崔夏以為知運葬已五十年今請易名竊恐非禮及以為請謚者五家皆在葬後苗太師一年吕諲四年盧奕五年顔杲卿八年獨知運以過時見抑且八年與五十年其緩一也與奪殊制不可遂謚知運曰威國朝以来博士為謚考功覆之皆得濡潤慶曆八年有言博士以美謚加於人以利濡潤有同納賂有詔不許收所遺於是舊臣子孫競来請謚既而禮院厭其煩遂奏釐革嘉祐中李尚書維家復来請謚博士

呂縉叔引詔以罷之○

唐制兼官三品得贈官如韓文公曾為京兆尹兼御史大夫後終吏部侍郎而贈禮部尚書是也又觀察使多贈兩省侍郎以就三品得謚國初以來惟正官三品方得謚兼官贈三品不得之真宗命陳彭年詳定遂詔文武官至尚書節度使卒許輟朝贈謚至正三品許請謚而史失其傳實元中光祿卿知河陽鄭立卒而輟朝非故事也

元史舊令三品以上官立朝有大節及有大功勳于王室者得賜功臣號及謚

明會典凡議謚洪武初俱禮部奉旨施行二十五年令禮部行翰林院擬奏請旨凡親王謚例用一字郡王二字弘治十五年奏准親王行巡撫巡按等官覆

勘郡王行本府親王及承奉長史等官覈勘善惡得實明白結報具奏定謚

丘濬舉贈謚以勸忠疏

臣惟生者之禍福出於一時蒙蔽衆論之不公人衆者勝天固可僥倖而苟免而事久則論定天定則勝人至於蓋棺事則定矣猶以偏愛之心持不公之論以愚而爲賢當辱而反榮是終無天道矣是以三代明王立爲謚法以爲死後榮辱之典善者予之以美謚惡者予之以惡謚孟子所謂孝子慈孫百世不能改而世之昏君嬖臣乃以一己之私而掩天下之公非惟得罪于世教而實得罪於天帝也三代以前君之謚則請命於天臣之謚則請命於君天不言而人代言人代天言而反天之道天必殛之君不定而俾臣代之臣承君命而負君之

托逆天之理違國之法雖一時逭於人刑其如天道何唐宋議謚掌於太常博士凡於法應得謚者考其行狀撰定謚文移文吏部考功郎中覆定之本朝雖設太常博士而不掌謚議洪武初惟武臣有謚至永樂中文臣始得謚蓋自姚廣孝胡廣始也自後文臣亦多有之然我朝之謚皆出恩賜然臣竊以為九重之上於臣下之賢否未易盡知請自今以後有應得謚者未賜之先先下攸司俾其考定訂議以聞然後從中賜下如此則得之者以為榮不當得者不因其親故之囑託其當得者不為朋黨之掩蔽國家激勸臣子之大法端有在於是其為世教之助夫豈細哉

隆慶四年題准凡冒襲王爵奉旨改正者不許一槩請謚凡文武大臣賜謚亦用二字與否取自上裁若

官品未高而侍從有勞或以死勤事特恩賜謚者不拘常例

弘治四年令凡乞恩賜謚者禮部斟酌可否務合公論不許一槩比例濫請

十五年奏准文武大臣有請謚者禮部照例上請得旨行吏兵二部備查實跡禮部定為上中下三等以行業俱優者為上行實頗可者為中行實無取者為下開送翰林院擬謚請旨

萬曆元年題准大臣應得謚者禮部仍廣加咨詢稽覈名實間有應謚而未經題請及曾題請而未蒙賜謚者不論遠近許各該撫按及科道官從公舉奏禮部酌議題覆補給若不係公舉子孫自陳乞補謚者不行

小字双行

十二年題准凡遇文武大臣應得謚號者備查生平履歷必其節槩為朝野具瞻勳猷係國家休戚公論允服毫無瑕疵者具請上裁如行業平常即官品雖崇不得槩與

支允堅異林夏商繼世之君未嘗立謚至周始加謚而有幽厲之名秦人鑒此謂以子議父臣議君也遂去謚法後世自漢以下帝王謚號非易代之日有美無惡若增累美謚蓋始於唐代宗時顏真卿上言上元中政在宫壼始增祖宗之謚玄宗末奸臣竊命累聖之謚有加至十一字者按周之文武言文不稱武言武不稱文豈盛德所不優蓋羣臣稱其至者故也故謚多不為褒謚少不為貶今謚號渝古萌自中宗以上皆從初謚當時百官集

議儒學之士皆從真卿議獨袁傪請陵州王册皆已刊刻不可輕改事遂寢後世議謚益衍而廣皆準唐為例非古制也

明韓如璜已孤暴貴不為父作謚說

郊特牲曰死而謚今也古者生無爵死無謚曲禮曰已孤暴貴不為父作謚是父初無爵無謚者也先儒為之辭曰父無爵無謚若以已有尊爵而謚之是以已爵加其父欲尊而反卑之吁是何言哉追王追封之典非以已爵加之乎以已爵加之而不可將追王追封皆已孤暴貴之所不敢出乎蓋謚兼褒貶周之制也故使謚父而皆有褒無貶則可也使謚父而不能有褒無貶將據先王覈實之法而褒貶之耶則是因已之貴而暴父之惡難乎其為顯揚之

似一字大

至情矣將徇人子榮親之情而槩之耶則是因子之貴而誣父之賢難乎其為勸懲之公法矣善善惡惡者萬世之定評毫不容貸周之天王不能改祖父幽厲之名而孔子作春秋亦不能特書弗父何叔梁紇于僑札之上也人子但以其身貴而貤恩以貴乎其親是亦伸罔極之情于萬一矣何必邀易名之典耶

私謚

後漢書荀爽傳時人多私謚其君父及諸名士荀爽皆引大義正以經典雖不悉變亦頗有改

宋名臣言行録張子厚横渠先生卒門人欲謚為明誠中子以質明道明道以問溫公溫公復書曰子厚生平用心欲率今世人復三代之禮郊特牲曰古者生

無爵死無謚爵謂大夫以上也檀弓記禮所由失以爲士之有誄自縣賁父始子厚官比諸侯之大夫則宜謚矣然曾子問曰賤不誄貴幼不誄長禮也唯天子稱天以誄之諸侯相誄猶爲非禮况弟子而誄其師乎孔子没哀公誄之不聞弟子復爲之謚也今諸君欲謚子厚恐不合於古禮非子厚之志與其以陳文範陶靖節王文中孟貞曜爲比其尊之也曷若以孔子爲比乎

蘇軾與李方叔書東漢處士私相謚非古也殆似丘明爲素臣當得罪於孔門矣孟生貞曜蓋亦蹈襲流弊不足法而况　相名字者乎甚不願足下此等也

張耒荅李文叔簡爲兄作謚固善但古者賤不誄貴

幼不誄長誄與謚一道也自下議上不順又以尊臨卑則公議不得盡伸俾無以盡善惡之實况於骨肉宗族而可以相為立謚耶古之私謚者甚多如王通死門人私謚文中孟郊死韓愈張籍謚以貞曜然讀通所著續經其狂誕野陋乃可為學者發笑郊以餓士偶工于詩耳世之言通與郊之實不過如此文中貞曜竟何補哉古者生無爵死無謚孔孟顏閔不聞有謚雖其門人朋友尊愛之如此亦不敢為作謚此數君子後世豈以無謚而遂不傳哉由是觀之有謚不能使欺者傳無謚不能使實者沒賢兄之懿行人實聞之其不至公卿而死不得使有司題議而公謚之其為不幸無可言者但其德美之實苟不可泯滅自應傳世而今乃兄弟生徒為之易名則失薄俗之

喜以嫌處物者久矣孰肯為弟不私其兄哉既嫌於私則聞者不信不信則并與其實而敗之所謂愛之正以害之也頤更審度

李豫亨推篷寤語唐制謚議之法無爵者稱子若蘊德丘園聲實明著雖無官爵亦奏聞賜謚曰先生今三品已上乃得謚號而無爵之謚遂絶予以為純白之士雖不得出仕者仁朋義友孝子順孫循其行實私為加謚義無不可又唐碑碣之制五品七品以上立碑若隱淪道素孝義着聞雖不謚亦立碑今無爵法不得立碑但立石紀歲月不螭首龜趺亦無傷也

明李濂私謚問荅　或問門人弟子之私謚其師禮與嵩渚子曰非禮也郊特牲曰古者生無爵死無謚爵謂大夫以上也故卿大夫有謚士無謚曾子問曰賤不誄貴幼不誄長禮也是故君之謚則稱天以誄之臣之謚則稱君以誄之諸侯相誄猶為非禮況弟子而誄其師乎曰士之有誄何也曰乘丘之戰縣賁父死之魯莊公誄其赴敵之功以為謚蓋以義起也

檀弓記之以著其失禮故曰士之有誄自此始也曰謚者行之迹也先生長者生有善行其死也乃以無爵而弗得易其名門人弟子之心實有所不能自安者私謚之舉亦禮之變者也何為而不可曰昔者橫渠先生沒門人欲謚為明誠中子且曰漢魏已來此例甚多乃質於明道先生先生疑之訪於司馬溫公公荅書深以為不可大意謂漢魏以來事不足法孔子之沒也哀公誄之不聞弟子復為之謚也子路欲使門人為臣孔子以為欺天門人厚葬顏淵孔子嘆不得視猶子也君子愛人以禮今關中諸君欲謚子厚而不合古禮非子厚之志也與其以陳文範陶靖節王文中孟貞曜為比其尊之也曷若以孔子為比乎此至當之論百世不可易也曰唐世無爵稱子凡

德丘園聲實明善則謚曰先生何也曰此亦公謚也謂有司表其行而請之於朝既得謚則告諸柩前以白君之賜固非弟子之私謚也然法不應謚雖公亦私所謂漢魏以來事不足法者也亦何足據哉曰劉敞續謚法五十字自以為待後世天爵之君子何也曰此原父之臆見也吾嘗覽其所撰五十字皆以古人之名實之其無謂殊甚自宋迄今世亦莫有用之者抑天爵之君子令聞廣譽自足以垂於後世胡為而私謚之耶是故弟子于師之亡也心喪則可謚則不可

誄位三字前後劃一

讀禮通考卷六十五

喪儀節二十八

誄

周禮春官大祝作六辭以通上下親疏遠近六曰誄　注誄謂積累生時德行以錫之命主為其辭此有文雅辭令難為者故太祝主之

大史遣之日讀誄　注遣謂祖廟之庭大奠將行時也人之道終於此累其行而讀之大師又帥瞽歌之而作謚瞽史知天道使共其事言王之誄謚成于天道○疏遣謂大遣奠故以遣謂祖廟之奠人之道終於此者以未葬已前孝子不忍異于生仍以生禮事之至葬送形而往迎魂而反則以鬼事之故既葬之後當稱謚乃誄生時之行而讀之此經誄即累也王之誄謚成于天道者曾子問唯天子稱天以誄之注引公羊傳制謚于南郊瞽史既知天道又于南郊祭天之所稱天以誄之是王之謚成于天道也若然先于南郊制謚乃於遣之日讀之葬後則稱謚

黃度曰瞽誄其德行故作謚史記其言動故讀誄

曾子問賤不誄貴幼不誄長禮也　注誄累也累列生時行迹誄之以作謚謚當由尊者成

唯天子稱天以誄之　注以其無尊焉春秋公羊說以為讀誄制謚于南郊若云受之于天然

讀禮通考　卷六十五

低一字双行

諸侯相誄非禮注禮當言誄于天子也天子乃使大史賜之謚○疏謂賤不得累列貴者之行而為謚幼不得累列長者之行而作謚所以然者凡謚表其實行當由尊者所為若使幼賤者為之則名欲光揚在上之美有乖實事故不為也諸侯及大夫其上有尊者為之作謚天子則更無尊于天子者故于南郊告天示若有天命然不敢自專也非但賤不誄貴平敵相誄亦為不可故云諸侯相誄非禮也既賤不誄貴案襄十三年左傳楚子囊為共王作謚者春秋亂世不能如禮也

檀弓　魯莊公及宋人戰于乘丘縣賁父御卜國為右馬驚敗績公隊佐車授綏公曰末之卜也縣賁父曰他日不敗績而今敗績是無勇也遂死之圉人浴馬有流矢在白肉公曰非其罪也遂誄之注誄其赴敵之功以為謚士之有誄自此始也注記禮失所由來也周雖以士為爵猶無謚也殷大夫以上為爵

陸元輔曰春秋傳莊公十年夏六月書公敗宋師于乘丘敗在宋不在莊公于記則敗在莊公不在宋有此不同愚按釋文作馬驚敗而無績字一本并無驚字當時只是馬驚敗爾不預軍之勝負也故鄭注云馬驚奔失列集說合鄭不從而以大崩解之是真有敗績之事不幾與春秋刺謬乎長樂陳氏謂莊公敗于二人未死之前宋人敗于二人既死之後春秋書其戰故詳其終記人記其誄始述其始而已此亦調人之辭攷之左傳非其實也愚又按左傳子產曰若未能登車射御則敗績厭覆是懼何暇思獲彼敗績字與此敗績字正同非大崩敗績之謂也○又曰誄者哀死而述其行之辭如哀公

誄孔子之類非以有謚也鄭注每觧誄為謚而集說仍之誤矣

魯哀公誄孔丘曰天不遺耆老莫相予位焉嗚呼哀哉尼父注誄其行以為謚也相佐也言孔子死無佐助我處位者尼父因其字以為之謚○疏孔子以哀公十六年夏四月己丑日卒哀公欲為作謚作謚宜先列其生時行狀謂之為誄曰天不遺耆老莫相予位焉者作誄辭也言上天不置孔子無復佐助我處于位也嗚呼哀哉傷痛之辭也尼父尼則謚也父且字甫是大夫之美稱稱字而謚之尼父也陳澔曰作謚者先列其生之實行謂之誄大聖之行豈容盡列但言天不留此老成而無有佐我之位者以寓其傷悼之意而已耳稱孔丘者君臣之辭此與左傳之言不同

左傳哀公十六年夏四月己丑孔丘卒公誄之曰旻天不弔不慭遺一老俾屏余一人以在位注弔至也慭且也屏敬也子贛曰君其不沒於魯乎夫子之言曰禮失則昏名失則愆失志為昏失所為愆生不能用死而誄之非禮也稱一人非名注天子稱一人非諸侯之名君兩失之

列女傳柳下惠死門人將誄之妻曰將誄夫子之德邪則二三子不如妾知之也乃誄曰夫子不伐兮夫

低一字大

後漢書

低一字大

子之不竭兮夫子之信誠而與人無害兮柔屈從俗不強察兮蒙恥救民德彌大兮雖遇三黜終不弊兮豈弟君子永能厲兮嗟呼惜哉乃下世兮庶幾遐年今遂逝兮嗚呼哀哉魂神泄兮夫子之謚宜為惠兮

劉熙釋名誄累也累列其事而稱之也

文心雕龍周世盛德有銘誄之文大夫之材臨喪能誄誄者累也累其德行旌之不朽也夏商已前其詳靡聞周雖有誄未被於士又賤不誄貴幼不誄長在萬乘則稱天以誄之讀誄定謚其節文大矣自魯莊戰乘丘始及於士逮尼父卒哀公作誄觀其慭遺之切嗚呼之嘆雖非叡作古式存焉至柳妻之誄惠子則辭哀而韻長矣暨乎漢世承流而作揚雄之誄元后文實煩穢沙麓撮其要而摯疑成篇安有累德述

尊而潤畧四句乎杜篤之誄有譽前代吳誄雖工而他篇頗疏豈以見稱光武而改盼千金哉傅毅所製文體倫序孝山崔瑗辨絜相參觀序如傳辭靡律調固誄之才也潘岳搆意專師孝山巧於序悲易入新切所以隔代相望能徵厥聲者也至如崔駰誄趙劉陶誄黄並得憲章工在簡要陳思叨名而體實繁緩文皇誄末旨言自陳其乖甚矣若夫殷臣誄湯追褒玄鳥之祚周史歌文上闡后稷之烈誄述祖宗蓋詩人之則也至于序述哀情則觸類而長傅毅之誄北海云白日幽光雰霧杳冥始序致感遂為後式景而效者彌取於工矣詳夫誄之為制蓋選言錄行傳體而頌文榮始而哀終論其人也曖乎若可覿道其哀也悽焉如可傷此其旨也

低一字大　低一字大　低一字大　低一字大　低一字大

珊瑚鉤詩話　誄者累其素履而質之鬼神也

行狀

文心雕龍　狀者貌也禮貌本原取其事實先賢表謚並有行狀狀之大者也

金石例　行狀惟韓退之狀董公如式

朱子語録　韓公董晉行狀稍長

乾學按朱子嫌昌黎董晉行狀稍長然朱子作張魏公行狀多至二卷蓋行狀不妨詳言之亦視其人爾長短不可限也

李翱百官行狀奏　凡人之事迹非大善大惡則衆人無由知也故舊例皆訪問於人取行狀以為依據今之作行狀者非其門生而即其故吏莫不虛加仁義禮智妄言忠肅惠和或言盛德大業遠而愈光或云

正道直言歿而不朽魯不能直叙其事故善惡混然不可稍至如許敬宗李義府李林甫國之奸臣也其使門生故吏行狀既不指其事實虛稱道忠信以加之則可以侈於元齡魏徵裴炎徐有功矣此不惟其處心不實苟欲虛美於所愛恩之地而已由是事失其本文害於理而行狀足以取信若使指事書實不飾虛言則必有人知其真僞不然者縱使門生故吏為之亦不可以謬使德善之事而加之矣今請作行狀者不要虛說仁義禮智忠肅惠和盛大業正言直道蕪穢簡冊不可取信但指事說實直載其詞則善惡功跡皆據事足以自見矣假令傳魏徵但記其諫諍之辭自足以為正直矣如傳段秀實但記其倒用司農寺印以追逆兵又以象笏擊朱泚自足以為忠

空三字

低字小

錢謹魯

烈矣今之為行狀者都不指其事率以虛詞稱之故無魏證之諫諍而加之以正直無秀實之義勇而加之以忠烈者皆是也其何足以為據

書牘

訃告親友○書

司馬氏書儀尊卑長幼如常日書儀粗生紙直書其事勿為文飾

朱子家禮其親某人以某月某日得疾不幸於某月某日棄世專人訃告一月一日一哀子某泣血一某親某人

按禮喪稱哀子哀孫祭稱孝子孝孫而書儀于父亡則稱孤子母亡則稱哀子父母俱亡則稱孤哀子不知何所據也凡禮中所言孤子如當室及不純采之類皆謂已孤之子非謂所自稱也而鄭氏禮注亦云三十以下無父稱孤明三十以上不得為孤也今既行古禮父母喪俱宜稱哀子然世俗相承已久恐卒難變或欲隨俗亦可

書儀致賻襚狀○

具位姓某某物若干右謹專送上某人靈筵聊備賻儀財物曰賻儀衣服曰襚儀香酒曰奠儀伏惟丨歆納謹狀年月日具位依常式封皮狀上某官靈筵具位某謹封此是匹者官尊具儀乃若此若平交降等即狀內無年封皮用向發題曰某人靈筵下云狀謹封

家禮賻奠狀式○

具官姓某

某物若干

右謹專送上

某官某公靈筵聊備

賻儀香茶酒食則云奠儀伏惟

歆納謹狀

年月日具位姓某狀

書儀謝賻襚書○

具位某某物若干右伏蒙尊慈以某（發書者名）某親（今三年之喪未卒哭不發書多令姪孫[illegible]其餘親發謝書）

遠世（大官云薨歿）特賜賻儀（從奠隨事）下誠不任哀感之至謹具

狀上謝謹狀　年月日具位某狀上某

位　某謹封（此與尊儀也如平交即改尊慈為仁私賜為貺去下誠字後云謹奉陳謝謹狀無年封皮用白箋餘如前）

慰大官門狀

某位姓某　右某謹詣門屏祇慰　某位伏聽

處分謹狀　年月　日具位某狀

慰平交

某位姓某　右某祇慰　某官謹狀

月　日具位姓某狀

慰人名紙

形如常但題其陰面云某郡姓名慰（此與平交已下用之若平交已下朝喪亦用慰）

狀大功已下用起居狀相面而見慰

—慰人父母亾疏狀

鄭儀書此一紙云月日某頓首末云謹奉疏慘愴不次姓名頓首裴儀者前人稍尊即作複書一紙月日名頓首一紙無月日末云謹奉疏慘愴不次郎姓名頓首封時取日月者向上如敵躰即此單書劉儀短疏覆疏長疏三幅書凡六紙考其詞理重複如一今參取三本但尊卑之間語言輕重差異耳若別有情事自當更作手簡別幅述之若慰嫡孫承重者如父母法

某頓首再拜言不意凶變—先某位奄弃—榮養承—訃告驚怛不能已已伏惟—孝心純至思慕號絕何以堪居此上尊官也平交已下止云頓首凶者官尊改不意凶變為邦國不幸無官有素契改先某位為先大無素契為先府君母亡母亡云先大夫人先太君無封邑者止云先夫人亡者官尊即改奄弃侍養為奄捐館舍無官止云奄違色養平交云恭惟降等緬惟下倣此日月流速遽踰旬朔或云流邁或云不居或云遽及孟仲季春若已葬則云遽經安厝卒哭則云遽及卒哭小祥大祥禫祭各隨其時哀痛柰何罔極柰何不審自罹荼毒父在母亡即云憂苦氣力何如伏乞平交云伏願降等云惟冀強加餰粥已葬則云疏食俯從—禮制某事役所縻在官即職業有未由奔—慰其於憂戀無任下誠

平交已下但云末由奉慰悲慘增深謹　疏（平交已下改為狀）伏惟｜鑒察（降等不用比）不備

謹疏（平交已下云不宣衰用不次自非有喪凡當稱）月日具位姓某疏上（平交已下可稱郡望幷改）

疏為狀上某位大孝（苫前日月遠云哀前平交已下云哀次劉岳書儀百日內苫前百日外云服次服前）封皮疏

上某位（苫前）具位姓某謹封（平交已下用面簽云某位苫次稍尊用粗銜平交已下用郡望姓名狀謹封）

｜重封疏上某所某位（尊長以小紙帖姓平平交已下直書姓某官）具位某謹封

｜父母亡荅人狀（於所尊稱疏於平交已下稱狀）

某稽顙再拜言（平交已下只去言字蓋稽顙而後拜三年之禮也古者受弔必拜之不問幼賤）某罪逆深

重不自死滅禍延先考（母曰先妣承重祖父云先祖考祖母云先祖妣）攀號擗踊五

內分崩叩地叫天無所逮及日月不居奄踰旬朔（或云遄及）

孟仲季安厝卒哭大小祥禫除隨時酷罰罪苦（父在母亡即曰偏罰罪深父先亡則母與父同）無望生全

郎日蒙恩（稍尊云免平交去此二字）祗奉几筵苟存視息伏承｜尊慈

俯賜｜慰問哀感之至不任下誠（平交云仰承仁恩特垂慰問哀感之情言不能盡降）

等云遠蒙眷私曲加慰問哀感之深非言可論凡遭父母喪知舊不以書來弔問且無相恤問之心于禮不當先發書若不得已須至先發當刪此四句餘親

彼雖無書弔問已因書亦嘗言之但不時發書耳末由號訴不勝隕絶謹扶力奉疏

荒迷不次謹疏—月日孤子姓某疏上平交已下云奉狀謹狀父在母亡稱哀子父先亡母與父同承重者稱孤孫女云孤女平交云狀上

某位座前閣下並如常謹空平交無此

封皮疏上某位孤子姓某謹封餘如前平交者封皮重封亦如內封皮

—與居憂人啟狀

某啟日月流邁奄踰旬朔安厝卒哭大祥禫除隨時伏惟平交已下同前孝心追慕沉痛難居孟春猶寒隨時起居支福支者言其毀瘠僅及支梧也稱尊去動止支勝平交云所優降等云支宜支福支和重支祐小重支宜支適小輕支立大輕—某即日蒙—恩稱云免伏乞平交已下同前節哀順變俯從—禮制某事役所縻在官如前末由拜—慰稱尊云造平交云奉或云展降等云敘其於憂戀無任下誠平交已下但云悲慘增深謹奉狀伏惟—鑒察降等即不用此二句不備稱等即不用此二句不備稱尊已下云不宣

謹狀

月　日具位姓某狀上某位服前餘皆如前

——居憂中與人疏狀

某叩頭泣血言稱尊已下改言爲啟日月流速屢更晦朔奄及大小祥禫隨時攀慕號絶不自勝堪孟春猶寒伏惟某位尊躰起居萬福降等無尊躰字但云動止餘如前某酷罰罪苦父在母亡則云偏罰罪深無復生理即日蒙恩稱尊云免平交無此二字祗奉——几筵苟存視息未由號訴隕咽倍深謹扶力奉疏云云餘如前式

——慰人父母在祖父母亡啟狀若已慰其父則更不慰其子可也

某啟禍無故常——尊祖考——某位無官有契即云幾丈無契即云尊祖考府君祖母云尊祖妣集封無封云尊祖妣夫人奄忽違世亡者官尊云奄捐館舍承——訃驚怛不能已已伏惟恭緬如前孝心純至哀慟摧裂何可勝任孟春猶寒未審——尊體何似平交已下云所履伏乞——深自寛抑以慰慈念其事役所縻在官如前末由趨慰其於憂想無任下

誠平交如前謹奉狀云云如前式。若其人父母已亡，則此慰祖父母狀改痛毒罔極為痛苦，改荼毒憂苦為凶變，改强加飦粥為深自抑割，去大孝至孝字，改苫前為座前，謹空苫次為足下

——祖父母亡答人啟狀

某啟不圖凶禍，先祖考祖母云先祖妣奄忽弃背，痛苦摧裂，不自勝堪。崇介臨門，伏蒙尊慈特賜書尺慰問，哀感之至，不任下誠。仁恩眷私隨等孟春猶寒亦隨時伏惟某位尊體起居萬福平交如前某即日侍奉幸免他苦，末由詣左右，展洩徒增哽塞，謹奉狀上謝不宣極尊云不備謹狀

——慰人伯叔父母姑亡

某啟不意凶變，尊伯父某位伯母叔父母姑隨時降等改尊為賢奄忽傾逝亡者官尊云奄捐館舍，承問驚怛不能已已。伏惟親愛敦隆，哀慟沉痛，何可堪勝。孟春猶寒，尊體何如，

—深自寬抑以慰遠誠其事役云云如前式

伯叔父母姑亡荅人慰

某啟家門不幸—幾伯父伯叔母准此姑曰幾家姑不言封奄忽弃背摧痛酸楚不息堪忍伏蒙—尊慈云云如前式○無父母者不云侍奉

慰人兄弟姊妹亡

比慰人伯叔父母亡啟狀但尊伯父為尊兄亦曰令兄弟曰令弟姊曰令姊妹曰令妹平交已下改為賢若彼有兄弟姊妹數人須言行第或官封姊妹無封者稱其夫姓云某宅令姊妹—愛為友愛餘並同

兄弟姊妹亡荅人慰

比伯父母亡荅人狀但改幾伯父為家兄荅曰舍弟姊曰家姊妹曰小妹有數人者須言行第不必言封改弃背為喪逝餘並同

慰人妻亡

比慰人伯叔父母亡狀但改尊伯父為夫人郡縣君

無封郎云賢閣郎改傾逝為薨逝改驚怛為驚愕改親愛敦隆為伉儷伉音亢儷音麗義重改哀慟為悲悼餘並同

妻亡答人

比伯叔父母亡答人但改家門為私家幾伯父奄忽弃背為室人奄忽喪逝摧痛為悲悼餘並同

慰人子姪孫亡

某啟伏承平交已下為切承令子某位姪曰令姪孫曰令孫平交已下為賢無官者稱秀才若有數人須言行第遽爾夭殁不勝驚怛伏惟恭緬同前慈哀隆深悲慟沉痛何可堪勝餘並同慰人伯叔父母狀改寬抑為抑割

子孫亡答人狀

比妻亡答人慰啟但改私家為私門室人奄忽喪逝為小子某亡者名也姪曰少姪孫曰孫遽爾夭折改悲悼曰悲念餘並同自叔伯父母已下人多只用平時往来狀止于小簡言之雖亦可行但十八鄉有此式古人風義敦篤當如此裴鄭又有

謝外祖父母舅妻父母外甥三殤及僧尼并親戚

相弔等書今並刪去

一一擬祖父母父母亡謝人弔賻會葬不行躬謝疏

丘濬按世俗既葬之後凡有親戚朋友來弔祭賻葬者其哀子必具衰絰躬造其門拜之謂之謝孝有不行者輒責叢焉謂之不知禮遂使居喪者舍几筵朝夕之奉縗絰哀服奔走道途信宿旅次甚至浹旬經月不歸者往往有之此禮行之已久世俗習以常為考之古禮無有也今擬為書一通既襄事後即命子弟遍奉諸親朋之來祭葬者備述所以不躬拜謝之故待釋服之後然後行之謹錄于此以備采取知禮君子既當以禮自處又當以禮處人痛革世俗非禮之禮可也

家禮其稽顙再拜言一一某罪逆深重不自死滅禍延一一先考（母則曰先妣承重則曰先祖考先祖妣）幸而免襄大事皆賴諸親相助之力（非親戚則曰諸賢）既葬一一下弔（平交以下則曰臨弔）又賜厚奠（止有賻則曰賻）儀（止有奠則曰祭奠）逮其送往又辱一一寵臨（如不送葬去此二句）感一一德良深莫知所報欲效世俗具衰絰踵一一門拜謝柰縗絰重服哀痛在躬遠離几筵非獨古無此禮亦恐賢人君子

之不忍見也故不敢以俗禮上瀆　高明（平交以下去上字）伏

惟　尊慈特賜　鑒察哀感之至無任下誠謹此代

　謝荒迷不次謹疏　　日月孤子（母喪稱哀子俱亡即稱孤哀子承重者稱孫孤孫哀孫）

（孤哀孫）姓名疏上　　某位（座前謹空○平交以下去此二字）封皮重封並同前

弔祭文

白虎通德論天子聞諸侯薨使大夫弔之弔詞曰皇

天降災子遭離離難嗚呼哀哉天王使臣某弔

乾學按弔詞之古者宜數賈太傅之弔屈

原班孟堅雖東漢人所述弔詞當又在太

傅之先也

家禮祭文式

維　幾年歲次某干支某月干支朔越若干日

干支忝親某官姓某等謹以清酌庶羞之奠致

低一字小另起

低一字大

祭于

某親某官某公之柩云云

尚饗

趙璘因話録代宗獨孤妃薨贈貞懿皇后將葬尚父汾陽王在邠州以其子尚主之故欲致祭遍問諸從事皆云自古無人臣祭皇后之儀汾陽曰此事須得柳侍御裁之時予外伯祖殿中侍御史諱芳字伯存掌汾陽書記奉使在京師以書召之既至汾陽迎笑曰有切事須藉侍御為之遂説祭事殿中君初亦對如諸人既而曰禮緣人情令公勲德不同常人且又為國姻戚自令公始亦謂得宜汾陽曰正合予儀本意殿中君草祭文其官銜之首稱駙馬都尉郭暖父其中叙特恩許致祭之意辭簡禮備汾陽覽之大喜徐𤊹筆精

宋張子韶祭洪忠宣曰維某年月日某官謹以清酌之奠致祭于某官之靈尚享其子洪遵深感其情今世祭文濫觴可厭人人如子韶不知省許多紙筆黃云文以足言言以足志如子韶云云不幾于没字碑乎豈可為制准武帝祭靳文僖曰朕在東宮先生為傳朕即帝位先生為輔朕今渡江聞先生訃嗚呼哀哉則言簡意盡者也

哀詞

文心雕龍哀者依也悲實依心故曰哀也以辭遣哀蓋下淚之悼故不在黃髮必施夭昏昔三良殉秦百夫莫贖事均夭橫黃鳥賦哀抑亦詩人之哀辭乎暨漢武封禪而霍子侯暴亡帝傷而作詩亦哀辭之類矣及後漢汝陽王亡崔瑗哀辭始變前代然履突鬼門怪而不辭駕龍乘雲仙而不哀又卒章五言頗以歌謠亦彷彿乎漢武也至于蘇慎張升並述哀文雖發其情華而未極心實建安哀辭惟偉長差善行女一篇時有惻怛及潘岳繼作實鍾其美觀其慮善辭

摯曰墓銘埋之墓中哀刻之冢上

一字大　一字大

變情洞悲苦敘事如傳結言摹詩促節四言鮮有緩句故能義直而文婉体舊而趣新金鹿澤蘭莫之或繼也原夫哀辭大體情主于痛傷而辭窮乎愛惜幼未成德故譽止於察惠弱不勝務故悼加乎膚也隱心而結文則事愜觀文而屬心則體奢奢體為辭則雖麗不哀必使情往會悲文來引泣乃其貴耳

擬言裴晉公下世文宗賜御製一篇置于靈座之上

附

招

楚辭章句招魂者宋玉之所作也補注李善以招魂為小招以有大招故也

招者召也以手曰招以言曰召

大招者屈原之所作也或曰景差

挽歌

左傳魯哀公十一年吳子伐齊將戰齊將公孫夏命

其徒歌虞殯（疏虞殯者謂啟殯將虞之歌也今人謂之挽歌）

莊子紼謳所生必于斥苦（司馬彪注云紼引柩索也斥疎緩苦用力也引紼所有謳者為人用力慢緩不齊促急之也）

譙周法訓挽歌者高帝召田横至尸鄉自斃從者不敢哭而不勝其哀故作此歌以寄哀音焉

干寶搜神記曰挽歌者喪家之樂執紼者相和之聲也挽歌有薤露蒿里二章出田横門人横自殺門人傷之悲歌言人如薤上露晞滅也亦謂人死精魂歸于蒿里故有二章至李延年乃分為二曲薤露送王公貴人蒿里送士大夫庶人使挽者歌之

崔豹古今注薤露蒿里並哀歌也本出田横門人横自殺門人傷之為作悲歌至孝武時李延年乃分二章為二曲薤露送王公貴人蒿里送士大夫庶人使

一字大
一字大
歐陽詢曰

讀禮通考

挽柩者歌之亦呼為挽歌

何承天纂文薤露今人挽歌

困學紀聞左傳有虞殯莊子有紼謳挽歌非始于田横容也

續漢書禮儀志禮登遐羽林孤兒巴俞櫂歌者六十人

晋書禮志漢魏故事大喪及大臣之喪執紼者輓歌新禮以為挽歌出于漢武帝役人之勞歌聲哀切遂以為送終之禮雖音曲摧愴非經典所制違禮設銜枚之義方在號慕不宜以歌為名除不挽歌摯虞以為輓歌因倡和而為摧愴之聲銜枚所以全哀此亦以感衆雖非經典所載是歷代故事詩稱君子作歌惟以告哀以歌為名亦無所嫌宜定新禮如舊詔從之

成帝咸康七年皇后杜氏崩有司奏依舊選公卿以下六品子弟六十人為挽郎詔停之孝武帝太元四年皇后王氏崩有司奏選挽郎三十四人詔停之

續晉陽秋武陵王晞未敗四五年中喜為挽歌自摇大鈴使左右倡和

裴啟語林袁山松善音樂舊歌有行路難曲辭䟽質山松好之乃文其辭句婉其節奏每因酣醉縱歌之聽者流涕初羊曇善唱桓伊能挽歌及山松行路難繼之時謂之三絶時張湛好於齋前種松柏而山松出遊好作挽歌人謂湛屋下陳尸山松道上行殯

宋書宋文帝元嘉十七年元皇后崩詔停選挽郎

謝綽宋拾遺録太祖嘗召顔延之傳詔頻日尋覔不值太祖曰但酒店中求之自當得也傳詔依方覔果

見延之在酒肆裸身挽歌了不應對他日醉醒乃往

梁書 梁武帝天監元年葬長沙郡王懿給挽歌二部

謝機卿免官居白楊石井宅中交好者載酒從之時
左丞庾仲容亦免歸二人意相得並肆情誕縱或乘
露車游歷郊野醉則執鐸挽歌不屑物議

北史 文宣帝喪朝士多作挽歌十首擇其善者用之
魏收陽休之等不過一二篇唯盧思道得八篇故時
號八美盧郎

通典 唐元陵之致屬三繆練紼于轀輬車為挽凡六
紼各長三十丈圍九寸執紼挽士虎賁千人皆白布
介幘分為兩番挽郎二百人皆服白布深衣白布介
幘助之挽兩邊各一紼挽歌二部各六十四人八人
為列執翣品官左右各六人皆服白布褠衣白布介

幘左右司馬各八人皆戴白布武弁服白襡布（襡音屬謂襦長）無領緣並執鐸代哭百五十人衣幘與挽歌同至時有司引列于轀輬車之前後其百官制鴻臚寺司儀署令掌挽歌三品以上六行三十人六品以上四行十六人皆白練褠衣皆執鐸帗

唐書承天皇帝倓追號迎喪既至李泌為挽詞二解述倓志命挽士唱之

衛國文懿公主薨帝素所愛自製挽歌羣臣畢和

代宗皇后獨孤氏薨詔羣臣為挽詞帝擇其尤悲者令歌之

程敏政集文母王宜人挽詩序畧挽詩之作何昉乎左氏之歌虞殯莊生之紼謳古樂府之蒿里薤露皆是也然考其實乃當時送葬執引者聲之以相其力

耳頗近世為之者異于是憫其人命之不淑則近于黄鳥之詩本于人子所追慕則近于蓼莪陟屺之詩頌彼之善寄此之哀雖不相知可以請託為之習于見聞遂成故事不如此則人且有無可用情之譏蓋士夫之告哀乞詩類于俗人之飯僧追薦勢不能自已也

章懋楓山集鄭君挽詩序畧挽詩何始乎其倣諸古虞殯之歌乎蓋送葬者歌以挽柩即莊周氏之所謂紼謳者也漢田横死吏不敢哭但隨柩叙哀以為挽歌厥後相承遂以薤露送王公貴人蒿里送大夫士庶是則哀死之辭而因以為引紼者之所歌也近世士大夫于故舊交游之喪或相去數千百里不能匍匐往弔執紼臨穴于是乎有哭之以詩者則非復為

挽柩之用而徒以寄其哀耳益一變矣又有孝子慈親不忍死其親而托諸能言之士為詩以哀之則今之挽詩是矣是又一變也夫以生不相知而哀其死不幾于涕之無從者乎然以孝子慈親之故不逆其情與某人之平生有足哀者則為是以泄其哀事雖非古其亦廢乎禮之以義起者歟

湛若水集李氏哀挽詩序昔者琴張有桑戶之歌子貢以為非禮二子皆學于孔子孔子于是日哭則不歌而曰隣有喪舂不相里有殯不巷歌挽歌可有乎情有哀樂皆發而為歌故曰其嘯也歌古之哀死有詠有薤露之歌故招魂大招亦歌也挽歌果可無乎甘泉子曰喪死職哀歌不有也挽歌不可無也夫挽者挽也歌者相也大凡舉重必歌以相力憂悲愉佚

皆于是焉見之多出于發憤之[illegible]之君子
其生也人愛之其死也人哀之哀之不能無挽挽之
不能無相相之不能無言言之不能無聲聲之不能
無音以成文焉此挽歌之所為作也變也
丘濬曰古人挽歌專用之以齊衆力至于今世舁柩
者猶歌之辭雖鄙俚亦是歎人生必死死者不可復
回之意非若近世所謂挽詩者父祖物故子孫為之
遍干世之能詩者為之甚至死已數十年猶追為之
者失古意矣唐宋以來固有是作然皆平日交游有
契誼之舊有親比之好一旦聞其死而哀傷之自發
于言耳近世作詩者與其人乃至有素昧平生無乎
面之識一日之雅者亦皆強作之大無謂也

讀禮通考卷六十六

喪儀節二十九　國恤

顧命

周書顧命篇惟四月哉生魄王不懌集傳始生魄十六日甲王有疾故不悅懌子王乃洮頮水相被冕服憑玉几集傳王發大命臨群臣必齋戒沐浴今疾病危殆故但洮盥頮面扶相者被以袞冕憑玉几以發命乃同召太保奭芮伯彤伯畢公衛侯毛公師氏虎臣百尹御事集傳同召六卿下至御治事者太保芮伯彤伯畢公衛侯毛公六卿也冢宰第一召公領之司徒第二芮伯為之宗伯第三彤伯為之司馬第四畢公領之司寇第五衛侯為之司空第六毛公領之太保畢毛三公兼也芮彤畢衛毛皆國名入為天子公卿師氏大夫官虎臣虎賁氏百尹百官之長及諸御治事者平時則召六卿使帥其屬此則將發顧命自六卿至御事同以王命召之也王曰嗚呼疾大漸惟幾病日臻既彌留恐不獲誓言嗣茲予審訓命汝集傳此下成王之顧命也自嘆其疾大進惟危殆病日至既彌甚而留連恐遂死不得誓言以嗣續我志此我所以詳審發訓命汝統言曰疾甚言曰病昔君文王武王宣重光奠麗陳教則

肆肆不違用克達殷集大命集傳武猶文謂之重光猶舜如堯謂之重華也奠定麗依也言文武宣布重明之德定民所依陳列教條則民習服習而不違天下化之用能達於殷邦而集大命於周也在後之侗敬迓天威嗣守文武大訓無敢昏逾集傳侗愚也成王自稱言其敬迓上天威命而不敢少忽嗣守文武大訓而無敢昏逾天威天命也大訓述天命者也今天降疾殆弗興弗悟爾尚時朕言用敬保元子釗弘濟于艱難集傳釗康王名成王言今天降疾吾身殆將必死弗興弗悟庶幾明是我言用敬保元子釗大濟于艱難曰元子者正其統也柔遠能邇安勸大小庶邦集傳懷來馴擾安寧勸導皆君道所當盡者合遠邇小大而言又以見君德所施公平不可有所偏滯也思夫人自亂于威儀耳無以釗冒貢于非幾集傳亂治也威者有威可畏儀者有儀可象舉一身之則而言也盖人受天地之中以生是以有動作威儀之則成王思夫人之所以為人者自治于威儀耳自治云者正其身而不假于外求者貢進也成王又言群臣其無以元子而冒進於不善之幾也盖幾者動之微而善惡之所由分也非幾則發於不善而陷於惡矣威儀舉其著於外者而勉之也非幾舉其發於中者而戒之也威儀之治皆本於一念一慮之微可不謹乎孔子所謂知幾子思所謂謹獨周子所謂幾善惡者皆致意於是也成王垂絕之言而拳拳及此其有得於周公者亦深矣蘇氏曰死生之際聖賢之所甚重也成王將崩之一日被冕服以見百官出經遠保世之言其不死于燕安婦人之手也明矣其致刑措宜哉茲既受命還綴衣于庭越翼日乙丑王崩集傳綴衣幄帳也群臣既退徹出幄帳於庭喪

大記云疾病君徹懸東首於北墉下是也於其明日王崩

諸葛亮集先主遺詔敕後主曰朕初疾但下痢耳後轉雜他病殆不自濟人五十不稱夭年已六十有餘何所復恨不復自傷但以卿兄弟為念射君到說丞相歎卿智量甚大增修過於所望審能如此吾復何憂勉之勉之勿以惡小而為之勿以善小而不為惟賢惟德能服於人汝父德薄勿效之可讀漢書禮記閒暇歷觀諸子及六韜商君書益人意智聞丞相為寫申韓管子六韜一通已畢未送道亡可自更求聞達臨終時呼魯王與語吾亡之後汝兄弟父事丞相令卿與丞相共事而已

魏氏春秋時太子芳年八歲秦王九歲在于御側明帝執宣王手目太子曰死乃復可忍朕忍死待君君其與爽輔此宣王曰陛下不見先帝屬臣以陛下乎

晉書元帝紀太寧三年八月壬午帝不愈召太宰西陽王羕司徒王導尚書令卞壼車騎將軍郗鑒護軍將軍庾亮領軍將軍陸曄丹楊尹溫嶠竝受遺詔輔太子丁亥詔曰自古有死賢聖所同壽夭窮達歸于一槩亦何足特痛哉朕枕疾已久常慮忽然仰惟祖

宗洪基不能克終堂構大恥未雪百姓塗炭所以有慨耳不幸之日歛以時服一遵先度務從簡約勞衆崇飾皆勿為也衍以幼弱猥當大重當賴忠賢訓而成之昔周公匡輔成王霍氏擁育孝昭義存前典功冠二代豈非忠臣之道乎凡此公卿時之望也敬聽顧命任託付之重同心斷金以謀王室諸方嶽征鎮刺史將守皆朕扞城推轂于外雖事有內外其致一也故不有行者誰扞牧圉譬若脣齒表裡相資宜戮力一心若合符契思美焉之美以緝事為期百辟卿士其總己以聽于冢宰保祐沖幼弘濟艱難永令祖宗之靈寧于九天之上則朕沒于地下無恨黃泉

成帝紀咸康八年夏六月庚申帝不愈詔曰朕以眇年獲嗣洪緒託于王公之上于茲十有八年未能闡

融政道翦除逋穢夙夜戰兢匪遑寧處今遘疾殆不興是用震悼于厥心千齡眇眇未堪艱難司徒琅琊王岳親則母弟體則仁長君人之風允塞時望肆爾王公卿士其輔之以祇奉祖宗明祀協和內外允執其中嗚呼敬之哉無墜祖宗之顯命

南齊書高帝紀建元四年三月庚申帝不豫召司徒褚淵左僕射王儉詔曰吾本布衣素族念不到此因藉時來遂隆大業風道沾被升平可期遘疾彌留至於大漸公等奉太子如事吾柔遠能邇緝和內外當令太子敦穆親戚委任賢才崇尚節儉弘宣簡惠則天下之理盡矣死生有命夫復何言

武帝紀永明十一年秋七月戊寅帝大漸詔曰始終大期賢聖不免吾行年六十亦復何恨但皇業艱難

萬幾事重不能無遺慮耳太孫進德日茂社稷有寄子良善相毗輔思弘治道内外衆事無大小悉與鸞参懷共下意尚書中是職務根本悉委王晏徐孝嗣軍旅捍邊之略委王敬則陳顯達王廣之王玄邈沈文季張瓌薛淵等百辟庶僚各奉爾職謹事太孫勿有懈怠知復何言

陳書天康元年夏四月癸酉世祖崩于有覺殿遺詔曰朕疾苦彌留遂至不救修短有命夫復何言但王業艱難頻歲軍旅生民多弊無忘愧惕今方隅乃定俗教未弘便及大漸以為遺恨社稷任重太子可即君臨王侯將相善相輔翼内外恊和勿違朕意

太建十四年春正月甲寅高宗崩于宣福殿遺詔曰朕爰自遘疾曾未浹旬醫藥不瘳便屬大漸終始定

分夫復奚言但君臨寰宇十有四載誠則雖休勿休日慎一日知宗廟之負重識王業之艱難而邊鄙多虞生民未乂方歆蕩清四海包吞八荒有志莫從遺恨幽壤皇太子叔寶繼體正嫡年業韶茂纂統洪基社稷有主羣公卿士文武內外俱磬心力同竭股肱送往事居盡忠誠之節當官奉職弘翼贊之功務在叶和無違朕意凡厥終制事從省約金銀之飾不須入壙明器之具皆令用瓦唯使儉而合禮勿得奢而乖度以日易月既有通規公除之制悉依舊制在位百司三日一臨四方州鎮五等諸侯各守所職並停奔赴

魏書高祖紀承明二十三年春三月庚子帝疾甚車駕北次穀塘原甲辰詔司徒勰徵太子於魯陽踐阼

詔以侍中護軍將軍北海王詳為司空公鎮南將軍王肅為尚書令鎮南大將軍廣陽王嘉為尚書左僕射尚書宋弁為吏部尚書與侍中太尉公禧尚書右僕射任城王澄等六人輔政顧命宰輔曰粤爾太尉司空尚書令左右僕射吏部尚書惟我太祖丕丕之業與四象齊茂累聖重明屬鴻曆於寡昧兢兢業業思纂乃聖之遺跡遷都嵩極定鼎河瀍庶南蕩甌吴復禮萬國以仰光七廟俯濟蒼生困窮早滅不永乃志公卿其善毗繼子隆我魏室不亦善歟可不勉之

北齊書孝昭帝皇建二年十一月崩遺詔曰朕嬰此暴疾奄忽無逮今嗣子沖眇未閑政術社稷業重理歸上德右丞相長廣王湛研幾測化體道居宗人雄之望海内瞻仰同胞共氣家國所憑可遣尚書右僕

射趙郡王叡喻旨徵王統茲大寶其表紀之體一同
漢文三十六日悉從公除山陵施用務從儉約
周書明帝武城二年夏四月庚子大漸詔曰人生天
地之間稟五常之氣天地有窮已五常有推移人安
得長在是以生而有死者物理之必然處必然之理
修短之間何多恨朕雖不德性好典墳披覽聖賢餘
論未嘗不以此自曉今乃命也夫復何言諸公及在
朝卿大夫士軍中大小督將軍等並立勳効積有年
載輔翼太祖成我周家今朕纘承大業處萬乘之上
此乃上不負太祖下不負朕躬朕得啓手啓足從先
帝於地下實無恨於心矣所可恨者朕享大位可謂
四年矣不能使政化循理黎庶豐足九州未一二方
猶梗顧此懷恨目用不瞑唯冀仁兄冢宰洎朕先正

先父公卿大臣等恊和為心勉力相勸勿忘太祖遺志提挈後人朕雖没九泉形體不朽今大位虛曠社稷無主朕皃幼稚未堪當國魯國公邕朕之介弟寛仁大度海内共聞能弘我周家必此子也夫人貴有始終公等事太祖輔朕躬可謂有始矣若克念世道艱難輔邕以主天下者可謂有終矣哀死事生人臣大節公等思念此言令萬代稱歎朕禀生儉素非能力行菲薄每寢大布之被服大帛之衣凡事器用皆無雕刻身終之日豈容違棄此好喪事所須務從儉約斂以時服勿使有金玉之飾若以禮不可闕皆命用瓦小歛訖七日哭文武百官各權辟衰麻且以素服從事葬日選擇不毛之地因地勢為墳勿封勿樹且厚葬傷生聖人所誡朕既服膺聖人之教安敢違

之凡百官司勿異朕此意四方州鎮使到各令三日哭哭訖悉權辟凶服還以素服從事待大例除非有呼召各按部自守不得輒奔赴闕庭禮有通塞隨時之義葬訖內外悉除服從吉三年之內勿禁婚娶飲食一令如平常也時事殷猥病困心亂止能及此如其事有不盡准此以類為斷死而近思古人有之朕今忽死書此懷抱

武帝宣政元年六月丁酉疾甚還京其夜崩於乘輿遺詔曰人肖形天地稟質五常修短之期莫非命也朕君臨宇縣十有九年未能使百姓安樂刑措罔用所以昧旦求衣分宵忘寢昔魏室將季海內分崩太祖扶危翼傾肇開王業燕趙榛蕪久竊名號朕上述先志下順民心遂與王公將帥共平東夏雖復妖氛

蕩定而民勞未康每一念此如臨氷谷將欲包舉六合混同文軌今遘疾大漸氣力稍微有志不申以此太息天下事重萬幾不易王公以下爰及庶僚宜輔導太子副朕遺意令上不負太祖下無失為臣朕雖瞑目九泉無所復恨朕平生居處每存菲薄非直以訓子孫亦乃本心所好喪事資用須使儉而合禮墓而不墳自古通典隨吉即葬葬訖公除四方士庶各三日哭妃嬪以下無子者悉放還家

隋書仁壽四年秋七月丁未高祖崩遺詔曰嗟乎自昔晋室播遷天下喪亂四海不一以至周齊戰爭相尋年將三百故割疆土者非一所稱帝王者非一人書軌不同生人塗炭上天降鑒爰命於朕用登大位豈關人力故得撥亂反正偃武修文天下大同聲教

遠被此又是天意欲寧區夏所以昧旦臨朝不敢逸豫一日萬機留心親覽晦明寒暑不憚劬勞匪曰朕日蓋爲百姓故也王公卿士每日闕庭刺史以下三時朝集何嘗不罄竭心府誠敕殷勤義乃君臣情兼父子庶藉百僚智力萬國歡心欲令率土之人永得安樂不謂遘疾彌留至于大漸此乃人生常分何足言及四海百姓衣食不豐教化刑政猶未盡善興言念此唯以留恨朕今年踰六十不復稱夭但筋力精神一時勞竭如此之事本非爲身止欲安養百姓所以致此人生子孫誰不愛念既爲天下事須割情勇及秀等並懷悖惡既知無臣子之心所以廢黜古人有言知臣莫若於君知子莫若于父若令勇秀得志共治國家必當戮辱徧於公卿酷毒流於人庶今惡

子孫已爲百姓黜屏好子孫足堪負荷大業此雖朕家事理不容隱前對文武侍衛具已論述皇太子廣地居上嗣仁孝著聞以其行業堪成朕志但令內外群官同心戮力以此共治天下朕雖瞑目何所復恨但國家事大不可限以常禮既葬公除行之自昔今宜遵用不勞改定凶禮所須終令周事務從節儉不得勞人諸州總管刺史已下宜各率其職不須奔赴自古哲王因人作法前帝後帝沿革隨時律令格式或有不便於事者宜依前敕修改務當政要嗚呼敬之哉無墜朕命

明英宗實録天順八年正月己巳帝大漸召皇太子及太監牛玉傅恭裴當王順周善至榻前諭之曰自古人生必有死今朕疾已深倘有不諱東宮速擇日

即皇帝位過百日成婚皇后錢氏名位素定當盡孝養以終天年德王等王俱與善地俾之國殉葬非古禮仁者所不忍衆妃不要殉葬斂時須沐浴潔凈棺内裝用袍服繫腰絛環皇后同東宫　帶皮鞋者易以絛鞋衣服不須多縱多亦撫用擇好地建陵寢皇后他日壽終宜各塟惠妃亦須遷来以後諸妃次第祔此言俱遵行毋違

孝宗實録弘治十八年五月庚寅帝大漸曉刻遣司禮太監戴義召内閣大學士劉健李東陽謝遷甚急至乾清宫東煖閣御榻前帝燕服坐龍床御榻上健等入至床上榻前叩頭問安帝曰熱甚不可耐命左右取水以布拭舌既乃曰朕嗣祖宗大統一十八年今年三十六歲乃得此疾殆不能起健等跪奏曰皇

上偶違和何以遽言及此臣等仰觀聖體神氣充溢萬壽無疆幸寬心調理帝自叙即位始末甚詳欲有所紀録於是太監扶安李璋捧紙及硯義執朱筆跪於榻前陳寬蕭敬李榮俱跪于床下帝命義書于片紙曰朕昔侍太皇太后宫闈及長蒙先皇厚恩選配昌國公張巒女為后於弘治四年九月二十四日誕生皇子冊為皇太子正位東宫年已長成主器婚配不可久虚禮宜擇配可於今年舉行皆逐句宣授間有改易粲然成章書訖上執健手又曰先生輩輔導辛苦朕備知之又曰東宫聰明但年尚幼先生可常常請他出来讀書輔導他做箇好人健等皆飲泣對曰東宫天性睿智今年儘勤學望聖上寬心息慮以膺萬福語久玉音漸清反覆告諭若不忍釋前後数

百言不能悉記謹識其大者如此時距升遐一日而
聖諭諄切神思不亂蓋聖性之涵養有素故終始之
際一得其正云帝召皇太子至前面諭曰朕不豫皇
帝與東宮做禮儀悉依先帝遺典祭用素羞東宮務
遵守祖宗成法孝奉兩宮進學修德用賢使能毋怠
毋荒永保貞吉
穆宗實録隆慶六年五月己酉帝疾大漸召大學士
高拱張居正高儀至乾清宮受顧命拱等疾趨至宮
左右奏召輔臣至帝倚坐御榻上中宮及皇貴妃咸
在御榻邊東宮立于左拱等跪于御榻下命宣顧命
曰朕嗣祖宗大統今方六年偶得此疾遂不能起有
負先皇付託東宮幼小朕今付之卿等三臣宜協心
輔佐遵守祖制保固皇圖卿等功在社稷萬世不泯

拱等咸痛哭叩首而出是時上疾已亟口雖不能言而孰視諸臣領之屬託甚至葢自孝廟顧託孝廟顧託三臣之後僅再見也

光宗實録萬曆四十八年八月甲戌帝召見輔臣方從哲劉一燝韓爌及英國公張惟賢尚書周嘉謨李汝華孫如游黃嘉善黃克纘左都御史張問達給事中范濟世楊漣御史顧慥于乾清宮諸臣問安畢上仍諭冊立皇貴妃從哲等對以策儲原卜期宜移近早竣吉典以慰聖懷帝目顧今上諭曰卿等輔佐為堯舜又語及壽宮輔臣以皇考山陵工有次第對帝指自云是朕壽宮諸臣言聖壽無疆何遽及此上仍諭緊要者再因問有鴻臚寺官進藥何在輔臣奏鴻臚寺寺丞李可灼自云仙丹臣等未敢輕信上即命

中使傳宣諸臣退出可灼至同進診視具言病及治法甚合上喜甚命進藥諸臣復出令李可灼與御醫各官商確未決輔臣一燝言其鄉兩人同用此丸一損一益非全藥禮臣如游言此大有關係未可輕易而乳媪至上趣和藥諸臣復入可灼調藥進上飲湯輒喘逆藥進乃受上喜甚稱忠臣者再諸臣出宮門外俟少頃中使傳言聖體用藥後暖甚舒暢思進飲膳諸臣欣躍而退可灼及御醫各官留時日已午比申末可灼出輔臣邀詢之可灼言上恐藥力竭欲再進一丸諸臣言不宜驟上令中使傳趣益急因再進訖輔臣亟問藥後何狀云聖體傳安如前先是可灼來閣門言有仙丹欲具本進輔臣出所具問安揭中有進藥宜慎及不効傷害等語遂諭之去是日早輔

臣恭視篆大行皇帝冊寶兩內監在云有鴻臚寺官李其在思善門具本進藥輔臣荅以難信俄蒙召見蓋可灼時從諸御醫往来思善門中使徧聞以達于上其傳奏姓名莫可得而問是日仍以問安賜諸銀幣燒割可灼與焉次日五鼓內宣召急諸臣趨進而龍馭以卯刻上賓天矣蓋九月一日也

：、嗣天子奠殯即位

商書

伊訓篇惟元祀十有二月伊尹祠于先王（集傳）此湯崩踰月太甲即位奠殯而告奉嗣王祇見厥祖（集傳）居位主喪侯甸群后咸在（集傳）在位次百官總己以聽于冢宰（集傳）伊尹制百官以三公攝冢宰伊尹乃明言烈祖之成德以訓于王（集傳）湯有功烈之祖故稱焉○疏伊尹祠于先王謂祭湯也奉嗣王祇見厥祖謂見湯也故傳解祠先王為奠殯而告見厥祖為居位主喪群后咸在為在位次皆述在喪之事喪于殯斂皆名為奠虞祔卒哭始名為祭初喪之時未得祠廟湯之父祖不追為王所言先王惟有湯耳故知祠實是奠未祠宗廟也祠之與奠有大小耳祠則有主有尸其礼大奠則奠器而已其礼小奠祠俱是享神故可以祠言奠○太甲中篇三祀十有二月伊尹以

冕服奉嗣王則是除喪即吉明十二日服終禮記稱三年之喪二十五月而畢知此年十一月湯崩此祠先王是湯崩踰月太甲即位奠殯而告也亦如周康王受顧命尸于天子伊尹祠于先王是特設祠也嗣王祇見厥祖是始見祖也特設祠禮而王始見祖明是初即王位告殯為喪主也

〔周書〕

顧命篇 太保命仲桓南宮毛俾爰齊侯呂伋以二千戈虎賁百人逆子釗於南門之外延入翼室恤宅宗

集傳桓毛二臣名伋太公望子為天子虎賁氏延引也翼室路寢旁左右翼室也太保以冢宰攝政命桓毛二臣使齊侯呂伋以二千戈虎賁百人逆太子釗於路寢門外引入路寢翼室為憂居宗主也呂氏曰發命者冢宰傳命者兩朝臣承命者勳戚驅諸侯體統尊嚴樞機周密防危慮患之意深矣入自端門萬姓咸覩與天下共之也延入翼室為憂居之宗示天下不可一日無統也唐穆敬文武以降閽寺執國命易主於宮掖而外廷猶不聞然後知周家之制曲盡備豫雖一條一節亦不可廢也

丁卯命作冊度 集傳命史為冊書法度傳顧命于康王 越七日癸酉伯相命士須財 集傳伯相召公也召公以西伯為相須取也命士取材木以供喪用 狄設黼扆綴衣 疏王乙丑崩于今已九日矣鄭云蓋大斂之明日也大夫以上殯斂皆以死之來日天子七日而殯于死日為八日故以癸酉為殯之明日○集傳狄下士祭統云狄者樂吏之賤者也喪大記狄人設階蓋供喪役而典設張之事者也黼扆屏風畫為斧文者設黼扆幄帳如成王生存之日也

牖間南嚮敷重篾席黼純華玉仍几 集傳此平時見群臣覲諸侯之坐也敷設重席所謂天子之席三重者也篾席桃枝竹席也黼白黑雜繒純緣也華綵色也華玉以飾几仍因也因生時所設也周禮吉事變几凶事仍几是也 西

序東嚮敷重底席綴純文貝仍几集傳此旦夕聽事之坐也東西廂謂之序底席蒲席也綴雜彩文貝有文之貝以飾几也東序西嚮敷重豐席畫純雕玉仍几集傳此養國老饗羣臣之坐也豐席筍席也畫彩色雕刻鏤也西夾南嚮敷重筍席玄紛純漆仍几集傳此親屬私燕之坐也西廂夾室之前筍席竹席也紛雜也以玄黑之色雜為之緣漆漆几也牖間兩序西夾其席有四牖戶之間謂之扆天子負扆朝諸侯則牖間南嚮之席坐之正也其三席各隨事以時設也將傳先王顧命知神之在此乎在彼乎故兼設平生之坐也越玉五重陳寶赤刀大訓弘璧琬琰在西序大玉夷玉天球河圖在東序胤之舞衣大貝鼖鼓在西房兊之戈和之弓垂之竹矢在東房集傳於東西序坐北列玉五重及陳先王所宝器物赤刀赤削也大訓三王五帝之書訓誥亦在焉文武之訓亦曰大訓弘璧大璧也琬琰圭名夷常也球鳴球也河圖伏羲時龍馬負圖出於河易大傳所謂河出圖是也胤國名胤國所制舞衣大貝如車渠鼖鼓長八尺兊和皆古之巧工垂舜時共工舞衣鼖鼓戈弓竹矢皆制作精巧中法度故歷代傳宝之孔氏曰弘璧琬琰大玉夷玉天球玉之五重也吕氏曰西序所陳不惟赤刀弘璧而大訓參之東序所陳不惟太玉夷玉而河圖參之則其所宝者斷可識矣愚謂宝玉器物之陳非圖以為國容觀美意者成王平日之所觀閱手擇在焉陳之以象其生存也楊氏中庸傳曰宗器於祭陳之示能守也於顧命陳之示能傳也大輅在賓階面綴輅在阼階面先輅在左塾之前次輅在右塾

之前集傳大輅玉輅也綴輅金輅也先輅木輅也次輅象輅革輅也王之五輅玉輅以祀不以封爲最貴金輅以封同姓爲次之象輅以封異姓爲又次之革輅以封四衛爲又次之木輅以封藩國爲最賤其行也貴者宜自近賤者宜遠也王乘玉輅綴之者金輅也故金輅謂之綴輅最遠者木輅也故木輅謂之先輅以木輅爲先輅則革輅象輅爲次輅矣賓階西階也阼階東階也面南嚮也塾門側堂也五輅陳列亦象成王之生存也周礼典路云若有大祭祀則出路大喪大賓客亦如之是大喪出輅爲常礼也又衆所陳宝玉器物皆以西爲上者成王殯在西序故也二人雀弁執惠立于畢門之內四人綦弁執戈上刃夾兩階戺一人冕執劉立于東堂一人冕執鉞立于西堂一人冕執戣立于東垂一人冕執瞿立于西垂一人冕執銳立于側階集傳弁士服雀弁赤色弁也綦弁以文鹿子皮爲之惠三隅矛路寢門一名畢門上刃刃外嚮也堂簾曰戺冕大夫服劉鉞屬戣瞿皆戟屬銳當作鈗說文曰鈗侍臣所執兵從金允声周書曰一人冕執鈗讀若允東西堂路寢東西廂之前堂也東西垂路寢東西序之階上也側階北陛之階上也呂氏曰古者執戈戟以宿衛王宮皆士大夫之職無事而奉燕私則從容恭德而有膏澤之潤有事而司禦侮則堅明守義而無腹心之虞下及秦漢陛楯執戟尚餘一二此制既廢人主接士大夫者僅有視朝數刻而周廬陛楯或環以椎埋嚚悍之徒有志于復古者當深繹也王麻冕黼裳由賓階隮卿士邦君麻冕蟻裳入即位疏礼君升阼階以用西階升者以未受顧命不敢當主也●蟻蚍蜉虫也其虫色黑故知蟻裳色玄不可全與祭同改其常以示变于常也○集傳麻冕三十升麻爲冕也隮升也

康王吉服自西階升堂以受先王之命亦由賓階也蟻玄色公卿大夫及諸侯皆同服亦廟中之禮不言升階者從王賓階也入即位者各就其位也呂氏曰麻冕黼裳王祭服也卿士邦君祭服之常皆纁今蟻裳者蓋無事於奠祝不欲純用吉服有位於班列不可純用凶服酌吉凶之間示禮之變也

太保太史太宗皆麻冕彤裳太保承介圭上宗奉同瑁由阼階隮太史秉書由賓階隮御王冊命

疏彤赤色禮祭服纁裳纁是赤色之淺者故以彤為纁言是常祭服也吉事設洗于東階東南此太保上宗皆行吉盥洗在東故用阼階升太史持策書顧命欲以進位故與王同升○集傳太宗宗伯也彤纁也太保受遺太史奉冊太宗相禮故皆祭服也介大也大圭天子之守長尺有二寸同爵名祭以酌酒者瑁方四寸邪刻之以冒諸侯之圭璧以齊瑞信也太保宗伯以先王之命奉符寶以傳嗣君有主道焉故升自阼階太史以冊命御王故持書由賓階以升蘇氏曰凡王所臨所服用皆曰御

曰皇后憑玉几道揚末命命汝嗣訓臨君周邦率循太卞燮和天下用答揚文武之光訓

集傳成王顧命之言書之冊矣此太史口陳者也皇后君也言大君成王力疾親憑玉几道揚臨終之命命汝嗣守文武大訓曰汝者父前子名之義卞法也臨君周邦位之大也率循大卞法之大也燮和天下和之大也居大位由大法致大和然後可以對揚文武之光訓也

王再拜興荅曰眇眇予末小子其能而亂四方以敬忌天威

集傳眇小而如亂治也王拜受顧命起荅太史曰眇眇然予微末小子其能如父祖治四方以敬忌天威乎謙辭推託于不能也顧命有敬迓天威嗣守文武大訓之語故太史所告康王所荅皆於是致意焉

乃

受同瑁王三宿三祭三咤上宗曰饗傳王受瑁為主受同以祭礼成于三故酌者寔
三爵于王王三進爵三祭酒三奠爵告已受羣臣所傳顧命○疏王受冊命之
時立於西階上少東北面太史於柩西南東面讀策書讀冊既訖王再拜上宗
於王西南北面奉同瑁以授王王一手受同一手受瑁王又以瑁受宗人王乃
執同就樽于兩楹之閒酌酒乃於殯東西面立三進于神坐前祭神如前祭几
前祭酒酹地而奠爵訖復位再拜王又於樽所別以同酌酒祭神如前復三祭
故云三宿三祭三咤然後酌福酒以授王上宗讚王曰饗福酒王再拜受酒跪
而祭先嚌至齒興再拜○鄭云宿即肅也各用一同為一進○集傳宿
進爵也祭祭酒也咤奠爵也葛氏曰受上宗同瑁則受太保介圭可知太保
受同降盥以異同秉璋以酢授宗人同拜王答拜傳半
圭曰璋臣所奉王已祭太保又祭報祭曰酢○疏太保受同降自東階反于篚
又盥以異同執璋升自東階適樽所酌酒至殯東南報祭之款祭之時授宗人
同拜白王柩云已傳顧命訖王則答拜拜柩尊所受命○集傳太保受王所咤
之同而下堂盥洗更用他同秉璋以酢酢報祭也祭礼君執圭瓚祼尸太宗執
璋瓚亞祼報祭亦亞祼之類故亦秉璋也以同授宗人而拜尸王答拜者太
代尸拜也宗人小宗伯之屬相太保酢者也太保使王故宗人使太保
保受同祭嚌宅授宗人同拜王答拜疏太保乃於宗人處受同祭柩如王礼但一祭
而已祭訖乃福祝酌同以授太保宗人讚太保曰饗福酒太保再拜受同亦祭
先而嚌至齒興再拜訖于所居處授宗人同太保更拜白柩以事畢王又答拜
拜柩敬所白○集傳以濟至齒曰嚌太保復受同以祭飲福至齒宅居也太保
退居其所以同授宗人又拜王復答拜〻保飲福至齒者方在喪疚歆神之賜
而不甘其味也若王則喪之主非徒不甘味雖飲福亦廢也太保降收諸侯出廟門俟集傳太保下堂

有司收徹器用廟門路寢之門也成王之殯在焉故曰廟言諸侯則卿士以下可知侯者侯見新君也

康王之誥篇王出在應門之內傳出畢門立應門內之中庭南面太保率西方諸侯入應門左畢公率西（東）方諸侯入應門右傳二公為二伯各率其所掌諸侯隨其方為位皆北面皆布乘黃朱傳諸侯皆陳四黃馬朱鬣以為庭實賓稱奉圭兼幣曰一二臣衛敢執壤奠賓諸侯也為藩衛故曰臣衛來朝而遇國喪因見新王各執壤地所出而奠贄也皆再拜稽首王義嗣德答拜諸侯拜送幣而首至地盡禮也康王以義繼先人明德答其拜受其幣○注此序諸侯見新王之事王肅云畢公代周公為東伯故率東方諸侯然則畢公是太師也當太師在太保之上於時太保領冢宰相王室任重故先言西方稱訓奔也奔奉圭兼幣之辭周礼大祝辯九拜一曰稽首施之于極尊○集傳吳氏曰穆公使人弔公子重耳稽顙而不拜穆公曰稽顙而不拜則未為後也蓋為後拜不拜故未為後也弔者含者襚者升堂致命主孤拜稽顙成為後者也康王之見諸侯若以為不當拜而不拜則疑為後也然純乎吉也答拜既正其為後且知其以喪見也太保暨芮伯咸進相揖皆再拜稽首傳冢宰暨司徒皆共羣臣諸侯並進陳戒曰敢告天子皇天改大邦殷之命惟周文武誕受羑若克恤西土○傳言文武大受天道而順之○羑声近猷故訓之為道惟新陟王畢協賞罰勘定厥功用敷遺後人休今王敬

之哉張皇六師無壞我高祖寡命集傳言當張大六師之衆無壞我高德之祖寡有之教命○注皇訓大也國之大事在于強兵高德之祖謂文王也王肅曰美文王少有及之故曰寡有也王若曰庶邦侯甸男衛惟予一人釗報誥昔君文武丕平富不務咎底至齊信用昭明于天下則亦有熊羆之士不二心之臣保乂王家用端命于上帝皇天用訓厥道付畀四方乃命建侯樹屏在我後之人今予一二伯父尚須暨顧綏爾先公之臣服于先王雖爾身在外乃心罔不在王室用奉恤厥若無遺鞠子羞傳無自荒怠遺我稚子之羞辱稚子康王自謂也羣公既皆聽命相揖趨出王釋冕反喪服傳諸侯國朝臣就次王脫去黼冕反服喪服居倚廬○注王釋冕反喪服朝臣諸侯亦反喪服○集傳始相揖者揖而進也此相揖者揖而退也

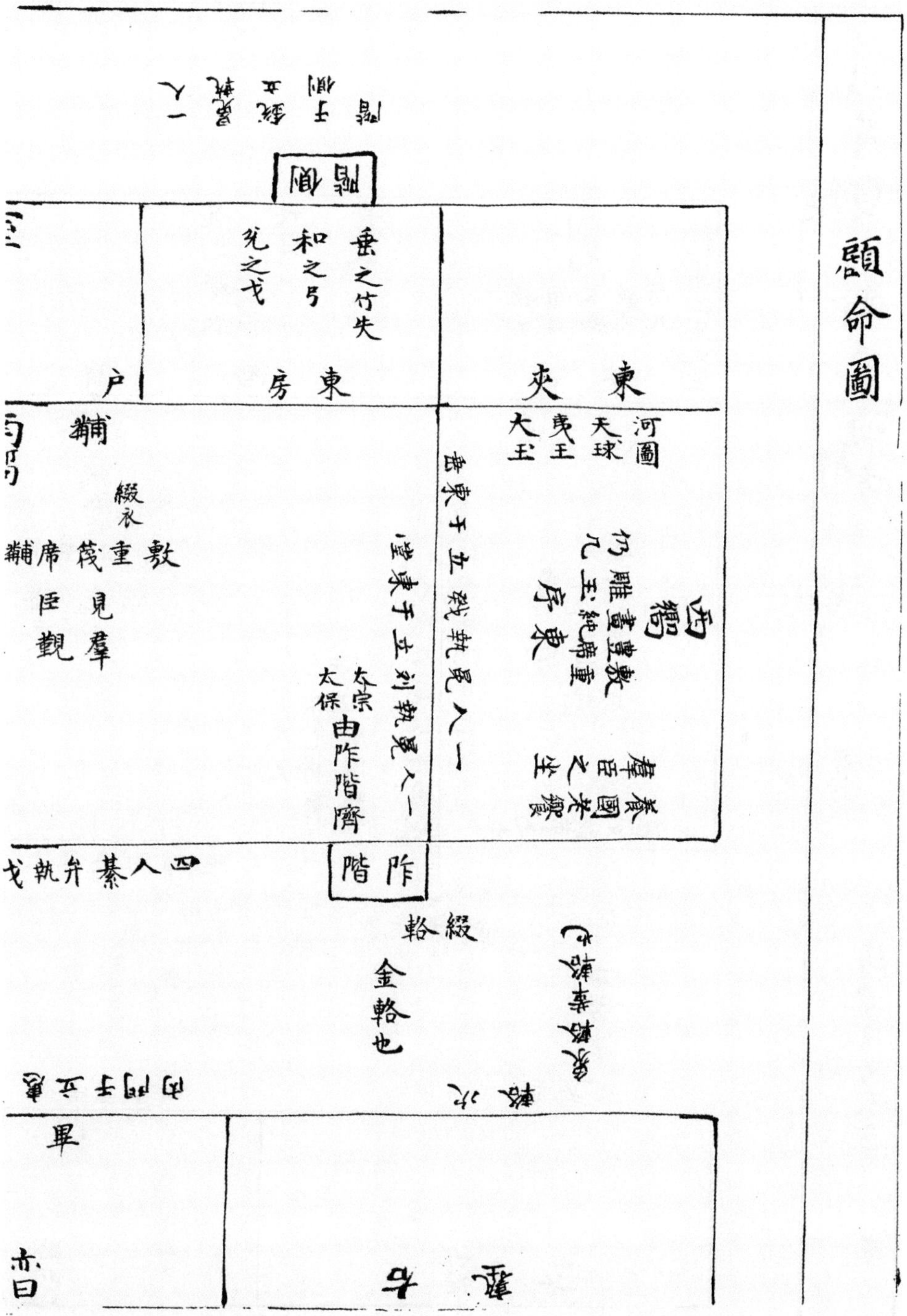
顧命圖
垂之竹矢
和之弓
兌之戈
東夾
東房
戶
河圖
天球
夷玉
大玉
綴衣
側階
阼階
綴輅
金輅也
四人綦弁執戈

右出黃鎮成尚書通考

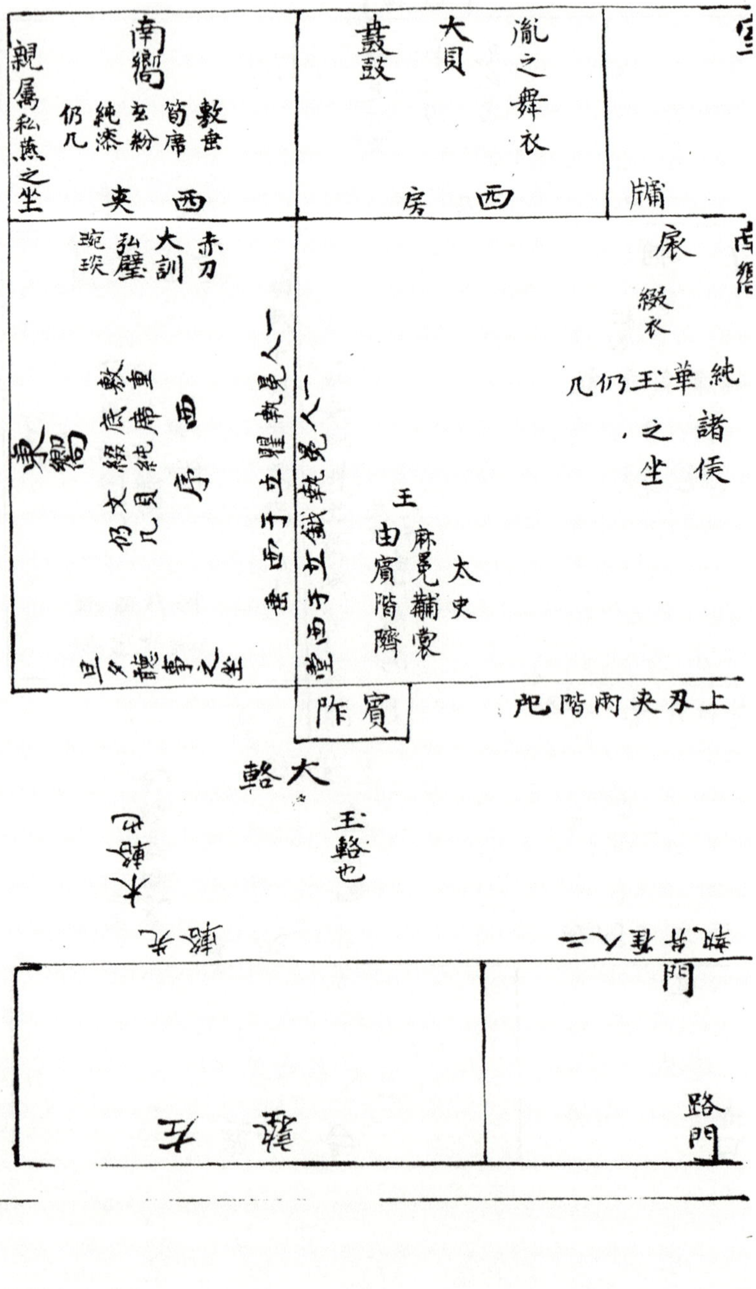

讀禮通考卷六十六　卣

讀禮通考

蘇軾曰成王崩未葬君臣皆冕服曰非礼也謂之變礼可乎曰不可禮變于不得已嫂非溺終不援也三年之喪既成服釋之而即吉無時而可者曰成王顧命不可以不傳既傳不可以喪服受也曰何為其不可也孔子曰將冠子未及期日而有齊衰大功之喪則因喪服而冠冠吉礼也猶可以喪服行之受顧命見諸侯獨不可以喪服乎太保使太史奉册授王于次諸侯入哭于路寢而見王于次王喪服受教戒諫哭踊答拜聖人復起不易斯言矣春秋傳曰鄭子皮如晉葬晉平公將以幣行子產曰喪安用幣子皮固請以行既葬諸侯之大夫欲因見新君叔向辭之曰大夫之事畢矣而又命孤孤斬焉在衰絰之中其以嘉服見則喪礼未畢其以喪服見是重受弔也大夫將若之何皆無辭以退今康王既以嘉見諸侯而又受乘黃玉帛之幣使周公在必不為此然則孔子何取此書也曰至矣其父子君臣之間教戒深切著明足以為後世法孔子何為不取哉然其失礼則不可不辯

朱子語類或問居喪朝服曰麻冕乃是祭服顧命用之者以其為後繼統事于宗廟故也受册用之者以其在廟而凶服不可入故也若朝服則古者人君亮陰三年自無變服視朝之第不知百官總已以聽冢宰冢宰百官各以何服涖事耳想不至用玄冠黑帶也後世既無亮陰總已之事人主

不免視朝聽政則豈可不酌其輕重而為之權制乎又況古者天子皮弁素積以日視朝衣冠皆白不以為嫌則今在喪而白布衣冠以臨朝恐未為不可但入太廟則須吉服而小變耳○又或問康王釋喪服而被冕裳且受黃朱圭幣之獻諸家以為禮之變獨蘇氏以為禮之失何也對曰天子諸侯之禮與士庶人不同故孟子有吾未之學之語蓋謂此類耳如伊訓元祀十二月朔亦是新喪伊尹奉嗣王見厥祖故不用凶服矣漢唐新主即位皆行冊禮君臣亦皆吉服追述先帝之命以告嗣君（韓文外集順宗實錄中有此事）蓋易世傳授國之大事當嚴其禮而王侯以國為家雖先君之喪猶以為己私服也五代以來此禮不講則始終之際殊草草矣

乾學按伊訓祠于先王是冢宰攝行奠殯之禮而康王親受同祭咤鄭氏言太甲踰月即位而康王受册度在成王崩後八日蓋商周之禮已微有不同顧命所載乃周公所制也蘇氏譏康王失禮謂當用喪服受册見羣臣是輕議周公也可乎哉至引喪服行冠禮及叔向對子皮之語尤為比擬失倫夫冠禮通乎士庶因喪而變自無不可若夫子皮欲見新君子産已知其非易服見賓乃必無之事子皮聊以謝客耳即位何事乎而可以同日語哉朱子曰易世傳授國之大事當嚴其禮王侯以國為家雖先君之喪猶以為已私服也斯言得

之矣

葉夢得曰天子即位之禮後世無傳爲春秋猶有可攷君薨世子嗣位于喪次殯而未葬葬而未踰年者不敢死其君故不敢踐其正位不敢朝廟而主祭封内三年稱子緣臣子之心不可一日無君則不得已而嗣位緣始終之義一年不可以兩君則猶不敢當君位故必至明年而後朝廟正君位改元春秋始書公即位爲然則成王殯而康王即内朝以見諸侯禮欤諸侯踰年而朝廟即位以吉服乎以凶服乎不可知也然古者吉凶不同事子曰羔裘玄冠不以弔吉服不可爲凶事則凶服不可爲吉事亦明矣魯莊未終桓喪王命主王姬嫁說者曰衰麻不可以接弁冕諸侯大夫葬晉平公云云是重受弔也古人謹于吉凶之服如此其嚴也康王之事丕有不得已而然者蓋成王初即位猶有三監淮夷叛民之變微周公天下未可知況不及成王周公者乎故召公权一時之宜而處正君臣之分若曰三年之喪天下之通喪也繼世以正大統亦天下之大義也通喪上下之所同而大義天子諸侯之所獨故不以通喪廢大義而吉凶不可相亂則以冕服朝諸侯以爲常禮則不可以爲非禮則亦不可傳及後世卒不能奪康王之爲然後知二書之錄于經非孔子不能權之于道以盡萬世之變也

呂祖謙曰堯舜禹湯文武無顧命而成王獨有顧命始終授受之際固有常典矣成王之初經三監之變王室幾搖故于此正其終始特詳焉顧命成王所以正其終康王之誥康王所以正其始舜除堯之　格廟而咨岳牧成王除武王之喪朝廟而訪群臣皆　禮然成湯方殁伊尹遍偕群后侯甸訓太甲爲禮固有時而變矣說者不疑太甲受伊尹羣后之訓于居憂之時乃疑康王受召畢諸侯之戒于宅恤之日甚者或以晉韓諸侯爲證然則隆周之元老反不若衰世之陪臣耶○董鼎曰伊尹以冕服奉嗣王歸于亳乃在三祀之十有二月是時三年之喪畢去凶即吉禮

之常也伊訓所謂維元祀十有二月乙丑伊尹祠于先王乃太甲居仲壬之喪伊尹揖政則奔于湯廟者伊尹也援此證恐未爲安

陳傅良曰釋冕反喪服東坡嘗疑之某嘗以問之鄉先生鄉先生曰惜乎東坡疑之而不加察也召公畢公皆盛德又老于更事者豈不知禮蓋其身先見周公以叔父之親擁輔太子而流言之變起于兄弟非周公之忠誠則社稷岌岌乎殆哉故于康王之立特爲非常之礼迎之南門衛之干戈奉之册書被之冕服而又率諸侯北面而朝之以與天下共立新君使之曉然知所定而無疑其意遠矣蓋自秦漢而下授受戒于宫闈之曖昧而擁立出于一人之手奪禍天下國家不少然後知二公老練坐鎮安危之机送往事居中外無間未易以泥常論也

陳櫟曰蘓氏之論主于守經棄呂陳氏之論出于達權守經合礼之正而不可破達權亦當察事之宜而不可膠召公在當時必有廹于不得已慼創于往事而不敢輕者觀其布置奉措重大周密徵召會集翕合安徐若臨大敵當大難然諸侯咸在或謂問疾者尚留而因受其朝非也觀其言曰庶邦侯甸男衛曰率西方諸侯入左率東方諸侯入右則徵召于既崩之餘翕集于一旬之內可見又觀張皇六師一語則當時事勢亦可想矣紀載始末節節備具兩篇之中辭繁不殺前後五十六篇紀載無事此之詳者復裔援伊尹事謂祠先王者伊尹揖行固然矣然奉嗣王祗見厥祖即其下一句不知伊尹奉太甲廟見成湯其凶服乎抑吉服乎證之朱子之說當制礼戢一條固主蘓氏答潘子善一條未嘗必主蘓氏但未知二說孰先孰後耳

莫若兩存之

張邦奇曰康王之誥王釋冕反喪服王以麻冕黼裳見諸侯蔡傳引蘇氏之說以爲非礼是也然有可疑者夫召公畢公皆盛德至于喪礼則周公制之成王行之已有故事畢召昌爲倡此非礼之奉哉朱子亦具二說其一以爲天子以國爲家雖先君之喪猶以爲已私服也義亦未安天子以

國爲家則先君之喪正不德以爲己私服也堯之崩四海遏密八音是故天子者天下之共主其崩也天下宜共喪也嗣王且不得私其父而况可以其服爲己私服乎葉氏以爲畢召監成王之初三監淮夷叛民之變故權一時之宜以正君臣之分亦有可疑者使康王以凶服見諸侯君臣之分未始不正也曷爲其必以嘉服哉是皆不可得而曉矣或者又謂古者天子諒陰三年不言而康王旬日之間輒有報誥蓋世降之殊禮從而變亦非也夫康王報誥乃求助于群臣烏害于言哉

春秋文公元年春王正月公即位

胡安國曰即位者誥廟臨羣臣也國君嗣世定于初喪必逾年然後改元書即位者緣始終之義一年不二君緣民臣之心不可曠年無君按書載舜禹受終傳位之事在舜則曰月正元日格于文祖在禹則曰正月朔旦受命于神宗率百官若帝之初夫於文祖神宗則告廟也率百官若帝之初則臨群臣也自古通喪三年其以凶服則不可入宗廟其以吉服則斬爲在衰絰之中不可既成而又易之也如之何而可子張問於孔子高宗諒陰三年不言何謂也子曰何必高宗古之人皆然君薨百官總己以聽於冢宰三年則告廟臨群臣固有攝行之禮矣按周書稱太甲元年伊尹祠於先王則攝而告廟之證也百官總己以聽冢宰則攝而臨群臣之證也其曰祗見厥祖者言伊尹以奉嗣王之義祗見太甲之祖也至三祀十有二月伊尹以冕服奉嗣王則免喪從吉之證也然顧命康誥記成王之崩其群臣皆冕服何也當是時成王方崩就殯猶未成服故用麻冕黼裳入受顧命已受命誥諸侯而後釋冕反喪服者於是成服而宅憂也或以爲康王釋服離次而即吉則誤矣

何濟川曰即者就也先謁宗廟明繼祖也還之朝正君臣之位也事畢而反喪服焉

朱子曰問康王釋喪服而被袞冕諸家皆以爲禮

之變獨蘇氏以為失禮未知當此際合如何區處曰天子諸侯之禮與士庶人不同故孟子有吾未之學之語謂此類耳如伊訓元祀十有二月朔亦是新喪伊尹以奉祀王祇見厥祖故不可用凶服矣漢唐新主即位皆行冊禮君臣亦皆吉服追述先帝之命以告先君蓋易世傳受國之大事當嚴其禮而王侯以國為家雖先君之喪猶以為已私服也

黄榦曰人君即位之別有四始死正嗣子之位既殯之後嗣君即継体之位若踰年合正改元之位三年合正踐阼之位如春秋書元年即位則是踰年改正元之位也帝乃殂落三載四海遏密八音月正元日舜格於文祖伊尹以冕服奉嗣王歸于亳則是三年正踐阼之位也然崩薨之日或在歲終則蓋有未殯而踰年者矣

汪克寬曰文定及九峯蔡氏皆以即位之事冢宰攝告廟揖臨群臣朱子則以他事可攝即位不可攝而又謂嗣君以先君之喪為已私服其意蓋欲權一時之宜如借吉之例以継世正統而三年之服不可廢也竊詳春秋以前只有攝告廟臨群臣之礼故孔子言君薨百官總已以聽於冢宰

三年而書有伊尹祠於先王之文苟太甲涖政則伊尹不得祠先王矣然春秋諸侯皆踰年朝廟改元而命大夫聘問隣國或以吉服躬莅會盟侵伐之事漢以後不待踰年而即位矣賈誼謂植遺腹委裘而天下不亂豈古者典礼素明紀綱素定而大臣之攝即位不致生變於國君即位之禮後世雖無傳然昭公十年諸侯之大夫葬晋平公既葬諸大夫欲因見君叔向辭之曰以嘉服見則喪禮未畢以喪服見是重受弔也襄三十一年子產相鄭伯如晋晋侯以魯襄公之喪未之見則春秋諸侯喪礼猶未盡廢也

定公元年夏六月癸亥公之喪至自乾侯戊辰公即位

穀梁傳曰殯然後即位也注周人殯于西階之上定無正見無以正也踰年不言即位是有故公也言即位是無故公也即位授受之道也注先君見授後君乃受故須搶在殯乃言即位先君無正終則後君無正始也先君有正終則後君有正始也戊辰公即位謹之也定之即位不可不察也公即位何以日也戊辰之日然後即位也癸亥公之喪至自乾侯何爲戊辰之日然後即位也正君乎國然後即位也

注諸侯五日而殯今以君始死之礼治之故須殯而後言即位沈子曰正棺乎兩楹之間然後即位也注兩楹之間南面之君聽治之處内之大事日即位君之大事也其不日何也以年决者不以日决也此則其日何也著之也何著焉踰年即位厲也於厲之中又有義焉注先君未殯則後君不得即位未殯雖有天子之命猶不敢况臨諸臣乎注以輕喻重也雖為天子所召不敢背殯而往况君喪未殯而行即位之礼以臨諸臣乎周人有喪魯人有喪周人吊魯人不吊周人曰固吾臣也使人可也魯人曰吾君也親之者也使大夫則不可也故周人吊魯人不吊以其下成康為未久也注周道尚明無親于不往君至尊也去父之殯而往吊猶不敢况未殯而臨諸臣乎

乾學按春秋二條雖諸侯之禮而諸儒所述伊訓顧命皆天子之事而正棺兩楹之間又後世柩前即位之儀所從出也并次

于此倫觀覽焉

後漢書禮儀志三公奏尚書顧命太子即日即天子位于柩前請太子即皇帝位皇后爲皇太后奏可羣臣皆出吉服入會如儀太尉升自阼階當柩御坐北面稽首讀策畢以傳國玉璽綬東面跪授皇太子即皇帝位中黄門掌兵以玉具隨侯珠斬蛇寶劍授太尉告令群臣群臣皆伏稱萬歲或大赦天下遣使者詔開城門宮門罷屯衛兵群臣百官罷入成喪服如禮

後漢書殤帝紀延平元年八月辛亥帝崩癸丑殯于崇德殿年二歲

安帝紀帝肅宗孫父清河孝王慶延平元年慶始就國鄧太后特詔留帝清河邸殤帝崩太后與兄車騎

将軍鄧隲定策禁中其夜使隲持節以王青蓋車迎帝齋于殿中皇太后御崇德殿百官皆吉服群臣陪位引拜帝為長安侯皇太后詔曰先帝聖德淑茂早棄天下朕奉皇帝夙夜瞻仰日月冀望成就豈意卒然顛沛天年不遂悲痛斷心惟平原王素被痼疾念宗廟之重思繼嗣之統惟長安侯祜質性忠孝小心翼翼能通詩論篤學樂古仁恵愛下年已十三有成人之志親德係後莫宜于祜禮昆弟之子猶己子春秋之義為人後者為之子不以父命辭王父命其以祜為孝和皇帝嗣奉承祖宗按禮儀奏又作冊命曰惟延平元年秋八月癸丑皇太后曰咨長安侯祜孝和皇帝懿德巍巍光于四海大行皇帝不永天年朕惟侯孝章帝世嫡皇孫謙恭慈順在孺而勈宜奉郊

廟承統大業今以侯嗣孝和皇帝後其審君漢國允執其中一人有慶萬民賴之皇帝其勉之哉讀策畢太尉奉上璽綬即皇帝位

乾學按成王以乙丑崩癸酉康王即位相距九日鄭氏曰天子七日而殯於死爲八日癸酉殯之明日也穀梁傳曰正棺於兩楹之閒而後即位范甯曰先君未殯嗣君不得即位蓋奠殯而後即位實古制也漢人天子嗣世必進尚書顧命蓋有意法古矣然歷考史傳若惠帝繼高祖文帝繼惠帝宣帝繼昭帝哀平以後制于賊莽以及順帝繼安帝沖質桓靈獻以次相繼或有故而變常或自外藩徵入皆不可律以典

制文帝以己亥崩乙巳葬丁未景帝即位差爲近古然大行已出葬嗣君不得受命于殯又非矣武帝以丁卯崩于五柞宫入殯未央宫戊辰昭帝即位受命于殯矣而殯期又迫至于武帝明帝章帝和帝殤帝冲帝皆以大行崩日即位非治殯之草畧則捐殯而見羣臣皆非禮之尤者也若宣帝以甲戌崩癸巳元帝即位相距二十日元帝以壬辰崩己未成帝即位相距二十八日成帝以丙戌崩丙午哀帝即位相距二十一日又病于太緩愚謂古人奠殯即位凢有二意一則附身之事經營未畢則孝子之心不能以即安故雖君命有所不

赴必無遷臨群臣之理一謂尸未入柩則故君猶在尸既入柩則故君已亡是以未殯而先即位與既殯而緩即位者皆非傳受之正也三代之制至漢已不可問矣

陳書陳高祖永定三年六月丙午崩遺詔徵世祖入纂甲寅至自南皖入居中書省皇后令曰昊天不吊大行皇帝奄捐萬國諸孤藐爾及國無期須立長王以寧寓縣侍中安東將軍臨川王蒨體自景皇屬惟猷子建殊功於牧野敷盛業于戡黎宜奉大宗嗣膺寶籙未亡人假延餘息嬰此百罹尋繹纏綿興言感絶世祖固讓至于再三群公卿士固請其日即帝位於太極前殿

魏書延昌四年正月宣武帝崩于式乾殿侍中中書

監太子少傅崔光等奏迎太子於東宮入自萬歲門至明陽殿哭踊久之欲待明乃行即位之禮太尉崔光曰天位不可暫曠何待至明光等請太子止哭立于東序于忠元昭扶太子西面哭十數聲止光捧册進璽授太子跪受服皇帝衮冕之服御太極殿前光等降自西階夜直群臣立於庭中北面稽首稱萬歲

馬端臨曰按先儒言古者天子崩太子即位其別有四始死則正嗣子之位顧命所謂逆子釗于南門之外延入翼室是也既殯則正繼体之位顧命所謂王麻冕黼裳入即位是也踰年正改元之位春秋所書公即位是也三年正踐阼之位舜格于文祖及伊尹以冕服奉太甲歸于亳是也漢以來遵短喪之制廢諒闇之說以日易月則踰年三年即位之礼不復聞大槩于衰絰之中行嗣服之吉礼矣然漢髙祖以四月甲辰崩五月丙寅葬其日惠帝即位則在崩後二十三月文帝以六月己亥崩乙巳葬景帝以丁未即位則在崩後七日葬後三日蓋西都人主皆預爲陵寢故升遐之後不復循古者七月之制有自崩至葬不及旬日者是以嗣君即位多在既葬之後至東漢則葬期漸遲于是始制令以大行柩前即位而歷代遵之說者謂神器不宜久虛君俟喪後即位如惠帝已遲故三公奏引尚書顧命既殯而即位其時閉城門宮門勒兵屯宿衛黃門令尚書御史謁者晝夜行陳至嗣皇踐阼乃始解屯蓋爲宗社大計不能待葬也今魏宣武方崩而太子不嗣明即位毋乃太促乎且當時魏傳世既久時屬承平

有何急迫之虞而于親戚未寒之時不待旦而襲位乎孝文賢主力随古道以行親喪肅宗幼冲輔臣無識不能導之以率乃祖攸行而有此過舉䰟德告終有由矣

乾學按顧命為天子顧托大臣輔佐嗣君之命冊度則大臣傳遺命以告于嗣君者漢人策命當即冊度之意而史不傳其文獨安帝即位有皇太后策而陳文纂統亦有皇后令雖非大行顧命亦可髣髴知其體裁矣

唐順宗實録貞元二十一年癸巳德宗崩丙申上即位太極殿冊曰維貞元二十一年歲次乙酉正月辛未朔二十三日癸巳皇帝若曰於戲天下之大寶惟重器祖宗之業允屬元良咨爾皇太子誦睿哲溫恭寬仁慈惠文武之道秉自生知孝友之誠發於天性

自膺上嗣毓德春闈恪慎于厥躬祗勤于大訓必能誕敷至化安勸庶邦朕寢疾弥留弗興弗寤是用命爾繼統俾紹前烈宜陟元后永綏兆人其令中書侍郎平章事高郢奉冊即皇帝位爾惟奉若天道以康四海以熙庶功無忝吾高祖太宗之休命上自二十年九月得風疾因不能言德宗憂慼形于顏色二十一年正月朔含元殿受朝還至别殿諸王親屬進賀獨皇太子疾不能朝德宗為之涕泣因感疾恍惚日益甚二十餘日中外不通兩宫安否朝臣憂懼不知所為二十三日上知内外憂疑紫衣麻鞋不俟衣冠出九仙門召見諸軍使京師稍安二十四日宣遺詔上縗服見百寮二十六日即位以檢校司空平章事杜佑攝冢宰兼護山陵使中丞武元衡為副使宗正

卿李舒爲按行山陵使刑部侍郎鄭雲逵爲鹵簿使庚子百寮請聽政曰自漢以來喪期之數以日易月而皆三日聽政我國家列聖六克脩奉罔有或違况大行皇帝酌于故實重下遺詔今日至期而陛下未親政事群臣不敢安宜存大孝以寧萬國不許二月癸卯朝百寮于紫宸門杜佑前跪進曰陛下居憂過禮群臣惧爲頓得覩聖顔左右乃爲皇帝舉帽百寮皆再拜

〔唐鑑〕二十一年正月太子病不能言帝疾甚凡二十餘日中外不通莫知兩宫安否癸巳帝崩蒼猝召翰林學士鄭絪衛次公等至金鑾殿草遺詔宦官或曰禁中議所立尚未定衆莫敢對次公遽言曰太子雖有疾地居冢嫡中外属心必不得已猶應立廣陵王

不然必大亂絪等從而和之議始定

范祖禹曰昔成王將崩命召公畢公率諸侯相康王憑玉几以訓之以元子付之大臣王崩太保命仲桓南宮毛俾爰齊侯呂伋以二千戈虎賁百人逆子釗于南門之外當是時太子在内特出而迎之所以顯之於衆也然則古之立君者惟恐衆之不覩而事之不顯也何則天子者天下之共主也故當與天下之人戴而君之未有竊取諸宮中而立之出于宦寺婦人之手而可以正天下者也先王於其即位也必以礼正其始於其將歿也亦以礼正其終顧命之書所以為萬世帝王之法也至於後世之君以國有天下為心惟恐失之大利所在天理滅焉故父子相疑以終事為諱以後嗣為忌是以繼承之際鮮有能正其礼者也順宗為太子二十餘年既有壯子一旦病不能言而德宗亦寢疾彌留中外隔絶大臣不得聞知德宗既崩宦者猶有他議或太子幼弱儲位未定幾何而不變乱也唐之人主惟太宗每求天下之忠賢而托以幼孤高宗以下無足道者德宗在位歲久最為猜忌及其將歿不能召宰相而屬以社稷儲君廢置繫於宦者次公等特以草詔得至禁中遂沮其謀不然幾有趙高之事後之人主豈可不法三代而以唐為永鑒哉

乾學按唐太宗五月己巳崩于含風殿以羽檄發六府甲士四千衛皇太子入於京師六月甲戌即皇帝位於柩前高宗十二月丁巳崩于貞觀殿遺詔皇太子即皇帝

位甲子皇太子即皇帝位肅宗四月丙寅
崩於長生殿乃迎太子見群臣于九仙門
明日發喪已巳即皇帝位于柩前代宗五
月辛酉崩癸亥皇太子即皇帝位于太極
殿憲宗正月庚子崩辛丑遺詔皇太子即
位于柩前司空兼中書令韓弘攝冢宰閏
月丙午皇太子即位于太極殿戊申始聽
政穆宗正月壬申崩癸酉門下侍郎平章
事李逢吉攝冢宰丙子皇太子即位于太
極殿二月辛巳始聽政敬宗十二月辛丑
崩乙巳江王即位于宣政殿戊申始聽政
武宗疾大漸左神策軍護軍中尉馬元贄
立光王為皇太叔三月甲子崩光王即位

于柩前四月己亥始聽政宣宗八月癸巳崩立鄆王爲皇太子癸巳即位于柩前庚子始聽政懿宗七月辛巳崩立普王爲皇太子辛巳即位於柩前八月癸巳始聽政諸帝即位皆在大行殯後有遺詔又每以大臣攝冢宰髣髴古制矣而順宗實録出于昌黎集視諸帝爲尤詳其遺詔朱子以爲即古冊度之類備載之以資參考惟聽政之期不待除服是不可解杜氏以爲漢人舊制三日聽政未知何據也

〔吕柟礼問〕既殯皇帝卜日斬衰受命于大行皇帝几筵遂以衮冕升奉天殿告天地告于奉先殿遂以告于大行皇帝及毋后乃即位于奉天殿以覲群臣群臣皆朝服表賀帝免賀班詔于承天門及天下以來年改元退乃斬衰越二十七日素冠麻衣絰以臨朝退則斬衰三年何也曰尊天命也故既殯麻冕黼裳以即位康王之所受顧命也夫宅憂諒陰使冢宰聽政不行已久矣視事而素冠麻衣絰退則衰服亦義起也故朱元晦亦取

之夫不可曠年無君也故定位于既殯不可一年二君也故改元于來年故春秋王侯初喪之年不稱君求賻求金不稱使定公元年夏六月昭公之喪至自乾侯戊辰定公即位沈子曰正棺乎兩楹之間然後即位也未殯雖有天子之命猶不敢況臨群臣乎數日而葬葬畢即位西漢之禮也

始死不待旦而即位

後魏崔光之議也

閻若璩曰蘇氏曰三年之喪既成服釋之而即吉無時而可者固爲守經之言按之于禮亦未盡然也何則喪三年不祭矣若既殯後天地社稷之祭猶越紼而行事蓋不敢以卑廢尊漢志引古文伊訓以爲太甲當喪越茀行事是其證也郊之日喪者不哭不敢凶服蓋不獨王被大裘龍袞戴冕璪抑且令畿內臣庶雖有私喪之服盡釋之而即吉以聽命乎上其奉于事天如此推之于地與社稷一歲之間蓋不啻疊奉之服亦屢屢釋矣先王豈謂其薄哉蘇氏曰太保使太史奉冊授王于次諸侯入哭于路寢而見王于次王喪服受教戒諫哭踊答拜聖人復起不易斯言予案朱子謂易世傳授國之大事當嚴其禮故漢唐君臣亦皆吉服董真卿謂太子即位禮有四一始死正嗣子之位顧命逆子釗于南門之外延入翼室是也一既殯正繼體之位王麻冕黼裳入即位是也然則王麻冕黼裳入即位乃儲君初即天子位之禮身爲天地社稷之主上重祖宗世繫之重蓋國大事莫踰于此縱遭親喪猶向所謂卑者耳其可不如事天地社稷者而一暫釋其服耶蘇氏一則曰諸侯哭再則曰王哭案曾子問君薨世子生如之何孔子曰卿大夫從攝主北面于西階南太祝裨冕執束帛升自西面盡等不升堂命毋哭註曰謂有事宜清靜也夫世子甫生繼體有人尚且止其哭以致祝辭況真即繼體位而又追述先王冊命以吉之而必以哭從事耶則又蘇氏之未深考也

新君謁廟

南齊書永泰元年有司議應廟見否尚書令徐孝嗣議嗣君即位並無廟見之文蕃支纂業乃有虔謁之禮左丞蕭琛議竊聞祗見厥祖義著商書朝于武宫事光晋册豈有正位居尊繼業承天而不虔覲祖宗格于太室毛詩周頌篇曰烈文成王即政諸侯助祭也鄭注云新王即政必以朝享之禮祭于祖考告嗣位也又篇曰閔予小子嗣王朝廟也鄭注云嗣王者謂成王也除武王之喪將始即政朝于廟也則隆周令典煥炳經記禮嫡居正莫若成王又二漢由太子而嗣位者西京七主東都四帝其昭成哀和順五君並皆謁廟文存漢史其惠景武元明章六君前史不載謁事或是偶有闕文理無異說議者乃云先在儲宫已經致敬卒哭之後即親奉時祭則是廟見故無

別謁之禮竊以為不然儲后在宮亦從郊祀若謂前虔可兼後敬開元之始則無假復有配天之祭矣若以親奉時祭仍為廟見者自漢及晉支庶嗣位並皆謁廟既同有烝嘗何為獨修繁禮且晉成帝咸和元年改號以謁廟咸康元年加元服又更謁夫時非異主猶不疑二禮相因況位隔君臣而迺以一謁兼敬宜遠纂周漢之盛範近黜晉宋之乖義展誠一廟駿奔萬國奏可

南史沈文阿傳陳文帝即位勅日謁廟尚書左丞庾持奉詔遣博士議其禮文阿議曰人物推移質文殊軌聖賢因機而立教王公隨時以適宜夫千人無君不敗則亂萬乘無主不危則亡當隆周之日公旦叔父呂召爪牙成王在喪禍幾覆國是以既葬便有公

冠之儀始殯有麻冕之策斯益示天下以有主慮社稷之艱難逮乎末葉從横漢承其弊雖文景刑措而七國連兵或踰月即尊或崩日稱詔此皆有爲而爲之非無心于禮制也今國諱之日雖抑哀于璽綬之重猶未序于君臣之儀古禮朝廟退坐正寢聽群臣之政今皇帝拜廟還宜御太極前殿以正南面之尊此即周康在朝一二臣衛者也其壤奠之節周禮以玉作贄公侯以珪子男執璧此玉作瑞也奠贄竟又復致享天子以璧王后用琮秦燒經典威儀散滅叔孫通定禮尤失前憲奠贄不珪致享無帛公王同璧鴻臚奏賀若此數事未聞於古後相沿襲至梁行之夫稱觴奉壽家國大慶四廂雅樂歌奏歡欣今君臣吞哀兆庶抑割豈同于維新之禮乎且周康賓稱奉

珪無萬壽之獻此則前準明矣愚以今坐正殿止行薦璧之儀無賀酒之禮謹撰謁廟還升正寢羣臣陪薦儀注如别詔可施行

乾學按嗣王即位奠殯見于殷周之書者章章可據矣自秦至六代蔑爾無聞馬貴與言西漢人主嗣位見高廟其儀亦不傳至齊永泰初徐孝嗣始請廟見旋即停罷陳始有即位謁廟之禮見于沈文阿傳陳之告廟雖異于殷周之奠殯然亦猶其遺意也故因類而附著之

宋史禮志孝宗即位擇日朝享太廟禮部言牲牢禮料酒齊等物並如五享行之紹熙五年寧宗即位時有孝宗之喪閏十月浙東提舉李大性言自漢文帝

讀禮通考　卷六十六

此字大

以來皆即位而謁廟陛下龍飛已閱三月未嘗一至宗廟行禮鑾輿屢出過太廟門而不入揆之人情似爲闕典乞早擇日恭謁太廟仍詔遵用三年之制吏部員外郎李謙請以來年正月上日躬行告廟之禮禮寺以爲俟皇帝從吉討論施行

文獻通考馬端臨曰按古者宗廟之祭有正祭有告祭皆人主親行其禮正祭則時享禘祫是也告祭則國有大事告于宗廟是也如即位而告廟則自舜禹受終以至太甲之見祖成王之見廟皆是也雖西漢時人主每嗣位亦必有見高廟之禮而自唐以來則人主未嘗躬謁宗廟致祭以告嗣位宋朝唯孝宗光宗以親受內禪特行此禮而其他則皆以喪三年不祭之說爲拘不復舉行然自以日易月之制即定諒

闇之禮廢久矣何獨于嗣位告祭一事以爲不可行乎

乾學按伊訓顧命但云奠殯無謁廟之事蓋古制喪三年不祭不應入廟諸家每引周頌閔予小子詩據詩序閔予小子嗣王朝于廟也鄭箋成王除武王之喪將始即政朝于廟也孔疏此朝廟早晚毛無明説王肅謂周公致政成王嗣位始朝于廟之樂歌是成王朝廟乃在三年喪畢之後與夫初喪奠殯事不侔矣惟昭成哀三紀即位之下即書謁高廟可知漢人已有此失禮之舉但不知其失始于何時也○

再按家禮武王崩成王年十有二而嗣立

周公居冢宰攝政以治天下明年夏六月既葬冠成王而朝于祖以見諸侯亦為君也周公命祝雍作頌是成王未除喪已朝祖矣

起空三字

以照此上空十字

讀禮通考卷六十七

喪儀節三十　國恤二

周大喪儀

喪大記疾病君徹縣注天子宮縣○君夫人卒於路寢注言死者必于正處也

曲禮崩曰天王崩注史書策辭

右初崩

周禮天官夏采掌大喪以冕服復于大祖以乘車建綏復于四郊

劉彝曰王之衮冕生常服之奉享于太祖之廟王之太常生常建諸玉路秉于四郊以奉祀者也及其始喪則用以為復而莫測其神魂奚往也故或以其服或以其乘或以其建或之其所往而致敬者或之其所居而素安者或用其所𦖟而常侍者舉而復之庶幾其神之復孝子盡愛之道無不至也是以夏采復于太廟復于四郊祭僕復于小廟隸僕復于小寢大寢也

夏官祭僕大喪復于小廟○隸僕大喪復于小寢大寢○天官玉府大喪共復衣裳王昭禹曰夏采以冕服復于太祖冕服則司服之所掌玉府言復衣裳者冕服掌于司服而藏于玉府

春官司服大喪共其復衣服

檀弓君復于小寢大寢小祖大祖庫門四郊注尊者求之備也亦他日所常有事○疏前曰廟後曰寢尔雅云室有東西廂曰廟無東西廂有室曰寢此小寢高祖以下庙之寢也王侯同大寢謂天子始祖諸侯太祖寢也小祖高祖以下庙也王侯同太祖天子始祖諸侯太祖之庙也兩言于庙求神備也

曲禮復曰天子復矣注如死時呼魂辭也不呼名臣不名君也諸侯呼字

喪服小記復與書銘自天子達於士其辭一也男子稱名婦人書姓與伯仲疏書銘謂書死人名字於旌旗天子書名於太常諸侯以下各書於旌旗此並殷礼周世則復曰皐天子復矣

右復

周禮地官鼓人大喪則詔大僕鼓注始崩及窆之時也

夏官大僕大喪始崩戒鼓傳達于四方注戒鼓擊鼓以警衆也○疏四方以鼓聲傳達而聞之也

大司馬大喪平士大夫注平者正其職與其位○疏司馬之屬有職與其羣吏王喪不得使司士故司馬平之

司士大喪作士掌事注事謂奠斂之屬

易祓曰作士掌事如奠遣之類

天官宰夫大喪小喪掌小官之戒令帥執事而治之注大喪王后世子小喪夫人以下小官士其大官則冢宰掌其戒令治謂共辦○春官大宗伯朝覲會同則為上相大喪亦如之注相詔王礼也○秋官大司寇凡朝覲會同前王大喪亦如之注大喪所前或嗣王○疏言或者大喪或是先后及王世子皆是大喪

地官師氏喪紀王舉則從注舉猶行也○疏師氏則從以王所在皆須詔王以美道故也

鄭伯熊曰王之出入起居無不與知隨事而將順正救之則違善于萌止惡於微寡宜過而德易成

春官世婦凡王后有拜事於婦人則詔相注拜拜謝之也喪大記曰夫人亦拜寄公夫人於堂上○疏上言大喪下言后之拜事則所拜者為大喪而拜

王昭禹曰王后有擧事于嬪人唯大喪而已

雞人大祭祀夜嘑旦以嘂百官注夜夜漏未盡雞鳴時也呼旦以警起百官使夙興也

凡國人喪紀亦如之〇夏官虎賁氏國有大故則守王門大喪亦如之注非常之難要在門〇疏大故謂兵灾大喪謂王喪非常之難須警備故云要在門

鄭鍔曰若有大故其所防者尤當致嚴又守王門資之以衛至尊

旅賁氏掌執戈盾夾王車而趨喪紀則衰葛執戈盾注葛葛絰武士尚輕〇疏臣為王貴賤皆斬衰麻絰至葬乃服葛今王始死即服葛故云武士尚輕

地官大司徒若國有大故則致萬民於王門令無節者不行于天下注大故謂王崩及寇兵也節六節有節乃得行防姦私

史浩曰致民于王門備不虞也

夏官司險國有故則藩阻塞路而止行者以其屬守之唯有節者達之注有故喪灾及兵也閉絕要害之道備姦寇也〇疏喪謂王喪

易祓曰守以道路為急阻以道路而後險為可恃使内外無禁往來不察而姦僞者邪慝者物之犯禁者人之有罪竒衺者或得乗間而入雖險猶

無險也

檀弓天子崩巷市七日諸侯薨巷市三日疏天子諸侯之喪必巷市者以庶人憂戚無復求覓財利要有急須之物不得不求故於邑里之内而為巷市

右戒臣民

周禮夏官射人大喪與僕人遷尸注僕人大僕也黃氏曰射人太僕皆法度之事鄭鍔曰大喪之初無與于射而掌于射人取其射之法儀而已

天官玉府大喪共角枕角柶注角枕以枕尸角柶角匕也以楔齒士喪禮曰楔齒用角柶楔齒者令可飯含

幕人大喪共帷幕帟綬注為賓客飾也帷以帷堂或與幕張之於庭帟在柩上王昭禹曰大喪共帷幕帟綬而不共幄則王方宅喪無事於幄以帷幕帟綬共張喪柩而已

地官委人喪紀共其木材注木材給張事

乾學按以上兩條陳殯具條通用

檀弓扶君卜人師扶右射人師扶左注謂君疾時也卜當為僕聲之誤也僕人射人

皆平生時贄正君服位者君褻以是舉注不忍變也周礼射人大喪與僕人遷尸○疏周礼大僕職掌正王之服位射人職掌國之三公孤卿大夫之位及王舉動悉隨王故知也

喪大記始死遷尸于牀幠用斂衾去死衣小臣楔齒用角柶綴足用燕几君大夫士一也

右遷尸楔齒綴足帷堂

曲禮告喪曰天王登假注告赴也登上也假已也上已者若僊去云耳○疏此謂天王崩遣使告天下萬國之辭也

右命訃

周禮春官肆師大喪令外内命婦序哭注序使相次秩○疏哭法以服之輕重為先後然則内命婦于王斬衰居前諸臣之妻從服齊衰者居後也○内宗大喪序哭者注次序外内宗及命婦哭王王昭禹曰與宮中之哭者

天官九嬪若有賓客則從后大喪帥叙哭者亦如之

下

注帥猶道也后哭衆之次序者乃哭

王昭禹曰大喪外宗叙內外朝暮哭者九嬪亦從后帥之

夏官司士凡士之有守者令哭無去守注守官不可空也

易祓曰不以喪而廢其職

喪大記既正尸子坐於東方卿大夫父兄子姓立于東方有司庶士哭於堂下北面夫人坐于西方內命婦姑姊妹子姓立於西方外命婦率外宗哭于堂上北面

檀弓唯天子之喪有别姓而哭

右哭位

周禮天官小宰喪荒受其含襚幣玉之事疏喪謂王喪諸侯諸臣有致含襚幣玉之事

右受含襚幣玉

周禮春官司常大喪共銘旌注銘旌王則太常也士喪禮曰為銘各以其物○疏士喪禮為銘各以其物亡則以緇長半幅赬末長終幅廣三寸書名於末此蓋其制也按禮緯云天子之旌高九仞諸侯七仞大夫五仞士三仞按士喪禮竹杠長三尺則死者以尺易仞天子九尺諸侯七尺大夫五尺士三尺其旌身亦以尺易仞也

右為銘

周禮春官鬯人大喪之大渳設斗共其釁鬯斗音主○注斗所以沃尸也釁尸以鬯酒使之香美者

鬱人大喪之渳共其肆器注肆器陳尸之器喪大記曰君設大盤造冰焉大夫設夷盤造冰焉士併瓦盤無冰設牀禮第有枕此之謂肆器天子亦用夷盤

黄度曰肆器蓋所以盛沃浴非陳器盤之屬

肆師大喪大渳以鬯則築鬻鬻音煮○築香草煮以為鬯以浴尸香草鬱也○疏小宗伯大喪以鬯渳則肆師與之築鬱金香草和鬯酒以浴尸使之香也○

天官典絲喪紀共其絲纊組文之物注以給線縷著盱口綦握之屬青與赤謂之文○疏此鄭並據士喪禮而言以給線縷者謂所裁縫皆用線縷釋經絲也著盱口綦握之屬者釋經纊組也按士喪禮握手玄纁裏著組繫案喪大記屬纊以俟絕氣內則云屨著綦鄭云綦屨繫是用纊組之事也青與赤謂之文績人職文繡之屬亦用

綠故連言之也王昭禹曰喪紀有用綠以為縷有用纊以充衣褥或用組文以為物之節

內司服后之喪共其衣服凡內具之物注內具紛帨線纊鞶袤之屬。疏后喪所共衣服者正謂襲時十二稱小斂十九稱大斂百二十稱及內具之物也案內則婦事舅姑有紛帨線纊鞶袤故知者入壙亦薦有數物又有刀礪小觿之物故云之屬以總之也王昭禹曰內司服所掌主以共后故生也共其所服及其死也亦無以異于生凡內具之物則后生所用紛帨線纊之屬亦共之此事死如生事意

乾學按以上兩條下陳小斂大斂衣皆通用

淩人大喪共夷槃冰注夷之言尸也寘冰于夷槃中置之尸床之下所以寒尸漢禮器制度大槃廣八尺長丈二尺深三尺漆赤中。疏叔孫通前漢時作漢禮器制度多得古之周制故鄭君依而用之周謂之夷槃漢謂之大槃王昭禹曰夷傷也冰槃曰夷槃移尸于堂夷堂床曰夷牀衾曰夷衾皆以哀傷為主

春官典瑞大喪共飯玉含玉注飯玉碎玉以襍米也含玉柱左右顚及在口中者襍記曰含者執辟將命則是辟形而小耳

○天官玉府大喪共含玉○地官舍人喪

紀共飯米注飯所以實口不忍虛也君用粱大夫用稷士用粱皆四升実者唯盈○疏差率而上則天子飯用黍也

襍記天子飯九貝注此蓋夏時制也周禮天子飯含用玉○公襲卷衣一玄端一朝服一素積一纁裳一爵弁二玄冕一褒衣一朱綠帶申加大帶於上注士襲三稱子羔襲五稱今公襲九稱則尊卑襲數不同矣諸侯七稱天子十二稱與

喪大記含一牀襲一牀遷尸於堂又一牀皆有枕席君大夫士一也

右陳沐浴襲飯含之具

周禮春官小宗伯王崩大肆以秬鬯渳注大肆始陳尸伸之○大祝大喪始崩以肆鬯渳尸相飯注肆鬯所為陳尸設鬯也○小祝大喪贊渳注渳謂浴尸也

王昭禹曰王始崩大祝以肆鬯渳之小祝贊之

天官女御大喪掌沐浴注王及后之喪○大宰大喪贊含玉注助王為之也

喪大記君沐粱注君沐粱以差率而上之天子沐黍與

右沐浴含飯

周禮春官司服大喪共其歛衣服疏大喪王喪其中兼小喪也小歛皆十九称大歛則士三十称大夫五十称諸侯皆百称天子蓋百二十称云○地官封人凡喪紀則飾其牛牲疏喪紀有牲者除朝夕奠用脯醢以外大小歛朔月月半薦新奠祖奠大遣等皆有牲牢

鄭鍔曰牲肌可以爲礼足矣致飾然後用何哉蓋文有餘而物不足失之爲物有餘而文不足失之野欲華実相副則飾不可闕

牛人喪事共其奠牛注喪所薦饋曰奠○囿人喪紀共其生獸夙獸之物

王氏[illegible]共生獸夙獸囿人共生獸夙獸者獸人所共田獵[illegible]人所共囿將所牧其物若麋麕熊羆之類

劉彛曰物者所共有名件也

天官獸人凡喪紀共其夙獸生獸注共其完者

劉彛曰四時之田所獲生獸則囿人牧之于囿及其将用獸人取之于囿以共馬其夙而未共者則入于腊人

腊人喪紀共其脯腊凡乾肉之事疏凡獸入于腊人是其不完者

〔𩜁人〕喪紀共其魚之鱻薨注鱻生也薨乾也〇〔醢人〕凡祭祀共薦羞之豆實喪紀亦如之王昭禹曰薦羞皆進也

乾學按以上七條大歛奠至祖奠遣奠通用

〔喪大記〕小歛於戶內君以簟席注簟細葦席也下有莞〇小歛布絞縮者一横者三君錦衾一衣十有九稱君陳衣于序東

乾學按小歛之衣君與大夫士皆十有九稱注疏謂法天地之終數則天子亦十九稱與

君無襚注無襚者不陳不以歛〇小歛君大夫士皆用複衣複衾

凡陳衣者實之篋取衣者亦以篋升降者自西階注取

猶受也○凡陳衣不詘非列采不入絺綌紵不入注列采謂正服之色也絺綌紵者當暑之褻衣也

右陳小斂衣奠

周禮春官小宗伯及執事涖大斂小斂帥異族而佐注執事大祝之屬

喪大記凡斂者袒遷尸者襲○小斂之衣祭服不倒○小斂大斂祭服不倒皆左衽結絞不紐○自小斂以往用夷衾夷衾質殺之裁猶冒也○鋪絞紟踊鋪衾踊鋪衣踊遷尸踊斂衣踊斂衾踊斂絞紟踊○斂者既斂必哭

右小斂

周禮春官大祝大喪徹奠疏此文承大喪之下故奠爲始死之奠小斂大斂奠並大祝徹之

右徹始死奠

周禮夏官挈壺氏凡喪縣壺以代哭者皆以水火守之分以日夜注鄭司農云縣壺以為漏代更也禮未大斂代哭以水守壺者為沃漏也以火守壺者夜則火視刻數也分以日夜者異晝夜漏也漏之箭晝夜共百刻冬夏之間有長短焉太史立成法有四十八箭○疏禮未大斂代哭者未殯以前無問尊卑皆哭不絕聲小斂之後乃更代而哭亦使哭不絕聲大夫以官士親疏代哭人君尊又以壺為漏刻更相代也

易後曰守之以水均其晷刻之多少守之以火知其漏箭之遠易

喪大記君喪虞人出木角狄人出壺雍人出鼎司馬縣之乃官代哭

右代哭

周禮地官委人喪紀共其薪蒸木材注薪蒸給炊及燎也木材給張事

秋官司烜氏凡邦之大事共墳燭庭燎注墳大也樹於門外曰大燭于門內曰庭燎皆所以照衆為明○疏大事謂若大喪紀大賓客之事也庭燎在大寢之處

喪大記君堂上二燭下二燭注燭所以照饌也滅燭而設燎○疏有喪則于中庭終夜設燎至曉滅燎而日光未明故須燭以照祭饌也

右設燎

周禮春官典瑞駔圭璋璧琮琥璜之渠眉疏璧琮以斂尸注以斂尸者於大斂焉加之也駔讀為組聲之誤也渠眉玉飾之溝瑑也以組穿聯六玉溝瑑之中以斂尸圭在左璋在首琥在右璜在足璧在背琮在腹蓋取象方明神之也疏璧琮者通於天地○疏六玉與王為飾明在衣裳之外故知在大斂後也此六玉兩頭皆有孔又于兩孔之間為溝渠如溝之兩畔稍高為眉瑑故云以組穿聯六玉溝瑑之中以斂尸案宗伯璧礼天琮礼地今此璧在背在下琮在腹在上不類者以背為陽腹為陰隨尸腹背而置之故上琮下璧也疏璧琮者通於天地者天地為陰陽之主人之腹背象之故云疏之通天地也

王氏曰六物皆為渠眉璧琮又疏焉

劉氏曰王者之孝莫大於嚴父配天故其斂也以礼天地四方之玉器為之

喪大記大斂於阼君以簟席○大斂布絞縮者三橫者五布絞二衾君大夫士一也君陳衣於庭百稱北領西上疏君百稱天子當百二十稱也○大斂君大夫士祭服無筭君褶衣褶衾注褶袷也君不尚多去其著也

右陳大斂具

檀弓君即位而為椑歲一漆之藏焉○天子之棺四重水兕革棺被之其厚三寸杝棺一梓棺二四者皆周

右設棺

周禮地官舍人喪紀共熬穀○天官幕人大喪共帷幕帟綬疏始死帷堂小歛徹之及殯在堂亦帷之也○掌次凡喪王則張帟三重注張帟柩上承塵○春官司几筵喪事設葦席右素几其柏席用萑黼純諸侯則紛純每敦一几注喪事謂凡奠也萑如葦而細者鄭司農云柏席迫地之席葦居其上或曰柏席載黍稷之席玄謂柏椁字磨滅之餘椁席藏中神坐之席也敦讀曰燾燾覆也棺在殯則椁燾既窆則加見皆謂覆之周礼雖合葬及同時在殯皆異几體實不同祭于廟同几精氣合

項安世曰柏敦恐是器若玉敦之類敦以承黍稷

凡吉事變几凶事仍几注吉事主祭宗廟祼于室饋食于堂繹於祊每事易几神事文示新之也凶事謂凡奠几朝夕相因喪礼畧

右陳殯具

喪大記君將大斂子弁絰即位于序端卿大夫即位於堂廉楹西北面東上父兄堂下北面夫人命婦尸西東面外宗房中南面小臣鋪席商祝鋪絞紟衾衣士盥於盤上士舉遷尸於斂上卒斂宰告子馮之踊夫人東面亦如之

右大斂

王制天子七日而殯

檀弓天子之殯也菆塗龍輴以椁注菆木以周龍輴加椁而塗之天子殯以輴車畫轅為龍○疏菆叢也謂用木菆棺而四面塗之龍輴者殯時輴車載柩而畫轅為龍以椁者亦題湊菆木象椁之形加斧於椁上畢塗屋注斧謂之黼白黑文也以刺繡于縿幕加斧以覆棺也乃屋其上盡塗之○疏斧謂繡覆棺之衣為斧文也先菆四面為椁使上與棺齊而上猶開也以棺衣從椁上入覆於棺故云加斧于椁上畢盡也斧覆既竟又四注為屋覆上而下四面盡塗之也天子之禮也

周禮天官甸師喪事代王受眚裁注粢盛者祭祀之主也今國遭大喪若云此黍稷不

警使鬼神不逞于王既殯大祝作禱辭授甸人使以禱藉田之神受眚烖弭後殃

史浩曰人過曰眚天降曰烖國有眚烖王當祇畏以脩德引咎以歸己故曰受

鄭伯熊曰國有大變毋乃粢盛不蠲鬼神弗享與夫向使至於斯于是時也歆王在疚欲請命于神祇而身受譴罰不可得也故使甸師行代焉非謂使甸師受眚烖于己甸師掌耕王籍共齊盛者也故司其事

春官大祝大喪言甸人讀禱 注言猶語也禱六辭之屬禱也甸人喪事代王受眚烖大祝爲禱辭語之使以禱於籍田之神也

王氏曰於甸人請禱則大祝言于廬使知焉

小祝設熬置銘 疏熬謂熬穀殯在堂特設於棺旁所以惑蚍蜉銘謂銘旌書死者名既殯置西階上所以表柩

右殯

曾子問孔子曰天子諸侯之喪斬衰者奠 注爲君服者皆斬衰唯主人不奠

右大歛奠

周禮春官小宗伯辨吉凶之五服 注五服王及公卿大夫士之服也

鄭鍔曰凶五服斬衰齊衰錫衰緦衰疑衰辨其凶服則當服斬衰者不敢以錫當緦衰者不敢以疑親疏之情所以當也

司服掌王之吉凶衣服凡凶事服弁服注服弁喪冠也其服斬衰齊衰

凡喪為天王斬衰為王后齊衰注王后小君也諸侯為之不杖朞◎夏官

大僕喪紀正王之服位詔灋儀

王昭禹曰喪紀之服一司服所言凶事服弁服是也

天官內司服凡祭祀賓客共后之衣服及九嬪世婦

凡命婦共其衣服共喪衰亦如之疏外命婦喪衰謂王服齊衰於后無服若九嬪以下及女御於王服斬衰於后服齊衰也

追師掌王后之首服為九嬪及外內

命婦之首服以待祭祀賓客喪紀共笄絰亦如之

王昭禹曰喪紀則笄而又加之以絰

內宰凡喪事佐后使治外內命婦正其服位注使使其屬之上士

內命婦謂九嬪世婦女御鄭司農云外命婦卿大夫之妻王命其夫后命其婦吉謂士妻亦為命婦○疏夏殷之礼爵命不及于士周礼上士三命中士二命下士一命夫尊于朝妻榮于室則士妻亦為命婦可知

王昭禹曰凡喪事則外內命婦皆有衰麻之服哭泣之位

夏官諸子大喪正羣子之服位 疏位謂在殯宮外內哭位也正其服者公卿大夫之子為王斬衰與父同

王氏曰羣子庶子也喪之服位庶子不得與適子為特言羣子著其別也

春官肆師禁外內命婦男女之衰不中灋者且授之杖 注外命男六卿以出也內命男朝廷卿大夫士也其妻為外命女喪服為夫之君齊衰不杖內命女王之三夫人以下不中灋違升數與裁制者鄭司農云三日授子杖五日授大夫杖七日授士杖此舊說也喪大記曰君之喪三日子夫人杖五日既殯授大夫世婦杖七日授士杖文互謂授杖日數王喪依諸侯與七日授士杖四制云

檀弓天子崩三日祝先服 疏祝大祝也服服杖也是喪服之數故呼杖為服祝佐含斂先病故先杖也子亦三日而杖 五日官長服 注官長大夫士 七日國中男女服 疏國中男女謂畿內民及庶人在官者服謂齊衰三月而除之必待七日者天子七日而殯殯後嗣王成服故民得成服也 三月天下服 注諸侯之大夫〇疏三月天下服者謂諸侯之大夫為王繐衰既葬而除之也近者亦不待三月今據遠者為言耳詳見後七十五卷喪期內

右成服

周禮春官天府凡國之玉鎮大寶器藏焉若有大祭大喪則出而陳之既事藏之注玉鎮大寶器玉瑞玉器之美者禘祫及大喪陳之以華國也顧命陳寶于西序東序西房東房此其行事見于經

鄭鍔曰玉之美者可以為國之鎮如洪璧琬琰天球夷玉夏后氏之璜之類器之大者為歷代所寶如崇鼎貫鼎大貝鼖鼓和之弓垂之竹矢封父之繁弱之類祖廟之守藏則先祖所傳者因之玉鎮大寶器則國之至寶可與祖物俱傳者亦藏于此大祭之時出而陳之以昭其功大喪陳之以昭其能守既事又從而藏之傳其所寶守其所傳將以為萬世之榮

典路若有大祭祀則出路贊駕說大喪亦如之注亦出路當陳之書顧命既陳先王寶器又曰大賓在賓階面贊路在阼階面先路在左塾之前次路在右塾之前

王昭禹曰大喪出路非乘車也出所陳之路焉

右陳寶器

喪大記居倚廬不塗君為廬宮之大夫士襢之疏居倚廬者謂于中門之外東墻下倚木為廬不塗者但以草夾障不以泥塗之也宮之者謂廬外以帷障之如宮墻也

周禮天官宮正大喪則授廬舍辨其親疏貴賤之居

注廬倚廬也⿱堊室也親者貴者居倚廬疏者賤者居堊室襍記曰大夫居廬士居堊室

右倚廬

周禮春官外宗大喪則叙外内朝莫哭者○世婦大喪比外内命婦之朝莫哭不敬者而苛罰之注苛譴也○疏大喪謂王喪殯後有朝夕哭事外命婦朝廷卿大夫士之妻内命婦九嬪已下以尊卑為位而哭有不敬者則呵責罰之

乾學按哭位條有天子之喪别位而哭肆師令序哭内宗序哭九嬪帥叙哭並此條通用當互考

檀弓士備入而后朝夕踊注備猶盡也國君之喪主人哭入則踊

右朝夕哭

周禮春官司服大喪共其奠衣服注奠衣服今坐上魂衣也○疏守祧職云遺衣服藏馬鄭云大斂之餘也至祭祀之時則出而陳于坐上則此奠衣服者也

乾學按陳小斂奠條有封人飾牛牲等七

官又陳殯具條有司几筵設葦席素几皆此條所通用此條後凡奠通用當互攷

右朝夕奠

周禮天官籩人喪事共其薦籩羞籩注喪事之籩謂殷奠時。疏殷猶大也大奠朔月月半薦新祖奠遣奠之類也

乾學按陳小歛奠條有封人等七官陳殯具條内有司几筵設葦席素几朝夕奠條内有司服共奠衣服皆此條通用此條後凡殷奠通用當互攷

右朔月月半殷奠

乾學按儀禮十七篇但有士之喪禮而天子大喪無之禮記則間載一二而始末不全無從考見周禮之所載者不過諸司職

掌而已亦無以考其行禮次第至杜君卿通典鄭漁仲通志諸書則但掇拾數語而條貫缺如人不謂善也唯黄勉齋續儀禮經傳通解以小戴禮喪大記為主而博採諸書以足之最為詳盡然又不耑主大喪而諸侯大夫士之禮襍陳其中則頗失之混前士喪禮中已列喪大記諸篇而此更重出之則又失之複逮馬貴與文獻通攷去勉齋之繁蕪而按喪禮次第以禮經條列之雖未能燦然大備然古禮原殘缺不完則後人編輯不過如是而已今此篇多仍馬氏之舊亦頗有所增損至於諸侯以下喪禮則盡見前篇茲不混入而諸侯禮

可通於天子者亦附著焉庶幾本末粗具
有可考見云

周禮春官小宗伯王崩及執事眡葬獻器遂哭之卜葬兆甫竁亦如之注執事蓋梓匠之屬至將葬獻明器之材又獻素獻成皆于殯門外王不親哭有官代之兆墓塋域甫始也鄭大夫讀竁爲穿杜子春讀竁爲毳皆謂葬穿壙也○疏獻器謂獻明器之時小宗伯哭此明器哀其生死異也將葬獻明器之材者見士喪禮云獻材于殯門外西面北上請主人徧視之如哭椁獻素獻成亦如之注云形法定爲素飾治畢爲成是其事也士喪禮主人親哭以其無官今王不親哭以其有官有官即小宗伯哭之是也卜葬亦如上獻明器哭之但明器材哭于殯門外此卜葬地在壙所亦與在殯所哭之相似也故云亦如之○

冢人掌公墓之地辨其兆域而爲之圖先王之葬居中以昭穆爲左右凡諸侯居左右以前卿大夫士居後各以其族凡死於兵者不入兆域凡有功者居前以爵等爲丘封之度與其樹數大喪既有日請度甫竁遂

為之尸　注　為尸者成葬為祭墓地之尸也鄭司農云既有日有葬日也始竁時祭以告后土冢人為之尸○疏大喪謂王喪請度甫竁者謂冢人請于冢宰量度始穿地之處

王昭禹曰公墓之地地屬于公而非私有之也自天子至於大夫士皆葬於此地冢人掌焉以昭穆為左右各以其族尚親也凡死于兵者不入兆域尚德也凡有功者居前尚功也以爵列為丘封之度與其樹數尚貴也先王之所以治死者如此

易祓曰君臣分守雖嚴義均休戚故葬同兆域

及竁以度為丘隧共喪之窆器　注　隧羨道也度丘與羨道廣袤所至窆器下棺豐碑之屬○疏

上經已甫竁此經復云及竁者此更本初欲竁之時先量度作丘作隧道之處廣狹長短故文重耳天子有隧諸侯已下有羨道隧道則上有負土若鄭莊公與母掘地而相見也羨道無負土鄭舉羨為況耳

○龜人若有祭祀則奉龜以往喪亦如之　疏　喪謂卜葬宅及日皆亦奉龜往卜處也

○大卜凡喪事命龜　注　重喪礼次大祭祀也士喪礼則筮宅卜日天子卜葬兆○疏天子卜葬日與士同其宅亦卜之與士異孝經云卜其宅兆亦據大夫以上若士則筮宅也

右獻器卜宅卜日

檀弓虞人致百祀之木可以為棺槨者斬之不至者廢其祀刎其人　注　虞人掌山澤之官百祀畿内百縣之祀也

○柏槨以端長六尺

注以端題湊也其方蓋一尺。疏柏椁者謂為椁用柏也天子柏諸侯松大夫士雜木也鄭注方相職云天子柏椁黄腸為裏而表以石焉以端者端頭也積柏材作椁並葺材頭也故云以端長六尺者天子椁材每段長六尺而方一尺注云以端者此木之端首題湊向内如其方蓋一尺以庶人四寸之棺五寸之椁：厚于棺一寸按喪大記君大棺八寸君謂諸侯則天子之大棺或當九寸其椁厚一尺故云其方蓋一尺則椁之厚也如鄭此言椁材並皆從下壘至上始為題湊：鬐也言木頭相鬐而作四阿也如此乃得椁之厚薄与棺相準皇

秋官大司寇奉其明水火凡朝覲會同前王大喪亦如之 注大喪所前或嗣王。疏水火司烜氏所掌者水以酌鬱鬯與五齊火以給爨亨喪是王喪復云前王明是嗣王也言或者或以先后及王世子皆是大喪若先后及世子大喪則王為正也

椁間亦容席故司几筵云柏席諸侯則紛純稍狹於天子故此云容柷大夫容壺者壺是漏水之罋大夫所掌甒盛酒之罋士所用也

右井椁

周禮天官世婦掌喪紀之事帥女宮而濯概為齍盛 注概拭也。疏喪紀謂大喪朝廟設祖奠及大遣奠時也 鄭鍔曰所用之罋則濯概以致絜所奉粢盛則差擇以致精

內豎若有喪紀之事則為內人蹕 注內人從世婦有事于廟者內豎為六宮蹕者以其

為之尸注為尸者成葬為祭墓地之尸也鄭司農云既有日有葬日也始竁時祭以告后土冢人為之尸○疏大喪謂王喪請度甫竁者謂冢人請于冢宰量度始穿地之處

王昭禹曰公墓之地地屬于公而非私有之也自天子至於大夫士皆葬於此地冢人掌焉以昭穆為左右各以其族尚親也凡死于兵者不入兆域尚德也凡有功者居前尚功也以爵列為丘封之度與其樹數尚貴也先王之所以治死者如此

易祓曰君臣分守雖嚴義均休戚故葬同兆域

及竁以度為丘隧共喪之窆器注隧羨道也度丘與羨道廣袤所至窆器下棺豐碑之屬○疏上經已甫竁此經復云及竁者此更本初欲竁之時先量度作丘作隧道之處廣狹長短故文重耳天子有隧諸侯已下有羨道隧道則上有負土若鄭莊公與母握地而相見也羨道無負土鄭舉羨為況耳

龜人若有祭祀則奉龜以往喪亦如之疏喪謂卜葬宅及日皆亦奉龜往卜處也

大卜凡喪事命龜注重喪禮次大祭祀也士喪禮則筮宅卜日天子卜葬兆○疏天子卜葬日與士同其宅亦卜之與士異孝經云卜其宅兆亦據大夫以上若士則筮宅也

右獻器卜宅卜日

檀弓虞人致百祀之木可以為棺椁者斬之不至者廢其祀刎其人注虞人掌山澤之官百祀畿內百縣之祀也○柏椁以端長六尺

注以端題湊也其方蓋一尺。疏柏椁者謂為椁用柏也天子柏諸侯松大夫士雜木也鄭注方相職云天子柏椁黃腸為裏而表以石焉以端者端頭也積柏材作椁並葺材頭也故云以端長六尺者天子椁材每段長六尺而方一尺注云以端者此木之端首題湊向內如其方蓋一尺以庶人四寸之棺五寸之椁〻厚于棺一寸按喪大記君大棺八寸君謂諸侯則天子之大棺或當九寸其椁厚一尺故云其方蓋一尺則椁之厚也如鄭此言椁材並皆從下壘至上始為題湊〻嚮也言木頭相嚮而作四阿也如此乃得椁之厚薄与棺相準皇氏以為壘椁材從下即題湊椁六尺與棺全不相應又鄭何云其方一尺皇氏之義非也

喪大記棺椁之間君容柷大夫容壺士容甒 注間可以藏物因以為節。疏君柷者柷如漆桶是諸侯棺椁間所容也若天子棺椁間則差寬大故司几筵云柏席用萑玄謂柏椁字滅磨之餘椁席藏中神坐之席也諸侯棺椁間亦容席故司几筵云柏席諸侯則紛純稍狹於天子故此云容柷大夫容壺者壺是漏水之罌大夫所掌甒盛酒之罌士所用也

右井椁

周禮天官世婦掌喪紀之事帥女宮而濯摡為齍盛 注摡拭也。疏喪紀謂大喪朝廟設祖奠及大遣奠時也

鄭鍔曰所用之器則濯摡以致絜所奉粢盛則差擇以致精

內豎若有喪紀之事則為內人蹕 注內人從世婦有事于廟者內豎為六宮蹕者以其

掌内小事○疏此謂喪朝廟為祖奠遣奠時也皆為内人蹕止行人也鄭知内人從世婦者内人卑不專行事明此内人從世婦而濯摡及為粢盛也内豎掌内小事以其蹕止行人既是小事故遣内豎使蹕也

乾學按陳小斂衣奠條内有封人等七官陳殯具條内有司几筵設几席朝夕奠條内有司服共其衣服朔月月半條内有籩人共薦籩羞籩外饔實鼎俎天子喪斬衰者奠皆此條所通用此以上兩條祖奠遣奠通用當互考

右陳朝祖奠

周禮春官喪祝及辟令啟 注鄭司農云辟謂除菆塗椁也令啓謂喪祝主命役人開之也○疏除菆塗椁者七日而殯殯時以椁菆塗其棺及至葬時令役人開之

右啟

周禮天官閽人喪紀之事設門燎蹕宮門廟門 注燎地燭也蹕

止行者廟在中門之外。疏大喪以下朝廟及出葬之時宮中及廟門皆設門燎蹕止行人也燎地燭者燭在地曰燎謂若天子百公五十侯伯子男皆三十所作之狀蓋百根葦皆以布纏之以蜜塗其上若今蠟燭矣對人手執者為手燭故云地燭也

乾學按設燎條內有舍人共薪蒸司烜氏共墳燭庭燎君堂上二燭三條並此條所通用當考

秋官士師諸侯為賓則帥其屬而蹕于王宮大喪亦如之疏大喪在宮中謂朝廟亦在宮中為蹕也

李嘉會曰大喪有廬舍之居亦當蹕宮以備非常

天官內豎王后之喪遷于宮中則前蹕注喪遷者將葬朝于廟。疏將葬而往朝七廟則亦使內豎在車前蹕止行人也

秋官大司寇前王大喪亦如之注大喪所前或嗣王。疏喪是王喪後云前王明是嗣王也言或者或是先后及王世子皆是大喪若先后及世子大喪則王為正也大司寇奉其明水火凡朝覲會同前王大喪亦如之疏明水火司烜氏所掌者水以酌鬱鬯與五齊火以給爨亨

劉彝曰以陽燧得火于日謂之明火以陰鑑得水于月謂之明水陰陽之精義以見聖人精意於鬼神祇也

小司寇前王而辟注鄭司農云小司寇為王道辟除姦人也若今時執金吾下至令尉奉引矣后世子之喪亦如之疏謂后世子之喪當朝廟之時王出入亦為王而辟也○地官閭胥凡喪紀之數聚衆庶注喪紀大喪之事也○疏王家喪紀閭胥為之聚衆庶以待驅使也○大司徒大喪率六鄉之衆庶屬其六引而治其政令注衆庶所致役也鄭司農云六引謂引喪車索也六鄉主六引六遂主六紼○疏王七月而葬大司徒則撿挍挽柩之事六鄉七萬五千家唯取一千人致之使為挽柩之役也司農云六鄉主六引則此經是也六遂主六紼者案遂人職云大喪帥六遂之役而致之掌其政令及葬帥而屬六綍在棺曰紼見繩體行道曰引見用力互文以見義也○遂人大喪帥六遂之役而致之掌其政令及葬帥而屬六綍及窆陳役注致役致於司徒給墓上事及竁也綍舉棺索也葬舉棺者謂載與說時也用綍旁六執之者天子其千人與陳役者主陳列之耳匠師帥監之鄉師以斧蒞馬大喪之正棺啓殯朝及引六鄉役之載及窆六遂役之亦即遠相終始也○疏殯及引皆六鄉役之其墓上事及竁等六遂役之墓上則說載下棺之等竁謂穿壙之等不言在廟載事亦六遂役之不言者畧也必致于司徒者司徒唯主六鄉亦兼掌六遂之役故也綍舉棺索者在棺則曰綍在道則曰引六遂之役不在道故舉在棺而言綍也陳役者謂下棺之時千人執綍背碑負引須陳列其人故知謂陳列之也按大司徒職云大喪帥六鄉之衆庶屬其六引此遂人云帥六遂之役屬六綍及窆陳役以六鄉近使主殯及啓朝為始在祖廟之中將行載棺于蜃車

起

屬六綍則六遂爲終也至于在道言引則還使六鄉爲始至壙窆之下棺則還使六遂爲終以二處各自爲終始故云即遠爲終始也

王庚日及葬大司徒親帥鄉役屬六引遂亦帥野役屬六綍及窆陳列之使背碑引綍司徒皆節制之司徒節制野役獨此事

小司徒大喪帥邦役治其政教注喪役正棺引窆復土。疏言正棺者謂若七月而葬朝廟之時正棺于廟引謂喪時引柩車自廟至壙窆謂下棺于壙也天子六綍四碑背碑挽引而下棺復土者掘坎之時掘土而外下棺之後反復此土以爲丘陵故云復土也

鄉師大喪用役則帥其民而至遂治之事注治謂監督其事。疏言大喪用役謂若喪時挽六引之等鄉之大夫既主鄉民役用鄉民之時鄉師遂治之監督謂監當督察其事

乾學按以上五條柩行通用內遂人小司徒二條幷窆通用當互攷

春官喪祝及朝御匶注鄭司農云朝謂將葬朝于祖考之廟而後行則喪祝爲御柩也。疏御柩者發殯宮輴車載至廟其時喪祝執纛居前以御正柩也按趙商問周朝而遂葬則是殯于宮葬乃朝廟案春秋晉文公卒殯于曲沃是爲去絳就祖殯于周礼異未通荅曰葬乃朝廟當周之正礼也其末世諸侯國何能同也傳合不合當解傳耳不滸難經何者既夕將葬遷于祖用軸既夕是周公正經朝廟乃葬故云不得難經也

乃奠注玄謂乃奠朝廟奠。疏乃奠者案既夕礼朝廟之時重先奠從燭從柩從徙奠乃昨夜夕奠至廟下棺于廟兩楹之間設此宿奠至明徹去宿奠乃設此朝廟之奠于柩西故云乃奠○天府凡吉凶之事祖廟之中沃盥執

竊注吉凶四時祭也凶事后王喪朝于祖廟之奠○疏王及后喪七月而葬將葬當朝六廟後乃朝祖廟祖廟中日昃爲祖奠厥明將去爲大遣奠皆有汛盥之事

○地官遂師大喪共蜃車之役注蜃車柩路也柩路載柳四輪迫地而行有似於蜃因取名焉王氏曰蜃車載闉壙之蜃者

稍人大喪帥蜃車與其役以至掌其政令以聽於司徒注蜃車及役遂人共之稍人者野監是以帥而致之既夕礼曰既正柩賓出遂匠納車于階間則天子以至于士柩路皆從遂來

○春官巾車小喪共匶路疏言大喪據王不別言后與世子則此喪中可以兼之柩車即蜃車

○夏官圉人凡賓客喪紀牽馬而入陳注喪紀之馬啓後所薦馬○疏謂將葬朝廟時既夕礼薦馬纓三就天子朝廟亦當在祖廟中陳設明器之時亦遣人薦馬及纓入廟陳之此馬謂擬駕乘車

廞馬亦如之注廞馬遣車之馬人捧之亦遣而入陳○疏此遣車則天子九乘載所苞遣奠以入壙皆人捧之亦遣而入陳者亦于祖廟陳此明器也但遣車及馬各使人別捧故上注云行則解脫之是也

乾學按柩行通用内廞馬一條陳明器通用

雜記士喪有與天子同者三其終夜燎及乘人專道而行注乘人謂使人執引也專道人辟之○疏言士喪與天子三事同終夜燎一也乘人二也專道行三也柩遷之夜須光明故竟夜燎也乘人謂人引車不用馬旣夕礼云屬引鄭云古者人引柩專道行謂喪在路不避人也

右朝祖奠遣車馬

周禮春官喪祝及祖飾棺乃載注祖為行始其序載而後飾○疏按旣夕礼遂匠納車于階間卻柩而下棺乃飾棺設帷荒之屬天子之礼亦是先載乃飾棺其序載而後飾者鄭見經先言飾棺後言乃載于文倒故依旣夕礼先載而後飾也

易祓曰及祖廟設祖奠之礼加帷荒以飾棺乃移所載蜃車于庭中遂為之御六哉

右載

周禮天官縫人喪縫棺飾焉注孝子啟見棺猶見親之身旣載飾而以行遂以葬若存時居于帷幕而加文繡○疏幕人共帷幕鄭注云在旁曰帷在上曰幕是存時居于帷幕而云加文繡者生時帷幕無文繡今死恐衆惡其親故加六繡卽所引喪大記飾棺是也衣翣柳之材注必先纏衣其木乃以張飾也柳之言聚諸飾之所聚○疏翣卽方扇是也柳卽帷荒是也二者皆有材縫人以采繒衣纏之乃後張飾于其上

王昭禹曰翣如方扇持之以蔽棺柳陰木為之故喪車謂之柳車翣以木為體用綵繒衣纏之以為飾故曰衣翣柳之材

禮器天子崩七月而葬五重八翣注天子葬五重者謂抗木與茵也葬者抗木在上茵在下士喪禮下篇陳器曰抗木橫三縮二加抗席三加茵用疏布緇翦有幅亦縮二橫三此士之禮一重者以此差之上公四重

右飾棺

周禮春官司服大喪共其斂衣服注斂陳也斂衣服所藏於椁中○疏此則明器之衣服亦沽而小者也

乾學按自衣服以下並獻明器條通用

司常大喪建斂車之旌及葬亦如之注葬云建之則行斂車解說之○疏此在廟時陳建之謂以斂旌建于遣車之上及入壙亦建之

車僕大葬斂革車注言興革車者則遣車不徒戎路廣闕革輕皆有焉○疏經不云戎路革路而云革車亦是五戎之捴名故知不徒戎路廣闕革輕皆有可知若然王喪遣車九乘除此五乘之外加以金玉象木四者則九乘矣

巾車大喪飾遣車遂斂之行之注斂興也謂陳駕之行使人次舉之以如墓也遣車一曰鸞車○疏遣車謂將葬遣送之車入壙者也言飾者還以金象革飾之如生存之車但粗細為之耳後鄭訓斂為興言陳駕者解斂為陳駕也按車僕云大喪斂革車彼斂謂作之此文既言飾遣車已是作更言遂斂之故以陳駕解斂也使人以次舉之者當在朝廟之時于始祖廟陳之明旦大遣奠之後則使以次抗舉人各執其一以如墓也按冢人云及葬言鸞車象人是名遣車為鸞車

王氏曰廞之於宫行之以適墓

天官司裘大喪廞裘飾皮車注皮車遣車之革路故書廞為淫鄭司農云淫裘陳裘也玄謂廞興也若詩之興謂象似而作之凡為神之偶衣服必沽而小耳○疏後鄭謂廞興也不從先鄭作陳者以檀弓云竹不成用瓦不成踊琴瑟張而不平竽笙備而不和皆是興象所作明非陳設之禮象似生時而作之但粗惡而小耳

王昭禹曰廞裘與廞樂同意廞者陳之而無實用陳之非所以致死不惡於不仁無實用非所以致生不惡于不智凡廞儀物者亦仁智之盡也

夏官校人大喪飾遣車之馬及葬埋之注言埋之則是馬塗車之芻靈○疏檀弓云塗車芻靈自古有之古者以泥塗為車以芻草為人馬神靈至周塗車仍存但刻木為人馬替古者芻靈今鄭云塗車之芻靈則是仍用芻靈與檀弓違者鄭但舉古之芻靈況周耳非謂周仍用芻靈也

乾學按柩行條內有冢人鸞車象人此條通用當互攷

夏官圉人凡喪紀廞馬詳見朝祖奠條○△司兵大喪廞五兵注廞興作明器之役器五兵也士喪禮下篇有甲冑干笮○疏按既夕禮明器之用器有弓矢役器有甲冑干笮彼雖不具五兵此既言五兵明五者俱有也故鄭引士喪禮下篇為證○△司弓矢大喪共明弓矢注弓矢明器之用器也士喪禮下篇曰用器弓矢

春官司干大喪廞舞器及葬奉而藏之疏此官所廞廞干盾而已其羽籥籥師廞之○△樂師凡喪陳樂則帥樂官注帥樂官往陳之○疏樂師謂笙師鎛師之屬廞樂藏之者也往陳之謂如既夕礼陳器于祖庙之前庭及壙道東者也○△大司樂大喪涖廞樂器及葬藏樂器亦如之注涖臨也廞興也臨笙師鎛師之屬興謂作之也○△眡瞭大喪廞樂器疏大喪廞樂器謂明器檀弓云琴瑟張而不平竽笙備而不和但沽而小耳是臨時乃造之○△笙師大喪廞其樂器及葬奉而藏之疏此官所廞謂作晉鼓鼖鼓○△籥師大喪廞其樂器奉而藏之疏此所廞作惟羽籥而已不作餘器○△典庸器大喪廞筍虡疏按檀弓有鍾磬而無筍虡鄭注云不縣之見此文有筍虡明有而不縣以喪事畧故也

右陳明器

周禮春官喪祝及祖飾棺遂御注鄭司農云祖謂將葬祖于庭象生時出則祖也祖時喪祝主飾棺遂御之喪祝為柩車御也玄謂祖為行始飾棺設柳池紐之屬既飾當還車鄉外喪祝御之御之者執翿居前卻行為制度易後曰及祖廟設祖奈之礼加帷荒以飾棺乃移所載轜車於庭中遂為之御六引

乾學按小歛條有封人等七官大歛條有

司几筵設葦席朝夕奠條有司服共奠衣服朔月月半奠條有籩人共薦籩羞籩外饔實鼎俎天子喪斬衰者奠陳朝祖奠條有世婦濯摡為齊盛内豎為内人蹕皆祖奠所通用當互攷

右祖奠

周禮春官大師大喪帥瞽而廞作匶謚注廞興也言王之行誄誦其治功之詩故書廞為淫鄭司農云淫陳也陳其生時行迹為作謚○疏帥瞽瞭歌王治功之詩廞作匶謚者匶即柩也古字通用以其輿斂王治功之詩為柩作謚是以瞽矇職云諷誦詩謂作謚時也王昭禹曰夙則陳儀物於庭序以興觀者欽則謂之廞考列其德行而誄之以言則謂之謚於大喪之廞則帥瞽而作匶謚以瞽掌樂王德成于樂謚則成德之名也

瞽矇諷誦詩世奠繫鼓琴瑟注諷誦詩主謂廞作柩謚時也諷誦王治功之詩以為謚世之而定其繫謂書于世本也雖不歌猶鼓琴瑟以播其音美之○疏諷誦詩謂於王喪將葬之時則使此瞽矇諷誦王治功之詩觀其行以作謚葬後當呼之世奠繫

若奠定也謂辨其昭穆以世之序而定其繫繫即帝繫世本是也鼓琴瑟者詩與世本二者雖不歌詠猶鼓琴瑟而合以美之也

鄭鍔曰小史掌奠世繫謂為史官當定公卿大夫與夫帝王之世繫今此瞽矇叟又安知世奠繫之事乎考先儒之說以奠為帝而世帝繫乃古書之紀述帝王之本繫如世本之類使之諷誦乎詩與世又定其所傳之繫以諷誦使人君知古之傳世者有德則子孫綿遠而世繫不衰無德則子孫之傳不遠所言者不定則其聞也不信故先奠而後諷誦之

小師大喪與廞 注從大師。疏大師廞作匶謚故小師從之也 ○大祝作六辭以通上下親疏遠近六曰誄 注誄謂積累生時德行以賜之命主為其辭也春秋傳曰孔子卒哀公誄之此皆有文雅辭令難為者也故大祝主作六辭或曰誄論語所謂誄曰禱尔于上下神祇

李嘉會曰六辭多於廟中奏之其辭無媿于神則上下親疏遠近之情可通

大史大喪遣之日讀誄 注遣謂祖廟之庭大奠將行時也人之道終于此累其行而讀之大師又帥瞽廞之而作謚瞽史知天道使共其事言王之誄謚成于天道 ○疏人之道終于此者以其未葬以前孝子不忍異于生仍以生礼事之至葬送形而往迎魂而返則以鬼事之故既葬之後當稱謚故誄生時之行而讀之此經誄即累也大師又帥瞽廞之而作謚者瞽史既知天道又于南郊祭天之所稱天以誄之是王之謚成於天道也若然先于南郊制謚乃遣之日讀之葬後則稱謚

黄度曰瞽誄其德行故作謚史記其言動故讀誄

凡喪事攷焉注：為有得失○小史大喪佐大史卿大夫之喪

賜謚讀誄注：其讀誄亦以大史賜謚為節事相成○疏：事相成者謚法依誄為之故也

右謚誄

周禮夏官大司馬喪祭奉詔馬牲注：王喪之以馬祭者蓋追奠也。奉猶送也送之于墓告而蔵之○春官司尊彝大喪存奠彝注：存省也謂大遣時奠者朝夕乃徹也○疏：大喪之奠有彝尊盛鬱鬯唯謂祖奠厥明將向壙為大遣時奠有之朝夕乃徹也者按檀弓云朝奠日出夕奠逮日則朝奠至夕徹之夕奠至朝乃徹其大遣亦朝設至夕乃徹言此者欲見所奠彝尊朝夕奠存者之意也

王昭禹曰朝奠夕徹不即去焉故謂之存

鄭伯熊曰不知神之所享弗忍徹也

鬯人大喪及葬共其祼器遂貍之注：遺奠之彝與瓚也貍之于祖廟階間明奠終于此○疏：葬時不見有設奠之事祖祭已前奠小不合有彝器奠之大者唯有遺奠故知于始祖廟中厥明將葬之時設大遣奠有此祼器也司尊彝云大喪存奠彝是也以奠無尸直陳之于奠處耳言貍之于祖廟階間者此按曾子問無遷主者以幣帛皮圭以為主命行反遂貍之于祖廟兩階之間此大遣奠在始祖廟事訖明亦貍之于階間也自此以前不忍異于生設奠食象生而無尸自此以後葬訖反日中而虞則有尸以神事謂之祭異于生故云明奠終于此也

小祝大喪及葬設道齋之奠分禱五祀注齋猶送也送道之奠謂遣奠也分其牲體以祭五祀告王去此宮中不復反也王七祀祀五者司命大厲平生出入不以告。疏案既夕礼祖庙之庭厥明設大遣奠包牲取下體是也分其牲體以祭五祀者謂包牲取下體之外分為五處祭也月令春祀戶夏祀竈季夏祀中霤秋祀門冬祀行此並是人所由從之處非直四時合祭出入亦宜告之司命泰厲則否

劉彝曰既設道齋之奠又分禱五祀以告王喪之行

乾學按陳小歛衣奠條有封人等七官陳殯具條有司几筵設几席朝夕奠條有司服共奠衣服朔月月半奠條有籩人供籩外饔實鼎俎天子喪斬衰者奠陳朝祖奠條有世婦濯概為齋盛内豎為内人蹕皆遣奠所通用當互攷

右大遣奠

周禮夏官量人掌喪祭奠竁之俎實注竁亦有俎實謂所包遣奠士喪礼下篇曰葳包

筲於旁。疏此喪祭丈連奠窆窆是壙内故鄭以喪祭爲大遣奠解之是以大司馬喪祭亦爲遣奠也又按冢人云請度甫窆穿壙之名此言奠窆則奠入於壙是以云所包遣奠也引士喪礼云藏包筲于旁者苞謂苞牲取下體葦包二是也藏筲者即既夕礼云筲三黍稷麥並藏之于棺旁又曰苞奠者取遣奠牲下體包裹之遣送行也

王昭禹曰奠謂遣奠窆謂穿土爲壙其祭皆有俎豆亦冢人掌之者以其制數量故也

右包奠

周禮地官遂師大喪使帥其屬以幄帟先道野役 注 使以幄帟先者大宰也其餘司徒也幄帟先所以爲葬窆之間先張神坐也道野役帥以至墓也。疏以幄帟先者謂使大宰帥其屬以幄帟先行至壙也大宰之屬幕人共幄幕帟綬故大宰帥之司徒主衆庶故令野役也先張神坐者謂柩至壙脱載除飾柩則在地未葬窆之間須有神坐之所故知大幕之下宜有幄之小帳小帳之内又有帟之盛塵以爲神坐也

乾學按陳殯具條幕人掌次此條通用朝祖條閭胥聚衆庶大司徒帥六鄉屬六引遂人屬六綍小司徒率邦役治政教鄉師帥其民而至又薦車馬及陳明器兩條並

此章通用當互攷

秋官鄉士大喪紀則各掌其鄉之禁令帥其屬夾道而蹕注屬中士以下○疏大喪紀當葬所經鄉道並遏六鄉以是故各掌其鄉之禁令當各帥其屬夾道而蹕知屬是中士以下者鄉士身是上士故云中士以下

○△夏官方相氏大喪先匶注喪使之道○疏喪多有凶邪故使之導也

○△春官喪祝及葬御匶出宮乃代注喪祝二人相與更也○疏及至也謂于祖廟厥明大奠後引柩車出喪祝于柩車前卻行御柩車出宮乃代者案序官云喪祝上士二人故鄭云二人相與更也

劉彝曰出宮乃代者至于外則御遂師代之

小喪亦如之

○△地官鄉師及葬執纛以與匠師御匶而治役注匠師事官之屬其于司空若鄉師之于司徒也鄉師主役匠師主衆共主葬引翿羽葆幢也尔雅曰纛翳也以指揮挽柩之役正其行列進退○疏言及葬者及至葬引向壙纛謂葆幢也鄉師執葆幢卻在柩車之前以與匠師御柩謂在路恐有傾覆故與匠師御正其柩而治役者亦謂監督人也

○△夏官司士大喪作六軍之士執披注作謂使之也披柩車行所以維持棺者有紐以結之謂之戴鄭司農云披者扶持棺險者也天子旁十二諸侯旁八大夫六士四玄謂結披必當棺束于束繫紐天子諸侯載柩三束大夫士二束喪大記曰君纁披六大夫披四前纁後玄士二披用纁人君礼文欲其數多圍數兩旁言六耳其實旁三○疏六軍之士者即六鄉之民以其鄉出一軍六鄉故

名六軍之士也天子千人而云六軍者以天子千人出自六軍故槪六軍之士非謂執披有七萬五千人也柩車則蜃車蜃車兩旁使人持之若四馬六轡然故名持棺者為披也有紐以結之謂之戴者喪大記云纁戴者是也先鄭云披者扶持棺險也天子旁十二諸侯八大夫六士四者無所依據後鄭不從玄謂結披必當棺束于束繫紐者謂蜃車兩旁皆有椰材其棺皆以物束之故云天子諸侯載柩三束大夫士二束彼喪大記不言天子此言者欲見天子無文約与諸侯同也

楊恪曰大司徒大喪帥六鄉之衆庶屬其六引遂人大喪師六遂之役而屬六紼要三披也紼也引也皆所以扶持棺以行者而執之者皆此千人則鄉遂皆有其人非止六鄉也

〔春官喪祝〕掌大喪勸防之事 注勸猶倡率前引者防謂執披備傾虧○疏勸猶倡帥前引者即經御柩一也謂執纛居柩路前卻行左右車脚有高下則以纛詔告執披者使持制之不至傾虧倡先也故云倡帥前引者防謂執披備傾虧者案夏官司士作六軍之士執披故以執披解防恐柩車傾倒故云備傾虧

小喪亦如之

○△〔大史〕大喪執灋以涖勸防 注鄭司農云勸防引六紼

○△〔巾車〕大喪及葬執蓋從車持旌 注從車隨柩路持蓋與旌者王平生時車建旌雨則有蓋今蜃車無蓋執而隨之象生時所執者銘旌

○△〔夏官御僕〕大喪持翣 疏喪大記注引漢礼以木為筐廣三尺高二尺四寸方兩角高衣以白布畫雲氣謂之畫翣畫之以黼謂之黼翣之頳是也天子用八在路夾蜃車兩旁八擴

○△〔天官女御〕后之喪持翣 注翣棺飾也持而從柩車○疏礼天子八翣后則樹之四旁

喪亦同將葬向壙之時使此女御持之左右各四人

〈春官冢人〉大喪及葬言鸞車象人 注鸞車巾車所飾遣車也亦設鸞旗鄭司農云象人謂以芻為人言猶語也語之者告當行若于生存者于是巾車行之孔子謂為芻靈者善謂為俑者不仁非作象人者不殆于用生乎○疏謂至葬冢人語巾車之官將明器鸞車及象人使行向壙遣車有鸞和之鈴兼有旌旗經直云鸞車不言鳶旗故鄭言之先鄭云象人謂以芻為人者後鄭不從以其上古有芻人至周不用而用象人則象人與芻靈別也鄭引檀弓者欲破先鄭以芻靈與象人為一若然則古時有塗車芻靈至周仍存塗車唯改芻靈為象人

乾學按陳明器條通用

〈夏官虎賁氏〉及葬從遣車而哭 注遣車王之魂魄所憑依○疏遣車者將葬盛所苞奠遣送者之車其車內既皆有牲體故云王之魂魄所憑依遣車多少之數天子無文鄭注雜記云天子太牢苞九箇遣車九乘苞內皆取大遣奠之牲體天子太牢外更用馬牲皆前脛折取臂臑後脛折取骼苞內各九箇皆細分其体以充數也

〈天官內豎〉王后之喪及葬執褻器以從遣車 注褻器振飾頮沐之器○疏從遣車若生時從后后之私褻小器唯有振飾頮沐之器故為此解也若然王府云凡褻器鄭注以為清器虎子不為振飾頮沐器者彼據生時故與牀笫等連文此注褻器為振飾頮沐之器者案特牲為尸而有盤匜并有簞巾巾為振飾盤匜為盥手故既夕禮用器之中有盤匜是送葬之時有褻器也

〈喪大記〉君葬用輴四綍二碑御棺用羽葆 注輴當為載以輇車之輇輇車

柩車也在棺曰綍行道曰引至壙將窆又曰綍而設碑是以連言之碑桓楹也御棺車前為節度也○疏四綍二碑者綍有四條碑有二旪此諸侯也天子則六綍四碑御棺用羽葆者雜記云諸侯用匠人執羽葆以鳥羽注于柄末如蓋而御者執之居前以指揮為節度也此一經所論在道之時未論窆時下棺之節因在塗連言窆時故云是以連言之至窆時下棺天子則更載以龍輴故遂師注云蜃車柩路也行至壙乃說更載以龍輴是天子殯用龍輴至壙去蜃車載以龍輴碑桓楹者檀弓云三家視桓楹是僭也則天子用大木為碑謂之豐碑諸侯則樹兩大木為碑謂之桓楹

右柩行

周禮春官巾車大喪及墓嘑啓關陳車注關墓門也車貳車也士喪礼下篇曰車至道左北面立東上○疏鄭知車是貳車者以其遣車在明器之中案既夕陳明器在道東西北上此不言明器而別陳車是貳車可知天子貳車象生時當十二乘也士喪礼云車至道左北面立東上者士無貳車唯據乘車道中槀車三乘此王礼亦有此三乘車于後別有貳車十二乘若然則此車非止貳車而已鄭直云貳車者舉其士礼不見者而言耳

乾學按此條朝祖薦車通用柩行條遂師以幄帟先陳明器條樂師陳樂器此條通用當互攷

夏官方相氏大喪及墓入壙以戈擊四隅敺方良注壙

穿地中也方良罔兩也天子之椁柏黃腸為裏而表以石焉國語曰木石之怪
夔罔兩○疏𠂔破方良為罔兩者入壙無取于方良之義故也天子之椁柏黃
腸為裏而表以石焉者欲見有罔兩之義故引漢法為證又檀弓云天子柏椁
以端長六尺言椁柏則亦取柏之心黃腸為椁之裏故漢依而用之而表之以
石蓋周時亦表以石故有罔兩也國語曰者案國語水
之怪龍罔象土之怪羵罔兩則知方良當為罔兩也

鄭鍔曰喪則使之為前驅以辟凶邪
葬則使之入壙擊罔兩以安神靈

〔春官喪祝〕及壙說載除飾 注鄭司農云說載下棺也除飾去棺飾也四翣之屬令可舉移安厝之玄謂除
飾便其窆爾周人之葬牆置翣翣作翣𠃌疏脫載謂下棺於地除飾謂除去帷
荒下棺于坎說其帷荒還入壙張之于棺注云四翣之屬者按喪大記及禮器
士二翣大夫四翣諸侯六翣天子八翣周人之葬牆置翣者謂帷荒與柩為
郭若牆然故謂之牆翣在道柩車旁人執之入壙置之于椁旁故云置也

喪亦如之 注小喪王后以下之喪 ○△〔地官掌蜃〕掌斂互物蜃物以共
闉壙之蜃 注互物蚌蛤之屬闉猶塞也將井椁先塞下以蜃禦溼也鄭司農說春秋傳曰始用蜃炭言僭天子也○疏按士喪禮筮宅還
井椁于殯門之外注云既哭之則往施之竁中是未葬前井椁材乃往施之壙中則未施壙前已施蜃炭于椁下以擬禦溼也 ○△〔稻人〕喪
紀共其葦事 注葦以闉壙禦溼之物 ○△〔澤虞〕喪紀共其葦蒲之事 注葦
以闉壙蒲以為席○疏蒲以為席者謂杭席及禮記云虞卒哭苄翦不納者是也 ○△〔掌茶〕掌以時聚茶以
共喪事 疏按既夕禮為茵之法用緇翦布謂淺黑色之布各一幅合縫著以茶拯末入壙之時先陳于棺下縮二于下橫三于上乃下棺於

茵上是也

右至壙

周禮春官冢人共喪之窆器注下棺豐碑之屬

乾學按朝祖條小司徒帥邦役遂人及窆陳役並此條通用當互攷

地官鼓人大喪則詔大僕鼓○夏官大僕大喪始崩戒鼓傳達于四方窆亦如之注戒鼓擊鼓以警衆也司農云窆謂葬下棺也春秋傳所謂日中而塴礼記謂之封皆下棺也音相似窆讀如慶封氾祭之氾○詳見始死條○地官遂師大喪及窆抱磨共丘籠及蜃車之役注蜃車柩路也行至壙乃説更復載以龍輴役謂執綍者磨者適歷執綍者名也遂人主陳之而遂師以名行校之○疏共丘籠者王曰丘謂共為丘之籠器以盛土也謂下棺之後以壙上土反復而為丘籠皆須籠器以盛土也適歷執綍者名者謂天子千人分布于六綍之上謂之適歷者分布稀疏得所名為適歷也遂人主陳之者案遂人云及窆陳役是也遂師抱持旐之名字巡行而校録之以知在否故云抱磨也○鄉師及窆執斧以涖匠師注匠師主豐碑之事執斧以涖之使戒其事涖謂臨視也○疏至壙下棺之時鄉師執斧以涖匠師匠師主衆匠恐下棺不得所須有用斧之事故執斧以臨視之匠師主豐碑之事故檀弓云公室視豐碑三家

視柩極鄭彼注天子斵大木為之豐大也天子六綍四碑前後各一碑各重鹿盧兩畔各一碑皆車鹿盧天子千人分置于六紼皆背碑負引擊鼓以為縱舍之節匠師主當之

○△〔春官冢人〕及窆執斧以涖疏案鄉師云執斧以涖匠師則此亦涖匠師而官俱臨者葬事大故二官共臨

遂入藏凶器注凶器明器○疏因上文窆下棺訖即遂入壙藏明器

正墓位蹕墓域守墓禁注位謂丘封所居前後也禁所為塋限○疏墓位即上文昭穆為左右須正之使不失本位墓域謂四畔溝兆蹕謂止行人不得近之守墓禁謂禁制不得浸入也禁所為塋限者謂禁者以塋域為限而禁之

○△〔司常〕建廞車之旌及葬亦如之詳見陳明器條

○△〔樂師〕凡喪陳樂器則帥樂官及序哭亦如之注哭此樂器亦帥之○疏案小宗伯云及執事眡葬獻器遂哭之注云至將葬獻明器之材又獻素獻成皆于殯門外王不親哭有官代之彼據未葬獻材時小宗伯哭之此序哭明器之樂器大承陳樂器之下而云序哭謂使人持此樂器向壙及入壙之時序哭之也

王昭禹曰樂師帥樂官而哭樂器以明先王之盛德感人之深故睹器而思其人則哭也大使樂師帥而哭亦以明哀樂之相仍舜用夔亦此意也

〔大司樂〕涖藏樂器詳見陳明器條

○△〔夏官校人〕飾遣車之馬及葬埋之同上

○△〔春官典瑞〕大喪共贈玉注贈玉蓋璧也贈有束帛六幣璧以帛○疏贈玉者按既夕礼葬時棺入坎贈用玄纁束帛即天子加以玉是贈先王之物也注云贈玉蓋璧也者以既夕礼云士贈用束帛明天子亦有束帛也而小行人合六幣璧以帛故知贈既用帛明以璧配之鄭言此言者恐天子與士異士用帛天子用玉嫌不用帛故言之也

天官大宰　大喪贊贈玉　注助王為之也贈玉既窆所以送先王

○春官小宗伯　成葬而祭墓為位　注成葬丘已封也天子之冢蓋不一日而畢位壇位也先祖形體託于此地祀其神以安之冢人職曰大喪既有日請度甫竁遂為之尸○疏天子之冢蓋不一日而畢者案檀弓云有司以几筵舍奠于墓左反日中而虞注云所使奠墓有司來歸乃虞也則虞祭在奠墓後此上文既云詔相喪祭則虞祭訖矣于下乃云成葬祭墓為位則虞祭不待奠墓有司來歸者由天子之冢高大蓋不一日而畢故設經喪祭在成葬之上也引冢人職者證祭墓為位時冢人為尸以祭后土也

○春官冢人　凡祭墓為尸　注祭墓為尸或禱祈焉鄭司農云為尸冢人為尸○疏後鄭知此祭墓為禱祈者是墓新成祭后土此文云凡故知謂禱祈也先鄭云為尸冢人為尸者上文祭墓謂始穿地時此文據成墓為尸後鄭以此亦得通一義故引之在下是以礼記檀弓云有司舍奠于墓左彼是成墓所祭亦引此凡祭墓為尸證成墓之事也

張載曰墓祭非古冢人祭于墓為尸是則成周之盛亦有祭于墓者雖非制礼之本經出于人情之所不忍先王亦從而許之其又立之尸者乃所以致其精神而示享之非體魄之謂其為義抑精矣

喪大記　凡封用綍去碑負引君封以衡君命毋譁以鼓封　疏封當為窆窆謂下棺下棺之時將綍一頭以繫棺緘又將一頭繞碑間鹿盧所引之人在碑外背碑而立負引者漸漸應鼓聲而下故云用綍去碑負引也君封以衡諸侯礼大物多棺重恐柩不正下棺之時別以大木為衡貫穿棺束之緘平持而下備傾頓也君命無譁以鼓封者謂君下棺之時

命令衆人無譁以擊鼓為窆時縱舍之節每一鼓漸縱綍也天子則六綍四碑綍既有六碑但有四故以前碑後碑各重鹿盧每一碑用二綍前後用四綍其餘兩綍繫于兩旁之碑

乾學按柩行係君葬四綍二碑此條通用

當互攷

右窆

襍記士三虞大夫五諸侯七 注 尊卑恩之差也天子至士葬即反虞○疏知天子至士葬即反虞者以其不忍一日末有所歸尊卑皆然故知葬即反虞檀弓云葬日虞不忍一日離也不顯尊卑是貴賤同然也

黄榦曰今案檀弓葬日虞以虞易奠疏曰襍記云諸侯七虞然則天子九虞也初虞以葬日而用柔第二虞亦用柔日假令丁日葬葬日而虞則巳日二虞後虞改用剛則庚日三虞也故鄭注士虞礼云士則庚日三虞士之三虞用四日則大夫五虞當八日諸侯七虞當十二日天子九虞當十六日最後一虞與卒哭例同用剛日此可以補經文之闕故備録

周禮春官小宗伯王崩既葬詔相喪祭之禮 注 喪祭虞祔也

司巫祭祀則共蒩館 注 館所以承蒩謂若今筐也士虞礼苴刌茅長五寸實于筐饌于西坫上

鄭鍔曰蒩者茅也鄉師所謂共茅蒩是也盛蒩名曰館舍然謂茅托于其中也

天官甸師祭祀共蕭茅注鄭大夫云蕭字或為莤莤讀為縮束茅立之祭前沃酒其上酒滲下去若神飲之杜子春讀為蕭蕭香蒿也茅以供祭之苴亦以縮酒苴以藉祭○疏士虞礼束茅長五寸立于几東謂之苴是也

王昭禹曰易曰藉用白茅是取茅以藉祭也齊桓責楚不貢包茅無以縮酒是取茅以縮酒也凡用甸師共之以其出于王藉乃所以盡志也

陸佃曰甸師之茅或入鄉師或入司巫鄉師之所貢者大祭祀司巫之所貢者凡祭祀也茅之為用或以縮酒記縮酌用茅司尊彝醴齊縮酌是也或以藉物士虞礼鉶俎取黍稷祭于苴鄉師共茅蒩也至男巫旁招以茅則又除不祥也

地官鄉師大祭祀共茅蒩注玄謂蒩士虞所謂苴刌茅長五寸束之者是也祝設于几東席上命佐食取黍稷祭于苴王取膚祭祭如初此所以承祭既祭蓋束而去之守祧職云既祭藏其墮是與

鄭鍔曰甸師共蕭茅鄉師共茅蒩司巫共蒩館蕭以祭肺茅以縮酒皆求神之所須也共于王藉所以見其誠此言茅蒩蒩藉也藉祭器之所用則多矣故共于六鄉所以致其備司巫則以其多也又為館以藏之

項安世曰縮酒以達氣故天官主之束蒩以藉形故地官主之

天官庖人共喪紀之庶羞注喪紀喪事之祭謂虞祔也○疏凡喪未葬以前無問朝夕奠及大奠皆無籩羞之法今言共喪紀庶羞者謂虞祔之祭乃有之又曰天子九虞後作卒哭祭虞卒哭在寢明日祔于祖廟今直云虞祔不言卒哭者舉前後虞則卒哭在其中共庶羞可知○春官喪祝掌喪祭祝號注喪祭虞也

右虞祭

曲禮措之廟立之主曰帝注同之天神春秋傳曰凡君卒哭而祔祔而作主○疏措置也王葬後卒哭竟而祔置于廟主使神依之也白虎通云所以有主者神無依據孝子以繼心也主用木木有始終又與神相似也蓋記之以為題欲令後可知也方尺或曰尺二寸鄭云周以栗漢書前方後圓五經異義云主狀正方穿中央達四方天子長尺二寸諸侯長一尺天神曰帝今號此主同于天神故題稱帝若文帝武帝之類也

右作主

乾學按作主祔廟之後尚有練祥諸祭而三禮俱無之故今不敢妄補○又按天子之喪禮其異於臣庶者不過儀文之盛品物之多而已至于喪中行禮次第則與臣庶初無異也今王朝喪禮雖不傳而士喪禮之篇首末完備秩然不紊則天子之禮即此可以攷見學者誠因禮文之所載以旁證而曲取則謂雖國恤之儀至今存可也覽是編者統士禮而合觀之庶幾其無遺憾乎

職掌

周禮天官大宰以九式均節財用三曰喪荒之式疏喪

謂諸侯諸臣之喪含襚贈奠賻賵之類王家之喪所用大非此所共也

小宰以官府之六聯合邦治三曰喪荒之聯事疏大喪太宰贊

贈玉含玉司徒率六鄉之衆庶屬其六引宗伯為上相司馬平士大夫司寇前王此所謂官聯以灋掌喪荒之戒具

令百官府共其財用

宰夫凡邦之弔事掌其戒令與其幣器財用凡所共

者大喪小喪掌小官之戒令帥執事而治之注大喪王后世子也

小喪夫人以下小官士也其大官則冢宰掌其戒令治謂共辦三公六卿之喪與職喪帥官有

司而治之凡諸大夫之喪使其旅帥有司而治之注旅

冢宰下士

庖人共喪紀之庶羞注喪事之祭虞祔之屬

外饔凡小喪紀陳其鼎俎而實之注小喪紀有奠祭

獸人凡喪紀共其死獸生獸

𩿾人凡喪紀共其魚之鱻薧

腊人喪紀共其脯腊凡乾肉之事

籩人喪事共其薦籩羞籩

醢人喪紀共薦羞之豆實

幕人三公及卿大夫之喪共其帟

掌次凡喪王則張帟三重諸侯再重孤卿大夫不重

大府山澤之賦以待喪紀○凡邦國之貢以待弔用

外府凡喪紀共其財用之幣齎賜予之財用

內宰凡喪事佐后使治外內命婦正其服位

內小臣喪紀則擯詔后之禮事相九嬪之禮事正內人之禮事注擯為后傳辭有所求為詔相正者異尊卑也○疏擯者后有事九嬪以下從后往也后尊詔告而已九嬪卑則言相女御尤卑直正之而已

閽人掌守王宮之中門之禁喪服凶器不入宮○喪紀之事設門燎蹕宮門廟門

寺人若有喪紀之事則帥女宮而致於有司佐世婦治禮事凡內人弔臨於外則帥而往立于其前而詔相之

內豎若有喪紀之事則為內人蹕

九嬪若有賓客則從后大喪帥叙哭者亦如之

世婦掌弔臨于卿大夫之喪

女御從世婦而弔于卿大夫之喪

典絲喪紀共其絲纊組文之物

內司服共喪衰后之喪共其衣服凡內具之物

縫人喪縫棺飾焉衣翣柳之材

追師喪紀共笄經

地官大司徒以荒政十有二聚萬民八曰殺哀注殺哀謂省凶礼

以本俗六安萬民二曰族墳墓○四閭為族使之相葬

小司徒掌喪紀之禁令疏喪紀者謂若四閭為族使之相葬之等

鄉師正歲稽其鄉器比共吉凶二服閭共祭器族共喪器黨共射器州共賓器鄉共吉凶禮樂之器

州長凡州之大喪皆涖其事注大喪鄉老鄉大夫卒者

黨正凡其黨之喪紀教其禮事掌其戒禁

族師四閭為族八閭為聯使之相保相受以相葬埋

閭胥凡喪紀之數聚衆庶

師氏凡喪紀王舉則從注舉猶行也○疏以王所在皆須詔王以美道也

保氏養國子以道乃教之六儀四曰喪紀之容○凡喪紀王舉則從

媒氏禁遷葬者與嫁殤者

司市國荒凶札喪則市無征而作布

泉府凡賒者喪紀無過三月

酇長各掌其酇之政令以治其喪紀之事

委人喪紀共其薪蒸木材

土均禮俗喪紀祭祀皆以地媺惡為輕重之灋而行之掌其禁令注礼俗民所行先王舊礼也隨其土地厚薄為之制豐省之節耳○疏礼俗喪紀祭祀三事地美則重行之地惡則輕行之禁令者恐有僭踰與下逼故禁之也

稻人喪紀共其葦事

澤虞喪紀共其葦蒲之事

掌荼掌以時聚荼以共喪事注茵著用荼

掌蜃掌斂互物蜃物以共闉壙之蜃注互物蚌蛤之屬闉猶塞也將井槨先塞下以蜃禦濕也

囿人喪紀共其生獸死獸之物

舍人喪紀共飯米熬穀

春官大宗伯以喪禮哀死亡

小宗伯辨吉凶之五服

肆師掌兆中之禁令○凡卿大夫之喪相其禮

内宗王后有事則從大喪序哭者哭諸侯亦如之凡

卿大夫之喪掌其弔禮

外宗大喪則叙外内朝莫哭者哭諸侯亦如之

職喪掌諸侯之喪及卿大夫士凡有爵者之喪以國

之喪禮涖其禁令序其事凡國有司以王命有事焉

則詔贊主人注有事謂含襚贈賵之屬

大卜凡喪事命龜

龜人若有祭事則奉龜以往喪亦如之

小祝凡外內小喪紀掌事焉

喪祝凡卿大夫之喪掌事而斂飾棺焉

司巫凡喪事掌巫降之禮

大史凡喪事攷焉小喪賜謚

小史卿大夫之喪賜謚讀誄

夏官大司馬王弔勞士庶子則相注師敗王親弔士庶子之死者勞其傷者相則王之礼庶子卿大夫之子從軍者或謂之庶士○疏注云庶子為卿大夫之子適庶俱兼士則卿大夫士之身也

小司馬凡小喪紀掌其事如大司馬之灋

量人掌喪祭奠竁之俎實注竁亦有俎實謂所包遣奠

挈壺氏凡喪懸壺以代哭者皆以水火守之分以日夜

方相氏掌蒙熊皮黃金四目玄衣朱裳執戈揚盾大喪先匶及墓入壙以戈擊四隅敺方良注方良罔兩也

大僕掌三公孤卿之弔勞

小臣掌士大夫之弔勞

御僕掌庶民之弔勞

圉人凡喪紀牽馬而入陳廞馬亦如之

秋官鄉士三公若有邦事則為之前驅而辟其喪亦如之

遂士六卿若有邦事則為之前驅而辟其喪亦如之

縣士若大夫有邦事則為之前驅而辟其喪亦如之

朝士若邦札喪之故則令邦國都家縣鄙慮刑貶

司隸邦有喪紀之事則役其煩辱之事

蜡氏凡國之大祭祀禁凶服者

小行人若國札喪則令賻補之

掌客凡賓客死致禮以喪用賓客有喪惟芻稍之受

遭主國之喪不受饗食受牲禮

乾學按周禮五官內其分掌喪紀之官凡一百有三十令凡屬大喪者悉入于國恤篇不重載其掌諸侯以下喪及兼掌大小喪紀者則入于此篇閱者詳之

右職掌

讀禮通考卷六十八

喪儀節三十一　國恤三

漢大喪儀

後漢書禮儀志不豫太醫令丞將醫入就進所宜藥嘗藥監近臣中常侍小黃門皆先嘗藥過量十二公卿朝臣問起居無間太尉告請南郊司徒司空告請宗廟告五嶽四瀆羣祀並禱求福疾病公卿復如禮登遐皇后詔三公典喪事百官皆衣白單衣白幘不冠閉城門宮門近臣中黃門持兵虎賁羽林郎中署皆嚴宿衛官府各警北軍五校繞宮屯兵黃門令尚書御史謁者晝夜行陳三公啟手足色膚如禮皇后皇太子皇子哭踊如禮沐浴如禮守宮令兼東園匠

將女執事黃絲緹繒金縷玉柙如故事漢舊儀曰帝崩含以珠纏以緹繒十二重以玉為襦如鎧狀連縫之以黃金為縷腰以下以玉為札長一尺二寸半為柙下至足亦縫以黃金縷請諸衣衿斂之凡乘輿衣服已御輒藏之崩皆以斂飯唅珠玉如禮禮稽命徵曰天子飯以珠唅以玉諸侯飯以珠唅以珠卿大夫士飯以珠唅以貝槃冰如禮周禮凌人天子喪供夷槃冰鄭玄曰夷之言尸也實冰於槃中置之尸牀之下所以寒尸也漢禮器制度大槃廣八尺長一丈二尺深三尺漆赤中百官哭臨殿下是日夜下竹使符告郡國二千石諸侯王應劭曰凡與郡國守相竹使符皆以竹箭五枚長五寸鐫刻篆書第一至第五張晏曰符以代古之珪璋從簡易也此下大喪符亦猶斷比竹使符到皆伏哭盡哀漢舊制發兵皆以銅虎符其餘徵調竹使而已符第合會為不信見杜詩傳小斂如禮東園匠考工令奏東園秘器表裏洞赤虡文畫日月鳥龜龍虎連璧偃月牙檜梓宮如故事大斂于兩楹之間五官左右虎賁羽林五將各將所部執虎賁戟屯殿端門陛左右廂中黃門持兵陛殿上夜漏羣臣入晝漏上水大鴻臚設九賓隨立殿下謁者引諸侯王立殿下西面北上宗室諸侯四姓小侯

在後西面北上治禮云引三公就位殿下北面特進次中二千石列侯次二千石六百石博士在後羣臣陪位者皆重行西上位定大鴻臚言具謁者以聞皇后東向貴人公主宗室婦女以次立後皇太子皇子在東西向皇子少退在南北面皆伏哭大鴻臚傳哭羣臣皆哭三公升自阼階安梓宮內珪璋諸物近臣佐如故事嗣子哭踊如禮周禮駔珪璋璧琮以斂尸鄭司農曰駔外有捷盧也謂珪璋璧琮琥璜皆爲開渠爲眉瑑沙除以斂尸令汁得流去也鄭玄曰以斂尸者以大斂焉加之也渠眉玉飾之溝瑑也以組穿聯六玉溝瑑之中以斂尸珪在左璋在首琥在右璜在足璧在背琮在腹蓋取象方明神之也疏璧琮者通于天地東園匠武士下釘衽載去牙喪大記曰君蓋用漆三衽三束鄭玄注曰衽小要太常上太牢奠太官食監中黃門尚食次奠執事者如禮太常大鴻臚傳哭如儀三公奏尚書顧命太子即日即天子位于柩前請太子即皇帝位皇后爲皇太后奏可羣臣皆出吉服入會如儀太

尉升自阼階當柩御座北面稽首讀策畢以傳國玉璽綬東面跪授皇太子即皇帝位中黄門掌兵以玉具隨侯珠斬蛇寶劒授太尉告令羣臣羣臣皆伏稱萬歲或大赦天下遣使者詔開城門宫門罷屯衛兵羣臣百官罷入成喪服如禮兵官戎文帝遺詔無布車及兵器應劭曰不施輕重介士三公太常如禮故事百官五日一會臨故吏二千石刺史在京都郡國上計掾史皆五日一會天下吏民發喪臨三日文帝遺詔先葬二日皆旦晡臨既葬釋服無禁嫁娶祠祀文帝遺詔文有飲酒食肉自當給喪事服臨者皆無踐〻徒跣也佐史以下布衣冠幘經帶無過三寸臨庭中文帝遺詔武吏布幘大冠大司農見錢穀給六丈布直以葬大紅十五日小紅十四日纖七日釋服應劭曰紅中者祥大祥以紅為領緣纖禫也凡三十六日而釋部刺史二千石列侯在國者及關内侯宗室長吏及因郵奉奏諸

侯王遣大夫一人奉奏弔臣請駙馬露布奏可以木為重高九尺廣容八歷裏以葦蓆巾門喪帳皆以簟車皆去輔轓疏布惡輪走卒皆布褠幘太僕四輪輴為賓車大練為屋幙中黄門虎賁各二十人執紼司空擇土造穿太史卜日謁者二人中謁者僕射中謁者副將作油緹帳以覆坑方石治黄腸題湊便房如禮漢舊儀畧載前漢諸帝壽陵曰天子即位明年將作大匠營陵地用地七頃方中用地一頃深十三丈堂壇高三丈墳高十二丈武帝墳高二十丈明中高一丈七尺四周二丈内梓棺柏黄腸題湊以次百官藏畢其設四通羨門容大車六馬皆藏之内方外陟車石外方立先閉劒戶戶設夜龍莫邪劍伏弩設伏火巳營陵餘地為西園后陵餘地為婕妤以下次賜親屬功臣漢書音義曰題頭也湊以頭向内所以為固也但房藏中便坐也皇覽曰漢家之葬方中百步已穿築為方城其中開四門四通足放六馬然後錯渾雜物扞漆繒綺金寶米穀及埋車馬虎豹禽獸發近郡卒徒置將軍尉侯以後宮貴幸者皆守園陵元帝葬乃不用車馬禽獸等物大駕太僕御方相氏黄金四目蒙熊皮玄衣朱裳執戈揚楯立乘四馬先驅周禮曰方相氏大喪先柩及墓入壙以戈擊四隅歐方良鄭玄曰方相放想也可畏怖之貌壙地中也方良罔兩也天子之椁柏黄腸為裏表以石焉國語曰木石之怪夔罔兩旂之制

長三仞十有二斿曳地畫日月升龍書旐曰天子之
柩謁者二人立乘六馬為次大駕甘泉鹵簿金根容
車蘭臺法駕喪服大行載飾如金根車皇帝從送如
禮太常上啟奠夜漏二十刻太尉冠長冠衣齋衣乘
高車詣殿止車門外使者到南向立太尉進伏拜受
詔太尉詣南郊未盡九刻大鴻臚設九賓隨立羣臣
入位太尉行禮執事皆冠長冠衣齋衣太祝令跪讀
謚策太尉再拜稽首治禮告事畢太尉奉謚策還詣
殿端門太常上祖奠中黄門尚衣奉衣登容根車東
園武士載大行司徒却行道立車前禮治引太尉入
就位大行車西少南東面奉策太史令奉哀策立後
太常跪曰進皇帝進太尉讀謚策藏金匱皇帝次科
藏于廟太史奉哀策葦篋詣陵太尉旋復公位再拜

立哭太常跪曰哭大鴻臚傳哭十五舉音止哭太常行遣奠皆如禮請哭止哭如儀晝漏上水請發司徒河南尹先引車轉太常跪曰請拜送載車著白系參繆紼長三十丈大七寸為輓六行行五十人公卿已下子弟凡三百人皆素幘委貌冠衣素裳校尉三人皆赤幘不冠絳科單衣持幢幡候司馬丞為行首皆銜枚羽林孤兒巴俞櫂歌者六十人為六列鐸司馬八人執鐸先大鴻臚設九賓隨立陵南羨門道東北面諸侯王公特進道西北面東上中二千石二千石列侯直九賓東北面西上皇帝白布幕素裏夾羨道東西向如禮容車幄坐羨道西南向車當坐南向中黃門尚衣奉衣就幄坐車少前太祝進醴獻如禮司徒跪曰大駕請舍太史令自車南北面讀哀策掌故

在後已哀哭太常跪曰哭大鴻臚傳哭如儀司徒跪曰請就下位東園武士奉下車司徒跪曰請就下房都導東園武士奉車入房司徒太史令奉謚哀策晉時有人嵩高山下得竹簡一枚上有兩行科斗書之臺中外傳以相示莫有知者司空張華以問博士束皙皙曰此明帝顯節陵中策也檢校果然是知策用此書也東園武士執事下明器禮記曰明器神明之也孔子謂為明器知喪道矣備物而不可用也鄭玄之注既夕曰陳明器以西行南端為上筲八盛容三升鄭玄注既夕曰筲畚種類也其容蓋與簋同黍一稷一麥一粱一稻一麻一菽一小豆一甕三容三升醢一醯一屑一鄭玄注既夕曰屑薑桂之屑黍飴載以木桁覆以疏布甒二容三升醴一酒一載以木桁覆以功布瓦鐙一彤矢四軒輖中亦短衛彤矢四骨鏃短衛既夕曰翭矢一乘骨鏃短衛鄭玄注曰翭猶候也候物而射之矢也四矢曰乘骨鏃短衛示不用也生時翭矢金鏃凡為矢五分笴長而羽其一通俗文曰細毛翭也彤弓一卮八牟八鄭玄注既夕槃匜盥器也杖几各一蓋一鐘十六無虡鎛四無虡爾雅曰大鐘謂之鏞郭璞注白書曰笙鏞以間亦名鎛磬十六無虡禮記曰有鐘磬而無簨虡鄭玄曰不懸之也壎一

簫四笙一篪一柷一敔一瑟六槊一竽一筑一坎候一禮記曰琴瑟張而不平竽笙備而不和干戈各一笮一甲一胄一既夕謂之役器鄭玄曰笮矢箙輓車九乘芻靈三十六匹鄭玄注禮記曰芻靈束茅為人馬謂之芻靈神之類瓦竈二瓦甑一瓦鬲十二容五升匏勺一容一升瓦案九瓦大杯十六容三升瓦小杯二十容二升瓦飯槃十瓦酒樽二容五升匏勺二容一升祭服衣送皆畢東園匠曰可哭在房中者皆哭太常大鴻臚請哭止如儀司徒曰百官事畢臣請罷從入房者皆再拜出就位太常導皇帝就贈位司徒跪曰請進贈侍中奉持鴻洞贈玉珪長尺四寸薦以紫巾廣袤各三寸緹裹赤纁周緣贈幣玄三纁二各長尺二寸廣充幅皇帝進跪臨羨道房戶西向手下贈投鴻洞中三東園匠奉封入藏房中太常跪曰皇帝敬再拜請哭大鴻

臚傳哭如儀太常跪曰贈事畢皇帝促就位續漢書曰明帝崩司徒鮑昱典喪事葬日三公入安梓宮還至羨道半逢上欲下昱前叩頭言禮天子鴻洞以贈所以重郊廟也陛下奈何冒危險不以義割哀上即還容根車游載容衣司徒至便殿並輦騎皆從容車玉帳下司徒跪曰請就幄導登尚衣奉衣出次奉器衣物藏於便殿太祝進醴獻几下用漏十刻禮畢司空將校復土皇帝皇后以下皆去麤服服大紅還宮反廬立主如禮桑木主尺二寸不書謚虞禮畢祔於廟如禮漢舊儀曰高帝崩三日小斂室中牖下作栗木主長八寸前方後圓圍一尺置牖中望外內張綿絮以鄣外以皓木大如指長三尺四枚纏以皓皮四方置牖中主居其中央七日大斂棺以黍飯羊舌祭之牖中已葬收主為木函藏廟太室中西牆壁埳中望內外不出室堂之上坐為五時衣冠履几杖竹籠為俑人無頭坐起如生時皇后主長七寸圍九寸在皇帝主右旁高皇帝主長九寸上林栗木長安祠廟作神主東園秘器作梓棺素木長丈三尺崇廣四尺先大駕日游冠于諸宮諸殿羣臣皆吉服從會如儀皇帝近臣喪服如禮醳大紅服小紅十一升都布練冠醳小紅服纖醳纖服留黃冠常冠近臣及二千石以

下皆服留黄冠百官衣皁每變服從哭詣陵會如儀
祭以特牲不進毛血首司徒光禄勳備三爵如禮
漢舊制皇帝崩三日小斂室中牖下作栗木主長
八寸前方後圓圍一尺置牖中望外内張綿絮以
障外以皓本大如指長三尺四枚纏以皓皮四方
置牖中主居中央七日大斂棺槨以稻糯飯羊舌
祭之牖中已葬收主為木函藏廟太室中西墻壁
埳中去地六尺一寸當祠則設座於埳中下祠之
出主置簟蓋上立之牖中高皇帝主長九寸上林
給栗木長安祠廟作神主東園秘棺則梓棺素木
長丈三尺崇廣四尺高皇帝崩晗以珠纏以緹繒
十二重以玉為襦如鎧狀連縫之以黄金為縷腰
以下玉為札長廣二寸半為柙下至足亦縫以黄

金為縷請諸衣衾斂之凡衆輿衣服已御輒藏之
崩皆以斂不制裁一尺新繒綿帛也

光武中元二年二月戊戌帝崩于南宮前殿

光武崩趙熹為太尉受遺詔興喪禮時藩王皆在京師自王莽纂亂舊典不存皇太子與東海王等襍止同席熹乃正色扶下諸王以明尊卑顯宗崩熹復典喪事再奉大行禮事修

奉

順帝永平十八年八月壬子帝崩遺詔無起寢廟藏主于光烈皇后更衣別室

沖帝崩太后以揚徐盜賊強盛恐驚擾倒亂欲須所徵諸侯王到乃發喪李固對曰帝雖年幼猶天下之父今日崩亾人神感動豈有臣子反共掩匿乎昔秦

皇亡于沙丘胡亥趙高隱而不發卒害扶蘇以亡國近此鄉侯豊閻后兄弟及江京等亦共掩蔽遂有孫程手刃之事此天下大忌不可之甚也太后從之趙典為厨亭時禁藩國諸侯不得奔弔典獨慨然觧印綬符策赴縣而馳到京師州郡及大鴻臚並報處其罪公卿百寮嘉典之儀表請以租自贖詔書許之

宋書後漢世諸帝不豫並告泰山弘農廬江常山潁川南陽河東〻郡廣陵太守禱祠五岳四瀆遣司徒分詣郊廟社稷

魏晉六朝大喪儀

通考魏武王以禮送終之制襲稱之數繁而無益俗又過之先自制送終衣服四篋題識其上春秋冬夏

曰有不諱隨時以斂金珥珠玉銅鐵之物一不得送

文帝黃初三年作終制（見山陵篇）帝崩國內服三日

通典魏文帝黃初四年制曰飯含無以珠玉無施珠襦玉柙昔季孫以璵璠斂孔丘譬之暴骸中原

景初中明帝崩于建始殿殯於九龍殿（三國志明帝紀景初三年帝崩于嘉福殿魏書殯於九龍殿此云崩於建始殿似誤）尚書訪曰當以明皇帝謚告四祖祝文於高皇稱玄孫之子云何王肅曰禮稱曾孫某謂國家也荀顗鄭玄說皆云天子諸侯事曾祖以上皆稱曾孫又按訪漢既葬容衣還儒者以為宜如文皇帝故事以存時所服王肅曰禮雖無容衣之制今須容衣還而後虞祭宜依尸服卒者上服之制生時褻服可隨所存至于制度則不如禮孔子曰祭之以禮亦為此也諸侯之上則命服也天子不為命服然亦

所以命服之上也按漢氏西京故事月游衣冠則容衣也言冠以正服不以褻衣也尚書又訪容衣還羣臣故當在帳中常填衛見王肅曰禮不墓祭而漢氏正月上陵神座在西序東向百辟計吏前告郡之穀價人之疾苦欲先帝魂靈聞知時蔡邕以為禮有煩而不可去事亡好存況今無填衛之禁而合于如事存之意可見於門内拜訖入帳臨乃除服

晉書武帝紀太熙元年帝崩於含章殿

通典晉尚書問今大行崩含章殿安梓宮宜在何殿博士卞摧楊雍議曰臣子尊其君父必居之以正所以盡孝敬之心今太極殿古之路寢梓宮宜在太極殿依周人殯于西階又問既殯之後別奠下室之饌朝夕轉易諸所應設祭朔望牲用宜所施行按禮具

荅權礭議按禮天子日食少牢月朔太牢喪禮下室之饌如他日宜隨御饍朝夕所常用也朔望則奠用大牢脩物又問按景帝故事施倚廬于九龍殿上東廂今御倚廬爲當在太極殿下諸王廬復應何所權琳議尚書頠命成王崩康王居于翼室先儒云翼室于路寢今宜于太極殿上諸王各宜于其所居爲廬朝夕則就位哭臨

晉書禮志魏氏故事國有大喪羣臣凶服以帛爲綬囊以布爲劒衣新禮以傳稱去喪無所不佩明在喪則無佩也更制齊斬之喪不佩劒綬摯囊以爲周禮武賁氏士大夫之職也皆以兵守王宮國有喪故則衰葛執戈楯守門葬則從車而哭又成王崩太保命諸大夫以干戈内外警設明喪故之際蓋重宿衛之

防去喪無所不佩謂服飾之事不謂防禦之用宜定新禮布衣斂如舊其餘如新制詔從之

漢魏故事將葬設吉凶鹵簿皆有鼓吹新禮以禮無吉駕導從之文臣子不宜釋其衰麻以服玄黄除吉駕鹵簿又凶事無樂遏密八音除凶服之鼓吹摯虞以爲葬有祥車曠左則今之容車也既葬日中反虞逆神而還春秋傳鄭大夫公孫蠆卒天子追賜大路使以行士喪禮葬有藁車乘車以載生之服此皆不惟載柩兼有吉駕之明文也既設吉駕則宜有導從以象平生之容明不致死之義臣子衰服不得爲身而釋以爲君父則無不可頗命之篇足以明之宜定新禮設吉服導從如舊其凶服鼓吹宜除詔從之

南齊書建武二年正月有司以世祖文皇帝今二年

正月二十四日再忌日二十九日大祥三月二十九日祥禫至尊及羣臣泄哀之儀應定准下二學八座丞郎博士陶韶以為名立義生自古之制文帝正號祖宗式序昭穆祥忌禫日皇帝宜服祭服出太極泄哀百僚亦祭服陪位太常丞李撝議曰尊尊號既追重服宜正但已從權制故苴杖悉脫至于鑽燧既同天地亦變容得無感乎且晉景獻皇后崩羣臣備小君之服追尊之后無遠后與追尊之帝固宜同帝禮矣雖臣子一例而禮隨時宜至尊龍飛中興事非嗣武理無深衣之變但王者體國亦應弔服出正殿舉哀百寮致慟如常儀給事中領國子助教謝曇濟議夫喪禮一制限節兩分虞祔追亡之情小祥抑存之禮斯蓋至愛可申極痛宜屈耳文皇帝雖君德早凝

民化未洽追崇尊極寔緣于性今言臣則無寔論已則事虛聖上馭㝢更奉天眷祗禮七廟非從三后周忌祥禫無所依設太學士崔偓同陶韶議太常沈淡同李撝議國子博士劉警等同謝曇濟議祠部郎何佟之議曰春秋之旨臣子繼君親雖恩義有殊而其禮則一所以敦資敬之情篤方丧之義主上雖仰嗣高皇嘗經北面方今聖曆御宇垂訓無窮在三之恩禮不容替竊謂世祖祥忌至尊宜弔服升殿羣臣同致哀感事畢百官詣宣德宮拜表仍致哀陵園以引追遠之慕尚書令王晏等十九人同佟之議詔可

陳書　陳永定三年七月武帝崩新除尚書左丞庾持稱晉宋以來皇帝大行儀注未祖一日告南郊太廟奉策奉謚梓宮將登轀輬侍中版奏已稱某謚皇帝

遣奠出於陛階下方以此時乃讀哀策而前代策文猶云大行皇帝請明加詳正國子博士顧步兵校尉知儀禮沈文阿等謂應劭風俗通前帝謚未定臣子稱大行以別嗣王近檢梁儀曰梓宮將登轀輬版奏皆稱其謚皇帝登轀輬伏尋今祖祭已奉哀謚哀策既在庭遣祭不應猶稱大行且哀策篆書藏于玄宮謂依梁儀稱謚以傳無窮可詔之

國恤四

通典唐元陵儀注將復於太極殿內高品五人皆常服以大行皇帝衮冕服左荷之升自前東霤當屋履危北面西上三呼而止以衣投於前承之以篋自阼階入以覆大行皇帝之上復者徹殿西北扉降自後西霤其復衣不以襲歛浴則去之既復乃設御牀於

殿內楹間去腳舒單簟置枕遷大行皇帝于牀南首以衣覆躰去死衣楔齒用角柶綴足以燕几校在南其殿內東西哭位嗣皇帝以下舒草薦焉奠用酒脯醢器用吉器如常儀其告喪之禮使至所在集州縣官及僧道將吏百姓等於州府門外並素各以其方向京師重行序立百姓在左僧道在右男子居前婦人居後立訖使者立於官長之左告云上天降禍大行皇帝今年某日奄棄萬刺史以下撫膺哭踊盡哀止哭使者又告云大行皇帝有遺詔遂宣訖刺史以下又哭十五舉聲使者又告皇帝伏准遺詔以今月其日即位刺史以下再拜稱萬歲者三百姓及州縣佐史朝夕巷哭各十五舉聲三日釋服節度觀察團練使刺史並斬衰絰杖諸文武官吏服斬衰無絰杖

大小祥釋服並准遺詔其有勑書使者宣告如常禮

右復遷尸告喪

將沐浴内有司爲垼于殿西廊下累塊爲竈東面以俟煑沐浴新盆盤瓶鬲皆濯之陳於西階下掘埳於西階之西陳明衣裳於其側帛巾一方尺八寸沐巾二浴巾四皆用帛練櫛及浴衣實於篋將沐浴内掌事者奉米潘及湯各盛以盤并沐盤升自西階授沐者以入嗣皇帝妃公主等悉出帷外嗣皇帝以下在殿東楹間北西面上内命婦以下在殿西間北面東上俱立哭既沐而櫛將浴内執事者六人抗衾御者四人浴拭以巾挋用浴衣設牀於大行東衽下莞席上簟浴者舉大行易牀設枕理其鬚髮斷爪盛於小囊大斂即内於棺中也著明衣裳以方巾覆面以大

歛之衾覆之內外入就位哭

右沐浴

內有司奉盤水升堂嗣皇帝出盥手於帷外洗玉若貝實笄執以入西面坐發巾徹枕奠玉貝於中之右大臣一人親納粱飯次含玉既含訖嗣皇帝復位執服者陳襲衣十二稱實以箱篚承以席去巾加面衣訖設充耳著握手及手衣納舄乃襲既襲覆以大歛之衾乃閉帷內外俱入復位哭

右含襲

將小歛內外各隨職脩辦尚食先具太牢之饌厥明而小歛於殿前三刻侍中版奏請中嚴御府令設小歛牀於大行西南首枕席脩焉加以幄帷周以素帷主衣先率所司陳小歛之衣十九稱及絞衾於殿中

閤之東席上南領西上小斂前二刻開宮諸門諸衛各勒所部伏衛如常式設百官位次及二王後三恪等位又設內外命婦等拜哭位小斂前一刻侍中奏外辦禮儀使引嗣皇帝及皇子等扶引各即位從臨者哭內謁者引諸王等進就位百官亦入就位執禮者稱哭在位者皆哭侍御小臣升殿先布衣於絞上乃遷於衣上舉衾而斂以次加衣十九稱畢乃結絞而衾焉近侍扶嗣皇帝哭進跪馮大行興哭踊無數扶引還次

右小斂

尚食奉饌入列於殿東太常博士引司徒省饌省訖奉饌升設於大行東齋郎取爵於篚受酒爵跪奠興嗣皇帝以下哭踊如初諸行事者應退者降退奉禮

郎稱止謁者引諸王還内省禮使奏嗣皇帝哭止近侍扶引退便次内外侍臨者代哭不絶聲百官退位如常式

右小斂奠

其日大斂前三刻侍中版奏請中嚴内外皆哭御府先設大斂牀於大行皇帝西南首枕席幬帳如初所司先陳大斂之衣百二十稱及絞紟衾并六玉於殿兩楹之東席上南領西上衣必朝祭及五時正服前二刻開宫殿諸門諸衛各勒所部陳設如常儀設皇帝位於殿東間西向前一刻引諸王以下就位皇弟於皇帝位東稍北西向南上皇子於皇弟之東亦南上皇叔在皇帝位北稍西南向西上皇叔祖次皇叔之東皇從父兄弟在皇子北稍東南上諸公主長公

空三字

主大長公主以下並於西閤北牖下西上通事舍人引百僚並入依班序立侍中版奏外辦內高品扶皇帝就位立定典儀曰再拜禮儀使奏請再拜皇帝哭踊再拜在位者皆哭踊再拜十五舉聲禮儀使奏請止哭內外皆止哭內高品扶皇帝就次諸王公主以下百寮各就次中官內官掌事者皆盥訖升歛如小歛次加衣畢乃以組連珪璋璧琮琥璜六玉而加焉所司以梓宮龍輴紼等入陳於殿西階下至時司空引梓宮升自西階置於大行皇帝西南首加七星版於梓宮內其合施於版下者並先置之乃加席褥於版上以黃帛裏施仰甍畫日月星辰龍龜之屬施於蓋陳衣及六玉歛訖中官掌事者奉大行皇帝即梓宮內所由先以白素版書應入梓宮內一物以上稱

名進入梓宮然後加蓋事畢覆以夷衾

右大斂

皇帝至位哭內外皆就位哭太祝酌酒進授皇帝執爵奠於饌前少退禮儀使奏請止哭內外皆止哭太祝跪讀文曰維某年月日哀子嗣皇帝臣某敢昭告于考大行皇帝日月過速奄及大斂攀號擗踊五內屠列謹以一元大武柔毛剛鬣明粢薌合薌萁嘉蔬嘉薦醴齊尚饗（其後祝文大約准此）讀訖皇帝再拜哭踊在位者皆再拜哭踊十五舉聲禮儀使奏止哭左右止哭扶皇帝還次諸王公主以下各還次百寮序出

右大斂奠

大斂訖所司設太常畫日月十有二旒杠九仞旒委地大斂之後分置殿庭之兩階又設銘旌以絳廣充

幅長二丈九尺題曰某尊號皇帝之柩立於殿下

右設銘旌

設重於殿庭近南其制先刊鑿木長丈二尺橫者半

之取沐之米為粥盛以八鬲冪以疏布懸於重內

橫木上以葦席北向屈兩端交於上綴以竹篾

右懸重

既大歛內所由執龍輴左右紼引梓宮就西間將監

引所由并柏槨等升自西階所由設熬黍稷盛以八

筐加魚腊等於龍輴側南北各一筐東西各三設訖

於西面壘之先以繡黼畫梓宮又張帟三重更以柏

木方尺長六尺題湊為四阿屋以白泥四面塗之欑

事訖所司設靈幄於欑宮東東向施几案服御如常

儀侍臣捧衰裳冠經杖盛以箱就次進皇帝服訖諸

王公主以下及百寮亦各服其服先祿卿率齋郎捧饌入禮儀使引升陳設訖禮儀使就位奉引皇帝至位哭內外皆就位哭

右殯

既定陵地擇地使就其所卜筮之將卜使者吉服掌事者先設使以下次於陵地東南使者至陵地待於次太常卿涖卜使祭服祝及卜師筮師凡行事者皆吉服掌事者布筮於席玄宮位南北西向上贊者引涖卜者及太祝立於筮席西南東向南上卜師立於太祝南東面北上贊者引使者詣卜筮席南十五步許當玄宮位北向立贊者立於使者之左少南俱北向面卜師抱龜筮師開韇出策兼執之執韇以擊策進立於涖卜者前東面南上涖卜者命曰維某年月

朔日子哀子嗣皇帝某謹遣某官某乙奉為考大行
帝皇度茲陵兆無有後艱卜師筮師俱曰諾遂述命
於右旋就席北坐命龜曰假爾泰龜有常命筮曰假
爾泰筮有常遂卜筮訖興各以龜筮東面占曰從還
本位贊者進使者之左東面稱禮畢贊者遂引使者
退立於東南隅西面若不從又擇地卜筮如初儀
右將葬筮宅啓前十日皇帝不坐以過山陵前啓一
日門下省奏某日某時啓太極殿官欑啓日之晨奉
禮郎設御位於太極殿之東間當帷門西向諸王位
在後以南為上典儀設鄭公介公皇親諸親文武九
品以上及前資常參官都督刺史板位於太極殿東
庭又設蕃客酋長位於承天門外之西僧道位於承
天門外之東並以北為上右左金吾與諸軍計會量

抽隊伏隨便設禁其日質明皇帝服初縗絰杖入就位晨哭諸王具縗絰去杖就位哭鄭公介公皇親諸親等及文武九品以上各服初喪服去杖入就位哭大長公主長公主公主郡縣主等亦縗服入就內位哭中官皆布巾喪服侍衛晨哭並再拜退位通事舍人引蕃客酋長及僧道分立於承天門外之位啓前二刻由所內設奠席及香燭於帷門之外奉禮部設罍洗於東階下西南北面罍水在西東篚在洗西南肆設太尉版位於東南西向設司空位於太尉位之南少退禮生一人執拂梓宮之巾陪其後設禮儀使位於太尉之北少退禮官等陪後設監察使位於禮儀使之下光祿卿具太牢之饌俟於東階下又於饌上設罇坫位於奠席東南北向加酌冪禮儀使立於

罇坫東御史立於罇坫西太祝奉禮郎位於罇坫南為位禮官在禮儀使後設前一刻侍中版奏外辦禮官贊執事官入就階下位禮儀使等橫行以西為上再拜訖升就位禮官省饌訖贊光祿卿行自東階列帷門外席上近侍引皇帝具縗絰入就位哭踊禮儀使前進跪奏請再拜皇帝再拜諸王妃主等並各就位晨哭禮生引太尉通事舍人分引羣官各入就位禮官贊太尉再拜及一人贊官再拜哭十五舉聲禮官各贊止哭禮生引太尉詣罍洗盥手洗爵自升東階詣罇坫前太祝舉冪酌醴齊以授太尉禮儀使跪奏請皇帝止哭奉皇帝之杖前進中官承傳止哭殿內皆止哭太尉以醴齊於皇帝之左跪進醴齊皇帝受醴齊跪奠於饌前俛伏興少退立太祝持版進北

面跪讀祝文訖奠版俛伏興退復位皇帝再拜哭踊殿內及庭中文武九品以上皇帝親諸等皆哭十五舉聲止禮儀使跪奏獻畢請皇帝退復位禮官引太尉及禮儀使降復階下位所由徹饌執事官序降訖皇帝退就次禮生引司空執巾升自東階於櫕宮南北向立司空跪啟曰謹以吉辰啟櫕塗告訖太尉哭群官皆哭通事舍人分引群官序出掌事者升徹櫕塗徹訖司空以巾拂拭梓宮覆以夷衾綃幕內所由周迴設帷及施常食之奠如常儀訖禮儀使升就舊位禮官陪後皇帝縗絰就位哭通事舍人分引群官入就位皇帝稽顙禮儀使請再拜皇帝哭盡哀禮儀使跪奏請止哭降出羣官再拜哭十五舉聲訖又序出太極門外北向重行立班奉慰如常儀退

右啟殯

前二日所司設文武羣官次於太極門外東西廊下又設帳殿于庭帳內設及幄ミ內設神座南向又設龍輴素幄於殿庭吉幄之右前一日午正後一刻除殿上葦障及階下凶庭并板城少府所由移旆附於重北未正後一刻典儀設羣官夜哭板位如晨夕哭儀又設挽歌席位於嘉德門內設挽郎挽士席位於嘉德門外並左右序設北向相對設鼓吹嚴警位於承天門外晝漏未盡三刻有司設庭燎終夜通事舍人分引羣官就版位立定禮官贊哭ミ畢退就次挽歌作晝二點止嚴警次發五點止二更群官哭及挽歌鼓吹嚴警如上儀其三更四更五更並准此其一日前二刻奉禮郎設御座所由設奠席奉禮設罍洗

及禮儀使太尉版位於東階下光禄卿具太牢饌並如啟奠之儀前一刻侍中進外辦禮官肖饌光禄卿引饌禮生引太尉禮儀使等横陳再拜訖升殿通事舍人分引群官入就位亦如啟奠之儀禮儀使跪奏請皇帝止哭奉奠皇帝去杖前進中官承傳止哭大尉以醴齊於皇帝之左跪進皇帝受醴齊跪奠於饌前俯伏興少退立大祝持祝版進北面跪讀祝文訖奠版俛伏興退復位皇帝再拜哭踊殿内及庭中文武官九品以上皇帝諸親等皆哭十五舉聲止禮儀使跪奏獻畢請皇帝退復位禮官引太尉降復階下位所由徹饌執事官序降内所由徹殿上帷帳唯南北施素帷於舊帳坐所以為障蔽前設常食少府監進輴車於西階下禮儀使跪奏皇帝奉寧龍輴奏訖

降出近侍扶皇帝就龍輴前哭踊盡哀廼復位執事
者以纛旐及重先尊禮官一人朝服贊尚輦奉御帥
腰輿繖扇至神座前侍奉如常儀内侍捧几置輿上
繖扇侍奉至殿庭帳殿下神座前跪置座上内謁者
帥中官設香案於座前繖扇侍奉如儀禮官一人引
符寳郎一人主寳二人以赤黄褥案進取謚寳又禮
生二人亦以赤黄褥案進取謚册禮官授之並隨禮
官先詣册車安置其舊寳册准次取置於車侍中當
龍輴南跪奏請龍輴降殿太常卿帥執翣者升以翣
障梓宫中官高品等侍奉其側司徒帥挽士升奉引
龍輴降殿禮儀使引近臣及宗子三等以上親進捧
梓宫少府將作所由并挽士奉梓宫登于龍車上遂
詣帳殿下素幄皇帝哭從諸王等陪從公主内官等

周以行帷皆哭踊而從群臣立哭於庭中位以族祖奠

右遷柩

祖前一刻奉禮郎設御位於龍輴幄之東南西向所由設奠席於龍輴幄前奉禮郎設罇坫於帳幄東南又設太尉位於罇坫東南西向禮儀使在其下監察御史次之又設罍洗篚於太尉位西南北向光祿卿帥齋郎捧饌俟于横街之北面西上禮官進省饌訖禮生贊光祿卿捧俎進跪奠於席上諸齋郎捧饌隨列於席上禮生引禮儀使及太尉就位禮官贊哭又一人贊羣官哭又各贊止哭禮儀使導皇帝立於龍輴之東南西向禮生引太尉詣罍洗盥手洗爵執詣罇坫所太祝舉冪酌醴齊以授太尉禮儀使跪奏請

皇帝止哭奉奠皇帝去杖前進中官承傳止哭諸王妃主等皆止哭大尉以醴齊於皇帝之左跪進皇帝受醴齊跪奠於饌前俛伏興少退立太祝持祝版進北面跪讀文訖奠版俛伏興退復位皇帝哭踊再拜諸王妃主及羣官在位者皆哭再拜皇帝哭十五舉音訖禮儀使跪奏請復位俛伏興皇帝退復龍輴後位禮官各贊羣官止哭通事舍人分引出就承天門外位以俟光祿卿帥齋郎徹饌以出禮官一人朝服輦尚輦奉御帥所由以腰輿織扇詣神座前各以序立內謁者中官舁香出內侍捧几置輿上內所由舉織扇侍奉以出中官帥其屬舁衣箱以從遂詣玉輅禮官於輅後立贊登車內所由進輿當輅後織扇分蔽左右內謁者帥香案進於輅前內侍奉几登輅其

腰輿亦進居輅前中官以衣箱授尚衣奉御置玉輅及副車内侍並乘馬從輅於是侍中進龍輴南跪奏稱請龍輴進發俛伏興退司徒帥挽士奉引次出執事者以太常先建之於車轟次之公主内官以下應合乘車者並先升車俟以邑從

右祖奠

前三日所司設皇帝奉辭次於承天門外之左西向其日金吾仗衛如常儀鹵簿使先進玉輅於承天門外東偏稍南輿輦鼓吹吉駕鹵簿並序列於玉輅前又進輼輬車當承天門中稍南亞儀明器序列於輼輬車前奠前一刻奉禮郎布文武羣官位於承天門外異位重行如太極庭中儀光祿卿具遣奠之饌以俟執事官位並先俟於門外之東龍輴至承天門外禮

官贊止哭侍中進龍輴前跪奏稱請升轀輬車俛伏
興司徒帥舁梓宮及所由奉梓宮升轀輬車所司設
奠席於轀輬車東西向奉禮郎設罇坫於席東南設
罍洗篚於其南設太尉版位於東向西禮官進省饌
訖禮生贊光禄卿捧俎進跪奠於席上諸齋郎捧俎
隨列於席上禮生引太尉就位禮官贊哭在位者皆
哭又贊止哭在位者皆止哭禮生引太尉詣罍洗盥
手洗爵詣罇坫所太祝舉冪酌醴齋禮儀使就次奏
請皇帝出就次皇帝出次立於奠東西向太祝以醴
齋授太尉訖禮儀使奏請皇帝去杖前進中官承傳
止哭諸王妃主等皆止哭太尉以醴齋於皇帝之左
跪進皇帝受醴齋跪奠於饌前俛伏興少退立太祝
持版進西北向跪讀祝文訖奠版俛伏興退復位皇

帝哭踊禮儀使贊皇帝再拜諸王妃主及在位群官等皆哭禮儀使跪奏請皇帝少退近侍扶皇帝少退於位少府監設讀哀册褥於奠東禮官引册案進舉册官舉册進至褥東西面以册東向禮官贊太尉及群官止哭中官承傳諸王妃主皆止哭再拜禮官引中書令進跪讀册訖俛伏興退復位舉册者以授秘書監以授符寶郎皇帝哭踊禮儀使奏請皇帝再拜太尉群官諸王妃主皆哭再拜少府徹褥光禄徹饌訖禮儀使跪奏稱轀輬車將發皇帝前哭盡哀禮儀使稱請再拜奉辭俛伏興皇帝稽顙哭踊再拜轀輬車發禮儀使跪奏請皇帝還宮俛伏興近侍扶引皇帝入次太尉以下於次南橫行進名再拜奉辭訖各就本職如諸王有故不赴山陵者族皇帝奉辭入次

後諸王進至轀輬之左以南為上哭盡哀再拜辭妃主内官不去者於轀輬車後帷中哭再拜辭訖禮生賛侍中於轀輬車前跪請進發訖俛伏興

右遣奠

山後日依時刻吉凶二駕俻備列訖尚輦帥腰輿繖扇入詣神座前内侍捧几内謁者捧香爐各置輿上中官帥其屬舁衣箱以出神輿至玉輅後内常侍捧几置輅中輿等退就列中官以衣箱傳授尚衣奉御置於玉輅及副車中神駕動警蹕如常千牛將軍夾輅而趨至侍臣上馬所禮生輦侍臣上馬侍臣上馬訖夾侍於前禮生在供奉官内諸侍衛之官各督其屬左右翊神駕動鹵簿官以黄麾麾之鼓吹振作警蹕如常當陵門以赤麾麾之鼓吹不作侍臣下馬步

導於前神駕至吉帷梓宮迴車南向尚輦帥腰輿繖扇至輅後内常侍奉几置輿上繖扇侍奉至帳殿下内侍捧几置座上内謁者捧香罏置座前輿等退就列玉輅及鹵簿侍衛之官停列於帷宮門外吉駕引禮官贊侍中進轀輬車靈駕前奏請靈駕發引俛伏興引退司馬執鐸挽郎執紼挽歌振作及挽以進内外哭從以赴山陵靈駕至陵門西凶帷帳殿下迴駕南向公主及内官以下並降車障以行帷哭於凶帳殿之西東向北上群官皇親哭者序立於帷門外東西相向北上哭十五舉聲止各退就次前三刻奉禮郎於隧道東南量遠近設皇親諸親奉辭位又於其南設應從文武官五品以下奉辭位又於其南設六品以下奉辭位每等異位重行西面北上設奉禮郎

位於其北禮生二人立於其南差退内謁者於隧道西南稍北帷内設公主王妃及内官以下奉辭位東向北上前一刻所司設奠席於轀輬車前設罍洗篚於東南罍在洗西篚在洗東於是群官列位序立先祿卿帥其屬以饌奠於席上禮官引太尉詣罍洗盥手洗爵詣罇坫所太祝酌醴齊訖太尉跪奠於饌前俛伏興太祝持版進太尉之左跪讀文訖奠版俛伏興太尉再拜在位者皆再拜發引至南城神門將作監進龍輴於靈駕之後禮官贊侍中進轀輬靈駕前跪奏稱請降靈駕御龍輴挽伏興退昇梓宮所由廼奉遷梓宮至龍輴昇梓宮官左右捧從司空以巾拭梓宮并拂夷衾少府屬紼於龍輴禮官贊侍中進龍輴前跪奏稱請引龍輴郎玄宮俛伏興退挽郎執紼

奉引龍輴左迴北首禮官贊司徒前導白幰弩素信幡大旐及翣皆依次引而近伏近侍夾進如禮官通事舍人引太尉先導於龍輴之左主節官帥持節者脫節在太尉之前差退代哭者及挽歌皆序於門外之西重行東向押官排比以族皇親諸親群官等哭從公主王妃及內官等幃以行帷龍輴至羨道停於帷下南首以族時妃主內官以下於羨道西南帷內就位東向哭通事舍人分引群官皇親諸親各就奉辭位所由各贊哭在位者皆哭其吉凶簿侍奉官少前序立於門外之東西向北上哭皆三十舉音止再拜奉辭至時內官以下吉服奉遷梓宮入自羨道奉接按於御榻褥上北首覆以御衾龍輴退出其押吉凶簿官並服白布衫巾就哭將掩玄宮並依前服吉

服祔梓宮降自羨道奉禮郎設太尉進寶冊贈玉幣位於羨道東南西向設禮儀使奉寶冊玉幣位太尉之南又設秘書監位於其南禮官道通事舍人引太尉以下俱吉公服各就位又導持節者服節衣引太尉之前禮部侍郎奉寶綬案謚冊案哀冊案每案四人對舉（用九品以上清資官舁）立於太尉之西南少府監奉贈玉置於匣帥其屬捧立於禮部侍郎之西太府卿奉幣玄三纁二置於篚帥其屬捧立少府監之西俱北面各立於寶冊玉幣之後（案玄衣纁裳周制也當時所服故以為幣服近代及今則皆不用滯儒執古儀注復存斯未達禮從宜及隨時之義也具禮篇不復重載）立定禮官道通事舍人引禮部侍郎取寶綬於案進授太尉又禮生一人引祝書監取謚冊哀冊進授禮儀使（其冊如重則判官隨舉）又引少府監取玉於匣并薦巾又引太府卿取幣進授禮儀使以幣承

巾玉禮部侍郎以下並退龍輴既出禮儀官分贊太尉禮儀使奉寶册玉幣並降自羨道至玄宮太尉奉寶綬入跪奠於寶帳内神座之西俛伏興禮儀使以謚册跪奠於寶綬之西又以哀册跪奠於謚册之西又奉玉幣跪奠於神座之東並退出復位禮生引將作監少府監入陳明器白幰弩纛信幡翣等分樹倚於墻大牆置於户内其轜竿燒之自餘明器各以次逐便陳之使有行列陳布訖并内官以下並出羨道就位所由賫内外器群官皇親諸親并吉儀侍奉官皆哭三十舉音再拜又再拜奉辭訖引退以出中官賛公主王妃並退出周以行帷至門乘車以奄尊王節官帥持節者引太尉及司空山陵使將作監御史一人監緘閉玄宫司空復土九鍾所司帥作工續以終事其先除服者並改服凶儀鹵簿解嚴退散輼

轅車龍輴之舁於柏城内庚地焚之其通人臣用者則不焚

右葬儀

將啟太祝捧主匱置於座啟匱於前捧出神主置於座上東向諸侍奉官各退就位輿轍等亦退通事舍人引群官俱退於太極殿門外就次以俟虞祭所由陳伏衛如式典儀設太尉司徒宗正卿禮儀使及諸行事官位於東階之東設太祝等位於公卿之前少南如不親行事中書門下奏差攝又少南設典儀位俱西向典儀帥禮生二人先就次立禮生乃引太尉司徒以下祭服立於左延明門外之南北向西上光祿卿帥其屬捧饌立於太尉司徒之東太祝帥齋郎奉祝版立於饌東立定禮生延引太尉司徒以下入就位就事舍人分引

羣官皇親諸親皆素服各入就位侍中版奏中嚴皇帝素服就次諸王升就位如不獲親奠即太尉行事如常光禄卿帥其屬捧饌入俟於東階之前太祝帥齋郎捧祝版立於其南光禄卿帥其屬升設醴醆酒罇於帷門外前楹中間之東北向西上設篚於罇西實觶一杓一皆有冪設罍洗篚於東階之東北向罍水在洗東篚在洗西南肆實爵二巾一有冪罍洗者立於其後侍中版奏外辦近侍扶引皇帝再拜通事舍人分贊羣官在内外位者哭拜禮生引禮儀使省饌訖升就禮官升位後光禄卿帥進饌奉饌司捧俎光禄卿引饌及諸執事官並升自東階設於帷東門外席上訖降復位太尉捧祝版升立於罇所執罇篚者各立於罇篚之後禮儀使導皇帝於饌東西面禮儀使跪奏請皇帝止哭奉奠

承傳内外皆止哭太祝以爵酌醴齊於皇帝之左跪進皇帝受醴齊跪奠於饌前俛伏興太祝持版進神座之南北面跪讀祝文訖奠版俛伏興禮儀使導皇帝復位跪奏請再拜皇帝哭再拜禮生引太尉亞獻訖降復位終獻訖降復位如常儀通事舍人分贊内外哭再拜禮儀使又跪奏請再拜俯伏興皇帝哭再拜奉禮郎傳贊内外再拜禮儀使跪奏禮畢俛伏興近侍扶皇帝還閤羣官等俱退太祝乃跪置神主遂閉帷門降出内侍之屬及行事者皆出祝版焚於左延明門外百寮乃於太極門外奉慰如常儀每虞日朝哭禮皆准此如不親行事則宗正卿亞獻光禄卿終獻

右虞祭

祔廟前二日告遷其禮如常告之儀宗正起料申牒所由祝文出秘書省所

由先備腰輿等并舁人帝以三衛充后以中官充告太祝訖先置代祖神主奉遷於西夾室埳中鎖閉如式次腰輿遷第三室神主二主各一腰輿凡主出則帝主先出其入室則后主先入入第二室宮闈令捧后主先置於埳室太祝奉帝主復置於埳室俱東向次遷第四室入第三室次遷第五室入第四室次遷第六室入第五室次遷第七室入第六室室有二后昭成於前肅明於後次遷第八室入第七室次遷第九室入第八室皆如上儀入埳室皆鐍閉訖次所司移幄帳等物依次各遷入本室訖其九室應緣幄帳香案斧扆席褥等所司先追其日陳設於室中其代祖室舊帳幄等物並移於西夾室中虛設鐍閉如式將遷代宗睿文孝武皇帝所司先擇日奏定散下所由各供其職應用法駕鹵簿黃麾大仗前一日陳設及太廟四門量設方色

兵仗如上儀將作監先清掃諸廟内外京兆府脩路從承天門向南至太府寺南街向東入太廟三門又向南又向東至廟南門宗正具祔饗料差三公及應行事官齋戒如常饗儀（其祝文具祔享章出秘書者）又申太極殿告靈座料如前式（其祝文出秘書者）太樂令設登歌於大廟殿上並如常式尚舍於廟南門道西設神主幄座東向幄内設牀席褥黼扆香案如式内中尚先造栗木主并匱及趺（其制度並如常儀）祔前一日盛以箱覆以帕置於腰輿詣廟南門幄帳中太祝捧置於座上迺下簾帷内侍省量差中官侍衛禮儀使奏請差題神主官即以饗前一日尚舍具香湯并題神主席褥内中尚具浴神主盆并白羅巾光漆筆墨等詣於幄帳中禮儀使與題神主官等其日質明詣幄下太祝以香湯浴栗主

拭以羅巾題粟主官盥洗捧粟主就褥題云代宗睿
文孝武皇帝神主墨書訖以光漆重摸之遂捧授太
祝受詣帳座置於匱中所侍衛如式前一日尚舍於
西内使計會鴻臚除太極殿上白幕並以吉幞代之
殿中省除板城太僕進玉輅於承天門外當中南向
及諸輦輅羽儀仗衛繖扇陳設於玉輅前左右金吾
引駕所由陳布如式太常奏前一日之夕嚴警於承
天門外之南皇城留守奏祔白日質明開嘉德門承
天門衛尉於太極殿門外廊下量設文武百官次又
於太廟南門外量設百官次於道東如在太極殿庭
儀先奏靈座祔之日質明宗正卿帥執饌齋郎光禄
卿帥太官良醖實罇俎籩豆并應行事官皆祭服序
列於左延明門以俟至祭時應行事官詣太極殿東

階下西向序立典儀於太極殿庭布文武官皇親諸親位如常儀祫祭官欲升殿行事時通事舍人引文武百僚等常服入就位禮生贊衆官再拜在位者皆再拜尚輦帥腰輿香案繖扇入詣殿庭階下分東西立侍從官攝侍中中書令以下並列位於左右序立太僕進玉輅於嘉德門外當中南向禮生引祭官等行告禮如常儀告訖宗正卿光祿卿帥齋郎長祠徹饌禮官引侍中升尚輦帥腰輿升詣帳座前其繖扇侍臣等夾於階閤侍中進跪於幄前西向奏請降座升輿祔廟內侍奉几置輿上太祝匱神主捧置輿上几後扶侍降自西階繖扇侍臣夾引以出自太極殿門中門出在位文武百官及皇親諸親等便從神輿而出至嘉德門分左右序立神輿至玉輅後侍中跪

奏請降輿升輅內侍捧几置輅中太祝奉匱升輅其太祝便於輅中侍奉千牛將軍夾輅而趨出承天門五十步侍中進當輅前跪奏請勅侍臣上馬侍臣等皆上馬鼓吹振作其文武百官等候玉輅出承天門各遂便路先赴太廟南門次以俟神輿鹵簿至廟門西三門鼓吹止分左右以俟饗訖退其儀仗等並於廟南門分左右列位俟饗禮畢退玉輅既發赴尚廟舍收折殿上帷幄及板城等應合收者與檢校使計會處置西宮內人緣蒙其日並焚之其日太廟祔饗應緣齋官陳設罇彝酒醴坫爵省牲告潔進署祝版陳設樂器並如東饗常儀玉輅將至廟西門尚舍奉御設奉謁褥位於廟庭橫階南當中北向奉禮郎於廟南門外稍南設文武百官及皇親諸親位如太極殿庭之儀又於廟庭橫階南

設文武百官及皇親諸親位亦准此其六品以下非常叅官並列位於廟南門外通事舍人引文武百官及皇親諸親等常服就南門外位禮生引應饗官俱祭服立於廟東門外北面西上位立又禮生引禮儀使御史以下執事官等先入當中階北向立於褥位之南禮生贊再拜禮儀使御史以下下階再拜訖引自東升各就位次引司空入就位再拜行掃除訖降復位禮官與太祝自西第一室闢埳室捧神主匱置於幄中近東啟匱出神主捧置於座几後趺上次宮闈令入室捧后主匱置於幄中近西啟匱出后主置於座几後趺上自第一室至第八室皆如上儀訖並齋郎室長各於本室依儀出入須知次序太祝退立於罇坫所宮闈令退就階下執事位玉輅既至廟南門迴輅南向侍臣等序列於

輅前神輿入幄則侍臣列於幄門外尚輦帥腰輿進輅後侍中跪奏請降輅升輿詣幄座內侍捧几置輿上太祝捧神主匱置輿上几後遂舁詣幄座內侍捧几置座上東太祝捧匱置几後訖禮生引於廟東門引行事官太尉以下入就廟庭位西向立其殿上御史禮官太祝樂官等各遂便自東西階下相向序立候神主升殿卻復階下位侍中進於幄座前跪奏請降座升輿祔謁內侍奉几置輿上太祝捧栗木神主匱置几後禮官引入通事舍人引文武百官皇親諸親自南門外分左右從入就東西班位立神輿至廟門繖扇分左右立於門外神輿至廟庭褥位侍中各退本班（其侍中未退）太祝捧匱跪置於褥啟匱出神主置於趺上訖侍中進於褥位西北面跪奏稱以今吉日代

宗睿文孝武皇帝祔謁奏訖俛伏興退少頃侍中詣褥之西東面跪奏請升輿祔饗俛伏興退降就本班大祝進跪於褥位捧神主匱於輿（其匱蓋亦置與上近後）腰輿既升禮官奉引神輿詣玄宗室太祝跪捧神主匱置於辟下祔位褥上西南退立戶外少頃太祝進褥就跪東捧神主置於輿奉引入第九室至帷座前內侍捧几置於座（如幄中別有几其几留於腰輿而退）太祝捧神主置於曲几後趺上（以題處向北也）其匱置於几東近後腰輿退於幄座之西近北舁腰輿所由並降自東階由廟東門出神主置座訖禮生贊再拜太尉以下及應在位官並再拜禮生詣太尉之左白有司謹具請行事登歌奏永和之樂九成畢禮生贊再拜太尉以下及在位者皆再拜禮生引太尉盥洗執瓚升詣從西第一室酌鬱鬯登歌

作太尉入室神座前裸訖奠瓚於饌席俛伏興退出户北向再拜次引詣第二室次引詣第四室以至第九室皆如常儀訖登歌止引太尉降復位太祝奠毛血之豆禮生引司徒執俎入自正門俎初入門雍和之樂作饌升階樂止禮生徹毛血之豆降自東階以詣太祝取蕭蒿焚於爐炭饌升設訖齋郎降自東階由廟東門以出禮生引太尉盥洗執爵奏自第一室至第八室各奏本室樂至第九室奏保大之樂行饗禮亞獻並如常饗之禮訖降復位終獻登歌作太祝各入室徹豆還鐏所登歌止禮生唱賜胙又唱再拜衆官應在位者皆再拜其三獻官不拜永和之樂作禮生又唱再拜在位者皆再拜樂一成止禮生進太尉之左白禮畢禮生引饗官自東門出通事舍人引在位羣官

南門出太祝入室各匱神主納於埳室如常儀禮官帥腰輿詣廟門南幄下太祝捧桑木主并匱置於輿遂自廟門南西偏門舁入詣廟殿北簾下西階之間將作先具鍬钁穿坎方深令可容木主匱遂埋之而退明日百寮及皇親諸親詣延英門進名奉慰如常儀

乾學按儀禮士虞禮其始虞祝辭曰適爾皇祖某甫再虞三虞皆如初將旦而祔則薦卒辭曰哀子某來日某隮祔爾于爾皇祖某甫其祔祭也曰適爾皇祖某甫以隮祔爾孫某甫蓋自朝祖遣奠以前皆事生之禮至虞而始有尸始以祭易奠逮于祔也以吉祭易喪祭直以鬼神享之矣既葬

迎精而反當即廟食而人子之心不忍死其親不忍使親之主遽離於寢故為虞祭以安神又告之以將附皇祖至于再三既祔則又反于寢雖曰以其班祔在廟只一日耳曰適爾皇祖躋祔爾孫鄭康成謂欲其祔合兩告之葢將使死者祔于皇祖又使皇祖與死者合食前一句是告死者後一句是謂皇祖言簡而意切禮繁而不瀆此先王之禮所以為仁至義盡也自杜氏通典載大唐元陵儀注神主主輅將至設奉謁褥位于廟庭横階南當中北向既降輅升輿詣幄座侍中跪奏請升輿祔謁神輿至廟庭褥位太祝啓匱出主侍中跪奏

稱以今吉日代宗睿文孝武皇帝祔謁少頃侍中詣褥之西東面跪奏請升輿祔饗禮官奉引詣玄宗室祔位少頃入第九室帷座是時顔真卿為禮儀使雖秉稽古禮大畧率循當時舊章以祔于皇祖為名神主不反几筵即于是日升第九室凡廟以西為上九室遞遷無有昭穆之分祔廟亦是虛稱褥位贊謁有象生人異于隮祔爾孫之告矣及考明朝實録凡新主入廟亦有謁廟禮奉衣冠神主徧謁祖宗皆天子代行八拜禮太常卿唱賜坐乃安座祭享正統時太皇太后升祔謁廟畢捧宣宗神主衣冠北向朝見亦天子行禮其儀益繁

而瀆非禮經意矣先王之以孝治天下也生則親安祭則鬼享割牲薦獻工通無莫故措之廟立之主曰帝事生者易事死者難有神而明之之義焉祭之禮考妣共一尸不必與生者同也若但曰事死如事生設死者之衣冠僕僕亟拜是近于褻慢而恭敬之心替矣周公既制朝祖之儀而於祔只兩告祖宗與死者别無儀節宜繁而繁宜簡而簡不可易之謂經也顏魯公一代大儒難挽末流之失而明時禮官如吕震如胡濙輩不學無術其益趨于瀆而不經也宜哉○又按開元禮唐書禮志既禫乃祔於廟與殷周練而祔卒哭而祔者不

同矣其日設考之祔坐于曾祖室内祝前
告曰以今吉辰奉遷神主于廟祔禮畢以
腰輿奉神主入考廟進酒脯之奠蓋品官
之禮尚無繁縟儀節然亦去古遠矣

右祔祭

前二日之内所司先具八升練布冠衰服腰經等光
禄卿具太牢饌宗正進署祝版前一日之夕毁廬為
堊室高七尺五寸長一丈二尺闊一丈將作監勾當尚舍奉御設蒲席於室内所由
陳冠練於别次其日依時刻内所由先入整拂几筵
薦香燭於靈前内外及百寮俱服練服去杖通事舍
人引就位侍中版奏外辦皇帝服練裳經去杖近侍
扶就位西向哭内外在位者皆哭十五舉聲禮儀使
奏請再拜皇帝再拜内外在位者皆再拜近侍扶皇

帝就次所司以練布冠衰裳進内服訖内外反百寮各服其服兩省五品以上及御史大夫中丞尚書省四品以上諸司三品以上正員長官准禮合除首絰練八升布爲冠以六升布爲衰裳今荆州布也其幞頭及衫袴等亦准此儀其所換衬服以俟山陵時却服通事舍人引百寮入就位立定近侍扶皇帝就位哭踊内外百寮皆哭踊光禄卿引饌升設於靈幄前太祝以爵酌醴酒禮儀使奏請止内外俱止哭太祝以酒爵授禮儀使禮儀使受酒跪進皇帝受酒跪奠於饌前俯伏興少退太祝持版跪於饌前近南北向讀祝版曰維年月日子哀子嗣皇帝臣某敢昭告于考大行皇帝天禍所鍾攀號無及以日易月奄及小祥煩冤荼苦觸緒糜潰謹以一元大武柔毛剛鬣明粢薌合薌萁嘉蔬嘉薦醴齊祗薦祥事尚饗讀訖禮儀使奏請再拜皇帝哭踊再拜内外在位者皆哭踊再拜皇帝還次通事舍人

引羣官退其奉慰如常儀

右小祥祭

祭前二日内所司先具大祥服（淺黑紗縿幞頭帽子巾子大麻布衫白布腰帶麻鞋）光禄卿具太牢饌宗正進署祝版前一日之夕將作塗壁室内所由陳大祥服於别次其日未明内所由先整拂几筵薦香燭於靈幄前内外百寮俱服衰裳去杖至傳點侍中通事舍人各引入就位侍中版奏外辨皇帝服衰裳去杖近侍扶就位西向哭踊内外在位者皆哭踊十五舉聲禮儀使奏請再拜皇帝再拜贊者承傳内外在位者皆再拜訖禮儀使奏請止哭就次變服奏訖與禮官等趨出近侍扶皇帝就次變大祥服内外百寮皆就次變服素服訖（黑縿幞頭腰帶白衫麻鞋）各入就位立定近侍扶皇帝就位哭踊禮官省饌光禄

卿引饌升設靈幄前太祝執爵酌醴酒禮儀使奉引皇帝稍進詣饌前禮儀使請止哭内外俱止哭太祝以酒授禮儀使禮儀使受酒跪進皇帝又受酒跪奠於饌前俛伏興少退太祝持版於饌南北向讀祝文訖禮儀使奏請再拜皇帝哭踊再拜贊者承傳内外在位者皆哭再拜十五舉聲禮儀使奏禮畢與禮官等趨出近侍扶皇帝還次通事舍人引群官序立太極門（其奏慰如常儀）百寮奉慰訖以素服詣延英門起居（謹按禮云大祥素縞既祥之冠今所司具淺墨絁此即古之綅冠也按禮云禫而綅黑經白緯曰綅則宜施之於禫今於大祥服之蓋從當時宜）

右大祥祭

其日百寮早集西内入就位侍中進辦並如大祥之儀皇帝服大祥服近侍扶就位哭十五舉聲禮儀使奏請再拜皇帝再拜贊者承傳百寮在位者皆再拜

讀禮通考　卷…

禮儀使奏請就次變服皇帝就次除大祥服：素服細布麻衫腰帶細麻鞋黑絁幞頭巾子等百寮趨入就位立定近侍侍皇帝入哭踊內外百寮皆哭踊禮官省饌光祿卿引饌升陳設酌奠亦如大祥之儀太祝讀祝文訖禮儀使奏請再拜皇帝哭再拜贊者承傳內外百寮皆哭再拜訖禮儀使奏禮畢遂與禮官趨出近侍扶皇帝還次通事舍人引百寮亭出至太極門外進名奉慰訖各服黪公服使詣延英門起居明日平明皇帝改服黪吉服淡淺黃衫細黑絁幞頭巾子麻鞋吉腰帶伏準貞觀永徽開元故事服此服至山陵事畢則純吉服其中閒朔望視朝及大禮並純吉服百寮亦純吉服自後朝謁如常儀其百官黪公服至山陵事畢乃服常公服

右禫祭

唐書禮樂志五禮二曰凶禮唐初徙其次第五而李義府許敬宗以為凶事非臣子所宜言遂去其國恤

一篇由是天子凶禮闕焉至國有大故則皆臨時秉掇附比以從事事已則諱而不傳故後世無攷焉至開元制禮惟著天子賑恤水旱遣使問疾弔死舉哀除服臨喪册贈之類若五服與諸臣之喪葬襃麻哭泣則頗詳焉

馬端臨曰唐志所言如此柳子厚作裴墐崇豐二陵集禮後序其說亦然且謂永貞元和間天禍仍遘自崇陵至于豐陵不能周裁司空杜公由太常相天子建為禮儀使擇其儐以佐損益於是河東裴墐以太常丞隴西辛祕以博士用焉內之則攢塗秘器象物之宜外之則復土斥上因山之制上之則顧命典册輿文物以受方國下之則制服節文頒憲則以示四方由其肅恭禮無不備且苞并總統千載之盈縮羅絡傍千百氏之異同捜揚剪截而卷得其中頗問關決而不悖于事議者以為司空公得人而邦典不墜裴氏乃卷取其所刊定及奏復于上辭列于下聯百執事之儀以為崇豐二陵集禮藏之于太常書閣君子以為愛禮而近古焉然則李義府許敬宗所削開元禮所闕者墐之書卷有之矣今考王溥作唐會要宋祁脩唐書志於國卹畧無所紀載豈未見裴書耶或墐之書至王宋二公之時亦不復存耶

乾學按開元禮及新唐書皆不載國卹惟杜氏通典有之其行禮次第最為詳悉乃

禮學直

馬貴與編通考于史傳遺文多所捜採獨不及通典一語何也今悉依其原文著于篇考古今國邺之儀唯此為粲然大備云

附謚册文

通典唐元陵謚册文維某年月日哀子嗣皇帝臣諱伏以聖德之大與天合人道近暱鮮克究知敢盡其所見泣以叙尉成之業伏惟大行皇帝紹休七聖臨照八極以至道御羣有以至化懷遠方登假于上數聞在下肇加元服頃昇儲闈生知之敏動與神符承順玄宗也齊栗之容著奉養肅宗也受敬之禮深履蒸蒸躬翼翼不絶馳道日朝寢門此則首冠百王大舜周文之孝也其于崇儒尚齒尊道貴德窮理盡性之學經天緯地之文包荒含垢之量廸哲允恭之善

斯又睿聖不測同符乎三五無得而稱也當禄山叛亂陷覆二京以天人之重授元戎之律師之所及狂寇殲夷復宗社之阽危拯生靈于焚燎則乾維重構宸極以安及史盜閒釁三河棲梗在撫軍之際思明隕命秉踐祚之初朝儀授首則梁陳底定翔易從風其或屈強於大梁皆誕於南越莫不朝為梟獍夕為鯨鯢此高光之功神武之畧也自是肅勿羣后賓延萬靈滂渚鬱沒之刑寢焚瘞懸沉之衣冠有淪於脅從者釋而靡問靈祇有關於禋祀者秩而致享塈讒説求讜言扇以祥風浸以膏澤九譯奉貢四夷將賓丕冒日出罔不率俾猶復嚴恭寅畏碩肴闕遺兢兢業業日昃不暇故得玄功廣運協氣旁流靈契畢發元符洊至則瑞璧出于泗清瀾變於河其餘見祉

鱗羽呈祥草木者可不殫記方議褒夸偃伯臻于太和告禪於石閭鏤功於金版遽承憑几之命奄遺綴衣之酷號天扣地罔所依歸今龍攢就啟蜃輅將駕掞鴻儒碩生之議考公卿百辟之請僉以盛德大業匪號謚莫宣是用虔奉古訓發揚茂實謹遣攝太尉某奉冊上尊謚曰睿文孝武皇帝廟曰代宗伏惟明靈降格膺茲典禮誕錫純嘏貽宴後昆嗚呼哀哉

乾學按通典所載國卹儀乃代宗之喪禮故此條及前章祔廟俱主代宗而言獨怪許敬宗輩既去國卹不載蕭嵩編開元禮亦然而通典乃詳悉如此則此禮何人所定耶或者謂杜公黄裳有二陵集禮疑此即其所定然二陵乃德順二帝而非代宗

已見後

則此又非杜公所定也考之史代宗之崩實顔公真卿為禮儀使意者即顔公之所定乎國卹儀注最備于唐而莫審為何人之著作可惜也

唐憲宗懿安郭皇后（父曖尚昇平公主生后憲宗為廣）陵王聘為妃生穆宗元和元年進冊貴妃穆宗立上尊號皇太后敬宗立號太皇太后宣宗立后崩葬景陵園

郭后祔廟議懿安郭太后既崩禮院檢討王皥請祔景陵配饗憲宗廟宣宗大怒宰相白敏中召皥詰其事皥曰郭太后是憲宗元妃汾陽王孫逮事順宗為婦憲宗崩事出曖昧母天下五朝不可以疑似之事黜合配之禮敏中怒甚皥聲色益壯宰相將會食周墀立敏中廳門以俟敏中語墀正為一書生惱亂但

乞先之墀就敏中問其事皡益不屈墀以手加皡額責其正直翌日皡貶句容縣令墀亦免相大中十三年秋八月上崩令狐綯為山陵禮儀使奏皡為判官皡又論懿安合配享憲宗始升祔焉

讀禮通考卷六十九

喪儀節三十二

國卹四 宋

宋史禮志太祖乾德初改葬宣祖有司言改卜陵寢合用哀册及文班官各撰歌辭二首吉仗用大駕鹵簿凶仗用大升輿龍輴鵞茸纛蒐車香輿銘旌哀謚册寶車方相買道車白幰弩素信幡錢山輿黃白紙帳暖帳夏帳千味臺盤衣輿拂纛明器輿漆梓宮夷衾儀椁素翣包旌倉瓶五穀輿瓮甒瓦甒辟惡車進玄宮有鐵帳覆梓宮藉以椶櫚褥鐵盆鐵山用然漆燈宣祖袞冕昭憲皇后花釵翬衣贈玉十二神當壙當野祖明祖思地軸及留陵刻漏等並制如儀服緦

不設祖奠止於陵所行一虞之祭宣祖謚冊謚寶舊藏廟室合遷置陵内改葬之禮與始葬同几筵宜新明器壞者改作凡斂衣斂物並易之其皇堂贈玉鎮圭劍佩旒冕玉寶並以珉玉藥玉綬以青錦安陵中玉圭佩劍玉寶等皆用于闐玉孝明孝惠陵内用珉玉藥玉啟故安陵奉安宣祖昭憲孝惠二后梓宮于幄殿靈駕發引所過州府縣鎮長吏令佐素服出城奉迎并辟皆哭自發引至掩皇堂皆廢朝禁京城音樂

開寶九年十月二十日太祖崩羣臣敘班殿庭宰臣宣制發哀畢太宗即位號哭見羣臣群臣稱賀復奉慰盡哀而退禮官言羣臣當服布斜巾四脚直領布襴腰經命婦布帕首裙帔皇弟皇子文武二品以上

加布冠斜巾帽首絰大袖裙袴竹杖士民縞素婦人素縵諸軍就屯營三日哭群臣屢請聽政始御長春殿群臣喪服就列帝去杖絰服斜巾垂帽捲簾視事小祥改布服四脚直領布襴腰絰布袴二品以上官亦如之大祥帝服素紗軟脚折上巾淺黄衫緅皮鞓黑銀帶群臣及軍校以上皆本色慘服鐵帶鞾笏諸王入内服衰出則服慘又成服後羣臣朝晡臨三日大小祥禫除朔望皆入臨奉慰内出遺留物須賜諸臣親王遣使賫賜方鎮二十七日命宰臣撰陵名哀册文明年三月十七日群臣奉謚號册寶告于南郊明日讀于靈坐前四月十日啟攢宫帝與群臣皆服如初喪朝晡臨殿中退易常服出宫城十三日發引帝衰服啟奠哭群臣入臨升梓宫于龍輴祖奠徹設

次明德門外行遣奠禮讀哀册帝哭盡哀再拜辭釋衰還宫百官辭於都城外二十五日掩皇堂二十九日虞主至奉安于大明殿五月十九日祔廟之第五室以孝明皇后王氏升配禮畢羣臣奉慰其吉凶仗如安陵帷增轀輬車神帛肩輿鹵簿三千五百三十九人

至道三年三月二十九日太宗崩于萬歲殿真宗散髮號擗奉遺詔即位于殿之東楹制永熙陵皇堂深百尺方廣八十尺陵臺方二百五十尺大駕鹵簿用玉輅一革車五外凡用九千四百六十八人有司定散髮之禮皇帝皇后諸王公主縣主諸王夫人六宫内人並左被髮皇太后全被髮帝服布斜巾四脚大袖裙袴帽竹杖腰絰首絰直領布襴衫白綾襯服諸

王皇親以下如之加布頭冠絹襯服皇太后皇后内外命婦布裙衫帔帕頭首絰絹襯服宫人無帔文武二品以上布斜巾四脚頭冠大袖襴衫裙袴腰絰竹杖絹襯服自餘百官並布幞頭襴衫腰絰省五品御史臺尚書省四品諸司三品以上見任、任防禦團練刺史内客省閤門入内都知押班等布頭冠幞頭大袖襴衫裙袴腰絰諸軍庶民白衫紙帽婦人素縵不花釵三日哭而止山陵前朔望不視事六月詔翰林寫先帝常服及絳紗袍通天冠御容二奉帳坐列于大升輿之前仍以太宗玩好弓劍筆硯琴棋之屬蒙組繡置輿中陳於仗内十月三日靈駕發引其凶仗法物擎舁牽駕兵士力士凡用萬二千一百九十三人挽郎服白練寬衫練裙勒帛絹幘餘並如昌陵

制十一月二日有司奉神主至太廟近臣題謚號祔於第六室以懿德皇后符氏升配置衛士五百人于陵所作殿以安御容朝暮上食四時致祭焉

乾興元年二月十九日真宗崩仁宗即位二十日禮儀院言準礼例差官奏告天地社稷太廟諸陵應祠祭惟天地社稷五方帝諸大祠宗廟及諸中小祠並權停俟祔廟禮畢仍舊是日命閤門使薛貽廓告哀于契丹宣慶使韓守英為大内都巡檢内侍分領宫殿門衛士屯護閤門使王遵度為皇城四面巡檢新舊城巡檢各權添差益以禁兵器仗城門亦設器甲以辨姦詐二十一日羣臣入臨見帝于東序閤門使宣口敕曰先皇帝奄棄萬國凡在臣僚畢同號慕及中外将校並加存撫群臣拜舞稱萬歲復哭盡哀退

是日上表請聽政凡三上始允二十三日陳先帝服玩及珠襦玉匣含襚應入梓宮之物於延慶殿召輔臣通觀明日大斂成服二十五日有司設御坐垂簾崇政殿之西廡簾幕皆縞素群臣叙班殿門外帝哀服杖絰侍臣扶升坐通事舍人引羣臣入殿庭西向合班俟簾捲群臣再拜班首奏聖躬萬福隨班三呼萬歲退宰臣升殿奏事如儀三月一日小祥帝行奠釋衰服群臣入臨退赴内東門進名奉慰自是每七日皆臨至四十九日止十三日大祥帝釋服服慘十四日司天監言山陵斬草用四月一日丙時吉十六日山陵按行使藍繼宗言據司天監定永安縣東北六里曰卧龍岡堪充山陵詔雷允恭覆按以聞皇堂之制深八十一尺方百四十尺制陵名曰永定九月

十一日召輔臣赴會慶殿觀入皇堂物皆生平服御玩好之具帝與輔臣議及天書皆先帝尊道膺受靈貺殊尤之瑞屬于元聖不可留于人間宜於永定陵奉安二十三日奉導天書至長春殿帝上香再拜奉辭二十四日天書先發帝啟奠梓宮讀哀册禮畢具吉凶儀仗百官素服赴順天門外至板橋立班奉辭還詣西上閤門進名奉慰十月十三日掩皇堂十八日虞主至京十九日群臣詣會慶殿行九虞祭二十三日祔太廟第七室

嘉祐八年三月晦日仁宗崩英宗立喪服制度及修奉永昭陵並用定陵故事發諸路卒四萬六千七百人治之宣慶使石全彬提舉制梓宮畫樣以進命務堅完毋過華飾三司請内藏錢百五十萬貫紬絹二

百五十萬匹銀五十萬兩助山陵及賞賚遣使告哀遼夏及賜遺留物又遣使告諭諸路又以聽政奠告大行近臣告升遐於天地社稷宗廟宫觀又告嗣位賜兩府宗室近臣遺留物七月宰臣以下宿尚書省宗室團練使以上宿都亭驛請謚于南郊八月告于福寧殿天地宗社宫觀九月二十八日啟菆宫以初喪服日一臨易常服出十月六日靈駕發引天子啟奠梓宫升龍輴祖奠徹與皇太后步出宣德門群臣辭于板橋十五日奉安梓宫陵側十七日開皇堂十一月二日虞主至皇太后奠于瓊林苑天子步出集英門奉迎奠于幄七日祭虞主二十九日祔太廟主如漢制不題謚號及終虞而行卒哭之祭大祥日不御前後殿開封府停决大辟及禁屠至四月五日待

制觀察使以上及宗室管軍官日一奠二十八日而群臣俱入奠二十九日禫除羣臣皆奉慰焉

宋司馬光論虞祭劄子云臣聞禮既葬而虞〻安也柩既藏矣孝子不忍一日離其親恐精神彷徨無所依歸故祭以安之然則虞者孝子之事人主當親行其禮非臣下所得攝竊見今月三日虞祭百官皆入就位而哭而陛下使宗正卿攝事臣竊惑之永昭陵距京師猶五頓木主還未至之時不可一日無虞故使群臣攝今木主已達京師近在内殿而有司不根禮意尚如塗中使羣臣行事臣恐聞見之人不知有司之失而歸責于陛下今未至卒哭尚有三虞欲望自來日以後陛下親行其禮

翰林學士王珪上仁宗謚號曰臣謹按曾子問曰賤

不誄貴幼不誄長禮也惟天子稱天以誄之春秋公羊説讀誄制謚于南郊若云受之于天然乾興元年夏既定真宗皇帝謚其秋始告天于圜丘史臣以為天子之謚當集中書門下御史臺五品以上尚書省四品以上諸司三品以上于南郊告天議定然後連奏以聞近制惟詞臣撰議即降詔命庶僚不得叅聞頗違稱天之義臣今擬上先帝尊謚欲望明詔有司稽詳舊典先之郊而後下臣之議庶先帝之茂德休烈下有以信萬世之傳臣謹議

王珪又上議曰臣伏奉勅命以七月二十九日集官于南郊壇告天請到大行皇帝謚曰神文聖武明孝皇帝差臣撰謚議及廟號文者臣謹上議曰臣聞元精磅礴濟萬物而不昭其迹者薦名曰天至德汪洋

澤萬世而不有其功者建謚于帝伏思在昔帝王生
膺大名終紀大行使金聲而玉振之以昭乎無窮之
聞者帝莫盛于堯舜王莫隆于禹湯也葢易名之典
下不得誄上古者將為至尊之謚必質于郊然後定
之茲所以推天下之至美明天下之至公雖天子不
得以自專也洪惟大行皇帝躬上智之姿承累聖之
序流大漢之豈弟履放勳之欽明苞富有之業而能
守以約攬泰定之勢而弗恃以安固常邈然馳視所
未形俛然積思所不及謂天命之匪易乃嚴恭戒懼
庶以陶善類之歸知括萬慮而不可贖思滲四垠而
不可形如兩儀之無不燾載如三辰之無不臨燭于
時脩廢官繼絕世禮高年勸力穡減常賦抑末游虛
已以遇豪俊之才降志以從忠直之諫振立賞罰而

權衡之章明典禮而黼黻之宥恕刑獄而蕩滌之惠哀困窮而衣食之人情莫不欲逸愛其力而不勞人情莫不欲壽輔其生而不傷群公庶尹罔弗衷正相與謀王之朝殊隣絕區罔弗億寧相與慕王之境父父子子兄兄弟弟罔弗順祇相與立王之途蓋仁政之施沛然其若是莫之能禦也躬復耕籍于千畝之田祫祭于先王之廟報天之誠篤則入奠于圜丘嚴父之志盡則再侑于明堂宗室既蕃則廣諸分王之愛邦統未昭則豫有主器之屬下議樂之詔以考鍾石之和置寫書之官以綴經墳之學遍英敷席圖講藝也凝機校字資味道也藻思睿發窮聖作也飛毫洒落肆天縱也知聲色之靡伐于德義于是乎屏燕飲之娱知雉兎之獲殫于精神于是絕盤遊之欲念

組織之勤則卻服御之華念土木之費則損宮室之麗西羌阻命不欲久戍勞師而遂納王關之誓南蠻肆奸不欲深入薄寇而自致藁街之戮時則有踰沙軼莫卓犖之貢委麃圖合諜沕潏之瑞叢四十二年于茲可謂海内大治矣竊迹羲黄之前夐乎莫索其詳自詩書之載揆厥所元終都攸卒未有如茲之盛者也方勤勤洪休受永祐豈圖神機欻厭邦嬰上迄仙鼎已成不返荆山之馭王衣雖在空陳渭水之遊嘉原既新同軌追至下華蓋于北極引龍輴之西巡此萬國所以摧心三靈為之變色有司由是飭舊典册丕稱皇猷鑠乎幾有以綏王靈而炳帝烈也謹按謚法一民無為曰神經緯天地曰文通達先知曰聖保大定功曰武照臨四方曰明慈惠愛親曰孝若乃

群生嗟嗟鼓之舞之不知至化之所自然非至神乎制作禮樂際天接地煥然而大備非至文乎永惟宗廟之奉實發先識以建大本非至聖乎戴白之老不識兵革之警非至武乎遐末荒昧之情格于聰明而無所遺非至明乎惇序九族以述夫祖先之志非至孝乎粤廟號之建尚矣維其歷古聖賢之君莫不極所以尊明令顯之稱又或至于代相襲之夫仁者聖人之盛德豈獨未有以當之耶抑當時鴻儒鉅學乃畧于稽求將天之所啟期以克配大行之廟乎詩云維天之命於穆不已此之謂歟惟功以創業為祖德以守成為宗皆尊尊之大誼也大行皇帝尊謚宜天錫之曰神文聖武明孝皇帝廟曰仁宗臣謹議

乾學按王珪此議本無關于喪禮以其為

帝王謚議不可不存其一故備録之

治平四年正月八日英宗崩神宗即位十一日大歛
二月三日殯四月三日請謚十八日奏告及讀謚册
于福寧殿七月二十五日啟菆八月八日靈駕發引
二十七日葬永原陵禮院準禮群臣成服後乘布褁
鞾韈小祥臨訖除頭冠方群大袖大祥臨訖褁素紗
軟脚幞頭慘公服乘皁鞾韈禫除訖素紗幞頭常服
黑帶二日改吉服去佩魚虞主至自掩壙五虞皆在
途四虞於集英殿曲赦兩京畿内鄭孟等州如故事
元豐八年三月五日神宗崩十三日大歛帝成服十
哲宗即位
七日小祥四月一日禫除七月五日請謚于南郊九
月八日讀謚寶册于福寧殿二十三日啟菆十月一
日靈駕發引二十一日葬永裕陵二十九日虞主至

十一月一日虞祭于集英殿自復土六虞在途太常卿攝事三虞行禮于殿四日卒哭五日祔廟是日冬至百官表賀崇政殿説書陳頤言神宗喪未除節序變遷時思方切恐失居喪之禮無以風化天下乞改賀為慰不從紹聖四年太史請遷去永裕陵禁山民冢一千三百餘以便國音帝曰遷墓得無擾乎若無所害則令勿遷果不便國音當給官錢以資葬費元符三年正月十二日哲宗崩徽宗即位詔山陵制度並如元豐七月十一日啟菆二十日靈駕發引八月八日葬永泰陵九月九日以升祔畢群臣吉服如故事

紹興五年四月甲子徽宗崩于五國城七年正月問安使何蘚等還以聞宰執入見帝號慟擗踊終日不

食宰臣張浚等力請始進糜粥成服于几筵殿文武百僚朝晡臨於行宫自聞喪至小祥百官朝晡臨自小祥至禫祭朝一臨太常等言舊制沿邊州軍不許舉哀緣諸大帥皆國家腹心爪牙之臣休戚一体至於将佐皆懷忠憤宜就所屯自副將而上成服日朝晡臨故校哭於本營命徽猷閣待制王倫等為奉迎梓宫使六月張浚請謚于南郊户部尚書章誼等言梓宫未還久廢謚册之禮請依景德元年明德皇后故事行埋重虞祭祔廟之禮及依嘉祐八年治平四年虞祭畢而後卒哭卒哭而後祔廟仍於小祥前卜日行之異時梓宫之至宜遵用安陵故事行改葬之禮更不立虞主從之九月甲子上廟號曰徽宗九年正月太常寺言徽宗及顯肅皇后將及大祥雖皇堂

未置若不先建陵名則春秋二仲有妨薦獻請先上陵名宰臣秦檜等請上陵曰永固徽宗與顯肅初葬五國城十二年金人以梓宮來還將至帝服黃袍乘輦詣臨平奉迎登舟易緦服百官皆如之既至行在安奉于龍德别宮帝后異殿禮官請用安陵故事梓宮入境即承之以槨有司預備袞冕翬衣以往則納之槨中不復改斂

北盟會編紹興三十一年五月十九日金人使上將軍殿前都檢點高景山通議大夫刑部侍郎王全來賀生辰奏言淵聖皇帝升遐等事上號慟歸禁中

日宰執入堂議事服常服金帶率文武百官入和寧門到天章閣南行路隙地面北立班左僕射陳康伯稍前讀孝慈淵聖皇帝舉哀文曰今月十九日

金國報孝慈淵聖皇帝升遐矣舉哀退復位哀十五聲再拜興是時禁中亦行舉哀之禮痛　於外宰執以下舉哀訖回班面東後殿進名慰皇帝兩拜次進名奉慰皇后兩拜訖退自是不視事○

二十三日己未安奉淵聖皇帝几筵於學士院内用巳時八刻宰執入堂俟午正率百官服常服黑角帶入和寧門裏幕次俟立重訖入几筵殿下舉哀朝臨四拜訖入堂至申時晡殿如朝臨之儀○

六月二日癸卯以淵聖皇帝升遐憂戚之情詔告天下○

二十四日宰執殿内素幄奉事訖赴几筵朝臨如儀

二十六日宰執掛服宰執服常服黑角帶入赴朝臨訖退出和寧門外滿院以俟掛服至良時八刻巽時

宰執百官並服孝服入　殿下立班俟前　皇帝至
几筵殿下并陪位官行成服祭奠之禮訖皇帝歸幄
次宰執百官詣東幄前左僕射陳康伯班首躬省致
詞奉慰兩拜訖退歸幕次皇帝還内宰執百官於几
筵殿門外面南進名奉慰皇帝兩拜訖退仍服孝服
朝晡臨如儀○
二十七日宰執以下並赴几筵殿門外面南科第一
次奏請皇帝聽政表知樞密院事葉義問白巾襆頭
常服黑角帶拜表于宫門裡東廊止及絞磚蓆屋下
立班閤門報内降批荅一道○
二十八日宰執服孝服内殿奏事畢退赴朝臨訖詣
几筵殿門外先拜批荅兩拜次拜奏請第二聽政表
又拜奏請第三聽政表

文獻通考紹興七年徽宗及顯肅皇后祔廟有司言今梓宮未還乞依景德元年明德皇后故事行埋重虞祭祔廟之禮太常寺言檢會山園陵故事梓宮發引日皇帝於宣德門外奉辭百僚於板橋奉辭其掩皇堂日奏請神靈上虞主訖埋重於皇堂隧道次行第一虞至瓊林苑行第七虞祭畢迎虞主于集英殿皇帝於殿門奉迎百僚於板橋奉迎至殿皇帝行安神燒香之禮訖次有司行第八虞至第九虞祭畢皇帝行卒哭之祭至祔廟前一日皇帝齋于垂拱殿祔廟日自集英殿導至宣德門外奉辭有司奉虞主至太廟行祔廟之禮於故事即無該載廟門外埋重之文今來欲比祔故事於祔廟前擇日自几筵殿迎重於報恩廣孝觀權行安奉是日皇帝先次几筵前燒

香如宫中之儀畢還内次宰執率百僚燒香畢退禮儀使率合迎重有司奉迎詣本觀俟時奏請神靈上虞主訖埋重於本觀利方次太常卿行第一虞祭至第七虞祭畢奉虞主還几筵殿日百僚於行宫門外奉迎至几筵殿門皇帝服履袍奉迎前導虞主升殿畢次詣逐位行禮訖還内次有司行第八第九虞祭至祔廟前二日皇帝行卒哭之禮祔廟前一日皇帝齋於内殿有司不奏刑殺文書至祔廟日皇帝自几筵殿導虞主至行宫門外奉辭畢禮儀使奉虞主詣太廟奏請神靈上神主訖以次行祔廟之禮今來欲依明德皇太后攢殯故事先行虞祭畢次行卒哭而後祔廟若將來迎奉梓宫到合遵用永安陵故事行改葬之禮更不立虞主從之

紹興三十一年五月金國使至以欽宗訃聞詔朕當持斬衰三年之服以申哀慕是日文武百僚並常服黑帶去魚詣天章閣南空地立班聽詔旨舉哀畢次赴後殿門外進名奉慰次詣几筵殿焚香舉哭六月權禮部侍郎金安節等請依典故以日易月自五月二十二日立重安奉几筵至六月十七日大祥所有衰服權留以待梓宮之還從之七月宰臣陳康伯等率百官詣南郊請謚廟號欽宗遥上陵名曰永獻其餘並如徽宗典禮

南宋大喪通儀

乾學按北宋諸帝喪儀畧見宋史禮志南宋以後缺焉不載文獻通考中載有國卹儀其上篇與宋史文同蓋通考作於前宋

史撰于後故志文多本之也其下篇則多
載南宋帝后喪紀而緫雜無序尋考宋史
紹興元年孟皇太后崩紹興七年徽宗皇
帝及鄭皇后崩問至十二年梓宫至紹興
二十九年韋皇太后崩紹興三十一年欽
宗崩問至高宗爲太上皇淳熙十五年崩
慶元三年憲聖吴太皇太后崩高宗后也
慶元六年慈懿李太上皇后崩光宗后也
是年恭淑楊皇后崩寧宗后也貴與隨事
類叙不分前後必以年月考之然後可知
其間皇后喪儀及因事變禮提附正條録
其餘爲此篇名之曰南宋大喪通儀

發哀

文獻通考宋國恤喪禮自聽遺誥始是日皇帝服白羅袍黑銀帶絲鞋白羅軟折上巾（皇太后初喪皇帝服素紗軟幞頭白羅衫黑銀帶太皇太后太上皇后初喪日並同）文武百僚並服常服黑帶（去金玉飾）入詣殿下立班定禮直官引班首出班於班前南向立搢笏聽宣遺誥（讀遺詔同）次歸位並舉哭（一十五音）再拜移班稍南立班首稍前躬身奉慰（凡奉慰有皇太后並先慰皇太后後倣此）

舉臨

故事未成服以前行在文武百僚諸司長吏以上及近臣列校每日朝晡臨於宮廷其餘　事官品於宮門外詣殿下立班再拜訖禮直官引班首詣香案前搢笏三上香出笏歸位舉哭一十五音再拜訖班退自是朝晡臨小祥後朝一臨至外朝禫除止每七日皆臨至四十九日止禫除後山陵前遇朔望日朝臨

值雨或霑濕權免入臨行在諸軍統制統領就寨掛服免入臨其餘將副并部隊將官隊使臣并散使臣陞朝官以上常服哭於本營三日而止其常日朝殿祗應排立行門禁衛班直將校指揮御前忠佐俟百官赴臨即哭於殿門外諸路監司州縣長吏以下自聞報到日服布幞頭直領襴衫上領下盤腰絰以麻臨三日而除沿邊不用舉哀皇太后崩朝晡臨至成服後三日止餘並同皇后崩發哀次日入臨成服後三日而止餘並同

神帛

紹興三十一年五月二十二日禮部侍郎金安節等言檢會典故切詳神帛之制雖不經見然考之於古蓋復之遺意也禮運曰及其死也升屋而號告曰臯

某復（注云招之於天）然古之復者以衣今用財帛招寬其意蓋本於此今來孝慈淵聖皇帝神帛欲乞下太史局日下依上件典故施行詔恭依

大歛成服

成服擇日或與大歛同日其日儀鸞司先設素幄於几筵之側稍前時至分引行事陪位官易服就位立班定皇帝服素服詣几筵側素幄即座太史奏時及禮直官太常博士引太常卿素幄前俛伏跪奏太常卿臣某言請皇帝為大行皇帝升遐成服奏訖俛伏興內侍官為皇帝釋素服易衰服禮直官引讀祝文官詣香案西面東立簾捲太常卿導皇帝出幄詣几筵側西向褥位立奏請再拜哭在位官皆再拜哭太常少卿導皇帝詣香案前三上香跪內侍進茶酒酹

茶三奠酒俛伏興奏少立俟讀祝文訖請皇帝哭盡哀在位官皆哭盡哀請皇帝再拜在位官皆在拜太常卿導皇帝還褥位再拜太常卿導皇帝還幄簾降太常卿奏禮畢退百官移班進名班首出班致詞復位再拜奉慰累朝成服典故並同

凡成服日皇帝服布斜巾四脚裙袴冠帽絲杖皇太后喪用桐木杖腰經首經直領大袖布襴衫白絹襯衫皇太后喪用白綾襯衫小祥日改用布四脚直領布襴衫腰布袴已上舊制並同太宗之喪太常禮院上言皇帝服布斜巾四脚大袖裙袴帽竹杖腰經首經直領布襴衫白綾襯服諸王皇親以下亦如之加布頭冠襯服用絹皇太后皇后內外命婦布裙衫帔帕頭首經絹襯服六宮內人無帔皇帝皇后諸王公主諸縣主諸王夫人六宮內人並左被

髮皇太后全被髮初有司定散髮之礼言皇帝當聽政更不散髮帝曰豈有居父之喪不盡礼乎朕已散髮矣

中書門下樞密使副使宣徽三司使翰林學士節度使金吾上將軍文武二品以上布斜巾四脚頭冠大袖襴衫裙袴腰經竹杖絹襯服自餘百官並布幞頭襴衫腰經兩省五品御史臺尚書省四品諸司三品以上見任前任防禦團練使刺史内客省宣政昭宣閤門使前殿及入内都知押班服布頭冠幞頭大袖襴衫裙袴腰經詔都同知少府監依所定脩製又諸軍人百姓白衫紙帽子婦人素縵不花釵三日哭而止京城内外禁止音樂自四月三日成服後至五日群臣朝晡臨六日至八日朝晡自後每遇大小祥朔望日入臨殿庭移班近東進名奉慰從之

紹興三十一年八月太常寺檢會故事言大祥日服

素紗軟脚幞頭白羅黑銀帶紹興九年正月二十五日徽宗大祥高宗服白羅袍至禫祭釋祥服日服素紗軟脚幞頭淺色黄羅袍黑銀帶及淳熙十四年十月十一日太常寺檢照大祥日服素紗軟脚折上巾淡黄袍黑銀帶上披淡黄袍改服白袍自後每御延和殿並服大祥之服又不用皂幞頭其折上及白袍並以布為之宫中則布巾布衫過宫則衰經而杖慶元六年慈懿太上皇后崩成肅太皇太后服碧羅帕帔白羅寛袖衫淡黄縠子裙禮例成服時於壽慈宫設幄舉哭行成服之禮

乾學按此姑服婦之制

皇后以下行禮大行皇帝喪成服日及貴妃内外命婦麄布蓋頭衫帔首經絹襯服六宫内無帔　人布

蓋頭長衫裙首絰絹襯服內外命婦合入臨人仍加冠大行皇太后喪成服日服齊衰布蓋頭（餘並同）內外命婦只帕頭不蓋頭（餘並同）皇太子服太上皇帝喪成服日服布頭冠布斜巾布四脚大袖襴衫裙袴首絰絹襯服皇孫服太上皇帝喪成服日服布頭冠幞頭大袖襴衫袴腰絰未冠者依皇孫服制除去冠冪未赴朝謁所有朝晡臨亦不赴赴公主服成服日布帊頭帔裙衫首絰絹襯服親王服

慶元三年太皇太后崩慶元六年太上皇后崩吳興郡王並服布頭冠斜巾四脚大袖襴衫袴腰絰桐木杖絹襯服皇太后兄弟服例禮例衰服三年若入皇城門權易墨裹由權開門出入又逐七日百日在家設位行禮其掛服日於當日掛服自顯仁皇后上仙

韋誼等弟姪並觧官持服（後倣此大行皇后弟姪同）

慶元六年恭淑皇后上仙太常寺言韓㑥係皇后兄合服大功九月㑥之子照典故合觧官持服三年從之

群臣服大行皇帝崩成服日並斬衰服（謂不緝皇太后崩服齊衰服）中書門下省樞密使副尚書翰林學士節度使金吾衛上將軍文武官二品以上布頭冠布斜巾四脚大袖襴衫裙袴首經腰經竹杖絹襯衫皇太后崩服同但用桐木杖不用首經文武五品以上并職事官監察御史以上内客省宣政昭宣使知閤門事及入内都知押班布頭冠幞頭大袖襴衫裙袴腰經自餘文武百官三省樞密院書令史以上及御史臺閤門太常寺引班祗應人布襴衫腰經（皇太后喪並同）小祥日文武百官

並改服布幞頭布襴衫腰絰布袴大祥日並改服素衫軟脚幞頭黲布公服白鞓錫帶故例幞頭令臨安府製造給散其黲布公服錫帶令本府各支布一疋半自令包裹製造禫服日皇帝釋黲常服文武百官如繫金玉帶佩魚者易以黑帶去魚乘韉轡狨座者易以皂韉去狨座宗室出則常服居則衰服依服屬終喪係淳熙十四年十月十一日太常寺檢照典禮故事舊制禫後服群臣純吉服其後易以祔廟又易以小祥紹興七年正月二十五日詔群臣俟祔畢純吉服繼令俟過小祥日取旨及紹興八年正月二十五日徽宗小祥二月二十三日百官純吉服淳熙十四年高宗升遐典故詔依紹興七年施行乃聽群臣遵日月之制及紹熙甲寅從臣羅點等建議乞令群臣於易月之後未釋衰服朝會治事權用公服黑帶每遇

七日及朔望時節朝臨奉慰應於喪禮皆以衰服從事山陵之後朞與再朞則又服之至大祥而後除至於燕服亦當稍為之制去紅紫之飾此於臣子行之非有甚難可以略存三年之制當時臺諫集議以為黜等請雖未純如古亦略存遺意可以扶持衰薄補助名教詔從之

嘉泰元年八月八日光宗小祥禮部討論乃舍紹熙甲寅之制乞酌紹興已行之典及淳熙申命之文令百官過小祥純吉服

自九月一日始

立銘旌

銘旌高九尺篆文官用金泥篆聖號如高宗銘旌旛則書大行光堯聖壽憲天體道性仁誠德經武緯文

紹業興統明謨聖烈太上皇帝梓宮皇太后皇后銘旌並倣此用螭頭提隧上下板並先下文思院製造成服日立

立重檀弓重主道也始死未作主先作重以木爲之縣物焉曰重刊斲治鑿之爲縣簪孔士重木長三尺大夫五尺諸侯七尺天子九尺既虞埋之始作主以易重始死作重猶吉祭作主皆所以依神

立重大斂成服日同立擇吉時立於靈駕前俟將來發引日捧擎至殯宮其掩攢日埋瘞於皇堂隧道徽宗之喪太常少卿樓炤言故事成服日立重今來與故事不同乞自聞喪次日立重命太史局就日內擇時立重詔依

禁樂

內外品官禁樂二十七　京城內外民庶自舉哀至祔廟合行禁樂外路民庶等禁樂百日沿邊軍中及在外諸軍軍行教閱不禁未祔廟前每遇大祠奏告用樂去處備而不作臨安府城內外禁樂諸路準此

自起攢日禁行在音樂至祔廟畢仍舊小祥諸路州軍縣鎮等處前後禁樂七日紹興九年正月二十五日徽宗顯肅大祥依昭陵故事行在禁樂七十五日臨安府屬縣四十五日後倣此

停祭

自發哀後擇日奏告天地宗廟社稷宮觀宗廟祭享并中小祠權停至祔廟日依旧龍圖等閣祖宗神御殿節序旦望及帝后生辰忌辰並停酌獻至大祥後依旧

殿攢至百日

殿攢行於大歛之後高宗崩大歛成服後五日而殿攢或與大歛同日孝宗崩大歛成服同日立重殿攢或行於小祥之後顯仁皇太后崩以小祥後三日殿攢其日行燒香禮前一日儀鸞司先設素幄於殿前攢方位之東稍前其日祭時至都大主管喪事官行祭主之禮以

俟太史報時及尊奉梓宮至殿攢方位其合用儀物令都大主管喪事官監視殿攢訖分别引事陪位官就位立班定皇帝服衰服復詣素幄即座禮直官太常博士引太常卿當幄前俛伏跪奏太常卿臣其官請皇帝爲大行太上皇帝殿攢行燒香之禮奏訖俛伏興禮直官引讀祝文官詣案北面南立簾捲前導官前導皇帝出幄詣殿上褥位北向立奏請拜皇帝再拜哭在位官皆再拜哭前導官前導皇帝香案前奏請上香跪内侍進茶酒奏請酹茶酒奏訖俛伏興奏請少立俟讀祝文官稍前跪讀祝文奏請皇帝哭再拜在位官皆哭再拜訖前導官前導皇帝還褥位奏請拜皇帝再拜在位官皆再拜訖前導官前導皇帝還幄簾降太常卿奏禮畢退百官移班稍南進名

班首出班致詞復位再拜奉慰退皇太后殿攢則太常卿奏云請皇帝為大行皇太后殿攢行燒香之禮（餘並同上儀）十三日小祥（分明以日易月之制）行奠祭禮其日儀鸞司先設素幄於几筵殿之東時將至行事陪位官就位立班皇帝服衰服詣幄即御座簾降太常卿當幄前跪奏請皇帝行祭奠之禮簾捲前導官導皇帝出幄詣殿下褥位向西立奏請再拜舉哭皇帝再拜舉哭在位官皆再拜舉哭前導皇帝升殿詣香案前三上香內侍進茶酒酹茶三奠酒俛伏興奏請少立讀祝文官跪讀祝文訖奏請哭盡哀皇帝哭盡哀在位官皆哭盡哀奏請再拜皇帝再拜在位官皆再拜前導皇帝降階殿下褥位西向立奏請皇帝再拜在位官皆再拜前導皇帝還幄簾降奏礼畢

百官奉慰如上儀皇帝改服大祥服二十五日大祥外朝以日易月之制行奠祭礼如前祭儀是日皇帝改服禫二十七日禫除奠祭如前祭儀是日皇帝釋禫服百日皇帝不御殿於几筵前行燒香礼如宮中之儀行在禁屠三日係前後各一日諸路庶民禁樂并屠宰一日宰臣率百官入臨奉慰

紹興二十九年十二月五日礼部太常寺言檢照元豊二年慈聖光憲皇后上僊太常礼院言按礼葬而後虞虞而後卒哭卒哭而後祔景德中明德皇后以百日為卒哭蓋古之士礼不當施於朝廷詔改卒哭為百日自是以後慈聖光獻皇后及宣仁聖烈皇后遇百日並不該載外礼數皆於神主祔廟以前行卒哭之祭乞令給舍臺諫同礼官參酌取裁詔依

讀禮通考卷七十

喪儀節三十三

國卹五

南宋大喪通儀下

南郊請謚

請謚於南郊先是太常寺已依例集謚號於尚書省侍從臺諫兩省官監察御史以上赴尚書省集謚郎官以上書謚考功擬謚詔恭依謚號既定翰林學士撰謚議謚議既定攝太傅上謚議投進入内次日奏皇帝命上謚册寶于靈座前攝太傅以宰臣為之

南郊請謚儀注其日文武百僚並赴南郊幕次各服其服行事官服祭服陪位官服常服吉帶有司設權置謚議匣案褥位于午階下稍西東向次設禮科御史臺閤門太常寺分引文武百僚入詣午階下之南北向立次引奏禮郎太祝太官令詣陪位班之前褥位北向立次引讀謚議官詣謚議案之後褥位立次引舉謚議官詣謚議案之後褥位立

次引舉謚議官詣讀謚議官之後褥位立次禮直官引太傅詣階下稍東西向褥位立贊者曰拜在位官皆再拜奉禮郎太祝太官令陞壇各就位立禮直官引太傅詣盥洗位搢笏盥手帨手執笏詣爵洗位搢笏洗爵拭爵執笏陞壇詣昊天上帝神位前搢笏跪三上香奉禮郎搢笏跪奉玉幣授太傅凡執事並搢笏事已執笏太傅受玉幣奠玉幣執爵三祭酒于茅苴奠爵執笏俛伏興少立太祝跪讀祝文太傅再拜降壇復位少立禮直官再引太傅詣謚議案權置位立舉謚議官跪舉謚議匣興執事者先捧　詣昊天上帝神位前當中置於褥位太傅搢笏捧謚議匣陞壇至位跪奠謚議置于案上執笏興少退立次讀謚議官詣謚議官後立舉謚議官跪舉謚議讀謚議官跪讀謚議訖復位舉謚議官奠謚議舉謚議匣興執事者先捧案降壇置于褥位舉謚議官舉匣降壇太傅後從至權置位置定太傅舉謚議官俱復位立贊者曰拜在位官皆再拜次考功郎官詣謚議權置位前立舉謚議官詣謚議案舉謚議以授考功郎官受之加于笏上退歸本班太傅率行事官詣望燎位有司取祝版幣帛陞燎壇燎訖文武百僚退合書謚議官並歸次考功郎官以謚議付本部以俟書畢投進

皇太后謚則攝太尉率百官詣太廟告于祖宗后謚

告太廟儀注前一日有司進入內中至日文武百僚徑赴告廟處奉上冊寶太尉讀冊寶官舉冊寶官并入內於殿門外幕次俟謚冊寶降出至殿門上太尉以下迎拜訖權退俟謚冊寶入門於殿西階下東向權置位定冊北寶南太尉以下權退歸幕次有司實設酒脯排辦訖御史臺閤門分引文武百僚入就位禮直官引班首以下立定次引太尉詣殿下東西向立奉禮郎太祝太官令立于庭中北向西上立讀冊寶官舉冊寶官立於冊寶之後東向以北為上立定禮直官贊拜贊者曰拜在位官皆再拜訖先引奉禮郎太祝太官令各人就位次禮直官引太尉詣盥洗位搢笏盥手帨手洗爵拭爵執笏升階詣僖祖室香案訖搢笏跪上香再上香三上香奉禮郎西向跪奉幣太尉受幣奠幣執爵三祭酒

並同

於茅奠爵執笏俛伏興少立俟太祝東向搢笏跪讀祝文訖太尉再拜訖次詣翼祖室次詣宣祖室次詣太祖室次詣太宗室次詣真宗室次詣仁宗室次詣英宗室次詣神宗室次詣哲宗室次詣惠恭皇后室行禮並如上儀訖降階復位立禮直官引太尉詣册權置位搢笏奉册舉册官搢笏舉册至殿上當中褥位跪奠册執笏興少退立舉册官跪舉册讀册官搢笏跪讀册文訖執笏興奉册文訖執笏興舉册官舉册降階至權置位置册後立次引太尉降階詣寶權置位搢笏奉寶舉寶官搢笏舉寶至殿上當中褥位跪奠寶執笏興少退立舉寶官跪舉寶讀寶官搢笏跪讀寶訖執笏興舉寶官舉寶降階至權置位置定於寶位後立太尉降階復位西向立禮直官贊拜贊者曰拜在位官皆再拜有司奉册寶至幄文武百僚退太尉以下詣望瘞位立定有司瘞幣帛祝版訖各宿册寶幄之側　攝紹興元年隆祐太后儀注餘倣此

謚册謚寶

攝太傅既率百官請謚進謚議入内訖次日俟内降出謚册謚寶官次日率百官上於靈座前（攝太傅係上册寶官）又詔宰執一員奉册寶（不攝）一員讀册文攝中書令一員讀寶文攝侍中又差舉册官舉玉官（以郎中并官爲之）皇帝謚寶用玉一紐以執政篆寶文（高宗謚寶則以聖武文憲孝皇帝之寶字爲文餘并倣此）皇后謚寶曾垂簾者用玉不曾垂簾者用金○上謚册寶於靈座

前儀注○前一日上謚册寶太傅并官並常服黑帶去魚詣殿門外幕次太常寺贊引祗應人禮部職掌及儀衛親從官并並於殿門外隨地排立以俟進請謚册寶内侍官請降謚册寶將出次引奉謚册官奉謚寶官於内侍處受册寶於殿門上幄次權置定次禮直官贊者引太傅以下詣殿門下隨地立班再拜訖如值雨或泥濘免拜權退側身立俟有司奉迎儀衛進行太傅以下從至幄次權安奉訖太傅以下退歸本司宿齋其日文武百僚入詣幕次有司設權置册寶褥位於殿下東向次奉謚册寶入太傅以下行禮官並後從至殿階下東向權置位册北寶南太傅以下權退歸幕次俟有司排辦畢備御史臺閤門太常寺分引文武百僚詣殿東裏外隨地之宜立班次次禮直官引讀

册中書令讀寶侍中詣册寶之後褥位立次引舉寶官於讀册中書令讀寶侍中之後立次引奉諡册寶官詣册寶案之南東向立次引奉上諡册寶太傅詣殿下褥位西向立定禮直官贊太傅躬拜在位官皆再拜訖次引太傅升殿詣香案前搢笏三上香跪一酹茶三奠酒執笏俛伏興再拜訖降階復位少立次再引太傅詣殿下褥位北向俛伏跪奏稱太傅臣其言奉詔謹奉上大行皇帝諡册寶奏訖俛伏興退復位奉諡册官詣册案前立次舉册官詣册案搢笏跪舉册匣與（凡舉册寶皆禮部職掌助舉）職掌先捧册案升殿詣殿上香案前置於褥北向次奉諡册官搢笏奉諡册以引太傅詣册匣之後搢笏與少退稍西褥位東向立舉册官執笏與少立次引讀册中書令升殿詣册案之後

北向立舉册官搢笏跪舉册讀册中書令搢笏跪讀
册訖執笏興降復位舉册官奠册舉册匣與職掌先
捧册案於殿上稍東褥位置定舉册官舉册匣跪置
於案上舉册官執笏興降復位初讀册官讀册將畢
次引奉册寶官詣寶案前舉寶官搢笏跪舉寶盝與
職掌先捧寶案升詣殿上香案前置於褥位北向次
搢笏奉寶盝次引太傅降階於寶盝之後搢笏次奉謚寶官
奉謚寶官以寶盝授太傅太傅受訖奉謚寶官執笏
退復位立次舉寶官舉行太傅升殿至褥位北向跪
奠寶盝於案上太傅執笏興少退稍西褥位東向立
次舉寶官執笏興少立次引讀寶侍中升殿詣寶案
之後北向立舉寶官搢笏跪舉寶次讀寶侍中搢笏
跪讀寶訖執笏興降復位立舉寶官奠寶舉寶盝與
職掌先捧寶案於殿上稍東褥位置定舉寶官舉寶

盝跪置於案上舉寶官執笏興降復位立次引太傅降復位西向立定禮直官贊太傅躬拜在位官皆再拜如值雨泥濘隨宜於外并廊上趲那立班次移班稍東進名班首出班致詞復位再拜奉慰退謚册寶於本殿安奉令本殿官交割権行收掌至發引日降出付禮部陳列奉上謚册寶合用擡舉謚册寶轝官二十四人人員節級二人執轝治册寶法物文武官二十二人人員一人儀衛皇城司親事二十人人員一人令御輦院殿前司皇城司衛仗司依數差撥照應又俟發引日於梓宫前儀衛司排列擡舉依此進謚寶册於欑宫

啟欑

前三日奏告天地宗廟社稷宫觀其日俟總護使先差執政一員為之行啟欑禮畢奏遷梓宫還殿安奉訖行事陪位官並服初喪服內不曾製孝服者常服黑帶就位立班皇帝服初喪之服

詣帳即御坐簾降引太常卿當幄前跪奏請皇帝行啟攢祭奠之禮簾捲前導官導皇帝出幄詣殿上褥位西向立奏請拜皇帝再拜舉哭在位官皆再拜舉哭前導皇帝詣香案前北向立奏請皇帝三上香跪内侍進茶酒奏請皇帝酹茶三奠酒俛伏興奏請少立讀祝文訖奏請哭再拜皇帝哭再拜在位官皆哭再拜前導皇帝還褥位西向立奏請拜皇帝再拜在位官皆再拜前導官導皇帝歸御幄簾降奏禮畢百官奉慰如上儀自是百僚並服初喪服朝一臨臨退不易服至發引奉辭靈駕畢易常服黑帶（自啟攢後祔廟前臨安府内外禁樂諸路准此）

發引

三日前差官奏告用大昇轝并龍輴一副（先下文思院製造）總護

使一員執政為之橋道頓遞使一員侍從為之主管梓宫前并回程應干事務一員内侍為之並先差

紹興元年四月二十九日太常寺檢會故事差攝太傅持節導梓宫題册寶監鑾玄宫太常少卿執翣者障梓宫攝司徒率梓宫官升大昇轝及引梓宫即玄宫又攝司空復土九鍾監察御史監鑾元宫少府監進龍輴將作監捧梓宫登龍輴兼鑾玄宫宗正卿充九虞及掩玄宫饗官差題虞主官并題神主官殿前司依例差彈壓將官一員甲軍一百人用鹵簿儀仗依例權以儀衛服青紫褐衫執持儀物充代主管禁衛所先相度差撥其沿路引導宿頓排設用警場鼓吹挽歌依例係總護使同橋道頓遞使前二日都大主管官禮部太常寺先就頁院按閱一警場合用金鉦一十二人鼓手六十人鳴角

六十人逐色教頭共五人武嚴教頭三人管轄人員二人部押使臣一人一鼓吹合用鼓吹令丞職掌府典史引樂官共一十人歌色一十六人篳篥色三十六人笛色三十六人簫八人大鼓一十六人節鼓一人金鉦四人攛掌人兵共一十人一挽歌合用押教一人執色四十八人挽詞翰林學士中書舍人撰二十首文臣職事官各二首導引歌詞學士院撰前一日先於太常寺教習其排設鼓吹警場及攛警節級軍兵借差殿前步軍司人并太常寺所差人吏職級樂正係紹興二十九年例借請本身請給一月候四日依條除赴是日行啟奠祖奠遣奠禮攝太傅後從皇帝行禮又差攝侍中少傅等官所有祭器用弓林三張並先下文思院製造陪位行事官外餘文武百官並免立班於城外奉辭靈駕其哀謚冊寶於梓宮前禁衛內排列沿路排祭依例壓祭絹內宰相使相各五十疋侍從臺諫各三十疋管軍知省知閤御帶御藥門司直殿并各二十疋六曹郎官寺監卿少并各一十疋淳熙十四年例其經過州縣合行排祭不係經過州縣並免至攢宮前一日差官奏告紹熙五年閏十月七日攝道頓遞使司言將來梓宮發引渡江

依舊例梓宮前後官司除內人舡外並於前兩日渡江得整肅不致喧嘩從之十日御史臺又言勘會梓宮發引日百官出城奉辭合設文臣路祭一座乞依例　選人並照本身料錢每三十貫文省於臨安府送納令本府排辦候畢如有支不盡錢繳納左藏庫從之大行皇后喪免設祭十一月十四日詔靈駕發引其排立禁衛諸班直親從并子并殿前司擺齪經由道路坊巷官兵折食錢依淳熙十五年例令戶部日下特與倍支

啟奠

有司設牙床牲牢醴饌大傳宰執總護使皇親侍中前導官及應陪位官外餘文武官並免立班徑赴城外候靈駕奉辭合行事陪位官就位立班皇帝服線

至御幄即座（侍衛之官各服初喪之服）簾降太史局報時前三刻太常卿當幄前跪奏請皇帝行啟奠之禮簾捲前導官導皇帝出幄詣殿上褥位西向立奏請拜舉哭皇帝再拜舉哭在位官皆再拜舉哭內侍官捧盤匜帨巾酒爵以進奏請去杖盥手帨手洗爵拭爵前導官導皇帝詣靈座前太傅後從（凡升降及祖奠遣奠禮皆太傅後從）奏請跪三上香進幣爵酒官西向跪進幣次進爵酒奏請受幣奠幣執爵三祭酒奠爵俛伏興奏請執杖少立哭止讀文訖奏請哭再拜皇帝哭再拜在位者皆哭再拜前導官導皇帝還褥位西向立奏請拜靈駕少駐俟權置定輦官等並權退如有皇太后即服縗服先詣梓宮前舉哭行燒香禮皇太后燒香禮畢然後有司設牙牀行啟奠禮有皇太子同太傅等官立班

祖奠

俟啟奠既徹後有司設舁床禮饌應行事陪位官詣殿下北向立太常卿當幄前跪奏請皇帝行祖奠之禮簾捲前導官導皇帝出幄詣殿上西向褥位立奏請拜舉哭行禮並如舉奠之儀訖前導皇帝於稍東褥位西向立太傅宰執前導官摠護使司官屬權退詣几筵殿門外以俟前導後從立班次引皇親南班官於殿下稍東有皇太子則引皇太子升殿詣皇帝褥位之東西向立總護使升殿於皇太子之後西向立禮直官引侍中奏請靈駕進發如行啟奠之禮少府監帥其屬進龍輴於殿下輦官并升捧梓宮太傅持節導梓宮進發降殿太常少卿帥節翣者分左右障梓宮初梓宮降殿靈駕前奏請梓宮升龍輴將作監捧梓宮登龍輴挽士奉引至門外侍中奏請靈駕權駐升大昇轝皇帝歸幄簾降

陪位少退前導官立於御幄前如有皇太后即詣梓宮前舉哭行燒香禮奉辭還宮

遣奠

俟少傅率梓宮官（係將作監）奉梓宮升大昇轝訖有司設哀册牙床牲牢醴饌次引讀册舉册官進幣爵酒官各隨地之宜立酌酒官於酒尊之後立陪位官皆立如祖奠之儀太常卿當幄前跪奏請皇帝行遣奠之儀簾捲前導官導皇帝出幄詣大昇轝之前褥位立奏請拜舉哭盥手帨手洗爵拭爵上香進幣爵酒受幣奠幣執爵三祭酒奠爵俯伏興皆如啟奠之儀奏請執杖少立哭止讀哀册官跪讀哀册訖奏請哭拜如上儀皇帝權歸幄次禮直官引侍中奏請靈駕進發有司率僧道儀衛法物并前引靈駕前導官導皇帝

出幄舉哭執紼繩俟大舁轝進發內侍官割繩前導官導皇帝歸幄哭止簾降前導退皇帝釋縗服服折上巾白袍黑銀帶以俟還內管及應奉官就大舁轝前奉辭易常服黑帶從駕總護使頓遞使都大主管官於皇帝幄次朝辭餘行事官免又其餘文武百官城外奉辭靈駕訖進名奉慰紹興元年四月二十九日太常寺言明德皇后故事行遣奠禮讀哀冊奉辭訖皇帝吉服還內衰服並焚之係大行太皇太后發引之日檢會故事

掩攢

掩攢并神主祔廟用虞主一神主一大匱二小匱二腰輿二汲水鐵浴桶二素全矮香几二紫羅衣子全白羅拭巾二長八尺小尺筆硯墨一副白羅巾二各長八尺小尺皇后用青羅巾二襯藉神主虞主紫羅褥子二浴斛趺座二錦褥子全曲几二衣子全油絹帕二各三幅罩匱羅夾帕二各三幅大行皇帝用黃羅皇后用紅羅并祏室法物等並先下文思

院製造攢宮內安設用黝三尺纁二尺下左藏庫支供選堪好物帛贈玉一段盛黝纁贈玉匣床及帕鏁匙全下文思院製造監掩攢宮差提太傅并差監察御史復土九鍤差提太保以侍從寺官爲之其日俟大昇轝詣宮侍中詣大昇轝前俛伏跪奏稱侍中臣某言請靈駕降轝升龍輴詣獻殿奏訖俛伏興有司捧梓宮升龍輴入詣獻殿上訖俟掩攢日時前行遷奠禮有司於梓宮前陳設祭器實設禮料畢先引陪位官並立定次引奉禮郎已下入就位立定次行禮總護使詣殿梓宮前立贊者曰躬拜總護使再拜在位官皆再拜舉哭次引奉禮郎太祝太官令各入就位立定次引行禮總護使詣盥位盥手帨手洗爵拭爵詣酒尊所跪執爵俟太官令酌酒訖與詣梓宮跪上香奉禮郎奉幣行禮總護使再拜舉哭在位官皆舉哭總護使復位又再拜在位官皆

再拜訖哭止次引總護使詣望瘞位立奉禮郎太祝太官令重行立定有司瘞祝幣訖退俟掩攢時至引侍中詣梓宮前奏侍中臣某言請靈駕赴攢宮奏訖俛伏興有司捧遷梓宮少傅引梓宮即攢宮畢權退俟梓宮進皇堂訖次引將作監掩攢宮太傅監察御史並監掩攢宮次引少保復土九鍤俟掩攢宮將畢内謁者浴虞主訖以羅巾拭訖引内謁者詣攢宮俛伏跪奏稱内謁者臣某言請神靈上虞主奏訖俛伏興扶侍夾侍啟匱覆訖捧腰輿内侍捧遷虞主升腰輿至獻殿上南向權置定次引内謁者謁虞主腰輿前俛伏跪奏稱内謁者臣某言請虞主降輿升座内侍捧虞主即坐訖權退俟掩攢宮訖次詣虞主前行虞祭禮是日百官進名奉慰總護使率應在攢宮官

奏表奏慰淳熙十五年三月十八日右丞相周必大等言檢點故事山陵五使係隨神主還京徽宗攢之時緣紹興七年先已立虞祔廟摠護使所以徑赴行在後来顯仁皇后掩攢誤用變禮今来神主在塗事體不同臣等欲參酌典故導從渡江餘行事官自依已降指揮先回從之

虞主神主

紹興七年閏十月二十五日朱震充題神主虞主官按後漢禮儀志桑木主尺二寸不書謚又按杜佑通典載儀注虞祭之禮止言太祝捧主置於座啟匱於前捧出神主不言題謚祔廟之禮則曰享前一日質明太祝以香湯浴栗主拭以四維巾題栗木官盥洗捧栗主就褥題神主墨書訖以光漆重模之則是唐制惟題栗主亦不題虞主也宋朝仁宗皇帝上僊呂夏卿奏請虞主不題謚詔兩制及待制以上官與禮官會議翰林學士承旨孫抃等奏乞如夏卿所奏從之今欲乞依漢唐及仁宗山陵故事虞主更不題

諡俟祔廟前期一日恭依勅命書題神主詔恭依

三十二年二月二十七日太常少卿王普言謹按通典神主之制有匱有趺其匱底蓋俱方底自下而上蓋從上而下與底齊今太廟祖宗帝后主之匱有蓋無底雖無祏室乎床各設趺座然祭享遷奉之時惟匱蓋以覆神主在中不免攲側動搖有乖嚴奉豈渡江之後失其舊制耶茲者恭文顯德仁孝皇帝神主虞主之匱欲依通典並造底蓋仍乞漆造祖宗帝后神主匱底庶得合於禮制兼亦便於遷奉詔依

第一虞至第六虞祭

太常卿既行掩攢宮之禮並如遷奠之儀惟不用陪位官掩攢之後揔護使以下並易常服黑帶

奉迎虞主

依例用細仗五百人太常鼓吹一百三十人下兵部太常寺差撥及神主祔廟日同山陵等使並隨還京文武百僚合出城奉迎虞主官並常服黑帶其威儀僧道儀衛親從並詣權安虞主幄次前排立禮直官引禮儀使升詣虞主香案前搢笏上香再上香三上香執笏降復位再拜在位官皆再拜訖次引禮儀使都大主管官以下詣虞主幄前褥位立班定禮直官躬拜禮儀使拜在位官皆再拜次引禮儀使升詣虞主香案前搢笏三上香執笏降復位再拜在位官皆再拜訖次引禮儀使都大主管官升詣殿幄分立定禮直官引內謁者詣虞主腰輿前俛伏跪奏稱內謁者臣某言請虞主進行奏訖俟虞主進行至宮門外禮儀使以下並權退以俟皇帝行奉迎之禮其僧道儀衛親從並止於宮門外迎虞主將至皇帝自

内服履袍歸御幄薰降禮直官太常博士太常卿於
幄前俟虞主將至殿前扶侍夾侍捧腰輿入殿禮直
官太常卿當幄前俛伏跪奏稱太常卿臣某言請皇
帝奉迎虞主行安神之禮奏訖俛伏興退復位薰捲
前導官導皇帝出幄詣殿門内奉迎虞主升殿至殿
上権駐前導官導皇帝於殿上稍東褥位少立次引
内謁者詣虞主腰輿前俛伏跪奏稱内謁者臣某官
請虞主降輿升座権安奏奏訖俛伏興退内侍扶捧
虞主升座啟匱於後以巾覆之訖少退前導官導皇
帝詣殿下褥位西向立奏請拜皇帝再拜訖前導官
導皇帝升殿詣虞主香案前奏請皇帝上香再上香
三上香又奏請皇帝再拜訖前導官導皇帝降階復
位西向立俟内侍啟巾捧匱覆虞主訖前導官導皇

帝歸御幄簾降禮直官太常博士引太常卿當幄前
俛伏跪奏稱太常卿臣某言禮畢奏訖俛伏興前導
官導皇帝還内百官進名奉慰次宗正卿以酒脯行
安神禮如有太皇太后皇太后俟内侍奉虞主升座
後前導官導皇帝權歸御幄次提舉官奏請太皇太
后皇太后詣虞主前北向立内侍官啟匱於後以羅
巾覆之訖少退太皇太后皇太后行安神燒香禮如
宮中之儀訖退淳熙十五年二月宰執進呈虞主祭
乃吉禮合用靴袍上曰只用布折上巾黑帶布袍可
也

第七至第九虞祭

並皇帝親行禮間日而祭其日有司設牙床牲牢醴
饌行禮前御史臺閤門太常寺先引文武百官詣几

筵殿裏外立班定次禮直官引讀文官詣殿上東向立進幣爵酒官詣殿上西向立酌酒官於殿上酒罇之後北向立定次禮直官太常博士引太常卿詣幄前立定皇帝入御幄簾降禮直官太常博士引太常卿當幄前俯伏跪奏稱太常卿臣某言請皇帝行虞祭之禮奏訖俯伏興退復位簾捲前導官導皇帝出幄詣殿上褥位西向立內侍啟虞主匱於後以羅巾覆之訖奏請皇帝再拜在位官皆再拜內侍進盤匜沃內侍奏請皇帝帨手內侍進爵又奏請皇帝洗爵內侍進巾又奏請皇帝拭爵訖前導官導皇帝詣虞主前奏請皇帝跪三上香進幣爵酒官搢笏跪先進幣次進爵酒又奏請皇帝受幣奠執爵三祭酒於茅苴奠爵訖俛伏興又奏請少立讀祝文官搢笏跪讀

祝文訖奏請拜皇帝再拜在位官皆再拜前導官導皇帝還褥位西向立奏請拜皇帝再拜在位官皆再拜訖内侍啟虞主巾捧匱覆虞主訖前導官導皇帝歸御幄簾降禮直官太常博士次引太常卿當幄前俯伏跪奏稱太常卿臣某言禮畢訖俛伏興退復位前導官退陪位行事官以次退文武百僚進名奉慰第八第九虞並如上儀第七第八第九虞祭禮例間日行禮九虞既畢以祔廟前二日皇帝親行卒哭之禮如太史局所選祔廟日辰稍遠則合三日一虞九日行九虞禮畢以祔廟前日卒哭

卒哭

其日有司設牙床牲牢醴饌行事陪位官就位立班皇帝御幄簾降次引皇太子宰執從駕官立班太常當幄前跪奏請皇帝行卒哭之祭簾捲前導皇帝出幄詣殿上褥位西向立内侍啟虞主匱於後以白羅

巾覆之皇太后虞主覆以青羅巾奏請拜皇帝再拜在位官皆再拜内侍奉盤匜帨手巾酒爵以進奏請皇帝盥手帨手洗爵拭爵前導官導皇帝詣虞主前奏請皇帝跪三上香進幣爵酒官跪進幣次進爵酒奏請皇帝受幣奠幣執爵酒三祭酒於茅苴奠爵俛伏興奏請少立讀祝文官跪讀祝文訖奏請拜皇帝再拜在位官皆再拜前導官導皇帝還褥位西向立内侍啟虞主巾捧匱覆虞主前導官導皇帝歸御幄簾降奏禮畢百官進名奉慰

神主祔廟

用細仗二百人紹興十五年四月添作五百人差官奏告仍行享太廟别廟禮差初獻亞獻官差侍從一員題祔廟神主神主祔廟合添一室先令兩浙運司計會太常寺修蓋又

造室牌一面先進請御書修製畢

皇帝行寧神奉辭之禮

其日儀仗鼓吹僧道儀衛等於門外排立皇帝詣几筵殿前御幄簾降太常卿當幄前跪奏請皇帝行寧神奉辭之禮簾捲前導官導皇帝出幄詣几筵殿上褥位西向立內侍啟虞主匱於後以白羅巾覆虞主訖（皇太后虞主則用青羅巾）奏請拜皇帝再拜前導官導皇帝詣虞主香案前奏請皇帝三上香又奏請皇帝再拜前導官導皇帝詣殿門外御幄簾降輦官擎腰輿詣几筵殿下置定內謁者詣虞主前跪奏請虞主降座升輿進行奏訖內侍啟羅巾以匱覆虞主扶持夾侍捧腰輿官奏虞主升腰輿輦官擎輿進行虞主將至宮門御幄簾降前導官導皇帝步導虞主進行至宮門前導

官導皇帝詣褥位西向立内謁者侍虞主前跪奏請虞主少駐扶持夾侍輦官以下並權退有司陳香案并前導官導皇帝詣香案前北向奏皇帝再拜又奏請皇帝三上香又奏請皇帝再拜前導官導皇帝歸御幄簾降

馬端臨曰按歷代國恤遺制惟東漢史稍詳至唐而為李義府許宗敬輩所削盡亡其禮故唐史無可攷者宋九朝史及會要所載雖詳而儀注亦多未備今姑摘其可攷者録於此

乾學按國卹儀注莫備於唐代宗之喪杜君卿採入通典者班班可攷也至宋則政和五禮一書不載國卹儀元人修宋史於凶禮殊略無可得而徵馬貴與雖採九朝史及會要撰為此篇其實疎畧苟簡不及唐儀遠甚乃知廟堂之制作惟唐人為近

古豈宋臣之議禮者所可得而彷彿哉

遼史上謚冊儀先一日於菆塗殿西廊設御幄并上僚幕次大樂令展宫懸於殿庭協律郎設舉麾位至日北南面臣僚朝服昧爽赴菆塗殿先置冊寶案於西廊下閤使引皇帝至御幄服寛衣皂帶臣僚班齊分班引入鑾殿合班立定引冊案上殿至褥位寶案次之設于西階閤使引皇帝自西階升殿初行樂作至位立樂止宣徽使揖皇帝鞠躬再拜陪位者皆再拜翰林使執臺琖以進皇帝再拜引至神座前跪奠三樂作進奠訖復位樂止又再拜陪位者皆再拜引皇帝於神座前北面立捧冊函者去蓋進前跪冊案退置殿西壁下引讀冊者進前俛伏跪自通全銜臣讀謚冊讀訖俛伏興復位捧冊函者置於案上捧寶

函者進前跪讀寶官通銜跪讀訖引皇帝至褥位再拜陪位者皆再拜禮畢引皇帝歸御幄初行樂作至御幄樂止引臣僚分班出若皇太后奠酒依常儀

乾學按殯前上册本凶禮也行凶禮而用盛樂可乎且菆殿非作樂之所上謚豈作樂之時而遼人乃冒昧行之誠失禮之甚也

禁樂

金史明昌三年正月丙辰以孝懿皇后小祥尚書省請依明昌元年世宗忌辰例請諸王陪位服黲素去金玉之飾百官不視事禁音樂屠宰從之

讀禮通考卷七十一

喪儀節三十四

國恤七　明

明會典洪武三十一年高皇帝喪禮

遺詔一天下臣民令到出三日皆釋服嫁娶飲酒皆無禁○一無發民哭臨宮殿中當臨者皆以旦晡各十五舉哀禮畢非旦晡臨毋得擅哭○一當給喪事及哭臨者皆毋跣絰帶毋過三寸無布車兵器○一諸王各於本國哭臨不必赴京中外管營軍戍守官員毋得擅離信地許遣人至京○一王國所在文武衙門官民軍士今後一聽朝制護衛官軍王自處分○一諸王不在令中者皆以此令比類從事○

御議一在京五府六部等衙門官員聞喪次日各易
素服烏紗帽黑角帶赴內府聽宣遺詔畢於本衙門
齋宿素服朝晡詣几筵哭仍各置孝服至第四日成
服朝晡哭臨至葬畢而止仍自成服日為始服孝服
二十七日而除其命婦亦於第四日各具孝服由西
華門入哭臨不許帶金銀首飾○一諸王世子郡王
王妃郡王妃郡主內使宮人等俱服斬衰三年自聞
喪第四日成服為始二十七月而除凡臨朝視事素
服烏紗帽黑角帶退朝服衰服○一官員麻布圓領
大袖衫不緝邊麻布帽就用所帶帽以布裹之仍垂
帶麻腰絰麻鞋○一命婦麻布大袖圓領長衫麻布
蓋頭○一冥器行移工部及內府司設監等衙門成
造照依生存所用鹵簿器物名件○一作神主用栗

木爲之制度依家禮○一差行人齎捧遺詔前去各布政司并直隸府州衙門開讀○一在外大小衙門文武官員人等詔書到日素服烏紗帽黑角帶行四拜禮跪聽宣訖舉哀再行四拜禮畢各置孝服至第四日成服爲始每旦率合屬官僚人等于本衙門朝闕設香案哭臨三日而除○一在外大小衙門各令官一員赴京致祭所用香燭祭物禮部備辦

附謚議謚冊文

太宗實錄永樂元年五月辛卯太祖高皇帝孝慈高皇后上尊謚文曰帝王有聖德神功者必有尊謚徽稱薦之于天刋於玉冊昭示無極故三皇之稱曰羲軒二帝之謚曰堯舜逮及禹湯文武之稱皆由功烈謨謀之盛此萬古不易之典也恭惟太祖高皇帝奮

淮甸伏劍渡江英賢雲集平偽漢伐偽吳定關中廓清中原遂平元都混一海宇不十年而成大業極天所覆極地所載悉臣悉妾輿圖之廣亘古未有皆由其大而能化之聖聖而不可測之神經天緯地之文保大定功之武加之敬本於中明應于外誠以事天孝以尊親仁以育物義以制事宵衣旰食總理萬幾制禮作樂立經陳紀昭宣人文恢弘治化繼天立極為天下君隆功盛德同天地之大日月之明雖堯舜禹湯何以過也恭惟孝慈高皇后天稟之純聖善明睿齋莊誠一輔相太祖高皇帝恭儉勞勤功同開創齊天之德體坤之道含弘廣大孝敬肅雍上以奉宗廟下以仁庶物儀範之隆表率宮闈母儀天下雖塗山任姒何以過也二聖功德昭格於天臣等謹遵

古典稽謚法太祖高皇帝宜尊謚曰太祖聖神文武欽明啟運俊德成功統天大孝高皇帝孝慈高皇后宜尊謚曰孝慈昭憲至仁文德承天順聖高皇后謹議

謚冊文曰維永樂元年歲次癸未六月丁未朔越十一日丁巳孝子嗣皇帝臣謹拜手稽首言臣聞俊德賛堯重華美舜禹湯文武列聖相承功德兼隆咸膺顯號欽惟皇考皇帝統天肇運奮自布衣戡定妖氛用夏變夷以孝治天下四十餘年民樂雍熙禮樂文軌垂憲萬世德合乾坤明同日月功超千古道冠百王

冊寶上尊謚曰聖神文武欽明啓運俊德成功統天大孝高皇帝廟號太祖伏惟聖靈陟降陰隲民覆燾無極與天長存謹言寶文曰太祖聖神文

欽明啓運俊德成功統天大孝高皇帝之寶皇妣
册文曰維永樂元年歲次癸未六月丁未朔越十一
日　孝子嗣皇帝臣謹再拜稽首言臣聞自古后
妃皆承世緒嬀汭嬪虞娀祥帝室周姜輔治肇迹邦
君欽惟皇妣孝慈皇后以聖輔聖同起側微弘濟艱
難化家為國克儉克勤克敬克誠克孝克慈以奉神
靈之統理萬物之宜正位中宮十有五年家邦承式
天下歸仁謹奉册寶上尊謚曰孝慈昭憲至仁文德
承天順聖高皇后伏惟聖靈陟降膺兹顯名日月光
華照臨永世謹言寶文曰孝慈昭憲至仁文德承天
順聖高皇后之寶
永樂二十二年文皇帝喪禮○
遺詔喪服禮儀一遵洪武舊制○

部議一宮中自皇太子以下成服日為始服斬衰二十七月而除親王世子郡王及王妃世子妃郡王妃公主郡主以下聞喪皆哭盡哀行五拜三叩頭禮第四日成服斬衰二十七月而除凡王視事素服烏紗帽黑角帶退服衰服服內並停音樂嫁娶其祭祀止停百日。一在京文武官初聞喪素服烏紗帽黑角帶明日清晨詣思善門外哭五拜三叩頭退各置斬衰服於本衙門宿歇不飲酒食肉第四日成服具衰服詣思善門外朝夕哭臨三日又朝臨十日（洪熙後朝臨七日）各十五舉聲成服日為始服衰服二十七日凡入朝及視事用布裹紗帽垂帶素服腰絰麻鞋退服衰服二十七日之外素服烏紗帽黑角帶二十七月除聽選辦事等官服衰服監生吏典僧道人等素以成服日為始皆赴順天府朝闕設香案朝夕哭臨三日又朝臨十日（洪熙後朝臨七日）各十五舉聲仍各素服二日而除文武官命婦聞喪第四日各服麻布大袖圓領長衫麻布蓋頭清晨由西華門入哭臨三日仍各去金銀首飾素服二十七日凡音樂祭祀官員軍民人等並停百日男女婚嫁官員停百日軍民人等停一月軍民素服婦人素服不粧飾俱二十七日○一在外俱以聞喪日為始令到之日文武官員素服烏紗帽黑角帶行四拜禮跪聽宣讀訖舉哀再行四拜禮畢各置斬衰服於本衙門宿歇不飲酒食肉第四日成服每旦率合屬官僚人等服衰服就本衙門朝闕設香案朝夕哭臨三日又朝臨十日（洪熙以後並無朝臨）各十五舉聲成服日為始衰服二十七日衙門視

事用布褁紗帽垂帶素服腰經麻鞋退服衰服二十
七日後素服烏紗帽黑角帶二十七月而除文武官
命婦聞喪素服舉哀三日各十五舉聲去金銀首飾
素服二十七日而除軍民男女皆素服一十三日凡
音樂祭祀官員軍民人等並停百日男女嫁娶官員
停百日軍民停一月○一在京文武官孝服每員官
給麻布一疋自製四夷使臣工部造與孝服諸王公
主遣官及內外文武官員人等詣几筵祭祀者光祿
寺備祭物翰林院撰祭文引赴思善門外行禮各處
進香官辭歸者諸王公主所遣臨期司禮監請旨給
賜　　面官與路費鈔二十錠餘十錠○一京城聞
喪日為始寺觀各聲鐘三萬杵禁屠宰四十九日○
上尊謚儀具後○一二十七日以後皇帝素冠麻衣

絰臨朝退仍衰服○一發引儀具後○一大祥安奉
神主神座儀物于太廟前一日遣官祭告太廟至日
上几筵殿皇太后皇后以下各祭一壇王府遣
官共祭一壇在京文武官員共祭一壇○一禫祭遣
親王詣陵行禮
一永樂二十二年上尊謚儀隆慶初稍有更定者附注于下○
前期三日齋戒前一日遣官祭告天地宗廟社稷如
常儀俱太常寺先期奏請各祭告用七文香帛果酒脯醢是日後用前一日內侍官置冊寶輿
於奉天門即皇極門仍有香亭又几筵前左右先設冊寶案捧冊寶各置輿中皇帝
具衰服詣奉天門隆慶初先祭告几筵陳設祭品如常儀祭畢御皇極門百官暫免朝參內侍官舉
冊寶輿導引官導皇帝後隨降階升輅導引官退百官序
立金水橋南北向皆素冠服腰絰俟冊寶輿將至皆跪冊寶輿
過畢興皆隨至思善門外序立北向皇帝降輅隆慶初內官導

至乾清門外降輅冊寶輿由中門入至几筵殿丹陛上導引官導皇帝由左門入內贊唱執事官各司其事導引官導皇帝就丹陛上拜位捧冊寶官捧冊寶由殿左門入隆慶初由殿中門入至几筵前分左右立北向導引官奏四拜後內贊奏皇太孫親王皇孫陪拜丹陛上百官陪拜思善門外內贊及鴻臚寺官同時傳贊四拜畢導引官導皇帝由殿左門入詣几筵前奏跪內贊及鴻臚寺官傳贊皇太孫以下及百官跪奏進冊捧冊官跪進冊于皇帝左皇帝受冊獻畢授捧冊官置於案奏進寶捧寶官跪進如前儀奏宣冊宣冊官跪宣冊於皇帝之、

宣寶如宣冊畢奏俯伏興平身四拜傳贊百官同奏復位導引官導皇帝由殿左門出就拜位奏四拜傳贊同畢行祭禮導引官導皇帝詣几筵前就拜位奏四

（隆慶初接行祭禮有就位四拜）奏初獻禮奏跪獻酒（隆慶初初獻有獻帛）贊讀祝讀
祝官讀畢亞獻終獻禮拜傳贊並同（隆慶初終獻後有奏俛伏興平身奏復位導引）
（就拜）導引官導皇帝由殿左門入詣神位前捧册
贊授內侍官捧入導引官導皇帝入內奏安訖奏叩
頭畢導引官導皇帝由左門出至丹陛上奏禮畢（傳贊）
同導引官導皇帝還宮

永樂二十二年發引儀。

發引前三日行奏告禮百官預齋戒三日（隆慶初太常寺先六日奏齋戒）（京城內外禁屠宰音樂勅命大臣一員護喪行禮勅把総內官勅入皇堂內官內使）遣官以葬期告天地宗廟社稷（祭品行禮如常儀）皇帝衰服告几筵（禮如啟奠）皇太子親王以下皆衰服隨班行禮是日後百官衰服朝一臨至發引日止京師內外禁樂至祔祭日止禁屠宰至葬畢日止發引前一日遣官祭金水橋午門端門承天門

大明門德勝門并橋清河橋沙河京都應祀神祇并經過去處應祀神祠（隆慶初增祭乾清宮門隆宗門思善門并橋歸極門御橋玉河橋沙河安濟橋朝宗橋其應祀神祇關王廟天將廟靈濟宮東嶽廟城隍廟真武廟內門橋俱內官行禮玉河橋以下俱太常寺官行禮祭用酒果肴饌香燭祭文）是夕設辭奠（隆慶初改辭靈禮如啟奠）皇帝后妃皇太子親王以下皆衰服以序致祭司禮監禮部錦衣衛官提督執事者設大昇輿於午門外依圖式陳葬儀於午門外并大明門外發引日設啟奠內侍陳設醴饌拜位如常儀內導引官導皇帝衰服詣拜位皇太子親王以下各就拜位贊禮贊四拜奠帛獻酒讀祝四拜舉哀興哀止望瘞禮畢（隆慶初改望瘞為焚幣帛祝文以後祖奠遣奠至陵安神遷奠享禮〻俱同）內導引官導皇帝詣几內稱東西向立皇太子親王以下升陛上稍東西向立執事者陞徹帷幕等物拂拭梓宮畢內侍

啓奠內執事官進龍輴于几筵殿下設真亭神帛

謚冊寶輿于丹陛上設祖奠如啓奠儀畢内導引官導皇帝詣梓宮前稍東西向立導皇太子由殿左門於皇帝之南稍東西向親王以下俱于丹陛上稍東西向立内侍於梓宮前跪奏請靈駕進發内侍捧謚冊寶次捧神帛由殿中門出各置輿内次捧銘旌由中門出執事官陞捧梓宮内執事執翣左右蔽梓宮降殿内侍官于梓宮前跪奏請梓宮陞龍輴執事奉登龍輴訖以綵帷飾梓宮執翣仍列左右内侍擎繖扇侍衛如儀列舊所御儀仗于前謚冊寶輿神帛輿真亭銘旌以次而行内導引官導皇帝由殿左門出后妃皇太子親王及宮眷後隨（后妃宮眷哭于幃中）至午門内設遣奠如祖奠儀内侍于梓宮前跪奏請靈駕進發司禮監官率儀衛謚冊寶輿等前行皇帝后妃

皇太子親王以下皆哭盡哀内侍于皇帝前跪奏請還宮内侍導引皇帝還宮后妃以下俱還宮隆慶初皇子同還執事官舁梓宮由中門出至午門外禮官跪奏請梓宮陞大陞輿執事官奉梓宮昇輿訖隆慶初即午門内侍跪奏請梓宮陞大昇輿安置訖始行遣奠禮禮官跪奏請靈駕進發司禮監禮部錦衣衛整視葬儀以次前行皇太子親王以下哭送天順八年弘治十八年俱親王護喪行禮隆慶初遣駙馬都尉沿途至陵往返俱遣官行礼靈駕出至端門外行辭祖禮後改於朝祖執事官預設褥位於太廟中香案前太常寺設香燭梓宮至端門外禮官跪奏請辭祖導引官導皇太子易常服詣神帛輿前跪禮官奉神帛授皇太子皇太子捧申廟街左門入隆慶初梓宮至端門外少駐導引官導遣官易淺淡色服詣神帛輿前跪太常寺官跪于遣官之左奏請世宗肅皇帝朝祖太常寺官與遣官俯伏興詣與捧帛由廟街左門入至太廟褥位跪置神帛褥興皇太子正立於神帛後贊禮贊跪皇太子跪

官跪於皇太子之左奏太宗文皇帝謁辭禮官興贊禮贊俛伏興皇太子俛伏興贊五拜三叩頭禮畢跪捧神帛興仍由廟左門出至輿前以神帛授禮官禮官跪受神帛安奉輿中訖隆慶初遣官自安奉訖太常寺官跪奏請靈駕進發跪奏請靈駕進發皇太子仍衰服遣官易衰服及親王以下迺行梓宮由承天門大明中門出皇太子親王以下俱由左門出步送至德勝門外騎送至陵隆慶初遣官及各衙門分定送葬官俱步送至德勝門外騎送至天壽山紅門外仍步送至陵是日俱免辭還仍朝見在途并至陵俱朝夕奠哭臨諸王皇親駙馬公侯伯及文武百官軍民耆老四品以上命婦以序沿途設次致祭皇親命婦及文武官三品以上命婦共祭一壇于順天府前公侯伯及文武官員耆老人等共祭一壇于土城外禪師僧道共祭一壇于清河皇親及駙馬共祭一壇于沙河祭畢文武官不係山陵執事及分送者并命婦耆老悉還大昇輿行沿途每程預設校尉舁送選委內官同錦衣衛

官專一提督務在起止有節行安安徐沿途宿頓之處預先搭蓋席殿仍量搭席房以貯儀仗等物至陵執事官先陳龍輴於獻殿門外候大舁輿至禮官詣大舁輿前跪奏請靈駕降輿升龍輴詣獻殿執事官奉梓宮陞龍輴由中門入皇太子親王俱由左門入遣官亦由左門入詣獻殿安奉訖謚冊寶等輿仍陳於前行安神禮執事官陳醴饌如常儀設皇太子拜位於梓宮前內侍導皇太子詣拜位贊四拜興贊跪奠酒讀祝訖俯伏興贊四拜舉哀興哀止贊禮畢親王以下陪拜如常儀百官俱于獻殿前鴻臚寺傳贊同遣官祀后土并天壽山各陳設酒饌贊再拜興將酒讀祝再拜興禮畢洪熙以後俱同列聖皇祭各陵儀同前但前後各四拜俟掩玄宮時至設遷奠執事官陳醴饌如常儀設皇太子拜位于梓宮前內侍皇太子詣拜位贊四拜興贊跪奠帛奠酒讀祝訖

伏興贊四拜興舉哀興哀止望瘞親王以下陪拜如常儀、百官俱于獻殿前鴻臚官專贊同退將掩玄宮內侍導皇太子親王以下詣梓宮前跪內侍跪奏請靈駕赴玄宮俯伏興執事官陞奉遷梓宮入皇堂安奉訖內侍捧謚冊寶置於前陳列冥器等畢行贈禮內侍官仍設靈座於獻殿上候安神主執事官陳禮饌於皇堂門外奉玉帛安置於香案前設皇太子拜位於前內侍導皇太子詣拜位贊四拜興贊跪贊奠酒贊進贈執事官捧玉帛跪進於皇太子之右皇太子受玉帛獻畢以授內執事捧入皇堂安置訖贊俛伏興皇太子俛伏興贊四拜舉哀興哀止贊贈事畢內侍出遂掩玄宮掩畢行享禮於玄宮前如還奠儀遣官祀后土及祭天壽山後稱告謝掩宮將畢內侍設香案於玄宮門外陳醴饌如儀設題主案於香案前西向設皇太子拜位於前北向內侍盥手出主於案上題主官盥手西向題主畢內侍奉置于神座藏神帛於廂中置其後內侍跪奏請太宗文皇帝神靈上神主（隆慶初具尊號仝）奏訖贊四拜興贊跪獻酒讀祝俯伏興贊四拜舉哀興哀止（焚祝文）內侍啓櫝受主訖跪奏請神主降座陞輿奉神主陞靈輿至獻殿上內侍跪奏請神主降輿陞座奉神主即座訖（隆慶初神主即座訖先行安神礼如前儀將回京別遣官以奠畢告各陵）行初虞禮執事官陳醴饌於神主前設皇太子拜位於香案前內侍引皇太子就拜位贊四拜興贊行初獻禮贊跪皇太子跪奠帛奠酒讀祝畢俯伏興亞獻終獻贊四拜舉哀興哀止望瘞禮畢內侍捧神帛箱埋於殿前屏處潔地焚凶器於野癸日初虞柔日再虞剛日三虞後間日一虞至九虞止在途皇太子

行禮還京皇帝親行禮隆慶初自初虞至七虞在途八虞在城外俱護喪官行礼九虞還京上親行礼神主啓行將還內侍於神主前跪奏請神主降座升輿進京奏訖俯伏興于靈座上奉神主升靈輿進行儀仗侍衛如儀皇太子後隨在途仍朝夕奠神主還京先于城外置幄次錦衣衛偹儀衛教坊司偹鼓吹不作百官衰服奉候城外神主至入幄次百官序列於前行五拜三叩頭禮畢候神主進行百官後從至午門外儀衛等退導引官導皇帝衰服奉迎於午門內神主至舉哀步導隆慶初世廟妃皇后皇子皇妃公主及宮眷等俱迎神主于宮門內舉哀以次後隨神主陞几筵殿內皇帝立於殿上稍東西向內侍於靈輿前跪奏請神主降輿升座奏訖捧神主安奉於靈座訖隆慶初上親捧行安神禮執事官陳設如常儀內導引官導皇帝詣拜位奏四拜興奏跪奠酒讀祝俯伏興四拜舉

哀興哀止〔焚祝文〕奏禮畢皇太子親王以下陪拜如常儀百官於思善門外隨班行禮傳唱如儀〔隆慶初安神畢冊廟妃皇后皇子以下以次如拜位舉哀各行謁見四拜礼〕明日百官行奉慰禮〔隆慶初無〕虞祭內侍陳醴饌拜位於几筵前如常祭儀內導引官導皇帝衰服詣拜位皇太子親王以下衰服各就拜位行四拜禮初獻奠帛獻酒讀祝亞獻終獻贊四拜舉哀興哀止望瘞禮畢卒哭用虞祭後剛日禮同虞祭自是罷朝夕奠至卒哭之明日奉神主祔享於太廟〔儀具升祔下〕祭畢太常卿於神主前跪奏請太宗文皇帝神主還几筵奏訖導引官導皇帝捧神主由廟左門出至門外安奉於御輦儀衛繖扇導從如來儀皇帝陞輅後隨至門外儀衛止皇帝至思善門降輅釋祭服易衰服御輦至几筵殿前內侍於輦前跪奏請神主降輦

升座內侍奉神主升座訖內導引官導皇帝由殿左門入行安神禮如前儀禮畢皇帝釋服還宮明日百官素服烏紗帽黑角帶行奉慰禮

一永樂二十二年祔廟儀〇

卒哭之明日太常寺陳設醴饌於太廟如常享儀樂設而不作設儀衛繖扇於午門外內侍官設皇帝拜位於几筵殿上進御輦於殿前丹陛上內導引官導皇帝衰服詣拜位贊四拜舉衰興衰止立於拜位之東西向內侍詣靈座前跪奏請太宗文皇帝神主降座升輦詣太廟祔享奏訖內侍捧神主安奉於御輦繖扇侍衛如儀至思善門外皇帝易祭服陞輅後隨至太廟南門之外降輅導引官導皇帝詣御輦前贊跪皇帝跪太常卿跪于左奏請太宗文皇帝神主降

輦詣太廟祔享奏訖贊俛伏興皇帝俛伏興導引官導皇帝捧神主由左門入典儀唱樂舞生就位執事官各司其事至丹陛典儀唱太宗文皇帝謁廟內贊奏請謁神位前每至一廟前內侍捧神主至褥位朝北皇帝于神主後行八拜禮各廟俱八拜禮畢太常卿立壇東西向唱賜座皇帝搢圭內侍捧神主進于皇帝皇帝捧神主安于座導引官導皇帝詣拜位行祭禮如時享儀文官五品以上武官四品以上隨班行禮禮畢仍奉神主還几筵至大祥前一日遣官祭告太廟至日上祭告几筵殿奉安神主神座儀物於太廟

洪熙元年昭皇帝喪禮○

遺詔山陵制度務從儉約喪制用日易月皆以二十

七日釋服毋禁嫁娶音樂在外親王藩屏為重不可輒離本國各處總兵鎮守備禦重臣及文武大小官員亦毋擅離職守聞喪之日止於本處朝夕哭臨三日悉免赴闕行禮○部議自聞喪日為始不鳴鐘鼓在京禁屠宰十三日諸王世子郡王及王妃郡主以下並遵遺詔喪服二十七日而除上尊謚次日百官各具素服烏紗帽黑角帶於承天門俟聞讀尊謚詔

仁宗實録洪熙元年夏六月己亥朔壬寅行在禮部以大行皇帝喪禮儀注進命如儀行之其儀注一自聞喪日為始不鳴鐘鼓一在京文武官聞喪素服烏紗帽黑角帶自明日始至第三日旦俱詣思善門外哭退于本衙門宿歇不飲酒食肉第四日各俱斬衰服至思善門外朝夕哭臨三日又朝臨七日各十五

舉聲止凡在朝及衙門視事用布裹紗帽垂帶素服腰絰麻鞋退居即服孝服通前二十七日而除一文武官一品至四品命婦麻布大袖員領長衫布蓋頭清晨由西華門入思善門外哭臨三日而止悉去金銀首飾仍素服通前二十七日而除一在京以聞喪日為始禁屠宰十三日一軍民素服婦人素服不粧飾俱以聞喪日為始二十七日而除一聽選官辦事官監生人才吏典僧道耆老聞喪即易素服自次日至第三日每旦赴順天府朝闕設香案哭臨至四日官各具衰服監生等素服朝夕哭臨三日又臨七日各十五舉聲止仍各具素服通前二十七日而除一外國四夷朝使行哭臨禮工部造與孝服一在京文武百官祭祀品物光祿寺辦一在內文武官吏人

守遵依遺詔二十七日釋服後仍終太宗文皇帝服制一諸王世子郡王及王妃郡王妃郡主以下聞訃皆哭盡哀行五拜三叩頭禮畢並易素服第四日易衰服遵依遺詔二十七日而除一遺詔到日在外文武官吏人等素服烏紗帽黑角帶行四拜禮跪聽宣讀訖舉哀再行四拜禮畢各置斬衰于衙門内望闕設香案朝夕哭臨三日各十五舉聲止自是素服通計二十七日而除一在外官聞喪命婦素服舉哀三日各十五舉聲素服通計二十七日而除軍民男女止素服十三日

出葬儀○

洪熙元年八月辛卯行在禮部進仁宗昭皇帝梓宮出葬儀注一文武官自八月二十七日為始于本衙

門齋宿至三十日早衰服朝一臨如儀至發引日止
京師内外至祔祭日止皆禁音樂一自發引前三日
禁屠宰至葬畢止一皇親公侯伯文武四品以上命
婦九月初一日早服麻布大衫蓋頭赴順天府東設
祭處所恭候梓宫至共祭一壇祭畢各回一公侯伯
忠勇王外國四夷使臣共祭一壇各部都察院等衙
門官共祭一壇錦衣衛等衙門官共祭一壇順天府
幷所屬官吏耆老共祭一壇在外各王府所遣官共
祭一壇自土城外至山口緣途以次行禮一神主回
日文武百官衰服出城迎接一神主還行在錦衣衛
置幄次儀衛先于城外迎接一神主祔廟文官五
品以上武官四品以上俱各具祭服赴太廟陪祭一
文武官員監生人等不係分送者及應合祭禮官員

與送出德勝門土城外行五拜三叩頭禮舉哀畢辞回一縁途市巷軍民男女人等輳集之處遇梓宫至皆跪俯伏舉哀候梓宫過興一在外大小文武衙門各分官送葬就於設祭壇所恭候致祭

祔廟儀〇

洪熙元年九月辛亥奉仁宗皇帝神主祔享於太廟是日早上衰服詣几筵殿拜奉神主出思善門外易祭服詣太廟由左門入至一廟神位前内侍捧神主置拜位上於神主後行八拜禮以次至二廟三廟四廟五廟行拜禮如初畢奉神主置座位行祭禮如時享之儀文武陪祀官隨班行禮畢上奉神主還至思善門外易衰服詣几筵殿行安神禮

郭正域皇明典禮志洪熙元年六月己亥朔上至自

南京先是仁宗皇帝上賓遺詔上早正大位宮中以上未還祕不發喪至是驛報上至良鄉宮中始出遺詔文武百官常服於午門外立班四拜聽宣讀舉哀四拜太監楊瑛户部尚書夏原吉禮部尚書呂震捧遺詔拜蘆溝橋迎上蘆溝橋先設幕次香案聽宣遺詔哭盡哀易素服衧文武百官素服迎於都城外上至長安右門下馬步行哭至宮釋冠服被髮詣梓宮前叩首哭盡哀宮中自皇后以下皆哭盡哀上就喪次上母后親王以次見上畢各就喪次自六月初三日聞喪為始二十七日而除自七月初一日為始鳴鐘鼓上服淺淡色衣烏紗翼善冠黑角帶於奉天門視事百官皆淺淡色衣烏紗帽黑角帶朝參如常儀正朝仍終太宗文皇帝服制上曰朕心何能忍雖加

一日愈於巳初一日仍素服坐西角門不鳴鐘鼓百日後再議八月戊寅行在禮部尚書呂震言仁宗皇帝喪服已百日請上易素服御奉天門視朝上諭震曰皇上劬勞大德奄至遐棄梓宮在殯旦夕瞻奉几筵中心何忍所奏候山陵事畢再議九月戊午少師吏部尚書蹇義等議言皇上孝思無窮禮貴得宜今祔廟後仍素服於西角門視事至孟冬歲暮行時享禮太常奏祭祀是日鳴鐘鼓上服黃袍御奉天門視朝上可其奏（宣德以後俱如儀）仁宗既祔廟遇祭祀上黃袍祭畢如初禫祭後始釋服

宣德十年宣宗皇帝喪禮

宣宗實錄行在禮部進所定儀注一自聞喪日為始不鳴鐘鼓一在京諸王及王妃公主以下聞訃詣几筵

皆哭盡哀行五拜三叩頭禮畢並易素服至第四日服衰服遵依遺詔二十七日而除一在京文武官員聞喪素服烏紗帽黑角帶自明日侵晨至第三日每日俱詣宣武門南哭臨退於本衙門宿歇不飲酒食肉第四日各具斬衰服至宣武門南朝夕哭臨三日又朝臨七日各十五舉聲凡入朝及在衙門視事用布裹紗帽垂帶素服腰絰麻鞋退居亦服之通前二十七日而除一文武官員一品至四品命婦悉去金銀首飾麻布大袖員領長衫麻布蓋頭侵晨由東華門入至宣武門裏哭臨三日退仍素服二十七日而除一在京諸寺觀各聲鐘三萬杵一在京以聞喪日為始二十七日而除一凡內外祭祀翰林院撰祭文光祿寺備祭物一四夷使臣行哭臨禮工部造輿孝

服一聽選辦事官監生人材吏典僧道坊廂人等聞喪即易素服自次日早至第三日皆侵晨赴順天府望闕設香案哭臨第四日官各具斬衰服監生人等素服朝夕哭臨三日又朝臨七日各十五舉聲仍各素服通前二十七日而除一遺詔到日在外文武官員人等素服烏紗帽黑角帶行四拜禮跪聽宣讀訖舉哀再行四拜禮畢各置斬衰服於本衙門宿歇不飲酒食肉每日率合屬官僚人等就本衙門内設香案朝夕哭臨三日各十五舉聲自是素服通前二十七日而除一在外官員命婦聞喪各就本家設香案素服舉哀三日各十五舉聲素服通前二十七日而除軍民男婦易素服十三日而除一官員軍民二十七日除服外聽其嫁娶不禁音樂

乾學按明諸帝實録俱載大喪儀注而會典不盡載者以其禮文相類舉其一二端而其餘從可知也今特於實録中採仁宣二廟喪禮以繼會典之後而其他亦畧之蓋禮可以互證正不必以繁爲貴也

成化二十三年純皇帝祔廟儀

會典卒哭之明日奉神主祔太廟前期三日齋戒前一日遣官以祔享祭告太廟至日太常寺官設牲醴於太廟如時享之儀樂設而不作設憲宗純皇帝御座於宣廟御座之次錦衣衛設儀衛于午門外是日早內執事官設酒饌於几筵設憲宗純皇帝衣冠於几筵前進神主輦於殿前設衣冠輿于丹陛上設上拜位於几筵殿上正中設親王拜位於殿前丹陛上

上衰服內導引官導引詣拜位親王各衰服詣拜位
奏四拜舉哀〻止各立於拜位之東西向內侍官詣
靈座前奏請憲宗純皇帝神主降座陞輦詣太廟祔
享上捧神主由殿中門出奉安于輦內執事官捧衣
冠置于輿後隨內侍擎繖扇如儀至思善門外親王
退上於右順門具祭服陞輅後隨至太廟南門外儀
衛俱分列左右上降輅太常寺官導上詣輦前跪太
常寺官奏請憲宗純皇帝神主降輦詣太廟祔享上
俛伏興搢圭詣輦捧神主由左門入內侍官捧衣冠
隨入贊禮贊樂舞生就位執事官各司其事贊迎神
神主至丹陛上贊禮贊憲宗純皇帝御座內侍官贊
衣冠立憲宗純皇帝御座之下引贊　詣神位前至
一廟上捧神主置褥位立神主後出圭行四拜禮以

次詣八廟禮俱同謁廟畢上搢圭捧神主北向立太常寺官唱賜座內侍官捧衣冠安于座內上捧神主安於衣冠前出圭立于旁導引官導上詣拜位行祭禮如時享之儀文官五品以上武官四品以上各祭服隨班行禮禮畢奉神主還几筵至大祥後二日奉神主安于太廟前期三日齋戒前一日遣官詣太廟行祭告禮用祝文至日侵晨設酒果于几筵殿設神主輦一冊寶亭二于殿前丹陛上上服淺淡服行祭告禮畢司禮監官詣几筵殿前跪奏請神主陞輦詣太廟奉安奏訖內侍捧神主冊寶俱由殿中門出安奉于輦及冊寶亭內侍擎執繖扇侍衛如儀上隨行至右順門上易祭服陞輅後隨至午門外儀衛繖扇導至廟街門內分列於太廟南門外之左右上降輅

司禮監官導上詣神主輦前贊跪上跪司禮監官跪
於上左奏請神主奉安太廟奏訖贊俯伏興上俛伏
興導引官前導內侍捧神主冊寶前行上隨後由中
門入至寢殿奉安訖上叩頭興導引官導上由殿東
門出至丹陛上祭祀如時祭儀用祝文文武官具祭
服隨班行禮

一嘉靖四十五年肅皇帝喪禮

會典遺詔喪禮依舊制以日易月宗室親郡王各處
總督鎮巡三司官各于本處朝夕哭臨三日進香差
官代行衛所府州縣并土官並免進香郊社等禮及
祔葬祔享各稽祖宗舊典斟酌改正

部議一發喪殿下括髮詣大行皇帝宮內舉哀〻止
小殮括髮設奠（不用文）舉哀婦喪次皇貴妃等妃殿下妃

皇孫涇簡王妃等妃景恭王妃寧安公主舉哀禮同
哀畢各歸喪次○是日頒遺詔○一大殮殿下素服
束髮詣大行皇帝前舉哀設奠不用文大殮奉安梓宮設
几筵安神帛立銘旌哭盡哀皇貴妃殿下妃皇孫及
各皇妃公主哭臨禮皆同○一成服殿下服衰服詣
梓宮前舉哀行奠祭皇貴妃殿下妃皇孫及各王妃
公主皆成服各設祭一壇六尚及宮人各隨祭禮畢
各歸喪次○是日內官內使祭一壇以上祭俱用文○次日公
侯駙馬伯五府六部等衙門共一壇文武三品以上
命婦共一壇○一每七及百日殿下一壇皇貴妃等
妃共一壇殿下妃一壇皇孫一壇涇簡王妃等妃共
一壇景恭王妃一壇寧安公主一壇○一內外官員
軍民人等及各王府夷使禮並與洪武永樂同

附東府啓請儀注（世廟初崩穆畱時在東府故詣啓請）○

內閣等官詣府啓請於門外一拜三叩頭以啓本及儀注交與承奉捧入殿下覧啓本訖舉哀具黒翼善冠青布服黒角帶傳旨內閣等官先行乃乗轎啓行（轎用青布帷）宫眷暫留府中兵部錦衣衛添撥官軍官校守衛俟旨宣入（後于十五日五更入居乾清宮西煖閣）

入內儀注○

一駕由東安門入將至乾清宮門前下轎步哭釋冠服被髮詣御榻前五拜三叩頭周視御體且視且哭視畢至喪次皇貴妃等俱不相見○一至喪次命司禮監云說與內府各衙門查照舊規辦理喪儀諸務不許遲悞又云說與皇城內外官員嚴謹守衛仔細関防不許疎怠又云着一個文書官去問內閣告內

殿怎麼行禮着具儀注來看司禮監各承旨傳行其

小殮等項依欽天監所擇日時行儀注另具〇一臣等具告

內殿儀注同遺詔稿親齎至駕所在之處承奉捧入

進呈候覽訖如有更改逐一批示臣等另具稿上進

如無更改承奉傳示臣等書寫仍命司禮監官一員

同臣等看用詔書寶并頒詔供事〇一次日頒遺詔

命司禮監云說與禮部會同翰林院具大行皇帝喪

儀來看又云說與兵部并京營提督官選撥官軍于

皇城京城各門嚴謹守備又云爾每會同內閣查照

舊規報訃於各宗室

一擬告內殿儀注〇

茲奉旨命臣等具告內殿儀注臣等謹按累朝實録

止言以大行皇帝賓天告內殿而不載告文亦不言

讀禮通考　卷七十一　二十

是親告或遣某官告及具何項儀物蓋因初喪哀痛荒迷故不用文亦不親告又某時未頒遺詔故不遣大臣又因凶事故不具酒果脯醢等今擬命司禮監官一員具香燭恭詣跪告云大行皇帝于某日某時賓天謹用告知告畢三叩頭而退遣官烏紗帽素衣黑角帶伏乞裁定施行

大喪儀注〇

十五日發喪不鳴鐘鼓殿下素衣詣大行皇帝前舉哀止小斂括髮設奠（不用文）舉哀歸喪次皇貴妃等妃殿下妃皇孫涇簡王妃等妃景恭王妃寧安公主舉哀禮同哀畢各歸喪次是日頒遺詔十六日大殮殿下素服束髮詣大行皇帝前舉哀設奠（不用文）大殮畢奉安梓宮設几筵安神主立銘旌哭盡哀皇貴妃等妃殿

下妃皇孫涇簡王妃芾妃景恭王妃寧安公主哭臨禮皆同十七日成服殿下服衰服詣梓宮前舉哀行奠祭禮皇貴妃芾妃殿下妃皇孫涇簡王妃芾妃景恭王妃寧安公主皆成服各設祭一壇六尚及宮人各隨祭禮畢各歸喪次是日内官内使祭一壇已上祭俱用文

隆慶元年進呈尊謚議文儀○

先是勅諭文武群臣議上尊謚至期前一日鴻臚寺官於宣治門設謚議文案是日早上具衰服隆慶六年上具素翼善冠麻布袍腰經御宣治門捧謚議官立於階之東文武百官各具素冠服隆慶六年百官烏紗帽黑角帶皂靴詣丹墀贊行四拜禮興禮部官出前跪奏進尊謚議文奏畢復位序班二員引班首官稍進前捧謚議官以文授班首官班首官受謚議文由中道進將至御前序班贊進尊謚議文上

起至謚議文案之北班首官進謚議文置於案贊跪百官皆跪上覽畢召翰林院官趣至前跪上以謚議文授翰林院官命撰謚冊文翰林院官受訖捧從中道出上復坐贊俯伏興班首官復位贊行四拜禮畢序班撤案上還

隆慶元年尊謚頒詔儀

先期鴻臚寺設詔案於皇極殿內東錦衣衛設傘蓋於皇極殿前至日早百官各具素服烏紗帽黑角帶於承天門外伺候上御中極殿具黑翼善冠白素袍黑犀帶執事官先行五拜三叩頭禮鴻臚寺官奏請陞殿導駕官導上御皇極殿鳴鞭訖序班舉詔案於殿中翰林院官捧詔立於左鳴贊唱頒詔翰林院官以詔授禮部官禮部官受詔置于案序班舉案由殿

左門出錦衣衛用傘蓋迎至承天門上百官入班鴻臚贊唱四拜稱有制唱跪開讀訖再唱行四拜禮鴻臚寺官傳舉奏禮畢百官退詔書迎至禮部授使者頒行天下

皇明典禮志世宗梓宮之陵遣駙馬都尉各文武送葬官步送至德勝門外騎送至天壽山紅門外仍步至陵

　

另起

讀禮通考卷七十二

喪儀節三五　國恤七

太皇太后皇太后喪儀上

後漢書禮志　太皇太后皇太后崩司空以特牲告謚於祖廟如儀長樂太僕少府大長秋典喪事三公奉制度他皆如禮儀丁孚漢儀曰永平七年陰太后崩晏駕詔曰柩將發於殿羣臣百官陪位黃門鼓吹三通鳴鐘鼓天子舉哀女侍史官三百人皆著素參以白素引棺挽歌下殿就車黃門宦者引以出宮省太后魂車鸞輅青羽蓋駟馬龍旂九旒前有方相鳳凰車大將軍妻參乘太僕妻御悉道公卿百官如天子郊鹵簿儀後和熹鄧后葬案以為儀自此皆降損於前事也合葬羨道開通皇帝謁便房太常導至羨道去杖中常侍受至柩前謁伏哭止如儀辭太常導出中常侍授杖升車歸宮已下反虞立主如禮諸郊廟祭服皆下便房五時朝服各一襲在陵寢其餘及宴服皆封以篋笥藏宮殿後

閨室

桓思竇皇后

延熹八年以選入掖庭為貴人其冬立為皇后永康元年冬帝崩無嗣后為皇太后臨朝定策立解犢亭侯宏是為靈帝太后父武謀誅宦官中常侍曹節等矯詔殺武遷太后於南宮

通鑑　漢靈帝熹平元年六月太后崩宦者積怨竇氏以衣車載太后尸置城南市舍數日曹節王甫欲用貴人禮殯帝曰太后親立朕躬統承大業豈宜以貴人終乎於是發喪成禮節等欲別葬太后而以馮貴人配祔詔公卿大會朝堂令中常侍趙忠監議太尉李咸時病扶輿而起擣椒自隨謂妻子曰若皇太后不得配食桓帝吾不生還矣既議坐者數百人各瞻望良久莫肯先言趙忠曰議當時定廷尉陳球曰皇太后以盛德良家母臨天下宜配先帝是無所疑忠笑而言曰陳廷尉宜便操筆球即下議曰皇太后自

有椒房有聰明母儀之德遭時不造援立聖明承繼宗祧功烈至重先帝晏駕因遇大獄遷居空宫不幸早世家雖獲罪事非太后今若别葬誠失天下之望且馮貴人冢嘗被發掘骸骨暴露與賊併尸魂靈汚染且無功於國何宜上配至尊忠省球議作色俛仰嗤球曰陳廷尉建此議甚健球曰陳竇既冤皇太后無故幽閉臣常痛心天下憤歎今日言之退而受罪宿昔之願也李咸曰臣本謂宜爾誠與意合於是公卿已下皆從球議曹節王甫猶爭以爲梁后家犯惡逆别葬懿陵武帝黜廢衛后而以李夫人配食今竇后罪深豈得合葬先帝李咸復上疏曰臣伏惟章德竇后虐害恭懷安思閻后家犯惡逆而和帝無異葬之議順朝無貶降之文至於衛后孝武皇帝身所廢

棄不可以爲比今長樂太后尊號在身親嘗稱制且援立聖明光隆皇祚太后以陛下爲子陛下豈得不以太后爲母予無黜母臣無貶君宜合葬宣陵一如舊制帝省奏從之秋七月甲寅葬桓思皇后於宣陵

靈懷甘皇后先主納以爲妾卒葬於南郡

蜀志先主章武二年追謚皇思夫人遷葬於蜀未至而先主殂隕丞相諸葛亮上言皇思夫人履行修仁淑慎其身大行皇帝初在上將嬪妃作合載育聖躬大命不融大行皇帝存時篤義垂恩念皇思夫人神柩在遠飄颻特遣使者奉迎會大行皇帝崩今皇思夫人神柩以到又梓宮在道園陵將成安厝有期臣輒與太常臣賴恭等議禮記曰立愛自親始教民孝也立敬自長始教民順也不忘其親所由生也春秋

之義母以子貴昔高皇帝尊太上昭靈夫人爲昭靈皇后孝和皇帝改葬其母梁貴人尊號曰恭懷皇后孝愍皇帝亦改葬其母王夫人尊號曰靈懷皇后今皇思夫人宜有尊號以慰寒泉之思輒與恭等按謚法宜曰昭烈皇后詩曰穀則異室死則同穴故昭烈皇后宜與大行皇帝合葬臣請太尉告宗廟布露天下具禮儀別奏制曰可

魏文明甄皇后文帝納之於鄴生明帝踐祚後失寵賜死葬於鄴

通典明帝時有司奏請追謚文明甄皇后使司空王朗持節奉策以太牢告祠於陵又別立寢廟三公奏曰蓋孝敬之道篤乎其親乃四海所以承化天地所以明察是謂生則致其養沒則光其靈誦述以盡其美宣揚以顯其名者也今陛下以聖懿之德紹承洪

業至孝蒸蒸通於神明遭離殷憂每勞謙讓先帝遷神山陵大禮既備至於先后未有顯謚伏惟先后恭讓著於幽微至行顯於不言化流邦國德侔二南故能膺神靈嘉祥為大魏世妃雖夙年登遐萬載之後永播融烈后妃之功莫得而尚也按謚法聖聞周達曰昭德明有功曰昭昭者光明之至盛久而不昧者也宜上尊謚曰文昭皇后

明元郭皇后（河右大族沒入宮明帝即位拜為夫人帝疾困立為皇后齊王即位尊為皇太后景元四年十二月崩）

通典魏皇后崩繆襲議銘旌曰自殷以前復與銘旌皆書姓男名女字無書國者周之復天王稱天子諸侯稱南（某）甫（其甫其字）秦漢皇帝皇后太后復書銘置之柩也舊禮書銘皆不書國號后亦不書氏魏為天下之號無所復別臣子所以稱魏故某侯某者皆以自別

耳明太后不宜復稱魏按左氏云天王崩不言周劉邵議主生稱魏不稱姓據漢律使節稱漢今魏使節亦稱魏及二千石諸竹使符皆稱魏以類推之其義宜同今太后之旌宜稱魏趙怡奏祖號所以稱廟不宜以題旌禮未有主作重既葬而埋之故銘旌宜與重皆埋廟門外之左尚書奏祖宗之號所以表德題旌古今異儀今列祖之號宜改施新銘旌故杠所埋如怡等議與重俱埋於廟門之左

武悼楊皇后元后從妹武帝咸平二年立爲皇后帝崩尊爲皇太后父駿誅坐廢爲峻陽庶人崩於金墉城外嘉元年追復尊號別立廟至咸帝咸康七年議祔廟

晉書虞譚爲衛將軍咸康七年詔使內外詳議武悼楊后配廟之議譚議曰世祖武皇帝光有四海元皇后應乾作配元后既徃悼后繼作至楊駿肆逆禍延

天母孝懷皇帝追復謚號豈不以繇殛禹興義在不替者乎又太寧二年臣忝宗正帝譜泯棄罔所循按時博諮舊齒以定昭穆與故驃騎將軍華恒尚書荀崧侍中邃因舊譜參論撰次尊號之重一無改替今聖上孝思祇肅禋祀詢及羣司將以恢定大禮輒思詳伏見惠皇帝起居注羣臣議奏列駭作逆謀危社稷引魯之文姜漢之呂后臣竊以文姜雖莊公之母實爲父仇呂后特寵私戚幾危劉氏按此二事異於今日昔漢章帝竇后殺和帝之母和帝即位盡誅諸竇當時議者欲貶竇后及后之亡欲不以禮葬和帝以奉事十年義不可爲臣子之道務從豐厚仁明之稱表於往代又見故尚書僕射裴頠議悼后故事稱繼母雖出追服無改是孝懷皇帝追崇謚號還葬峻

陵此則母子道全而廢事蕩革也於時祭於弘訓之宮未入太廟蓋是事之未盡非義典也若以悼后復位為宜則應配食世祖若服之為非則譜益宜闕未有位號居正而偏祀別室者也若以孝懷皇帝私隆母子之道特為立廟者此苟崇私情有虧國典則國譜帝諱皆宜除棄非徒不得同祀於世祖之廟也會稽王昱中書庾冰中書令何充尚書令諸葛恢尚書謝廣光祿勳留擢丹陽尹殷融護軍將軍馮懷散騎常侍鄧逸等咸從譚議由是太后配食武帝

簡文宣太后 元帝建武元年納為瑯琊王夫人生簡文帝以成帝咸和元年薨簡文帝即位未及追尊孝武帝太元十七年下詔曰會稽太妃文母之德徽音有融誕載聖明光延於晉今上太妃尊號曰簡文太后於是立廟於太廟路西羣臣多謂鄭太后應配食元帝太子前率徐邈曰平素之時不伉儷於先帝至於子孫豈可為祖考立配崇尊盡禮由於臣子故得稱太后陵廟備典若乃配葬祔食則義所不可從之

晉書孝武帝太元中欲追崇庶祖母宣太后議者或

謂宜配食中宗時臧燾為明教議曰陽秋之義母以子貴故仲子成風咸稱夫人經云考仲子之宮若配食惠廟則宮無緣別築後漢孝文孝昭太后並繫子為號祭於寢園不配於高祖孝武之廟後漢和帝之母曰恭懷皇后安帝祖母曰恭愍皇后雖不繫子為號亦祭於陵寢不配章安二帝則此二漢雖有太后皇后之異至於並不配食義同陽秋惟光武追廢呂后故以薄后配高祖廟又衛后既廢霍光追尊李夫人為皇后配孝武廟此非母以子貴之例直以高武二廟無配故耳夫漢立寢於陵自是晉制所異謂宜遠准陽秋考宮之義近摹二漢不配之典尊號既正則罔極之情申別建寢廟則嚴禰之義顯繫子為稱兼明母貴之所由一舉而允三義固哲王之高致也

懿安郭皇后父曖尚昇平公主生后憲宗為廣陵王聘為妃生穆宗元和元年進册貴妃穆宗立上尊號皇太后敬宗立號太皇太后宣宗立后崩葬景陵園外

唐書郭后祔廟議懿安郭太后旣崩禮院檢討王皞請祔景陵配饗憲宗廟宣宗大怒宰相白敏中召皞詰其事皞曰郭太后是憲宗元妃汾陽王孫迨事順宗為婦憲宗崩事出暧昧母天下五朝不可以疑似之事黜合配之禮敏中怒甚皞聲色益壯宰相將會食周墀立敏中廳門以俟敏中語墀正為一書生惱亂但乞先之墀就敏中問其事皞益不屈墀以手加皞額賞其正直翌日皞貶句容縣令墀益免相大中十三年秋八月上崩令狐綯為山陵禮儀使奏皞為判官皞又論懿安合配享憲宗始升祔焉

昭憲杜太后歸於宣祖生太祖太宗周顯德中太祖為定國軍節使封南陽郡太夫人太祖即位尊為皇太后

宋史禮志 太祖建隆二年六月二日皇太后杜氏崩於滋德殿三日百官入臨明日大殮攢於滋德宮百姓成服中書門下文武百僚諸軍副兵馬使以上並服布斜巾四脚直領襴衫外命婦帕頭帔裙衫九日帝見百官於紫宸門太常禮院言皇后燕國長公主高氏皇弟泰寧軍節度使光義嘉州防禦使光美並服齊衰三年準故事令隨皇帝以日易月之制二十五日釋服二十七日禫除畢服吉心喪終制從之七月太常禮院言準詔議定皇太后謚按唐憲宗母王太后崩有司集議以謚狀讀於太廟然後上之周宣懿皇后謚即有司撰定奏聞未嘗集議制下之日亦不告郊廟修謚冊畢始告廟還讀於靈座前詔從周制於是太常少卿馮吉倩上尊謚曰明憲皇后九月

六日羣臣奉册寶告於太廟翼日上於滋福德宫十月十六日葬安陵十一月四日神主祔太廟宣祖室乾德二年改卜安陵於河南府鞏縣三月二十五日奉寶册改上尊謚曰昭憲皇太后讀於陵次二十六日啟故安陵二十七日靈駕發引命攝太尉開封尹光義遣奠讀哀册四月九日掩皇堂

明德李皇后開寶中太祖爲太宗聘爲妃太平興國三年入宫生皇子不育真宗即位尊爲皇太后居西宫

太宗明德皇后李氏真宗景德元年三月十五日崩十七日羣臣上表請聽政凡五上始允帝去杖經服衰即御坐哀動左右太常禮院言皇后宜準昭憲皇太后禮例合隨皇帝以日易月之制宗室雍王以下禫除畢吉服心喪終制五日詳定園陵宜在元德皇太后陵西安葬八月十二日上謚九月二十二日遷

坐於沙臺欑宮十月七日祔神主太宗室二年十月十五日帝詣欑宮致奠十六日發引二十九日掩皇堂

歷代名臣奏議宋真宗景德初禮官詳定明德皇太后靈駕發引於京師壬地權欑依禮埋懸重升祔神主李安易上言曰禮云既虞作主虞者已葬設吉祭也明未葬則未立虞主及神主所以周制但鑿木為懸重以主神靈皇后七月而葬則埋懸重掩玄堂凶仗輼輬車龍輴之屬焚於柏城訖始可立虞主吉仗還京備九祭復埋虞主然後立神主升廟堂自曠古至皇朝上奉祖宗陵廟俱行此禮何以今日乃違典章苟且升祔方權欑安立神主未大葬輙埋懸重且棺柩未歸園陵則神靈豈入太廟奈柏城未焚凶仗

則凶穢唐突祖宗望約孝章近例但於壬地權攢未立神主升祔凶儀一切祇奉俟丙午年靈駕西去園陵東回祔廟如此則免於顛倒不利國家乃詔有司再加詳定判禮院孫何等上言按晉書羊太后崩廢一時之祀天地明堂去樂不作又按禮王后崩五祀之祭不行則天地之祭不廢遂議以園陵年月不便須至變禮從宜又緣先準禮文候神主升祔畢方行享祀若俟丙午歲則三年不祭宗廟禮文有闕況明德皇太后德配先朝禮合升祔遂與史館檢討同共參詳以為廟未祔則神靈不至伏恐祭祀難行攢既畢則梓宮在迩可以葬禮比祔遂按禮云葬者藏也欲人不得而見也既不欲穿壙動土則龍輴攢木題湊叢槨上四柱如屋以覆盡塗之所合埋重一依近

例便可升祔神主安易妄言以凶仗為凶穢目羣官為顛倒指梓宮為棺柩令百司分析園陵澆瀆聖聽誣罔臣下安易又云昔日覩羣官盡公奉二帝諸后並先山陵後祔廟今日覩羣官顛倒奉明德皇太后獨先祔廟後園陵者今詳當時先山陵後祔廟蓋為年月便順别無陰陽拘忌今則年月未便理合從宜未埋重則禮文不倫未升祔則廟祭有闕須從變禮以合聖情兼明德皇太后將赴權欑而安易所稱柏城未焚凶仗則凶穢唐突祖宗案檀弓云喪之朝也順死者之孝心也鄭玄注云謂遷柩於廟又云其哀離其室也故至於祖考之祖而後行商朝而殯於祖周朝而遂葬今亦遥辭宗廟而後行豈可以禮經所出目為顛倒吉凶具儀謂之唐突哉又云孝章皇后

至道元年崩亦緣有所嫌避未赴園陵出京權櫕之時不立神主入廟直至至道三年西去園陵禮畢然後奉虞主還京易神主祔廟以合典禮今詳當時文籍緣孝章為太宗嫂氏上仙之時止輟五日視朝百官不曾成服與今不同初亦無詔命令住廟享今明德皇太后母儀天下主上孝極曾顏況上仙之初即有遺命權停享祀今按禮文固合如此安易荒唐庸昧妄有援引以大功之親比三年之制欺罔君上乃至於斯況安易以許直自負所談者無非良善以清要自高所尚者無非鄙俗名宦之志老而益堅詩書之文懵而不習本院所議並明稱典故旁考時宜雖曰從權粗亦稽古請依元議施行從之

乾學按權櫕未葬不宜埋重祔廟安易之

言正合古禮而禮官乃盡力排擊之何也
據其所言不過茍且遷就以合時制而反
以守經者爲非禮不亦謬乎

稗編　景德元年有司詳定明德太后李氏升祔之禮
按唐睿宗昭成肅明二后先天初以昭成配開元末
以肅明祔此時儒官名臣步武相接宗廟重事必有
據依推之閨門亦可擬議晉驃騎將軍温嶠有三夫
人嶠薨詔問學官陳舒〻謂秦漢之後廢一娶九女
之制妻卒更娶無繼室生既加禮亡不應貶朝旨以
李氏卒於嶠之微時不霑贈典王何二氏追加章綬
唐太子少傅鄭餘慶將立家廟祖有二夫人禮官韋
肅議與舒同略稽禮文參諸故事二夫人並祔於理
爲宜恭惟懿德皇后久從升祔雖先後有殊在尊親

則一請同列太宗室以先後次之詔尚書省集議咸如禮官之請祔神主於太廟

元德皇太后太祖為太宗聘之開寶中封隴西郡君太宗即位進封夫人生真宗太平興國二年薨真宗即位追封賢妃

太宗賢妃李氏真宗至道年追尊為皇太后謚曰元德祔葬永熙陵大中祥符六年升祔太宗室

章獻明肅劉皇后年十五入襄邸真宗即位入為美人進德妃章穆崩立為皇后真宗崩遺詔尊為皇太后

真宗章獻明肅皇后劉氏明道二年三月二十七日崩於寶慈殿遷坐於皇儀殿三十日宣遺詔羣臣哭臨見帝於殿之東廂奉慰宗室削杖不散髮中書樞密使相比宗室去斜巾垂帽首經及杖翰林學士至龍圖閣直學士已上并節度使文武二品已上又去中單及袴兩省御史臺中丞文武百官以下四脚幞巾連裳腰經館閣讀書翰林待詔伎術官并給孝服

宰相百官朝晡三日内外命婦朝臨三日四月遣使
告哀遼夏及賜遺留物十七日祔神主於奉慈廟
歐陽修撰薛簡肅公奎墓誌莊獻明肅太后崩上見
羣臣泣曰太后疾不能言而猶數引其衣若有所屬
何也公遽曰其在衮冕也然服之豈可見先帝乎上
大卒以后服葬
慶曆四年翰林學士王堯臣等上奏曰章獻明肅盛
烈丕功非一惠可舉謚告於廟册藏於陵無容追減
章惠擁祐帝躬並均顧復故景祐中應寶慶之册義
專繫子姓須别祠章穆升祔歳月已深奉慈三室先
後已定若再議升降則情有重輕請如舊制中書門
下覆議成憲在前文考之意配食一體二慈之宜奉
承無私陛下之孝請如禮官及學士議案祥符詔繫

章聖特旨位敘先後乞聖制定數昭示無窮詔依所議

章惠楊皇后（真宗即位拜才人累進淑妃真宗崩遺詔以為皇太后其所居曰保慶故稱保慶皇太后景祐三年無疾而薨）

真宗章惠皇后楊氏明道三年十一月五日保慶皇太后崩太常禮院言皇帝本服緦麻三月皇帝皇后服皆用細布宗室皆素服吉帶大長公主以下亦素服並常服入內就次易服三日而除詔以保祐沖人加服為小功五日而除四年正月十六日上謚二月六日葬永定陵之西北隅十六日升祔奉慈廟

乾學按傳稱景祐三年志稱明道三年

慈聖光獻曹皇后（明道二年郭后廢詔聘入宮景祐元年冊為皇后英宗即位冊為皇太后神宗立尊為太皇太后宮曰慶壽）

神宗元豐二年十月二十日太皇太后崩於慶壽宮

是日文武百官入宮宰臣王珪升西階宣遺誥已內外舉哭盡哀而出二十六日大斂命韓縝為山陵按行使二十九日皇帝成服十二月中書言先是司天監選年月遷祔濮安懿王三夫人今大行太皇太后山陵濮三夫人亦當舉葬於是詔宗室正任防禦使以上許從靈駕已從濮安王夫人者免從三年正月十四日上諡太常禮院言大行太皇太后雖已有諡然山陵未畢俟皇堂去大行稱慈聖光獻太皇太后祔廟題神主仍字二太字祕閣校理何洵直言按禮既葬日中還虞於正寢蓋古者之葬近在國城之北故可以平旦而往至日中即虞於寢所謂葬日虞弗忍一日離也後世之葬其地既遠則禮有不能盡如古者今大行太皇太后葬日至第六虞自當行之於

外如舊儀其七虞及九虞卒哭謂宜行之於慶壽殿又按春秋公羊傳曰虞主用桑士虞禮曰桑主不文伏請罷題虞主太常言洵直所引乃士及諸侯之禮况嘉祐治平並虞於集英殿宜如故事又嘉祐治平虞主已不書謚當依所請太常禮院又言慈聖光獻皇后祔廟前三日告天地社稷太廟皇后廟如故事至日奉神主先詣僖祖室次翼祖宣祖太祖太祖后太宗皇帝懿德皇后明德皇后同一祝次饗元德皇后慈聖光獻皇后異饌異祝行祔廟之禮次真宗仁宗英宗室禮畢奉神主歸仁宗室如此則古者祔謂之禮及近代徧饗故事並行不廢從之三月十日葬永昭陵二十二日祔於太廟

宣仁聖烈高皇后少育宮中成昏濮邸生神宗治平二年冊為皇后神宗立尊為皇太后

英宗宣仁聖烈皇后哲宗元祐八年九月三日崩於崇慶宫遺誥皇帝成服三日内聽政羣臣十三日諸州長吏以下三日而除釋服之後勿禁作樂園陵制度務遵儉省餘並如章獻明肅皇太后故事十四日詔園陵依慈聖光獻太皇太后之制紹聖元年正月二十八日禮部言將題神主謹按章獻明肅皇后神主書姓劉氏詔依故事四月一日葬永厚陵

欽聖憲肅向皇后治平三年歸於潁邸神宗即位立爲皇后哲宗立尊爲皇太后徽宗立權處分軍國事尋還政

神宗欽聖憲肅皇后向氏建中靖國元年正月十三日崩五月六日葬永裕陵二十六日祔於神宗廟室先是元祐四年美人陳氏薨贈充儀又贈貴儀徽宗入繼大統詔有司議追崇之典上尊謚曰欽慈皇后祔葬永裕陵與欽聖同祔神宗室崇寧元年二月聖

瑞皇太妃朱氏薨制追尊為皇太后遂上尊謚曰欽成皇后五月祔葬永裕陵祔神主於神宗室皆倫禮如故事

昭慈聖憲孟皇后

元祐七年帝親御文德殿冊為皇后後廢居瑤華宮元符末還内號元祐太后徽宗初復居瑤華宮尋出私第京城陷張邦昌迎居延福宮稱宋太后高宗立尊后為元祐太后尋以所居宮稱隆祐太后紹興五年患風疾四月崩於行宮之西殿

哲宗昭慈聖獻皇后紹興元年四月崩詔以繼體之重當承重服以遺誥擇近地權殯俟息兵歸葬園陵梓取周身勿拘舊制以為他日遷奉之便六月殯於會稽上亭鄉欑宮方百步下宮深一丈五尺明器止用鉛錫置都監巡檢一員衛卒百人生日忌辰旦望節序排辦如天章閣儀虞主還州行祔廟禮

文獻通考

紹興元年四月十八日太常寺言章獻明肅皇太后崩乙未百官聽遺誥喪紀以日易月在京

百官十三日而除祖宗以來皇太后崩故事莫盛於章獻明肅皇太后遺誥十三日令在京百官除服今來大行隆祐皇太后崩遺詔亦以十三日而除合至今月二十六日百官依故事進名奉慰訖退易常服從之自成服以後小大祥禫除日及朔望日百官並進名奉慰遇皇帝視事日宰相奏事去杖小祥日奏事去冠餘官奏事皇帝聽政未釋服前其引班若行弔臨之禮即服衰絰如遇内殿引班奏事及從駕常服黑帶士庶以下服軍人百姓白衫紙帽婦人素幔不花釵三日止士庶婚嫁服除外不禁文武臣寮之家至山陵祔廟畢並許嫁娶不用花絲仍禁樂

北盟會編　紹興元年四月十四日庚辰隆祐皇太后崩遺誥吾自入宮闈于今三紀晚年以來逢國多故

二聖遐狩心常奭然皇帝仁孝自天實同憂患雖在顛沛禮無闕違幸時小康還自江介方欲享天下之養即東朝之安而節宣不時偶遇微疾遽至危惙莫能自還悵此兩宮遂成永訣方時艱難合行禮儀難以備舉皇帝服期以日易月十二日而除仍不候除服御朝三日而除作樂婚姻並無禁止殮以常用不可用金玉珍寶且權宜就近擇地欑殯候軍事寧息歸葬園陵所製梓宮取周吾身勿拘舊制以為他日遷奉之便於戲生者人之暫寓死者數之大終甲子一周無復所恨尚賴臣民之衆永堅忠孝之心輔翼聖朝早臻康阜存殁之際恨恨何言

謚議　洪惟大行隆祐皇太后窮聖善之德茂柔明之資粤自先正魏王有功仁祖之世王室所賴旂常紀

之用集我太母惟我太母基迹元祐殯於泰陵逮事
宣仁欽聖兩宮稟二南之規兼四教之善正位宮掖
三十餘年含弘光大而體坤道之常進退存亡而得
聖人之正及靖康初載天割我宗二帝出郊中原無
統我太母起於危疑之中自任以天下之重當方隅
傾側之時正璇歷纂承之序雖文母以十亂興周不
是過也已而六飛南渡按蹕武林元凶窺朝宄自內
作天下之勢甚於綴旒我太母投袂而履禍機立談
而銷逆稜坐使天地復正三辰復明雖媧皇以煉石
補天不是過也勳猷崇極如此而乃抑華弘儉率禮
蹈和塞私謁之塗裁外家之寵清靜謙沖而以道為
本沉潛剛克而與神為謀擁佑聖躬殫誠盡變煌煌
乎度越麟趾思齊之上矣正期清我甸服旋駕舊京

虔奉翟車展謁宗廟而昊天不辰禍結慈極夘蘖告畢方開盛夏之祥隙駟難留遽掩長秋之御茲天子追慕悼心失圖歎享載之中傾痛仙游之不逈雖遂服不可勉從期歳之喪而興哀無窮每舉過音之節由是命有司考易名之典飾終之儀告於神明節以四惠庶有以彰淑則而暢徽音謹按謚法明德有功曰昭視民如子曰慈聰明睿智曰獻安民有功曰烈若乃兩值時變當陽御籙基圖既安即復明辟澤及萬世與天無窮非明德有功耶寢興焦勞言動懔惻冐風濤兵革之險濟宇宙生靈之艱非視民如子耶察興替之端知變通之利親庶政以任溥天之責奉真人以膺神器之歸非聰明睿智耶中微之緒而我振之大亂之源而我室之從容房帷悉幹鴻造非安

民有功耶嗚呼皇后之謚請之於廟示雖天子必有
尊大行隆祐皇太后謚宜以宗廟之命錫之曰昭慈
聖烈皇后
奏告宗廟伏以釁積宮闈禍延文母亢居持載孰不
哀摧國有大喪不敢不告
大殮伏以宮闈棄祐仙馭上賓將奉容衣祔臨神廬
顧溫慈之永閟銜摧割以何言謹以十七日舉大殮
之儀不敢不告
掛服昊天不弔禍及東朝念色養之永違攀仙游而
何及爰舉喪麤之制用酬坤育之恩謹以今日成服
不敢不告
掛服日祭奠伏以比舉卹章參成喪飾既正阼階之
席當陳餘閣之羞仰冀神游俯歆微薦

欑祭伏以慈壼中虛仙遊浸邈爰舉菆塗之禮以須
祖載之期孝養莫追哀誠何極
啓欑伏以　禍之延坤儀永閟方中告畢卽遠有期
乃涓季夏之良恭撤西階之殯追攀莫及摧割奚勝
祖奠恭以復土有期遣車在道猶想庭闈之覲恐瞻
警衛之行攀柩哀號奠觴祖訣
啓奠伏以　宮闈之覲恐瞻寡佑陵寢告成
爰啓菆塗將臨於厚夜恭陳奠斝永訣於終天
遣奠伏以蓍龜來諗日月有期旣停六紼之儀將舉
九原之奉三靈不弔五内併摧
發引伏以蓍龜告日披紼在庭載嚴廞衛之儀將舉
勸防之事攀依永絶摧割奚勝
掩欑伏以龜筮協從永窆永閟神升帝所參三后在

天之游地占山靈豈千人成聚之比追　莫逮銜恤
奚言
上謚册寶伏以柔儀懿範夙著宮闈盛德元勳實施
社稷乃羣臣議謚請於宗廟曰昭慈獻烈皇后永為
千載之稱不敢不告
祔廟伏以慈闈厭世幽竁因山既終復土之恩爰諏
附姑之禮進陪廟祀永作邦休
配廟伏以　　　作合先朝爰正尊名有欽聖御
簾之詔唱為異議由崇寧當軸之姦茲涓剛辰恭舉
徽册永嚴升廟之禮永對在天之靈
卒哭伏以飈馭遐升日期寖遠甫隔晨昏之奉奄然
哭踊之儀追慕亡繇銜哀何極

顯肅鄭太后徽宗爲端王入宮顯恭王皇后崩政和元年立爲皇后欽宗受禪尊爲太上皇后遷居寧德宮稱寧德太后從上北遷

宋史后妃傳紹興五年崩於五國城紹興七年何蘇等使還始知上皇及后崩高宗大慟詔立重成服祔主徽宗室以聞哀日為大忌梓宮歸入境承之以槨納翬衣其中與徽宗合攢於會稽永佑陵

北盟會編紹興七年正月二十五日丁亥詔曰何蘇奉使回得大金國右副元帥書太上皇帝久違和豫厭世升遐寧德皇后亦已上仙

二十八日以太上皇帝訃音詔諭中外

四月十七日戊申追尊道君皇帝為聖文仁德顯孝皇帝惠恭皇后王氏為顯恭皇后鄭氏為顯肅皇后

顯仁韋皇后初入宮為侍御生高宗進封龍德宮賢妃從上皇北遷建炎改元遙尊為宣和太后紹興十二年南歸至臨安入居慈寧宮崩壽八十

徽宗顯仁皇后韋氏紹興二十九年崩祔於永祐陵

攢宮

宋史顯仁皇后崩及虞祭或謂上哀勞欲以宰相行事杜莘老曰古今無是卒正之

文獻通考二十九年十一月十三日太常寺又言顯仁皇后將來掩攢宮合行九虞祭依禮例掩攢宮畢行第一虞其第二第三第四第五虞並係在路合於宿頓宗正卿行禮其第六虞在京日係在瓊林苑今欲乞渡江訖令宗正卿行禮々畢迎虞主入慈寧宮奉安皇帝服袍履導行慈寧宮門外有司奉安訖皇帝行安神之禮其第七第八第九虞依典故皇帝行禮百官陪位詔恭依

憲聖慈烈吳皇后高宗為康王選入宮中帝即位進貴妃憲節邢皇后北遷崩問至紹興十三年立為皇后帝內禪詔后稱太上皇后遷居德壽宮孝宗即位上尊號曰壽聖太上皇后上皇崩遺詔改稱皇太后光宗即位更號壽聖皇太后以壽皇故不稱太皇太后孝宗崩始正太

皇太后之號寧宗立遷居重華宮崩年八十有三

憲聖慈烈皇后慶元三年崩時光宗以太上皇承重寧宗降服齊衰朞四年三月甲午權攢於永思陵

宋史后妃傳遺詔太上皇帝疾未痊瘉宜於宮中承重皇帝服齊衰五日以日易月詔服朞年喪

文獻通考慶元三年憲聖太皇太后崩太上皇帝承重皇帝降服齊衰布頭冠幞頭大袖襴衫裙袴腰絰白綾襯衫皇太后服太上皇帝喪成服麗布蓋頭衫帔首絰絹襯服每奠祭日侯皇帝權歸御幄次行燒香禮

成肅謝皇后幼冒翟姓入宮爲普安郡王夫人王即位是爲孝宗進貴妃淳熙三年立爲皇后復姓謝氏光宗即位上尊號曰壽成皇后孝宗崩尊爲皇太后嘉泰二年加慈佑太皇太后三年崩

孝宗成肅皇后謝氏禮志作夏氏非孝宗二后曰成恭夏皇后所以傳訛開禧三年崩

殯於永阜陵正北吏部尚書陸峻言伏覩列聖在御閤有諸后上仙緣無山陵可祔是致別葬若上仙在山陵已卜之後無有不從葬者其他諸后葬在山陵之前神靈既安並不遷祔惟元德章懿二后方其葬時名位未正續行追冊其成穆皇后孝宗登極即行追冊改殯所為攢宮典禮已備與元德章懿事體不同所以更不遷附竊稽前件典禮祇緣喪有前後勢所當然其於禮意初無隆殺今來從葬阜陵為合典故從之

乾學按寧宗本紀開禧三年成肅太皇太后謝氏崩傳云嘉泰三年崩誤也

慈懿李皇后 聘為恭王妃進皇太子妃光宗即位立為皇后寧宗內禪尊后曰太上皇后

文獻通考 見通儀成服條

恭仁聖烈楊皇后慶元元年封平樂郡夫人六年進貴妃恭淑韓皇后崩立爲皇后理宗即位尊爲皇太后

寧宗恭仁聖烈皇后紹定五年十二月崩祔葬茂陵

讀禮通考　卷七十二　六

另起

讀禮通考卷七十三

喪儀節二十六　國恤八

太皇太后皇太后喪儀下

明仁宗誠孝張皇后

洪武中冊為燕世子妃仁宗立冊為皇后宣宗即位上尊號曰皇太后英宗即位加上太皇太后正統七年崩合葬獻陵上尊謚誠孝恭肅明德弘仁順天啟聖昭皇后

明會典　正統七年誠孝皇太后喪禮遺詔喪服以日易月二十七日而除哭臨三日即止君臣皆同皇帝成服三日後即聽政天地宗廟社稷及百神之祀皆勿停宗室諸王但遣官進香不必送喪在外太小文武衙門並免進香臣民之家勿禁音樂嫁娶

部議一自聞喪日為始不鳴鐘鼓○一諸王世子郡王及王妃郡主以下聞訃哭盡哀行五拜三叩頭

禮畢易素服第四日始衰服二十七日而除○一在
京文武官聞喪素服烏紗帽黑角帶自明日始至第
三日每旦詣思善門外哭退於本衙門宿歇不飲酒
食肉第三日具斬衰服至思善門外朝夕哭臨三日
各十五舉聲止凡入朝及在外衙門視事用布裹紗
帽素服腰絰麻鞋退即服衰服通前二十七日而除
○一文武官一品至四品命婦麻布大袖員領長衫
蓋頭清晨由西華門入至思善門外哭臨三日悉去
金銀首飾仍素服二十七日而除○一在京以聞喪
日為始禁屠宰十三日○一軍民素服婦人素服不
妝飾俱以聞喪日為始二十七日而除○一外國四
夷使臣行哭臨礼工部造與孝服隨朝官哭臨及行
祭禮○一在京文武官非朝叅官及聽選辦事官監

生吏典耆老僧道聞喪即易素服自次日至第三日每旦赴順天府朝闕設香案哭臨至第四日官各具斬衰服監生人等素服朝夕哭臨三日各十五舉聲止仍各素服通前二十七日而除○一遺詔到日在外文武官員人等素服烏紗帽黑角帶行四拜禮跪聽宣讀訖舉哀再行四拜禮畢各置斬衰服于衙門内望闕設香案朝夕哭臨三日各十五舉聲止自是素服通計二十七日而除○一在外官負命婦聞喪素服舉哀三日各十五舉聲通前二十七日而除軍民男女各素服十三日○一南京文職二品武職三品以上衙門在京中都留守司布政司按察司及總兵官差人進香其餘衙門皆免

英宗孝莊錢皇后名山藏正統七年冊為皇后英宗北狩哭損一目夜禱臥地一損一股無子貴妃周氏生憲宗太監

旻請立爲皇后英宗怒斥之英宗崩命大學士李賢以錢皇后千秋萬歲後當與我合葬憲宗即位議上兩宮徽號周貴妃又欲獨尊賢以遺命爭之上尊號曰慈懿皇太后成化四年六月甲寅崩議祔葬久而後定七月丙子上尊謚孝莊獻穆弘惠顯仁恭天欽聖睿皇后九月庚申祔葬裕陵去英宗元堂可數丈許中窒之虛右壙以待周太后則中有隧道可通

憲宗實録　成化四年六月乙丑朔丙辰詔禮部會文武群臣議大行慈懿皇太后陵寢太子少保文淵閣大學士彭時言大行慈懿皇太后作配英宗皇帝正位中宮及皇上嗣居宸極尊爲慈懿皇太后養先帝全夫婦大倫皇上全母子深恩天下後世無容議矣今位號彰著於海宇已數十年則壽終之後所宜奉梓宮祔於裕陵奉神主祔於太廟此古今不易之理亦先帝與皇上全大倫深恩之心也今聞聖命欲別卜葬地臣等實竊疑懼竊謂皇上所以若是者必以今皇太后千秋萬年之後當與先帝同尊於陵廟有

嫌二后並配本朝之制有二太后方自今始則陵廟之制亦當自今日考諸古協諸義以行之臣等考之前代一帝二后並祔陵廟者未易悉數只如漢文帝尊其所生母薄太后然於其嫡母呂太后雖得罪於宗社尚且仍與父高帝並葬長陵無所改易此文帝所以號為孝文高出漢諸帝之上也又如宋仁宗追尊其生母李宸妃為太后然於其嫡母章獻劉太后雖本無子尚且仍與父真宗同祭太廟無所嫌忌此仁宗所以稱為賢君高出宋諸帝之上也皇上與慈懿皇太后昔日致其養今日盡其哀雖文帝仁宗無以加矣若陵廟之祔稍有未合於理則致貽後悔有損前美況千秋萬年之後今皇太后與慈懿皇太后同在陵廟不相妨礙且愈足以見二太后生存之日

雍容無間永久之後並美無窮哉諸史册增我皇明
之光彰我皇上之孝此臣等所深願也伏望皇上體
先帝之心稽前代之制念綱常之大以臣等所言下
禮部會皇親公侯駙馬伯文武群臣議務合天理允
愜人心則國家幸甚天下幸甚○七月禮部尚書姚
夔及在廷文武大臣翰林院科道等官九十九員集
議陵廟禮制奏曰大行慈懿皇太后作配先帝二十
餘年誠孝一心夷險一德孚於中外是以先帝春秋
優隆始終無間陛下嗣位之初既致隆於所尊而加
慈懿之徽稱復推崇於所親而上皇太后之尊號兩
宮之名號既同二母之體位相等陛下之孝養如一
天下之人皆知陛下克體先帝初心以為至仁大孝
莫過於此夫善繼善述是之為孝事死如生尤孝之

至也今慈懿皇太后之喪與皇太后千秋萬歲後俱合葬裕陵慈懿皇太后居左皇太后居右配享英廟禮亦宜然是乃天理人情之至也萬一合葬祔廟之制少有疑沮不合典禮關繫非小在廷百辟將有言之天下之人將有言之宗室親藩將有言之萬世之下亦將有言之安保將來終無據禮改而從正者乎上批荅曰卿等所言固是正理但聖母在上事有室碍朕屢請命未蒙諭允朕平昔孝奉兩宮如一若因此爲忤致有他虞豈得爲孝今當於裕陵左右擇吉地安葬崇奉如禮庶幾兩全卿等其體朕意翌日詹事府少詹事兼翰林院學士柯潛暨國子監祭酒邢讓等三十二員上言伏惟慈懿皇太后梓宮當合葬裕陵神主當祔太廟内閣臣彭時等引漢呂后雖有

罪宋劉后雖無子猶得合葬祔廟爲言此誠綱常所繫萬世不易之論也皇上是其言且下群臣議群臣皆言慈懿皇太后當祔左皇太后萬歲後當祔右亦庶幾從宜而不失者二后同葬裕陵並祔英廟於人心爲安於皇太后無損陛下何疑而不斷乎慈懿皇太后在先帝臨御之時正位中宫歷年二紀曾無纖毫失德而陛下繼統之初尊崇聖母加號兩宫禮儀如一孝養無二今若合葬祔廟之禮有闕則先帝在天之靈必有不安天下後世謂皇太后與陛下爲何如臣等歷觀前代未有爲皇太后始終無纖毫他故而不得合葬祔廟者也逢迎者或以宣廟胡皇后爲言此與今日事體萬萬不侔胡皇后乃宣廟在御之日已讓位於孝恭章皇后今則先帝臨御未聞慈懿

皇太后之常退讓也且先帝於胡皇后亦已復正尊號增脩陵寢一依后禮矣或又以為慈懿皇太后雖未嘗退讓而無所出此又不通之論也禮有之妻與繼室雖無所出合祔其夫崇匹体也然則慈懿皇太后不可以無出而不合葬於裕陵也明矣縱使皇太后意有不懌陛下當念先帝遵典禮為重而於母后從義不從命可也矧皇太后聰明睿知洞識倫理陛下堅以為請理無不從此蓋人倫之本風化之原伏乞早降綸音以慰先帝之靈以全母后之德以順天下臣民之心而陛下至仁大孝真足以為法於天下垂訓於萬世矣明日魏國公徐俌合公侯駙馬伯都督錦衣衛指揮等官三十五人復上言曰近因太子少傅彭時禮部尚書姚夔等所議慈懿皇太后合葬

祔廟事昨日於文華殿面奏慈懿事有窒礙未蒙俞允臣等至愚亦知陛下純孝至情有難處焉者然臣聞廷有諍臣實為美事君能從諫允合天經伏望陛下起敬起孝和氣婉容上回聖母之心下慰群臣之望禮科等科左給事中魏元等三十九員復上言曰臣等伏念父母有過為人子者若不以泣諫求其必改而後已是將陷親於不義不得謂之孝子人君有過為人臣者若不以死諫求其必從而後已是將致君於非禮不得謂之忠臣仰惟慈懿皇太后之喪廷臣所議合葬祔廟之禮其名正其言順允合天理克當人心此萬古不易之典今陛下以為事有窒礙欲於裕陵左右擇地安葬崇奉如禮臣等聞孔子有曰生事之以禮死葬之以禮祭之以禮夫禮者天理之

節文人事之儀則今欲置梓宮於別處及將奉神主於別室是於天理未安人事不順以是葬祭為崇奉如禮此臣等所未諭也若以為出於聖母之意當起敬起孝恱則復諫不可因未得命而遽已今陛下既知廷臣所議為正理而未能諭諫聖母以必從恐或陷於有過之地而不得於天下之心未得為孝子之至臣等既知其非禮不能死諍是又將置陛下於有過之地而貽天下萬世之譏又豈愛君之道哉河南等道監察御史康永韶等四十一員復上言曰人君之治天下莫大於孝而孝莫大於愛親愛親者不在於從命而在於從義蓋從命乃一時承順之私從義誠萬世至當之公順一時之私孝之小者從萬世之公孝之大者邇者廷臣進議慈懿皇太后合葬祔廟

之禮陛下以爲聖母在上事何宜爲未蒙俞允臣等有以知陛下非不欲俯徇群臣之議但以重違聖母之命耳夫衆臣之議天下之公論也聖母之命一時之私恩也從天下之公則綱常正倫理順慰先帝之心愜天下之望從一時之私則綱常斁倫理虧違先帝之意起天下之疑公私之間所繫非小伏惟陛下斷以大義俯從公議幸甚禮部尚書姚夔合六部都察院通政司大理寺等衙門尚書李秉等四十四人復上言曰天下者祖宗之天下皇上有祖宗之天下當謹守祖宗之成法我國家立法垂憲一本乎三綱五常之道而議禮制度尤嚴於君臣父子夫婦之間今慈懿皇太后之喪禮宜合葬祔廟乃祖宗之成法而先帝之遺意也陛下重以母后之命恐咈其意有所

從違臣等以爲母后之命固所當從而祖宗之法尤所當重母后之意固未可違而先帝之意尤不可違母后天性聰明敦厚倫理其意未必不可回在陛下之孝悅則復諫若母后之意果職亦在陛下處之而已時文武華門前以待必從而後已上太后自巳至申稍見從遂出數奏同辭批荅云卿等所言皆合朕意合葬之禮蒙允行矣於是文武群臣皆呼萬歲而退

彭司齋雜記戊子六月二十八日慈懿皇太后上仙次日內臣傳恭夏時同司禮傳旨在者皆不敢對時與劉商二學士後至又問如前時對曰此一定禮無可議者梓宮當合葬裕陵神主當祔廟禮

此條已于六十二卷載說從太常因革禮內纂入 此條主于親王外戚孟昶〔高保融〕錢俶 非宗藩外戚宜刪

之禮陛下以爲聖母在上事有窒礙未蒙俞允臣等有以知陛下非不欲俯徇群臣之議但以重違聖母之命耳夫衆臣之議天下之公論也聖母之命一時之私恩也從天下之公則綱常正倫理順慰先帝之心愜天下之望從一時之私則綱常斁倫理虧違先帝之意起天下之疑公私之間所繫非小伏惟陛下斷以大義俯從公議幸甚禮部尚書姚夔合六部都察院通政司大理寺等衙門尚書李秉等四十四人復上言曰天下者祖宗之天下皇上有祖宗之天下當謹守祖宗之成法我國家立法垂憲一本乎三綱五常之道而議禮制度尤嚴於君臣父子夫婦之間今慈懿皇太后之喪禮宜合葬祔廟乃祖宗之成法而先帝之遺意也陛下重以母后之命恐咈其意有所

從違臣等以為母后之命固所當從而祖宗之法尤所當重母后之意固未可違而先帝之意尤不可違母后天性聰明敦厚倫理其意未必不可回在陛下處之而已禮曰起敬起孝悅則復諫若母后之意果不見從則當斷以大義亦在陛下處之而已時文武群臣既上奏復跪伏文華門前以待必從而後已上悉覽其奏復懇請於皇太后自巳至申稍見從遂出數奏同辭批荅云卿等所言皆合朕意合葬之禮蒙允行矣於是文武群臣皆呼萬歲而退

彭司齋雜記戊子六月二十八日慈懿皇太后上仙次日内臣傳恭夏時同司禮傳旨在者皆不敢對時與劉商二學士後至又問如前時對曰此一定禮無可議者梓宮當合葬裕陵神主當祔廟禮

部尚書姚夔乃云此是正禮內臣懷恩知其正
而不敢言夏時獨曰不可慈懿無子且有疾豈可
入山陵只可比葬胡后例西山時曰太后母儀天
下近三十年為臣子者豈忍議別葬此事關繫非
小一或乖禮何以示天下內臣不以為然曰且散
待請旨再議時退謂同僚曰此事當力諍不可使
上有失德二公曰然待他人先言我輩贊成之為
好恐先言觸怒則事不可為矣時曰如此固當倘
無人奈何已而上御文華後殿召臣時三人并諸
內臣至前面議上曰慈懿娘娘葬禮當如何時對
曰只合依正禮行上曰朕豈不知依正禮行是好
但與周娘娘有碍故令爾等會議務要處得合宜
時曰皇上孝事兩宮聖德彰著今奉梓宮合葬裕

陵以全聖孝爲宜商曰外議洶洶若不祔葬則人心不服且於聖德有損劉曰孝子從義不從令雖聖母有命亦不可從也上默然良久曰合葬固是孝若因此失娘娘心亦豈得爲孝乎時曰皇上大孝當以先帝之心爲心先帝待慈懿娘娘始終如一今若安厝於左虛其右以待後來則兩全其美度不失先帝之意夏曰此先閣下議作三位已不允今如何行得時曰此時慮有今日故預爲此議今須依此處置爲宜上雖未允而無怒容時因曰臣等意未盡欲具本言之乞皇上再三申勸聖母以終大事上曰進來看當晚時等具本進有旨令百官議明日禮部集公侯駙馬伯文武大臣議皆云時等言是內批未允猶欲別擇地於是百官伏

文華殿門號哭不起聲聞於内内臣傳旨諭衆人退皆應為不得令不敢退時與劉商進曰人心如此天理所在伏惟朝廷俯從群情於是内批諭群臣云卿等昨者會議慈懿皇太后合祔陵廟固朕素志但聖母疑事有相妨未即俞允朕心終不自安再三據禮祈請聖慈開諭特賜允諾卿等其如前議施行勿有所疑故諭衆聞命咸稱萬歲

賀欽醫閭集成化戊子六月二十六日慈懿皇太后崩詔内閣議別葬不祔裕陵時大學士時等上疏言大行慈懿皇太后今日祔葬與皇太后萬歲後葬祔自不相妨不宜生嫌別議以失大倫皇太后不允堅欲別葬上御文華殿集文武群臣諭旨羣臣無以應叩首而退時科道官列後聽聖旨不

審及退刑科給事中毛弘北面以手遮大學士時等曰面諍廷論此其時也何以退時等以從容荅之比出文華門諸大臣多徑出有至左順門西者科道官尚集議文華門西謂失此機會恐後終無挽回之理科道官禮部尚書蘷等乃跪伏文華門外不出時大臣尚多觀望禮科給事中張賓大聲呼曰諸大臣平日居大位享大祿受國厚恩今朝廷有事乃不諍將何往衆乃無敢不至而司禮懷恩等出蘷等迎而哭曰大行慈懿皇太后不祔裕陵大不可者太監何不諍之恩曰我不避死公等當何如弘對曰吾輩豈敢避死今日幸朝廷不失倫雖死何憾不然致他日宗社不安雖舉族死亦何益耶恩曰恩等每進諫太后叡怒曰爾等逼我

死萬一太后果欠安不豫陷之名於不孝乎弘曰論親於道方可謂孝若阿從太后一時之意不以祔葬使太后得罪先帝則是陷親不義安得為孝耶衆官皆哭恩等亦哭聲達於内時殿門雖闔而上猶在御益以察羣臣退言何如耳恩等止哭諭羣臣少退俟再奏衆退各衙門章連上上自持章奏太后太后知羣情不從乃允之上御文華殿集羣臣諭以請命太后得允悉如群臣議衆叩首呼萬歲聲動宮闕而退

睿宗慈孝蔣皇后弘治五年册為興王妃世宗即位尊為興獻皇后加上尊號本生母章聖皇太后尋改聖母章聖皇太后崩上尊謚曰慈孝貞順仁敬誠一安天誕聖獻皇后

典禮志嘉靖十七年十二月壬寅章聖慈仁康靜貞壽皇太后崩上詣慈寧宮舉哀括髮設奠歸喪次文

武羣臣哭臨如儀十二月三十日服制已滿禮部請正旦朝賀先是禮請請請三奉旨罷免至是上報曰履端歲首朝會之始但昨方除服梓宮在上卿等屢以禮請朕謂當行實事於奉天門百官青衣本等帶五拜三叩首不必公服致詞鐘鼓鳴鞭俱輟之禮部復請上具翼善冠黃袍御殿百官公服致詞鳴鐘鼓鳴鞭奏堂上樂上曰改歲更始王者奉順天道不可不重有謂弗宜非知道者既在除服外其如議行子刻祔朕用祭服於元極寶殿行告祀禮前期變服玄色吉衣几筵四七節權命內侍行禮

會典　嘉靖十七年上章聖皇太后慈諡儀前期四日太常寺奏齋戒三日至日遣官奏告天地宗廟社稷用祝文香帛酒果脯醢如常儀是日早告几筵設冊

寶案於几筵前冊東寶西設祝文於御拜位右祭前
一日內侍官置冊寶輿香亭於奉天門捧冊寶各置
輿中是日上素冠服御奉天門內侍官舉輿外導駕
官導上隨冊寶輿後降階升輅外導駕官退百官素
服於金水橋南北向立冊寶輿將至百官皆跪冊寶
輿過興隨至慈寧宮門外北向立太常寺導引官導
上至慈寧宮外降輅冊寶輿由中門進至几筵前丹
陛上導引官導上由左門入至丹墀內贊唱執事官
各司其事導引官導上至丹陛上拜位太常寺官於
冊寶輿內捧冊寶由殿中門入至几筵前左右北向
立內贊奏四拜禮外鴻臚寺官傳唱百官皆行四拜
禮畢導引官導上由殿左門入至梓宮前奏跪傳贊百官皆跪
奏進冊捧冊官以冊跪進於上受冊獻畢以授捧冊

官置於案奏進寶捧寶官以寶跪進於上左上受寶獻畢以授捧寶官置於案奏宣册寶訖奏俯伏興平身（傳贊百官同）奏復位導引官導上至几筵前唱初獻禮奏跪（傳贊百官皆跪）奏獻帛奠酒贊讀祝讀祝官跪於右讀訖唱亞獻禮終獻禮奏俯伏興平身（傳贊百官同）奏復位導引官導上由殿左門出至拜位奏四拜（傳贊百官同）導引官導上由左門入至梓宫前以册寶授太常寺官捧入導引官導上入內安册寶行叩頭禮導引官導上由左門出至丹陛上奏禮畢遂頒詔如常儀

世宗實錄嘉靖十七年十二月丙寅大行皇太后慈謚册文曰臣聞頌稱壽母子賴以成着遠風美賢妃化行於助者深是故母儀所被萬方仰其徽音內治明彰閨門由之正始永惟懿徽古殫前聞自非隆大

號於追崇曷以酬至恩於罔極[illegible]簡古式率乃尋章
恭惟皇妣大行章聖慈仁康靜貞壽皇太后貞明合
天廣大法地宅心專靜坤道得一以寧約己儉約毋
德用慈爲寶於憲皇有逮事之孝敬於叡考有輔佐
之憂勤爰及眇躬之踐祚式臨慈極以居尊藴性仁
恭豈馬鄧之足尚秉心敬愛嗣任姒之芳徽化洽六
宮恩覃四域三十載化行於江漢之國十七年受養
於長樂之宮九廟聖靈儼褘衣而祗謁七陵閟寢勤
鑾馭以瞻依忻介百福以有永宜享千齡於無疆豈
意天不憖遺雖切攀號何逮追惟顧復徒創鉅而感
深上荷劬勞實叩心而銜恤茲欲播休聲於後嗣揚
芳烈於無窮匪易大名曷尊至德敬尊典禮請命於
天謹奉册寶上尊謚曰慈孝貞順仁敬誠一安天誕

聖獻皇后伏惟親慈降鑒臨享徽稱陟祔嚴宮萃歆
萬禩佑予嗣人永〻無極

典禮志上勅諭禮工二部曰皇考顯陵在承天山川
淺薄堂隧狹陋今長陵西一支曰大峪嶺茲欲迎皇
考遷祔命駙馬都尉崔元兵部尚書張瓚太監鮑忠
詣承天迎獻皇梓宮壬子發京師躬視大峪御史陳
讓請奉獻皇遺衣冠與章聖太后合葬於大峪又以
章聖遺冠帔合葬於顯陵上曰並建二陵用衣冠交
葬從古所無誠屬乖謬黜為民上復諭輔臣曰奉藏
遺體已二十歲安忍啟露茲欲奉慈宮南詣合葬禮
臣曰靈駕北來慈宮南詣其理一也請如前議上曰
孝陵在南京歲時展謁得親覲否卿等請如前議朕
心終不安乃停崔元等三使惟令 錦衣衛指揮趙俊

齋吉凶儀仗往且啓視顯陵元宮馳報禮臣請即聖心所安者行之姑待趙俊歸上曰不斷乃婦人事朕意決矣三月駕抵承天謁顯陵遂定新元宮已復諭行在禮部曰朕視吉壤甚無謂夫既重卜何爲來此惟純德山效靈皇考寧處久矣卿等其持此贊朕時上意欲奉皇考純德而葬慈宮大峪故微示其意於是御史謝少南請修慶都堯母祠上曰帝堯父母異陵可知合葬非古攺少南左春坊左司直兼翰林院檢討詔以五月發引上復躬視大峪名禮部尚書嚴嵩諭之曰是地空凄不如純德完美其用前議遂令合葬禮舉慰神之禮於永孝殿后妃與事上曰以此盡子婦情也

會典嘉靖十八年章聖皇太后梓宮南祔一先期勑

命勳戚重臣一員充奠獻使并護行武職大臣一員管領官軍扈侍梓宮行禮部堂上官一員監禮扈行題主大臣一員護喪内侍官并入皇堂内官内使匠作太常少卿一員執事官十人鴻臚寺少卿一員屬官等十人光祿寺少卿一員四署官四人錦衣衛指揮一員千百户四人各供事給事中御史各二人監視糾察欽天監官一員率博士一員安葬候時五府九卿等衙門分官奉送梓宮俱照欽點職名各送至張家灣水次恭祭而回工部委官會同内官監先次於通州及張家灣水次二處搭蓋奉安梓宮席殿及朝陽門至通州各處祭所席棚及行文沿路府州縣各該有司預於水次搭蓋祭所席棚○一前期二日百官及皇親命婦文武官三品以上命婦俱衰服每

讀禮通考　卷七十三

日早詣慈寧宮門外哭臨命婦各祭一壇免朝禁屠宰音樂至神主回京日止○一前期六日以皇妣祔葬顯陵祭告太廟睿宗廟遣官分告列聖羣廟越二日上吉服告天神地祇壇祭品行禮俱如常儀百官陪拜又二日上預告几筵內侍官陳設牲醴如常儀上具衰服內導引官導上詣拜位奏四拜奠帛三奠酒讀祝俯伏舉哀哀止奏四拜興焚祝帛禮畢○一設奠辭靈昭聖皇太后遣祭一壇武廟皇妃一壇皇后一壇皇妃皇嬪各一壇皇太子一壇裕王景王仁和大長公主等一壇涇簡王妃一壇內官內使共一壇是日遣官祭告各門及諸神廟慈寧門思善門右順門午門端門承天門御橋大明門俱遣內官行禮玉河橋朝陽門并橋關王廟顯靈宮靈濟宮城隍廟

東嶽廟真武廟俱遣太常寺官行禮祭用酒果脯醢香帛司禮監禮部錦衣衛提督執事者設大昇轝於午門外至大明門外○一啟奠内侍官陳設酒饌拜位如常儀内導引官導上具衰服詣拜位奏拜奠讀祝舉哀禮畢内侍官跪奏請慈孝獻皇后梓宮升龍輴内侍官先捧謚册寶由殿中門出置轝内次奉桑主由中門出奉安轝内次香亭安置訖内侍官捧銘旌由中門出梓宮降殿執事官奉登龍輴訖以綵色帷幕障飾梓宮執翣者分列左右内使擎執繖扇侍衛如常儀（儀仗用存日所御者）謚册寶轝香亭銘旌以次先行上至梓宮前跪内侍官跪奏謹請皇妣靈駕進發上由殿左門出宫眷皆哭後隨至午門内侍官跪奏請靈駕安止安定行祖奠禮○一祀奠内侍官陳設酒饌

拜位如常儀內導引官導上詣版拜奠讀祝舉哀畢
內侍官跪奏請靈駕進發執事者進大昇輿安奉訖
遂行上率宮眷隨至端門外行朝祖禮○一朝祖欽
定捧主官九員俱具青服恭捧各廟主詣太廟奉安
訖太常寺陳設脯醢酒果於列聖位前不奠獻執事
官先設褥位於太廟丹陛正中梓宮至端門外上具
青服太常寺導引官導上詣桑主輿前跪太常卿跪
於上之左奏請慈孝獻皇后朝祖上捧桑主由太廟
中門入至太廟丹陛上立典儀唱迎神各捧主官上
香退典儀唱行朝祖禮太常卿進立於殿中北向內
贊奏跪上捧桑主跪奏於褥位內贊奏謁辭太常跪
奏曰孝玄孫嗣皇帝御名謹奉慈孝獻皇后謁辭訖
內贊奏四拜礼興平身上跪捧桑主起立太常卿跪

奏曰禮畢請還宮捧主官納主還各廟上捧桑主退
至陛東西面立隨列聖主後出安亭內行辭奠禮○
一辭奠先期太常寺官於承天門內陳設牲醴如常
儀內侍官設上拜位設宮眷帷幕於近西桑主朝祖
禮畢上易衰服太常寺導引官導上詣拜位內贊奏
上香奏二拜典儀唱奠帛三獻讀祝俯伏舉哀哀止
奏二拜焚帛祝禮畢上退宮眷入拜哭盡哀止太常
寺官跪奏請靈駕進發上攀送而還宮眷俱還司禮
監禮部錦衣衛官提督輿亭儀衛等以次前行梓宮
出承天門大明門轉東由朝陽門出大樂鼓吹前導
設而不作○一遣奠先期太常寺執事官於朝陽門
外陳設牲醴如常儀梓宮至太常寺導引官引奠獻
使詣拜位行四拜禮奠帛奠酒讀祝俯伏舉哀哀止

贊四拜興焚祝帛禮畢太常寺官詣梓宮前跪奏請
梓宮啟行○一路祭公侯伯五府九卿等衙門等官
員耆老人等共祭一壇朝陽關外五里僧道官共一壇通州皇親
及駙馬共祭一壇各衙門奉送梓宮官員一壇俱張家灣
○一京城至張家灣沿途市巷軍民男婦遇梓宮至
皆跪俯伏舉哀候梓宮過興○一大舁輿行沿途校
尉舁送選委內官同錦衣衛官專一提督務要起止
有節行步安穩送葬官員人等不許逼近儀仗失次
喧嚷有失禮儀者聽糾儀官舉奏○一題主前期內
侍官設神座香案於通州廨殿內靈駕至奉安訖奠
獻使行上食禮畢退執事陳設祭品設題主案於香
案前西向奉祭主置案上奠獻使具青服百官俱釋
衰具青服陪拜太常寺官引使就拜位贊三上香訖

贊四拜興退百官分侍左右題主官盥手西向立恭題訖內侍官捧主奉安神座命官青服行降神禮○一降神典儀唱執事官各司其事贊就位贊上香復位贊四拜（百官同）唱奠帛行初獻禮獻爵讀祝亞獻終獻贊四拜焚祝帛禮畢太常官跪奏請慈孝獻皇后神主降座陞輿命官捧陞輿還京內侍官捧桑主用白韜櫃靈駕行內執事官焚楮駕凶儀於野○一次日神主回京內執事官偹儀衛教坊司大樂鼓吹前導至道中行饗神禮命官具青綠錦繡服色（百官同）典儀唱執事官各司其事贊就位贊上香復位贊四拜（百官同）唱奠帛行初獻禮獻爵讀祝亞獻終獻贊四拜焚祝帛禮畢神主輿行至朝陽門命官具吉服隨行（百官同）至午門外儀衛等退內導主官導神主入上具

常服率皇后宮眷等迎神主於慈寧門門外武廟皇妃公主涇簡王妃等迎於宮内俱吉服神主至几筵殿内上立於殿東稍南西向皇后皇妃以下序立於殿西稍南東向内侍官詣靈輿前跪奏請慈孝獻皇后神主降輿陞座畢上捧神主奉安於靈座訖行安神礼内執事官陳設牲醴如常儀内導引官導上詣拜位奏拜奠讀祝禮畢后妃以下入行四拜禮鴻臚寺官引百官於慈寧宮門外隨班行禮傳贊如儀○一神主輿行奠獻使等官行叩頭禮上食畢太常寺官跪奏請梓宮啓行至張家灣奉梓宮登舟奉安訖行祭告禮太常寺官陳設奠獻使行禮如常儀各衙門奉送官俱陪拜祭畢舟發沿途每日三上食奠獻等官俱素冠服詣梓宮前行叩頭禮如常儀神宮監上膳監

恭辦上食饌五樣蔬果酒膳○一經過有王府去處許王素服出迎致祭該府官預陳設祭物於水次席殿其附近王府許遣輔導官致祭行禮○一南京守備文武衙門各處鎮巡三司官梓宫舟經及附近去處俱致祭舉哀與王府遣官同所轄有司大小官員通許陪拜致祭品物簇盤一座豕一羊一果五盤飣楪五盤（俱用顏色紙花）案酒五樣菜五碟粉湯五盌飯五盌帛一段酒三爵香燭紙（陳設如儀）一梓宫自通州登舟祇承天府張家灣祭潞河之神天津祭海口之神安平鎮祭龍王之神徐州呂梁二處祭洪神淮河口祭淮瀆之神儀真南京祭大江之神彭澤祭小孤山之神九江之神漢江之神所過大川並用牲醴致祭俱勲臣具青服行禮其各處應祀水府之神開載未備者臨期

斟酌致祭○一先期遣官祭告顯陵光禄寺官陳設牲醴百官陪拜如常儀○一舟至承天府太常寺官陳設祭告牲禮如儀百官具衰服奉迎梓宮升席殿奉安訖奠獻使行祭告禮師生耆老人等俱隨班拜奠獻使先詣睿宗舊寢前行禮畢奉遷睿宗梓宮安於祾恩殿復詣聖母梓宮前候發執事官先陳龍輴於祾恩殿門外候大昇轝至太常官詣前跪奏請靈駕降轝升龍輴詣祾恩殿執事官奉梓宮升龍輴由中門入奠獻使由左門入詣祾恩殿奉安訖謚冊寶輿仍設於前○一安神執事官陳設酒饌如常儀設奠獻使拜位於二聖梓宮前內侍官引奠獻使詣拜位行禮執事撫按等官陪拜○一以合葬祭告后土并純德山之神陳設牲醴如常儀○一遷奠執事官

陳設酒饌如常儀奠獻使詣拜位舉哀行禮退候掩玄宫時至太常官引詣二聖梓宫前跪太常官奏請靈駕赴玄宫奠獻使俯伏興執事官升奉遷二聖梓宫進皇堂奉安訖太常官同内侍官奉謚册寶置於前陳列冥器等畢行贈禮○一贈禮内執事官陳設酒饌於皇堂門外奉玉帛置於案奠獻使詣拜位贊四拜奠酒受玉帛獻畢以授内執事捧入皇堂安置訖俯伏興贊四拜舉哀興贊贈事畢遂掩玄宫行享禮執事官陳牲醴於玄宫前如常儀太常官引使詣拜位行禮百官陪拜○一掩玄宫畢太常寺官同内侍官恭奉喪主并魂帛奉藏於堂門外遣官祭謝后土并純德山之神陳設酒饌如常儀禮同祭告奠獻使執事等官回京復命

會典嘉靖十八年獻皇后梓宮發引南祔至通州即以其日題主次日奉神主入慈寧宮儀具喪礼下俟南祔葬畢祔廟先期太常寺奏祭祀請欽命大臣九員以祔享告於太廟羣廟八員候祭日捧各廟神主諭文武官及命婦照例陪祭先期一日太常寺官設牲醴於太廟司設監設神座於睿宗廟錦衣衛設儀衛於午門外是日早內執事設酒饌於慈寧宮設衣冠於几筵前進神主輿於殿前設衣冠輿於丹陛上內導引官導上詣拜位奏四拜興立於拜位之東西向內侍官詣靈座前跪奏請慈孝獻皇后神主降座陞輿詣太廟祔享奏訖上捧神主由殿中門出奉安於輿內執事官捧衣冠置於輿後隨內侍擎繖扇如儀上至右順門具祭服陞輅後隨文武百官具朝服於金水

橋南跪迎神主輿候駕過退文武四品以上武官三
品以上陪祀命婦先由東安門入各就拜位東西近
西廡稍北幃以帷幕駕至太廟南門各廟遣官捧列
聖帝后主以次奉安上降輅詣輿前跪大常寺官奏
請慈孝獻皇后神主降輿上搢圭捧神主出輿由中
門入內侍官捧衣冠隨入至廟丹陛上典儀唱樂舞
生就位執事官各司其事唱迎神樂作典儀奏慈孝
獻皇后謁廟上捧神主入內侍官捧衣冠隨入內贊
奏就位上捧神主就位安於拜褥上太常寺卿奏孝
玄孫嗣皇帝御名恭奉皇妣慈孝獻皇后祔廟恭拜
內贊奏五拜三叩頭禮上捧主朝上立太常寺卿唱
賜座上捧主安於睿宗廟神座出圭復位導引官導
上至香案前上香如儀復位奏叩拜傳贊陪祀官同典儀唱奠

帛行初獻禮上至太祖神位前獻帛獻爵訖復詣高
皇后神位前獻爵復位各廟俱捧主官捧帛爵獻訖
内贊奏讀祝讀訖俯伏興復位行亞獻禮女官奏中
宮獻太廟爵皇妃八氏獻八廟爵儀同初獻上復行終獻如
初獻禮畢飲福受胙以至徹饌送神樂作樂止俱如
儀禮畢上捧太祖主各捧主官捧各廟主奉安於寢
殿捧睿宗主官同内侍官捧慈孝獻皇后主奉安於
睿宗廟禮畢上還宮○祝文維嘉靖　年　月　日
孝玄孫嗣皇帝御名謹昭告於祖宗列聖帝后曰茲
奉皇妣慈孝貞順仁敬誠一安天誕聖獻皇后神主
升祔廟享恭申祗謁謹以牲牢醴齊粢盛庶品致祭
伏惟尚享

乾學按祔廟凶禮也而登歌奏舞竟同之

於吉禮此何所本乎明世君臣之不學無術如此

憲宗母孝肅周太后名山藏天順元年冊為皇貴妃憲宗即位上尊號皇太后成化二十三年加上尊號聖慈仁壽皇太后孝宗即位加上聖慈仁壽太皇太后弘治十七年崩議上尊謚孝肅貞順康懿光烈輔天成聖太皇太后未及上孝宗與閣臣議別祀奉慈殿不祔太廟

典禮志弘治十七年三月壬戌聖慈仁壽太皇太后崩上素服詣太皇太后宮舉哀哀止括髮設奠復舉哀畢歸喪次英廟皇妃皇太后憲宗孝貞王皇后憲廟皇妃皇后皇太子親王公主王妃各歸喪次上舉哀朝夕設奠英廟皇妃皇太后以下哭臨次日上素服束髮設奠奉安梓宮設几筵上衰服祭英廟皇妃皇太后以下皆成服各祭〇一在京文武官聞喪之三日詣清寧門外哭四日具斬衰服哭臨三日在署

視事孝服命婦哭臨皆如儀

孝宗實錄弘治十七年三月十六日大行聖慈仁壽皇太后喪上御西角門朝退遣内官召大學劉健李東陽謝遷至門内扉遂闔上帶翼善冠素服腰經麻屨御暖閤素幄起立床前左右皆屏不敢近臣健等叩頭畢致詞奉慰上顧謂曰先生輩上來臣健等皆至幄内上曰為陵庿事與先生輩商量臣健等仰奏曰昨蒙遣太監扶安諭示孝莊睿皇后葬不合礼欲為釐正此誠感禮事臣等仰見皇上聖孝高出前古不勝忻慕上袖出裕陵圖一紙指示陵門内有二隧道其一西行北轉而至者為英宗皇堂虛其右壙而中有道可通往來其一東行北轉而至者為孝莊玄堂相去可數丈中隔不通因曰此大非禮臣東陽奏

曰此事臣等初不知上曰先生輩如何得知都是內官做的勾當又曰內官有幾箇識道理的昨見成化年間彭時姚夔輩奉章先朝大臣都忠厚為國如此臣健臣遷對曰英宗皇帝嘗有遺命錢后與我合葬大學士李賢記在閣下上曰既有遺命當時奈何違之臣東陽對曰臣等聞當時尚有別議委曲至此恐非先帝本意上曰先帝亦甚不得已耳臣健等奏曰誠如聖諭但今日斷自聖衷勿憚改作則天下臣民無不痛快垂之史冊萬世有光矣上曰欽天監言恐動風水朕不以為然臣遷對曰陰陽拘忌之說不足信上曰朕已折之矣今開壙合葬不為動風水乎皇堂不通則天地否塞因以指畫紙曰若如此通通則風氣流行惡得言動惟一點誠心為之料亦無害臣

東陽贊曰皇上一念誠孝可以格天吉無不利臣健等皆力贊曰皇上所見高出尋常萬萬願勿復疑上曰此事不難若祔廟之禮尤所當講臣健等奏曰昔年奏議已定慈懿太后居左今大行太皇太后居右合祔裕陵配享英廟且引唐宋故事為証臣等以此不敢輕議其實漢以前惟一帝一后唐始有二后宋亦有三后並祔者上曰二后已非若三后尤為非禮臣遷對曰彼三后一乃繼立一則所生母也上曰事須師古末世鄙褻之事不足學臣東陽對曰皇上當以堯舜為法上曰然宗廟事關係綱常極重豈可有毫髮僭差太皇太后鞠育朕躬恩德深厚朕何敢忘但一人之私情耳錢太后乃皇祖冊立正后我朝祖宗以來惟一帝一后今若並祔乃從朕壞起恐後來

雜亂無紀極耳且奉先之祭先生輩尚不知英宗皇
祖止設一座每祭飯一分匙一張而已臣健等倉猝
不解上意但應曰唯唯退思之蓋止容二分而孝莊
尚未配食也上又曰孝穆太后朕生身母至尊稱為
皇太后別祀於奉慈殿今仁壽宮前殿儘寬意欲奉
太皇太后於此他日歲時祭享一如太廟不敢少缺
臣健等皆未敢應疑聖意蓋謂今皇太后千秋萬壽
後也臣東陽贊曰皇上言及孝穆太后尤見至公至
正之心可以服天下矣上曰此事却難處之行之則
理有未安不行則違先帝之意又違衆議衆議猶可
奈先帝何朕常思之夜不能寐先帝固重而祖宗之
制為尤重耳臣東陽對曰願聖見主張得定臣等無
不奉行上曰朕亦難於降旨先生輩是朕心腹大臣

好為處置臣健等曰須下禮官令多官議之上曰雖
多官亦不敢主張仍須先生輩為之耳臣健等曰容
臣等計議上聞上曰先生輩辛苦且回去辦事是日
上稱心腹者三呼先生者以十數臣健等感激稱謝
皆叩頭起上前下板階顧內官啓扉立送而出時尊
謚議已進奉旨撰冊未上几筵臣健等乃具題本稱
當時先帝遇難處之事羣臣為委曲將順之詞或者
不能無疑乞勅禮部會集多官再加詳議次日朝退
上起立呼內閣臣健等至殿閣幄前立問曰先生輩
昨日所進題令多官會議是幾箇衙門臣健等對曰
即前日進謚議者臣東陽歷對曰五府六部都察院
通政司大理寺及詹事府翰林院言未畢上遽曰有
翰林院最好考據古今大典禮須用翰林院又曰有

科道予皆對曰有上又曰好少頃曰別無言話回去辦事蚤是日專爲翰林問也自是每召上袖出會議本問曰此事如何臣健等對曰議得是臣東陽奏曰未知聖意如何上曰先生輩如何說臣健等曰正是古禮上曰仍稱太皇太后可否皆對曰既是別廟須如此稱爲當上曰如此批荅臣遷對曰須說得委曲臣東陽曰要見是重事上曰然宗廟事重要見今後世世子孫崇奉不缺之意此本隨文書下來臣東陽曰臣等領去臣健亦云即以本授臣復送而出二十二日復召上袖出奉先殿圖指示曰此與太廟寢殿規制一般常時荐祭皆在此又指其廊間有門通西一區曰此奉慈殿也舊爲神庫今廊廡及井皆未動又指其東一區別爲門面南五間東西廊各五間曰此神

厨也欲以此建廟可乎臣遷等皆對曰此地最便臣東陽曰但未知寬窄如何上曰寬窄有數因指其旁小字曰東西十幾丈南北二十丈後有墻墻之後為米倉蓋較之奉慈殿區深不及八尺皆請曰墻可展否上曰須展之其西邊有井亭亦須去之耳又曰欲遷孝穆太后併祭于此如何臣健對曰甚當再問再對上曰位序如何臣健對曰太皇太后中一室孝穆太后或左或右一室上曰須在左後來有如此者却居右臣東陽曰太皇太后居中乃可臣遷奏曰會議本未知今日可出否臣東陽曰外廷聼仰此本已數日上曰正為廟地未定今既定即出矣皆拜出如前二十五日御批云祀享重事禮當詳慎卿等稽考古典及祖宗廟制既已明白都[illegible]擬特建廟奉享仍稱

太皇太后以伸朕尊親之意後世子孫遵守崇奉永為定制于是中外翕然稱為得禮蓋自丁巳之名不奉接着已閱八年龍顏溫霽天語周詳視昔有加而明習國事洞察義理惓惓以宗廟綱常為己任蓋非臣下所能涯涘矣陵寢事竟不行蓋欽天監以為歲殺在北方向不利内官監亦謂事于英廟陵寢難以輕動而聖意終不但已乃于陵殿神座移英廟居中孝莊居左孝肅居其右云

孝宗母孝穆紀太后 喪儀詳見皇妃條○孝宗即位追冊皇太后還葬茂陵奉主于奉慈殿

睿宗母孝惠邵太后 成化十二年冊為宸妃二十三年進貴妃生睿宗世宗入繼大統進封皇太后元年上尊號曰壽安皇太后其年崩上葬太后欲祔近茂陵數降旨集議大學士楊廷和言宋寧宗欲祔孝宗于裕思諸陵朱熹以為祖陵不當數興工作驚動神灵今弟當別葬乃葬太后金山上尊謚孝惠康肅卒用工部侍郎賈詠奏還合于茂陵

世宗實錄嘉靖十五年七月甲寅朔庚午詔禮部會

廷臣議奉還三后神主于陵殿先是上諭尚書夏言曰廟重于陵禮制故嚴廟中一帝一后陵則二三后配焉今别建奉慈殿不若奉主于陵殿為宜且梓宮配葬而主乃别置近于黜之非親之也此關典禮其會議以行言既會內閣復奏上上曰然此與崇先殿不同周人祀后乃始祖之母今奉慈殿但名存耳四時之祭舞樂俱無其會官議聞至是禮部會廷臣上議曰自古天子惟一帝一后配享于廟所生之母别薦于寢身沒而已斯禮之正故禮有享先妣之文周閟宮宋别殿皆此義也我孝宗皇帝于奉先殿側特建奉慈殿别祭孝穆皇太后祔孝肅皇太后近復祔孝惠太皇太后蓋子祀生母以盡終身之孝焉爾然禮于妾母不世祭疏曰不世祭者謂子祭之于孫則

止明繼祖重故不復顧其私祖母也今陛下于孝肅曾孫也孝穆孫屬也孝惠孫也禮不世祭義當擬祧若崇先殿之建則陛下以子事孝廟當世享故世廟配太廟而作崇先殿配奉先殿而作也義不併矣臣考宋熙寧罷奉慈廟故事與今事畧同但祧義唯還主為重若當時瘞主陵園則襲古人瘞主既立乃埋桑主之說而誤用之非禮也今聖諭還主陵廟歲時祔享陵祀如故尤為曲盡非前代所及請諏日具儀行報可

嘉靖十五年九月癸丑朔辛巳先是上在沙河向諭禮卿夏言曰三后神主稱皇太后太皇太后者乃子孫所奉尊稱今既奉還陵殿實同帝后之列擬之名實于禮未宜似當更正卿其會翰林禮科詳議具聞

讀禮通考　卷七十三

至是言等議曰禮天子惟一帝一后配享于廟禮之正也茲三后神主禮不祔廟義當從祧已經聖明定制奉遷陵殿深合典禮但三后稱皇太后太皇太后於奉慈殿乃子上尊號于母孫上尊號于祖母禮也若今日孝肅太皇太后奉遷于裕陵寢在英宗睿皇帝孝莊睿皇后之側孝穆皇太后孝慈太皇太后奉遷于茂陵寢在憲宗純皇帝孝貞純皇后之側則當各從夫婦之義而不當仍襲子孫之稱臣等據禮僉議請改題孝肅太皇太后神主止稱孝肅貞順康懿光烈輔天成聖皇后不用睿字孝穆皇太后神主止稱孝穆慈慧恭恪莊僖崇天承聖皇后孝惠太皇太后神主止稱孝惠康肅溫仁懿順協天佑聖皇后俱不用純字則嫡庶之稱有別夫婦之分無嫌而尊之

親親之道並隆而無失矣上曰卿等既會議僉可其
如擬行

讀禮通考卷七十四

喪儀節　國恤

皇后喪儀

明悼毛皇后（黄初中選入東宮明帝即位以為貴嬪太和元年立為皇后景初元年死然猶加謚葬愍陵）

通典　明帝時毛皇后崩未葬詔宜稱大行尚書孫毓奏武宣皇后崩未葬時稱太后文德皇后崩侍中蘇林議皇后皆有謚未葬宜稱大行以為古禮無稱大行之文按漢天子稱行在所言不常居崩曰大行者不返之稱也未葬未有謚不言大行則嫌與嗣天子同號至於后崩未葬禮未立后宜無所嫌故漢氏諸后不稱大行謂未葬宜直稱皇后詔曰稱大行所以別存亡之號故事亦然今當如林議稱大行

成恭杜皇后 將軍預之曾孫在位六年無子先是三吴女子與簪白花望之如素奈傳言天公織女死爲之著服至是后崩

晋書 成帝咸康七年皇后杜氏崩詔外官五日一入臨内官朝一入而已過葬虞祭禮畢止有司奏大行皇后陵所作凶門柏歷門號明陽端門詔曰門如所處凶門柏歷大爲繁費停之按蔡謨說以二瓦器始死之際繫於木裹以葦席置庭中近南名爲重今之凶門是其象也禮記虞而作主今未葬未有主故以重當之禮稱爲主道此其義也范堅又曰凶門非禮禮有懸重形似凶門後人出門之外以表喪俗遂行之簿帳即古吊幕之類也是時又詔曰重壤之下豈宜崇飾陵中唯潔掃而已○宋崔凱云鑿木爲重形如禮有簨設於中庭近南以懸之士重高三尺差而上之天子當九尺矣南以葦席南向横覆之辟屈兩

端於南面以薦之今喪家帳門其遺象也古者喪家無幕蓋是倚廬棟耳今人倚廬於喪側因是爲帳焉

通典博士徐禪上恭皇后大祥忌日臨哭事太學禮官謂至尊行先后之喪亦同齊縗今再周及忌日無復祥變之事謂不可躬行臣按無經傳明文則不應出若晦日東堂舉哀由朝處參議而事無指條按侍中徐邈衆議按博士議恭皇后再周欲依三年之議至尊東堂舉哀羣臣詣陵哭臣按禮爲王后服無三年之制左傳叔向云王一歲而有三年之喪二焉謂三年而後娶遂子之志耳禮喪大記曰祥而外無哭者禫而內無哭者文子之喪既除越人來弔受于廟門之外垂涕洟而不哭明喪既過無哭禮不詣墓而接於廟外今后服既過至尊無緣舉哀羣臣不應詣

陵而哭也博士許翰等議按禮小記曰大功者主人之喪有三年者則必爲之再祭鄭玄云有三年者謂妻若子幼少也再祭謂練祥也凡人子之生必有天地父母之道故記有君薨而生子之禮今二童子之育雖在恭后崩後於禮是爲有三年子幼少者也則必爲之有二祥之祭杜元凱云天子諸侯雖卒哭除服其練祥日必有位矣今皇子出承國蕃故王后喪諸侯卑不得爲主夫喪無主禮有正文至尊統天承重則爲主在聖躬也乃同先帝先后於考妣哀禮終於今晦吉禘始於東翔非人臣之所主也記云爲王后周服母之義虞書曰百姓如喪考妣三年遏密恭后母育天下臣子有喪妣之恩古門人於師無服心喪三年祥日之哭所以終哀非服喪三年矣今聖代

不可守以循常之名例當博納同異斟酌而用焉

文帝袁皇后適太祖初拜宜都王妃崩于顯陽殿謚曰宣皇后

宋書文帝元嘉十七年七月元皇后崩兼司徒給事中劉溫持節監喪神武門設凶門柏歷至西上閤皇太子于東宮崇正殿及永福省並設廬諸皇子未有府第者於西解設廬

齊高昭劉皇后歸太祖宋泰豫元年殂歸葬宣帝墓側昇明三年贈齊國妃建元元年尊謚昭皇后

南齊書禮志建元四年高帝山陵昭皇后應遷祔祠部疑有祖祭及遣啟諸奠九飯之儀不左僕射王儉議奠如大斂賀循云從墓之墓皆設奠如將葬朝廟之禮范甯云將窆而奠雖不稱為祖而不得無祭從之有司又奏昭皇后神主在廟今遷祔葬宜有虞以安神神既已處廟改葬出靈豈應虞祭鄭注改葬云

從廟之廟禮既宜同從墓之墓事何容異前代謂虞無虞左僕射王儉議范甯云葬必有魂車若不爲其歸神將安舍世中改葬即墓所施靈設祭何得不祭而毀耶賀循云既窆設奠于墓以終其事雖非正虞亦粗相似晉氏修復五陵宋朝敬后改葬皆有虞今設虞非疑從之

孝明王皇后（太祖先聘孝惠賀皇后周顯德五年崩后爲繼室周封琅琊郡夫人太祖即位建隆元年册爲皇后）

宋史禮志太祖孝惠孝明二皇后乾德元年十二月七日皇后王氏崩二十五日命樞密承旨王仁贍爲園陵使時議改卜安陵于鞏并以二后陪葬焉吉仗用中宮鹵簿凶仗名物悉如安陵而差減其數孝惠又減孝明焉二年三月二十七日孝明皇后啟攢宮羣臣服初喪之服明日孝惠皇后自幄殿發引皆設

道輿讀哀册四月九日葬孝惠于安陵之西北孝明于安陵之北二十六日皆祔于别廟其後孝明升祔

太祖室

孝章宋皇后開寶元年納入宮為皇后

太祖皇后宋氏太宗至道元年四月二十八日崩帝出次素服舉哀輟朝五日六月六日上謚曰孝章皇后以歲在未有忌杖欑于趙村沙臺三年正月二十日祔葬永昌陵之北以故許王及夫人李氏魏王夫人王氏楚王夫人馮氏皇太子亡妻莒國夫人潘氏將軍惟正亡妻裴氏陪葬二月二日祔神主于别宮莒國潘氏至道三年六月追册為莊懷皇后陵曰保泰神主祔后廟

章穆郭皇后真宗在襄邸太宗為聘之真宗嗣位立為皇后崩上深嗟悼禮官奏七日釋服特詔增至十三日謚莊穆乾興元年升祔

真宗章穆皇后郭氏景德四年四月十五日崩皇帝（真宗廟改諡章穆）七日釋服後改用十三日群臣三日釋服諸道州府官吏訃到日舉哀成服三日而除二十一日司天監詳定園陵帝令祔元德皇太后陵側但可安厝不必寬廣其棺槨等事無得鐫刻花樣務令堅固二十五日殯于萬安宮之西階詔兩制三舘秘閣各撰挽詞閏五月十三日上諡曰莊穆六月二十一日葬永熙陵之西北七月有司奉神主謁太廟祔享于昭憲皇后享畢祔别廟大中祥符二年四月十五日大祥詔特廢朝羣臣奉慰

名臣琬琰之集　呂公綽議古者婦人無諡自漢晉以來皇后多因帝諡爲稱國家順僖翼宣四帝暨太祖

太宗皇后悉同廟謚，獨章聖皇帝五后節惠曰莊，與謚典不合，須易名為章，追正前失。上曰：恭依。明年，天子遂詣廟行改謚禮。

宋敏求春明退朝錄：皇后有謚起于東漢，自是至於隋，皆單謚，光烈陰皇后、明德馬皇后、和熹鄧皇后、文獻獨孤皇后是也。史家取帝謚冠其上以别之，如云光之烈皇后、明之德皇后，非謂欲連帝謚也。然質家尚單，文家尚複。如唐正觀中，長孫皇后謚文德，後太宗謚文皇帝，文德自是複謚，其議自用二名，偶同太宗之謚爾。中宗謚孝和，趙氏謚和思，言取帝謚配其後。昭成、肅明、元獻、章欽、睿真、昭德、莊憲諸后皆不連帝謚。國初追尊四廟，三祖之后冠以帝謚。及杜太后崩，始謚明獻，未幾欲同三祖之后，遂改昭憲。及太祖諸后自連孝字太宗后連德字真宗后連莊字皆用複謚非連帝謚為義慶曆中乃言孝字連太祖謚德字連太宗謚遂改為章以連真宗謚夫祖宗謚號皆十餘字豈止配一字為義又太祖功烈豈專以孝稱太宗后連德字乃在下文與祖宗后謚文不對可知東漢諸后單舉之矣皇祐中予為禮官龍圖閣直學士趙周翰奏議甚詳下禮院朝廷以宗廟事重不欲數更遂寢其所奏

乾學按真宗五后謂莊懷潘后莊穆郭后劉李楊三太后也宋史后妃傳云舊制后謚冠以帝謚慶曆中禮官言孝字連太祖謚德字連太宗謚遂改莊為章以連真宗謚宋次道所記較宋史為詳故載之

顯恭王皇后元符三年歸于端邸徽宗即位册爲皇后生欽宗

徽宗皇后王氏大觀二年九月二十六日崩尚書省言章穆皇后故事真宗服七日從之十月太史局言大行皇后園陵斬草用十月二十四日斥土用十一月十三日葬用十二月二十七日諸宗室合祔葬者並依大行皇后月日時刻十一月宰臣蔡京等請上謚曰靖和皇后十二月奉安梓宮于永裕陵之下宮神主祔別廟四年十二月改謚曰惠恭其後高宗復改曰顯恭

憲節邢皇后高宗居康邸以婦聘之封嘉國夫人從三宮北遷高宗即位遥册爲皇后

宋史后妃傳紹興九年后崩于五國城金人秘之高宗虛中宮以待十六年顯仁太后回鑾始得崩問上爲輟朝行釋服之祭祔主于別廟謚懿節祔主于別

廟紹興十二年八月梓宮至權攢于聖獻太后梓宮之西北淳熙改謚憲節祔主高宗廟

北盟會編紹興十二年八月二十日徽宗皇帝顯肅皇后懿節皇后梓宮及皇太后歸自金國及楚州界先是金國以徽宗皇后梓宮及皇太后邢皇后還邢皇后中途上仙至是皇太后及三梓宮入楚州界

乾學按宋史言后崩于紹興九年此云歸途上仙互異

恭淑皇后（忠獻王琦六世女孫選入宮歸平陽郡邸封夫人寧宗受禪冊爲皇后慶元六年崩謚恭淑）

文獻通考（見國卹通儀成服條）

宋皇后喪通儀

啟攢發引

文獻通考皇帝服忌月之服黑鞓犀帶絲鞋親行祭

奠燒香之禮（致欽不拜）陪位立班臣僚並吉服入易帶立班於啟攢行禮時一臨而止自餘發引前夜祭告并啟奠祖奠遣奠行禮陪位官（陪位官以親王總護使南班宗室本宅親屬）及會葬從梓宮臣僚並服初喪之服至攢宮掩攢奉辭訖易常服退所有練服候禮畢毀棄（自啟攢之日至發引前後不視事）其發引啟奠祖奠（並係總護使行禮）俟梓宮發引升龍輴至和寧門降龍輴升大昇轝皇帝親行遣奠之禮（讀哀冊皇帝致欽不拜）及梓宮進發百官常服黑帶奉辭於城外訖赴後殿門外進名奉慰親王宗室本宅親屬並隨行慶元六年十一月二十九日延和殿宰執進呈大行皇后發引訖免臣僚路祭上曰此乃文具不須得止奉辭足矣十二月二日詔大行皇后梓宮將來發引可出麗正東偏門又詔梓宮發引攝侍中奉梓宮升降進發权駐差吏部

侍郎曹士寅攝太傅持節導梓宮監掩攢差總護使

吴環攝太傅帥奉梓宮奉升大昇轝文引梓宮升

攝少保差太常少卿俞豐係恭淑皇后故事餘倣此

大行皇后掩攢後行禮

行第一虞虞主將回行第二虞禮畢奉迎几筵殿安

奉皇帝行安神燒香禮如宫中之儀畢次行第三虞

第四虞第五虞第六虞第七虞第八虞第九虞並係太常卿行

事逐日一祭祭禮畢次行卒哭祭次迎奉祔廟

大行皇后卒哭

係南班宗正任行禮百官去服赴後殿門進名奉慰

大行皇后祔廟

其日以鼓吹金吾仗及本殿儀衛從物導引虞主祔

太廟親王南班宗室皆騎導文武百僚去服陪從設

登歌宫駕樂舞其謚册寶於虞主前陳列至太廟汉奉册寶殿俟祔廟畢赴太廟册寶殿权行奉安

明孝慈馬皇后洪武十五年八月崩九月庚午葬孝陵謚曰孝慈皇后

明會典一聞喪次日文武百官素服行奉慰禮○一在京文武百官于聞喪之次日清晨素服詣右順門外具喪服入臨〻畢素服行奉慰禮三日而止○一文官一品至三品武官一品至五品命婦於聞喪之次日清晨素服至乾清宫具喪服入臨行禮不許用金珠銀翠首飾及施脂粉喪服用麻布蓋頭麻布衫麻布長裙麻布鞋○一在京文武百官及聽除等官人給布一疋自製喪服○一文武官員皆服斬衰自成服日為始二十七日而除仍素服至百日始服淺淡顔色衣服○一在外文武官喪服與在京官同聞

訃日於公廳成服三日而除命婦喪服與在京命婦同亦三日而除〇一軍民男女皆素服三日〇一自聞訃日爲始在京禁屠宰四十九日在外三日停音樂祭祀百日停嫁娶官一百日軍民一月〇一上册謚祭告太廟〇一發引文武百官具喪服詣朝陽門外奉辭神主還京文武百官素服迎于朝陽門外回官百官行奉慰禮〇一卒哭行祔廟禮〇一百日輟朝祭告几筵殿百官素服黑角帶詣中右門行奉慰禮命婦詣几筵殿祭奠〇一凡遇時節及忌日東宮親王祭几筵殿及詣陵拜祭〇一小祥上素服烏犀帶輟朝三日是日清晨詣几筵殿行祭奠禮東宮親王詣陵拜祭京城禁音樂三日禁屠宰三日百官前期齋戒至日素服黑角帶詣後右門進香畢行奉慰

禮是日外命婦詣几筵殿行進香禮○一東宮親王熟布練冠九緅去首經負版辟領衰如朝見上及受百官啟見青服烏紗帽黑角帶皇孫熟布冠七緅去首經負版辟領衰皇妃皇太子妃王妃公主及皇孫女熟布蓋頭去腰經宗室駙馬服齊衰三年練冠去首經○一大祥奉安神主于奉先殿預期齋戒告廟百官陪禮畢行奉慰禮各王國禁屠宰三日停音樂三日

郭正域皇明典禮志　庚子上以孝慈皇后喪萬機委積乃命禮部臣考古典遵以日易月之制以素饍祭告于皇后之靈曰自后崩逝已十有五日雖哀慟無窮而天下事重不敢久曠不治謹遵禮制以日易月朕釋期服視朝諸子仍衰麻以奉筵几惟靈其鑒之

會典九月庚午發引上親祭于靈昃日安厝皇堂皇太子奠玄纁玉璧行奉辭禮回宮上復以醴饌祭于几筵殿自再虞至九虞皆如之

十月己卯卒哭祔廟上以醴饌致祭于靈復牲醴告廟曰玆以孝孫婦孝慈皇后馬氏神主詣廟祇謁嘉薦祔享之禮

十一月乙丑喪百日上輟朝以牲醴致祭于几筵殿是日祀祭司請服素服烏犀帶上至香案前致欽不拜東宮親王皆四拜奠帛奠爵上舉哀在位者皆哭哭止上致欽如前東宮以下復四拜上還宮

仁孝徐皇后初為燕王妃成祖即位冊為皇后永樂五年七月乙卯崩帝將北巡頋從行不及后崩帝慟哭為設大齋于靈谷天禧二寺聽羣臣致祭

永樂五年文皇后喪禮一自次日為始輟朝不鳴鐘

鼓上素服御西角門文武百官素服烏紗帽黑角帶詣思善門外哭臨畢行奉慰禮明日如之又明日早文武官成服詣思善門外哭臨畢易素服行奉慰禮凡三日而止〇一文武百官自次日爲始各就公署齋宿至二十七日而止〇一文武官四品以上命婦成服日爲始喪服詣思善門内哭臨三日而止〇一聽選辦事等官各喪服人材監生吏典僧道坊廂耆老各素服自成服日爲始赴應天府舉哀三日〇一内外宗室皆成服二十七日而除〇一天下大小衙門各遣官進香〇一成服後祭祀皇親駙馬共一壇公侯伯共一壇五府同錦衣衛共一壇六部都察院同文職大小衙門共一壇文武官四品以上命婦共一壇〇一百日上及皇妃皇太子皇太子妃皇孫親

王及妃公主以下及在京文武官并命婦各祭一壇○一周年祭如百日儀百官詣西角門行奉慰禮在京禁音樂停屠宰七日○一凡遇時節祭祀上位一壇皇妃東宮皇孫各王長公主公主各王妃各祭一壇

典禮志　十一年正月丁酉仁孝皇后梓宮發引皇太子漢王送梓宮渡江皇太子哭辭漢王護梓宮行途朝夕哭奠如儀官民迎祭者皆素服

冊謚儀　永樂五年仁孝文皇后冊謚儀前期禮部奏行祭告禮及請命頒冊寶等官是日上躬告天地于奉天殿丹陛上宮中先設冊寶案于几筵殿設香案于冊寶案前上御華蓋殿文武百官於奉天殿前丹墀內分班序立引禮引頒冊寶官至華蓋殿拜位序

班舉册寶案置殿中鴻臚寺官奏頒册寶官行禮引禮贊四拜畢贊跪傳制官傳制曰永樂五年十月十四日册謚大行皇后命卿行禮引禮贊俯伏興四拜畢序班舉册寶案出至奉天殿丹陛上以册寶置綵輿中由中道出頒册寶官隨至右順門外北向立内官舁綵輿由正門入至几筵殿以册寶置于案退俟殿外尚儀女官詣香案前跪進曰皇帝遣某官某々官某册謚大行皇后謹告奏畢興贊宣册女官捧册立宣于几筵之右訖置册于案贊宣寶女官捧寶立宣于几筵之右訖置寶于案尚儀官一員復詣香案前跪奏禮畢女官以寶册案置于几筵之左内官出報頒册寶官禮畢頒册寶官復命

孝静夏皇后 正德元年册立世宗即位上尊號曰皇嫂莊肅皇后

典禮志 嘉靖十四年正月武宗莊肅皇后崩上不制服發喪後一日大殮上素服詣大行前設奠奉安梓宮設几筵安神帛立銘旌立詣梓宮前祭憲廟皇妃昭聖康惠慈壽皇太后章聖慈仁皇太后武廟皇妃中宮皇妃九嬪公主等各祭一壇百官命婦哭臨如故制可諭夏言等聖母壽辰百官不必赴公所只私所盡制大學士張孚敬言聖母壽誕禮吉之至重者宜吉衣終日庶于禮義允協從之

名山藏 羣臣議謚帝后並用十二字大學士張孚敬曰大行皇后皇上嫂與累朝元后異謚宜用二字或四字大學士請用八字都御史王廷相曰均帝后也何殊之夏言集上其議因奏古人尚質謚法簡称其行後人加增臣子之情也生今世則當行今禮大行

皇后謚其於皇上服制有無名分尊卑固不相涉帝后媲美妻以夫尊列聖元后皆十二字謚文不一跡涉減損二四或八于禮無據請用十二字上曰朕昔在藩臣子也今則無有事嫂如母之禮兩宮在上非朕自尊抑貽聖皇太后於皇嫂實壓毋道其再議禮部請如孚敬言用二字上曰用六字合陰數於是上謚孝靜莊惠安肅皇后十五年上曰禮不倫不稱配武宗加孝靜莊惠安肅溫誠順天偕聖毅皇后

乾學按永嘉汨亂典制貽譏千古而減損孝靜喪儀謚法尤不臣之甚者直書其事義自見矣

孝潔陳皇后 嘉靖元年立為后七年十月失上意驚悸崩謚曰悼靈皇后別葬天壽山襖兒谷十五年改謚孝潔皇后隆慶元年祔廟合葬永陵

嘉靖七年孝潔皇后喪禮一初喪三日上服素冠服○一成服日爲始上玄冠素服御西角門視朝十日畢易玄冠玄衣御奉天門視朝鳴鍾鼓鳴鞭如常朔望日暫免陞殿○一文武百官十日内俱布冠素服經帶朝參十日之後入左掖門則烏紗帽青衣侍班奏事退出公衙及居私室仍素服白帽通前二十七日而除待梓宮發引之後服常服○一在京内外禁屠七日○一上于奉先等殿行禮并朝兩宮俱常服于几筵祭則服其服服滿之日命内官代祭○一兩宮遣官祭如常儀○一上祭儀内贊奏就位上香奠帛奠酒上立以帛酒各授執事奠于靈前贊讀祝讀者立讀祝文訖贊舉哀上就位哭贊哀止焚祝帛禮畢

典禮志發引梓宮當出端辭祖出午門時哭臨既止一日辭祖又復罷免而梓宮命從左王門以出于是禮科都給事中王汝梅等上疏言天子有后以共承天地宗祖之祀奉兩宮之歡如天之有地日之有月今皇后正位七載齊體至尊生以禮歸殁不以葬非所以重大倫為萬世法請更議之上曰所言亦係忠愛但未審重輕思善門哭臨逼近仁智殿從藏可也午門等中門亦當避所尊陵地既遠于列聖則辭祖之禮自不必瀆朕已祭告内殿矣夫后尊則主益尊朕豈不知兼有所壓不得不斟酌裁制耳既而給事中徐景嵩又言哭臨辭祖二儀臣不敢輕議若梓宮出門乃萬姓觀瞻所係王門之議臣心實不敢安也詔如前吉發引次日上命經筵官吉服侍班尚書方

獻夫等以爲山陵未畢不忍遽爾從吉請仍令百官
衣淺色衣朝叅上不許
改謚嘉靖十五年禮部尚書夏言等奏悼靈皇后神
主先因祔于所親暫祔奉慈殿孝惠太后之側兹三
后神主既擬遷于陵殿則悼靈主亦宜暫遷奉先殿
旁室歲時享祀及有祭告祖宗則一體設饌而但不
改主匱不見祝称斯爲合禮又先皇后正位中宮七
年懿行純德足以母儀天下其原謚悼靈考之謚法
在悼雖協年中早天之議而靈義有六類非美大之
稱請下翰林院更議褒称垂示後世上從其言詔改
謚曰孝潔至是禮部因上改謚及遷主儀注一欽天
監擇改謚九月二十九日辰時遷主本日午時吉一
翰林院撰祝文一太常寺備辦祭品于奉先殿崇先

殿奉慈殿如常儀一先期內監官設孝潔皇后神座于奉先殿西室一是日辰時內監官詣奉慈殿請神主洗滌重加粉飾中書官書寫欽命大臣改題仍奉安于神座至午時皇后詣奉慈殿孝潔皇后神主前行禮如常儀內侍官跪奏請孝潔皇后神主詣奉先殿西室奉安興內侍官捧神主謚册衣冠出神主先行謚册衣冠以次後隨內侍擎傘扇如儀後隨行至奉先殿西室內侍官跪捧神主奉安于神座退皇后行安神禮如常儀謚册衣冠俱各以次奉安禮畢后還宫詔如擬命少傅夏言題主

遷祔儀

隆慶元年孝潔肅皇后遷祔永陵儀孝恪皇后同尊謚册寶先遣官即陵園行禮訖勅命奉遷官一員詣陵供事啟攢先一日遣官以祔葬告天地宗

廟社搜用祝文祭告行禮如常儀司禮監禮部錦衣衛官提督執事者設大昇輿于享殿門外葬儀以次陳設各衙門先期分官素冠服詣陵園伺候騎送至永陵是日啟玄宫見梓宫行祭告禮執事官陳設酒饌如常儀内賛引奉遷官詣拜位賛四拜奠帛獻酒讀祝俯伏興四拜焚幣帛祝文禮畢梓宫奉遷出享殿行啟奠禮執事官陳設酒饌如常儀内賛引奉遷官詣拜位賛四拜奠帛獻酒讀祝俯伏興四拜焚幣帛祝文禮畢壙内原安奉玄纁玉璧五穀等物就于壙側埋瘞啟奠畢行祖奠禮執事官進龍輴于享殿下設真亭神位輿謚册寶輿于殿前執事官陳設酒饌拜位如常儀内賛引奉遷官詣拜位賛四拜奠帛獻酒讀祝俯伏興四拜焚幣帛祝文禮畢祖奠畢内

侍官詣梓宫前跪奏請靈駕進發内侍先捧謚册寶次捧神位銘旌俱由殿中門出各安奉輿内梓宫降殿内侍官跪奏請梓宫升龍輴執事官奉登龍輴啟行執翣者分列左右内侍擎繖扇侍衛如常儀梓宫至陵園門外梓宫升大昇輿行遣奠禮如常儀遣奠禮畢内侍官于梓宫前跪奏請靈駕進發司禮監官率儀衛謚册寶輿等前行鼓樂前導設而不作禮部錦衣衛官提督葬儀等以次前行沿途軍民男女人等輳集之處遇梓宫至皆跪俯伏候梓宫過而興工部先期搭蓋席享殿于永陵獻殿之右候大昇輿至禮官奏請升龍輴詣享殿行安神禮執事官陳設酒饌如常儀内賛引奉遷官詣拜位賛四拜奠帛獻酒讀祝俯伏興賛四拜焚帛祝分送官俱于享殿外陪

拜禮畢分送官回京將掩玄宮時行遷奠禮奉遷官詣梓宮前贊四拜興贊跪奠帛獻酒讀祝俯伏興贊四拜焚帛祝退俟掩玄宮時奉遷官詣梓宮前跪内侍奏請靈駕赴玄宮奉遷官俯伏興梓宮進皇堂安奉訖内侍官奉謚册寶置于前陳列冥器等畢行贈禮贈禮畢行享禮世宗肅皇帝梓宮至永陵日遣官祭告后土天壽山并長陵等陵掩玄宮日遣官祭謝后土天壽山并長陵等陵祝文中俱以孝潔肅皇后孝恪皇后祔葬一併告謝葬畢奉遷官暫奉安神主於殿内神主還京至城外幄次文武百官青衣素服序列于幄前行五拜三叩頭禮神主至午門外上具翼善冠淺淡色服黑犀角帶奉迎于午門内上步行前導至寶善門外皇后皇子及宮眷等迎于門内神

主輿至奉先殿門外內尊引官導上詣神主輿前跪
內侍官跪奏請神主謁奉先殿上奉神主由殿左門
入跪置神主于褥位俯伏興贊五拜三叩頭禮畢上
跪捧神主輿由殿左門出安奉輿內至專殿門外內
侍官奏請神主降輿升座上捧神主奉安訖行安神
禮上詣拜位贊四拜行初獻禮奠帛奠酒讀祝俯伏
興亞獻終獻復贊四拜焚帛祝禮畢皇后皇子以下
以次入拜行謁見拜禮

祔廟儀　隆慶元年孝潔肅皇后祔廟先期內府該衙
門恭製太廟及廟寢內孝潔肅皇后合用神座儀物
等項先一日遣官以升祔世宗肅皇帝告于太廟即
以孝潔肅皇后祔享同告是日執事官設酒饌于奉
先殿西夾室內侍官設神主輿衣冠輿于奉先殿左

門外至期遣官以祔享告于西夾室行禮如常儀告畢內侍官跪奏請孝潔肅皇后詣太廟祔享奏訖恭捧神主及內侍官捧衣冠俱由左門奉安于輿執事者擎執繖扇如儀至午門內候世宗肅皇帝神主至以次迎至太廟南門外太常寺官跪奏請孝潔肅皇后神主降輿詣太廟祔享內侍官恭捧隨世宗肅皇帝神主由左門入又內侍官捧衣冠隨入立于世宗肅皇帝衣冠之次上捧世宗肅皇帝神主置于禰位訖內侍官捧孝潔肅皇后神主隨置禰位之右內侍官退其謁廟賜座等禮儀俱與世宗肅皇帝同行祭畢世宗肅皇帝神主還几筵內侍官捧孝潔肅皇后神主奉安于廟寢其衣冠同世宗肅皇帝衣冠奉安于太廟俱第九室

孝烈方皇后帝即位十年册為九嬪尋立為皇后二十七年十一月宮中火崩諡為孝烈皇后

嘉靖二十七年孝烈皇后喪禮一發喪上素冠服詣大行皇后宮舉哀設奠畢歸喪次皇妃東宮裕王景王公主皆素服舉哀設奠畢各歸喪次次日及第三日同○一成服上素服詣大行皇后宮舉哀設奠大殮奉安梓宮設几筵安神帛立銘旌上具喪服皇妃東宮裕王景王公主等皆成服行祭禮畢歸喪次上祭一壇皇妃共祭一壇東宮祭一壇裕王景王共祭一壇公主共祭一壇涇簡王妃祭一壇內官內使共祭一壇是日公侯駙馬伯五府六部等衙門官共祭一壇文武官三品以上命婦共祭一壇○一每七及百日上及皇妃以下各祭一壇○一聞喪次日為始輟朝不鳴鍾鼓文武百官素服烏紗帽黑角帶詣思

善門橋南哭臨畢退于金水橋南伺候上素服御西角門文武百官行奉慰禮退于本衙門宿歇不飲酒食肉次日同○一成服日為始上素冠素服十二日十二日後易淺色服視朝俱在西角門文武百官十二日内俱布帽素服絰帶朝叅十二日之後烏紗帽黒角帶素服通前二十七日而除上御奉天門視朝服常服百官淺色衣鳴鐘鼓鳴鞭如常朔望日暫免陞殿待梓宫發引之日百官服常服○一成服日百官各具斬衰服詣思善門橋南朝夕哭臨三日各十五聲而止每日早哭臨畢退易素服仍入金水橋南伺候西角門行奉慰禮如前凡在衙門視事用布裹紗帽垂帶素服絰帶麻鞋退居即服孝服通前二十七日而除○一文武官員一品至三品命婦麻布大

袖圓領長衫麻布蓋頭晨由西華門入思善門哭臨三日而止不許戴金銀首飾仍素服二十七日而除○一在京諸寺觀各聲鐘三萬杵聞喪日為始禁屠宰七日○一軍民素服婦人素服不妝飾俱以聞喪日為始二十七日而除○一聽選官辦事官監生吏典僧道坊廂人等聞喪即易素服次日至第三日皆清晨赴順天府朝闕設香案哭臨至第四日官各具斬衰服監生人等素服朝夕哭臨三日各十五聲聲而止仍各素服通前二十七日而除○一各王府南京浙江等十三布政司及直隸府分禮部請勅差官訃告○一在外親郡王及世子王妃以下聞訃皆哭盡哀行五拜三叩頭禮畢易素服第四日服斬衰服二十七日而除○一在外文武官員人等聞訃日素

服烏紗帽黑角帶于本衙門宿歇不飲酒食肉次日具斬衰服率官僚人等于衙門朝闕設香案朝夕哭臨三日各十五聲而止自是素服通前二十七日而除軍民男女止素服十三日○一各王府及在外文武衙門俱免進香○一成服後三日在京文職七品以上武職三品以上衙門陸續赴思善門外進香每日鴻臚寺朝退後由西華門引入思善門前行禮司禮監官捧進几筵前○一梓宮未發南京堂上官及朝鮮差陪臣進香服制雖滿仍衰服行禮鴻臚寺引從西華門入陪臣衰服工部製給○一冊謚及發引以下與大喪同但八虞九虞俱于宮中遣内官行禮

冊謚儀　先期遣官告于太廟用牲禮祝文如常儀是日上常服御奉天門樂設而不作正副使常服百官

淺色服黑角帶入班行叩頭禮畢左右侍班正副使入就拜位贊四拜禮序班舉節册案于正中置定正副使行五拜三叩頭禮畢序班舉案行正副使後隨鴻臚寺奏禮畢上還百官詣思善門外侍立節册至右順門正副使捧由正門入至殿陛上置于案內贊奏就位上香贊宣册太常寺官取册立宣訖復置于案贊禮畢贊百官行四拜禮退正副使持節復命

謚册文　嘉靖二十七年十二月戊辰册謚大行皇后文曰朕惟人君受命以握乾綱必資媲德以輔陰教然元配中失亦必有嗣克脩內治是以形于家邦達之天下而王化有成焉咨爾方氏出自慶門早膺淑選比遵慈命繼正中宮孝敬柔嘉著顯聞于宗祀溫慈仁惠行餘澤于後昆矧能保護朕躬功存濟難方

期偕膺壽祉詎意俄爾崩殂追惟往劳殊切傷悼爰
稽典禮用錫徽称茲特命太傅兼太子太傅成國公
朱希忠為正使持節少師兼太子太師吏部尚書華
蓋殿大學士夏言為副使捧册謚爾為孝烈皇后嗚
呼蒼旻不弔慨榮禄之弗延彤管揚名尚休名之罔
斁庶幾永譽以慰賢衷欽哉

名山藏 后崩上諭禮部曰皇后比救朕危奉天濟難
冀相始終不意遽逝痛切朕情其葬以元后命二使
上殿拜命于門内毋如故事内侍傳授節册者明年
春喪百日修齋薦于元宮百官素服供事將葬禮官
具儀請帝曰梓宮行中道虞如禮制用九數往孝潔
皇后崩上避慈宮且別有謂今孝烈皇后功德俱踰
非朕私嬖且令祔享于太廟

典禮志二月癸丑上以孝烈皇后陵名未定諭輔臣曰朕思太祖成祖俱二后先安元宮其陵薦在何時令禮臣案以故事聞案具奏洪武十五年九月十三日孝慈皇后葬孝陵永樂十一年二月十六日仁孝皇后葬長陵皆命名在先卜葬在後於是上令定孝烈皇后陵名曰永陵仍御製祝文命成國公朱希忠告太廟五月丙子禮部上言襄孝潔皇后梓宮入百官自執事外俱衰服送至土城祭畢更常服辦事迎主用烏紗帽素服但孝潔皇后自發引至神主還京將及半月中遇元旦百官宜從常服今孝烈皇后初十日發引十五日即還事体不同請令祭畢還京上曰昔有兩宮在臣從臣敬其所尊厥禮是矣今日卿等有母事之義隨喪往來者仍當制服祭畢回者以

烏紗帽素服入朝素冠素服辦事迎主仍制服思善門行安神禮更素冠素服從事五月詔孝烈皇后梓宮入山陵居中之右虛其左

世宗實録嘉靖二十七年十一月丙子詔議孝烈皇后祔廟既而罷之先是禮部臣以后喪且期年神主當祔享乃援孝潔皇后故事請权祔奉先殿歲時享獻上以奉先殿非當祔之正后主即宜祔享太廟命輔臣嚴嵩及尚書費寀等詳議明日嵩等具拜祔位次上之上曰卿以會議之禮倡奏禮至重者豈可權就又是爭考爭王之襲也夫后固非帝而乃配者自有一廟之序遵禮遞遷以附新主之廟次止祝告一同設享不祝及耳安有享從此而藏從彼之禮家等不欲承行即用此諭會同奏行又不可蹈前邪爲奸

欺計也其遵祖制承祧仁宗祔以新序即朕位次勿得亂禮於是部臣請仍下廷臣會議得旨會議姑已之俟再期以聞○

嘉靖二十八年十一月戊辰孝烈皇后將及大祥禮應祔廟先是禮部請奉安神主于奉先殿東室上欲祧仁宗而以后主祔太廟禮部請下廷臣議有旨姑已之俟再期以聞至是大學士嚴嵩等言切以君父在上其遞遷以祔新主之廟次臣等不敢遽言此識見凡陋所致蒙諭遵今祖制奉祧仁宗祔以新序即朕位次思得仁宗在他日之所必祧自今舉行係干宗廟大禮須集衆論之公且廟祧一節陰不可當陽位更須議處已復奉密諭昨卿以為陰不可當陽位則不必用祔于祖姑之例況今已不用昭穆何取于

是馬即祔皇妣之側一矣萬言聖諭誠為至當○辛未勅諭禮部曰朕惟帝以后承乃本乎經常之道禮以義起則觀乎會通之宜朕孝烈皇后淑德懿行久正中宮比緣內難救朕于危厥功大焉永懷翊衛之忠宜篤推崇之典頃者崩逝倏及再期禮當廟祔惟是太廟九室皆滿正義即當奉仁宗祧盖后位即朕之位序也今宜藏主于皇妣之側每遇享居本次止設位儀品祝不必及庶于位次既明情義攸協凡朕所以報后功之切本實仰承天眷之隆凡在臣民勿得異視爾禮部便擇日具儀來聞是日禮部即具上儀注詔如擬○甲申孝烈皇后神主祔于太廟命駙馬都尉鄔景和行禮

二十九年十月己卯詔議孝烈皇后升祔禮時禮部

以孝烈皇后忌辰祭禮未定請上裁上曰奉先殿未設后位朕已前慮矣爾等執泥其文不思大義雖主附廟廷視朕猶閏位然今正禮不奉遷仁宗主奉先殿設后位即朕廟次乃可耳禮部即會官從正歸一議聞○丙戌定奉祧仁宗昭皇帝及升祔孝烈皇后禮先是禮部會議言孝烈皇后久正中宮功德隆重專室祔享經禮昭然今奉先殿后位未設誠于禮未備然而遽及廟次則臣子之情不惟不敢實不忍也臣等竊以為孝烈皇后神位宜仍遵勅諭安奉先殿慈孝獻皇后之側凡祭享儀節除忌祭讀祝外其餘並如勅諭則禮制歸一矣是時大臣會議尚書徐階頗以祔廟為不可都給事中楊思中主階議餘無言者上使人覘知狀及疏入上乃曰爾等懷二之心

牢至于今耶今玆非專論后又非子為親夫為婦也正義止以朕躬論顧無人肯奉議者爾階與思忠二人議定以聞即是矣于是階思忠言臣等愚昧不能仰知聖意竊惟周建九廟三昭三穆率六世而祧至後兄弟相及則亦有不能具六世者況國朝廟制用同堂異室與周禮不同今太廟九室皆滿若以聖躬論仁宗當祧固不待言但此乃他日聖子神孫之事而煩皇上身自議之則臣等之心尚有所未安者謹按夏廟五商廟七周廟九夫禮由義起五可以七七可以九則九之列亦可加也臣等以為今日之事宜準三代廟數遞增之例于太廟及奉先殿各增二室而以其一升祔孝烈皇后則仁宗可不祧而孝烈皇后可速正南面之位且在皇上無預祧以俟之嫌上

曰會議當令人人盡言今兩人各一言而止非懷二耶爾等臣子之義于當祧當祔正宜力請何得謂之自議且禮得其正何避預祧以俟爲嫌耶其便歸一會奏于是階等復會諸大臣議言聖見高明超出千古非臣等所及謹按唐虞夏五廟其祀皆止四世周九廟三昭三穆然而兄弟相及亦不能盡足六世今仁宗已爲皇上五世之祖以聖躬論仁宗于禮當祧禮曰天子之與后猶日之與月陰之與陽相須而成天子修男教父道也后修女順母道也孝烈皇后久正中宮母儀萬國于禮當祔臣等衆論攸同宜奉祧仁宗升祔孝烈皇后于太廟第九室及奉先殿神位一體遷祔以明典禮疏入報聞已禮部以忌祭在近請旨欲擬上祧祔及奉安神位儀節上猶憾禮官初

議不即許乃曰孝烈皇后所奉配者乃入繼之君又非六禮之始忌日雖不祭亦可部臣愈益惶恐乃言皇上受天景命纘祖鴻業神功聖治超越百王武烈文謨佑啟萬世所謂應運大有為之君孝烈皇后德隆貞一行備清真祇奉兩宮助祭宗廟則聖孝益彰親蠶西內表率六宮則王化益朗至于拯危車駕殄變宮闈勳烈蓋乾坤慶澤流宗社所謂以聖配聖炳予相成者也而皇上謂非六禮之始欲罷忌日之祭臣等伏覩本朝故事宣宗章皇帝廟舍恭讓皇后而祔孝恭章皇后憲宗純皇帝廟舍吳后而祔孝貞純皇后忌日必致祭于奉先殿則是祖宗之制原無先後之拘況孝恭章皇后及孝貞純皇后德雖盛而未聞有功孝烈皇后功既崇而兼有其德今日升祔之

禮忌祭之儀典則俱存臣民共戴幸容臣等具儀聞奏奉祧仁宗祔孝烈皇后于太廟第九室奉安神位于奉先殿至期舉行忌祭則正義明而禮制定矣上曰非天子不議禮后本當祔廟居朕室次自前歲朕諭之丞弼示之禮官頃謂今日未宜此言徒飾聽使愚者惑之曰忠諱之情實俟題朕之神主耳乃命俟旨行事已而上諭輔臣曰卿直内固因贊事上玄然國家大政未嘗不與計昨議后忌祭禮官及諸臣不肯從正即末所云猶強耳由此觀之人心全不識天時初以皇兄無嗣皇考係近親屬在朕躬本之天定今爭親爭帝爭祔爭名三十年矣猶不明至是予令即不忍奉祧仁宗且置后主別廟將來由臣下議處令忌日奠一卮酒不至傷情卿等具更言之于是閣

臣傳諭禮部部臣不敢復言箏請如制祧祔擇吉行
禮上乃許之

乾學按九廟之數論帝不論后今世宗尚在而遷祧仁宗此何禮也彼其暴戾性成于祖宗且不顧何有于廷臣之正議乎厚其妻而黜其祖誠九廟之罪人也

光宗母孝靖王皇后

萬曆四十八年孝靖皇后王氏將葬豫運庫太監王虎題請置造金珠二十四萬有奇称引仁聖慈聖兩太后爲例䝉臣王象恒疏請裁節其畧曰臣草茅書生固不知喪禮費金珠何用即製造冠服費不過數十數百料自足辦乃各色金開至二千九百餘兩各樣珠至五萬九千餘顆猫睛祖母緑青紅

賫不等項至數千塊白玉琥珀等項至數百觔片腦
至三千觔此果盡以充喪禮之用耶抑別有冒破耶
不知此事何事而猶思因之以為利耶況大行皇后
端靜恭儉已風示于生前皇宸漢之中反需此耶户
部尚書李汝華以度支匱之力爭之奉旨這成造冠
項等項錢粮係祖宗舊制禮不可缺例用三分一分
入金井一分祔廟一分册謚着作速辦進以襄大典
給事户科官應震復引喪禮用金石為非即使金珠緣
飾但取成禮聊寄如存一念足矣何必估值太重估
值太奢寧莫靡財實且悖禮反覆千言不聽

乾學按萬曆之季府藏空虛而送終後靡
若此可歎也且明會典並不載冠頂諸飾
不知昉于何時古之葬者木車茅馬謂之

明器備物而不可用冠以珠玉飾以金石是死者而用生者之器何爲也哉

附廢后喪禮

宋仁宗廢后郭氏天聖二年立爲皇后後廢爲淨妃居長樂宮景祐元年出居瑤華宮薨上悼之追復皇后而停謚冊祔廟之禮

名臣琬琰之章歐陽修撰劉敞墓誌至和三年祫祭禮臣請祔郭皇后於廟自孝章以下四后在別廟者請毋合食公議曰春秋之義不薨于寢不稱夫人而郭氏以廢薨按景祐之詔許復其號而不許其謚與祔謂宜如詔書又禮於祫未毀廟之主皆合食而無帝后之限且祖宗以來用之傳曰祭從先祖宜如故皆從公言

明憲宗廢后吴氏上即位七月立尋廢居西内孝宗始生后保抱惟謹孝宗德之即位命宮中進膳如母后禮正德中薨劉

瑾欲焚之王鏊不可乃得葬

武宗實錄正德四年春正月憲廟廢后吳氏薨大學士李東陽等言漢成帝廢后許氏葬延陵交道廐西光武廢后郭氏葬北邙山凡皇后廢黜史冊猶称廢后書其葬地不曾有降為庶人之禮后吳氏原奉憲宗皇帝詔書云退居别宮閑住累朝以來服食供奉皆從優厚今日之事宜令禮部斟酌儀節凡事宜從減省而殯殮祭葬皆不可闕以存皇上敬老念舊之心播之天下傳之後世亦美事也上諭禮部喪禮放英廟惠妃故事太常寺以祭儀請命歲時用素羞[illegible]祭于墓所

《蘇州全書》編纂出版委員會 編

·讀禮通考

蘇州全書

甲編

蘇州大學出版社
古吳軒出版社

另起

依一字大

讀禮通考卷七十五

喪儀節三十八　國恤十

皇妃喪儀

盛姬　周穆王妃○公羊傳隱公十年齊人鄭人入盛何休注云盛魯同姓楊氏疏左氏作郕莊公八年成降于齊師傳曰成者何盛也○列子周穆王西巡狩還未及中國道有獻工人名偃師王薦之曰與若偕來者何對曰臣之所造能倡者王驚視之趨步俯仰信人也與盛姬內御並觀之技將終倡者瞬其目而招王之左右侍妾王大怒立欲誅偃師偃師立剖散倡者以示王皆傅會革木膠漆黑白丹青之所為○竹書紀年周穆王十五年作重璧臺○水經注五鹿墟故沙鹿有沙亭周穆王喪盛姬東征舍于五鹿其女叔姓屆此思哭是曰女姓之丘為沙鹿之異名也○羅泌國名記盛伯國亦曰成續志云濟北成本國預謂東平西南有盛鄉寰宇云鄉在鄆城即晉之剛父

穆天子傳　季冬甲戌天子西北　姬姓也盛伯之子也　郭璞註盛國名疑上說姬事公羊傳曰成者何盛也　天子賜之上姬之長　盛伯為姬姓之長位在上也　是曰盛門天子乃為之臺　為盛姬築臺也　是曰重璧之臺　言臺狀如壘璧　戊寅天子東狃于澤中逢寒疾　言盛姬在此遇風寒而疾　天子舍于澤中

盛姬告病天子憐之　澤曰寒氏（以名澤也）盛姬求飲天子
命人取漿而給（得之速也傳曰何其給也）是曰壺輸（壺器名輸音遄速也與遄同）
天子西至于重璧之臺盛姬告病　天子
哀之（上疑說盛姬死也）是曰哀次（哭泣之位次）天子乃殯盛姬于轂丘之
廟（先王之廟有在此者漢氏亦所在有廟焉）壬寅天子命哭（令羣臣大臨也）啟為主（為之喪主郎下伊扈也上）
（啟疑為開殯出棺也）祭父賓喪（儐贊禮儀）天子王女叔㛗為主（叔㛗穆王之女也音雖痤）天
子賓之命終喪禮（令持喪終禮也）於是殤祀而哭（殤未成喪盛姬年小也）內
史執策（所以書贈賵之事內史主冊命官）官人亓職曾祝敷筵席設几
（敷猶鋪也周禮曰喪事仍几）盛饋具（饋具奠也）肺鹽羹（肉也當以音行）胾（大臠）脯棗酏（粥清也音移）
醢（肉醬也）魚腊（乾魚）糗（寒粥也）韭（韭菹）百物（言備有也）乃陳腥俎十二乾豆
九十鼎敦壺尊四十（敦似槃音堆）器（雜器皿也）曾祝祭食（禮雖喪祭皆祭食示有所先也）
進肺鹽祭酒（以肺換鹽中以祭所謂振祭也禮以肺見少牢饋食也）乃獻喪主伊扈伊扈
拜受　祭女又獻女主叔㛗叔㛗拜受祭　祝報祭

觴大師樂官乃哭即位就喪位也畢哭內史筞而哭筞上宜作讀既夕禮曰主人之史讀賵是也曾祝捧饋而哭捧兩手持也御者祈而哭侍御者禮曰御者入浴抗者觴夕而哭抗猶舉也禮記曰小臣四人抗衾也佐者承斗而哭佐斂者也斗斟水杓也佐者佐飲食者衣裳佩而哭樂人陳琴瑟竽疑竽上宜作笙笙亦竽屬籥如笛三孔荻今戟吏所吹者莞莞如併兩笛音管而哭百衆官人各其職事以哭百衆猶百族也曰士女錯踊九錯互也哭則三踊三哭而九踊所謂成踊者也乃終喪主伊扈哭出造舍倚廬也父兄宗姓及在位者從之佐者哭佐斂者也且徹饋及壺咼俎豆皆佐者為之主衆宮人各其職皆哭而出事畢井利事後出而収井利所以獨後出者典喪祭罷物収斂之也或曰井利稽慢出不及葦故収縛之癸卯大哭殤祀而載載祖載也甲辰天子南葬盛姬於樂池之南郎去池也天子乃命盛姬之喪視皇后之葬法視猶比也亦不邦後于諸侯疑字錯誤所未詳也河濟之間共事供給事也葦穀黃城三邦之事葦喪葦謂挽輴車發三國之衆以示榮侈七萃之士抗者即車

（舉棺以就車）曾祝先喪（導也）大匠御棺（為棺御也周禮曰喪祝為御禮記曰諸侯御柩以羽葆謂在前為行止之節）日月之旗七星之文（言旗上畫日月及北斗星也禮記曰日月為旗常亦通名）鼓鍾以葬龍旗以　鳥以建鼓獸以建鍾龍以建旗曰喪之先後及哭踊者之間畢有鍾旗　百物喪器并和典之列于喪行靡不有備（行行伍）擊鼓以行喪舉旗以勸之（令盡哀也）擊鍾以止哭彌旗以節之（為節音節彌猶低也）曰　祀大哭九而終喪出于門喪主即位（就哭位也）周室父兄子孫倍之（倍倍列位也）諸侯屬子（宗屬羣子）王吏倍之外官王屬七萃之士倍之（外官所主在外者）姬姓子弟倍之（盛姬之族屬也）執職之人倍之（執職猶執事也）百官衆人倍之哭者七倍之（列七重）踊者三十行行萃百人（百人為一倍萃聚也）女主即位嬖人羣女倍之（嬖人王所幸愛者）王臣姬姓之女倍之（疑同姓之女為大夫士妻者所謂內宗也）宮官人倍之（宮官為內也）宮賢廄妾倍之（廄妾衆散妾也）哭者五倍踊者次從（以次相從）曰天子命喪一里而擊鍾止

哭曰匠人哭于車上（御棺不得下也）曾祝哭于喪七萃之士哭于喪所曰小哭錯踊三踊而行五里而次（次猶止也）曰喪三舍至於哀次五舍至于重璧之臺（三十里爲舍也傳曰避君三舍）乃休（休駐也）天子乃周姑繇之水以圜喪車（決夫周繞之也繇音遥圜音員）是曰囧車（以歸水也）曰殤祀之（於此復祭）孟冬辛亥邢侯曹侯來弔（曹國今濟陰定陶縣是也）内史將之以見天子天子告不豫而辭焉（不豫辭病也尚書曰武王不豫）邢侯曹侯乃弔太子太子哭出廟門以迎邢侯（曹侯不進）再拜勞之（問勞之也）侯不荅拜（謙不敢與太子抗禮）邢侯謁哭于廟（謁告也）太子先哭而入西向即位内史賓侯（儐相）北向而立大哭九邢侯厝踊三而止（與太子拾踊）太子送邢侯至廟門之外邢侯遂出太子再拜送之曹侯弔廟入哭太子送之亦如邢侯之禮（雖弔異而禮同）壬子天子具官見邢侯曹侯（具官備禮相見）天子還返（將歸）邢侯曹侯執見拜天子之武一（所義未聞）天子

見之乃遣邢侯曹侯歸于其邦王官執禮共于二侯如故（言不以喪廢禮）曰天子出憲（憲命）以或襚賵（此以上以說賵賻事衣物曰襚音遂）癸丑大哭而　甲寅殤祀大哭而行喪五舍于大次曰喪三日于大次（停三日也）殤祀如初辛酉大成百物皆備（送葬之物俱備）壬戌葬史録繇鼓鐘以赤下棺（窆也）七萃之士女錯踊九　喪下（下謂入土）昧爽天子使嬖人（所愛幸者）贈用文錦明衣九領（謂之明衣言神明之衣）喪宗伊扈贈用變裳（宗亦主變裳裳名也）女主叔㛗贈用茵組（茵褥）百嬖人官師畢贈（言盡有襚賵也官師羣士號也禮記曰官師一廟）井利乃藏（藏之于墓所）報哭于大次（報猶反也大次有次神次也）祥祠　祀喪罷哭辭于遠人（辭謝遣歸）為盛姬謚曰哀淑人（恭人短折曰哀）天子丘人（為丘作名）是曰淑人之丘乙丑天子東征舍于五鹿叔㛗思哭（思哭盛姬）是曰女㛗之丘（因以名五鹿也）丁卯天子東征釣于漯水以祭淑人是曰祭丘仲冬丁丑天子北征戊寅舍于

案

上云王臣姬姓之

永思有益莫忘其新莫忘更求新人

閩此言愈更增感也是日輟

真宗李宸妃真宗司寢生仁宗進婉儀仁宗即位為順容從守永定陵初仁宗在襁褓章獻以為己子仁宗不自知為妃所出明道元年疾革進位宸妃薨丞相呂夷簡請以一品禮治喪詳見山陵條章獻太后崩仁宗始知為宸妃所生詔尊為皇太后謚莊懿陪葬永定陵廟曰奉慈又即景靈宮建神御殿曰廣孝慶曆中改謚章懿升祔太廟

宋史禮志真宗宸妃李氏明道元年二月二十六日

入真宗前

□按穆天子傳出汲冢晉荀勗校定為六卷以為其事雖不典其文甚古頗可觀覽今考與書序及太史公所載多當附故國語篇篇中經别立三闕然其書實不可廢據引盛姬事為古時妃妾之禮備參考覽云

見之乃遺邢侯曹侯歸于其邦王官執禮共于二侯如故（言不以喪廢禮）曰天子出憲（憲命）以或䄎賵（此以上以說賵賵事衣物曰䄎音遂）癸丑大哭而　甲寅殤祀大哭而行喪五舍于大次曰喪三日于大次（停三日也）殤祀如初辛酉大成百物皆備（送葬之物俱備）壬戌葬史録繇鼓鍾以赤下棺（窆也）七萃之士　士女錯踊九　喪下（下謂入土）昧爽天子使嬖人（所愛幸者）贈用文錦明衣九領（謂之明衣言神明之衣）喪宗伊扈贈用變裳（宗亦主變裳裳名也）女主叔姓贈用茵組（茵褥）百嬖人官師畢贈（言盡有䄎賵也官師羣士號也禮記曰官師一廟）井利乃藏（藏之于墓所）報哭于大次（報猶反也大次有次神次也）祥祠　祀喪罷哭辭于遠人（辭謝遺歸）為盛姬謚曰哀淑人（恭人短折曰哀）天子丘人（為丘作名）是曰淑人之丘乙丑天子東征舍于五鹿叔姓思哭（思哭盛姬）是曰女姓之丘（因以名五鹿也）丁卯天子東征釣于漯水以祭淑人是曰祭丘仲冬丁丑天子北征戊寅舍于

河上乃致父兄子弟王臣姬　祥祀畢哭(上云王臣姬姓之女疑此亦同也)終喪于嚣氏(服闋)己卯天子西濟于河嚣氏之遂庚辰舍于茅尺(地名)於是禋祀除喪始樂素服而歸(哀未忘也)是曰素氏天子遂西南癸未至于野王(今河內縣)甲申天子北升于大北之隥(疑此太行山也)而降休于兩栢之下(有兩栢也)天子永念傷心乃思淑人盛姬於是流涕七萃之士葽豫上諫于天子曰自古有死有生豈獨淑人天子不樂出於永思有益莫忘其新(言思之有益者莫忘更求新人)天子哀之乃又流涕(閻此言愈更增感也)是日輟

真宗李宸妃(真宗司寢生仁宗進婉儀仁宗即位為順容從守永定陵初仁宗在繈緥章獻以為己子仁宗不自知為妃所出明道元年疾革進位宸妃薨丞相吕夷簡請以一品禮治喪詳見山陵條章獻太后崩仁宗始知為宸妃所生詔尊為皇太后謚莊懿陪葬永定陵廟曰奉慈又即景靈宫建神御殿曰廣孝慶曆中改謚章懿升祔太廟)

宋史禮志　真宗宸妃李氏明道元年二月二十六日

薨祔葬洪福院之西北命晏殊撰墓銘二年四月六日追册為莊懿皇太后十月五日改葬永定陵之西北隅十七日奉神主于奉慈廟

楊淑妃 真宗才人累進昭儀真宗崩遺詔以為皇太妃至章獻太后崩遺誥為皇太后所居宮曰保慶稱保慶皇太后

宋史后妃傳 景祐三年薨殯于皇儀殿帝思其保護之恩命禮官加服小功祔仁宗未有嗣后勸帝擇近屬養于宮中即英宗也英宗立言者謂禮慈母于子祭于孫止請廢后廟瘞其主園陵英宗未許下有司議會帝崩遂罷

名臣琬琰之章 王珪撰賈昌朝墓誌詔有司議章獻章懿章惠三后升祔之禮公乃酌群儀奏為章獻皇后母儀天下章懿皇后誕育聖躬宜如祥符升祔元德皇后故事配食真宗廟室以稱陛下追孝之意章

惠皇后於陛下有慈保之恩義須別祠伏請享奉祠廟如故於是命攝太尉奉二主行升祔禮

乾學按此章惠皇后蓋即楊太后也東都事略有謚而宋史軼之劉后傳云泰寧軍節度使錢惟演請以章獻章懿與章穆並祔真宗室詔三省與禮院議皆以謂章穆皇后位崇中壼已祔真宗廟室自協一帝一后之文章獻明肅處坤元之尊章懿感日符之貴功德莫與為比謂宜建新廟同殿異室歲時薦享一用太廟之儀仍別廟名以崇世享翰林學士馮元等請以奉慈為名慶曆五年復遷二后祔真宗廟蓋楊后別祠并不得入奉慈殿也

仁宗張貴妃慶曆元年爲才人皇祐初進貴妃後五年薨仁宗悼之册爲皇后謚温成

名臣琬琰之章畢仲游撰孫沔碑仁宗時貴妃張氏薨治喪皇儀殿詔葬爲園陵禮官謚曰恭德公言太宗四后皆謚曰德從廟謚也而郭氏張氏二后不聞有謚今謚妃子曰恭德雖禮官之罪而實貽譏于陛下因併論皇儀治喪詔葬爲園陵爲非是遂改謚温成園陵亦罷已而詔公讀温成哀册公奏言章穆皇后喪亾葬行事皆兩制官而温成追謚反詔二府大臣行事不可翌日執册文前陳故事且曰以臣孫某讀册則可以樞密副使讀册則不可

王珪撰梁適墓誌仁宗張貴妃薨小殮於皇儀殿公曰皇儀不可治妃喪然宰相陳執中不能正其事又欲以公爲園陵使公曰嬪御無園陵之制始定葬於

奉先寺

王珪撰邵亢墓誌張貴妃薨有司請立陵廟禁樂京師一月公累疏論之遂弛樂禁亦不立陵

仁宗董充媛

蘇軾撰司馬光行狀仁宗充媛董氏薨追贈婉儀又贈淑妃輟朝成服百官奉慰定謚行册禮葬給鹵簿公言董氏秩本微病革之日方拜充媛古者婦人無謚近制惟皇后有之鹵簿本以賞軍功未嘗施于婦人惟唐平陽公主有舉兵佐高祖定天下之功乃得給至韋庶人始令妃主葬日皆給鼓吹非令典不足法

明成穆孫貴妃

典禮志洪武七年九月庚寅貴妃孫氏薨命吳王橚

服斬衰三年以主喪事勑皇太子及諸王皆服期曆
於朝陽門楮岡之原十五年祔葬高后陵

昭獻王貴妃

會典永樂十八年昭獻貴妃王氏喪禮一聞喪輟朝
五日　一初喪上祭一壇皇后祭一壇皇妃祭一壇
皇太子祭一壇親王共祭一壇公主共祭一壇一
贈謚冊文行焚黄禮　一七七百日周年二周年每
次祭祀壇數與初喪同　一開塋域遣官祀后土
一行內外衙門造辦喪儀銘旌冥器等項　一發引
前期辭靈祭祀壇數與初喪同唯增六尚司祭一壇
內官內使祭一壇　一啟奠祖奠遣奠各遣祭一壇
一發引日文武百官各素服烏紗帽黑角帶送至
路祭處所皇親駙馬共一壇公侯伯文武衙門共一

壝外命婦共一壇　一過門祭祀（内門遣内官外門遣太常寺官行禮）　一下葬遷奠遣祭一壇　一掩壙遣官祀后土　一迎靈轎至享堂行安神禮遣祭一壇

恭恪莊僖紀淑妃（孝宗生母）

典禮志　成化十一年六月乙巳皇子母紀氏薨追封淑妃謚恭恪莊僖輟朝三日上服淺色衣御奉天門視事命禮部定喪葬儀注先是妃病大學士商輅言皇子母有不諱禮宜從厚仍乞司禮監奉皇子問侍衰服行禮上是之乃命司禮監黄賜詣問儀八月壬寅葬西山月初喪至發引下葬上及皇太后中宫英廟皇妃親王公主皇子各有祭遣皇子奉祝册行禮營域發引下葬日上俱不視朝皇親公侯駙馬伯文武百官及命婦送葬設祭如常儀（追崇典禮見皇后篇）

榮安惠順端僖閻貴妃

世宗實録嘉靖十九年正月甲午朔乙未貴妃閻氏薨妃首出皇第一子上痛悼詔追封為皇貴妃賜謚榮安惠順端僖喪禮視皇妃例加等权厝孝潔皇后陵次輟朝五日禮部上喪禮儀注一初喪御祭一壇昭聖恭安康惠慈壽皇太后遣祭一壇武廟皇妃中宮皇妃皇嬪皇太子各祭一壇裕王景王各祭一壇公主共祭一壇涇簡王妃祭一壇六尚局祭一壇內官內使共祭一壇一行欽天監選擇小斂大斂焚黃發引啓土安葬掩土日期一行翰林院撰謚册文及各祭文擴誌文一焚黃是日陳設祭儀以祝文及册文置于靈前遣司禮監官行禮立于靈柩前贊禮贊鞠躬四拜興平身贊跪執事者以爵進于司禮監官

之右贊受爵獻爵者三贊讀祝讀祝者取祝跪讀讀訖贊宣册宣册女官取册立宣訖贊俯伏興平身復位贊鞠躬四拜禮畢焚祝及册一七七百日周年二周年每次御祭一壇昭聖恭安康惠慈壽皇太后遣祭一壇武廟皇妃祭一壇中宮以下祭如前儀一開塋域祠后土御祭一壇遣內官行禮一辭靈前期御祭一壇皇太后武廟皇妃中宮以下各祭如前儀一發引啓奠祖奠遣奠各御祭一壇俱用祝文酒果遣內官行禮光祿寺辦祭是日早免朝參文武百官各素服烏紗帽黑角帶先隨方相後行至路祭處所致祭文武官命婦各至祭所祭畢而還一過門俱用祝文酒果內門遣內官行禮外門遣太常寺官行禮太常寺辦祭一路祭駙馬并皇親共祭一壇公侯伯文

武百官共祭一壇外命婦共祭一壇一擡柩挽歌執翣外其擎執香燭旛幢紙紮等項于五軍都督府撥軍應用一靈柩前儀仗內使女樂三十二人并花旛雪柳女隊子二十八人女將軍二十四人一工部于孝潔皇后陵次先期搭蓋席殿靈柩至奉安御祭一壇一先期遣官以杈厝告孝潔皇后一下葬日文武百官免朝參一下葬遣奠御祭一壇一行該衙門造辦銘旌及坟塋誌石喪儀宴器等項俱加等一其日舉棺之前執事先以方相旛幢車馹馬鼓樂真亭彩亭以次排列于玄武門外喪夫捧棺就輦內官以魂帛置小車中一掩壙畢祠后土御祭一壇一掩壙畢迎靈轎至享堂行安神禮御祭一壇一各壇路祭并靈柩頓歇處所俱行工部預為相地搭蓋席殿一挽

歆執翣人等該用孝巾孝帶行移工部轉行内府該衙門製造儀上詔命婦路祭令先期入宫内行餘俱如擬

榮淑杜康妃穆宗母

世宗實録嘉靖三十三年正月壬寅朔壬子康妃杜氏薨妃裕王母也禮部隨上喪禮儀注尚書歐陽德等因言累朝皇妃薨或未生王子或子非居長而受封之國或子立為東宫而先薨俱與今不同惟成化中淑妃紀氏薨所生皇子倫序居長與妃事體相類但彼時皇子尚幼而今裕王既已成婚禮宜持服主喪送葬出城儀節稍異乃議輟朝五日裕王主喪導孝慈録斬衰三年欽遣大臣題主開塋掩壙祠謝后土并用工部官送葬儀仗人數皆增於舊上覽之謂

大學士嚴嵩等曰部擬用憲廟淑妃例大不同且裕
王不當服斬衰嵩等對憲廟初有悼恭太子在前淑
妃之子居次正與康妃事體相同故禮部擬用其例
喪禮必子為主裕王殿下須服斬衰以執饋奠之事
太祖御制孝慈録序文曰庶子為其母斬衰三年部
議遵用此也上復諭嵩持斬衰三年當避君臣之尊
嵩言臣考洪武七年貴妃孫氏薨無子太祖命吳王
橚服慈母服斬衰三年主喪事皇太子諸王皆服期
是年孝慈録成遂為定制是後久無是事故未知謂
及兹當垂訓作則于後伏乞仍命殿下兹日衰杖入
哭几筵其後居府盡三年之制上意猶未以為然乃
批部疏曰輟朝五日不合一切所擬俱非禮之正其
考賢妃鄭氏例酌議以聞于是德等復上儀注一聞

喪自本月十四日起至十五日止輟朝二日不鳴鐘鼓上服淺淡色衣服于奉天門視事文武百官各具淺淡色服烏紗帽黑角帶朝叅欽命裕王主饋奠之事一裕王聞喪率妃入宮素服哭盡哀行四拜禮視小殮大殮成服後朝夕哭臨三日以後每遇一奠通前二十七日而止乃于燕居盡斬衰三年之制以伸子情一祔喪御祭一壇皇妃共祭一壇景王并妃祭一壇公主共祭一壇涇簡王妃壽定王妃共祭一壇裕王并妃共祭一壇是時内侍陳設祭饌拜位如常儀内導引官導裕王并妃詣拜位贊四拜奠酒讀祝贊四拜舉哀興哀止望瘞禮畢一焚黃是日陳設祭儀以祝文及謚册文置于靈前内導引官導裕王詣靈柩前贊四拜興平身贊跪執事者以爵進于上之

右贊受爵獻爵者三贊讀祝讀祝者取祝跪讀訖贊宣册宣册女官取册立宣訖贊俯伏興平身贊四拜禮畢焚祝及册一七七百日周年二年三年每次御祭一壇皇妃共祭一壇景王并妃共祭一壇公主共祭一壇涇簡王妃壽定王妃共祭一壇裕王并妃共祭一壇在殯王宰妃行禮儀如初喪葬後遣中官墳園行禮裕王禫服日遣本府中官于墳園致祭一開塋域祠后土遣内官行禮一辭靈發引前一日御祭一壇皇妃共祭一壇景王并妃共祭一壇涇簡王妃壽定王妃共祭一壇六尚司共祭一壇内官内使共祭一壇裕王并妃共祭一壇王宰行禮儀如初喪一發引啓奠祖奠遣奠御祭各一壇裕王祭各一壇儀如初喪是日執事官先以方相旛幢車馬鼓樂真

亭彩亭以次排列于玄武門外内侍捧銘旌蒐帛導
引柩出玄武門外喪夫捧柩就輦内官以蒐帛置小
車中裕王步送至京城門外路祭畢還宮文武百官
免朝叅各穿素服烏紗帽黑角帶隨方相後行至路
祭處所致祭而還一過門内門遣中官行禮外門遣
太常寺官行禮一路祭裕王祭一壇皇親并駙馬各
祭一壇公侯伯文武衙門共祭一壇俱于京城門外
外命婦共祭一壇于鼓樓迤西一靈柩前儀仗内使
女樂二十四人花旛雪柳女隊子二十八人女將軍十
人一靈柩至墳園奉安御祭一壇裕王祭一壇護喪
中官行禮祭畢執事者整理壙中安頓玄纁玉璧匣
五穀下棺并以銘旌蒐帛置棺上翣六置棺之兩傍
下葬日文武百官免叅一下葬遷奠御祭一壇裕王

祭一壇護喪中官行禮一捲壙畢祠后土護喪中官行禮一捲壙畢迎靈轎至享堂行安神禮御祭一壇裕王祭一壇護喪中官行禮疏入上曰輟朝以十七日為始謚字正如例擬請焚黄乃制命非王可行其仍以常禮從事餘如議部復奏皇妃焚黄儀傳訖已非一日蓋自累朝或所生皇子及親王或司禮監官行禮皆拜而獻酒跪而讀祝乃參用上尊謚之儀而未思賜謚為制命其祭文稱皇帝遣諭與上尊謚迥然不同也今既奉旨以常禮從事當改議賜謚如賜祭禮讀祝宣冊皆平立不拜上報可仍令著為定規如不係賜謚者臨期另擬以聞遂冊謚妃為榮淑康妃冊曰朕惟自古人君之于妃生既錫以封號沒允加以美謚此古今之通義也爾康妃杜氏早膺淑選

事朕有年皇子誕生宜延遐祉偶嬰一疾遽爾長終爰念勞勤再錫嘉號茲特謚曰榮淑爾靈不昧服茲寵光後十三年裕王嗣統乃追尊妃曰孝恪皇后

孝靖王貴妃　光宗母

神宗實錄萬曆三十九年九月戊午禮部奏皇貴妃薨逝合行事宜奉旨照世廟皇貴妃沈氏例行但臣歷查我朝皇貴妃薨逝俱未有誕育東宮惟憲廟淑妃為孝宗敬皇帝母世廟康妃為穆宗莊皇帝母然其薨時皆未封皇貴妃未經冊立東宮當日禮儀俱擬從厚況今皇貴妃既膺封典皇太子冊立東宮已久天下臣民觀望所係禮儀等更當加隆謹條具上請一聞喪自本月二十二日起至二十六日止輟朝五日不鳴鐘鼓上位服淺淡色衣于文華門視事

文武百官各具青素服黑角帶朝叅次日文武百官
行奉慰禮　一欽命皇太子率妃入宮衰服哭盡哀
行四拜禮視小殮大殮成服後朝夕哭臨三日以後
每日一奠通前二十七日而止其斬衰避君父之尊
止于燕居以伸子情　一懿聖宣文明肅貞壽端獻
恭熹皇太后祭一壇穆廟皇妃共祭一壇中宮祭一
壇皇貴妃等妃祭一壇皇太子祭一壇瑞安長公主
祭一壇福王祭一壇福王妃祭一壇瑞王惠王桂王
共祭一壇榮昌公主壽寧公主共祭一壇汝安王繼
妃祭一壇景恭王妃祭一壇六尚局祭一壇内官内
使共祭一壇俱光祿寺辦是日内侍陳設酒饌并位
如常儀内導引官導皇太子并妃詣拜位贊禮贊四
拜畢奠酒讀祝四拜舉哀興哀止望瘞禮畢　一行

欽天監選擇小斂大斂焚黄日時　一欽定謚號
一行翰林院撰謚册祭祝文壙誌文　一焚黄用黄
絹裹褙如册兩葉寫册文是日陳設祭儀以祝文及
册文置于靈前內導引官導皇太子詣靈柩前贊四
拜禮贊跪執事以爵進置于皇太子之右贊受爵獻
爵受爵獻爵受爵獻爵贊讀祝跪讀訖贊宣册女官
取册立宣訖贊俯伏興平身贊四拜禮畢焚祝文及
册文　一七七百日周年二周年御祭一壇皇太后
以下俱致祭如初喪俱光禄寺辦祭在殯皇太子率
妃行禮儀如初喪葬後遣內官墳園行禮　一皇太
子禫服日遣內官于墳園致祭光禄寺辦祭　一安
葬先期啓土遣官祭告后土欽天監差官二員候時
執事官陳設祭饌如常儀贊再拜興酹酒讀祝贊再

拜興禮畢　一工部于墳園及各壇路祭並靈柩頓歇處所預搭蓋行亭席殿仍量蓋小席房以置儀仗等物　一發引前一日晚設殿靈內侍官陳設牲醴等一如常儀御祭以下祭俱如初喪俱光祿寺辦祭　一欽遣大臣一員題主　一發引前題差工部司屬官入山送葬　一送葬入山官員素服走送至德勝門分騎送至葬所步行至享殿安葬畢還日朝見　一發引啓奠祖奠遣奠御祭各一壇皇太子各祭一壇俱光祿寺辦祭儀如初喪是日執事者先以方相旛幢車馬鼓樂真亭彩亭以次排列于玄武門外內使捧銘旌魂帛等引柩出玄武門外捧柩就輿內官以魂帛置小車中皇太子步送出京城外路祭畢還宮文武百官免朝叅各素服黑角帶隨方相後

行至路祭處所致祭而還　一鴻臚寺差序班八員于德勝門外擺列致祭官員務要敬謹　一過門太常寺辦祭品內門遣內官行禮外門遣太常寺官行禮　一路祭皇太子祭一壇皇親并駙馬共祭一壇公侯伯及文武衙門共祭一壇俱于德勝門外祭外命婦共祭一壇于鼓楼迤西俱光禄寺辦祭　一擡柩挽歌執翣各役行順天府拏執旛幢香爐紙紮等項軍役行兵部轉行戎政廳各撥用其孝經孝帶行工部轉行內府該衙門製造　一靈柩前儀仗內使女樂三十二人花旛雪柳女隊子十八人女將軍二十四人　一靈柩至墳園安奉御祭一壇皇太子祭一壇俱光禄寺辦䕶喪內官行禮畢祭畢執事者進獻贊讀祝立讀畢焚祝入內侍啓櫝受主訖啓奏請

皇貴妃神主降座陞輿内侍捧神主升靈輿至行亭殿内侍跪奏請皇貴妃神主降輿升座内侍捧神主安奉靈座内訖行安神禮禮如前儀　一神主還京内侍于神主前奏請皇貴妃神主降座升輿還京奏訖俯伏興于靈座上舉神主升輿進行儀仗侍衛尚儀護喪官後隨在途仍朝夕奠　一迎神主先期于城外教場門前席殿内置幄次次日執事官備儀衛教坊司備文樂鼓吹設而不作文武百官青素服黑角帶出城奉迎神主入幄次行四拜禮畢神主進行百官隨後至德勝門外儀衛等退護喪亦退至内宮皇太子率妃以下俱迎神主于門以次復迎神主至内宮内侍官于靈柩前跪奏請皇貴妃神主降輿陞座内侍官捧神主安奉靈座訖内執事官陳設牲醴

如常儀皇太子率妃以下入拜位行謁見四拜安神禮如常儀上命發引日皇太子步送至玄武門外柩就輿行路祭畢回宮泰昌元年八月追尊爲孝靖皇太后

乾學按皇妃喪禮一也所以詳載閻氏杜氏王氏三妃者閻與杜則其子將爲太子王則其子已爲太子禮自與諸妃異故詳列之也他若未封妃者其禮又殺于諸妃則別附于後以備典禮之一端云

未封妃喪儀

會典嘉靖二十九年未封皇妃喪禮喪聞賜封號輟朝一日御祭一壇皇妃以下各祭一壇俱遣內官行禮光祿寺備祭翰林院撰册文祝文壙誌文擇日行焚黃禮七七百日周年二周年每次御祭一壇皇妃以下一壇

開塋域祀后土及辭靈祭祀壇數與初喪發引以後合行事宜同前凡未封妃喪葬禮儀隆殺不等俱禮部開坐題請施行

〔會典〕嘉靖二十九年皇貴妃王氏喪禮○尚司祭一壇内官内使共祭一壇　一行祭謚册文及各祭文壙誌文　一焚黃用黃綃裝二樣兩葉寫册陳設祭儀以祝文及册文置于靈前遣司禮監官行禮獻爵讀祝訖女官宣册禮畢焚祝及册　一靈柩前儀仗内使女樂三十二人并花旛雪柳女隊子二十八人女將軍二十四人　一靈柩至墳園奉安御祭一壇遣護喪内官行禮其餘各祭俱同前　一墳園及各壇路祭并靈柩頓歇處所行工部預爲搭蓋席殿其輓歌執翣人等該用孝巾孝帶俱工部轉行内府該衙門製造

代宗追謚建故事皆不正之

禮不可以後世法也

宋莊文太子惜孝宗嫡長子乾道元年立爲太子賢孝上皇與帝皆愛之帝從禮官儀制服期

宋史禮志乾道三年七月九日莊文太子薨設素幄於太子宮正廳之東皇帝自内常服至幄俟時至易服皁幞頭白羅衫黑銀帶絲鞋就幄發哀是日皇后服素諸宮隨時發哀如宮中之禮合赴陪位官並常服吉帶入麗正門詣宮幕次俟時至常服黑帶立班俟發哀畢易吉服退自發哀至釋服日皇帝不視事權禁行在音樂仍命諸寺院聲鐘其小斂大斂合祭告以本宮主管春坊官一員行禮其餘祭告以諸司官行禮差護喪葬事一員左藏庫出錢二萬貫銀五千兩絹五千匹成服日皇帝服期次麤布幞頭襴衫

腰絰絹襯衫白羅䙆以日易月十三日而除皇后服
次麤布蓋首長衫裙帔絹襯服白羅䙆六宫人不從
服皇太子妃及本宫人並斬衰三年文武百官成服
一日而除其文武合赴官及御史臺閤門太常寺引
班祗應人並服布襆頭襴衫腰繫布帶本宫官僚並
服齊衰三日服臨七日而除釋衰服後藏其服至葬
日服葬畢而除十二日詔故皇太子攢所就安穆皇
后攢宫側近擇地繼而都大主管所言太史局官等
選到寶林院法堂堪充皇太子攢所從之十三日以
皇太子薨告天地宗廟社稷宫觀十八日賜謚莊文
閏七月一日遣攝中書令尚書右僕射魏杞奉謚册
寶於皇太子靈座[illegible]官常服入次易黑帶行禮畢
常服赴後殿門[illegible]皇帝詣東宫行燒

香之禮如宮中

奠宰臣葉顒等詣靈柩前行燒香之禮與[illegible]行事官陪位親王南班宗室東宮官僚入班廳下再拜宰臣升詣香案前上香酹茶奠酒訖舉冊官舉哀冊讀冊官跪讀讀訖宰臣再拜各降階立在位官皆再拜靈柩進行文武百僚奉辭於城外親王宗室並騎從至葬所掩壙畢辭訖退是日百僚進名奉慰四年五月禮部太常寺言國朝典故即無皇太子小祥典禮今參酌討論將來莊文太子小祥日乞皇帝前後殿特不視事其日先命侍從官一員常服詣太子神坐前行奠酹禮令本宮官僚常服陪位奠酹畢退次慶王恭王常服赴神坐前奠酹畢退次太子妃并榮國公以下行家人禮至大祥日太子妃榮國公以下及本宮人行禮畢焚香神

帛裹服閤月妃及榮國公行禫祭家人禮從之明年七月九日大祥是日皇帝不視事差簽書樞密院事梁克家詣太子宮行奠酹禮如前儀

景獻太子（詢燕懿王後藝祖十一世孫也寧宗養於宮中賜名曮立為皇太子更名幬又更名詢）

景獻太子嘉定十三年八月六日薨其發哀制服並如莊文太子之禮九日詔護喪視殯所於莊文太子攢宮之東並依其制建造九月十日賜謚景獻遣攝中書令知樞密院事鄭昭先奉謚冊寶於皇太子靈柩前讀冊讀寶如儀訖班退至輿靈日宰臣詣皇太子柩前行禮畢柩行其宗室使相南班官常服黑帶並赴陪臣騎從至葬所候掩欑畢奉辭訖退其日皇帝不視事百司赴[illegible]門十五班進名奉慰十四年七月二日小祥[illegible]事鄭昭先充奠酹官十

五年八月六日，五日詔景獻太子几筵
已徹髙平郡夫人个可特封信國夫人仍令主奉
祭祀

明懿文太子(標髙帝長子)

會典洪武二十五年懿文太子喪禮皇帝以日易月
服齊衰十二日祭畢釋之在內文武百官即日於公
署齋宿翌日素服入臨文華殿給衰麻服越三日成
服詣春和門會哭明日素服行奉慰禮其當祭祀及
送葬者仍衰絰以行在京停大小祀事及樂至復土
日而止停嫁娶六十日在外文武百官聞喪易服於
公署發哀次日成服行禮停大小祀事及樂十三日
停嫁娶三十日○
謚册曰朕惟先王之典生既有名没必有謚名所以

彰德謚所以表行故行有大小則謚有重輕此古今通議雖在至親不敢廢也爾皇太子標居儲位者二十有五年分理庶政補賛弘多今焉永逝特遵古典從公議賜爾謚曰懿文嗚呼德以名彰行因謚顯公論所在朕何敢私

悼恭太子祐極憲宗第二子母曰柏賢氏成化七年十一月己酉冊立踰月薨

典禮志成化八年正月皇太子薨年三歲上召禮部臣諭之曰皇太子年幼喪禮宜從簡禮部具儀上自發喪日為始服翼善冠素服七日而除發喪後三日皆不視朝又三日上御西角門朝不鳴鐘鼓祭用素食文武羣臣聞喪素服烏紗帽黑角帶第三日素服麻布絰帶麻鞋布帽々思善門哭臨一日而除第四日素服朝奉慰禮以書訃告天下諸

王天下王府并[illegible]服於廳視事再舉哀後再
拜次日服布裹紗巾[illegible]絰帶設香案舉哀行禮服
素服烏紗帽黑角帶二日而除
莊敬太子載壡世宗第二子母曰王昭嬪嘉靖十八年上將視顯陵立為皇太子監國
嘉靖二十八年莊敬太子喪禮○一聞喪第四日成服
皇上遣祭一壇母妃祭一壇裕王景王共祭一壇公
主共祭一壇內官內使共祭一壇東宮六局官共祭
一壇○一文武百官自聞喪次日為始具素服烏紗
帽黑角帶於本衙門宿歇至第四日早具齊衰服不
杖赴南城明德宮候大殮畢舉哀行四拜禮仍共舉
祭一壇　一每七百日皇上遣祭一壇母妃祭一壇
裕王景王共祭一壇　一自聞喪次日為始輟朝不
鳴鐘鼓十日止　一聞喪第五日百官具素服烏紗

帽黑角帶詣西角門行奉慰禮退易布裹紗帽絰帶麻屨於各衙門辦事通前成服日為始十二日而除在京軍民人等各服十二日而除禁屠宰五日聽選辦事官吏監生僧道耆老人等俱於成服日赴順天府舉哀行四拜禮官具衰服監生人等具素服　一翰林院撰祭文光祿寺辦祭物　一各王府直隸各布政司等處禮部請勑差官訃告　一諸王及庶子王妃郡主以下聞訃次日具素冠服舉哀行四拜禮畢服十二日而除　一在外文武官員人等聞訃次日各具衰服舉哀行四拜禮畢易素冠服絰帶麻屨十二日而除其各王府及天下文武衙門俱免進香

一謚冊先期預[illegible]定[illegible]臣二員充正副使行翰林院擬請謚號[illegible]謚寶文壙誌文祭告文并

各該衙門造辦墓誌欽天監擇吉先期一
日遣大臣告於太廟　侍儀官設冊節寶案於皇太子
靈柩前至日早鴻臚寺設節冊寶案於奉天門稍東
百官青衣黑角帶侍班正副使各就拜位候序班舉
節冊寶案至丹墀中道置定鳴贊贊行五拜三叩頭禮
畢序班舉案正副使後隨由左順中門至明德宮内
侍預設素饈於皇太子靈柩前正副使捧節冊寶置
於案就位上香贊宣冊寶太常寺堂上官立宣訖後
置於案贊禮畢正副使捧節復命次日勅諭禮部以
賜謚頒示天下照例差官齎捧　一安葬先期擇地
擇日遣工部堂上官祭告啓土　一發引先期命大
臣一員護喪一員題主各衙門堂上官題請各一員
照例率領所屬送喪欽天監差官二員前去候時工

部搭盖各處席殿前一日起禁屠宰三日遣官一員以葬期告於太廟寢內命婦告於孝烈皇后几筵及遣官祭告經過各門橋司禮監錦衣衛官提督執事者設靈輿謚册寶輿并眞亭儀仗於明德宮門外設方相冥器於北安門外以俟是晚皇上遣祭一壇毋妃祭一壇皇妃共祭一壇裕王景王共祭一壇公主共祭一壇（俱遣內官行禮）至日文武百官布裹紗帽素服經帶麻履候於北安門外步送至西直門外祭畢即回其分送入山官員俱免辭朝步送出西直門騎送至墳所還日朝見（護喪官并各執事冠服同）啓奠遣奠靈輿至墳所皇上皆遣祭一壇（護喪官行禮）路祭文武官等衙門共祭一壇皇親駙馬共祭一壇（共[illegible]門外）祭畢而回其護喪官并墳所執事官待[illegible]囬還官員俱易烏紗帽青

衣黑角帶次日辦事　一下葬皇上遣祭

一壇毋妃以下祭卜官於林苑八時行禮葬畢行贈禮如儀

掩壙後皇上遣祭一壇俱護喪官行禮掩壙畢題主官題主訖

護喪官獻酒贊讀祝禮畢安神皇上遣祭一壇葬畢

祀后土遣工部堂上官行禮　一百日期年每次皇

上遣祭一壇毋妃以下祭同前

憲懷太子

隆慶元年加謚憲懷太子靖悼王儀蓬萊太和二公主追封同前期

一日鴻臚寺官設節案內侍官設冊輿二并香亭於

皇極門東是日早遣官以冊謚告奉先殿上具素翼

善冠麻布袍腰絰親告世宗肅皇帝几筵各用祝文

祭品如常儀至期上仍具前冠服御皇極門百官俱

照常烏紗帽素服黑角帶入班行叩頭禮畢左右侍

班遣官就拜位序班舉節案置於中贊五拜三叩頭禮畢序班舉節内侍官舉册輿香亭俱由左階降（公主册由右）鴻臚寺奏禮畢上還錦衣衛官校接節册輿香亭由午門等左門出（公主册由右）遣官隨行至墳園行禮太常寺先於墳園陳設祭品如常儀鴻臚寺設節案於享殿内正中册案二於左右設香案於節案前内侍官設主案二於殿東置淨水刷子粉盞筆硯盥盆帨巾等物候節册輿至墳園由中門進至享殿前捧節册官捧由殿中門入各置於案導引官引遣官至香案前上香贊宣册宣册官取懿文太子册立宣訖仍置於案贊宣册宣册官取靖悼王册立宣訖仍置於案執事官隨舉主二[illegible]香案前稍東西向題主官進至主案前東二[illegible]官二員分詣神林前跪啓

謹請遷懷太子　封題謹請靖悼王神主敬

用封題以侍官各　主安於案上洗磨舊字别

塗以粉中書官重寫題主官盥手各奉題訖内侍官

奉主各安於神座跪啓謹請遷懷太子神靈上神主

謹請靖悼王神靈上神主内贊贊遣官奠獻讀祝行

禮如常儀禮畢内侍官啓匱覆主奉安於神座訖次

日遣官持節復命

太子妃喪儀

齊文惠太子穆妃（齊文惠太子長懋世祖長子爲南郡王時妃薨）

南齊書列傳穆妃薨成服日車駕出臨喪朝議疑太

子應出門迎左僕射王儉曰壽禮記服問君所主太

子妻太子嫡婦言國君爲此三人爲主喪也今鑾輿

臨降自以主喪而至雖事因撫慰義不在乎南郡以

下不應出門奉迎但尊極所臨禮有變革權去杖絰移立戶外足表情敬無煩止哭皇太子既一宮之主自應以車駕幸宮依常奉候既當成服之日吉凶不容相干宜以衰幘行事望拜止哭率由舊章

南齊書禮志建元二年太子穆妃甍斬草乘黃議建銘旌僕射王儉議禮既塗棺祝取銘置于殯東大殮畢便應建于西階之東

宋大明二年太子妃甍建九旒有司又議斬草日建旒與不若建旒應幾旒及畫龍升降云何又用幾翣僕射王儉議旒本是命服無關於凶事今公卿以下平存不能備禮故在凶乃建耳東宮秩同上公九命之儀妃與儲君一[illegible]不容異無緣未同常例別立凶旒大明舊事[illegible]議率爾便行耳今宜考以

禮典不得效尤　伍自有桁輅凶部別有銘
旌若復立旒復置伍　翣伍用八從之
有司奏大明故事太子妃玄宮中有石誌參議墓銘
不出禮典近宋元嘉中顔延之作王球石誌素族無
碑策故以紀德自爾以來王公以下咸共遵用儲妃
之重禮殊恒列既有哀策謂不須石誌從之
有司奏穆妃卒哭後靈還在道遇朔望當須設祭不
王儉議既虞卒哭祭之於廟本是祭序昭穆耳未全
同卒吉四時之祭也所以有朔望殷事藩國不行權
制宋江夏王妃卒哭以後朔望設祭帝室既以卒哭
除喪無緣方有朔望之祭靈筵雖未升廟堂而舫中
即成行廟猶如桓玄及宋高祖長沙臨川二國竝有
移廟之禮豈復謂靈筵在塗便設殷事耶推此而言

朔望不復偯祭宋懿后時舊事不及此益可知時議

從之

明懿文太子常妃

太祖實録皇太子妃常氏薨上素服輟朝三日中宮

素服哀臨皇太子服齊衰葬畢梵於墓所常服還內

皇孫服斬衰置靈座傍遇祭奠則服之諸王公主服

如制

親王喪儀

唐岐王範

玄宗開元十四年岐王範薨贈惠文太子

范祖禹曰太子君之貳將以付畀宗廟社稷之重非官爵也而以爲贈何哉雖親愛其弟欲以厚之然不正之禮不足爲後法也

明魯王亶

高祖大明實録洪武十二月庚戌魯王檀薨上

第十子也生而[illegible]聰慧好文學善歌詩年
十五之國服金石[illegible]至是疾作而薨訃聞
詔議喪制禮部尚書李原名等奏曰考之宋制宜輟
朝三日皇帝於諸子無服宜素服五日而除諸王齊
衰期年以日易月皆十三日而除素服期年世子郡
王服與親王同公主服齊衰期年下嫁者服大功九
月郡主服同公主者王妃及靖江王世子郡君皆服
小功五月從之尋賜謚册曰朕惟有天下者必封建
諸子藩屏帝室所望恪守彝訓永終天年而或有不
如願者豈足慰朕心爾檀自孩提期於成立及年
既長遂錫魯封夫何之國以來暱比匪人怠於政事
屢嘗屈法伸恩冀省厥咎乃復不知愛身之道以致
夭折生封死謚古典昭然嗚呼父子天性也謚法公

議也朕於爾親雖父子詎得以私恩廢公議今特謚
爾曰荒昭示冥漠用戒方來
秦王樉
洪武二十八年三月癸丑秦王樉薨王上第二子孝
慈皇后所生也年十五受封二十三之國至是年四
十訃聞詔定喪禮禮部尚書任亨泰奏曰考之宋制
宜輟朝五日今遇時享宜輟朝一日皇帝及親王王
妃公主世子郡王郡主及靖江王世子郡君服制皆
與魯王喪禮同皇太孫服齊衰期年因視事以日易
月亦十三日而除喪服期年從之定謚曰愍冊曰古
之君國子民者生則有爵沒則有謚爵以辨上下謚
以昭善惡此古今不易之典天下之公論也朕自即
位以來列土分[illegible][illegible]子爾以年長首封于秦期

在永保禄位藩、何不良於德竟殞厥身嗚
呼哀痛者父子之私情追謚者天下之公議義之所
在朕何敢私兹特謚爾曰愍
中懿王
孝宗實録弘治十六年八月戊戌禮官奉旨議上申
懿王喪葬禮儀謂成化八年忻穆王薨未曾出府申
王兹已出府今擬依忻穆王例參以在外親王例定
為儀注一弘治十八年八月初五日起至初七日止
輟朝三日不鳴鐘鼓上服淺淡色袍服於奉天門視
事一闕喪御祭一壇太皇太后英廟皇妃皇太后憲
廟皇妃母妃中宫東宫各祭一壇親王共祭一壇公
主共祭一壇俱遣内官行禮文武官共祭一壇其首
七至終七并起靈下葬百日周年二周年御祭各一

壇太皇太后英廟皇妃皇太妃憲妃皇妃毋妃中宮東宮親王公主祭亦如之一翰林院撰壙誌諡冊并祭文工部造棺槨銘旌冥器冊寶諸喪儀欽天監差官并陰陽生選日擇地光禄寺備辦祭祀一八月十九日開塋祀后土御祭一壇一十月初二日發引上不視朝遣太常寺官祭所過門橋文武官路祭一壇初四日下葬輟朝一日如前儀其掩壙題主奉安神主各御祭一壇一服制王妃并宮人以下並斬衰三年該府文武官齊衰三日哭臨五日一國子監取監生往各王府報訃

親王喪通儀

明會典喪聞上輟朝一日禮部奏差官掌行喪祭禮翰林院撰祭文[illegible]文工部造銘旌差官造墳

又欽天監取官一員前去卜葬國二……名報訃各王府御祭一
壇牲用少牢羊豕餘祭止用羊豕太皇太后皇太后東宮各一壇在京文
武衛門各一壇七七下葬百日周年二周年除服御
祭各一壇下葬以前凡御祭及東宮文武衛門二祭總差侯伯一員行禮周年以後三御祭各差行人一員行禮太皇太后皇太后二祭遣本
府內官行禮其祭物本布政司轉屬買辦冥器喪儀本處各
該衛門成造其初喪本國內禁屠宰三日禁音樂嫁
娶至葬畢乃止其封內文武衛門各祭一壇非封內
者不弔祭發引在城軍民會送其大小殮七七百日
還柩祖奠發引下葬題主虞禮本府俱自有祭祀其
服制王妃世子衆子及郡王郡主下至宮人俱斬衰
三年封內文武官員齊衰三日哭臨五日而除在城
軍民俱素服五日郡王衆子郡君為兄及伯叔父服
齊衰期年郡王妃服小功五月凡親王因事革爵後

復原爵者例遣官祭仍給葬

凡世子喪禮聞喪御祭一壇東宮祭一壇七七百日下葬周年二周年除服御祭共一壇（俱遣本布政司官行禮）翰林院撰祭文諡冊壙誌文工部造銘旌國子監取監生報訃各王府本布政司委官造墳安葬（世子墳價隆慶三年議革）轉屬買辦祭物冥器喪儀等本處各該衙門成造

凡王孫喪禮聞喪御祭一壇東宮祭一壇下葬百日周年除服御祭各一壇翰林院撰祭文布政司造墳安葬（今革）轉屬買辦祭物

親王妃喪通儀（郡王妃世子世孫妃附）

明會典喪聞御祭一壇太皇太后皇太后中宮東宮公主各祭一壇（俱遣本府内官）……撰祭文壙誌文工部造銘旌行布政司……合葬（今准差欽天監官）又轉屬買辦

祭祀品物（祭用羊豕）監生報訃各王府其冥器

喪儀本處該衙門成造繼妃次妃祭禮同其夫人則

御祭一壇俱造壙祔葬（今次妃止一祭夫人俱革）

凡親王革爵其妃未奪封號者准給祭葬郡王妃喪

禮與親王妃同惟聞喪無公主祭一壇郡王繼妃次

妃喪禮與正妃同親郡王生母追封次妃未葬者與

祭一壇造壙祔葬（嘉靖四十四年議革萬曆九年更議親郡王生母封次妃者各與祭一壇葬革）

凡世子妃世孫妃喪禮俱與郡王妃同

公主喪通儀

明會典喪聞上輟朝一日御祭一壇皇太后中宮東宮

各祭一壇各公主共祭一壇翰林院撰祭文壙誌文

戶部給齋糧一百石工部造銘旌神主蒐帛棺槨墳

壙誌石冥器儀仗順天府買辦麻布一百疋及真亭

綵卓長明燈油等物欽天監差官選地擇日國子監取監生報訃各王府孝服花冠等件内府内官監等衙門成造其七七百日周年二周年除服御祭各一壇下葬皷朝一日上位皇太后中宫東宫公主各祭一壇皇親命婦共一壇公侯伯都督命婦共一壇六部等衙門四品以上官命婦共一壇都指揮指揮命婦共一壇其啓土遷柩祖奠遇門過橋掩壙題主奉安神主虞祭各祭物俱光禄寺備辦

嘉靖二十三年未封公主喪禮喪聞賜封御祭一壇皇妃共祭一壇裕王景王共祭一壇公主共祭一壇涇簡王妃祭一壇（俱用素饈遣内官行禮）欽天監差官擇地并選出殯等項日期工部差屬官一員造墳享堂等項破土祀后土遣大[illegible]引御祭一壇至妃以下祭

低四字大

同前（俱用素饈遣内官行禮）上南門東上北門北中門

北安門出各祭一壇（[illegible]官行礼）[illegible]門祭一壇（太常寺官行礼）工部

内監官於墳所安設享堂合用儀物俱行内府該衙

門預行製造錦衣衛撥旗校欄路教坊司撥女樂三十八

撥并樂人三百員各送至墳所靈柩至墳及下葬各

御祭一壇（用素饈遣内官行礼）掩土後祀后土并題神主安神各

祭（俱遣大臣行礼）百日周年二周年每次御祭一壇皇妃以下

祭數同前（俱用素饈遣内官行礼）聞喪下葬並免輟朝

○○按郡王喪禮兼載郡主縣主及鄉君喪禮而儀賓

卹典附見焉獨於公主喪禮而不以駙馬著後以

其情親而無服恐其混於喪禮之條別嫌明微之

道也故特載於恩卹條下凡駙馬都尉病故者祭

十五壇文公侯駙馬伯病故俱輟朝一日齋糧麻

布取自上裁其葬禮照依定制讀者依會典前後互觀庶禮文無遺闕矣

郡王喪通儀

明會典喪聞上輟朝一日翰林院撰祭文諡册壙誌文工部造銘旌行人司差官掌行喪禮（本處陰陽生一名卜葬）國子監取監生報訃各王府御祭一壇東宮一壇在京文武衙門各一壇七七百日下葬周年二周年除服御祭各一壇（下葬以前諸祭總遣行人一員行禮周年以後遣布政司官行禮）本布政司委官造墳安葬（全減半給價）轉屬買辦祭物（祭用羊豕）冥器喪儀等本處各該衙門成造郡王及妃已經奏准襲封未及册封而故者給祭葬與已册封同但免輟朝報訃并差官行禮其革爵後復原爵者與已未奪封號者亦如之革管府事者與祿[illegible]之一者比郡王例減半其

革爵帶平頭巾　[illegible]祭一壇撥地安葬

凡長子喪禮聞[illegible]祭一壇下葬百日周年除服御

祭各一壇（自長子至中尉諸祭俱遣本府長史等官行禮）翰林院撰祭文本布政司

造墳安葬（今革）轉屬買辦祭祀品物長子夫人已經奏

准封妃未及册封而故者例與妃同

凡郡王嫡長孫故與祭三壇嫡曾長孫故與祭一壇

凡郡主喪禮與郡王妃同惟無壙誌文

凡鎮國將軍喪禮與世孫同

凡輔國將軍喪禮無周年除服二祭餘與鎮國將軍

同（鎮國將軍革帶復冠帶者給祭如輔國將軍例）

凡奉國將軍喪禮無下葬百日周年除服四祭餘與

輔國將軍同

凡鎮國輔國奉國中尉御祭各一壇鎮輔二中尉有

司造墳安葬奉國中尉有司量與造墳（造墳令並革）

凡鎮國將軍夫人下至中尉安人俱御祭一壇造壙合葬（葬革）

凡將軍生母追封夫人者與祭一壇（令革）

凡縣主郡君縣君喪禮御祭中宮祭俱一壇造墳安葬（葬革）

凡鄉君喪禮止御祭一壇（自王妃至鄉君諸祭俱遣本府內官行礼）

凡儀賓卹典嘉靖四十四年議定係親郡王府者照例賜祭不給葬價係將軍以下者祭葬俱革○萬曆七年更定親郡王儀賓祭葬一體併革

凡郡王將軍中尉郡縣主君墳價嘉靖四十四年議定俱免給○萬曆

之郡王墳價量給一半若係帝孫者照

軍以下並免

凡親郡王將軍長子一人送至墳所當日
即回
凡王葬妃及將軍等葬其妻得親至墳所看視一次
當日即回
凡將軍病故無嗣者其葬許弟一人送至墳所當日
即回
凡妃夫人病故無嗣者其葬許姪一人送至墳所當
日即回
凡親郡王將軍受封之後止許出城祭掃一次當日
即回
凡宗室庶人并毋妻喪所在官司會同該府教授等
官於本處空閑相應地內造墳安葬今革
凡宗室為事送發高墻病故安葬在彼其女及壻願

留供祀者鳳陽府月給衣糧三石

凡王府奏討墳户嘉靖三年准撥附近民人二名看守○萬曆九年議准親王每墳撥給軍校五名郡王不許一槩濫給

凡親王致祭舊例遣侯伯給勑行嘉靖四十四年議罷止差卿寺五品以上官或禮部司官前去照行人差至郡王府給精微批不必請勑○萬曆三年議准各王府奏差官不許擅為題請寛限違者罷其輔導官

乾學按明之親王猶古之諸侯其喪禮宜列於品官之次而今乃列於此者蓋以品官之喪自始死至祥禫皆依次第分卷而此則 從不可附于前篇故不得

讀禮通考

已而

國恤之未覽者詳之

讀禮通考卷七十七

喪儀節

外國弔喪

春秋昭公十年秋七月戊子晉侯彪卒

左傳僖公二十七年夏齊孝公卒有齊怨（注前年齊再伐魯）不廢喪紀禮也（注弔贈之數不有廢）昭公六年春王正月杞文公卒弔如同盟禮也（注魯怨杞因取其田而今不廢喪紀故禮之）大夫如秦葬景公禮也（注奉先王

士弔大夫送葬之禮

左傳戊子晉平公卒鄭伯如晉及河晉人辭之游吉遂如晉（注禮諸侯不相弔故辭）九月叔孫婼齊國弱宋華定衛北宮喜鄭罕虎許人曹人莒人邾人薛人杞人小邾人如晉葬平公也子皮將以幣行子產曰喪

焉用幣用幣以……必千人千人至將不行不
行必盡用之（注：不得將何費用子……矣）一人而國不亡子皮固請
以行既葬諸侯之大夫欲因見新君叔孫昭子曰非
禮也弗聽叔向辭之曰大夫之事畢矣而又命孤孤
斬焉在衰絰之中其以嘉服見則喪禮未畢其以喪
服見是重受弔也大夫將若之何皆無辭以見子皮
盡用其幣歸謂子羽曰非知之實難將在行之夫子
知之矣我則不足

乾學按古諸侯之喪鄰國皆有弔襚賻賵之禮已悉見於弔賻篇茲不重載觀者參考之可也

魏書成淹傳太和中文明太后崩蕭賾（即齊武帝）遣其散騎常侍裴昭明散騎侍郎謝竣等來弔欲以朝服行

事主客執之云弔有常式何得以朱衣入山庭昭明等言本奉朝命不容改易如此者數四執志不移高祖勑尚書李沖令選一學識者更與論執沖奏遣淹昭明言未解䙝朝不聽朝服行禮義出何典淹言吉凶不同禮有成數玄冠不弔童孺共聞昔季孫將行請遭喪之禮千載之下猶共稱之卿遠自江南奉慰不能式遵成事方謂議出何典行人得失何其異哉昭明言二國交和既久南北皆須準望齊高帝崩魏遣李彪通弔於時初不素服齊朝亦不以為疑那得苦見要逼淹言彪通弔之日朝命以弔服自隨而彼不遵高宗追遠之慕乃踰月即吉彪行弔之時齊之君臣皆已鳴玉盈庭貂璫曜目百寮內外朱服煥然彪行人不被主[illegible]以素服間衣冠之

中來責雖高未

皇帝仁孝之性侔于有虞處諒闇以來百官總己聽于冢宰卿豈得以此方彼也昭明乃搖膝而言三皇不同禮亦安知得失所歸淹言若如來談卿以虞舜高宗為非也昭明遂相顧而笑曰非孝者宣尼有成責行人亦弗敢言希主人裁以弔服使人唯齎袴褶比既戎服不可以弔幸借緇衣幍以申國命今為魏朝所逼違負指授歸南之日必得罪本朝淹言彼有君子也卿將命折中還南之日應有高賞若無君子也但令有光國之譽雖復非理見罪亦復何嫌南史董狐自當直筆既而高祖遣李沖問淹昭明所言淹以狀對高祖詔沖曰我所用得人仍敕送衣幍給昭明等賜淹果食明旦引昭明等入皆令文武盡哀

李彪傳彪加員外散騎常侍使於蕭賾賾遣其主客郎劉繪接對并設讌樂彪辭樂及坐彪曰齊主既賜讌樂以勞行人向辭樂者鄉或未相體自喪禮廢替於茲已久我皇孝性自天追慕罔極故有今者喪除之議去三月晦朝臣始除衰裳猶以素服從事裴謝在此固應具此我今辭樂想卿無怪繪荅言辭樂之事向以不異請問魏朝喪禮竟何所依彪曰高宗三年孝文踰月今皇上追鞠育之深恩感慈訓之厚德執於殷漢之間可謂得禮之變繪復問若欲遵古何為不終三年彪曰萬機不可久曠故割至慕俯從羣議服變不異三年而限同一朞可謂亡禮之禮繪言汰哉叔氏專以禮許人彪曰聖朝自為曠代之制何關許人

宋史禮志凡外使至有司擇日設次於内東門之北陳命官設太常卿及博士賛禮俟太常卿奏請即向其國而哭之五舉音而止皇帝未釋素服人使朝見不宜班不舞蹈不謝向天顏引當殿唱拜兩拜奏聖躬萬福又唱拜兩拜隨拜萬歲或增賜茶藥及傳宣撫問即出班致詞訖歸位又唱拜兩拜隨拜萬歲喝祗候退大中祥符二年十二月北朝皇太后凶訃遣使來告哀詔遣官迓之廢朝七日擇日備禮舉哀成服禮官詳定儀注以聞其日皇帝常服乘輿詣幕殿俟時釋常服服素服白羅衫黑銀帶素紗軟脚幞頭太常卿跪奏請皇帝為北朝皇太后凶訃至掛服又奏請五舉音文武百僚進名奉慰退幕殿仍遣使祭奠弔慰三年正月契丹賀正使為本國皇

太后成服所司設幕次香酒及衰服絰杖等禮直官引使副以下詣位北向再拜班首詣前執盞跪奠俛伏興歸位皆再拜俟使以下俱衰服絰杖成服訖禮直官再引各依位北向舉哭盡哀班首少前去杖跪奠酒訖執杖跪奠酒訖執杖俛伏興歸位焚紙馬皆舉哭再拜畢各還次服吉服歸驛天聖八年六月契丹使來告哀禮官詳定北朝凶訃宜於西上閤門引來使奉書令閤門使一員跪受承進宰臣樞密使已下待制已上並就都亭驛弔慰七月一日使者耶律乞石至帝與皇太后發哀苑中使者自驛赴左掖門入至左昇龍門下馬入北偏門階下行至右昇龍北偏門入朝堂西偏門至文德殿門上奉書太常博士二員與禮直官

德殿西偏門階下行至西

上閤門外階下[illegible]閤門使跪受承進太常博士禮直官引使者入西上閤門殿後偏門入宣祐西偏門行赴內東門柱廊中間過幕次祗候朝見訖赴崇政殿門幕次祗候朝見皇太后訖出三日近臣慰乞石于驛門祐三年正月契丹告國母哀使人到闕入見皇帝問云鄉離北朝日姪皇帝悲苦之中聖躬萬福朝辭日即云皇帝傳語北朝姪皇帝嬸太皇太后上仙遠勞人使訃告春寒善保聖躬中書樞密以下府制已上赴驛弔慰云竊審北朝太皇太后上仙伏惟悲苦五月獻遺留物明道元年十一月二十四日敕夏王趙德明薨特輟朝三日令司天監定舉哀掛服日辰其日乘輿至幕殿服素服太常博士引太常卿當御座前跪奏請皇帝為夏王趙德明薨舉

哀又奏請十五舉音又奏請可止文武百僚進名奉慰告哀使副以下朝見首領并從人作兩班見先首領見兩拜後班首奏聖躬萬福人兩拜隨拜萬歲喝賜例物酒食跪受起入兩拜隨拜萬歲喝各祗候退從人儀同是日皇太后至幕殿釋常服白羅大袖白羅大帶舉哀如皇帝儀其遣使致祭弔慰如契丹○

其入弔奠之儀乾興元年真宗之喪契丹遣殿前都點檢崇義軍節度使耶律三隱翰林學士工部侍郎知制誥馬貽謀充大行皇帝祭奠使副左林牙左金吾衛上將軍耶律寧引進使姚居信充皇帝弔慰使副（蕭日新利州觀察使馮延休充皇太后弔慰使副右金吾衛上將軍）所司預于滋福殿設大行皇帝神御座又于稍東設[illegible]坐[illegible]與弔慰使副並素服由西上閤門入陳禮物于[illegible]下樞密院並立于殿下再

拜訖升殿分東　　官閤門舍人贊引耶律三
隱等詣神袛位前□□下俟殿上簾捲使副等並舉哭
殿上皆哭再拜訖引升殿西階詣神御座前上香奠
茶酒貽謀跪讀祭文畢降階復位又舉哭再拜訖稍
東立俟皇太后升坐中書樞密院起居畢簾外侍立
舍人引弔慰祭奠使副朝見殿上舉哭左右皆哭弔
慰使副蕭日新等升殿進書訖降坐俟皇帝升坐中
書樞密院起居畢升殿侍立舍人引弔慰祭奠使副
朝見皇帝舉哭左右皆哭弔慰使副耶律寧等升殿
進書訖賜三隱等襲衣冠帶器幣鞍馬隨行舍利牙
校等衣服銀帶器幣有差弔慰使副蕭日新等復詣
承明殿俟皇太后升殿中書樞密院侍立如儀舍人
引蕭日新等升殿進問聖候書畢賜銀器衣著有差

仍就客省賜三隱茶酒又令樞密副使張士遜別會三隱等伴宴於都亭驛英宗即位契丹使來賀乾元節命先進書奠梓宮見于東階放夏國使人見客省以書幣入後乃慰使見殿門外契丹祭奠使見于皇儀殿東廂羣臣慰于門外使人辭于紫宸殿命坐賜茶故事賜酒五行自是終諒闇皆賜茶神宗之喪夏國陳慰使丁努嵬名謨鐸副使呂寧陳聿精等進慰表于皇儀門外退赴紫宸殿門賜帛有差元祐初高麗入貢有太皇太后表及進奉物樞密院請遵故事帷答以皇帝回諭勅書已而宣神聖烈太后崩禮部太常閤門同詳定高麗奉慰使人於小祥前後到闕令於紫宸殿門見客省受表以進賜器物酒饌退並常服黑帶不佩能已純吉服淳熙十四年金國

弔祭使到闕惟　　詣梓宮行燒香禮及使入門
祭訖皆就幄變哭外陳設行事並如先朝舊儀其奉
辭曰有司亦先設神御座及設香案茶酒果食盤臺
于几筵殿上宰執升殿分東西立侍從官于殿下西
面立使副入門殿上下皆哭使副升殿哭止使副詣
神座前一拜上香奠茶三奠酒畢拜興讀祭文官跪
讀祭文一拜興殿上下皆哭使副俱降歸位立入再
拜訖退
太平興國二年吳越國王妃孫氏卒遣給事中程羽
弔祭
眞宗大中祥符三年契丹國母薨廢朝禁邊城樂
英宗即位初殿中侍御史司馬光乞遣告哀使劄子
曰臣等竊見大行皇帝宴駕已近旬日其告哀于契

丹使人尚未進發蕪聞不曾素戒使者對答繼嗣之
辭臣等竊議深恐未便何則國家既與契丹約為兄
弟遭此大喪立當訃告　中剌探之人所在有之今
天下縞素　中豈得不知而訃告之人尚未到彼
謂中國有何事故能不猜疑自古大宗無子則取于
小宗以為後著在禮典豈為國惡若　人有問晝以
實對有何所傷今問繼嗣于使人而使人對以不知
事体豈得便穩況陛下初為皇子之初詔書已布告
天下　中安得不知今若荅以虛辭不足詐彼而適
足取其笑侮耳國家自與契丹和親以来五十有六
年生生樂業今國有大故正是隣敵窺伺之時豈可
更接之失禮门夫間隙臣等願朝廷早決此議令使
人晝夜兼程進　向及繼嗣皆以實告孔子曰

言忠信雖蠻貊　臣等愚意竊以如此為便

遼主洪基列使謝文瓘往弔之令從者變服而入貶秩二等

徽宗朝陸佃為禮部尚書報聘于遼歸半道聞遼主洪基喪伴者赴臨而返詰佃曰國哀如是漢使殊無弔唁之儀何也佃徐應曰始意君匍匐哭踊而相見即行弔禮今偃然如常時尚何所弔伴者不能荅

高宗崩賀正使至或請帝權易淡黃袍御殿受書周必大執不可遂為縞素服就帷幄引見

陳亮奏曰高宗與金有父兄之仇生不能以執之則死必有望于子孫何忍以升遐之哀告諸仇哉遺留報謝三使繼遣金帛寶貨千兩連發而金人僅以一使如臨小邦哀祭之辭寂寥簡慢義士仁人痛切心

骨豈以陛下之聖明智勇而能忍之乎

京鏜傳金人遣使來弔鏜爲報謝使金人故事南使至汴京則賜宴鏜請免宴不從鏜謂必不免宴則請徹樂遺之書曰鏜聞隣喪者舂不相里殯者不巷歌今鏜銜命而來繫北朝之惠弔是荷是謝北朝勤其遠而憫其勞遣郊勞之使蕆式宴之儀德莫厚焉外臣受賜敢不重拜若曰而必聽樂是于聖經爲悖理於臣節爲悖義豈惟貽本朝之羞亦豈昭北朝之懿哉相持甚久金人迫之乃帥其屬出館門甲士露刃向鏜鏜叱退之金人知不可奪馳白其主歎曰直臣也特命免樂使還入見孝宗嘉勞之右相周必大言於上曰增秩常典爾京鏜竒節今之毛遂也乃命權工部侍郎

羅黜被命使金[illegible]會金有國喪迫黜易金帶黜曰登位吉事也必以凶服從事有死而已帶不可易

遼史宋使祭奠弔慰儀太皇太后至菆塗殿服喪服太后於北間南面垂簾坐帝皇于南間北面坐宋使至幕次宣賜素服皂帶更衣訖引南北臣僚入班立定可矮墩以下並上殿依位立先引祭奠使副捧祭文自洞門入殿上下臣僚並舉哀立丹墀立定西上閤門使自南階下受祭文上殿啓封置于香案哭止祭奠禮物列殿前引使副南階上殿至褥位立揖再拜引大使近前上香退再拜大使近前跪捧臺琖進奠酒三教坊奏樂退再拜揖中書二舍人跪捧祭文引大使近前俛伏跪讀訖舉哀引使副下殿立定哭

止禮物擔牀出畢引使副近南面北立勾弔慰使副南洞門入四使同見大行皇帝靈再拜引出歸幕次皇太后别殿坐服喪服先引北南面臣僚並于殿上下依位立弔慰使副捧書匣右入當殿立閤門使右下殿受書匣上殿奏封全開讀訖引使副南階上殿傳達弔慰訖退下殿立引禮物擔牀過畢引使副近南北面立勾祭奠使副入四使同見鞠躬再拜不出班奏聖躬萬福再拜出班謝面天顏又再拜立定宣徽傳聖旨撫問就位謝再拜引出歸幕次皇帝御南殿服喪服使副入見如見皇太后儀加謝遠接撫問湯藥再拜次宣賜使副并從人祭奠使副别賜讀祭文例物即日就館賜宴高麗夏國奉弔進賻等使禮畧如之道宗崩天

祔禮于耶律國宋國遣使

弔及致祭歸賵　御遊仙之北別殿使入門
皇帝哭使於柩前上香讀祭文訖又哭有司讀遺
詔慟哭使者出少頃復入陳賻賵于柩前皇帝入臨
哭退更衣御遊仙殿南之幄殿使者入見且辭敕有
司賜宴于館

宋使告哀儀

皇帝素冠服臣僚皂袍裎帶宋使奉書
右入丹墀內立西上閤門使右階下殿受書匣上殿
欄內鞠躬奏封全開封于殿西案授宰相讀訖皇帝
舉哀舍人引使者右階上欄內俛伏跪附奏起居訖
俛伏興立皇帝宣閤南朝皇帝聖躬萬福使者跪奏
來時皇帝聖躬萬福起退舍人引使者右階下殿於
丹墀西面東鞠躬通事舍人通使者名某祗候見再
拜不出班奏聖躬萬福再拜出班謝面天顏再拜又

出班謝遠接撫問湯藥再拜贊祗候引出就幕次宣賜衣物引從人入通名拜奏聖躬萬福出就幕賜衣如使者之儀又引使者入面殿鞠躬贊謝恩再贊有敕賜宴再拜祗候出就幕次宴引從人謝恩拜敕賜宴皆如初宴畢歸館

宋使進遺留禮物儀百官昧爽朝服殿前班立宋遺留使告登位使副入內門館伴副使引謝登位使就幕次坐館伴大使與遺留使副奉書入至西上閤門外氈位立閤使受書匣置殿西階下案引進使引遺留物于西上閤門入即于廊下橫門出皇帝升殿坐宣徽使押殿前班起居畢引宰臣押文武班起居引中書令西階上殿奏宋使見牓子契丹臣僚起居遺留使副西上閤 數立舍人引使副西階上殿

附奏起居訖引於丹墀東西面鞠躬通名
奏聖躬萬福告哀使之儀謝面天顏謝遠接撫問
湯藥引遺留使從人見亦如之次引告登位使副奉
書匣於東上閤門入面殿立閤使東階下殿受書匣
中書令讀訖舍人引使副東階上殿附奏起居引下
殿南面立告登位禮物入卽于廊下橫門出退西面
鞠躬附奏起居謝面天顏遠接等皆如遺留使之儀
宣賜遺留登位兩使副併從人衣物如告哀使應坐
臣僚皆上殿就位立分引兩使副等于兩廊立皇帝
問使副衝涉不易丹墀內五拜各引上殿祗候位立
大臣進酒皇帝飲酒契丹通漢人贊殿上臣僚皆拜
稱萬歲贊各就坐行酒殽茶膳饅頭畢從人出水飯
畢臣僚皆起契丹通漢人贊皆再拜稱萬歲各祗候

獨引宋使副下殿謝五拜引出控鶴宫門外祗候報閤門無事供奉官擡班出

高麗夏國告終儀先期于行宫左右下御帳設使客幕次于南東至日北面臣僚各常服其餘臣僚並朝服入朝使者至幕次有司以嗣子表狀先呈樞密院准備奏呈先引北面臣僚并矮墩已上近御帳相對立其餘臣僚依班位序立引告終人使右入至丹墀面殿立引右上立揖少前拜跪奏訖宣問若嗣子已立恭身受聖旨奏訖復位嗣子未立不宣問引右下丹墀面北鞠躬通班畢引面殿再拜不出班奏聖躬萬福再拜出班謝面天顔復位再拜出班謝遠接復位再拜贊祗退就幕次更入依前面北鞠躬通辭再拜叙戀闕再出去禮畢

續文獻通考遼統和二十七年十二月皇太后崩于行宫遣使告哀于宋夏高麗遣使來弔祭即遣使餽大行遺物于宋并謝弔祭太平十一年六月聖宗崩遣使告哀于宋夏高麗遣使弔慰來賻

金太祖天輔七年八月崩十二月遣勃菫李靖如宋告哀至太宗天會二年四月宋遣使來弔十三年正月太宗崩遣使告哀于齊高麗夏遣使弔祭詔諸國使賜宴不舉樂

告哀外國及外國弔祭

文獻通考淳熙十四年十月十一日太上皇帝大殮是日差將作監韋璞充金國告哀使閤門舍人姜特立副之禮部太常寺言告哀使副并三節人從合服衣帶鞍韉等照應禮例如在大祥内合服布幞頭襴

衫布袴腰絰布涼織鞍韉在禫服內合服素紗軟脚幞頭黲色公服黑鞓犀帶青織皂鞍韉俟禫服除即從吉仍只繫黑帶去魚涼織韉並從禫制仍去猴坐三節人衣紫衫黑帶並不聽樂不射弓弩候過界聽使副審度隨宜改易服用從之或遣留遺信物使用上服

外國弔祭禮

真宗之喪契丹遣殿前都點檢崇義軍節度使耶律三隱翰林學士工部侍郎知制誥馬貽謀充大行皇帝祭奠使副左林牙右金吾衛上將軍蕭日新利州觀察使馮延休充太皇后弔慰使副右金吾衛上將軍耶律寧引進使姚居信充皇帝弔慰使副所司預於滋福殿設大行皇帝神御座又於稍東設御座祭奠弔慰使副各素服由西上閤門入陳禮物于西門下樞密院並立於殿下再

拜訖升殿分東[illegible]贊官閤門舍人贊引耶律三隱等詣神御座前階下俟鋄上箋捲使副等並舉哭殿上皆哭再拜訖引升殿西階詣神御座前上香奠茶酒貽謀跪讀祭文畢降階復位又舉哭再拜訖稍東立俟皇太后升座中書樞密院起居畢簾外侍立舍人引弔慰祭奠使副朝見殿上舉哭左右皆哭弔慰使副蕭日新等升殿進書訖降座俟皇帝升座中書樞密院起居畢升殿侍立舍人引弔慰祭奠使副朝見皇帝舉哭左右皆哭弔慰使副耶律寧等升殿進書訖賜三隱等襲衣冠帶器幣鞍馬隨行舍利牙校等衣服銀帶器幣有差弔慰使副蕭日新等復詣承明殿俟皇太后升座中書樞密院侍立如儀舍人引蕭日新等升殿進閤聖候書畢賜銀器衣著有差

仍就客省賜三隱等茶酒又令樞密使副張士遜別宴三隱等伴宴於都亭驛中興後金國弔祭使行祭奠禮儀注前期儀鸞司於几筵殿東廊設御幄并殿上設神御座香案香茶酒果祭食盆臺等皇帝先詣梓宮前行燒香之禮如宮中之儀出宮御素幄簾降其合赴起居侍立等官並如儀内侍官捧祭文奠書案入於殿階下使副拜褥之右禮直官舍人通事引使副讀祭文官入殿門殿上簾捲皇帝於幄内舉哭殿上下官皆舉哭使副讀祭文官就褥位北向立俱再拜内侍官捧祭文奠書案升西階詣神御座前稍西使副讀祭文官隨升殿使副詣殿上北向立讀祭文官在祭文奠書案後立使副哭使詣神御殿前一拜跪三上香奠[illegible][illegible]三奠酒畢訖一拜興復位立

内侍捧案詣神座[illegible]祭文官詣神御座前一拜跪啓封讀祭文奠書訖就一拜興使副祭文官俱降西階下殿歸位並再拜皇帝於幄内舉哭殿上下官皆舉哭使人權退至幄殿下面幄殿立讀祭文官於使副位褥後直身立次舍人通事引使副升殿讀祭文官依舊立受書傳語訖降階與讀祭文官合一班立定更不宣班再拜舍人班前代奏萬福使出班奏慰舍人班前代奏歸班再拜唱賜跪受再拜引出次三節入四拜起居通事班前代奏萬福唱賜跪受並如上儀

淳熙十五年二月宰執進呈禮官閤門國信所定弔慰使副德壽宮宰執以下皆用常服周必大奏昨顯仁時北使副至已是祔廟故用常服今大行太上皇

帝在殯且別宮無嫌陛下方衰經受弔臣等亦難冠裳侍立況啟殯發引服如初喪固未除也上曰宰執侍從當如大祥服四脚幞頭衰經去杖正得中矣

附蕃國舉哀弔喪之儀

後漢書南單于比薨遣中郎將段彬將兵赴弔祭以酒米比弟左賢王莫立帝遣使者鎮慰賜縑四千匹其後單于薨弔祭慰賜以此為常

魏書太和十五年高麗王死十二月詔曰高麗王璉守蕃東隅累朝貢職年踰期頤勤德彌著今既不幸其赴使垂至將為之舉哀而古者同姓哭廟異姓隨其方皆有服制今既久廢不可卒為之衰且欲素委貌白布深衣於城東為盡一哀以見其使也朕雖不嘗識此人甚悼惜之有司可申敕備辦事如別儀

唐突厥什鉢苾可汗太宗為之舉哀吐蕃美讚卒
高宗亦為之舉哀並張帷幔于城外向其國而哭之
突厥毗伽可汗薨玄宗詔宗正卿李詮往弔祭冊回
紇毗伽闕可汗薨以鴻臚卿攝御史中丞李通充冊
祭使
政和禮皇帝為蕃國喪舉哀訃奏命太史擇日舉哀
前一日尚舍奉御于自東門貯廊北設御幄周以簾
帷其日皇帝常服乘輿詣幄降輿侍御警蹕如常儀
皇帝至御幄南向坐簾降俟時文武朝叅官以上並
赴西上閤門立班（以俟進名奏慰）至時皇帝釋常服服素服礼
直官太常博士引鴻臚卿當御座前俛伏跪奏鴻臚
卿臣某請皇帝為某國主姓名薨舉哀奏訖俛伏興
又奏請皇帝舉哭五舉音（向其國而哭之）又奏請可止皇帝哭

明集禮 見後

止禮直官太常博士鴻臚卿復位西面立並退文武百僚進名奉慰訖皇帝釋素服服常服乘輿還內如常儀

宋史交趾李公蘊卒命兵部員外郎章頻為弔祭使賜絹布各五百匹餘物有差夏國主曩霄卒命工部郎中直史館曹穎叔為祭奠使達州刺史鄧保吉為弔祭使此弔賻蕃國主之喪也○曩霄卒仁宗為發哀于苑中

不伐喪

左傳襄公四年三月陳成公卒楚人將伐陳聞喪乃止（注：軍禮不伐喪）陳人不聽命（注：不聽楚命）臧武仲聞之曰陳不服於楚必亡大國行禮焉而不服在大猶有咎而況小乎夏楚彭名侵陳陳無

左傳襄公十九年五月壬辰晦齊靈公卒晉士匄侵齊及穀聞喪而還禮也注禮之常不必待君命

公羊傳晉士匄帥師侵齊至穀聞齊侯卒乃還還者何善辭也何善爾大其不伐喪也此受命乎君而伐齊則何大乎其不伐喪大夫以君命出進退在大夫也注禮兵不從中御外臨事制宜當敵為帥惟義所在士匄聞齊侯卒引師而去恩動孝子之心義服諸侯之君是後兵寢數年故特善之

穀梁傳晉士匄帥師侵齊至穀聞齊侯卒乃還還者事未畢之辭也受命而誅生死無所加其怒不伐喪善之也善之則何為未畢也君不尸小事臣不專大名善則稱君過則稱己則民作讓矣士匄外專君命故非之也然則為士匄者宜奈何宜墠帷而歸命乎介注除地為墠于墠張帷反命于介介歸告君君命乃還不敢專也

乾學按詩凡民有喪匍匐救之禮隣有喪

春不相里有殯不巷歌而况忍乘其死亡利其有事横加吞噬是豺狼矣春秋列國日事兵爭已無復禮義而尚有不伐喪之舉非先王之流風未泯而德澤之及人深乎

北史高熲傳開皇二年長孫覽元景山等伐陳命熲節度諸軍會陳宣帝殂熲以禮不伐喪奏請班師

乾學按當隋陳亂世而熲能守禮不伐喪眞三代以下曠舉宋趙元昊死國內亂議者欲乘機圖之而夏竦以爲不可遂使與宋相終始則迂儒之見耳蓋隋陳敵國且隋日盛陳日衰熲不伐其喪適足以明大義於天下而不患其爲害若元昊爲宋叛賊大害從之救世之患烏可與熲同

此條宜另行承前移上不作夾前

日論曰秦漢以下沿變不同先王之
禮亦有不可太拘者在君子善用之爾矣
明集禮秉輿受藩國訃奏儀注凡藩國王薨使者訃
奏至京太常司告示有司拱衛司前期於西華門內
壬地設御幄南向陳御座于正中上置素褥侍儀司
設訃者位于御幄前之南設文武官侍立位於幄前
東西相向設贊禮二人位于訃者拜位之北東西相
向引訃者二人位于贊禮之南引文武官四人位于
文武官侍立位之北東西相向其日拱衛司倫儀仗
於奉天門外奉迎車駕引禮引百官素服由西華門
入就侍立位引禮引訃者亦由西華門入立於御幄
前之西侍儀奏外辦皇帝奏服乘輿詣幄儀仗分列
于幄前之左右和聲郎陳樂于御幄之南設而不作

太常卿跪奏某國世子遣某臣某官某奏某國王臣某虔俯伏興引禮引訃者入就拜位贊禮唱鞠躬拜興拜興拜興平身訃者皆鞠躬拜興拜興平身承制官前跪承制中道出至使者前稱有制贊禮唱使者跪聽制承制官宣制曰皇帝致問爾某國王某得何疾而逝使者荅云云贊禮唱俯伏興平身承制官由西道入跪奏宣制畢贊禮唱鞠躬拜興拜興平身訃者以下皆鞠躬拜興拜興平身太常卿奏禮畢贊禮唱禮畢皇帝興御輿還宮儀仗道衛如初引禮引訃者及文武百官以次由西門出

大喪廢樂

虞書舜典二十有八載帝乃殂落百姓如喪考妣三載四海遏密八音

喪大記疾病君徹（天子宮縣諸侯軒縣）

晉書禮志武帝以來國有大喪輒廢樂終三年惠帝太安元年太子喪未除及元會亦廢樂穆帝永和中為中原山陵未脩復頻年元會廢樂是時太后臨朝后父褚裒薨元會又廢樂也孝武太元六年為皇后王氏亦廢樂孝武崩太傅錄尚書會稽王道子議山陵之後通婚嫁不得作樂以一期為斷

宋書晉武帝咸寧五年十一月己酉弘訓羊太后崩天地明堂去樂且不上胙升平五年十月己卯殷祠以穆帝崩後不作樂初永嘉年散騎常侍江統議曰陽秋之義去樂卒事是為吉祭有廢樂也故升平末行之其後太常江逌表穆帝山陵之後十月殷祭從太常丘夷等議撤樂逌尋詳今行漢制無特祀之別

既入廟吉禘何疑于樂○史臣曰聞樂不怡故申情于遏密至于諒闇奪服虞政事之荒廢是以秉權通以設變量輕重而降屈若夫奏樂之與寢聲非有損益于機務縱復回疑于兩端固宜緣恩而從戚矣宋世國有故廟祠皆懸而不樂

通典晉懷帝永嘉元年冬惠帝三年制未終司徒左長史江統議二年正會不宜作樂以為自古先王相承雖世及有異而受重同禮禮王侯尊殊得臣諸父兄弟故以僖躋閔左氏謂之逆祀雖代變時殊質文不同至于受重尊祖敬宗其義一也書稱遏密諒闇之事或以衰麻卒禮或以心喪終制故周景王有后嫡子之喪既葬除服而宴樂叔向曰王宴樂已早二年正會不宜作樂

愍帝建興元年十一月元帝時爲丞相在建業王導能遠議以懷帝梓宮未還正會不宜作樂謹按尚書堯崩四海遏密八音禮凶年天子徹樂減膳孝懷皇帝崩于　庭梓宮未返人神同忿兆庶怨嗟公與國同休憂容未歇如矜黎庶塗炭之困以廢懽悅伎樂之事謂宜設饌以賜羣下而已大將軍王敦時南閣祭酒范堅白事云伏見每宴會衆樂備奏倡伎兼作愚淺多蔽竊有未安今國恥未雪梓宮幽遐不應備樂敦使州府博議參軍周武議云禮古今不同爲則取于朝廷敦從之

宋書大喪則廢樂

南齊書建武二年朝會時世祖遏密未終朝議疑作樂否祠部郎何佟之議昔舜受終文祖義非徧堯及

放勲徂落遏密三祀近代晉康帝繼成帝于時亦不作樂懷帝永嘉元年惠帝喪制未終于時江統議云古帝王相承雖世及有異而輕重同禮從之

唐書貞觀二十三年高宗即位詔宜以來年正月二日受朝其樂懸及享群臣並停永徽元年正月有司言依禮享祀郊廟並奏宮懸比停教習恐致廢忘伏尋故實漢魏祗祔之後庶事如舊國之大禮祠典為先今既逾年理宜從吉若不肄習實慮不調誠敬有虧致招罪責並從之

代宗大曆元年峡州別駕顏真卿議曰周禮大司樂職云諸侯薨令去樂大臣死令弛縣鄭注云去謂藏之弛謂釋下也是知哀輕者則釋哀重者則藏又按庾蔚之禮論云晉元后秋崩武帝寧元年享萬國

不設樂永嘉元年夕惠帝三年喪制未終司徒左長史江統議二年正會不宜作樂又章皇后哀限未終后主已入廟博士徐乾議曰周景王有后嫡子之喪既葬除服叔向猶議其早今不宜懸宋書禮志云晉武帝以來國有大喪廢樂三年又按江都集禮說晉博士孔恢朝廷遏密懸而不作恢以為宜都去懸設樂為作不作則不宜懸孟獻子禫縣而不樂自是應作耳故夫子曰孟獻子加于人一等矣非謂不應作而猶懸也國喪尚近謂金石不可陳于庭又徐廣晉史曰聞樂不怡故申情于遏密諒闇奪服惧政事之荒廢是故秉權通以變常量輕重以降差臣以周禮去樂之文宋志終喪之證徐廣之論寧戚孔恢之說禫懸理既可憑事又故實伏請三年未畢都不設懸

如有齊衰喪及遇大臣薨沒量輕重縣而不作

宋史元祐二年崇書殿說書程頤上奏曰臣伏覩有司排備開樂宴臣備員勸講職在經義輔導人主事有害義不敢不言夫居喪用喪禮除喪用吉禮因事而行乃常道也今若為開樂張宴則是特為一喜慶之事失禮義害人情無大于此雖曰故事祖宗亦不盡行或以故而罷或因事而行臣愚竊恐祖宗之意亦疑未安故也自古太平日久則禮樂純備蓋講求損益而漸至爾雖祖宗故事固有不可改有當隨事損益者若以為皆不可改則是昔所未遑今不復作前所未遑後不得復正朝廷之事更無損益之理得為是乎況先朝美事亦何嘗必行臣前日所言殿上講說是也故事未安則守而不改臣前言冬至受賀

表是也臣前後累次狂言未嘗得蒙采用而言之不已著蓋職之所當不敢曠瘝伏望聖慈特賜聽納自中降旨罷開樂宴直候因事而用于義為安

東都事略神宗服除故事開樂置宴范祖禹上疏言君子之于喪服以為至痛之極不得已而除若以開樂故特設宴惟因事則聽樂庶合先王禮意哲宗從之

紹興中天申節上壽議者以欽宗服除當舉樂黄中言春秋君弑賊不討雖葬不書以明臣子之罪況欽宗實未葬而可遽作樂乎事竟寢

英宗實録

明天順八年三月甲辰朔丁丑禮部尚書姚夔奏四月初一日孟夏時享太廟太常寺例預奏祭祀然梓宮在殯請上具黄袍翼善冠陞殿鳴鐘鼓鳴鞭樂設

而不作百官具淺淡色衣朝叅從之

后喪廢樂

通典晉符閎章皇后雖衰限未終后主已入廟當作樂不博士徐虔議周景王有后嫡子之喪既葬除服而宴樂叔向猶譏之今宜不懸虔又引周禮有憂則弛懸今天子蒙塵拜王不宜作樂但先人血祀不可廢耳魯莊公主已入廟閔公二年吉禘猶曰未可以吉是不係于入廟也謂不宜設樂

晉有后喪下太常曰朝廷遏密則素會時云應懸而不樂博士孔恢議曰素會宜都去懸設樂為作不作則不宜懸也孟獻子懸自是應作而不作工故夫子云加于人一等非為不應作而應懸也國諱尚近謂金石不可陳于庭也于時不從恢議正朝自懸而不

作

宋史真宗景德四年三月辛巳皇后郭氏崩八月丁未中書門下言祥除已久秋宴請舉樂不允

東都事略王拱辰傳廢后郭氏在殯有司前具上元觀燈燕拱辰言晉大夫智悼子卒未葬平公飲酒杜蕢揚觶郭氏以后禮葬豈獨大夫比耶請罷御樓觀燈及遣奠日仍禁都下聲樂

皇妃親王公主皇親喪廢樂

通典晉惠帝永寧元年冬愍懷太子母喪三年制未終大司馬府參軍江統議二年正會不宜舉樂春秋傳曰毋以子貴儒者謂傳重非嫡服同衆子經無明據于義為短今愍懷太子正位東宮繼体承業監國嘗膳既處其重無緣復議其輕制也二年正會不宜

舉樂

晉書元帝姨廣昌鄉君喪未葬中丞熊遠表云案礼君與卿大夫比葬不食肉比卒哭不舉樂惻隱之心未忍行吉事故也被尚書符冬至後二日小會臣以為廣昌鄉君喪殯日聖恩垂悼禮大夫死廢一時之祭祭猶可廢而況餘事冬至惟可羣下奉賀而已未便小會詔以遠表示賀循又曰咸寧三年武皇帝故事云王侯大臣薨三朝發哀踰月不舉樂其一朝發哀三日不舉樂此舊事明文賀循等荅曰案禮襍記君于卿大夫之喪比葬不食肉比卒不舉樂古者君臣義重雖以至尊之義降而無服三月之内猶錫衰以居不接吉事故春秋晉大夫智悼子未葬平公作樂為屠蒯所譏如遠所啟令于古義咸寧詔書雖不

會經典然隨時立宜以為定制誠非羣下所得稱論

升平元年帝姑廬陵公主未葬符問太常冬至小會應作樂不博士胡訥議云君于卿大夫比卒哭不舉樂公主有骨肉之親宜闕樂太常王彪之云案武帝詔三朝舉哀三旬乃舉樂其一朝舉哀者三日則舉樂泰始十年春長樂長公主薨太康七年秋扶風王亮薨武帝並舉哀三日而已中興以後更參論不改此制今小會宜作樂二議竟不知所取

通典晋征北將軍褚裒薨皇太后之父未葬太后居喪符問皇帝元會當作樂不尚書王彪之議今若鍾懸鼓吹皆可以作者其餘羽毛絲竹奚為廢之竊所未喻元皇后秋崩武帝咸寧元年饗萬國不設樂泰皇后夏崩咸康八年饗萬國不盡徹樂未詳二帝故事孰得

孰失且恭皇后崩垂向周月朝行權制六宮煩然故以即吉經時雖尊于萬國然于帝爲畢不盡徹樂之詔以爲合禮亦非所以證令明喻也禮云毋有喪聲聞焉則不舉樂夫人之事親尊自王者達于庶人不以貴賤異禮也皇太后始居至哀縗服在躬號哭無時鼓鐘歌舞之音實聞于内殿非禮所謂不舉樂之說令所欲存者輕所爲廢者重略輕崇重附禮合情敦于體訓于是乎在意如前議謂應設鼓懸鐘而不作

宋書大明五年有司奏皇太子妃薨至尊皇后並服大功九月皇太后小功五月未詳二御何時當得作鼓吹及樂博士司馬興之議按禮齊衰大功之喪三月不從政令臨軒拜授則人君之大典今古既異賒

促不同愚謂皇太子妃祔廟之後更可臨軒作樂及鼓吹右丞徐爰議皇太子妃雖未山塋臨軒拜官舊不為礙樟棺在殯應懸而不作祔後宜御樂宜使學官擬禮上與之又議按禮大功至則辟琴瑟誠無自奏之理但王者體大理絶凡庶故漢文既葬悉皆復吉唯懸而不樂以此表哀今准其輕重倣其降殺則下流大功不容撤樂終服夫金石賓享之禮簫管警塗之衛實人君之盛典當陽之盛飾固亦不可廢于朝又禮無天王服嫡婦之文直後學推貴嫡之義耳既已制服成月虛懸終窆亦足以甄崇冢正標明禮歸矣爰參議皇太子棊服内不合作樂及鼓吹

常因革禮

宋史仁宗慶曆三年集賢校理余靖上奏曰臣伏見陰陽剋擇官狀申皇子故鄂王殯殮服並取今月初四

日又伏見每年正月五日紫宸殿開宴管領契丹賀正人使切恐有司循故事申舉以戎使為重依例作樂開宴臣身為禮官故敢先事言之切以故鄂王雖在襁褓是為無服之殤其如已賜爵命當同成人之例父子天性豈能無戚今日服之而明日宴樂情何以安且臣僚之家遭此喪尚當給假況萬乘之主因戎狄之使不得申其私恩深可痛也臣以為若不得已宣召與禮食而徹去聲樂親遣大臣告諭戎使以皇帝有嗣續之痛故罷去聲樂非有輕重于北朝也戎狄雖同禽獸不敢以此為恨昔周景王以子喪既葬而與賓宴春秋譏之以為失禮古者卿佐之喪雖有祭祀尚猶廢樂況在親父子乎臣不勝區區之至

宋哲宗元祐三年八月翰林學士蘇軾上奏曰臣近

准鈐轄教坊所關到秋燕致語等文字臣謹按春秋左氏傳曰昭公九年晉荀盈如齊卒于戲陽殯于絳未葬晉平公飲酒樂膳宰屠蒯趨入酌以飲工曰汝為君耳將司聰也辰在子卯謂之疾日君徹宴樂學人舍業為疾故也君之卿佐是謂股肱股肱或虧何痛如之汝弗聞而樂是不聰也公說徹樂又按昭公十五年晉荀躒如周葬穆后既葬除喪周景王以賓燕叔向譏之謂之樂憂夫晉平公之于荀盈蓋無服也周景王之于穆后蓋朞喪也無服者未葬而樂屠蒯譏之朞喪者已葬而燕叔向譏之書之史冊至今以為非仁宗皇帝以宰相富弼母在殯為罷春燕傳之天下至今以為宜令魏王之喪未及卒哭而禮部太常寺皆以為天子絕朞不妨燕樂臣竊非之若絕

朞可以燕樂則春秋何為譏晋平公周景王乎魏王之親孰與鄉佐遠比荀盈近比富猳之母輕重亦有間矣魏王之葬既以陰陽拘忌別擇年月則當准禮以諸侯五月為葬期自今年十一月以前皆為未葬之月不當燕樂不可以權宜郊殯便同已葬也臣竊以陛下篤于仁孝必停秋燕不待臣言但至今未奉指揮緣上教坊致語等文字合于燕前一月進呈臣既未敢撰亦不敢稽延伏乞詳酌如以為當罷乞陛下聖意施行更不降出臣文字臣忝備侍從叨陪講讀不欲使人以絲毫議及聖明故不敢不奏

明洪武時懿文太子薨帝以時享在邇命禮部侍郎張智與翰林院叅考古制智等奏曰王制三年不祭唯祭天地社稷不敢以卑廢尊也今定議天地社稷

先師歷代皇帝須用樂外唯太廟乃祖先神靈所在
既有喪而時享仍用樂恐神不樂聽宜備而不作詔
從之

讀禮通考卷七十九

喪儀節四十一

國忌

唐六典凡國忌日兩京定大觀寺各二散齋諸道士女道士及僧尼皆集於齋所京文武五品已上與清官七品已上皆集行香以退若外州亦各定一觀一寺以散齋州縣官行香應設齋者蓋八十有一州焉謂四輔五府六雄十望曹濮兗齊豫徐陳青亳仙涼秦瀛貝邢恒冀定趙滄德深博易相梁襄澤安綿梓遂眉邛果彭蜀漢潤越常蘇杭婺衢湖宣洪潭廣桂隴邠涇等州是也其道士女道士僧尼行道散齋皆給香油炭料若官設齋道佛各施物三十五段供修理道佛寫一切經道士女道士僧尼各施錢十二文五品已上女及孫女出家者官齋行道皆聽不預若私家設齋道士女道士僧尼兼請不得過四十九人

凡遠忌日雖不廢務然非軍務急切亦不舉事餘如常式

入後皇統元年後　在後

金史明昌三年正月丙辰以孝懿皇后小祥尚書省請依明昌元年世宗忌辰例諸王陪位服慘素去金玉之飾

唐會要貞觀十九年太宗親征高麗以五月忌日行旣至遼陽屬高祖忌日八座奏言臣等謹按禮云君子有終身之憂而無一朝之患此所謂星迴歲改親没同辰思其居處不爲樂事今陛下親御六軍已登寇境庶務繁擁伏待剖決可以尊先聖之常經畧近代之一志望請所有軍機要切百司依式闗奏手詔答曰今旣戎旅大事不可失在機速所以仰順古風俯從今請

入皇統元年後

德宗貞元五年八月勑天下諸上州並宜國忌日准式行香○十二年五月詔先皇忌辰纔經敘慰戚里

之內固在肅恭而乃遽從燕遊飲酒作樂既乖禮法須有所懲前邠州長史郭煦宜於袁州安置前南鄭縣尉郭暄於柳州安置曹自慶配流永州其駙馬郭曖王仕平仍令勒歸私第先是初經代宗忌辰駙馬諸親悉詣銀臺奉慰及廻王仕平遂邀駙馬郭曖張昭賢張怙及曖女壻嗣許王昭曖堂弟煦暄用教坊音聲入曹自慶並於宅中飲樂上怒之故有此詔尋許曖及仕平出入

順宗永貞元年十二月中書門下奏昭成皇后竇氏按國史長壽二年正月二日崩其時緣則天臨御用十一月建子為歲首至中宗復舊仍用夏正今正月行香妨務廢日須改正以十一月二日為忌

文宗太和七年二月勅准令國忌日唯禁飲酒舉樂

至於科罰人吏都無明文但緣其日不合釐務官曹即不得決斷刑獄大小皆責在禮律固無所妨起今後縱有此類臺府更不要舉奏均王傅王堪男愪國忌日於私第決責下人為御史臺所奏遂下此勑

十五年五月太常禮院奏睿宗神主祧遷其六月二十日忌并昭成皇后十一月二日忌准禮合廢從之

開成四年五月太常寺奏今月二十二日祀先農於東郊其日與穆宗皇帝忌日同太和七年十二月八日季冬蜡祭百神與敬宗皇帝忌日同准其年十二月六日勑近廟忌辰奏樂非便季冬蜡祭又不可移變禮從宜古有明據宜令其日懸而不樂庶叶典經今月二十二日祀先農欲准先勑懸而不樂從之

開成四年十月户部侍郎崔蠡奏臣伏以國忌行香

事不師古聖心求理動法典章臣頃於延英奏陳頗
有釐革陛下令史官尋討起置無文昨日閣中再承
顧問雖因循未變亦無損於盛朝而除去不經冀流
芳於異日勅旨朕以郊廟之禮奉在祖宗備物盡誠
庶幾昭格恭惟忌日之感所謂終身之憂而近代已
來歸依釋老徵二教而設食會百羣以行香將以仰
奉聖靈冥資福佑有異皇王之術頗乖教義之宗昨
因崔蠡奏論遂遣討尋本末經文令式曾不該載世
俗因循雅重釐革其京城及天下州府國忌日寺觀
設齋行香起自今以後並宜停其月御史臺奏請國
忌日天下依舊不舉樂不視事不鞭笞伏以道釋二
教湯澧虛無陛下靡所歸依誠契至理但以列聖忌
日行香及茲傾崇示人廣孝兼以天下州縣不舉樂

不視事不鞭笞以此海內蒼生常知列聖廟號今既停罷行香之後勅內又無其日徹樂廢公止行如舊之文伏恐遐遠之地迷其所向便與居常之日率皆無殊臣思此事終關聖慮禮曰君子有終身之憂而無一朝之患故忌日不樂謂不舉吉事也伏願陛下明睿留想若以設齋資福事稍不經起今罷之已有詔旨其日天下州縣不舉音樂不視公事不行鞭笞伏請重下明制依前遵守則凡在遐陬遠於蠻貊不忘廟號有裨孝禮之源勅旨設齋行香近已釐革遏密停務自有典常臺司舉奏意在詳審宜依○至宣宗即位之初先以列聖忌辰行香既久合申冥助用辰孝思其京城及天下州府諸寺觀國忌行香一切仍舊

昭宗天祐二年八月八日太常禮院奏今月十三日昭宗皇帝忌辰其日百官閤門奏慰後赴寺行香請爲永式從之

五代會要後唐明宗天成三年又八月九日勅尚書兵部郎中蕭愿奏每遇宗廟不樂之辰宰臣到寺百官立班是日降使賜香准案禁樂斷屠宰止刑罰者帝忌后忌之辰舊制皆有齋會蓋申追遠以表奉先多難以來此事久廢今後每遇大忌宜設僧道齋一百人列聖忌日齋僧道共五十人忌日既不視朝固難舉樂所奏止刑罰斷屠宰宜依兼河南府尚來送酒行香宰臣自此止絕天下州府至國忌日並令不舉樂止刑罰斷屠宰餘且依舊

天成四年十 中書門下奏今後大忌前一日請

不坐朝從之

晉高祖天福五年正月御史中丞竇貞固奏每遇國忌行香宰臣跪爐僧人表讃文武百官儼然列坐今後伏請宰臣跪爐百官依常位立班從之仍令行香之後齋僧一百人永爲定制

宋史禮志忌日唐初始著罷樂廢務及行香脩齋之文其後又朔望停朝令天下上州皆準式行香天祐初始令百官詣閤奉慰宋循其制唯宣祖昭憲皇后爲大忌前一日不坐羣臣詣西上閤門奉慰移班奉慰皇太后退赴佛寺行香凡大忌中書悉集小忌差官一員赴寺如車駕巡幸道遇忌日皆不進名奉慰留守自於寺院行香仍不得在拜表之所天下州府軍監亦如之

宋太祖建隆二年宣祖忌日時明憲太后在殯羣臣上諸閤奉慰而罷行香乾德二年禘于太廟其日惠明皇后忌有司言唐開成四年正月二十二日祀先農與穆宗忌同日太和七年十二月八日蜡百神與敬宗忌同日詔以近廟忌辰作樂非便宜令縣而不作竊以農蜡之祭猶避廟忌而不作樂況僖祖同廟連室而在諱辰詎可輒陳金石之奏伏望依禮懸而不作其後宣祖昭憲忌日詔準太祖太宗奉翼祖禮前一日更不廢務

真宗景德元年北征凱旋京師是日以懿德皇后忌詔徹鹵簿鼓吹禮官議曰班師振旅國之大事后之忌日家之私事今大駕凱旋軍容宜肅昔武王伐紂在諒闇中猶前歌後舞夫諒闇是重遠忌是輕以此

而論人不無爽凡春秋之義不以家事辭王事其還京日法駕鼓吹音樂並請振作尋詔自今宗廟忌日西京及諸節鎮給錢十千防禦團練州七千軍事州五千以備齋設元德皇后忌日舊制樞密使懷內諸司例唯進名不赴行香知樞密院王欽若以為言是自三司使副翰林樞密龍圖直學士並赴焉

真宗崩元德明德皇后忌日在禫制內乃停進名行香凡奉慰宰相樞密使各帥百官內職共進名節度使留後觀察使各進名忌日前後各禁刑三日如天慶節釋杖以下情輕者復斷屠宰不視事前後各三日禁樂各五日其後以歲月漸遠禁刑不視事各二日禁樂各三日章憲明肅太后忌辰禮官請依章懿太后禮例前後二日不視事一日禁屠宰各三日禁

樂詔應大忌日行香臣僚並素食復立孝惠孝章淑德章懷章惠溫成諸后爲小忌未幾罷神宗即位太常禮院言僖祖及文懿皇后神主既祧準禮不諱忌日亦請依唐睿宗祧遷故事廢之初神御殿酌獻設皇帝位於庭下而忌日兩府列於殿上寺院行香左右巡使兩赤縣令於中門相向分立俟宰臣亦立位前直省官賛通揖于禮無据乃命行香羣臣班殿下宰相一員升殿跪爐而罷通揖又詔大忌日不爲假執政官簽出禮部言順祖及惠明皇后既葬遷主罷行香忌日請於永昌院佛殿之東張幄齋薦爲詔僖祖翼祖并六位忌日咸如之先是翼祖簡穆皇后神主奉藏夾室依禮不忌後復詔還本室而忌日亦如舊焉

低一字大

王文正公筆録舊制國忌送命宰相叅知政事一員率文武常參官赴佛寺行香内職不預焉景德中同樞密院王公欽若陳公堯叟率内職同赴乃聽自今大忌樞密使内職學士内諸司使軍職下洎列校同為一班先詣西上閤門進名奉慰宰相參知政事文武百官為一班次詣閤門進名奉慰訖退齋赴佛寺行香小忌則否太中祥符九年秋稼將登郡縣頗云蝗虫為災一日真宗皇帝坐便殿閤中御晚膳左右聲言飛蝗且至上臨軒仰視則連雲翳日莫見其際帝默然坐意甚不懌命徹匕筯自是遂不豫

政和新儀羣臣進名奉慰其日質明文武朝叅官入詣朝堂就次御史臺先行殿中侍御史一員入就位次西上閤門御史臺分行朝叅官及諸軍將校次禮

直官引三公以下在西上閤門南階下每等重行異位並北向東上知西上閤門官于班前西向立搢笏執名紙躬三公以下文武百僚俱再拜俟閤門官執笏置名紙笏上入西上閤門訖退羣臣奉慰詣景靈宮每等重行異位並北向東上禮直官揖班首以下再拜訖引班首自東階升殿舍人接引同升詣香案前搢笏上香跪奠茶訖執笏興降階復位又再拜次引班首以下分左右搢笏行香宰相執政官分左右行香訖執笏俱復位次引班首升殿詣香案前俯伏跪搢笏執爐俟讀疏畢執笏俛伏興降階復位又再拜退

中興之制忌日百僚行香在外州軍亦詣寺院行香如在以日易月服制之内並依禮例權停大祥後次

年於曆日內箋注立忌辰禁音樂一日紹興元年二月太常少卿蘇遲等以徽宗欽宗留北有朔望遥拜之禮乃言凡遇祖宗帝后忌前一日並忌日皇帝自內先服紅袍遥拜訖易服行禮從之

二年八月詔應諸路州軍見屯軍馬統兵官每遇國忌免行香十三年正月御史臺言正月十三日欽聖憲肅皇后忌其日立春準令諸臣僚及將校立春日賜幡勝遇稱賀等拜表忌辰奉慰退即戴欲乞候十三日忌辰行香退即行插戴從之三十一年六月禮部侍郎金安節等言六月二十八日欽慈皇后忌辰係在淵聖皇帝以日易月釋服之外百官行香宜如常制詔依三十二年正月禮部太常寺言已降旨欽宗附廟翼祖當遷於正月九日告遷翼祖皇帝簡穆

皇后神主奉藏於夾室所有以後翼祖皇帝忌及諱
簡穆皇后忌欲乞依禮不諱不忌詔恭依
孝宗淳熙元年十一月詔文武百僚詣景靈宮國忌
立班行香自今如遇宰執俱致齋不及趍赴于東班
從上引官一員升殿跪爐行香以次官一員詣西班
行香先是閤門得旨國忌行香宰執致齋不赴其西
壁武臣闕官押班已降指揮差使相或太尉節度使
等押班可令文武班內班上一員東壁押班止令西
壁散香今後准此至是禮部太常寺重别指定来上
故有是命四年十月太常少卿齊慶冑言每遇國忌
文武班列莫敢不肅唯是武臣一班員數絶少或以
疾病在告多不趍赴詔閤門御史臺申嚴行下如有
違戾弹劾聞奏九年十月侍御史張大經奏比来國

忌行香日分合赴官類多托疾在告以免夙興拜跪之勞乞自今如遇行香日有稱疾託故不赴者從本臺彈奏乞制與憲從之

陳暘樂書天之道陰陽不同時則當寒而燠者逆道也人之理哀樂不同日則弔與忌日而樂者逆理也弔日不樂斯須之喪也忌日不樂終身之喪也然先代故無忌月禁樂若有忌月即有忌時忌歲矣晉唐欲入忌月不作樂非先王之制也聖朝凡遇祖宗忌日登祀登歌皆設而不作何其仁孝之至耶

王栐燕翼貽謀錄國忌行香本非舊制真宗皇帝大中祥符二年九月丁亥詔曰宣祖昭武皇帝昭憲皇后自今忌前一日不坐殿羣臣進名奉慰寺觀行香禁屠廢務著于令自後太祖太宗忌亦援此例累朝因

之
語録云國忌行香伊川令供素饌子瞻詰之曰正叔不好佛胡為食素先生曰禮居喪不飲酒不食肉忌日喪之餘也子瞻令具肉食曰為劉氏左袒於是范淳夫輩食素秦黄輩食肉又鮮于綽傳信録云舊例行香齋筵兩制以上及臺諫官破素饌然以粗糲遂輪為食會比皆用肉矣元祐初正叔以食肉為非是議為素食衆多不從一日門人范淳夫當排食遂具素饌子瞻因以鄙語戲正叔正叔門人朱公掞輩銜之遂立敵矣自後蔬饌亦不行　伊川以朝賀不弔司馬温公之喪而東坡非之世以東坡為是蓋孔子云是日哭則不歌不云歌則不哭也　按梁書武帝上春日祠二廟既

出宮闈左將軍馮道根卒問中書舍人朱异曰吉凶同日今可行乎對曰昔衛獻公聞柳莊死不釋祭服而往道根雖未爲社稷臣亦有勞王室臨之禮也帝即幸其宅哭之夫吉禮莫大於祭祭可弔則朝賀之日不得弔亦明矣柳莊事見記檀弓獻公之往也以祭服則非禮所宜

程大昌演繁露沈存中敘行香謂當以香末散撒乃爲行香畢仲荀元豐三年作幕府燕閒錄曰國忌行香起于後魏江左齊梁閒每然香薰手或以香末散行謂之行香予按南史王僧達好鷹犬何尚之設八關齋集朝士自行香次至僧達曰顧郎且放鷹犬其謂行香次及僧達者即釋教之謂行道燒香者也行道者主齋之人親自周行道場之

中燒香者爇之於爐也東魏静帝嘗設法會乘輦行香高歡執香爐步從鞠躬屏氣按凡云行香者步進前而周匝道場仍自炷香爲禮也静帝人君也故以輦代步不自執爐而使高歡代執也以此可見行香只是行道燒香無撒香之事也又按唐人盧氏雜説載旌節之制曰旌用銅龍貫之竿首用紫絹袋盛油囊垂之寺觀行香袋與旌略同案此凡主齋行道之人必執此袋導衆以行而燒香自是一事非取香于袋而旋加燒然也唐會要曰天寶十七年敕華同等州僧尼道士國忌日各就龍興寺行道散齋至貞元五年虔州奏當州不在行香之數乞同衢婺等州行香有旨依按下文處州之乞行香共上文承行道設齋之下知其行香

讀禮通考

者為行道燒香也其他如畢仲荀所記謂唐高宗時李義府為太子設齋詔五品以上行香不空三藏為神堯以下忌辰行香恐亦只是行道燒香無撒香之事國朝自有景靈宮後每遇國忌亦復即寺觀行香而移其供設於景靈東西兩宮每大忌宰執率百僚至宮行香其法僧道皆集所忌殿廡之下僧在道右執事者執香盤中香圓子隨宰執往僧道立處人授一圓齋已収之不爇也此之散授猶存撒香之説耶

【趙彥衛雲麓漫鈔】國忌行香起于後魏及江左齊梁間每然香薰手或以香末散行謂之行香遺教經云比丘欲食先燒香唄按法師行香定坐而講所以解穢流芬也斯乃中夏行香之始唐高宗時

薛元超李義府爲太子設齋行香中宗設無遮齋
詔五品以上行香不空三藏奏爲神堯而下七聖
忌辰設齋行香至文宗朝宰臣崔蠡奏國忌設齋
行香事無經據遂罷之石晉天福中竇貞固奏國
忌行香祝壽跪爐百官列坐有失嚴敬今後宰臣
跪爐百官立班仍飯僧百人永爲定式本朝淳化
中虞部員外郎李宗訥請國忌宰臣以下行香後
禁食酒肉以表精虔從之
岳珂愧郯録今世國忌日百僚行香在京則準忌
賜假隻忌視事坐曹如故外郡皆如平日簽決無
禁珂按洪文敏邁容齋隨筆曰刑統載唐太和七
年勑準令國忌日唯禁飲酒舉樂至于科罰人吏
都無明文但緣其日不合釐務官曹即不得决斷

刑獄其小小笞責在禮律固無所妨起今以後縱有此類臺府更不要舉奏舊唐書載此事因御史臺奏均王傅王堪男國忌日于私第科決作人故降此詔蓋唐世國忌休務正與私忌義等故雖刑獄亦不決斷謂之不合釐務者此也元微之詩云傳遣推囚名御史狼籍囚徒滿田地明日不推緣國忌則唐世禁笞繫甚明本朝乾興元年七月壬辰始用知泗州楊居簡之請詔國忌日聽決杖罪蓋祖唐太和之遺意不知何時遂併徒流不禁今遂沿襲不復可考矣。祖宗以景靈爲原廟每國忌用時王禮集緇黄以薦時思焉珂簿正大農日嘗隨班行香清晨宰執率百官入班定緇黄鍾聲螺鈸如法僧職宣疏齋僧道各二十五員以爲常制詞按續通典在唐已有之高祖五月六日忌勝業會昌各設五百人齋太穆皇后竇氏五月二十一日忌興福寺興唐觀各二百五十人齋太宗五月二十一日忌青龍經行寺各五百人齋文德皇后長孫氏六月二十一日忌慈恩溫國寺各二百五十人齋睿宗六月二十日忌安國西明寺各三百人齋昭成皇后竇氏十一月二日忌慈恩寺昭成觀各三百人齋玄宗四月五日忌千福寺開元觀各設三百人齋元獻皇后楊氏三月二十三日忌資聖化度寺各二百人齋肅宗四月十八日忌崇聖寺昊天觀各設三百人齋章敬皇后吳氏正月二十二日忌章敬寺元都觀各設三百人齋代宗五月二十一日忌聖興惠日寺各設五百人齋

睿真皇后沈氏十月二日忌摠持寺肅明觀各設二百五十人齋德宗正月二十三日忌莊嚴寺光天觀各設五百人齋昭德皇后王氏十一月十一日忌福壽寺元眞觀各設五百人齋然則唐制固甚侈今幾止二十之一祖宗威神在天要無取乎此始惟示存羊之意可也然祝唄之詞頌臺每付之常程不復刋定如文武官僚禄位常居等語要於宗廟非所宜言亦鄰于俚云

吳曾能改齋漫録忌日行香始于唐正元五年八月勅天下諸州並宜國忌日准式行香然行香事按南山鈔云此儀自道安法師布置又賢愚經云為蛇施金設齋令人行香僧手中普達王經云佛昔為大姓家子為父供養三寶父母子傳香此云

行香僧手中與傳香令世國忌日尚行此意至人君起節遂以拈香為別矣按唐會要開成五年四月中書門下奏其天下州府每年常設降誕齋行香後便令以素食宴樂唯許飲酒及用脯醢等以此知唐朝雖誕節亦只云行香姚令威以為行香始于後魏江左非也

遼史忌辰儀先一日奏忌辰榜子預寫名紙大紙一幅用陰面後第三行書文武百僚宰臣某以下謹詣西上閤門進名奉慰至日應拜大小臣僚並皂衣皂鞓帶四鼓至時於幕次前在京於僧寺班齊依位望闕叙立直日舍人跪右執名紙在前班首以下皆再拜引退名紙於宣徽使面付內侍奏聞

興宗重熙十一年宣獻皇后忌日上與皇太后素服

飯僧於延壽閣、於三學三寺。

金史禮志：初，太祖忌辰，皇帝至褥位，立，再拜。稍東西向，詣香案前，又再拜，上香訖，復位，又再拜，進食，奠茶，辭神，皆再拜而退。二十一年五月十二日，睿宗忌辰，有司更定儀禮：前一日，宣徽院設御幄于天興殿門外稍西。至日質明，皇太子、親王、百官具公服于衍慶宮門外立班，奉迎皇帝乘馬至衍慶宮門外下馬。二宣徽使前導，步入宮門稍東。皇帝乘輦，繖扇侍衛如常儀，至天興殿門外稍西。皇帝降輦入幄，次簾降。典贊儀引皇太子，閤門引親王、宰執、四品以上官由偏門入，至於殿庭左右分班立定。二宣徽使導皇帝由天興門正門入，自東階升殿，詣褥位立定。皇太子以下官合班，五品以下班於殿門外。宣徽使奏請皇帝先再拜請詣侍神位立俟有司置香案酒卓訖請詣褥位又再拜三上香奠酒復位再拜皇太子以下皆陪拜再奏請詣稍東侍神位立典贊儀引皇太子升殿赴褥位先兩拜奠酒再兩拜降復褥位次閤門引終獻官趙王上殿行禮宣徽使奏請皇帝詣褥位再兩拜皇太子以下官皆再拜禮畢百官依前分班立皇帝出殿門外入幄次簾降更衣引皇太子以下官出宮門外立班皇帝乘輦至宮門稍東降輦步出宮門外上馬還宮導從侍衛如來儀皇太子以下官俟車駕行然後退。大定五年奉旨太祖忌辰衍慶宮薦享止用素食詣京凡御容所在皆同又朔望皆行朝拜禮。六年有司奏太祖皇帝忌辰車駕親奠百官陪拜今車駕巡幸合以宰臣為班首率百官詣衍慶宫行禮從之○二十六年奉旨世祖太宗忌辰一体奉奠十八年八月太祖忌辰世祖太宗同在一處致祭有司言歷代無一聖忌辰列聖祔祭之典擬議間勅遣太子一位行礼并就祭功臣○二十六年以内外祖廟不同定擬太廟每歲五享山陵朔望忌辰及節辰祭奠並依前代典故外衍慶宫自来車駕行幸遇祖宗忌辰百官行禮并諸京祖廟節辰忌辰朔望拜奠雖無典故參酌恐合依舊以盡崇奉之意從之大金集禮同

皇統元年七月癸卯以景宣皇帝忌辰命尚食徹肉

明會典凡遇各廟忌辰上服淺淡服御奉天門視事不鳴鍾鼓百官各服淺淡服黑角带朝參其謝恩見辭官具公服如常儀

查明會典

移後

永樂元年奏定前二日上服淺淡服御西角門視事宣德十年仍改奉天門視事不鳴鐘鼓不行賞罰不舉音樂禁屠宰文武百官各具淺淡服黑角帶朝參二年令今後輟朝誦經等事不必行

宣德三年令凡遇忌辰通政司禮部兵馬司免引囚奏事○五年勅淳皇帝淳皇后忌日官員朝參輟奏事高皇帝高皇后文皇帝文皇后昭皇帝忌辰悉輟朝參

正統三年正月初三日恭遇宣宗章皇帝忌辰令陛殿朝參如常儀

弘治十四年令遇忌辰朝參官不許服紵絲紗羅恭仁康定景皇帝恭讓章皇后忌辰如遇節令服青綠花樣宣宗章皇帝忌辰如遇奏祭祀許服紅

前後駁例

移前　皇忌元年後

嘉靖元年奏准正月初三日宣宗章皇帝忌辰二月十九日恭仁康定景皇帝忌辰十一月初五日恭讓章皇后忌辰許穿青紵絲

隆慶元年題准凡遇忌辰文武百官不問內外班行謝恩見辭俱淺淡服色烏紗帽黑角帶不許用公服

太宗實錄永樂元年禮部尚書李至剛等奏五月初十日恭遇太祖高皇帝忌辰考宋會要凡國忌前後各二日不行刑不視事不舉音樂禁屠宰百官赴景靈宮奉真殿行香今謹議得忌辰前三日上服淺淡衣服御西角門視事至日早于奉先殿祭祀初八日至初十日不鳴鐘鼓不行賞罰不舉音樂禁屠宰文武官自初八日服淺淡衣服黑角帶侍朝至日早赴孝陵行禮從之仍命八月初十日孝慈高皇后忌辰

禮亦如之于是至剛復言宋制凡忌日于各佛殿誦經設帝后位百官行香今後宜依宋制于天禧等五寺并朝天宮令僧道誦經三晝夜上曰子于父母固當無所不用其心但人君之孝與庶人不同爲人君者奉天命爲天下主社稷所寄生靈所依但當謹身修德深體天心恪循成憲爲經國遠謨使內無奸邪外無盜賊宗社奠安萬民樂業斯孝矣如不能此而惟務修齋誦經抑末矣

西園聞見録永樂二年五月錦衣衛奏明日上詣孝陵請具法駕上曰不用但以騎士數人導前已而顧侍臣曰明日皇考忌日正屬感慕之時何用法駕非爲辟除道路則前導騎士亦可不用

宣宗忌辰輟朝詔皇帝勅諭禮部朕嗣承祖宗大位

宣德二年

七

夙夜祇惕慮弗克勝忽遇忌日重懷愴感仁宗淳皇帝淳皇后崇善慶之源其忌日官員朝參輟奏事太祖高皇帝孝慈高皇后大開創之業太宗文皇帝仁孝文皇后隆中興之功仁宗昭皇帝光繼統之治忌日悉輟朝參歲為定例用伸朕永慕之誠其敬承之故諭

英宗實録宣德十年五月庚辰行在禮部上祖宗忌辰禮儀先是上謂尚書胡濙曰朕念祖宗恩德深厚每遇忌辰良切深感食稻衣錦豈心所安爾禮部其與翰林計議以聞至是大學士楊士奇楊榮學士楊溥議每歲遇太祖高皇帝孝慈高皇后太宗文皇帝仁孝文皇后仁宗昭皇帝忌辰上服淺淡色衣不鳴鐘鼓于承天門視事宣宗皇帝忌辰小祥大祥之日

上服淺淡色衣不鳴鍾鼓于西角門視事從之
孝宗實録弘治十　年八月乙未朔癸卯日吏部尚
書馬文升言臣伏聞宣德間有旨仁祖忌辰諸司悉
免奏事自太祖至仁宗生忌俱輟朝一日其後不知
始于何時仁祖忌辰照常奏事唯太祖至憲宗忌辰
百官淺淡服色黑角帶朝廷亦出視朝鳴鍾鼓奏事
與親王郡王薨逝公侯伯并文武一品官病故輟朝
不鳴鍾鼓事例反有不同且與古禮未合又與宣宗
勅旨有違臣切思之自仁祖至憲宗世有遠近服有
隆殺臣愚欲自仁祖忌辰至英宗睿皇帝生忌日照
舊視朝鳴鍾鼓百官淺淡服色黑角帶奏事若遇憲
宗皇帝孝穆皇太后忌日皇上于奉先等殿祭祀畢
回宮不出視朝者淺淡服進素膳淵默以居不預他

事或如宣宗聖旨自太祖至憲宗生忌照例俱輟朝
一日若遇憲宗皇帝孝穆皇太后忌日仍如臣前所
擬而行上令禮部稽攷古禮詳議〻覆禮部謂古禮
經傳所載忌日謂死之日則死日為忌而非生辰也
其曰忌日不用不以此日為他事也其曰忌日不樂
是不可舉吉事也是則此日當專意於哀思父母其
餘一切事務皆不當舉也文升所奏固為有見但奉
有先朝事例迄今見行不敢更易伏乞聖明裁處上
曰列聖忌辰已有旨淺淡服色視事
續文獻通考今上萬曆四年題准凡郊廟奏祭祀日
遇有忌辰則移前一日如致齋日內遇忌辰上具常
服百官具青綠錦繡其正祭日遇忌者如祭在日間
除臨時照常其祭服行禮本日祭前祭後與致齋遇

忌同如夜分祭畢是日上仍淺淡服色百官青衣角帶辦事

明制凡值帝后忌辰皆遣官于陵上致祭止用香燭酒果無帛○忌辰祝文式維年　月　日孝子皇帝御名謹遣某官敢昭告於皇考或皇妣謚號皆備書某皇帝或某皇后尊靈曰惟我皇考或皇妣諱日之辰瞻望德恩不勝伏增哀感謹用祭奠伏惟尚饗或高曾祖考妣則玄曾孫惟所稱

于慎行筆麈唐制二月八月及生日忌日公卿朝拜諸陵又有忌日行香于京城宮觀天下諸司亦於國忌行香至宋猶有宮觀行香之禮外州不同也漢唐以來諸帝升遐宮人無子者悉遣諸山陵供奉朝夕具盥櫛治衾枕事死如生至宋不聞有此本朝國忌亦陵及內殿有祭無行香宮觀之禮

嘉靖元年

諸陵唯中官灑掃不遣宮女皆前代所不及也

世宗實録嘉靖元年五月仁宗昭皇帝忌辰遣官祭獻陵先是給事中安磐等奏稱是日適值經筵衣緋賜宴輟講則廢學如儀則忘孝請移經筵前一日上下其議禮部覆言經筵禮儀期日累朝未之有改考之祭義曰君子有終身之喪忌日之謂也此專指父毋而言祖父以上禮經未載伏覩孝宗在位遇憲宗忌辰仍御經筵凡侍班等官俱衣青綠花樣賜宴宜倣此行上特旨暫免

二年八月丁未萬壽聖節先是再遇聖節皆以先帝喪殺禮又值高皇后忌辰移之先一日至是禮官言大喪既除宜盡從吉典先忌祭而後受朝亦不妨同日上可其同日之請猶以孝惠皇太后制未闋不忍

純吉仍暫免習儀宣表及鷄唱山呼之禮是日上親祀奉先殿奉慈殿孝惠皇太后几筵殿畢出御奉天殿受賀免文武百官及四夷使臣宴賞

生忌

唐書禮樂志武后時生日忌日遣使詣陵起居景龍二年右臺侍御史唐紹上書曰禮不祭墓唐家之制春秋仲月以使具鹵簿衣冠巡陵天授之後乃有起居遂為故事夫起居者參候動止事生之道非陵寢法請停四季及生日忌日節日起居准式二時巡陵手勅曰乾陵歲冬至寒食以外使二忌以內使朝奉它陵如紹奏。唐紹傳中宗時列帝誕日遣使者詣陵如事生紹以為非禮引正誼固爭通典上陵條載紹疏有以皇誕之日穿針之辰皆以續命為名時人多有進奉于聖靈日遠仙駕難攀進止起居恐乖先典宋史有司言臣僚忌日恩賜其忌甚有無名者如劉繼元李煜劉鋹之類皆身為降俘亡沒已久而尚霑恩賜及周朝忌日尚有追薦本朝亦有追尊皇后生日道塲并諸神祠亦有為生日者請付禮官詳議不經之物一切省去詔周朝忌日仍舊餘罷之

忌月

通典晉穆帝納后值忌月范汪與王彪之書云尋起居注九月是康皇帝忌月禮止云忌日不樂都無忌月語不審是疑不若當疑於九月遠八月其間當下六禮便為至逼不復展如此當伸至十月恐不應以為忌耶足下可以示曹諸賢取定也博士曹耽謂不見禮有忌月學淺不敢以所見便言無之博士荀訥案禮唯云忌日不樂無忌月之文所謂忌日當是子

郊今代所忌更以周年日數此事與古不同王曰若有忌月復有忌時忌歲轂共視禮無忌月令者所据正當以禮經為明僕射周閔等云禮止有忌日不樂了無忌月語王者當伏經典存遠體君舉必書動為代法故當如皇太后令旨剋此九月宜以為定

唐武后神功元年七月清邊道大總管建安王武攸宜破契丹凱還欲以是日詣闕獻俘內史王及善以為軍將入城例有軍樂今既國家忌月請備而不奏鳳閣侍郎王方慶奏曰臣按禮經但有忌日而無忌月晉穆帝納后用九月其月是康帝忌月于時疑不定下太常禮官荀訥議稱只有忌日無忌月若有忌月即有忌時忌歲益無禮據當時從訥所議軍樂是軍容與常樂不等臣謂振作於事無嫌

通典初睿宗祥月太常奏朔望廢朝尚食進蔬且止樂餘日御便殿具供奉狀中書門下官得侍它非奏事毋謁前忌與晦三日後三日皆不聽事忌晦之明日百官叩側門通慰後遂爲常至元和九年忌月修撰官太學博士韋公肅上疏曰准禮無忌月禁樂今太常及教坊以正月是國家忌月停習郊廟享宴之音中外士庶咸罷慶樂伏尋經典切恐乖宜臣謹按礼記有忌日不樂無忌月之文漢魏以降代襲斯旨唯晋穆帝將納后以康帝忌月下議禮官荀訥王洽曹躭王彪之並當時知礼者皆稱有忌日無忌月若有忌月即有忌時忌歲並無禮據時從其議伏以仍前所禁皆在二十五月之中今既逾遠禮須改草臣又聞統人立法必守先王之常經企及俯就不違聖

哲之明訓下盡羣言上留玄鑒不以私懷而踰於禮節又記曰禫月從樂明王制禮漸去其情不應以追遠而立禮反重也今太常停習郊廟之樂是反重而愓神有司禁中外之音是無故而去樂詳其前典情理不倫考其沿襲又無所据儻陛下正因循之越度法經典之明文得禮之儀傳於史冊天下幸甚詔傳中書門下令台太常卿與禮官等學官詳議可否中書門下奏曰忌日太常寺及教坊悉停閱習中外並庶亦皆禁斷准禮及歷代典故並無忌月禁樂請依常教習者勅旨宜依其士庶之家亦宜准此

宋史真宗咸平中有時將設春宴令明池習水戲開瓊林苑縱都人游賞帝以是月太宗忌月命詳定故事以聞史館檢討杜鎬等言按晉穆帝納后月是康

帝忌月禮官荀訥議有忌日無忌月若有忌月即有忌時忌歲蓋無所据當時從訥所議唐武后神功元年建安王武攸宜破契丹詣闕獻捷軍人入城例有軍樂内史王及善以國家忌月請備而不奏鳳閣侍郎王方慶奏按禮經有忌日而無忌月遂舉樂憲宗時太常博士韋公肅言禮無忌月禁樂令太常教坊以正月為忌月停郊廟享宴之禮中外士庶咸罷宴樂竊恐乖宜時依公肅所奏伏以忌日不樂嘗載禮經忌月徵縣實無典故況前代鴻儒議論咸据其春宴及池苑並合舉樂

國朝會典崇德年間定凡遇

先皇帝　先皇后忌日　皇上以下宗室以上不跳

此條應移在前忌日之後

神不還愿不筵宴作樂不理刑名穿素服照常辦事。
順治二年八月初九日　太宗文皇帝忌辰是日内
府以下宗室以上不跳神不還愿不筵宴作樂不理
刑名穿素服其官民人等穿素服不理刑名照常辦
事是日祭　社稷壇陪祀各官祭畢仍易素服　太
祖武皇帝　皇后忌辰並同九年八月初九日秋祭
社稷壇禮部題請改期奉　旨照舊祭不必改期。
十二年定凡遇忌辰應遣官一員于陵上供酒菓上
香燭致祭或遣在京官前往或遣　盛京官致祭請
旨行

神御

宋史禮志神御殿古原廟也以奉安先朝之御容宣
祖昭憲皇后于資福寺慶基殿太祖神御之殿七太

年興國寺開先殿景靈宮應天禪院西院南京鴻慶宮永安縣會聖宮楊州建隆寺章武殿滁州大慶寺端命殿太宗神御之殿七啓聖禪院壽寧堂景福殿鳳翔上清太平宮并州崇聖寺統平殿及西院鴻慶宮會聖宮真宗神御之殿十有四景靈宮奉真殿玉清昭應宮安聖殿洪福院壽寧堂福聖殿崇先觀永崇殿萬壽觀延聖殿澶州信武殿西京崇福宮保祥殿華州雲臺觀集真殿及西院鴻慶宮會聖宮鳳翔太平宮仁宗英宗神宗哲宗四朝神御于景靈宮應天院章獻明肅皇后於慈孝寺彰德殿章懿皇后于景靈宮廣孝殿明德章穆二后于普安院重徽殿章惠太后于萬壽觀廣慶殿仁宗時統平殿災諫官范鎮言并州素無火災自建神御殿未幾而輒焚天意

若曰祖宗御容非郡國所宜奉安者近聞下并州復加崇建是徒事土木重困民力非所以荅天意也先是睦親廣親二宅並建神御殿翰林學士歐陽修言神御非人臣私家之禮下兩制臺諫禮官議以為漢用春秋之義罷郡國廟今睦親宅廣親宅所建神御殿不合典禮宜悉罷詔以廣親宅置已久唯罷修睦親宅知大宗正丞事李德芻言禮法諸侯不得祖天子公廟不設于私家今宗室邸第並有帝后神御非所以明尊卑崇正統也望一切廢罷下禮官詳定請如所奏詔諸宗室宮院祖宗神御迎藏天章閣自是臣庶之家凡有御容悉取藏禁中元豐五年作景靈宮十一殿而在京宮觀寺院神御皆迎入禁中所存唯萬壽觀延聖廣愛寧華三殿而已建炎二年閏四

低一字大

月詔迎溫州神御赴闕先是神御于溫州開元寺暫行奉安章聖皇帝與后像皆以金鑄置外方不便因愀然謂宰輔曰朕播遷至此不能以時薦享祖宗神御越在海隅念之坐不安席故有是命紹興十五年秋復營建神御殿于崇政殿之東朔望節序帝后生辰皇帝皆親酌獻行香用家人禮

建炎以來朝野雜記郡國廟國朝惟祖宗所嘗幸則有之建炎初虜圍西京急留守孫昭遠遣其將王仔奉啓運宮神御間道走揚州後遷于福州而永安軍會聖宮楊州章武殿之御容則遷于溫州天慶觀紹興十三年復奉溫州神御還臨安于萬壽觀之後殿惟啓運留福州以守臣提舉成都府新繁縣御容殿者始在重光寺藥師院雍熙間僧道輝畫太祖皇帝

御容于佛屋之後壁熙寧六年趙清獻爲成都守請建殿奉安神宗不許但令設板屋欄楯以扃護之元豐七年走承受趙選者更具奏得旨修建殿宇創置門鑰官設監守朝謁以時紹興元年終南山上清太平宮道士祟金真等復持太宗真宗御容自岐下抵宣撫使張忠獻忠獻即遣使奉安于太宗之側四年宣撫副使吴武安玠更自武興送仁宗英宗神宗御容至殿奉安二十七年楊文安椿爲兵部侍郎言於朝有旨別加營繕始更爲殿門外向二十九年乃成時王時亨知府事請賜宫額及殿名不報淳熙中胡長文入蜀始議即府之聖壽寺創殿以奉御容殿宇甚華供奉之物亦浸備乃復乞宫額于朝先是長文創雄邊軍數千人列營府治之側又言右室學宫聚

低一字大

川峽之士而每遇科舉皆歸試其鄉乞為之別立解額事未行議者因謂今蜀已有太學及殿前司獨欠景靈宮爾由是格不下今春秋以特遣判朝謁用素饌道士讀祝文猶如紹興之禮云

吳自牧夢粱錄紹興間臣僚奏復景靈宮以奉祖宗衣冠之游詔臨安府同修殿門扁曰思成前為聖祖殿宣祖至徽宗殿居中東西廊俱圖配享功臣像于壁元天聖后與昭憲太后而下諸后殿居于後咸淳間度廟親洒扁目自聖祖宣祖太祖至理廟凡十六殿自元天聖后至楊太后凡十五殿按朝野雜記太廟以奉神主一歲五饗朔祭而月薦新其五饗命宗室諸王奉禮朔祭以太常卿行事景靈宮以奉塑像歲行四孟饗主上親禮之帝后大忌宰臣率文武官

像行香僧道作法事后妃六宮亦皆總往天章閣奉
繪像時節朔望帝后生忌日皆酌薦内臣行禮内庭
欽先孝思殿亦奉神御主上每日炷香凡朔望帝后
忌辰節序皆親行酌獻禮太廟之祭以行俎豆禮景
靈宮祭以奉牙盤禮天章閣欽先孝思殿以奉常饌
行家人之禮

金史禮志天德四年于燕京所建原廟名其宮曰衍
慶殿曰聖武門曰崇聖

大定十七年正月詔于衍慶宮聖武殿西建世祖神
御殿東建太宗睿宗神御殿

禮官率太廟署官等詣崇聖閣奉世祖御容導太宗
御容于聖武殿行禮畢以次奉安于丕承殿睿宗御
容奉安于天慶殿

大定二十一年閏月昭祖景祖奉安燕昌閣上肅宗穆宗康宗奉安閣下明肅皇帝奉安崇聖閣下

金集禮大定五年七月奏會寧府已起蓋太祖廟未有御容契勘衍慶宫内見有太祖御容一十二軸合無將一軸前去奉安或别行謄寫奉勅旨以便服容一軸差官前去奉安

宋會要楊州建隆寺舊有太祖御榻殿景德二年寺僧請奉安聖容詔翰林圖畫嚴衛而往今擬以杏為御容匣朱紅漆黃羅托裏合用龍馳車隨宜鋪設裀褥匣上覆以黃羅帕

金史宣孝太子廟别建影殿奉遷畫像

元史祭祀志神御殿舊稱影堂所奉祖宗御容既而更號神御殿皆紋綺局織錦為之

元史本傳阿尼哥善畫塑及鑄金為像凡兩京寺觀

係前

之像多出其手原廟列聖御容織綿爲之圖画弗及也

元史祭祀志影堂所在世祖帝后大聖壽萬安寺裕宗帝后亦在焉順宗帝后太普慶寺仁宗帝后亦在焉成宗帝后大天壽萬寧寺武宗及二后大崇恩福元寺爲東西二殿明宗帝后大天源延聖寺英宗帝后大永福寺也可皇后大護國仁王寺殿皆制名以冠之世祖曰元壽昭睿順聖皇后曰睿德南必皇后曰懿壽裕宗曰明壽成宗曰廣壽順宗曰衍壽武宗曰仁壽文獻昭聖皇后曰昭壽仁宗曰文壽英宗曰宣壽明宗曰景壽

阿尼哥傳善畫塑及鑄金爲像凡兩京寺觀之像多出其手原廟列聖御容織錦爲之圖畫弗及也

低一字大

讀禮通考卷七十九

喪儀節四十二

天子為親藩外戚制服臨喪儀

後漢書禮儀志　諸侯王貴人公主公將軍特進薨使者治喪百官會送如故事

後漢明帝時東海恭王薨帝出幸津門亭發哀

晉書　安平獻王孚以泰始八年薨武帝于太極東堂舉哀三日再臨喪親拜盡哀及葬又幸都亭望柩而拜哀動左右

汝南王亮長樂長公主薨武帝並舉哀三日

摯虞決疑注　國家為同姓王公妃主發哀于東堂為異姓公侯都督發哀于朝堂

後魏書高祖太和十八年安定王休薨高祖自薨至殯車駕三臨改服錫衰素弁加絰

太和十九年廣川王諧薨詔曰古者大臣之喪有三臨之禮此蓋三公已上至于卿司已上故應歛自漢以降多無此禮朕欲遵古典哀感從情雖以尊降伏私痛寧爽欲令諸王有朞親者為之三臨大功之親者為之再臨小功緦麻為之一臨廣川王于朕大功必欲再臨再臨者欲于大歛之日親臨盡哀成服之後緦衰而弔既殯之緦麻理在無疑大歛之臨當否如何為須撫柩於始喪為應盡哀於闔棺早晚之宜擇其厥中黄門侍郎崔光宋弁通直常侍劉芳典命下大夫李元凱中書侍郎高敏等議曰三臨之事乃自古禮爰及漢魏行之者稀陛下[redacted]方遵前

軌志必哀喪慶問寡戚臣等以為若朞親三臨大功宜再始喪之初哀之至極既以情降宜從始喪大斂之臨伏如聖旨詔曰魏晉已來親臨多闕至於戚臣必於東堂哭之頃大司馬安定王薨朕既臨之後復更受慰于東堂今日之事應更哭否光等議曰東堂之哭蓋以不臨之故今陛下躬親撫事羣臣從駕臣等參議以為不宜復哭詔曰若大司馬戚尊位重必哭于東堂而廣川既是諸王之子又年位尚幼卿等議之朕無異焉諧將大斂高祖素服深衣哭之入室哀慟撫尸而出及葬帝親臨送之任城王薨高祖親臨哭之

隋書禮志　皇帝本服大功以上親及外祖父母皇后父母諸官正一品喪皇帝不視事三日皇帝本服小功緦麻親百官三品以上喪皇帝皆不視事一日

唐書永安王孝基薨高祖爲之發哀

開元禮皇帝爲外祖父母舉哀本司散下其禮所司隨職供辦尚舍奉御先於别殿設素褥牀帝爲舉哀成服位南向尚衣奉御先製小功五月之服守宫先於舉哀殿外門之外隨便設百官文武次如常其日舉哀前三刻諸衛屯門列仗如常諸應陪慰者並赴集次所典儀於舉哀殿門外布百官位亦如常又于殿前設諸王三品以上哭位文東武西重行北面相對爲首諸親位于文武官五品之下（皇宗親在東異姓親在西）又于階下當御位北向設太尉奉慰位文武百官到入次改服素服侍中版奏請中嚴亦在三刻之前尚衣奉御以篋奉繐服升立于殿東間北面典謁引諸王百官一品以下九品以上俱就門外位文武侍衛之官謁

閤奉迎舉哀前一刻侍中版奏外辦皇帝服素服御輿出升别殿降輿即哭位南向坐侍衛如常至是侍中跪奏請為故某官（若某郡君）舉哀俛伏興皇帝哭十五舉聲侍中跪奏請哭止成服俛伏興皇帝止尚衣奉御以篋奉衰服進跪授興仍贊變服焉（于變服則權設步鄣已而去之）成服已侍中又跪奏請哭俛伏興皇帝哭通事舍人引諸王文武百官三品以上入就殿庭位舍人贊拜羣官在外者皆再拜舍人贊哭羣官在位者皆哭十五舉聲舍人贊止羣官在外者皆止舍人引諸王為首者一人進詣奉慰位跪奉慰俛伏興舍人引退還本位又舍人次引文武百官行首一人進詣奉慰位跪奉慰俛伏興舍人引退還本位舍人贊拜在位者皆再拜舍人引三品以上退立其四品以下位于門外者

典謁贊拜贊哭贊止引退如殿庭之儀侍中跪奏請
哭止俛伏興皇帝止御輿降還侍衛從至閤如初所
司宣伏散其日晡哭則晡前二刻奏嚴一刻奏辦皇
帝服衰服出即位次哭如初百官不集自後朝晡凡三日而
止○為皇后父母舉哀與為外祖父母禮同其異者
製緦麻三月之服朝晡再哭而止
為諸王妃主舉哀本司散下其禮所司隨職供辦尚
舍奉御先於肅章門外道東設大次南向周以行帷
御座設素牀褥席守官隨便于永安門外設文武官
五品以上便次其日舉哀前三刻侍中版奏請中嚴
前二刻諸衛列仗如常典儀於大次前量遠近設一
品以下應陪集者哭位文東武西重行北面相對為
首百官皆集次改服素服就位又于大次前設奉慰

位前一刻文武侍衛之官詣閤奉迎如常侍中版奏外辦皇帝素服御輿複道以出從幃宮後門入之大次（其無複道者百官於外門外為位立）降即哭位南向坐侍衛如常至時侍中跪奏請為故臣某官（若王若妃）舉哀俯伏興皇帝哭通事舍人贊羣官拜羣官在位者皆再拜（若有官為門外位者俟入大次通事舍人由三品以上入次前位四品以下仍門外位）舍人贊哭羣臣在位者皆哭十五舉聲舍人贊止羣臣在位者皆止舍人引文武官行首皆一人詣奉慰位跪奏慰俛伏興引退還本位舍人贊拜羣官在位者皆再拜訖（有門外位者典謁贊拜贊入贊止）侍中跪奏請哭止俛伏興又奏請還宮退本位立皇帝哭止御輿降還其侍衛從至閤如常所司宣仗散其日晡哭則晡前二刻奏嚴一刻奏辦皇帝仍初服出位次哭如初（侍衛如常百官不集）自後本服周者凡三朝哭而止本服大功者其日晡

哭而止本服小功以下一舉哀而止若皇太子陪舉哀則素服左廡子啓引從帷宮南門入至大次前啓再拜訖引升東閤之南北向哭于百官哭止皇太子哭止進御座前跪俛伏興再拜于百官退引降拜退還如初其宮官等應陪拜慰者則隨班于上臺自下皆然之○為內命婦親戚舉哀與為諸王妃主禮同其三夫人以上其日仍晡哭而止其九嬪以下舉一哀而止亦隨恩賜之深淺○為貴臣舉哀與為諸王禮同其異姓者一舉哀而止貴官謂執事二品以上散官一品其餘官亦隨恩賜之深淺○為蕃國王舉哀與為貴臣禮同其異者城外張帷幔為次向其國而哭之至三聲而止

皇帝臨諸王妃主喪本司散下其禮所司隨職供辦

尚舍直長先設行宮大次于主人第大門外之西南向守宮于主人大門外隨便設諸從駕文武之官便次其所臨五屬之親于乘輿未到之前並先集列于主人之第其執事先于其寢北設幃幔為主人五屬婦女拜哭次其日未出宮前四刻侍中版奏請中嚴出宮前三刻搥一鼓為一嚴（三嚴時節前一日侍中奏裁）所司整設小駕鹵簿于所出宮門外如常儀出宮前二刻又搥二鼓為再嚴奉禮于所出宮門外設陪從之官位如常尚舍奉御先于主人第大門外便殿之內設皇帝便座南向又于主人堂上中間設素下牀席為哭位亦南向典儀又于主人庭中設陪從官位文東武西重行北面相對為首又于御座前階下設奉慰位主人執事于堂下設五屬之親位于東階之東重行西面

北上又設五屬婦女位于堂北漫下主女位于東廂西面南上妻妾位于西廂東面南上衆婦人位于北廂重行南面諸親在東相對為首以服紀屬序而尊者差前其五屬外内並臨于次前諸陪從之官各常服赴集其位有司整列皇帝四望車以下及仗衛之屬應列鹵簿者于内外如常儀出宫前一刻又搥三鼓為三嚴侍衛之官詣閤奉迎如常侍中版奏外辦皇帝服常服御輿以出繖扇華蓋侍衛警蹕如常儀皇帝降輿升車黄門侍郎進當車前跪奏稱黄門侍郎臣某言請乘輿退復位凡黄門侍郎奏請皆進跪奏稱某官臣某言訖俛伏興駕動警蹕如常黄門侍郎與贊者夾輅以出至侍臣上馬聽黄門侍郎進跪奏稱請駕權停勑侍臣上馬俛伏興侍中前承詔退稱制曰可黄門侍郎退唱侍臣上馬贊者承傳文武侍臣上馬畢黄門

侍郎奏稱請乘輿發退復位鑾駕動稱警蹕鼓吹不作文武羣官應陪從者乘馬以從駕至行宮門外侍中進跪奏請降車俛伏興退復位皇帝降東御輿就大次其輿輦以下鈒戟仗衛之屬陳列于大次之前左右皇帝變服素服其陪從之官各舍于便次變服素服其侍臣及武官不變服主人相引主人內外五屬之親各服縗服就堂下外內位次哭典儀一人立于堂下東階東南贊者二人立于其南退俱西面皇帝變服訖御輿出侍御如常主人免絰去杖司儀令引出大門外望見乘輿止哭再拜迎仍引主人先入門右西面立不哭（其未殯即通拜迎拜送于大門內）皇帝至堂侍中跪奏請降輿升俛伏興（于所臨喪者非尊秩則御輿升堂）皇帝降輿升自東階即哭位坐巫祝各一人先升巫執桃立于東南祝執茢立

於西南相向千牛四人執戈隨升二人先二人後侍臣夾升列于户内外及階下左右其仗衛鹵簿止列於門外内如常司儀令引主人入中庭北面典儀稱拜主人内外皆再拜勅令主人升司儀令引主人升立于户内之東西面侍中跪奏請哭俛伏興皇帝哭典儀稱哭贊者秉傳唱可哭（凡典儀有詞贊者皆秉傳）主人以下在位者皆哭典謁引諸從官應陪臨者入即班位立定典儀稱拜從官在位者皆再拜典謁稱哭從官在位者皆哭十五舉聲典儀稱止從官在位者皆止典謁引諸王為首者一人進舍人接引詣奉慰位跪奏慰俛伏興舍人引退典謁接引還本位又典謁次引諸從官文武引首一人進舍人接引詣奉慰位跪奏慰俛伏興舍人引退典謁引從官在位者出又典謁次引

諸王等以次出侍中跪奏請哭止俛伏興皇帝止典儀稱哭止主人以下皆止司儀令引主人降立于庭中之東北面典儀稱拜主人以下皆再拜侍中跪奏請哭止俛伏興皇帝降御輿出侍衛警蹕如初司儀令引主人先出伏于大門外拜送皇帝至大次降輿即御座變服司儀令引主人哭還廬次皇帝停大次未發前三刻侍中版奏請中嚴所司先奏三嚴搥鼓整列仗衛鹵簿于還塗如來儀奉禮于行宮南門外道左向道重行設陪從之官位文左武右陪從之官于便次變服常服赴集位所典謁引即班位三嚴已侍中版奏外辦皇帝御輿出侍衛警蹕並如初皇帝降輿升車黄門侍郎奏請及羣臣陪從鼓吹不作並如來儀乘輿至殿前若閤外迴車侍中跪奏請降入俛伏

輿皇帝降車輿入侍臣從至閤如初侍中版奏解嚴將士各還其所百官皆退○臨外祖父母喪○臨皇后父母喪○臨宗戚喪○臨貴臣喪皆與臨諸王妃主喪同其臨諸王妃之喪及凡內喪則並幸其前寢次也其尊親應喪殯寢者則臨殯寢可也凡臨諸王妃主尊親者及師保傅與三老五更二王後喪則敬同外祖其所臨幸者若第隣宮闕率爾往還則容不備鹵簿與嚴鼓皆稟當時別儀注其內外文武陪從之官准駕備略備為官從具車略謂減省之駕若經太廟則侍中跪奏式過乃服常

皇帝除外祖父母喪服本司散下其禮所司隨職供辦守宮先於別殿大門外隨便設百官文武便次如初于除服前之夕尚舍奉御于別殿設素下牀席焉至日平曉而除服外祖父母則五月先下旬之吉也其從朝制公除則祖父母五月也于除服前三

刻侍中版奏請中嚴諸衛勒所簿屯門列仗如常典儀於別殿前設諸王百官三品以上位如初又設奉慰位如初設一品以下九品以上位于別殿門外如初百官文武應陪臨者並赴集大門便次各服素服典謁引就別殿門外位尚衣奉御以篚奉素服吉屨升殿位于殿東閤北面立腰輿進于寢庭侍衛之官詣閤奉迎如常式除服前一刻侍中版奏外辦皇帝仍服衰服御輿出左右直衛鈒戟警蹕並如初皇帝升別殿降輿即哭位哭侍衛如初侍中跪奏請哭俯伏興皇帝哭十五舉聲侍中跪奏請哭止從禮制除服俛伏興皇帝止尚衣奉御以篚奉衣履進跪受興仍督變除（于變除則權設步障已而去之）變除已侍中又跪奏請哭俯伏興還本位皇帝哭通事舍人引諸王百官三品以上

入各就班位定舍人贊拜羣官在位者皆再拜舍人贊哭羣官在位者皆哭十五舉聲舍人贊止羣官在位者皆止舍人引諸王為首者一人進詣奉慰位跪奉慰俯伏興舍人引退還本位舍人贊拜在位者皆再拜舍人引三品以上出其四品以下位于門外者典謁贊拜贊哭贊止引退如三品以上之儀侍中跪奏請哭止還俯伏興皇帝止御輿降還其夾御之官從至閤如初所司奏宣解嚴如常儀○除皇后父母喪服與除外祖父母禮同其異者后父母三月先下旬之吉除也公除則三日而除之

開元禮中宮太皇太后皇太后皇后為父母祖父母成服若聞喪有奔喪之礼故成服篇在諸舉哀後三日成服本司散下其禮所司隨職供辦尚寢先于舉哀別殿東壁設素下牀席為后成服位西向為祖父母則北壁下南向尚服先製

其所自後赴葬及練祥則出出入如初禮皇太后皇后於父母若祖父母之喪比喪已還而不赴葬則于啟日之朝也與六宮以下服衰服奏引各即上下位次哭臨拜慰如初若父在祖父在為母若祖母之喪十一月而小祥則與六宮以下於位次行變除之禮易以練總除腰絰受慰如常禮其稟旨行公除之礼則十三日而除其行除礼如別除

唐書禮志舉哀之日為位於別殿文武三品以上入哭於庭四品以下哭於門外有司版奏中嚴外辦皇帝已變服而哭然後百官內外在位者皆哭十五舉音哭止而奉慰其除服如之服朞者三朝晡止大功朝晡止小功以下一哀而晡百官不集若為藩國君長之喪則設次于城外向其

章獻一段改入後十九頁明集禮前（今改在二十二頁上）

國而哭五舉音止

宋史孝宗乾道三年始為皇伯母秀王夫人薨設幕殿後苑壬地舉哀成服復舉行焉皇太后皇后為本族之喪孝明皇后姊太原郡君王氏卒中書門下據太常禮院狀準禮例皇后合出就故彰德軍節度使王饒第發哀成服文武百僚詣其第進名奉慰從之章穆太后母楚國太夫人吳氏薨太常禮院言皇帝為外祖母本服小功詳開寶通禮即有舉哀成服之文又緣近儀大功以上方成服今請皇太后擇日就本宮掛服雍王以下為外祖母給假其後太后嫡母韓四太夫人薨亦用此制焉

章獻明肅皇后改葬父母前一日皇后詣攢所俟時詣成服所改服緦尚儀奏請詣靈柩發哭奠酒退六宮內人立班奉慰掩壙

畢皇后詣墳奠獻再拜釋服還宮外命婦進牋奉慰如儀

舉哀掛服尚舍設次於廣德殿或講武殿大明殿其後皆於後苑壬地前一日所司預設舉哀所幕殿周以簾帷色用青素其日皇帝常服乘輿詣幕殿侍臣奏請降輿俟時釋常服服素服白羅衫黑銀腰帶素紗軟脚幞頭太常博士引太常卿當御座前跪奏請皇帝為某官薨舉哀又請舉哭十五舉音又奏請可止中書門下文武百官進名於崇政殿門外奉慰皇帝釋素服服常服乘輿還內真宗乳母秦國延壽保聖夫人卒以太宗喪始朞疑舉哀禮官言通禮皇帝為乳母緦麻按喪葬令皇帝為緦一舉哀止秦國夫人保傅聖躬宜備哀榮以太宗之後已終易月之制

今為乳母發哀合於禮共從之鄭國長公主薨禮官言降服大功擇日成服緣居大行皇太后大祥之內喪服未除典禮舊章以輕包重酌情順變禮當厭降望不成服皇親諸親亦不制服帝曰宗室制王皆不制服情所未忍至期當遣諸王就其第成服及令皇后臨奠餘如所請皇從弟右監門衛大將軍德鈞卒以皇帝恭謁陵寢罷舉哀成服康定二年皇子壽國公昕薨年二歲禮官言已有爵命宜同成人遂發哀成服熙寧十年永國公薨係無服之殤詔特舉哀成服

政和禮 皇帝為諸王以下喪舉哀訃奏命太史擇日舉哀前一日尚舍奉御於後苑正北偏西壬地設御幄南向周以簾帷其日皇帝常服乘輿詣幄降輿侍

衛警蹕如常儀皇帝至御幄南向坐簾降俟時文武朝參官以上並赴崇政殿門外立班（以俟進名奉慰）至時皇帝釋常服服素服禮直官太常博士引鴻臚卿當御幄簾前俛伏跪奏鴻臚卿臣某言請皇帝為某官封某薨（若婦人稱某人某氏若大臣稱某官封姓名）舉哀奏訖俛伏興又奏請舉哀皇帝舉哭十五舉音又奏請可止皇帝哭止禮直官太常博士鴻臚卿復位立並退文武百僚進名奉慰訖皇帝釋素服服常服乘輿還內如常儀皇帝為大遼國喪舉哀訃奏命太史擇日舉哀前一日尚舍奉御於內東門貯廊北設御幄周以簾帷其日皇帝常服乘輿詣降輿侍衛警蹕如常儀皇帝至御幄南向坐簾降俟時文武朝參官以上立赴西上閤門立班（以俟進名奉慰）至時皇帝釋常服服素服禮直官太常博士引鴻

臚卿當御座前俛伏跪　鴻臚卿臣某言請皇帝為北朝北主凶訃至舉哀奏訖俛伏興又奏請舉哭皇帝舉哭五舉音（向其國而哭之）又奏請可止皇帝哭止禮直官太常博士鴻臚卿復位西向立文武百僚進名奉慰訖皇帝釋素服服常服乘輿還内如常儀

宋史禮志皇帝臨諸王妃主外祖父母皇后父母宗戚貴臣等喪出宮服常服至所臨處變服素服

政和禮皇帝臨奠諸王以下喪訃奏命太史擇日臨奠前一日尚舍奉御於受奠者之第大廳中間設御幄周以簾帷有司於大門之外設從駕臣僚次其日質明皇帝常服出内東門文武從駕臣僚及侍衛應奉人起居如常儀尚輦奉御奉輦稍前典御進輦皇帝乘輦以出侍衛警蹕如常儀（不由宣德門餘皆臨時取旨）將至主人

太常因革禮

服衰免絰去杖哭出於門外立班如未成服則着帽收髮皂衫縶絹帶望見乘輿止哭迎駕起居本家人各從其後舍人贊拜主人以下皆再拜訖退俟宣乃入從駕臣僚至門外退就次皇帝至御幄降輦步至靈座前婦人衰服起居于堂西階下三上香三奠酒訖退歸幄南向坐宣主人入立于階下北面宣問賜賻贈訖無男子者遣内侍宣問本家婦人之長者舍人贊拜主人皆再拜訖退出門外立班拜送奉御奉輦稍前典御進輦皇帝乘輦還内如常儀有陳乞者皆即時附表以聞

金史

梁宋國王宗幹薨庚戌上親臨百官奏戌亥不宜哭泣上曰君臣之義骨肉之親豈可避之遂哭之慟紀王宗強薨上親臨如宗幹喪

興定五年越王永功薨上親奠于殯所

至寧元年衛紹王薨臨奠于王第有司奏舊禮當設

坐哭上命撤坐伏哭盡哀

明集禮乘輿為王公大臣舉哀凡王公薨訃報太常司告示百官拱衛司前期於西華門內空地設御幄南向陳御座于正中上置素褥侍儀司設訃者位于御幄前之南設文武官僚哭位于幄前東西相向奉慰位于訃者位之北北向設贊禮二人位于訃者拜位之北東西相向引訃者二人位于贊禮之南東西相向引文武官四人于文武官之北東西相向其日拱衛司偹儀仗于奉天門奉迎車駕引禮引文武百官素服由西華門入就陪哭位引訃者亦由西華門入立位于西南侍儀版奏外辦皇帝素服乘輿詣幄儀仗分列于幄前之左右和聲郎陳樂于御幄之南設而不作太常卿于幄西跪奏其官來訃其年其月

某日臣某官以某疾薨請舉哀皇帝哭（古十五歛）文武官在位者皆哭（其哭音隨上爲節）太常卿跪奏請止哭皇帝止哭百官在位者皆止哭引禮引文武官就奉慰位北向立引班首詣御前唱跪贊禮同唱跪班首及百官皆跪班首奉慰引禮同贊禮唱俯伏興平身班首及百官皆俛伏興平身引禮引文武官分班立引禮引訃者就拜位贊禮唱鞠躬拜興拜興拜興平身引禮引訃者退太常卿跪奏禮畢皇帝興御輿還宮引禮引訃者及文武百官以次出○東宮為王公舉哀儀同但設幄于東宮西門外陪哭者皆東宮官屬

明集禮乘輿臨王公大臣喪儀注訃奏畢太常司移文太史監擇皇帝臨喪日以擇到日期奏聞告示拱衛司前期于喪家大臣門設大次南向中設御座置

素褥又設御座于喪家正廳之中南向有司設文武官次于大次之左右侍儀司設文武官立位于廳前之左右引禮四人位于文武官之北東西相向設喪主以下拜位于廳前北向設主婦以下婦人哭位于殯北幄中其日侍儀奏請鑾駕出宮侍儀兵衛導如常儀駕至喪者門外大次侍儀跪奏請降輅皇帝降輅御輿侍儀導引入大次儀仗兵衛陳列于大次之左右御用監令奏請易服皇帝易素服文武官亦于便次易素服引禮先引文武官入就廳前分班侍立皇帝御輿出次侍衛如常引禮引喪主以下免絰去杖衰服出迎于大門外望見乘輿止哭贊禮唱鞠躬拜興拜興平身喪主以下皆鞠躬拜興拜興平身引禮先引喪主以下入立于門内之西皇帝御輿入門

將軍四人前導四人後從入至正廳侍儀跪奏請降輿皇帝降輿升自中階太常卿跪奏請靈座前導引皇帝至靈座前文武百官隨從立于其後太常卿跪奏舉哀皇帝哭（以恩深淺爲節）百官皆哭太常卿跪奏止哭皇帝止哭百官皆止哭太常卿奏上香上香三上香皇帝立上香畢太常卿奏祭酒祭酒三祭酒皇帝立祭酒畢太常卿請詣御座導引皇帝至正廳御座將軍分立于左右引禮引喪主以下詣廳下拜位贊禮唱鞠躬拜興拜興平身承制官前跪承制興詣喪主前云有制贊禮唱跪喪主以下皆跪承制官宣制云云贊禮唱俯伏興拜興拜興平身喪主以下皆俯伏興拜興拜興平身引禮引喪主以下退立于廳西太常卿跪奏禮畢皇帝興侍從奏請升輿皇帝升輿御輿

以出導從侍衛如初喪主隨從出立于大次之前文
武官以次出皇帝至大次侍儀奏降輿皇帝降輿即
御座御用監官奏請釋素服皇帝易服訖御輿以出
引禮引喪主以下詣前贊禮唱鞠躬拜興拜興平身
引禮引喪主以下退拱衛司進輅侍儀跪奏請降輿
升輅皇帝升輅百官導引儀仗侍衛導引如來儀喪
主杖哭而入

接上寫

喪儀節

太皇太后皇太后皇后為父母親屬制服臨喪

儀

通典皇后為親屬舉哀議晉褚太后為從弟發哀博士王臻等議於至尊是族舅雖不及舉哀可從太后舉哀於朝堂又云太后前為褚衛軍劉夫人舉哀於式乾殿至尊於朝堂今宜依故事尚書王彪之議若至尊自應舉哀外族於朝堂是也若昔不舉哀唯應從太后遠出朝堂未踰其禮謂從舉哀之禮自中迄于中興朝庭已粗有常儀至尊為內族于東堂舉哀則三省從臨為外族及大臣於朝堂舉哀則八座丞郎從臨至尊之奉太后既率朝臣之儀又盡家人之禮二三情敬實兼忝臣〻今不應自舉哀者謂應從

太后臨於式乾殿太后在西面東向至尊位北面南向

隋書皇帝五服內親及嬪百官正二品已上喪並一舉哀隋制皇太后皇后為本服內親及嬪一舉哀皇太子為五服親及東宮三師三少宮臣三品已上一舉哀

開元禮中宮太皇太后皇太后皇后為父母祖父母舉哀其禮本司散下其禮所司隨職供辦訖舉哀前三刻尚寢於後別殿東壁下設薦為舉位西向為祖父母則北壁下南向前二刻內謁監於別殿前幔下設六宮哭位重行北向西上其六宮並集列於閤外次司贊一人立於殿上東楹之南掌贊二人立於階下並西面前一刻尚儀版奏外辦至時引后出升殿

侍衛如常內侍版奏訃尚儀傳奏稱某官（若某夫人）以某月日辰薨后啼若哭（父母啼祖父母哭）六宮從哭盡一哀后問故又哭盡哀乃變素服六宮皆素服哭不絕聲又盡哀司賓引其六宮入各就班位司贊稱再拜掌贊承傳（凡司贊有詞掌贊皆承傳）六宮在位者皆再拜司贊哭六宮在位者皆哭十五舉聲司贊稱止六宮在位者皆止司贊稱再拜六宮在位皆再拜司贊稱司賓引六宮退尚儀跪奏請哭止后止從臨者皆止后退舍別次六尚以下侍衛如初於閤哭臨如常禮其日晡臨晡前二刻奏嚴六宮赴集一刻奏辦至時引后就哭位餘如常儀跪奏請哭后哭六宮從臨者皆哭十五舉聲司贊稱哭止六宮在位皆止但無復拜禮其也贊引如初自後奔赴如別禮若有疾故未及奔喪則自後朝晡赴

集奏引即位哭及於閤臨皆如初以至成服而後奔
喪后為父母之舉哀也其有在宮公主為外祖父母小功者亦服
素服引升即位於户内之東北面與后俱哭臨於六
宮等之退也贊止引退有其曾祖高祖父母薨舉哀
與為祖父母同○為外祖父母舉哀右與祖父母舉
哀禮同其異者於別宮次其日晡後凡三朝哭臨而
止○為諸王妃主舉哀右與外祖父母舉哀禮同其
本服大功者其日晡後即服本服小功以下者一舉
哀而止○為内命婦舉哀與諸王妃主舉哀禮同其
九嬪以下一舉哀而止○為宗戚舉哀與諸王妃主
舉哀禮同
中宮太皇太后皇太后皇后奔父母祖父母喪本司
散下其禮所司隨職供辦尚舍先設行宮便殿於主

人大門外之內南向又從便殿之後及左右廂量設六宮以下陪從者便次又于喪寢前設障幰為六宮以下拜哭次主人五屬之親於東駕未至之前並集列于主人第某日出宮前四刻尚儀版奏請中嚴出宮前三刻諸衛等偹列常行仗衛鹵簿于所出宮門外內如常儀出宮前二刻內謁者監於主人第喪寢戶西（若殯西）設薦席為后哭位東向（其奔祖父母喪則戶內之西南廂北面也）又於喪庭寢幰下北面重行設六宮以下拜位以次北向西上以下從者各素服鴻臚寺于喪寢北張幃幕為主人五屬婦人哭位其六宮已下從者各素服集列以候陪從如常式（已成服則服衰服）內僕進惡車其仗衛之屬應充鹵簿者並以次整列于所出宮門外如常儀未出宮前一刻其六宮以下應陪從者並以次進迎如常

式小輿進于中庭時至尚儀版奏外辦后仍素服外輿出已成服則服衰服四面周以白布行幃至閤外后降輿外惡車內僕執御其內侍以下前導夾引與六伏以下乘車陪從如常儀六宮等應從者乘車以次陪從如常仗衛夾引后哭從臨者隨哭不絕聲於后未至之前司儀贊主人內外五親之屬各出就前堂哭五屬婦人出就後幕下位俱如喪寢之儀內謁者監一人升立於喪寢東楹之東南內給使二人於階下並西面后至主人第降車所尚儀跪奏請降車入后降車仍素服入自闈門三面周以行幃從臨者仍哭從不絕六宮以下哭從如初侍者夾扶主人降詣東階之南仍立哭其奔祖喪則主人仍位喪以待衆主人並降立於主人之後西面北上立哭以服精粗為序后至喪寢庭主人哭止再拜仍立

哭女侍者扶引后哭升自西階進尸西跪憑尸撫心哭從臨者皆哭於后之升也內謁者監及司賓引六宮以下從奔者各權舍于便次其仗衛鹵簿屯列于外內如常式主人以下應升者各即位哭盡一哀仍扶引即位哭從臨者仍哭（若已殯則先引進靈前跪憑靈哭盡哀奏引退西面再拜乃即哭位）內謁者監及司賓引六宮以下入即班位內謁者監稱拜給使承傳唱可拜（凡內謁者監有詞給使皆承傳）六宮以下皆再拜內謁者監稱哭六宮以下在位者皆哭十五舉聲內謁者監稱止六宮以下在位者皆止（若已成服則引行首升拜慰如常禮）內謁者監稱拜六宮以下在位者皆再拜內謁者監及司賓引六宮以下退還便次尚儀跪奏請哭止后止從臨者皆止后降即便殿內侍版奏解嚴（將士仍不得輙離部列）其成服已則百官應奉慰者皆赴奉慰如常禮自後后依

時哭臨如常禮其爲父若祖父喪則自後奏引哭于後寢次其未成服而奔則至成服日即與主人俱成服其奔父母之喪則成服而還宮其有別勑令還宮則隨旨期其[illegible]即還宮也則鹵簿仗衛及六宮以下應還者先還其六宮已下之留者與后依時哭臨及成服如后之禮於后還宮日之朝諸應奉迎之官及仗衛鹵簿等並赴主人第奉迎如式于還宮日車從未發前三刻尚儀版奏請中嚴諸衛整列鹵簿于還途如來儀至是尚儀版奏外辦后哭拜訖六尚夾引后降出常侍從者夾引左右如初主人拜送如常儀后出內門奏哭止升車從臨者皆止三面周以行幃六宮以下各乘其車序從如初至閤外尚儀跪奏請降入后降車升輿入內侍以下陪從至閤如初內侍版奏解嚴諸列鹵簿者各還

宋史章獻明肅皇后在前九頁移此

明集禮中宮為父母祖父母奔喪儀注舉哀畢內使監令奏聞奉旨皇后奔喪前期於喪主之家設薦席為皇后哭位於喪寢之東設從臨內命婦哭位于皇后哭位之下設喪主以下哭位於喪寢之西主婦以下婦人哭位於喪寢之北幔下是日內使監進輦車備儀仗如常導引皇后素服出宮升輿三面周以白布行帷至閤外降輿升輦車導從如常內命婦皆乘

車從行皇后至喪家大門内降車哭入仍以行帷圍護從臨命婦皆哭入儀仗列于大門之外喪主以下降詣西階下立哭侍女扶引皇后升自東階進至尸東憑尸而哭從臨命婦皆哭于左右喪主升自西階俱哭于尸西皇后哭盡哀侍女扶引至薦席哭位從臨命婦亦退于位内使監令跪請止哭皇后止哭諸命婦皆止哭應奉慰者詣皇后前奉慰如常禮如皇后俟成服而還則依時臨尸哭儀仗及從臨命婦應還者先還其應從者留

后齊衰周之服又製六宮之服亦如之其日成服前三刻尚儀版奏請中嚴其別殿上女侍代哭如初成服前二刻司贊揜別殿前幔下整設六宮哭位如初又于殿上后位前設席爲奉慰位六宮並如初服列于閤外次女侍者各以篚奉衰服進受仍贊變服焉司贊一人升立于殿上東楹之南掌贊二人立于階下俱西面尚服以篚奉衰服升東閤北面立成服前一刻尚儀版奏外辦至時后仍初服即位六宮以下侍衛如初尚儀跪奏請哭后哭從臨者皆哭十五舉聲尚儀跪奏請哭止成服后止尚服以篚舉衰服進跪授輿仍贊變服焉於變服則權設步幛已而去之變服訖尚儀又跪奏請哭后哭司賓引六宮入即班位立定司贊稱拜六宮在位者皆再拜司贊稱哭六宮在位者皆哭十五

舉聲司贊稱止六宮在位者皆止司賓引六宮行首一人升詣后前跪奏慰興司賓引降還本位司贊稱拜六宮在位者皆再拜訖司賓引六宮退尚儀跪奏請哭止后止從臨者皆止哭后退舍別殿六宮以下侍衛如初于閤哭臨如初其日晡臨晡前二刻奏嚴六宮赴集一刻奏辦引即位哭臨如初其有公主應從成服者則製小功五月之服引即位哭如初與后俱成服哭臨先拜慰如六宮之儀于六宮退贊止引退自後朝晡哭臨如初以至卒哭若公除則如別儀禮其為曾祖高祖父母則與其六宮成齋縗三月之服如常禮○為外祖父母成服○與祖父母成服禮同其異者與六宮俱成小功五月之服

成小功五月之服其日內外應交慰者赴集奏引即

上下位次哭臨撫慰及拜哭奉慰如常禮（自後皆然）外命婦女及百官五品以上并無服諸親等亦赴集奉慰如常（自後皆然其諸王妃主以下喪則舉哀之日奉慰）中宮太皇太后皇太后皇后臨外祖父母喪與奔祖父母喪禮同（見第四十四卷）舁者秉櫝車其仗衛羽儀之屬則如平常而立于喪寢中間之西北壁下南面即位乃哭其主人內外五屬之親並哭于前堂婦人哭於後庭應升者待令乃升皇太后皇后每出臨者類嚴鼓並須准所臨遠近及鹵簿儀略稟旨在于當時臨內命婦喪本司散下其禮所司隨職供辦降臨前二刻尚儀版奏請中嚴尚寢先於命婦以下寢中間北廂設素下牀席為后哭位南向小輿進于內庭降臨前一刻尚儀版奏外辦后服素服升輿出常侍從

者侍衛如常式厶內命婦以下喪寢降輿即位哭侍衛如常式於后之將至也女侍者啟引亡者所生皇子降東階之西南面再拜已成服則去杖又女侍者啟引亡者所生皇女出北戶降寢北南面再拜引並升復位哭如初尚儀跪奏請哭后哭從臨者皆哭十五舉聲尚儀跪奏請哭止撫慰皇子等后止女侍者引皇子就后前跪哭后撫慰皇子興再拜仍立哭又引皇女進撫慰如撫慰皇子之禮尚儀跪奏請還后升輿引降還侍衛如初于后之降也侍者啟引皇子降拜引升復位哭女侍者啟引皇女降拜引升復位哭並如初

開元禮　中宮太皇太后皇太后皇后除父母祖父母喪服本司散下其禮所司隨職供辦尚服先製后及六宮以下素服內謁者監先於宮別殿閣外整設六

宮以下便次如初又于别殿前整設幃幔為六宮以下拜哭次如初以十二月而除服于除服前之夕后晡臨已有司除其故位次而設新下牀席焉其日平明後而除服于除服前三刻尚儀版奏請中嚴六宮以下各其司贊于别殿前幄下整設六宮以下位次如初又于本司啟嚴女侍臨者升列于别殿上哭臨女初除服前二刻堂上后位前設席為跪奉慰如初六宮以下仍衰服集列于閤外便次女侍者以篋奉素服進授仍贊變除焉司贊一人升立于堂上東楹之南掌贊二人立於堂下並西面尚服以篋奉素服升東間北面立前一刻尚儀版奏外辦后仍服衰服出升即位次侍衛如初后哭從臨者皆哭十五舉聲尚儀跪奏請哭止從禮制除服后止尚服以篋奉素服進跪授興仍贊

變除焉（于變服則權以步幛已而去之其侍臨者亦從變除）變除之尚儀又跪奏請哭后哭司賓引六宮以下入即班立司贊稱拜掌贊唱可拜（凡司贊有詞掌贊皆承傳）六宮以下在位者皆拜司贊稱哭六宮以下在位者皆哭十五舉聲司贊稱止六宮以下在位者皆止司賓引六宮引首一人升進后前席位跪奉慰興司賓引降還本位司贊稱拜六宮以下在位者皆再拜司賓引六宮以下出各還宮寢如常尚儀跪奏請哭止還后哭止從臨者皆止后降還內寢侍衛如初○除外祖父母服與除祖父母服禮同其祔

公除之禮則五日而除

政和禮中宮為諸王以下喪舉哀儀訃奏至命太史擇日舉哀前一日有司於舉哀所設次周以簾帷又設內外命婦次隨地之宜其日皇后常服乘肩輿（肩輿）

(謂擔子下准此)詣次侍衛如常至次降輿尚儀引皇后入次南向坐俟時至釋常服服素服尚儀(以內臣摠下同)詣次前俛伏跪奏具官臣姓名言請皇后為某官封某薨舉哀(若婦人某人某氏餘依所稱)奏訖俛伏興又躬奏請舉哭十五舉音又躬奏請可止皇后哭止尚儀退贊者(以內臣攝下成服同)引內命婦奉慰次引外命婦奉箋慰訖皇后釋素服服常服乘肩輿還如儀

中宮為祖父母成服儀訃至命太史擇日成服前一日有司於主人第正寢東設皇后次周以簾帷又設內外命婦次于中門內外隨地之宜其日皇后服常服乘肩輿侍衛如常儀至主人第次無降輿尚儀前引詣坐俟時至皇后釋常服服素服訖尚儀詣次前俛伏跪奏具官臣某姓名言請皇后為祖父某官薨

成服（祖母曰祖妣某夫人某氏餘表名隨所稱）奏訖俛伏興又躬奏請舉哭十五舉音又躬奏請可止皇后哭止賛者引內命婦詣次前奉慰次引外命婦賤慰訖皇后釋去服服常服乘肩輿還內如常儀

明集禮中宮為父母祖父母舉哀凡中宮父母薨訃報太常司太常司報內使監官訃奏訖內使監官前期於別殿東壁下設薦為皇后舉哀設內命婦以下哭位於皇后別殿內使監官導引皇后出詣別殿哭位內使監令跪奏考某官以某月某日薨（母則云妣某夫人祖則云祖考某官祖母則云祖妣某夫人）皇后哭內命婦以下皆從哭盡哀皇后問故又哭盡哀乃變素服內命婦皆易素服內使監令跪奏請止哭皇后止哭內命婦以下皆止哭內使監官尊引皇后還宮內命婦隨從如常儀如本日未即奔

喪則臨晡復於別殿哭位如為諸王外戚舉哀仍於別殿南向不設薦位

中宮為父母祖父母成服儀注前期內使監令尚服製皇后齊衰及應從臨命婦孝服俟喪家成服之日尚服奉齊衰進于皇后服訖侍女扶引皇后哭諸靈前從臨命婦亦服孝服立哭于其後贊禮唱拜興拜興皇后與命婦皆拜興拜興皇后詣靈前司香以香進於皇后之左贊禮唱上香上香三上香皇后上香訖復位贊禮唱拜興拜興皇后與命婦皆拜興拜興侍女扶引皇后復哭位如還宮則內史監告示儀仗鑾車御輿行帷導引如來儀

讀禮通考卷八十

喪儀節四十三

皇太子為親藩外戚制服臨喪儀

開元禮東宮為諸王妃主舉哀本司散下其禮所司隨職供辦齋師先於宜秋門外道東設皇太子次南向周以行幃設素下牀褥席守宮於重明門外設宮臣七品以上便次其日舉哀前三刻左庶子版奏請中嚴舉哀前二刻諸位率列仗如常掌儀於次前設宮臣五品以上哭位文東武西重行北面相對為首又設一品以下七品以上於帷宮門外亦如之又於次前設奉慰位宮臣七品以上應陪位者並赴集便次改服前一刻通事舍人引一品以下俱就門外位

文武侍衛之官並詣閤奉迎如常式左庶子版奏外辦皇太子素服升腰輿出閤從肅宮後門入降就哭位即座坐侍衛如常儀左庶子跪奏請為其王（若其公其主王）（太后王妃）舉哀俛伏興皇太子哭通事舍人引宮臣五品以上入各就班位立定舍人贊拜宮臣在位者皆再拜舍人贊哭宮臣在位者皆哭十五舉聲舍人贊止宮臣在位者皆止舍人引宮臣行首一人進詣奉慰位跪奉慰俯伏興引退還本位舍人贊拜宮臣在位者皆再拜舍人引宮臣等出其六品以下位於門外者典謁贊拜贊哭止引退皆如門內之儀左庶子跪奏請哭止俛伏興還本位皇太子止晉輿還侍衛至閤如常其日晡前二刻奏嚴一刻奏辦皇太子仍初服出即位次哭如初（其宮臣等非近侍者其日晡臨不集）皇太子於師保傅奉

慰再拜則左庶子奏興受荅再拜乃坐哭自後本服周者三朝哭而止本服大功者其日晡哭而止本服小功者以下一舉哀而止有皇子皇孫應陪舉哀者皇子則位於皇太子之下絶位皇孫則位於東間之南北面與皇太子俱哭於引宮官以下退已乃贊止引退其應拜慰者引進跪奉慰如常禮

為外祖父母舉哀本司散下其禮所司隨職供辦齋師先於東宮別殿北壁下設素下牀席為皇太子舉哀成服位南向有司先製皇太子小功五月之服其為妃父母則製緦麻三月之服所司先于重明門外之左右量設宮臣以下次其日舉哀前三刻左庶子版奏請中嚴舉哀前二刻諸衛率屯門列仗如常掌儀於舉哀殿前設宮臣五品以上哭位文東武西重行

北面相對為首〻設一品以下九品以上哭位於舉哀殿門外亦如之又於階下當舉哀位北向設奉慰位宮臣應陪臨者並赴集便次改服素服齋師以篋奉衰服升立于殿東間北面立典謁者引一品以下九品以上俱就門外位文武侍衛之官詣閤奉迎奉哀前一刻左庶子版奏外辦至時皇太子服素服升輿出升別殿降輿即哭位侍衛如常儀左庶子跪奏請為故某官若某郡君舉哀俛伏興皇太子哭十五舉聲左庶子跪奏請哭止服成服俛伏興皇太子止哭齋師以篋奉服進跪授興仍贊變服焉（子變服則權設步幛已而去之）成服已左庶子又跪奏請哭俛伏興皇太子哭通事舍人引宮臣五品以上入就殿前位舍人贊拜宮臣在位者皆再拜舍人贊止宮臣在位者皆止舍人引宮臣行

首一人進詣奉慰跪奉慰俛伏興舍人引退還本位舍人贊拜在位者皆再拜舍人引五品以上退出其六品以下位於門外者典謁贊拜贊哭贊止引退如殿之庭左庶子跪奏請哭止興還本位皇太子止升輿降還侍衛詣閤如初其日晡哭則晡前二刻奏嚴一刻奏辦皇太子服衰服出即位次哭如初宮官不集自後朝晡凡三日而止

東宮為良娣舉哀與為諸王妃主舉哀禮同其異者於内外殿三朝哭而止　為良媛等舉哀與良娣同一舉哀而止　為師傅保舉哀與為諸王舉哀禮同其異者一舉哀而止　為宮臣舉哀與為諸王舉哀禮同其異者一舉哀而止其為舉哀通第三品以上其餘官即隨恩賜之淺深也

乾學按皇帝為外祖父母皇后父母東宮為外祖父母妃父母成服即在舉哀之日故附于舉哀條後其皇后與東宮妃為父母祖父母外祖父母成服在第三日其儀注與舉哀不相接故別錄於篇末觀者詳之　又按開元禮有皇帝為皇后父母成服之禮而太子于妃之父母無之當是缺文大約倣外祖父母成服儀注而用緦麻三月之服亦猶皇帝之于皇后父母也

開元禮東宮臨諸王妃主喪本司散下其禮所司隨職供辦守宮先于重明門外之左設三師等次又于主人第大門之外之右設皇太子便次南向又于大門之左右隨便設陪從之官次其所臨者五屬之親

先集列於主人之第其執事先於寢北設幃幔為主人五屬婦人拜哭次其日出宮前四刻左庶子版奏請中嚴出宮前三刻搥一鼓為一嚴（三嚴時節前一日左庶子奏裁）二衛率等循列常行仗衛鹵簿所出宮門外內如常儀出宮前二刻又搥二鼓為再嚴奉禮于重明門外之左右設宮官從者位文東武西重行相向皆以北為上齋師先于主人大門外次內設皇太 座南向又于主人堂上中間近北設素下牀席為皇太子哭位南向掌儀於主人庭設從官之位文東武西重行北面相對為首又于皇太子座前階下設奉慰位主人執事于堂下設五屬之親位于東階之東重行西向北上（以服精麤為序而尊者差前下皆准此）又設五屬婦女位于堂北幔下主女位于東廂西面南上妻妾位于西廂東面南上衆婦

人位北廂南面諸婦在西諸親在東相對為首其五屬內外並陪臨于此所其陪從宮官以下皆常服並集其位有司整列皇太子四望車及副車伏衛之屬應列鹵簿者于內外如常儀出宮前一刻又捷三鼓為三嚴諸侍衛之官俱詣閤奉迎左庶子版奏外辦皇太子服常服升輿以出扇蓋及侍從如常儀皇太子降輿升車中允進跪奏稱中允臣某言請車發俛伏興退復位凡中允奏請皆進跪奏稱某官臣某官訖俛伏興車動中允興贊者夾引以出至侍臣上馬所中允奏稱請車權停令侍臣上馬左庶子承令退稱令曰諾中允退稱侍臣上馬贊者承傳文武侍臣皆退上馬畢中允奏請車發退復位皇太子車動鼓吹不作三師乘車訓導三少乘車訓從宮臣文武應陪從者皆乘馬以從如常至主人大門次前左庶子

進跪奏請降車俛伏興還侍衛皇太子降車升輿入次其車輿以下鹵簿仗衛之屬列於次前之左右皇太子變服素服其陪從之官各就次變服素服侍臣及文武官不變服相者引主人内外五屬之親各服練服就堂下位次哭掌儀一人立于堂下東階東南贊者二人立于其南差退俱西面皇太子變服訖升輿出侍衛左右如初主人免絰去杖相者引出重明門外遥見輿止哭再拜迎仍引主人先入門左西面立不哭（若未殯則通拜迎拜送于大門之内）相者贊衆主人以下皆止哭皇太子至堂左庶子跪奏請降輿升俛伏興（於哭臨之喪非尊者則乘輿升堂）皇太子降輿升自東階即位哭（應拜者則奉引拜靈次）侍臣夾升則於戸内外及階下之左右其仗衛鹵簿北列于門内外之左右並如常儀司儀引主人進中庭北面掌儀稱

拜主人以下應拜者皆再拜令引主人升司儀引主人升立于户内之東西面左庶子臨奏請哭俛伏興皇太子哭掌儀稱哭賛者承傳唱可哭（凡掌儀有辭賛者俱承傳）主人以下及在位者皆哭通事舍人引諸從官陪位者入即班位立定掌儀稱拜從官在位者皆再拜掌儀稱哭從官在位者皆哭十五舉聲掌儀稱止從官在位者皆止通事舍人引從官行首一人進詣奉慰位跪奉慰俛伏興引退還本位掌儀稱拜從官在位者皆再拜訖舍人引從官出左庶子跪奏請哭止撫慰主人俛伏興皇太子止興就主人前執手訖主人再拜皇太子復位哭又盡一哀（凡所臨非本服五屬之親則一哭而止）左庶子跪奏請哭止俛伏興皇太子止掌儀稱止主人以下在位者皆止司儀引主人降立于庭中之東北面掌儀稱

拜主人以下在位者皆再拜左庶子奏請還皇太子降升輿出侍衛如初司儀引主人先出俟於大門外拜送皇太子出次降輿即座服常服司儀引主人哭還廬次皇太子停大次未發前三刻左庶子版奏請嚴有司依式先奏三嚴搥鼓如初二衛率并整列仗衛鹵簿還途如來儀奉禮設宮官陪從者位於皇太子次前道左文武皆重行向道陪從之官各於次變服詣謁者各引就班位三嚴已左庶子又奏請外辦皇太子升輿出升車還宮左庶子奏請及宮官陪從不鳴鼓吹皆如來儀到重明門外宮官文武皆下馬三師三少各還皇太子至殿前迴車南向左庶子跪奏請降車俛伏興皇太子降車乘輿入侍臣從至閤左庶子奏請解嚴將士各還其所宮臣皆退　臨外

祖父母喪　臨后父母喪　臨師傅保喪　臨宗戚喪　臨宮臣喪皆與臨諸妃主喪禮同其臨諸王妃主以下內喪則並位於前寢次其尊親應就喪殯寢者則臨殯可凡所臨諸王妃主以下喪若未殯若已殯或臨啟引或練禫皆以本服親疏及恩賜淺深而為疏數之異其親臨之儀主及主人迎待之式其禮如初其所臨者若鄰宮闕率爾往還則容不備常行仗衛與嚴鼓皆稟當時別旨而為儀注其宮臣陪從文武之官亦准臨時備略備之言警衛備也畧之言不備皇太子每過太廟則左庶子奏式過乃復常

開元禮皇太子為外祖父母除服本司散下其禮所司隨職供辦守宮先于重明門外之左右設宮臣次如初于除服之夕有司于別殿設新下牀席焉其日

平明而除服（外祖父母則五月后父母則三月並先下旬之吉其從朝制公除則外祖父母五日后父母三日而除之）于除服前三刻左庶子版奏請中嚴諸衛率屯門列仗如常掌儀於別殿前設宮臣位如初又設奉慰位如初又設一品以下九品以上位於別殿門外如初宮官文武應陪臨者立赴集便次各改服素服掌儀引就門外位齋師以篋奉素服吉履升殿東間北面立腰輿詣寢庭侍衛之官詣閤奉迎如常式除服前一刻左庶子版奏外辦皇太子仍衰服御輿出升堂降輿即位其近侍之官從升侍衛夾引如常儀左庶子跪奏請哭俛伏興皇太子哭十五舉聲左庶子跪奏請哭止除服俯伏興皇太子止齋師奉衣履進跪授興仍贊變服焉（于變服權設幃已而去之）左庶子跪奏請哭俯伏興還本位皇太子哭通事舍人導入各即班位舍人

贊拜宮臣在位皆再拜舍人贊哭宮臣在位者皆哭十五舉聲舍人贊止宮臣皆止舍人引宮臣文武行首一人進詣奉慰位跪奉慰俛伏興引還本位舍人贊拜宮臣在位者皆再拜舍人引宮臣等出其六品以下位于門外者典謁贊拜贊哭贊止引退如門內之儀左庶子跪奏請哭止還俛伏興皇太子哭止御輿降還侍近詣閤如常儀皇太子於師傅保奉慰再拜則左庶子奏興受荅再拜乃坐哭皇太子為外祖父母除服則皇子等位于太子之下差退即位次哭變服素服又哭引退如皇太子之儀其皇孫等服素服侍者引即庭拜引升位于東閤之南北面與皇太子俱哭于皇太子變服已重哭則引進皇太子前跪奉慰俛伏興再拜復位哭于宮官等退贊哭止引復

移上政和禮前

階下位拜退

政和禮東宮為諸王以下喪舉哀儀訃至命太史擇日舉哀前一日所司於舉哀所設次周以簾帷其日皇太子常服就次侍衛如常至次南向坐俟時至釋常服服素服禮直官引左庶子當次俯伏跪曰某官姓名言請皇太子為某官封某薨舉哀（婦人稱某人某氏餘各隨所稱）言訖俯伏興又躬曰請皇太子舉哀十五聲音又躬請可止皇太子哭止禮直官引左庶子退西向立宮官以下奉慰訖皇太子釋素服服常服還如儀

開元禮東宮臨奠諸王以下喪儀訃至命太史擇日臨奠前一日有司于主人之第廳西設皇太子次其日質明皇太子服常服以出侍衛如常將至主人以下衰服去經杖出中門外哭迎於大門再拜退先入

立於門右皇太子至廳前就次主人升立哭於柩東婦人立哭於柩西（婦人隔以行帷）[illegible]引皇太子出次步至靈座前三上香三奠酒主人進詣皇太子前跪哭皇太子撫慰訖主人以下皆再拜退皇太出就次還宮如儀

皇太子妃為父母親屬制服臨喪儀

開元禮皇太子妃為父母祖父母舉哀其日赴喪者至本司散下其禮所司隨職供辦訖舉哀前三刻司則版啓請中嚴掌筵先於別殿東壁下設薦為妃舉哀位西向為祖父母則北壁下南別殿前設幔幔下北面設良娣以下位西上前二刻女侍臨者集列於閤外便次司則一人升立于殿上東楹之南女史二人立于階下並西面前一刻司則版啓外辦至時妃

出升殿侍衛如常典版啓赴閤司則傳啓稱其官若其夫人以其日月辰薨妃啼若哭父母啼祖父母哭盡一哀問故又哭盡哀妃改素服良娣以下侍臨者皆素服哭入盡哀女侍者以司閨下女史爲之引良娣以下各就位司則稱拜女史乘傳凡司則有辭女史則乘傳良娣以下在位者皆再拜司則稱哭良娣以下在位者皆哭十五舉聲司則稱止良娣以下在位者皆止司則稱拜良娣以下在位者皆再拜司則稱下女侍者引良娣以下退司則跪請啟哭止妃止從臨者皆止妃退舍別次侍衛者侍從如常於閤哭臨如常禮其日晡臨前二刻啓嚴良娣以下赴集一刻啓辦至時引各復位司則跪奏請哭妃哭臨如初良娣以下皆哭十五舉聲司則稱止止但無拜其他如前儀妃爲父母之舉哀妃女亦素服引升

位于戶内之東北面與如作　良娣以下之退也
贊止引退自後奔赴如別殿禮其有疾也未及奔則自
後朝晡赴集啟引即位哭臨如初以至成服　若曾
祖高祖父母薨舉哀與為祖父母同聞外祖父母喪
與為父母聞喪禮同其異者與別宮次其日晡臨後
三朝哭臨而止　為諸王妃主舉哀與為祖父母舉
哀禮同本服大功者其日晡臨而止小功以下一舉
哀而止　為良娣以下舉哀與為諸王妃主舉哀禮
同其良娣以下則一舉哀而止　為宗戚舉哀與諸
王妃主舉哀禮同其日内外應奉慰者赴集啟引即
上下位次哭撫慰及拜哭奉慰如常禮自後皆然其日官等
應奉慰者赴集宮門奉慰如常禮
政和禮皇太子妃為父母祖父母成服三日成服本

司散下其禮所司隨職供辦掌筵先于妃舉哀別殿東辟設素下牀席爲妃成服位西向爲祖父母則北辟南面所司先製齊衰周之服又製良娣以下六如之其日成服前三刻司則版奏中嚴女侍臨者升列于別殿上哭不絕聲前二刻司則於別殿前幔下整設良娣以下喪位如初又於殿上妃位前設席爲奉慰良娣以下乃初服集列於閤外次女侍者各以篋奉其衰服進授仍贊變服焉司則一人升立于殿上東楹之南女史二人立于階下並西南面掌嚴以篋奉衰服升東間北面立成服前一刻司則版啟外辦妃仍初服即位侍衛如初司則跪啟請哭妃哭從臨者皆哭十五舉聲司則跪奏請止哭〻服妃止掌嚴以篋服奉衰服進跪授興乃服焉于變服則權設步幛已而去之變

服已司則又跪啟請哭妃大[illegible]列良娣以下入即位司則稱拜良娣以下在位者皆再拜司則稱哭良娣以下在位者皆哭十五舉聲司則稱止良娣以下在位者皆止女侍者引良娣行首一人升詣妃前席位跪奉慰與侍者引降還本位司則稱拜良娣以下在位者皆再拜女侍者引良娣以下退司則跪啟哭止從臨者皆止妃退舍別室如常禮侍從者侍衛如初其日晡臨晡前二刻啟嚴良娣以下赴集一刻啟辦引即位哭臨如初其有妃女應成服者則製小功五月之服引升即位如初與妃俱成服哭臨先拜慰如良娣之儀退賛止引退自後朝晡哭臨以至卒哭若公除則加別禮其高祖曾祖父母則於良娣以下成齊衰三月之服如常禮　為外祖父母成服與為祖父母成

服禮同其異者與良娣以下俱成小功五月之服

開元禮皇太子妃除父母祖父母喪服之制本司散下其禮所司隨職供辦所司先製妃及良娣以下素服導客舍人先于殿別殿閤外整設良娣以下便次如初又於別殿前整設幃幔為良娣以下拜哭次以十三月而除服于除服前之夕妃晡臨已有司除其故位次而設新下牀席焉其日平明後而除服于除服前三刻司則版啟中嚴女侍臨者升列于別殿上哭臨如初除服前二刻司則於別殿前幔下整設良娣以下位次又于殿上妃位前設席焉為跪奉慰位良娣以下仍衰服集列于閤外便次女侍者以篋奉其素服進授仍贊衰除焉司則一人升立于堂上東楹之南女史一人立于堂上並西面掌嚴以篋奉素

服升東閤北向立前一刻司則版奏外辦妃仍服衰服引出升即位次常侍從者侍如初以哭臨從者皆哭十五舉聲司則跪啟哭止從禮制除服妃止掌嚴以箧奉素服進跪授興仍贊變除焉于變服則權設步障已而去之其侍臨者亦從變除變除已司則又跪啟請哭妃哭女侍者引良娣以下入即班位司則稱拜女史承傳唱可拜凡司則有詞女史皆承傳良娣以下在位者皆再拜司則稱哭良娣以下在位者皆哭十五舉聲司則稱止良娣以下在位者皆止女侍者引良娣行首一人升進妃前席位跪奉慰興女侍者引降還本位司則稱拜良娣以下在位者皆再拜女侍者引良娣以下出各還宮寢如常禮司則跪啟請哭止還妃哭止從臨者皆止妃降還內寢侍衛如初

除外祖父母服與祖父母服同其行公除之

禮則五日而除

政和禮東宮妃爲外祖父母喪舉哀儀　訃至擇日舉哀前一日所司於舉哀所設次周以簾帷其日皇太子妃服常服就次侍衛如常至次南向坐俟時至釋常服服素服尚儀（以內臣攝下同）詣次前跪曰請皇太子妃爲外祖父某官封薨舉哀（或稱卒外祖母曰外祖妣其人某氏餘皆依所稱）言訖俛伏興又躬曰請舉哭皇太子妃舉哭十五音又躬曰可止皇太子妃哭止尚儀退西向立贊者（以內臣攝下同）引東宮命婦詣次前奉慰訖皇太子妃釋素服服常服還東宮如儀

東宮妃爲外祖父母喪成服儀　訃至擇日成服前一日所司於主人正寢東階下設皇太子妃次周以簾帷中門內設哀宮內命婦次其日皇太子妃服常服

侍衛如常至主人第廳前降車某者前引詣次西向坐俟時至皇太子妃釋常服服素服尚儀詣次前跪曰請皇太子妃為祖父某官封薨成服（或稱卒祖母曰祖妣某人某氏父母隨所稱）言訖俛伏興又躬曰請舉哭皇太子妃舉哭十五舉音又躬曰可止皇太子妃哭止尚儀退西向立贊者引東宮內命婦奉慰訖皇太子已釋素服服常服還東宮如儀

皇帝勅使弔奠冊贈親藩外戚儀

開元禮皇帝勅使弔諸王妃主喪本司散下其禮所司隨職供辦守宮先于主人第大門外之右設使者次南向其日使者至掌次者引之次內外縗服司儀引主人以下俱立哭於東階下婦人立哭于殯所如常儀使者素服出次司儀引立於大門外西東面持

節者立于使者之北少退史二人對擧弔書案立于使者之南差退俱東面城外者不持節司儀入告主人去杖免經司儀引主人出門止哭迎于大門外見賓先入立于門右北面司儀引使者入持節者先導持案者次之内外止哭使者入門而左立于階間南面節在使者之東少南西向持案者立于使者西南東面司儀引主人退當使者前北面持節者脫節衣史以案進詣使者前使者取弔書持案者退復位使者稱有制弔主人哭拜稽顙内外皆哭司儀引主人進受弔書退立于東階下西面哭持節者加節衣司儀引使者持節者先導持案者次之出復門外位主人以弔書授左右司儀引主人出内門止哭拜送於大門外使者還主人杖哭而入取弔書于階下升奠于柩東使

人若須私弔則通名引入弔如常禮訖引出若朝使致賻賓至主人迎受如弔書儀唯賻於掌事者受以東（東藏之也）其賻物簿如受弔書儀　勑使弔后父母喪　勑使弔外祖父母喪　勑使弔貴臣喪　勑使弔宗戚喪　勑使弔蕃國王喪皆與弔諸王妃主喪禮同

唐會要宣宗大中十六年十月詔有司宰臣周親慘故欲行宣弔之禮宜令參酌太常院奏宰臣周親如是伯叔及親兄弟或曾居重任或位列朝行七品以上官則請行宣弔之禮如年齒幼官位卑及其餘周親並請不用遣使庶輕重之宜有節降殺之義得中若宣弔例以期年伏慮有煩聖聽從之

劉仁軌傳仁軌卒詔百官赴哭

開元禮勑使遣百寮主王公以下喪制遣百寮主王公以下喪之禮守宮先於主人第大門外隨便量設百官文武應會弔者便次其日司儀令先于主人第前寢庭北向重行設百官位以西爲上百官應會弔者並赴集主人第大門外便次各服素服司儀以次引入就班位立定司儀贊可哭諸官在位者皆哭十五舉聲司儀贊可止在位者皆止司儀引諸官行首一人外詣主人前席位展慰（非應致敬者則立慰）訖引降出又司儀引諸在位者以次出（不致敬者出應致敬者再拜引退）

開元禮皇帝勑使册贈諸王守宮於主人大門外之西設使者及副使次南向其日使人及副公服從朝堂受册載於犢車使人及副各備鹵簿（鼓樂備而不作）至主人大門外降車謁者引之次內外衆服司儀引主人

以下就東階下位婦人外就堂上位立哭使者出次謁者降公服引立于門西東面使副立于使者之南持節立于使者之北少退史二人對舉冊案立于使副西南俱東面（城外者無鹵簿不持節）司儀入告主人去杖免絰司儀引主人出門止哭迎使者於大門外見賓先入立于門右北面謁者引使者入持節者先道副使及持冊案者次之內外止哭使者外立于梱東北廂南向持節者在使者之東少南西向使副立于持節南持冊案者立于使副東南俱西面　儀引主人升立于階上當使者北向持節者脫節衣史以冊案進使副前使副取冊案退復位使副以冊進使者受稱有制主人降于階閒北面哭拜稽顙內外皆哭司儀引主人升復北面位內外止哭使者讀冊訖主人降于

階間北面哭拜稽顙内外皆哭司儀引主人升詣使者前受册退跪奠于柩東興降立於東階下西面如初使人授册訖持節者加節衣謁者引使者持節者先導使副及持案者次之出復門外位司儀引主人出内門止哭拜送于大門外使者還主人經杖哭而入其使者應私弔則通名引入弔如常禮引出　勑使册贈外祖父母　勑使册贈后父母　勑使册贈貴臣　勑使册贈蕃國王與册贈諸王禮同若主人六品以下則拜及受制皆於堂下

凡册贈使者之尊卑並准吉授若册贈妃主則内侍之屬為使其預行事者亦如之同准吉授凡册贈應謚者則文兼謚又致祭焉而設祭不必有贈謚（凡贈官通以蠟印為畫綬）凡册贈之禮必因其啟葬之節而加焉其或既

葬者則主人代于靈寢受之其禮如初其或既除服乃追而册贈者主人受之于廟禮亦如之其異者主人不哭其服公服若單衣介幘其於靈寢若廟並先設祭以告神其未立廟者則受之于正寢

開元禮皇帝遣使致奠諸王妃主喪守宮主人大門外量設使次使者至掌次者引之次內外衰服司儀引主人以下俱就東階下位婦人就堂上位皆立哭使者公服出次謁者降公服引立于門西東面執事者陳牢饌於使者東南當門北向西上司儀入告主人去杖司儀引主人出內門止哭迎於大門外見賓先立於門右北面謁者引使入內外止哭使者升自東階立于柩東少北南面執事者以牢饌入外設于柩東南西向上司儀引主人升自西階立于階上當

使者北面執事者北面酌酒西面奠于席退復位使者曰某封若某位將歸幽宅制使某奠主人降詣階間北面哭拜稽顙內外俱哭謁者引使者及從者降出復門外位初主人拜稽顙訖司儀引主人退哭於東階下使者出司儀引主人出內門止哭拜送于大門外使者還主人杖哭而入　勑使致奠外祖父母喪　勑使致奠后父母喪　勑使致奠貴臣喪　勑使致奠蕃國王喪與致奠諸王妃主喪同

政和禮皇帝遣使弔諸王以下喪前期所司於受弔者之第大門外設使者次使者至贊者引入次內外縗服贊者引受弔者以下降立哭於東階下婦人立哭於殯所使者常服出次於門外西向立史二人以案奉詔書立于使者之側贊者引受弔者免絰去杖

出門止哭迎使者大門外見訖先入庭下望闕立史二人捧詔書案前行贊者引使者從入內外止哭從者詣庭下少北向立史以案進使者搢笏取詔書加於笏上史以案退使者少進於受弔者前稱有詔弔受弔者舉哭再拜稽顙內外皆哭贊者引受弔者進詣使者前跪受詔書興復位贊者引使者歸次受弔者以詔書受執事者舉哭拜送使者於大門外使者還贊者引受弔者杖哭而入升堂取詔書奠於柩前若致賻贈如受弔書之儀

皇帝遣使奠諸王以下喪前期所司於受奠者之第大門外設使者次使者至贊者引入次內外衰服贊者引主人以下降立哭於東階下婦人升立哭於柩之右使者常服出次立於大門外有司陳饌於柩前

贊者引主人去杖出中門止哭於大門外迎見使者訖先入立於門右贊者引使者入内外止哭使者升自東階立柩前之右贊者引主人升自西階立當使者前使者以醆奠酒訖曰某官封謚將歸幽宅詔使某奠（有祭文則贊者宣讀）主人降階間北面舉哭再拜稽顙内外俱哭主人退哭於東階下贊者引使者出從者從出主人止哭拜送使者于大門外使者還主人杖哭而入

宋史建炎初以軍興罷宗室賜與至有喪不能斂者齊安郡王士㒟以聞詔緦麻袒免親任環衛官而身亡者賜錢有差

政和禮皇帝遣使賵賻諸王以下喪如受弔書之儀詳見上卷

政和禮皇帝遣使　諸王以下喪前期所司於受奠者之第大門外設使者次使者至贊者引入次內外衰服贊者引主人以下降立哭於東階下婦人升立哭於柩之右使者常服出次立於大門外有司陳饌於柩前贊者引主人去杖出中門止哭於大門外迎見使者訖先入立于門右贊者引使者入內外止哭使者升自東階立柩前之右贊者引主人升自西階立當使者前使者以琖奠酒訖曰某官封謚將歸幽宅詔使某奠（有祭文則贊者宣讀）主人降階間北面舉哭再拜稽顙內外俱哭主人退哭于東階下贊者引使者出從者從出主人止哭拜送使者于大門外使者還主人杖哭而入

宋史禮志追封冊命通禮冊贈貴臣守宮于主人大

門外設使副位使人公服從朝堂受册載于犢車各備鹵簿至主人之門降車使者稱有制主人降階稽顙内外皆哭讀册訖主人拜迎之國朝之制有于私第册之者有於本道册之者私第册之者乾德三年正衙命使册贈孟昶尚書令追封楚王是也本道册之者建隆元年故特進檢校太師南平王高保融奉勑贈太尉端拱元年故守太師尚書令郡王錢俶特追封秦王是也其儀與通禮大畧相類不復録

乾學按開元禮及明集禮皆有册贈王公儀注而政和禮獨無之及考宋史有追封册命一條則宋世固有其禮而政和議禮貴人乃去之而不載何也將徽宗薄于王公大臣而然耶抑禮官疎略之故耶

政和禮皇帝遣百寮會喪前期一日所司於主人第大門右量地之宜設百官朝參官以上會弔者次其日先於主人寢庭設百官位重行應會弔者集於門外次各常服贊者以次引入就位立定贊者曰可哭百官在位者皆哭十五舉聲贊者曰可止百官在位者皆止哭贊者引爲首一員升詣主人前展慰訖贊者引降出諸在位者以次而出應致恭者皆再拜而出會葬如會喪之儀

明集禮皇帝遣使册贈王公大臣儀注前期禮部奏准製册翰林院取旨製文如不用册則吏部用誥命中書省禮部奏請某官爲使發册之日祠部設龍亭香亭于午門前正中執事于受册者之家設宣制官位于正廳之東北南向喪主代受册命者位於廳前北向至期禮部官封册文以盝匣盛之黄袱包裹置于龍亭中用儀

仗鼓樂前導至受册者之家代受册者出迎於大門外執事者舁龍亭置於廳上正中南向引禮引使者立于東北引代受册者入拜位贊禮唱鞠躬拜興拜興平身喪主代受册者鞠躬拜興拜興平身使者前稱有制贊禮唱跪代受册者跪使者宣制曰皇帝遣臣某册贈故某官某為某勲某爵宣訖贊禮唱鞠躬拜興拜興平身代受册者鞠躬拜興拜興平身使者於龍亭取册授代受册者代受册者受册捧置于靈座前使者出代受册者送至大門外使者還奏喪主代受册者以册文録黄設祭儀於靈前引禮引代受册者至靈前拜位贊禮唱鞠躬拜興拜興平身喪主代受册者以下皆鞠躬拜興拜興平身贊禮唱上香上香三上香喪主三上香畢贊禮唱祭酒祭酒三祭

酒喪主三祭酒畢贊禮唱讀黄執事者展黄立讀于
靈座前之左讀畢贊禮唱鞠躬拜興拜興平身喪主
以下皆鞠躬拜興拜興平身贊禮唱焚黄引禮引喪
主詣燎所執事捧黄置于燎中焚訖贊禮唱禮畢

明集禮乘輿遣使弔王公大臣喪儀注訃奏畢太常
卿奏旨遣官往弔前期有司設使者宣制位于喪家
正廳之北南向設喪主受弔位于正廳之南北向設
主婦以下婦人立哭位于殯北幕下其日使者至喪
家引禮引喪主去杖免絰衰服止哭出迎于中門外
復先入就廳前拜位贊禮引使者入内外止哭使者
入就廳上位立定稱有制（東宫使則稱有令下同）贊禮唱鞠躬拜
興拜興拜興平身喪主以下皆鞠躬拜興拜興平身贊禮
唱跪　主以下皆跪使者稍前宣制曰皇帝聞某官

薨遣臣某弔宣畢贊禮唱鞠躬拜興拜興平身喪主以下皆鞠躬拜興拜興平身禮畢內外皆哭贊禮引使者出引禮引喪主隨出至中門外拜送使者引禮引喪主杖哭而入使者還奏

明集禮皇帝遣使賻王公大臣喪儀前期有司於喪家設使者宣制位于廳上之東北設主喪者以下拜位于廳前設主婦以下婦人哭位于殯北幔下其日使者于午門前以龍亭盛賻物用儀仗導引至喪家引禮引喪主以下去杖免絰衰服止哭出迎于大門外執事舉龍亭先入就廳上置于正中南向引禮引使者入立於東北引禮引喪主以下入就位使者稱有制贊禮唱鞠躬拜興拜興平身喪主以下皆鞠躬拜興拜興平身贊禮唱跪喪主以下皆跪使者稍

前宣制曰皇帝以某官薨遣臣某賻贈以助喪事宣
制畢贊禮唱鞠躬拜興拜興拜興平身喪主以下皆鞠躬
拜興拜興平身拜畢內外皆哭執事者受賻物贊禮
引使者出執事舁龍亭以出引禮引喪主隨出中門
外拜送使者還引禮引喪主杖哭而入使者還奏

明集禮　皇帝遣使致奠王公大臣儀注前期有司於
喪家靈前陳設祭儀几案設使者致奠位于靈前讀
祝文位于靈右喪主以下立位于靈右讀祝文位于
靈左設主婦以下婦人立哭位于殯北幔下陳設其
日執事者陳設祭儀使者至喪家引禮引喪主去杖
免絰止哭出迎使者于大門外復先入立于靈前之
右引禮引使者入就致奠位讀祝文者入就位引禮
引使者進詣香案前司香捧香進于使者之左贊禮

唱上香上香三上香使者立上香司酒者以爵酒進于使者之右贊禮唱祭酒祭酒三祭酒使者立祭酒訖引禮引使者退復位立定贊禮唱讀祝讀祝者取祝文立讀訖贊禮唱焚祝讀祝者捧祝文詣燎所燎盡引禮引使者出喪主以下拜送于大門外引禮引喪主杖哭而入使者回奏

明集禮勅使百官會王公大臣喪儀注前期有司於喪家殯前設百官位又設喪主以下立哭位于殯前之東又設主婦以下婦人立哭位于殯北幔下其日百官應會弔者素服至喪家引禮引喪主以下就東階哭位主婦以下就殯北哭位贊禮以次引百官入就殯前位贊禮唱哭百官哭主喪主婦以下皆哭贊禮唱止哭百官及主喪主婦以下皆止哭贊禮唱鞠

躬拜興拜興平身百官皆鞠躬拜興平身主喪以下皆答拜拜畢引禮引班首詣喪主前展慰畢引百官以次出引禮引喪主隨至大門外拜送百官還引禮引喪主杖哭而入會典儀同

太皇太后皇太后皇后遣使臨弔親藩外戚儀

開元禮中宮太皇太后皇太后皇后遣使弔外祖父母喪本司散下其禮所司隨職供辦內給事二人為使者守宮先于主人第大門外之右設使者次南向其日使至掌次者延入次內外縗服司儀引主人以下俱立哭於東階下婦人立哭於殯所如常儀使者素服出次內典引引使者立大門外之西東面內給使二人以案奉令書立于使者之南差退俱東面司儀入告主人去杖免絰司儀引出門止哭迎於大門

外見賔先入立于門右北面内典引引使者以下入内外止哭使者入門而左立于階間南面持案者立於使者西南東面司儀引主人進當使者前北面内給使以案進詣使者前使者取弔書持案者退復位使者稱令弔主人哭拜稽顙内外皆哭司儀引主人進受弔書退立於東階下西面哭内典引引使者以下出復門外位主人以弔書授左右司儀引主人出内門止哭拜送于大門外使者還主人杖哭而入取弔書於階下升奠於柩東若使者須私弔則通名引入弔如常禮訖引出　弔諸王妃主喪　弔宗戚喪皆與遣使弔外祖父母喪禮同凡葬及練祥使弔之禮並同

政和禮中宮遣使弔諸王以下喪儀注計以内給事

一人爲使者前期所司於主人第大門外設次使者至贊者引之次内外縗服贊者引主人以下降立哭於東階下婦人升立哭于殯所使者常服出次立於門外之西東向史二人以案奉令書立于其右贊者引主人去杖免絰出中門止哭於大門外迎見使者訖先入立於庭下北面史捧令書案前行贊者引使者從入内外止哭使者入門而左立於階間南面史以案進贊者贊使者搢笏取令書執笏加令書于案上史以案退使者少進於主人前稱有令弔贊者曰拜主人舉哭再拜稽顙内外皆哭贊者引主人進詣使者前跪受令書興復位贊者引使者歸次主人以令書授左右舉哭再拜送使者于大門外使者還贊者引主人杖哭而入升堂取令書奠於柩前

皇太子遣使弔奠親藩外戚儀

開元禮東宫遣使弔諸王妃主喪本司散下其禮所司隨職供辦守宫先于主人第大門外之右設使者次南面其日使者至掌次者引之次内外衰服司儀引主人以下俱立哭於東階下婦人立哭於殯所如常儀使者素服出次司儀引使者立於大門外之西東南吏二人以案奉令書隨立於使者之南差退俱東面司儀入告主人去杖免絰司儀引主人出門止哭迎於大門外見賔先入立於門右北面立司儀引使者以下入内外止哭使者入門而左立於階間面南持案者立於使者西南東面司儀引主人進當使者前北面吏以案進詣使者前使者取弔者持案退復位使者稱有令弔主人哭拜稽顙内外皆哭司儀

引主人進受弔書退立于東階下西面哭司儀引使者以下出就門外位主人以弔書授左右司儀引主人出内門止哭拜送於大門外使者還主人杖哭而入取弔書於階下升奠於柩東使人若須私弔如通名引弔如常禮引出　遣使弔外祖父母喪　遣使弔妃父母喪　遣使弔師保喪　遣使弔宗戚喪　遣使弔宮臣喪　遣使弔上臺貴臣喪與弔諸王妃主喪禮同

東宮遣使致奠外祖父母喪本司散下其禮所司隨職供辦守宮于主人大門外同設便次使者至掌次者引之次内外裹服司儀主人以下俱就東階下位婦人就堂上位皆立哭使者公服出次謁者降公服引立于門東面執事者陳牢饌於使者東南當門北

向西上司儀入告主人去杖司儀引主人出內門止哭迎於大門外見賓先入立于主人門右北面謁者引使者入內外止哭使者升自東階立于柩東西向南上東少北南面執事者以牢饌入升設于柩東西向南上司儀引主人引自西階立于階上當使者北面執事者酌酒西面奠于席退復位使者曰某封若某郡君將歸幽宅令使某奠主降詣階間北面哭哭拜稽顙內外俱哭謁者引使者及從者出復門外位初主人拜稽顙訖司儀引主人退哭于東階下使者出司儀引主人出內門止哭拜送于大門外使者還主人杖哭而入、遣使致奠后父於喪　遣使致奠師傅保喪　遣使致奠東宮貴臣喪與致奠外祖父母喪同

政和禮東宮遣使弔諸王以下喪前期所司於主人第大門外設使者次使者至贊者引之次內外衰服贊者引主人以下降立哭於東階下婦人升立哭於柩所使者常服出次於門外西向史二人以案奉令書立於其左贊者引主人去杖出中門止哭於大門外迎見使者先入立於庭下北向史令書案前行贊者引使者從入內外哭止使者入門詣庭下相向立史以案進贊者贊使者搢笏取令書執笏加令書於笏上史以案退使者少進於受弔者前稱有令弔主人舉哭再拜稽顙內外皆哭贊者引主人進詣使者前跪受令書興復位贊者引使者歸次主人以令書授左右舉哭出中門哭止拜送使者於大門外使者還贊者引主人杖哭而入升堂取令書奠於柩前

輟朝

唐書開元二十九年十一月寧王憲薨輟朝十日

武宗會昌三年八月中書門下奏親王公主薨日准

德宗以前實錄並合輟朝一日請自今以後准故事

處分　京官一品尚書省二品及時舊相方鎮此位

比来同刺史曾任監例輟朝一日恐輕重不倫起今

後並望輟朝兩日又二王後為國賓又是一品前年

方與輟朝請編入令式又駙馬黍朝之初例除四品

既是國戚不合繫於品秩望輟朝一日並依奏

宋史淳化三年昭成太子薨輟朝五日

真宗咸平六年越文惠王薨輟朝五日

大中祥符七年楚恭惠王薨輟朝五日

天禧元年鎮恭懿王薨輟朝五日

仁宗皇祐三年荆國大長公主薨輟朝五日

神宗熙寧二年北海郡王薨輟朝三日

元豐三年魏國大長公主薨輟朝五日

哲宗元祐中吳榮王薨輟朝五日

孝宗乾道三年四月一日太常寺言皇伯毋秀王夫人薨輟朝五日内二日不視事乞自今月二日為始輟朝至六日止其二日三日並不視事從之

遼史齊國王隆祐薨輟朝五日于越曷魯荆王道隱薨並輟三日蕭海瓈室昉薨並輟二日趙瑩薨輟一日

金史泰和七年宗浩薨上震悼輟朝命葬畢持繪像至都將親臨奠

明會典凡皇妃喪輟朝三日發引下葬各一日親王喪

輟朝二日公主喪及下葬各一日郡王及文武大臣
喪年終類輟朝一日先期禮部具奏出示長安左右
門至日早朝不鳴鐘鼓不鳴鞭不設儀仗文武百官
各服淺淡服黑角帶于奉天門朝參其謝恩見辭官
亦不用公服如常朝官服色

同治六年上諭刻纂全本

讀禮通考卷八十一

喪儀節四十四

通論

曲禮君子行禮不求變俗祭祀之禮居喪之服哭泣之位皆如其國之故謹脩其法而審行之疏君子行禮者謂去先祖之國居他國者也俗者本國礼法所行也明雖居他國猶宜重本行故國法不務变之從新也如杞宋之臣入于齊魯齊魯之臣入于杞宋各宜行本國礼法也

禮器禮也者反本修古不忘其初者也故凶事不詔朝事以樂注二者反本也哭泣由中非由人也朝廷養賢以樂樂之也○疏凶事喪親之事也詔告也孝子親喪痛由心發故啼號哭泣不待外告而哀自至是反其孝性之本心也以樂奏音樂也

君子之於禮也有直而行也有曲而殺也有經而等也有順而摭也疏直而行者若親始死孝子哭踊無節直己天性而行也曲而殺者若服父斬衰三年為母齊衰期是曲殺也經而等者若上自天子下至庶人雖尊卑有異而服其父母則貴賤同等也順而摭者摭猶拾取也若君沐粱大夫用稷士用粱士卑不嫌是拾君之礼而用

之也

禮運夫禮必本于天殽于地列于鬼神達于喪祭

樂記衰麻哭泣所以節喪紀也

先王有大事必有禮以哀之哀樂之分皆以禮終注大事謂死喪也

經解喪祭之禮所以明臣子之恩也○喪祭之禮廢則臣子之恩薄而倍死忘生者衆矣

祭統是故孝子之事親也有三道焉生則養沒則喪喪畢則祭養則觀其順也喪則觀其哀也祭則觀其敬而時也盡此三道者孝子之行也

檀弓子路曰吾聞諸夫子喪禮與其哀不足而禮有餘也不若禮不足而哀有餘也祭禮與其敬不足而禮有餘也不若禮不足而敬有餘也

喪禮哀戚之至也節哀順變也君子念始之者也注始猶生也念父母生已不欲傷其性○疏喪禮既為至極若無節文恐其傷性故辟踊有節欲順孝子悲哀使之漸變也

少儀賓客主恭祭祀主敬喪事主哀會同主詡注恭在貌敬在心詡謂敏而有勇若齊國佐

雜記恤由之喪哀公使孺悲之孔子學士喪禮士喪禮於是乎書疏時人轉而僭上士之喪礼已廢矣孔子以教孺悲國人乃復書而存之

中庸事死如事生事亡如事存孝之至也注始死謂之死既葬則曰反而亡焉皆指先王也

父為大夫子為士葬以大夫祭以士父為士子為大夫葬以士祭以大夫注葬從死者之爵祭用生者之祿也言大夫葬以大夫士葬以士則追王者改葬之矣

昏義夫禮始於冠本於昏重於喪祭尊於朝聘和於鄉射此禮之大體也注鄉鄉飲酒

孝經子曰孝子之事親也哭不偯注氣竭而息聲不委曲禮無容

注觸地無容言不文注不為文飾服美不安聞樂不樂食旨不甘此哀戚之情也三日而食教民無以死傷生毀不滅性此聖人之政也喪不過三年示民有終也為之棺椁衣衾而舉之注舉謂舉內尸于棺也陳其簠簋而哀感之注簠簋祭器也陳奠素器而不見親故哀感也擗踊哭泣哀以送之注男踊女擗祖載送之卜其宅兆而安措之注宅墓穴也兆塋域也為之宗廟以鬼享之注立廟祔祖之後則以鬼禮享之春秋祭祀以時思之生事愛敬死事哀感生民之本盡矣死生之義備矣孝子之事親終矣

禮器喪禮忠之至也注謂哭踊袒襲也備服器仁之至也注謂小斂大斂之衣服葬之明器賓客之用幣義之至也注謂來賻賵故君子欲觀仁義之道禮其本也注言禮有節于內可以觀也○疏親戚之喪盡忠心追念是忠之至也喪禮備小斂大斂之衣服及葬之明器是仁愛其親仁之至也賓客用幣帛以相賻賵于事合宜是義之至也

坊記子云賓禮每進以讓喪禮每加以遠浴於中霤

飯於牖下小斂於户内大斂於阼殯於客位祖於庭葬於墓所以示遠也殷人弔於壙周人弔於家示民不偝也子云死民之卒事也吾從周注周于送死尤備以此坊民諸侯猶有薨而不葬者

論語孟懿子問孝子曰無違集注無違謂不背於禮樊遲御子告之曰孟孫問孝於我我對曰無違集注夫子以懿子未達恐其失指而以從親之令為孝故語樊遲以發之樊遲曰何謂也子曰生事之以禮死葬之以禮祭之以禮集注人之事親自始至終一於禮而不苟其尊親也至矣是時三家僭禮故夫子以是警之○胡氏曰人之欲孝其親心雖無窮而分則有限得為而不為與不得為而為之均于不孝所謂以禮者為其所得為者而已矣

林放問禮之本子曰大哉問禮與其奢也寧儉喪與其易也寧戚集注易節文習熟而無哀痛慘怛之實者也戚則一于哀而文不足耳禮貴得中奢易則過於文儉戚則不及而質二者皆未合禮然凡物之理必先有質而後有文則質乃禮之本也○楊氏曰禮始諸飲食故汙尊而抔飲為之簠簋籩豆罍爵之飾所以文之也則其本儉而已喪不可以徑情而直行為之衰麻哭踊之數所以節之也則其本戚而已周衰世方以文滅質而林放獨能問禮之本故夫子大之而告之以此

大字低一字

曲禮

曾子曰慎終追遠民德歸厚矣集注慎終者喪盡其禮追遠者祭盡其誠民德歸厚謂下民化之其德亦歸于厚蓋終者人之所易忽也而能謹之遠者人之所易忘也而能追之厚之道也故以此自為則己之德厚下民化之則其德亦歸于厚也

子張曰士見危致命見得思義祭思敬喪思哀其可已矣集注致命謂委致其命猶言授命也四者立身之大節一有不至則餘無足觀故言士能如此則庶乎其可矣

孟子曰養生者不足以當大事唯送死可以當大事集注事生固當愛敬然亦人道之常耳至於送死則人道之大變孝子之事親舍是無以用其力矣故尤以為大事而必誠必信不使少有後日之悔也

居喪未葬讀喪禮既葬讀祭禮喪復常讀樂章注為禮各於其時○既謂朝夕奠下室朔望奠殯宮及葬等禮也此禮皆未葬以前祭禮虞卒哭祔小祥大祥之禮也復常大祥除服之後樂章謂樂書之篇章即詩也此三節事須預習故皆許讀之

張子曰禮在平日豈不嘗學如祭禮樂章豈必葬畢喪終乃學蓋謂切於用故至其時又復講求居喪者他書不可觀惟喪祭禮可讀若觀他書却似忘喪也

呂大臨曰居喪者自大功已上廢業則泉不志于學矣蓋送死之大事莫詳于喪礼不誠不信勿之有悔則未葬不可不知也事死之經莫詳于祭禮所以追養致孝則既葬不可不知也讀是書也非肄業也當是時不知是事不以礼事其親也喪復常者既禫踰月即吉也居喪不言樂至此始可讀樂章

也

陳祥道曰非喪而讀喪礼則非人子之情居喪而不讀喪礼不失之過則失之不及未葬而讀祭禮則非孝子之情既葬而不讀祭禮不失之黷則失之怠喪未除而讀樂章則哀不足喪復常而不讀樂章則樂必崩閔子子夏援琴而哀樂孔子皆以為君子則喪復常讀樂章先王之中制也王十朋曰為人子者親方在堂諱聞不祥之言兒時入小學從句讀之師從十八章之經至喪親章則或置而不授少長讀禮記凡喪祭之篇則掩卷而不忍讀一旦遭荒迷之變瞢然不知有直情徑行者矣豈復知品節斯斯之謂耶聖人著之禮經以詔人子曰未葬讀喪禮既葬讀祭礼非徒讀之正欲使之尊所聞行所知賢智者不至於過愚不肖勉強而跂及焉

乾學按記曰君子居喪未葬讀喪禮既葬讀祭禮何謂也曰君子之於禮無弗學也及既際其事而復習其文者追遠慎終將致其誠信而勿之有悔焉非至此而始讀之也今親始死悲焉濾焉如弗欲生俛而讀禮不已晚乎君子之讀禮也以致其知也非將預擬與親而儲以為之用也禮喪

具君子耻其一日二日而可為也者君子弗為也然而有歲制時制月制日制是時此雖父母之終事亦有所不諱也死也者人之必有也而諱之可免乎夫預凶事非禮也至於禮則固有吉凶矣何可廢也唐顯慶之制禮也大臣諱避去國恤焉其後山陵之禮遂無所執夫寺人宮妾之所為愛也非君子之所以事君父也或曰温公之薨也伊川先生董喪事焉子瞻周視無闕禮乃曰正叔喪禮何其熟也又曰大中康寧何為讀喪禮乎伊川不答鄒志完聞之曰伊川之母先亡獨不可以治喪禮乎夫志完之言何如曰斅已獨未若以吾之

言答之也

疏衰之喪既葬人請見之則見不請見人小功請見人可也大功不以執摯唯父母之喪不辟涕泣而見人注言重喪不行求見人爾人來求見已亦可以見之矣不辟涕泣言至哀無飾也○疏小功輕可請見於人大功則不可也此小功承疏衰既葬之下亦謂既葬也

檀弓穆公之母卒注穆公魯哀公之曾孫使人問於曾子曰如之何注問居喪之禮曾子曾參之子名申對曰申也聞諸申之父曰哭泣之哀齊斬之情饘粥之食自天子達注子喪父母尊卑同○疏厚曰饘希曰粥

子夏問諸夫子曰居君之母與妻之喪居處言語飲食衎爾注衎爾自得貌爲小君惻隱不能至○疏此居處言語是夫子荅辭不云子曰者記人畧也

陸佃曰喪雖輕惻隱不至則有之未有居之而樂者也子夏失問是以夫子不荅

吳澄曰陸氏不以爲夫子荅辭未詳孰是

徐師曾曰小君義重而一心無任其義重故皆服齊衰不杖期惟其恩輕故惻隱不能至而容貌和適也

張子朱子低一字大字

大功廢業或曰大功誦可也注許其口習故也○疏業謂所學習業則身有外營思慮他事恐其忘哀故廢業也誦則在身所爲其事稍靜不慮忘哀故許其口習

張子曰大功廢業謂廢所治業也讀喪禮讀祭禮祭禮喪禮雖是讀書然且用之即是實事也大功喪礼簡故廢其業而已業所誦書也如連山歸藏周易詩書皆古之所業也

陳壽翁曰業者弦歌羽籥之事也誦者詩書礼學之文也大功廢業而誦可則大功以上不特廢業而誦亦不可大功以下不特誦可而業亦不廢也

朱子曰居喪初無不得讀書之文古人居喪不受業者業謂簨虡上一片板不受業謂不敢作樂耳古人禮樂不離身唯居喪然後廢樂故曰喪復常讀樂章周禮有司業者謂司樂也

游桂曰古謂習樂者爲業春秋時晉宴穆武子賦湛露及彤弓穆武子曰臣以爲肄業及之晉屠蒯曰辰在子卯君徹宴樂學人舍業皆以歌詩言之也古者國子教以歌舞歌者雅頌之詩是也舞者因歌而舞之也唯其以歌舞雅頌爲學少而習業于此故謂之業舍業者舍歌舞之業以爲哀也或曰徙可口誦其詩而已

陳澔曰業者身所習如學武學射學琴瑟之類廢之者恐其忘哀也誦者口所習稍暫爲之亦可然稱或曰亦未定之辭也

喪不慮居毀不危身喪不慮居爲無廟也毀不危身爲無後也注慮居謂賣舍宅以奉喪危身謂憔悴將滅性

吳澄曰慮猶言謀度慮居謂謀欲賣其所居以給喪費也危身謂毀瘠過甚將至危殆其身也蓋慮其居而賣焉則無廟以奉祖考之神靈矣危其身而死焉則無後以承祖考之祭祀矣是乃不孝之大也為此之故則治喪雖當辦費而不可慮其居也哀毀雖為愛親而不可危其身也

雜記子貢問喪子曰敬為上哀次之瘠為下顏色稱其情戚容稱其服請問兄弟之喪子曰兄弟之喪則存乎書策矣注言疏者如禮行之末有加也齊斬之喪哀容之體經不能載矣○疏疏者禮文具載存乎書策父母至親哀容體狀不可名言故經不能載顏色稱其情當須毀瘠也戚容稱其服當須憔悴也君子不奪人之喪注重喪禮也亦不可奪喪也注不可以輕之於己也○疏謂他人居喪任其行禮不可抑奪己之居喪當須依禮不可自奪其喪使不如法不奪人喪恕也不奪己喪孝也

陸佃曰凡居親之喪哀瘠當浮於敬故哭泣之哀顏色之戚有罔不能盡書不能載者矣故孔子言之如此兄弟之喪存乎書策若親之喪求情於言意之表可也

陳澔曰存乎書策者言禮經所載而行之非若父母之喪哀容體狀之不可名者而經不能備言也君子不奪人居喪之情而君子居喪之情亦不可為他事所奪廢要使各得盡其情耳

孔子曰少連大連善居喪三日不怠三月不懈期悲

衰三年憂東夷之子也注言其生於夷狄而知禮也怠惰也懈倦也。疏三日不怠謂卒三日之內水漿不入口之屬三月不懈謂未葬之前朝奠夕奠及哀至卒哭之屬期悲哀者謂練以來常悲哀朝哭夕哭之屬三年憂者以服未除憔悴憂戚

陳澔曰不怠謂哀痛之切雖不食而能自力以致其禮也

妻視叔父母姑姊妹視兄弟長中下殤視成人注視比也所比者哀容居處也。疏妻居廬而杖抑之視叔父母姑姊妹出適服輕進之視兄弟長中下殤服輕上從本親視其成人也

徐師曾曰言服雖異而哀戚輕重之等各有所比也妻杖期叔父母不杖期是叔父母輕而妻重也則當抑之而視叔父母姑姊妹出適皆大功兄弟不杖期是兄弟重而姑姊妹輕也則當進之而視兄弟三殤之服皆降從輕是成人重而殤輕也則當進之而視成人服不可改情則可移或隆各協于中也

親喪外除注日月已竟而哀未忘兄弟之喪內除注日月未竟而哀已殺。疏外猶服也日月漸除而深哀未忘兄弟謂期服以下及小功緦也內心也服制未釋而心哀先殺由輕故也

黃榦曰內除外除皆言日月已竟服重者則外雖除而內未除服輕者則不唯外除而內亦除也注疏失之

視君之母與君之妻比之兄弟發諸顏色者亦不飲食也注言小君服輕亦內除也發於顏色謂醲美酒食使人醉飽。疏君母與君妻輕重之宜比於己之兄弟酒食不發見於顏色者則得飲食之若發見於顏色者亦不得飲食也

方慤曰服君之母妻比已之兄弟則服君之服比已之親可知此亦所以明外除内除之異也

徐師曾曰祝猶待也禮爲小君齊衰不杖期其服輕衰之宜比於已之兄弟謂亦内除也

縣子曰三年之喪如斬期之喪如剡注言其痛之惻怛有淺深也○陳澔曰剡削也

凡喪小功以上非虞附練祥無沐浴注言不有飾事則不沐浴○疏凡居喪之禮自小功以上恩重哀深自宜去飾以沐浴是自飾故不有此數條祭事則不自飾言小功以上則至斬同然各在其服限如此耳練祥不主大功小功也若三年之喪虞祭之時但沐浴不櫛故士虞禮云沐浴不櫛鄭注云唯三年之喪不櫛期以下櫛可也又士虞禮云明日以其班祔沐浴櫛注云猶自飾也此雖士禮明大夫以上亦然

方慤曰有祭則不可以不齋戒齋戒則不可以不沐浴

曲禮生與來日死與往日注與猶數也生數來日謂成服杖以死明日數也死數往日謂殯斂以死日數也此士禮貶於大夫者大夫以上皆來日數士喪禮曰死日而襲厥明而小斂又厥明大斂而殯則死三日而更言三日成服杖似異日矣喪大記曰士之喪二日而殯三日之朝主人杖二者相推其然明矣○疏生與來日者謂生人成服杖數來日爲三日死與往日者謂死者殯斂數死日爲三日大夫以上皆以來日數者大夫尊成服及殯皆不數死日也大夫不數死日則天子諸侯亦不數死日

呂大臨曰如三日成服杖以生者之事也其三日也自死之明日數之故曰生與來日如三日而殯死者之事也其三日也自死之日數之故曰死與往日

喪大記云大夫之喪二日之朝既殯主人主婦室老皆杖則生死皆以死之明日數之與士異矣士位四日寡不若大夫死事畢而治生事故成服杖後於殯一日然以來日往日數之亦可以名三日也

陸佃曰父母之喪無貴賤一也鄭氏謂士禮貶於大夫非是然則喪大記云士之喪二日而殯左氏曰士踰月外姻至何也曰士理故士生者之月日言之不嫌也若大夫以上言來日嫌於已戚此言之法故居之喪曰五日而殯大夫之喪言三日之朝既殯言既殯非殯之日也亦居言五日而殯不言朝言朝嫌於已戚

戴溪曰死者日遠生者日忘聖人念之故三日而殯死者事也以往日數三日而食生者事也以來日數其情衰矣聖人察於人情之故而致意於一日二日之間以此教民而猶有朝祥暮歌者可不悲夫

應鏞曰喪家之時日一也在生者則為來順數其未至之日也在死者則為往逆計其已過之日也生者三日成服而啜粥三月卒哭而疏食期祥而練冠則食菜果大祥而縞冠則食醬醴是月禫徙月樂既免喪不死則出身以從仕而無違不可焉蓋復生有節初不以毀滅性也死者三日而殯三月而葬葬而虞祔期而祥祭再期大祥又為之忌以哀慕之蓋謹終追遠愈久而愈不忘也生者未艾雖孝思罔極而毀瘠不形視聽不衰無有一朝之患與之以來日者所以扶持保護而勉其為無窮之計也故曰立身揚名以顯父母孝之終也死者已往雖去之日遠而想象儀形感念疇昔常有終身之憂與之以往日者所痛悼追惜而傷其不可復反也故曰往而已焉又曰亡則弗之忘矣一曰與猶期也生之日方來而未已故生則祝其來者為未艾若曰萬有千歲眉壽毋有害是也死之日已往而難追故死則計其往之期者為不可及若曰日月不居奄忽祥練是也

吴澄曰或云與當音預大夫之喪以死之第四日死者殯生者杖同此一日喪大記揔云三日之朝則是生者之事死者之事皆自死之明日數起士之成服杖亦是以死之第四日而曰三日成服固與大夫同若士之殯則視大夫先一日例當曰二日而殯乃曰三日而殯是併死之日亦預數故曰與往日其曰三日成服杖則不預死之日但預死之明日故曰預來日

檀弓 夏后氏尚黑注以建寅之月爲正物生色黑大事斂用昏注昏時亦黑此大事謂喪事也殷人尚白注以建丑之月爲正物牙色白大事斂用日中注日中時亦白周人尚赤注以建子之月爲正物萌色赤大事斂用日出注日出時亦赤

王制 天子七日而殯七月而葬諸侯五日而殯五月而葬大夫士庶人三日而殯三月而葬注尊者舒卑者速春秋傳曰天子七月而葬同軌畢至諸侯五月同盟至大夫三月同位至士踰月外姻至○疏天子諸侯位既尊重送終禮物其數既多故日月緩也大夫及士禮數既卑送終之物其數簡少故日月促也案左傳大夫言三月士言踰月此揔云三月而葬者記者以降二爲次故揔云三月左傳細言其別故云大夫三月士踰月其實大夫除死月爲三月士數死月爲三月正是踰越一月故言踰月耳案膏肓何休以爲士禮三月而葬今左氏云踰月於義左氏爲短鄭箴之曰禮人君之喪殯葬皆數來月來日士殯葬皆數死月死日尊卑相下之差數故大夫士俱三月其實不同士之三月即大夫之踰月也鄭箴膏肓以正禮而言數云人君殯葬數來月來日若春秋之世諸侯之葬皆數死月故文八年八月天王崩九年二月葬襄王又成十八年八月公薨十二月葬傳云書順也是皆數死月

也故鄭又云人君殯數來日葬數往月據春秋爲說也

禮器　天子崩七月而葬諸侯五月而葬大夫三月而葬此以多爲貴也

檀弓　天子崩三日祝先服注祝佐含斂先服五日官長服注官長大夫士七日國中男女服注庶人三月天下服注諸侯之大夫○疏祝大祝商祝也服服杖也杖是喪服之數故呼杖爲服祝佐含斂先病故先杖也子亦三日而杖大夫士亦服杖服在祝後故五日也國中男女謂畿内民及庶人在官者服謂齊衰三月而除之必待七日者天子七日而殯殯後嗣王成服故民得成服也天下謂諸侯之大夫爲王緦衰既葬而除之也近者亦不待三月今據遠者爲言耳然四條皆云服何以知其或杖服或衰服案喪大記云君之喪三日子夫人杖五日既殯授大夫世婦杖又喪服四制云三日授子杖五日授大夫杖七日授士杖則知今云三日五日是服杖明矣其七日及三月者唯服而已無杖四制云七日授士杖此云五日士杖者士若有地則五日若無地則七日崔氏云此據朝廷之士四制是邑宰之士也

天子崩巷市七日諸侯薨巷市三日疏天子諸侯之喪必巷市者以庶人憂戚無復求覓財利要有急須之物不得不求故於邑里之内而爲巷市

陳澔曰巷市者謂徙交易之物於巷也此庶人爲國之喪憂戚罷市而日用所須又不可缺故徙市於巷也

問喪　或問曰死三日而后斂者何也（注　怪其遲也）曰孝子親死悲哀志懣故匍匐而哭之若將復生然安可得奪而斂之也故曰三日而后斂者以俟其生也三日而不生亦不生矣孝子之心亦益衰矣家室之計衣服之具亦可以成矣親戚之遠者亦可以至矣是故聖人為之斷決以三日為之禮制也（注　匍匐猶顛蹶或作扶服○三日斂者以士言之則大斂也大夫以上則小斂也）

陳澔曰此記者設問以明三日而斂之義

方慤曰始死未忍斂之也者孝子之心存乎仁也三日而必斂之者聖人之禮制以義也

陸佃曰言至情雖奪雖聖人猶疑為為之斷決而後能為之

雜記　士三月而葬是月也卒哭大夫三月而葬五月而卒哭諸侯五月而葬七月而卒哭（注　尊卑恩之差也天子至士葬即反虞而踰大夫以上葬與卒哭異月者以其位尊念親哀情於時長遠士職卑位下禮數未伸亦三月而卒葬罷即卒哭）

喪服小記再期之喪三年也期之喪二年也九月七月之喪三時也五月之喪二時也三月之喪一時也注言喪之節應歲時之氣

雜記期之喪十一月而練十三月而祥十五月而禫疏此禫杖期主謂父在為母亦備二祥節也

乾學按此條疏耑謂父在為母其實夫之為妻其禮亦然觀喪服小記言宗子母在為妻禫又曰為父母妻長子禫夫妻喪有禫則必有練祥二祭矣蓋古人以妻喪等於母喪故咸有練祥禫之祭孔氏耑指母喪亦偶踈耳

左傳隱公元年天子七月而葬同軌畢至注言同軌以別四夷之國諸侯五月同盟至注同在方岳之盟大夫三月同位至注古者行從不踰時士

低一字大

踰月外姻至疏與前王制條疏同

大戴禮盛德篇　凡不孝生於不仁愛也不仁愛生於喪祭之禮不明喪祭之禮所以教仁愛也致哀故能致喪祭春秋祭祀之不絕致思慕之心也夫祭祀致饋養之道也死且思慕饋養況於生而存乎故曰喪祭之禮明則民孝矣故有不孝之獄則飾喪祭之禮

荀子　禮者謹於治生死者也生人之始也死人之終也終始俱善人道畢矣故君子敬始而慎終終始如一是君子之道禮義之文也夫厚其生而薄其死是敬其有知而慢其無知也是姦人之道而倍叛之心也君子以倍叛之心接臧穀猶且羞之而況以事其所隆親乎故死之為道也一而不可得再復也臣之所以致重其君子之所以致重其親於是盡矣故事

生不忠厚不敬文謂之野送死不忠厚不敬文謂之瘠（瘠瘠薄）君子賤野而羞瘠故天子棺椁十重諸侯五重大夫三重士再重（禮記云天子之棺四重今云十重蓋以棺椁與抗木合為十重也諸侯已下與禮記多少不同未詳）然後皆有衣衾多少厚薄之數皆有翣菨文章之等（翣菨當為蔞翣鄭康成云蔞翣棺之墻飾也）以敬飾之使生死終始若一足以為人願是先王之道忠臣孝子之極也

天子之喪動四海屬諸侯諸侯之喪動通國屬大夫大夫之喪動一國屬脩士修士之喪動一鄉屬朋友（屬謂付記之使主喪也通國謂通好之國也一國謂同在朝之人也脩士士之進修者謂上士也一鄉謂一鄉內之姻婭也）庶人之喪合族黨動州里刑餘罪人之喪不得合族黨獨屬妻子棺椁三寸衣衾三領不得飾棺不得晝行以昏殣凡緣而往埋之（墨子曰桐棺三寸葛以為緘趙簡子亦云然則厚三寸刑人之棺也喪大記子陳衣於序東三十稱今云三領亦貶損之甚也殣道死人也詩曰行有死人尚或殣之昏殣如掩道路之死人惡之甚也凡常也緣因也言其妻子如常日所服而埋之不更經杖也）

反無哭泣之節，無衰麻之服，無親疎月數之等，已葬埋若無喪者而止，夫是之謂至辱。此蓋論墨子薄葬是以至辱之道奉君父也禮者謹於吉凶不相厭者也。紸纊聽息之時，則夫忠臣孝子亦知其閔已，注纊即屬纊也言此時知其必至於憂閔也然而殯斂之具未有求也。垂涕恐懼，然而幸生之心未已，持生之事未輟也。卒矣，然後作具之，作之具之故雖備家必踰日然後能殯，三日而成服。備豐足也然後告遠者出矣，備物者作矣。故殯久不過七十日，速不損五十日。此皆據士喪禮首尾三月也是何也？曰：遠者可以至矣，百求可以得矣，百事可以成矣，其忠至矣，其節大矣，其文備矣，然後月朝卜日，月夕卜宅，然後葬也。月朝月初也月夕月末也先卜日知其期然後卜宅此大夫之禮也士喪禮先筮宅後卜日此云月朝卜日月夕卜宅未詳當是時也，其義止，誰得行之？其義行，誰得止之？聖人為之節制使賢者抑情不肖者企及故三月之葬，其貌以生設飾死者也，殆

非直留死者以安生也貌象也言其象以生之所設器用飾死者三月乃能備也是致隆思慕之義也

喪禮之凡變而飾動而遠久而平故死之為道也不飾則惡惡則不哀爾則翫翫則厭厭則忘忘則不敬一朝而喪其嚴親而所以送葬之者不哀不敬則嫌於禽獸矣君子恥之故變而飾所以滅惡也動而遠所以遂敬也久而平所以優生也禮者斷長續短損有餘益不足達愛敬之文而滋成行義之美者也故文飾麤惡聲樂哭泣恬愉憂戚是反也然禮兼而用之時舉而代御故文飾聲樂恬愉所以持平奉吉也麤衰哀泣憂戚所以持險奉凶也故其立文飾也不至於窕冶其立麤衰也不至於瘠棄其立聲樂恬愉也不至於流淫惰慢其立哭泣哀戚也不至於隘懾

傷生是禮之中流也故情貌之變足以別吉凶明貴賤親踈之節期止矣外是姦也雖難君子賤之故量食而食之量要而帶之相高以毀瘠是姦人之道也非禮義之文非孝子之情也將以有為者也故說豫娩澤憂戚萃惡是吉凶憂愉之情發於顏色者也歌謡謸笑哭泣諦號是吉凶憂愉之情發於聲音者也芻豢稻粱酒醴餰鬻魚肉菽藿酒漿是吉凶憂愉之情發於飲食者也卑絻（裨冕同）黼黻文織資麤衰絰菲繐菅屨是吉凶憂愉之情發於衣服者也疏房檖貌越席牀第几筵屬茨倚廬席薪枕塊是吉凶憂愉之情發於居處者也兩情者人生固有端焉若夫斷之繼之博之淺之益之損之類之盡之盛之美之使本末終始莫不順比足以為萬世則是禮也非順孰修為

低字大

之君子莫之能知

齊衰苴杖居廬食粥席薪枕塊是君子之所以為𢡆詭其所哀痛之文也𢡆變也詭異也感動其所哀痛而不可無文飾故制為齊衰苴杖之屬言本皆因于感動也卜筮視日齋戒脩塗几筵饋薦告祝如或饗之賔出主人拜送反易服即位而哭如或去之此禮說喪祭也易服易祭服反喪服也賔出祭事畢即位而哭如神之去然也哀夫敬夫事死如事生事亡如事存狀乎無形影然而成文狀類也言祭祀不見鬼神有類乎無形影者然而足以成人道之節文也

白虎通德論　喪者何謂也喪者亡也人死謂之喪言其亡不可復得見也不直言喪何為孝子心不忍言尚書曰武王既喪喪禮曰死於適室知擾死者稱喪也生者喪痛之亦稱喪禮曰喪服斬衰易曰不封不樹喪期無數孝經曰孝子之喪親者是施生者也天子下至庶人俱言喪何欲言身體髮膚俱受之父母

已見四十三卷大斂條

其痛一也

梁書天監六年徐勉以人閒喪事多不遵禮朝終夕殯相尚以速勉上疏曰禮記問喪云三日而後斂者以俟其生也三日而不生亦不生矣自頃以來不遵期制送終之禮殯以朞日潤屋豪家乃或半晷衣衾棺槨以速為榮親戚徒隸各念休反故屬纊纔畢灰釘已具忘狐鼠之顧步愧燕雀之徊翔傷情滅理莫此為大且人子承衾之時志懣心絕喪事所資悉關他手愛憎深淺事實難原如覘視或爽存沒違濫使萬有其一怨酷已多豈若緩其告斂之晨申其望生之冀請自今士庶宜悉依古三日大斂如有不奉加以糾繩詔可其奏

朱子語類百日之哭乃開元禮以今人葬不如期

仿宋大字

為此權制至公以下皆以百日為斷殊失禮意古者士踰月而葬葬而虞虞而卒哭自有日數但今人事力不辦自不能及此期耳若過期未葬自不當卒哭未滿一月則又不當葬也○又云以百日為卒哭是開元禮之權制非正禮也

朱子曰禮不難行於上而欲其行於下者難也蓋朝廷之上典章明具又自尚書省置禮部尚書侍郎已下至郎吏數十人太常寺置卿少以下至博士掌故又數十人每一舉事則案故事施行之而此數十人者又相與聚而謀之於其器幣牢醴共之受之皆有常制其登降執事之人於其容節又皆習熟見聞無所違失一有不當則又有諫官御史援據古今而質正之此所謂不難於上者也惟州縣之間士大夫庶民之家禮之不可已而欲行之則其勢可謂難矣揔之所以得其不合者五又啟舉而正之則亦有五說焉蓋今上下所共承用者政和五禮也其書雖常頒布然與律令同藏于理官吏之從事于禮法之間者多一切俗吏不足以知其說長民者又不能以時布宣使通于下甚者至或并其書而亡之此禮之所以不合者一也書脫幸而存者亦以上下相承沿習茍簡平時既莫之習臨時則驟而學焉是以設張多所謬戾朝廷又無以督察繩糾之此禮之所以不合者二也祭器常經政和改制盡取器斟酌存于今者以為法今如廟所用則其制也而州縣專取聶氏三禮制度醜怪不經非復古制而政和所定未嘗頒降此禮之所以不合者三也州縣惟三獻官有祭服其分獻執事陪位者皆常服也古今雜糅雅俗不辨而縣邑直用常服不應礼典此禮之所以不合者四也又五礼之書

當時修纂出於衆手其間亦有前後自相矛盾及疎畧不備處是以其事雖盡從此禮之所以不合者五也礼之所以不合者五天將舉而止之則亦有五說焉曰禮之施于朝廷者州縣士民無以與知爲也而盡頒之則傳者苦其多習者患其博而莫能窮也故莫若取自州縣官民所應用者參以近制別加纂次號曰紹興纂政政和民臣禮畧鋟板模印而頒行之州縣各爲三通皆櫝藏之守視司察脉如詔書而民庶所用則又使州縣自鋟之板正歲則摹而揭之市井邨落使通知之則可以永久矣此一說也禮書既頒則又當使州縣擇士人之篤學好禮者講誦其說習其頒礼州縣各爲若干人廩之于學名曰治禮每將舉事則使教爲又詔監司如提學司者察其奉行不如法者舉繩治之此二說也祭器不一郡縣所用至廣雖以悉從朝廷給也但每事給一以爲準式付之州郡櫝藏于太守廳事使以其制爲之以給州用以賦諸縣其器物用者自爲一庫別置王典與所櫝藏者守令到罷舉以相付書之印紙以重其事礼此三說也祭服則當準政和礼州縣三獻分獻執事賛祝陪位之服舉其所有者議其所無者補之使皆爲古禮服製造頒降如祭器法此四說也礼書之不備更加詳考而正之仍爲圖其班序陳設行事升降之所事爲一圖與書通班之則見者曉然矣此五說也夫礼之所以不合者如此必將舉而正之其說又如此亦可謂明白而易知矣而世未有議之者則以爲簡之俗勝而莫致意爲故也是其所以爲難也歟故曰禮不難行於上而欲其行于下者難也故述斯議以爲有能舉而行之則庶乎其有補爲爾○又曰喪礼太繁今只存大概使人知其意義必不可盡行如始喪一段必若欲盡行則必無哀戚哭泣之情矣哀若荒迷之際何有心情一一如古礼之繁細委曲那古有相礼者導孝子爲之况依今世俗之禮亦未爲失但使哀戚之情得盡耳有虞氏瓦棺而葬夏后氏堲周又無周人之繁文也古人壙中置物甚多禮文之意大備則防患之意反不足只當防慮久遠毋使土親膚而已其餘禮文皆可畧也又如古者棺不釘不用漆粘而今灰漆如此堅密猶有蟻子能、何况不用釘漆乎孔子從先進已厭周之

文矣聖賢者作不必盡如古必酌從今之宜而為之也又如士相見禮
鄉飲酒礼射礼之屬今何可行存其大概使人知周之盛時礼之全躰皆
偹不可有纖毫之差今世皆不得見掇拾于殘編斷簡之餘如何必欲盡做
古禮或曰郁郁乎文哉吾從周其何意也聖人之言固非一端蓋聖人生於
周世周之一代禮文皆偹誠為整齊如何不從但是如用之則吾從先進耳
用之謂自為邦○問喪禮制度節目朱子曰恐儀礼也難行如朝夕奠與葬
時事尚可未殯以前安得一一如此仔細含飯一節教人從那裏轉那裡安
頓一一各有定所須是有相者方得孔子曰行夏之時乘殷之輅已厭周文
之煩矣聖人復起亦但隨今風俗立一限制須從寬簡今若考得子細一一
如古固好如考不得亦只隨俗不碍理者行之○又曰今人吉服皆已變古
獨喪服必欲從古恐不相稱禮時為大衣冠本以便身古人亦未必一一有
義况隨時增減名物愈繁若要可行須是酌古之制去其重複使之簡易然
後可行又須是朝廷整頓理會始得○又云自天子達于庶人者居喪之禮
也送死之禮貴賤不同以天子諸矦大夫之礼附于士禮殊不相入自合別
為一篇世俗拘忌不敢別立其名因喪大記包舉王侯士庶之禮而做儀礼
次第分其章段則凡言禮之法而似經者依經例其記事寔有議論者依記
例虞礼以下如天子九月卒哭及九虞七虞等語當別為下篇依士禮次第
編集如于見編卒哭等禮篇內刪出三傳作主等語附入而王矦大夫制度
皆入此篇書禮論語所說諒陰制度及左傳所說天子諸侯喪事亦皆依記
例隨事附于章目之後如諒陰及后世子皆為三年之類即附祥禫章後說
華元樂舉及仲幾對宋公楄柎藉幹語之屬即附棺椁窆葬等章楚恭王能
知其過之類即入誄謚章○又曰古人祭礼次喪礼蓋謂從那始作重時便
做那祭底道理後來人却移祭礼在喪之前不曉這箇意思○安卿問人子
其親始死則復其魂魄又為重為主節次奠祭所以聚其精神使之不散若
親死而其子幼稚或在他鄉不得盡其萃聚之事不知後日祭祀還更萃得
他否曰自家精神自在這裏○又曰喪事古人自有活法如身執事面垢而

是也○又曰古礼雖行爲古人有做未到處古者以皮束棺豈能固設熬黍稷于棺傍以惑蚍蜉可見少智今棺用漆要三日便殯亦難○又曰古人自有一件人居居喪之礼但今不存無以考據蓋天子諸侯既有天下國家事体難與常人一般行喪禮○或問哀慕之情易得間斷如何曰此如何問得人孝子喪親哀慕之情自是心有所不能已豈待抑勒亦豈待問人只是時時思慕自哀感所以說祭思敬喪思哀只是思著自是敬自是哀若是不哀別人如何抑勒得他因舉宰我問三年之喪云云曰女安則爲之聖人也只得如此說不當抑勒他教他須用哀只是從心上說教他自感悟

家語掘中霤而浴毀竈而綴足襲于牀及葬毀宗而躐行也出于大門及墓男子西面婦人東面既封而歸殷道也孔子行礼不求変俗夫子変之矣孔子曰非此之謂也喪事則從其質而已矣

陳獻章四礼條件凡居喪要以哀戚襄事爲主不許匿喪成婚始惟食粥蔬素不得食肉用酒寢處于内大祥後禫而後醴酒食乾肉○凡居喪孝子不得易凶爲吉赴他人酒席鄉俗有旬七會飲及葬有山頭等酒會皆深爲害義犯者罰之○凡三等人户之下葬用薄棺不許焚尸貧者族衆率錢助之毋令暴露

邵寶喪禮襍說吾讀既夕禮而知古君子喪事縱縱而不廢節也蓋先三日則鼎鼎先一日則騐騐故酌以先二日既夕哭之後啟而朝祖祖飾棺屬引而後祖奠盡日從事所謂猶猶爾者其謂此乎○又曰昔予讀顏丁居喪之說而未得其情某孤也幼固然莫之省也乃今當太淑人之喪曰夕殯宮忽忽然躲始克知之烏乎父兮母兮不可作矣壽也燕慶榮也贊賀既皆不可得矣雖病而承候視醫言善惡方欣遄戚尚可得乎此猶常也雖筮而得離之顚錯愕隕越色于客[illegible]尚可得乎此猶生也雖死而號慟含斂僕僕拜賓虞病疑死尚可[illegible]不佳生之日不可再得而死之日亦不可再得

矣大哉天地間日復一[illegible]安而求哉烏乎生之不再得人能言之死之不
再得乎亦不知其何心不[illegible]亦何以為言也記曰始死皇皇為安得起顏丁
而與之誦匪母
何恃之詩哉

呂柟禮問先祖問禮曰居喪讀喪禮若三年問奔喪喪服記雜記間傳諸篇
平居不可讀乎若不讀何以見古人之行與制禮者之心歟先生曰孝子讀
此未免起不忍之心故耳
故伊川喪母而後喪礼熟

萬表灼艾集三年之喪自中出者也非強乎人也因其心之不安莞簟也故
枕塊寢苫因其心之不甘肥厚也故啜粟飲水因其心之不忍佚樂也故居
外次不聞樂豈制於禮而不為哉情
之不能止也今世之能喪者鮮矣

呂坤四禮疑一部喪禮易居其九貧者不能易戚可也故曰喪致乎哀而止
○又曰喪家十二禁知礼之家不可不守也一作佛事二用殃狀三信風水
四請客行祭設席太豐五避殃後除六作樂鬧喪七沿村謝客八遠送孝帛
作謝九請客點主十除明器外無用紙劄太多十一棺槨外斂身入棺太美
十二門户朝夕不謹男女混雜不防○喪有六不拘礼老不拘少不拘
病不拘貧不拘情有所奪者不拘所不拘者文也真情則不在于此也

来知德日錄古人制礼甚嚴凡容貌聲音言語居處衣服皆有一定之制昭
然垂之經典所以厚風俗益世敎也漢去古未遠居喪使婢在側九棄即終
身黜落至隋帝弑父自立可謂古今之大悪矣居喪猶不敢公然入內至宋
時欲以酒飲人者曰既不能以礼自處又不能以礼處人則宋世守先王之
礼教者猶嚴也至元時之俗父母死則歌舞娛尸明洪武戊申御史高元侃
言京師猶習元俗喪葬設宴作樂娛尸流俗之弊至今已甚送終尤礼之大
者不可不謹乞禁止以正風俗高皇帝是其言命礼官定制今載之大明律
中十悪一曰不孝內有居喪作樂之條八議所不赦今俗親方死即鳴金鼓

弔客來即設酒喧譁如賀客然甚至
強孝子飲酒者此風俗之至悪者也
郝敬曰喪大記云復衣不以衣尸不以斂而士喪礼又云以衣尸喪大記云
士小斂陳衣于房西領北上大斂陳衣于序東西領南上而士喪禮云大小
斂皆陳衣于房皆南領西上周礼云天子含用玉而雜記云用貝喪大記云
君于大夫疾三問之而雜記云卿大夫疾君問無筭喪大記云公之喪大夫
俟練而歸士卒哭而歸雜記云大夫次于公館以終喪士練而歸奔喪云大
功望門而哭齊衰望鄉而哭雜記又云聞兄弟之喪大功以上見喪者之鄉
而哭士喪礼小斂朔奠皆陳鼎遣奠陳五鼎皆具牲牢周礼牛人亦云喪事
共奠牛而雜記有子以遣車視牢具載粻為非礼喪奠脯醢而已喪大記云
四隣賓客弔其君後主人而拜蓋君為臣主君拜則主人拜其後而曾子問
又云衛靈公弔季桓子之喪衰公為主拜季康子亦拜孔子謂喪有二孤季
康子之過則後拜又非也曾子問云金革之事無避也者伯禽有為：之喪
大記又云既卒哭弁絰帶金革之事無避也曾子問云慈母無服儀礼又云
慈母如母服檀弓云天子之哭諸侯也爵弁絰緇衣而周禮又云天子為諸
侯緦衰檀弓曰祥而縞是月禫徙月樂則是祥之月不作樂而又云孔子既
祥彈琴十日而成笙歌雜記朼用桑儀礼特牲又云朼用棘郊特牲云鼎俎
奇而籩豆偶鄉飲酒義云六十者三豆八十者五豆是五豆亦奇也檀弓云
孔子悪野哭者又云孔子哭伯高曰吾哭諸野如此之類錯襍紛拏師說相
承言人：殊雖使考證詳確古今異宜亦難盡用而鄭康成輩好信不通執
此徵彼及其不合牽強穿鑿詩張百出初學為其所眩惑隨聲應和莫知其
偽世儒所以苦于讀禮也○又曰凡礼不可嘗行者非禮之經用于古不宜
於今而猶著之于篇非聖人立經之意也即四十九篇中所載如俎豆席地
袒衣行礼書名用方策人死三日歛之類古人用之今覺未宜父在為母期
出母無服師喪無服此等[illegible]十而近薄父母為子斬衰與母同服此等甚
不倫官師不得廟事[illegible]支子[illegible]此等非人情杖不杖視尊卑貴賤哭死

為位于外熬穀與魚腊置旁亦似迓閫國君享賓夫人出交爵命婦入公宮養子國君夫人入匿弔喪此等于孀疑祭祀因子弟為尸代父兄羅拜若袷祭則諸孫濟濟一堂為生鬼此等近戲讙人死含珠玉以誨盜壙中葳甕甒筲衡等物歲久腐敗陷為坑谷此等無益有害　喪服有等不得不殺至於三殤之辨頗覺太瑣衰麻有數不得不異至于麻葛之易亦覺太煩　禮不根情則枯槁而無生意故聖人言礼不貴文而貴情行礼不貴礼而貴義如親喪不飲酒食肉礼也飲酒不樂食肉不甘情也先因人有是心制是禮而世人本是心行是礼心安礼順則中節而和斯謂之礼矣今之行礼者但舉不飲酒不食肉之文更不問不飲酒不食肉之心雖貪饕恣嚬之夫能忍而不飲不食即謂之知礼其毀行敗節者能三日水漿不入口皆稱曾參嗟夫是烏得為礼乎〇又曰喪服四制云高宗諒闇諒明也闇暗也猶言昧爽幽居愁處不分明之貌鄭謂諒作梁闇作庵為倚廬他如此類不可枚舉必若世儒謂學問不及鄭則一切朦朧不敢聲說承迷習醉何時而已甚者解說不通輒以意變亂舊章如玉藻笏度樂記師乙雜記內子以鞠衣喪大記君設大盤等章本無錯簡自生顛倒又如鄉義首節實錯簡而不知其餘文字如從容之作舂容汁獻之作汁莎封作窆純作緇大圭不琢作不篆鹽諸利作豔諸利諸侯荼作諸侯舒其慎也作其引也

呂氏礼問石希孟問人于父母生無以為養死無以為葬何以處之先生曰古之人有行之者江革行傭以供母董永賣身以葬父未為無養無葬也

徐浦義莊條約族人喪葬嫁娶同時並舉者則先凶而後吉若凶事同時則先尊而後卑

李濟翁資暇錄　成服三日成服之制聖人斷決著在不刊之經無敢踰之矣今或見不詳典禮取信

巫師有至五日之借者夫禮等於天實崇大之事也非小生所宜談但以前序從朝故畧舉之耳○今俗釋服多用昏時斯頗非禮按戴記魯人有朝祥而暮歌者子路哂其是日便歌夫子雖抑子路云三年之喪亦已久矣而復曰踰月則其善明知月晦之朝去縞從吉也明日則踰月矣故夫子許其不待明日而歌是以云又多乎哉今之免服準式給晦日假者蓋以朝既從吉使竟是日吉服盡與諸賓相見徧示禮終至明日復綜公務無樂不為之義又禮書皆云前一夕除其服又曰夙興云云足知前日除廢以為明晨之漸凡曰釋服悉宜從朝矣

呂柟禮問　或問七七之奠古乎先生曰非古也然

自唐宋以来未之有改也故生聞七〻之禮死不聞七〻之奠非所以安死效生也且夫同姓有宗人焉同邑有黨人焉同遊有友人焉皆期七而一奠也數七而奠亦所以聯民厚俗也

馮善家禮集說按傳注天子九虞以九日為節諸侯七虞以七日為節大夫五虞士三虞春秋末世大夫僭用諸侯七虞之禮後世遂人死之後每七日必供佛飯僧言當見地府某王吁古人七虞之說乃如此哉後世妄誕不足信也

陳龍正曰三日而殯暑月寧先三月而葬不可後後死者以入土為安其義至切生人不能體耳山水客翁中有葬為死者計二條言之極明孝子慈孫所宜永守然必預蓄吉壤然後能葬不失時

小字雙行　移在前朱子語類之後　小字雙行

萬斯同曰開元禮卒哭篇未嘗明言百日為期唯三日成服條注有古之祔在卒哭今之百日也二語此可為唐用百日之据及攷李習之去佛齋說深詆其用佛家七七之說則知唐人之遭喪者多用七七百日為治喪之節矣夫捨先王之正法而用釋氏之邪說已為非禮乃又陰用其實而陽諱其名使後之讀其書者莫識其行禮為何時更可怪也

吳肅公曰禮杖以輔病故童子婦人弗杖也婦為其夫之庶母杖父沒而為其妻也杖是亦不可以已乎古之庶母其子緦今則他子婦也而為之杖

○繼父之期必己與彼兩無大功之親焉有則否亦曰有代我而主者與姑姊妹女子子嫁而無主

及反在室也亦以先二任卹之誼其無窮也哉故曰無所歸於我殯

辟陽張甬岐謹俗論記曰君子行禮不求變俗祭祀之礼居喪之服哭泣之位皆如其國之故謹修其法而審行之今之俗屢變矣將以何者爲國之故乎曰六經之所陳者是其故者也二帝三王建極而施于時周公孔子修明而筆之書是真可爲國之故矣君子行礼有不得于心者按籍而求之決擇其故與非故而後從事爲此風敎之賴也近俗之失其故者不一事其在喪葬者有三奢儉疏促之節不與焉一者始死而哭諸鬼神之廟邑則城隍村落則惟其所置男女被髮徒跣提榼捧幣聚哭于其所名曰送漿水又曰設浴日三三日而止其俗不知始于何時何人也爲其說者曰人始死攝而之廟爲之請乃得挾背以冥遊不然則爲攝者所苦淫巫妖尼遞相恐嚇委巷細民怖而聽之至于縉紳士人雖心知其非亦奪于婦孺之口而不能自決也嗚呼聖人雖不言鬼神其制爲喪禮于鬼神未嘗不章明較著也有升屋而復矣有設奠而依然又殯而立之重奠而爲之主矣並不及誰揖而往誰睹而請也豈有之而周公孔子不知耶周公孔子不知而今之巫與尼傾知之耶一者柩出門而喪主碎器於車亦不知其始于何時何人也宴人以爲人子重事支度不得而代柩方升車其人捧盆于首踊而投地聲震翣柳嗚呼此何爲也非終天永訣之時乎人子方攀戀號慕而無從乃碎陶器作厲響以當其前欲何爲乎孔子在衛有送葬者而夫子善之曰其往也如慕其返也如疑將行而碎器以震驚之慕親者固如是乎此二事于礼則乖于儀則野竊恐伊川被髮之祭不甚于此矣謂周公孔子之故俗有是耶又一者受吊之位主人伏哭于柩東賓入門北面而弔拜畢主人下堂北面拜賓相習以爲定位解有知其非者不知方伏哭柩東時婦女當在何所乎女賓至主人避之否乎主

人避而賓又至又将何所伏而待乎其升降進退之間必不能無憾于儀矣既失男女內外之位又妨主賓哭踊之節先王制礼必不如是之齟〻不合矣孜之士喪礼主人入坐于牀東衆主人在其後西面婦人俠牀東西此未斂以前主人室中之哭位也其拜賓則升降自西階即位于西階東南面拜之固已不待賓于堂上矣及其既斂而殯也居門外倚廬唯朝夕哭乃入門而奠其入門也主人堂下直東序西面北上外兄弟在其南南上賓継之北上門東北面西上門西北面東上西方東面北上主人固不復在堂上矣所以然者其時即位于堂南上者唯婦人故主人不得升堂也令主人柩東拜伏之位正古人主婦之位也則令人哭泣之位亦非周公孔子之故矣周公孔子之故固未斂以前以柩東為位既斂而殯則堂下直東序西面是其位也主人正位于此則內外之辨賓主之儀無違而不當矣前二事之失流俗之所淆哭位之失則考古之未審在吾黨力反之耳力反之者如何明乎設奠依神之為故則知野哭之非其故明乎遣奠伸哀之為故則知碎器之非是其故明乎未斂既斂之位各有其故則亦各如其故而無可疑也

許三禮讀禮偶見喪禮曰繁非繁也節〻是人子至性之所及至先王制礼既準人性仍裁其過而制中斷無文所不足而飾偽者也誠以仁人孝子之精心無貴賤無常變節〻而為之備但恐有情不盡之處安見有礼苦繁之處哉注有誤而見自執者有之力不足而用未及者有之若未得聖人作經精心而疑之正可在自心上于此叅悟未便遽以為非礼讀礼三年深嘆先王全不強人喪不過三年其實古只二十五月今只二十七月喪戒嚴重自心中不安也而記反有疾則寬年衰則減曾子水漿不入口七日經定以三子路不除有姊之服子抑其過蓋食限三日哭限三月服限三年豈非中制之〻哉唯後人不及情而昧礼曽乃訓曰慎〻孟乃勑曰大事又恐滅性而居礼厂门数曰敬為上哀次之瘠為下記亦載毀

甚病篤等不慈不孝嗟嗟先王垂教俾萬世自天子至庶人過者哉不及者跂何得不詳倫礼書〻〻痛愴卒神思迷亂之時得按攷不失、述仁孝之苦心由此想來喪礼可云繁耶子對子游曰稱家有無有毋過礼無則斂手足還葬懸封人不得非此亦曲躰人心之至矣果得之謂有財豈可以天下儉其親哉今凡載家礼儀節並諸戒者不贅有在親身萬〻當盡者五有在己身萬〻當盡者五特著明講究以見缺此則有遺憾違此則有負疚為留心聖學者訂其餘事或詳或略猶可也何謂親身當盡者五棺好殮寔固其龜也筮吉築堅厚其藏也寫影堂傳像也纂寔録紀德也哭奠諸祭妥其靈也何謂己身當盡者五不飲酒也不食肉也不居內也不行嫁娶也不應試奪情也之數者以為礼制當遵則有不遵者矣以為王法當畏則有不畏者矣揔只從不忍死其親一念在寢苫枕塊刻〻不自安中做出自知至性之所不容已聖先王寔同此心天地鬼神實鑒此心卿士大夫要綱維名教砥柱頹俗不向自己刻厲再向同人講究俾自家族姓何所率循一方風俗何所觀望哉釋誤釋疑二則附後

解誤者八初喪聚主告祠也俗謂壓魂神廟者誤小斂代哭不絕聲猶然招魂望反諸幽也俗疑替哭不情者誤踊分七五三輕不踰重賤不踰貴也注謂毋踊限三跳者誤發引先日朝奉柩朝于祖也俗以生人餞靈者誤庶子為所生母死雖父在不猒斬衰三年官解任士夫丁艱俗以嫡母在服期者誤嫡子衆子為庶母齊衰杖期服緦麻者誤士妾有子緦公士大夫貴妾雖無子亦緦家礼會典不載誤喪三年古二十五月禫在二十五月中故會典注始飲酒食肉而復寢在大祥後今增二十七月禫當在二十七月中故家礼移注始飲酒食肉而復寢在此下俗服三十六月乃除者誤

釋疑者十復三次疑三聲者非含與充耳幎目巾同義疑不宜者非築灰隔防盜疑止障水蟻者非題主不敢自塡先人諱也疑又請本縣正印點

者非府君夫人共一櫝疑止正妻一人者非妾從祔母以子貴也降女君與夫同封不合葬者非服制圖家礼當照會典改正如引古制前注庶子為父後降后圖為母后降者非方相周礼以道士持戈擊壙四隅俗作鬼判者非楮帛即明器之一記載神明道也疑浮屠家用者非發引五刻擊鼓為節疑

用樂者非

禮有一節一事而關生民日用之常且寓有精義不可缺失者當補議之以待修明之君子蓋道理從源道看徹方知天統乎地：包在天故坤卦曰妻道也地道也臣道也妻視夫無異臣子視乎君父則母不得與父同明甚矣先王制礼父斬母齊又别父在為母期所以表父為至尊者義何精也大明會典齊一斬衰且不分父在與否大失天尊地卑之義今欲少變通之如均是斬衰三年喪也父在母死或生母死當稱齊衰子有别于父不在畢父先歿矣得伸其尊仍称斬衰子又祖在父死而值祖母喪當稱承重齊衰孫有别于祖不在畢祖先歿矣得伸其所尊仍称承重斬衰孫其心喪服制俱准此乃見家無二尊有至尊在不敢伸其私尊之義則大道得矣于理更順于心更安精心于道自見何也儀礼曰禽獸知有母而不知有父凡人知有父而不知有天唯聖希天尊父者人道也聖人敎天之道也又叔嫂無服經著遠别之義唐始定小功宜遵古削之又貴臣貴妾緦礼有正文晦菴家礼附皆小注而諸本皆畧之此亦為缺失何也既注庶子為所生母斬衰三年嫡子衆子為庶母齊衰杖期則公士大夫為貴妾緦士妾有子而為之緦此二句斷不可少宜遵經筆之蓋義有淵源礼不云乎君所為服子不敢不服君所不服子亦不敢服也此又由本及支之道豈可礼經載之而諸本反遺之即是二議又可補家礼會典之所未詳尚望修明君子條議行之

喪服查古礼與今制不同者有数件父為適長子斬衰三年母[illegible]衰三年報服也孝慈録改期又子為母齊衰三年父在服期庶子為所生母齊

衰三年爲父後降㚢殁父卒無祖母若高曽祖母承重者齊衰三年祖在
服期加杖儀礼也孝慈録倶改斬衰三年且不注父在祖在嫡孫降之
大夫以上爲庶母無服士嫡子衆子爲庶母緦麻孝慈録改齊衰杖期三
殤服以次降一等孝慈録省婦爲舅姑期唐始定齊斬從夫曽祖父母三
月唐增五月叔嫂無服唐始定五月會典俱因之嗟哉詳察先王制礼家
無二尊又至尊在不敢伸其私尊此中精義最有関重又王侯與士夫别
無如歷代增定若似從厚國朝因革已著爲典煌煌令甲是則爲一代之
憲章誰敢干之可嗟者鄉曲儒生猶執家礼舊本互閲傳訛既未見會典
又焉知更制即瓊山儀節潛谷補注升菴手訂諸書内今制二字亦不知
何謂身在士林值生母死援嫡母在全不終喪三年所在有之豈知服官
者解任自宋元明迄今率遵耶再查古礼庶子君在爲母練冠既葬除君
卒爲母大功至大夫在爲母大功卒爲母三年無餘
尊所厭故也士雖在庶子爲母皆如衆人士卑無厭故也是則古與今士
大夫之庶子爲生母俱得終制維君之庶子被厭不得伸猶不奪其母子
之恩故五服外權爲制飾雖抑猶容有三年之衰以上載在儀礼
會典所當精究故曰當以國制爲遵並不必拘夫舊國此之類
記曰居喪未葬讀喪礼子曰教爲上衰次之瘠爲下夫曰敬則情文内外
具俻矣子游曰喪致乎哀而止自荅林放寧戚之句來非全論也然礼無
本末單逐末固不如單重本如祇重本而全無事于末豈礼之至耶譬人
子居喪而哀至于滅性所謂瘠爲下也即不至毀而滅性而哀之誠是矣
使三日内三月内凡附身附棺者一無所事遂曰礼乎此教爲上必質文
無盡之説也家礼于喪礼全載經文節節皆至性必極之處中有倫而用
不及者變通之不泥可也其他尚有俯就人情告減者亦有大礼久失折
衷諸議未定者後人但以真精神體出古人制礼之深義或當以經文爲
本不必膠夫後注或當以國注爲遵併不拘夫舊國或更有古經未載國
制未詳竟當以大義裁之不可徇乎流俗文公家礼還當同會典折衷一

審度古人之精義因後人之
神明而益出先以〻作表之

張文嘉曰凡父在母出父絶母父殁母嫁母絶父惟子母自無絶道耳故報之以予人之私情祿養可贍恩命不可踰服制不可濫也宋范文正公早孤母夫人謝氏改適常山朱氏因挈公育于其家公稍長始感悟家世流涕至南京就學登第乃迎母夫人以養母卒喪之三年既天子用公貴贈母吳國夫人與公曾祖祖及考同受恩命孝則盡矣然不亦踰于禮乎當公之居母憂也晏元獻公適尹南京屈致教導諸生從之者多有聞于其時而又以其時上相府書且自謂上書言事爲居喪踰禮而不自知公之居喪已自踰禮其後呂東萊制中下帷朱子亦遣其子就學而陸象山毅然非之移書東萊謂儼然憂服之中而戶外之屨常滿且言文正雖近世大儒而居喪教授天下事理固有愚夫愚婦之所與知而大賢君子不能無蔽者竊按古人居喪廢業〻是簨簴上版子廢業謂不作樂耳古人禮樂未嘗斯須去身惟居喪然後廢業也至于居喪讀禮亦不妨讀書昔孔孟皆嘗居喪今雖無從見其講學論道之實一則以門人治防墓一則以門人敦匠氏似亦未嘗謝遣生徒但起大會以聚朋聯社斷所不可耳乃象山以居憂教授爲大賢君子之蔽而曾不謂公以三年居嫁母夫人之憂謂大賢君子之過斯又何也然公之喪嫁母如母卒時卒無非議之者即歐陽公撰公神道碑獨不書公丁母夫人憂一節豈亦諉身處地悲其遇哀其志雖踰于禮而爲賢者諱之歟

應撝謙曰檀弓大功廢業下文有或曰大功誦可也一句可知不是簴業之業廢業者謂詩書六藝皆廢蓋大功已是三月不食菜果亦無力讀書况三年之喪三日不食卒哭以前食粥卒哭以後猶朝夕哭期年不食菜果自無緣有力讀書制中下帷則居喪必有不能盡禮者今貧士不能不以教授餬口不得已或可爲之士大夫有力者斷必不可也

紫紹炳曰人子于父母在出家離俗者是其剃染之日業告絶于祖禰矣爲子孫者不能挽之于生前而于死後復引而近之一旦使圓丌示祀屬得復與于同宮祔食先人有知豈不貽之恫且羞乎況彼出家者誠欲了生死空諸一切且不貪人天供養惡用世俗香火情戀之不捨哉故予謂人子處此當執喪死所葬無首丘制服廬居設主別室稱考妣而不得仍書故官位封號以別之庶幾亡于礼者之礼耳

駱問禮居喪荅問曰先君之喪既襄事客問曰君子行礼不求變俗子好古而不和于俗今日之事其語在大人一指者則既聞命矣其餘尚不能盡無惑也請一一償之而無罪可乎曰是問礼所急欲承教而不可得者也曰俗初喪者反穿其上衣子獨不然豈謂于礼無稽乎曰然親始死雞斯徒跣扱上衽小斂而後袒括髮免髽礼也反上衣良未之前聞哉其不赴何也曰親厚者不必赴疏遠者不當赴貴顯者不敢赴必不得已者始赴一力口報之豈以片紙為惜哀痛迫切之中從其質也仁人之所不罪也然則古何以赴曰古卿大夫士交政于中國勢分懸隔或拜使而赴或父兄命赴政事之章冠裳之躰也今我親故情聯地密朝有變而夕莫不聞彼且匍匐不暇而待赴乎哉故曰仁人之所不罪也不稱孤子何也曰經言少而無父曰孤說礼者謂三十已下無父可以稱孤若三十以上有爲人父之道不言孤也故祭稱孝子孝孫喪稱哀子哀孫經有明文況孔子謂三年之喪從其至者孤與哀孰為至乎孤哀分父母家礼本之書儀雖傳襲已久不為有據丘文莊公亦嘗言之矣既曰不燕客矣然亦有酒肉之者何也曰此不肖之罪也然而悪草也在礼老病不止酒肉夫孝子也老病且不止酒肉賓客之冐雨雪而徒步遠來者安知其不無所病而拘以一說恐非礼意若其不當飲食與否則在好礼者之自審其近也即遠而無他慮者自不敢不以正事之矣日止二奠礼乎曰古君子之事其親也日出而朝慈以旨甘日入而夕慈以旨甘其在殯也朝奠日出夕奠逮日既曰朝夕奠矣而復曰上食何煩而無次乎疑家礼之複也故節之

其不焚紙錢何也曰不以祭祀有年矣敢復以瀆吾親耶惟不焚故不敢輕受之人以誠信事幽明也不受賵賻何也曰喪禮之變久矣一旦欲復古不設奠不分帛而後受其來儀彼且以我為家于喪況孟獻子旅歸四布亦孔子之所許不受也者亦歸布之意耳而卒有受之者義所必不當卻也飯于牖下小斂于戶內大斂于阼殯于客位有常所矣子一于堂何也曰吾謹其大者而已地位之彼此古今異宜所不必計也無妨于即遠而已未成服而辭客何也曰當事則辭禮也哀敬有所致不得已也非棄辭之也易服而葬禮乎曰交于山川之神明不可以純凶古也墓不請名公而自誌何也曰不暇及也先儒有為之者也自誌則宜書府君若先考而曰某官某公何也曰欲易見也明旌之例也明旌欲使今之人知其為某之柩也故書某公誌石欲使後之人知其為某之墓也故亦書某公自不當與祝詞同耳其不請顯者題主何也曰禮家所不載也子弟親故能者之事也瀆顯者不敢也吉服而臨之非喪儀也祔及高曾何也曰祔祖古也然古者諸侯大夫主各一廟故得以班祔今一廟耳將安擇之故不曰祔祖而祔廟今之廟非古之廟也而今之祔亦古之祔矣祔即改題不已速乎曰世已易矣主之者非其人矣不改題之可謂正名乎不嫌速夫亦有所不得已也老病不止酒肉矣子亦飲食之乎曰先王之制禮甚嚴而其責人甚恕故曰五十不成喪七十者衰麻在身而已又曰六十不毀七十飲酒食肉皆為滅性者謀耳不肖雖有年而力足以勝喪何必自餒必三年乎曰所不敢必也日者雪夜嚴寒固嘗有所飲食矣以勝寒而止若其不勝則聖人既已許我勝而不勉古之人皆用之矣雖然汝以行古之道取罪于人尚不知省而硜硜如昨所得者幾何乎予曰執禮者人訾棄禮者人趨稅未知所也吾何慎哉君子求同理不求同俗求天知不求人知吾何慎哉客去書以備省

華氏慮得集凡喪事家禮喪制最善切不可惑于世俗之邪說所拘忌豈有父母之喪乃子孫及婦不親臨不哭泣者哉唐呂才序陰陽書之

言誠爲確論也夫古人制喪極爲詳盡乃古人送死無憾者可以當大事也奈何貧家力弱不能悉備姑酌其可行而已不可遂致于率[illegible]如初終易簀沐浴巾衣鞋襪一如生時穿着等事俱是人子可爲之易者何可率略也古用飯含今俗用珠鄙見皆不必用但以淨帛蘸水拭掠口齒潔之可也不必用絞巾裹而結束斂入于棺漆粘棺口而蓋之更布漆縫隙防虫水之入也着裹衣巾肢體務要安頓停當件件手扶使吾心無所遺悔方可仍看家禮參酌而行之及葬埋之事尤不可拘忌深宜慮之舉柩登途及下壙之際最宜防慎安詳其扛索之類須親過目輟泣以扶視之可也○喪服一依禮制力不及者量而減省之所謂與其易也寧戚須以衰爲主力如可及却不當吝○惟婦人頭須止許垂下尺五足矣斷不可太長而招戲侮蓋非美飾也○朝夕臨哭奠獻依禮制而行勿閑七七之説成服之後三五日擇晴明便葬百日卒哭祥禫並依禮制貧富可行奠獻羹飯並如家常葷素隨力但莫依悪俗而褻瀆于亡者祭之以禮可不慎乎○親友賻贈只受香燭粉麪之類其盛祭競侈者徒虛費耳不預告却絶之不可誇耀越禮尤不可暴殄物命也○子孫堂祭或羊或豕一物足矣或勿羊勿豕亦可世俗用三牲五牲者殊無所謂考之禮法亦不當然及不當用諸音樂技戲之類

總序三篇入此

後注移在此經下

劉彝　鄭鍔　呂祖謙　在後移此

讀禮通考第八十二卷

葬考一

葬次

周禮地官大司徒以本俗六安萬民二曰族墳墓注族猶類也同宗者生相近死相迫

春官冢人掌公墓之地辨其兆域而為之圖先王之葬居中以昭穆為左右注公君也圖謂畫其地形及丘壟所處而藏之先王造塋者昭居左穆居右夾處東西○疏訓公為君者言君則上通天子此既王之墓域故訓為君也未有死者之時先畫其地之形勢豫圖其丘壟之處既為之圖後須葬者依圖置之也置塋以昭穆夾處與廟同

王昭禹曰謂之公墓之地則其地屬於公而非私有之也自天子至於大夫士皆葬於此地冢人掌焉葬者則依圖授之地也

劉執中曰廟雖已毀而墓之昭穆不可遷也

凡諸侯居左右以前卿大夫士居後各以其族注子孫各就其所出王以尊卑處其前後而亦併昭穆○疏謂先王子孫為畿內諸侯王朝卿大夫士死則居先王前後之左右凡死於兵

者不入兆域戰敗無勇投諸塋外以罰之

王昭禹曰死政者既養其老孤而又享之所以勸之也凡死於兵者不入兆域所以絀之

凡有功者居前注居王墓之前處昭穆之中央○疏居前則不問為諸侯與卿大夫士但是有功皆得居王墓之前以表顯之也

黃度曰諸侯居左右以前卿大夫居後有功者各居其前

以爵等為丘封之度與其樹數注別尊卑也王侯曰丘諸臣曰封漢律曰列侯墳高四丈關內侯以下至庶人各有差○疏此文自王以下皆有而云爵等則天子亦是爵號也尊者丘高而樹多卑者封下而樹少正墓位蹕墓域守墓禁注位謂丘封所居前後也禁所為塋限○疏即昭穆為左右是須正之使不失本位墓域即兆域是也謂四畔溝兆蹕謂止行人不得近之守墓禁謂禁制不得漫入也凡諸侯及諸臣葬於墓者授之兆為之蹕均其禁疏上文惟見王及子孫之墓地不見同姓異姓諸侯之墓地故此經總見之若然此墓地舊有兆域今新死者隨即授之耳

王氏曰授之兆則使之自窆均其地則均其地守焉

墓大夫掌凡邦墓之地域為之圖注凡邦中之墓地萬民所葬地○疏鄭知是萬民葬地者以下文云令國民族葬非有爵者故知邦墓是萬民若然鄭云度數爵等之大小見有爵者謂本為庶人設墓則有子孫為卿大夫士其葬不離父祖故兼見卿大夫士也令國民族葬而掌其禁令注族葬各從其親○疏族葬據五服之內親者共為一所而葬

三條移入卷首劉執中後

鄭鍔左劉執中後

注○○○及劉呂二段當移在前後下

異姓即别塋知族是五服之內者左傳哭同姓於宗廟同宗於祖廟同族於禰廟故知族是服內正其位掌其度數注位謂昭穆也度數爵等之大小○疏凡萬民墓地亦如上丈豫有昭穆為左右故云正其位爵等之大小者亦如冢人云丘封之度與其樹數也使皆有私地域注古者萬民墓地同處分其地使各有區域得以族葬使相容凡爭墓地者聽其獄訟注爭侵區域帥其屬而巡墓厲居其中之室以守之注塋限遮列處鄭司農云居其中之室有官寺在墓中○疏帥其屬者墓大夫帥下屬官也居其中之室者謂於葬地中央為室而萬民各自守之

劉執中曰聖人父母其民生則冨其衣食而教以仁義死則為之之地域而守其丘樹則為子孫者有不忠乎君而不服其教者乎

周禮大司徒以本俗六安萬民二曰族墳墓注族猶類也同宗者生相近死相追

劉彝曰考妣祖先族而葬之塋於一處則子孫之心有所依慕不忍舍之以適他邦故一其志安於里閭也

鄭鍔曰太公封於營丘比及五世皆反葬於周是也

呂祖謙曰大司徒以本俗六安萬民一曰媺宮室二曰族墳墓是維死生之大紀三代相傳而不變者也居焉而人子有秩兆焉而昭穆有班奇袤譎恠之說未嘗出於其閒斯民之生老壽蓄祉繫族以宗名官以氏至於千百年而不替王政既熄舉丘封窀窆之柄委之巫史妖誕相承譸怵並作民始恐以啜粥飲水之時起射名干利之望宅穸所卜畔經度甚彊畛孤峙數舍之八服除屬疏蔑有樵牧不禁者矣甚者兄弟忿鬬或謂

以前有孔註二字原本附書之

是山于伯獨吉或謂是水于季獨吉狐疑相伏暴其親之遺骨而不可撿是可哀也

檀弓葬於北方北首三代之達禮也之幽之故也注北方國北也○疏葬于國北及北首者鬼神尚幽闇故也殯時仍南首者孝子猶若其生不忍以神待之　方慤曰南方以陽而明北方以陰而幽人之生也則自幽而出乎明故生者南鄉及其死也則自明而反乎幽故死者北首凡以順陰陽之理而已　三代之禮雖有文質之變至於葬之北方北首則通而行之者皆所以順死者之反乎幽故也

唐六典凡功臣密戚諸陪陵塋者聽之以文武分為左右而列若父祖陪陵子孫從葬者亦如之

二程全書塋之穴尊者居中左昭右穆而次後則或東或西亦左右相對而啟穴也出母不合葬亦不合祭棄女還家以殤穴葬之

北史魏廣川王諧薨有司奏廣川王妃薨於代京未審以新尊從於卑舊為宜卑舊來就新尊詔曰遷洛之人自茲厥後悉可歸骸芒嶺皆不得就塋恒代其有夫先葬北婦今喪在南婦人從夫宜還代塋若欲移父就母亦得任之其有妻墳於恒代夫死于洛不得以尊就卑欲移母就父宜亦從之若異塋亦從之若不在葬限身在代喪葬之彼此皆得任之其戶屬恒燕身官京洛去留之宜亦從所擇其屬諸州者各得任意

入唐六典前

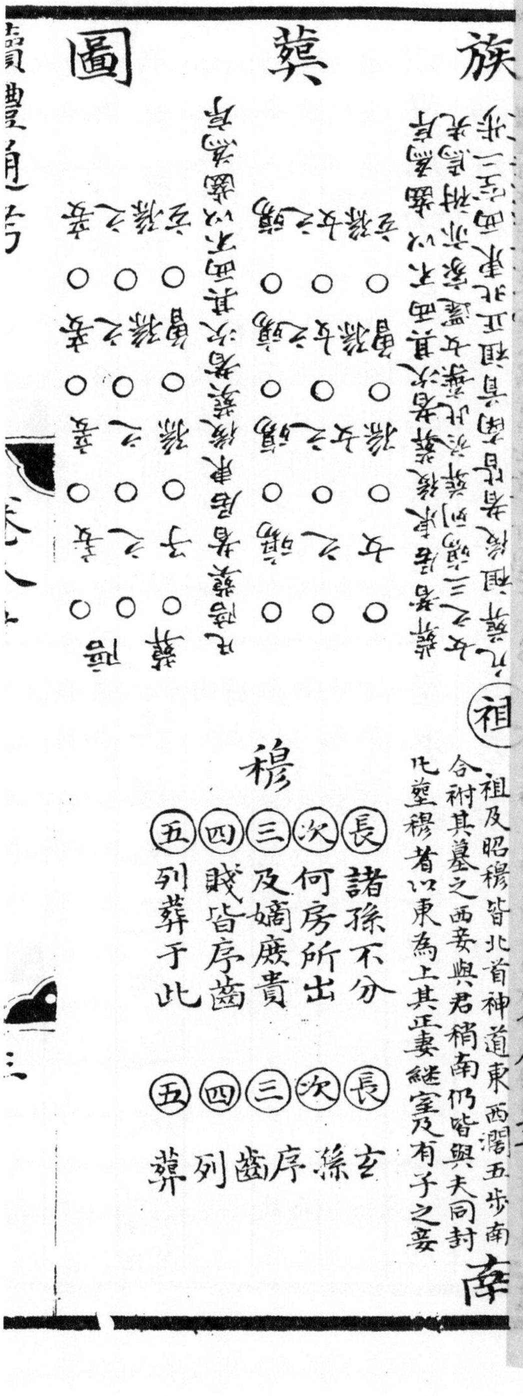

以為有孔
孔二字互
朱別書之

是山于伯獨言或謂是水丁季獨言狐疑相伏暴其親之遺骨而不可掩是可哀也

檀弓葬於北方北首三代之達禮也之幽之故也注北方國北也○疏葬于國北及北首者鬼神尚幽闇故也殯時仍南首者孝子猶若其生不忍以神待之

方慤曰南方以陽而明北方以陰而幽人之生也則自幽而出乎明故生者南鄉及其死也則自明而反乎幽故死者北首凡以順陰陽之理而已

三代之禮雖有文質之變至於葬之北方北首則通而行之者皆所以順死者之反乎幽故也

唐六典凡功臣密戚請陪陵葬者聽之以文武分爲左右而列若父祖陪陵子孫從葬者亦如之

二程全書葬之穴尊者居中左昭右穆而次後則或東或西亦左右相對而啟穴也出母不合葬亦不合祭棄女還家以殤穴葬之

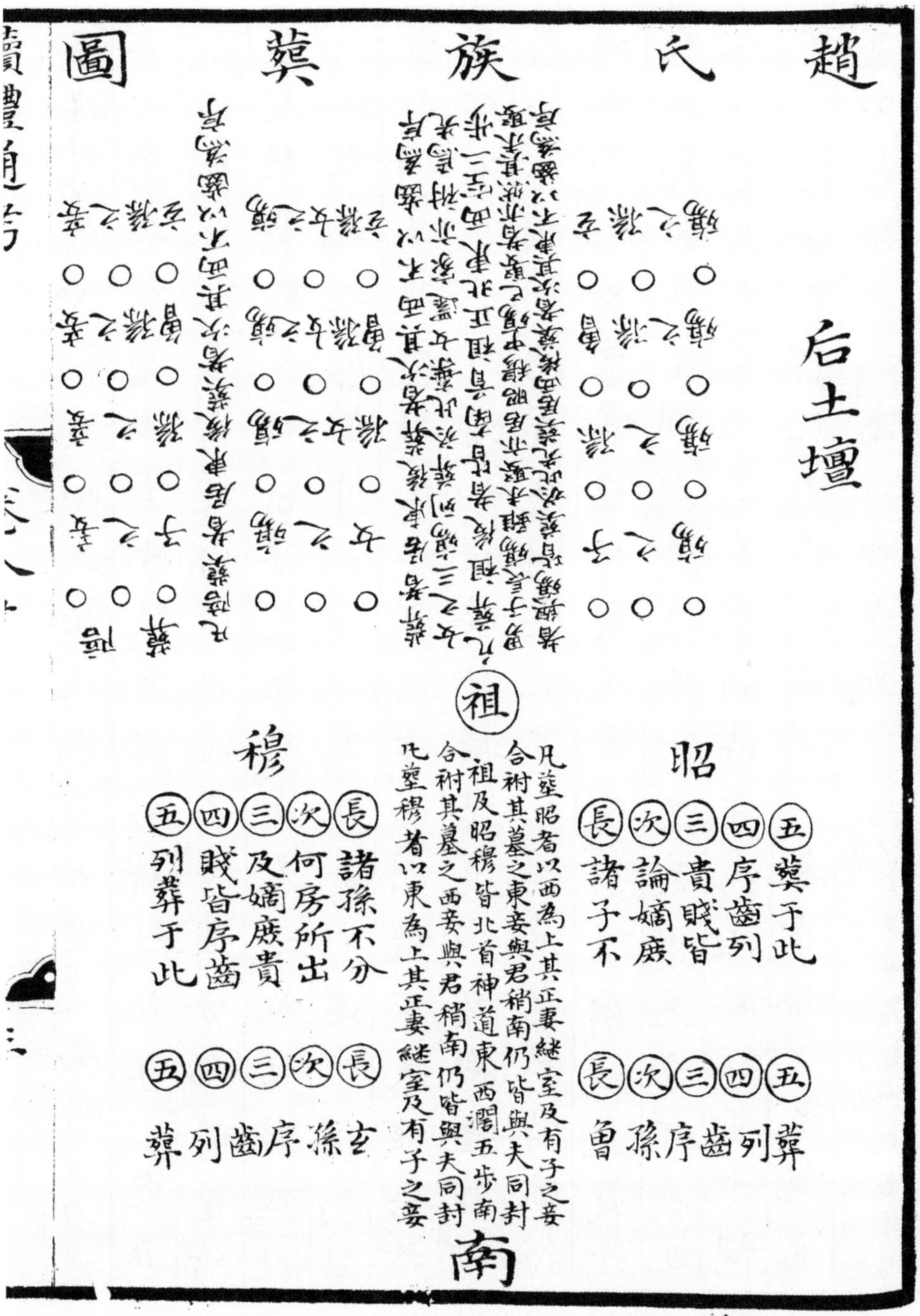
趙氏族葬圖
后土壇
陪葬
凡陪葬者居東後葬者次其西不以齒為序
子之妾　孫之妾　曾孫之妾　玄孫之妾
女之殤　孫女之殤　曾孫女之殤　玄孫女之殤
子之殤　孫之殤　曾孫之殤　玄孫之殤
凡葬祖後者皆南首祖正北東西空二步男子長殤雖未娶亦居昭穆中殤已娶者亦然其未娶者與殤皆葬於此先葬居西後葬者次其東不以齒為序
女之三殤列葬於此葬女還家亦祔焉先葬者居東後葬者次其西不以齒為序
祖
昭
長 次 三 四 五
諸子不論嫡庶貴賤皆序齒列葬于此
長 次 三 四 五
曾孫序齒列葬
凡塟昭者以西為上其正妻繼室及有子之妾合祔其墓之東妾與君稍南仍皆與夫同封
祖及昭穆皆北首神道東西濶五步南
凡塟穆者以東為上其正妻繼室及有子之妾合祔其墓之西妾與君稍南仍皆與夫同封
穆
長 次 三 四 五
諸孫不分何房所出及嫡庶貴賤皆序齒列葬于此
長 次 三 四 五
玄孫序齒列葬
南

趙忠愍公昞族葬圖說曰凡爲葬五世之塋當以且墓分心南北空四十五步使可容昭穆之位分心空五十四步可容男女之殤位東西不必預分臨時量所葬人數裁酌又曰宗法之壞久矣人之族屬散無統紀雖奉先之祀僅伸於四親而祖免以還不復相錄能知同事其所自出者寡矣幸而周禮不諱族葬之類猶有一二存者如祖塋拜掃疎遠咸集餕福胙相勞苦序間濶尚可見同宗之意也但葬者惑於流俗困於拘忌冢墓叢襍昭穆淆亂使不可辨識又或子孫豐顯趾葬下列別建兆域以遠其祖是皆可恨也今取墓大夫冢人之義參酌時宜爲之圖說藏于祠室以遺宗人俾凡有喪按圖下葬無事紛紛之說焉蓋家之祭止於高曾祖考親親也按朱文公家禮祠堂爲四龕以奉先世高祖考妣居後西

第一龕曾祖考妣次之祖考妣又次之考妣居東龕嗣於易世則遞遷祧毀焉其親盡者埋神主於墓所或祠堂兩階之間墓之葬則以造塋者為始祖謂從他國遷於此地沒則子孫始造塋而葬者其墓居塋之中央北首妻沒則祔其右有繼室則妻居左而繼室居右二人以上則左右以次而祔焉其有子之妾又居繼室之次亦皆與夫同封按禮雖以地道尊右而葬法問禮昭穆之制昭穆尚左故不得不遵用焉子不別嫡庶不分孰為妻及繼室所出孰為側室所出孫不敢即其父不分兄或弟所生及嫡庶貴賤也皆以齒別昭穆諸子葬祖之東南昭位北首並列以西為上其正妻繼室有子之妾各祔其夫之東仍皆與夫同封諸孫葬祖之西南穆位北首並列以東為上妻繼室有子之妾各祔其夫之西餘與昭同凡昭穆之墓每一列自墓分心南北相去各九步法陽數也每封東西不可預分葢其所塋人數多寡難於前定若夫貴之與賤碑表存焉為人子弟者可不以此而序其天倫哉尊尊也知其有祖而不敢以祔其父也曾玄而下左右祔諸曾孫不分何房所出皆序齒列葬子之南玄孫序齒列葬孫之南以其班也左皆曰昭右皆曰穆昭與昭併穆與穆併兄弟同列祖孫同班在昭位則用昭制在穆位則用穆制也百世可行也六世孫在曾孫之南七世孫在玄孫之南八世孫在六世孫之南九世孫在八世孫之南雖至百世亦皆可祔焉昭尚左穆尚右貴近尊也以近祖墓為上北首詣幽冥也妻繼室無所出合祔其夫崇正體也妾從祔妻曰合妾曰從母以子貴也有子則然降女君明貴賤也按韓魏公葬所生母胡氏其柩退嫡地尺許今謂凡妾之柩當比正妻繼室稍南與

夫同封示繫一人也其黜與嫁雖宗子之毋不入葬義絶也男子長殤居成人之位十有六為父之道也中下之殤處祖後示未成人也十六至十九為長殤十二至十五為中殤八歲至十一為下殤凡已婚娶即為成人按周禮周人以殷之棺槨葬長殤以夏后氏之堲周葬中殤下殤又曰下殤葬於園輿機而往不棺斂于宫中自周公時已不輿機即葬於墓然尚有以見古人視長殤與中下殤之禮亦異矣故今以長殤居成人之位中殤已娶亦然未娶者與下殤葬祖之北稍東殤女瘞祖之北稍西祖墓正北不可下穴其地東西空三步象三才也凡殤是祖之子與女其墓去祖北[illegible]步若孫則在子之北孫女在女之北曾玄而下皆重行南首每一列自墓分[illegible]南北亦相去六步法陰數也蓋昭穆前引用陽數殤後引用陰數凡數比者男子先沒則居西後沒者次其東女子先沒則居東次沒者次其西皆不以齒為序按周禮先王之塋子孫從葬而諸侯之祔者則前引大夫士之祔者則後引蓋前貴後賤一以爵為尊卑同朝廷之禮若後世臣庶之家其制不應乃爾但當以齒為序而令成人前引殤後引亦不失禮意矣序不以齒不期夭也如弟先葬而留兄之穴則是預期其兄夭殤也男女異位法陰陽也男居祖穴之東女居祖穴之西而昭穆必以班班不可亂也男女雖異位而二位東西相照必使每行共為一列祖北不墓避其正也嫌其當祖之首葬後者皆南首惡其趾之向尊也嫁女還家以殤處之如在室也程子曰棄女還家以殤亦葬之故今瘞穴在殤女位妾無子猶陪葬以

息終也姑祖之妾無子者亦陪葬子之西稍北南首子之妾與諸女相值而在祖妾之北孫之妾與孫女相值在子妾之北曾玄而下每列盡然而皆南首先葬者居東後葬者次其西不以娣姒年齒為序按禮古之公卿大夫為貴妾服緦士妾有子亦服之則公卿貴妾無子猶服也今之妾其無所出者生享諸母之尊沒與路人不異按經揆義竊所未安故列諸塋內以廣愛親之意焉族葬者所以尊遠祖辨昭穆親逖屬宗法之遺意也為子孫而葬其親苟非貧乏塗遠不祔於祖與祔而不以其倫則視死者為不物矣其如焚尸沉骨委之烏鳶孰不可忍也尚何望其能事祖與宗人哉嗚呼去順效逆葬不以禮繩以春秋誅心之法其亦難乎免矣

張子全書安穴之法設如尊穴南向北首陪葬者前為兩列亦須北首各於其穴安夫婦之位坐於堂上則男東而女西臥於室中則男外而女內

朱子語類陳淳問於朱子曰某欲改葬前妣祔於先塋以前妣與先父合為一封上而以繼妣少陷者步

低一字大

又别為一對土與朋友議以神道尊右而欲二妣皆列於先塋之左不審是否然程子葬穴圖又以昭居左而穆居右而廟制亦左昭右穆此意何也曰其間之昭穆但分世數不分尊卑如父為穆則子為昭又豈可以尊卑論乎周室廟制太王文王為穆王季武王為昭此可考也○堯卿問合葬夫婦之位曰某當初葬亡室只存東畔一位亦不曾考禮是如何吳卿云地道以右為尊恐男當居右曰祭以西為上則葬時亦當如此方是

能改齋漫録　包孝肅公家訓云後世子孫仕宦有犯贓濫者不得放歸本家亡殁之後不得葬於大塋之中不從吾志非吾子孫共三十七字其下押字又云仰珙刊豎於堂屋東壁以詔後世又十四字珙孝肅

之子也

王廷相葬次說

趙季明族葬說何如曰序昭穆收族屬有宗法之遺意焉以次列兆靡拘壟脈亦可以破術士之妄矣世次曰逖子孫繁衍如塋域之不廣何曰五世而遷如小宗然亦禮也季明之為說曰家之祭止於高曾祖考親親也墓之葬則以造塋者為始祖子不別嫡庶孫不敢即其父（不分兄及弟所生與嫡庶貴賤也）皆以齒列昭穆尊尊也曾玄而下左右祔各以其班也（曾孫以齒列子子之南玄孫以齒列孫之南各從昭穆之序也）昭與昭併穆與穆併百世可行也昭尚左穆尚右貴近尊也（昭以左為上兄弟以次而東男東女西亦如之穆以右為上兄弟以次而西男西女東亦如之所以然者以近祖墓為上也）兆首諸幽冥也妻繼室無所出合祔其夫崇正體也妾從祔毋以子貴也降於主君明貴賤也（凡妾之柩當兆嫡妻之兆稍南）與夫同封宗繫一人也其出與婦另宗

子之母不合葬義絶也男子長殤及殤亡娶皆全之成人之位以有成人之道也中下之殤皆葬祖後示未成人也序不以齒不期夭也男女異位法陰陽也男居祖北之東女居祖北之西而昭穆必以班班不可亂也祖北不墓避其正也後葬者皆南首惡其趾之向尊也嫁女還家以殤處之如在室也妾無子猶陪葬以恩終也如祖之妾無子者亦葬[illegible]後之西稍北南首子之妾與諸女相值在其北孫之妾與孫女相直又在其北先葬者居東後葬者在其西俱不以娣姒年齒為序嗟乎是論也祔子姓逮殤獨則謂之仁正男女謹嫡妾則謂之義左右前後各以其班祔則謂之禮從事体之宜而不惑於邪術則謂之智故曰序昭穆收族屬有宗法之遺意焉不直為喪葬之設而已也○柩在殯則南首至葬則北首何也曰檀弓云葬于北方北首三代之達禮也之幽之故也蓋人道尚昭明殯仍南首

者孝子猶若親之生不忍以神待之也鬼神尚幽暗故葬于國北北首往詣幽冥之道也今之居室塋域未必南向何如曰殯權道也隨其居室可也葬則必以正向如向陽負陰正南北之位禮也觀于古人之墓無偏向者可知矣後世有之者惑於風水之徒也男女之合葬者何也曰禮也記曰合葬非古也自周公以來未之有改也故曰禮也古也並棺而同椁今也葬以灰鬲異椁而同穴可也有離之者何也力不能祔者變也男女之位次何也曰葬于北首男東女西禮也觀于國葬之昭穆可知也謂地道以右為尊者非君子之言也嫁殤而遷葬者何也曰生不以禮相接死而同之在男比之苟合在女比之私奔是亦亂人倫矣

李濂族葬論上篇曰古之葬者衣之以薪葬之中野不封不樹未聞棺槨也中古聖人始易之以棺槨檀弓曰有虞氏瓦棺夏后氏塈周殷人棺槨周人墻置翣蓋彌文矣未聞合葬也季武子曰合葬非古也自周公以來未之有改也孔子曰魯人之祔也合之善夫合葬矣未聞封而識之也孔子曰古者墓而不墳丘也東西南北之人也不可以弗識也于是封之崇四尺封識矣未聞族葬也周禮春官冢人掌公墓之地辨其兆域而為之圖先王之葬居中以昭穆為左右蓋古者王公以下皆族葬不特士庶人為然也曰為之圖謂方其未死也豫圖其地之形勢及丘壠之處謹而藏之後有死者按圖以葬也曰先王之墓居中以昭穆為左右謂以遷從造塋者為始祖也如文王居

豐葬于畢是文王為造塋者宜居中穴次以武王為昭居左成王為穆居右康王為昭居左昭王為穆居右至平王東遷則又為洛陽之始祖矣嗣王亦然抑此論古者國君之葬制云爾未及士庶人也墓大夫掌凡邦墓之地域而為之圖令國民族葬而掌其禁令正其位掌其度數使皆有私地域曰掌其禁令戒不相侵也曰正其位俾序昭穆也曰掌其度數謂差其丘封之度與其樹數也此士庶人之族葬皆君為之畫地以葬非民自為地也故曰聖人父母萬民生則富之教之死則葬之此王澤所以入人之深淪骨而浹髓者也夫族葬之制見諸周官者如此孰廢之曰秦廢之秦用商鞅廢井田開阡陌先王族葬之制由是大壞兼以刑法之術興野師盲巫又倡為吉凶

禍福之説世人私心繫之故喜聞而樂從于是世自爲墓以覌利澤或有一易再易三四易遠去父母之兆而不復省視者矣嗚呼流俗之可惡邪説害之也君子有維持世道之責以闢邪説正人心爲己任盍求古人族葬之制而行之以爲斯世斯民之表乎○下篇曰人有言曰宗法廢而天下無親族自封建之制不行而大小宗之法不立是故人之族也散無紀不相聯屬由是親者疏疏者爲塗人固有閱數歲而不相見者矣維持世道之君子思挽末俗而反之厚將何所庸力乎有一焉固人人之所得爲也吾聞族葬之法載諸周官苟能憲古準今参酌而行之當歲時拜掃之際親疏畢至同展謁于墓所序睽渦相慰勞而水木本源之念油然以生庶幾合族之道乎

適者攺卜蘇村之阡弗揣凉薄乃講求古人族葬之法欲使子孫世守之不靡葢常徧考先正諸家之説而獨有取于趙季明之言曰墓之葬以造塋者爲始祖子不别嫡庶孫不敢即其父皆以齒列昭穆尊尊也曾玄而下左右祔以其班也妻繼室無所出合祔其夫崇正體也妾從祔毋以子貴也降女君明貴賤也與夫同封示繫一人也其出與攺嫁雖宗子之母不合葬義絶也男子長殤及殤已娶皆居成人之位有父之道也中下之殤葬祖後示未成人也序不以齒不期夭也男女異位法陰陽也祖北不墓避其正也葬後者皆南首惡其趾之向尊也嫁女還家以殤處之如在室也妾無子猶陪葬以恩終也季明斯論平正精密足以補周官之未備族葬者宜以是爲式

矣又曰葬親而不祔其祖與祔而不以其倫者均之視死者為不物噫嘻為人之子孫而視祖考為不物其違禽獸不遠矣濂著是論而藏之祠堂副在譜牒期後世有行焉

呂坤喪禮翼 地道尊右右高而左下也故百川自西北而東南葬右男而左女古也從地也後世重左從人也非幽明之義矣今制祠堂之主尚右○兩婦夫夫而葬褻也夫一位婦一位左右分矣雖三五婦同一位耳○公塋非一世非一人也昭穆以世分墓地以序定若坐席然凡成人而無後或夫或妻非有大罪皆得葬於本穴待後死者合之衰世狃於葬師謂無後者不得齒於正葬界於喪庭不仁哉斯言違者非之○並墓者辨異夫婦欲合室家之情也兄弟欲

離男女之别也兩墓相去必五尺左右容足便往来也前後容席便起拜也○凡弟並葬迫近則叔嫂或夫兄弟妻必並棺非男女之别故夫婦之棺不嫌太逼男女之棺不嫌太遠即限於地亦須五尺

陳龍正合葬尚右説

合葬以南穴為主女穴為袝從男穴之中起中線天道尚左燕會尊左地道尚右葬尊右男右女左度古聖皆然朱子葬劉夫人自謂失于不思世俗既昧生死異尊之義丘文莊又謂且從朱子夫先賢之當法者何限偏欲仍其偶誤而不敢改耶又云恐後世子孫誤認祖妣其説尤謬但立一小石碑于墓前更著家訓明載男右女左從某墓始則雖數十世後了然能辨何憂混亂乎王文成亦以尚右為非殆為三穴言則可耳三穴若概尚右則不

有邊無中邊反尊中反卑故丈男居中前妻右後妻左若妾之有子者世俗多作連四連五壙甚悖禮宜羅城外餘氣之方別置一羅城可僅蔽其壙者葬之若別求一地獨葬令其子孫得專拜埽最善無子者既不可同穴又不必專葬且葬他地則終爲不食之鬼決宜就羅城外餘氣方葬之令于寒食得沾杯酒子孫拜埽正墓者禮畢後奉一揖而不拜幽明並安

乾學按趙季明族葬說最爲合禮可爲後世之法今因王子衡葬次說中已盡載其說故不重載云

顧炎武日知録　冢人凡死于兵者不入兆域注戰敗無勇投諸塋外以罰之左氏趙簡子所謂桐棺三寸不設屬辟素車樸馬無入於兆而檀弓死而不弔者

三其一曰畏亦此類也莊子戰而死者其人之葬也不以翣資崔本作翣枚枚音坎謂先人墳墓也若敝無存死而齊侯三禭之與之犀軒與直蓋而親推之三童汪踦死而仲尼曰能執干戈以衛社稷可無殤也豈得以此一概隋文帝仁壽元年詔曰捨生殉節自古稱難殞身王事禮加二等而世俗之徒不達大義致命旅戎不入兆域虧孝子之意傷人臣之心興言念此每深愍歎且入廟祭祀並不廢闕何至墳塋獨在其外自今以後戰亡之徒宜入墓域可謂達古人之意又考晉趙文子與叔譽觀乎九原而有陽處父之葬則得罪而見殺者亦未嘗不入兆域也左傳襄公二十九年齊人葬莊公于北郭注引兵死不入兆域

柴紹炳族葬祔葬說

古者重葬禮急葬務定葬期而於地形吉凶之論未嘗數數也孝經有卜其宅兆

而安厝之語大指以藏先人體魄他無異焉由貴至賤限以時月故未葬則不脫衰又地有定所如洛之北邙晉之九原多後先卜兆是矣按周禮冢人掌公墓之地先王之塋居中以昭穆為左右凡諸侯卿大夫士皆各以其族得列左右前後墓大夫掌凡邦墓之地域為之圖令國民族葬謂各從其親亦以昭穆為左右也夫如是則葬皆有地可以剋期分明志定生死咸安此誠先王善制耳然而周家卜世三十其時列國君臣亦皆世祿不失妨祀嫌忌果安在耶自後世溺于形家者言以吉壤聚　氣成凶禁子孫不得以昭穆從必人各營藏而事始紛紜因而遠緩暴露者衆矣夫死者塚墓比于生者居室生者祖父有居又而櫝其子孫不獲共廬而處此果人情乎惟

塋域逼窄外無餘地斯令後死者别謀安厝不得已也若果地勢稍寬倣古族葬骨肉相依永安存殁弟無紊世次侵祖壟爲善耳太原王洙言昔有查氏病其數世未葬亟購地一方稍近爽塏者自祖考至功緦之親悉依昭穆序葬之都無陰陽諱忌歲中輙遷官秩家道益昌又候官林寀遇異人指一隹地官取族二十餘幷親偕葬子孫俱至大官竟爲閩望族由此觀之族葬何不利之有至于夫婦祔葬周公以來實爲達禮故孔氏之母死必合葬于防孔母顏叅繼配也繼配而必合則凡伉儷之宜同穴可知魯人之祔合衛人之祔離夫子善魯以合也孟子自齊葬于魯亦合也今鄒縣有孟母墓而别無孟父墓蓋當時合葬于是世止以母名之耳或云合葬非古以舜葬

蒼梧三妃未從爲徵又謂朱紫陽之葬其父母久自
爲墳相距百里夫蒼梧之事出古未定制若紫陽隔
別二親以邀地靈悉出後世青烏家之言非所當口
實也嗟乎立身行禮以周公孔孟爲折衷事死如生
不刊之義也安有生則同宮死則異穴孤寬旅泊同
於仳離孝子仁人推想及此其爲酸感何如哉且禮
以嚴祭祀守墳墓爲重故士去其國止之曰奈何去
墳墓也使卜兆殊境百里而遥則展省曠闊久之將
有　沒之虞先塚等於甗脫矣於勿去之義何居故
族葬之不可行者或以限於地若祔葬必無父母不
相容之理矣爲而出於分異之條也哉或又曰父母
之殁越紀踰世重啟幽宮恐近侵暴不如別營宅兆
夫孔子少孤距于合葬幾何時矣葬親者凡有所先

自應虚一以待使死而有知百年同穴正順事也要之人子本懷原以入土爲安陰陽拘忌並屬外篇揆諸道而宜即爭人心而恔斯行之終不得雜以私利而猥用昔人之過舉爲解也

許三禮增正族葬圖説　徃見一家禮舊本載族葬圖未有其説今瓊山潛谷升菴併家禮原本皆無圖式獨家禮酌補其圖且詳其説善哉是圖其義大其恩篤誠萬物體統一太極之至理哉但其勢有不可者勿言百世且言八九世倘人家族大數百丁至千丁最忌者塚墓叢雜以至昭穆淆亂也如魯玄子孫在前者既不同後之殤葬不以鼇序雜以預計其地而留之且相去各九步以法陽數尚不足五尺以别溷雜安得若許廣地以逮之一不便也攷司禮墓大夫

低一字木

家人有官掌大宗得賞其家人是有法以維豐之窮也今士大夫宗法難行以凡御弟尚且難之設有高曾伯叔輩不諳禮法或惑陰陽拘忌或就便宜因循亂葬次序誰其禁之二不便也有道焉一準先王之法以行爲善蓋服盡於五廟祧於五禮也法既果族姓單少雖十數世不亂何妨一塋若予姓繁衍者定之法斷當依祧法爲百世無弊之道也祧法五世則遷故高祖之宗服盡則復起而以所盡者爲宗更一塋以爲後世高祖之主墓如此昭穆遞分而下列廡無越次之患哉蓋道理有合有分如祠堂合祀可置後寢以通其窮墓域分宗可免亂葬以善其後合而分分而合猶一大宗四小宗理勢不得不然之道哉

朱董祥讀禮紀畧　喪有定期亦有定位過期不葬爲

卷八十三　葬考二

暴露義雖合葬者而葬之為悖葬如元配並葬外繼室無子合祔其夫崇正體也妾有子始祔毋以子貴也降於女君明貴賤也無子猶陪葬以恩終也其出與嫁雖宗子之毋不反葬義絶也再醮者雖為其人之元配不受封爵亦另葬其子承祀止祀之私室不封爵謂失節也另葬別無義也祀之私室以其失婦道而羞與之合食也夫墳墓祖宗形體之所安百世子孫所觀瞻而則傚者也豈再醮之婦可得而污哉故再醮者雖有子不合葬葬為悖義族人迸之

葬法

檀弓　孔子之喪有自燕來觀者舍於子夏氏子夏曰聖人之葬人與人之葬聖人也子何觀焉昔者夫子言之曰吾見封之若堂者矣注封築土為壟堂形四方而高見若坊者矣

注坊形旁殺平上而長見若覆夏屋者矣注覆謂茅茨也夏屋今之門廡也其形旁廣而卑見若斧
者矣注斧形旁殺刃上而長從若斧者焉注孔子以為刃上難登狹又易為功馬鬣封之謂
也注俗間名今一日而三斬板而已封注板蓋廣二尺長六尺斬板謂斷其縮也三斷止之旁殺蓋高
四尺其廣袤未聞也詩云縮板以載尚行夫子之志乎哉疏封謂墳之也若堂者如堂之基四方而高若坊者坊堤
也堤防水上平而兩旁殺其南北長也若覆夏屋者殷人以來始屋四阿夏家之屋唯兩下而已無四阿如漢之門廡兩下而殺卑而寬廣若斧者如斧之形
其刃向上長而高也從若斧者以為刃上難登狹又易為功也子夏既道從若斧形恐燕人不識故舉俗馬鬣封之謂以語燕人馬鬣鬣之上其肉薄封形似
之三斬板者謂作墳法也築墳之法以板側於兩邊用繩約板令直立而納土於板之中築之令土與板平則斬所約板繩斷而更置於見築土上又載土其
中三遍如此其墳乃成也板廣二尺疊側三板應高六尺而注云四尺者形旁漸斂上狹下舒如斧刃之形使三板取高四尺合周制也知高四尺者以夫子
葬父封崇四尺今葬夫子不可過也也孫毓難云孔子墓魯城北門外西墳四方前高後下形似卧斧高八九尺今無馬鬣封之形不止於三板記似誤者孫
毓據當時所見其墳或後人增益不與原葬墳同無足怪者

陳祥道曰孔子以時人之封過泰也故欲從其殺者而已門人以夫子之志於儉也故一日三斬板以行夫子之志而已門人於封則儉於披崇練
旒則不儉者儉則行夫子之志不儉則行門人之志行夫子之志所以救時行門人之志所以尊師也

馬晞孟曰古之人封之若堂者四方而高難為功而易虧故變之為若坊若坊則平上而長比之若堂者易為功然以其上平猶不免於虧故變之

為若覆夏屋若覆夏屋者旁廣而卑則難登矣然此之若斧者刃向上則功愈易而蔚愈難也且封丘雖以爵等為度而形之廣狹乎殺如此異者不失高下之制而已馬鬣封則從儉而後世可傳矣

唐書新語開元中集賢學士徐堅葬妻問兆域之制於張說曰長安神龍之際有黄州僧弘道通鬼神之意而以人事參之僕嘗聞其言猶記其要墓欲深而狹深者取其幽狹者取其固平地之下一丈二尺為土界又一丈二尺為水界各有龍守之土龍六年而一暴水龍十二年而一暴當其遂者神道不安故深二丈四尺之下可以設宅穿墓之四維謂之折壁欲下濶而上斂其中頂謂之中樵中樵欲俯斂而旁殺墓中來粉為餙以代石堊不置鉼甗瓦以其近於火不置黄金以其久而為怪不置朱丹雄黄礜石以其氣燥而烈使墳上草木枯而不潤不置羽毛以其近於屍也鑄鐵為牛豕之像可以禦二龍玉潤而潔能和百神置之墓内以闢神道僧弘之說如此

張子曰正叔嘗為葬說有五相地須使異日決不為道路不置城郭不為溝渠不為貴家所奪不致耕犁所及

又曰古之椁言井椁以大木自下排上來非如今日之蘢棺也故其四隅有隙可以置物也

司馬氏書儀穿壙為窆具謂下棺

葬有二法有穿地直下為壙置柩以土實之者有先鑿埏道旁穿土室擴柩於其中者臨時從宜凡穿地宜狹而深壙中宜穿古之葬者有折有折亦有抗席折横[illegible]連木[illegible]之如牀[illegible]簀者三横[illegible]五無簀窆畢

加之壙上以承抗席抗木橫三縮二杙禁也所以停止土者橫與縮各足掩席抗所以禦塵然則古者皆直下為壙而上實以土也今疏土之剎一

為壙或以石或以磚為藏僅令容柩以石蓋之每布土盈尺實躡之稍增至五尺以上然後用杵築之恐土淺震動石藏故也自是布土每尺築之至與地平

乃築墳於其上喪葬令葬不得以石為棺槨及石室謂其侈靡如桓司馬者凡但以石禦土耳非違令也其堅土之鄉先鑿埏道深若干尺然後旁穿掘室以

為壙或以磚範之或但為土室以磚數重塞其門然後築土實其埏道然恐歲久終不免崩壞不若直下穿壙之為牢實也凡旁穿之壙不宜寬大寬大則崩

破尤速當僅令容柩葬時先以竹竿布地稍在壙中置柩於其上而擴之既而抽去其竹其明器下帳五穀牲酒等物皆於埏道旁別穿窟室為便房以貯之

其直下穿壙者既實土將半乃於其旁穿便房以貯之穿地狹則役者易以下但且容下柩則可矣深則盜難近鄉里土厚水深太尉嘗有遺命令深葬自尋

當以三丈三尺為准昔晉文公有大功於周襄請隧而王弗許曰王章也然則古者乃天子得為隧道自餘皆懸棺而窆今民間往往為隧道非禮也宜懸棺

以窆

輓土宜用兩轆轤重物上下宜用華車其制用大木四根交股縛而埋之謂之夜叉木架大木於其上為梁梁須圓直之木夜叉交為月口梁之加於月口者圓徑須同一麗一細則諸繩之轉或長或短而偏矣于梁兩端各設十二輻搭繩于梁一邊其垂繩之地當中央下則使兩人案輻一一縱之上則兩人攀輻而挽之勻而無失勝於鷹架木引索有急緩欹側之患或用

鷹架木亦用夜叉木及大木堅而圓滑者為梁然一定無轉以巨繩繫重物繞梁一匝遣數人執其末上則挽下則縱之物尤重則以兩繩交於梁上各遣數人執其末立于埏之兩旁或挽或縱之

人上下宜用鞦韆板如常日鞦韆板繩過人頭則合為一以并車或鷹架木挽之縱之而已或用兀子以二繩橫之高于人頭繫其兩端于兀子四腳合兩橫繫二巨繩于其上先以三尋板橫于埏

口置兀子於其上交二絙於梁上每絙各使數人執其末立於埏之東西徼引兀子令去板旁徹板乃緩々縱之令下若出則引之令下上復以板承之也

横直畫也

下板宜用四綍綍大索也以新麻為之粗如鞦韆索其長比兀之深加倍之每尺以墨畫之及窆以二綍繫柩左鐶横底結於右鐶二綍繫右鐶亦如之及窆𣏟以大木為之其制如人家繡𣏟而仰之廣長出槨口横施三板置柩其上左右各三綍繞𣏟一匝每綍數人執之如下兀子之法擊鼓為節鼓一聲執綍者左右手互縱一尺至底解去綍𣏟音光或

用鷹架木下之亦可也

萬斯同曰古今之葬禮未有々棺而無槨者有棺而無槨必至貧者之所為也書儀所載陳器一條雖云次誌石次槨乃其所書旁穿土室之法初不聞其有槨何哉古者貴人之葬不但有槨而已其槨內并不止一棺天子之棺四重則五棺也上公三重則四棺也侯伯子男二重則三棺也大夫一重則兩棺也温公之禮豈不上通於公卿乎縱無棺外之棺奈何并無槨而亦無之也如以為埋久必壞故廢而不用不知有槨則棺之壞遲無槨則棺之壞速無槨而速其壞何如有槨而緩其壞也禮曰三月而葬凡附於棺者必誠必信勿之有悔焉耳矣附棺之物不止一槨而槨為最要其他明器之類皆可省也今温公于明器下帳苞筲之屬無一不設而獨于槨省之是何暗于大而詳于細耶愚以為刻木為侍女其褻已甚裂帛為茵帳其義安施黍稷非死人所食置之何為醯醢為諸蟲所聚貯之何用凡此皆可以不設而槨則斷々不可不設以温公之明豈其見不及此耶而胡為其反之也或曰公陝人也其地水深而土厚故可以無槨若是則昔之制周禮者夫獨非産于西土哉彼何以有槨也温公之制行于北方尚不可倘行于南方卑濕之地則是置棺于水中矣而可乎朱文公家禮雖不為木槨而易以灰隔之制則堅實與石無異亦勝於木槨此

人所當法也且家禮所以無槨者以南土多濕故不用者而代之以灰非謂木槨之不當用也不然而孝子之尊其親者庸可以廢槨之用

二程全書葬須為坎室為安若直下便以二實之則許大一塊虛土壓底四向流水必趣土虛處大不便也且棺槨雖堅恐不能勝許多土頭有失

比化者無使土親膚之義也

王文祿葬度○擇地●古云五害不侵高山忌石巉巖平原忌水衝射土脉膏潤草木暢茂來龍迢遙結穴端正水環沙護即吉地也近泥天星卦例方向不顧龍穴沙水多側斜反背為之主家徼福不悟也且親存享爽塏華居歿葬形勝吉地親體安子心安矣若專徼福則唐宋豈乏吉地耶何變更也當不違地甚無徇地

○開壙葬者藏也深葬為安不宜及泉耳今捲蓬發券坳古殯法非葬法也予葬二親于待對原掘土深三尺三寸下有黃脉成山尖形自亥轉巳橫當坳心若非深葬易見也金井長一丈二尺闊一丈五尺四寸糯米粥調純石灰築底一尺厚四圍墻一尺二寸厚中端隔二槨亦一尺厚大磚一尺長四寸半闊三寸厚重六斤一面印學圃王公慈淑陸氏坳磚一面印嘉靖已亥孝子王文祿監製惟印字也窑户鍊泥細熟且堅而不裂糯米調純石灰一橫二縱層疊砌成墻厚一尺為二坳底鋪條磚一層並方磚一層地面磚一層坳內復加六斤磚一層連灰縫一尺厚堅築以備歲久樹根蛇獾壞損

○擇灰灰乃青石燒成內有不着火未過石筋亦有侵白土及白石末須用水碗中試之乃見唯灰真正則發而堅不可不慎

○燒磚石坳生水必用火磚則乾燥色青聲響乃燒透者若黃色無聲不堅也必與高價則泥細而熟燒且透而磚必堅人子為親止此而已豈可

吝予

○和灰　灰隔法三分石灰一分黃土一分湖沙曰三和土予偶閲一書曰石灰火化糯米水煮合藥之水火旣濟久久復還本性結成完石今曰黃土山間爛黃石末也若黃土損其石力不能成石云予藥二親壙用糯米粥純石灰唐一菴曰湖州山中有寫樺樹取皮棄杵爛水浸取汁甚粘勝糯粥也陳珩師鳳曰古法得土而粘得沙而實予曰用沙不爆裂耳非特禦斤斧也凡壙以三和土爲得中制

○藥法　和灰須乾濕均停摶之成塊撒之成灰若太濕則粘杵難藥太乾則爆散不堅凡鋪二寸餘厚藥之一分漸漸藥起人力須齊不可停歇歇則結皮不相連矣不能一日完必鋤動面皮刷汁加藥硜硜有聲錐釘不入爲妙

○取汁　糯米舂白煮粥方稠粘鍋中投石灰冬不冰人且不食若寫樺樹價尤輕　擣皮棄水浸之汁自出其汁一縧墮地畫瀉出也汁灑于地其樹即生今人憚于路遥而不用予至今悔之凡作灰隔不可不求此樹云

○入槨　先用乾石灰鋪槨底後用二布縣棺而下頭北足南首丘而向明也男左女右從昭穆也棺外四圍空隙俱用糯粥調純石灰輕輕藥實之毋使震動棺中棺蓋上亦然與磚壙平乃覆石蓋朱紫泥所謂實葬永無客水之侵後雖地震亦不動也壽壙須用細土塡實他時臨用取去之蓋石泯縫免使客水滲入

○石蓋　紫色石堅二塊合縫易于蓋予二親蓋石上藥純灰一尺二寸又加三和土尺餘四圍純灰隔外套下二尺餘又壓大黃石數十塊三和土揬之碎黃石數十担覆砌之大石取其重後人雖動細碎石以其無用且壞犂鋤

低一字大移前

○成墳　墳者土之墳起者也惟山爲宜且久言不侵然之地多平原呰人皆山葬須積客土成山高大則氣暖且不易侵掘若種松栢以作樵薪之用江右封而不樹恐奪生氣也予則曰樹感蔽陰土濕而天光不照今宜少種樹而多培土古云雖保百年墳悲夫人各有親君子當憐而存之且律例嚴發掘之禁此正王仁及枯骨而安孝子永世之心

○任匠　嗜利者衆匠鮮得人得人矣尤宜卑禮厚償無不盡心也予海寧衛陳圻師鳳矢心忠信好善憐予築二親壙日夜盡心焉亦敬之不忽見爲人築壙亦不苟然須人子盡誠以感之故曰取火以自

○雜辨　金玉殉葬古何愚也今則否發齋帛列石器盛行喪今何俗也鄙則苟畧且作便房藏明器筲甖穀脯又何愚也今猶然夫妻雙壙穿墻孔曰孝順洞通魂往來何愚也皆損壙夫壙僅容棺空隙須糯粥調石灰築實爲妙焉尚虛文哉○魂帛辭祖有同兒戲且不恐見也玄纁之贈又何説也不亦戲甚予葬二親悉皆不用○葬時以二杠橫壙口移棺安杠工用二布作活套索懸棺齊力起杠放下甚穩也卷蓬壙頂隧道進棺此古殯法墓門客水易入壙頂久必坍毀矣戒之○巖術士言壙底不砌磚不築灰隔恐絕生氣也吁可怪哉生氣無堅不透豈礙壙底棺着土易朽必生蟻食亡人骴且土親膚人子之心安乎壙底須築灰隔一尺厚磚砌一尺厚可也○地理陰陽正原托厲布衣撰謬甚也有流注布氣法壙底四方空砌磚溝中砌金斗吉方又砌曲溝引入斗中皆實以炭上蓋方磚開竅流注生氣布向尸棺以致槨內空虛引入外水害甚也鄙夫且用于陽宅可爲一笑

朱子語類　朱子喪長子其壙用石上蓋厚一尺許大段橫湊之兩傍及底五寸許內外皆用石灰雜炭末細沙黃泥築之

家禮穿壙既畢，先布炭末於壙底，築實厚二三寸，然後布石灰細沙黄土拌匀者於其上。灰三分，二者各一可也。築實厚二三尺，别用薄板爲灰隔，如槨之狀，内以瀝青塗之，厚三寸許，中取容棺。墻高於棺四寸許，置於灰上，乃於四旁旋下四物，亦以薄板隔之。炭末居外，三物居内，如底之厚，築之既實，則旋抽其板近上，復下炭灰築之，及墻之平而止。蓋既不用槨，則無以容瀝青，故爲此制。又炭禦木根，辟水蟻，石灰得沙而實，得土而粘，歲久結而爲金石，螻蟻盗賊皆不得進也。

呂坤葬翼後欲高，前欲下，左欲揚，右欲抑，天地之大勢也，屋室亦然，匪禍福之云。○地欲高，高不納水；欲平，平不聚水，又有溝渠以洩之者也。

陳龍正葬樸說○去田葬山　兖豫平原千里，生其地者安能求山於千里之外以安其親哉？吾邑南至海鹽，西至苕，西南至杭，西北至蘇，東至松，百里内外，萬山列布，頗亦悉田而不山，則爲親計者短也。古名賢諸墓，大抵在山。頃閲餘杭邑誌，其安堵安歷數者以十百計，其爲年以千百計，且不必皆名墓也。近觀吾邑纍纍畝畝中，曾有宋元墓乎？又何況唐以上。此久矣，困於習俗，未能慨然。頃因先公泣示，遂決意遷山中，非爲地理，爲人事也。然世之葬山者，聽形家言，以高穴不旺財，往往葬於平麓，麓麓之爲田，則與平原之田何殊之有？故葬不貴地穴，貴天人二穴。地穴可葬，桑麻稻麥利所不絶，力所或加，斯亦千年之憂矣。天手穴自堪葬而外，無復致用於天壤間，居其所棄，誰復害之？故揚名顯親，使百世謁丘壠而仰事之，地理也；卜兆於高山，使盗賊無覬覦，耕耘無終及者，地理之人事也。

○葬有宜厚　厚葬誠無益而有害，然有財者精擇於地理，堅好於壙棺，自是愛親之心，雖終歸野土，亦欲其居之安而留之長久，此之爲宜厚者也。世俗薄於此而飭饗送迎，召僧設醮，費頗數倍，誠可惑也哉。

○遷朽棺法　凡棺朽欲遷不可移移則應手破碎骨即暴露矣宜先極厚杉木板四邊鑿槽置朽棺之旁用極大茁竹劈開削薄片非一五六尺貼地橫插入棺底以次相並從插滿即用多人擡起安放杉板上抽出竹片此杉板即作棺底也然後四邊用木墻上加木蓋斛不露骨不亂竟如舊棺之外加以新槨合古人木椁之義惟聞葬惡地骸骨為蟻所穿當别有術然係非常奇禍遣此者以意權之可也不悉筆之

○明板當用　明板或云濕潤積久成水然地苟得氣何至石汁滴成水此過慮也山中防盜又不可不用

○造明板法　明板例用口條四根安置壙墻乃以石板封蓋當思口條用四其闘筍處有縫雖以三和土粘之終不泯合不如上下同用石板二塊上塊則鑿薄其中令四旁微高二寸許如一切木盒之有蓋蓋上必有子口而下塊則徑鑿空其中大約空長八尺濶二尺八九寸周圍獨存其邊以此置壙墻上便成獨幅口條無罅縫可塗矣其邊大約方八九寸又於邊之靠外一半鑿低二寸許與上蓋之突出者相對一俯一仰適相卬合即使不塗灰泥置之雨露如盒在雨中雨自流去無從入內況加以灰粘土蓋萬無容水之虞或曰造石如此得無蹈桓魋之譏曰魋自為之三年而不成今為親為之且旬日而已物力人力費亦有幾君子不以天下儉其親予再遷二人始思得此法遂用之然此法製造雖工體質亦太重山土堅實或能勝之平陽土性柔鬆鎮壓慮其過重今更酌一法不用子口徑用獨幅天池石厚尺許長濶如壙墻四邊與磚墻合縫處琢磨極光平其中空處略起灣二三寸如覆瓦樣倘有濕氣使溜歸兩旁不致滴入棺蓋則其泯縫辟水與用子口得法者無異而且少一層鎮壓并少一重罅縫工省而用周事安而心慊葬平地者所宜參用也

○治平穴塲法　山地平治穴塲之日所去原土且勿至太低約平去數尺之後審見來脉真的且即停止先就來脉處開掘金井數約足沒棺并明

板爲度得使明板之面尚低于四圍原土尺許尤妙倘不可得亦須與之平然後以篙棒汁拌三和土築覆其上則壙之四旁皆原土之從未經動者客水無能入原土之理其隄防功力止在面上周圍更無可虞而面上之防客水爲力頗易一則用前法明板口條上下子口相合二則堅築灰土三則更以小杉條爲軒廠稻草披覆之每年一易三歷寒暑之後其圓珠灰砂堅實無罅與山上原土不殊然後卸去草披任用雨露此萬全之術也若初治穴塲之時先去原土太多使地位太低開穴一二尺已不可深則穴未足沒棺畢宜停手于是棺浮于四圍原土之面數寸甚者或至一尺而明板蓋又浮其上封蓋既畢勢不得不取客土復遍築而高平之此新築之土一時安能和合堅膩客水從四圍晝夜微滲入防之洵難爲力也此皆余所親歷一一詳誌使孝子慈孫覽觀而取焉

○結壙法　山穴土質不同壙底有不必用磚者但畧以光木椎椎之紅潤堅細隔宿其堅如石其光如漆其澤如脂其色如硃但壙底既不用磚則砌壙牆時匠人足踐壙底其土未免污垢且有鬆動處宜以舊布被洒濕壓乾鋪墊其中得二三層尤善雖衆足履踐不動不污砌畢揭起布被令一人精細者脫履而入用小箒埽除之撮出其浮塵瑩潔堅凝無秋毫點染但下棺時勿用繩索須以淨布遍摺四層兜於棺底而下之以壙底無磚繩索不便於出布則可出可留也若穴底土質不甚細或夾微石築之難於光平則如常法用上好方磚二層琢方磨細油灰砌鋪事穩心安不貽後悔前法特可偶用耳非所以訓乎洋防水穴底用大磚側鋪二層鬆縫處以砂滿之使地氣得升水氣得滲側磚上始用方磚如法塲平結壙亦有不用磚用瓦豎鋪二度者取其水氣尤易滲然罅縫多久或有頹塌之慮不如塼均齊方整可永久無患也磚不論大小唯在坯質堅好火力充足須於八九月間用水泥揉練極匀隨大小範成陰乾委信實人燒就揀其火候適均敲之如鐘聲者爲上品用灰加水磨光坯次

八九月者秋冬土質堅凝春夏土質鬆脆詢之窰戸凡求坯十無一碎夏十碎二三確有明驗也粘縫用極細石灰洞油杵韌砌時滿刷於四旁總砌第二層下一層已堅結不可搖動矣其久而彌固可知愼毋聽匠人如造屋築墻套例僅用灰於磚之四邊而空其中爲苟且之計也又壙中最嚴水氣若以水拌灰土砌墻濕氣收入乾磚之中一時難燥棺與濕氣相親不如竟用油灰使千年原土新開之日從未嘗涉水氣之爲快也壙外則用原土八分加石灰二分和以寫樟藥汁周圍築之汁須濾盡渣滓單以汁水拌入灰土築時方得堅細石灰切勿多用多不過十之三若與土相等即鬆脆矣皆再三親驗過也

○壙底忌用石灰　平地砌壙壙底須先鋪磚一二層隔住濕氣上用方磚如前法砌之俗例有用碎乾石灰厚鋪寸許於磚下者古人亦有白雲英之說上下四旁俱多用石灰言年久則成灰毬渾淪如鐵不知灰氣酷烈透入棺中骸骨受傷是知護壙而不知護骸骨也切忌切忌壙勿太寬太高防其難固禮云壙僅容棺槨之謂也棺僅容身則恐其搖動也

○築三和土法　三和土須用寫樟汁一日築成世俗用糯米粥暫時調粘久則性過又逐層緩築久但如薄石片終不融成一塊大抵平田藉之高山殊不必用惟頂蓋用一二尺防意外事

○炭屑　炭屑俗云防樹根然山中深埋又墓邊不植樹何患根入壙内葬平田者量用炭屑於四旁如上無石板封蓋則壙頂亦用一層未爲無益底則決勿用能隔土中生氣也化者畏土親膚而樂得土氣其理甚微

合葬

檀弓舜葬於蒼梧之野注舜征有苗而死因留葬焉蓋三妃未之從也

季武子曰周公蓋祔

季武子成寢注武子季孫夙杜氏之葬在西階之下請合葬焉許之入宮而不敢哭武子曰合葬非古也自周公以來未之有改也吾許其大而不許其細何居命之哭注記此者善其不奪人之恩

張子曰自伯禽至于武子多歷年所豈容城中有墓此必是殯欲取其柩以歸合葬

陸佃曰請遷于外而合葬之先儒謂杜氏之喪從外來就武子之寢合葬不近人情

胡銓曰鄭云善其不奪人之恩非也譏其平人之墓頭為殯耳

劉彝曰成寢而夷人之墓不仁也不改葬而又請合焉亦非孝也許其合而又命之哭焉矯偽以文過也且寢者所以安其家今處其家于人之塚上于汝安乎墓者所以安其先乃處其先于人之階下其能安乎皆不近人情非礼明矣

孔子少孤不知其墓殯於五父之衢人之見之者皆以為葬也注見柩行於路其慎也蓋殯也注慎當為引礼家讀然聲之誤也殯引飾棺以輤葬引飾棺

柳翣孔子是時以殯引不以葬引時人見者為不知禮問於郰曼父之母然後得

葬於防注曼父之母與徵在為隣相善○疏孔子少孤失父其母不告父墓之處今母死將合葬不知父墓所在意欲問人若殯母于家則礼之常事他人無由怪已故殯于五父之衢欲使他人怪而致問也外人見柩于路皆以為葬但葬引飾棺以柳翣殯引飾棺以輤今夫子飾棺以輤則是殯也于是郰曼父之母素與孔子母相善怪問孔子孔子因而問母始知父墓所在然後以母尸柩合葬于防不知其墓謂不委曲週知柩之所在不是全不知墓之去處其或出辭入告總望本處而拜今將欲合葬須正知處所故云不知其墓

張子曰孔子殯母于五父之衢其殯周慎有如葬然故人之見之者皆以為葬也其周慎實是殯故曰其慎也蓋殯也

馬晞孟曰叔梁紇宗人葬制蓋從古墓而不墳此孔子少孤所以不知墓也

陳澔曰顏氏之死夫子成立久矣聖人人倫之至豈有終母之世不尋求父葬之地而猶不知父墓乎且母死而殯于衢路必無室廬而死于道路者不得已之為耳聖人礼法之宗主而恐為之乎孟子謂主癰疽與侍人瘠環何以為孔子愚亦謂終身不知父墓何以為孔子乎其不然審矣

吳澄曰殯者當殯于家則三月之後當啟殯而葬既未知父墓所在則正葬之期不可豫定故不殯于家而殯于野蓋在野則雖久而未得正葬亦未害

萬斯同曰殯于五父之衢非三日而即殯于此也倘果三日即殯于此則是骨肉未寒而棄之于野聖人之所恐乎況自殯至葬三月之內有朝夕哭奠諸儀節將行之于何所乎此必三月之後殯期已滿既不可久留于家庭又不可別葬于他處故不得已而殯于衢名雖為殯而其具無異乎

葬則不為苟且以致體魄之不安形雖是葬而其制實本是殯則自可從容以訪父墓之所在蓋殯與葬之不同者葬則深入土中殯則但及乎衽也夫子之殯必備設抗折諸物不使其棺親土故曰人之見之者皆以為葬也及觀其掘地淺深則又但沒其衽而已故曰其慎也蓋殯也此其防危慮遠蓋竭盡其心力之至矣可不謂慎乎且所謂五父之衢必其野外而不在城中故聖人得殯于此不然豈有闤闠䙴遝之處而可以置吾親之體魄哉

孔子曰衛人之祔也離之魯人之祔也合之善夫注離之有以間其椁中善夫善魯人也祔葬當合○疏衛之合葬以物隔二棺之間猶生時男女隔居處也魯人則合并兩棺置椁中無別物隔之言異生不須隔詩云穀則異室死則同穴故善魯之祔也

陳祥道曰衛之俗有存于殷魯之俗一之于周殷之所尚者尊尊故凡昭穆之祔于廟者離之而不親周之所尚者親親故凡昭穆之祔于廟者合之而不尊離之則義合之則仁孔子皆善之

朱子語類問離之謂以一物隔兩棺之間于椁中也魯則兩棺置椁中無別物隔之魯衛之祔皆是二棺共為一椁是離合之有異朱子荅曰二棺共椁蓋古者之椁乃合衆材為之故大小隨人所為今用全木則無許大木可以為椁故合葬者只同穴而各用椁也

徐師曾曰古者叢木為椁一椁而兩棺共之衛人以別物隔判故曰離同人不用物隔故曰合夫婦之道生則同室死則同椁故善魯制後世椁用全木不合衆材故無大椁則但同穴而已

乾學按徐氏之説謂一椁而兩棺共之必同時共葬則可如不同時則葬之先後有隔數十年之久者豈有因後葬而開先葬之椁予倘豫為大椁……

舊唐書陸贄傳贄丁母憂東歸洛陽寓居嵩山豐樂寺藩鎮賻贈及别陳餉遺一無所取與韋皋布衣時相善唯西川致遺奏而受之贄父初葬蘇州至是欵合葬上遣中使護其柩車至洛其禮遇如此

入旧唐書楚王後

……者以兩椁相隔而不並謂之離兩椁相並而不隔謂之合斷非一椁而兩棺共之也

家語孔子之母既喪將合葬焉曰古者不祔葬為不忍先死者之復見也詩曰死則同穴自周公以来祔

葬矣

世說新語郗嘉賓喪婦兄弟欲迎妹還終不肯歸曰生縱不得與郗郎同室死寧不同穴

白虎通德論合葬者所以同夫婦之道也故詩曰穀則異室死則同穴

後漢袁賀臨病困勅使留葬侍衛先公慎毋迎取汝母喪柩如亡者有知往來不難如其無知祇為煩耳

觀此可見合葬之非古然亦非謂古人之必不合葬但或歲月悠邈不便動搖道里遠隔猝難舁致而固執同穴為不必也　顧夢麟中菴瑣錄

呂坤曰合葬非古也纍棺而掩之時也中古合矣自天子達生同室死同穴父母之情也人子何忍離焉有遺命則從之○祔葬不以苟合不以有罪不以嫁母不以倡優○節義之婦無貴賤無少長皆祔貴賢也

陳龍正曰合葬非古也葬者藏也古人一葬後永不使人見即子孫莫知其處父母壽算脩短不同一人先葬後死者必欲祔之勢必從旁穿動以故上古不合葬中古乃有同穴之制夫子曰衛人之祔也離之魯人之祔也合之善夫善其不用中墻者也既云合葬復以磚石界隔其中何異分葬何名同穴乎蓋中古用木為槨外周以土木與土親界墻[illegible]所用奸偽萬狀防盜慮[illegible]用磚為四周[illegible]石為明反覆其上[illegible]中墻則[illegible]

乾學按徐氏之說謂一椁而兩棺共之必同時共葬則可如不同時則葬之先後有隔數十年之久者豈有因後葬而開先葬之椁予偹豫為大椁留待後死者則古

舊唐書楚王靈龜妃上官氏秦州上邽人父懷仁右金吾將軍上官氏年十歸于靈龜從楚哀王湊本生母朝夕侍奉恭謹孫甚心有新味非舅姑嘗訖未嘗先嘗經數載靈龜薨及將葬其前妃閻氏嫁不踰年而卒又無近族衆議欲不舉上官氏曰逝者神而靈寧可使孤魂無託乎是倫禮同塋域者莫不嘉歎

……其半以俟之之理……[illegible]半而闢……將更易……取說之不……椁相隔而不並謂之離兩椁相並而不隔謂之合斷非一椁而兩棺共之也

家語孔子之母既喪將合葬焉曰古者不祔葬為不忍先死者之復見也詩曰死則同穴自周公以來祔

葬矣

世說新語郗嘉賓喪婦兄弟欲迎妹還終不肯歸曰生縱不得與郗郎同室死寧不同穴

白虎通德論合葬者所以同夫婦之道也故詩曰穀則異室死則同穴

後漢袁賀臨病困勅使留葬侍衛先公慎毋迎取汝母喪柩如亡者有知往來不難如其無知祇為煩耳

觀此可見合葬之非古然亦非謂古人之必不合葬但或歲月悠邈不便動搖道里遠隔猝難舁致而固執同穴為不必也　顧夢麟中菴瓆錄

呂坤曰合葬非古也纍棺而掩之時也中古合矣自天子達生同室死同穴父母之情也人子何忍離焉有遺命則從之○祔葬不以苟合求以有罪不以嫁母不以倡優○節義之婦無貴賤無少長皆祔貴賢也

陳龍正曰合葬非古也葬者藏也古人一葬後永不使人見即子孫莫知其處父母壽夭脩短不同一人先葬後死者必欲祔之勢必從旁穿動以故上古不合葬中古乃有同穴之制夫子曰衛人之祔也離之魯人之祔也合之善夫善其不用中墻者也既云合葬復以磚石界隔其中何異分葬何名同穴乎蓋中古用木為椁外周以土木與土親界墻無所用姦偽萬狀防盜慮深用磚為四周用石為明反覆其上并中墻則亦

乾學按徐氏之說謂一槨而兩棺共之必同時共葬則可如不同時則葬之先後有隔數十年之久者豈有因後葬而開先葬之槨乎倘豫為大槨留待後死者則古人言槨周於棺豈有虛其半以俟之之理苟一人而有數妻將虛者不止於半而隙亦不止一次矣或久而其槨已朽將更易其槨乎抑仍其朽而不易乎此最說之不通者吾謂離之合之蓋以兩槨相隔而不並謂之離兩槨相並而不隔謂之合斷非……矣為不……恐先死者之復見也詩曰死則同穴自周公以來祔

神龍元年將合葬則天皇后于乾陵給事中嚴善思以合葬非古且以卑動尊尤為不經若神道有知幽塗（會要）待通會若死者無知合之復有何益上表諫之不從詳見第九十卷山陵考

入舊唐書前　晉書後

葬矣

白虎通德論合葬者所以同夫婦之道也故詩曰穀則異室死則同穴

世說新語郗嘉賓喪婦兄弟欲迎妹還終不肯歸曰生縱不得與郗郎同室死寧不同穴

後漢袁賀臨病困勑使留葬侍衛先公慎毋迎取汝母喪柩如亡者有知往來不難如其無知祗為煩耳

觀此可見合葬之非古然亦非謂古人之必不合葬但或歲月悠邈不便動搖道里遠隔猝難舁致而固執同穴為不必也　顧夢麟中菴瑣録

呂坤曰合葬非古也纍棺而掩之時也中古合矣自天子達生同室死同穴父母之情也人子何忍離焉有遺命則從之○祔葬不以苟合求以有罪不以嫁母不以倡優○節義之婦無貴賤無少長皆祔貴賢也

陳龍正曰合葬非古也葬者藏也古人一葬後永不使人見即子孫莫知其處父母壽筭脩短不同一人先葬後死者必欲祔之勢必從旁穿動以故上古不合葬中古乃有同穴之制夫子曰衛人之祔也離之魯人之祔也合之善夫善其不用中墻者也既云合葬復以磚石界隔其中何異分葬何名同穴乎蓋中古用木為槨外周以土木與土親界墻無所用奸偽萬狀防盜慮深用磚為四周用石為明反覆其上旁築中墻則妨

乾學按徐氏之說謂一椁而兩棺共之必同時共葬則可如不同時則葬之先後有隔數十年之久者豈有因後葬而開先葬之椁乎倘豫爲大椁留待後死者則古人言椁周於棺豈有虛其半以俟之之理苟一人而有數妻將虛者不止於半而所亦不止一次矣或久而其椁已朽將更易其椁乎抑仍其朽而不易乎此最說之不通者吾謂離之合之蓋以兩椁相隔而不並謂之離兩椁相並而不隔謂之合斷非

晉書列女傳鄭袤妻曹氏袤先娶孫氏蚤亡娉之爲繼室及袤薨議者以孫氏瘞黎陽久遠難舉欲不合葬曹氏曰孫氏元妃理當從葬不可使孤魂無所依於是備吉凶導從之儀以迎之具衣衾几筵親執雁行之禮聞者莫不歎息以爲趙姬爲不下叔隗不足稱也

入白虎通後

祔

世說新語郗嘉賓喪婦兄弟欲迎妹還終不肯歸曰生縱不得與郗郎同室死寧不同穴

葬矣

白虎通德論合葬者所以同夫婦之道也故詩曰穀則異室死則同穴

後漢袁賀臨病困勑使留葬侍衛先公慎毋迎取汝母喪柩如亡者有知往來不難如其無知祗爲煩耳

觀此可見合葬之非古然亦非謂古人之必不合葬但或歲月悠邈不便動搖道里遠隔猝難舁致而固執同穴爲不必也　顧夢麟中葊瑣錄

呂坤曰合葬非古也纍梩而揜之時也中古合矣自天子達生同室死同穴父母之情也人子何忍離焉有遺命則從之○祔葬不以苟合求以有罪不以嫁母不以倡優○節義之婦無貴賤無少長皆祔貴賢也

陳龍正曰合葬非古也葬者藏也古人一葬後永不使人見即子孫莫知其處父母壽夭脩短不同一人先葬後死者必欲祔之勢必從旁穿動以故上古不合葬中古乃有同穴之制夫子曰衛人之祔也離之魯人之祔也合之善夫善其不用中墻者也既云合葬復以磚石界隔其中何異分葬何名同穴乎蓋中古用木爲椁外周以土木與土親界墻無所用奸僞萬狀防盜慮深用磚爲四圍用石爲明反覆其上乃於中墻則所

竹庵瑣錄 後漢袁賀臨病困敕使留葬侍衛先公慎毋迎取汝母喪柩如亡者有知往來不難如其無知秪爲煩耳唐武后崩將合葬乾陵給事中嚴善思建言尊者先葬卑者不得入今啓乾陵是以卑動尊術家所忌且玄闕石門冶金錮隙非攻鑿不能開神道幽靜多所驚黷合葬非古也况事有不安豈足循據漢世皇后別起陵墓魏晉始合葬漢積祀四百魏晉祚率不長亦其驗也今更擇吉地附近乾陵取從葬之義使神有知無所不通若其無知合亦何益中宗不納東坡曰詩云穀則異室死則同穴古今之葬皆爲一室獨蜀人爲一墳而異葬其間爲通道高不及肩廣不容人東漢壽張侯樊恭遺令棺柩一藏不宜復見如有腐敗傷子孫之心使與夫人同墳異藏光武善之以書示百官蓋古有是也然不爲通道又非詩人同穴之義故蜀人之葬最爲得禮觀此可見合葬之非古然亦非謂古人之必不合葬但或歲月悠邈不便動搖道里遼隔猝難舁致

增入陳龍正後　低一字　小字双行

世說新語郗嘉賓喪婦兄弟欲迎妹還終不肯歸曰生縱不得與郗郎同室死寧不同穴

低二字大　以小字

葬矣

白虎通德論合葬者所以同夫婦之道也故詩曰穀則異室死則同穴

後漢袁賀臨病困勅使留葬侍衛先公慎母迎取汝母喪柩如亡者有知往來不難如其無知衹為煩耳

觀此可見合葬之非古然亦非謂古人之必不合葬但歲月悠邈不便動搖道里遠隔猝難舁致而固執同穴為不必也　顧夢麟中菴瑣録

呂坤曰合葬非古也纍棺而掩之時也中古合矣自天子達生同室死同穴父母之情也人子何忍離焉有遺命則從之○祔葬不以苟合求以有罪不以嫁母不以倡優○節義之婦無貴賤無少長皆祔貴賢也

陳龍正曰合葬非古也葬者藏也古人一葬後永不使人見即子孫莫知其處父母壽筭脩短不同一人先葬後死者必欲祔之勢必從旁穿動以故上古不合葬中古乃有同穴之制夫子曰衛人之祔也離之魯人之祔也合之善夫善其不用中墻者也既云合葬復以磚石界隔其中何異分葬何名同穴乎蓋中古用木為椁外周以土木與土親界墻無所用奸僞萬狀防盜慮深用磚為四周用石為明反覆其上[illegible]中墻則[illegible]

乾學按徐氏之說謂一椁而兩棺共之必同時共葬則可如不同時則葬之先後有隔數十年之久者豈有因後葬而開先葬之椁乎倘豫為大椁留待後死者則古人言椁周於棺豈有虛其半以俟之之理苟一人而有數妻將虛者不止於半而[illegible]亦不止一次矣或久而其椁已朽將更易其椁乎抑仍其朽而不易乎此最說之不通者吾謂離之合之葢以兩椁相隔而不並謂之離兩椁相並而不隔謂之合斷非一椁而兩棺共之也

家語孔子之母既喪將合葬焉曰古者不祔葬為不忍先死者之復見也詩曰死則同穴自周公以來祔

葬矣

白虎通德論合葬者所以同夫婦之道也故詩曰穀則異室死則同穴

世說新語郗嘉賓喪婦兄弟欲迎妹還終不肯歸曰生縱不得與郗郎同室死寧不同穴

後漢袁賀臨病困勅使留葬侍衛先公慎毋迎取汝母喪柩如亡者有知往來不難如其無知祇為煩耳

觀此可見合葬之非古然亦非謂古人之必不合葬但或歲月悠邈不便動摇道里遠隔猝難舁致而同執同穴為不必也　顧夢麟中庵瑣録

呂坤曰合葬非古也纍棺而掩之時也中古合矣自天子達生同室死同穴父母之情也人子何忍離焉有遺命則從之○祔葬不以苟合求以有罪不以嫁母不以倡優○節義之婦無貴賤無少長皆祔貴賢也

陳龍正曰合葬非古也葬者藏也古人一葬後永不使人見即子孫莫知其處父母壽筭脩短不同一人先葬後死者必欲祔之勢必從旁穿動以故上古不合葬中古乃有同穴之制夫子曰衛人之祔也離之魯人之祔也合之善夫善其不用中墻者也既云合葬復以磚石界隔其中何異分葬何名同穴乎蓋中古用木為椁外周以土木與土親界墻旣所用中墻則所奸偽萬狀防盜慮深用磚為四周用石為明反覆其上与無中墻則所

須方一丈乃可周蔽。獨板既難渾則二石湊處有縫漏不引氣殊爲不
又前後長空八尺有餘止三面着墻而靠中則空虛臨下石厚不盈尺
求固而反危也故合葬則必用界墻用界墻則合與分不異不過爲拜掃
便計親骸何與焉以合葬安親者假以吉壤安親者真延陵季子曰魂氣
則無不之故分葬無妨于礼有益于事又宜人棺較康墨棺頗短小同葬
必從其大者則壙中太寬亦非朱子壙僅容棺之義故決意分葬恐後世

舊唐書王晙傳戶部郎中楊伯城上疏請晙等墳特乞贈修封域量加表異降
使饗祭優其子孫玄宗乃遣使就其冢廟祭

南史劉彪傳齊建元初降封南康縣侯坐廟墓不脩削爵

制
孔子先反虞事門人後……
何遲也曰防墓崩注言所以遲者脩之而來防墓防地之墓也孔子不應注以其非禮三
注三言之以孔子不聞孔子泫然流涕曰吾聞之古不修墓注修猶治也○疏天
子之墓一丈諸侯八尺其次降差以兩今既東西南北不恒在鄉若久乃還歸
不知葬之處所故不可不作封墳記識其處防地之墓新始積土遇甚雨而崩
庾蔚云防守其墓脩擬其崩若如庾之言墓實不崩
孔子何以言古不修墓違經背注妄說異同非也

南史

陳澔曰爲墳所以爲記識一則恐人不知而誤犯一則恐已或忘而難尋故封之高四尺也雨甚而墓崩門人修築而後反孔子流涕者自傷其不能謹之於封築之時以致崩圮且言古人所以不脩墓者敬謹之至無俟於脩也

易墓非古也　注易謂芟治草木不易者丘陵也○疏墓謂冢旁之地易謂芟治草木不使荒穢不易者使有草木如丘陵然古者墓而不墳是不易治也

吳澄曰按孔子嘗云古者墓而不墳又云古不脩墓鄭注云脩猶治也古者但穴地爲坎以藏棺下棺之後實土於中外爲平地不起墳墓使人不知其處此所爲易即彼所謂脩二字皆訓治字蓋言古者葬後不脩治而崇其封土非言不芟治而去其草木也孔疏雖從鄭注芟治草木之說而又引墓而不墳以不墳爲不治易則是兼存二義也

二程全書問古者何以不脩墓曰所以不脩墓者欲初爲墓時必使至堅固故須必誠必敬若不誠敬安能至久曰孔子爲墓何以速崩如此耶曰非孔子也孔子先反脩虞事使弟子治之弟子誠敬不至纔雨而墓崩其爲之不堅固可知然脩之亦何害聖人言不脩者所以深責弟子也

袁樞曰自古不脩墓之說見於禮經世揄俗淨遺墟敗冢子孫有泯其親而莫以爲怪抑不知必誠必信當自其始至不幸而脩有雖非禮之正亦情之不容已也

呂坤四禮疑墓無守者則荒廢無墓田則難守必置田以贍之主人命子弟月有省時有治歲有祭無畜雞鵞豚犬○墓久穴獾鼠狐狸時有省而捕捉之木茂則鴟鴞集時彈而驅逐之草豐則藏虺蛇時芟薙而清一

○墓之覆土非古也孔子曰古不脩墓曾見帝后值清明節增培土俱

須方一丈乃可周蔽獨板既難渾則二石湊處有縫漏以弓處殊為丁又前後長空八尺有餘止三面着墻而靠中則空虛臨下石薄不盈尺求固而反危也故合葬則必用界墻用界墻則合與分不異不過為拜掃便計親骸何與焉以合葬安親者假以吉壤安親者真延陵季子曰竟氣則無不之故分葬無妨于礼有益于事又宜人棺較廉匵棺頗短小同葬必從其大者則壙中太寬亦非朱子壙僅容棺之義故決意分葬恐後世子孫疑遷葬之日本無參差穿動之嫌袝最便又何必分詳著其故以導明者

修墓

檀弓 孔子既得合葬於防曰吾聞之古也墓而不墳注墓謂兆域今之封塋也古謂殷時也土之高者曰墳今丘也東西南北之人也不可以弗識也於是封之崇四尺注東西南北言居無常處也聚土曰封封之周禮也崇高也高四尺蓋周之士制孔子先反注當修虞事門人後雨甚至孔子問焉曰爾來何遲也曰防墓崩注言所以遲者修之而來防墓防地之墓也孔子不應注以其非禮三注三言之以孔子不聞孔子泫然流涕曰吾聞之古不修墓注修猶治也○䟽天子之墓一丈諸侯八尺其次降差以兩今既東西南北不恒在鄉若久乃還歸不知葬之處所故不可不作封墳記識其處防地之墓新始積土遇甚雨而崩庾蔚云防守其墓備擬其崩若如庾之言墓實不崩孔子何以言古不修墓違經背注妄說異同非也

陳澔曰為墳所以為記識一則恐人不知而誤犯一則恐已或忘而難尋故封之高四尺也雨甚而墓崩門人修築而後及孔子流涕者自傷其不能謹之於封築之時以致崩圮且言古人所以不脩墓者敬謹之至無俟於脩也

易墓非古也注易謂芟治草木不易者丘陵也○疏墓謂冢旁之地易謂芟治草木不使荒穢不易者使有草木如丘陵然古者墓而不墳是不易治也

吳澄曰按孔子嘗云古者墓而不墳又云古不脩墓鄭注云脩猶治也古者但穴地為坎以藏棺下棺之後實土於中外為平地不起墳墓使人不知其處此所為易即彼所謂脩二字皆訓治字蓋言古者葬後不脩治而崇其封土非言不芟治而去其草木也孔疏雖從鄭注芟治草木之說而又引墓而不墳之言以不墳為不治易則是兼存二義也

二程全書問古者何以不脩墓曰所以不脩墓者欲初為墓時必使至堅固故須必誠必敬若不誠敬安能至久曰孔子為墓何以速崩如此即曰非孔子也孔子先反脩虞事使弟子治之弟子誠敬不至纔雨而墓崩其為之不堅固可知然脩之亦何害聖人言不脩者所以深責弟子也

袁楠曰自古不脩墓之說見於禮經世婾俗浮遺墟敗冢子孫有泚其顙而莫以為怪柳不知必誠必信當自其始至不幸而脩者雖非禮之正亦情之不容已也

呂坤四禮疑墓無守者則荒廢無墓田則難守必置田以贍之主人命子弟月有省時有治歲有祭無畜雞鶩豚犬○墓久穴獾鼠狐狸時有省而捕捉之木茂則鴟鴞集時彈而驅逐之草豐則藏虺蛇時芟之而清○墓之覆土非古也孔子曰古不脩墓曾見帝后值清[illegible]郎墻著十倍

之山陵從俗也於義無害今古皆然

〇墓頭有樹則去之歲久根必入棺

讀禮通考卷八十四

葬考

葬不擇日擇地

春秋宣公八年冬十月己丑葬我小君敬嬴雨不克葬庚寅日中而克葬

左傳雨不克葬禮也禮卜葬先遠日辟不懷也注懷思也○疏卜葬先卜遠日辟不思念其親似欲汲汲而早葬之也今在冒雨而葬亦是不思其親欲得早葬故舉卜葬先遠日以證爲雨而止禮也王制庶人葬不爲雨止者雖雨猶葬禮儀少也

穀梁傳葬既有日不爲雨止禮也雨不克葬喪不以制也而緩辭也足乎日之辭也注徐邈曰案經文是己丑之日葬喪既出而遇雨若未及己丑而却期無爲逆書此日葬禮喪事有進無退又士喪禮有潦車載蓑笠則人君之張設固兼備矣禮先遷柩于廟其明昧爽而行既及葬日之晨則祖行遣奠之禮設矣故雖雨猶終事不敢停柩久次

左傳昭公十二年三月鄭簡公卒將為葬除及游之廟將毀焉子大叔使其除徒執用以立而無庸毀曰子產過女而問何故不毀乃曰不忍廟也諾將毀矣既如是子產乃使辟之司墓之室有當道者注簡公別營葬地不在鄭先公舊墓故道有臨在迂直也司墓之室鄭之掌公墓大夫徒屬之家毀之則朝而塴注塴下棺弗毀則日中而塴子大叔請毀之曰無若諸侯之賓何注不欲留賓子產曰諸侯之賓能來會吾喪豈憚日中無損于賓而民不害何故不為遂弗毀日中而葬君子謂子產於是乎知禮禮無毀人以自成也

春秋定公十有五年九月丁巳葬我君定公雨不克葬戊午日下昃乃克葬

左傳葬定公雨不克襄事禮也注襄成也雨不成事若汲汲於欲葬

曾子問曾子問曰葬引至于堩日有食之則有變乎

且不乎（注：堩，道也。變謂異禮。）孔子曰：昔者吾從老聃助葬於巷黨，及堩，日有食之，老聃曰：丘，止柩就道右，止哭以聽變。既明反而后行，曰：禮也。（注：巷黨，黨名也。就道右者，行相左也。變，日食也。反，復也。）反葬而丘問之曰：夫柩不可以反者也，日有食之，不知其已之遲數，則豈如行哉？（注：已，止也。數讀為速。）老聃曰：諸侯朝天子，見日而行，逮日而舍奠，大夫使，見日而行，逮日而舍（注：舍奠，每將舍奠行主。）夫柩不蚤出，不莫宿（注：寢晨夜則近姦盜。）見星而行者，唯罪人與奔父母之喪者乎？日有食之，安知其不見星也？（注：為無日而慝作，豫止也。）且君子行禮，不以人之親痁患。（注：痁，病也。以人之父母行禮而恐懼其有患害不為也。）吾聞諸老聃云。

方慤曰：夫柩不早出，不暮宿者，慮暗昧之中有不測之患故也。苟日食而行柩，豈異夫蚤出暮宿者乎？堩，恒行之塗也。言恒行之塗，防慎如此，則非恒之塗可知也。

馬晞孟曰：老聃以止柩聽變為愈於行也，仲尼以為禮何也？夫以人之喪道而日食，皆在道也。言止則安，行則危，其行也非必犯患，亦人之情所

宜用舊

于疾患也患出于不意則其行不必止也然則止非必安也就不得已則見星而行豈苦止哉

後漢書順帝時廷尉河南吳雄季高以明法律斷獄平起自孤宦致位司徒雄少時家貧喪母營人所不封土者擇葬其中喪事趣辦不問時日醫巫皆言當族滅而雄不顧及子訢孫恭三世廷尉為法名家

乾學按此條本非葬不擇日之謂但必待明及而後行則其不限時日可知矣故亦列於此篇

曰葬者藏也欲人之弗得見也又曰卜其宅兆而安厝之以是為感慕之所也魂神之宅也朝市貿易不可知石泉頽齧不可常是以謀及卜筮庶無後艱斯則脩于慎終之禮也後代葬說出于巫史一物有失便謂灾及死生多為妨禁以售其術附妄憑妖至其

書乃有百二十家春秋王者七日而殯七月而葬諸侯五日而殯五月而葬大夫三月士庶人逾月而已貴賤不同禮亦異數此直為赴弔遠近之期量事制法故先期而葬謂之不懷也後期不葬謂之殆禮也此則葬有定期不擇年與月一也春秋丁巳葬定公雨不克葬至于戊午襄事君子善之禮卜葬先遠日者自末而進避不懷也今法已亥日用葬最凶春秋是日葬者二十餘族此葬不擇日二也禮周尚赤大事用旦殷尚白大事用日中夏尚黑大事用昏大事者何喪禮也此直取當代所尚而不擇時早晚也鄭卿子產及子大叔葬簡公于是司墓大夫室當柩路若壞其室即平旦而堋不壞其室即日中而堋子產不欲壞室欲待日中子太叔曰若日中而堋恐久[illegible]

諸侯大夫來會葬者然子產太叔不問時之得失唯論人事可否而已曾子曰葬逢日蝕舍于路左待明而行所以備非常也按法葬家多取乾艮二時乃近夜半文與禮乖此葬不擇時三也經曰立身行道揚名于後世以顯父母易謂聖人之大寶曰位何以守位曰仁而法曰官爵富貴葬可致也身壽修促子孫蕃衍葬可招也夫日慎一日澤及無疆德則不建而祚乃無永臧孫有後于魯不聞葬得吉也若敖絕嗣于荊不聞葬得凶也此葬有吉凶不可信四也今法皆據五姓爲之古之葬並在國都之北趙氏之葬在九原漢家山陵或散處諸城又何上利下利大墓小墓爲哉然劉之子孫本支不絕趙後與六國等王此則葬用五姓不可信五也且人有初賤而後貴始泰

而終否者子文為令尹三仕三已展禽三黜于士師彼冢墓已定而不改此名位不常何也故知榮辱升降事關諸人而不由于葬六也世之人為葬巫所欺忘擗踊荼毒以期徼幸由是相塋壠希官爵擇日時規財利謂辰日不哭欣然而受弔謂同屬不得臨壙吉服避送其親詭斁禮俗不可以法七也

宋司馬光葬論曰葬者藏也孝子不忍其親之暴露故斂而藏之齎送不必厚厚者有損無益古人論之詳矣今人葬不厚于古而拘于陰陽禁忌則甚焉古者雖卜宅卜日蓋先謀人事之便然後質諸蓍龜庶無後艱耳無常地與常日也今之葬書乃相山川岡畝之形勢考歲月日時之支干以為子孫貴賤貧富壽夭賢愚皆繫焉非此地非此時不可葬也舉世惑

而信之于是喪親者往往久而不葬問之曰歲月未利也又曰未有吉地也又曰遊宦遠方未得歸也又曰貧未能辦葬具也至有終身累世而不葬遂棄失尸柩不知其處者嗚呼可不令人深嘆愍哉人所貴于身後有子孫者為能藏其形骸也其所為乃如是曷若無子孫死于道路猶有仁者見而殣之耶先王制禮葬期遠不過七月今世著令自王公以下皆三月而葬又禮未葬不變服食粥居倚廬哀親之未有所歸也既葬然後漸有變除今之人背禮違法未葬而除喪從宦四方食稻衣錦飲酒作樂其心安乎人之貴賤貧富壽夭繫于天賢愚繫于人固無關預于葬就使皆如葬師之言為人子者方當哀窮之際何忍不顧其親之暴露乃欲自營福利耶昔者吾諸祖

之葬也家甚貧不能具棺椁自太尉公而下始有棺椁然金銀珠玉之物未嘗以錙銖入于壙中將葬太尉公族人皆曰葬者家之大事奈何不詢陰陽此必不可吾兄伯康無如之何乃曰詢于陰陽則可矣安得良葬師而詢之族人曰近村有張生者良師也數縣皆用之兄乃召張生許以錢二萬張生野夫也世爲葬師爲野人葬所得不過千錢聞之大喜兄曰汝能用吾言吾俾爾葬不用吾言將求他師張師曰惟命是聽于是兄自以已意處歲月日時及壙之淺深廣狹道路所從出皆取便于事者使張生以葬書緣飾之曰大吉以示族人皆悅無違異者今吾兄年七十九以列卿致仕吾年六十六忝備侍從宗族之從仕者二十有三人視他人之謹用葬書未必勝吾

也前年吾妻死棺成而斂裝辦而行壙成而葬未
以一言詢陰陽家迄今亦無他故吾嘗疾陰陽家立
邪説以惑衆為世患于喪家尤甚頃為諫官嘗奏乞
禁天下葬書當時執政莫以為意今著茲論庶俾後
之子孫葬必以時欲知葬具之不必厚視吾祖欲知
葬書之不足信視吾家元豐七年正月日具官司馬
光述

二程全書卜其宅兆卜其地之美惡也非陰陽家所謂禍福者也地之美者則其神靈安其子孫盛若培壅其根而枝葉茂理固然矣地之惡者則反是然則曷為地之美者土色之光潤草木之茂盛乃其驗也父子祖孫同氣彼安則此安彼危則此危亦其理也而拘忌者惑以擇地之方位決日之吉凶不亦泥乎甚者不以奉先為計而專以利後為慮尤非孝子安厝之用心也惟五患者不得不慎須使異日不為道路不為城郭不為溝池不為貴勢所奪不為耕犁所及五患既慎則又鑿地必至四五丈遇石必更穿之防水潤也既葬則以松脂塗棺槨石灰封墓門此其大畧也若夫精畫則又在審思處矣其火葬者出不得已後不可遷就同葬矣至于年祀寖遠曾高不辨亦在盡誠各具棺槨葬之不須假夢寐蓍龜而決也○世間術數多惟地理之書最無義理祖父葬時亦用地理人尊長皆信唯先兄與某不然後來只用昭穆法或問憑何文字擇地曰只昭穆便是書也但風順地厚處足矣某用

昭穆法葬一穴既而尊長呂地理人到葬處曰此是商音絕處何故如此下穴某應之曰固知是絕處且試看如何某家至今人已數倍矣

張子全書葬法有風水山岡此全無義理不足取南方用青囊猶或得之西方人用一行尤無義理南人試葬地將五色囊埋于地下經年而取觀之地美則采色不變地氣惡則色變矣又以器貯水養小魚埋經年以死生卜地美惡取草木之榮枯亦可卜地之美惡

朱子語類陰陽家說前輩所言固為正論然恐幽明之故有所未盡故不敢從不須深考其書但凡數里無人煙處有欲住者亦不成聚落其有舍宅處為久遠安寧之慮乎但不當極意過求必為富貴利達之計耳此等事自有便山水環合累成氣象欲掩藏其父祖安處其子孫者亦豈可都不揀擇以酌中處便是正理世俗固為不及而必為高論者似亦過之○伊川先生力破俗說然亦自言須是風順地厚之處乃可然則亦須稍有形勢拱揖環抱無空闕處乃可用也但不用某山某水耳○程先生亦揀草木茂盛處便不是不擇也伯恭則平地便葬若不知此理既不是若知有此理故意不理會尤不是○風無處不入棺在地中吹喝吹翻地上置物烈風未能吹動風在地中蘊蓄欲發其力盛猛也政和縣有人葬其親已時開壙中響聲家業漸替遂發視之棺木一邊擊觸皆損

陳傳良朱公向墓誌曰平陽之俗以速葬為不壞而其流入于陰陽家之說與治賓客之事俗成則聞見熟聞見熟則異焉者乃反以為怪故雖知名之士不能免也陰陽之說余不知起何時而知其不出于三代也王季之葬也水齧其墓見前朝而後改葬重動危其親也如此由今陰陽家言之不祥莫大焉而王季子孫皆聖人也子孫聖與愚陰陽家固不論然造周數百年其不得為不祥也甚著若必曰改葬而後有此則文武之生久矣其造周不待改葬也又甚著且三聖人者不知水齧墓之為不祥而不速改是不智也知其為不祥必見前朝而後改是不仁也聖人慮不及此焉□日者曰吾□

過聖人是果足信歟然而舉世惑之何也彼委巷之民怵于言者
妄以其親徼利然也學士大夫豈忍以其親為利而惑焉者又何也
〔張九成祭墳園神文〕云某讀喪親篇曰卜其宅兆而安厝之嗚呼言之至此
五內糜裂尚忍言之耶某卜葬先人于此今將開壙謹用告虔某身為儒者
當信先王之言不當信淫巫瞽史之說嘗讀周官墓人之職曰先王之葬居
中以昭穆為先凡諸侯居左右以前卿大夫士居後各以其職此先王陪葬
之法也驗吾先王左右前後之說則夫陰陽家流青龍白黑獨火太歲之說
敗矣又讀記禮之說曰夏后氏尚黑大事斂用昏商人尚白大事斂用日中
驗吾先王用昏之說則夫陰陽家流乾艮二時之說敗矣又讀富辰之言曰
管蔡郕霍魯衛毛聃郜雍曹滕畢原酆郇文之昭也邘晉應韓武之穆也樊
蔣邢茅胙祭周公之嗣也驗吾先王一宗數姓之說則夫陰陽家流五姓宫
商角徵羽之說敗矣又讀春秋書曰宣公八年十月己丑葬我小君敬嬴雨
不克葬庚寅日中而克葬驗吾先王己丑庚寅以雨晴為候之說則夫陰陽
家流擇日定時之說敗矣以至攷五月三月之說則年辰畏忌之說敗矣考
從柩臨穴之說則黑黃衝射之說敗矣是陰陽家說違悖義理舉不足信又
嘗考先王之說曰執左道以亂政殺假于鬼神時日卜筮以疑衆殺又曰非
聖人者無法非孝者無親今陰陽家譎怪之說是左道亂政也是假于鬼神
時日卜筮以疑衆也是無親也是非聖人也公犯先王明禁罪在不赦動以
吉凶禍福為言以恐動天下以起不孝之心嗚呼葬親而欲徼福于無知之
神此何心也哉此不孝之甚者也某甚悲之使世無青龍白虎之神獨火太
歲之神則已如其有之必不垂祐于諱葬其親避忌畏惡遷延歲月以徼福
于一身之人不孝之子矣何以知之石駘仲卒無適子有庶子六人卜所以
為後者曰沐浴佩玉則兆五人者皆沐浴佩玉石祁子曰孰有執親之喪而
沐浴佩玉者乎不沐浴佩玉石祁子兆人皆以龜為有知也豈有為青龍白
虎獨火太歲之神反不如一龜之有知乎先王之道本諸身施諸庶民考之
三王而不謬建諸天地而不悖質諸鬼神而無疑某今葬其親以義合禮安

敢不以先王之道為法耶又安敢不以先王之道正鬼神耶其又觀先王蜡祭之法曰迎猫為其食田鼠也迎虎為其食田豕也今以葬先人斬伐林木斸掘土膏雖幽冥中念人子之心不以為忌而其所以事鬼神者亦安敢不以禮義而再拜告也嗚呼先王之道神明知之久矣區區之言非特正淫巫瞽史之說將以闡先王之道使為人子者以奉其親以事鬼神以窮後世紛紛之論不敢以吉凶禍福動其意而一以純孝為心神如有靈庶或相之

真德秀讀書記按司馬氏論葬曰孝經云卜其宅兆而安厝之謂卜地決其吉凶耳非若今陰陽家相其山岡風水也國子高曰葬者藏也又曰死則擇不食之地而葬我焉明無地不可葬也古者天子七月諸侯五月大夫三月士踰月而葬蓋以會葬者遠近有差不得不然也然禮文多云三月而葬蓋舉其中制而言之按春秋己丑葬敬嬴雨不克葬庚寅日中而克葬辛巳葬定公雨不克葬壬午日下昃乃葬何嘗擇年月日時也葬于北方北首何嘗擇地也今世俗信葬師之說以為子孫之貧富貴賤賢愚壽夭盡繫于此議論紛紜至有終身不葬累世不葬者使殯葬實能致人禍福為子孫者豈忍暴露其親而自求利耶悖禮傷義無過于此然孝子之心慮患深遠恐淺則為人所扣深則濕潤速朽故必擇土厚水深之地而葬之所擇必數處者以備卜之不吉故也或曰世人久未葬者非盡以陰陽拘忌之故亦以貧故也予曰孔子有云斂手足形還葬而無槨稱其財斯之謂禮又子游問喪具孔子云云昔廉范千里負喪郭原平自賣營墓豈待豐富然後葬哉在禮未葬不變服食粥居倚廬寢苫枕塊蓋憫親之未有所歸故寢食不安奈何舍之出仕食稻衣錦不知其何以為心哉而程子則曰卜其宅兆卜其地之美惡也地美則其神靈安其子孫盛然則曷為地之美者土色之光潤草木之茂盛乃其驗也而拘忌者惑以擇地之方位決日之吉凶甚者不以奉先為計而專以利後為慮尤非孝子安厝之用心也惟五患者不得不謹須使異日不為道路不為城郭不為溝池不為貴勢所奪不為耕犂所及一本所謂五患者溝渠道路避村落遠井窯合二先生之言觀之以安親之心則地不可

以不擇其擇也不可以太拘擇焉而不至于太拘則葬不以時矣然人多遷延不葬者以昆弟各懷自利之心而野師俗巫又從而誑惑之甚至徧納其賂而給之以私己愚而無知者安受其欺而弗悟也夫某山強則某支富某山弱則某支貧非惟義理所不當問雖近世陰陽家書亦有深排其說者惟野師俗巫則張皇煽惑以為取利之資擇地者必先破此謬說而後無太拘之患為人子者所當深察也

羅大經鶴林玉露葬者藏也藏者欲人之不得見也古人之所謂卜其宅兆者乃孝子慈孫之心謹重親之遺體使其他日不為城邑道路溝渠耳豈藉此以求子孫富貴乎郭璞謂本骸乘氣遺體受蔭此說殊未通夫木生于山栗芽于室此乃活氣相感也今枯骨朽腐不知痛癢積日累月化為朽壤蕩為遊塵矣豈能與生者相感以致禍福乎此決無之理也世之人惑璞之說有貪求吉地未能愜意至數年不葬其親者有既葬不吉一掘未已至掘三掘四者有因買地致訟棺未入土而家已蕭條者有兄弟數人惑于各房風水之說至骨肉化為仇讐者凡此數禍皆璞之書為之也若如璞之說璞既精于風水矣宜妙選吉地以福其身以利其子孫然璞身不免于刑戮而子孫卒以衰微則是其義已不驗于其身而後世方且信其遺書而尊信之不亦惑乎今之術者言墳墓若有席帽山子孫必為侍從官蓋以侍從重戴故也然唐時席帽乃舉子所戴故有席帽何時得離身之句至宋朝都大梁地勢平曠每風起則塵沙撲面故侍從跨馬許重戴以障塵夫自有宇宙則有此山何貴于唐而賤于今耶京丞相仲遠豫章人也崛起寒微祖父皆火化無墳墓每寒食則野祭而已是豈因風水而貴哉

熊朋來曰古者昏葬卜日而未嘗擇日故陰陽拘忌之說不至惑人以春秋所書考之莊二十四年八月丁丑姜氏入是年歲次辛亥八月丙子朔乃初二日也八月為夏正六月初不以月破為嫌文二年二月丁丑作僖公主二月為夏正十二月亦不以月建為嫌至于葬則經多書其日惟莊九年七月

復觀翰序中已有此可刪且古者葬不擇地以下乃翰〻言非朱語也

丁酉葬齊襄公閔元年六月辛酉葬莊公文十八年六月癸酉葬文公成元年二月辛酉葬宣公于後世葬日爲通如隱元年十二月癸未葬宋穆公桓十七年八月癸巳葬蔡桓侯十二月己丑葬桓公莊四年六月乙丑葬紀伯姬二十二年正月癸丑葬文姜三十年八月癸亥葬紀叔姬僖二年五月辛巳葬哀姜十八年八月丁亥葬齊桓公二十七年八月乙未葬齊孝公三十三年四月癸巳葬晉文公文元年四月丁巳葬僖公五年三月辛亥葬成風九年二月辛丑葬襄王十七年四月癸亥葬聲姜宣八年十月己丑葬敬嬴成三年正月辛亥葬衛穆公二月乙亥葬宋文公十五年八月庚辰葬宋共公十八年十二月丁未葬成公襄二年七月己丑葬齊姜四年八月辛亥葬定姒九年八月癸未葬穆姜昭七年十二月癸亥葬衛襄公十一年九月己亥葬齊歸定元年七月癸巳葬昭公十五年九月丁巳葬定公雨不克葬戊午乃葬十月辛巳葬定姒是皆不合後世葬日丁巳雨不葬而戊午葬古人未嘗拘忌可見陰陽家擇日古人所不論但卜日取吉而已春秋之葬惟莊公以子般卒而葬緩餘或逾月歲三四月即葬後世爲陰陽拘忌至數年不葬曷不觀于春秋乎

吴澄曰葬師之說盛于東南郭氏葬經者其術之祖也蓋必原其脉絡之所從來審其形勢之所止聚有水以界之無風以散之然後乘地中之生氣以養死者之留骨俾常温煖而不速朽腐死者之體魄安則子孫之受其氣以生者不致凋瘁乃禮之自然而非有心覬其效之必然也若曰某地可公可侯可將可相則術者倡是說以愚世人而要重稽者也其言豈可信哉

宋彦修風水問荅人之死也其神上參于天舉而葬者枯骨耳積歲之久幷已朽矣安知禍福于人貴賤于人壽夭于人哉故古者葬不擇地而冢人墓大夫之職公墓以昭穆邦墓以族葬借欲擇之其兆域禁令孰得而犯之

趙汸葬書問對或問葬地之說理有是乎對曰有之問曰葬書真郭氏之言乎抑古有其傳也對曰不可考周官冢人掌公墓墓大夫掌凡邦墓皆辨其尊卑度數而葬以其族大司徒以本俗六安萬民次二曰族墳墓則葬不擇地明矣豈有無事而著其法者哉漢書藝文志敘形法家大舉九州之勢以立城郭室舍形人及六畜骨法之度數器物之形容以求其聲氣貴賤吉凶而宮宅地形與相人之書並列葬地之法其肇於斯乎予嘗讀張平子冢賦見其自述上下岡隴之狀大略如今葬書尋龍捉脉之為者豈東漢之末其說已行于士大夫之間至景純最好方伎世見其葬母暨陽卒遠水患符其所徵而遂以葬書傳諸郭氏耶然無所考矣問曰今之名術大家其先世葬地多驗如執券取物至其盛時竭力以求輒無所得或反倍謬取禍豈亦分定不可推移耶對曰不但如是而已夫家之將興必先多潛德陰善厚施而不食其報若是者雖不擇而葬其吉土之遇與子孫之昌固已潛符默契蓋天畀之也後世見其先之最盛而不知所自來于是妙貪巧取牢籠刻削以為不知何人之計則其急于擇地者亦植私窺利之一端耳其設心如是則獲罪于天而自促其數者多矣擇而無得與得而倍謬豈非神理之顯著者哉問曰然則大儒子朱子亦有取焉何也對曰大賢君子之事不可以常人類論古者三月而葬凡附于棺者必誠必信地風水泉螻蟻之為患至深善腐速朽之藏如委棄于壑蓋時有定制民無得而違焉皆昔人知之而無可奈何者程子謂死者安則生人安必自後世擇地而言其自然之應爾朱子之葬必擇地亦曰為所得為以自盡夫必誠必信之道而不失程子之意云爾問者又曰凡葬者生人之必有而大儒君子所為乃後世之標準也故世之論葬地者必以朱子為口實則所謂為其得為以盡其必誠必信之道者將何自而可耶對曰死葬以禮斂手足形還葬與葬以天下一也故喪具稱家之有無夫吉地之難得豈特喪具之費而已哉先王制禮致嚴于廟以盡人鬼之情而藏魄于幽以順反原之變其處此固有道矣積善有餘慶積不善有餘殃秦不及期周過其曆祈天永命歸于有德而心術之壞氣數隨

之此必然之理也聖賢豈欺我哉學士大夫秉禮以喪親明理以擇術得失之際觀乎時義而無所容心則庶乎不悖于性命之常而無憾于慎終之教矣豈非先哲之志而君子之道哉

方孝孺曰世之喪親者多信葬師之說徼休咎于無情難驗之川阜時可葬矣泥于山川之利否而不即葬或至于終身或身死而委櫬于子孫甚者子孫恐葬之不利其身舉而弃諸水火葬親以禮者世反非之爲愚嗚呼是何其不察而至于此極乎葬師之動人以禍福其說甚怪人之昌隆盛熾者其先必有厚德之遺貧賤夭絶者必有餘惡之著山川何與焉誕者則不然聞有貴富之人于此則歸福于其塋域曰此其形也此其徵也于葬之法宜爾也聞有貧賤之人于此則曰此葬之罪也此于法宜至于斯也信斯言也則人之多財而力足者皆相率而爲不善及乎死也求善地以葬其身則可免子孫于禍夫孰肯爲善乎葬師祖晉郭璞書其書苟可信璞用之以葬其祖考宜有奇驗不誣而璞卒死于篡賊其身不能福而謂能福乎人其可信否耶世之人多信之不知自陷于不孝而莫之贖也吾今以告吾族人葬卜吉凶而勿泥葬師之說期必以三月三月不能至五月五月不能至七月過一歲者衆共罰之

立濤曰愚按風水一節其希覬求富貴之說雖不可信若夫乘生氣以安祖考之遺體蓋有合于伊川本根枝葉之論先儒往往取之文公先生與蔡季通預卜藏穴門人裹糧行紼六日始至蓋亦慎擇也昔朱子論擇地謂必先論其主勢之強弱風氣之聚散水土之淺深穴道之偏正力量之全否然後可以較其地之美惡後之擇葬地者誠本朱子是說而參以伊川光潤茂盛之驗及五患之防庶幾得之矣

都穆曰葬欲其速朽也比化者無使土侵膚人子之情也山形完固不犯水蟻不近田疇土膏明潤梧楸森鬱斯考之宅永安子孫自隆隆其庇矣若夫

待吉地暴露淺土惑于異議葬後遷移積祖父魂魄無依骨肉零落天且殛之矣何福之能求

大興劉公機其父卒于任公時為學宮弟子徒步往護喪歸遂卜葬族人泥于陰陽家言各以生年與葬期相值久不克葬陸禮部淵之來弔問故族人具道所以公從屏後趨出泣拜曰願以某生年所值月葬父乃克葬後公官至南京大司馬贈宮保則葬日吉凶何必拘而多疑乎

王廷相曰葬有風水之說何如曰邪術惑世以愚民也古之大儒已歷詆其謬矣曰今之學士大夫尚崇信而不為之變何也曰茲習染之深乎惑貪鄙之心固于求利而為之也夫上世之人其親死則舉而委之于壑他日過之狐狸食之其顙有泚乃歸反虆梩而掩之蓋未知藏其體之為善也聖人緣此遂易之以薪而葬之中野又不忍其土親膚也後世聖人復以庇棺堅周葬焉又恐其體魄之不固也後世聖人復易之以棺椁是葬之為道也歷世相承以漸而後盡善如此曾何有于擇地又何論夫風水環聚山川形勝之利也哉蓋人子于親之生也必欲得居室臥具之美以樂其生及其没也亦欲得善地以藏其體魄此孝子仁人事死如事生之意也今乃緣之以窺利不孝之事莫大于此故今之擇地者取其方向之宜土脉之厚生物之茂足矣所謂風水龍虎之妄說詎可信而惑之乎曰程子去五患之論何如曰此亦未易懸斷者也何也使葬在山谷之地其不為道路城郭溝池耕犁所及或有之而不為貴勢所奪亦未易保使其在平原大陸之野遇其市朝更易陵谷變遷非道路則城郭非溝池則壠畝他人不俟于奪而據之矣而所謂五患者又焉能保哉君子之葬其親也亦本諸禮盡其心力而為之諸非其力之可及智之可周者付之天而已矣

黄省曾雜墓有吉凶論按周禮冢人掌公墓之地辨其兆域而為之圖先王之葬居中以昭穆為左右凡諸侯居左右以前卿大夫士居後各以其族凡死于兵者不入兆域凡有功者居前以爵等為丘封之度與其樹數墓大夫掌凡邦墓之地域為之圖令國民族葬而掌其禁令正其位掌其度數使皆

有私地域先王之世君臣宗族共同一墓生相愛親死相依眷仁之至義之盡也其為葬道若是而已後世豢劙富貴之人衆而奇邪之流乃興故為堪輿風水之説以簧鼓于萬世以為天下之人貴賤由墓地之興衰貧富本葬辰之凶吉與凡一切顯晦隆替之事皆関係于三尺之黄土上自鼎鉉下至閭閻莫不傾心帖耳而信之迎術師若綺皓尊青囊如六經登高相脉揑妄指空陟險求龍談虚恣偽日浸月盛家無不相之墓墓無不擇之穴穴無不選之葬天下之人皆憒昏望冀于爵冕金玉之榮蠶眊于其小術之中而不悟亦可悲矣今其言曰葬者所以乘生氣也五氣行于地中人受体于父母本骸得氣遺体受蔭子以其説為虚虵信以為然則本骸宜常得氣遺体宜常受蔭帝王之後常為帝王公侯之嗣常為公侯朱頊之裔常為朱頊然後其説為可信也然葬埋之術莫尚于唐宋亦莫盛于唐宋自當時而觀之唐則有若三原高祖之獻陵敬宗之莊陵武宗之端陵九嵕太宗之昭陵梁山高宗之乾陵龍泉中宗之定陵豊山睿宗之橋陵金粟玄宗之泰陵武將肅宗之建陵檀山代宗之元陵嵯峨德宗之崇陵金甕順宗之豐陵金幟憲宗之景陵克山穆宗之光陵天乳文宗之章陵仲山宣宗之貞陵紫金懿宗之簡陵宋則有若鞏縣昭武太祖太宗真仁英神哲之八陵會稽寶山徽高孝光寧理度之七陵皆師極天下之妙工土極天下之貴穴日極天下之良辰可謂卜之嚴審之極矣生氣可謂乘矣本骸可謂得氣矣何唐之祚卒移于五代宋之祚卒移于元陵寢之地今為蕘草牧羊之所而帝王之後或流而為氓伍化而為僕隷而遺体不為之受蔭子帝王不能蔭子孫以帝王則知公侯不能蔭子孫以公侯朱頊不能蔭子孫以朱頊也亦明矣推原其始不過因人情之澆壞世皆希慕富貴之人學究之徒覬為鄉相倚来之女庶為后妃搴旗之輩思為建牙不執之徒仰為王侯故術者造為不經之説迎其情中其欲禎為之兆遠為之期故得行其術而竊其貲爾長捂奢之風作撥亂之氣起非分之望騰無將之心〻〻國家之福也今一世之人方且羅網于其内如夢不寤叩醉不醒雖去璋特達之士亦且甘于〻係之説而〻

何罪于庸庸瑣瑣
貪污細下之人乎

守潼宣訓葬者藏也藏者完歸于土之義人子于其親之完歸乃假之為身家謀為後嗣計一求于風水再求于年月各執其房分而阻于卜例星辰之吉凶各持其年命而挽于支干甾筮之生尅遂至累數年數十年而不克葬豈思生者禍福之來尚未可必而死者暴露之久之大可傷也哉又有溺信風水至侵占他人山地冒認他人祖墳代人家棄人祖父母骸骨怨連訟結底死求勝至于傾家敗業而地終不可得親終不成葬福應尚遠禍應至近亦可畏哉故親終必照常期卜其宅兆而安厝之唯風不露水不嚙蟻不親足矣宋儒之言曰有水以界之無風以散之此風水之說也

王兆雲說圃識餘世人酷信風水之說至有暴露其親數十年不葬者江浙之間信之尤甚爭地結訟風水不成而家已破敗者往往而是不知古人卜其宅兆但謂吾親于此焉藏須擇安穩之地使後世耕犁不及而已未嘗有求福利子孫之念而後人妄信術家之言甚有葬而復遷幾葬幾遷者惑亦甚矣大抵風水之說雖曰盡無但遇與不遇自有默主之者耳文衡山家自高祖遷吳以來世不信風水今祖塋三所皆當時偶得其地因營冢壙亦未嘗謀之地師求所謂龍虎水沙之說然二百年來人文科甲不斷視營謀風水之家蓋不知幾成敗矣

呂坤四禮疑物有宜一邑不宜一郡宜一社不宜一鄉者地有跬步美惡泉有咫尺甘苦者然乎曰然葬獨不然耶曰一墓之子孫吉凶禍福壽夭貴賤同乎吾不敢謂不然有不同乎吾不敢謂然○山水一區形勝彌望如蜀之內江晉之蒲坂閩之晉江皆縉紳淵藪謂非地靈人傑可乎然不能人人皆縉紳何耶堪輿家謂點穴不錯絲毫是矣然一墓子孫皆鍾一氣吉凶禍福壽夭貴賤未必人人皆同又何耶故擇地宜先形勝以安死者之體魄而生者之福利非所問朱元晦一代名儒乃不勝其福利之心而葬父母于兩地是平生之一迷也吾不能為賢者諱之○禮士葬不踰月今也子孫重利益

惑年命各爭所欲遂致數年不
得入窆穸不火其書禮法不行

許三禮讀禮偶見禮經既有筮宅筮日之文子亦曰卜其宅兆而安厝之前
輩但為惑陰陽拘忌而久停喪屢遷葬者戒則可也必抹煞此說不令信相
宅選期以襄大事是未達天有文地有理鑿鑿精義也天大父地大母件件
無異諄告聖人仰觀象俯觀法事事無異祇承況人生有自來死還造化與
天地合其德四時合其序何處不然古者葬地葬日俱以卜筮為定經營相
度政真精神與鬼神相達之一路若與地師惑衆之言一槩抹煞可乎哉

陳龍正曰客問久停不葬者以不孝論何耶答曰此為借親圖福者罪也夫
葬固為死者計而非為生者也惟土能變化萬物非但草木雖金石之堅皆
土氣嘘育而就莊生云臭腐復化為神奇神奇復化為臭腐惟土能之五味
入土能失五彩入土皆敗化神奇為臭腐土之能也荼蓼朽止黍稷茂止化
臭腐為神奇土之能也人既死入于土中常翕不闢常靜不動骸氣與土氣
相得使其澤而不枯其色鮮而不敗其神安而不震驚及千百年之久而悠
然返于空無惟土能之蓋亦有化為神奇之義焉仁人孝子非不係戀也非
不能珍秘其先也惟宅之華屋襲之象林被之錦繡皆非所安故雖帝王之
貴哀慕既畢舍殿宇而即山丘覆以厚土誠見夫土之賢于華屋象林錦繡
也土氣誠得則其所變化衍而為子姓華而為富貴堅而為眉壽秀而為英
賢非神奇之驗耶記曰葬也者藏也欲人之弗得見也又曰人死斯惡之矣
是藏其親者特掩人惡而已耶雖非圖福也亦為人也墨之薄葬是已知入
土為安之實則葬固為死者計而非為生者也亦非掩人之見也子視親身
誠珍之誠愛之是以藏之是以不敢苟藏之必且厚其棺堅其槨擇其地然
後死者安而生者之心亦安故葬宜速也又宜慎也並行而不悖也而詭託
正誼苟且不擇地者其為忘親又庸于停親圖福者乎聖人云卜其宅兆而
安厝之蓋親之生也求悅其志雖邪邪不為者死而求善地以安之使無
土中諸患情自不能已也辟之福之兼委之適然此正名也何名信道

柴紹炳原葬論葬者藏也藏之為言使人勿克見也孝子慈孫於親死而葬之不忍其有暴骨焉于是始死有歛歛而殯殯已而葬葬者掩藏之風雨霜露之勿侵狐狸蠅蚋之無齧也故虆梩而掩上世為已愈于埜矣然則下坎上土厚衣之以薪埋諸中野不封不樹孔子曰古也墓而不墳此其效也中古聖人則又因為之制易棺槨別域兆飾器具樹林木詳定月日加以封識使富貴貧賤各自殫其力本吾親體魄所藏寧厚毋薄蓋取諸大過以此後世乃流于術家者言顓陳形勢剖判地脉并屑陰陽其究極尺寸微茫向背殊利而為人子若孫者亦以幽壤精塙閟生人禍福迺至親死不葬遷延擇地覸覶多端增壟離析彼我相軋或爭奪利便數起獄訟又人是所師甲可乙否臨事熒惑謀同築室吁亦甚矣昔漢武帝時聚會占驗則有所為堪輿家班固藝文志載形法六家中有宮宅地形二十卷事始萌芽不知何祖至晉之郭璞號能精此理術又秘莫可考當世譚者傳會影響指天畫地動成虛誕語云山川而能語地師食無所蓋言術家之罕得當也且先古聖王制作悉其聰明吉凶趨避與民同患故自卜筮醫藥具有成書比于墳典假令相地卜藏果繫善敗聖作明述豈獨删遺則堪輿一家正復奇中于道不足深論明矣周官有冢人士大夫掌公墓即邦墓邦墓之地域為之圖令民族葬以昭穆為左右晉之諸大夫葬者畢于九原是不擇地也在禮凡喪葬天子七月諸侯五月大夫士庶人以次降殺是不擇月也春秋書九月丁巳葬我君定公雨不克葬戊午日下昃乃克葬是不擇日與時也往者地與月日時皆無可擇而春秋以王公卿大夫世不失祿地師之效罕有聞焉然則近今葬家盡方隅同昬庚拘忌鬼神科指細碎事應荒忽徒此紛紛究何為者哉如曰某地吉法當貴顯某地凶法當夭絕某方利宜于適長某方害宜于支庶某時雖良當先通後塞某時雖不良當先落後榮抵掌而談若探左券合右契然此毋慮有驗有不驗即親死之謂何而因之以為利也藉孝子慈孫不忘先人體魄所藏必求安土而居之擇之于道未為無據是故擇地營兆卜日而行事謹避烈風霪雨不能襄役遠巖險渚澤衢路恐其崩落停汙蹊踐

爲異日患也禮由義起于是爲晝耳而牽于術家之說妄冀非分遂至坐失事會祖父遺骸踰時埜次夫禍福在天廢興由人而假先亡抔土以希不可知之利澤轉相濡滯暴露不收是乃罪之大者矣嗚呼豈不痛哉柴生曰余家自宋南渡以來墓道凡數處其居南山者先世皆用族葬至贈中書公始葬孤山而先觀察祔焉已而先伯光祿武選兩公暨學博先府君後先捐館重于卜地窀穸未圖蓋積有年矣歲壬午余乃創議從叓羣從閒遂舉先舊各以昭穆祔葬一時鳩工于是光祿公葬孤山之左武選學博公葬南山之左之右大事既訖舉宗無他頌者余遭亡婦變念其遺言欲就南山祖塋下隙地購而埋之或有以堪輿之說進者余謂彼婦人知入土爲安耳且須之何時壤土惡不猶愈暴露乎且願當世君子力追古道矯持末俗上行下化俾葬其親者務所自盡地上地下惟封樹是謹即長逝者體魄有所即寧而毋聽術家所眩多此紛紜也故曰葬也者藏也作原葬

朱董祥論葬書人事之大莫大于送死送死莫急于藏其體而安其神先王知之故制爲貧富可行之禮後之人子不考其禮之當爲而妄求荒誕謀身之術則鬼神情狀有大不得已者矣夫人性本于天身本于地而生必、母生有身心死有魂魄魂氣升于天魄降于地故謂之鬼鬼者歸也然魂非死而遂歸于天也魄之歸地百年而後爲土也人之身性雖本于天地必由父母而生則其生自有祖而有之故其死亦不自禰而祖而曾高而後乃歸于天喪祭之所以四世而盡神主所以五世而祧也始死而復招其魂也定期而葬藏其魄也死而不復則魂散過期不葬則魄腐而魂不安則亦散散則爲厲子孫夭短宗祀覆絶皆由此也後世不明鬼神之理死不旋葬而暴露其體至有過重其體而輕其神者皆失鬼神之依矣故曰鬼神情狀有大不得已者矣先王之制天子七月而葬諸侯五月而葬大夫三月而葬春秋傳則以大夫三月士踰月近代著令自王公以至庶人皆三月而葬過則爲暴露律曰惑于風水及託故停柩在家經年不葬者杖八十禮曰未葬服不變食粥居倚廬哀親之未有所歸也既葬然後漸漸變除今之人背禮違從未葬而祥禫除服食飲從遊方嗚呼安矣夫葬有緩急不有公行停棄經年不葬者也學葬旨豐所得為分而宜為而財力又足以濟盡心焉而為之稱家之有薄葬者禮分雖得為財力不能衣周于身棺周于衣土周于棺縣棺而封稱家之無緩葬者主喪者在外或疾病不勝然苟有逮久則以次代之未有經年輕棄者也古之人所以奔喪有先之墓哭也急葬者或時值變故或身家多難斂畢即葬報葬者報虞三月而後卒哭有是四者則貧富可行不待勉也後世不讀禮惑于陰陽之邪說卜兆卜日不吉于祖不買諸善龜而拘于歲月日時之休咎山川岡阜之形勢乃卜也惟謀計子孫之利害而父母之安危弗問豈不悖與愚嘗謂陰陽家曰儒家之論風水甚備家禮所載極詳如須計後日不為道路不為城郭不為溝池不為勢豪所奪不為耕犂所及其為死者亦已至矣從未以子孫之禍福壽夭富貴貧賤為說也形體暴露則神魂不安子孫夭絕根本失則枝葉彫謝必然之理也尊禮速葬而反禍則先王之禮亦害人之具而已矣胡為三代以來聖賢大儒無不諄諄以葬為急也哉故嘗論風水之理譬諸置椅卓于室或南北或東西所向必正地有高低則以磚瓦學薄平之不偏側也至飲食餚饌必由內備非平正椅卓即可致也今以風水之善不善為子孫禍福壽夭富貴貧賤是平正椅卓而生飲食餚饌也不亦誣乎夫禍福壽夭富貴貧賤人自求之耳循禮則受福妄為則受禍寡欲則多壽淫奢則短夭務本節用而自富勤學不惰而自貴反是則貧賤其于風水何與哉嗚呼聖賢之所以不擇時不擇日而急于葬親者以人子之年非必同於父母之壽也不幸旦夕而死則父母終於永棄矣況人死之歸土猶生之居室飲食不可少缺也死而不葬而曰貧乏不能待有而為風水不善擇美而舉是猶事父母者不與居室而曰俟富而營以黃屋不給飲食而曰俟貴而供以五鼎有不飢寒而死者鮮矣司馬光曰陰陽家立邪說以惑衆為世患於喪家尤甚又曰人所貴于身後有子孫者為能藏其形骸也其所乃如此曷若無子孫死于道路猶有仁者見而埋之耶豈不大可痛懸哉○昔劉向諫起昌陵述古聖人

自黃帝堯舜禹湯文武周公孔子皆以薄葬而久安若宋桓司馬吳王闔閭秦始皇無不厚葬而速禍葬之吉凶昭然可見矣夫天子士庶人之分雖不同而死生存亡得失安危則一也三代以下諱言鬼神故其理不明而陰陽邪說得以鼓惑之山川時日欲以人謀亂其吉凶而易其休咎富者越禮僭肆貧者妄求停棄破產敗家遺失尸柩莫不由之甚至一墓也此禍而彼福此利而彼害同氣相爭昆弟攘奪豈不愚哉夫葬也者藏也藏其形體而使神安于主也古者墓無祭謂魂氣不依于魄也春則掃之秋則封之剪除其荆棘增其土使之完固可久而已古之聖人擇不食之地而葬焉亦此意也廣其地工其塋壙築臺榭起宮室不惟後世爲勢豪所奪子孫貧困自必棄馬即不然賦役重而追呼迫生者不寧則死者不安由此觀之葬之宜薄而不宜厚也古今所同利也天子庶人一也後之人舍其利而趨其害其亦弗思焉耳嗚呼人之死也速葬循禮則安停柩厚葬則多危惟薄則可速欲厚則遲厚葬者發掘之媒停柩者委棄之漸可不慎哉○物之成也有時愛而畜之者必于其成而遂藏之可固久而不敢稍成于冬則藏于冬麥成于夏則藏于夏黍稷菽果無不以其成而遂藏人之葬也亦然葬藏也天子七月諸侯五月大夫三月士踰月其不同者治具有費省會送有遠近貴賤有隆殺也夫天子諸侯之葬雖遠于士然天子七日而殯諸侯五日而殯大夫以下三日而殯不相遠也殯葬道也殯而後葬猶立重以易主也重以寧魂殯以定魄故曰殯葬道也嘗考葬之載於書者莫詳於春秋然不能盡述舉其自春而冬自正月以至十有二月者各略言之隱公三年八月庚辰宋公和卒冬十有二月癸未葬宋穆公桓公十年春王正月庚申曹伯終生卒夏五月葬曹桓公十有四年冬十有二月丁巳齊侯祿父卒十有五年夏四月已已葬齊僖公莊公元年冬十月乙亥陳侯林卒二年春王二月葬陳莊公二十有三年冬十有一月曹伯射姑卒二十有四年春王三月葬曹莊公宣公八年夏六月戊子夫人嬴氏薨冬十月己丑葬我小君敬嬴雨不克葬庚寅日中而克葬成公九年秋七月齊侯無野卒冬十有一月葬齊頃公襄公九

年夏五月辛酉夫人姜氏薨八月癸未葬我小君穆姜二十有九年夏五月庚午衛侯衎卒秋九月葬衛獻公昭公十有四年三月曹伯滕卒秋七月葬曹武公二十有五年冬十有一月己亥宋公佐卒於曲棘二十有六年春王正月葬宋元公定公四年春王二月癸巳陳侯吳卒六月葬陳惠公由此觀之葬未嘗擇月日也隨死者之月日先王之禮當代之制而已後世不明其禮葬必擇月擇日而月日之吉凶不推死者之生卒而以生者之年歲干支是為生不為死也甚至信葬師之言葬師曰利不惟後日之五患不計即目前之五患亦不為顧近道路者葬之近城郭者葬之近溝池者葬之近耕犁者葬之近勢豪之宅地者葬之一曰不利則停棄不葬公行祥禫嗚呼何意也夫有知有識乃謂之人藏父母之形體不遵先王之禮當代之制而聰之陰陽巫術其知識亦可悲矣春秋者孔子之刑書與禮相表裏者也書葬必先書卒蓋謂葬不可緩而月日有定隨其卒而不易寒暑無間金革之事不得奪故自正月至十有二月自春而夏而秋而冬無時不葬無月日不葬也此皆諸侯之禮也諸侯五月而葬非有大故不敢過借天子之禮况大夫以下皆三月而葬而又僭過於天子七月之制乎是以經年不葬而律重治其罪也夫喪有本末有始終哀者喪之本服者喪之末也葬者喪之始祥禫者喪之終也徒服而不哀本失矣務末奚為不葬而祥禫未始也何以終之嗟夫物之成也人苟愛之必隨藏而不久停父母之形體乃以生者之故久停而不葬豈愛親不若愛物哉

張栻文集題贈地理卷後云景純葬書東漢以前無有也今之談地理率以為印龜然富貴利達當自致未可專以地理言夫景純既能知水之為陸乃不能

乾學案張南軒云景純葬書東漢以前無有也今之談地理者率以為印龜案袁安傳初安父没母使安訪求葬地道逢三書生指一處云葬此地當世為上公須臾不見安異之於是遂葬其所占之地故累世隆盛焉此即後世地理之說則後漢時已有未必始於景純矣

逆善其先人之……信

……地

……理

……能以地理而

成穀實者乎苟不求諸我而徒求則富貴利達之報於彼終無已夫建溪吳叔靖學景純之學游士夫間然叔靖固非誤人者正恐人不自修反誤叔靖耳語曰吉人凶其吉凶人吉其凶叔靖以此語人必以余語爲然而汲汲乎人事之自修則叔靖之術因是而益驗矣

此信風水却以人事自修為主又一義也

胡翰風水問荅序云烏傷朱君彥修故文懿先生之高第弟子也少讀書從先生游最久嘗有志當世

年夏五月辛酉夫人姜氏薨八月癸亥葬我小君穆姜二十有九年夏五月庚午衛侯衎卒秋九月葬衛獻公昭公十有四年三月曹伯滕卒秋七月葬曹武公二十有五年冬十有一月己亥宋公佐卒於曲棘二十有六年春王正月葬宋元公定公四年春王二月癸巳陳侯吳卒六月葬陳惠公由此觀之葬未嘗擇月日也隨死者之月日先王之禮當代之制而已後世不明其禮葬必擇月擇日而月日之吉凶不推死者之生卒而以生者之年歲干支是為生不為死也甚至信葬師之言葬師曰利不惟後日之五患不計即目前之五患亦不為顧近道路者葬之近城郭者葬之近溝池者葬之近耕犂者葬之近勢豪之宅地者葬之一日不利則停棄不葬公行祥禪嗚呼何意也夫有知有識乃謂之人藏父母之形體不遵先王之禮當代之制而聽之陰陽巫術其知識亦可悲矣春秋者孔子之刑書與禮相表裏者也書葬必先書卒蓋謂葬不可緩而月日有定隨其卒而不易寒暑無間金革之事不得奪故自正月至十有二月自春而夏而秋而冬無時不葬無月日不葬也此皆諸侯之禮也諸侯五月而葬非有大故不敢過僭天子之禮況大夫以下皆三月而葬而反僭過於天子七月之制乎是以經年不葬而律重治其罪也夫喪有本末有始終哀者喪之本服者喪之末也葬者喪之始祥禪者喪之終也徒服而不哀本失矣務末奚為不葬而祥禪未始也何以終之嗟夫物之成也人苟愛之必隨藏而不久停父母之形體乃以生者之故久停而不葬豈愛親不若愛物哉

張栻文集題贈地理卷後

景純葬書東漢以前無有也今之談地理率以為印龜然富貴利達當自致未可專以地理言夫景純既能知水之為陸乃不能

逆善其先人之窀穸以自全何哉蓋吉凶由人盡信書則不如無書且以不才之子不學之儒有能以地理而取科第者乎不仁之人不善之家有能以地理而保生產者乎不業之農不耕之田有能以地理而成穀實者乎苟不求諸我而徒求即富貴利達之報於彼終無已夫建溪吳叔靖學景純之學游士夫閒然叔靖固非誤人者正恐人不自修反誤叔靖耳語曰吉人凶其吉凶人吉其凶叔靖以此語人必以余語爲然而汲汲乎人事之自修則叔靖之術因是而益驗矣

此信風水却以人事自修爲主又一義也

胡翰風水問答序云烏傷朱君彥修故文懿先生之高第弟子也少讀書從先生游最久嘗有志當世京

賦有司不合退而業醫循牟而濡沫及人也著書數萬言曰格致餘論人多傳之而君之醫遂名海右天以陰陽家多忌諱不知稽諸古也復著書數千言曰風水問荅書成示余雙溪之上推其用心可謂至矣易曰仰以觀於天文俯以察於地理天確然在上其文著矣地隤然在下其理微矣著者觀之微者察之知乎此者知乎幽明之故非聖人孰與焉而漢魏以來言地理者往往溺于形法之末則既失矣至其為書若宅經葬經之屬又多祕而卞逸不傳則失之愈遠矣朱君力辨之以為人之生也合宗族以居為宮室以處審曲面勢得則吉不得則凶其理較然及其死也宗祖之神上參于天舉而葬者枯骨耳積歲之久并已朽矣安知禍福於人貴賤於人壽夭於人哉

故葬不擇地而居必度室據往事以明方今出入詩書之間固儒者之言也昔者先王辨方正位體國經野土宜之法用之以相民宅土圭之法用之以求地中皆為都邑宮室設也而冢人墓大夫之職公墓以昭穆邦墓以族葬借欲擇之其兆域禁令孰得而犯之以是知君之言為得也惜其書不見於二百年之前紹興山陵改卜之議晦菴朱子以忠貫禍夫以一世豪傑之才千古聖賢之學萃乎其人觀於天下之義理多矣而篤惟蔡元定之說是信者果何也哉吾邦自何文定公得朱子之學於勉齋四傳而為文懿君受業先生之門討其平日之所討論亦嘗有及於斯乎不然則是書成於先生未易簣之日必能是正其說傳信于人而顧使翰得而讀之豈知言哉且翰

先人之葬今十年矣襄事之初匐匍將命而不暇擇嘗惕然於先儒土厚水深之言於是得君之書欣然如獲拱璧昔里有余禎者以是術游江湖間邵菴虞公深敬信之其著書曰地理十準虞公稱其有得於管輅王吉之傳力詆曾楊之非而不悟指蒙非輅所作則與翰同一感也書之於篇末君其幸終有以教之

胡翰字仲申洪武初人論者推其文尚在宋金華之上余讀其文于皇明文衡顏信而有徵此尤粹然一出于經術者

宋濂文集慈孝菴記云古者萬民之墓地同於一處故設墓大夫正其昭穆之位掌其爵等小大之數分其地使各有區域而得以族葬之自世道既降而相墓巫之說興謂枯骴足以覆燾乎後昆謂福骴賤貴盡繫乎岡巒之離合丘陵之向背一以此鉗刼愚俗

而專竊墓大夫之政柄世之欲葬其親者輙歛容屏氣伺候巫之顏色巫曰此可葬雖踰都越邑匍匐而從事巫曰不可葬雖近在居室之旁百利所集者亦割忍而違去之致使父子兄弟本一氣也一在天之南一在地之北吾不知其何説也安得卓識者出相與攻其謬妄也哉余方爲斯歎而同里張君棨忽以書來曰吾父母既沒葬於家東北一里黄塢之原既而吾兄又捐館舍吾則以謂吾兄父母之子也其生未嘗頃刻離膝下死後而他葬之死者無知則已脱或有知焉吾恐其心當愀然不寧也迺於父母之側攻位而藏之吾父母藏於是吾兄復藏於是吾夫婦幸未死他日或溘先朝露去將焉之又於兄之側十步預作二竁以俟而剏建庵廬號曰慈孝卬學佛者

守之吾知父子之親如是而已巫之言雖竹如簧吾固掩耳而弗顧有聞也嗚呼余嘗歎人之所見不能盡同故雖有藴於中而不敢揚言於人竊不自意張君之見已能與余同推而至於四海之廣九州之衆其見之同者又悪知無其人耶使同者至乎十百焉或千萬焉則巫之舌不能勝而古者族葬之説可以漸復矣矧中原士大夫家多以昭穆序葬唯其行污於先人者始異其兆域其衣冠之蟬聯在在有之人之富貴利達其不繫於地也昭昭矣奈之何怵於淫書末伎而眩惑於是非也嗚呼若張君者其可謂卓識之士非耶庸因請記庵之成緒而攄其所見如此知言之士必有取焉

已見正終條

讀禮通考卷八十五（四）

葬考四（三）

薄葬

檀弓　成子高寢疾注成子高齊大夫國成伯高父也慶遺入請曰子之病革矣如至乎大病則如之何注遺慶封之族子高曰吾聞之也生有益於人死不害於人吾縱生無益於人吾可以死害於人乎哉我死則擇不食之地而葬我焉注不食謂不墾耕

方慤曰子高之愛人可知矣觀公叔文子樂瑕丘而欲葬則子高之所得不亦多乎

漢書朱雲傳　朱雲年七十餘終於家病不呼醫飲藥遺言以身服斂棺周于身土周于棺為丈五墳葬平陵東郭外

漢書何並傳　並為潁川太守疾病徵先令書曰告子

恢吾生素餐日久死雖當得法賻勿受葬爲小椁亶容下棺恢如父言

後漢書樊宏傳宏卒遺勅薄葬一無所用以爲棺柩一藏不宜復見如有腐敗傷孝子之心使與夫人同墳異藏帝善其令以書示百官因曰今不順壽張侯意無以彰其德且吾萬歲之後欲以爲式

謝夷吾傳夷吾轉下邳令預自尅死日如期果卒勅其子曰漢末當有發冢露體之禍使縣棺下葬墓不起墳

楚國先賢傳韓暨將終遺言曰夫俗奢示之以儉儉則節之以禮歷見前世送終過制失之甚也若曹敬聽吾言斂以時服葬以土藏穿畢便葬送之以瓦器慎勿有增益

張奐傳奐光和四年卒遺命曰吾前後仕進十要銀艾不能和光同塵爲讒邪所忌通塞命也始終常也但地底冥冥長無曉期而復纏以纊綿牢以釘爲不喜耳幸有前窀朝殞夕下措尸靈牀幅巾而已奢非晉文儉非王孫推情從意庶無咎吝諸子從之

楊震傳震罷太尉行至城西夕陽亭慷慨謂其諸子門人曰死者士之常分吾蒙恩居上司疾姦臣狡猾而不能誅惡嬖女傾亂而不能禁何面目復見日月身死之日以雜木爲棺布單被裁足蓋形勿歸冢次勿設祭祀因飲酖而卒

范冉傳冉臨命遺令敕其子曰吾生於昏闇之世值乎澆侈之俗生不得匡世濟時死何忍自同於世氣絶便斂斂以時服衣足蔽形以[illegible]身斂畢便穿穿

畢便埋其明堂之奠乾飯寒水飲食之物勿有所下壙封高下令足自隱知吾心者李子堅王子炳也今皆不在制之在爾勿令鄉人宗親有所加也

周磐傳磐令其二子曰吾日者夢見先師東里先生與我講於陰堂之奥既而長歎豈吾齒之盡乎若命終之日桐棺足以周身外椁足以周棺斂形懸封濯衣幅巾（斂形謂衣覆其形懸封謂直下棺不為埏道也濯衣浣衣也不更新制幅巾不加冠也）編二尺四寸簡寫堯典一篇并刀筆各一以置棺前示不忘聖道

盧植傳植臨困敕其子儉葬於土穴不用棺椁附體單帛而已

趙咨傳咨將終告其故吏朱祇蕭建等使薄斂素棺籍以黃壤（棺中置土以籍其尸也）欲令速朽早歸后土不聽子孫改之廼遺書敕子胤曰夫含氣之倫有生必終蓋天地

之常期自然之至數是以通人達士鑒茲性命以存亡為晦明死生為朝夕故其生也不為娛亡也不為戚夫亡者元氣去體貞魂游散反素復始歸於無端既已消仆還合糞土為棄物豈有性情而欲制其厚薄調其燥濕耶但以生者之情不忍見形之毀迺有掩骼埋窆之制易曰古之葬者衣之以薪藏之中野後世聖人易之以棺槨棺槨之造自黃帝始劉向曰棺槨之作自黃帝始案禮記曰殷人棺槨蓋至殷而加飾爰自陶唐逮於虞夏猶尚簡樸或瓦或木及至殷人而有加焉禮記有虞氏之瓦棺夏后氏之堲周殷人棺槨古史考曰禹作土堲以周棺周室因之制兼二代復重以牆翣之飾禮記曰周人牆置翣盧植曰牆載棺車箱也三禮圖曰翣以竹為之高二尺四寸廣三尺衣以布白柄長五尺葬時令人執之於柩車旁也表以旌銘之儀禮記曰銘明旌也以死者為不可別故以其旌識之招復含斂之禮招復謂招魂復魄也含以玉珠實口也斂以衣服斂屍也禮記曰凡復男子稱名婦人稱字穀梁傳曰貝玉曰含禮記曰小斂于户内大斂于阼殯葬宅兆之期[illegible]諸侯五日而殯五月[illegible]大夫士三日而殯三月

而葬士二日而殯踰月而葬宅兆葬之塋域也棺椁周重之衣衾稱襲之數凡小歛諸侯大夫士皆用複衾君錦衾大夫縞衾士緇衾又曰天子襲十二稱諸公九稱諸侯七稱大夫五稱士三稱小歛尊卑同十九稱大歛天子百稱上公九十稱侯伯七十稱大夫五十稱士三十稱衣單複具曰稱其事煩而害實品物碎而難備然而秩爵異級貴賤殊等自成康以下其典稍乖至於戰國漸至頹陵法度衰毀上下僭雜終使晉侯請隧隧謂堀地為埏道王之葬禮也諸侯則懸柩故請之也左傳晉文公朝于襄王請隧不許秦伯殉葬左傳秦伯任好卒任好秦繆公名也以子車氏奄息仲行鍼虎殉葬國人哀之為賦黃鳥之詩也陳大夫設參門之木宋司馬造石椁之奢爰暨暴秦違道廢德滅三代之制興淫邪之法國貲糜於三泉人力殫於酈墓玩好窮於糞土伎巧費於窀穸自生民以來厚終之弊未有若此者雖有仲尼重明周禮墨子勉以古道猶不能禦也禦止也言猶不能止其奢侈墨子曰古者聖人制為葬埋之法棺三寸足以朽體衣衾三領足以覆惡堯葬邛之山滿坎無窆舜葬紀市禹葬會稽皆下不及泉上無遺臭三王者豈財用不足哉是以華夏之士爭相陵尚違禮之本事禮之末

務禮之華棄禮之實單家竭財以相營赴廢事生而營終亡替所養而為厚葬豈云聖人制禮之意乎記曰喪雖有禮哀為主矣又曰喪與其易也寧戚今則不然幷棺合椁以為孝愷豐貲重隧以昭惻隱吾所不取也昔舜葬蒼梧二妃不從豈有匹配之會守常之所乎聖主明王其猶若斯況于品庶禮所不及古人時同即會時乖則別動靜應禮臨事合宜王孫裸葬墨夷露骸皆達於性理貴於速變梁伯鸞父沒卷席而葬身亡不反其尸彼數子豈薄至親之恩亡忠孝之道耶況我鄙闇不德不敏薄意內昭志有所慕上同古人下不為咎果必行之勿生疑異恐爾等目厭所見耳諱所議必欲改殯以乖吾志故遠采古聖近揆行事以悟爾心但欲制以令[illegible]棺椁宜歸即葬

平地無墳勿卜時日葬無設奠勿[illegible]墓側勿起封樹

嗚呼小子其勉之哉吾蔑復有言矣朱祇蕭建送喪

到家謝承書曰咨在京師病困故吏蕭建經營之咨豫自買小素棺使人取乾黄土細擣篩之聚二十石臨卒謂建曰亡後自著所有故巾單衣先置土於棺内尸其中以權其上子徹不忍父體與土并合欲更改殯祇建

譬以顧命於是奉行時稱咨明達

梁商傳永和六年商病篤勅子冀等曰吾以不德享受多福生無以補益朝廷死必耗費帑藏衣衾飯含玉匣珠貝之屬何益朽骨百僚勞擾紛華道路祇增塵垢雖云禮制亦有權時方今邊境不寧盗賊未息豈宜重為國損氣絶之後載至冢舍即時殯斂斂以時服皆以故衣無更裁制殯已開冢冢開即葬祭食如存無用三牲孝子善述父志不宜違我言也

三國志諸葛亮傳亮遺命葬漢中定軍山因山為墳

冢足容棺歛以時服不須器物

裴潛傳潛臨遺令墓中惟置一坐瓦器數枚其餘一
無所設也

王觀傳遺令藏足容棺不設明器不封不樹　入裴潛後

晉書安平王孚傳孚臨終遺令葬棺單椁歛以時服

王祥遺令夫生之有死自然之理吾年八十有五啟
手何恨不有遺言使爾無述吾生值季末登庸歷試
無毗佐之勳沒無以報氣絕但洗手足不須沐浴勿
纏尸皆澣故衣隨時所服所賜山玄玉佩衛氏玉玦
綬笥皆勿以歛西芒上土自堅貞勿用甓石勿起墳
壠穿深二丈椁取容棺勿作前堂布几筵置書箱鏡
奩之具棺前但可施牀榻而已糒脯各一盤玄酒一
杯為朝夕奠家人大小不須送喪大小祥乃設特牲
無違余命高柴泣血三年夫子謂之愚閔子除喪出

平地無墳勿卜時日葬無設奠勿留墓側亦不起封樹嗚呼小子其勉之哉吾蔑復有言矣朱祇蕭建送喪到家謝承書曰洽在京師病困故吏蕭建經營之洽豫自買小素棺使人取乾黃土細擣篩之聚二十石臨亡謂建曰亡後自著無有故巾單衣先置土於棺內尸其中以權其上子衛不忍父體與土并合欲更改殯祇建譬以顧命於是奉行時稱洽明達

梁商傳永和六年商病篤勑子冀等曰吾以不德享受多福生無以補益朝廷死必耗費帑藏衣衾飯含玉匣珠貝之屬何益朽骨百僚勞擾紛華道路祇增塵垢雖云禮制亦有權時方今邊境不寧盜賊未息豈宜重為國損氣絕之後載至冢舍即時殯斂斂以時服皆以故衣無更裁制殯已開冢冢開即葬祭食如存無用三牲孝子善述父志不宜違我言也

三國志諸葛亮傳亮遺命葬漢中定軍山因山為墳

冢足容棺歛以時服不須器物
裴潛傳潛薨遺令墓中惟置一坐瓦器數枚其餘一
無所設也
晉書安平王孚傳孚臨終遺令葬棺單槨歛以時服
王祥遺令夫生之有死自然之理吾年八十有五啟
手何恨不有遺言使爾無述吾生值季末登庸歷試
無毗佐之勲沒無以報氣絶但洗手足不須沐浴勿
纏尸皆澣故衣隨時所服所賜山玄玉佩衛氏玉玦
綬笥皆勿以歛西芒上土自堅貞勿用甓石勿起墳
壠穿深二丈槨取容棺勿作前堂布几筵置書箱鏡
奩之具棺前但可施牀榻而已糒脯各一盤玄酒一
杯為朝夕奠家人大小不須送喪大小祥乃設特牲
無違余命高柴泣血三年夫子謂之愚閔子除喪出

見援琴切切而哀仲尼謂之孝亦哭泣之哀日月降殺飲食之宜自有制度夫言行可覆信之至也推美引過德之至也揚名顯親孝之至也兄弟怡怡宗族欣欣悌之至也臨財莫過乎讓此五者立身之本顏子所以為命未之思也夫何遠之有諸子皆奉而行之

石苞終制　延陵薄葬孔子以為達禮華元厚葬春秋以為不臣古之明義也自今死亡者皆斂以時服不得兼重又不得飯含為愚俗所為又不得設牀帳明器也定窆之後復土滿坎一不得起墳種樹昔王孫裸葬矯時其子奉命君子不譏況於合禮典者耶諸子遵之

杜預遺令　古不合葬明乎始終之禮同於無有也中

古聖人改而合之蓋以别合無在更緣生以示教也自此以來大人君子或合或否未能知生安能知死故各以己意所欲也吾往爲臺郎嘗以公事使過密縣之邢山山上有冢問耕夫云是鄭大夫祭仲或云子産之冢也遂率從者祭而觀焉其造冢居山之頂四望周達連山體南北之正而邪東北向新鄭城意不忘本也其隧道唯塞其後而空其前不填之示藏無珍寶不取於重深也山多美石不用必集洧水自然之石以爲冢藏貴不勞工巧而此石不入世用也君子尚其有情小人無利可動歷千歲無毁儉之致也吾去春入朝因郭氏喪亡緣陪陵舊義自表營洛陽城東首陽之南爲將來兆域而所得地中有小山上無舊冢其高顯雖未足比邢山然東奉二陵西瞻宮

南史

闕南觀伊洛北望夷叔曠然遠覽情之所安也故遂表樹開道為一定之制至是皆用洛水圓石開隧道南向儀制取法於鄭大夫欲以儉自完耳棺器小歛之事皆當稱此子孫一以遵之

王隱晉書庾峻遺勅子珉曰朝卒暮殯幅巾布衣葬不擇日珉奉遺命殯以時服

晉常璩（華陽國志梓潼）景鸞遺令葬不設衣衾務在節儉甚有法度卒終布衣梓潼士女志

晉書夏侯湛傳湛族為盛門性頗豪侈侯服玉食窮滋極珍及將沒遺命小棺薄歛不修封樹論者謂湛生不砥礪名節死則儉約令終是深達存亡之理

梁書顧憲之臨終勅其子曰夫出生入死理均晝夜生既不知所從死亦安識所往延陵云精氣上歸於

南史王微遺令薄葬不設輤旐鼓挽之屬施五尺牀為靈二宿便毀以常所彈琴置牀上何長史偃來以琴與之無子家人遵之 入晉書夏侯湛後

天骨肉下歸於地魂氣則無不之良有以也雖復茫
昧難徵要若非妄百年之期迅若馳隙吾今預為終
制瞑目之後念並遵行勿違吾[illegible]達生
[illegible]鎬常
[illegible]周於
[illegible]棺之物一無所須載以輴車覆以麤
布為使人勿惡也喪易寧戚自是親親之情禮奢寧儉差可得由吾意
南史梁孫謙臨終遺命諸子曰吾少無人間意故自
不求聞達而仕歷三載官成兩朝如我資名或蒙贈
謚自公體耳氣絕即以幅巾就葬每存儉率比見輴
車過精非吾志也士安束以蘧篨王孫倮入后地雖
是匹夫之節取於人情未允今使棺足容身壙足容柩
旐書爵里無[illegible]不然[illegible]表命[illegible]停息[illegible]儀輀床

闕南觀伊洛北望夷叔曠然遠覽□之所安也故遂表樹開道為一定之制至是皆用洛水圓石開隧道南向儀制取法於鄭大夫欲以儉自完耳棺器小斂之事皆當稱此子孫一以遵之

王隱晉書庾峻遺敕子珉曰朝卒暮殯幅巾布衣葬不擇日珉奉遺命殯以時服

晉常璩（華陽國志梓潼）景鸞遺令葬不設衣衾務在節儉甚有法度卒終布衣（梓潼士女志）

晉書夏侯湛傳湛族為盛門性頗豪侈侯服玉食窮滋極珍及將沒遺命小棺薄斂不修封樹論者謂湛生不砥礪名節死則儉約令終是深達存亡之理

南史

梁書顧憲之臨終勅其子曰夫出生入死理均晝夜生既不知所從死亦安識所往延陵云精氣上歸於

天骨肉下歸於地魂氣則無不之良有以也雖復茫昧難徵要若非妄百年之期迅若馳隙吾今預爲終制瞑目之後念並遵行勿違吾志也莊周澹臺達生者也王孫士安矯俗者也吾進不及達退無所矯常謂中都之制允理愜情衣周於身示不違禮棺周於衣足以蔽臭入棺之物一無所須載以輴車覆以麤布爲使人勿惡也喪易寧戚自是親親之情禮奢寧儉差可得由吾意

南史梁孫謙臨終遺命諸子曰吾少無人間意故自不求聞達而仕歷三載官成兩朝如我資名或蒙贈謚自公體耳氣絕即以幅巾就葬每存儉率比見輴車過精非吾志也士安束以籧篨王孫倮入后地雖是匹夫之節取於人情未允今使棺足容身壙足容柩旐書爵里無[illegible]不然流表命數[illegible]傳息[illegible]儌輴床

裝之以蘗以帶所乘者為䰟車代亦所用之二子貞巧乃織細蘗裝轜以蔑為鈴佩雖素而莊帝為舉哀甚悼惜之

沈麟士　謝貞

陳書姚察遺命薄葬務從率儉其略曰吾家世素士自有常法吾意斂以法服並宜用布上周於身又恐汝等不忍行此必不爾須松板薄棺纔可周身土周於棺而已葬日止麤車即送厝舊塋北䝉目之後不須立靈置一小床每日設清水六齋日設齋食果菜任家有無不須別經營也

劉杳傳杳臨終遺命斂以法服載以露車還葬舊墓隨得一地容棺而已不得設靈筵及祭醊其子遵行之

劉瓛傳瓛臨終託子孫薄葬之禮曰氣絕便斂以法

眉

服斂竟便葬不須擇日凶事必存約儉孫姪不得違言

王敬徹傳天監八年敬徹卒遺命不得設復魄旌旐一蘆蕟藉下一枚覆上吾氣絕便沐浴籃輿載尸還葬忠侯大夫隧中若不行此則戮吾尸於九泉敬徹外甥許慧詔因阮研以聞詔曰敬徹令其息崇素氣絕便沐浴藉以二蘆蕟鑿地周身歸葬忠侯此達生之格言賢夫玉匣石槨遠矣然子於父命亦有所從有所不從今崇素若信遺意土周淺薄屬辟不施一朝見侵狐鼠戮尸已甚父可以訓子子亦不可行之外內易棺此自奉親之情藉土而葬亦通人之意宜兩捨兩取以達父子之志棺周於身土周於槨去其牲奠斂以時服一可以申情二可以稱家禮教無違

讀禮通考　卷八十四

南史沈麟士傳以楊王孫皇甫謐深達生死而終禮矯俗乃自爲終制遺令棄絶
別被取三幅布以覆屍及斂仍移布於屍下以爲斂服反被左右兩際以周上
不復製覆被不須沐浴唅珠以本裠衫先着褌凡二服上加单衣幅巾
履枕棺中唯此依士安用孝經既殯不復立靈座四節及祥權鋪席於地以設
玄酒之奠人家相承漆棺今不復爾亦不須旐成服後即葬作冢令小後
祔更作小冢於濱合葬非古也冢不須聚土成墳使上與地平王祥終
制亦爾壅不須轜車靈舫魌頭也不得朝夕下食祭奠之法至于葬唯清
水一盃子彝奉而行之州鄉皆稱歎焉

生死無辱此欲當爲空也……知之
劉歊傳天監十七年……故形
……得理
……此四
……積習
……煩厚
……有合
……丹斂
……單載
……尚或如
之況爲吾人而尚華泰今欲髣髴景行以爲軌則氣
絶不須復魂盥漱而斂以一千錢市成棺单故裠衫

衣巾枕履此外送往之具棺中常物一不得有所施世多信李彭之言可謂惑矣余以孔釋為師差無此惑斂訖載以露車歸於舊山隨得一地地足為坎坎足容棺不須磚甓不勞封樹勿設祭奠勿置几筵其烝嘗緫嗣言象所絕事止余身無傷世教

顏之推家訓終制篇死者人之常分不可免也吾年十九值梁家喪亂其間與白刃為伍者亦常數輩幸承餘福得至於今古人云五十不為夭吾已六十餘故心坦然不以殘年為念先有風氣之疾常疑奄然聊書素懷以為汝誡先君先夫人皆未還建鄴舊山旅葬江陵東郭承聖末啟求揚都欲營遷厝蒙詔賜銀百兩已於揚州小郊卜地燒磚便值本朝淪沒流離如此數十年間絕於還望今雖混一家道罄窮無

讀禮通考　卷八十五

生死無辱此欲當為也

劉歊傳天監十七年歊著革命論以為形者無知之質神者有知之性有知不獨存依無知以自立故形之於神逆旅之館耳及其死也神去此館速朽得理是以子羽沉川漢伯方壙文楚黃壤士安蔴索此四子者得理也若從四子而遊則平生之志得矣積習

……戲煩厚

……忘有合

……汜丹歛

……下車載

柩叔起誠絕墳壠康成使無卜吉此數公者尚或如之況為吾人而尚華泰今欲髣髴景行以為軌則氣絕不須復魂盥漱而歛以一千錢市成棺單故裹衫

南史謝貞病有遺疏告族子凱氣絕之後若依僧家尸陁林法是我所願正恐過為獨異可用薄板周身載以露車覆以草席坎山次而埋之又靖年尚小未閱人事但可三月小床設香水盡卿兄弟相厚之情即除之無益之事勿為也

陳書前

衣巾枕履此外送往之具棺中常物一不得有所施世多信李彭之言可謂惑矣余以孔釋為師差無此惑斂訖載以露車歸於舊山隨得一地地足為坎坎足容棺不須磚甓不勞封樹勿設祭奠勿置几筵其烝嘗繼嗣言彖所絕事止余身無傷世教

顏之推家訓終制篇死者人之常分不可免也吾年十九值梁家喪亂其間與白刃為伍者亦常數輩幸承餘福得至於今古人云五十不為夭吾已六十餘故心坦然不以殘年為念先有風氣之疾常疑奄然聊書素懷以為汝誡先君先夫人皆未還建鄴舊山旅葬江陵東郭承聖末啟求揚都欲營遷厝蒙詔賜銀百兩已於揚州小郊卜地燒磚便值本朝淪沒流離如此數十年間絕於還望今雖混一家道罄窮無

生死無辱此欲當爲安也

劉歊傳天監十七年歊著革命論以爲形者無知之質神者有知之性有知不獨存依無知以自立故形之於神逆旅之館耳及其死也神去此館速朽得理是以子羽沉川漢伯方壙文楚黄壤士安麻索此四子者得理也若從四子而遊則平生之志得矣積習生常難卒改革一朝肆志倘不見從今欲翦截煩厚務存儉易進不裸尸退異常俗不傷存者之念有合至人之道且張奂止用幅巾王肅唯盥手足范丹斂畢便葬爰珍無設几筵文度故舟爲棺子廉牛車載柩叔起誡絶墳壠康成使無卜吉此數公者尚或如之況爲吾人而尚華泰今欲髣髴景行以爲軌則氣絶不須復魂盥漱而斂以一千錢市成棺單故裠衫

衣巾枕履此外送往之具棺中常物一不得有所施世多信李彭之言可謂惑矣余以孔釋為師差無此惑斂訖載以露車歸於舊山隨得一地地足為坎坎足容棺不須磚甓不勞封樹勿設祭奠勿置几筵其烝嘗總嗣言象所絕事止余身無傷世教

顏之推家訓終制篇死者人之常分不可免也吾年十九值梁家喪亂其間與白刃為伍者亦常數輩幸承餘福得至於今古人云五十不為夭吾已六十餘故心坦然不以殘年為念先有風氣之疾常疑奄然聊書素懷以為汝誡先君先夫人皆未還建鄴舊山旅葬江陵東郭承聖末啟求揚都欲營遷厝蒙詔賜銀百兩已於揚州小郊下地燒磚便值本朝淪沒流離如此數十年間絕於還望今雖混一家道罄窮無

由辨此奉營瘞費且揭鄙汗菜□復予豈逃被下濕
未為得計自咎自責貫心刻髓計吾兄弟不當仕進
但以門衰骨月單弱五服之內旁無一人播越他鄉
無復資廕使汝等沉淪廝役以為先世之耻故覥冒
人間不敢墜失兼以北方政教嚴切全無隱退者故
也今年老疾侵儻然奄忽豈求備禮乎一日放臂沐
浴而已不勞復魄歛以常衣先夫人棄背之時屬世
荒饉家塗空迫兄弟幼弱棺器率薄藏內無塼吾當
松棺二寸衣帽已外一不得自隨床上唯施七星板
至如蠟弩牙玉豚錫人之屬並須停省糧甖明器故
不得營碑誌旒旐彌在言外載以鱉甲車襯土而下
平地無墳若懼拜掃不知兆域當築一堵低墻於左
右前後隨為私記靈筵勿設枕几朔望祥禪唯下白

粥清水乾棗不得有酒肉餅果之祭親友來餟酹者一皆拒之汝曹若違吾心有加先妣則陷父不孝在汝安乎其内典功德隨力所至勿剝竭生資使凍餒也四時祭祀周孔所教欲人勿死其親不忘孝道也求諸内典則無益焉殺生爲之翻增罪累若報罔極之德霜露之悲有時齋供極盡忠信不辱其親所望于汝也孔子之葬親也云古者墓而不墳丘東西南北之人也不可以弗識也于是封之崇四尺然則君子應世行道亦有不守墳墓之時況爲事際所逼也吾今羈旅身若浮雲竟未知何鄉是吾葬地唯當氣絶便埋之耳汝曹宜以傳業揚名爲務不可顧戀朽壤以致湮沒也

唐書蘇瓌傳遺令薄葬布車一乘

盧承慶傳臨終戒其子曰死生至理猶朝之有暮吾死歛以常服晦朔無薦牲葬勿卜日器用陶漆棺而不椁墳高可識碑誌著官號年月無用虛文

南唐書李建勳傳建勳病且死戒家人曰時事如此

北史程駿傳太和九年正月病篤遺命曰吾存尚儉薄豈可没爲奢厚哉昔王孫裸葬有感而然士安籧篨頗亦矯厲可斂以時服明器從古

雷紹傳紹武川鎮人也及死日敕其子曰吾本鄉法必殺犬馬於亡者無益汝宜斷之斂以時服事從約儉還葬長安

蘇綽傳綽仕周爲大行臺度支尚書大統十二年卒于位周文痛惜之及將葬乃謂公卿等曰蘇尚書平生謙退敦讓儉約吾欲全其素志便恐悠悠之徒有所未達如其厚加贈謚又乖宿昔相知之道孤有疑焉尚書令史麻瑶越次而進曰昔晏子齊之賢大夫一狐裘三十年及其死也遣車一乘齊侯不奪其志綽既操履清白謙挹自居愚謂宜從儉約以彰其美周文稱善及綽歸葬武功唯載以布車一乘

黃蕘夫書前

[illegible]

骸朽衣巾而已吾之晨然朗朗有識者還於造物放

之太虛可腐敗者合於黄壚下付無窮吾尚何患掘塚三丈小為塚室劣取容棺及明器左置明水水二盎酒二缸右置米麵二奩朝服一稱私服一稱草履自副左列吾誌右列吾銘即掩壙惟簡惟儉無以金銅雜物置冢中吾學不名家文章僅及中人不足垂後為吏在良二千石下可著數人故無功於國無惠於人不足以請謚有司不可受賵贈又不宜求巨公作誌及碑冢上樹五株柏墳高三尺石翁仲獸不得用蓋自標著者非千載久安計爾不得作道佛二家齋醮此吾生平所志若等不可違命作之違命作之是死吾也是以吾為遂無知也喪之詣塋以繒布纒棺四翣引勿得作方相偶人陳列衣服器用累吾之儉吾生平語言無過人者慎毋妄編綴作集

盧承慶傳臨終戒其子曰死生至理猶朝[illegible]暮吾死斂以常服晦朔無薦牲葬勿卜日器用陶漆棺而不椁墳高可識碑誌著官號年月無用虛文

南唐書李建勳傳建勳病且死戒家人曰時事如此吾得良死幸矣勿封土立碑聽人耕種于其上免爲他日開發之標及江南之亡也諸貴人高大之冢無不發者唯建勳冢莫知其處

舊唐書魏徵薨太宗給羽葆鼓吹班劍四十人賻絹布千段米粟千石陪葬昭陵及將祖載徵妻裴氏曰徵平生儉素今以一品禮葬羽儀甚盛非亡者之志悉辭不受竟以布車載柩無文彩之飾

骸朽衣巾而已吾之魂然朗朗有識者還於造物放

之太虛可腐敗者合於黃壚下付無窮吾尚何患掘塚三丈小為塚室劣取容棺及明器左置明水水二盎酒二缸右置米麵二奩朝服一稱私服一稱草履自副左列吾誌右列吾銘即掩壙惟簡惟儉無以金銅雜物置冢中吾學不名家文章僅及中人不足垂後為吏在良二千石下可著數人故無功於國無惠於人不足以請謚有司不可受賵贈又不宜求巨公作誌及碑冢上樹五株柏墳高三尺石翁仲獸不得用蓋自標著者非千載久安計爾不得作道佛二家齋醮此吾生平所志若等不可違命作之違命作之是死吾也是以吾為遂無知也喪之諸禁以繒布纒棺四翣引匆得作方相偶人陳列衣服器用累吾之儉吾生平語言無過人者慎無妄編綴作集

盧承慶傳臨終戒其子曰死生至理猶朝之有暮吾死斂以常服晦朔無薦牲葬勿卜日器用陶漆棺而不椁墳高可識碑誌著官號年月無用虛文

南唐書李建勳傳建勳病且死戒家人曰時事如此吾得良死幸矣勿封土立碑聽人耕種于其上免爲他日開發之標及江南之亡也諸貴人高大之冢無不發者唯建勳冢莫知其處

宋史皇祐三年荆國大長公主疾亟戒諸子曰汝父遺令柩中無藏金玉時衣數襲而已

宋祁筆記吾没後稱家之有亡以治喪斂用濯浣之鶴氅紗表帽綫屨三日棺三月葬愼無爲陰陽拘忌棺用襍木漆其四會三塗即止使數十年足以腊吾骸朽衣巾而已吾之[illegible]然朗朗有識者還於造物放

之太虛可腐敗者合於黃壚下付無窮吾尚何患掘塚三丈小為塚室劣取容棺及明器左置明水水二盎酒二缸右置米麵二奩朝服一稱私服一稱草履自副左列吾誌右列吾銘即掩壙惟簡惟儉無以金銅雜物置冢中吾學不名家文章僅及中人不足垂後為吏在良二千石下可著數人故無功於國無惠於人不足以請謚有司不可受賵贈又不宜求巨公作誌及碑冢上樹五株柏墳高三尺石翁仲獸不得用蓋自標著者非千載久安計爾不得作道佛二家齋醮此吾生平所志若等不可違命作之違命作之是死吾也是以吾為遂無知也喪之詣禁以繒布纏棺四翣引匃得作方相偶人陳列衣服器用累吾之儉吾生平語言無過以者慎毋妄編綴作[illegible]

徐積節孝先生集禮論葬欲其速朽欲早歸於土也故棺不貴厚近世用厚木使體魄隔絕數十年

舊唐書封倫傳高祖常幸溫湯經秦始皇墓謂倫曰古者帝王竭生靈之力殫府庫之財營起山陵此復何益倫曰上之化下猶風之靡草自秦漢帝王盛爲厚葬故百官衆庶競相遵倣凡是古冢丘封悉多藏珍寶咸見開發若死而無知厚葬深爲虛費若魂而有識被發豈不痛哉高祖稱善謂倫曰從今之後宜自上導下悉爲薄葬

發塚者相繼而淳夫獨完

張爾岐續篤終論晉皇甫謐悼厚葬之害著論爲葬送之制名曰篤終其言曰司馬石槨不如速朽季孫璠璵比之暴骸文公厚葬春秋以爲華元不臣王孫親土漢書以爲賢於秦始如令魂必有知則生死異制如其無知則空奪生用損之無益是招露形之禍增亡者之毒也其言可謂至痛切矣然當時所謂厚葬蓋謂珠玉之飾含賚之物器用寶貨之藏也今人皆無是矣衾絞輴冒之屬尚不必備又况所謂玉鏤金匣金蠶玉犬者乎乃往往有苦於乏財數十年不克葬者則何也緇黄之懺度不敢以廢也侍從之偶俑不敢以缺也夫道之幡幢鐃吹不敢以不盛也賓客之酒食

衣物不敢以不豐也其甚者徵歌選舞雜以百戲非是則以為樸結繒縛帛以象樓觀非是則以為陋於是嘲轟咿啞之聲艷麗詭異之飾雜遝攔路充斥原野婦孺擁觀歡騰踊抃而後快於心焉而後為能葬其親焉富者破產而遂新貧者舉息而躡赴一日之費十年節約而不能償也一家

……而不之禁旁觀恬習而忘其非人

……而不惜焉亦甚可傷也已何不

於親之身乎無益於親而為

其心猶欲為親也今乃於

……婦孺一時之哈笑不

……所宜有也不

舊唐書李勣傳遇疾謂弟弼曰見人多埋金玉亦不須爾惟以布裝露車載我棺棺中斂以常服惟加朝服一副死儻有知望著此奉見先帝明器惟作馬五六匹下帳用皁布為頂白紗為裙其中著十箇木人示依古禮芻靈之義此外一物不用違我言者同於戮屍

薄葬

〔舊唐書〕孫思邈傳永淳元年卒遺令薄葬不藏冥器祭祀無牲牢經月餘顏貌不改舉屍就木猶若空衣時人異之

入薄葬後

徐積節孝先生集禮云葬欲其速朽欲其早歸於土也故棺不貴厚近世用厚木使體魄隔絕數十年不朽非禮也古人懸棺而葬不為地道又記曰封之崇四尺則古之四尺今之一尺有餘耳近世用地道墓務高　使後人妄意其中往往啟盜之心於死者殊無益也

二程全書范淳夫之葬先生為之經理掘地深數丈不置一物葬之日招在近父老犒以酒食示之其後

舊唐書蕭瑀傳瑀臨終遺書曰生而必死理之常分氣絕後可著單服一通以充小斂棺內施單席而已冀其速朽不得別加一物無假卜日惟在速辦自古賢哲非無等例爾宜勉之諸子遵其遺志斂葬儉薄

入盧承慶後

之制名曰篤終其葬春秋以為華元生死異制如其無也其言可謂至痛切矣然當時所謂厚葬蓋貨之藏也今人皆無是矣衾絞韜冒之屬尚不必備又況所謂玉鏤金匣金蠶玉犬者乎乃往往有苦於乏財數十年不克葬者則何也緇黃之儀度不敢以廢也侍從之偶俑不敢以缺也夫道之幡幢鐃吹不敢以不盛也賓客之酒食

厚葬

衣物不敢以不豐也其甚者徵歌選舞雜以百戲非是則以為樸結繒縛
帛以象樓觀非是則以為陋於是嘲轟咿啞之聲艷麗詭異之飾雜遝儸
路充斥原野婦孺擁觀歎駭踊抃而後快於心焉而後為能葬其親焉富
者破產而遂新貧者舉息而蹶赴一日之費十年節約而不能償也一家
……而不之禁旁觀恬習而忌其非人
……而不惜焉亦甚可傷也已何不
於親之身乎無益於親而為……其心猶欲為親也今乃於
……傳婦孺一時之咍笑不……所宜有也不

舊唐書李勣傳遇疾謂弟弼曰見人多埋金玉亦不須爾惟以布裝露車載我棺棺中斂以常服惟加朝服一副死儻有知望著此奉見先帝明器惟作馬五六匹下帳用皁布為頂白紗為裙其中著十箇木人示依古禮芻靈之義此外一物不用違我言者同於戮屍

薄葬

舊唐書孫思邈傳永淳元年卒遺令薄葬不藏冥器祭祀無牲牢經月餘顏貌不改舉屍就木猶若空衣時人異之

入薄葬後

徐積節孝先生集禮二葬欲其速朽欲體魄早歸於土也故棺不貴厚近世用厚木使體魄絕數十年不朽非禮也古人懸棺而窆不為地道又記曰封之崇四尺則古之四尺今之一尺有餘耳近世用地道墓務高　使後人妄意其中往往啟盜之心於死者殊無益也

二程全書范淳夫之葬先生為之經理掘地深數丈不置一物葬之日招在近父老犒以酒食示之其後

[illegible]之制名曰篤終其葬春秋以為華元[illegible]生死異制如其無[illegible]也其言可謂至痛[illegible]切矣然當時所謂厚葬蓋謂珠玉之飾[illegible]寶貨之藏也今人皆無是矣衾絞輴冒之屬尚不必備又況所謂玉鏤金匣金蠶玉犬者乎乃往往有苦於乏財數十年不克葬者則何也緇黃之儭度不敢以廢也侍從之偶俑不敢以缺也夫道之幡幢鐃吹不敢以不盛也賓客之酒食

舊唐書王績貞觀十八年卒臨終自剋死日遺命薄葬兼預自為墓誌

庠齋

衣物不敢以不豐也其甚者徵歌選舞雜以百戲非是則以為樸結繒縛
帛以象樓觀非是則以為陋於是嘲轟咿啞之聲艷麗詭異之飾雜遝纙
路充斥原野婦孺擁觀歎駭踊抃而後快於心焉而後為能葬其親焉富
者破産而遂新貧者舉息而蹶赴一日之費十年節約而不能償也一家
而不之禁旁觀恬習而忌其非人
而不惜焉亦甚可傷也已何不
於親之身乎無益於親而為
其心猶欲為親也今乃於
專婦孺一時之咍笑不
所宜有也不

舊唐書李勣傳遇疾謂弟弼曰見人多埋金玉亦不須爾惟以布裝露車載我棺棺中斂以常服惟加朝服一副死儻有知望著此奉見先帝明器惟作馬五六匹下帳用皂布為頂白紗為裙其中著十箇木人示依古禮芻靈之義此外一物不用違我言者同於戮屍

薄葬

畫之傳何為也易服而弔禮自賓出何煩主人之裂帛食於喪則我非是

舊唐書孫思邈傳永淳元年卒遺令薄葬不藏冥器祭祀無牲牢經月餘顏貌不改舉屍就木猶若空衣時人異之

入蕭瑀後

徐積節孝先生集 禮云葬欲其速朽欲其早歸於土也故棺不貴厚近世用厚木使體魄[illegible]絕數十年不朽非禮也古人懸棺而窆不為地道又記曰封之崇四尺則古之四尺今之一尺有餘耳近世用地道墓務高　使後人妄意其中往往啟盜之心於死者殊無益也

二程全書 范淳夫之葬先生為之經理掘地深數丈不置一物葬之日招在近父老犒以酒食示之其後發塚者相繼而淳夫獨完

張爾岐續篤終論 晉皇甫謐悼厚葬之害著論為葬送之制名曰篤終其言曰司馬石槨不如速朽季孫璠璵比之暴骸文公厚葬春秋以為華元不臣王孫親土漢書以為賢於秦始如令魂必有知則生死異制如其無知則空奪生用捐之無益是招露形之禍增亡者之毒也其言可謂至痛切矣然當時所謂厚葬蓋謂珠玉之飾含賚之物器用寶貨之藏也今人皆無是矣衾絞輴冒之屬尚不必備又況所謂玉鏤金匣金蠶玉犬者乎乃往往有苦於乏財數十年不克葬者則何也緇黃之儀度不敢以廢也侍從之偶偏不敢以缺也夫道之幡幢鐃吹不敢以不盛也賓客之酒食

衣物不敢以不豐也其甚者徵歌選舞雜以百戲非是則以為樸結繒縛帛以象樓觀非是則以為陋於是嘲轟吚啞之聲艷麗詭異之飾雜遝衢路充斥原野婦孺擁觀歎駭踊抃而後快於心焉而後為能葬其親焉富者破產而逐新貧者舉息而蹶赴一日之費十年節約而不能償也一家之喪百家奔走而交相病也高位縱任而不之禁旁觀恬習而忌其非人之欲葬其親者恥其不備忍於累年暴露而不惜焉亦甚可傷也已何不即今之所謂厚葬者而深思之是何者有益於親之身乎無益於親而為之徒欲悅觀者之目而已古之厚葬誠昧於理其心猶欲為親也今乃於終天永訣之會盛陳娛樂詭麗之具以為觀美徒博婦孺一時之咍笑不近於侮其親矣乎且其所擬象而塗飾者未必其親之生平所宜有也不又陷其親於僭矣乎本欲自致於親而適成其侮且僭何如反而約諸禮之為得乎夫子嘗言喪具矣曰稱家有無有勿過禮苟無矣縣棺而封又曰啜菽飲水盡其歡斯之謂孝斂手足形還葬而無槨稱其財斯之謂禮斯言也誠千古葬者之大經矣間考夫子所謂勿過禮者大端有二焉一者藏體魄之禮含襲斂殯棺槨宅兆之屬是也一者事精神之禮朝夕之奠重主之設虞祔祥禫之祭是也是皆切於親之身者也有禮以為之制則限於分者不敢踰困於財者聖人亦不強焉况於儀度之說古所無也即不能無疑於心何不援先儒之論以自定也芻靈以象生平也凡分所不得有者何不可已也功布以前車銘旌以識別本以適用也溢而為幢纛之僭何為也易服而弔礼自賓出何煩主人之裂帛食於喪側或非得已何至置酒而高會紼謳生於役苦方相以敺罔兩殆此家歌舞之所由始也無所苦而歌無所敺而舞違舂相巷歌之戒矣家有苫塊之次墓有主賓之位此廬幄之所以設也廬而致飾幄而踰華與[illegible]麻菅屨之儀不侔矣溯本而求或造端於古人沿今所尚[illegible]大遠於禮[illegible]何如安其分之所適宜量其力之所可至庶[illegible]下無不[illegible]之憾人子[illegible]之情乎曰子之所言殆桐棺土擥宴人子之所[illegible]言[illegible]喻物極崇者

之事也曰白蓋毁旗門生輓送非建武一介碎乎布章戴節無文采非貞觀之元臣乎無損於尊榮石史為美談蓋奢而示之以儉儉而示之以禮移風易俗誠貴者賢者之責也

嬴葬

漢書楊王孫傳王孫者孝武時人也學黄老之術家業千金厚自奉養生無所不致及病且終先令其子曰吾欲嬴葬以反吾真必亡易吾意死則為布囊盛尸入地七尺既下從足引脱其囊以身親土其子欲默而不從重廢父命欲從其心又不忍廼往見王孫友人祁侯祁侯與王孫書曰王孫苦疾僕迫從上祠雍未得詣前願存精神省思慮進醫藥厚自持竊聞王孫先令嬴葬令死者無知則已若其有知是戮尸地下將嬴見先人竊為王孫不取也且孝經曰為之棺椁衣衾是亦聖人之遺制何必區區獨守所聞願

王孫察馬王孫報曰蓋聞古之聖王緣人情不忍其親故爲制禮今則越之吾是以贏葬將以矯世也夫厚葬誠無益於死者而俗人競以相高靡財殫幣腐之地下或迺今日入而明日發此真與暴骸於中野何異且夫死者終生之化而物之歸者也歸者得至化者得變是物各反其真也反真冥冥亡形亡聲迺合道情夫飾外以華衆厚葬以鬲真使歸者不得至化者不得變是使物各失其所也且吾聞之精神者天之有也形骸者地之有也精神離形各歸其真故謂之鬼鬼之爲言歸也其尸塊然獨處豈有知哉裹以幣帛鬲以棺槨支體絡束口含玉石欲化不得鬱爲枯腊千載之後棺槨朽腐迺得歸土就其真宅繇是言之焉用久客昔帝堯之葬也窾木爲匵葛藟爲

三國志注

緘其穿下不亂泉上不泄殠故聖王生易向死易葬也不加功於亡用不損財於無謂今費財厚葬留歸鬲至死者不知生者不得是謂重惑於戲吾不為之也祁侯曰善遂贏葬

魏略 沐德信年六十餘自慮無常豫作終制誡其子以儉葬至嘉平中病困勑豫掘埳侯氣絕令二人舉尸即埳絕哭泣之聲止婦人送又誡後亡者不得入藏不得封樹妻子皆遵之

汝南先賢傳 袁閎臨卒勑其子曰勿設棺殯但着禪衫疏布單衣幅巾親尸於板牀之上以五百墼為藏

皇甫謐篤終論 玄晏先生以為存亡天地之定制人理之必至也故禮六十而制壽至于九十各有等差防終以素豈流俗之多忌者哉吾年雖未制壽然嬰

疢彌紀仍遭喪難神氣損劣困頓數矣常惧夭殞不期慮終無素是以畧陳至懷夫人之所貪者生也所惡者死也雖貪不得越期雖惡不得逃遁人之死也精歇形散魂無不之故氣屬於天寄命終盡窮體反真故尸藏於地是以神不存體則與氣升降尸不久寄與地合形形神不隔天地之性也尸與土并反真之理也今生不能保七尺軀死何故隔一棺之土然則衣衾所以穢尸棺槨所以隔真故桓司馬石椁不如速朽季孫璵璠比之暴骸文公厚葬春秋以為華元不臣楊王孫親土漢書以為賢於秦始皇如令魂必有知則人鬼異制黃泉之親死多於生必將備其器物用待亡者今若以存況終非即靈之意也如其無知則豈奪生用損之無益而改奸心[illegible]招露形之

禍增亡者之毒也夫葬者藏也藏也者[illegible]人之不得見而大為棺椁備贈存物無異於埋金路隅而書表於上也雖甚愚之人必將笑之豐財厚葬以啓姦心或剖破棺椁或牽曳形骸或剝臂捋金環或扪腸求珠玉焚如之形不痛於是自古及今未有不死之人又無不發之墓也故張釋之曰使其中有欲雖錮南山猶有隙使其中無欲雖無石椁又何戚焉斯言達矣吾之師也夫贈終加厚非厚死也生者自為也遂生意於無益棄死者之所屬知者所不行也易稱古之葬者衣之以薪葬之中野不封不樹是以死得歸真亡不損生故吾欲朝死夕葬夕死朝葬不設棺椁不加纏斂不修沐浴不造新服殯含之物一皆絕之吾本欲露形入坑以身親土或恐人情染俗来久頓

草理難今故猶為之制奢不石椁儉不露形氣絶之後便即時服幅巾故衣以籧篨裹尸麻約二頭置尸牀上擇不毛之地穿坑深十尺長一丈五尺廣六尺既訖舉牀就坑去牀下尸平生之物皆無自隨唯齎孝經一卷示不忘孝道籧篨之外便以親土土與地平還其故草使生其上無種樹木削除使生迹無處自求不知不見可欲則奸不生心終始無怵惕千載不慮患形骸與后土同體魂爽與元氣合靈真篤愛之至也若亡有前後不得移祔祔葬自周公來非古制也舜葬蒼梧二妃不從以為一定何必周禮無問師工無信卜筮無拘俗言無張神坐無十五日朝夕上食禮不墓祭但月朔於家設席以祭百日而止臨必昏明不得以夜制服常居不得墓次[illegible][illegible]不崇墓

知也今之封樹愚也若不從此是戮尸以□死而重傷寃而有靈則寃悲沒世長為恨然王孫之子可以為誠死誓難違幸無改焉

臣樾野客叢書楊王孫厚自奉養及病且終屬其子以𣎆葬此正與吾夫子以速朽之說救桓司馬石槨之意同祁侯不曉其意以書責之王孫報曰吾𣎆葬將以矯世也厚葬無益於死者俗人競以相高僕觀鹽鐵論乃知漢人厚葬之敝果未免如王孫所云者曰今富者繡墻題湊中者梓棺楩槨貧者畫荒衣袍繒囊緹橐又曰今生不能致愛敬死以奢侈相高雖無哀慼之心而厚葬重幣者則稱以為孝顯名立於世光榮著於俗黎民相効至於發屋賣業又曰無而為有貧而殭誇送死殫家遺嫁滿車富者室減貧者稱貸貴呰亦曰衆庶葬埋皆虛地上以實地下其過自上生可見當時厚葬之敝也夫孝無哀慼之心而以厚葬為禮梓者東園秘器中人或得用之送死至於殫家遺女至於滿車風俗之靡從可知矣不特凶禮如是吉禮亦然漢近古尚爾况寥寥於千百載下乎後漢王符亦極言嫁娶喪葬費用過制甚與鹽鐵論意同

唐書傅奕傳奕病未嘗問醫忽酣卧蹶然悟曰吾死矣乎即自誌曰傅奕青山白雲人也以醉死嗚呼遺言戒子六經名教言若可習也妖胡之法慎勿為吾死當𣎆葬

厚葬

左傳成公二年八月宋文公卒始厚葬用蜃炭益車馬始用殉注燒蛤為炭以瘞壙多埋車馬用人從葬○疏周禮掌蜃掌斂互物蜃物以共闉壙之蜃鄭玄云互物蚌蛤之屬闉猶塞也將井椁先塞下以蜃御濕是用蜃以瘞壙也檀弓曰塗車芻靈自古有之鄭玄云芻靈束茅為人馬謂之靈者神之類也不解塗車當是用泥為車也傳言益車馬者謂用此塗車茅馬益多於常故云多埋車馬也言始用殉則自此以後宋君葬常用殉也重器備注重猶多也○疏謂多為明器也椁有四阿棺有翰檜注四阿四注椁也翰旁飾檜上飾皆王禮○疏周禮匠人云殷人四阿重屋鄭玄云阿棟也四角設棟也是謂四注椁也士喪礼下篇陳明器云抗木橫三縮二謂於椁之上設此木從二橫三以負土則士之椁上平也今此椁上四注而下則其上方而尖也禮天子椁題湊諸侯不題湊不題湊則無四阿釋詁云楨翰幹也翰所以當墻兩邊障土者也詩云會弁如星鄭玄云會謂弁之縫中言其際會之處也會在弁之上知此檜亦在上棺有此物明是其飾故以為旁飾與上飾也君子謂華元樂舉於是乎不臣臣治煩去惑者也是以伏死而爭今二子者君生則縱其惑注謂文十八年殺母弟須死又益其侈是棄君於惡也何臣之為注若言何用為臣

家語季平子卒將以君之璠璵斂注按昭初出于乾侯平子于曾佩璠璵欲用

低一字大

江表 葛洪

以歛贈以珠玉（按礼當葬主人贈玄纁各二不以珠玉）孔子初爲中都宰聞之歷級而救焉曰送死而以寶玉是猶曝尸於中原也其示民以奸利之端而以害于死者安用之且孝子不順情以危親忠臣不兆奸以陷君乃止○左傳六月季平子行東野還未至丙申卒于房陽虎將以璵璠歛（注璵璠美玉君所佩）仲梁懷弗與曰改步改玉（注昭公之出季孫行君事佩璵璠祭宗廟今定公立復臣位改君步則亦當去璵璠）陽虎欲逐之告公山不狃不狃曰彼爲君也子何怨焉

論語顏淵死門人欲厚葬之子曰不可（集注喪具稱家之有無貧而厚葬不循礼也故夫子止之）門人厚葬之（集注蓋顏路聽之）子曰回也視予猶父也予不得視猶子也非我也夫二三子也（集注歎不得如葬鯉之得宜以責門人）

陸劌鄴中記

永嘉末盜發齊桓公墓得水銀池金蠶數十箔珠襦

低一字大

玉匣繒綵不可勝數（陸翽鄴中記）

晉愍帝建興中曹嶷發齊景公及管仲冢尸竝不朽繒帛可服珍寶巨萬

乾學按古之厚葬者不可悉數厚葬而遭發掘亦不可悉數以其非喪禮所關故不盡載舉此數端而厚葬之不宜亦可槩見矣

生壙

漢書注壽藏謂冢壙也稱壽者取其遠久之意

檀弓公叔文子升於瑕丘蘧伯玉從文子曰樂哉斯土也死則我欲葬焉蘧伯玉曰吾子樂之則瑗請前

荀子子貢倦於學告於仲尼曰願有所息仲尼曰生無所息望其壙睪如也宰如也墳如也鬲如也則知

所息矣

舊唐書白居易傳無子以其侄孫嗣遺命不歸下邽可葬於香山如滿師塔之側
家人從命而葬焉
入王慧龍後

依

舊唐書安金藏神龍初喪母寓葬於都南闕口之北廬於墓側躬造石墳石塔晝夜不息原
上舊無水忽有湧泉自出又有李樹盛冬開花犬鹿相狎本道使盧懷慎上聞勅旌
表其門

十三至期果死又曰北邙青壠上孤櫝之西四丈所
鑿之七尺吾塋地也真死依言往掘得古時空槨即
以葬焉

查

三國魏志曹植傳　植登魚山臨東阿喟然有終焉之志遂營為

舊唐書張士信初為裴仁基所礼嘗感其知己之恩及東都平遂以家財收斂葬於北邙又云我死後當葬此墓側及卒果就仁基冢左而託葬焉

密葬

晉書兆[illegible]專[illegible]終製王專自作壽陵於萬安山南原

北史王慧龍傳眞君元年拜寧南將軍武牢鎮都副將未至鎮而卒臨沒謂功曹鄭曄曰吾羈旅南人恩非舊結蒙聖朝殊特之慈得在疆場效命誓願鞭屍吴市戮墳江陰不謂嬰此重疾有心莫遂非唯仰愧國靈實亦俯慙后土脩短命也夫復何言身沒後乞葬河內州縣之東鄉依古墓而不墳足藏髮齒而已庶其魂而有知猶希結草之報時制南人入国者皆葬桑乾曄等申遺意詔許之

入王肅後

後漢書孔僖傳僖為臨晉令卒官遺令即葬二子長彥季彥並十餘歲蒲坂令許君然勸令反魯對曰今載柩而歸則違父令舍墓而去心所不忍遂留華陰

所息矣

後漢趙岐傳漢帝時為太僕……砥……

岐老病留荆州就拜太常建安六年卒年九十餘先自為壽

北史王肅傳肅琅邪臨沂人景明二年薨于壽春宣武詔曰杜預之沒窆于首陽司空李沖覆舟是託顧瞻斯所亦二代之九原也故揚州刺史肅忠心義結於二世英惠符於李杜平生本意願終京陵既有宿心宜遂先志其令葬於沖預兩墳之間使之神游相得也

入傳林陵

掛坟

西京雜記安定真其善筭術成帝時真常自算其年七

低一字大

魏略田豫漁陽雍奴人罷官居魏縣病將亡戒其妻子曰葬我必於西門豹邊妻子難之言西門豹古之神人那可葬於其邊豫言豹所復行與我敵等耳使死而有靈必與我善妻子從之

以葬焉

查

三國魏志曹植傳植登魚山臨東阿喟然有終焉之志遂營為

袁宏後漢紀永元四年司徒袁安薨初安妻早卒葬鄉里臨終遺令曰備位宰相當陪山陵不得歸骨舊葬母先在祖考墳壠若鬼神有知當留供養如其無知不煩徙也諸子不敢違

叔偉此吾之永宅也

唐書姚勗傳勗終夔王傅自作壽藏於萬安山南原崇塋之旁署兆曰寂居穴墳曰復真堂中剟土為牀曰化臺而刻石告後世

五代史唐司空圖傳圖豫為冢棺遇勝日引客坐壙中賦詩酌酒客或難之圖曰君何不廣耶生死一致吾寧暫游此中哉

唐書李適勑其子曰霸陵原西視京師吾樂之可營墓樹十松焉及未病時衣冠往寢石榻上置所譔九

低一字大

所息矣

漢書張禹年老自治冢塋起祠堂好平陵肥牛亭部處地又近延陵奏請求之上以賜禹

後漢趙岐傳漢帝時為太僕與太傅馬日磾撫慰天岐老病留荊州就拜太常年九十餘建安六年卒先自為壽藏圖季札子產晏嬰叔向四像居賓位又自畫其像居主位皆為讚頌勑其子曰我死之日墓中聚沙為牀布簟白衣散髮其上覆以單被即日便下下訖便掩坎

西京雜記安定真善筭術成帝時真常自筭其年七十三至期果死又曰北邙青壠上孤檟之西四丈所鑿之七尺吾葬地也真死依言往掘得古時空槨即以葬焉

三國志曹植傳植登魚山臨東阿喟然有終焉之志遂營為墓遺令薄葬

北史傅永傳永字脩期嘗登北芒山于平坦處奮矛躍馬迴旋瞻望欲附葬于祖墓遂買左右地數頃遺敕子叔偉此吾之永宅也

唐書姚勗傳勗終夔王傅自作壽藏於萬安山南原崇塋之旁署兆曰寂居穴壙曰復真堂中剟土為牀曰化臺而刻石告後世

五代史唐司空圖豫為冢棺遇勝日引客坐壙中賦詩酌酒客或難之圖曰君何不廣耶生死一致吾寧暫游此中哉

唐書李適敕其子曰霸陵原西視京師吾樂之可營墓樹十松焉及未病時衣冠往寢石榻上置所譔九

經要句及素琴時士貴其達

澠水燕談本朝王樵淄川人自號贅世翁預卜為窆名繭室中置石榻刻石其上曰生前穀軀以虞不備没後寄魄以備不虞

歸葬

檀弓太公封於營丘比及五世皆反葬於周注太公受封留為太師死葬于周子孫不忍離也五世之後乃葬于齊齊曰營丘君子曰樂樂其所自生禮不忘其本古之人有言曰狐死正丘首仁也注正丘首正首丘也仁恩也○䟽狐死所以正首而嚮丘者丘是狐窟穴根本之處雖狼狽而死意猶嚮此丘是有仁恩之心也今五世反葬亦仁恩之心也

後漢書溫序為護羌校尉為隗囂將所拘伏劍而死主簿從事持尸歸殯光武聞而憐之命送葬到洛陽賜城旁為冢長子壽夢序告曰久客思鄉里壽即棄官上書乞骸骨歸葬帝許之乃反歸舊塋

顧炎武日知錄太公汲人也聞文王作然後歸周史之所言已就封於齊矣其後入為太師薨而葬於周事未可知使其有之亦古人因薨而葬不

舊唐書李源東都留守忠烈公憕之少子年八歲為賊所俘轉徙流離洛陽故吏有義源者贖之於民家代宗授河南府參軍司農寺主簿以父死禍難無心祿仕誓不昏娶不食酒肉乃依惠林寺僧寓居室垂五十年先穴地為墓預為終制時偃仰於穴中長慶三年御史中丞李德裕表薦之穆宗令中使齎手詔緋袍牙笏絹二百疋皆辭不受

李適前

唐書趙弘智傳從曾孫矜歷襄城丞客死柳州官為斂葬後十七年子來章始壯自襄陽往求其喪不得野哭再閱旬卜人秦誗為筮曰金食其墨而火以貴其墓直丑在道之右南有貴神冢土是守宜遇西人深目而髯乃其得實明日有老人過其所問之得矜墓直社北遂歸葬弘安墓次時人哀來章孝皆為出涕云

經要句及素琴時士貴其達

澠水燕談本朝王樵淄川人自號贅世翁預卜爲窆名藏室中置石榻刻石其上曰生前數軀以虞不備没後寄魄以備不虞

歸葬

檀弓太公封於營丘比及五世皆反葬於周注太公受封留爲太師死葬于周子孫不忍離也五世之後乃葬于齊齊曰營丘君子曰樂樂其所自生禮不忘其本古之人有言曰狐死正丘首仁也注正丘首正首丘也仁恩也○疏狐死所以正首而嚮丘者丘是狐窟穴根本之處雖狼狽而死意猶嚮此丘是有仁恩之心也今五世反葬亦仁恩之心也

後漢書温序爲護羌校尉爲隗囂將所拘伏劒而死主簿從事持尸歸殯光武聞而憐之命送葬到洛陽賜城旁爲冢長子壽夢序告曰久客思鄉里壽即棄官上書乞骸骨歸葬帝許之乃反歸舊塋

顧炎武日知録太公汲人也聞文王作然後歸周史之所言已就封於齊矣其後入爲太師薨而葬於周事未可知使其有之亦古人因薨而葬不擇地之常爾記以首丘喻之亦已謬矣乃云比及五世皆反葬於周夫齊之去周二千餘里而使其已化之骨跋履山川觸冒寒暑自東徂西以葬於封守之外于死者爲不仁古之葬者祖於庭堋于墓反哭於其寢故曰葬日虞弗忍一日離也使齊之孤重趼送葬曠月淹時不獲遵五月之制速反而虞於生者爲不孝且也入周之境而不見天子則不度離其喪次而以衰絰見則不祥若其孤不行而使卿攝之則不恭勞民傷財則不惠此數者無一而可禹葬會稽其後王不從而殽之南陵有夏后皋之墓豈古人不達禮樂之義哉體魄則降神氣在上故古之事其先人于廟而不于墓聖人所以知幽明之故也然則太公無五世反葬之事明矣

唐書趙弘智傳從曾孫矜歷襄城丞客死柳州官爲斂葬後十七年子來章始壯自襄陽往求其喪不得野哭再閱旬卜人秦誗爲筮曰金食其墨而火以貴其墓直丑在道之右南有貴神冢土是守宜遇西人深目而髯乃其得實明日有老人過其所問之得矜墓直社北遂歸葬弘安墓次時人哀來章孝皆爲出涕云

客葬

檀弓　延陵季子適齊，於其反也，其長子死，葬於嬴博之間。注：季子名札，季子讓國居延陵，因號焉。嬴博，齊地。孔子曰：「延陵季子，吳之習於禮者也。」往而觀其葬焉。注：往弔之。其坎深不至於泉，其斂以時服。既葬而封，廣輪揜坎，其高可隱也。注：示節也。輪，從也。隱，據也。封可手據，謂高四尺所。既封，左袒，右還其封，且號者三，曰：「骨肉歸復于土，命也。若魂氣則無不之也，無不之也。」而遂行。孔子曰：「延陵季子之於禮也，其合矣乎！」

疏：鄭注覲禮，凡以禮事者左袒，若請罪待刑則右袒。今季子喪而左袒者，季子達死生之命，不須哀戚以自寬慰，故從吉禮也。言人之骨肉由食土物而生，今還入土，故云歸復。若神魂之氣，則遊于地上，無不之適也。再言之者，愍傷離訣之意也。

王安石曰：先王之制，為長子三年服之如此，其重則其哀戚不可不稱是也。三號而遂行，哀不足矣。孔子曰：「喪事不敢不勉。」又曰：「喪不若禮不足而哀有餘也。」謂其葬于禮為合爾。稱其合于禮，所以譏其哀不足也。

方慤曰：坎深不至于泉，則不至於太深；斂以時服，則不至於太奢；廣輪揜坎，則不至于太大；其高可隱，則不至于太高。左為陽，故袒之以變吉；右為陰故還焉以示凶骨肉為陰則降而聚故言歸復于土魂氣為陽則升而散故言無不之夫骨肉之歸復于土魂氣之無不之是人情之所哀者然季子號之止於三則臨喪之哀為不足矣

吳澄曰命謂造化流行生死萬物者人之骨肉資坤而成既生之後漸漸長大及其死也歸而藏焉復反于土漸漸朽腐與土為一此造化流行之命使然故云命也若其魂氣資乾而始死則游散混于天氣之中無所不之也季子其時奉君命出使而有私喪不敢將其尸柩以歸只得葬于齊地故言死而骨肉歸土乃天命之常人情縱有繫戀不容不葬之土中父子一體死者葬齊生者還吳兩相離訣永不親近深可悲傷然其魂氣則無所不之父子一氣能相感通父在於吳則子之魂氣亦在於吳實不踈遠也聊以自寬慰爾右還其封且號者三八字為一句謂圍繞其封且以行而且號哭也三是記其圍繞之匝數非計其號哭之聲數也足行口哭二事兼并圍繞之行既止而後號哭之聲亦止非謂但哭三聲也王氏以此為哀不足蓋誤分一句作二句讀遂誤解且號者三與莊子書之三號同也況季子於子之喪自初死至葬時甚促或經旬日或經半月或經兩旬遲速莫考初死之時哭必盡哀又有再哭三哭朝哭夕哭其哭不止一次矣非但有此既葬還封之一哭也惡得以此而議其哀之不足哉

後漢書梁鴻傳鴻父讓寓於北地而卒鴻時尚幼以遭亂世卷席而葬鴻後至吳依大家皐伯通居廡下疾且困告主人曰昔延陵季子葬子於嬴博之間不歸鄉里慎勿令我子持喪歸去及卒伯通等爲求葬地於吳要離冢傍咸曰要離烈士而伯鸞清高可令相近葬畢妻子歸扶風

馬援傳援卒不敢以喪還舊塋裁買城西數畝地藁葬而已

後漢袁安孔傳

張霸傳霸蜀郡成都人也為會稽太守後被徵四遷為侍中卒年七十遺詔諸子曰昔延陵使齊子死嬴博因坎路側遂以葬焉今蜀道阻遠不宜歸塋可止此葬足藏齒髮而已務遵速朽副我本心人生一代但當畏敬於人若不善加已直為受之諸子承命葬於河南梁縣因遂家焉

謝承後漢書崔瑗為濟北相光祿大夫杜喬為八使徇行郡國以贓奏瑗徵詣廷尉瑗上書自訟得理出會病卒臨終顧命子實曰夫稟天地之氣以生及其終也歸精於天還骨於地何地不可藏形骸勿歸鄉里實奉遺命遂留葬各

（太原人為雜號將軍鎮守河西十餘年曾[illegible]）

魏畧郝昭字伯通病亡遺令誡其子凱曰吾為將知將不可為也吾數發冢取其木以為攻戰具又知厚

葬無益於死者也汝必歛以時服死復何葬耶今去本墓遠東西南北在而已與

晉書王裒傳鄉人管彥少有才而未知名裒獨以為必當自達拔而友之男女各始生便共許為婚彥後為西夷校尉卒而葬于洛陽裒後更嫁其女彥弟馥問裒裒曰吾薄志畢願山藪昔嫁姊妹皆遠吉凶斷絕每以此自誓今賢兄子葬父於洛陽此則京邑之人也豈吾結好之本意哉馥曰嫂齊人也當還臨淄裒曰安有葬父河南而隨母還齊用意如此何婚之有

二程全書古人適異方死不必歸葬故里如季子是也其言骨肉歸于土若夫魂氣則無不之也然觀季子所處要之非知禮者也

語林曰王太保有二兒一兒欲還舊塋一兒欲留葬太保乃垂淚曰不忘故鄉仁也不戀本土達也唯仁

與達吾二子有焉

讀禮通考卷八十六

葬考

招魂葬

陳留風俗傳沛公起兵野戰喪皇妣於皇鄉天下平定乃使使者以梓宮招魂幽野於是丹蛇在水自洒濯之入於紫宮其浴處有餘髮故謚曰昭靈夫人

後漢書鄧晨初娶光武姊元後沒于亂兵光武即位追封為新野節義長公主及晨卒詔遣中謁者備官屬禮儀招迎新野主魂與晨合葬

晉書永嘉五年東海王越薨先是裴妃為人所畧賣于吳氏大興中得渡江欲招魂葬越元帝詔有司詳議博士傅純曰聖人制禮以事緣情設冢槨以藏形

移前陳留風俗後

而事之以凶立廟祧以安神而奉之以吉送形而往迎精而還此墓廟之大分形神之異制也至于室寢廟祊祭非一處所以廣求神之道而獨不祭于墓明非神之所處也今亂形神之別錯廟墓之宜違禮制義莫大于此于是下詔不許裴妃不奉詔遂葬越于廣陵大興末墓毀改葬

元經 東晉元帝太興元年夏四月禁招魂葬

薛收元經傳 招魂葬非古禮也漢魏之術皆妄也葬之為言藏也仁人於其親掩藏歸穴不豐不儉必約於禮焉延陵季子曰魂無不之此言葬形非葬魂矣禁之禮也

水經注 黃溝縣故陽武之東黃鄉沛公起兵野戰喪皇妣于黃鄉天下平定及使使者以梓宮招魂幽野

於是丹蛇自水濯洗入于梓宫其浴處有遺髮焉故謚曰貽靈夫人因作寢以寧神也

通典招魂葬議　東晋元帝建武二年袁瓌上禁招魂葬表云故尚書僕射曹馥沒於寇亂嫡孫胤不得葬屍招魂殯葬伏惟聖人制禮因情作教故椁周於棺棺周於身然則非身無棺非棺無椁也胤無喪而葬招幽魂氣於德爲愆義於禮爲不物監軍王崇太傅司馬劉洽皆招魂葬請臺下禁斷博士阮放傅純張亮等如瓌表元興元年詔書下太常詳處賀循荅辭宜如瓌所上自今以後禁絕犯者依禮法荀組非招魂葬議據亦如前或引屈原招魂荅曰屈原本非折喪或引漢之新野公主魏之郭循皆招魂葬荅曰此可以定有神未足以通招魂也或引喬山有黃帝之

塚是葬神也荅曰時人思帝葬其衣冠非葬神也治中王冡同組意冡引墓中靈座爲證以形神本相依而設座不謂靈可藏也今無形可依則當唯存于廟耳組予奕附組意云夫葬既下柩將闔戶還迎神反虞則墓中之座無神可知〇于寶駮招魂葬云時有招魂考之經傳則無聞焉近太傅公既屬寇亂柩不反時　議招魂葬東海國學官令魯國周生以爲宜爾盛陳其議皆多無證寶以爲人死神浮歸天形沉歸地故爲宗廟以賓其神衣衾以表其形棺周于衣椁周于棺今失形於彼穿塚於此知亡者不可以假存而無者獨可以僞有哉未若于遺禍之地脩迎神之禮宗廟以安之哀敬以盡之周生議云魂堂九筵設於空寢豈惟斂尸亦以寧神也荅者曰古人有言

夫禮者其事可陳也其義難知也是以君子重于禮義夫別嫌明疑原情得旨者不亦微乎故其為制有以順鬼神之性有以達生者之情然則塚壙之間有饋席本施骸骨未為有魂神也若乃釭魂於舘閑神於椁居浮精於沉魄之域匿遊氣於壅塞之室豈順鬼神之性而合聖人之意乎則葬魂之名亦幾於迂矣周生又云昔黄帝體仙登遐其臣扶微等斂其衣冠殯而葬焉則其證也荅曰孔子論黄帝曰生而人利其化百年死而人畏其神百年亡而人用其教百年此黄帝亦死言仙謬也就使必仙何議於葬○孔衍禁招魂葬議曰時有没在寇賊失亡屍骸皆招魂而葬吾以為出於鄙陋之心委巷之禮非聖人之制而為愚淺所安遂行於時王者所宜禁也何則聖人

制殯葬之意本以藏形而已不以安魂爲事故既葬之日迎神而返不忍一日離也況乃招其魂而葬之反於人情而先其禮虛造師事以亂聖典宜可禁也李瑋宜招魂葬論難孔衍引禮祖祭是送神也既葬三日又祭於墓中有靈座几筵飲燕之物非唯藏形也引周武尚祭于畢季子復命于墓成公夢康叔相奪余饗既葬迎神而返慱求神之道孝子未忍離其親耳且宗廟是烝嘗之常宇非爲仙靈常止此廟也猶員丘是郊祀之常處非爲天神常居此丘也詩曰祖考來格知是外至也又曰神保聿歸歸其幽冥也卜宅安厝亦安神也伯姬火死而叔弓如宋葬共姬皆其證也宋玉先賢光武明主伏恭范逡並通義理公主亦招魂葬豈皆委巷乎孔衍荅曰祭必立壇不

可謂神必墓中也若神必墓中則成周雒邑之廟皆虛設也又帝丘及詩來格聿歸皆所以明䰟無不從耳既葬三日祭墓亦猶飯含不忍其虛耳共姬之焚以明窮而彌正不必灰燼也既後灰燼骨肉雖灰灰川其實何緣舍埋灰之實而反當葬魂乎此皆末代失禮之舉非合聖人之舊也○北海公沙歆宜招魂論云神靈止則依形出則依主墓中之座廟中之主皆所綴意髣髴耳若俱歸形于地歸神於天則上古之法是而招魂之事非也若吉凶皆質宮不重修墓不封樹則中古之制得而招魂之事失也若五服有章龍旂重旒事存送終班秩百品即生以推亡依情情以處禮則近代之數容招魂之理通矣招魂者何必葬乎蓋孝子竭心盡哀耳○陳舒武陵王招魂葬

議云先太保生沒庠場求依太傅故事招魂葬按禮無招魂葬之文時人往往有招魂葬者皆由孝子哀情迷惑宜以禮裁不應聽遂○張憑新蔡王招魂葬議云新蔡王所繼先王昔永嘉之難覆沒寇　靈柩未返今求招魂靈安厝謹按禮典無招靈之文若藏虛棺以奉終則非原形之實埋靈爽於九泉則失事神之道惧非古人之情禮所未安也○博士江淵議凡葬之言藏所以閉藏尸柩非為魂也今招魂而葬無尸而殯或無殯而空各任近情以長虛事非禮所許宜如司徒所上以明永制蜀譙周論或曰有人死而亡其尸者招魂葬何如曰夫葬所以藏尸柩也若魂氣則無不之焉得藏諸

宋庾蔚之論葬以藏形廟以饗神季子所云魂氣無不之寧可得招而葬乎

舊唐書楊紹宗妻王氏華州華陰人也初年二歲所生母亡爲繼母鞠養至年十五父●征遼而歿繼母尋亦卒王乃收所生及繼母屍柩并立父形像招魂還葬訖廬於墓側陪其祖母及父母墳永徽中詔曰故楊紹宗妻王氏因心爲孝率性成道年迫桑榆筋力衰謝以繼在隋朝父歿遼左招魂還葬負土成墳葬其祖父母等竭此老年親加板築痛結晨昏哀感行路永言志行嘉尚良深宜標其門閭用旌敏德賜物三十段粟五十石

並入宋史前

宋史

淳化中有言昭成太子嬖妾張氏于都城西佛
……昭宣使王繼恩……

……卷之陋習非先王之道……
謂也古者人死則使以其上服升屋而號曰臯某復……
覆尸蓋猶冀其復生也而荆楚之俗或以是施之生人故宋玉憫其師屈原無
罪放逐恐其魂散而不復還乃托帝命假巫語以招之欲以復其精神延其年
壽而盡愛以致禱耳豈謂招魂而葬之耶曰橋山之冢葬其衣冠何也曰好事
者爲之也按大戴禮孔子論黃帝生而人得其利百年死而人畏其神百年亡
而人用其教百年史稱黃帝在位百年橋山若謬也曰然則當如之何曰鬣宅
眷屬宜于遭溺之地備迎神之禮招魂徒跣號呼于途而迎之以歸祠廟以妥

……也……失……聖……是……委……之……以……

議云先太保生沒虜場求依太傅故事招魂葬按禮無招魂葬之文時人往往有招魂葬者皆由孝子哀情迷惑宜以禮裁不應聽遂○張憑新蔡王招魂葬議云新蔡王所繼先王昔永嘉之難覆沒寇 靈柩未返今求招魂靈安厝謹按禮典無招靈之文若藏虛棺以奉終則非原形之實埋靈爽於九泉則失事神之道懼非古人之情禮所未安也○博士江淵議凡葬之言藏所以閉藏尸柩非爲魂也今招魂而葬無尸而殯或無殯而空各任近情以長虛事非禮所許宜如司徒所上以明永制蜀譙周論或曰有人死而亡其尸者招魂葬何如曰夫葬所以藏尸柩也若魂氣則無不之焉得藏諸

宋庾蔚之論葬以藏形廟以饗神季子所云魂氣無不之寧可得招而葬乎

自史宗入此低一字

舊唐書宗室傳劉武周遣其將尉遲敬德潛援宋金剛武德二年大戰于夏縣之戰王師敗績永安王孝基與內史侍郎唐儉等皆沒於賊後謀歸國為劉武周所害高祖為之發哀廢朝三日賜其家帛千匹購其屍不得招魂而葬之

入宋史前

宋史淳化中有言昭成太子嬖妾張氏于都城西佛

矣且人之死也歸祔于[illegible]

氣則無不之也是故聖人制為殯葬之禮本以掩骼形影不以[illegible]

之日迎神而返于家蓋孝子之心不忍一日離也詩曰祖考來格知自外至也又曰神保聿歸歸其幽冥也故墓以瘞骨廟以棲神此古今之通禮也乃若失形于彼穿壙于此誌石明器無柩可依若堂若防虛文是尚反乎人情盭乎聖典王者所宜禁也嗟乎閉靈爽于沉臭之域是不仁也樹松楸于空椁之塚是不知也仁知亡而人之道熄矣豈孝子事其親之心哉由是知招魂而葬乃委巷之陋習非先王之遺制也豈可乎哉曰招魂之篇見諸楚辭何也曰非是之謂也古者人死則使以其上服升屋而號曰皋某復遂以其衣三招之乃下以覆尸蓋猶冀其復生也而荊楚之俗或以是施之生人故宋玉憫其師屈原無罪放逐恐其魂散而不復還乃托帝命假巫語以招之欲以復其精神延其年壽而盡愛以致禱耳豈謂招魂而葬之耶曰橋山之冢葬其衣冠何也曰好事者為之也按大戴禮孔子論黃帝生而人得其利百年死而人畏其神百年亡而人用其教百年史稱黃帝在位百年橋山若謬也曰然則當如之何曰鬮宅眷屬宜于遺溺之地備迎神之禮括髮徒跣號呼于途而迎之以歸祠廟以妥

議云先太保生沒虜場求依太傅故事招魂葬按禮無招魂葬之文時人往往有招魂葬者皆由孝子哀情迷惑宜以禮裁不應聽遂○張憑新蔡王招魂葬議云新蔡王所繼先王昔永嘉之難覆沒寇　靈柩未返今求招魂靈安厝謹按禮典無招靈之文若藏虛棺以奉終則非原形之實埋靈爽於九泉則失事神之道懼非古人之情禮所未安也○博士江淵議凡葬之言藏所以閉藏尸柩非為魂也今招魂而葬無尸而殯或無殯而窆各任近情以長虛事非禮所許宜如司徒所上以明永制蜀譙周論或曰有人死而亡其尸者招魂葬何如曰夫葬所以藏尸柩也若魂氣則無不之焉得藏諸

宋庾蔚之論葬以藏形廟以饗神季子所云魂氣無不之寧可得招而葬乎

舊史宋人此位八字

宋史淳化中有言昭成太子嬖妾張氏于都城西佛寺招䰟葬其父母僭差踰制上怒遣昭宣使王繼恩驗問

明李濂招寃葬荅問嘉靖丁酉冬十二月十日汴馬生北赴南省試渡河走氷壞其舟溺而死求其尸逾月不可得其家諸招䰟葬焉乃質于李子曰招寃葬有諸李子曰史傳有之禮家之所不取也吾聞葬也者藏也所以藏其形于地下以安厝也故椁周于棺棺周于身非身無棺非棺無椁也苟無其身而招寃葬焉則于義為窒于德為悖于禮為不物何也亡者不可以假存無者不可以僞有也是故禮經無招寃葬之文漢魏以還或有冒為之者而袁瓌荀組于寳孔衍之徒咸著論以非之可謂通幽明之故知鬼神之情者矣且人之死也歸神于天歸形于地故延陵季子曰骨肉復歸于土命也若寃氣則無不之也是故聖人制為殯葬之禮本以掩厥形骸不以安䰟為事既葬之日迎神而返于家葢孝子之心不忍一日離也詩曰祖考來格知自外至也又曰神保聿歸歸其幽冥也故墓以瘞骨廟以棲神此古今之通禮也乃若失形于彼穿壙于此誌石明器無柩可依若堂若防虛文是尚反乎人情盭乎聖典王者所宜禁也嗟乎閉靈爽于沉臭之域是不仁也樹松檟于空椁之塚是不知也仁知亡而人之道熄矣豈孝子事其親之心哉由是知招䰟而葬乃委巷之陋習非先王之遺制也豈可乎哉曰招䰟之篇見諸楚辭何也曰非是之謂也古者人死則使以其上服升屋而號曰臯某復遂以其衣三招之乃下以覆尸蓋猶冀其復生也而荊楚之俗或以是施之生人故宋玉憫其師屈原無罪放逐恐其䰟散而不復還乃托帝命假巫語以招之欲以復其精神延其年壽而盡愛以致禱耳豈謂招寃而葬之耶曰橋山之冢葬其衣冠何也曰好事者為之也按大戴禮孔子論黃帝生而人得其利百年死而人畏其神百年亡而人用其教百年史稱黃帝在位百年橋山之葬謬也曰然則當如之何曰釁宅眷屬宜于遺溺之地備迎神之禮括髮徒跣號呼于途而迎之以歸祠廟以妥

大字依一字移在前

之木主以依之祝辭以告之牲醴俎
之哭泣擗踊以哀之三年而除其服歲時舉祀如常儀則庶乎其可也

王廷相曰冠亂而失其體招冤而葬何也曰葬所以藏其體也歛衣冠而招魂不亦作虛乎鬭精靈于沉冥之域不幾于失鬼神之情性乎二者皆犯于禮者也

許三禮增定招魂葬服說經事知宜變事知權遣人倫之變而禮以義起固孝子仁人不得已苦情哉家禮止載奔喪改葬儀孫鍾元先生家禮酌增招魂葬祭之禮俱人情之至天理之宜但于此有別焉按漢李固爲梁冀所害其子燮追行喪葬等事即卜吉製棺用緞絹作冥衣領下定白綾條寫姓神主式稱號姓名生時并月招歛魂而殮葬之宜也其孝子即披髮跣足寢苦枕木照斬衰服制行可也若魏李徹祖歛爲河内守公孫度用欲之遂去不知所終諸類此等更有難爲情者人子固不忍遽有死其親之心將疑謂尚生之耶萬一已殁則凡子飲酒食肉居内衣綵之日俱子彌天大罪之日矣尚疑已死又恐尚生將何以爲情哉揔之不得妥其親之日皆子難安枕之日礼宜追求躬訪持齋服澹不赴宴不聽樂畢竟積年不得歲過耄老然後設木主具衣冠招魂葬追服制爲是何也天下無無父之子父不得葬子何以死令每有子官任所父殁家鄉授至得聞喪日期業已過三月五月計父母已魂升魄降而子尚歌兒舞女事固不同情亦相類痛遺終天誅難恕心念及此不動終養之念者非也不得已而逢此變者礼宜于三年服喪外每年齋忌日補齋至聞喪日終身行之庶幾補過善哉家礼酌曰凡遇此等變者終身崇雅素守澹穆可謂孝所謂古人有終身之喪是矣

雷次宗豫章記許子將墓在郡南中里昔子將以中國大亂遠來度江隨劉繇而卒葬于昌門時漢興平二年也吴天紀中太守吴興沈季伯白日于聽事上坐忽見一人着黄單衣稱汝南羊與許子將求改葬因忽不見即求其喪不知處所遂招魂葬之命文學施遐爲招魂文

分屍葬

譙周三巴記曰巴國有亂巴國將軍曼子請師于楚許以三城楚王救巴巴國已平楚使請城曼子曰藉楚之靈克弭禍難誠許楚王城持頭往謝楚王城不可得也乃自刎以頭予楚楚子嘆曰吾得臣如巴曼子何以城爲以上卿禮葬曼子頭巴國葬其身亦以上卿禮

三國志關羽傳吴主權送羽首于曹公以諸侯禮葬其屍骸

通鑑唐德宗時朱泚攻奉天渾瑊力戰卻之泚復攻城將軍高重捷與泚將李日月戰於梁山之隅破之乘勝逐北賊伏兵擒之其麾下十餘人奮不顧死追奪之乃斬其首棄其身而去麾下收之入城上

親撫而哭之盡哀結蒲爲首而葬之贈司空朱泚見其首亦哭之曰忠臣也束蒲爲身而葬之

殉葬

檀弓陳子車死於衛其妻與其家大夫謀以殉葬（注子車齊大夫）定而後陳子亢至以告曰夫子疾莫養于下請以殉葬（注子亢子車弟孔子弟子）子亢曰以殉葬非禮也雖然則彼疾當養者孰若妻與宰得已則吾欲已不得已則吾欲以二子者爲之也（注度諫之不能止以斯言拒之）于是弗果用

陳乾昔寢疾屬其兄弟而命其子尊己曰如我死則必大爲我棺使吾二婢子夾我陳乾昔死其子曰以殉葬非禮也况又同棺乎弗果殺（注善尊己不陷父于不義）

詩秦風黃鳥哀三良也國人刺穆公以人死從而作是詩也（秦本紀云穆公卒葬于雍從死者百七十人然則死者多矣主傷善人故言哀三良也殺人殉葬當是後主爲之此不刺康公而刺穆公者是

穆公命從已死此臣自殺從之非後王之過也交交黃鳥止于棘誰從穆公子車奄息維此奄息百夫之特臨其穴惴惴其慄彼蒼者天殲我良人如可贖兮人百其身○交交黃鳥止于桑誰從穆公子車仲行維此仲行百夫之防臨其穴惴惴其慄彼蒼者天殲我良人如可贖兮人百其身○交交黃鳥止于楚誰從穆公子車鍼虎維此鍼虎百夫之禦臨其穴惴惴其慄彼蒼者天殲我良人如可贖兮人百其身

左傳文公六年秦伯任好卒注任好穆公名以子車氏之三子奄息仲行鍼虎為殉皆秦之良也國人哀之為之賦黃鳥君子曰秦穆之不為盟主也宜哉死而棄民先王違世猶詒之法而況奪之善人乎詩曰人之云亡邦國殄瘁無善人之謂若之何奪之今縱無法以遺

後嗣而又收其良以死難以在上矣君子是以知秦之不復東征也注不能復征東方諸侯為霸主

成公二年八月宋文公卒始用殉

成公十年晉侯疾病如廁陷而卒小臣有晨夢負公以登天及日中負晉侯出諸廁遂以為殉

定公三年春二月辛卯邾子在門臺注門上有臺臨廷閽以缾水沃廷邾子望見之怒閽曰夷射姑旋焉注旋小便命執之注見其不潔執射姑弗得滋怒自投于牀廢于鑪炭爛遂卒注廢墮也先葬以車五乘殉五人注欲藏中之潔故先納車及殉別為便房蓋其遺命○疏邾子好潔以人為殉欲備地下掃除若今與柩同入恐其污穢藏內故先納車及殉別為便房以處之莊公卞急而好潔故及是注卞躁疾也

明英宗實録天順八年正月己巳帝大漸召皇太子至榻前諭之曰殉葬非古禮仁者所不忍衆妃不要

低一字大

殉葬憲宗即位遵之

劉定之否泰録英廟曰我朝高廟文廟仁廟宣廟皆用人殉葬我不忍也此事宜自我止後世子孫勿復為至今遂為定制嗚呼英廟好生之德至矣乎

衣冠葬

虞集程夫人墓誌銘史台孫喪其曾太母不知其處刻木象神具衣冠葬諸湖之新塋或曰葬以藏體魄也象而藏之殆不可然則立先大夫之墓具載夫人之事以示子孫傳後世或曰其可也請徵文于余其感其言為叙其次而著之

虞堪書陶孝子傳後常州城陷民陶其父為賊驅及官軍復城父死不知其所某于寓近營塚壙冠裳旦暮哭臨

西園聞見録楊敬歸德衛人父昱洪武間陳亡敬十歲聞訃即哭踊每思求父遺骸不果乃取衣冠

低字大

魏書

于先塋之次事母文氏極孝謹聞陳戰事輒流淚
已時人以至孝稱之母卒哀毁踰禮旁殯在堂鄰
戒火將及柩敬仰天大哭俄反風息火鄉里異之
旌子懸舉人仕至知州
顧璘謝孝子傳孝子名廣父忠出賈梁宋間袖仙
纂事志竊慕之遂遊名山不歸廣屢年尋覓竟不
得迨母氏以天年終乃具父衣冠招魂以窆焉衰
之心至老不替

火葬

東都事略建隆三年三月丁亥詔曰王者設棺槨之
品建封樹之制所以厚人倫而一風化也近代以來
率多火葬甚愆典禮自今宜禁之
宋史禮志高宗紹興二十七年監登聞鼓院范同言

令民俗有所謂火化者生則奉養之具惟恐不至死則燔爇而棄捐之何獨厚於生而薄于死乎甚者焚而置之水中識者見之動心國朝著令貧無葬地者許以係官之地安葬河東地狹人衆雖至親之喪悉皆焚棄韓琦鎮并州以官錢市田數頃給民安葬至今為美談然則承流宣化使民不畔于禮法正守臣之職也方今火葬之慘日益熾甚事關風化禮宜禁止仍勅守臣措置荒閑之地使貧民得以收葬少細風化之美從之二十八年户部侍郎榮薿言比因臣僚陳請禁火葬令州郡置荒閑之地使貧民得葬誠為善政臣聞吳越之俗葬送費廣必積累而辦至于貧下之家送終之具唯務從簡是以從來率以火化為便相習成風勢難遽革況州縣休息之久

事文類聚

賈同禁焚死

傳曰孝子事死如事生又曰父母全而生之子全而歸之不亦孝乎父母既殁斂手足形旋葬慎護戒奉死如生斯之謂事死身體髮膚無有毀傷以沒其世也斯之謂歸全古今達礼也夫生而或毀傷之雖不仁猶有為也死而後毀傷之則其不仁不亦甚矣故曰存其禮於此之謂孫噫今之多焚其死者何哉礼曰新宮火有焚其先人之敝廬三日哭夫宮庿之與廬舍猶然況又執火而焚其死者乎惡不容於誅矣謂縱不仁之子棄其死于中野使為鳶狐狸食之不猶愈於自殘之者歟閭閻既以為俗而漸染於士大夫之家亦多為之或以守戍徼遠死祔于先祖之塋域故焚之以苟其便易嗚呼先人制礼士大夫奉以立身推以化民如之何其苟便易而棄之也豈獨棄礼哉抑亦舉其親而棄之也設不幸道遠而貧未能奉而歸買地而葬之廬而守之俟其久也負骨而歸不亦可乎又或者以惡疾而死俗云有種慮染其後者而焚之斯則既不仁矣又惑之甚者夫修短有命疾病豈有例哉根其由蓋始自桑門之教而域之俗也夫聖王御世制礼作樂布浹仁義使天下如之何使西域之法敗先王之礼經耶教天下以不仁耶請禁

入路史前　低一字大

……之人廣置風水遂致占田爲墳而力耕火種之民無從措手恐非久長之處也

容齋隨筆

自釋氏火化之説起于是死而焚屍者所在皆然固有炎暑之際畏其穢泄斂不終日肉尚未寒而就爇者矣魯夏父弗忌獻逆祀之議展禽曰必有殃雖壽而没不爲無殃既其葬也焚烟徹于上謂已葬而火焚其棺槨也吳伐楚其師居麇楚司馬子期將焚之令尹子西曰父兄親

暴骨焉不能收又焚之不可謂前年楚人與吳戰多死麋中不可并焚也衛人掘褚師定子之墓焚之于平莊之上燕騎劫圍齊即墨掘人冢墓燒死人齊人望見涕泣怒自十倍王莽作焚如之刑燒陳良等則是古人以焚尸為大僇也列子曰楚之南有炎人之國其親戚死剐其肉而棄之然後埋其骨秦之西有儀渠之國其親戚死聚柴積而焚之燻則烟上謂之登遐然後成為孝子此上以為政下以為俗而未足為異也蓋是時其風未行于中國故列子以儀渠為異至與剐肉者同言之

司馬氏

書儀世人有遊宦沒于遠方子孫火焚其柩收燼歸葬者夫孝子愛親肌膚之體故斂而葬之殘毀他人之尸在律猶嚴況子孫乃悖謬如此其始蓋出于羌之俗浸染中華行之既久習以為常見者恬然曾莫之怪豈不哀哉延陵季子適齊其子死葬於嬴博之間骨肉復歸于土命也魂氣則無不之也孔子以為合禮必也不能歸葬葬于所在可也不猶愈于焚之哉

容齋隨筆自釋氏火化之說起于是死而焚尸者所

生聚日繁，所用之地必須寬廣，仍附郭近便處，官司以艱得之故，有未行摽撥者，既葬埋未有處所，而行火化之禁，恐非人情所安。欲乞除豪富士族申嚴禁止外，貧下之民并客旅遠方之人，若有死亡，姑從其便，俟將來州縣摽撥到荒閑之地，別行取旨。詔依，仍令諸州依已降指揮措置摽撥。

二程全書：古人之法，必犯大惡則焚其屍，今風俗之弊，遂以為禮，雖孝子慈孫亦不以為異，更是公家明立條貫，元不為禁，如言軍人出戍，許令燒焚，將骨殖歸；又言郊壇須三里外方得燒人，則是別有焚屍之法。此事只是習慣，便不以為事，今有狂夫醉人妄以其先人棺櫬一彈，則便以為深讐巨怨，及親拽其親而納之火中，則略不以為怪，可不哀哉！

通志：葬用火化。按杜氏通典云：古者送死于中野，衣之以薪，而瘞其骨[illegible]，則此亦古俗也，未為害義，今則以法律之，不復火化矣。然一墳所占不止十步，而有力之人廣圍風水，遂致占田為墳，而刀耕火種之民無從措手，恐非久長之處也。

容齋隨筆：自釋氏火化之說起，于是死而焚屍者所在皆然，固有炎暑之際，畏其穢泄，斂不終日，肉尚未寒而就爇者矣。魯夏父弗忌獻逆祀之議，展禽曰：必有殃。雖壽而沒，不為無殃。既其葬也，焚烟徹于上，謂已葬而火焚其棺槨也。吳伐楚，其師居麇，楚司馬子期將焚之，令尹子西曰：父兄親暴骨焉不能收又焚之不可謂前年焚人與吴戰多死麋中不可并焚也衛人掘褚師定子之墓焚之于平莊之上燕騎劫圍齊即墨掘人冢墓燒死人齊人望見涕泣怒自十倍王莽作焚如之刑燒陳良等則是古人以焚尸為大僇也列子曰楚之南有炎人之國其親戚死刳其肉而棄之然後埋其骨秦之西有儀渠之國其親戚死聚柴積而焚之燻則烟上謂之登遐然後成為孝子此上以為政下以為俗而未足為異也盖是時其風未行于中國故列子以儀渠為異至與刳肉者同言

書儀世人有遊宦沒于遠方子孫火焚其柩收燼歸葬者夫孝子愛親肌之體故斂而葬之殘毀他人之尸在律猶嚴況子孫乃悖謬如此其始盖出于羌之俗浸染中華行之既久習以為常見者恬然曾莫之怪豈不哀哉延陵季子適齊其子死葬於嬴博之間骨肉復歸于土命也魂氣則無不之也孔子以為合禮必也不能歸葬葬于所在可也不猶愈于焚之哉

容齋隨筆自釋氏火化之說起于是死而焚尸者所

在皆然固有炎暑之際畏其穢泄肉未及寒而就爇者矣魯夏父弗忌獻逆祀之議展禽曰必有殃雖壽而殁不爲無殃既其葬也焚烟徹于上謂已葬而火焚其棺槨也吴伐楚齊師居麇楚司馬子期將焚之令尹子西曰父兄親暴骨焉不能收又焚之不可謂前年楚人與吴戰多死麇中不可并焚也衛人掘褚師定子之墓焚之于平莊之上燕騎劫圍齊即墨掘人塚墓燒死人齊人望見涕泣怒自十倍王莽作焚如之刑燒陳良等所以古人以焚尸爲大僇也

路史發揮甚矣焚尸之酷也父兮鞠我母兮育我其死也一舉而焚之孝子順孫爲之安乎曩觀秘閣閒談有鄭民張福詮者貴糶爲雷所撲其妻焚之中道忽死既而讞曰福詮震死亦僃若矣而又見焚不

已甚乎以是知焚尸爲死者苦也

元典章至元十五年正月行臺准御史臺咨承奉中書省劄付近准北京等路行中書省咨北京路申同知高朝列牒伏見北京路百姓父母身死往往置於柴薪之上以火焚之照得古者聖人治喪具棺槨而厚葬之今本路凡人有喪以火焚之實滅人倫有乖喪禮本省看詳今後除從軍遷遠或爲羈旅從便焚燒外據久居土着之家若准本路所申相應准此送禮部議得四方之民風俗不一若便一體禁約似有未盡參詳比及通行定奪以來除從軍應役并遠方客旅諸色目人許從本俗不須禁約外據土着漢人擬合禁止如遇喪事稱家有無置備棺槨依理埋葬以厚風俗及據禮部呈隨路廟院寄頓骸骨合無明

立條教以革火焚之弊俾民以時喪葬若貧民無地葬者听於官荒地内埋了若無人收葬者官爲埋瘞本部議得除火焚之弊已行禁治外其貧民無地葬者則于官荒地内埋了無人收葬者官爲埋瘞似爲相應都省准呈仰遍行合屬依上施行

元黄（王）惲論中都喪祭禮事狀曰竊惟送終人子之大事今見中都風俗薄惡于喪祭之禮有亟當救正者如父母之喪例皆焚燒以爲當然習既成俗恬不知痛敗俗傷化無重于此契勘係契丹遺風其在漢民斷不可訓理合禁止以厚薄俗外據除六無間貴賤多破錢物市一切紙作房室侍從車馬等儀物不惟生者虚費于死者實無所益亦乞一就禁止

〔黄瑜雙槐歲抄〕聖祖嘗與學士陶安登南京城樓聞焚尸之氣惡之安曰古有掩骼埋胔之令推恩及于枯骨近世狃于俗或焚之而投骨于水孝子慈

孫于必何忍傷恩敗俗莫此為甚上曰此王道之言也自是王師所臨見枯骸必掩埋之而後去洪武三年禁止浙江等處水葬火葬中書省禮部議以民間死喪必須埋葬如無地官司設為義冢以便安葬並不得火化違者坐以重罪

王廷相曰貧不能營葬具何如曰衣衾棺槨切於身者也茍貧也餘不必具可也其甚也衣衾周體有棺而無槨亦可也子游問喪具夫子曰有無過禮茍無矣斂手足形還葬縣棺而窆人豈有非之者哉子路曰傷哉貧也生無以為養死無以為禮也孔子曰啜菽飲水盡其歡斯之謂孝斂手足形還葬而無槨盡其財斯之謂禮沒于遠方何如曰力能歸其柩正首而葬之禮也不能反其柩旅葬其地亦禮也曰世有火其柩而歸其燼者何如曰斯悖謬之大者也且夫愛其親之肌體故斂而藏之焚之是戕其親矣何忍乎斯悖謬之大者也延陵季子適齊其長子死即葬于嬴博之間曰骨肉復歸于土命也若魂氣無不之也孔子曰延陵季子之于禮也其合矣乎必也不能歸葬如季子之葬其子亦可也不猶愈于焚之哉

湛若水家訓焚尸之禍殘子孫天性之愛傷天地泰和之氣能使一方荒旱癘疫我在南京叅贊已行之令立一義阡禁一村人民不許燒焚父母以陷于不孝之罪皆令葬于義阡以存天和有貧無棺者本家給與

乾學按火葬之說悖理賊親之甚斷斷不可不禁革者及觀榮嶷及通志之言反若以火葬為善嗚呼何其立說之顛倒也必若憂葬埋之無地則官為廣立義塚使四

郊之小民或得死有所歸是亦仁政之一端也

又明律從尊長遺言將屍燒化及棄置水中者杖一百從畀幼並減二等若亡沒遠方子孫不能歸葬而燒化者聽從其便

大清律文與明律同

朱董祥曰焚尸之事世俗雖有然皆出于市井僕隸稍有知者必不為也菓此輩不能以理諭則當以法懲故為人臣者而不能致君禁止使民為掩骼之計不可以稱仁人為士子者而不使鄉黨閭里習聞其慘毒而不覺化之以漸不可以稱孝子為之者固市井僕隸而所以使之而為之而無忌者豈盡其罪也耶

義葬

史記主父偃列傳主父方貴幸時賓客以千數及其族死無一人收者唯獨洨孔車收葬之天子後聞之以爲孔車長者也

晉書閻纘傳纘為太傅楊駿舍人轉安復令駿誅纘棄官歸要駿故主簿潘岳掾崔基等共葬之基岳畏罪推纘為主墓成當葬駿從弟模告武陵王澹將表殺造意者衆咸懼填冢而逃纘獨以家財成墓葬駿而去

會葬

春秋文公元年二月天王使叔服來會葬夏四月丁巳葬我君僖公

文公五年三月辛亥葬我小君成風王使召伯來會葬

襄公三十有一年冬十月滕子來會葬癸酉葬我君

襄公

定公十有五年九月滕子来會葬丁巳葬我君定公

公羊傳其言来會葬何會葬禮也

穀梁傳葬曰會其志重天子之禮也薨稱公舉上也葬我君接上下也僖公葬而後舉謚謚所以成德也

會葬之禮於鄗上汪從竟至墓主為送葬来

開元禮敕遣百官會王公大臣葬儀注與會喪禮同○政和禮明集禮亦如之

唐書肅王詳薨發引之日百官于通化門外列位哭送○內史令竇威卒詔太子及百官並出臨送

金史榮王爽薨世宗遣官致祭賻銀千兩重綵四十端絹四百匹陪葬山陵親王百官送葬他日謂大臣曰荣王之葬朕以不果親送為恨其友爱如此其阿

瓚冢亦如之

後漢書東平憲王蒼傳詔中山王徵諸國王主悉會詣東平奔喪令葬

郭泰傳泰卒四方之士千餘人皆來會葬

謝承後漢書郭泰以建寧二年正月卒自弘農函谷關以西河內湯陰以北二千里負笈荷擔彌路柴車葦裝塞塗盖有萬數來

范冉傳中平二年冉卒于家遺令薄葬於是三府各遣令史奔弔會葬者二千餘人

入關時未就前

從輿人

祭墓

隸釋成陽靈臺碑慶都僊歿蓋葬于茲欲人莫知名曰靈臺上立黃屋堯所奉祠

○○按此乃古墓祭之權輿

水經注堯母慶都冢在成陽

成陽本今曹州地明臣議禮以唐縣慶都之誤矣

山鈔入墓祭門之首在周本紀武王上祭於畢前

如

曾子問曾子問曰宗子去在他國庶子無爵而居者

襄公

定公十有五年九月滕子來會葬丁巳葬我君定公

公羊傳其言來會葬何會葬禮也

穀梁傳葬曰會其志重天子之禮也葬稱公舉上也葬我君接上下也僖公葬而後舉謚謚所以成德也會葬之禮於鄙上（注從竟至墓主為送葬來）

開元禮敕遣百官會王公大臣葬儀注與會喪禮同

○政和禮明集禮亦如之

唐書肅王詳薨發引之日百官于通化門外列位哭送○內史令竇威卒詔太子及百官並出臨送

金史榮王爽薨世宗遣官致祭賻銀千兩重綵四十端絹四百匹陪葬山陵親王百官送葬他日謂大臣曰榮王之葬朕以不果親送為恨其友愛如此其阿

瑣甍亦如之

汪克寬經禮補逸天子七月而葬同軌畢至諸侯五月同盟至大夫三月同位至士踰月外姻至隱公元年改葬惠公衛侯來會葬文公元年葬僖公王使內史叔服來會葬文公五年葬我小君成風王使召伯來會葬襄公二年齊姜甍齊侯使諸姜宗婦來送葬昭公十五年王穆后崩十二月晉荀躒如周葬穆后定公十五年葬定公滕子來會葬哀公二十三年宋景曹卒季康子使冉有弔且送葬曰敝邑有社稷之事使肥與有職競焉是以不得助執紼使求從輿人

祭墓

史記周本紀九年武王上祭于畢畢文王墓地名也東觀兵至于孟津

乾學按禮不墓祭而武王祭畢則古人固有行之者矣雖與後世寒食之祭不同然其祭于墓則一也

曾子問曾子問曰宗子[illegible]在他國庶子無爵而居者

大字　大字

可以祭乎孔子曰祭哉（注有子孫在不可以乏祖之祀）請問其祭如之何孔子曰望墓而爲壇以時祭（注不祭于廟無爵者賤遠辟正主）若宗子死告於墓而後祭於家（注言祭于宗容無廟也）宗子死稱名不言孝（注孝宗子之稱不敢與之同其辭但言子某薦其常事）身沒而已（注至子可以稱孝）子游之徒有庶子祭者以此（注以用也用此禮祭也）若義也（注若順也）今之祭者不首其義故誣於祭也（注首本也誣猶妄也）

檀弓既反哭主人與有司視虞牲有司以几筵舍奠於墓左（注舍奠于墓左以父母形體在此禮其神也○疏舍奠于墓左既窆後之事也有司脩虞之有司也几依神也筵坐神席也席敷陳曰筵舍釋也奠置也墓道向南以東爲左孝子先反脩虞故有司以几筵及祭饌置于墓左以禮地神也方慤曰主人不親舍奠而使有司代之者欲速反而脩虞事故也）

周禮春官冢人凡祭墓爲尸（注始竁時祭以告后土冢人爲之尸焉）

程頤曰舊說爲祭后土則爲尸非也蓋古人之祭社之外更無所在有祭后土之禮

張栻曰墓祭非古也體魄則降和氣在上故立之主以祀以致其精神之極而謹藏其體魄以竭其深長之思此古之人明于鬼神之情狀而篤于孝愛

之誠實者也然考之周禮則有冢人之官凡祭於墓爲尸是則成周盛時固亦有祭于其墓者雖非制禮之本經而出于人情之所不忍而其義理不至于甚害則先王亦從而許之其必立之尸者乃亦所以致其精神而示饗之者非體魄之謂其爲義抑精矣

萬斯同曰冢人爲尸自是祭土神而程張二子竟以爲祭墓非也倘果爲祭墓則爲尸者當使子孫爲之何乃使冢人乎墓祭本後世之禮不必援此爲據也

乾學按檀弓及此條本非祭墓亦列于是篇者蓋以土神既有祭則推此意而祭墓中之祖考亦未始不可也故録之且世俗祭墓之時多有先祭土神者亦以見俗禮之有所本也

史記孔子世家孔子葬魯城北泗上魯世世相傳以歲時奉祠孔子冢高皇帝過魯以太牢祠焉諸侯卿相至常先謁然後從政

韓詩外傳曾子曰往而不可還者親也至而不可加

者年也是故孝子欲養而親不待之木欲直而時不待之是故椎牛而祭墓不如雞豚逮親存也

漢書張良傳良從高帝過濟北果得穀城山下黃石取而寶祠之及良死并葬黃石每上冢伏（即前此上冢人所云者）臘祠黃石

蕭望之傳望之死天子追念不忘每歲時遣使者祠祭望之冢終元帝世

後漢書李通傳帝每幸南陽遣使者以太牢祠通父冢

竇融傳帝詔右扶風脩理融父墳塋祠以太牢

鮑永傳永西至扶風椎牛上苟諫冢

明帝紀永平元年春正月帝率公卿以下朝於原陵如元會儀（漢官儀曰古不墓祭秦始皇起寢於墓側漢因而不改諸陵寢皆以晦望二十四氣三伏社臘及四時上飯其親陵所宮

人隨鼓漏理被枕具盥水陳粧具天子以正月上原陵公卿百官及諸侯王郡國計吏皆當軒下占其郡國穀價四方改易欲先帝魂魄聞之也

乾學按此帝王之事宜列于上陵篇中今亦列于此者世言墓祭始于明帝故不可不載然其舉也以正月則與後世寒食之祭終有少異也

橋玄傳玄卒曹操感其知己後徃過玄墓輒悽愴致祭奠自為其文曰故太尉橋公懿德高軌汎愛博容國念明訓士思令謨幽靈潛翳邈哉緬矣操以幼年逮升堂室特以頑質見納君子增榮益觀皆由奬朂猶仲尼稱不如顏淵李生厚歎賈復士死知己懷此無忘又承從容約誓之言徂沒之後路有經由不以斗酒隻雞過相沃酹車過三步腹痛勿怨雖臨時戲笑之言非至親之篤[illegible]肯為此辭哉懷舊惟顧念

李善傳

之悽愴奉命東征屯人鄉里北望貴土乃心陵墓裁致薄奠公其享之

三國志司馬德操嘗造龐德公值其渡沔上塚德操竟入其室呼德公妻使速作黍

唐開元二十年四月制曰寒食上墓禮經無文近代相傳浸以成俗士庶有不合廟享何以用展孝思宜許上墓同拜掃禮不得作樂仍編入五禮永為定式

開元禮王公以下拜掃先期卜日如常前一日掌事者設次於塋南百步道東西向北上脩芟翦草木之器贊禮者設主人以下位塋門外之東西面以北為上其日主人到次改服公服無者常服贊禮者曰再拜主人以下俱再拜贊禮者引主人以下入奉行墳塋（精靈感慕有泣無哭）至于封樹内外環繞哀省三周其荊棘應與

大字
低一字

李善傳善[illegible]淯陽人本同縣李元蒼頭也建武中疫疾元家相繼死沒唯孤兒續始生數旬貲財千萬諸奴婢謀殺續
其財產善潛負續逃亡鍾離意薦善行狀詔拜太子舍人時續宗遷日南太守從京師之官道經李元冢未至一里
脫朝服持鉏去草及拜墓哭泣甚悲身自炊爨執鼎俎以脩祭祀垂泣曰君夫人善在此盡哀數日乃去

荒草接連者皆隨卽芟翦不令人田得及掃除訖贊禮者引主人以下復門外位贊禮者再拜主人以下皆再拜贊禮者引之次遂還第若鮮淌或遠行辭墓若外官解淌或京官辭墓哭而後行其寒食上墓如前拜掃儀惟不占日古者宗子去他國庶子無廟孔子曰望墓而爲壇以時祭卽今之上墓義或有憑然神道尚幽不可逼黷塋域宜設于塋南門山門之外設淨席爲位遥祭以時饗如平生所嗜若二塋數墓每墓各設位席昭穆異列以西爲上主人盥手奠爵三獻而止撤饌訖主人以下泣辭塋食餘饌[illegible]孝子之情也

祀乃宮室中[illegible]壇并墓人爲墓祭之尸亦有時爲之非經禮也後世[illegible]俗未免墓祭既有墓祭則祠堂之類亦且爲之可也○禮經中既不說墓祭[illegible]卽是無墓祭之文也○張橫渠于墓祭合一分食而祭之故告墓之文有曰奔走荆棘殽亂杯盤之列之語此亦不盡也如獻尸則可合而爲一鬼神如何可合而爲一○或問今拜埽[illegible]禮何據曰此禮古無但緣習俗然不害義理古人直是誠實葬卽是葬[illegible]而神則必歸于廟既葬則設木主既除几

李善傳

之悽愴奉命東征屯人鄉里北望貴土乃心陵墓裁致薄奠公其享之

三國志司馬德操嘗造龐德公值其渡沔上墳德操竟入其室呼德公妻使速作黍

唐開元二十年四月制曰寒食上墓禮經無文近代相傳浸以成俗士庶有不合廟享何以用展孝思宜許上墓同拜掃禮不得作樂仍編入五禮永為定式

開元禮王公以下拜掃先期卜日如常前一日掌事者設次於塋南百步道東西向北上脩芟翦草木之器贊禮者設主人以下位塋門外之東西面以北為上其日主人到次改服公服無者常服贊禮者曰再拜主人以下俱再拜贊禮者引主人以下入奉行墳塋（精靈感墓有泣無哭）至于封樹內外環繞哀省三周其荊棘應與

大字
低一字

荒草接連者皆隨即芟翦不令人田得及掃除訖贊禮者引主人以下復門外位贊禮者再拜主人以下皆再拜贊禮者引之次遂還第若觧澣或遠行辭墓若外官觧澣或京官辭墓哭而後行其寒食上墓前拜掃儀惟不占日古者宗子去他國庶子無廟孔子曰望墓而為壇以時祭即今之上墓義或有憑然神道尚幽不可逼黷塋域宜設于塋南門山門之外設淨席為位遥祭以時饌如平生所嗜若二塋數墓每墓各設位席昭穆異列以西為上主人盥手奠爵三獻而止徹饌訖主人以下泣辭塋食餘饌者可于他僻處不見墓所孝子之情也

乾學按王公以下拜掃儀開元禮有之而政和禮不載亦可見當時禮官之疎畧矣

二程全書嘉礼不野合野合則秕稗也故生不野合則死不墓祭蓋燕饗祭祀乃宮室中事後世習俗廢礼有踏青藉草飲食故墓亦有祭如礼望墓為壇并墓人為墓祭之尸亦有時為之非經禮也後世在上者未能制禮則隨俗未免墓祭既有墓祭則祠堂之類亦且為之可也○禮經中既不說墓祭即是無墓祭之文也○張横渠于墓祭合一分食而祭之故告墓之文有曰奔走荆棘殽亂杯盤之列之語此亦不盡也如獻尸則可合而為一鬼神如何可合而為一○或問今拜[illegible]禮何據曰此禮古無但緣習俗然不害義理古人直是誠實葬即是葬[illegible]而神[illegible]必歸于廟既葬則設木主既除几

筵則木主安于廟故古人惟專精祀于廟今亦用拜掃之禮但簡于四時之祭也

家禮墓祭三月上旬前一日齋戒（如家祭之儀）具饌（墓上每分如家祭之品別設魚肉米麵食各一大盤以祭土神）厥明灑掃（是日晨未或前一二日主人帥執事者詣墓所）

儀節鞠躬拜興拜興平身（拜訖環繞省視）除草棘　添土　畢

復位　鞠躬拜興拜興平身（又除草于墓左祀土神）

布席陳饌（用新潔席陳于墓前設饌如家祭之儀）

參神降神初獻亞獻終獻辭神乃徹

儀節序立（如家祭之儀）參神　鞠躬拜興拜興拜興拜興

平身　降神　盥洗　詣香席前　跪　上香

酹酒　俯伏興拜興拜興平身　進饌　初獻禮

詣某親墓前跪　祭酒　奠酒　俯伏興平身

（如墓列葬非一則逐位詣某親墓前）詣讀祝位　跪　俯伏興　鞠躬拜興

拜興平身　奉饌　亞獻禮詣某親墓前　跪

祭酒　奠酒　俯伏興平身　復位　奉饌　終
獻酒　詣某親墓前　跪　祭酒　奠酒　俯伏
興平身　復位　奉饌　侑食　主婦點茶　辭
神　鞠躬拜興拜興拜興拜興平身　焚祝文
禮畢
祝文　維某年歲次月朔日辰孝子某（或孫曾玄）敢昭
告於某親某官府君之墓歲序流易雨露既濡瞻
掃封塋不勝感慕謹以潔牲醴齊祗薦歲事尚饗
遂祭后土布席陳饌（布席于墓上饌各用大盤設盤盞匙筯如儀）
降神參神三獻辭神乃徹而退
儀節就位　降神　盥洗　詣香席前　跪　上
香　酹酒　俯伏興　復位　參神　鞠躬拜興
拜興平身（主人執注）初獻禮　跪　讀祝（祝跪主人之左讀之）俯伏興平

身　復位　亞獻酒　三獻酒　辭神鞠躬拜興

拜興平身　焚祝文　禮畢

祝文維某年歲次月朔日孫某官姓名敢昭告于

土地之神某躬脩歲事於某親某官府君之墓惟

時保祐實賴神休敢以酒饌敬伸奠獻尚饗

李濟翁資暇録寒食拜掃著開元禮第七十八云昔者宗子去在他國庶子無廟孔子許望墓為壇以時祭祀令之墓上或有憑焉又云主人去塋百步下馬公服無者常服則是吉禮分明矣其上饌與時饗何殊今多白衫麻鞋者衣冠在野與黎庶雷同大錯大悞也且春秋二仲月公卿拜陵並具公服則曰時之例矣又按唐禮凡叅辭並是公服故松柏非遠之家每新改授皆見所以示仕禄朱紫之榮釋褐結綬抑亦如之其四時之享布素暫去襴板即可矣若悉白衫麻鞋何以表軒冕耶必伸哀敬豈在如斯今或徃徃仍有自宅便麻衣絲履而去尤為不可

又周禮冢人之官凡祭于墓為尸祭墓之禮周公已立之先儒多持古不墓祭之說舜禹南巡崩不返葬謂骨肉歸于土其魂氣無之不也則祭宜有廟神主在廟而墓以藏體魄也則墓果不可祭乎詩曰維桑與梓必恭敬止父母之所植猶致敬焉先人體魄之所藏固宜有怵惕于中者張毅夫謂止當詣墓省哭設祭后土于墓左晦菴謂若祭于墓是以僞事其先也夫孝子享親在誠而已誠在墓所而親不我享是其寃氣獨不至藏體魄地也何哉子

子路去魯謂顏淵曰何以贈我曰吾聞之也去國則哭于墓而後行反其國不哭展墓而入孔子葬泗上子貢廬于墓三年魯世世以歲時祀孔子冢自周秦

以來未有非之者矣且後世子孫祭墓非有移于廟祭也其居固有去其先人之墓而遠者苟爲不祭信宿之餘頃食之際其能㧞自安耶

袁桷致慤亭記云舍奠墓左解之者以禮神言之然則祭墓非古歟禮生于情親之至者弥不可以踰也在昔先正司馬文正公定家祭禮弗忍焉者多矣張宣公獨卓然罷屏久而深悔乃卒復之心之不寧是則先王有所不廢也禮經殘缺非止祭墓焉耳矣展哭于墓猶展周禮充類以使夫民之歸厚則今通國所行誠不曰背于古矣

王行金氏墓祠記曰蓋聞諸古事死之禮葬祭而已体魄既藏神依于主子孫之奉一于主焉此墓祭所以非古也然古人之祭也盡禮于奧廷矣而復祭于祊何也以孝子之心不知神之所在故博求之恐其或在此或在彼也則祖宗體魄之藏又安知其神不有時而在乎此墓祭雖非古而中古以還禮有所弗禁也

漢明帝永平元年朝原陵如元會儀太官上食太常奏樂蔡邕曰吾聞古不墓祭朝廷有上陵之禮始謂可損今見威儀察其本意乃知孝明皇帝至孝惻怛不易奪也禮有煩而不可省者此之謂也胡氏以爲人子孝思不忘則專精廟享而已矣墓藏體魄而致生之是不智也廟以宅神而致死之是不仁也夫人子事死如生事亡如存豈以廟與墓而易其思慕惻怛之情哉既爲親之體魄所存致死之亦非仁人孝子之心矣國家重廟享而不廢陵祀下逮臣庶亦不以墓祭爲嫌乃知酌古準今禮之善物蔡邕所論不其然乎

李瀰墓祭說或問墓祭禮乎李子曰非禮也曰古有之乎曰三代以前無有也曰周禮春官冢人凡祭墓爲尸則禮亦不足法乎曰周禮所謂祭墓謂有事于墓而祭后土氏也非謂祭祖先之墓也如祭祖先之墓則子孫當爲尸何以尸冢人耶曰孔子曰望墓而[illegible]時祭聖人固嘗言祭墓矣子以爲

非禮何居曰非是之謂也曾子問宗子去在他國庶子無爵而居者祭乎而夫子告之曰望墓而爲壇以時祭蓋庶子賤不敢入廟故不祭于廟而望墓以祭權也重宗也非謂得祭于廟乃舍之而祭于墓也曰然則祭墓起于何時乎曰漢人爲之也曰何以知之曰秦不師古起寢于墓側漢因之不變諸陵寢皆以朔望伏臘及四時上飯建武間世祖西幸長安祠高廟遂有事于十一陵顯宗改元永平春正月帝率公卿以下朝于原陵如元會儀此墓祭之始士民倣效皆舍廟而祭墓此禮家之所深譏而舉世不知其非者也何以言之人子之所以事其親者有二曰墓曰廟而已矣人之有生也神與體合而其死也神與體離以其離而二之也故于其可知而疑于無知者則藏之而不忍見其亡于其不可見而疑于有知者則求之而如或見其存藏之而不忍見其亡葬之道也求之而如或見其存祭之道也是故家有廟郊有墓墓藏體魄而致生之不知者也廟聚神魂而致死之不仁者也仁知亡而人之道熄矣而謂達禮者爲之乎延陵季子吳之習于禮者也觀其言曰骨肉復歸于土命也若魂氣則無不之也夫骨肉復歸于土此精氣爲物之有盡者也魂氣無不之此遊魂爲變之無方者也是故當葬之日櫬形而掩諸幽既葬之後迎精而返于家方其迎精而返于家也一旬之內五祭而不爲數惟恐其不聚也及其除喪而遷于廟也一歲之中數祭而不爲黷唯恐其或散也乃若墓也者吾親之体魄所藏而神魂之聚弗在于此是以時展省焉展省之禮即俗之所謂拜掃也非祭也子未讀檀弓乎昔者子路去魯謂其友顏淵曰何以贈我曰吾聞之也去國則哭于墓而後行反其國不哭展墓而入未聞祭墓也夏禹南巡崩不返葬禹非不思其居啟非不思其父而未聞有饗陵之舉蓋時饗在廟也唐開元詔曰寒食上墓禮經未聞近代相承浸以成俗士庶有不合廟祭者宜許上墓拜掃亦未聞祭也後唐莊宗每歲寒食出祭謂之破散風流迄今莫有正之者吁可怪已曰考亭先生家禮世皆遵用之而墓祭之儀亦具焉審非禮先王何以取之曰家禮本諸儀禮與溫公書儀程氏遺書而作儀禮無墓祭之文溫公以祭墓爲

不可程氏之書亦無是說刻家禮乃先生脩輯未成之書爲一童行竊以逃去亦及改定至先生易簀始出故其立論多與晚年不合先生他日入曰古人無墓祭唐人亦不見祭但是拜掃而已君子于此不苟從非矯世也守禮也曰時當寒食雨露既濡傾城士女皆之墟墓闐羅饌酹漿攀號洒泣而守禮君子亦有先人墳墓者也當如之何曰先王制禮致嚴于廟以盡人鬼之情而藏魄于幽以順反原之變君子于此必有所處矣盍當鄉俗上塚之時齋戒易服先祭于廟必誠必敬以申嗣續孝思之心翌日率子孫咸集墓所培灌松楸省閱兆域如藁裡之土以崇若堂之封拜掃事畢然後祭后土氏于塋之北布席盥祝一如家禮厥明洒掃以下之儀則古禮今俗庶幾兩盡而仁智之道擧得之矣何必設祭于墓以取知禮者之訕誚乎曰墓祭固非禮然出于孝子慈孫報本追遠之至情于義亦無甚害者君子從俗可也何深非之曰不可伊川有言嘉禮不野合野合則秕稗也故生不野合死不墓祭人子孝思不忘惟專精于廟享而已矣此亦求之于有而不求之于無之意也非洞達鬼神之情狀者其孰能知之

姚旅露書清明重陽上墳海內風俗相去不遠惟河南延津縣正月初三七月十五十月初一皆上墳一年多此三度十月謂之燒寒衣清明則先于墓前演戲三日至祭日而散視海內爲盛

馮善家禮集說家禮三月上旬擇日前一日齋戒具饌○韓魏公就用寒食及十月一日祭○或問增注問墓祭有儀否先生曰也無儀大槩略如家祭古人無墓祭唐人亦不見祭但是拜掃而已今宜祭否曰按朱子曰祭儀以墓祭節祠爲不可然先正皆言墓祭不[illegible]義又按劉氏云人死葬形原野與世隔絶孝子追慕之心何有限極當寒暑變移之際益用增感是宜省謁墳墓以寓時思之敬今寒食上墓之[illegible]豈經無聞世代相傳寖以成俗上自萬乘有上陵之禮下逮庶人古[illegible]祭是則貴賤皆宜墓祭也曰祭儀祭物如何曰朱子云畧如家祭今[illegible]而爲圖于下○祭墓祝文維年月日

此段改入葬考之首

同前孝子某敢昭告于某親府君之墓氣序流易雨露既濡十月則改霜露既降瞻掃封塋不勝感愴謹以粢牲醴齊祗薦歲事尚饗

呂坤曰墓祭非古也而東郭墦間借一祭且世遠族多同域而葬非祭則死者無以聯疎生者無以合食苟于人情近也何必古

陳龍正墓祭說墓祭非古也祭魂于廟以祭魄于土然士大夫無祧廟主則已除之主無復血食之期寒食拜掃因致奠焉使遠祖歲得一饗禮以義起可因也不必古是今非惟先廉憲公及盛宜人皆遠葬山中寒食十月朔每歲拜掃者毋勿蹶勿忘蕙用防微非敢豐于昵又同堂時奠則由尊以及卑寒食拜墓宜由近以及遠何則我因父而識祖因祖而識曾高

張文嘉曰三月上旬擇日今俗用清明日儀同時祭而去飲福受胙拜畢環繞省視除草棘添土祝文云氣聚流易雨露既濡秋日則改云霜露既降瞻掃封塋不勝感慕謹以粢盛醴齊祗薦歲事尚饗夫墓爲先人体魄所藏當拜掃之時俾無荒圮禮也然寒烟蔓草愴焉生悲斯至情之不能已者故朱子稱湖南風俗猶有古意人家上塚往往哭盡哀他處則不然矣今世俗或假拜墓之便延賓宴飲甚至歌管喧闐漠然無哀思噫俗敝甚矣謹追遠之禮者其思所以維之

乾學按世謂墓祭之禮始于東漢明帝余嘗考之于古竊以爲不然如武王行軍祭畢則周初有行之者矣魯以歲時奉祀孔子塚則春秋末有行之者矣東郭墦間設祭

則戰國末有行之者矣張良上先塚必兼
祭黃石則西漢初有行之者矣光武德李
通必祠其父塚則東漢初有行之者矣夫
豈始于明帝哉特天子率百官上陵則自
明帝倡之後世遂沿之為制耳然古雖有
墓祭而未必舉以寒食則與後代之拜掃
亦自不同其定以寒食為節不知始于何
代觀開元之詔謂寒食上墓禮經無文近
代相傳寖以成俗意者起于陳隋之際乎
然開元禮所載拜掃之外別有上墓之禮
則拜掃與上墓實分為二拜掃無祭而上
墓有祭又不知何特而始合為一也大抵
禮由情起人情之所不能免者先王勿禁

則祭掃之禮又烏可以已哉即使上世無之亦可以情起況乎古書所載又歷歷可考也則夫以墓祭之非而盡言以排之首

又按李瀛墓祭說云古無墓祭唐人亦不見祭考杜甫祭遠祖當陽君文云開元二十九年寒食奠于首陽山上非墓祭而何白樂天詩清明寒食紙錢飛王建詩遠人無墳水頭祭還引婦姑望鄉拜三日無火燒紙錢紙錢那得到黃泉係凝詩惟有縣前蘇小小無人送與紙錢財焚紙錢必有澆奠蓋此風唐世為極盛也

張獻翼曰夫朝飢可以不食墳墓不可不展又子孫不時展墓丘木必為人翦伐田土必為人侵奪甚或水于槨或獸犯乎棺其禍有不可勝言者時雖展墓不惟有思祖哀親之仁且于弟兄叔姪之情時時展晤不至視族人如路人睦族仁親之道寓焉一舉而所得如此一失而所喪如彼詎能祭歟獨

能祭爲人何憚而不爲乎或子孫之中力有不及協同而辦一歲之中掃墓一次已爲甚稀所貴者不過幾何有力者獨舉無力者共舉可行可久之法也聞有叔姪之情不協兄弟之意稍乖每至展墓難于相見必謝以他事夫事豈有大于拜掃人豈有重于祖父者乎傳云兄弟雖有小忿不廢懿親顧祖宗之墓則知本根同生雖有不平亦盡亡之矣吾少時見父黨上墓必早必度無敢不行者而大伯父二伯父雖七十之外尤爲爭先而往吾輩不及父風甚矣況可有不如吾輩若乎汝曹念之然但知父母而忽亡遠祖又非親以及親祖以及祖之誼也

駱問禮曰古人惟展墓蓋墓所藏者魄而魂則返于室堂韓文公謂墓藏廟祭不可亂是也祭墓始于秦蓋因陵有寢廟遂從而祭之後世相沿遂及士庶然野祭而已豈可言禮但由來已久勢不能遽革寒族新定清明展溪園先世墓止四拜仍用廟行祭禮將漸變之恐亦不能盡變也以俟同志者

讀禮通考卷八十七

經筵講官禮部左侍郎兼翰林院學士教習庶吉士充大清會典一統志副總裁明史總裁徐乾學

葬考五

襍志

易繫辭下傳　古之葬者厚衣之以薪葬之中野不封不樹喪期无數後世聖人易之以棺槨蓋取諸大過

注取其過厚○疏不積土爲墳是不封也不種樹標其處是不樹也喪期无數者哀除則止無日月限數也

周禮蜡氏　若有死於道路者則令埋而置楬焉書其日月焉縣其衣服任器於有地之官以待其人掌凡國之骴禁

注有地之官主此地之吏也其人其家人也鄭司農云楬欲令其識取之今時楬櫫是也禁謂孟春掩骼埋胔之屬○疏此謂行人在路死者有地之官謂比閭族党之等皆有長吏若比長閭胥党宰之輩皆是縣衣服任器等仍使守掌使不失也

鄭鍔曰若行者出王之塗不幸而死則埋而置楬書其日月縣其衣服與夫所執任之器以俟其家人來取之如是則無腐敗之骴矣

地官族師　四閭為族八閭為聯使之相保相受以相葬埋

顧湄曰遷葬者如魏武帝之於倉舒唐中宗之於重潤代宗之於倓是也嫁殤者如魏明帝之於女淑是也是皆狥一己之私暱而違先王之法禁者也周之盛世未必有此蓋周公逆知後世之流弊而為之禁彼四君者何乃悍然而不之顧始作俑者其魏武乎

入王昭禹後

媒氏禁遷葬者與嫁殤者 注遷葬謂生時非夫婦死既葬遷之使相從也殤十九以下未嫁而死者生不以禮相接死而合之是亦亂人倫者也鄭司農云嫁殤者謂嫁死人也今時娶會是也

史浩曰遷葬者謂以死者求婦嫁殤者謂以死者求夫皆不經之甚者

王昭禹曰婚姻合二姓之好天地之義受命則于祖親迎則于庭三月而後廟……婦殤……

……胡所殺……明竁若……屋舍中……著于自竁……掌夜事既令掌之則罪人夜葬可知

鄭諤曰屋誅合一家而盡誅之也鄭襄定公所斷獄殺其人壞其室洿其宮者屋誅也人有罪大無俾遺育故舉一屋而誅之罪人夜葬故為明竁欲人知其罪也

王制庶人縣封葬不為雨止不封不樹 注縣封當為縣窆縣窆者至卑不得引紼下棺雖雨猶葬以其禮儀少封為聚土為墳不封之不樹之又為至卑無飾也周礼曰以爵等為丘封之度與其樹數則士以上乃皆封樹

方慤曰封之名雖一然有所謂掩坎之封有所謂積土之封若檀弓言懸棺而封即掩坎之封也若礼器言丘封之大即積土之封也此言不封亦不積

土而已

陳祥道曰縣棺而下之封土而瘞之不為雨止以其有進無退也魯葬定公與敬嬴以雨不克葬而春秋譏之則不為雨止者不特庶人而已必以庶人為言以其葬具之不備易以雨止食用之不足易以事奪故也

大夫廢其事終身不仕死以士禮葬之注以不任大夫也○疏致仕而退死得以大夫礼葬故論語注云大夫退死葬以士禮致仕以大夫礼葬是也

周諝曰大夫廢其事而終身不仕者義也死以士礼葬之者恩也

胡銓曰案春秋大夫有過被黜則不書卒以其卒時非大夫也

檀弓公叔文子升於瑕丘蘧伯玉從文子曰樂哉斯丘也死則吾欲葬焉蘧伯玉曰吾子樂之則瑗請前注刺其欲害人良田○劉彝曰伯玉惡其欲奪人之地自為身後計遂譏之曰吾子樂此則我請前行以去子矣亦不欲與聞其事可謂長于風喻者歟

季子皐葬其妻犯人之禾申詳以告曰請庚之子皐曰孟氏不以是罪予朋友不以是棄予以吾為邑長於斯也買道而葬後難繼也

媒氏禁遷葬者與嫁殤者注遷葬謂生時非夫婦死既葬遷之使相從也殤十九以下未嫁而死者生不以禮相接死而合之是亦亂人倫者也鄭司農云嫁殤者謂嫁死人也今時娶會是也

史浩曰遷葬者謂以死者求婦嫁殤者謂以死者求夫皆不經之甚者

王昭禹曰婚姻合二姓之好天地之義受命則于祖親迎則于庭三月而後廟見未廟見而死猶不遷于祖不祔于皇姑歸葬于女氏之黨以示其未成婦殤而死者乃妻為嫁娶豈禮之意乎

司烜氏邦若屋誅則為明竁注屋讀如其刑劇之劇〻誅謂所殺不于市而以適甸師氏者也明竁若今揭頭明書其罪法也司烜掌明竁則罪人夜葬與○疏屋誅謂甸師氏屋舍中誅則王之同族及有爵者也為明竁者明用刑以板書其姓名及罪狀著于身竁壙中也知夜葬者以其司烜主明火掌夜事既令掌之則罪人夜葬可知

鄭鍔曰屋誅合一家而盡誅之也邾婁定公所斷獄殺其人壞其室洿其宮者屋誅也人有罪大無俾遺育故舉一屋而誅之罪人夜葬故為明竁欲人知其罪也

王制庶人縣封葬不為雨止不封不樹注縣封當為縣窆縣窆者至卑不得引紼下棺雖雨猶葬以其礼儀少封為聚土為墳不封之不樹之又為至卑無飾也周礼曰以爵等為丘封之度與其樹數則士以上乃皆封樹

方慤曰封之名雖一然有所謂掩坎之封有所謂積土之封若檀弓言懸棺而封即掩坎之封也若礼器言丘封之大即積土之封也此言不封亦不積

另起

王而已

陳祥道曰縣棺而下之封土而塴之不為雨止以其有進無退也魯葬定公與敬嬴以雨不克葬而春秋譏之則不為雨止者不特庶人而已必以庶人為言以其葬具之不備易以雨止食用之不足易以事奪故也

大夫廢其事終身不仕死以士禮葬之注以不任大夫也○疏致仕而退死得以大夫礼葬故論語注云大夫退死葬以士禮致仕以大夫礼葬是也

周諝曰大夫廢其事而終身不仕者義也死以士礼葬之者恩也

胡銓曰案春秋大夫有過被黜則不書卒以其卒時非大夫也

檀弓　公叔文子升於瑕丘蘧伯玉從文子曰樂哉斯丘也死則吾欲葬焉蘧伯玉曰吾子樂之則瑗請前注刺其欲害人良田○劉日曰伯玉惡其欲奪人之地自為身後計遂譏之曰吾子樂此則我請前行以去子矣亦不欲與聞其事可謂長于風喻者歟

季子皐葬其妻犯人之禾申詳以告曰請庚之子皐曰孟氏不以是罪予朋友不以是棄予以吾為邑長於斯也買道而葬後難繼也

方慤曰時已之貴而虐民之身非下以為本殉己之利而忘民之害非所以為怨于皋昧于此上忌後之佳遂為所謂順非而澤也

春秋隱公三年冬十有二月癸未葬宋穆公

公羊傳葬者曷為或日或不日不及時而日渴葬也注不及時不及五月也渴喻急也乙未葬齊孝公是也不及時而不日慢葬也注慢薄不能以禮葬也八月葬蔡宣公是也過時而日隱之也注隱痛也痛賢君不得以時葬丁亥葬齊桓公是也過時而不日謂之不能葬也注解緩不能以時葬夏四月葬衛桓公是也當時而不日正也注六月葬陳惠公是也當時而日危不得葬也

春秋莊公四年六月乙丑齊侯葬紀伯姬

公羊傳此復讐也曷為葬之注據恩怨不兩行滅其可滅葬其可葬此其為可葬柰何復讐者非將殺之逐之也以為雖遇紀侯之殯亦將葬之也注稱齊侯者善葬伯姬得其宜也

春秋僖公四年夏許男新臣卒八月葬許穆公

左傳許穆公卒於師葬之以侯禮也注男而以侯禮加一等凡諸

侯薨於朝會加一等注諸侯命有三等公為上等侯伯中等子男為下等死王事加二等於是有以衮斂注衮衣公服也謂加二等

春秋成公十有八年春王正月庚申晉弒其君州蒲

左傳晉欒書中行偃使程滑弒厲公葬之於翼東門之外以車一乘注言不以君禮葬諸侯葬車七乘

左傳襄公十九年四月丁未鄭公孫蠆卒赴于晉大夫范宣子言于晉侯以其善於伐秦也注十四年晉伐秦子蟜見諸侯師而勸之濟涇六月晉侯請於王王追賜之大路使以行禮也注大路天子所賜車之摠名以行葬禮傳言大夫有功則賜服路

春秋二十五年夏五月乙亥齊崔杼弒其君光側莊公于北郭注側瘞埋之不殯于廟丁亥葬諸士孫之里注死十三日便葬不待五月四翣注喪車之飾諸侯六翣不蹕下車七乘不以兵甲注下車送葬之車齊舊依上公禮九乘又有甲兵今皆降損

襄公二十九年夏四月葬靈王注魯不書會鄭上卿有事子展使印段往伯有曰弱不可注印段年少官卑子展曰與其莫往弱不猶愈乎詩云王事靡盬不遑啟處東西南北誰敢寧處堅事晉楚以蕃王室也注言我國事晉楚乃所以蕃屏王室王事無曠何常之有遂使印段如周

昭公二年十一月鄭印段如晉弔三年春王正月鄭游吉如晉送少姜之葬梁丙與張趯見之梁丙曰甚矣哉子之為此來也注卿共妾葬過禮甚子大叔曰將得已乎昔文襄之霸也其務不煩諸侯令諸侯三歲而聘五歲而朝有事而會不協而盟君薨大夫弔卿共葬事夫人事弔大夫送葬注先王之制諸侯之喪士弔大夫送葬在三十年蓋時俗過制故文襄雖節之猶過于古足以昭禮命事謀闕而已無加命矣今嬖寵之喪不敢擇位而數於守適注不敢以其位卑而令禮數如守適夫人然則時適夫人之喪弔送之禮已過文襄之制惟懼

獲戾豈敢憚煩少姜有寵而死齊必繼室今茲我又將來賀不唯此行也

昭公四年冬十有二月乙卯叔孫豹卒杜洩將以路葬且盡卿禮（注路王所賜叔孫車）南遺謂季孫曰叔孫未乘路葬焉用之且冢卿無路介卿以葬不亦左乎（注冢卿謂季孫）季孫曰然使杜洩舍路不可曰夫子受命于朝而聘于王王思舊勳而賜之路復命而致之君君不敢逆王命而復賜之使三官書之吾子為司徒實書名夫子為司馬與工正書服孟孫為司空以書勳今死而弗以是棄君命也書在公府而弗以是廢三官也若命服生弗敢服死又不以將焉用之乃使以葬五年春王正月舍中軍以書使杜洩告于殯曰子固欲毁中軍既毁之矣故告杜洩曰夫子唯不欲毁也故盟諸僖

閼詛諸五父之衢受其書而投之帥士而哭之注痛叔孫之見誣叔仲子謂季孫曰帶受命於子叔孫曰葬鮮者自西門注不以壽終為鮮西門非魯朝正門季孫命杜洩注命使從西門杜洩曰卿喪自朝魯禮也吾子為國政未改禮而又遷之羣臣懼死不敢自也注自從也既葬而行注善杜洩能辟禍

春秋　昭公八年夏四月辛丑陳侯溺卒冬十月壬午楚師滅陳○葬陳哀公

左傳　冬十一月壬午滅陳輿嬖袁克殺馬毀玉以葬注輿衆也袁克嬖人之貴者欲以非禮厚葬哀公楚人將殺之請寘之注寘馬玉既又請私注私盡君臣恩私於幄加絰於顙而逃注幄帳也逃不欲為楚臣

春秋　昭公十有一年九月己亥葬我小君齊歸

左傳　九月葬齊歸公不慼晉士之送葬者歸以語史趙史趙曰必為魯郊注言昭公必出在郊野不能有國侍者曰何故曰歸

姓也不思親祖不歸也叔向曰魯公室其卑乎君有大喪國不廢蒐有三年之喪而無一日之慼國不恤喪不忌君也君無慼容不顧親也國不忌君君不顧親能無卑乎殆其失國

春秋昭公三十年秋八月葬晉頃公

左傳夏六月晉頃公卒秋八月葬鄭游吉弔且送葬魏獻子使士景伯詰之曰悼公之喪子西弔子蟜送葬今吾子無貳何故對曰先王之制諸侯之喪士弔大夫送葬唯嘉好聘享三軍之事於是乎使卿晉之喪事敝邑之間先君有所助執紼矣若其不閒雖士大夫有所不獲數矣大國之惠亦慶其加而不討其乏明底其情取備而已以為禮也靈王之喪我先君簡公在楚我先大夫印段實往敝邑之少卿也王吏

不討恤所無也今大女盡從舊舊有豐有省不知所從從其豐則寡君幼弱是以不共從其省則吉在此矣唯大夫圖之晋人不能詰

春秋定公元年夏六月癸亥公之喪至自乾侯○秋七月癸巳葬我君昭公

左傳夏叔孫成子逆公之喪于乾侯六月癸亥公之喪至自乾侯戊辰公即位季孫使役如闞公氏將溝焉（注闞魯羣公墓所在也季孫惡昭公欲溝絕其兆域不使與先君同○疏闞是先公葬地春秋言氏猶如言家故謂公之墓地為公氏言是公死之家宅也）榮駕鵞曰生不能事死又離之以自旌也縱子忍之後必或恥之乃止秋七月癸巳葬昭公于墓道南孔子之為司寇也溝而合諸墓（注明臣無貶君之義）

孟子墨者夷之因徐辟而求見孟子孟子曰吾固願見今吾尚病病愈我且往見夷子不來他日又求見

孟子孟子曰我今則可以見矣不直則道不見我且直之吾聞夷子墨者墨之治喪也以薄為其道也夷子思以易天下豈以為非是而不貴也然而夷子葬其親厚則是以所賤事親也徐子以告夷子夷子曰儒者之道古之人若保赤子此言何為也之則以為愛無差等施由親始徐子以告孟子孟子曰夫夷子信以為人之親其兄之子為若親其鄰之赤子乎彼有取爾也赤子匍匐將入井非赤子之罪也且天之生物也使之一本而夷子二本故也蓋上世嘗有不葬其親者其親死則舉而委之於壑他日過之狐狸食之蠅蚋姑嘬之其顙有泚睨而不視夫泚也非為人泚中心達于面目蓋歸反虆梩而掩之掩之誠是也則孝子仁人之掩其親亦必有道矣徐子以告夷

讀禮通考

子夷子憮然為閒曰命之矣

漢書龔勝勅後人勿隨俗動我冢種柏作祠堂顏師古曰若葬多設器備則恐被掘故云勿動我冢也亦不得種柏及作祠堂皆不從之

通典晋武帝太康中尚書令衛瓘表前太子洗馬濟陰郤詵寄止衛國文學講堂十餘年母亡不致喪歸便于堂北壁外下棺謂之假葬三年即吉詔用為征東叅軍或以為城寺之内屋壁之閒無葬處不成葬則不應除服主者令欲明用權什不過其舉下司徒部博士許議詵表自理曰臣生三月而孤隨母依外祖舅為懸恙家以咸寧二年母亡家自祖以下十四墳在緱氏而墓數有水覩恙遷改常多病疾遂便留此丘方下濕唯城中高故遂葬于所居之宅祭於所養之堂不知其不可也詔問山濤濤答言詵前喪母

得疾不得葬遂於殯後假葬服終為平輿長史論者以不合正禮是以臣前疑之詵文義可稱又甚貧儉訪其邑黨亦無有他詔問應清議與否濤云自為不與常同便令人非恐負其孝慕之心宜詳極盡同異之論兖州大中正魏舒與濤書郄詵至孝中間去郎正為母耳居喪毀瘁殆不自全其父喪在縲氏欲改葬不能自改故過時不葬後于家堂北假葬埏道通堂中不時閉眂欲闋乃閉葬後經年乃見用作平輿監軍長史任意傷俗以葬不時間常為舒口語其事灼然無所為疑讙書云凡以意相是非者不可輕以相眂也

乾學擬書

魏武帝愛子倉舒沒司空掾邴原女早亡時帝欲求合葬原辭曰合葬非禮也原之所以自容于明公公

讀禮通考

之所以待原者以能守禮典而不易也若聽明公之命則是凡庸也明公焉以為哉帝乃止

邵寶曰殉葬非禮也魏顆能違亂命于其父嫁殤非禮也曹操不能克私愛于其子此亦可以觀人矣原能辭殉以不能捨掾以去其視管寧能無愧乎

舊唐書劉昌傳昌初至平涼劫盟之所收聚亡歿將士骸骨坎瘞之因感夢于昌有媿謝之意昌上聞德宗下詔深自克責遣秘書少監孔述睿及中使以御饌內造衣服數百襲令昌收其骸骨分為大將三十人將士百人各具棺櫬衣服葬于淺水原建二塚大將曰旌義塚將士曰懷忠塚詔翰林學士撰銘志祭文昌盛陳兵設幕次具牢饌祭之昌及大將皆素服臨之葬其衣服紙錢別立二石堆題以塚名諸道師徒莫不感泣

多之沐坐當力學置

置棺夏禹加土塈成湯加木椁周公置墻翣桓魋為石椁○夏禹始制明始器芻靈商湯設含巫咸始造開路神周武王置窣碑隧道帷幭衣裓穆王加以殉至秦武公始以人殉唐王嶼始造紙錢今之種類含類也明衣通

帛絓類也湯始造明旌伊尹始造墓宮周公始為華表周宣王始置石鼓石人猊虎羊馬秦始皇始作壙壘晉武帝始置神道碑周公始合葬挽歌

五代史莊宗時得唐故內人景姥言當李彥威弑昭宗時諸王宗屬數百人皆遇害而同為一坎阬瘞于龍興寺北請合為一冢而改葬之詔以故濮王為首葬以一品禮云

蜀世家王宗壽許州民家子也王建以同姓録之為子及建子衍死宗壽上書求衍宗族葬之明宗嘉其忠許以諸侯禮葬宗壽得王氏十八喪葬之長安南三趙村

已上六條入曹撰後蒐

雜志

元史諸掩骼埋胔有司之職或饑歲流莩或中路暴

隋大業二年十二月詔曰前代帝王因時創業君民建國禮尊南面而歷運推移年代永久丘壟殘毀樵牧相趨塋兆堙蕪封樹莫辨興言淪滅有愴于懷自古以來帝王陵墓可給隨近十戶蠲其雜役以供守視

雜志

在地食亡人腦若欲殺之以柏東南枝捶其首由是墓前皆樹柏二說各異未知孰是礼係云大夫樹欒士楊按礼經云古之葬者不封不樹後代封墓而又樹焉左傳云尔墓之木既拱矣

舊唐書劉昌傳昌初至平涼劫盟之所收聚亡歿將士骸骨坎瘞之因感夢于昌有媿謝之意昌上聞德宗下詔深自尅責遣秘書少監孔述睿及中使以御饌内造衣服數百襲令昌收其骸骨分爲大將三十人將士百人各具棺櫬衣服葬于淺水原建二塚大將曰旌義塚將士曰懷忠塚詔翰林學士撰銘志祭文昌盛陳兵設幕次具牢饌祭之昌及大將皆素服臨之葬其衣服紙錢別立二石堆題以塚名諸道師徒莫不感泣

之所以待原者以從守[illegible]典而不易也若聽明公之命則是凡庸也明公爲以爲武帝乃止

邵寶曰殉葬非禮也魏顆能違亂命于其父嫁殤非禮也曹操不能克私愛于其子此亦可以觀人矣原能辭殉口不能捨掾以去其親管寧能無

悞乎

置棺夏禹加土塈成湯加木椁周公置牆翣桓魋爲石椁○夏禹始制器芻靈商湯設含巫咸始造開路神周武王置窆碑隧道備機衣[illegible]穆王加以殉室秦武公始以人殉唐王嶼始造紙錢今之糧罌含類也明衣面

8

按晉書胡諶本傳　諶以對策上第拜議郎

母憂去職　諶母病苦無車及亡不欲車載柩　家貧無以市馬　乃於所住堂北壁外假葬　開戶朝夕拜哭　養雞種蒜　竭其方術　喪過三年　得馬八匹　輿柩至家　負土成墳　未畢　召為征東參軍　徙尚書郎　与通典不同

低四字大字寫

相貽也後另行

後漢書桓帝紀　建和三年詔曰　朕攝政失中　災眚連仍　三光不明　陰陽錯序　監寐寤歎　疢如疾首　今京師廝舍死者相枕　郡縣阡陌　處處有之　甚違周文掩胔之義　其有家屬而貧無以葬者　給直人三千　喪主布三匹　若無親屬　可於官壖地葬之　表識姓名　為設祠祭　又徒在作部　疾病致醫藥　死亡厚埋藏　民有不能自振及流移者　稟穀如科　州郡檢察　務崇恩施　以康我民

漢書後

之所以待原者以能守詔典而不易也若聽明公之命則是凡庸也明公焉以爲哉帝乃止邵寳曰殉葬非禮也魏顆能違亂命于其父嫁殤非禮也曹搽不能克私愛于其子此亦可以觀人矣原能辭殉□不能捨掾以去其親管寧能無愧乎

曹操葬漢有天下殁後恐人發其冢乃設疑冢七十二在漳河之上陸游家誡古者植木冢上以識其處耳吾家自先太傅以上冢上松木多不過數十太尉初葬宝峰比上世差為茂鬱然亦止數畝耳左丞歸葬之後積以歲月林樾寢盛遂至連山瀰谷不幸曾孫遂有剪伐貿易之獘坐視則不可禁止則爭訟紛然為門户之辱其害更甚于厚葬吾死後墓沐毋過數十或可不陷後人于不孝之地戒之戒之○石人石虎之類皆當罷之欲識墓處立一二石柱可也守墓以僧非舊也太傅嘗為鄉郛其力非不可置庵瞻僧然終不為豈儉其親哉蓋慮之審耳墳墓無窮家資厚薄不常方當盛時雖可辦貧則必廢又南方不族墓世世各葬若葬必置庵瞻僧數世之後何以給之吾墓但當如先世置一庵客歲量給少米拜掃日給之酒食及少錢此乃久遠事也若云賴僧為福尤為不然羅頎物原凡葬棄而風化有巢始以槀裡掩之燧人積薪以葬軒轅始置棺夏禹加土堲成湯加木椁周公置墻翣桓魋為石椁○夏禹始制明器易靈商湯設含巫咸始造開路神周武王置翣碑隧道備機衣襚穆王加以殉室秦武公始以人殉唐王嶼始造紙錢今之種罌含類也明衣面

帛䄠類也湯始造明旌伊尹始造墓宮周公始為華表周宣王始置石鼓
石人猊虎羊馬秦始皇始作壙壟晉武帝始置神道碑周公始合葬挽歌
起于周公
之中葉。
墓有儀衛始于秦炙轂子曰秦漢以来帝王陵寢有
石麟辟邪兕馬之屬人臣墓亦有石人羊虎之類
周密癸辛襍志令人造墓必用買地劵以梓木為之朱書云用錢九萬九
千九百九十九文買到某地云云此村巫風俗如此殊為可笑及觀元遺
山續夷堅志載曲陽燕川青陽壩有人起墓得鐵劵刻金字云勅葬忠臣
王處存賜錢九萬九千九百九十九貫九百九十九文此唐哀宗之時然
則此事由
来久矣

元史諸掩骼埋胔有司之職或饑歲流莩或中路暴
死無親屬收認應聞有司檢覆者檢覆既畢就付地
主隣人收葬不須檢覆者亦就收葬

羊虎雜録秦漢以来帝王陵前有石麟石象石辟邪石馬之屬人臣墓前
有石虎石羊石人石柱之類皆以飾墳壠如生前之儀衛後漢太尉楊震
葬日人壙魍罔象罔象好食亡者肝腦而畏虎與栢故墓上樹柏墓前立
虎或曰陳倉人掘地得物若羊非羊獻之道逢二童子謂曰此名為媪常
在地食亡人腦若欲殺之以柏東南枝插其首由是墓前皆樹柏二說各
異未知孰是礼係云大夫樹欒士樹楊按礼緯云古之葬者不封不樹後
代封墓而又樹焉左傳
云尔墓之木既拱矣

天順七年定國公徐永寧奏欲遷生祖母沈合葬祖塋改嫡祖母張葬別所及請誥封生母并妻事下禮部尚書姚夔并給事中袁愷等交劾其狂妄不識大體上曰永寧固狂妄第念其勳戚姑免執問其令自陳狀錦衣衛究為永寧寫本者治之都指揮僉事門達因言永寧恣肆越禮亦宜治罪遂命下刑部鞫罪當贖徒還爵上曰永寧贖罪畢仍停祿半年

金凡學拕甕集秦攻齊齊使章子應之或有毀章子于齊王者王曰章子之母啟得罪于其父其父殺之而埋馬棧之下我使章子將也勉之曰夫子之強全兵而還必更葬將軍之母對曰臣非不能更葬先妾也臣之母得罪臣之父未教而死夫不得父之教而更葬母是欺死父也夫為人子而不欺死父豈為人臣欺死君哉君父一也雖無君命以君命更葬異其宅以自絕殺其礼以示貶其可也章子之不欺死父孝焉而沮者乎齊王以此而信其臣可謂善推其類矣

墓前地名明堂一名券臺朱子語録云不曉所以後見唐人集中言某朝詔改為券臺按今地理書有券臺之說券契也埋地契處曰券臺地契用磚石為之上書財若干緡為死者用財葬于此山神土龍不得爭競清異録葬家聽術士說例用朱書鐵券若人家契帖標四界及主名意謂亡者

低一字大

居室執守不知爭地者誰耶痊墓前甃石若碑面方長高不登三尺號曰券臺貧無力者遇祭祀則以藉尊俎謂之土筵席

姚旅露書今人墓前有石羊石虎按石羊天祿也似鹿非鹿名曰挑拔石虎者辟邪也似虎非虎以能食鬼故曰辟邪今元旦畫形縣門正辟邪也荊楚歲時記謂虎者誤羅願又謂挑拔一角曰天祿兩角曰辟邪者亦誤若係一獸十洲記不宜兩著其名矣

輯柳編謂後人以石麒辟邪乃帝王陵寢所用改用石羊石虎則漢宗資亦非帝王墓前已用天祿辟邪矣且設此原以辟猛獸若用石羊寧復足用

陳龍正曰栽樹以杉為第一能辟蛀次柏檜石楠冬青之屬松頗引蟻竹尤甚俱不宜用桂非不佳恐意扳折桃柳冶嫩勿栽周遠可植椐榆銀杏

、、、通論

墨子節葬論　子墨子言曰今王公大人有喪者曰棺椁必重葬埋必厚衣衾必多文繡必繁丘壠必巨金玉珠璣比乎身綸組節約車馬藏乎壙又必多為屋幕鼎鼓几梴壺濫戈劍羽毛齒革寢而埋之滿意若送從曰天子殺殉衆者數百寡者數十將軍大夫殺殉衆者數十寡者數人處喪之法將奈何哉曰哭泣

不秩聾翁衰經垂涕處倚廬寢苫枕凷又相率強不食而為饑薄衣而為寒使面目陷陬顔色黧黑耳目不聰明手足不勁強不可用也又曰上士之操喪也必扶而能起杖而能行以此共三年若法若言行若道使王公大人行此則必不能早朝五官六府辟草木實倉廩使農夫行此則必不能早出夜入耕稼樹藝使百工行此則必不能脩舟車為器皿矣使婦人行此則必不能夙興夜寐紡績織紝細計厚葬為多埋賦之財者也故古聖王制為埋葬之法曰棺三寸足以朽體衣衾三領足以覆惡以及其葬也下毋及泉上毋通臭壟若參耕之畝則止矣死者既以葬矣生者必無久哭而疾而從事人為其所能以交相利也此聖王之法也昔者堯北教乎八狄道死葬蛩山之

陰衣衾三領穀木之棺葛以緘之既泄而後哭滿埳無封已葬而牛馬乘之舜西教乎七戎道死葬南己之市衣衾三領穀木之棺葛以緘之已葬而市人乘之禹東教乎九夷道死葬會稽之山衣衾三領桐棺三寸葛以緘之絞之不合道之不埳土地之深下毋及泉上毋通臭既葬收餘壤其上壟若參耕之畝則止矣若以此三聖王者觀之則厚葬久喪果非聖王之道故三王者皆貴為天子富有天下豈憂財用之不足哉以為如此葬埋之法今王公大人之為葬埋則異于此必大棺中棺革闠三操璧玉即具戈劍鼎鼓壺濫文繡素練大鞅萬領輿馬女樂皆具曰必捶垛差通壟雖凡山陵此為輟民之事靡民之財不可勝計也其為毋用若此矣上稽之堯舜禹湯文武之

道而政逆之下稽之桀紂幽厲之事猶合節也若以此觀則厚葬久喪其非聖王之道也今執厚葬久喪者言曰厚葬久喪果非聖王之道夫胡中國之君子為而不已操而不釋哉子墨子曰此所謂便其習而義其俗者也昔者楚之南有炎人國者其親戚死朽其肉而棄之然後埋其骨乃成為孝子秦之西有儀東之國者其親戚死聚柴薪而焚之燻上謂之登遐然後成為孝子此上以為政下以為俗為而不已操而不釋則此豈實仁義之道哉此所謂便其習而義其俗者也故衣食者人之生利也然且猶尚有節葬埋者人之死利也夫何獨無節于此乎子墨子制為葬埋之法曰棺三寸足以朽骨衣三領足以朽肉掘地之深下無菹漏氣發洩于上壟足以期其所則止

矣哭泣哭來反從事爭衣食之財佴乎祭祀以致孝于親故曰子墨子之法不失死生之利者此也

莊子古之喪禮貴賤有儀上下有等天子棺椁七重諸侯五重大夫三重士再重今墨子獨生不歌死不哭桐棺三寸而無椁以為法式以此教人恐不愛人以此自行固不愛也恐其不可以為聖人之道反天下之心天下不堪墨子雖獨能任奈天下何離於天下其去王也遠矣

荀子世俗之為説者曰大古薄葬棺厚三寸衣衾三領葬田不妨田故不掘也亂今厚葬飾棺故掘也是不及知治道而不察于扣不扣者之所言也凡人之盗也必以有為不以備不足足則以重有餘也而聖王之生民也皆使當厚優猶知足而不得以有餘過

度故盜不竊賊下刺狗豕吐菽粟而農賈皆能以貨
財讓風俗之美男女自不取于塗而百姓羞拾遺故
孔子曰天下有道盜其先變乎雖珠玉滿體文繡充
棺黃金充椁加之以丹矸重之以曾青犀象以為樹
琅玕龍茲華覲以為寶人猶且莫之扣也是何也則
求利之詭緩而犯分之羞大也夫亂今之而後反是
上以無法使下以無度行知者不得慮能者不得治
賢者不得使若其則上失天性下失地利中失人和
故百事廢財物缺而禍亂起王公則病不足于上庶
人則凍餒羸瘠于下於是桀紂羣居而盜賊擊奪以
危上矣安禽獸行虎狼貪故脯巨人而炙嬰兒矣若
是則有何尤扣人之墓抉人之口而求利矣哉雖此
倮而埋之猶且必扣也安得葬埋哉彼乃將食其肉

低一字大　低一字大

而蔑其骨也夫太古薄葬故不抇也亂今厚葬故抇也是持姦人之誤于亂說以欺愚者而潮陷之以偷取利焉夫是之謂大姦

韓子　墨者之葬也冬日冬服夏日夏服桐棺三寸執喪二日世主以為儉而尤之儒者破家而葬債子而償執喪三年毀而扶杖世主以為孝而禮之也

呂覽節喪篇　審知生聖人之要也審知死聖人之極也知生也者不以害生養生之謂也知死也者不以害死安死之謂也此二者聖人之所獨決也凡生于天地之間其必有死所不免也孝子之重其親也慈親之愛其子也痛於肌骨性也所重所愛死而棄之溝壑人之情不忍為也故有葬死之義葬也者藏也慈親孝子所慎也慎之者以生人之心慮以生人之

心為死者慮也莫如無藏莫如無發無發無動莫如無有可利則此之謂重閉古之人有藏于廣野深山而安者矣非珠玉國寶之謂也葬不可不藏也在淺則狐狸扣之深則及于水泉故凡葬必于高陵之上以避狐狸之患水泉之濕此則善矣而忘奸邪盜賊寇亂之難豈不惑哉避之若瞽師之避柱也避柱而疾觸杙也狐狸水泉姦邪盜賊寇亂之患此杙之大者也慈親孝子避之者得葬之情矣善棺椁所以避螻蟻蛇蟲也今世俗大亂之主愈侈其葬則心非為乎死者慮也生者以相矜尚也侈靡者以為榮儉節者以為陋不以便死為故而徒以生者之誹譽為務此非慈親孝子之心也父雖死孝子之重之不怠子雖死慈親之愛之不解夫葬所愛所重而以生者之

所甚欲其以安之也若之何哉民之於利也犯流矢蹈白刃涉血盩肝以求之野人之無聞者忍親戚兄弟知交以求利今無此之危無此之醜其為利甚厚乘車食肉澤及子孫雖聖人猶不能禁而況于亂國彌大家彌富葬彌厚含珠鱗施夫玩好貨寶鍾鼎壺濫轝馬衣被戈劍不可勝其數諸養生之具無不從者題湊之室棺槨數襲積石積炭以環其外姦人聞之傳以相告上雖以嚴威重罪禁之猶不可止且死者彌久生者彌疏生者彌疏則守者彌怠而葬器如故其勢固不安矣世俗之行喪載之以大輴羽毛旐旗如雲僂翣以督之珠玉以備之黼黻文章以飭之引紼者左右萬人以引之以軍制立之然後可以此觀世則美矣侈矣以此為死則不可也苟便于死則

雖貧國勞民若慈親孝子者之所不辭為也

安死篇

世之為丘壟也其高大若山其樹之若林其設闕庭為宮室造賓阼也若都邑以此觀世示富則可矣以此為死則不可也夫死其視萬歲猶一瞚也人之壽久之不過百中壽不過六十以百與六十為無窮者之慮其情必不相當矣以無窮為死者之慮則得之矣今有人于此為石銘置之壟上曰此其中之物具珠玉玩好財物寶器甚多不可不抇抇之必大富世世乘車食肉人必相與笑之以為大惑世之厚葬也有似于此自古及今未有不亡之國也無不亡之國者是無不抇之墓也以耳目所聞見齊荊燕嘗亡矣宋中山已亡矣趙魏韓皆亡矣其皆故國矣自此以上者亡國不可勝數是故大墓無不抇也而世

皆爭為之豈不悲哉君之不令民父之不孝子兄之不悌弟皆鄉里之所𠝹者而逐之憚耕稼採薪之勞不肯官人事而祈美衣侈食之樂智巧窮屈無以為之於是乎聚群多之徒以深山廣澤林藪扑擊遏奪又視名丘大墓葬之厚者求舍便居以微抇之日夜不休必得所利相與分之夫有所愛所重而令姦邪盜賊寇亂之人卒必辱之此孝子忠臣親父交友之大事堯葬于穀林通樹之舜葬于紀市不變其肆禹葬于會稽不變人徒是故先王以儉節葬死也非愛其費也非惡其勞也以為死者慮也先王之所惡惟死者之辱也發則必辱儉則不發故先王之葬必儉必合必同何謂合何謂同葬於山林則合乎山林葬於阪隰則合乎阪隰此之謂愛人夫愛人者眾知

愛人者寡故宋未亡而莊公冢掘國安寧而猶若此又況百世之後而國已亡乎故孝子忠臣親父交友不可不察於此也魯季孫有喪孔子往弔之入門而左從客也主人以璵璠收孔子徑庭而趨歷級而上曰以寶玉收譬之猶暴骸中原也徑庭歷級非禮也雖然以救過也

後漢書王符浮侈篇古之葬者厚衣之以薪藏之中野不封不樹喪期無數後世聖人易以棺槨桐木為棺葛采為緘尸子曰禹之喪法死于陵者葬于陵死于澤者葬于澤桐棺三寸制喪三日墨子曰舜西教乎七戎道死葬南己之中衣衾三領款木之棺葛以緘之采猶蔓也緘束也下不及泉上不泄臭中世以後轉用楸梓槐柏杶樗之屬各因方土栽用膠漆使其堅足恃其用足任如此而已今者京師貴戚必欲江南檽梓豫章之木邊遠下士亦競相做效夫檽梓豫章

所出殊遠伐之高山引之窮谷入海乘淮逆河泝洛工匠雕刻連累日月會衆而後動多牛而後致重且千斤功將萬夫而東至樂浪西達敦煌費力傷農于萬里之地古者墓而不墳中世墳而不崇仲尼喪母冢高四尺遇雨而崩弟子請修之夫子泣曰古不修墓及鯉也死有棺無椁文帝葬芷陽明帝葬洛南皆不藏珠寶不起山陵墓雖卑而德最高今京師貴戚郡縣豪家生不極養死乃崇葬或至金縷玉匣檽梓楩柟多埋珍寶偶人車馬造起大冢廣種松柏廬舍祠堂務崇華侈案鄗畢之陵南城之冢周公非不忠曾子非不孝以為褒君愛父不在于聚財揚名顯親無取于車馬昔晉靈公多賦以雕墻春秋以為非君華元樂舉厚葬文公君子以為不臣況于羣司士庶

乃可僭侈主上過天道乎

崔寔政論曰送終之家亦大無度至念親將終无以奉遣乃約其供養衣服豫修已沒之制竭家盡業甘之不恨窮阨既迫起為盜賊拘執陷罪為世大戮痛乎此俗之愚民也

姚信曰葬于寬平則恐後世都邑居之葬於陵野則恐民人耕稼及之厚摶大棺人所為用下土寡材木民人率多發掘以善其居千墳萬壙無不毀者其唯尾棺薄葬斂以時服依于高丘織于深穽廣乎可以不辱耳

鄭所南心史古之葬者厚衣之薪葬之中野不封不樹將以泯之于太朴之天也劉向言黄帝時始制棺椁自是之後緣情制礼三代損益尚從簡朴寧儉寧戚為礼之本始得盡子孫之心又得盡春秋霜露之感祭于斯祥于斯也古人胷中高明一見便了所以古法人人皆葬皆無疑惑皆因不合未若後世棄本逐末侈為華謬温公葬論伊川葬說允為正大之端吕才救時卜宅禄命葬三篇亦正所學則淺陋也左傳曰天子七月而葬諸

~~舊唐書~~建寧郡王倓代宗即位深思建寧之冤追贈齊王追謚曰承天皇帝與興信公主第十四女張氏冥婚謚曰恭順皇后有司準式擇日冊命改葬於順陵仍祔於奉天皇帝廟同殿異室焉

侯五月而葬大夫三月而葬士踰月而葬之節或書其緩其速其礼其非
禮其過制厚葬春秋其嚴乎與礼記喪期微有異是爲古制凡有以也且
地理之說其可攷者公劉居豳有相其陰陽之意至十四世周成王有命
召公先相洛之事孔子有卜其宅兆而安厝之之語卜者擇其吉也曲礼
已有前朱鳥後玄武左青龍右白虎之說暨乎春秋左傳書葬須多主乎
大義不及葬法檀弓䘏子曰……深長思
……也是掩
……曰死
……三代
……棺而
……是屋
……龕槨之間孔子曰
……虞深淂宜曰深岆即孔子之葬法也孔子合葬于防
封之高四尺因周制也有子曰夫子制棺四寸椁五寸孟子曰中古棺七
寸椁稱之則棺椁六向俱當厚也莊子曰偶靈死卜葬于古墓不吉卜葬
于沙丘而吉掘之數仞得石椁焉則尚未已重卜葬之吉凶矣漢興風俗
漸繁漸華正如漢京房輩卜筮之斷不如左傳載卜筮之斷明白簡要也
淮陰侯布衣時貧無以葬母乃行營高敞地令其傍可置萬家者太史公
聞淮陰人言視其母冢良然則漢初已尚地理山川之勝矣至晉地理之
術始盛行羊祜猶出折臂三公陶侃葬牛眠地郭璞葬龍耳不三年當致
天子等說人相傳爲美談地理家謂始于赤松子青囊書錦囊書狐首經
樗里子青烏先生郭璞一行師袁李曾楊輩俱精其術郭璞青囊中書已
爲火亂去今所存狐首經爲第一書迄後其
書千百議論縱横過有安厝或以此事爲重
呂坤曰古者墓而不墳亦無見也色見者係萬年之骸魄中古三尺後世
崇之以爵爲尺亦有見見有有兮爭千載之心目晚近世以崖以樹俾作

讀禮通考　卷……　十六

低字大

乃可僭侈主上過天道乎

崔寔政論曰送終之家亦大無度至念親將終无以奉遣乃約其供養衣服豫修亡沒之制竭家盡業甘之不恨窮阨既迫起為盜賊拘執陷罪為世大戮痛乎此俗之愚民也

姚信曰葬于寬平則恐後世都邑居之葬於陵野則恐民人耕稼及之厚槨大棺人所為用下土寡材木民人率多發掘以善其居于墳萬壙無不毀者其唯尾棺薄葬斂以時服依于高丘藏于深穽庶乎可以不辱耳

鄭所南心史古之葬者厚衣之薪葬之中野不封不樹將以返之于太朴之天也劉向言黃帝時始制棺槨自是之後緣情制禮三代損益尚從簡朴寧儉寧戚為禮之本始得盡子孫之心又得盡春秋霜露之感祭于斯祥于斯也古人胸中高明一見便了所以古法人人皆葬皆無疑皆同不合末若後世棄本逐末侈為華謬溫公葬論伊川葬說允為正大之端呂才救時卜宅祿命葬三篇亦正所學則淺陋也左傳曰天子七月而葬諸

舊唐書　懿德太子重潤風神俊朗早以孝友知名既死非其罪大爲當
時所悼惜中宗即位追贈皇太子謚曰懿德陪（葬）乾陵仍爲娉國子監丞裴
粹亡女爲冥婚与之合葬

侯五月而葬大夫三月而葬士踰月而葬之節或書其緩其速其禮其非
禮其過制厚葬春秋其嚴乎與礼記喪期徹有異是爲古制又有以也且
地理之説其可攷者公劉居豳有相其陰陽之意……王有命也曲礼
……多主乎深長思
……也是掩連曰死
……以三代懸棺而
……葬也孔子曰吾見封之如堂如坊如覆屋
如斧馬鬣封也孔子以延陵季子習礼觀其葬長子于嬴博之間孔子曰
其坎深不至于泉謂度深淺宜曰深此即孔子之葬法也孔子合葬于防
封之髙四尺因周制也有子曰夫子制棺四寸椁五寸孟子曰中古棺七
寸椁稱之則棺椁六向俱當厚也莊子曰衛靈死卜葬于古墓不吉卜葬
于沙丘而吉掘之數仞得石椁焉則尚未已重卜葬之古亦矣漢興風俗
漸繁漸華正如漢京房輩卜筮之書不如左傳載卜筮之斷明白簡覈也
淮陰侯布衣時貧無以葬母乃行營高敞地令其傍可置萬家者太史公
聞淮陰人言視其母冢良然則漢初已尚地理山川之勝矣至晉地理之
術始盛行羊祜猶出折臂三公陶侃葬牛眠地郭璞葬龍耳不三年當致
天子等説人相傳爲美談地理家謂始于赤松子青囊書錦囊書狐首經
樗里子青烏先生郭璞一行師袁李曾楊輩俱精其術郭璞青囊中書已
爲火所去今所存狐首經爲第一書迩後其
書千百議論縱横遇有安厝咸以此事爲重
呂坤曰古者墓而不墳亦無見也也見者係萬年之骸魄中古三尺後世
崇之以爵爲尺亦有見也有見者今千載之心目晚近世以屋以樹俾作

低字大

乃可僭侈主上過天亶户

崔寔政論曰送終之家亦大無度至念親將終无以奉遣乃約其供養衣服豫修已沒之制竭家盡業甘之不恨窮阨既迫起為盜賊拘執陷罪為世大戮痛乎此俗之愚民也

姚信曰葬于寬平則恐後世都邑居之葬於陵野則恐民人耕稼及之厚摶大棺人所為用下土寡材木民人率多發掘以善其居千墳萬壙無不毀者其唯茂棺薄葬歛以時服依于高丘繖于深穽廣乎可以不辱耳

鄭所南心史古之葬者厚衣之薪葬之中野不封不樹將以泯之于太朴之天也劉向言黃帝時始制棺槨自是之後緣情制礼三代損益尚從簡朴寧儉寧戚為礼之本始得盡子孫之心又得盡春秋霜露之感祭于斯祥于斯也古人留中高明一見便了所以古法人人皆葬皆無疑皆因不合末若後世棄本逐末侈為華謬溫公葬論伊川葬說允為正大之端吕才救時卜宅祿命葬三篇亦正所學則淺陋也左傳曰天子七月而葬諸

侯五月而葬大夫三月而葬士踰月而葬之節或書其緩其速其礼其非禮其過制厚葬春秋其嚴乎與礼記喪期微有異是為古制又有以也且地理之說其可攷者公劉居豳有相其陰陽之意至十四世周成王有命召公先相洛之事孔子有卜其宅兆而安厝之之語卜者擇其吉也曲礼已有前朱鳥後玄武左青龍右白虎之說暨乎春秋左傳書葬頗多主乎大義不及葬法檀弓縣子曰夫喪不可不深長思也至于葬獨不深長思之何与國子高曰葬者藏也欲人弗得見也孟子曰無使土親膚也是掩親之道也孔子曰葬于北方北首三代之達礼也之幽之故也礼運曰死者北首鄭康成註謂地藏為葬也是不可首南首東首西而葬也此三代之葬法也子游問喪具子曰稱家之有無有毋過制苟亡矣還葬懸棺而封謂无則便為窆東棺直下而葬也孔子曰吾見封之如堂如坊如夏屋如斧馬鬣封也孔子以延陵季子習礼觀其葬長子于嬴博之間孔子曰其坎深不至于泉謂度深淺宜曰深此即孔子之葬法也孔子合葬于防封之高四尺因周制也有子曰夫子制棺四寸椁五寸孟子曰中古棺七寸椁稱之則棺椁六向俱當厚也莊子曰衛靈死卜葬于古墓不吉卜葬于沙丘而吉掘之數仞得石椁焉則周末已重卜葬之吉凶矣漢興風俗漸繁漸華正如漢京房輩卜筮之斷不如左傳載卜筮之斷明白簡易也淮陰侯布衣時貧無以葬母乃行營高敞地令其傍可置萬家者太史公聞淮陰人言視其母冢良然則漢初已尚地理山川之勝矣至晉地理之術始盛行羊祜猶出折臂三公陶侃葬牛眠地郭璞葬龍耳不三年當致天子等說人相傳為美談地理家謂始于赤松子青囊書錦囊書孤首經樗里子青烏先生郭璞一行師袁李曾楊輩俱精其術郭璞青囊中書已為火亂去今所存狐首經為第一書迹後其書千百議論縱橫遇有安厝式以此事為重

呂坤曰古者墓而不墳示無見也今見者係萬年之骸骴中古三尺後世崇之以爵為尺示有見也有見守命千載之心目晚近世以屋以樹俾作

神依憑之如生如存之義多□□俛子孫之孝思何如耳忘本原
者薪冢木躪墓石封上皆牛羊之□希福利者發深藏暴枯骨櫬中無左
室之身或瘞父母于兩地夫妻永世仳離或委骨肉于異鄉子孫不復展
者于心安乎甚矣葬師之誤人也
又曰生而宮牆沒而暴之中野吾忍乎哉作室于墓築以周垣樹以松楸
猶然室家也生死安之堪輿家言墓不宜太奉樹草木以象山後世陵寢
因之未見有不宜者○封內有舊墓雖貧雖派無迁生有隣也死獨
無乎擁從環繞胡為乎不可無子孫者節序有惠及焉無使餒而

讀禮通考卷第八十八

葬考六

山陵一

三秦記秦謂天子墳曰山漢云陵亦通言山陵言高大如山如陵

太昊伏羲氏

帝王世紀葬南郡

九域志單州有伏羲冢

路史葬山陽註帝冢在山陽高平橐陽之境

文獻通考葬宛丘註在陳州

女媧氏

戴延之西征記潼關直北隔河望層阜巋然獨秀

謂之風陵此是女媧墓
柳芳唐曆風陵天寶十三載五月失之乾元元年
六月一日復出
太平寰宇記閿鄉津去閿鄉縣三十里即舊風陵
關有女媧墓自秦漢以來皆繫祀典唐乾元二年
虢州刺史王奇光奏所部閿鄉界女媧墓天寶末
失其所在今月一日夜河上側近忽聞風雷聲曉
見墓湧出上有雙柳樹下有巨石其柳各高丈餘
元和郡縣志女媧陵在任城縣東南三十九里
城冢記女媧墓有五其一在趙簡子城東五里
羅苹路史註女媧墓一在晉之趙城東南五里高
二丈皇朝列祀於此
隆平集乾德四年詔置守陵五户春祀少牢

炎帝神農氏

帝王世紀葬長沙

郡國志神農氏葬長沙長沙之尾東至江夏謂之沙羨今郡有萬里沙祠

路史炎帝崩葬長沙茶鄉之尾是曰茶陵所謂天子墓者有唐嘗奉祠焉

路史註炎陵今在麻陂林窓不可入石麟石上兩杉蒼然逾四十圍其上陵也前正對紫金嶺五行書云神農丁亥日死丁未日葬

文獻通考淳熙十四年衡州守臣劉清之奏史載炎帝陵在長沙茶陵今衡州茶陵縣是也陵廟皆在康樂鄉白鹿原距縣百里而祠宇廢祖宗時給近陵七戶守視禁其樵牧宜復建廟給陵戶禮官

請如故事命守臣行之

名勝志史記炎帝葬于茶山之野茶山即景陽山也以陵谷間多生茶茗故名在茶陵州治東高一千五百丈周迴百四十里茶水發源山北流瀧下十里合白鹿泉水以入于洣水經洣水出茶陵縣上鄉西北過其縣西地理志謂之泥水也白鹿原去州南一百里炎帝墓在焉

炎帝陵在酃縣常樂鄉舊傳宋太祖嘗夢一大人執火頂笠既覺問之羣臣曰此炎帝也遣使往南問之至橋梁嶺遇一老人指示陵所遂勑有司立廟祀焉額曰福濟陵前有古杉一株今只存半長一丈餘尚作凌空之勢又有樟木橫亘水中枯空若洞所謂空樟洞也有河澗源自珠山分流遶陵

廟而過中有游魚人莫能取岍側多生白楊每遇花時紛開如雪然

黄帝軒轅氏

皇覽黄帝冢在上郡橋山

括地志黄帝陵在寧州羅川縣東八十里子午山

元和郡縣志子午山亦曰橋山在真寧縣東八十里黄帝陵在山上

九域志橋山漢地理志云在上郡陽周縣南風土記云陽周縣南有黄帝陵陵在子午山上

路史註按混天記黄帝葬南陵山神鑑黄帝葬南甲山思元賦註黄帝葬西海橋山

朱彝尊曰史記黄帝崩葬橋山皇覽謂在上郡地理志謂是上郡同陽縣括地志謂在寧州羅川縣今平谷有黄帝陵多疑流傳之誤然帝既都涿鹿則葬于此理亦有之抑衣冠之葬或者非一處也

錢金甫曰軒轅葬橋山載紀所同特橋山匪一上郡嬀州皆有之漢武帝元封元年帝北巡朔方勒兵十餘萬還祭黃帝冢橋山此上郡之橋山北魏明元帝神瑞二年六月丁卯南次石亭幸上谷壬申幸涿鹿登橋山觀溫泉使使者以太牢祠黃帝遂至廣甯泰常七年九月幸灅南遂如廣甯幸橋山遣使者祠黃帝因東幸幽州太武帝神䴥元年八月東幸廣甯臨觀溫泉以太牢祭黃帝此嬀州之橋山也郭景純注山經云帝王冢墓皆有定處而山經往往復見蓋聖人久於其位仁化廣及至于殂亡四海無思不哀故絕域殊俗之人聞天子崩各自立位而祭起土為冢是以所在有焉景純之論可謂善言古者矣後之讀史者偏執成見以史記為是必以魏書為非然黃帝既都涿鹿安在嬀州之不可營葬也乎

少昊陵

遁甲開山圖 葬雲陽

路史註 在今茶陵之露水鄉攸縣界

明一統志 少昊陵在曲阜縣

名勝志 曲阜縣東北二里有壽丘金改壽陵少昊陵在壽陵東前有石壇石像極其工巧又有八卦石

乾學按宋乾德中下詔申飭代帝王陵寢

樵采之禁分設守陵戶或春秋祠或歲一饗或三年一祭著于甲令獨不及少昊陵其祭于兗州蓋自金始若諸家地志則自元以前均莫之載也

顓頊陵

山海經 務陽之山帝顓頊葬於陽九嬪葬於陰（註冢今在濮陽故帝丘也一曰頓丘縣城門外廣陽里中）附禺之山帝顓頊與九嬪葬焉丘方圓三百里丘西有沈淵顓頊所浴

水經註 淇水北逕白祠山東歷廣陽里逕顓頊冢西俗謂之殷王陵非也帝王世紀曰顓頊葬東郡頓丘城南廣陽里大冢者是也

元和郡縣志 顓頊陵在頓丘縣西北三十五里

輿地廣記濮陽縣鮒鰅山帝顓頊所葬

十道志鮒鰅即廣陽山之別名

郡國志顓頊葬處俗名青冢山

崔鴻前趙錄光初四年將於霸陵西南營壽陵侍中喬豫和苞上疏諫曰臣等伏聞敕旨營建壽陵周圍四里下深二十五丈以銅爲棺槨黃金飾之臣聞堯葬穀林市不改肆顓頊葬高陽下不及泉聖王之於終也如是

路史註帝陵在相州臨河乾德四年置守陵戶高陽在臨河九域志順安高陽縣有顓頊陵縣故臨河濮陽與相出入也至顔真卿吳地記烏程有顓頊陵則非矣

帝嚳陵

山海經狄山（一作秋）帝嚳葬於陰（注今冢在頓丘縣城南臺陰野中也）

皇覽帝嚳冢在東郡濮陽頓丘城南臺陰野中

帝王世紀帝嚳葬東郡頓丘廣陽里

水經注淇水逕雍榆城東北帝嚳冢西世謂之頓丘臺非也皇覽曰帝嚳冢在東郡濮陽頓丘城南臺陰野中者也

元和郡縣志頓丘西北三十五里有秋山縣北三十里有帝嚳墓

太平寰宇記秋山在頓丘縣西北三十五里帝嚳葬於山陰今陵見存

路史帝葬頓丘臺城陰野之秋山所謂頓丘臺也

路史注唐以仲春祀帝嚳於頓丘三年一享

帝堯陵

山海經狄山帝堯葬於陽註今陽城縣西東阿縣城次鄉中赭陽縣湘亭南皆有堯冢

墨子堯北教乎八狄道死葬蛩山之陰衣衾三領穀木之棺葛以緘之既氾而後哭滿埳無封已葬而牛馬乘之

呂氏春秋堯葬於穀林通樹之高誘註通林以為樹也

帝王世紀堯崩葬於濟陽之成陽西北是為穀林

元和郡縣志堯陵在雷澤縣西三里貞觀十一年詔禁人芻牧春秋奠酹

漢成陽靈臺碑畧惟帝堯毋慶都氏姓曰伊殁葬於兹欲人莫知名曰靈臺上立黄屋堯所奉祠

水經註地理志曰成陽有堯冢靈臺今成陽城西二里有堯陵陵南一里有堯毋慶都陵於城為西南稱曰靈都鄉號崇仁邑號脩義皆立廟四周列

水潭而不流水澤通泉泉不耗竭至豐魚筍不敢採捕前並列數碑栝栢數株檀馬成林二陵南北列馳道逕通皆以磚砌之尚脩整堯陵東城西五十餘步中山夫人祠堯妃也石壁堦墀仍舊南西北三面長櫟連蔭扶疎里餘漢建寧四年五月成陽令管遵所立碑文云堯陵在城南九里中山夫人祠在城南二里東南六里堯母慶都冢考地驗狀咸為疎僻蓋聞疑書疑耳

歐陽脩集古録按皇覽云堯冢在濟陰城陽呂氏春秋云堯葬穀林皇甫謐云穀林即成陽然自史記地志及水經諸書皆無堯母葬處惟見於此碑蓋亦葬成陽也

趙明誠金石録成陽屬今雷澤歐陽集古録謂史

記地志及水經諸書皆無堯母葬處按班固西漢劉昭東漢書地理志皆曰成陽有堯冢靈臺而東漢志章帝元和二年東巡狩將至太山道使使者奉一太牢祠帝堯於濟陰成陽靈臺與章帝紀所載正同帝紀章懷太子註引郭緣生述征記云成陽縣東南有堯母慶都墓上有祠廟俗亦名靈臺文毋水經註今成陽城西二里有堯陵陵南一里有堯毋陵於城為西南稱為靈臺蓋兩漢所載似以靈臺為堯冢惟此碑與述征記水經迺直指為堯母冢爾然水經云在成陽西南而述征云在東南未知孰是

［洪适隸釋］兩漢地志濟陰成陽有堯冢靈臺不明言靈臺為堯母冢也章帝紀元和二年使使者祠

唐堯於成陽靈臺注引郭緣生述征記曰成陽有堯陵南一里有堯母慶都陵稱曰靈臺據此與碑合靈臺非堯冢明矣

路史堯之冢在今濮洲之雷澤東南而王充乃云葬崇山墨子則謂北教八狄道死南巳之市而葬蛩山之陰蓋儀墓爾郭緣生述征記成陽城東南九里有堯陵郭氏所記乃小成陽在成陽西北五十里隸於河南有山曰成陽穀林在其下小成陽以山得名乃堯葬所在

帝舜陵

檀弓舜葬于蒼梧之野蓋二妃未之從也注舜征有苗而死因留葬

馬○晞此論古不合葬淮南子云舜征三苗而遂死蒼梧從猶就也二妃不就蒼梧與帝合葬也

山海經蒼梧之山帝舜葬於陽帝丹朱葬於陰注即

九疑山也

赤水之東有蒼梧之野舜與叔均之所葬也

南方蒼梧之丘蒼梧之淵其中有九疑山舜之所葬在長沙零陵界中注山今在零陵營道縣南其山九谿皆相似故云九疑古者總名其地為蒼梧也

墨子舜西教乎七戎道死葬南紀之市衣衾三領穀木之棺葛以緘之已而市人乘之

呂氏春秋舜葬於紀市不變其肆注九疑山下亦有紀邑

史記舜崩於蒼梧之野葬於江南九疑是為零陵

元和郡縣志九疑山在永明縣東南一百里舜所葬也九山相似行者疑惑故為名二妃冢在華容縣北一百六十三里青草湖上

拾遺記舜葬於蒼梧之野有鳥如雀丹州而來吐五色之氣氤氳如雲名曰憑霄雀能羣飛銜土成

丘墳此鳥能反形變色集於峻木之上在木則為禽行地則為獸變化無常游丹海之際時來蒼梧之野銜青砂珠積成壟阜名曰珠丘其珠輕細風吹如塵名曰珠塵

方輿勝覽檀弓云舜葬于蒼梧之野習鑿齒云虞舜葬零陵元和郡縣志亦云九疑舜之葬也按太史公曰舜南狩行死於蒼梧之野歸葬於江南之九疑山海經云舜之所葬在今道州零陵縣界蒼梧九疑當是兩處後人誤引舜死之地以為舜葬之所耳

元混一方輿勝覽舜陵在女英峰下

羅泌曰孟子曰舜生於諸馮遷於負夏卒於鳴條諸馮負夏鳴條皆在河南北故葬於紀所謂紀市也

今帝墓在安邑而安邑有鳴條陌其去紀絶兒兩舍帝紀言河中有舜冢信矣其言舜葬蒼梧則自漢失之李白詩云重瞳孤墳竟何似則虞帝之冢不明自昔以為憾也

大禹陵

墨子禹葬會稽衣衾三領桐棺三寸葛以緘之絞之不合道之不埳土地之深下毋及泉上毋通臭既葬收餘壤其上壟若參耕之畝

呂氏春秋禹葬於會稽不變人徒註言無所興造不擾民也

淮南子禹葬會稽之山農不易其畝

越絶書禹葬會稽葦槨桐棺穿壙七尺上無漏泄下無即水壇高三尺土階三等延袤一畝尚以為居之者樂為之者苦無以報民功教民鳥田一盛

一衰當禹之時舜死蒼梧象爲民田也禹至此者亦有因矣

吴越春秋禹周行天下還大越登茅山更名曰會稽鳳凰棲於樹鸞鳥巢於側麒麟步於庭百鳥佃于澤將老命群臣曰我百世之後葬我會稽之山葬之後無改畝禹崩衆瑞並去天美禹德而勞其功使百鳥還爲民田大小有差進退有行一盛一衰往來有常

皇覽禹冢在會稽山上

水經註會稽山上有禹冢昔大禹即位十年東巡狩崩於會稽因而葬之有鳥來爲之耘春拔草根秋啄其穢是以縣官禁民不得妄害此鳥犯則刑無赦

括地志禹陵在越州會稽縣南十三里廟在縣東十一里

九域志禹陵在會稽山上有禹井

金石録漢窆石銘永建元年五月唐禹穴碑鄭魴序元稹銘韓杍材書寶曆二年九月立

會稽志禹陵窆石遺字直寶文閣王順伯復齋碑録窆為漢刻舊經云禹葬於會稽取此石為窆

演繁露漢地理志會稽郡山陰縣註云會稽山在南上有禹冢禹井今紹興府城東十許里有告成觀觀有禹廟相傳禹墓在廟東之小山山下又有窆石或云禹葬所用然絶無信傳又其地自在山陰縣治之東與古傳在南者方鄉不應若紹興府府治則又在今山陰縣之西而其正南大山即秦

望山也秦始皇父子皆登此山以祭禹矣南史紀秦碑至是尚在讀二世碑是也然則禹墓在秦望山上山陰縣南而不在告成觀甚明

元混一方輿勝覽禹穴在龍瑞宮之側

孔甲墓

明一統志在永寧縣東北三崤山

夏后皋墓

左傳蹇叔曰殽有二陵焉其南陵夏后皋之墓也

註皋桀之祖父

水經註石崤水出石崤山山有二陵南陵夏后皋之墓

元和郡縣志二崤山又名嶔崟山在永寧縣北二十八里

輿地廣紀永寧縣西北有二崤山連入硤石界其南夏后皋之墓也

成湯陵

皇覽湯冢在濟陰亳縣北東郭去縣三里冢四方方各十步高七尺上平處平地漢哀帝建平元年大司空御史長卿案行水災因行湯冢

水經註崔駰曰湯冢在濟陰薄縣北皇覽曰薄城北郭東三里平地有湯冢冢四方方各十步高七尺上平也漢哀帝建平元年大司空御史長卿按行水災因行湯冢在漢屬扶風今徵之迴渠亭有湯地徵陌是也然不經見難得而詳按秦寧公本紀云二年伐湯三年與亳戰亳王奔戎遂滅湯然則周桓王時自有亳王號湯爲秦所滅非殷湯矣

劉向言殷湯無葬處爲疑杜預曰梁國蒙縣北有薄伐城城中有成湯冢今城内有故冢方墳疑即杜元凱之所謂湯冢者也

元和郡縣志殷湯陵在寶鼎縣北四十三里

太平寰宇記殷湯陵在蒲州寶鼎縣北四十三里後魏太和中有縣人張恩破陵求貨其陵下先有石磬以銅爲鏁盜開埏門矢發中三人皆斃恩更爲他計卒取得墓中物其物多是鐘磬及諸樂器得其銘恩恐人知以銘投之汾水後事泄爲主司所理乃于水次取得其銘銘曰吾死後二千年終困於恩由是執事不復深加其罪劉向云湯無葬地蓋不練其處也

隆平集乾德四年詔給守陵五戶蠲其役仍令長

吏春秋奉祀

明一統志在滎縣北四十里元癸未歲淪於河

太戊陵

文獻通考葬大名内黄縣東南

隆平集乾德四年詔給守陵三户歲一享

明一統志在内黄縣南三十里

高宗陵

白褒魯國地記吴阪之下便得隱穴旁入三里穹窿蒙密傅說之所讚武丁之所墓

九域志商高宗陵在淮寧府西華縣北

隆平集乾德四年詔給陵三户歲一享

周王季墓

論衡王季葬于滑山之尾欒水擊其墓見棺之前

和文王曰嘻先君必欲一見群臣百姓也夫故使
欒水見之於是也而爲之張朝而百姓皆見之三
日而後更葬

周文王墓

括地志文王墓在雍州萬年縣西南二十八里原
上

雍録孟子曰文王生於岐周卒於畢郢畢之爲地
或云在渭之北或云在渭之南其主渭北者則漢
劉向言文武周公葬于畢而師古釋之曰在長安
西北四十里即咸陽矣故元和志曰咸陽縣治畢
原也此皆以畢爲在渭北者矣至其命爲渭南者
皇覽曰文武周公冢皆京地長安鎬聚東杜中又
曰秦武王冢在安陵縣西北畢陌中大冢是也人

以爲周文王冢者非也周文冢在杜中按杜中即杜縣之中也杜縣在鎬之東於唐長安縣爲東南二十里此說而果不謬則畢又在渭南也予於是取此數說者而參求之長安有畢陌咸陽又有畢原則原之爲地亘渭南北有之故古記于畢皆著文武葬地者因畢名兩出而亦兩傳也此其誤之所起也若以人情言之文都豐武都鎬豐鎬與杜相屬則皇覽謂文王葬于渭南者其理順也文王既葬渭南則周公葬畢必附文墓矣劉向傳臣瓚引汲郡古文爲據曰畢西於豐三十里則地爲渭南甚明安陵有大冢皇覽明指其爲秦文王墓則渭北之文冢其不爲周文而爲秦文亦可據矣安陵在咸陽

武王陵

汲冢周書武王崩鎬肂於岐周葬於畢

皇覽文王武王冢皆在京兆長安鎬聚東杜中

隆平集文武二冢乾德四年給陵户祠祭如太昊

成王陵

文獻通考葬京兆咸陽縣

康王陵

文獻通考葬京兆咸陽縣

隆平集成康二冢乾德四年詔給守陵三户歲一

享

穆王陵

明一統志在西安府西南二十五里張恭村

昭王陵

明一統志在登封縣少室山陽城西谷

厲王陵

明一統志在霍州東北王出奔彘而崩因葬焉

幽王陵

元和郡縣志周幽王陵在長安縣東北二十五里

明一統志在臨潼縣東北二十五里

桓王陵

太平寰宇記葬河南澠池縣東北一百二十里

靈王陵

皇覽靈王冢在河南城西南柏亭西周山上蓋以王生而有髭而神故謚靈王其冢民祀之不絕

水經注洛水故瀆東逕周山上有周靈王冢

景王　悼王　定王陵

皇覽景王冢在洛陽太倉中秦封呂不韋洛陽十萬户故大其城并圍景王冢也

冢宇記帝王紀云景王葬于翟泉今東陽門内有大街北有太倉中是景王陵西南望步廣里北眺翟泉二處相距遠近畧均之也

水經註洛水東北逕柏亭南又東北逕三王陵三王或言周景王悼王定王也子朝作難悼敬二王與景王俱葬於此故世以三王名陵帝王世紀曰景王葬于翟泉今洛陽太倉中大冢是也而後傳言在此所未詳矣又悼敬二王稽諸史傳復無葬處今陵東有石碑錄赧王以上世王名號考之碑記周墓明矣

文獻通考景王葬河南洛陽縣太倉中

威烈王陵

文獻通考葬河南洛陽城中東北隅

隆平集桓靈景威烈四王墓乾德四年詔州縣常禁樵採

赧王冢

明一統志在隴州西北三十里

秦始皇陵

史記始皇初即位穿治驪山及并天下天下徒送詣七十餘萬人穿三泉下銅而致椁宮觀百官奇器珍恠徙藏滿之令匠作機弩矢有所穿近者輙射之以水銀為百川江河大海機相灌輸上具天文下具地理以人魚膏為燭度不滅者久之二世曰先帝後宮非有子者出焉不宜皆令從死死者

甚衆葬既已下或言工匠爲機藏皆知之藏重即泄大事畢已藏閉中羨下外羨門盡閉工匠藏者無復出者樹草木以象山

賈山至言秦皇帝死於驪山吏徒數十萬人曠日十年下徹三泉合采金石冶銅錮其内漆塗其外被以珠玉飾以翡翠中成觀遊上成山陵爲葬薶之侈至於此使其後世曾不得蓬顆蔽冢而託葬焉

漢舊儀驪山者古之驪國晉獻公伐之而取二女曰驪姬此山多黄金其南多美玉曰藍田故始皇貪而葬焉使丞相李斯將天下刑人徒隸七十二萬人作陵鑿以章程三十七歲錮水泉絶之塞以文石致以丹漆深極不可入奏之丞相臣斯昧死

言臣所將徒隸七十二萬人治驪山者已深已極鑿之不入燒之不然叩之空空如下天狀制曰鑿之不入燒之不然其旁行三十丈乃止

皇覽墳高五十餘丈周回五里餘

博物志始皇陵在驪山之北高數十丈周迴六七里今在陰盤縣界北陵雖高大不足以銷六丈冰背陵障使東西流又此山運取大石於渭北渚故歌曰運石甘泉口渭水為不流千人唱萬人鉤金陵餘石大如甌

水經註秦始皇大興厚葬營建冢壙於麗戎之山一名藍田其陰多金其陽多玉始皇貪其美名因而葬焉鑿石斬山下錮三泉以銅為槨旁行周迴三餘里上畫天文星宿之象下以水銀為四瀆百

川五岳九州具地理之勢宮觀百官奇器珍寶充滿其中令匠作機弩有所穿近輒射之以人魚膏為燭取其不滅者久之後宮無子者皆使殉葬甚衆墳高五丈周迴五里餘作者七十萬人積年方成

元和郡縣志秦始皇陵在長縣東八里始皇即位治驪山陵役徒七十萬人令按其陵高大亦不足役七十萬人積年之功蓋以驪山水泉本北流者陂障使東西流又此土無石取大石於渭北諸山皆費功力由此也

雍錄關中記曰麗山之陵雖高大亦不足役七十萬人積年之功為其徙移水勢本北流者皆西北之又此土無石取大石于渭北諸山其費功由此

讀禮通考　卷八十八

甚也此說是矣而不究其實也驪山阿房兩役並興未論他事且計八十里閣道其土木之費工力之大自應廣調而久役矣史記及賈山疏皆言阿房始皇所造獨黄圖言阿房一名阿城惠文已造而始皇廣之此恐不然也始皇明言朝廷小不足容衆故渡渭而南以營朝宫則其創意營造出於始皇不出前人也

魏了翁古今考高祖爲亭長送徒驪山秦政自營墳墓也古之帝王未始有是劉向曰黄帝葬於橋山堯葬濟陰丘壠皆小葬具甚微舜葬蒼梧二妃不從禹葬會稽不改其列文武周公葬於畢皆無丘壠之處雖然此僅言薄葬耳而經傳咸無帝王自營墳墓之文考之儀禮自始死小斂大斂殯奠

後始記筮宅然則筮宅蓋生者之事也或曰事不預定而取辦于倉卒可乎曰古之葬與今異冢人掌公墓之地辨其兆域而爲之圖先王之葬居中以昭穆爲左右若文王葬於畢則子孫皆就而葬之文王居中武王爲昭居左成王爲穆居右則兆域之列固有定序下至公卿大夫皆以爵列爲丘封之地雖萬民墓地亦墓大夫掌之蓋自天子以至庶人未有不族葬而序列者故兆域既有定序丘封亦有定制非如後世有某山某水之說則取辦于殯斂殷奠之後乃人情事理之當然闔閭秦惠文等五王始大作丘隴多其瘞藏至秦政自爲驪山用吏徒數十萬人曠日十年上崇山墳下錮三泉其高五十餘丈周回五里餘石槨爲游觀人

膏爲燈燭水銀爲江海黃金爲鳧雁被以珠玉飾以翡翠中成游觀上成山陵慮人之窺伺也則爲機械之變以射穿掘之人慮爲機者之泄也則生薶工匠慮無與共其樂也則多殺宫人實之曾未幾何外被項籍之灾内罹牧豎之禍然則徒役數十萬祗以自戮其尸焉耳矣由是而後襲爲故常漢之陵與廟率是人主自爲之

漢太上皇陵

漢書高祖十年秋七月癸卯太上皇崩葬萬年赦櫟陽囚死罪以下臣瓚曰萬年陵在櫟陽縣界故特赦之

漢舊儀太上皇萬年邑千户徙天下民貲三百萬以上與田宅守陵

三輔黃圖高帝葬太上皇於櫟陽北原因置萬年

縣於櫟陽大城內以爲奉陵邑其陵在東者太上皇西昭靈后也

元和郡縣志漢太上皇陵在櫟陽縣東北二十五里雍錄同

高祖長陵

漢書十二年夏四月甲辰帝崩於長樂宮丁未發喪五月丙寅葬長陵臣瓚曰自崩至葬凡二十三日陵在長安北四十里

漢舊儀漢興立都長安徙齊田楚昭屈景及諸功臣家於長陵後世世徙吏二千石高貲富人及豪傑兼併之家於諸陵長陵邑萬戶奉常屬官有諸廟寢園令長丞東園近令丞主作陵內器物又有園郎寢郎故事近臣皆隨陵爲園郎園中各有寢便殿日祭於寢月祭於廟時祭於便殿寢日四上

食丞相以四時行園

三輔黃圖高祖長陵在渭水北去長安城三十五里按高祖本紀十二年四月甲辰崩于長樂宮五月葬長陵長陵山東西各一百二十步高十三丈長陵城周七里百八十步因為殿垣門四出及便殿掖亭諸官寺皆在中

呂后陵在高祖陵東按史記外戚世家高后合葬長陵註云漢帝后同塋則為合葬不合陵也

水經註故渠又東逕長陵南亦曰長山也

元和郡縣志漢長陵在咸陽縣東三十里高帝陵也

三輔黃圖文帝母薄姬南陵在霸陵南故曰南陵即今所謂薄陵也

雍錄薄后不祔高帝陵而葬于文帝陵東南二十里亦仍霸陵之名故加南以别之是爲南霸陵也

惠帝安陵

漢書七年秋八月戊寅帝崩於未央宫九月辛丑葬安陵臣瓚曰自崩至葬凡二十有四日

三輔黄圖安陵去長陵十里在長安城北三十五里有果園鹿苑

水經註故渠又逕惠帝安陵南陵北有安陵縣故城

元和郡縣志安陵漢惠帝陵也在咸陽東北二十里

漢外戚傳孝惠張皇后孝文後元年薨葬安陵不起墳

文帝霸陵

漢書本紀後七年夏六月己亥帝崩于未央宮遺詔霸陵山川因其故無有所改（應劭曰因山為藏不復起墳山下川流不遏絶就其水名以為陵號）令中尉亞夫為車騎將軍屬國悍為將屯將軍郎中令張武為復土將軍（師古曰穿壙出土下棺已而實之即以為墳故云復土也）發近縣卒萬六千人發内史卒萬五千人臧郭穿復土屬將軍武乙巳葬霸陵（師古曰自崩至葬凡七日也）

張釋之傳釋之為中郎將從行至霸陵上居外臨厠時慎夫人從上指視慎夫人新豐道曰此走邯鄲道也使慎夫人鼓瑟上自倚瑟而歌意悽愴悲懷顧謂羣臣曰嗟乎以北山石為槨用紵絮斮陳漆其閒豈可動哉左右皆曰善釋之前曰使其中有可欲雖錮南山猶有隙使其中亡可欲雖無石

椁又何戚焉文帝稱善

三輔黄圖霸陵在長安城東七十里

水經註霸水左合滻水歷白鹿原東是謂之霸上漢文帝葬其上謂之霸陵上有四出道以瀉水在長安東南三十里故王仲宣賦詩云南登霸岸陵回首望長安是也

元和郡縣志白鹿原在萬年縣東二十里亦謂之霸上漢文帝葬焉

雍録文帝嘗欲馳車下霸西峻坂因袁盎諫而止即白鹿原之西坡也帝樂其地遂即霸上立陵以爲霸陵陵後又置縣是爲霸陵縣也

野客叢談漢文帝遺詔霸陵山川因其故無有所改示從儉也班固賛　霸陵皆瓦器不得以金

銀銅錫為飾因其山　起墳劉向亦曰文帝去墳薄葬以儉安神可謂知帝矣觀晉索琳傳（見後杜陵）不能無疑武帝多藏金錢財物已見於貢禹所陳宣帝不得而知然以貢禹杜陵宫人數百之言推之恐亦未免惟文帝平生節儉人無間言臨終遺至薄之制微至銅錫不以為飾炳然載於史冊以薄送終考晉愍帝紀建興二年盜發霸杜陵及薄太后陵金玉綵帛不可勝計敕收其餘以實內庫可驗畜積之多也是文帝之陵果不免矣然而沈炯賦曰咄嗟驪山之阜惆悵霸陵之原文若儉而無隙嬴發掘其何言鮑溶詩曰儉風本是自張廷尉霸陵一代無毀發白樂天詩亦曰驪山脚下秦皇墓一朝盜掘墳陵破可憐寶玉歸人間暫借泉中買

身裯奢者狼狽儉者存一山一吉在眼前憑君回首向南望漢文高葬霸陵原如炯白等所言則霸陵初未嘗發也不知前説何紛紛如此

乾學按沈鮑諸詠謂霸陵初未嘗發不過以魏文帝終制有霸陵之完功在釋之一語耳其實至晉始發詞人不核實如此

漢外戚傳孝文竇皇后建元六年崩合葬霸陵

景帝陽陵

漢書五年春正月作陽陵邑張晏曰帝作壽陵起邑夏募民徙陽陵後三年春正月甲子帝崩于未央宮二月癸酉葬陽陵臣瓚曰自崩及葬凡十日

三輔黃圖陽陵在長安城東北四十五里山方百二十步高十丈

元和郡縣志陽陵景□陵也在咸陽縣東四十里

漢舊儀安陵霸陵陽陵邑各萬戶徙民與長陵等

漢外戚傳孝景薄皇后立六年廢後四年薨葬長安城東平望亭南〇王皇后元朔元年崩合葬陽陵

武帝茂陵

漢書建元二年夏四月初置茂陵邑師古曰本槐里之縣茂鄉故曰茂陵後元二年二月丁卯帝崩于五柞宮入殯于未央宮前殿三月甲申葬茂陵臣瓚曰自崩至葬凡十八日

漢舊儀每天子即位明年將作大匠營陵地用地七頃方中用地一頃深十三丈堂壇高三丈墳高十二丈武帝墳高二十丈明中高一丈七尺四周二丈內梓棺柏黄腸題湊以次百官藏畢其設四

通羨門容大車六馬皆藏之内方外陟車右外方立先閑劍戶戶設夜龍莫邪劍伏弩設伏火以營陵餘地為四園后陵餘地為倢伃以下次賜親屬功臣

三輔黄圖茂陵在長安城西北八十里周圍三里三輔舊事云武帝于槐里茂鄉徙戶一萬六千作六萬二千置茂陵高一十四丈一百步茂陵園有鶴觀

乾學按雀觀孝元紀作白鶴觀

水經註茂陵故槐里之茂鄉也應劭曰武帝自為陵在長安西北八十餘里

元和郡縣志茂陵在興平縣東北十七里武帝陵也守陵溉樹掃除凡五千人

文獻通考漢法天子即位一年而為陵天下貢賦

讀禮通考　卷八十八

三分之一供宗廟一客一供山陵武帝歷年久長比崩陵中至不復容物由霍光闇于大體奢侈過度也

漢書衛皇后遭巫蠱事起收璽綬自殺盛以小棺瘞之城南桐柏宣帝立乃改葬追謚曰思后置園邑三百家長丞周衛奉守焉師古曰葬在杜門外大道東以倡優雜伎千人樂其園故號千人聚其地在今長安城內金城方西北隅李夫人早卒上憐閔焉畫圖其形于甘泉宮及衛思后廢後四年武帝崩大將軍霍光緣上雅意以李夫人配食追上尊號曰孝武皇后

三輔黃圖李夫人墓東西五十步南北六十步高八丈在茂陵西北一里俗名英陵亦云集仙臺日高三十丈周回六百六十步

漢書鉤弋趙倢伃昭帝母也從幸甘泉有過見譴以憂死因葬雲陽昭帝即位追尊爲皇太后發卒二萬人起雲陵邑三千戸

雲陵在雲陽甘泉宮南土人呼爲女陵

昭帝平陵

漢書元平元年夏四月癸未帝崩於未央宮六月壬申葬於平陵臣瓚曰自崩至葬凡四十九日

三輔黄圖平陵在長安西北七十里去茂陵十里帝初作壽陵令流水而已石槨一丈二尺長二丈五尺無得起墳陵東北作廡長三丈五步外爲小廚裁足祠祝萬年之後掃地而祭

雍録昭帝平陵在咸陽西北二十里

漢書上官皇后建昭　年崩合葬平陵

宣帝杜陵

漢書黃龍元年十二月甲戌帝崩於未央宮元帝初元元年春正月辛丑葬杜陵臣瓚曰自崩至葬凡二十八日

漢舊儀茂陵平陵杜陵邑皆取二千石將相守陵故三陵多貴皆三萬戶至五萬戶

貢禹傳元年初貢禹奏言武帝多取好女至數千人以填後宮及棄天下昭帝幼弱霍光專事不知禮正妄多藏金錢財物鳥獸魚鱉牛馬虎豹生禽凡百九十物盡瘞藏之又皆以後宮女置於園陵大失禮逆天心又未必稱武帝意也昭帝晏駕光復行之至孝宣皇帝羣臣亦隨故事故使天下承化衆庶葬埋皆虛地上以實地下其故自上生皆在大臣循故事之辠也惟陛下深察古道從其儉

者諸陵園女無子者宜悉遣天子納善其忠

三輔黃圖杜陵在長城南帝在民間時好游鄠杜間故葬此

水經注元帝初元元年葬宣帝杜陵北去長安五十里

元和郡縣志杜陵在萬年縣東南二十里漢宣帝陵也

雍錄宣帝杜陵在長安東南二十里

晉書愍帝時三秦人尹桓解武等數千家盜發漢霸杜二陵多獲珍寶帝問驃騎大將軍索綝曰漢陵中物何乃多耶綝對曰漢天子即位一年而為陵天下貢賦三分之一供宗廟一供賓客一充山陵漢武帝享年久長比崩而茂陵不復容物其樹

皆已可拱赤眉取陵中物不能減半於今猶有朽帛委積珠玉未盡此二陵是儉者耳亦百世之誡也

漢書許皇后元帝母也立三年而崩謚曰恭哀皇后葬杜南是謂杜陵南園師古曰即今所謂小陵者去杜陵十八里

霍皇后大司馬大將軍博陸侯光女也立五年廢處昭臺宮後十二歲徙雲林舘迺自殺葬昆吾亭東師古曰在藍田

霍皇后廢立王婕妤為皇后立十六年宣帝崩元帝即位為皇太后成帝即位為太皇太后成帝母亦姓王氏故世號太皇太后為邛成太后永始元年崩合葬杜陵稱東園師古曰雖同塋兆而別為墳王后陵次宣帝陵東故曰東園也

元帝渭陵

漢書永光四年冬十月乙丑諸陵分屬三輔以渭城壽陵亭部原上為初陵（服虔曰元帝所置陵也未有名故曰初）詔曰安土重遷黎民之性骨肉相附人情所願也頃者有司緣臣子之義奏徙郡國民以奉園陵令百姓遠棄先祖墳墓破業失產親戚別離人懷思慕之心家有不安之意是以東垂被虛耗之患關中有無聊之民非久長之策也詩不云乎民亦勞止迄可小康惠此中國以綏四方今所謂初陵者勿置縣邑使天下咸安土樂業無有搖動之心布告天下令明知之竟寧元年五月壬辰帝崩于未央宮秋七月丙戌葬渭陵（臣瓚曰自崩及葬凡五十五日）

皇覽漢家之葬方中百步已穿築為方城其中開四門四通足放六馬然後錯運雜物扞漆繒綺金

寶米穀及埋車馬虎豹禽獸發近郡卒徒置將軍尉侯以後宫貴幸者皆守園陵元帝葬乃不用車馬禽獸等物

乾學按漢之諸陵皆徙民置邑勞苦萬姓至元帝始惻然罷之後遂以為永制亦可謂仁人之用心矣

三輔黄圖　渭陵在長安北五十六里

水經註　故渠又東逕渭陵元帝永元四年以渭城壽陵亭原上為初陵詔不立縣邑元壽元年傅后崩合葬渭陵潘岳關中記漢帝后同陵則為合葬不共陵也渭陵非謂元帝陵也蓋在渭水之南故曰渭陵

元和郡縣志　渭陵元帝陵也在咸陽縣西北七里

漢書孝元王后王莽之姑也建國五年二月癸丑崩三月乙酉合葬渭陵

傅昭儀哀帝祖母也元壽元年崩合葬渭陵稱孝元傅皇后云

成帝延陵

漢書本紀永始元年秋七月詔曰朕執德不固謀不盡下過聽將作大匠萬年言昌陵三年可成作治五年中陵司馬殿門内尚未加功天下虛耗百姓罷勞客土疏惡終不成朕惟其難怛然傷心夫過而不改是謂過矣其罷昌陵及故陵勿徙吏民令天下無有動摇之心

陳湯傳初湯與將作大匠解萬年相善自元帝時渭陵不復徙民起邑成帝起初陵數年後樂霸陵

曲亭南更營之萬年與湯議以爲武帝時工楊光
以所作數可意自致將作大匠及大司農中丞耿
壽昌造杜陵賜爵關内侯將作大匠乘馬延年以
勞苦秩中二千石令作初陵而營起邑居成大功
萬年亦當蒙重賞子公妻家在長安兒子生長長
安不樂東方宜求徙可得賜田宅俱善湯心利之
即上封事言初陵京師之地最爲肥美可立一縣
天下民不徙諸陵三十餘歲矣關東富人益衆多
規良田役使貧民可徙初陵以强京師衰弱諸侯
又使中家以下得均貧富湯願與妻子家屬徙初
陵爲天下先於是天子從其計果起昌陵邑後徙
内郡國民萬年自詭三年可成後卒不就羣臣多
言其不便者下有司議皆曰昌陵因卑爲高積土

爲山庻便房猶在平地上客土之中不保幽冥之靈淺外不固卒徒工庸以鉅萬數至難脂火夜作取土東山且與穀同賈作治數年天下徧被其勞國家罷敝府臧空虛下至衆庶熬熬苦之故陵因天性據眞土處勢之高敞旁近祖考前又已有十年功緒宜還復故陵勿徙民上迺下詔罷昌陵

漢書本紀 二年十二月詔曰前將作大匠萬年知昌陵卑下不可爲萬歲居奏請營作建郭邑妄爲巧詐積土增高多賦斂繇役興卒暴之作卒徒蒙辜死者連屬百姓罷極天下匱竭常侍閎前爲大司農中丞數奏昌陵不可成侍中衛尉長數白宜早止徙家反故處朕以長言下閎章公卿議者皆合長計首建至策閎典主省大費民以康寧閎前

賜爵關内侯黄金百斤其賜長爵關内侯食邑千户閎五百户萬年佞邪不忠毒流衆庶海内怨望至今不息雖蒙赦令不宜居京師其徙萬年敦煌郡

劉向傳營起昌陵數年不成復還歸延陵制度泰奢向上疏諫曰臣聞易曰安不忘危存不忘亡是以身安而國家可保也故聖賢之君博觀終始窮極事情而是非分明王者必通三統明天命所授者博非獨一姓也孔子論詩至於殷士膚敏祼將于京喟然歎曰大哉天命善不可不傳於子孫是以富貴無常不如是王公其何以戒慎民萌何以勸勉蓋傷微子之事周而痛殷之亡也雖有堯舜之聖不能化丹朱之子雖有禹湯之德不能訓末

孫之桀紂自古及今未有不忌之國也昔高皇帝既滅秦將都雒陽感寤劉敬之言自以德不及周而賢于秦遂徙都關中依周之德因秦之阻世之長短以德為効故常戰栗不敢諱亡孔子所謂富貴無常蓋謂此也孝文皇帝居霸陵北臨廁意悽愴悲懷顧謂群臣曰嗟乎以北山石為椁用紵絮斮陳漆其間豈可動哉張釋之進曰使其中有可欲雖錮南山猶有隙使其中無可欲雖無石椁又何慼焉夫死者無終極而國家有廢興故釋之之言為無窮計也孝文寤焉遂薄葬不起山墳易曰古之葬者厚衣之以薪藏之中野不封不樹後世聖人易之以棺椁棺之作自黃帝始黃帝葬于橋堯葬濟陰丘隴皆小葬具甚微舜葬蒼梧二妃不

從禹葬會稽不改其列殷湯無葬處文武周公葬于畢秦穆公葬于雍橐泉宮祈年館下樗里子葬于武庫皆無丘隴之處此聖帝明王賢君智士遠覽獨慮無窮之計也其賢臣孝子亦承命順意而薄葬之此誠奉安君父忠孝之至也夫周公武王弟也葬兄甚微孔子葬母于防稱古墓而不墳曰丘東西南北之人也不可不識也為四尺墳遇雨而崩弟子修之以告孔子孔子流涕曰吾聞之古者不修墓蓋非之也延陵季子適齊而反其子死葬於嬴博之間穿不及泉斂以時服封墳掩坎其高可隱而號曰骨肉歸復於土命也魂氣則無不之也夫嬴博去吳千有餘里季子不歸葬孔子往觀曰延陵季子於禮合矣故仲尼孝子而延陵慈

父舜禹忠臣周公弟弟其葬君親骨肉皆微薄矣非苟爲儉誠便于體也宋桓司馬爲石槨仲尼曰不如速朽秦相呂不韋集知畧之士而造春秋亦言薄葬之義皆明于事情者也逮至吳王闔閭違禮厚葬十有餘年越人發之及秦惠文武昭嚴襄五王皆大作丘隴多其瘞臧咸盡發掘暴露甚足悲也秦始皇帝葬于驪山之阿下錮三泉上崇山墳其高五十餘丈周回五里有餘石槨爲游觀人膏爲燈燭水銀爲江海黄金爲鳧鴈珍寶之臧機械之變棺槨之麗宫觀之盛不可勝原又多殺宫人生薶工匠計以萬數天下苦其役而反之驪山之作未成而周章百萬之師至其下矣項籍燔其宫室營宇往者咸見發掘其後牧兒亡羊羊入其

鑿牧者持火照求羊失火燒其臧椁自古至今葬未有盛如始皇者也數年之間外被項籍之灾内離牧豎之禍豈不哀哉是故德彌厚者葬彌薄知愈深者葬愈微無德寡知其葬愈厚丘壠彌高宮廟甚麗發掘必速由是觀之明暗之效葬之吉凶昭然可見矣周德既衰而奢侈宣王賢而中興更為儉宮室小寢廟詩人美之斯干之詩是也上章道宮室之如制下章言子孫之衆多也及魯嚴公刻飾宗廟多築臺囿後嗣再絶春秋刺焉周宣如彼而昌魯秦如此而絶是則奢儉之得失也陛下即位躬親節儉始營初陵其制約小天下莫不稱賢明及徙昌陵增埤為高積土為山發民墳墓積以萬數營起邑居期日迫卒功費大萬百餘死者

恨于下生者愁于上怨氣感動陰陽因之以饑饉物故流離以十萬數甚惛焉以死者為有知發人之墓其害多矣若其無知又安用大謀之賢知則不悅以示衆庶則苦之若苟以說愚夫淫侈之人又何為哉陛下慈仁篤美甚厚聰明疏達蓋世宜弘漢家之德崇劉氏之美光昭五帝三王而顧與暴秦亂君競為奢侈比方丘隴說愚夫之目隆一時之觀違賢知之心亡萬世之安臣竊為陛下羞之唯陛下上覽明聖黄帝堯舜禹湯文武周公仲尼之制下觀賢知穆公延陵樗里張釋之之意孝文皇帝去墳薄葬以儉安神可以為則秦昭始皇增山厚臧以侈生害足以為戒初陵之橅宜從公卿大臣之議以息衆庶書奏上甚感向言而不能

從其計

漢書本紀綏和二年三月丙戌帝崩于未央宮四月己卯葬延陵臣瓚曰自崩至葬凡五十四日

三輔黃圖延陵在扶風去長安六十二里一曰武帝于霸陵北步昌亭趙壽陵即武帝之廢陵也

水經注故渠東逕成帝延陵南

元和郡縣志延陵成帝陵也在咸陽縣西北十三里

漢書孝成許皇后立十四年而廢在昭臺歲餘還徙長安定宮賜藥自殺葬延陵交道廄西

班倢伃成帝崩充奉園陵薨因葬園中

哀帝義陵

漢書建平二年七月以渭城西北原上永陵亭部

爲初陵勿徙郡國民使得自安元壽二年六月戊午帝崩于未央宮秋九月壬寅葬義陵臣瓚曰自崩至葬凡百五日

平帝元始元年詔義陵民冢不妨殿中者勿發師古曰殿中謂壙中象正殿之處

三輔黃圖哀帝義陵在扶風渭城西北原上去長安四十六里

水經注故渠又東逕哀帝義陵南

元和郡縣志義陵哀帝陵也在咸陽縣西北八里

平帝康陵

漢書元始五年冬十二月丙午帝崩于未央宮葬康陵

三輔黃圖康陵在長安北六十里興平原口

水經注逕陵之東北五里即平帝之康陵阪也

元和郡縣志康陵平帝陵也在咸陽縣西北九里

西京雜記漢諸陵寢殿皆以竹爲簾皆爲水紋及龍鳳之像

讀禮通考卷八十九

葬考七

山陵二

東漢章陵

後漢書城陽恭王傳建武二年以皇祖皇考墓爲昌陵置陵令守視後改爲章陵因以舂陵爲章陵縣

獨斷世祖父南頓令曰皇考祖鉅鹿都尉曰皇祖

後漢書本紀建武二十六年春正月初作壽陵注初作陵未有名故號壽陵蓋取長久之義將作大匠竇融上言園陵廣袤無慮所用帝曰古者帝王之葬皆陶人瓦器木車茅馬使後世之人不知其處太宗識終始之義景帝能述

遵孝道遺天下反覆而覇陵獨完受其福豈不美哉今所制地不過二三頃無爲山陵陂池裁令流水而已中元二年二月帝崩於南宫前殿三月丁夘葬原陵

帝王世紀原陵方三百二十步高六丈在臨平亭東南去洛陽十五里

文獻通考山方三百二十三步高六丈六尺垣四出司馬門寢殿鍾虡皆在周垣内提封田十二頃五十七畝八十五步

後漢書光烈陰皇后崩合葬原陵

明帝顯節陵

後漢書永平十八年秋八月壬子帝崩於東宫前殿遺詔無起寢廟初作壽陵制令流水而已石槨

廣一丈二尺長二丈五尺無得起墳萬年之後掃地而祭杅水脯糗而已過百時唯四時設奠置吏卒數人供給灑掃勿開脩道敢有所興作者以擅議宗廟法從事注擅議宗廟者棄市壬戌葬顯節陵

東觀漢紀陵東北作廡長三丈五步外為小廚財足祠祭祀

帝王世紀顯節陵方三百步高八丈其地故富壽亭也西北去洛陽三十七里

文獻通考山方三百步高八尺無周垣為行馬四出在殿北提封田七十四頃五畝

東平王傳帝章帝也欲為原陵顯節陵起縣邑蒼聞之遽上疏諫曰伏聞當為二陵起立郭邑竊見光武皇帝躬履儉約之行深睹始終之分勤勤懇懇以

葬制為言故營建陵也具稱古典詔曰無為山陵陂池裁令流水而已孝明皇帝大孝無違奉承貫行至於自所營創尤為儉省謙德之美於斯為盛臣愚以園邑之興始自彊秦古者丘隴且不欲其著明豈況築郭邑建都郛哉上違先帝聖心下造無益之功虛費國用動搖百姓非所以致和氣祈豐年也又以吉凶俗數言之亦不欲無故繕脩丘墓有所興起考之古法則不合稽之時宜則違人求之吉凶復未見其福陛下履有虞之至性追封禰之深思然懼左右過議以累聖心臣蒼誠傷二帝純德之美不暢於無窮也帝從而止

〔後漢皇后紀〕明德馬皇后崩合葬顯節陵

章帝敬陵

〈後漢書〉章和二年春正月壬辰帝崩於章德前殿遺詔無起寢廟一如先帝法制三月癸卯葬敬陵

〈帝王世紀〉在洛陽城東南去洛陽三十九里伏侯古今注陵周三百里高六丈二尺

〈文獻通考〉山方三百步高六丈二尺無周垣爲行馬四出司馬門石殿鐘虡在行馬内寢殿園省在東園寺吏舍在殿北提封田二十五頃五十五畝

〈後漢皇后紀〉章德竇皇后合葬敬陵

〈獨斷〉章帝宋貴人曰敬隱后葬北陵安帝祖母也梁貴人曰恭懷后葬西陵和帝母也

和帝慎陵

〈後漢書〉元興元年冬十二月辛未帝崩於章德前殿殤帝延平元年三月甲申葬慎陵

〔帝王世紀〕在洛陽東南三十里

〔文獻通考〕山方三百八十步高十丈無周垣爲行馬四出司馬門石殿鍾虡在行馬内寢殿園省在東園寺吏舍在殿北提封田三十一頃二十畝二百步

〔後漢皇后紀〕陰皇后葬臨平亭部

和熹鄧皇后合葬順陵章懷太子注帝紀慎陵俗本作順者悮

乾學按解犢侯萇生靈帝其陵曰慎陵不應與和帝複出疑鄧皇后紀作順陵者非誤也

殤帝康陵

〔後漢書〕延平元年八月辛亥帝崩癸丑殯於崇德前殿九月丙寅葬康陵注陵在慎陵塋中庚地

帝王世紀高五丈四尺去洛陽四十八里

文獻通考山周二百八步高五丈五尺行馬四出司馬門寢殿鐘虡在行馬中因寢殿爲廟園吏寺舍在殿北提封田十三頃十九畝二百五十步

獨斷以陵寢爲廟者三殤帝康陵沖帝懷陵質帝靜陵是也

安帝恭陵

後漢書延光四年三月丁卯幸葉帝崩於乘輿庚午還宫辛未夕乃發喪夏四月己酉葬恭陵注在今洛州東北二十七里

伏侯古今注陵山周二百六十丈高十五丈也

帝王世紀高十一丈在洛陽西北去洛陽十五里

文獻通考山周二百六十步高十五丈無周垣爲

行馬四出司馬門石以鍾虡在行馬內寢殿園吏
寺舍在殿北隄封田一十四頃五十六畝

後漢皇后紀安思閻皇后合葬恭陵

順帝母李氏瘞在洛陽城北帝初不知及太后崩
左右白之帝感悟發哀親到瘞所更以禮殯上尊
謚曰恭愍皇后葬恭北陵注在恭陵之北漢官儀曰制陵園令食監各一人秩皆六百石

獨斷安帝李貴人曰恭敏后葬北陵順帝母也

順帝憲陵

後漢書建康元年八月帝崩於玉堂前殿遺詔無
起寢廟九月丙午葬憲陵

帝王世紀在洛陽西北去洛陽十五里

文獻通考山方三百步高八丈四尺無周垣為行
馬四出司馬門石殿鍾虡在司馬門內寢殿園省

寺吏舍在殿東提封田十八頃十九畝三十步

〔後漢皇后紀〕順烈梁皇后合葬憲陵

冲帝懷陵

〔後漢書〕永嘉元年春正月戊戌帝崩於玉堂前殿己未葬懷陵

〔帝王世紀〕西北去洛陽十五里

〔伏侯古今注〕高四丈六尺周百八十三步

〔文獻通考〕山方百八十三步高四丈六尺爲寢殿行馬四出門園寺吏舍在殿東提封田五頃八十畝

〔李固傳〕冲帝崩將北卜山陵固乃議曰今處處寇賊軍興用費加倍新創憲陵賦發非一帝尚幼小可起陵於憲陵塋內依康陵制度其於役費三分

減一乃從園議

質帝靜陵

後漢書本初元年閏月（閏六月也）甲申大將軍梁冀潛行鴆弒帝崩於玉堂前殿秋七月乙卯葬靜陵（注在洛陽東南三十里）

帝王世紀在洛陽東去洛陽三十二里

文獻通考山方百三十八步高五丈五尺為行馬四出門寢殿鐘簴在行馬中園寺吏舍在殿北提封田十二頃五十四畝因寢為廟

桓帝宣陵

後漢書永康元年十二月丁丑帝崩於德陽前殿靈帝建寧元年二月辛酉葬宣陵

帝王世紀山方三百步高十二丈在洛陽東南去

洛陽三十里

後漢皇后紀懿獻梁皇后延熹二年葬懿陵其歲誅梁冀廢懿陵爲貴人冢

鄧皇后葬在邙

桓思竇皇后合葬宣陵

靈帝文陵

後漢書中平六年夏四月丙辰帝崩於南宫嘉德殿六月辛酉葬文陵

帝王世紀山方三百步高十二丈在洛陽西北去洛陽二十里

太平寰宇記靈帝陵在河清縣東南三十里

後漢書皇后紀宋皇后光和元年以憂死歸葬宋氏舊塋皋門亭

靈思何皇后合葬[illegible]陵

王美人生皇子協興平元年追尊為靈懷皇后改葬文昭陵

獻帝禪陵

後漢書帝遜位魏王丕稱天子奉帝為山陽公魏青龍二年薨八月壬申以漢天子禮儀葬於禪陵置園邑令丞

獻帝傳明帝命司徒司空持節弔祭護喪光祿大鴻臚為副將作大匠復土將軍營成陵墓及置百官群吏車旂服章喪葬禮儀一如漢氏故事

帝王世紀禪陵在濁鹿城西北十里在今懷州修武縣北二十五里陵高二丈周回二百步

劉澄之地記以漢禪魏故以名焉

〔後漢皇后紀〕獻穆曹皇后魏公操之中女也景初元年薨合葬禪陵

先主惠陵

〔蜀志〕章武三年夏四月癸巳先主殂於永安宮五月梓宮自永安還成都秋八月葬惠陵（華陽國志同）甘皇后卒葬南郡追謚皇思夫人遷葬於蜀未至而先主殂丞相亮按謚法宜曰昭烈皇后與大行皇帝合葬制曰可（與太常臣賴恭等議）穆皇后延熙八年薨合葬惠陵

後主

後主以太始七年薨於洛陽敬哀皇后車騎將軍張飛長女也葬南陵

附錄　戾園　悼園

漢書衛皇后生戾[illegible]史良娣巫蠱事起太子之亡也東至湖藏匿泉鳩里師古曰湖縣名今虢州湖城二縣皆其地也太子有故人在湖使人呼之而發覺吏圍捕太子加兵及上憐太子無辜乃作思子宫爲歸來望思之臺於湖史良娣葬長安城南史皇孫皇孫妃王夫人葬廣明皇孫二人隨太子者與太子并葬湖孝宣帝即位詔曰故皇太子在湖未有號謚歲時祠其議謚置園邑有司奏故皇太子起位在湖史良娣冢在博望苑北親史皇孫位在廣明郭北文穎曰位冢位也如淳曰親謂父也親謚宜曰悼皇母曰悼后比諸侯王園置奉邑三百家故皇太子謚曰戾置奉邑二百家史良娣曰戾夫人置守冢三十家園置長丞周衛奉守如法以湖閺鄉邪里聚爲戾園長安白亭東爲戾后

園廣明成鄉爲悼園皆改葬焉後八歲有司復言禮父爲士子爲天子祭以天子悼園宜稱尊號曰皇考立廟因園爲寢以時薦享焉益奉園民滿千六百家以爲奉明縣尊戾夫人曰戾后置園奉邑及益戾園各滿三百家師古曰泉鳩水今在閿鄉縣東南十五里見有戾太子冢冢在澗東也

太平寰宇記閿鄉縣本漢湖縣戾園之地太子園陵存焉在縣南一十六里高一百五十尺

恭皇園

漢書建平二年六月帝太后丁氏崩上曰朕聞夫婦一體詩曰穀則異室死則同穴附葬之禮自周興焉郁郁乎文哉吾從周孝子事之如事存帝太后宜起陵恭皇之園遂葬定陶發陳留濟陰近郡國五萬人穿復土

〔水經注〕濟水又東逕定陶恭王陵南漢哀帝父也帝即位母丁太后崩上曰宜起陵恭王之園送葬定陶王莽秉政貶號丁姬開其槨戶火出炎四五丈吏卒以水沃滅乃得入燒燔槨中器物掘平共王母傅太后墳及丁姬冢周棘其處時有群燕數千啣土投於丁姬竁中今其墳冢巍然尚秀隅阿相承列郭數周面開重門南門內夾道有崩碑二所世尚謂之丁昭儀墓又謂之長隧陵蓋所毀者傅太后陵耳濱南魏郡治也世謂之左城亦名之曰葬城蓋恭王之陵寢也

甘陵

〔水經注〕漢安帝父孝德皇以太子被廢為王薨於此乃葬其地尊陵曰甘陵桓帝建和元年改曰甘

陵縣是周之甘泉區地也陵在瀆北丘墳高巨雖中經發壞猶若層陵矣

〔後漢書〕永初元年有司上言清河孝王至德淳懿載育明聖承天奉祚為郊廟主漢興高皇帝尊父為太上皇宣帝號父為皇考序昭穆置園邑大宗之義舊章不忘宜上尊號曰孝德皇皇妣左氏曰孝德后尊陵曰甘陵廟曰昭廟置令丞設兵車周衛比章陵

樂成陵　博陵

〔後漢書〕孝桓皇帝祖父河閒孝王開父蠡吾侯翼本初元年九月追尊皇祖曰孝穆皇夫人趙氏曰孝穆皇后考曰孝崇皇冬十月尊皇母匽氏為孝崇博陵貴人注博本漢[illegible]縣之地帝既追尊父為孝崇皇其陵曰博陵[illegible]廟[illegible]曰博園在今瀛州博野縣

和平元年夏五月尊[illegible]園匽貴人曰孝崇皇后元嘉二年夏四月甲寅孝崇皇后匽氏崩五月辛卯葬孝崇皇后於博陵延熹元年夏五月分中山置博陵郡以奉孝崇皇園陵

孝穆皇廟曰清廟陵曰樂成陵孝崇皇廟曰烈廟陵曰博陵

敦陵　慎陵

〔後漢書〕解瀆亭侯淑以河間孝王子封淑卒子長嗣長卒子宏嗣為大將軍竇武所立是為靈帝建寧元年追尊皇祖淑為孝元皇夫人夏氏曰孝元后陵曰敦陵廟曰靖廟皇考長為孝仁皇夫人董氏為慎園貴人陵曰慎陵廟曰奐廟皆置令丞

魏武帝高陵

魏志建安二十三年六月令曰古之葬者必居瘠薄之地其規西門豹祠西原上為壽陵因高為基不封不樹周禮冢人掌公墓之地凡諸侯居左右以前卿大夫居後漢制亦謂之陪陵其公卿大臣列將有功者宜陪壽陵其廣為兆域使足相容二十五年春正月庚子王崩於洛陽遺令斂以時服無藏金玉珍寶二月丁卯葬高陵

元和郡縣志魏武帝西陵在鄴縣西三十里

魏后妃傳武宣卞皇后文帝母也太和四年崩七月合葬高陵

文帝首陽陵

魏志黃初三年冬十月甲子表首陽山東為壽陵作終制曰禮國君即位為椑存不忘亡也昔堯葬

穀林通樹之禹葬會[illegible]農不易畝故葬於山林則
合乎山陵封樹之制非上古也吾無取焉壽陵因
山爲體無爲封樹無立寢殿造園邑通神道夫葬
也者藏也欲人之不得見也骨無痛痒之知冢非
棲神之宅禮不墓祭欲存亡之不黷也爲棺足以
朽骨衣衾足以朽肉而已故吾營此丘墟不食之
地欲使易代之後不知其處無施葦炭無藏金銀
銅鐵一以瓦器合古塗車芻靈之義棺但漆際會
三過飯含無以珠玉無施珠襦玉匣諸愚俗所爲
也季孫以璵璠斂孔子歷級而救之譬之暴骸中
原宋公厚葬君子謂華元樂莒不臣以爲棄君於
惡漢文帝之不發霸陵無求也光武之掘原陵封
樹也霸陵之完功在釋之原陵之掘罪在明帝是

釋之忠以利君明帝愛以害親也忠臣孝子宜思仲尼丘明釋之之言鑒華元樂莒明帝之戒存於所以安君定親使魂靈萬載無危斯則賢聖之忠孝矣自古及今未有不亡之國亦無不掘之墓也喪亂以來漢氏諸陵無不發掘至乃燒取玉匣金縷骸骨并盡是焚如之刑也豈不重痛哉禍由乎厚葬封樹桑霍為我戒不亦明乎其皇后及貴人以下不隨王之國者有終没皆葬澗西前又以表其處矣蓋舜葬蒼梧二妃不從延陵葬子遠在嬴博魂而有靈無不知也一澗之間不足為遠若違今詔妄有所變改造施吾為戮尸地下戮而重戮死而重死臣子為蔑死君父不忠不孝使死者有知將不福汝其以此詔藏之宗廟副在尚書祕書三

府七年夏五月丁巳帝崩於嘉福殿六月戊寅葬首陽陵自殯及葬皆以終制行事

〔太平寰宇記〕魏文帝陵在偃師縣首陽山南

〔魏后妃傳〕文昭甄皇后賜死葬於鄴王沈魏書曰有司奏建長秋宮帝璽書迎后會后疾篤崩於鄴帝哀痛咨嗟策贈皇后璽綬

文德郭皇后葬首陽陵西

明帝高平陵

〔魏志〕景初三年春正月丁亥帝崩於嘉福殿癸丑葬高平陵

〔魏后妃傳〕明悼毛皇后葬愍陵

明元郭皇后葬高平陵西

高貴鄉公墓

〔漢晉春秋〕丁卯葬高貴鄉公於洛陽西北三十里

漘澗之濵下車數乘不設旌旄百姓相聚而觀之
曰是前日所殺天子也或掩面而泣悲不自勝
薛叔元經傳漢故事陵上立祭殿至魏制以謂古
不墓祭自有廟設於是園邑寢殿遂廢

吳武烈帝高陵
吳志權既稱尊號謚堅曰武烈皇帝
吳録尊堅廟曰始祖墓曰高陵
吳妃嬪傳吳夫人吳主權母也合葬高陵

大帝蔣陵
吳志神鳳元年夏四月權薨秋七月葬蔣陵
丹陽記蔣陵因山為名
元和郡縣志蔣陵在上元縣北二十二里
太平寰宇記吳大帝陵在上元縣東北蔣山南八

里

〔六朝事迹〕今蔣子文廟相對向西有曰孫陵岡是爲蔣陵赤烏元年追拜夫人步氏爲皇后後合葬蔣陵今蔣廟西南孫陵岡上有步夫人墩〻之側有夫人冢乃其地也

〔吳妃嬪傳〕南陽王夫人生休出居公安卒因葬焉休即位追尊曰敬懷皇后改葬敬陵潘夫人生亮赤烏十三年亮立爲太子明年立夫人爲皇后薨合葬蔣陵

嗣主亮墓

〔吳録〕晉太康中吳故少府丹陽戴顒迎亮喪葬之賴鄉

景帝定陵

吳志永安七年秋七月癸未休薨謚曰景皇帝

吳妃嬪傳朱夫人永安五年立爲皇后甘露元年七月薨合葬定陵

朱彝尊曰吴志不言定陵所在順治中海寧郜澇山居民穴地得隧道行數百步道窮有碑乃孫休陵也治銅爲門門有獸鐶兩狻猊夾門左右堅不可入未發而爲怨家所首亟以土掩之此地志所不載也

文帝明陵

吳志元興元年九月追謚父和曰文皇帝

吳録皓初尊和爲昭獻皇帝俄改曰文皇帝

太平寰宇記烏程縣西陵山吳興地記云孫皓改葬父和於此號曰明陵即卞山之别嶺也

晉宣帝高原陵

晉書宣皇帝魏嘉平三年秋八月戊寅崩於京師九月庚申葬於河陰先是預作終制於首陽山爲

土藏不墳不樹作顧命三篇斂以時服不設明器

後終者不得合葬

〔晋后妃傳〕宣穆張皇后葬洛陽高原陵

景帝峻平陵

〔晋書〕景皇帝魏正元二年閏二月辛亥崩於許昌

武帝受禪上尊號曰景皇帝陵曰峻平

〔太平寰宇記〕晋景帝陵在河清縣南三十里高六

丈四尺

〔晋后妃傳〕景懷夏侯皇后青龍二年崩葬峻平陵

景獻羊皇后咸寧四年崩祔葬峻平陵

文帝崇陽陵

〔晋書〕文帝昭咸熙二年秋八月辛卯崩九月癸酉

葬崇陽陵

〔晉后妃傳〕文明王皇后泰始四年崩合葬崇陽陵

武帝峻陽陵

〔晉書〕泰始二年冬十月丁未詔曰昔舜葬蒼梧農不易畝禹葬成紀市不改肆上惟祖宗清簡之旨所徙陵十里内居人動爲煩擾一切停之太熙元年夏四月己酉帝崩於含章殿夏五月辛未葬峻陽陵

〔晉后妃傳〕武元楊皇后泰始十年崩於明光殿葬於峻陽陵

惠帝太陽陵

〔晉書〕光熙元年十一月庚午帝崩於顯陽十二月己酉葬太陽陵

元帝太興二年五月癸丑太陽陵毁帝素服哭三

目

東晉元帝建平陵

〔晉書〕永昌元年閏十一月己丑帝崩於内殿太寧元年二月葬建平陵

〔建康實録〕元帝陵在雞籠山之陽不起墳

〔元和郡縣志〕元帝建平陵明帝武平陵成帝興平陵並在上元縣北六里雞籠山

〔晉后妃傳〕元敬虞皇后永嘉六年薨太興三年册贈皇后祔於太廟葬建平陵

明帝武平陵

〔晉書〕太寧三年閏八月戊子帝崩於東堂九月辛丑葬武平陵

〔建康實録〕武平陵在雞籠山之陽不起墳

成帝興平陵

〔晉書〕咸康八年夏六月癸巳帝崩於西堂秋七月丙辰葬興平陵

〔建康實錄〕興平陵在鷄籠山之陽與元帝同處不起墳

〔晉書本紀〕咸康七年三月戊戌杜皇后崩夏四月丁卯葬恭皇后於興平陵

〔晉后妃傳〕成恭杜皇后崩帝下詔曰吉凶典儀誠宜備設然豐約之度亦當隨時況重壤之下而崇飾無用邪今山陵之事一從節儉陵中惟潔掃而已

康帝崇平陵

〔晉書〕建元二年八月戊戌帝崩於式乾殿冬十月

乙丑葬崇平陵

建康實録崇平陵隷鍾山之陽不起墳

元和郡縣志崇平陵在上元縣東北二十里蔣山西南

穆帝永平陵

晉書升平五年五月丁巳帝崩於顯陽殿秋七月戊午葬永平陵

江逌傳穆帝崩山陵將用寶器逌諫曰以宣聖顧命終制山陵不設明器以貽後則景帝遵奉遺制建文明皇后崩武皇亦承前制無所施設惟脯精之奠瓦器而已昔康皇帝元宫始用寶劍金舄此蓋太妃罔已之情寔違先旨累世之法今外欲以故事臣請述先旨停此二物書奏從之

建康實録永平陵隸幕府山之陽起墳今幕府山前近西里俗相傳有穆天子墳即其地也

哀帝安平陵

晉書興寧三年春正月景申帝崩於西堂三月壬申葬安平陵

建康實録安平陵隸雞籠山之陽不起墳

元和郡縣志安平陵在上元縣北六里雞籠山陽

廢帝吳陵

晉書后妃傳廢帝孝庾皇后太和六年崩葬於敬平陵帝廢為海西公太元九年海西公薨於吳又以后合葬於吳陵

簡文帝高平陵

晉書咸安二年秋七月乙未帝崩於東堂冬十月

丁卯葬高平陵

〔建康實録〕高平陵在鍾山之陽不起墳

〔元和郡縣志〕簡文帝高平陵孝武帝明平陵安帝休平陵恭帝沖平陵並在上元縣東北二十里蔣山西南

〔晉后妃傳〕簡文順王皇后永和四年薨孝武帝即位追尊曰順皇后合葬高平陵

孝武帝隆平陵

〔晉書〕太元二十一年秋九月庚申帝崩於清暑殿冬十月甲申葬隆平陵

〔建康實録〕隆平陵在鍾山之陽不起墳

〔晉后妃傳〕孝武定王皇后太元五年崩葬隆平陵

安帝休平陵

〔晋書〕義熙十四年十二月戊寅帝崩於東堂元熙元年春正月庚申葬休平陵

〔建康實録〕休平陵在鍾山之陽不起墳

〔晋后妃傳〕安僖王皇后義熙八年崩於徽音殿葬休平陵

恭帝沖平陵

〔晋書〕元熙二年夏六月禪位居於秣陵宋永初二年九月丁卯弑於内房葬沖平陵

〔建康實録〕沖平陵在鍾山之陽安帝同處不起墳

〔晋后妃傳〕恭思褚皇后宋元嘉十三年崩祔葬沖平陵

附録　顯平陵

〔晋后妃傳〕謝夫人生愍懷太子拜為淑媛被害永

康初詔贈夫人印綬　平陵

愍懷太子傳　愍懷太子遹，惠帝長子。惠帝即位，立為皇太子。元康九年，廢為庶人。賈后使黄門孫慮以藥杵椎殺之。賈庶人死，册復太子，葬於顯平陵。

嘉平陵

晉后妃傳　簡文宣鄭太后生簡文帝，咸和元年薨。簡文帝即位，未及追尊。太元十九年，孝武帝上太妃尊號曰簡文太后，立廟於太廟路西，陵曰嘉平。

脩平陵

晉后妃傳　孝武文李太后生孝武帝。太元十九年，尊為皇太后。安帝即位，尊為太皇太后。隆安四年崩，葬脩平陵。

熈平陵

（晉后妃傳）安德陳太后生安恭二帝太元十五年

薨追崇曰皇太后陵曰熙平

前趙永光陵

（晉載記）劉元海以永嘉四年死僞謚光文皇帝墓

號永光陵

（十六國春秋）劉淵僭即皇帝位河瑞元年薨於光

極殿九月葬永光陵

宣光陵

（十六國春秋）聰薨於建始殿葬宣光陵謚曰昭武

皇帝

後趙高平陵

（晉載記）石勒以咸和七年死夜瘞山谷莫知其所

備文物虚葬號高平陵

顯原陵

〔晉載記〕石季龍僞謚武皇帝號其墓爲顯原陵

前燕龍平陵

〔十六國春秋〕慕容皝薨於承乾殿葬龍山雋追尊曰文明皇帝陵曰龍平

龍陵

〔晉載記〕升平四年慕容雋死僞謚景昭皇帝墓號龍陵

後燕宣平陵

〔晉載記〕慕容垂以太元二十一年死僞謚成武皇帝墓曰宣平陵

興平陵

〔晉載記〕慕容盛死僞謚昭武皇帝墓號興平陵是

歲隆安五年也

衡平陵

〔十六國春秋〕慕容熙葬衡平陵諡曰昭文皇帝

南燕東陽陵

〔十六國春秋〕慕容德薨於顯安宮爲十餘棺夜分出四門潛瘞山谷莫知其尸所在虚葬於東陽陵諡獻武皇帝

北燕長谷陵

〔十六國春秋〕馮跋薨葬長谷陵僞諡文成皇帝

前秦原陵

〔十六國春秋〕苻健薨於太極前殿葬原陵僞諡明皇帝永興初追尊曰景明皇帝

後秦高陵

（晋載記）姚弋仲卒柩爲苻生所得生以王禮葬之於天水冀縣姚萇僭位追謚曰景元皇帝墓曰高陵置園邑五百家

原陵

（晋載記）姚萇以太元十八年死僞謚武昭皇帝墓稱原陵

偶陵

（晋載記）義熙十二年姚興死僞謚文桓皇帝墓曰偶陵

西秦枹罕陵

（十六國春秋）乞伏乾歸敗於五谿山爲兄子公府所殺八月熾盤葬乾歸於枹罕陵僞謚武元王

武平陵

〔十六國春秋〕乞伏熾盤薨葬武平陵謚文昭王

蜀安都陵

〔華陽國志〕咸和九年六月癸亥李雄卒僞謚曰武帝冬十二月丙寅葬成都墓號安都陵也

安昌陵

〔晉載記〕咸康八年李壽死僞謚昭文帝墓曰安昌陵

前涼建陵

〔十六國春秋〕涼州牧張軌薨葬建陵張祚僭號追尊武王

大陵

〔十六國春秋〕張駿薨於正德前殿葬大陵張祚僭號追尊文王

顯陵
（十六國春秋）張重華葬於平章殿葬顯陵張祚僭號追謚桓王
愍陵
（十六國春秋）張祚僭即王位爲廚士徐里所殺天錫即位備禮葬於愍陵
平陵
（十六國春秋）張元靖葬平陵謚冲王
西涼建世陵
（十六國春秋）李暠薨於恭德殿葬建世陵謚武昭王
（元和郡縣志）西涼武昭王陵在酒泉縣西十五里
後涼高陵

〔十六國春秋〕呂光薨葬高陵謚武皇帝

白石陵

〔晋載記〕呂纂以元興元年死僞謚靈皇帝墓號白

石陵

北涼无陵

〔十六國春秋〕沮渠蒙遜義和三年夏四月薨五月

葬元陵謚武宣王

南涼西平陵

〔晋載記〕禿髮利鹿孤死葬於西平之東南

〔十六國春秋〕利鹿孤薨謚康王葬西平陵

夏嘉平陵

〔崔鴻三十國春秋〕夏赫連昌發二百里内民二

萬五千人鑿嘉平陵七千人繕清廟於契吴初昌

父勃北遊契吳昇高而嘆曰美哉斯阜臨廣澤而帶清流吾行地多矣亦有若斯之美昌以勃乎昔之意也故立廟焉葬勃於城西十五里起行宫模寫統萬宫殿飾以金銀珠璣葬訖焚之殺駿馬數十匹

〔十六國春秋〕赫連勃勃薨於永安殿謚武烈皇帝葬嘉平陵

乾學按十六國主秉亂僭竊葬地不足書附録之以備攷古之士稽覽五代十國倣此

宋穆帝興寧陵

〔宋書〕武帝永初元年夏六月追尊皇考為孝穆皇帝皇妣為穆皇后尊王太后為皇太后

元經薛氏傳宋高祖之考墓在侯山其地秦史所謂曲阿丹徒有天子氣者也

宋后妃傳孝穆趙皇后生高祖其日以產疾殂葬晉陵丹徒縣東鄉練壁里雩山宋初追崇號謚陵曰興寧

孝懿蕭皇后孝穆后殂孝皇帝聘為繼室景平元年崩於顯陽殿遺令曰孝皇背世五十餘年古不祔葬且漢世帝后陵皆異處今可於塋域之內別為一壙孝皇陵墳本用素門之禮與王者制度奢儉不同婦人禮有所從可一遵往式乃開別壙與興寧陵合墳

武帝初寧陵

宋書永初三年五月癸亥上崩於西殿秋七月己

酉葬丹陽建康縣蔣山初寧陵

建康實録初寧陵隸丹陽建康縣蔣山圖經云在縣東北二十里

元和郡縣志初寧陵在上元縣東北二十二里

六朝事迹政和閒有人於蔣山廟側得一石柱題云初寧陵西北隅以此考之其墳當去蔣廟不遠

宋后妃傳武敬臧皇后義熙四年殂於東城還葬丹徒髙祖臨崩遺詔留葬京師於是備法駕迎梓宮祔葬初寧陵

文帝長寧陵

宋書元嘉三十年二月甲子上崩於含章殿三月癸巳葬長寧陵

圖經長寧陵隸建安縣東北二十五里與武帝陵

相近今未詳所在

〔元和郡縣志〕長寧陵在上元縣東北二十二里

〔集古録〕宋文帝神道碑書太祖文皇帝之神道凡八大字而别無丈辭惟以此爲表識爾古人刻碑正當如此後世鐫刻功德爵里世系惟恐不詳矣

〔南史〕元嘉十七年葵先皇后袁氏於長寧陵

孝武帝景寧陵

〔宋書〕大明八年閏五月庚申帝崩於玉燭殿秋七月丙午葵丹陽秣陵縣巖山景寧陵

〔元和郡縣志〕景寧陵在上元縣西南四十里巖山

〔宋后妃傳〕文穆皇后生廢帝崩於含章殿祔葵景寧陵

〔宋書〕前廢帝何皇后與廢帝合葵龍山北

明帝高寧陵

宋書泰豫元年夏四月己亥上崩於景福殿五月戊寅葬臨沂縣幕府山高寧陵

元和郡縣志高寧陵在上元縣北十九里幕府山東南

六朝事迹高寧陵隸臨沂縣幕府山西與王導墳相近今山前有墳隴晉穆帝陵在山南或以西爲明帝之墓

順帝遂寧陵

宋書昇明三年四月帝禪位於齊建元元年五月己未殂於丹陽宮六月乙酉葬於遂寧陵

附錄　宋熙寧陵

宋后妃傳武帝胡婕妤生文帝被譴賜死葬丹徒

太祖即位上尊號曰章皇太后陵曰熙寧

脩寧陵

宋后妃傳文帝路淑媛生孝武帝上即位尊號曰皇太后太宗踐祚號崇憲太后崩謚曰昭皇太后葬世祖陵東南號曰脩寧陵

崇寧陵

宋后妃傳文帝沈婕妤生明帝元嘉三十年卒葬建康之幕府山太宗即位上尊號為皇太后謚曰宣陵號曰崇寧

六朝事迹今寶林寺西南有墳隴相傳為國婆墳疑即沈后所葬之地

南齊宣帝休安陵

元和郡縣志休安陵在丹陽縣北二十八里宣帝

高帝父也建元元年十二月追尊為宣皇帝

高帝泰安陵

南齊書建元四年三月壬戌上崩於臨光殿四月庚寅上謚曰太祖高皇帝奉梓宮於東府前渚升龍舟丙午窆武進泰安陵

元和郡縣志泰安陵在丹陽縣三十一里

齊皇后傳高昭劉皇后宋泰豫元年殂歸葬宣帝墓側今泰安陵也

武帝景安陵

南齊書永明十一年秋七月上不豫戊寅大漸詔曰我識滅之後身上著夏衣畫天衣純烏犀導應諸器悉不得用寶物成織成等惟裝複袂衣各一本通常所服身刀長短二口鐵環者隨我入梓宮

陵墓萬世所宅意常恨休安陵未稱今可用東三處地最東邊以葬我名爲景安陵喪禮每存省約不須煩民是　崩九月丙葬景安陵

〔元和郡縣志〕景安陵在丹陽縣東三十二里

〔齊皇后傳〕武穆裴皇后葬休安陵

文帝崇安陵

〔南齊書〕文惠太子葬崇安陵鬱林王立追尊爲文帝廟稱太宗

〔齊皇后傳〕文安王皇后葬崇安陵

景帝脩安陵

〔元和郡縣志〕永（南齊書作脩）安陵在丹陽縣東北二十六里明帝父也

海陵恭王墓

〔南齊書〕海陵恭王文惠太子第二子也延興元年秋七月即皇帝位冬十月降封海陵王薨依東海王故事

〔夢溪筆談〕慶曆中予在金陵饔人以一方石鎮肉視之若有鐫刻取石洗濯乃海陵王墓銘謝朓撰并書其字如鍾繇極可愛予携之十餘年文思副使夏元昭借去託以墮水今不知落何處

〔東觀餘論〕海陵誌在沈翰林括家為人借去遂亡所在今殊難得沈云謝朓撰并書而誌但云朓立耳然朓自以草隷名當時後人目以飛花滿目殘霞照人此誌結字高雅必朓書也

明帝興安陵

〔南齊書〕永泰元年秋七月己酉帝崩於正福殿葬

興安陵

元和郡縣志興安陵在丹陽縣東北二十四里

齊皇后傳明敬劉皇后永明七年卒江乘縣張山永泰元年高宗崩改葬祔於興安陵

和帝恭安陵

南齊書中興二年薨葬恭安陵

梁文帝建寧陵

元和郡縣志梁文帝建寧陵在丹陽縣二十五里武帝父也

梁后妃傳太祖獻皇后張氏宋泰始七年殂於秣陵縣同夏里舍葬武進縣東城里山

武帝脩陵

梁書太清三年五月丙辰高祖崩於淨居殿十一

月乙卯葬於脩陵

元和郡縣志脩陵在丹陽縣東三十一里貞觀十一年詔令百步禁樵採

梁后妃傳高祖德皇后郗氏永元元年八月殂於襄陽官舍其年歸葬南徐州南東海武進縣東城里山陵曰脩陵

簡文帝莊陵

梁書大寶二年八月侯景廢太宗爲晉安王幽於永福省冬十月壬寅崩明年三月王僧辯率百官奉梓宮升朝堂四月乙丑葬莊陵

元和郡縣志莊陵在丹陽縣東二十七里

梁后妃傳太宗簡皇后王氏太清三年三月薨大寶元年九月葬莊陵先是詔曰簡皇后窀穸有期

昔西京霸陵因山爲藏東漢壽陵流水而已朕屬
值時艱歲飢民敝方欲以身率下永示敦樸今所
營莊陵務存約儉

附録安寧陵

〔梁書〕昭明太子統大通三年四月乙巳薨高祖幸
東宫臨哭盡哀詔斂以衮冕五月庚寅葬安寧陵

陳景帝瑞陵

〔陳書〕永定元年冬十月追尊皇帝曰景皇帝皇妣
董太夫人曰安皇后癸未尊景帝陵曰瑞陵

武帝萬安陵

〔陳書〕永定三年六月丙午帝崩於璿璣殿秋八月
丙申葬萬安陵

〔建康實録〕陵隷縣東南去彭城驛側

〔元和郡縣志〕萬安陵在上元縣東三十八里方山西北貞觀十一年詔百步内禁樵採

〔六朝事迹〕今縣東崇禮鄉地名陵里曰天子林其地有石麒麟二里俗相傳即陳高祖墓也去城二十五里

〔陳皇后傳〕高祖宣皇后章氏太建二年崩祔葬萬安陵

文帝永寧陵

〔陳書〕天康元年夏四月癸酉世祖崩於有覺殿六月丙寅葬永寧陵

〔元和郡縣志〕永寧陵在上元縣東北四十里蔣山東北

〔六朝事迹〕陵隸縣東北陵山之南今燕門山之北

宣帝顯寧陵

〔陳書〕太建十四年春正月甲寅帝崩於宣福殿遺詔金銀之飾不須入壙明器之具皆令用瓦二月癸巳葬顯寧陵

〔元和郡縣志〕顯寧陵在上元縣南四十里牛頭山西北

附録陳嘉陵

〔陳書〕永定元年追謚前夫人錢氏號爲昭皇后陵曰嘉陵

北魏昭成帝金陵

〔魏書〕建國三十九年十一月帝不豫十二月至雲中旬有二日帝崩葬金陵營梓宫木柹盡生成林

〔魏皇后傳〕獻明皇后賀氏生太祖皇始元年崩祔

葬於盛樂金陵

道武帝金陵

〔魏書〕天賜六年冬十月戊辰帝崩於天安殿永興二年九月甲寅葬於盛樂金陵

明元帝金陵

〔魏書〕泰常八年十有一月己巳帝崩於西宫十二月庚子葬於雲中金陵

〔魏皇后傳〕密皇后杜氏生世祖泰常五年薨謚曰密貴嬪葬雲中金陵世祖即位追尊號謚

太武帝金陵

〔魏書〕正平二年三月甲寅帝崩於永安宫辛卯葬於雲中金陵

〔魏皇后傳〕太武皇后赫連氏祔葬金陵

敬哀皇后賀氏生恭宗神䴥元年薨追贈貴嬪葬雲中金陵後追加號謚

景穆恭皇后郁久吕氏生高宗世祖末年薨高宗即位追尊號謚葬雲中金陵

文成帝金陵

〔魏書〕和平六年五月癸卯帝崩於太平殿八月葬雲中之金陵

〔魏皇后傳〕元皇后李氏生顯祖拜貴人後謚曰元皇后葬金陵

獻文帝金陵

〔魏書〕皇興五年八月冊命太子踐位上尊號太上皇帝承明元年崩於永安殿葬雲中金陵

〔魏皇后傳〕思皇后李氏生高祖皇興三年薨葬金

陵

金陵陪葬諸臣

江夏王拓跋呂　尚安康公拓跋素

彭城公拓跋勃　長樂王拓跋處文

任城康王拓跋雲　趙郡靈王拓跋幹

隴西獻王姚黄眉　上黨定王長孫觀

藍田武侯長孫肥　平陽威王長孫翰

平陽公長孫平成　吳郡恭王長孫陳

城陽公奚烏侯　丹陽襄王叔孫建

宣城忠貞王車路頭　瑯琊貞王司馬楚之

平原簡王陸麗　隴西宣王源賀

趙郡康公羅拔

乾學按魏自昭成帝至獻文帝或葬盛樂

或葬雲中統名曰金陵功臣陪葬載於國史者具書於此

孝文帝長陵

〔魏書〕太和二十三年夏四月丙午帝崩於穀塘原之行宮至魯陽發哀還京師五月丙申葬長陵

〔魏皇后傳〕孝文貞皇后林氏葬金陵幽皇后馮氏葬長陵塋内昭皇后高氏先葬城西長陵東南陵制卑局因就起山陵號終寧陵置邑户五百家肅宗還靈䃚於長陵兆西北六十步

宣武帝景陵

〔魏書〕延昌四年春正月甲寅帝不豫丁巳崩於式乾殿二月甲午葬景陵

孝明帝定陵

〔魏書〕武泰元年二月癸丑帝崩於顯陽殿三月乙酉葬於定陵

孝莊帝静陵

〔魏書〕建義三年十有二月甲寅爾朱兆遷帝於晉陽甲子崩於城内三級佛寺中興二年謚爲武懷皇帝太昌元年又謚孝莊皇帝十一月葬於静陵

後廢帝墓

〔魏書〕後廢帝殂於門下外省永熙二年葬於鄴西南野馬岡

孝静帝墓

〔魏書〕孝静帝天保二年十二月殂三年二月葬於漳西山岡

附録　永固陵

魏皇后傳文明皇后馮氏承明元年尊曰太皇太后太后與高祖遊於方山顧瞻川阜有終焉之意因謂群臣曰舜葬蒼梧二妃不從豈必遠祔山陵然後爲貴哉吾百年之後神其安此高祖乃詔有司營建壽陵於方山又起永固石室將終爲清廟焉太和五年起作八年而成刊石立碑頌太后功德十四年崩於太和殿謚曰文明太皇太后葬於永固陵日中而反虞於鑒元殿詔曰尊旨崇儉不申罔極之痛稱情允禮仰損儉訓之德進退思惟倍用崩感又山陵之節亦有成命內則方丈外則裁揜坎脫於孝子之心有不盡者室中可二丈墳不過三十餘步今以山陵萬世所仰復廣爲六十步辜負遺旨益以痛絕其幽房大小棺槨質約不

設明器至於素帳縵茵瓷之物亦皆不置此則尊先志從冊令俱奉遺事而有從有違未達者或以致惟梓宮之裏玄堂之内聖靈所憑是以一一奉遵仰昭儉德其餘外事有所不從以盡痛慕之情其宣示遠近著告群司上明儉誨之善下彰違命之失初高帝孝於太后乃於永固陵東北里餘豫營壽宮有終焉瞻望之志及遷洛陽乃自表瀍西以為山園之所而方山虛宮至今猶存號曰萬年堂云

〔水經注〕羊水又東注於如渾水亂流逕方嶺上有文明太皇太后陵陵之東北有高祖陵二陵之南有永固堂堂之四周隅雉列榭階欄檻及扉户梁壁椽瓦皆文石也檐前四柱采洛陽之八風谷黑

石爲之雕鏤隱起以金銀閒雲雉有若錦爲堂之
内外四側結兩石扶帳青石屛風以文石爲緣並
隱起忠孝之容題刻貞順之名廟前鐫石爲碑獸
碑不至佳左右列柏四周迷禽闇石院外西側有
思遠靈圖〻之西有齋堂南門表二石闕〻下斬
山累結御路下望靈泉宫池皎若圓鏡矣

永泰陵

魏皇后傳宣武順皇后于氏崩葬永泰陵

北齊神武帝義平陵

北齊書武定五年正月丙午神武崩於晉陽謚獻
武王八月甲申葬於鄴西北漳水之西天保初追
崇爲獻武帝陵曰義平天統元年改謚神武皇帝

元和郡縣志神武陵在滏陽縣南二里

太平寰宇記高齊神武陵去縣三里今有天鹿石闕尚存

北齊皇后傳神武明皇后婁氏太寧二年四月崩於北宮五月甲申祔合葬義平陵

文襄帝峻成陵

北齊書王還晉陽遇盜而殂葬於峻成陵齊受禪追謚爲文襄皇帝

北齊皇后傳文襄敬皇后元氏魏孝靜帝之妹也封馮翊公主歸於文襄文宣受禪尊爲文襄皇后武平中后崩祔葬義平陵

乾學按義平陵恐是峻成陵

文宣帝武寧陵

北齊書天保十年冬十月甲午帝暴崩於晉陽宮

德陽堂十一月辛未梓宫還京師十二月乙酉殯於太極前殿乾明元年二月丙申葬於武寧陵

閔悼王墓

北齊書皇建二年九月王薨大寧二年葬於武寧陵之西北謚閔悼王

孝昭帝文靖陵

北齊書皇建二年十一月帝崩於晋陽宫大寧元年閏十二月癸卯梓宫還鄴庚午葬於文靖陵

武成帝永平陵

北齊書河清四年夏四月傳位於皇太子天統四年十二月辛未太上皇帝崩鄴宫乾壽堂二月甲申葬於永平陵

後周文帝成陵

〔後周書〕魏恭帝三年夏太祖北巡狩九月有疾還至雲陽冬十月乙亥崩於雲陽宮還長安發喪甲申葬於成陵武成元年追尊爲文皇帝

〔皇后傳〕文帝元皇后生孝閔帝大統七年薨魏恭帝三年十二月合葬成陵武成初追尊爲皇后

〔元和郡縣志〕後周文帝成陵在富平縣西北十五里

孝閔帝靜陵

〔後周書〕魏恭帝三年十二月魏帝詔以岐陽之地封帝爲周公庚子禪位於帝元年春正月即天王位九月晉公護逼帝遜位幽於舊邸以弒崩及武帝誅護上謚曰孝閔皇帝陵曰靜陵

明帝昭陵

〔後周書〕武成二年夏四月庚子大漸詔曰朕稟生儉素非能力行菲薄每寢大布之被服大帛之衣凡是器用皆無雕刻身終之日豈容違棄此好喪事所須務從儉約斂以時服勿使有金玉之飾若以禮不可闕皆令用瓦葬日選擇不毛之地因地勢爲墳勿封勿樹且厚葬傷生聖人所誡朕既服膺聖人之教安敢違之凡百官司勿異朕此意辛丑崩於延壽殿五月辛未葬於昭陵

〔皇后傳〕獨孤皇后世宗崩與后合葬

武帝孝陵

〔後周書〕宣政元年五月己丑帝總戎北伐癸巳帝不豫止於雲陽宮六月丁酉夜崩於乘輿遺詔曰朕平生居處每存菲薄非直以訓子孫亦乃本心

所好喪事資用須儉而合禮墓而不墳自古通
典隨吉即葬葬訖公除妃嬪以下無子者悉放還
家己未葬於孝陵
后傳武帝阿史那皇后靜帝尊為太皇太后隋
開皇二年殂隋文帝詔有司備禮冊祔葬於孝陵

宣帝定陵

後周書大象二年五月崩於天德殿七月丙申葬
定陵
皇后傳宣帝楊皇后隋文帝長女大業五年從煬
帝幸張掖殂於河西煬帝還京詔有司備禮祔葬
后於定陵

靜帝恭陵

後周書大定元年隋王楊堅稱帝號帝遜於別宮

開皇元年五月壬申崩謚曰静皇帝葬恭陵

隋文帝太陵

〔隋書〕仁壽二年八月己巳皇后獨孤氏崩閏十月壬申葬獻皇后於太陵四年秋七月丁未帝崩於大寶殿冬十月己卯合葬於太陵同墳而異穴

〔文獻通考〕士庶赴葬者皆聽入視陵内

〔元和郡縣志〕隋文帝太陵在武縣西南二十里三畤原上

〔合璧事類〕隋文帝仁壽二年皇后獨孤氏崩上令儀同三司蕭吉為皇后擇葬地得吉處云卜年二千卜世二百上曰吉凶由人不在於地高緯葬父豈不卜乎俄而國亡正如我家墓田若云不吉朕不當為天子若云不凶我弟不當戰没然竟從吉

言吉退告族人蕭平仲曰後四歲太子御天下若太子得政隋其亾乎吾前紿之云卜年二千者二十字也卜世二百者取世二傳也

煬帝墓

隋書太業十三年十一月唐公入京師遥尊帝為太上皇立代王侑為帝改元義寧二年三月右屯衛將軍宇文化及等以驍果作亂入犯宫闈上崩於溫室蕭后令宫人徹床簀為棺以埋之化及發後右禦衛將軍陳稜奉梓宫於成象殿葬吳公臺下唐平江南之後改葬雷塘

蘇州全書

甲編

書

《蘇州全書》編纂出版委員會 編

·讀禮通考

蘇州大學出版社
古吳軒出版社

讀禮通考卷九十

、

、葬考八

、、、山陵三

唐獻祖建初陵

唐書開元十一年八月追號宣皇帝曰獻祖

元和郡縣志宣皇帝建初陵高四丈周迴八十丈

懿祖啟運陵

唐書開元十一年八月追號光皇帝曰懿祖

元和郡縣志光皇帝啟運陵高四丈周迴六十步

建初啟運二陵共塋周一百五十六步均在昭慶縣西南二十里

唐禮樂志開元十五年改宣皇帝光皇帝陵以縣

令檢校州長官歲一巡

太祖興寧陵

〔唐書〕武德元年六月追謚皇祖曰景皇帝廟號太
祖

〔唐地理志〕興寧陵在咸陽縣咸陽原

世祖永康陵

〔唐書〕武德元年六月追謚皇考曰元皇帝廟號世
祖

〔太平寰宇記〕唐永康陵在三原縣北一十八里

〔唐禮樂志〕開元二十八年制以宣皇帝光皇帝景
皇帝元皇帝追尊號謚有制而陵寢所奉未稱建
初啟運陵如興寧永康陵置署官陵户春秋仲月
分命公卿巡謁

高祖顯陵

〔唐書〕武德九年八月皇太子即皇帝位貞觀三年太上皇徙居大安宮九年五月庚子崩於垂拱前殿十月庚寅葬獻陵

〔唐會要〕太宗貞觀九年高祖崩詔定山陵制度令依漢長陵故事務在崇厚時限既促功役勞弊秘書監虞世南上封事曰臣聞古之聖帝明王所以薄葬者非不欲崇高光顯珍寶具物以厚其親然審而言之高墳厚壠珍物畢備此適所以爲親之累非曰孝也是以深思遠慮安於菲薄以爲長久萬代之計割其常情以定之耳昔漢成帝造延昌二陵制度甚厚功費甚多諫議大夫劉向上書曰漢孝文帝居霸陵悽愴悲懷顧謂群臣曰嗟乎以

北山石為椁用紵絮斮陳漆其間豈可動哉張釋之進曰使其中有可欲雖錮南山猶有隙使其中無可欲雖無石椁又何慼焉夫死者無終極而國家有廢興釋之所言為無窮計也孝文寤焉遂以薄葬又漢氏之法人君在位三分天下貢賦以一分入山陵武帝歷年長久比葬陵中不復容物霍光暗於大體奢侈過度其後至更始之敗赤眉入長安破茂陵取物猶不能盡無故聚歛百姓為盜之用甚無謂也魏文帝於首陽東為壽陵作終制其畧云昔堯葬壽陵因山為體無封無寢殿園邑為棺椁足以藏骨為衣衾足以朽肉吾營此不食之地欲使易代之後不知其處無藏金玉銅鐵一以瓦器自古及今未有不亡之國是無不掘之墓

喪亂以來漢氏諸陵無不發掘乃燒取玉柙金鏤骸骨並盡可不重痛哉若違詔妄有變改使吾為戮尸於地下死而重死不忠不孝使魂而有知將不福汝以為永制藏之宗廟魏文此制可謂達於事矣向使陛下德止於秦漢之君臣則緘口而已不敢有言伏見聖德高遠堯舜有所不逮而俯與秦漢之君同為奢泰捨堯舜殷周之節儉此臣所以尤戚戚也今為丘壠如此其內雖不藏珍寶亦無益也萬代之後人但見高墳大冢豈謂無金玉也臣之愚計以為漢之霸陵既因山勢雖不起墳自然高敞今之所卜地勢即平不可不起宜因白虎通所陳周制為三仞之墳其方中制度事事減少事竟之日刻石於陵側書丘封大小高下之式

明器所須皆以瓦木合於禮文一不得用金銀銅
鐵使後代子孫並皆遵奉一通藏之宗廟豈不美
乎且臣下除服用二十七日已依霸陵今爲墳壠
又以長陵爲法恐非所宜伏願深覽古今爲久長
之慮書奏不報世南又上疏曰漢家即位之初便
營陵墳近者十餘歲遠者五十年方始成就今以
數月之閒而造數十年之事其於人力亦已勞矣
又漢家大郡五十萬户即日人衆及往時而功力
與之一等此臣所以致疑也又公卿上奏請遵遺
詔務從節儉太宗乃謂中書侍郎岑文本曰朕欲
一如遺詔　臣子之心不忍頓爲儉素如欲稱朕
崇厚之志復恐百代之後不免有發毁之憂朕爲
此不能自決卿等平章必令得所勿置朕於不孝

之地因出虞世南封事付所司詳議以聞司空房玄齡等議曰謹按高祖長陵高九丈光武陵高六丈漢文魏文並不封不樹因山爲陵竊以長陵制度過爲宏侈二丈立規又傷矯俗光武中興明主多依典故遵爲成式寔謂攸宜伏願仰遵顧命俯順禮經詔曰朕既爲子卿等爲臣愛敬罔極義猶一體無容固陳節儉陷朕於不義也今便敬依來議於是山陵制度頗有減省

〔元和郡縣志〕獻陵在三原縣東一十五里

〔唐后妃傳〕高祖太穆順聖皇后竇氏崩於涿郡帝有天下詔即所葬園爲壽安陵及祔獻陵尊爲太穆皇后

獻陵陪葬

楚國太妃萬氏　諱陶公立

河間元王孝恭金石録岑文本撰碑于立政書貞觀十四年立

襄邑恭王神符

清河王誕

韓王元嘉京兆金石録唐太尉絳州刺史韓王元嘉碑在三原縣

彭思王元則京兆金石録唐贈司徒荆州都督彭王元則碑在三原縣

道孝王元慶京兆金石録唐贈司徒荆州都督道王元慶碑在三原縣

鄭惠王元懿京兆金石録唐贈司徒益州都督鄭王元懿碑在三原縣

虢莊王元鳳

酆悼王元亨京兆金石録唐金州刺史酆王元亨碑在三原縣

徐康王元禮

滕王元嬰京兆金石録唐贈司徒冀州都督滕王元嬰碑在三原縣

鄧康王元裕京兆金石録唐贈司徒益州都督鄧王元裕碑在三原縣

魯王元夔京兆金石録唐太子太師魯王元夔碑在三原縣

霍王元軌京兆金石録唐司徒貴州刺史霍王元軌碑在三原縣

江安王元祥京兆金石録唐贈司徒并州都督江王元祥碑在三原縣

密貞王元曉京兆金石録唐揚州都督密王元曉碑在三原縣

并州総管張綸

滎國公樊興京兆金石録唐左武衛大將軍樊興碑在三原縣

平原郡公王長楷

譚國公丘和京兆金石録唐贈荆州総管譚國襄公丘和碑在三原縣

巢國公錢九隴京兆金石録唐潭州都督巢國勇公錢九隴碑在三原縣貞觀中立

刑部尚書劉德威京兆金石録唐刑部尚書彭城襄公劉德威碑許敬宗撰文李元楷書永徽二年立

刑部尚書沈叔安京兆金石録唐潭州都督吳興郡公沈叔安碑在三原縣

太宗昭陵

〔唐書地里志〕貞觀十年營昭陵於雲陽咸陽置醴

泉縣

太宗紀十年六月己卯皇后崩十一月庚寅葬文德皇后於昭陵

后妃傳太宗文德順聖皇后長孫氏從幸九成宮屬疾大漸與帝訣曰妾生無益於時死不可以厚葬願因山為壠無起墳無用棺槨器以瓦木約費送終是妾不見忘也及崩葬昭陵因九嵕山以成后志帝自著表序始末揭陵左

金石録唐太宗御製表歐陽詢八分書貞觀十年刻太宗為文德皇后立其文載於寔録世頗罕傳今石刻已磨滅其畧可見者有云無金玉之寶玩用之物木馬寓人有形而已欲使盜賊息心存亡無異又云俯視漢家諸陵猶如蟻垤皆被穿窬今

營此陵制度卑狹用功省少望與天地相畢永無後患其言非不丁寧切至也然竟不免溫韜之禍太宗英武聰明過人甚遠而於此眷眷不忘何哉以此知死生之際能超然無累者聖哲之所難也

唐書十一年二月丁巳營九嵕山為陵賜功臣密戚陪塋地及秘器

唐鑑十一年二月帝自為終制初文德皇后疾篤言於帝曰妾生無益於人不可以死害人願勿以丘壠勞費天下因山為墳器用瓦木而已及葬帝復為文刻之石稱皇后節儉遺言薄葬以為盜賊之心止求珍貨既無珍貨復何所求朕之本志亦復如是王者以天下為家何必物在陵中乃為已有今因九嵕山為陵（嵕祖紅切）鑿石之工纔百餘人數十

日而畢不藏金玉人馬器皿皆用土木形具而已庶幾奸盜息心存歿無累當使百世子孫奉以爲法至是帝以漢世豫作山陵免子孫蒼猝勞費又志在儉葬恐子孫從俗奢靡於是自爲終制因山爲陵容棺而已

范祖禹曰厚葬之禍古今之所明知也夫藏金玉于山陵是爲盜積而標示其處也豈不殆哉是以自漢以來無不發之塚後之人知其有害無益而姑爲之費禍迹相接而莫之或戒也太宗雖爲終制以戒子孫而昭陵之葬亦不爲儉及唐之末不免暴露之患豈非高宗之過乎

舊唐書二月丁亥詔曰夫生者天地之大德壽者脩短之一期生有七尺之形壽以百齡爲限含靈稟氣莫不同焉皆得之於自然不可分外企也是以禮記云君即位而爲椑莊周云勞我以形息我以死豈非聖人遠鑒通賢深識末代以來明辟蓋寡靡不矜黃屋之尊慮白駒之過並多拘忌有慕

遐年謂雲車易乘義輪可致異軌同趣其弊甚矣有隋之季海内横流豺狼肆暴吞噬黔首朕投袂發憤情深拯溺扶翼義師濟斯塗炭賴蒼昊降鑒股肱宣力提劍指麾天下大定此朕之宿志於斯已畢猶恐身後之日子子孫孫習於流俗猶循常禮加四重之櫬伐百祀之木勞擾百姓崇厚陵今預爲此制務從儉約於九嵕之山足容棺而已積以歲月漸而備之木馬塗車土桴葦籥事合古典不爲時用又佐命功臣或義深舟楫或謀定帷幄或推行陣同濟艱危克成鴻業追念在昔何日忘之使逝者無知咸歸寂寞若營魂有識還如疇曩居止相望不亦善乎漢氏使將相陪陵又給以東園秘器篤終之義恩意深厚古人豈異我哉自今

已後功臣密戚及德業佐時者如有薨亡宜賜塋地一所及以秘器使窀穸之時喪事無闕所司依此營備稱朕意焉

〔貞觀政要〕十一年詔曰朕聞死者終也欲物之反真也葬者藏也欲令人不得見也上古垂風未聞於封樹後世貽則乃備於棺槨譏僭侈者非愛其厚費美儉薄者寔貴其無危是以唐堯聖帝也穀林有通樹之説秦穆明君也橐泉無丘隴之處仲尼孝子也防墓不墳延陵慈父也嬴博可隱斯皆懷無窮之慮成獨決之明乃便體於九泉非徇名於百代也洎乎闔閭違禮珠玉為鳧雁始皇無度水銀為江海季孫擅魯斂以璵璠桓魋專宋葬以石槨莫不因多藏以速禍由有利而招辱玄廬既

發致焚如於夜臺黄腸再開同暴骸於中野詳思曩事豈不悲哉由此觀之奢侈者可以爲戒節儉者可以爲師矣

弋直曰漢文帝思以北山爲槨用紵絮斮陳漆其間張釋之對曰使其中有可欲雖錮南山猶有隙也異時文帝之遺詔曰厚葬以破業吾甚不取霸陵山川因其故毋有所改斯言也其有感於釋之之言乎唐太宗初作獻陵務存隆厚猶文帝初年之意也虞世南諫而不能止十一年之詔豈非世南之言啟之歟

唐會要帝謂侍臣曰昔漢家皆先造山陵既達始終身復親見又省子孫經營不煩費人功古昔因山爲墳此誠便事九嵕山孤聳迴絶因而旁鑿可置山陵處朕有終焉之理乃詔營山陵於九嵕山之上足容一棺而已務從儉約又佐命功臣義深舟楫追念在昔何日忘之漢氏相將陪陵又給東園秘器篤終之義恩意厚自今以後功臣密戚及

德業佐時者如有薨亡宜塋地一所及賜以秘器使窀穸之時喪事無闕凡功臣密戚請陪陵葬者聽之以文武分爲左右而列（墳高四丈以下三丈以上）若父祖陪陵子孫從葬者亦如之

〔唐書〕二十年八月許陪陵者子孫從葬

二十三年五月己巳皇帝崩於含風殿八月庚寅葬昭陵

〔唐會要〕昭陵在京兆府醴泉縣因九嵕層峰鑿山南西深七十五尺爲玄宮山旁岩架梁爲棧道懸絶百仞繞山二百三十步始達玄宮門頂上亦起遊殿文德皇后即玄宮後有五重石門其門外於雙棧道上山起舍宮人供養如平常及太宗山陵畢宮人亦依故事留棧道惟舊山陵使閻立德奏

曰玄宫棧道本留擬有今日今既始終永畢與前事不同謹按故事唯有寢宫安神供奉之法而無陵上侍衛之儀望除棧道固同山岳上嗚咽不許長孫無忌等援引禮經重有奏請乃依奏上欲闡揚先帝徽烈乃令匠人琢石寫諸蕃君長十四人列於陵司馬北門内又刻石爲常所乘破敵馬六匹於闕下

〔金石録〕昭陵四降王名段仲容書六馬贊歐陽詢八分書

〔元和郡縣志〕昭陵在醴泉縣東北二十五里

〔長安志〕昭陵因九嵕山爲陵在醴泉北五十里

〔后妃傳〕太宗賢妃徐惠帝崩哀慕成疾不肯進藥曰帝遇我厚得先狗馬侍園寢吾志也永徽元年

柳

辛陪葬昭陵右室

安祿山事蹟潼關之戰我軍既敗賊將崔乾祐領白旗引左右馳突我軍視之狀若神鬼又見黃旗軍數百隊官軍潛謂是賊不敢逼之須臾又見與乾祐鬭黃旗軍不勝退而又戰者不一俄不知所在後昭陵奏是日靈宮前石人馬汗流

昭陵陪葬

越國太妃燕氏 越王貞母

趙國太妃楊氏 趙王福母 京兆金石錄趙國楊太妃碑李儼撰暢整書

紀國太妃韋氏 紀王慎母

賢妃鄭氏

蜀悼王愔 京兆金石錄贈益州都督蜀王愔碑咸亨中立

蔣王惲

柳宗元集陳京行狀昭陵山峻而高寢宮在其上內官懲其上下之勤輓汲之艱也謁于上請更之上下其議宰相承而諷之召官屬使如其請公曰斯太宗之志也其儉足以爲法其嚴足以有恭吾敢顧其私容而替之者也奏議不可上又下其議凡是公者六七人其餘皆曰更之便上獨斷焉曰京議得矣從之案貞元十四年昭陵寢殿災以宰相崔損爲脩奉陵使宮寺憚輓汲請更其所損不能抗京獨持不可卒從

低一字大　入昭陵陪葬前

趙王貞

紀王慎

趙王福　京兆金石錄贈司空并州都督　趙王福碑咸亨元年立

曹王明

紀王澄

觀中立

南平公主　駙馬都尉劉大龍合葬　有碑見京兆金石錄

遂安公主　駙馬都尉王大禮合葬　有碑已亡見金石錄

柳

辛陪葬昭陵石室

安禄山事蹟潼關之戰我軍既敗賊將崔乾祐領白旗引左右馳突我軍視之狀若神鬼又見黃旗軍數百隊官軍潛謂是賊不敢逼之須臾又見與乾祐鬬黃旗軍不勝退而又戰者不一俄不知所在後昭陵奏是日靈宮前石人馬汗流

昭陵陪葬

越國太妃燕氏　越王貞母

趙國太妃楊氏　趙王福母　京兆金石録趙國楊太妃碑李儼撰暢整書

紀國太妃韋氏　紀王慎母

賢妃鄭氏

蜀悼王愔　京兆金石録贈益州都督蜀王愔碑咸亨中立

蔣王惲

趙王貞

紀王慎

趙王福　京兆金石録贈司空并州都督趙王福碑咸亨元年立

曹王明

嗣紀王證

高密公主　駙馬都尉工部尚書杞國公段綸合葬有碑見京兆金石録

長廣公主　墓誌正書貞觀二十二年十一月見金石録駙馬都尉楊師道合葬有碑貞觀二十一年立見京兆金石録

長沙公主　駙馬都尉豆盧懷讓合葬

衡陽公主　駙馬都尉阿史那社尒合葬見後○以上高祖女

襄城公主　唐書公主下嫁蕭鋭更嫁姜簡京兆金石録南安都護姜簡墓碑永徽中立　駙馬都尉蕭鋭合葬蕭鋭碑貞觀中立

南平公主　駙馬都尉劉玄意合葬有碑見京兆金石録

遂安公主　駙馬都尉王大禮合葬有碑見京兆金石録

長樂公主駙馬都尉長孫沖合葬有碑見京兆金石錄

豫章公主駙馬都尉唐義識合葬有碑見京兆金石錄

普安公主駙馬都尉史仁表合葬有碑見京兆金石錄

臨川公主駙馬都尉周道務合葬　京兆金石錄唐駙馬都尉周道務加上柱國告又駙馬都尉營州都督周道務碑上元二年立

清河公主駙馬都尉程懷亮合葬金石錄清河公碑李儼撰暢整書麟德元年十月　墓又有駙馬都尉寧遠將軍程弘亮碑

蘭陵公主駙馬都尉竇懷悊合葬　集古錄目公主名淑字麗真太宗第十九女碑以顯慶四年十月立李義府撰懷悊書　墓又有駙馬都尉兗州都督竇懷悊碑見京兆金石錄

晉安公主駙馬都尉韋思安合葬

安康公主駙馬都尉獨孤諶合葬有碑見京兆金石錄

新興公主駙馬都尉長孫曦合葬有碑見京兆金石錄

城陽公主駙馬都尉薛瓘合葬墓有駙馬都尉房州刺史薛瓘碑咸亨中立見京兆金石錄

新城公主駙馬都尉韋正矩合葬有碑見京兆金石錄矩作舉

特進太子太保同中書門下三品贈司空荊州都

督宋國公蕭瑀

特進贈潭州都督觀國公楊恭仁子思訓京兆金石録碑以貞觀十三年立

特進開府儀同三司同中書門下三品贈司徒并州都督申國公高士廉許敬宗撰碑趙模書在劉洞村金石録趙模書字畫甚工蓋貞觀中太宗命臨蘭亭序者集古録目碑以貞觀二十一年立

司空太子太傅知門下省事贈太尉并州都督梁國公房喬褚遂良書碑在劉洞村

太尉檢校中書令司徒趙國公長孫無忌

尚書右僕射檢校侍中贈開府儀同三司司空萊國公杜如晦金石録虞世基撰碑歐陽詢書貞觀四年立

特進開府儀同三司贈司徒并州都督衛國公李靖許敬宗撰碑王知敬書在劉洞村集古録目碑以顯慶三年五月立

知政事特進贈司空太子太師相州都督鄭國公

魏徵子叔玉　太宗御製碑并書　集古録目碑以貞觀十七年正月立

尚書左僕射虞國公贈特進溫彥博歐陽詢書碑

中書令贈侍中廣州都督江陵縣子岑文本京兆金石録碑以貞觀十八年立

太子太師贈太尉揚州大都督英國公李勣子震　高宗御製碑并書在劉洞村

中書令兼太子左庶子檢校吏部尚書贈尚書右僕射高唐縣公馬周子載　許敬宗撰碑殷仲容書在古村　復齋碑録上元元年十月十六日建

太子少師同東西臺三品贈府開儀同三司揚州大都督高陽郡公許敬宗

中書令太子太師贈開府儀同三司并州大都督固安縣公崔敦禮子志寧撰碑子立政書在西峪村　集古録目碑以顯慶元年十月立

開府儀同三司贈司徒并州都督鄂國公尉遲恭

許敬宗撰碑　集古録目碑以顯慶四年三月立　于寶琳集古録目許敬宗撰碑王知敬書元亨元年立

左武衛大將軍贈徐州都督胡國公秦瓊許敬宗撰碑　京兆金石録碑以貞觀十三年立

贈輔國大將軍揚州都督褒國公段志玄碑在儀門村　寶刻叢編碑以貞觀十六年立文云君諱某字志玄而其名以殘缺然史初不載其名也

輔國大將軍贈開府儀同三司并州都督夔國公劉弘基

左驍衛大將軍贈荆州都督薛國公長孫順德京兆金石録碑永徽中立

贈驃騎大將軍益州大都督盧國公程知節許敬宗撰碑暢整書　集古録目碑以麟德二年十月立在昭陵

弘文館學士贈禮部尚書永興公虞世南墓有碑見京兆金石録

户部尚書贈開府儀同三司并州都督莒國公唐

倹碑在小陽村

冠軍大將軍贈代州都督許洛仁碑在儀門村　京兆金石錄碑龍朔二年立

右武衛大將軍東萊郡公贈荊州都督公孫武達

右威衛大將軍漢東郡公李孟嘗

右監門將軍河南縣公元仲文

大將軍贈荊州刺史天水郡公丘行恭

贈右衛大將軍郕國公姜確曾孫皎晦　于志寧撰碑僧智辯書　金石錄碑以貞觀十九年十月立

左領軍大將軍贈荊州都督虢國公張士貴子簡孫柔遠

京兆金石錄碑顯慶中立

右武衛將軍丹陽郡公贈幽州都督李容師

左屯衛大將軍潞國公薛萬均

贈兵部尚書秦州都督武陽縣公李大亮

贈吏部尚書并州都督大安縣公閻立德

左衛大將軍贈荆州都督范陽郡公張延師

左衛大將軍贈特進并州都督芮國公豆盧寬李義府撰碑在西峪村

贈幽州都督平原郡公長孫敞無忌從父　京兆金石録敞墓有碑永徽中立

右武衛大將軍檢校豐州都督贈輔國大將軍賓國公史大奈

贈輔國大將軍并州都督畢國公阿史那社尒子道真

贈輔國大將軍并州大都督涼國公契苾何力

贈鎮軍大將軍薛國公阿史那忠碑在西峪村集古録目上元二年十月立

天策府記室參軍贈太常卿汾陰縣公薛收碑在儀門村金石録碑以永徽六年八月立

散騎常侍贈太常卿陽翟縣侯褚亮碑隸書撰人名氏皆闕

散騎常侍贈太常卿豐城縣男姚思廉

國子祭酒贈太常卿曲阜縣子孔穎達 于志寧撰碑 金石録世傳虞世南書據碑題達卒時世南之亡久矣蓋規摹世南者也 集古録目碑以貞觀二十一年立

國子祭酒贈禮部尚書新野縣公張後胤 李義府撰碑 在西峪村 復齋碑録碑以顯慶三年三月立在昭陵 以上見新舊唐書傳

左武侯將軍贈荆州都督剡國公張公謹 僧法琳撰碑 蘇敬書 京兆金石録碑永徽中立

大將軍芮國公豆盧承業 宰相世系表承業寬之子馬氏通考陪葬姓氏又有豆盧承基表無其人當即是承業疑子孫避明皇諱也

大將軍涼州都督周國公鄭仁泰

大將軍鴈門公梁建方

原州都督李正朝 一作明

輔國大將軍史奕

左監門衛大將軍賀拔儀

輔國大將軍嘉國公周仁護

輔國大將軍阿史那德昌

驃騎將軍乙速孤晟金石録麟德元年二月

大將軍可汗阿史那步真

金吾衛大將軍梁敏暢整書碑京兆金石録碑顯慶三年立

吏部尚書馬載周子京兆金石録碑咸亨中立

户部尚書房仁裕

殿中監唐素會

光禄卿姜遐侄卿公晞撰碑

司衛卿尉遲寶琳許敬宗撰碑王知敬書集古録目琳字元瑜敬德之子碑以咸亨元年正月立

尉遲寶琪以上京兆金石録

魏州刺史王濤集古録目濤字波利越雋邛都人仕唐爲内給事官至魏州刺史真定縣公謚曰忠碑以永徽中立

金州刺史盧貞松宰相世系表豆盧寛之孫曰貞松官宗正卿襲中山公

寧州刺史賈義節

衛州刺史蕭業　京兆金石録總章二年

乙速孤行儼　劉憲撰碑白義晊八分書在叱干村

乙速孤昭祐　苗神客撰碑釋行滿書在叱干村

太宗尚服宗道　京兆金石録墓誌貞觀十四年立

內侍張阿難　碑在西峪村

江夏王道宗

禮部侍郎孔志約　唐宰相世系表官郎中

工部侍郎孔元惠　宰相世系表作惠元官國子司業

吏部侍郎姜晦

太常卿姜皎

衛尉卿魏叔玉　宰相世系表徵子官光禄少卿

秘書監岑景倩　宰相世系表景倩文本之子官麟臺少監衛州刺史昭文館學士傳字疑譌

宗正卿李芝芳宗室表有太子賓客之芳承祖子也

光禄卿房光義

原州别駕房暉

咸陽縣丞房曜

衛尉卿房光敏

閬州刺史房誕

清河郡主壻贈鴻臚卿竇庭蘭宰相世系表官衛尉少卿

洪州刺史吳黑闥

晉州刺史裴藝金石録碑以貞觀二十三年立上官儀撰褚遂良書　京兆金石録

寧州刺史竇義節宰相世系表作虢州刺史

吏部郎中馬覬宰相世系表周之孫載之次子

原州都督李政明宰相世系表作正明靖之弟

臨淮公李規

西平郡王李璘（宗室表襄武郡王西平王安之子河間王孝恭之兄也）

簡州刺史李震

大將軍薛咄摩

大將軍蘇泥熟（醴泉志作光熟）

大將軍阿史那道真

大將軍賀蘭整

岑文本子方倩（宰相世系表文本二子曼倩景倩曼倩襲長寧公官雍州長史曰方倩誤盖書曼下從方遂誤爲方倩也）

大將軍張世師（醴泉志作張大師按宰相世表張後循子止有律師小師統師彦師道師而無世師大師）

大將軍琅琊王駢

大將軍懷德公于伯億（醴泉志作牛伯億）

大將軍李森

大將軍公孫雅靖

瑯琊公王珍

常州公李倩宗室表常州司馬懷節第四子

千金公李俊

中山王李据宗室表蔣王惲之孫建寧公休道之子

汝州别駕房漸

左清道率房恒

雍州長史李𤟭

原州都督史幼虔

陜王府司馬史為謙

將軍斛斯正貴

將軍徐定成

將軍康野

將軍元思玄

將軍李承祖宗室表左武衛將軍彭國公

將軍薛承慶

右衛郎將軍尉遲昱

左衛郎將軍姜昕

中郎將殷承奭

右監門將軍執失善

左金吾將軍房先忠

橫野軍都督拔野鐵

都督渾大寧宰相世系表左衛率府率

于闐王尉遲光

將軍仇懷古醴泉志作懷遠

將軍杜君綽

將軍麻仁靖

將軍何道

將軍楊思訓
右衛大將軍李思摩
薩寶王　贊普
新羅王真德以上見文獻通考

乾學按唐之昭陵既許功臣密戚陪塋矣又許陪陵者子孫從葬故見於紀傳者凡雜無次馬氏通考凡一百五十五人醴泉縣志凡一百六十七人通考不列杜如晦而有于闐薩寶新羅諸王攷新羅王真德之亡史但言遣使至其國弔祭不聞其陪葬也薛仁貴卒傳云護喪還鄉里墓碑在安邑而醴泉志以為陪葬誤今據新舊史所書者列於前○陳思寶刻叢編有墓碑

可信者次之通考又次之

高宗乾陵

舊唐書弘道元年十二月己酉帝崩於貞觀殿文明元年八月庚寅葬於乾陵

乾學按新唐書高宗之崩其日丁巳未詳孰是

唐地理志文明元年析醴泉始平好畤武功豳州之永壽置奉天縣以奉乾陵陵在北五里梁山

元和郡縣志梁山高宗乾陵所在因名曰奉天縣其山即禹貢治梁及岐又古公踰梁山及秦立梁山宮皆此山也

太平寰宇記乾陵唐高宗與則天后同一陵在乾州西北五里

〔舊唐書〕則天后武氏神龍元年冬十一月壬寅崩於上陽宫之仙居殿二年五月庚申祔葬乾陵

〔唐會要〕神龍元年十二月將合葬則天皇后於乾陵給事中嚴善思上表曰臣謹按天元房録葬法云尊者先葬卑者不合於後開入臣伏聞則天大聖皇后欲開乾陵合葬即是以卑動尊事既不經恐非安穩臣又聞乾陵玄宫其門以石閉塞其石縫置鑄鐵以固其中今若開陵其門必須鐫鑿然以神明之道體尚幽玄今乃動衆加功誠恐多所驚黷又若别開門道以玄宫即往者葬時神位先定今更改作爲害益深又以修築乾陵之後國頻遂至則天皇后權萬機二十餘年其難始定今乃更加營作伏恐還有難生但合葬非古著則古昔

在禮經緣情爲用無足依准況今事有不安豈可復循斯制伏見漢時諸陵皇后多不合葬魏晉之祚皆不長雖受命應期有同天假然循機享德亦在時文但陵墓所安必資勝地後之胤嗣用託靈根或有不安後嗣固難長享伏望依漢朝之故事改魏晉之頽綱於乾陵之旁更擇吉地取生墓之法別起一陵既得從葬之儀又成固本之業伏以合葬者緣人私情不合葬前脩故事若以神道有知幽塗自得通會若以死者無知合之復有何益然以山川精氣上爲星象若葬得其所則神安後昌若葬失其宜則神危後損所以先哲垂範具立葬經欲使生人之道必安死者之神永　伏望少迴天眷俯覽臣言行古昔之明割私情之愛欲使

社稷長享天下久安疏奏下百官詳議尋有勅准

遺詔葬之

唐書陳子昂傳高宗崩將還梓宮長安於是關中無歲子昂盛言東都勝塏可營山陵上書曰臣聞秦據咸陽漢都長安山河爲固而天下服者以北假胡宛之利南資巴蜀之饒轉關東之粟而收山西之寶長羈利策橫制宇宙今則不然燕代迫匈奴巴蜀隴嬰吐蕃西老千里贏糧北丁十五乘塞歲月奔命秦之首尾不完所餘獨三輔閒耳頃遭荒饉百姓荐饑薄河而右惟有赤地循隴以北不逢青草父兄轉徙妻子流離賴天悔禍去年薄稔羸耗之餘幾不泚命然流亡未還白骨縱橫阡陌無主至於蓄積猶可哀傷陛下以先帝遺意方大

駕長驅按節西京千乘萬騎何從仰給山陵穿復必資徒役率癃癈之衆與數萬之軍調發近畿督扶稚老鏟山輦石驅以就功春作無時何望有秋彫敝遺噍再罹艱苦有不堪其困則逸爲盜賊揭梃叫嘷可不深圖哉且天子以四海爲家舜葬蒼梧禹葬會稽豈愛夷裔而鄙中國耶示無外也周平王漢光武都洛而山陵寢廟並在西土者蓋以時有不可故遺小存大去禍取福也今景山崇秀北對嵩邙右眄汝海祝融太昊之故墟在焉園陵之美復何以加且太原廥鉅萬之倉洛口儲天下之粟乃欲捨而不顧儻鼠竊狗盜西入陝郊東犯虎牢取敖倉一杯粟陛下何與遏之武后奇其才擢麟臺正字

（五代史）温韜爲節度使在鎮七年唐諸陵在其境內者悉發掘之惟乾陵風雨不可發

乾陵陪葬

章懷太子賢

懿德太子重潤

澤王上金

許王素節

邠王守禮

義陽公主

新都公主

永泰公主　唐書公主傳仙蕙爲武后所殺帝追贈以禮改葬號墓爲陵

安興昭懷公主

特進王及善

中書令薛元超

特進劉蕃禮

尚書左僕射贈司空并大都督豆盧欽望

左僕射楊冉思

右僕射劉仁軌

左衛將軍李謹行

左武衛將軍高侃

中宗定陵

（舊唐書）景龍四年六月壬午帝崩於神龍殿十一月己酉葬於定陵

（元和郡縣志）定陵在富平縣西北十五里龍泉山

（唐書）和思順聖皇后趙氏神龍元年追謚曰恭皇后中宗崩葳陵事韋庶人不臣不得祔有司加上

尊謚以后祔定陵

定陵陪葬

節愍太子重俊

睿宗橋陵

〔唐書〕延陵元年八月立皇子為皇帝自尊為太上皇開元四年六月崩於百福殿十月庚午葬橋陵

長安志橋陵在奉先縣西北三十里豐山封内四十里陪葬太子三公主二

馬端臨致堂讀史管見言明皇於睿宗孝養素薄故其崩也五月而遷葬以為薄於其親然愚嘗考之自漢以來並未嘗守天子七月而葬之制如隋以前歷代葬期多只在一兩月之内蓋以預規山陵而嗣君又急於從吉故也雖至孝如晉武帝魏孝文亦迫於其臣下之請不免徇近代之制惟以禍亂不克葬者方有數月之淹如梁武帝父子是也至唐高祖崩五月而葬則以升遐之後方營山陵故少遲於前代虞世南諫疏可見及太宗預為壽藏則又不及五月高宗以後或遲或速大槩不越五六月雖少遲於近代而終未能復古礼明皇蓋亦循故事耳致堂豈未之攷耶

〔舊唐書〕肅明順聖皇后劉氏為則天所殺景雲元

年追謚招𩲸葬於東都城南陵曰惠陵睿宗崩遷

祔橋陵

昭成順聖皇后竇氏長壽二年遇害梓宮秘密莫

知所在睿宗即位追謚招魂葬於都城之南陵曰

靖陵睿宗崩祔葬橋陵

朱彝尊曰肅明昭成二后皆為則天所害莫知其尸所在先招魂葬於城南後遷祔橋陵故杜工部詩云宗岡擁象設沃野開天庭又云豈徒卹備享尚謂求無形盖詠其實此工部所以號詩史也

橋陵陪葬

惠莊太子撝

惠文太子範

惠宣太子業

昭儀唐氏京兆金石録睿宗昭儀晉昌唐氏碑景雲中立

宜城公主

金城公主

長寧公主

城安公主

定安公主

鄎國公主訪碑録張説撰碑明皇八分書開元中立

彭國公主

乾學按橋陵陪葬宋次道長安志謂太子三公主三馬氏通考三太子不書書節愍太子重俊乃陪葬定陵者至通考所載公主七人疑其四亦陪葬他陵者也

玄宗泰陵

舊唐書上皇移居西内上元二年四月甲寅崩於神龍殿初上皇親拜五陵至橋陵見金粟山岡有

龍盤鳳翥之勢復近先塋謂侍臣曰我千秋後宜葬此地得奉先陵不忘孝敬矣至是追奉先旨以創寢園廣德元年三月辛酉葬於泰陵

唐地理志泰陵在奉先縣東北二十里金粟山

舊唐書貞順皇后武氏賜號惠妃開元二十五年薨贈皇后葬於敬陵

集古録目貞順皇后武氏碑玄宗御製御書字爲八分皇太子亨題以天寳十三年四月立

京兆金石録貞順武后碑陰記從子武就撰王曆行書建中二年

舊唐書元獻皇后楊氏生肅宗開元十七年薨葬細柳原至德二載追册爲元獻皇后寳應二年正月祔葬泰陵

（揮麈錄）乾德四年泰陵置守陵兩户三年一祭肅宗建陵憲宗景陵宣宗貞陵同

泰陵陪葬

贈揚州大都督高力士

肅宗建陵

（舊唐書）寶應元年四月乙丑上崩於長生殿二年三月庚午葬於建陵

（唐地理志）建陵在醴泉縣東北十八里武將山一名馮山

（舊唐書）章敬皇后吳氏生代宗薨葬於春明門外代宗即位之年群臣以肅宗山陵有期準禮以先太后祔靈廟宰臣郭子儀等表上尊謚曰章敬皇后二年三月祔葬建陵

〔文獻通考〕貞元十四年命有司修葺陵寢以昭陵舊宮先因火焚毀故詔百官詳議議者多云舊宮既被焚爇請移就山下或有議請修舊宮者上意亦不欲移由是復以山上爲定於是請左諫議大夫平章事崔損充修八陵使及所司計獻昭乾定泰五陵各造屋三百七十八間橋陵一百四十間元陵三十間唯建陵不復創造但修葺而已

建陵陪葬

尚父汾陽王郭子儀唐會要元和九年左金吾衛大將軍郭釗奏亡祖郭子儀陪葬建陵欲於墳所種植松楸勅如遇年月通便陵寢修營宜令所司許其種植

代宗元陵

〔舊唐書〕大曆十四年五月辛酉上崩於紫宸内殿十月己酉葬於元陵

元和郡縣志元陵在富平縣西北四十里檀山

冊府元龜建中元年德宗即位將厚奉元陵刑部員外郎令狐峘上疏曰臣讀漢書劉向傳見論王者山陵之誡垂之史冊萬古芬芳何者聖賢之心勤儉是務必求諸道不作無益故舜葬蒼梧不變其肆禹葬會稽不改其列周武葬於畢陌無丘壟之處漢文葬於霸陵因山谷之勢禹非不忠啟非不順周公非不悌景帝非不孝也其奉君親皆從微薄宋文公始爲厚葬用蜃炭益車馬其臣華元樂莒春秋書爲不臣秦始皇驪山魚膏爲燈燭水銀爲江海珍寶之藏不可勝計千載非之宋桓魋爲石槨夫子曰不如速朽子游問喪具夫子曰稱家之有無張釋之對孝文曰使其中無可欲雖無

石椁又何戚焉漢文帝霸陵皆用瓦器不以金銀爲飾由是觀之有德者葬逾薄無德者葬逾厚昭然可覩矣陛下臨御天下聖政日新減膳節用有司給物悉依元祜利於人也遠方底貢唯供祀事薄於己也獨六月一日制文云緣應山陵制度務從優厚當竭帑藏以供費用者此誠仁孝之德切於聖衷伏以尊親之義貴於合禮陛下每下明詔發德音追　唐虞超邁周漢豈取悅凡常之口有違賢哲之心歟失德之君競於奢侈者也臣又伏讀遺詔曰其喪儀制度務從儉約陛下恭順先志動無違者若制度優厚豈顧命之意也疏奏優詔從之

德宗崇陵

舊唐書貞元二十一年春正月癸巳上崩於會寧殿永貞元年十月己酉葬於崇陵昭德皇后王氏祔焉

元和郡縣志崇陵在雲陽縣東二十里

唐地理志崇陵在雲陽北一十五里嵯峨山

唐書昭德皇后王氏生順宗冊號淑妃貞元三年妃久疾帝念之遂立爲皇后冊禮方訖而后崩葬靖陵置令丞如他陵臺永貞元年改祔崇陵

舊唐書韋賢妃初爲良娣貞元二年冊爲賢妃及德宗崩請於崇陵終喪紀因侍於寢園元和四年薨

順宗豐陵

舊唐書元和元年正月甲申太上皇崩於興慶宮

之咸寧殿秋七月壬申葬於豐陵

〔元和郡縣志〕豐陵在富平縣東北三十三里甕金山

〔舊唐書〕莊憲皇后王氏生憲宗册為良娣永貞内禪册為太上皇后元和十一年三月崩於南内之咸寧殿其年八月祔葬於豐陵

憲宗景陵

〔舊唐書〕元和十五年春正月庚子上崩於大明宫之中和殿五月庚申葬於景陵

〔唐地理志〕景陵在奉先縣西北二十里金熾山

〔唐書〕懿安皇后郭氏生穆宗穆宗嗣位上尊號皇太后敬宗立號太皇太后宣宗立后暴崩有司上尊謚葬景陵外園

孝明皇后鄭氏生宣宗及即位尊爲皇太后懿宗
立尊爲太皇太后咸通六年崩葬景陵旁園
景陵陪葬
惠昭太子寧
賢妃王氏
穆宗光陵
（唐書）長慶四年正月壬申帝崩於清思殿十一月
庚申葬於光陵
（唐地理志）光陵在奉先縣北十五里堯山
（唐書）恭僖皇后王氏生敬宗會昌五年崩葬光陵
東園
貞獻皇后蕭氏生文宗大中元年崩八月庚子葬
光陵

敬宗莊陵

〔舊唐書〕寶曆三年十二月中官劉克明反辛丑帝崩太和元年七月癸酉葬於莊陵

〔唐地理志〕莊陵在三原縣西北五里

莊陵陪葬

悼懷太子晉

文宗章陵

〔唐書〕開成五年正月辛巳帝崩於太和殿八月壬戌葬於章陵

〔太平寰宇記〕章陵在富平縣西北二十里

武宗端陵

〔唐書〕會昌六年二月甲子帝崩於大明宮八月壬申葬於端陵

太平寰宇記端陵在三原東十里

唐書賢妃王氏初進號才人帝欲立爲后李德裕曰才人無子且家不素顯恐貽天下議乃止帝不豫才人侍左右帝熟視曰吾氣奄奄情慮耗盡顧與汝辭對曰陛下萬歲後妾得以殉及帝崩即自經幄下宣宗即位嘉其節贈賢妃葬端陵之柏城

宣宗貞陵

唐書大中十三年八月癸巳帝崩於咸寧殿咸通元年二月丙申葬貞陵

太平寰宇記貞陵在雲陽縣西北四十里

貞陵陪葬

婕妤柳氏

懿宗簡陵

〔舊唐書〕咸通十四年六月帝不豫七月癸亥朔戊寅疾大漸辛巳遺詔當舉薄之禮宜遵漢魏之文其山陵制度切在儉約並不得以金銀錦繡文飾表具

〔唐書〕七月辛巳帝崩於咸寧殿乾符元年二月甲午葬簡陵

〔太平寰宇記〕簡陵在富平縣西北四十五里

僖宗靖陵

〔唐書〕文德元年三月癸卯帝崩於武德殿十月辛卯葬於靖陵

〔太平寰宇記〕靖陵在蒲城縣界乾州東北一十里與乾陵相接隔豹谷去長安一百五十里

昭宗和陵

舊唐書天祐元年八月壬寅朱全忠弑昭宗於椒殿二年二月己酉葬於和陵

太平寰宇記昭宗陵在緱氏縣東北五里

唐地理志和陵在緱氏縣太平山本慎來山天祐元年更名

景宗溫陵

舊唐書天祐五年二月帝為全忠所害謚哀皇帝以王禮葬於濟陰縣之定陶鄉明宗時就故陵置園邑有司請謚曰昭宣光烈孝皇帝廟號景宗

唐書陵曰溫陵

五代會要曹州溫陵側下本州府官朝拜

附錄孝敬帝恭陵

唐書孝敬皇帝弘顯慶元年立為皇子上元二年

從葬合璧宮遇酖薨詔諡孝敬皇帝葬緱氏墓號恭陵制度盡用天子禮帝自製睿德紀刻石陵側營陵工費鉅億人厭苦之投石傷所部官司至相率亡去

太平寰宇記恭陵在緱氏縣東北五里

讓帝惠陵

唐書讓皇帝憲睿宗將建東宮以憲嫡長又嘗爲太子而楚王有大功故久不定憲辭曰儲副天下公器時平則先嫡國難則先功重社稷也使付授非宜海內失望臣以死請帝嘉憲讓遂許之開元二十九年薨葬橋陵旁號其陵曰惠陵

唐地理志惠陵在奉先縣西北十里

奉天帝齊陵

（唐書）奉天皇帝琮天寶十載薨贈太子謚靖德肅宗立進謚奉天皇帝妃竇氏為恭應皇后詔尚書右僕射裴冕持節改葬墓號齊陵

（唐地理志）齊陵在昭應縣東一十六里

承天帝順陵

（唐書）承天皇帝倓貶齊王大曆三年有詔以倓當艱難時首定大謀排衆議於中興有功進謚承天皇帝以興信公主季女張為恭順皇后冥配焉葬順陵

（唐地理志）順陵在咸陽原

（諸道石刻録）承天皇帝墓文常衮撰徐浩書代宗大曆二年立

（京兆金石録）承天皇帝子新平郡王儼墓誌常衮

撰永泰元年立

貞懿皇后莊陵

〔唐書〕代宗貞懿皇后獨孤氏册貴妃華陽公主大曆十年薨追號爲皇后帝悼思不已殯内殿累年不外葬後三年始詔於都左治陵欲朝夕望見之補闕姚南仲諫而止乃葬莊陵

〔舊唐書〕華陽公主祔於莊陵之園

〔册府元龜〕代宗大曆十年獨孤皇后崩上悼痛詔近城爲陵以朝夕臨望右補闕姚南仲上疏曰臣聞人臣宅於家帝王宅於國長安乃祖宗所宅其可興鑿建陵其側乎夫葬者藏也欲人之不得見也今近宮闕南迫大道使近而可視沒而復生雖宮以待之可也如令骨肉歸土魂無不之雖欲自

近了復何益且王者必攄高明燭幽隱先皇所以因龍首而建望春也今起陵目前心一感傷累日不能平且一夫向隅滿堂不樂況萬乘乎天下謂何陛下謚后以貞懿而終以褻近臣竊感焉今國人皆曰后陵陛下將日省而時望斯有損聖德無益先后欲罷反辱唯陛下熟計疏奏帝嘉納進五品階以酬讜言

宣懿皇后福陵

〔唐書〕穆宗寧懿皇后韋氏生武宗長慶時冊爲妃武宗立妃已亡追冊爲皇太后有司奏太后陵宜別制號帝乃名所葬園曰福陵

〔唐地理志〕福陵在萬年縣東二十五里

〔會昌一品集〕李德裕[illegible]曰奉宣宣懿皇太后祔

光陵同玄宮及不移[illegible]只祔廟何者爲便商量

奏來者右臣等伏以園寢已安神道貴静光陵因

山久固僅二十年福陵近又脩崇足彰嚴奉今若

再因合祔須啓二陵或慮聖靈不安未合先旨又

以陰陽避忌亦有所疑不遺福陵實合禮意伏以

照臨在天光靈未遠合食清廟於禮無違足以申

陛下大孝之心表先后昭配之德既遵舊典尤愜

衆情臣等商量祔太廟不移福陵實爲允便臣等

不任感切之至

元昭皇后慶陵

（唐書）宣宗元昭皇后鼂氏大中　年薨懿宗追册

爲皇太后建陵曰慶陵

惠安皇后壽陵

〔唐書〕懿宗惠安皇后王氏咸通中冊號貴妃生普王七年薨王即位是爲僖宗追尊皇太后祔主懿宗廟即其園爲壽陵

〔文獻通考〕後唐同光三年六月勅壽陵等一十陵一例脩掩

恭憲皇后安陵

〔唐書〕懿宗恭憲皇后王氏生昭宗追號皇太后即故葬號安陵

後梁興極陵

〔五代會要〕開平元年七月追尊宣光皇帝顯廟號肅祖葬興極陵在單州碭山縣

乾學按興極陵本後梁追崇其先世之墓王明清揮麈録[illegible]明朱梁太祖葬興極陵在

伊闕縣誤矣

永安陵

（五代會要）開平元年七月追尊光獻皇帝茂林廟號敬祖葬永安陵在單州碭山縣

光天陵

（五代會要）開平元年七月追尊昭武皇帝信廟號憲祖葬光天陵在單州碭山縣

咸寧陵

（五代會要）開平元年七月追尊文穆皇帝誠廟號烈祖葬咸寧陵在單州碭山縣

太祖宣陵

（五代春秋）乾化二年六月戊寅皇子友珪弒逆帝崩於寢殿十一月甲寅葬於宣陵

〔五代會要〕陵在洛京伊闕縣

末帝墓

〔五代春秋〕龍德二年十月辛未朔晉師廹京師戊寅帝崩於建國樓下

〔通鑑〕辛巳莊宗詔王瓚収友貞尸殯於佛寺漆其首函之藏於大社

〔五代會要〕晉天福二年安從進収葬之

〔揮麈録〕梁末帝葬伊闕縣

後唐永興陵

〔五代會要〕同光元年閏四月追尊昭烈皇帝執宜廟號懿祖葬永興陵在代州鴈門縣

長寧陵

〔五代會要〕同光元年閏四月追尊文皇帝國昌廟

號獻祖葬長寧陵在代州鴈門縣

朱彝尊曰代州柏林寺東有斷碑題額尚存曰唐故左龍武統軍檢校司徒贈太保隴西李公神道之碑文曰公諱國昌字德興世為隴西沙陀人偉姿容善騎射蓋晉王克用之父朱邪赤心也歐陽永叔去五代甚近又篤好金石文而於沙陀世次云不得詳其作後唐紀國昌字德興紀亦遺之蓋未見是碑也

建極陵

〔五代會要〕同光元年閏四月追尊武皇帝克用廟號太祖葬建極陵

〔明一統志〕在代州西一十里金天眷初盜發之守墳僧言之郡守守夢王告云吾墓中有酒盜飲之唇皆黑可用此捕之明日獲盜寺僧居其半

坤陵

〔五代會要〕後唐太祖皇后曹氏同光三年七月崩謚曰正簡十月葬於坤陵初欲祔於代州太祖園

陵中書門下奏議曰人君以四海爲家不當異南北洛陽帝王之宅四時朝拜理須便近不能遠幸代州且漢代諸陵皆近秦雍國朝陵寢布列京畿後魏文帝自代還洛之後園陵皆在河南兼勑勳臣之家不許北葬今魏氏諸陵尚在祔葬代州理未爲允從之

莊宗雍陵

〔五代春秋〕同光四年四月丁亥朔郭從謙弑逆帝崩於絳霄殿天成元年七月葬於雍陵

〔五代史注〕帝尸爲伶人焚之明宗入洛得其骨燼葬之河南新安縣號雍陵

〔五代會要〕陵在洛京新安縣至晉天福二年正月以祀廟諱改爲伊陵

〔揮麈録〕後唐莊宗葬伊陵在新安縣

遂陵

〔五代會要〕明宗天成二年十二月追尊孝恭皇帝聿廟號惠祖葬遂陵在應州金城縣

衍陵

〔五代會要〕天成二年十二月追尊孝質皇帝教廟號毅祖葬衍陵在應州金城縣

奕陵

〔五代會要〕天成二年十二月追尊孝靖皇帝琰廟號烈祖葬奕陵在應州金城縣

慶陵

〔五代會要〕天成二年十二月追尊孝成皇帝霓廟號德祖葬慶陵在應州金城縣

朱彝尊曰應州城南三十里有馬神祠祠前施食臺刻石列八卦於旁又書二十八宿字取石覆而觀之上有篆文曰唐故汾州刺史朱邪府君墓誌銘蓋沙陀之俗死焚其骨盛以石函此則其蓋也歿後唐家人傳無官汾州刺史者惟明宗之父霓嘗贈汾州刺史見冊府元龜又葬於應州其爲霓墓銘無疑也史稱明宗無姓氏太祖養以爲子不知其父冒姓朱邪者久矣後明宗即位謚其考曰孝成廟號德祖陵曰慶陵其時祠官之守春秋之祭山陵之封土必崇孰意爲人所發千載之下并石函亡之而僅存其蓋也

明宗徽陵

〔五代春秋〕長興四年十一月戊戌帝崩於雍和殿清泰元年四月丙申葬徽陵

〔五代會要〕陵在洛京洛陽縣

〔揮麈録〕明宗葬徽陵在洛陽東北

閔帝墓

〔五代會要〕長興四年十二月即位應順元年四月廢爲鄂王其月九日遇弒於衛州晉天福元年十二月葬徽陵之封中

末帝墓

〔五代會要〕應順元年四月即位清泰三年閏十一月遇難崩於後樓晋天福元年十二月葬徽陵之封中

〔五代史注〕帝自焚死晋高祖葬其骨燼於徽陵域中

後晋義陵

〔五代會要〕天福二年五月追尊孝安皇帝景廟號靖祖葬義陵

惠陵

〔五代會要〕天福二年五月追尊孝簡皇帝郴廟號肅祖葬惠陵

康陵

〔五代會要〕天福二年五月追尊孝平皇帝昱廟號睿祖葬康陵

昌陵

〔五代會要〕天福二年五月追尊孝元皇帝紹雍廟號憲祖葬昌陵在北京晋陽縣

高祖顯陵

〔五代春秋〕天福七年六月乙丑帝崩於鄴都保昌殿十一月葬顯陵

〔揮麈録〕石晋高祖葬顯陵在壽安縣

〔明一統志〕在交城縣西北六十里大非

後漢懿陵

〔五代會要〕天福十二年閏七月追尊明元皇帝湍廟號文祖葬懿陵無陵所申明

沛陵

（五代會要）天福十二年閏七月追尊恭禧皇帝昂

廟號德祖葬沛陵（無陵所遠申朝拜）

威陵

（五代會要）天福十二年閏七月追尊昭獻皇帝僎

廟號翼祖葬威陵在北京晉陽縣

肅陵

（五代會要）天福十二年閏七月追尊章聖皇帝琠

廟號顯祖葬肅陵

高祖睿陵

（五代春秋）乾祐元年正月丁丑帝崩於萬歲殿十一月壬申葬睿陵

（五代會要）睿陵在洛京郜城縣

隱帝潁陵

〔五代會要〕乾祐三年十一月二十一日帝爲郭允明弑於京北之趙村周廣順元年八月十二日葵潁陵在許州陽翟縣

後周溫陵

〔五代會要〕廣順元年七月追尊睿和皇帝璟廟號信祖葵溫陵無陵所遙申朝拜

齊陵

〔五代會要〕廣順元年七月追尊明憲皇帝諶廟號僖祖葵齊陵無陵所遙申朝拜

朗陵

〔五代會要〕廣順元年七月追尊翼順皇帝蘊廟號義祖葵朗陵無陵所遙申朝拜

欽陵

〔五代會要〕廣順元年七月追尊章肅皇帝廟號慶祖葬欽陵

太祖嵩陵

〔五代春秋〕顯德元年正月壬辰帝崩於滋德殿四月葬嵩陵

〔太平寰宇記〕嵩陵在新鄭縣自然山下

〔文獻通考〕先時帝屢戒晉王曰昔我西征見唐十八陵無不發掘者此無他惟多藏金玉故也我死當衣以紙衣歛以瓦棺速營葬勿久留宮中壙中無用石以甓代之工人徒役皆和雇勿以煩民葬畢募近陵民三十戶蠲其雜徭使之守視勿修下宮勿置守陵宮人勿作石羊虎人馬惟刻石　陵

前云周天子平生好儉[illegible]遺令用紙衣瓦棺嗣天子不敢違也汝或違我我不福汝

歐陽修曰厚葬之敝自秦漢以來率多聰明英偉之主雖有高談善說之士極陳其禍福有不能開惑者矣豈非富貴之欲溺其所自私者篤而未然之禍難述於無形不足以動其心欤然而聞溫韜之事者可以少戒也五代之君往往不得其死何暇顧其後哉獨周太祖能鑒韜之禍其將終也爲書以遺世宗使以瓦棺紙衣而歛將葬開棺示人既葬刻石以告後世毋作下宮毋置守陵妾其意丁寧切至然實錄不書其葬之厚薄也又使其子生所服衮冕通天冠絳紗袍各二其一於京師其一於澶州又葬其劍甲各二其一於河中其一於大名者莫能原其旨也

世宗慶陵

〔五代春秋〕顯德六年六月癸巳帝崩於萬歲殿十一月壬寅葬慶陵

〔太平寰宇記〕慶陵在鄭州管城縣界

恭帝順陵

〔五代會要〕顯德七年正月禪位於宋開寶六年春崩於房陵葬順陵在慶陵之側

【東都事畧】開寶六年[illegible]月甲申葵周恭帝於順陵

附錄

吳興陵

【五代史】天祐二年十一月楊行密卒子溥（渥）立溥僭號追尊為太祖武皇帝陵曰興陵

紹陵

【五代史】行密卒渥嗣立天祐五年紀祥縊殺之溥僭號追尊為烈宗景皇帝陵曰紹陵

肅陵

【五代史】渥死隆演以次當立即吳王位改天祐十六年為武義元年二年五月卒弟溥立僭號追尊為高祖宣皇帝陵曰肅陵

南唐永陵

〔江表志〕南唐高祖姓李唐鄭王踈屬之派受禪國稱唐在位七年廟號烈祖謚曰孝高陵曰永陵

〔玉壺清話〕南唐先主昪殂尊謚曰孝高皇帝議者以先主繼唐昭宗之後號當稱宗韓熙載建議以謂古者帝王已失之已得之謂之反正非我失之自我得之謂之中興今先主中興之君也宜當稱祖衆是之遂上廟號曰烈祖陵曰永陵

順陵

〔江表志〕元宗名景在位十九年謚曰明道崇德文宣孝皇帝陵曰順陵

前蜀永陵

〔蜀檮杌〕王建僭即僞位號大蜀光天二年六月薨僞謚神武聖文孝德明惠皇帝廟號高祖葬永陵

後蜀和陵

（五代史）孟知祥卒謚爲文武聖德英烈孝明皇帝廟號高祖陵曰和陵

南漢德陵

（五代會要）開平四年四月進封劉隱爲南海王十國春秋乾化元年三月丁亥王薨乾亨元年追尊曰襄皇帝廟號烈宗陵曰德陵

康陵

（十國春秋）乾亨元年八月王即皇帝位於番禺改廣州爲興王府大有十五年三月丁丑殂謚天皇大帝廟號高祖陵曰康陵在興王府城東二十里之漫山陵中以鐵錮之不可啓

（廣東通志）明崇禎丙子秋九月廣州番禺縣城東

二十餘里雷出地成穴耕者梁父掘以巨石空洞有聲復內一雄鷄其中伺守至夜聞雞鳴無恙乃率子弟入見金人如翁仲者數輩環侍舉之各重十五六觔中二金像冕而坐若王者與后之儀各五六十觔地皆金蠶珠貝築之有鏡一自發光燭暗中日月硯一硯池中有玉魚遊動其他異物甚多不可指識但先携鏡歸家光動隣舍亟碎之隣人覺爭往趨白官邑有司并拘繫之亟臨其地搜發公私交取無餘中一棺已為掘者所糜稍存齒骨隧道二竪如城高五尺深三丈中有碑文始知為南漢王塚文曰維大有十五年歲次壬寅四月甲寅朔念四日丁丑高祖天皇大帝崩於正寢越光天元年五月癸未朔十二日丙申遷神於康陵

禮也文多破闕不盡載翰林學士知制誥正議大
夫尚書右丞上紫金魚袋臣盧應敕撰并書

昭陵

〔五代史〕劉晟自言知星末年月食牛女間出書占
之嘆曰吾當之矣因為長夜之飲十六年卜葬域
於城北運甓為壙晟親臨視之是秋卒謚曰文武
光聖明孝皇帝廟號中宗陵曰昭陵

讀禮通考卷九十一

葬考九

山陵四

宋僖祖欽陵

（東都事畧）建隆元年三月壬戌有司上皇高祖文安府君諡曰文獻皇帝廟號僖祖皇高祖妣崔氏諡曰文懿皇后陵曰欽陵

順祖康陵

（東都事畧）建隆元年三月有司上皇曾祖中丞府君諡曰惠元皇帝廟號順祖皇曾祖妣桑氏諡曰惠明皇后陵曰康陵

翼祖定陵

（東都事畧）建隆元年三月有司上皇祖驍衛府君謚曰簡恭皇帝廟號翼祖皇祖妣京兆郡夫人劉氏謚曰簡穆皇后陵曰定陵

（宋史禮志）順祖翼祖皆葬幽州至真宗始命營奉二陵遂以一品禮葬河南縣制度比安陵減五分之一石作減三分之一尋改定陵曰靖陵

宣祖安陵

（東都事畧）建隆元年三月有司上皇考武清府君謚曰昭武皇帝廟號宣祖陵曰安陵

（宋史禮志）安陵在京城東南隅乾德初改卜河南府鞏縣西南四十里訾鄉鄧封村以司徒范質為改卜安陵使學士竇儼禮儀使中丞劉溫叟儀仗使樞密直學士薛居正鹵簿使太宗時尹開封為

橋道頓遞使賈尋免相以太宗燕轄五使事脩奉新陵皇堂下深五十七尺高三十九尺陵臺三層正方下層每面長九十尺南神門至乳臺乳臺至鵲臺皆九十五步乳臺高二十五尺鵲臺增四尺神墻高九尺五寸環四百六十步各置神門角闕

（東都事畧）宣祖昭憲皇后杜氏建隆二年崩於滋德殿謚曰明憲葬安陵乾德二年改卜安陵更謚曰昭憲合祔安陵

（文獻通考）安陵陪葬子孫一百二十一墳

太祖永昌陵

（東都事畧）開寶九年冬十月癸丑帝崩於萬歲殿明年四月乙卯葬永昌陵

（宋史禮志）陵在鞏縣祔宣祖

（東都事畧）太祖孝惠皇后賀氏周顯德五年崩葬安陵之西北

孝明皇后王氏葬於安陵之北

（宋史禮志）孝明孝惠二后乾德元年十二月時議改卜安陵於鞏幷以二后陪葬焉皇堂之制下深四十五尺上高三十尺陵臺再成四面各長七十五尺神墻高七尺五寸四面各長六十五步南神門至乳臺四十五步高二丈三尺四月九日葬孝惠於安陵之西北孝明于安陵之北

乾學按宋時皇后或葬祖考之陵不盡祔於帝故不論所葬之地統附於各帝之後

（宋史禮志）孝章皇后宋氏至道元年四月崩六月上謚曰孝章皇后以歲忌權攢於趙村沙臺三年

正月祔葬永昌陵之北皇堂陵臺神墻乳臺鵲臺

並如孝明園陵制度

文獻通考永昌陵陪葬子孫一十五墳

太宗永熙陵

東都事畧至道三年三月癸巳帝崩於萬歲殿十

月己酉葬永熙陵

宋史禮志永熙陵皇堂深百尺方廣八十尺陵臺

方二百五十尺置衛士五百人於陵

東都事畧太宗淑德皇后尹氏早崩葬於孝明陵

之西北

懿德皇后符氏葬於安陵之西北

明德皇后李氏祔葬永熙陵

元德皇后李氏祔葬永熙陵

文獻通考元德皇后李氏真宗母以至道三年十月追尊先殯於普安禪院咸平元年議改卜園陵二年命使按行園陵地議立陵名禮官言周顯德末都省集議故事帝后同陵謂之合葬同塋謂之附葬漢呂氏陵在長陵西百餘步以同塋兆而無名號又唐穆宗二后王氏生敬宗蕭氏生文宗並附葬光陵之側今園陵鵲臺在永熙陵封地之内恐不須別建陵號從之

永熙陵陪葬子孫八墳

真宗永定陵

東都事畧乾興元年二月戊午帝崩於延慶殿冬十月己酉葬永定陵

宋史禮志山陵按行使藍繼宗言據司天監定永安

縣東北六里曰卧龍岡堪庄山陵詔雷允恭覆按以聞皇堂之制深八十一尺方百四十尺制陵名曰永定

文獻通考始丁謂請名陵曰鎮陵及謂貶馮拯謂三陵皆有永字故易曰永定陵然永安乃縣名也宣祖陵止名安陵又翼祖已名定陵于是復改翼祖陵為靖陵議者譏拯不學當時無正之者

宋史后妃傳真宗章懷潘皇后端拱二年五月薨葬永昌陵之側陵名保泰

章穆郭皇后景德四年崩葬永熙陵之西北

宋史禮志章獻明肅皇后劉氏明道二年三月崩於寶慈殿司天監詳定山陵制度皇堂深五十七尺神墻高七尺五寸四向各長六十五步乳臺高

一丈九尺至南神門　十五步鵲臺高二丈三尺至乳臺四十五步十月五日葬永定陵之西北隅

宋后妃傳李宸妃生仁宗章獻以為己子仁宗不自知為妃所出也明道元年薨章獻太后欲以宮人禮治喪丞相呂夷簡奏禮宜從厚太后獨坐簾下召夷簡問曰一宮人死相公云何夷簡曰臣待罪宰相事無內外無不當預太后怒曰相公欲離間吾母子耶夷簡從容對曰陛下不以劉氏為念臣不敢言尚念劉氏則喪禮宜從厚太后悟遽曰宮人李宸妃也夷簡請治喪用一品禮殯洪福院夷簡又謂入內都知羅崇勳曰宸妃當以后服殮用水銀實棺異時勿謂夷簡未嘗道及崇勳如其言後章獻太后崩燕王為仁宗言陛下乃李宸

妃所生死以非命仁宗號慟尊妃爲皇太后謚曰莊懿幸洪福寺祭告易梓宫親往視之妃玉色如生冠服如皇太后以水銀養之故不壞仁宗歎曰人言其可信哉遇劉氏加厚陪葬永定陵慶曆中改謚章懿

（禮志）章惠皇后楊氏明道三年十二月崩四年二月葬永定陵之西北隅

仁宗永昭陵

（東都事畧）嘉祐八年三月辛未帝崩於福寧殿冬十月甲午葬永昭陵

（傳家集）殿中侍御史司馬光言山陵擇地劄子曰臣竊聞大行皇帝欲以十二月二十七日大葬而朝廷遣使按行山陵至今未知定處或云欲于永

安縣界之外廣求吉地臣愚以為過矣夫陰陽之書使人拘而多畏至于喪葬為害尤甚是以士庶之家或求葬地擇歲月至有累世不葬者臣常深疾此風欲乞國家禁絕其書而未暇也今山陵大事當守先王之典禮至于葬書出于世俗委巷之言司天陰陽官皆市井愚夫何足問也古者天子七月諸侯五月大夫三月士踰月葬于北方北首未嘗問歲月相山岡然考其子孫之吉凶豈有異於今哉春秋書己丑葬戊午日下昃乃克葬然則雖云卜日亦臨事制宜也周禮冢人掌公墓之地先王之葬居中以昭穆為左右明不擇地形也然而周有天下三十六王八百六十七歲蓋王者受命于天期運有常國之興衰在德之美惡固不繫

葬地時日之吉凶也且葬者藏也本以祖宗之形體得土厚水深高敞堅實之地則可矣子孫豈可因以求福哉又何着國家以拘于時日之故堅用八日大歛自爾已來聖躬有疾至今尚未平復陰陽無驗亦已明矣况國家自宣祖以來葬于永安百有餘年官司儲偫素皆有備今改卜他所不惟縣邑官司更須創制亦恐大行皇帝神靈眷戀祖宗未肯即安于新陵也凡科率之物則日遠則民力寬而事易辦期日近則費愈多而事不集磚石之類體重難移若山陵之處不使預先知之則有司何以供辦百姓何以輸納至時暴加迫趣則一錢之物必直十錢疲羸之民將不勝其弊伏望朝廷特賜指揮按行山 使守只于永安界舊陵側

近選擇善地旬日之内早定奪聞奏仍令有司豫先計度山陵的實合用之物降下本處寬設期限使之偹辦不得太約虚數及安定近限必使號令明信則事無不濟而民力不困矣

名臣琬琰之集鄭獬上疏曰仁宗大行皇帝永昭陵依乾興制度雖未為過侈以今較昔蓋有不同乾興帑庫充積財力有餘故可以溢祖宗之舊制今國用空闕財賦不支將累歲邊備一日費之不知何年復能充補萬一歲凶民飢少有風塵之警則將何策以禦豈可以乾興為法也夫儉葬之制周公非不忠曾子非不孝以為褒君愛父不在於聚財此前世之極論竊惟大行皇帝節儉愛民出於天性無珠玉奇異之好無犬馬游觀之樂服御

至於澣濯器玩極于朴陋此天下之所共知也今山陵制度乃取乾興最盛之時為準獨不傷先帝平日積儉之德乎臣以為宜飭有司條其名數冊議減節

范鎮奏曰竊聞大行皇帝受命寶及沿寶法物與平生衣冠器用皆欲舉而葬之恐非所以稱大行皇帝恭儉之意其受命寶伏乞陛下自寶用之且示有司傳付若衣冠器玩則請陳于陵寢及神御殿歲時展視以慰思慕詔檢討官討尋典故及命兩制官禮官詳議翰林學士王珪等奏議曰受命寶者猶昔傳國璽也宜為天子傳器不當改作古者藏先王衣服于廟寢至於平生器玩則前世既不皆納于方中亦不盡陳於陵寢謂今宜從省約

以稱先帝恭儉之實臣等謹議殿中侍御史傅堯俞乞減昭陵用度疏曰伏聞大行皇帝山陵一准真宗山陵故事臣竊以定陵比永昌永熙事事益增陛下孝思無窮故取禮物極盛者為比臣徘徊顧思感傷陛下哀念先帝之意而竊未敢以為得也伏惟陛下周覽博議貫通古今至于孝不繫于厚葬奢無益于逝者固不待臣言而後曉所以不復遠引旁據為蔓辭以重煩聖聽獨有一事慮陛下悲慕之切未遑及之故臣昧死以陳夫以陛下之孝天下之廣俾先帝陵寢更加于真廟亦不為難也然古先哲王多以儉薄為美者豈歉于力而嗇于財耶蓋人情不以禮節之則將無有限斷臣竊謂送終之具得如太祖太宗先帝可以無憾奉

先之志得如太宗真宗陛下可以無愧況乾興事體與今不同而大行皇帝享國四十二年慈愛惻惻惟恐一物失其所今之興役正當盛夏工限迫急不能免傷人之生物雖官給不能免勞民之力若緣定陵制度禮物稍加裁損則傷生者坐減而勞力者易供先帝在天之靈必將大以爲慰也敢乞陛下詳思遠慮以禮斷情俾大行山陵取永昌永熙爲例既足以終先帝恭儉之德而奉承遺詔又足以發陛下仁孝之道而光昭初政一舉而衆善皆得

元豐三年程顥代富弼上神宗皇帝論永昭陵疏

臣弼伏覩太皇太后山陵有期老臣之心有所甚切不忍不言昧死以聞惟陛下深思而力行之不

勝大願往者營奉昭陵時英宗皇帝方不豫未能聽事朝廷罔然不知其制失于迫卒不復深慮博訪凡百規畫一出匠者之拙謀中人之私意以巨木架石為之屋計不百年必當損墜又為鐵罩重且萬斤以木為骨大止數寸不過二三十年決須摧毀梓宮之厚度不盈尺異日以一烏鈞之石自高而墜其將奈何思之及此骨寒胆喪臣始則不知其詳後則無以為計士民之間有知之者無不痛心飲恨況老臣之心乎況陛下之心乎其後厚陵始為石藏議者竊意主事大臣已悟昭陵之事獨陛下未知之爾今也不幸太皇太后奄棄天下之養因此事會當為之謀竊以周公制合葬之禮仲尼善魯人之祔歷代諸陵雖不盡用亦多行之

太祖皇帝神謀聖慮超越萬古昭憲太后亦合安陵夫以周公之制仲尼之訓歷代之舊藝祖之法循而行之可無疑也老臣願陛下思安親之道為後日之慮決于聖心勿循浮議奉太皇太后合祔昭陵因得撤去鐵罩用厚陵石藏之制仍更別加裁處使異日雖木壞石墜不能為害救仁皇必至之禍成陛下莫大之孝復何難哉在陛下斷之而已既合禮典又順人情雖無知之人必不敢以為非是但恐有以陰陽拘忌之說上惑聰明者在陛下睿斷不難辨也不遵聖訓不度時宜而規規于拘忌者為賢乎為愚乎且陰陽之說設為可信吉凶之應貴賤當同今天下臣庶之家夫婦莫不同穴未聞以為忌也獨國家忌之有何義理唐中宗

庸昏之主尚能守禮法盡孝心責嚴善思愚惑之論卒祔乾陵其為高宗子孫歷世延永是合葬非不利也老臣位至三公年將八十復何求哉所保者名節而已肯不以是事勸陛下取譏于後世乎復恐陛下謂臣心雖忠切而識慮愚暗不能曉達事理臣誠至愚然臣所言者欲陛下守經典之訓遵藝祖之軌使仁宗皇帝得安全之道于太皇太后極崇奉之意豈獨老臣之心哉天下之心莫不然也陛下不信試以臣之所陳訪于羣臣必無以為非者若以臣言為非則是使仁宗遺骨聖體碎於臣石之下而不恤乃為是也凡有血氣之類孰肯為此意乎臣事仁宗皇帝三十餘年位至宰相聾瞽之蔽不能早知而救之于始已為大罪今遇

有為之時若更惜情顧己不能極言天地神靈必加誅殛死何面目見仁宗于地下且陛下不知則已今既聞之在常人之情無可忍而不為之理況陛下至仁大孝乎唯陛下深思而力行之則天下不勝大願

程頤上富鄭公書頤頃歲見治昭陵制度規畫一出匠者之拙謀中人之私意宰執受命而已莫敢置思以巨木架石為之屋計不百年必當損墜既又覩陵中之物見所謂鐵罩者幾萬斤以木為骨大不及三寸其相穿叩之處厚纔寸餘遠不過二三十年決須摧朽壓于梓宮于時私心皇駭不能自已使人聞于魏公魏公不以為意以魏公之忠孝于仁皇非不盡心唯其蔽于衆論昧于遠慮以

天下之力矣一人于至危之地可不痛哉陵土既復因知無可奈何然与一念之心悖冕喪或終夕不寐今鄉隣之間有如是事可為謀而不以告人必謂之不信況仁皇天下父母乎今也不幸太皇太后奄棄宮闈因此事會可為之謀夫合葬之禮周公以來未之有改近取諸唐帝后亦或同穴至於乾陵乃是再啟太祖皇帝神謀遠慮超越萬古昭憲太后亦合安陵稽典禮則得尊親之道徇俗法則皆享福之永此為可行無足疑者伏願公忠誠奮發為朝廷極論其事請奉太皇太后合祔昭陵因得徹去鐵罩用厚陵石槨之制仍更别加裁處使異日雖木壞石墜不能為害救仁皇必至之禍成主上莫大之孝任此事者非公孰能誠能為

之天祐忠孝必俾公熾昌壽臧子孫保無疆之休竊惟公事仁宗皇帝三十餘年位極人臣恩遇無比料公之心苟能使仁皇聖體保其安全雖蹈禍患所不避也況一言之易肯顧慮而不發乎事理至明顧主上素未知耳以公言之重竭誠致懇再三陳之不憂朝廷之不悟獨繫公為不為耳哀哉憤激語辭鄙直內省狂易戰慄無地不宣

蘇洵上韓昭文論山陵書竊見先帝以儉德臨天下在位四十餘年宮室遊觀無所增加帷薄器皿弊陋而不易天下稱頌以為文景之所不若今一旦奄棄臣下有司乃欲以末世葬送無益之費侵削先帝休息長養之民掇取厚葬之名而遺之以累其盛明故洵以為當今之議莫若薄葬竊聞頃

者癸酉赦書既出郡縣無以賞兵例皆貸錢于民民之有錢者皆莫肯前輸于是有威之以刀劍驅之以笞箠為國結怨僅而得之者小民無知不知與國同憂方且狼顧而不寧而山陵一切配率之科又以復下計今不過秋冬之間海内必將騷然有不自聊賴之人竊惟先帝之所以愛惜百姓者如此其深其所以檢身節儉者如此其至也推其平生之心而計其既沒之意則其不欲以山陵重困天下亦已明矣而臣下乃獨為逾禮之費以拂其平生之意竊所不取也且使今府庫之中財用有餘一物不取于民盡公力而為之以稱遂臣子不忍之心猶且獲譏于聖人況乎空虛無有一金以上非取于民則不獲而冒行不顧以徇近世失

中之禮亦已惑矣然議者必將以爲君子不以天下儉其親以天下之大而不足于先帝之葬於人情有所不順洵亦以爲不然使今儉葬而用墨子之說則是過也不廢先王之禮而去近世無益之費是不過矣子思曰三日而殯凡附于身者必誠必信勿之有悔焉耳矣三月而葬凡附于棺者必誠必信勿之有悔焉耳矣古之人所由以盡其誠信者不敢有畧也而外是者則畧之昔華元厚葬其君君子以爲不臣漢文葬于霸陵木不改列藏無金玉天下以爲聖明而後世安于太山故曰莫如建薄葬之議上以遂先帝恭儉之誠下以紓百姓目前之患內以解華元不臣之譏而萬世之後以固山陵不拔之安如曰詔敕已行制度以定雖

知不便而不可復改則此又過矣蓋唐太宗之葬高祖也欲爲九丈之墳用漢氏長陵之制百事務從豐厚及群臣建議以爲不可于是改從光武之陵高不過六丈而每事儉約夫君子之爲政與其坐視百姓之艱難而重改令之非孰若改令以救百姓之急區區之心敢輒以告惟恕其狂易之誅幸甚幸甚

韓忠獻遺事　仁宗永昭陵葬且有日忽傳皇堂棟損時諸使皆欲不問而掩之韓公琦正色曰不可果損當易之若遂葬期移所費此責猶可當若苟且掩之後有壞而致人主疑心臣下何以當責

宋史禮志　慈聖光獻皇后曹氏元豐二年十月崩於慶壽宮命韓縝爲山陵按行使縝言永昭陵北

稍西地二百六十步内取方六十五步可為山陵

上以迫隘詔增十步三月十日葬永昭陵

英宗永厚陵

（東都事畧）治平四年春正月帝崩于福寧殿秋八月癸酉葬永厚陵

（文獻通考）英宗崩遺詔山陵務從省約所歷郡縣無科率煩民八月葬永厚陵禮如舊制

神宗時程頤代父上書曰臣聞孝莫大於安親忠莫先于愛主人倫之本無越于斯人無知愚靡不知忠孝之為美也然而不以其道則反害之故自古為君者莫不欲孝其親而多獲不孝之譏為臣者莫不欲忠其君而常負不忠之罪何則有其心行之不得其道也伏惟陛下以至德承

洪業以大孝奉先帝聖心切至天下共知然臣以踈賤復敢區區冒萬死以進其說者願陛下以至孝之心盡至孝之道監歷古之失臣觀秦漢而下為帝王者居天下之尊有四海之富其生也奉養之如之何其亡也安厝之如之何然而鮮克保完其陵墓者其故何哉獨魏文帝唐太宗所傳嗣君能盡孝道為之永慮至今安全事迹昭然存諸簡策嗚呼二嗣君不苟為崇侈以徇己意乃以安親為心可謂至孝矣漢武之葬霍光秉政暗于大體奢侈過度至使陵中不復容物赤眉之亂遂見發掘識者謂赤眉之暴無異光有為之謂其不能深慮以致後害也二君從儉後世不謂其不孝霍光厚葬千古不免為罪人自古以來觀此明鑑而不

能行之者無他衆議難違人情所迫耳苟若務合常情遂忘遠慮是乃厚于人情而薄于先君也不亦惑乎魏文帝所作終制及唐虞世南所上封事皆足取法其指陳深切非所忍言願陛下取而觀之可以見明君賢臣所慮深遠古人有言曰死若無終極國家有廢興自昔人情當大事之際乃以興廢之言為忌諱莫敢議及于此苟循人情辜負往者不忠之大者也臣竊慮陛下追念先帝聖情罔極必欲崇厚陵寢以盡孝心臣愚以為違先帝之儉德損陛下之孝道無益于實有累于後非所宜也伏願陛下損抑至情深為永慮承奉遺詔嚴飭有司凡百規模盡依魏文之制明器所需皆以瓦木為之金銀銅鐵珍寶奇異之物無得入壙然

後昭示遐邇刊之金石如是則陛下之孝顯于無
窮陛下之明高于曠古至于紈帛易朽之物亦能
為患于數百年之後漢薄后是也或曰山陵崇大
雖使無藏安能信于後世臣以為不然天下既知
之後世必知之臣常遊秦中歷觀漢唐諸陵無有
完者惟昭陵不犯陵旁居人尚能道當日儉素之
事此所以歷數百年屢經寇亂而獨全也夫臣之
於君猶子之於父豈有陛下欲厚其親而臣反欲
薄于其君乎誠以厚于先帝無厚于此者也遺簪
墜屨尚當保而藏之不敢不恭況于園陵得不窮
深極遠以慮之乎陛下嗣位方初羣臣畏威臣苟
不言必慮無敢言者陛下以臣言為妄而罪之則
臣死且不朽以臣言為是而從之則可以為先帝

之福大陛下之孝安天下之心垂萬世之法所補豈不厚哉臣哀誠内激言意在率願陛下詳覽而深察之天下不勝大願

翰林學士范鎮上奏曰乾德初改葬宣祖安陵之制其深五十七尺高三十九尺其下宫及兆域遠近之數皆稱于是是時天下既定財用滋豐非不能崇高侈大以示意而榮親也蓋太祖皇帝方無事時念深思遠以為厚葬非禮無益于孝作為終制以示後世法也昌陵熙陵定陵昭陵雖增損不一然皆非太宗真宗仁宗大行皇帝之意實哀毁號慕之際有司而為足也昭陵之役距今四年中間仍以水災則公私芧力為可知也伏惟陛下抑哀毁號慕之情奉太祖之中制其今來上宫下宫

及兆域之數願一以安陵為祖使國用民力得少寛裕則四方觀聽知陛下愛民念祖之心以為初政之美臣不勝區區之意

演繁露溫公日記記英廟山陵舊制曰山陵皇堂壘石為四壁積材木于上以卷石覆之神宗以材木有時而朽則卷石必墜于梓宮不便更令就地為石椁以藏梓宮總管張若水恐穿地或隳陷四壁乃請于平地累石為椁及後山陵復土梓宮入降隧道升石椁西首御夷床不及地一尺而止俟已時一刻乃下仍于其上布方木及蓋條石乃設御座于蓋下闔石門出築合隧道按此則是神宗慮木久遠必朽朽必壓故專令卷石為椁起自地上石既四周攢起交相鈎鬪永不壓壞最為堅耐

趙州石橋正用攙石法故大水不能齧重車不墊也神宗雖有此旨若水董役不能廢去舊制故攙石之上仍鋪蓋木誤使蓋木朽壞而其下自有攙石承之殆無害也

（宋史禮志）英宗宣仁聖烈皇后高氏哲宗元祐八年九月三日崩于崇慶宮詔園陵依慈聖光獻太皇太后之制紹聖元年四月一日葬永厚陵

神宗永裕陵

（東都事畧）元豐八年三月戊戌帝崩于福寧殿冬十月乙酉葬永裕陵

（宋史禮志）紹聖四年入內史請遷去永裕陵禁山民冢一千三百餘以便因音帝曰遷墓得無擾乎若無所害則令勿遷果不便國音當給官錢以資葬

費

哲宗初秘書省正字范祖禹上言臣聞儉葬者聖哲之訓也厚葬者世俗之失也宋華元厚葬其君君子以爲不臣漢世山陵多藏金寶故有張釋之之言劉之論世所明知也武帝在位歲久茂陵中物無所容霍光不達大體以厚葬爲愛君無所減損從而益之故西漢之末唯霸陵獨完葬之厚薄禍福可睹矣臣誠知國家山陵送往儉於前代然猶以爲言者欲于儉者之制損之又損使天下知其中無所有見其中無可欲則萬世之利也臣昔者伏見仁宗皇帝葬于昭陵有緘封皮匣納之方中者甚多皆出于禁中人莫得而知也臣愚以爲如此之類無益于先帝竊恐沿襲故事

猶或藏之推此類以損之必猶有可損者也昔周太祖將終戒世宗曰昔我西征見唐十八陵無發掘者此無他惟無藏金玉故也我死當衣以紙衣歛以瓦棺勿作石羊虎人馬唯刻石置陵前云周天子平生好儉約遺令用紙衣瓦棺嗣天子不敢違也如或吾違吾不福汝周祖生于五季之末非有前聖之識而其葬乃如太古此其志賢于秦始皇遠矣近事不遠即本朝所代也臣以為周祖繼唐奢葬故以儉薄矯之然以天子之喪而幾于羸葬則太偪而不可為継今惟于儉制之中加損約焉可也臣頃在書局亦嘗敢越職言朝廷得失今非職而言者竊以先帝之服臣子所同也先帝之葬四海所共也臣身服先帝之服預先帝之葬知

其不合於禮而不言憂其或過於厚而不以告臣所不能已也臣嘗采古事爲古鑑數百篇欲獻之先帝屬先帝不豫未及上其中一篇論厚葬一篇論喪服輒不自揆謹録上進庶幾觀古以知今少裨萬一爲千冒旒扆臣無任惶懼俟罪之至

元符初著作郎周常上疏言祖宗諸陵器物止用塗金服飾又無珠玉蓋務質素昭示訓戒自裕陵以宣仁后寢宮乃施金珠願取貯景靈殿以遵遺訓詔置之奉宸庫

（宋史禮志）神宗欽聖憲肅皇后向氏建中靖國元年正月十三日崩太常寺言大行皇太后山陵一行法物宜依元豐二年慈聖光獻皇后故事皇堂之制下深六十九尺面方二丈五尺石地穴深一

丈明高二丈一尺鵲臺二各高四十一尺乳臺二各高二丈七尺神墻高一丈三尺五月六日葬永裕陵

宋后妃傳欽成朱皇后生哲宗崇寧元年二月薨追冊爲皇后陪葬永裕陵

欽慈陳皇后生徽宗帝崩守陵殿未幾薨建中靖國元年追冊爲皇太后陪葬永裕陵

哲宗永泰陵

東都事畧元符三年春正月己卯帝崩于福寧殿七月壬寅葬永泰陵

禮志哲宗崩徽宗即位詔山陵制度並如元豐

陳瓘乞憫恤山陵人夫疏曰臣聞唐穆宗山陵久雨時寒役人飢凍頗甚至有持鍾抱篲

而死者敬宗憫之于是治路人夫各賜之絹臣謂絹者有限之物豈得人人而與之兼諸色應奉之人例皆勞苦所可矜者非特治路人夫而已也國家有裕陵以前大事既畢之後即降德音下兩京等處凡干應奉之人蒙恩恤惠而不費非賜絹之比也迺者泰陵應奉之人緣雨水異常州縣督責甚于他時所以叙其情而憫其勞者亦宜加厚惟陛下留意幸甚

東都事畧昭懷皇后劉氏政和元年崩陪葬永泰陵

禮志昭慈聖獻皇后孟氏紹興元年四月崩以遺誥擇近地權殯俟息兵歸葬園陵梓宮周身勿拘舊例以為他日遷祔之便六月殯于會稽上亭鄉

攢宮方百步下宮深一丈五尺明器止用鉛錫置都監巡檢一員衛卒百人

朝野雜紀　國朝自宣祖葬河南之永安其後六聖皆祔紹興元年昭慈聖獻皇后崩于越州遺告權宜擇地攢殯俟軍事寧息歸葬園林陵梓宮所周於身以為他日遷奉之便于是權殯于會稽縣之上皇村以香火院為恭寧寺

昭慈之喪以同知樞密院事李回為總護使刑部尚書胡直孺為橋道頓遞使神武左軍都統韓世忠為總管内侍楊公弼為都監調三衛神武輜重越州卒千三百人穿復土不置五使永裕顯仁亦如之至高宗山陵始備五使如典禮

揮麈錄　昭慈聖獻皇后升遐欲建山陵外祖曾公

行議以為帝后陵寢今存伊洛不日復中原即歸祔矣宜以攢宮為名亦以為當用之

徽宗永祐陵

（東都事畧）靖康二年三月丁巳道君皇帝北狩紹興五年四月乙未帝崩十二年八月乙丑歸殯于龍德宮十月丙寅葬永祐陵

（聞見録）紹興己未春徽宗梓宮歸里宰臣上陵名永固有王銍者言犯後魏明帝後周文宣二后陵名下秘書省參考如銍言遂改名永祐然漢平帝後漢殤帝十國劉龑同曰康陵本朝順祖亦曰康陵後魏明帝後周宣帝唐中宗同曰定陵本朝翼祖亦曰定陵前漢惠帝唐懿宗皇后同曰安陵本朝宣祖亦曰安陵唐太宗曰昭陵本朝仁宗曰永

昭陵後魏宣武后曰永泰陵唐元宗曰泰陵本朝
哲宗亦曰永泰陵蓋本朝陵名犯前代陵名者不
一祖宗以來不避也

揮麈錄紹興戊午徽宗梓宮南歸有日秦丞相當
國請以永固名陵先人建言北齊叱奴皇后實名
之不可犯秦大怒幾蹈不測後數年易曰永祐

朝野雜紀徽宗梓宮將還宰相秦檜白令侍從臺
諫禮官尚書省集議靈駕既還當崇奉陵寢或稱
攢宮禮部員外郎眉山程敦厚希檜意獨上奏言
仍攢宮之舊稱則莫能示通和之大信用因山之
正典則若忘存本之故國臣以為宜勿狥虛名而
當示大信于是議者工部尚書莫將等乃言太史
稱歲中不利大葬請用明德皇后故事權攢許之

議狀遠引明德而近舍昭慈似有所避也其後高宗遣告亦稱攢宮乞今循爲故事

徽宗初葬五國城後八年金人乃以梓宮還行在梓宮至寓于龍德別宮以故待漏院爲之在行宮南門外之東帝后異殿先是選人楊煒獻書于執政李光以梓宮可還眞僞未辨左宣義郎王之道亦遺書諫官曾統奏乞命大臣取神櫬之最下者斲而視之然後奉安既而禮官請用安陵故事梓宮入境即承之以槨有司預製袞冕翬衣以往至則納槨中不改斂

永祐陵在昭慈攢宮西北五十步用地二百二十畝攢宮歲用祠祭錢八千四百餘緡修繕錢五千緡

（東都事畧）顯恭皇后王氏徽宗即位冊爲皇后生欽宗崩葬永裕陵之次○明達皇后劉氏冊拜貴妃政和三年薨徽宗追冊爲皇后陪葬惠恭皇后園○明節皇后劉氏由才人進位貴妃宣和三年薨追冊爲皇后與明達並園

（宋后妃傳）鄭皇后從上皇幸青城北遷留五年崩於五國城謚顯肅梓宮歸入境承之以櫬納翬衣其中與徽宗合攢于會稽永祐陵○韋賢妃高宗母從上皇北遷紹興七年遥尊爲皇太后十二年歸臨安居慈寧宮崩謚曰顯仁攢于永祐陵之西

（朝野雜紀）顯仁皇后攢宮在顯肅宮之西十九步

二攢宮舊未有禁地顯仁既葬始立四隅以二十里爲禁城凡民居在塋皆遷之

（文獻通考）顯仁皇太后韋氏崩祔于永祐陵攢宮詔兩攢宮禁地内有遷士庶墳冢屋宇及收買士庶田產山林地段專委守臣同檢察官陵所攢置告諭先估定實直倍數支還取人户狀領毋令人吏乞覓騷擾

殿中侍御史汪澈言竊惟攢宮之地舊占百步去冬新立四隅回環不啻二十里居民悉已遷徙屋廬悉已毀撤寸土尺木率居于官今皆爲禁地而士庶丘隴錯雜其中陰陽家流或謂盡宜挑去以肅靜陵域且有内將外從天柱門三男之説或謂暫爲攢宮不必挑去是故上貽聖慮命臣躬親前

去看定臣遵奉曆訓周視四隅見得士庶墳冢原計九百三十八穴除近已挑去一百七十二穴外有七百六十六穴見存竊以攢宮經今三十餘年無有議其非者今二十里之内乃云盡令挑移始有紛紛之論太史局各守其説皆虚誕浮誑不可取信臣請以史傳及祖宗故事明之秦樗里子死葬于渭南章臺之東曰後百歳是當有天子之宮夾我墓至漢興長樂宮在其東未央宮在其西武庫正直其墓且以天子之宮密近而當時不聞遷其墓也以今觀之一百七十二穴業已挑去而築實之無可奈何而見存七百六十六穴纍纍相望雖山林掩蔽皆在禁地若一旦悉令挑去恐損泄地氣兼于人情有所未安欲下紹興府專委守臣

出榜偹坐宮陵制内所載曉諭民間如對界内舊墳有願遷出仰鄉保開說經府自陳令巡尉監視聽其遷出如不願者仍舊從之

梅谿集　王十朋代越帥王佐尚書上疏曰臣竊見攢宮修造每年一小脩三年一大脩率以為常此固陛下奉先極孝之心臣子所宜奉行而不懈也然臣竊謂陵寢所在神靈是依神道貴幽理宜安静若頻歲脩造不無震驚故古不修墓聖人非薄於其親意謂寧親莫如寧神是乃孝之大者今攢宮棟宇已固器用已備松柏已茂陛下崇奉之心亦可謂至矣臣欲乞自今已後不必以三年大修每年小修為拘但令本府常預備瓦石工匠之類以俟不時之須凡或棟宇或損則更之器用或舊

則新之松栢或枯則補之如是則工役不繁而丹雘常新歲月寖久而陵廟愈安以昭先帝儉德之恭以稱陛下寧神之孝不勝幸甚

欽宗永獻陵

凡得讀禮通考以陵寢宗欽宗今人不會南還以爲葬之於[illegible]縣此一事特有闕從可查通考補于孝宗之下

爲凡筵殿遂上陵名曰永獻暨乾道中朝廷遣使求陵寢地金人許以遷奉且并歸靖康梓宮朝廷難之金人乃以禮陪葬于鞏縣云

文獻通考孝宗乾道六年以起居郎范成大爲祈請使之金請陵寢地先時上賜宰臣陳俊卿手札曰朕痛念祖宗陵寢淪于腥羶四十餘年今欲特

出榜備坐宮陵制內所載曉諭民間如對界內舊墳有願遷出仰公保開說經府自陳令廵尉監視聽其遷出如不願者仍舊從之

梅谿集王十朋代越帥王佐尚書上疏曰臣竊見攢宮修造每年一小脩三年一大脩率以為常此固陛下奉先極孝之心臣子所宜奉行而不懈也然臣竊謂陵寢所在神靈是依神道貴幽理宜安静若頻歲脩造不無震驚故古不修墓聖人非薄於其親意謂寧親莫如寧神是乃孝之大者今攢宮棟宇已固器用已備松柏已茂陛下崇奉之心亦可謂至矣臣欲乞自今已後不必以三年大修每年小修為拘但令本府常預備瓦石工匠之類以俟不時之須凡或棟宇或損則更之器用或舊

則新之松栢或枯則補之如是則工役不繁而丹雘常新歲月寖久而陵廟愈安以昭先帝儉德之恭以稱陛下寧神之孝不勝幸甚

欽宗永獻陵

朝野雜紀欽宗之喪舉哀于天章閣南以學士院爲几筵殿遙上陵名曰永獻暨乾道中朝廷遣使求陵寢地金人許以遷奉且并歸靖康梓宫朝廷難之金人乃以禮陪葬于鞏縣云

文獻通考孝宗乾道六年以起居郎范成大爲祈請使之金請陵寢地先時上賜宰臣陳俊卿手札曰朕痛念祖宗陵寢淪于腥羶四十餘年今欲特

遣泛使就彼祈請卿以為如何可密奏來俟卿以為未可坐罷相知福州乃遣成大行令學士院草國書以陵寢所在欲於河南地為辭成大將行秘書少監李燾等皆不以為然國子博士丘崈輪對論其無益啟悔上不樂曰卿家祖先墳墓為人占據莫亦須理會否荅云臣但訴之不能告之上赫怒成大既出疆使還其國書云和約再成界山河以如舊絨音遙至指鞏洛以為言援曩時無用之文續今日既盟之好既云廢祀欲伸追遠之懷止可奉遷即俟刻期之報至若未歸之旅柩亦當並發于行塗明年遣趙雄賀金主生辰復附國書畧曰惟列聖久安之陵寢既難一旦而驟遷則靖康未返之衣冠豈敢先期而獨請其後虜人從葵欽

宗于鞏原而荆湘諜報乃謂金以十萬騎奉還陵寢以來中外洶洶邊塞咸請增戍後卒無事

（中興記）建炎元年五月一日大赦天下詔永安軍祖宗陵寢西京應天禪院會聖宮影殿西墳可差西京留守及臺官一員日下前去躬親省視如合脩奉去處一面措置仍案具奏聞南墳委汝州守臣依此（演繁露）宗子自祔葬山陵之外又有南墳西墳

（文獻通考）建炎元年五月詔河南府鎮撫使翟興團結本處義兵保護祖宗陵寢

（北盟會編）紹興九年二月以趙士㒟為朝陵使兵部侍郎張燾副之士㒟燾徃西京朝陵日延見父老宣布天子德意迨至栢城披鉏荆棘隨宜葺治展敬成禮而還五月至行在入對燾具劄子奏曰

臣竊惟國家遭百六之灾禍流海宇上及山陵臣等恭謁柏城至于慟哭祖宗在天之靈震怒已久躬行天討得無望于陛下上問諸陵寢若何肅不對惟言萬世不可忘此讐上為黯然

文獻通考時方庭實為三京淮北宣諭使至西京先朝謁陵寢見永昌而下皆遇驚犯泰陵至暴露庭實觧衣覆之歸日痛哭流涕為上言之由是大忤秦檜。

十月禮部言永安軍等處今已收復委知軍詣諸陵逐位檢視除永定永昭永厚永裕永泰園陵內並無損動內永安永昌永熙陵神臺並列損枳橘柏株木未敢一面擅行補飾合就差所委修飾官奏告行禮詔令河南府委官如法補飾不得褻瀆

宋史理宗紀端平元年春正月史嵩之露布告金亡遣鄔春按循故壤請奉先縣汎掃祖宗陵寢三月詔遣太常寺主簿朱楊祖閤門祇候林拓詣洛陽省謁八陵四月詔遣朱復之詣八陵相度修奉八月朱楊祖林拓朝謁八陵回以圖進上問諸陵相去幾何及陵前澗水新復楊祖悉以對上忍涕歎息

讀禮通考卷九十二

葬考十

山陵五

高宗永思陵

文獻通考淳熙十四年高宗崩欑永思陵詔欑宮遵遺詔務從儉約允脩营百費並從内庫及封樁錢物毋侵有司經常之費諸路監司州軍府監止進慰表其餘礼並免仍不得以進奉欑宮為名有所貢獻

趙忠定公奏議竊惟祖宗陵寢皆在洛陽累朝制度具存典礼惟紹興中徽宗皇帝梓宮既還未能歸葬故一時欑奉權在會稽䟫寢衛之制已嚴而

山陵之土未復規制淺薄可爲深憂竊聞當時議者之言欲候恢復疆土之後奉迎靈駕歸祔永昌迹其本謀初若甚善然荏苒歲月易致因循正使克復西都豈宜再議遷改今大行皇帝山陵命使遠曰有期陛下篤於送終動遵禮訓臣謂與其慕虚名而受實害孰若及時深藏固護永爲無窮之計也昔舜都蒲坂葬於蒼梧禹都平陽葬於會稽皆因巡狩不反遂即其地而葬帝王之事豈不可法伏願遠遵虞夏近法漢文因山爲陵務極深厚金銀之飾悉用迸除使千萬世永絶後害則陛下之所以事其親者自始及終皆可以無憾矣汝愚又論山陵乞遵用七月之制疏曰伏聞有司循用近例不待七月已卜日奏攢臣仰惟陛下大孝始終

遠追三代方將以衰絰行三年之喪思窮所以追慕之情而大葬之禮猶用權宜歲月推遷臣所甚懼臣聞之禮曰夫喪不可不深長思也又曰葬也藏也今太上皇帝梓宮雖已奉欑要非久計況兩京在遠道路阻修正使克復有期豈宜更議遷改孰若考據古誼及時而葬以圖萬世之安也又禮曰天子七日而殯七月而葬本朝故事亦皆用七月伏望檢照臣昨來所奏斷自聖意遵用累朝典禮議行七月之制其山陵制度務存深厚不必過爲閎廣以藏無用之物此去三月間尚可營辦如此則太上皇帝在天之靈可以永安陛下事親送終之禮深長之思皆可以無憾矣臣遠守藩符山陵重事豈宜輕議而情切意迫不容但已謹昧死

奏聞

思陵録王相準擬太上陵名凡五永紹永興永阜永壽永思上點用永思

文獻通考按行使蕭燧等言相視到大行太上皇帝神穴地段係在徽宗皇帝欑殿籬圍之外正西北顯仁皇后欑殿近上正西南乞差官覆按施行

詔户部侍郎葉翥充覆按使

思陵録思陵上宫為獻殿三門六椽中間闊一丈六尺兩間各一丈二尺其深三丈後為龜頭三間中間亦闊一丈六尺兩各五尺其深二丈四尺皇堂在焉祔開穴南北長三丈七尺六寸東西濶三丈二尺深九尺四圍白石膠土五層以石周砌為石藏長一丈六尺二寸闊一丈六寸所用椁長一

丈二尺三寸高七尺一寸濶五尺五寸納梓宮於中覆以天盤囊網乃用青石爲壓欄次鋪承重柏木枋二十餘條次鋪白鐔二重次鋪竹篾然後用青石條掩攢訖上用香土二寸客土六寸然後以方磚砌地其實土不及尺耳下宮之制殿門三間四椽每間濶一丈四尺深二丈前後殿三間六椽其深三丈每間濶一丈四尺東西兩廊一十八間四椽其深一丈六尺每濶一丈一尺殿門東西皆有挾屋一間六椽各濶一丈六尺其深三丈又有櫺星門神游亭換衣廳

永思陵攢宮修奉使司據都壕寨官符思永申據修奉監修申契勘依奉聖旨指揮修奉永思陵攢宮令據諸作合干人都壕寨干慶等狀申開具造

到上下宮殿宇門廊閣架安卓等下項並於三月
十二日一切畢工
一上宮　殿一座三門六椽入深三丈心間濶一
丈六尺兩次間各濶一丈二尺並龜頭一座三間
入深二丈四尺心間濶一丈六尺兩次間各濶五
尺並四下昂柱頭骨朶子月梁栿紋单栱幞風柱
五寸二分五釐材徹脊明圓椽順板内龜頭連檐
四椽月梁栿五寸二分五釐材圓椽厦板兩轉出
角四入角扇子白板下簷平柱高一丈二尺柱置
在内頭項並係丹粉赤白裝造法紅油造柱木週
廻槅風窗共一百二十扇并构欄子一十七間並
係凡紅刷油造及腔内出線小紋子共三十八扇
係朱紅漆造黄紗糊飾安釘鍮石葉𤨏事件頭項

鋪釘竹笆瓪板瓦結瓦行壠并安鴟吻週廻山斜顩道甓子並紅灰泥飾方磚鋪砌地面中城磚壘砌堦頭高三尺并週廻散水面南墁地白石壓欄石碇踏道角石角柱並引手枸欄子望柱覆蓮柱頭獅子龜頭皇堂石藏子一座裏明南北長一丈六尺二寸東西闊一丈六寸白石箱甓二重共厚四尺樺土石一重厚一尺深九尺上用青石壓欄一重厚八寸鋪承重柏木枋子二十二條上鋪白鍾二重安砌蓋條青石十條高一尺打築鋪砌磚土共厚一尺通深一丈二尺箱甓石用鐵古字并鉛澆灌

殿門一座三間四椽入深二丈心間濶一丈六尺兩次間各濶一丈二尺四鋪下昂絞耍頭柱頭骨朵子分心柱四寸五分材月梁栿徹沓

明圓椽順板扇子白板直㰞造下簷平柱高一丈二尺柱置在内頭頂丹粉赤白裝造磬紅油造柱木硬門三合額頰地栿門閘鐵韈臺桶子墨油浮漚釘葉段門鈸頭頂鋪釘竹笆瓪板瓦結瓦竹壠安鴟鴞週廻山斜額道壁落紅灰泥飾土坯壘砌兩山墻紅灰泥飾中城磚鋪砌地面壘砌堦頭高二尺五寸并砌散水白石壓欄石碇并前後踏道及安砌面南白石墁地　火窑子一座作二三壘澁腰花坐頭頂頭柱頭㪷口跳骨朶子中城磚并除磚飛放簷槽小瓪板瓦結瓦行壟并三壁捲拳門子磚窓裏用鐵索并丹粉赤白裝造　殿門中城磚六瓣壘砌水鋼四坐并設坐水大桶二隻提水桶一十隻并洒子一　櫺星門南北共二坐柱頭

上各安閥閫并各安門二扇時葉門鈑桶子全并石門砧及凡紅油造柱木門户外籬門一座安卓門二扇並凡紅刷油造柱木并門及兩壁扎縛打立實竹籬二十餘丈并立籬健石紅灰墻週廻長六十三丈五尺上用杦笆椽鋪釘竹笆瓪桐板瓦結瓦行壠凡紅刷造杦笆椽紅灰泥飾圍墻下脚用銀錠磚壘砌隔減并中城磚壘砌鵲臺三堵籬裏磚墻係中城磚繞簷壘砌週廻長八十七丈上用瓪板瓦結瓦行壠　東壁隔截磚墻係中城磚踍壘砌長四十丈　土地廟一座并龜頭一門頭項並係丹粉赤白裝造凡紅油造柱木等白灰泥飾壁落并仰涇中減塼砌地面堦頭中板瓦結瓦行壠并面南西壁壘砌火窑子一座土地神衆

共七尊黑漆供床一張　巡鋪屋墻裏外共四間
並白灰泥餙壁落中板瓦結瓦地紅刷油造柱木
立精地袱并週廻簷楷并磚砌水缸四坐條磚砂
堦東壁路道濶四丈長四十丈
一下宮　　殿門一座三間四椽入深二丈各間濶
一丈四尺重斗口跳身內單栱方植栿徹脊明圎
椽順板扇子白板分心柱直廢造下簷平柱高一
丈四寸柱置在內頭頂丹粉赤白裝造法紅油造
柱木并軟硬門二合及頰額地栿門閘等并黃油
浮漚釘及門鈸肘葉鵝臺桶子頭頂鋪釘竹笆瓪
板瓦結瓦行壠并鴟鴞及週廻額道山斜壁子並
紅灰造作并土坯壘砌兩山墻紅灰泥餙中城磚
鋪砌地面并堦頭高二尺并砌散水及白石安砌

壓欄石碇并前後踏道火窑子一坐下二三壘澁腰花坐頭頂䦆柱頭㪷口䂭骨朵子中城磚并條磚飛放簷檐小甋尾結瓦行壠三壁捲肇門子磚窓裏用鐵索及用丹粉赤白裝造　前後殿兩座各三間六椽入深三丈各濶一丈四尺四鋪捲頭腔内絞单拱攀間心門前栿項柱兩山歇轉柱徹脊明五寸二分五厘材圓椽順板扇子白板柱頭骨朵子直廢造下簷平柱高一丈一尺柱置在内頭頂並條丹粉赤白裝造法紅油造柱木並板壁二十四扇朱紅漆造出線小絞槅子四十扇黄紗糊飾安釘鍮石葉段事件并凡紅油造辟風簹八十扇并枃欄子八間頭頂鋪釘竹笆甋板尾結瓦行壠并安鴟鴞方磚砌面中間城磚壘砌堦頭二

尺五寸并打花側砌天井子甬路并兩壁路道及包砌水銅四坐白石壓欄石碇并踏道二坐引手枸欄子望柱覆蓮柱頭獅子　殿門東西兩挾各一間四椽入深二丈間濶一丈六尺单斗直替方額混楸方椽硬簷下簷柱高八尺五寸柱置在内頭頂丹粉赤白裝造凡紅油造柱木黑油杈子二間頭頂鋪釘竹笆白灰仰瓦中板瓦結尾週廻壁落白灰泥飾中城磚鋪砌地面并堦頭高一尺五寸白石壓欄石碇　東西兩廊一十八間四椽入深一丈六尺各間濶一丈一尺下簷单斗直替方額混楸方椽硬簷造頭頂丹粉赤白裝造凡紅油造柱木中城磚鋪砌地面并砌堦頭高一尺五寸頭頂鋪釘竹笆白灰仰泥中板瓦結尾白石壓欄

石碇東西两簷並係土墻三十六間白灰泥餙
後殿東西兩挾各一間六椽入深三丈各間濶一
丈六尺方混枨方椽硬簷造頭頂並係丹粉赤白
裝造凡紅油造柱木中城磚鋪砌地面土坯壘砌
坯墻白灰泥餙頭頂鋪竹笆白灰仰瓦白石壘欄
石碇及中城塼砌堦頭高一尺五寸頭頂鋪釘竹
笆并案卓朱紅槅子八扇黄紗糊造鍮石葉事件
欞星門一座柱頭上安朖閬并安卓門二扇並
係凡紅刷油造及釘造肘葉門鈑鵞臺桶子并石
門砧　外籬門一座安卓門二扇並礬紅刷油造
及安白石門砧綽楔門一座安卓竹門二扇並係
凡紅油造　神厨五間四椽入深二丈各間濶一
丈一尺單枓直替方額混枨方椽硬簷心間安釘

平暗椽板一間頭頂丹粉赤白裝造礬紅油造木柱直欞窗白灰泥飾壁落中板瓦結瓦并壘砌鍋竈五事爐二隻白石疊欄石碇　神廚過廊三間并奉使房二間及香火房二間頭頂並丹粉赤白裝造礬紅油造柱木黑油直欞窗頭頂鋪釘竹笆仰瓦中瓦結瓦行壟白灰泥飾週迴壁落中城磚砌地面白石壓欄石碇內香火房壘砌火窑子一座　潛火屋并庫屋四間頭頂簷槽丹粉赤白裝造中板瓦結瓦行壟白灰泥飾壁落凡紅油造柱木門戶黑油直欞窗中城塼壘砌堦頭　換衣廳三間頭頂中板瓦結瓦鋪釘竹笆白灰仰瓦并週迴壁落凡紅油柱木黑油直欞窗槅子丹粉赤白裝造頭頂中城磚鋪砌地面并壘砌堦頭白石壓

欄石碇前後踏道　鋪屋圍墻裏外五間頭頂中
瓦板結瓦白灰甓落凡紅刷造週廻簷槽及凡紅
油造柱木立精地栿中城磚壘砌堦頭磚砌水鋼
五坐　廚子一坐并龜頭一間頭頂中板瓦結瓦
行壠頭頂丹粉赤白裝造凡紅油造柱木白灰泥
甓落中城磚砌地面并堦頭及踏道土地神衆共
七尊黑漆供床一張　神游亭一座頭頂瓦結瓦
行壠三面坐嵌枸欄子週廻擗簾杆掛箔並凡紅
油造頭頂丹粉赤白裝飾方磚砌地面中城塼壘
砌堦頭并踏道一座及安白石碁臺一副并面南
壘砌花臺一座長丈八尺濶一丈五尺上安白石
壓欄係白石望柱上攔黑油方木檽子十五丈
過道門四門頭頂中板瓦結瓦白灰仰渥并壁落

丹粉赤白裝造凡紅油柱木　週廻白灰圍墻長
一百三丈六尺上用杙笆椽鋪釘竹笆中板瓦結
瓦行壠凡紅刷造杙笆椽白灰泥飾　一上下宮
東壁扎縛打立竹實笆籬七十餘丈西壁展套淡
籬一百餘丈
一上下宮諸處白石板安砌路道長一百八十餘
丈
一上下宮東西兩壁各打實竹籬長二十九丈六
尺并竹門二座　右件如前謹具申尚書省伏乞
照會謹狀淳熙十五年三月日從正大夫昭慶軍
承宣使入内内侍省副都知攢宮修奉鈐轄霍汝
弼降授石武大夫榮刺史殿前副都指揮使攢宮
修奉都護郭棣

永思陵攢宫修奉使司承按行使司牒勘會本司於今月十九日將帶太史局判局剋擇官詣攢宫按視得聖神文武憲孝皇帝攢宫塋域神穴並神圍四正並　得元按摽劃地段除已奏聞外請照會施行本司尋牒都壕寨官照應故例施行去後今據都壕寨官符思永申本司尋牒監修官施行去後據回申據都壕寨于慶等狀已將神穴心樁土末起拆訖又用底板石補砌於當今來所修永思陵皇堂四壁箱甓石各係二重共濶四尺膠土各濶四尺四寸擗土石一重係各厚一尺通共元開南北長三丈七尺六寸東西濶三丈二尺用石板安砌打築圓備其皇堂裏明深九尺長一丈六尺二寸濶一丈六尺椁長一丈二尺二寸高七尺一

寸濶五尺五寸將來四壁若下神煞并榑底及進
梓宮次進椁自并安説天盤㬰網委得並無妨碍
本司保明是實申乞照會續又據都壕寨官符思
永申備據監修官申尋勒合干人楊椿等開具到
皇堂丈尺并石叚柏木枋等數目下項申乞照會
一皇堂開通長三丈七尺六寸通濶三丈二尺深
九尺係裏明用擗土石五層週圍用一百六十叚
湊頭石各長四尺濶二尺厚一尺壘砌一底板石
三十叚内六叚各長一丈一尺闊三尺二寸二十
四叚各長四尺濶二尺五寸厚八寸一石藏裏明
長一丈六尺二寸濶一丈六尺深九尺係層湊頭
石各長四尺濶二尺厚一尺用三百二十四叚壘
砌并神穴心擨已補砌了當用過石一叚一青石

子口一十四段石藏上壓欄使用各濶一尺九寸五分厚八寸長短不等一青㙡條用一十條各長一丈五尺濶二尺厚一尺一承重柏木枋二十二條濶狹不等折荅濶一丈六尺二寸長一丈二尺二寸厚八寸青石㙡條承重柏木枋並已安範門試了當一甎條鋪兩重長一丈六尺濶一丈二六用八六白甎四領四六白甎八領兩重共約厚二寸一攢訖皇堂上用香土二寸於香土上用客土六寸鋪襯訖用方磚鋪砌地面　右謹具申尚書省伏乞照會謹狀淳熙十五年三月日具位如前

朝野雜記紹興初六飛駐越昭慈聖獻皇后上賓因卜地權殯於會稽上皇村蓋便於修奉也及卜祐陵遂就其側并舉顯肅懿節二后祔焉顯仁高

宗繼從其兆則迫隘已甚矣高宗之葬也趙子直時守蜀手疏論會稽攢宮淺薄可為深憂宜復祖宗山陵之制朝論不從於是自昭慈之西連用五穴山勢漸遠其地愈卑矣

（宋史后妃傳）憲節邢皇后從三宮北遷高宗即位遙冊為皇后紹興九年后崩於五國城顯仁太后回鑾始得崩聞十二年八月后梓宮至攢於聖獻太后梓宮之西北

（宋史禮志）憲聖慈烈皇后吳氏慶元三年崩四年三月權殯於永思陵

孝宗永阜陵

（宋史禮志）紹熙五年六月孝宗崩慶元二年詔於永思陵下宮之西修奉攢宮上陵名永阜

〔趙忠定公奏議〕臣伏見紹興元年昭慈聖獻皇后上仙是時方駐蹕會稽江淮之間日事征戰昭慈之喪未能歸祔始爲殯厝蓋用權宜將以憤激三軍之心不絕中原之望也其後秦檜主和好而南北之勢分永祐永思因仍不改聞見習熟視以爲常遂致諸陵尚存淺土其制卑薄可爲深憂復於獻殿之中蔽以廈屋不達天地之氣不覩日月之光年歲滋深大葬無日攷之典禮固已非宜驗之葬書亦所甚忌臣每思及此良切痛心今大行壽聖皇帝將卜因山宜稽舊典稍倣祖宗山陵之法亦從南北風土之宜但使皇堂尺度不可太廣蓋石博厚不可不增修建陵臺酌爲中制仍爲獻殿勿復茲扃庶葬者永安後嗣蒙福伏乞聖明特賜

俞允

又疏曰臣聞養生不足以當大事惟送死可以當大事大行壽聖皇帝山陵之奉陛下安得不致其敬也臣仰惟祖宗陵寢皆在洛陽制度崇深具在簡策皇堂下深五十七尺高三十九尺陵臺三層正方每面長九十尺既高且廣守衛至嚴後代子孫所宜觀法始緣南渡暫卜稽山號曰欑宮蓋非永制實居淺土蔽以上宮本期克復神京奉遷靈駕雖其志甚美而其事實難荏苒歲時今已六十餘載矣東南諸郡所至皆山凡擇地者必以山為限地勢局促不類中原蓋自昭慈之西已用五山勢漸遠其地愈卑往歲思陵之葬其深不盈九尺復土之後僅能掩棺聞者寒心幾於慢藏雖江南

土地卑薄難援故都然近畿王氣所鍾豈無佳兆其如拘以陰陽之術限以日月之期刑責太嚴事體至重人懷苟且各為身謀至于國家深長之思君父危辱之禍皆不暇顧恤嗚呼痛哉傳曰死者無終極國家有廢興歷考古今無非商鑒今昌廼在遠恢復未期豈宜徒狥虛名以基實禍臣比見按行使副還自會稽皆言陰陽家流須用丙山壬向全類按圖索馬不復他營若以昭穆安排若無餘地僅一穴又下思陵伏思穆恭二宮他日如何合祔其後利害臣未敢言失今不圖後悔何及伏望陛下孝思罔極惟懷永圖勿拘遠近之分毋惑陰陽之說擇平原高燥之地為大行深固之藏崇建陵臺悉遵舊制陛下盡送終之禮壽皇萬世之

安臣子不勝幸甚

朱子大全集具位臣朱熹準尚書吏部牒十月九日欑宮覆按使孫逢吉狀定到大行至尊壽皇聖帝神穴事三省樞密院同奉聖旨令侍從臺諫限三日集議聞奏臣方欲赴臺集議忽聞朝廷已别差官前去宣諭即與衆官具狀申省别聽指揮外臣竊有愚見深恐言之不早有誤大計須至先具奏聞者臣竊惟壽皇聖帝聖德神功覆寰宇深仁厚澤浸潤生民厭世上賓率土哀慕宜得吉土以奉衣冠之藏垂裕後昆永永無極而因山之卜累月於兹議論紛紜訖無定説臣嘗竊究其所以皆緣專信臺史而不廣求術士必取國音坐丙向壬之穴而不博訪名山是以粗畧苟簡唯欲祔於紹

與諸陵之旁不惟未得其形勢之善若其穴中水泉之害地面浮淺之虞偪仄傷破之餘驚動諸陵之慮雖明知之亦不暇顧羣臣議者又多不習此等猥賤之末術所以不能堅決剖判致煩明詔博訪在廷臣實痛之其敢無辭以對臣嘗聞之葬之爲言藏也所以藏其祖考之遺體也以子孫而藏其祖考之遺體則必致其謹重誠敬之心以爲安固久遠之計使其形體全而神靈得安則其子孫盛而祭祀不絕此自然之理也是以古人之葬必擇其地而卜筮以決之不吉則更擇而再卜焉近世以來卜筮之法雖廢而擇地之法猶存士庶稍有事力之家欲葬其先者無不廣招術士博訪名山參互比較擇其善之尤者然後用之其或擇之

不精地之不吉則必有水泉螻蟻地風之屬以賊其内使其形神不安而子孫亦有死亡絶滅之憂甚可畏也其或雖得吉地而葬之不厚藏之不深則兵戈亂離之際無不遭掘發暴露之變此又其所當慮之大者也至於穿鑿已多之處地氣已洩雖有吉地亦無全力而祖之側數興土工以致驚動亦能挻灾此雖術家之説然亦不為無理以此而論則今日明詔之所詢者其得失大槩已可見矣若夫臺史之説謬多端以禮而言則記有之曰死者北首生者南向皆從其朔又曰葬於北方北首三代之達禮也即是古之葬者必坐北而向南蓋南陽而北陰孝子之心不忍死其親故雖葬之於墓猶欲其負陰而抱陽也豈有坐南向北反

動下脫四字宜一移寫

背陽而向陰之理乎若以術言則凡擇地者必先論其主勢之強弱風氣之聚散水土之淺深穴道之偏正力量之全否然後可以較其地之美惡政使實有國音之說亦必先此五者以得形勝之地然後其術可得今乃全不論此而直信其庸妄之偏說但以五音盡類群姓而謂塚宅向背各有所宜乃不經之甚者不惟先儒已力辨之而近世民間亦多不用今乃以為祖宗已來世守此法順之則吉逆之則凶則姑亦無問其理之如何但以其事驗之則其謬不攻而自破矣蓋自永安遷奉以來已遵用此法而九世之間國統再絕靖康之變宗社為墟高宗中興匹馬南渡壽皇復自旁支入繼大統至於思陵亦用其法而壽皇倦勤之後旋

不精地之不吉則必有水泉螻蟻地風之屬以賊其內使其形神不安而子孫亦有死亡絶滅之憂甚可畏也其或雖得吉地而葬之不厚藏之不深則兵戈亂離之際無不遭罹發掘暴露之变此又其所當慮之大者也至於穿鑿已多之處地氣已洩雖有吉地亦無全力而祖之側數興土工以致驚動亦能挻災此雖術家之説然亦不為無理以此而論則今日明詔之所詢者其得失大槩已可見矣若夫臺史之説謬多端以礼而言則記有之曰死者北首生者南向皆從其朔又曰葬於北方北首三代之達礼也即是古之葬者必坐北而向南葢南陽而北陰孝子之心不恐死其親故雖葬之於墓猶欲其負陰而抱陽也豈有坐南向北反

背陽而向陰之理乎若以術言則凡擇地者必先論其主勢之強弱風氣之聚散水土之淺深穴道之偏正力量之全否然後可以較其地之美惡政使實有國音之説亦必先此五者以得形勝之地然後其術可得今乃全不論此而直信其庸妄之偏説但以五音盡類群姓而謂塚宅向背各有所宜乃不經之甚者不惟先儒已力辨之而近世民間亦多不用今乃以為祖宗已來世守此法順之則吉逆之則凶則姑亦無問其理之如何但以其事質之則其謬不攻而自破矣蓋自永安遷奉以來已遵用此法而九世之間國統再絕靖康之變宗社為墟高宗中興匹馬南渡壽皇復自旁支入繼大統至於思陵亦用其法而壽皇倦勤之後旋

即升遐太上違豫日久以至遜位赤山亦用其法
而莊文魏邸相繼薨謝若曰吉凶由人不在於地
不有所廢其何以興則國音之説自爲無用之談
從之未必爲福不從未必爲禍矣何爲信之若是
其篤守之若是其嚴乎若曰其法果驗不可改易
則洛越諸陵無不坐南而向北固已合於國音矣
又何吉之少而凶之多耶臺史之言進退無據類
皆如此試加詰問使之置對必無辭以自解矣若
以地言則紹興諸陵臣所未覩不敢輕議然趙彥
逾固謂舊定神穴土肉淺薄開深五尺下有水石
難以安建矣而荆大聲者乃謂新定東頭之穴比
之先定神穴高一尺一寸五分開深九尺即無水
石臣嘗詳考二人之言反復計度新穴比之舊穴

只高一尺一寸五分則是新穴開至六尺一寸五分則與舊穴五尺之下有水石處高低齊等如何却可開至九尺而其下二尺八寸五分無水石耶且大聲既知有此無水吉穴當時便當指定何故却定土肉淺薄下有水石之處以為神穴直至今日前說漏露無地可葬然後乃言之耶其反覆謬妄小人常態雖若不足深責然其奸心乃欲奉壽皇梓宮置之水中而略無顧忌則其罔上迷國大逆無道之罪不容誅矣脫使其言别有曲折然一坂之地其廣幾何而昭慈聖皇之后已用之矣徽宗一帝二后又用之矣高宗一帝一后又用之矣計其地氣已發洩而無餘行圍巡路下宫之屬又已迫狹之甚不可移減今但就其空處卽以為穴

東西趲那或遠或近初無定論蓋地理之法譬如針灸自有一定之穴而不可有毫釐之差使醫者之施砭艾者如今日臺史之定宅兆則攻一穴而遍身皆創矣是又安能得其穴道之正乎若果此外别無可求則亦無可柰何而今兩浙數州皆為近甸二三百里豈無一處可備選擇而獨遷就偏仄於此數步之間耶政使必欲求得離山坐南向北之地亦當且先泛求壯厚高平可葬之處然後擇其合於此法者況其謬妄不經之說初不足信也耶臣自南來經由嚴州富陽縣見其江山之勝雄偉非常蓋富陽乃孫氏所起之處而嚴州乃高宗受命之邦也說者又言臨安縣乃錢氏故鄉山川形勢寬平邃密而臣未之見也凡此數處臣雖

未敢斷其必為可用然以臣之所已見聞者逆推
其未見未聞安知其不更有佳處萬萬於此而灼
然可用者乎但今偏信臺史之言固執紹興之說
而不肯求耳若欲求之則臣竊見近年地理之學
出於江西福建者為尤盛政使未必皆精然亦豈
無一人粗知梗概大約平穩優於一二臺史者欲
望聖明深察此理斥去荆大聲置之於法即日行
下兩浙師臣監司疾速搜訪量支路費多差人兵
轎馬津遣赴闕令於近甸廣行相視得五七處然
後遣官按行命使覆按不拘官品但取通曉地理
之人參互考較擇一最吉之處以奉壽皇神靈萬
世之安雖已迫近七月之期然事大體重不容苟
簡其孫逢吉所謂少寬日月別求吉兆為上此十

字者實為至論惟陛下采而用之庶幾有以少慰天下臣子之心為國家祈天永命之助臣本儒生不曉術數非敢以淫巫瞽史之言眩惑聖聽自速譏誚蓋誠不忍以壽皇聖體之重委之水泉沙礫之中殘破浮淺之地是以痛憤激切一為陛下言之譬如鄉隣親舊之間有以此等大事商量吾乃明知其事之利害必至於此而不盡情以告之告之人必以為不忠不信之人而況臣子之[illegible]父又安忍有所顧望而默默無言哉惟陛下詳賜省察斷然行之則天下萬世不勝幸甚謹録奏聞

〔朝野雜紀〕紹興末將營永阜陵趙子直以思陵之旁土薄水淺議卜於臨安之中軍寨朱晦翁亦乞於近畿改卜衆議不同復祔於會稽之域其後遂

建永崇陵焉

孝宗將殯子直爲樞密使建議以攢宫本非永制實居淺土蔽以上宫祔期尅復神京奉遷神駕雖其志甚美而其事實難且死者無終極國家有廢興豈宜徒狥虚名以基實禍識者深以爲然時日官荊大聲已卜地思陵之旁開深五尺下有泉石按行使趙德老以爲土肉淺薄不可用子直乞改卜意欲以中軍寨爲之而宰相留仲至以爲不然於是德老與覆按使謝子肅附其説乃命大聲改卜於新穴之東視新穴纔高一尺一寸五分而已孫從之爲覆按使還言當少寛時日别求吉兆而内廷左右以上久居喪次内外不便皆主速葬之説乃詔侍從臺諫限三日集議議者皆言神穴未

安自合展期改卜况朝廷禮文何嘗盡循古制豈[illegible]月之期奏劉德脩所草也朱晦翁時在經[illegible]上奏論臺史國音之說不可信又言今穴視[illegible]穴高一尺一寸五分則是開至六尺一寸五分即與舊穴五尺之下覓水石處高低齊等如何卻可開至九尺而其下二尺八寸五分者無水石耶臣自南來經由嚴州及富陽縣其江山之勝雄偉非常說諸言又言臨安縣乃錢氏故鄉山川形勢寬平邃密必有佳處可用而臣未之見也切見近年地理出於江西福建為尤盛望下兩路帥臣監司疾速搜訪量給路費多差人兵轎馬津遣赴闕令於畿甸廣行相視或謂晦翁之意似屬蔡元定季通也所謂國音者蓋近世庸妄之說以五音盡

類群姓而謂塚地向背各有其宜以國姓論之必當用離山坐南向北之地晦翁謂以禮而言則死者北首若以術言則凡擇地者必論主勢之強弱風氣之聚散水土之淺深穴道之偏正力量之全否然後可以較其地之美惡政使實有國音之說亦必先此五者以得形勝之地然後其術可得而推若曰其法固驗不可改易則洛越諸陵無不坐南向北固已合於國音又何吉之少而凶之多耶疏入不報其後卒定永阜陵殯於會稽子直請如故事建陵臺同列又以後喪踰前喪而止故崇陵亦因之若成穆成恭二后則先葬於赤山慈懿皇后則殯於南山淨慈寺

〔宋史后妃傳〕孝宗成穆郭皇后生光宗紹興二十

安自合展期改卜況朝廷禮文何嘗盡循古制豈必拘七月之期奏劉德脩所草也朱晦翁時在經筵復上奏論臺史國音之說不可信又言今穴視前穴高一尺一寸五分則是開至六尺一寸五分即與舊穴五尺之下有水石處高低齊等如何却可開至九尺而其下二尺八寸五分者無水石耶臣自南來經由嚴州及富陽縣其江山之勝雄偉非常說諸又言臨安縣乃錢氏故鄉山川形勢寬平邃密此必有佳處可用而臣未之見也切見近年地理出於江西福建為尤盛望下兩路帥臣監司疾速搜訪量給路費多差人兵轎馬津遣赴闕令於畿甸廣行相視或謂晦翁之意似屬蔡元定季通也所謂國音者蓋近世庸妄之說以五音盡

顯群姓而謂塚地向背各有其宜以國姓論之必當用離山坐南向北之地晦翁謂以禮而言則死者北首若以術言則凡擇地者必論主勢之強弱風氣之聚散水土之淺深穴道之偏正力量之全否然後可以較其地之美惡政使實有國音之說亦必先此五者以得形勝之地然後其術可得而推若曰其法固驗不可改易則洛越諸陵無不坐南向北固已合於國音又何吉之少而凶之多耶疏入不報其後卒定永阜陵殯於會稽子直請如故事建陵臺同列又以後喪踰前喪而止故崇陵亦因之若成穆成恭二后則先葬於赤山慈懿皇后則殯於南山淨慈寺

〔宋史后妃傳〕孝宗成穆郭皇后生光宗紹興二十

六年薨及受禪追冊為皇后謚恭懷尋改安穆及
營阜陵又改成穆
成恭夏皇后乾道三年崩謚安恭寧宗時改謚成
恭
〔宋史礼志〕成肅皇后謝氏開禧三年崩殯於永阜
陵正北吏部尚書陸峻等言伏覩列聖在御閒有
諸后上仙緣無山陵可祔是致别葬若上仙在山
陵已卜之後無有不從葬者其他諸后葬在山陵
之前神靈既安並不遷祔惟元德章懿二后方其
葬時名位未正續行追冊其成穆皇后孝宗登極
即行追冊改殯所為殯宮典礼已備與元德章懿
事体不同所以更不遷祔竊稽前件典礼祗緣喪
有前後勢所當然其於禮意却無隆殺今來從葬

阜陵依得上件典故從之

光宗永崇陵

宋史慶元六年八月庚寅太上皇帝不豫辛卯崩於壽康宮十二月辛卯權攢於永崇陵

文獻通考慶元六年光宗崩丞相謝深甫等上陵名曰永崇按行使副韓邈黄鑑言判太史局荆大聲等相視得大行太上皇帝神穴係在永阜陵西永思陵下宫間地段委是國音王氣聚秀之地依得尊卑次序可以安建既而差官覆按從之

宋后妃傳光宗慈懿李皇后慶元六年崩權攢於臨安府南山之修吉寺

宋史本紀嘉定十七年八月丁酉帝崩於福寧殿寶慶元年三月癸酉葬於會稽之永茂陵

宋后妃傳寧宗光淑韓皇后慶元六年崩權攢於臨安府南山之廣教寺

宋禮志寧宗恭聖神烈皇后楊氏紹定五年十二月崩祔葬茂陵

方輿勝覽寧宗茂陵其地乃泰寧寺舊址嘉定十七年冬命楊嶧為按行使歸奏云泰寧寺之山崗巒偉特五峯在前直以上皇青山之雄翼以紫金白鹿之秀宜為先帝弓劍之藏遂遷寺定卜焉

理宗永穆陵

宋史本紀景定五年冬十月丁卯帝崩咸淳元年三月甲申葬於會稽之永穆陵

度宗永紹陵

宋史本紀咸神十年秋七月癸未帝崩於福寧殿

德祐元年正月壬午葬於永紹陵

乾學按元世祖時江南浮圖揔攝楊輦真珈方怙勢淫虐嗾其徒嗣古妙高上言前宋會稽諸陵寢當毀是時丞相桑哥擅政納可其奏真珈遂悉掘徽宗以下十餘陵[illegible]已乃盡取諸帝后骼[illegible]宮名曰鎮南以示壓勝又截理宗顱骨為飲器真伽敗其資皆籍於官飲器亦入宣政院以賜所謂帝師者至明太祖時危素在翰林宴見備言始末於上上嘆息良久謂素曰宋主初無大失德元與宋亦無世仇既取其國何乃縱奸人肆惡若此耶時遣主事谷秉義至北

璉

輦字是不似應作璉

宋后妃傳寧宗光淑韓皇后慶元六年崩權攢於臨安府南山之廣教寺

宋禮志寧宗恭聖神烈皇后楊氏紹定五年十二月崩祔葬茂陵

方輿勝覽寧宗茂陵其地乃泰寧寺舊址嘉定十七年冬命楊嶧為按行使歸奏云泰寧寺之山崗峦偉特五峯在前直以上皇青山之雄翼以紫金白鹿之秀宜為先帝弓劍之藏遂遷寺定卜焉

理宗永穆陵

宋史本紀景定五年冬十月丁卯帝崩咸淳元年三月甲申葬於會稽之永穆陵

度宗永紹陵

宋史本紀咸神（淳）十年秋七月癸未帝崩於福寧殿

德祐元年正月壬午葬於永紹陵

乾學按元世祖時江南浮圖揔攝楊輦真珈方怙勢滛虐嗾其徒嗣古妙高上言前宋會稽諸陵寢當毀是時丞相桑哥擅政即可其奏真珈遂悉掘徽宗以下十餘陵攫取金玉珍寶無遺已乃盡裒諸帝后骼觜建白塔於杭之故宮名曰鎮南以示壓勝又截理宗顱骨為飲器真伽敗其貲皆籍於官飲器亦入宣政院以賜所謂帝師者至明太祖時危素在翰林宴見備言始末於上上嘆息良久謂素曰宋主初無大失德元與宋亦無世仇既取其國何乃縱奸人肆惡若此耶時遣主事谷秉義至北

年購訪顱骨所在得諸西僧汝納所諭有司居於高坐寺之西北其明年紹興以永穆陵函來獻遂勅葬故陵

輟耕錄 吳興王筠庵先生國器示余所藏唐義士傳讀之不覺令人泣下謹錄之傳曰辛亥秋友人端叟倪君過余溪上示遊杭雜藁中有識唐玉潛事一篇余讀大驚頓足起立曰異哉今世乃有此人有此事頗詳告我叟乃言曰唐君名珏字玉潛會稽山陰人家貧聚徒授經營滫瀡以養其母歲戊寅有總江南浮屠者楊璉真珈怙恩橫肆勢焰爍人窮驕極淫不可具狀十二月十有二日帥徒役頓蕭山發趙氏諸陵寢至斷殘支體攫珠襦玉柙焚其胔棄骨草莽間唐時年三十二歲聞之痛

憒亟貸家具得白金百星許執券行貸得白金又百星許乃具酒醪市羊豕邀里中少年若干輩狎坐轟飲酒且酣少年起謝曰君儒者若是將何為焉唐慘然具以告願收遺骸共瘞之衆謝曰諾中一少年曰發丘中郎將耽耽餓虎事露柰何唐曰余固籌之矣今四郊多暴骨取竄以易誰復知之乃斵文木為匱複黃絹為囊各署其表曰某陵某陵分委而散遣之菴地以藏為文而告詰旦事訖來集出白金羡餘酬戒勿泄越七日總浮屠下令寢陵骨雜置牛馬枯骸中築一塔壓之名曰鎮南杭民悲戚不忍仰視了不知陵骨之猶存也禍淫不爽流傳京師上達四聰天怒赫赫飛風雷號令捽首禍者北焉山陰人始有籍籍傳唐氏者由是

唐之義風震動吳越唐葬骨後又於宋常朝殿掘冬青樹植於所函土堆上作冬青行二首曰馬蕃閩號形南面欲起語野麕尚純束何物敢盜取餘花拾飄蕩白日哀后土六合忽怪事蜿龍掛茅宇老天鑑區區千載護風雨又曰冬青花不可折南風吹涼積香雪遙遙翠蓋萬年枝上有鳳巢下龍穴君不見犬之年羊之月霹靂一聲天地裂後有夢中詩四首曰珠亡忽震蛟龍睡軒敝寧忘犬馬情親拾寒瓊出幽草四山風雨鬼神驚一抔自築珠丘土雙匣親傳竺國經只有春風知此意年年杜宇哭冬青昭陵玉匣走天涯金粟堆寒起暮鴉水到蘭亭轉嗚咽不知真帖落誰家珠鳧玉鴈又成埃斑竹臨江首重回猶憶年時寒食節天家一

騎奉香來余客錢唐久熟悉其事唐至今無恙此雲溪羅先生有開所模也及見遂昌鄭明德先生元裕所書林義士事蹟云宋太學生林德陽字景曦號霽山當楊總統發掘諸陵寢時林故爲杭丐者背竹籮手持竹夾遇物即以夾投籮中林鑄銀作兩許小牌百十繫腰閒取賄西番僧曰餘不敢望收其骨得高家孝家斯足矣番僧左右之果得高孝兩朝骨爲兩函貯之歸葬於東嘉其詩有夢中作十首其一絕云一坏未築珠宮土雙匣親傳竺國經只有東風知此意年年杜宇哭冬青又曰空山急雨洗岩花金粟堆寒起暮鴉水到蘭亭更嗚咽不知眞帖落誰家又曰橋山弓劍未成灰玉匣珠襦一夜開猶記去年寒食日天家一騎捧香來

餘七首尤凄怨則忘之矣後林於宋常明殿掘冬青一枝置於所函土堆上又有冬青花一首曰冬青花冬青花〻時一日腸九折隔江風雨清影空五月深山落微雪石根雲氣龍所藏尋常螻蟻不敢穴移來此種非人間曾識萬年觴底月蜀魄飛繞百鳥臣長夜一聲山竹裂又一首有曰君不見羊之年馬之月霹靂一聲山石裂闔其事甚異不欲書若林霽山者其亦可謂義士也已此五詩與前所録語句微不同詩中有隻匣字則是收兩陵骨之意得非林義士詩羅雲溪以傳者之誤而寫入傳中者乎但曰移宋常朝殿冬青植所函土上而作冬青詩我意會稽去杭止隔一水或者可以致之若夫東嘉相望千餘里豈能容易持去縱持

去又豈能不枯瘁作如想則又疑出唐義士詩且
葬骨一事豈唐方起謀時林已先得高孝兩陵骨
耶柳得唐所易之骨耶葢各行其所志不相知會
理固有之載攷之齊人周草窓先生癸辛雜識
所記云至正二十二年乙酉八月楊髠發陵之事
起於天長寺福僧聞號西山者成於演福寺剡僧
澤號雲夢者初天長乃魏憲靖王墳寺聞欲媚楊
髠遂獻其寺旋又發魏王塚多得金玉以此起發
陵之想澤一力賛成之俾泰寧寺僧宗愷宗允等
詐稱楊侍郎汪安撫侵占寺地爲名告詞出給文
書將帶河西僧及凶黨如沈照磨之徒部令人夫
發掘時有中官陵使羅銑者守陵不去與之極力
爭執爲澤痛箠脇之以刃令人逐去大哭而出遂

先啟寧宗理宗度宗楊后四陵劫取寶玉極多惟理宗之陵所藏尤多啟棺之初有白氣亘天蓋寶氣也理宗之屍如生其下皆籍以錦ミ之下承以竹絲細簟一小廝攫取擲地有聲乃金絲所成或對云含珠有夜明者乃倒懸其屍樹間瀝取水銀如此三日竟失其首或謂西番僧回ミ其俗以得帝王髑髏可以厭勝致富故盜去耳事竟羅陵使買棺製衣收斂大慟垂絕隣里為之感泣是夕聞西山有哭聲凡晝夜不絕至十一月復發徽欽高孝光五陵孟韋吳謝四后陵初徽欽葬五國城數遣使祈請於金人欲歸梓宮凡六七年而後許至此被發掘徽欽二陵皆空無一物徽陵有朽木一段欽陵有木燈檠一枚而已蓋當時已料其真偽

不可知不欲逆詐亦以慰一時之人心耳而二帝遺骸浮沉沙漠初未嘗還也高宗陵骨髮盡化略無寸餘止錫罷數件端硯一隻硯為澤所得孝陵亦蛻化無餘止頂骨小片內有玉鑪瓶一副古銅鬲一隻亦為澤所得昔聞有道之士能蛻化而仙未聞并骨蛻者真天人也若光寧與諸后儼然如生羅陵使亦如前棺斂後悉從火化可謂忠且義矣當與張承業同傳陵中金錢以萬計皆為死氣所蝕如銅鐵狀以故諸兇棄而不取往往為村民所得間有得猶睛異寶者一村翁於孟后陵得一髻其髻長六寸餘其色紺碧髻根有短金釵遂取以歸以其帝后遺物庋置佛堂中奉事之自此家道寖豊凡得金錢之家非病即死翁恐甚亟送龍

洞中而此翁今成富家矣方移理宗冢時澤在旁以足蹴其首以示無懼遂覺奇痛一點起於足心自此苦足疾數年以致潰爛雙股墮落十指而亡闡既得志且富不義之財復倚楊髠勢豪奪鄉人産業後為鄉夫二十人伺道間屠而臠之罪不加衆各不過受杖而已其愷與楊髠分贓不卒已受杖死尚有允在據此說則雲溪所傳歲月絶不同蓋嘗論之至元丙子天兵下江南至己酉將十載版圖久已定法制久已明安得有此事然戊寅距丙子不三年竊恐此時庶事草創而妖髠得以肆其悪與妖髠就戮羣兇接踵殞於非命天之所以禍淫者亦嚴矣但云高宗陵骨髮盡化孝宗陵頂骨小片不知唐義士所易者何骨也林義士所收

者又何骨也惜余生晚不及識宋季以來老儒先生以就正其是非姑以待熟兩朝典故之人而問焉

彭瑋曰輟耕錄載宋發諸陵事未備謹按元世祖二十一年甲申桑哥為相與江南浮屠揔摔楊輦真珈相表裏嗾僧嗣古妙高上言欲毀宋諸陵明年乙酉正月桑哥矯制可其奏于是發諸陵寘利其殉寶也又寘諸帝遺骼建白塔于杭故宮曰鎮南以厭勝之截理宗頂以為飲器未幾髡胡事敗飲器亦籍入于官以賜帝師發陵時唐珏玉潛雷門先生與尚書省架閣林景熙竊痛之陰相鳩畚不盡遺骨葬別山下植冬青為識遇寒食則密祭之珏後獲黃袍引兒報德之夢果生子珙為名儒羅雲溪為傳其事謝翱為托瘦詞作冬青引曰冬青樹山南垂九日靈禽居上枝知君種年星在尾寅月根到九泉護龍髓恒星晝隕夜不見七度山南與鬼戰願君此心慎勿移此樹終有開花時山南金粟花離離白衣人拜地下起靈禽啄粟枝上飛珏又有感雷震白塔詩曰冬青花不堪折南風吹涼積香雪遙遙華蓋萬年枝上有鳳巢下龍穴羊兒年犬兒月霹靂一聲天地裂至正十九年己亥偽周張士誠遣平章張士信守杭壞白塔甃城塔亡而元亦馴至於亡矣是錄所載重複羅傳年月不同白塔一節可據鄭傳已自與前後不同無可據癸辛錄年月同失理宗首一節為飲器張本可據唐林二義士本同事者梧溪集羅鄭傳之乃各立異不免傳疑今據史臣宋景濂高季廸并先儒楊維禎王逢原諸集以訂補其未備觀者詳之

乾學按癸辛雜識謂元奸僧發徽欽高孝

光五陵徽欽二陵皆空棺先時爲金人所給不知徽欽梓宮原未嘗還中國越中何嘗有徽欽之陵而奸僧又于何所發掘乎觀此一事之謬則諸説之傳聞失實者亦有之矣

端宗永福陵

〔行朝錄〕祥興元年九月葬端宗皇帝於崖山陵曰永福

〔廣州鄉賢傳〕帝舟次於化州之界病大作四月帝崩於碙州曾淵子充山陵使奉帝殯於香山馬南寶家僞爲梓宮出葬其實永福陵在崖山也

遼太祖祖陵

〔遼史〕天顯元年七月甲戌次扶餘府上崩九月丁

卯梓宮至皇都權殯於子城西北二年八月丁酉

葬於祖陵置祖州天成軍節度使以奉陵寢

遼后妃傳淳欽皇后述律氏應曆三年崩祔祖陵

太宗懷陵

遼史大同元年夏四月丁丑上崩於欒城九月壬子朔葬於鳳山陵曰懷陵

后妃傳靖安皇后蕭氏生穆宗天顯十年崩葬奉陵

世宗顯陵

遼史天禄五年九月帝自將南伐次歸化州察割反帝遇弒應曆元年葬於顯州西山陵曰顯陵

后妃傳懷節皇后蕭氏生景宗天禄末立為后察割作亂遇害

世宗妃甄氏後唐宮人帝從太宗南征得之及即
位立爲皇后察割作亂遇害景宗立葬二后於醫
巫閭山建廟陵寢側

穆宗懷陵

遼史應曆十九年三月近侍小哥盥人花哥庖人
辛古等六人反帝遇弒祔葬懷陵

景宗乾陵

遼史乾亨四年九月幸雲州獵於祥古山帝不豫
壬子次焦山崩十二月癸酉奉大行皇帝梓宮於
菆塗殿統和元年二月甲午葬於乾陵

后妃傳睿知皇后蕭氏生聖宗統和二十七年崩
遼史本紀二十八年夏四月甲子葬太后於乾陵

聖宗慶陵

〔遼史〕太平十一年六月丁丑朔駐蹕大福河之北己卯帝崩於行宮乙未奉梓宮殯於永安山太平殿八月壬午遷梓宮於菆塗殿十一月甲午葬於慶陵

〔后妃傳〕仁德皇后蕭氏欽哀皇后蕭氏並祔慶陵

興宗慶陵

〔遼史〕重熙二十四年秋七月如秋山次南崖之北峪不豫八月丁亥疾大漸己丑帝崩於行宮十一月甲子葬於慶陵宋及高麗遣使來會名其山曰永興

〔遼后妃傳〕仁懿皇后蕭氏生道宗太康二年崩

〔遼史本紀〕太康二年六月甲午葬仁懿皇后於慶陵

道宗慶陵

遼史壽隆七年春正月甲戌上崩於行宮六月辛亥葬於慶陵

后妃傳宣懿皇后蕭氏乾統初合葬慶陵

惠妃蕭氏太康二年立爲皇后葬太子山

天祚帝

遼史保大五年帝爲金人所獲降封海濱王改封豫王皇統五年葬於廣寧府閭陽縣乾陵旁

宣宗永安陵

遼史耶律淳者世號爲北遼興宗第四孫保大二年入夾山奚王回離保林牙耶律大石等引唐靈武故事勸進遂即位建福元年病死葬燕西香山永安陵

附録義宗顯陵

〔遼宗室傳〕義宗名倍太祖長子神册元年立爲皇太子忽汗城降復叛太祖破之改其國曰東丹名其城曰天福以倍爲人皇王主之仍賜天子冠服建元甘露太祖訃至倍即日奔赴山陵知皇太后意欲立德光乃讓位焉葬于醫巫閭山世宗即位謚讓國皇帝陵曰顯陵

乾學按遼太宗葬懷陵穆宗祔焉可也聖宗葬慶陵而興宗道宗皆因之何與東丹王之葬既名之曰顯陵矣而世宗復曰顯陵均未可言禮也

金始祖光陵

〔金史世紀〕金之始祖諱函普天會十四年追謚景

元皇帝廟號始祖皇統四年號其藏曰光陵

德帝熈陵

〔金史世紀〕德帝諱烏魯天會十四年追謚德皇帝皇統四年號其藏曰熈陵

安帝建陵

〔金史世紀〕安帝諱跋海天會十四年追謚安皇帝皇統四年號其藏曰建陵

獻祖輝陵

〔金史世紀〕獻祖諱綏可天會十四年追謚定昭皇帝廟號獻祖皇統四年號其藏曰輝陵

昭祖安陵

〔金史世紀〕昭祖諱石魯天會十四年追謚成襄皇帝廟號昭祖皇統四年藏號安陵

景祖定陵

〔金史世紀〕景祖諱烏古廼天會十四年追謚惠桓皇帝廟號景祖皇統四年藏號定陵

世祖永陵

〔金史世紀〕世祖諱劾里鉢天會十五年追謚聖肅皇帝廟號世祖皇統四年藏號永陵

肅宗泰陵

〔金史世紀〕世祖母弟頗刺淑景祖第四子也是爲肅宗天會十五年追謚穆憲皇帝皇統四年藏號泰陵

穆宗獻陵

〔金史世紀〕穆宗諱盈歌景祖第五子也天會十五年追謚孝平皇帝廟號穆宗皇統四年號其藏曰

讀禮通考　卷九十二

獻陵

康宗喬陵

〔金史世紀〕康宗世祖長子也天會十五年追謚恭簡皇帝皇統四年號其藏曰喬陵

乾學按天會金太宗建元也本紀止十三年而世紀屢書十四十五年未詳

〔煬王紀〕正隆元年七月己酉命太保昂如上京奉遷始祖以下梓宮八月丁丑如大房山行視山陵十月乙酉葬始祖以下十帝於大房山

太祖睿陵

〔金本紀〕天輔七年八月戊申上崩于部堵濼西行宮九月癸丑梓宮至上京乙卯葬宮城西南寧神殿天會十三年二月辛酉改葬和陵立開天啟祚

睿德神功之碑于燕京城南嘗所駐蹕之地皇統四年改和陵曰睿陵貞元三年十一月改葬于大房山仍號睿陵

〔海陵煬王紀〕貞元三年三月乙卯命以大房山雲峯寺為山陵建行宫其麓命判大宗正事京等如上京奉遷太祖太宗梓宫丙寅如大房山營山陵八月甲申啟土十一月己卯梓宫至中都以大安殿為丕承殿安置丁酉大房山行宫成名曰磐寧十一月乙巳朔梓宫發丕承殿戊申山陵礼成

〔金后妃傳〕太祖欽憲皇后紇石烈氏天會十四年正月崩于慶元宫二月癸卯祔葬睿陵

〔金史〕海陵遷諸陵于大房山以揵幗嘗給事太祖命作石像置睿陵前

讀禮通考　卷九十二

太宗恭陵

〔金本紀〕天會十三年正月己巳上崩于明德宮三月丁酉葬和陵皇統四年改號恭陵貞元三年十一月戊申改葬于大房仍號恭陵

〔金后妃傳〕太宗欽仁皇后唐括氏皇統二年崩於明德宮祔葬恭陵

〔神麓記〕金太祖葬地號曰泰陵太宗所葬之墳山號曰豫陵

乾學按金太祖睿陵太宗恭陵後改葬房山名仍其舊苗氏所紀特與不同或者其初擬名也

熙宗思陵

〔金本紀〕皇統九年十二月忽土阿里出虎弑帝亮

復前手刃之帝崩左丞相秉德等遂奉亮爲帝降帝爲東昏王葬於皇后裴滿氏墓中貞元三年改葬於大房山蓼香甸諸王同兆域大定初追謚武靈皇帝廟號閔宗陵曰思陵二十七年改廟號熙宗二十八年以思陵狹小改葬於峨眉谷仍號思陵

思陵錄淳熙十五年諜報金人制曰朕惟熙宗孝成皇帝以武元嫡孫受文烈顧命作其即位十有五年偃兵息民中外安乂而海陵庶人亮包藏禍心覬覦神器陰煽奸党遂成簒逆而又厚加誣詆降從王封亮既得志肆其兇殘不道之極至於殺母人怨神怒自底誅滅惟皇天眷祐于我家肆予一人纘承先緒暴其罪惡貶爲庶人仍黜其殯於

兆域之外仰惟熙宗位號宜正是以間者稽合礼
文升祔太室復加美謚尊而崇之惟葬非其所蓋
甞憮然爰命有司卜地涓日奉遷梓宫已於十月
初八日備礼葬於思陵庶幾有以慰在天之靈也
大定二十八年十一月日
〔金后妃傳〕熙宗悼平皇后裴滿氏大定間祔葬思
陵

海陵煬王墓

〔金本紀〕正隆六年九月上自將三十二揔管兵伐
宋十一月乙未完顏元宜等軍反帝遇弒崩大定
二年降封為海陵郡王二月世宗使小底婁寶與
南京官遷其柩於寧德宮四月葬於大房山鹿門
谷諸王兆域中二十年有司奏煬王之罪不當有

王封亦不當在諸王塋域乃詔降為庶人改葬於山陵西南四十里

世宗興陵

〔金本紀〕大定二十九年正月壬辰朔上大漸癸巳崩於福安殿四月乙酉葬興陵

乾學按興陵熙宗既已名景宣帝之藏矣世宗陵復名之何也

〔金后妃傳〕世宗昭德皇后烏林荅氏世宗在濟南海陵召后來中都后念若自死濟南海陵必殺世宗惟奉詔去濟南而死世宗可以免后既離濟南行至良鄉去中都七十里從行者防之稍緩后得閒即自殺世宗過良鄉葬后於宛平縣土魯原大定二年追册為后十二年五月車駕率土魯原致

奠十九年改卜於大房山十一月戊午奉安於磐寧宮庚申葬於坤厚陵二十九年祔葬興陵

元妃李氏生衛紹王大定二十一年以疾薨葬于海王莊二十八年陪葬於坤厚陵

章宗道陵

金本紀 泰和八年十一月乙卯上不豫丙辰崩于福安殿大安元年二月甲申葬道陵

金后妃傳 章宗欽懷皇后蒲察氏崩大安初祔葬於道陵

宣宗德陵

金本紀 元光二年十二月庚寅上崩于寧德殿明年三月庚申葬德陵

金后妃傳 宣宗明惠皇后王氏生哀宗正大八年

九月崩遺命園陵制度務從儉約十二月己未葬汴城迎朔門外五里莊莊獻太子墓之西

附錄　徽宗興陵

〔金世紀〕景宣皇帝太祖第二子天會二年薨熙宗即位追上尊謚曰景宣皇帝廟號徽宗改葬興陵

睿宗景陵

〔金世紀〕睿宗皇帝大定上尊謚陪葬睿陵改葬於大房山號景陵

〔金后妃傳〕睿宗欽慈皇后蒲察氏睿宗元配大曆二年祔葬景陵

貞懿皇后李氏世宗母正隆六年五月卒初后自建浮圖於遼陽是爲垂慶寺臨終謂世宗曰鄉土之念人情所同吾已用浮圖法置塔於此不必合葬

也世宗深念遺命乃詔有司增大舊塏起奉慈殿
於塔前勅礼部尚書王競爲塔銘

顯宗裕陵

〔金世紀〕顯宗皇帝世宗第二子大定二年立爲皇
太子二十五年六月崩於承華殿七月賜謚宣孝
太子十一月庚寅葬於大房山世宗崩太孫即位
是爲章宗五月追謚光孝皇帝廟號顯宗陵曰裕
陵

〔金后妃傳〕顯宗孝懿皇后徒單氏明昌二年正月
崩於隆慶宫祔葬裕陵

元諸帝陵元之諸帝皆葬起輦谷

〔元史祭祀志〕凡宫車晏駕棺用香楠木中分爲二
刳肖人形其廣狹長短僅足容身而已殮用貂皮

襖皮帽其靴襪繫腰盒鉢俱用白粉皮為之殉以金壺瓶二盞一碗楪匙筯各一殮訖用黃金為箍四條以束之輿車用白氊青緣納失失為簾覆棺亦以納失失為之前行用蒙古巫媪一人衣新衣騎馬牽馬一疋以黃金飾鞍轡籠以納失失謂之金靈馬日三次用羊奠祭至所葬陵地其開穴所起之土成塊依次排列之棺既下復以次掩覆之其有剩土則遠置他所送葬官三員居五里外日潘墳次燒飯致祭三年然後返

褚記室歷代送終之禮至始皇為甚侈窮天下之力以崇山墳傾天下之財以滿藏槨盡後宮之女以殉埋葬墳土未乾而國丘墟矣其他如漢唐宋陵寢埋殉貨物亦多漢用即位之年上供錢帛之

半其後變亂多遭發掘形体暴露非徒無益蓋有損焉元朝棺裹用杭木二片鑿空其中類人形小合為棺置遺體其中加髹漆畢則以黄金為圈三圈定送至其直北園寢之地埋之則用萬馬蹴平俟草青方解嚴則已漫同平坡無復考誌遺跡豈復有發掘暴露之患哉誠曠古所無之典也夫葬以安遺體遺體既安多貲以殉何益哉

讀禮通考卷九十三

葬考十一

山陵六

明熙祖祖陵

明會典熙祖曰祖陵在泗州設祠祭署置奉祠一員陵户二百九十三户供灑掃

今言熙祖祖陵在泗州基運山奉祀朱氏宗人堦也德祖懿祖就祖陵而望祭焉

國朝典彙基運山設陵户三百十四家

明一統志祖陵在泗州城北一十三里

太常紀祖陵葬泗州蠙城之北洪武初設泗州祠祭署建文初改為泗蠙署永樂後仍舊嘉靖中封

其山為基運

仁祖皇陵

明會典仁祖曰皇陵在鳳陽府設皇陵衛并祠祭署奉祀一員祀丞三員陵户三千三百四十二户供直宿灑埽弘治元年勅内官一員監護

今言仁祖英陵改皇陵在中都翊聖山奉祀二人劉氏汪氏祀丞二人汪氏趙氏劉郎義惠侯

鴻猷録至正甲申疫癘大作仁祖陳太后俱不禄鄰人劉繼祖與地葬之高皇帝御製集有追贈劉繼祖為義惠侯誥婦其獻地之功叅之天潢玉牒大明實録謨烈輯遺憲章録吾學編諸書皆同今劉氏孫世列太常見職祀典經九代矣

在田録皇祖死時衣不被體棺槨無具及至葬浮

土三尺而已上既即位欲遷葬下羣臣議咸曰擇陵改葬固陛下孝心之無已但今既葬而復遷之不惟有洩元氣且使神靈不安爲今之計莫若增土如山栽植成林如是則元氣孚藏陰靈亦妥誠萬萬世無窮之美矣上竟從之

國朝典彙洪武二年二月詔立皇陵碑加仁祖淳皇帝陵名曰英陵山名翊聖山四月更英陵曰皇陵立衛守之三年上追念仁祖太后始葬時禮有未備議欲改葬有言改葬恐泄山川陵氣乃不復啟葬但增土以培其封陵旁居民汪文劉英於上有舊召至慰撫之遂令招致鄰黨二十家以守陵墓命有司復其家十一年四月重建皇陵碑親製碑文命江陰侯吳良督工刻之

〔餘冬序録〕洪武二年禮部尚書崔亮既定仁祖陵號又請下太常行祭告禮太常博士孫五典以爲山陵之制莫備于漢漢文帝起霸陵時文帝尚尊伍豈有陵號祭告之禮又唐太宗昭陵之號定于葬長孫皇后時武后合葬乾陵其號定于高宗初葬之日其時帝后之陵初未有兩號其于祭告之禮决無有也蓋陵號與廟號不同廟號是易大行之號不祭告不可若陵之有號則後之嗣王所以識别先陵而已故歷代皆不以告亮曰創業之君尊其祖考則亦尊崇其陵既尊其陵亦必以告禮緣人情加先帝陵號而不以告先帝非人情也於是廷議皆是亮遂命俟陵碑石成遣太常行祭告禮

明一統志皇陵在中都城西南十二里太平鄉
太祖孝陵
吾學編洪武三十一年閏五月乙酉帝崩于西宫
葬孝陵
國朝典彙洪武三十一年閏五月葬高皇帝于孝
陵四十妃嬪祔馬東為懿文太子陵
乾學謹按明代諸載紀皆言太祖崩七日
而葬惟吴朴龍飛紀畧踰七月而葬建文
守禮之主不應葬太祖若是之速吴氏所
紀是也
嘉靖祀典孝陵葬太祖開天行道肇紀立極大聖
至神仁文義武俊德成功高皇帝孝慈貞化哲順
仁徽成天育聖至德高皇后

太常紀高皇帝高皇后葬南京鍾山號孝陵四十妃嬪皆祔建文中置鍾山祠祭署及司圃所永樂靖難後改設孝陵衛并神宮監改鍾山爲孝陵祠祭署置署官嘉靖中封其山爲神烈

南京太常寺志孝陵祀太祖高皇帝高皇后馬氏左一位淑妃李氏生懿文太子秦愍王晉恭王左二位皇妃生楚王魯王代王郢王齊王蜀王谷王唐王伊王潭王左三位皇貴妃生湘獻王肅王韓王瀋王左四位皇貴人生遼王左五位皇美人生寧王安王右一位碽妃生成祖文皇帝

乾學按實録及諸野史皆謂懿文太子秦晉二王及文皇帝爲高皇后所生獨南太常志云碽妃生文皇帝嘗熟錢先生謙益

名字要小些

乾學案明太祖孝陵典故以革除之事實錄會典並無紀載今現存者陵前大金門三道門內爲神功
聖德碑左有神烈山碑亭有碑亭亭左有卧碑刻崇禎時禁約自神功聖德碑而北有大石橋一又北有石
獸二十四虎四獬豸四橐駝四象四獅四馬各二蹲二立相間又石望柱二刻雲氣又石人八四文臣
四武臣並夾侍神路之旁又北爲櫺星門三道又北有石橋五並五空橋北門五道東西二井神帛爐左右
各一中爲孝陵享殿殿九間殿北道門三道繚以周垣又大石橋一五空中爲甬道拾級而登進明樓即
寶城矣自大金門之西爲王門又西爲西紅門而櫺星門之東爲吳王山有鍾山亭西有菜房橋橋西爲前
湖懿文太子東陵在享殿左垣外又有虎山在寶城西南迤邐而西北爲後紅門陵之規制約畧如此明
初置孝陵衛典守。本朝特設陵戶守衛康熙二十三年。
聖駕南巡親詣孝陵拜奠。特諭嚴禁樵牧春秋二祭有司虔潔舉行仍令立碑以垂永久勒石[illegible]
聖德無疆誠千古所罕覯矣

太常紀高皇帝高皇后葬南京鍾山號孝陵四十妃嬪皆祔建文中置鍾山祠祭署及司圃所永樂靖難後改設孝陵衛并神宫監改鍾山爲孝陵祠祭署置署官嘉靖中封其山爲神烈

南京太常寺志孝陵祀太祖高皇帝高皇后馬氏左一位淑妃李氏生懿文太子秦愍王晋恭王左二位皇妃生楚王魯王代王郢王齊王蜀王谷王唐王伊王潭王左三位皇貴妃生湘獻王肅王韓王瀋王左四位皇貴人生遼王左五位皇美人生寧王安王右一位碽妃生成祖文皇帝

乾學按實録及諸野史皆謂懿文太子秦晋二王及文皇帝爲高皇后所生獨南太常志云碽妃生文皇帝嘗熟錢先生謙益

案一條入此

興化李先生清曾入寢廟審視其位次果
　如志所云然則實録其未足盡信與
江寧府志明太祖孝陵在鍾山之陽與馬皇后合
葬懿文太子祔葬于左寶城明樓御橋孝陵殿廊
臺墀道戟門文武方門大殿門左右方門御河橋
欞星門華表多同大內制有成祖御制碑沿山周
圍繚垣四十五里王門西紅門後紅門東西黑門
神宮監孝陵衛環之嘉靖十年更名鍾山為神烈
山其祔葬功臣墓俱在鍾山後
興宗東陵
太常紀懿文太子葬孝陵左
南京太常寺志東陵懿文太子寢廟也洪武二十
五年薨一歲九大祭一素祭祝文曰維年月日皇

帝御名謹遣致祭于高祖考懿文皇太子曰時維
某節追念親親用增感悼謹遣人致祭伏惟歆鑒
尚享

萬曆二十四年九月南京太常寺卿楊時喬少卿詹沂等上言孝陵之東有懿文陵舊稱東陵建文初有廟號追謚升祭太廟既經革除以主置陵園至今歲時祫祭遣神樂觀行禮近奉命南京都督官行禮禮儀備矣特朝廷典禮自山陵至于藩封墳塋享堂其高深廣濶畝閣皆有定數又皆用紅丹塗飾今東陵殿淺隘卑狹僅能展安祭器品物又以黑飾與衆庶同非制也乞下部臣詳考禮制將堂宇改建庶于禮為稱○

萬曆三十八年八月南京太常寺少卿劉曰梧上

言自京城東出朝陽門三里鍾山球峙孝陵在焉一歲三大祭五素祭東去數百武為東陵則懿文太子寢廟也一歲凡九大祭一素祭夫高皇帝自有常祭故禮不欲數乃懿文太子之祭獨視諸陵有加禮其中自有深意焉臣伏思之懿文太子舊有興宗孝康皇帝之號而今猶存故太子之稱高皇帝當享祀之日寧不左盼東陵而念懿文太子之或怨恫否臣請仍還懿文太子已崇之尊號則高皇帝在天之靈以慰矣

建文帝

吾學編建文四年六月乙丑成祖至金川門大内火帝遜位壬申葬建文皇帝

成祖至金川門遂入城須臾宮中火起傳言帝崩

成祖爲發喪治葬或曰帝發火宫中即削髮爲僧入蜀或曰去蜀未幾入滇南常往來廣西貴州諸寺中天順中出滇南入京師居大内以壽終葬西山不封不樹

南京太常寺志萬曆二十四年九月南京太常寺卿楊時喬少卿詹沂等上言建文帝臨莅天下五年其所爲政載在國史生有爵則没宜有謚號以遜位言則可比于高皇帝之追謚元順帝以親親言則可比于憲皇帝之追謚景皇帝且永樂初文皇帝詔喪葬如儀遣官致祭蓋嘗葬祭以天子之禮今宜立之園陵以成先德無令天下後世有遺議焉又若行招魂之典立國厲之壇國家嘗以之待衆庶而于此何獨不然臣請于孝陵之左東陵

之前建一享廟名以陵殿設主致祭以其同難后妃配食并以諸子晚出高墻者尋其葬所而表識之無令與孤魂等此皆可以義起而實天理人心所共以為當然者近經臺省諸臣請復建文年號禮部覆議欽諭附載高皇帝本紀之末仍存其年號今加以廟謚則禮制咸備天下後世誦法且不朽矣○

三十八年八月南京太常寺少卿劉曰梧上言夫建文君非他高皇帝之嫡孫而懿文太子之嫡子也洪武二十五年懿文太子薨奉冊立為皇太孫三十一年高皇帝升遐挈神器而授之君臨天下者五年寬仁恭讓無大失德第以文柔不斷更張無序取怨宗親文皇帝遵祖訓稱兵靖內而建文

君遂遜位焉家庭禪受非有易姓之嫌也鍾虡不移非有社屋之慟也傳聞金川失守建文君闔宫自焚文皇帝出其遺骸于煨燼中哭之曰癡子何至於此旋用侍講王景言葬以天子之禮乃當時持禄保位之徒患得患失一意逢迎不復議及祔祀謚號山陵等禮遂使千古名義沉淪堙鬱垂二百年為一代闕典此非文皇帝之過也夫生為君主殁無謚號既不得入祔太廟又不得別享專祀封樹莫識魂魄無依此忠臣義士所飲泣而田夫野老之所吞聲者也臣嘗閲別録載文皇帝入宫時建文君幼子牽帝衣而泣曰兒子餓死了帝亦泣曰爾在皇家豈有餓死之理命宫人哺之夫文皇帝不忍於建文君之幼子則不忍於建文君之

無祀可知也且建文君每戒諸將曰毋輕犯皇叔使後世有不避之名其尊尊親親之心可想也昔建文死事諸臣文皇帝嘗稱之曰彼食其祿自盡其忠夫在臣爲忠則于其所忠者可知已我皇上登極之初推文皇帝憫忠至意首發明詔凡死事諸臣皆得祀于其鄉又允言官議凡諸臣墳墓咸蒙修治苗裔咸蒙卹録而于建文君獨否是有臣而可以無君也况廟堂之上諱言之野史則已繁言之矣夫今不爲釐正萬世而下必有正之者伏乞皇上体祖宗之情之所必至察倫常之所不得不然勅禮部集廷臣會議追崇建文君尊謚增立廟祀復其年號封表山陵用補一代闕典如以太廟難于議祔則請祔主于懿文太子之陵廟一體

致祭則皇上之達孝傳流于萬世矣

客座贅語 建文帝壬午遜位至正統復出移入京師大内載于紀傳云云然西山不封不樹之説毫無髣髴使當時果有之於時禁網漸弛何所諱而人遂不一志其處且靖難師至日爬梳搜捕亡遺當時誰敢指后屍誑以為帝者紀又載葬帝以天子禮夫禮以天子陵寢今在何地既不為置陵守冢又何云以天子葬乎此兩説者姑以意逆之存疑焉可也

兩京求舊録 金川門之變建文帝合宫自焚實録謂中使出其屍于火中越七日備禮葬之遣官致祭而不言葬地所在或謂松陽王景請葬以天子之禮成祖從之若葬以天子豈不為置陵守冢掌

之祠官乎是則倫禮云者特史臣欺世之辭爾至于北京金山口景皇帝陵北相傳有天下大師之墓好事者實之以為建文帝墳然訪之土人皆莫辨其處也遜國之事野史紛紜以思恩所獲僧楊應祥譌為楊應能或又以太監吳誠譌為吳亮且隱應祥之斃獄而云老佛取入西内又言葬之西山不封不樹遂指不知何人之墓以為帝墳轉相紀述亡而為有毋乃為有識者所笑乎又考應祥之獲在正統五年土官岑瑛執送總兵柳溥械至京師錮之錦衣衛獄是年太監吳誠坐征麓川失利弗救法司論辟雖得宥死未必即給事宮中所傳老佛語誠伏地餂賜鵝肉誠拜而哭其事亦不足信崇禎中鞏都尉永固請以建文帝入祀典恩

陵曰建文無陵從何處祭于是言者謂當祛西山不封不樹之説而考尋成祖禮葬之蹟是亦癡人説夢矣

成祖長陵

吾學編永樂二十二年秋七月辛卯帝崩於榆木川葬長陵

大政記永樂七年五月營壽陵于北京昌平縣東黄土山封曰天壽山命武義伯王通督工

宙載文皇帝初卜陵衆議欲用檀柘寺基上獨鋭意用黄土山即天壽山也

水東日記寧陽人王賢少遇異人相之當官三品乃授以青囊書遂精其術永樂七年成祖卜壽陵有司以賢應命于昌平東北十八里選得吉壤舊

名東榨子山陵成封曰天壽賢後累官至順天府尹

獻徵録　永樂七年仁孝皇后尚未葬成祖擇壽陵久未得吉壤禮部尚書趙羾以江西術士廖均卿至昌平縣徧閲諸山得縣東黄土山成祖即日臨視封天壽山命武義伯王通董役授均卿官

朱茂曙曰天壽山陵擇地或云江西廖均卿或云山東王賢賢字惟善中永樂辛卯鄉試以騶陵訓導擢户科給事中陞光禄寺少卿尋遷順天府尹實録暨兖州府志皆未言其精青烏之術所聞異辭難以懸定也

昌平山水記　自昌平州西門而北六里至陵下有白石坊一座五架又北有石橋三空又二里至大紅門門三道東西二角門門外東西各有碑刻曰官員人等至此下馬入門一里有碑亭重簷四出陛中有穹碑高三丈餘龍頭龜趺題曰大明長陵

神功聖德碑仁宗皇帝御製文也亭外四隅有石柱四俱刻交龍環之其東有行宮文前可二里為櫺星門門三道俗名龍鳳門門之前有石人十二四勲臣四文臣四武臣石獸二十四四馬四麒麟四象四橐駝四獬豸四獅子各二立二蹲近者立遠者蹲石柱二刻雲氣並夾侍神路之旁迤邐而南以接于碑亭碑文後書洪熙元年四月十七日孝子嗣皇帝某謹述蓋文成而碑未立宣德十年四月辛酉修長陵獻陵始置石人石馬等于御道東西十月己酉建長陵神功聖德碑是時仁孝皇后之葬二十有三年太宗文皇帝之葬亦十有一年矣然而始立者重民力也櫺星門北一里半為山坡坡西少南有舊行宮土垣一周坡北一里有

石橋五空又北二百步有大石橋七空大石橋東北一里許有新行宫宫有感恩殿宫東南有工部廠及内監公署大石橋正北二里有石橋五空又二里至長陵殿門神道自嘉靖十五年世宗謁陵始命以石甃自大紅門以内蒼松翠栢無慮數十萬株今盡矣

肅松録出昌平州東門數里入伽藍口又三里爲永陵園園後曰豬山山腹有神仙洞洞不甚深鐫字于旁曰蜿蜒龍脊山底月磊砢雲根洞有天上懸一石如覆鐘狀山上有三清殿復行二里度一溪溪西有七鳳橋長陵神道東流之水經焉旁有井故地名王井湾北有工部廠與龍王廟並廟碑三弘治嘉靖萬曆中太監王定張保〻潘朝用所

立廠碑二其一思陵命太監魏國徵掌昌宣軍務
勅諭其一翰林韓四維所為記也定興保山朝用
官為工部廠員命掌鎮兵則自國徵始繼之者王
希忠申之秀也希忠後死亂軍中之秀見賊陷京
城削髮去為僧有司者太監賈宗云然又行里許
為德陵神宮監又半里許名東井相傳成祖八妃
葬此少北渡一小石橋為德陵陵西向面大溪過
大石橋而西至永陵再西而北至景陵由長陵西
下坡渡石橋為獻陵又度小石橋為慶陵再度石
橋二為裕陵松左右成列再西見碑樓出松林中
度一大石橋抵碑樓下則茂陵也松列樓外者存
二十二株列樓以內至祾恩門者三十六株自祾
恩門入難以數計矣由茂陵神馬廠神宮監而西

三四里庚一大石橋至泰陵渡溪而南至康陵折而北為錐石口自溪而東有斷橋循麓右轉復渡溪水上一岡至定陵少南為西井再南為萬妃墳又南則昭陵東至思陵

燕都游覽志天壽山陵前有鳳凰山後有黄花鎮左有蟒山右有虎峪東西山口兩水會流于朝宗河文皇帝葬所曰康家莊是為長陵次皇山距長陵一里有半是為獻陵次黑山距獻陵三里是為景陵次石門山距景陵六里是為裕陵次寶山距裕陵二里是為茂陵次史家山距茂陵二里是為泰陵次金嶺山距泰陵三里是為康陵次陽翠嶺距康陵十六里是為永陵次大峪山距永陵九里是為昭陵次亦名大峪山距昭陵一里是為定陵

次皇山二嶺距定陵五里是爲慶陵

肅松録德陵葬雙鎖山潭子峪在永東北思陵葬錦屏山小紅門内

燕都游覽志皇陵入路第一層龍沙帯崖第二層白玉石坊在紅門之南嘉靖十九年建坊北石橋橋南二喬松北瞰流泉松栢左右列各六行第三層自坊内行松陰中三里許至紅門下馬步入門内左爲拂塵殿圍墻正殿二層羣室六十餘楹皇帝謁陵至此更衣左右槐樹正寢二殿羣圍房各五百餘間第四層至龍鳳門黄緑琉璃甃治門内外白玉石華表柱各二雕蟠龍色如乾黄玉門内外石橋七座白玉石爲闌第五層至碑樓洪熙元年建碑高十許丈無字第六層至欞星門門左右

列雕龍白玉石柱石人石馬麒麟象虎駱駝犀牛獅子

菊隠紀聞明初有玉鴿十二從南方來飛集燕山識者謂北平當王益兆燕山十二陵也

世廟識餘録天壽山名始于成祖蓋嘗駐蹕于此飲酒是日適萬壽之期羣臣上壽故名天壽今之傳譌者謂為御體所藏名天壽者非也

小草齋集入紅門有殿曰時陟車駕更衣之所也神路中石獅子犀象駱駝麒麟馬各四石人十二擎天柱四望柱二碑亭一而九陵分道焉長陵當中正南鄉其左為永陵景陵右為茂陵裕陵獻陵昭陵惟康泰三陵稍遠可三十里

實録宣德十年四月修葺長陵獻陵始置石人石

馬于御道東西

景泰元年正月命于天壽山之南築城周圍十二里以居長陵獻陵景陵三衛官軍二年十月徙昌平縣治并儒學倉庫于新築土城之内

燕都游覽志長陵在龍鳳門正北十二里居中其地名山塲乃康家莊也陵之左有元時康家墳存之春秋賜二祭陵規制大于諸陵祾恩殿石欄三重惟此與定陵爲然其餘僅一重耳登寶城獨從中道一門入與他陵左右掖門入者異碑濶四尺五寸厚二尺五寸他陵亦不及也

昌平山水記長陵在天壽山中峯之下門三道東西二角門門内東神厨五間西神庫五間厨前有碑亭一座南向内有碑龍頭龜趺無字重門三道

榜曰祾恩門東西二小角門門内有神帛爐東西各一其上為享殿榜曰祾恩殿九間重簷中四柱飾以金蓮餘髹漆階三道中一道為神路中平外墄具平刻為龍形東西二道皆墄有白石欄三層東西皆有級執事所上也兩廡各十五間殿後為門三道又進為白石坊一座又進為石臺其上爐一花瓶燭臺各二皆白又前為寶城城下有甬道内為黃琉璃屏一座旁有級分東西上折而南是為明樓重簷四出陛前俯享殿後接寶城上有榜曰長陵中有[illegible]碑一上書曰大明用篆下書曰成祖文皇帝之陵用楷字大經尺以金填之碑用朱漆欄畫雲氣碑頭交龍方趺寶城周圍二里城之内下有水溝自殿門左右繚以周垣衛之寶城舊

讀禮通考　卷九十三

有樹○

長陵門右別有具服殿五間東向有周垣垣南有白石槽五方而長名曰雀池貯水以飲雀

嘉靖祀典長陵葬成祖体天弘道高明廣運聖武神功純仁至孝文皇帝仁孝慈懿誠明荘献配天齊聖文皇后徐氏外一十六妃謚葬不可考

名山藏仁孝徐皇后中山王達長女后觀女憲女誡諸家約其要義作内訓二十篇復采儒道釋嘉言善行類編勸善書示皇太子諸皇永樂五年七月崩

宣宗實錄宣德五年三月上駐蹕陵下謂侍臣曰皇祖常言古帝王陵寢有崇奢麗及藏寶玉者皆無遠慮吾子孫宜戒之不可蹈也今所建陵寢皆

皇祖當時規畫不敢有所增益

實録宣德十年十月己酉建長陵神功聖德碑

長陵碑正統初南城程南雲奉命書

國朝典彙嘉靖十七年上閲長陵碑欲更成祖謚

號命鋟木加碑上郭勛上疏以為宜盡礱舊字更

書之可以垂永久上不悦曰朕不忍琢傷舊號下

禮部翰林院議部覆請遵上諭如式刋製擇吉奉

安詔可

野獲編萬曆三十二年雷震長陵碑上命重建于

是大學士沈一貫上疏言世祖欲改刻成祖陵碑

而未遑今雷神奮威乃天意示更新之象欲皇上

纘成祖德秉此更立新碑此莫大之慶也上優旨

允行噫上蒼示警于祖陵正宜君臣修省乃反以

為瑞應形之章奏比王安石天变不足畏罪浮十倍矣

仁宗獻陵

吾學編洪熙元年五月辛巳帝崩于欽安殿九月葬獻陵

燕都游覽志仁宗昭皇帝陵曰獻陵在長陵之右

昌平山水記獻陵天壽山西峯之下距長陵西少北一里自北五空橋北三十餘步分西為獻陵神路至殿門可半里有碑亭一座重簷四出陛内有碑龍頭龜趺無字亭南有小橋門三道榜曰祾恩門無角門殿五間单簷柱皆朱漆直椽階三道其平刻為雲花石欄一層東西級两廡各五間餘如長陵殿有後門為短簷屬之垣垣有門垣後有土

山曰玉案山故闕神路于殿西玉案山之右有小橋前數步又一小橋跨溝水溝水自陵東來過橋下會于北五空橋山後橋三道皆一空又進爲門三道並如長陵而高廣殺之甬道平寶城小冢半填榜曰獻陵碑曰大明仁宗昭皇帝之陵餘並如長陵山之前門及殿山之後門及寶城各爲一周垣舊有樹

嘉靖祀典獻陵葬仁宗敬天體道純誠至德弘文欽武章聖達孝昭皇帝誠孝恭肅明德弘仁順天啟聖昭皇后張氏其恭靖賢妃恭懿惠妃貞靜敬妃俱葬金山外一妃謚葬不可考

國朝典彙七妃三葬金山餘皆從葬

名山藏誠孝章皇后永城人彭城伯張麒女正統

七年崩

昌平山水記十二陵制獻陵最樸景陵次之洪熙元年五月上疾大漸遺詔有曰朕臨御日淺恩澤未浹于民不忍重勞山陵制度務從儉約是日上崩皇太子即皇帝位及營仁宗皇帝山陵上諭尚書蹇義夏原吉等曰國家以四海之富葬其親豈惜勞費然古之帝王皆從儉制孝子思保其親之体魄于久遠者亦不欲厚葬秦漢之事足為明鑑況皇考遺詔天下所共知今建山陵宜遵先志義等對曰聖見高遠發于孝思誠萬世之利于是命成山侯王通工部尚書黄福總其事其制度皆上所規畫也

宣宗景陵

吾學編宣德十年春正月甲戌帝崩于乾清宮六月葬景陵

燕都游覽志宣宗章皇帝陵曰景陵在長陵之左

昌平山水記景陵在天壽山東峯之下距長陵東少一里半自北五空橋南數步分東為景陵神路至殿門三里碑亭門廡如獻陵殿五間重簷階三道其平刻為龍形殿有後門不屬垣殿後門三道並如獻陵甬道平寶城長而狹榜曰景陵碑曰大明宣宗章皇帝之陵周垣如長陵寶城前存樹十五株冢上一株

嘉靖祀典景陵葬宣宗憲天崇道英明神聖欽文昭武寬仁純孝章皇帝孝恭懿憲慈仁莊烈齊天配聖章皇后孫氏而以恭讓誠順康穆靜慈皇后

胡氏葬金山榮思賢妃亦葬金山外六妃謚葬不可考

國朝典彙八妃一葬金山餘皆從葬

名山藏孝恭孫皇后鄒平人父忠永城主簿天順六年崩合葬景陵

恭讓胡皇后濟寧人父榮錦衣百户正統八年徂

世宗實録嘉靖十五年四月上親詣景陵語郭勛等曰景陵規制獨小又多損壞其于宣宗皇帝功德之大殊為勿稱當重建享殿增崇基構

今言天壽七陵惟景陵規制獨小嘉靖十五年稍廓大之

朱彝尊曰考實録宣德十年三月庚子贈何氏為貴妃謚端靜趙氏為賢妃謚純靜吴氏為惠妃謚貞順焦氏為淑妃謚莊靜曹氏為敬妃謚莊順徐氏為順妃謚貞惠袁氏為麗妃謚恭定諸氏為恭妃謚貞靜李氏為充妃謚恭順何氏為成妃謚肅僖謚册有曰兹委身而蹈義隨龍馭以上賓宜荐褒稱

用彰節行是從葬者盖有十妃祀典與典彙皆誤也

英宗裕陵

吾學編天順八年春正月庚午帝崩于乾清宫二月葬裕陵

燕都游覽志英宗睿皇帝陵曰裕陵在慶陵少西

實録天順八年六月裕陵成其制金井寶山城池一座照壁一座明樓花門樓各一座俱三間香殿一座五間雲龍五彩貼金硃紅油石碑一祭臺石一燒紙爐二神廚正房五左右廂房六宰牲亭一墻門一奉祀房三門房三神路五百三十八丈七尺神宫監前堂五間穿堂三間後堂五間左右廂房四座二十間周圍歇房并廚房八十六間樓一門房一大小墻門二十五小房八井一神馬房馬

房二十歇房九馬椿三十二大小墻門六白石橋三甎石橋二周圍包砌河岸溝渠三百八十八丈二尺栽培松樹二千六百八十四株

昌平山水記裕陵在石門山距献陵西三里自献陵碑亭前分西為裕陵神路路有小石橋碑亭北有橋三道皆一空平刻雲花毀無後門榜曰裕陵碑曰大明英宗睿皇帝之陵餘並如景陵寶城如献陵垣内及冢上樹存一百七十株

嘉靖祀典裕陵葬英宗法天立道仁明誠敬昭文憲武至德廣孝睿皇帝孝莊献穆弘惠顯仁恭天欽聖睿皇后錢氏孝肅貞順康懿光烈輔天成聖皇后周氏其靖莊安穆宸妃莊僖端肅安妃端莊昭妃恭安和妃恭僖成妃榮靖貞妃恭靖莊妃恭

莊端惠德妃莊和安靖順妃昭肅靖端賢妃端靖安榮淑妃安和榮靖麗妃昭静恭妃僖恪充妃惠和麗妃端和懿妃俱葬金山貞順懿恭惠妃葬桃山

國朝典彙十八妃一葬縣山餘俱金山

名山藏孝莊錢皇后海州人父貴都指揮僉事正統七年册立成化四年崩祔葬裕陵然異隧焉去英宗泉堂可數丈許中窒之虚右壙以待孝肅周后則其中有隧道通而孝肅又不得預于配祭孝肅周太后昌平人慶雲侯贈寧國公能女弘治十七年三月崩

野獲編本朝山陵初止一后祔葬至英宗元配孝莊錢后崩時憲宗壓于生母孝肅周后幾不得祔

葬裕陵大臣力諍之始虛孝肅元宮以待而二后並祔自此始矣

皇明通紀天順八年正月上疾大漸遺命勿以嬪御殉葬令太監牛玉執筆書之

否泰錄高廟文廟仁廟宣廟皆用人殉葬至英宗臨崩召憲廟謂之曰用人殉葬吾不忍也此事宜自我止後世子孫勿復為之至今遂為定制

景皇帝陵

吾學編景泰八年春正月帝不豫

天順元年二月廢景泰皇帝為郕王癸丑郕王薨于西宮

長安客話景皇帝陵在金山口距西山不十里陵前坎窞樹多白楊及槫凡諸王公主夭殤者並葬

金山口其地與景皇陵相屬又諸妃亦多葬此

嘉靖祀典景皇帝陵葬恭仁康定景皇帝貞惠安和景皇后

實録景泰七年三月謚皇后杭氏曰肅孝皇后

雙槐歲抄天順元年二月乙未朔廢景泰帝仍為郕王歸西内皇太后制諭也戊戌命郕王所立皇太后吴氏仍號宣廟賢妃皇后汪氏復為郕王妃懷獻太子見濟為懷獻世子肅孝皇后杭氏及貴妃唐氏俱革其名號癸丑郕王薨葬祭禮如親王謚曰戾唐氏等妃嬪俱賜紅帛自盡以殉葬

獻宗實録成化十一年十二月戊子命復郕王帝號勅廷臣曰曩者朕叔郕王踐祚戡難保邦奠安宗社亦既有年及寢疾臨薨之際姦臣貪功生事

安興謀搆請去帝號先帝尋知誣枉深懷悔恨以
次抵罪于法不幸上賓未及舉正朕嗣承大業于
茲一紀每思先儒有言祖父有欲爲之志而未爲
子孫善繼其志而成就之此所謂孝間以帝號之
復質諸聖母皇太后亦云此先帝本意宜即舉行
朕祇服嗣訓敦念親親誕告在廷用成先志其郕
王可仍舊皇帝之號所有尊謚禮部會議以聞仍
令所司修飾陵寢壬辰文武羣臣英國公張懋等
議曰仰惟郕王早膺王爵奉藩京師當先帝北狩
之秋狡寇南侵之日郊畿震動神器虛危乃承傳
授之命于慈闈俯從擁戴之情于臣庶嗣登大位
弘濟艱難拔擢賢才延覽羣策收既潰之士卒却
深入之軍鋒保固京城奠安宗社申嚴戰守之師

再遣奉迎之使卒致也先悔過先帝回鑾尊養之禮有加讒間之言罔入始終八載全護兩宮仁恩覃被于寰區威武奮揚于海宇奈屬末年寢疾遇羅臣下姦謀巧肆讒間于臨危請削帝號于既遊尚賴先皇之覺悟旋抵姦宄于誅夷雖舉正之未遑實貽謀之有待皇帝明高日月量廓乾坤孝道至隆承先帝所欲為之素志綸音渙布復景泰所已有之徽稱上慰在天之靈下協率土之議臣等謹據聞見之蹟庸陳羣議之公宜上尊謚曰恭仁康定景皇帝已亥命翰林院撰謚冊遣撫寧侯朱永襄城侯李謹定西侯蔣琬祭告天地宗廟社稷英國公張懋詣陵寢上尊謚冊曰維成化十一年歲次乙未十二月丙子朔越二十四日姪嗣皇帝

謹再拜稽首上言伏以功業之盛宜享乎徽稱孝愛之隆莫先于繼志叔父郕王比當多難之秋俯徇羣臣之請臨朝踐阼奮武揚兵却寇勢于方張致鑾輿之遄復奠安宗社輯寧邦家敬養倫于奉尊惠化周于逮下偶因寢疾遂至彌留皇考應天順人復正大位眷惟同氣初無間言奈姦臣貪功妄生異議請去帝號退就王封賴皇考日月之明灼知誣枉抵姦于法擬復舊稱不幸上賓因而未果姪嗣守大業歎念親親間以帝號之復請于聖母伏承慈旨欣然允從是用參合至公祗荐鴻號昭叔父之盛烈副皇考之素心謹遣英國公張懋奉册寶上尊謚曰恭仁康定景皇帝神靈如在鑒是用歆錫慶流芳永永無極謹告庚午太常寺奏

景皇帝陵寢舊祭用少牢遣內官行禮今既上尊謚其祭儀并遣官請如長獻諸陵從之

國史唯疑景帝追復謚號始荆門州訓導高瑶初為黎淳所駁辭甚厲訖如瑶請亦公論之不容泯也

帝京景物畧世宗謁陵畢過金山特謁景帝陵廟初碧瓦命以黄瓦易之

嘉靖祀典上諭尚書夏言景皇帝陵碑偏置門左非宜建亭于陵門之外大門之内庶称尊崇于是言請作亭蓋覆報可

憲宗茂陵

吾學編成化二十三年八月戊子帝崩于乾清宫冬十月葬茂陵

燕都游覽志　憲宗純皇帝陵曰茂陵在裕陵西北

昌平山水記　茂陵在聚寶山距裕陵西一里自裕陵碑亭前分西為茂陵神路路有石橋一空制如裕陵榜曰茂陵碑曰大明憲宗純皇帝之陵垣內外及冢上樹千餘株十二陵唯茂陵獨完他陵或僅存御榻茂陵則簨簴之屬猶有存者

嘉靖祀典　茂陵葬憲宗繼天凝道誠明仁敬崇文肅武宏德聖孝純皇帝孝貞莊懿恭靖仁慈欽天輔聖純皇后孝穆慈慧恭恪莊僖崇天承聖皇后紀氏孝惠康肅溫仁懿順協天佑聖皇后邵氏而恭肅端順榮靖皇貴妃亦葬天壽山端順賢妃恭惠和妃和惠靖妃莊靖順妃端榮　妃莊懿德妃靖順惠妃昭順麗妃端僖安妃恭懿敬妃懷

榮賢妃靖僖榮妃俱葬金山

名山藏孝貞王皇后上元人中軍都督贈阜國公鎮之女正德十三年二月崩合葬茂陵

國朝典彙孝穆皇后紀氏孝宗生母也初葬金山孝宗即位遷合葬孝惠皇后邵氏興獻帝生母也初葬金山世宗即位遷合葬十四妃一葬陵之西南餘俱葬金山廢后吳氏亦葬金山

名山藏孝穆紀太后賀人本蠻土官女成化十一年六月暴薨孝惠邵太后昌化人父林嘉靖元年崩

野獲編憲宗初選吳氏旋廢則元配為孝貞后王氏而孝宗生母為孝穆后紀氏同祔茂陵葢循用裕陵新例至嘉靖入纘則憲宗貴妃邵氏已称壽

安皇太后壽崩初葬金山後亦遷祔茂陵于是三后並祔又從此始

孝宗泰陵

吾學編弘治十八年五月辛卯帝崩于乾清宮

燕都游覽志孝宗敬皇帝陵曰泰陵在茂陵之西

昌平山水記泰陵在史家山距茂陵西少北二里自茂陵碑亭前分西為泰陵神路路有石橋五空賢莊灰嶺二水逕焉碑亭北有橋三道皆一空制如茂陵榜曰泰陵碑曰大明孝宗敬皇帝之陵垣内及冢上樹百餘株存御座御案御榻各一承塵皆五色花板多殘缺而茂陵泰陵獨完

武宗實録弘治十八年六月營泰陵于天壽山勑太監李興新寧伯譚祐工部左侍郎李鐩提督發

五軍等三營官軍萬人供役

九朝野記　初建泰陵都下盛傳其地有水吏部主事楊子器直言其事時督工太監李興有殊寵勢焰薰灼遂下楊錦衣獄莫敢救者適赵復知縣立泰莆田人到京上疏言子器此奏甚有益蓋泰陵有水通國皆云使此時不言萬一梓宮葬後有言者欲開則洩氣不開則抱恨終天今視水有無此疑可釋尋遣司禮監太監蕭敬押楊往衆謂必遭興毒手及至興率奴客詈罵楊欲箠之蕭敬曰水之有無視之立見何必爾又顧興曰士大夫可殺不可辱也遂得免既回奏無水衆又謂楊必死事傳禁中太皇太后聞之曰無水則已何必罪之遂得還職

無用閑談泰陵金井内水孔如巨杯水仰歕不止楊名父親見之歸而疏諸朝請易地事下工部湯陰李司空鐩怒其多言害成功陰令人塞其孔以誹謗狂妄奏命錦衣官校押名父赴陵所驗看名父身親三木朝辭賦詩人共憐之孝廟聖斷竟葬此中言之可為寒心

嘉靖祀典泰陵葬孝宗建天明道誠純中正聖文神武至仁大德敬皇帝孝康靖肅莊慈哲懿翊天贊聖敬皇后張氏

名山藏孝康張皇后興濟人父巒都督同知壽寧伯贈昌國公嘉靖二十一年八月崩

武宗康陵

吾學編正德十六年三月丙寅帝崩于豹房

世宗實録嘉靖四十五年十二月庚子上崩于乾清宫隆慶元年二月癸卯葬永陵

穆宗實録隆慶六年五月庚戌上崩于乾清宫九月壬寅葬昭陵

神宗實録萬曆四十八年七月丙申上崩于乾清宫十月丙午葬定陵

光宗實録泰昌元年九月朔上崩天啓元年九月初四日葬慶陵

熹宗五朝陵注略天啓七年八月乙卯上崩于乾清宫崇禎元年三月己巳日葬德陵

已上乞分塡九十三卷内各陵下

又八十七卷内要削去墓前地名明堂一條　千万〻〻

嘉靖祀典康陵葬武宗…天達道英肅睿哲昭德

顯功宏文思孝毅皇帝孝静莊惠安肅温誠順天

偕聖毅皇后夏氏

無用閒談泰陵金井内水孔如巨杯水仰歎不止楊名父親見之歸而疏諸朝請易地事下工部湯陰李司空鐩怒其多言害成功陰令人塞其孔以誹謗狂妄奏命錦衣官校押名父赴陵所驗看名父身親三木朝辭賦詩人共憐之孝廟聖斷竟葬此中言之可為寒心

嘉靖祀典泰陵葬孝宗建天明道誠純中正聖文神武至仁大德敬皇帝孝康靖肅莊慈哲懿翊天賛聖敬皇后張氏

名山藏孝康張皇后興濟人父巒都督同知壽寧伯贈昌國公嘉靖二十一年八月崩

武宗康陵

吾學編正德十六年三月丙寅帝崩于豹房

燕都游覽志武宗毅皇帝陵曰康陵在泰陵正西

田大受謁康陵記曰康陵西去紅門三十里十二陵中最僻遠者陵背負五峯形如青蓮舊名蓮花山灌莽陰森望之不見土石長松大者至數十圍

昌平山水記康陵在金嶺山距泰陵西南二里自泰陵橋下分西南為康陵神路山勢至此折而南故康陵東向路有石橋五空錐石口水逕焉又前有石橋三空制如泰陵牓曰康陵碑曰大明武宗毅皇帝之陵明楼為賊所焚垣内外樹二三百株

嘉靖祀典康陵葬武宗承天達道英肅睿哲昭德顯功宏文思孝毅皇帝孝靜莊惠安肅溫誠順天偕聖毅皇后夏氏

國朝典彙二妃葬金山

名山藏孝靜夏皇后上元人父儒封慶陽伯嘉靖

十四年崩

世宗永陵

實録嘉靖四十五年十二月庚子上崩于乾清宮隆慶元

年二月癸卯葬永陵

燕都游覽志世宗肅皇帝陵曰永陵在長陵東南

享殿前後凡五重墻内外皆植栝子松稜恩殿後

之左有松臥而復起西向三折而始上寳城頂有

杏有桑

昌平山水記永陵在十八道嶺嘉靖十五年改名

陽翠嶺距長陵東南三里自七空橋北百餘步分

東為永陵神路長三里有石橋一空有碑亭一座

如獻陵而崇鉅過之碑亭南有石橋三道皆一空門三道門內東神厨五間西神庫五間重門三道東西二小角門又進復有重門三道餙以石闌累級方至中墀殿七間兩廡各九間其平刻左龍右鳳石闌二層餘悉如長陵殿後有門兩旁有垣垣各有門明樓無甬道東西為白石門曲折而上樓之三面皆為城堞榜曰永陵碑曰大明世宗肅皇帝之陵享殿明樓皆以文石為砌壯麗精緻長陵不及也寶城前東西垣各為一門門外為東西長街而設重垣于外垣凡二周皆屬之寶城其規制特大

北游紀方　永陵成世宗登陽翠嶺顧謂工部臣曰朕陵如是止乎部臣倉皇對曰外尚有周垣未作

乃築垣諸陵所無也後定陵效之

芹城小志 永陵葬世宗欽天履道英毅聖神宣文廣武洪仁大孝肅皇帝孝潔恭懿慈睿安莊相天翊聖肅皇后陳氏孝烈端順敏惠恭誠祗天衛聖皇后方氏孝恪淵純慈懿贊天開聖恭順皇后杜氏

名山藏 孝潔陳皇后元城人父萬言都督同知封泰和伯嘉靖七年十月崩初謚悼靈皇后以其年別葬襖兒谷久之改謚孝潔穆宗即位遷葬永陵孝烈方皇后江陵人父都督銳封安平伯嘉靖二十六年宮中火后崩孝恪杜太后大興人慶都伯林女嘉靖三十三年薨

今言 嘉靖十五年作壽陵君即位為椑禮也壽宮

在十八道嶺

國朝典彙孝潔皇后陳氏初葬襖兒谷隆慶初遷合葬繼后方氏葬金山孝恪皇后杜氏穆宗生母也初葬金山隆慶初遷合葬二十六嬪惟五妃葬襖兒峪餘俱金山

野獲編世宗元配為孝潔后陳氏繼曰孝烈后方氏上以方氏有定变衛護功其崩也梓宮先入永陵元宮又特祧仁宗以孝烈神主入太廟比穆宗登極遷孝潔梓宮與孝烈並祔而上生母為孝恪后杜氏亦遷祔焉永陵亦有三后同穴一如茂陵故事矣

嘉靖祀典嘉靖十五年禮部諸臣上言帝后合葬諸妃陪葬古今經常之制英宗皇帝遺詔皇妃他

日宜合葬惠妃亦當遷来以後諸妃次第祔葬聖
訓具在今會典止載睿皇后錢氏合葬裕陵諸妃
竟無陪葬者茂陵亦無陪葬莫考其故臣等竊以
諸妃陪葬義則不當由隧宜于外垣之内寶山城
之外明楼之前左右相向以次而祔庶合禮制從
之

穆宗昭陵

實録隆慶六年五月庚戌上崩于乾清宫九月壬
寅葬昭陵

燕都游覽志穆宗莊皇帝陵曰昭陵在定陵之南
東向

昌平山水記昭陵在大峪山距長陵西南四里自
七空橋北二百許步分西為昭陵神路長四里路

有石橋五空德勝口水逕馬又西有石橋一空陵
東向碑亭西有橋三道皆一空餘如康陵榜曰昭
陵碑曰大明穆宗莊皇帝之陵明樓為賊所焚樹
亡

芹城小志昭陵葬穆宗契天隆道淵懿寬仁顯文
光武純德弘孝莊皇帝孝懿貞惠順哲恭仁儷天
襄聖莊皇后李氏孝安貞懿恭純溫惠佐天弘聖
皇后陳氏孝定貞純欽仁端肅弼天祚聖皇后李
氏

名山藏孝懿李皇后昌平人德平伯銘女以世宗
三十七年薨于裕王邸孝安陳皇后大名人萬曆
二十四年崩

神宗定陵

實録萬曆四十八年七月丙申上崩于乾清宫十月丙午葬定陵

燕都游覽志神宗顯皇帝陵曰定陵在康陵之南東向田大受謁陵記曰踰橡子嶺而北是為定陵

湧幢小品神皇壽宫皆種栝子松

昌平山水記定陵在大峪山距昭陵北一里自昭陵五空橋東二百步分北為定陵神路長三里路有石橋三空陵東向碑亭東有橋三道皆一空制如永陵其不同者門内神厨庫各三間兩岸各七間三重門旁各有墻墻有門不升降中門之級殿後有石闌一層而寶城從左右上榜曰定陵碑曰大明神宗顯皇帝之陵殿廡門為賊所焚樹亡

芊城小志定陵葬神宗範天合道哲肅敦簡光文

章武安仁止孝顯皇帝孝端貞恪莊惠仁明媲天毓聖顯皇后王氏孝靖温懿敬讓貞慈皇后王氏

光宗慶陵

實録泰昌元年九月朔上崩天啟元年九月初四日葬慶陵

芹城小志光宗貞皇帝陵曰慶陵在裕陵西南俗傳為景泰窪是也先是景泰中建為壽宫英宗復辟景皇帝遂葬西山之麓陵基遂虚光宗上賓既速倉卒不能擇地乃用此為陵

熹宗實録天啟元年禮部左侍郎署尚書事周道登疏言昭陵舊制祾恩殿正當龍砂之上形家謂龍砂不可損傷有謂獻陵享殿亦在龍砂之外今營建規制原倣昭陵而斟酌地勢兼叅獻陵

陵工紀事陵寢有後殿中殿前殿重門相隔有爲門之樞紐者曰銅管扇治鑄甚艱舊例責内侍監造時因慶陵擇定九月初四日窀穸内侍以期太迫再四規避工部尚書劉臣萬燝董其事甫一月而功成

昌平山水記慶陵在天壽山西峯之右距獻陵西北一里自裕陵神路小石橋下分東北爲慶陵神路長二十餘步有橋一道一空制如獻陵平刻龍鳳殿柱篩以金蓮殿無後門殿後繚以垣門一道門北有橋三道皆一空其水自殿西下殿門西又有一小橋爲行者所蹊殿北過橋有土岡自東而來至神路而止岡後周垣門三道如獻陵寶城東西直上至中復爲甬道而入榜曰慶陵碑曰大明

光宗貞皇帝之陵殿門前及垣内樹五百株

芹城小志 慶陵葬光宗崇天契道英睿恭純憲文景武淵仁懿孝貞皇帝孝元昭懿哲惠莊仁合天弼聖貞皇后郭氏孝和恭獻溫穆徽慈皇后王氏孝純淵靜慈肅皇后劉氏

崇禎遺録 上諭禮部朕惟慶源有自禮必隆于所生孝思永言施必縣于親始典闕教化義重彝倫章憲俱存肇稱宜亟我聖妣貞靜賢妃芬降華宗躬膺令德徽音夙稟于女史婉懿早著于青蒲在昔皇考敏我弟昆蓋華蕚共輝于連枝而顧復各勤于離裏我皇兄纂承祧之重既篤于濬源逮朕躬荷世及之庥亦深于惓慕欲酬罔極宜備追崇正儷体之鴻称舉遷祔之上典爾禮部其會官詳

議以聞於是尊謚聖母孝純淵靜慈肅毗天鍾聖

皇后祔葬慶陵

熹宗德陵

五朝注畧天啟七年八月乙卯上崩于乾清宫崇

禎元年三月己巳葬德陵

燕都游覽志熹宗悊皇帝陵曰德陵在永陵之東

北即永陵之虎沙也陵獨西向與昭定二陵相對

旁有竇禹錫手植槐

昌平山水記德陵在潭子峪距永陵東北一里自

永陵碑亭前分北為德陵神路陵西南向碑亭前

有橋三道皆一空制如景陵平刻龍鳳殿柱飾以

金蓮殿無後門榜曰德陵碑曰大明熹宗悊皇帝

之陵殿樓門亭俱黄瓦

芹城小志德陵葬熹宗達天闡道敦孝篤友章文襄武靖穆莊勤悊皇帝

莊烈愍皇帝思陵

國榷崇禎十五年七月癸未皇貴妃田氏薨輟朝三日十七年正月壬子葬皇貴妃田氏

昌平山水記鹿馬山有田貴妃墓南距西山口一里崇禎壬午妃薨葬遣工部左侍郎陳必謙等營建未畢而都城失守賊以帝后梓宮至昌平州士民率錢募夫葬之田妃墓内移田妃于右帝居中后居左以田妃之槨為帝槨斬蓬藋而封之門外右為司禮太監王承恩墓以從死祔焉

白頭閒話思陵既殉社稷福藩在金陵上尊謚曰思宗紹天繹道剛明恪恭揆文奮武敦仁茂孝烈

本朝另起

皇帝尋又改謚毅宗唐藩在閩又改謚威宗至本朝初謚曰懷宗端皇帝後乃更謚曰莊烈愍皇帝

肅松録　順天府昌平州署吏目事省祭官趙一桂為開壙捐葬崇禎先帝及周皇后共歸田妃寢陵事恭照明陵坐當昌平州天壽山畀職于崇禎十七年正署州捕遭際都城陷没故主繼崩至三月二十五日順天府偽官李紙票為開壙事仰昌平州官吏即動官銀僱夫速開田妃壙安葬崇禎先帝及周皇后梓宮四月初三日發引初四日下葬毋違時刻未便彼時州庫如洗監葬官禮部主事許作梅因葬主限迫亦再三躊躕畀職與好義之士孫繁祉白紳劉汝朴王政行等十人共捐錢三百四十千僱夫啟閉其壙中隧道長十三丈五尺

濶一丈深三丈五尺晝夜至初四日寅時
始見壙宫石門用拐釘鑰匙推開頭層石門入内
香殿三間陳設祭器中有石香案兩邊列五色紬
緞侍從宫人生前所用器物衣服俱在大紅箱内
盛貯中懸萬年燈二盞殿之東間石寢牀一座鋪
設裁絨氊上疊被褥龍枕等件又開二層石門入
内通長大殿九間石牀長如前式高一尺五寸濶
一丈田妃棺槨即居其上初四日申時後故主靈
到即停于祭棚内陳猪羊金銀紙劄祭品同衆舉
哀祭奠下葬畢職親領夫役入壙宫内即將田妃
移于石牀之右次將周后安于石牀之左後請崇
禎先帝之棺居于正中田妃葬于無事之時棺槨
俱備監葬官與　職見故主有棺無槨遂將田妃

之揶移而用之三棺之前各設香案祭器畢畢職親手將萬年燈點起遂將二座石門關閉當時掩土地平尚未立冢至初六日率捐葬鄉耆等祭奠號泣震天逾時方止畢職差人傳附近西山口地方撥夫百名各備掀搖筐擔舁土築完畢職同生員孫繁祉亦捐資五兩買磚修築周圍冢墻高五尺有奇幸清朝定鼎特遣工部復將崇禎先帝陵寢修建香殿三間羣墻一週使大明故主不致淪没于荒郊君后升遐猶享血食于後世雖三代開國不逾是也計開劉汝朴錢五十千白紳錢三十千徐魁錢三十千李失名錢五十千鄧科錢五十千趙永健錢二十千劉應元錢二十千楊道錢二十千王政行錢二十千〇

思陵碑亭南北四丈八尺東西如之宮門三距亭十一步階三帷中門有楝宇廣二丈四尺修三丈饗殿距門十三步階三無臺殿三楹廣七丈二尺修四丈二尺內香案一青琉璃五器全設一神牌高二尺五寸石青地雕龍邊以金泥之題曰大明欽天守道敏毅敦儉弘文襄武體仁致孝莊烈愍皇帝中楹為煖閣長槅六扇中供木主三中則莊烈愍皇帝左則周后右則田妃外俱用櫝冒之周后神主題曰大明孝敬貞烈慈惠莊敏承天配聖端皇后田妃神主僅存恭懿二字餘被人磨去矣配殿三楹俱黑瓦殿前大杏樹一株陵寢門三距殿趾四步穴墻為門中廣二丈四尺修一丈二尺旁則戶矣明樓　門十一步不起樓階四中開一

門左右夾㦬二碑石廣一丈六尺脩六尺雕龍方座高丈許題曰莊烈愍皇帝之陵石几距樓十步長五尺博二尺几前石器五俱高八尺方式雕龍中一方鼎與諸陵異皆列在地寶城距几甚近無城周廻用墻高六尺中以石灰起冢高四尺繚以短墻左松八株右松七株

北游紀方　思陵神碑高二尺五寸石青地雕龍金字書大明欽天守道敏毅敦儉弘文襄武體仁致孝莊烈愍皇帝其神主則書大明懷宗欽天守道敏毅敦儉弘文襄武体仁致孝莊烈端皇帝神主之左為周后主上書大明孝敬貞烈慈惠莊敏承天配聖端皇后右為田妃主上書恭淑端慧靜懷皇貴妃主俱長不滿尺白櫝冒之

肅松録甲申四月密雲副將張藏率所部兵至昌平城下繫血書于矢射城中于是生員孫繁祉同鄉官王廷授輩入揚春茂監生白紳生員揚應震毛應元鄉民白希顏等倡義藏于五月朔攻城城中響應自卯至午與賊戰斬級百餘生擒賊一百二十名墜城死者無算奪騾馬六十四隨于次日同赴長陵祭奠縛賊渠李道春周祥磔之以僞官劉愷澤等四人獻俘于崇禎皇帝陵墓之側亦磔之具文哭奠焉

甲申傳信録御馬監太監王永恩順天人大同告陷上命永恩提督京營内外軍務居督府之上三月十八日夜永恩執鎗隨駕奪門不得出還至萬歲山下從上對　于巾帽局而死王之心者舊司

禮監掌印太監亦順天人甲申二月建議助餉衆言之心富甚家藏銀三十萬時之心開住已久上即日召諭之之心以家計消乏為辭次日進銀一萬兩洎李自成入繫之搜掠銀十五萬餘以未足三十萬之數考掠至死他書有言之心自殉者故詳其實附志于此又有言殉難為王之俊者益謬之俊于甲申冬同曹化淳共證僞太子事丁亥四月乘馬于道人猶見之傳説之僞如此

肅松録長陵獻陵裕陵茂陵慶陵俱癸山丁向景陵永陵俱艮山坤向泰陵壬山丙向康陵辛山乙向昭陵乾山巽向定陵戌山辰向德陵甲山庚向思陵子山午向

昌平山水記長陵有東西二井東井在德陵東南

饅頭山之南西向西井在定陵西北東向並重門門三道殿三間兩廡各三間緑瓦周垣會典言長陵十六妃從葬位號不具其曰井者蓋不隧道而直下也自英宗止宮人從葬于是妃墓始名其在陵山內者昭陵之左九龍池南為蘇山有萬貴妃之墓東向憲宗妃也又南為銀錢山有鄭貴妃暨二李劉周四妃之墓南向神宗妃也又南為襖兒峪有四妃二太子墓中閻妃王妃左馬妃次左哀冲太子右楊妃次右莊敬太子世宗妃太子也又南為悼陵東南向孝潔皇后陳氏初謚悼靈葬此世廟崩遷永陵而其封兆尚存旁有沈文盧三妃之葬至今猶曰悼陵云東山口迤東有劉惠妃墓英宗妃也又東八里綿山有蘄獻王滕懷王墓仁

宗子也凡陵及妃嬪諸王之葬及上所御殿其外垣皆塗以紅土〇

十二陵各有宰牲亭祠祭署朝房神馬房果園神宮監又各有衛領左右中前後五千戶所主率領軍士防護陵寢其公署皆在州城

兩朝從信録諸陵神宮監軍巡山軍巡邏軍夜不収軍黃土軍行宮軍天橋軍圯坟軍本戶軍御馬監軍御女軍朝房看料軍金錢山軍并悼陵軍李貴妃墳軍共六千二百四名

肅松録長陵果園在神仙洞北獻陵園在州南門外少西景陵園在山北裕陵園在景陵園西茂陵園在大松園西泰陵康陵園俱在大紅門永陵園在神仙洞前昭陵園在西山口定陵園在州西門

外御路西慶陵園在白浮村德陵園在州西門迤南○

長陵獻陵榛廠俱在渤海所景陵廠在韋村裕陵泰陵廠俱在懷柔縣茂陵永陵昭陵定陵廠俱在密雲縣康陵廠在紅川柳溝慶陵廠在平谷縣德陵廠在薊州盤山

太常紀長陵祠祭署建于神宮監之南中為公座左右小房前為署門永樂七年建獻陵祠祭署建于宰牲亭之左中為公座左右楹為官舍前為洪熙元年建景陵祠祭署建于宰牲亭之右中為公座後為官舍前為門宣德十年建裕陵祠祭署建于宰牲亭之左中為公座左右楹為官舍前為門天順八年建茂陵祠祭署建于宰牲亭之左制如

裕陵成化二十三年建泰陵祠祭署建于宰牲亭之左制如裕陵弘治十八年建康陵祠祭署建于宰牲亭之左中爲公座後爲官舍前爲門正德十六年建永陵祠祭署建于宰牲亭之左制如康陵嘉靖十五年建昭陵祠祭署建于宰牲亭之左制如昭陵萬曆十一年建慶陵祠祭署建于本陵橋南向東制如定陵天啟元年建德陵祠祭署建于宰牲亭之左制如永陵崇禎元年建

附録　睿宗顯陵

太常紀　睿宗獻皇帝葬承天府松林山薦陵名曰顯陵嘉靖十年封其山爲純德十八年獻皇后薨上將奉梓宮南祔遂巡承天相度吉兆立表于獻皇帝寢宮之北勅臣工營之五月上遣使南送梓

宮以閏七月至啟攢宮合葬設顯陵衛神宮監祠祭署

名勝志純德山舊名松林山興獻帝陵寢在焉欽定號列于五鎮之次

讀禮通考卷九十四

葬考十三

上陵

後漢書祭祀志古不墓祭漢諸陵皆有園寢承秦所為也說者以為古宗廟前制廟後制寢以象人之居前有朝後有寢也月令有先薦寢廟詩稱寢廟奕奕言相通也廟以藏主以四時祭寢有衣冠几杖象生之具以薦新物秦始出寢起于墓側漢因而弗改故陵上稱寢殿起居衣服象生人之具古寢之意也建武以來關西諸陵以轉久遠但四時特牲祠帝每幸長安謁諸陵乃太牢祠自雒陽諸陵至靈帝皆以晦望二十四氣伏臘及四時祠廟日上飯太官送用物

園令食監典省其親陵所宮人隨鼓漏理被枕具盥水陳嚴具

世祖本紀建武六年夏四月丙子幸長安始謁高廟遂有事十一陵有事謂祭也左傳曰有事于太廟高祖長陵惠帝安陵文帝霸陵景帝陽陵武帝茂陵昭帝平陵宣帝杜陵元帝渭陵成帝延陵哀帝義陵平帝康陵○十年秋八月己亥幸長安祠高廟遂有事十一陵○十八年春三月壬午祠高廟遂有事十一陵○二十二年春閏月丙戌幸長安祠高廟遂有事十一陵

明帝本紀永平元年春正月率公卿已下朝于原陵如元會儀

乾學按漢不師古諸帝之廟不立于京師而各立于陵側故有朔望及時節諸祭此實祭廟非祭陵也又皆祠官致祭天子不

親行即世祖祭長安諸陵止因廵幸而祭之亦非特祭其率百官而特祭于陵實自明帝始也

通典後漢都雒陽以關西諸陵久遠但四時特牲祀每帝西京即親謁其雒陽陵每正月上丁祀郊廟畢以次上陵百官四姓親家婦女公主諸大夫外國朝者侍子郡國計吏會陵晝漏上水大鴻臚設九賓隨立寢殿前鍾鳴謁者贊禮云客羣臣就位如儀乘輿自東廂下太常道出西向拜折旋升階拜神座退後公卿羣臣謁神座太官上食太常樂奏食舉舞文始五行之舞樂闋羣臣受賜食畢郡國上計吏以次前當神軒告其郡國穀價人所疾苦欲神知其動靜孝子事親盡敬愛之心也最後親陵遣計吏賜之帶佩

八月飲酎上陵禮亦如之至靈帝皆以弦晦二十四氣伏社臘及四時祀祠廟日上飯太官人隨鼓漏理被枕盥水陳嚴具

謝承後漢書靈帝建寧五年正月車駕上原陵蔡邕為司徒掾從公上行到陵見其儀愾然謂同座者曰聞古不墓祭朝廷有上陵之禮始為可損今見其儀察其本意乃知孝明至孝惻隱不可易舊或曰本意云何昔在長安時其禮不可盡得聞也光武即位始葬于此明帝嗣位踰年羣臣朝士感先帝不復聞見此乃躬率公卿百僚就園陵而創焉尚書階西祭設神座天子事亡若存之意也以帝聖孝之心親服三年又在園陵初與此儀仰察几筵下顧羣臣悲切之心必不可堪邕見太傅胡廣曰國家禮有煩而不省者

昔不知先帝用心周密之至于此也廣曰然子當載之以示學者邕退而記焉

胡寅曰送死之禮即遠而無近至于墓則終事盡矣人子孝思不忘則專精于廟享而已矣蓋墓藏體魄而致生之是不知也廟以宅神而致死之是不仁也此聖人制禮明乎幽明之故仁知合而禮義盡也既以送形而往安于地下迎精而反主于廟中而又致隆于陵園如元會儀上食奏樂郡國奏計言民疾苦是反易陵廟之理以體魄為有知虛廟祏而不重皆違禮也明帝此舉蓋生于原廟蔡邕不折衷于聖人之制而直論其情情豈有既哉

通典魏文帝詔曰先帝躬履節儉遺詔省約子以述

父為孝臣以繼事為忠古不墓祭皆設于廟先帝高平陵上殿皆毀壞車馬還廄衣服藏府以從先帝儉德之志遂革上陵之禮及齊王在位九載始一謁高平陵

晉書禮志　宣帝遺詔子弟羣臣皆不得謁陵于是景文遵旨至武帝猶再謁崇陽陵一謁晉平陵然遂不敢謁高原陵至惠帝復止也逮于江左元帝崩後諸公始有謁陵辭告之事蓋由眷同友執率情而舉非洛京之舊也成帝時中宮亦年年拜陵議者以為非禮于是遂止以為永制至穆帝時褚太后臨朝又拜陵帝幼故也至孝武崩驃騎將軍司馬道子曰今雖權制服至于朔望諸節自應展情陵所以一周為斷于是至陵變服單衣煩黷無準非禮意也及安帝元

興元年尚書左僕射桓謙奏百僚拜陵起于中興非晉舊典積習生常遂爲近法尋武皇帝詔乃不使人主諸王拜陵豈惟百僚謂宜遵奉于是施行及義熙初又復江左之舊宋書及通典同不載

武帝泰始二年八月詔曰此上旬先帝棄天下日也便以周年吾煢煢當復何時一得叙人子之情邪思慕煩毒欲詣陵瞻侍以盡哀憤主者具行備太宰安平王孚尚書令裴秀尚書僕射武陵等奏陛下至孝蒸蒸哀思罔極衰麻雖除哀毁疏食有損神和秋節尚有餘暑謁見山陵悲感摧傷羣下竊用竦息以爲宜降抑聖情以慰萬國詔曰孤煢忽爾日月已周痛感永無逮及欲瞻奉山陵以叙哀憤體氣自佳耳又已涼便當行不得如所奏也主者便具行備又

詔曰漢文不使天下盡哀亦帝王至謙之志當見山陵何心而無服其禮以衰絰行秀等重奏曰臣聞上古喪期無數後世乃有年月之漸漢文帝隨時之義制為短喪傳之于後陛下社稷宗廟之重萬方億兆之故既從權制除衰麻羣臣百姓吉服今者謁陵以叙哀慕若加衰絰進退無當不敢奉詔詔曰亦知不在此麻布耳然人子情思為欲令哀喪之物在身蓋近情也羣臣自當案舊制耳秀等又奏曰臣聞聖人制作必從時宜故五帝殊樂三王異禮此古今所以不同質文所以迭用也陛下隨時之宜既降心克己俯就權制既除衰麻而行心喪之禮今復制服義無所依若君服而臣不服亦未之敢安也參議宜如前奏詔曰患情不能跂及耳衣服何在諸君勤勤之至

豈茍相違

宋書自元嘉以來每歲正月輿駕必謁初寧陵復漢儀也世祖太宗亦每歲拜初寧長寧陵

魏書太和十六年九月辛未高祖哭于文明太后陵左終日不絶聲幕越席爲次侍臣侍哭壬申高祖以忌日哭于陵左哀至則哭侍哭如昨帝二日不御膳癸酉朝中夕三時哭拜於陵前夜宿監玄殿是夜徹次甲戌帝拜哭辭陵還永樂宫

通典唐貞觀十三年太宗朝于獻陵先是日宿設黄尾仗周衛陵寢至是質明七廟子孫及諸侯百僚蕃夷君長皆陪列于司馬門内太宗至小□降輿納履哭于闕門西再拜慟絶不能興禮畢改服入于寢躬親執饌閱視高祖先后服御之物悲慟左右侍御者

莫不歔欷禮畢太宗自出寢宮步過司馬門泥行二百餘步上入寢哭踊痛絕于地進至東階西向再拜號慟久之乃進太牢之饌加珍羞具品引太尉無忌司空勣越王貞趙王福曹王明及左屯衛將軍程知節並入執爵進俎上至神座前拜哭奠饌閱先帝先后衣服拜辭訖行哭出寢北門乃御小輦還宮

高宗永徽二年有司言謹按獻陵三年之後每朔及月半上食其冬夏伏至臘清明社節等日亦上食其昭陵請依獻陵故事上從之六年正月謁于昭陵有司先設儀衛于陵寢質明七廟子孫二王後百僚州鎮藩牧四夷君長等並陪列于位皇帝降輦入次易服出次行哭就位再拜擗踊慟絕禮畢又改服奉謁寢宮其妃嬪公主先於神座左右侍列如平生帝入

寢門即哭瞻視幄座踊絶于地進至東階西面再拜
號哭乃進牢饌珍羞引三公諸王入執爵進俎帝至
神座前再拜哭自奠饌閲先帝先后衣服更增感絶
拜辭訖行哭出寢北門
中宗景隆二年是時每日奠祭太常博士彭景直上
疏曰謹按三禮正文無諸陵日祭之事又按禮論譙
周祭志云天子之廟始祖及高祖祖考皆每月朔加
薦新以象平生朔食也謂之月祭二祧之廟時祭無
日祭此譙周所著與古禮義合本無日祭之文今諸
陵月祭有朔食月半并諸節日科則古禮殷事之義
矣諸節日猶薦新之義矣故玄注禮記云殷事朔日
月半薦新之奠也又注儀禮云月朔月半猶平常之
朝夕也大祥之後即四時焉此則古者祭皆在廟近

代以來始分月朔月半及諸節日祭于陵寢至後漢陵寢致祭無明文以言自魏三祖以下不於陵寢致祭並符于古禮至于江左亦不崇園寢及齊梁陳其祭無聞今參詳以為三禮者不刊之書懸諸日月外傳所記不與經合不可依憑其諸陵請准禮停日祭帝曰禮因人情事有沿革陵寢如昨祇薦是常乍覽此奏但增哀慕乾陵宜依舊朝晡進奠昭獻二陵每日一進以為恒式　舊制每年四季之月常遣使往諸陵起居是日太常博士唐紹上疏曰自安宅兆禮不祭墓當謂送形而往山陵為幽靜之宮迎精而返宗廟為享薦之室但以仲月命使巡陵鹵薄衣服禮容必備自天授以後時有起居因循至今乃為常事起者以起動為稱居者以居止為名參候動止何如

義非陵寢之法生事以禮必勤于定省死葬以禮宜
宜閟于安厝豈可以事居之道行送往之禮敢辭命
使勞繁但恐不安靈域又降誕之日穿針之辰皆以
贖命為名時人多有進奉今聖靈日遠仙駕難攀進
止起居恐乖先典請停四季及降誕并節日起居陵
使但准式二時巡陵庶幾合禮經陵寢安謐不從
玄宗開元二十年四月制曰寒食上墓禮經無文近
代相傳浸以成俗士庶有不合廟享何以用展孝思
宜許上墓同拜掃禮於塋南門外奠祭饌訖泣辭食
餘饌任於他處不得作樂仍編入五禮永為恒式二
十三年四月勅顯昭乾定橋恭六陵朔望上食歲冬
至寒食日各設一祭如節祭共朔望日相逢依節祭
科橋陵除此日外仍每日進半口羊食天寶二年七

月勑曰朕承至業肅恭祀事至于諸節常脩薦享且詩著授衣令存休澣在于臣子猶及恩私恭事園陵未標令式自今以後每至九月一日薦衣于陵寢貽範千載庶展孝思且仲夏端午事無典實傳之淺俗遂乃移風況乎以孝道人因親設教變衣游于漢紀成獻服于禮文宣示庶僚令知朕意初顯慶五年二月二十四日高宗以每年二時太常少卿分行二陵事重人輕又不備鹵簿威儀有闕乃詔三公行事太常卿少卿為副太常造鹵簿事畢則納于本司仍著于令

開元禮皇帝拜五陵將拜陵所司承制內外宣攝隨職供辦前發二日太尉告太廟如常儀將作預脩理拜謁之所及寢宮務極潔敬不得喧雜尚舍直長去陵十里所設行宮奉御鋪御坐齋室如常儀守宮設從駕百官及皇親諸親客使位及次如常儀尚舍又于謁拜陵所之道西量設小次又于寢宮之前西南

設大次東向御坐如常儀守宮量設侍臣次于御次西南又設羣官等應陪位者次于侍臣之西南隨地之宜皆東向以北為上文官在北武官在南朝集使于武官之南尚饗預備太牢之饌珍羞庶品務極豐潔（太常滌戔牲牢及粢盛光祿司農及長祠人供辦如式）拜謁前一日皇帝至行宮詣齋室伏衛如式陵令以玉册進御署訖近臣奉出陵令受訖奉禮設御位于陵東南隅西向（其有山谷隘狹則隨地設位望陵而）拜又設位于寢宮之內寢殿東階之東南西向又設百官位于陵所行從官皇親諸親及客使等分方位于神道之左右相對為首寢宮所於大次之前分方序立如常並隨地之宜拜謁日未明五刻諸衛量設黃麾大仗于陵寢陳布（諸陵寢舊宿衛人各依本職掌不得移動）未明三刻從行百官及皇親五等以上諸親三等以上并客使等

應陪者俱就位侍中版奏請中嚴其布位及進嚴典儀相如贊設近仗就陳如常未明一刻侍中版奏外辦皇帝素服乘馬以出勅侍臣上馬曲直華蓋繖扇侍衛如常儀詣陵西南小次所由控馬以入少頃侍中版奏外辦皇帝步出次博士引太常卿太常卿前導皇帝至位立太常卿前奏請再拜博士與太常卿退立于後皇帝再拜太常卿又前奏請更再拜皇帝又再拜有位無哭奉禮曰再拜贊者承傳陪位皆再拜訖凡贊拜進退皆通事舍人贊以先後准此少頃太常卿前奏請辭皇帝再拜又再拜奉禮曰贊者承傳陪位者再拜又再拜太常卿引皇帝還小次乘馬出次勅侍臣上馬儀仗侍衛詣寢宮皇帝從陵迴詣大次乘馬以入其仗衛等各立于後其行從百官及皇親諸親并客使等並依位序立于大次之前所由嚴潔具酒饌侍中版奏

外辦皇帝步出大次博士引太常卿太常卿前導皇帝至寢宮南門仗衛停于門外（其應從入之官臨時奏聽進止）博士引太常卿前導皇帝入內門取東廊進至寢殿東階之東南西向立定太常卿前奏再拜訖引皇帝升東階當神座前北面再拜訖又當皇后神座前再拜訖入進省服翫拂拭牀帳勅所由進太牢之饌加脩珎羞陳設（若有太子諸王公主陪葬柏城內並于寢殿東廊下所司致祭功臣陪祭者于東廊下各布奠位位定量獻官行事）太常卿引皇帝出詣酒尊所由酌酒進（其尊皆陳于堂戶外之東南如常儀）神坐前北面立太祝二人對持玉册於室戶外之右東向跪讀文訖皇帝再拜又再拜若更薦奠服翫即躬自執陳訖太常卿引皇帝出戶當神坐前北面立太常卿奏請辭皇帝再拜又再拜訖太常卿引皇帝出中門太常卿前奏請權停（其從官及行事官並出大門外奉候）其守當使內侍官引內官

帥寢宮內人謁見皇帝出侍衛如常儀還大次少頃若猶宿即乘馬還行宮若更向前陵即于大次便進發皆近侍預奏取進止仗衛計會

皇后拜五陵所司預設大次于寢宮之東隨地之宜東向鋪御坐如常入設先朝妃嬪次于大次之南守宮設大長公主及諸親婦人命婦等次于妃嬪之南皆東向及拜謁之處皆障以行帷前一日內謁者設中宮御位于寢宮東大次前近東東向又設先朝妃嬪以下位於御位西南各于其次之東皆重行東面以北為上又設司賛位于妃嬪東北東面掌賛二人在南差退皇帝發行宮後皇后乘四望車如常行之式法行宮之大次改服假髻白練單衣服內典引各引妃嬪以下就位立訖內侍版奏外辦司言引尚宮

尚宮引皇后每尚宮前導皆司言先引出就位尚服負宗寶以從如式立定尚儀前奏再拜復位皇后再拜司贊者再拜掌贊承傳諸陪位者皆再拜少頃尚儀又前奏請再拜辭皇后再拜司贊曰再拜掌贊承傳諸陪位者皆再拜尚宮引皇后還大次謁寢宮如後儀皇后初還大次內典引各引陪位者退皇后拜陵訖于寢宮東大次改服鈿釵禮衣若服常服臨時聽進止乘輿詣寢宮尚服負琮寶以從侍衛如常先朝妃嬪大長公主長公主陪從如常式至寢宮北門降輿入大次皇后既入寢宮尚宮引皇后侍從如常詣寢殿前西階之東西面立其妃嬪公主等陪從位于皇后之西南皆東面北上又設司贊位於妃嬪東面掌贊二人在南差退在位者立定尚儀前奏再拜皇后再拜司贊曰再拜掌贊承傳妃嬪以下

另起

皆再拜訖尚官引皇后升自西階入室妃嬪公主等引立于階下詣先帝神座前北面再拜訖尚官又引皇后詣先帝皇后神座前北面再拜訖尚官引皇后進首先后服翫訖引退西廂東面立進食訖皇帝出尚官引皇后從出降自西階復階下位尚儀奏再拜辭皇后再拜訖司贊曰再拜掌贊承傳諸陪位妃嬪等皆再拜尚宮引皇后之大次更衣妃嬪以下皆更衣矣皇帝過皇后出寢宮北門乘四車還行宮侍從如常儀

附公卿巡陵唐會要高宗顯慶五年二月二十四日上以每年二時太常卿少卿分行二陵事重人輕文又不備鹵簿威儀有闕乃詔三公行事太常卿少卿為副太常造鹵簿事畢則納于本司仍著于令○開元十五年二月二十四日勅每年春秋二時公卿

巡陵初發准式其儀仗出城欲至陵所十里内還具
儀仗所須馬以當界府驛馬充其路次供遞車兩夾
載儀仗推輅三十人餘差遣並停所司別供須依常
式○二十七年八月十二日勅古者分命公卿巡陵
率皆乘輅以備其儀雖則是常不可廢闕而事有適
要亦在變通宜令太僕等司每陵各支輅兩乘并儀
仗等送之陵所貯掌既免勞煩無虧肅敬其公卿出城
日如常儀至陵所准此○二十八年七月十八日制
伏以八代祖宣皇帝七代祖光皇帝六代祖景皇帝
五代祖元皇帝自昔追尊號謚稽古有則而陵寢所
奉須廣彝章其建初起運二陵仍准興寧陵例置署
官及陵户自今以後每歲至春秋仲月宜分命公卿
准諸陵例分往巡謁仍命每司准數造輅於陵署收

掌以充備禮之用其建初啟運興寧永康等四陵每年
別四時及八節委所由州縣數與陵署相知造食進
獻○天寶六載八月一日勅每年春秋二時巡謁諸
陵差公一人卿一人奉禮部一人右校署令一人其
奉禮郎右校署令自今後宜停至陵所差縣官攝行
事其巡陵儀注宜令太常寺脩撰一本送令管陵縣
收掌長行用仍令博士助教習讀臨時賛相永為常
式○
貞元四年二月國子祭酒包佶奏每年二月八月差
公卿等朝拜諸陵伏見陵臺所由引公卿至陵前其
禮簡略因循已久恐非盡敬謹按開元禮自公卿拜
陵舊儀望宣傳所司詳定儀注稍令備禮以為永式
勅旨宜令所司酌禮量宜取其簡敬于是太常約用

開元禮制及勅文舊例脩撰五月勅旨施行所司先擇吉日公卿侍軺車鹵簿就太常寺發至陵所司於陵南北步道東設次西向北上公卿等到次奉禮設公卿位於北門外之左西向陵官在公卿位東南執事官又於其南西向北上設奉禮位于陵官西面贊者二人在南少退謁者引公卿出次就位贊引諸官就位立奉禮曰再拜贊者承傳在位者俱再拜謁者引公卿贊引引諸官出次以奉行畢退復位奉祭禮曰再拜贊者承傳在位者皆再拜謁者引公卿贊引引諸臣各就次以還若須洒掃及芟薙脩理郎隨事處分其奉禮郎典謁等應須權攝請准天寳六載八月勅所管縣及陵官博士助教等充又准開元皇帝行諸陵即設太牢之饌其公卿朝拜脩奉巡檢之禮

並無牲牢元和元年正月禮儀使杜黄裳奏二月公卿拜諸陵准禮太上皇升遐准祭天地社稷其拜陵及諸饗祀並令權停制曰可○

長慶元年六月二十七日吏部奏公卿拜陵通取尚書省及四品已上清望官中書省及諸司五品以上清望官及京兆少尹充從之三年正月御史臺奏應差定拜陵公卿伏請除准式假令如吏部差定奏下後稱疾患事故者望同臨祭出齋例論罰又應拜陵公卿正衙辭後並合當日出城近來因循轉不遵守動經累日止宿於家受命不恭莫甚于此臣請申明舊制因事制酌宜計其道程前後辭發奏可

記曰按開元禮春秋二仲月司徒司空巡陵春則掃除枯朽秋則芟薙繁蕪掃除者當發生之時欲

使茂盛也芟薙者當秋殺之時除去擁蔽且虞火災也今巡陵公卿皆持斧擊樹三發謂之告神其為不經一何甚也

宋史上陵之禮古者無墓祭秦漢以降始有其儀至唐復有清明設祭朔望時節之禮進食薦衣之說○五代諸陵遠者令本州長史朝拜近者遣太常宗正卿或因行過親謁○宋初春秋命宗正卿朝拜安陵以太牢春祠

太祖乾德三年始令宮人詣陵上冬服歲以為常○開寶九年太祖幸西京過鞏縣謁安陵奠獻

太宗雍熙二年宗正少卿趙安易言昨朝拜安陵永昌陵有司止設酒脯香以未明行事不設燭燎又先赴永昌陵後赴安陵及帝后二位不徧拜頓愆于禮

事下有司議曰按開元禮春秋二仲月司徒司空巡陵不設牲牢之祀今請如宗廟荐享少加裁減除不設登歌外餘悉如大祠朝拜日有司豫于陵南百步道東設次具翦除器以備洒掃設宗正卿位于兆外之左西向設官位于卿之東南執事官又于其南西向北上設祭器禮料酒饌于兆門内宗正卿以下各就位再拜盥手奠酒讀祝册再拜先赴安陵次永昌陵次孝明孝惠懿德淑德皇后陵從之

真宗景德三年帝將朝諸陵以宰臣王旦爲朝拜諸陵大禮使太常禮院言朝陵故事合排小駕鹵簿唐太宗朝獻陵宿設黄麾仗周衛陵寢今請周設黄麾仗又唐制前一日陵令以玉册進御親書近臣奉出

陵令受之今請造竹册四幅祝畢焚之其百官位舊設陵所從祝官及皇親客使分於神道左右貞觀中並陪列司馬門内今望准舊儀施行又舊儀詣寢宮至大次之時設百官位奉請行禮望令先入赴寢殿立班貞觀中皇帝至小次素服乘馬撿會今年正月車駕朝拜明德攢宮止服素白衣當時皇帝在大祥之内今既服除望止服淡黃袍又按貞觀永徽故事朝陵皆先親後尊拜辭訖出還大次便進發今望先朝永熙陵行事及辭皇帝皆兩次再拜陪位官每陵六各兩次再拜今請皇帝詣安陵參辭四度再拜永昌永熙陵各兩度設拜舊儀逐寢殿上食脩太牢之饌珎羞庶品近以羊豕代太牢今請脩少牢之祭設奠讀册畢復詣寢宮上珎羞庶品别行致奠之禮又

舊儀前發二日太尉告太廟令請依禮徧告六室詔特服素白衣行事次序如告太廟餘依所請四年正月車駕次鞏縣罷鳴鞭及太常奏嚴金吾傳呼既至齋于永安鎮行宮太官進蔬膳是夜漏未盡三鼓帝行馬郤輿輦繖扇至安陵素服步入司馬門行奠獻禮諸陵亦然又詣下宮凡上宮用牲牢祝册有司奉事下宮備膳羞內臣執事百官陪位又詣元德太后陵奠獻別于陵西南設幄殿祭如下宮禮畢徧詣孝明孝惠孝章懿德淑德明德莊懷七后陵遂單騎從內臣巡視陵闕而親奠夔魏岐鄆安周六王及恭孝太子諸墳其三陵陪葬皇子皇孫公主之未出閣者及諸王夫人之蚤亡者各設位次諸陵下宮之東序安陵百二十一墳量設三十位男子女子共祝版二

昌陵十五墳量設十位熙陵八墳量設五位並祝版以致祭焉辰後暫詣幄次更衣復詣諸陵奉辭有司以朝拜無辭禮帝不忍故復往仍遣官祭一品皇親諸親墓大中祥符四年正月祀汾陰經鞏縣有司請於訾村王臺設幄殿置三陵神坐皇帝鞾袍就幄設香酒時果牙槃食奠獻而命大臣以香幣酒脯詣諸陵致告駕還復行請謁之禮帝素服乘馬至永安縣齋于行宮夜漏未盡二鼓詣三陵及元德太后明德皇后陵奠獻哀慟未明禮畢復詣四陵奉辭省視几筵奠獻如初禮又徧詣諸后陵諸王墳致奠命中使徧祭皇親諸親墳及汝州秦王墳是歲命禮官定春秋二仲遣官朝陵儀注以祭服行事專差宗正卿一員朝拜三陵别遣官二員分拜諸陵又製長竿撍床

讀禮通考　卷九十四

二副置陵奉祝版遣寃衣軍士三十二人輿送陵下其後添差陵廟行禮宮四員選朝官京官宗姓者充翰林學士錢惟演言春秋朝陵載于舊式公卿親往蓋表至恭唐顯慶中始詔三公行事天寶以後亦遣公卿巡謁蓋取朝廷大臣不必須同國姓爲後泰用太常宗正卿晉開運中亦命吏部侍郎近年以來止遣宗正等官人輕位卑實虧舊制望自今于丞郎諸司三品內遣官闕則差兩省諫舍以上所冀仰副追孝之心以成稽古之美

景祐初滄州觀察使守節言寒食節例遣宗室拜陵而日月令內司賓往非所以致恭乃召宗室正刺史以上一員朝拜四年減柏子户安陵永昌永熙各留四十户永定五十户會聖宮十户慶曆二年寒食十

月朔宗室刺史以上聽更往朝陵皇祐三年太常博士李壽朋奏帝后諸陵薦饗皆有時獨昭憲皇后以合葬安陵不及時祭禮院言朝拜儀制牲牢並如太廟常饗例諸陵止奠一爵而安陵奠兩爵兩贊再拜牲祭饌不兼設蓋有司相承失之于是詔安陵昭憲皇后祝版牲幣御封香依太廟同室禮更造諸陵祭器貯別庫三陵皆置卒五百人惟定陵以章憲太后故別置一指揮昭陵使甘昭吉引定陵例請置守陵奉先兩指揮京西轉運使請減定陵卒半以奉昭陵詔選募一指揮額五百人初永安縣官月朔朝定陵望朝三陵韓琦言昭陵未有朝日乃令縣官朔望分朝諸陵

神宗熙寧中詔文臣自兩省武臣閤門使以上經過

陵下並許朝拜又詔自今臣僚朝拜諸陵除見任嘗任執政官許進湯餘止奠献薦新不特拜初故事車駕詣陵謂之親謁南渡之後此禮不舉故止陵或曰省視或護曰保護或曰薦顯或曰祭告或曰致祭或曰望祭或曰脩奉悉遣官不專行禮也

高宗建炎三年正月禮部太常寺言春秋二仲薦献諸陵乞于行在法惠寺設位望祭行禮從之自是每歲薦献率循此制○紹興元年六月太常寺言昭慈獻烈皇太后攢宮在越州會稽縣合依四孟朝獻禮例差宰執一員前一日赴攢宮泰寧寺宿齋至日行朝拜之禮詔同知樞密院事李回行禮二年三月知紹興府張守言昭慈顯烈皇后攢宮近在府界望許臣以時朝謁從之自是守臣皆許朝謁十七年十一

月殿中侍御史余堯弼言望舉行舊制於春秋二仲遣官詣永祐陵攢宮薦獻臣僚又言陵廟之祭月有薦新著在令典方今宗廟久已遵奉惟是永祐陵闕而未講望令有司討論舉而行之太常寺討論欲依政和五禮依典故令兩攢宮遵依每月檢舉差官行禮其新物令逐宮預行關報紹興府排辦從之二十七年六月詔永祐陵及昭慈聖獻皇后攢宮檢察承受以檢察宮陵所為名三十年九月吏部言紹興府會稽知縣依做陵臺令典故于階銜內帶兼主管攢宮事務量加優異

孝宗淳熙元年正月禮部太常寺言春秋二仲差太常少卿薦獻永祐陵攢宮并同視陵域如遇少卿有缺乞從本寺前期取指揮差本寺以差官充攝所有

今年仲春薦獻即日見闕少卿差太常丞錢良臣自後春秋遇少卿闕率以為例

寧宗慶元元年六月詔永阜陵孝宗皇帝攢宫每歲季秋一就令所差監察御史恭詣朝拜檢察從御史臺申請諸陵亦如之

政和禮春秋二仲薦獻諸陵儀時日太常寺前期以仲春擇日薦獻諸陵（仲秋准此）聞太史局擇日報太常寺恭酌訖具時日敬告

齋戒○獻官以下沿路宿于驛舍不弔喪問疾作樂决罰罪人及與穢惡至陵宿于齋所唯薦獻事得行其餘悉禁前一日質明應行事執事陪位官並齋于陵所陵給酒饌獻官已齋而却者通攝行事

受香表○前期太常寺卿奉香表至鞏縣驛以香表

置于腰輿與諸陵獻官以次從行至昭孝禪院禮直官引香表腰輿置于堂上贊者引諸陵獻官于堂上東向立禮直官引太常卿外堂西向立禮直官贊搢次贊者引永安陵獻官稍前東向對立贊者以表授太常卿太常卿搢笏接表執笏以表加于笏上禮直官贊各使伏跪太常卿授笏以表授永安陵獻官獻官搢笏接表訖各執笏獻官加表于笏上禮直贊各俛伏興贊者引獻官退省視香表訖復置于腰輿從行至陵所次引諸陵獻官授香表如上儀

陳設○前一日都監常服率其屬詣陵闕宮殿門外殿行掃除于上降行掃除于下設神御坐于殿上當中南面向（唯永安陵則設宣祖皇帝座稍西又設昭憲皇后座于宣祖皇帝之東俱南向也）陳香案及供奉之物于座前訖闕宮殿門次詣（永昌陵則先詣太祖皇帝陵陳設畢次詣孝惠皇后孝章皇后章懷皇后

陵永熙陵則先太宗皇帝陳設畢次詣明德皇后元德皇后章穆皇后陵永定陵則設真宗皇帝陵陳設畢則詣章懷皇后莊懿皇后章惠皇后永昭陵則先詣仁宗皇帝陵陳設畢次詣[illegible]皇后陵永[illegible]陵則先詣英宗皇帝陵陳設畢次詣宣仁聖烈皇后陵永裕[illegible]陵則先詣神宗皇帝陵陳設畢詣欽聖憲肅皇后欽成皇后欽慈皇后惠恭皇后陵陳設並如上儀又設獻官以下次于門外荐獻日

行事前陳表於案上在右惠宮皇后陳祝文設揖位於殿門外

獻官陪位官在西東向監視禮事官太祝在東西向

俱北上凡設陪位官太祝位皆稍却置燎柴于爐內設望燎位于其北

獻官陪位官在北南向西上監視禮事官在西東向

太祝在東西向又設獻官席位於階東陪位官席位

又于其南俱西向北上設監視禮事席位于庭南北

向太祝在其後又設獻官位于香案之北前向監視

禮事官位于香案之西東向太祝位于香案之東西

向

省饌○前一日獻官以下常服並集獻官齋所肄儀

太祝習讀表文訖獻官詣厨閲饌物者省鑊視滌溉晡後都監帥其屬臨造神饌

行事○薦獻日質明獻官以下常服並詣陵南門外就次奉饌者各陳于外都監帥其屬宫殿門進饌者設罍都監還監視禮事官先入升殿點閲陳設糾察不如儀者次禮直官贊者禮生分引獻官以下詣殿門外揖位立定凡太常卿行事禮直官引詣陵獻官行事贊者引餘官皆禮生引禮直贊揖訖詣並同贊者準此次引監視禮事官太祝入就殿庭席位北向立次引獻官陪位官入就殿庭席位西向立禮直官詣獻官之右贊請行事贊再拜在位者皆再拜次引監視禮事官太祝外就位次引獻官詣神御香案前執事者奉香獻官搢笏三上香執事者奉茶酒獻官跪執醆醻茶三祭酒皆以虛醆授執事者執笏俛伏興

少退位太祝搢笏取表進詣神座右東向跪讀訖執笏興置表于案（惠恭皇后陵即讀祝）獻官再拜俱降復位（淮安陵詣宣祖皇帝神御香案前行禮畢次詣昭憲皇后神御香案前行禮畢並如上儀）禮直官曰再拜在位者皆再拜次引獻官以下就望燎位執事者取表置于燎柴（懷恭皇后陵即取祝文置）次引監視禮事官太祝就位望燎位禮直官曰可燎火燎半柴獻官以下詣殿門外揖位立定禮直官贊禮畢揖訖退有司徹禮饌監視禮事官監視收徹訖退（永昌陵先詣太祖皇帝陵行事畢次詣孝惠皇后孝明皇后孝章皇后章懷皇后陵永熙陵先詣仁宗皇帝陵行禮畢次詣淑德皇后懿德皇后明德皇后元德皇后章穆皇后陵永安陵先詣真宗皇帝陵行礼畢次詣章德明肅皇后章惠皇后章德皇后陵永昭陵先詣神宗皇帝陵行礼畢次詣慈聖光憲皇后陵永厚陵先詣英宗皇帝陵行礼畢次詣宣仁聖烈皇后陵永裕陵先詣神宗皇帝陵行禮畢次詣欽聖憲肅皇后欽成皇后欽慈皇后惠恭皇后陵行礼並如上儀）太常卿徧詣諸陵及下宮朝拜訖周視陵域（應合掃除芟薙脩治隨事處分）乃退

進獻諸陵上宮儀

諸陵有司以元日中元冬日節至

進獻上宮

陳設○前一日都監常服帥其屬詣陵闕宮殿門升殿行掃于上降行掃除於下降設神御座于殿上當中南面向（唯永安陵則設宣祖皇帝座于殿上稍西又設昭憲皇后座于宣祖皇帝之東俱南向）陳香案及供奉之物于座前訖闔宮殿門（其詣諸陵次第與前篇同）進獻日行事前設都監位于庭北向又設望燎位于門外都監南向香火內侍位其後

省饌○前進獻一日都監常服閱饌物詣廚省鑊視滌溉晡後帥其屬臨造神饌

行事○進獻日質明都監以下常服帥其屬詣陵闕宮殿門以俟陳設畢奉饌者各陳于外進饌者序入都監香火內侍入就位再拜升殿都監詣香案前搢笏三上香執笏少退再拜搢笏進湯次進酒饌恭奠

于座前執笏侍于側（次進酒饌畢徹酒再酌酒進次味至少移故獻露並香次日侍供應唯永安陵則先詣宣祖皇帝神御香案前搢笏三上香執笏少退再拜訖次詣昭獻皇后神御香案前上香拜訖次之位進易進酒饌）俟酌獻畢進表（無即不進）少頃進茶訖徹饌酒爇香火俱降復位再拜出詣望燎位視燎畢闔宮殿門乃退

進獻諸陵下宮儀

諸陵有司以元日冬至寒食第二第三節日上元節等前後各一日中元節前一日立春二月二日春社上巳重午初伏七夕秋社中秋望日重陽下元節臘朔望各一日進獻下宮

陳設○前一日都監常服帥其屬闢宮寢門設神御座南向（其諸陵次第與前篇同）陳供奉之物于座前訖闔寢宮門

進獻日行事首設都監位于庭北向香火內侍位其後焚獻者仍設望燎位于門外都監南向香火內侍位其後唯永定陵都監先詣真宗皇帝下宮陳設畢

帥其屬詣章惠皇后陵闕宮殿門升殿行掃于上降行掃除于下訖設神御座于殿上當中南向陳香案及供奉之物于座前訖闕宮殿門設行事望燎位同上儀永裕陵下宮惠恭皇后位陳設並如諸陵下宮之儀

省饌○前進獻一日都監常服闔閱饌物詣厨省鑊視滌濯晡後帥其屬臨造神饌若七夕中元節前一日冬至日造饌行事○進獻日質明若七夕中元節前一日即未後都監以下常服帥其屬闕寢宮門以俟陳設畢奉饌者各陳于外進饌者序入都監香火内侍入就位再拜升自東階由殿後詣神御室卷簾褰帷都監詣香案前搢笏三上香執笏少退再拜逐位再拜詣每位神御前搢笏進湯次進酒饌恭奠于座前執笏詩于側俟進酒饌畢徹酒再酹酒進炙味至少移北處並香火内侍供應

侯酌獻畢進表無即不進少頃進茶訖徹饌酒熄香火下帷簾闔牖戶俱降復位再拜以出焚獻香詣望燎位執燎闔寢宮門乃退若永定陵則都監先詣真宗皇帝下宮行禮畢帥其屬詣章惠皇后陵闢宮殿門以俟降設訖行禮並如上儀闔宮殿門訖退永裕陵則都監先詣神宗皇帝下宮行禮畢帥其屬詣惠恭皇后位行禮並如上儀

薦新諸陵儀每月陵所遇有新物薦獻下宮孟春以韭菁卵仲春以冰芃季春以筍蒲白酪煮酒藕鮨魚如鮪魚闕代以孟夏以含韭季茶麥豕仲夏以黍鶉雞瓜杏林禽季夏以麥芡蓮孟秋以黍稷梨棗葡萄仲秋以麻稻醴酒鵪季秋以白小豆兔栗榴孟冬以馬山藥仲冬以麞麋橘柑橙季冬以魚鮮

陳設○前薦新一日所司具新物詣陵所都監常服帥其屬闢寢宮門設神御座如儀及陳供奉之物于座前訖闔宮門薦新日未行事前設都監位于庭北香火內侍位其後唯永定陵都監先詣真宗皇帝下宮陳設畢帥其屬詣章惠皇后陵闢宮殿門升殿行行掃除于上除行掃除于下訖設神御座于殿上當中南向陳香案及供奉之物于座前訖闔宮殿門設行事位如上儀

省饌○前薦新一日都監常服閱薦物視滌溉應饌

者詣厨省饌以時帥其屬臨造

行事○薦新日質明都監常服帥其屬闢寢宮門以俟陳設畢奉薦物各陳于外序入都監香火内侍入就位再拜升自東階由殿後詣神御室卷簾褰帷都監詣香案前搢笏三上香執笏少退搢笏奉薦物恭置于神御前訖出笏詣香案前再拜逐位再拜並香火内侍供應侍于側如食頃徹畢酒熄香火下帷簾闔牖户俱降復位

孟春注興武宮凡祥

右永定陵則都監先詣真宗皇帝下宮行禮畢帥其屬詣章惠皇后陵闕宮殿門俟陳設訖行

明會典熙祖曰祖陵高帝之祖在泗州設祠祭署置奉祠一員陵户二百九十三户供洒掃每歲冬至正旦以三太牢祭熙祖并望祭德祖懿祖二陵清明中元孟冬及每月朔望以三太牢本署官行禮

讀禮通考　卷九十四

俟酌獻畢進表無即不進少頃進茶訖徹饌酒熄香火下帷簾闔扉戶俱降復位再拜以出焚獻香詣望燎位執燎闔寢宮門乃退若永定陵則都監先詣真宗皇帝下宮行禮畢帥其屬詣章惠皇后陵闔宮殿門以俟降設訖行禮並如上儀闔宮殿門訖退永裕陵則都監先詣神宗皇帝下宮行禮畢帥其屬詣惠恭皇后位行禮並如上儀

薦新諸陵儀每月陵所遇有新物薦獻下宮孟春以韭菁卵仲春以水芹季春以筍蒲白酪莧酒藕鮹魚如鮹魚闕代以孟夏以含尭李茶麥豕仲夏以黍鵝雞瓜杏林禽季夏以麥苋蓬孟秋以黍稷梨棗葡萄仲秋以麻稻醴酒鶉季秋以白小豆兎栗榣孟冬以馬山藥仲冬以麞橘柑橙季冬以魚鮮

陳設○前薦新一日所司具新物詣陵所都監常服帥其屬闔寢宮門設神御座如儀及陳供奉之物于座前訖闔宮門薦新日未行事前設都監位于庭北香火內侍位其後唯永定陵都監先詣真宗皇帝下宮陳設畢帥其屬詣章惠皇后陵闔宮殿門升殿行行掃除于上除行掃除于下訖設神御座于殿上當中南向陳香案及供奉之物于座前訖闔宮殿門設行事位如上儀

省饌○前薦新一日都監常服閱薦物視滌溉應饌

者詣廚省饌以時帥其屬臨造行事○葬新日質明都監常服帥其屬闢寢宮門以俟陳設畢奉葬物各陳于外序入都監香火内侍入就位再拜升自東階由殿後詣神御室卷簾褰帷都監詣香案前搢笏三上香執笏少退搢笏奉葬物恭置于神御前訖出笏詣香案前再拜（逐位再拜並香火内侍供應）侍于側如食頃徹畢酒熄香火下帷簾闔牖户俱降復位再拜闔寢宮門訖退（若永定陵則都監先詣真宗皇帝下宮行禮畢帥其屬詣章惠皇后陵闢宮殿門俟陳設訖行禮並如上儀訖闔宮殿門乃退）

明會典○熙祖曰祖陵（高帝之祖）在泗州設祠祭署置奉祠一員陵户二百九十三户供洒掃每歲冬至正旦以三太牢祭熙祖并望祭德祖懿祖二陵清明中元孟冬及每月朔望以三太牢本署官行禮

仁祖曰皇陵在鳳陽府設皇陵衛并祠祭署奉祀一員祀丞三員置陵戶三千三百四十二戶供直宿灑掃內選禮生二十四名供祭祀執事每歲冬至正旦以太牢清明中元孟冬以少牢俱署官行禮朔望以少牢中都留守司官行禮弘治元年勅內官一員監護凡官員以公事經過者俱謁陵

太祖孝陵設神宮監孝陵衛及祠祭署每歲聖旦正旦孟冬忌辰酒果行香清明中元冬至太牢致祭特遣勳舊大臣一員行禮南京各衙門文武官俱陪祭

國有大事遣大臣祭告親王之國過南京者官員以公事入城者俱謁陵出城者詣辭

天壽山諸陵（成祖長陵仁宗獻陵宣宗景陵英宗裕陵憲宗茂陵孝宗泰陵武宗康陵世宗永陵穆宗昭陵神宗德陵光宗慶陵熹宗定陵愍帝思陵）各設神宮監并衛及祠祭署凡清明中元冬至

太牢致祭遣官行禮文武衙門堂上官各一員屬官各一員分詣陪祭忌辰及聖旦正旦孟冬亦遣官行禮止用香燭酒果無帛各衙門官不陪祭諸王之國詣諸陵謁辭

景帝陵在金山祭遣儀賓行禮後遣駙馬及皇親行禮

睿宗顯陵在承天府設神宮監顯陵衛祠祭署置奉祀一員以戚屬為之給署印設禮生二十四名供祭祀執事陵戶六十戶供灑掃校尉二十名供巡視嘉靖十八年陞戚屬為都督僉事給欽差純德山掌祀關防職專守護始於太常寺選補奉祀及增祀丞一員如七陵之制二十七年照長陵制設左司樂一員右司樂三員俳長四名色長十四名教師十六名供

讀禮通考　卷九十四

祀鑄給顯陵供祀教坊司印信每歲清明霜降二聖忌辰遣鎮守湖廣勳臣行禮勳臣有故以守護奉祀官代行奉祀官有故則分守官代聖旦正旦中元孟冬冬至遣守護奉祀官行禮

山陵躬祭儀　一發京先期太常寺備告廟及祀陵祭品如常儀翰林院撰祭告文錦衣衛設丹陛儀衛扈行兵部奏請簡命文武大臣居守京師請勅行事及奏請直守皇城四門京城九門分調提督武臣把守各山口關隘選點扈駕軍馬奏差科道官點閘戶部關給扈從官軍行糧工部差官修理橋梁道路光祿寺預備御膳酒飯供具教坊司備大樂五府及九卿衙門正官司屬官各一員太常寺鴻臚寺堂屬官光祿寺太僕寺卿翰林院學士并日講官國子監祭

酒順天府府尹六科官六員十三道官十三員俱從凡在途供事以便衣朝叅以吉服前期一日上率后妃告于廟至早免朝駕發由長安左門后妃輦轎由東安門出扈從官前行居守官同文武百官俱吉服趨德勝門外候送駕過退駕至行宮（在今鞏華城）進膳畢陞座從官朝見行叩頭禮如常儀次日早從官朝叅奏事畢鴻臚寺官引昌平州官吏師生及公差有事官員見行五拜三叩頭禮朝罷從官先行至天壽山行宮候駕駕發后妃後從至天壽山紅門上降輦由左門入駕至行宮（今名感思殿）進膳畢上出陞座從官行叩頭禮畢退次日早從官朝叅奏事如常儀○一致祭是日免朝賀朋上具青袍恭詣長陵致祭如常儀（隆慶二年仍詣永陵行礼萬曆八年仍詣永陵昭陵各行礼）遣官六員青服各詣陵行禮從官俱

青布服恭詣長陵陪祀祭畢先趨赴行宮候駕每日早朝叅奏事如常儀○一回鑾是日早免朝從官先行至沙河行宮候駕駕至從官行叩頭禮如常儀次日早從官朝叅奏事畢鴻臚寺官引昌平州官吏師生辟行禮如常儀朝罷從官先還駕由德勝門入文武百官及軍民耆老人等俱于門外候迎居守文武大臣伏謁駕前致詞行叩頭禮教坊司大樂鼓吹振作駕入告廟謁皇太后禮畢隆慶二年發京前一日及還京日並謁告奉先殿世宗几筵弘孝神霄二殿還宮越二日上御奉天門文武官各具吉服致詞行禮

山陵遣祭儀　陳設用牲醴贊引引遣官由殿右門入典儀唱執事官各司其事贊引引遣官就拜位執事捧香合至香案贊引贊詣前導遣官至香案前贊

跪贊上香遣官三上香訖贊復位贊四拜（通贊衆官同）典儀唱奠帛行初獻禮執事捧帛爵各跪獻于御案前訖贊跪（通贊衆官皆跪）贊讀祝讀訖贊俯伏興平身（通贊衆官同）典儀唱行亞獻禮（禮同初獻惟不奠帛讀祝）唱行終獻禮（儀同亞獻）贊四拜（通贊衆官同）典儀唱讀祝官捧祝進帛官捧帛詣瘞位贊禮畢

各陵祝文　清明霜降曰時維（仲春雨露既濡 季秋霜露既降）追念深恩不勝（怵惕 悽愴）謹用祭告伏惟尚享○中元冬至曰氣序流邁時維（中元 冬至）追念深恩伏增哀感謹用祭告伏惟尚享凡祝文皆脩書謚號其文皆同但隨陵異稱

凡遇陵祭正統元年諭是日與百官俱淺淡服色

丘濬大學衍義補臣按禮經無墓祭之文後世行之雖非古也然祖宗體魄所藏骨肉所在為子若孫者漠然以土隴視之越歲踰時不一展省焉其

情安乎情之所不安義之所不當此禮所以貴乎義起也上陵之禮三代以前雖不經見然自漢以後歷代相承卒不敢廢非不敢也蓋不忍也在漢初天子雖不躬行然奉常屬官有寢園令長丞又有園郎寢郎園中各有寢便殿日祭于寢時祭于便殿寢食四上曰丞相以四時行園光武自建武六年至二十二年凡三幸長安皆有事于上陵則固躬詣陵行禮也但未立定制耳唐開元禮有天子上陵儀注又歲有清明設祭朔望時節之祀宋又行于春秋歲以為常我朝上陵之禮凡三舉焉清明也中元也冬至也每遇行禮文武諸司各遣官一員而以親王或駙馬都尉主祀事天下無事天子于清明日亦時或一行其忌日則惟遣駙馬

而百官不與焉其或藩王有來朝者亦許拜謁孝陵在南京內外臣僚有事經過者必先拜謁否則有罪臣竊以為人子於其親當一于禮而不可苟于其生也則既事之以礼矣迨其死也其體魄歸之于地者為宅兆以藏之其魂氣之在乎天者為廟祏以棲之其洋洋乎在廟祏者則固事之其纍纍然在丘隴者安忍以死事之哉但為之制不可盡倫宜視歲享而殺一事以神道而兼用吉凶之禮庶乎得古人起禮之意云

乾學按喪具者自初終至下窆凡附于身者附于棺者及壙宂粧奠穿隧掩坎之所需皆是也檀弓言喪具君子恥具注云辟不懷也疏引宣八年左傳云禮卜葬先遠日辟不懷也懷思也葬用近日則是不思念其親今未即辦其是辟不思親之事也又曰一日二日可為也者君子弗為則苟非一日二日易為之事其必講求之精矣又六十歲制七十時制八十月制九十日修惟絞紟衾冒之死而後制云辟不懷而已臨時倉卒迷瞀之奈何故凡喪具之載在禮經歷代令甲所著略采記如左

讀禮通考卷九十五

喪具一

掩

聶氏本

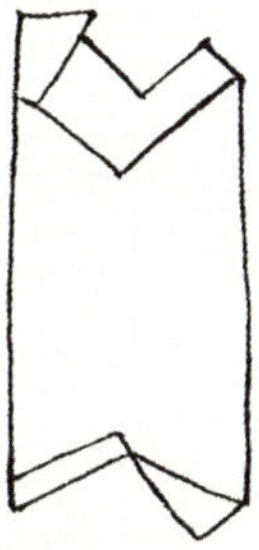

劉氏本

士喪禮掩練帛廣終幅長五尺析其末注裹首也析其末為將結于頤下又還結于項中○疏掩若今人幞頭但死者以後二脚于頤下結之與生人為異也 敖繼公曰析其末者兩端皆析而為二也

瑱

士喪禮　瑱用白纊注瑱充耳纊新綿○疏生時人君用玉臣用象今死者直用纊塞耳而已異于生也

幎目

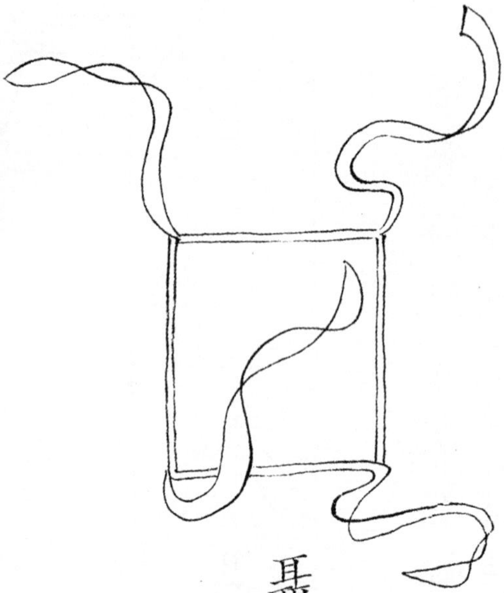

聶氏本

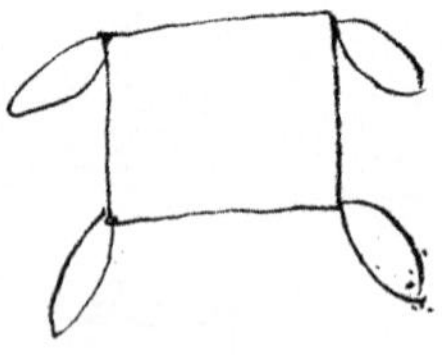

劉氏本

士喪禮　幎目用緇方尺二寸䞓裏著組繫注幎目覆面者也幎讀若詩曰葛藟縈之之縈䞓赤也著充之以絮也組繫為可結也○疏四角有繫于後結之

敖繼公曰此雖覆面之物然以幎目為名其義似主于耳也

商祝掩瑱設幎目注掩者先結頤下既瑱幎目乃還結項也○疏掩有四脚後二脚先結頤下無所妨故先結之若即以前二脚向後結于項則掩于耳及面兩邊瑱與幎目無所施故先結頤下待設瑱塞耳并施幎目乃結項後也敖繼公曰設掩者既結頤下即還結項中急欲覆其形也掩其前後而兩旁猶開故可以瑱幎目當面設之加于掩之上交結于後既設此則掩旁亦固矣

鬠笄

聶氏本

士喪禮鬠笄用桑長四寸纋中注桑之為言喪也用為笄取其名也纋笄之中央以安髮○疏以髻為鬠義取以髮會聚之意四寸者僅取安髻而已

敖繼公曰會髮為紒曰鬠今南語猶然云鬠笄者以其不纚也生時緇而纚乃加笄此于生時為冠之笄但不用桑耳其或用長笄則去之不并用也長笄者冕弁之笄也婦人有長笄無短笄下云鬠用組此不言文略耳

鬠用組乃笄　注用組束髮也

聶崇義曰鬠結也取會聚之義謂先以組束髮乃笄也笄長四寸者不冠故也若冠則笄長矣古之死者但鬠笄而不冠婦人但鬠而無笄記云其母之喪鬠無笄註云猶丈夫之不冠也王肅撰家語云孔子喪有冠者妄也纓中謂兩頸潤中央狹狹則于髮安故注云以安髮也

布巾

方二尺二寸覆死者面

劉氏本

士喪禮　布巾環幅不鑿　注環幅廣袤等也不鑿者士之子親含反其巾而已大夫以上賓為之含當口鑿之嫌有惡

敖繼公曰布巾不鑿士之制然也此云不鑿則有當鑿者矣鑿者其君禮歟

雜記　鑿巾以飯公羊賈為之也　注士親飯必發其巾大夫以上賓為飯焉則有鑿巾。疏大夫以上貴故使賓爲其親含恐尸爲賓所憎穢故設巾覆尸面而當口鑿穿之令含得入口也士賤不得使賓子自含其親但露面而含耳鑿巾則是自憎穢其親也

冒

質

殺

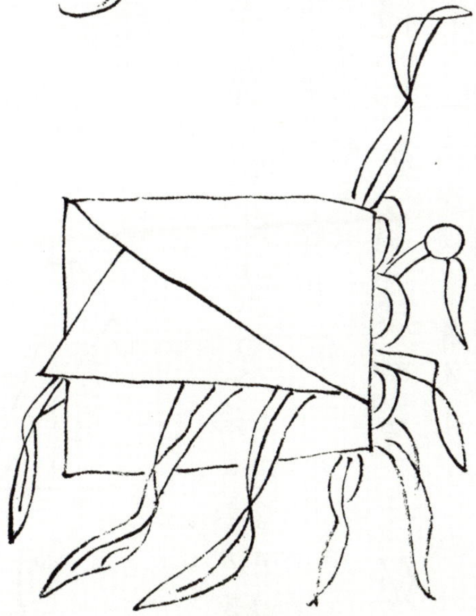

聶氏本

質

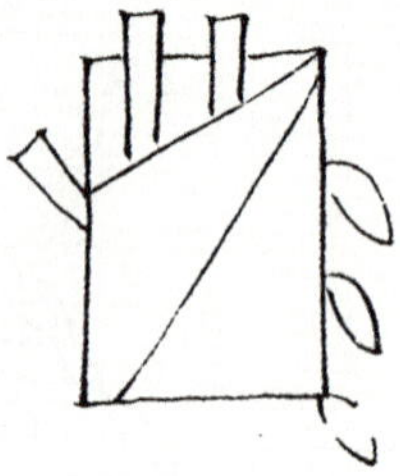

殺

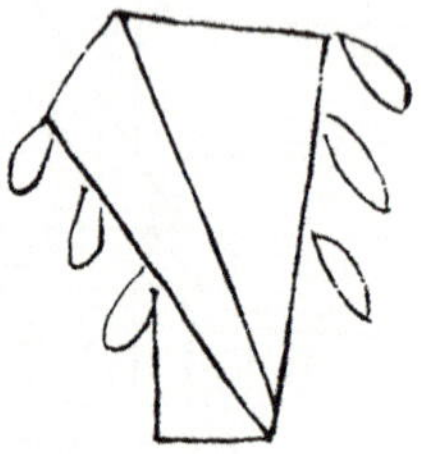

劉氏本

士喪禮冒緇質長與手齊經殺掩足注冒韜尸者制如直囊上曰質下曰殺質正也其用之先以殺韜足而上後以質韜首而下齊手上玄上纁象天地也凡冒質長與手齊殺三尺

雜記冒者何也所以掩形也自襲以至小斂不設冒則形是以襲而后設冒也注言設冒者為其形人將惡之也

喪大記君錦冒黼殺綴旁七大夫玄冒黼殺綴旁五士緇冒赬殺綴旁三凡冒質長與手齊殺三尺注冒者既襲所以韜尸重形也○疏冒有質殺者作兩囊各縫合一頭又縫連一邊餘一邊不縫兩囊皆然也綴旁七者不縫之邊上下安七帶綴以結之大夫五士三者尊卑之差也

低一字大

衾

聶崇義曰質與殺相接之處則以線綴之使相連而不用帶

劉績曰冒上身者方正故曰質冒下身者漸狹故曰殺與手齊掩足准死者身而為之初無寸量也

劉熙釋名以囊韜其形曰冒覆其形使勿惡也

聶氏本

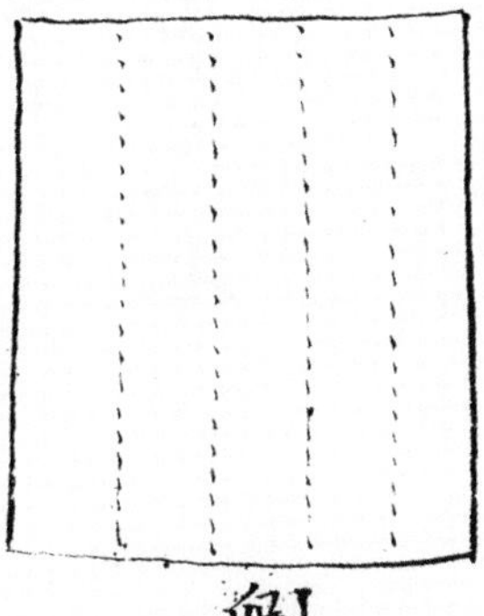

劉氏本

士喪禮緇衾赬裏無紞注被識也斂衣或倒被無別于前後也

喪大記小斂君錦衾大夫縞衾士緇衾皆一疏君大夫士各用一衾故云皆一

大斂布紟二衾君大夫士一也注二衾者或覆之或薦之○疏小斂君大夫士各一衾至

大斂各加一衾為二衾

紟

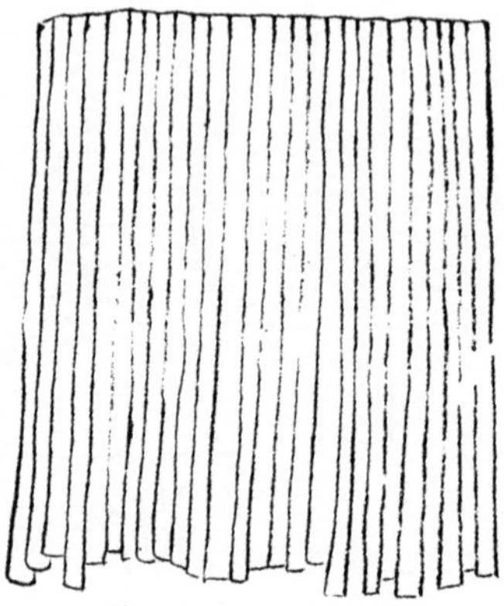

聶氏本

喪大記紟五幅無紞注紞以組類為之綴之領側若今被識生時禪被有識死者去之異于生也

皇甫侃曰紟禪被也

夷衾

聶氏本

劉氏本

喪大記自小斂以往用夷衾夷衾質殺之裁猶冒也疏夷衾所用上齊于手下三尺所用繒色及長短制度如冒之質殺但不復爲囊及旁綴也

絞

小斂絞

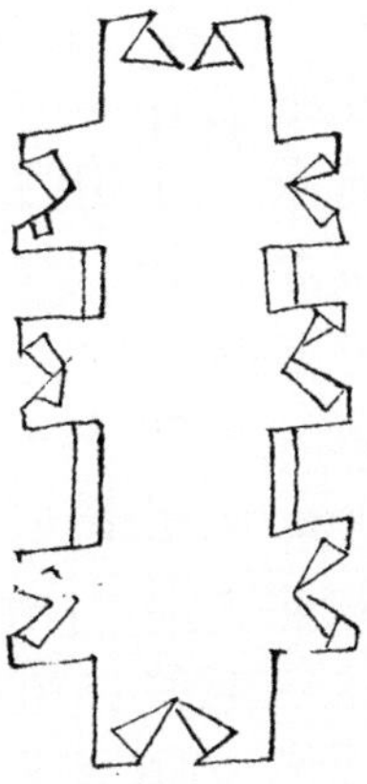

大斂絞

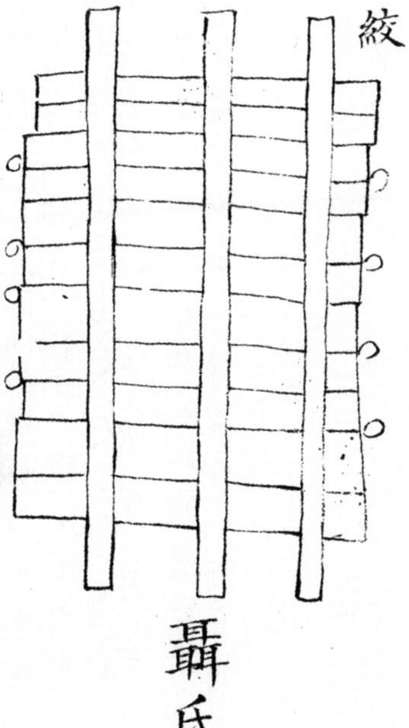

聶氏本

低一字大

喪大記小斂布絞縮者一橫者三注絞既斂所用束堅之者縮從也○疏小斂之衣以布為絞從者一幅豎置於尸下橫者三幅亦在尸下從者在橫者之上每幅之末析為三片以結束為便也大斂布絞縮者三橫者五注小斂之絞也廣終幅析其末以為堅之強也大斂之絞一幅三析用之以為堅之急也○疏縮者三取布一幅裂作三片直用之兩頭裂中央不通橫者五又取布二幅分裂作六片用五片橫于縮下

釋名已衣所以束之曰絞紟絞交也交結之也紟禁也禁繫之也

明衣

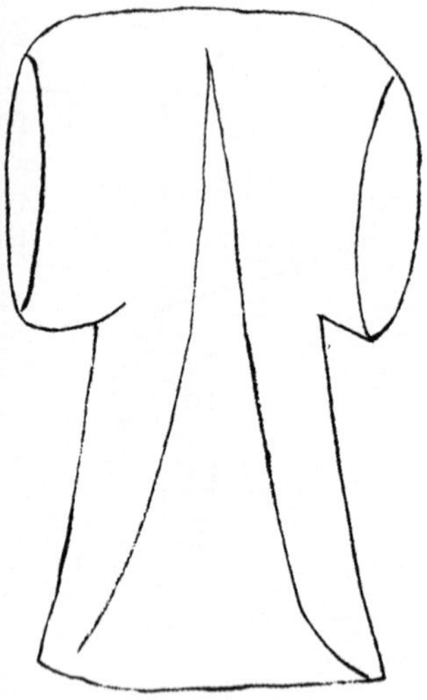

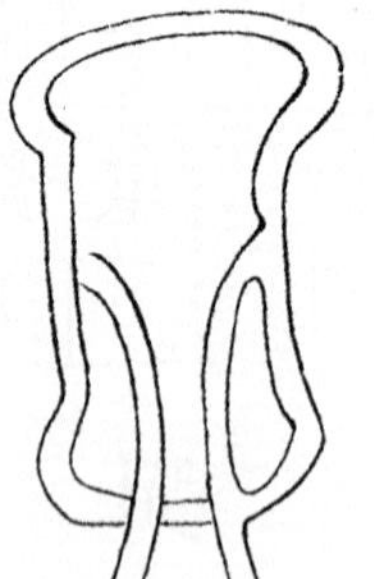

聶氏本

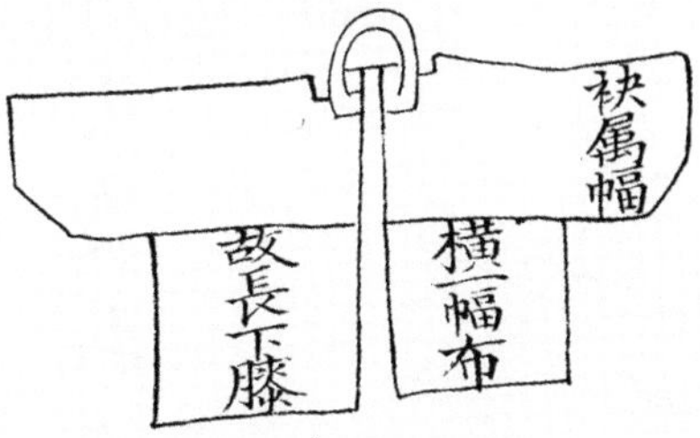

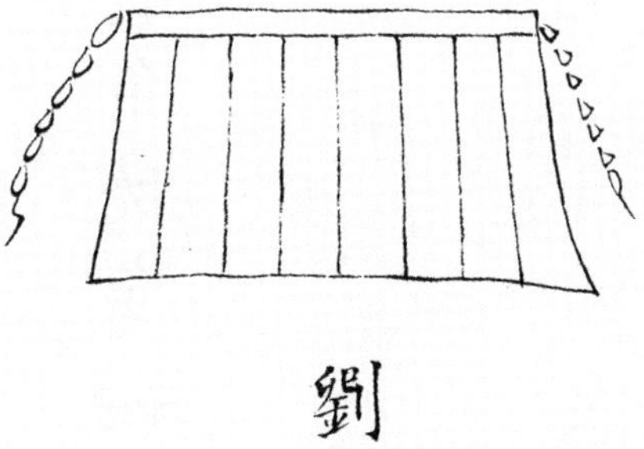

劉氏本

士喪禮明衣裳用布注所以親身為圭潔也

記設明衣婦人則設中帶注中帶若今之襌襂

明衣裳用幕布袂屬幅長下膝有前後裳不辟長及轂縓綼緆緇純注幕布帷幕之布屬幅不削幅也長下膝又有裳于蔽下體深也不辟積也轂足跗也一染謂之縓今紅也飾裳在幅曰綼在下曰緆七入為緇緇黑色也飾衣曰純謂領與袂衣以緇裳以縓象天地也○疏明衣裳用幕布則衣裳同用幕布云袂屬幅長下膝者唯據

衣而言以其下別云裳故也云屬幅不削幅者布幅二尺二寸凡用布皆削去邊幅旁一寸為二寸計之以此不削幅謂繚使相著還以袂二尺二寸云長下膝者謂為此衣長至膝下云又有裳于蔽下體深者凡為衣以其有裳故不至膝下此又有裳而言膝下共云于蔽下體深也不辟積者以其一服不動不假上狹下寬也

敖繼公曰必云袂屬幅者嫌明衣或異于生也然則吉服之袂屬幅也明矣裳前三幅後四幅不辟之則其要廣而前後相掩者深旁不開體不見矣長及轂為蔽足也明衣之長下膝其裳之制復如是皆為重形且異于生也

劉績曰燕禮幕用綌若錫則此用錫布也

角枕

周禮天官玉府大喪共含玉復衣裳角枕角柶

鄭氏曰角枕以枕尸也

角柶

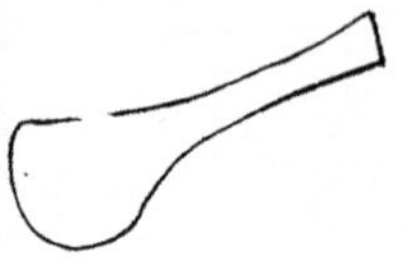

劉氏本

士喪禮　楔齒用角柶注為將含恐其口閉急也○疏此角柶其形與扱醴角柶制別屈之如軛中央入口兩末向上

喪大記　小臣楔齒用角柶疏柶以角為之長六寸兩頭曲屈將含恐口閉急故使小臣以柶拄張尸齒令開也

劉績曰柶狀如匕以角為之滑也

燕几

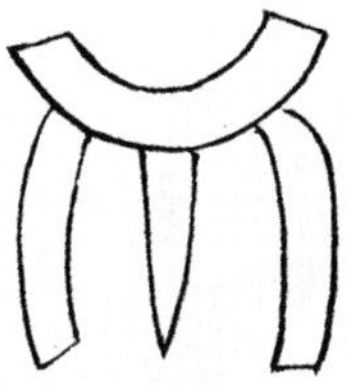

劉氏本

士喪禮　綴足用燕几注綴猶拘也為將屨恐其辟戾也

記　綴足用燕几挍在南御者坐持之注挍脛也尸南首几脛在南以拘足則不得辟戾也

敖繼公曰挍几左廉之名挍在南則橫設也几之為制前後狹而左右差廣綴足宜寬故橫設之必挍在南考生時設几左廉近人故放之也坐持之則

御者亦在牀矣其於几之北與

喪大記　綴足用燕几君大夫士一也　疏尸應著屨恐足辟戾亦使小臣執几於足令几脚南出綴居尸足兩邊令直不辟戾也

劉績曰士喪禮綴足用燕几按在南御者持之古几猶今道家之几形如半環三足坐則曲者向身可以憑以曲者兩端著地故綴足御者一人坐持上足也語林曰直木橫施植其兩足便為憑几何必以蟠鷰以藤曲木抱腰則直几後世之制也阮諶云几長五尺高二尺廣二尺馬融以為長三尺舊圖以為几兩端赤中央黑

檀弓　毀竈以綴足　疏此論殷周禮異周人綴足用燕几故不毀竈殷人毀竈綴足者一則示死無復飲食二則恐死人冷彊足辟戾不可著屨故用毀竈之甓連綴其足令直可著屨也

握手

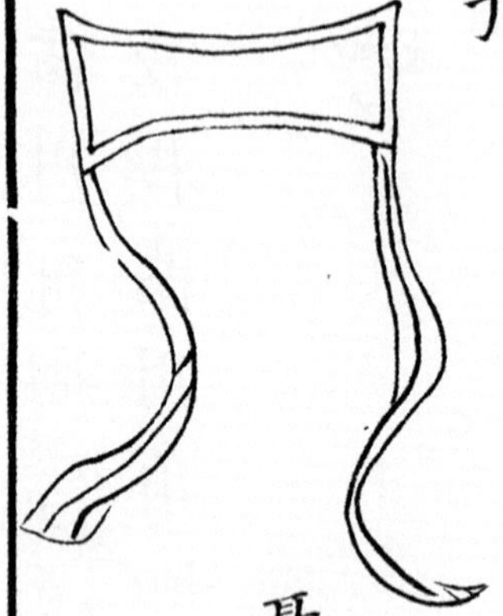

聶氏本

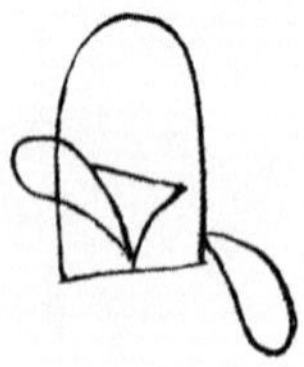

劉氏本

低一字大

〔士喪禮〕握手用玄纁長尺二寸廣五寸牢中旁寸著組繫注牢讀為樓ゝ謂削約握之中央以安手也○疏此衣在手故言握手廣五寸牢中旁寸則中央廣三寸也中央足容四指ゝ一寸則四寸四寸之外更有八寸皆廣五寸也

〔記〕設握裏親膚繫鉤中指結于掔注掔掌後節中也手無決者以握繫一端繞掔還從上自貫反與其一端結之○疏上文握手用玄纁裹長尺二寸今裹親膚據從手內置之長尺二寸中掩之手纔相對也兩端各有繫先以一端繞掔一匝還從上自貫又以一端鄉上鉤中指反與繞掔者結于掌後節中敖繼公曰握手唯一而已與決同設于右手其繫則相關經文詳于設決畧于設握故記見之設握之法以纁裹親膚其中央正當於掌右端掩四指之後左端在其上乃以其組繫環於指之本而與決之繫相結于掔而連之所謂握乃連掔者也

〔劉熙釋名〕握以物著尸手中使握之也

決

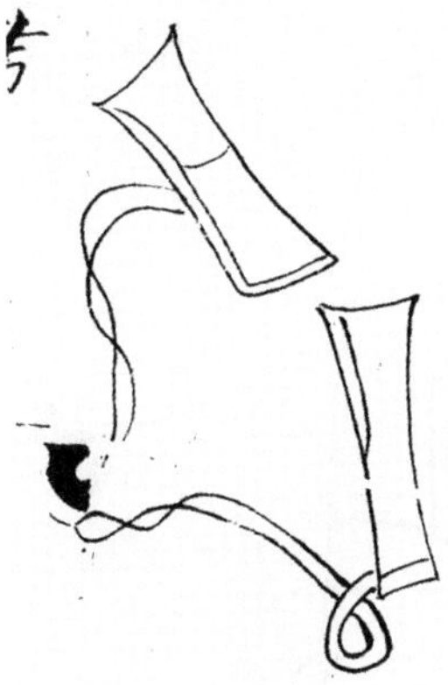

聶氏本

纊極

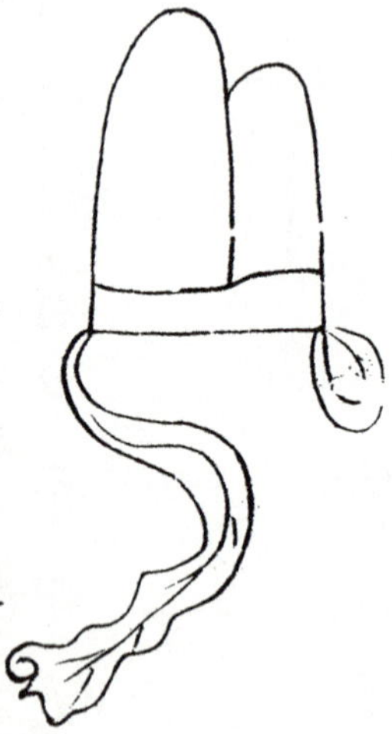

士喪禮決用正王棘若擇棘組繫纊極二注正善也王棘與擇棘善理堅刃者皆可以為決極以沓指放弦令不挈也敖繼公曰決與極皆用于右手象生時所有事者也決著右擘極韜食指將指生以象骨為決韋為極死以是二者為之明不用也士生時所用韋極之數無聞以此經推之則亦用二也是其降于君者與然則君之喪其用纊極亦三矣

含貝

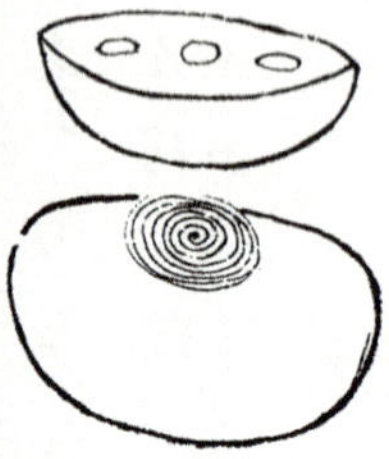

飯珠

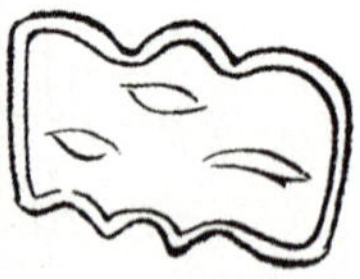

聶氏本

士喪禮貝三實于笄稻米一豆實于筐注貝水物古者以為貨笄竹器豆四升

檀弓飯用米貝弗忍虛也疏不忍虛其口也

雜記天子飯九貝諸侯七大夫五士三注此蓋夏時禮也周禮天子飯含用玉

周官天官太宰大喪贊贈玉含玉注贈玉既窆所以送先王含玉死者口實天子以玉

春官典瑞大喪共飯玉含玉贈玉注飯玉碎玉以雜米含玉柱左右顛及在口中者贈玉蓋璧也○疏飯玉者天子飯以黍諸侯飯用梁大夫飯用稷天子之士飯用梁諸侯之士飯用稻其飯用玉亦與米同時含玉有數有形亦與飯同時行之

天官玉府大喪共含玉

春秋公羊傳含者何口實也注孝子所以實親口也緣生以事死不忍虛其口天子以珠諸侯以玉大夫以璧士以貝春秋之制也文家加飯以稻米

大戴禮天子飯以珠含以玉諸侯飯以珠含以璧大夫士飯以珠含以貝

禮稽命徵天子飯以珠含以玉諸侯飯以珠含以璧

相備也

低一字大下同至釋名

讀禮通考

春秋說題辭口實曰含象生時食也

莊子儒以詩禮發冢大儒曰東方作矣事之何若小儒曰未解裙襦口中有珠詩曰青青之麥生于陵陂生不布施死何含珠為儒以金椎控其頤徐別其頰無傷口中珠

白虎通德論所以有飯含何緣生食今死不欲虛其口故含用珠寶物何也有益死者形骸故天子飯以玉諸侯以珠大夫以米士以貝也

釋名含以珠貝含其口中也

玉押

後漢禮儀志登遐沐浴守宮令兼東園匠將女執事黃綿緹繒金縷玉柙如故事

漢舊儀帝崩唅以珠纏以緹繒十二重以玉為襦如

鎧狀連縫之以黃金為縷腰以下以玉為扎長一尺二寸半為押下至足亦縫以黃金縷

浴盤

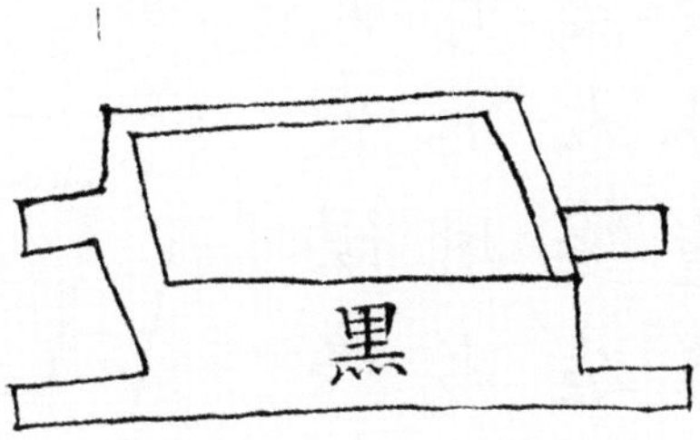

聶氏本

〔喪大記〕浴水用盆沃水用枓疏用盆盛浴水用枓酌盆水

賈公彥曰枓酌水器受五升方有柄挹盆中水以沃尸

夷槃

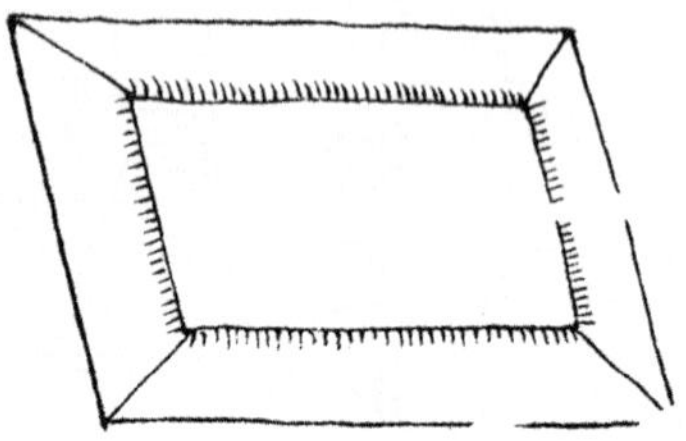

聶氏本

禮天

周官凌人大喪供夷槃冰注夷之言尸也實冰于夷槃中置之尸牀之下所以寒尸

士喪禮士有冰用夷槃可也注謂夏月而君加賜冰也夷槃承尸之槃

喪大記君設大盤造冰焉大夫設夷盤造冰焉士併瓦盤無冰設牀襢第有枕含一牀襲一牀遷尸于堂又一牀皆有枕席君大夫士一也注造猶內也襢第袒簀也謂無席如浴時牀也禮自仲春之後尸既襲既小斂先內冰盤中乃設牀于其上不施席而遷尸焉秋凉而止士不用冰以瓦為盤併以盛水耳○疏造冰者造內其冰于盤中置冰于下設牀于上去席襢露第簀浴時無席為濡水也設冰無席為通寒氣也

尸

夷牀

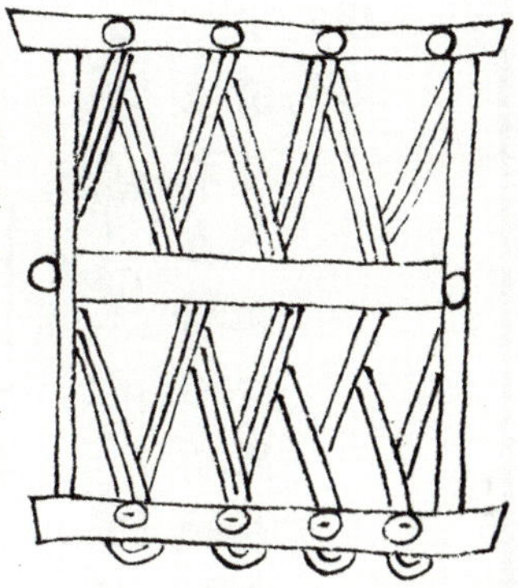

聶氏本

聶崇義曰夷牀以遷屍長丈二尺廣七尺旁為四鐶前後亦有鐶為鈕于兩旁以繩直貫中欲下屍則引其直繩諸鈕悉解矣

王昭禹曰夷之言傷也氷盤曰夷盤移尸于堂曰夷堂牀曰夷牀衾曰夷衾皆以哀傷為主

浴牀

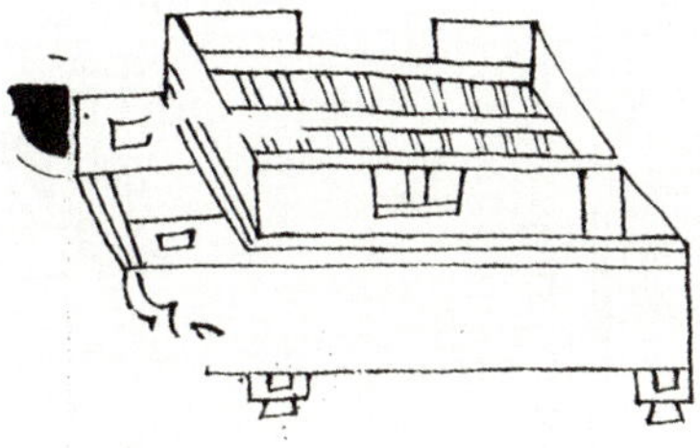

聶氏本

低一字大
周密志雅堂雜鈔國朝典故人主升遐皆取太學文宣王玉圭爲斂事定[illegible]

聶崇義曰洛林亦曰夷林夷之爲言尸也長丈二尺廣四尺有四横上有木第設欄于前面及後兩端士漆之大夫加朱飾諸侯畫雲氣天子加禾稼百草華也

組圭

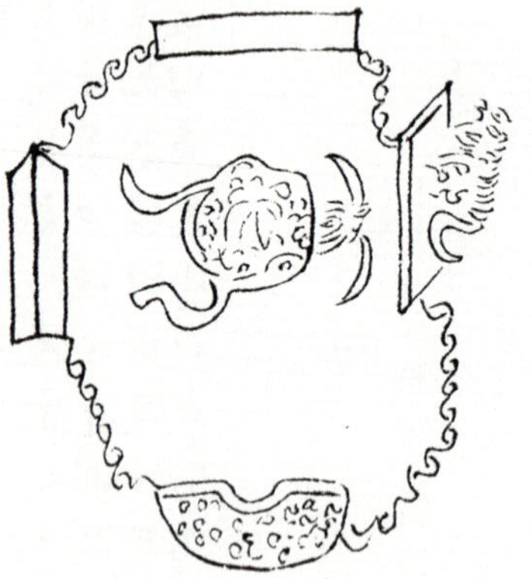

聶氏本

禮春

周官典瑞駔圭璋璧琮琥璜之渠眉疏璧琮以斂尸

注斂尸于大斂加之圭在左璋在首琥在右璜在足璧在背琮在腹蓋取象方明神之也疏璧琮者通于天地○疏此六玉兩頭皆有孔又于兩孔之間爲溝渠于溝之兩畔稍高爲眉瑑故云以組穿聯之

重

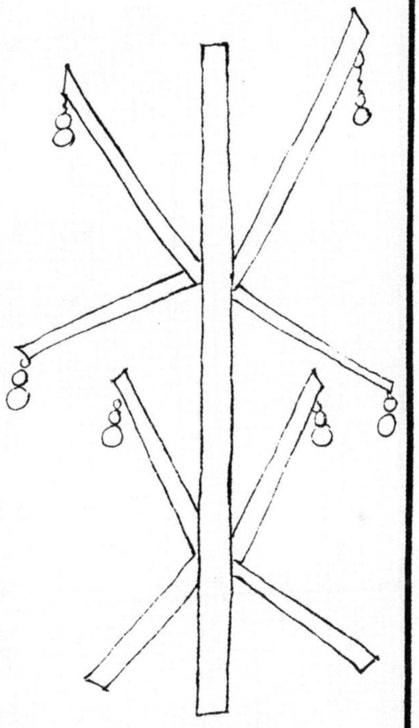

聶氏本

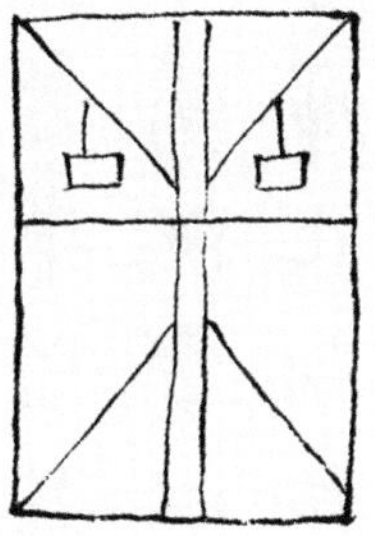

劉氏本

〔士喪禮〕重木刋鑿之注木也縣物焉曰重刋斵治鑿之為縣簪孔也士重木長三尺敖繼公曰謂以木為之而加刋鑿也鑿其前為二孔而以簪貫之為縣鬲之用

〔檀弓〕重主道也殷主綴重焉周主重徹焉注始死未作主以重主其神旣

低一字大

太常因革禮重一品挂鬲五已以上四六品以下二

虞而埋之乃後作主○疏人始死作重猶若木主所以依神故曰重主道也

〔釋名〕重死者之資重也含餘米以為粥投之甕而懸之比葬未作主權以重主其神也

〔開元禮〕重三品以上長八尺四品五品長七尺六品以下長六尺橫者半之置于庭三分庭一在南以沐之米為粥實于鬲既實以疏布蓋其口繫于竹篾懸于重木覆用葦席北向屈兩端交于後西端在上綴以竹篾祝取銘置于重殯堂前楹下夾以葦席簾門以布又設葦障于庭

明旌

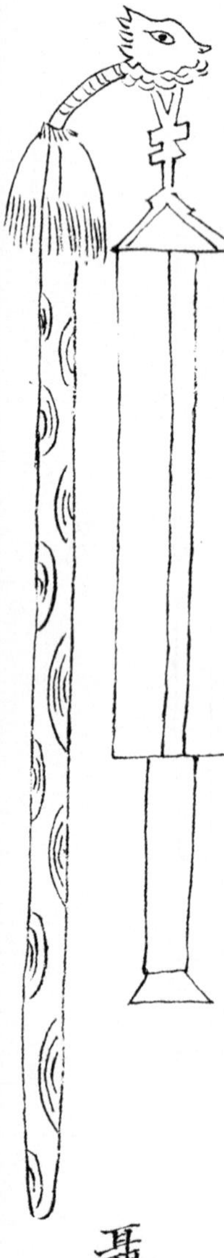

聶氏本

一字大

士喪禮為銘各以其物亡則以緇長半幅經末長終幅廣三寸書名于末曰某氏某之柩竹杠長三尺置于宇西階上注銘明旌也雜帛為物大夫之所建也以死者為不可別故以其旗識之亡無也無旗不命之士也半幅一尺終幅二尺在棺為柩今文銘為旆也杠銘橦也

檀弓銘明旌也以死者為不可別已故以其旗識之注明旌神明之旌也不可別為形貌不見也

聶崇義曰周禮司常大喪則供銘旌又按司常職云王建太常諸侯建旂孤卿建旜大夫士建物則銘旌亦然但尺數異耳禮緯天子之旌高九仞諸侯七仞大夫五仞士三仞其士喪竹杠長三尺則死者以尺易仞也天子九尺諸侯七尺大夫五尺士三尺其旌旗身亦以尺易仞也又從遣車之差蓋以喪事略故也若不命之士則以緇布半幅長一尺赬其末長終幅長二尺也緇赬共長三尺廣三寸書銘于末

崔元凱喪儀銘旌今之旐也天子長丈二寸皆施跗樹于壙中

開元禮為銘銘明旌也以絳充廣幅三品以上長九尺四品五品長八尺龍首韜杠六品以下長六尺韜杠書某

官封之柩置于宇西階上

司馬氏書儀銘旌以絳帛為之廣終幅三品以上長九尺五品以上八尺六品以下七尺書曰某官某公之柩官卑曰某君妻曰某封邑某氏若無官封即隨其生前所稱以竹為杠長準銘旌置屋西階上

魂帛

家禮魂帛絜白絹為之設椸于尸南覆以帕置倚卓其前置魂帛於倚上設香爐杯注酒果於卓子上是為靈座倚銘旌於倚左侍者朝夕設櫛頮奉養之具皆如平生俟葬畢有祠板則埋魂帛絜地雜記重既虞而埋之開元禮瘞

此今國家亦用之喪令置重一品柱鬲六五品以上四六品以下亦然士民之家未常識也皆用魂帛魂帛亦主道也禮大夫無主者束帛依神今且從俗貴其簡易然世俗或用冠帽衣屐裝飾如人狀此鄙俚不可從也又世俗皆畫影置于魂帛之後男子生時自畫像用之猶無所謂至于婦人生時深居閨闥出則乘輜軿擁蔽其面既死豈可使畫士直入深室揭掩面之帛執筆望相畫其容貌此殊為非禮勿可用也

丘濬曰魂帛以白絹為之如世俗所謂同心結者垂其兩足○按魂帛之制本注引温公説謂用束帛依神而朱子本文則又謂絜白絹為之考古束帛之制用絹一匹捲兩端相向而束之結之制無可考近世行禮之家有結帛為長條而交互穿過如世俗所謂同心結者上出其首旁出兩耳下垂其餘為兩足有肖人形以此依人似亦可取雖然用帛代形本非古禮用束用結二者俱可

文獻通考紹興三十一年五月禮部侍郎金安節等言竊詳神帛之制雖不經見然考之于古蓋復之遺意也然古之復者以衣今用神帛招魂其意蓋本于此

棺槨總

易古之葬者厚衣之以薪葬之中野不封不樹喪期無數後世聖人易之以棺槨蓋取諸大過

書顧命伯相命士須材傳召公命士致材木須待以供喪用

檀弓天子崩虞人致百祀之木可以棺槨者斬之注虞人掌山澤之官百祀畿内百縣之祀也斬伐也不至者廢其祀刎其人疏此謂王殯後事也必取祀木者賀瑒云君者

德著幽顯若存則人神均其慶幸若歿則靈祇等其哀傷也

陳澔曰天子之椁奚以多木為哉百縣之祀其木可用者悉斬而致之無乃太多乎畿內之美材固不乏矣奚獨于祠祀斬之予廢其祀例其人又何法之峻予禮制若此未詳其說

吳澄曰廢其祀例其人蓋設此辭而令人以見王喪尤重于神祀也如誓師而曰無敢不供汝則有大刑是也非果廢之例之也蓋祀木者神祇所主豈可斬伐惟為天子承椁木則雖祀木亦斬無或敢占吝者若或占吝不以其木至是不供王喪為大不敬故設廢祀例人之辭使人不敢慢令也

喪大記　棺椁之間君容柷大夫容壺士容甒　注間可以藏物因以為節

○疏君容柷者柷如漆桶是諸侯棺椁間所容也若天子棺椁間則差寬大故司几筵云栢席用萑玄謂栢椁字摩滅之餘椁席藏中神坐之席是也諸侯棺椁間亦容席故司几筵云栢席諸侯則紛純稍狭于天子故此云容柷大夫容壺者壺是漏水之器乃大夫所掌曰士容甒者甒是盛酒之器乃士所用也

方愨曰柷方二尺四寸深一尺八寸壺大一石甒五斗則其所容之大小可知君必以柷則與狄人設階同義

左傳　成公二年八月宋文公卒椁有四阿棺有翰檜

君子謂華元樂舉於是乎不臣　注四阿四注椁也翰旁飾檜上飾皆王禮○疏周禮匠人云殿人四阿重屋鄭玄云阿棟也四角設棟也是為四注椁也士喪禮云抗木橫三縮二謂于椁之上設此木從二橫三以負土則士之椁上平也今此椁上四注而下則其上方而尖也禮天子椁題湊諸侯不題湊不題湊則無四阿釋詁云楨翰榦也又曰楨正也築墻所立兩木也翰所以當墻兩邊障土者也翰在墻

低一字大

低一字大

之旁則知以翰亦在旁也詩云會弁如星鄭玄云會謂弁之縫中言其際會之處也會在弁之上知此檜亦在上故為棺旁飾上飾也

家語孔子初仕為中都宰制為養生送死之節為四寸之棺五寸之椁因丘陵為墳不封不樹行之一年而西方之諸侯則焉魯國在東方故西方諸侯皆取法

呂氏春秋美棺椁所以備螻蟻也

後漢書趙咨曰棺椁之造自黄帝始

白虎通德論所以有棺椁何所以掩藏形惡也不欲令孝子見其毀壞也棺之為言貌所以藏尸令貌全也椁之為言廓所以開廓辟土無令迫棺也○有虞氏瓦棺今以木何虞尚質故用瓦夏后氏益文故易之以墍周謂墍木相周無膠漆之用也殷人棺椁有膠漆之用周人浸文墻置翣加巧飾喪葬之禮緣生以事死生時無死亦不敢造太古之時穴居野處衣

皮帶革故死衣之以荊內藏不飾中古之時有宮室衣服故衣之幣帛藏以棺椁封樹識表躰以象生劉璋曰凡送死之道惟棺與椁為親身之物孝子所宜盡心袝喪之日擇木為棺恐倉卒未得其木或漆亦未得能堅完或值暑月恐難久留古者國君即位而為椑歲一漆之今人亦有生時自為壽器者此乃循行其道非豫凶事也其木油杉及柏為上毋事高大以為美觀唯棺周于身椁周于棺足矣棺內外皆用布裹漆務令堅實余嘗見前人葬墓掩壙之後即以松脂溶化灌于棺外其厚尺餘後為人侵掘松脂歲久凝結愈堅斧斤不能加得免大患今有葬者用之可謂宜矣

宋史諸葬不得以石為棺椁及石室其棺椁皆不得雕鏤彩畫施方牖檻棺內不得藏金寶珠玉

棺

檀弓天子之棺四重注尚深邃也諸公三重諸侯再重大夫一重士不重水兕革棺被之其厚三寸注以水牛兕牛之革為棺被革各厚三寸合六寸也此為一重杝棺一注所謂椑棺也爾雅曰椵杝梓棺二注所謂屬與大棺四者皆周注周匝也凡棺用能濕之物○疏四重者水牛兕牛皮二物為一重杝為第二重屬為第三重大棺為第四重四重凡五物也以次差之上公三重則去水牛餘兕杝屬大棺也侯伯子男再重又去兕餘杝屬大棺大夫一重又去杝餘屬大棺也士

不重又去屬唯單用大棺也天子大棺厚八寸屬六寸椑四寸又二皮六寸合二尺四寸也上公去水牛之三寸餘兕椑屬大棺則合二尺一寸諸侯又去兕之三寸餘合一尺八寸也列國上卿又除椑四寸餘合一尺四寸也大夫大棺六寸屬四寸合一尺士則不重但大棺六寸庶人四寸天子卿大夫又不見者天子卿大夫並與列國君同若天子之士與諸侯大夫同也水兕二皮並不能厚三寸故合被之令各厚三寸也二皮能濕故最在裏近尸杝棺者椵也材亦能濕故次皮杝唯一種故云一也諸侯無革則以杝親尸所謂梓棺也即前言君即位為椑是也杝即椵木鄭引爾雅曰椵杝一物二名名椵又名杝也梓棺二者杝棺之外又有屬棺屬棺之外又有大棺大棺與屬棺並用梓故云二也四者皆周者謂四重之棺上下四方悉周匝唯椁不周下有茵上有抗席故也

后木曰喪吾聞諸縣子曰夫喪不可不深長思也注后木魯孝公子惠伯鞏之後買棺外內易我死則亦然注此孝子之事非所託

徐師曾曰言養生不足以當大事唯送死可以當大事人子事親含是無所用其力一有不謹則他日不可復追此所以不可不深長思也是以買棺藏親必外內易治不必有後日之悔此當深思之大者故特舉而言之縣子此言可為萬世人子喪親之法矣然此乃人子所當自盡非父毋豫屬者而后木乃曰吾死則亦然則過為身後之慮矣

衛有太史曰柳莊寢疾公曰若疾革雖當祭必告公再拜稽首請于尸曰有臣柳莊也者非寡人之臣社稷之臣也聞之死請往不釋服而往遂以襚之與之

邑裘氏與縣潘氏書不納諸棺曰世世萬子孫毋變也

陳乾昔寢疾屬其兄弟而命其子尊已曰如我死則必大為我棺使吾二婢子夾我陳乾昔死其子曰以殉葬非禮也況又同棺乎弗果殺

喪大記　君大棺八寸屬六寸椑四寸上大夫大棺八寸屬六寸下大夫大棺六寸屬四寸士棺六寸注大棺棺之在表者也檀弓曰天子之棺四重水兕革棺被之其厚三寸杝棺一梓棺二四者皆周此以内說而出也然則大棺及屬用梓椑用杝以是差之上公革棺不被三重也諸侯無革棺再重也大夫無椑一重也士無屬不重也庶人之棺四寸上大夫謂列國之卿也趙簡子曰不設屬辟時僭也○疏檀弓從内而說以次出外謂近尸有水革次外有兕革次外有兕革次外有椑次外有屬次外有大棺此先云大棺及屬乃始云椑是從外向内而說故知大棺及屬當梓棺也椑當杝棺也

君蓋用漆三衽三束大夫蓋用漆二衽二束士蓋不用漆二衽二束注用漆者塗合牝牡之中也衽小要也○疏蓋棺上蓋用漆謂漆其衽合縫處也衽謂燕尾合棺縫際也束謂

以皮束棺也。棺兩邊各三衽，每當衽上，輒以牛皮束之。大夫士亦然。檀弓云棺束縮二橫三者，據君言也。若大夫士橫唯二束，此文是也。

【孟子】孟子自齊葬於魯，反於齊，止於嬴。充虞請曰：前日不知虞之不肖，使虞惇匠事。嚴，虞不敢請。今願竊有請也，木若以美然。孟子仕於齊，喪母，歸葬于魯。嬴，齊南邑。充虞，孟子弟子，嘗董治作棺之事者也。嚴，急也。木，棺木也。以美，太美也。曰：古者棺椁無度，中古棺七寸，椁稱之。自天子達於庶人，非直為觀美也，然後盡於人心。度，厚薄尺寸也。中古，周公制禮時也。椁稱之，與棺相稱也。欲其堅厚久遠，非特為人觀視之美而已。不得，不可以為悅；無財，不可以為悅。得之為有財，古之人皆用之，吾何為獨不然？不得，謂法制所不當得。得之為有財，言得之而又為有財也。或曰：為當作而。且比化者，無使土親膚，於人心獨無恔乎？比，猶為也。化者，死者也。恔，快也。言為死者不使土親近其肌膚，於人子之心，豈不快然無所恨乎？吾聞之也：君子不以天下儉其親。送終之禮，所當得為而不自盡，是為天下愛惜此物，而薄於吾親也。

【墨子】古聖王制為葬埋之法，曰：棺三寸，足以朽體，衣

此一字大同　下書語類

衾三領足以覆惡則止矣〇子墨子制為葬埋之法曰棺三寸足以朽骨衣三領足以朽肉

許慎說文棺關也所以掩尸

釋名棺關也關閉也

司馬温公曰棺欲厚然太厚則重而難以致遠又不必高大占地使壙中寬易致摧毁宜深戒之槨雖聖人所制自古用之然板木歲久終歸腐爛徒使壙中寬大不能牢固不若不用之為愈也孔子葬鯉有棺而無槨又許貧者還葬而無槨今不欲用非為貧者乃欲保安亡者爾

二程全書古人之葬欲比化者不使土親膚今奇玩之物尚保藏固密以防損污況親之遺骨當如何哉世俗淺識唯欲不見而已又有求速化之說是豈知必誠必信之義且非欲其不化也未化之間保藏當如是爾吾自少時謀葬曾祖虞部已下積年累歲精意思索欲知何物能後骨而朽後聞咸陽原上有人發東漢時暮柏棺尚在又韓修王城圯得古柏木皆

堅潤如新諺有松千柏萬之說于是知柏最可以久然意猶未已因觀雜書有松脂入地千年為茯苓萬年為琥珀之說疑物莫久于此遂以柏為棺而塗以松脂特出臆計非有稽也不數月嵩山法王寺下鄉民穿地得古棺裹以松脂乃知古人已用之矣自是三十四年七經葬事求安之道思之至矣地中之事察之詳矣地中之患有二惟蟲與水而已所謂無使土親膚不惟以土為污有土則有蟲蟲之侵骨甚可畏也世人墓中多置鐵以辟土獸土獸希有之物尚知備之蟲為必有而不知備何也唯木堅縫完則不能入求堅莫如柏欲完莫如漆然二物亦不可保柏有入土數百年而不朽者有數十年而朽者人多以為柏心不朽而心之朽者見亦多矣

高閌曰伊川先生謂棺之合縫以松脂塗之則縫固而木堅注云松脂與木性相入而又利水蓋今人所謂瀝青者是也須以少蚌粉黄蠟清油合煎之乃可用不然則裂矣其棺椁之閒亦宜以此灌之

朱子語類古禮雖竹為古人有做未到處古者以皮束棺豈能固設漆黍稷于棺傍以惑蚍蜉可見少智

今棺用漆要三日便殯亦難

王文禄葬度合棺油杉為上柏次之油杉今沙坊版出馬湖建昌桃花洞揚宣慰旋螺丁子香花紫實上也但假者多耳莫若用柏紫經杉可也棺斬容身不宜大蘇匠製若經匣樣底蓋不用鐵丁用柏或蘇木作錠笋底蓋對墻合處每邊鑿二孔笋作錠樣分三片先錘左右二片入孔分開中一片針下錠四處到劄佳矣且免鐵銹壞版釘擊震尸錠笋法聞之西泉錢子懋仁名篆仁孝士也以故能慎終

陳龍正曰製棺〻不可太寬太長如料富則量逝者形軀裁減之勿惜損料尤忌太高必使高濶相等環視見方為妥高則上空既無用而擴勢因之不得不高坟勢因之不得不稍薄留棺中無用之空虛損壙外宜厚之封土豈善計哉蓋不宜用釘〻縫滃氣又釘長出亦使壙高其弊多端慎勿泥古〻人亦有未詳審處木唯杉最善不蛀不朽又無爆性有財則買沙版乃千年老杉近根之幹壅埋沙土中者川陝深山所生無財則買大杉木堅老者為

之伊川先生獨尚柏心柏過燥恐于朽死骸骨有所未便又且易蛀想宋時未起沙版之說也既得良木命良工試配已畢臨攏合時一切縫罅先用絞净真生漆厚調生麪銀硃塗嵌其間然後推敲成就維有小〻鬆隙之處皆為硃漆充塞無不泯合之患矣試真漆法取少許抹青竹上少頃即乾〻而粘綴不可剔剥者真否則已浸入桐油其性懈矣硃性極收溼凡漆物置密室中遇雨必生潤唯硃漆獨乾此其驗也故可以助漆之堅解漆之溼無踰此物棺外凡遇縫處亦用硃漆塗之棺底須塗抹令遍棺內止以少許抹縫餘處不可多用骸骨宜近木不宜近漆也俗用瓦灰猪血調塗又以麻布糊縫直同兒戲土中無物不朽此數物徒滋污穢有何功力不須十年必皆解散脫落又棺外以硃漆周圍塗之約數遍而止硃外又須以真生漆蓋之恐硃色太炫非入土幽玄之義加以晦色使可久安也

張文嘉齊家寶要棺木沙坊為上非貴價者不能堅美然中間多有破損巧于補綴未易辨識一售其欺反不若杉木之為愈也或取三丈四丈平木及裏溪之頭段為佳但要色老而紅赤縷細而堅實者取其木心俟其乾燥即可用也臨攏合時一切縫罅先用絞净真生漆厚調生麪銀硃塗嵌其間然後推敲成就維有小〻鬆隙之處皆為硃漆充塞無不泯合之患矣試真漆法取少許抹青竹上少頃即乾〻而粘綴不可剔剥者真否則已浸入桐油其性懈矣硃性實收溼可以助漆之堅解漆之溼故須用之棺外凡遇縫處亦用硃漆塗之棺底須塗抹令遍棺內止以少許抹縫餘處不可多用骸骨宜近木不宜近漆也俗用瓦灰猪血調塗又以麻布糊縫直同兒戲此數物徒滋污穢有何功力耶又一法合縫時先以艌船之油灰塗其內覆綿紙二三層其固甚于松脂外面灌生桐油數次此法尤為簡便利于貧者然總非預辨不可易得凡遇父母年老即當竭力為之不得與兄弟分派爭較彼此推延以致倉卒誤事且古者國君即位而為椑歲一漆之况其士庶乎

低一字大

桐棺　柏棺

左傳　哀公二年秋八月齊人輸范氏粟鄭子姚子般送之士吉射逆之趙鞅禦之遇於戚簡子誓曰志父無罪若其有罪絞縊以戮桐棺三寸不設屬辟注棄禮上大夫棺八寸屬六寸下大夫棺六寸屬四寸無三寸棺制也棺用難朽之木桐木易壞不堪為棺故以為罰墨子尚儉桐棺三寸屬次大棺也辟親身棺也禮大夫無辟唯屬與大棺為一重今云不設辟者時僭耳非正禮也素車樸馬注以載柩○疏素車無飾不以翣柳飾車也曲禮云大夫去國乘髦馬鄭云髦馬不鬄落也則此樸馬亦謂不鬄落用此以載柩也他柩皆人挽此用車馬載者道遠當用牛馬且此言亦為罰也無入于兆注兆葬域○疏周禮冢人云凡死于兵者不入兆域鄭云戰敗無勇投諸塋外以罰之此亦罰也下卿之罰也注為自設罰所以能克敵

家語　孔子之喪公西赤掌殯葬焉桐棺四寸柏棺五寸

墨子　禹葬會稽之山桐棺三寸葛以緘之

莊子古之喪禮天子棺槨七重諸侯五重大夫三重士再重今墨子獨生不歌死無服桐棺三寸而無槨以為法式以此教人恐不愛人以此自行固不愛也

荀子刑餘罪人之喪桐棺三寸

越絕書禹葬會稽葦槨桐棺穿壙七尺上無漏泄下無即水

梓棺

風俗通義禮天子斂以梓器宫者存時所居緣生事亡因以為名凡人之棺亦為宫也

漢舊儀梓棺長二丈廣四尺

王符潛夫論今者京師貴戚必欲江南櫄梓豫章之木邊遠下土亦競相倣效夫櫄梓豫章所出殊遠伐之高山引之窮谷入海乘淮逆河泝洛工匠雕刻連累日月會衆而後動多牛而後致重且千斤功將萬夫而東至樂浪西達燉煌費力傷農于萬里之地

榖棺

慨一字大

墨子昔堯葬蛩山之陰穀木之棺葛以緘之舜葬南巳之市穀木之棺葛以緘之

椑棺

續漢書禮儀志王公主貴人皆椑棺朱漆畫雲氣公特進椑棺黑漆

宋書禮志宋孝武大明五年閏月皇太子妃薨椑木為櫬號曰椑宮

松棺

魏書崔光傳光戒子孫曰吾兄弟自幼及老未曾一片不同弟頃横禍權作松棺亦可為我作松棺使我見之

楸棺

盛弘之荆州記冠軍縣東一里有張詹墓魏太和時

人也刻碑背曰白楸之棺易朽之裳銅錢不入瓦器不藏嗟爾後人幸不我傷隸釋魏征南軍司張詹

雜木棺

續漢書楊震數切諫為樊豐等所譖遣歸本郡震行至城西夕陽亭乃慷慨謂其諸子門人曰身死之日以雜木為棺布衣单被裁足蓋形勿歸冢次

瓦棺

檀弓有虞氏瓦棺

帝王世紀有苗氏叛虞舜南征崩于鳴條殯用瓦棺

西京雜記袁盎冢以瓦為棺椁

隸釋武陽城東彭亡山之巔耕夫斵地有聲尋鎛入焉石窒如屋大中立兩崖柱左右各分二室左方有破瓦棺

低一字大

低一字本

石棺

史記蜚廉為紂石北方還無所報為壇霍太山而報得石棺銘曰帝令處父不與殷亂賜爾石棺以華氏死遂葬于霍太山

盛弘之荆州記臨湘水中有石牀牀上有二石棺色緑如銅鏡莫能詳也

玉棺

風俗通義葉縣令王喬天下一玉棺于廳事前令臣吏試入不動搖喬曰天帝獨欲召我沐浴服飾寢其中蓋便立覆之宿葬于城東土自成墳

銅棺

越絶書闔閭冢在閶門外銅棺三重洪（澒）池六尺

革棺

依一字大

移漢書後

西京雜記廣川王去疾國內冢藏一皆發掘魏襄王冢入一户石扉有關鑰叩開見棺柩黑光照人刀斫不入燒鋸截之乃漆雜兕革為棺厚數寸累積十餘重力不能開乃止

朱棺

東觀漢記耿秉薨賜朱棺玉衣

明會典品官棺用油杉朱漆庶民棺油杉為上柏次之土杉又次之用黑漆金漆

漢書佞幸傳莽風大司徒光奏賢自殺伏辜死後父恭等不悔過乃復以沙畫棺師古曰以朱砂塗之而又雕畫也四時之色左蒼龍右白虎上著金銀日月玉衣珠璧以棺至尊無以加

畫棺

似一字大

謝承後漢書和帝追封太后父梁松為褒親愍侯改殯賜東園畫棺玉押衣衾

後漢書袁安傳袁逢卒朝廷以逢嘗為三老特優禮制賜以朱畫秘器注秘器棺也

布漆山

清異錄天成開運以來俗尚巨棺有停之中寢人立兩邊不相見者凶肆號布漆山

押

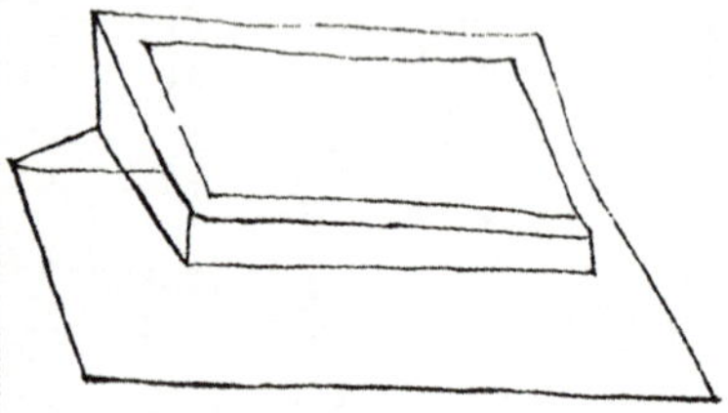

聶氏本

檀弓君即位而為椑注椑謂杝棺親尸者天子椑內又有水兕革棺歲一漆之藏焉注若未成然○疏君諸侯也言諸侯則王可知人君無論少長躰尊備物故即位而造為此棺也椑即杝棺天子椑內有水兕諸侯無但用杝在內以親尸也歲一漆之者雖為尊得造未供用故不欲即成但每年一漆示如未成也藏焉者謂藏物于中棺中不欲空虛如急有待也

方慤曰椑即所謂櫬也君尊雖凶禮之具亦豫備藏焉則惡人之見也

陸佃曰言歲一出而漆之于是又藏焉歲一出者若將有用也示使其君不敢有恃以惰

裴松之曰禮天子諸侯之棺各有重數棺之親身者曰椑

乾學按豫凶禮非得已也故漆而藏焉椑欲堅故歲一漆之漆之斯出之矣疏謂中不欲空虛而訓藏為藏物於中其說贅陸氏至謂歲一出者示君將有用夫預凶事猶不可況可以此警其君為盡禮歟後儒說禮往往傳會若此所以禮家多成聚訟也

似字大

舊唐書玄宗開元二十年自東都幸太原至太行坂路隘逢椑車問左右車中何物左右奏曰禮天子出則載椑車以從先王之制也上曰焉用此命焚之椑自此始也

柩

曲禮在牀曰尸在棺曰柩疏三日不生斂之在棺死事窮竟于此故曰柩呂大防曰尸者未大斂柩者已大斂之稱也故喪礼未殯奠于尸已殯奠于柩

白虎通德論尸柩者何謂也尸之為言失也陳也失氣亡神形體獨陳柩之為言究也久也不復章也

釋名尸已在棺曰柩柩究也送終隨身之制皆究備也

櫬

左傳襄公二年夏齊姜薨初穆姜使擇美檟注檟梓之屬以

字大

自為櫬櫬棺也欲以送終○疏櫬親身棺也以親近其身故以櫬為名喪大記云君大棺八寸屬六寸椑四寸如彼記諸侯之棺三重親身之棺名之為椑椑即櫬是也其椑用椵為之屬與大棺乃用梓耳此以梓為櫬者名之曰櫬其內必無棺也擇櫝為櫬其櫬必用梓也季文子取以葬君子曰非禮也禮無所逆婦養姑者也虧姑以成婦逆莫大焉注穆姜成公母齊姜成公婦

四年秋定姒薨不殯于廟無櫬不虞注季孫以定姒本賤既無器備賤其喪制欲殯不過廟又不反哭匠慶謂季文子注匠慶魯大匠曰子為正卿而小君之喪不成不終君也注慢其母是不終事君之道君長誰受其咎注言襄公長將責季孫初季孫為己樹六檟於蒲圃東門之外注文子欲自為櫬匠慶請木注為定姒作櫬季孫曰略注不以道取為略匠慶用蒲圃之檟季孫不御注御止也君子曰志所謂多行無禮必自及也其是之謂乎

疏季孫言略令匠慶略他木也官非無木可用意欲不成其喪怒慶此請令略木為之慶又忿其如此故取季孫之檟其意言遣我略人我止略女季孫令之為略匠奉命而略雖自被略不得止之是自及也

小爾雅有尸謂之柩空棺謂之櫬

後漢書後低一字大

低一字大

槥

說文櫝小棺又曰槥

漢書成帝紀河平四年民為水所流死不能自葬者令郡國給槥櫝葬埋師古曰槥櫝謂小棺

陸機大墓賦覩洪櫝而為槥

褁棺鐕

喪大記君褁棺用朱綠用雜金鐕大夫褁棺用玄綠用牛骨鐕士不綠注鐕所以琢著褁○疏褁棺謂以繒貼棺褁也朱繒貼四方綠繒貼四角定本經中綠字皆作琢〻謂鐕琢朱繒貼著于棺也鐕釘也舊說云用金釘又用象牙釘雜之以琢朱綠著棺也隱義云朱綠皆繒也雜金鐕尚書曰貢金三品黃白青色用玄綠者四面玄四角綠用牛角鐕者不用牙金也士不綠者悉用玄也亦同大夫用牛骨鐕不言從可知也

吳澄曰按定本近是蓋褁棺兼用綠色無義疏說分二色貼四方四隅亦無義且未詳何拠若依定本以綠為琢則朱玄句絕琢字屬下句士用玄褁棺與大夫同但不用釘琢之為異爾

張文嘉曰按鐕字說文云綴著物者則綠字疑皆綴字之誤綴者綴繒于棺也鐕即今漆工所用之灰屑也君用雜金屑最為堅確大夫用牛角屑次之

今民間用尾屑即此鐟也士不緻無褻也舊讀緑爲琢以鐟爲釘皆誤也故王氏有牛角鐟不可從之說按古者棺不用釘唯以皮條束合之見檀弓上篇

後漢書禮儀志按梓宮內珪璋諸物東園匠武士下釘衽截去牙

東園溫明秘器

漢書霍光傳光薨賜東園溫明如乘輿制度服虔注東園處此器形如方漆桶開一面漆畫之以鏡置其中以懸尸上大斂并蓋之

佞幸傳東園秘器珠襦玉柙豫以賜賢無不備具師古曰東園署名也漢書儀云東園秘器作棺梓素木長二丈崇廣四尺

晉公卿禮秩諸侯及從公薨者賜東園秘器周密癸辛雜識今世有大殮而用鏡懸之棺蓋以照尸者往往謂取光明破暗之義按漢書霍光傳光之喪賜東園溫明服虔曰東園處此器以鏡置其中以懸尸上然則其來尚矣

讀禮通考卷九十六

喪具二

棺束　衽 衽

檀弓縮二衡三衽每束一注衡當為橫衽今小要衽或作漆或作髹○疏棺束者古棺木無釘故用皮束合之縮縱也縱束者二行橫束者三行也衽小要也其形兩頭廣中央小既不用釘但先鑿棺邊及兩頭合際處作坎形以小要連之令固棺並相對每束之處以一行之衽連之若竪束之處則竪著其衽以連棺蓋及底之木使與棺頭尾之材相固漢時呼衽為小要也

釋名棺束曰緘緘函也古者棺不釘也旁際曰小要其要約小也又謂之衽衽任也任制際會使不解也

椁

檀弓既殯旬而布材與明器注材椁材也木工宜乾腊且預成○疏布班也殯後十日班布告下覓椁材及明器之材或云布其木宜乾腊故須預暴之也

王安石曰布陳也

孔子之故人曰原壤其母死夫子助之沐椁注沐治也原壤登木曰久矣予之不託于音也歌曰貍首之斑然執女手之卷然夫子為弗聞也者而過之從者曰子未可以已乎夫子曰丘聞之親者毋失其為親也故者毋失其為故也注木椁材也託寄也謂叩木以作音○疏椁材文彩似貍之首夫子手執斤斧如女子卷然柔弱禮也

周官閭師不樹者無椁注椁周棺也○疏庶人五畝之宅樹以桑麻今宅不毛非直罰以里布死後又無五寸之椁也

論語顏淵死顏路請子之車以為之椁顏路淵之父椁外棺也請為椁欲賣車以買椁也子曰才不才亦各言其子也鯉也死有棺而無椁吾不徒行以為之椁以吾從大夫之後不可徒行也

鯉孔子之子伯魚也先孔子卒言鯉之才雖不及顏淵然已與顏路以父視之則皆子也孔子時已致仕尚從大夫之列言後謙辭

胡氏曰孔子遇舊館人之喪嘗脫驂以賻之矣今乃不許顏路之請何耶葬可以無椁驂可以脫而復求大夫不可以徒行命車不可以與人而鬻諸市也且為所識窮乏者得我而勉强以副其意豈誠心與直道哉或者以為君子行禮視吾之有無而已夫君子之用財視義之可否豈獨視有無而已

一字大

釋名椁廓也廓落在表之言也

方慤曰椁之於棺如城之有郭也

木椁

古史考禹作土堲以周棺湯作木椁易土堲也

葦椁

越絕書禹葬會稽葦椁桐棺

松椁

喪大記君松椁疏君諸侯也諸侯用松心為椁材

柏椁

檀弓柏椁以端長六尺注端題湊也其方蓋一尺○疏柏椁謂椁用柏也天子柏諸侯松大夫柏士雜木也鄭注方相職云天子椁柏黃腸為裏而表以石焉端猶頭也積柏材作椁並葺材頭故云以端長六尺者天子椁制每段長六尺而方一尺天子以下庾人以上鄭注喪大記具之以此木之端首題湊向內如其方一尺者以庾人四寸之棺五寸之椁椁厚于棺一寸案喪大記君大棺八寸君謂諸侯則天子之大棺或當九寸其椁厚一尺故云其方蓋一尺則椁之厚也如鄭此言椁材並皆從下壘至上始為題湊湊向也言木之頭相向而作四阿也如此乃得椁之厚薄與棺

相準皇氏以為壘椁材從下即累之椁六尺與棺全不相應其義非也

張子曰古之椁言井椁以大木自下排上來非如今日之龕棺也故其四隅有隙可以置物也

胡銓曰以柏木黃心致累棺外謂之黃腸木頭皆內向故云題湊其方一尺詳見漢書霍光傳及漢儀注所載者

喪大記 大夫柏椁

雜木椁

喪大記 士雜木椁

石椁

檀弓 有子問於曾子曰問喪於夫子乎注喪謂仕失位也曰聞之矣喪欲速貧死欲速朽有子曰是非君子之言也曾子曰參也聞諸夫子也有子又曰是非君子之言也曾子曰參也與子游聞之有子曰然然則夫子有為言之也曾子以斯言告於子游子游曰甚哉有子之言似夫子也昔者夫子居於宋見桓司馬自為石椁

三年而不成夫子曰若是其靡也死不如速朽之愈也死之欲速朽為桓司馬言之也南宮敬叔反必載寶而朝注敬叔魯孟僖子之子仲孫閱嘗失位去魯得反載其寶來朝于君夫子曰若是其貨也喪不如速貧之愈也喪之欲速貧為敬叔言之也曾子以子游之言告於有子有子曰然吾固曰非夫子之言也曾子曰子何以知之有子曰夫子制於中都四寸之棺五寸之椁以斯知不欲速朽也注中都魯邑名也孔子嘗為之宰為民作制昔者夫子失魯司寇將之荊蓋先之以子夏又申之以冉有以斯知不欲速貧也

吳澄曰自猶獨也天子至于庶人皆是木椁慮其易朽腐而獨自為石椁也三年而不成者成之難費財多也

水經注泗水又南逕宋大夫桓魋冢西山抗泗水上而盡石鑿而為冢今人謂之石椁者也郭有二重石作工巧

一字大

一字大

西京雜記魏襄王冢以文石為椁高八尺許廣狹容四十人以手捫椁滑液如新

漢書劉向傳秦始皇帝葬于驪山之阿下錮三泉上崇山墳其高五十餘丈周圍五里有餘石椁為游館（李奇曰壙中為遊戲之觀也師古曰多累石作椁于壙中以為離宮别館也）人膏為燈燭水銀為江海黄金為鳧雁

漢書文帝至霸陵顧謂羣臣曰嗟乎以北山石為椁用紵絮斮陳漆其間豈可動哉左右皆曰善張釋之前曰使其中有可欲雖錮南山猶有隙使其中無可欲雖無石椁又何戚焉文帝稱善

吳越春秋吳王有女自殺闔閭痛之葬于國西閶門外鑿池積土文石為椁題湊為中

西京雜記滕公駕至東都門馬鳴跼不肯前以足跑

地久之滕公使士卒掘焉所跑地入三尺所得石椁滕公以燭照之有銘焉乃以水洗寫其文文字皆古異左右莫能知以問叔孫通通曰科斗書也以今文寫之曰佳城鬱鬱三千年見白日吁嗟滕公居此室滕公曰嗟乎天也吾死其即安此乎死遂葬焉

後漢明帝紀帝作壽陵石椁廣一丈二尺長二丈五尺

銅椁

皇覽闔閭墓鑄銅為椁

北堂書鈔衛青尚平陽公主後與主合葬冢在華山葬時發土得銅椁一枚

裏椁

喪大記君裏椁虞筐大夫不裏椁士不虞筐注裏椁之物虞筐之文未

心字大

闕也○疏盧氏雖有解注鄭云未聞今畧盧氏不録也

吳澄曰君之椁有物以褁之而又有虞筐大夫雖不褁椁而猶有虞筐士則并虞筐而無矣

徐師曽曰或曰虞安也虞筐即苞筲也以安躰魄故謂虞筐士不虞筐謂藏于旁也

壽藏椁

隸續延年益壽椁文三竹十八字今在蜀中安帝永初七年造謂之萬歲延年益壽椁當是壽冢中所刻

棺飾

士喪禮商祝飾柩一池紐前䞓後緇齊三采無貝注飾柩爲設墻柳也巾奠乃墻謂此也墻有布帷柳有布荒池者象宮室之承霤以竹爲之狀如小車笭衣以青布一池縣于柳前紐所以聯帷荒前赤後黑因以爲飾左右面各有前後齊居柳之中央若今小車蓋上雜矣以三采繒爲之上朱中白下蒼著以絮

周官縫人喪縫棺飾焉

喪大記飾棺君龍帷三池振容黼荒火三列黻三列素錦褚加偽荒纁紐六齊五采五貝黼翣二黻翣二

畫翣二皆戴圭魚躍拂池君纁戴六纁披六大夫畫帷二池不振容畫荒火三列黼三列素錦褚纁紐二玄紐二齊三采三貝黼翣二畫翣二皆戴綏魚躍拂池大夫戴前纁後玄披亦如之士布帷布荒一池揄絞纁紐二緇紐二齊三采一貝畫翣二皆戴綏士戴前纁後緇二披用纁注飾棺者以華道路及壙中不欲衆惡其親也荒蒙也在旁曰帷在上曰荒皆所以依柳也士布帷布荒者白布也君大夫加文章焉黼荒緣邊為黼文畫荒緣邊為雲氣火黼為列于其中耳僞當為帷大夫以上有褚以襯覆棺乃加帷荒于其上紐所以結連帷荒者也池以竹為之如小車笭衣以青布柳象宮室縣池于荒之爪端若承霤然云君大夫以銅為魚縣于池下揄揄翟也青質五色畫之于絞繒而垂之以為振容象水草之動搖行則又魚上拂池雜記大夫不揄絞屬于池下是不振容也士則去魚齊象車蓋蕤縫合雜采為之形如瓜分然綴具落其上及旁戴之言值也所以連繫棺束與柳材使相值因而結前後披也漢禮翣以木為筐廣三尺高二尺三寸方兩角高衣以白布畫者畫雲氣其餘各如其象柄長五尺車行使人持之而從旣窆樹于壙中檀弓曰周人牆置翣是也綏當為緌蓋五采羽注于翣首也○疏君龍帷者諸侯也帷柳車邊障也王侯畫龍以象君德三池者織竹為籠挂于荒之爪端象平生宮室有承霤也天子生有四注屋四面承霤柳亦四池諸侯屋亦四注而柳降一池闕于後一故三池也振容者振動也容飾也以絞繒為之長丈餘如幡畫幡上為雉縣于池下為容飾車行則幡動也黼荒火三列黻三列者荒為柳車上覆為鼈甲也緣荒邊

為白黑黼文于黼文之上荒之中央又畫火黻各三行列行也火行如半環黻而已相背也素錦褚者素白也褚屋也于荒下用白錦為屋在路象宮室也加偽荒者帷是邊墻荒是上蓋褚覆竟而加帷荒于褚外也纁紐六者上蓋與邊墻相離故以纁為紐連之旁各三凡六也齊五采五貝者鼈甲上當中形圓如車蓋高三尺徑二尺餘凡車蓋四面有垂下旒今此齊形上象車蓋旁象蓋旒上下縫合五采繒列行相次如爪內之子以穕為分限又連貝為五行交絡齊上也黼翣二黻翣二畫翣二皆戴圭者翣形似扇在路則障車入墎則障柩二畫黼二畫黻二畫雲翣兩角皆戴圭玉禮器曰天子八翣諸侯六大夫四魚躍拂池苕凡池必有魚故此車池縣振容又縣銅魚于振容閒若車行則魚跳躍上拂池也君纁戴亦纁披六者事異飾棺故更言君也棺橫束有三每束兩邊屈皮為紐三束有六紐用纁帛戴索連繫棺束之紐與外畔柳材使相當值謂連棺著柳故有六戴纁披六用絳帛為之將一頭結此戴出一頭于帷外人牽之每戴繫之故亦有六也謂之披者若牽車登高則引前以防軒車適下則引後以防翻車欹左則引右欹右則引左使車不傾覆也大夫帷畫雲氣二池前後各一池或云兩邊而已畫荒謂畫雲氣火黼錦褚與君同紐用四不一色故二纁二玄也齊三采絳黃黑也貝亦降二也翣降兩黼翣角不圭止用五采羽作緌無絞緌而有魚躍拂池戴不並用纁其數與披同四也士唯一池在前亦畫揄緌于絞在于池上紐降用玄緇四紐連四旁也齊與大夫同一一具者一行絡之耳翣降二黼前纁後緇者戴當棺束通兩邊為四戴也二披用纁通兩旁則亦四披也鄭注以華道路及壙中以翣入壙中則知餘物堪入壙中者皆入

陸佃曰素錦褚即雜記所謂錦屋諸侯大夫士一也其異者士以葦席為幹爾齊裳下緝也謂以五采五貝綴裳帷之下君纁戴六纁披六戴猶所謂緋披猶所謂引引之使行弗之欲止戴之使上披之欲下使即奕焉無係否也

明堂位　有虞氏之綏夏后氏之綢練殷之崇牙周之

壁翣 注皆喪葬之飾。疏明魯有四代喪葬旌旗之飾

〔檀弓〕孔子之喪公西赤為志焉飾棺牆置翣設披周也設崇殷也綢練設旐夏也 疏公西赤以飾棺榮夫子故為盛禮備三王之法以章明志識於是以素錦為褚〻外加墻車邊置翣恐柩車傾虧而以繩左右維持之此皆周法其送葬乘車所建旌旗刻繪為崇牙之飾此則殷法又韜盛旌旗之竿以素飾于杠首設長尋之旐此則夏禮夫子用三代之禮不為僭者蓋用其大夫之禮爾

輁軸

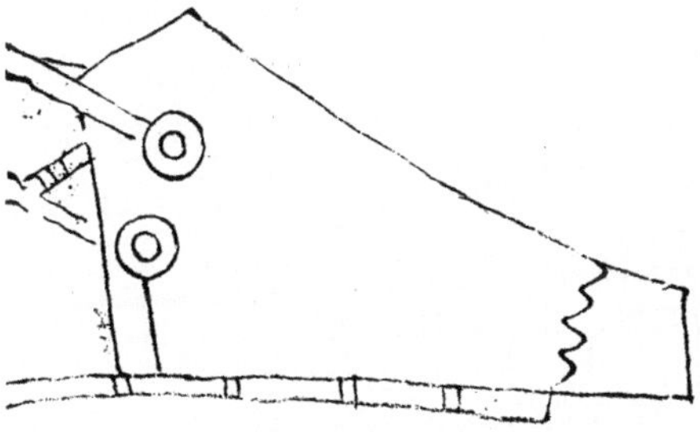

聶氏本

士喪禮升棺用軸盖在下○注軸輁軸也輁狀如牀軸其輪輓而行疏軸狀如轉轔刻兩頭為軹輁狀如長牀穿程前後著金而關軸焉敖繼公曰盖在下者卻于棺之下也棺既升則入于肂中而盖則置于序端與轔猶輪也以木關其轔之中央而引之則轔由是而轉故以轉轔名之軹

謂軸之兩末關輪之處也蓋謂此軹之旁共有四輪前後各二又各有一軸以橫貫其程與輪也

既夕遷于祖用軸注遷徙也徙于祖朝祖廟也軸輁軸也○疏下記云夷牀輁軸是也漢法名轉軸為轉轔轔輪也輁狀如牀軸其輪輓而行是以輪為轔也以軸頭為軹刻軸使兩頭細穿入輁之兩髀前後二者皆然此輁既云長如牀則有先後兩畔之木狀如牀髀厚大為之兩畔為孔著金釧于中前後兩畔皆然然後關軸于其中言程者以其厚大可以容軸故名此木為程也

聶崇義曰按阮氏圖云輁軸與輴長一丈二尺士漆大夫以朱飾輿沐牀則天子畫轅為龍加赤雲氣

龍輴

喪大記君殯用輴欑至于上畢塗屋注欑猶菆也屋殯上覆如屋者也天子之殯居棺以龍輴欑木題湊象椁上四柱如屋以覆之盡塗之諸侯輴不畫龍欑不題湊象椁其他亦如之○疏凡殯之禮天子先以龍輴置于容位殯處然後從作階舉棺於輴中輴外以木菆聚輴之四邊木高于棺乃從上加絹繡于棺上然後以木題湊題頭也湊鄉也謂以木頭相湊鄉內也象椁上之四柱以覆之如屋形以泥塗之于屋之上又加席三重于殯上其諸侯殯時則置棺楯內亦菆木輴外木高于棺後加布幕于棺上又菆木于塗上不題湊象椁也亦中間高似屋形但不為四柱

君葬用輴孔穎達曰大夫諸侯以上有四周謂之輴天子畫之以龍

聶崇義曰龍輴其制似輁軸亦長丈二尺廣四尺取稱于柩前一轅畫龍于轅加赤雲氣君殯以輴車備火之虞上有四周

素車

周禮春官巾車素車棼蔽犬禩素飾小服皆素注素車以白土堊車棼讀為蕡蕡麻以為蔽其禩服以素繒為緣此卒哭所乘

藻車

周禮春官巾車藻車藻蔽鹿淺禩革飾注藻水草蒼色以蒼土堊車以蒼繒為蔽也鹿淺禩以鹿夏皮為覆笭又以所治去毛者緣之此既練所乘

駹車

周禮巾車（春官）駹車雚蔽然複髤飾注駹車邊側有漆飾也雚細葦席也以為蔽者漆則成藩即吉也然果然也髤赤多黑少之色韋此大祥所乘。疏下文漆車全有漆則此時未全為漆果然歟名

漆車

周禮巾車（春官）漆車藩蔽豻複雀飾注漆車黑車藩今時小車藩漆席以為之豻胡犬雀黑多赤少之色韋也此禫所乘。疏凡漆不言色者皆黑且大夫所乘黑車及篆縵之飾直得黑名是凡車皆黑漆也

劉執中曰三年之喪皆乘惡車謂木車也齊衰之喪皆乘素車大功之喪皆乘藻車小功之喪皆乘駹車緦服乘漆車

祥車

曲禮祥車曠左注祥車葬之乘車空神位也。疏為生時所乘葬時用為魂車。

蜃車

周官遂師（地官）大喪共蜃車之役注蜃車柩路也柩路載柳四輪迫地而行有似於蜃因取名焉

稍人大喪率蜃車與其役以至

輲車

雜記大夫士死于道以布為輤而行至于家而說輤載以輲車注輤言用布白布不染也不言裳帷俱用布無所別也輲讀為輇或作摶許氏說文解字曰有輻曰輪無輻曰輇周禮又有蜃車天子以載柩蜃輇聲相近其制同乎輇崇蓋半乘車之輪○疏此明大夫車飾大夫以白布為輤不以蒨草染之初死及至家皆以輲車至家說輤惟輲車在故云載以輲車說車說去其車也凡在路載柩天子以下至士皆用蜃車其制與輲車同周禮遂師共蜃車之役是天子也既夕云遂匠納車于階間注云蜃車是士也此云輲車謂大夫也諸侯不言可知其蜃車之形鄭注既夕禮其車之轝狀如牀中央有轅前後出設輅轝上有四周下則前後有軸以輇為輪迫地而行其輪有似于蜃故鄭云半乘車之輪乘車輪六尺有六寸今云半之得三尺三寸也

喪大記大夫葬用輴士葬用國車注大夫廢輴此言輴非也輴當為輇聲之誤也輇字或作團是以又誤為團

釋名輿棺之車曰轜轜耳也懸于左右前後銅魚搖絞之屬耳耳然也

遣車

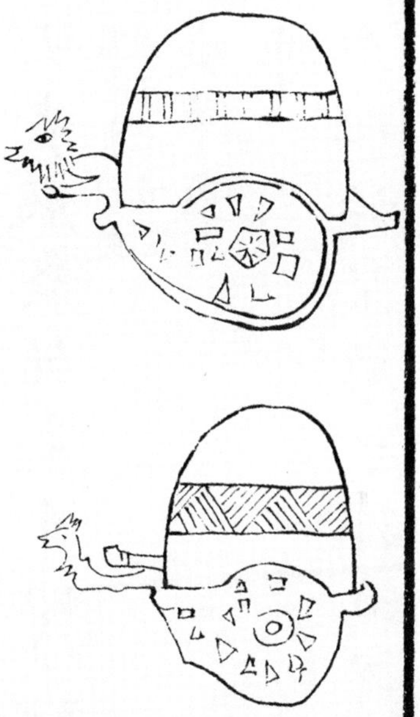

聶氏本

周禮春官巾車　大喪飾遣車遂廞之行之注遣車一曰鸞車廞興也謂陳駕之行之使人以次舉之以如墓也○疏遣車言飾還以金象革飾之如生存之車但粗小為之耳

夏官虎賁氏　及葬從遣車而哭注遣車王之魂魄所憑依○疏遣車將葬戒所苞奠遣送之車其車內既皆有牲牢故云魂魄所依

校人　大喪飾遣車之馬

檀弓　有若曰晏子一狐裘三十年遣車一乘及墓而反國君七个遣車七乘大夫五个遣車五乘晏子焉

知禮注言其太儉逼下非之人臣賜車馬者乃得有遣車遣車之差大夫五諸侯七則天子九个謂所包遣奠牲躰之數也○疏晏子父桓子是大夫遣車五乘而唯用一乘以葬故鄭云逼下也

〔雜記〕遣車視牢具疏布輤四面有障置於四隅注言車多少各如所包遣奠牲躰之數也大夫以上乃有遣車輤其蓋也四面皆有障蔽以隱翳牢肉

鸞車

〔周禮春官冢人〕及葬言鸞車象人注鸞車巾車所飾遣車也亦設鸞旗言猶語也劉執中將葬則語以飭戒之

皮車　革車

〔周禮天官司裘〕大喪廞裘飾皮車注皮車遣車之革路王昭禹曰明器之車以皮飾之事死如事生之意

〔車僕〕大喪廞革車

輼輬車

〔史秦始皇本紀〕始皇崩于沙丘平臺秘之不發喪棺

載轀輬車中

漢書霍光傳載光尸柩以轀輬車注文穎曰轀輬車如今喪轜車也孟康曰如衣車有窗牖閉之則溫開之則涼故名之轀輬車也臣瓚曰秦始皇道崩秘其事載以轀輬車百官奏事如故此不得是轜車類也案杜延年奏載霍光柩以輬車駕大廄白虎駟以轀車駕大廄白鹿駟為倅師古曰轀輬本安車也可以臥息後因載喪飾以柳翣故遂為喪車耳轀者密閉輬者旁開窗牖各別一乘隨事為名後人既專以載喪又去其一總為藩飾而合二名呼之耳

宋書禮志漢制大行載轀輬車四輪其飾如金根加施組連璧交絡四角金龍首銜璧垂五采析羽流蘇前後雲氣畫帷裳虡文畫曲蕃長與車等太僕御駕六白駱馬以黑藥灼其身為虎文謂之布施馬既下馬斥賣車藏城北秘宮今則馬不虎文不斥賣車則毁也自漢霍光晋安平齊王賈充王導謝安宋江夏王葬以殊禮者皆大輅黃屋載轀輬車

文獻通考唐葬代宗時發引帝見轀輬車不當馳道

移指丁未之間問其故有司曰陛下本命在午不太衝也上哭曰安在枉靈駕而謀自利乎命改轅直午而行

禺車

容車

後漢書禮儀志大喪大駕甘泉鹵簿金根容車

後漢書祭遵傳遵薨贈以將軍侯印綬朱輪容車介士軍陳送葬注容車容飾之車象生時也

鼈甲車

隋書禮儀志八品以下達于庶人鼈甲車無幰襈流蘇畫飾

鳳凰車

宋書禮志明帝永平七年光烈陰皇后葬魂車鸞路青羽蓋駕駟馬龍旂九塗前有方相鳳凰車

開轍車

五代會要喪葬三品以上輀車用開轍車油幰朱絲絡網兩廂畫龍虎

合轍車

五代會要庶人喪車用合轍車工商諸色人吏無官者諸人無職掌者無合轍車

買道車

送終車

遼史儀衛志送終車車

純飾以錦螭頭以銀下

鐸後垂大氈駕以牛上

載羊一謂之祭羊以擬送終

用

四望車

遼史儀衛志四望車一名

遠車拜陵臨幸則用之金

飾青油纁朱裏通幰駕牛

同安車太子弔臨亦用之

飾紫油纁通幰駕馬

宋史禮志周廣順元年葬故樞密使楊邠等輴車魂

車儀轊車買道車誌石車各一

輀

說文輀喪車也

魏曹植卞太后誄徘徊輀柩號咷勿及

柳

柳

聶氏本

低一字大

〔周官縫人〕衣翣柳之材注：柳之言聚，諸飾之所聚。○疏：柳者，諸色所聚，日將没，其色赤，兼有餘色，故云柳。

服虔曰：東郡謂廣轍車為柳。

孔穎達曰：案喪大記注云：在旁曰帷，在上曰荒，帷荒所以衣柳，則以帷荒之內木材為柳。其實帷荒及木材等總名曰柳，故縫人云衣翣柳之材，注云柳之言聚，諸飾之所聚，是帷荒總稱柳也。

王昭禹曰：柳，陰木，為之，故喪車謂之柳。

〔檀弓〕設蔞翣，為使人勿惡也。

吳澄曰：蔞即柳也。柳施帷荒以華戴柩之車，而翣障于柳之旁，以此飾柩，使人不惡其凶也。

〔漢書季布傳〕季布匿濮陽周氏。周氏曰：漢購將軍急，迹且至臣家，將軍能聽臣，臣敢獻計。季布許之。迺髡鉗季布，衣褐衣，置廣柳車中。

服虔曰：東郡謂廣轍車為柳。鄧展曰：皆棺飾也。載以喪車，欲人不識也。李奇曰：大牛車也。車上覆為柳。瓚曰：茂陵書中有廣柳車，每縣數百乘，是今運轉大車是也。

〔釋名〕輿棺之車，其蓋曰柳。柳，聚也，衆飾所聚，亦其形

僂也亦曰鱉甲以鱉甲亦然也

大昇轝

思陵録大昇轝其制下為底而蓋以殿宇四柱皆旋安插夾以青障左刻青龍右刻白虎前後各有朱扉前掛黄縁簾上垂朱雀後為龜蛇以象玄武

大轝

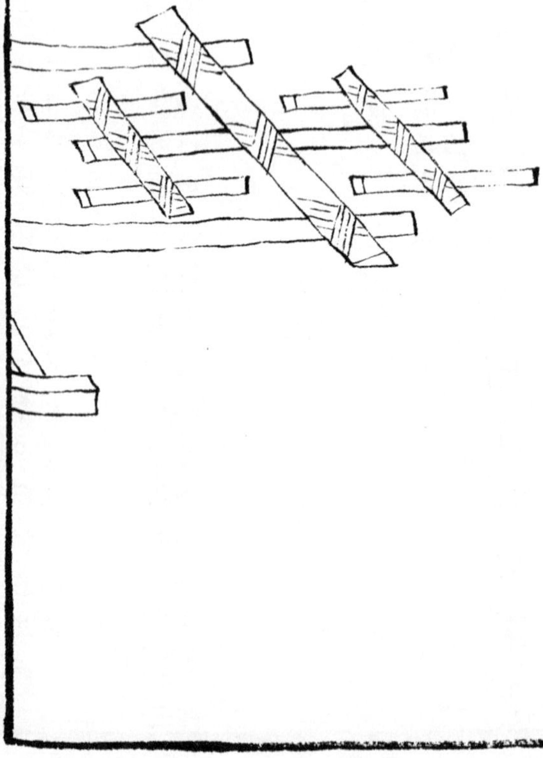

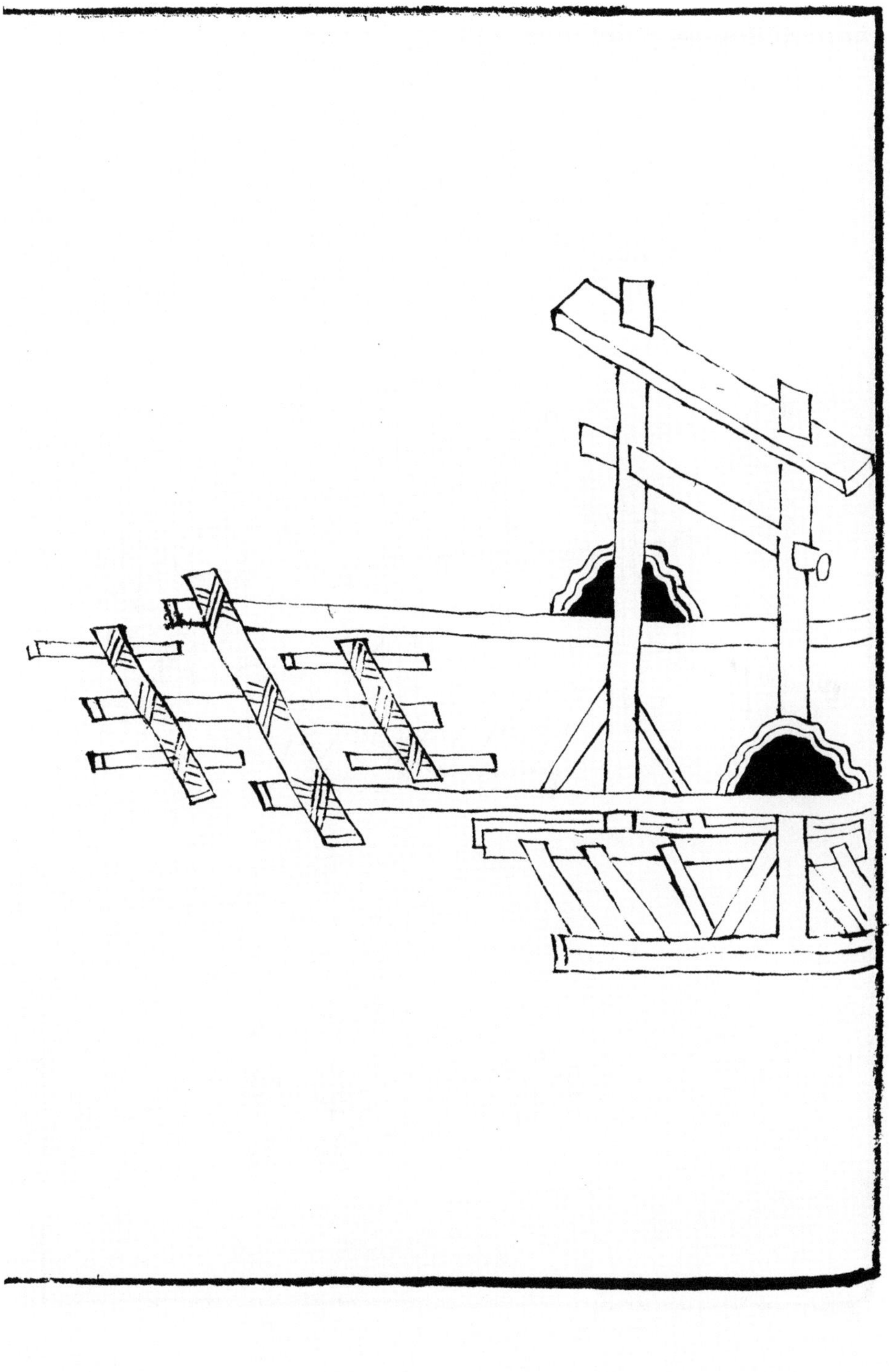

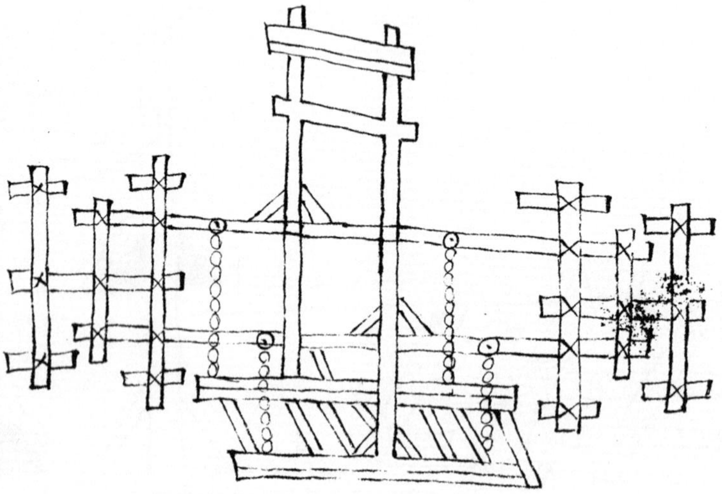

丘瓊山大轝新圖

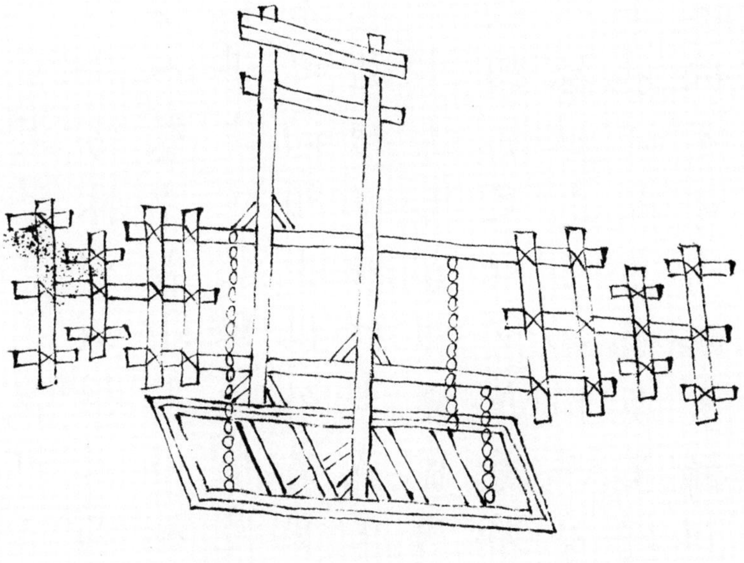

丘瓊山新製遠行轝圖

〔家禮〕古者柳車制度甚詳今不能然但從俗為之取其牢固平穩而已其法用兩長杠〻上加伏兔附杠處為圓鑿別作小方牀以載柩足高三寸旁立兩柱柱外施圓柄令入鑿中長出其外柄鑿之間須極圓滑以膏塗之使其上下之際柩常適平兩柱近上更為方鑿加橫扃之兩頭出柱外者更加小扃杠兩頭施橫杠橫杠上施短杠短杠上或更加小杠仍多作新麻大索以備扎縛此皆切要實用不可闕者但如此制而以衣覆棺亦足以少華道路或更欲加飾則以竹為之格以綵結之上如撮焦亭施帷幔四角垂流蘇而已然亦不可太高恐多罣碍不須太華徒為觀美若道路遠決不可為此虛飾但多用油單裹柩以防雨水而已〇其舊為先人飾棺考制度作帷幌

延平先生以為不切而今禮文覺繁多使人難行後聖有作必是裁減了方始行得耳

鷺輅

謝朓齊后哀冊文懷屬衛而延首想鷺輅而撫心周注禮云安車彫面鷖總皆載揞柩車也

香輿　影輿　蓋輿　錢輿　五穀輿

酒醢輿　衣物輿　庖牲輿

宋史禮志周廣順元年葬故樞密使揚邠侍衛使史弘肇三司使王章例並用一品禮香輿影輿蓋輿錢輿五穀輿酒醢輿衣物輿庖牲輿各一

墻

士喪記巾奠乃墻注墻飾柩也○疏巾奠訖商祝乃飾揞墻即帷荒

檀弓周人墻置翣

帷一字大

釋名輿棺之車其旁曰墻以屋墻也 方懿曰墻以帷柩而周圍如墻

帷 義詳棺飾喪大記注

釋名帷圍也所以自障圍也

說文在旁曰帷

荒 義詳棺飾喪大記注

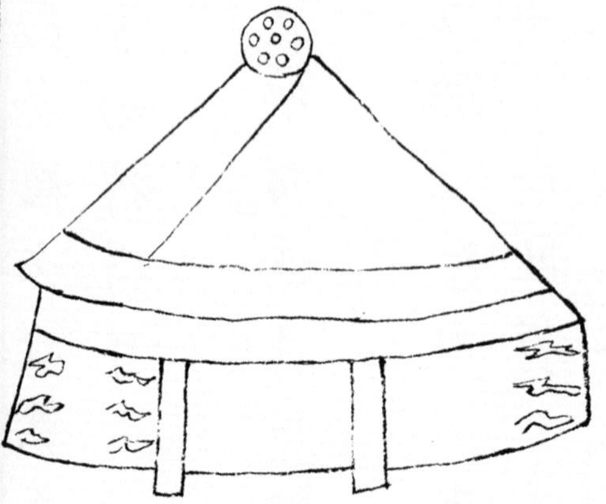

劉氏本

似不字大

廣韻⿰巾荒蒙掩

池

檀弓池視重霤注以竹為池衣以青布縣銅魚焉○疏池者柳車之池也重霤者屋承霤也以木為之承于屋霤入此木中又從木中而霤于地故謂此木為重霤也生時既屋有重霤以行水死時柳車亦象宮室而于車覆鱉甲之下牆帷之上織竹為之形如籠衣以青布以承鱉甲名之為池以象重霤

振容　褚　紐　齊　戴　魚義俱詳棺飾喪大記注

翣

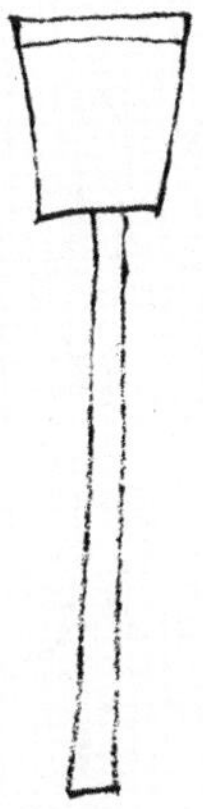

聶氏本

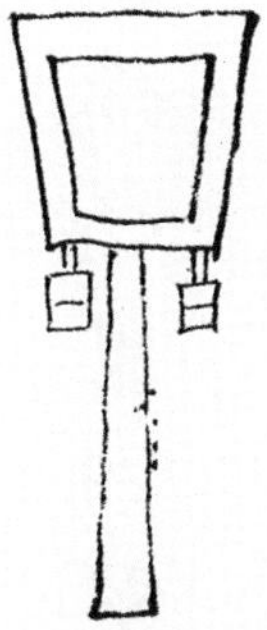

劉氏本

禮夏

周官御僕大喪持翣注翣棺飾也持之者夾蜃車女御后之喪持翣疏天

仙一字大八

尚書禮三品以上六翣四品

要

子八翣后喪亦同女御持之左右各四人

禮器天子葬五重八翣諸侯三重六翣大夫再重四翣疏天子五重八翣者葬宜堅固故多重宜多障蔽故八翣諸侯大夫卑故從而少飾

春秋左傳崔杼弒莊公葬諸士孫之里四翣不蹕

世本武王作翣

小爾雅大扇謂之翣

釋名翣齊人謂扇為翣此似之也象翣扇為清涼也翣有黼有畫各以其飾名之也

家禮翣以木為筐如扇而有兩角高廣二尺高二尺四寸衣以白布柄長五尺黼翣畫黼黻翣畫黻畫翣畫雲氣其緣皆為雲氣皆畫以紫准格

披

既夕設披注披絡柳棺上貫結于戴人君旁牽之以備傾虧

禮夏

一字大

布氏華禮三品以上四引
四披四品二引二披其持引
者皆布幘布深衣

周官司士作六軍之士執披注作犹使也披扼車行所以扶持棺者有紐以結之謂之戴○疏披者車兩旁使人持之若四馬六轡然故名為披也謂之戴者喪大記云纁戴是也

釋名兩旁引之曰披〻擺也各於一旁引擺之備傾倚也

褕絞

雜記大夫不褕絞屬於池下注褕翟也采青黄之間曰絞屬猶繫也人君之柳其池繫絞繒于下而畫翟雉焉名曰振容又有銅魚在其間大夫去振容士去魚○疏大夫不得畫以褕絞屬于池下其池上則畫于褕得有褕絞也士亦有褕絞但不得屬于池下

禮天

一字大

幕

周官幕人大喪共帷幕帟綬注帷以帷堂或與幕張之于庭帟在柩上

檀弓布幕衛也縿幕魯也注幕所以覆棺

陸佃曰爾雅纁帛縿蓋衛幕用布魯用帛爾

方愨曰衛所存者殷禮故用布幕[illegible]質魯所存者周禮故用縿幕之[illegible]

釋名幕絡也在表之稱也

帟

周官幕人三公及卿大夫之喪共其帟

掌次凡喪王則張帟三重諸侯再重孤卿大夫不重注張帟柩上承塵

遂師大喪使帥其屬以幄帟先道野役

檀弓君於士有賜帟注帟所以承塵賜之則張于殯上○疏帟幕之小者

釋名小幕曰帟張在人上帟帟然也

布幃

姚翼家規通俗編用綿布三疋聯為一用竹八根以繩綴之令役者八人執之圍婦女于中隨柩後行廢不與男子雜及為觀者窺也

珠節子

五代會要輦同光三年勅斷錦繡祇使常式素車不

定人數使素紫白絹帶額遮幃轝上使白粉掃木珠
節子上使白絲
五品六品升朝官使二十人舁轝車竿高七尺長一
丈三尺潤五尺以白絹全幅為帶額婦人以紫絹為
帶額並畫雲氣周廻遮蔽上安白粉掃木珠節子二
十道七品八品升朝官使一十六人舁轝車竿高七
尺長一丈三尺潤五尺以白絹全幅為帶額婦人以
紫絹全幅為帶額周廻遮蔽上安白粉掃木珠節子
二十道六品至九品不升朝官使一十二人舁轝車
竿高六尺長一丈一尺潤四尺以白絹全幅為帶額
婦人以紫絹為帶額周廻遮蔽上安白粉掃木為珠
節子一十六道
竹格

姚翼家規通俗編加大輩之上以覆棺者欲加飾則以綵結之此靨文也若陸路則多用油单褁柩以防雨水

折

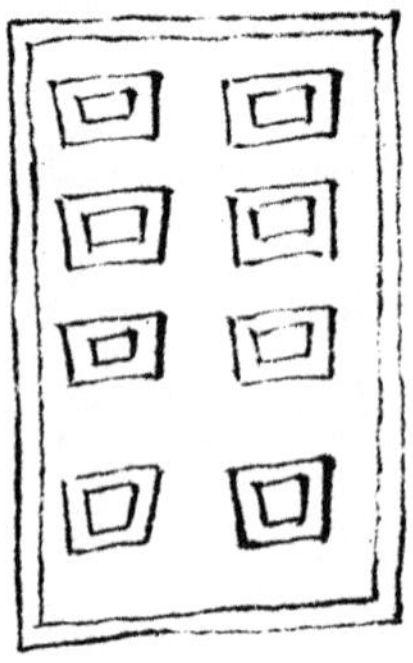

聶氏本

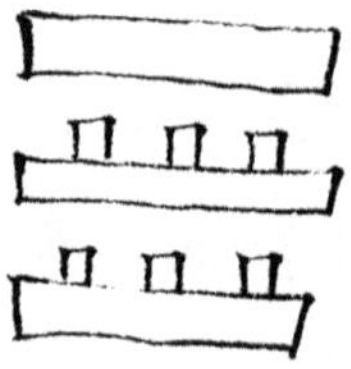

劉氏本

既夕折横覆之注折猶庪也方鑿連木為之蓋如牀而縮者三横者五無簀窆事畢加之壙上以承抗席横陳之者為苞筲以下締於其北便也覆之見善面也

敖繼公曰陳折云横則是折之狀當與抗木之横者相似但未必有縮者耳

抗木

〔既夕〕抗木横三縮二 注抗禦也所以禦止土者其横與縮各足掩壙也

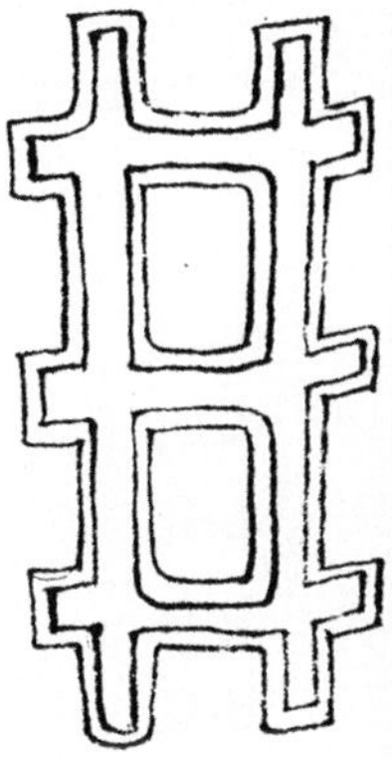

聶氏本

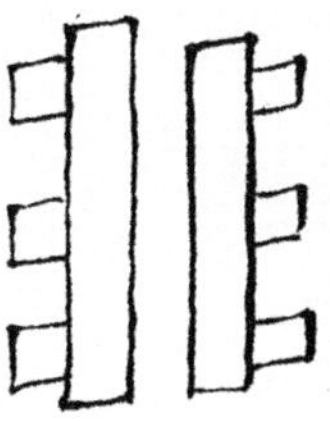

劉氏本

〔太常因革禮〕諸輀車三品以上油幰朱絲絡網施襈兩廂畫龍幰竿諸末垂六旒蘇七品以上油幰施襈兩廂畫雲氣垂四旒蘇九品以下無旒蘇 男子幰襈旒蘇皆用素婦人皆用綵

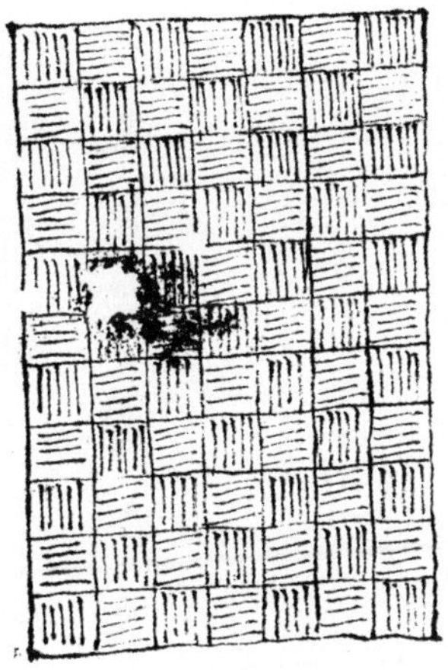

聶氏 劉氏 本同

一字大

姚翼家規通俗編加大轝之上以覆棺者欲加飾則以絲結之此虛文也若陸路則多用油单裹柩以防雨水

折

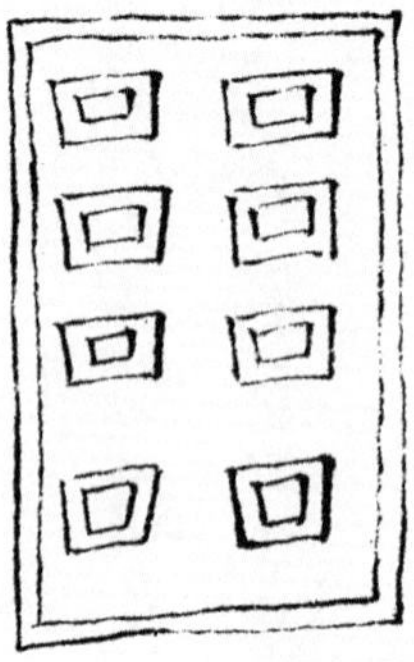

聶氏本

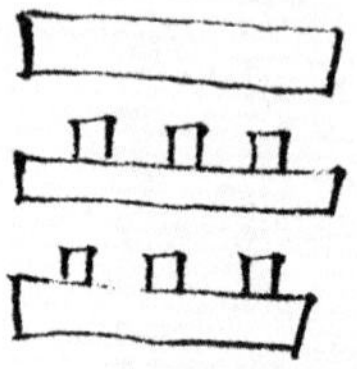

劉氏本

既夕折横覆之注折猶庪也方鑿連木為之蓋如床而縮者三横者五無簀窆事畢加之壙上以承抗席横陳之者為苞筲以下縪於其北便也覆之見善面也敖繼公曰陳折云横則是折之状當與抗木之横者相似但未必有縮者耳

抗木

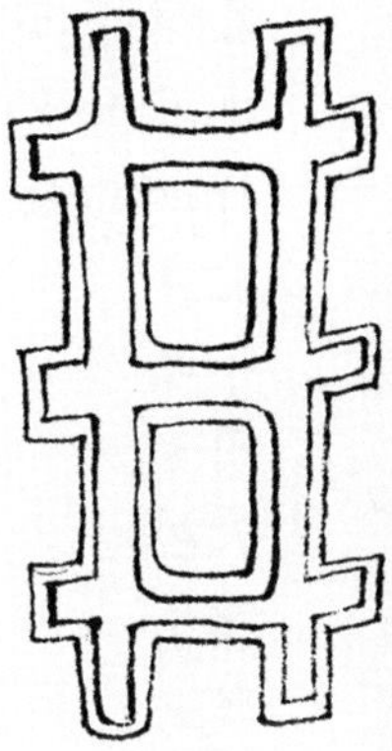

聶氏本

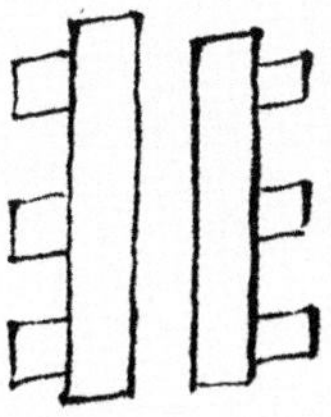

劉氏本

既夕抗木橫三縮二注抗禦也所以禦上土者其橫與縮各足掩壙也

記抗木刊注剝削之敖繼公曰兩面皆刊也

抗席

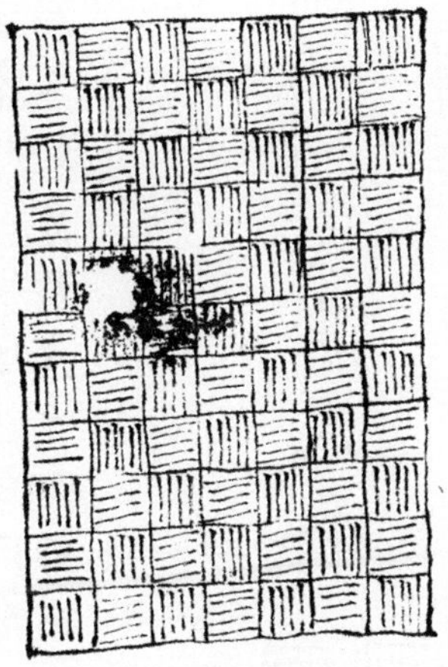

聶氏劉氏本同

既夕加抗席三 注席所以禦塵。疏既陳抗木于折折又加此抗席三領于抗木之上

茵

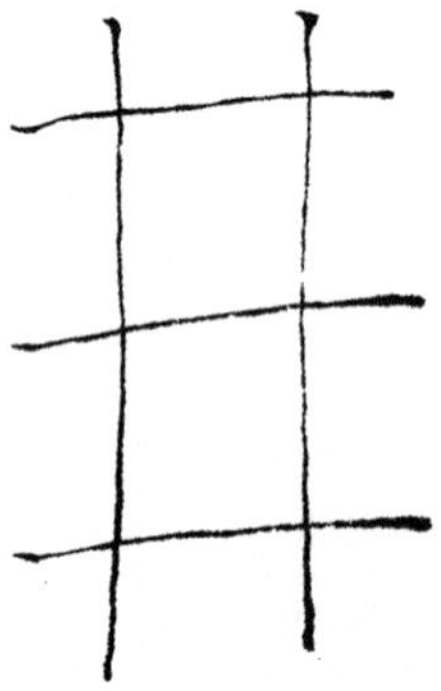

聶氏本

劉氏本

既夕加茵用疏布緇翦有幅縮二横三 注茵所以藉棺者翦淺也幅緣之

士喪記茵著用荼實綏澤焉 注荼茅秀也綏廉薑也澤澤蘭也皆取其香且禦濕

引

既夕屬引 注屬猶著也引所以引柩車在軸輴曰紼古者人引柩春秋傳曰坐引而哭之三。疏引謂紼繩言紼見繩體言引見用力故鄭注周禮亦云在車曰紼行道曰引

敖繼公曰引柩車之索也屬之于車路云引者以用名之凡引天子用六諸侯四大夫士二

紼

曲禮　助葬必執紼注紼引車索也○疏繩屬棺曰紼屬車曰引

檀弓　弔於葬者必執引若從柩及壙皆執紼注示助之以力車曰引棺曰紼○疏執引用人貴賤有數若其數足麤餘之人皆散行從柩至壙下棺窆時則不限人數皆執紼也

方慤曰引在前屬之于車以道柩也紼在旁屬之于棺以弼柩也道柩者惟有路用之而已弼柩者至下棺亦用焉故雖不執引而或從柩及壙亦皆執紼也

雜記　升正柩諸侯執綍五百人四綍皆銜枚司馬執鐸左八人右八人匠人執羽葆御柩大夫之喪其升正柩也執引者三百人執鐸者左右各四人御柩以茅注廟中曰綍在塗曰引互言之

喪大記　君葬用輴四綍二碑御棺用羽葆大夫葬用輴二綍二碑御棺用茅士葬用國車二綍無碑注大夫廢輴此言輴非也輴當為輇聲之誤也輇[illegible]或作團是以又誤為國在棺曰綍行道曰引至壙將[illegible]又曰綍〻或為率凡封用綍去碑負引注封周禮作窆〻下棺凡柩車及壙說載除飾而屬紼于柩之緘又樹碑于壙之前後以紼繞碑間之鹿盧輓棺而下之此時棺下窆使輓者

以字大

皆繫紼而繞要負引舒縱之備失脱也用紼去碑者謂縱下之時也○疏至壙說載除飾之後解此屬車之紼以繫于柩緘束之繩又將一頭繞碑間鹿盧所引之人在碑外背碑而立負引者漸漸應鼓聲而下故云用紼去碑負引也

釋名　從前引之曰紼紼發也發車使前也

後漢禮儀志　大喪紼長三十丈大七寸為輓六行行五十人

隋書禮儀志　執紼一品五十人三品已上四十人四品三十人並布幘深衣

撥

檀弓　孺子䵒之喪哀公欲設撥問於有若有若曰其可也君之三臣猶設之顏柳曰天子龍輴而椁幬諸侯輴而設幬為揄沈故設撥三臣者廢輴而設撥竊禮之不中者也而君何學焉注䵒魯哀公之少子撥可撥引輴車所謂紼也三臣仲孫叔孫季孫氏有若以臣況子也輴殯車也畫轅為龍幬覆也殯以椁覆棺而塗之所謂菆塗龍輴以椁也諸侯輴不畫龍揄沈謂以水澆揄白皮之汁有急以播地于引輴車

一字大

滑也廞去也紼繫于輴三臣于禮去輴今有紼是用輴僭禮也殯禮大夫菆置西序士掘肂見衽類柳止其學非禮也○疏以正禮而言天子之殯載柩于龍輴累材作椁而題湊其木幬覆棺上而後塗之輴形庳下不似龍唯轅與龍相類故鄭知畫轅爲龍也諸侯以輴載柩不畫爲龍亦累木爲椁設木于上以幬之不爲題湊直横木覆之亦泥塗其上爲盲揄沈故須設撥今三臣者依禮廞輴不合用殯今乃設撥用輴是盗竊于禮不中法式也喪大記大夫二綍二碑是大夫有綍、即紼又注既夕禮云大夫以上始有四周謂之輴是有輴也此云三臣于禮去輴用輴僭禮不同者此據殯時大記及既夕禮謂朝廟及下棺也大夫以柩朝廟之時用輴紼唯殯時用輁軸不得用輴紼

陸佃曰據此諸侯無椁設幬而已故曰天子之殯菆塗龍輴以椁加斧于椁上畢塗無蓋曰天子之殯龍輴以椁則諸侯無椁可知先儒謂亦累木爲椁特湊非是揄性堅忍然以性沈辮轉故設撥、雖不可知然謂之撥則以撥輴可知鄭氏謂撥所謂紼、非是

胡銓曰幬不以椁而覆以他物廞輴欲竊禮設撥則不中禮

綷

〔釋名〕懸下壙曰綷、将也徐、将下之也

揄沈（義詳檀弓注撥）

功布

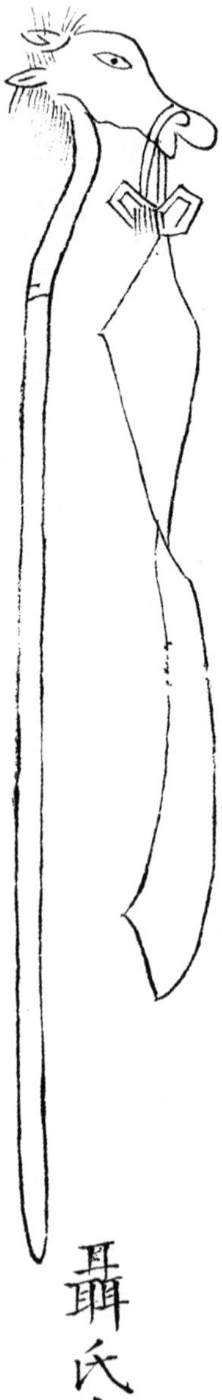

聶氏本

〔既夕〕商祝拂柩用功布注功布灰治之布也商祝執功布以御柩注居柩車之前若道有低昂傾虧則以布以抑揚左右之節使引者執披者知之○疏執功布謂執大功之布麤者也

〔喪大記〕士葬比出宮御柩用功布

纛即翿

聶氏本

〔周官〕鄉師及葬執纛注翿羽葆幢也爾雅纛翳也以指揮輓柩之役正其行列進退

一字大

開元禮五品已上纛竿九尺六品已上長五尺

鵞毛纛

五代會要諸纛今謂之鵝毛　五纛

旐

爾雅緇廣充幅長尋曰旐旐緇黑色也以黑色之帛廣全幅長八尺屬于杠名旐

禮論問下殤有旐否徐邈荅曰旐以題柩耳無不有

旐

後漢書禮儀志旂之制長三仞十有二斿曳地畫日月升龍書旐曰天子之柩

隋書禮儀志建旐三品已上及開國子男其長至軫四品五品至輪六品至于九品至較

茅

聶氏本

喪大記〕大夫葬御棺用茅

紙旛

趙景安雲麓漫抄〕柩之有旛禮曰死者不可別已故以其旗識之古人施于柩側近俗多用竹懸出于屋陰陽家從而附會之以為死之魂悠揚于太空認此以歸如浙東溫台以至江東諸郡兼採釋氏之論從而易為旛植巨木高入雲表苟多子則立旛相接尤可怪

紙錢

唐書王璵傳〕璵為祠祭使專以祠解中帝意有所禳

一字大

祓大抵類巫覡漢以來葬喪皆有瘞錢後世里俗稍
以紙寓錢為鬼事至是與皆用之
五代史記晉天福八年祭顯陵于南莊焚御衣紙錢
周顯德六年世宗慶陵攢土發引之日百官設祭于
道翰林院楮錢大若盞口餘令雕印字文文之黃曰
泉臺上寶白曰冥遊亞寶
封演見聞記紙錢今代送葬為鑿紙錢積錢為山盛
加雕飾舁以引柩案古者享祀鬼神有圭璧幣帛事
畢則埋之後代既寶錢貨遂以錢送死漢書稱盜發
孝文園瘞錢是也率易從簡更用紙錢乃後漢蔡倫
所造其紙錢魏晉已來始有其事今自王公逮於匹
庶通行之矣凡鬼神之物其象似亦猶塗車芻靈之
類古埋帛今錢紙則焚燒之所以示不知神之所為

一字大

也

李濟翁資暇録以紙寓錢起于殷長史洪慶善辨証云南齊東昏侯好事鬼神剪紙為錢以代束帛李淳風盛行其事唐王璵傳漢以來葬者皆有瘞錢後世以紙當錢為鬼事至是璵乃用為禳祓則是喪葬之焚紙錢因于漢世之瘞錢其禱神而用紙錢則起自殷長史盛行于李淳風王璵也康節先生春秋祭祀約古今行禮亦焚楮錢伊川先生怪而問之曰明器之義脫有益非孝子順孫之心予嶽廟朝高峯廖用中奏乞禁焚紙錢有云怪當世鑿紙為錢焚之以徼福于鬼神者不知何所據依乃荒唐不經之說要亦下里之所傳耳使鬼神而有知謂之慢神欺鬼可也

李珂松窓襍説云世既是妄人死而為鬼其妄又可

一字大

知無身心耳目口鼻之寶而習常不斷顛倒沉迷豈復覺悟方其具酒殺列明器鑿紙為錢之意蓋亦祖漢瘞錢法原其本初就隱閒紙錢曰印繪專馬而焚之以妄塞妄也恐瘞錢為死者之禍後沿至唐而焚之其來久且遠而廖高欲絕之以塞妄費且夫子謂死葬之以禮又曰敬鬼神而遠之夫子不欲遽絕而以有無之中言之唯邵康節約古今而行之又脫有益非孝子順孫之心最為通義

戴埴鼠璞法苑珠林載紙錢起于殷長史唐王璵傳載漢以來皆有瘞錢後里俗稍以紙寓錢王璵乃用于祠祭今儒家以為釋氏法于喪祭皆屏去余謂不然之死而致死之不仁之死而致生之不知謂之明器神明之也漢之瘞錢近于之死而致生以紙寓錢

一字大

一字大

亦明器也與塗車芻靈何以異俗謂果資于冥塗則可笑

都穆聽雨紀談 今士庶之家凡有喪者其靈座前皆設殽果或土或木任意為之而餙以色其祭祀則必焚楮錢及金銀楮錠楮錢亦有用金銀者陶穀清異録載周祖靈前看果皆雕香為之形色如生則殽果五代時已有之矣唐書王璵傳載漢以來皆有瘞錢後里俗稍以紙寓錢璵乃用于祠祭則祭祀之焚楮錢葢始于璵又清異録載周世宗發引之日金銀錢寶皆寓以形而楮泉大若盞口其印文黃曰泉臺上寶白曰冥遊亞寶則金銀楮錠及錢亦始于五代時矣

顧起元説畧 周世宗發引之日金銀錢以紙為之印

文黄曰泉臺上寶白曰冥遊亞寶紙錢實起于此也

乾學按紙錢見唐封氏見聞記云魏晋以來有其事且王璵傳亦有之非始于五代也

紙房子

元典章至元七年十二月尚書刑部奉尚書省劄付該準中書省咨十一月十八日奏過數内一件民間喪葬多有無益破費略舉一節紙房子等近年起置有每家費鈔一兩定鈔底至甚無益其餘似此多端奉聖旨紙房子無疑禁了者欽此都省議得除紙錢外據紙糊房子金錢人馬并綵帛衣服帳幙等物欽依聖旨事意截日盡行禁斷

白鼓

隋書禮儀志後齊定令親王公主太妃妃及從三品

已上喪者借白鼓一面喪畢進輸

方相

聶氏本

周禮夏官方相氏掌蒙熊皮黄金四目玄衣朱裳執戈揚盾大喪先匶及墓入壙以戈擊四隅毆方音罔良音兩

鄭鍔曰喪則使之爲前驅以避凶邪葬則使之入壙擊罔兩所以安神靈亦厭勝之術

周必大思陵録治平方相高五丈用八百人曳之乃能動

宋史禮志身無官而葬用方相者嚴禁之

魌頭

隋書禮儀志四品已上用方相七品已上用魌頭

開路神

馮善家禮集説今人用竹為格用紙糊人執戈長丈餘道柩先行謂之開路神其代方相之遺意與

姚翼家規通俗編周禮方相氏狂夫四人家禮大夫士之喪用二人為魌頭今俗用竹為格糊紙為人長丈餘執戈導柩先行謂之開路神方相之遺意也從古從今無所不可

明器

既夕　陳明器于乘車之西注明器藏器也

檀弓　孔子曰之死而致死之不仁而不可為也之死而致生之不知而不可為也注之往也死之生之謂無知與有知也是故竹不成用瓦不成味木不成斲注味當作沫沫靧也琴瑟張而不平竽笙備而不和注無宮商之調有鍾磬而無簨虡注不縣之也橫曰簨植曰虡其曰明器神明之也注言神明死者也神明者非人所知故其器如此○之謂生死以物往送死者何胤云言往送死者而致此疏死者如草木無知則不仁往送死者而致此死者如全生之物則不可皆不可竹也聖人為教使人子于亡者不便謂無知不便謂有知故制明器以神明求之並不精善也若全無知則不應用若全有知則亦不應不成是不死亡生也竹不成用謂竹器邊無縢緣也沫猶黑光也今世亦呼黑為沫也瓦不成沫謂瓦器無光澤也斲雕飾也

劉敞曰之往也之死謂以禮往送死者也往送死者而即以死者之禮待之是無愛親之心為不仁不可行也往送死者而後以生者之禮待之是無燭理之明為不知亦不可行也此所以先王為明器以有知無知之間待之故備物而不可用也備物則不致死不可用則亦不致生其謂之明器者蓋以神明之道待之也

陳祥道曰不曰神明之器特曰明器者以神之幽不可不明故也周官凡施于神者皆曰明故水曰明水火曰明火以至明齍明燭明竁者皆神明之也

蓋其有竹瓦木之所用琴瑟竽笙鐘磬之所樂者明之也所用非所用所樂非所樂神之也

仲憲言於曾子曰夏后氏用明器示民無知也注所謂致死之仲憲孔子弟子原憲殷人用祭器示民有知也注所謂致生之周人兼用之示民疑也注言使民疑于無知與有知曾子曰其不然乎其不然乎夫明器鬼器也祭器人器也夫古之人胡為而死其親乎注言仲憲之言三者皆非也或用鬼器或用人器○疏原憲言夏后氏別造明器者以亡人無知故以不堪用之器送之也殷家不別作明器即用祭祀之器者祭祀堪為人用以亡者有知與人同故以有用之器送之也周世并用二代之器者不定其為無知不定其為有知示民疑惑不定也曾子言二代用器非是為有知與無知也正是質文異耳夏代文言鬼與人異故純用鬼器送之非謂無知也殷世質言鬼雖與人有異亦應恭敬故用恭敬之器送之非為有知也周極文言亡者亦宜鬼事亦宜敬事故并用鬼敬二器非為示民疑惑也然周唯大夫以上兼用耳士唯用鬼器不用人器崔靈恩云此王者質文相變耳古謂夏時也若是無知則是死之義也憲言三事皆非而曾子獨譏無知者譏一則餘從可知也

石梁王氏曰三代送葬之具質文相異故所用不同其意不在于無知有知及示民疑也仲憲之言皆非曾子非之末獨譏其說夏后明器蓋舉其說之盛者也

方慤曰明器祭器三代之所兼用蓋處以死生之間而已豈特周然哉而仲憲必以夏用鬼器殷用人器則是夏有致死之不仁殷有致生之不知矣宜

一字大

乎曾子不然其說也然曾子之言止及于夏而不及于殷以死其親尤君子之所不忍也

李格非曰明有象幽無形以有象之器事無形之鬼故曰明器以其對于祭器故亦曰凶器以人道而事鬼神故曰祭器以其對于凶器故亦曰生器生器則文而不功明器則具而不用有生器具之以適墓象死道也有明器具之而不用明不復用也由死道以思其生由不用以思其死皆所以重孝子之哀也

孔子謂為明器者知喪道矣備物而不可用也哀哉死者而用生者之器也不殆於用殉乎哉注殆幾也殺人以衛死者曰殉用其器漸幾于用人其曰明器神明之也注神明死者異于生人疏謂夏家為明器知死喪之道矣以孝子事親不可闕故備其器物若似生存以鬼神異于人故備而不可用孔疏既論夏家之是又言殷代之非以生人食器而供死者近于用生人而殉死人也

釋名送死之器曰明器神明之器異于人也

司馬氏書儀明器刻木為車馬僕從侍女各執奉養之物象平生而小多少之數依官品既夕禮有明器用器燕器孔子曰之死而致死之不仁而不可為也之死而致生之不知而不可為也注死之生之謂無知與有知也是故竹不成用瓦不成沫木不成斲又曰其曰明器神明之也又曰塗車芻靈自古有之喪葬令五品六品明器許用三十事非升朝官者許用十五事并用器椀楪瓶盂之類下帳為牀帳茵席倚卓之類皆象平生所用而

一字大

小也

家禮造明器刻木為車馬僕從侍女各執奉養之物象平生而小准令五品六品三十事七品八品二十事朝官十五事

朱子語類朱子答明器之問云禮既有之自不可去然亦更在斟酌今人或全不用也○喪事都不用冥器糧瓶之類無益有損棺槨中都不著世俗所用者一物

衛湜曰頌琴明器之屬即檀弓所謂琴瑟張而不平是也既夕有燕樂器周官廞樂器

小字刻

周官司弓矢大喪共明弓矢之用

頌琴

春秋左傳襄公二年夏齊姜薨初穆姜使擇美檟以自為櫬與頌琴季文子取以葬君子曰非禮也禮無所逆婦養姑者也虧姑以成婦逆莫大焉注穆姜成公母齊姜成公婦櫬棺也頌琴琴名猶言雅琴皆欲以送終○疏琴瑟必以歌詩詩有雅頌故以頌名琴名櫬琴同文知皆欲以送終也

一字大

子曾子不然其說也然曾子之言止及于夏而不及于殷以死其親尤君子之所不忍也

李格非曰明有象幽無形以有象之器事無形之鬼故曰明器以其對于祭器故亦曰凶器以人道而事鬼神故曰祭器以其對于凶器故亦曰生器生器則文而不功明器則具而不用有生器具之以適墓象死道也有明器具之而不用明不復用也由死道以思其生由不用以思其死皆所以重孝子之哀也

孔子謂為明器者知喪道矣備物而不可用也哀哉死者而用生者之器也不殆於用殉乎哉注殆幾也殺人以衛死者曰殉用其器漸幾于用人其曰明器神明之也注神明死者異于生人□疏謂夏家為明器知死喪之道矣以孝子事親不可闕故備其器物若似生存以鬼神異于人故備而不可用孔□既論夏家之是又言殷代之非以生人食器而供死者近于用生人而殉死人也

釋名送死之器曰明器神明之器異于人也

司馬氏書儀明器刻木為車馬僕從侍女各執奉養之物象平生而小多少之數依官品既夕禮有明器用器燕器孔子曰之死而致死之不仁而不可為也之死而致生之不知而不可為也注死之生之謂無知與有知也是故竹不成用瓦不成沬木不成斲又曰其曰明器神明之也又曰塗車芻靈自古有之喪葬令五品六品明器許用三十事非升朝官者許用十五事并用器椀楪瓶盂之類下帳為牀帳茵席倚卓之類皆象平生所用而

一字大

小也

家禮造明器刻木為車馬僕從侍女各執奉養之物象平生而小準令五品六品三十事七品八品二十事朝官十五事

朱子語類朱子荅明器之問云禮既有之自不可去然亦更在斟酌今人或全不用也○喪事都不用冥器糧瓶之類無益有損棺椁中都不著世俗所用者一物

明弓矢

周官禮夏官司弓矢大喪共明弓矢注明器之用

頌琴

春秋左傳襄公二年夏齊姜薨初穆姜使擇美檟以自為櫬與頌琴季文子取以葬君子曰非禮也禮無所逆婦養姑者也虧姑以成婦逆莫大焉注穆姜成公母齊姜成公婦櫬棺也頌琴琴名猶言雅琴皆欲以送終○疏琴瑟必以歌詩詩有雅頌故以頌名琴猶名櫬琴同文知皆欲以送終也

熬筐

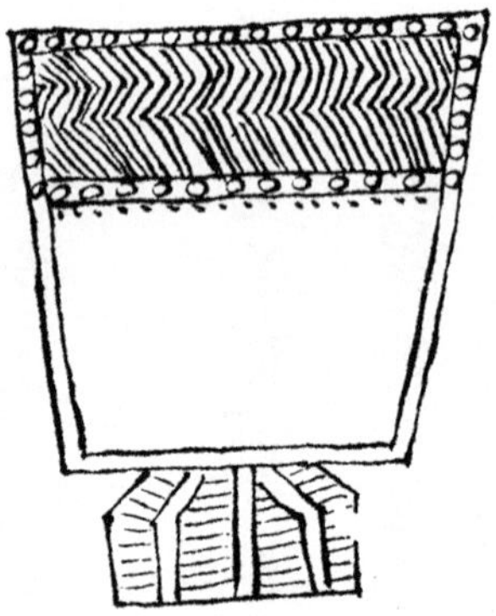

聶氏本

周禮春官小祝大喪設熬 疏熬謂熬穀殯在堂時設于棺旁所以惑蚍蜉

士喪禮熬黍稷各二筐有魚腊 注熬所以惑蚍蜉令不至棺旁

苞

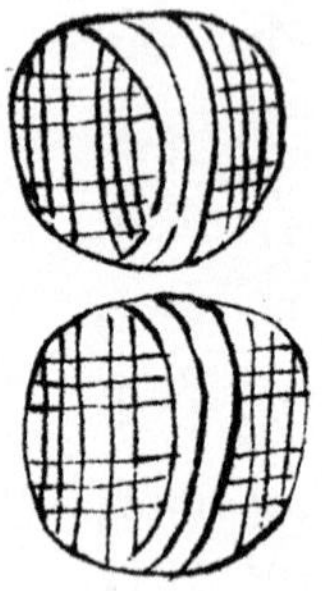

聶氏本

既夕苞二注所以裹遣奠羊豕之躰

葦苞

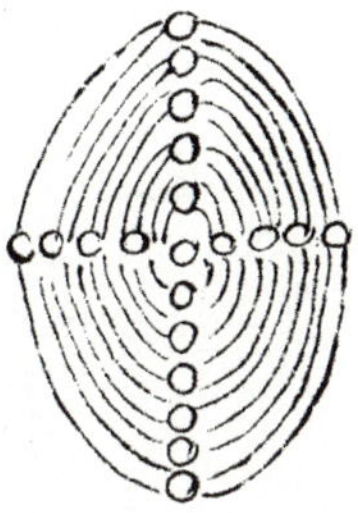

劉氏本

士喪記葦苞長三尺一編疏葦草既長截取三尺一道編之用便易故也

司馬氏書儀既夕禮苞二注所以裹奠羊豕之肉檀弓曰國君七箇遣車七乘雜記曰遣車視牢具或問曾子曰君子既食則裹其餘乎曾子曰大享既饗卷三牲之俎歸于賓館父母而賓客之所以為哀也晋賀循用腐一篋以代所苞牲躰今遣奠既無牲躰又生肉經宿則臭敗不若用循禮得事之宜然遣奠之時亦當設脯既奠苞以蒲篋或箱或竹掩耳或席簟之類包

之皆可也

筲

聶氏本

既夕筲三黍稷麥注筲畚種類

記菅筲三其實皆瀹疏筲其菅草黍稷皆淹而漬之

書儀既夕禮筲三黍稷麥今但以竹器或小罌貯五穀各五升可也

罋

字低一格

聶氏本

書儀既夕禮甖三醯醢屑一注薑桂之屑也今但以小罌二貯醯醢

朱子曰苞筲甖以盛羊豕五穀酒醯醢雖古人不忍死其親之意然實非有用之物且脯肉腐敗生虫聚蟻尤為非便雖不可用遽

甂

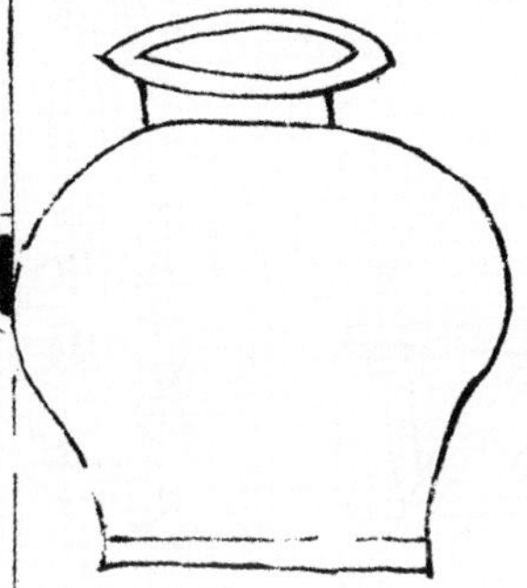

聶氏本

既夕 甒二醴酒冪用功布 注甒亦瓦器

楊甲六經圖 甒盛五齊受五斗口徑一尺脰高三寸

桁

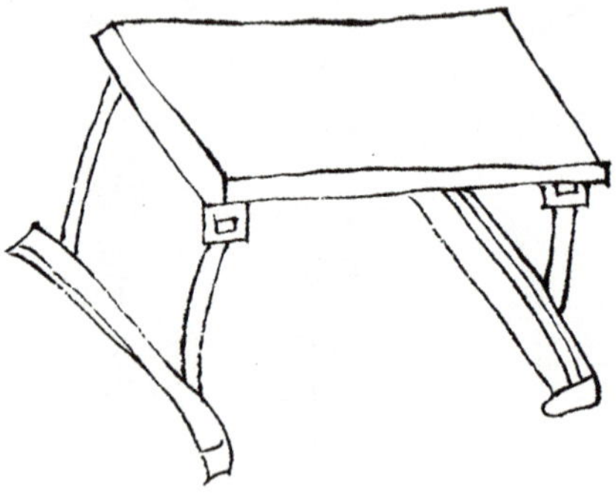

聶氏本

既夕 皆木桁久之 注桁所以庪苞筲甕甒也久當為灸灸謂以蓋案塞其口

聶崇義曰苞筲等燥物直苞塞之無冪甕甒芐湿物直灸塞其口又加冪覆之孔義云桁以木為之置于地所以度甕甒也阮氏梁正等圖云桁制若今之几狹而長以承藏具實未見聞

瓦器

後漢禮儀志東園武士執事下明器瓦鐙一瓦竈二瓦釜二瓦甑一瓦鬲十二瓦案九瓦大杯十六瓦小杯二十瓦飯槃十瓦酒樽二

俑

孟子仲尼曰始作俑者其無後乎為其象人而用之也注俑偶人也用之送死仲尼重人類謂秦穆公時以三良殉葬本由有作俑者也○踊埤蒼云木人送葬設關而能踊跳故名之曰俑

謝惠連祭古冢文序東府掘壍一尺得古冢上無封域明器之屬材瓦銅漆有數十種異形不可盡識刻木為人長三尺許初開見悉為人形以物棖撥之應手灰滅

司馬光乞撤去福寧殿前尼女劄子曰臣竊見大行皇帝梓宮在福寧殿自啓菆以來每日裝飾尼女置于殿前傳以粉黛衣之綺繡狀如俳優又類

戲劇臣不知其説果何為也群臣見者無不駭異或嘆其失禮或黙有譏誚黷嫚威神莫甚于此殆非所以裨助喪容觀示萬方伏望聖慈速令撤去孔子曰葬之以禮此孝之大也臣願陛下因此特降聖旨下有司應將来靈駕進發以至襄事凡儀仗送終之物有鄙俚無稽不合禮典如此之類悉宜撤去無使四方之人有所觀笑

桐人

王肅喪服要記魯哀公葬父孔子問曰寧設桐人乎哀公曰桐人起于虞卿虞卿齊人遇惡繼母不得養父死不得葬知有過故作桐人吾生供養何用桐人為

芻靈

低一字大

低一字大

檀弓孔子謂爲芻靈者善爲俑者不仁注束茅爲人謂之靈者神之類

釋名束草爲人馬靈名之也

四神十二時

五代會要喪葬三品以上明器九十事四神十二時在内不得過二尺五寸餘五品以上明器六十事四神十二時在内九品以上明器四十事四神十二時在内不得過一尺餘

塗車

檀弓塗車芻靈自古有之疏塗車塗作車

釋名塗車以泥塗爲車也

茅馬

後漢書光武帝紀帝曰古者帝王之葬皆陶人瓦器木馬茅馬

低一字大

低一字大

讀禮通考

木馬

趙明誠金石録唐文德皇后墓表太宗御製文曰無
金玉之寶玩用之物木馬寓人有形而已

肴菓

唐會要開元二十九年勑送葬祭盤不得作假花果
及楼閣

顧起元說畧今靈前肴果乃五代周太祖靈前雕香
為之形色與真無異

睊方

聶氏本

低一字大

既夕書賵于方若九若七若五注方板也書賵奠賻贈之人名與其物于板若九行若七行若五行。疏所送有多少故行数不同

遣策

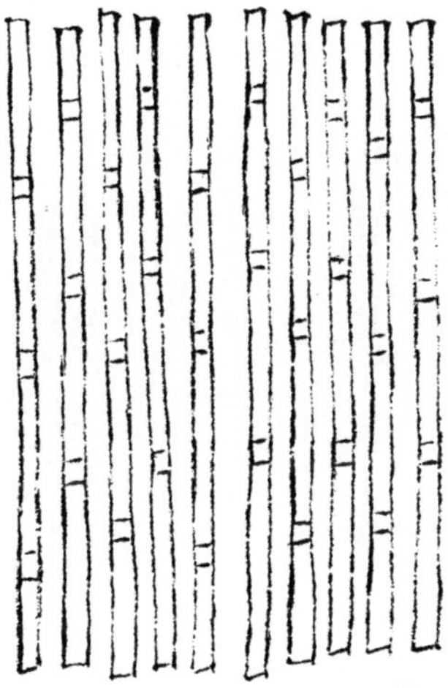

聶氏本

既夕書遣于策注策簡也遣猶送也謂所當藏物。疏編連為策不編謂簡

蔡邕獨斷策者簡也其制長二尺短者半之

衡

喪大記君封以衡注衡平也人君之喪以木橫貫緘耳居旁持而平之又擊鼓為縱舍之節。疏諸侯禮大物多棺重

恐柩不正下棺之時別以大木為衡使人以紼直繫棺束之緘平持而下備傾頓也

禮地 籠

周官遂師及窆抱磿音歷共丘籠力量反注丘籠之役竁復土也其器曰籠○疏下棺之時遂師帥執紼者之人名歷遂而挍數之下棺之後以壙上土反復而為丘壟皆須籠器以盛土也

禮地 茶

周官掌茶掌以時聚茶以共喪事注茶茅秀也鄭鍔曰茶以禦溼

葦蒲

禮地 周官稻人喪紀共其葦事注葦以闉壙禦溼之物澤虞喪紀共其葦蒲之事注葦以闉壙蒲以為席○疏席謂抗席

禮地 蜃

周官掌蜃掌斂互物蜃物以共闉壙之蜃注互物蚌蛤之屬闉猶溼也將井椁先塞下以蜃禦溼也

樓櫚褥

宋史禮志梓宮藉以樓櫚褥

黄腸題湊

漢書霍光傳光薨賜便房黄腸題湊各一具服虔曰便房藏中便坐也蘇林曰以柏木黄心致累棺故曰黄腸木頭皆向内故曰題湊

漢舊儀天子陵中明中高丈二尺四寸周二丈内梓宫次楩椁柏黄腸題湊

堲周

檀弓夏后氏堲周

鐵帳

宋史禮志進玄宫有鐵帳覆梓宫

鐵盆　鐵山

宋史禮志銕盆鐵山用然漆燈

低一字大

銅斗

南史宋張永嘗開真武湖遇古冢冢上得一銅斗有柄文帝以訪朝士何承天曰此斗王莽三公亡皆賜之一在冢外一在冢内時三台居江左者唯甄邯此必邯之墓及啓冢又得一斗復有一石銘曰大司徒甄邯之墓

灰隔

朱子語類先生葬長子其壙用石上盖厚一寸許六叚横湊之兩旁及底五寸許内外皆用石灰雜炭末細沙黄泥築之

問椁外可用炭灰雜沙土否曰只純用炭末置之椁外椁内實以和沙石灰或曰可純用灰否曰純灰恐不實須雜以篩過沙久之灰沙相乳入其堅如石椁

〔義門鄭氏家儀〕開穴深淺或五尺七尺懸棺而窆之太深有水考妣共穴但用甎甃以石灰砌定中間隔爲兩穴上用石板蓋之如不用甎石者但用秫米糊調石灰粥以石子沙土一層灰粥一層以滿爲度棺上亦以石子沙土灰粥厚尺餘至年月久遠堅固以石此爲便法

低一字大

門鄭氏家儀〕此

低一字大

揚文言曰家大人旭樓集中載還葬曾大父卓庵公事記言江右閩地壙中多水三合灰土片片如雲母堅結之説頗不可信又洋溪及蓮花塘諸阡紀載壙中用堅實磚甃砌如橋者能久其石壙蓋石太重兩墻力不勝載必崩毀下壓棺槨年久之木爲慮甚大庚申年葬庶祖母即廢石用磚同時葬季父亭玉而諸弟用石壙已復土亦深悔之向日魏冰叔來毘陵見其灰槨紀事論灰土及石蓋大人深辨且戒文言等宜慎今閲此冰叔數條偶憶其事謹附識于末

〔王文禄葬度〕鋪棺底今用竈間柴灰柴灰帶火性且鹹溼甚不可也或用石灰和陳壁土或用炭細末和

低一字大

銅斗

南史宋張永嘗開真武湖遇古冢冢上得一銅斗有柄文帝以訪朝士何承天曰此斗王莽三公亡皆賜之一在冢外一在冢内時三台居江左者唯甄邯此必邯之墓及啓冢又得一斗復有一石銘曰大司徒甄邯之墓

灰隔

朱子語類先生葬長子其壙用石上盖厚一寸許六段横湊之兩旁及底五寸許内外皆用石灰雜炭末細沙黄泥築之

問椁外可用炭灰雜沙土否曰只純用炭末置之椁外椁内實以和沙石灰或曰可純用灰否曰純灰恐不實須雜以篩過沙久之灰沙相乳入其堅如石椁

低一字大

附鄭氏家儀入此

外四圍上下一切實以炭末約厚七八寸許既辟溼氣免水患又截樹根不入樹根遇炭皆生轉去以此見炭灰之妙蓋炭是死物無情故樹根不入也抱朴子曰炭入地千年不變問范家用黃泥拌石灰實槨外如何曰不可黃泥久之亦能引樹根又問古人用瀝青恐地氣蒸熱瀝青溶化棺有偏陷卻不便曰不曾親見用瀝青利害但書傳間多言用者不知如何

揚文言曰家大人旭樓集中載遷葬曾大父阜庵公事記言江[illegible]地壙中多水三合灰土片〻如雲母堅結之説頗不可信又洋溪及蓮花塘諸阡紀載壙中用堅實磚甃砌如橋者能久其石壙蓋石太重兩牆力不勝載必崩毀下壓棺槨年久之木為慮甚大庚申年葬庶祖母即廢石用磚同時葬季父亭玉而諸弟用石壙已復土亦深悔之向日魏冰叔來毘陵見其灰槨紀事論灰土及石蓋大人深辨且戒文言等宜慎今閱此冰叔數條偶憶其事謹附識于末

王文祿葬度鋪棺底今用竈間柴灰柴灰帶火性且醎溼甚不可也或用石灰和陳壁土或用炭細末和

字大

石灰或用燈心草或用山黃紙家禮用糯穀殼燒灰今云班糠但一時不易得也予思之石灰炭細末及寺觀中燒過紙灰三和之厚鋪棺底再覆白紙紅絹梓木版寸餘厚與棺底一樣厭之方入褥席與尸四旁布帛與紙塞實不使有空隙可也木枕褁布庋首不仰垂二親因俗用紙枕今尚憾也惟外舅先姐得用木枕云

呂坤四禮疑　土有燥溼灰隔禦溼也宜于江南堅重脂膏之木南北皆宜矣○萬物生于土死者以即土為安亦藉土以為生氣灰死物經火煨燼之餘無生氣矣江南下溼水易浸棺故作灰隔假其燥以禦溼也若地高土燥恐灰隔益燥而滲油余葬先人時棺之外有椁棺椁之間灌瀝青厚寸許兩椁之外包以

堅木似足以當溼氣未曾用灰隔未知堅久何如然柏之堅松杉之油皆能久遠北方崖柏不在油杉之下家禮重油杉謂江南之溼也桑棗槐檀皆堅實不知入土久近宜向達于物理者咨焉此孝子之博慮也

馮善家禮集說或問槨內外皆實灰沙則以朱子之言為據槨又加底亦有據乎曰頃葬先人慮地有水緣出意見槨乃加底用油灰麻筋召船匠艌其縫薄溶瀝青塗其外用以載柩槨之內外如前法各實以灰沙既平槨口再加外蓋用直板合成艌其縫不用橫者仍用油灰批縫密釘之再溶瀝青塗其上更下灰沙盈坎乃止又問槨內外既皆實以灰沙何必又用木槨在內曰灰沙洒發熱過乃堅若不用槨隔之

則天雨地泉浸濕灰沙不能堅結故用椁隔之則椁外灰沙縱然浸濕不結而椁内者自能發熱堅固及椁朽腐而内灰沙已皆堅結久矣所以椁加底蓋非無謂也又問木椁作兩三套做如何曰雖便舉動縫内漏水入去却不便必作一箇做方妥當

華氏慮得集　壙内若多用磚石本乎愛重恐後不免被盜取發蓋吾目見多矣不若不用之為無累也只是多用三沙先鋪厚數寸在底下平寔築之下棺之後細築四旁與蓋相平則以杉木去皮為段長過棺底之濶密密横排一二層于蓋上更以輕煤細灰稠調泥水縫隙及其兩頭近土則易朽須三沙更包之横木之上厚下三沙一二尺細細輕築以寔為度期于堅固便如一塊三沙相似若無水滲三沙自然膠

硬如石矣如此廉錢可勝在上之重土不致便頽壓于棺内待乎年深世久骨肉既銷木亦當腐俱化爲土矣豈不遂夫天地自然之道而永免發掘之虞也力不能辦三沙則以細黄土如法堅築而固之亦可畧用湊成磚砌之亦可○棺用松杉木隨力营辦約厚三寸之下愼勿寛大蓋宜加厚不須全板但得匠手製縫緊密爲上切不可用價高之木只以松杉二木足矣却須預漆内外之縫爲佳○棺内必用庬牀以杉板爲上可厚一寸之下兩頭用杉木横挑上高寸許中間勿用板下用糯穅燒灰細篩厚鋪襯而平寔之切勿用紙錢之類引水故也○製三沙之法黄沙石灰乾黄泥細篩各五石爲率和匀預造五斗糯米下一石水之酒俟熟可飲則濾和三沙乾濕得所

堆聚而窨之俟熱過則用入壙内堅築如力不能辦三沙則細黃土堅築之亦可○常見術者言三沙在土中歲久堅于石但怕水滲亦難發摳

江隣幾雜志 錢君倚學士説江南王公大人墓莫不為村人所發取其磚以賣者是磚為累也曰近江南有識之家不用磚葬唯以石灰和篩土築實其堅如石此言甚中理

魏禧灰椁紀事 造灰椁者于下建先三四日取上好塊頭石灰數千斤用水洒過令化以米篩〻嫩灰貯用其粗頭未化者再用水洒篩出嫩灰將粗頭另貯若人力有餘臨期洒灰令化即用築之尤妙○用灰之法不可太燥〻則不粘不可太湿〻則氣散臨時須以少水洒之拌勻用手輕捏成團重捏即散為度

○既鋤土穴周圍仍以火磚砌槨其濶狹度容棺之外頭空一尺脚空一尺餘兩旁各空一尺以灰下灰多不過二尺少不過五寸須看地勢穴情以定灰之厚薄○磚槨外有空隙處先用無沙石好黄泥塞之輕築令槨墻緊靠以便築灰然四圍槨墻須逐節砌高一邊下灰一邊下土若頓爾高砌墻内空虛則築外土時便震匾槨墻偏内矣○穴内先用嫩灰一二寸鋪底置棺其上四旁下灰築齊棺面平鋪灰于上築之每遍只可一二寸先以脚躧實然後用槌輕築漸漸至重槌忌太重重則剥灰用槌之法不論人數以人多為妙且行且築須槌跡粘連一路周而復始度築灰堅至六分便下新灰更築太堅則上下不相粘面上一層不妨畧厚須築至極堅灰面發光槌響

作金石聲更築少許為度○築灰既完仍用火磚接四圍椁墻券砌其上成一磚椁若穴淺壙不宜高大者不用券砌即加灰頭黄泥可也○磚椁之上用灰頭和匀上好黄泥堅築數十亦以穴之淺深為度○上用嫩泥寸許鋪之止以脚畧躧匀然後置堅好大石数塊其上仍須合縫抿灰約周磚椁為度石須堅厚止一大塊者為上塊数少者次之○既置大石上用好黄泥堅築至頂其泥以光熟至極為度將及墓面築龜背形然後用嫩土鋪匀砌磚或仍砌大石○墓前煖土若地穴原有餘土必不可搖去若穴勢淺卸無餘土仍當用黄泥堅築之蓋墓久崩壞多由煖土不堅實故也○又曰昔先君子築先大父母用純灰椁不用三合土以為三合土易上濕氣而灰椁純

燥地氣久蒸結為鐵石蓋有所受之也際瑞等葬先父母遂用此法間又益以私意因悉書而記之禮常謂送死者衣衾之華美不如棺之精密棺之精密不如墓之堅緻蓋衣衾雖美不過慰炫一時棺木亦数月未歸土時所重若墳墓堅緻直千百年不壞之墓也今人苟且造墳或久暴不葬而專美衣衾是所謂非徒無益而又害之者又或酒食僧道靡費不貲至于營葬則吝財苟成其亦惑矣先君子曰宜薄斂宜厚葬故先父母之喪斂用布素棺不華漆夫薄斂則内無物可欲葬厚則外無隙可乘人非財力寡弱其于父母骨日送死之際安可不講于此哉

讀禮通考卷九十八

喪具四

碑

碑石為之鄭氏釋聘禮曰設碑近如堂深

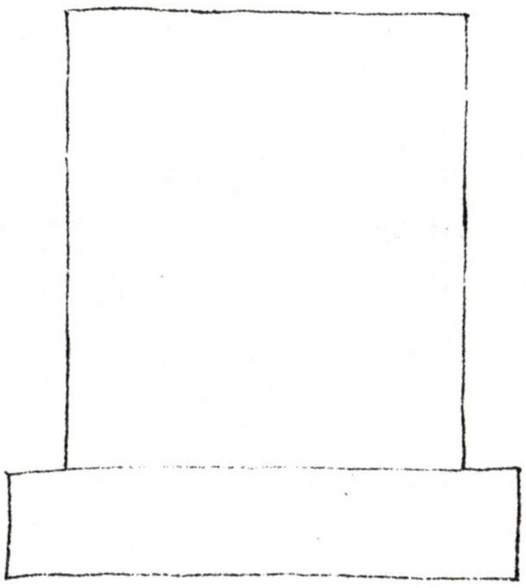

陳氏禮書本

檀弓　公肩假曰夫魯有初公室視豐碑三家視桓楹

注初謂故事也豐碑斲大木為之形如石碑于槨前後四角樹之穿中間為鹿盧下棺以繂繞天子六繂四碑前後各重鹿盧也言視豐碑者時公室僭天子

低一字大

也三家時僭諸侯諸侯下天子斵之形如大楹耳四植謂之桓諸侯四綍二碑碑如桓矣○疏案礼廟庭有碑故祭義云牲入麗于碑儀礼每云當碑揖今謂用大木為碑穿鑿去碑中之木令使空于此空閒着鹿盧鹿盧兩頭各入碑木綍即紼也以紼之一頭繫棺緘以一頭繞鹿盧既訖而人各背碑負紼末頭聽鼓聲以漸卻行而下之也春秋天子有隧以羨道下棺所以用碑者凡天子之葬掘地以為方壙漢書以為方中〻〻方中之内先累棺于其方中南畔為羨道以蜃車載柩至壙說而載以龍輴從羨道而入至方中乃屬紼于棺之緘從上而下棺入于椁之中於此之時用碑綍也三家言視桓楹不云碑知不似碑形故云如大楹耳案說文桓亭郵表也謂亭郵所立表木即今之橋旁表柱也通而言之亦謂之碑故喪大記云諸侯大夫二碑也

釋名碑被也此本王莽時所設也施其轆轤以繩其上以引棺也臣子近述君父之功美以書其上後人因焉故無建于道陌之頭顯見之處名其文就謂之碑也

後漢書中平四年陳寔卒大将軍何進遣使弔祭海内赴者三萬餘人制衰經者以百數共刊石立碑謚為文範先生

郭泰卒同志者共刻石立碑蔡邕為文既而謂涿郡

低一字大

盧植曰吾為碑銘多矣皆有慙德唯于郭有道無媿色耳

摯虞文章流别論古有宗廟之碑後世立碑于墓顯之衢路其所載者銘辭也

宋書晋武帝咸寧四年詔曰石獸碑表既私褒美興長虗偽傷財害人莫大于此一禁斷之其犯者雖會赦令皆當毁壞

漢以後天下送死奢靡多作石室石獸碑銘等物建安十年魏武帝以天下凋獘下令不得厚葬又禁立碑魏甘露二年大将軍參軍王倫卒倫兄俊作表德論以述倫遺美云祇畏王典不得為銘乃撰録行事就刋于墓之陰云爾此則碑禁尚嚴也此後復弛替

低一字大

劉勰文心雕龍碑者埤也上古帝皇始號封禪樹石

埤岳故曰碑也周穆紀迹于弇山之石亦石碑之意也又宗廟有碑樹之兩楹事止麗牲未勒勳績而庸器漸缺故後代用碑以石代金同乎不朽自廟徂墳猶封墓也自後漢以來碑碣雲起才鋒所斷莫高蔡邕觀楊賜之碑骨鯁訓典陳郭二文句無擇言周乎衆碑莫非清允其叙事也該而要其綴采也雅而澤清詞轉而不窮巧義出而卓立察其為才自然而至孔融所創有慕伯喈張陳兩文辨給足采亦其亞也及孫綽為文志在碑誄温王郤庾辭多枝雜桓彝一篇最為辨裁夫屬碑之體資乎史才其序則傳其文則銘標序盛德必見清風之華昭紀鴻懿必見峻偉之烈此碑之制也夫碑實銘器銘實碑文因器立名事光于誄是以勒石讚勲者入銘之域樹碑述已者

低一字大。後同。

同誄之區焉

隋書三品以上立碑螭首龜趺趺上高不過九尺

唐會要五品已上立碑

封演見聞記墓前碑碣未詳所起按儀禮廟中有碑所以繫牲并視日景禮記公室視豐碑三家桓楹天子諸侯葬時下棺之柱其上有孔以貫綍索懸棺而下取其安審事畢因閉壙中臣子或書君父勳伐于碑上後又立之于隧口故謂之神道言神靈之道也古碑上往往有孔是貫綍索之像前漢碑甚少後漢碑蔡邕崔瑗之徒多為人立碑魏晋之後其流浸盛隋氏制五品以上立碑螭首龜趺趺上不得過四尺載在喪葬令近代碑稍衆有力之家多輦金帛以祈作者雖人子罔極之心順情虚飾遂成風俗蔡邕云

吾為人作碑多矣唯郭有道無媿詞隋文帝子齊王攸薨僚佐請立碑帝曰無求名一卷史書足矣若不能徒為後鎮石了誠哉是言也

陸龜蒙笠澤叢書碑悲也古者懸而窆用木書之以表其功德因留之不忍去碑之名由是而得自秦漢以降生有功德政事者亦碑之而又易之以石失其稱矣此亦德政有碑之起也陸法言廣韻曰碑碣李斯造宜始于嶧山之刻

尚書故實古碑皆有圓孔蓋碑者悲也本墟墓間物每墓有四祊葬穿繩相孔以下棺乃古懸空之禮後世德政碑亦作圓孔不知根本甚矣

陳祥道禮書公食大夫禮庾羞陳于碑内庭實陳于碑外燕禮賓自碑内聽命聘禮醯醢百甕夾碑十分

以為列賓自碑内聽命祭義曰君牽牲入廟門麗于碑士昏禮賓入廟門鄉飲酒賓入庠門鄉射賓入序門皆三揖至于階而三揖之中有當碑揖則諸侯大夫士之宫皆有碑矣鄭氏曰宫必有碑所以識日景引陰陽也凡碑引物者宗廟則麗牲焉其材宫室以石窆用木禮天子之窆豐碑諸侯桓楹大夫二碑士無碑魯之季也公室視豐碑三家視桓楹窆碑如桓楹則宫室碑制可知

張師正倦遊録　前漢碑極少魏晉之後其流寖盛李北海以此得潤筆金帛駢羅皆是諛墓之物韓退之亦不免焉本朝唯東坡獨能守之所作司馬公范蜀公等六碑耳

古碑有三種禮注曰宫必有碑所以識日景禮記祭

低一字大

義曰君牽牲既入廟門麗於碑麗者猶繫也以之繫牲則必有穿矣檀弓曰公室視豐碑三家視桓楹說者曰斲大木為之形如石碑於槨前後四角樹之穿中間為轆轤下棺以繂繞天子六繂四碑諸侯四繂二碑大夫二繂無碑蓋古葬唯王者有隧諸侯皆懸棺而下晉文公請隧勿許曰王章也未有代德而有二王亦叔父所惡也自周衰戰國秦漢皆以碑懸棺或以木或以石既葬碑留壙中不復出矣其後稍書姓名爵里其上至後漢遂作文字款識矣今人掘地得古碑而有竅者非麗牲之碑則下棺之碑也

唐陵皆無碑記唯乾陵西南隅有大碑高三十餘尺螭首龜趺巋然表裏無一字亦不知其何謂而立

宋祁筆記碑者施于墓則下棺施于廟則繫牲古人

低一字大

因刻文其上

張表臣珊瑚鈎詩話碑者披列事功而載之金石也

孫何碑解進士鮑源以文見借有碑二十首與之語頗熟東漢李唐之故事惜其安於所習猶有未變乎俗尚者作碑解以貺之碑非文章之名也蓋後人假以載其銘耳銘之不能盡者復前之以序而編錄者通謂之文斯失矣陸機曰碑披文而相質則本末無據焉銘之所始蓋始于論譔祖考稱述器用因其鐫刻而垂乎鑒誡也銘之於嘉量者曰量銘斯可也謂其文為量不可也銘之於景鍾曰鍾銘斯可矣謂其文為鍾不可也銘之於廟鼎者曰鼎銘斯可矣謂其文為鼎不可也古者盤盂几杖皆有銘就而稱之曰盤銘盂銘几銘杖銘則庶幾乎正若指其文曰盤曰

孟曰几曰杖則三尺童子皆將笑之今人之為碑亦猶是矣天下皆踵乎失故衆不知其非也蔡邕有黄鉞銘不謂其文為黄鉞也崔瑗有坐右銘不謂其文為坐右也檀弓曰公室視豐碑三家視桓楹釋者曰豐碑斵大木為之桓楹者形如大楹耳四植謂之桓喪大記曰君葬四綍二碑大夫葬二綍二碑又曰凡封用綍去碑釋者曰碑桓楹也樹之於壙之前後以紼繞之間之轆轤輓棺而下之用綍去碑者縱下之時也祭儀曰祭之日君牽牲既入廟門麗于碑釋者曰麗繫也謂牽牲入廟繫着中庭碑也或曰以紖貫碑中也聘禮曰賓自碑内聽命又曰東面北上碑南釋者曰宫必有碑所以識日景引陰陽也考是四說作古之所謂碑者乃葬祭饗聘之祭所植一大木耳

而其字從石者將取其堅且久乎然未聞勒銘於上者也今喪葬令其螭首龜趺洎丈尺品秩之制又易之以石者後儒所增耳堯舜夏商周之盛六經所載皆無刻石之事管子稱無懷氏封泰山刻石紀功者出自寓言不足傳信又世稱周宣王蒐于岐陽命從臣刻石今謂之石鼓或曰獵碣洎延陵墓表俚俗目為夫子十字碑者其事皆不經見吾無取焉司馬遷著始皇本紀者其登嶧山上會稽甚詳止言刻石頌德或曰立石紀頌亦無勒碑之說今或謂之嶧山碑者乃野人之言耳漢班固有泗水亭長碑文蔡邕有郭有道陳太丘碑文其文皆有序冠篇末則亂之以銘未嘗斥碑之材而為文章之名也彼士衡未知何從而得之由魏而下迄于李唐立碑者不可勝數大

抵皆約班蔡而為者也雖先聖人述作之意然猶髣髴乎古迨李翺為高愍女碑羅隱為三叔碑梅先生碑則所謂序與銘皆混而不分集列其目亦不復曰文考其實又未嘗勒之於石是直以繞紼麗牲之具而名其文戾孰甚焉復古之事不當如此貽誤千載職機之由今之人為文揄揚前哲謂之贊可也警策官守謂之箴可也鍼砭史闕謂之論可也辯析政事謂之議可也裸獻宗廟謂之頌可也陶冶情性謂之謌詩可也何必區區於不經之題而專以碑為也設若依違時尚不欲全咈乎譊譊者則如班蔡之作存序與銘通謂之文亦其次也夫子曰必也正名乎又曰名不正則言不順君子之於名不可斯須而不正也況歷代之誤終身之惑可不革乎何始寓家於潁

以涉道猶淺嘗適野見荀陳古碑數四皆穴其上若貫索之為者走而問故起居郎張公觀公曰此無足異也蓋漢實去聖未遠猶有古豐碑之象耳後之碑則不然矣五載前接柳先生仲塗仲塗又具道前事適與何合且大喙昔人之好為碑者久欲發揮其說以詒同志自念資望至淺未必能見信於人又近世多以是作相高而夸為大言苟從而明之則謗將叢起故蓄之而不發以生力古嗜學偶泥於衆好其兄又於何為進士同年故為生一二而辯之噫古今之疑文章之失尚有大於此者甚衆吾徒樂因循而憚改作多謂其事之故然生第勉而思之則所得不獨在於碑矣

事祖廣記管子曰無懷氏封泰山刻石紀功秦漢以

來始謂刻石曰碑蓋因喪禮豐碑之制也刻石當以
無懷為始而名焉自秦漢也
古之葬有豐碑以窆秦漢以來死有功業生有德政
者皆碑之稍改用石因總謂之碑
朱子語類古人唯冢廟有碑廟中者以繫牲冢上四
角四碑以繫索下棺〻既下則埋于四角所謂豐碑
也或因而刻字於其上後人凡碑則無不刻之且于
中間竅孔不知何用今會稽大禹廟有一碑下廣而
上小不方不圓尚用以繫牲云是當時葬禹之物上
有隸字蓋後人刻之也
黃公紹韻會舉要碑說文豎石紀功德從石卑聲徐
曰按古宗廟立碑以繫牲耳後人因于其上紀功德
此碑字從石秦以來制也七十二家封禪勒石不言

碑七十二家封禪之言始于管仲不言碑穆天子傳乃為名迹于弇茲石上亦不言碑也銘勒功德當始于宗廟麗牲之碑也祭義言麗于碑士婚禮聘禮入門當碑揖則大夫士廟內皆有碑鄉飲酒鄉射三揖注云三揖者將進揖當陳揖當碑揖則庠序之內皆有碑碑所以識日景觀碑景邪正以知早晚宮廟用石為之葬碑取懸繩繂暫時往來運載當用木而已又釋名云碑被也葬時所設臣子追述君父之功以書其上徐曰劉熙言起于懸棺之碑者蓋今神道碑也初學記碑悲也所以悲往事令人墓隧宮室之事通謂之碑矣

潘昂霄金石例碑文皆須寔錄不得濫有褒飾立碑二品以上高不得過一丈二尺五品以上高不得過

已上俱低一字大

低一字大

九尺

墓碑無銘詞刻墓前石柱上亦有刻在碑上者

明集禮五品以上許立碑

唐錦夢餘錄古之所謂碑者乃葬祭之時植一大木用以繞紼麗牲耳不可為文章之名也後世易之以石已失古制孫何嘗著論辨之然有名公鉅儒為人作碑文而往往直書其首曰某公神道碑是皆考索不精恐不免見笑于孫公矣

明太祖實錄碑碣功臣没後封王螭首高三尺二寸碑身高九尺濶三尺六寸龜趺高三尺八寸一品螭首高三尺碑身高八尺五寸濶三尺四寸龜趺高三尺六寸二品蓋用麟鳳高二尺八寸碑身高八尺濶三尺二寸龜趺高三尺四寸三品蓋用天祿辟邪高

低一字大字

二尺六寸碑身高七尺五寸濶三尺龜趺高三尺二寸四品圓首高二尺四寸碑身高七寸濶二尺八寸方趺高三尺五品圓首高二尺二寸碑身高六尺五寸濶二尺六寸方趺高二尺八寸六品圓首高二尺碑身高六尺濶二尺四寸方趺高二尺六寸七品圓首高一尺八寸碑身高五尺五寸濶二尺二寸方趺高二尺四寸

神道碑

事祖廣記晉宋之世始又有神道碑天子及諸侯皆有之其刻木止曰某帝或某官神道之碑今世尚有宋文帝神道碑墨本也其初由立之于塋兆之東南地理家以東南為神道故以名碑爾按後漢中山簡王薨詔為之修冢塋開神道注云墓前開道建石柱以為標謂之神道是則神道之名在漢已有之也晉宋之後易以碑刻云

集古錄宋文帝神道碑題曰太祖文皇帝之神道八大字而别無文辭惟以此為表識古人刻碑正當如

此而後世鐫刻功德爵里世系唯恐不詳然自後漢以來門生故吏多相與立碑頌德矣余家集古所錄三代以來鐘鼎彝盤銘刻備有至後漢以後始有碑文欲求前漢時碑碣卒不可得是則冢墓碑自後漢以來始有也

吳曾能改齋漫錄葬者墓道稱神道自漢已然引襄陽耆舊傳光武立蘇嶺祠刻二石鹿于神道楊震碑首題太尉楊公神道碑銘為證非也漢書高惠文功臣表戚圉侯季信成坐為太常丞相優神道為隸臣又霍光傳光薨光夫人侈大其塋制起三山闕築神道此二事皆在前當以為據蓋不始于後漢但表所謂神道疑宗廟之路也

隸釋交阯都尉沈君二神道其上各刻朱雀其形相

祁無前之思而不知其已甚矣遂以明之爲法制禁也宜哉

向知此盖是一人猶王稚子闕畫書其所歷官也其下又刻龜蛇虎首所畫是工此字及馮煥王稚子闕皆是八分書

程大昌演繁露 李廣傳丞相李蔡得賜冢地盜取三頃賣之又盜取神道外壖地一畝葬其中世之言神道者始此又霍光茔起三土闕築神道神道言神行之道也

寶刻叢編 漢蜀郡屬國都尉王君神道在南陽題云漢故蜀郡屬國都尉王君神道封陌按酈道元注水經淯水南道側有二石樓制作精妙題云蜀郡太守姓王字子稚南陽西鄂人

漢太尉劉寬神道有二其一曰漢太尉劉公諱寬字文饒其一曰漢太尉車騎將軍特進昭烈侯劉公神

道各有一螭蟠屈乎其上而下作獸面如夔咼閒饕餮之象當是雙闕所刻圖畫微拙不及王稚子沈新豐之精也

訪碑錄　鄧城縣南十二里張相公墓前有大周魏君之神道字

六朝事迹　梁吳平忠侯蕭景墓石柱一題云梁故侍中〻撫將軍開府儀同三司吳平忠侯蕭公之神道

梁安成王蕭秀墓石柱一及神道碑二題云梁故散騎常侍司空安成康王之神道

梁臨川王蕭宏墓石柱碑二題云梁故史黄鉞侍中大將軍揚州牧臨川靖惠王之神道

梁建安侯蕭正立墓有石柱二題云梁故侍中左衛將軍建安敏侯之神道

金石例　三品以上神道碑立於墓隧道之左面南立螭首龜趺各依品從合得尺寸見儀制今更欲撿之此未盡也

王行墓銘舉例　按神道碑其題有二有碑額之題有碑文之題碑額之題簡碑文之題詳蓋既題其額又題其文也

凡神道碑首必詳書其世系重其所自出也

陳龍正家矩　唐宋大臣例有神道碑大都奉朝命而為之亦有其家私求撰述者然古來德行勳業流傳不朽浸灌人心大抵史冊所記載後賢所表章何嘗讀其家碑誌是則德業果盛既不必求苟無德業求又何用人唯有自立于生前寧須借重於死後倘祖先有隱德微情足以感動後世子孫中推一有文采筆力者為質實記之或有以門諸子互記而彙輯之

如年譜之屬用志不忘可也

先塋碑

金石例　先塋先德昭先等碑唐宋皆無之所書三代并妻子例似與神道墓誌等碑不同濟南李昌道作李千户先塋碑不書李千户之妻某氏只冩子幾人其妻怒昌道言婦人未終如何敢書

御製碑

任昉文章緣起　四皓有羽翼太子之功其没也惠帝為之製文立碑

東觀漢記　竇章女年十二能屬文以才貌選掖庭有寵與梁皇后並為貴人早卒帝追思之詔史官樹碑頌德帝自為之辭

唐書魏徵傳　徵薨陪葬昭陵帝作文於碑遂書之

[illegible]字大

[illegible]言文貞公神道碑太宗之文時徵將薨太

錢謙益曰嘗考古金石之例至金元之間而始有先塋昭德之碑蓋倣唐人先廟之文而爲之者也用以紀追命表先德莫此爲宜然而讀其文往往多頌而寡志略死而諛生君子譏焉

低一字小双行

御製碑前

撰段秀實碑本朝太宗撰中令趙公碑

御書碑

唐書韓思復卒天子親題其碑曰有唐忠孝韓長山之墓

盧懷慎卒帝經其墓碑表未立停蹕臨視泫然流涕詔官爲立碑令中書侍郎蘇頲爲文帝自書之

張說嘗自爲其父碑帝爲書其額曰嗚呼積善之墓

如年譜之屬用志不忘可也

先塋碑

金石例先塋先德昭先等碑唐宋皆無之所書三代并妻子例似與神道墓誌等碑不同

濟南李昌道作李千户先塋碑不書李千户之妻某氏只寫子幾人其妻怒昌道言婦人未終如何敢書

御製碑

任昉文章緣起四皓有羽翼太子之功其沒也惠帝為之製文立碑

東觀漢記竇章女年十二能屬文以才貌選掖庭有寵與梁皇后並為貴人早卒帝追思之詔史官樹碑頌德帝自為之辭

唐書魏徵傳徵薨陪葬昭陵帝作文於碑遂書之

王定保摭言文貞公神道碑太宗之文時徵將薨太宗夢見之及覺左右奏徵卒故曰俄於髣髴忽覩形儀復曰高宗昔日得賢相于夢中朕今此宵失良臣于覺後

唐書張說傳說卒帝為製碑

宋次道春明退朝錄唐太宗自撰魏元成碑德宗亦撰段秀實碑本朝太宗撰中令趙公碑

御書碑

唐書韓思復卒天子親題其碑曰有唐忠孝韓長山之墓

盧懷慎卒帝經其墓碑表未立停蹕臨視泫然流涕詔官為立碑令中書侍郎蘇頲為文帝自書之

張說嘗自為其父碑帝為書其額曰嗚呼積善之墓

（手書：低一字大）

（手書：低一字大同）

郭知運卒帝詔中書令張説紀其功于墓碑

春明退朝錄皇祐中王侍郎融守河中還乃以唐明皇所題裴耀卿碑額上之仁宗遂御篆沂公碑曰旌賢其後踵之者懷忠（呂許公）顯忠（李武忠）旌忠（寇萊公）全德元老（王太尉）教忠積慶（文潞公文洎）親賢（李侍中用和）褒親（齊國獻穆公）旌功（曹襄悼）舊學（晏元獻）崇儒（丁文簡）顯先積慶（趙中令子垕）旌忠懷德（張侍中耆）儒賢（高文莊）褒賢（范文正）思賢（劉丞相沆）清口（王武恭）旌忠元勲（狄武襄）褒忠（陳恭公）純孝（張文孝）忠規德範（宋元憲英宗御篆）淳德守正（呂文穆上御篆）大儒元老（賈魏公）

碑額　趺

六朝事迹齊獻武公墓在棲霞寺側有碑額曰齊故侍中尚書令丞相已東獻公之墓

隸釋益州太守碑以朱爵為額龜蛇為趺龍虎銜璧在其兩旁

似一字大下同

漢泰山都尉孔君之碑｜凡漢刋其首行即入詞無額者或題其前如張納樊安之比亦甚少已篆其上復標其端唯此碑爾

漢是邦雄傑碑｜無名碑以天祿為額其下刻一牛首又有碑上朱雀而下玄武其中則沒字碑也此碑之文曰是邦峻生雄傑峻之上下各闕一字

呂祖謙文集　銘誌既有題額更不當復寫其官墓誌便當從頭直開誌文而銘銜則列于銘後乃為得體

金石例　書碑額例真字八分書謂之題額篆字則云篆額

碑陰

隸釋　孔宙碑陰有門生故吏名漢碑多有陰然稀少有額獨此刻以五大篆表其上

益州太守碑陰有牧靡敬吏三人題名在趺之右此碑刻五玉三獸下有牛首罽中漢碑如是者有柳敏碑陰馮緄墓道雙排六玉碑又有单排六玉碑與此凡四

隸續　漢柳敏碑陰其上刻一禽若鳳其下則麟也中牛首銜環兩旁凡六玉其右則琄圭璧其左則琮璋璜

沒字碑是邦雄傑碑之陰也與馮緄墓道一碑相類非磨滅者朱雀在其上龜蛇在其下

碣

後漢書　趙岐（傳岐年三十餘）有重疾卧蓐七年自慮奄忽乃為遺令勑兄子曰大丈夫生世遯無箕山之操仕無伊吕之勳天不我與復何言哉可立一員石於吾墓前刻之

低一字大下同

曰漢有逸人姓趙名嘉有志無時命也奈何岐初名嘉
後漢書注方者謂之碑圓者謂之碣李斯所造
隋書七品以上立碣高四尺圭首方趺若隱淪道素
孝義著聞者雖無爵奏聽立碣
唐會要七品以上立碣若隱淪道素孝義著聞雖不
仕亦立碣宋制六品以上則立碑八品以上則立碣
封演見聞記碣亦碑之類也周禮凡金玉錫石揭而
璽之注云揭如今題署物漢書云庵寺前揭著其姓
名注揭杙椓杙於菴處而書死者之姓名楬音揭然
則物有標榜皆謂之揭郭景純江賦云栽嵒為泉陽
之揭玉壘作東别之標是也其字本從木後人以石
為墓碣因變為碣說文云碣特立石也據此則從木
從石兩體皆通

格

珊瑚鉤詩話碣者揭示操行而立之墓隧也

明集禮五品以上許用碑（龜趺螭首）六品以下許用碣（方趺圓首）

誌石

檀弓孔子之喪公西赤為志焉（注志謂章識○章明志識）子張之喪公明儀為志焉

（方慤曰志記也書其禮而記之）

南史裴子野傳子野葬湘東王為之墓誌銘陳于藏内邵陵王又立墓誌于羨道羨道列誌自此始

南齊書有司奏大明故事太子妃玄宮中有石誌參議墓銘不出禮典近宋元嘉中顔延作王球石誌素族無碑策故以紀德自爾以來王公以下咸共遵用儲妃之重禮殊恒列既有哀策謂不須石誌從之

唐會要誌石唐制品官皆用宋制九品以下無之

一字大

封演見聞記古葬無石誌近代貴賤通用之齊太子穆妃將葬立石誌王儉曰石誌不出禮經起元嘉中顏延之為王球作石誌素族無名策故以紀行迹耳遂相祖習儲妃之重禮絶常例既有哀策不煩石銘儉所著喪禮云施石誌于壙裏禮無此制魏侍中繆襲改葬父母墓下埋文原此旨將以千載之後陵谷遷變欲後人有所聞知其人若無殊才異德者但紀姓名歷官祖父姻媾而已若有德業則為銘文案儉此說石誌宋齊以來有之矣齊時有發古塚得銘云青州世子樂海女郎河東賈旲以為司馬越女嫁為荀晞子婦檢之果然東都殖業坊十字街有王戎墓隨代釀家穿傍作窖得銘曰晉司徒尚書令安豐侯王君銘有数百字然則古人葬者亦有石誌但不如

今代貴賤通為之耳

馮鑑續事始 按西京雜記前漢杜子夏臨終作文其死命刊石埋于墓前墓志恐因此始

司馬氏書儀 誌石刻文云某官姓名 婦人云某姓名妻某封某氏 某州某縣人考諱某某官某氏某封 無官封者但云姓名或某氏 某年月日終某年月日葬 丈夫云娶某氏某人之女封某邑 子男某某官女適某官某人若直下穿壙則寘之便房若旁穿為壙則寘之壙門墓前更立小碑可高二三尺許大書曰某姓名某更不書官 古人有大勳德勒銘鍾鼎藏之宗廟其葬則有豐碑以下棺耳秦漢以來始命文士褒贊功德刻之于石亦謂之碑降自南朝復有銘誌埋之墓中使其人果大賢邪則名聞光昭衆所稱頌乃流今古不可掩蔽豈待碑誌始為人知若其不賢也乃以巧言麗辭强加飾釆功侔呂望德比仲尼徒以訕笑其誰肯信碑猶立于墓道人得見之誌乃藏于壙中自非開發莫之睹也隋文帝子秦王俊薨府僚請立碑帝曰欲名一卷史書足矣何用碑為徒與人作鎮石耳此實語也今既不能免俗其誌文但可直叙鄉里世家官簿始終而已季札墓前有後世稱孔子所篆云嗚呼有吳延陵季子之墓豈在多言然後人知其賢耶今但刻姓名于墓前他日人自知其賢愚耳

低一字大

朱子家禮誌石用二片其一為蓋刻云某官某公之墓其一為底刻云某官某公諱某字某某州某縣人考諱某某官母某氏某封某年月日生歷官遷次某年月日終某年月日葬于某鄉某里某處娶某氏某人之女子男某某官女適某官某人婦人夫在則蓋刻云某官姓名某封某氏之墓夫亡則云某官某公某封某氏某底叙年若干適某氏因夫與子致封號葬之日以二石字面相向鐵束而埋之

朱子語類問政和禮九品以下至庶人無誌溫公有之今當何從朱子答云誌石為久遠之計埋于土中有何僭禮須在壙上二三尺縱遇畚鍾猶可得止勿置壙中○陳淳安卿問曰某問誌石之制在士庶當如何題溫公謂當書姓名恐所未安夫婦合葬者所

題又當如何朱子曰宋故進士（或云處士）某君夫人某氏之墓（下畧記名字鄉里年歲子孫及葬之年月）

低一字大

金石例　墓誌納之墓中柩前平放其狀如方石斗二底撮面平而不凹大小無定制上一斗于平面上大字題其官其人墓誌銘曾見古墓中石誌制度如此又記上一斗止寫其人墓誌不書銘字下一斗上作小字書前一行刻云其官其人墓誌銘併引或言有序或言併序後書序及銘刻畢以丹填之上下二斗字並用丹填二斗相合四角以薄石片揞起揞石如錢大厚薄亦如之但要不使二石實相厭著

低一字大

錢希言戲瑕　牧野（竹書紀年作坶野）有比干墓前有石銘題隸云商大夫比干之墓所記唯此漢高祖孝文各為立碑延陵季子十字碑在鎮江人謂孔子書文曰有吳延

陵季子之墓按古法帖上云嗚呼有吳君子六字而已若延陵之墓四字疑是後人妄增除之字外三字是漢人古篆不與前六字合東都殖業坊十字街有王戎墓隋代釀家穿其傍作窖得銘曰晉司徒尚書令安豐侯王君銘漢西都時南宮寢殿内有醇儒王史威長葬銘〻曰明明哲士知存知亡崇隴原亹非寧非康不封不樹作秉靈光厥銘何依王史威長杜子夏葬長安北四里臨終作文曰魏郡杜鄴立志忠款犬馬未陳奄先草露骨肉歸于后土寃氣無所不之何必故丘然後即化封于長安北郭此馬宴息及死命刊石埋于墓側東漢趙嘉即趙岐與兄子書大丈夫遁無箕山之操任無伊吕之勳天不我與復何言哉可立一圓石于吾墓門側刻之曰漢有逸民姓

趙名嘉有志無時命也奈何吴郡陸績豫知亡日乃為辭曰有漢志士吴郡陸績幼敦詩書長玩禮易受命南征遘疾遇厄遭命不幸嗚呼悲隔唐傅奕武德中為大史令一病不問醫自誌曰傅奕青山白雲人也以醉死古人墓文之簡只十餘字何嘗不傳今人則連篇累牘不諛地下則諛地上耳買菜求益嚴光所以深歎歟按洛陽伽籃記載後魏隱士趙逸答好事者語云生時中庸之人耳及其死也碑文墓誌莫不窮天地之德生民之能事為君共堯舜連衡為臣與伊吕等迹牧民之官浮虎慕其清塵執法之吏埋輪謝其鯁直所謂生為盗跖死為夷齊妄言傷正華詞損實當時作文之士慙逸此言據此則南北朝時已然不獨唐時諛墓而已蔡中郎云平生作碑文唯

郭有道一片無媿則西京時已有此風耶余嘗見元人趙承旨孟頫集中所載其自譔父母及祖父母墓誌僅叙生卒爵里而已並不書事至于尚書故實所載東晉謝太傅碑但著貞珉初無文字蓋重難著述之意此等識見高出千古

近世凡墓志銘及碑碣之類必加書撰人并篆蓋題額者于前至往往假顯者之名以誇于人此甚可笑歐陽公與尹封帖云墓銘刻石不必署官銜題目及撰人書人刻字人姓名晉人以前皆不著撰人姓名此古人有深意况久遠自知歐公此言豈無所見而云耶余觀古之碑志有止書撰人姓名而不著書人者蓋以當時之人皆能書或多撰者之所書也有止著書人姓名而不著撰人者蓋文或者之所為也有

低一字如り下同

止書其官其人于旁而不著書撰者蓋書撰或即其人也予近得唐人二志石其一開元二十八年周府君志其一太和二年顏府君志皆不著書撰人名可見在唐猶然而不特晉以前也又嘗于城南草閒得宋時墓石一方乃子誌父其諱處字皆畧草與志文之字不倫後書曰某人書諱字亦如之乃知諱為其人親書此又可見古人作事之不苟矣

呂坤四禮疑誌於石示來世也文其辭篆其姓名合而錮之以鐵埋諸地中將誰示乎不若誌諸碣碣者揭也一坏之封無所表識百年之後子孫且不識祖考況在他人故詳具其家世以誌之今用方石二面一面楷書為文文既工一面篆書為題篆難辨寧字相對以鐵束之理於墓頭三四尺本注云慮異時誤

為人所動見石而知其姓名庶能掩之謬哉其為説也石在墓頭發及石則見棺也半矣兩石内向重〻鐵束誰復從容為汝鉗鎚即或開之豈皆通文辨篆人耶即如其姓名死者之德能致開者之重否即為掩之能肯復束此石否石既不束能必墓再動否此説大可笑也不如題姓名於碣面詳家世於碣陰有功德者表諸神道使有目者皆得見之免致誤動之尤愈乎程大中誌石砌於壁間有何不可

顧起元説畧齊太子穆妃將葬立石誌王儉曰石誌不出禮經起顏延之為王球作墓誌以其素族無名誄故也按博物志漢西都時南宫寢殿内有王史威長死葬銘又孔子之喪公西赤為識焉子張之喪公明儀為識焉説者謂識誌也又闔閭墓中石銘莊子

衛靈公沙丘石槨銘今古帖有比干墓銘文心雕龍云飛廉有石椁之銘據此則非始于延之也

陳龍正家矩誌石專防發掘須令易見若准家禮合字于背外用鐵束是掩之也雖掘者見石何繇知為其塚而遽歇手乎冀其斷鐵開石諦察詳觀抑又難矣宜仰字于面但以磚覆之離壙前數尺淺埋之孟子奭母自刻跪像埋之墓前後遇掘者遂知為孟母墓聖賢蓋唯欲人之早見之也

權厝誌

墓銘舉例 柳宗元有故永州刺史崔君權厝誌又有故連州員外司馬凌君權厝誌又有亡姑渭南縣尉陳君夫人權厝誌權厝有誌又一例也

歸祔誌

墓銘舉例柳宗元先太夫人河東縣太君歸祔誌無銘詩不忍詩而銘之也又一例也題書歸祔又一例也

遷祔誌

金石例柳子厚有叔妣陸氏夫人遷祔誌

誌殯

墓銘舉例柳宗元誌從父弟宗直殯誌其人殯又一例也

墳記

墓銘舉例柳宗元有韋夫人墳記云祔而不合大葬未利以俟蓋窆權厝誌也題書墳記又一例也

墓記

墓銘舉例朱文公有劉樞密墓記又有范直閣墓記

題書墓記同柳文韋夫人墳記例也

壙記

墓銘舉例朱文公有知縣何公壙記又有亡嗣子壙記題書壙記同韓文女挐壙銘例也

墓甎文

漢隸字源漢謝君墓甎文元和三年作

墓磚記

范成大吳郡志江纂墓江逌子也木瀆孫起卿頃於天平山下地名上沙獲墓碑乃以大方塼刻之字畫俱存與石無異起卿為賦詩家有古瑑碑近自田家獲藏之五六年未甚見省録古苔侵文理封結殆莫識偶然嗟其窮一一為磨剔始若漫無文細尋適可讀文云晉江纂長夜埀兹刻貞石殊不用塊然但埏

埴合葬無別銘背面書反覆一字不涉華本枝記明白二父遂兼書於逌乃宗嫡誌云養父諶本父逌也考諸晉史篇真是小出入字畫亦嶮勁然不類鐫斵漢魏尚豐碑此獨何褊迫豈時丁喪亂不暇如品式于時義熙季歲次寔庚戌五胡剖中原典午竄南極苟簡理宜爾寧詒不孝責畓訂既昭然疑去喜自適歷年七百餘瞥爾駒過隙名節苟不傳埃化先厖石寘茲當眼前用代銘几席

墓銘舉例　柳宗元有小姪女墓磚記寔銘誌也而無序題書墓磚記又一例也

宋開封張堯夫墓銘以其葬之速也不能刻石乃得金谷方磚命太原王顧以丹為隸書納于壙中

穿中記

漢隸字源張賓公妻穿中二柱文建初二年立在眉州碧鷄巖紹興丁丑武陽城東彭山之上掘得之

墓識

墓銘舉例宋陳璀有尚書曾公墓識敘所歷官而不書行治無他辭唯結以其官陳其敘次一語題書墓識又一例也

墓版

墓銘舉例柳宗元有故叔父殿中侍御史府君墓版其實表也

窆石

圖經禹葬于會稽取石為窆

會稽志禹廟窆石遺字直寶文閣王順伯復齋金石

卷九十九

録定為漢刻

趙明誠金石録　漢窆石銘永建元年五月

蓋石

周密癸辛雜識　趙松雪云北方多唐以前古冢所謂墓誌者皆在墓中正方而上有蓋〻豐下殺上〻書某朝某官某人墓誌此所謂書蓋者蓋底兩間周鐵局〻之後人立碑於墓道其上篆額止謂之額後訛為蓋非也今世歲月志乃其家子孫為之非所謂墓碑也古者初無歲月志之石

墓銘舉例　柳宗元有亡姊崔氏夫人墓誌蓋石文文云敢祔碑陰之義假蓋石以書其辭

喪具五

墓銘

祭統　銘者自名也自名以稱揚其先祖之美而明著

之後世者也為先祖者莫不有美焉莫不有惡焉銘之義稱美而不稱惡此孝子孝孫之心也

乾學按祭統所言實鼎銘非墓銘也但後世作誌銘者無不援此以為據故節録其文以見銘文之所本

荀子銘誄繫世敬傳其名也注繫世謂書其傳襲若今之譜牒也所以敬傳其名于後世

乾學按繫世即周禮小史之職所謂奠繫世者是

低一字大

舊唐書

釋名銘名也述其功美使可稱名也

曾鞏寄歐陽舍人書夫銘誌之著于世義近于史而亦有與史異者蓋史之於善惡無所不書而銘者蓋古之人有功德材行志義之美者懼後世之不知則必銘而見之或納于廟或存于墓一也苟其人之惡

全紙整

舊唐書謂其子緒綢曰吾生無益於人勿請謚號葬日勿請鼓吹唯以布車一乘餘勿加飾銘誌但志宗門秉筆者無擇高位

曾鞏王安石俱低一字大

入釋名後

所以

見傳

通材

法警

孫者

一欲褒揚其親而不本乎理故雖惡人皆務勒銘以誇後世立言者既莫之拒而不為又以其子孫之所請也書其惡焉則人情之所不得于是乎銘始不實後之作銘者當觀其人苟託之非人則書之非公與是則不足以行世而傳後故千百年來公卿大夫至于里巷之士莫不有銘而傳者蓋少其故非他託之非人書之非公與是故也

王安石答錢公輔書比蒙以銘文見屬足下於世為

低一字大

舊唐書

之後世者也為先祖者莫不有美焉莫不有惡焉銘之義稱美而不稱惡此孝子孝孫之心也

乾學按祭統所言實鼎銘非墓銘也但後世作誌銘者無不援此以為據故節錄其文以見銘文之所本

荀子銘誄繫世敬傳其名也注繫世謂書其傳襲若今之譜牒也所以敬傳其名于後世

乾學按繫世即周禮小史之職所謂奠繫世者是

釋名銘名也述其功美使可稱名也

曾鞏寄歐陽舍人書夫銘誌之著于世義近于史而亦有與史異者蓋史之於善惡無所不書而銘者蓋古之人有功德材行志義之美者懼後世之不知則必銘而見之或納于廟或存于墓一也苟其人之惡

則于銘乎何有此其所以與史異也其辭之作所以使死者毋有所憾生者得致其嚴而善人喜于見傳則勇于自立悪人無有所紀則已媿而懼至於通材達識義烈節士嘉言善状皆見于篇則足為後法警勸之道非近乎史其將安近及世之衰人之子孫者一欲褒揚其親而不本乎理故雖悪人皆務勒銘以誇後世立言者既莫之拒而不為又以其子孫之所請也書其悪焉則人情之所不得于是乎銘始不實後之作銘者當觀其人苟託之非人則書之非公與是則不足以行世而傳後故千百年來公卿大夫至于里巷之士莫不有銘而傳者蓋少其故非他託之非人書之非公與是故也

王安石答錢公輔書　比蒙以銘文見屬足下於世為

容齋隨筆作文受謝自晉以隸有之至唐始盛李邕傳邕尤長碑頌中朝衣冠及天下寺觀多齋持金帛往求其文前後所製凡數百首受納饋遺亦至鉅萬時議以為自古鬻文獲財未有如邕者詩云千謁滿其門碑版照四裔豐屋珊瑚鉤麒麟織成罽紫騮隨劍几義取無虛歲又有送斛六判官詩云故人南郡去去索作碑錢本賣文為活翻令室倒懸蓋笑之也韓愈撰淮西碑憲宗以石本賜韓弘弘寄絹五百匹作王用碑用男寄鞍馬并白玉帶劉叉持愈金數斤去曰此諛墓中人得耳不若與劉君為壽愈不能止劉禹錫祭愈文云公鼎侯碑志隧表阡一字之價輦金如山皇甫湜為裴度作福先寺碑度贈以車馬繒綵甚厚湜大怒曰碑三千字字三縑何遇我薄耶度笑酬以絹九千匹穆宗詔蕭俛撰成德王士真碑俛辭曰王承宗事無可書又撰進之後例得貺遺若黽勉受之則非平生之志帝從其請文宗時長安中爭為碑誌若市賈然大官卒其門如市至有喧競爭致不由喪家裴均之子持萬縑詣韋貫之求銘貫之曰吾寧餓死豈忍為此哉白居易修香山寺

聞人力足以得顯者銘文毋以屬於不腆之文似其

人下假
匯筆

記曰予與元微之定交於生死之間微之將薨以墓誌文見託既而元氏之老狀其
臧獲輿馬綾帛洎銀鞍玉帶之物價當六七十萬為謝文之贄予念平生分贄
不當納往反再三訖不得已回施茲寺凡此利益功德應歸微之柳玭善書自
御史大夫貶瀘州刺史東川節度使顧彥暉請書德政碑玭曰若以潤筆為贈即
不敢從命本朝此風猶存唯東坡公於天下未嘗銘墓獨銘五人皆盛德故謂富韓
公司馬公趙清獻公范蜀公張文定公也此外趙康靖公滕元發二銘乃代文定所為者
在翰林日詔撰同知樞密院趙瞻神道碑亦辭不作曾子開與彭器資為執友
彭之亡曾公作銘彭之子以金帶縑帛為謝却之至再曰此文本以盡朋友之義若
以貨見投非足下所以事父執之道也彭子惶懼而止此帖今藏其家
入朱子語類前
低一字大

何孟春餘冬序錄

低一字小

張所望閱耕餘録杜子夏臨終作文及死命刻石埋
于墓側此後世碑銘之始
文光堅藝苑閒評墓銘或謂晋以前無有顔延年始
為之按吳志凌統卒權聞流涕使張承作銘誄則是

聞人力足以得顯者銘父母以屬於不腆之文似其意非苟然故輒為之而不辭不圖乃猶未副所欲欲有所增損鄙文自有意義不可改也宜以見還而求能如足下意者為之耳家廟以今法準之恐足下未得立也足下雖多聞要與識者講之如得甲科為通判通判之署有池臺竹林之勝此何足以為太夫人之榮而必欲書之乎貴為天子富有天下苟不能行道適足以為父母之羞況一甲科通判苟粗知為辭賦雖市井小人皆可以得之何足道哉何足道哉故銘以謂閭巷之士以為太夫人榮明天下有識者不以置悲歡榮辱於其心也太夫人能異於閭巷之士而與天下有識同此其所以為賢而宜銘者也至于諸孫亦不足列孰有五子而無七孫者乎七孫業之

作字小

何孟春餘冬序錄

有可道固不宜畧若皆兒童賢不肖未可知列之於義何當也諸不具道計足下當與有識者講之南去愈遠君子唯順愛自重

何孟春餘冬序錄墓銘或謂晉以前無有顏延年始為其制案吳志凌統卒孫權使張承作銘誄則三國時事也又案張華博物志漢西都時南宮寢殿內有醇儒王史威長死葬銘曰明明哲士知存知亡崇壠原壄非寧非康不封不樹作靈垂光厥銘何依王史威長葬有銘久矣○歐陽永叔為尹師魯作墓銘與尹材書曰刻石時首尾更不要留官銜題目及撰人書人刻字人等姓名晉以前碑皆不著撰人姓名此古人有深意久遠可知篆蓋祇著尹師魯墓四字其告之詳如此近世士大夫有不肯與人銘墓者問之云吾不欲以生人姓名埋地下伴死人耳彼答未見歐公不著姓名之說也

張所望閒耕餘錄杜子夏臨終作文及死命刻石埋于墓側此後世碑銘之始

支允堅藝苑閒評墓銘或謂晉以前無有顏延年始為之按吳志凌統卒權聞流涕使張承作銘誄則是

聞人力足以得顯者銘父母以屬於不腆之文似其意非苟然故輒為之而不辭不圖乃猶未副所欲欲有所增損鄙文自有意義不可改也宜以見還而求能如足下意者為之耳家廟以今法準之恐足下未得立也足下雖多聞要與識者講之如得甲科為通判通判之署有池臺竹林之勝此何足以為太夫人之榮而必欲書之乎貴為天子富有天下苟不能行道適足以為父母之羞況一甲科通判苟粗知為辭賦雖市井小人皆可以得之何足道哉何足道哉故銘以謂閭巷之士以為太夫人榮明天下有識者不以置悲歡榮辱於其心也太夫人能異於閭巷之士而與天下有識同此其所以為賢而宜銘者也至于諸孫亦不足列孰有五子而無七孫者乎七孫業之

有可道固不宜畧若皆兒童賢不肖未可知列之於義何當也諸不具道計足下當與有識者講之南去愈遠君子唯順愛自重

乾學按介甫此書可見古人叙事簡嚴之法故録之

朱子語類　朱子喪長子兗轎柩止用紫蓋畫去繁文銘石二片各長四尺濶二尺許止刻姓名歲月居里二面相合以鐵束之置于壙上

金石例　漢碑有銘辭亦有無者今亦然

張所望閱耕餘録　杜子夏臨終作文及死命刻石埋于墓側此後世碑銘之始

文允堅藝苑閒評　墓銘或謂晋以前無有顔延年始為之按吴志凌統卒權鬧流涕使張承作銘誄則是

三國時事也。又張華《博物志》：漢西都時南宮寢殿内有醇儒王始威長死葬銘。葬有銘久矣。

壙銘

《金石例》：韓退之有女挐壙銘。

埋銘

《墓銘舉例》：朱子有女已埋銘，無序，同韓文試大理評事胡君銘例、題《書埋銘》又一例也。陳璀有侍郎鄒公埋銘，同朱文公女已埋銘例，但彼銘而不序，此序而無銘，又一例也。

石椁銘

《博物志》：衛靈公葬，得石椁銘：「不逢箕子，靈公奪我里。」漢滕公薨，求葬東都門外，公卿送喪，駟馬不行，跼地悲鳴，跑蹄下地，得石有銘，曰：「佳城鬱鬱，三千年見白

格

日吁嗟滕公居此室遂葬焉

墓銘舉例　宋歐陽修有毋鄭夫人石槨銘石槨有銘

……主帝

昌唐書顏真卿傳祿山既陷洛陽殺留守李憕御史中丞盧
奕判官蔣清以三首遣段子光來徇河北真卿恐搖人心
乃詐謂諸將曰我識此三人首皆非也遂腰斬子光密藏三
首異日乃取三首冠飾草續支體棺斂葬之為位
而哭之

……領

……器

……立碑濟州石磨

入三國志後

滅不見名字東漢墓闕自路都尉始為之則自景君

始文章緣起云墓碑自晉始非也

朱子家禮　墳高四尺立小石碑於其前亦高四尺趺

高尺許　按孔子防墓之封其崇四尺故取以為法焉司馬公說別立小碑但須濶尺以上其厚居三之二圭首而刻其面如誌之蓋乃畧述其世

三國時事也又張華博物志漢西都時南宮寢殿内有醇儒王始威長死葬銘葬有銘久矣

壙銘

金石例韓退之有女挐壙銘

埋銘

墓銘舉例朱子有女已埋銘無序同韓文試大理評事胡君銘例題書埋銘又一例也

陳瓘有侍郎鄒公埋銘同朱文公女已埋銘例但彼銘而不序此序而無銘又一例也

石椁銘

博物志衛靈公葬得石椁銘不逢箕子靈公奪我里

漢滕公薨求葬東都門外公卿送喪駟馬不行跼地悲鳴跑蹄下地得石有銘曰佳城鬱鬱三千年見白

格

日吁嗟滕公居此室遂葬焉

墓銘舉例宋歐陽修有母鄭夫人石椁銘石槨有銘又一例也書作椁之日而系以銘又一例也

石塔銘

文苑英華蘇頲故悼王石塔銘王郎開元神武皇帝第九愛子也二歲而未及周葬于萬安山之東南嶺壙唯五尺棺不三寸壘石塔一丈于其上不雕不礱

墓表

漢隸字源謁者景君墓表元初五年立在濟州石磨滅不見名字東漢墓闕自路都尉始為之則自景君始文章緣起云墓碑自晉始非也

朱子家禮墳高四尺立小石碑於其前亦高四尺趺高尺許按孔子防墓之封其崇四尺故取以為法焉司馬公說別立小碑但須濶尺以上其厚居三之二圭首而刻其面如誌之蓋乃畧述其世

系名字行寔而刻于其左轉其後右而周焉婦人則俟夫葬乃立面如夫亡志羨之例云

表墓石立於墓前就地埋定上題云某人之墓無文詞墓雖無碑者亦當立此石

殯表

墓銘舉例韓退之有施州房使君鄭夫人殯表墓銘詩也銘宜詩而墓銘有用文者表宜文而此表乃因詩焉皆變例也殯而有表又一例也

石像

吳寬家藏集耶律丞相墓在甕山下前有石像鬚分三繚其長過膝

石函

隸續魏甄皇后識坐板函上刻文昭皇后識坐板函八字紹聖丙子年鄴人掘地得一綠石匣廣八寸有半長倍之鹿頂笏頭蓋其上有此八字魏文帝甄后

神生前之物也

吉金貞石志應州馬神祠前施食臺石刻八卦于旁又書二十八宿字上有篆文曰唐故汾州刺史朱邪府君墓誌銘蓋沙陀之俗死焚其骨盛以石函此其蓋也

石臺

倦游錄法華人發古冢得碑有刻字曰晉升平四年三月四日太學博士陳留郡雍丘縣都鄉州周闡字道舒妻活晉尋陽太守譙國龍岡縣桓逸字茂長小女父晉安成太守鷹揚男諱蟠字永時背鐫成文按此周闡之妻恒逸之女墓也父晉安成太守鷹揚男諱蟠者蓋闡之父故獨稱諱但不知妻名活何義字畫極分明無訛其中無他物唯得銅銚一二足螭柄

面濶四寸餘深半之制作不甚工野人求售適得之云尚有一石臺高二尺許有花文先為漢南人取去

石室

水經注鉅野黄水南有荊州刺史李剛墓剛字叔毅山陽高平人熹平元年卒見其碑有石闕祠堂石室三間椽架高丈餘鏤石作椽瓦屋施平天造方井側荷梁柱四壁隱起彫刻為君臣官屬龜龍麟鳳之文飛禽走獸之像作制工麗不甚傷毁

漢隸字源太守張景題字光和六年立在高眹石室梁上傅士題字在高眹石室中洪農太守張君題字在高眹石室中

石壁

夢溪筆談濟州金鄉縣發一古塚乃漢大司徒朱鮪

墓石壁皆刻人物祭器樂架之類

石祠

水經注金鄉有司隷校尉魯恭冢冢前石祠石廟四壁青石隱起自書契以來忠臣孝子貞婦孔子及七十二弟子形像像邊皆刻石記之又有石牀長八尺磨瑩鮮明叩之聲聞遠近

石柱

訪碑錄北海縣東二十里漢博士逄汾墳前有雙石柱篆書

隋書梁天監六年申明葬制凡墓不得造石人獸碑唯聽作石柱記名位而已

石闕

水經注即縣有黄家墓墓前雙石闕雕制甚工俗謂

之黄公石闕黄公名尚漢司徒
譙城南有曹嵩冢冢北有碑廟北有二石闕雙峙高
一丈六尺榱櫨及柱皆雕鏤雲矩上復思已碎
隸釋東都自路都尉始見墓闕蓋阡表銘壙之濫觴
也有文而傳于今則自謁者景君始中皇帝聘三字
特書于誌文之上齊葬穆妃議立石誌王儉以為非
禮經所出元嘉中顏延之輩為之遂相祖述任昉作
文章緣起又云墓碑自晉始予考酈氏水經注所載
漢刻已不少後魏與齊梁時相先後也豈碑碣多在
北方而南人未之見乎郭林宗傳云林宗既葬同志
者立碑蔡邕為其文謂盧植曰吾為碑銘多矣唯郭
有道無媿色史稱王儉晉宋以來故事儀典諳憶無
遺每博議引證先儒無能異者范書所載豈不知之

今漢人墓刻猶存數十百碑其云始于晉宋非也

隸續會稽東部都尉路君闕漢明帝永平八年造東都冢墓閒石刻傳于後世者自此始

豫州刺史路君二闕前闕七行二十七字書其所歷豫州刺史至徵試博士凡八官後闕亦七行二十一字云會稽東部路君闕其次書造闕年月日永平之八年也字畫兼用篆體前闕人物之後小字一行𨚫是隸文豫州前後各一人執伏負劍響字立東部之前亦一人執伏負劍而其前又有一人側面響字立手中亦有所執葢是墓前雙闕如王稚子高貫方之類但一闕無姓名此其異爾

金石録楊宗墓闕銘在蜀中凡十六大字云漢故益州太守楊府君諱宗字德仲墓闕

起

隷續不其令董君闕所畫一者子孫展墓之狀有僕馬休于松楸之下

隷釋漢處士金恭闕石圭首甚銳其上刻三足烏其次横刻此数字其下有一人執翦而乘馬兩旁有螭銜環

趙相雍勸闕碑題漢故趙國相雍府君之闕十隷字今在梓潼漢代銘墓所叙人之上世未嘗書其名諱此碑載雍君父祖諸凡名又有字其官秩甚詳而雍君事迹甚畧趙氏以此為碑而謂前十字為闕予考其文水闕舊墓謂九江君也右㧞既易地造壠此之諸冢皆同兆域趙相故吏併志其事盖題闕之文非墓道之碑與丘中之銘也

雒陽令王稚子二闕墓前之雙石闕也其上各刻車馬之狀一則二人乘馬一則二人乘車

漢隷字源郪令景君闕銘元和四年立在濟州集古録作景君石椁銘

齊諧記
但一字

石筍

華陽國志蜀有五丁力士能移山舉萬鈞每王薨輒立大石長三丈重千鈞為墓志今石筍是也號曰筍里

石鏡

華陽國志武都有一丈夫化為女子蜀王納為妃無幾物故蜀王哀之乃遣五丁之武都擔土為妃作冢蓋地數畝高七丈上有石鏡其親埋作冢者皆立方石以志其墓

華表

續齊諧記張華為司空於時燕昭王墓前有一斑狸化為書生欲詣張公過問墓前華表曰以我才貌可得見司空耶華表曰子之妙解無為不可但張公制

度恐難籠絡出不遇辱殆不得返非但喪子千年之
質亦當深誤老表狸不從遂見華華見其容止風流雅
重之於是論及文章聲實華未嘗勝次復商略三史
探貫百氏包十聖洞三才華無不應聲屈滯乃嘆曰
明公乃尊賢容衆嘉善矜不能奈何憎人學問墨子
兼愛其善是也言卒便退華已使人防門不得出既
而又問華曰公門置兵甲闌錡當是疑僕也恐天下
之人卷舌而不談知謀之士望門而不進深為明公
惜之華不答而使人防禦甚嚴豐城令雷煥博物士
也謂華曰聞魅鬼忌所別者數百年物耳千年老精
不復能別唯千年枯木照之則形見昭王墓前華表
已當千年使人伐之至聞華表言曰老狸不自知果
誤我事于華表穴中得青衣小兒長二尺餘使還未

至洛陽而變成枯木燃以照之書生乃是一斑狸茂先嘆曰此二物不值我千年不復可得

搜神後記丁令威本遼東人學道于靈虛山後化鶴歸遼集城門華表柱時有少年舉弓欲射之鶴乃飛徘徊空中而言曰有鳥有鳥丁令威去家千年今始歸城郭如故人民非何不學仙冢纍纍遂高上冲天

瓴甓壇

後漢書地理志注仲尼墓在魯城門北便之外泗水上墓前瓴甓為祠壇方六尺與地平

券臺

清異錄葬家聽術士說例用朱書鐵券若人家契帖標四界及主名意謂亡者居室之執守不知爭地者誰耶瘞墓前甃石若碑表之面方長高不登三尺號

皋故　齊東野語明
名券臺朱子語錄云不曉所
見唐人文集中言某朝詔改為
室案今地理書有券臺之
從契也埋地契處曰券臺
以用磚石爲之上書財若干
爲死者用財葬於此山神土
不得爭競負無力者遇
祀則以藉尊俎謂之土筵
小字双行

曰券臺

墓圖

古金石例墓圖作方石碑先畫墓圖有作圖象者內畫墓樣各標其穴某人其石嵌之祭堂壁上無祭堂則嵌園墻上韓魏公父墓圖今有此石崴父卧之墻外宗支圖碣二一埋中宮之外一立中宮之上太原以墳塋中心為宅神亦中宮之義也祭堂瓦花頭皆寫云某氏千秋墓磚亦然南陽宗資墓前人有得古花頭瓦其花頭刻云宗氏千秋今石刻在中州刺史宅凡祭堂二于中宮左右建也

學堂　繡堂

古金石例南京赤倉高太皇祖塋作昭穆葬小兒子死共葬一處謂之學堂小女共葬一處謂之繡堂

石刻畫象禮器

後漢書趙岐傳岐自為壽藏圖季札子產晏嬰叔向

四像居賓位又自畫其像居主位皆為讚頌

隸釋武梁祠堂畫像為石六所畫古帝王忠臣義士孝子賢婦各以小字識其旁合百六十有二人又有鳥獸草木車蓋器皿屋宇之屬甚衆

隸續成王周公畫像有標題者六皆偏而不正唯成王周公二榜不漫滅其間張幕設案有總角垂褎而中立者成王也冕而跪于東者曰周公則西者當是召公漢碑有龍虎者隨其文觀之則先龍後虎蓋以碑之所向為左右也立于二公之後者六人其西三人則無標題皆有所執如弓矢之屬一馬在其後此碑所列諸臣冀如也與武梁朱浮畫像法式皆異雍丘令及此皆洛陽朱敦儒希真所藏者朱云齊魯閒漢公卿墓中物亦不詳其主名

雍丘令殘畫碑人馬之形貌不類駕車各以一馬凡車之上有蓋乘車者之後有一人其御也唯第七車無蓋而御者執斧其次則導者二人各執其物有如箭者次二人乘馬次導者又二人然後至所謂雍丘令之車次二人乘馬從之後有一車唯見其馬與車之半輪餘則缺矣乃是寫其平生車騎容納之幽穸者亦塗車芻靈之意也

漢馮緄墓六玉碑二其上有烏三足狐九尾其下則二驢有一人跨其右者最下一牛首蜀人謂之雙排六玉碑又一碑與六玉碑同一石在馮緄墓道中蜀人謂之六物碑其上朱爵而下玄武其中没字非漫滅也

漢馮緄墓單排六玉碑上下有朱雀玄武蜀人既以

前碑為雙排而謂此為單排恐亦是馮緄墓道中

隸釋麒麟鳳凰碑凡二石其像高二尺餘又有山陽麒麟鳳碑二物共一石其像小於此碑像下有贊碑陰有記云永建元年山陽太守河內孫君新刻瑞像最後有銘辭皆篆文也

石人

風俗通方相氏葬日入壙敺罔象罔象好食死人肝腦人臣不能備方相乃立其象于墓側

山東通志曲阜舊縣南八里漢魯恭王子孫皆葬于此大墓二十餘石獸四石人三胸臆間篆刻有曰漢樂安太守麃君亭冢者有曰府門之卒者餘剥落不可識

漢書。顔師古注霍去病冢在茂陵旁冢上有豎石冢

前有石人馬者是也

唐會要上欲闡揚先帝徽烈乃令匠人琢石寫諸蕃君長十四人列于陵司馬北門内

宋次道長安志諸蕃君長貞觀中擒伏歸和者琢石肖形狀而刻其官名凡十四人

帝京景物畧耶律楚材墓前廢祠石像尚存一翁仲立耒仆天啓七年夏夜有螢十百集翁仲首土人望見夜譁曰石人眼光也質明共踣而碎之

唐會要石人石獸之類三品已上用六五品以上用四

金石例金制諸葬儀一品官石人四事石虎石羊石柱各二事二品三品減石人二事四品五品又減石柱二事

以格

明太祖實錄功臣沒後封王石人四文武各二一品石人二文武各一二品同

石獸

風俗通罔象畏虎與栢故墳上栽栢路前立虎

封演見聞記秦漢以來帝王陵前有石麒麟石辟邪石馬之屬人臣墓前有石羊石虎石人石柱之屬皆所以表飾墳壟如生前之儀衛耳國朝因山為陵太宗葬九嵕山門前亦列石馬陵後司馬門內又有蕃酋會侍軒禁者一十四人石象皆刻其官名後漢太尉楊震葬日有大鳥之祥因立石鳥像於墓風俗通云周禮方相氏葬日入壙驅罔象好食亡者肝腦人家不能常令方相立于側而罔兩畏虎與栢故墓前立虎或說秦穆公時陳倉人掘地有物若羊將獻之

道逢二童子謂曰此名為蝹常在地中食死人腦若殺之以柏東南枝捶其首由是墓側皆樹柏此上兩說各異未詳孰是按禮經云天子墳高三雉諸侯半之大夫八尺士四尺天子樹松諸侯樹柏大夫樹楊士樹榆說文云天子樹松諸侯樹柏大夫榆士楊按禮經古之葬者不封不樹後代封墓而又樹之左傳云爾墓之木拱矣又曰樹吾墓檟仲尼卒弟子各自他方持其異木樹之於墓蓋殷周以來墓樹有尊卑之制不必專以罔象之故也風俗通又云汝南彭氏墓頭立石人石獸田宅老母到市買數片餌暑熱行疲息石人下遺一片餌客來見道行人因謂之云石人能愈病人來謝女轉相告語頭痛者摩石人腹病者多自愈因言得其福乃號曰石賢士輜軿轂擊帳

帷絳天絲竹之音聞數十里數年稍自休歇樵子云石門子墓古之道耶荅曰古不崇墓况損人功而為觀乎非古也盧思道西征記云新鄉城西有漢桂楊太守趙越墓〻北有碑〻有石柱東南有亭以石柱為名然墓前石人石獸之屬自漢代而有之矣

孔叢子　夫子墓塋方一里在魯城北六里泗水上渚孔丘封五十餘所有銘碑三所獸碣具存

西京雜記　五柞宮西有青梧觀〻前有三梧桐樹下有石麒麟二枚刋其脇為文字是秦始皇酈山墓上物也頭高一丈三尺東邊者前左脚折〻處赤如血父老謂其有神

金石例　霍去病墓象祁連山立石人馬然則墓前之立石人石柱羊虎之類皆起于漢也唐王建北邙行

山頭澗底石漸希盡向墳前作羊虎

水經注 獲嘉縣西有漢桂陽太守趙越墓冢北有碑碑東又有一碑碑北有石柱石牛羊虎皆碎淪毀莫記

集古録 漢宗資墓天祿辟邪字在墓前石獸膊上一曰天祿一曰辟邪篆書墓在今鄧州南陽界中

漢隸字源 司空宗俱碑熹平二年立在鄧州金石云後漢書宗均族子意意孫俱靈帝時為司空嘗得宗資墓獸刻字知均以下皆當作宗列傳轉寫為宋誤也

金石録 漢趙相劉衡墓在今齊州歷城縣界中古平陵城旁墓前有石獸制作甚工

漢隸字源 交阯刺史石羊字在郴州止五字刻于墓

道石羊膊上

金石録州輔墓石獸膊字酈道元注水經云州君墓有两石獸已淪没人有掘出一獸猶不全破甚高壯頭去地丈許制作甚工左膊上刻作辟邪字余初得州君墓碑又覽水經所載意此字猶存會故人董之明守官汝頼間因託訪求之踰年持以見寄其一辟邪道元所見也其一乃天禄字差大皆完好可喜之明又云天禄近歳為村民所毁辟邪雖存然字畫已殘闕難辨此盖十年前邑人所藏今不可復得矣

水經注過水逕大扶城西城之東北悉諸袁舊墓碑字傾低羊虎碎折

六朝事迹梁吴平忠侯蕭景墓在花林之北有石麒麟二

格　格

梁始興王蕭憺墓在清風鄉黄城邨有石麒麟四

梁安成王蕭秀墓在甘家巷有石麒麟二

金石錄 初唐太宗以文德皇后之葬自為文刻石于昭陵又琢石象平生征伐所乘六馬為贊刻之皆歐陽詢八分書世或以為殷仲容書非是

唐會要 昭陵刻石為先帝常所乘破敵馬六匹于闕下

安禄山事迹 潼關之戰昭陵奏是日靈宫前石人馬汗流

明太祖實録 功臣没後封王石虎羊馬望柱各二一品至四品石虎羊馬石望柱各二五品石羊馬石望柱各二

讀禮通考卷第九十八 一百
喪具四六

歷代品式

書皇[illegible]年令諸
王薨[illegible]之
得發民輓歌穿復土
資無過三百人畢事

通典後漢制諸侯王列侯樟棺黑漆[illegible]坎
侯漆載飾以蓋龍首魚尾華布牆纏上周交絡前後雲
氣畫帷裳中二千石以上有輜左龍右武公侯以上加
以鹿伏熊千石以下緇布蓋牆龍首魚尾而已黃綬以
下至於處士皆以葦席為牆蓋其王妃夫人妻皆如之
○晉賀循云飾棺衣以布玄上纁下畫帷荒雲氣不為
龍翣帷易布以紺繒池以象承霤以竹為籠如今車笭
帷以青綃代布紐玄纁二其明器憑几一酒壺二受六升羃以功
布漆屏風一三穀三器粳黍稷灼而乾瓦唾壺一脯一篋以三牲之肉為一代
苞收所遣奠之俎為藏物也屨一瓦罇一屐一瓦杯盤杓杖一瓦燭盤一箸
百副瓦奩一瓦竈一瓦香爐一釜二枕一瓦甑一手巾贈幣玄
三纁二博充幅長尺瓦鑪一瓦盥盤一○北齊制三品以上

卷一百

大清律職官一品塋地九十步墳高丈八尺二品塋
地八十步墳高丈四尺三品塋地七十步墳高丈二
尺以上石獸並六四品塋地六十步五品塋地五十
步墳高八尺以上石獸並四六品塋地四十步七品
以下二十步墳高六尺以上發步皆從塋心各數至
邊五品以上許用碑龜趺螭首六品以下許用碣方
趺圓首庶人塋地九步穿心一十八步止用壙誌

等通方
單三品
垂六
縣八品以
制游監作
品以上七
一尺其
飲音聲隊與童僕之屬威儀服玩各視生之品秩太極元
年右司郎中唐紹上疏曰今王公百官競為厚葬偶人像馬
雕飾如生徒以眩曜路人本不因心致禮更相扇慕破產傾資
風俗流行下兼士庶若無禁制奢侈日增望請王公以下送葬
明器皆依令式並陳墓所不得於路舁行開元二十九年正月勅
古之送終所尚乎儉其明器墓田等令於舊數內減三品以上明

器先是九十事減至七十事七十事減至四十事四十事減至二十事庶人先無文限十五事皆以素瓦爲之不得用木及金銀銅錫其衣不得用羅繡彩畫其下帳不得有珍禽奇獸魚龍化生其轜車不得用金銅花結彩爲龍鳳及旒蘇畫雲氣其別勑優厚官供者準本品數十分加二分不得別爲華飾○諸葬不得以石爲棺槨及石室其棺槨皆不得雕鏤彩畫施戶牖欄檻棺內又不得有金寶珠玉○墓田之制一品塋先方九十步今減至七十步墳先高丈八尺減至丈六尺二品先方八十步減至六十步墳先高丈六尺減至丈四尺三品先方七十步減至五十步墳先高丈四尺減至丈二尺四品先方六十步減至四十步墳先高丈二尺減至丈一尺五品先方五十步減至四十步墳先高一丈減至九尺六品以下先方二十步減至十五步墳先高八尺減至七尺庶人先無文其地七步墳高四尺其送葬祭盤不許作假花果及樓閣數不得過一牙盤

發著借白鼓一面喪畢進輸三品以上及五等通方
相四品以下達庶人以魌頭○隋初定禮轜車三品
以上油幰朱絲絡網施襈兩箱畫龍幰竿諸末垂六
旒蘇七品以上油幰施襈兩箱畫雲氣垂四旒蘇八品以
下達於庶人鱉甲車無幰襈旒蘇畫飾○大唐百官制將作監
甄官令掌凡喪葬供明器之屬三品以上九十事五品以上七
十事九品以上四十事當野祖明地軸誕馬偶人其高各一尺其
餘音聲隊與童僕之屬威儀服玩各視生之品秩太極元
年右司郎中唐紹上疏曰今王公百官競爲厚葬偶人像馬
雕飾如生徒以眩曜路人本不因心致禮更相扇慕破產傾資
風俗流行下兼士庶若無禁制奢侈日增望請王公以下送葬
明器皆依令式並陳墓所不得於路舁行開元二十九年正月勅
古之送終所尚乎儉其明器墓田等令於舊數內減三品以上明

器先是九十事減至七十事七十事減至四十事四十事減至二十事庶人先無文限十五事皆以素瓦爲之不得用木及金銀銅錫其衣不得用羅繡彩畫其下帳不得有珍禽奇獸魚龍化生其轜車不得用金銅花結彩爲龍鳳及旒蘇畫雲氣其別勅優厚官供者準本品數十分加二分不得別爲華飾○諸葬不得以石爲棺槨及石室其棺槨皆不得雕鏤彩畫施戶牖欄檻棺內又不得有金寶珠玉○墓田之制一品塋先方九十步今減至七十步墳先高丈八尺減至丈六尺二品先方八十步減至六十步墳先高丈六尺減至丈四尺三品先方七十步減至五十步墳先高丈四尺減至丈二尺四品先方六十步減至四十步墳先高丈二尺減至丈一尺五品先方五十步減至四十步墳先高一丈減至九尺六品以下先方二十步減至十五步墳先高八尺減至七尺庶人先無文其地七步墳高四尺其送葬祭盤不許作假花果及樓閣數不得過一牙盤

〔太常因革禮〕通禮自一品至六品以下送葬有引披鐸翣畫三翣之制○禮院例冊諸一品二品喪勑備本品鹵簿送葬者以少牢贈祭于都城外加璧束帛深青三纁二諸重一品挂鬲六五品以上四六品以下二諸引披鐸翣挽歌三品以上四引四披六鐸六翣挽歌六行三十六人四五品二引二披四鐸四翣挽歌四行十六人五品六品挽歌八人七品八品挽歌六人九品挽歌四人餘同唐制

〔明集禮〕宋制四品以上明器五十事六品以上三十事九品以上二十事庶人十事下帳苞筲翣之類皆具○國朝開平忠武王之葬

〔明會典〕正統十三年定王府墳塋親王地五十畝房十五間郡王地三十畝房九間郡王之子地二十畝房三間郡主縣主地十畝房三間

〇天順二年奏準親王以下依文武大臣例或母或妃有先故者

〇公侯塋地一百步墳高二丈圍牆高一丈石碑螭首高三尺二寸碑

身高九尺闊三尺六寸龜趺高三尺八寸石人石馬石羊石虎石望柱各二一品塋地九十步墳高一丈八尺圍牆高九尺石碑螭首高三尺碑身高八尺五寸闊三尺四寸龜趺高三尺六寸石人等同公侯二品塋地八十步墳高一丈六尺圍牆高八尺石碑蓋用麒麟高二尺八寸碑身高八尺闊三尺二寸龜趺高三尺二寸石人等同公侯三品塋地七十步墳高一丈四尺圍牆高七尺石碑蓋用天祿辟邪高二尺六寸碑身高七尺五寸闊三尺龜趺高三尺二寸石虎石羊石馬石望柱各二四品塋地六十步墳高一丈二尺圍牆高六尺石碑圓首高二尺四寸碑身高七尺闊二尺八寸方趺高三尺石虎石馬石望柱各二五品塋地五十步墳高一丈圍墻高四尺石碑圓首高二尺二寸碑身高六尺五寸闊二尺六寸方趺高二尺八寸石羊石馬石望柱各二六品塋地四十步墳高八尺石碑圓首高二尺碑身高六尺闊二尺四寸方趺高一尺六寸七品塋地三十步墳高六尺石碑圓首高一尺八寸碑身高五尺五寸闊二尺二寸方趺高一尺四

寸以上步法皆從塋心各數至邊庶人塋地九步穿心一十八步止用壙誌

本朝定制

凡聞父母若適孫承重與父母同及夫喪匿不舉哀者杖六十徒一年若喪制未終釋服從吉忘哀作樂及參預筵宴者杖八十若聞期親尊長喪匿不舉哀者亦杖八十喪制未終釋服從吉者杖六十○若官吏父母死應丁憂詐稱祖父母伯叔姑兄姊之喪不丁憂者杖一百罷職役不敘若父母見在無喪詐稱有喪或父母已殞舊喪詐稱新喪者與不丁憂罪同有規避者從其重者論○若喪制未終冒哀求仕者杖八十亦罷職其當該官司知而聽行各與同罪不知者不坐○其仕宦遠方丁憂者以聞喪月日爲始奪情起復者不拘此律○條例一内外官吏人等例合丁憂者務要經由本部京官具奏關給内府孝字號勘合吏典人等劄付順天府給引照回在外官吏人等移文知會所在官司給引回還及移文原籍官司體勘明白開寫是否承重祖父母

及適親父母取其官吏里鄰人等結狀回報如有詐冒就便解部查實仍以聞喪月日為始不計閏二十七個月服滿起復若有過期不行文移催取過部果無事故在家遷延者咨送法司問罪○一文職官吏人等若將遠年亡過父母詐稱新喪者問發為民若父母見在詐稱死亡者發邊外獨石等處充軍其父母喪計原籍程途每千里限五十日過限匿不舉哀不離職役者俱發邊外為民

凡有尊卑喪之家必須依禮（定限三月而葬職官庶民同）安葬若惑於風水及託故停柩在家經年暴露不葬者杖八十其從尊長遺言將尸燒化及棄置水中者杖一百從卑幼並減二等若亡歿遠方子孫不能歸葬而燒化者聽從其便○其居喪之家脩齋設醮若男女混雜飲酒

食肉者家長杖八十○凡居父母及夫喪犯姦者各加凡姦罪二等

康熙二十六年七月禮部嚴飭服制疏

禮部嚴飭服制疏

禮部謹題爲人倫莫先孝行請再行嚴飭服制以定章程事臣等竊惟孝道有關教化父母之恩昊天罔極三年之喪不可不盡查得康熙二十二年九卿詹事科道會議定制在京滿洲蒙古漢軍文職官員遇祖父母父母亡故者居喪三月進署辦事在外仍盡三年喪禮凡穿朝服齊集等處停其一朝朝會等語今看得居喪三年官員鮮克由禮凡應穿朝服

補服之日既不行齊集未滿三年而反除服居然與常人無異大乖孝道此皆薄俗傷化應再嚴行申飭令凡有祖父母父母之喪部院衙門大小官員除居喪三月入署辦事外在家應仍遵禮制喪服三年其業已除者仍令再行持服俾盡三年喪禮如有不遵者照不孝例該部嚴加議處恭候

命下一體遵行可也康熙二十六年七月二十七日題本

月三十日奉

接前

讀禮通考卷九十八

喪具四

通論

王制六十歲制七十時制八十月制九十日修唯絞紟衾冒死而后制疏年既衰老預為送終之具歲制謂棺也不易可成故歲制然此謂大夫以下耳人君即位為椑不待六十也其椑則死後為之以其葬尚賒故檀弓曰旬而布材是也時制謂一時可辦是衣物之難得者是年轉老所須辦轉切也月制謂一月可辦衣物易得者九十棺衣皆畢但日日修理之為近于終故也絞紟衾冒四物易成故不逆為須亡乃制也故檀弓曰一日二日而可為也者君子弗為也

周諝曰六十當以歲制然財或不足而有至于七十者則當以時制于七十又或不足而有至于八十者則當以月制九十則日修治之而已歲然後時時然後月者言其緩急之異絞紟衾冒死而後制以其易具且又明人子有所不忍也

陸佃曰九十日修不保月也八十月制不保時也七十時制不保歲也

檀弓子思曰喪三日而殯凡附於身者必誠必信勿之有悔焉耳矣三月而葬凡附於棺者必誠必信勿

之有悔焉耳矣注附于身謂衣衾附于棺謂明器之屬。疏棺中物少三日可辨棺外物多三月可就應鏞曰附于棺者若卜其宅兆丘封壤樹之事不獨明器之屬也

子思之母死於衛注伯魚卒其妻嫁于衛柳若謂子思曰子聖人之後也四方於子乎觀禮子蓋慎諸注柳若衛人子思曰吾何慎哉吾聞之有其禮無其財君子弗行也有其禮有其財無其時君子弗行也吾何慎哉

喪具君子恥具一日二日而可為也者君子弗為也

子游問喪具夫子曰稱家之有亡子游曰有亡惡乎齊注惡乎齊問豐省之比夫子曰有毋過禮苟亡矣斂手足形還葬注言已斂即葬不待三月縣棺而封注不設碑繂不備禮封當為窆窆下棺也人豈有非之者哉注不責于人所不能。疏禮有限節設若家富有正禮可依不得過禮苟亡矣但以衣衾斂手足形體不宜露見斂竟便葬不須停殯待其月數足也封即窆窆下棺內壙中也貴者則用碑繂若貧而即葬者但手縣棺而下之同于庶人不待碑繂

馬晞孟曰孟子曰不得不可以為悅無財不可以為悅古之人所以得用其禮者為其有財故也苟無其財則斂手足形還葬雖不足為孝子之悅然以

其所以葬而葬亦豈有非之者哉

吳澄曰齊猶齊和藥物之齊謂品量其或多或少各不同也有者毋得過禮亡者還葬縣窆此所以齊其有無也

子路曰傷哉貧也生無以為養死無以為禮也孔子曰啜菽飲水盡其歡斯之謂孝斂手足形還葬而無椁稱其財斯之謂禮注還猶疾也謂不及其日月○疏啜菽以菽為粥而常啜之親亡但以衣棺斂其頭首及足形體不露還速葬而無椁材稱家之財物所以有送終此之謂禮

陳澔曰世固有三牲之養而不能歡者亦有厚葬以為觀美而不知陷于僭禮之罪者知此則孝與禮可得而盡矣又何必傷其貧乎

吳澄曰菽者諸種大小豆之總名孔疏謂以豆為粥非也澄嘗食于北方至貧者之家不唯無飯亦無粥但以豆煑湯每人所食約豆一掌所掬雜以米一二十粒煑湯一盂攪起啜之而以療饑始悟古之所謂啜菽者盖如此無蔬菜可羹但煑熟白水飲之故啜菽飲水為至貧者之家然能使親之心志常極盡其歡樂而無憂愁故亦可謂之孝斂無多衣僅可掩其形體使不露見葬不俟日期又無外椁然非家有其財而固為是儉也隨其家財僅能若此而已故亦可謂之禮

陳祥道曰君子之於親以其所以養則養在志不在體以其所以葬則葬在誠不在物茍養在體不在志則雖三牲不足以為孝葬在物不在誠則雖醯醢百甕不足以為禮若然則富者不足矜貧者不足傷要在自盡而已

一字大

方愨曰子路于生曰養于死曰禮則知所謂禮者喪葬之禮言喪葬則知所謂養者亦無非禮矣語云生事之以禮死葬之以禮是矣孔子變養言孝者主盡其歡言之也盡其歡者存乎情故以孝言稱其財者存乎物故以禮言啜菽飲水言之者菽不若稻粱之甘水不若酒醴之美則以見盡其歡者在乎養志不在養口體而已

國子高曰葬也者藏也藏也者欲人之弗得見也是故衣足以飾身棺周於衣椁周於棺土周於椁注言皆所以為深邃難人發見之也國子高成子高也成謚也反壤樹之哉注怪不如大古也而反封樹之意在于儉非周禮○疏子高意人死可惡故備以衣衾棺椁欲其深邃不使人知今乃反封壤為墳而種樹以標之哉言不當封壤種樹也國子意在于儉非周禮之法

吳澄曰斂而以衣衾尸使人不見其尸也斂而納之于棺使人不見其衣也葬而下棺于椁使人不見其棺也既下棺而實之以土則并使人不見其椁也子高以為人子之葬其親如此藏之者欲人不得而見也實土畢而封樹于外以表識之則人雖不見其棺椁然知其所藏之處矣意欲如古之不封不樹也

荀子喪禮者以生者飾死者也大象其生以送其死也故如死如生如存如亡終始一也不以死異于生亡異于存始卒沐浴鬠體飯含象生執也儀禮鬠用組體謂爪揃之屬象生時所執持之事不沐則濡櫛

三律而止不浴則濡巾三式而止律理髮也今秦俗猶以枇髮為栗濡湿也式與拭同士喪禮尸無有不沐浴者此蓋末世多不備禮也充耳而設瑱士喪禮瑱用白纊飯以生稻含以槁骨反生術矣生稻禾也槁骨貝也前說象其生此下說反于生之法說褻衣襲三稱縉紳而無鈎帶縉與搢同扱也紳大帶也縉紳謂扱笏于帶鈎鈎帶之鈎所用弛張也今不復解脫故不設鈎也設掩面儇目鬠而不冠笄矣士喪禮掩用練帛廣終幅長五尺儇與還同繞也士喪禮幎目用緇幎讀如縈、與還義同但鬠髮而已不加冠及笄也書其名置于其重則名不見而柩獨明矣士喪禮祝取銘置于重案銘皆有名而此云無蓋後世禮變今猶然也薦器則冠有鍪而毋縱明器之冠有加兜鍪加首之形內無縚髮之總也甕甒虛而不實有簞席而無牀第此言棺中不施牀第大斂小斂則皆有也木器不成斲陶器不成物薄器不成內薄器竹葦之器不成內謂有其外形內不可用也竽笙具而不和琴瑟張而不均輿藏而馬反告不用也禮記君葬用輴四綍二碑大夫葬用輴二綍二碑士葬用國車皆至葬時理之具生器以適墓象徙之道也生器用器也弓矢盤盂之屬略而不盡貌而不功趨輿而藏之金革轡靷而不入明不用也略而不盡謂簡略而不盡備也貌形也但有形貌不加功

（精好也趣輿而藏之謂以輿趨于墓而藏之金謂和鸞華車鞅也𨍏所以引軸者也杜元凱云𨍏在馬胷）象徙道又明不用也是皆所以重哀也故生器文而不功明器貌而不用凡禮事生飾歡也送死飾哀也祭祀飾敬也師旅飾威也是百王之所同古今之所一也未有知其所由來者也故壙壟其貌象室屋也（壙墓中壟冢也）棺椁其貌象版蓋斯象拂也（版謂車上障蔽者蓋車蓋也斯未詳拂即茀也）無帾絲萬縷翣其貌以象菲帷幬尉也（無讀為幠幠覆也所以覆尸者也士喪禮幠用夷衾是也帾與褚同禮記曰素錦褚又曰帾幕丹質鄭云所以覆棺也絲萬未詳蓋亦喪車之飾也或曰絲讀為緌禮記曰畫翣二皆戴緌鄭云以禾羽注于翣者也萬讀為魚謂以銅魚懸于池下禮記曰魚躍拂池縷讀為柳蔞字誤為縷耳菲謂編草為蔽蓋古人所用障蔽門戶者今貧者猶然幬讀為幬帳之幬尉讀為罻罻網也帷帳如網也）抗折其貌以象槾茨番閼也（既夕禮陳明器于乘車之西折橫覆之抗木橫三縮五無簣窆事畢加之壙上以承抗席抗禦也所以禦止土者槾杅也茨蓋屋也槾茨猶墍茨也番讀為藩籬也閼謂門戶壅閼風塵者抗所以禦土折所以承抗皆不使外物侵內有象于槾茨藩閼也）故喪禮者無他焉明死生之義送以哀敬而終周藏也故葬埋敬葬其形也祭祀敬事其神也其銘誄

繫世敬傳其名也事生飾始也送死飾終也終始具而孝子之事畢聖人之道備矣刻死而附生謂之墨刻生而附死謂之惑（刻損減附增益也墨子之法惑謂惑亂其禮也）殺生而送死謂之賊大象其生以送其死使死生終始莫不稱宜而好善是禮之法式也儒者是矣

鹽鐵論　古者瓦棺容尸木板堲周足以收形骸藏髮齒而已及其後桐棺不衣采棺不斲今富者繡墻題湊中者梓棺楩槨貧者畫荒衣袍繒囊緹橐古者明器有形無實示民不用也及其後則有醯醢之藏桐馬偶人彌祭其物不備今厚資多藏器用如生人郡國繇吏素桑楺偶車櫓輪匹夫無貌領桐人衣紈綈

家禮摘要　古者六十歲制七十時制後世人多夭札五十制之非豫凶事也而愚者顧以為諱為之子者

亦放延緩吝惜變出不測物惡價倍貽無窮之恨于心忍乎其力不足者寧厚于此勿急雜務廢此後悔古人有傭身以葬者今即假貸數金固不至於以身為奴未可輒以貧自諉也

湛若水曰喪禮送終之道所宜慎重父母年老宜倣古歲制月制之義預求絺絹為衣衾之類之需冨則可用紵絲厚于愛親亦不為過蓋紵絹入地最耐久切不宜用綿布入地不過一月即朽棺木用楠之高者猶差勝于所用杉之底者其葬宜用灰槅三合土堅築之久則化為金石可與紅地同朽矣

讀禮通考卷一百一

變禮一

徐乾學曰黄勉齋變禮六篇一曰奔喪二曰聞喪三曰並有喪四曰道有喪五曰因吉而凶六曰因凶而吉聞喪奔喪本一事勉齋釐為二篇反以聞喪次于奔喪又取雜記諸文入于篇中未免割裂今仍用奔喪原文合為一篇重改作也因吉而凶則如他國遺喪時祭遭喪助祭遭喪嫁娶遭喪夫婦未婚服皆是也因凶而吉如喪中冠子嫁娶是也諸卷連載後世禮吉凶先後不能細分當參互考之各臚成卷務盡古今之變後世有王侯初喪襲爵之禮皇妃受册遭喪之禮喪中受册賀之禮亦皆因凶而吉之事次于後以類從焉由禮之常者推之復

有葬不以時之變夫三月而葬常也渴葬不待三月緩葬或至三年變矣有喪不相待之變祥禫有期常也聞赴或分先後則兄弟不能同除變矣又有金革奪情之變雖事出權宜而緣于不得已故經傳載之或藉此圖榮則悖矣別入之喪制變古中改葬有服見于儀禮而孔氏疏公羊以為擾尸夫斂而殯啟而遷之而封常也封藏而復啟即變矣至于衰亂之世復有父母乖離子孫以時行服者親柩被焚重行喪禮者亡失父母喪柩者墓毀制服者滴血驗骨者由是男女仳離婚姻乖錯復有後母子服前母者有夫死受聘守志不嫁而夫之親屬制服者皆前古所無禮以義起亦附于變禮之末云

奔喪

詩小雅蓼莪刺幽王也民人勞苦孝子不得終養爾箋不得終養者二親病亡之時時在役所不得見也○疏經言銜恤靡至是親沒之時序言不得終養繼于勞苦之下是勞苦不見父母也故言不得終養者二親病亡之時在役所不得見之也親病將亡不得扶侍左右孝子之恨最在此

蓼蓼者莪匪莪伊蒿哀哀父母生我劬勞傳蓼蓼長大貌○箋莪已蓼蓼然長大視之以為非莪故謂之蒿興者喻憂思雖在役中心不精識其事哀哀者恨不得終養父母報其生長己之苦○疏可哀之又可哀我父母也其生長我也其病勞矣今不得見其亡以為深恨

蓼蓼者莪匪莪伊蔚哀哀父母生我勞瘁傳蔚牡菣也

缾之罄矣惟罍之恥鮮民之生不如死之久矣無父何怙無母何恃出則銜恤入則靡至傳缾小而罍大罄盡也鮮寡也○箋缾小而罄罍大而盈恥者刺王不使富分貧衆恤寡供養以寡矣而我尚不得終養恨之言也恤憂靡無也孝子之心怙恃父母依依然不可須臾無也出門則思之而憂旋入門又不見如人無所至疏生而得養其日已寡況我尚不得終養是可恨之甚如此我不如死之久矣所以然者無父何所依怙無母何所倚恃己無父母出門則中心銜憂旋來入門則堂宇空曠不復覩見如行田野無有所至是其所以悲恨也○作詩之日已至于家故言出入之事入門無所見又似非殯是已卒哭之後也入門上堂不見僾焉啼焉時憂焉甚三年之外孝子之情久然但此以三年內耳

父兮生我母兮鞠我拊我畜我長我育我顧我復我出入腹我欲報之德昊天罔極傳鞠養腹

厚也○箋父兮生我本是氣也畜起也育覆育也顧旋視也復反覆也腹懷抱也之枕是也我欲報父母是德昊天乎我心無極南山烈烈飄風發發民莫不穀我獨何害南山律律飄風弗弗民莫不穀我獨不卒傳烈烈然至難也發發然寒且疾也律律猶烈烈也弗弗猶發發也○箋民人自苦見役視南山則烈烈然飄風則發發然寒且疾也穀養也民皆得養其父母我獨何故覩此寒苦之害卒終也我獨不得終養父母重自哀傷也

乾學按生不得侍親之終人子之至痛奔喪之禮哭踊無數所以倍於常禮也勉齋編爰禮以是為首阜有所見予又以蓼莪之詩冠於端以見奔喪之痛切尤至益有所自云

禮記奔喪[illegible]案鄭目錄云名曰奔喪者以其居他國聞喪奔赴之禮此於別錄屬喪服實逸曲禮之正篇也漢書藝文志云漢興得古禮五十七篇其十七篇與今儀禮正同其四十篇藏在秘府謂之逸禮此篇鄭云逸禮者對十七篇爲篇爲逸二逸不同此篇兼天子諸侯然以士爲主故鄭下文註云未成服者素委貌是士之服也○方愨曰昔曾參不離親一宿須豈有奔喪之禮然四方男子所有事苟有事於四方安能免離親哉然則奔喪之事不幸而時亦有爲此先王所以作爲之禮也

奔喪之禮始聞親喪以哭答使者盡哀

問故又哭盡哀注親父母也以哭答使者驚怛之哀無辭也問故問親喪所由也雖非父母聞喪而哭其禮亦然也遂行日行百里不以夜行注雖有哀戚猶辟害也晝夜之分別于昏明哭則遂行者不為位唯父母之喪見星而行見星而舍注侵晨冒昏彌益促也言唯着異也若未得行則成服而后行注謂以君命有為者也成喪服得行則行○疏此奉君命而使之事未了不可以己私廢公事欲成服以俟君命則人代己也過國至竟哭盡哀而止注感此念親○疏案聘禮云行至他國竟上而誓衆使次介假道是國竟行禮之處去時親在今返親亡故哭盡哀感此念親也哭辟市朝注為驚衆也望其國竟哭注斬衰者也自是哭且遂行疏下云齊衰望鄉而哭大功望門而哭則知斬衰望其國竟而哭雖云斬衰其母之齊衰亦然至於家入門左升自西階殯東西面坐哭盡哀括髮袒注括髮袒者去飾也未成服者素委貌深衣已成服者固自喪服矣疏曲禮云為人子者升降不由阼階今父母新死未忍異于生不忍當阼階故升自西也喪已經日不升雖故即括髮若尋常在家親始死則笄纚至明日小斂畢乃括髮也注言素委貌謂士庶人若大夫則素弁也降堂東即位西鄉哭成踊注已殯者位在下○疏士喪禮小斂訖降自西階即位故知殯畢位在下小斂之後未殯之前雖降在堂下仍更升堂至既殯之後則長在阼階之下故云既殯位在下也襲絰于序東絞帶反位拜賓成踊注襲服衣也於又哭乃絰者殺袒已踰日節哀是可也其未小斂而至與在家同升不散帶者不見尸柩也拜賓者就其位既拜反位哭踊○疏於又哭乃

絰者案士喪禮小斂訖奉尸侇于堂降成踊乃絰于序東在家小斂當奔喪禮又哭之節既小斂着絰則合又哭乃絰絻發喪已踰日節于是可也未小斂而至與在家同者謂成儀節度與在家同其未絰笄自用其奔喪日數也不見尸柩者以士喪禮既小斂帶絰散麻三日乃絞諸今奔喪初至則絞帶與在家異故云然也送賓反位有賓後至者則拜之成踊送賓皆如初衆主人兄弟皆出門出門哭止闔門相者告就次注次倚廬也於又哭括髮袒成踊於三哭猶括髮袒成踊注又哭至明日朝也三哭又哭其明日朝也皆升堂括髮袒如始至必又哭三哭者象小斂大斂時也襍記曰士三踊其夕哭從朝夕哭不括髮不袒不踊不以為數○既括髮在堂上成踊則在堂下三日成服拜賓送賓皆如初注三日三哭之明日也既哭成其服喪服杖於序東奔喪者非主人則主人為之拜賓送賓○奔喪者自齊衰以下入門左中庭北面哭盡哀免麻于序東即位袒與主人哭成踊注不升堂哭者非父母之喪統於主人也麻亦絰帶也於此言麻者明所奔喪雖有輕者不至喪所無改服也凡袒者於位襲於序東袒襲不相因位此麻乃袒變於為父母也○既前奔喪升自西階此中庭北面者以主人待奔之人但在東階之下不升堂故奔喪者在庭中北面絰絞于主人也主人唯饋奠有事之時乃升堂若尋常無事恒在堂下也不至喪所無改服者父母之喪來至喪所乃改服襲絰帶今齊衰乃至喪所若不稱麻恐踰喪在路之上於已改服著麻故于此至家乃稱麻欲明奔喪不至喪所无道路改服之事也

又哭三哭皆免袒有賓則主人拜賓送賓注又哭三哭亦入門右中庭北面如始至時也丈夫婦人之待之也皆如朝夕哭位無變也注待奔喪者無變嫌賓客之也於賓客以哀變為敬此骨肉哀則自哀矣於此乃言待之明奔喪者至三哭猶不以序入也○疏若尋常五属入哭則與主人為次重者前輕者後今奔喪者急哀但獨入哭不俟主人為次序非唯初至如此至又哭三哭皆然故于三哭之下明其待之無變明悉如初至三哭猶不以常礼次序以入若婦人奔喪則待異于男子與賓客同故與主人拾踊○奔母之喪西面哭盡哀括髮袒降堂東即位西鄉哭成踊襲免絰于序東拜賓送賓皆如奔父之禮於又哭不括髮注為母於又哭而免輕於父也其他則同○疏此謂適子故經云拜賓送賓皆如奔父之礼若庶子則主人為之拜賓送賓○婦人奔喪升自東階殯東西面坐哭盡哀東髽即位與主人拾踊注婦人謂姑姊妹女子子也東階東面階也婦人入者由闈門東髽〻於東序不髽於房變於在室者也玄纚大紒曰髽拾更也主人與之更踊賓客之○疏諸侯夫人奔喪入自闈門明卿大夫以下婦人皆從闈門入也闈門東邊之門男子之免在東序婦人亦髽于東序就撤帷之處在堂上男子則堂下也東階謂東面之階襍記云升自側階未殯之前婦人髽于室既殯之後堂中是神之所處當髽于東房今此始來奔喪故髽于東序耳○奔喪者不及殯先之墓北面坐哭盡哀主人之待之也即位於墓左

婦人墓右，成踊，盡哀括髮，東即主人位，經絞帶，哭成踊，拜賓，反位成踊，相者告事畢。注二人之待之謂在家者也哭於墓為父母則祖告事畢者於此後無事也遂冠歸，入門左，北面哭，盡哀括髮袒成踊，東即位，拜賓成踊，賓出，主人拜送，有賓後至者，則拜之成踊，送賓如初。衆主人兄弟皆出門，出門哭止，相者告就次。於又哭，括髮成踊；於三哭，猶括髮成踊；三日成服，於五哭，相者告事畢。注又哭三哭不袒者哀戚已殺之也遂奔喪禮說不及殯日於又哭猶括髮即位不袒告事畢者五哭而不復哭也成服之朝為四哭此謂既期乃後歸至者也其未期猶朝夕哭不止於五哭疏此論既葬之後奔父母之喪禮主人謂先在家者非謂適子也此奔喪者是適子若非適子則不得拜賓也三日成服謂來奔喪日後三日通奔日則為四日相者告事畢謂成服之日為四哭成服明日之朝為五哭此謂既葬已後而來歸故唯五哭○為母所以異於父者，壹括髮，其餘免以終事，他如奔父之禮。注壹括髮者謂歸入門哭時也於此乃言為母異於父者明反殯不及殯其異者同○疏鄭恐一括髮是墓所括髮故謂入門哭時以殯几在堂不應入門遂不括髮故云入門時也○齊衰以下不及殯，先之墓，西面哭，盡哀。注不北面者亦統於主人免麻于東方即位與主人哭成踊襲有賓則主人拜賓送賓賓有後至者拜之如初相者告事畢注不言祖言襲者容齊衰親者或祖可遂冠歸入門左北面哭盡哀免祖成踊東即位拜賓成踊賓出主人拜送於又哭免祖成踊於三哭猶免祖成踊三日成服於五哭相者告事畢注為父於又哭括髮而不祖此又哭三哭皆言祖〻衍字也○疏此明既葬之後奔齊衰以下喪礼但齊衰以下有大功小功緦麻日月多少不同若奔在葬後而三月之外大功以下則有免麻東方三日成服若小功緦麻之喪則不得有三日成服小功以下不稅無追服之理若葬後道葬前未滿五月小功則亦三日成服其緦麻之喪正臨喪節而來亦得三日成服也東即位謂奔喪者于東方就哭位拜賓謂主人代之拜賓成踊謂奔喪者于主人拜賓之時而成踊凡言成踊每一節有三踊凡三節九踊乃謂之成也經文直言免麻于東方即位不稱祖而下云成踊襲不既稱襲則有祖理經若言祖恐齊衰以下皆祖故不得總言祖也經稱襲者容有齊衰重爲之得祖故言襲△陸佃曰齊衰奔喪上言祖不言襲此言襲不言祖相備也相備而先言祖後言襲亦言之法于又哭三哭言祖〻非衍字齊衰猶祖則大喪祖可知爲父于又哭括髮不言祖亦于齊衰以祖為哀即父雖祖〻不足言上下比義從可知也

聞喪不得奔喪哭盡哀問故又哭盡哀乃為位括髮祖成踊襲経絞帶即位注聞父母喪而不得奔謂以君命有事不然者不得為位〻方鄰列之處如於家朝

久哭位矣不於又哭乃經者喪至此踰日節於是可也拜賓反位成踊賓出主人拜送于門外反位若有賓後至者拜之成踊送賓如初於又括髮成踊於三哭猶括髮袒成踊三日成服於五哭拜賓送賓如初注不言就次者當從其事不可以喪服廢公職也其在官亦告就次言五哭者以趨公事五日哀殺亦可以止一節明聞喪不得奔喪于所聞之處發喪成服之禮謂以君命有事其事未了不得奔喪乃為位者以君命使故得為位如朝夕哭位矣聞喪之日哭踊畢襲所袒之衣著首絰絞帶之屬即東方之位三日成服通數聞喪為四日五哭為成服之明日哭也于五哭亦可以止不云相者告事畢禮文略也注不于又哭乃絰者初聞喪象始死明日又哭象小斂時士喪禮小斂乃絰此亦當又哭乃絰今于聞喪之日即絰帶以喪至此赴者至踰其日即故于是聞喪之日可加絰帶也在官謂在官府館舍館舍是賓之所專有由館舍之中而作廬故知禮畢亦告就次

○若除喪而后歸則之墓哭成踊東括髮袒絰拜賓成踊送賓反位又哭盡哀遂除於家不哭注東〻即主人位如不及殯者也遂除除於墓而歸主人之待之也無變於服與之哭不踊注無變於服自若時服也亦即位于墓左婦人墓右疏此一節明除服之後奔父母喪節之墓哭成踊者亦謂主人適子初在墓南北面哭成踊乃來就主人之位括髮袒也主人亦謂在家者無變于服謂著平常之吉服不踊者以在家者其服已除哀情已殺故不踊也

○自齊衰以下所以異者免麻疏此

明齊衰以下除服之後奔喪之節唯著免麻不括髮墓所哭罷即除此免麻者當謂至緦麻也○凡為位非親喪齊衰以下皆即位哭盡哀而東免絰即位袒成踊注謂無君事又無故可得奔喪而以已私未奔者也父母之喪則不為位其哭之不離閭喪之處齊衰以下更為位而哭皆可行乃行襲拜賓反位哭成踊送賓反位相者告就次三日五哭卒主人出送賓衆主人兄弟皆出門哭止相者告事畢成服拜賓注卒猶止也三日五哭者始聞喪訖又為位乃出就次一哭也與明日又明日之朝夕而五哭不五朝哭而數朝夕備五哭而止亦為急奔喪已私事當畢亦明日乃成服凡云五哭者其後有賓亦與之哭而拜之疏前云三日成服于五哭皆數朝哭五日而五哭此三日數夕哭為五哭者前文三日五哭成服之後乃云五哭故數成服後日之哭為五此三日五哭是三日之內數夕哭為五哭也凡云五哭者其後有賓亦與之哭而拜之捴結從上以來四處五哭之文也○若所為位家遠則成服而往注謂所當奔者外喪也外喪緩而道遠成服乃行容待齋也疏以外喪思輕哀情緩道路又遠容待齋持賻贈之物故成服乃去○齊衰望鄉而哭大功望門而哭小功至門而哭緦麻即位而哭注奔喪哭親疏遠近之差也疏雜記云大功望鄉而哭此云望門而哭者雜記所云者謂本齊衰降服大功○哭父之黨於廟母妻之黨於寢師於廟門外朋友於寢門外所識於野張帷

注此因五服聞喪而哭列入[illegible]所當哭者也黨謂族類無服者也逸奔喪禮曰哭父族與母黨於廟妻之黨於寢朋友於寢門外壹哭而已不踊言壹哭而已則不為位矣　疏此一節明無服之親聞喪所哭之處檀弓師吾哭諸寢與此異熊氏云檀弓殷禮此周法也此哭父黨于廟以檀弓云有殯聞遠兄弟之喪哭于側室與此不同亦異代禮也此母黨在寢逸奔喪禮母黨在廟者皇氏云母存則哭于寢母亡則哭于廟熊氏云哭于廟者是親母黨哭于寢者是慈母繼母之黨未知孰是故兩存之沈氏云事由父者哭之廟事由己者則哭之寢此師于廟門外者是父之友與為師同故哭之廟義亦通也　○凡為位不奠　注以其精神不在乎是張子曰為位者哭位也然亦有神位不奠者奠則久奠也若在他所則唯為久奠襲禮則于殯常奠喪不剛奠為其久設也補臨之奠則易之又曰為位不奠謂之不祭則不可但恐不如喪奠以新易舊如此久設也　○哭天子九諸侯七卿大夫五士三　注此臣聞君喪而未奔為位而哭尊卑日數之差也士亦有屬吏賤不得君臣之名大夫哭諸侯不敢拜賓　注謂哭其舊君不敢拜賓辟為主　諸臣在他國為位而哭不敢拜賓　注謂大夫士使於列國　與諸侯為兄弟亦為位而哭　注族親昏姻在異國者　疏此謂與諸侯異姓之昏姻又在他國不與諸侯為臣身又無服故暫為位而哭若與諸侯同姓是五服之內皆服斬也　○凡為位者壹袒　注謂於禮正可為位而哭也始聞喪哭而袒其明日則否父母之喪自若三袒也　○所識者弔先哭於家而後之墓皆為之成踊從主人北面而踊　注逆主人而踊於踊也北面自外來便也主人墓左西面　疏此一節論哭所識者謂與死者相識今弔其家乃往墓就於主人故

也雖相識輕升為之成踊主人先踊賓從之故云從也陸佃曰為之成踊猶踊也坐主人北面而踊從之而已不拾○凡喪父在父為主父沒兄弟同居各主其喪親同長者主之不同親者主之注父為主與賓客為禮宜使尊者也各主其喪各為其妻子之喪為主也衲則宗子主人親同謂父母沒如昆弟之喪宗子主之不同為從父昆弟之喪疏此一節論同居主喪之事父在父為主言子有妻子喪則其父為主父沒同居各主之當知父在同居則父主之也親同謂同三年朞同父母者若同父母喪者則推長子為主若昆弟喪亦推長者為主也親者主之為親近自主之也○聞遠兄弟之喪既除喪而後聞喪免袒成踊拜賓則尚左手注小功緦麻不税者也雖不服猶免袒尚左手吉拜也逸奔喪禮曰凡拜吉喪皆尚左手疏免袒成踊者小功以下恩降之後服雖不税而初聞喪亦免袒而成其踊也以本是五服之親為之變也于時拜賓之時尚其左手謂左手在內從吉拜也○無服而為位者唯嫂叔及婦人降而無服者麻注雖無服猶弔服加麻袒免為位哭也正言嫂叔尊嫂也兄公于弟之妻則不能也婦人降而無服族姑姊妹嫁者也逸奔喪禮曰無服袒免為位者唯嫂與叔凡為其男子服其婦人降而無服者麻疏此經論哭無服而為位及弔服加麻也哭嫂與叔為位并及族姑姊女子出嫁于人是緦麻今降而無服亦當為位哭之既無服又云麻故知弔服加麻也麻謂緦之絰也爾雅釋親云婦人謂夫之兄為兄公兄公于弟之弟妻不服者卑遠之也弟妻于兄公不服者尊絕之也鄭注凡為其男子服其婦人降而無服者麻男子謂族伯叔族兄弟之等為其族姑及姊妹既降無服其族姑姊妹為族伯叔兄弟亦無服加麻是男之于女女之于男皆無服而加麻故鄭云然也方慤曰檀弓曰嫂叔之無服也蓋推而遠

之也姑姊妹之薄也蓋有受我而厚之者也制之以義故無服本之以仁故為位也陸佃曰言及殺者無服猶弔服加麻適奔喪禮曰凡為其男子服其婦人降而無服者麻謂若為其再從兄弟服則其姊妹以出嫁降而無服吾猶弔服加麻也〇凡奔喪有大夫至袒拜之成踊而后襲於士襲而后拜之注主人袒降哭而大夫至因拜之不敢成己禮乃禮尊者疏此主人謂奔喪者身是士初來奔喪主人括髮袒于堂上降堂而哭此時大夫至因拜之于東階下不敢成己之踊及襲絰帶之事待拜後始成踊襲絰帶也若士來弔則降堂先成己禮踊襲絰帶之後乃拜之士謂兩士相敵然則與兩大夫相敵亦襲後乃拜之

喪服小記

奔父之喪括髮於堂上袒降踊襲絰于東方奔母之喪不括髮袒於堂上降踊襲免于東方絰即位成踊出門哭止三日而五哭三袒注凡奔喪謂道遠已殯乃來也為母不括髮以至成服一而已則于父也即位以下與父母同也三日五哭者始至訖夕反位哭乃出就次一哭也與明日又明日之朝夕而五哭三袒者始至袒與明日又明日之朝而三也疏奔父喪括髮于殯宮堂上不笄纚奔喪異于初死也袒謂堂上去衣降堂阼階東而踊為踊故袒也襲謂掩所袒之衣帶絰東方謂既踊畢升堂襲帶絰于東序東奔母之喪初時括髮至又哭以後至于成服不括髮袒于堂上降踊與父同襲免于東方亦東序東文則括髮而加絰此則不括髮而加免此是異于父也著免加絰已後即位于阼階之東而更踊故云成踊其即位成踊父母同于此之時賓來弔者則拜之奔喪禮所謂反位拜賓成踊是也初死在家之時哭踊無節今踊哭已久奔喪禮殺故三日五哭異于在家也此謂已殯而來者若未殯之前而來當與在家同不得減殺也〇

奔兄弟之喪先之墓而後之家爲位而哭所知之喪則哭於宮而後之墓 注兄弟先之墓骨肉之親不由主人也宮故殯宮也 疏兄弟骨肉自然相親不由主人故先往之墓所知之喪由主人乃致哀戚故先哭于宮而後至墓

雜記 凡異居始聞兄弟之喪唯以哭對可也 注惻怛之痛不以辭言爲禮也 其始麻散帶絰 注與居家同也凡喪小斂而麻 未服麻而奔喪及主人之未成絰也疏者與主人皆成之親者終其麻帶絰之日數 注疏者謂小功以下也親者大功以上也疏者及主人之節則用之其不及亦自用其日數 疏異居別所始聞兄弟之喪惻隱情重不暇問其餘事唯哭對使者于禮可也大功以上兄弟其初聞喪始服麻之時散垂腰之帶絰若小功以下服麻則糾垂不散也未服麻而奔喪者謂道路既近聞喪即來在小斂之前主人未成絰則小功以下與主人皆成之大功以上初來奔至雖値主人成服未即成之必終竟其麻帶絰滿依禮日數而後成服也 ○聞兄弟之喪大功以上見喪者之鄉而哭適兄弟之送葬者弗及遇主人於道則遂之於墓 注言骨肉之親不待主人也 疏見喪者之鄉而哭者謂此親兄弟同以不及同室兄弟也奔喪禮云齊衰望鄉而哭大功望門而哭此云大功以上者盧云謂降服大功者也鄭熙別解當同廬也適往也往送[illegible]之親葬而不及遇孝子葬竟已還不得遣孝子[illegible]仍自獨往于墓也 婦人非三年之喪

不踰封而弔如三年之喪則君夫人歸注奔父母喪也夫人其歸也以諸侯之弔禮其待之也若待諸侯然注謂夫人行道車服主國致禮夫人至入自闈門升自側階君在阼其他如奔喪禮然注女子子不自同於女賓也宮中之門曰闈門謂相通者也側階亦旁階也他謂哭踊髽麻疏女子出適爲父母期而云三年者以本親言也夫人至入自旁側闈門不由正門升自旁側之階不升正階異于女賓也主國之君待之在阼階之上不降階而迎也其他謂哭踊髽麻之屬如似奔喪之禮然孃諸侯夫人位尊與卿大夫之妻禮異故明之也

檀弓有殯聞遠兄弟之喪雖緦必往非兄弟雖鄰不往注親骨肉疏無親也

萬斯同曰禮經凡言爲位謂生者之哭位非死者之神位也乃奔喪篇云凡爲位者不奠鄭康成注以其精神不在乎是似乎指死者之神位矣故張子謂爲位者哭位也然亦有神位而司馬氏書儀直設椅一枚以代尸柩左右前後仍設哭位朱子家禮因之今之仕宦于四方者聞親喪而未即奔喪非親喪而不獲奔者無有不設神位者矣是其于禮也果有合焉否耶愚嘗綜古今而論之古之所謂爲位原指哭位而非神位蓋以尸柩不在不得設虛座以致奠也後之所謂爲位既有哭位而又有神位蓋以子孫在是不容無所憑以致哀也今人之聞喪而設神位雖非周代之禮未始非溫公文公之禮也蓋協諸義而協則禮雖先王未之有可以義起也而况書儀家禮因已先有其禮哉且古之弔賓皆弔生者而不拜死者故可以無神位後世之弔

矣有不得死者其禮固與古異矣在家既有尸柩則客他鄉而設神位以受人之弔亦勢之不容已也至于古者爲位不奠以其非神位故不設奠今既設神位矣爲容以不奠乎書儀則但設神位而不奠又云喪側無子孫則此中設朝夕奠爲此禮者施于諸父昆弟之喪可也若父母之喪既已設位而不設奠恐非人情之所安則喪側有他子致奠者此中復爲之設奠亦何害于禮乎蓋古禮久不行于世而書儀家禮則因世俗之所遵行也愚故折衷之以質于知禮者焉

漢書武五子傳昭帝崩無嗣大將軍霍光徵昌邑王賀典喪賀到霸上大鴻臚郊迎騶奉乘輿車王使僕壽成御郎中令龔遂參乘旦至廣明東都門遂曰禮奔喪望見國都哭此長安東郭門也賀曰吾嗌痛不能哭至城門遂復言賀曰城門與郭門等耳且至未央宮東闕遂曰昌邑帳在是闕外馳道北未至帳所有南北行道馬足未至數步大王宜下車鄉闕西面伏哭盡哀止王曰諾到哭如儀

附奔大喪

通典　周制穀梁傳云周人有喪魯人亦有喪周人弔魯人不弔周人曰固吾臣也使人可也魯人曰吾君也親之者也使大夫則不可故周人弔魯人不弔以其下成康為未久也○五經通義云凡奔喪者近者先聞先還遠者後聞後還諸侯未葬嗣子聞天子崩不奔喪王者制禮緣人心而為之節文孝子之恩不忍去稚柩故不使奔也○後漢許慎義云披左氏之說諸侯藩衛之臣不得棄其封守諸侯千里之內奔千里之外不奔四方不可空虛故遣大夫也鄭玄駁云禮天子於諸侯無服諸侯為天子斬衰三年是尊卑異者也春秋文四年夫人成風薨王使榮叔來歸含且賵又使召伯來會葬傳曰禮也至叔孫得臣如京師葬襄王則傳無言為天子乎魯既含賵又會葬

為得禮是則魯于天子一大夫會葬而已為不得禮可知矣按昭三十年晉侯去疾卒秋葬晉頃公傳曰鄭游吉弔且送葬魏獻子使士景伯詰之其對辭有靈王之喪我先君簡公在楚我先大夫印段實往敝邑之少卿也王吏不討恤所無也晉人不能詰豈非左氏諸侯奔天子之喪及會葬之明文也大鴻臚眭音雖生說諸侯踰年即位乃奔天子喪春秋之義未踰年君死不成以人君礼言王者未加其礼故諸侯亦不得供其禮于王者相報也許氏又按禮不得以私廢公卑廢尊如禮得奔喪今以私喪廢奔天子之喪非也又人臣之義不得校計天子未加禮于我亦執之不加禮也眭生之說非也鄭玄按孝經資于事父以事君言能為人子乃能為人臣也服問嗣子不為

天子服此則嫌然言之一于父也喪服四制曰門內之治恩揜義門外之治義斷恩此言在父則為父在君則為君也春秋在三十二年子般卒時父未葬也子者繫于父之稱也言卒不言薨未成君也未成君猶繫于父則當從門內之治恩揜義禮者在于所處此何以私廢公何以卑廢尊○魏時禮官議云喪禮有除喪而後歸哭于墓者皆聽哭于陵尚書盧毓以禮言遂除者謂有服者耳無服者則不哭王肅曰既言除喪豈有服哉雖除始見墳歛髮袒絰言除歛髮袒絰耳既曰朋友之喪有宿草而不哭為朋友未踰年雖無服猶哭之豈有天子之喪未踰時始奔赴而得不哭者乎今雖權宜即吉各本三年之喪也故三年之後行禘祫之禮文遠方來貢哀皆宜通若有禁

乃止此不得輿哭陵相妨害也又啓難云前訖遂除謂除斂髮袒絰耳不謂今之奔者皆須斂髮也責以立衣冠又其所不能具自可服深衣白袷也○晉惠帝崩司徒左長史江統議奔赴山陵曰往者蕩陰之役羣寮奔散義無既赴而不附從至上旋宮又不歸罪至于晏駕之日山陵即安而猶不到自臺郎御史以上應受義責加貶絶注列黄紙不得叙用至于先有他故去職或以喪疾免　遇無隱遯山澤者宜與上牒異制春秋傳曰君子避内難不避外孫甯之變蘧瑗出關陳力就列不能者止未足多責及至奔赴不及在哀致身後于山陵故當從時宜以立褒貶依王政而正準繩不可偏抗古義以傷今實也承詔書而制奔赴之[illegible]而分別遠近則典而不暢檢校

險易則家而不一擬七月之典以議今事違官名
問特道者道朔不到宜依准免法注列黄紙三年乃
得叙用又自非盟主所授而諸侯州伯所用故不得
奔赴宜與下牒同罰春秋傳曰不以家事辭王事此
上之行乎下也諸侯州伯輒留應赴之人而令失節
于王庭坐于周官九伐之法應在犯令陵政之條諸
臺奔處正其削黜○東晉成帝咸康中恭皇后山陵
禮得奔喪今以私喪廢奔司徒西曹屬王濛議王奔
赴之制曰三代垂文觀時損益今服𣃁之地遠于古
之九服若守七月之斷遠近一槩者惧非通制請王
畿以外南極五嶺非守見職周年不至者宜勤注黄
紙有爵土者削降永嘉中江統議不奔山陵但三年
不叙于義爲輕今更立如牒者方伯授用雖未有王

命猶不與停散同今見在官即吉之後去職不及已事無所貶責萬里外以奔周爲限自此以内明依前勑雖在父母喪其責不異黄門郎徐衆等駮議云若如議見在官者已拘於制度不得奔赴至於既去雖不及襲臣子之情何得不暫致身計臣謂喪紀雖過去職者固宜還赴詔可議又申述前議曰喪紀有數吉凶有斷豈可當於縞素既終而制無限之責耶若除喪始奔當以何服素服叙哀則在廷已吉陵無哭禮若玄冠致敬宜曰朝謁非奔喪之謂若服外更立限斷則不知所准若不計遠近同服内則立制漫而無斷詔又付尚書左丞王彪之議云昔太寧之難奔赴無過三年之限蔡皇后不宜踰先制禮爲君之母妻居憂飲食[illegible][illegible]居已除喪而後聞喪不稅而責

其斧此臣所疑也此一依濛所上詔曰今輕此制
於名教為不盡矣今宜以議者既象不必改先制宜
依濛所上施行○八年成帝崩尚書殷融上言司徒
丙曹屬王濛以周年為限不及者除名付之卿論臣
以為名教興於義厚忠孝發於自然不嚴而著不肅
而成者也舊禮國有大諱外任不得離部況散之人
發哀公卷初無課限有不奔之制按永平初先帝稱
宣帝遺詔乃不得令子弟詣陵惟蕩陰奔赴多不逮
及始為其制以篤一時頑觀人情未有肅媿徒與爾
默正足以彰至道之不弘表臣子之不義宜遵前代
聞此行喪三日而已詔曰孝慈起於自然忠孝發於
天成若道不喪豈有今典之至鄰薄反之何期況以
今日之典而欲廢準式於頹俗求慈仁於吾朝其於

理化也無乃迂乎融又重啓依王滌所上爲條例○
康帝建元初融又議定不應奔赴山陵據周魯有喪
而魯人不弔孔子所答曾子當謂國內卿大夫耳非
如今日見在方外者也尚書僕射顧和議按禮記曾
子問父母之喪既引及塗聞君薨如之何穀梁傳曰
周人魯人各有喪周人弔魯人不弔周人雖有喪遣
人可也魯人當親行事故不弔也○大唐元陵儀注
詔聞宗子在外州府合赴京師不所司奏曰按禮文
五廟之孫祖廟未毀雖爲庶人冠取妻必告死必赴
練祥則告不忘親之人也又曰四世而緦服之窮也
五世袒免殺同姓也六世親屬竭矣又傳云天子七
月而葬同軌畢至據此則宗子五等以上不限遠近
盡同奔赴山陵

唐開元禮三品以[illegible]喪（四品以下至庶人附）

聞喪

始聞喪舉哀者於聞喪所哭盡哀問故又哭盡哀改着素服子妻妾女子子俱披髮周親以下婦人去首飾子於堂上東階下西面以南為上周親以下於北階下南面以西為上妻妾女子子於西階下東面以南為上周親以下婦人於北壁下南面以東為上內外之際障以帷若婦人在別堂舉哀則周親以下婦人在北階下南面西上（周親以下舉哀哭位亦然）三日成服及廬堊室苫凷薦席變除之節皆如在家之禮唯不設奠祭（以其精神不在乎此）若除喪而後歸則之墓諸子以下素服待于墓東西向婦人待于墓西東向俱北上奔喪者集服至於墓南北面哭盡哀再拜又哭盡哀再拜於家不

哭

奔喪

奔喪之礼始聞親喪以哭答使者盡哀問故又哭盡哀服布深衣素冠遂行日行百里不以夜行惟父母之喪見星而行見星而舍若未得行則成服而後行過州至境則哭盡哀而止哭避市朝望其州境哭（止父母之喪）至于家內外哭待於堂上奔喪者入門而左升自西階殯東西面憑殯哭盡哀少退再拜退于序東被髮復殯東西面坐哭又盡哀尊卑撫哭如常訖內外各還次奔喪者乃還以厥明坐哭於殯東如初未成服者三日成服（若至在小斂前與主人俱成服若小斂以後至者自依日數）凡奔喪齊衰望鄉而哭大功望門而哭小功至門而哭緦麻即位而哭齊縗以下奔喪入殯東西面哭主人以下哭待

于堂上如常奔[illegible]盡哀再拜又哭盡哀尊卑撫
哭亦如之訖內外各還次三日成服有賓弔者拜賓
如常奔喪者非主人則主人為之拜賓婦人奔喪入
自闈門（側門曰闈）升自西階側殯西東面妻妾女子子則
憑殯哭盡哀少退再拜退於西房若西室妻妾女子
子被髮（出嫁女改髽）復位坐哭又盡哀尊卑撫哭如常內外
俱還次奔喪者乃還次同喪以下婦人奔喪者升哭
拜又哭盡哀尊卑撫哭及還次皆如之奔喪者不及
殯先之墓北面近隧哭主人以下哭待於墓左西面
主婦以下哭待于墓右東面皆北上（主人以下內外初至墓先拜而後哭于相者礼）
（卑則再拜辭）奔喪者哭盡哀再拜於隧東被髮復位坐哭盡
哀相者告礼畢奔喪者又再拜遂冠而歸入門而左
升自西階靈東西面憑靈哭主人以下升坐于堂如

常奔喪者哭盡哀再拜免絰宿主人以下哭盡哀皆再拜哭降堂相者告就次主人以下各就次三日成服齊縗周以下不及殯先之墓西面哭盡哀再拜又哭盡哀相者告禮畢奔喪者再拜遂冠而歸哭就次如上儀奔喪者免妻妾女子子皆被髮于隧西哭盡哀髽如常餘如男子齊衰周以下婦人奔喪哭於隧西餘如大夫之禮

宋政和禮

聞喪

諸聞喪舉哀者於聞喪所哭盡哀問故又哭盡哀改服素服子妻妾女子子俱披髮三日成服廬堊室苫凷薦席變除之節皆如在家之禮唯不設奠祭若除喪而後歸則之墓[illegible]訖子以下素服待于墓東西向婦

人待于墓西東面北上歸者素服至于墓南北面哭盡哀再拜于家不哭　有殯聞遠兄弟之喪哭之他室無他室哭于門内之右

奔喪

奔喪之禮始聞親喪以哭荅使者盡哀問故又哭盡哀服布深衣素冠遂行父母之喪見星而行見星而舍若未得奔則成服而後行至家内外哭待于堂上奔喪者入門而左升自西階殯東西面憑哭盡哀少退再拜退于序東披髮復位坐哭又盡哀尊卑撫哭如常說内外各還次奔喪者乃還如未成服者三日成（若至在小斂前與主人俱成服小斂以後自用日數）賓弔拜賓如常奔喪者非主人則主人為之拜賓不及殯則先之墓北面近墓哭主人以下哭待于墓左西面主婦以下于墓右東面皆北上奔喪

者哭盡哀再拜于墓東披髮復位哭盡哀贊者告禮畢奔喪者又再拜遂冠而歸入門而右升自西階靈東西向憑靈哭主人以下升哭如常盡哀再拜各還次三日成服婦人奔喪入自闈門升自西階側殯西東面妻妾女子子憑哭披髮皆如男子之儀不及殯則披髮于墓西亦皆如男子之儀

庶人奔喪禮

聞喪

諸聞喪舉哀者于聞喪所哭盡哀問故又哭盡哀改著素服妻妾女子子皆披髮三日成服及廬堊室苫凷薦席變除之節皆如在家之禮惟不設奠祭若除喪而後歸則之墓諸子以下待于墓東西向婦人待于墓西東向俱北上歸者素服至于墓南北面哭盡哀再拜又哭盡不乇并于家不哭　有殯聞遠兄弟

之喪哭之他室[illegible]之室哭于門內之右

奔喪

奔喪之禮始聞親喪以哭答使者盡哀問故又哭盡哀服布深衣素冠遂行日行百里不以夜惟父母之喪見星而行見星而舍若未得奔則成服而後行至于家內外哭待于堂上奔喪者入門而右升自西階殯東西面憑殯哭盡哀少退再拜退于序東披髮復殯東西面坐哭又盡哀尊卑撫哭如常訖內外各還次奔喪者乃還次未成服者三日成服若至在小斂前與主人俱成服若小斂以後至者自用日數者賓弔者拜賓如常奔喪者非主人則主人為之拜賓已葬先之墓北面哭主人以下哭待于墓左右奔喪者哭盡哀再拜于墓東披髮復位坐哭盡哀贊者告禮畢奔喪者又再拜遂冠而歸入門而左升

自西階盡東西面憑哭主人以下升哭于堂上如常

奔喪者哭盡哀再拜各就次三日成服如儀（婦人奔喪入自闈門升自西階側殯西東面妻妾女子子則哭盡哀少退再拜遂披髮復位坐哭又盡哀尊卑撫哭如常子還次不及殯披髮于墓西坐哭盡哀髮如常餘如男子）

司馬氏書儀

聞喪　奔喪

始聞親喪以哭荅使者盡哀問故又哭盡哀裂布為四腳白布衫繩帶麻屨（古者未成服者素委貌深衣恐非本所有且非倉猝所辦今從便）遂行日行百里不以夜行（奔喪注雖有哀戚猶辟害也雖或有親屬皆行不能日行百里道中亦不可滯留也）惟父母之喪見星而行見星而舍道中哀至則哭避市邑喧繁之處（奔喪曰哭避市朝注謂驚衆也今人奔喪及從行者過城邑則哭是有人則為之無人則不為飾詐之道也）望其州境哭望其縣境哭望其城哭望其家哭入門升自西階至殯前再拜哭盡哀乃就位方去冠及上服被髮徒跣如始死之儀詣殯東西面坐哭盡

衰其未小斂而至者與在家同乃就東方袒括髮又哭盡哀大夫婦人之待之也皆如朝夕哭位無變也既哭奔喪者復著布四腳布衫拜諸尊長及受諸卑幼拜皆哭盡哀明日後日朝夕哭猶袒括髮至家四日乃成服而朝哭有弔賓至則出見之可也若未得行須應過三日以上者則為位不奠奔喪曰聞喪不得奔喪乃為位注謂以君命有事者位有鄰列之處如其家朝夕哭位矣又注無君事又無故而以已私未奔者父母之喪則不為位其哭之不離聞喪之處齊衰以下更為位而哭皆可行乃行又曰凡為位不奠注以其精神不存乎是今仕宦他方者始聞喪比至治裝挈家而歸鮮有不過三日者安得不為位而哭既無鄰列當置倚子一枚以代尸柩左右前後設哭位皆如在尸柩之旁而不設朝夕飲食之奠者喪側無子孫則此中設朝夕奠如在喪側道中亦設位朝奠而行既就館至夕設位而奠被髮扱衽徒跣皆如始死之儀明日斬衰者袒括髮齊衰以下袒免代哭皆如小斂之儀聞喪後四日成服而朝哭皆如在家之儀道中及至家惟不去冠及上服被髮扱衽徒跣袒括髮其餘皆如未成服之儀入門至殯前北

面再拜哭盡哀拜諸尊長又受諸卑幼拜皆哭盡哀弔賓至即出見之若奔喪者不及殯則先之墓望墓而哭至墓北面哭盡哀再拜在家丈夫之待之也即位于墓左婦人墓右皆哭盡哀未成服者去布四脚及布衫袒括髮于墓東南即本位又哭盡哀復着布四脚衫拜尊長及受卑幼拜如上儀遂歸至家入門去布四脚及布衫袒括髮至靈座前北面哭盡哀餘如未葬之儀已成服者不袒括髮齊衰以下聞喪則為位而哭右私聞父母妻之黨及師友知識之喪哭皆有處今寢廟異制不能如古但聞尊長之喪則為位于正堂卑幼之喪為位于別室而哭之今人皆擇日舉哀凡悲哀之志在初聞其喪聞喪則哭矣之何暇擇日又舉哀挂服皆于僧舍蓋以五服年月勅不得于州縣公廨內舉哀若不在州縣公廨何必就僧舍不于本家蓋由今人多忌諱故也若奔喪則釋去華盛之服裝辦即行緩速惟所欲既至齊衰望鄉而哭大功望門而哭小功以下至[illegible]至哭入門如至殯前北向哭盡哀

再拜乃易所服〃服即本服又哭盡哀乃見諸尊長及卑幼拜哭如主人儀若不奔喪則齊衰始聞喪三日中朝五為位會哭四日之朝成服又為位會哭大功以下始聞喪為位會哭成服又為位會哭自是每月朔為位會哭月數既滿次月朔為位會哭遂除服其聞喪至各哭周無常準齊衰以上自有喪以來親戚未嘗相見者既除服而相見不變服各哭盡哀然後敘拜

朱子家禮

奔喪

始聞親喪哭親謂父母也以哭荅使者問故又哭盡哀易服裂布為四脚白布衫繩帶麻屨　丘濬曰按裂布為四脚家禮本書儀恐是當時有此製今世人不用忽然以行遠路恐駭俗觀擬用有子粗麻布為衫戴白帽束以麻繩着麻鞋遂行日行百里不以夜行雖哀戚猶避害也　丘濬曰按日行百里今其大約也道路舍止不能皆然書儀云今人雖或與親屬偕行不能百里道中亦不可留滯也

道中哀至則哭哭避城市喧雜之處望其州境其縣境其城其家

皆哭家不在城則望其鄉哭入門詣柩前再拜乃變服就位哭

儀節奔喪者將至在家者男婦各具服就次哭以待奔喪者至哭入門升自西階詣柩前拜興拜

興拜興拜興且拜且哭擗踴無數哭盡哀閒拜弔尊長受卑幼

拜弔且哭且拜并問所以病死之故乃就東方去冠及上衣披髮徒跣不食如初就

位哭各就其位次而哭第二日晨興男子袒括髮婦女髽至上食時襲衣袒衣加絰

帶首帶白布巾上加環絰腰具絰散垂其末並具絞帶詳見初終儀

後四日成服與家人相弔賓至拜之如初

儀節是日朝奠將在家男婦各服其服就位哭舉哀奔喪者具衰絰杖詣靈座伏地哭稍止少頃詣所尊諸

父前跪哭又向諸母前跪哭畢幼者又向奔喪者前跪哭一如前成服儀受弔賓客有來弔者則哭出迎之稽顙拜

興拜興且拜且哭尊長不答拜其餘否

若未得行則為位不奠設椅子一枚以代尸柩左右前後設位哭如儀但不設奠若喪側無子孫則此中設

奠如儀變服亦以門□之□門日

聞喪儀 立濟以礼記有奔喪篇家礼本書儀書儀本礼記但畧舉其要耳以聞次第儀節蓋已詳具家礼喪礼篇于此不復重出然人臨時考行而已然今世士夫遊宦于外一聞凶訃心緒瞶亂平時不素講明倉卒之際豈能細考縱一閱之亦爲能因其畧而盡得其詳哉今條析爲儀節于後

聞訃儀節 是日訃至 舉哀 舉家男婦皆哭步頭問死者以病及終之故 易服 男子皆去冠女子去首飾與凡華盛之服 披髮徒跣 不食 男女哭擗無數

爲位儀節 是日堂中設椅子一枚以代柩椅子前設桌子一張上置香爐香合燭臺之類 各就位 主人坐于位東衆男坐其下皆藉以藁主婦坐于位西衆女婦坐其下以南爲上 舉哀 哭不絶声是日具括髮絰帯衰服等物

變服儀節 聞訃之次日 袒 男子皆袒去上衣 括髮 散髮者用麻繩束之 具絰帶 首戴白布巾上加單服之經具要絰散垂其三尺及具絞帶礼所謂環絰也詳見喪礼篇初終遷尸牀條下 婦人髽 婦人用麻繩撮髻樿竹木簪 服輕者袒免 服輕者皆著素服袒開上衣用布纏頭或著白布亦可

設奠儀節 爲位之後是日即陳設蔬果脯醢羹飯茶酒之類于桌子上用侍者一人爲祝有子孫在喪側者不設 盥手 祝洗手 跪 焚香 興 斟酒 鞠躬 拜 興 拜 興 平身 祝拜 畢巾 舉哀 自是以後朝夕日中凡三次遇朔日即盛設如在家儀

成服儀節（闕訃第四日夙興）各具服（五服之人各服其服，執杖有腰絰者，各絞其麻本之散垂者，去環絰不用）

就位（男位于靈位東，女位于西，各以尊卑為序）舉哀相弔（卑幼者以次就尊長跪哭弔慰，盡哀）復位

受弔儀節（未成服以前來弔者，或門生屬吏皆可弔者，入門，子弟出見之，揖讓）賓致辭曰：竊聞某親

某官（或隨所言）不淑，何時訃至。荅辭曰：孤某遭此亡變，蒙賜

慰問，以未成服，不敢出見，不勝哀感，使某拜謝。躬

拜興拜興平身（賓荅拜，尊長則回半禮。禮畢，賓退，子弟送出門，或少延茶湯）禮畢（已成服以後來弔者

入門望位哭，主人持杖哭而出）弔主人曰：某親某官不淑，何時訃至。鞠

躬拜興拜興平身（主人荅拜）主人致謝曰：蒙慰問，不勝哀

感。稽顙拜興拜興平身（賓荅拜）禮畢（賓退，子弟送之出，或少延茶湯。丘濬曰：按書儀，賓荅

拜，有主人置杖坐九子，或不設生禘，或設白禘，茶湯至則不[illegible]持杖而送之之文。今世士大夫間喪有弔之，有設草座對客者，客出不送。

此雖俗禮，若來弔者果哀親厚之人，有事相資者，少留恐亦無害，姑書于此）

至（家之）儀節（在家者聞其喪，各具服以俟其人，哀絰持杖哭入門，升自西階）詣柩前拜興拜

興拜興拜興（四拜哭）哭擗無筭 拜弔尊長（哭拜且弔，如成服儀）受

卑幼拜乎　就位哭　就其位次坐哭　在家者皆哭

在道至家皆如上儀　若喪側無子孫則在道朝夕為位設奠至家但不變服其相弔拜賓如儀　若既葬則先之墓哭拜　之墓者望墓哭至墓哭拜如在家之儀未成服者變服于墓歸家詣靈座前哭拜四日成服如儀已成服者亦然但不變服

齊衰以下聞喪為位而哭　尊長于正堂卑幼于別室　若奔喪則至家成服　奔喪者釋去華盛之服裝辦即行既至齊衰望鄉而哭大功望門而哭小功以下至門而哭入門詣柩前哭再拜成服就位哭弔如儀　若不奔喪則四日成服　不奔喪者齊衰三日中朝夕為位會哭四日之朝成服亦如之大功以下始聞喪為位會哭四日成服亦如之皆每月朔為位會哭月數既滿次月之朔乃為位會哭而除之其間哀至則哭可也

明會典品官禮　庶人禮同

奔喪

始聞親死以哭答使者盡哀問故又哭盡哀乃易服遂行日行百里不以夜行見星而行見星而舍　道中哀至則哭哭避市朝望其州境縣境其城其家皆哭

至于家內外哭待于堂上入門而左升自西階殯東西面憑殯哭盡哀少退再拜退于東序披髮復殯東西面坐哭又盡哀尊卑撫哭如常訖內外各還次厥明坐哭于殯東如初四日成服與家人相弔賓至拜之如初若未得行則設位四日而變服在道至家皆如上儀若既葬則先之墓望墓哭至墓哭拜歸詣靈座前哭拜四日成服如儀齊衰以下聞喪爲位而哭若奔喪則至家成服若不奔喪則四日成服凡奔喪齊衰望鄉而哭大功望門而哭小功至門而哭緦麻即位而哭不奔喪者齊衰三日中朝夕爲位會哭四日之朝成服亦如之大功以下始聞喪爲位會哭四日成服亦如之皆每月朔爲位會哭月數既滿次月之朔乃爲位會哭而除之其間哀至則哭可也

乾學按古之仕者不出本國故聞喪得以即奔其或奉使他國而聞喪則聘禮篇末特有他國遭喪之禮亦未能即奔也後世仕宦之人非京師則四方或苦于辭選之不時或苦于官守之拘係則經月踰時而不奔者比比有之若是則始聞喪之時不得不設位矣既設位則不得不致奠矣既設位致奠則不得不成服矣此理之必然而情之不容已也雖又哭三哭諸節未能如古人之具備而擗踊號泣之時其可無所憑依以致哀哉或曰古之為位非死者之神位也且禮明言為位不奠而今欲設位致奠不亦大遠于禮乎曰為位而哭恐

固知生者之哭位而非死者之神位也然張子大儒謂亦有神位而溫公文公之書皆設椅以代尸柩則今之聞喪而設位者亦何害于禮與古不設神位愚固知無致奠之禮矣然張子又言爲位不奠謂之不祭則不可但不如喪之久奠溫公文公亦謂喪側無人則設奠是先儒固許其奠矣今之聞喪而致奠者亦何害于禮與蓋禮有先王之禮有先儒之禮先王之禮久不行于後世矣先儒之禮猶可行于今日則設位致奠諸事未始非守先儒之禮也禮奔喪篇言自齊衰以下入門而後免麻絰疏謂不至喪所不改服也此亦據聞喪而

即奔喪言耳若明喪不得奔喪則禮明言三日成服又曰若不得行則成服而後行是不得即奔者古人无有不成服者矣今或有發喪而但易素服不服齊斬者豈不大背乎禮哉古禮所以四日而成服者以初死日襲次日小斂又次日大斂大斂訖而後成服故以四日為期聞喪者無襲斂諸節則以始聞日初哭當襲次日又哭當小斂又次日三哭當大斂亦四日而成服今宜倣此為制不但斬衰者當成服即齊衰以下亦當依此以成服庶乎其合于禮也然此謂親喪之禮則然若夫齊衰以下則何如曰齊衰而為祖父母妻長子衆子

嫡婦則吾身當為喪主亦設位致奠而成服可也如其為伯叔父母昆弟從子則彼自有喪主但發哀制服而不必設位致奠或于初發哀時為之設位致奠〻已而即徹之亦可也夫喪事人所時有在他鄉而遭喪者又仕宦者所時有而儀禮闕无改和諸礼及書儀家礼會典諸書間皆有奔喪之礼則取而討論之以求合乎人心而不背乎時俗固事之不可少者也愚固妄為是說以折衷于秉礼之君子焉

讀禮通考卷一百二

變禮二

並有喪

曾子問　曾子問曰並有喪如之何何先何後注並謂父母若親同者同月死孔子曰葬先輕而後重其奠也先重而後輕禮也自啓及葬不奠注不奠務於當葬者行葬不哀次注不哀次輕於在殯者反葬奠而后辭於殯遂修葬事注殯當為賓聲之誤也辭於賓謂告將葬啓期也其虞也先重而後輕禮也疏並謂父母親同謂祖父母及世叔兄弟父喪在殯先葬母之時從啟母殯之後至葬柩欲出之前唯設母啓殯之奠朝廟之奠及祖奠遣奠不于殯宮為父設奠但不奠者不朝夕更改其奠[illegible]奠存也次謂大門外之右平生待賓之處葬柩車出門至此孝子悲哀柩車暫停今為父喪在殯故行葬母之時出門外孝子不得為母伸哀于所次之處遂行而去所以然者若此悲哀恐輕于在殯也反葬奠者謂葬母還反于父殯宮而設奠也奠父之後孝子告賓以明日啓父殯期節既告賓賓出之後遂脩營葬父之具所以葬則先輕奠則先重者皇氏云葬是奪情故從輕者為首奠是奉養故令重者居先也喪所以不奠者若營奠父事恐葬事遲晚務欲輕喪在先當葬者使其速畢故也不奠不擄先葬者葬是喪之大事承離宮室不可

以不奠也虞是奠之類故亦先重後輕也案尚精問曰葬母亦朝廟否其虞父與母同日異日乎焦氏荅曰婦未廟見不朝廟耳內豎職云王后之喪朝廟則為之蹕也是母喪亦朝廟已入虞當異日也

張子曰葬先輕奠先重古者掘壙而葬既並有喪則先葬者必不復土以待後葬者之入相去日近故也葬先輕而後重礼成于重者

呂大臨曰古之並有喪各行葬虞之礼不相合所以致其哀所謂葬先輕後重宜謂自家遣而行之既葬然後再舉後喪耳今必不能然則在疊[illegible]以

先喪前期而葬亦可行之次序自當尊卑有序世俗之議無義不可取

吳澄曰辭于殯不須改殯為賓蓋告殯以啟期既改乃遂脩葬事

喪服小記父母之喪偕先葬者不虞祔待後事其葬服斬衰注偕俱也謂同月若同日死也先葬者母也葬服斬衰者喪宜從重也假令父死在前月而同月葬猶服斬衰不葬不變服也言其葬服斬衰則虞祔各以其服矣及練祥皆然卒事反服重○疏葬母既竟不即虞祔更脩葬父之禮也所以不即虞祔者虞祔稍飾父喪在殯未忍為虞祔也待後事者謂葬父也葬父竟先虞父乃虞母所謂祭先重而後輕也葬母亦服斬衰以父未葬不得變服也斬衰但以葬母為文明為母虞祔練祥皆齊衰也

黃叔陽曰此言親喪同時之礼並有父母之喪其恩同則宜其礼同然必先葬母而後葬父以葬先輕而後重尊無二上也葬即虞祔常禮也然先葬者不虞祔以待葬父畢為父虞祔而後為母虞祔以祭先重而後輕母厭于父也葬父以斬衰葬母以齊衰亦常礼也然葬母之時亦服斬衰以服當從重父未葬不

敢變服也

襍記　父母之喪將祭而昆弟死既殯而祭如同宮則雖臣妾葬而后祭祭主人之升降散等執事者亦散等雖虞祔亦然注將祭謂練祥也言若同宮則是昆弟異宮也古者昆弟異居同財有東宮有西宮有南宮有北宮有父母之喪當在殯宮而在異宮者老疾病或歸也主人適子散等栗階為新喪略威儀○疏殯後乃祭不待葬後者兄弟輕殯後便可行吉祭也但此謂異宮者耳若同宮雖臣妾之卑猶待葬後乃行父母祭也所以爾者吉凶不相干故喪服傳云有死于宮中者則為之三月不舉祭庾氏云小祥之祭已涉于吉尸柩至凶故不可相干其虞祔則得為之若喪柩即去者則亦祭不待于三月可知矣下言祭猶謂二祥祭散栗也等階也吉祭則涉級聚足喪祭則栗階故云散等也祥祭宜涉級為有兄弟喪略威儀故散等也卹祭者亦歷階也雖虞祔亦然者謂主人至昆弟虞祔而行父母二祥祭執事者亦散等也

曾子問　曾子問曰大夫士有私喪可以除之矣而有君服焉其除之也如之何孔子曰有君喪服於身不敢私服又何除焉注重謂輕也私喪家之喪也喪服四制曰門外之治義斷恩於是乎有過時而弗除也君之喪服除而后殷祭禮也注謂主人也支子則否○

疏門外之治義斷恩若其有君服後遭親喪則不敢為親制服也又何除焉者謂喪成服為重始除服為輕末在親始重之日尚不獲伸況輕末之時而

可行殷祭謂小大二祥祭也以其禮大故曰殷也言礿乃為身有君服不敢為疏私除若君服除後乃可追行私喪二祥之祭以伸孝心也庾蔚之

云今月除君服明月可小祥猶若父喪不葬者也若未有君服之前私服已小祥者除君服後但大祥而可也謂主人支子則否若士人謂適子仕宦者

適子主祭祀故二祥待除君服而後行也若支子仕宦雖不得除私服而其家適子已行祥祭庶子於後無所復追祭故曰否也

曾子曰父母之喪弗除可乎注以其有終身之憂○疏曾子又疑云聖人制變之期情礼之殺

使送死有已復生有節是不許人子有不除之喪若嫡子除君服後乃有殷祭之事如父喪不葬者此則可解若庶子除君服後無復殷祭之事是其為

父母之服一生不有除說之事此於禮可乎

孔子曰先王制禮過時弗舉禮也非弗能勿除也患其過於制也故君子過時不祭禮也注言制礼以為民中過其時則不成禮○

疏言今日不追除服者非是不能除也為此不除正是患其過於聖人之禮制也又引君子過時不祭之事以證之謂春雨露既濡君子履之怵惕思親故

設祭若春時或有事故不得行祭至夏乃行夏祭不復追補春祭是過時不祭以為禮也過時所以不追者假令春夏祭本為感春夏而祭至秋非時故不追

也且今年春夏雖過時至明年會應復有春夏故當時則祭過時不補前祭也

能過曰曾子問父母之喪弗除可乎謂可以除之喪者之過也故孔子以中道荅之而遂及於過時不祭夫所謂祭蓋通凡祥禫之祭須及期耳孔氏不得其

義以庶子除君服不祭當之欲以該義蒙上文於斯有大誤焉問者各爲一事孔氏乃強使爲一庸非誤乎且孔氏既以爲支子之禮今孔子所荅乃止云過時不祭而不云適子已行祥祭則非支子矣甚子不祭而因其誤余觀於鄭氏之說蓋無有也從鄭氏

曾子問曰君喪既殯而臣有父母之喪則如之何孔子曰歸居于家有殷事則之君所朝夕否注殷事朔月月半薦新之奠也○疏君殯既訖君無所事父母新喪故歸家以治父母之喪若君喪有朔月月半薦新大事則適君所哭君凡常朝夕則不往哭君惟在家為父母治喪若父母之喪既殯而後有君喪則歸君所己家有殷事之時則來歸家平常朝夕則不來恒在君處也君薨殯後親死是君喪在前親喪在後親喪痛甚故恒居于家隆于父母也

曰君既啓而臣有父母之喪則如之何孔子曰歸哭而反送君注言送君則既葬而歸也歸哭者服君服而歸不敢私服也○疏歸哭父母而反往送君既葬畢還來歸家而治父母之喪以此言之父母之喪既啓而有君喪則亦往哭于君所反送父母[illegible]君所也鄭云既葬而歸者送君葬罷即歸不待君之虞祔也其祔與卒哭未[illegible]臣往與否不敢私服者謂歸哭父母猶服君服不私服也上文云有君喪服於身不敢私服故知不私服也

曾子問曰君之喪既引聞父母之喪如之何孔子曰遂既封而歸不俟子注遂送君也封當爲窆子嗣君也○疏君喪既引在塗遂送君葬不待子而先還

若待封墳既畢必在子還之後令經云既封而歸非封墳也故知封當為窆窆下棺也

胡銓曰封墳即歸不在子還之後鄭恩謂子亦當速反而虞不俟封墳故讀封為窆然長子歸虞餘子封墳乃歸也封如字

曾子問曰父母之喪既引及塗聞君薨如之何孔子曰遂既封改服而往 注改服括髮徒跣布深衣扱上衽不以私喪包至尊○疏親始死笄纚小斂始括髮今喪即括髮不笄纚者若尋常是吉忽聞君喪故去冠而笄纚今臣有父母之喪葬在于塗首先服免忽聞君喪若著其笄纚則與尋常吉同首不可無飾故括髮也

曾子問曰君未殯而臣有父母之喪則如之何孔子曰歸殯反于君所有殷事則歸朝夕否 疏歸殯父母訖反于君所以殯君恒在君所家有殷事之時則暫歸于家若尋常朝夕則不得歸也盧氏云歸殯反于君所者人君五日而殯故可以歸殯父母而往殯君也若其臨君之殯日則歸哭父母而來殯君殯君訖乃還殯父母也以此言之臣有父母之喪未殯而有君喪去君殯日雖遠祇得待殯君訖而還殯父母以其君尊故也

大夫室老行事士則子孫行事 注大夫士其在君所之時則攝其事○疏大夫士有殷事在君所之時及朝夕恒在君前之時則在家朝夕之奠有闕奠不可廢其大夫尊遣室老攝行其事士卑則子孫攝行其事也

大夫內子有殷事亦之君所朝夕否

注謂夫之君既殯而有舅姑之喪者內子大夫妻也妻為夫之君如婦為舅姑服齊衰○疏此明婦人之進止內子者卿之適妻君既殯而婦有舅姑之喪歸居于家君有殷事之時亦之君所云亦者亦同其夫也非但夫往君所妻亦往君所也若尋常朝夕則不往君所舉此一條婦同于夫則君既斂殺君未殯而有舅姑之喪其禮悉同夫也

檀弓有殯聞遠兄弟之喪哭于側室無側室哭于門內之右同國則往哭之

注哭于側室嫌哭殯也

有殯聞遠兄弟之喪雖緦必往非兄弟雖鄰不往

注雖緦必往親骨內也雖鄰不往疏無親也

方慤曰緦最服之輕者服之輕猶必往況其重者乎蓋同姓之恩隆故也鄰最居之近者居之近猶不往況其遠者乎蓋異姓之恩殺故也然而三年之喪不弔則雖緦必往者非謂三年之殯矣大功未葬不弔則雖鄰不往者止謂大功以上之殯而已

雜記如三年之喪則既顈其練祥皆行

王父死未練祥而孫又死猶是附於王父也

注附當作祔王父既祔則孫可祔焉○疏礼孫死祔祖今祖喪雖未二祥而孫死亦得祔于祖也

方慤曰王父雖未練祥而孫得祔者以昭穆同故也

有殯聞外喪哭之他室入奠卒奠出改服即位如始即位之禮疏有殯謂父喪未葬柩在殯宮者也外喪謂兄弟喪在遠者也他室別室也若聞外喪哭于殯宮則嫌是哭殯故于別室明所哭者為新喪也明日之朝著重喪之服入奠殯宮及下室卒奠而出改已重喪服著新死未成服之服即他室之位如昨日聞喪即位也

通典有殯聞兄弟之喪鄭記問曰或言往哭或言倒室或言他室不同何也又雜記云三年之喪雖功衰不弔如何復服其服而往雖緦必往亦當服其服不王瓚荅曰檀弓言往哭不必輕重通三年當往也雜記斬衰言功衰乃服其服而往則齊衰亦于功衰乃服其服也哭他室者為外兄弟明皆當先哭乃行耳異國則不往也吳射慈云雖緦必往親骨肉也雖鄰不往疏無親也蜀譙周云禮哭于門內之右明為變位也後日之哭既朝與其殯卒事出改服即位如初亦三日五哭也

王逵相曰並有父母之喪如之何曰記有之其葬也先輕而後重其奠也虞也先重而後輕曰今也同葬而並奠同虞而並祔也何如曰父母之親同也今之

法制服斬同也無厭也葬奠虞祔皆反乎古同服而稱情簡易而便事亦猶夫行古之道也

乾學按第二十三卷並有喪服篇當與此篇

參考

變禮

卒于道郎黃氏道有喪

禮記曾子問　曾子問曰君出疆以三年之戒以椑從君薨其入如之何注其出有喪備疑喪入異也戒猶備也謂衣衾也親身棺曰椑其餘可死乃具也○疏親身棺者天子椑內猶有水兕公椑內猶有兕諸侯以椑為親身也其餘死乃具者謂除椑之外大棺與屬棺在家年老亦死前為之今出疆椑從餘亦兼老故大棺等死後乃具也孔子曰共殯服注此謂君已大斂殯服謂布深衣苴絰散帶垂殯時主人所服共之以待其來也其餘殯事亦皆具焉○疏知此謂大斂者以下文如小斂故知也案士喪禮苴絰大鬲散帶垂又禮親始死布深衣至成服以來不改故知殯服布深衣苴絰散帶垂其首服崔氏云小斂之前大夫士皆素冠小斂括髮之士則加素冠大夫加素弁其餘殯事亦皆具者以殯不可闕亦加具焉則子麻弁絰疏衰菲杖注棺柩未安不忍成服於外也麻弁絰者布弁而加環絰也布弁如爵弁而用布杖者為已病○疏身著疏衰疏衰是齊衰也足著菲屨菲謂藨屨也案士喪禮云三日成服今君喪在外仍著麻弁疏衰故知不忍成服于外也布弁謂吉

布十五升與子游麻衰及詩云麻衣如雪[illegible]知加[illegible]經者雜記云小歛環經事是也布弁如爵弁而用布者案檀弓云周人弁而祭殷人冔而祭冔是殷之祭冠明弁經似周[illegible]故知爵弁也杖為已病者以上喪禮服杖[illegible]時今服未成而已杖故亦為已病也

入自闈升自西階注闈謂毀宗也柩毀宗而入異於生也升自西階亦異於生也所毀宗處宮門西也於此正棺而服殯服既塗而成服殷柩出毀宗周柩入毀宗禮相變也○疏謂柩入宮之時毀殯宮門西邊墻而入也必西階者以柩自外來如賓客然故就客位也鄭以闔為毀宗者謂毀此宗廟之墻其處空闕故謂之闔也柩毀宗而入異于生者公也年癸亥公之喪至自乾侯戊辰公即位正棺于兩楹之閒然後即位注云正棺者象既小歛奠于堂也於此之時服殯服也既塗而成服者謂菆塗既畢而成服也檀弓云毀宗躐行殷道也既云毀宗始云躐行先毀宗後躐行是從内而出故云殷柩出毀宗

如小歛則子免而從柩注謂君已小歛也主人布深衣不髻髮者行遠不可無飾○疏士喪禮從死至成服主人皆著深衣故知小歛主人布深衣也士喪禮云小歛主人髻髮今著免者以在外遠行不可無飾故著免也

入自門升自阼階注親來在棺不忍異入使如生來反○疏入自門不自闈也升自阼階不由西階也

君大夫士一節也疏言上來從柩之儀更無尊卑之異也

陸佃曰服事也言君薨大歛而入則内其殯事矣言殯則歛見言歛則殯不見且言大歛于升自西階不協子以麻為弁變於弔服蓋弁經三麻弁經為重紱經次之爵弁經又次之入自闈所謂觀闈是也宗廟在庫門外雉門内故君出疆薨入自闈大歛于阼殯于客位故入自闈升自西階

雜記諸侯行而死於館則其復如於其國如於道則升其乘車之左轂以其綏復注館主國所致舍復招魂復魄也如於其國主國館賓與使有

之得升屋招用褒衣也如於道道上廬宿也升車左轂象升屋東榮綏當為緌謂旌旗之旄也去其旒而用之異于生也○疏車以南面為正則左在東也升車升轂象在家升屋東榮其五等之復人數各依其命數今轂上軼則不知以幾人崔氏云一人而已若在中國招魂則衣各用其上服今在路死則招用旌旗之緌亦冀魂魄望見識之而還也若王喪于國而復于四郊亦建緌而復周禮夏采云以乘車建緌復于四郊是也

其輤有裧緇布裳帷素錦以為屋而行

注輤載柩將殯之車飾也輤取名於櫬與蒨讀如蒨旆之蒨櫬棺也蒨染赤色者也將葬載柩之車飾曰𨌥裧謂鼈甲邊緣緇布裳帷圍棺者也裳帷用緇則輤用赤矣輤象宮室屋其中小帳襯覆棺者若未大斂其載尸而歸車飾皆如之○疏輤謂載柩之車有裧者謂輤之四旁有物裧垂鼈甲邊緣緇布裳帷者輤下棺外用緇色之布為裳帷以圍繞棺也素錦以為屋者於此裳圍之中又用素錦以為屋小帳以覆棺也將葬之車飾曰𨌥者證此經非將葬車也裧謂鼈甲邊緣者覆竟輤象鼈甲覆于棺上中央隆高四面漸下裧象邊緣垂于輤之四邊與輤連体則亦赤也若葬車之飾則上用蒨不用蒨也

至於廟門不毀牆遂入適所殯唯輤為說於廟門外

注廟門殯宮牆裳帷也適所殯謂兩楹之間去輤乃入廟門以其入自有宮室也凡柩自外來者正棺於兩楹之間之於此皆因殯焉異者柩入自闈升自西階尸入自門升自阼階其

兩楹之間者以其死不[illegible]而自外來留之於中不忍遠也

胡銓曰禮言綏凡數處鄭皆訓為緌窃謂王制明堂位夏采所云讀作緌可也此復魄既在車當以執綏之綏杜子春說是鄭意蓋謂夏采建綏以復不知復王禮也裳用緇則輤與裧皆赤也以玄纁對耳鄭謂輤如蒨旆之蒨取蒨赤也窃案大夫以白布為輤豈亦因染赤得名乎柩車飾組帷

此一文則知未大斂前車飾亦然大夫士死於道則升其乘車之左轂以其綏復如於館死則其復如於家注綏亦綏也大夫復於家以至冕士以爵弁服大夫以布為輤而行至於家而說輤載以輲車入自門至於阼階下而說車舉自阼階升適所殯大夫輤言用布白布不染也言輤者達名也不言裳帷俱用布無所別也至門亦說輤乃入言載以輲車入自門明車不易也輲讀為輇或作槫許氏說文解字曰有輻曰輪無輻曰輇周礼又有蜃車天子以載柩蜃輇聲相近其制同乎輇崇蓋半乘車之輪諸侯言不毀墻大夫士言不易車互相明也不易者不易以輴也天子有載柩以輴之禮此不用○疏士經上有裳帷則知大夫亦有裳帷但用布耳輤達名者說不用蒨草染之而言輤是輤通之義達于下也車不易者經云至于家而說輤載以輲車鄭恐至家乃載以輴車故云明車不易也案周禮遂師職共蜃車之役是天子以載柩也天子蜃車與此大夫輇車其制宜同輇崇蓋半乘車之輪者輇迫地而行其輪宜卑故說半乘車之輪周禮考工記乘車之輪六尺六寸令半之得三尺三寸也互相明者諸侯言不毀墻則大夫亦不毀墻大夫士言不易車明諸侯亦不易車也大夫士在路載以輲車至家說蒨亦載以輲車是不易以輴也若天子諸侯載柩以蜃車至門亦以蜃車其殯時則易之以輴也天子諸侯殯時用輴又天子諸侯及大夫朝廟之時有輴車載柩之禮此喪從外來大夫士不合用輴故云此不耳凡在路載天子以下至士皆用蜃車與輲車同其蜃車之形鄭注既夕禮云其車之轝狀如牀中央有轅前後各設輅轝上有四周下則前後有軸以輇為輪許叔重說有輻曰輪無輻曰輇鄭又注周禮遂師云四輪迫地而行有似于蜃因取名焉此是蜃之制也輲車之制亦與蜃車

同，但不用輻爲輪耳。

胡銓曰：綏亦如字。大夫無爲屋之文，則是素錦帳同諸侯矣。

士輤，葦席以爲屋，蒲席以爲裳帷。注：言以葦席爲屋，則無素錦爲帳。○疏：用葦席屋之以爲輤棺之屋，又以蒲席爲裳帷圍繞于屋旁也。士以葦席爲屋，屋當帷帳之處，是無素錦爲帳矣。然大夫無以他物爲屋之文，則是用素錦爲帳，與諸侯同。案諸侯與大夫上有褚，旁有裳帷，内有素錦屋。今士唯云帷，不云屋上所有之物。據文言之，葦席爲屋，則當覆上褚處，將蒲席爲裳帷，接屋之四邊以障棺。或可大夫既有素錦爲帳，帳外上有布褚，旁有布裳帷，則士之葦席屋之外，旁有蒲席裳帷，則屋上當以蒲席爲褚，覆于上，但文不備也。未知孰是，故兩存焉。

方慤曰：大夫以布爲輤，諸侯用帛可知。士以葦席爲屋，則不得用錦帳矣；蒲席爲裳，則不得用緇布矣。此皆降殺之别也。

乾學按：曾子問篇有入自闕之文，鄭氏解爲毀宗而入，以闕爲墻闕，故于此經不毀墻之墻，以裳帷解之，愚竊以爲不然。上之所謂闕者，門闕之闕，而非墻闕之闕；此之所謂墻者，牆垣之牆，而非車輤之牆也。如果以裳帷爲墻，何不竟言裳帷而以墻字代之手且樞車至門裳帷不過脫之而已何必言毀乎今此經與曾子問觀之樞車從門闈以入而不必毀墻其義自坦然明白乃鄭氏故迂其說以辭之不可信也然諸侯大夫之喪還何闈門之不可入而必毀墻以進哉

為君使而死公館復私館不復公館者公宮與公所為也私館者自卿大夫以下之家也注公所為君所作離宮別館也

曾子問 曾子問曰為君使而卒於舍禮曰公館復私館不復凡所使之國有司所授舍則公館已何謂私館不復也注復始死招魂孔子曰善乎問之也注善其問難明也自卿大夫士之家曰私館公館與公所為曰公館公館復此之謂也注公館若今縣官舍也公所為君所命使舍己者○疏私館者謂非君命所使私相停舍謂之私館公館謂公家所造之館與公所為者與及也謂公之

所使為命停舍之處亦謂之公館君所命停舍之處即是卿大夫之館也但有公命故謂之公館也注公館若今縣官舍也鮑遺問曰注此云公所為君所命使舍己者注雜記云公所為若今離宮別館也是二說異何張逸荅曰公館若今停待者也離宮是也聘禮曰卿館于大夫大夫館於士公命人使館客亦公所為也

周禮掌客　凡賓客死致禮以喪用注死則主人為之具而殯矣喪用者饋奠之物○疏若諸侯之君出行則以三年之戒以俾從死時除棺之外主人皆借之若臣從者死棺物皆共之死則主人為之具而殯者此乃在棺椑殯還日以柩行知者聘賓死以柩造朝是也喪用饋奠之物者小斂特豚一鼎大斂特豚三鼎之類是也

春秋　文公十有五年夏齊人歸公孫敖之喪

左傳　齊人或為孟氏謀注孟氏公孫敖家○慶父為長庶故或稱孟氏曰魯爾親也飾棺寘諸堂阜注堂阜齊魯竟上地飾棺不殯示無所歸魯必取之從之卞人以告注卞人魯卞邑大夫惠叔猶毀以為請注敖卒則惠叔請之年而猶未已毀過喪禮立於朝以待命許之取而殯之注殯于孟氏之寢從叔服之言齊人送之書曰齊人歸公孫敖之喪為孟氏且國故也注為惠叔毀請且國之公族故聽其歸殯而書之葬視共仲注制如慶父皆以罪降聲己不視帷堂而哭

注聲己惠叔毋怒敖從莒女故帷堂襄仲欲勿哭注怨敖取其妻惠伯曰喪親之終也注汩叔彭雖不能始善終可也史佚有言曰兄弟致美注各盡其美義乃繼救乏賀善弔災祭敬喪哀情雖不同毋絕其愛親之道也子無失道何怨于人襄仲說帥兄弟哭之

公羊傳何以不言來注據齊人來歸子叔姬內辭也脅物而歸之筍將而來也注筍者竹箯一名編輿齊魯以此名之曰筍將送也為叔姬淫惡魯類故取其尸置箯輿中傳送而來脅魯令受之故諱不言來起其來有恥不可言來也不月者不以恩錄與子叔姬異

春秋昭公三十二年十有二月己未君薨于乾侯注十五日

定公元年夏六月癸亥公之喪至自乾侯注告于廟故書至

公羊傳癸亥公之喪至自乾侯則曷為以戊辰之日然後即位注據癸亥得入已可知正棺于兩楹之間然後即位疏正棺者象既小斂夷于堂昭公死于外不得以君臣禮治其喪故不盡始死之禮禮始死于北牖下浴于中霤飯含于牖下小斂于戶內殯于兩楹之間大斂于阼階

殯于西階之上祖于庭葬于墓奪孝子之恩動以遠也禮天子五日小斂七日大斂諸侯三日小斂五日大斂卿大夫二日小斂三日大斂夾而絰殯而成服故戊辰然後即位也

穀梁傳　殯然後即位也沈子曰正棺乎兩楹之間然後即位也

白虎通德論　王者巡狩崩于道歸葬何夫太子當為喪主天下皆來奔喪京師四方之中也即如是舜葬蒼梧禹葬會稽于時尚質故死則止葬不重煩擾也

唐開元禮　凡死于外者小斂而反則子素服哀巾帕頭徒跣而從大斂而反亦如之凡死于外以斂而反毀門西墻而入

唐會要　代宗大曆十四年八月二十六日勑聞士庶在外身亡將櫬還京多被所司不放入城自今以後不須止遏

萬斯同曰古之卒于外者未有不歸殯于家者也不但古禮為然至唐之世莫不然謂城門不可入而竟殯于郊外者此系何禮乎甚有原居城外亦不容只在門而寄停于別館是客死于外者生既不得返鄉邦殁復不得歸殯家室人子之待其親固宜如是與乃曾不為動念也若謂柩不可入城則今之城猶古之城也何古可入而今不可入若謂柩不可抵家則生者之家即死者之家也何生時可入而死後不可入況死于道塗亡人子之所深痛欲安吾親之魂魄正當歸殯于家倘拘于時忌而竟置之于外則與未嘗歸櫬者何異薄至親而背正禮莫甚于此必如代宗之詔柩之欲歸者必聽其入城親之遺客死者必殯于已室庶乎不違正礼而孝子亦得少慰其情也

乾學按古人卒于位者大臣多賜塋京師或陪葬山陵其以輀車歸者禮宜安措故宅如始死兩楹西階之殯雜記輀車入門之禮確然可考不知何以唐時止過入城乃有大曆十四年之詔今俗忌柩不入城各府州縣皆然獨京城則否柩歸則用禮部執照許入城治喪

宋政和禮

喪自外至者小斂而叉則子素服裹巾帕

頭徒跣哭從大斂亦如之

立濟家禮儀節補　出外死者初終至哭奠其儀節皆如前（詳見前喪禮）　製喪具（入棺後即作大轝竹格功布及雨具其餘明器等物至家始備）　告啓期（既擇定行期預先告于死者之僚友及素相往来者）　啓行前一日因朝奠以遷柩告

儀節　就位（有服者各以其服就位哭）　祝盥洗　焚香　斟酒　跪　告辭曰今擇以某日遷柩就轝將還故鄉敢告俯伏興平身（主人以下拜哭）　拜興拜興拜興拜興　禮畢

親賓致賻奠（如前儀）　陳器（若即日啓行不用此若在官故者宜如前陳器行至水次或十里長亭方斂之）

厥明因朝奠告以遷柩就轝

儀節（是日清晨役夫）　納大轝於庭（既杠上橫扃）　就位（各具服）　祝盥洗　焚香　斟酒　跪　告辭曰今日遷柩就轝敢告俯伏興平身（主人以下哭拜）　徹靈座　遷柩就轝（役夫齊用手擧柩底以遷之既就乃載柩于轝施扃加楔以維之令極牢實并備油單包裹）　主人視載（主人從柩哭降視其載柩于轝）

發引　男左女右隨柩後行陸行至無人處乃乘馬舟行則至水次登舟

設奠　夜則設靈座置銘旌朝夕哭奠如儀陸行則塗次遇食時上奠

迎柩　未至家前一日豫遣人報知在家者急于去家十里便處設幄具奠以待至日五服之人各服其服至幄次哭迎柩至暫駐

儀節　就位　有服者以服為次序　舉哀　祝盥洗　焚香　斟酒

跪　告辭曰今靈輀遠歸將至家親族來迎敢

告　俯伏興平身　拜興拜興拜興拜興

主人以下男女步哭從　男左女右隨柩後行如儀

柩至家　若死者宗子或尊屬則由中門以入安柩于中堂若非宗子尊屬各隨便門入安于其所居若居城中門禁不許入者則先設次于郭外便安之處按世俗出喪多不由門往來別拆牆壁以出有旅殯者多拘于忌諱雖宗子尊屬亦不許由中門以入安于堂中吁生時所出入居處之處其死也乃不容其居孝子之心安乎

儀節　就位　有服者各具其服哭　祝盥洗　焚香　斟酒　跪

告辭曰靈輀遠歸至家敢告　俯伏興平身　舉哀

拜興拜興拜興拜興

一統志蔣用文
宋

相弔弔者皆向尊者前相向跪哭如成服儀

受弔如奔喪儀

自後朝夕哭奠治葬發引虞祔儀節俱如常儀

乾學按古禮凡客死于外者皆迎柩于家而後行喪禮初未嘗竟殯于外也今世俗皆停柩于郊外別舍而行喪于家殊為非禮之至不可以不正

他國遭喪

儀禮聘禮編

聘遭喪入竟則遂也注遭喪主國君薨也入竟則遂國君以國為体士既請事已入竟矣關人未告則反○疏從此盡練冠以受論主國君或夫人世子死行聘變禮之事以國為體者聘君主以聘國故君雖薨而遂入關人未告則反者聘使至關乃謁關人關人入告君君知乃使士請事已入關自然入矣若關人未告君君不知使者又未入關主國君薨理當反矣○敖繼公曰入竟則遂為其已承主國君之命也君使士請事乃以入竟

不郊勞注子未君也○敖繼公曰聘不主于嗣君使人郊勞則嫌也不郊勞則夫人亦不使下大夫勞矣然則大夫請行者具以賓入與

不筵几注致命不于廟就尸柩于殯宮又不神之○疏不筵几致命不于廟決正聘設筵几也就尸柩于殯宮者

國君雖以國爲體主聘其國但聘則爲西君相好今君薨當就尸柩故不就祖廟不神之者以其鬼神所在曰廟則殯宮亦得爲廟設筵几亦可矣但始死不忍異于生不神之故于殯傍無筵几也○敖繼公曰此亦受于廟不筵几者變于君親受之禮也

不禮賓注喪降事也○疏既行聘享訖不以禮賓

明一統志蔣用文句容人洪武中以醫徵爲太醫院判歷事三朝仁宗監國用文與蹇義黃淮爲輔導仁宗嘗稱其嘉言足俾治道不專以醫也扈從北上以疾卒道中官護喪歸舁入城特恩也贈院使謚恭靖

……謂礼所降○敖繼公曰此大夫廟受之礼即記所云者是也

遭喪將命于大夫主人長衣練冠以受注遭喪謂主國君薨夫人世子死也此三者皆大夫攝主人長衣素純布衣也去衰易冠不以純凶接純吉也吉時在裏爲中衣中衣長衣繼皆揜尺表之曰深衣純袂寸半耳君喪不言使大夫受子未君無使臣義也○疏此經揔說上三人死主君不得受命故使將命于大夫也長衣素純布衣者長衣與深衣同布但袖長素純爲異緣以素爲之故云素

純也去衰易冠者謂脫去斬衰之服而著長衣脫去六升九升之冠而著練冠不以純凶接純吉也長衣中衣深衣皆用朝服十五升布六幅分為十二幅而連衣裳袖與純緣則異臣為君斬為夫人世子期輕重不同今同用長衣練冠者接鄰國之礼不可以純凶故权制此服略為一節耳向來所釋皆是君主始薨假令君薨踰年嗣子即位鄰國朝聘依吉礼受之于廟故成十七年經書邾子貜且卒十八年邾宣公來朝傳云即位而來見踰年可以朝他國他國來朝亦得吉礼受之于廟矣雖踰年而未葬則不得朝人人來朝已亦使人受之于廟于夫人世子亦然以其本為死者來故也○敖繼公曰此遭喪亦謂遭主君喪也主人卿大夫文互見耳亦嗣君使大夫受之不言者可知也長衣練冠凶服變也主君喪而受之之服如此則夫人世子之喪其亦皮弁服以受與

聘君若薨于後入竟則遂注既接于主國君也○疏自此盡唯稍受之論聘者遭己君之喪行非常之礼事接于主國者謂謂閔人告君君使士請事是接于主君矣故入竟則遂也○敖繼公曰後謂使者既行之後也云入竟則遂是未入竟則反而奔喪矣君薨則其國使人告使者而不反之以其行或有遠近故也入竟則遂意與上同

赴者未至則哭于巷衰于館注未至謂赴告主國君者也哭于巷者哭于巷門未可為位遂衰于館未可以凶服出見人其聘享之事自若吉也○疏本國遣喪赴者有兩使一使告聘者一使告主國以其赴主國之使未至是以未可為位受人子礼也○敖繼公曰赴告喪者之称也哭于巷其變于赴者至之礼與其哭也亦為泣稍寸刁諸臣在他國為位而哭亦謂此時也衰于館有事而出則吉服也

受禮注受饔餼也不受饗食注亦不受加○敖繼公曰所以不受之者蓋以為主君若饗食已已有君之喪自不宜往故姑姑之猶辭而不受是亦原其礼之所由來也

赴者至則衰而出注礼謂鄰國闕于是可以凶服將事也○疏可以凶服將事者謂主人所歸禮賓可以凶服受之其正行聘享則當吉服矣故雜記云執玉不麻是也

國君雖以國為體主聘其國但聘則為兩君相好今君薨當就尸柩故不就祖廟不神之者以其鬼神所在曰廟則殯宮亦得為廟設筵几亦可矣但始死不忍異于生不神之故于殯傍無筵几也○敖繼公曰此亦受于廟不筵几者變于君覲受之禮也不禮賓注喪降事也○疏既行聘享訖不以醴酒禮賓也○敖繼公曰禮當作醴尸喪則使大夫受故不醴賓以其非正主也主人畢歸禮注賓所飲食不可廢也謂饔餼饔食○疏知婦礼中兼有饔食者主人有故雖饔食亦有生致法故主人亦婦之○敖繼公曰畢歸禮者不可以已之喪而廢待賓之礼也礼謂食饔餼饔食宜惟饔餼之受注受正不受加也○疏饔餼大礼是其正自饔食之等是其加也○敖繼公曰惟受饔餼者以主人雖不遭喪亦歸之饔餼故于此受之而不辭不受饔食者則以主人有喪不宜饔食已故雖致之亦不受也受饔餼則飧亦受可知飧饔餼之細也不賄不禮玉不贈注喪殺礼為之不備○疏不賄者謂不以束紡不礼玉者謂不以束帛乘皮以報享不贈者賓出至郊不以物贈之也○敖繼公曰賄與礼玉主君以報聘君者也今主君薨准乎其為辭故闕之贈者所以答私覿遭喪則不覿故主國亦不宜贈

遭夫人世子之喪君不受使大夫受于廟其他如遭君喪注夫人世子死君為喪主使大夫受聘礼不以凶接吉也其他謂礼所降○敖繼公曰此大夫廟受之礼即記所云者是也

遭喪將命于大夫主人長衣練冠以受注遭喪謂主國君薨夫人世子死也此三者皆大夫攝主人長衣素純布衣也去衰易冠不以純凶接純吉也吉時在裏為中衣中衣長衣継皆揜尺表之曰深衣純袂寸半耳君喪不言使大夫受子未君無使臣義也○疏此經揔說上三人死主君不得受命故使將命于大夫也長衣素純布衣者長衣與深衣同布但袖長素純為異緣以素為之故云素

純也去衰易冠者謂脫去斬衰之服而著長衣脫去六升九升之冠而著練冠不以純凶接純吉也長衣中衣深衣皆用朝服十五升布六幅分為十二幅而連衣裳袖與純緣則異臣為君斬為夫人世子期輕重不同今同用長衣練冠者接鄰國之礼不可以純凶故权制此服略為一節耳向來所釋皆是君主始薨假令君薨踰年嗣子即位鄰國朝聘依吉礼受之于廟故成十七年經書邾子貜且卒十八年邾宣公來朝傳云即位而來見踰年可以朝他國他國來朝亦得吉礼受之于廟矣雖踰年而未葬則不得朝人人來朝已亦使人受之于廟于夫人世子亦然以其本為死者來故也○敖繼公曰此遭喪亦謂遭主君喪也主人卿大夫文互見耳亦嗣君使大夫受之不言者可知也長衣練冠凶服变也主君喪而受之之服如此則夫人世子之喪其亦皮弁服以受與

聘君若薨于後入竟則遂注既接于主國君也○疏自此盡唯稍受之論聘者遭已君之喪行非常之礼事接于主國者謂謁關人告君君使士請事是接于主君矣故入竟則遂也○敖繼公曰後謂使者既行之後也云入竟則遂是未入竟則反而奔喪矣君薨則其國使人告使者而不反之以其行或有遠近故也入竟則遂意與上同

赴者未至則哭于巷衰于館注未至謂赴告主國君者也哭于巷者哭于巷門未可為位也衰于館未可以凶服出見人其聘享之事自若吉也○疏本國遭喪赴者有兩使一使告聘者一使告主國以其赴主國之使未承是以未可為位受于礼也○敖繼公曰赴告喪者之称也哭于巷其变于赴者至之礼與其哭也亦為位弁[illegible]諸臣在他國為位而哭亦謂此時也衰于館有事而出則吉服也

受禮注受饔饋也不受饗食注亦不受加○敖繼公曰所以不受之者蓋以為主君若饗食已已有君之喪自不宜往故雖有之猶辭而不受是亦原其礼之所由來也

赴者至則衰而出注礼謂鄰國闕于是可以凶服將事也○疏可以凶服將事者謂主人所歸禮賓可以凶服受之其正行聘享則寄吉服矣故雜記云執玉不麻是也

唯稍受之注稍廩食也○疏礼君行師從卿行旅從從者既多不可闕于稍食按周礼每云稍事皆謂米廩以其稍稍給之故謂米廩為稍歸執圭復命于殯升自西階不升堂注復命于殯者臣子之于君父存亡同子即位不哭注將有告請之事宜清淨也不言世子者君薨也諸臣待之亦皆如朝夕哭位○疏臣子一例上下文唯言子不言羣臣與子同知如朝夕哭位者按奔喪云奔父之喪在家者待之皆如朝夕哭位故知子亦然○敖繼公曰子者諸侯在喪之稱子位在阼階上不哭者子臣同辯復命如聘注自陳幣至于上介以公賜告無勞○疏若存時使者復命自陳公幣以下至賜告之等今復命于殯所亦盡陳之故言辯知無勞者勞夫君出命今君薨不可代君出命故知無勞也子臣皆哭注使者既復命子與羣臣皆哭與介入北鄉哭注新至別于朝夕○疏使者升階復命訖不見出文而言與介入者以其復命之時介在幣南北面去殯遠復命訖除去幣賓更與介前入近殯北鄉哭鄉內為入故言與介入北鄉哭也○新至別于朝夕者朝夕哭位在阼階下西面今于殯前北鄉故云別于朝夕也○敖繼公曰云入者既復命則出至是乃更入重復命奔喪宜異其節也此云與介入則復命之時士介不入與奔喪云非主人入門左中庭北面哭然則使介此時之哭亦在西方之中庭而西上與出袒括髮注悲哀變于外臣也○疏按奔喪云至于家入門左升自西階東面哭括髮袒于殯東是于內者子故也此使者出門袒括髮變于外者臣故也入門右即位踊注從臣位自哭至踊如奔喪禮○疏按奔喪禮云袒括髮于西階東即位踊襲絰于序東此門外袒括髮入門右即位踊亦當襲絰于序東故云自哭至踊如奔喪禮也若有私喪則哭于館衰而居不饗食注私喪謂其父母也哭于館衰而居不敢以私喪自聞于主國凶服于君之吉使春秋傳曰大夫以君命出聞喪徐行而不反

○疏自此盡從之論使者有父母之喪行變禮之事哀而居謂哀居館行聘享即攺弁吉服故不敢凶服于君之吉使也引春秋傳者宣八年公羊傳文使雖未出國竟聞父母之喪遂行不敢以私廢王事君使人代之可也以此言之明至彼所使之國雖聞父母之喪不反可知是以哭于館哀而居也

歸使衆介先衰而從之注已有齊斬之服不忍顯然趨于往來其在道路使介居前歸又請反命已猶徐行隨之君納之乃朝服既反命出公門釋服哭而歸其他如奔喪之禮吉時道路深衣○疏經云歸據反國時注兼云往者鄭意去時聞父母之喪不敢即反亦使衆介先衰而從之故往來並言在道路使介居前者謂去向彼國時歸又請反命已猶徐行隨之者此謂還國至近郊使人請反命君許入猶使介居前徐行于後隨介至國也君納之乃朝服者以其行聘之時猶不以凶服知此反命時亦不以凶服而服朝服如吉時反命矣出公門釋服哭而婦者按雜記云大夫士將與祭于公既視濯而父母死則猶是與祭也次于異宮既祭釋服出公門外哭而歸明此亦出公門釋朝服而歸但彼祭服不可著出故門內釋服此朝服可以著出出門乃釋服為異也吉時道路深衣者以其朝服之下唯有深衣既以朝服反命出門去朝服還服吉時深衣三日成服乃去之○敖繼公曰此別于有君喪者也經但見其未及郊之禮耳若君既許其反命則朝服而帥衆介以行也

賓入竟而死遂也主人為之具而殯注具[illegible]始死至殯所當用○疏自此盡辛以乃歸言賓介死之事賓入竟而死遂若未入竟即反○敖繼公曰遂謂遂其聘事者也若未入竟則使告于君止而俟命具謂衣物之屬殯即其館而殯之也尸未得歸故权殯于此云殯則不以造朝矣

介攝其命注為致聘饗之禮也初時上介接聞命○疏初賓受命于君之時賓介同北面上介接聞君命矣以是賓死得攝其命○敖繼公曰為致聘享及問大夫之禮也初時必使上介接聞命者其意蓋慮此也與

君弔介為主

人注雖有臣子親姻猶不為主人以介與賓並命于君尊也○疏古者賓聘家臣適子皆從行如延陵季子聘齊其子死葬于嬴博之間故鄭云親姻也○敖繼公曰凡聘之已不視斂異內外臣也諸侯弔于異國之臣君為之主此時其君不在故介為主人受主君之弔以此時惟介為尊故也君弔蓋皮弁服礼諸侯弔于異國之臣皮弁錫衰主人未喪服則君亦不錫衰不錫衰則惟皮弁服矣此賓死于外雖已殯主人蓋未喪服也介為主則袒免喪服記曰朋友皆在他邦袒免謂此類也凡諸侯弔主人必免主人歸禮幣必以用注當中奠贈諸喪具之用不必如賓禮○疏賓既死主人所歸礼與幣必以當喪者之用具謂襲與小斂大斂不必如賓礼者不必如致飧饔之礼束紡皮帛之類不堪喪者之用故也介受賓禮無辭也注介受主國賓已之礼無所辭也以其當陳之以反命也有賓喪嫌其辭之○疏賓礼謂公幣私幣之屬當陳之以反也不饗食疏按上遭君喪受饔餼不受饗食鄭云受正不受加此云不饗食介不就君受饗食明受饔餼正礼也○敖繼公曰與私喪同亦致則受之歸介復命柩止於門外注門外大門外也必以柩造朝達其忠心○疏知門外是大門外者國君有三門臯應路又有三朝內朝在路寢庭正朝在路門外應門外無朝外朝當在臯門外經宜云止于門外無入門之言明知止于大門外外朝之上介卒復命出奉柩送之君弔卒殯注卒殯成節乃去○疏當介復命之時賓之尸柩在外朝上介卒復命謂復命訖出君大門奉賓之柩送至賓之家屍柩入殯于兩楹之間君往弔卒殯者謂殯訖殯是喪之大節故云卒殯成節乃去謂君與大夫盡去○敖繼公曰卒殯謂既奠乃去也大夫之喪自外歸載柩以輴車舉柩由阼階升即適所殯若大夫介卒亦如之注不言上介者小聘上介士也○疏大聘上介是大夫小聘上介是士經不言上介者欲兼見

小聘之法也若小聘上介末介皆士則入下文士介死中以其下文更不見小聘賓介死法故此兼言之也

士介死為之棺斂之注不具他衣物也自以時服也○疏以士介卑直具棺不具他物其士介從者自用時服斂

君不弔焉注國君使人弔不親往○敖繼公曰斂斂于棺也上云具此之棺文互見也其異者殯與斂耳此降于賓與上介且異内外呈也

若賓死未將命則既斂于棺造于朝介將命注未將命謂俟間之後也以柩造朝以已至朝志在達君命○疏前云賓入境而死謂在路死未至國此更說賓至朝俟間之後使大夫致館未行聘饗而賓在館死故即以柩造朝志在達君命也則知上介國外死不以柩造朝可知○敖繼公曰此朝謂大門外也介將命于廟如賓禮既則歸而殯之于館

若介死歸復命唯上介造于朝敖繼公曰于賓言止于門外于上介云造于朝文互見也

若介死雖士介賓既復命往卒殯乃歸注往謂送柩○敖繼公謂賓送上介已見于大夫介卒亦如之之中故惟主士介而言也不言君弔其在既殯之後乎是亦降于賓與上介也

周禮掌客賓客有喪惟芻稍之受注不受饔食饗食加也喪謂父母死也客則又有君為芻給牛馬稍人稟也其正禮飧饔餼主人致之則受○疏君行師從卿行旅從須得資給故芻稍也飧饔餼主人致之則受者以正禮故受之也若饗食加主人致之亦不受也

遭王國之喪不受饗食受牲禮注牲亦當為腥聲之誤也有喪不忍煎烹

正禮饔餼當熟者腥致之也疏主人有喪不忍煎烹腥致之也

春秋　宣公八年夏六月公子遂如齊至黃乃復

公羊傳　其言至黃乃復何有疾也何言乎有疾乃復譏何譏爾大夫以君命出聞喪徐行而不反注聞喪者聞父母之喪徐行者不忍疾行又謂君當使人追代之以喪喻疾者喪尚不當反況于疾乎

春秋　宣公十有八年壬戌公薨于路寢歸父歸自晉至笙遂奔齊

左傳　公孫歸父以襄仲之立公也有寵注歸父襄仲子欲去三桓以張公室與公謀而聘于晉欲以晉人去之冬公薨季文子言于朝曰使我殺適立庶以失大援者仲也夫注適謂子惡齊外甥襄仲殺之而立宣公南通于楚既不能固又不能堅事齊晉故云失大援也臧宣叔怒曰當其時不能治也後之人何罪子欲去之許請去之注宣叔文仲子武仲父許其名也時為司寇主行刑言子自以歸父害己欲去者許請為子去之遂逐東門氏注襄仲居東門

故曰東門氏子家還及笙注子家歸父字壇帷復命于介注除地為壇而張帷介副也將去使介反命于君○疏君之存亡皆有復命之礼若身在外奔不得親自復命故立介于位介當南面歸父于介前北面執圭復命既復命之後北面哭乃退括髮訖前即位北面哭三踊而去以復命之語〻介令介以此言告于殯也既復命袒括髮即位哭三踊而出注依在國喪礼設哭位公薨故遂奔齊書曰歸父還自晉善之也

公羊傳還者何善辭也何善爾歸父使于晉還自晉至檉聞君薨家遣墠帷注埽地曰墠將袒踊故設帷哭君成踊注踊辟踊也礼凡踊者如嬰兒之慕母矣成踊成三日五哭踊之礼礼臣為君本服斬衰故成踊說二日朝暮哭踊三日朝哭踊暮不復哭踊去事之殺也反命于介注因介反命禮卿出聘以大夫為上介以士為衆介自是走之齊注主書者善其不以家見逐怨懟成踊哭君終臣子之道

左傳哀公十五年夏楚子西子期伐吳及桐汭陳侯使公孫貞子弔焉注弔為楚所伐及良而卒注良吳地將以尸入注聘礼賓死未將命則既斂于棺造于朝介將命○疏聘礼鄭注云未將命謂俟間之後也此謂賓已至朝主人將欲行礼賓請間之後賓死以柩造朝以尸將事令公孫貞子卒于竟內依礼唯可以尸而入殯于賓館不合以柩造朝以尸將事令上介芋伊云以尸將事者以吳人不納故芋尹引礼深以辨之杜以傳有以尸將事故引聘礼斂于棺造于朝介將命以釋之其實貞子當殯于館不得以尸將事也吳子使大宰嚭勞且辭

曰以水潦之不時無乃廪然隕大夫之尸以重寡君之憂寡君敢辭上介芋尹蓋對曰寡君聞楚爲不道荐伐吳國滅厥民人寡君使蓋備使弔君之下吏無禄使人逢天之慼大命隕墜絶世于良廢日共積一日遷次今君命逆使人曰無以尸造于門是我寡君之命委于草莽也且臣聞之曰事死如事生禮也于是乎有朝聘而終以尸將事之禮又有朝聘而遭喪之禮若不以尸將命是遭喪而還也無乃不可乎以禮防民猶或踰之今大夫曰死而棄之是棄禮也其何以爲諸侯主先民有言曰無穢虐士備使奉尸將命苟我寡君之命達于君所雖隕于深淵則天命也非君與涉人之過也吳人内之

宋史章頻傳　頻爲刑部郎中使契丹至紫濛館卒契

册遣内侍就館奠祭命接伴副使吴克荷護其喪以錦車駕橐駞載至中京斂以銀飾棺具鼓吹羽葆吏士衛送至白溝

讀禮通考卷一百三

變禮三

嫁娶遭喪

曾子問曾子問曰昏禮既納幣有吉日女之父母死則如之何注吉日取女之吉日孔子曰壻使人弔如壻之父母死則女之家亦使人弔注必使人弔者未成兄弟父喪稱父母喪稱母注禮宜各以其敵者也父使人弔之辭云某子聞某之喪某子使某如何不淑母則若云宋蕩伯姬聞姜氏之喪伯姬使某如何不淑凡弔辭一耳父母不在則稱伯父世母注弔禮不可廢也伯父世母又不在則稱叔父叔母壻已葬壻之伯父致命女氏曰某之子有父母之喪不得嗣為兄弟使某致命女氏許諾而不敢嫁禮也注必致命者不敢以累年之喪使人失嘉會之禮壻免喪女之父母使人請壻弗取而后嫁之禮也注請請成昏女之父母死壻亦如之注女免喪壻之父母亦使人請其已[illegible]亦致命。疏以夫婦有兄弟之

姜宸英辭

義故云不得嗣為兄弟必待已葬者葬後除衰始兼他事不待踰年者不可臏年廢人昏嫁也壻免喪之後則應迎婦必須女之父母請者以壻家既葬致命于己壻既免喪所以須請也陽倡陰和壻之父母使人請昏而女家得有不許者亦以彼初葬訖致命于己故也

陳澔曰不得嗣為兄弟者言繼此不得為夫婦也夫婦同時有兄弟之義亦親之之辭不曰夫婦者未成婚嬿也

羅欽順曰陳澔集說謂壻祥禫之後女之父母使人請壻成昏壻終不許說而不取而后此女嫁于他族若女免喪壻之父母使人請女家不許壻然後別娶此于義理人情皆說不通何其謬也安有婚姻之約既定直以喪故需之三年之久乃從而改嫁與別娶耶蓋弗娶弗許者免喪之初不忍遽爾從吉故辭其請亦所謂禮辭也其後必再有往復昏礼乃成聖人雖未嘗言固可以義推也澔之集說未為無功于禮但小小疎失時復有之然害理傷教莫此為甚

徐師曾曰有父母之喪而不嫁不娶孝也除喪而嫁娶禮也且議昏而至納幣請期則夫婦之倫定已久矣乃為有喪而改易可乎壻除喪而別娶非義也女除喪而改適非貞也若謂恐其失時又何以弗敢嫁娶為禮乎進之三年而後嫁娶則既失時矣曷若尋舊議之為便乎人情事理皆有未安削之可也

乾學按此章之文羅解為善至于改娶改嫁之說註疏已然不獨陳氏也

曾子問曰親迎女在塗而壻之父母死如之何孔子

曰女改服布深衣縞總以趨喪注布深衣縞總婦人始喪未成服之服女在塗而女之父母死則女反注奔喪服期○疏女在塗聞舅姑喪即改嫁時之衣服嫁服者士妻褖衣大夫妻展衣卿妻則鞠衣士昏禮女次純衣純衣即褖衣也深衣謂衣裳相連前後深邃故曰深衣縞白縞也總束髮也長八寸士喪禮注始死婦人將斬衰者去笄而纚將齊衰者骨笄而纚至將斂齊衰婦人亦去笄纚而髽皆不云縞總文不稱也經云女反故知奔喪喪服期者女子子在室為父箭笄髽衰三年今既在塗非復在室故知服期但在室之女父卒為母亦三年今既在塗故為父母同皆期也于時女亦改服布深衣縞總反而奔喪徐師曾曰壻父母死則女改服以奔喪雖未成婚而婦之分已定也女父死則女改服而反其家不可奪喪而成婚也皆以敎孝也不言此後所處意者女在壻家若今童婦除喪而後成昏也女反時皆服布深衣縞總而期蓋女子在室為父三年父卒亦為母三年已嫁則期今既在塗則非在室故服期亦除喪而成婚

如壻親迎女未至而有齊衰大功之喪則如之何孔子曰男不入改服於外次女入改服於內次然後即位而哭注不聞喪即改服者昏禮重于齊衰以下曾子問曰除喪則不復昏禮乎注復猶償也孔子曰祭過時不祭禮也又何反於初注重喻輕也同牢及饋饗相飲食之道○疏女既未至聞壻家有齊衰大功之服則廢其昏禮男女變服就位哭男不入大門改其親迎之服服深衣于門外之次女入大門改其

娣服亦深衣于門內之次男亦俱改服畢初就喪位而哭謂于婿家為位也皇氏以為就喪家為位哭也然曾子唯問齊衰大功不問小功者以小功輕不廢昏禮待昏禮畢乃哭耳故雜記云小功可以冠子娶婦明與大功及期異也此文據婿家齊衰大功之喪若女家齊衰大功之喪皇氏女不反歸其改服即位與男家親同也上文女聞婿之父母喪在塗即改服今入門始改服故云不聞喪即改服也昏禮重于齊衰以下者案禮運三年之喪與新有昏者期不使又王制云齊衰大功三月不從政是昏禮重于齊衰以下也此謂在塗聞齊衰大功廢昏禮若婦已揖讓入門內喪則廢外喪則行昏禮約上冠禮之文此熊氏之說然昏礼重于冠故雜記云大功之末可以冠子小功之末可以取妻也復是反覆之義故為償也曾子以初昏遭喪不得成禮除喪之後豈不酬償更為昏禮乎過時不祭謂四時常祭也熊氏云若喪祭及禘祫祭雖過時猶追而祭之故禘祫志云昭十一年齊歸薨十三年會于平丘冬公如晉不得祫至十四年乃追而祫之十五年乃禘也又僖公八年春當禘以正月會王人于洮故七月而禘故雜記云三年之喪既顈其練祥皆行是追行前練祥祭也祭祀是奉事鬼神故為重昏禮是生人燕飲故為輕喻明也據重者尚廢以明輕者廢可知也故云重喻輕也

黃叔陽曰此亦可疑夫親迎未至猶未成昏也舅姑與廟猶未見也齊衰大功之喪視舅姑與廟孰為輕重豈有合成昏見舅姑與廟之重而遂改服即位以哭其輕喪者乎且除喪不復昏則將苟合而已乎終廢見舅姑與廟之禮而已乎恐亦非孔子之言也

通典已拜時後而各有周喪迎婦遣女議晉懷帝永嘉中太常潘尼為子娶黃門郎李循女已拜時後各有喪潘迎婦李遣女國子博士汪統侍中許遐同議

已拜舅姑者宜准女在塗之禮齊衰大功三月既葬可迎婦案禮女在塗而壻之父母死則改服赴喪女之父母死則反而服周今已拜舅姑其義同于在塗也除其親而服夫黨非婦而何禮父母既沒而娶三月廟見成婦之舅姑存則盥饋特豚以成婦道皆明重其成婦不繫其成妻也然則未廟見女死還葬于女氏若已見舅姑雖無袝廟之接固當歸葬于夫家此非可否之斷乎

已拜時壻遭小功喪或婦遭大功喪可迎議禮壻親迎女未至而有齊衰大功之喪男不入改服于外次女入改服于內次即位哭又齊衰大功之喪三月既葬雖不可以納徵而可正御矣何琦駁江許議曰夫正名者理道之本然拜時非古而行之歷代遂以成俗

古者布其几筵恭告祖禰將紉他族以奉宗祀父親醮子而命之迎女受父母之遣以涉夫氏之庭而拜敬之禮在塗喪紀定矣服制既正齊功卒哭可迎此不關于古而通于今議是也

開元禮娶妻有吉日而壻之父母喪則壻之伯叔父使人致命于女氏曰某之子有父母之喪不得嗣為兄弟使某致命女氏受命而不敢嫁壻既免喪女父母使人請之壻弗取然後嫁之禮也女之父母喪亦如之親迎女在塗而壻之父母死則女素服縞總以赴喪其喪服與婦之禮同也壻除喪之後束帶相見不行初婚之禮女在途而女之父母死則女反壻親迎未至而有周大功之喪則夫改服于外次婦人改服于内次即位而哭既虞卒哭壻入束帶相見而已

不行取婚之禮

朱子語類問曾子問親迎女在塗而壻之父母死如之何孔子曰女改服布深衣縞總以趨喪恐亦有礙開元禮除喪之後束帶相見不行初昏之禮趨喪後事皆不言之何也朱子荅曰趨喪之後男居外次女居內次自不相見除喪而後束帶相見始入御開元之制必有所據

呂柟禮問曲沃楊昶曰友有娶妻于他縣者女在途而友之母死如之何先生曰女奔喪而不返夫則居廬于喪而婚禮也今子之友奚為也曰婦居喪于室夫居廬于墓曰善哉可與幾禮矣

時祭遭喪

王制喪三年不祭唯祭天地社稷為越紼而行事注不敢以

四。廢尊越猶躐也紼輴車索〇疏私喪卑天地社稷尊私喪既殯以後若有天地社稷之祭即行之不敢以卑廢尊也未葬之前屬紼於輴以備火災今祭天地社稷須越躐此紼而往祭所故云越紼輴車索者以停住之時紐其紼體則謂之紼若在塗人輓而行之則謂之引故鄭注禮記云廟中曰紼在塗曰引天地社稷既有越紼之禮六宗及山川之等卑於天地社稷待喪終乃祭故鄭志荅田瓊云天地郊社至尊不可廢故越紼祭之六宗山川之神則否其宮中五祀在喪内則亦祭之故曾子問云君薨五祀之祭不行既殯而祭之自啓至於反哭五祀之祭不行既葬而祭之但祭時人既少衆官不皆使盡去不須越紼故鄭荅田瓊云五祀宮中之神喪時朝夕出入所祭不為越紼也天地社稷之祭豫卜時日令忽有喪故既殯越紼行事若遭喪之後當天地郊社常祭之日其啓殯至於反哭則避此郊社祭日而為之案禮卒哭而祔練而禘於廟此等為新死者而為之則非常祭也其常祭法必待三年喪畢也其春秋之時未至三年而為吉祭者皆非禮也若杜預之意以為既祔以後宗廟得四時常祭三年大禘乃同於吉故僖公三十三年凡君薨卒哭而祔祔而作主特祀於主烝嘗禘于廟杜注云新主既特祀于寢則宗廟四時當祀三年禮畢又大禘乃皆同于吉如杜之意與三年不祭違者案釋例云禮記後儒所作不甚與春秋同是杜不盡用禮記也

徐師曾曰下二句當為疑經若謂不敢以卑廢尊則宗廟亦是尊者何為獨祭天地社稷乎喪在殯宮無可致齋又安可釋衰服衣祭服乎繼天地社稷之祀不可廢則使大宗伯攝之可也

曾子問

曾子問曰天子嘗禘郊社五祀之祭簠簋既

陳天子崩后之喪如之何孔子曰廢 注既陳謂夙興陳饌牲器時也○疏知既陳謂

夙興陳饌牲器時者以下文云當祭而日食則此簠簋既陳不當祭也既不當祭時明是祭前陳饌牲器也下文曰食太廟大牲至未殺則廢已殺則接祭其天子崩后之喪牲入雖殺不可行接祭以其喪事重故也嘗禘宗廟之祭郊社天地之祭舉天地宗廟則五祀以上之祭皆在其中

乾學曰嘗禘郊社天子自為祭主而曰天子崩何也謂將祭而驟崩耶抑使人代為祭主耶古者大祭無遣人攝行之理若將祭而驟崩無扶病入祭之理此皆事之可疑者也

天子崩未殯五祀之祭不行既殯而祭其祭也尸入三飯不侑酳不酢而已矣自啓至于反哭五祀之祭不行已葬而祭祝畢獻而已注既葬彌吉畢獻祝而後止郊社亦然唯嘗禘宗廟俟吉也○疏云諸侯祭禮既亡今儀禮唯有大夫士祭禮以言之案特牲饋食禮祝迎尸于奥迎尸而入即延坐三飯告飽祝侑尸尸又飯至于九飯畢若大夫依少牢饋食十一飯而畢鄭注少牢云士九飯大夫十一飯案此言則諸侯十三飯天子十五飯。案特牲禮尸九飯畢主人酌酒酳尸尸飲卒爵酢主人主人受酢飲畢酌獻祝祝飲畢主人又酌獻佐食此是士之祭禮也今約此而說天子五祀之祭也天子崩未殯五祀之祭不行者以初崩哀感未遑祭祀雖當五祀祭時不得行但五祀外神不可以已私喪之廢其祭故既殯哀情稍殺而後祭也其祭也不得純如吉禮理須降殺備勸也迎尸入奧之後尸三飯即止祝不勸侑至十五飯於此冢宰攝主酌醴酳尸尸受卒爵不酢再主故云三飯不侑酳不酢而已自啓至于反哭五祀之祭不行者謂從啓殯以後葬訖反哭以前靈柩既見哀摧更甚故五祀之祭不行已葬反哭殯宮畢而行其祭尸入三飯之後祝侑尸尸食十五飯拜主酳尸尸飲卒爵而酢拜主拜主飲畢酌而獻祝祝受飲畢則止無獻佐食以下之事所以然者以葬後未吉唯行此禮而已郊社亦然者與五祀同也趙商問云自啓至反哭五祀之祭不行注云郊社亦然者案王制云唯天地社稷為越紼而行事何趙商之意葬時郊社之祭不行何得有越紼而行事鄭荅越紼行事喪無事時天地郊社有常日自啓及至反哭自當辟之鄭言無事者謂未殯以前是有事既殯以後未啓以前是無事得行祭禮故有越紼行事鄭云郊社有常日自啓至反哭自當辟之者郊社既有常日自啓反哭當辟此郊社之日郊社尊故辟其日不使相妨五祀既畢若與啓反哭日相逢則五祀辟其日也鄭言天地社稷去殯處遠祭時踰越此紼而往赴之五祀去殯處近暫往則還故不為越紼也惟嘗禘宗廟俟吉者謂為嘗禘之禮以祭宗廟俟待于吉故王制云喪三年不祭是也其在喪祭郊社之時其喪所朝夕仍奠知者襍記云國禁哭則止朝夕之奠即位自因也人臣尚爾明天子得也

曾子問曰諸侯之祭社稷俎豆既陳聞天子崩后之喪君薨夫人之喪如之何孔子曰廢注亦謂夙興陳饌牲器時也自薨比至于殯自啓至于反哭奉帥天子注帥循也所奉循如天子者謂五祀之祭也社稷亦然○疏上有天子祭五祀之文今云奉循謂諸侯五祀亦如天子五祀也諸侯祭社稷其遭喪節制與五祀同故云社稷亦然按天子崩后喪諸侯當奔

赴得奉循天子者諸侯或不自親奔而身在國或惟据君薨及夫人之喪其嗣子所祭得奉循天子者也

陳澔曰自薨至殯自啓至反哭皆率循天子之禮者謂諸侯既殯而祭社稷或五祀亦如天子殯後祭五祀之禮也其葬後而祭社稷五祀者亦如

天子葬後祭五祀之禮也

黄叔陽曰此與上文皆有可疑夫天子崩君薨皆凶變之至大者也臣子服斬衰三年凶事之至大者也社稷五祀之祭特吉禮之輕者爾今捨其至大而行其所輕何歟且天子崩君薨既殯而即祭但殺其禮至既葬而漸加抑又何歟王制云喪三年不祭惟祭天地社稷爲越紼而行事先儒已有疑之者矣而況於五祀乎

曾子問曰大夫之祭鼎俎既陳籩豆既設不得成禮廢者幾孔子曰九請問之曰天子崩后之喪君薨夫人之喪君之大廟火日食三年之喪齊衰大功皆廢外喪自齊衰以下行也注齊衰異門則祭其齊衰之祭也尸入三飯不侑酳不酢而已矣大功酢而已矣小功緦室中之事而已矣注室中之事謂賓長獻士之所以異者緦不祭注則則士不得成禮者行一所祭於死者無服則祭注謂若舅舅之子從母昆弟○疏不直云大功以上[illegible]而歷序三年齊

以大功者以孔子云廢者有九故歷序九種之言也此大夫之禮是据宗廟也若遭異門齊衰之喪其祭迎尸入室但三飯則二祝更不勸侑主人酌酒酳尸尸乃酢主人唯此而已大功服輕祭禮稍備尸三飯祝侑至十一飯而止主人酌酒獻尸尸酢主人主人乃停故云大功酢而已小功與緦麻其服轉輕祭禮轉備其祭尸十一飯訖主人酳尸尸卒爵酢主人主人獻祝及佐食畢次主婦獻尸尸酢主婦主婦又獻祝及佐食次賓長獻尸若平常之祭尸得賓長獻爵則止不舉待致爵之後尸乃舉爵今既喪殺賓長獻尸尸飲以酢賓賓又獻祝及佐食而祭畢止此尸在室之奥祝在室中北廂南面佐食而室中户西北面但主人主婦及賓獻尸及祝佐食等三人畢則止故云室中之事而已矣若致爵之時主婦在房中南面主人獻賓堂上北面皆不在室中其室中者獻祝佐食耳故此注云室中之事謂賓長獻此小功緦麻兼内外知者以前文云内喪大功以上廢則知内喪小功以下不廢也案雜記云臣妾死于宮中三月而後祭之此内喪緦麻不廢祭者此謂鼎俎既陳臨之時故不廢也若不當祭時有臣妾死于宮中及大夫為貴妾緦庶子為父後者為其母緦之屬皆不祭孔子見曾子歷問至大夫尤應及士故因廣舉士以語之大夫唯主大功為九而士又加緦小功二等合為十一此亦謂祭宗廟鼎俎既陳而值喪也大夫祭值緦小功不辨内外皆不廢祭而禮則小異耳士值緦小功不辨外内一切皆廢祭士輕故為輕親伸情也所祭於死者無服則祭謂士祭祖禰而死者已雖為緦祖禰于死者無服鼎俎既陳則亦祭也然此皆母親而得云無服者祭祀以祖禰為主也其從母父雖無服已為小功熊氏云亦廢祭皇氏云從母于父無服不廢祭也案經云緦不祭據緦為文似不關小功故鄭以緦服解之皇氏横加小功其義非也

喪服小記為父後者為出母無服無服也者喪者不祭故也注不敢以已私廢父所傳重之祭祀○疏所以然者已係嗣烝嘗不敢以私親廢先祖之祀也

應鏞曰祭吉禮也喪凶服也凶服不可行吉禮子為父後則有祭祀之責以宗廟為重故寧奪母服而不敢廢祖父之祀也

儀禮喪服篇庶子為父後者為其母傳曰何以緦也與尊者為一體不敢服其私親也然則何以服緦也有死于宮中者則為之三月不舉祭因是以服緦也

左傳僖公三十三年凡君薨卒哭而祔祔而作主特祀於主烝嘗禘於廟

乾學按此烝嘗禘於廟乃言喪畢祔主入廟之後註疏及辨說並見五十二卷

通典喪廢祭議武帝咸寧五年十一月己酉弘訓羊太后崩宗廟廢一時之祀天地明堂去樂且不上胙

孝武太元十一年九月皇女亡及應烝祠中書侍郎范甯奏按喪服傳有死宮中者三月不舉祭不別長幼之與貴賤也皇女雖在嬰孩臣竊以為疑於是尚

書奏使三公行事

賀循祭議云禮在喪者不祭祭吉事故也其義不但施於生人亦祖禰之情同其哀感故云於死者無服則祭也今人若有服祭祀如故吉凶相干非禮意也

旁親喪不廢祭議東晉穆帝太和六年五月九日安平王薨博士孫欽議禮有死於宮中者闕一時之祀又按魏高堂隆議平原公主薨二月春祀不宜闕祭臣聞伯叔父同產昆弟庶子庶孫及次妃以下天子諸侯則降而不服於四時之祭無闕廢禮也漢文帝前代盛德之君也猶不忍以三年之喪妨廢孝享割損年月早葬速除追思祖考念在烝嘗所以重宗廟也且宮中有死者三月不舉祭傳發于緦麻三月之章天子諸侯周大功皆降而不服何緦麻之有乎誠

亦儒者之迷誤也

公除祭議成帝咸和七年虞潭上表云今之諸侯服其親皆與士同無複降殺大宗之家喪服累仍若皆不祭是先人之享嘗永爲有廢（武難曰士獨非孝子也答曰士賤不得伸其意也）臣謂三月之後禮情漸殺若非父母之喪當通内外服踰月既葬可祭宗廟博士通議宜如潭所上會軍事事未及施行咸康三年十月二十七日虞潭有嗣子喪既葬依令文行喪三十日至十二月十日公除遂預蜡祭徐藻議云古無公除吉凶之服不可相干故緦不祭耳今既公除吉服而行則可吉祭今既凶服無事不可而大事反可闕耶若以心喪爲疑者則出母子爲父後得以含悲而祭矣又禮有死宫中三月不舉祭齊縗之禮三月不從政意者雖速公除猶宜

待滿三月又問同宮之喪而未葬雖公除可以祭不荅曰公除不祭本與於外喪耳若同宮之喪雖未葬此不可也○宋庾蔚之謂公除是公家除其喪服以從公家之吉事若公家無齋禁則其受弔臨靈及私常著喪服豈得輒釋凶服以執吉祭乎徐藻乃云外喪公除雖停殯可吉祭恐此非祖禰之所享也兄弟別居便為外喪未葬公除而可以烝嘗未之聞也

緦不祭議晉荊州刺史殷仲堪問禮文如是此指釋有緦麻服而猶得祭者也當不普言新喪之親於所祭者耶別駕庾獻功曹滕恢主簿劉怙荅曰尋禮文是指明有緦服可以祭耳不以新喪之親於所祭者有服為疑今世中傳重者而有從祖小功之服服既除恐不得以二祖服近而不祭也○宋庾蔚之謂殷

庾蔚文句甚允但未純立言大意記所明重其已與神交而不終外喪尸殯不在此可得少申其事故大夫之祭鼎俎既陳籩豆既設內喪小功緦麻外喪齊衰以下行特為已與神交故隨輕重各有所行又云士之所以異緦不祭者如大夫有小功緦麻皆廢故鄭云然則士不得成禮者十一也又云所祭於死者無服則祭者言所異于未與神交時有此則外內之喪通廢士卑故也言有始末義統有本尋禮者多斷取義不辨已與神交之異故申之云

乾學按仲堪所問禮文當是曾子問篇士之所以異者緦不祭所祭于死者無服則祭二句

宋書禮志　元嘉七年四月乙丑有司奏曰禮喪服傳

云有死於宮中者則為之三月不舉祭今禮祀既戒
而掖庭有故下太常依禮詳正太學博士江邃袁朗
徐道娛陳珉等議參互不同殿中曹郎中領祠部謝
元議以為遵依禮傳使有司行事於義為安輒重參
詳宗廟敬重饗祀精明雖聖情罔極必在親奉然苟
曰有疑則情以禮屈元所稱述於義有據請如元所
上詔可
孝武帝大明三年十一月乙丑朔有司奏四時廟祠
吉日已定遇雨及舉哀舊停親奉以有司行事先下
使禮官博議於禮為得遷日與不博士江長議禮記
祭統君之祭也有故則使人而君不失其儀鄭玄云
君雖不親祭禮無闕君德不損愚以為有故則必使
人者明無遷移之文苟有司充事謂不宜改日太常

丞陸澄議按周禮宗伯之職若王不與祭祀則攝位鄭君曰王有故行其祭事也臣以為此謂在致齋祭事盡備神不可瀆齋不可久而王有他故則使有司攝焉晉太始七年四月世祖將親祠于太廟庚戌車駕夕牲辛亥雨有司行事此雖非人故蓋亦天硋也求之古禮未乖周制案禮記孔子荅曾子當祭而日蝕太廟火如牲至未殺則廢然則祭非無可廢之道也但權所為之輕重耳日蝕廟火變之甚者故乃牲至尚猶可廢推此而降可以理尋今散齋之内未及致齋而有輕哀甚雨日時展事可以延敬不愆義情無傷正典改擇令日夫何以疑愚謂散齋而有舉哀若雨可更還日唯入致齋及日月逼晚者乃使有司行事耳又前代司空顧和啓南郊車駕已出遇雨宜

遷日吏郊事見施行郊之與廟其敬可均至日猶遷況散齊邪殿中郎殷淡議曾子問日蝕太廟火牲未殺則廢縱有故則使人清廟敬重郊裡禮大故廟焚日蝕許以可遷輕哀微故事不合改是以鼷鼠食牛改卜非禮晉世祖有司行事顧司空之改郊月既不見其當時之宜此不足為准愚謂日蝕廟火天譴之變遷可遷日至于舉哀小故不宜改辰衆議不同參議既有理據且晉氏遷郊宋初遷祠並有成准謂孟月散齊之中遇雨及舉輕哀宜擇吉更遷無定限數唯入致齊及侵仲月節者使有司行事詔可

大明五年十月甲寅有司奏今月八日烝祠二廟公卿行事有皇太子獻妃服前太常丞庾蔚之議禮所以有喪廢祭由祭必有樂皇太子以元嫡之重故主

上服妃不以尊降既正服大功愚謂不應祭有故三公行事是得祭之辰非今之卿卒猶不繹況於太子妃乎博士司馬興之議夫緦則不祭禮之大經卿卒不繹春秋明義又尋魏代平原公主薨高堂隆議不應三月廢祠而猶云殯葬之間權廢事改吉芬馥享祀尋此語意非使有司無服之喪尚以未葬爲廢況皇太子妃及大功未祔者邪上尋禮文下准前代不得烝祠領軍長史周景遠議按禮緦不祭大功廢祠禮不俟言今皇太子故妃既未山塋未從權制則應依禮廢烝嘗至尊以大功之服於禮不得親奉非有故之謂亦不使公卿行事右丞徐爰議以爲禮緦不祭蓋唯通議大夫以尊貴降絶及其有服不容復異祭統云君有故使人可者謂於禮應祭君不得齊

祭不得聞故使臣下攝奉不謂君不應祭有司行事也晉咸寧四年景獻皇后崩晉武帝伯母宗廟廢一時之祀雖名號尊崇粗可依准今太子妃至尊正服大功非有故之比既未山塋謂烝祠宜廢尋蔚之等議指歸不殊聞烝爲允過卒哭祔廟一依常典詔可大明七年十一月癸未有司奏晉陵國刺孝王廟依廬陵平王等國例一歲五祭二國以王三卿主祭應同有服之例與否博士顏僧道議禮記云所祭者亡服則不祭今晉陵王於衡陽小功宜依二國同廢太常丞庾蔚之議緦不祭者据主爲言也晉陵雖未有嗣宜依有嗣致服依聞祭之限衡陽爲族伯緦麻則應祭三月蕪左丞徐爰議嗣王未立將來承諭未知疏近豈宜空計服屬以虧祭敬恭議以爰議爲允詔

可

明帝泰豫元年七月庚申有司奏七月嘗祠至尊諒闇之内為親奉與不使下禮官通議伏尋三年之制自天子達漢文懲秦餘之弊於是制為權典魏晉以來卒哭而祔祔則就吉案禮記王制三年不祭唯祭天地社稷為越紼而行事鄭玄云唯不敢以卑廢尊也范宣難杜預段暢所以闕宗廟祭者皆人理所奉哀戚之情同於生者譙周祭志稱禮身有喪則不為吉祭緦麻之喪於祖考有服者則亦不祭為神不饗也尋宮中有故雖在無服亦廢祭三月有喪不祭如或非若三年之内必宜親奉者則應禘序昭穆而今必須克喪然後禘祫故知未祭之意當祀可思起居注晉武有二喪兩朞之中並不旬祠亦近代前事也檢

惟至尊孝越姬文情深明發公服雖釋純衣內纆推設典例則未應親奉有司祗應祭不為曠仰思從敬竊謂為允臣等參議甚有明證宜如所上詔可

南齊書禮志　宋泰豫元年明帝崩博士周洽議權制諒闇之內不親奉四時祠建元四年尚書令王儉採晉中朝諒闇議奏曰權典既行喪禮斯奪事興漢世而源由遠蹟殷宗諒闇非有服之稱周王即吉唯宴樂為譏春秋之義嗣君踰年即位則預朝會聘享焉左氏云凡君即位卿出並聘踐脩舊好又云諸侯即位小國聘焉以繼好結信謀事補闕禮之大者至於諒闇之內而圖婚三年未終而吉禘齊歸之喪不廢蒐杞公之卒不徹樂皆致譏貶以明鑒戒自斯而談朝聘烝嘗之典卒哭而備行婚禘蒐樂之事三載而

後舉通塞興廢各有由然又案大戴禮記及孔子家語竝稱武王崩成王嗣位明年六月既葬周公冠成王而朝于祖以見諸侯命祝雍作頌襄十五年十一月晉侯周卒十六年正月葬晉悼公平公既即位改服脩官烝於曲沃禮記曾子問孔子曰天子崩國君薨則取羣廟之主而藏諸祖廟也卒哭成事而後主各反其廟春秋左氏傳凡君薨卒哭而祔祔而後特祀于主烝甞禘于廟先儒云特祀于主者特以喪禮奉新亡者祭於寢不同於廟烝甞禘于廟者卒哭成事羣廟之主各反其廟則四時之祭皆即吉也三年喪畢吉禘於廟躋羣主以定新主也凡此諸義皆著在經誥昭乎方冊所以晉宋因循同規前典卒哭公除親奉烝甞率禮無違因心乞爲爰至元象元年禮

讀禮通考　卷一百三

官立議不宜親奉乃引三年之制自天子達又据王制稱喪三年不祭唯祭天地社稷越紼而行事曾不知自天子達本在至情既葬釋除事以權奪委襲哀孝享宜申越紼之旨事施未葬卒哭之後何紼可越復依范宣之難杜預譙周之論士祭並非明据晉武在喪每欲存寧戚之懷不全依諒闇之典至於四時烝嘗蓋以哀疾未堪非便頓改舊式江左以來通儒碩學所歷多矣守而弗格義豈徒然又且即心而言公卿大夫則負哀親臨三元告始則朝會萬國雖金石徹響而簨虡充庭情深于恒哀而跡降于凡制豈曰能安國家故也宗廟烝嘗孝敬所先寧容吉事備行斯典獨廢就令必宜廢祭則應三年永闕乃復同之他故有司揖禮進退二三彌乖典衷謂宜依舊

親奉從之

通典　梁武帝天監四年安成國稱還立所生吳太妃神主國王既有妃喪欲使臣下代祭明山賓議以為宜待王妃服除親奉盛禮

新唐書禮樂志　古者廟在大門内秦出寢於陵側故王公亦建廟於墓既廟於居異則宮中有喪而祭三年之喪齊衰大功皆廢祭外喪齊衰以下行之

通典　大唐元陵之制未殯遇夏至祭皇地祇禮官議停祭時監察御史張朔牒禮儀使伏准遺詔皇帝已聽政合告郊廟所司祭地祇無文合廢又按曾子問天子崩未殯五祀之祭不行既殯而祭所言五祀不行即明天地之祭不合廢又王制喪三年不祭唯祭天地社稷為越紼而行事注云不敢以卑廢尊又按

春秋杜預注天王崩未葬而如者不以王事廢天事也今禮儀使牒引祠令諸享廟官有緦麻以上喪不得充饗官此蓋指私喪不足爲今日之證請更參詳報禮儀使覈來牒稱天子崩五祀之祭不行既殯而祭所言五祀不行即明天地之祭不合廢者謹按曾子問天子崩五祀之祭不行既殯而祭鄭玄注云郊祀亦然則五祀之與郊社之祭同也來牒所言五祀不行即明天地之祭不合廢與鄭玄所云郊社亦然之義乖也又按曾子問上文云天子嘗禘郊社五祀之祭簠簋既陳天子崩后之喪如之何孔子曰廢下文云天子崩未殯五祀之祭不行既殯而祭孔穎達云以初崩哀戚未遑祭祀雖當五祀祭時不得行也既殯哀情稍殺而後祭也又云自啓至於反哭五祀之

祭不行已葬而祭此言無事時則祭有事時則廢未殯以前是有事既殯已後未啓已前爲無事故王制云越紼而行事紼者屬於龍輴之綍索也天子攢塗龍輴謂殯時所設也今百官成服准祀令諸祠齋之日平明赴祠所又開元禮云祠前七日受誓戒散齋四日致齋三日散齋之内不得弔死問病致齋之内唯祀事則行其餘悉斷苟或爲此則非爲祭所以崇嚴潔也今若斂髮赴廟則嚴潔之道於是乎廢也成服而行則祀典之文可得而踰也且哀戚之殺大斂孰與夫自啓山陵之甚緦麻孰與夫斬縗未殯之時非謂無事投祔之祭可謂不遑況皇帝即位未告太廟哀戚在疚未許聽政如何告太祖以配北郊乎參詳古今實難議祭也

宋史禮志　太宗淳化三年將以冬至郊前十日皇子許王薨有司言王薨在未受誓戒之前準禮天地社稷之祀不廢詔下尚書省議吏部尚書宋琪等奏以許王薨謝去郊禮裁十日又詔輟十一日以後五日朝參旦至尊成服百僚皆當入慰有司又以十二十三日受誓戒按令式受誓戒後不得弔喪問疾今若皇帝既輟朝而未成服則全異禮文百僚既受誓而入奉慰又違令式況許王地居藩戚望著親賢於昆仲爲大宗於朝廷爲冢嗣遽茲薨逝朝野同哀伏想聖情豈勝追念當愁慘之際行對越之儀臣等實慮上帝之弗歆下民之斯惑況祭天之禮歲有四焉載於禮經非有差降請以來年正月上辛合祭天地從之

眞宗景德三年正月乙卯孟享太廟其日以鄆王外攢改用辛酉○四年七月以莊穆皇后祔廟權停孟享

英宗治平元年就景靈宮之西建殿以奉仁宗御容署曰孝嚴親行酌獻每歲朝謁如奉眞殿儀奉眞宗御容之殿有期以上喪則命輔臣攝事

神宗之嗣位也英宗喪未除是歲當郊帝以爲疑以問講讀官王珪司馬光王安石皆對以不當廢珪又上奏曰臣等謹按王制喪三年不祭唯祭天地社稷爲越紼而行事傳謂不敢以卑廢尊也則居喪而可得見天地也春秋僖公三十三年傳凡君薨卒哭而祔祔而作主特祀于主烝嘗禘于廟杜預以謂新主既特祀于寢則宗廟四時常祀自當如舊是則居喪

而可得見宗廟也周公稱高宗諒陰三年不言子張疑之以問仲尼仲尼荅曰何必高宗古之人皆然高宗不云服喪三年而云諒陰三年者杜預又謂古者天子諸侯三年之喪既葬而服除諒陰以居心喪不與士庶同禮也然則服除之後郊廟之祭可以舉乎南齊以前代君嗣位或仍前郊之年或為郊下有司議而王儉乃援晉家以來皆改元即郊而不用前郊之年又自漢文以來皆即位而謁廟至唐德宗以後亦踰年而行郊況本朝景德二年真宗居明德皇太后之喪既易月而服除明年遂享太廟而合祀天地于圜丘臣等伏請皇帝將來冬至躬行郊廟之禮其服冕車輅儀物音樂緣神事者皆不可廢詔用景德故事

王慱文傳　慱文幼喪父其母張氏改適韓氏及慱文在朝謂子無絶母理請得以恩封之母死又謂古之爲父後者不爲出母服以廢宗廟之祭也今喪者皆祭無害于行服乃請解官持服然議者以喪而祭爲非禮

唐書盧邁列傳　將作監元亘攝祠以私忌不聽誓御史劾之帝疑其罰下尚書省議邁曰按大夫士將祭於公既視濯而父母死猶奉祭禮散齊有大功喪致齊有期喪齊有疾病聽還舍不奉祭無忌日不受誓者雖令忌日與告且春秋不以家事辭王事今攝祭特命也亘以常令拒特命孰非所宜遂抵罪

二程全書　禮言唯天地之祭爲越紼而行事此事難行既言越紼則是猶在殯宫于時無由致得齊

又安能脫喪服祭服此皆蹔行繼天地之祀為不可廢只宜使冢宰攝爾昔者英宗初即位有人以此問先生荅曰古人居喪百事皆廢今人居喪與古人異百事如常特于祭祀廢之則不若無廢為愈也子厚正之曰父在為母喪則不敢見其父不敢以非禮見也今天子為父之喪以此見上帝是以非禮見上帝也故不如無祭○禮云唯祭天地社稷為越紼而行事似亦太早雖不以卑廢尊若既葬而祭之宜亦可也蓋未葬時哀戚方甚人有所不能祭爾宜亦可

張子曰居喪廢祭禮有緦不祭之文方喪之初雖功緦如何可祭又豈可三年廢祖先之祭久而哀殺則便可祭以人情酌之三年之喪期可祭期之

喪既葬可祭緦功之喪踰月可祭當服祭服祭之各以其盛服祭祭罷反喪服至如古者卒哭練於祔似有喪服入廟之禮然今則不可須三年除喪乃祔

呂大臨曰人事之重莫重于哀死故有喪者之毀如不欲生大功之喪業猶可廢喪不貳事如此則祭雖至重亦有所不可行蓋祭而誠至則忘哀祭而誠不至不如不祭之爲愈後世哀死不如古人之隆故多疑如此

宋史禮志　高宗紹興七年祀明堂于建康以徽宗之喪太常少卿吳表臣援熙寧故事謂當時英宗喪未除不廢景靈宮太廟之禮翰林學士朱震以爲不然謂王制喪三年不祭惟天地社稷越紼而行事孰謂

三年之喪而可以見宗廟行吉禮乎吏部尚書孫近等言按春秋君薨卒哭而祔祔而作主特祀於寢烝嘗禘于廟杜預謂新主既特祀於寢則宗廟常祀自當如舊又熙寧元年神宗諒闇用景德故事躬行郊廟之禮今明堂大禮已在以日易月服除之後皇帝合享太廟所有鹵簿鼓吹及樓前宮架諸軍音樂皆備而不作

乾學按宋史朱震傳言徽宗未祔廟太常少卿吳表臣奏行明堂之祭震因言王制喪三年不祭唯天地社稷爲越紼而行事春秋書夏五月乙酉吉禘于莊公公羊傳曰譏始不三年也國朝景德二年真宗居明德皇后喪既易月而除服明年遂享太

廟合祀天地于圜丘當時未行三年之喪
嵩行以日易月之制可也在今日行之則
非也詔侍從臺諫禮官參議卒用御史趙
湙禮部侍郎陳公輔言大饗明堂傳文所
載如此與志文稍異故并錄之以備覽

紹興三十一年以欽宗之喪用元祐故事前期朝獻
景靈宮朝享太廟皆遣大臣攝事唯親行大享之禮
禮畢宣赦樂備不作

朱子曰古人居喪衰麻之衣不釋於身哭泣之哀
不絶於口其出入居處言語飲食皆與平日絶異
故宗廟之祭雖廢而幽明之間兩無憾焉今人居
喪與古人異卒哭之後遂墨其衰凡出入居處言
語飲食與平日之所爲皆不廢也而獨廢此一事

恐有所未安竊謂欲處此義者當自有所以居喪之禮果能一一合於古禮即廢祭無可疑若他事不免墨衰出入或其他有所未合者尚多即卒哭之前不得已準禮且廢卒哭之後遇四時祭日以衰服特祀于几筵用墨衰常祀于家廟可也但卒哭之期須既葬三虞之後卜日而祭以成事方可爾若神柩猶在而以百日為斷墨衰出入則決然不可。

吳澄曰朱子謂卒哭後遇四時祭日以衰服特祀於几筵墨衰常祀于家廟按凶服不可以接神況墨衰乃世俗非禮之服豈可服之以祀家廟且喪禮卒哭而祔之後直至小祥方有祭豈容中間又于四時祭日而特祀几筵者乎此說亦與家禮不合蓋一時未定之言也

朱子語類　伊川謂三年喪古人盡廢諸事故併祭祀亦廢今人諸事不廢如何獨廢祭祀故祭祀可行朱子曰亦須百日外方可然奠獻之禮亦行不

得只是排列祭物使主祭者拜若百日之從伯叔兄弟可代行以孫行之亦得○

喪三年不祭蓋孝子居倚廬堊室只是思慕哭泣百事皆廢故不祭耳然亦疑當令族人攝祭但無明文不可考耳○

問喪三年不祭曰程先生謂今人居喪都不能如古禮却于祭祀祖先獨以古禮不行恐不得橫渠曰如此則是不以禮祀其親也某嘗謂如今人居喪時行三二分居喪底道理則亦當三二分底禮數○

古人緦麻已廢祭祀恐今人行不得○

問居喪月朔殷奠薦新及歲時常禮合舉行否朱子荅曰薦新告朔吉凶相襲未葬不可行既葬則

使輕服或已除者代行可也四時之祭既葬亦不
可行韓魏公所謂節祠亦如荐新行之○
問妻喪未除服當祭否祭宜何服朱子答云恐不
當祭熹家則廢四時正祭而猶存節祠日用　衣
涼衫之屬亦以義起無正禮可考也節祠見韓魏
公祭式○
先生以子喪不舉盛祭就影堂前致薦用深衣幅
巾薦畢反喪服哭奠于靈至慟
何基與友人書　伏承示諭以亡者之故欲輟春祭
此在曾子問誠可攷者曾子問士緦不祭謂主祭
者已身有緦服則不當行祭也又曰所祭于死者
無服則祭鄭注謂若舅舅之子從母昆弟以已身
于舅有小功于舅之子及從母昆弟有緦然在所

祭者而言于是死者皆無服又皆外服也神明之情自無阻也則已雖有服是私義也何可以已之私義而廢祖先正統之常祀也此于不可祭之中而有可祭者焉固不得而屈也若今之亡者在主祭者已身則謂之堂弟之婦固無服阻礙而上自二代言之一謂孫婦有緦麻一謂親子妻有大功于死者分明有服又皆內服也冥冥之間必無安焉享祭之情則已雖無服可祭是私禮恐亦難以已之私禮而通祖先必享之情也此于可祭之中而有不可祭者焉又不可得而伸也二者其義固一無可疑也若疑一代廢祭而餘代併廢者蓋自三年以齊衰大功而下其例皆然不復分別豈不以四代精神則一祖祔合高禰祔合曾祔合不分

則雜以獨享歟

宋史禮志嘉定十七年閏八月理宗即位大享當用九月八日在寧宗梓宫未葬之前下禮官及臺諫兩省詳議吏部尚書羅點等言本朝每三歲一行郊祀皇祐以來始講明堂之禮至今遵行考之禮經有越紼行事之文既殯而祭之說則雖未葬以前可以行事且紹熙五年九月在孝宗以日易月釋服之後未發引之前慶元六年九月亦在光宗以日易月釋服之後未發引之前今來九月八日前祀十日皇帝散齋别殿百官各受誓戒係在閏八月二十七日即當在以日易月未釋服之内乞下太史局於九月内擇次辛日行禮則在釋服之後正與前史相同乃用九月二十八日辛卯前二日朝獻景靈宫前一日享太

廟遣官攝事皇帝親行大享禮成不賀

度宗咸淳二年權工部尚書趙汝暨等奏今歲大禮正在先帝大祥之後臣等竊惟帝王受命郊見天地不可緩也古者有改元即郊不用前郊三年為計況今適在當郊之歲既踰大祥之期圜丘之祀豈容不舉于是降禮以十一月十七日款謁南郊適太史院言十六日太陰交蝕遂改來年正月一日南郊行禮太常寺言皇帝既已從吉請依儀用樂其十二月二十九日朝獻景靈宮三十日朝享太廟尚在禫制之內所有迎神奠幣酌獻送神作樂外其盥洗升降行步等樂備而不作

金史貞元元年十月有司言太后園陵未畢合停冬享及祫祭從之

續文獻通考　章宗明昌二年時孝懿皇后梓宮在殯太傅徒單克寧薨章宗欲親爲燒飯右諫議大夫張暐奏曰仰惟聖慈追念勲臣恩禮隆厚孰敢不勸太祖時享尚權停若爲大臣燒飯禮未有安乃止

元史　大德九年太皇太后崩有旨冬至南郊祀事可權止

明太祖實録　洪武九年五月乙丑將有事于方丘適晋王妃之喪命翰林學士宋濂考古制以聞濂對曰按王制喪三年不祭唯祭天地社稷越紼而行事喪服傳云宮中有喪三月不舉祭既葬而祭宋真宗時有内喪太常禮部言準禮宜祭天地社稷神宗時當郊而喪未除帝以爲疑講讀官王珪司馬光王安石皆以爲不當廢夫郊社之禮國之大祀聖人所重雖

三年之喪亦不敢廢亦有尊也然之

程敏政集李賢行狀聖烈慈壽皇太后崩孟冬享太廟適大喪禮未終上以問公公言宜俟釋服後庶人情事理兩安上曰微卿言幾紕于禮

孝宗弘治四年九月甲戌朔乙卯日睿皇后崩值秋享工科給事中王詔言禮有喪不祭祭則移日請俟釋服行之雖不果行然議禮者不能屈

世宗實録正德十六年禮部奏七月初一日孟秋時享太廟恭遇武宗皇帝梓宮在殯按禮宗廟之祭不以喪廢唯先期致齋鴻臚寺免請陞殿太常寺止具本奏知至日樂設而不作從之

嘉靖十四年正月鴻臚寺奏本月初十日值祭祀期雖大行莊肅皇后喪然祭爲重請令百官暫服青綠

錦繡將事

嘉靖四十五年歲暮大祫隆慶元年孟春時享太廟以世宗喪禮尚在二十七日之内禮部題准照弘治十八年例暫遣官行禮樂設而不作免升殿奏祭祀齋戒之日上于喪次致齋陪祀官俱暫免

隆慶元年二月祭先師孔子及朝日壇歷代帝王以梓宮在殯議准照弘治十八年例免請陞殿及傳制令太常寺具奏奏知仍各遣官行禮樂設而不作致齋之日照天順八年例上具黄素袍翼善冠百官具淺淡色服朝祭陪祀執事官至期仍各祭服行礼本月祭太稷議准仍請上親祭餘並同前例

卯寶喪禮襍說喪三年不祭古之道也今之爲烝嘗禘何以入于廟或謂今之居喪與古人異卒哭之後畧倣杜氏之説于主則衰于廟則墨其亦可也噫是何言歟今之居喪與古異者人自棄之非有所禁而不爲也不求勉于此而徒欲并廢于彼如之何其可也且晋于殽之役子墨衰絰遂

墨以葬文公得罪萬世大矣況墨以廟祭乎然則何為而可功衰祭于主深衣薦于廟

王廷相喪中祭祀說三年之喪祭乎曰記有之喪三年不祭惟祭天地社稷為越紼而行事故孔子曰緦不祭又何曲于人三年之喪不祭於廟禮也然則時祭遂不舉乎曰大夫以下可以宗人攝之也天子諸侯之喪其臣皆衰服三年雖欲攝誰為攝吉凶異道不得以相干也曰後世王者喪以日而除祭不亦可乎曰既吉矣雖祭亦可也曰攝之何如曰大夫士未葬五服無除者故祭可廢也既葬則緦麻可攝矣既練則大小功可攝矣既祥則期可攝矣宗子非喪主除服而祭常道也喪主非宗子持喪而不與于祭禮也曰杜預以衰服祀于几筵墨衰祀于宗廟亦可乎墨衰非禮也不如攝也

呂坤四禮疑居三年之喪而祭可乎曰祭吉禮纏凶服也廢三年之祭可乎曰祖宗不輕于父母奉祭不緩于居喪宗子之父母相繼沒繼之承重而祖沒則廟門九歲扃而四世不血食如之何其可也君子權之○祠堂之祭不可代以他人節序興思豈忍絕乎奠獻祖宗重於父母即易墨纏而祭可也若有同堂期功則以期功代之不飲酒不享餕

乾學按遭喪不祭固禮之大經然而人有貴賤之別神有內外之分喪亦有內外之異則亦不可以無辨大夫自大功以上廢祭士自緦麻以上廢祭則天子諸侯之絕

期者惟三年之喪始廢可知也他若死于宮中三月不祭原爲士禮言之同宮雖臣妾葬而後祭雖不指言何人然上文兩節皆指卿大夫將祭而遇喪則此亦卿大夫之禮可知也此貴賤之別也天子未葬得以祭天地五祀諸侯未葬得以祭社稷五祀則大夫之立三祀士之立二祀者皆未葬而得祭可知也然天子之祭五祀注疏言冢宰攝行則自士以上皆不得親祭又可知也蓋外祀可攝而內祀必不可攝故古人寧輟而不祭此內外之分也大夫之外喪齊衰以下皆祭士之外喪死者無服皆祭則天子諸侯而遺外喪皆不廢祭可

讀禮通考　卷一百三

如也乃注疏釋大夫之外喪指爲異門釋士之無服又指爲外親則何也外親無緦衰大功之服則兄異門可知也此又喪之内外之異也降及後世惟天子之禮廟堂時或議之卿大夫以下則鮮有議及之者蓋其時喪不成其爲喪祭亦不成其爲祭故無可得而稱述也程子之言曰古人居喪百事皆如禮雖廢祭可也今人百事如常祭何獨廢祭善哉言乎然欲從俗而竟背乎古則人情亦有所不安張子有言三年之喪期可祭期之喪既葬可祭緦功之喪踰月而祭準情度理此爲得其衷矣

蘇州全書

甲編

《蘇州全書》編纂出版委員會 編

·讀禮通考

蘇州大學出版社
古吳軒出版社

讀禮通考卷一百四

變禮四

喪不助祭 喪祭可與附

曾子問曾子問曰相識有喪服可以與於祭乎注問已有喪服可以助所識者祭否孔子曰緦不祭又何助於人疏言身有緦服尚不得祭已家宗廟何得助他人祭乎熊氏謂身有緦服不得自為父母虞祔卒哭祭此謂同宮緦則士為妾有子及大夫為貴妾是同宮緦者若大夫士有齊衰大功小功緦麻同宮則亦不祭若異宮則殯後得祭故襍記云父母之喪將祭而昆弟死既殯而祭若同宮則雖臣妾葬而后祭虞祔亦然天子諸侯臣妾死于宮中雖無服亦不得為父母虞祔卒哭祭也天子諸侯適子死既練乃祭適孫適婦死既殯乃祭以異宮故也

張氏曰相識有喪服謂有所識朋友之緦服也舊注相識有祭而已有服竊恐語意不倫不敢從

曾子問曰廢喪服可以與於饋奠之事乎注謂新除喪服也孔子曰說衰與奠非禮也注執事于人之神為其忘哀疾也以擯相可也疏此一節論大祥除服不得與他人饋奠之事廢猶除也言已新說喪服可以與他人在殯饋奠之事不問可以與于吉祭而問可與饋奠者以己新說喪服吉祭決其不可

饋奠是凶事，疑得助奠，故問之也。

吳澄曰：曾子既有服人不分重輕皆不可為人祭矣，遂疑新除喪服之後或可與人饋奠。孔子亦以為不可，而但許其可以賛相。謂之可也者，畧許之而不深許之，則不若弃擯相亦不為之為得。孔疏以緦衰為大祥除服，是專主斬衰重服而言。然凡喪服皆謂之衰，則說衰云者，疑是兼重輕之服言也。今詳畧人情禮義，緦功之喪除服後踰月可與人祭齋，斬之喪則須自己行吉祭畢乃可為人執事也。

曾子問曰：卿大夫將為尸於公，受宿矣，而有齊衰内喪，則如之何？孔子曰：出舍於公館以待事，禮也。注：吉凶不可以同處。○疏：卿大夫將為尸，已受宿齋戒，而門内有齊衰之喪，且出舍公館，待事畢然後歸哭也。所以出于公館者，祭是吉，吉凶不可同處也。

陳澔曰：受宿，受君命而宿齋戒也。待事，待祭事畢然後歸哭也。

雜記：大夫士將與祭於公，既視濯而父母死，則猶是與祭也，次於異宮。既祭，釋服出公門外，哭而歸。其他如奔喪之禮。如未視濯，則使人告，告者反而后哭。注：次于異宮，不可以吉與凶同處也。使者反而后哭，不敢專己于君命也。如諸父昆弟姑姊妹之喪，則既宿則與祭，卒事，出公門，釋服而后歸。其他如奔喪之禮。

如同宫則次于異宫注宿則與祭出門乃解祭服皆為差緩也○疏祭日前既視濯之後而遣父母之喪則猶是吉禮而與於祭也次于異宮者不可以吉與凶同處也如未視濯則使人告君必待告君者反而後哭父母也宿謂祭前三日將致齋之時既受宿戒雖有期喪則與公家之祭若諸父昆弟姑姊妹等先是同宮而死則既宿之後出次異宮不可以吉凶襍處故也

黄氏曰抄將與祭聞父母喪猶卒祭謂居命嚴而祭事重也然人子之情當何如雖堅忍其痛而不哭果能一其將事之誠否耶漢儒傳聞古說幸于今無用抉疑可也

陳澔曰視濯監視祭器之滌濯也猶是與祭者猶是在吉禮之中不得不與祭但居次于異宮耳以吉凶不可同處也俟告者反而後哭不敢專也哭則不與祭也

黄叔陽曰此章記助祭遭喪之禮其前一節當為疑經禮大夫死雖當祭必告豈以既濯之故而猶使其子與祭者苟從此禮則是君不以孝處其臣臣不以孝視其親而人道絶矣

乾學按視濯乃祭前一日之事當此時而遣親喪五內崩裂自以親喪為急豈有從容晏然則室至次已祭畢而後釋服奔喪之禮乎此事之大不近人情者恐非先王

之禮也且身為祭主而遺喪尚當廢祭況與祭者乎若為尸受宿而有齊衰內喪則情事與此不同蓋為尸則止一人非與祭者比齊衰則哀痛稍輕非父母之喪比故可以輟哀從事也若此所云則拂逆人情之至者不敢以載于禮經而輕信之也

曾子問曰卿大夫將為尸於公受宿矣而有齊衰內喪則如之何孔子曰出舍乎公以待事禮也注尸重受宿則不得哭內喪同宮也〇疏此齊衰內喪亦謂諸父昆弟姑姊妹也但尸尊故出舍宮館以待君之祭事不在已之異宮耳

通典東晉成帝咸康三年十月二十七日虞潭有嗣子喪既葬依令文行喪三十日至十二月十日公除其日禘祭宗廟潭與焉潭自為論曰余身受公除歲終大禘至敬兼與如當遂闕心所不安故諮之有識

難曰禮素衣蒭席不入廟門不以干神明之位緦服既輕而祭况嗣子當承祚者乎荅曰高宗三年諒闇今則不爾帝王既葬縞素躬親宗廟之獻不以喪遂闕者蓋國之大事在祀與戎也且吉祭廷有金石鏗鏘之和今去凶制而奉烝嘗于戚列而不振慎終之情不遠隨時之義亦通也

唐律疏議　諸廟享知有緦麻以上喪遣充執事者笞五十陪從者笞三十主司不知勿論有喪不自言者罪亦如之其祭天地社稷則不禁

疏議曰廟享為吉事左傳曰吉禘于莊公其有緦麻以上喪不得預其事若知有緦麻以上喪遣充執事者主司笞五十雖不執事遣陪從者主司笞三十若主司不知前人有喪者勿論即有喪不自

言而冒充執事及陪從者亦如之其祭天地社稷不禁者禮云惟祭天地社稷為越紼而行事不避有條故云則不禁

諸大祀在散齋而弔喪問疾者笞五十致齋者加一等

疏議曰大祀散齋四日並不得弔喪違者笞五十中小祀犯者遞減二等

唐開元禮凡散齋有大功以上喪致齋有周以上喪並聽赴即居緦麻已上喪者不得預宗廟之事○凡大祀散齋四日致齋三日中祀散齋三日致齋二日小祀散齋二日致齋一日散齋之日晝理事如舊夜宿止于家正寢不得弔喪問疾致齋之日百事俱絕

唐會要德宗貞元六年正月詔百官有私喪公除者

聽赴宗廟之祭初御史監祭者以開元禮凡有緦麻以上喪不得饗廟移牒吏部告以奏差祭官有私喪者於是吏部奏曰准禮諸侯絶周大夫絶所以殺旁親不敢廢大宗之祭事則緦不祭者謂同宮未葬欲人之吉凶不相瀆也魏晉以降變而從權緦已上喪服内衣縗謂之喪服假滿即吉謂之公除凡既葬公除則無事不可故江右虞潭殷仲堪並云既葬公除廢祭者非也故其時公除者則行公祭蓋大夫不敢以家事辭王事春秋之義也今國家行公除之令既以即吉於祭無妨私家之祭則無廢者公家之祭則猶禁之是有司限文進退維谷若以服為禁即懼虧祭禮若以例奏亡則懼違令文先王立禮所以進人為善也立法所以禁人為非也彼公除者人君思親

莫不欲祭使子得祭其父孝莫大焉臣祭其君義莫重焉苟祭而不害於禁人爲善也苟私祭不禁則公祭無嫌是則垂之空文不若行其變禮今請申明舊令使行之可守乃有穆服既葬公除及聞哀假滿者許吉服宗廟之祭其同宫未葬雖公除者請依前禁之廢輕重有倫以一王法從之

宋史禮志仁宗景祐二年禮儀使上言曰天聖五年太常禮院言自來宗廟祠祭皆宰臣參知政事行事每有服制旋復改差多致妨闕撿唐會要貞元六年詔百官有私喪公除者聽赴宗廟之祭監察御史以禮有緦麻已上喪不得饗廟移牒吏部詰之吏部奏准禮諸侯絶周大夫絶緦者所以殺旁親不敢廢大宗之祭事則緦不祭者謂同宫未葬欲人吉凶不相

黷也魏晉已降變而從權緦已上喪服即吉謂之公除凡既葬公除則無事不可故于祭無妨乞今凡有緦服既葬公除及聞哀假滿許吉服赴祭同宮未葬雖公除依前禁之詔從之又王涇郊祀録緦麻已上喪不行宗廟之祭者以明吉凶不相干也貞元吏部奏請得許權改吉服以從宗廟之祭此一時之事非舊典也今本院看詳律稱如有緦麻以上喪遣充掌事者笞五十此唐初所定吏部啓請皆援引典故奉詔百官有私喪公除者聽赴宗廟之祭後雖王涇著郊祀録是一時之事非舊典也又别無詔勅改更是以歷代止依貞元詔命施行至太中祥符中詳定官請依郊祀録緦麻以上喪不預宗庙之祭今詳貞元起請證據分明王涇所説别無典故望自今後

有私喪公除者輟赴宗廟之祭免致廢闕
慶曆七年禮官邵必上言曰古之臣子未有居父母
喪而輒與國家大祭者今但不許入宗廟至於南郊
壇景靈宮皆許行事按唐吏部所請緦服既葬公除
者謂周以下也前後相承誤為三年之喪得吉服從
祭失之甚也又據律文諸廟享有緦麻以上喪不許
執事祭天地社稷不禁此唐之定律若不詳經典意
也王制曰喪三年不祭惟祭天地社稷為越紼而行
事注云不敢以卑廢尊也是指王者不敢以私親之
喪廢天地社稷之祭非謂臣下有父母喪而得從天
子祭天地社稷也兼律文所以不禁者亦止謂緦麻
以上周以下故也南郊太庙俱為吉祀奉承之意無
容異禮今居父母喪不得入太廟至南郊則為愈重

朝廷每因大禮侍祠之官普有霑賚使居喪之人得預是事是不欲慶澤之行有所不被奈何以小恵而傷大禮近歲兩制以上並許終喪惟於武臣尚仍舊制是亦取古之墨縗從事金革無避之義也然於郊祀吉禮則為不可下禮院議曰郊祀大禮國之重事百司聯職僅取濟集若居喪被起之官恐不與事則或有妨闕但不以慘麤之容接於祭次則亦可行請依太常新禮宗室及文武官有遭喪被起及卒哭赴朝叅者遇大朝會聽不入若緣郊廟大禮唯不入宗廟其郊壇景靈宮得權從吉服陪位或差攝行事詔可

明律文郊祀齋戒百官已受誓戒而弔喪問疾者罰俸一月其所司知百官有緦麻已上喪遣充執事及

宋會要建隆二年六月二日昭憲皇太后崩太常礼院請准礼例合停太廟時享俟山陵畢復舊從之

令陪祀者罪同不知者不罪若有喪不自言者罪亦如之

乾學按唐律百官有喪服者唯不陪宗廟之祭而郊祀則否蓋本祭天越紼之意也但越紼指主祭者而言陪祀則廷臣甚衆何至遣及有服之人乎明律并郊祀亦不與此其勝於唐者一也唐律遣有喪者與祭及有喪而不自言者俱笞五十夫彼皆朝之大臣也豈有加笞之理此爲虛設不用之刑非可以爲制也奚若明律罰俸之爲善乎此其勝於唐者二也後世立法實有度越前王者此類是也

嘉靖時禮部侍郎霍韜奏疏曰謹按律例凡祭祀總

麻以上喪皆不與致其潔也再按古禮期服諸侯絕大夫降夫古之諸侯今之守令也諸侯無期服公卿可知也然律例云緦麻以上皆不與又若通上下言之何也臣等竊詳禮意古者諸侯世國其于族屬有君道焉故絕期服禮也今之臣僚在位則爲公卿釋位則有族屬謂公卿釋位亦無期服非禮也當其居公卿之位也亦猶古之諸侯也尊則統於天子位則列於帝臣乃云猶有期服亦非禮也則凡臣僚五品已上皆無迴避期服之禮可知也然律例緦麻以上皆迴避何也臣等竊詳律意喪疾刑餘皆惡不潔也凡言喪者謂其身涖之者也凡言疾者謂其身有之者也身涖從事雖同居無服凡涖焉皆穢也况有緦麻之戚者乎故律例服不與祭爲身親涖者言之也

令陪祀者罪同不知者不罪若有喪不自言者罪亦如之

乾學按唐律百官有喪服者唯不陪宗廟之祭而郊祀則否蓋本祭天越紼之意也但越紼指主祭者而言陪祀則廷臣甚衆何至遺及有服之人乎明律并郊祀亦不與此其勝於唐者一也唐律遺有喪者與祭及有喪而不自言者俱笞五十夫彼皆朝之大臣也豈有加笞之理此爲虚設不用之刑非可以爲制也奚若明律罰俸之爲善乎此其勝於唐者二也後世立法實有度越前王者此類是也

嘉靖時禮部侍郎霍韜奏疏曰謹按律例凡祭祀總

麻以上喪皆不與致其潔也再按古禮期服諸侯絕大夫降夫古之諸侯今之守令也諸侯無期服公卿可知也然律例云緦麻以上皆不與又若通上下言之何也臣等竊詳禮意古者諸侯世國其于族屬有君道焉故絕期服禮也今之臣僚在位則為公卿釋位則有族屬謂公卿釋位亦無期服非禮也當其居公卿之位也亦猶古之諸侯也尊則統於天子位則列於帝臣乃云猶有期服亦非禮也則凡臣僚五品已上皆無迴避期服之禮可知也然律例緦麻以上皆迴避何也臣等竊詳律意喪疾刑餘皆惡不潔也凡言喪者謂其身涖之者也凡言疾者謂其身有之者也身涖從事雖同居無服凡涖焉皆穢也況有緦麻之戚者乎故律例服不與祭為身親涖者言之也

然則百官凡遇期功之訃私家為位致情禮焉當其為位也有愴慼焉迴避吉禮可也隨任同居有期之喪暫輟公事致情禮焉當其輟公事也有愴慼焉迴避吉禮可也若踰旬月皆無容于避矣何也尊則統于天子位則列為帝臣擬古之諸侯不避期服禮也臣等聞大功期服之訃已踰數月矣然而古禮為當尊也則駿奔之役不敢辭若曰常例亦宜式也則服制之期猶未滿欽承聖眷復命臣等供事太廟臣等若隨例具辭則上拂聖意且非古禮正中之極矩如不深思禮制講而議之輒爾供役彼執律例而不通其義者又將議臣等之為戾也

乾學按明世議禮者無如霍韜之謬其論后喪則欲于易月之内不用凶服其論立

後則痛詆司馬光諸人謂古無為人後之禮至此則自比古諸侯欲以喪服助祭此皆顯然背經畔聖者也時議禮諸貴雖假經術以文奸言然無有如韜之甚者其顛倒謬妄誠名教中之罪人也

明世宗實録嘉靖十三年孟冬享廟先期命侍郎顧鼎臣霍韜捧主會顧鼎臣皆有期功之服上言臣等考之古禮期服諸侯絶大夫降今之公卿即古之諸侯而猶有期制非禮也若律言緦麻以上皆不與祭者謂其身蒞之者也而百官聞期功之訃不過私家為位及踰旬月則無容於避矣上言所言亦當但不以私妨公可也然須分别輕重令禮官攷議以聞於是尚書夏言奏封建法廢世無諸侯久矣古之諸侯

建邦啓土世有其國伯叔兄弟皆其臣也故期可絶不知今之所謂公卿者能以君道自處而臣其伯叔兄弟乎又曰在位則爲公卿釋位乃爲族屬不知喪服之制人情之所由生也豈以在位釋位爲有降殺哉夫喪服哀有淺深故服有輕重定之三月以哀不能忘于三月也定之期年以哀不能忘于期年也而祭祀吉禮所以致敬於神明若情未忘哀則不能專誠于祭也不與也今以其不身涖喪與夫時之過者皆無可避臣未之前聞也禮曰小功緦麻執事不與禮言小功緦麻但可執事至饋奠之禮重則不敢與也今二臣所服之喪非小功緦麻皆服之重者也太庙捧主又禮之重者也以服之重而與夫禮之重者是得謂之知禮乎臣等職司典禮敢不據経守正以

嚴黷踰之防若苟狥二臣之請以瀆先王彝憲且使之得罪名教傳咲後世臣等與有責矣䟽入詔愚臣韜廻避以侍郎黄宗明林廷棉代之且令自後廟享前五日太常寺即奏捧主官十餘人以請

霍韜集韜爲南京禮部尚書移咨禮部爲廟成奉安儀禮事南京户部咨准本部右侍郎袁宗儒咨稱弟故制服有礙齋捧縁由查得大明律只有刑名喪疾不許陪祀其餘如正旦冬至聖節皆無私服廻避之例先年禮部尚書夏言有嫡子之喪不廻避太庙之禮吏部左侍郎顧鼎臣有期功之喪奉命捧主不敢廻避蓋尊在朝庭不敢以私服廻避也又查得魏國公徐有繼母王氏喪乞敕相應官員代主祀行禮該禮部議合候王氏發引事畢仍舊主行祀禮奉聖旨

是欽此夫三年之喪服至重也孝陵主祀禮至重至
絜且嚴者也魏國不得以重服迴避尊在朝廷也三
年之服且不避則期服可知也今文武百官遇聖節
吉禮未聞以私服不稱賀者禮部尚書如遇私服亦
未聞不宣表者古者期服諸侯大夫降今之卿大夫
即古諸侯也如列職皇朝又行私服以避公事是貳
尊也今户部右侍郎袁宗儒兵部右侍郎蘇民刑部
右侍郎王爌大理寺卿王潮皆稱有服窒礙捧表本
部難擅定擬合通咨前去會議須查律例典禮應否
迴避明白咨示施行免致兩誤
嘉靖十四年十月朔祫祭駙馬都尉謝詔例奉命捧
主及山陵行禮詔請于上宗廟以有事為榮臣敢不
遵命以盡微誠但臣父喪服凡一應祭祀俱不該與

况祀典甚重理當廻避伏乞欽命另遣大臣一員至
期捧主一員山陵行禮容臣廻避庶臨期不至悮事
上曰禮部看了來說時尚書夏言奏司宗廟捧主陪
祀凡有期功以　喪者例當廻避今謝詔乃三年之
喪比於期功之服較重但駙馬都尉係武臣例不守
制一切朝參供事如故與文職不同其遣祭陵寢非
比宗廟吉禮不當廻避其捧主行禮合准辭奉旨是
捧主着大學士費宏代

南京禮部尚書霍韜上言弘治二年本部尚書黎淳
奏稱慶賀差官臨當差委之時議論紛紜誠恐臨時
有悮乞勑該部立為定例禮部題覆今後進表務要
照舊挨次資輪如遇衙門缺官待後有官之日仍令
補差務令均平奉孝宗皇帝聖旨准議欽此嘉靖十

六年初六日賀九廟禮成輪該戶部右侍郎袁宗儒捧表本官咨稱有服次該兵部右侍郎蘇民亦稱有服又該刑部右侍郎王爌名稱有服又次該大理寺卿王潮名稱有服臣忝禮官凡賀表雖臣職惟六部九卿同品聯職臣豈能擅擬而廢之行也乃按律例移咨九卿會議咨曰查得大明律只有刑名喪疾不許陪祀若正旦冬至聖節皆無私服迴避之例往年禮部尚書夏言有子弟西喪不迴避郊廟之禮吏部左侍郎顧鼎臣有大功之服奉命捧主不敢不迴避禮部尚書未聞拘於私服不宜賀表尊在朝廷不敢以私服避也今戶部右侍郎袁宗儒等皆稱有服窒礙捧表本部擅難定擬合通咨會議兵部尚書王軏議曰九卿衙門輪進表箋自有定規難以卑幼私嫌

妨尊上大體署工部事兵部右侍郎蘇民議曰輸進表箋九卿衙門舊有定規前此官員豈無期功之服俱以事尊朝廷不敢更顧私情刑部右侍郎王爌議曰齋捧表文與陪祀不同期功私服律例典禮並無迴避大理寺卿王廟議曰捧表私服于禮無礙輪捧次序週而復始已是舊規都御史周用議曰自來大慶稱賀之禮不同祭祀迴避之文宜抑私情以從公義通政使司右通政馬汝驥議曰期服迴避律例原無該載署吏部事禮部右侍郎吕柟議曰各官俱無迴避之例戶部右侍郎袁宗儒見公議僉同乃遵例捧表本年二月初八日南京刑科給事中尹相等候陪文廟丁祭直與九卿對坐臣查會典給事中例宜傍坐具奏請旨定奪尹相等曰逼我傍坐屈辱我也

遂誣臣藩差侍郎袁宗儒進表臣惟侍郎袁宗儒之捧賀表也由臣藩之與不由臣藩之與聖明在上自能洞察臣不敢辨且事理顯白舊例著明亦不俟臣贅解也惟是往年捧表循例輪差又不推難又不托故事例定故也自尹相等倡廻避之說諸臣自是得推難矣自是得托故矣自是輪差捧表可諉曰家有期緦之服矣況族屬之衆期功之服誰則無之如曰私服可避公差誰不諉諸私服以苟避難也臨期推托遂悮公事乞勅禮部查照律例期緦之服應否廻避公差再查禮部尚書侍郎有期緦之服應否捧宣賀表著為定禮永是遵守實聖明建中立極之矩也

〔附〕徐問集與馬光禄溪田論郊祀齋次值忌祭書

承示禮有當祭不告大夫之喪亦為正論但大夫

名分與開基太祖不同留都之齋與躬詣大祭有間吾輩似可權而行之昨所謂並行不悖尓不得已之辭耳若以不可同日而行則陵上忌祭自當釐正不與可也既不可釐正而與矣而悽慘之心猶在又當姑從受禮終此一日以須翊日之齋若慘服在身即受吉服致其精誠則吾本體天理良心未有若是其異變而二三之者也所謂觀其會通行其典禮恐於所引前禮未合粗識淺見不能無疑更煩精思以求至當歸一之論垂教是望

又復書云昨復書後又思執事柬云皇祖忌辰在子終身之喪只此二句已盡肯綮此公之學識其大本處無待生之多言也蓋終身之喪臨於一日自有天然而不能易者大祭在北而不在南忌喪

至切而弗能已此正事体緩急而吾人處事權衡之機也禮以喪而廢祭不以祭而廢喪故今西京禮部遵行定式先期告示皆云喪不與祭尤宜據守未為失也而況一日之間心無二用去此取彼是謂弗恒終一日之心則次日之齋猶在也次日之齋既在則所以奉若朝廷大祭之典致寅清精一之誠非所謂並行而不悖者乎時徐馬二人俱官南京

乾學按檀弓柳莊死衛獻公當祭聞告而往禭之穀梁傳君在祭樂之中聞大夫之喪則去樂卒事其曰禮當祭不告大夫之喪此非先王之禮明矣君子有終身之喪忌日之謂謂父母也祖妣已不然況皇祖乎徐公二書所論禮愚未敢以為確也

喪祭可與附

曾子問曾子問曰大功之喪可以與於饋奠之事乎注饋奠在殯時也孔子曰豈大功耳自斬衰以下皆可禮也曾子曰不以輕服而重相為乎注怪以重服而為人執事孔子曰非此之謂也注非謂為人謂于其所為服也天子諸侯之喪斬衰者奠注為君服者皆斬衰唯主人不奠大夫齊衰者奠注服斬衰者不奠辟正君也齊衰者其兄弟士則朋友奠不足則取於大功以下者不足則反之注服齊衰者不奠辟大夫也言不足者謂殷奠時○疏此一節論為死者服還得為死者饋奠之事曾子問已有大功之喪可以與于他人饋奠之事乎孔子不解曾子問旨謂曾子意得為大功者饋奠以否故荅云豈但為大功者饋奠自斬衰以下皆可禮也言身有斬衰所為者斬衰身有齊衰所為者齊衰皆可與于饋奠故云禮也孔子所論據所服者言之曾子又不解孔子之旨謂言為他人故更問云若為他人不以輕己喪服而重他人相為饋奠乎孔子乃荅云我之所言據所為服者饋奠非此為他人之謂也知主人不奠者案士喪禮主人不親奠又此文云士則朋友奠故知主人不親奠也主人必不親奠者以悲號思慕不暇執事故也大夫之喪子服斬衰者不親奠此服斬衰謂大夫家臣雖服斬衰不得饋奠辟天子諸侯之正君齊衰其兄弟者以大夫之喪子及屬臣皆服斬衰今服齊衰唯兄弟耳故云其兄弟也殷奠謂月朔之奠以其有牲牢黍稷用人多也殷甚也以月朔之奠盛于常奠非半月之殷奠也以士月半不暇殷奠故也以次差之天子斬衰者奠大夫

用齊衰士則應先取大功今先取朋友者以天子諸侯皆使臣為奠大夫辟正君故遣兄弟奠士則位卑不嫌敵君故遣僚屬奠僚屬則朋友也案士虞禮祝免澡葛絰帶鄭云治葛以為首絰及帶接神宜變也然則士之屬官為其長弔服加麻矣祝則僚屬也加麻則朋友也

陳澔曰士用朋友奠人不充數則取大功以下又不足則反取大功以上也

萬斯同曰孔疏謂孔子不悟曾子問意又謂曾子不悟孔子荅旨則是至聖大賢一則懵然以荅一則懵然以問也其視聖賢為如何人乎身有重服自無饋奠他人之理則曾子之初問原非問忘己之喪而助人之奠及孔子言斬衰以下與奠則為此死者制服即為此死者行奠曾子豈有不知者而謂其不悟荅旨乎自孔氏為是說吳幼清陳可大徐伯魯諸家皆因之吾未敢以為然也漫書臆見以附于後右礼天子諸侯之喪用斬衰者行奠大夫之喪用齊衰者行奠攝大功者皆不及曾子疑之恐其不可以與奠故問可以典于饋奠之事乎孔子言齊斬猶可何況大功曾子因言大功輕服也為天子諸侯大夫饋奠重事也今使大功者相為饋奠不以輕服而重相為乎孔子言大功饋奠非天子諸侯大夫有喪之謂也天子諸侯大夫之喪本用齊斬之人唯士之喪而朋友不足始用大功之人所謂大功可以與奠也孔子之荅即曾子之意曾子之問即孔子之意也

曾子問曰小功可以與於祭乎注祭謂虞卒哭時 孔子曰何必小功耳自斬衰以下與祭禮也曾子曰不以輕喪而重祭乎注怪使重者執事 孔子曰天子諸侯之喪祭也不斬衰者不與祭大夫齊衰者與祭士祭不足則取於兄弟

此兩行右低一字寫

大功以下者疏知祭謂虞卒哭時非練祥者以士練祥之祭大功之服已除不得云取於兄弟大功以下者其天子諸侯則得兼練祥以練祥時猶斬衰與祭也

孔子曰天子諸侯之喪祭也喪祭自指不得卒哭吉祭鄭氏注明明與經文相悖從來不知

乾學按與於饋奠與於祭有喪而與其事也禮喪者不祭又言緦不祭有死於宮中者三月不舉祭夫死於宮中情至疏而緦之為服至輕猶為之不祭況小功大功之喪而得與奠祭之事乎曾子所以不能無疑而於大功疑與奠小功疑與祭則又何也喪者不祭統言之耳自始死而大小殮殯而朝夕哭朝　而遣而墓所皆不曰祭而曰奠不成祭凶事也自虞而卒哭升祔

而祥禫則不曰奠而曰祭遷於吉矣故塟之日以虞易奠此奠與祭遷代之界也服之重者固不可與祭似亦未可與奠故疑於大功服之輕者即可與於奠似猶未可與祭故疑於小功而孔子一則曰自斬衰以下皆可再則曰自斬衰以下與祭故曾子于與奠則疑輕服而重相為于與祭則疑輕喪而重祭孔子一斷之以禮而説始定疏謂曾子不解孔子之旨可也而謂孔子不解曾子之旨可乎合前後之問荅而觀之義正相發又百詩閻氏謂孔子明言天子諸侯之喪祭鄭氏指卒哭吉祭注與經悖而從來不知及按孔子之荅一則曰

天子諸侯之喪再則曰天子諸侯之喪以遞及乎大夫士云爾其下斬衰者奠則祭也不斬衰者不與祭同為答辭是未可割裂句讀以訾鄭氏也

夫婦未婚服

曾子問曾子問曰取女有吉日而女死如之何孔子曰壻齊衰而弔既葬而除之夫死亦如之鄭注未有期三年之恩也女服斬衰孔疏所以既葬除者壻於女未有期之恩女於壻未有三年之恩也以壻服齊衰故知女服斬衰

黄乾行曰齊斬而弔者義之重也既葬而除者恩之輕也

陳澔曰弔而未葬女則何居女未廟見而死歸葬於女氏之黨示未成婦死不可即墓而生可即其室乎弔而返服而待葬而除焉可也斯禮之正也

宋史禮志眞宗大中祥符八年廣平公德彝聘王顯孫女將大歸而德彝卒疑其禮制禮官言按禮曾

子問曰娶女有吉日而女死如之何孔子曰壻齊衰而弔既葬而除之夫死亦如之注云謂無期三年之恩也女服斬衰又刑統云依禮有三月廟見有未廟見就婚等三種之文妻竝同夫法其有克吉日及定婚夫等惟不得違約改嫁自餘相犯竝同凡人今詳女合服斬於室既葬而除或未葬但出攢即除之

通典已拜時而夫死服議晉鄭澄問弟女當適武留孫兒留去年自將兒來拜時其兒今卒不知弟女當奔弔否若弔着何服范甯荅曰禮曾子問娶女有吉日而女死如之何孔子曰壻齊衰而往弔既葬而除之夫死亦如之謂斬衰也謂既親拜舅姑當重於吉日耳又問若拜舅爲重於吉日應服斬誠如來告若拜旁親復云何荅荀敬拜時而卒便家女不往弔不

被譏何也再答曰三代殊制禮有因革意謂娶女有吉日理輕於拜舅復重於拜餘人荀氏海内名族庚則異行之門想其不奔弔必有所據又陳仲欣拜時婦奔喪議曰夫拜時出於末代或恐歳有忌而吉日不良有此變禮既無文於古及其損益故當使今之情制不失古之義旨又宜以前事之得中者為後事之元龜輙尋今人拜時壻身發蒙交拜者往往長迎而盡婦人之禮按記婦至壻揖婦以入共牢而食夙興沐浴質明見婦於舅姑則與拜而長迎然後婦禮乃備者兩相依準至於三月廟見鄭玄云以舅姑没者耳若以三日擬三月施之二親没則可若其親尚存豈容僭言乃以衆人所行失禮之事反議許長迎而為非則是賤於準禮而貴於衆失可得然乎又記

云娶女有吉日而死壻以齊衰而弔既葬而除夫死亦然又在途之女而夫父母沒布深衣以赴喪又記云女未廟見而死雖不祔於皇姑而壻不杖歸葬於女氏示未成婦鄭玄云雖不備喪禮猶為服齊衰依準古義無不赴哀之文若苟以今失為是而以古禮先儒為非人則未如之何夫拜時雖非古既女交拜然敬慎重正但未見婦於姑然夫妻之分定矣若謂猶非定則女子可冒絳紗使他丈夫發而相見拜以為婿輒可委去女子之分固若是乎夫稱妻者係夫之言稱婦者有舅姑之辭凡娶妻誠盡婦禮所以事其所生而代中有三日行敬或上堂見姑又設有甲乙二親不存娶妻雖已三日無可致敬又未烝嘗則與拜時未敬舅姑事殊而理同豈聞今人以為非妻

乎由斯而言迎婦入家發蒙交拜夫妻之禮乃致敬舅姑為婦之禮畢以明婦順耳情禮不相背故可推情以言禮凡人有喪猶或悽愴況已入夫門而不卹其哀乎若謂與古禮相準而合情者夫家尚中祥祥日可赴哀赴哀而情敬由矣仲欣又書曰庾揚州以拜舅姑儐之廟見同先配而後祖尋陳鍼子之譏鄭忽是不為夫婦誣其祖矣鄭云配謂同牢後祭無其敬神心故曰誣其祖未三月而祭非禮也又記曰婦入牢食沐浴俟明乃見舅姑以明婦順今思禮傳所以同異而謬以拜時為先配後祖未是尋書之意且代人三日先配及同牢行禮不以為嫌又今人拜時皆未施敬舅姑誠準婦已交禮未及三日故也設有婚未三日而夫有大喪必盡哀而婦義已成矣既以

拜時舉婚未三月則是俱已入門交禮同未致敬舅姑情義赴哭之例不得云異

柴紹炳曰同里有室女已字於某將成婚有期矣而感疾沒其從昆弟及余門蓋欲講于禮者因請曰某所親議欲令主人與婚同赴余應之曰惡有是哉按禮曾子問曰取女有吉日而女死如之何孔子曰壻齊衰而弔旣葬而除之夫壻稱齊衰而弔是有賓道焉右之何可與主人同赴也故女始死其赴於壻家也宜云寒門第幾女許適上宅不幸某年月日時以疾沒於內寢其赴三黨之親則宜曰字某女云云自署期服生蓋女出嫁則降爲大功在室與子等或曰有年在殤之列者則服降否乎禮曰男子二十冠而字女子許嫁笄而字冠笄成人之道也況婚有吉期尚何殤與降服之有

讀禮通考卷一百五

變禮五

喪中冠子嫁子娶婦　止備冠禮其婚嫁詳嘉禮條

雜記　大功之末可以冠子可以嫁子父小功之末可以冠子可以嫁子可以取婦已雖小功既卒哭可以冠取妻下殤之小功則不可　注此皆謂可用吉禮之時父大功卒哭而可以冠子嫁子小功卒哭而可以娶婦已大功卒哭而可以冠子小功卒哭而可以取妻必偕祭乃行也下殤小功齊衰之親除喪而後可為昏禮凡冠者其時當冠則因喪而冠之○疏末謂卒哭之後巳大功之喪既卒哭可以冠子嫁子父小功喪末可以冠子嫁子并可以取婦大功云身不云父小功云父不云身互相通取婦必在小功之末者以娶婦有酒食之會集鄉隣僚友涉近歡樂故小功之末乃可得為也已雖小功既卒哭可以冠取妻者以前文父小功之末可以取婦恐已有小功于情為重不得冠取故云已身雖有小功既卒哭之後可以冠取此文云既卒哭明上云末者並卒哭後也若本服齊衰下殤降在小功者則不可冠嫁以本服是齊衰也若長殤中殤之大功者庾氏注要記云卒哭之後則得與尋常大功同于大功之末可以身自冠嫁所以然者雖本期年但降在大功其服稍輕故得冠嫁也賀氏云小功下殤本是期親以其重故不得冠取推此而言之降在大功理不得冠嫁矣今謂齊衰下殤尚不可冠取而況齊衰長殤中殤降在

大功何可冠嫁庾記非也今從賀義經文大功據已身小功據其父今鄭同之謂父是大功之末已亦是大功之末乃得冠嫁父小功之末已亦小功之末可以嫁取知父子俱大功小功若若姑及姊妹出適父子俱為大功若從祖兄弟父為之小功已亦為之小功是父子其服同也若父有齊衰子有大功則不可若父有大功子有小功可以冠嫁未可以娶婦必父子俱小功之末可以取婦若父是小功已在緦麻灼然合取可知必偕祭乃行者言為諸吉禮必待祭訖乃行也下殤小功除喪而後可為昏禮則未除喪不可為昏禮經云小功則不可者唯謂昏也其冠嫁則可也

范祖禹曰按禮大功之末可以冠子嫁子此於子已為無服也以已尚在大功喪中猶未忍為子娶婦近于歡事也故于冠子嫁子則可娶婦則不可矣已有緦麻之喪于祭亦廢婚亦不通矣況小功乎　又曰五服之制各有月數月數之內自無吉事故曰縗麻非所以接弁冕也春秋左氏傳齊侯使晏子請繼室于晉叔向對曰寡君之願也縗絰之中是以未敢請時晉侯有少姜之喪耳禮貴妾緦而外向稱在縗絰之中推此而言雖輕喪之麻

猶無婚姻之道也而敦本敬始之義每于婚冠見之矣襍記曰大功之末可以嫁子小功之末可以娶婦而下章云已雖小功卒哭可冠娶妻也二文誠為相代尋此言為男女失時或繼嗣未立者耳非通例也

張載曰大功之末可以冠子可以嫁子父小功之末可以冠子可以嫁子可以取婦疑大功之末已下十二字為衍宜直云父大功之末云父大功則是已小功之末也而已之子緦麻之末也故可以冠取也蓋冠取者固已無服矣凡卒哭之後皆是末也所以言衍者以上十二字義無所附著已雖小功既卒哭可與冠取是已自冠取妻也

陸佃曰入小功之末謂小功服之在父行者若從祖父母從姊妹從祖父祖母從祖祖姑是也大功之末在甲行者若孫及從父兄弟從父姊妹兄

弟之子婦是也大功之末不言可以取婦不可以取婦也已雖小功既卒哭可以冠取妻言主冠取者雖在可以主之域然其冠取者若小功未卒哭亦不可

黄氏曰杪末謂卒哭之後大功據身而言小功據父而言孔氏謂之相倫必身與父俱是大功之末方可冠子嫁子父與身俱是小功之末方可冠子嫁子與取婦取婦獨于小功之末言之者取婦有酒食之會涉于歡樂也然小功之末雖可冠子嫁子取婦若下殤之小功則不可若下殤之小功本齊衰重服以下殤而降在小功服降而情不降也范氏謂五服之制各有月數月數之內自無吉事不以衰服接弁冕左氏傳晉侯有少姜之喪少姜貴妾緦耳叔向尚以衰絰辭齊昏是雖妾喪猶無昏姻之道此書或為男女失時或繼嗣未立者非通例也

陳澔曰末服之將除也舊說以末為卒哭後然大功卒哭後尚有六月恐不可言末小功既言末有言卒哭則末非卒哭明矣下言父小功之末則上文大功之末是據已身而言舊說父及已身俱在大功之末或小功之末恐亦未然下殤之小功自期服而降以本服重故不可冠娶也

徐師曾曰小功既除下殤自可嫁取況父小功之末則已之子緦未矣亦何不可之有唯大功之末可以嫁子尚有可疑意者嫁子輕于娶婦故可為耳

乾學按開元禮喪中嫁娶條即用雜記此段之文雖未必當時之果行然猶存餼羊之意至宋政和禮則竟不載矣世愈降而

禮愈亡君子不能無升降之感焉故後世

喪中婚嫁並見違禮中

以喪冠者雖三年之喪可也既冠于次入哭踊三者三乃出注言雖者明齊衰以下皆可以喪冠也始遭喪以其冠月則喪服因冠矣非其冠月待變除卒哭而冠次廬也○疏謂將欲加冠而值其喪則當成服之時因喪服加冠非但輕服得冠雖有三年重喪亦可因喪服而冠也既冠于次謂加冠于廬次之中若齊衰以下加冠于次舍之處既冠而之後入于喪所哭而踊謂每哭一節而三踊如是者三凡為九踊乃出就次所非其冠月待變除卒哭而冠者案夏小正二月綏多士女是冠用二月假令正月遭喪則二月不得因喪而冠必待變除受服之節乃可冠矣

曾子問

曾子問曰將冠子冠者至揖讓而入聞齊衰大功之喪如之何孔子曰內喪則廢外喪則冠而不醴徹饌而埽即位而哭如冠者未至則廢如將冠子而未及期日而有齊衰大功小功之喪則因喪服而冠注冠者謂賓及贊者內喪同門也不醴不醴子也廢吉禮而因喪冠俱成人之服○疏加冠在廟冠在大門之內吉凶不可同處故內喪則廢外喪謂門外之喪喪在他處猶可以加冠也但平常吉時三加之後設醴以禮冠者之身今既有喪故直三加而已不醴之徹饌而埽者初欲迎賓之時未知有喪

醴及饌具既已陳設今忽聞喪故徹去醴與饌具又埽除冠之舊位令使清潔更新乃即位而哭如賓及贊者未至則廢而不冠也未及期日而有期功之喪則冠日尚遠不可以吉加冠故廢其吉禮因著喪之成服而加喪冠也不醴子者案士冠禮醴子之後始醴賓恐此經云不醴是不醴賓故云不醴子也熊氏以即位而哭謂在冠家即位以父承徹饌而埽之下皇氏以為即喪家之位非也吉冠是吉時成人之服喪冠是喪時成人之服今既有凶廢吉禮而因喪冠故云俱成人之服也

除喪不改冠乎孔子曰天子賜諸侯大夫冕弁服於太廟歸設奠服賜服於斯乎有冠醮無冠醴父沒而冠則已冠埽地而祭於禰已祭而見伯父叔父而后饗冠者

注酒為醮冠禮醴重而醮輕此服賜服酌用酒尊賜也不醴明不為改冠改冠當醴之饗謂醴之也○疏曾子又問除喪之後不更改易而行吉冠之禮乎孔子引類荅之諸侯幼弱未冠總角從事至當冠之年因朝天子而賜諸侯大夫或弁或冕之服于天子太廟之中榮君之賜歸設奠祭於已祭廟此時身服所賜之服更不改冠也于此之時唯有冠之醮法行醮以相燕飲無有冠之醴法不用醴以禮受服者之身所以然者凡改冠則當用醴今既受服于天子不可歸還更改為初冠禮法然則既因喪而冠不可除喪更改吉冠也案士冠禮云若不醴則醮用酒是酌酒為醮謂之醮者鄭注云酌而無酬酢曰醮皇氏云醴亦無酬酢而云酒無酬酢者以酒有酬酢為常禮故無酬酢乃謂之為醮醴重醮輕者士冠禮嫡子三加于阼乃醴于客位醴是古之酒故為重若庶子則冠于房外南面遂醮焉醮既用酒酒是後代之法故為輕也醮之所以異于醴者醴則三加之後總一醴之醮則每一加而行一醮凡三醮也酌用酒尊賜也者謂諸侯大夫既受賜服而歸祭告之後使人酌酒以飲已榮上之賜不酬酢也不醴明為不改冠者受賜服而來若

其改而更冠應從嫡子之尊冠必酌醴以醴之今既不醴明不改冠也案士冠禮醴賓以壹獻之禮此云饗冠者前以冠若為賓及贄此即是饗賓及贄也

方愨曰門內之治恩揜義門外之治義斷恩禮所以行義而已故冠禮內喪則廢以其義有所屈故也外喪則冠以其義有所伸故也然則雖冠而不醴以其變常而為之殺也

徐師曾曰此章言冠禮遭喪之節而其事有三將行冠而聞齊衰大功之喪一也因喪服而冠除喪不改冠二也父沒而冠三也然此當為疑經夫外喪冠而不醴是矣卽于是徹饌埽地為位而哭可乎且門外之喪甚近獨不可卽其家而哭之乎冠若吉禮之始因喪服而冠不可也未及期有喪而廢可也況齊衰期年耳大小功九月五月耳待除而後冠未為遲也何必因喪而冠乎冠禮三加而醮冠畢而醴若諸侯大夫服勝服不云三加安得有醮而無醴乎竊意二句有誤當云有冠醴無冠醮庶或可通蓋不論其禮之輕重求其實可也且三加彌尊安得謂醮輕乎

家語武王崩成王年十有三而嗣立周公居冢宰攝政以治天下明年夏六月既葬冠成王而朝于祖以見諸侯周公命祝雍作頌

通典東晉臺符問修復未畢吉凶不相干為可加元服與不太常王彪之議禮雖有喪冠之年服制未終若須服終便失應冠之年故也禮所以冠無定時月

春夏不可便用秋冬若今歲内脩復未畢入新年卜仲春之日加元服不失年不失禮今便准喪冠闕饗樂而行事誠有倚傍然加袞冕火龍煥然以准喪儀情有不體若别有事必速加元服今諸輕重不須脩復畢者便當准喪冠耳又議新年至尊當加元服今若依成帝故事用三元日者冠有金石之樂恐脩山陵未畢于樂便闕禮官自卜日又云夏葛屨冬皮屨無定時不必三元也按晉故事及兩漢皆非三元當任時事之宜耳

大功小功未冠議　晉傅純曰按禮記本文已在小功則得冠在大功不得冠也鄭氏云已大功卒哭可以冠娶文不同何耶又娶記不見已冠不知已冠當在何條賀循荅曰禮云大功小功之末可以冠娶道

父子為嫌但施于子不施于已故下言已雖小功著已與子亦同也俱同則大功之末已可以冠以理推之正自應爾非為與本文不同要記不見已冠直是文句脫耳○高崧問范汪曰按小功之末可以冠子已雖小功卒哭可以冠而鄭孫二家注並云已大功卒哭可以冠求之于禮無可冠之文范汪荅曰大功之末可以冠子此於子已為無服又云父小功可以冠子疑與上章俱有末語特于下言已雖小功卒哭可以冠是為小功卒哭皆得行冠娶之事也大夫三月而葬葬而後虞虞而後卒哭是為父雖小功子服盡也大功許冠婚則小功便無所不可也高崧重問范汪曰下殤小功則不可而云小功之末可以冠婚何范汪荅曰下殤小功此是周服之下殤不可以服

輕而恩疏也或曰因喪而冠亦禮之明文何以復于大功小功喪中每言冠乎荅曰大喪冠而已不行冠禮也於大功小功之末故可行冠禮因喪而冠與倫行冠禮殊也或問者曰禮大功之末可以冠子嫁子娶婦已雖小功既卒哭可以冠取妻按經大功之末雖云可以冠子嫁子不言已可以冠而鄭氏注云已大功卒哭而可以冠未解經又云大功之末而注云卒哭不知此言末便是卒哭爲非卒哭耶荅曰記云大功之末可以冠子嫁子而注又云已大功卒哭而可以冠小功卒哭而可以冠取妻者冠而後取今既云冠嫁其子則于文不得復自著已冠故注家合而明之以小功得娶妻則大功亦可以得冠冠輕婚重故大功之末得自冠小功之末得自娶以記文不備故

注兼明之注之有此比禮三月既葬卒哭於小功則餘有二月是末也于大功則正三分之一便謂之末意常以疑之然鄭氏注喪服經云葬喪之大事既畢故謂之末耶重問曰省反申釋注意甚為允也然猶僕有所未了禮小功卒哭可以娶者婚禮娶婦之家三日不舉樂明婚雖屬吉而有嗣親之感小功餘喪不重祖考之思故可以娶也大功可冠猶有疑焉夫吉禮將事必先筮賓然後成禮大功之末可以冠嫁其子者以已大功之末於子則小功服已過半情降既殊日筭浸遠故子可以行吉事至于已身親有功布重制月數尚近而便釋親重之服行輕吉之禮于此稱情無乃薄耶且非禮正文出自注義耳若有廣比想能明例以告之答曰齊衰之喪則冠婚皆廢大

功則廢婚而行冠冠吉輕婚吉重故也冠吉輕故行之于大功之末婚吉重故行之于小功之末但以大功末云可以婚子而自著以冠之文不便覽者以三隅反之推小功得自娶則大功得自冠以身有功服月數尚近釋親重之服行輕吉之事今正以小功大功之末俱得行吉禮故施輕吉于重末行重吉于輕餘重服不可以重吉故許其輕者輕服可以通重吉故因得行之若大功之冠則行吉冠之禮而反喪服若服在齊衰不得行吉則因喪而冠以冠禮貴及不可踰時而齊衰之服崇重則大功之末差輕輕則行以吉重時因以凶也

開元禮因喪冠者雖三年之喪可也既冠入于次哭盡哀乃出言雖者明齊衰以下皆可以喪冠也始遭喪以其冠月日喪服則冠矣非其冠月待變除卒哭而冠也次廬内

五禮精義云因喪冠而有賓為禮不禮云如將冠子未及期月而有齊衰大功小功之喪則因喪服而冠鄭云廢吉禮而因喪冠俱成人之服也當哭泣以隨成服之節則他禮可去之除喪遂無冠矣○又云若闈外喪冠而不醴字之否言冠而不醴徹饌而掃即位而哭明三加之後餘禮盡廢則不字也○禮記云父沒而冠既冠埽地而祭於禰既祭而見伯父叔父致曾子問祭不旅酬之事子云閨之小祥者主人練祭而不旅奠酬于賓賓不舉禮也今有因齊衰大功喪而冠者當准此禮也右三條見政和禮御製冠禮

姚翼家規通俗編男子年十五至二十皆可冠必父母已身無重喪及齊衰之喪而不為喪主且與

喪主不同居者方可行之若齊衰喪主或與喪主同居必卒哭而後行按周制大功之末可以冠子家禮取必父母無期喪及大功既葬而後行恐立禁太嚴特斟酌如右古志又云齊衰之喪冠婚皆廢大功之喪則廢昏而行冠亦稍通融矣

王侯初喪襲爵

通典漢獻帝嫡孫杜氏鄉侯劉康襲爵假授使者拜授康素服奪情議魏尚書奏按周禮天子公卿諸侯吉服皆玄冕朱裏玄衣纁裳有喪凶則變之麻冕黼裳邦君麻冕蟻裳之麻冕者則素冕麻不加采色又變其裳亦非純吉亦不純凶漢氏承秦改六冕之制以玄冠絳衣一服而已有喪凶之事則變吉服以從簡易故諸王薨遣使者拜嗣子為王則玄冠練經服

素以承詔命事訖然後反喪服考之前典則羌周書論之漢室則合常制王肅議尊者臨卑不制練麻故為之素服今康處三年喪在練經之中若因喪以命之則無復素服若以尊崇王命則吉服以拜受按尚書康王受策命吉服而受之事畢又以吉服出應門内以命諸侯皆出然後王釋冕服故臣以為諸侯受天子之命宜以吉服又禮處三年之喪而當除父兄之喪服除服卒事然後反喪服則受天子命者亦宜服其命服使者出反喪服即位而哭既合于禮又合人情詔從之

尚書又奏按成王崩康王即位上宗奉同瑁王再拜三祭按鄭玄曰即位必醴之者以神之以神之者以醴嚌成之也以醴嚌成之者醴濁飲至齒不入口曰嚌既居重喪但行其禮而不取其味又禮始冠加爵亦皆禮之所以加重以成其尊也

又漢舊儀諸王嫡子嗣位受拜畢立于門外使者既出拜送還升嚌醴訖又再拜臣與康王即位事同右今相參事無遠者王肅又議凡奉神祭祀則有受祚之爵嘉慶事則有醮醴之儀若君薨而太子即位孤之位無醮醴之儀成王病困乃召羣臣訓以敬保元子明日成王崩既大殮羣臣以冊書宣成王命以命康王是為受顧命之戒非即位之事王從三宿三祭上宗曰饗而不嚌醴也此王者隨時之禮非常行之典不可以為拜諸侯嫡子之儀襲爵之日乃孝子孝孫所以增哀戚之懷非禮之所施且謂之王命所加而使者又既出謂之受神之禮復非饋奠之時按拜陳思王子志為濟北王又與今異猶須王嚌醴畢然後使者出今按鄭玄說即位醴之以成其禮猶愈于

使者既出不說饋奠而獨嚌醴臣猶以為非禮之哀今京師廷拜諸侯嗣子無事有嚌醴天子賜諸侯大夫冕弁服于太廟歸設奠服賜服于斯乎有冠醮而無冠醴此謂諸侯大夫以平吉受賜衣于天子太廟歸設祭于其廟服賜服而受冠醴之禮也可依此使者既出公猶服命服設奠而告又禮小祥之祭然後嚌之此自告其廟非王命之所加如禮不嚌既告反服即位而哭既合于禮又合人情詔從之高堂隆議拜受儀按舊典天子遣使者齎車服策命命諸侯嗣位之禮上卿為使者嗣君遣上卿吉服迎于境自吉服勞于郊館宗廟致飧餼告期日受命于祖廟設喪主几筵于戶牖之前命車設于庭西上安車駟馬皆在車之東使者奉策服印綬加設板策于其上升自

西階東面内史在右嗣君端委以八升自阼階西面立使者以皇帝命命冕内史賛之嗣君降于西階間北面再拜稽首使者宣命曰無下拜嗣君升成拜内史加詔板策命於服上以東嗣君進而西逆受于西楹間皆旋復位嗣君釋端委服降升成拜如初使者降出升車嗣君拜送于門外修享贈餞之禮使歸嗣君送至于境嗣君釋冕服素弁葛環繚絰侈袂脩奠祭之禮告于殯宮訖乃釋弁絰反喪服此其大畧也其他則同之

魏晉故事門博士濟北嗣子應襲封今有大喪為故應遣使者拜不下權荅按春秋之義國有喪未葬不爵大夫自非有故不得已皆須葬畢

明太祖實録 洪武二十八年夏四月辛未上諭禮部尚

書任亨泰曰秦王既沒國事無統世子長成宜命襲爵爾其集議以聞亨泰同翰林諸臣議漢諸王薨遣使者拜嗣子為王則玄冠衰絰素服以承詔事訖反喪服即位而哭既合于禮且協人情詔依服命服禮行之

神宗實錄萬曆三十一年六月丙戌朔先是遣太常寺少卿趙崇善行人陳石岳持節往江西封益府安義羅川二王使臣已行適益王訃至禮部言吉凶二禮並在一時原無事例在宗藩要例親郡王薨逝其子孫應襲者俱俟服闋請封此為襲封子孫設耳若請封在先冊命已頒冊使已行而應封者偶有服制則君命為重萬無俟服闋之理況二王受封銀冊俱已鑄就今年月日字樣萬萬無銷毁改造之事二王

之封正副使自當照常行禮一應接册等儀通如常
不宜裁節以爲上命
乾學按喪服之中自不宜爵命王侯卞權
引國有喪未葬不爵大夫之義實正論也
况後世之諸侯王無人民社稷之寄國有
何事而須汲汲爵之乎魏之爵劉康明之
爵秦世子固以失之於前至於神宗之爵
安義羅川而禮官言銀册已鑄今年月日
不可改造是不過惜此區區小費耳夫為
朝廷惜此小費而反不為朝廷惜此大禮
禮官之見何其陋乎

皇妃受册遭喪

隋書禮志五服之喪受册及之職儀衛依常式唯鼓

樂從而不作

唐百官志大功以上喪受册涖官鼓吹從而不作

宋趙順孫論楊美人父喪不宜册封畧曰臣忽覩邸報御筆奉皇太后旨美人楊氏可進封淑妃令學士院擇日降制臣竊謂聖治以端宮闈爲本第美人乃寶章閣待制纘之女纘以六月初三日上遺表内批特贈四官曾未半月而進封之命下稽諸古典四妃秩視三公其未被受則有辭免之禮既被受則有正謝之禮服以褕翟飾以佩綬此皆禮之所不可缺者不用此非所以成禮用此非所以敎孝禮君子不奪人之喪獨不念葛覃之情有蓼莪之感乎臣非謂國家册妃之禮可緩也但父子至情自天子達于庶人孝無差等其于孝治昭明之朝而乃有此哉欲望聖

慈謹風化之攸關體人情之不忍稍緩降制之日俾妃德無慙亦母使天下後世得以議聖朝之虧禮宗社幸甚疏入度宗遣中使宣諭欲以百日為期順孫復奏以期年為請

喪中受册寶

宋史孝宗受禪議上光堯壽聖尊號册寶有欲俟欽宗服除者太常博士林栗謂唐憲宗上順宗册寶在德宗服中不必避脩樂而不作可也劉儀鳳獨上議曰謹按上尊號事屬嘉禮累朝必俟郊祀慶成然後舉行太上皇帝為欽宗脩禮終制見于詔書議者引憲宗故事考之唐史自武德以來皆用易月之制與本朝事体大相遠也乞候欽宗終制檢舉以行則國家盛美主上事親情實稱矣議者雖是其言然謂事

親當權宜而從事竟用衆議

葬不以特

喪服小記報葬者報虞三月而后卒哭注報讀為赴疾之赴謂不及期而葬也既葬即虞虞安神也卒哭之祭待哀殺也○疏此一節論不得常葬之禮赴猶急疾也貧者或因事故死而即葬不待三月葬竟而急殺虞安神宜急也卒哭猶待三月者奪于哀痛不忍急也

陸佃曰此不及期而葬不及期而葬報而後知之即及期有會而無報葬雖速猶須三月而後卒哭

三年而后葬者必再祭其祭之間不同時而除喪注再祭練祥也間不同時者當異月也既祔明月練祭又明月祥祭必異月者以葬與練祥本異歲宜異時也而除喪者祥則除不禫○疏此謂身有事故不得及時而葬故三年而始喪既三月未葬尸柩尚存雖當練祥之月不可除親服故三年葬後必為此練祥間不同時者練之與祥本是別年別月今雖三年之後不可同一時而祭當前月練後月祥故云不同時于練祥之時而除喪謂練時男子除首絰婦人除要帶祥時除喪云既祔明月練祭又明月祥祭則虞祔依常禮也已祥則除不禫者以經直云必再祭故知不禫不禫者本為思念情深不忍頓除故有禫也今既三年始葬哀情已極故不禫也

盧植曰謂逢變三年後乃葬者虞祔後必行小祥大祥祭也

王肅曰不同者異月也謂葬後一月練後一月大祥也除重服宜有漸間一月若異時矣故言不同時者但不同月耳

方慤曰未葬則雖期未可練再期未可祥必待葬畢而為之故曰再祭必有漸焉故不可同時也馬希孟曰祭不為除喪而除喪者必因祭焉以祭為吉而除喪者所以從吉也夫練祥之時既已過矣而猶為之再祭以存親之禮不可廢也其祭之間不同時若以其存親之節不可忘也祭不同乎時而除喪者亦不同乎時則除喪必從祭也可知矣

通典晋杜元凱云自天子諸侯以下若赴時速葬則赴虞至于卒哭必須其哀殺也若過時不葬則以麻終喪而除至葬復脩服既祔明一月練而祭又明一月大祥而祭必再祭者象本當再歲故也若二十五月而葬則便祥除不復練也束晳問步熊曰三年喪不葬五年後復葬當練否熊荅曰禮云練祥之間必異月與此同也袁准正論曰先儒以為再祭小祥大祥也而喪者已祥則除大祥不應服禫且虞在既葬不在日月禫在喪終不在早晚故宜禫不宜祥虞喜釋疑曰若如鄭意既祔明月練而祭又明月祥此則

葬至祥合為三月適足為一時何得言不同時而除練祥皆周之正數再祭當為練祥不得闕而用禫又按袁准云有練無祥失之矣鄭玄言練祥是也余謂喪服既終葬已踰月然猶再祭者存其大制耳此二祭蓋同日而異時時謂日也非三月之時禮亦有一日再祭檀弓云是日也以吉祭易喪祭王蕃問范甯曰人有父在遭母喪十七月乃得葬便當頓除更復練祥耶荅曰三年而後葬者必再祭練祥之祭也主喪不除未葬不變也十七月既祥即除服不禫可知也〇宋庾蔚之問荅曰有葬在小祥之月此月復有虞祔之禮便用晦祥於理為速此與父喪復異聡後月祥練于情允否荅曰三年後葬祥不在葬月耳今未為絕久祥理取後月也又問曰葬與練祥三事各

月猶未足伸漸殺之情況乃練祥三變而可共在一月耶虞喜之言不近人情盧鄭王皆以此不同時日良有由也言各有當亦不嫌同辭春夏秋冬既各爲一時一日有十二時然十二月何爲不得各爲一時之言也

開元禮速葬者速虞三月而後卒哭謂不及期而葬既葬即虞以安神卒哭之祭待哀發父母之喪周而葬者則以葬之後月小祥其安神則依再周之禮禫亦如之若再周而後葬者則以葬之後月爲練祭練之後月爲祥祭祥而即吉無復禫矣其未再周葬者則以二十五月練二十六月祥二十七月禫必練祥禫者明深哀不可頓除故爲之漸以安孝子之心禫一月者終二十七月之數久而不葬者皆變服唯主喪者不除其餘各終月數而除之皆無受服至葬乃反其服虞則除之若亡失尸柩則

張子說不是此條用小字雙行
然不用大字

變除如常禮

張子曰今人多歷年所而葬者亦當用改葬之服蓋古者未葬則主人不除今既除之矣則猶當從改葬服禮改葬服緦久不葬者似難為虞祭以其無几筵也三日而省墓可也

王廷相曰有故過期而葬者其禮何如曰未葬不可變服斬衰之喪周而葬者則以葬之次月小祥其大祥仍依再周之禮禫亦如之再周而後葬者則以葬之次月練又次月為大祥終月而禫即吉矣速葬者何如也曰葬之日即虞三月而後卒哭哀不可遽殺也祥禫皆如其期焉

宋政和禮凡父母之喪周而葬者則以葬之後月小祥大祥取再周之禮禫亦如之若再周而後葬者則以葬之後月練又後月為大祥祥而即吉無復禫矣其未再周葬則以二十五月練二十六月祥二十七月禫若再周而未葬則俟已葬而後除服

義門鄭氏

喪不相待

南齊書皇太子穆妃服尚書左丞兼制作郎王逡問王儉中軍南郡王小祥應待闈喜不穆妃七月二十四日薨闈喜公八月發哀計十一月之限應在六月南郡王為當同取六月則大祥復申一月應用八月非復正月存親之義若各自為祥[illegible]

[illegible]一[illegible]二月者或[illegible]以倏阻此所謂任情徑行未達禮旨昔樊表記已嘗言之遠還之人自有為而未祭在家之子立何辭以不變禮有除喪而歸者此則經記之遺文不待之明據假使應待則相去彌年亦宜必待乃為衆經永服以窮生吉觸長絕于宗廟斯不可矣苟曰非宜則

舊唐書齊澣[illegible]疾篤謂其子曰吾亡三日斂斂日即葬勿更久留貽公私之煩家無餘財可賣所居鄉備葬禮人嘉其達

入開元禮前

旬月之間亦不容申何者禮有倫序義無徒設今遠則不待近必相須禮例既乖即心無取若疑兄弟同居吉凶舛襍則古有異宮之義設無異宮則遠還之子自應開立別門以終喪事靈筵祭奠隨在家之人再期而毀所以然者奔喪禮云為位不奠鄭玄云以其精神不存乎此也聞哀不時實緣在遠為位不奠益有可安此自有為而然不關嫡庶庶子在家亦不待嫡矣而況儲妃正体王室中軍長嫡之重天朝又行權制進退彌復非宜謂不應相待中軍祥縞之日聞喜致哀而已不受弔慰及至忌辰變除昆弟亦宜相就寫情而不對客此國之大典宜通關八座丞郎共盡同異然後奏御司徒褚淵等二十人並同儉議為允請以為永制詔可

南齊書皇太子穆妃服尚書左丞兼制作郎王逡問王儉中軍南郡王小祥應待聞喜不穆妃七月二十四日薨聞喜公八月發哀計十一月之限應在六月南郡王為當同取六月則大祥復申一月應用八月非復正月存親之義若各自為祥廬堊相閒玄素襍糅未審當有此疑否儉曰送往有已復生有節罔極非服制所申祥縞明示終之斷相待之義經記無聞世人多以廬室衰麻不宜有異故相去一二月者或申以俱除此所謂任情徑行未達禮旨昔撰表記已嘗言之遠還之人自有為而未祭在家之子立何辭以不變禮有除喪而歸者此則經記之遺文不待之明據假使應待則相去彌年亦宜必待乃為衰絰永服以窮生者獨長絕于宗廟斯不可矣苟曰非宜則

旬月之間亦不容申何者禮有倫序義無徒設今遠則不待近必相須禮例既乖即心無取若疑兄弟同居吉凶舛襍則古有異宮之義設無異宮則遠還之子自應開立別門以終喪事靈筵祭奠隨在家之人再期而毀所以然者奔喪禮云為位不奠鄭玄云以其精神不存乎此也聞哀不時實緣在遠為位不奠益有可安此自有為而然不關嫡庶庶子在家亦不待嫡矣而況儲妃正体王室中軍長嫡之重天朝又行權制進退彌復非宜謂不應相待中軍祥縞之日聞喜致哀而已不受弔慰及至忌辰變除昆弟亦宜相就寫情而不對客此國之大典宜通關八座丞郎共盡同異然後奏御司徒褚淵等二十人並同儉議為允請以為永制詔可

陳書高祖永定中沈洙為散騎常侍時有司奏前寧遠將軍建康令沈孝軌門生陳三兒牒稱主人翁靈柩在周主人奉使關內因欲迎喪久而未返此月晦即是再周主人弟息見在此者為至月末除靈內外即吉為待主人還情禮申竟以事諮左丞江德藻德藻議王衛軍云久喪不葬唯主人不變其餘親各終月數而除此蓋引禮文論在家內有事故未得葬者耳孝軌既在異域雖已迎喪還期無指諸弟若遂不除永絕婚嫁此于人情或為未允中原淪陷已後理有事例宜諮沈常侍詳議洙議曰禮有變正又有從宜禮小記云久而不葬者惟主祭者不除其餘以麻終月數者除喪則已注云其餘謂旁親如鄭所解衆子皆應不除王衛軍所引此蓋禮之正也但魏氏東

闕之役既失亡屍柩葬禮無期議以為禮無終身之喪故制使除服晉氏喪亂或死于寇庭無由迎殯江左故復申明其制李流之祖王華之父並存亡不測其子制服依時釋衰此並變禮之宜也孝執雖因奉使便欲迎喪而載狄雖覲還期未剋愚謂依東闕故事在此國內者並應釋除衰麻毀靈附祭若喪柩得還別行改葬之禮自天下寇亂西朝傾覆流播絕域情禮莫申若此之徒諒非一二寧可喪期無數而弗除衰服朝廷自應為之限制以義斷恩通訪博識折衷禮衷德藻依沫議奏可

朱子語類親喪兄弟先滿者先除服後滿者後除以在外聞喪有先後也

開元禮兄弟各處異方而父母喪各依聞哀日月而

除之

金革奪情

曾子問子夏問曰三年之喪卒哭金革之事無辟也者禮與初有司與注疑有司初使之然孔子曰夏后氏三年之喪既殯而致事殷人既葬而致事記曰君子不奪人之親亦不可奪親也此之謂乎子夏曰金革之事無辟也者非與注疑禮有然孔子曰吾聞諸老聃曰昔者魯公伯禽有為為之也注伯禽周公子封于魯有徐戎作難喪卒哭而征之急王事也征之作費誓今以三年之喪從其利者吾弗知也注特多攻取之兵言非禮也○疏子夏以親喪卒哭之後國有金革戰伐之事無敢辭辟為是禮當然與為當初時有司強逼遣之與孔子既荅夏商殯葬致事則無從金革之禮子夏見周世金革無避恐其禮當然故再問之伯禽初立徐戎作亂東郊不開故征之是有為為之也今則更無所為直貪從于利攻取于人者吾不知也言不知是不得此禮也按周公致仕之後成王即位之時周公猶在則此云伯禽卒哭者為母喪也

吳澄曰武王崩之年武庚叛周徐戎應之周公東征定殷亂遣伯禽之國鎮遏東方元年征徐戎蓋此王室危急伯禽雖有私喪不敢辭辟也

喪大記君既葬王政入於國既卒哭而服王事大夫士既葬公政入於家既卒哭弁絰帶金革之事無辟也注此權禮也弁絰帶者變喪服而弔服輕可以即事也○疏值國家有事孝子不得遂恒禮故從權事弁絰帶者弔服也卒哭則有變服今有事不得服已變服而服弔服以從金革之事無所辟也變服重弔服輕故從便也此言服弁絰則國君亦弁絰國君言服王事則此亦服國事也弁絰謂弔服帶謂喪服要絰明雖弔服而有要絰異凡弔也

徐師曾曰愚按曾子問云夏后氏既殯而致事殷人既葬而致事君子不奪人之親亦不可奪親也豈有既葬政入以下諸事乎此後儒附會之說以便季世奪情之私非禮也若魯公伯禽之事又須別論

左傳僖公三十三年夏晉原軫曰秦違蹇叔而以貪勤民天奉我也注奉與也奉不可失敵不可縱必伐秦師遂發命遽興姜戎子墨衰絰注晉文公未葬故襄公稱子以凶服從戎故墨之夏四月辛巳敗秦師于殽遂墨以葬文公晉於是始墨注後遂常以為俗記禮所由變

公羊傳宣公元年夏晉放其大夫胥甲父于衛放之

三國志

者何猶曰無去是云爾注是是衛然則何言爾近臣也此其為近臣奈何古者大夫已去三年待放君放之非也注曰無去是非也大夫待放正也注聽君不去衛臣也古者臣有大喪則君三年不呼其門已練可以弁冕注此說時棄禮失非謂禮當然弁禮所為皮弁爵弁也皮弁武冠爵弁文冠加旒曰冕主所以入宗廟服金革之事君使之非也臣行之禮也注臣順君命亦禮也此與君放之非臣待君放臣同故引同類以相發明閔子要經而服事既而曰若此乎古之道不即人心注既事畢言古者不敢斥君即近也退而致仕注退退身也致仕還祿位于君孔子蓋善之也注善其外得事君之義內不失親親之恩言古者又遜順不訕其君也

宋書王誕傳誕為吳國內史母憂去職宋武帝伐劉毅起為輔國將軍誕固辭以墨衰從行

魏書陽平王頤遭母喪詔遣侍臣以金革敦諭既殯而發

（南史程文季傳）文靈洗卒起為超武將軍仍助防郢州文季性至孝雖軍旅奪禮而毀瘠甚至

隋書令狐熙傳熙丁父憂河陰之役詔令墨衰從事

宋史余靖傳靖丁父憂會儂智高反以兵圍廣州朝廷方
顧南事就喪次起靖為秘書監知潭州

金史溫迪罕達居父喪是時伐宋兵興起復

隋書禮儀志凶服不入公門朞喪已下不解官者在
外曹（欞）緣紗帽若重喪被起者皂絹下裙帽若入宮殿
及須朝見者冠服依百官例

唐六典凡凶服不入公門遭喪被起在朝者各依本
品著淺色絁縵周已下慘者朝參起居亦依品色無
金玉之飾起復者朝會不預周喪未練大功未葬則
亦准此例

唐書董晉傳金吾將軍沈房有期喪亦除常服入閤
帝疑以問晉對曰故事朝官期以下喪服絁縵不復

衣淺色南班亦如之又問晉冠冕之制對曰古者服冠冕以佩玉節步堂上接武堂下布武君前趨進而已今或奔走以致顛仆在式朝臣皆綾袍五品而上金玉帶所以晝飾以奉上故漢尚書郎含香老萊衣服君父一也若然服絶緆而非禮也帝然其言詔入閤官毋趨走期以下喪不得以慘服會令羣臣衣本品綾袍金玉帶自晉而復

五代會要後唐應順元年閏正月十六日勅凡在苴麻並須終制比緣金革遂有奪情亦以移忠藉其陳力其內諸司使副帶西班正官者宜候過卒哭起復授官不帶正官者及供奉官殿直承旨等宜過卒哭休日赴職其有帶東班官者祇以檢校官充職服闋日加授前職

李宗諤云先公周顯德末翰林學士起復累素紗軟脚幞頭黲紫公服每入朝猶佩魚袋或曰魚袋者取事君夙夜匪懈之義然以金爲飾亦身之華也居喪奪情不當有金寶之飾公遽謝不佩

讀禮通考卷一百四

變禮六

改葬

公羊傳莊公三年五月葬桓王○此未有言崩者何以書葬蓋改葬也注改更也改葬服輕不當月月者時無非常之變榮奢改葬尒故悪録之書者諸侯當有恩禮○疏桓十五年經書三月乙未天王崩何言未有言崩者正以此年事不相接故也宣三年郊牛之口傷改卜牛經即書其改卜此若改葬經宜書改而不書改者蓋以天王之崩去此七年是改可知何勞書改乎其改卜牛須書改者若直言卜牛嫌卜前口傷之牛故須言改以明之傳必知改葬者正見春秋說云恒星不見周人榮奢改葬桓王冢死尸復擾終不覺之文改也言改葬服輕者即喪服云改葬緦是也言不當月月者欲決昭二十二年六月叔鞅如京師葬景王之文也言時無非常之變者即決禮有非常之變者將亡失尸柩之時改葬也言榮奢改葬者即春秋說云恒星不見夜明周人榮奢改葬桓王冢死尸復擾終不覺之文也若然案春秋說改葬在恒星不見之後即宜在七年之末而在三年者宋氏云七年恒星不見夜明亦由今日榮奢改葬故由此之故悪而深録之也文九年傳云王者不書葬此何以書不及時書過時書重録失時我有往者則書謂使大夫往也悪文公不自往故書葬以起大夫會之然則此改葬桓王非彼之類而得書者欲見諸侯當有恩禮故也

穀梁傳改葬也注若實改葬當言改以明之郊牛之口傷改卜牛是也傳當以七年乃葬故謂之改葬〇疏傳曰改葬也釋曰傳云改葬而范違之者以經不言改故知非改葬也傳言改者以見喪踰七年已行吉禮今始反服喪服故謂之改葬乙或精符云恒星不見夜中星隕如雨而王不恨使榮叔改葬桓王冢奢麗大甚如讖之言則改葬桓王在恒星不見之後故范謂此時非改葬也改葬之禮緦擧下緬也注緦者五服最下言擧下緬上從緦皆反其故服因葬桓王記改葬之禮不謂改葬桓王當服緦也江熙曰葬稱公擧五等之上改葬禮緦擧五服之下以喪緬邈遠也天子諸侯易服而葬以為交于神明者不可以純凶況其緬者乎是故改葬之禮其服唯輕言緬釋所以緦也〇疏喪服有斬衰齊衰大功小功緦麻改葬之禮各從本服但緦服者是五服之下故傳云改葬之禮緦者擧下以緬上也不謂改葬桓王之時唯服緦耳江熙以為改葬之禮其服唯輕故云天子諸侯易服而葬以證唯輕耳知天子諸侯易服而葬者檀弓云弁絰葛而葬與神交之道也鄭玄云接神之道不可以純凶天子諸侯變服而葬冠素弁以葛為環絰既虞卒哭乃服受服也變服者謂未葬以前服麻葬則易之以葛也或曰郤尸以求諸侯注停尸七年以求諸侯魯葬非人情也天子志崩不志葬必其時也何必焉擧天下而葬一人其義不疑也志葬故也危不得葬也曰近不失崩不志崩失天下也注京師去魯不遠赴告之命可不踰旬而至史不志崩則亂可知獨陰不生獨陽不生獨天不生三合然後生故曰母之子也可天之子也可尊者取尊稱焉卑者取卑

稱焉其曰王者民之所歸往也

乾學按儀禮禮記但有改葬服制而無改葬儀注開元政和諸禮有之故今採其說爲改葬篇而前代諸儒有言及其禮者各以世次相列云

鄭玄儀禮改葬緦注改葬者明棺物毁敗改設之如葬時也其奠如大斂從廟之廟從墓之墓禮宜同也○賈公彥疏案既夕記朝廟至廟中更設遷祖奠此移柩向新葬之處所設之奠亦如大斂之奠士用豚三鼎則大夫已上更加牲牢大夫用特牲諸侯用少牢天子用太牢可知朝廟載柩之時士用輁軸大夫已上用輴不用蜃車飾以帷荒則此從墓之墓亦與朝廟同可知

通典吳徐整問射慈云改葬緦其奠如大斂從廟之廟從墓之墓禮宜同也又此大斂謂如始死之大斂耶從廟謂從何廟牲物何用慈答奠如大斂奠士大斂特豚從禰廟朝祖廟從故墓之新墓皆用特豚大夫以上其禮亡以此推之大夫奠用特豚天子太牢諸侯少牢此條與儀禮注疏已見十五卷中前主服此主制故不嫌複耳

改葬反虞議晉尚書下問改葬應虞與不按王肅喪服記云改葬緦既虞而除之傅純難曰夫葬以藏形廟以安神改葬之神在廟久矣安得退之于寢而虞之乎若虞之於寢則當復還祔於廟不得但虞而已國子祭酒荀訥以為虞安神之祭神已在廟改葬不應復虞虞則有主訥謂純言為當韓斜問賀循曰按傅純曰問鄭氏改葬三月又譏王氏以既虞為節云

改葬之神在廟久矣不應復虞見府君所答惟云宜三月謂王氏爲短鄭爲長而不答應虞之義此爲應虞不也循答曰凡移葬者必先設祭告墓而開塚從墓至墓皆設奠如將葬朝廟之禮意亦有疑既設奠于墓所以終其事必爾者雖非正虞亦似虞之一隅也但不得如常虞還祭殯宮耳故不甚許王氏但不許其便除然禮無正文是以不明言也殷仲堪問范甯曰荀訥議太后改葬既據言不虞朝廷所用賀要記云三月便止何也甯答曰賀無此文或好事者爲之耶不見馬鄭賀范説改葬有虞神已在廟虞何爲哉吳射慈荅徐整問改葬虞曰不在殯宮文不爲位何反虞之有○宋庾蔚之謂神已在廟無所復虞但先祭而開墓將窆而奠事畢而祭遂毁靈座若棺毁

更斂則宜有大斂之奠若移喪遠又有祖奠遣奠也

唐開元禮三品以上改葬儀四品以下至庶人附○

卜宅○

將改葬者吉服卜宅兆其餘如葬卜宅兆之儀先於塋所隨地之宜張白布帷幕南向開戶○

啟請●

其日內外諸親應集者皆至墓所各就便次主人衆主人妻妾女子子俱緦麻服餘周親以下皆素服丈夫於墓東西向婦人於墓西東向皆北上婦人障以行帷俱立哭盡哀卑者皆拜○

開墳

祝立於羨道南北向內外皆哭止祝三聲噫嘻啟以開墳改葬之故其意敘改葬所由之事隨時為之內外又哭盡哀權就別

所掌事者開墳訖內外又就位哭如初○

舉柩

掌事者設席於幕下舉柩出置于席上內外俱從柩哭於幕所主人以下柩東西面主婦以下柩西東面俱南上丈夫周親以下於主人東北南面西上婦人周親以下於主婦西北南面東上外姻丈夫於主人東南北面西上婦人於主婦西南北面東上（尊者坐）國官於帷門外之東北面西上（六品以下無國官以下儀）僚佐於帷門外之西北面東上皆舒席爲位○

奠

祝以功布拭棺改加新楮設洗於幕西南隅罍水在西加勺冪篚在洗東南肆巾二爵一於篚加冪設席于柩東設啟奠于席上設進酒之罇於饌南主人詣

罍洗盥手洗爵進酌酒奠於席前興少退西面再拜内外卑者俱再拜少頃徹奠○

升柩車

既奠進輴車（六品以下柩車下准此）於帷門外南向掌事者升柩於輴車遂詣施設所内外俱哭從掌事者先設牀於幕下有枕席周設帷柩車至帷門外丈夫於柩東婦人於柩西俱立哭掌事者舉柩降柩置於輴入設於牀東（若于墓所即斂初奠訖不進輴車設牀于柩東而加枕席遂舉尸以斂之）舉尸出置於牀南首柩初入定内外就位哭如墓所之儀○

斂

陳衣於幕東帷内明衣裳及上服各一稱西領南上冕（六品以下則弁若冠）具導簪纓在北内喪則花釵衾一（衾以黃爲表素爲裏）具饌於幕東兩甒醴酒柩初至幕下舉尸於牀主人衆主

人稍退仍西向妻妾女子子稍退仍東向遂斂丈夫加冕（六品以下則弁若冠）婦人以花釵又覆以衾主人衆主人妻妾女子子憑哭斂將訖掌事者以棺入設於西廂藉以席於棺入內外皆止哭置棺定乃哭舉者四人入舉牀男女從奉之舉尸斂于棺乃加蓋覆以衾設帷於棺東內外就位如初。

奠

既斂祝執巾几席入設於柩東右几加以巾掌事者設罍洗於幕西南隅如初祝以饌升設于席前施設訖執饌者降出相者引主人盥洗酌酒進奠於席前興少頃西面再拜內外卑者皆再拜訖主人以下各退就位俱坐哭。

設靈

既斂設靈於吉帷内幕下西廂東向施牀帷屏几服飾以時上膳羞及湯沐皆如平常○

進引

前一日之夕掌事者進轜車于凶帷外（六品以下進柩車于凶帷外）當門南向（其下帳明器及苞牲等輿陳於轜車前少西東嚮）其日進引前量時刻搥一鼓為一嚴（六品以下無進引但量時而已）陳靈車儀仗如常（在陳車篇）少頃搥二鼓為再嚴侍靈者俱詣靈所腰輿威儀入陳如常進靈車於帷外南向少頃三鼓為三嚴掌事者入徹饌以出内外皆興立哭於位執紼者入掌事者徹帷持翣者入以翣障柩執披拂者各進執鐸者各入夾於柩前東西相向執纛者（六品以下無纛下准此）立於鐸南執銘旌者入立於纛南北面（諸執披拂鐸旌纛者皆布深衣介幘六品以下則執銘旌者立于柩前近南面餘同）○

告遷

三嚴訖祝帥腰輿入詣靈座前西向告曰以今吉辰用即宅兆少頃輿出詣靈車後少頃退（若內喪女祝迎之）執紼者引輴軸（六品以下無執紼輴但將車柩皆振鐸而已）旌先纛次鐸次轜車次引輴初動執鐸者皆振鐸每振鐸先搖之搖訖三振之其持翣者常以翣障柩於輴車進執鐸者夾左右每曲及進止皆振鐸內外俱從柩後出到轜車後執紼者解紼屬於轜車設帷帳於輴車後掌事者升柩○

哭柩車位

丈夫俱立哭於轜車東重行西面婦人哭於轜車西重行東面俱南上外姻丈夫哭於轜車東南重行北面以西為上婦人哭于轜車西南重行北面以東為上國官哭於外姻之北面西上僚佐哭於國官之西北面東上立定（六品以下無國官）○

設遣奠

設遣奠之饌於輀車東，置設訖，相者引主人酌酒進奠於席前，興，少退，西面哭，再拜，內外皆哭，卑者再拜。若食頃，徹之，以蒲葦苞牲體下節七苞（四品五品則五苞，六品以下則三苞），載於輿以之墓。○

輀車發

既徹奠，吉凶儀仗依式進，靈車動，鼓吹振作而行（六品以下則既徹奠，吉凶威儀依式進引）。主人、衆主人以下皆以次步從，哭於柩車後；妻妾、女子子以下皆步從，哭於丈夫之後，障以行帷。輀車去停所三百步，親賓有還者，弔哭如別儀。辭訖，進尊者乘車馬從柩，更哭不絕聲。○

宿止

掌事者先於宿所張吉凶帷幕，吉帷在右，凶帷在左將至宿所尊者俱下車馬步哭靈車到帷門外迴車南向祝帥腰輿詣車後少頃輿入詣靈座前少頃輿出進常食于靈座若食頃徹之柩車至於凶帷內外哭於柩車所其位如初掌饌者進酒脯之奠於柩車東席上既設奠內外各還次更哭不絕聲及墓內外俱就位哭進夕奠如初訖內外各還次迭哭終夜及明嚴鼓內外又就位哭進朝奠於柩東進常食於靈座若食頃徹之迎靈發引尊者乘車馬哭從如上儀

到墓

到墓尊者俱下車馬靈車到帷門外迴南向祝帥腰輿詣車後少頃輿入詣靈座前少頃輿退設酒脯之奠柩車至壙前迴南向內外哭位如遺奠之儀掌事者布席張帷於柩車後下柩於轊四品以下則下柩于席上主人以下

妻妾女子子各前撫柩哭盡哀退復位周親以下又前撫哭盡哀退復位俱再拜辭執紼者屬紼於輴掌事者下柩於壙輴出既窆親賓先還者甲哭如别儀國官之長奉玄纁束六品以下則掌事者奉玄纁授主人主人受以授祝主人稽顙再拜祝奉以入奠於柩東持翣者入倚翣於壙內兩廂執事者以下帳明器苞牲酒米等物入置於壙內皆藉以版施銘旌誌石於壙户內置設訖掌事者掩壙户加關鑰復土既復土內外俱就靈所哭墓左祭后土如葬之儀○

虞祭

初下柩於墓掌事者具虞祭之饌設罍洗篚於靈幕西南如常內外既就靈所哭掌饌者進虞祭之饌於靈座相者引主人盥洗酌酒進奠於靈座前興少退

西面立内外皆止哭祝持版進立於靈座之右北面跪讀祝文曰維年月朔日子孝子某敢昭告於考某官封謚妣郡縣夫人鄉君某氏各隨所称改遷幽宅禮畢終虞夙夜匪寧啼號罔極四品以下則擧號永遠無所追及餘同謹以絜牲柔毛剛鬣明粢薌合薌萁嘉蔬嘉薦醴齊祗薦虞事于考某官封謚四品五品則謹以絜牲柔毛剛鬣嘉薦普淖明齊溲酒餘同六品以下無柔毛餘同四品五品尚饗主人哭再拜内外皆哭畢者再拜書哀相者引主人以下出就别所釋縗服著素服而還掌饌者徹饌掌事者徹靈座。

宋政和禮

改葬凡有改葬者皆具事目聞于官勘驗得實聽之

將改葬先於墓所隨地之宜張白布帷幕南向開户其日内外諸親皆至墓所各就便次主人以下及妻妾女子俱緦麻服周親以下素服丈夫於墓東西向

婦人於墓西東向皆北上婦人障以行帷俱立哭盡哀卑者再拜祝立於羨道南北向内外哭止祝三聲噫嘻啟以改葬之故内外又哭盡哀權就別所掌事者開壙訖内外又就位哭如初掌事者設席於墓下舉柩出置於席上内外俱從哭於墓所分東西位如常儀祝以功布拭棺掌饌者設饌於柩南主人盥手以琖跪奠酒再拜訖少頃徹奠進柩車於帷門外南向升柩於車遂詣墓所内外俱哭掌事者先設牀於幕下有枕薦周設帷柩車至帷門外丈夫柩東婦人柩西俱立哭掌事者舉柩入設牀柩東舉尸出置於牀南首遂斂如大斂之儀如明衣裳不殯也乃設靈座於吉帷内幕下西廂東向施牀帷屏服飾以時上飲膳及沐如平生也乃葬將引柩告曰以今告辰用即宅兆不設祖奠無反哭無方相魌頭

餘如常葬之儀既葬就吉帷靈座前一虞虞如常儀其祝辭云維年月朔日辰孝子某敢昭告於考某官封謚改遷幽宅禮畢終虞夙夜匪寧啼號罔極謹以清酌庶羞祗薦虞事於考某官封謚尚享既虞主人以下出就別所釋緦服及素服而還掌饌者徹饌掌事者徹靈座

朱子家禮丘濬曰家禮無改葬今采集礼補入

將改葬先擇地之可葬者治棺制服子為父妻為夫緦麻餘皆素服布巾具斂牀布絞衾衣如大斂儀治葬具大轝竹格功布幃幭之類擇日開茔域祠土地遂穿壙作灰隔皆如始葬之儀

祠土地

儀節行禮者以主人生之告者吉服入就位　鞠躬拜興拜興平身告者與執事者皆拜盥洗告者與執事者俱洗詣神位前跪　上香　斟酒執事者一人取酒西

向跪一人取盞東向跪告者斟酒反注　酹酒取盞傾少許于神位前　獻酒復斟酒置神位前　俯伏興少退立　讀

祝祝執版跪于告者之左而讀之　復位　鞠躬拜興拜興平身　焚祝

文　禮畢

祝文維　年歲次干支幾月干支朔越幾日干

支某官姓名敢昭告于　土地之神今為某親某

官姓名宅兆不利將改葬於此神其保祐俾無後

艱謹以清酌脯醢祇薦於神尚　饗

前期一日告於祠堂

儀節　序立男左女右　啟櫝　出主出所當遷葬之主　參神衆拜　鞠躬拜興

拜興拜興拜興平身　降神　主人盥洗　詣香

案前　跪　上香　酹酒盡傾茅沙上　俯伏興拜興拜興

平身　主人斟酒　主婦點茶畢二人並拜　鞠躬拜興拜

興平身　主婦復位主人不動　跪主人以下皆跪　告辭曰茲以某考妣

體魄托非其地恐有意外之患驚動先靈不勝憂懼將卜以是月某日改葬於某所敢告　俯伏興平身（主人獨拜）鞠躬拜興拜興平身　復位　辭神　鞠躬拜興拜興拜興拜興平身　納主　禮畢

執事者於舊墓所張白布幕（開戶向南布席其下）為男女位次

厥明內外諸親皆至各就次主人服緦麻服餘皆素服（男子于墓東西向婦人墓西東向俱北上婦女蔽以布帷）為位哭盡哀

祀祠土地

儀節（並同前）

祝文（俱同前但改云）茲有某親某官卜宅茲地恐有他患將啟窆遷於他所謹以清酌脯醢祇薦於神神其佑之尚饗

啟墓

儀節序立　舉哀　哀止　鞠躬拜興拜興平身

詣墓道前　跪　焚香　酹酒　奠酒　俯伏

興拜興拜興平身　復位祝噫嘻三聲祝告詞曰某官某

人葬於茲地歲月滋久體魄不寧今將改葬伏惟

尊靈不震不驚舉哀止鞠躬拜興拜興平身哀止

禮畢各就他所

役者開墳俟開墳訖內外各就哭如初役者舉棺出置於幕下席上男女俱哭

從于幕所男東女西祝以功布拭棺覆以幕

祝設奠於柩前用卓子二置酒盞酒注香爐及設蔬果飯食如常儀

儀節主人以下鞠躬拜興拜興平身　詣香案前　跪

焚香　酹酒　奠酒　俯伏興拜興拜興平身必須徹奠

役者舁新柩於幕門外南向遂詣幕所以錦衾置棺中垂四裔于外執事

者設斂牀於新柩之西（牀上施薦褥、上鋪布絞橫五直一絞上加单被被上加衣如不易棺則不設牀）執事者開棺舉尸置於斂牀遂斂如大斂之儀

儀節　侍者洗手　舁尸置於斂牀（安于布絞上用净綿綿裹之）結絞（先結直者後結橫者）入棺（子孫婦女共舉尸置棺中）收衾（收錦衾之四裔垂者）蓋棺（石匠加釘訖仍覆以衾）舉哀（主人主婦憑哭盡哀）徹去舊奠

遷柩舉輦（祝告曰）今日遷柩就輦敢告　乃設奠（如常儀）

儀節　就位　舉哀　祝盥洗　焚香　斟酒　跪

告辭曰靈輀載駕往即新宅　俯伏興平身

鞠躬拜興拜興平身

發引（上加竹格）男女哭從如始葬發引之儀　未至執事者先設靈幄靈座（在墓道西南向有椅桌）為男女位次（男左女右婦女蔽以行帷）柩至（執事者先布席于壙南柩至脫載置席上北首）主人男女各就位哭（男東女西相向而哭）

乃窆

儀節　橫杠執事者先用木杠橫灰隔之上　主人輟哭　下棺　加灰隔

內外蓋實以土一如始變之儀

祠土地於墓左

儀節如常儀

祝文前後並同但改云　今爲某官建茲宅兆神其後同　既葬

就幕所靈座前行虞祭一如初虞儀

儀節　序立　舉哀　哀止　降神　盥洗　詣香案前　跪　上香　酹酒　俯伏興拜興拜興平身　復位　進饌　初獻禮　祭酒　奠酒　讀祝　俯伏興　鞠躬拜興拜興平身　復位　亞獻禮　祭酒　奠酒　俯伏興拜興拜興平身　侑食　點茶　辭神　鞠躬拜興拜興拜興拜興平身　禮畢

祝文維　年歲次月朔日辰某親某敢昭告于

某親某官府君新改幽宅禮畢終虞夙夜靡寧啼

號罔極謹以清酌庶羞祗薦虞事尚　饗

祭畢徹靈座主人以下出就別所釋緦麻服素服而

還

告於祠堂

儀節（與前同但改）告辭曰孝孫某今以某親某官體魄托

非其地已於今月某日改葬于某所事畢敢告（餘並同）

朱子曰改葬須告廟而後告墓以葬葬畢奠而歸

又告廟哭而後畢事方穩當行葬更不必出主祭

告時却出主於廟

呂坤曰遷葬非得已也濱于水則遷櫬於客土則

遷必為城郭道路則遷先貧賤後富貴合而窆之

也則遷凡以為死者也非是則否

明會典凡有改葬者皆具事因聞於官勘驗得實始聽之將改葬先於墓所隨地之宜張白布帷幕開戶向南其日內外諸親皆至墓所各就便次孝子以下及妻妾女子子俱緦麻服周親以下素服丈夫於墓東西向婦人於墓西東向皆北上婦人障以行帷俱立哭盡哀卑者再拜祝立於羨道南北向內外哭止祝三聲噫嘻啟以改葬之故內外又哭盡哀權就別所掌事者開墳訖內外又就位哭如初掌事者設席於幕下舉棺出置於席上內外俱從哭於幕所分東西位如常儀祝以功布拭棺掌饌者設饌於柩南孝子盥手以醆跪奠酒再拜訖少頃徹奠進柩車於帷門外南向陞柩於車遂詣幕所內外俱哭掌事者先設

牀於幕下有枕席周設帷柩東至帷門外丈夫柩東婦人柩西俱立哭掌事者轝柩入設牀柩東轝尸出置於牀南首遂斂如大斂之儀（如不易棺則不設牀）乃設靈座於吉帷內幕下西廂東向乃葬將引柩告曰以今吉辰用即宅兆不設祖奠無反哭無方相魌頭餘如常葬之儀既葬就吉帷靈座前一虞虞如常儀其祝辭云維年月朔辰孝子某敢告于考某官改茲幽宅禮畢終虞夙夜匪寧啼號罔極謹以清酌庶羞祇薦虞事尚享孝子以下出就別所釋緦服素服而還掌饌者徹饌掌事者徹靈座

附録通典母非罪被出父亡後改葬議晉王澹王沉與其叔征南將軍昶書曰亡母少脩婦道事慈姑二十餘年不幸久寢篤疾會東郡君（按東郡君沉父）初到官而李

夫人亡（李夫人沉祖母）是時亡母所苦困劇不任臨喪東郡君自痛遠不得嘗藥而婦宜親侍疾而不得臨終手書責遣載病大歸（謂被遣還本也）遂至殞亡東郡君後深悼恨之慈妣存無過行殁荷出名春秋之義原心定罪乞迎亡母神柩改葬墓田上當先姑慈愛之恩次釋先君既往之恨下蠲亡靈無負之恥博士薛諝議以為春秋原心定罪仲尼稱父有爭子然則定罪不可以不原心為子不可以不義諍來書云尊親以不幸遘疾不任喪禮疾則飲酒食肉蓋急於性命而權正禮也夫孝養忘哀禮之所許況尊親嬰沉篤疾而被七出之罰予向使曩時家有壯子明正本末直道而爭豈令慈母以非罪受不義哉考之典禮稽之原情其昭告先靈（先靈東郡君）還安兆域使嚴父無違理之舉慈母雪

没代之耻不亦可乎沉重與叔祖書述薛議其叔荅許之沉祭先考東郡君文云孝子沉敢昭告烈考東郡君沉亡母郭氏恪勤婦道齊孝之節克順于先姑天降氛氣厲門太夫人遘疾歷旬郭時又遇篤疾弗獲嘗禱夫人不幸遂至殞没烈考卒尒大變憂慟荒迷未詳聽察謂郭供養有闕遂載病大歸尋便殞亡遂使烈考深用悼恨濳及沉仰惟烈考舊心鑒亡妣素行不迎之議考制度哀未及施行濳不幸天没沉敢述濳意謀之通儒咨之邦族咸以為宜時改葬沉轉受命于征東君謹議迎郭靈柩以某月日安厝庶順烈考之舊心全祖宗之慈愛者也

元史諸官吏遷葬祖父母父母給假二十日並除馬程日七十里限内俸錢仍給之違限不至者勒停

至元二十七年議祖父母父母喪亡并還葬者許給假限其限內俸鈔擬合支給違例不到停俸定罪

明會典

洪武間定內外官吏給假還葬者俱自行具奏取自上裁如准吏部覆奏量地遠近附簿定限行移應天府（今在京行順天府）給引照回仍行體勘至期各還職役不在作缺之數如違限日久不到者就行提問○隆慶五年議准兩京給假還葬官員俱要該衙門掌印官勘實代奏方准題覆放回○六年議准如遇掌印官無人代奏者徑自奏請○嘉靖三十四年議准還葬官員照養病事例作缺放回待事畢具文起送如違三年之上亦照養病例革職○四十三年題准給假還葬者須三年考滿之後方許具奏

附録

孟子自齊葬於魯反於齊止於嬴充虞請曰前日不知虞之不肖使虞敦匠事嚴虞不敢請今願竊有請也木若以美然

閻若璩潛邱劄記曰京山郝仲輿敬著孟子解有云或問孟子歸葬於魯時未幾也充虞治木言前日耳輒反於齊豈不終喪而遂復為齊卿乎按喪禮三日成服杖拜君命及衆賓不拜棺中之賜禮凡尊者有賜則明日往拜喪則孝子不忍遽死其親故贈襚之賜拜於葬後孟子奉母仕於齊母卒王以卿禮含襚及歸魯三月而葬反於齊拜君賜也其止於嬴何也禮衰絰不入公門大夫去國踰竟為壇位鄉國而哭此喪禮也故自魯越國至齊境上為壇位成禮於嬴畢將遂反也解者不達謂孟子勸人行三年喪而身違之又罪萬章之徒修文不善可謂逐臭李覯左袒臧倉者矣愚謂此解精絕古所未聞必錯解止於嬴句嬴齊南邑名漢屬泰山郡唐并入兖州博城宋為奉符今為泰安州距齊都臨淄尚三百餘里安有拜君賜于三百里之外者乎且衰絰不入公門未聞不入國門也為壇位而哭乃出亡禮非喪者所用蓋孟子母殁於齊及奉喪來歸皆哀戚匆遽無暇可語唯至從齊拜賜含於逆旅始得以一論匠事耳以論匠事於止嬴日故繫止於嬴亦猶與公孫丑論不受祿於居休日故繫以居休豈必別有義在乎或問及解者兩段俱出乙修頹橐亦能疑人所未疑者而特不能辨釋嗚呼不有仲興將使誰□之哉

又曰或問子以孟子奉母仕於齊具訊亦未徵乎愚曰徵之劉向列女傳〻云孟子處齊有憂色擁楹而歎孟母見之云云則知母蓋同在齊自齊葬於魯則知母即殁於齊也然則既殁而葬宜終喪于家曷為而遽反於齊愚曰此蓋終三年喪復至齊而為卿耳非遽也果尔何以為前日解愚曰孟子之

書有以昔與今對言昔似在所遠而亦有指昨日者昔考辭以疾是也以前日與今對言前日似在所近而亦有指最遠者前日類見而不可得是也夫孟子久於齊而後去去齊之日上溯其未遊齊之日猶目之為前日安在僅三年者而不可目以前日耶或謂曰充虞當一疑於心至三年始發之與愚曰此尤足以見孟門弟子之好問也陳臻從於齊於宋於薛辭受之後而問屋廬子從居鄒處平陸以至見季任不見儲子之後而問其事之相距誠非止一二年而歷歷記憶反覆以究其師之用心者猶一日也夫充虞亦猶是耳且尤可證者孝子之喪親言不文今也援古論今幾於文矣三年之喪言而不語語為人論說也後魏孝文帝以與公卿往復追用慟絕曰朕在不言之地不應如此喋喋然則孟子反喋喋耶見須出孝文下耶故充虞問答斷自於免喪之後者為得其實也或又謂曰向所稱京山郝氏之解曰非與也曷徵乎爾曰徵之於儀禮士喪禮云三日成服杖拜君命及衆賓不拜棺中之賜註謂既殯之明日全三日始歠粥矣禮尊者加惠明日必往拜謝之棺中之賜不施已也既夕記云主人乘惡車註謂拜君命拜衆賓及有故行所乘也然則當孟子母殁於齊必赴於王王使人弔與成服後往謝之所謂乘惡車者是王使人襚與則所謂棺中之賜不施已者禮明云不拜況葬後耶郝氏之妄解可足據耶總之孟子拜君命非拜君賜拜亦於殯後非葬後皆不出齊都城之事丘文莊公濬家禮儀節有云世俗親友來弔其孝子必具衰絰躬造其門謂之謝孝使居喪者纍然衰絰奔走道途信宿旅次甚至浹旬經月考之古禮無有也夫文莊謂無有而孟子反有之耶嗚呼喪禮至近代廢闕不講甚矣

宜郝氏之說紛紛也

朱彝尊曰古之人三月無君則弔以失位三月便廢一時之祭出疆必載贄以見所適之國之君合觀之仕于所適之國斷不廢宗廟之祭也通鑑周慎靚王二年壬寅書孟軻去魏適齊赧王元年丁未齊伐燕取之其下書孟軻去齊是孟子在齊自壬至丁六年不應無宗廟之祭也孟子雖曰久於齊非吾志也獨

不曰夫出晝而王不予追也予然後浩然有歸志乎豈有淹留齊國如是之久而四時之祭累歲不舉者也其必立廟審矣百詩之言未可為準金居敬曰孟子為卿于齊則祖廟宮室皆在齊矣反于齊此反而行虞祭也送形而往迎精而反古人卒窆即歸無廬墓之事于齊也祖廟在焉則廬次即在焉若葬畢而不反于齊豈欲孟子廬墓終喪乎豈孟子為齊之卿而立三廟于魯乎不然而孟子之母將不得祔于皇姑矣故知其反而行虞祭也然而止於嬴則不及日中而虞將奈何曰此可以理推也喪服小記曰報葬者報虞三月而後卒哭此謂有故及家貧不待應葬之月而疾葬則亦疾虞以安神待尋常葬後乃卒哭也此礼之变也今以路遠須經宿後反于殯宮則以至之日為初虞而以葬日之柔日矣自後柔日則再虞無異于尋常也此亦礼之变也今士大夫丁艱回籍服闋赴京乃天下一家故耳古之仕于人國者不得爾也

乾學按孟子此條本與謝喪無與因諸子之解多以謝喪為說故附記於此○又按顧清論喪禮書頗言世俗凶服謝孝為非因見於孝帛條下故不重出覽者參考之可也

父母不知存亡子行喪服　傳旹

晉書李胤字宣伯遼東襄平人也祖敏漢河內太守

華寶移後王文孫前

去官還鄉里遠東太守公孫度欲強用之敏乘輕舟浮滄海莫知所終衡父信追求積年浮海出塞竟無所見欲行喪制服則疑父尚存情若居喪而不聘娶後有鄰居故人與其父同年者亡因行喪制服燕國徐邈與之同州里以不孝莫大於無後勸使娶妻既生衡遂絕房室恒如居喪禮不堪其憂數年而卒

肖既幼孤有識之後亦以喪禮自居又以祖不知亡設木主以事之由是以

南史孝義傳華寶無錫人父豪晉義熙末戍長安年八歲臨別謂寶曰須我還當為汝上頭長安陷寶年至七十不婚冠或問之寶輙號慟彌日不忍荅也

乾學按敏之清信之孝皆千古奇節不多得是父是子異哉而信始不娶既制喪乃娶生子則又心喪終其身可謂仁至義盡者矣

通典君父乖離不知死亡服議魏劉德問田瓊曰失君父終身不得者其臣子當得婚否瓊荅曰昔許叔重作五經異義已設此疑鄭玄駁曰若終身不除是絶祖嗣也除而成婚違禮適權也○晉博士徐宣瑜云君王宜從公羊窮舟車人履所至不得者按世子即位鄭玄注云君父亡令臣子心喪終身深所甚感心喪是也終身非也謂從玄心喪可也荀組云至父年及壽限（中壽百歲）行喪制服立宗廟於事為常禮無終身之制

乾學按此條當與居喪婚嫁篇參看

父母乖離知死亡及不死亡服議晉蔡謨曰甲父為散騎侍郎在洛軍覆奔成皐病亡一子相隨殯葬如禮甲先與母弟避地江南聞喪行服三年而道險未

得奔墓其弟成婚或謂服一除不宜以婚者謨謂凶哀之制除則吉樂之事行矣且男女之會禮之所急故小功卒哭可以娶妻三年之喪吉祭而復寢魯文於祥月而納幣晉文於未葬喪而納室春秋左氏傳曰婦養姑者也又曰娶元妃以奉粢盛由此言娶妻者所以為大矣所奉事重矣又夫冠者加己之服耳非若婚娶有事親奉宗廟繼嗣之事而冠有金石之樂婚則三日不舉金石之樂孰若不舉之戚加己之事孰若奉親之重今譏其婚而許其冠斯何義也不亦乖乎按自此以上當與居喪婚嫁篇參看又曰或疑甲首墓稽留者謨以為奔墓者雖孝子罔極之情然實無益之事非亡身之所也故禮奔喪不可夜行避危害也今中州喪亂道路險絕墳墓毀發名家人士皆有之而無一人致

身者蓋以路險體弱有危亡之憂非孝子之道故也而曾無譏責何至甲獨云不可乎且甲尋已致身非如不赴之人也塋兆平安非無毀發之難也又是時甲母病篤營醫藥而不可違闕待養投身危險必貽老母憂勤哉昔鄭有尉止之亂子西子產父死於朝子西不儆而先父見譏於典籍子產成列而後出見善於春秋此經典之明義也按吳雷思進參方傳軍事亡在心汲為賊焚燒失喪其子不奔迎禮云父喪不葬主人不變者停柩在殯者耳不得施於所聞左丞熊遠啟云父母死河北賊中如襄國平陽可依此制若王化所被人跡所及可往而不往非以篤孝道也詩人喪馬猶求之林下不得漫依東關吳平之初如則例皆詣東關尋求唯相陵不往求宋岱不迎母

竝加清議其為制且有准則文司徒李胤祖父敏浮海避公孫度不知存亡尋求積年不得胤父見鄉里與父同年者亡乃制服徐景山勸娶而生胤劉智釋疑曰遇亂離析計父母之年已過百年可終卒矣而不得者問計同邑里同年者其死日便制喪服或以為終身或不許者如何智荅曰父母死生未定則凶服不宜在身繼祀為重然則言不宜制服必繼代祀者吾以為得之矣凡服喪而無哀容得以不孝議之處厭降不得服其親而哀情至者吾得以孝篤稱之雖虞喜通疑云或以當終身服喪如是曾閔所能僅行非凡人所逮也謂宜三年求之不得乃制服居廬祥禫而除孔衍乖離論曰聖人制禮以為經常人之教宜備有其文辨彰其義即今代父子乖離不知自

處之宜情至者哀過於有凶情薄者禮習於無別此人倫大事禮所宜明謂莫測存亡則名不定名不定不可爲制孝子憂危在心念至則然矣自然之情必有降殺故五服之章以周月爲節況不聞凶安得過之雖然身不知存亡無緣更重於三年之喪也故聖人不別爲其制也御史中丞劉隗奏上諸軍敗亡失父母未知吉凶者不得榮官歡樂皆使心喪有犯君子廢小人戮○東晉元帝建武元年征南大將軍王敦上言自頃中原喪亂父子生乖或喪靈客寄奔迎阻隔而皆制服將向十載終身行喪非禮所許稱之者難空絕娉娶昔東關之役事同今日三年之後不廢婚宦苟南北圯絕非人力所及者宜使三年喪畢率由舊典也太常賀循上尚書二親生離吉凶未分

服喪則凶事未據從吉則疑於尚存心憂居素蓋出人情非官制所裁也右丞蔡謨引奔喪禮有除喪而後歸者自謂喪葬如禮限於君命者耳若屍靈不收葬禮不成則在家與在遠俱不得除也況或不須求覓以其喪禮待已而成者耶若別以爲義未足以服人心也直以禍難未銷不可終身居服故隨時立制爲之義斷使依東關故事大將軍上事謂可從也帝告下曰若亡於賊難求索理絕者皆依東關故事行喪三年而除不得從未葬之例也唯親生離吉凶未定心憂居素出自人情如此者非官制所裁普下奉行中郎李幹自上父母分離不知所在今妻亡不婚吉事不接丞相王導上幹情事難奪可更選代詔曰前敕循所奏唯聞喪不得奔者作制如李幹比竟未

決之宜急議定荀組表曰有六親相失及不知父母没地者以未指得亡死之間没地處所情慮無異然以未審指的希萬一之存未忍舉哀則有終身之戚不涉吉事或推一身承一宗之重傳祖考遺體無心婚娶遂令宗祀絶滅於一人及犯不孝莫大無後之罪此實難處然臣以為此非聖人不以死傷生之教也而路相通久無音問殯可知矣但不了死地耳如此之徒宜以王法斷之令舉哀制服勤三年凶不過三年此近亡於禮者之禮也詔曰組所陳不知父母存亡者令行服此於有情其尚有疑然要當詳議此理令可經通不得以難安隱而直置爾皆一代事理道所宜先明杜夷議曰荀組雖議宗亂永絶魂靈妥而莫祀亦何可不念父母之或餬口於四方或已死

而不服視死猶生也或未死而服之視生爲死也恐視死猶生賢於視生猶死也且又死之與生非意所度春秋甲戌己丑陳侯鮑卒信則傳信疑則傳疑謂此宜疑之以避不諱博士江泉議流離迸隔使令行喪按舊事未覩其例昔宰咺致賵春秋譏其豫凶事子路赴衛仲尼雖知必死須使者至而哭之然則吉凶事大存亡應審方今正道始通各另尋求之理進乃後行喪於禮未失虞豫議曰子當越他境以求其舟楫所經人跡所至可前而進見難而退若山川之險非身所涉雖欲没命則孝道不全宜廢榮利之勢居憔悴之感純慘怛之行表德義之所先也征西司馬王愆期議今雖父子分乖存亡不定昔宋岱與母離隔吳平其母尚存推此安可必其無異乎故先明

授受不廢謂宜使婚宦及時也孫綽議云三千之責莫大於不祀之痛必俟何時而婚或有節絶嗣之門也虞譚議曰諸失父母者疑行服之制以禮除喪而歸未弁者無不除之制若廢祭絶嗣皆不可行宜詳條制萬代可述蔡謨議父子流離存亡未分吉凶無問人道不可終凶宜制權立禮其過盛年之女可聽許嫁其男宜尋求理極道窮仍得聘娶魯文公以大祥之月納幣於齊春秋善之傳曰孝也今乖離之子不廢婚禮而末俗多有歡晏之會致貽譏議以成疑惑今慎行之士莫之所從求下禮官告祥永爲典式博士還濟議曰春秋之義納室養姑承繼宗祀聘納事在可許仕進須俟清平自循一段又見晉書禮志不重出

晋書禮志大興元年司徒荀組云二親陷沒寇難萬

無一冀者宜使依王法隨例行喪庾蔚之云二親為戎狄所破存亡未可知者宜盡尋求之理尋求之理絶三年之外便宜婚宦繼嗣不可絶王政不可廢故也猶宜以哀素自居不豫吉慶之事待中壽而服之也若境内賊亂清平肆眚之後尋覔無蹤跡者便宜制服

謝尚康帝時為司徒西曹掾時有遭亂與父母乖離議者或以進仕理王事婚姻繼百世於禮非嫌尚議曰典禮之興皆因循盡禮開通弘勝如運有屯夷要當斷之以大義夫無後之罪三千所不過今婚姻將以繼百世崇宗緒此固不可塞也然至於天屬生離之間父子乖絶之痛深者莫深於兹夫以一體之小患猶或忘思慮損聽察況于抱傷心之巨痛懷切怛

南史華寶傳

崔懷順

之至戚方寸既亂豈能綜理時務哉有心之人決不冐榮苟進之儔必非所求之旨徒開偷薄之門而長流俗之路或有執志丘園守心不革者猶當崇其操業以弘風尚而況含艱履戚之人勉之以榮貴耶

王文殊傳文殊吳興故鄣人也父沒魏文殊思慕泣血終身蔬食不衣帛服麻緼而已不婚不交人物歲時伏臘月朝十五未嘗不北望長悲如此三十餘年

太守孔琇之表其行詔改所居為孝行里

乾學按附錄諸條乃人子處變之禮也遭時喪亂父子離隔不知存亡者世所時有故倫列故事俾人子不幸而遘此者有所折衷焉

親柩被焚重行喪禮

柴紹炳曰里有新喪而家人失火者并其父棺燔焉

議者曰於律當坐大辟解□者曰此人出不幸而為法受惡者也於是里之人苟有聞而致難者余曰嘻烏有是哉先王之制律禮相為表裏皆因人情而為之節文也故情有大惡而悖禮施於尊親者乃加重辟若夫失火焚父棺而力不能救此在人子之心誠為創鉅痛甚幾無所自容於天地然原其情則非有大惡而故為悖禮者也坐以殊死豈為平允耶夫火與水等耳脫有奔喪扶柩取道江河或遭風波覆溺之累至遺骸不免終無執其子而加刑者何則禍生於不測非人所能為也且人子於父母事死如生故居喪者寢苫枕塊不離柩側遇鄰警則匍匐呼號移柩為先若乃火起室中倉卒焚灼左右無所助雖有曾閔之孝叩頭籲天萬不一省豈能肩負黄腸而出

諸烈焰中哉當此時欲責其以身狥之抑又不可古有赴火而救生父者無赴火而殉殯宫者禮言之毁不危身無救於逝者而令先人之遺體俱燼雖孝而實愚矣然則謂火燔父棺坐子大辟果出何典耶春秋書許世子止殺其君傳者謂止不嘗藥也歐陽子非之以為不嘗藥小失殺君大惡聖人刑書必無以大惡加小失者今燔棺而遽當以大辟則原情失中春秋之法如是乎按律有子孫於祖父塚墓穿穴熏狐至焚棺尸者坐絞此於禮悖而情恣其事近於故矣故立法示警未曾以朽骨未藏爲若夫火與彼殊科盖燔棺一也而情則可原得已與不得已也或又曰人子於此情固不得已而律之所當寛矣然處禮之變柰何余謂擗踊哭泣毁容輟食如覩親死三黨

爲之奔視佐孝子就火所拾骨改斂復設幕而安乎焉殯葬之儀如常不改庶子其亡於禮之禮也

亡失屍柩

通典　父母死亡失屍柩服議後漢桓翾問汜閣曰久喪不除者爲當衆子盡然耶故質焉耳荅云昔嘗送鄭君到代陵有人其父死不得其屍其子行喪隨制降殺閣與亡者相知而往弔之還問鄭君所駮異義之事不孝莫大於無後終身不除此爲絶先人之統無乃重乎鄭君荅云庶子自可攝祭閣覆云無庶子當何以又曰族人可以其倫代之閣覆言又云無族人云何則不復相荅推此而詳但使一嫡子不除耳〇晉劉智釋疑云問者曰久而不葬喪主不除若其父遠征軍敗死於戰場亡失骸骨無所葬其服如何

智云此禮文所不及也以理推之凡禮使為主者不除不謂衆子獨無哀誠以既變人情必殺喪雖在殯不為主者可以無服然則為主者之服何以獨哀多也以喪柩在不可無凶事之主故也今無所葬是無尸柩也凶服無施則為後者宜與衆子同除矣訖葬而變者喪之大事畢也若無屍柩則不宜有葬變寒暑一周正服之終也是以除首絰而練冠也亡失親之骸骨孝子之情所欲崇也可令因周練乃服變衰絰雖無故事而制之所安也

墓毁制服議

通典父母墓毁服議東晉大興二年司徒荀組表言王路漸通士人得視塚墓多聞凶問朝野所行不同或有徑制斬杖者復有制齊衰三月緦麻三月者有

直素服盡哀者人生不同性有厚薄是以聖人制禮居中使賢者俯就不肖者企及臣謂墓毀之制改葬緦麻當包之矣鄭康成王子雍皆云棺毀見屍痛之極也今遇賊見毀理無輕重也以禮無明文行者致異臣以為宜使明禮大臣議為正制詔司徒表禮雖無墳墓毀廢正文然依附名例不為無准吾謂改葬緦通制也已脩復不臨尸柩素服可也而士大夫率意輕重不同其下太常議定國子祭酒杜夷議墓既修復而後聞問宜依春秋新宮之災哭而不服博士江淵議凡所以改葬者必由丘墓崩壞露殯其痛一也愚以為發墓依改葬服緦三月漢時有盜高廟寶器者違禮之士以為其罪輕於盜長陵之土雖同主於敬事實有異愚以為墓毀更復不應比廟災而不

行服也侍中黄門侍郎江敞表按据鄭玄云親見尸柩不可無服如鄭義以見而服不見不服也司徒臨穎前表改葬之緦不以吉臨凶今聽其墳墓毀發依改葬服緦麻不得奔赴及已修復者唯心喪縞素深衣白幘哭臨三月孔仰墓毀論曰按禮聖人制殯葬之意蓋以死者不可復存而孝子不忍棄其親故為棺槨葬埋推其本心固在不忍棄之中為禮節以順孝子情耳原聖人之意蓋以無知處形骸故以幽閉長久為安以有知為神靈故以慱廟尊嚴而顯尊嚴故可修潛隱故不犯比之丘陵同之自然而不敢脩若遇寇發露可以補復其外而不可改內哭泣之日以事託為節故廟災存三日哭之文墓毀無制哭之日竊推夫理恐不加異於廟災也苟以無知處之則

雖加開發不能益死者之苦但人情不忍見聞見聞之日有哭泣一日五日或十日過者不足褒不及不足貶故聖人不爲之禮

永和十二年脩復峻平四陵大使開陵表至至尊及百官皆服緦尚書符問皇太后應何服博士曹耽胡訥議爲人後者爲之子元帝繼武帝於景帝爲曾祖禮爲曾祖後斬衰三年小記與諸侯爲兄弟者斬衰則無齊皇太后宜正服斬衰改葬當緦鄭注止於臣子妻王氏通謂三年者王氏近情則宜緦領國子博士荀訥議如鄭玄註則皇太后不應有服緦謂今皇太后上奉宗廟下臨朝臣宜有變禮不得准之常制太常王彪之上言二學博士荀訥曹耽等議如臣雖與之同議議各有辭太后臨朝稱制體同皇極則亦

晉書禮志移此

南史江泌傳泌母墓為野火所燒依新宮災三日哭淚盡繼之以血

宜服緦議有二君之嫌尚書范汪亦同彪之云太后臨朝君禮有何不盡而若何疑於服遂上皇太后緦服○或問曰曾祖墓從祖墓毁發哭制云何范宣曰禮不見在遠直聞墓發制唯絰見改葬緦此施臣子妻是承嫡者當依此禮非嫡有降但三日哭從祖一日哭可也○宋庾蔚之謂人子之情無可輟聖人以禮斷之故改葬所服不過於緦緦服雖輕而用情甚重意謂聞其親屍柩毁露及更葬便應制服奔往縱已修復亦應臨赴苟途路阻礙猶宜制緦依三月而除豈可以不及葬事便宴然不服乎

隋書禮儀志梁天監元年齊臨川獻王所生妾謝墓被發不至埏門蕭子晉傳重咨禮官何佟之佟之議以為改葬服緦見柩不可無服故也此止侵墳土不

小字双行

及於椁可依新宮火處三日哭假而已所以爲得禮

王廷相脩墓制服說父母之墓崩毀或盜發露柩体修之宜何服曰此痛之甚者也可無制服以臨之乎禮無正文以義而起亦可也改葬禮緦其服雖輕而用情甚重脩墓更葬其事体均制緦禮也

晋書禮志建武元年以温嶠爲散騎侍郎嶠以母亡值寇不臨殯葬欲營改塟固讓不拜元帝詔曰温嶠不拜以未得改卜葬送朝議又頗有異同爲審由此邪天下有闕塞行禮制物者當使禮可經通古人之制三年非情之所盡蓋存亡有斷不以死傷生耳要經而服金革之役者豈營官邪隨王事之緩急也今桀逆未梟平陽道斷奉迎諸軍猶未得徑進嶠特一身於何濟其私艱而以理閡自疑不服王命邪其令

三司八座門下三省外内羣臣詳共通議如嶠比吾將親裁其中於是太宰西陽王羕司徒臨頴公組驃騎將軍即丘子導侍中紀瞻尚書周顗散騎常侍荀邃等議以昔伍員挾弓去楚爲吴行人以謀楚誠志在報讎不苟滅身也温嶠遭難昔在河朔日尋干戈志刷讎恥萬里投身歸赴朝廷將欲因時竭力憑賴王威以展其情此乃嶠之志也無緣道路未通師旅未進而更中辭王事留志家巷也以爲誠宜如明詔於是有司奏曰案如衆議去建武元年九月下辛未令書依禮文父喪未葬唯喪主不除以他故未葬人子之情不可居殯而除故期於畢葬無遠近之斷也若亡遇賊難喪靈無處求索理絶固應三年而除不得故從未葬之例也若骨肉殲於寇害死亡漫於中

原而繼以遺賊未滅亡者無收殯之實者者又闕於奔赴之禮而人子之情哀痛無斷輙依未葬之義久而不除若遂其情則人居無限之喪非有禮無時不得之義也諸如此皆依東關故事限行三年之禮畢而除也唯二親生離吉凶未分服喪則凶事未据從吉則疑於不存心憂居素出自人情有如此者非官制之所裁今嶠以未得昄卜奔赴累設疾辭寀辛未之制已有成斷皆不得復遂

滴血驗骨

南史孫法宗傳法宗吳興人也父隨孫恩入海被害屍骸不收母兄竝餓死法宗年小流迸至十六方得還單身勤苦霜行艸宿營辦棺槨造立冢墓葬送母兄儉而有禮以父屍不測入海尋求聞世間論是至親以

血瀝骨當悉凝浸乃操刀沿海見枯骸則刻肉灌血如此十餘年臂脛無完皮血脈枯竭終不能逢遂哀經終身常居墓所

梁書蕭綜傳　豫章王綜高祖第二子也其母吴淑媛自齊東昏宫得幸於高祖七月而生綜宫中多疑之者及淑媛寵衰怨望遂陳疑似之説故綜懷之每出藩恒於别室祠齊氏七廟又微服至曲阿拜齊明帝陵然猶無以自信聞俗説以生者血瀝死者骨滲即為父子綜乃私發齊東昏墓出骨瀝臂血試之并殺一男取其骨試之皆有驗自此常懷異志及出為南兖州刺史遂舉鎮降魏改名纘追為齊東昏侯服斬衰

孔帖　唐王少玄父隋末死兵亂少玄甫十歲即哀泣

求尸時野中白骨覆壓或曰以子血漬而浸者父齒

也少玄鏡骨聞旬而獲已

（案刺血之說相傳已久或云朽骨久枯遇生血皆能沁入故洗冤等書生人血于水中驗亦有未可盡信者載此姑存一說可耳）

後母子服前母

晉書禮志附後母子為前母服武帝太康元年東平王楙上言祖王昌父毖本居長沙有妻息漢末使入中國值吳叛仕魏為黃門郎與前妻息死生隔絕更娶昌母今江表一統昌聞前母久喪言疾求平議（通典云後漢末長沙人王毖上計至京師值吳魏分隔毖妻子在吳身留中國為魏黃門郎更娶妻生昌及式毖卒後昌為東平相至晉太康元年吳平時毖前妻已卒昌聞喪求去官行服東平王楙上臺評議）守博士謝衡議曰雖有二妻蓋有故而然不為害於道議宜更相為服（通典云博士謝衡云毖身不幸去父母遠妻子妻于其家執義守節奉宗祀養舅姑育稚子後得歸還則固為已妻父既為妻子豈不為母昌宜追服三年）守博士許猛以為地絕又無前母之制正以在前非沒則絕故也前母雖

在猶不應服通典云博士許猛云絕有三道有義絕者犯七出也有法絕者以王法絕有地絕者以殊域而絕且夫絕妻如紀叔姬其逼以王法隔以殊域而更聘嫡室者亦為絕矣是以禮有繼母服制無前母服制是以前母非沒則絕也以昌前母雖在猶不應服若昌父在則唯命矣依禮記昌惟宜追服其兄耳段暢秦秀騶沖許猛散騎常侍劉智安議禮為常事制不為非常設也亡父母不知其死生者不著於禮平生不相見去其加降以期為斷都令史虞溥議曰臣以為禮不二嫡所以重正非徒如前議者防妒忌而已故曰一與之齊終身不改未有遭變而二嫡苟不二則昌父更娶之辰是前妻義絕之日也使昌父尚存二妻俱在必不使二嫡專堂兩婦執祭同為之齊也通典云虞溥言臣以為禮不二嫡重正也苟正嫡不可以二則昌父更娶之辰即前母義絕之日固不待言而可知矣議者以昌父無絕遣之言尚為正嫡恐犯禮虧教雖以示後按昌父既册名魏朝更納後室豈得懷舊君于江表存外妻于讐國乎非徒時政之所禁乃臣道所宜絕設使昌父尚存今始會同必不使兩妻專堂二嫡執祭以此驗之故知後嫡立宜前嫡廢也即使父有兩立之言猶將以禮正之況無遺命乎以服乎溥以為宜如猛議秦秀議二妾之子父命令相慈養而便有三年

之恩便同所生昌父何義不命二嫡依此禮乎父之
執友有如子之禮況事兄之母乎通典云博士秦秀言云按議者以禮無前妻之名依名絕之不爲之服斯乃是也今兄弟不同居而各以路人相遇其母恐一體之受從此絕矣古人之爲未必按文唯稱情耳以爲二母之子宜各相事皆如所生雖無成典期於相睦得禮意也若前妻之子不勝母之哀來言曰我母自盡禮于事夫爲夫先祖所歆享爲父志所嘉爲人倫所欽敬便迎父喪歸于舊塋以其母祔矣則後妻之子寧可以據儒者之言以距之邪禮二妾之子父命令相慈而三年之恩便同所生矣昌父何義不令二嫡依此禮乎然禮無明制非末學者所敢用心必不得已與其意而絕之不若意而事之故以爲昌宜追前母三年二母之祔以先後爲叙許猛又議夫少婦
稚則不可許以改娶更適矣今妻在許以更聘夫存
而妻得改醮者非絕而何侍中領博士張惲議昔舜
不告而娶婚禮蓋闕故堯典以釐降二女爲文不殊
嫡媵傳記以妃夫人稱之明不立正后也夫以聖人
之弘帝者嫡子猶權事而變以定典禮黃昌之告新
妻使避正室時論許之推姬氏之讓執黃卿之決宜
使各自服其母通典云侍中程咸言諸侯無更娶致夫人之制大夫妻死改室不拘立嫡昌父前妻守德約身卑值開通而固

絶之此禮不勝情而漸入于薄也昌婦後聘本非庶賤横加抑黜復不然矣若令二母之子交相為報則竝尊兩嫡禮之大禁昔舜不告而娶婚禮蓋闕傳記以二妃夫人称之明不足立正后也聖人之弘猶傳事而變而諸儒欲聽立兩嫡竝未前聞且趙姬讓叔隗以為内子黄昌之告新妻使避正堂皆欲以正家統而分嫡妾也昌父已亡無正之者若追服前母則自黜其親交相為報則固非嫡就使未逹追為之服猶宜刑貶以匡失謬況可報楙施行正為通例則兩嫡之禮始于今矣開争長亂不可以訓臣以為昌等當各服其母者黄門侍郎崔諒荀悝中書監荀勗領中書令和嶠侍郎夏侯湛皆如溥議侍郎山雄兼侍郎著作陳壽以為溥駁一與之齊非大夫也禮無二嫡不可以竝耳若昌父及二母於今各存者則前母不廢已有明徵也設令昌父將前母之子來入中國尚在者當從出母之服苟昌父無棄前妻之命昌兄有服母之理則昌無疑於不服通典云陳壽等議春秋之義不以得寵而忘舊是以趙姬請迎叔隗而已下之若昌父及二母于今竝存則前母不廢有明徵矣設使昌父昔持前婦所生之子來入國中而尚在者恐不謂母已黜遣從出母之服苟昌父無棄前妻之命昌兄有父母之理則昌無疑于不服賊曹屬卞粹議昌父當莫審之時而娶後妻則前妻同之於死而義不絶若生相及

而後妻不去則妾列於前志矣死而會葬則同祔於
葬無並嫡之實必欲使子孫於沒世之後追計二母
隔絕之時以為並嫡則背違死父追出母亡議者以
為禮無前母之服者可謂以文害意愚以為母之不
親而服三年非一無異於前母也倉曹屬衛恒議或
云嫡不可二前妻宜絕此為奪舊與新違母從子禮
律所不許人情所未安也或云絕與死同無嫌二嫡
據其相及欲令服此為論嫡則死議服則生還自相
伐理又不通愚以為地絕死絕誠無異也宜一如前
母不復追服主簿劉卞議毖在南為邦族於北為羈
旅以此名分言之前妻為元妃後婦為繼室何至王
路既通更當遂其今妻廢其嫡子不書姜氏絕不為
親以其犯至惡也趙姬雖貴必推叔隗原同雖寵必

嫡宣孟若違禮苟讓何則春秋所當善也論者謂地絶其情終已不得往來今地既通何爲故當追而絶之耶黄昌見羨斯又近世之明比司空齊王攸議禮記生不及祖父母諸父昆弟而父稅喪已則否諸儒皆以爲父以他故子生異域不及此親存時歸見之父雖追服子不從稅不責非時之恩也但不相見尚不服其先終而況前母非親所生義不踰祖莫往莫來恩絶殊隔而今追服殆非稱情立文之謂也以爲昌不宜追服司徒李胤議甚謂黄門侍郎江南已叛石厚與焉大義滅親況於甚之義可得以爲妻乎大司馬騫不議太尉充撫軍大將軍汝南王亮皆從主者溥文駁粹曰喪從寧戚謂喪事尚哀耳不吏服非其親也夫死者終也終事已故無絶道公居兩存則

離否由人夫婦以判合為義今土隔人殊則配合理
絕彼已更娶代已安得自同於死婦哉伯夷讓孤竹
不可以為後王法也且既已為嫡後服復云為妾生
則或貶或離死則同祔於葬妻專一以事夫夫懷貳
以接已開偽薄之風傷貞信之教於以純化篤俗不
亦難乎今昌二母雖土地殊隔據同時並存何得為
前母後母乎設使昌母先亡以嫡合葬而前母不絕
遠聞喪問當復相為制何服耶夫制不應禮動而愈
失夫孝子不納親于不義貞婦不昧進而苟容今同
前嫡於死婦使後妻居正而或廢於二子之心曾無
慝乎而云誣父棄母恐此文致之言難以定臧否也
禮違諸侯適天子不服舊君然則昌父絕前君矣更
納後室廢舊妻矣又何取於宜誅宜撫乎且婦人之

有惡疾乃慈夫之所慼也而在七出誠以人理應絕故也今夫婦殊域與無妻同方之惡疾理無以異據已更娶有絕前之證而云應服於義何居通典云司馬李范議禮重統所以正家猶國不可二君雖禮文殘缺大事可知昌父遇難與妻隔絕夫得更娶妻當更嫁此通理也今之不去此自執節之婦不為理所絕矣適可嘉異其意不得以私善覊縻已絕之夫議者以趙姬為比愚以為不同也重耳適齊志在必還五月之間未為離絕哀納新寵於禮為廢嫡於義為棄舊姬氏固讓得禮之正是以春秋善之明不得並也古無二嫡宜如溥駮，尚書八座以為設令有人於此父為敦煌太守而子後任於洛若父娶妻非徒不見乃可不知及其死亡不得不服但鞠養已者情哀而不相見名制雖戚念之心殊而為之服一也又兩后匹嫡自謂違禮不謂非常之事而以禮處之也昔子思二哭出母於廟其門人曰庶氏之母死何為哭於孔氏之廟乎思懼改哭於他室若昌不制服不得不告其父母掘其前母之尸從之他地若其不徙昌為罪人何則異族之女不得祔於先姑藏其墓次故也且夫婦人牽夫猶有所尊趙姬之舉禮得權通故先史詳之不識其事耳今昌之二母各已終亡尚無並主輕重之事也昌之前母宜依叔隗為比若亡在昌未生之前者則昌不應復服生及母存自應如禮以名服三年輒正定為文章州下太常報楙奉行制曰凡事有非常當依準舊典為之立斷今議此事稱引趙姬叔隗者粗是也然後狄與晉和故姬氏得迎叔隗而下之吴寇隔塞毖與前妻終始永絶必義無兩嫡則趙衰可以專制隗氏昌為人子豈得擅替其母且毖二妻並以絶亡其子猶後母之子耳昌故不應制服也太興初著作郎于寶或以鶴林玉露載楊誠齋事謂于寶當作干寶者然王元美極其援據仍作于寶故此悉從晉書不改為干論之曰禮有經有變有權王毖之事有為

爲之也有不可責以始終之義不可求以循常之文何羣議之紛錯同産者無嫡側之别而先生爲兄諸侯同爵無等級之差而先封爲長今二妻之入無貴賤之禮則宜以先後爲秩順序義也今生而同室者寡死而同廟者衆及其神位固有上下也故春秋賢趙姬遭禮之變而得禮情也且夫吉凶哀樂動乎情者也五禮之制所以叙情而即事也今二母者本他人也以名來親而恩否於時敬不及生愛不及喪夫何追服之道哉張惲劉卞得其先後之節齊王衛恒通於服絶之制可以斷矣朝廷於此宜導之以趙姬齊之以詔命使先妻恢含容之德後妻崇卑讓之道室人達長少之序百姓見變禮之中若此可以居生又況於死乎古之王者有師友之禮待其臣而不敢

自尊今令先妻以一體接後而後妻不敢抗及其子孫交相為服禮之善者也然則王昌兄弟相得之日蓋宜祫祭二母等其禮饋序其先後配以左右兄弟肅雍交酬奏獻上以恕先父之志中以高二母之德下以齊兄弟之好使義風弘於王教慈讓洽乎急難不亦得禮之本乎是時沛國劉仲武先娶毋丘氏生子正舒正則二人毋丘儉反敗仲武出其妻娶王氏生陶仲武為毋丘氏別舍而不告絕及毋丘氏卒正舒求祔葬焉而陶不許舒不釋服訟於上下泣血露骨衰裳綴絡數十年不得從以至死亡時吳國朱某娶妻陳氏生子東伯入晉晉賜妻某氏生子綏伯太康之中某已亡綏伯將母以歸邦族兄弟交愛敬之道二母篤先後之序雍雍人無間焉及其終也二子

交相為服君子以為賢安豐太守程諒先已有妻後又娶遂立二嫡前妻亡後妻子勲疑所服中書令張華造甲乙之問曰甲娶乙為妻後又娶景匿不説有乙居家如二嫡無有貴賤之差乙亡景之子當何服本實並列嫡庶不殊雖二嫡非正此失在先人人子何得專制析其親也若為庶母服又不成為庶進退不知所從太傅鄭沖議曰甲失禮於家二嫡並在誠非人子所得正則乙景之子並當三年禮疑從重車騎賈充侍中少傅任愷議畧與鄭同太尉荀顗議曰春秋並后匹嫡古之明典也今不可以犯禮並立二妻不别尊卑而遂其失也故當斷之以禮先至為嫡後至為庶景子宜以嫡母服乙乙子宜以庶母事景昔屈建去芰古人以為違禮而得禮景子非為抑其

親斯自奉禮先後貴賤順叙之義也中書監荀勗議曰昔鄉里鄭子羣娶陳司空從妹後隔吕布之亂不復相知存亡更娶鄉里蔡氏女徐州平定陳氏得還遂二妃並存蔡氏之子字元讐為陳氏服嫡母之服事陳公以從舅之禮族兄宗伯曾責元讐謂抑其親鄉里先達以元讐為合宜不審此事粗相似否

成帝咸康二年零陵李繁姊先適南平郡陳詵為妻産四子而遭賊於賊請活姑命賊略將姊去詵更娶嚴氏生三子繁後得姊消息往迎還詵詵籍注領二妻及李亡詵疑制服以事言征西大將軍庾亮府平議時議亦往往異同司馬王愆期議曰按禮不二嫡故惠公元妃孟子孟子卒繼室以聲子諸侯猶爾況庶人乎士喪禮曰繼母本實繼室故稱繼母事之如

嫡故曰如母也詵不能遠慮避難以亡其妻非犯七
出見絶於詵始不見絶終又見迎養姑於堂子為首
嫡列名黄籍則詵之妻為詵也妻則為暉也母暉之
制服無所疑矣禮為繼母服而不為前母服者如李
比類曠世所希前母既終乃有繼母後子不及前母
故無制服之文然礿祠蒸嘗未有不以前母為母者
亡猶母之况其存乎詵有老母不可以莫之養妻無
歸期納妾可也李雖没賊尚有生冀詵尋求之理不
盡而便娶妻誠詵之短也然隴畝之夫不達禮義考
之傳記不勝施孝叔之妻失身于郤犫而不棄者以
非其罪也詵有兩妻非故犯法李鄙野人而能臨危
請活姑命險不忘順可謂孝婦矣議者欲令在没略
之中必全苦操有隕無二是望凡人皆為宋伯姬也

說雖不應娶妻要以嚴爲妻妻則繼室本非嫡也雖云非嫡義在始終寧可以說不應二妻而已涉二庭乎若能下之則趙姬之義若云不能官當有制先嫡後繼有自來矣衆議貶譏太峻故略序異懷亮從宥期議定通典云倉曹參軍王羣議李氏投身于賊則名義絶矣辱身汚行喪禮違義雖有救母之功宜以路人之恩相報不可以奉承宗廟嚴子不宜以母服之李子宜以出母居之倉曹參軍虞眕議庶人兩妻不合典制裁之法則應以先婦爲主服無所疑漢時黄司農爲蜀郡太守得所失婦便爲正室使後婦下之載在風俗通今雖貴賤不同猶可依準行參軍諸葛璩議說既不能庇其伉儷又未審李之吉凶無感離之悽便歡會納妻悖禮傷教皆此之由又說協嚴迎李籍注二妻李亡之日乃復疑服若小人無知不應有疑及其有疑明知妻不可二生亂其名没疑其服喪亂以來有多此比宜齊之以法户曹據諸制荀曰奉教博議互有不同按禮無二嫡之文李爲正宜應服居然有定魏書

乾學按後母之子而服前母世不經見故禮文無之然遭時仳離如王昌陳說比者往往而有則宜制服與否亦不可以不辯故備列通典諸說使人子處此變禮者有

所考鏡焉

夫亡受聘守志不再嫁

通典寡叔母守志兄迎還家受聘未知而亡服議晉有問曰甲叔母乙寡守節十餘年其母在兄壬迎乙還家景求婚於壬壬意許定已尅吉日而乙暴亡甲應有服否裴主簿議凡秉節遂志義不二醮者固必杜漸慮始專於夫家何得假跡晨昏以之媒幣余以為景壬交幣之晨則甲乙絕服之日許叅軍駮曰乙喪夫無子勵操十載心期同穴志固金石雖潛交媒幣而乙不與知茍聘至之非我則無愧於幽明矣昔宋姬守志梁寡高行焚身毀形焉知景至之時乙無若人之絜疑必從重重則宜服予固以為不應絕也

○宋庾蔚之云甲叔母乙便是執操之人直是母欲奪而嫁之乃逆覩杜漸防微古賢不足貴也許君之

言當附於理
叔母寡姑遣還未嫁乃亡為服議晉王彔平問婦人夫沒無男其姑愍其少寡欲令更出要其兄迎歸未有所適而亡伯叔之子應為服否谷士風議曰婦人夫沒無子有歸宗更出之義今姑愍彼無嗣令還其黨欲令更出則衛莊姜遣陳嬀之比也于兄弟之家者兄弟宜服周受姑命而歸宗夫之餘親不應有服虞子卿駁曰士風所議婦人夫沒無子有歸宗更適之義昔姜氏以殺嫡立庶歸齊怨魯衛陳嬀以子死君卒於禮宜歸此婦非姜氏義絕之倫無陳嬀應出之事其姑愍其守寡欲令更適此蓋世俗之常意非教訓之道也衛共伯之妻父母欲奪而嫁之誓而不去就有姑命未可要謂之必出也季思龍以為谷氏

所據之徵雖失然所執之意未爲非也婦人之體執箕帚養舅姑供祭祀者也今歸母氏缺此三事何婦禮之有姑以宜出而遣兄以可出而迎辭姑從兄是爲欲出之意定也李彥仲以爲姑有嫁婦之文故今歸母氏之黨已絕之理理自灼然

貢舉遭國喪

世宗實錄正德十六年五月先是會試取中舉人張治等三百五十名以大行皇帝南巡未經殿試至是禮部尚書毛澄等請于五月十五日引赴殿廷試策緣遇大行皇帝大喪擬照天順八年事例至日早引諸貢士於西角門行禮畢赴奉天殿前丹墀內策試十八日早乃於西角門引諸進士行禮免傳制唱名并恩榮宴文武百官各具素服侍班樂設而不作詔

曰可

讀禮通考卷一百八

喪制一

徐乾學曰喪制者何也今日通行之制也其冠以古制者何本所自也士子貢舉之制漢所獨嚴至今無變抑亦禮教之始也故次之職官憂服畧定於唐淆於五代宋賴諸儒之力行金元益輕矣明洪武間稽古定制而今仍之傳之萬世可也武臣之制輕喪之制則昔所有而今無喪禁亦古法也至今通行作定制

我皇上許武臣報艱煌煌明旨錫類之深仁無不徧矣

曾子問孔子曰三年之喪既殯而致事殷人既葬而致事注致事還其職位於君周則卒哭而致事記曰君子不奪人之親

亦不可奪也親也此之謂乎注二者恕也孝也○疏皇氏云夏后氏尚質孝子喪親恍惚君事不敢久留故既殯致事還君殷人漸文思親彌深故既葬畢始致事還君周人極文悲哀至甚故卒哭而致事知卒哭致事者以喪大事在三殯也葬也卒哭也夏既殯殷既葬後代漸遠以此推之故知周卒哭也君子謂人君也人臣有親之喪在上君子許其致事是不奪人喪親之心此謂恕也以己情恕彼也人臣遭親之喪若不致事是自奪思親之心也故遭喪須致事是不奪情以求利祿此謂孝也此據孝子之身也

徐師魯曰在君使之則為奪人喪親之心非所以教人孝也在臣從之則為自奪其喪親之心非所以為孝也此二者皆君子所不為也

呂柟曰或問夏后氏既殯而致事殷人既葬而致事夫既聞喪即當致事於君如之何待殯葬後方致事也曰此禮之善者也初聞喪時只以哀親為重將他事皆不理矣故待殯葬始致事於君也

王制父母之喪三年不從政齊衰大功之喪三月不從政

陳澔曰從政謂給公家之力役也

襍記三年之喪祥而從政期之喪卒哭而從政九月之喪既葬而從政小功緦之喪既殯而從政注以王制言之此為庶人也從政從為政者教令謂給繇役○疏與王制不同者此庶人依士禮卒哭與既葬同三月故王制省文揔云三月也若大夫士三年之喪期不從政是

正禮也卒哭金革之事無辟是權禮也

徐師曾曰一說王制以庶人言而此則通大夫士言更詳之

乾學按此二條注疏及諸家皆謂指庶民力役之政然則大夫士之遭喪者獨無致政之法乎愚意此二條皆指大夫而言非謂庶民也徐伯魯雖疑其說而猶未敢決言何與

禮運三年之喪與新有昏者期不使疏臣有喪昏則歸蠲家一期之間不復使役也

故云期不改

選舉田制

右古制

漢律不為親行三年喪不得選舉見楊雄傳註

後漢書安帝本紀元初中鄧太后下詔不為親行服者不得選舉

乾學按漢律不傳説文注引漢律令語數十條無與喪相關者獨楊雄傳中孟康引此語讀此然後知漢人不盡廢古喪制也漢所嚴者惟大臣二千石刺史耳大臣國所係賴輒以喪去則廢事二千石刺史皆有州郡之責盡如古禮奔喪則受代不明故有請終喪而不得者禮不下庶人宜亦在所輕若夫士人無職事可領而身居庠序寔為禮義所自出故獨重之所以端風化之原也緣此又知二千石刺史以下必不盡奪其喪徒以律令之詳不可得見耳

略似封建時諸侯

遷

通典晉武帝太始中楊旌有伯母服未除而應孝廉舉天水中正姜鋋言太常楊旌遭伯母喪幾時而被

孝廉舉又已葬未及為人後不按旌以去六年二月遭伯母喪其年十二月葬十二月應舉不為人後鄉閭之論以孝廉四科德行高妙清白冠首必不謂在哀之人禮之所責也博士祭酒劉喜議禮期之喪卒哭而戚從政進貢達士為政之務也此敬君之命為下之順禮因殺而順君命可也今旌十二月被舉過既葬之後因情哀殺而順君命三年之喪則終其服期之喪一月而已明情有輕重也又按律[illegible]無以喪廢舉之限博士爰幹議按禮期喪之末可以弔人也君子之仕行其義也今以喪在四科之一雖無善稱亦應無咎博士韓光議孝廉清白克讓為德旌本期喪之戚猥當二歲舉不能辭退詩人有言受爵不讓旌應貶矣○毗陵內史論江南貢舉事江表初附未與

華夏同貢士之宜與中國法異前舉孝廉不避喪孝亦受行不辭以為宜訪問餘郡多有此比按天水太守王孔碩舉楊少仲為孝廉有周之喪而行甚致清議今欲從舊則中夏所禁欲不舉則方士所闕闍塞意淺甚以為疑震（本論無姓）議曰孝古之名貢尋名責寔模格宜高夫以宜高之姿必以邁俗稱動擬清流行頓禮典況齊衰之喪身有伯叔之痛腰麻貫絰對而不言不處大夫之位不統邑之官時無盟戰代無寇戎不受聘使之命不率師旅之役喪禮宜備哀情宜畢古者期喪過三月而從政謂若今之職司有公除也公除之制蓋由近者多事在官不復從禮權宜之事耳今當舉者咸出布衣或在吏次且貢選之道在不拘之地推讓之宜得順其心官無推讓之刑

法無必刑行之制平日且猶遜讓況期年之憂乎若從公除則非正官之例也若從高貢之舉於情爲慢喪於舉爲昧榮考之於禮義則未聞（此下缺文）有令戎車未息禮制於古不同今諸王官司徒吏未嘗在職者其高足成有一舉便登黄散其次中尚書郎被名有期喪正假一月耳何至孝廉獨不可耳爲孝廉之舉美於黄散耶如所論以責孝廉之舉則至朝臣何復以恕之宜依據經禮分别州國之吏與散官不同又議曰震以王官司徒吏皆先由州郡之貢而後升在王廷册命委質列爲帝臣選任唯命義不得辭故遭期喪得從公奪之制期則迫命俯就至於州郡之吏未與王官司休共戚也以孝順爲名以廉讓爲務在不制之限於時可得固讓於宜可得不行況兼期喪

〻〻有此所謂情議也齊衰之喪亦期之服而持議者不肯寬假讀其詞凜如秋霜即三年重喪可知矣當時京朝官刺史二千石及有聘使之命師旅之役者與布衣貢舉者不同古者期之喪過三月而從政亦謂有職事者當公除非〻〻言于〻系王言者苟居容退之地雖〻必讓苟在不嫌之域雖大不辭古人厚大臣而重始進魏晉以來議〻不者何其嚴也

焉可許乎據情言寔於義不通苟居容退之地雖小必讓苟在不嫌之域雖大不辭是黃散可受而孝廉可拒也故孝在得申之位動則見怨是以州國之典王官不同之理在乎此矣若乃權時制宜越常從変則孝非特命之徵舉非應務之首慶代無縱橫之務校禮則不覩其事唯宜折之以理從其優者也

宋史真宗本紀天禧三年正月貢舉人郭稹等見崇政殿稹冒喪赴舉命典謁詰之即引咎殿三舉

頎炎武日知録宋天禧三年正月乙亥諸路貢舉人郭稹等四千三百人見於崇政殿時稹冒緦喪赴舉為同輩所訟上命典謁詰之引伏付御史臺劾問殿三舉同保人並贖金殿一舉今制非三年之喪皆得赴舉故士彌蹤進而風俗之厚不如昔

人遠矣

王椋燕翼貽謀録舊制期喪百日內妨試尊卑長幼同士人病之多入京冒哀就同文試泊中選被人論訐不免坐罪天禧四年二月壬申翰林學士承旨晁迥上言諸州士人以朞制妨試奔湊京轂請自今卑幼朞服不妨取解詔從之自後冒哀求試者寡矣

宋史禮志仁宗天聖七年興化軍進士陳可言臣昨與本軍進士黃價同保臣預解送之後本軍言黃價昨赴舉時有叔為僧喪服未滿臣例當駮放竊思出家制服禮律無俱明文況僧犯大罪並無緣坐犯事還俗準敕不得均分父母田園又釋門儀式見父母不拜居父母喪不經死則法門弟子為之制服其於

本俗並無服式望下禮官詳議許其赴試太常禮院言檢會敕文其同宗長服不得取應又禮爲叔父齊衰期外繼者降服大功九月其黄價爲叔僧合比外繼服降大功

宋史選舉志慶曆時詔士子試於州者令相保任匿服有禁

哲宗元祐時程頤看詳學制謂士子遭祖父母喪不得應舉○朱子曰伊川云祖父母喪須是不赴舉法令雖不禁士子宜行之○張文嘉曰朱子謂伊川此言法令雖無明文看來爲士者爲祖父母期服内自不當赴舉余按宋史舊制朞喪百日内方應試士人病之天禧四年學士晁迥言請自今卑幼期服聽令應舉天聖七年興化軍進士黄價

赴舉有叔為僧疑所服禮官檢會敕文期年尊長服不得取應又禮為叔父齊衰期外繼者降服大功僧合比外繼降期之制從之如此則朞喪格試宋代祖宗以来有令式明文矣朱子謂法令無明文者豈渡江之後經亂之餘載籍軼亡無所遵守故耶

明制生員丁父毋憂不許赴鄉試及提學官科歲二試舉人丁父毋憂者不許赴會試其監生及儒士丁憂者亦不許赴試

賀欽集其巡按考試丁憂生員先生曰此何理也壞人倫壞風俗孰甚於此古人凡有喪者天子之命三年不呼其門教之孝也又曰好秀才決不出考忍心害理君子肯為之耶皆可欲也

景泰五年春，巡按直隸御史黃溥請罷舉人監生由服以廣科目。從之。向例皆二十七月正服之外餘服程限也。先是北監祭酒劉鉉奏稱監生有家在京者，當依親之時，雖給文引，仍在京潛住，一聞行取勘到原籍官司，輒詣部告先復監，亟求出身。又有聞父母之喪，托故在京守制，及由服未滿即行復起，速求利祿，有傷風化，請禁止之。上命凡監生犯此者到部即送法司治罪。自是舉人監生有由服未滿不得會試，故溥以為言。下禮部議。時少傅兼太子太師禮部尚書胡濙議自今後監生除正服滿外，不問其由服程限內有無深淺，到部者免問，準令會試入監。從之。

唐律疏議　居父母冒哀求仕○謂父母喪禫制未除及在心喪內者，並免所居之一官，並不合計閏

父母死言餘衰喪○諸父母死應解官詐言餘喪不解者徒二年半若詐言父母死以求假及有所避者徒三年若先死詐稱始死者減三等

疏議曰父母之喪解官居限而有心貪榮詐言餘喪不解者徒二年半為其已經發哀故輕於聞喪不舉之罪

開元禮凡斬衰三年齊衰三年者並解官齊衰杖周及為人後者為其父母若庶子為後為其母亦解官申其心喪（皆為生己者）若嫡繼嗣改嫁或歸宗三年以上斷絕者及為父長子夫為妻並不解官假同齊衰周

元史諸職官親死不奔喪杖六十七降先職二等雜職敘未終喪赴官笞四十七降□等終制日敘若有罪詐稱親喪杖八十七除名不敘親久沒稱始死笞

五十七辭見任雜職敘不凡丁父母憂者罪與不奔
喪同○諸官吏厶罪以遠無問已招未招罹父母大
過者聽其奔赴丁憂終制日追問公罪並矜恕之
會典明初令百官聞喪不待報即去官後京官有勘
合在外官有引起復有程限奪喪短喪匿喪有禁視
昔加嚴云凡內外官吏人等例合丁憂者洪武二十六
年定務要經由本部京官具奏關給內府孝字號勘
合吏典人等劄付應天府合在京者劄付順天府給引照回在
外官吏人等移文知會所在官司給引回還除祖父
母父母承重丁憂外期年喪服不許守制及移文原
籍體勘明白開寫是否承重祖父母及嫡親父母取
具官吏里鄰人等結罪文狀回報如有詐冒就便解
部仍以聞喪月日為始不計閏二十七月服滿起復

李文鎮

正統十二年二條見後移此

天順二年

若有過期不行移催取到部果無事故在家遷延者皆送法司問罪

凡在京堂上官丁憂吏部具奏給與勘合司屬以下官舊例類引奏請弘治元年奏准不引只類奏關給南京堂上官丁憂親自赴京奏給勘合司屬以下官本部以勘合發南京吏部填給起復齎赴本部類繳其京官公差養病在外丁憂不給勘合及相繼丁憂不以勘合并官司申文赴部改填或勘合遺風失水無告官明者文俱問罪

嘉靖十一年題准京官丁憂不分南北堂屬各於南北京關領勘合公差官員聞喪俱赴京復命事畢關領勘合在家養病省親丁憂者不必關領南京公差官員丁憂造冊具本差人奏繳仍于南京關領勘合

二十七年題准兩京官出差丁憂并其來京准差人

齋執公文赴部告領勘合具館局司所倉庫等官止令給引照回取滿日原籍官司查勘無礙給文送部聽用

三十二年題准南京給由官員往回在途聞喪者俱

何孟春餘冬序錄洪武初百官聞祖父母伯叔兄弟喪俱得奔赴二十三年夏四月甲戌吏部言祖父母伯叔兄弟皆係期年服若俱令奔喪守制或一人連遭五六期喪或道路數千里則居官日少更易數繁曠職廢事今後除父母及祖父母承重者丁憂外其餘期服制不許奔喪但遣致祭從之

小字 李文燦前

聞父母喪亦許回原籍守制

凡欽天監官洪武十九年令不守制後許奔喪三箇月

凡太醫院官及醫士永樂元年令有父母歿葬於京城外者許依墳守制

嘉靖二十二年奏准太醫院自堂官外合屬官生丁憂等預先送禮部查明轉咨本部

凡匠官丁憂者奔喪二十七日赴部送監辦事

凡王府官父母没於任所者永樂元年令回籍原守制

凡王府儀賓遇父母之喪從自啟王不分原籍遠近暫令前去奔喪量程定於假限事畢依期回還仍須各王具奏

凡倉場官洪武二十六年令倉官放糧守支未絶闕父母喪者交盤付見任官吏方許守制

嘉靖七年奏准倉官聞喪有被上司拘留不回守制者拘留官吏參問倉官問罪完日仍令回籍以給引日為始補守服制

齎執公文赴部告領勘合其館局司所倉庫等官止令給引照回既滿原管官司查勘無礙給文送部聽用○

三十二年題准南京給由官員往回在途聞喪者俱以……制……俟

文纘鹿溪新語洪武二十四年龍江衛吏以過罰書寫值母喪乞守制吏部尚書詹徽……擊登聞鼓上謂徽曰吏雖罰役天倫不可廢使母死不居喪人子之心終身有歉……與人為善猶恐其不為善者若有善阻之何以為勸徽大慙吏得終喪

起復辨前

凡太常寺官洪武三十五年定銓由……者聞父母喪亦許回原籍守制

凡欽天監官洪武十九年令不守制後許奔喪三箇月

凡太醫院官及醫士永樂元年令有父母沒葬於京城外者許依墳守制○

嘉靖二十二年奏准太醫院自堂官外合屬官生丁
憂等預先送禮部查明轉咨本部
凡匠官丁憂者奔喪二十七日赴部送監辦事
凡王府官父母沒於任所者永樂元年令回籍原守
制
凡王府儀賓遇父母之喪從自啟王不分原籍遠近
暫令前去奔喪量程定於假限事畢依期回還仍須
各王具奏
凡倉場官洪武二十六年令倉官放糧守支未絕聞
父母喪者交盤付見任官吏方許守制
嘉靖七年奏准倉官聞喪有被上司拘留不回守制
者拘留官吏參問其倉官照罪完日仍令回籍以給引
日為始補守服制

齎執公文赴部告領勘合其館局司所倉庫等官止令給引照回取滿原管官司查勘無礙給文送部聽用○

三十二年題准南京給由官員往回在途聞喪者俱照公差丁憂官例

凡京官外補未出京及各衙門辦事進士丁憂者候公文通狀投部用手本送順天府給引

凡太常寺官洪武三十五年定雖由樂舞生出身者聞父母喪亦許回原籍守制

凡欽天監官洪武十九年令不守制後許奔喪三箇月

凡太醫院官及醫士永樂元年令有父母沒葬於京城外者許依墳守制○

嘉靖二十二年奏准太醫院自堂官外合屬官生丁憂等預先送禮部查明轉咨本部

凡匠官丁憂者奔喪二十七日赴部送監辦事

凡王府官父母沒於任所者永樂元年令回籍原守制

凡王府儀賓遇父母之喪徑自啟王不分原籍遠近暫令前去奔喪量程定於假限事畢依期回還仍須各王具奏

凡倉場官洪武二十六年令倉官放糧守支未絕聞父母喪者交盤付見任官吏方許守制

嘉靖七年奏准倉官聞喪有被上司拘留不回守制者拘留官吏參問倉官問罷完日仍令回籍以給引日為始補守服制

八年題准各處丁憂倉場官起復到部查係守支五年之上者與守支完絶者一体定擬陞用付選三年之上者對品改選不及改選者仍以原籍選用

凡辦事官未滿在部丁憂回家嘉靖二十六年題准比照省祭事例服滿不必起送補辦各令守執原引候文選司行取勘合到日本處官司查勘明白送部免其行查就令補辦滿日赴選

凡陰陽醫學官丁憂起復洪武二十八年令就彼復職

凡世襲土官俱在職守制

凡官吏監生接喪弘治三年令官吏守制未滿接服不行申報及扶同官吏寃悶若稱已行申報中途躭滯者官員監生不許附選吏典不許寔撥候行查至

移前　移前

日定奪
凡官吏監生承祖父母憂不問何年父故及有無伯兄應否承重或丁養父母憂不問自幼過房者俱行查
凡官吏丁憂除公罪不坐外其犯贓罪及係官錢粮依例勾問
正統十二年令内外大小官員丁憂者不許保奏奪情起復
天順二年令官吏以舊喪詐作新喪者發順天府昌平遵化薊州等處為民係順天府者發口外為民若父母見在詐稱死亡者發口外獨石等處充軍其聞父母喪匿不舉哀不奔喪避役者原籍三千里之上限一年不及者限半年過限者發口外隆慶今改延慶永寧等

讀禮通考　卷一百八　十

處為民（近例止革上職役）成化十五年令詐匿喪官員所在官司容情起送京日後事發覺已悉照見行事例發落經該官吏以枉法從重論

凡外官丁憂去任不告給上司執照倉庫等官雖告有執照而經收錢糧數目不明王府官丁憂不告給長吏司執照在部辦事官吏丁憂回家十年之上兩考役滿吏丁憂七年之上起復到部者俱行查

凡官吏丁憂起伏文移不問父母病故并聞喪服滿月日及那移洗改月日者稱病不問得患與痊可日期及無所在官司印信明文者俱問罪或咨申不黏連原籍官吏人等執結或新除未任及給由官中途聞喪無所在官司執照或未任官聞喪不將原憑告繳或給假在籍遇喪無原籍預申或限內外為事無

招雖有招開還職不明者俱行查或丁憂內曾經考察被劾降調公文隱匿者送問降級

凡被論為事及考察去官詐稱丁憂起復以圖僥倖者事發本衙門枷號一箇月已除授者發口外未除授者不論致仕閒住俱發原籍為民

凡官吏丁憂服滿定限赴部在京北直隸四箇月河南山東六箇月山西陝西浙江江西湖廣南直隸八箇月福建兩廣貴州四川十箇月雲南一年違兩箇月之上者參問

嘉靖二十六年題准起復官違限一年之上者送問二年之上雖有事故亦不准理仍行原籍查回定奪

二十八年題准違限二年之上如有患病公文亦不准理送法司問完日赴選

嘉靖四十四年乙丑春始定儀賓憂制先是各王府儀賓不丁父母之憂至嘉靖癸亥冬周府南陵王睦楧上疏云文職上自九卿下及百僚皆知父母之恩而行三年丁憂之制是以父有母者知報本而盡孝道也臣今見各王府郡縣主及郡縣君選配儀賓請受誥封朝廷給與大夫郎官之職係與文職一体相同緣何儀賓父母身終不行丁憂之制遽忘鞠養之恩任耶衣冠富貴之樂豈為人子之道哉伏望皇上敕下禮部行令各省有王府地方自今見爵儀賓凡有父母身故宜照文職官事例將半俸停止服滿之日方許具呈教授轉呈布政司申請都察院方許開俸如是則儀賓得盡孝服報本之道國家省祿糧曠耗之費疏入下禮部議明年甲子景王載圳亦疏云

三年之喪自天子以達於庶人貴賤通行無所降殺此古今一定之禮也今該周府南陵王奏称見爵儀賓宜照文職事例丁憂守制揆之於禮誠爲允當已而益王厚炫奏稱王府儀賓舊無丁憂之制例惟弘治年間有儀賓程秀母喪乞恩終制該部具題准令任俸給假葬母省父續遇父喪四年未曾食祿此誠國家以孝治天下之道也乞勅該部定議通行天下至是御史林潤等以爲言禮部尚書李春芳等議入始定是制

隆慶元年丁卯吏部主事郭諫臣請衍聖公終制衍聖公孔子之後也秩一品先是凡遇父母之喪不行丁憂即請承襲與京職同至是諫臣疏魯爲上世秉禮義之國而孔子又萬世禮義之宗今國家特世封

為衍聖公秩以一品尚止以聖人後為能守禮以表率天下之人今亦使其子孫守一年之制其何以責天下乞許遵制丁憂起復一如文臣下廷臣議覆許照文臣終制起復從之

凡治喪嘉靖四十二年題准內外官員為人後遇本生父母亡故自願回籍者許給假治喪在京照例具奏在外呈詳撫按就任放回定限二年餘原籍起送改選如過三年者叅究

武臣丁憂制

唐會要太宗時武官丁艱憂屢有起復者魏徵諫曰國家草創之初武官不拘喪制天下今既安定不可仍奪其情必有金革之事自有墨縗之經帝曰朕思之然為武事未息故不可即止

宋史田況傳況守秦州丁父憂詔起復固辭又遣内侍持手勅起之不得已乞歸葬陽翟既葬托邊事求見泣請終制仁宗惻然許之帥臣終喪自此始

邵寶曰父母之喪無貴賤一也而謂文武異道乎不得已而從金革古之人固有行之者矣若夫無事之時不失於用而心存禮義烏乎不可

沈括曰自唐末用兵文臣給舍以上武臣刺史以以上喪父母者急於國事以義斷哀往往以墨縗從事既泣哀則莅事如故號曰起復國朝襲唐制不改慶曆中元田均帥秦鳳奏乞解官終喪既葬託邊事求見上曰陛下以孝治天下方邊隅無事而區區犬馬之心不得自從臣泣下上視其貌瘠乃許終喪帥臣終喪自田始其後富公以宰相丁

母憂仁宗詔敦十竟終喪大臣終喪自公始

韓縝傳仁宗紘編脩三班勅前已武臣不執親喪縝建言三年之喪古今通制晉襄墨縗從戎事出一時遂著令自崇班以上聽持服

金坡遺事故事武官不持服韓汝王奏請持服下兩制臺諫議唐子方歐陽永叔見各不同竟為兩議而上遂詔崇班以上持服供奉以下不持服論者以為如是則官高者得為父母服官卑者不得為父母服無官者將何以處之

宋史禮志仁宗慶曆三年太常禮院上議曰禮記父母之喪無貴賤一也又曰三年之喪人道之至大也請不以文武品秩高下並聽終喪時以武臣入流者雜難盡解官詔自今三司副使以上非領邊寄並聽

終制仍續月俸武臣非在邊而願假官者聽
哲宗元祐四年十二月十五日史官范祖禹論大使臣持服狀右臣近準樞密院錄白高陽關路兵馬鈐轄兼河北第六將楊永節爲母亡乞解官行服續據本路都總管司奏乞不許本官解官行服所貴得人協力勾當奉聖旨依高陽關路總管司所奏者臣檢會元祐編勑諸武臣丁憂者若係小使臣及元是軍班換授並見任管軍或充緣邊路分總官鈐轄都監知州縣城都監寨主都同巡檢雖係大使臣並不解官行服者除緣邊任使奏候朝旨外餘並聽臣竊以小使臣不解官行服已損孝治之風朝廷恤小官非俸祿無以養不得已而未之改耳自大使臣以上官既升朝祿亦足養而緣邊任使亦不解官其乞行服

者又須奏候朝旨帥臣同而奏留朝廷重違其請循例奪服惟狄詠狄青之子帥臣為之奏請特許解官當今緣邊無異內地帥臣遭喪者無不解官自餘將領寄任輕於帥臣非有金革之事而無故奪其喪服全無義理若言藉才則方今武臣常患員多豈至無人可使若恤其貧則在內地者均是人也何獨緣邊恤之若以解官為優恩必待如狄青之子然後許之則父母之喪無貴賤一也古者庶人有喪三年不從征役豈可仕至升朝以上而不使執親之喪臣愚欲乞今後大使臣以上丁憂者雖係緣邊任使並解官行服如遇有邊事即許本路奏留繫自朝廷指揮庶使武臣皆知禮法有益風教而緩急藉才亦不失金革從權之制如以臣言為然乞下有司脩正

周煇清波别志熙寧間洛州平恩縣直使王奎乞解官持父喪許之仍詔兵部自今有請如奎者宜即聽許蓋深嘉之也今小使臣固有許持服之文然類貪禄不去若謂食貧出不得已然大使臣豈俱富厚者雖平日談仁義識禮法高自標置以儒者自處亦不能稍異流輩或謂除見隸軍籍當金革從事餘盡更置俾從風化之厚其可乎

世宗實録嘉靖十六年七月四川道試御史蘇朮疏言三年之喪通於上下高皇帝當干戈倥偬武臣不許守制蓋一時權宜之術而未必為萬世法也今世士大夫奪情起復即為公論所不容何獨於武臣而限之乞着為令武職之持服如文臣例若有緩急在行閒亦當以墨縗從事得旨奪情起復往有明文武職無

查本朝軍實補

守制例皆係祖宗成憲，不諳法制，輒欲變更，本宜遠治，姑從輕降一級調外任，已而謫木灤州判官。

明制，武臣遭父母喪不許解任奔赴。

許讚集：保定總兵官申錫居父喪，哀毀踰節，及毋卒，均謂武臣例不得守制，乃力請于朝，得奔喪治事。人以為異數。燕居衰服三年。

何孟春曰：武官父母喪不持服、不解任，金革軍旅之事不以（不知始何世矣）

（無避也者，為其）家難避國難也。為此制者恐武官臨難得為推避計耳。天下無無父母之人，父母之喪無貴賤一也，而文武可異道乎？今武官時當太平之際，身列藩衛之間，有父母喪而不少異於平日，豈謂真不得已者哉？然則今日之事，當視其人，若典軍旅方在行陣，遇喪奏聞，留之終事，方聽返喪。次其在府司衛

俱小字

所可得盡喪禮者當聽終制軍事蒞涉不得已而出視事事畢復返喪次可代者佐貳代之一切勿與庶幾亦盡人子之禮

汪琬曰子夏問曰三年之喪金革之事無辟也者非歟孔子曰昔者魯公伯禽有為為之也喪大記既卒哭弁經帶金革之事無辟也左傳子墨縗經敗秦師於殽遂墨以葬文公如此則猶不脫經非經即吉者也後世武臣俱不持喪服訖今猶然故律文有文職官吏及應丁憂者條例蓋武臣不在內也宋時常會議武臣持服事唐子方曰今日不可為高論竊謂天下無事武臣方優游內地固當以永叔之言為正

伍袁萃曰武弁不守喪唯本朝令甲為然前代未

之聞也國初寇亂未靖兵戈未息故特為推奸避難者設耳非常制也愚謂惟邊極邊衝塞羽檄旁午將領不妨墨衰即戎事寧仍許終制斯可耳不然天下豈有無父之人哉抑三年之愛獨文職有之哉恐非聖主所以教孝意也

乾學按武臣不丁憂之非義前人論之詳矣且武臣國之爪牙欲其不惜死耳不惜死不忍負其君也天下安有忍於親不忍於君者從來賢者少不肖者多不肖者其不忍之心原無幾唯有衰麻之飾以怵其目哭泣之聲以動其衷庶少作其哀而此心尚可以不死若并此去之則不忍之心

蕩然矣然則武臣獨皆無父母之人而欲其忠君報國豈可得乎

遭喪給假

唐開元禮凡齊衰周給假三十日葬五日除服三日齊衰三月五月大功九月並給二十日葬三日除服二日小功五月給假十五日葬二日除服一日緦麻三月給假七日出降者三日葬及除服各一日無服之殤本品周已上給假五日大功三日小功二日緦麻一日若聞喪舉哀其假九日除程

洪武二十三年夏四月甲戌除期年奔喪之制先是百官聞祖父母伯叔兄弟喪俱得奔赴至是吏部言祖父母伯叔兄弟皆係期服若俱令奔喪守制或一人連遭五六期喪或道路數千里則居官日少更

易繫數曠官廢事今後除父母及祖父母承重丁憂外其餘期年服制不許奔喪止遣人致祭從之

秋官

喪禁

周禮閽人喪服凶器不入宮注喪服衰絰也凶服器明器也

蜡氏凡國之大祭祀令州里禁凶服者

禮運以衰裳入朝與家僕雜居齊齒非禮也是謂君與臣同國注臣有喪當致事而歸僕又不可與士齒○疏臣之有喪乃不致事身著衰裳而入君朝非禮也

曲禮席蓋重素不入宮門注席蓋載喪車也雜記曰士輤葦席以為屋蒲席以為裳帷重素衣裳皆素喪服也苞屨扱衽厭冠不入宮門注此皆凶服也苞藨也齊衰藨蒯之菲也問喪曰親始死扱上衽厭猶伏喪冠厭服書方衰凶器不以告不入宮門注此謂喪在內不得不入當告君耳方板也士喪禮曰書𥅆于方若九若七若五凶器明器也

郊特牲祭之日喪者不哭不敢凶服

文王世子五廟之孫祖廟未毀雖為庶人冠取妻必

告死必赴練祥則告注赴告于君也族之為相也宜弔不弔宜免不免有司罰之注弔謂六世以往免為五世至於賵賻承含皆有正焉注正禮也○五廟之孫祖廟未毀雖及庶人冠取妻必告死必赴不忘親也親未絶而列於庶人賤無能也敬弔臨賻賵睦友之道也古者庶子之官治而邦國有倫邦國有倫而衆鄉方矣公族之罪雖親不以犯有司正術也所以體百姓也刑與隱者不與國人慮兄弟也弗弔弗為服哭於異姓之廟為忝祖遠之也素服居外不聽樂私喪之也骨肉之親無絶也

唐六典注諸大祀車駕親行及齋官向祀祭之所本司預告州縣及金吾相知令平明親所行之路道次不得見諸凶穢衰絰及聞哭泣之聲散齋日不得弔喪問疾

讀禮通考卷一百九

喪制二

徐乾學曰喪何為乎有制自古禮之失始也嚴氏詩輯曰夷厲之世時人不能行三年之喪故作素冠以刺之蓋古禮漸亡非一日矣迨至漢文更制以日易月臣下遵之而喪制又一變東漢以後人始漸思古禮議脩復焉當更制之時與世波靡者固多亦有守禮不變者有孤行一意而過於禮者迨至唐世為人上者思有以一之職官憂服之制所由起也由宋迨元時廢時舉至明而益重然不過限制官民而已國恤大典終不能反於古也爰采[illegible]之彙為[illegible]篇曰變古曰復古曰守禮曰過於禮曰不及禮曰違禮曰律

制而統名之曰喪制焉

變古

詩檜風　譜檜古高辛氏火正祝融之墟檜國在禹貢豫州外方之北滎波之南溱洧之間妘姓周夷王厲王之時檜公不務政事而好絜衣服大夫去之于是變風始作其地北鄰於虢○疏昭十七年左傳梓慎云鄭祝融之墟鄭滅檜而處之故知檜是祝融之墟案鄭語史伯于幽王之世為桓公謀滅虢檜至平王之初武公滅之則幽王以前檜國仍在史伯云檜仲恃險是仲是檜君之字檜之世家既絶作序者不言檜仲則羔裘之作在檜仲之前不知幾世也幽王上有宣王宣王任賢使能周室中興不得有周道滅而令匪風思周道也故知檜風之作非宣王時也宣王之前有夷厲二王是衰亂之王考其時事理得相當是知為周王夷厲時檜無世家詩止四篇

序素冠刺不能三年也　疏首章傳曰素冠練冠禮三年之喪十三月而練則此練冠是十三月而練服也二章傳曰素冠故素衣與冠同時亦既練之衣是上二章同思既練之人卒章庶見素韠案喪服斬衰有衰裳絰帶而已不言有韠檀弓說既練之服云練衣黄裏縓緣要絰繩屨角瑱鹿裘亦不言有韠則喪服始終皆無韠矣禮大祥祭服朝服縞冠朝服之制緇衣素裳禮韠從裳色素韠是大祥祭服之韠然則毛意以卒章思大祥之人也鄭以首章思見既祥之冠下二章思見祥祭之服以時人不能行三年喪先思長遠之服故與毛異也

庶見素冠兮棘人欒欒兮勞心慱慱兮　毛傳庶幸也素冠練冠也棘急也欒欒瘠貌慱慱憂勞也○鄭箋云喪禮既祥祭而縞冠素紕時人皆解緩無三年之恩于其父母而廢其喪禮故覬幸一見素冠急于哀戚之人形貌欒欒然瘦

瘠也勞心憂不得見○疏傳以此素冠者是既練之後大祥之前冠也鄭以練冠者練布為之而經傳之言素者皆謂白絹未有以布為素者則知素冠非練也且時人不行三年之喪當先思長遠之服何得先思其近乃思其遠又不能三年者當謂三年將終少月日耳若全不見練冠便是朞既釋服三年之喪纔行其半違禮甚矣何止刺不能行三年喪也故易傳以素冠為既祥之冠玉藻縞冠素紕既祥之冠也閒傳注云黑經白緯曰縞其冠用縞以素為紕故謂之素冠也王肅亦以素冠為大祥之冠孫毓以箋說為長

庶見素衣兮我心傷悲兮聊與子同歸兮毛傳素冠故素衣也願見有禮之人與之同歸○鄭箋云除成喪者其祭也朝服縞冠朝服緇衣素裳然則此言素衣者謂素裳也聊猶且也且與子同歸欲之其家觀其居處○疏傳以冠衣當上下相稱冠既練則衣亦練故云素冠故素衣謂既練之後服此白布喪服箋亦以素非布故以易傳也除成喪者其祭也朝服縞冠喪服小記文士冠禮云主人玄冠朝服緇帶素韠韠從裳色故大祥之祭其服以素為裳此言素衣者謂素裳也裳而言衣衣是大名故取衣為韻

庶見素韠兮我心蘊結兮聊與子如一兮鄭箋祥祭朝服素韠者韠從裳色云聊與子如一且欲與之居處觀其行也

乾學按前二章毛傳以為小祥之服鄭箋以為大祥之服二說不同愚以鄭說為長何則世衰俗薄時人縱不能行三年喪何

至期年亦不能行況詩人所思者自是思三年之人若但思期年之人則與公孫丑之請期喪何異且素冠素衣自與素韠一例豈有素韠為大祥之服而素冠素衣屬之小祥之理鄭氏之於禮學精矣固當以其說為正

檀弓　魯莊公之喪既葬而絰不入庫門注時子般弒慶父作亂閔公不敢居喪葬已吉服而反正君臣欲以防遏之微弱之至　士大夫既卒哭麻不入注麻猶絰也羣臣畢虞卒哭亦除喪也閔公既吉服不與虞卒哭○疏絰葛絰諸侯幷絰葛而葬也魯之庫門天子之皐門也莊公以三十二年薨太子般立十月已未共仲使圉人犖賊子般于黨氏立閔公慶父作亂閔公時年八歲不敢居喪三年既葬竟除其服于外吉服反以正君臣故絰不入庫門也魯有三門庫雉路庫門最在外以從外來故云不入庫門絰既不入衰亦不入可知也閔公既葬而除喪羣臣卒哭而除喪者以閔公須即位正君臣故既葬而除羣臣猶用虞卒哭之祭故卒哭乃除之閔公既吉服不與虞卒哭者虞卒哭是其事閔公既服吉服故不與也麻不入亦謂不入庫門也

吳澄曰春秋莊公三十二年八月癸亥薨薨後五十七日十月已未所立太子般亦卒乃立幼子閔公莊公薨歷十一月明年六月始葬時閔公幼

前莊夫人外淫慶父謀簒立不君生君因亦不天死君故不令閔公服父喪三年羣臣亦不服君喪三年至閔二年五月距莊公之薨二十二月爾遽行吉祭吉祭後其年八月慶父弒閔公矣

乾學按經文但言經孔疏以為葛經引弁經葛而葬為証愚以為不然弁經葛者不過葬時為然葬已則仍故服至卒哭乃易葛耳豈有既葬而反哭仍用弁經葛之服乎至于鄭注正君臣之說尤為無理先君既沒嗣子主喪君臣之位已定矣何待此時而後定況莊公卒于前年八月至次年六月始葬則既踰年矣豈有踰年尚未定君臣之位至葬畢而後定之理且欲定君臣何須吉服古者不易吉服者皆不能定君臣之位今閔公凶服易矣踰歲而即

見弑君臣之公果吉服所能定耶閔公所以短喪之故是[illegible][illegible]之言得之注疏所云尚未敢以為信也

萬斯同曰是時慶父作亂季友出奔閔公年僅八歲國之大政皆由慶父鄭氏謂吉服而反正君臣欲以防遏之將慶父自作亂而自防遏耶不情甚矣其後閔公二年五月吉禘于莊公喪二十二月而行吉祭故公羊譏其始不三年由此事觀之閔公之短喪果矣但據檀弓之文則既葬即除服并不能至二十二月也據公羊之文則三年僅少三月非既葬而即除也二書參錯不可攷信據之慶父擅權亂行于紀故先王之禮盡廢而注疏謂欲防遏慶父謬矣

春秋閔公二年夏五月乙酉吉禘于莊公　公羊傳其言吉何言吉者未可以吉也曷為未可以吉未三年也三年矣曷為謂之未三年三年之喪實以二十五月其言于莊公何未可以稱宮廟也曷為未可以稱宮廟在三年之中矣吉禘于莊公何以書譏何譏爾譏始不三年也注見喪畢吉祭卷中

孟子齊宣王欲短喪公孫丑曰為朞之喪猶愈於已乎孟子曰是猶或紾其兄之臂子謂之姑徐徐云爾亦教之孝弟而已矣滕定公薨世子使然友問喪於孟子然友反命定為三年之喪父兄百官皆不欲曰吾宗國魯先君莫之行吾先君亦莫之行也至于子之身而反之不可且志曰喪祭從先祖曰吾有所受之也詳見第四卷

萬斯同曰魯為秉禮之國而父兄乃云然則是短喪之制春秋之世多有之矣魯國如此他邦可知春秋如此戰國可知然其短喪也或既葬而除或期歲而除均無可考要之定為三十六日則是漢文帝始耳杜預言秦亢上抑下率天下皆行重服絰罹寒暑彼秦皇豈肯行三年之制乎天子不行而強天下行之亦無是理也至漢高惠呂后之喪不知其制云何然是時諸事率畧禮文殆絕豈能獨行三年之禮文帝遺詔所謂使重服久臨以罹寒暑之數云云殆亦億度之詞未必秦世及漢初果行三年之喪也且古禮天子喪制王朝之公卿大夫則三年諸侯之大夫則七月据儀禮諸侯之大夫總衰既葬而除畿內之庶人則三月畿外之庶人則無服原未嘗盡天下之人而貫以三年也秦繼無道然始皇即位幼少其服莊襄亦不能豈入不孝於母幾絕母子之親知其亦不為重服者言始皇自為身後之制則胡亥即位七月而天下即大亂未始終

三年之期也何自而有哉[illegible]下皆行重服之說乎然則三年之制自春秋至漢文已盡廢特前此未[illegible]制至是乃始定為制耳但文帝止為天子言而瞿方進輩遂緣此以為官[illegible]根之[illegible]大[illegible]文帝之本意哉

大事記○晉定公薨子出公錯立趙鞅降三年之喪為期邵寶曰三年之不遂服其非人心所安哉故降而朞又降而三十六日又降而二十七日

宋魏了翁讀書雜抄左傳襄十四年吳子諸樊既葬而除喪將立季札札辭杜注曰諸樊吳子乘之長子也乘卒至此春十七月既葬而除喪公羊傳哀六年齊除景公之喪何休曰期而小祥服期者除史記刺客列傳聶政母死既已葬除服聶政遂西至濮陽見嚴仲子

乾學按戰國喪紀放失不可考僅孟子載滕文齊宣二事其廢人居喪者則聶政此一事耳服本三年既葬為斷豈其時皆然

與抑政急於酬知而不暇終制與嗚呼其亦可謂之失其本心耳矣

通典杜元凱（杜預乃杜佑之遠祖故稱其字）以為古者天子諸侯三年之喪始服齊斬既葬除喪服諒闇以居心喪終制不與士庶同禮袁準曰周禮太祝祔練祥掌國事若無喪服焉得祥孔子曰三年之喪天下之通喪也禮記曰父母之喪無貴賤一也又云公之喪大夫俟練士卒哭而歸此終喪衰麻之言也春秋左傳曰三年之喪雖貴遂服禮也言雖貴不得與賤者有異也言服而不言喪衰麻可知也凡春秋傳諸稱譏除喪皆因時宜耳高宗信默何以是心喪博士段暢重申杜元凱議曰尚書毋逸云高宗亮陰三年不言諸儒皆云亮陰信默也唯鄭玄獨以陰為凶廬今據諸儒為正

明高宗既卒哭即位□乃除衰麻躬行信默聽於家宰以終三年也言即位以心喪之後素服心喪謂之諒闇故杜議曰天子居喪齊斬之情苴杖絰帶當其遂服葬而除服諒闇以終三年也國語楚語及論語禮記坊記喪服四制皆說高宗之義大體無異唯尚書大傳以諒闇為凶廬蓋東海伏生所說鄭玄之所依傳而考之義既不通據經所言是唯天子居凶廬豈合禮制世俗皆謂大祥後禪時為諒闇漢紀稱和熹鄧皇后居母喪縞素不食肉亦曰諒闇此乃古今之通言信默者為得之也范宣曰所以知諒闇為凶廬者按禮葬後柱楣楣則梁也明葬後居廬所以為義暢曰昔武王崩成王立周公攝政明年既葬周公冠成王而朝于祖以見諸侯此天子卒哭除喪之

諡也春秋在喪王曰小童公侯曰子既葬則無此稱此除服諡也范宣難曰禮葬後飲食衣服皆有降殺君臣之稱安得不異暢曰春秋文八年秋八月襄王崩九年春毛伯來求金傳曰不書王命未葬也范宣曰禮既葬王政入於國郎君名有漸以一朝頓除除服之義多引益惑耳暢引僖王崩未再期惠王享晉歸失禮以名位不同不譏喪享而譏公侯同禮又享有籩豆之薦聘則陳幣太廟授王兩楹此聞樂不樂食旨不甘除服諡也范宣曰朝聘之禮國有喪皆有撤損不與平同也周禮掌客職賓客有喪唯芻稍之受是明主人設饗是儀有等級之品客受芻稍循情之事是以往往有享文耳與且有急尊王室或有安衛社稷事出無方歸時宜事訖反服于禮何傷于

讀禮通考　卷一百九

啐嚌示義而信以為□□亦其昏矣暢引春秋僖七年閏月惠王崩九年夏王使宰孔賜齊侯胙曰天子有事于文武以為王喪再期少五月而猶事文武明王為卒哭除喪即位而祭廟矣所謂烝嘗禘于廟也宣曰夫祭祀之禮有正有變所以然者或時有所施不必一也禱類祈禡豈一道乎武王出征以燎豈是常郊耶天地猶然況宗廟乎禮不墓祭而尚祭乎畢又不於宗廟而祀在坶室坶音牧鄭玄云牧野之室且禮去祧為壇去壇為墠而周公請命告太王以下為三壇同墠此豈非變禮乎當襄王之時逼於王子帶不敢廢喪替使告難於齊常有憂懼之色故或為權禮於文武告請之祀非其常典故云有事于文武而不稱禘祫于宗廟也能究變正之義始可與談春秋耳段暢引經傳

以爲諸侯諒闇申杜義云按春秋僖公九年宋桓公卒未葬而襄公會諸侯故曰子凡在喪王曰小童公侯曰子傳發宋公而因釋王在喪未葬稱在喪葬訖卒哭已除衰麻故不復名在喪此諸侯除服之證也按禮記諸侯元子既葬見於天子曰類見將嗣父位除喪見王以受瑞命由嗣而見故曰類見於是天子禮之太廟賜以命服此諸侯不以麻終三年之證也雜記麻者不紳執玉不麻麻不加於采諸侯既卒哭即位則有聘享朝會之禮既執玉服采不宜復以服麻故去衰麻服縞素縞素之制可以雜於吉也此除衰麻諒闇之文也喪大記云君既葬王政入於國既卒哭而服王事大夫士既葬公政入於家既卒哭弁絰帶金革之事無避也則大夫士皆以縗麻終三

年故雖卒哭稱弁絰以服金革之事諸侯以上卒哭除衰麻諒陰故特不言此諸侯衰麻除之證也又春秋魯隱公元年天王使宰咺來歸惠公仲子賵左傳曰贈死不及尸吊生不及哀既卒哭除服諒闇此為免喪之後來弔故曰吊生不及哀此諸侯卒哭除衰之證也文公元年天王使毛伯來錫公命羊羊傳曰命者何加我服也賈逵以為諸侯踰年即位天子賜以命圭合瑞為信也然則皆得行吉禮文公元年公孫敖如齊左傳曰穆伯如齊始聘焉禮也凡君即位卿出並聘踐脩舊好要結外援好事鄰國以衛社稷也僖公之喪未三年嫌于不可以接吉事故傳發明大義以正諸侯之禮也春秋襄公十五年冬十一月晉侯周卒十六年正月葬晉悼公三月公會

晉侯於溴梁左傳曰葬晉悼公平公即位改服修官烝于曲沃與諸侯宴于溫使諸大夫舞曰歌詩必類諸侯五月而葬今晉悼三月便葬遂合諸侯燕會使大夫歌舞皆非喪禮也羊舌肸祁奚韓襄皆晉之賢大夫也平公尚幼宰傅相之命諸賢傅幼君而若此者蓋繼好講信謀事補闕之大者故傳其行事也晉子墨衰絰征秦遂墨衰以葬書春秋時卒哭之後御軍甚多無衰墨文明其服也弁絰金革禮所權許皆為救危亡者也哀公五年秋九月齊侯杵臼卒六年公羊傳曰除景公之喪諸大夫皆在朝又禮會于陳乞之家明其皆免喪無復所制也

杜佑議曰詳按前儀則禮經天子之喪自天子達雖有其說無聞斷制所引武王崩既葬成王冠冕[illegible]未再期娶齊侯肸皆可為明徵當以萬機至繁百度須理[illegible]臣庶喪制唯禮與戎多闕漢文猶留之際不詳前代舊規深慮[illegible]遂施易月之令若俟同規畢至嗣君然後免

喪俗薄風洸式生[illegible][illegible][illegible][illegible]古[illegible]者則云齊斬三年適權宜者遂稱以日易月而葬漢魏以降多一[illegible][illegible]內山陵纔終宅穸之期不必七月除服之制正于反虞魯史足徵可無疑惑廢情禮兩得政教無虧矣

乾學按杜預議武元皇后之喪謂皇太子當從制釋服又云古天子諸侯皆于葬後釋服諒闇心喪周公不言高宗服喪三年而言諒闇三年乃釋服心喪之文也摯虞三致書責之謂喪服以服表喪除服變制通理何必附之于古司馬溫公斥其巧飾經傳以附人情黃勉齋直以為遠經悖禮淪斁綱常當為黃世罪人坐以不孝之大法夫高宗釋服心喪之說前典所無鑿空臆說誣謗先聖不孝之罪誠難逭矣預議既出皇太子遂除衰麻諒闇終喪於時內

外卒聞預議多怪惑者預謂鄉人段暢曰兹事體大本欲宣明古典何知不合于當今也宜博採典籍為之證據暢遂敷通危疑以弘指趣即此文是也推波助瀾紕繆非一端而引周公冠成王一事以為成王既葬除喪之證尤侮聖之大者按此事本出家語曰武王崩成王年十有三而嗣立周公居冢宰攝政以治天下明年夏六月既葬冠成王而朝于祖以見諸侯亦為君也周公命祝雍作頌云夫嗣君即位有奠殯之禮康王之誥所稱是也有朝祖之禮閔予小子之詩是也詩序曰成王既除喪而朝于廟凡云既葬之明年疑尚有誤且

讀禮通考　卷一百九

古固有在□而冠者矣雜記曰以喪冠者雖三年之喪可以冠于次入哭踊三者三乃出是也周公處此宜必有權宜之禮古史考曰成王將加元服周公使人來零陵取文竹為冠疑即喪冠之服藉謂朝廟當吉服亦當如康王之冕而奠殯事畢釋冕反喪服矣乃謂成王先已除喪何其敢于巇誣二聖乎至于春秋之世如僖王享晉歸襄王有事于文武晉平公烝于曲沃宴于溫使大夫舞自是失禮然不過一時之缺失耳今欲舉偶見之失以證定經通之理且謂商高宗周成王皆如是也寧非千古之罪人也哉○

又按高宗諒闇顏忽為釋服心喪之說古

讀禮通考　卷一百九

事無從詳辨第據孟子告滕友曰三年之喪齊疏之服飦粥之食自天子達于庶人三代共之斯即三代之君服終三年之明驗也袁準諸子論之已詳無容再贅至于春秋之諸侯預棄以為葬後釋服亦非定論就春秋本註考之自相牴牾者多矣請詳述而論之隱公元年經書天王使宰咺來歸惠公仲子之賵傳曰贈死不及尸弔生不及哀豫凶事非禮也預釋之曰諸侯已上既葬除衰麻無哭位諒闇終喪僖公三十三年經書晉人及姜戎敗秦于殽傳曰遽興姜戎子墨衰絰預釋之云晉文公未葬故襄公稱子以凶服臨戎故墨之是

年冬十一月經書公薨傳曰葬僖公緩作主非禮也凡君薨卒哭而祔祔而作主預釋之云既葬反虞則免喪故曰卒哭哭止也凡此皆斷自既葬為免喪之期而卒哭即免喪之名也昭公十二年五月傳曰晉侯享諸侯子產相鄭伯辭于享請免喪而聽命是時鄭簡公卒所謂免喪請命安知其不終三年乎預則釋之云簡公未葬又以傳書六月葬鄭簡公為終子產辭享之文不知簡公之葬經書五月傳書六月特著之以表異同非終辭享之文也昭公十五年八月傳書穆后崩十二月晉荀躒如周葬穆后既葬除喪以文伯宴叔向曰以

喪賓宴非禮也三年之喪雖貴遂服禮也此則傳中明有既葬之文矣而叔向猶譏之所謂遂服者謂王之當終本服耳預釋之云天子諸侯除喪當在卒哭今王既葬而除故譏其不遂考雜記云諸侯五月而葬七月而卒哭（雜記本文）天子七月而葬九月而卒哭（二句雜記所無見作僖公主傳疏）天子諸侯卒哭距葬後尚有兩月預前因云既葬免喪即名卒哭此復謂除喪當在卒哭不當在葬後游移前却以苟成其說不知其自相牴牾矣昭公十年九月葬晉平公既葬諸侯之大夫欲因見新君叔向[illegible]曰大夫之事畢矣而又以命孤[illegible]斬焉在衰絰之中其以嘉服見

則喪禮夫人畢其以凶服見是重受弔也大夫將若之何此下有一參之文矣如果相距兩月何難少留大夫之行使得旅見于庭而叔向辭嚴義正若此吾讀此傳知晉之必能三年乃預釋之曰既葬未卒哭故猶服斬衰其意仍謂兩月期近可以相混也至于襄公十二年九月經書吳子乘卒十四年春傳曰吳子諸樊既除喪將立季札計諸侯七月卒哭之期相去已久矣而預注曰諸樊吳子乘之長子乘卒至此十七月既葬而除喪此何以說乎非所謂遁辭之窮乎然十七月而除猶未滿三年之制可見當時諸侯任意減短不能畫一矣

但謂三年古制無一諸侯能行則不可謂當時諸侯皆既葬除喪更不可竟以既葬除喪斷為春秋定制尤不可也公羊高穀梁赤皆出于子夏之門雖預所肆斥而出其前遠甚試畧舉以正之莊公元年三月經書夫人孫于齊穀梁傳曰諱奔也接練時録母之變始人之也有練服非既葬而除矣是年秋經書築王姬之館于外穀梁傳曰築于外變之正也衰麻非所以接弁冕也桓公薨至是十有四月猶有衰麻非既葬而除矣文公二年二月經書作僖公主公羊傳曰作僖公　何以書譏何譏爾譏不時也其不時奈何欲久喪而不能也

何氏曰作練主當以十三月文公欲服喪三十六月十九月作[illegible]三又不能卒竟以二十五月也方且疑其過戚豈肯早除乎三年冬經書公子遂如齊納幣公羊傳曰譏喪娶也娶在三年之外則何譏乎喪娶三年之內不圖婚何氏曰僖公以十二月薨至此未滿二十五月預謂虞祔之餘可以朝會聘享此則祥琴之後尚嚴一使圖婚何逕庭也哀公六年七月公羊傳曰景公死舍立陳乞迎陽生于諸其家除景公之喪景公之卒在五年九月傳謂非宜亦非既葬除喪矣並舉以觀得失立見所可為預寬者但除衰麻哭泣仍重諒闇心喪

奉主入廟乃在三年之後審諦貽繆斷于服闋之時實雖虧而名未損庶幾存羊之意也

右相沿之失

史記漢文帝遺詔天下吏民令到出臨三日皆釋服已下服大紅十五日小紅十四日纖七日釋服詳見喪期國恤

漢書翟方進後母既終葬三十六日除服起視事以為身備漢相不敢踰國家之制

薛宣傳宣後母病死弟脩去官持服宣謂脩三年服少能行之者兄弟相駁不可脩遂竟服由是兄弟不和

隸釋司隸校尉魯峻碑跋下[illegible]代風俗相承雖丁私艱亦多以日易月鮮有執喪三年者故元初詔

書始聽大臣二千石行三年喪至建光元年復禁不許李翊去官二交故銘文[illegible]九或釋紼時則有居憂不釋紼者矣肅宗時越騎校尉桓郁以母憂乞身詔公卿議皆以郁為名儒學者之宗可許之詔聽以侍中行服後其子焉為太子太傅以母憂自乞以大夫行喪二公纏陟屺之痛皆避劇就閑與魯君以議郎行喪同

王楙野客叢書漢人居喪率多以日易月罕有終三年之制者其制自文帝始文帝遺詔令臣子勿久喪已葬則除自後因而弗改習以成俗故翟方進為相後母終已葬三十六日除服起視事以為身備漢相不敢踰國家之制然當時亦知終三年喪為盡禮如原涉行父喪三年顯名天下河間惠王行母喪三年

詔書褒稱以為宗室儀表薛宣後母死其弟脩去官持三年喪而宣不然遂以不孝免又漢碑中有居喪二交菲五〻者則以為美談如李翊費鳳之徒以為至孝銘為考憂釋紼公義卓休其見推往〻如此則知當時丁父母憂持三年喪者鮮矣不特不能持三年喪且居憂而遷除者有之如魯峻居母憂自乞拜議郎是也漢人居喪大率可見奪情廢禮往〻行之而安其薄甚矣然又有過于厚者如高陽令楊著遭從兄憂而去官庶尚遺從父憂而解秩又有為其師服斬喪三年而不釋者禮之過不及如此

閻若璩曰自胡寅真德秀以迄明邵寶皆以漢文短喪之詔其大指蓋為吏民初未及於嗣君非也漢文明詔天下吏民令到出臨三日皆釋服三日者吏民之服也殿中當臨者[illegible]夕[illegible]五舉音禮畢罷已下棺服大功十五日小功十四日纖七[illegible]日者殿中當臨者之服也殿中當臨非太子與百官以誰哉然文帝之意則詔天下以為已而服非詔天下以盡為其親而喪之文帝固未嘗教天下以薄其親也然此詔之

讀禮通考　卷一百九

後天下諸復有喪一年者矣嗚呼豈非上有好者下必有甚焉者與人豈非下之人祇從其意[illegible]从其令與終西漢之世服父喪三年者原涉而已耳服母喪三年者河間惠王[illegible]耳服後母喪三年者平津侯而已耳詩云庶見素衣兮我心[illegible]悲兮聊與子同歸兮殆四子之謂焉當惠王之服三年喪也朝廷下詔襃稱以為宗室儀表夫可以為宗室儀表獨不可以為天下之儀表乎不因以正文帝之失而徒以襃惠王之賢豈惠王獨有三年之愛者耶又後此四百年而晉武帝始力行三年之喪可謂斅衰而復興禮廢而復起追高宗於百代之上矣乃為固陋庸臣多方沮遏不能脩行典禮且止一身而已又未嘗率天下群臣以為先帝三年喪是真所謂有父子而無君臣者也嗚呼喪礼廢壞久矣世乃以至痛為可忍也

右吏制之失

歷代奪情之失

後漢書趙憙傳憙代虞延行太尉事遭母憂上疏乞身行喪禮顯宗不許遣使者為釋服賞賜恩寵甚渥

耿恭傳恭母先卒追行喪制有詔使五官中郎齋牛酒釋服　本傳注云奪情不令追服

桓焉傳焉為太傅以母憂自乞聽以大夫行喪踰年詔使者賜牛酒奪服

張酺傳太尉張酺父卒既葬詔遣使齎牛酒為釋服

吳志大帝嘉禾六年春正月詔曰夫三年之喪天下之達情之極痛也賢者割哀以從禮不肖者勉而致之世治道泰上下無事君子不奪人情故三年不逮孝子之門至於有事則殺禮以從宜要経而服事故聖人制法有禮無時則不行遭喪不奔非古也蓋隨時之宜以義斷恩也前故設科長吏在官當須交代而故犯之雖隨糾坐猶已廢曠方事之殷國家多難凡在官司宜各盡節先公後私而不恭承甚非謂也中外羣僚其更平議務令得中詳為節度顧譚議以為奔喪立科輕則不足以禁孝子之情重則本非應死之罪雖嚴刑益設違奪乃少若偶有犯者加其刑則恩所不忍有減則法廢不行愚以為長吏在遠苟

不告語勢不得知比選代之間若有　昔凡加大辟

則長吏無廢職之負孝子[illegible]之刑將軍胡綜議

以為喪紀之禮雖有典制苟無其時所不得行方今

戎事軍國異容而長吏遭喪知有科禁公敢干突苟

念聞憂不奔之恥不計為臣犯禁之罪此由科防本

輕所致忠節在國孝道立家出身為臣焉得兼之故

為忠臣不得為孝子宜定科文示以大辟若故違犯

有罪無赦以殺止殺行之一人其後必絕丞相雍奏

從大辟其後吳令孟宗喪母奔赴已而自拘于武昌

以聽刑陸遜陳其素行因為之請權乃減宗一等後

不得以自比因此遂絕

晉書傳咸傳　咸遭繼母憂去官頃之起以議郎長兼

司隸校尉咸前後固辭不聽勅使者就拜咸復送還

印綬公車不通催使拜職感以身無兄弟喪祭無主重自陳乞乃使于官舍設靈座

山濤傳 濤遭母喪歸鄉里濤年踰耳順居喪過禮負土成墳手植松柏詔曰吾所共致化者官人之職是也方今風俗陵遲人心進動宜崇明好惡鎮以退讓山太常雖尚居諒闇情在難奪方今務殷何得遂其志耶其以濤為吏部尚書濤辭以喪病章表懇切會元皇后崩遂扶輿還洛逼迫詔命自力就職

賈謐傳 謐為散騎常侍後軍將軍以祖母廣城君薨去職喪未終起為秘書監

南史 宋元嘉閒劉湛母卒求自送喪還都江夏王義恭亦為之請文帝答義恭我得湛啟事為之酸懷乃不欲苟違所請但汝弱年新涉軍務八州殷曠

專斷事重疇咨僉允不可不得其人量宜二三未獲便相順許

宋書顏峻傳 峻為吏部尚書領太子左衛未拜丁憂起為右將軍丹陽尹如故大明元年又丁母艱不許去職聽送喪還都

南齊書褚淵傳 淵遭庶母郭氏喪葬畢起為中軍將軍後嫡母吳郡公主薨葬畢詔攝職固辭又以朞祭禮及表解職並不許

梁書蕭昺傳 昺為南兗州刺史天監四年丁母憂詔起攝職

柳惔傳 惔以母憂去職未幾起為侍郎固讓弗許

薛濬傳 濬丁母艱尋起令視事屢陳誠款請終喪制優詔不許

張昪傳　昪丁父憂去職未朞起令視事固讓不許

虞世基傳　世基以母憂去職詔起令視事

唐會要　高宗儀鳳二年十一月六日太常少卿韋萬石奏太常博士弟子等有遭憂者請百日之後量追赴上奉敕依侍御史劉思立奏曰竊以移風易俗莫善於樂睦親化人莫先於孝所以三年之禮貴賤咸臻金革之事始有墨縗縱此輩小人先無俯就猶須在其上者勗以企及若遣釋服作樂則甚紊禮經帶經理音又全虧國猷豈以其居家不能執禮遂欲曹司約為非法萬石身居禮樂之官輒昧吉凶之本須之庶士理恐未安既乖風化之源請舉糺繩之典萬石請付法司科斷　樂、讀傳、上方委任萬石寢其奏

讀禮通考　卷一百九

武平一傳唐中宗時平一居母喪追召為起居舍人丐終制不聽

通鑑開元二十二年春正月張九齡自韶州入見求終喪不許

胡寅曰張九齡自韶州入見求終喪不許宰相師表百寮其進也以禮退也以義然後人心服而政教行當是時朝廷非有金革危急之事而起九齡于衰服之中九齡非有所避焉之義而釋齊麻于巖廊之上上下交失也而在九齡則尤甚辭而不起當身居苫次今不遠數千里自韶至洛則非其地陳情之節且又不力九齡于是乎失正矣

五代會要後唐天成元年尚書考功條奏格例一應諸司令史及勒留官丁憂不許有官無官並一百日後舉追如願終喪不在舉限除丁憂年一考不附奏次年便許計選數赴集其丁憂人仍牒考功及南曹終喪者計三年憂

後唐應順元年閏正月十六日敕凡在苴麻並須終

制此緣兵革遂有奪情亦以移忠藉其陳力其內諸司使副帶西班正官者宜候過卒哭起復授官不帶正官者及供奉官殿直丞旨等宜過卒哭日赴職其有帶東班官者祇以檢校官充職服闋日加授前職

宋史禮志　太宗淳化五年八月詔曰孝爲百行之本喪有三年之制著於典禮以厚人倫中外文武官子弟或父兄之淪亡蒙朝廷之甄叙未及卒哭已聞莅官遽忘哀戚頗玷風教自今文武官子弟有因父亡兄沒特被叙用未經百日不得趣赴公參御史臺專加糾察并有冒哀求仕釋服從吉者並以名聞

宋史禮志　凡奪情之制文臣諫舍以上武臣刺史以上皆卒哭後恩制起復其任切要者不候卒哭內職遭喪但給假而已願終喪者亦聽惟京朝幕職州縣

官皆解官行服亦〻詩追出者

徐敦立曰舊制文臣起復亦換武官蓋以□□從戎之義亦不得已也鄭公以宰相丁憂起復初授羅軍大將軍餘人都授雲麾將軍

乾學按朝廷敦風教之本當自大臣始豈有寬於大臣嚴於小臣之禮縱朝廷嚴為之制猶恐有貪位忘親如薛宣翟方進其人者靦顏居具瞻之位而不肯去又況導之短喪彼無恥之輩復何所顧惜而不忘衰就列乎故其時之不肖者固不足言即有脩飭之士亦靡然從之而不以為恥自富鄭公力辭起復後之為執政者始不敢冒奪情之名而靦然就職賢者之有益於人國豈不鉅哉獨惜宋之立國號為有禮而大臣之喪制如此其異於五代擾攘之

世又幾何矣

太平興國六年令群臣居喪被詔起復者須卒哭朝謁其俸料自詔下日給之

高承事物紀原■起復本禮曾子問云子夏問曰三年之喪金革之事無避也者非歟孔子曰吾聞諸老聃曰昔者魯公伯禽有為為之也注云魯有徐戎作難喪卒哭而征之急王事也故春秋亦紀晉襄公墨衰之事漢唐以來遂有起復之礼蓋自伯禽始也以上皆高説予按前漢翟方進在喪既葬三十六日除服起視事後漢桓焉為太子太傅以母憂自乞聽以大夫行喪踰年詔使者賜牛酒奪服謂之起服者就喪起之復令視事耳高承無所據但言漢唐而已故予疏二條以見其始

伍袁萃林居漫錄三年之喪金革無避蓋魯公伯禽有為為之也而後世臣子多藉口焉此大謬不然伯禽一國之主也冠在門庭而宗廟社稷存亡係焉故權制可從耳若夫疆埸小警非関大故師濟多士不乏一人詎可妄援國主墨衰即戎故譯司馬綸揚中丞鶴皆名教之罪人也何況端揆元宰儀表百僚當太平無事之時而儼然冠裳于苫塊時哉宋劉珙公固辭召命曰身在草土之中國無門庭之寇而假起復之名以窃利祿之實切中奪情之謬矣愚則以雖冠在門庭奪情亦謬宋末九鼎將遷三靈將改而謝疊山猶歷詆當時起復者至謂宗社之所以為丘為墟生民之所以為血為肉實由於此噫嗟國家用人之柄者尚鑒之哉

宋史周世宗顯德二年王溥丁外艱起復表四上乞

終喪世宗大怒宰、范質奏解之得慎入辭

薛惟吉丁内艱卒哭起復忒然不許

陳恕傳咸平五年恕母亡不食暈茹素遂至羸瘠起復視事

遼史劉景為翰林學士應曆九年為父憂去未幾起復舊職

金史貞元元年命内外官聞大功以上喪止給當日若父母喪聽給假三日著為令

金史正大間聶天驥為右司員外郎丁母憂未卒哭奪哀復職石古乃天德元年除濱州刺史以母憂去官起復知積石軍事

泰和五年制司属丞凡遭父母喪止給卒哭假為永制

乾學按金無百官丁憂之制故遭喪者但給假耳與他朝重喪丁憂輕喪給假之例殊不同也

元史廉希憲傳至元元年平章政事廉希憲丁母憂率親族行古喪禮勺飲不入口者三日慟則嘔血不能起寢臥草土廬于墓旁宰執以憂制未定欲極力起之相與詣廬聞號痛聲竟不忍言未幾有詔奪情起復希憲雖不敢違旨然出則素服從事入必衰絰及喪父亦如之

乾學按此所稱為廉孟子者也從來有詔奪情而堅辭不起未有輒加以罪者縱加以罪亦孝子所不辭也然非國家安危之際而借君命為口實以起復皆實忘其親

而貪位、耳希憲起復竟未一辭吾不敢

以為醇儒

元史大德二年詔凡値喪除蒙古色目人員各從本俗外管軍官并朝廷職不可曠者不拘此例

後至元十五年儒學教授鄭咺建言蒙古乃國家本族宜教之以禮而猶循本俗不行三年之喪恐貽笑後世凡宜改革不報

成化二年春二月大學士李賢丁父憂詔奪情起復翰林脩撰羅倫疏諫不聽 倫疏見下卷

七月戶科給事中劉昊言永樂以來朝臣以奪情起用為當然非所以明彝倫廣孝道也天順初言官喬毅嘗奏請罷之今又蹈前非矣合仍前申明如有保留奔喪奪情者各治以罪從之遂令吏部移文國子

監遵守

陸容曰先是大臣遭父母喪奪情起復者比比皆是天順中有給事喬毅奏革後至是始著為令皆終三年制雖間有奪情起復者實出自朝廷勉留非復前時之濫是則羅生一疏之力也

成化十六年夏大學士劉吉丁父憂詔起復視事

鄧球泳化類編雙槐歲抄云奪情起復自天順初給事中喬毅奏革後有李文達羅一峯論之得謫成化庚子內閣劉吉丁外艱詔起復視事吉三上疏辭托貴戚奇喜得不允陳編脩音致書勸其力辭吉不荅觀二子之言可以見孝子之心矣吁子之于親自不可解于心者固不俟于人言況言之而此心尚無所動乎夫子斥宰予之短喪孟子嘆仕者之熱中固示不以彼而奪此也嘗閱殿閣詞林記云七年四月起復學士柯潛為祭酒上疏懇乞終制許之時內閣大學

士劉吉起復侍講章勸使終制見與之書云陳升之起復為相制曰閔予絰而服政先賢稱得事君之宜晉侯墨而即戎前志謂達變禮之用嗚呼升之果何人哉自羅倫之疏傳于世而先王制禮之議始嚴矣

呂柟禮問 二十七日奚始爭曰自周末以來因襲之漸也故諸侯於先君之喪未練不避征伐會盟者自桓王以後始也高宗諒闇禮壞樂崩自宰予顓孫師猶然惑也父兄百官所不欲滕魯之習也驅天下皆重服久臨三年至使文帝不忍行秦及漢之過也洪辰而葬葬畢服大功十五日小功十四日纖七日釋服自漢景帝始也喪母三十六日而起視事翟方進之為相也旬月而葬葬畢即除乃吉服諒陰魏晉六

朝也裴秀傅玄張靜杜預游明根高閭李彪之徒之罪也君臣實二十七日無所損益者唐及五代也三日聽政十三日小祥期而又小祥二十四日大祥再期而又大祥者宋也數日行於朝數月行於宮也令吏六百石以上喪平帝三年王莽之姦也跣素終三年晉武帝之志也期而祥改日而禫北後魏孝文之罪也越期不取閏以二十六月為非二十五月者晉王彪之之罪也終喪三年五服之內亦令依禮後周武帝之志也漢唐之間由君廢魏晉之間由臣廢多二十七日也

右奪情之失

讀禮通考卷一百十

喪制四

復古

徐乾學曰自孝文更制仕者從之然亦有請從古制者請之而不許而後有奪服之名與夫金革無避之說本不相蒙也迨至宣帝地節詔書始令百姓有喪者吏勿繇使哀帝綏和始詔博士弟子父母死予寧三年安帝元初始聽二千石刺史行三年喪益其制由卑以及尊第曰欲行者聽之而已非有一切之法以整齊之也迨至建光復斷前制桓帝復行漢祚已衰至孫吳時又厲其奔喪特以重辟當是時也欒欒之容豈復可見乎晉武銳意復古復搖于杜預輩之

邪說卒不能定沿、於唐始令斬衰三年齊衰三年者並解官見於開元禮益其時職官憂服少有定制矣唐末藩鎮天下分裂下及五代法制盡廢如五代會要所載考功申送選人斷自百日卒哭之後梁唐迄周大率如是宋初始議革之然猶有乞免持服者風俗之弊於斯極矣至於執政起復先授武官益將以傅合墨衰之義而奪情之說起焉明洪武初始令奔喪者不待報而行天順間奏罷奪情起用之制法令始一其後大臣奪情雖或時有而論者羣起禮教興行庶云復古予論次其事為變古復古二篇合而考之可以識世變云

漢書宣帝本紀地節四年二月詔曰導民以孝則天下順今百姓或遭衰絰凶災而吏繇事使不得葬傷

元初　建光

孝子之心朕甚憐之自今諸有大父母父母喪者勿繇事使得收斂送終盡其子道

哀帝本紀綏和三年六月詔博士弟子父母死予寧三年（顏師古注曰寧謂處家持喪服）

後漢書安帝紀永初元年九月詔曰自今長吏被考竟未報（考謂考問其狀也報謂斷決也）自非父母喪無故輒去職者劇縣十歲平縣五歲以上乃得次用

劉愷傳舊制公卿二千石刺史不得行三年喪由是内外眾職並廢喪禮元初中鄧太后詔長吏以下不為親行服者不得典城選舉時有上言牧守宜同此制詔下公卿議者以為不便愷獨議曰詔書所以為制服之科者蓋崇化厲俗以弘孝道也今刺史一州之表二千石千里之師職在辯章百姓宣美風俗尤

移上安帝紀後

建光元年十一月復斷大臣二千石以上服三年喪

宜尊重典禮以身先之而議者不尋其端至于牧守則云不宜是猶濁其源而望流清曲其形而欲景直不可得也太后從之

元初三年十一月丙戌初聽大臣二千石刺史行三年喪按從劉愷之言也○李賢曰文帝遺詔以日易月後大臣遂以爲常至此復遵古制也

陳忠傳忠爲尚書安帝元初三年有詔大臣得行三年喪服闋還職忠因此上言孝宣皇帝舊令人從軍屯及給事縣官者大父母死未滿三月皆無徭令得葬送請依此制太后從之至建光中尚書令祝諷尚書孟布等奏以爲孝文皇帝定約禮之制光武皇帝絶告寧之典貽則萬世誠不可改宜復建武故事忠上疏曰臣聞之孝經始于愛親終于哀戚上自天子下至庶人尊卑貴賤其義一也夫父母于子同氣異

息一蹐而分三年乃免于懷抱先聖緣人情而著其節制服二十五月是以春秋臣有大喪君三年不呼其門閔子雖要絰服事以赴公難退而致位以究私恩故稱君使之非也臣行之禮也周室陵遲禮制不序蓼莪之人作詩自傷曰缾之罄矣惟罍之恥言己不得終竟子道者亦上之恥也高祖受命蕭何創制大臣有寧告之科合于致憂之義建武之初新承大亂凡諸國政多趨簡易大臣既不得告寧而群司營禄念私鮮循三年之喪以報罔極之恩者禮義之方實為凋損大漢之興雖承衰敝而先王之制稍以施行故藉田之耕起于孝文孝廉之貢發于孝武郊社之禮定於元成三雍之序備于顯宗大臣終喪成乎陛下聖功美業靡以尚兹孟子有言老吾老以及人

之老幼吾幼以及人之幼天下可運于掌臣願陛下登高北望以甘陵之思揆度臣子之心則海內咸得其所宦豎不便之竟寢忠奏而從諷布議遂著于令

乾學按從來營私競進之徒凡事之不便於己者輒引祖制援舊例以駁其說一人倡之千人和之頗足亂人主聽聞不知一時所定未善後世子孫從而更之以歸於善是祖宗所深慰也有何嫌乎故凡典禮所關當一以先王之禮人心之義爲斷不得惑於營私競進者之說

安帝紀建光元年十一月復斷大臣二千石以上服三年喪（按從諷布之言也）

左雄傳順帝時雄爲尚書令建言守相長吏非父母

喪不得去官

趙岐傳岐以永興二年辟司空掾議二千石得去官行服朝廷從之

桓帝紀永興二年二月初聽刺史二千石行三年喪服按從趙岐之言也

永壽二年正月初聽中官得行三年服

延熹二年三月復斷刺史二千石行三年喪

荀爽傳爽對策曰漢制使天下誦孝經選吏舉孝廉夫喪親自盡孝之終也今之公卿及二千石三年之喪不得即去殆非所以尊崇孝道也往者孝文勞謙行過乎儉故有遺詔以日易月此當時之宜不可貫之萬世古今之制雖有損益而諒闇之禮未嘗改移以示天下莫遺其親今公卿羣僚皆政教所瞻而父

母之喪不得奔赴仁義之行自上而始敦厚之俗以應乎下傳曰喪祭之禮闕則人臣之恩薄背死忘生者衆矣曾子曰人未有自致者也必也親喪乎春秋傳曰上之所爲民之歸也夫上所不爲而民或爲之故加刑罰若上之所爲民亦爲之又何誅焉昔丞相翟方進以身備宰相而不敢踰制至遭母憂三十六日而起夫失禮之源自上而始古者大喪三年不呼其門所以崇國厚俗敦化之道也事失宜正過勿憚改天下通喪可如舊禮

袁夢麒曰記言父母之喪三年不從政齊衰大功之喪三月不從政公羊傳曰古者臣有大喪則君三年不呼其門閔子要絰而服事既而曰若此乎古之道不即人心退而致仕孔子善之漢興略因

此意以立法故大臣有寧告之科所以崇孝道厚風俗也自文帝遺詔以日易月於是遵以為常薛宣為丞相母死弟脩去官除服宣謂脩三年服少有行之者兄弟相駮不可脩遂竟服繇是兄弟不和逮翟方進為丞相母死旣葬三十六日除服起視事以為身備漢相不敢踰國家之制宣方進俱位大臣而所行若此其俗可以見矣然考之宣紀地節四年令民有大父母父母喪者勿繇事使得送終盡其子道哀紀令博士弟子父母死予寧三年楊雄傳注云漢律不為親行三年喪不得選舉凡此皆詳於士民而畧於百官公卿又何意耶

徐天麟曰西漢喪服之制雖不合于古禮然士大夫至孝出於天性若未嘗不服三年之喪在西都

則公孫弘原涉〻閻王良在東京則桓榮韋彪銚期鮑昂及東平王敞東海王臻兄弟皆事親盡愛送終竭哀二史書之以為罕見漸以貽時俗之不能盡其通喪也

乾學按徐天麟所輯東漢會要原採紀傳中所言喪制成文茲已據范史備列不復重出其所言公孫弘原涉諸人見下守禮篇

吳志嘉禾六年正月禁奔喪犯者大辟詳見變古

晉書武帝紀泰始元年詔諸將吏遭三年喪者遣寧終喪百姓復其徭役

泰始三年三月初令二千石得終三年喪十月聽士卒遭父母喪者非在疆埸皆得奔赴

晉書載記後秦姚興弘始中詔將帥遭大喪非在疆埸嶮要之所皆聽奔赴及朞乃從王役臨戎遭喪聽假百日若身爲邊將家有大變交代未至敢輒去者以擅去官罪罪之

魏書李彪傳彪上封事七條其七曰禮云臣有大喪君三年不呼其門此聖人緣情制禮以終孝子之情者也周季陵夷喪禮稍亡是以腰絰即戎素冠作刺逮於虐秦殆皆泯矣漢初軍旅屢興未能遵古至宣帝時民當從軍屯者遭大父母父母死未滿三月皆弗徭役其朝臣喪制未定有聞至後漢元初中大臣有重憂始得去官終服暨魏武孫劉之世日尋干戈前世禮制復廢而不行晉時鴻臚鄭默喪親固請終服武帝感其孝誠之著令以爲常聖魏之初撥亂反

正未遑建終喪之制今四方無虞百姓安逸誠是孝慈道洽禮教興行之日也然愚臣所懷竊有未盡伏見朝臣丁父憂者假滿赴職衣錦乘軒從郊廟之祀鳴玉垂緌同節慶之醼傷人子之道虧天地之經愚謂如有遭大父母喪父母喪者皆聽終服若無其人有曠廢官者則優旨慰諭起令視事但綜司出納敷奏而已國之吉慶一令無預其軍戎之警墨縗從役雖從於禮事所宜行也如臣之言少有可采爾付有司別為條制高祖覽而善之尋皆施行

孝文帝本紀太和二十年二月詔自非金革皆聽終三年喪按從李彪之言也

周書宣政元年初令遭父母喪者聽終制

舊唐書高祖本紀武德二年正月初令文官遭父母

喪者聽去職。時尚書左丞崔善爲奏欲求忠臣必於孝子比因時多兵革頗遵墨縗之義丁憂之士例從起復無識之輩不復慼容如不糾劾恐傷風化帝從之遂下前詔

唐書崔善爲傳初天下既定羣臣居喪者皆奪服善爲建言其敝武德二年始許終喪然猶時以權迫不能免如房玄齡褚遂良者多矣

武后長安三年正月二十六日勅三年之喪自非從軍要籍者不得輒奏請起復

開元十三年車駕將赴東岳太常追孝假音聲人從駕華州刺史楊瑒奏曰臣竊考經傳喪紀有文歷代相因損益無替斯事体大人誰敢違國家孝理天下超跡百王焉可以泣經之人叶鐘磬之樂既傷往教

復玷清猷良史見書雖為直筆臣職惟宣化期不奉
詔上嘉之
天寶十三載詔左降官遭父母喪者聽歸
代宗廣德二年二月二十一日勅三年之喪謂之達
禮自非金革不可從權其文官自今已後並許終制
一切不得輒有奏聞
宣宗大中五年八月宰臣奏伏以通喪三年臣庶一
致金革無避軍旅從權近日諸使及諸道多奏請與
人吏職掌官并進奏官等起復因循既久訛弊轉深
非唯大啟倖門實亦頗紊朝典臣等商量自今已後
除特敕及翰林并軍職外其諸司諸使人吏職掌官
并諸道進奏官並不在更請起復授官限其閒或要
籍驅使官任准舊例奏追署職令勾當公事待服闋

日即任依前奏官從之

五代會要晉清泰二年十月中書門下奏奉長興二年四月五日勅朝臣居喪終制委御史臺具名申奏諸道幕府職事除喪後宜行恩命州縣官總使授官及到任一考前丁憂服闋並與除授依長定格自有節文應州縣官新授及到任一考後丁憂服闋准格取文解南曹磨勘申中書門下當與除授不得經堂陳狀從之

周廣順三年十一月勅應內外文武臣寮幕職州縣官舉選人等今後有父母亡沒未經遷葬其主家之長不得輙求仕進所由司亦不得申舉解送如是卑幼在下者不在此限其合赴舉選者或是葬事禮畢或是卑幼在下勅所由於家狀內具言不得調冒宜

令御史臺巡及逐處長吏本司長官所由司覺察糾舉犯者必行典法如是不切覺察縱任誷冒罪在糾舉之司其中有兵戈阻隔或是朝廷特恩除拜起復追徵及內外官軍職員並不拘此例所有勑前見任職官及今年舉選人不在糾舉之例

宋史太宗紀雍熙二年詔在官丁父母憂者並放離任李燾長編雍熙二年十一月詔自今京官幕職州縣官有丁父母憂者並放離任常參官奏聞待報然其後亦頗有特追出者

真宗咸平元年詔任三司館閣職事者丁憂並令持服又詔川峽廣南福建路官丁憂不得離任既受代而喪制未畢者許其終制尋令川峽官除州軍長吏奏裁餘並許解官

大中祥符九年殿中侍御史張廓言京朝官丁父母憂者多因陳乞典免持服且忠孝恩義士所執守一

悖於禮其何能立今執事盈庭各務簡易況無金革之事中外之官不關不可習以為例望自後並依典禮三年服滿得赴朝請

仁宗天禧元年劉燁判流内銓請京朝官遭父母憂官司毋得奏留故事當起復者如舊因詔益梓利夔路長吏仍舊奏裁餘乞免持服者論其罪

神宗熙寧四年詔宗室率府副率以上遭父母喪及嫡孫承重並解官行服

王楙燕翼詒謀録國初士大夫往往久任亦罕送迎小官到罷多芒屩策杖以行婦女乘驢已為過矣

不幸丁憂解官多流落不能歸咸平二年三月甲戌詔川峽廣南福建路官丁憂不得離任聖主端居九重而思慮至此則從宦遠方者不至於畏憚而不敢往祖宗仁厚之澤大抵如此其後以川峽距京師不甚遠至景德二年三月復聽川峽官丁憂唯長吏奏裁

乾學按丁憂解任自是正禮從宦遠方者豈盡貧士即貧寠得不奔喪宋初之不許解任此乃陋制反稱為祖宗之仁政矣若以不許奔喪為仁政則許其奔喪者皆苛政矣秋之持論如此何其陋也此實有害於禮故聊為辨之

元史元統二年詔蒙古色目人行父母喪

大德元年議雲南官員如遇祖父母父母喪葬其家在中原者並聽解任奔赴

五年樞密院臣議軍官宜限以六月越限日以他人代之期年後授以他職

天曆二年詔官吏丁憂依本俗蒙古色目倣效漢人者不用部議蒙古色目人願丁父母憂者聽

後至元中烏古孫良楨上言國俗父母死無憂制夫綱常皆出於天而不可變議法之吏乃言國人不拘此例諸國人各從本俗是漢南人當守綱常國人諸國人不必守綱常也名曰優之實則陷之外若尊之內實侮之推其本心所以待國人者不若漢南人之厚也請下禮官有司及右科進士在朝者會議自天子至於庶人皆從禮制以成列聖未遑之典明萬世

不易之道

何喬新史論元監察御史陳思謙言內外官非文武全才出處繫天下安危能拯金革之難者不許奪情起復從之　論曰三年之喪先王因人情而為之節文賢者不敢過愚者不敢不及惡有親喪未終釋苴絰之慘而纓弁冕之華哉不幸遭時多艱迫於君命亦當審度其宜而處之疆圉孔棘則墨衰以從戎事可也宗社將傾則抑哀以紓國難可也舍是則守經而已矣自漢以來有奪情起復之制於是張九齡起復而為相矣馬光祖起復而典兵矣張茂昭起復而尚主矣士大夫玩常習故不以為非其懇辭不起如富弼劉珙者蓋不多見焉况至有元典禮蕩然親存無省覲之期親沒無

丁憂之制而忘哀作樂食稻衣錦者接踵于時宜夫陳思謙言此以警有位者也嗟夫三年之喪未足以報其親也三年之喪猶不遂服則視其親猶路人耳士君子遭親之喪而有起復之命則必外度其時曰國有門庭之寇歟朝有睥睨之奸歟宗社有杌隉之患歟無是三者雖有君命不敢從也又必內度諸己曰吾之德足以尊主庇民歟吾之材足以靖難戡亂歟吾之出處足以繫天下安危歟無是三者雖當其時不可起也外不度其時內不度諸己而冒金革之名以私利祿之實是鳥烏之不若者豈非先王之罪人哉

明太祖洪武八年五月戊辰詔百官聞父母喪者不待報許即去官時北平安之[illegible]呂本言近制士

大夫出仕在外聞父母之喪
其還報然後奔喪臣切以爲中外
千里或萬餘里及其文移徃復近
爲人子者銜哀待報比還家則殯葬已畢
惟莫覩
父母容體雖棺柩亦有不及見者若此之類深可憐
憫臣請自今官吏若遇親喪許令其家屬陳于官移
文任所令其奔訃然後覈實廢人子得盡送終之禮
而朝廷孝理之道彰矣
景帝景泰四年吏科都給事中林聰等言高皇帝創
制立法父母之喪皆斬衰三年冒喪有禁匿喪有罰
所以扶植綱常維持世教至矣近來邊事寧謐在外
方面等官已有定例不許奪情而在京官員或有奪
情者恐遂成故事必至貪戀名爵不顧廉恥子道既

虧臣節安在乞行改正語嘉納

守禮上

徐乾學曰孟子曰親喪固所自盡也信哉至性所發一往而深雖功令有所不及制若原涉薛脩之倫是已晉之君賢矣於是始有固請終制而見許者焉由宋迄明正論益昌乃復有大臣奪情小臣攻之貶竄笞辱至死不悔者焉語曰挈缾之智守不假器綱常之在天地亦賴有守之者也作守禮

漢書公孫弘養後母孝謹後母卒服喪三年

薛脩後母卒去官持服遂竟三年

原涉時少行三年喪者及涉父死行喪冢廬是顯名京師

河間惠王良脩獻王之行母太后卒下詔褒揚曰河間王良

蓋封萬戶

後漢書銚期為父服喪三年鄉里

韋彪孝行純至父母卒哀毀三年不出廬

寢骨立異形醫療數年乃起

鮑德子昂處喪毀瘠三年抱負乃行

東平王敞喪母至孝國相陳珍上其行狀鄧太后增

邑五千戶

東海孝王臻及弟蒸鄉侯儉並有篤行母卒皆吐血

毀瘠至服練紅兄弟追念初喪父幼小哀禮有闕因

復重行喪制（李賢曰）既祥之後而服練也禮記曰練衣黃裏縓緣縓即紅也國相籍褒具以狀聞

順帝美之制詔大將軍三公大鴻臚曰東海王臻以

近藩之尊少襲王爵膺受多福未知艱難而能克己

率禮孝敬自然事親盡愛送終竭哀降儀從士寢苫

三年[左傳晏桓子卒晏嬰麤衰斬苴絰帶杖菅屨食鬻居倚廬寢苫枕草其家老曰非大夫之禮也杜預注云時士及大夫衰服各有不同也]和睦兄弟恤養孤弱至孝純備仁義兼弘朕甚嘉焉夫勸善厲俗為國所先曩者東平孝王敞兄弟行孝喪母如禮有增戶之封今增臻封五千戶倹五百戶以酬厥德

李充遭母喪行服墓次

胡廣年八十心力克壯為太傅總母在堂朝夕省膳旁無几杖言不稱老母卒居喪盡禮三年

陳紀遭父憂每哀至嘔血絶氣雖衰服已除而積毀消瘠殆將滅性

周磐字堅伯汝南安城人母歿哀至幾至毀滅服終遂廬於冢側教授門徒常千人公府三辟皆以有道徵磐曰吾親已歿矣從物何為遂不應

晉許孜東陽人二親歿柴毀骨立杖而能起建墓於縣之東山躬自負土不受鄉人之助郡察孝廉不起邑人號其居爲孝順里元康中旌表門閭蠲復子孫其子孫亦有孝行圖孜像於堂朝夕拜焉

晉庾袞字叔褒晉明穆皇后伯父也母終服喪居於墓側歲大饑藜藿不糝門人欲進其飯者而袞每日已食莫敢爲設或有斬其墓柏莫知其誰乃名隣人集於墓而自責焉因叩頭泣涕謝祖禰曰德之不不能庇先人之樹袞之罪也父老咸爲垂涕自莫之犯

劉殷喪母夫婦毀瘠幾至滅性時柩在殯西火風勢甚盛殷夫婦叩殯號哭火

何琦丁母憂居喪泣血杖

宋元嘉中劉懷慰父乘人死因持喪不食醯醬冬日不用絮衣

王彭盱眙人少喪母元嘉中父又喪亡家貧力弱無以營葬兄弟二人晝則傭力夜則號慼鄉里並哀之户各出夫力助作磚磚須水而天旱穿井數十丈泉不出墓前去淮五里荷檐遠汲困而不周彭號天自許如此積日一旦大霧霧歇磚竈前忽生泉水鄉隣助之者並嗟神異縣邑近遠悉往觀之葬竟水便自竭元嘉九年太守劉伯龍依事奏言改其里為通靈里蠲租布三世

孔奐為儀曹侍郎遭母憂時天下喪亂皆不能終三

年與及吳國張種在遠亂中禮法有度並以孝聞

齊庾震丧父母居貧無以葬傭書以營事至手掌穿然後葬事獲濟

劉懷胤與弟懷則年十歲遭父丧不衣絮帛不食鹽菜齊建元三年並表門閭

樂頤之遭父丧水漿不入口數日

江泌母亡後以生闕供養遇鮭不忍食菜不食心以其有生意唯食老葉而已母墓為野火所燒依新宮哭三日哭淚盡繼之以血

永明中蕭景八歲居父中簡侯丧以毀聞子勵齊景丧不進水漿者七日廬墓所親友隔

梁書庾黔婁性至孝居父丧過禮廬於墓側

張稷字公喬母遘疾年十一侍養衣不解帶或竟夜不寢及終毀瘠杖而後起父永及嫡母繼殂六年廬於墓側

尚書丁父憂每哭哀慼行路居母憂便長斷腥羶持
齋蔬食

甄恬數歲喪父哀慼有若成人家人矜其小以肉汁
和飯飼之恬不肯食年八歲常問其母恨生不識父
遂悲泣累日忽若有見言其形貌則其父也時以為
孝感家貧養母常得珍羞及母亡居喪廬於墓側詔
旌門閭加以爵位

滕曇恭父母卒並水漿不入口者旬日哀慟嘔血絕

而復蘇隆冬不著綿絮蔬食終身每至忌日思慕不
自堪晝夜悲慟
韓懷明十五喪父幾至滅性負土成墳賻助無所受
及母終水漿不入口一旬既除喪蔬食終身衣衾無
所改懷明師南陽劉虬虬嘗一日廢講獨居涕泣懷明竊問虬家人荅云是外祖亡日時虬母亦已亡矣
陶子鏘母終居喪盡禮母性嗜蓴遂長斷蓴味
李慶緒為東莞太守母憂去職廬于墓側每慟嘔血
數升

張元性至孝祖沒號𧥯絕而復蘇隨其父水漿不入口三日鄉里咸歎異之

北齊楊慶母有疾不解襟帶者七旬及居母憂哀毁骨立負土成墳齊文宣表其門閭賜帛及綿粟各有差

北周紐因父母喪廬于墓側負土成墳周武帝表其閭授甘棠令子士雄喪父復廬于墓側負土成墳隋高祖聞之歎其父子至孝下詔褒揚號其居爲累德里

劉仕儁性至孝丁母喪絕而復蘇者數矣勺飲不入口者七日廬於墓側負土成墳列植松柏隋文帝受禪表其門閭

李德饒性至孝父母寢疾輒終日不食十旬不解衣

及丁憂水漿不入口七日哀慟嘔血數升及送葬會仲冬積雪行四十餘里單衰徒跣躃踊幾絕會葬者千餘人莫不為之流涕納言楊達巡省河北詣廬弔慰之因改所居村名孝敬里名和順

徐孝肅早孤不識父及長問其母父狀因畫工圖其形構廟置之而定省焉朔望享祭養母至孝母老疾孝肅親易燥濕憂瘁歷歲見者愍焉母終孝肅茹蔬飲水盛冬單衰毀瘠骨立祖父母父母墓皆負土成墳廬于墓所垂二紀被髮徒跣以終其身弟備德卒其子處默亦廬于墓世稱孝焉

常暠遭父憂水漿不入口者五日哀毀過禮殆將滅性

徐孝穎性至孝丁母憂三年衰絰不離身窮冬不御

綿纕形骸骨立杖而能起

崔約五歲喪父不食肉

王通銅川府君之喪勺水不入口者三日營葬具必儉曰我家有制焉棺槨無飾衣衾而舉帷車而載塗車芻靈益不從五世矣銅川夫人病目不交睫者三月

唐李百藥父母喪還鄉徒跣數千里雖除喪容貌癯毀者累年

薛收河東人内史道衡子也内史以非辜被戮收遁于首陽山既免喪服不除文中子曰孝哉薛收行無負于幽明

武弘度父卒自徐州被髮徒跣趍喪所負土築塋晨夕哀號日一溢米

任敬臣五歲喪母哀毀天至七歲問父英曰若何可以報母英曰揚名顯親可也乃刻志從學舉孝廉授制作局正字父亡數殞絕繼母曰而不勝哀謂孝可乎敬臣更進饘粥

崔衎居父喪徒跣護柩行千里道路為流涕

劉審禮父母歸葬徒跣血流行路咨歎審禮為虜執詔令其庶弟易從省之既至審禮率易從晝夜哭不止吐血哀其志乃還審禮屍徒跣萬里扶護以歸見者流涕

畢構居親喪毀瘠甚已除猶屏處丘園構弟栩以太府主簿上留司東都聞構疾馳歸哀毀如大喪雖變服未嘗笑天下稱其友構有二妹以撫育恩遂制三年之服

侯知道程俱羅居親喪穿壙作塚皆身執其勞鄉人

歐陽通傳母喪年饑未克葬居廬四年不釋服冬月家人以氊絮潛置席下通覺即徹去

助者即哭而却之廬墳次哭泣無節

路敬淳居親喪倚廬不出者三年服除羸慘入門形容癯毁妻為之不識

盧邁每有功緦喪必容稱其服而情有加焉從父弟起喪還洛陽過都邁奏請往哭之盡哀時執政自以宰相尊五服皆不過從問弔而邁獨不狥時議者重其仁而亮云

李愬居父喪廬墓側德宗詔遣歸第一夕復往

梁文貞少從軍守邊逮還親已亡自傷不得養即穿壙為門晨夕汎掃廬墓左

宋叅知政事李穆性至孝遭母喪詔强起之穆不食葷茹素哀戚過甚因致毁瘠遂卒太宗臨哭出涕

楊礪父喪絶水漿數日服除以養母閑居無仕進意

鄉舊遺書諭喻礪乃赴官
种放母卒水漿不入口三日廬於墓側
仁宗朝馮元執親喪自括髮至祥練皆案禮變服不
為世俗齋薦
王質為祠部員外郎丁父憂與諸弟飯脫粟茹蔬終
喪
趙抃居母喪廬於墓三年不宿于家縣榜其所居里
為孝悌
徐積母終號慟嘔血絕而復甦哭不輟聲水漿不入
口七日廬墓三年卧苫枕塊衰絰不去身［體］旦雪夜哀
［側哭不絕音］
號伏墓哈毋閉寄百如年旦顛委僵仆手足皆裂不
頤也
劉永一居親喪不飲酒食肉終三年司馬光傳之以

爲今世士大夫所難

陳敏年十一廬親墓有芝產於冢

黄庭堅母病彌年晝夜視顔色衣不解帶及亾廬墓下哀毁得疾幾殆

葛書思居父喪哀毁骨立盛暑不說苴麻終禫不忍去塜舍累年乃出仕

吳師仁喪親廬墓下日倩寺旁僧造飯一鉢以充饑不復置庖爨

楊祥事親孝親亾哀毁泣盡繼以血廬墓終身有白芝白烏白兎之瑞

虞允文丁母憂哀毁骨立既葬朝夕哭墓側

劉珙喪繼母卓氏年已逾五十盡哀致毁内外功緦之戚必素服以終月數

陸九齡十歲喪母毀瘠如成人

陳塤喪父毀瘠考古禮制祭儀祭器行之

潘好禮居喪結廬墓次竟祥禫乃復初

趙善應母喪哭泣嘔血毀瘠骨立終日俛首柩旁聞雷猶起側立垂涕既終喪言及其親未嘗不揮涕生朝必哭于廟

張汝明執親喪水漿不入口三日日飯脫粟飲水無醯鹽草木之滋浸病羸行輒踣

趙宗憲天性篤孝居父喪月餘始食食小祥始茹果實終喪不飲酒食肉比御猶弗入若父之

陸子靜與呂伯恭書眉山兄弟居喪再期之內禁斷詩文其亦講聞乎喪禮也

朱子語類呂與叔誌一婦人墓云凡遇功緦之喪

皆蔬食終其月以可法

遼耶律安摶自幼若成人居父喪哀毀過禮見者傷之事母至孝以父死非罪未葬不預宴樂

金劉政母死負土成墳鄉鄰欲佐其勞政謝之廬於墓側者三年防禦使以聞

溫迪罕斡魯補年十五居父喪不飲酒食肉廬於墓側

元王留孫安成人世以孝行聞鄉里父歿慟至嘔血幾絶乃蘇既葬結草如菴寢處墓左哀至悲泣苫草爲腐風雪豺虎不避久之母命再三乃歸服闋猶不食醯醬蔬果至冢木已拱言及其父哀如初喪每食稍甘必遣人馳奉墓所歸乃就食歐陽玄集

趙天爵母喪廬墓三年父繼喪亦如之唯蔬食菜羹

不飲酒食肉不與妻妾見有司以聞旌表門閭復其家（陶九成輟耕録）

明丘鐸祥符人弟為上虞巡檢鐸與父母皆同赴官母殁鐸哀慟幾絶卜葬鳴鳳山之原哭曰鐸生也咫尺不離膝下今可委體魄于無人之墟乎乃結廬墓側朝夕上食如生時當寒夜月黒悲風蕭颼鐸恐母岑寂輙巡墓號曰鐸在斯鐸在斯其地多虎聞鐸哭聲輙避去人稱為真孝子云

王中登封人家業農母没廬墓披麻食粥未嘗櫛髮易衣洪武閒表其門

孫毓武陟人登洪武丙子鄉試後代祖父行戍十有四年母喪廬墓躬負塼土築墳人稱其孝

顔仲禮保定人幼孤事母至孝遇歲凶負母就養他

郡十年始歸見蝗起食其田苗仰禮泣曰我將何以為養乎俄疾風蝗盡去苗得不傷母卒廬墓三年哀動如初洪武中旌其門

權謹十歲遭父喪哀毀幾絶母終躬負土封樹廬墓三年仁宗嘉其孝名拜文華殿大學士子倫領鄉薦學行脩明養親二十年親終隱居教授不仕倫子宇亦篤孝道父病宇侍湯藥寢不解帶既葬廬墓負土種樹成林晨昏哀泣母卒合殯亦如之州守以聞旌表其門

曾士元萬州人篤於孝友父寡病瘡犯家肉卒遂終身不養家見即悲泣母疾侍湯藥寢處不遑執喪哭踊絶而蘇者數次哀毀骨立非杖不能起三年不入寢室過祖塋雖夜必拜

黄璿富順人性至孝年十二祖母嘗病渴思螺湯時天寒水凍家人遍求弗得璿往田中忽於水下得螺四十枚作湯以進祖母病愈母歿廬墓芳草生於塋域

曹端遭父喪五味不入口苫塊迄終喪不變廬墓者六年

盛宗巢縣人髫亂中喪父母再適及長有人言在永平宗即走數千里尋之至中途染疾歸後復籲天而行時母年七十矣宗備訴其憂苦子立買車載歸竭己奉養者二十餘年母壽終九十有六既葬廬墓三年

呂仲和歸德衛人少喪父事母至孝母因疾喪明百醫罔療仲和叩天泣禱舐之遂愈後卒廬于墓側正

統祔旌

張諫赤水衛人登進士授行人丁母憂哀毁骨立廬墓三年父卒亦如之

畢鸞井陘人父爲莒州學正卒于官鸞時年少窮不能歸喪遂藁葬於莒奉母暨幼弟歸井陘時以父骨未葬爲恨與人言輒涕淚交下不止暨母卒哭踊幾絶水漿不入口者四日乃諭弟曰母殁無事于養我其歸父骨以葬遂衰絰銜哀徒步負父骨歸躬營冢壙既事乃廬墓側朝夕哀哭之後舉進士歷官參議

甘澤開州人與弟潤俱以純孝稱歷官副使謫滁州天順初名還至張秋聞父喪徒跣三百餘里奔歸既葬廬墓旦暮泣奠盡哀潤事母亦篤孝俱旌表

龐景華上元人母疾刲股以療疾果瘳又嘗作痢刲

服如初復嘗糞甜苦謂妻曰糞若母不死矣果復瘳隣火爇近所居籲天曰我母老矣願天留此終餘年風迴火息人以為孝感所致詔旌其門復其丁役母終遂廬墓側

蔡興父歿負土築墳廬墓三載栽樹成林事聞旌其門（見李東陽集）

史璿遭母喪一尊文公家禮衰服儼然居倚廬之中不御葷酒終喪始出（見賀欽集）

涂壽性至孝父卒治喪葬一用古禮廬墓三年手植松數千株構墓祠以便展謁歲時伏拜孺慕不已見者嗟異之有司以聞旌為孝子之門（程敏政集）

林濟民海陽人弱冠時母病篤禱命之娶婦至門而母卒足不入帷守苫次哀毀踰禮及葬廬于墓服闋

始合登鄉邪大稱之後登鄉薦官縣令

閔玄幼失父誠心事母母歿廬墓服闋復追喪三年服除三十餘年廬墓如居喪日成化間事聞旌表

汧陽王誠洌秦康王諸孫父遘疾衣不解帶湯藥必親嘗而後進及父薨枕塊寢苫盡斷酒肉雞醞醬鹽醃不入口將葬霖雨禱之而霽葬已復大作竟喪哀麻不去身以母早薨不逮養追服蔬食若復三年

劉珝壽光人歷官東閣大學士性至孝雖貴左右奉養無所不至父性嚴或以他怒不食輒引諸孫嬉戲於前必得一笑乃已每受賜物必先緘奉得書即跪而讀之母沒廬于墓側三年父繼沒復廬於墓側竟致疾卒鄉人稱其居曰仁孝里建祠祀之

徐溥為少宰日母卒結廬墓左終喪三載纍然苫塊

之中號慟之聲人不忍聞

熊淵性至孝既貴父母相繼卒哭之骨立廬墓側奠薦如生每忌辰必謝客獨寢曰禄養不及可恨也至生日曰我母有難時也惡乎樂訖其身如此後仕至尚書

王尚書華性至孝父訃至慟絶幾喪生既葬遂廬墓下及母年百一歲終華七十五矣煢煢苫塊哀毁踰制

何鑑新昌人仕至兵部尚書天性孝友兩居憂制痛恨不及時奉湯藥哀毁骨立出廬墓左凡墓上竹木皆手自栽植大祥後感寒疾親族勸之始家居

羅璹吉水人居母喪廬墓三年所杖竹倚壁復生枝葉

何宇新博羅人性至孝父早卒每遇忌日輒悲慟不食母卒水漿不入口者七日號泣不絕聲獨居中門之外不盥不櫛不爐不扇衰絰不去身既葬躬率子弟負土成墳自誅茅廬于墓側其居廬惟麻衣草屨粥罌薑鹽而已形毁骨立哀動路人後登鄉薦仕終宗人府經歷

吳順荊州衛軍父患閉結順舐穀道而通父又病輒嘗糞父卒時順年亦七十哀毁逾禮廬墓終喪正統末旌爲孝子

李大綱海陽人早喪母事父以孝聞父歿水漿不入口者五日廬墓三年成化丙子既領薦以榮不逮親不燕鹿鳴士論重之

李滄遭父疾親藥必親嘗衣不解帶者月餘及卒哀

毀骨立葬奠悉准文公家禮正德初登進士第奔母喪哭絕而復蘇者數四每以不得躬視殯殮忽忽如癡醉者兩歲遇忌日輒涕泣曰今雖欲盡孝敬不可得矣

劉閔幼有至性父早亡與祖母二喪不克葬遂斷酒肉遠房室訓徒隣邑朔望則歸哭于殯所如是者三年隣族憐之爲助其葬母沒哀毀骨立廬墓側衰絰蔬食終其喪祭祀必齋沐率男婦奠獻一如文公家禮

胡居仁事父孝父病刺嘗糞執喪哀毀四時之祭及朞功之喪動遵古禮

呂柟父卒既葬廬於中門外自成服至祥禫斟酌損益各有儀注

應昌聞母訃五日不食比歸亦如之比葬廬於墓得痱疾衆發以還終禫制寢苫不入室時年六十餘矣每遇二親忌哀麻攀擗竟日不食及八十時家衆扣首以請始進一飡（御守益集）

陳明喪其父致毀既葬廬於墓旁三年而後歸御史欲上其行明力止之（湛若水集）

鄭王性孝愛事母太妃曲盡愛敬母疾不脫冠帶而養飲膳湯藥必嘗之而後進母既不起則呼攀擗踊頓絕復蘇朝暮奠哭視禮有加焉塋去府三十里徒步送葬左右請乘輿則泣曰吾自此不復見吾親矣徒步何足勞也既葬左右請遵以日易月之制則又泣曰短喪非古也自漢文帝始也父母之恩罔極奈何遵漢文之亂制乎左右乃不敢言既而請御酒肉

肩趍請用樂皆不許曰非惟禮不可心亦不忍也大小祥祭及四時之祭必以禮而悲感視初喪無異焉

仇文烈天性篤孝六歲喪母知號慟見者酸愴父卒號慟幾絶既葬寢苫枕塊不御酒肉悉如禮每祭奠哀慟如初喪至服闋不懈由是衆稱其孝

歐陽德居母喪哀毁廬墓三年

劉陽事父孝父歿哀毁廬墓三年

羅洪先居父喪蔬食飲水三年斷哀不入室四方士從學者衆或諷以居憂講學非宜荅曰志在求益非敢主會開講也暨丁母憂執禮彌毁

来知德四川梁山人嘉靖壬子舉人父母没相繼廬墓六年不茹葷不御内以親不獲禄養終其身麻衣蔬食誓不枉見有司

劉念臺先生宗周丁母章太夫人憂於中門之外創爲堊室高廣容膝日哭泣其中陶文簡望齡爭之嘆曰教衰禮壞久矣吾未見善喪若劉君者也

讀禮通考卷一百十二

喪制五

守禮下

後漢書桓郁為越騎校尉以母憂乞身詔聽以侍中行服

華嶠書郁上書乞身天子憂之詔公卿議議者以郁為名儒學者之家可許之于是詔郁以侍中行服

晉書禮志太康七年大鴻臚鄭默母喪既葬當依舊攝職固陳不起於是始制大臣得終喪三年然元康中陳準傅咸之徒猶以權奪不得終禮自茲以往以為成比也

顧和傳和拜銀青光祿大夫領國子祭酒頃之母憂去職居喪以孝聞既練衛將軍褚裒上疏薦和起為尚書令遣散騎郎喻旨和每見偪促輙號慟謂所親曰古人或有釋其憂服以祗王命蓋以才足幹時故不得不體國殉義我在常日猶不如人况今中心荒亂將何以補于萬分秖足以示輕忘孝道貽素冠之議爾帝下詔曰百揆務殷端右揔要而曠職經久甚以悒然昔先朝政道休明中夏隆盛山賈諸公皆釋服從時不獲遂其情禮况今日艱難百王之獘尚書令已過祥練豈得聽不赴急疾而遂罔極之情乎和表疏十餘上遂不起服闋然後視職

梁書任昉傳昉為司徒竟陵王記室參軍以父憂去職性至孝居喪盡禮王欲奪情還職昉乃上王啓云

近啓歸訴庶諒窮欵奉被還旨未垂哀察悼心失圖泣血待旦昉于品庶示均鎔造干禄祈榮更為自拔虧教廢禮豈關視聽所不忍言具陳茲啓昉往從末宦禄不代耕饑寒無甘苦之資限役廢晨昏之半膝下之歡已同過隙几筵之慕幾何可憑且奠酹不親如在安寄晨昏寂寞闃若無主所守既無別理窮咽豈及多喻明公功格區宇感通有途若霈然降臨賜寢嚴命是知孝治所被旻至無心錫類所及非徒教義不任崩迫之情謹以啓事陳聞許之

周書王述傳述為太子舍人以祖羆憂去職述幼喪父為羆所鞠養及居喪深合禮度于是東西交爭金革方始羣官遭喪者卒哭之後皆起令視事述請終禮制辭理懇切太祖命中使就視知其哀毀乃特許

之

北史李德林傳德林年十六遭父艱自駕靈車反喪故里時正嚴寒單衰跣足州里人物敬慕之後為通直散騎侍郎丁母艱去職以至孝聞朝廷嘉之裁百日奪情起復固辭不起奪情起復下隋書作德林以羸病屬疾請急罷歸與北史稍異今從北史

唐書蘇頲傳頲為太常少卿仍知制誥遭父喪起為工部侍郎辭不拜終制乃就職

張說傳說為兵部侍郎以母喪免既朞詔起為黃門侍郎固請終制祈陳哀到時禮俗哀薄士以奪服為榮而說獨以禮終天下高之

代宗朝宗室涵（為宗正少卿宗室應初河朔平涵）方母喪奪哀持節宣慰所至州縣非公事未嘗言蔬飯水飲席地以瞑及使還固請終制代宗見其癯毀許之

宋史
低一字大

歐陽通傳甘露中中書舍人歐陽通起復判館每入朝必徒跣至城門然後着鞋到直省所即席地藉藁非公事不言未嘗啓齒歸輙號慟無時國朝奪情惟通得理

宋名臣言行録仁宗至和間富韓公為相以母喪去位時久無宰相持喪者詔下意大向公必欲起復再下再力辭末以盧朱崖薛文惠故事切責有云以相國之重而守匹夫之節任天下之重而為門内之私朕所不取也且命中人督公起非同就道不得先還公復抗章言天下無事宰相奉行常務豈可與太宗時比中書樞密院臣僚韓琦等平居皆常與臣論起複不是好事今在嫌疑之地必不肯為臣盡言惟斷自聖意上知其不可奪乃已遂以文潞公次還首相

韓魏公由樞密使補其位

宋史劉珙傳　珙以繼母憂去起復同知樞密院事荆襄安撫使珙六上奏懇辭引經据禮詞甚切最後言曰三年通喪三代未之有改漢儒乃有金革無避之說已為先王罪人今邊陲幸無犬吠之驚臣乃欲冒金革之名以私利禄之實不亦又為漢儒之罪人乎

帝乃許之

蔣芾傳　孝宗時芾為右僕射同中書門下平章事兼樞密使會母卒詔起復拜左僕射芾力辭

元史　成宗大德四年梁曾丁內艱先是丁憂之制未行曾上言請如禮七年除潭州路總管以未終制不赴

明孝宗實録　弘治初起僉事章懋為南京國子監祭

酒懋以父喪力辭特旨為增置司業一人署監事以待懋終制日赴官

乾學按是時所補司業乃羅文莊公欽順也異數盛舉真三百年所無自應於孝宗朝得之

楊廷和懇乞終制疏　近日猥承聖眷特命內官監左少監秦用賜臣璽書趣臣還朝臣具疏懇辭未蒙俞允賜以溫諄之詔假以忠勤之褒奉誦再三且感且泣竊念臣一身自早歲以至今日特受眷知臣一家自先世以及後人俱登仕籍在國家有世臣之義在臣子為不世之逢雖樗櫟之才不堪為用而犬馬之報恒切于心前日親奉璽書既曰塟畢即來供職毋得故違近日再承批答又曰特差敕使守取以慰八

望肅肅嚴命蕩蕩厚恩臣雖至愚感切心肺本欲隨同敕使即日就道但念人生大倫唯君與父君臣之義固無所逃而父子之恩終不可解三年之愛人子至情三年之喪古人中制臣前疏所謂親喪不能自盡不可以為子禮義或有少愆不可以範俗者此臣之志也亦禮之經也況臣之淺劣自知甚明羸瘠之軀遽難驅於道路哀毀之狀亦有忝於班行陛下之所以召臣者將以用之也若出而心安志定有益于時勉強一出可也出而無所建明徒冒榮寵不惟無補於風化又或有累於聖明陛下亦將焉用之哉伏望聖慈特賜矜憫許終三年之制以遂匹夫之情愚臣幸甚私門幸甚

廷和自記　正德九年三月一日聞先君訃即移文

吏部告奔喪上遣內臣慰問且令吏部查先朝留用輔臣故事予聞命即疏云奪情非令典該部必能據禮執奏朝廷必能以禮處臣疏三上乃得允奏行人送還勅令葬畢輙起復任先是命未下時私心皇皇邃菴獨過余曰上倚公甚重有移孝為忠之諭且時事方殷決不可去諸公卿之意皆然公獨不為朝廷留為天下留耶況本朝累有故事吏部當援以覆奏公無尤也予曰此不可以故事言往欲起復尚書陳金掌都察院又欲奪情徐州兵備毛科予皆不可語文正李公曰公與廷和皆有老親在恐後日難處西涯即應曰正是正是念不及此其事遂止正為今日地也公若必欲我留是我能見信於西涯不見知於公將以王叔文待

我也遂菴默然李工部鶴山亦以爲言予曰三年之愛人子皆有之無是心是禽獸也朝廷之上譪譪吉人可容一禽獸玷班行乎諸公卿皆知予志不可奪此意亦寖聞於上十五日命下文明日領勅遂行

乾學曰親死終喪人子之常道也乃古今來起復不赴而見美於史者何寥寥如此蓋由君自短喪故亦不責臣之終喪而其爲大臣者又率多貪位之輩遂致相習成風即有賢者亦靡然從之而不以爲愧耳觀富鄭公力辭不起後之爲宰執者遂不敢效尤起復是知良心固在一有賢者爲之倡率自有所顧憚而不爲矣彼傅咸山

濤張九齡李賢輩其人品本不下于鄭張

富楊諸公也乃因奪情一事遂為終身之

玷君子之於大節可不慎哉

徐乾學曰大臣廢禮奪情而在朝之公論不可誣也在唐有如韓偓之不草宰相韋貽範制在宋則有歐陽修之論龍圖待制楊察任伯雨之論奉議郎李諶劉漢弼之論馬光祖黃愷伯徐元杰等之論丞相史嵩之在明則有羅倫之論大學士李賢吳中行趙用賢艾穆沈思孝鄒元標張岳之論大學士張居正黃道周劉同升趙士春何楷成勇之論樞輔楊嗣昌皆世道之大閑卓然千古者也至于王恕之論匠官潘俊五官司曆劉玉徽府良醫任好禮邢寰之論太醫院使海宗道李宗周雖陰陽卜祝瞽御小臣故有奪

情之例而皆請令守制奔喪執辦娓娓此尤敬小慎微翊衛名教之至意具論之著于篇

昭宗時宰相韋貽範母喪詔還位兵部侍郎韓偓當草制上言曰貽範處喪未數月遽使視事傷孝子心今中書事一相可辦陛下誠惜貽範才俟變哀而召可也何必使出則峩冠博帶入則泣血柩側毀瘠則廢務勤恪則忘哀此非人情可處也學士使馬從皓逼偓求草偓曰腕可斷麻不可草也卒使姚洎代草

王翼明禮記補注曰格子曰韓偓不為貽範草制是矣其曰俟變哀而召可乎有門庭之冦則從金革之事可也不然而從利亦晋之墨衰耳三年之内無曰可者禮曰既葬各以其服降此變哀之候也衰可變哀不可變此時而可召安往不可哉禮

疏曰三年之喪小祥後與大功同故曰功衰此所謂變衰也

宋史

慶曆二年知諫院歐陽脩論楊察請終喪制乞不奪情劄子曰臣近見丁憂人茹孝標居父之喪來入京邑奔走權貴營求起復已為御史所彈又聞新及第進士南宮覲聞母之喪匿不行服得官娶婦然後徐歸見在法寺議罪孝標官為太常博士覲在場屋粗有名稱此二人猶如此則愚俗無知違禮犯義者何可勝數矣蓋由朝廷素不以名教奬勵天下而禮法一隳風俗大壞竊以風化之本由上而下伏見起復龍圖閣待制楊察素有章奏乞終母喪而朝旨未允夫臣子之行唯孝與忠察以文中高科官列近侍而能率勵頹俗以身為先陛下宜曲賜褒嘉遂成其志

使還善化俗自察而始豈可不通人情膠執舊弊枉祿利之小惠廢人臣之大節臣謂近侍奪情本非軍國之急不過循舊例示推恩而已今察以節行自高志在忠孝知貪冒祿利為可恥若朝廷奪其情使其于身不得成美行而於母有罔極之恨豈足謂之推恩乎方今愚俗無知違犯禮義至於繫獄訟嚴刑罰而不能禁止脫有一人欲守名教而全忠孝以勵天下者又為朝廷不許則風俗之弊其咎安在伏乞發降恩旨許其終喪不獨成察之志亦可以為朝廷之美

徽宗時左正言任伯雨上言曰臣伏見持服人奉議郎李譓奪服除京西路轉運判官應副山陵此事雖小關於體者甚大臣為諫官不敢緘默竊以祖宗故

事朝廷有大事邊鄙有大兵革將相大臣名德侍從乃有奪服者然亦不得已爾今山陵事務人人可辦臺省寺監豈無可用之才何至小官奪服以駭人耳目若四夷聞之豈不有乏才之恥古人謂天下之事多為不識事體之人壞之朝廷事體所宜愛惜臣伏願陛下追還成命下三省別差官

馬光祖傳 光祖以浙西提點刑獄丁憂起復軍器監總領淮東兵馬錢糧及劉漢弼為侍御史論光祖奪情揔賦淮東乃嵩之預為引例之地乞勒令追服終喪以補名教

乾學按軍馬錢糧以上本光祖傳以下本漢弼傳

史嵩之傳 嵩之遭父喪起復右丞相兼樞密使累賜

手詔遣中使趣行於是太學生黃愷伯金九萬孫巽鳳等百四十四人武學生翁日善等六十七人京學生劉時舉王元野黃道等九十四人宗學生與寰等三十四人建昌軍學教授盧鉞皆上書論嵩之不當起復不報將作監徐元杰奏對及劉鎮上封事帝意頗悟（嵩之為公論所不容）劉漢弼為侍御史亦奏曰自古未有一日無宰相之朝今虛相位已三月尚可狐疑而不斷乎願奮發英斷拔去陰邪庶可轉危而安否則是非不兩立邪正不並進陛下雖欲收召善類不可得矣臣聞富弼之起復止於五請蔣芾之起復止於三請今嵩之既六請矣願聽其終喪亟選賢臣早定相位帝覽奏遂決（公論所不容）

乾學按帝意頗悟以上本嵩之傳以下本

劉漢衍傳

黄愷伯等疏畧曰嵩之心術回邪蹤跡詭秘曩者開督府以和議墮將士心以厚貲竊宰相位羅天下之小人為私黨奪天下之利權歸私室蓄謀積慮險不可測在朝廷一日則貽一日之禍一歲則貽一歲之憂萬口一辭唯恐其去之不速今嵩之不天俳佪牽引彌縫貴戚買囑貂璫轉移上心衷私御筆必得起復之禮然後從容就道初不見其憂戚之容大臣佐天子以孝治天下孝不行於大臣是率天下而為無父之國矣以法繩之雖置之鈇鉞猶不足以謝天下况復置之具瞻之位乎

徐元杰疏畧曰臣前日晉侍經筵親承聖問以大臣史嵩之起復臣奏陛下出命太輕人言不可沮抑陛

明憲宗實録成化二年三月大學士李賢丁父憂詔奪情起復

下自盡陛下之禮大臣自盡大臣之禮玉音賜俞臣又何所容喙今觀學校之書使人感歎且大臣讀聖賢之書當畏人言家庭之變哀戚終事禮制有常臣竊料其何至於忽送死之大事輕出以犯清議哉前日昕庭出命之易士論所以凜凜者實以陛下為四海綱常之主大臣身任道揆扶翊綱常者也自聞大臣有起復之命雖未知其避就若何凡有父母之心者莫不失聲涕零是果何為而然人心天理誰實無之興言及此非可使聞於鄰國也陛下烏得而不悔悟大臣烏得而不堅忍臣懇懇納忠何敢詆訐特為陛下愛惜民彝為大臣愛惜名節而已疏出朝野傳誦

明·羅倫扶植綱常疏

臣聞朝廷援楊溥故事起復李

賢者竊謂李賢大臣起復大事綱常所關風化所係昔子夏問三年之喪金革之事無辟禮與孔子曰魯公伯禽有為為之也今以三年之喪從其利者吾弗知也陛下於李賢金革之事起復之歟則賢所未聞也以國家大臣起復之歟則禮所未見也似與先王制禮之意不同也以故事大臣當起復歟則為君者當以先王之禮教其臣為臣者當據先王之禮事其君臣不暇遠舉請以宋言之仁宗嘗以故事起復富弼矣弼之詞曰何必遵故事以遂前代之非但當據禮經以行今日之是仁宗卒從其請孝宗嘗以故事起復劉珙矣珙之辭曰身在草廬之中國無門庭之寇難冒金革之名以私利祿之實孝宗卒允其辭此二君未嘗拘當代之故事以强起其臣此二臣者亦

嘗循當代之故事以苟從其君故史筆書之以為盛事士大夫誦之以為美談此無他君能教其臣以孝臣有孝可移忠於君也自是而後無復義義史嵩之援例起復為丞相王巖起復為執政陳宜中起復為宰相賈似道起復為平章此數君者未嘗不以當代之故事起其臣此數臣者未嘗不以當代之故事從其君然貽禍于當時遺臭于後世此無他君不教其臣以孝臣無孝可移忠其君也願陛下以宋為鑒使賢盡孝于君親為當世之大臣陛下以禮處賢為當世之大君此臣之願亦賢之分也以賢身任天下四方多虞而起復之歟則仁宗之時契丹桀鶩未為無虞也孝宗之時金人盛強未為無事也陛下必欲賢任天下之事不專門內之私則賢身不可起口則可

言宜降溫詔俾如劉珙不以一身之戚而忘天下之憂使賢于天下之事知之則必言言之則必盡陛下于賢之言聞之則必行行之則必力則賢雖不起復猶起復也使賢于天下之事知之而不言言之而有隱陛下于賢之言聞之而不行行之而不力則賢雖起復猶不起復矣陛下毋謂廟堂無賢臣庶官無賢士陛下誠能于退朝之暇清閒之燕畧崇髙貴重之勢親直諒博洽之士開懷放納降禮尊賢使輸忠為國者得以自盡羣策畢陳衆賢並用則賢所欲言者人亦能言之又何必違先王之禮經拘先朝之故事損大臣之名節虧聖朝之清化而後天下可治哉朝廷舉措大臣出處天下觀之史筆書之誠不可不懼也誠不可不慎也夫賢之起復猶誘之曰負天下之

重任應先朝之故事比年以來朝廷以奪情為常典縉紳以起復為美名食稻衣錦之徒接踵廟堂据禮守經之士寥寥無聞不知此人於天下之重任何所關耶於先朝之故事何所据耶先朝自楊溥之外未聞起復某人為某官也今起復之官何如此之多耶以其高謀深慮足以斷天下之大議耶以其折衝禦侮足以定天下之大難耶以其直節勁氣足以厲天下之士習耶以其深仁厚澤足以浹天下之民心耶以其忠言讜論足以裨朝廷之缺失耶何皆未見其有也陛下何取于斯人而起復之哉且婦于舅姑喪亦三年孫於祖父母禮有期服奪情于夫初無與其妻起復于父初無與其子今或舍館如故妻孥不動乃號于天下曰本欲終喪朝廷不容雖三尺童子臣

恐不信也為人父者所以望其子之報豈擬至于此哉為人子者報其親之心豈忍至于此哉昔富弼有母喪韓琦言起復非盛世事而富公竟不可奪史嵩之遭父喪太學羣攻之至數百人而嵩之竟乞終制今大臣起復羣臣不以為議且從而為之辭所以預為己地也羣臣起復大臣不以為非且從而成其事亦所以預為己地也大臣既無懼羣臣復何憖羣臣既有例大臣復何辭今之大臣固韓琦富弼之罪人今之羣臣又太學生之罪人也上下成風靡然同流致有公無起復之例私為匿服之計例在溥恩則匿服以受封利在得官則匿服以聽選例在援科則匿服以應舉例在還官則匿服以候還例在求賄則匿服以之任率天下之人為無父之歸臣不忍聖明之

世風俗之弊綱常之壞一至于此也臣願陛下不惑羣議斷自聖衷取回內臣許令李賢依富弼故事守制依劉珙故事終喪其餘已起復者悉令終喪未起復者悉令終制脫有金革之事亦從墨絰之制任國事于外盡心喪於內朝廷既正則天下自正大臣既行則羣臣自效將見綱常由是而正風俗由是而厚天下幸甚宗社幸甚

程敏政撰李賢行狀　成化丙戌二月聞榮祿公之喪詔起復公公上疏言士見用於盛時者無分小大于父母喪皆得盡三年之制若臣以所任之事而不得盡恐無補于名教得旨朕賴卿輔導卿勿以私恩廢公義宜抑情遵命以成大孝公復疏言陛下必欲用臣以為國家事重不得以彼易此但

令內外大臣當任者皆忠正老成之人使臣在此不過贊成其事無臣贊之亦不為欠臣之去就甚輕昔富弼累詔不起亦以朝廷有人不至甚不得已故也臣之蹤跡似亦類此乞容臣終制假使未塡溝壑則驅策駑鈍以報皇上固有日矣詔卿當深念職任之重移孝為忠不必固請遂遣太監林興輔行既抵家襄事畢即日促公上道五月至京師入見上慰勞有加公退即疏言陛下謂臣可以委托堅使奪情而不知臣實駑劣不堪有類折足之鼎且古之大臣若張九齡寇準輩雖起復而人不非者良以其人之才足勝重任有益于天下國家也如臣不過尋常之流無事之時亦招物議今不獲命則不知者謂臣心實以此為榮姑陳奏章

免人之議而已乞察臣至情而矜從之詔禮有經有權朕特從權制用卿若固違君命豈得為孝卿當深念大義勿恤微言勉起就任毋得再陳公復疏言臣累訴衷情而陛下曲加勉諭終不矜允奉誦恩旨涕泗交頤所以不能仰遵聖訓者區區之心誠有所不忍也況臣目迫衰朽縱起供職未必能副陛下眷意徒重臣之愆增臣之罪詔卿言之再三但委托尤重宜體至懷即日就任慎勿再言又遣中官至公第道上意乃供職

李濂起復問答[illegible]或問父母之喪斬衰三年天下之通義也有服在大僚者奪情起復禮與曰禮有之喪有四制變而從宜取之四時也曰古之大臣亦有勉從者乎曰有之唐房玄齡張九齡宋寇準皆名起苫次釋衰拜命載在史冊可考也曰李文達公之奪情起復論者何以嘖嘖不置邪曰文達公聞父之喪在成化丙戌春二月是時憲宗初嗣位公受英廟顧托之重新皇兩宮倚毗專切詔公起復公屢疏陳悃上亦屢詔慰留夫朝廷懇切固留如此公欲遂其私情得乎論者不察乃仗大義以攻之遂使公之心事弗白于天下後世良可悲也南陽王文莊公鴻儒嘗為公著論曰君子之為義也或有

所制而不得遂當察其心而不當即棄其人苟即棄之則天下無全人矣安陽崔文敏公銑亦曰文達奪情而相出于新皇眷倚之篤非文達求之也羅氏勸上遂賢之請可矣乃襲宋士詆史嵩之文而醜言過之何與二公文集具存其說固非阿其所好曲為鄉先生辨雪也偶因或人之問聊述二公之言以答之

王恕論起復奪情不可為例狀　内官監太監黄順等題奉聖旨准此吏部知道案查灡俊等聞父母喪已經移文本部關給勘合守制去後今奉前因案呈到部查得諸司職掌内凡内外官吏人等例合丁憂者仍以聞喪月日為始皇上以孝治天下臣民方且觀感而興起豈可因此小官而開奪情起復之門以干祖宗之典憲而傷國家之風化乎伏望收回前命仍令灡俊等守制滿日依例起復如此則祖宗之法不壞陛下仁孝之道通于神明光于四海而令名無窮焉弘治元年十月具題次日奉聖旨匠官係手藝人

已准他了罷欽此臣等竊惟子生三年然後免于父母之懷故父母沒而子服三年之喪所以報本也此古昔聖人緣情制禮之意萬世行之而不可易者又聞古人居親之喪有三年不言者有泣血三年者非矯情也蓋不忘親耳洪惟我高皇帝斟酌古禮定為時制凡文職官吏監生生員知印承差人等聞父母喪悉令丁憂守制所以教之以孝也而守制止于二十七月所以示之有終也今潘俊等雖是手藝之人已居官食祿亦係守制人員陛下因該監官之請而許其奪情起復臣等所以言之者蓋甚有違前項事例使忠臣孝子聞而議之心誠不安今陛下特降德音如此臣等固不敢違若不再陳但恐後之人遂以為例相率而忘其孝有傷聖明之風化是臣等不言

之罪也欲望陛下著為定例自今以後凡文職官吏人等聞父母之喪非身任金革之事悉令依例守制終喪敢有營求奏保奪情起復者許科道官糾劾本人以匿喪論奏保之人以違制論如此則人知所警懼而相勸勉于孝矣何患風化之不厚天下之不治乎弘治元年十月具題奉聖旨是欽此

王恕定奪欽天監官奔喪奏狀

據五官司曆劉玉呈稱有母張氏弘治二年正月病故祖塋在順天府東直門外遷民屯已于本年三月初三日安葬畢思得本職係是親男例應守制理合具呈乞為查照定奪等因到監據此查得洪武十九年二月二十四日該本監官于奏天門奏高皇帝聖旨陰陽官都不要丁憂求為常例欽此欽遵外今照本監查無守制事例

及看得本官母故已行安葬畢要行守制一節緣大
官係提督造曆緊要官員正值興工之時及有前項
事例本監難擅定奪備呈乞爲查照定奪等因到部
送司案呈查得永樂二年二月十七日有本監五官
司曆潘緝熙父故要回奔喪該監官奏奉太宗聖旨
着他去天順二年二月靈臺郎方欽母故呈乞奔喪
該監官引奏奉英宗聖旨照例欽此成化元年二月
監正谷濱母故奏要奔喪該本部具題奉憲宗聖旨
照例欽此成化六年三月靈臺郎吳英父故奏乞終
喪該本部具題奉憲宗聖旨准他去奔喪欽此及成
化十年三月監副楊瑛順天府人繼母病故奏乞躬
葬成化十七年三月中官正皇甫敬母故置立塋所
順天府地方奏要安葬成化二十二年十二月漏刻

博士袁洪父故置地順天府地方奏乞奔喪安葬本部節次照例題准俱限三箇月奔喪安葬畢日照舊辦事前項奔喪事例已行八十有餘年以袁絃父故置地順天府地方與劉玉事體相同又係目前之事本官與本監官豈得不知今本官既有母喪自合隨即呈監轉呈本部照例奔喪為當却乃遷延月久待其安葬已畢方總具呈意欲免其奔喪顯有貪祿忘親之情而該監官却將奔喪事例匿而不言止稱查無守制事例又稱係提督造曆緊要官員雖稱呈乞定奪其意亦欲免本官住俸奔喪不無受囑情弊且該監官聞父母喪既已免其守制若又不照例奔喪則是于送終之禮全不用情烏得為孝子乎且聖明之世有祿人員豈可容此不孝之人所据劉玉并該

監僉書官吏本當究問但呈文内有呈乞定奪字樣合無免其送問行令劉玉照例奔喪三箇月滿日赴部送回本監照舊辦事以後凡遇該監官員人等聞父母喪者務要照依前例隨即具呈奔喪敢有託故不奔喪者以違制論堂上官知不令奔喪者亦治以罪如此則法令嚴而奸頑懼彝倫明而風化美矣弘治二年四月具題次日奉聖旨是欽此

王恕論奪情非令典奏狀

查得先該徽王奏要照先年良醫副王瑛奪情起復事例免令任好禮丁憂奉聖旨吏部知道欽此欽遵抄出送司查得成化十九年二月内該徽王奏稱要將良醫副王瑛奪情存留辦事本部為照本官母故例該丁憂題奉憲宗皇帝聖旨准王奏欽此欽遵查得弘治元年十月内本部

題為扶持風化事照例官吏人等聞父母喪依例丁憂係是祖宗舊制奪情起復非令典欲望著為定例自今文職官吏人等聞父母喪非身任金革之事悉令依例定制敢有營求奏保奪情者許科道官糾劾奉聖旨是欽此為照王瑛奪情係在弘治元年題准前事雖施行已經立案訖今又奏前因臣竊惟朝廷政令貴信不信則人疑而事不立今又令好禮奪情起復則是前例不信也況好禮係良醫副彼雖守制尚有良醫正王瑛在亦亦可以視疾府中未為無人用就使府中缺人另除良醫副一員前去未為不可臣等非敢不依王之所奏但恐朝廷政令不信于人以後人雖遵守緣係王府奏保官員未敢擅便弘治四年十月具題奉聖旨是欽此

小字双行

武宗實錄

正德十六年七月吏部覆給事中邢㝢奏懲奪情以重人倫事言丁憂之例載諸職掌奪情之禁申于累朝所以示教而懲不孝也今海宗道以序班夤緣奪情傳陞寺丞故太醫院使李宗周從而效尤且獲廕子皆不孝之大者宗道宜逮問宗周官及廕皆宜削奪上是其言命自今有親喪者皆不得奪情著為令

西園聞見録　楊守陳與王惟臣書曰比有朝廷起復仍典內館之教僕竊料執事之必不起也何以言之三年之喪上達天子金革無辟之說或謂出于漢儒然世之奪情起復者皆冒利忘孝之徒公論不容極詆痛排載之史册百世之明鑑也今乃視為典禮世不駭其異而反以為榮媮俗至此可為慟哭然近日陳太史緝熙能守禮不起羅太史

廷尟能昌言李相之非曾謂秦無人乎夫陳有脩史之命李當內閣之任其事皆重于教內館者然禮不可起也人之所以殊于　禽獸者惟禮耳陳李之賢否于是乎見之執事之賢宜追前古而曾今賢之不逮乎僕以是策執事之必不起也史事告成計在九月倘執事亟至僅足湍考需選恐不能與陞遷之命借至十月而獲與焉從五之與正五纔半級耳比而得禽王良所羞千駟萬鍾奚加于我矧區區半級曷足顧邪或者謂執事不起恐負方命之譴夫君子經德秉禮豈為利害而遷況今上聖性寬厚仁覆如天公卿大臣樂成人之美其不加罪于守禮之士也昭昭矣又何懼乎執事㓜以童子擢高科登翰苑學豐而才達負令望

于天下今一起則衆議叢之大節既虧他美莫贖一不起則令望益揚台鼎之陟有不難者僕惟執事秉理素明秉禮方固必不為羣言所惑蓋猶不已於言者友道蓋如是也叨叨不罪

〔鎦績霏雪録〕起復者喪制未終勉其任用所謂奪情起復者也如歐公晏元獻神道碑明年遷著作佐郎丁父憂去官已而真宗思之即其家起復為淮南發運使及史嵩之喪父經營起復是也今人不考例以服闋為起復誤矣宋制銜上亦帯書如起復左僕射中書門下平章事臣趙普是也

〔王廷相奪情説〕三年之喪可以服官政乎曰記有之父母之喪三年不從政齊衰之喪三月不從政又曰三年之喪祥而後從政期之喪卒哭而從政

顧湄起復辨

神宗實錄

九月之喪既葬而從政小功緦之喪既殯而從政禮也夫君子之居喪也衰麻之衣不釋于身也哭泣之聲不絶于口也居廬寢苫不離于殯宫也練而堊室不與人坐也非時見乎母也不入中門也故聖王體人臣之情容其自盡也故禮曰君子不奪人之喪亦不可奪喪者此之謂也曰金革之事無辟焉者何也曰國難危急不可以有家也才可以舒國難者雖私喪不得以辭避也事之變也道之權也事平而反喪禮也非國難而從事者皆急于仕進者也故孔子曰今以三年之喪從其利者吾弗知也

萬曆五年十月十日大學士張居正父卒於家訃聞居正意不欲奔喪其黨工部尚書李幼孜遂倡奪情

之議于是大學士呂調陽張四維吏科都給事中陳三謨監察御史曾士楚等各上疏乞留之會有星變之異人心洶洶編修吳中行檢討趙用賢刑部員外郎艾穆主事沈思孝觀政進士鄒元標相繼論奏居正大怒杖五人于闕下中行用賢削藉穆思孝元標俱謫戍而居正竟留南京僉都御史張岳給事中朱鴻謨亦有疏言尋亦罷歸

中行疏畧曰頃者天象示異星變非常聖心兢惕戒諭大小臣工脩省共圖消弭臣即今日之大者要者為皇上陳之元輔張居正乞歸守制至再至三情辭俱窮矣而皇上眷倚則慇慰免特至此豈非明良相與稱帝王之盛節哉仰惟皇上以受遺顧命之臣而委心以任之大孝也為社稷生靈以留之至仁也然

而是舉也萬古之綱常所係四方之觀聽攸關正宜深籌長顧必思所以處之當而求其安者元輔夙夜在公勤勞最久謂父子相别十九年矣則子之由壯至強由強至艾與其父之從衰得白從白得老音容相睽彼此未睹而今長逝于千里之外遂成永訣乃又不得匍匐苫塊一憑棺臨穴其情有弗堪者臣連日見其衰絰之容擗踊之狀若以不得去為悲哀者人皆為之酸楚而皇上必欲其違心抑情銜哀茹痛于廟廊之上且責之以訏謨決策調元熙載焉或者非其情也元輔之為賢輔術也其自信而對揚之言惟曰聖賢道理祖宗法度斯二語兢兢守之勿之有墜焉耳宰予短喪孔子曰予有三年之愛于其父母乎王子請喪孟子曰雖加一日愈于已然則終喪者

正聖賢之訓也而身自違之必其所不忍也國家令甲丁憂守制二十七月為滿雖庸人小吏匿喪有律惟武弁戎行則墨衰從事而未嘗以介胄之士處輔弼之臣即有往例可稽亦三年未終而非一日不去之謂也且當時諍之後世譏之乃內閣二輔臣首題之疏方以訃聞遂以例請亦謬矣至臺省諸諫官乞留之疏實為贅辭尤昧成憲抑又謬矣然則奪情者正非祖宗之法也而身自蹈之必其所不敢也然則所望以郵其私情全其大節者惟在皇上曲體而俯容之耳況郵一時之情正所以安其心而責効于他日全一人之節正所以端其身而錫極于兆民則皇上勉留之者固所以為社稷為生靈而臣請皇上俯容之者亦所以為社稷為生靈也臣之進也元輔之

所舉也有師弟子之分焉臣以為苟有千慮一得之愚所當吐露而復以全軀保妻子之念奪之非事君不欺之忠亦非事師無隱之義也伏惟皇上寬斧鉞之誅而垂神俯納焉元輔幸甚愚臣幸甚

用賢疏略曰臣聞天人相與之際微矣故欲求天心之格必求諸人心之安頃自天文示異彗出西南大内火警變徵屢出皇上兢惕不遑下勑臣工同加省懼一時言事者籍籍或以糾察大寮或以脩舉庶務固犂然具矣臣以為詳于小而未覩其大者也請不避斧鉞之鉄為陛下一正言之輔臣張居正以父憂請守制疏至再三而陛下留之至再至四臣每讀其疏未嘗不為之欷歔飲泣而獨不能以違陛下之聽者何也臣以為喪必三年自周公孔子以來未之有

改世人之所講說民俗之所習安千百年以來未之有改非小節常禮之云也自後世乃有以金革之事起其臣于衰絰之中此特權一時之緩急而不得曲頤其私者非先王之法也自數日以來見輔臣齊毁柴立形神摧敝私切計輔臣之心欲更有所請則拂陛下挽留之意遂聽陛下之留而不一往則父子乖離之久已抱恨于終天而不容頃刻安者夫輔臣能以君臣之義效忠于數年而不能以父子之情少盡于一日臣不知陛下何忍于此也臣查得楊溥李賢在先朝特亦嘗起復然溥先以省母還家賢既以回籍奔喪情固未有不出都門而可比之起復者也且陛下所以不允輔臣之請者豈非謂朝廷政令賴以裁決四海人心賴以觀法者乎今輔臣身負沉痛

其精神之恍惚思慮之迫切必有不能如曩日之周且恚而四海之遊聽風教者又且以拘曲尋常之見疑之亦何以如曩日之敬信而誠服是輔臣之勲望積之以數年而陛下固敗之于一日臣又不知陛下何忍而為此也臣以為輔臣之抱痛抑欝而不得伸是為上干天和而動星變之大者莫甚于此矣陛下若垂憫輔臣不使之憂傷毀性聽其所請則父子音容之乖隔于十九年者庶幾洩其痛恨于憑棺之一慟輔臣之心既可以少安天下之人心亦可以無疑矣臣竊因是而感夫士氣之日靡國是之不明也夫國家之設立臺諫所以為紀法之司而任糾繩之寄者也今輔臣之留皇上主之亦既有成命矣焉用是哓哓者哉背公議以狥私情蔑至情而倡異論誠不

知其可也臣愚昧莫測于天人之際竊以為當人心而合天理者其要莫甚于此敢昧死為皇上陳之

艾穆沈思孝疏略曰頃大學士張居正有父之喪朝廷援楊溥金幼孜李賢事例奪情曾不移時而彗星突見光亘數丈漸逼中天臣等仰覩星變俯察物議相與拊膺對泣廢寢罷飧意在廷之臣必有能指陳綱常大義以感格聖衷者詎期附炎鄙夫如御史曾士楚都給事中陳三謨甘犯清議望風保留致使人心長死舉國若狂紀綱風俗將大壞而不可反矣矧今星變未消火災隨繼天地祖宗之靈所以儆聖衷者益惓切焉臣又安得以無言責而緘默苟祿哉陛下之留居正也一則曰朕為社稷留二則曰朕為社稷留是矣然而語治國平天下之道必本之老老興孝

語天下之平必係于長長親親則知社稷之命脉在綱常而羽翼綱常者在輔相為輔相者可託言權變而目之為匹夫小節儒生腐談乎且明王之治天下未有不自大臣始也以大臣者綱常之表也居正斬然在衰絰之中而強顏所不安使之峩冠茹哀于巖廊之上大非朝廷之體矣陛下以孝治天下經筵日講莫非講以此也可舍先王之制不言而言近代之例耶當此承平治朝可論禮之變而不論禮之常耶今居正以例留而厚顏就列矣如異時國家有大慶賀大祭祀為元輔大臣者若云避之則于君臣大義為不可欲出則于父子至情又不安臣不知斯時陛下何以處居正居正何以自處耶昔徐庶為母之故而辭劉曰臣方寸亂矣居正獨非人子而方寸不亂

耶能復在廟堂從容論道如常時耶此居正齊人臣之極品苟不世之榮遇者果身從何來乎必先有居正之父而後有居正之身陛下始得而有居正也可令其執親之喪而鳴玉曳組於朝顧不得備匹夫尋常大都之節耶夫天下事一相可辦陛下莫謂在廷諸臣皆不居正若也令其居憂之下反躬省過以斯民三代不可欺以草野輿情有可採曷其果于自用之心而虛以受人之誨改其刑名法術之非而緬思乎伊傅周召之業未必非社稷之福也何必使衰冠茹哀于廊廟以傷國體而廢先王之制耶臣又聞古聖帝明王以仁孝之情予之臣而未聞奪之也為人臣者以孝之情求遂于君而未聞為其所奪也夫情而謂之曰奪豈盛世事哉奪之一字豈所為以孝教

天下者哉本朝輔臣李賢等曾奔喪守制然後奪情起復當時諸臣尚且爭之況居正今不奔喪又并奪情起復之例而廢之者乎伏願陛下愛居正以德速令奔喪守制則綱常植而朝廷正百官萬民莫不一于正而一正足以格天尚何災異之不可弭哉

鄒元標疏畧曰臣于九月二十六日聞輔臣張居正父喪居正三疏乞恩守制皇上三留之為居正計者必再疏懇之皇上不聽哀死求之而已何求歸之情未切暫留之疏遽上臣讀此疏涕泗交流郎欲竭盡血誠冒干天聽自惟涉世未久不敢呶呶自取越職盖冀當言責者有言也今當言責者不惟不言且乞留矣臣復黙而不言三綱淪九法斁日被冠裳無異禽獸敢置身斧鉞披瀝為皇上陳之臣聞宰相者社

稷綱常所攸賴者也必置身于綱常之道之中而後朝廷服萬民懷一有不善議其後者如蝟毛而起今觀居正之於父也憑棺淚奠未盡送終之禮在京守制尚貪相位之尊果能正身而正人耶不能正身而欲正人為居正計者不可一日而不去皇上為居正計者不可一日而留矣皇上留之者豈以其有利社稷耶不知居正之在位也才雖可為學術則偏志雖欲為自用太甚諸所設施乖張者難以數舉姑舉其最著者言之一曰進賢未廣先朝各郡邑進學數十人居正任事限郡邑不過十六七人是阻進賢之路也夫豪傑之徒非有衣冠維持之不羈之才必有所逞迄今怨號之聲遍于江南此其遺禍何如也二曰決囚太濫先時決囚有無定額居正任事限各省決

因有定數以致首鼠私竄者欲盈其數以免罰有濫及無辜者矣三曰言路未通居正任事大臣持祿不敢言小臣畏罪不敢言間有憂關國計慮切民瘼者今日陳之而明日罹罪矣豈盛世所宜有哉四曰民隱未周臣先歲北上覩黃河之濫湮沒為魚者不知凡幾僅有存者架高為巢啜水為餐目極至此心惻兔飛有司不以奏聞恐干大臣德政以致轉展溝壑提妻攜子散之四方者衆矣皇上深居九重漠然不知此居正之罪也其他用深刻之吏沮豪傑之材又不可枚數矣即使有利社稷猶大壞綱常也況無利社稷如此而可留之耶臣伏讀皇上諭曰朕學尚未成志尚未定先生既去前功盡棄陛下言及至此宗社無疆之福也雖然學固未成矣獅所帝學者未可

謂在廷諸臣無人也志固未定矣輔翼聖志者未可謂在廷諸臣無人也居正丁憂可挽留之居正脫有不測陛下之學將終不成陛下之志將終不定耶此臣所未解也臣觀居正首疏云有非常之人然後辦非常之事非常之事非常人所能辦也嗟嗟人有五常仁義禮智信是也力此五者斯謂之不常之人今有人于此親生而不顧死而不葬指而名之曰非常人也人不曰殘忍則曰薄行不曰禽彘則曰喪心可謂非常人乎且其疏又曰不顧旁人之謗議鄙匹夫之小節非病狂喪心有此言哉一家非之不顧一國非之不顧天下非之不顧謂理之所在則顧理而不顧衆論也三年之喪無貴賤一也果可謂小節乎旁人謗議果不足恤乎又曰道路無不為臣酸鼻此其欺

罔尤不容言臣登刑堂遇各司出刑曹接諸冠裳各垂首喪氣一日三嘆切齒含憤有不忍言酸鼻者誰非嗚呼父子天性其恩罔極事父如此事皇上可知矣先正曰求忠臣于孝子之門能遺親能忠其君者未之有也抑臣尤有深恨焉國家以言路付之臺省事關綱常悉陳無隱默而不言猶謂曠職乃今日上疏留輔臣者曾士楚也臺臣倡之明日上疏留輔臣者陳三謨也首臣效之朝廷為首善之地臺省為公論之所論及至此可勝言哉伏乞俯賜採擇亟斥輔臣速歸守制則綱常正而人心服朝廷尊而天變消萬世仰聖天子作為出尋常萬萬矣

張岳疏畧曰元輔張居正歷事三朝夙夜在公于今三十年矣其間承顏于垂白之父母能幾何時乃今

不幸奄逝無從永訣又不能匍匐奔赴其何以補終天之恨八旬老母旦夕失其所天則高堂之上又必有難為情者而少缺定省凡為人子將若之何與言及此臣知元輔之方寸亂矣尚可挽留之乎顧陛下以思念皇考之心體輔臣之父以遵奉聖母之心卹輔臣之母容令馳驛奔喪仍酌定期限令襄事速就赴京辦事進有補衮之忠退有戲綵之孝輔臣不得見其父而猶及見其母致身于陛下之前無遺憾矣其還答陛下者又當何如萬代瞻仰在此一舉設以臣言為不然縱廷臣未敢面議其如退有後言何縱一時隱忍其如萬世之公論何且陛下之所以挽留者不過為天下扶植綱常以安社稷保蒼生為計君臣父子之間其為綱常孰大於此安社稷保蒼生又

明史紀事本末

孰大於此哉臣逆料此疏一出陛下必已先期從輔臣之請而輔臣必先期回籍仍慮輔臣愛君憂國不敢以情告故臣冒昧一陳之

崇禎九年九月起復原任總督侍郎楊嗣昌為兵部尚書十一年四月總督宣大尚書盧象昇丁父憂廷議邊事孔棘交章乞留象昇十疏懇請詔許之令候代七月諭會推督臣弗拘守制遂起復原任巡撫陳新甲代之未幾改楊嗣昌禮部尚書兼東閣大學士入參機務仍兼掌兵部事

少詹事黃道周論會推弗拘守制疏曰臣稽古今典制受于先王誼不敢改至於事窮理極時亦通變以盡神惟綱常所繫為臣教忠為子教孝垂憲萬世不可易也禮三年之喪君命不過其門矣卒鑿凶門出

戎右不施于士大夫宋武弁如田况於邪皆累乞終制皇太祖以劉基宋濂帷幄之任特聽其奔喪嘉靖中北邊孔棘起楊博于宣大還翁萬達於本兵然其時博且禫矣萬達以墨衣視事世宗心非之罷去自是非終喪不称起復也張居正以不守制損其節名自後七十年士夫守法天啟七年袁崇煥冒起于右屯崔呈秀䩄顏于樞府身膏斧鑕貽唾西市曾幾何時而士大夫蒙面喪心營推營復遂有不持兩服坐司馬堂如楊嗣昌者且嗣昌秉樞垂兩年矣不知何人推轂而顛越至此今宣大督臣盧象昇父殯載塗抱心飲血以俟奔喪而廷臣動推濶遠難移之人以緩其事今又忽有并推在籍守制之旨如是則聞喪者竟可不去也聞喪者可以不去則是為子者可以

不父而天下有無父之子為臣者可以不子而朝廷有不子之臣天下人材固自不乏即疆埸甚迫當旁求誠信不二心之臣而用之奈何使不忠不孝者連葛引蘖種其不祥以熾天下乎治天下之道無他不過正綱常審法度以求當于人心人心當則天悅雖有寇賊之警如豺虎逸于原田田夫秉墉而射之矣不得已相其要害尚力注之使忠臣孝子鼓厲四方衆志可誠也凡人遺其親必不利于君壞于家必無成于國楊嗣昌在事二年才智已偹賭矣更起一不祥之人與之表裏指皂畫白說夢捕風猶狼狽之獸倚肩俱走無從施其鞭策又何益于負重乎臣于此事曾三具疏以遂事中止近見明旨已數日而封駁未聞誠恐海內不祥之人皆擲塊抵伏思攘鄭鉞

之榮轉盻之間又成遂事則言之苦晚臣為萬世惜此綱常為聖明惜此治化不暇為一身進退計也疏入降六級調外

偕撰劉同升疏云臣惟朝廷所以為四方觀望者賴有倫紀以為之維也是謂大經原本大經變通其制使倫紀之立萬世勿墜是謂大權未有捨經而言權者也臣於棘人楊嗣昌有不忍言者日者策試諸臣簡用嗣昌良以敵訌冦擾如人疾急雜試諸方以冀一効聖明之用心亦甚苦矣部門喧傳謂嗣昌纏經在身姓名不祥非若軍旅可以凶事行之也臣所以隱忍未發意嗣昌亦人子也良心不死必且哀痛惻怛上告君父辭免綸扉庶幾善承聖意曲盡人倫夫邦政之寄非輕於揆地也辭綸扉而掌邦政亦可效於

時艱也何必循例再疏遽入辦事服緋安忍叛禮臧親垂之史冊萬世唾罵大臣自處如此何以彈壓四方哉人惟有所不忍而後能及其所忍有所不為而後可以有為以其所忍覘其所為嗣昌之心喪而病狂也臣已逆知其後矣嗣昌試清夜捫心何以對其父鶴從來志敗氣餒鬼神瞯之必有非常之灾嗣昌豈智不及此無奈伎倆已窮苟且富貴兼樞部以重綸扉之權借綸扉為解樞部之漸和議可申票擬由已將與方一藻高起潜輩中外結連扶同罔上掩敗為勝金繒歲糜立心若此何所底極獨不畏堯舜在上共驩誰欺而欲以袁崇煥之故智用於今日不見皇上之處崇煥不動聲色而忽奮乾斷乎曩自皇上切責和戎而嗣昌不可以為臣今又恬然自易墨縗

而嗣昌不可以為子首李賢奪情人望頓失張居正則聲名不終豈非志敗氣餒已事之明証哉國家亦何賴焉先臣應秋起家及第先後忤奸相申時行趙志皐憂憤而殞蒙皇上賜謚文節臣復蒙特恩親裁進士第一感激涕零竭誠圖報冒犯新恭臣亦無違恤也疏入罷歸

編脩趙士春疏曰今日外敵内寇餉匱兵单豈一時諸臣才力不堪驅策哉良由功名之計工而忠孝之性薄也樞臣楊嗣昌墨縗涖事分毫罔効茲荷簡入綸扉使嗣昌稍有人心者念代言非金革之比自應力辭新命矢報中樞乃讀其勉承恩命之疏絶無哀痛惻怛之情遂儼然服緋到任臣于是嘆嗣昌之忍心害理一至此也伏誦聖祖大諭必先父母皇上初

政首闡孝經豈閭巷猶教以人倫端揆可先容其掃棄臣又考國初尚書正二品以中書之事分隸之是今之尚書猶宰相也景廟之朝于謙孝廟之朝劉大夏倚毗親切未嘗以東閣處之蓋以六卿之職展布有餘名位未嘗不足故也今使嗣昌而果才耶司馬之堂儘堪報效何況紙上勦撫無抹生民局中欵賞坐僨國體業於封疆無補豈云幾務可參將來藉口幾務必先圖卸封疆既無以責嗣昌之成功又無以作滿朝之忠孝臣謂不如還樞臣之職以稍維名教也臣祖先臣用賢當張居正喪倫起復特慷慨建言為鄒元標諸臣倡幾斃杖下臘其敗肉以示子孫如直坐視樞臣蒙面入臣是上負聖主而下忝所生也太史抗疏歸其尊人文度酹酒告文毅公曰吾先人有孫矣

給事中何楷疏畧曰皇上起揚嗣昌二制中嗣昌有微臣勉承恩命之疏内言及服色一事似以奪情入直之故微有所不安于其心奉聖旨覽卿奏大典不與併辦事素角暫從所請朝講召見服色還一體隨班欽此仰見皇上不奪人之親而輔臣亦未敢自奪其親也本月初三日輔臣入閣到任臣衙門例應赴閣作揖則見輔臣吉服爛然立于新輔之首臣等不勝相顧錯愕退而嘆詫不置何其乖輔臣本心而與明旨背馳之遠乎夫明旨謂辦事素角惟朝講召見則一體隨班未嘗汎及其餘也到任自輔臣視之雖為顯榮較之朝講召見三大禮相去不啻天淵其遵何旨而然歟曾經申明否歟誰為此說以誤輔臣抑輔臣之自誤歟疏入楷降二級調用

南道御史成勇綱常萬古為重疏云嗣昌以義不後君謂古者列國之君臣可得而避今日一統之君臣義無可逃是天下凡為臣者皆不當終三年之喪終則為後君為不臣先聖之詩書可焚先王之典禮可廢不舉人類盡化為禽獸不止也臣不敢承順意指以長指鹿為馬之奸疏入上責其黨同伐異命逮治時南兵尚書范景文等公疏劾嗣昌請召還黄道周林蘭友等上怒責其朋謀把持并查何人主稿

讀禮通考卷一百九

喪制六

過於禮

徐乾學曰先王制禮酌爲中制賢者無過不肖者毋不及乃有哀傷過情不能裁抑至于滅性者不勝喪也練縞纖采不以時變三年之後猶餘悲哀者過期也自輕其身郄絶菜菓或蹈履危險者過毀也凡此皆過於禮者也又有輕喪觧官古制有之本不足異然爲今時所無則亦可以爲過也

漢桓麟傳　麟母終麟不勝喪未祥而卒

晉王裒城陽營陵人痛父儀非命隱居教授三徵七辟皆不就廬於墓側旦夕常至墓所拜跪攀栢悲號

非不勝喪

涕淚著樹樹爲之枯母性畏雷母歿每雷輒到墓側曰裒在此及讀詩至哀哀父母生我劬勞未嘗不三復流涕門人受業者並廢蓼莪之篇躬耕墓田或有助之者不聽及洛京傾覆寇盜蜂起親族悉渡江東裒戀墳壠不去遂爲賊所害

宋張敷生而母歿年十餘歲求母遺物得一畫扇乃緘録之每感思輒開笥流涕父亡吳興奔喪成服十餘日始進水漿葬畢不進鹽菜遂毀瘠成疾而卒孝武贈侍中改其所居稱孝張里

薛天生晉陵人其母離艱棘嘗蔬食天生亦蔬食母未免喪而逝天生終身不食魚肉齊建元初詔表門閭

梁劉霽懷慰之子也十四居父憂有至性每哭輒嘔

血後居母喪廬於墓哀慟過禮未終喪而卒
何烱隱士胤從弟也爲侍御史以父疾陳解侍疾踰
旬衣不解帶頭不櫛沐信宿之閒形貌頓改及父卒
哀慟不絶聲寢苫藉地腰脚虚腫服猪蹄湯烱以有
肉味不肯服親友請譬終於不回遂以毁卒
劉曇净父喪不食飲者累日絶而又蘇每哭輒嘔血
服闋因毁成疾及母亡水漿不入口者殆一旬母喪
權瘞藥王寺時天寒曇净身衣單布衣廬于墓所晝
夜哭臨不絶聲哀感行路未朞而卒
沈崇傃六歲丁父憂哭踊過禮及長事所生母至孝
家貧常傭書以養天監二年太守栁惲辟爲主簿崇
傃從惲到郡還迎其母未至而母卒崇傃以不及侍
疾將欲致死水漿不入口晝夜號哭旬日殆將絶氣

兄弟謂曰殯葬未申遽自毀滅非全孝道也崇傃心悟乃少進食母權瘞家貧無以遷厝乃行乞經年始獲葬焉既而廬于墓側自以初行喪禮不備復以葬後更服三年久食麥屑不噉鹽酢坐臥於単薦因屢腫不能起郡縣舉至孝武帝聞卽遣中書舍人慰勉之乃詔令釋服擢補太子洗馬旌其門閭崇傃奉詔釋服而涕泣如居喪固辭不受官乃除永寧令自以祿不及養哀思不自堪未至縣卒

荀匠父卒號慟氣絶身體皆冷至夜乃蘇既而奔喪每宿江渚商旅不忍聞其哭聲天監元年兄斐爲欝林太守征俚賊爲流矢所中死于陣喪還迎于豫章望舟投水旁人赴救僅而得存及至家貧不時葬居父憂并兄服歷四年不出廬戶自括髮不復櫛沐髮

皆禿落哭無時聲淚盡則繼之以血目眥皆爛形骸枯顇皮骨才連雖家人不復識郡縣以狀言武帝詔遣中書舍人爲其除服擢爲豫章王國左常侍匠雖即吉而毀瘠愈甚竟以毀卒

杜栖隱士京產子京產亡水漿不入口七日晨夜不罷哭不食鹽菜朔望節歲絶而復蘇嘔血數升時何胤謝朏並隱東山遺書敦譬誡以毀滅至祥禫暮夢見其父慟哭而絶

謝藺安八世孫丁父憂晝夜號慟毀瘠骨立母阮氏常自守視譬抑之後爲兼散騎常侍使魏母憂不得還感氣而卒藺至號慟嘔血氣絶久之水漿不入口每哭眼耳口鼻皆血流經月踰日因夜臨而卒

褚脩性至孝父喪毀瘠過禮因患冷氣及丁母憂水

漿不入口二十三日每號慟輒嘔血遂以毀卒

陳　張昭吳人幼至孝父㒓病消渴嗜鮮魚昭結網捕魚以供膳弟乾亦有至性父卒兄弟並不衣綿不食鹽酢日食一升麥屑粥每感慟必嘔血父服未終母又卒兄弟毀瘠骨立家貧未得大葬布衣蔬食十有餘年年未五十並終于家嗣息俱絶

隋　田翼養母以孝聞母卧疾歲餘翼親易燥濕母食則食母不食則不食開皇中母患暴痢翼謂中毒遂親嘗穢惡母終翼一慟而絶妻亦不勝哀而死鄉人厚葬之

薛濬少孤養母以孝聞爲侍郎丁母艱歸葬夏陽時隆冬極寒濬衰絰徒跣冒犯霜雪自京及鄉五百餘里足凍墮指瘡血流離朝野爲之痛傷州里賵

助一無所受尋起令視事上見其毁瘠過甚爲之改容顧羣臣曰我見濬哀毁不覺感悲嗟異久之濬竟不勝喪而卒

右不勝喪

漢袁紹傳紹遭母憂去官三年禮竟追感幼孤又行父服○英雄記曰凡在冢廬六年

晉夏方家遭疫癘父母伯叔羣從死者十三人方年十四夜則號哭晝則負土十有七載葬送得畢因廬於墓側種植松柏烏鳥猛獸馴擾其旁

晉書郤詵傳詵母病苦無車及亡不欲車載柩家貧無以市馬乃於所住堂北壁外假葬開戶朝夕拜哭養鷄種蒜竭其方術喪過三年得馬八匹輿柩至冢

貧土成墳未畢召爲征東參軍

晉書曹志傳爲散騎常侍遭母憂居喪過禮因此篤病喜怒失常九年卒太常奏以惡謚崔褒歎曰魏顆不從亂以病爲亂故也今謚曹志而謚其病豈謂其病不爲亂乎於是謚爲定

王接幼喪父哀毀過禮及母終柴毀骨立居墓積年

庾闡●母隨兄肇爲安樂長史永嘉末爲石勒所陷闡母亦沒闡不櫛沐不昏宦絕酒肉垂二十年

孟陋喪母毀瘠殆于滅性不飲酒食肉十有餘年親族迭謂之曰少孫誰無父母誰有父母野人制禮令賢者俯就不肖企及若使毀性無嗣更爲不孝也陋感此言然後從吉

宋書劉瑜喪母三年不進鹽酪號泣晝夜不絕聲勤身力以營葬事服除後二十餘年布衣蔬食言輒流

涕嘗居墓側未嘗暫違
郭世通年十四喪父居喪殆不勝哀繼母亡負土成墳親戚咸共賻助微有所受葬畢傭賃還先直服除後哀感思慕終身如喪者未嘗釋衣帕子原平父亡哭踊慟絶數日方蘇以爲送終之義情禮自畢營壙凶功不欲假人而不解作墓乃訪邑中有營墓者助人運力經時展勤久乃閑練窀窆之事儉而當禮性無學術因心自然葬畢自起兩間小屋以爲祠堂父服除後不復食肉及母終毁瘠彌甚僅乃免喪墓前有數十畝田不屬原平每至農月耕者恒裸袒原平不欲使人慢其墳墓乃貿家資貴買此田三農之月輒束帶垂泣躬自耕墾宋文帝崩原平哀號致慟日食麥餅一枚如此五日或問之曰誰非王民何獨如此原

平泣而荅曰吾家見異先朝蒙褒贊之賞不能報恩
私心感動耳
阮長之喪父除服蔬食者猶積載
齊書南史王虛之年十三喪母三十三喪父二十五年鹽
酢不入口永明中詔榜門閭蠲其三世
到溉遭母憂居喪盡禮所處廬開方四尺毀瘠過人
服闋猶蔬食布衣者累載
范岫親喪之後蔬食終身
徐孝克母患病欲粳米爲粥貧不能常辦母亡後孝
克遂終身啖麥有遺粳米者對之悲泣不忍食
嚴植之少遭父憂因菜食二十三載
陳書殷不害陳郡長平人居父憂過禮由是少知名
江陵之陷失母所在時甚寒冰雪交下凍死者塡滿

溝壑不害行哭尋求聲不暫輟遇見死人溝中即投身捧視舉體凍僵水漿不入口者七日始得母屍憑屍而哭每輒氣絶行路皆爲流涕卽江陵權厝與王裒庾信俱入長安自是蔬食布衣枯槁骨立見者莫不哀之弟不佞少立名節居父喪以至孝稱會江陵陷而母卒道路隔絶不得奔赴四載之中晝夜號泣居處飲食常爲居喪之禮武帝受禪除婁令至是第四兄不齊始于江陵迎喪柩歸葬不佞居處之節如始聞問若此者又三年身自負土手植松栢每歲時伏臘必三日不食

北史楊引三歲喪父爲叔昕養母年九十二終引年七十五哀毁過禮三年服畢恨不識父追服斬衰食粥麤服誓終身命經十三年哀慕不改有司奏宜旌

賞復其一門樹其純孝詔别勑集書標揚引至行

李顯達父喪水漿不入口七日鬢髮墮落形體枯顇六年廬于墓側哭不絶聲殆于滅性州牧高陽王雍以狀奏靈太后詔表其門閭

秦族性至孝事親竭力及父喪哀毁過禮每一慟哭酸感行路既以母在恒抑割哀情以慰其母意四時珍饈未嘗匱乏與弟榮先復相友愛閨門之中怡怡如也尋而其母又殁哭泣無時唯飲水食菜而已終喪之後猶蔬食不入房室二十許年鄉里咸歎異之

唐　程袁師代弟戍洛州母終聞訃日走二百里因負土築墳哀號癯瘠人不復識改葬曾祖已來閣二十年乃畢

宋　曾幾母死蔬食十五年

徐積母亡既終喪不徹几筵起居饋獻如平生

似一字大

齊東野語

寶慶丙戌莆陽境內小尺張氏至孝家貧養母嘗有所適歸而母亡張追慕不已既祥而不除欲喪之終其身太守楊叔昉聞而哀之賜以錢酒且書其門曰何必讀書只此便是讀書何必爲學只此便是爲學

明王矩母終廬墓側冬不絮夏不扇服闋猶衣縞素蔬食二十餘年事聞旌表（見南畿志）

虞諿鄞人性至孝父卒哭絕復甦斂殯中度喪三日水漿不入口母勸之陽爲一舉母入復徹去坐卧苫塊袒髮面黑如囚及母逝哭斂哀奠一如其父遠其內非祭不相接非病不入問如此者十五年體素壯偉至是哀毀骨立不復舊容

右過期

過毁

晉王延九歲喪母泣血三年幾至滅性每至忌日則

齊崔慰祖

悲號一旬父及繼母終廬于墓側其姊諭之曰汝毀瘠如此必至滅性滅性不孝盡自割抑虞曰恭奉藿雜米

桑虞年十四喪父毀瘠過禮日以米百粒用糝藜藿後

丁母憂哀毀骨立廬于墓側五年哀毀踰禮每一哭踊頓絕方蘇

宋何子平廬江灊人也仕吴郡海虞令母喪去官屬

大明末東土饑荒繼以師旅八年不得營葬晝夜號

哭日夜常如袒括之日冬不衣絮暑不避清凉一日

以數合米爲粥不進鹽菜所居屋敗不蔽風日兄子

伯興欲爲葺理子平不肯曰我情事未伸天地間一

罪人耳屋何宜覆蔡興宗爲會稽太守爲營冢壙子

平居喪毀甚既免喪殆至不立

梁天監中太子家令陸襄以母憂去職毀頓過禮太

子憂之遣使諴諭釋服猶若居憂終身不聽音樂

司馬暠年十二丁内艱孺慕過禮水漿不入口殆經、

一旬每號慟不至悶絕父喻之令進粥猶毀瘠骨立
丁父艱哀毀逾甚廬于墓側日進薄麥粥一升
天監初殷鈞爲臨川内史母憂去職居喪過禮昭明
太子憂之手書誡諭曰知哀頓爲過所進殆無一溢
甚以酸耿迥然一身宗奠是寄毀而滅性聖教所不
許宜微自遣割俯存禮制饘粥果蔬少加勉強
普通七年十一月昭明太子母丁貴嬪有疾太子還
永福省朝夕侍疾衣不解帶及薨步從喪還宮至殯
水漿不入口每哭輒慟絕高祖遣中書舍人顧協宣
旨曰毀不滅性聖人之制禮不勝喪比于不孝有我
在那得自毀如此可即強進飲食太子奉勅乃進數
合自是至葬日進麥粥一升高祖又勅曰聞汝所進
過少轉就羸瘦我比更無餘病正爲汝如此胸中亦

塡塞成疾故應強加饘粥不使我爾懸心雖屢奉敕
勸逼日止一溢不嘗菜果之味體素壯腰帶十圍至
是減削過半每入朝士庶見者莫不下泣
庚沙彌冰六世孫父佩玉仕宋位長沙內史坐沈攸
之事誅時沙彌始生及長終身布衣蔬食嫡母劉氏
寢疾晨昏侍側衣不解帶或應針灸輒以身先試及
母亡水漿不入口累日初進大麥薄飲經十旬方爲
薄粥終喪不食鹽酢冬日不衣綿纊夏日不解綀經
不出廬户晝夜號慟隣人不忍聞所坐處淚霑爲爛
武帝召見嘉之以補歙令還除邵陵王參軍事隨府
會稽復丁所生母憂喪還都濟浙江中流遇風舫將
覆沒沙彌抱柩號哭俄而風定咸以孝感所致子持
亦有孝行

陳許父母繼卒許居喪哭泣孺慕幾至滅性赴弔者莫不傷焉

陳謝貞藺之子也十四丁父艱號頓于地絕而復蘇者數四藺居母憂不食泣血而卒家人懼貞復然曰孝子既無兄弟須極自愛若毀至滅性誰當養母自後少進饘粥

北史王續生遭繼母憂杖而後起及終制鬢髮盡落有司奏聞宣武詔表門閭捐其徭役

張昇喪父飲水絕鹽哀毀過度形骸枯悴骨立而已髮落殆盡聲聞鄉里盜賊不侵其境州縣以聞旌其門閭

王崇兄弟並以孝稱亡母杖而後能起鬢髮墮落未及葬權殯宅西崇廬于殯所晝夜哭泣母喪始闋復

乃景伯居母喪未食
果菜由此遂篤

丁父憂哀毀過禮雖服除仍居墓側州以聞旌其門
閭
荊可居母喪水漿不入口三日悲號擗踊絶而復蘇
者數四葬母之後廬于墓側負土成墳蓬髮不櫛沐
菜食飲水而已可家舊墓塋域極大榛蕪至深去家
十餘里而可獨宿其中與禽獸雜處哀感遠近文帝
令州縣表異之及服終之後猶若居喪
北齊皇甫遐少喪父事母以孝聞保定末遭母喪乃
廬于墓側負土爲墳復于墓南作一禪窟陰雨則穿
窟晴霽則營墓曉夕勤力未常暫停積以年歲墳高
數尺周迴五十餘步遐食粥枕凷櫛風沐雨形容枯
悴家人不識
北周翟普林事親以孝聞躬耕色養不應州郡辟命

大業初父母俱終哀毀殆將滅性廬于墓側負土成墳盛冬不衣繒絮唯著单衰而已司隸巡察奏其孝感擢爲孝陽令

華秋幼喪父事母以孝聞家貧傭賃爲養其母患疾秋容貌毀悴鬢髮盡改母終遂絶櫛沐髮盡禿落廬于墓側負土成墳有人欲助之者秋輒拜而止之郡縣嘉其孝感具以狀聞降使勞問表其門閭

萬敬儒居親喪廬墓刺血寫浮圖書斷手二指輒復生州改所居曰成孝鄉廣孝聚大中時表其家

明程通績溪人父卒嶺南迎柩還葬廬墓三年哀慟毀形妻子至不相識後遭祖喪復廬墓三年

右過毁

輕衰解官

後漢書譙玄傳玄成帝時爲太常丞以弟服去職

楚國先賢傳陰嵩少喪父母與叔父居王莽末義兵初起乃與叔父避世蒼梧後徵拜謁者以叔父憂弃官張掖

韋彪傳彪族子義爲陳令以兄順喪去官

儒林傳楊仁爲什邡令兄喪去官

戴封傳封舉孝廉光禄主事遭伯父喪去官

陳重傳重爲細陽令以尤異當遷爲會稽太守遭姊憂去官

集古録漢繁陽令楊君碑云君遭叔父太尉薨委榮輕舉太尉者秉也

陳寔傳寔爲聞喜長旬日以期喪去官

三國志賈逵傳逵爲澠池令以喪祖父去官

乾學按漢制刺史二千石以上不得行三

年喪故其時解官持服者卒小臣也至輕喪解官初未著令順帝時尚書令左雄議非父母喪不得去官安帝時制長吏被考未報者自非父母喪不得無故去職是輕喪解官固有禁也乃其時遺期功之服而解官者史不絕書則士大夫重名義而崇禮制其風良足尚也然大吏則重喪不得持服小吏則輕喪亦至解官輕重失宜如此何以整齊天下之風俗哉

晉書嵇紹傳紹爲徐州刺史遭長子喪去官

梁書袁昂傳昂爲豫章内史丁所生母憂去職

唐書盧邁傳從父弟起喪還洛陽過都邁奏請往哭之盡哀時執政自以宰相尊五服皆不過從問弔

而邁獨不徇時議者重其仁而亮云

唐書盧邁列傳　邁每有功緦喪必容稱其服而情有加焉

唐書馮元常列傳　元常閨門雍睦有禮法雖小功喪不御私室

宋史皇祐四年吉州司理參軍祝紳幼孤鞠於兄嫂已嘗爲嫂持服兄喪又請解官持喪有司以爲言仁宗曰近世蓋有匿親喪而干進者紳雖所服非禮然不忘鞠養恩亦可勸也俟服闋日與幕職知縣

魏了翁傳　了翁丁生父憂解官心喪

葉夢鼎傳　夢鼎丁本生母憂免喪始拜官

呂祖儉傳　祖儉監明州倉將上兄祖謙卒部文半年不上者爲違年祖儉必欲終期喪朝廷從之詔違年

者以一年爲限自祖儉始

顧炎武日知錄古人于朞功之喪多棄官持服記曰期之喪卒哭而從政九月之喪既葬而從政通典安帝初長吏多避事棄官乃令自非父母服不得去職考之于書如韋義以兄順喪去官楊仁以兄喪去官譙玄以弟服去官馬融遭兄子喪自劾歸陳寔以期喪去官賈逵以祖父喪去官又劉衡碑云爲渤海王郎中令以兄琅琊相憂郎日輕舉圍令趙君碑云司徒楊公辟以兄憂不至則兄喪亦謂之憂也曹全碑云遷右扶風槐里令遭同産弟憂棄官則弟喪亦謂之憂也度尚碑云除上虞長以從父憂去官楊著碑云遷高陽令遭從兄沛相憂篤義忘寵飄然輕舉則從父從兄喪亦謂之憂也陳重傳云舉尤異當遷爲會稽太守遭姊憂去官則姊喪亦謂之憂也古人凡喪皆謂之憂其父母喪則謂之丁大憂見北史李彪傳王純碑云拜郎失妹寧歸遂釋印綬晉陶淵明作歸去來辭自序曰尋程氏妹喪于武昌情在駿奔自免去職則已嫁之妹猶去官以奔其喪也晉嵇紹傳拜徐州刺史以長子喪去職則子喪亦可以去官也後漢末時人多不行妻服荀爽引據大義正之經典雖不悉變亦頗有改者晉泰始中楊旌有伯母服未除而應孝廉舉博士韓光議以宜貶又言天水太守王孔碩舉楊少仲爲孝廉有期之喪而行甚致清議今代之人躁于得官輕于持服令晉人見之猶當恥與爲伍況三代聖賢之列乎

乾學按趙相劉衡碑以兄瑯琊相亡郎日輕舉非憂乎高陽令楊著碑拜思善侯相遭從兄沛相憂篤義忘寵飄然輕舉此作

遷高陽令少誤

右輕喪解官

不及禮

春秋昭公十有五年六月乙丑王太子壽卒秋八月戊寅王穆后崩　左傳十二月晉荀躒如周葬穆后籍談爲介既葬除喪以文伯宴樽以魯壺籍談歸以告叔向叔向曰王其不終乎王一歲而有三年之喪二焉注天子絶期惟服三年故后雖期通謂之三年喪疏妻服齊衰期耳傳謂三年之喪二者必三年然後娶也有三年之義故可通謂之三年喪於是乎以喪賓宴非禮也三年之喪雖貴遂服禮也王雖弗遂宴樂以早亦非禮也

晉書禮志魏武以正月崩魏文以其年七月設伎樂百戲

唐書穆宗即位景陵始復土即召李光顏于邠寧李

已入喪中宴會條

愬于徐州期九日大宴羣臣右拾遺李珏與宇文鼎
温畬韋瓘馮藥同進曰道路皆言陛下追光顔等將
與百官高會且元朔未改陵土新復三年之制天下
通喪今同軌之會適去遠夷之使未還遏密施禁本
爲齊人鐘鼓合饗不施禁内夫王者之舉爲天下法
不可不慎且光顔愬忠勞之臣方盛秋屯邊如令訪
謀猷付疆事召之可也豈以酒食之歡爲厚耶雖置
其言然厚加勞遣

遼史太平十一年六月聖宗崩七月丙午朔皇太后
率皇族大臣臨于太平殿上召晉王蕭普古等飲博夜
分乃罷丁未擊鞠興宗本紀贊曰興宗當大行在殯
飲酒博鞠疊見簡書及其謁遺像而哀慟受宋弔而
衰經哭爲若出二人

乾學按飲酒博弈所對者近習耳謁像受弔則觴耳目之地也昭昭信節冥冥墮行而史册書之矣可不慎哉

以上天子

漢書王莽傳莽大赦天下天下大服民私服在詔書前亦釋除張晏曰莽妻本以此歲死天下大服也私服自喪其親皆除之

後漢書袁閎以延熹末黨事將作乃築土室不爲户自牖納飲食而已旦于室中東向拜母母思閎時往就視母去便自掩閉兄弟妻子莫得見也及母殁不爲制服設位時莫能名或以爲狂

乾學按閎不爲母制服殆欲自托于狂以避禍也然失禮之大者君子不能爲之解矣

後漢書戴良字叔鸞汝南慎陽人也少誕節母熹驢鳴良嘗學之以娛樂焉及母卒兄伯鸞居廬啜粥非禮不行良獨食肉飲酒哀至乃哭而二人俱有毀容或問良曰子之居喪禮乎良曰然禮所以制情佚也情苟不佚何禮之論夫食旨不甘故致毀容之實若味不存口食之可也論者不能奪之

晉書陳壽遭父喪有疾使婢丸藥客往見之鄉黨以爲貶議及蜀平坐是沉滯者累年後授御史治書以母憂去職母遺言令葬洛陽壽遵其志又坐不以母歸葬竟被貶議

阮籍性至孝母終正與人圍棊對者求止籍留與決賭既而飲酒二斗舉聲一號吐血數升及將葬食一蒸肫飲二斗酒然後臨訣直言窮矣舉聲一號因又

吐血數升，毀瘠骨立，殆致滅性。裴楷往弔之，籍散髮箕踞，醉而直視。楷弔唁畢便去。或問楷：凡弔者，主哭客乃爲禮。籍既不哭，君何爲哭？楷曰：阮籍方外之士，故不崇禮典；我俗中之士，故以軌儀自居。時人歎爲兩得。

何曾傳：時步兵校尉阮籍負才放誕，居喪無禮。曾面質籍于文帝座曰：卿縱情背禮，敗俗之人。今忠賢執政，綜核名實，若卿之曹，不可長也。因言於帝曰：公方以孝治天下，而聽阮籍以重哀飲酒食肉於公座，宜擯四裔，無令汙諸華夏。帝曰：此子羸病若此，君不能爲我忍耶？曾重引據，辭理甚切。帝雖不從，時人敬憚之。

晉書王戎字濬仲，爲吏部尚書，丁母憂，性至孝，不拘禮制飲酒食肉或觀弈棊而容貌毁悴杖而後起和嶠亦居父喪以禮法自持量米而食而哀毁不踰于戎武帝謂劉毅曰和嶠毁頓過禮使人憂之毅曰嶠雖寢苫食粥乃生孝耳至於王戎所謂死孝陛下當先憂之

王隱晉書

何劭爲司徒薨養子岐爲嗣來祭弔岐岐辭以疾祭獨哭而出曰今年決下婢子品王詮謂之曰知死弔死何必見生岐前多罪爾時不下今何公新亡便下岐品人謂中正畏强侮弱祭乃止

元帝時廬江太守梁龕明日當除婦服今日請客奏伎丞相長史周顗等三十餘人同會劉隗奏曰夫嫡妻長子皆杖居廬故周景王有三年之喪既除而宴春秋猶譏况龕匹夫暮宴朝祥慢服之愆宜肅喪紀

之禮請免龕官削侯爵顗等知龕有喪吉會非禮宜各奪俸一月以肅其違從之

鍾雅傳　雅爲御史中丞時國喪未朞而尚書梅陶私奏女伎雅劾奏曰臣聞放勛之徂八音遏密雖在凡庶猶能三載自兹以來歷代所同肅祖明皇帝崩背萬國當朞來月聖王縞素泣血臨朝百僚惵惶動無歡容陶無大臣忠慕之節家庭侈靡聲伎紛葩絲竹之音流聞衢路宜加放黜以整王憲請下司徒論正清議穆后臨朝特原不問

晉書王坦之傳　謝安愛好聲律自弟萬喪十年不聽音樂及登台輔朞功之慘不廢伎樂頗以成俗坦之非而苦諫之安遺坦之書曰知君思相愛惜之至僕所求者聲謂稱情義無所不可爲聊復以自娛耳若

絜軌跡崇世教非所擬議亦非所屑常謂君粗得鄙趣者猶未悟之濠上耶故知莫逆未易爲人坦之荅曰具君雅旨此是誠心而行獨往之美然恐非大雅中庸之謂意者以爲人之體韻猶器之方圓方圓不可錯用體韻豈可易處各順其方以弘其業則歲寒之功必有成矣吾子少立德行體議淹允加以令地優游自居僉曰之談咸以清遠相許至于此事實有疑焉且天下之寶故爲天下所惜天下之所非何爲不可以天下爲心乎書往反數四安竟不從

桓玄庶母烝嘗靡有定所忌日見賓客遊宴惟至亡時一哭而已期服之內不廢音樂

南史劉湛傳廬陵王義真出爲車騎將軍南豫州刺史湛爲長史義真時居武帝憂使帳下備膳湛禁之

義真乃使左右人買魚肉珍饈於齋內別立廚帳會湛入因命臑酒炙車螯湛正色曰公當今不宜有此設義真曰旦甚寒杯酒亦何傷長史事同一家望不爲異酒至湛起曰既不能以禮自處又不能以禮處人

范曄爲尚書吏部郎元嘉元年冬彭城太妃薨將葬祖夕僚故並集東府曄弟廣淵時爲司徒祭酒其日在直曄與司徒左西屬王深宿廣淵許夜中酣飲開北牖聽挽歌爲樂彭城王義康大怒左遷曄宣城太守

魏書太和十九年安西將軍王澄功衰在身欲于七月七日集會文武北園馬射張普惠奏記于澄曰竊聞三族九親別疏昵之敘五服六術等衰麻之心皆

因事飾情不易之道也然則莫大之痛深于終身之外書策之哀除于喪紀之内外者不可無節故斷之以三年内者不可遂除故殺之以日月禮大練之日鼓素琴蓋推以即吉也小功以上非虞祔練祥不沐浴此拘之以制也曾子問曰相識有喪服可以與于祭乎孔子曰緦不祭又何助于人祭既不與疑無宴食之道又曰廢喪服可以與于饋奠之事乎子曰脫衰與奠非禮乎注曰爲其亾哀疾愚謂除喪之始不與饋奠小功之内其可觀射乎襍記云大功以下既葬適人人食之其黨也食之非黨也不食食猶擇人於射爲惑伏見明敕立射會之限將以二七令辰集城中文武韓武藝于北園行揖讓于中否時非大閱之秋景涉妨農之節國家縞禫甫除殿下功衰仍襲

遼史太宗見上移此
弃業一段

釋而爲樂以訓百姓便是易先王之典忘哀戚之情恐非所以昭令德視子孫者也按射儀射者以禮樂爲本忘而從事不可謂禮鍾鼓弗設不可謂樂捨此二者何用射爲澄乃荅曰禮兄弟内除明哀已殺小功客至主不絶樂聽樂則可觀武豈傷然終亦罷射

五代史記 楚王馬殷卒子希聲立希聲嘗聞梁太祖好食鷄慕之乃日烹五十鷄以供膳葬殷上漢希聲不入泣頓食鷄肉毀器而起其禮部侍郎潘起譏之曰昔阮籍居喪而食蒸豚世豈乏賢耶

宋史 朱服母喪除拜禮部侍郎湖州守馬城言其居喪疏几筵而獨處他室謫知萊州

明宣宗實錄 宣德時行在禮部奏監察御史喻俊居親喪不守禮法因與平人有隙誣以罪輒自拘問擅

作威福有虧孝道不可用上曰古人居喪自有禮節豈與外事況爲御史尤當置身禮法之中今悖謬如此豈可用其黜爲民

張士俊曰崇禎十三年五月丁未予弟淑度沒六月己未予生日也予于是年三十矣廣陵之俗雖遐邇必庀觴豆豢筐篚以爲壽如八九十者是日人咸壽予不以有弟喪而止余力却之七月庚子余繼祖母春秋六十家君以其事問余余請罷祝而于來年行焉通國之士咸怪而駭余曰是不讀書故不曉也乃援引古今以爲議先王之制喪禮自三年而外有大功有小功有緦麻非以飾觀也蓋哀動于內而服其服因以惡其飲食變其居處哀之有餘者非此無以安哀之不足者覩其服而勉以致焉所謂以故興物也而哀有不同服亦有差哀之重者其服重服何準乎準于哀也三年之外期爲尤重其服在尊者不論卑者若父之于子兄之于弟夫之于妻皆彞倫至戚而不能恝者乃死亡之際金石管絃不輟一家之中而吳越漠視一人之身而吉凶殊類恣睢錯亂猶可謂之禮乎今三年之喪世之失多矣或猶知其謬而不以爲然也而期之喪未數月而壽辰或從而婚嫁鄉黨宗族往賀之遺喪者受賀恬不爲怪是事也尊者于卑者尤甚雖粗有見識之輩莫覺其謬者其意但曰家統于尊尊者之慶不當以卑者而止也吾謂其不可者七期之喪次于三年一等其冠絰之式衣裳之儀皆亞于三年之喪而稍輕焉既葬而始飲酒食肉矣而終其喪不與宴會今于其不宜飲酒食肉之時而遽宴會其不可一也飲酒食肉與宴會禮有其限而無分于尊卑也而期之喪莫重于父之服子何也父與子分之相去雖遠而其義則一父之于子如子之于父也子於父悲痛者累年父于子方死亡而嬉笑猶常無是理也故古禮父之服子有三年有不杖期國朝之禮長子衆子皆以不杖期依古之道推

而祖之于孫亦有然者今以父而屈其子之喪又或以祖而屈其子服子
之喪皆是臆説其不可二也賀必備音聲召賓客以爲歡禮隣有喪舂不
相里有殯不巷歌父子之親非隣里可比音聲之設喻于相歡其不可三
也舖几筵以招賓客而作音聲以悦之將服衰麻與而娱耳目快心志是
廢其實將弃衰麻而不服與是又廢名也服與不服俱爲舛乖其不可四
也昔晉悼子卒殯未葬而平公鼓鍾樂杜蕢揚觶爭之祖父雖尊子孫雖
卑不過君之于臣數月之喪殆猶殯焉從殯而樂是謂樂哀其不可五也
禮爲殤服降有長殤中殤下殤無服之殤非殤則服不降服不降則其執
喪之禮可知也今冠而有室年踰二十不謂殤矣而齊于短折之嬰兒但
服其服而已是誣也死者其不可六也會典期年喪服不許守制凡律之
所禁者其必有爲此者也先賢期喪今之所著尚乞守制以伸其哀今禁
守制矣禁之所不及而猶違禮以便其私是何今不如古其不可七也當
于此七者則賀與受賀之非禮昭昭矣而婚嫁者其失又不在賀與受賀
也人之所以異于禽獸者有情以相愛有文以相接若殘忍刻薄而率意
徑行幾何不爲禽獸詩曰人而無禮胡不遄死
言人之所以生者以其有禮無禮者當速死也

姚旅露書青州俗原奢侈其流至于不情如初喪之家里社羣集開筵演戲
以與孝子破悶名之曰伴坐及出葬路祭結綵必極纖綉祭品動費萬錢名
之曰隨會○洪洞人有喪親隣送米麪雞鴨諸食品曰送飯攷之雲南百夷
亦然○京師朞功以下孝帽頂心皆綴紅絨一朶曰花花孝莫知所自而流
一俗可笑○莆中遇節皆啖米果喪家則不然曰恐眯死者之目又不放砲曰
恐彈死者此爲禍福之言以愚俗耳不知爲食旨不甘聞樂不樂意也使知
此意遂爲之已蓋其
畏禮不若畏禍也

順天府志十月送寒衣坊民刻板爲男女衣飾五色焚之祖考曰送寒衣
喪禮僦稱家有無殯不踰時哀而不文尚有古意皆飯僧梵脩動費百千貧

家亦強爲之賀二日具祭墓所曰煖墓即禮虞祭也

讀禮通考卷一百十四

喪制七

違禮

後漢書李燮傳燮為河南尹先是頴川甄邵諂附梁冀為鄴令有同歲生得罪于冀亾奔邵邵偽納而陰告冀即捕殺之邵當遷郡守會母亾邵埋葬馬屋先受封然後發喪還至洛燮行途遇之使卒投車于溝中笞捶亂下大署帛於背曰諂貴賣友貪官埋母乃具表狀遂廢錮終身

乾學按禮為君子而設若邵直禽獸耳非法以制之尚可以為世乎故刑者聖人之不得已所以維禮之窮也

晉書殷仲堪為荆州刺史桂陽人黃欽生父沒已久詐服衰麻言迎父喪府曹先依律詐取父母卒棄市仲堪乃曰律詐取父母卒依敺詈法棄市原此之旨當以二親生存而橫言死沒情事悖逆忍所不當故同之敺詈之科正以大辟之刑今欽生父寔終沒墓在舊邦積年久遠方詐服迎喪以此為大妄耳比之于父存言亡相殊遠矣遂活之

唐律疏議不孝條注聞祖父母父母喪匿不舉哀

疏議曰依禮聞親喪以哭荅使者盡哀而問故父母之喪創巨尤切聞即崩殞擗踊號天今乃匿不舉哀或揀擇時日者並是

諸聞父母喪若夫之喪匿不舉哀者流二千里

疏議曰父母之恩昊天莫報荼毒之極豈若聞喪

婦人以夫為天哀顯父母聞喪即須哭泣豈得擇日待時若匿而不即舉哀者流二千里其嫡孫承祖者與父母同

聞期親尊長喪匿不舉哀者徒一年大功以下尊長各遞減二等卑幼各減等

疏議曰期親尊長謂祖父母曾高父母亦同伯叔父母姑兄姊夫之父母妾為女君此等聞喪即須舉發若匿不舉哀者徒一年大功尊長匿不舉哀杖九十小功尊長匿不舉哀杖七十緦麻尊長匿不舉哀笞五十其子卑幼匿不舉哀各減當色尊長一等出降者謂姑姊妹本服期出嫁九月罪同期親尊長科之其服數止準大功之月餘親出降準此若有殤降為七月之類亦準所降之月為服

數之限罪依本服科之其妻既非尊長又殊卑幼在禮及詩比為兄弟即是妻同於幼

問曰聞喪不即舉哀於後擇日舉訖事發合得何罪荅曰依禮斬衰之哭往而不返齊衰之哭若往而返大功之哭三曲而偯小功緦麻哀容可也準斯禮制輕重有殊聞喪雖同情有降殺期親以上不即舉哀後雖舉訖不可無罪期以上從不應得為重大功從不應得為輕小功以下哀容可也不合科罪若未舉事發者各從不舉之坐

五代會要　後唐天成二年中書門下條奏據長定格選人中有隱憂者遲五選伏以人倫之貴孝道為先既有負於尊親定不公於州縣有傷風教須峻條章今後諸色官員內有隱憂冒榮者勘責不盡終身不

空四字

盡所有入仕已未告敕並付所司焚燬從之

宋史李定傳定為監察御史裏行御史陳薦疏定頃為涇縣主簿聞生母仇氏死匿不為服詔下江東淮浙轉運使問狀奏云定嘗以父年老求歸侍養不云持所生母服定自辨言實不知為仇所生故疑不敢服而以侍養解官曾公亮謂定當追行服安石力主之改為崇政殿說書御史林旦薛昌朝言不宜以不孝之人居勸講之地併論安石章六七上安石又白罷兩人定亦不自安蘄解職以集賢校理檢正中書吏房

壽皇以孝治天下有大理寺孫寺丞失記其名匿服不丁母憂壽皇怒欲誅之奏知德壽云孫某不孝欲將肆諸市朝德壽云莫也太甚遂黜而配廣

南数年得歸余兒時曾見之今之士大夫甚至聞
訃仕宦冒榮自若衰絰有不為著者食稲衣錦女
安則為聖門之訓天理滅絶去禽獸幾希

婁機傳　機為吏部侍郎里人有故官吏部喪未舉而
子赴調者機謂彼既冒法禁而部胥不之問即撻數
吏使之治葬而後来聞者韙之

元史　諸職官父母亡匿喪者並罷不敘

明律　十悪不孝條　註　聞祖父母父母喪匿不舉哀○
不義條　註　聞夫喪匿不舉哀
凡聞父母（若嫡孫承重與父母同）及夫之喪匿不舉哀者杖六十
徒一年若聞期親尊長喪匿不舉哀者亦杖八十

會典　凡官吏匿喪者正統七年令俱發原籍為民

右匿喪

喪中婚嫁 古制見變禮喪中冠子條

春秋莊公二十有二年冬公如齊納幣何休公羊注不譏喪娶者舉淫為重也○穀梁范甯注公母喪未再期而圖婚傳無譏文但譏親納幣者喪婚不待貶絕而罪惡見

二程全書春秋喪婚無譏蓋日月自見不必譏也唯哀姜以禫中納幣則重疊譏之曰逆婦曰夫人至恐後世不以為非也他皆曰逆女此獨云婦而又不曰夫人蓋已納幣則為婦遠禮而昏則不可謂之夫人

春秋文公二年冬公子遂如齊納幣穀梁傳范甯注喪制未畢而納幣書非禮

公羊傳納幣不書此何以書譏何譏爾譏喪娶也娶在三年之外則何譏乎喪娶注據逆在四年三年之內不圖婚注僖公以十二月薨至此未滿二十五月又禮先納采問名納吉乃納幣此四者皆在三年之內故云爾吉禘于莊公譏然則曷為不於祭焉譏注據吉禘于莊公譏始不三年大事圖婚俱不三年大事皆從吉禘不復譏

春秋繁露

三年之恩疾矣注疾痛非虛加之也以人心為皆有之注人心皆有疾痛不忍娶以人心為皆有之則曷為獨於娶焉譏注孝子疾痛吉事皆不當為非獨娶也不娶者大吉也注合二姓之好傳之于無窮故為大吉非常吉也注舉大事其為吉者主于已注主于已身不如祭祀尚有念先人之心以為有人心焉者則宜於此焉變矣注變者變慟哭泣也有人心念親者聞有欲為已圖婚則當變慟哭泣矣況乃至于納幣成婚哉

乾學按變者不忍焉爾矣不忍於心則變於外不忍有人心焉者也忍則無人心焉者也有人心三字警切動人先王制禮此其本矣

春秋宣公元年春王正月公子遂如齊逆女注不譏喪娶者不待貶絕而罪惡自見三月遂以夫人婦姜至自齊

穀梁傳其不言氏喪未畢故略之也

公羊傳夫人何以不稱姜氏貶曷為貶譏喪娶也喪娶者公也則曷為貶夫人內無貶于公之道也內無貶于公之道則曷為貶夫人夫人與公一體也

通典周喪不可嫁女娶婦議晉惠帝元康二年司徒王渾奏曰前以冒喪婚娶傷化悖禮下十六州推舉今本州中正各有言上太子家令虞濬有弟喪嫁女拜時鎮東司馬陳湛有弟喪嫁女拜時上庸太守王崇有兄喪嫁女拜時夏侯俊有弟子喪為息恒無服國子祭酒鄒湛有弟婦喪為息蒙娶婦拜時蒙有周服給事中王琛有兄喪為息稜娶婦拜時并州刺史羊暨有兄喪為息明娶婦拜時征西長史牽昌有弟喪為息彥娶婦拜時湛職儒官身雖無服據為婚主按禮大功之末可以嫁子小功之末可以娶婦無齊衰

嫁娶之文虧違典憲宜加貶黜以肅王法請臺免官
以正清議尚書符下國子學處議國子助教吴商議
今之拜時事畢便歸婚禮未成不得與娶婦者同也
俊採棲垂以齊衰娶婦妻所犯者重恒雖無服當不
議而不諍以禮當議然其所犯者猶輕稜也湛身
既卒吉子雖齊衰義服之末又不親迎所犯者輕
濬暨為子拜時禮輕當降也國子祭酒裴頠議以為
吉凶之別禮之大端子服在凶而行嘉禮非所以為
訓雖父兄為主事由已興此悉人倫大綱典章所慎
也詔曰下殤小功可以嫁娶俊等簡忽喪紀輕違禮
經皆宜如所正○司直劉隗上言文學王籍有叔母
服未一月納吉娶妻虧俗傷化宜加貶黜輒下禁止
妻父周嵩知籍有喪而成婚無王孫恥奔之義失為

父之道王廙王彬于籍親則叔父皆無君子幹父之風應清議者任之鄉論主簿江敳曰夫風節不振無以蕩弊俗禮義不脩無以正人流籍以名門擢登實友不能率身正道公違典憲誠是愷悌垂恕休例宜全晉書王籍之為太子文學居叔母之喪而婚丞相司直劉隗奏之帝下令云詩稱殺禮多婚以會男女之無夫家者正今日之謂也可一解禁止自後宜為其防又東閤祭酒顔含居叔父喪而遣女推尋舊事永康二年虞濬陳湛各有弟喪嫁子拜時司徒王渾奏免竊謂弟喪不重于叔父成婚之禮不輕含犯遣禮典夫崇禮謂之有方之士不崇禮謂之方之人况虧淳創薄從俗棄禮請免官禁止從事中郎謝潛議鄭玄以為女子成人逆降旁親及將出者昔陳湛以女年過二十依鄭義不責遷任徐州不為坐免又為成比若含女未過二十宜如隗奏若謂鄭玄說與

禮違宜先除而後禁不宜制未下而責人也主簿孔衷議鄭玄以未嫁成人降其旁親以明當及時者同降若嫁有時而遭喪因喪而降之非言齊衰之中可嫁女學者多昧此旨非獨今在含應見原○王濛息叔仁兄十月亡至十二月詒其子與瑯琊王昏拜時叔仁以喪辭范尚書與會稽王牋為伸其意會稽王荅曰既有所準情理可通故人主權而行之自君作古之制也古人墨絰從時豈情所安逼于君命之所制奪于人臣之所屈乃至于此以今方之事情輕重豈得同日而欲執違耶又今自拜時未為倫禮暫是一致身交拜而已即之于情有何不可且今王氏情事與國家正同王命既定事在必行太常王彪之與會稽王牋曰王濛女有同生之哀計其日月當未絕哭

豈可成婚凡在君子猶愛人以禮況崇化之主邪以此為聖朝故事寧可執訓當今傳流後裔忝備禮官情有不安謹具白所懷

降服大功未可嫁妹及女議　晉南陽中正張輔言司徒府云故涼州刺史楊欣女以九月二十日出赴姊喪殯而欣息俊因喪服二十六日强嫁妹與南陽韓氏而韓就楊家共成婚姻韓氏居喪不顧禮義三旬內成婚傷化敗俗非冠帶所行下品二等第二人今為第四請正黃紙梁州中正梁某言俊居姊喪嫁妹犯禮傷義貶為第五品○宋江氏問裴松之曰從兄女先剋此六月與庾長史弟婚其姊蔡氏先三月亡葬送已畢從兄無嗣兄子簡為後今與從妹同服大功大功未可以嫁子不知無父而兄有大功服可復嫁

娉

妹否答曰意謂父有大功尚可嫁子兄在大功理無不可今所未了者未知女身大功亦可得嫁否又降而在大功得與本服九月者同否見宗懍荅范超伯問娶婦之與嫁子輕重一等之差已身小功可以娶妻女身大功何為不可以嫁謂此言為是但其論降在大功者如為不盡吾以為聘納禮重故採其本情適人差輕故以見服為斷禮無降在大功不可嫁在本服不應于外生疑且有小功下殤之喪過五月便可以娶降在九月者過三月而後嫁計其日月亦一等之謂也荀伯子難裴曰本不謂父可而兄反不可今所疑謂父兄及女身並不可耳按禮小功之初不妨嫁子其沒則可以娶妻下殤之小功則不可本是周服故也今降在大功亦本是周服何得復於降殺

之內以行婚姻之禮之大功之末可以嫁子者自是論本服耳所以不明降在大功不可者正以下殤之小功足以包之也若謂降與不降必其不殊者其兄弟出後姊妹出適便在降為小功矣請問居此小功服在始亦可即以嫁子乎三月卒哭又可以娶妻乎奚獨慈于下殤而薄于出降之甚耶何承天裴通難荀曰婚禮吉而樂貴不失時元康中有范喪者為憲司所糾都無降服大功嫁之彈彼豈輕犯周制重犯功服耶因于禮自通不應致譏耳足下謂下殤小功不可娶足以包降在大功不可娶夫徹樂與嗣親之感繼燭癸離別之悲唱行重于和從受禮輕于納聘既有一等之差本服周者雖不得娶何疑得嫁耶若本降為大功不可嫁者大功降為小功亦不可娶豈獨

下殤小功而已乎斯不然矣宗炳稱何議降大功可嫁子為人所疑云要正以下殤小功不可娶舉輕以包重為長殤大功亦不可嫁者意謂非也且子嫁降親生離恒山之禽鳥猶哀況在人理其哀既深則吉賓輕故情安于大功之末娶納吉慶為重吉重故可于小功卒哭夫舉重之不可何妨輕者仍自可乎而更云舉輕明重其義不例夫銜孔懷之哀從𥃩降之命而與新婚者同其不可哉若使親喪脫有其例當斷其可○李嵩為息邃婚張康女未成禮而康有姊喪已葬二家婚皆務速書問太常馮懷懷曰降服不與正服同者謂居處之節耳大功之末可以冠子嫁子明冠宜時成嫁宜及時先儒云末者服半之後也張氏所服既半將非所疑嵩又以父在大功則子應小功服在末則子服除者可也今降服在末而子未除以疑問丁纂曰服末情殺可吉○又魏放之問孔琳之曰降在大功當得嫁女不答曰吾意降者似不得婚記稱大功之末可以嫁子小功之末可以娶妻下殤之小功則不可案如此文唯云降者不可娶妻不云不可嫁子此便是得嫁也傅都官駁孔議曰娶妻嫁子雖為不同然可以

例求也何者小功絶哭之後可以娶妻至于下殤之小功則不可也本服重而降在小功既不得同小功而娶妻本服周而降在大功而嫁子乎孔荅曰娶妻事重嫁子事輕今若云不可納婦容可以嫁子為難耳既不明不以嫁子而獨明不可以娶妻事重非其類矣傳難曰今舉重以明輕何以謂之不類孔荅曰傳意謂本周而在大功者則不得冠子嫁子納婦娶妻四事夫冠嫁納婦三事皆子身之吉事事不在己娶妻一事非在他人親己身之吉事在子則輕在身則重輕故可行之于服未重必卒哭而後可以降殺之明義亦既差降則事何必齊今若欲徵其文觀于輕者則知重者應明輕者猶不可則重者不言自彰而今獨言小功之殤不可以娶妻是指言重者不可

也豈重者既不可輕若自可何得輕必從重耶傳曰案禮記卒哭之與服末同是一語直辭異耶孔荅曰以葬後便爲末虞畢乃卒哭若果實同而名異者則當疊言小功之末可以納婦娶妻如大功之末可以冠子嫁子何以別更起條云已雖小功卒哭可以娶妻推明文矣○宋庾蔚之曰昔爲禮記略解已通此議大功重而嫁小功輕則娶重故大功之末可以嫁輕故小功之末可以娶也所以然者下殤小功本周親者以其殤折之痛旣人情所哀不可以娶長殤大功隣于成人大功接于齊衰周親之内而情差重冠嫁之事可同于成人之大功故不言長殤大功之不嫁也

大功末可爲子娶婦議晉御史中丞高崧有從弟喪在服末欲爲子婚書訪尚書范汪曰禮有大功之末可以嫁子小功之末可以娶婦下章云已雖小功旣卒哭可以娶妻已有小功喪則父便應有大功喪以

義例推之小功卒哭可以娶妻則大功卒哭可以娶婦耶（有舅姑曰婦無舅姑曰妻）范荅曰按禮大功之末可以冠子嫁子此于子已為無服也以巳尚在大功喪中猶未忍為子娶婦近于歡事也故于冠子嫁子則可娶婦則不可矣巳有緦麻之喪于祭亦廢婚亦不通矣況小功乎崧又曰禮巳雖小功既卒哭可以娶妻巳有小功則父在大功巳雖小功卒哭可娶妻則父大功卒哭可以娶婦將不嫌耶汪曰五服之制各有月數月數之內自無吉事故曰衰麻非所以接弁冕也春秋左氏傳齊侯使晏子請繼室于晉叔向對曰寡君之願也衰絰之中是以未敢請（時晉侯有少姜之喪耳）禮貴妾緦而叔向稱在縗絰之中推此而言雖輕喪之麻猶無婚姻之道也而敦本敬始之義寓于冠婚見之矣雜記曰

大功之末可以嫁子小功之末可以娶婦按大功之末猶未忍為子娶婦小功之末乃為子娶矣而下章云已雖小功卒哭可冠娶妻也二文誠為相代尋此旨為男女失時或繼嗣未立者耳非通例也禮男三十而娶女二十而嫁于仲春會男女便云于此時也奔者不禁此亦是權禮非經常之典也嵆尚文訪于江彪彪答曰按大功之末可以嫁子小功之末可以娶婦又已小功卒哭可以娶妻此悉是明之正例當不如范語為此議者皆于為婚之主也娶婦則父為主娶妻則已為主故父大功之末不得行此嘉禮至于已小功之末則可行之又禮稱娶妻則是無父之正文謂大功之末娶婦于禮例猶尚不安今所為者重所虧者輕又准時人由來之比自不致嫌于是嵆依議為兒婚

周服降在小功可嫁女娶婦議　晋范朗問蔡謨曰甲有庶兄乙為人後甲妹景已許嫁而未出今乙亡如鄭玄意已許嫁便降旁親者景今應為乙服小功本是周親甲今於女禮可得嫁景否蔡荅曰按禮在大功之末可以嫁子不言降服復有異也兄在大功嫁降服小功之妹猶父在大功嫁小功之女也謂甲今嫁景于禮無違范難曰禮小功不稅降而小功則稅之又小功不易喪之練冠而長殤中殤之小功則變三年之葛又小功之末可以娶妻而下殤之小功則不可據此數事則明降服正服所施各異今子同之其禮何居蔡荅曰夫服有降有正此禮之常也若其所施必皆不同則當舉其一例無為復說稅與娶也今而然者明其所施有同有異不可以一例舉故隨事而言之也鄭君

以為下殤小功不可娶者本齊衰之親也按長殤大功亦齊衰親而禮但言下殤不可以娶而不言長殤不可以嫁明殤之服雖不可娶而可嫁也所以然者陽唱陰和男行女從和從者輕唱行者重二者不同故其制亦異也范文難曰禮舉輕以明重下殤猶不可自娶則長殤大功何可以嫁也禮所謂大功未者唯正服大功末耳蔡荅曰下殤不可娶妻者謂已身也吾言殤可以嫁子者謂女父也身自行之於事為重但施于子其理差輕然則下殤之不娶未足以明長殤之不嫁也〇東晉墓符廬陵公主薨瑯琊東海二王於禮為應得婚與不大學博士袁𤅬之等按公主于二王屬為姑二王出為人後主又出適今應降服小功然本是周親雖降而為𦅸本親情重方當制服而疑可婚與不太常王彪之曰二王出後二國禮為人後降本親一等又云為姑姊妹適人者小

功二王應制小功之服禮小功絕哭可以娶妻下殤之小功則不可先儒之說本齊衰之親故除喪而後可婚今二王雖以出後降服本亦齊衰之親情例如禮不應成婚彪之與會稽王牋曰王者君臨萬國以禮義聲教也今若皇子獨違規矩恐遐邇之譏必不許也且自元康以來朝臣之家犯禮婚者不見重責故尚書僕射裴頠當代名士于時以兄弟子喪未為息弃時其息服除也議者父子並應貶責兄弟子下殤之喪不同于姑姊者諸侯絕周而卿大夫之喪在殯猶不舉樂不以本周喪未葬行嘉禮也況廬陵長公主于禮嫡不應絕服況喪未葬乎

○宋庾蔚之謂禮云下殤之小功則不可而不云再降之小功則知再降之小功可以娶

祖無服父有服可娶婦嫁女議晉劉嗣問徐野人曰嗣去年十二月有慘欲六月婚而服早已除大人本無服便是一家主想無服與徐荅曰此議本據祖為兒孫婚自平吉可得娶妻不計兒之有慘也嗣弟慎又重問野人曰諸賢惟云祖尊一家得為婚主若便

婚損疑速也徐荅曰今歸重于王父禮無取于遲速損重問曰禮之嫁女之家三夜不息燭娶婦之家三日不舉樂得不有輕不又大功之末可以嫁女則男不得婚向家是嫁女今是以子婚男女詎無異耶向家亦是祖無服而父有周慼得嫁女徐荅曰秉燭寢樂居然輕重故嫁娶殊品至于今事理本分塗唯取歸重極尊而不別異男女一也○宋向歆問何承天曰父有伯母慼女服小功祖諱統一家年可得嫁孫女不何荅曰吾謂祖為婚主女身又小功服不嫌於姻勳婚尚書曰祖為婚主女父不與婚事意謂可爾周續之曰禮已雖小功可以冠娶妻則女身雖有服謂出門無嫌也伯母義服而祖為家主于理可通徐野人曰禮許變通記所稱父大功者非有祖之家又女年傳云不以父命推附

名例義在尊無二上容或可通理邪

降服喪已除猶在本服月內可嫁議　晉謝琰問車胤曰人有妹喪降服已除本服未周可得嫁不荅曰禮小功不稅降在小功者則稅是推本情不計見服也時人有以此婚嫁者僕常疑之孫騰荅人有卜日除服便以婚況降服已除禮有大斷此都無疑

晉書載記石勒既僭稱趙王下書禁國人不得于喪中婚嫁

南齊書禮志（永明十一年文惠太子薨）右僕射王晏等奏伏尋御服文惠太子朞內不奏樂諸王雖本服朞而儲皇正體宗廟服者一同釋服奏樂婣娶便應竝通竊謂二等誠俱是嘉禮輕重有異娶婦思嗣事非全吉三日不樂禮有明文宋世朞喪降在大功者婚禮廢樂以申私戚通以

前典詔依議

〔隋書禮儀志〕梁武帝大同六年皇太子啓謹按下殤之小功不行婚冠嫁三嘉之礼則降服之大功理不得有三嘉今行三嘉之礼竊有小疑帝曰礼云大功之末可以冠子父小功之末可以冠子嫁子娶婦已雖小功既卒哭可以冠娶妻下殤之小功則不可晉代蔡謨謝沉丁纂馮懷等遂云降服大功可以嫁女宋代裴松之何承天又云女有大功之服亦得出嫁范堅荀伯子等雖復率意致難亦未能析太始六年虞龢立議大功之末乃可娶婦于時博詢咸同龢議齊永明十一年有大司馬長子之喪武帝子女同服大功左丞頓杲之議云大功之末非直皇女嫁降無疑皇子娉納亦在非疑凡此諸議皆是公背正文務為通耳徐爰

王文憲並云朞服降為大功皆不可以婚嫁于義乃為不乖而天不釋其意天監十年信安公主當出適而有臨川長子大功之慘具論此義粗已詳悉太子又啓審大功之末及下殤之小功行婚冠嫁三吉之事按礼所言下殤小功本是期服故不得有三吉之礼況本服是期降為大功理當不可人間行者是用鄭玄逆降之義雜記云大功之末可以冠子嫁子此謂本服大功子則小功踰月以後于情差輕所以許有冠嫁此則小功之末通得娶婦前所云大功之末可以冠子嫁子此是簡出大功之身不得娶婦後言小功之末可以冠子嫁子非直子得冠嫁亦得娶婦故有出沒婚禮國之大典宜有畫一今宗室及外戚不得復輒有干啟禮官不得輒為曲議可依此以為

法

梁書賀琛傳普通中皇太子議大功之末可以冠子嫁女賀琛駮之曰令旨以大功之末可得冠子嫁女不得自冠自嫁推以記文竊猶致惑按嫁冠之禮本是父之所成無父之人乃可自冠故稱大功小功並以冠子嫁子為文非關惟得為子已身不得也小功之末既得自嫁娶而亦云冠子娶婦其義益明故先列二服每明冠子嫁子結于後句方顯自娶之義既明小功自娶即知大功自冠矣蓋是約言而見旨若謂緣父服大功子服小功小功服輕故得為子冠嫁大功服重故不得自嫁自冠者則小功之末非明父子服殊不應復云冠子嫁子也若謂小功之文言已可娶大功之文不言已冠故知身有大功不得自行嘉禮但得

為子冠嫁竊謂有服不行嘉禮本為吉凶不可相干子雖小功之末可得行冠嫁猶應須父得為其冠嫁若父于大功之末可以冠子嫁子是于吉凶禮無礙吉凶禮無礙豈不得自冠自嫁若自冠自嫁于事有礙則冠子嫁子寧獨可通今許其冠子而塞其自冠是琛之所惑也又令旨推下殤小功不可娶婦則降服大功亦不得為子冠嫁伏尋此旨若謂降服大功不可冠子嫁子則降服小功亦不可自冠自娶是為凡厥降服大功小功皆不得冠娶矣記文應云降服則不可寧得惟稱下殤今不言降服的舉下殤實有其義夫出嫁出後或有再降出後之身于本姊妹降為大功若是大夫服士又以尊降則成小功其于冠嫁義無以異所以然者出嫁則有受我出後則有傳重

並欲薄于此而厚于彼此服雖降彼服則隆昔賢耆
親雖再降猶依小功之禮可冠可嫁若夫耆降大功
大功降為小功止是一等降殺有倫服末嫁冠故無
有畏惟下殤之服特明不娶之義者蓋緣以幼稚之
故夫喪情深既無受厚他姓又畏傳重彼宗嫌其年
稚服輕頃成殺略故特明不娶以示本重之恩是以
凡厥降服冠嫁不殊惟在下殤乃明不娶其義若此
則不得言大功之降服皆不可冠嫁也且記云下殤
小功言下殤則不得通于中上語小功則不得兼于
大功若實大小功降服皆不冠嫁上中二殤亦不冠
嫁者記不得直云下殤小功則不可恐非文意此又
琛之所疑也遂從琛議

北史李業興傳　業興聘梁梁朱异問曰洛中委粟山

是圜丘耶南郊耶曰是圜丘昇曰郊丘異所是用鄭義我此中用王義曰然昇曰若然女子逆降旁親亦用鄭不此之一事亦不盡從若𨚗此閒用王義除禫應用二十五月何以王儉喪禮禫用二十七月也昇遂不荅

附女子逆降旁親說

儀禮喪服大功章大夫之妾為君之庶子女子子嫁者未嫁者為世父母叔父母姑姊妹○鄭注女子子成人者有出道降旁親及將出者明當及時也○賈公彥疏女子子十五已後許嫁笄為成人有出嫁之道是以雖未出即逆降世父已下旁親也云當及時者謂女子子年十九後年二月冠子娶妻之月其女當嫁今年遭此世父已下之喪若依本服期者過後年二月不

得及時逆降在大功大功之末可以嫁子則於二月得及時而嫁是以云明當及時也○

乾學按儀禮經文自大夫之妾至姑姊妹舊讀合為一章蓋言大夫之妾為君之庶子以下數等人皆服大功也鄭氏錯解經文分大夫之妾為君之庶子為一章而以其下別為一章因疑女子子嫁者為世叔父母姑姊妹因合降在大功今未嫁者與已嫁者全降服大功非服之正因有逆降旁親之說不知經之本文明謂大夫之妾為君之庶子及女子子嫁者未嫁者服大功之服何嘗言女子子未嫁者為世叔父母姑姊妹服大功之服乎經文本無可疑

而鄭氏妄為分割反疑未嫁者不應與已嫁者全服而乃刱為逆降之説不亦大可異乎夫鄭氏割裂經文而設此無稽之説不過解經之謬猶可言也乃後之議禮者不悟鄭氏之謬而遂以此為不易之典制豈非悖禮傷教之甚乎後世喪禮盡廢女子身有朞服而出嫁者固已多矣然未聞因已將嫁而先為其世叔父母姑姊妹服大功之服也此不特先王無是禮即後代之議喪服者亦未嘗制是禮可見鄭氏之為妄説矣此非但有関于婚禮并有関于喪禮故不可以不辨若夫他家駁正之説已詳見于大功篇大夫之妾條此不重載

云

唐律不孝條居父母喪身自嫁娶

疏議曰身自嫁娶皆謂首從得罪者若其獨坐主婚男女即非不孝所以稱身自嫁娶以明主婚不同十惡故也其男女居喪娶妾合免所居之一官女子居喪為妾得減妻罪三等並不入不孝○問曰居喪嫁娶合徒三年或恐喝或强各合加至流罪得入不孝流以不答曰恐喝及强無非不孝加至流罪非是巨刑律貴原情據理不合

諸居父母及夫喪而嫁娶者徒三年妾減三等各離之知而共為婚姻者各減五等不知者不坐

疏議曰父母之喪終身憂戚三年從吉自為違禮夫為婦天尚無再醮若居父母及夫之喪謂在二

十七月內若男身娶妻而妻女出嫁各徒三年妾減三等若男夫居喪娶妾妻女作妾嫁人妾既許以下姓為之其情理賤也禮教既別得罪故輕各離之謂服內嫁娶妻妾並離知而共為婚姻者謂壻父稱婚妻父稱姻二家相知是服制之內故為婚姻者各減罪五等得杖一百娶妾者合杖七十不知情不坐

若居期喪而嫁娶者杖一百卑幼減二等妾不坐

疏議曰若居期親之喪嫁娶謂男夫娶婦女嫁作妻各杖一百卑幼減二等雖是期服下者是卑幼故減二等合杖八十妾不坐謂期服內男夫娶妾女婦作妾嫁人並不坐

新唐書于志寧傳高宗時衡山公主既公除將下嫁

用舊唐書張孝忠傳 卷一四一

長孫氏于志寧以為禮十五而笄二十而嫁有故二十三而嫁固知遇喪須終三年春秋魯莊公如齊納幣母喪未再期而圖婚二家不譏以其失禮明也今議者云公除從吉此漢文創制為天下百姓耳公主身服斬衰服可以例除情不可以例改心喪成昏非人情所忍于是詔公主待服除乃婚

邵寶曰志寧之言其知漢文之所以為詔者矣漢文之詔其大指蓋為吏民而諒闇之制初未之及簡禮者樂于便己踵而行之遂使漢文負大罪于名教誰與議禮能為志寧言者自婚而推之凡不係于吏民者皆可以已此志寧所謂心喪也而于孝乎何損之有晋武魏文宋孝宗獨不聞漢詔乎

蔣乂傳 唐德宗貞元九年蔣乂擢右拾遺史館脩撰德宗重其職先召見延英乃命之張孝忠子茂宗尚義章公主母亡遺表丐成禮帝念孝忠功即日召為左衛將軍許主下降乂上疏以為墨衰禮本緣金革未有奪喪尚主者繆盩典禮違人情不可為法帝令

中使者諭茂宗之母之請又意殊堅帝曰卿所言古禮也今俗借吉而婚不為少對曰俚室窮人子旁無至親有借吉以嫁不聞男冒凶而娶陛下建中詔書郡縣主當婚皆使有司循典故毋用俗儀公主春秋少待年不為晚請茂宗如禮便帝曰更思之會太常博士韋彤裴堪亦疏諫帝迂其言堪疏曰伏見駙馬都尉張茂宗猶在母喪聖恩念其亡母遺表乃許公主今年八月出降今茂宗借吉就婚者伏以夫婦之義人倫大端所以關雎冠詩之首者王化之先也天屬之親孝行為本所以齊衰在服之重者人道之厚也聖王知二端為訓之本不可變也故制昏禮曰納采問名納吉納徵皆主人几筵聽命于廟稱事立禮通謂之嘉所以上承宗廟繼嗣也又制喪禮曰創巨

若其日久痛甚者其愈遲三年之喪二十五月而畢稱情立文通謂之凶以送死有已復生有節也然後夫義婦聽父慈子孝馴致不失臻于太和歷代寶之以為至教昔魯侯改服晉襄墨衰事重於奪情義許其權變又兵法鑿門而出以喪禮處之以情相因體或有類若茂宗釋衰服而衣冠裳去堊室而行親迎雖云韜哀借吉是亦以凶瀆禮豈惟失先王之重典抑亦為國家之爽法倘茂宗留俟免喪則日月非遠今公主指期下嫁又儀制有嫌固不可廢重而就輕捨大而取小伏願抑茂宗亡母之誠順典章不易之義待其終制然後賜婚收天情於至難察有司之懇守垂之史冊聖德彌光則天下幸甚德宗不納

范祖禹曰妻喪卹慝之禮法之所當禁也乃引以為比不亦惑乎今士大夫之家以喪昏者衆矣非獨妻喪為然此失禮之尤不可不戒故著此義焉

東都事畧英宗在殯有言宗室可嫁娶者宋敏求以為不可既踰年又有言者敏求言宗室義服變服而練可以嫁娶矣以前後議異降秩一等出知絳州

宋仁宗元祐八年蘇軾奏曰臣伏見元祐五年秋頒條貫諸民庶之家祖父母父母老疾無人供侍子孫居喪者聽尊長自陳驗實婚娶右臣伏以人子居父母喪不得嫁娶人倫之正王道之本也孟子論禮色之輕重不以所重徇所輕喪三年為二十五月使嫁娶有二十五月之遲此色之輕者也釋喪而婚會隣于禽犢此禮之重者也先王之政亦有適時從宜者矣然不立居喪嫁娶之法者所害大也近世始立女居父母及夫喪而貧乏不能自存並聽百日外嫁娶之法既已害禮傷教矣然猶或可以從權而冒行者

以女弱不能自立恐有流落不虞之患也今又使男子爲之此何義也或男年至於可娶雖無兼侍亦足以養父母矣今使之釋喪而婚娶是誠使民以色廢禮耳豈不過甚矣哉春秋禮經記禮之變必曰自其人始使秉直筆者書曰男子居父母喪得娶妻自元祐始豈不爲當世之病乎臣謹按此法本因邛州官吏妄有啟請當時法官有失考論使爲立法臣備位秩宗前日又因邇英進讀論及此事不敢不奏伏望聖慈特降指揮削去上條稍正禮俗

元史諸遭父母喪忘哀拜靈成婚者杖八十仍離之有官者罷之仍沒其聘財婦人不坐○諸服內定婚各減服內成親罪二等仍離之聘財沒官

明律凡居父母喪及夫喪而身自嫁娶者杖一百若

明實錄

男子居喪娶妾妻女嫁人爲妾者各減二等若命婦夫亡再嫁若罪亦如之追奪並離異知而共爲婚姻者各減五等不知者不坐若居祖父母伯叔父母姑兄姊喪而嫁娶者杖八十妾不坐○生員居喪娶妻妾事理重者宜隸江南發充國子監膳夫各布政司充隣近儒學膳夫齋夫滿日原籍爲民廩膳仍追廩米

洪武四年九月丙辰册故元太傅中書右丞相河南王王保保女弟爲秦王樉妃時妃有父喪上命廷臣議之禮部尚書陶凱奏大功以下雖庶人亦可成婚況王妃無服上遂令中使及女史往諭妃家行納徵禮

乾學按妃既有父喪禮所宜避陶凱身爲

禮臣不能規正三年之喪達于天子乃云王妃無服何忍心悖禮一至此也宋度宗將冊封美人楊氏為淑妃妃有父喪趙順孫奏曰臣竊謂聖治以端宮闈為本第美人乃寶章閣待制續之女續以六月初三日上遺表內批特贈四官曾未半月而進封之命下稽諸古典四妃秩視三公其未被受則有辭免之禮既被受則有正謝之禮服以褕翟飾以佩綬此皆禮之所不可缺者不用此非所以成禮用此非所以教孝禮君子不奪人之喪獨不念葛覃之情有蓼莪之感乎臣非謂國家冊妃之禮可緩也但父子至情自天子達于庶人孝無

差等其于孝治貽明之朝而乃有此哉欲望聖慈謹風化之攸關體人情之不忍稍緩降制之日俾妃德無慙亦無使天下後世得以議聖朝之虧禮宗社幸甚疏入慶宗遣中使宣諭欲以百日為期順孫復奏以期年為請由此言之凱愧順孫多矣

嘉靖二年七月永福長公主于歸時孝惠皇太后尚未小祥給事中安磐等上言昔唐衡山公主適長孫氏時太宗之服未除于志寧以為不可高宗從之今孝惠皇太后几筵未徹是高宗能以禮處其妹陛下不能以禮處其姊也閭閻小民有期之喪其女猶不敢冒禮而婚況聖人以禮治天下作極四方無憲萬世者乎臣等區區之私不欲聖朝有一闕美請俟終

期然後下嫁不聽

西園聞見録林俊字待用莆田人成化戊戌進士歷官刑部尚書年十七祖病劇祖母欲為之娶堅辭弗肯明年祖母復病殆之娶以祖未大祥固辭不肯君子已知其志之不凡矣

[illegible]曰父母垂死人子幾不欲生之時今人反以送死為緩惟以借親為急父母死未即入棺乃禁家人舉哀棄親喪之禮而講合巹之儀寘括髮之歲而脩結髮之好此異類禽獸所不忍為而世俗樂為之雖詩禮之家間亦有之恬不為怪悲夫○張文嘉曰或問東谷之言立人倫之大義為賢者責也如或男家實無人主司中饋或女子無親父母依傍至歲又有年過及笄者雖曰守禮一時恐致反生他釁為之奈何亦當有變通之術否愚按曾子問曰親迎女在塗而壻之父母死則如之何孔子曰女改服布深衣縞總以趨喪如女在塗而女之父母死則女反又問除喪不復昏乎孔子曰祭過時不祭禮也又何反于初今遵此者當親病勢未危之時即宜遣媒氏通言迎娶之事及其親之在堂使得見婦成禮亦足以慰親之心倘親遂至不幸或即援親迎在塗之説迎婦成服執喪以待年則可若遂共居房闥則斷斷不可矣

鎮國中尉多炘瑞昌王府奉國將軍拱枘之庶子也拱枘性至孝父母疾刲股二次多炘年七歲父病嘗糞十歲刲股愈父病及長將婚會生母象氏卒哀痛廢寢食宗老援壓嫡之説呈巡按批准期年服闋成

婚炘堅執終喪啟于樂安王奉王令旨廢子于生母之喪壓嫡之說第以服色黲澹不敢行悲哀也今多炘終喪而後成婚所請甚善可以厚人倫敦化源宜依所請嘉靖末巡撫胡松具題欽遣官獎諭

乾學按明制庶子于所生母不論父與嫡母存亡俱服斬三年孝慈錄會典大明律皆然也何故有壓嫡之說宗老固不知祖制矣御史亦有期年服闋之批何其闇于禮律也為御史而不知本朝之制何以當官涖政乎不可曉也

陳用揚曰金章宗朝嘗定祖父母喪婚娶聽離異又定妻亡服內婚娶定離異法此兩節最足以敦彝倫正風俗未可以餘分閏位格之也然妻亡更娶又當論其子服不當止以夫服論故儀禮喪服傳曰父必三年然後娶達子之志也是已

姚翼家規通俗編男子年十六女子年十四以上身及父母無期以上喪及同居大功未葬方可行之○世有喪中納徵畢喪而親迎者此雖不犯

卷一百十五 違禮二 喪制

讀禮通考 卷一百十五

皇法而忘親一也須除喪改月而後行事則庶幾耳

居喪釋服

曲禮 席蓋重素不入公門苞屨扱衽厭冠不入公門

蹝席蓋者喪車蓋也重素不棠皆素遭喪之服也苞屨藨蒯之草所為齊衰屨也扱衽者親始死則扱上衽也厭伏也喪冠厭帖無梁五服喪所著也熊氏云

居喪中婚嫁

顧曰古者居父母喪而昏娶見於經傳者唯魯宣公一人所謂不待貶絕而罪惡見也其他禮記所載通典所議咸以朞功之喪尚為非禮唐韋彤裴堪爭張茂宗昏娶詞嚴義正宋時民庶之家祖父母父母老疾無人侍奉子孫居喪聽尊長自陳驗實方許昏娶亦未有冒喪易吉而昏娶者今人反以送死為緩惟以借親為急父母死未即入棺乃禁家人舉哀棄親喪之禮而講合巹之儀此異類所不忍為而世俗樂為之雖夷禮之陋閭閻亦有之恬不以為非何哉

徽若善之表猶明也 及其喪也曾點倚其門而歌

人畏之如君入其門皆說衰唯蟜固不說言依正禮士唯入公門乃說齊衰入大夫之門不合說也言將亡者其時往餘大夫之門猶有著齊衰者故云將亡將亡者未絕之辭也武子心雖恚恨無柰之何佯稱其為善所以善者若失禮顯著凡人皆知夫禮微細唯君子乃能明之今說齊衰是失禮之微故云君子表微此謂不杖齊衰若杖齊衰雖入公門亦不說之具在下曲禮注

閻若璩曰有以季武子之喪曾點倚其門而歌來問者余曰此子虛烏有之言也春秋昭公七年季孫宿卒孔子年十七曾點少孔子若干歲未可知然論語敘其坐次於

子路則必少九歲以上也可知孔子年十七時子路適八歲點賓不過六歲七歲孩童耳烏得有儐國相之門臨喪而歎之事檀弓多誣莫此為甚石堂陳極其辨駁猶未及此予聊為補之云爾

服問凡見人無免絰雖朝於君無免絰唯公門有稅齊衰傳曰君子不奪人之喪亦不可奪喪也注見人謂行求見人也無免絰絰重也稅猶免也古者說或作稅有免齊衰謂不杖齊衰也于公門有免齊衰則大功有免絰也○疏以絰重雖往朝君亦無免稅于絰也唯至公門已有不杖齊衰則脫去其衰絰猶不去也若杖齊衰及斬衰雖入公門衰亦不稅也其大功非但稅衰又免去絰也君子以己恕物不可奪人喪禮故君所以許臣著絰亦不可自奪喪所以已有重喪猶絰以見君中喪禮也

開元禮三年之喪凡見人皆不去絰父母之喪賓客已弔而重來者主人哭而見其去也又哭之其未葬必備衰服而後見

唐律疏議不孝條注居父母喪釋服從吉

疏議曰釋服從吉謂制未終而在二十七月之內釋去衰裳而著吉服者

卷一百十五　違禮二　喪制

皇法而忘親一也須除喪改月而後行事則庶幾耳

居喪釋服

右喪中婚嫁

曲禮　席蓋重素不入公門苞屨扱衽厭冠不入公門

疏席蓋者喪車蓋也重素不衆皆素遭喪之服也苞屨藨蒯之草所為齊衰屨也扱衽者親始死則扱上衽也厭伏也喪冠厭帖無梁五服喪所著也熊氏云父之喪唯扱上衽不入公門冠絰衰屨皆得入也杖齊衰則屨不得入不杖齊衰〻又不得入其大功絰又不得入其小功以下冠又不得入此厭冠者謂小功以下之冠故云不入公門凡喪冠皆厭大功以上厭冠宜得入公門也

檀弓　季武子寢疾蟜固不說齊衰而入見曰斯道也將亡矣士唯公門說齊衰武子曰不亦善乎君子表微

注特無如之何佯若善之表猶明也

及其喪也曾點倚其門而歌

疏武子魯之上卿時人畏之如君入其門皆說衰唯蟜固不說言依正禮士唯入公門乃說齊衰入大夫之門不合說也言將亡者其時往餘大夫之門猶有著齊衰者故云將亡將亡者末絕之辭也武子心雖恚恨無柰之何佯稱其為善所以善者若夫禮顯著凡人皆知夫禮微細唯君子乃能明之今說齊衰是失禮之微故云君子表微此謂不杖齊衰若杖齊衰雖入公門亦不說之具在下曲禮注

閻若璩曰有以季武子之喪曾點倚其門而歌來問者余曰此子虛烏有之言也春秋昭公七年季孫宿卒孔子年十七曾點少孔子若干歲未可知然論語叙其坐次於

子路則必少九歲以上也可知孔子年十七時子路適八歲黜賈不過六歲七歲孩童耳烏得有偕國相之門臨喪而歎之事檀弓多誣莫此為甚石堂陳極其辨駁猶未及凡予聊為補之云爾

服問凡見人無免絰雖朝於君無免絰唯公門有稅齊衰傳曰君子不奪人之喪亦不可奪喪也注見人謂行求見人也無免絰絰重稅猶免也古者說或作稅有免齊衰謂不杖齊衰也於公門有免齊衰則大功有免絰也○疏以絰重繼往朝君亦無免稅於絰也唯至公門已有不杖齊衰則脫去其衰絰猶不去也若杖齊衰及斬衰雖入公門衰亦不稅也其大功非但稅衰又免去絰也君子以己恕物不可奪人喪禮故君所以許臣著絰亦不可自奪喪所以已有重喪首絰以見君申喪禮也

開元禮三年之喪凡見人皆不去絰父母之喪賓客已弔而重來者主人哭而見其去也又哭之其未葬必備衰服而後見

唐律疏議不孝條注居父母喪釋服從吉

疏議曰釋服從吉謂制未終而在二十七月之内釋去衰裳而著吉服者

諸有父母若夫之喪喪制未終釋服從吉徒三年

疏議曰喪制未終謂父母及夫喪二十七月內釋服從吉其父卒母嫁及為祖後者祖在為祖母若……年

期親尊長喪制未終……以下

……伯叔

……謂未

踰期月釋服從吉者杖一百大功尊長未踰九月釋服從吉杖八十小功尊長未踰五月釋服從吉杖六十緦麻尊長未踰三月釋服從吉笞四十其於卑幼釋服從吉各減當色尊長一等出降者謂姑姊妹本服期出嫁九月若於九月內釋服從吉

武部侍郎呂諲

舊唐書[呂]諲丁母憂免起復授本官兼充度支使遷黃門侍郎上元二年加同中書門下三品賜門戟既立於第門或謂諲曰吉慶之事不宜服凶服受之諲遂權釋縗麻當中而拜人皆笑其失禮

入李林甫前

十七年義六一條增入在百十卷

改入百十五卷居喪釋服條呂禮後李林甫前

舊唐書李義府居母服起復有制朔望給哭假義府輒微服與占候人杜元紀臨晨出城東登古冢候望哀禮都廢

者罪同期親尊長科之其服數止準大功之月餘親出降準此若有殤降為七月之類亦准所降之月為服數之限罪依本服科之其妻既非尊長又殊卑幼在禮及詩比為兄弟即是妻同於幼

唐書

李林甫聞蕭穎士名欲拔用時穎士寓居廣陵居母喪即衰麻詣京師謁林甫于政事堂林甫素不識還……代……桃賦

……夫杖一百

疏議曰喪制未終謂父母及夫喪二十七日內其父卒母嫁及為祖後者祖在為祖母若出妻之子並居心喪之內未合從吉若遇禮宴之席參預其中者杖一百

諸有父母若夫之喪喪制未終釋服從吉徒三年

疏議曰喪制未終謂父母及夫喪二十七月內釋服從吉其父卒母嫁及為祖後者祖在為祖母若出妻之子並居心喪之內未合從吉亦徒三年

期親尊長喪喪制未終釋服從吉杖一百大功以下尊長各遞減二等卑幼各減一等

疏議曰期親尊長謂祖父母曾高父母亦同伯叔父母姑兄姊夫之父母妾為女君喪制未終謂未踰期月釋服從吉者杖一百大功尊長未踰九月釋服從吉杖八十小功尊長未踰五月釋服從吉杖六十緦麻尊長未踰三月釋服從吉笞四十其扵卑幼釋服從吉各減當色尊長一等出降者謂姑姊妹本服期出嫁九月若扵九月內釋服從吉

者罪同期親尊長科之其服數止準大功之月餘親出降準此若有殤降為七月之類亦准所降之月為服數之限罪依本服科之其妻既非尊長又殊卑幼在禮及詩比為兄弟即是妻同於幼

唐書李林甫聞蕭穎士名欲拔用時穎士寓居廣陵居母喪即衰麻詣京師謁林甫于政事堂林甫素不識遽義衰麻大惡之即令斥去穎士大怒乃著伐櫻桃賦以刺林甫

唐律喪制未終釋服從吉參預吉席者杖一百

疏議曰喪制未終謂父母及夫喪二十七日內其父卒母嫁及為祖後者祖在為祖母若出妻之子並居心喪之內未合從吉若遇禮宴之席參預其中者杖一百

宋史劉瑾父沆凶得襄贈知制誥張環草詞語涉譏貶瑾泣涕不能食闔門衰經邀宰相自言朝廷為改書命黜環為州瑾亦坐衰服入公門罷職

萬斯同曰劉瑾之衰絰入公門誠為有罪矣然彼以愛父之故寧冒大禁至于罷職而不恤君子亦有取焉可見宋時風俗之古雖天子之門猶有不脫衰絰而入者視今之士大夫入郡邑之門而輒改服從吉者其賢不肖之相去何如哉

明律十惡不孝條注居父母喪釋服從吉〇不義條注居夫喪釋服從吉

凡居父母喪若嫡孫承重與父母同及夫之喪喪制未終釋服從吉者杖八十期親尊長喪喪制未終釋服從吉者杖六十

姚翼家規通俗編今世人謁見有司貴官及臨吉事往往衷凶服而襲吉服亦曰墨衰夫或我非貴官既不可凶服入公門而事關身家不得不謁有司者則從權而墨可也若我與有司相敵可以凶服見者則不必墨其餘若卿之貴官及親友吉事視吾親輕重何如也何以墨哉今酌為權制齊衰之服可服以出見尊者大功之服可服以出見長者小功之服可服以出見同輩緦麻之服可于家庭見客而情義輕重及喪在門內門外又於中權之

韓菼

明律喪制未終釋服從吉參預筵宴者杖八十

大清律文與明律仝

乾學按古人居喪既葬之後始食疏食既練之後始食菜果未有飲酒而食肉者彼于酒肉猶不忍食而況參預筵燕乎屢朝之定律非不森嚴世之能秉禮而懷刑者誰也古禮既不知遵而國憲又不知畏人心之澌滅將何時而正乎

黄佐鄉禮凡居喪孝子不許易凶為吉赴他人酒席鄉俗有旬七會飲及葬有山頭等酒會皆深為害義犯者有罪

大清律文與明律同

張文嘉齊家寶要詩曰哀哀父母生我劬勞欲報之德昊天罔極又古人云樹欲靜而風不寧子欲養而親不在每一展誦之輒不禁肝腸寸斷泣

淫而泣也乃世之人當親在堂不知承歡孝養或聽枕畔之言或爭兄弟之好或子冨而親貧或親懦而子逆以致凄凉遲暮歛泣衰年及一旦遘親之變又不知哀痛徬徨居喪盡禮或泛營齋事或厚欵觀賓惟務華盛為榮施但以酒食相徵逐此固從前陋規嘗致慨于有道者也然昔之人哀毀雖不足於内容服猶致飾于外故出入必束麻在身慶賀必杜門不往尚存餼羊之意曾未嘗以麁鄙為醜也乃今則大異爲服飾喬粧嘻笑自若意竟不思此身何自而来今親死之謂何而淪胥以溺至于此也亦嘗怪而叩之則解曰今時則類然也若似乎當世以特服為重禁者然窃觀

國朝稽古定制清律喪服諸條煌煌典制何常不教人以孝而禁人特服耶不惟不禁而且遠祀者得大罪奈何今之居喪者無日不釋服無白不從吉而且無筵宴不叅預耶又期功緦麻之戚非其伯叔則其昆姪非其妻子則其懿親今自初喪以後一槪置而不恃衣冠猶昔逍遥都市遂使識者咨嗟歎息逝者飲恨黄泉豈不悲哉蓋緦緑孝衰于父母因而菲薄于衆親第恐相觀而化習以成俗久之而世風頽敗綱常滅絶伊誰之責歟我今稽首致敬哀懇世人趂父母康健之時思古人愛日之誠承顔順志力行孝道富貴則累裀列鼎貧賤則菽水承歡萬一親遭不幸不敢望汝寢苫枕塊泣血三年且止望汝白水素冠朕熱歲月從来行孝之家墓産芝蘭樹生連理子孫賢善奕世簪纓其不能者不有人非必有鬼責清夜思之寧不愧恥伏祈仁人孝子達禮高賢念罔極之深思感風木之餘恫遵朝廷之制典挽挽世之頽波互相勸勉持服報親世道幸甚人心幸甚

○右永思堂勸孝文○又曰近世以来人多忌諱孝冠白衣不敢登常人之門況公府乎孝冠白衣絶無行于都市者況麻衣麻絰乎明季之時凡縉紳入公門必用麻衣孝巾麻絰草履不敢坐漆椅自備竹椅隨行其士民交際賓客必以麻衣孝巾為公服曾未有假青玄之色者新年賀節必著麻衣麻絰往拜親戚影神及尊長拜者不以有服為愧受者亦不以孝衣為嫌也

乾學按釋服從吉律文載于十惡之條即朞喪釋服亦有杖六十之律國家之立法不綦嚴哉此非特脫衰易吉為不終喪制者言即偶然而易之亦法之所禁也乃今世之人其以衰絰終喪而一日未嘗去軆者有幾人乎或行慶賀而釋或赴讌會而釋或于有司而釋甚者尋常出行道上而亦釋群相習為固然而不以為怪視煌煌國典之所禁竟不一寘懷焉噫不亦大可異也哉夫今人之居喪其于古人居處飲食言語之節所謂居喪之實者一切乇之獨其外之素服存耳今且并其素服而易之則是竟未嘗有居喪之文也重服且然

又何論乎輕服人心之日漓而國典之不振也一至此乎彼庸人之無知者固不足責矣章逢之子搢紳之徒亦且内不顧乎名教而外不畏乎王章滔滔之世夫安從而挽之是在有世道之責者舉律文之所載而寔行之有不率者罪無赦庶乎人心稍知警覺而風俗可以漸回不然國典具在猶且不能防制吾獨奈之何哉

張文嘉曰今多有為嫁娶慶賀諸事冒禁忘哀釋服從吉者而且公然于簡帖之中直書從吉二字因而華服悖典禮蔑王章肆行無忌真可痛哭流涕矣知禮者慎勿踵其敝焉

接前

讀禮通考卷一百十二

喪制六

遠禮　喪中產子

左傳定公九年春宋公使樂大心盟于晉且逆樂祁之尸辭僞有疾乃使向巢如晉盟且逆子梁之尸子明謂桐門右師出曰吾猶衰絰而子擊鍾何也右師曰喪不在此故也既而告人曰已衰絰而生子余何故舍鍾

乾學按禮經言喪制詳矣初不及服内生子之禁者葢孝子三載之中寢處于外原無入室之禮則自不必有此禁子明衰絰生子即見貶于右師則知禮文所不載非

風俗通有
未娶服中
生子
基補

寬以待人子正以天下絶無此事也不然豈有居喪之制纖悉具備反于此等大節目而置之不道哉

後漢書陳蕃傳蕃爲樂安太守民有趙宣葬親不閉埏隧居其中行服二十年蕃與相見問及妻子而宣五子皆服中所生蕃大怒曰寢宿冢藏而孕育其中誑時惑衆誣汙鬼神遂致其罪

閻若璩曰聖人制禮無過不及故喪不過三年示民有終也宣乃行服二十年且寢宿冢藏至釣名反蹈服内生子之罪所以備儒之行一敢有求齒於庸衆人而不得者可不戒哉

乾學按服内生子漢人未必有此律然既爲禮之所禁自爲刑之所加也觀陳公之此舉可見東漢之世亦以服内生子爲非禮矣傳言五子皆服内所生未必皆生于

風俗通義

二十七月之内也既二十年不釋服則生于二十年之中者皆可謂之服内所生矣陳公之按致其罪真為知禮者哉

楊文言曰喪以三年為斷寛以待小人正嚴以責君子行服二十年而舉五子已惡其僞矣况儼然冢藏之中而肆焉為擁妻抱子之地此仲舉所以深疾之也若反虞而安其室廬罪庸末減除服生子豈過責焉故天下僞君子之罪浮於真小人

唐律在父母喪生子

疏議曰在父母喪生子者皆謂二十七月内懷胎者若父母未亡以前懷胎雖於服後生子者不生縱除服以後始生但計胎月是服内懷者依律得罪並合免所居之一官

居父母喪生子者徒一年

疏議曰居父母喪生子已亊名例免所居官亊中解訖皆謂在二十七月内而妊娠生子者其服内

生子事若未發自首亦原

萬斯同曰上一條言免所居官當是有官之人下一條言徙一年當是無官之人古人定律其嚴于居喪如此雖當時未必盡能遵行然學士大夫猶知有所羞畏至明太祖始刪去之刑人

〔風俗通義〕俗傳彭城相袁元服父字伯楚爲光祿卿於服中生此子時年長矣不孝莫大於無後故取擧之君子不隱其過因以服爲字應劭曰謹按元服名賀汝南人也祖父名原爲侍中安帝始加元服百官會賀臨嚴垂出而孫適生喜其嘉會因名曰賀字元服原父安爲司徒忠蹇匪躬盡誠事國啓發和帝誅討竇氏中興以來最爲名宰原有堂構之稱矜於法度伯楚名彭清擬夷叔政則冉季歷典三郡致位上列賀早失母不復繼室云曾子失妻而不娶曰吾不及尹吉甫子不如伯奇以吉甫之賢伯奇之孝尚有放逐之敗我何人哉清高擧動皆此類也何其在服中生子而名之賀者乎雖至愚人猶不云耳

低一字大

何故諸老謂萬之帝辛宋之元之歐明之武宗皆服內所生故終至悖戾而傾覆是

則縱情背禮之事古固有之要所生必不肖之子非但得罪于名教并且貽禍于邦家亦可為世之殷鑒矣高皇因己之多欲反詆古禮為不情于是律文亦刪去之而世之蕩軼禮法者益放縱而不可禁夫律嚴其防雖不足遏人情之流然人心猶知有儆惕今并此律文而去之將更何所禁制哉明祖固不學無術小儒輩又從而揚厲之是尚為有人心者乎愚以為服中所生在王家者既已召顛覆之災則在士庶者必其致敗亂之釁可知也公羊子論喪娶以為有人心者宜于此焉變矣愚于服內生子亦云

生子事若未發自首亦原

萬斯同曰上一條言免所居官當是有官之人下一條言徒一年當是無官之人古人定律其嚴于居喪如此雖當時未必盡能遵行然學士大夫猶知有所羞畏至明太祖始削去之則人益無所憚而風俗之薄更不可言矣

明太祖孝慈錄序古不近人情而太過者有之禁令服內勿生子朕覽書度意實非萬古不易之法若果依前式人民則生理罷焉

周錫曰季子禁服內生子孝之經傳未見明訓蓋自桐門右師譏然明始歷漢唐宋元此禁尤嚴我朝則無此禁矣書並論孝慈錄御製序文其中有曰禁服內生子不近人情故大明律無服內生子之條嗚呼此聖明所以緣人情而立法也類如此近年江東有朝士服內生子反誣其妻與外人通其妻自縊死湖南有老儒服內生子乃沉之江中遂絶嗣此皆不知本朝無服內之禁也

乾學按服內生子不孝之大世之稍有人心者莫不以為不可而明太祖乃獨去之何哉論者謂商之帝辛宋之元凶劭明之武宗皆服內所生故終至悖戾而傾覆是

則縱情背禮之事古固有之要所生必不肖之子非但得罪于名教并且貽禍于邦家亦可為世之殷鑒矣高皇因己之多欲反詆古禮為不情于是律文亦删去之而世之蕩軼禮法者益放縱而不可禁夫律嚴其防雖不足遏人情之流然人心猶知有懲惕今并此律文而去之將更何所禁制哉明祖固不學無術小儒輩又從而揚厲之是尚為有人心者乎愚以為服中所生在王家者既已召顛覆之災則在士庶者必其致敗亂之釁可知也公羊子論喪娶以為有人心者宜于此焉變矣愚于服內生子亦云

山公啓事晉山濤曰臣欲以鄰說爲溫令詔可尋又啓曰訪聞說喪母不時葬遂于所居屋後假葬有異同之議請更選之詔曰君爲管人倫之職此輩應爲清議與不便當裁處之

傳表不葬

南史

何承天傳時丹陽溧陽丁況等久喪不葬承天議禮所云還葬當謂荒儉一時故許其稱財而不求備丁況三家數年中葬輒無棺櫬實由淺情薄恩同于禽獸者爾窮以爲丁寶等同伍積年未嘗勸之以義繩之以法十六年冬既無新科又未申明舊制有何嚴切欻然相糾或由鄰曲分爭以興此言如聞在東諸處此例既多江西淮北尤爲不少若但謫此三人殆無整肅開其一端則互相恐動□伍縣司競爲姧利財賂既逞獄訟必繁

供厲聖明革弊之漸臣愚謂况等三家且可勿問因此附定制旨若民人葬不如法同伍當即糾言三年除服之後不得追相告列于事爲宜

晉書賀循爲武康令俗多厚葬及有拘忌迴避數月停喪不葬者循皆禁焉

唐書顏真卿使河東劾奏朔方令鄭延祚母死不葬三十年有詔終身不齒（舊唐書作延祚母卒二十九年殯僧舍垣地）

聖曆元年十月鳳閣侍郎王方慶奏言准令期喪大功未葬並不得參朝賀仍給喪不參宴會比來朝官不依禮法身有衰慘陪列朝賀手舞足蹈公違憲章名教既虧實玷皇化請申明更令禁斷詔曰可

乾學按此條非停喪不窆之謂也蓋以未葬之前哀痛方深故不許其朝賀耳然唐

低一字

世期功之喪猶且嚴于防制如此則今有親喪久不葬而靦然入居朝列者視此寧不愧心哉

五代會要周廣順三年十一月勑應内外文武臣僚幕職州縣官舉選人等今後有父母未經營葬其主家之長不得輒求仕進所由司亦不得申舉其合赴舉選者葬事禮畢勑所由于家狀内具言不得調冒所司覺察糾舉紀者必行典法如是不切覺察罪在糾察之司

萬斯同曰五代之季天下之亂極矣乃廣順詔書父母未葬主喪者不許仕進且令于家狀内具言而不覺察者有罪一何詞嚴而義正也天下不孝之子其處親之心每不勝其仕進之心惟不許其仕進則彼之急于榮利者不得不勉強以圖葬其親庶乎學士大夫之家無有久而不葬者矣周祖此詔真敦厲薄俗之要道豈第一代之美政哉即千萬世遵行之可也

周密癸辛雜識云或謂停父母之喪久而不葬者則

其子孫每歲縮小近見錢達可康自脩二子之事皆然此其異也

明律凡有卑尊喪之家必須依禮定限安葬若惑于風水及託故停柩在家經年暴露不葬者杖八十若棄毁死屍又有本律

丘濬大學衍義補按江浙閩廣民間多有泥于風水之說及欲繁其儀文以徇俗尚者故喪多有留至三五七年甚至累數而不舉者前喪未已後喪又繼終無已時使死者不得歸土生者不得樂生積陰氣于城郭之中留伏尸于室家之內十年之閒其家豈無昏姻吉慶之事親死未葬恬然忘哀作樂流俗之敝莫此爲甚乞明爲禁限搢喪過三月不塟者坐以暴露之罪若有遠行商官及期不至者明白告官方許踰限

魏校與余休然書昔者得汝書吾意汝先公葬也久矣汝弟煥至亟問之涕泣而對乃知未也吾責之曰乃父身後暴露十有三年矣若此與無子何別乎何子平有故不得葬尚自謂我情事未伸天地閒一罪人耳況無過而不葬罪將安逃禮過時而不葬主喪者不釋服今汝兄弟俱釋衰経從吉施施焉于于焉與他人同是可忍也孰不可忍也正以名教則汝兄弟不可復入學校之門矣雖然此責在汝之重以汝爲一家之長也嗚呼乃父學爲大儒官至少宰身後暴露不得安其體魄孤魂漂漂其竟何依汝兄弟恬然安焉是蠻貊之道非復詩禮之家矣亦獨何心

黃佐鄉禮凡停柩踰年不葬及溺于風水兄弟相推托不葬者各行戒諭違者罪之

沈鯉曰人子一生大事亦止此送終一事于此而心有不盡則無復可盡之心矣奈何以兄弟衆多彼此相諉使日久暴露或草草完事致有日後之悔

竊以爲爲長子者力能獨辦便當以爲己任不必偏累衆子各人行孝各人盡心爭先致力纔是人子若有心靠子一分便是自己心上有一分不能盡處豈不聞古之孝子遇親之難爭先赴死以求相代者乎彼其於生命可捨何區區財物之足云也

大清律文與明律同

張文嘉齊家寶要唐滎陽鄭氏兄弟三人仕宦母亡二十九年未葬頻青臣劾奏之三人放歸田里終身勿齒宋崇寧間劉炳與弟煥皆官侍從而親喪不葬坐奪職罷郡嚴宗朝雖奸黨恣行而清議尚立如此今明律雖有停柩經年之禁而卒無有舉行之者若禮官援禮經未葬不除服之文而申嚴露不葬親之罰特請于朝著爲令甲凡服滿未葬者仕宦不准補官生儒不許應試其起復呈詞必須明開某年月日成服某年月日安葬于某處某年月日服除仍取宗族鄰右及墓地人等結狀方准起復其或未葬而詭言葬者如有首發俱以匿喪論罪連坐結狀之人若夫庶人服滿不葬者許宗族鄰里首其暴棺之罪庶乎人人知警無有不葬其親者矣

聶人鳳曰讀親恭簡公與余休書可見當時士大夫鮮不葬其親者故余煥兄弟不葬公痛罪之如此今則不勝責矣且亦習爲固然欲責之而無從矣甚有世家仕族累代尚未葬者皆由風水禍福之說或因循怠緩誤之也顧子孫而棄祖父爲天地所不容不孝之罪莫大于是雖風者其亟明未葬不許襲職與試之制且嚴親喪踰期不葬之律庶幾薄俗知所警爾

乾學按親死不葬此人子莫大之罪況律

有明禁而世人往往犯之何哉以為無其財耶則斂手足形還葬而無椁固聖人之所許也以為無其地耶則暴棺于中野而風水是求又君子之所不為也然則世人之停喪不葬者果何意哉彼閭閻之小夫吾又何責獨怪為士大夫者于一身之居處服食無不窮其財力以為之獨父母之遺骸反不獲一坏之土而掩蔽焉即旁觀者尚且為之唏噓太息而彼乃安焉不顧何人心之澌滅一至于斯也然則欲振捄此弊者將何術而可曰有國典在一舉律文以治之而勿失于寬縱彼人之不畏禮義者獨不畏刑罰乎其或仕宦之家有司

不敢行法則必依周廣順之詔書親喪未葬已仕者不許榮進未仕者不許應舉且必于保狀内明書依禮葬畢方許後官赴試而所司失于覺察者並罪則凡欲求利達者無不圖速葬其親而停柩不葬之風庶幾可以少挽即先儒丘文莊之議亦然昭代之章程前王之法制昭昭具在何不可舉而行之哉〇又按令福建舉人貢生等服滿縣報府府報布政司布政司申呈禮部並據本生鄰里結狀稱二十七月服内已經安葬并取地師墳丁土工結狀一并申報如無結狀不准赴試當萬終之禮獨閩士爲然可推行于他郡國者也

張爾岐後篤終論葬之習於俗也於是有久而不克葬者是徒知備物豐儀之為厚其親而不知久而不葬之大悖于禮也先王之制喪禮始死而襲襲而歛三日而殯殯而治葬具其葬也貴賤有時天子七月諸侯五月大夫三月士庶踰月先時而葬者謂之渴葬後時而葬者謂之慢葬其自襲而歛自歛而殯自殯而葬中閒皆不治他事各視其力日夕拮据至葬而已以為所以計安親體者必至乎葬而始畢也襲也歛也殯也皆以期成乎葬者也殯則不可不葬猶之襲則不可不歛歛則不可不殯相待而為始終者也故不可以他事閒也今有人親死踰日而不襲踰月而不歛踰時而不殯則人必訾之矣其人非狂且癡必有痛乎其心者矣至于累年而不葬則相與安之何也殯者必于賓位所以賓之也父母而賓之人子之所不忍也而為之者以將葬故賓之也所以漸即乎遠也殯而不葬是使其親退不得反于寢進不得即于墓不猶之客而不得歸歸而未能至者歟此非人事之至難安而人子之大不忍者歟喪服小記曰久而不葬者唯主喪者不除疏曰久而不葬謂有事礙不得依月葬者則三年冠服身皆不得祥除也陳氏曰主喪者不除謂子于父妻于夫孤孫于祖父母臣于君未葬不得除衰絰也乃知古之人有不幸有故不得葬其親者雖踰三年不除服其心所痛恒于未葬以為與未及三月者同實也與未及三月者同實斯不得計時而即吉矣何也喪之即吉始于虞而成于禫虞之為禮起于既葬送形而往迎精而返故為虞以安之未葬則無所為而虞不虞則卒哭與祔皆無所為而舉卒哭與祔不得舉又何為而可以練何為而可以祥且禫日月邁于上殯宮淹于下故雖踰三年與未及三月者同實也未及三月而欲舉祥禫之禮行道之人弗忍矣斯其所以可以除而弗除歟斯其所以寧歛形旋葬縣棺而封而必不敢為溢望奢求以至于久而不葬也歟不然古之人豈不欲厚其親者哉盡人皆子也生事顯榮死葬華盛盡人孝子皆有是心也尊卑制乎分盈絀限乎力斯誠不可如何者耳孟子不云乎不得不可以為悅無財不可以為悅奈何以欲厚其親之心反使其親久客而不得即于安豈非所謂去其小不

偷而執大不偷者乎

蓋亦思所以變計乎

王蕙子曰杭人多停柩不葬每寄材管墳人家康熙辛亥仲冬岳墳寄材之家有失火者燒棺十餘具灰骨雜辨其寄材子孫痛苦莫仲又前崇禎戊辰季夏溪雨發橫自天竺至雷院金沙灘漂去棺木數百具皆莫能辨號慟而已即此而觀停柩日久水火不測速葬之保全多矣

史書葬不即塞

文魏王瓊傳裴寵之子也瓊女適范陽盧道亮不聽歸其夫家女卒哀慟無已瓊仍葬之別所冢不即塞常於內哭泣久之乃掩當時深怪之

喪中用樂

違礼

[illegible]有[illegible]不服不舉樂于其側上父子異宮不與于樂謂出行見之不[illegible]

得觀也

大功將至辟琴瑟注亦所以助哀也小功至不絕樂疏父有服在于宮中則子不與于樂謂出行見之不得觀也此謂命士以下與父同宮者若異宮則得與樂雀云父有服齊衰以下之服也若重服則期後猶有子姓之冠自當不得與于樂

曲禮鄰有喪舂不相里有殯不巷歌注五家為鄰相者以音聲相勸相蓋舂人歌以助舂也二十五家為里巷歌於巷也○檀弓文同

居喪不言樂呂氏曰吉凶之事不得相干哀樂之情不可以貳故喪止事也不言樂

閒傳小功緦麻議而不及樂○喪服四制文同

喪大記九月之喪食肉飲酒不與人樂之○五月三月之喪比葬食肉飲酒不與人樂之

檀弓大功廢業或曰大功誦可也

黄叔陽曰古人禮樂不去身唯居喪然後廢樂

喪服四制祥之日鼓素琴[illegible]者樂作矣故也

後漢書樂安民趙宣葬親不閉埏隧居其中行服二十年詳見上喪中產子條

論語孝經文同

左傳杞孝公卒晉悼夫人喪之注悼夫人晉平公母杞孝公姊妹平公不徹樂非禮也禮爲鄰國闕注禮諸侯絶期故以鄰國責之

乾學按平公乃孝公之甥于禮無服似可以作樂然服雖絶而甥舅之情不可抑庸可于初喪之際即聆鍾鼓之音況毋有服聲聞焉不舉樂又禮之明訓耶左氏但以

倫而就大不倫者乎
蓋亦思所以變計乎
王蕙子曰杭人多停柩不葬每寄材晉墳人家康熙辛亥仲冬岳墳寄材之家有失火者燒棺十餘具灰骨雜錯其寄材子孫痛苦莫伸又前崇禎戊辰季夏淫雨發橫自天竺至雷院全沙灘漂去棺木數百具皆莫能辨號慟而已即此而觀停柩日久水火不測速葬之保全多矣

附注讀史書 辨不可塞

有停喪不葬

喪中用樂

喪大記疾病君大夫徹縣士去琴瑟

雜記父有服宮中子不與于樂母有服聲聞焉不舉樂妻有服不舉樂于其側 注宮中子與父同宮者也禮由命士以上父子異宮不與于樂謂出行見之不得觀 大功將至辟琴瑟 注亦所以助哀也 小功至不絶樂 疏父有服在于宮中則子不與于樂謂出行見之不得觀也此謂命士以下與父同宮者若異宮則得與樂崔云父有服齊衰以下之服也若重服則期後猶有子姓之冠自當不得與于樂

曲禮鄰有喪舂不相里有殯不巷歌 注五家為鄰相者以音聲相勸相蓋舂人歌以助舂也二十五家為里巷歌〻于巷也 ○檀弓文同

居喪不言樂 呂氏曰吉凶之事不得相干哀樂之情不可以貳故喪凶事也不言樂

閒傳小功緦麻議而不及樂 ○喪服四制文同

喪大記九月之喪食肉飲酒不與人樂之○五月三月之喪比葬食肉飲酒不與人樂之

檀弓大功廢業或曰大功誦可也黄叔陽曰古人禮樂不去身唯居喪然後廢樂

喪服四制祥之日鼓素琴

喪大記祥而外無哭者禫而內無哭者樂作矣故也

論語孝經文同

左傳杞孝公卒晉悼夫人喪之注悼夫人晉平公母杞孝公姊妹平公不徹樂非禮也禮為鄰國闕注禮諸侯絕朞故以鄰國責之

乾學按平公乃孝公之甥于禮無服似可以作樂然服雖絕而甥舅之情不可抑庸可于初喪之際即聆鍾鼓之音况母有服聲聞焉不舉樂又禮之明訓耶左氏但以

鄭國之義責之猶其餘者也

定公九年春宋公使樂大心盟于晉且逆樂祁之尸辭偽有疾乃使向巢如晉盟且逆子梁之尸注巢向戌曾孫子明謂桐門右師出注子明樂祁之子溷也右師樂大心子明族父也右師往弔子明舍子明遂使出門去曰吾猶衰絰而子擊鍾何也注忿其不逆父喪因責其無同族之恩也右師曰喪不在此故也既而告人曰己衰絰而生子余何故舍鍾注己子明也子明聞之怒言於公曰右師將不利戴氏注樂氏戴公族不肯適晉將作亂也不然無疾乃逐桐門右師注逐之在明年終叔仲昭子之言

晉書禮志漢魏故事將葬設吉凶鹵簿皆有鼓吹新禮以禮無吉駕導從之文臣子不宜釋其衰麻以服玄黃除吉駕鹵簿又凶事無樂遏密八音除凶服之鼓吹摯虞以為祥車曠左則今之容車也宜定新禮

設吉駕導從如舊其凶服鼓吹宜除詔從之

魏書延昌三年七月司空清河王懌第七叔母北海王妃劉氏薨司徒平原郡開國公高肇兄子太子洗馬員外亡並上言未知出入猶作鼓吹不請下禮官議決太學博士封祖冑議喪大記云期九月之喪既葬飲酒食肉不與人樂之五月三月之喪比葬飲酒食肉不與人樂之世叔母故主宗子直云飲酒食肉不言不與人樂之鄭玄云義服恩輕以此推之明義服葬容有樂理又禮大功言而不議小功議而不及樂言論之間尚有不及其於聲作明不得也雖複功德樂在宜止四門博士蔣雅哲議凡三司之尊開國之重其于王服皆有厭絕若尊同体敵雖疏尚宜徹樂如或不同子姓之喪非嫡者既殯之後義不闕樂

顧湄曰魏武遺令云月朝十五輒向帳作伎晉書禮志云魏武以正月崩魏文以其年七月設伎樂百戲是魏不以喪廢樂也葬禮傷教毁方敗常曹氏父子真先王之罪人矣

低一字小入魏書前

國子助教韓神固議　可以展耳目之適絲竹可以肆遊宴之娛故于樂貴懸有哀則廢至若德儉如禮升降有數文物昭旂旗之明錫鸞爲行動之響列明貴賤非措哀樂于其間矣謂威儀鼓吹依舊爲允

無儀曹郎中房景先駁曰案祖胄議以功德有喪鼓[illegible]理用[illegible]之莫於神宮襲衰麻而奏[illegible]反心以求堂制禮之意也蹴如所言義服恩輕既虞而樂正服一期何以爲斷或義服尊正服卑如此之比復何品節雅哲所議公子之喪非嫡者既殯之後義不闕樂案古雖有尊降不見作樂之文未詳此據竟在何典然君之於臣本無服體但恩誠相感致存隱惻

是以仲遂卒垂笙籥不入智悼在殯杜蕢明言豈大倫之痛既殯而樂乎又神固等所議以為笳鼓不在樂限鳴鐃以警衆聲笳而清路者所以辨等列明貴賤耳雖居哀恤施而不廢粗而言之似如可通考諸正典未為符合案詩云鍾鼓既設鼓鍾伐鼛又云於論鼓鍾於樂辟雍言則相連豈非樂乎八音之數本無笳名推而類之簫管之比豈可以名稱小殊而不為樂若以王公位重威飾宜崇鼓吹公給不可私辭者魏絳和戎受金石之賞鍾公勳茂蒙五熟之賜若審功膺賞君命必行豈可陳嘉牢于齊殯之時擊鍾磬于虞祔之後尋究二三未有依據國子職兼文學今聞所歸宜明據典謨曲盡斟酌率由心衷以辨疑惑何容總議並申無所析剖更詳得失據典正議秘

國子助教韓神固議可以展耳目之適絲竹可以肆遊宴之娛故于樂貴懸有哀則廢至若德儉如禮升降有數文物昭旂旗之明錫鑾為行動之響列明貴賤非措哀樂于其間矣謂威儀鼓吹依舊為允無儀曹郎中房景先駁曰案祖胄議以功德有喪鼓吹不作雅哲議齊衰卒哭簫管不陳準之輕重理用未安聖人推情以制服據服以副心何容拜虞生之莫於神宮襲衰麻而奏樂大燧一移哀情頓盡反心以求豈制禮之意也就如所言義服恩輕既虞而樂正服一期何以為斷或義服尊正服卑如此之比復何品節雅哲所議公子之喪非嫡者既殯之後義不闕樂案古雖有尊降不見作樂之文未詳此據竟在何典然君之於臣本無服體但恩誠相感致存隱惻

是以仲遂卒垂笙籥不入智悼在殯杜蕢明言豈大倫之痛既殯而樂乎又神固等所議以爲笳鼓不在樂限鳴鐃以警衆聲笳而清路者所以辨等列明貴賤耳雖居哀恤施而不廢粗而言之似如可通考諸正典未爲符合案詩云鐘鼓既設鼓鐘伐鼛又云於論鼓鐘於樂辟雍言則相連豈非樂乎八音之數本無笳名推而類之簫管之比豈可以名稱小殊而不爲樂若以王公位重威飾宜崇鼓吹公給不可私辭者魏絳和戎受金石之賞鍾公勳茂蒙五熟之賜若審功膺賞君命必行豈可陳嘉牢于齊殯之時擊鍾磬于虞祔之後尋究二三未有依據國子職兼文學令聞所歸宜明據典謨曲盡斟酌率由心衷以辨疑惑何容總議並申無所析剖更詳得失據典正議秘

書監國子祭酒孫惠蔚太學博士封祖胄等重議司空體服衰麻必懷慘切其於聲樂本無作理但以鼓吹公儀致有疑論耳案鼓吹之制蓋古之軍聲獻捷之樂不常用也有重位茂勳乃得備作方之金石準之管絃其為音奏雖曰小殊然其大体與樂無異是以禮云鼓無當於五聲五聲不得不和竊惟今者加台司之儀蓋欲兼廣威華若有哀用之無變于吉便是一人之身悲樂並用求之禮情於理未盡二公雖受之于公用之於私出入聲作亦以娛已今既有喪心不在樂笳鼓之事明非欲聞其從寧戚之義廢而勿作但禮崇公卿出入之儀至有趨以采齊行以肆夏和鑾之聲佩玉之飾者所以顯槐鼎之至貴彰宰輔之為重今二公地處尊親儀殊百辟鼓吹之用無

容全去禮有懸而不樂令陳之以備威儀不作以示哀痛述理節情愚謂爲允詔曰可從國子後議

南史齊廢帝昭業武帝崩大歛始畢乃悉呼武帝諸伎備奏衆樂諸伎雖畏威從事莫不哽咽流涕

周書宣帝高祖山陵還欲作樂令議其可否大宗伯斛斯徵曰孝經云聞樂不樂聞尚不樂其況作乎內史鄭譯曰既云聞樂明即非無止可不樂何容不奏帝遂依譯譯因此銜徵譖之下獄

乾學按食旨不甘聞樂不樂經本人情以著世教也乃佞臣譎妄說經以逢君惡曲士猖狂弃礼以逃世患真千古之罪人也

隋書五服之喪受冊及之職儀衛依常式唯鼓樂從而不作若以戎事不用此制

唐律十惡不孝條居父母喪作樂○不義條居夫喪作樂

疏議曰自作遣人等樂謂擊鍾鼓奏絲竹匏磬塤篪歌舞散樂之類

喪制未終釋服從吉若忘哀作樂（自作遣人等）徒三年雜戲徒一年即遇樂而聽及參預吉席者各杖一百

疏議曰喪制未終謂父母及夫喪二十七月內釋服從吉若忘哀作樂注云自作遣人等徒三年其父卒母嫁及爲祖後者祖在爲祖母若出妻之子並居心喪之內未合從吉若忘哀作樂自作遣人等亦徒三年雜戲徒一年樂謂金石絲竹笙歌鼓舞之類雜戲謂樗蒲雙陸彈棊象博之屬即遇樂而聽謂因逢奏樂而遂聽者參預吉席謂遇逢禮宴之席參預其中者各杖一百

問居期喪作樂及遣人作律條無文合得何罪

疏議曰禮云大功將至辟琴瑟鄭注云亦所以助哀又云小功至不絶樂喪服云古者有死于宫中者即三月爲之不舉樂況乎身服期功心忘哀戚或遣人作樂或自奏管絃旣玷大猷須加懲誡律雖無文不合無罪從不應爲之坐期喪從重杖八十大功以下從輕笞四十緦麻卑幼不可重于釋服之罪

唐書百官志凡齊衰心喪以上奪情從職及周喪未練大功未葬皆不預宴大功以上喪受册涉宫鼓吹從而不作戎事則否

唐開元禮父有服子不與于樂母有服聲聞焉不舉樂妻有服不舉樂於其側大功至辟琴瑟小功至不絶樂

王錫為太子舍人丁父憂居喪盡禮

沈旋以母憂去官蔬食辟穀服除猶絶粳粱

張弘策遭母憂三年不食鹽菜

任昉為竟陵王記室參軍以父憂去職性至孝居喪盡禮服闋續遭母憂廬於墓側哭泣之地草為不生

唐會要穆宗長慶三年十二月浙西觀察使李德裕奏應百姓厚葬及於道途盛陳祭奠兼設音樂等閭里編甿罕知教義生無孝養可紀殁以厚葬相矜器伏僭差祭奠奢靡仍以音樂榮其送終或結社相資或息利自辦生業儲蓄以之皆空習以為常不敢自廢人戶貧破抑此之由今百姓等喪葬祭奠並不許

以金銀錦繡為飾及陳設音樂其葬物涉于僭踰者並勒毀除結社之類任充喪服粮食等用伏以風俗之弊誠宜改張臣今已施行人稍知勸伏請自今已後如有人犯者准去科罪其官吏已下不能糾察請加懲責仍請常委出使郎官御史訪察勅旨宜依

宋史禮志太宗太平興國七年正月學士李昉等奏議曰按唐長慶二年令百姓喪葬不得陳設音樂臣等恭詳喪用音樂望嚴禁之九年詔曰訪聞喪葬之家有舉樂及令章蓋聞鄰里之內喪不相舂苴麻之旁食未嘗飽此聖王教化之道治世不刊之言何乃匪人親罹釁酷或則舉奠之際歌吹為娛靈柩之前令章為戲甚傷風教實紊人倫今後有犯此者並以不孝論預坐人等第科斷所在官吏常加覺察如不

低一字大

用心並當連坐

陳暘樂書父有服宮中子不與于樂母有服聲聞焉不舉樂妻有服不舉樂于其側大功將至辟琴瑟小功至不絕樂蓋樂不止于琴瑟而琴瑟特常御者而已曲禮曰君子無故不徹琴瑟大功之親有服其將至則為有故矣雖辟琴瑟可也未至則不必辟矣小功之親有服雖至不絕樂其將至又可知矣若夫于已有小功之喪議而及樂又禮之所棄也○

諸侯五月而葬同等至七月而卒哭大夫三月而葬同位至五月而卒哭士三月而葬外姻至是月而卒哭君之喪五日而殯大夫三日而殯士三日而殯君于卿大夫比葬不食肉比卒哭不舉樂則比殯可知矣為士比殯不舉樂則比葬比卒哭可知矣王制言

三日而殯合大夫士庶言之豈先王禮意哉考之春秋晉大夫智悼子未葬平公作樂爲屠蒯所譏晉武帝故事王公大臣卒三日朝發哀踰日不舉樂其一朝發哀三日不舉樂豈亦得先王之禮耶○魯人朝祥而暮歌孔子以爲踰月則其善也孟獻子禫縣而不樂孔子以爲加于人一等矣蓋朝祥暮歌者于禮爲不及故必踰月然後善禫縣而不樂者于禮爲過故不謂之知禮特謂之加于人一等而已祥而縞是月禫徙月樂然則祥而外無哭者禫而內無哭者非樂當作之時也祥而踰月禫而徙月樂作之時也祥禫而樂作豈先王因人情而爲之節文耶

明太祖實録洪武元年十二月辛未監察御史高原侃言京師人民循習元氏舊俗[illegible]葬設燕會親

友作樂娛尸惟較酒筵厚薄尒　情流俗之壞至此甚非所以為治且京師者天下之本萬民之所取則一事非禮則海內之人轉相視傚弊可勝言況送終禮之大者不可不謹乞禁止以厚風俗上乃詔禮官定民喪服之制

世宗實録嘉靖時左都御史汪鋐上言居喪之家此樂飲酒實滅弃禮法合無在京在外通行御史督察有司嚴加禁治庶幾浮費可省風俗可淳○于孔兼為儀曹疏云喪葬所以哀死也乃江南則惟列酒食為弔慰厚奠賻以美觀主殯者鼓吹優人之雜陳頓忘哭踊之節執紼者歌童樂妓之具在毫無共戚之心彼此同流甚而浮蕩之子弃親不葬十有餘年為弊極矣

明律十惡不孝條居父母喪作樂○不義條居夫喪

作樂〇喪制未終釋服從吉忘哀作樂及叅預筵宴
者杖八十

大清律文與明律同

黄佐鄉禮凡喪事不得用樂及送殯用鼓吹雜劇紙
鼓吹雜劇紙幡紙鬼等物違者罪之

来知德曰録樂者樂也先王所以飾喜也樂必發于聲音以其喜也禮斬衰之喪唯而不對齊衰之喪對而不言大功之喪言而不議小功之喪議而不及樂故鄰有喪舂不相者謂其喧閙而樂也有小功之喪者且議論而不及樂事況父母之喪可以喧閙而用金鼓之樂乎且聞樂不樂聖有明訓居喪用樂律有大法今不遵聖人之教違祖宗之法而甘為十惡大罪之人可乎此鼓樂所當革者也

乾學按衰麻哭泣哀之至者也鍾鼓筦管
樂之至者也天下豈有當至哀之時而
此至樂之事者在禮里人有殯猶不
而況身遭大變乎大功將至猶辟
況身親作樂　之所
所必不忍也居

而人子之情則心之至痛狥先人手則死者已無所知即亦不顧聞也将以為耀人耳目乎人所共哀人即不哀而我亦何暇假之取悦也况忘哀作樂律有明禁而人猶然行之是不特蔑先生之禮抑且蔑國家之法矣惟在賢士大夫相與力維風化于上而人之有不幸者一舉律例以繩之将來俗之流失庶其有所底止哉

沈鯉曰所知親厚之喪非七日外不可設宴有方宴聞喪者宜即罷宴又禮稱鄰有喪舂不相里有殯不巷歌抑何其藹然惻怛相睦至此也今俗富貴之家于鄰居小民有喪者則諉曰貴賤不等休戚無関故彼方哭踊我則鼓樂一歌一哭聲相應和陰古之俗似不如此

喪中宴客

右喪中用樂

讀禮通考卷第一百十六

違禮三　喪制九

喪中宴客

〔晉書劉隗傳〕廬江太守梁龕明日當除婦服今日請客奏伎丞相長史周顗等三十餘人同會隗奏曰夫適妻長子皆杖居廬故周景王有三年之喪既除而宴春秋猶譏況龕匹夫暮宴朝祥慢服之從宜肅喪紀之禮請免龕官削侯爵顗等知

二程全書程子葬父使周恭叔主客客飲酒恭叔以告先生曰勿陷人于惡

朱子語類問喪禮不飲酒不食肉若朝夕奠及親朋來奠之饌則如之何曰與無服之親可也○又曰喪祭之時只當以素食待客祭饌葷食只可分與僕役

丘濬家禮注今世俗於親賓來弔奠往往設席以待之裂帛以散之是正呂氏所謂如待以常賓舍其哀而爲衣服飲食以奉之者（此呂氏弔說中語別見弔賻篇）今世俗之人送往之日親友醵錢爲主人設宴于墓所醉飽歌唱甚者孝子亦預飲啜此何禮也今擬親賓之來路遠者令無服之人設素饌以待之似亦無害但不可飲酒耳

黄佐鄉禮凡居喪弔賓至不許用幣不許設酒食惟

自遠至者爲具素食不用酒

呂柟禮問霄問葬時執事之客用酒肉乎先生曰然不以哀而至者酒肉可也迎會葬之客用酒肉乎曰不可弦也然則程子謂人于惡之説非與曰程子道廣

馮善家禮集説廣記曰凡喪家爲酒食以待弔者皆不可受

呂坤四禮疑喪燕非禮也有不可已者君子不異俗焉〇遠客來奠僕從車馬無所止棲飲食芻牧無所資賴倘居窮鄉鄰里宗族無可依者其執主之禮有托鄰里爲之待者於人情不便且近日祭奠酒肉果肴自足燕賓不損送終之費司賓又有人無勞孝子之陪不然留遠客之無館者可也近賓大都不坐

得之丘文莊云設素饌則迂矣素食喪家事也小功緦麻之親既殯飲酒食肉况無服之賓為設素食可乎其燕當殺常席三之二可也○北方喪家設祭徧請弔客孝子哭於前衆賓拜於後亦有請賓先拜司賓陪坐於客位祭畢喪子謝客大張鼓樂醉飽歸而送胙謂之行家禮不知家禮有此否夫生者與死者終身相與燕飲親洽今停柩在殯而親友宗族寧不泫然而赴召作樂燕笑為懽不思陪者何人何忍舉杯賓主有慚於杜蕢矣宜革

乾學按丘氏素饌之説善矣呂氏乃非之何與昔王文成居父喪湛文簡來弔欵之飯見肴有肉文簡咈然門人以告文成不荅蓋文成之待弔客原用素饌唯高年遠

客則間以腥味二品其待文簡正以高年遠客之故而文簡秉禮終以用肉為非故當時論者皆兩是之若依呂氏之説則是待弔客無異于待常客矣豈孝子所以自處亦豈所以處秉禮之君子哉徇流俗而忘正禮呂氏于是乎失言矣

来知德日録酒所以合歡禮父母死三日不舉火人子三日不食齊衰二日不食大功一日不食小功緦麻再不食斬衰之喪既殯食粥齊衰之喪疏食水飲不食菜果大功之喪不食醯醬小功緦麻不食醴酒来弔之客非大功則小功非小功則緦麻菜果醯醬醴酒皆不敢食又敢飲主人之酒乎至于凡民無服之喪有匍匐之義亦不忍飲酒在主人三日不舉火不能設酒在弔客不敢飲酒若公然飲酒則昔人所謂既不能以禮自處又不能以禮處人也此飲酒食肉必當革者一也

陳用揚曰子於是日哭則不歌檀弓曰弔於人是日不樂又曰行弔之日不飲酒食肉焉夫自朝至于日中昃謂之日弔日不敢不樂不飲酒食肉則一日七情惟哀為易感而難化誠敬之至故也故未哭弔而已哀不歌不樂不飲酒食肉既哭弔而猶哀不歌不樂不飲酒食肉故曰君子哀樂不同日以全哀也觀此則凡為賓客者豈宜飲酒食肉于喪家耶

姚翼家規通俗編客弔奠畢主人哭入喪次主賓者陪客出廳事或獻之茶道遠者小宴之○越俗禮弔客必極豐侈陽明先生居喪盡革之惟遇高年遠客則蔬食中間腥二品此可以爲法

張文嘉齊家寶要凡賓來弔奠者道路如遠當具素饌待之今人或盛張酒食甚違禮制○喪家用齋正儒者守禮事也奈何其背而不遵耶揆其所由皆緣孝子忘哀而飲啖不得不以葷酒奉親賓嗟乎罔極之恩粉身難報乃區區一飲食間不能少盡此心乎今縱不能遵不食菜果之文亦當恪守不御酒肉之禁其待賓自入殮開喪以至舉殯安葬一切皆用素饌從事以遵典禮誰無父母人同此心則弔者自皆大悅雖善謔者不能肆其誅求矣當此風俗頹敝之時力行古道上則盡孝報親下則主持名教吾學有望于忠信篤敬之君子○又凡喪皆宜齋素不獨親喪爲然

朱董祥讀禮紀畧知生者弔知死者傷禮也吳俗不爲之效凡有喪徧爲訃告甚至邀人以弔於訃狀中書倘蒙光弔不勝哀感等語弔者毋論知與不知概爲之弔喪家設盛饌飲酒歡笑嗚呼喪所何地也竟爲酒食燕樂之場知禮者痛革之惟遠方親長則設蔬食四品豐則間腥二品止矣至於喪狀徧訃亦失禮之至悉宜革之

右喪中燕客

楊文貞公士奇遺囑凡今喪家遇親朋來弔者皆散孝帛此是北方風俗南方素無此禮古禮亦無蓋弔是常禮孝是凶物豈可進凶物請他人爲己持孝大

非禮非禮吾死後切不可行或有縉紳大夫來弔者待賓者明謝以非禮不敢褻瀆實非慢也丘濬曰今世俗于親賓來弔奠往往裂帛以待之此正呂與叔所謂如待以常賓舍其哀而為衣服以奉之者但習俗已久一旦驟革恐亦未能有力之家隨俗亦可若貧無力者勉強舉債鬻產為之則不可耳

來知德曰錄今俗有翦麻布散弔客名為孝帛殊不知斬衰齊衰大功小功緦麻之縷各有精粗今不論精粗而亂加人之首耶羔裘玄冠禮不可弔白馬素車弔客當然而主人反以素布加弔客之首何哉此孝帕所當革者一也

顧清論喪禮書送帛謝孝二事諸公之論互有異同僕按此二條者家禮無明文惟居喪襍儀中謝狀式下注云三年之喪未卒哭只令子姪發謝書今之謝孝蓋昉于此然只令子姪發書則未嘗躬詣人門如今所謂謝也今諸君謂謝孝不當變輕服竊謂此一節好古君子自當據禮不行若欲行之則只得輕服禮三年之喪既葬換葛彩小祥換練服以次而輕而墨衰從事古猶不廢齊斬之服豈所以為容者而欲其以此叩人之門乎凡荅謝或在既葬之後而送帛必于未葬之先既葬猶令子姪發書則送帛而子姪出名未為無據又所以令子姪發書者非自為尊大也蓋以孝子居喪神志荒迷故

設護喪設司書設司貨各掌其事以不奪孝子哀戚孝情此古人制禮之意也今士庶之家固不能然若卿大夫行之自不為過但以其他大節或未能一一合禮而獨于此行之所以致此紛紛之說耳溫公云凡弔及送葬者當問主人所乏分道營辦貸者為之執紼負土毋擾及其飲食財貨夫帛非財貨之類乎今不以受者為非而顧議送者之得失亦見其過矣原其所以蓋由其他失禮皆無預于人而此一節乃類于輕已所以于此見之獨詳而于彼則不覺耳孔子曰喪與易也寧戚假令送帛謝孝皆禮所當然孝子行之又一一合禮亦不過所謂易耳未見其為盡善也况今之送葬鐃歌聒天旌旗翳日倡優妓樂塡巷塞道皆孝子慈孫所不忍見者既已恬然行之則此二事當與不當又何足計乎大抵今之行禮者多遺其本而粉飾于其末論其事者亦忘其大者之為非而指摘其細小之一二是皆所謂放飯流歠而問無齒決者也

乾學按送帛一事古禮所無古人于凡民之喪匍匐救之有襚有賵有賻有贈而今日吳中喪家反鬻財以待親黨朋友脫或不然人必譏為惜財弃禮故雖貧者亦多勉強從事此寔非禮之至不可以不正惟知禮君子不顧世俗之浮議而直已之亦挽回陋習之一端也○謝孝已見四十四卷拜君命及賓條當參

馮善家禮集說或問碎裂布絹給散親識孝帛有費于財無益于事然世俗行之久矣當如何曰葬具已備而有餘財不免隨俗行之若家無餘財因恨薄俗非笑致賣田宅以營辦者決不可也甚至衣衾葬具反爲苟且棄本逐末莫此爲甚士君子當力變之移此布帛之財厚其葬具豈不美乎

布孝帛

異姓爲後

春秋襄公五年夏叔孫豹鄫世子巫如晉

公羊傳外相如不書此何以書爲叔孫豹率而與之俱也叔孫豹則曷爲率而與之俱蓋舅出也注巫者鄫前夫人襄公母姊妹之子也俱莒外孫故曰舅出○疏蓋舅出也謂巫是襄公舅氏之所出姊妹之子謂之出也言蓋者公羊子不受於師故疑若下傳蓋欲立其出也之類莒將滅之故相與往殆乎晉也注殆疑疑讞於晉齊人語莒將滅之則曷爲相與往殆乎晉取後乎莒也其取後乎莒柰何莒女有爲鄫夫人者蓋欲立其出也注時莒女嫁爲鄫後夫人夫人無男有女還嫁之於莒有外孫鄫子愛後夫人而無子欲立其外孫主者善之得爲善者雖揚父之惡救國之滅者可也

穀梁傳外不言如而言如爲我事往也注外相如不書爲魯事往故同於內○疏公羊以鄫世子巫是鄫之前夫人莒女所生其巫之母即是魯襄公同母姊妹鄫更娶後夫人於莒而無子有女還於莒爲夫人生公子但鄫子愛後之夫人

故左其外孫莒之公子故叔孫豹與世子巫如晉謚之此傳直云為我事往也不知更為何事故徐邈注此取左氏為說云為我事往者謂請繒於晉以助己出賦也今范云外相如不書為魯事往故同於內也下文滅繒此傳亦同公羊取外孫為嗣則此之如晉同公羊理亦無損但巫繼與魯同是莒之外孫傳不得云為我事往也況又上四年范注云姒氏襄公母杞姓也則襄公母非莒女也若同左氏則於傳文為順未審范意如何或當范雖從公羊外孫為嗣此明如晉非為外孫

春秋秋公會晉侯宋公陳侯衛侯鄭伯曹伯莒子邾子滕子薛伯齊世子光吳人鄫人於戚穀梁范甯注繒以外甥為子曾夷狄之不若故序吳下○公羊何休注孔子曰言不順則事不成方以吳抑鄫國列在稱人上不以順辭故進吳稱人所以抑鄫者經書莒人滅鄫又與巫訴巫當存惡鄫文不見見惡必以吳者夷狄尚知父死子繼故以甚鄫也等不使鄫稱國者鄫不如夷狄故不得與夷狄同文

春秋六年夏莒人滅繒范甯注莒是繒甥立以為後非其族類神不歆其祀故言滅○何休注莒稱人者莒公子繒外孫稱人者從莒無大夫也言滅者以異姓為後莒人當坐滅也不月者取後於莒非兵滅

穀梁傳非滅也注非以兵滅中國日卑國月夷狄時繒中國也而時非滅也家有既亡國有既滅注滅猶亡亡猶滅家立異姓為後則亡國立異姓為嗣則滅既盡也滅而不自知由別之而不別也注繒不達滅亡之義故國滅而不知莒人

似一字大

滅繒非滅也立異姓以莅祭祀滅亡之道也䟽重發傳者非兵滅故重明之由別之不別也言繒所以滅者立嗣須分別同姓而繒不別也舊解云別猶識也言繒君惟識知國須主後不能分別異姓之不得

胡傳穀梁子曰莒人滅鄫非滅也立異姓以莅祭祀滅亡之道也公羊亦云莒女有爲鄫夫人者蓋欲立其出也或曰鄫取莒公子爲後罪在鄫子不在莒人春秋因以梁亡之例而書鄫亡不當但責莒人也今直罪莒舍鄫何哉曰莒人之以其子爲鄫後與黄歇進李園之妹於楚王呂不韋獻邯鄲之姬於秦公子其事雖殊其欲滅人之祀而有其國則一也春秋所以釋鄫而罪莒歟以此防民猶有以韓謐爲世嗣昏亂紀度如郭氏者

張栻曰原民之生與萬物並於天地之間父天而母地本一而已而於其身莫不有父母之親兄弟之愛以至於宗支之屬蕃分縷析血脈貫通分離殊而本實一此性之所具而天之所爲也聖人有作立姓以別其系嚴宗以謹其承亦因夫性之自然理之所不可易者而已苟惟強離其所系而合於其

所不可合是豈性也哉是故神不歆非祀而民不祀非族以此防民而春秋之時猶有自爲諸侯而立異姓以莅祭祀如鄫子之爲者聖人書之曰莒人滅鄫謂其先無血食之理也豈不深切著明哉

家鉉翁曰周衰倫斁不明有以他姓爲繼嗣者滅人之國而人自以爲非滅如鄫事者往往有之聖人特於此坐訓焉苟以爲莒實滅鄫則是時晉悼主盟豈有莒滅同盟之國而全置不問哉

廬陵李氏曰滅鄫之說先儒所以不取左氏者豈非以昭四年復有魯取鄫之文故以此爲非實滅乎趙子按其事情以爲莒人以兵破鄫立其子使守之而爲附庸其子又鄫之外孫今奉鄫祀然神不歆非類是使鄫絕祀故須書滅公穀但傳得立鄫甥守祀之說而不知事實耳莒今滅爲附庸後魯取得之故後書取也究此則三傳亦互相通此恐得其實

通典後漢吳商異姓爲後議曰或問以異姓爲後然當還服本親及其子當又從其父而服耶將以異姓而不服也荅曰神不歆非族明非異姓所應祭也雖世人無後並取異姓以自繼然本親之服骨血之恩無絕道也異姓之義可同於女子出適還服本親皆降一等至於其子應從服者亦當同於女子之子從

於父母服之也父為所生父母周子宜如外祖父母之加也其昆弟之子父雖服之大功於子尤無尊可加及其姊妹為父小功則子皆宜從於異姓之服不得過緦麻也

通典魏時或為四孤論曰遇兵飢饉有賣子者有棄溝壑者有生而父母亡無緦麻親其死必也有俗人以五月生子妨忌之不舉者有家無兒收養教訓成人或語汝非此家兒禮異姓不為後於是便欲還本姓為可然不博士田瓊議曰雖異姓不相為後禮也家語曰絕嗣而後他人於禮為非今此四孤非故廢其家祀既是必死之人他人收以養活且褒姒長養於褒便稱曰褒無姓常也其家若絕嗣可四時祀之於門戶外徐幹曰祭所生父母於門外不如左右邊特為立宮室別祭也有子可以為後所謂

神不歆非類也大理王朗議曰收捐拾棄不避寒暑且救生絶之氣而肉必死之骨可謂仁道天地恩踰父母者也吾以為田議是矣王脩議曰當須分別此兒有識未有識耳有識以往自知所生雖創更生之命受育養之慈枯骨復肉亡魂更存當以生活之恩報公嫗不得出所生而背恩情報生以死報施以力古之道也軍謀史於達叔議曰此四孤者非其父母不生非遇公嫗不濟既生既育由於二家棄本背恩實未之可子者父母之遺體乳哺成人公嫗之厚恩也棄絶天性之道而戴他族不為逆乎鄭伯惡姜氏誓而絶之君子以為不孝及其復為母子傳以為善今宜謂子竭其筋力報於公嫗育養之澤若終為報父在為母子服別立宮宇而祭之畢已之年也詩云

父兮生我母兮鞠我今四子服報如母不亦宜乎愛敬哀戚報恩備矣崔凱喪制駁曰以為宜服齊衰周方之繼父同居者司徒廣陵陳矯字季弼本劉氏養於陳氏及其薨劉氏弟子疑所服以問王肅答曰昔陳司徒喪母諸儒陳其子無服甚失理矣為外祖父母小功此以異姓而有服者豈不以母之所生反重於父之所生不亦左乎為人後者其婦為舅姑大功婦他人也猶為夫故父母降一等祖至親也而可以無服乎推婦降一等則子孫宜依本親而降一等〇宋庾蔚之曰四孤之父母是事硤不得存養其子豈不欲子之活推父母之情豈不欲與人為後而苟使其子不存耶如此則與父命後人亦何異既為人後何不戴其姓神不歆非類蓋舍已族而取他族為後

三國志

若已族無所取後而養他子者生得養已之老死得奉其先祀神有靈化豈不嘉其功乎唯所養之父自有後而本親絕嗣者便當還其本宗奉其宗祀服所養父母依繼父齊衰周若二家俱無後則宜停所養家依為人後服其本親例降一等有子以後其父未有後之間別立室以祭祀之是也

晉書賈充傳充薨無嗣其妻郭槐輒以外孫韓謐為黎民子奉充後郎中令韓咸中尉曹軫諫槐曰禮大宗無後以小宗支子後之無異姓為後之文無令先公懷腆后土良史書過豈不痛心槐不從咸等上書求改立嗣事寢不報槐遂表陳是充遺意帝乃詔曰太宰魯公充崇德立勳勤勞佐命背世殂隕每用悼心又胤子早終世嗣未立古者列國無嗣取始封支

廃以紹其統而近代更除其國至於周之公旦漢之

錢嘏曰禮經家禮俱無謝孝之文瓊山丘氏曰今之居喪者舍朝夕之奠
奔走道途有浹旬經月而不歸者或有不行怪責叢焉亦大違先
王倚廬之制矣五經通義云諸侯未葬嗣子聞天子崩不奔喪穀
梁傳曰周魯各有喪周人曰吾臣也使人可也魯人曰吾君也親
大夫則不可也故周人弔魯人不弔是天子猶以其未葬而不使
奔喪魯人在喪即君亦不往弔無非體孝子不忍離几筵之意也

不明人以無嗣爲諱不肯顯立同宗之子多是潛養異姓陰若有紿陷已絕矣春秋鄫子取莒公子爲後聖人書曰莒人滅鄫非莒人滅之也以異姓主祭祀滅亡之道也

〔唐順之撰施推官墓志〕有名漸者龔氏妹所生子也初公未有子因子漸公卒漸行三年喪以子報之觀公之所以待漸與漸之所以報公者鄉人皆以爲孚而余以此未知公之心也嗚呼甥舅之不相爲後也久矣古者緣恩以制服據義以立宗故袒免無服之族人且得相後而功服之甥舅且不得相後是古人所以敬祖重宗也誰能易之以公之意固知漸之不能久於施氏而況施氏之有後無後固不在漸矣觀公嘗錄水東日記所載周氏之事及諸子答汪尚書之書而自題其後蓋不以周氏之祭其外家爲是而必以朱子爲外家立後之言爲不可易也此固公之所以陰屬意於其漸者與

柴紹炳養子歸宗議禮異姓不相爲後蓋神不歆非族以他人之子承祧與斬其祀等故春秋書莒人滅鄫是也律有立嫡子違法一條中云凡無子而

按曲禮凡非弔喪非見國君無不答拜者則弔喪之不答拜明矣況今弔畢而孝子哭出稽顙拜賓已盡謝孝之禮何必他日又踵門乎此非禮之禮即曰違衆當亦所弗避也

小字双行　入於唐後

廢以紹其統而近代更除其國至於周之公旦漢之
蕭何或豫建元子或封爵元妃盍尊顯勳庸不同常
例太宰素取外孫韓謐爲世子黎氏後吾退而斷之
外孫骨肉至近推恩計情合於人心其以謐爲魯公
世孫以嗣其國自非功如太宰始封無後如太宰所
取必以己自出不如太宰皆不得以爲比及下禮官
議充謚博士秦秀謚議曰荒帝不納博士段暢希旨
建議謚曰武帝乃從之〇秦秀傳充薨秀議曰充舍
宗族弗授而以異姓爲後悖禮溺情以亂大倫昔鄫
養外孫莒公子爲後春秋書莒人滅鄫聖人豈不知
外孫親耶但以義推之則無父子耳又按詔書自非
功書太宰始封無後如太宰所取必己自出如太宰
不得以爲比然則以外孫爲後自非元功顯德不之

得也天子之禮蓋可然乎絶父祖之血食開朝廷之禍門謚法昏亂紀度曰荒請謚荒公不從

通典范寗與謝安書曰稱無子而養人子者自謂同族之親豈施於異姓今世行之甚衆是謂逆人倫昭穆之序違經典紹繼之義也

陳淳曰神不歆非類民不祀非族古人繼嗣大宗無子則以族人之子續之取其一氣感通可以嗣續無間此至正大公之舉聖人所不諱也後世理義不明人以無嗣為諱不肯顯立同宗之子多是潛養異姓陽若有繼陰已絶矣春秋鄫子取莒公子為後聖人書曰莒人滅鄫非莒人滅之也以異姓主祭祀滅亡之道也

唐順之撰施推官墓志有名漸者龔氏妹所生子也初公未有子因子漸公卒漸行三年喪以子報之覩公之所以待漸與漸之所以報公者鄉人皆以為享而余以此未知公之心也嗚呼甥舅之不相為後也久矣古者緣恩以制服據義以立宗故袒免無服之族人且得相後而功服之甥舅且不得相後是古人所以敬祖重宗也誰能易之以公之意固知漸之不能久於施氏而況施氏之有後無後固不在漸矣覩公嘗録水東日記所載周氏之事及諸子答汪尚書之書而自題其後蓋不以周氏之祭其外家為是而必以朱朱子為外家立後之言為不可易也此固公之所以陰屬意於其漸者與

柴紹炳養子歸宗議禮異姓不相為後蓋神不歆非族以他人之子承祧與斬其祀等故春秋書莒人滅鄫是也律有立適子違法一條中云凡無子而

乞異姓人子為後及以己子與人為後者罪惟均其子歸宗是則養子為後有亂宗之嫌君子設遇此等斷當敕歸所生以復其姓必矣然而律設大法禮順人情其間事勢亦有經變難以盡一論也故律又曰在三歲以下收養者許從其姓但不得便立為後蓋以此人幼稺未識所生無復姓之道而養父仍當自立其宗差獲並全耳然其意本為勳貴之家冒姓襲爵而設也若事殊冒蔭情均武斷亦既許從其姓雖不承祧已同親稱假令所養之家旁支悉斬無可援繼便以養子為嗣生事死送不猶愈乎故律文於婚姻條有乞養男女之說是又明為單傳絕嗣者善通其窮矣況子於父母恩稱罔極生之育之亦各截半古人有四孤之說若棄而不收立同溝瘠賴有公嫗為之存活即非遺體事傳所天此不得以育之之恩輕於所出也明矣故趙武報程嬰存孤服喪三年為之祭邑春秋祀之世世勿絕董仲舒斷甲乙之獄曰甲生乙不能長育以乞丙於義已絕矣可知有子不能育而乞人為子者有毛裡之屬而鮮顧復之恩則沒身不得疵其謂他人父也昔葉夢得在許昌歲祲民飢患遺棄小兒乞人收養乃為書籍給之令依養父母斷所生不許復認蓋父子本天屬亦有義合勝天者因事之變矣若在有知以往難昧所生者奈何王偕以為報生以死報賜以力古之道也然長育本生恩義並重其間又當因時制宜焉庾蔚之曰使所養之父有後可立當為置後而還本宗喪之如同居繼父服齊衰周若所養無後宜傳所養家依為人後服其本親例降一等俟已有子以後其父未有後之先則主室以祀之是也此論近情遍俗然在今則依律歸宗更無敢異者要之善處始終不負長育豈容一朝決去以為是哉昔范仲淹少孤隨母改適朱氏遂冒其姓長仕於朝奏復本姓為范念繼祖之恩特回己官爵以贈之其子姓咸加存恤亞於同產庶幾兩得之矣後之君子身遇此事自當以木本水源為重而撫育恩勤亦不得輕則復姓置後制服崇報皆衡其緩急處之曲全斯為變而不失其中者乎若夫為人父母者既以螟蛉為悔當無遽免之懷即貧難即推以與人成立即奪之歸己使為子者進退維谷首尾衡決吾不能為若人解也故始

類子胥寄子之言，終有懸驕拜父之事，猶宜歸功所養，一辭再三讓，庶幾合於禮矣夫

〔汪琬爲外祖後辨〕曰：廣之之嗣於毛也，殆與春秋莒人滅鄫類，與予則曰不類。鄫人無後，故以莒公子爲後。今毛氏既後兄弟之子矣，而復後外孫，是不可以已乎？爲人後者爲之子，莒公子之後鄫也，爲之子者也。今毛氏獨撫廣之爲孫，使廣之無所後之禰，而有所後之祖，殆再亂其系也，是不可以已乎？吾故曰非莒鄫類也。鬼神不歆非族，當廣之之歲時祭告也，毛之先人享之乎？不享也。其稱孝孫也、孝曾孫也，毛之先人受之乎？不受也。揆之於禮，失孰甚焉？然則反汪之姓，受汪之祀，是在善繼廣之之志者。或謂世俗往往養他姓子爲後，爲所養後者宜如之何？予曰：先儒常言之矣，所養父母而未有後也，宜立別室以祭。今毛氏有後矣，有後則雖不祭可也。舊譜附廣之一支於譜末，予仍系諸次焉公之後，以竢知禮者云。

乾學按：汪氏云鄫無右異姓爲後。後而以莒之子爲後，鄫未嘗無後也。公羊傳明言繒世子巫是繒之前夫人莒女所生。繒更娶後夫人于莒而無子，有一女還于莒爲夫人，生公子。繒子愛後夫人，故立其外孫。據此則鄫先已立世子巫，後舍巫而立外孫也。知其先立巫者，襄五年經文稱鄫世子巫，而左氏謂之大子巫，是以知其立巫爲後，必告于大國者也。舍衆

著之嫡長而暱于淋弟之情迎異姓以爲後其事蓋自古未聞考之三傳注疏略有同異意者其別有故而傳之或謬與今但以公穀之辭推之其罪實浮于賈充輩遠矣先王之制禮也無後者爲之置後今鄫本有後也而反立異姓以爲後何爲而不滅亡與律乞養異姓義子以亂宗族者杖六十若以子與異姓人爲嗣者罪同其子歸宗此乞養異姓子亦言無後者耳若鄫莒之事是律文所不載當從重科斷者也

右異姓爲後

合葬前夫

讀禮通考卷一百十七

二氏禮

僧道制服

唐玄宗開元二年勅道士女冠僧尼不拜二親是為子而忘其生傲親而狥于末自今以後並不拜父母其有喪紀輕重及尊屬禮數一準常儀 見金史

乾學按二氏之徒自以出家離俗竟不為親屬制服彼其本教固然也今乃使之行服雖二氏之本教哉其于敦厚人倫化導異類固甚盛心也第不知唐之世曾以此條載之於律否觀玄宗特頒此詔則律文之不載可知矣至明之定律遂以此條入

之豈不尤爲度越前王哉有司敎之責者
弗徒以虛文視之而遴者一繩以法庶幾
扶翼世教之一端云

宋史禮志　仁宗天聖七年興化軍進士陳可言臣昨
與本軍進士黃價同保臣預解送之後本軍言黃價
昨赴舉時有叔爲僧喪服未滿臣例當駁放竊思出
家制服禮律俱無明文况僧犯大罪並無緣坐犯事
還俗准敕不得均分父母田園又釋門儀式見父母
不拜居父母喪不經死則法門弟子爲之制服其于
本族並無服式望下禮官詳議許其赴試太常禮院
言檢會敕文朞周尊長服不得取應又禮爲叔父齊
衰期外繼者降服大功九月其黃價爲叔僧合比外
[illegible]服大功

萬斯同曰禮官之議以出家者比之外繼降服一等不過謂期服降而大功黄價可準其應試陳可得免其行罰耳不知其議之舛錯也夫為出家之人制服但當論其宜不宜不當論其降不降也使其宜耶自有本等之服在不得從出後之例也使其不宜耶并功服且無之又何止于降等也若謂叔父可降而大功將父母可降而期服耶是何進退无據之甚也要之出家之人雖可以絶親屬之服而為之親屬者必不可以絶出家者之服以彼固遊于方外而我初不斷夫天倫也故禮官之議謂其調停人情則可謂其可為後世法則愚未敢以為然也

乾學按僧道不為親屬行服則為之親屬者亦當不為僧道行服矣乃黄價於為僧之叔父有服則知爾時出家之人死其親屬多為之服矣不知其親屬死出家者亦為之服否觀陳何所奏則宋時無僧道行服之制可知也唐世有之而宋乃去之彼累朝定禮之儒奈何不一議及哉

金史章宗本紀明昌三年尚書省奏言者謂釋道之

流不拜父母親屬敗害風俗莫此為甚禮官言唐開元二年勅云聞道士女冠僧尼不拜二親是為子而忘其生傲親而狗于末自今以後並聽拜父母其有喪紀輕重及尊屬禮數一准常儀臣等以為宜依典故行之制可

明律凡僧尼道士女冠并令拜父母祭祀祖先本宗親屬在內喪服等第[illegible]

○○案合葬前夫此所僅見使死而有知何以見前夫於地下其悖禮無義孰甚為下忠貞之論正矣

父國珍卒詔自始死至七七皆為設千僧齋齋令七人出家百日設萬人齋二七人出家

乾學按七七百日之說本出于釋氏不知何王之時竟用以為治喪之節其見于史傳則惟此條為始將尔時初用其說耶抑

其前已有之耶然不可考矣

北齊書孫靈暉傳靈暉常為南陽王綽師及綽以罪誅靈暉遂停廢從綽死後每至七日至百日靈暉恒為綽請僧設齋行道

萬斯同曰古之喪禮無所謂七七百日之說也降及後世自天家以迄民俗靡不用之愚嘗欲究其所始而不可得迨觀漢明帝營壽陵之詔有云過百日惟四時設奠百日之說始見于史意者爾時佛法初入明帝即用其教耶不然何以有百日之說也或者謂古禮三月而葬三虞而卒哭百日正合三月之期不知三月乃大夫士之禮明帝天子也而用大夫士之禮乎則非三月之期明矣其他若胡后之追報其父孫靈暉之追報其王皆用七七百日之說則在漢明六七百禩之後其時釋教已大行罔不足為怪矣但玩其文亦止于此時設齋行道則知魏齊之世初非竟用其說以為治喪之節也至楊垂七七齋說但以其日送卒者衣服于佛寺而李習之猶闢之則知中唐之世猶未盡用其說以為治喪之節也其率天下而用為治喪之節不知起于何時嗚呼正禮不行而羣然以邪說為正禮庸非司世教者之責哉

唐書姚崇治令曰今之佛經羅什所譯姚興與之對翻而興命不延國亦隨滅梁武帝身為寺奴魏胡太后以六宮入道皆亡國殄家近孝和皇帝發使贖生

流不拜父母親屬敗害風俗莫此爲甚禮官言唐開元二年敕云聞道士女冠僧尼不拜二親是爲子而忘其生傲親而徇于末自今以後並聽拜父母其有喪紀輕重及尊屬禮敬一准常儀臣等以爲宜依典故行之制可

明律凡僧尼道士女冠并令拜父母祭祀祖先（本宗親屬在內）喪服等第（謂斬衰期功緦麻之類）皆與常人同違者杖一百還俗

佛事

北史魏胡太后父國珍卒詔自始薨至七七皆爲設千僧齋齋令七人出家百日設萬人齋二七人出家

乾學按七七百日之說本出于釋氏不知何王之時竟用以爲治喪之節其見于史傳則惟此條爲始將尒時初用其說耶抑

其前已有之耶然不可考矣

北齊書孫靈暉傳靈暉常為南陽王綽師及綽以罪誅靈暉遂停廢從綽死後每至七日至百日靈暉恒為綽請僧設齋行道

萬斯同曰古之喪禮無所謂七七百日之說也降及後世自天家以迄民俗靡不用之愚嘗欲究其所始而不可得追觀漢明帝營壽陵之詔有云過百日惟四時設奠百日之說始見于史意者尔時佛法初入明帝即用其教耶不然何以有百日之說也或者謂古禮三月而葬三虞而卒哭百日正合三月之期不知三月乃大夫士之禮明帝天子也而用大夫士之禮乎則非三月之期明矣其他若胡后之追報其父孫靈暉之追報其王皆用七七百日之說則在漢明六七百禩之後其時釋教已大行固不足為怪矣但玩其文亦止于此時設齋行道則知魏齊之世初非竟用其說以為治喪之節也至楊垂七七齋說但以其日送卒者衣服于佛寺而李習之猶闢之則知中唐之世猶未盡用其說以為治喪之節也其卒天下而用為治喪之節不知起于何時嗚呼正禮不行而羣然以邪說為正禮庸非司世教者之責哉

唐書姚崇治令曰今之佛經羅什所譯姚興與之對翻而興命不延國亦隨滅梁武帝身為寺奴魏胡太后以六宫入道皆亡國殄家近孝和皇帝發使贖生

太平公主武三思等度人造寺身嬰戮為天下笑五帝之時父不喪子兄不哭弟致仁壽無凶短也下逮三王國祚延久其臣則彭祖老聃皆得長齡此時無佛豈抄經鑄像力耶緣死喪造經像以為追福夫死者生之常古所不免彼經與像何所施為兒曹慎不得為此

李翺去佛齋說故溫縣令楊垂為京兆府參軍時奉叔父司徒命撰集喪儀其一篇云七七齋以其日送卒者衣服于佛寺以申追福翺以楊氏喪儀其他皆有所出多可行者獨此一事傷禮故論而去之將存其餘云爾楊氏之述喪儀豈不以禮法遷壞衣冠士大夫與庶人委巷無別為是而欲糾之以禮者耶是宜合于禮者存諸悖于禮者辨而去之安得專已

心而言也苟懼時俗之怒已耶則揚氏之儀㩭于古而彿于俗者多矣置而勿言則猶可也既論之而書

舊唐書終于都城興唐寺年八十九時都城士庶曾謁者皆制弟子之服有制賜謚為大照禪師及葬河南尹裴寬及其妻子並衰麻列于門徒之次士庶傾城哭送閭里為之空焉

宋史前

但誦孝經而已時人稱其顓篤

宋史穆脩母死自負櫬以葬日誦孝經喪記不飯浮屠為佛事

温公書儀世俗信浮屠誑誘于始死及七七日百日期年再期除喪飯僧設道場或作水陸大會寫經造佛像建塔廟云為死者滅彌天罪惡必生天堂受種

太平公主武三思等度人造寺身嬰夷戮為天下笑五帝之時父不喪子兄不哭弟致仁壽無凶短也下逮三王國祚延久其臣則彭祖老聃皆得長齡此時無佛豈抄經鑄像力耶緣死喪造經像以為追福夫死者生之常古所不免彼經與像何所施為兒書慎不得為此

李翺去佛齋說　故温縣令楊垂為京兆府參軍時奉叔父司徒命撰集喪儀其一篇云七七齋以其日送卒者衣服于佛寺以申追福翺以楊氏喪儀其他皆有所出多可行者獨此一事傷禮故論而去之將存其餘云楊氏之述喪儀豈不以禮法遷壞衣冠士大夫與庶人委巷無別為是而欲糾之以禮者耶是宜合于禮者存諸愆于禮者辨而去之安得專已

心而言也苟懼時俗之怒已耶則揚氏之儀棖于古而拂于俗者多矣置而勿言則猶可也既論之而書以為儀捨聖人之道則徇流于將來也無窮矣以上說畧

五代史石昂傳昂父平生不喜佛說父死昂于柩前誦尚書曰此吾先人之所欲聞也禁其家不可以佛事汚吾先人

儒林公議馬亢儒學精深名齊孫奭居喪不為佛事但誦孝經而已時人稱其顓篤

宋史穆脩母死自負櫬以葬日誦孝經喪記不飯浮屠為佛事

溫公書儀司馬氏世俗信浮屠誑誘于始死及七七日百日期年再期除喪飯僧設道場或作水陸大會寫經造佛脩建塔廟云為死者滅彌天罪惡必生天堂受種

種快樂不為者必入地獄封燒舂磨受無邊波吒之苦殊不知人生含氣血知痛癢或翦爪剃髮從而燒斫之已不知苦況于死者形神相離形則入于黃壤腐朽消滅與木石等神則飄若風火不知何之假使剉燒舂磨豈復知之且浮屠所謂天堂地獄者計亦以勸善而懲惡也苟不以至公行之雖鬼可得而治乎是以唐廬州刺史李丹與妹書曰地獄無則已有則小人出入人親死而禱浮屠是不以其親為君子而為積惡有罪之人也何待其親之不厚哉就使其親實積惡有罪豈賂浮屠所能免乎此則中智所共知而舉世滔滔而信奉之何其易惑難曉也甚者至有傾家破產然後已與其如此曷若早買田營墓而葬之乎彼天堂地獄若果有之當與天地俱生自佛

低一字大

法未入中國之前人死而復生者亦有之矣何故無一人誤入地獄見閻羅等十王者耶不學者固不足與言讀書知古者亦可以少悟矣

二程全書正叔言某家治喪不用浮屠在洛亦有一二人家化之道場之用螺鈸蓋胡人之樂也今用之死者之側是以其樂臨死者也天竺之人重僧見僧必飯之因使作樂于前今乃為之于死者之前至如慶禱亦襍用之是甚義理如此事被他欺瞞千百年無一人理會者

宋史高宗崩臺臣乞定喪制尤袤奏釋老之教矯誣褻瀆非所以嚴宮禁崇几筵宜一切禁止

陸游家訓吾見平時喪家百費方興而愚俗又傍于道場齋施之事彼初不知佛為何人佛法為何

事但欲誇鄰里為美觀耳以佛經考之一四句偈功德不可稱量若必以侈為貴乃是不以佛言為信吾死之後汝等必不能都不從俗遇當齋日但請一二有行業僧誦金剛法華數卷或華嚴一卷不費是矣如此為事非獨稱家之力乃是深信佛言利益豈不多乎又悲哀哭踊是為居喪之制清淨嚴一方盡奉佛之禮每見喪家張設器具吹擊鑼鼓家人往往設靈位輟哭泣而觀之僧徒衒技幾類俳優吾常深疾其非禮汝輩方哀慕中必不忍行吾所疾也且侈費得福則貪吏富商兼并之家死皆生天清節賢士無所得財悉當淪墜佛法天理豈容如是此是吾告汝等第一事也此而不聽他可知矣○升濟神明之說惟出佛經黃老之

學本于清淨自然地獄天宫何嘗言及黄冠輩見僧獲利從而効之送魂登天代天肆赦鼎釜油煎謂之鍊度交梨火棗用以爲脩可笑者甚多尤無足議聊及之耳○近世出葬或作香亭魂亭寓人寓馬之類一切當屏去僧徒引導尤非敬佛之意廣召鄉鄰又無益死者徒爲重費皆不須爲也

乾學按放翁家訓戒子孫勿作佛事可謂不惑于邪說者矣乃又令其誦金剛法華諸經何也得毋信道不篤尚有流俗之見存乎頋其說有可取者故畧其瑕而録之

朱子語類　或問親死遺囑教用僧道則如何曰便是難處或曰也可以不用否曰人子之心有所不忍這事須子細商量○或問設如母卒父在父要循俗制

喪服用僧道火化則如何曰幼如何曰只得不從曰其他都是皮毛外事若决如此做從之也無妨若火化則不可泳曰火化則是殘父母之遺骸曰此話若將與喪服浮屠一道說便是未識輕重在

真西山讀書記程子家治喪不用浮屠在洛亦有化之者司馬氏闢之尤嚴然彼之教得行由我之禮先廢使今之居喪者始死有奠朔有殷奠虞祔祥禫皆有奠既足以盡人子追慕之情則於世俗之禮且將不暇為之矣不復祭禮而徒曰勿用浮屠使居喪者悵悵然無以報其親未見其可也

乾學按西山之說謂世俗無始死朔旦諸奠故佛教得行愚以為不然世豈有居喪而不設奠者乎設奠矣遂能不作佛事乎

居喪用浮屠未必盡出于愚夫愚婦大要庸人則惑于邪說而不知賢者則安于習俗而不反是以若此靡靡也謂彼之教得行由我之禮先廢其說是矣若曰一復祭禮遂能不用浮屠恐非拔本塞源之論也意者西山之時俗皆不行奠禮故有所感而為此說乎

俞文豹吹劍録伊川曰吾家治喪不用浮屠蓋鳴鑼鈸胡人樂也天竺人見僧必飯之因作此樂今用之於喪家可乎文豹謂外方道場唯啓散時用鐃鈸終夕諷唄講說猶有懇切懺悔之意今京師用瑜珈法事唯即從事鼓鈸震動驚感生人尚有聞之頭疼腦裂況亡靈乎至其誦念則時復數語仍以梵語演為歌諷如降黄龍等曲至出殯之夕則美少年長指爪之僧出弄花鈸花鼓槌專為悅婦人掠錢物之計見者常恨不能揮碎其首此東山所以決意不用而室人交謫群議沸騰雖屹立不動而負謗不少予嘗舉似諸明達是者十八九獨一老師曰魯人獵較孔子亦獵較註云較奪禽獸特俗所尚孔子從之者為祭祀也漢符融曰古葬者衣之以薪惟妻子可以行志自佛入中國以來世俗相承脩設道場今吾欲矯俗行志施之妻子可也施之父母人不謂我以禮送終而謂我薄于親也溫公至不信佛而有十月齋僧誦經追薦祖考之訓朱壽昌灼臂燃頂刺血

寫經求得其母公及韓蘇諸公歌詠其事江西尚理學黄少卿常卒其子塄欲不用僧道親族内外羣起而排之遂從半今半古之說祭享用葷食追脩緇黄孝子順孫追慕誠切號泣昊天無所籲哀雖俗禮胡教猶然意焉余謂此又是一見惟識者擇焉

王栐燕翼詒謀録喪家命僧道誦經設齋作醮作佛事曰資冥福也出葬用以導引此何義耶至于鐃鈸乃胡樂也胡俗燕樂則擊之而可用于喪極乎世俗無知至用鼓吹作樂又何忍也開寶三年十月甲午詔開封府禁止士庶之家喪葬不得用僧道威儀前引太平興國六年又禁送葬不得用樂庶人不得用方相魌頭今犯此禁者所在皆是也祖宗于遺風易俗留意如此惜乎州縣間不能舉行之也

元史元統二年中書省臣言佛事費用以世祖時較之歲增金銀繒帛鈔太廣請除累朝期年忌日之外餘皆罷從之

武宗崩仁宗哀慟不已祭罕再拜咨曰庶民脩短尚云有數聖人天命夫豈偶然天下重器懸于殿下縱自苦如宗廟太后何仁宗輟泣曰曩者大喪必命浮屠何益我欲發府庫以賑鰥寡孤獨若何曰發政施仁文王所以為聖殿下行之幸甚

大明律居喪之家脩齋設醮若男女混雜所重在此飲酒食肉者家長杖八十僧道同罪還俗

虞集撰吳澄行狀英宗即位詔學士散散集善書者粉黄金寫浮圖藏經有旨自上都來使左丞速速詒先生為之序先生曰主上寫經之意為國為民甚重事也但追薦冥福臣所未知蓋釋氏因果利益之說人所喜聞至今輪迴之事彼之髙者且不談其意止為為善之人死則上通髙明其極品則與日月齊光為惡之人死則下淪汚穢其極下則與沙蟲同類其徒遂為超生薦拔之說以蠱惑世人今列聖之神上同日月何待子孫薦拔且國初以來凡寫經追薦之事不知其幾若超拔未効是無佛法矣若超拔已効是誣其祖矣撰為文辭

不可以示後世左丞曰上命也先生請俟駕還復奏之會上崩不及奏而止

劉基書劉禹疇傳後

世之所謂浮屠者果何道而

小字双行

顧湄曰案周禮媒氏禁遷葬與嫁殤者注遷葬謂生時非夫婦死既葬遷之使相從也魏武之於倉舒是葬也曹叡之於女淑是遷葬也是嫁殤也皆逆禮亂倫之大者至於異姓爲後失禮之中又失禮焉何曹氏之悖繆一至是耶

以郭後甄

入孫盛後

馳而蟻附雖有篤行守道之親則亦文致其罪以吉哀于土偶木偶之前彼固自以爲孝而不知其爲大不孝豈不哀哉且宰天地者帝也彼則謂有佛焉有呼而求救不論是非雖窮凶極惡無不引手援之使有罪者勿加刑是以情破法也夫法出于帝而佛破之是自獲罪于天也吾知其無是事

小字双行

也眙眙矣

方孝孺曰喪而用浮屠之術親殁于床不于禮而于浮屠不哭泣擗踊而于鍾磬鐃鈸非是之務則人交笑以為簡嗚呼是何其不察而至于此極乎彼浮屠之所謂輪廻者果可信耶人得氣而生氣盡而死死則不復有知矣苟有焚炙刲割佚樂適意身且不有而何以受之形盡氣盡而鬼升鬼降無所不盡安能入人胞腹重生于世而謂之輪廻也哉倘或有之人固不知之也浮屠亦人耳何自而獨知之彼以其茫昧不可揣索故妄言以誑世夫豈可信而事其教乎天下之人其心淫浸膠固非空言所能革也吾獨以告吾族人親喪必以三年三年之制必循禮勿以浮屠從事違者共罰之

不可以示後世左丞曰上命也先生請俟駕還復奏之會上崩不及奏而止

劉基書劉禹疇傳後

世之所謂浮屠者果何道而能使人信奉若是哉人情無不愛其親親歿矣哀痛之情未置而謂冥冥之中欲加以罪孰不惕然而動于其心間有疑焉則羣咻之若目見其死者拘于囹圄受箠楚而望救者故中材之人莫不波馳而蟻附雖有篤行守道之親則亦文致其罪以告哀于土偶木俑之前彼固自以為孝而不知其為大不孝豈不哀哉且宰天地者帝也彼則謂有佛焉有呼而求救不論是非雖窮凶極惡無不引手援之使有罪者勿加刑是以情破法也夫法出于帝而佛破之是自獲罪于天也吾知其無是事

也眙眙矣

方孝孺曰喪而用浮屠之術親殁于床不于禮而于浮屠不哭泣擗踊而于鍾磬鐃鈸非是之務則人交笑以為簡嗚呼是何其不察而至于此極乎彼浮屠之所謂輪迴者果可信耶人得氣而生氣盡而死死則不復有知矣苟有焚炙封割佚樂適意身且不有而何以受之形盡氣盡而鬼升鬼降無所不盡安能入人胞腹重生于世而謂之輪迴也哉倘或有之人固不知之也浮屠亦人耳何自而獨知之彼以其茫昧不可揣索故妄言以誣世夫豈可信而事其教乎天下之人其心淫浸膠固非空言所能革也吾獨以告吾族人親喪必以三年三年之制必循禮勿以浮屠從事違者共罰之

兩浙名賢録平陽人章永母卒執喪如禮俗飯佛老以為冥資永獨晨昏跪誦孝經曰此吾聖人所以教孝者

鄒守益喪祭禮要序愛親敬長民之恒性也生而愛敬之歿則無所用其情矣故寶其體魄而藏之求其精爽而祀之所以引其愛敬之情懇切固結而不可解也西竺之地僻在要荒不獲覩先王之禮樂而其哀死慕亡之情亦有所不能已於是佛之徒自以其智術為科條而其俗亦相與遵之其後浸淫以入中華中華之人反相率以變于夷而莫之省覺也譬諸深山窮谷未嘗得食五穀之美而採薇蕨拾橡栗以充其腹出而號于通都曰凡欲飽者從吾之教則世必鬨然笑之矣以吾列聖

典章文物之懿不嘗稻粱菽稷而世傾舍之以奔馳于薇蕨橡栗之求其智不亦傎乎

呂坤曰地獄受苦他生之說自佛氏入中國始聞往往有徵驗者姑無論有無即有之陰陽一理耳人代法書非不肖甚未有公然從請托受賄賂而免人罪者今以淫邪無行之僧道褻諸天衆聖之神明破獄誦經焚鏹化紙為死者免罪超生使地獄而皆邪鬼也則可果閻羅公直業鏡分明平生罪惡豈能禱而免乎人但為善而已語云地獄無善人天堂無惡鬼信然若死者必欲作佛事有遺言稍聽之可也

陳龍正曰居喪迎僧此最不肖子弟所為或因婦女崇信或因僮僕規利或因無知親友從臾迫脅

子孫見義不確恐有吝財忘親之嫌勉强從之豈知哭泣祭葬之間盡哀盡禮奚忘奚吝使其親守正一生乃以邪道誣之于身後事死如事生固如是乎倘父母生前有崇佛之僻正宜為之蓋愆直斷以從治不從亂之義廓而清之此大孝也所謂宜執禮以破俗者也

乾學按朱子語類及呂坤氏所言父母遺命作佛事子從之無害雖曰順承親志終以非禮事其親庸得為孝必如陳氏所言蓋愆之說為據經而守正誠孝子慈孫所當法也

張士俊曰世俗浮屠破獄之文布穀于地為獄門牆皆具而又畫紙為厲鬼四立環之乃置人父母之重其間衆僧講讀佛説一僧手錫盡破其獄為子者號泣辟踊奉重而出如從獄之見其父母也而拯之者嗚呼佛之為斯世害極矣吾觀楞嚴雖不免于鑿然佛與阿難富樓那反覆講論剖

魏禧地獄論

低一字大

折毫釐以自暢其偏指學者不幸而不得遊孔孟之門聞性命之語以得道之正傳一見其書樂其說之堅而辯也雖賢智亦惑之矣至于所謂破獄陋謬無義理而同于戲世之所謂薦紳之徒莫知其非亦從而行之則可笑也始創為此者誰乎誠不仁者哉記曰士人有善本諸父母言歆其親有令名也今中人以下得免刑者多矣其犯法而至拘於獄者罪大惡積之人也悲夫〻親之端謹無過而誣之與親之不能無過而彰之又從而甚之卒歸無益皆有所不可嗚呼佛之治喪率威脅勢刼以恐愒人而實虗幻不可信者精氣為物游魂為變人之生也氣漸而聚〻而凝結以為人其死也氣漸而散〻而僵仆以至于亡〻則魂無不之矣安有塊然者而縛執之患苦之哉司馬溫公謂人生含氣血知痛癢或蚤鬋髮鬀從而燒斫已不知畏況于死者形神相離形如黃壤與木石等神則飄若風火雖使判舂豈復知之其言最為明備可以覺天下之愚者吾願愛之而世不察也古禮廢壞久矣三年喪之制葬祭之式歷世既多大半雜亂澌滅人莫不〻忍于親而無可以用其情見佛氏有所謂治喪者則羣趨焉曰是可以致吾孝矣吾謂三年喪之衣服飲食居寢與葬之時月祭之奠獻之屬當會通而增損之使家喻户曉可以盡心無憾則佛道不禁自止人之飢也至于飯皮飯紙非其嗜之也飢使之然也倉有餘糧苙有餘蓄則啗粟啜肉雖强之皮與帋而不下咽矣此必然之勢也

華氏慮得集俗作醮事佛事賢哲者自宜斷然不作勿泥于俗習可也人子欲為父母資福在乎修德行仁力為善事苟能移其所費于棺衾殯葬禮祭之用而盡其愛親之心豈不合于天理哉在明識者之所擇焉

張邦奇避先大父諱

張愖傳　愖明乎幽明之故鬼怪誕妄之說一無所

惑越俗遣喪用術士蓋棺以令舉家出次于外謂之避煞否則有鬼物掊擊之或病或死率有應驗府君治喪黜之至今吾鄉俗無避煞之擾孝子慈孫得以致慎終之誠自府君始也惟孫和書撰

呂坤喪禮翼葬日忌十二相所屬致有子婦不送喪不見櫬重禮者非之

姚翼家規通俗編陰陽家以人死年月日之干支推筭死者離魂之日數以為死後如其日數而魂來復於是計日用祝巫以招之世俗喪禮中和説莫此為甚然皆習而安之以為非此即魂無所歸決不可已也能斷然不行者其惟絕俗之士乎

吳肅公讀禮問始死而奠既虞而祭今或弗之備矣時祭以七一七至七七且懺焉是亦不可以已

乎七佛也煞巫也始死也日而干支數之曰煞以其日返也夫鬼氣則無弗之矣而期返乎哉

顔渭咫聞録吴俗遭喪聽信術士以亡者干支推算而計之有接煞避煞之殊有一度兩度之異形高若干尺以是日死時爲必至人或云有見之者形如雞雄而能飛予素不信居先妣獨守几筵從而察之絶無影響繇是益知其妄它日以語陳確菴先生先生曰無則無矣從而察之是猶疑其有也予深歎服斯言媿予信道之不篤矣

移前

書女

讀禮通考卷一百十三

異俗禮上

高麗

後漢書高句麗婚姻皆就婦家生子長大然後將還便稍營送終之具金銀財帛盡于厚葬積石為封亦種松柏

南史其俗已嫁娶便稍作送終之衣死有槨無棺

後周書高麗父母及夫喪其服制同於華夏兄弟則限以三月

隋書高麗死者殯于屋內經三年擇吉日而葬居父母及夫之喪服皆三年兄弟三月初終哭泣葬則鼓儛作樂以送之埋訖悉取死者生時服玩車馬置於

厚葬金銀財幣盡於送死積石為封列植松柏

墓側會葬者爭取而去

高麗史禮志國恤篇五服制度斬衰三年給暇百日正服子為父女子在室及已嫁而反室者為父義服妻為夫妾為君加服嫡孫父卒承重者為祖父曾玄孫承重者為曾高祖齊衰三年給暇百日正服子為母加服嫡孫父卒承重者為祖母曾玄孫承重者為曾高祖母公侯以下三日而葬十三月小祥二十五月大祥二十七月禫祭齊衰周年給暇三十日正服為祖父母為伯叔父及妻為姑姊妹在室為姊妹適人無夫子為兄弟為長子及妻為衆子及女子為姪及姪女在室為嫡孫及嫡孫女為嫡曾孫庶母為其子及君之衆子降服父卒母嫁為父後者無服報服亦如之義服嫁繼母為子外族正服為外祖父母義服為繼母

慈母義母長母為妻大功九月給假二十日長殤正服為伯叔父及姑為兄弟姊妹為子及女子為姪及姪女為嫡孫成人正服為堂兄弟為姊妹在室為衆子妻為庶子及妻為姪妻降服為姑姊妹姪女適人外族正為舅為姨在室小功五月給假十五日正服為曾祖父母為伯叔祖父母為從祖母在室為堂伯叔及妻為堂姑在室為兄弟妻為再從兄弟為再從姊妹在室為堂姪及堂姪女為嫡孫妻為姪孫及姪孫女在室為嫡曾孫妻殤正服為伯叔父及姑之中殤為兄弟姊妹之中殤為子及女子姪及姪女之中殤為嫡孫之中殤為衆孫之長殤為嫡曾孫之長殤降服為堂姊妹適人外族正服為舅妻為外甥及外甥女在室義服為妻父母為女婿緦麻三月給假七

日正服為高祖父母為堂伯叔祖父母為再從伯叔及妻為再從姑為兄弟妻為親表兄弟及姊妹為再從姪及姪女在室為堂姪孫女為曾孫女為衆孫女為曾姪孫為嫡玄孫降服為從祖母及堂姑適人為再從姊妹及姪孫女適人殤正服為伯叔父及姑之下殤為堂叔堂姑之長殤為兄弟姊妹之下殤為嫡孫之下殤為衆孫之中殤外族降服為姨及外甥女適人正服為堂舅為舅姨兄弟及姊妹為外甥妻為外甥義服為庶母乳母凡五服聞喪給假三分之二有剩日入假限成宗四年初定此制十一年六月制六品以下不入常參官父母喪百日後所司勑令出仕除起復銜以黲服奥角還謝行公十五年七月定朝官遭喪給假式忌假各三日每月朔望祭假各一

日大小祥祭暇各七日大祥後經六十日行禫祭暇五日穆宗六年六月制五品以下官吏父母喪百日後所司勸令出仕即上讓表不允進謝後起伏結銜以黲服奥角出仕顯宗九年五月制文武官遭喪第十三月初忌日小祥齋給暇三日第二十五月二忌日大祥齋給暇七日其月晦日大祥祭給暇七日自翼日計六十日至二十七月晦日禫祭給暇五日二十八月一日以吉服正角出官行公十九年四月制京外官吏父母喪大祥齋後禫暇前依前出仕請宗三年正月制外任及東西兵馬官吏之妻在京身死令坊里報吏部除奏聞并行喪式限行移界兵馬使及界員無事時則所管事斟酌量許令上京以爲恒式又官吏及軍其人等有父母墳墓改葬者給暇三

十日来往程途其官遠近亦酌施行六年八月制各道起復領軍員當驂服者權着吉服正角還軍歸家依制驂服九年六月制罪不及孥前典爰訓誅殺人等無罪之子禮當行服其三年大喪依制行服其他五服勿令給暇文宗三年九月丙申制外方官吏遭兄弟姊妹喪者若在遠州除申請京官直於外官請暇妻父母服不論妻之先後並令給暇四年正月制外官父母在京身死除奏達許令上京軍興時則所管事體商量兼考兵馬使給暇移文酌量裁決其別命員及隨使記事者亦依此例八年正月制防禦官父母喪百日已滿以吉服正角還謝赴任二十二年十月制嫁母之喪前式無服然人子不服其喪似忘劬勞膝下之恩自今行百日服後以吉服正角出仕

三十年六月制先亡有後之妻及同居妻父母服制依式給暇三十三年八月制外任官大祥祭給暇外方立䰟堂者許於䰟堂在處行禮仍留行禫以吉服正角還任九月制奉使入朝官吏父母身死迴還後雖已過百日自聞喪日給暇百日三十五年二月制諸州縣長吏受武散階者小喪依制給暇以下以尊信義登時給暇三十七年十二月制宮城内各衙門官吏黔服出入不合儀制凶服者不入宮門之義宮城外官准資換任其不得已任宮城官者依書儀入朝但吉服之文入宮城吉服歸家依制行服宣宗二年六月制異國投化官吏父母在本國身死自聞喪日依制給暇六年十二月制嫁母之服前制只給百日暇其餘心喪嫁母官有區別其大祥祭外任之子

勿許上京睿宗五年三月制起復外官異朝使臣迎接者權著吉服正角神宗十四年二月制同宗支子及遺棄小兒三歲前對付收養者為收養父母並服三年喪遺棄小兒仍繼其姓同宗支子為親父母期年異姓族人之子收養者服喪之制禮雖無據恩義俱重不可無服其令服大功九月四十九日明宗十四年七月制文武入流以上者妻之父母依親伯叔之妻齊衰周年給暇二十日忠烈王三年正月辛卯中賛金方慶持妻母服命權宜後行宰相服制後行古無其例時軍國務繁始有是命七年四月庚午教士卒雖遭父母喪過五十日即從軍恭愍王四年十二月辛未罷三年丁憂之制六年十月辛巳諫官李穡等請行三年喪從之八年十二月辛未以兵興除

忽赤忠勇三都監五軍三年喪九年六月丁亥命百官親喪三年八月丙戌教四方兵興軍務方殷其除三年喪制前此雖許行三年喪然百日衰絰之習如舊但解官不仕而已恭讓王三年五月庚子更定服制一遵大明律服制式惟外祖父母妻父母服與親伯叔同無後人以三歲前遺棄小兒冒姓付籍者即同已子其以同宗之子親近爲先繼後者亦許行服三年之喪天下之通喪自今許終其制其中關係國家要務必合起復者啓聞取旨奪情起復大小軍官及不許丁憂者止行百日喪其父母喪二十五月内每月行朔望祭至十三月初忌日行小祥祭二十五月第二忌日行大祥祭二十七月晦行禫祭二十八月一日始服吉服喪三年内不許取婦及宴飲四年

四月甲戌除軍官三年喪

國恤儀太祖二十六年五月丙午王疾大漸御神德殿命學士金岳草遺詔有頃而薨太子諸王及宗室近臣皆擗地哀號乃令百官列位於內議省門外宣遺命惠宗即位率群臣舉哀六月戊申發喪於詳政殿宣遺詔己酉殯於詳政殿之西階庚午行祖奠太常卿讀謚冊攝侍中元甫行禮賓令王仁澤奉太牢之奠壬申葬於顯陵以遺命喪葬園陵制度依漢魏故事悉從儉約景宗六年七月王疾彌留甲辰遺詔服紀以日易月十三日周祥二十七日大祥西京安東安南登州等諸道鎮守各於任所舉哀三日釋服丙午薨於正寢葬於榮陵成宗即位顯宗二十二年五月辛未王疾篤薨於重光殿德宗即位居翼室朝

夕哀臨甲戌王率群臣成服百姓玄冠素服六月丙申葬於宣陵群臣公除戊戌王釋服十月戊寅宰輔表請復常膳許之元年五月己丑王以皇考中祥祭齋七日居翼室涼闇反哭舉哀一如唐德宗故事二年八月祔顯宗於太廟文宗三十七年七月辛酉王疾篤薨於重光殿殯於宣德殿是日順宗即位八月甲申葬文宗於景陵十月乙未王疾篤遺詔在外州鎮官吏止於本處舉哀喪服以日易月薨於喪次是日殯於宣德殿丙申宣宗即位戊戌王率百官成服詣宣德殿行祭十一月庚申王親臨啓殯哭盡哀葬於成陵二年九月壬子王親奠於順宗魂殿九年九月壬午王太后李氏薨於西京歸葬戴陵乙酉遼遣王嗣來賀生辰有司奏古者天子諸侯三年之喪既

葬釋服心喪終制不與士大夫同禮令賀節使已至伏望以日易月二十七日後釋服迎命從之十年九月丁丑王諱仁睿太后返惠殿行小祥祭從晋制奉安神主於本殿肅宗十年十月王還自西京丙寅至長平門外以疾薨於輦中到西華門發喪太子群臣哭踊奉入延英殿即日移殯於宣德殿遺詔方鎮州牧止於本處舉哀服喪之制以日易月是日睿宗即位甲申葬於英陵元年三月乙卯王諱肅宗虞宫七年七月己巳王太后柳氏薨殯於大內八月丙申葬於崇陵王祖送於闕庭十七年四月王疾革丙申遺詔喪服以日易月方鎮州牧止於本處舉哀成服三日而除遂薨殯於宣政殿仁宗即位朝夕奠殯哭踊盡哀甲寅葬於裕陵七月己卯虞八月壬寅虞十月

癸卯虞十二月朔丙戌虞元年四月癸巳小祥己酉虞十月乙酉虞二年四月甲戌祔於太廟二十四年二月王疾大漸丁卯遺詔喪服以日易月薨於保和殿是日毅宗即位三月甲戌王及百官國人成服甲申葬於長陵癸巳王以下釋服丙戌虞二年二月丁巳大祥明宗三年十月庚申李義旼弑毅宗於雞林五年五月丙申發毅宗喪百官玄冠素服三日壬寅葬於禧陵十三年十一月癸未王太后任氏薨殯於義昌宮旁私第王朝夕哭臨閏月甲寅葬於純陵王尊轜車自義昌宮步至彌勒寺釋服十四年二月壬戌卒哭禮官奏按仁睿太后喪制一依文廟故事卒哭之後上及群臣應帶紅鞓者皆服皂帶今太后之喪亦依此制中書省駁議王后喪制不宜與國王同

王曰人子之於父母其心一也豈可重父而輕母哉卒哭之後朕雖許卿等帶紅而卿等宜引禮固辭況祥期之內朕常帶皂而卿等獨帶紅耶夏四月壬申燃燈翼日大會觀樂燃燈上元事也以國恤權停至是行之唯禁揷花諸伎五月甲午金祭奠使太府監完顏韋來初至西郊亭接伴使大將軍張博仁舞蹈行罔上禮韋以國恤舞蹈譏之曰何失禮也博仁猶不悟丁巳王宴金使使不入曰今日之事是謂花宴況王既起復禮宜從吉結彩棚奏樂揷花可也不則不受享禮王使人答曰雖受起復練祥未闋可從吉禮乎金使怒不赴宴六月戊辰宴金使竟不結棚揷花奏樂八月王以嬖妾死久不御肉人識之曰丁母后喪未五旬而復常膳今反乃爾何失禮之甚也十一

月甲午虞已亥設八關會王觀樂於毬庭以太后祥月除賀禮及舞蹈工人庭舞歌曲初禮官奏仲冬乃王太后忌日請於孟冬行八關禮王以問相府叅知政事文克謙曰太祖始設八關蓋為神祇也後世嗣王不可以他事進退之況太祖禱于神明曰願世世仲冬無令有國忌若不幸有忌則疑國祚將艾也故自統合以來仲冬無國忌今有之是國之灾也而又以孟冬設又關固非太祖意禮官所奏不可許從之翼日大會王又觀樂於毬庭十五年八月壬申行八虞癸十六年正月丙午附於太廟神宗五年十一月戊午明宗薨於昌樂宮宰樞及常叅官以上皂帶詣闕陳慰宗室百官及士庶人玄冠素服三日唯葬禮都監服至葬日已巳金遣戶部侍郎李仲元來賀生

辰十二月朔辛未王受詔於大觀殿先遣左承宣於
承慶謂金使曰前王在殯迎詔及宴不敢舉樂金使
曰迎天子之命豈可以哀徹樂乎遂用之丙辰宴
金使先遣人告曰前王在殯未敢宴於正殿金使不
聽再告乃許之閏月壬寅葬明宗於智陵王初欲葬
以王禮崔忠獻堅執不可降從其妃景順王后葬儀
間用仁廟葬禮時太子斥在江華未得襄事國人哀
之七年正月己巳王背疽御千齡殿詔太子嗣位是
爲熙宗丁丑薨戊寅殯於靖安宮崔忠獻會宰樞於
其第議減禮司所奏服喪二十六日爲十四日二月
庚申葬於陽陵二年二月己未祔於太廟康宗二年
八月王不豫丁丑遺詔易月之服三日而除薨於壽
昌宮戊寅高宗即位九月丙寅葬于厚陵十九年六

月朔庚戌王妃王氏薨百官玄冠素服三日辛酉葬王后四十六年六月壬寅王薨於柳瓛第遺詔太子嗣位太子奉使未還聞太孫監國易月之服三日而除太子即位元宗七月乙卯有事於太廟以國恤除牲牢樂懸九月丙辰蒙使加大只大寺來太孫傳令旨曰大朝使來不可以凶服迎當服皂鞋以迎其函使外館以待終制已未葬高宗於洪陵太孫釋服元宗在元聞訃服衰三日而除元年二月已酉燃燈太孫如奉恩寺除黃傘水精鉞鈇駕前儀仗及引駕其他諸王宰樞兩班士卒侍衛如常儀入康安殿與諸王分坐東西看樂許諸王宰樞文武兩班服吉服紅鞋三月甲申元宗還戊子即位六月丙寅小祥十五年六月王不豫癸亥遺詔易月之服三日而除藩鎮

州縣毋得越疆奉遵朝廷衰制至於科舉婚姻一切如舊薨于提上宮八月戊辰瀋王至自元詣提上宮謁殯殿己巳王幸本闕服黃袍即位於康安殿是謂忠烈王九月壬午王詣殯殿始服斬衰麻絰率群臣哭乙酉葬于韶陵王釋喪服元年十一月乙未王行七虞祭於魂殿二年六月乙丑祔於景靈殿七月乙未祔於太廟二十三年五月壬午安平公主薨於賢聖寺殯於壽寧宮令國中士庶素衣白帽至葬八月丙午世子成服己未葬於高陵三十四年五月王不豫七月己巳薨於神孝寺是夜殯於淑妃金氏第八月壬子瀋陽王自元來奔喪詣殯殿入哭設奠百官以玄冠素服侍立甲寅瀋陽王服紫袍詣景靈殿告嗣位遂至壽寧宮即位是爲忠宣王九月辛卯王祭

殯殿癸巳祭殯殿乙未王祭殯殿大歛三臨盡哀百官皆縞素停朝市十月丁酉葬於慶陵諸司設奠道次祖送梓宮初發王衰麻經手擎香爐步至十川橋乃乘肩輿至山陵葬訖率百官大臨侍魂輿而返安於靈真殿二年九月丁丑祔於寢園攝太尉大寧崔有渰前一日詣靈真殿齋宿其日早行告事由祭攝司徒政丞柳清丞典儀判事李之氐與諸享官受祝版徑詣寢園百官具儀衛會靈真殿門外敘立奉木主出安於輅齋直二人坐於前攝上護軍二人坐於後內侍常叅二人又坐其後百官前後導從至寢園太尉司徒及典儀判事先　庭分立左右右上諸享官及侍臣入庭分立奉主去輅就輿樂作及門樂止齋郎奉主置拜位攝侍中俯伏致告訖奉主復乘輿

堂上執禮官引入正室先見太祖次見惠顯二祖次
見仁明二祖訖奉安於位堂下樂作太尉洗爵初獻
司徒亞獻典儀終獻其禮丸王之所制也忠肅王二
年十一月薊國大長公主在元不豫十二月甲午薨
庚子柩東還仁宗皇帝命中書省御史臺百官奠於
道三年二月丙子公主喪至百官玄冠素服迎於郊
殯於永安宮庚寅葬公主十二年五月辛酉太尉王
即忠宣王薨於燕邸甲戌訃至遣三司使尹莘傑萬户姜
融迎梓宮於平壤七月癸酉梓宮至百官玄冠素服
郊迎殯於淑妃宮十一月甲寅葬於德陵十七年六
月丁未祔於寢園忠惠王後五年正月王在元丙子
薨于岳陽縣閏二月己巳訃至停朝市三日六月癸
酉梓宮至八月庚申葬于永陵忠穆王二年正月丁

未奉安木主於魂殿五月乙酉祔于太廟恭愍王元
年三月辛亥忠定王遇鴆薨於江華七月癸酉葬於
聡陵諸司一員服斬衰奉安神御於宣明殿辛禑元
年四月己酉祔於太廟恭愍王十四年二月甲辰徽
懿公主薨輟朝三日百官玄冠素服置殯殿國葬造
墓都監及山所靈飯法威儀喪帷轜車祭器喪服返
魂服玩小造棺槨墓室鋪陳真影等十三色以供喪
事又命諸司設奠四月壬辰葬於正陵百官玄冠素
服送至陵及返魂改吉服從還王手寫公主真日夜
對食悲泣三年不御肉膳二十三年九月甲申洪倫
等弒王丙戌殯於寶房亠[illegible]與宰樞發喪舉哀十月
庚申葬於玄陵百官皆喪服秉燭導轜車前行諸司
設奠道次禑以喪服出演福寺西街迎拜肩輿前導

至宣儀門外拜送平笠白衣乘馬而還百官至山陵奠訖以吉服返魂於寶源庫辛禑元年三月甲戌貞順淑儀公主薨百官玄冠小服輟朝市四月甲辰葬於頃陵百官又玄冠素服送至山陵公服侍魂輿而返安於魂殿

陳慰儀其日百官並皂鞋閤門先立殿門外東邊稍候分引兩班中心為頭異位重行北向立定侍臣隨品交立祗候引宰臣就褥位舍人喝宰臣兩班再拜閤使出行詣宰臣右立宰臣搢笏跪進表閤使揖搢笏奉表抽笏奉表入門揖落笏趨進一拜跪搢笏呈表於几上膝退面拜趨退出門外揖就位揖云奉宣卿等所慰已知舍人喝皆再拜祗候引宰臣出次引兩班出訖閤門橫再拜行頭進步復位拜揖退

祔太廟儀其日承宣開殿實䰟殿都監判官秉燭先升拂匱筵趺几踏殿訖太祝入室啓匱出神主安於趺上行告祔廟祭訖太祝入室奉神主還安匱内闔户而出承宣封室户儀仗樂部列於門外尚舍設褥位於殿庭指諭牽龍各着錦衣陪腰輿置褥位上又設褥位於外庭置彩帛樓子又設褥位於大門外置大輅於褥位南承宣重房脩身將軍指諭内侍茶房序立於内紫門階下執禮命尚賛閤門祗候引傘扇入陳於外庭侍臣左右分立宰臣宻直一行西上太史局奏時員報某時承宣開室户攝侍中詣匱前跪奏云請降座升輿内侍一　奉靈匱一員奉趺几太祝宮闈令奉神主匱降自西階安於腰輿殿侍衛及巡檢等陪立次殿中禁服其服左右分立指諭牽龍

陪立於紫門階上次承宣重房偪身將軍內侍叅房
旨諭肅拜訖殿都知着錦衣奉鈋子左右分立陪腰
輿出門外小駐舍人喝宰　叅直左右侍臣肅拜訖
攝侍中跪請降輿升樓子安于樓子如前儀進行至
大路前褥位小駐攝侍中跪請降樓子升輅安於輅
上如前儀舍人喝百官再拜勅侍奉員將文武兩班
上馬黃門侍郎奏上馬舍人喝百官再拜訖上將軍
一員佩刀在輅前立奏神主路上行李萬福升祔太
廟再拜訖參直二員上將軍二員內侍叅上四員叅
乘參直輅外前面上將軍後面別監輅內稍後左右
陪奉到太廟外駐輅叅乘官俱下前到享官肅拜訖
輅至門外攝侍中跪奏請降輅升輿安於輿上如前
儀尚舍於門外先設幕次幕前設褥位腰輿到褥位

上以樓子遞之尚舍別監攙簾安于幕內床褥上如前儀廟庭執禮俟廟內諸事畢詣幕次舍人喝宰樞侍臣再拜權退引腰輿置幕前褥位上別監又攙簾廟庭大祝奉神主匱安於腰輿齋郎陪腰輿贊者引入廟門廟庭執禮曰魂殿侍衛員將人吏掌固退散出門外再拜退散後齋郎昇陪腰輿入安於廟庭東邊褥位大祝齋郎奉木主歷見太祖而下先王先后訖入安於當祔之室享官行祭禮畢闔户而出祔景靈殿儀放此

上國使祭奠贈賻弔慰儀文宗之喪宋遣祭奠使左諫議大夫楊景畧副使禮賓使王舜封弔慰使右諫議大夫錢勰副使西上閤門副使宋球來祭奠使設奠於魂殿使副就位執事告陳設畢使副即席再拜

使搢笏焚香酹酒讀祝文本國上陪官捧祝文俛伏興使副再拜訖嗣王向闕立使稱有勑嗣王再拜口傳宣訖嗣王再拜使搢笏 奉贈賻詔書嗣王跪受俛伏興祭奠禮畢弔慰使副少進嗣王向闕立使宣有勑嗣王再拜口宣及授弔慰詔書並如祭奠使儀訖與祭奠使副展慰陳狀如儀常仁睿太后之喪金遣太府監完顏辜來賜祭將祭辜問曰太后畫像坐耶立耶對曰坐辜曰諸侯王母坐而天子使拜可乎必藏影幀乃入行事王遣人陳諭再三辜從之王立庭下辜登堂再拜奠爵安平公主之喪元遣火魯忽孫來弔王與世子素服短帽黃帶群臣玄冠素服與火魯忽孫入臨殯殿

先王諱辰真殿酌獻儀其日質明禮司奏初嚴所司

陳伏衛於殿庭内外如常儀樞密以下左右侍臣就
大觀殿庭文武百僚就泰定門外立班以俟侍中詣
宣仁殿門版奏外辦禮司奏二嚴王出御大觀殿鳴
鞭内外伏衛大喝再拜舍人喝樞密以下左右侍臣
再拜次閤門員引宰臣就拜位舍人喝宰臣再拜西
出黄門侍郎就庭中俛伏跪奏請動駕奏訖俛伏興
退復位王降殿升輦出利賓門外禮司奏三嚴出泰
定門黄門侍郎出就輦前俛伏跪奏請駐輦俛伏興
舍人喝文武百官再拜次黄門侍郎復就輦前俛伏
跪奏請勅侍臣百僚上馬侍中傳宣曰可黄門侍郎
俛伏興傳侍臣員將文武兩班宣許上馬傳訖舍人
喝樞密以下侍臣及近臣百僚應騎馬者俱再拜訖
黄門侍郎復出俛伏跪奏請動駕俛伏興退復位鳴

鞭侍臣前導出昇平門前後導從應騎者皆乘馬駕至真殿門外降輿輦入幄次殿內酌獻並與燃燈小會駕幸儀同酌獻時宰臣以下文武百僚皆着皂鞋

成宗八年十二月教太祖及王考戴宗王妣宣義王后忌日禁屠殺斷肉膳靖宗三年七月壬戌以王妣元成太后諱辰百官就乾德殿上表陳慰諱辰陳慰始此自後考妣諱辰宰臣進表三品以上黑帶假紅以下犀帶陳慰如儀文宗三十一年五月甲戌王以顯考忌服素襴避正殿令中外斷音樂禁弋獵終月

恭讓王三年正月辛丑禮曹啓曰安慶公淐以元王母弟墓立元朝遣使奉元王復位則淐不當稱爲英宗亦不當載諸祀典今遇忌日致祭有乖大義請罷之且忠肅王妃洪氏乃忠惠王恭愍之母后忠惠王

妃尹氏乃忠定王之母后以正統君王有後之妃迄今不祀實爲闕典乞兩妃忌日及真殿祭享悉倣近代先后禮從之

上國喪顯宗二十二年七月己未契丹報哀使工部郎中南承顏來告聖宗喪宣詔於顯宗魂堂辛酉德宗引契丹使舉哀於内殿十月辛巳遣工部郎中柳喬如契丹會葬文宗九年九月癸亥契丹告哀使鴻臚少卿張嗣復來告興宗喪王聞嗣復過鴨緑江減常膳徹音樂禁屠宰斷弋獵禮司奏禮世子不爲天子服又童子不緦乞太子及樂浪開城國原侯並不服卒壞公以下文武常參以上服喪從之乙丑王服素襴率百官出昌德門前嗣復傳詔舉哀行服輟朝市三日丙子遣知中樞院事崔惟善工部侍郎李得

路如契丹弔喪會葬仁宗十三年二月辛丑金報哀使檢校右散騎常侍王政來告太祖喪百官玄冠素服癸卯王受詔與國人服喪三日閏月丁未報哀使還附表陳慰乙卯遣少卿金端侍御史李時敏如金弔喪十四年二月丙辰金遣使來告太皇太后喪舉國素服三日丁卯遣殿中監尹彥植左司諫崔允儀如金弔祭明宗十九年正月金世宗崩三月戊午遣奉慰使及祭奠兼會葬使如金己未金遣使來告喪庚申王素服率百官迎詔於都省廳舉哀四月壬戌釋服二十一年二月乙未金遣完顏臣來告皇太后喪遣大將軍韓正脩郎中崔敦禮如金弔喪大將軍文得呂司業李世長致祭丁酉王率群臣發喪於都省熈宗四年冬金章宗崩五年正月丁酉遣奉慰使

史洪紀祭奠使李淳中如金忠烈王二十年正月癸酉世祖皇帝崩王與公主以羊十馬一祭於殯殿二十六年正月丙寅元皇太后崩四月庚戌遣同知密直司事薛景成如元弔喪戊午王如元弔喪六月癸酉王祭太后殯殿恭讓王四年六月己卯王聞大明皇太子薨欲發喪廷臣啓曰皇太子未成爲君不可服喪於是輟朝三日百官布帶

鄰國喪太祖七年九月新羅王昇英薨來告喪王舉哀遣使弔之

諸臣喪高麗大臣之卒賻贈恩恤極爲優厚然其儀制史闕未詳畧舉其見於史者以著其凡太祖十九年十二月大匡裴玄慶疾篤王親幸其第問疾王出門而玄慶卒王駐駕命官庀葬事而後還成宗六年

二月內史令崔知夢卒王聞訃震悼賻千匹米三百石麥二百石茶二百斤香二百斤官庇葬事贈太子太傅謚敏休八年五月守侍中崔承老卒王慟悼下教褒其勳德贈太師賻布千匹麪三百石粳米五百石乳香百斤腦原茶二百斤大茶十斤十四年四月平章事崔亮卒王慟悼贈太子太師賻米三百石麥二百石腦原茶千斤以禮葬之謚匡彬穆宗元年七月內史令徐熙卒賻布千匹麪麥三百石米五百石腦原茶二百斤大茶十斤栴香三百兩謚章威以禮葬之七年六月侍中韓彥恭卒賻米五百石麪麥三百石平布八百匹中布四百匹茶二百斤贈內史令謚貞信以禮葬之顯宗八年五月戶部尚書金殷傅卒輟朝一日後贈侍中十五年六月平章事崔沆卒

王悼甚賻絹三百匹布五百叚米麥千石謚節義二十二年八月侍中姜邯贊卒輟朝三日謚仁憲命文武兩班會葬弔誄賻贈加禮靖宗八年六月内史令徐訥卒王御重光殿廊下舉哀貴臣舉哀與諸王同其異者一舉哀而止耳文宗元年十月平章事皇甫穎卒賜米百石麥五十石布四百匹大茶三百斤香十斤肅宗九年九月叅知政事朴寅亮卒賜弔慰教及誄書賻贈以禮謚文烈睿宗五年七月平章事李頫卒輟朝三日遣使弔祭庀葬事謚文良十年二月中書令崔思諏卒王震悼輟朝三日賻恤優厚令百官會葬謚忠景仁宗十四年十一月樞密院知奏事鄭沆卒王悼甚輟朝弔祭賻米百石布二百匹御筆特謚文安毅宗十一年二月平章事高兆基卒輟朝

三日命有司護喪賜謚明宗十六年四月政堂文學崔汝諧卒官庀葬事輟朝三日謚文貞十九年九月平章事文克謙卒輟朝三日謚忠肅高宗四年三月樞密副使蔡靖卒官庀葬事以賞平賊之功六年八月崔忠獻死十二月丙子以忠獻死輟朝三日元宗四年十一月永安公僖卒五年四月辛未以僖卒輟朝三日十四年九月平章事張佶卒十一月庚子以佶卒輟朝三日恭愍王十七年密直副使李岡卒王悼甚賜厚賻樞密例不得謚特謚文敬

百官忌假景宗六年十二月制父母忌日依書儀一日兩宵給假成宗元年十二月制百官遇父母忌暇一日兩宵祖父母忌無親子則亦依父母例顯宗十一年閏六月制無親子祖父母忌日除庶人外文武

入仕人並給假一日兩宵文宗三十年六月制先亡有後之妻及同居妻父母忌日依制給假明宗十四年七月制文武入流以上者妻父母忌日依外祖父母式一日兩宵給假恭讓王三年五月庚子教近設家廟既令六品以上祭三代自今許行曾祖考妣忌日之祭

乾學按自漢以來禮家有喪服君臣圖喪服天子諸侯圖皆專言國恤者也自許敬宗李義甫以曲學阿世隱諱而删去之後遂相沿不講儒者深有憾焉乃鄭仁趾作高麗史於禮志大書國恤於篇所謂禮失而求之野矣

識

後漢書濊北與高句麗沃沮南與辰韓接其人愚慤
多所忌諱疾病死亡輒捐棄舊宅更造新屋

百濟

後周書百濟父母及夫死者三年治服餘親則葬訖
除之

隋書百濟喪制如高麗

馬韓

晉書馬韓不知乘牛馬畜者但以送葬

辰韓

寰宇記辰韓以大鳥羽送死其意欲使死者神魂飛
揚也

新羅

隋書新羅人死有棺斂葬起墳陵王及父母妻子喪

卷一百十八 異俗禮下

持服一年

倭

後漢書倭人死停喪十餘日家人哭泣不進酒食而等類就歌舞為樂

晉書倭人死有棺無槨封土為冢初喪哭泣不食肉已葬舉家入水澡浴自潔以除不祥

隋書倭國死者斂以棺槨親賓就屍歌舞妻子兄弟以白布製服貴人三年殯於外庶人卜日而瘞及葬置屍船上陸地牽之或以小轝

日本考喪事舉家悲泣不飲酒食肉以白布置衣裹頭不拘冨貴俱置龕子令亡人合掌坐於龕內外縫以紙糊之上書大乘妙法蓮華經七字逼龕封貼却將白布盤繞於龕上用絹緞為彩親友鬧喪詣龕而

吊次選日殯出預於墳所編一竹城外以白布絹段帳結於城分其東西南北四門倩八人頭盔衣甲手執鎗刀扮為門神分守四門俟其殯出用扛轝龕皆用白布裹扛使孝子親轝如止生一子女壻外甥代之至親皆扶殯而行殯前排紙旛二三十竿旛上書大乘妙法蓮華經七字外設香亭一座名曰設孤臺令一人在前撒銅錢而行名曰買路錢撒地之錢任其貧乞者拾之冨貴之家令一義男為從殯將亡人平昔所好而食之類置一圓食蘿令從塋者頂首而行殯至墳所按吉方擇門而退轝繞三面正中安下俟親友送殯者至喪家預買草履千餘雙待親友至墳所請卸自履皆穿喪家草履入竹城詣龕合掌鞠躬叅謁畢客出仍穿自履喪家草履復卸原所親友

事畢請僧唱經俱以禮物酬謝訖再有乞丐至厚薄賞之俱完次將竹城周圍架起乾柴門神孝子各執長竿以火焚之柴盡復添白衣草履之物盡毀於內務燒三日三夜以爲至孝另將灰骨和泥送在寺中梭於神腹前從葬者令入寺內燒香奉佛永不令歸貧者無力可焚亦於竹城內埋之畢挈家人水滌滌以祓不祥色衣而歸以取吉利

夫餘

後漢書夫餘國人死有棺無槨殺人殉葬多者以百數其王葬用玉匣漢朝常豫以玉匣付玄菟郡王死則迎取以葬焉

晉書夫餘死者以生人殉葬有槨無棺其居喪男女皆衣純白婦人着布面衣去玉珮

東沃沮

後漢書東沃沮在高句麗蓋馬大山之東北與挹婁夫餘南與濊貊接其葬作大木槨長十餘丈開一頭爲户新死者先假埋之令皮肉盡乃取骨置槨中家家人皆共一槨刻木如主隨死者爲數焉

寰宇記又有瓦鑑置米於中編懸之於槨户邊

挹婁

晉書肅慎氏一名挹婁死者其日即葬之於野交木作小槨殺豬積其上以爲死者之粮父母死男子不哭泣哭者謂之不壯

靺鞨

舊唐書靺鞨蓋肅慎之地死者穿地埋之以身襯土無棺斂之具殺所乘馬於屍前設祭

寰宇記勿吉亦謂之靺鞨其國父母春夏死立埋之冢上作屋不令雨濕若秋冬死以其屍餌貂貂食其肉則多獲之

寰宇記扶桑國親喪七日不食祖父母喪五日不食兄弟伯叔姊妹喪三日不食設座為神像朝夕拜奠不制衰絰嗣王立三年不親國事

女國

隋書女國在葱嶺之南其國代以女為王人死剝取皮以金屑和骨肉置於瓶內而埋之經一年又以其皮內於鐵器埋之

流求

隋書流求國死者氣將絕舉至庭親賓哭泣相弔浴

讀禮通考　二十一

其屍以布帛纏之裹以葦草襯土而殯上不起墳子為父者數月不食肉南境風俗少異人有死者邑里共食之子為親喪數月不肉食亦其俗之可嘉死者以申元前後日溪水浴其屍去其腐肉收其骸骨以布帛纏之裹以葦草襯土而殯上不起墳若王及陪臣之家則以骸匣藏於山穴中仍以木板為小牖户歲時祭埽則啓鑰視之蓋恐木朽而骨暴露也

苗

炎徼紀聞　苗俗喪無服或葬或不葬在金筑有克孟牯羊二族親死不哭笑舞浩唱謂之鬧户明年聞杜鵑聲則比屋號泣曰鳥猶歲至親不復矣在平樂為紫薑苗夫死其妻嫁而後葬曰喪有主矣在牂牁之閙為八番子葬不擇日以夜靜出之云不忍使其親

之知也在陳蒙爛土為天苗人死不葬以藤蔓束之樹間而已

黎峝

桂海虞衡志黎人親死不哭不粥飯惟食生牛肉以為哀痛之至葬則舁櫬而行令一人前行以雞子擲地鷄子不破處即為吉穴

炎徼紀聞峒人死以尺帛裹頭為服

犵狫

炎徼紀聞犵狫種有五以布一幅横圍腰間花者為花犵狫紅者為紅犵狫殮死有棺而不葬置之崖穴間高若絶地千尺或臨大河不施蔽蓋以木主若圭羅樹其側號曰家親殿在平伐者為打牙犵狫父母死則子婦各折其二齒投之棺中云以贈永訣也在

新添者為剪頭花猪人死則積薪焚之

狇狫

炎徼紀聞狇狫俗與犵狫畧同死則男女群冢俛尸而瘞之云為死者避厭也

羊獚

炎徼紀聞羊獚一曰橫黃父母死則焚其衣服殉以牛馬云若贈鬼者然

仲家蠻

炎徼紀聞其俗喪食尚魚鰕而禁禽獸之肉葬以繖蓋墓期年發而火之祭以枯魚

宋家蠻

炎徼紀聞其俗喪葬飯蔬飲水二十一日封而識之若馬鬣者

蔡家蠻

炎徼紀聞其俗人死不哭遶屍而歌謂之唱齋

龍家蠻

炎徼紀聞徙筰驪氏之裔人死以杵擊椎塘和歌哭椎塘者曰也昇之幽嵓秘而無識以七月七日祭其先塋

西原蠻

桂海虞衡志蠻俗親始死披髮持缾甕慟哭水濱擲銅錢紙錢於水汲歸浴尸謂之買水否則隣里以為不孝

羅羅

炎徼紀聞羅羅亦曰烏蠻白蠻人死以牛馬革裹而焚之

松外諸蠻

寰宇記其地有數十百部落無大君長有數十姓各擅山川不相役屬莊蹻之餘種也死喪哭泣棺槨襲斂無不畢備一年之內穿地爲坎殯於舍側止則小屋三年而後出葬之蠡蚌封棺令其耐濕父母死皆斬衰布衣遠者至四五年近者二三年然後即吉其被人殺者喪主以麻結髮而黑其面衣裳不緝

夜郎

新唐書自夜郎滇池以西皆莊蹻之裔死則殯舍左之三年乃葬以蠡蚌封棺父母喪斬衰布衣不澡遠者四五年近者二三年爲人所殺者子以麻括髮墨面衣不緝

附國

隋書附國蜀郡西北二千餘里死者無服制置尸高牀之上沐浴衣服被以牟甲覆以獸皮子孫不哭帶甲舞劍而呼云我父為鬼所取我欲報寃殺鬼自餘親戚哭三聲而止婦人哭必以兩手掩面死家殺牛親屬以賭酒相遺共飲噉而瘞之死後十年而大葬其葬必集親賓殺馬動至數十疋立木為祖父神而祀之

炎人國

墨子楚之南有炎人國者其親戚死朽其肉而棄之然後埋其骨乃成為孝子

哥羅

寰宇記哥羅在槃槃東南其俗死則焚屍盛以金罌沉之大海

南史林邑國死者焚之中野謂之火葬其寡婦孤居散髮至老

林邑

晉書林邑國居喪翦鬢謂之孝燔尸中野以爲葬

隋書林邑王死七日而葬有官者三日庶人一日皆以函盛屍鼓舞導從輿至水次積薪焚之收其餘骨王則納金甖中沉之於海有官者以銅甖沉之於海口庶人以瓦送之於江男女皆截髮哭隨喪至水次盡哀而止歸則不哭每七日然香散花復哭盡哀而止盡七七而罷至百日三年亦如之

舊唐書林邑人信佛法多出家父母死子則剔髮而哭以棺盛尸積柴燔柩收其灰藏於金瓶送之水中

寰宇記其寡婦孤居散髮至老

扶南

晉書扶南喪畧同林邑

南史扶南國俗居喪則剃除鬚髮死者有四葬水葬則投之江流火葬則焚於灰燼土

則殯埋之鳥葬則棄之中野

寰宇記其俗居喪則剃除鬚髮

頓遜

寰宇記其俗多鳥葬將死親賓歌舞送於郭外有鳥如鵞口如鸚鵡而紅色飛來萬計家人避之鳥食肉盡乃去燒其骨沉海中以爲上行人也必生天鳥若回翔不食其人乃自悲復以已爲有穢乃更就火葬以爲次行也若不能生入火又不被食者以爲下行也

赤土

隋書赤土國扶南之別種也死則剔髮素服就水上構竹木爲棚棚内積薪以屍置上燒香建旛吹蠡擊鼓以送之縱火焚薪遂落於水貴賤皆同惟國王燒訖收灰貯以金瓶藏於廟屋

真臘

隋書真臘在林邑西南本扶南之屬國也其喪葬男女皆七日不食剔髮而哭僧尼道士親故皆來聚會音樂送之以五香木燒屍收灰以金銀瓶盛送於大水之內貧者或用瓦而以彩色畫之亦有不焚送屍山中任野獸食者

周達觀真臘風土記人死無棺止以蓆席之類蓋之以布其出喪也前亦用旂幟鼓樂之屬又以兩柈炒米繞路拋撒檯至城外僻遠無人之地棄擲而去俟有鷹犬畜類來食頃刻而盡則謂父母有福故獲此報若不食或食而不盡反謂父母有罪而至此亦有焚者唐人之遺種也父母死別無服制男子則髡其髮女子則於顖門剪髮似錢大以此為孝國王仍有

塔葬埋但不知葬身與葬骨耳

投和

新唐書投和在真臘南親喪斷髮爲孝焚尸斂灰於甖沉之水

寰宇記其俗死喪則初祀哭泣若父母之喪則以截髮爲孝

多摩長

文獻通考多摩長國居於海島北與訶陵苛國接死亡無喪服之制以火焚其屍

暹羅

續文獻通考暹羅在占城極南本暹與羅斛二國地元至正間合爲一人死則灌水銀以養其身

賓童龍

續文獻通考國與占城地相接喪事能持孝服設佛
以度死者

三佛齋

馬歡瀛涯勝覽舊港即三佛齋也死喪祔與爪哇相
同

勃泥

宋史勃泥國在西南大海中喪葬亦有棺斂以竹爲轝
載棄山中二月始耕則祀之凡七年則不復祀矣
寰宇記其俗喪有棺殮孩孺則燎之成人則以竹爲
棚載之棄山中

爪哇

費信星槎勝覽其喪事凡主翁病死婢妾輩相對而
誓曰死則同往臨殯之日妻妾奴婢皆滿頭簪草花

放五色手巾隨屍至海邊或野地舁屍於沙地俾衆犬食盡爲孝如食不盡則悲歌號泣堆柴於旁衆婦坐其上良久乃縱火燒柴而死蓋殉葬之禮也

續文獻通考爪哇即古闍婆國喪有水葬火葬土葬唯死者所欲

麻逸凍

續文獻通考地在交欄山之西南洋國尚節義婦人喪夫則削髮剺面絕食七日多有並逝者得甦亦不再嫁至焚夫日多自赴火死

錫蘭

續文獻通考國人鬢鬚并滿身毫毛皆剃去淨止留其髮用白布纏頭如有父母死亡者其毫毛即不剃去以此爲孝人死則火化埋骨其喪家娶親鄰之婦

都將西手齊拍胷乳而呌嚎哭泣爲禮

滿剌加

張昇瀛涯勝覽喪類爪哇

啞魯國

張氏瀛涯勝覽喪禮與爪哇滿剌加同

蘇門荅剌

張氏瀛涯勝覽婚喪服用與滿剌加國同

耨陀洹

新唐書陀洹一曰耨陀洹在環王西南海中親喪在室不食燔屍已則剔髮浴於池然後食

墮婆登國

舊唐書墮婆登國死者口實以金又以金釧貫於四肢然後加以婆律膏及龍腦等香積薪以燔之

義渠

墨子秦之西有義渠（或作儀渠）三國者其親戚死聚柴薪而焚之燻上謂之登遐（劉勰新論作昇遐）

孝養國

拾遺記冀州之西二萬里有孝養之國其俗人年三百歲死葬之中野百鳥啣土為墳群獸為之掘穴不封不樹有親死者刻木為影事之如生昔黃帝伐蚩尤除諸凶害獨表此處為孝養之鄉

高昌（即車師）

後周書高昌喪葬與華夏小異而大同

龜茲

後周書龜茲喪葬與焉耆畧同

焉耆

後周書馬着死亡者皆焚而後葬其服制满七日則除之

康居

韋節西蕃記國城外別有二百餘户專知喪事別築一院ゝ內養狗每有人死即往取屍置此院內食狗食之肉盡收骸骨埋殯無棺椁

滑

寰宇記滑國以木為椁父母死其子截一耳葬訖即吉

嚈噠國

寰宇記嚈噠高車之別種或云大月氏之種類死者富家累石為藏貧者掘地而埋隨身諸物皆置冢內

天竺

舊唐書天竺即漢之身毒死者或焚屍取灰以爲浮圖或委之中野以施禽獸或流之於河以飼魚鼈無喪紀之文

党項

隋書党項三苗之後也人年八十以上死者以爲令終親戚不哭少而死者則云夭枉共悲哭之有琵琶橫吹擊缶爲節

舊唐書党項人死則焚之名爲火葬

哈烈

續文獻通考在肅州之西萬餘里即漢之大宛也其俗衣尚白有喪易以青

吐蕃

舊唐書吐蕃重兵死惡病終累代戰沒以爲甲門居父母喪截髮青黛塗面衣服皆黑既葬即吉其贊普死以

人殉葬衣服珍玩及所賞乘馬弓劍之類皆悉埋之仍於墓上起大室立土堆插雜木爲祠祭之所

新唐書吐蕃爲冢暨塗之其君臣自爲友五六人曰共命君死皆自殺以殉所服玩乘馬皆瘞起大屋冢顛樹衆木爲祠所

犬羊同國

寰宇記國東接吐蕃北直于闐其君長死抉去其腦實以珠玉剖其五臟易以黄金假造金鼻銀齒以人爲殉卜以吉辰藏諸巖穴他人莫知其所多殺牸牛草馬以充祭祀葬畢服除

悉立

寰宇記國在吐蕃西南死於中野不爲封樹喪制以黑爲衣一年就吉

波斯

後周書波斯國死者多棄屍於山一月著服城外有人別居惟知喪葬之事號為不淨人若入城市搖鈴自別

隋書波斯人死者棄屍於山持服一月

渴盤陀

寰宇記其俗死者埋殯七日為孝

東女國

舊唐書東女國西羌之別種以西海中復有女國故稱東女焉俗以女為王王若死國中多斂金錢動至數萬更於王族求令女二人而立之大者為王其次為小王大王死即小王嗣立或姑死而婦繼其居喪服飾不改為父母則三年不梳沐貴人死者或剝其

皮而藏之内骨於瓶中操以金屑而埋之國王將葬其大臣親屬殉死者數十人

刼國

文獻通考國在葱嶺中死亡棄於山

大食

杜環經行記大食國在波斯之西葬惟從儉

吐谷渾

晉書吐谷渾喪有服制葬訖而除

後周書吐谷渾死者亦皆埋殯其服制葬訖則除之

射姑

劉勰新論北方有射姑之國其親死則棄屍於江中謂之水仙

烏桓

後漢書烏桓人死斂屍以棺有哭泣之哀至葬則歌舞相送肥養一犬以彩繩纓牽并取死者所乘馬衣物皆燒而送之言以屬累犬使護死者神靈歸赤山赤山在遼東西北數千里如中國人死者魂神歸岱山也

高車

~~寰宇記~~北史其俗死亡葬送掘地作坎坐屍於中張臂引弓佩刀挾矟無異於生而露坎不掩走馬遶旋多者數百匝男女無大小皆集會之

步落稽

後周書步落稽死亡殯葬與中夏略同

突厥

後周書突厥死者停屍於帳子孫及諸親屬男女各

殺羊馬陳於帳前祭之遶帳走馬七匝詣帳門以刀剺面且哭血淚俱流如此者七度乃止擇日取亡者所乘馬及經服用之物并尸俱焚之收其餘灰待時而葬春夏死者候草木黃落秋冬死者候華葉榮茂然後坎而瘞之葬之日親屬設祭及走馬剺面如初死之儀葬訖於墓所立石建標其石多少依平生所殺人數又以祭之羊馬頭盡懸挂於樹標上是日也男女咸盛服飾會於葬所男有悅愛於女者歸即遣人聘問其父母多不違也

隋書突厥有死者停屍帳中家人親屬多殺羊馬而祭之遶帳號呼以刀劃面血淚交下七度而止於是擇日置屍馬上而焚之取灰而葬表木為塋立屋其中圖畫死者形儀及其生時所經戰陣之狀嘗殺一

人則立一石有至千百者

鐵勒

隋書鐵勒俗與突厥同惟死者埋殯之此其異也

契丹

又契丹國在庫莫奚東異種同類父母死而悲哭者以爲不壯但以其尸置於山樹之上經三年乃收其骨焚之因酹酒而祝曰冬月時向陽食若我射獵時使我多得豬鹿其無禮頑嚚最甚

室韋

又室韋國在勿吉北千里父母死男女衆哭三年尸則置於林樹之上

入新唐書前

後周書後

庫莫奚

後周書庫莫奚死者則以葦薄裹屍懸之樹上

室韋

新唐書室韋契丹別種蓋丁零苗裔也每部共構大棚死者置尸其上喪期三年

殺羊馬陳於帳前祭之遶帳走馬七匝一詣帳門以刀剺面且哭血淚俱流如此者七度乃止擇日取亡者所乘馬及經服用之物并尸俱焚之收其餘灰待時而葬春夏死者候草木黃落秋冬死者候華葉榮茂然後坎而瘞之葬之日親屬設祭及走馬剺面如初死之儀葬訖於墓所立石建標其石多少依平生所殺人數又以祭之羊馬頭盡懸挂於樹標上是日也男女咸盛服飾會於葬所男有悅愛於女者歸即遣人聘問其父母多不違也

隋書突厥有死者停屍帳中家人親屬多殺羊馬而祭之遶帳號呼以刀劃面血淚交下七度而止於是擇日置屍馬上而焚之取灰而葬表木為塋立屋其中圖畫死者形儀及其生時所經戰陣之狀常殺一

人則立一石有至千百者

鐵勒

隋書鐵勒俗與突厥同惟死者埋殯之此其異也

都波

寰宇記都波鐵勒之別種也死亡以木櫃盛尸置山中或懸於樹上送葬哭泣與突厥相類

新唐書都播亦曰都波人死以木櫃斂置山中或系於樹

庫莫奚

後周書庫莫奚死者則以葦薄裹尸懸之樹上

室韋

新唐書室韋契丹別種蓋丁零苗裔也每部共構大棚死者置尸其上喪期三年

流鬼

寰宇記流鬼在北海之北死鮮封樹哭之三年無餘

服制

黠戛斯

新唐書黠戛斯古堅昆國也喪不務面三環尸哭乃

火之收其骨歲而乃墓然後哭泣有節

寰宇記黠斯戛人死惟哭三聲

讀禮通考第一百十九

廟制

王制天子七廟三昭三穆與大祖之廟而七注此周制七者大祖及文王武王之祧與親廟四大祖后稷殷則六廟契及湯與二昭二穆夏則五廟無大祖禹與二昭二穆而已諸侯五廟二昭二穆與大祖之廟而五注大祖始封之君王者之後不為始封之君廟大夫三廟一昭一穆與大祖之廟而三注大祖別子始爵者大傳曰別子為祖謂此雖非別子始爵者亦然士一廟注謂諸侯之中士下士名曰官師者上士二廟庶人祭於寢注寢適寢也

祭法天下有王分地建國置都立邑設廟祧壇墠而祭之乃為親疏多少之數是故王立七廟一壇一墠曰考廟曰王考廟曰皇考廟曰顯考廟曰祖考廟皆月祭之遠廟為祧有二祧享嘗乃止去祧為壇去壇為墠壇墠有禱焉祭之無禱乃止去墠曰鬼諸侯立

五廟一壇一墠曰考廟曰王考廟曰皇考廟皆月祭之顯考廟祖考廟享嘗乃止去祖爲壇去壇爲墠壇墠有禱焉祭之無禱乃止去墠爲鬼大夫立三廟一壇曰考廟曰王考廟曰皇考廟享嘗乃止顯考祖考無廟有禱焉爲壇祭之去壇爲鬼適士二廟一壇曰考廟曰王考廟享嘗乃止顯考無廟有禱焉爲壇祭之去壇爲鬼官師一廟曰考廟王考無廟而祭之去王考爲鬼庶士庶人無廟曰鬼注祧之言超也超上去意也封土曰壇除地曰墠王皇皆君也顯明也祖始也名先人以君明始者所以尊本之意也享嘗謂四時之祭適士上士也官師中士下士庶士府史之屬此適士云顯考無廟非也當爲皇考字之誤

楊復曰按祭法與王制不同王制天子七廟三昭三穆與太祖之廟而七祭法則序四親廟二祧太祖以辯昭穆王制諸侯五廟與太祖之廟而五祭法則三親廟月祭高太廟享嘗以見降殺王制大夫三廟一昭一穆與太祖之廟而三祭法但有三親廟而高太無廟有二壇爲精禱之祭而已王制士一廟祭法分適士二廟官師一廟又祭法有考王考皇考顯考祖考之稱王制無之祭法有壇有墠或二壇無墠或一壇無墠王制無之大抵王制畧而祭

法詳。又按三壇同墠之說出于金縢，乃因有所禱而為之，非宗廟之外復為壇墠以待他日有禱也。孝經為之宗廟以鬼享之，非去墠為鬼也。晋張融謂祭法去祧為壇，去壇為墠，去墠為鬼，皆衰世之法，則所言難以盡信。

問喪：祭之宗廟，以鬼享之，徼幸復反也。注：說虞之義。○疏謂虞祭于殯宮，神之所在，故稱宗廟，尊而禮之，冀其魂神復反也。

祭義：宰我曰：吾聞鬼神之名，不知其所謂。子曰：氣也者，神之盛也；魄也者，鬼之盛也。合鬼與神，教之至也。注：氣謂噓吸出入者也。耳目之聰明為魄。合鬼神而祭之，聖人之教致之也。○疏：人之死，其神與形體分散各別，聖人以生存之時神形和合，今雖身死，聚合鬼神似生人而祭之，是聖人之教之至也。○吳澄曰：氣謂人之魂氣，死則其魂氣之靈為神；魄謂人之體魄，死則其魄之靈為鬼。盛猶言張旺也。生時之魂魄即死後之鬼神。死者茫昧而難知，生者顯著而易見，以生比死，則主而顯著者為盛，因其盛者可以知其茫昧者也。生則魂魄合而為人，死則魂魄分而為神為鬼。聖人制禮，合聚已分離之魂魄而報祭之，以此教民。其義理奧妙，故為教之極至也。衆生必死，死必歸土。此之謂鬼。骨肉斃于下，陰為野土。注：陰讀為依蔭之蔭，言人之骨肉蔭地中為土壤。○疏：鬼，歸也。歸土之形，故謂之鬼。陰為野土，覆說歸土之義。○吳澄曰：此言人之體魄死則為鬼也。體魄之能活動為生，不活動為死，既死則不留于人間而歸于土，故名之曰鬼。歸于土者，人之骨肉死則斃壞于地下，朽腐而為野中之土也。其氣發揚于上，為昭明焄蒿悽愴此百物之精也神之著也注焄謂香臭也蒿謂氣烝出貌也上言衆生此言百物明其與人同也不如人貴爾○疏此釋人氣爲神言人生時形體與氣合共爲生死則形與氣分其氣之精魂發揚而升于上爲神靈光明也若百物之氣或香或臭烝而上出其氣蒿然人聞之者有悽有愴也百物之精者人氣揚上爲昭明百物之精氣爲焄蒿悽愴人與百物共同但精識爲多故特謂之神此經論人亦因人神言百物也○吳澄曰此言人之魂氣死則爲神也未死則魂氣在人之身既死則其魂氣散布升舉于上而爲昭明與天之昭明者混爲一其昭明者即其魂氣之焄蒿悽愴者也焄如火氣之上烝蒿如木氣之上柚悽愴如金氣水氣之寒此即百物之精氣也以其著也故名之曰神此與上文對言而其文交錯不齊氣發揚于上對骨肉斃于下而言爲昭明對爲野土而言焄蒿悽愴對死必歸土而言百物之精對衆生必死而言衆生百物皆兼人物神之至也對此之謂鬼而言因物之精制爲之極明命鬼神以爲黔首則百衆以畏萬民以服注明命猶尊名也尊極鬼神不可復加也黔首謂民也則法也爲民作法使民亦事其祖禰鬼神民所畏服○疏言聖人因人與物死之精靈遂造爲尊極之稱故尊名人及萬物之精謂之鬼神以爲萬民之法則皮敬之以鬼神下皆敬畏之故百衆以畏萬民以服鬼神本是神與物之魂魄若直名魂魄其名不尊故尊而名之爲鬼神別加畏敬之也百物之魄謂之鬼對則精靈爲魂形體爲魄故略七年左傳云人生始化曰魄既生魄陽曰魂是形爲魄氣爲魂若散而言之魄亦性識〻與魄無異故昭二十五年左傳云心之精爽是爲魂魄魂魄去之何以能久又襄二十九年左傳云天奪伯有魄又對而言之天曰神地曰祇人曰鬼散而言之通曰鬼神○吳澄曰上分言鬼神而此總言之物之精即所謂百物之精也但言百物之精爲神而不言衆生之死爲鬼舉其一以該其二也精字雖是言神亦可言鬼蓋神是陽精之靈鬼是陰精之靈也言聖人因物之精

移講義後

徐師曾曰至

死而有靈故制為極尊之名鬼神本幽微也乃顯著而名之曰鬼曰神使民皆知死者之有靈而報事之是為民之法則也聖人以是為未足也築為宮室設為宗祧以別親疏遠邇教民反古復始不忘其所由生也衆之服自此故聽且速也注自由也言人由此服於聖人之教也聽謂順教令也速疾也

徐師曾曰此每合鬼與神而為至教之意聖人以尊名鬼神未稱其意故又築為宮室而廟祀之而其為宮室也有宗廟有祧廟以別其親而迩者為宗其祭數疏而遠者為祧其祭疏凡為此者蓋以宗祧冥冥一脉相傳正吾身所始及由生者今為宮室宗祧使鬼神有所棲止祭祀有所憑依是乃反之于昔則追復受氣之始念之于今則不忘賦形之由聖王緣人情而制禮如此故衆人心服而聽命且速也

朱子曰昭明焄蒿悽愴此言鬼神之氣所以感觸人者昭明乃光景之屬焄蒿氣之感觸人者悽愴如漢書所謂神君至其風肅然之意

輔廣曰昭明焄蒿悽愴言氣之發揚如此不必分人物言之不言人而言物者言物則所該者博也

講義曰大凡有生者必有死雖骨肉斃而化于下而其氣則發揚于上其光焰為昭明其氣象為焄蒿或感動人于若有若無之間則又使人悽愴而不能自已是孰為此是聰明性識為曰物之精爽而神之不可揜焉者也

朱董祥曰原鬼神天地絪緼之氣凝結而為[illegible]結之質解而絪緼不散則歸

而爲鬼也神者鬼之伸正直之氣發揚於上則伸而爲神人之死魂升而魄降是魂氣無不升然其生也不直則其升也不達則章流而從魄以發乎地先王知鬼神之情狀爲之制喪祭之礼始死則升屋以復之三日而斂則立重以依之設奠以定之三月而葬則立主以神之虞以安之祔以冀之朝夕享祀以通之三年不離以守護之五世而遷百年而祭始畢皆以子孫之力維之以伸也三代而下礼樂不講鬼神之道不明儒者恐入于虛誕而不言佛老見其偏而妄言之世遂以鬼神爲高遠難明之事矣不知有天地則有人有人則有鬼神天地鬼神典人爲一者也易曰大人者典天地合其德典日月合其明典四時合其序典鬼神合其吉凶先天而天弗違後天而奉天時天且弗違而況于人乎況于鬼神乎夫鬼神有天地之神有人死而伸之神天地之神日月星辰山川社稷之靈是也人死之神孝忠節義之氣之伸是也天地之神典天下同吉凶山川社稷之神典一方同吉凶孝忠節義之神典其類同吉凶鬼則私其子孫耳故天子祭天地有土者各祭其所當祀士得祀其師友庶人惟得祀其先後世人不知學禍福之來不反其行事之得失誣諸鬼神孟子曰禍福無不自己求之者易曰吉凶者失得之象也悔吝者憂虞之象也於鬼神何尤夫人之生性本于天而其身必自父祖而有其死也亦必自祢而祖而曾而爲高高五世而祭盡以其伸也是故子孫之成立非祖父百年之積累雖榮不久而祖父之神靈非子孫百年繼護之則升而不達而爲厲爲祟古之人所以速葬立主而虞祭祀也天地之道有幽有明人者天地之明鬼神者天地之幽幽者天地之根明者天地之華不知幽則不知明之根不知天地則不知人之根不知鬼神則不知生之始死之終易曰仰以觀于天文俯以察于地理是故知幽明之故原始反終故知死生之說精氣爲物游魂爲變是故知鬼神之情狀且夫人事之大莫大於死生鬼神者典死生相關者也世謂聖人不詳可置勿論不知聖人之論鬼神詳于六經祭礼之中聖人之論死生詳于易卦始終之內明祭祀之礼始終之義則知鬼神之所以爲鬼神而祖先歲時之祭不敢不誠外神求福之禱

祀不敢從俗鬼得親其子孫神咸享其正祭天地陰陽之和在鬼神之安安鬼神務使天下無僭祭無淫祀鬼之祭統于宗神之祭專于所守嗚呼鬼神之不明于天下久矣

父母既沒必求仁者之粟以祀之此之謂禮終注喻貧用牆不取惡人物以事亡親

孝經為之宗廟以鬼享之春秋祭祀以時思之注立廟祔祖之後則以鬼礼享之寒暑變移益用增感以時祭祀展其孝思也

爾雅釋宮宮謂之室室謂之宮注皆所以通古今之異語明同實而兩名牖戶之間謂之扆注窗東戶西也礼云斧扆者以其所在處名之其內謂之家注今人稱家義出于此東西牆謂之序注所以序別內外西南隅謂之奧注室中隱奧之處西北隅謂之屋漏注詩曰尚不愧于屋漏其義未詳東北隅謂之宧注宧見礼亦未詳東南隅謂之窔注礼曰埽室聚窔窔亦隱闇柣謂之閾注閾門限棖謂之楔注門兩旁木楣謂之梁注門戶上橫梁樞謂之椳注門戶扉樞樞達北方謂之落時注門持樞者或達北檼以為固也落時謂之戺注通二名也兩階間謂之鄉注人君南鄉當階閒中庭

之左右謂之位注羣臣之側位也門、屏之間謂之宁注人君視朝所宁立處屏謂之樹注小牆當門中閍謂之門注詩曰祝祭於祊正門謂之應門注朝門觀謂之闕注宮門雙闕宮中之門謂之闈注謂相通小門也其小者謂之閨小閨謂之閤注大小異名衖門謂之閎注左傳曰盟諸僖閎閧頭門門側之堂謂之塾注夾門堂也橛謂之闑注門閫闔謂之扉注公羊傳曰齒著于門闔所以止扉謂之閎注門辟旁長橛也左傳曰高其閈閎閎長杙即門橜也瓴甋謂之甓注甗甎也今江東呼瓴甓宮中衖謂之壼注巷閤閒道廟中路謂之唐注詩曰中唐有甓堂途謂之陳注堂下至門徑也室有東西廂曰廟注夾室前堂無東西廂有室曰寢注但有大寢無室曰榭注榭即今堂堭四方而高曰臺陝而脩曲曰樓注脩長也○疏此明寢廟樓臺之制也凡太室有東西廂夾室及前堂有序牆者曰廟但有太室者曰寢月令仲春云寢廟畢備鄭注云前曰廟後曰寢以廟是接神之處其處尊故在前寢衣冠所藏之處對廟爲卑故在後

家語衛將軍文子將立先君之廟于其家使子羔訪于孔子孔子曰公廟設於私家非古禮之所及天子

七廟諸侯五大夫三士二庶人無廟四時祭於寢自
虞至周所不變也

漢自高祖至宣帝各立廟於陵旁而京師無太廟至
元帝時韋玄成建議禮廟在大門内不敢遠親也今
宗廟異處昭穆不序宜入就太祖廟而序昭穆如禮
從之於是始立廟於京師

乾學按漢承秦後禮文湮沒天子廟制猶
且茍略如此則臣下奉先之典其不能備
禮可知矣

東漢明帝崩遺詔無起寢廟藏主於世祖廟更衣室
章帝不敢違閽祠於更衣四時合祭於世祖及章帝
崩亦如之自此遂為定制

乾學按自明帝遜讓不自立廟後世遂為

同堂異室之制自漢迄明所謂七廟九廟者不過七室九室而已王朝且然則公卿以下其能備五廟三廟之制乎此古禮之一大變也

隋書禮儀志北齊建國王及五等開國執事官散官從二品以上皆祀五世五等散品及執事官散官正三品以下從五品以上祭三世三品以上牲用一太牢五品以下少牢執事官正六品以下從七品以上祭二世用特牲正八品以下達於庶人祭於寢牲用特肫或亦祭祖禰諸廟悉依其宅堂之制其間數各依廟多少為限其牲皆子孫見官之牲

新唐書禮樂志諸臣之享其親廟室服器之數視其品開元十二年著令一品二品四廟三品三廟五品

二廟嫡士一廟庶人祭于寢及定禮二品以上四廟三品三廟三品以上不須爵者亦四廟四廟有始封為五廟四品五品有兼爵亦三廟六品以下達於庶人祭于寢天寶十載京官正員四品清望及四品五品清官聽立廟勿限兼爵雖品及而建廟未逮亦聽寢廟之制三品以上九架廈兩旁三廟者五間中為三室左右廈一間前後虛之無重栱藻井室皆為石室一於西墉三之一近南距地四尺容二主廟垣周之為南門東門門屋三室而上間以廟增建神廚於廟東之少南齋院于東門之外少北制勿逾于廟牲以少牢羊豕一六品以下特豚不以祖禰貴賤皆子孫之牲牲闕代以野獸五品以上室異牲六品以下共牲二品以上室以籩豆十三品以八四品五品以

三品以上有神主五品以上有几筵

六五品以上室皆蓋二簋二甑二鉶俎三尊二罍二勺二爵六盤一坫一篚一牙盤胙俎一（其後廟制設幄當南向）

新唐書王珪傳珪既貴獨不作家廟四時祭于寢爲有司所劾帝爲立廟媿之不罪也世以珪儉不中禮少之

李涪刊誤士大夫立私廟不合奏請禮嫡士立二廟庶人祭于寢累代禮文不易斯義開元十二年勑一品許祭四廟三品許祭三廟五品二廟嫡士亦許祭二廟爾後禮令並無革易古者廟建於家家主之喪則殯于西階之上鄉人儺孔子朝服立於阼階又曰喪不慮居爲無廟也則知居不遠廟禮典昭然近代顯居上位率多祭寢亦嘗發問皆曰官品未宜有位至將相者奏請之詞則曰臣官階並及三品准令合

立私廟是不知舊制妄有論奏廟貌申敬用展孝思豈於霜露之情合俟朝廷之命蓋以將同列戟先白有司既展哀榮宜遵典故原其奏請之因蓋立廟不在其家别于坊選吉地乃爲府縣申奏或有官居顯重慎慮是宜營構之初亦自聞奏相習既久致立廟須至聞奏

宋史禮志群臣家廟本於周制適士以上祭於廟庶士以下祭於寢唐原周制崇尚私廟五季之亂禮文大壞士大夫無襲爵故不建廟而四時寓祭室屋慶曆元年南郊赦書應中外文武官並許依舊式立家廟已而宋庠又以爲言乃下兩制禮官詳定其制度官正一品平章事以上立四廟樞密使知樞密院事參知政事樞密副使同知樞密院事簽書院事見任

前任同宣徽使尚書節度使東宮少保以上皆立三廟餘官祭於寢凡得立廟者許適子襲爵以主祭其襲爵世降一等死即不得作主祔廟別祭於寢自當立廟者即祔其主其子孫不計廟祭寢祭並以世數號數遷祧始得立廟者不祧以比始封有不祧者通祭四廟五廟當因衆子立而適長子在則祭以適長子主之適長子死即不傳其子而傳立廟者之子凡立廟聽於京師或所居州縣其在京師者不得於裏城及南郊御路之側仍別議襲爵之制既以有廟者之子孫或官微不可以承祭而朝廷又難盡推襲爵之恩事竟不行大觀二年議禮局言所有臣庶祭禮請參酌古今討論條上斷自聖衷于是議禮局議執政以上祭四廟餘通祭三廟古無祭四世者又侍從

官以至士庶通祭三世無差等多寡之别豈禮意乎古者天子七世今太廟已增爲九室則執政視古諸侯以事五世不爲過矣先王制礼以齊萬有不同之情賤者不得僭貴者不得踰故事二世者雖有孝思追遠之心無得而越事五世者亦當跂以及焉今恐奪人之恩而使通祭三世徇流俗之情非先王制禮等差之義可文臣執政官武臣節度使以上祭五世文武升朝官祭三世餘祭二世應有私第者立廟于門内之左如狹隘聽于私第之側力所不及仍許隨宜又詔古者寢不踰廟禮之廢失久矣士庶堂寢踰度僭禮有七楹九楹者一旦使就五世三世之數則當徹毀居宇以應禮制豈得爲易行可自今立廟其間數視所祭世數寢閒數不得踰廟事二世者寢聽

用三間議禮局言禮記王制諸侯五廟二昭二穆與
太祖之廟而五所謂太者蓋始封之祖不必五世又
非臣下所可通稱今高祖以上一祖未有名稱欲乞
稱五世祖其家廟祭器正一品每室籩豆各十有二
簠簋各四壺尊罍鉶鼎俎篚各二尊罍加勺冪各一
爵各一諸室共用胙俎罍洗一從一品籩豆簠簋降
殺以兩正二品籩豆各八簠簋各二餘皆如正一品
之數詔禮制局製造仍取旨以給賜之紹興十一年
二月癸丑詔太師左僕射魏國公秦檜合建家廟命
臨安守臣營之太常請建于其私第中門之左一堂
五室五世祖居中東二昭西二穆堂飾以黝堊神板
長一尺博四寸五分厚五寸八分大書某官某大夫
之神座貯以白囊藏以漆函歲四享用孟月柔日行

之具三獻有司言時享用常器常饌帝倣政和故事命製祭器賜之其後太傅昭慶節度平樂郡王韋淵太尉保慶節度吴益少傅寧遠節度楊存中並請建家廟賜以祭器隆興二年四月庚辰少傅四川宣撫使吴璘請用存中例從之乾道八年九月詔有司賜少保武安節度四川宣撫使虞允文家廟祭器如故事淳熙五年七月戶部尚書韓彦古請以賜第造父世忠家廟如存中十二月少傅保寧節度衛國公史浩請建家廟量賜祭器嘉泰元年太傅永興平原郡王韓侂胄奏曾祖琦效忠先朝奕世侑食家廟猶闕請下禮官考其制建之二年循忠烈王張俊開禧三年鄜武僖王劉安世子孫相繼有請皆從之嘉定十四年八月詔右丞相史彌遠賜第遵淳熙故事賜家

廟命臨安府臣營之禮官討論祭器並如侂胄之制

彌遠請并生母齊國夫人周氏及祔妻魯國夫人潘

氏於生母別廟皆下有司賜器景定三年詔丞相賈

似道賜家廟命臨安府書營度禮官討論賜祭器並

如儀

宋敏求春明退朝錄皇祐中宗袞請置家廟下兩制禮官議以為廟室當靈長若身沒而子孫官微即廟隨毀請以其子孫襲三品階勳及爵庶常得奉祀不報

葉夢得石林燕語士大夫家廟自唐以後不復講慶曆元年郊祀赦聽文武官皆立廟然朝廷未嘗討論立為制度無所遵守故久之不克行皇祐二年初祀明堂宋莒公為相乃始請下禮官定議于是請平章事以上立四廟東宮少保以上立三廟而其詳皆不盡見文潞公為平章事首請立廟于洛終無所考據不敢輒作至和初知長安因得唐杜佑舊廟于曲江猶是當時舊制一堂四室旁為兩翼嘉祐初遂倣為之兩廡之前又加以門以其東廡藏祭器西廡藏家牒祊在中門之右省牲展饌滌濯等在中門之左別為外門置庖廚于中門外之東南堂中分四室用晉荀安昌公故事作神板而不為主唐開元禮祀錄以元日寒食秋分冬夏至為四時祭之節前祭皆一日致齋在洛則以是祭式在他處則奉神板自隨倣古諸侯載遷主之義公元豐間始致仕歸洛前此在洛無幾則廟不免猶虛設乃知古今異制終不可盡行也

仝上

王棣燕翼詒謀錄慶曆元年十一月郊祀赦文功臣不限品數賜私門立戟文武臣僚許立家廟已賜門戟給官地脩建此循唐制也故有兄弟同居而各置門以列戟者想是時必有立戟之人特近代此制不舉無能舉舊事以言者若家廟則終不能行至皇祐二年十二月甲申朔復頒三品以上家廟之制從宋庠之請也然一時議者欲令立廟之子孫襲其封爵世降一等自國公而至封男凡五世而封爵之卑者僅一二世或又疑襲封公爵惟三恪先聖之後有之此制一行數世之後必多又子孫或初命卑官不應襲公侯之爵議終不決竟已不行是不詳考前代之制也君子惜之

司馬氏温公書儀(註云仁宗時嘗有詔聽太子少保以上皆立家廟而有司終不為之定制度惟文潞公立廟于西京他人皆莫之立故今但以影堂言之)

堂室房戶圖(人家堂室房戶不能一一如此當以帷幕夾截為之)

前為南門

阼階		西階
東序	堂 戶 牖	西序
房	室	

右為西

左為東

後為北

乾學按温公此圖本先儒大夫士無西房之說也但既無西房則東房西室自當中分之豈有虛其右方之理先正之書不敢僭易姑識其說如此

陳祥道禮書

天子廟式　諸侯同

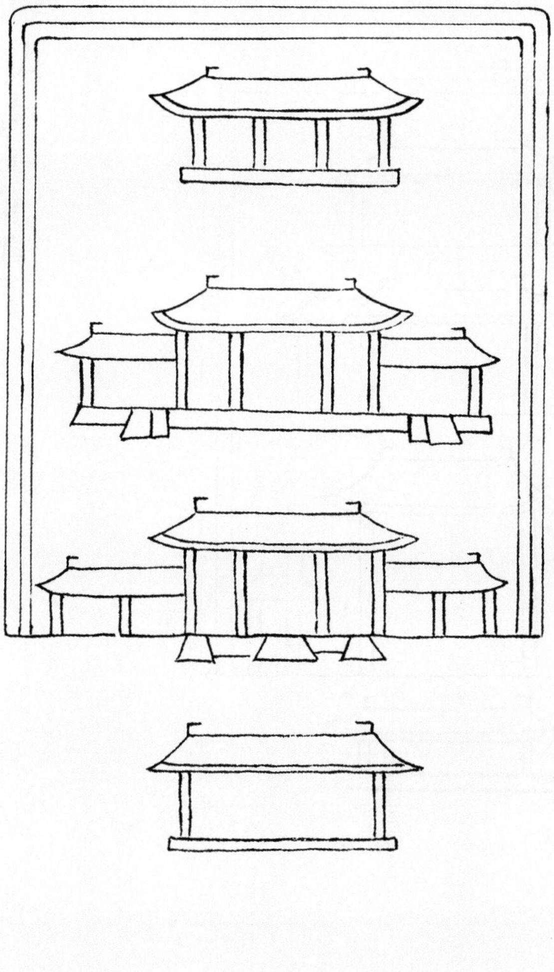

大夫三廟式　適士官師同

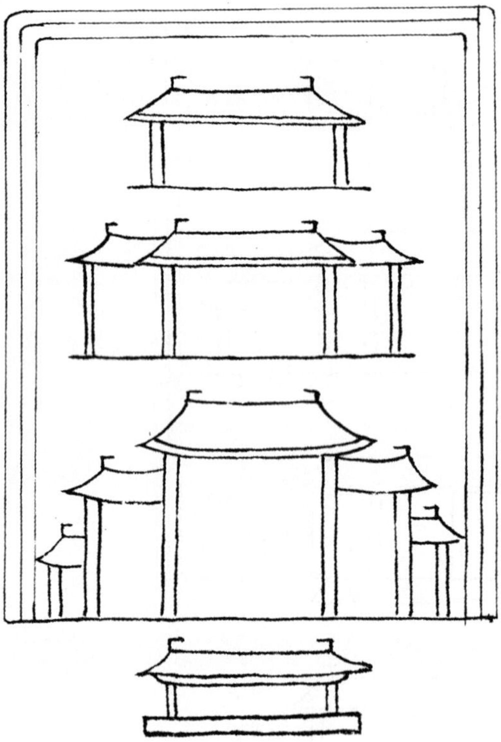

大夫士寢廟制五架之屋

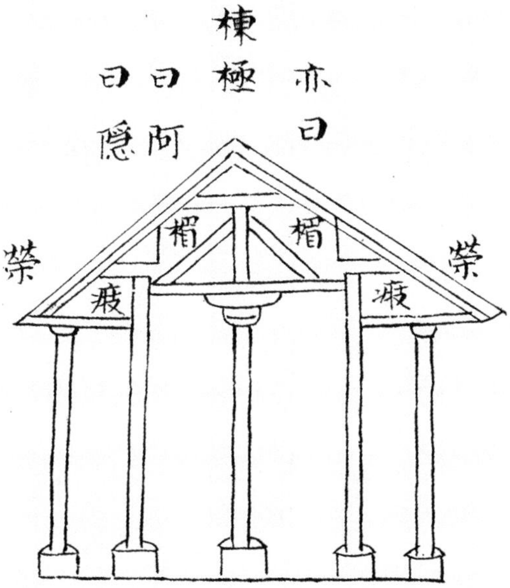

門制

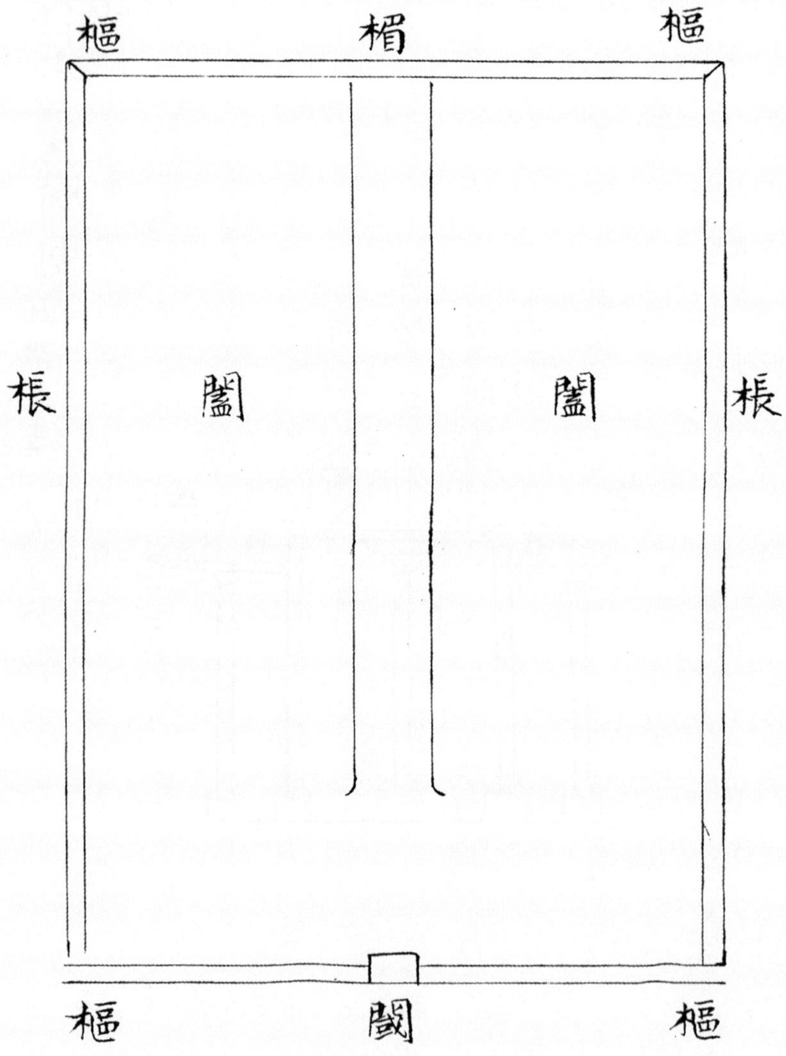

禮書圖

碑

碑石為之鄭氏釋聘禮曰設碑近如堂深

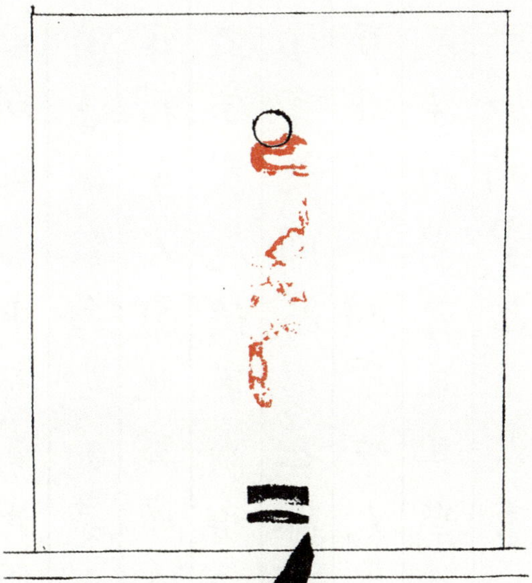

陳祥道曰天子諸侯之寢廟四阿有霤士大夫則五架有禁而已五架之制棟居中而南北薦蓉曰庪棟庪之閒曰楣昏禮賓當阿致命阿棟也則是大夫士之廟室設于棟北矣少牢禮主人獻祝設席南面祝拜於席上則是大夫士之廟室迫挾矣爾雅曰無東西廂有室曰寢其文對廟言之則廟寢也鄭氏謂天子路寢太廟明堂同制豈非惑於明堂位太廟天子明堂之說乎所謂太廟天子明堂者蓋其崇其飾與明堂同非必五室四門一如明堂也不然書言路寢詳矣而無是制何耶○爾雅曰室有東西廂曰廟無東西廂有室曰寢以書考之天子路寢之制室居中左户右牖東西有房又有東序西序東堂西堂東垂西垂賓階阼階房之南有東西夾室鄭康成釋儀禮謂房

當夾室北是也孔安國謂西房西夾室東房東夾室誤矣諸侯路寢與大夫士之室皆東西房士喪禮男子髻髮于房婦人髽于室喪大記主人即位于戶內婦人髽于房士喪禮婦人髽于室在男子之西則諸侯之禮婦人髽于房為西房矣士亦有西房而婦不於北髽者尊卑之別然也公食大夫於廟宰夫饌于東房贊者負東房大夫立于東夾南宰東夾北則諸侯之廟亦東西房東西夾矣少牢禮司宮尊兩甒于房戶之閒士冠鄉飲亦尊於房戶之閒特牲禮尊于戶東皆指東房言之非謂無西房也鄉飲記曰席出自左房鄉射記曰出自東房與大射諸侯擇士之宮宰胥薦脯醢由左房其言相類蓋言左以有右言東以有西則大夫士之房室與天子諸侯同可知鄭氏謂大

卷第百二十　廟制下

夫士無西房誤矣然皆南戸而無北牖室有北牖而無北堂則房戸之外由半以南謂之堂其內由半以北亦謂之堂昏禮尊於房戸之閒是房有南戸矣禮大射羞膳者升自北階立于房中而不言入戸是房無北牖矣昏禮尊於室中北牖下是室無北堂矣故昏禮洗在北堂直室東隅則北堂在房之北可知

朱子

家禮祠堂制右之廟制不見于經且今士庶人之賤亦有所不得為者故特以祠堂名之而其制度亦多用俗禮云

君子將營宮室先立祠堂於正寢之東祠堂制三間或一間正寢謂前堂也

為四龕以奉先世神主高曾祖考四代各為一龕龕中置櫝櫝中藏主龕外垂簾以一長卓共盛之列龕以西為上每龕前各設一卓或共設一長卓西階之閒又通設一香案上置香爐香合之類

旁親之無後者以其班祔伯叔祖父母祔于高祖伯叔父母祔于曾祖妻若兄弟若兄弟之妻祔于祖子姪祔于父皆西向主櫝並如正位而略小○或不用櫝列主于龕之西旁男左女右亦可祔殤亦如之

置祭田計見田每龕取其二十之一以為祭田

具祭器椅　卓子　牀　席　香爐　香合　香匙　燭檠　茅砂盤　祝版　环珓　酒注　盞盤　盞　茶瓶　茶盞并托　椀　楪子　匙　箸　酒尊　方酒尊　托盤　盥盤并架　帨巾并架　火爐　以上器物隨其合用之數皆具貯而封鎖之不得他用不可貯者列于外門之内

或有水火盜賊則先救祠堂遷神主遺書次及祭器然後及家財易世則改題神主而遞遷之易世改題見喪礼

凡祠堂所在之宅子孫世守之不得分析○凡屋之制不問何向背但以前為南後為北左為東右為西後皆倣此○祠堂之内以近北一架為四龕大宗及繼高祖之小宗則高祖居西曾祖次之祖次之父次之繼曾祖之小宗則不敢祭高祖而虚其西龕一繼祖之小宗則不敢祭曾祖而虚其西龕二繼禰之小宗則不敢祭祖而虚其西龕三若大宗世數未滿則亦虚其西龕如小宗之制○凡升降惟主人繇阼階主婦及餘人雖尊長亦繇西

階○凡拜男子再拜則婦人四拜謂之俠拜其男女相荅拜亦然○曲禮舅沒則姑老不預于祭又曰支子不祭故今專以世適宗子夫婦爲主人主婦其有母及諸父母兄嫂者則設特位于前如此○凡祝版于皇高祖考皇高祖妣自稱孝玄孫於曾祖考妣自稱孝曾孫于皇祖考妣自稱孝孫于皇考妣自稱孝子有官封謚則皆稱之無則以生時稱謂之號加于府君之上妣曰某氏夫人自稱非宗子不稱孝

丘瓊山曰按家禮舊本于高曾祖考妣上俱加皇氏今本改作故字故字之俗不如用顯字蓋皇與顯皆明也其義相符又案無官者妣曰某氏夫人蓋婦人稱夫人猶庶人之称公也今制二品方得封夫人宜如俗稱孺人

祠堂三間之圖

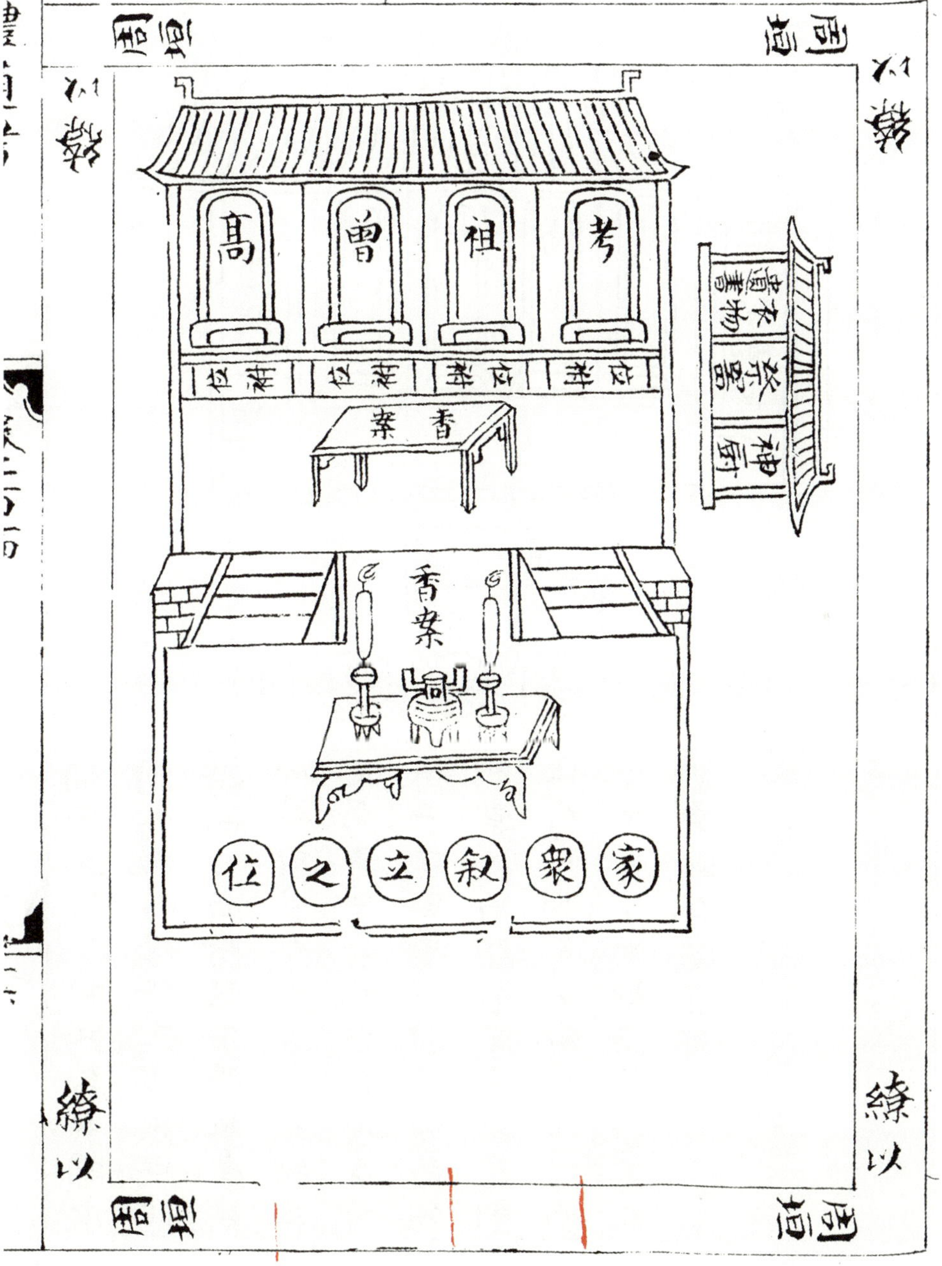

祠堂一間之圖

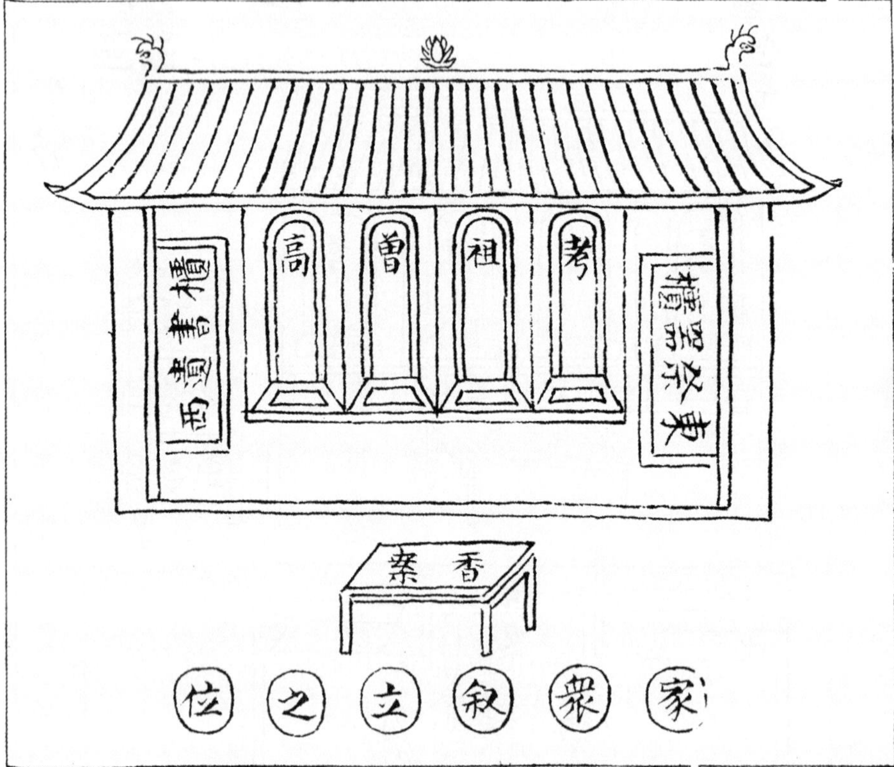

祠堂之制三間外為中門中門外為兩階皆三級東曰阼階西曰西階階下隨地廣狹以屋覆之令可容家衆叙立又為遺書衣物祭器庫及神厨于其東繚以周垣別為外門常加扃閉若家貧地狹則止為一間不立厨庫而東西壁下置立兩櫃西藏遺書衣物東藏祭器亦可

祠堂時節陳設之圖

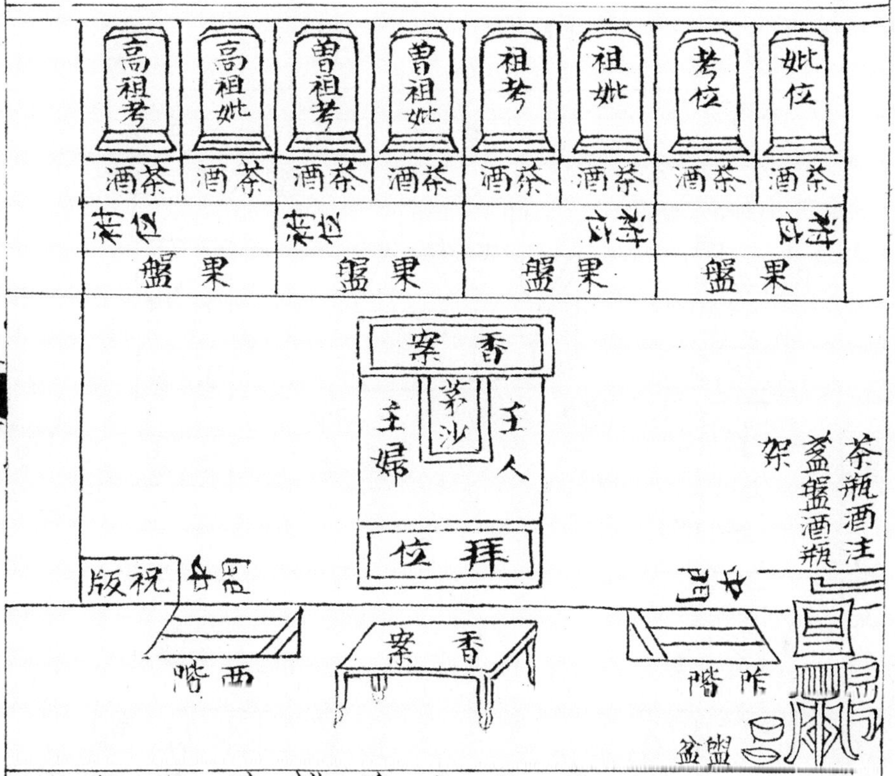

按通禮本註就位主人北面于阼階下主婦北面于西階下主人有母則特位于諸婦之前主人有諸父諸兄則特位于主人之右少前重行西上有諸母姑嫂姊則特位于主婦之左少前重行東上諸弟在主人之右少退子孫外職事在主人之後弟婦及諸妹在主婦之左少退子孫婦女及內執事在主婦之後舊本圖合于祠堂今別出者欲人易曉也本註有母特位而

家衆叙立之圖

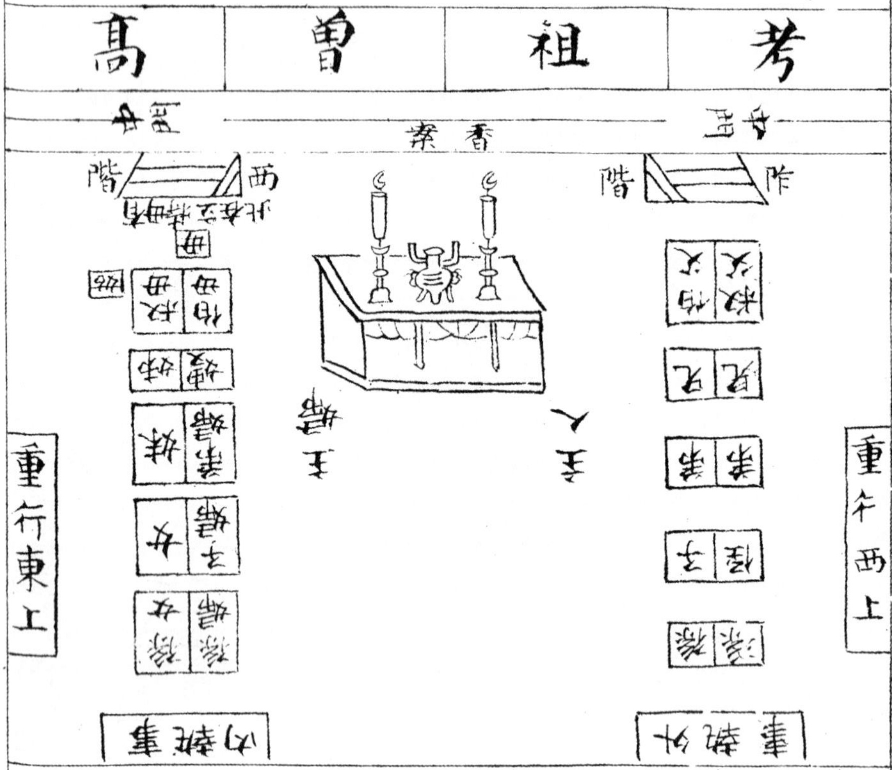

舊圖無之子孫當世為一列而舊圖混為一有失世次今補正之舊圖分諸父諸兄為二維與本注不同則得之矣

家禮附論司馬温公曰所以西上者神道尚右故也或問廟主自西而列朱子曰此也不是古禮問諸侯廟制太祖居北而南向昭廟二在其東南穆廟二在其西南皆南北相重不知當時每廟一室或共一室各為位也曰古廟制自太祖而下各自一室司農禮象圖可考西漢時高祖廟文帝顧成廟各在一處但無法度不同一處至東漢明帝讓卧不敢自當立廟祔于光武廟其後遂以為例至唐太廟及群臣家廟悉如今制以西為上也至禰處謂之東廟今太廟之制亦然

朱子宫室考宫室之名制不盡見于經其可考者宫必南向廟在寢東皆有堂有門其外有大門禮建國之神位右社稷左宗廟宫南向而廟居左則在東也寢廟之大門一曰外門其北蓋直寢故士喪禮注以寢門為内門中門凡既入外門其向廟也皆曲而東行又曲

而北案士冠礼賓立於外門之外主人迎賓入每曲揖至于廟門注曰入外門時也由揖直廟將北曲又揖是〻又按聘礼公迎賓于大門內每門每曲揖及廟門賈氏曰諸侯五廟太祖之廟居中二昭居東二穆居西每廟之前西旁有隔牆〻皆有閤門諸侯受聘于太祖廟太祖廟以西隔牆有三大門東行至太祖廟凡經三閤門故曰每門也大夫三廟其隔與門亦然故賓至大夫迎賓入亦每門每曲揖乃及廟門其說當於大夫士之門唯外門內門而已諸侯則三天子則五庠序則唯有一門鄉飲酒射礼主人迎賓於門外入門即三揖至階是也

堂之屋南北五架中脊之架曰棟次棟之架曰楣鄉射礼記曰序則物當棟堂則物當楣注曰是制五架之屋也正中曰棟次曰楣前曰庪賈氏曰中脊為棟〻前一架為楣〻前接簷為庪今見於經者唯棟與楣而已棟一名阿按士昏礼賓升當阿致命注曰阿棟也又曰入堂深示親〻賈氏曰凡賓升皆當楣此深入當棟故云入堂深也又按聘礼賓升亦當楣又曰凡堂皆五架則五架之屋通乎上下而其廣狹隆殺則異爾

後楣以北為室與房後楣之下以南為堂以北為室與房室東西相連為之按少牢饋食礼主人室中獻祝〻拜于席上坐受注曰室中迫狹賈氏曰棟南西架北亦西架棟北楣下為室南壁而開戶以西架之間為室故云迫狹也昏礼賓當阿致命鄭云入堂深明不入室是棟北乃有室也序之制則無室按鄉射礼記曰序則物當棟堂則物當楣注曰序無室可以深也又礼席賓南面注曰不言於戶牖之間者此射於序賈氏曰無室則無戶牖故也釋宮曰無室曰榭〻即序也

人君左右房大夫士東房西室而已聘礼記若君不見使大夫受聘升受負右房而

又大射儀薦脯醢由左房是人君之房有左右也公食大夫禮記退出自東房注曰天子諸侯左右房賈氏曰言左對右言東對西大夫士惟東房西室故直云房而已然按聘礼賓館于大夫士君使卿還玉于館也賓亦退負右房則大夫亦有右房矣又鄉飲酒礼記薦出自左房少牢饋食礼主婦薦自東房亦有左房東房之称當考

室中西南隅謂之奥邢昺曰室戶不當中而近東西南隅最為深隱故謂之奥而祭祀及尊者常處焉

東南隅謂之窔郭氏曰窔亦隱闇

西北隅謂之屋漏詩所云尚不愧于屋漏是也曾子問謂之當室之白孫炎曰當室日光所漏入也鄭謂當室之白西北隅得戶明也經止曰西北隅

室南其戶戶東而牖西説文曰戶半門也牖穿壁以木為交窓也月令正義曰古者窟居開其上取明雨因霤之是以後人名室為中霤開牖者象中霤之取明也牖一名鄉其扇在内案士虞礼祝闔牖戶如食間啟戶啟牖鄉注曰牖先闔後啟扇在内也鄉牖一名是也

戶牖之間謂之依郭氏曰窓東戶西也覲礼斧依名以設之於此而得依名士昏礼注曰戶西者尊處以尊者及賓客位於此故又曰客位

戶東曰房戶之間士冠礼注曰房西室戶東也寢廟以室為主故室戶尊得戶名凡言戶者皆室戶若房戶則兼言房

以別之大夫士戶房之閣於堂房東西之中按詩正義曰鄉飲酒義云尊于房□民賓主共之由無西房故以房與室戶之間房中也又鄉飲酒禮席賓于戶牖間而義曰坐賓于西北則大夫士之戶牖閒在西而房室間為正中明矣人君之制絕無可證按釋宮曰西階間謂之鄉邢氏曰人君南嚮當階閒則人君之室正中其西為右房而戶牖閒設□□正中矣又按詩斯干曰築室百堵西南其戶箋曰天子之寢左右房異於一房者之室戶也正義曰大夫唯有一東房故室戶偏東與房相近天子諸侯既有右房則室當在其中其戶正中比一房之室戶為西當考

房戶之西曰房外

士昏禮記母南面于房外女出于母左士冠禮尊于房戶之間若庶子則冠于房外南面注曰謂尊東也是房戶之西得房外之名也房之戶於房南壁亦當近東按士昏禮注曰北堂在房中半以北南北直室東隅東西直房戶與隅間隅間者蓋房東西之中西隅間也房中之東其南為夾洗直房戶而在房東西之中則房戶在房南壁之東偏可見矣

房中半以北曰北堂

士昏禮記婦洗在北堂直室東隅注曰北堂房中半以北賈氏曰房與室相連為之房無北壁故得北堂之名按特牲饋食禮記尊兩壺于房中西墉下南上內賓立于其北東面南上宗婦北堂北上內賓在宗婦之北乃云北堂又婦洗在北堂而直室東隅是房中半以北為北堂也婦洗在北堂而士虞禮主婦洗足爵于房中則北堂亦通名房中矣大射儀工人士與梓人升下自北階注曰位在北堂下則北階者北堂之階也

堂之上東西有楹

楹柱也古之築室者以垣墉為基而屋其上唯堂上有兩楹而已楹之設蓋于前楣之下按鄉射禮曰射自楹間注曰謂射于庠也又曰序則物當棟堂則物當楣物畫地為物射時所立處也堂謂庠之堂也又曰豫則鉤楹內堂則由楹外當物北面揖豫即

序也鉤楹繞楹也物當棟而升射者必鉤楹內乃北面就物則棟在楹之內矣物當楣而升射者由楹外北面就物又鄭氏以為物在楹間則楹在楣之下也又按釋宮曰梁上楹謂之梲梲侏儒柱也梁楣也侏儒柱在梁之上則楹在楣之下又可知矣

堂東西之中曰西楹間

公食大夫禮致豆實陳于楹外簠簋陳于楹內西楹間言楹內外矣又言西楹間知凡言西楹間者不必與楹相當謂堂東西之中爾

南北之中曰中堂

聘禮受玉于中堂與東楹之間注曰中堂南北之中也入堂深尊賓事也賈氏曰後楣以南為堂堂凡四架前楣與棟之間為南北堂之中公當楣拜說更前北侵半架受玉故曰入堂深也案東楹之間侵近東楹非堂東西之中而曰中堂則中堂為南北之中明矣又按士喪禮注曰中以南謂之堂賈氏曰堂上行事非專一所若近戶即言戶東戶西近房則言房外房東近楹即言東楹西楹近序即言東序西序近階即言東階西階其堂半以南無所繫屬者即以堂言之祝淅米于堂是也

堂之東西墻謂之序

郭氏曰所以序別內外

序之外謂之夾室

公食大夫禮大夫立于東夾南注曰東於堂賈氏曰序以西為正堂序東有夾室今立於堂下當東夾是東於堂也又按公食禮宰東夾北西面賈氏曰位在北堂之南與夾室相當特牲饋食禮豆籩鉶在東房注曰東房房中之東當夾北則東夾之北通為房中矣室中之西與右房之制無明文東夾之北為房中則西夾之北蓋通為室中其有西房者則西夾之北通為右房也歟

夾室之前曰箱亦曰東堂西堂

覲禮記注曰東箱東夾之前相翔待事之處特牲饋食禮注曰

西堂西夹之前近南尔賈氏曰即西箱也釋宫曰室有東西廂曰廟郭氏曰夹□□室是東廂亦曰東堂西箱亦曰西堂也釋宫又曰無東西廂有室曰寢案書顧命疏寢有東夹西夹士喪礼死于適寢主人降襲経于序東注曰序東東夹前則正寢亦有夹與廂矣釋宫所謂無東西相方或者謂廟之寢也欤凡無夹室者則序以外通謂之東堂西堂按鄉射礼主人之弓矢在東序東大射儀君之弓矢適東堂大射之東堂即鄉射之東序東也此東西堂堂各有階案雜記夫人奔喪升自側階注曰側階旁階奔喪曰婦人奔喪升自東階注曰東階東面階東面階則東堂之階其西堂有西面階也

東堂下西堂下曰堂東堂西大射儀賓之弓矢止于西堂下其將射也賓降取弓矢于堂西即西堂下也特牲饋食礼主婦視饎爨于西堂下記曰饎爨在西壁則自西壁以東皆謂之西堂下矣又按大射儀執冪者升自西階注曰羞膳者從而東由堂東升自北階立于房中則東堂下可以達北堂也

堂角有坫士冠礼注曰坫在堂角賈氏釋士喪礼曰堂隅有坫以土爲之或謂堂隅爲坫也

堂之側邊曰堂廉郷飲酒礼設席于堂廉注曰側邊曰廉喪大記正義曰堂廉堂基南畔廉稜之上也又按郷射礼衆弓倚于堂西矢在其上注曰上堂西廉則堂之四周皆有廉也

升堂西階其東階曰阼階士冠礼注曰阼酢也東階所以荅酢賓客也每階有東西兩廉聘礼饔鼎設于西階前當内廉此則西階之東廉以其近堂之中故曰内廉也士之階三等按士冠礼降三等受爵弁注曰下至地賈氏曰匠人云天子之堂九尺賈馬以爲階九等諸侯堂宜七尺階七等大夫宜五尺階五等士宜三尺故階三等也西階各在楹之外而近序按郷射礼升階者升自西階繞楹而東燕礼勝爵者二

人升自西階序進東楹之西酌散交于楹北注曰楹北西楹之北則西階在西楹之西矣士冠禮冠于東序之筵而記曰冠于阼喪禮檳置于西序而檀弓曰周人殯於西階之上故知階近序也

堂下至門謂之庭三分庭一在北設碑 聘禮注曰宮必有碑所以識日景知陰陽也賈氏釋士昏禮曰碑在堂下三分庭一在北案聘禮歸饔餼醯醢夾碑米設于中庭注曰庭實固當庭言中庭者南北之中也列當醯醢南列果在醯醢南而當庭南北之中則三分庭一在北可見矣聘禮注又曰設碑近如堂深堂深謂從堂廉北至房室之壁三分庭一在北設碑而碑如堂深則庭蓋三堂之深也又按鄉射之侯去堂三十丈大射之侯去堂五十四丈則庭之深可知而其降殺之度從可推矣

堂塗謂之陳 郭氏曰堂下至門徑也其北屬階其南接門內霤按凡入門之後皆三揖至階昏禮注曰三揖者至內霤將曲揖既曲北面揖當碑揖賈氏曰至內霤將曲者至門內霤主人將東賓將西賓主相背時也既曲北面者賓主各至堂塗北行向堂時也至內霤而東西行趨堂塗則堂塗接於霤矣既至堂塗北面至階而不復有曲則堂塗直階矣又按聘禮饔鼎設于西階前陪鼎當內廉注曰壁堂塗也則堂塗在階廉之內矣鄉飲酒禮注三揖曰將進揖當陳揖當碑揖陳即堂塗也

中門屋為門門之中有闑 士冠禮曰席于門中闑西閾外注曰闑橛也玉藻正義曰闑門之中央所豎短木也釋宮曰樴在地者謂之臬郭氏曰即門橛也然則闑者門中所豎短木在地者也其東曰闑東其西曰闑西

門限謂之閾 釋宮曰柣謂之閾郭氏曰閾門限邢昺曰謂門下橫木為內外之限也其門之兩旁木則謂之棖棖闑之間則謂之中門

見礼

闑謂之扉邢昺曰闑門扉也其東扉曰左扉門之廣狹案士昏礼曰納徵儷皮記曰執皮左首隨入注曰隨入為門中阨狹賈氏曰皮皆橫執之門中阨狹故隨入也匠人云廟門容大扃七个大扃牛鼎之扃長三尺七个二丈一尺彼天子廟門此士之廟門降殺甚小故云阨狹也推此則自士以上宮室之制雖同而其廣狹則異矣

夾門之堂謂之塾釋宮曰門側之堂謂之塾郭氏曰夾門堂也門之內外其東西皆有塾一門而塾四其外塾南鄉案士虞礼陳鼎門外之右匕俎在西塾之西注曰塾有西者是室南鄉又按士冠礼擯者負東塾注曰東塾門內東堂負之北面則內塾北向也凡門之內西塾之間謂之宁按聘礼賓問卿大夫迎于外門外及廟門大夫揖入擯者請命賓入三揖並行注曰大夫揖入者省內事也既有俟于宁也凡至門內霤為三揖之始上言揖入下言三揖並行則俟于霤南門內西塾間可知矣李巡曰宁正門內西塾間義與鄭同謂之宁者以人君門外有正朝視朝則于此宁立故耳周人門與堂修廣之數不著於經按匠人云夏后氏世室堂修二七廣四修一堂修謂門堂南北之深其廣則益以四分修之一也門堂三之二室三之一門堂通謂門與塾其廣與修取數於堂得其三之二室三之一者西室與門各居一分也以夏后氏之制推之則周人之門殺於堂之數亦可得而知矣

門之內東方曰門東西方曰門西特牲饋食礼注曰凡鄉內以入為左右鄉外以出為左右士冠礼注又曰出以東為左入以東為右以入為左右則門西為左門東為右鄉飲酒礼賓入門左燕礼卿大夫皆入門右是也以出為左右則門東為左門西為右士冠礼主人迎賓出門左西面士虞礼側亨于廟門之右是也闑東曰臬右亦自入者言之也天子諸侯門外之制其見於經者天子有屏諸侯

有朝寀覲礼侯氏入門右告聽事出自屏南適門西注曰天子外屏〻在路門之外諸侯内屏〻在路門之内此侯氏出門而隱屏則天子外屏明矣释宫又曰門屏之閒謂之宁〻謂宁在門之内屏之外此屏據諸侯内屏而言也諸侯路寢門外則有正朝大外門則有外朝按聘礼夕幣于寢門外宰入告具于君君朝服出門左南向注曰寢門外朝也入告入路門而告賈氏曰此路門外正朝之處也是正朝在寢門外也聘礼又曰賓死介復命柩止于門外右介死惟上介造于朝注曰門外大門外也必以柩造朝達其中心又賓拜饔餼于朝注曰拜于大門外賈氏曰大門外諸侯之外朝也賓拜朝無入門之文則諸侯外朝在大門外明矣是外朝在大門外也諸侯三朝其燕朝在寢燕礼是也正朝與外朝之制度不見經蓋不可得而考矣

寢之後有下室士喪礼記士處適寢又曰朔月若薦新則不饋于下室注曰下室如今之内堂正寢聽事賈氏曰下室燕寢也

然則士之下室天子諸侯則爲小寢也春秋傳曰子大叔之廟在道南其寢在廟北其寢廟之寢也廟寢在廟之北則下室在適寢之後可知矣又按喪服傳曰有東宮有西宮有南宮有北宮異宮而同財則曰由命士以上父子皆異宮賈氏釋士昏礼曰異宮者别有寢若不命之士父子雖大院同居其中亦隔别各有門户則下室之外又有異宮也

自門以北皆周以牆聘礼釋幣于行注曰喪礼有毁宗躐行出于大門則行神之位在廟門外西方檀弓正義曰毁宗躐行毁廟門西邊墻以出柩也士喪礼爲垼于西墻下注曰西墻中庭之西特牲饋食礼主婦視饎爨于西堂下記曰饎爨在西壁注曰西壁堂之西墻下案門之西有墻則墻屬門矣西墻在中庭之西則墻周乎庭矣西壁在西墻下則墻周乎堂矣墻墉壁之總名室中謂之墉昏礼尊于室中北墉下是也房中謂之墉冠礼陳服于房中西墉下聘礼西夾六豆設于西墉下是也堂上謂之序室房與夾謂之墉堂下謂之壁謂之墻其實一也隨所在而異其名

耳堂下之壁闈門在焉案士冠礼冠者適東壁見于母注曰適東壁者出闈門也時母在闈門之外婦人入廟由闈門士昏礼賓出主人送主婦亦拜賓注曰女賓也不言出不言送拜之於闈門之内闈門如今東西掖門釋宮曰宮中之門謂之闈郭氏曰謂相通小門也是正門之旁有闈門而在旁壁也

人君之堂屋為四注大夫士則南北西下而已士冠礼設洗直于東榮注曰榮屋翼也周制自卿大夫以下其室為夏屋燕礼設洗當東霤注曰人君為殿屋也案考工記殿四阿重屋注曰四阿若今之四注屋殷人始為四注屋則夏后氏之屋南北西下而已周制天子諸侯得為殿屋四注卿大夫以下但為夏屋西下四注則南北東西皆有霤西下則唯南北有霤而東西有榮是以燕礼言東霤而大夫士礼則言東榮也霤者說文曰屋水流也徐鍇曰屋檐滴處榮者說文曰屋梠之兩頭起者為榮又曰梠齊謂之檐楚謂之梠郭璞注上林賦曰南榮屋南檐也義與說文同然則檐之東西起者曰榮謂之榮者為屋之榮飾謂之屋翼者言其軒張如翬斯飛耳士喪礼升自前東榮喪大記降自西北榮是屋有四榮也門之屋雖人君亦兩下為之燕礼之門內霤則門屋之北霤也凡屋之檐亦謂之宇按士喪礼為銘置于宇西階上注曰宇梠也說文曰宇屋邊也釋宮曰檐謂之樀郭氏曰屋梠邢昺曰屋檐一名樀一名梠又名宇皆屋之四垂也宇西階上者西階之上〻當宇也階之上當宇則堂廉與坫亦當宇矣特牲饋食礼主婦視饎爨于西堂下注曰南齊于坫其說文注曰南北直屋梠是也階上當宇故階當霤鄉射礼著階間縮霤是也霤以東西為從故曰縮霤此霤謂堂之南霤也

此其著於經而可考者也礼經雖亡闕然於覲見天子之礼於燕射聘食見諸侯之礼餘則見大夫士之礼宮室之名制不見其有異特其廣狹隆殺不可考耳案書顧命成王崩于路寢其陳位也有設黼扆牖間南嚮則戶牖間也西序東嚮東序西嚮則東西序

也西夾南嚮則夾室也東房西房則左右房也賓階西阼階西則西階前也左墊之前右墊之前則門内之墊也畢門之内則路寢門也西階祀則堂廉也東堂西堂則東西廂也東垂西垂則東西堂之宇階上也側階則北階也又曰諸侯出廟門俟則典士喪禮殯宮曰廟合也然則鄭氏謂天子廟及路寢如明堂制者蓋未必然明堂位典考工記所記明堂之制度者非出宗舊典亦未敢必信也又案書多士傳曰天子之堂廣九雉三分其廣以二爲内五分内以一爲高東房西房北堂各三雉公侯七雉三分廣以二爲内五分内以一爲高東房西房北堂各一雉伯子男五雉三分廣以二爲内五分内以一爲高東房西房北堂各一雉士三雉三分廣以二爲内五分内以一爲高有室無房堂注曰廣榮閒相去也雉長三丈内堂東西序之内也高穹高也此傳說房堂及室典經亦不合然必有所據姑存之以備參考

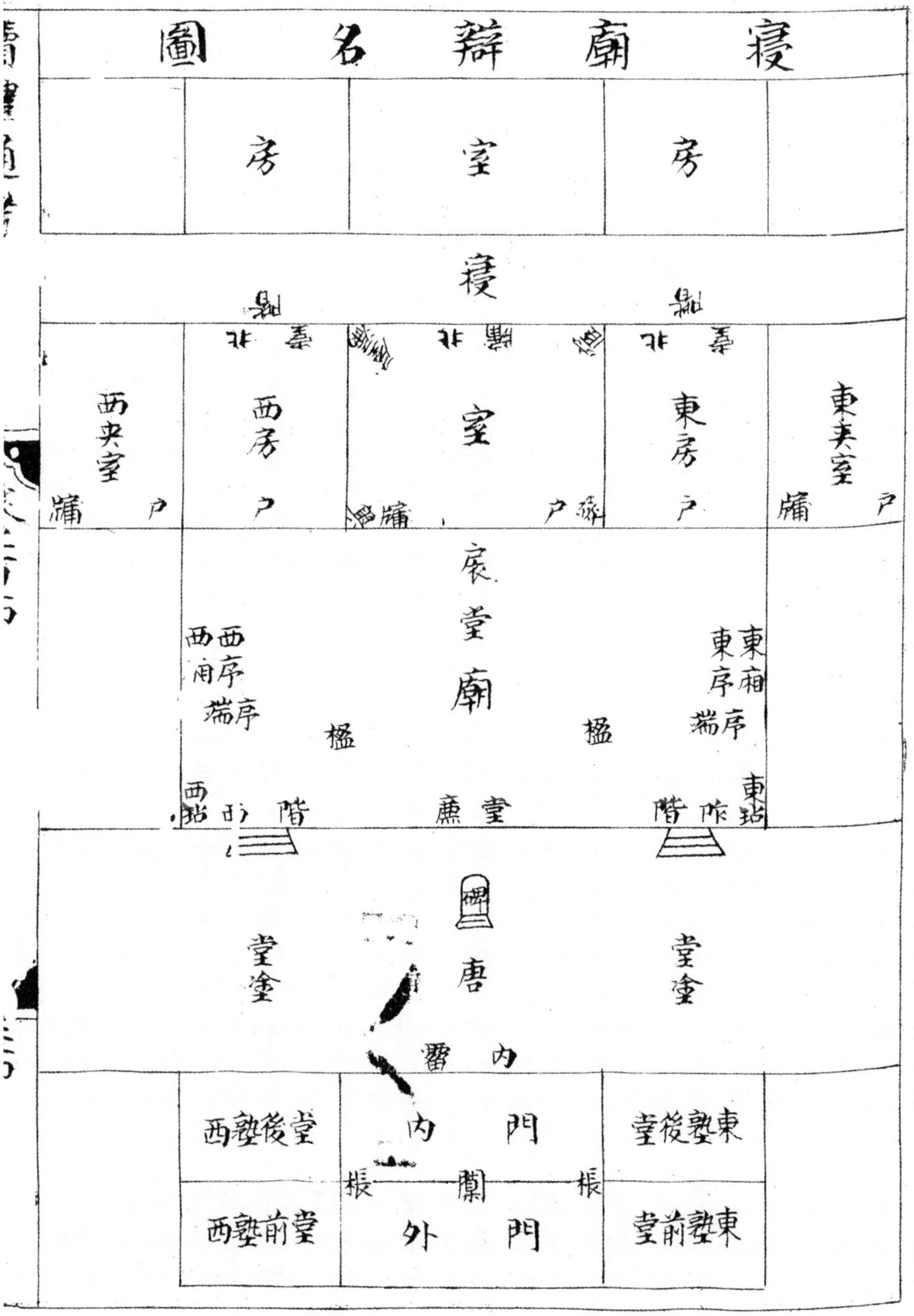
寢廟辨名圖
房
室
房
寢
西夾室
西房
室
東房
東夾室
牖　戶
戶
牖　戶
戶
牖　戶
扆
堂
廟
西序
西廂
序端
東序
東廂
序端
楹
楹
堂廉
碑
唐
堂塗
堂塗
內霤
西塾後堂
門　內
東塾後堂
棖　闑　棖
西塾前堂
外　門
東塾前堂

闈

爲宧復脩曰爾雅曰室有東西廂曰廟無東西廂有室曰寢西南隅謂之奥西北隅謂之屋漏東北隅謂之宧東南隅謂之窔東、西墻謂之序牖戶之閒謂之扆宫中之門謂之闈門側之堂謂之塾廟中路謂之唐堂途謂之陳又曰柣謂之閾棖謂之楔樴謂之闑蓋界於門者柣也亦謂之閾旁于門者棖也亦謂之楔中於門者樴也亦謂之闑士喪疏云房戶之外由半以南謂之堂士昏疏云其内由半以北名謂之室室中北墻謂之墉士昏尊于室中北墉下是也堂下之墻曰壁士虞饎爨在東壁是也坫有東坫西坫士喪疏云堂隅有坫以土爲之是也塾有内外士冠注云西塾門外西堂是也月令曰其祀中霤古者複穴以居是以名室爲中霤又有東霤燕禮設洗當東霤此言諸侯四注屋之東霤又有門内霤燕禮賓執脯以賜鍾人於門内霤是也

大夫士五架圖

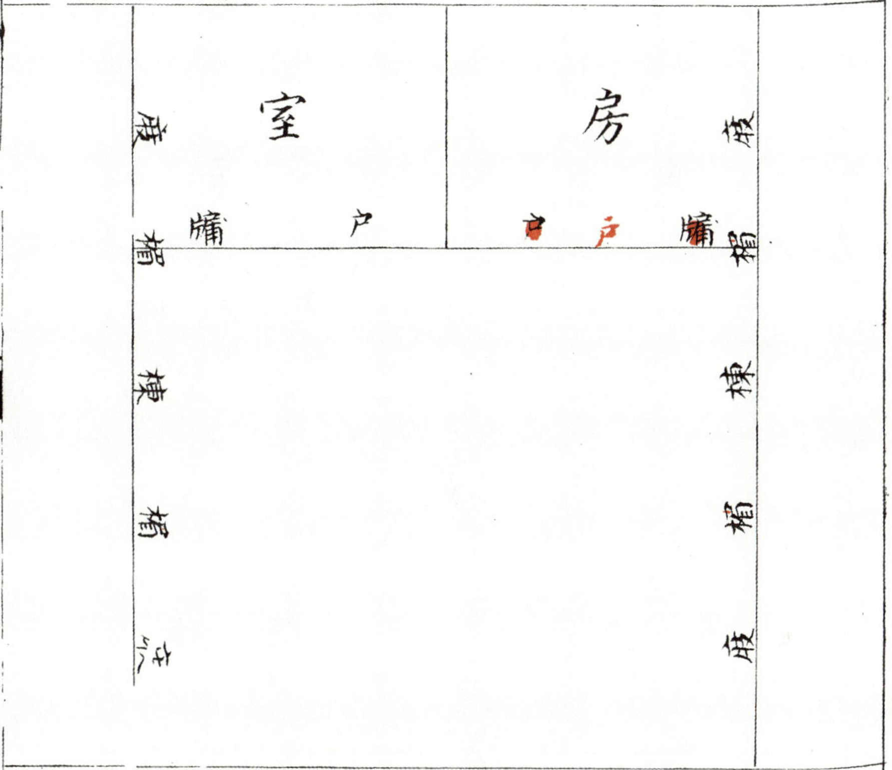

少牢疏曰大夫士廟室皆兩下五架正中曰棟〻南兩架北亦兩架棟南一架名曰楣前承簷以前名曰庪棟北一架為室南壁而開戶即是一架之間廣為室昏禮賓當阿東面致命鄭云阿棟也入堂深明不入室是棟北乃為室也

大夫士東房西室之圖

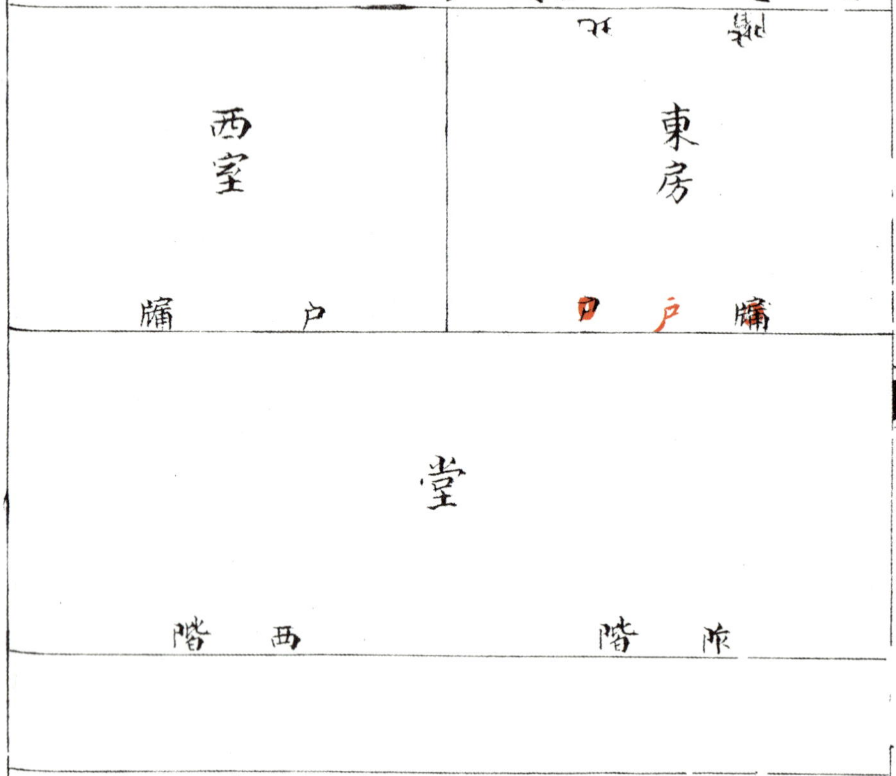

寢廟辨名已見前圖鄭注謂天子諸侯有左右房大夫士惟有東房西室故別圖以見之按陳祥道云鄉飲酒薦脯五脡出自左房鄉射記籩豆出自東房大射宰胥薦脯醢由左房鄉飲鄉射大夫禮大射諸侯禮其言皆相類蓋言左以有右言東以有西則大夫士之房室與天子諸侯同可知鄭氏謂大夫士無西房恐未然也

諸侯五廟圖

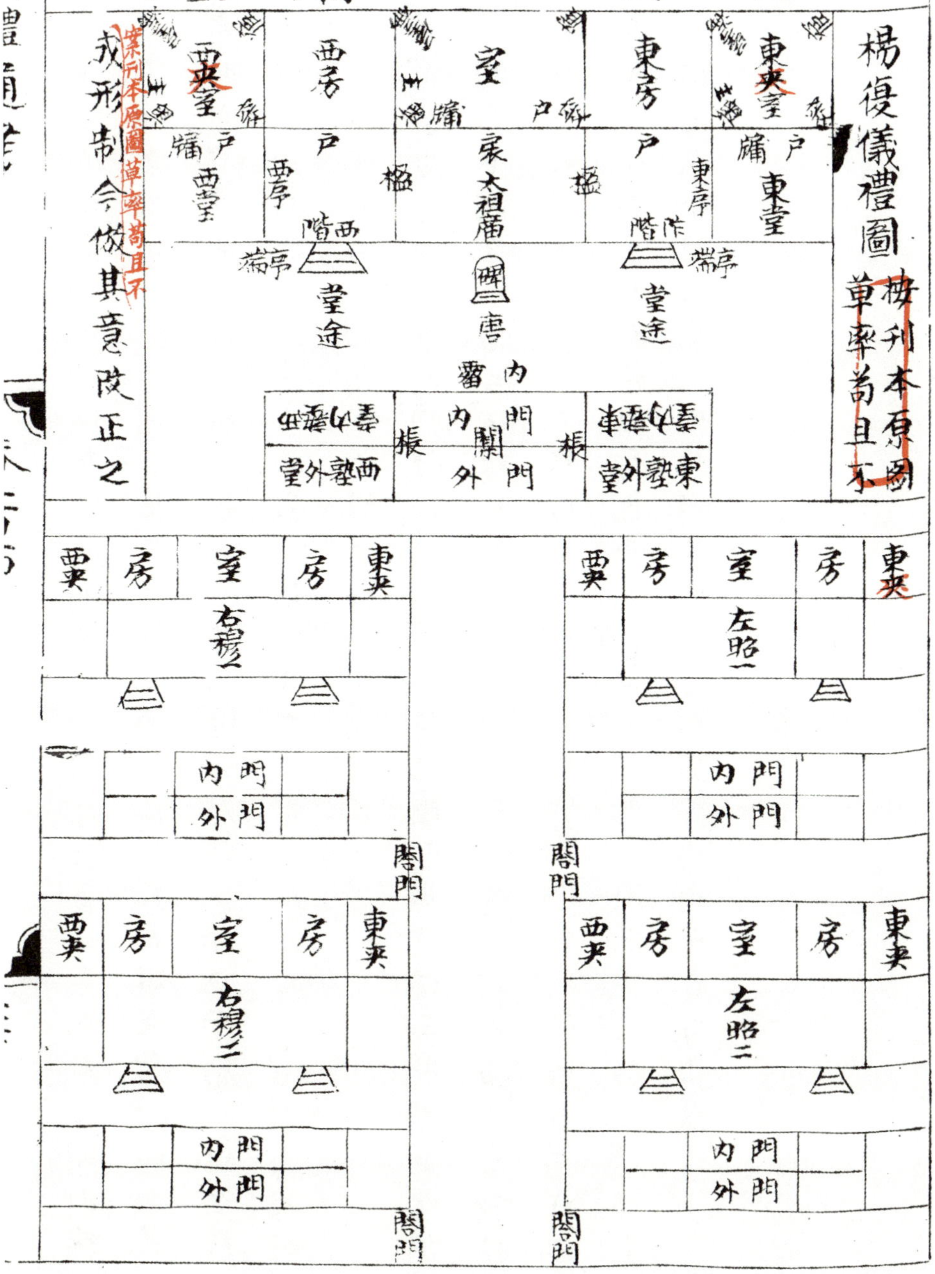
楊復儀禮圖梅刊本原圖草率苟且不成形制今倣其意改正之
案刊本原圖草率苟且不
西夾室
西房
室
東房
東夾室
戶
牖
西堂
西序
西階
楹
太祖廟
東序
阼階
東堂
序端
堂途
碑
唐
內霤
西塾外堂
內門
閾
外門
東塾外堂
棖
西夾
房
室
房
東夾
右穆一
左昭一
內門
外門
閤門
右穆二
左昭二

宋朱子曰周禮建國之神位左宗廟則五廟皆當在公宮之東南矣其制則孫毓以為外為都宮太祖在北二昭二穆以次而南是也蓋太祖之廟始封之君居之昭之北廟二世之君居之穆之北廟三世之君居之昭之南廟四世之君居之穆之南廟五世之君居之廟皆南向各有門堂室寢而牆宇四周焉太祖之廟百世不遷自餘四廟則六世之後每一易世而一遷

聘禮公皮弁迎賓于大門内公揖入每門每曲揖疏曰諸侯三門皐應路則應門為中門左宗廟右社稷入大門東行即至廟門其間得有每門者諸侯有五廟大祖之廟居中二昭居東二穆居西皆别門門外两邊皆有南北隔墻隔墻中央通門若然祖廟已西隔墻有三則闈門亦有三東行經三門乃至太祖廟門中則相逼入門則相遠是以每門皆有曲相揖故每曲揖

鄭康成大夫三廟圖

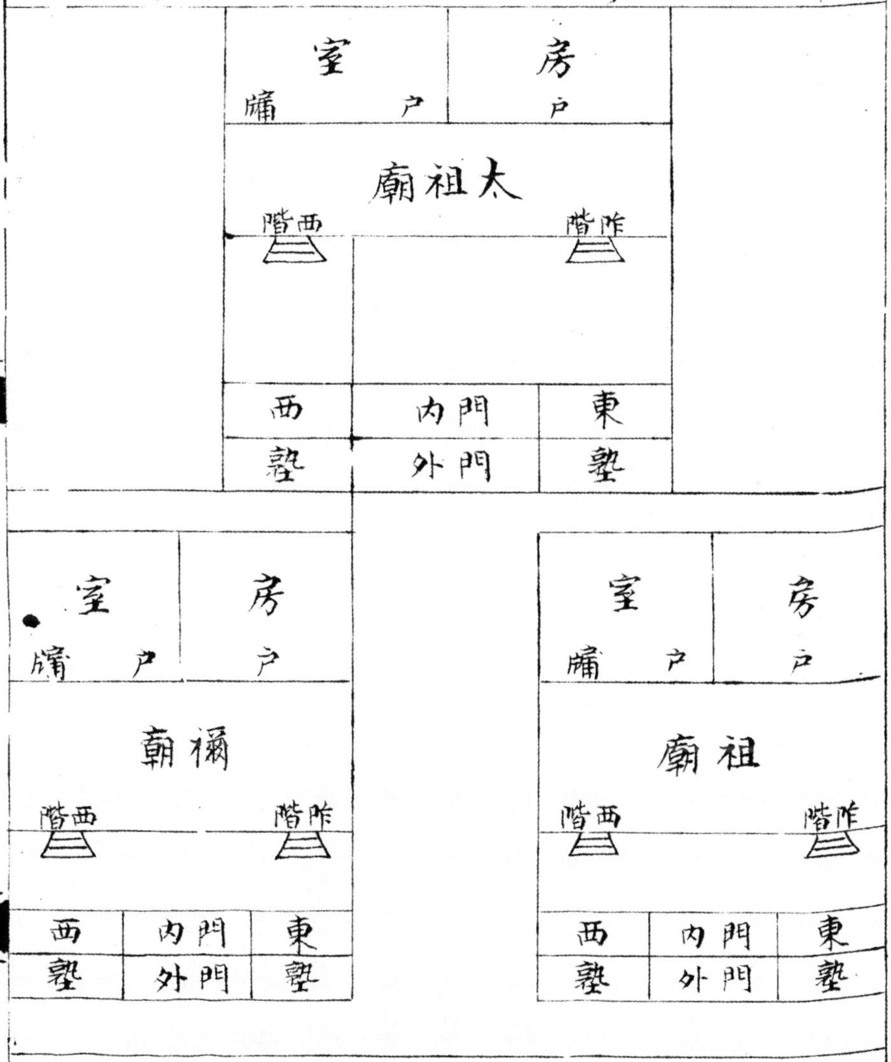

朱先生曰大夫三廟則視諸侯而殺其二然其太祖昭穆之位猶諸侯也

賈公彥大夫三廟圖

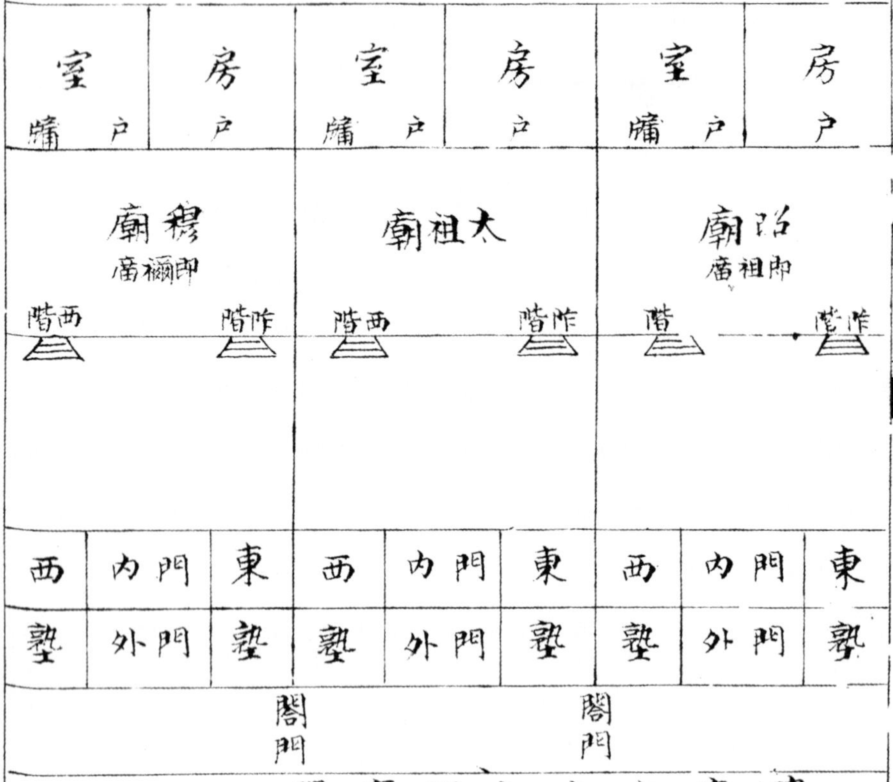

聘禮賓朝服問卿卿受於祖廟大夫朝服迎于外門外大夫先入每門每曲揖及廟門大夫揖入疏曰大夫二門入大門東行即至廟門未及廟門西有每門者大夫三廟每廟西旁皆南北豎墻墻皆有閤門

明會典家廟圖

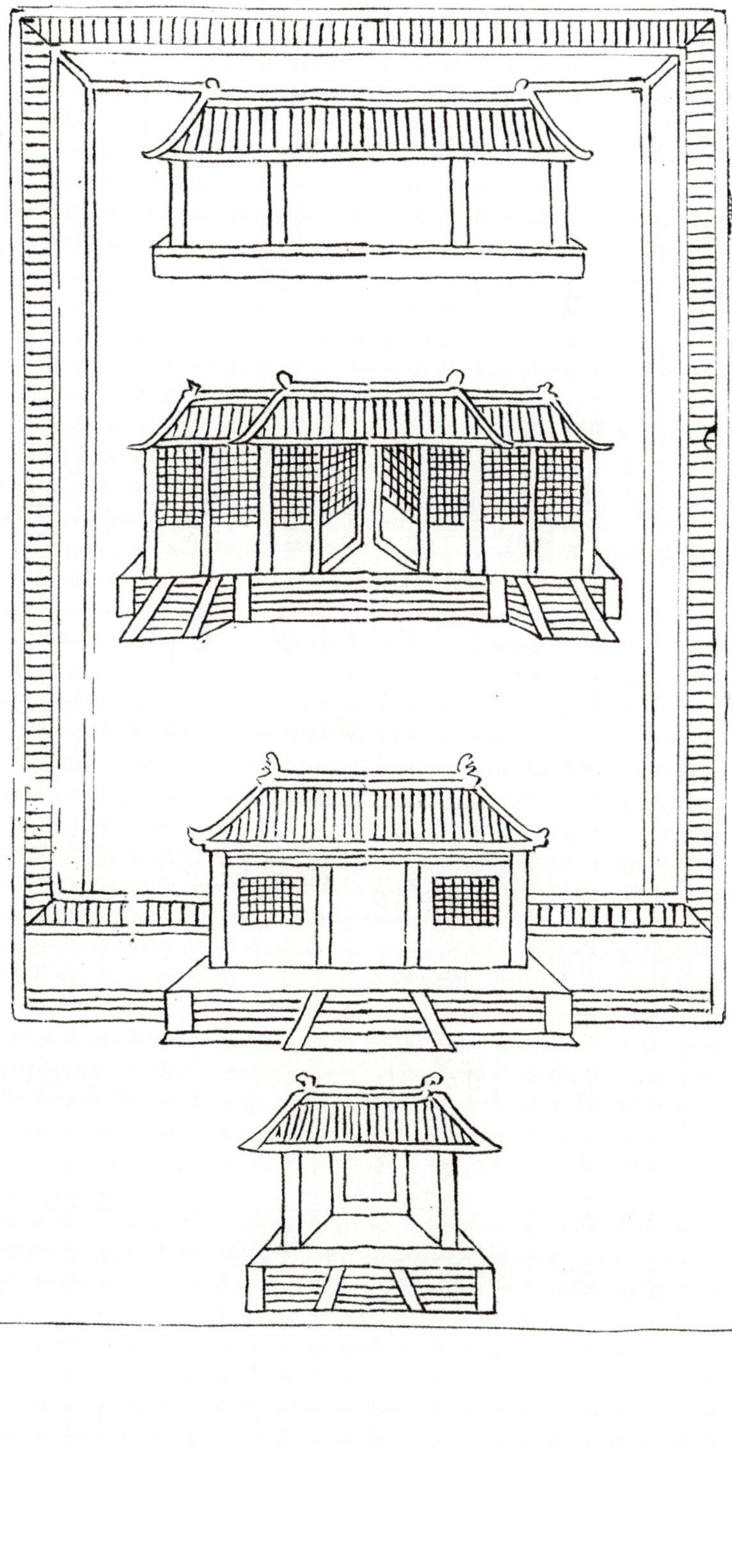

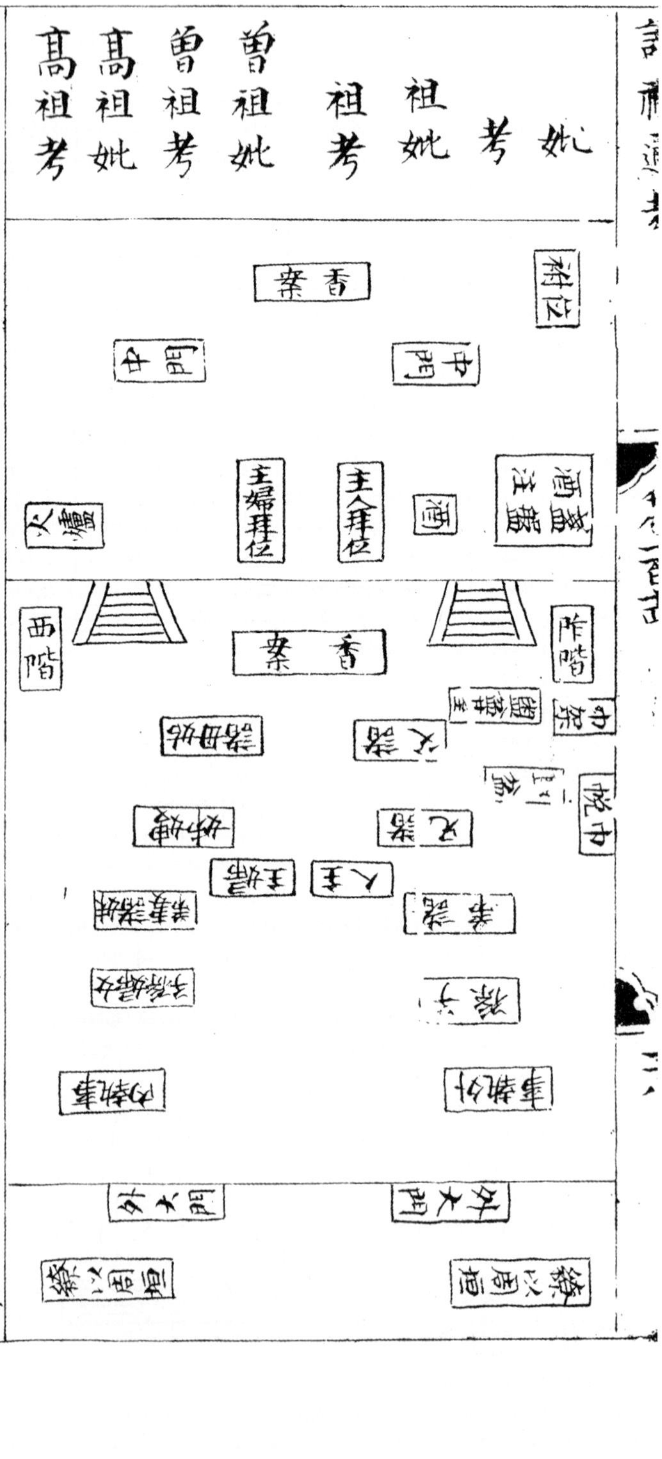

右家礼祠堂神主位次以西為上今品官士庶祭祀遵用時制奉高祖居中東第一龕曾祖祖而下則以次而列云

乾學按作會典者其說如此而其圖上所

列仍以高祖居西曾祖而下以次而東何也當改為高祖居東第一室曾祖居西第一室祖居東第二室考居西第二室如丘文莊所定祭四世之圖可也

會典品官家廟國初品官廟制未定大明集禮權倣宋儒家禮祠堂之制奉高曾祖禰四世之主亦以四仲之月祭之又加臘日忌日之祭與夫歲時俗節之薦享至若庶人得奉其祖父母父母之祀已有著令而其時享于寢之禮大槩與品官畧同

祠堂制度祠堂三間外為中門中門外為兩階皆三級東曰阼階西曰西階階下隨地廣狹以屋覆之令可容家衆敘立又為遺書衣物祭器庫及神廚於其東繚以周垣別為外門常加扃閉祠堂之內以近北一架為四龕每龕內置一卓高祖居西曾祖次之祖次之父次之神主皆藏于櫝中置于卓上南面龕外各垂小簾簾外設香卓于堂中置香爐香合于其上兩階之間又設香卓亦如之若家貧地狹則止為一間不立廚庫而東西壁下置立兩櫃西藏遺書衣物東藏祭器亦可地狹則于廳事之東亦可

附義門鄭氏祠堂位次圖

小宗	大宗	小宗
考	義門第四世祖考	義門第四世祖妣
祖考	高祖考	高祖妣
曾祖考		曾祖妣
		祖妣
		妣

永為不遷之祖世世家長祭之

丘瓊山曰濬按浦江鄭氏家儀有列祠堂位次圖列為五位以其第四世祖位為大宗居中其右第一位則高祖考第二位曾祖考第三位祖考第四位考其左四位則高曾祖考四世之妣也是為小宗夫其分列考妣以四世考俱居始祖之右而妣居其左則固以西為上也及其竝列四世之考則曾居高之右考又居祖之右則又似以東為上矣不知其義何所處也況古

五世竝列之圖

祖	高祖	始祖	曾祖	顯
考妣	考妣	考妣	考妣	考妣

昔廟制天子七諸侯五大夫三適士二官師一庶人祭於寢先儒拘於古者固已謂祭四代為僭矣又加之始祖可乎近世人又有為五龕者其於時俗似若相宜但以高祖之考鄰于祖妣列祀之時翁婦相竝不無可嫌其祀始祖之失又有甚于鄭氏者矣鄭氏祭及始祖猶有可諉者在他人家則犯分甚矣然則始祖之祭獨不可行乎曰必始程子所謂冬至祭之可也

祭四世之圖

祖	高祖	曾祖	顯
考妣	考妣	考妣	考妣

丘瓊山曰國初用行唐縣知縣胡秉中言許庶人祭三代以曾祖居中而祖左禰右今擬士大夫家祭四代者亦合如時制列龕祠堂板以限隔則無翁婦相近之嫌右夫出主以祭于寢則依家禮以右為上之制庶幾禮俗兩得云

魏校書朱子祠堂圖後按古之廟制以中為尊故大廟居中左昭右穆以次而列今四代之位自西而東則非以中為尊矣宗廟之制辨其昭穆為先今旣以西為上則昭穆之法皆不可行恐于世代難辨故鄭子上問以西為上之制朱子曰此也不是古禮又曰今公私之廟皆為同堂異室以西為上之制而無左昭右穆之分一有遞遷則羣室皆動而新死者當入于其禰之故室矣此乃禮之大節與古不同而為禮者猶執祔於祖父之文似無意義然欲遂變而祔於禰廟則又非愛禮存羊之意與其依違牽制而均不免為失禮曷若獻議於朝盡復公私之廟皆為左昭右穆之制而一洗其謬之為快乎今謹述朱子之意擬為二圖

涂貴亭集家禮祠堂圖高曾祖禰四龕以西為上正寢時祭圖四世神主自右一列而左俱南向其說曰神道尚右也今人多依此式貴亭每家祭心竊未安夫曰神道尚右人道不當尚左乎今生者序坐以中為尊何也且父祖子孫為分甚嚴乃處以駢席並肱而享可乎宗子宗婦祭則中立而高祖考妣僻在一隅亦非對越之義吳江莫氏家禮考証援古堂事室事之制辨尚右之非其言有據我國家用知行唐縣胡秉中言許人祭三代曾祖居中祖左禰右瓊山丘氏遵用之擬士大夫家奉四代之祠中左高祖中右曾祖高之左為祖曾之右為禰四龕相屬俱南向時制既協人情亦安特正寢猶泥舊圖四川毋氏家禮集要論正寢位次

高祖居中南向曾祖而下東西相向頗合時宜但謂男左女右分列三世考妣之位則未安耳蓋妣必從考若祔位則分列之可也

呂坤四禮疑左祖從生氣也社成物故右祠堂東於正寢左祖之義乎地雖卜靜家貧同室○祠堂在正寢之東義法周制若居室雖於安排神道幽而尚靜擇一靜處可也若家貧力不能祠即於居室中間設香案垂簾薄以障之亦可也借曰非禮不猶愈於廢祀乎

舊書廿八叶

新書三十一叶　细十五叶

養葊

可手先聖賢猶可而吾先人獨不可手人子當親殁